KRÖNERS TASCHENAUSGABE BAND 165

WÖRTERBUCH DER KUNST

begründet von

JOHANNES JAHN

fortgeführt von

WOLFGANG HAUBENREISSER

Zehnte, durchgesehene und erweiterte Auflage
(mit 214 Abbildungen)

ALFRED KRÖNER VERLAG STUTTGART

CIP-Kurztitelaufnahme der Deutschen Bibliothek
Jahn, Johannes: Wörterbuch der Kunst
begr. von Johannes Jahn.
Fortgef. von Wolfgang Haubenreißer. –
10. durchges. u. erw. Aufl. – Stuttgart: Kröner 1983
(Kröners Taschenausgabe; Bd. 165)
ISBN 3-520-16510-4

Gesamtherstellung von Friedrich Pustet Regensburg

VORWORT

Der Aufforderung des Verlages, für die Reihe seiner „Taschenausgaben" ein „Wörterbuch der Kunst" zu schreiben, bin ich um so lieber nachgekommen, als ein solches Wörterbuch, das mehr geben will als die einfache Erklärung von Fachausdrücken, in deutscher Sprache seit Jahrzehnten nicht geschrieben worden ist.

Bei der Auswahl aus der unendlichen Fülle des Stoffes war der Gedanke leitend, die deutsche Kunst in den Vordergrund zu stellen und das dem deutschen Benutzer auch in geographischer Hinsicht ferner Liegende seinem Abstand entsprechend zu berücksichtigen. Dies wird man namentlich bei der Auswahl der einzeln behandelten Künstler merken, die nicht nach ihrer europäischen Rangliste, sondern nach ihrer Bedeutung für uns in Deutschland getroffen ist; man wird es ferner dort merken, wo es galt, einen Begriff, eine Sache, eine Entwicklung durch Beispiele zu belegen. Auf Einzelbehandlung von Künstlern glaubte ich deshalb nicht verzichten zu sollen, weil damit zugleich ein gut Teil geschichtlicher Wirklichkeit weggefallen wäre. Und eben, um diese sprechen zu lassen, wurden auch Artikel über einzelne Kunstwerke aufgenommen, in erster Linie über Bauwerke. Wenn hierbei die antike Kunst im Verhältnis zur neueren stärker berücksichtigt wurde, so geschah dies als Ausgleich gegenüber der so sehr viel geringeren Zahl bestimmt faßbarer antiker Künstlerpersönlichkeiten. Die vorgeschichtliche Kunst, die in derartigen Wörterbüchern so gut wie ganz fehlte, ist stärker hereingenommen worden, entsprechend der gesteigerten Bedeutung, die sie in den letzten Jahren für uns gewonnen hat. Dagegen durfte die Volkskunst knapper behandelt werden, weil sie in dem vor einigen Jahren in der Reihe der „Taschenausgaben" erschienenen „Wörterbuch der deutschen Volkskunde" bereits ausführlich zu Wort gekommen ist. Bei Stichwörtern wie „Deutsche Kunst" oder „Barock", die einen sehr ausgedehnten Kreis kunstgeschichtlicher Tatsachen betreffen, ist dieser nicht in seinen Einzelheiten aufgerollt; wohl aber wurde versucht, Wort und Wesen möglichst vielseitig zu erläutern. Schrifttumsnachweise erschienen mir notwendig, um denen, die über das Gebotene hinaus weiterdringen wollen, die Handhaben dazu zu bieten. Auch Zeitschriftenaufsätze wird man genannt finden, und bei Gegenständen, über die die Forschung besonders im Flusse ist, wurde die Zahl der angeführten Schriften, vor allem der neuesten, etwas reichlicher genommen.

Für mir fernerliegende Gebiete war die Heranziehung von Mitarbeitern nötig: Wilhelm von Jenny hat die vorgeschichtliche Kunst bearbeitet, Robert Heidenreich die des Altertums und die islamische Kunst. Die Auswahl der Artikel und ihre Proportionierung im von vornherein gegebenen Rahmen mußte ich freilich mit mir allein abmachen. Dabei galt es sich immer wieder auch den nichtfachmännischen deutschen Leser vorzustellen und sich zu fragen: Was wird er aus unserer gegenwärtigen Bewußtseinslage heraus in diesem Wörterbuch wohl suchen und was nicht? Wichtig war mir vor allem dies: nicht nur Wissen in alphabetischer Reihenfolge zusammenzutragen, sondern dem Leser wirklich zu erklären und etwas von dem geschichtlichen Leben sichtbar zu machen, das jeden der hier behandelten Begriffe erst hervorgebracht hat.

Leipzig, November 1939 Johannes Jahn

VORWORT ZUR FÜNFTEN AUFLAGE

Ergänzungsvorschläge, die von Benutzern oder Rezensenten des Wörterbuchs in dankenswerter Weise gemacht worden sind, betreffen ganz überwiegend die Aufnahme weiterer Künstler und wiederum ganz überwiegend solcher des 20. Jahrhunderts. Nun kann man aber von einem als Taschenausgabe gedachten Wörterbuch der Kunst, das einen Zeitraum von Jahrtausenden überblickt, nicht verlangen, daß es jede kleine Schwankung der modernen Kunst registriert und jeden bloßen Mitläufer ihrer führenden Kräfte aufnimmt. Dennoch habe ich versucht, den genannten Wünschen für diese 5. Auflage soweit gerecht zu werden, daß rund 50 von den 70 neu hinzugekommenen Artikeln Künstlern, meist solchen des 20. Jahrhunderts, gewidmet wurden. Die Gesamtzahl der künstlerbiographischen Artikel erhöht sich damit auf etwa 700.

Von den alten Artikeln wurde mancher neu gefaßt oder berichtigt. Für die maltechnischen bin ich dabei den wertvollen Ratschlägen von Herrn Professor Wehlte in Stuttgart zu Dank verpflichtet. Die archäologischen hat mein alter Mitarbeiter, Herr Professor Heidenreich in Jena, einer Durchsicht unterzogen. Unter seiner Mithilfe ist auch die gänzlich neue Fassung des Artikels „Chinesische Kunst“ zustande gekommen. Angaben über Zerstörung erwähnter Kunstwerke wurden in einer Reihe von Fällen nachgetragen. Das Hauptaugenmerk galt wie bei jeder neuen Auflage dem Nachtrag der inzwischen sehr reichlich geflossenen Literatur. Herr Haubenreißer, der kunstwissenschaftliche Mitarbeiter des Verlages, hat hierbei wie auch sonst Hilfe geleistet. Daß ich mir selbst noch vieler Lücken bewußt bin, möge man mir glauben – aber zu den Aufgaben dieses Wörterbuchs der Kunst gehört auch die, das Uferlose zu beschränken.

Leipzig, 15. Juli 1957 Johannes Jahn

VORWORT ZUR SECHSTEN AUFLAGE

Der auch durch die letzte Auflage noch nicht befriedigten Nachfrage nach Artikeln über Künstler besonders des 20. Jahrhunderts ist durch Aufnahme von weiteren 85 Namen entsprochen worden, so daß deren Gesamtzahl sich jetzt auf fast 800 beläuft. Ein Teil der Namen des 20. Jahrhunderts ist dabei von Herrn Dr. Holländer, Stuttgart, übernommen worden, der überdies einige Artikel über moderne Kunstrichtungen beigesteuert hat. Auch dieser weitere Zuwachs an Künstlerartikeln wird nicht alle Wünsche erfüllen, aber man möge bedenken, daß man eine „Taschenausgabe" vor sich hat. Den vorgeschichtlichen Teil hat wiederum Herr Professor Behn durchgesehen und ergänzt, den ägyptologischen Herr Professor Morenz, den archäologischen Herr Professor Heidenreich. Der Artikel „Indische Kunst" wurde von Herrn Siegfried Mahn neu geschrieben. Im übrigen habe ich selbst Neufassungen, Ergänzungen, Berichtigungen, auch einige Streichungen vorgenommen, vor allem aber die neueste Literatur nachgetragen – eine Arbeit, die von Auflage zu Auflage ständige Bereitschaft erfordert und auf die ich auch diesmal wieder ganz besonderen Wert gelegt habe.

Leipzig, 15. Mai 1961 Johannes Jahn

VORWORT ZUR SIEBENTEN AUFLAGE

Die wesentlichste Erweiterung gegenüber der sechsten Auflage besteht in den bibliographischen Nachträgen, wobei angesichts der ständig anschwellenden Kunstliteratur entsprechend ausgewählt werden mußte. Dazu kommen Berichtigungen und Ergänzungen. Den vorgeschichtlichen Teil hat diesmal Frau Dr. Hoffmann durchgesehen, den ägyptologischen Fräulein Dr.Blumenthal, den archäologischen wiederum Herr Professor Heidenreich, sämtlich in Leipzig. Im übrigen verweise ich auf das Vorwort zur sechsten Auflage. Den leider allzu wenigen Lesern, die durch Hinweise zu Berichtigungen und Ergänzungen beigetragen haben, sei hiermit aufrichtig gedankt.

Leipzig, 15. Januar 1966 Johannes Jahn

VORWORT ZUR ACHTEN AUFLAGE

Wie alle anderen Auflagen ist auch diese zunächst von mir vorbereitet worden; es schien aber dann doch nötig, die endgültige Fertigstellung einer jüngeren Kraft anzuvertrauen, die in Professor Haubenreißer gefunden wurde. Im Einvernehmen mit mir hat er die meisten der neu hinzugekommenen Artikel verfaßt und von seiner Sicht aus die bibliographischen Angaben ergänzt. Für die Vorbereitung des Artikels „Kirchenbau, neuer" sei Herrn Professor Wiedemann/München besonders gedankt.

Leipzig, 1. März 1975 Johannes Jahn

VORWORT ZUR NEUNTEN AUFLAGE

Für diese Auflage gilt nach wie vor der im Vorwort zur ersten Auflage genannte Grundgedanke: „nicht nur Wissen in alphabetischer Reihenfolge zusammenzutragen, sondern dem Leser wirklich zu erklären und etwas von dem geschichtlichen Leben sichtbar zu machen, das jeden der hier behandelten Begriffe erst hervorgebracht hat." Damit unterscheidet sich das Wörterbuch der Kunst von anderen Kunstlexika und „Bilderbüchern" zur Kunst. Wichtiger als die Aufnahme dieses oder jenes Namens erschien mir die Wahrung des Grundkonzeptes, dem Fachmann, dem Lehrer und Studenten, aber auch dem kunstinteressierten Laien bei der Vermittlung von Daten und Bezügen gerecht zu werden. In diesem Sinne führe ich das Werk meines verehrten Lehrers Prof. Dr. Dr. h. c. Johannes Jahn fort.

Bibliographische Nachträge, Ergänzungen, Berichtigungen und die Neuaufnahme von Artikeln bedingten wiederum eine Erweiterung des Wörterbuches der Kunst. Dabei galt es, bei Umfang und Auswahl die Grenzen im Auge zu behalten, die einem Taschenbuch gesetzt sind. Für die fachliche Beratung einzelner neu aufgenommener oder verbesserter Artikel bedanke ich mich bei Herrn Dr. Karl Georg Kaster, Nürnberg, meinen Kollegen Prof. Dr. h.c. Albert Knoepfli, Zürich, Prof. Dr. Ing. Friedrich Mielke, Berlin, und Prof. Dipl. Ing. Jürgen Joedicke, Stuttgart, für den Artikel „Brutalismus" herzlich. Mein Dank gilt auch Herrn Verleger Arno Klemm, der sich des Wörterbuches der Kunst seit langem in besonderer Weise annimmt; ebenso allen Lesern, die Hinweise und Anregungen gaben, verbunden mit der Bitte, auch für die Zukunft dem Buche Aufmerksamkeit zu schenken.

Bad Waldsee, 7. Februar 1979 Wolfgang Haubenreißer

VORWORT ZUR ZEHNTEN AUFLAGE

Die nunmehr zehnte Auflage des Wörterbuches der Kunst setzt rein äußerlich bewußt nur geringfügig neue Akzente; die bewährte Grundkonzeption habe ich beibehalten. Hinzugekommen sind zahlreiche neue Stichworte als Artikel oder als Verweise auf bereits vorhandene und erweiterte. Ergänzungen und Berichtigungen wurden vorgenommen, wo immer das nötig erschien. Der Auswahl der Literaturangaben habe ich wiederum große Aufmerksamkeit geschenkt, gilt es doch dem Leser über das fachliche Erklären hinaus Anregungen zu Vergleich und Studium zu bieten. Dabei wurde Fachliteratur in den Vordergrund gerückt, die auch dem kunstinteressierten Laien zugänglich ist, besonders die deutschsprachige aus der Bundesrepublik Deutschland, der DDR, Österreich und der Schweiz. Immer mehr sind dies auch vorzüglich bearbeitete Ausstellungskataloge internationalen Formates, die neueste Erkenntnisse vermitteln und Literaturangaben enthalten.

Auch im Hinblick auf die Besucher von Ausstellungen kann das Wörterbuch der Kunst mit seinem Schwergewicht des Erklärens von Zusammenhängen in bewährter Weise als Kompendium zur Beschäftigung mit Kunst und ihren Problemen anregen und dem Laien wie dem Fachmann ein zuverlässiger Begleiter für Daten, Termini und Bezüge sein.

Zahlreiche zustimmende Besprechungen der neunten Auflage ermunterten, den eingeschlagenen Weg fortzusetzen. Dabei möge man bedenken, daß einem Taschenbuch dieser Art vom Umfang her Grenzen gesetzt sind. Ich habe dann auf Erweiterungen und Neuaufnahmen von Artikeln verzichtet, wenn – wie z. B. für Gebiete der Gegenwartskunst mit ihren nicht immer überschaubaren und schnell wechselnden Fragen und Künstlern – spezielle Informationslexika vorliegen, genauere Zuordnungen sich verbieten oder der Gesamtzusammenhang des Wörterbuches, das große Zeiträume zu überblicken sucht, gesprengt würde.

Erneut danke ich Lesern, Kollegen und Studenten für Anregungen und Hinweise und bitte darum, diese auch für die Zukunft zu geben. Besonderer Dank sei Herrn Prof. Dr. R. Mühe, Furtwangen und den Herren Professoren Dr. H. Brinker und Dr. A. Knoepfli, Zürich und dem Verlag gesagt.

Bad Waldsee und Zürich,
im Oktober 1982 Wolfgang Haubenreißer

HÄUFIGER VORKOMMENDE ABKÜRZUNGEN

Abt.:	Abteilung	ital.:	italienisch
ahd.:	althochdeutsch	Jahrb., (Jb.):	Jahrbuch
Ausst.(kat.):	Ausstellung(skatalog)	Jh.:	Jahrhundert
Bd., Bde.:	Band, Bände	karoling.:	karolingisch
beg.:	begonnen	kath.:	katholisch
bes.:	besonders	Kst.:	Kunst
Bibl.:	Bibliographie	Mal.:	Malerei
byzantin.:	byzantinisch	mhd.:	mittelhochdeutsch
das.:	daselbst	Mus.:	Museum
Ders.:	Derselbe	N:	Norden
Diss.:	Dissertation	N.F.:	Neue Folge
dt.:	deutsch	niederländ.:	niederländisch
engl.:	englisch	nord.:	nordisch
europ.:	europäisch	O:	Osten
Fig.:	Figur(en)	otton.:	ottonisch
fläm.:	flämisch	prot.:	protestantisch
Forsch.:	Forschung(en)	röm.:	römisch
franz.:	französisch	roman.:	romanisch
Gal.:	Galerie	S:	Süden
german.:	germanisch	sog.:	sogenannt
Gesch.:	Geschichte	span.:	spanisch
got.:	gotisch	T.:	Teil
griech.:	griechisch	urspr.:	ursprünglich
hg.:	herausgegeben	voll.:	vollendet
Hg.:	Herausgeber	W:	Westen
holländ.:	holländisch		

Aachener Dom (Münster), Baugruppe, die sich um die Pfalzkapelle Karls d. Gr. als Kernbau im Laufe der Zeiten gebildet hat. Diese Palastkapelle ist ein Zentralbau mit kuppelüberdecktem, achteckigem Innenraum (Oktogon) als Kern und 16seitigem Umgang mit Empore. Abgesehen von der dekorativen Ausstattung ist das Ganze ziemlich unversehrt erhalten. Der Bau wurde vor 798 beg., 805 geweiht und ist laut Inschrift von dem Franken Odo von Metz ausgeführt. Er ist der erste große Steinbau der dt. Kunst, der sich erhalten hat. Seine Vorbilder sind zwar im Bereich des östl. Christentums zu suchen (am nächsten steht er wohl der byzantin. Kirche S. Vitale in Ravenna), doch ist seine Gestaltung durchaus eigenartig und auf bedeutende, monumentale Wirkung angelegt. Im O schließt sich ein got. Langchor an (beg. 1355; Hauptausstattungsstücke: goldenes Altarantependium und Kanzel aus dem Anfang des 11. Jh.), im W eine Vorhalle (karoling.) mit neugot. Glokkenturm. Sechs Kapellen umgeben den Kernbau. Der Münsterschatz ist einer der bedeutendsten nördl. der Alpen. Ein Hauptstück ist der Karlsschrein (voll. 1215).

K. Faymonville, Das Münster zu A., 1916 (Die Kunstdenkmäler der Rheinprovinz, Bd. 10, T. 1); H. Gemünd und J. Buchkremer, Der Dom zu A., 1935; H. Schnitzler, Der Dom zu A., 1950; O. Müller, Der A. Domschatz, 1951; W. Boeckelmann, Von den Ursprüngen der A. Pfalzkapelle, 1957 (Wallraf-Rich.-Jahrb. 19; W. Schöne, Die künstler. u. liturg. Gestalt d. Pfalzkap. Karls d. Gr. in A., 1961 (Ztschr. z. Kunstwissensch. 15); H. Schnitzler, D. Kuppelmosaik d. A. Pfalzkap. (Aach. Kst.blätter 29) 1964; Ausst.kat. Der Aach. Domschatz, 1972; E. Stephany, Der Dom zu A., [15]1977; H. Weisweiler, Das Geheimnis Karls d. Gr. Astronomie in Stein: Der A. D. (o. J.).

Aalto, Alvar, finn. Baumeister u. Kunstgewerbler, geb. 3. 2. 1898 Kuortane, † 11. 5. 1976 Helsinki, lehrte während des 2. Weltkriegs am Technolog. Inst. v. Massachusetts, Cambridge, USA. A. ging von der strengen, rechtwinklig konstruierten kubischen Architektur der zwanziger Jahre aus, die er zu einer organischen, der umgebenden Landschaft angeglichenen Bauweise im Sinne des →Internationalen Stiles weiterentwickelt hat. Im Grund- und Aufriß verwendet er wie in seiner Innenraumgestaltung oft kurvige oder schräggestellte Formen. Decken und Wände sondert er vom tragenden Stahlskelett und gewinnt dadurch die Möglichkeit einer freien, dynamischen Raumordnung. Er wählt, zumal für Innenräume, oft Holz als Baumaterial. A. ist auch als Entwerfer von Möbeln und kunstgewerbl. Gegenständen tätig. Als bedeutende Werke A.s gelten u. a. die Bibliothek in Viipuri (1927–35), Finn. Pavillon für die Pariser Weltausstellung (1937) Kulturhaus, Kongreßhalle, Konzerthalle in Helsinki (beg. 1967); Häuser im Hansaviertel in Berlin (W) und in Bremen (Neue Vahr); Gesamtplanung des Stadtzentrums von Helsinki (seit 1960). – A.-Ausstellung in Florenz 1965.

F. Gutheim, A. A., 1960; A. A., Gesamtwerk, 1965, Mal., Arch., Skulpt., 1975; K. Fleig, A. A., 3 Bde. 1975–1978; P. D. Pearson, A. A. and the Internat. Style, 1978.

Abakus (lat. „Platte"), Deckplatte des →Kapitells.

Abendmahl. Es ist in der christl. Kunst erst seit dem 6. Jh. dargestellt worden (Mosaik in San Apollinare Nuovo in Ravenna, Codex Rossanensis). Dabei besteht die Möglichkeit, das A. entweder als rituelle Kommunionsspendung zu geben (zuerst im christl. O ausgebildet: Codex Rossanensis; dann auch im Abendland: Wandgemälde des Fra Angelico in San Marco in Florenz) oder als geschichtliche Begebenheit am Vorabend der Passion. Um eindeutig zu kennzeichnen, daß letzteres gemeint sei, wird seit dem 9. Jh. meist die Ankündigung des Verrats durch Judas beigefügt. Die byzantin. Kunst richtet sich dabei gern nach dem Matthäustext, indem sie Judas in die Schüssel greifen läßt, die abendländische nach dem Johannestext: Christus reicht dem Verräter den Bissen. Doch kommen auch beide Motive kombiniert vor. In der Regel sitzt Judas allein vor der Tafel, Christus, an dessen Brust Johannes liegt, dahinter. Die dadurch gegebenen kompositionellen Schwierigkeiten haben immer wieder zu neuen Lösungen angeregt. Eine Sondergruppe monumentaler A.sdarstellungen bildete sich seit dem 14. Jh. in den Refektorien ital., bes. toskanischer Klöster heraus; die vollkommenste ist das in den letzten Jahren des 15. Jh. entstandene A. des Leonardo da Vinci im Refektorium der Kirche Sta. Maria delle Grazie in Mailand, das die meisten späteren A.sdarstellungen mehr oder weniger beeinflußt hat.

E. Dobbert, Das A. in der bildenden Kunst bis gegen den Schluß des 14. Jh., 1890–95 (Repertorium für Kunstwissenschaft, Bd. 13/15, 18); A. van Scheltema, Über die Entwicklung der A.sdarstellung von der byzantin. Mosaikkunst bis zur niederländ. Malerei des 17. Jh., 1912; M. Vloberg, L'Eucharistie dans l'Art, 2 Bde., 1946; H. Aurenhammer, Lex. d. christl. Ikonographie, 1959ff.

Abfasen, abschrägen oder abkanten von Bauteilen, z. B. eines Pfeilers („der Pfeiler ist abgefast"). Die abgeschrägte Kante heißt Fase oder Schmiege.

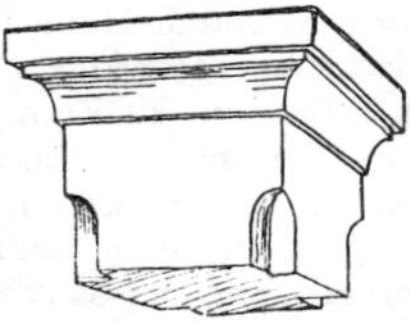

Abgefaster Pfeiler

Abfluchten →Flucht.

Abguß, Abformung eines Naturgegenstandes oder eines Bildwerks vorzugsweise durch Gips (Gipsabguß). Nötig ist zunächst eine Negativform. Braucht man nur einen einzigen A., so wird sie als „verlorene Form" hergestellt, die bei Freilegung des positiven A.s in Trümmer geht (→Bronzekunst). Soll die Negativform mehrere Abdrücke hergeben, so wird sie in Teilstücken (Keilstücken) vom Original abgenommen, dann zusammengesetzt und schließlich von dem positiven A. in Teilformen wieder abgehoben. A.e nach der Natur wurden, wie die Entdeckung der Bildhauerwerkstatt in Tell-el-Amarna gezeigt hat, bereits im alten Ägypten vorgenommen. Gipsabgüsse nach Bildwerken waren in der Antike ganz üblich, kommen dagegen im Mittelalter nicht vor, sondern erst wieder in der Renaissance: ital. Bildhauer des Quattrocento haben A.e nach antiken Bildwerken hergestellt und gesammelt. In größerem Umfang kommt das aber erst seit dem Ende des

17. Jh. in Aufnahme, als die Akademien begannen, sich Studien- und Modellsammlungen von Gipsabgüssen anzulegen. Im 19. Jh. folgten die Museen und die ägyptologischen, archäologischen und kunstwissenschaftlichen Institute d. Universitäten. Die größte, wesentlich der franz. Bildnerei gewidmete A.sammlung ist seit 1937 das Musée National des monuments Français in Paris.

In der Gegenwart werden A.e zur Rettg. d. Originale durch Zerstörung infolge der Luftverschmutzung in steigender Zahl für die →Denkmalpflege gefertigt.

Abhängling, 1. Hängeschlußstein, herabhängender, die Gewölberippen zusammenfassender Knauf, eine Weiterentwicklung des Schlußsteins bes. an spätgot. Gewölben; auch der an den Prunkdecken der Renaissance die Kreuzungsstelle der Deckbalken betonende Knauf. 2. die herabhängenden Endstücke von Hängesäulen oder der Stuhlsäule in offenen Dachstühlen.

Ablaßbilder, religiöse Darstellungen, denen Gebete und Angaben über Ablaßerteilung beigefügt sind. Sie wurden bereits im 15. Jh. als Kupferstiche hergestellt.

Abraxasstein, Abraxasgemme, gnostisches Amulett des ausgehenden Altertums, das oft die Darstellung eines auf die gnostische Gottheit Abraxas gedeuteten Fabelwesens mit menschlichem Rumpf, Hahnenkopf und Schlangenfüßen zeigt, ferner Schriftzeichen, die das Wort Abraxas enthalten.

Abseite, das Seitenschiff einer Kirche (Basilika).

Abstrakte Kunst, ungegenständliche Kunst, Richtung der Malerei und Plastik des 20. Jhs., die auf Wiedergabe eines Naturvorbildes oder auch nur einzelner Züge eines solchen völlig verzichtet und ihre Werke aus ungegenständlichen, höchstens Gegenständliches bedeutenden Formen komponiert. Nehmen diese eine Wendung ins Geometrisch-Konstruktive, so spricht man auch von →Konstruktivismus. Die A. K. ist der Versuch, eine Welt reiner Formen aufzubauen, vergleichbar dem Reich des Ornaments. Ob dieser Versuch beim Fehlen eines anschaulichen Zusammenhanges mit dem Leben in einer Sackgasse enden oder sich zu einem gültigen Prinzip der Kunst entwickeln wird, muß sich erst erweisen. – Die Idee, einer a.n Malerei taucht bereits in der Romantik auf (vgl. K. Lankheit, Die Frühromantik und die Grundlagen der „gegenstandslosen Malerei", Neue Heidelberger Jahrbücher 1951). 1910 schuf →Kandinsky das erste a. Aquarell, und bald begann die neue Richtung sich stark zu verbreiten, zuerst in Rußland seit 1913, nach dem 1. Weltkrieg auch in Holland, Deutschland, Frankreich und Amerika, wobei sich zahlreiche Sonderrichtungen (→Stijl, De) ergaben. Der a.n Malerei gesellte sich, wenngleich in viel bescheidenerem Maße, später auch eine a. Plastik zu, d. h. die Gestaltung plastischer Volumina ohne gegenständliche Bedeutung (→Archipenko, →Moore). Dabei kam es ebenfalls zu technoiden, dem Konstruktivismus der Malerei vergleichbaren Bildungen.

A. Herbin, L'art non-figuratif, non-objectif, 1949; W. Haftmann, Malerei im 20. Jh., 1954; H. Sedlmayr, Die Revolution der mod. Kunst, 1955; M. Beno, Art abstrait, 1956; F. Roh, Gesch. d. dt. Kunst von 1900 bis zur Gegenwart, 1958; E. Trier, Figur u. Raum, 1960; O. Stelzer, Die Vorgeschichte der A.n K., 1964; M. Seuphor, Abstrakte Malerei von Kandinsky bis zur Gegenwart, 1964; Kandinsky, Über das Geistige in der Kunst, 1912[3]; Punkt u. Linie zur Fläche, 1955[3]; M. Seuphor, Wb. der abstrakten Malerei, 1958, dt.; M. Brion, Geschichte der A.n K., 1960; H. Lützeler, A. Malerei, 1968; Cor. Blok, Gesch. d. a. K., 1975.

Abtei, ein von einem Abt oder einer Äbtissin regiertes →Kloster.

Abu Simbel, zwischen den beiden ersten Nilkatarakten gelegene Felsentempel aus der Zeit Ramses II., die 1812 von Burckhardt entdeckt wurden. Der größere dem Ammon-Re von Theben geweihte hat vor dem Eingang zu der riesigen Felsenhalle die kolossalen Sitzfiguren des Königs, ganz aus dem Felsen gehauen. Um die Tempel der nach Fertigstellung des Assuan-Staudammes eintretenden Überflutung zu entziehen, wurden sie abtransportiert, um auf der Höhe des A. S.-Berges wieder aufgebaut zu werden.

H. Bonnet, Reallexikon der ägypt. Religionsgeschichte, 1952; L. A. Christophe, A. S. et l'épopée de sa découverte, 1965.

Abydos, alte Stadt in Oberägypten und Mittelpunkt des Osiriskultes. Dort war der Gott selbst oder nach anderer Version sein Kopf begraben. Daher befanden sich in A. die von franz. und engl. Expeditionen untersuchten Gräber der Könige der beiden ersten Dynastien. Später, mit dem Aufkommen der Vorstellung Osiris-Toter, ließen sich auch viele Privatleute dort bestatten oder wenigstens einen Denkstein aufstellen. Die Könige Sethos I. und Ramses II. ließen in A. Tempel errichten, die neben Osiris auch dem Kult des toten Königs geweiht waren. Der Sethostempel gehört zu den großartigsten Ruinen ägypt. Baukunst.

Baedeker, Ägypten, [8]1928; Calverley-Gardiner, The Temple of King Sethos I at A., 1933; H. Ricke, Bemerkungen zur Baukunst des Alten Reiches, 2 Bde., 1944–50; H. Kees, Das alte Ägypten (m. Bibl.), 1958; weitere Lit. →Ägypt. Kst.

Accoudoir →Chorgestühl.

Achämenidische Kunst →Persische Kunst.

Acheiropoieta (griech. „nicht von Menschenhänden gemacht"), Beiname gewisser Bildnisse, bes. Christi, die auf wunderbare Weise entstanden sein sollen, z. B. das Christusbild von Edessa oder das auf dem Schweißtuch der Veronika.

Achenbach, 1. Andreas, Maler, * 29. 9. 1815 Düsseldorf, † 1. 4. 1910 das., Meister realistischer Landschaftsmalerei. Sein umfangreiches Werk enthält auch Aquarelle, Zeichnungen, sowie Lithographien und Radierungen. Die Einwirkung der holländ. Landschafts- und Marinemalerei des 17. Jhs. auf ihn ist nicht zu übersehen. Hauptthema sind See-, Küsten- und Hafenbilder (Norwegen, Belgien, Holland), Landschaften mit Wassermühlen u. dgl.

K. Woermann, A. und Oswald A., 1928 (Festschr. f. Karl Koetschau); Kat. der Ausstellung zum 150. Geburtstag von A. A. Düsseldorf 1965.

2. Oswald, Maler, Bruder und Schüler von 1, * 2. 2. 1827 Düsseldorf, † 1. 2. 1905 das., 1862–72 Professor an der Düsseldorfer Akademie. Sein Hauptgebiet war die südital. Landschaft und südital. Volksleben. Ohne sich auf realistische Detailschilderungen einzulassen, bevorzugte er Lichteffekte (Sonnenauf- und untergänge) oft mit einem Übermaß an Farbigkeit.

Cäcilie Achenbach, O. A., 1912; J. H. Schmidt, O. A., 1946[2].

Achtort, in der mittelalterlichen Baukunst das regelmäßige Achteck, eine der wichtigsten geometrischen Figuren für die Grundrißbildung got. Pfeiler, Türme, Taufsteine u. dgl.

Ada-Handschrift, karoling. Evangelienhandschrift in der Stadtbibliothek zu Trier. Sie stammt aus St. Maximin in Trier und entstand um 800 angeblich auf Veranlassung der Äbtissin Ada. In ihren Evangelistenbildern hat eine folgerichtige Umbildung spätantiker und östlicher Vorlagen in eine von der Linie her bestimmte Darstellungsweise stattgefunden. Die A. hat einer ganzen Gruppe mit ihr zusammenhängender karoling. Handschriften den Namen gegeben, der Ada-Gruppe.

Lamprecht, Menzel, Janitschek, Die Trierer A., 1889; W. Koehler, Die Hofschule Karls d. Gr., 2 Bde., 1958; Katalog d. Ausstellg. „Karl d. Gr.", Aachen 1965.

Adam und Eva boten der mittelalterl. Kunst die seltene Gelegenheit zur Darstellung des nackten Menschen. Die bedeutendste Lösung dieser Aufgabe in monumentalem Maßstab findet sich an der Adamspforte des →Bamberger Doms (um 1230). Im 15. und 16. Jh. gaben A. und E. den christl. Vorwand her, um dem Problem des männlichen und weiblichen Aktes nachzugehen, das bis in die letzten Einzelheiten zuerst von Jan van Eyck im Genter Altar (1432) verfolgt wurde. Dürer hat an A. und E. die Proportionen des idealschönen Menschen entwickelt.

Kirchner, Die Darstellung des ersten Menschenpaares in der bildenden Kunst, 1903; Sigrid Esche, A. und E., 1956; A. Aurenhammer, Lex. d. christl. Ikonograph., 1959ff; E. Guldan, E. u. Maria. Eine Antithese als Bildmotiv, 1966.

Adamklissi, Monument von, Siegesdenkmal des Kaisers Trajan in der Dobrudscha, das um 108 n. Chr. erbaut wurde. Es besteht aus einem runden Sockel von 38 m Durchmesser, der am oberen Rande einen Fries aus einzelnen Reliefs trägt mit Darstellungen der besiegten Völker. Der heute verlorene Oberbau ist verschieden rekonstruiert worden. Die Reliefs sind jetzt in Bukarest im Zusammenhang aufgestellt.

Jänecke, Die ursprüngl. Gestalt des Tropaion von A., 1919; F. B. Florescu, Das Siegesdenkmal von A. Tropaeum Traiani, dt. 1965.

Ädikula (lat. Tempelchen), im röm. Tempel kleiner Aufbau zur Unterbringung einer Statue; altchristl. auch kleine Kapelle (Grabkapelle); Umrahmung von Portalen, Fenstern und Nischen als architektonischer Aufbau von Säulen (Pilastern), Architrav und Giebel. Im Mittelalter kommt die Ä. in dieser Form nur in Italien und Südfrankreich vor, seit der Renaissance auch in den anderen Ländern. Grabmäler und bes. Altäre sind seit der Renaissance ebenfalls als Ä. aufgebaut worden, die ferner Eingang in die Möbelkunst fand zur architektonischen Gliederung von Schränken und Türen.

Adlerfibel →Fibel.

Adlerpult, Lesepult auf der Brüstung eines →Ambo, oder →Lettners, auch tragbar, so gestaltet, daß ein Adler mit ausgebreiteten Flügeln die Pultfläche bildet oder trägt. Es liegt nahe, hier eine Beziehung zum Adlersymbol des Evangelisten Johannes zu erblicken. Bes. schöne Beispiele finden sich in ital. Kirchen des Mittelalters.

H. G. Lempertz, A. in Reallexikon z. dt. Kstgesch., 1, 1937.

Adonis, griech. Vegetationsgott, der dem orientalischen Tammuz nicht unähnlich war. Bei seinem Fest, das im Hochsommer stattfand, wurde Werden und Vergehen der Natur symbolhaft dargestellt. Man stellte kleine hölzerne

Bildwerke des Gottes zwischen sog. Adonisgärtlein, zerbrochene Gefäße, in die rasch aufkeimende und wieder verwelkende Pflanzen gesetzt waren. Dieser Kult ist oft auf Vasenbildern dargestellt. Andere Darstellungen d. jugendlich gedachten Gottes, denen wir überhaupt erst seit dem 5. Jh. begegnen, sind nicht häufig, doch findet er sich öfter auf etruskischen Spiegeln zusammen mit Aphrodite. Auf röm. Sarkophagen ist sein Tod durch den von Ares ausgesandten Eber oft abgebildet.

Adorant (lat.), anbetend kniende Gestalt zu Füßen Christi oder der Madonna, auf Gemälden, Epitaphien, Grabmälern. Auch in der nichtchristl. Kunst findet sich das Motiv des A.n, in der altoriental. Kunst mit vor der Brust gekreuzten Händen als stehende Gestalt, ebenso in der Antike (stehend) mit erhobenen Händen.

Adresse, die Angabe des Verlegernamens auf Kupferstichen.

Adyton (griech. „das Unzugängliche"), der Raum des Tempels, den nur der Priester betreten durfte, das Allerheiligste. Für griech. Tempel kann in manchen Fällen das Opisthodom, der der Vorhalle entgegengesetzte Raum, als A. gelten. Es gibt aber auch besondere kapellenartige Einbauten in der Cella, entweder freistehend (Selinunt) oder an die Rückwand des Hauptraumes angelehnt. In dieser Anordnung kommt das A. auch erhöht und über eine Treppe zugänglich vor (Syrien). Es diente manchmal (so wohl in Delphi) dem Orakelwesen.

C. Weickert, Typen d. archaischen Arch. in Griech. u. Kleinasien, 1929.

Aertsen, Pieter, holländ. Maler, * 1508 Amsterdam, † 3. 6. 1575 das., tätig das. und in Antwerpen, schuf die neue Gattung des Markt- und Küchenstücks, auch Bauernbilder von kräftig realistischer Haltung, frei von den romanistischen und manieristischen Strömungen seiner Zeit. Auch seine religiösen Bilder sind in Einzelheiten von diesem Realismus berührt.

J. Sievers, P. A., 1908; M. J. Friedländer, Die altniederländ. Malerei, Bd. 13, 1936; R. Genaille, L'oeuvre de P. A., 1954 (Gaz. des Beaux-Arts 44); Mary B. Buchan, The paintings of P. A., Diss. New York Univ., 1975.

Affe. In Werken der bildenden Kunst des Mittelalters und z. T. noch der Renaissance ist der A. überwiegend als Sinnbild wechselnder, meist pejorativer Bedeutung aufzufassen. So ist nach der christl. Lehre des Mittelalters der A. die figura diaboli, der unwürdige Nachahmer Gottes, obwohl er selten in Teufelsgestalt auftritt. Der A. verkörpert überhaupt das Prinzip des Bösen und Dämonischen schlechthin, teilt allerdings diese Eigenschaft auch mit anderen Lebewesen. Als Sinnbild dämonischer Kräfte erscheint er z. B. an Kapitellen und anderen Architekturteilen der romanischen Kunst. Zuweilen bedeutet er nicht den Teufel selbst, sondern dessen Opfer, den Sünder. Seit dem 14. Jh. ist er nicht selten Zeichen sinnlicher Begierde. Wird er an eine Kette gefesselt dargestellt, so liegt darin zwar Beobachtung der Wirklichkeit, aber verbunden mit der Vorstellung des Sünders, der in den Fesseln des Lasters und des Todes ist, oder auch der Fesselung des bösen Prinzips durch die Gegenwart heiliger Gestalten (Dürers „Madonna mit der Meerkatze"). Der A. kann auch Torheit und Eitelkeit (mit Spiegel) bedeuten. Seine Auffassung als Symbolfigur hat sich bis weit in die Renaissance gehalten. Die Verwendung des A.n in satirischem, etwa gegen die Geistlichkeit gerichtetem Sinn ist daneben von geringer Bedeutung, ebenso seine Verwendung in →Drolerien (z.B. im →Gebetbuch Kaiser Maximilians). Erwähnt sei noch die in der ital. Frührenaissance aufgekommene Verbindung des A.n mit dem Grundprinzip der bildenden Kunst, die als simia naturae, d.h. als Nachäfferin der Wirklichkeit bezeichnet wird (A.nfiguren an der Basis der beiden „Sklaven" des Michelangelo. – Für den Tizian zugeschriebenen Holzschnitt des „Affen-Laokoon" gibt es noch keine ausreichende Erklärung). Das Rokoko verwendete für seine Drolerien gern das muntere Treiben der A.n (franz. Singerie →Chinoiserie).

W. C. McDermott, The Ape in Antiquity, 1938 (The John Hopkins Univ. Studies in Archaeology 27); H. W. Janson, Apes and Ape Lore in the Middle Ages and the Renaissance, 1952.

Afrikanische Kunst. Aus vorgeschichtl. Zeit stammen Felsgravierungen und -malereien, die sich in zwei großen Zonen quer durch den ganzen Kontinent erstrecken. Die ältesten dürften dem 10.–8. Jahrtausend angehören (→Altsteinzeit →Capsien): Tier- und Jagdbilder. Aus jüngerer Zeit gibt es Darstellungen von Rinderzucht (um 4000), Pferden und Streitwagen (um 1200), dann auch von Kamelen (um Zw.). Älteste plastische Kunstwerke sind die Terrakotten der Nok-Kultur (sog. nach dem Fundort Nok in Nigeria): fast lebensgroße Köpfe, teils in einer Mischung von Realismus und Abstraktion, teils grotesk stilisiert (2. Hälfte des 1. Jahrtausends v. Zw. bis etwa 200 n. Zw.). Aus noch präkolonialer Zeit stammt auch die →Ife-Kunst, der Höhepunkt afrikanischer Plastik. Mit ihr in Zusammenhang stehen die →Beninbronzen. In den jüngsten Jahrhunderten ist Holz das vorherrschende Material (Figuren, Masken, plastische Verzierungen an Gebrauchsgegenständen). Die besten Leistungen dieser Schnitzkunst finden sich im Gebiet seßhafter Stämme, so vor allem in West- und Zentralafrika. Datierung und historische Entwicklung sind dabei vielfach noch ungeklärt. – Die Erforschung A. K. begann im späteren 19. Jh. von der Völkerkunde aus, wurde aber nach dem ersten Weltkrieg auch zu einem Anliegen der Kunstwissenschaft.

E. v. Sydow, Handb. der afrikan. Plastik, 1930; W. Schmalenbach, Die Kunst Afrikas, 1953; D. Paulme, La sculpture de l'Afrique noire, 1956; E. Elisofon, Die afrikan. Plastik, 1958; B. de Rachewiltz, A. K., dt. 1960; B. Brentjes, Fels- u. Höhlenbilder Afrikas, 1965; T. Bodrogi, A. K., 1967; B. Brentjes u. W. Forman, Alte A. Plastik, 1967; L. Holy, A. Plastik, 1967; M. Leiris u. J. Delange, Afrika. Die Kunst d. Schwarzen Erdteils, dt. 1968; E. Lenzinger, Die Kunst von Schwarz-Afrika, 1972, 1976; F. Parrot, Introduction to African Arts, 1976; R. S. Wassing, Die Kst. Schwarzafrikas, 1977.

Afro (Afro Basaldella), ital. Maler, geb. 4. 3. 1912 Udine, lebt in Rom, studierte in Venedig und Florenz, reiste 1937 nach Paris, war 1941–44 Lehrer a. d. Akademie in Venedig. In seinen abstrakten Bildern sind große, harmonisch aufeinander abgestimmte und in sich differenzierte Farbflächen mit rauhen, unregelmäßigen Konturen frei geordnet, so daß sie in einem unbestimmten Bildraum zu schweben scheinen. Lineare Motive legen sich darüber. Sie betonen bestimmte Bewegungsrichtungen, verstärken den Bildbau und führen zugleich Erinnerungen an gegenständliche Motive, meist an Figuren, ein, auf die A. mit seinen Bildtiteln anspielt.

L. Venturi, A., 1954.

Ägäische Kunst. Unter diesem Begriff faßt man die gesamte Kunst des östlichen Mittelmeeres zusammen, soweit sie zeitlich vor der Einwanderung der Griechen liegt. Aus dem Neolithikum kennen wir mehrere Gruppen vorgeschichtlicher Kulturen, die zunächst nur in losem Zusammenhang stehen. In Thessalien hat sich eine Kultur nachweisen lassen, deren Charakteristikum mit geometrischen Mustern verzierte Gefäße sind. Sie steht offenbar in Zusammenhang mit der europ. Bandkeramik; ihr Einfluß reicht bis Mittelgriechenland. Das kretische Neolithikum kennt nur Tonware mit schwarzem und rotem Überzug sowie Verzierung durch Einritzen von Mustern. Diese Richtung hat sich auf den Kykladen fortgesetzt, wo es solche geritzten Gefäße bis in die mittlere Bronzezeit gibt. In Mittelgriechenland entsteht schon in der frühen Bronzezeit eine hellgrundige Keramik mit Bemalung in schwarzer matter Farbe (Mattmalerei). Die höchsten Leistungen der Ä. K. wurden in der 1. Hälfte des 2. Jahrtausends in Kreta hervorgebracht, dessen Kunst nach allen Gegenden der Ägäis ausstrahlte. Hier spielt die Vasenmalerei ebenfalls seit der frühen Bronzezeit eine große Rolle. Neben bunt gefleckten Gattungen entstehen solche mit farbigen Mustern z. T. pflanzlicher Natur (→ Kamaresvasen), dann herrliche Gefäße mit ganzen Meerlandschaften, Muscheln, Korallen und Polypen, die ihre Arme um den Gefäßkörper schlingen. Die Erstarrung dieses Stiles fällt in die Zeit der großen Ausbreitung der kretischen Kultur. Die Keramik wird auf dem Festlande imitiert (Mykenische Kunst). Die zunehmende Linearisierung der Muster, in denen man kaum noch das Naturvorbild erkennt, leitet über zum protogeometrischen Stil. Die frühen Griechen haben jedoch allein technische Elemente dieser Kunst übernommen. Der Übergang wird heute durch die dt. Ausgrabungen im Kerameikos und im Dipylonfriedhof zu Athen gut faßbar. Neben der Vasenmalerei gibt es farbige Innendekoration und Wandgemälde voll Farbe und Bewegung mit Menschen, fein beobachteten Tieren und Pflanzen, alles ohne kultische Feierlichkeit.

Eine eigentliche Plastik haben die Kreter nicht gekannt, wenn man von kleinen Fayencefigürchen, Terrakotten und Bronzen absieht. Die frühkykladische Kultur kennt aus Marmor hergestellte Idole, von denen sich viele Exemplare von ganz kleinen bis zu $1^1/_2$ m hohen erhalten haben. Ihre Bedeutung ist noch unklar. Die schönsten Erzeugnisse der Ä. K. gehören dem Kunstgewerbe, vor allem den Metallarbeiten an. Hier sind die kunstvoll in verschiedenen Metallen eingelegten Dolche und die Goldvasen zu nennen, die von Schliemann in den Schachtgräbern von Mykene gefunden wurden (um 1600). Die kretische Baukunst hat außer Grabbauten (Rundgräber im Süden Kretas in der Mesarà) die im Bereiche des Mittelmeeres einzigartigen Paläste hervorgebracht (Phaistos →Knossos). Ihr Charakteristikum ist die scheinbar planlose Aneinanderreihung von Räumen, die immer wieder durch Torhallen getrennt und um einen Mittelhof gruppiert sind.

Vor ihrer Zerstörung (um 1400) griff die kretische Kunst auf das griech. Festland (Peloponnes) über und lebte dort als kretisch-mykenische Kunst bis etwa 1200 weiter. Als neue Leistungen hat sie

in →Tiryns und →Mykene mächtige Burgen in zyklopischem Mauerwerk hervorgebracht.
Die Herkunft der Träger der Ä. K. ist noch unbekannt. Auf Kreta und dem Festland gefundene Inschriften auf Tontäfelchen (in verschiedenen Alphabeten) wurden z. T. kürzlich entziffert. Die sog. Linearschrift B gibt einen griech. Dialekt wieder, doch ist nicht sicher, ob es sich um die Sprache der Kreter handelt. Auf dem Peloponnes scheint die Oberschicht aus achäischen Einwanderern bestanden zu haben.
Die eigentlich blütenhafte Erscheinung der kretischen Kunst hat nach ihrer Entdeckung das europ. Kunstgewerbe berührt; bes. im →Jugendstil glaubt man Anklänge zu bemerken.

A. Evans, The Palace of Minos, 4 Bde., 1921–38; Bethe, 3000 Jahre griechischen Lebens, 1934; G. A. S. Snijder, Kretische Kunst, 1936; Bossert, Altkreta, [3]1937; Kerameikos, Ergebnisse der Ausgrabungen. I. Die Nekropolen des 12.–10. Jh., 1939 (W. Kraiker und K. Kübler); P. Demargne, La Crète dédalique, 1946; Milojčić, Chronologie d. jüngeren Steinzeit Mittel- u. Südosteuropas, 1949; Chr. Zervos, L'art de la Crète néolithique et minoenne, 1956; F. Matz, Kreta, Mykene, Troja, 1956; Ders., Kreta u. frühes Griechenland, 1962; S. Marinatos, Kreta u. das mykenische Hellas, 1959, 1976; F. Schachermeyr, Die minoische Kultur des alten Kreta, 1964; P. Demargne, Ägäis: Die Geburt d. griech. Kunst, 1965; L. v. Matt, Das antike Kreta, 1967; J. Chadwick, The Mycenean World, 1976; H. Schliemann, Mykenae; Bericht üb. meine Forschgn. u. Entdeckgn. in M. u. Tiryns. (Neudruck) 1981; G. E. Mylonas, Mykene, 1981.

Agasias, griech. Bildhauer, von dem neben einer signierten Basis aus dem Gebiet von Halos (Thessalien) der ebenfalls signierte sog. →Borghesische Fechter bekannt ist.

Agatharch →Skenographie.

Äginetische Kunst. Auf der Insel Ägina hat der Überlieferung nach um 500 v. Chr. eine bedeutende Kunstschule geblüht, deren Haupt der Erzgießer Onatas war. Die Werke dieser Kunstschule sind verloren, ihr Stil wird aber aus den Giebelgruppen des Aphaiatempels deutlich, die 1811 von dt. und engl. Architekten gefunden wurden (München Glyptothek). Ihr unvollständiger Zustand veranlaßte Furtwängler zu neuen Nachgrabungen, die zahlreiche Fragmente ergaben und eine neue Ergänzung ermöglichten. Die als Rundskulptur ausgearbeiteten Statuen zeigen einen noch strengen, aber bes. in der Bildung der Muskulatur nach Naturwahrheit strebenden Stil, der bei beiden Giebeln nicht ganz gleich ist. Da man Reste einer dritten Giebelgruppe fand, wird jetzt angenommen, daß der fortgeschrittenere Ostgiebel einmal zerstört und wieder ersetzt wurde. Beide Giebel sind zwischen 490 und 480 entstanden.

Furtwängler, Das Heiligtum der Aphaia, 1906; Langlotz, Frühgriech. Bildhauerschulen, 1927; G. Lippold in: Hb. d. Archäolog. 3, 1, 1950; R. Lullies u. M. Hirmer, Griech. Plastik, 1960; D. Ohly, Die Ägineten, 1976.

Ägis (griech. Aigis), der nach griech. Mythos von Hephaistos für Zeus geschmiedete eherne Schild; auch Schild oder Brustpanzer der Athena, dann gewöhnlich in Gestalt eines von Schlangen eingefaßten Tierfells mit dem Haupt der →Gorgo in der Mitte.

Agnes, Heilige, röm. Märtyrerin unter Diokletian um 300. Attribute: Scheiterhaufen und Lamm (lat. agnus). In der ihr geweihten Kirche in Rom befindet sich ein Mosaik (625–38), das als eines der ersten Beispiele eine Heiligenfigur zum Mittelpunkt des Apsisbildes bestimmt.

Agnus Dei, 1. die seit altchristl. Zeit übliche symbolische Darstellung Christi als Lamm mit Kreuznimbus, Kreuz oder Kreuzfahne und Kelch; 2. eine im Mittelalter runde, später ovale, der Andacht dienende Wachsmedaille mit dem A. D. in Relief; sie war ursprünglich wohl aus den Resten der geweihten Osterkerze geprägt; 3. Behälter für diese Wachsmedaille, entweder in Form einer Kapsel oder einer Monstranz.

Agora (griech. „Versammlg."), der nach der urspr. Versammlg. genannte Platz – vergleichbar dem röm. →Forum. Die A. erhielt als Mittelpunkt einer griech. Stadt nicht zuletzt Bedeutung durch die sie umgebenden, meist großartig angelegten Gebäude (→Portikus, →Stoa poikile). Die unregelmäßig gewachsene A. von Athen unterscheidet sich dabei von A.n Kleinasiens u. d. Inseln mit regelmäßigen Anlagen (→Hippodamos).

W. Dörpfeld, Alt-Athen u. seine A., I/II, 1937–39.

Agorakritos, griech. Bildhauer aus Paros, Schüler des Phidias, bekannt als Schöpfer großer Götterbilder. Von seinen Werken sind allein ein Bruchstück der Nemesis von Rhamnus sowie Teile des Basisreliefs dieser Statue erhalten, deren Stil sie in das Ende des 5. Jh. weist. Vielleicht geht der Typus der sog. Hera Barberini im Palazzo Spada zu Rom auf ein Werk des A. zurück.

Curtius, Die klass. Kunst Griechenlands, 1938; G. Lippold, Die griech. Plastik in: Hb. d. Archäologie, 3, 1, 1950; B. Schlörb: Untersuchungen zur Bildhauergeneration nach Phidias (Diss.), 1960.

Agraffe (franz.), als Schmuckstück ausgebildete Spange oder Schließe zum Zusammenhalten zweier Gewandteile. Der Name A. wird oft von ähnlichen, aber einem anderen Zweck dienenden Zierstücken gebraucht, so in der Baukunst für ein Bauteil, das als Klammer den Bogenscheitel mit einem darüber liegendem Gesims in der Form einer Volute verbindet.

E. Steingräber: Alter Schmuck, 1956.

Agrigent griech. Akragas, früher ital. Girgenti (seit 1927 Agrigento), Stadt nahe der Südküste Siziliens, im frühen 6. Jh. durch Griechen besiedelt, Blütezeit im 6. und 5. Jh., 405 von Karthagern zerstört. Die Neugründung des 4. Jh. war von geringerer Bedeutung. Zahlreiche Reste aus dem Altertum sind erhalten, am wichtigsten der sog. Concordiatempel, ferner Tempel der Ceres, Juno, des Herakles, Zeus, Asklepios und des Castor u. Pollux. Die Namen sind z. T. willkürliche Zuschreibungen. Nahe beim sog. Castor und Polluxtempel wurde ein altes Heiligtum unterirdischer Götter ausgegraben mit bemerkenswerten Rundaltären. Die Tempel von A. gehören zu den besterhaltenen der antiken Welt. Sie stammen sämtlich aus der vorklassischen und klassischen Zeit.

Koldewey-Puchstein, Griech. Tempel in Unteritalien und Sizilien, 1899; P. Marconi, Agrigento, 1929; P. Griffo, Agrigento, 1955; H. Berve u. G. Gruben, Griech. Tempel u. Heiligtümer, 1961.

Ägyptische Kunst. Über die Rasse der Ägypter und über die verschiedenen vorgeschichtlichen Kulturen Ägyptens sind die Meinungen noch geteilt. Sicher war die Rasse, deren Hauptbestandteil hamitisch ist, nicht ungemischt, aber ihre verschiedenen Bestandteile verschmolzen doch früh zu einer Einheit, deren Charakter infolge der Abgeschlossenheit des Landes sich niemals wesentlich änderte. Aus bescheidenen Anfängen heraus entsteht die ä. Plastik aus dem Gedanken der Erhaltung der Form des menschlichen Körpers, die für die Fortexistenz nach dem Tode erforderlich war. Daß die Mumifizierung dafür allein nicht genügte, hatte man wohl früh beobachtet. So ist die Statue zunächst Grabstatue, die unzugänglich in einem unterirdischen Raum des Grabes aufgestellt war. Auch der Reliefschmuck der Gräber diente allein der magischen Fortexistenz des Toten, jedenfalls in der älteren Zeit. Dasselbe gilt von der Malerei. Daneben entstehen natürlich bald Bilder von Göttern. Die ä. Kunstgeschichte wird eingeteilt nach den Epochen des Alten (ca. 2800 bis ca. 2200), Mittleren (ca. 2100 bis ca. 1750) und Neuen (ca. 1600 bis ca. 700) Reiches, zu denen als Spätzeit noch die Periode der Fremdherrschaften (Äthiopen, As-

Göttin Hathor (Verbindung von Vorder- und Seitenansicht)

syrer, Perser, Griechen, Römer) kommt. Im Alten Reich liegen die Wurzeln aller späteren Kunstschöpfungen, sie werden meist nur modifiziert, es treten wenige ganz neue Erscheinungen hinzu. Das Merkmal der ä. Plastik ist die Frontalität. Die Statue ist, mit wenigen Ausnahmen wie den kleinen hölzernen Dienerfiguren, die dem Kunstgewerbe angehören, stets in Vorderansicht gebildet, bei männlichen Figuren ist das linke Bein vorgestellt. Daneben gibt es nur noch die Seitenansicht. Die Bildwerke des Alten Reiches zeichnen sich durch geschlossenen Aufbau und strenge Formbildung aus, individuelle Züge glaubt man allein aus der Gesichtsbildung erschließen zu können; doch ist es bis heute noch nicht geklärt, wieweit die ä. K. ein Bildnis in unserem Sinne kannte. Im Mittleren Reiche glaubt man eine Zunahme der individuellen Züge bemerken zu können, vor allem an den zahlreichen aus dieser Zeit erhaltenen Königsstatuen und Köpfen. Das Neue Reich setzt diese Tendenzen z. T. fort, bedeutet aber andererseits zugleich eine Erstarrung und Schematisierung, die sich bes. in den blockhaften Unterkörpern hockender Figuren äußert. Die Kunst von Amarna, der man fälschlicherweise immer einen besonderen Naturalismus zuschrieb, ist eine später wieder unterdrückte Strömung, die durch die Tendenzen des Ketzerkönigs Echnaton (Amenophis IV.) ins Leben gerufen war. In der Spätzeit machen sich Zeichen einer Anlehnung an ältere Werke bemerkbar, daneben entsteht, wohl schon unter dem Einfluß der griech. Kunst, eine Reihe von hervorragenden Bildnissen, deren genaue Zeitbestimmung bisher noch umstritten ist. Eine eigentliche Verschmelzung von griech. und ä. Kunst ist niemals eingetreten. Die ä. Baukunst ist in der älteren Zeit hauptsächlich durch Grabanlagen vertreten, deren großartigste Beispiele die Pyramiden sind. Vor ihnen stand einst der Totentempel des Königs, mit der Grabkammer durch einen Gang verbunden. Man denkt sich die Pyramide auf dem Umweg über die Stufenpyramide, durch das Aufeinandersetzen mehrerer rechteckiger, bankförmiger Gräber (Mastaba, griech. „Bank“) entstanden, ein Grabtypus, der sich in der Umgegend der Pyramiden vielfach findet, und der eine etwas geböschte, glatte Wand nach außen zeigt. Im Inneren besteht das Grab gewöhnlich aus mehreren, hintereinander angeordneten Räumen, ähnlich wie auch bei den Totentempeln. Bei neuesten Grabungen an der Pyramide des zur 12. Dynastie zählenden Pharaos Amenemhet (um 1900 v. Chr.) bei Daschur wurden Teile eines genauen Kalkstein-Modells einer Pyramide mit Einzelheiten wie Kammersystem, Gängen usf. gefunden, deren Bau bisher noch nicht entdeckt ist. Diese Form hat auf den Tempelbau nachhaltig

Ägyptisches Pflanzenkapitell

eingewirkt. Die Addition vieler Räume, die von Säulenhöfen unterbrochen werden, ist der Grundzug der ä. Baukunst, der auch bei den großen Felsengräbern und Felsentempeln beibehalten wird. Nach außen werden diese Raumkonglomerate durch glatte Fassaden zusammengefaßt, die gewöhnlich nur auf der Vorderseite durch die oft in mehrfacher Folge hintereinander aufgestellten, festungsartigen Türme (Pylone) monumental betont sind. Doch gibt es auch Fälle, in denen Pfeilerhallen an Stelle der Fassade treten. Die mangelnde Fähigkeit des Wölbens bedingt im Steinbau eine enge Stützenstellung, die bei größeren Räumen die gewaltigen Pfeiler- oder Säulensäle entstehen läßt. Die eigentümlichen Säulenformen, die zum Teil pflanzliche Gebilde nachahmen, aber nicht unmittelbar in naturalistischem Sinne daher abgeleitet werden können (Lotos-, Papyrussäulen), halten sich durch die ganze ä. Geschichte, wenn auch in der Spätzeit Mischformen auftreten. In neuester Zeit suchen Grabungen insbesondere nach Palastanlagen die Forschungen zu erhellen, deren Veröffentlichungen noch ausstehen.

Das ä. Kunstgewerbe hat sich aller Stoffe bedient, die auch anderwärts verwendet werden (Holz, Ton, Elfenbein, Metalle), doch hat es immerhin so wirksame Techniken wie die farbige Fayence erfunden. Die Keramik stand in Ägypten, abgesehen von einigen Erscheinungen in der Vorgeschichte, immer auf einer ziemlich niederen Stufe. Es muß überhaupt betont werden, daß Kunstwerke höchsten Ranges nur in geringer Zahl in der Ä. K. vorkommen. Sehr vieles gehört in den Bereich der handwerklichen Erzeugnisse, deren Produktion durch den schematischen Charakter dieser Kunst auch dort gefördert wird, wo es eigentlich nicht zu erwarten wäre.

Curtius, Die antike Kunst, I, 1924; Schäfer-Andrae, Die Kunst des alten Orients, 1925; Kees, Ä. K., 1926; G. Steindorff, Die Kunst der Ägypter, 1928; H. Schäfer, Von Ä. K., [4]1963;

K. Lange, Ä. K. [2]1939; A. Hermann u. W. Schwan, Ägypt. Kleinkunst, 1941; W. St. Smith, A History of Egyptian Sculpture and Painting in the Old Kingdom, 1946; R. Hamann, Ä. K., Wesen und Geschichte, 1948. Zum Fortleben der Ä. K. in Europa: Ragna Enking, Der Apis-Altar J. M. Dinglingers, 1939; S. Morenz, Die Zauberflöte, 1952; J. Vandier, Manuel d'archéologie égyptienne, 1952ff.; A. Mekhitarian, Ä. Malerei, dt. 1954; K. Lange u. M. Hirmer, Ägypten. Architektur, Plastik, Malerei in 3 Jahrtausenden, [5]1982; W. Wolf, Die Kunst Ägyptens, 1957; A. Champdor, Die altägypt. Malerei, 1957; B. de Rachewiltz, Die Kunst der Pharaonen, 1959; Irmgard Woldering, Ägypten. Die Kunst der Pharaonen, [4]1964; J.E.S. Edwards, Die ägypt. Pyramiden, dt. 1967; W. Westendorf, Das alte Ägypten, 1976; W. Afanasjewa u.a., Kst. d. Vorderen Orient u. Ägyptens, 1976; C. Lilyquist, Ancient Egyptian Mirrors (Münchner Ägypt. Studien Bd. 27) 1976; J. D. Cooney, Glass (Catal. of the Egyptian Antiquities in the Brit. Museum, Vol. 4), 1976; J. Ruffle, Heritage of Pharaos (Introduction to Archæology, 2 Bde.) 1977; J. Osing, Der Totentempel Sethos I. in Qurna (hg. v. Dt. Arch. Inst. Abt. Kairo, Bd. 20) 1977; H. W. Peck, Ägypt. Zeichnungen aus 3 Jahrtausenden, 1982; G. Posener (Hg.), Lex d. ägypt. Kultur, 1978.

Ägyptologie, die Wissenschaft, die sich mit dem Studium des alten Ägypten befaßt, begründet durch J. F. Champollion, der nach langer Beschäftigung mit den Hieroglyphen 1827 den ersten Text fehlerfrei übersetzte. In Deutschland wurde die Ä. durch R. Lepsius und H. Brugsch begründet. Die moderne Ä. untersucht nicht nur Sprache und Literatur, sie hat sich auch der archäologischen und topographischen Untersuchung Ägyptens zugewendet und umfaßt das gesamte Gebiet der ä. Kultur von der Vorgeschichte bis zur Zeit der Römerherrschaft.

W. Wolf, Wesen u. Wert der Ä., 1937 (Leipziger Ägyptolog. Studien 8); H. Grapow, Das Wörterbuch der ägypt. Sprache, 1953; S. Morenz, Die Ä. im Kosmos d. Wissenschaften, 1962 (Saeculum 12); E. Hornung, Die Ä., 1965.

Aigrette (franz.), Haargesteck der Dame aus Edelmetall in Form eines Federschmucks, auch Vögeln oder Rosetten (17. u. 18. Jh.).

Aiguière (franz.), Wasserkanne von zierlicher Form, bauchig und mit Schnabel, Henkel und Fuß versehen. In Verbindung mit einem Becken diente sie der Handwaschung bei Tafel und wurde von der Edelschmiedekunst der franz. Renaissance als Prunkstück ausgebildet. →auch Lavabokessel.

Akademie, Kunstschule. Das Wort leitet sich her von einem Garten in der Nähe von Athen, der einem Heros Akademos geweiht war, wo die Philosophen sich trafen und wo Plato lehrte. Von dieser platonischen A. ging der Name über auf gelehrte Gesellschaften aller Art, wie sie sich namentlich im Zuge der Renaissance in Italien und anderwärts bildeten. Er blieb auch an einigen Gemeinschaften hängen, die der Pflege der Kunst dienten, so an der von Leonardo da Vinci 1494 in Mailand eingerichteten Malerschule, der Accademia Vinciana. Erste A. mit festen Satzungen wurde 1599 die (aber schon 1577 gegründete) Accademia di San Luca (nur Schule für Maler) in Rom. Sie besteht bis heute und war Vorbild für alle späteren Kunstakademien. Solche entstanden im 17. Jh. in großer Zahl, teils als private Unternehmungen, teil als fürstliche Gründungen. Von besonderer Bedeutung wurden die Académie royale de Peinture et de Sculpture (1648) und die Académie d'Architecture (1671) in Paris, die 1795 zur Académie des Beaux-Arts vereinigt und als Abteilung des Institut de France eingerichtet wurden. In Deutschland stifteten die ersten fürstlichen A.n Leopold I. in Wien

1692 und Kurfürst Friedrich III. in Berlin 1696. Es folgten 1761 Stuttgart, 1764 Dresden und Leipzig, danach viele andere. – Außerhalb Europas gab es Kunstakademien schon sehr früh in China, so die vom Kaiser Hui Tsung 1101 begründete Malerakademie.

Bibliographie im Reallex. zur dt. Kunstgesch., Bd. 1, 1937; N. Pevsner, Academies of Art – Past and Present, 1940.

Akanthus. Eine größtenteils am Mittelmeer heimische Pflanze, die wegen ihrer schönen Blätter früh

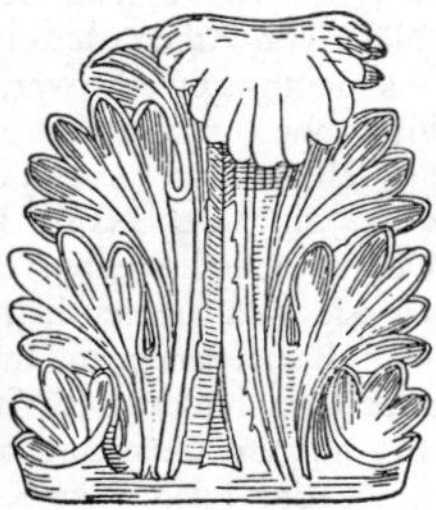

Akanthusblatt

in die ornamentale Kunst eingeht. Seit dem 5. Jh. wird A. zunächst in Athen als ornamentaler Abschluß von Grabreliefs verwendet. Später erfährt er seine reichste Ausbildung am korinthischen Kapitell, dessen frühestes Beispiel (um 400) im Apollontempel zu Phigalia stand. Der A. liegt fast allen Formen des röm. und selbst des byzantin. Kapitells zugrunde, kommt auch am roman. Kapitell häufig vor, wird aber oft stark umstilisiert. Als Flächenornament werden A.geschlinge in der röm. Kunst außer in der Baukunst (→ Ara Pacis Augustae) auch im Kunstgewerbe, vor allem bei silbernen Gefäßen verwendet. → Akroterion. Renaissance und Barock haben das A.ornament wieder aufgenommen.

Möbius, Die Ornamente der griech. Grabstelen klassischer und nachklassischer Zeit, 1929; F. Kempter, A. Die Entstehung eines Ornamentmotivs, 1934; Felicitas Rothe, Das dt. A.ornament des 17. Jh., 1938; R. Hauglid, A. Norske Minnesmerker, 3 Bde., 1950.

Akley-, Aklei-, Agleybecher, ein Pokal (kein Becher), der der Blüte der Akeleipflanze nachgebildet ist. Die ältesten wurden im 16. Jh. in Nürnberg hergestellt, wo sie von der Goldschmiedezunft als Meisterstücke verlangt wurden. Das Fehlen jeglicher horizontaler Gliederung der Schale und die got. Grundform von Schaft und Fuß bezeugen bes. entschieden die gotisierende Richtung des damaligen Kunstgewerbes.

Vermutlich besteht ein Zusammenhang zwischen dem A. und der Bedeutung der Akeleipflanze

Akleybecher

als Symbol Christi (häufig zu finden in der Malerei zwischen 1400 und 1550).

R. Fritz, Aquilegia. Die symbolische Bedeutung der Akelei, 1952 (Wallraf-Richartz-Jahrb. 14).

Akrolith, griech. Bezeichnung für Bildwerke, deren nackte Teile (Kopf, Hände, Füße) aus Marmor gebildet waren, während der bekleidete Körper aus vergoldetem Holz bestand. Die Technik war ein Ersatz für das teuere Goldelfenbein (→Chryselephantin) u. wird bereits bei Pausanias erwähnt.

Akropolis, griech. „Hochstadt", Festung, im besonderen die Burg von Athen, die sich auf steilem Felsen im O der Altstadt erhob, die sich dann um die A. herumlegte. Die ältesten Reste von Befestigungen stammen aus mykenischer Zeit. Nach 479 wurde die Burgmauer durch Themistokles und Kimon erneuert und geradegelegt, wobei Planierungen ausgeführt wurden. Schon im 6. Jh. war die Burg der religiöse Mittelpunkt Attikas. Die Peisistratiden führten verschiedene Bauten auf, die jedoch der Zerstörung durch die Perser zum Opfer fielen. Bei der großzügigen Erneuerung der Heiligtümer der Burg, die auf Veranlassung des Perikles und mit Hilfe der Kasse des attischen Seebundes 448 begonnen wurde, erhielt die A. das Aussehen, das wir heute noch, freilich in ruinenhaftem Zustande, vor Augen haben. Damals, oder schon vorher, waren alle von den Persern zerstörten Bildwerke und Bauteile zu Aufschüttungen und Planierungen verwendet worden, ein Umstand, der zur glücklichen Erhaltung zahlreicher Reste der archaischen Kunst führte. Der künstlerische Leiter der Arbeiten, von Perikles beauftragt, war nach dem Zeugnis des Plutarch der Bildhauer →Phidias, dem der Architekt →Iktinos zur Seite stand. Man begann mit der Errichtung des Tempels der Burggöttin Athena, dem →Parthenon (447–437), dem die von Mnesikles entworfenen → Propyläen (437–432) folgten.
In die Zeit des Peloponnesischen Krieges fällt die Errichtung des →Erechtheion und des →Niketempels mit seiner reliefgeschmückten Balustrade. Damit war der Plan des Perikles im wesentlichen vollendet, wenn auch mit manchen Änderungen, die durch kleinliche Bedenken kultlicher Natur die Ausführung der ursprünglich viel monumentaler geplanten Anlage des Burgtores verhindert hatten. In späterer Zeit hat man wenige bauliche Veränderungen vorgenommen. In röm. Zeit entstand östlich vom Parthenon ein kleiner Rundtempel für Roma und Augustus.

O. Walter, Führer durch Griechenland I, Athen, Akropolis, 1929 (beste Zusammenfassung); Hege-Rodenwaldt, A., [5]1957; K. Michalowski, Die A., 1964.

Akroterion (gr. höchster Teil), die Giebelverzierung von Tempeln, aber auch kleineren Denkmälern wie Grabreliefs. In der ältesten griech. Baukunst gibt es große scheibenförmige Akrotere aus bemaltem Ton (Heraion in Olympia). Bei klassischen Bauten sind meist reiche Bildungen aus →Akanthusranken auf Mitte und Ecken der Giebel gesetzt, aber auch figürliche Ausbildungen finden sich (Löwen, Greifen, mythol. Fig.).

Aksum, die alte Hauptstadt des abessinischen Reiches (vom 1. bis 5. Jh. n. Chr.). Sie birgt zahlreiche Reste alter Bauten, die teils wohl noch aus der heidnischen, teils, wie die Zionskirche, aus der christl. Zeit stammen. Der Stil dieser Bauwerke verschiedenster Art (Tempel, Paläste, Grabbauten) kann von keinem anderen Orte abgeleitet werden, hängt aber vielleicht mit der bisher wenig erforschten südarabischen Kunst zusammen. Am bekanntesten sind die hohen Grabstelen, von denen eine, die 26 m hohe sog. Stockwerkstele, die Form eines oben abgerundeten Obelisken trägt, der auf allen Seiten von Nischen durchbrochen ist.

Veröffentlichungen der dt. Aksumexpedition, 1913; U. Monneret de Villard, A., 1938.

Akt (lat. actus „Handlung, Bewegung"), ursprünglich die vom nackten Körper (Aktmodell) zu Studienzwecken dargebotene Haltung und Gebärde und die danach gefertigte Studie (Aktstudie), später jede Darstellung des nackten Menschen. Zweifellos hat man im Mittelalter gelegentlich nach dem A.modell gearbeitet, häufiger aber erst seit dem 15. Jh., wobei auch für den weiblichen Akt in der Regel männliche Modelle benutzt wurden. Daß Ausnahmen vorkamen, beweist die Eva des Genter Altars (→Eyck). Erst nach 1500 werden weibliche Aktmodelle allgemeiner üblich.

W. Hausenstein, Der nackte Mensch in der Kunst aller Zeiten u. Völker, 1913; A. Schinnerer, A.zeichnungen aus 5 Jahrhunderten, 1925; Josepha Weitzmann-Fiedler, Die A.darstellung in der Malerei vom Ausgang der Antike bis zum Ende des roman. Stils, 1934 (Studien zur dt. Kunstgesch. 298); W. R. Deusch, Die A.zeichnung i. d. europ. Kunst, 1943; J. Cassou, Der A. in der Malerei, 1952; K. Clark, Das Nackte in der Kunst, 1958; A.zeichnungen großer Meister. Geleitwort von K. Edschmid, 1963; F. Bayl, Der nackte Mensch in der Kunst, 1964; G. Bammes, Der nackte Mensch, 1969; ders., D. zeichnerische A.studium, ²1973.

Aktaion, Aktäon, in der griech. Sage der Sohn des Aristaios und der Autonoe, einer Tochter des Kadmos. Wohl ein alter Berggott, der als Jäger gedacht wird. Er sieht Artemis im Bade und wird deswegen in einen Hirsch verwandelt und von seinen Hunden zerrissen. Die antike Kunst kennt nur die Darstellung seines Todes (Metope in Selinunt, mehrere Vasenbilder), die neuere auch die seiner Verwandlung.

E. Langlotz u. M. Hirmer, Die Kunst der Westgriechen, 1963.

Alabaster ist in der Antike für Gefäße, Lampen, Wandverkleidungen verwendet worden; in der →Assyrischen Kunst auch für Reliefs. Etwa seit der Mitte des 14. Jh. wird er Werkstoff der abendländ. Bildnerei, zuerst und am ausgiebigsten in England, wo bes. die lebensgroßen Liegefiguren auf Grabtumben aus A. gearbeitet wurden. In Deutschland ist seine Verwendung im 14. Jh. noch selten, häufig dagegen seit dem 15. Jh., meist aber nur für Bildwerke kleinen Formats. Beteiligt sind fast alle Gegenden Deutschlands. Ein Hauptwerk ist der aus Rimini stammende Kreuzigungsaltar (um 1425; Frankfurt a. M., Städt. Gal.), der von einem rhein. Meister in Italien gearbeitet wurde, und um den sich eine ganze Anzahl weiterer Alabasterwerke gruppieren. Im 16. Jh. hat bes. die niederländ. Bildnerei den A. gern verwendet. Im übrigen kommt er für kleinplastische Arbeiten bis ins 18. Jh. vor, wo ihm dann durch die Erfindung des Porzellans viele Möglichkeiten entzogen wurden.

W. Paatz, Stammbaum der got. A.skulptur, 1956 (in Kunstgeschichtl. Studien für Hans Kauffmann); Reallex. d. Kst. Bd. 1 (m. Bibl.); H. Lueschen, Die Namen der Steine, 1968; Fr. de Quervain, A. als Werkstoff von historischen Bildwerken u. Steinmetzarbeiten i. d. Schweiz (ETH Zürich, Inst. f. Denkmalpflege), 1975.

Alabastron, kleines griech. Salbgefäß, ursprünglich aus Alabaster, dann auch aus Ton oder Bronze, Form langgestreckt oder kugelig, stets mit flacher Mündungsplatte.

Alba, Albe (lat. „weiß"), langes, weißes, leinenes, mit langen engen Ärmeln versehenes Gewand, das der kath. Priester bes. dann trägt, wenn er die Messe zelebriert. Ihr Ursprung ist anscheinend in Ägypten. Seit dem 10. Jh. kommen auch Alben aus weißem Seidenstoff mit Stickerei vor.

Albarello, Fayencegefäß mit niedrigem Fuß und Hals und schlankem, zylindrischem, leicht eingezogenem Körper; stammt aus Persien und wurde seit dem 16. Jh. in Italien als Apothekergefäß hergestellt.

Alberti, Leone Battista, ital. Baumeister, Bildhauer, Maler, universale Persönlichkeit, * 18. 2. 1404 Genua oder Venedig, † 1472 Rom, seit 1430 in Florenz, seit 1432 fast dauernd in Rom, ist uns in seiner künstlerischen Tätigkeit nur als Baumeister faßbar: Entwürfe für San Francesco in Rimini (1446), den Palazzo Ruccellai in Florenz, die Fassade von Sta. Maria Novella das. (1456), San Andrea in Mantua (beg. 1472). Letzteres Werk ist sein bedeutendstes. Ohne Vorläufer steht es da und auch ohne unmittelbare Nachfolge; denn seine Raumform sollte erst ein Jh. später die typische Raumform der Barockkirche werden. Als Kunsttheoretiker steht A. im Quattrocento an erster Stelle: „Zehn Bücher über die Baukunst" (lat. erst 1485 erschienen; dt. übers. von M. Theuer, 1912; 1975); russ. Ausg. mit ausführlichem Kommentar von W. P. Subow, A. J. Benediktow u. a., 2 Bde., 1935–37, durch Vitruv angeregt; „Drei Bücher über die Malerei" (1435), eine Proportionslehre enthaltend und die erste Erläuterung der Grundbegriffe der perspektivischen Konstruktion; „Über die Statue" (nach 1464), ebenfalls grundlegend. Die letzten beiden Werke hg. von Janitschek in Eitelbergers „Quellenschriften",Bd. 11, 1877 u. C. Grayson, 1964 u. 1972.

F. Seitz, S. Francesco in Rimini, 1893; G. Mancini, Vita di L. B. A., [2]1911; W. Flemming, Die Begründung d. modernen Ästhetik und Kunstwissensch. durch L. B. A., 1916; Venturi, L. B. A., 1923; Semiprini, L. B. A., 1927; J. Schlosser, Ein Künstlerproblem der Renaissance: L. B. A., 1929 (Sitzungsber. d. Akad. d. Wissensch. Wien, Phil.-hist. Kl. 210, H 2); M. L. Gengaro, L. B. A., 1939; A. Parronchi, Studi su la dolce prospettiva, 1964; R. Wittkower, Grundlagen d. Arch. i. Zeitalter d. Humanismus, 1969; F. Borsi, L. B. A. The Complete Work, 1976; H.-K. Lücke u. a., A.-Index, 4 Bde. (3 Indexbde., 1 Faks.-Bd.) De Re Aedificatoria (Veröff. d. Zentralinst. f. Kstgesch., VI) 1979.

Albertina, graphische Sammlung in Wien, eine der bedeutendsten der Welt, bes. seit der Zusammenlegung mit den graphischen Beständen der Wiener Nationalbibliothek (1920), umfaßt etwa 26000 Handzeichnungen vom 15. Jh. bis zur Gegenwart, darunter 145 Dürerzeichnungen, ferner etwa 600000 druckgraphische Blätter. Ihr Name geht zurück auf Herzog Albert von Sachsen-Teschen (1738–1822), dessen Sammlung ihren Grundstock bildet. Reproduktionswerke: J. Schönbrunner und J. Meder, Handzeichnungen aus der A. und anderen Sammlungen, 12 Bde., 1896 bis 1908; J. Meder, Handzeichnungen aus der A., N. F., seit 1926. – Beschreibender Katalog der Handzeichnungen, hg. von A. Stix, bisher 6 Bde., 1926–1941; Meisterzeichnungen der A. Europ. Schulen von der Gotik bis zum Klassizismus, 1964.

J. Schönbrunner, Die A., 1897; O. Benesch, Meisterzeichnungen der A., 1964.

Albertotypie →Lichtdruck.

Albiker, Karl, Bildhauer, * 16. 9. 1878 Ühlingen (Baden), † 1961 Ettlingen (Baden) 1919 Prof. der Akademie in Dresden, lebte seit 1945 in Ettlingen. Er schuf bewegte, die Schwere überwindende Einzelfiguren und Bildnisbüsten mit einer im Licht vibrierenden Oberfläche.

A. Hentzen, Dt. Bildhauer der Gegenwart, o. J.; Kat. d. Kst.halle Mannheim, K. A. Das gesammelte Werk, 1939.

Albrechtsburg →Meißen.

Alb-Salem-Kultur, Kulturgruppe der mittleren Hallstattzeit auf der schwäb. Alb, im südl. Baden und der NO-Schweiz verbreitet. Die A.-S.-Kultur ist Hauptträgerin der süddt. →Hallstattkunst; ihre besten Schöpfungen liegen auf dem Gebiet der Tonware. Kennzeichnend sind gr., bauchige Urnen mit Trichterrand u. abgesetztem Halsfeld, ferner flache, tellerartige Schüsseln. Die sehr reiche Verzierungen trägt rein geometrisches Gepräge; sie ist ein ausgesprochener Rahmenstil mit metopierten Flächen, die mit liegenden Kreuzen u. gefüllten Winkelmotiven ornamentiert sind. An Verzierungstechniken gelangen rote Bemalung, Graphitierung, Kerbschnitt, Stempelstich und Ritzung zur Anwendung. Oft sind die Gefäße in mehreren Techniken zugleich verziert.

H. Kühn, Die vorgeschichtliche Kunst Deutschlands, 1935; H. Zürn, Zur Chronologie der A.-S.-K., 1937 (Germania 35); J. Keller, Die Alb-Hegau-Keramik der älteren Eisenzeit, 1940; 1957.

Alcázar (arab. „die Burg“, „Palast“), Bezeichnung verschiedener span. Burgen und Schlösser (Sevilla, Toledo).

Aldegrever, Heinrich, Kupferstecher, * 1502 Paderborn, tätig bis 1555 Soest, einer der →Kleinmeister. Unter seinen Stichen, deren Zahl auf 290 angegeben wird und die alle damals volkstümlichen Stoffe enthalten, befinden sich als der bedeutendere Teil gegen 100 Ornamentstiche. Diese nehmen die ital. Renaissanceornamentik auf, entwickeln deren Arabesken leicht und erfindungsreich weiter und liefern Vorlagen edel geformter Gegenstände für die Goldschmiedekunst.

H. Zschelletzschky, Die figürliche Graphik H. A.s, 1932 (Studien z. dt. Kunstgesch. 288); M. Geisberg, H. A., 1939; R. Fritz, H. A. als Maler, 1959; A. Damiani, Incisioni di H. A. nella raccolta di stampe della Pinacoteca Tosio Martinengo in Brescia, 1974.

Aldinen, die Bücher, die aus der Druckerei des Aldus Manutius in Venedig seit etwa 1490 hervorgingen und in Druck und Ausstattung das Beste ihrer Zeit darstellten.

M. Ferrigni, Aldo Manuzio, 1925; F. Bräuninger, Verlegereinbände bei A. M. (Jb. für Einbandkst., 3–4) 1929/1930.

Aldobrandinische Hochzeit, berühmtes röm. Wandgemälde, das 1606 auf dem Esquilin in Rom gefunden wurde; früher im Besitz der Aldobrandini, heute in der Bibliothek des Vatikans. Die Darstellung, in deren Mittelpunkt auf dem Brautbett neben Aphrodite die Braut sitzt, während ein Jüngling halb auf dem Boden liegend sich an das Bett lehnt, ist noch nicht sicher gedeutet. Die seitlichen Szenen des Bildes, das am Ende des 1. Jh. v. Chr. entstanden sein wird, gehören sicher nicht zur ursprünglichen Komposition.

Nogara, Le Nozze Aldobrandine e paesaggi con scene dell' Odissea 1907; L. Curtius, Die A. H., 1950 (in: Vermächtnis d. antiken Kunst); K. Schefold, Pompejanische Malerei, Sinn u. Ideengesch., 1952; W. Helbig u. H. Speier, Führer durch d. öffentl. Slgn. in Rom, 1963.

Alexandermosaik, großes Mosaik aus der Casa del Fauno in Pompeji, jetzt im Mus. zu Neapel. Das Bild stellt eine Schlacht Alexanders d. Gr. gegen Darius dar, doch ist nicht mit Sicherheit zu entscheiden, ob es sich um die Schlacht bei Issos handelt. Die überaus sorgfältige Arbeit und die großartige Komposition des Mosaiks läßt vermuten, daß es eine Kopie nach dem Bilde des Philoxenos von Eretria ist (Ende des 4. Jh. v. Chr.). Es ist eines der wenigen Kunstwerke, die einen Begriff von der Größe antiker Malerei vermitteln.

H. Fuhrmann, Philoxenos von Eretria, 1932; A. Rumpf in Handbuch d. Archäologie 4, 1953; B. Andrae, Das A., 1959, 1976.

Alexandersarkophag, der Sarkophag eines Herrschers von Sidon, der nahe dieser Stadt in einer großen Nekropole gefunden wurde und heute im Mus. zu Istanbul ist. Das sicher attische Werk ist auf allen Seiten mit Reliefs geschmückt, die eine Schlacht Alexanders d. Gr. und Jagdszenen darstellen. Bekannt ist die vorzügliche Erhaltung der farbigen Bemalung, die einen Begriff von der ursprünglichen Wirkung griech. Skulptur vermittelt.

F. Winter, Der A. aus Sidon, 1912; V. v. Graeve, Der A. und seine Werkstatt, 1972 (Istanbuler Forschgn. 28).

Alexandrinische Kunst, Richtung der →hellenistischen Kunst, die in der von Alexander gegründeten neuen Hauptstadt Ägyptens zu Hause war. Die Geschichte der A. K. ist im einzelnen noch ziemlich unklar. Charakteristisch ist eine eigentümliche Weichheit der Bildung, bes. in der Frühzeit der A. K., und ein einheitlicher Faltenfluß bei Gewandfiguren. Später neigt die A. K. zu einem krassen Naturalismus, der sich in der Darstellung alter Frauen, mißgebildeter Zwerge und allerlei genrehafter Figuren aus dem täglichen Leben (Händler, Tänzer, Sklaven, Fischer usw.). äußert. Ein merklicher Einfluß der ägypt. Kunst ist nicht spürbar, mit Ausnahme der Wiedergabe ägypt. Gottheiten, die aber nur Symbole, Tracht und Attribute übernehmen, im Stil ganz griech. sind. Die zufällige Entdeckung großer Nekropolen (Kôm esch Schukâfa) mit Wandmalereien hat dazu geführt, den Ursprung der pompejanischen Wandmalerei in Alexandria zu suchen, doch ist das nicht haltbar.

Schreiber u. a., Expedition Sieglin, 1908 ff.; Pagenstecher, Nekropolis, 1919; Adriani, Documenti e ricerche d'arte Alessandrina, 1946 ff.; Ders., Testimonianze e monumenti di scultura alessandrina, 1958.

Algraphie, Flachdruck mit Aluminiumplatten. →Lithographie.

Alhambra (arab. „die rote Burg"), die auf felsiger Höhe über Granada gelegene Burg maurischer Herrscher, bedeutendstes weltliches Denkmal der maurischen Kunst auf span. Boden. Sie ist nicht nach einheitlichem Plan angelegt, sondern zu dem im großen und ganzen noch heute erhaltenen riesigen Komplex (Umfang 3,5 km) im 13. und 14. Jh. zusammengewachsen. Ihre Räume ordnen sich nach orientalischer Weise um prächtige, von Säulengängen eingefaßte Innenhöfe, von denen der „Löwenhof" der berühmteste ist. Die Haupträume sind mit →Stalaktitengewölben ausgestattet. Die Dekoration der Wände mit →Mauresken und →Azulejos ist von überwältigendem Reichtum. Nach der endgültigen Vertreibung der Mauren (1492) wurde die A. von den span. Königen zunächst sorgfältig erhalten, geriet im 18. Jh. jedoch in Verfall und wurde im 19. Jh. gründlich wiederhergestellt.

O. Jones, Plans, elevations, sections and details of the A., 2 Bde., 1842–45; Borrmann, Die A., 1900; F. Fernández Martínez, La A., 1933; M. Gómez-Moreno, A., 2 Bde. o. J. („El Arte en España", 5, 17); F. P. Bargebuhr, Die A., 1968; O. Grabar, The A., 1977.

Alkamenes, griech. Bildhauer, der in der 2. Hälfte des 5. Jh. in Athen arbeitete und als Schüler des Phidias galt. Von seinen zahlreichen, in der Literatur genannten Werken hat sich bisher nur eines mit einiger Sicherheit identifizieren lassen, die Gruppe der Prokne mit Itys auf der Burg von Athen, wahrscheinlich aber nicht das Original, sondern eine röm. Kopie. Dieser Gewandstatue hat man jedoch eine Reihe anderer, ebenfalls nur in Kopien erhaltener Werke anschließen können, deren Stil mit dem der Parthenongiebel eine gewisse Verwandtschaft zu zeigen scheint.

L. Curtius, Die klassische Kunst Griechenlands, 1938; W. H. Schuchhardt, VI. Internat. Kongr. f. Archäol., 1939 (S. 399ff.); Langlotz, A.-Probleme, 1952; B. Schlörb, Untersuchungen zur Bildhauergeneration nach Phidias, 1964; W.-H. Schuchhardt, A. (Untersuchungn. z. Werk d. athenischen Bildhauers A.), 1977.

alla prima (ital.), das Malen ohne Untermalung und ohne Lasuren.

Allegorie, die bildliche Veranschaulichung von Vorstellungen, Vorstellungs - Zusammenhängen, Begriffen, die an sich unanschaulich sind. Das Hauptmittel dazu ist die Personifikation. Die antike Kunst weist eine Fülle solcher Personifikationen auf, nicht minder die mittelalterliche, z.B. →Ecclesia und Synagoge, →Tugenden und Laster. Das spätere Mittelalter hat immer mehr und immer kompliziertere A.n ersonnen, deren gedanklicher Inhalt oft einer mühseligen Deutung bedarf. In der Renaissance tritt neben die theologische oder christlich moralisierende A., sie sogar da und dort ersetzend, eine A., die aus den Quellen der antiken Mythologie gespeist ist. Der Barock liebt die mit großem Figurenaufwand in erhabener Sphäre rauschend einherziehende A. Im 19. Jh. kommt sie als Bildgegenstand nur noch vereinzelt vor, häufig dagegen als Bildwerk im Zusammenhang mit Bauwerken und Denkmälern. Die A. läßt sich gegen das →Symbol nicht immer eindeutig abgrenzen.

R. Wittkower, Allegory and the Migration of Symbols, 1976.

Allerheiligenbild, eine auf Kap. 7 der Apokalypse und dem Aufkommen des Allerheiligenfestes im 7. u. 8. Jh. beruhende Darstellung der Anbetung des Lammes (als Symbol Christi) durch Vertreter der ganzen Menschheit im Sinne der „Civitas Dei" des Augustinus, wonach sich nach dem Jüngsten Gericht Kirche und Welt vereinigen. Frühe Beispiele im karoling. Sakramentar von Udine und im →Codex aureus. Die monumentale Malerei des 12. Jh. hat das Lamm durch Christus ersetzt. Spätere bekannte Beispiele sind die Anbetung des Lammes im Genter Altar und das von Dürer 1511 für die Kapelle der Zwölfbruderschaft zu Allen Heiligen geschaffene A. mit dem →Gnadenstuhl als Mittelstück.

Almandin, purpurroter bis rotvioletter Edelstein, zu den edlen Granaten gehörig. Die Hauptfundstellen liegen in Vorderindien und auf Ceylon. Hier wird der A. auch zuerst als Schmuckstein verwendet, während er in Vorderasien und Südosteuropa erst nach dem Indienzuge Alexanders d. Gr. erscheint. Während der Völkerwanderungszeit bildet der A. das bevorzugte Material der germanischen Edelsteinauflagen.

Er wird teils in mugelig geschliffener Form, teils in Gestalt dünner Plättchen verwendet (Zelleneinlage →Email); auch stabförmige A.-Auflagen kommen vor. Es scheint, daß die Steine größtenteils schon in fertig geschliffenem Zustand aus Indien bezogen wurden. Vom Ende des 6. Jh. ab wird der A. mehr und mehr durch europ. Granate oder buntes Glas ersetzt, um mit der Mitte des 7. Jh. völlig aus dem germanischen Kunsthandwerk zu verschwinden. Die Ursache dürfte in der Unterbindung des indischen Fernhandels durch die Araber und Turkvölker zu suchen sein (→Germanische Kunst).

H. Rupp, Die Herkunft der Zelleneinlage, 1937 (Rhein. Forsch. zur Vorgesch. 2); W. Holmquist, Germanic Art in the First Millenium A. D., 1955.

Alpera-Gruppe →Altsteinzeit →Capsien.

Alsener Gemmen, nach einem von der dän. Insel Alsen stammenden Fundstück genannte, aus Glaspaste hergestellte Gemmen. Sie sind etwa dem 5. Jh. angehörende germ. Nachbildungen röm. Gemmen und stellen in primitiver Zeichnung meist drei Figuren dar.

O. F. Gandert, Die Alsengemmen, 1956 (36. Ber. der Röm.Germ. Kommission 1955).

Alt, Rudolf von, Maler, * 28. 8. 1812 Wien, † 12. 3. 1905 das., Sohn des Vedutenmalers Jakob A. (1789 bis 1872), wurde von diesem in die Kunst der malerisch aufgefaßten Vedute eingeführt. Indem er den Darstellungsbereich seines Vaters beibehielt (ital. und österr. Städte, bes. Wien, Burgen und Alpenlandschaften), ging er doch weit über ihn hinaus. Er gab das Bauwerk, das nicht nur Ziel der Darstellung, sondern auch Ausgangspunkt für die Entfaltung malerischer Bildwerte wurde, mit sachlicher Treue wieder und ordnete es zugleich einer künstlerischen Vorstellung unter. Die endlose Reihe seiner in 7 Jahrzehnten hervorgebrachten, meist in helles Licht getauchten Aquarelle zeigt wachsenden Reichtum der Farbe bei abnehmender Schärfe der Zeichnung. – Sein Bruder Franz v. A. (1821 bis 1914) malte ebenfalls Architektur- und Landschaftsaquarelle.

Leisching, R. v. A., 1902; Hevesi, R. v. A., 1905; A. Rößler, R. v. A., 1909; L. Münz, R. v. A., 1954; W. Koschatzky, R. v. A., 1976.

Altamira, Höhle bei Santander in Nordspanien, berühmt durch ihre →altsteinzeitl. Malereien. Die bedeutendsten Bilder befinden sich an der Decke eines niedrigen Saales, unweit vom Eingang. Sie stellen ausschließlich Jagdwild des Menschen dar: Bisonten, Eber, Wildpferde, Hirschkühe. Im Ganzen bringt die Decke 25 einzelne Tierfiguren, die meist in halber Lebensgröße gegeben und mit bewundergungswürdiger Sicherheit erfaßt sind. Die malerische Ausführung erfolgte in mehreren Farbtönen (schwarz, braun und ocker), die nicht nur als reine Lokalfarben verwendet sind, sondern auch der Abschattierung dienen. Überdies wurden natürliche Unebenheiten des Felsgrundes geschickt benützt, um die Tierkörper plastisch hervortreten zu lassen. Zeitlich gehören die Bilder dem älteren →Magdalénien an; sie stellen das bedeutendste Denkmal der →frankokantabrischen Höhlenmalerei dar. Durch Touristenströme sind die Malereien gefährdet. Eine maßstabgetreue Nachbildung der Deckenmalerei beherbergt das Dte. Museum in München.

E. Cartailhac und H. Breuil, La caverne d'A., 1906; H. Kühn, Kunst und Kultur der Vorzeit Europas. Das Paläolithikum, 1929; Ders., Die Felsbilder Europas, 1955; H. Breuil und H. Obermaier, The cave of A., 1935; E. Pietsch, A. u. die Urgesch. der chemischen Technologie, 1963.

Altan →Balkon.

Altar. Für die Entwicklung des A.s in der christl. Kunst ist zu unterscheiden der Hochaltar (der A. des Herrn, daher auch Fronaltar genannt) von den (Heiligen gewidmeten) Nebenaltären. Der Platz des Hauptaltars war in der altchristl. Basilika vor der Apsis. Im Mittelalter rückte er in diese hinein. Außer dem feststehenden A. gab es noch den →Tragaltar. Der A. besteht aus der A.platte oder Mensa und deren Träger (stipes). Er hat entweder Tisch- oder Blockform; in letzterem Falle kann er auch einen Hohlraum enthalten, der der Aufbewahrung von Reliquien und A.gerät dient: Kastenaltar. Im Barock ist die Form des Sarkophagaltars verbreitet, bes. in Süddeutschland. Seit dem 6. Jh. erhielt der A. zumal in Italien häufig einen Überbau, das →Ciborium. Ansatzstelle für die künstlerische Ausstattung des A.s war im früheren Mittelalter im wesentlichen die A.bekleidung, das →Antependium, im späteren der Altaraufsatz oder das Altarretabel (lat. „Rückwand"), im dt. Sprachgebrauch oft schlechthin A. genannt. Das A.retabel ist entweder auf den rückwärtigen Teil der Mensa aufgesetzt, so fast ausnahmslos im dt. Mittelalter, oder steht auf einem hinter dem A. befindl. Unterbau (Renaissance, Barock). Das Vorkommen des A.-retabels ist für das 11. Jh. belegt; erhalten haben sich die ältesten Beispiele aus dem 12. Jh. Das roman. Retabel (12.–13. Jh.) ist aus Stein oder Stuck (Erfurter Dom um 1160) oder Metall (Paris, Cluny-Mus., aus St. Castor in Koblenz), in diesen Fällen mit Relief versehen; oder es ist aus Holz mit Malereien (Beispiele aus dem 13. Jh. in den Museen von Berlin und München). Es schließt gerade, halbrund oder ist in der Mitte halbrund erhöht. Die Gotik hat die gemalten Tafeln als Retabel beibehalten, dieses auch architektonisch ausgebaut (Hochaltar der Elisabethkirche in Marburg 1290). Beide Formen sind in Deutschland selten; dagegen gewann hier eine dritte Form außerordentliche Verbreitung und Bedeutung: der Flügelaltar. An einen feststehenden Mittelteil (meist aus Holz, aber auch aus Stein), den Altarschrein, wurde links und rechts ein Flügel angesetzt (aus Holz). Schrein und Flügel wurden mit geschnitzten (Schnitzaltar) oder gemalten Darstellungen versehen. Doch sind die Flügel an der Außenseite stets nur gemalt. Statt des einen Flügelpaares kann der Schrein auch deren zwei oder drei haben, die einen Wandel der Ansichten ergeben: Wandelaltar. Im 15. Jh. wurde es üblich, dem Flügelaltar eine Predella oder Altarstaffel zu geben, d. h. einen Untersatz von durchschnittlich einem Drittel der Schreinhöhe. Auch die Predella kann gemalte oder geschnitzte Darstellungen enthalten und zur Aufbewahrung von Reliquien eingerichtet sein. In der Spätgotik erhielt der Schrein einen oft sehr hohen, turmartigen Aufbau, das Gesprenge, bestehend aus phantasievoll zusammengefügten, zierlichen und dünnen Architekturgliedern wie Tabernakel und Fialen in ganz durchsichtiger Anordnung, auch besetzt mit Figuren. Der Flügelaltar, der außer in Deutschland nur noch in den Niederlanden, in geringerem Umfang auch in Nordostfrankreich und in den skandinavischen Ländern verbreitet ist, erreichte in Deutschland den Höhepunkt seiner Entwicklung im letzten Drittel des

15. und im ersten des 16. Jh. Das Beste, was die dt. Bildnerei (Pacher, Stoß, Riemenschneider) und auch die dt. Malerei (Isenheimer Altar des Grünewald) zu geben hatten, haben sie oft im Flügelaltar gegeben. Dieser hat sich, allmählich Renaissanceformen annehmend, noch durch einen großen Teil des 16. Jh. gehalten. Doch setzte sich von Italien her das feste Retabel mit architektonisierendem Aufbau auch in Deutschland jetzt immer mehr durch und herrschte seit dem Barock ohne Ausnahme. Dabei nimmt die Stelle des Gesprenges häufig ein Auszug (Aufzug) ein, ein kleinerer Schrein oder Rahmen über dem größeren mit einer Figurengruppe oder einem Gemälde. Der Barock hat den A. zu einem Prunk- und Repräsentationsstück ersten Ranges ausgebaut. Das Zentrum des Retabels bildet häufig ein Gemälde, das Altarblatt. Statuen stehen zu Seiten. Das Material ist Stein (Marmor) oder Holz, bemalt und vergoldet. Im span. Barock werden verglaste Schreine im A.retabel als Transparente bezeichnet (Toledo, 1732). Als Sonderform des A.s muß der →Kanzelaltar angesehen werden; ebenso der →Laienaltar nach dem Ort der Aufstellung. – Das 19. Jh. brachte für den A. keine neuen Formen hervor; man übernahm in Abwandlungen solche früherer Epochen (→Neugotik; →Neubarock). Der Neue →Kirchenbau d. 20. Jhs. kennt A.e der hergebrachten Formen nicht mehr. Aufstellungsort ist im allgemeinen auch nicht mehr der Chor.

J. Braun, Der christl. A., 2 Bde., 1924; Ders., Das christl. A.gerät, 1932; K. Schultz, Der dt. A. im späten Mittelalter, 1939; W. Wegner, Der dt. A. des späten Mittelalters, 1941 (Münchener Beitr. z. Kunstgesch., Bd. 7); W. Paatz, Süddeutsche Schnitzaltäre der Spätgotik, 1963; A. Preiser, D. Entstehen u. d. Entw. d. Predella i. d. it. Mal., 1973; H. Wildenhof-Sewig, Der Wandel d. Schnitzaltars v. letzt. Drittel d. 14. Jhs. bis zum Ende d. weichen Stils, Diss. Frankfurt, 1973; H. Beck, P. Bol, Altarkst. d. Barock, Ausst.kat. Liebighaus Frankfurt, 1978; Der Altar d. 18. Jhs. (Forschgn. u. Berichte d. Bau- u. Kst.denkmalpflege in Bad.-Württemberg, Bd. 5), 1978; H. Schindler, Der Schnitzaltar, 1978; Barbara Schächtelin, Altarbaustudien, Diss.phil. I. Zürich, 1980; H. Thelen, Zur Entstehungsgesch. der Hochaltar-Architektur v. St. Peter in Rom (Habil.-schrift Fr. Univ. Berlin 1966), 1967.

Altarschranken→ Chorschranken.

Altchristliche Kunst, frühchristliche Kunst, die Kunst der ersten Jhe. des Christentums, soweit sie in dessen Dienst steht: Baukunst (Basilika), Bildnerei (Sarkophagreliefs, Elfenbeinreliefs), Malerei (Wandmalereien in den Katakomben, Mosaiken, Miniaturen), kunstgewerbliche Gegenstände kultischer Art. Die Formen der A. K. entstammen der antiken Kunst (daher auch die Bezeichnung „Christliche Antike") und nehmen erst allmählich ein eigenes, keineswegs einheitliches Gepräge an. Hauptgebiete der A. K. sind der christl. Orient und Italien. Im 6. Jh. erstand ihr in Byzanz (Konstantinopel) ein neues Zentrum (→Byzantinische Kunst).

F. X. Kraus, Gesch. der christl. Kunst, Bd. 1 u. 2, 1896–1900; L. v. Sybel, Die christl. Antike, 2 Bde., 1906–09; O. Wulff, Die altchristl. u. byzantin. Kunst, Bd. 1, 1914 und bibliograph.-krit. Nachtrag 1935; W. Neuss, Die Kunst der Alten Christen, 1926; F. Kayser, Werdezeit der abendländ. Kunst. Frühchristl. und roman. Kunst in Italien, 1948; E. H. Swift, The Roman sources of Christian art, 1952; Ch. R. Morey, Early Christian art, [2]1953; D. T. Rice, The Beginnings of Christian art, 1957; W. F. Volbach, Frühchristl. Kunst, 1958; H. Laag, Wörterbuch d. a.n K., 1959; A. Grabar, Die Kunst d. frühen Christtentums, 1967; P. du Bourguet, D. frühe christl. Kst. dt. 1973; B. Brenk, Spätantike u. frühes Christentum (Propyläen Kstgesch. Folgeband 1), 1977; H. Schlunk, Th. Hauschild, Die Denkmäler der frühchristlichen u. westgot. Zeit, 1978; F. van der Meer, Die Ursprünge christl. Kunst, 1982; F. Mancinelli, Die Katakomben u. Basiliken d. frühchristl. Rom, 1980.

altdeutsch. Unter dieser Bezeichnung verstand man seit der Romantik im wesentlichen die dt. Malerei des 15. und 16. Jh. bis zu Holbein d. J., auch die Innenausstattung der Wohnräume der dt. Renaissance („altdt. Stube", „altdt. Möbel"). Im großen und ganzen gehört diese Bezeichnung heute der Vergangenheit an, nachdem sich unsere Kenntnis der dt. Kunst früherer Zeiten so sehr erweitert hat; sie wird meist nur noch im volkstümlichen Sinne gebraucht.

Altdorfer, 1. Albrecht, Maler, Graphiker und Baumeister, * gegen 1480 wahrscheinlich Regensburg, † zwischen 12. 2. und 29. 3. 1538 das. Jugend und künstlerischer Werdegang liegen im Dunkeln, die Reihe der datierten Arbeiten beginnt 1506. 1511 Reise die Donau abwärts in die Alpenländer; sie vermittelt starke Natureindrücke. Einrichtung eines Werkstattbetriebes in Regensburg, A. wird Mitglied des Rates. Vor 1526 vielleicht Reise nach Italien. In diesem Jahr ist A. als Stadtbaumeister bezeugt. – A. ist der Hauptmeister der →Donauschule, die in seinen Werken ihre vielseitigste und schönste Ausprägung erfahren hat. Der Gestaltung der Landschaft ist A. nachgegangen wie in seiner Zeit nur noch Dürer. Er hat eine Reihe reiner Landschaftszeichnungen und -radierungen geschaffen, auch das erste von menschlichen Figuren völlig freie Landschaftsgemälde der europ. Kunst. In seinen bibl. Darstellungen ist er in ungewöhnlich hohem Grade von der Überlieferung unabhängig, liebt es, volkstümlich zu erzählen und die Erzählung durch viele kleine genrehafte Züge auszuspinnen. Dem Licht und den atmosphärischen Erscheinungen hat er seine besondere Aufmerksamkeit zugewandt. Soweit seine Bilder nicht Flügelaltären angehören (beste Sammlung in der Älteren Pinakothek in München), haben sie fast durchweg kleines Format, auch seine graphischen Blätter. A. war auch an den Unternehmungen des Kaisers Maximilian beteiligt (Triumphwagen, -pforte, →Gebetbuch), ohne daß sich jedoch sein Anteil mit Sicherheit feststellen ließe.

H. Tietze, A. A., 1923; M. J. Friedländer, A. A., 1923; O. Benesch, Der Maler A. A., [4]1943; Hanna L. Becker, Die Handzeichnungen A. A.s, 1938; A. A. und sein Kreis. Amtl. Katalog der Gedächtnisausstellung München, 1938; L. v. Baldaß, A. A., 1941; A. A. Zeichnungen, Gesamtausg. v. Fr. Winzinger, 1952, desgl. der Graphik, 1963; desgl. Die Gemälde (Oeuvr.-Kat.), 1976; K. Oettinger, A.-Studien, 1955, 1966; E. Ruhmer, A. A., 1965; A. Stange, Malerei der Donauschule, 1965; Die Kst. d. Donauschule, Kat. Ausstllg. in St. Florian b. Linz, 1965; J. Krichbaum, A. A., 1978.

2. Erhard, etwa gleichaltriger Bruder von 1, Maler, Zeichner für den Holzschnitt, Baumeister, * wahrscheinlich Regensburg, † 1562 wahrscheinlich Schwerin, ist fast ausschließlich in seiner Tätigkeit für den Holzschnitt faßbar. Er schuf u. a. die kraftvollen Illustrationen zur Lübecker niedersächs. Bibel von 1533/34 und ist neuerdings als ein für die Anfänge seines Bruders wichtiger Parallelgänger erwiesen worden.

Jürgens, E. A., seine Werke und seine Bedeutung für die Bibelillustration des 16. Jh., 1931; Ulla Stöver, E. A., ungedr. Diss. Würzburg, 1947; K. Oettinger, A.-Studien, 1959.

Altichiero da Zevio, ital. Maler, der bedeutendste Meister des Trecento in Verona, arbeitete gemeinsam mit Avanzo, ohne daß sich der Anteil der beiden genau unterscheiden läßt. Erhalten haben sich: zwei Freskenfolgen in der Kapelle S. Felice im Santo in Padua (vollendet 1379) und im Oratorium des hl. Georg das. Sie zeichnen sich durch lebhafte, kontrastreiche Farben und einen gewissen Realismus aus.

P. Schubring, A. und seine Schule, 1898; L. Bronstein, A., 1932 (frz.); G. L. Mellini, A. e Jacopo Avanzo, 1965; H. W. Kruft, A. u. Avanzo, 1966.

Altsteinzeit (Paläolithikum), ca. 2000000 bis 10–8000 v. Chr., Eiszeitalter, älteste Periode der menschlichen Kulturentwicklung. In Europa entspricht die A. etwa den vier Eiszeiten Günz – Mindel – Riss – Würm im Süden bzw. Weybourne – Elster – Saale – Weichsel im Norden, denen ältere Glazial-Zeiten vorausgegangen waren. Die A. gliedert sich in das Alt-, Mittel- und Jungpaläolithikum. Die beiden ersten langdauernden Abschnitte werden nach der klassischen Ordnung in die Perioden des Abbevilliens, des Acheuléens und des Moustériens unterteilt. Überreste der während dieser Zeit hier lebenden ältesten Menschenarten sind der Unterkiefer von Mauer b. Heidelberg (homo heidelbergensis, zur erectus-Gruppe gehörend), der Schädel von Steinheim a. d. Murr/Württ., Schädelreste von Swanscombe/England, Fragmente von Fontéchevade/Frankreich (homo steinheimensis) und Skelettfunde des Neanderthalmenschen aus einer Höhle im Neanderthal b. Düsseldorf (homo neanderthalensis). – Ihre Kulturen stehen auf der niederen Stufe des Jäger- und Sammlertums; der Kulturbesitz ist auf die Kenntnis der Feuerbereitung und einfaches Steingerät beschränkt. Die ältesten Werkzeuge sind zugerichtete Gerölle (pepple tools) aus Quarzit, Feuerstein (Silex), Kalkstein u. a. Felsgestein; daher die Bezeichnung Geröll-Kulturen. Technisch weiter entwickelt sind die meist aus Silex hergestellten Faustkeile. Grobe, plumpe Formen kennzeichnen die des Abbevilliens, sorgsam bearbeitete und verfeinerte die des Acheuléens. In diesem Zeitabschnitt gibt es spezielle Faustkeil-Kulturen wie die des Micoquiens. Der Formenschatz der Geräte erweitert sich durch verschiedene Schaber-Typen und bearbeitete Abschläge (Abschlag-Kulturen z. B. des Clactonien). Während des mittelpaläolithischen Moustériens treten an die Stelle der Faustkeile vorwiegend Handspitzen, erste Blattspitzen, viele Schaberarten und gelegentlich dicke, massive Klingenabschläge. Eine Sonderform mit Abschlägen kennt das Levalloisien. Auch Knochen, Geweih, Mammutelfenbein bearbeitet der während des Mittelpaläolithikums in Europa lebende Neanderthalermensch, der bereits über ein Totenritual verfügt und sowohl Tote mit Grabbeigaben bestattet als auch kultische Kopfbestattung vornimmt.

Mit dem Beginn des Jungpaläolithikums erscheinen in Europa Jägerkulturen höherer Art. Der Kulturbesitz wird reicher; er umfaßt u. a. Fernwaffen (Pfeil, Bogen, Harpune, Speerschleuder, Wildfallen, spezialisierte Feingeräte aus Stein und Knochen, bes. Spitzen, Bohrer, Kratzer, Schaber, Klingen usf.). Auch deuten Funde auf den Beginn einer gewissen Seßhaftigkeit des homo sapiens, des direkten Vorfahren des heutigen Menschen, und auf ein entwickeltes Gemeinschaftsleben hin. Körperschmuck und Kunst sind dem Jungpaläolithikum von Anfang an eigen. Es umfaßt die Perioden des →Aurignaciens, des Solutréens in Westeuropa und des →Magdaléniens am Ende der letzten Eiszeit (Würm-Glazial). Besonders kulturelle Ausprägungen sind das Perigordien, Chatelperronien, Szeletien (bes. in Ungarn), Gravettien und die Hamburg-Ahrensburger Stufe in Norddeutschland.

Die jungpaläolithische Kunst umfaßt plastische Arbeiten in Bein, gebranntem Lehm und Stein, Knochengravierungen, ferner Ritzzeichnungen und mehrfarbige Malereien in Höhlen und an Felswänden. Den Körperschmuck bilden kleine Ringe, Perlen aus Felsgestein, Mammutelfenbein und Gagat, durchbohrte Kiesel, fossile Schnekken und Muscheln sowie Anhänger aus Geweih, Stein und Zähnen, teilweise mit Amulettcharakter. – Die Kunstdenkmäler entstehen im Dienste des Zauberglaubens; aber auch profane Inhalte finden sich. Reproduziert werden hauptsächlich Mammut, das wollhaarige Nashorn, Höhlenbär, Moschusochse, Bison, Urrind, Rothirsch, Rentier, Steinbock, Wildpferd, Wildschwein, Höhlenlöwe, Wolf und lachsartige Fische.

Nach dem Stil und der räumlichen Verteilung der Denkmäler können in Europa und Nordafrika vier jungpaläolithische Kunstkreise unterschieden werden. Der →franko-kantabrische Kreis ist durch eine realistische Kunst gekennzeichnet, die zumeist Tierdarstellungen, seltener menschliche Figuren bietet. Die Entwicklung setzt im →Aurignacien mit plastischen Arbeiten und geritzten Umrißzeichnungen ein; sie erreicht ihren Höhepunkt in den großen Höhlenmalereien des Magdalénien (→Altamira, →Font de Gaume, →Lascaux, Niaux in Frankreich). Die ostspanische oder Alpera-Gruppe ist durch lebhafte Jagd-, Kampf- und Tanzszenen ihrer Felsmalerei ausgezeichnet, die ganz auf die Wiedergabe der Bewegungsrhythmen abgestimmt ist. Sie wird noch der ältesten →Capsien-Kultur zugerechnet.

Ritzzeichnung eines Mammut
(Höhle von Les Combarelles)

Die Felszeichnungen des nordafrikanischen Kreises (Atlasgebiet u. Nordsahara) zeigen in ziemlich schematischem Stil Tiergruppen und Jagdszenen, vereinzelt auch Darstellungen von magischen Zeremonien (→Capsien).

Der osteuropäische Kreis (z.B. Kapovia in Baschkirien/Rußl.) ist bisher durch relativ wenige Denkmäler vertreten. Seine Kunst ist schematisch-geometrischer Art (Frauenfiguren von Predmost/Mähren; männliche Plastik von Brünn 2 →Aurignacien); er kennt auch das echte geometrische Ornament (Mäandermuster von Mezine/Ukraine). Die Mehrzahl der Denkmäler gehört dem Solutréen an.

Die plastische Kleinkunst tritt durch neueste Forschungen und Funde immer mehr in den Blickpunkt. Ihre Objekte sind die mit dem eiszeitlichen Jäger unmittelbar verbundene Tierwelt und der Mensch selbst, vor allem überbetont voluminöse weibliche Darstellungen, sog. Venusfiguren (V.-Statuetten), meist aus Mammutelfenbein, gebranntem Ton, Gagat oder Kalkstein. Ein Hauptbeispiel ist eine vor kurzem im Lonetal b. Ulm ausgegrabene Mammutelfenbein-Figur, die als die bis jetzt älteste prähistorische menschliche Darstellung angesehen wird (→Aurignacien). Während der letzten Phase der A., dem →Magdalénien, findet eine fortschreitende Schematisierung statt. Die menschlichen Figuren erscheinen hier in weitgehender Stilisierung.

Reste von Wohnanlagen, darunter Hütten- und Zeltanlagen, haben sich in Rußland, der Tschechoslowakei und bei Hamburg/Ahrensburg erhalten.

Hoernes-Menghin, Urgeschichte der bildenden Kunst in Europa, [3]1925; H. Kühn, Die Malerei der Eiszeit, 1923; Ders., Kunst und Kultur der Vorzeit Europas. Das Paläolithikum, 1929; L. F. Zotz, A.kunde Mitteleuropas, 1951; Breuil u. Lantier, Les hommes de la Pierre ancienne, 1951; Breuil, Quatre cents siècles d'art pariétal, 1952; H. Kühn, Die Kunst Alteuropas, 1954; H. G. Bandi u. J. Maringer, Kunst der Eiszeit – Levantekunst – Arktische Kunst, [2]1955; P. Graziosi, Die Kst. d. Altsteinzeit, 1956; G. Riek, Die Eiszeitjägerstation am Vogelherd 1, 1934; G. Bataille, Lascaux, 1955; Der Neandertaler und seine Umwelt. Bonner Jahrbücher, Beiheft 5, 1956; A.N. Rogatschew in „Paleolit i Neolit", 1957 9; A. Rust, Die jungpaläolithischen Zeltanlagen von Ahrensburg, 1958; Hundert Jahre Neanderthaler, 1856–1956. Bonner Jahrbücher, Beiheft 7, 1958; Tschernysch, Vestiges d'un Habitat moustérien sur le Dniester. Sovietskaja etnografia 1, 1960 149; A. Laming u. J. Emperaire, La signification de l'art rupestre paléolithique, 1962; B. Klíma, Dolní Věstonice, 1963; K.P. Oakley, Framework for dating Fossil Man, 1964; A. Leroi-Gourhan, Préhistoire de l'Art occidental, 1965; H. Müller-Karpe, Handb. d. Vorgesch. Bd. 1. Altsteinzeit, 1966; J. Jellinek, Das große Bilderlexikon des Menschen in der Vorzeit, 1972.

Amazonen, in der griech. Sage Volk von kriegerischen Frauen, das im Nordosten Kleinasiens gelebt haben soll. Dementsprechend hat die Sage bes. auf die ostgriech. Mythenwelt gewirkt und ist früh mit anderen Sagenkreisen, auch dem trojanischen, verbunden worden. Die älteren Darstellungen der Kunst geben die Amazonen im Typus griech. Krieger, später erhalten sie skythische Tracht, wohl weil sie als Nachbarn der Skythen galten; sie tragen Hosen, ein enges Gewand mit Ärmeln und die skythische Mütze, sowie neben der Doppelaxt und dem Bogen den halbmondförmigen Amazonenschild. Die Bilder der Vasenmalerei sind wohl von einem großen Gemälde des Mikon in der Stoa Poikile zu Athen abhängig. Über plastische Darstellungen →Polyklet. Die großen Reliefzyklen kleinasiatischer Grabmäler (Xanthos, Gjölbaschi) gehen wohl auf verlorene Vorbilder in der ostgriech. Malerei zurück.

D. v. Bothmer, Amazons in Greek art, 1957; K. R. Röhl, Aufstand d. A. Gesch. einer Legende, 1982.

Amazonen-Axt, Lochaxt mit breit ausladender, halbmondförmiger Schneide, im Umriß dem →Pelta-Motiv oder Amazonenschild ähnlich, nach dem auch die Bezeichnung g-prägt wurde. Die A.-Ä.e gehören der Bronzezeit Armeniens und Transkaukasiens an (→ Kaukasischer Kreis).

E. Dullo, Die kaukas. Äxte d. Bronzezeit, 1936 (Prähistor. Ztschr. 27).

Amberger, Christoph, Maler, * um 1500, † 1561/62 Augsburg, tätig hauptsächlich das., stand gleich Burgkmair unter venezianischer Einwirkung, scheint sich auch an Holbein orientiert zu haben. Wir schätzen ihn am meisten in seinen Bildnissen, von denen eins der reifsten das des Kosmographen Sebastian Münster ist (Berlin, Dt. Mus.).

Haasler, Der Maler Ch. A., 1897; F. Winkler u. W. R. Deusch, Dte. Malerei

d. 16. Jhs., 1935; Kat. d. Ausstellg. Augsburger Renaissance, 1955; K. Löscher, Ch. A. als Zeichner (in Münch. Jb. d. bild. Kunst 30), 1979.

Ambo →Kanzel.

Amerikanische Kunst →Iberoamerikanische Kunst, →Jesuitenstil, →Kolonialstil, →Maya-Kunst, →Mexikanische Kunst, →Nordamerikanische Kunst, →Peruanische Kunst.

Amiet, Cuno, schweizer. Maler und Graphiker, * 28. 3. 1868 Solothurn, † 1961 Riedtwil (Kt. Bern), war 1906/07 Mitglied der →Brücke, wurde zuerst von Gauguin, dann von Hodler und später von den franz. Impressionisten beeinflußt, entwickelte einen eigenen Stil von kraftvoller und lichter Farbigkeit (Landschaften, Genre) auch als Wandmaler.

C. v. Mandach, C. A. 1925; Ders., C. A. Vollst. Verz. der Druckgraphik, 1939; A. Baur, C. A., 1946; G. Jedlicka, C. A., 1948; Adèle Tatarinoff, C. A., 1958; C. A. und d. Maler der Brücke (m. zahlr. Beiträgen), Ausst.kat. Kunsthaus Zürich u. Brücke-Mus. Berlin, 1979.

Amikt, Humerale, Ornatstück des kath. Priesters, ein rechteckiges Tuch aus weißem Leinen, das vor dem Anlegen der →Alba um Nakken, Schultern und Brust geschlungen wird.

Amman(n), Jost, Zeichner für den Holzschnitt, Radierer, Maler, *1539 Zürich, † 1591 Nürnberg, im wesentlichen das. tätig. Abgesehen von seinen gemalten und gezeichneten Bildnissen, Entwürfen für Glasgemälde und Radierungen, liegt das Hauptgewicht seines Schaffens in der unendlichen Fülle seiner Holzschnittillustrationen, die den ganzen Kreis des damals Darstellbaren betreffen (Bibel, Historien-, Kriegs-, Jagd-, Trachten-, Wappenbücher) und ein umfassendes kulturgeschichtliches Spiegelbild ihrer Zeit geben. Sie sind gespreizt, überfüllt, üppig, bewegt, Turnierbuch (1566), Fronspergers Kriegsbuch (1571–73), Frauentrachtenbuch (neue Ausg. 1880), Ständebuch, mit Reimen von Hans Sachs (neue Ausg. mit einem Nachwort von R. Graul, 1934).

K. Pilz, Die Zeichnungen und das graph. Werk des J.A., 1933 (Anzeiger für schweizer. Altertumskunde, N. F. 35); Ders., J. A., 1940 (Mitteil. d. Vereins f. Gesch. d. Stadt Nürnberg 37).

Ammon, ägyptischer Gott (Amon, Amun), vorwiegend menschen- oder widdergestaltig. Ab Mittlerem Reich Ortsgott von Theben, im Neuen Reich Reichsgott Ägyptens. Er kommt im 5. Jh. nach Griechenland und wird dort unter dem Namen Zeus-Ammon verehrt. Das bekannteste Werk, der Zeus-Ammon des →Kresilas, ist bisher nicht mit Sicherheit in einer röm. Nachbildung festgestellt worden.

A. Erman, Die Religion der Ägypter, 1934; H. Bonnet, Reallexikon der ägypt. Religionsgeschichte, 1952; C. J. Classen, The Libyan God A. in Greece before 331 B.C., 1959 (in: Historia 8).

Amor →Eros.

Amoretten →Putten.

Ampel (lat. ampulla „Fläschchen", in spezieller Bedeutung Fläschchen mit geweihtem Öl), Hängelampe, in der Öl gebrannt wird, ein- oder mehrflammig. Für die Beleuchtung der christl. Kirchen wurden bes. seit dem 4. Jh. sehr kostbar gearbeitete und zuweilen zu riesigen Bündeln vereinigte A.n verwandt. Im Mittelalter wurde die A. durch den mit Kerzen brennenden →Kronleuchter verdrängt, hielt sich aber als vor dem Altar brennendes „ewiges Licht" bis heute.

Amphiprostylos →Tempel.

Amphitheater →Theater.

Amphora. Zweihenkliges, bauchiges Gefäß, diente in Griechenland der Aufbewahrung von Öl und Wein, wurde vielfach auch für den Export verwendet. →Vasenmalerei.

Amphora des Exekias
(Rom, Vatikan)

Ampulle (lat. „Fläschchen", „Krüglein"), bezeichnet in der liturgischen Sprache der kathol. Kirche 1. das gläserne oder metallene Kännchen für Wein und Wasser beim Meßopfer; 2. den zinnernen Behälter für die am Gründonnerstag geweihten Öle; 3. Behälter für Essenzen im Zusammenhang mit dem christl. Grabkultus; 4. Behälter zur Mitnahme von Wasser, Öl, Erde von Wallfahrtsstätten: Pilgerampullen. Von außerordentlicher kunstgeschichtlicher Bedeutung sind die kreisrunden, flachen, aus Silberblech gearbeiteten Ölampullen, die aus der Zeit um 600 stammen und sich im Domschatz zu Monza, in einigen Stücken auch anderwärts, erhalten haben. Ihre Reliefdarstellungen sind eine einzigartige Fundgrube ikonographischer Einzelheiten.

Anamorphose, die für normale Ansicht verzerrt gezeichnete Darstellung eines Gegenstandes, die aber, weil perspektivisch gesetzmäßig ausgeführt, unter einem bestimmten Sichtwinkel unverzerrt erscheint. Die A. wird erreicht, indem man den Augenpunkt weit außerhalb des Bildfeldes legt und den Distanzpunkt in dieses hineinnimmt. Das Wort A. bedeutet eigentlich, daß der verzerrt dargestellte Gegenstand durch einen besonderen Spiegel in die normale Gestalt zurückgeführt wird. Die frühsten Beispiele von A. finden sich in Leonardos Codex Atlanticus, das bekannteste ist der verzerrte Totenschädel auf Holbeins Bild „Die Gesandten" (1533, London Nationalgal.).

J. Baltrusaitis, Anamorphoses ou perspectives curieuses, 1955; U. Lammert, Architektur u. Plastik, 1961.

Anastasis →Höllenfahrt Christi.

Anatomie. Das Verhältnis der Kunst, in erster Linie der Bildnerei' zum anatomischen Bau des menschlichen Körpers hat manche Wandlungen durchgemacht. Alle primitive Bildnerei kommt ohne seine Kenntnis aus, ja dies ist eines ihrer wesentlichen Merkmale. Aber auch entwickelte plastische Stile wie der ägyptische und der romanische wissen so gut wie nichts von A. Das Bemühen um sie ist vielmehr eine Teilerscheinung naturalistischer Haltung. An der Geschichte der griech. Plastik und einem ihrer wichtigsten Themen, der nackten männlichen Gestalt, läßt sich die Entwicklung solchen Bemühens verfolgen. Zuerst werden die Gelenke herausgearbeitet und das Knochengerüst unter der Haut wird angedeutet. Dazu tritt in der klassischen Zeit die Angabe des Muskelsystems, dessen einzelne Teile scharf gegeneinander abgesetzt sind. Der Hellenismus übertreibt die Plastizität der Muskeln bei zunehmendem

Interesse für anatomische Detaillierungen. Der antike Bildner hat seine anatomischen Kenntnisse zweifellos nur von außen gewonnen durch Anschauen oder Abtasten eines lebenden Modells. Der mittelalterliche Künstler machte aus einer ganz anderen Haltung den Sinnendingen gegenüber solche Beobachtungen nur in geringem Maße und erst seit dem 13. Jh.; zudem war sein Hauptthema nicht der nackte, sondern der bekleidete Mensch.

In der ital. Renaissance wurde das antike Thema des anatomisch durchgebildeten nackten Menschen wieder aufgenommen, und den Künstlern wuchsen von seiten der medizinischen Wissenschaft wirkliche anatomische Kenntnisse zu. Man hatte zuerst in Italien zu Anfang des 14. Jh. mit der systematischen Sektion von Leichen begonnen, anatomische Lehrbücher entstanden, zu deren Illustrierung Künstler herangezogen wurden. Etwa in den Bronzefiguren des Antonio del Pollajuolo, der um 1480 auch anatomische Zeichnungen lieferte, werden diese Beziehungen zur medizinischen Wissenschaft ganz deutlich, und von Leonardo besitzen wir anatomische Zeichnungen, die tiefstes Eindringen in den Gegenstand beweisen und dabei in jedem Strich die Künstlerhand zeigen. Die dt. Meister im Zeitalter der Renaissance verfügten über solche Kenntnisse nicht, trachteten aber danach, sie zu gewinnen, keiner eifriger als Dürer (Kopie eines Stichs von Pollajuolo!). Als Hilfsmittel für den die A. studierenden Künstler wurde der →Muskelmann geschaffen, der nun in allen Kunstakademien anzutreffen war. Seit der Renaissance gilt anatomische Richtigkeit zwar nicht als Ziel, wohl aber als Grundlage plastischen Gestaltens, der allerdings die künstlerische Richtigkeit stets übergeordnet zu bleiben hat.

Im 16. Jh. kamen die ersten Darstellungen auf, die das Sezieren der Leiche im anatomischen Theater (das seit 1523 existiert) selbst vorführen. Daraus entwickelte sich seit Beginn des 17. Jh. in Holland eine besondere, „Anatomie" genannte Gattung von Gruppenbildnissen: Gruppierung eines bestimmten Arztes mit Zuschauern um die geöffnete Leiche. Das berühmteste Bild dieser Art ist die „A. des Dr. Tulp" von Rembrandt (1632; Haag, Mauritshuis).

Bibliographie im Reallex. zur dt. Kunstgesch., Bd. 1, 1937; Fr. Meyner, Künstler-A., [2]1951; W. Tank, Form und Funktion, 5 Bde., 1953; J. Baresay, A. für Künstler, 1955; W. S. Hekscher, Rembrandt's „A. of Dr. Tulp". An iconological study, 1958; G. Bammes, Die Gestalt des Menschen. Hand- u. Lehrbuch der A. für Künstler, 1964.

Andachtsbild, 1. im kunstwissenschaftl. Sinn ein Bildwerk ganz bestimmten Inhalts, das der gesammelten Andacht dient, in erster Linie →Vesperbild, →Schmerzensmann, →Christus-Johannesgruppe, dann auch →Schutzmantelmadonna, →Heiliges Grab. Das A. kommt als ikonographische Neuschöpfung im frühen 14. Jh. in Deutschland auf unter entscheidender Mitwirkung von Stimmungen und Vorstellungen der dt. Mystik und der religiösen Dichtung. Die Grundlagen, auch die ikonographischer Art, reichen z. T. weit ins Mittelalter zurück. Der Werkstoff ist im allgemeinen Holz. Im weiteren Sinn wendet man den Begriff A. auch auf Madonnenstatuen und Kruzifixe bestimmter Prägung an und hat ihn auch auf die Malerei übertragen. 2. Bildchen mit einer zur Andacht anregenden Darstellung, die von einem erbaulichen Text begleitet sein kann, sog.

„kleines“ A. Der Ursprung liegt ebenfalls im 14. Jh. Im 15. Jh. übernimmt die Graphik die Herstellung, und wohl sehr viele Einblattdrucke des 15. Jh. fallen unter den Begriff „kleines“ A.; vielleicht gilt dies auch von einem erheblichen Teil der dt. Graphik der Dürerzeit. Neue ikonographische Typen entstehen, z. B. das →Herz-Jesu-Bild. Im 17. Jh. diente das kleine A., das technisch in den mannigfaltigsten Formen vorkommt, namentlich der religiösen Propaganda der Gegenreformation.

W. Stechow, A.er got. Plastik, 1923; W. Pinder, Die dt. Plastik vom ausgehenden Mittelalter bis zum Ende der Renaissance, Bd. 1, 1929; A. Spamer, Das kleine A., 1930; E. Benz, Christl. Mystik und christl. Kunst, 1934 (Dt. Vierteljahrsschr. f. Literaturwissensch. und Geistesgesch., Jahrg. 12); H. Swarzenski, Quellen zum dt. A., 1935 (Ztschr. f. Kg. 4); G. Gugitz, Das kleine Andachtsbild in den österreich. Gnadenstätten, 1950; H. Wentzel in Festschrift W. Fleischhauer, 1964; Ute Ulbert-Schede, Das A. d. kreuztragenden Christus v. d. Anfängen b. z. Beg. d. 16. Jh., Diss. München 1966; M. Scharfe, Evangel. A. er, 1968; R. Hausherr, Über die Christ.-Joh.-Gruppen; Z. Problem „Andachtsbilder“ u. dte. Mystik (Festschr. H. Wentzel), 1975; R. Suchale, Arma Christi Überlegung. z. Zeichenhaftigkeit mittelalt. A. r. (Städel-Jb. 6), 1977.

Andreaskreuz →Kreuz.

Anfänger, auf dem Kämpfer ruhender, oft künstlerisch gestalteter (Masken o. ä.) erster Stein eines Bogens oder Gewölbes.

Angelico, Fra, eigentlich Fra Giovanni da Fiesole, ital. Maler, *wahrscheinlich 1387 Vicchio, † 10. 3. 1455 Rom. Seine zahlreichen Werke ausschließlich religiöser Natur sind erfüllt von einer tiefen und naiven Gläubigkeit und offenbaren eine christl. Vorstellungswelt von milder Verklärung und zarter Schönheit, bevölkert von holden Engelgestalten. Rot, blau und gold sind die Farben, von denen seine Bilder beherrscht werden. Seine Bezeichnung als „letzter Gotiker“ besteht nur z. T. zu Recht, da er den malerischen Problemen der Frührenaissance durchaus aufgeschlossen war. Zu seinen Hauptwerken gehören die Fresken im Markuskloster zu Florenz (1436 bis 1445).

W. Hausenstein, Fra A., 1923; H. Nasse, Fra Giovanni A. da Fiesole, 1925; Frida Schottmüller, Fra A., [2]1926 (Klassiker der Kunst); E. Schneider, Fra A., 1933; D. Tumiati, Il Beato A., 1934; G. Bazin, Fra A., 1949 (franz.); F. Colutta, Beato A., 1950; J. Pope-Hennessy, F. A., 1954 (engl.); C. Argan, F. A., 1955; Ausstellungskatalog Monstra dell'A., Rom 1955; M. Salmi, Il Beato A., 1958; S. Orlandi, Beato A., 1964; A. Hertz, H. N. Loose, Fra A., 1980.

Angewandte Kunst →Kunstgewerbe.

Anglo-normannische Kunst → Englische Kunst.

Angster (lat. angustus „eng“), dt. Glasgefäß des 15.-18. Jh. aus der Gruppe der Scherz- oder Vexiergläser. Der Bauch ist zwiebelförmig, der Hals besteht aus mehreren umeinandergeschlungenen Röhren mit gemeinsamer Mundschale. Der Wein vermag nur sehr langsam auszulaufen. Eine andere Bezeichnung für die gleiche Sache ist Kuttrolf (mhd. guttrel von lat. guttarium).

Anguß →Engobe.

Ankerkreuz →Kreuz.

Anna selbdritt, Darstellung der heil. Anna mit ihrer Tochter Maria u. dem Jesusknaben, hervorgegangen aus dem im späteren Mittelalter aufkommenden Annenkultus. Die Gruppierung der drei Personen ist verschieden. Frühste Beispiele aus dem 14. Jh., häufigste aus dem

15. und 16. Jh., bekanntestes Beispiel: Leonardos Bild im Louvre.

Ansichtspostkarte. Sie ist ebenso alt wie die Postkarte überhaupt, d. h. ihre ersten Anfänge lassen sich bis 1870 zurückverfolgen. Um die Ehre der Erfindung streiten sich der Kupferstecher A. Schwarz in Oldenburg und der Pfarrer Ludolf Parisius. 1879 brachte der Photograph Adolf aus Hessen-Nassau die ersten photograph. A.n heraus mit Serien aus dem Bayerischen Wald. Weitere Verbreitung erhielt die A. jedoch erst in den 80er Jahren. Um 1900 kamen die Künstlerpostkarten in Mode, später gewann die photograph. A. mit Aufnahmen dt. Bau- und Kunstdenkmäler, namentlich die „Bildkarte" der ehemaligen Staatl. Lichtbildstelle in Berlin (→Meßbildverfahren), eine besondere Bedeutung. Auch pflegen die meisten Museen ihre Hauptstücke in farbigen und nichtfarbigen A.n abzubilden.

Lutz, Die A., ihre Entstehung, Entwicklung und Bedeutung, 1901; Archiv für Dtsche. Postgesch. 10, 1962; Ausst.kat. Mus. Folkwang, Essen, 1976; W. Mrazek, Künstlerpostkarten der Wiener Werkstätte, 1977; F. Staff, The picture postcard and its origins, 1979.

Ante →Tempel.

Antefix, bemalte oder figurierte Tonplatten (meist Palmetten und Gesichter) zur Verkleidung von Traufen bes. in der etruskischen und griech. Kunst.

Antelami, Benedetto, Hauptmeister der hochroman. Plastik Oberitaliens. Frühestes, 1178 datiertes Werk ist die strenge und von plastischer Energie erfüllte „Kreuzabnahme", ein Marmorrelief vom ehemaligen Lettner im Dom zu Parma. Der Bischofsthron im Chor das. ist im Figürlichen ein Werk von elementarer Gewalt. A.s Reliefs an Portalen und Außenwänden des nach 1196 entstandenen Baptisteriums in Parma (dessen Architekt er vermutlich auch war) deuten auf südfranz. Schulung. Weitere bedeutende Werke sind Reliefs und vor allem zwei in Nischen untergebrachte Prophetengestalten zuseiten des Hauptportals des Doms von Fidenza (früher Borgo San Donnino).

Francovich, B. A., 2 Bde., 1952 (ital.).

Antenor, Bildhauer aus Athen, der eine inschriftlich signierte → Kore der Akropolis (um 500 v. Chr.) gearbeitet hat. Vielleicht war er auch am Skulpturenschmuck des Alkmäonidentempels in Delphi tätig. Seine nach 510 v. Chr. geschaffene Gruppe der Tyrannenmörder Harmodios und Aristogeiton wurde von Xerxes entführt (→Kritios).

Payne-Young, Archaic Marble Sculpture from the Acropolis, 1937; G. Lippold, Die griech. Plastik, Hb. d. Archäolog. 3, 1, 1950; St. Brunnsaker, The tyrant-slayers of Kritios and Nesiotes, 1955.

Antentempel →Tempel.

Antependium, Altarantependium, Frontale, im eigentlichen Sinn die Bekleidung des Altars an seiner Vorderseite durch einen (kostbar verzierten) von der Mensa herabhängenden Stoffbehang. Unter den Begriff A. fällt aber auch die Altarbekleidung an den Seiten, ferner die auch als Altarvorsatz bezeichnete Bekleidung aus Metall oder Holz. Das A. aus Metall ist oft ein Prunkstück von hohem künstlerischem und materiellem Wert. Hauptwerke dieser Art sind das A. in San Ambrogio zu Mailand (Mitte 9. Jh.) von Meister Wolvinius, bedeckt mit silbergetriebenen und vergoldeten Reliefs;

das goldene A. mit Relieffiguren aus dem Baseler Münster (um 1020; Paris, Cluny-Mus.); die → Pala d'oro in San Marco in Venedig; der Klosterneuburger Altar des →Nikolaus von Verdun. Das auf Holz gemalte A. kommt in Deutschland erst seit dem 13. Jh. vor (A. aus Soest, Berlin, Dt. Mus.), in Katalonien schon im 11. und 12. Jh. (umfangreiche Sammlung im Mus. zu Vich). Das A. als Stoffbehang ist seit dem 4. Jh. zu allen Zeiten üblich gewesen.

E. v. Sydow, Die Entwicklung des figuralen Schmucks der christl. Altarantependien etc., 1912; J. Braun, Der christl. Altar, Bd. 2, 1924.

Anthemion →Fries.

antik, dem griech.-röm. Altertum, der „Antike" zugehörig. In der Sprache des Kunsthandels bedeutet a. den Gegensatz zu modern.

Antikenkopie → Kopie.

Antikensammlungen, Antiquarium. Das Sammeln griech. Kunstwerke kam in Rom schon vor der Zeit des Augustus auf. Zahlreiche griech. Werke kamen durch den Kunstraub, bes. seit Nero, in röm. Sammlungen. Auch nach Byzanz sollen viele Statuen gelangt sein, darunter die Athena Parthenos des Phidias. In der Neuzeit beginnt das planmäßige Sammeln von Antiken seit der Renaissance, bes. in Rom, wo die Ruinen zahlreiche Werke lieferten, die durch Ausgrabungen vermehrt wurden. 1734 schenkte Papst Clemens XII. der Stadt Rom eine A., die im Kapitolinischen Museum aufgestellt wurde. Heute gibt es in allen Kulturstaaten A., deren Anfänge z. T. auf die fürstlichen Kunstkammern zurückgehen (→ Kunstsammlung).

Furtwängler, Über Kunstsammlungen in alter und neuer Zeit, 1899; A. Rumpf, Archäologie I (Göschen Bd. 538) 1953; G. Heres, Die Anfänge d. Berliner A. Zur Gesch. d. A.kabinetts 1640–1830 (Dt. Forsch. u. Ber. 18) 1977.

Antiphonar, liturgisches Buch mit Melodien und Gesangstexten für das Chorgebet, zuweilen mit Miniaturen ausgestattet. Für die Meßliturgie wird es seit dem MA. als Graduale bezeichnet.

Antiquarium →Antikensammlung oder Sammlung sonstiger Altertümer.

Antiquitäten (lat. antiquus „alt") werden künstlerisch wertvolle Gegenstände genannt, die nicht dem Schaffen der Gegenwart entstammen (jurist. in d. Regel älter als 100 Jahre sein sollen); meist. handelt es sich um solche aus Holz, Metall, Porzellan europ. Herkunft. Kunstgegenstände der Antike oder Ostasiens, des Orients werden als Antiken, Ostasiatica, Orientalica bezeichnet.

J. Durdik, D. Hejova u. a., Das groß. Bilderlex. d. A.n, 1976; H. Wischermann u. a., D. groß. A.-Lex., 1976; Annemarie Seling, Keysers A.-Lex., 1977; Keysers Kst.- u. A.buch, 3 Bde. o. J.

Antithetische Gruppe →gegenständig.

Antonius, 1. der älteste christl. Einsiedler († 356), zog sich, ständig vom Teufel versucht, in die Einsamkeit zurück. Seine Attribute sind Bettlerglocke, Schwein und das Antoniuskreuz in Gestalt eines T (Abb. → Kreuz 4). Darstellungen seiner Versuchung u. a. v. Schongauer (Kupferstich), Grünewald (Isenheimer Altar), Bosch. – 2. Antonius von Padua (1195–1231); seine Attribute sind Buch, Lilie, Kreuz und Jesusknabe (der ihm nach einem Bericht des 14.Jhs. beim Studium der Hl. Schrift auf dem Buche erschien).

Anubis, ägypt. Gott, wohl Nachfolger eines alten Totengottes aus Kynopolis (Hundsstadt), wird als Mensch mit Hundekopf auf allen ägypt. und griech.-ägypt. Darstellungen wiedergegeben. Er ist der Sohn oder Gehilfe des Osiris, der als Begleiter der Seelen von den Griechen mit Hermes gleichgesetzt wurde.

A. Erman, Die Religion der Ägypter, 1934; H. Kees, Der Götterglaube im alten Ägypten, 1941; H. Bonnet, Reallexikon der ägypt. Religionsgeschichte, 1952; S. Morenz, A. mit dem Schlüssel, 1953/54 (in: Wissenschaftl. Ztschr. d. Univ. Leipzig 3).

Äolisches Kapitell, im äol. Gebiet Kleinasiens an wenigen Orten (Neandria, Lesbos, Larisa) vorkommende Kapitellform mit großen, weit ausladenden Voluten, manchmal über einem runden Teil mit Blattüberfall, auf sehr schlankem Säulenschaft. Es ist eine Vorform des ionischen Kapitells. →Säulenordnung.

O. Puchstein, Das ionische Kapitell, 1889; R. Koldewey, Neandria, 1891; E. Akurgal, Vom äolischen zum ionischen Kapitell, 1960.

Apelles, der berühmteste Maler des Altertums. Er stammte aus Kolophon und arbeitete an verschiedenen Orten Griechenlands, bis er der Hofmaler Alexanders d. Gr. wurde, von dem er zahlreiche Bildnisse geschaffen haben soll; auch wird berichtet, daß er Götterbilder und allegorische Darstellungen gemalt habe. Er war noch Vertreter der von Polygnot eingeführten Vierfarbenmalerei, doch können wir uns von seiner Kunst weder durch die ernsthafte Überlieferung noch mit Hilfe der zahlreichen über ihn erzählten Anekdoten eine sichere Vorstellung machen, da seine Bilder restlos verloren sind und auch bisher keine Kopien oder Nachklänge seiner Werke gefunden wurden.

Pfuhl, Malerei und Zeichnung der Griechen, Bd. 2, 1923; Brunn, Geschichte der griech. Künstler Bd. 2, [2]1889; A. Rumpf in Handb. d. Archäologie, 4, 1953; Wilhelmina Lepik-Kopaczynska, A., 1962.

Aphrodite, lat. Venus, die Göttin der Liebe, die später unter dem Beinamen Urania einen kosmischen Charakter erhielt. Sie stammt wohl aus Cypern, hat aber ihr vielleicht ursprünglich orientalisches Wesen in Griechenland ganz abgelegt. In der klassischen griech. Kunst wird A. stets bekleidet dargestellt. Erst im 4. Jh., wohl in Nachfolge der knidischen A. des →Praxiteles, entsteht der nackte Typus, der von nun an bis in die Neuzeit herrscht. Von den zahlreich in der Literatur genannten Aphroditestatuen hat sich keine einzige im Original erhalten, dagegen besitzen wir viele in röm. Nachbildungen. Aus dem späten Hellenismus stammt das Vorbild der bekannten Aphrodite (Venus) Medici in den Uffizien zu Florenz. Die Venus von Milo (Melos) im Louvre ist ein klassizistisches Werk aus dem 1. Jh. v. Chr.

Erika Simon, Die Geburt der A., 1959; J. Charbonneaux, Die Venus v. Milo, 1959.

Apis, ein zu Memphis in Ägypten verehrter heiliger Stier, der stets schwarz war und ein weißes Dreieck auf der Stirn tragen mußte. Er wird in der ägypt. Kunst oft in Verbindung mit verschiedenen Symbolen (Sonnenscheibe, Schlange, Geier mit ausgebreiteten Flügeln) dargestellt. Die toten A.-Stiere wurden im Heiligtum des Unterweltgottes →Serapis beigesetzt.

A. Erman, Die Religion der Ägypter, 1934; E. Otto, Beiträge zur Geschichte der Stierkulte in Ägypten, 1938; H. Bonnet, Reallexikon der ägypt. Religionsgeschichte, 1952.

Apokalypse, Offenbarung Johannis, das letzte Buch des Neuen Testaments. Einzelne Motive ihrer dichterischen Visionen kommen in der altchristlichen und frühmittelalterl. Kunst vor, so vor allem die →Majestas Domini. Zusammenhängende Bilderfolgen sind in der monumentalen Kunst des Mittelalters selten, häufig dagegen in den Handschriften seit dem 9. Jh., bes. den spanischen. Ein Hauptwerk der dt. A.nillustration ist die „Bamberger A." der Reichenauer Malerschule (um 1000). Im 15. Jh. erschien die A. als Blockbuchausgabe, deren älteste um 1430 wohl niederländ. Ursprungs ist; sie ist in abgekürzten und zusammengezogenen Holzschnittillustrationen auch in der →Kölner Bibel (gegen 1479) enthalten. Deren Holzschnitte wurden 1483 von Koburger in Nürnberg nachgedruckt und kamen so zur Kenntnis Dürers, der in seiner Holzschnittfolge der A. von 1498 den apokalyptischen Bildern die großartigsten Formulierungen gab. Im 19. Jh. hat →Cornelius z. T. wieder auf sie zurückgegriffen.

H. Wölfflin, Die Bamberger A., [2]1921; Stadler, Dürers A., 1929; W. Neuß, Die A. des hl. Johannes in der altspan. und altchristl. Buchillustration, Text- und Tafelbd., 1931; James, The A. in art, 1931; Die Bamberger A., hg. v. A. Fauser, 1958; Die A. von Gerona. Mit Beiträgen von J. Casanova, C. Dubler, W. Neuss. 2 Bde. 1963; R. Chadraba, Dürers A., 1964; H. Falken u. E. Grimme, Die A., 1965.

Apollodor von Damaskus, Baumeister, der um 100 n. Chr. bes. im Auftrage des Kaisers Trajan zahlreiche Bauten errichtete. Neben der Donaubrücke (pontes Trajani) hat er in Rom Bäder, einen Zirkus und ein Odeion gebaut. Sein genialstes Werk ist das Forum Trajans, eine der großartigsten Platzanlagen des Altertums, deren Reste jetzt fast völlig freigelegt sind. Auf ihm steht die →Trajansäule. Mit dem Kaiser Hadrian überwarf sich A., wahrscheinlich beim Bau des Venus- und Romatempels am Forum Romanum; er wurde verbannt und später hingerichtet.

Nash, Bildlexikon zur Topographie des antiken Rom, 1961; W. L. Mac Donald, The Architecture of the Roman Empire, 1965 (m. Bibliogr.).

Apollon, lat. Apollo, Bruder der Artemis, Sohn des Zeus und der Leto. In der griech. Religion hat A. die verschiedensten Funktionen. Er ist der Rächer (Phoibos), der Gott der Weisheit und des Orakels, bes. in Delphi, später auch der Gott des Lichtes und der Sonne. Vielfach wird ihm übelabwehrende Kraft zugeschrieben (Alexikakos). Die Kunst hat Apollon sehr häufig gebildet. Im 6. Jh. ist er noch zunächst wie andere Götter bärtig, später wird er zum schönen Jüngling. Der bekannteste Typ der reifarchaischen Kunst ist der des stehenden nackten Jünglings. Man hat diese Statuen früher durchweg als Apollines bezeichnet, doch stellen sie manchmal auch Grab- und Weihstatuen dar, nicht immer den Gott. Im 5. Jh. wurde, wahrscheinlich von →Phidias, eine Apollonstatue geschaffen, deren beste Replik sich in Kassel befindet. Aus dem 4. Jh. stammt das Urbild des berühmten Apollo im Belvedere, der für die Zeit Winckelmanns und Goethes das Ideal klassischer Schönheit bedeutete. Er geht wohl auf eine Statue des Bildhauers →Leochares zurück. Der Apollon als Eidechsentöter (Sauroktonos) stammt von →Praxiteles. Die Verbindung Apollons mit den musischen Künsten hat dazu geführt, daß ihn die Kunst oft im Gewand des Kitharöden darstellte, meist mit der Leier in der Hand. Zu diesem Typus gehört der A. der Münchener Glyptothek, der früher als Muse angesehen wurde (Barberinische Muse).

Roscher, Lexikon der Mythologie; Koch, A. und Apollines, 1929; G. Richter, Kouroi, 1942 (engl.); K. A. Pfeiff, A. Die Wandlung seines Bildes i. d. griech. Kunst, 1943; H. Schrade, Götter u. Menschen Homers, 1952; W. F. Otto, Die Götter Griechenlands, [5]1961.

Apollonios, Sohn des Nestor, griech. Bildhauer des 1. Jh. v. Chr. Von ihm stammt der berühmte Torso im Belvedere und der bronzene Faustkämpfer im Thermenmuseum zu Rom (Die Inschrift wurde kürzlich angefochten). Sein Stil mischt letzte Tendenzen des Hellenismus mit klassizistischen Elementen.

R. Carpenter, Memoirs of the American Academy Rome, 1927.

Apostel. Sie sind außerhalb der historischen Szenen des Neuen Testaments oft an mittelalterl. Kirchenportalen dargestellt worden, gern in typologischer Zuordnung zu den Propheten des Alten Testaments. Diese Zuordnung wurde in einigen Fällen soweit getrieben, daß die A. auf den Schultern der Propheten stehend erscheinen (Fürstenportal des Bamberger Doms, Glasfenster der Kathedrale zu Chartres). Im frühen Mittelalter sind die A. noch nicht als bestimmte Persönlichkeiten unterschieden. Erst allmählich bilden sich für →Petrus, →Paulus (der für den stets fehlenden Judas Ischarioth eintritt) und Johannes feste Typen heraus, und die A. erhalten, zumal außerhalb der historischen Szenen, seit dem 13. Jh. Attribute, die eine Identifikation ermöglichen: 1. Andreas: schräges Kreuz (Andreaskreuz). 2. Bartholomäus: Messer in der Hand, abgeschundene Haut unter dem Arm. 3. Jacobus major: Pilgertracht mit Muschel an Hut, Brust oder Stab. 4. Jacobus minor: Walkerstange oder Fahne. 5. Johannes: bartlos, mit Kelch, aus dem sich eine Schlange windet. 6. Judas Thaddäus: Keule. 7. Matthäus: Beutel, Beil, Winkelmaß, Lanze oder Hellebarde. 8. Paulus: Schwert oder deren zwei. 9. Petrus: Schlüssel oder deren zwei. 10. Philippus: Kreuzstab oder ägypt. Kreuz (Antoniuskreuz). 11. Simon: Säge. 12. Thomas: Winkelmaß oder Lanze. Der an Stelle des Judas nachgewählte Matthias: Beil, Lanze oder Stein (selten dargestellt, für ihn meist Paulus).

J. Braun, Tracht u. Attribute d. Heiligen i. d. dt. Kunst, 1964 [Neudr. v. 1943]; F. M. Godfrey, Christ and the Apostles, 1957; L. Réau, Iconographie de l'art chrétien, III, 3, 1959.

Apostelkrüge, braun glasierte, niedrige Steinzeugkrüge, mit farbiger Reliefdarstellung der 12 Apostel in Nischen oder durch Pilaster getrennt. Die A. wurden im 16. und 17. Jh. in Creußen hergestellt. → Kreußener Steinzeug

Apostellöffel, ein Besteck von 13 Löffeln, deren Stiele in die Figuren der 12 Apostel und Mariä auslaufen, beliebtes Patengeschenk im 16. und 17. Jh.

Apotheose (grch.), Vergöttlichung eines Herrschers. Der Brauch stammt aus dem Alten Orient, ist zu den Griechen, dann zu den Römern gedrungen und hat in der röm. Kunst seinen bildlichen Niederschlag gefunden: der Kaiser (und seine Gemahlin) werden von Genien oder Adlern in den Himmel getragen. Seitdem ist erst wieder im Barock die A. Gegenstand der Darstellung geworden, zuerst durch Rubens (A. Heinrichs IV. v. Frankreich, 1621–25, Paris, Louvre), häufig in der frz. Kunst des Barock und von ihr abhängig auch in der dt. Kunst.

Oxford Classical Dictionary, 1953 („Ruler-Cult"); H. P. l'Orange, Apotheosis in ancient portraiture, 1947; ders., Apoteosi: Enciclopedia dell'Arte Antica, 1, 1958.

Apotropäon, ein Gegenstand, der eine magische Bedeutung als Abwehrzauber hat. Wie weit Kunstwerke (z. B. Löwenköpfe an Portalen, Tiergestalten an Fassaden, als Träger von Taufbecken, als Wasserspeier usw.) apotropäische Bedeutung haben, ist nicht immer sicher zu sagen.

Apoxyomenos →Lysippos.

Appel, Karel, holländ. Maler, geb. 1921 Amsterdam, lebt seit 1950 in Paris, gehört der „Cobra" an, einer Gruppe abstrakter Expressionisten, deren Mitbegründer er war. A. steigert in seinen starkfarbigen, von zerfetzten, zusammengeballten, wirbelnden und aufeinanderprallenden Formen erfüllten Bildern den subjektiven Ausdruck bis an die Grenze des Chaotischen, ohne doch jemals die rationale Kontrolle zu verlieren. Sein breiter Farbauftrag mit Pinsel und Spachtel erinnert an die Malweise des späten Corinth. Er gibt seinen Bildern bestimmte Titel, läßt sich oft vom gegenständlichen Motiv anregen oder hebt gegenständliche Erinnerungen, die sich beim Malen einstellen, hervor. Hauptwerke: Wandbilder im Rathaus zu Amsterdam (1949) und im Unesco-Gebäude in Paris (1958). (→Tachismus).

H. Claus, K. A., painter, 1963.

Applikationsarbeit, Aufnäharbeit, das Bilden von Mustern oder sonstiges Verzieren von Stoffen durch Aufnähen von ausgeschnittenen Stoffteilen. Bes. häufig ist die A. in der Renaissance und zumal im Barock in Verbindung mit der Stickerei („Applikationsstickerei"), im Barock auch in Verbindung mit der Spitzenherstellung („Applikationsspitze").

Après la lettre →Kupferstich.

Apsis, Apside (auch Koncha, Exedra, Tribuna), die das äußerste Ende des Chors bildende Altarnische (Chorhaupt) der christl. Kirche. Ihre Raumform stammt aus dem röm. Sakral- und Profanbau. Die Grundform war zunächst halbrund. In der altchristl. Basilika hatte die A. den Bischofsstuhl und die Sitze für die Geistlichen und Presbyter (daher auch Presbyterium genannt) aufzunehmen. Seit karoling. Zeit (zuerst nachweisbar im Plan des Klosters von St. Gallen um 820) schob sich zwischen sie und das Querhaus das Chorquadrat, wodurch sie an Selbständigkeit einbüßte und zu einem Teilraum des Chors wurde. Sie erhielt häufig Nebenapsiden als östliche Verlängerungen der Seitenschiffe. Bei doppelchörigen Anlagen tritt der Ostapsis eine Westapsis gegenüber. Das Äußere der A. wurde im roman. Stil häufig mit einem großen Aufwand von Zierformen ausgestattet. Seit der Mitte des 12. Jh. werden polygonale Apsiden immer häufiger. Das gotische Streben nach Raumvereinheitlichung hat die Sonderung von Chor und A. aufgehoben und diese so in den →Chor einbezogen, daß man nicht mehr von einer A., sondern nur noch von einem polygonalen Chorabschluß sprechen kann. In der Renaissance und im Barock ist diese Sonderung vielfach wieder eingeführt worden, wenn auch nur andeutungsweise. Als Apsidiolen werden auch kleinere Apsiden bezeichnet, die einer Hauptapsis oder einem Chorumgang als halbrunde Chorkapellen (Kapellenkranz) vorgelagert sind. →Chor.

G. Bandmann, Zur Bedeutung d. roman. A. (Wallr.-Richartz-Jb. 5) 1953; H. Lützeler, Vom Sinn d. Bauformen, 1953.

Aquädukt (lat.), im antiken Sinn eine Wasserleitung in Gestalt einer oft mehrgeschossigen Bogenbrücke, die eine Wasserrinne trägt. A.e oder Teile von solchen haben sich noch zahlreich in Italien (bes. in der röm. Campagna) und den früheren röm. Provinzen (Pont du Gard bei Nîmes, A. von Segovia) erhalten. Sie gehören zu den hervorragendsten Leistungen der röm. Baukunst und werden z. T. heute noch benutzt.

Van Deman, The Building of the Roman Aqueducts, 1934; Ashby, The Aqueducts of Ancient Rome, 1935; L. Sprague de Camp, Die Ingenieure der Antike, 1964; H. v. Morton, The waters of Rome, 1966; John Gray Landels, Die Technik in der antiken Welt, dt. [2]1981.

Aquamanile, mittelalterl. Gießgefäß, aus dem bei liturgischen Handlungen Wasser auf die Hände des Priesters gegossen wurde. Ursprünglich war mit A. jedoch nur die Schale gemeint, die zum Auffangen des Wassers diente. Da sich derartige Schalen nicht erhalten haben, ging der Name auf das Gießgefäß über. Das A. ist meist aus

Aquamanile

Bronze oder Messing hergestellt und in Tierform gebildet: Löwe, Hirsch, Hund, Greif u. a. Auch Formen ausgesprochen profaner Bedeutung kommen vor, so daß Verwendung der Aquamanilia auch bei der Tafel wahrscheinlich ist. Die frühsten Stücke stammen aus dem 12. Jh.; die Zahl der aus dem späteren Mittelalter erhaltenen geht in die Hunderte. Für die Tierformen sind wohl Anregungen durch west-islamische Bronzetiere vorauszusetzen.

H. Reifferscheid, Über figürliche Gießgefäße des Mittelalters, 1913; O. v. Falke und E. Meyer, Bronzegeräte d. Mittelalters, Bd. 1, 1935; E. Meyer, Roman. Bronzen u. ihr. islam. Vorbilder (Festschr. f. E. Kühnel) 1959; Maltechnik/Restauro (Internat. Zeitschr. f. Farb- u. Maltechniken, Restaurierg. u. Mus.fragen).

Aquarellmalerei, die Malerei mit lasierenden Wasserfarben (Aquarellfarben). Diese sind mit Pflanzengummi angeriebene Lasurfarben, die also den Grund (Papier, Pergament, Elfenbein) durchscheinen lassen. Darauf beruht ein wesentlicher Teil der Wirkung der A. Häufig wird auch der (weiße) Grund durch Aussparen zur Bezeichnung der hellsten Stellen herangezogen. Will man eine Farbschicht auf die andere legen, so muß die erstere trocken sein. Daneben gibt es aber in neuester Zeit auch ein Malen naß in naß mit sehr weich ineinander übergehenden Tönen. A. hat es von jeher gegeben. So sind die Illustrationen der ägypt. Totenbücher des 2. Jahrtausends v. Chr. Aquarelle, auch viele Miniaturen des Mittelalters, bei denen im großen und ganzen jedoch die Deckfarbenmalerei bevorzugt wurde. In ausgedehntem Maße wurde die A. bei der Kolorierung der Einblattdrucke des 15. Jh. verwendet. Als Malgattung mit eigenen künstlerischen Zielen tritt sie aber zuerst in den Landschaftsaquarellen Dürers auf, ein Anfang, der zunächst noch keine Fortsetzung fand. Das eigentliche Land der A. wurde im 18. Jh. England, und diese Überlieferung hat sich bis heute gehalten. Bevorzugt war die Bildnisminiatur und in zunehmendem Maße die Landschaft. Girtin und Turner sind die Meister, die am Anfang der neueren engl. A. stehen. In der ersten Hälfte des 19. Jh. blühte die A. auch in Frankreich und Deutschland, wurde aber gegen Ende des 19. Jh. im allgemeinen nicht mehr als vollwertiges künstserisches Ausdrucksmittel angelehen.

L. Brieger, Das Aquarell, o. J.; F. Nockher, A., [4]1940; J. A. Williams, Early English Watercolours, 1952; H. Lenner, Das Aquarell, 1956; K. Wehlte, Das Malen mit Wasserfarben, [6]1964; ders.: Werkstoffe u. Techniken der Malerei, 1966.

Aquatinta →Kupferstich.

Arabeske (ital. arabesco, rabesco), Ornament aus Blatt- und Rankenwerk, das durch plastische Auffassung und organische Bewegung seinen pflanzlichen Vorbildern ziemlich nahe steht. Die A. hat ihren Ursprung in der hellenistischen Kunst und wurde in der Antike als Fries oder (symmetrisch ausgerichtet) zur Dekoration von Pilastern und Sockeln verwendet. Die ital. Frührenaissance hat sie in großem Umfang wieder aufgenommen, und von hier aus hat die A. auch Eingang in alle anderen an der Renaissance beteiligten Länder gefunden. In Deutschland wurden häufig Köpfe, Masken und Figuren (Putten) in die A. eingefügt. Am reinsten und phantasievollsten konnte sie sich im Ornamentstich (Aldegrever) entwickeln. Auch Rokoko und Klassizismus haben die A. verwendet. Sie wird häufig mit der →Maureske verwechselt, mit der sie aber nur den Ursprung gemein hat.

Arabeske

E. Kühnel, Die A. Sinn u. Wandlung ein. Ornaments, 1949, [2]1977; F. Piel, Die Ornamentgroteske i. d. ital. Renaiss. 1962.

Arabische Kunst → Islamische Kunst.

Ara Pacis Augustae. Der Friedensaltar, vom röm. Senat zum Dank für die glückliche Heimkehr des Augustus im Jahre 13 gelobt und am 30. Jan. des Jahres 9 auf dem Marsfeld in Rom aufgestellt. Einzelne Reliefplatten waren schon lange bekannt, die Reste sind jetzt der Fundstelle unter dem Palazzo Fiano völlig entnommen, der Altar wieder aufgestellt worden. Die alten Rekonstruktionen sind dadurch überholt. Der Altar steht auf einem Treppenbau, der von einer reich geschmückten, ein Quadrat bildenden Mauer umgeben war. Auf der Außenseite trägt sie über einem glatten Sockel einen prachtvollen Rankenfries, über dem die Relieffriese mit dem

Opferzug und an den Eingangsseiten mythologische Darstellungen sitzen. Der Altar ist eines der wenigen gut erhaltenen Meisterwerke augusteischer Kunst und zugleich ein politisches Monument ersten Ranges.

Heidenreich, Neue Jahrb. f. Antike und deutsche Bildung 1938, S. 31ff. (noch ohne Kenntnis der neuen Rekonstruktion); G. Moretti, A. P. A., Text- u. Tafelbd., 1948 (ital.). L. Budde, A. P. A., 1957; E. Nash, Bildlexik. z. Topograph. d. antik. Rom, 1, 1961.

Arazzi →Arrazzi.

archaisch (griech.), uranfänglich, altertümlich. Als archaische Kunst oder archaischer Stil wird die Frühstufe einer Entwicklungseinheit der Kunst bezeichnet, bes. die Frühstufe der griech. Kunst, zuweilen auch die der ägypt., roman. Kunst und anderer Entwicklungseinheiten. Denn ihre jeweilige Frühzeit (wie auch ihre Spätzeit) scheint von ähnlichen, also überzeitlichen Gestaltungsgesetzen beherrscht zu sein. Eigenschaften des a.en Stils sind Knappheit, ja Kargheit des Formenaufwandes und damit verbunden Ernst, Strenge, Größe, herbe Geschlossenheit. Es kommt vor, daß diese Eigenschaften auf einer späteren Entwicklungsstufe, die sie nicht mehr hat, an Wert gewinnen und daher nachgeahmt werden. So entsteht ein archaisierender oder archaistischer Stil. Mitunter werden auch nur einzelne Formenelemente der Frühstufe beibehalten oder wieder verwendet: Archaismen. Der Ergänzungsbegriff zu a. ist →klassisch. Der neuerdings für eine bestimmte Epoche der griech. Kunst verwendete Terminus „die Archaik“ ist unsinnig.

Archaisches Lächeln. Bei Bildwerken, die einer archaischen Stilstufe angehören, pflegt die Lösung von maskenhafter Starre zu bewegteren Gesichtszügen zuerst in der Mundgegend einzusetzen: die Mundwinkel werden zu einem scheinbaren Lächeln hochgezogen. In Wirklichkeit handelt es sich hier aber nur um den Ausdruck der Gemütsbewegung an sich ohne bestimmte Tönung.

W. F. Otto, Das lächelnde Götterkind, 1943 (Festschr. Worringer).

Archäologie, Altertumswissenschaft. Im besonderen versteht man darunter die Erforschung der antiken Bau- und Kunstdenkmäler, die nach der Mitte des 18. Jh. durch J. J. →Winckelmann als selbständige wissenschaftliche Disziplin begründet wurde. Man pflegt sie auch als klassische A. abzugrenzen gegen die orientalische A., die Wissenschaft von Kunst und Kultur des Alten Orients und gegen die christliche A., die Wissenschaft von Kunst und Kultur des christl. Altertums. Die Kunst des christl. Altertums ist zwar auch Gegenstand der →Kunstwissenschaft; doch sucht diese ihm mehr von der formalen, die christliche A. mehr von der religionsgeschichtlichen Seite beizukommen. In neuester Zeit wird die archäologische Forschung durch den Einsatz modernster technischer Hilfsmittel unterstützt, was z.B. exakte Altersbestimmungen, Lagepläne usf. ermöglicht (Vermessung, Photogrammetrie →Meßbildverfahren, Luftaufnahmen mit Infra-Rot-Strahlen, Röntgenaufnahmen, Dentrochronologie, Stereometrie u.s.f.).

W. Otto, Handbuch der A., 1939ff.; J. A. H. Potratz, Einführung in die A., 1962 (Kröners Taschenausg. 344); W. Bray, D. Trump, Lex. d. A., dt. 1973; G. Th. Schwarz, Archäologen an d. Arbeit. Neue Wege zur Erforschg. d. Antike, 1965; Sir M. Wheeler, Mod. A. Methoden u. Technik d. Ausgrabung, 1961; D. and Ruth Whitehouse, Archaeological Atlas of the World,

1976 (dt.); S. J. Fleming, Dating in A.: a guide to scientific techniques, 1977; M. J. Finley, Atlas d. klass. A., 1979.

Archäometrie, moderne physikalische Untersuchungsmethode von Kunstwerken mit Hilfe von Strahlentechniken.

F. Mairinger, Untersuchungsmethoden von Kunstwerken mit sichtbaren u. unsichtbaren Strahlen (hg. v. Institut für Farbenlehre u. Farbchemie an der Akad. d. Bild. Künste Wien) 1977; J. Riederer, Berliner Beiträge zur A. (Zeitschr. Hg. Stiftung Preuß. Kulturbesitz; m. Bibl.), 1976. →Gemäldedurchleuchtung.

Archelaos →Musen.

Archipenko, Alexander, ukrain. Bildhauer, * 30. 5. 1887 Kiew, † 26. 2. 1964 New York, ging 1908 nach Paris, 1920 nach Berlin, 1923 nach Amerika. In Paris von den Malern des →Kubismus angeregt, übertrug er deren Formvorstellungen auf die Plastik und schuf als erster plastische Werke weitgehender Abstraktion vom Naturvorbild (→Abstrakte Kunst). In seiner Berliner Zeit kehrte er jedoch zur sachlich treuen Wiedergabe des Naturvorbildes zurück. Sehr bemerkenswert sind seine Zeichnungen und Lithographien.

A. A. Mit Einleitung von H. Hildebrandt, 1923; K. Raynal, A., 1923 (ital.); E. Wiese, A. A., 1923 (Junge Kunst 40); Ders. im Katalog der Ausstellung A. A., Darmstadt 1955; D. H. Karshan, A., 1974 (engl. dt.).

Architektur →Baukunst.

Architekturbild, die Darstellung einer architektonischen Schöpfung um dieser selbst willen. Menschliche Figuren sind nur zur Belebung da und zur Verdeutlichung der Größenverhältnisse und Tiefenabstände. Die Grenze gegen das →Interieur ist nicht immer scharf zu ziehen. Die Antike hat architektonische Gebilde nur zu dekorativen Zwecken (pompejanische Wandmalerei) oder zur Bezeichnung eines Schauplatzes dargestellt. Im letzteren Sinne erscheinen sie auch in der mittelalterl. Malerei, aber nur in knappster, formelhafter Abkürzung. Zu einer detaillierten Schilderung von Baulichkeiten im Hintergrunde von Gemälden geht man zuerst in der ital. Malerei des Trecento über, um 1400 auch diesseits der Alpen (Miniaturmalerei). Die Schilderung kirchlicher Innenräume gewinnt an Schärfe und Genauigkeit (Jan van Eyck) und läßt sogar Identifikationen mit bestimmten Bauwerken zu (Innenraum des Basler Münsters in einem Gemälde des Konrad Witz). Die Entdeckung der Perspektive gibt der Darstellung von Bauwerken weiteren Anreiz. Im 16. Jh. wird das architektonische Gebilde, das nur Schauplatz oder Hintergrund sein soll, oft mit einem Aufwand umgeben, der das figürliche Geschehen zur Nebensache herabdrückt. In der Folge von Architekturstichen, die der Baumeister und Maler Hans Vredeman de Vries 1560 bei Cock in Antwerpen herausgab, sind die Menschen nur noch Staffage ohne Handlungszusammenhang, und um 1600 ist in den Niederlanden das A. als selbständige Bildgattung da. Eine Reihe von Spezialisten nehmen sich seiner an, die immer wieder die Innenräume von Kirchen sowie Straßen und Stadtansichten darstellen. Im 18. Jh. war das A. eine Domäne der Italiener (Canaletto, Piranesi). – Über Sonderarten des A.s →Vedute (Prospekt), →Quadraturmalerei.

H. Jantzen, Das niederländ. A., 1910; H. A. Fritzsche, Bernardo Belotto genannt Canaletto, 1936; Ausst.kat. Belotto, Gemäldeslg. Dresden, 1964.

Architekturmalerei. Gemalte Architektur oder Gebäudeteile kennt schon die antike Wandmalerei (Pompeji, Herculaneum), auch die griech. und ägypt. Kunst. In der altchristl. und byzantin. Kunst diente sie der formelhaft verkürzten Ortsangabe. In der ital. Kunst – ausgehend von Giotto – wurde die A. zunehmend detaillierter. Höhepunkte erreichte sie in der →altniederländischen Tafelmalerei. Wirklich genaue Architektur wird aber erst seit Kenntnis der Zentralperspektive erreicht, freilich nur als Scheinarchitektur im Sinne der →Quadraturmalerei.

Architekturmodell, dient in erster Linie als Entwurfsmodell der Verdeutlichung eines Bauplanes („Risses"), in d. Regel als originalgetreue, maßstabgerechte verkleinerte Wiedergabe aus Gips, Ton, Holz, Metall, Kunststoffen o. ä. Nicht mehr bestehende Bauten werden in sog. Erinnerungsmodellen festgehalten, wobei die Sonderform des Stadtmodells z.B. für d. Denkmalpflege v. Bedeutg. sein kann. Die Malerei – bes. die Deckenmalerei in Kirchen – kennt gemalte A.e als Stifter- od. Votivmodelle. A.e sind seit d. Antike bekannt (als sicher gilt das d. Tempels v. Delphi; Herodot V/62); wenige Beispiele haben sich a. d. Mittelalter erhalten, dagegen häufiger aus d. Zeit von Renaissance u. Barock (z.B. v. Dominikus Zimmermann für d. Kloster Schussenried; das. Biblioth.-Saal). A.-Sammlungen wurden im 19. Jh. beliebt (Mus. Gotha, Kunstkammer Berlin), wobei die A.e auch serienmäßig angefertigt wurden (oft aus Kork).

Reallex. d. Kst., Bd. 1; H. Schrade, Der verborgene Gott, 1949; O. Benndorf, Antike Baumodelle (Jahreshefte d. Archäol. Inst. 5), 1902.

Architekturpolychromie→Polychromie.

Architekturtheorie, Lehre und Methode, an Beispielen der Baukunst Gesetzmäßigkeiten oder sog. Ordnungen abzuleiten und zu erfassen. Das bedeutendste Werk der Antike als beispielhafte A. hat →Vitruvius geschaffen. L.B. →Alberti, →Filarete, A. →Palladio, G.B. → Vignola, W. →Dietterlin, J. →Furtenbach d.Ä. und G. →Semper befaßten sich jeweils im Geiste ihrer Zeit mit Fragen der A. – In neuester Zeit ist allerdings Architekturkritik weitgehend an die Stelle von A. getreten.

K. Dohmer, In welchem Style sollen wir bauen? A. zwischen Klassizismus u. Jugendstil (Stud. z. Kst. d. 19. Jhs. 36) 1976; B. Sipek, A. als Vermittlung. Semiotische Untersuchung der architekton. Form als Bedeutungsträger, 1980; U. Schütte, „Ordnung" u. „Verzierung". Untersuchung zur dtschsprach. Architektur des 18. Jhs. (Diss. phil. Univ. Heidelberg 1978) 1980; G. Germann, Einführung in die Geschichte der A., 1980.

Architekturzeichnung. Die A. wird entweder als Entwurf gefertigt u. dient somit d. Vorbereitung z. eigentlichen Bauen, oder es handelt sich um die Wiedergabe bereits bestehender Bauten zur Verdeutlichung von deren Sinn u. Wesensgehalt. Im Gegensatz dazu steht das nach den Gesetzen der Malerei unter rein künstlerischen Gesichtspunkten gestaltete →Architekturbild. Die A. kann freie Skizze (z.B. als sog. Vorentwurf) oder technisch-konstruierte Zeichnung sein (Plan oder „Riß" als rein geometrische Darstellung etwa von Fassaden oder Bauteilen ohne Perspektive, sondern mit Schlagschatten zur Verdeutlichung d. Raumtiefe). Aber auch Reiseskizzen mit Architekturdarstellungen, Architekturstudien und Idealentwürfe (z.B. der Renaissance) werden als A. bezeichnet.

H. Schmitz, Baumeisterzeichngn. d.

17. u. 18. Jhs. i. d. Staatl. Kunstbibl. Berlin, 1937; H. Jacoby, Neue A.n, 1969; J. Erichsen, Europ. A.n 18. u. 19. Jh., (Pantheon u. Ausst. München) 1978; H. Koepf, Die got. Planrisse d. Ulmer Slgn., (Forschgn. zur Gesch. d. Stadt Ulm, 18) 1977; H. Reuther, Vom Wesen u. Wandel der A. (Bauwelt 70) 1979; E. Berckenhagen (Bearb.). A.n 1479–1979 von 400 europ. u. amerikan. Architekten. Ausst.kat. Staatl. Mus. Berlin, Mus. Köln(Veröff. d.Kstbiblioth. Berlin 84) 1979; W. Oechslin, Gabriele Dischinger u.a., Klassizismus in Bayern, Schwaben u. Franken. A.n 1775–1825, Ausst.kat. Stadtmus. München, 1980.

Architrav (lat.; griech. „Epistylion"), in der antiken Baukunst und den von ihr abhängigen Baustilen der Hauptbalken, insbesondere der auf den Säulen waagerecht aufliegende und den Oberbau tragende Balken, später auch über Pfeilern und Bogenstellungen.

Archivolte, 1. die meist bandartig abgesetzte Stirn (Stirnbogen) eines Rundbogens sowie dessen Laibung (Antike, Romanik, Renaissance); 2. Bogenlauf im roman. und got. Gewändeportal. Die A.n bilden hier Fortsetzung und Abschluß der Gewändegliederung nach oben und sind häufig mit Figuren besetzt: Archivoltenfiguren.

Ares, lat. Mars, bei den Griechen der Gott des mörderischen, blindwütenden Kampfes, später des Krieges. Er galt als Sohn des Zeus und der Hera, dann auch als Liebhaber der Aphrodite. Die bildende Kunst stellt ihn, obwohl er im Kult keine Rolle spielte, häufig in mythologischen Szenen dar, zunächst wie die meisten Götter als bärtigen älteren Mann, dann als strahlenden Jüngling. Am bekanntesten ist die Sitzstatue aus der Sammlung Borghese im Thermenmuseum zu Rom. Die hellenistische Kunst stellt oft eine Beziehung zu Aphrodite dar, wovon bes. die pompejanische Malerei viele Beispiele überliefert hat.

Roscher, Lexikon der Mythologie. W. F. Otto, Die Götter Griechenlands, [5]1961.

Arkade (lat. arcus „Bogen"), Bogenstellung, d. h. ein Bogen, der auf Pfeilern oder Säulen ruht. Die Bezeichnung wird auch auf eine fortlaufende Reihe solcher Bogenstellungen angewendet (jedoch meist „die A.n") und auf einen Gang, dessen eine Seite von einer Reihe von Bogenstellungen begrenzt wird: Bogengang. Die A. kommt in der entwickelten Steinbaukunst aller Zeiten vor, sowohl im Innenbau wie am Außenbau. Eine große Bedeutung gewann sie in der mittelalterl. Basilika: sie setzt das Mittelschiff gegen die Seitenschiffe ab, ermöglicht aber zugleich die Kommunikation zwischen ihnen. Bei ma. Burgen u. Klöstern (Kreuzgänge) fand die A. bei Arkadenfenstern (Goslar, Kaiserpfalz) Verwendung, in der Renaissance im oft mehrgeschossigen Arkadenhof von Schlössern (Stuttgart, Altes Schloß; Kulmbach) und Bürgerhäusern. Auch in der islam. Baukunst gibt es dafür Beispiele. – Die Blendarkade gliedert eine Wandfläche dekorativ, ohne sie zu öffnen. Die Zwergarkade ist ein Zierglied unter dem Hauptgesims von Choranlagen, bes. der rheinischen Romantik. Die Reihe von Zwergarkaden heißt auch →Zwerggalerie.

Arkosolium, in den →Katakomben ein in die Wand gelegtes Senkgrab mit bogenüberwölbter Nische, oft mit Malereien ausgestattet.

Arktisch-baltische Kultur, Jägerkultur der →Jungsteinzeit, im mittleren und nördlichen Skandinavien sowie in Finnland verbreitet. Der a.-b. Kultur gehören die realistischen Felszeichnungen Norwegens zu, die meist als eine Fortsetzung der altsteinzeitl. Bildkunst gedeutet werden (→Felsbilder, Felszeichnungen). In Finnland hat die a.-b. Kultur Steinäxte und Messer hinterlassen, deren Knäufe und Griffe in schön gearbeitete Tierköpfe auslaufen. Die Steingeräte sind meist aus Schiefer gefertigt. Es gibt ferner Bernsteinfiguren von Menschen u. Tieren. Einzelne Gegenstände arktischen Stiles sind auch in England und südwärts der Ostsee gefunden worden.

Hoernes-Menghin, Urgeschichte der bildenden Kunst in Europa, ³1925; O. Menghin, Weltgeschichte der Steinzeit, 1931.

Armarium (lat.), Wandschrank zur Aufnahme liturgischer Geräte und sonstiger Gegenstände des christl. Kultus, im MA teilweise Bezeichnung für Bücherschrank u. Bibliothek. Schon in der Spätantike diente das A. als vielverwendbarer Schrank

E. G. Budele, A. u. Kibotós, 1939.

Armbrustfibel →Fibel.

Armenbibel, lat. Biblia pauperum, Bilderbibel des spät. Mittelalters mit Szenen aus dem Neuen Testament, die von solchen aus dem Alten Testament in typologischer Zuordnung (→Typologie) begleitet sind. Die Bezeichnung A. deutet sowohl auf die armen Geistlichen, denen ihr Besitz (im Unterschied zu dem einer vollständigen Bibel) noch erschwinglich war, als auch auf die Armen im Geiste, denen Heilstatsachen hier anschaulich und ohne viel Text vorgeführt wurden. Die A. hat sich in 83 Handschriften erhalten, deren älteste in den Anfang des 14. Jh. zurückgehen, und erschien seit etwa 1430 als →Blockbuch in vielen Ausgaben (Deutschland und die Niederlande).

W. L. Schreiber, Biblia pauperum, nach d. einz. Exempl. in 50 Darstellungen, 1903; H. v. d. Gabelentz, Die B. p. der Großherzogl. Bibl. zu Weimar, 1912; R. Behrends, H. Kratzsch u. a., Biblia pauperum u. Apocalypsis. Die Weimarer Hs. (Faks.) Fol. max. 4 Weimar, 1978; F. J. Luttor, B. p., 1912; H. Cornell, B. p., Stockholm, 1925; Gerhard Schmidt, Die A.n des 14. Jhs., 1959; M. Berve, Die A., 1969.

Armitage, Kenneth, engl. Bildhauer, geb. 1916 Leeds, Yorkshire, studierte am Leeds College of Art und an der Slade School, London, war 1946–56 Leiter der Skulptur-Abteilung an der Bath Academy of Art. An seinen stark abstrahierten, idolhaft stehenden oder zu Gruppen zusammengefaßten Bronzefiguren kontrastieren die plastischen, in der Oberfläche sehr differenzierten und straff gegliederten Körper mit den insektenhaft dünnen Gliedmaßen. Die Gruppen fügen sich zu wandartigen Gebilden zusammen, aus denen unvermittelt skurrile, dünne Glieder gestikulierend hervorstoßen. A. stellt, obgleich er sich zumeist menschlicher Formen bedient, nicht Menschen dar, sondern Figuren und Figurenordnungen, die ihren oft sehr bestimmten Ausdrucksgehalt der starken formalen Phantasie des Künstlers verdanken.

Kat. Nr. 5, 1959/60 der Kestnerges. Hannover.

Arnold, Walter, Bildhauer, * 27. 8. 1909 Leipzig, besuchte das. die Kunstgewerbeschule, wurde 1946 Prof. der Hochschule für Graphik und Buchkunst das. und 1949 der Hochschule für Bildende Künste in Dresden. Seine Statuen folgen in ihrer plastischen Geschlossenheit, prallen Form und Festigkeit des Dastehens einer zuerst von Maillol eingeschlagenen Richtung. A. hat auch Porträtköpfe geschaffen, in denen die Form ohne Beeinträchtigung des Charakteristischen vereinfacht ist.

Eva Herbig u. P. Feist, W. A., 1959; Katalog der A.Ausstellung Berlin 1959 u. Dresden 1960; H. Jähner, W. A., 1961.

Arnolfo di Cambio →Cambio.

Arp, Hans, Maler, Graphiker, Bildhauer und Dichter, * 16. 9. 1887 Straßburg, † 7. 6. 1966 in Basel, studierte in Weimar (van de Velde) und Paris, kam in München 1911/12 in Verbindung mit den Künstlern des →Blauen Reiters und gehörte 1916 in Zürich zu den Mitbegründern des →Dada. Ursprünglich Maler, trat er seit 1930 auch als Plastiker hervor. A. bewegt sich in einer eigenartigen Welt zwischen Dadaismus, Surrealismus und Abstraktion. In seinen plastischen Gebilden bemüht er sich, das von innen heraus urhaft Keimende organischer Formen darzustellen. – Er schrieb: „On my way" (1948). – 1965 wurde in Locarno ein A.-Museum eröffnet.

Carola Giedion-Welcker u. Margue rite Hagenbach, H. A., 1957; G. Marchiori, A., 1964; H. Arp, Skulpturen 1957–66, Einl. v. E. Trier, 1968; S. Poley, H. A. – Die Formensprache i. s. Werk, 1977; H. A. Das Graphische Werk 1912–66, bearb. v. F. Arntz (Arntz-Bulletin, Dokumentation d. Kst. d. 20. Jhs.), 1980.

Arrazzi, Arazzi, heißen in Italien die in Arras und überhaupt in Flandern gewirkten →Bildteppiche. Berühmte Beispiele sind die zehn für die Sixtinische Kapelle nach Raffaels Kartons in Brüssel angefertigten A. (Rom, Vatikan).

Mercedes u. V. Viale, A. e Tappeti antichi, 1948.

Arretinische Keramik, Gefäßgattung, die in der Zeit des Augustus zuerst und in bester Qualität in Arezzo hergestellt wurde. Sie ist mit Reliefschmuck versehen und trägt einen ziegelroten Überzug. Zahlreiche einheimische Nachahmungen sind in Gallien und im röm. Germanien gefunden worden.

H. Dragendorff, Arretina, 1935; Ders., A. Reliefkeramik, hg. v. C. Watzinger, 1948.

Ars moriendi (lat., die „Kunst fromm zu sterben"); ein Erbauungsbuch des späten Mittelalters, das die Kämpfe des Himmels und der Hölle um die Seele des Sterbenden in einer Bilderfolge vorführt und zum Schluß den seligen Tod in Gott zeigt. Strittig ist, ob man die erste Ausgabe in einem um 1450 in den Niederlanden entstandenen Blockbuch (London, Brit. Mus.; aus der Weigelschen Sammlung) zu erblicken hat oder in einer Kupferstichfolge des Meisters →E. S.

R. Rudolf, A.m., 1957.

Art brut als Bezeichnung für seine durch die Arbeiten geisteskranker Menschen angeregte Malerei von Jean →Dubuffet eingeführter Begriff.

Artefakt(e), eigentlich „Kunsterzeugnis", insbesondere Bezeichnung für die von Menschen vorgeschichtlicher Zeit bearbeiteten Geräte, Waffen, Werkzeuge und Schmuckstücke aus Felsgestein, Silex, Knochen, Elfenbein, Holz, Metall, Keramik, Geflecht usw. →Altsteinzeit →Bronzezeit →Eisenzeit →Germanische Kunst →Hallstattkunst →Jungsteinzeit →Mittelsteinzeit.

Artemis, lat. Diana, die jungfräuliche Jagdgöttin der Griechen war in vorgriech. Zeit eine große Naturgöttin, die zugleich als Herrin der Tiere galt. Die archaische Kunst stellt sie oft zwischen Hirschen, Löwen oder Vögeln dar. In diesem Zusammenhang gilt sie auch später noch als die Fruchtbarkeitsgöttin, an die sich bes. Frauen wenden. Auch die vielbrüstige ephesische A.

gehört in diese Richtung. Die spätere griech. Kunst stellt A. fast immer als Jagdgöttin dar, meist in lebhafter Bewegung wie die bekannte A. von Versailles im Louvre, von der es in der röm. Kunst zahlreiche Abwandelungen gibt. Sie trägt dann Bogen und Köcher und ist oft von einem Hirsch begleitet.

G. Bruns, Die Jägerin A., Diss. Münch. 1929; F. Bardon, Diane de Poitiers et le mythe de Diane, 1963.

Artes liberales →Künste, die sieben freien.

Artesonado, span. Bezeichnung des kunstvollen Täfelwerks maurischer Decken („Artesonadodecke") und Türen, bestehend aus vielen Hölzern, die zu geometrischen Mustern mit vertieften Feldern (artesón = Becken) zusammengefügt sind.

Art Nouveau →Jugendstil.

Arts and Crafts Movement, eine in Anlehnung an die Theorien von W. →Morris und J. →Ruskin entstandene Kunstrichtung, die Kunsthandwerk und Kunst vereinen wollte. Handwerkliche Qualität und künstlerische Gestaltung wurden gefordert. Die 1888 gegründete Arts and Crafts Exhibition Society gab der entstandenen Kunstbewegung den Namen; seit 1894 versuchte man die neuen Gedanken unter William Rich. Lethaby (1857–1931) an der Londoner Central School of Arts and Crafts in Lehrwerkstätten zu verwirklichen. Zahlreiche Künstler und Baumeister des Jugendstiles (wie Henry van de →Velde) wurden von ihnen beeinflußt. Sie waren auch maßgebend für Hermann →Muthesius und die Gründung des →Deutschen Werkbundes.

Artushöfe. Anknüpfend an die Sage von König Artus' Tafelrunde hatten sich seit dem 13. Jh. zuerst in England, dann an der ganzen Ostseeküste Körperschaften gebildet, die u.a. das Ziel einer fröhlichen Geselligkeit verfolgten. Ihr Name A. ging auch auf ihre Versammlungshäuser über. Der bekannteste dieser A. ist der von Danzig (um 1480).

Arundelgesellschaft (Arundel Society for promoting the knowledge of art), eine nach dem Grafen Arundel (1586–1646), einem der ersten engl. Kunstsammler großen Stils, genannte Gesellschaft, die in London 1849–1895 bestand. Eins ihrer Hauptziele war, Reproduktionen von Kunstwerken in bestmöglicher Ausführung herauszugeben. Bes. bekannt und verbreitet waren ihre großformatigen Chromolithographien nach Gemälden, namentlich solchen der ital. Renaissance.

Asam, 1. Cosmas Damian, Maler und Baumeister, * 1686 Benediktbeuren, † 1739 Kloster Weltenburg, ein Hauptmeister der süddeutschen Deckenmalerei am Übergang vom Barock zum Rokoko, 2. Egid Quirin, Bruder von 1, Bildhauer, * 1. 9. 1692 Tegernsee, † 29. 4. 1750 Mannheim, seit 1715 in München, hat mit seiner „Himmelfahrt Mariä" am Hochaltar des Augustinerchorherrnstifts zu Rohr (1717–19) eine der schönsten Gruppen süddeutscher Barockplastik geschaffen. – Höhepunkt der Kunst beider Meister bilden die Bauwerke, die in gemeinsamer Arbeit entstanden, die Kirche in Weltenburg (1717–21) u. die Nepomukkirche in München (1733, gew. 1746; rest. 1977). Beide Brüder waren in Rom gebildet – diese Bauten aber haben mit röm. Barock nichts mehr zu tun. Sie sind (im Innern) Märchenarchitekturen, in denen die Grenzen der Künste so verwischt sind, daß nur noch eine untrennbare Einheit von

Raum, Licht, Farben, plastischer und architektonischer Bewegung übrigbleibt.

O. Endres, Untersuchungen der Baukunst der Brüder A., Diss. München 1935; C. Lamb, Die Asamkirche in München, 1937; Erika Hanfstaengl, Cosmas Damian A., 1939; Dieselbe u. W. Hege, Die Brüder C. D. u. E. Q. A., 1955; G. Hojer, Die frühe Figuralplastik E. Q. A.s, 1964; P. Volk, A. u. I. Hirmer, Rokokoplastik in Altbayern, Bayr. Schwaben u. im Allgäu, 1981.

Asklepieion, Kultstätte des Gottes Asklepios. Die größten A. bestanden in Epidauros, Troizen, auf Kos und in Pergamon. Neben dem Tempel finden sich meist auch Wohnräume für die Heilung suchenden Kranken, Wandelhallen, Bäder, die von Heilquellen gespeist wurden, selbst Theater.

Defrasse-Lechat, Epidaure, 1895; Herzog, Kos, Bd. 1, A., 1933; G. Welter, Troizen und Kalaureia, 1941; U. Hausmann, Kunst u. Heiltum, 1948; K. Kerényi, Der göttl. Arzt. Stud. üb. A. u. s. Kultstätten, 1948.

Äskulapstab, der mit der Schlange, seinem heiligen Tier, umwundene Stab des griech. Heilgottes Asklepios, auf den sich der Gott ursprünglich stützt, ist noch heute Abzeichen die Ärzte.

Asphaltmalerei, die Verwendung von Asphalt als braune Lasurfarbe; im 19. Jh. öfters angewendet, heute wegen des starken Nachdunkelns und anderer Veränderungen wieder aufgegeben.

Aspis (lat.), die Schlange unter den Füßen Christi als Verkörperung der Sünde nach Psalm 90, 13 bzw. 91, 13.

Assistenzfigur, die in Bildern religiösen Inhalts der Handlung (z.B. Anbetung der Könige) nur beiwohnende, vom Thema nicht unmittelbar geforderte Figur. Die Einführung solcher oft zahlreicher A.en erfolgte bes. in der ital. Malerei des Quattrocento mit ihrer Vorliebe für Vermehrung des Figurenaufgebots und gab Veranlassung zur Darstellung zeitgenössischer Menschentypen, ja bestimmter Zeitgenossen, zumal der Person des Künstlers selbst. So entstanden die meisten frühen →Selbstbildnisse der ital. Malerei unter dem Vorwand der A.

Assunta, Assunzione →Himmelfahrt.

Assyrische Kunst. Obwohl die Stadt Assur schon in sumerischer Zeit besiedelt war (vor 3000) und sich Reste aus dieser Zeit gefunden haben, kann man doch von A. K. erst seit Beginn des assyrischen Reiches sprechen (um 1900 v. Chr.). In dieser Zeit, und nahezu während der nächsten 1000 Jahre, steht die A. K. stark unter dem Einfluß der babylonischen Kunst. Doch machen sich bes. am Anfang auch andere Einflüsse bemerkbar, unter denen die Kunst des nicht vorderasiatischen, vielleicht sogar indogerm. Volkes der Mitanni oder Churriter von der größten Bedeutung ist. Das macht sich bes. in der Baukunst bemerkbar, die niemals den rein vorderasiatischen Breitraum übernommen hat, sondern immer den Langraum bevorzugt. Die ältere A. K. ist mit Ausnahme einer großen Zahl von →Siegelzylindern nur durch wenige Reliefs vertreten, die babylonischen Reliefs sehr ähnlich sind. Die große Zeit der a.n Baukunst, jedenfalls soweit sie bisher bekannt ist, beginnt erst nach 1000 v. Chr. und erstreckt sich bis zum Ende des a.n Reiches. Aus dieser Epoche stammen die großen Königspaläste in Kujundschik, Niniveh und Chorsabad. Obwohl im Tempelbau der Tempelturm (Zikkurat) aus Babylonien übernommen wird, bilden sich hier in der Form der

Doppeltempel doch besondere Typen aus. Die Baukunst verwendet meist den luftgetrockneten Ziegel, doch wird für Fundamente und Verkleidungen auch Stein sowie der gebrannte und farbig glasierte Ziegel verwendet. Die erhaltenen Werke der a. Rundplastik beschränken sich auf wenige Königs- und Götterfiguren, deren Körper blockartig stehen geblieben ist. Weit mehr ist von den Assyrern im Relief geleistet worden, das meist in Alabaster ausgeführt ist und in großen, friesartig aneinanderpassenden Platten die Räume der Paläste umlief. Die Lieblingsdarstellungen sind Kriegszüge, Jagden und religiöse Szenen, die sich der Deutung vorläufig entziehen. Der einmal ausgebildete Stil des Flachreliefs erfährt nur wenige Veränderungen. Gewöhnlich sind größere Zyklen in übereinandergesetzte Friese aufgeteilt (am bekanntesten die Bronzereliefs des Tores von Bâlawat im Brit. Mus. in London); doch zeigen sich vielfach Ansätze einer Raumperspektive. Auf die griech. Kunst hat die a. höchstens auf dem Gebiet der Kleinkunst eingewirkt (Elfenbein- und Bronzearbeiten des 7. Jh.); dagegen ist die Kunst der Phöniker in starkem Maße von der a.n abhängig.

Unger, Assyrische und babylonische Kunst, 1927; Gadd, The Assyrian Sculptures, 1934; W. Andrae, in Handbuch der Archäologie, Bd. 1, 1938; Ders. (hg. v. B. Hrouda), Das wiedererstandene Assur, 1977; Frankfort, The Art and Architecture of the Ancient Orient, 1964; A. Parrot, Assur, 1961.

Ästhetik, die Lehre vom Wesen, den Bedingungen und Erscheinungsformen des ästhetischen Empfindens, einer Ureigenschaft des Menschen, die zwar vorzugsweise im Bereiche der Kunst zur Geltung kommt, über diesen aber weit hinausreicht, da auch die Natur und viele ihrer Erzeugnisse Gegenstände ästhetischen Empfindens werden können. Der Marxismus stellt dagegen die Theorie auf, Kunst sei als ein „Überbauphänomen" zu betrachten und spiegele somit gesellschaftliche Zustände wider. Aesthetik wird dabei unter diesem Blickwinkel gesehen.

Astkreuz →Kreuzigung Christi.

Astragalos (griech.), der antike, ursprünglich nicht kubische Würfe. (eigentl. Name eines Fußknochens)l Menschen beim Würfelspiel waren ein beliebter Darstellungsgegenstand der antiken Kunst. In der Baukunst ist A s t r a g a l ein halbrunder, gern als Perlschnur gegebener Stab oder Reif, der die Grenzlinie zwischen Bau- oder Ornamentgliedern betont; in dieser Funktion häufig an der Säule (jonische Ordnung, Romanik, Renaissance) als Trennungsstrich zwischen Schaft und Kapitell.

Astwerk, ein aus knorrigen, mit zahlreichen Stümpfen besetzten Ästen bestehendes Motiv bes. der Spätgotik, das zunächst in dekorativem, später auch in konstruktivem Sinne verwendet wurde. Seine Vorformen können bis ins 14. Jh. zurückverfolgt werden, sind aber nicht am Material des Holzes entstanden, sondern kommen aus der Kleinkunst (Elfenbein, Buchmalerei, Goldschmiedearbeiten). Die Hauptzeit reicht von etwa 1480 bis etwas 1525, doch kommen Nachläufer, zumal im Kunstgewerbe, noch bis ins 17. Jh. vor. Ein wesentliches Merkmal des A.s (das etwa in dem blattlosen Gezweig Schongauerscher Kupferstiche seine Parallele findet) ist der unruhige Richtungswechsel und das stete einander Überkreuzen der Formen, so recht ein Ausdruck spätgot. Kunstgesinnung. An Taufbecken, Kanzeln, Baldachinen hat das A. immer wieder zur Auflockerung architektonischer Starrheit Verwendung gefunden. Das A. findet sich bes. in Deutschland, Frankreich und Spanien, dagegen selten in Italien. Entsprechende Erscheinungen gibt es auch in der spätantiken u. frühchristl. Kunst (Baumsarkophage).

E.-H. Lemper, Das A., Diss. Leipzig 1950; W. Paatz, Das A., 1963 (Festschr. f. Carl Wehmer); M. Braun-Reichenbacher, Das Ast- u. Laubwerk, 1966.

Asymmetrie →Symmetrie.

Atelier, von altfranz. artelier, ursprünglich Werkstatt, bes. Tischlerwerkstatt, dann Künstlerwerkstatt im allgemeinen.

Athena, zunächst die jungfräuliche Stadtgöttin Athens, der Sage nach aus dem Haupte des Zeus geboren. Sie ist Kriegsgöttin, aber zugleich auch die Beschützerin der weiblichen Arbeit, dann auch des Handwerks und der Künste. Ihr Bild (das kleine →Palladion) spielt schon in der trojanischen Sage eine Rolle. Die ältere griech. Kunst bildet A. meist in Kampfszenen unter anderen Göttern (Gigantenkampf) ab oder läßt sie als Beschützerin der Helden (Herakles, Theseus) auftreten. Auch in der statuarischen Plastik ist sie fast immer bewaffnet mit Helm, Lanze und dem schuppigen Fell der →Ägis, manchmal auch dem Schild. Über berühmte Athenastatuen →Phidias.

Roscher, Lexikon der Mythologie; H. Schrade, Götter u. Menschen Homers, 1952; J. Wiesner, Olympos; Antike Plastik, hg. v. W.-H.Schuchhardt, 1963.

Athos, gebirgige Halbinsel der Chalkidike, seit alters von christl. Einsiedlern bewohnt. 963 wurde hier ein griech. Kloster gegründet, dem eine Reihe weitere auch solche anderer Nationen (russ., serb., bulgar.) folgten. Diese A.klöster bergen bedeutende Schätze an Kulturgeräten und Handschriften und sind bis zur Gegenwart Hauptpflegestätten der byzantin. Malerei (Wand-, Tafel- und Miniaturmalerei) geblieben, die sich hier in einer durch außerbyzantin. Einwirkungen nur wenig gewandelten Weise getreu der mittelalterlichen Überlieferung erhalten hat. Ihre Verfahren in technischer und ikonographischer Hinsicht sind niedergelegt im →Malerbuch vom Berge A.

H. Brockhaus, Die Kunst in den A.klöstern, ²1924 (mit Bibliographie); G. Millet, Monuments de l'A., Bd. 1 (Les peintures), 1927; F. Fichtner, Wandmalereien der A.klöster, 1931; L. H. Heydenreich, Der Apokalypsen-Zyklus im A.gebiet u. seine Beziehungen zur dt. Bibel-Illustr. der Reformation, 1939 (Zeitschr. f. Kunstgesch., Bd. 8); Mönchsland A. hg. v. F. Dölger, 1943; ders.: Aus d. Schatzkammern d. Hl. Berges, 1948; Ph. Sherrard, A., 1959; Reallexik. zur byzantin. Kst., 1963ff.; E. Feigl, A. Vorhölle z. Paradies, 1982.

Atlas, in der griech. Mythologie der Titan, der das Himmelsgewölbe tragen mußte. Danach heißt in der Baukunst (Antike, Mittelalter, Neuzeit) Atlant eine kräftige, männliche Gestalt, die an Stelle einer tektonischen Stütze das Gebälk auf Haupt oder emporgehobenen Armen trägt. Sie kommt bes. häufig im Barock vor und war erwünschter Anlaß, das Sichstemmen des männlichen Körpers gegen eine drückende Last darzustellen →Karyatide.

Atrium, 1. Hauptraum, später der innere Hof (Wohnhof) des röm. Wohnhauses, an den sich rings Kammern anschlossen. In älterer Zeit enthielt er den Herd und war Wohnraum; in jüngerer wurde er zum eigentlichen, mit Säulen ausgestatteten Repräsentationsraum. 2. der auch Paradies genannte Vorhof der altchristl. Basilika mit Brunnen für die Waschungen, dem →Kantharos (z. B. San Clemente in Rom), auch im frühen Mittelalter noch beibehalten (Sant' Ambrogio in Mailand, Münster in Essen).

L. Joutz, Der mittelalterl. Kirchenvorhof in Deutschland, 1936 (Diss. TH Berlin).

Attika, niedrige, geschlossene Wand über dem Hauptgesims eines Bauwerks (Antike, Renaissance, Barock, Klassizismus), die meist den Zweck hat, das Dach zu verdecken. Sie kann vertikal gegliedert (z. B. durch Baluster), bauplastisch ausgestaltet, auch mit Statuen besetzt sein. Attikageschoß heißt ein niedriges Obergeschoß, wie es bes. im franz. Barock vorkommt.

Attische Basis, die im 5. Jh. in Attika entstandene Sonderform der ionischen Basis, bestehend aus einer Hohlkehle zwischen zwei kräftigen Wülsten ohne besondere →Plinthe. Die A. B. kommt auch bei Säulen des romanischen Stils überaus häufig vor (Abb. →Eckblatt).

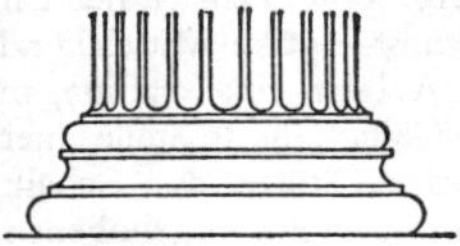

Attische Basis

Attribut, der einer dargestellten Person als Kennzeichen beigegebene Gegenstand, z. B. Heroldsstab und Flügelschuhe des Hermes, Dreizack des Neptun usw. Eine große Bedeutung erlangte das A. in der mittelalterl. Kunst zur Kennzeichnung der Heiligen und der personifizierten Begriffe (Tugenden, Laster, freie Künste). Für die Heiligen wählte man in der Regel Gegenstände, die sich auf ihr Martyrium beziehen (Turm der Barbara, Rad der Katharina) oder auf Wunder und besondere Ereignisse ihres Lebens (drei goldene Kugeln des Nikolaus, Korb der Dorothea). Die Zuordnung schwankt zuweilen und ist mehrdeutig, festigt sich aber gegen Ende des Mittelalters. Abgesehen von allgemeinen A.en wie Bischofsmitra oder Märtyrerpalme treten die ersten individuellen Heiligena.e in Deutschland im 12. Jh. auf. Bis um 1400 sind sie noch selten mit Ausnahme derjenigen der Apostel. Erst mit dem im 15. Jh. anwachsenden Heiligenkult bilden sich für alle Heiligen A.e aus. Vom →Symbol unterscheidet sich das A. dadurch, daß es über seine gegenständliche Bedeutung hinaus keine sinnbildliche besitzt; doch sind die Grenzen zwischen beiden nicht immer scharf zu ziehen.

R. Pfleiderer, Die A.e der Heiligen, [2]1920; J. Braun, Tracht und A.e der Heiligen in der dt. Kunst, 1943; G. de Tervarent, Attributs et symboles dans l'art profane, 1450–1600, 1958/59; V. Wimmer, Die A.e d. Heiligen, 1964.

Ätzkunst →Kupferstich.

Aubussonteppich, gewirkter Bildteppich, in Aubusson (Dép. Creuse) hergestellt. 1731 zum Rang einer kgl. Manufaktur erhoben; im modernen Sinn erneuert durch Jean Lurçat.

Auferstehung Christi. Sie ist als wirkliche Auferstehungsszene erst im 12. Jh. in den neutestamentlichen Bilderkreis aufgenommen worden; zuvor (seit dem 4. Jh.) wurde sie nur angedeutet durch den Engel am Grabe und die drei Frauen. In der byzantin. Kunst tritt die →Höllenfahrt Christi an die Stelle der Auferstehung. Diese wird bis zum Ende des Mittelalters so gegeben, daß Christus mit der Siegesfahne in der Rechten dem Sarkophag entsteigt, der von den erschreckt auffahrenden Kriegsknechten umlagert ist. Zuerst in der ital. Malerei des 14. Jh. erscheint Christus schwebend über dem Grabe, und seit dem 16. Jh. herrscht diese Form der A. C. vor (Isenheimer Altar Grünewalds).

O. Schönewolf, Die Darstellung der A. C., 1909 (Studien über christl. Denkmäler, 9); E. Völter, Darstellung der A. C. bis zum 13. Jh., Freiburger Diss. 1925; H. Schrade, Die A. C., 1932; W. Braunfels, Die A., 1951; H. Aurenhammer, Lex. d. christl. Ikonographie, 1959ff.; H. Möbius, Passion u. A. i. d. Kunst d. Mittelalters, 1979.

Aufriß, die geometrische (nicht perspektivische) Darstellung der Außenseite eines Bauwerks.

Aufstechen einer Platte heißt das Nachzeichnen und Vertiefen der Linien einer gestochenen oder geätzten Kupferplatte, die durch den Druck abgenützt ist. Aufgestochene Platten geben zwar wieder kräftige Abdrücke her, aber auf Kosten der Ursprünglichkeit ihres Zustands.

Augenpunkt →Perspektive.

Augusteische Kunst →Römische Kunst.

Augustus von Primaporta, bekannteste Statue des Kaisers im Braccio Nuovo des Vatikan, in der Villa der Livia bei P. gefunden. A. trägt einen Panzer, auf dem die Rückgabe der von den Parthern erbeuteten Feldzeichen über den Personifikationen der Provinzen Gallien und Spanien dargestellt ist. Die Statue gilt als ein Meisterwerk der augusteischen Kunst.

E. Simon, Der A. v. P., 1959; H. Kähler, Die A.statue v. P., 1959 (Monumenta Artis Romanae 1); W. H. Groß, Zur A.statue v. P. (Nachr. d. Akad. d. Wiss. in Göttingen, Phil.-hist. Kl.), 1959.

Auktionskatalog →Kunstauktion.

Aula (griech.), der von Wohnräumen oder diesen vorgelagerten Säulengängen umgebene Binnenhof des griech. Wohnhauses, entsprechend dem röm. →Atrium. In der röm. Kaiserzeit Bezeichnung für Palast schlechthin, daher im frühen Mittelalter auch oft gleichbedeutend mit „Pfalz" (aula regia). A. heißt ferner der Vorhof und das Mittelschiff altchristl. Basiliken, seit dem 16. Jh. auch der Hauptsaal einer Schule oder Universität.

Aunjetitzer Kultur, Kulturgruppe der frühen →Bronzezeit, in den Sudentenländern und deren Randgebieten bis nach Niederschlesien, Thüringen und zur mittleren Donau verbreitet. Der namengebende Fundort liegt unweit von Prag. Die spärlichen Metallsachen der A. Kultur sind wenig kennzeichnend; sie weisen auf südöstliche Kulturverbindungen hin. Reich und eigenartig ist dagegen die Tonware entwickelt, die sich durch gut geglättete Oberfläche und kantige Profilgebung auszeichnet. Am häufigsten erscheinen einhenklige Tassen mit tiefsitzendem Bauchknick und eingezogenem Oberteil, ferner Schüsseln mit Hohlkehle unterhalb des Randes. Flächenverzierung kommt nur äußerst selten vor; aller Nachdruck ist auf die plastische Wirkung der Gefäßform selbst gelegt. Die A. Kultur fällt zwischen 1700 und 1400 v. Chr.; sie wird meist einem ur-illyrischen Volksstamm zugeschrieben.

G. Neumann, Die Entwicklung der A. Keramik in Mitteldeutschland, 1929 (Prähist. Ztschr. Bd. 20); H. Kühn, Die vorgeschichtliche Kunst Deutschlands, 1935; H.-E. Mandera, Versuch einer Gliederung der A. K. in Mitteldeutschland, 1953 (Jahresschr. f. Mitteldt. Vorgesch. 37); K. Tihelka, die A. Gräberfelder in Mähren, 1953 (Památky Archeologické 44); V. Moucha, Die lokale Entwicklung der A. K. in Böhmen, 1961 (ebenda 52); W. A. v. Brunn, Die Hortfunde d. frühen Bronzezeit aus Sachsen-Anhalt etc., 1959; V. Moucha, Die lokale Entwicklg. d. A. K. in Böhmen (Pamatky Arch. 52), 1961.

Aureole →Heiligenschein.

Aurignacien, Unterstufe der europ. →Altsteinzeit, nach dem Fundplatz Aurignac (Dép. Dordogne) benannt, fällt in den Höchststand der letzten (Würm-)Eiszeit. Die Steinbearbeitungstechnik ist hervorragend. Mit dem A. setzt die künstlerische Betätigung des Menschen ein. Zeichnung u. Skulptur treten ungefähr gleichzeitig auf, doch liegt der Schwerpunkt der A.-Kunst durchaus auf dem Gebiet der Plastik. Kennzeichnend sind die sog. Venus-Figuren, kleine Stein- oder Knochenstatuetten, die eine nackte, meist sehr fettleibige Frau darstellen. Es sind bisher über 30 solcher Figuren gefunden worden, die besten in Willendorf (Niederösterreich), Lespugue (Dép. Haute Garonne) und Mentone, Dolni Věstonice (ČSSR), Awdjejewo, Gagarino u. Malta (Rußland). Die Körperhaltung ist durchweg von blockartiger Geschlossenheit; eine bestimmte Kopf- und Armstellung – vorwärts geneigtes Haupt, über die Brüste gelegte Arme – kehrt mehrfach wieder. Die Bildwerke geben den optischen Gesamteindruck wieder, während Einzelteile (Gesichtszüge, Füße) unbedenklich unterdrückt werden. In etwas gelösterer Haltung erscheint die gleiche Frauengestalt auf einigen Steinreliefs aus Laussel (Dordogne), wo sie ein Tierhorn in der Hand hält. Laussel hat auch eine Männerfigur und eine Coitus-Darstellung geliefert. Einzigartig ist eine größere, aus Einzelteilen zusammensteckbare männliche Plastik aus dem Gavettien des osteuropäischen Kreises. Sie stammt aus dem Grab 2 von Brünn (Tschechoslowakei). Ob die in neuester Zeit im Lonetal bei Ulm aufgefundene 28,1 cm große Figur aus Mammutelfenbein, deren Geschlecht mit letzter Sicherheit noch nicht bestimmt werden konnte, als älteste, etwa 32000 Jahre alte Menschendarstellung angesehen werden kann und somit als Kunstwerk gelten muß, beschäftigt derzeit die Forschung. Aller Wahrscheinlichkeit nach handelt es sich um eine weibliche Figur; sie gehört damit zum Kreis der sog. Venus-Figuren (V.-Statuetten). Die bedeutendsten mitteleuropäischen Tierplastiken entstammen ebenfalls den aurignacienzeitlichen Schichten im Lonetal bei Ulm. Die Ritzzeichnungen des A. beschränken sich auf einfache Umrißzeichnungen von Tieren, die noch keinerlei Andeutungen der Binnenteile bringen.

H. Kühn, Kunst und Kultur der Vorzeit Europas. Das Paläolithikum, 1929; L. Franz, Religion und Kunst der Vorzeit, 1937; Aurignac et l'A., hg. v. L. Meróc. Centenaire de fouilles d'E. Lartet in: Bull. de la société méridional de spéléologie et de prehistoire, 6–9, 1963.

Ausgießung des Heiligen Geistes →Pfingsten.

Ausgrabungen, die systematische Freilegung und Bergung verschütteter Altertümer. A. wurden planvoll seit der Renaissance unternommen, zunächst nur zur Gewinnung von Kunstwerken, dann aus rein wissenschaftlichem Interesse. Die Methoden der A. sind je nach der Art der verschütteten Objekte, des Erdreiches und der zu lösenden Aufgaben sehr verschieden. Oft wird es sich nur um eine Freilegung wenig zerstörter Bauten handeln, meist aber ist eine ständige genaue Beobachtung der Schichtenabfolge und der Fundumstände notwendig, aus denen dann die Geschichte der Örtlichkeit abgelesen und Gebäude rekonstruiert werden können. In der Gegenwart wird das Luftbild vom Flugzeug aus für die Erkenntnis von Gesamtlage und Einzelheiten des Ausgrabungsbezirks mit Erfolg eingesetzt (→Photographie). Bei größeren A. ist der Stab des wissenschaftlichen Personals gewöhnlich aus Archäologen und Architekten zusammengesetzt, die den Bestand aufnehmen. Die Ergebnisse sind sofort zu verarbeiten, da aus den besten Aufzeichnungen der Tatbestand später nicht mehr klar genug erkannt werden kann. Die Erlaubnis zu A. wird von den Behörden der verschiedenen Länder unter bestimmten Bedingungen erteilt, in denen die Ablieferung oder Teilung aller Funde vorgeschrieben ist, das Veröffentlichungsrecht jedoch den Ausgräbern vorbehalten bleibt. Durch dt. Gelehrte wurden A. unternommen in Olympia, Athen, Milet, Ephesos, Priene, Samos, Ägina, im Orient in Babylon, Assur, Uruk. Die Franzosen haben neben ihren afrikan. Grabungsplätzen Timgad und Karthago bes. in Delphi und Delos gearbeitet, während engl. und amerik. Forscher auf Kreta, in Argos, Korinth und Athen ausgruben. Die Italiener haben neben der weiteren Freilegung von Pompeji und Herculaneum in Leptis Magna, in der Cyrenaika, auf Kreta, Rhodos und in Ostia gegraben. Von außerordentlicher Bedeutung sind die engl. u. amerikan. Grabungen der neuesten Zeit im Indusgebiet (→Induskultur). In Deutschland hat man neuerdings die A. frühmittelalterl. Bauwerke als wichtige Aufgabe erkannt.

Th. Wiegand, Handb. d. Archäologie, Bd. 1–2, 1939–52; C. W. Ceram, Götter, Gräber u. Gelehrte, 1949; Ch. Peschek, Lehrb. d. Bodendenkmalpfl., 1949; C. Woolley, Mit Hacke u. Spaten, ²1950; Capart – Chaponthier – Deonna, Manuel de la technique des fouilles archéologiques, 1950; F. Behn, Ausgrabungen u. Ausgräber, 1955; Boehringer, Neue dt. A., 1959; M. Wheeler, Moderne Archäologie, dt. 1960; J. A. H. Potratz, Einführung in die Archäologie, 1962 (Kröners Taschenausg. 344).

Auskragung, das Vorspringen eines Bauteils, z.B. eines einzelnen Steins (→Kragstein), Gesimses, Erkers, Stockwerks aus der Wand, die ihm als Stütze dient.

Auslucht, die; der bes. in der Renaissancebaukunst Niedersachsens häufige erkerartige Vorbau des Erdgeschosses oder mehrerer Geschosse an einer Seite oder zu beiden Seiten der Haustür, meist mit Ziergiebeln versehen und in den Brüstungsfeldern mit plastischen Szenen oder Ornamenten.

Aussparen →Höhung.

Ausstellungskatalog →Kunstausstellung.

Autorenbild, nach antikem Vorbild in der frühchristlichen Buchkunst (→Evangeliar) übernommene Tradition, das Bild eines Evangelisten oder eines Kirchenvaters als „Autor" seinem Werk voranzustellen, so z.B. als sitzenden Schreiber. Dabei kommen auch →Assistenzfiguren vor wie Engel, die auf Inspiration hinweisen. Die byzantinische Malerei hat neben der Darstellung des Johannes, der seinem Schreiber Prochoros diktiert, den Typus des stehenden „Autors" entwickelt. Auch kreisrunde Medaillonformen mit Brustbildern gibt es als A.r. Seit dem Zeitalter der Renaiss. werden Gelehrte durch A.r wiedergegeben, nunmehr als →Portrait.

Auszug → Altar

Avant la lettre, a v e c l a l e t t r e →Kupferstich.

Avanzo →Altichiero.

Aventuringlas, ein Kunstglas, das so behandelt ist, daß sich auf ihm beim Schmelzen metallisches Kupfer in Form von goldglänzenden Kristallfiltern ausscheidet. Das Verfahren ist vielleicht schon zu Beginn des 17. Jahrhunderts in Italien gefunden worden, ging verloren, wurde aber von Pettenkofer in der 2. Hälfte des 19. Jahrhunderts wieder entdeckt und kam danach besonders in Venedig wiederum in Aufnahme.

Avers, die Bildseite (Hauptseite) einer Münze oder Medaille. Die Rückseite heißt Revers.

Awaren →Völkerwanderungskunst.

Axminsterteppich, samtartiger, gewebter Teppich des 19. Jh. mit aufgeschnittenem Flor; früher in Axminster (Devonshire), später hauptsächlich in Wilton hergestellt.

Azulejos (span. azul „blau"), vielfarbige gemusterte Wandfliesen (Fayencen), die im 14. Jh. von den Mauren in Spanien eingeführt wurden und bis zum heutigen Tag hergestellt werden.

Baalbeck, Stadt in Nordsyrien, griech. Heliopolis, seit Augustus röm. Kolonie. Infolge ihrer Abgelegenheit haben sich viele Reste von Bauwerken bes. aus dem 1. und 2. Jh. n. Chr. erhalten. Der größte Tempel, der des Jupiter Heliopolitanus, liegt auf einer Terrasse aus gewaltigen Steinquadern und hat einen sechseckigen und einen quadratischen Vorhof, in denen Altäre und Wasserbecken standen. Er gehört zu den großartigsten Bauwerken des Altertums. Der besser erhaltene sog. Bacchustempel war wohl der Venus-Atargatis geweiht. Daneben steht noch ein kleiner Rundtempel aufrecht. Der Stil der Bauten von B. neigt zu einer Überladung mit prachtvoll gearbeiteten Ornamenten, ist aber in den wesentlichen Zügen nicht von stadtröm. Kunst verschieden, doch hat die Anlage der Innenräume der Tempel durch den einheimischen Kult Einflüsse erfahren. Außer den antiken gibt es in B. auch christl. und islam. Bauten.

Wiegand u. a., B., die Ergebnisse der Ausgrabungen und Untersuchungen in den Jahren 1898 bis 1905, 3 Bde., 1921 bis 1925; A. Champdor, B. Acropolis, 1953 (frz.).

Baba →Kamennaya Baba.

Babel, Turm zu. Der Turm zu Babel war ein Tempelturm, der wie in anderen Heiligtümern in die Tempelanlage einbezogen war. Auf einem mehrfach ummantelten Kern aus Lehm (wahrscheinlichen Vorgängerbauten) stieg seine Außenschale aus gebrannten Ziegeln terrassenförmig auf. Zum Kultraum auf der Plattform führten Treppen. Die zahlreichen bislang versuchten Rekonstruktionen sind nicht sicher. Neueste Forschungen nehmen drei Bauphasen an. Den von Nebukadnezar errichteten Bau fand Alexander d. Gr. fast völlig zerfallen vor. Den geplanten Wiederaufbau verhinderte sein Tod. In Malerei, Graphik und Kleinkunst ist der Turmbau zu B. als Architekturphantasie mit symbolischer Bedeutung auch außerhalb der eigentlichen Bibelillustrationen häufig dargestellt worden (11.–17. Jh.).

Dombart, Der Sakralturm, T. 1, 1920; E. Unger, Babylon, die heilige Stadt, 1931; H. Minkowsky, Der Turm zu B., 1960; A. Borst, Der Turmbau zu B., 1960; F. Wetzel, F. Weissbach, Das Hauptheiligtum d. Marduk in Babylon, 1938; H. Schmid, Ergebnisse einer Grabung am Kernmassiv der Zikurrat in Babylon, (in: Dt. Archäolog. Inst., Abt. Baghdad. B.r Mitteilgn. Bd. 12) 1981.

Babylonische Kunst. Die Kunst des Zweistromlandes reicht weit in das 4. Jahrtausend zurück. Die ältesten bislang aufgefundenen Zeugnisse der Besiedelung gehören einer vorgeschichtlichen Kultur an, die trotz äußerer Ähnlichkeit kaum mit der Bandkeramik und auch nicht unmittelbar mit der →Induskultur verwandt zu sein scheint. Ihr Merkmal ist eine bemalte Keramik, die später nicht mehr in Babylonien vorkommt. Ein eigentliches Kunstschaffen beginnt erst zur Zeit der Sumerer, eines Volkes, dessen Herkunft und rassische Zugehörigkeit noch nicht geklärt ist. Die sumerische Baukunst bedient sich fast ausschließlich des luftgetrockneten Lehmziegels, dessen Formen in den einzelnen Perioden wechseln. Der Tempel ist ein Mittelsaalhaus (später, etwa seit neusumer. Zeit: Breitraum). In den Heiligtümern findet sich oft der Tempelturm (Zikkurat), der von der babylon. und assyrischen Kunst übernommen wird. Bei Tell Mardikh sdl. Aleppo wurden neuerdings Reste einer etwa 4300 Jahre alten Stadt ausgegraben, die nach Ansicht ital. Wissenschaftler zu der um 2250 zerstörten, bisher unauffindbaren Stadt Ebla gehören. Ein Königspalast, Teile eines Verwaltungsarchives mit Tontafeln sowie Reste reichverzierter Möbel wurden gefunden, wie dies außerhalb Ägyptens bisher noch nicht der Fall war. Die Plastik, deren Beginn vor 3000 liegt, bringt zunächst kleinere stehende oder sitzende Figuren hervor, welche die Hände vor der Brust zusammengelegt haben und mit einem zottigen Fellrock bekleidet sind. Auf zahlreichen Reliefs oder mit Relief geschmückten Steingefäßen sind meist Opferszenen dargestellt, seltener einmal Kriegszüge oder Jagden. Ein Zyklus von Kriegsdarstellungen ist auf der → Geierstele des Louvre abgebildet, in verschiedene Streifen eingeteilt. In hoher Blüte steht das Kunstgewerbe, wie die Goldgefäße und Goldwaffen aus den Gräbern von Ur und die Glyptik (→ Siegelzylinder) zeigen. Von der sumerischen Kunst ist die babylon. ganz abhängig. Es ist das Merkmal der vorderasiatischen Kunst, daß auf einzelne kurze Perioden, in denen bedeutende Leistungen hervorgebracht werden, stets lange Zeiten des Verfalls oder des Stillstandes folgen. Neben großartigen Werken wie der Stele Naramsins (um 2200), auf der die Erstürmung eines vom Feinde besetzten Berges in einer einmalig vorkommenden Idealperspektive dargestellt ist, stehen die groben Werke der Kassitenzeit, aus der nur mit Relief verzierte Grenzsteine und eine Anzahl sehr mäßiger Siegel erhalten sind. In Babylon selbst liegt die Blüte in der Zeit des Königs Hammurapi (1728—1686 v. Chr.), der auf seiner Gesetzesstele vor dem Sonnengott stehend abgebildet ist. Die spätere B. K. bis Nebukadnezar hat kaum Rundplastik geschaffen, im Relief werden oft plastisch verzierte Ziegel (Ischtartor in Babylon) verwendet. Die stets nebenher in großer Masse erzeugten Terrakotten ändern sich, da die gleichen Typen immer wieder aus Formen geprägt werden, auch im Stil kaum. In der neubabylon. Kunst (700 v. Chr.) lebt der Stil der Hammurapizeit noch einmal auf.

Schäfer-Andrae, Die Kunst des alten Orients, 1925; Unger, Sumerische und Akkadische Kunst, 1927; Ch. Zervos, L'art de la Mésopotamie etc., 1935 (Tafelwerk); W. Andrae, in Handb. d. Archäologie, Bd. 1, 1938; V. Christian, Altertumskunde des Zweistromlandes, Bd. 1, 1940; A. Moortgat, Die Entstehung der sumerischen Hochkultur, 1945 (Der Alte Orient 43); ders., Die Kst. d. alten Mesopotamien (Sumer u. Akkad), 1982; Cl. Schaeffer, Stratigraphie comparée et chronologie de l'Asie Occidentale, 2 Bde., 1948; H. Schmökel, Ur, Assur u. Babylon, [5]1961; L. Woolley, Ur, 1957 (franz.); A. Parrot, Sumer, 1960; ders., Sumer u. Akkad. Die mesopotam. Kst. von d. Anfängen bis z. 12. vorchristl. Jh., [4]1982; S. Lloyd, Die Archäologie Mesopotamiens, o. J.

Bacchanal, Fest des Bacchus, des griech. Weingottes; es wurde in Anlehnung an bacchische Szenen der Antike zuerst in der ital. Malerei des Quattrocento dargestellt, seitdem häufig bis ins 19. Jh.

Bacchus → Dionysos.

Backoffen, Hans, Bildhauer, * Sulzbach, † 1519 Mainz, tätig das., neben Hans Leinberger der Hauptvertreter des „spätgotischen Barocks" in der dt. Bildnerei. Sein erstes uns bekanntes Werk ist das Grabmal des Bischofs Henneberg († 1504) im Mainzer Dom. Die ganze Kraft seines leidenschaftlichen Gestaltungswillens kommt zum Ausdruck in seinem Hauptwerk, dem Grabmal des Bischofs Ulrich von Gemmingen (1515—17; Mainz, Dom). Seine Kunst hat eine weitreichende Wirkung auf zahlreiche Nachfolger ausgeübt.

P. Kautzsch, Der Mainzer Bildhauer H. B. und seine Schule, 1911; G. Braune-Plathner, H. B., Diss. Halle 1934.

Backsteinbau, ein aus unverputzten, unverkleideten Backsteinen (gebrannten Ziegeln) aufgeführter Bau. Die ältesten Spuren des B.s finden sich im 4. Jahrtausend v. Chr. in Mesopotamien, und hier ist es denn auch zuerst zu einer wirklichen B.kunst gekommen, die mit glasierten Ziegeln mannigfache Farbwirkungen zu erzielen wußte (→ Babylonische Kunst). Durch besonderen Reichtum des Dekorativen zeichnete sich später auch der sassanidische und islamische B. aus. In Italien war er bei den Etruskern seit alters zu Hause, konnte aber bei den Römern sich nicht recht entfalten, ebenso wie er auch von den Griechen wenig gepflegt wurde. Doch bildete sich in frühchristl. Zeit in Ravenna eine eigenartige und bedeutende kirchl. B.kunst heraus. Im frühen Mittelalter hat zuerst die Lombardei im 10. und 11. Jh. sich dem B. zugewandt. Ihr Vorbild ist für die nach der Mitte des 12. Jh. in Holstein, der Mark Brandenburg, Bayern, Dänemark seit etwa 1200 auch in den nördl. Niederlanden sich entwickelnde B.kunst maßgebend gewesen, die ohne tastende Versuche auf einmal da ist, und für die andere Voraussetzungen sonst nicht nachgewiesen werden können. Der B. wurde von jetzt ab zu einer wichtigen Sondererscheinung der dt. Baukunst im N und NO überhaupt und hat bis in die späteste Gotik an kirchlichen und weltlichen Bauten die ihm gegebenen Möglichkeiten in reichster Fülle entwickelt: die aus den im Verhältnis zum Gesamtmaß des Baues kleinen Backsteinen zusammengefügten Wände sind glatt, ohne plastische Belebung und bringen die Wucht ihrer Riesenflächen zur Geltung. Durchbrechungen, Unterschneidungen und Ausladungen sind vermieden. Aus sog. Formsteinen sind die gekrümmten Profile für Fenster- und Portallaibungen, Maßwerk und sonstige Verzierungen zusammengesetzt. Auf die reiche Welt got. Zierformen ist z. T. verzichtet, z. T. mußte sie vereinfacht und der Fläche angeglichen werden. Doch gibt es bewegte Quergiebel und vor allem die großen Ziergiebel, die aus einem vielgliedrigen System von Blendspitzbögen und Maßwerk hohe, schlanke Türmchen emporschießen lassen. Zur Vermeidung von Eintönigkeit der Farbe sind viele Zierformen wie Friese, Blendgiebel, Maßwerk usw., die ja alle in flachem Relief ausgeführt sind, auf weißen Grund gesetzt, der in Kontrast zum warmen Rot des Backsteins steht. Als schönste Bereicherung der farbigen Erscheinung sind dunkle Glasursteine eingezogen, schwarze, dunkelgrüne, dunkelviolette, die bald in durchgehenden Schichten, bald in flechtwerkartigen Mustern, bald nur zur Auszeichnung architektonisch wichtiger Stellen die tiefrote Fläche durchziehen und ihr mit der farbigen Belebung zugleich eine rhythmische Bewegung verleihen. Im B. der Renaissance ist in Italien wiederum die Lombardei führend gewesen, im N waren es die Niederlande, die auf dem Gebiete der weltlichen B.kunst Norddeutschland entscheidend beeinflußt haben, während der kirchliche B. fast völlig aufhörte. Allerdings tritt jetzt im N der Backstein durchweg in Verbindung mit dem Haustein auf, aus dem die Einfassungen von Portalen und Fenstern, Gesimse, Kanten und andere wichtige oder zu betonende Architekturteile gebildet werden, so daß ein ständiger Wechsel von hell und dunkel entsteht. Nach der Renaissance hat der B. seine Bedeutung verloren. Allerdings hat das 19. Jh. seine Wiederbelebung nach den alten Vorbildern versucht, ohne jedoch wirklich Neues und Wertvolles schaffen zu können. Dies gelang, während die roman. Länder sich dem B. gegenüber ablehnend verhielten, in Deutschland erst im 20. Jh. mit der Absage an die historischen Stilformen und im Zusammenhang mit dem neuen Wert, den der einfache und klar geformte Baukörper erhielt (→ Höger).

O. Stiehl, Der B. roman. Zeit, bes. in Oberitalien und Norddeutschland, 1898; Ders., Backsteinbauten in Norddeutschland und Dänemark, 1923; F. Schuhmacher, Das Wesen des neuzeitlichen B.s, 1917; A. Kingsley Porter, Lombard architecture, 4 Bde., 1917; F. Wachtsmuth, Der B., 1925; Ders., Der B. der Neuzeit, 1942; K. W. Schulze, Der (moderne) Ziegelbau, 1927; Sigrid Thurm, Norddeutscher B., 1935; A. Kamphausen, Die Baudenkmäler der dt. Kolonisation in Ostholstein und die Anfänge der nordeurop. Backsteinarchitektur, 1938; W. Burmeister, Norddeutsche Backsteindome, ²1943; F. Fischer, Norddt. Ziegelbau, 1944; N. Zaske, Got. Backsteinkirchen Norddtschlds. zw. Elbe u. Oder, Habil.schr. Greifswald 1960 u. 1968.

Badia (ital.), Abtei, Abteikirche.

Baehr, George, Baumeister, * 15. 3. 1666 Fürstenwalde, † 16. 3. 1738 Dresden, Ratszimmermeister das., schuf einige kleinere protestantische Kirchen und weltliche Bauten und als sein Hauptwerk die Frauenkirche in Dresden (1726—1738), den ersten monumentalen Kirchenbau des Protestantismus, einen Zentralbau mit einer massiven, steinernen, schlank aufsteigenden Kuppel (im 2. Weltkrieg zerstört).

W. Möllering, G. B., ein protestantischer Kirchenbaumeister des Barock, Diss. Dresden, 1933; W. Lange, Der gerichtete Zentralbau G. B.s, Diss. Berlin, 1940; F. Löffler, Das alte Dresden, 1955.

Bahnhofbauten (Eisenbahnbauten; B.-architektur). B. entstanden im 19. u. 20. Jh. als in sich geschlossene Anlagen. Soweit es sich dabei um Baukunst handelt, verbindet sich der Begriff mit dem sog. Empfangsgebäude, dessen künstlerische Gestaltung in erster Linie bei Stadtbahnhöfen zum Ausdruck kommt. Die Streckenstationen spiegeln dagegen mehr oder weniger Abwandlungen landschaftlich bestimmter Typen wider. Neben den allgemeinen bahntechnischen Aufgaben (Warteräume, Diensträume, Schalterhallen) gewannen die B. zunehmende Bedeutung im Rahmen der Stadtbaukunst. Durch die Repräsentationsaufgaben stehen sie im Zeitalter der Technik – dem sie ja ihre Aufgabe verdanken – in der Reihe der Stadtbild-bestimmenden Bürgerbauten, Schlösser, Kirchen, Theater und Museen, zumindest solange das Verkehrsmittel Eisenbahn bis in den Stadtkern vordringen oder in ihm bleiben konnte. Insofern weist die B.-architektur einen weitaus bedeutenderen Anteil an Kunst auf als die außerhalb der Großstädte gelegenen Flughafenbauten. Während bei Kopfbahnhöfen oder größeren Durchgangsbahnhöfen für die sog. Bahnsteighallen oder -Überdachungen Glas- u. Eisen/Stahlkonstruktionen (in neuester Zeit Stahlbeton) verwendet und von daher deren Formen bestimmt wurden, sind die Empfangsgebäude meistens Steinbauten mit Hausteinverblendungen in früherer, aus Sichtbeton in neuester Zeit. Gleich den Theaterbauten, Museen, Gerichtsgebäuden usw. sind die B. des 19. und beginnenden 20. Jhs. von Historismus und → Eklektizismus bestimmt; erst allmählich setzten sich neue Gestaltungsmöglichkeiten durch, so z.B. mit dem Stuttgarter Hauptbahnhof von P. →Bonatz, der sogar zu einem Wahrzeichen der Stadt wurde.

Wie stark Stadtbild-prägend die B. empfunden wurden, beweist die Baugeschichte des Kölner Hauptbahnhofs im Zusammenhang mit dem Bau des Domes Ende des 19. Jhs. Auch die Tatsache, daß nicht mehr den modernen Verkehrsverhältnissen entsprechende B. nicht abgerissen wurden sondern im Rahmen der Stadtbild- u. Denkmalpflege neue öffentliche Aufgaben als Museen, Kulturzentren usw. erfüllen (Paris, Gare St.-Lazare; Baden-Baden; Rolandseck usw.), bestätigt deren künstlerischen Stellenwert. – Seit den 20er und 30er Jahren des 20. Jhs. lösten allerdings funktionsbezogene B. im Sinne der →Neuen Sachlichkeit und des →Neuen Bauens das Repräsentationsbedürfnis ab; die neueste B.-architektur fühlte sich weniger künstlerischen Gesichtspunkten verpflichtet und brachte oftmals B. mit wenig Bezug zur Stadtbau*kunst* hervor.

Bedeutende B. sind die von London St. Pancras (neugotisch, 1868), Rom Statione Termini (1862–70; 1. Bau), Mailand Statione Centrale (1906 bis 1931), Wien alter Nordbahnhof (1865), Basel Badischer Bhf. (1913), Leipzig Hbf (1913 beg.), Paris Gare de l'Est (1847–52), Gare Montparnasse (1850–52), Gare du Nord (1861 bis 1965), Düsseldorf (1932–34), Heidelberg (1953–55), Bochum (1955–56), Saarbrücken (1966 vollendet), Rom Statione Termini (Neubau 1950). u.a.

H. Röttcher, Empfangsgebäude der Personenbahnhöfe, 1933; O. Brückner, Die Eisenbahnempfangsgebäude im Königr. Hannover vor 1850, 1937; Ch. Barman, An introduction to railway architecture, 1950; C. L. V. Meeks, The Railroad Station, an architectural History, 1956; M. Kubinszky, Bahnhöfe Europas. Ihre Geschichte, Kunst u. Technik, 1969; H. Müller, B.architektur, 1963; E. Kitter, Die Eisenbahn-Empfangsgebäude im Königr. Württemberg vor 1854, Diss. Techn. Univ. Stuttgart, 1973; U. Krings, Deutsche Großstadt-Bahnhöfe des Historismus, Diss. Univ. Köln (2 Bde), 1981.

Baldachin, ursprünglich ein kostbarer Seidenstoff (die Ableitung des Namens ist nicht ganz sicher), dann der aus diesem hergestellte Prunkhimmel über Thron, Bischofsstuhl, Altar, Kanzel, Katafalk, Bett, auch als Traghimmel an vier Stangen zum Schutz und zur Hervorhebung des die Monstranz haltenden Geistlichen. B. heißt auch das steinerne Schutz- und Prunkdach über den Köpfen got. Statuen. → Ciborium, →Tabernakel.

Wilhelm II. v. Hohenzollern, Ursprung u. Anwendung des B.s, 1939.

Baldung, Hans, genannt Grien, Maler und Zeichner für den Holzschnitt, * 1484/85 wahrscheinlich Schwäbisch-Gmünd, † 1545 Straßburg, tätig das., einer der eigenwilligsten Meister der Dürerzeit, der in der Farbgebung ganz neue Wege ging und die überlieferten Bildinhalte mit märchenhaften und idyllischen, zuweilen mit dämonischen Zügen ausstattete, die an Grünewald gemahnen. Hauptwerk ist der Hochaltar des Freiburger Münsters (1512—16). Zu seinen besten Werken gehören ferner die „Ruhe auf der Flucht" (Nürnberg, German. Mus.), die „Beweinung" (1515; Berlin, Staatl. Mus.) und die Todesallegorien (Basel und Florenz). B. hat ferner zahlreiche Entwürfe für Glasgemälde geliefert. Als Zeichner für den Holzschnitt stand er zunächst unter der Einwirkung Dürers, ja, er hat vielleicht in Dürers Werkstatt gearbeitet. In seinen großen, meist in den Jahren 1510—20 entstandenen Einzelblättern ist er aber ganz er selbst. Mit ihrer Unabhängigkeit von jeglichem Vorbild, ihrer Ausdrucksgewalt und ihrem Ideenreichtum gehören sie zu den besten Leistungen des dt. Holzschnittes überhaupt. Am bekanntesten ist der Helldunkel-Holzschnitt „Die Hexen" (1510) geworden. B.s bedeutende Handzeichnungen werden an Zahl nur von denen Dürers und Holbeins übertroffen.

H. Schmitz, H. B., 1922; H. Curjel, H. B. Grien, 1923; Ders., Die Holzschnitte des H. B. G., o. J.; H. Perseke, H. B.s Schaffen in Freiburg, 1941 (Forschungen z. Gesch. d. Kunst am Oberrhein, Bd. 3/4); C. Koch, Die Zeichnungen H. B. Griens, 1941; O. Fischer, H. B. G., [2]1943; Das Skizzenbuch von H. B. G., hg. von K. Martin, 2 Bde., [2]1959; Katalog der Ausstellung H. B. G., Karlsruhe 1959 (mit Bibliographie); K. Oettinger u. K.-A. Knappe, Hans B. Grien u. Albrecht Dürer in Nürnberg, 1963; G. Bussmann, Manierismus im Spätwerk H. B. G.s, 1966; G. v. d. Osten, Ein Altar d. H. B. Grien aus d. J. 1511 u. d. Frage n. verscholl. Werken d. Mal. (Ztschr. f. Kst.wiss. 31), 1977; M. Bernhard (Hg.), H. B., 1978; M. Mende, H. B. G. Das graph. Werk (vollst. Kat.), 1978.

Balkenkopf, das auf der Mauer aufliegende oder über diese hervorragende Ende des Balkens. In letzterem Fall ist der B. meist verziert durch Bemalung, Schnitzerei, Schweifung seiner Form oder konsolenartige Ausgestaltung (z. B. bei Fachwerkbauten).

Balkon, mit einer Brüstung versehener offener Austritt am Obergeschoß eines Gebäudes. Vom Boden aus gestützt (und dann meist größer) heißt er Altan oder Söller.

F. Schuster, B.e – 100 Beispiele aus aller Welt, 1961; H. Meyer, B.e, Terrassen, Dachgärten (Bauwelt, Sonderheft 53), 1962.

Ballenblume, knospenähnliches Ornament in der Hohlkehle eines Gesimses (engl. Gotik des 14. Jh.).

Baluster, untersetztes Säulchen aus Stein oder Holz als Träger eines Geländers oder einer Brüstung. Dieses heißt danach Balustrade.

Bamberger Dom, gegründet von Kaiser Heinrich II., begonnen 1004. Von diesem durch Brand zerstörten und wieder erneuerten ersten Bau sind die Hochmauern z. T. noch im jetzigen enthalten. Dieser, eine doppelchörige Basilika mit Ostkrypta, Westquerschiff und zwei Turmpaaren zu seiten der zwei Apsiden, wurde im 1. Jahrzehnt des 13. Jh. begonnen. Dieser Zeit gehört die vielleicht von einem oberrhein. Meister in kraftvoll prächtiger, reifer Spätromanik errichtete Ostpartie mit den unteren Geschossen der Osttürme an. Danach zunächst unsichere Bauführung und erst seit etwa 1215/20 wieder zielbewußtes Fortschreiten unter vorsichtiger Annahme frühgot. Formen. Der Westbau unter Führung Ebracher Bauleute in burgundisch-zisterziensischer Frühgotik, aber mit einem Einschlag nordfranz. Hochgotik. Die Westtürme mit ihren luftigen Ecktabernakeln in den oberen Geschossen richten sich nach dem Vorbild der Türme der Kathedrale von Laon. Weihe des Ganzen 1237. – Unter den gleichzeitig entstandenen Bildwerken in und am B. D. gehören einige zu den höchsten Offenbarungen dt. Kunst überhaupt. Eine ältere und eine jüngere Richtung lassen sich unterscheiden, wobei sich die ganze Leistung auf nur anderthalb Jahrzehnte (etwa 1220 bis 1235) zusammendrängt. Der Hauptmeister der älteren hat den größten Teil der Chorschrankenreliefs im Georgenchor (Ostchor) geschaffen, Darstellungen von je zwei disputierenden Propheten und Aposteln, deren geistige Energien Mimik, Gebärde und Faltendramatik bis ins Letzte bestimmt haben. Dem Hauptmeister der jüngeren sind die ursprünglich als Gruppe einer Heimsuchung zusammengehörenden, aber an den Pfeilern nördl. des Georgenchors getrennt aufgestellten Gestalten von Maria und Elisabeth (Sibylle) zu verdanken, desgleichen der ebenfalls an einem Pfeiler angebrachte, ikonographisch noch nicht widerspruchslos gedeutete „Bamberger Reiter", der dt. Volkstum in seiner edelsten und schönsten Form verkörpert. Diese Werke der jüngeren Richtung sind entstanden in schöpferischer Auseinandersetzung mit der franz. Kathedralplastik (Reims), deren Anregungen hier in genialer Weise zur Steigerung und Bereicherung des eigenen Künstlertums verwertet wurden. Zu diesen Werken kommt noch eine Reihe weiterer an 3 Portalen des Doms, mit ihrer Gestaltenfülle und ihrem Erfindungsreichtum die innere Spannung und Spannweite der dt. Plastik jener Jahre offenbarend. — Von bedeutenden Bildwerken späterer Zeit seien noch genannt: Grabfigur des Bischofs Friedrich von Hohenlohe († 1351) und Ehrengrab Heinrichs II. und seiner Gemahlin von Riemenschneider (1499—1513).

B. Noack, Der Dom zu Bamberg, 1925; H. Beenken, Bildwerke des B. D.s, 1934; W. Pinder und W. Hegel, Der B. D., [3]1935; H. Fiedler, Dome u. Politik, 1937; M. Hartig, Der Bamberger Reiter u. sein Geheimnis, 1939; G. Dehio, Der B. D., [10]1962; W. R. Valentiner, The Bamberg Rider, 1956; W. Boeck, Der Bamberger Meister, 1960; H. v. Einem, Fragen um d. Br. Reiter, in: Festschrift f. Th. Müller, 1965; E. Wegner, Die Gnadenpforte d. B. D.s, Diss. Würzburg, 1966; W. Sage, Die Ausgrabungen im B. D. (Archäolog. Korrespondenzblatt 3/2), 1973; H. Wentzel, J. Zink, Der B. D. u. s. plast. Ausstattg. b. z. Mitte d. 13. Jhs. (Kolloqu. i. B.), 1975.

Bambino (ital.), Kindlein, insbesondere das Jesuskind in der ital. Bildnerei und Malerei. Santo Bambino ist eine berühmte, als wundertätig geltende Holzfigur des Jesuskindes in der Sakristei von Santa Maria in Aracoeli in Rom, geschnitzt im 16. Jh. aus einem Ölbaum des Gartens Gethsemane.

Bambocciade (ital. bambocciata, franz. bambochade), genrehafte Darstellung aus dem Volksleben, so genannt nach dem holländ. Maler Pieter van Laer (1592–1624), der in Rom, wo er längere Zeit lebte, wegen seiner buckligen Gestalt den Spitznamen bamboccio („Knirps") erhielt.

A. Janeck, Untersuchgn. üb. d. holl. Maler Pieter van Laer (gen. B.), Diss. Würzburg, 1966.

Banco, Nanni di → Nanni di Banco.

Bandelwerk, Dekorationsmotiv, das nicht aus naturhaften Formen (Ranken) seine Muster bildet, sondern aus Bändern, die in lebhaftem Schwung geführt sind. Damit verbinden sich knappe Ranken-, Blatt- und auch figürliche Motive. Das B.

kam im letzten Jahrzehnt des 17. Jh. in Frankreich auf und war bes. im 18. Jh. beliebt.

Hilde Schwarz, Das B., Diss. Wien 1950.

Bandelwerk

Banderole →Spruchband.

Bandgeflecht →Flechtband.

Bandkeramik →Donauländischer Kreis.

Bandrippe, Rippenform des 12. Jh. in Gestalt eines flachen massiven Steinbandes.

Baptisterium →Taufkirche.

Barbakane, ein bei mittelalterl. Befestigungsanlagen dem Burg- oder Stadttor zur Verstärkung schräg vorgelegtes und mit Schießscharten und Wehrgängen versehenes Außenwerk, das den Angriff auf das Tor aufzufangen hatte. (Bestes erhaltenes Beispiel in Krakau, Ende 15. Jh.)

Barbara, Heilige, eine der vierzehn →Nothelfer, Märtyrerin, (3. Jh.), von ihrem Vater in einem Turm gefangen gehalten, dann wegen ihres Christenglaubens enthauptet. Attribute: Turm, Kelch, Schwert, Pfauenfeder. B. ist in der Malerei des 15. und 16. Jh. häufig dargestellt worden. Ausführliche Schilderung ihrer Legende im B.altar des Meisters →Francke (um 1410; Helsingfors, Nationalmus.).

Peine, St. B. und ihre Darstellung in der Kunst, 1896; F. Kirnbauer, St. B. in der Kst., 1952; L. Réau, Iconograph. de l'art chrétien Bd. 3.1.

Barbari, Jacopo de', ital. Maler und Graphiker, * 1440/50 Venedig, † vor 1516 Brüssel, trat 1500 in die Dienste Kaisers Maximilians in Nürnberg und war weiterhin an anderen dt. Fürstenhöfen tätig, seit 1510 als Hofmaler der Statthalterin Margarete in den Niederlanden. Sein bestes und bekanntestes Bild ist ein Rebhuhnstilleben (1504; München, Ältere Pinakothek), das früheste erhaltene Stilleben der neueren Kunst überhaupt. Von den ihm zugeschriebenen Holzschnitten ist der große Plan von Venedig von 1500 höchst bemerkenswert. Als Kupferstecher zeigt B. Beziehungen zur dt. Stichweise. Eine besondere Bedeutung für die dt. Kunst hat er insofern, als er mit Dürer bekannt und befreundet war und Einfluß auf dessen kunsttheoretisches Denken gewann; auch haben Wechselwirkungen zwischen Dürers und B.s Graphik stattgefunden. Sein Stecherzeichen ist der →Caduceus.

A. de Hevesy, J. de' B., 1925 (franz.); E. Brauer, J. de' B.s graph. Kunst, Diss. Hamburg 1933; L. Servolini, J. de' B., 1944.

Barbizon, Schule von, Künstlerkolonie in dem Dorf B. bei Fontainebleau um die Mitte des 19. Jh., in der namentlich das „Paysage intime" gepflegt wurde (Rousseau, Dupré, Diaz, Daubigny u. a.), d. h. die Malerei des schlichten, aber stimmungserfüllten Naturausschnittes. →Künstlerkolonie.

R. L. Herbert, B. revisted, 1962; J. Bouret, L'Ecole de B., (m. Lit.) 1972; A. Busch, G. Dauber u. a., Die Künstlerkolonie v. B., Ausst.-Kat. Ksthalle. Bremen, 1977; H. P. Bühler, Die Landschaftsschule v. B. u. ihr Einfluß, (Weltkst. 47) 1977.

Barelli, Agostino, ital. Baumeister, * 1627 in Bologna, † um 1687 das., war seit 1676 Stadtbaumeister von Bologna. Er baute dort zahlreiche Kirchen und übte seit seiner Berufung an den bayerischen Hof in München (1662) nachhaltige Wirkung auf Barockbauten in Bayern aus, insbesondere durch die Hofkirche St. Kajetan (Theatinerkirche) in München (später unter E. Zuccali verändert) und den Mittelbau des Schlosses Nymphenburg sowie die Päpstlichen Zimmer der Münchener Residenz.

N. Lieb, Münchner Barockkirchen, 1941; ders., Barockkirchen zw. Donau u. Alpen, [4]1976.

Bargello (ital. „Polizeihauptmann"), ein im 13. und 14. Jh. errichtetes Gebäude in Florenz, Sitz des höchsten Richters, später des Polizeihauptmanns, enthält seit seiner Wiederherstellung (1857–65) d. Nationalmuseum für ital. Kultur- und Kunstgeschichte des Mittelalters und der neueren Zeit, das u. a. die bedeutendste Sammlung von Bildwerken der Florentiner Renaissance besitzt.

Barlach, Ernst, Bildhauer, Graphiker und Dichter, * 2. 1. 1870 Wedel (Holstein), † 24. 10. 1938 Rostock, ist wie so viele Expressionisten immer wieder der Ausdruckskraft des Häßlichen nachgegangen, indem er in seinen streng geschlossenen Holzbildwerken und Bronzen unter Vereinfachung alles Gegenständlichen seelisch ergriffene Menschen gestaltete, die, plump von Körper, in dumpfer Bedrückung verharren oder diese in schwerfälliger Ekstase zu überwinden sich bemühen. Der Gestaltung des nackten menschlichen Körpers in Schönheit ist B. aus dem Wege gegangen. Seine Holzschnitte u. Lithographien haben häufig Menschen und Szenen seiner symbolistischen Dramen zum Gegenstand. – „Ein selbsterzähltes Leben" (1928; [2]1948); Ernst B., Prosa aus vier Jahrzehnten, hg. von E. Jansen (1964). E. B., Der Findling (Nachdr.) 1976.

B. Wächter, Der junge B., Diss. Jena 1955; P. Fechter, E. B., 1957; W. Flemming, E. B., 1958; W. Stubbe, E. B., Plastik, 1959; E. B. Werkverz., bearbeitet v. F. Schult, Bd. 1, Das plastische Werk, 1960; Bd. 2, Das graph. Werk, 1958; H. Franck, E. B. Leben u. Werk, 1961; C. D. Carls, E. B., 1931, [8]1968; A. Werner, E. B., 1966 (engl.); E. B., Die Briefe, hg. v. F. Dross, 2. Bde. 1968/69; E. B., Werk u. Wirkung, hg. v. E. Jansen, 1972 (Diss. Leipzig).

Barletta, Koloß von, Bronzestatue (4,5 m hoch) eines spät-röm. Kaisers, wahrscheinlich Valentinians III., nach anderer Meinung des Theodosius, eines der bedeutendsten Werke der spätantiken Plastik, heute leider durch schlechte Restauration geschädigt.

H. Koch, Bronzestatue in B., Antike Denkmäler d. Instituts III, 1912/13; R. Delbrueck, Spätantike.

Barmherzigkeit, Werke der, Zyklus von Darstellungen der christl. Kunst, der sich vom 12. Jh. bis in den Barock findet. Ursprünglich sind es sechs Werke: Hungrige speisen, Dürstende tränken, Dürftige bekleiden, Obdachlose beherbergen, Kranke besuchen, Gefangene besuchen. Die ältesten vollständigen Zyklen (Ende des 12. Jh.) finden sich an der Galluspforte des Baseler Münsters und am Baptisterium zu Parma. Im 13. Jh. kommt noch ein siebentes Werk hinzu: Tote bestatten.

P. Bargellini u. E. Manfrini, Die Werke d. B., dt. 1960.

Barocci oder Baroccio, Federigo, ital. Maler, * gegen 1526 Urbino,

† 30. 9. 1612 das., wiederholt tätig auch in Rom, nahm sich den weichen, malerischen Stil Correggios zum Vorbild, entwickelte sich aber zu einem sehr selbständigen Meister, der am Übergang vom Manierismus zum Barock steht und eine starke Wirkung auf die röm. Barockmalerei ausgeübt hat. Seine religiösen Bilder sind gekennzeichnet durch Inbrunst der Haltung und durch die von aller Erdenschwere befreiten Gestalten, die in lockerem Bildaufbau mit zerfließenden Konturen in süßer Farbigkeit beieinander sind. Hauptwerke: Madonna del Popolo (1579; Florenz, Uffizien), Rosenkranzmadonna (1588–91; Semigallia), Stigmatisation des heil. Franziskus (1594/95; Urbino, Gal.). B. hat auch Bildnisse, darunter entzückende Kinderbildnisse, geschaffen, ferner Pastelle, Radierungen, und zahlreiche Handzeichnungen.

A. Schmarsow, F. B. 1909; Ders., F. B.s Zeichnungen, 3 Teile 1910 bis 1914; H. Olsen, F. B., ²1962 (engl.); G. R. Walters, F. B., Diss. Princeton Univ. 1976.

Barock, Stil der europ. Kunst von etwa 1600 bis etwa 1750. Sein letzter Entwicklungsabschnitt wird mit gewissen Einschränkungen auch als →Rokoko bezeichnet. Das Wort B. kommt aus den roman. Sprachen, hat zunächst nur die allgemeine Bedeutung von „regelwidrig“, „sonderbar“, „dem guten Geschmack nicht entsprechend“, wurde zuerst in Frankreich nach der Mitte des 18. Jh. auf die dem klassizistischen Geschmack nicht entsprechende Baukunst angewandt, in Deutschland erst nach der Mitte des 19. Jh. unter Übertragung auf alle anderen Kunstgattungen und Abstoßung des ursprünglich in ihm enthaltenen negativen Werturteils. Damit wurde der B. zugleich Forschungsgegenstand der Kunstwissenschaft. Von dieser aus ist der Be-

Barockstatue (Bernini)

griff B. auch auf andere geistige Äußerungen (Dichtung, Musik, Philosophie), ja auf das ganze Zeitalter (Barockzeitalter) übertragen worden. Heute gilt der B. als der letzte in der Reihe der europ. Kunststile, der von schöpferischen Kräften durchwaltet ist und auch die unscheinbarsten der seiner Zeit angehörenden Kunstäußerungen durchdringt und trägt.

Als allgemeine Merkmale des B.s können gelten: schwellende Bewegung aller Formen, die nicht Ausdruck von Harmonie sind, sondern von Kraft, die danach drängen, ineinander überzugehen, sogar unter Aufhebung der Grenzen zwischen Baukunst, Bildnerei und Malerei. Aus dem Bauwerk scheinen plastische Kräfte zu dringen, Plastik verbindet sich mühelos mit Architektur, und wenn im barocken Innenraum noch die Malerei dazukommt, so entsteht ein Gesamtkunstwerk, das die Künste nicht im Beieinander, sondern im Ineinander zeigt, unterstützt durch Kuppeln,

Stuck und vor allem kunstvolle Lichtführung, die dieses Zusammenspiel hervorruft. Alle Barockkunst hat eine Haltung, die sich als repräsentativ bezeichnen läßt; denn alles Schlichte und Zurückhaltende ist das Gegenteil von „barock". Pracht, Pathos, rauschende Fülle, Steigerung der Dimensionen sind die verschiedenen Erscheinungsweisen des Repräsentativen. Es eignet gleichermaßen der kirchlichen wie der weltlichen Kunst, die sich im B. einander angeglichen haben, wie es niemals vorher und niemals nachher der Fall war. Die Entstehung des B.s vollzog sich in Italien, nicht als Reaktion gegen die Hochrenaissance, auch nicht durch Aufstellung eines gänzlich neuen Formprinzips, sondern in Weiterentwicklung von Keimen, die in der Hochrenaissance selbst schon angelegt waren. In der Malerei gab es allerdings noch die Zwischenstufe des →Manierismus. Anders liegen die Dinge in Deutschland. Hier treten in der Bildnerei und im Ornament barocke Elemente bereits in der Spätgotik auf (Backoffen, Leinberger), wenn auch noch das Merkmal des plastisch Schwellenden fehlt. Dieser „spätgotische B." ist nicht bloße Parallele zu dem eigentlichen B. des 17. Jh., sondern dessen unmittelbare Vorbereitung. Dazu kommt dann allerdings noch der Einstrom ital. Barockelemente. Weitere Hauptländer des B.s sind Spanien, Frankreich und die südl. Niederlande. Da er die offizielle Kunst der durch die Gegenreformation gestärkten kath. Kirche war, hat er sich am mächtigsten und eigentümlichsten in kath. Ländern entfaltet.

Abgesehen von seiner Begrenzung auf einen zeitlich bestimmten Entwicklungsabschnitt der abendländischen Kunst, wird der Begriff B. auch im überzeitlichen Sinn gebraucht, da man beobachtet zu haben meint, jeder Stil habe die Neigung, in seiner Endphase barocke Haltung anzunehmen. In diesem

Fassade eines Barockschlosses (ehemaliges Schloß zu Berlin)

Inneres einer ital. Barockkirche (Il Gesù in Rom)

Sinne spricht man von spätantikem und spätroman. B.

A. Schmarsow, B. und Rokoko, 1897; W. Weisbach, Der B. als Kunst der Gegenreformation, 1921; Ders., Die Kunst des B. in Italien, Frankreich, Deutschland u. Spanien, 1924; A. Riegl, Die Entstehung der Barockkunst in Rom, ³1923; H. Wölfflin, Renaissance und B., ⁴1926; V.-L. Tapié, Baroque et Classicisme, 1957; H. Busch, Baukst. des B.-Europa, 1961; A. Angyal, Slawische B.welt, dt. 1961; E. Hempel, Baroque Art and Architecture in Central Europe, 1965 (The Pelican History of Art 22); E. Hubala, Renaissance u. B., 1968; ders., B. u. Rokoko, 1971; J. Neumann, Das bömische B., 1969; A. Pigler, Barockthemen, 2 Bde. ²1973; H. Schindler (Hg.), Europäische Barockklöster, 1973; J. R. Martin, Baroque, 1976 (fr.); N. Lieb, B.kirchen zw. Donau u. Alpen, ⁴1976; Ksthist. Inst. Florenz (Hg.), Kst. d. B. i. d. Toskana, 1976; Ausst.-Kat. Villa Hügel/Essen, Kst. d. B. i. Böhmen, 1977; Ausst. Kat. Schleißheim/München; Kurfürst Max Emanuel. Bayern u. Europa um 1700, 2 Bde., 1976; U. Schlegel, Ital. B.plastik, 1977; M. Seidel, Unbekanntes B., 1976; W. Hansmann, Baukunst d. B. Form, Funktion, Sinngehalt, 1978; H. J. Sachse, Barocke Dachwerke, Decken u. Gewölbe. Zur Baugesch. u. Baukonstruktion in Süddeutschland, 1975; E. Faldon, Architettura barocca in Alta Baviera e Alta Suevia, Diss. Univ. Venetia, 1982.

Bartholomäusmeister →Meister des Bartholomäusaltars.

Bartmannskrug, Bartmännchen, Henkelkrug aus rhein., braun glasiertem Steinzeug, mit der in Relief aufgelegten Maske eines bärtigen Mannes unter dem Ausguß (16.–18. Jh.).

Bartning, Otto, Baumeister, * 12. 4. 1883 Karlsruhe, † 20. 2. 1959 Darmstadt, studierte an den TH Berlin-Charlottenburg und Karlsruhe, war 1928–30 Direktor der Staatl. Hochschule f. Baukunst, bild. Künste u. Handwerk in Weimar, und seit 1951 Präsident des BDA. B. war der führende Architekt des mod. evang. Kirchenbaus. Er hat, anknüpfend an Perret, die modernen Konstruktionsformen u. Materialien, Stahl, Beton, Glas, auf den Kirchenbau übertragen. Seine freien und durchlichteten, oft zeltartig konstruierten Räume, die durch tragende Stahlbetonstützen gegliedert sind, bestimmen mit ihrer inneren Struktur die äußere Form. Nach dem 2. Weltkrieg hat er zahlreiche Notkirchen mit z.T. vorfabrizierten Formen aus Trümmergestein errichtet. Hauptwerke u.a.: „Stahlkirche" in Köln (1928), Christuskirche in Bad Godesberg (1954). Er schrieb: „Vom neuen Kirchenbau" 1918 und „Neues Bauen" 1919. Neben dem Kirchbau hat er sich vor allem dem Bau von Krankenhäusern gewidmet.

H. K. F. Mayer, Der Baumeister O. B. [u. die Wiederentdeckung des Raumes], 1958.

Bartolommeo, Fra, ital. Maler, * 28. 3. 1472 Florenz, † 31. 10. 1517 Pian' di Mugnone, wurde 1500 Dominikanermönch, weilte 1508 in Venedig, trennte sich 1512 von Mariotto Albertinelli, mit dem er viel gemeinsam gearbeitet hatte, war 1514 in Rom. Seine Bilder weltlichen Inhalts verbrannte er unter dem Eindruck der Bußpredigten Savonarolas, so daß nur Religiöses von ihm erhalten ist. In B.s Kunst kreuzen sich vielerlei Einflüsse (Leonardo, Venedig, Raffael, Michelangelo), aber ihr Ziel ist deutlich: das Einfache, Ruhige und Großgebaute, die feierliche und große Gebärde, der sanfte und weite Schwung der Gewänder, kurz alles, was dem Ideal der Hochrenaissance entspricht. Unter dem Eindruck Venedigs wird seine Farbe glühend und schön, um späterhin wieder etwas zu verblassen. B.s Werk wird ergänzt durch eine Fülle hervorragender Handzeichnungen (Feder, Kreide, Rötel). Hauptwerke: Madonna zwischen Stephanus und Johannes d. T. (1509; Lucca, Dom), Verlobung der hl. Katharina (1511; Paris, Louvre, und 1512; Florenz, Palazzo Pitti), Beweinung Christi (das.).

H. v. d. Gabelentz, Fra B. und die Florentiner Renaissance, 2 Bde., 1922; B. Degenhart, Eine Gruppe v. Gewandstudien d. jung. Fra B. (München. Jb. d. bild. Kst. 11) 1934/36; B. Berenson, The drawings of the Florentine painters, 3 Bde., 1938; A. E. Popham, J. Wilde, The Italian drawings at Windsor Castle, 1949.

Barye, Antoine-Louis, franz. Bildhauer, * 24. 9. 1796 Paris, † 25. 6. 1875 das., erster bedeutender Vertreter der Tierbildnerei des 19. Jhs. In seinen meist in Bronze ausgeführten Werken verbindet sich Wirklichkeitstreue mit Stärke des Ausdrucks und der Bewegung; sie stehen bereits im Zeichen des beginnenden Neubarocks. „Tiger, ein Krokodil zerreißend" (1831; Paris, Louvre), „Löwe mit Schlange" (1833; das.), „Theseus im Kampf mit Minotaurus" (das.). B. hat auch zahlreiche Kleinbronzen einzelner Tiere und ganzer Jagdgruppen geschaffen.

Ch. Saunier, B., 1925; Ausst.-Kat. Louvre, B., 1956/57.

Basilika, (griech. „Königshalle"), hieß ursprünglich das Amtsgebäude des Archon Basileus auf dem Markt von Athen. In Rom bezeichnet der Name eine langgestreckte Halle nicht einheitlicher Form, welche zur Abhaltung von

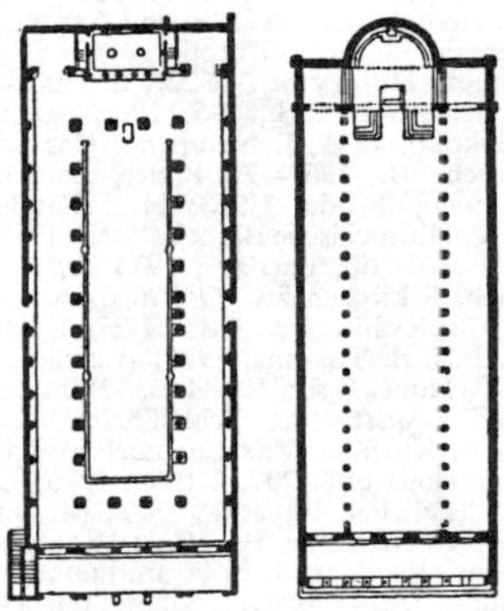

1 2

1. Grundriß einer antiken Basilika
2. Grundriß einer altchristlichen Basilika

Märkten und Gerichtsverhandlungen diente. Das älteste Beispiel ist die B. Porcia, 184 v. Chr., der bald andere (Fulvia, Sempronia, Ämilia) folgten. Sie werden übertroffen an Größe durch die B. Iulia, die noch Diocletian erneuerte. Die letzte große B. am Forum Romanum vollendete Konstantin. Für alle B.n ist die weite offene Halle charakteristisch, die gewöhnlich von Seitenschiffen (Säulenhallen) begleitet ist und zuweilen in einer halbrunden Tribuna (→Apsis) endet. Ein einheitlicher Typus ist im röm. Reich nicht entstanden, da man sich in Plan und Aufbau nach den Bedingungen von Klima und Landessitte richtete. Die große, gut erhaltene röm. B. in Trier ist nach außen viel abgeschlossener als die südl. Beispiele. Das Christentum hat die B. als Versammlungsraum für die Gemeinde, d. h. als Kirche, übernommen. Ihre Grundgestalt ist folgende: eine langgestreckte Säulenhalle, das Mittelschiff, ist von 2 oder 4 Seitenschiffen begleitet. Es ist breiter und höher als diese und empfängt sein Licht aus der über die Dächer der Seitenschiffe emporragenden Fensterzone, dem Lichtgaden. Das Mittelschiff endet in die →Apsis. Schon in frühchristl. Zeit treten Bereicherungen des Grundrisses ein: zwischen Mittelschiff und Apsis

Schema der altchristlichen Basilika

schiebt sich das Querhaus, dem Langhaus wird eine Vorhalle (Narthex) vorgelagert und dem Ganzen ein von Säulen umgebener Vorhof, das →Atrium oder Paradies. Die geschilderten Merkmale sind in erster Linie die der röm. oder von Rom abhängigen B.n. Daneben gibt es im Bereich des Christentums auf dem Boden Asiens und Afrikas eine Mannigfaltigkeit der B.formen in Grundriß, Aufbau und Fassadenbildung, die durch die Forschungen der jüngsten Zeit immer überraschender zutage tritt. Die entscheidende Weiterbildung der B. erfolgte jedoch im Abendland seit karolingischer Zeit: zwischen Querhaus und Apsis schiebt sich als Verlängerung des Mittelschiffs der →Chor, der seinerseits wieder zum Ausgangspunkt mannigfacher Neubildungen wird. Unter ihm erstreckt sich die →Krypta, Querhaus und Mittelschiff durchdringen einander wie die Balken eines lat. Kreuzes (kreuzförmige B.). Die Durchdringungsstelle, die →Vierung, wird zum Quellpunkt des →gebundenen Systems. Die Obermauern des Mittelschiffs ruhen nicht mehr auf einem säulengetragenen Architrav, sondern auf Bogenstellungen, die entweder Säulen (Säulenbasilika) oder Pfeiler (Pfeilerbasilika) oder einen Wechsel von beiden (→Stützenwechsel) haben. Über den Seitenschiffen können →Emporen angeordnet sein (Emporenbasilika). Eine der großartigsten Neuerungen war seit etwa 1100 die Wölbung (→Gewölbe) an Stelle des offenen Dachstuhls oder der Flachdecke der altchristl. B. Der ursprünglich schlichte Außenbau wird immer aufwendiger gestaltet: die Fassade im W wird reich gegliedert und durch Türme ausgezeichnet. Türme erheben sich über der Vierung und zu Seiten des Chors. Alle Teile, so die Portale, erfahren eine eingehende Sonderbehandlung. →Bauplastik und →Bauornamente beleben das Ganze. Die B. bleibt der Haupttypus der Kirchen des →romanischen Stils und der →Gotik. Erst am Ende der Gotik setzt sich, vorwiegend allerdings nur in Deutschland, eine Abwandlung der bis dahin den christl. Kirchenbau beherrschenden B. durch, die → Hallenkirche.

Chr. Hülsen, Forum u. Palatin, 1926; R. Schultze, B., Untersuchungen zur antiken u. frühmittelalterl. Baukunst, 1928 (Röm.-german. Forschungen, Bd. 2); K. Liesenberg, Der Einfluß der Liturgie auf die frühchristl. B., Diss. Freiburg 1928; R. Krautheimer, Corpus Basilicarum Christianarum, seit 1937; Klauser, Vom Heroon zur Märtyrerb., 1942; E. Lehmann, Der frühe dt. Kirchenbau, [2]1949; E. Langlotz, Der architekton. Ursprung d. christl. B., 1951 (Festschr. für H. Jantzen); P. Charpentrat, B. in: Architektur d. Welt, hg. v. Henri Stierlin, 1964; A. Stange, B.n, Kuppelkirchen, Kathedralen. Das Himmlische Jerusalem i. d. Sicht d. Jhdte., 1964; E. Kemmerling, Ikologie d. römisch. Querhausb., Ein Forschungsbericht (Röm. Quartalschrift. f. christl. Altert.-kde. Kirchengesch. 67, 3–4) 1972; F. Mancinelli, Die Katakomben u. B.n d. frühchristl. Rom, 1980.

Basiliuskathedrale in Moskau, 1555–60 von Barma und Postnik erbaut, doch erst 1679 vollendet eine der eigenartigsten Kirchen Rußlands. Sie setzt sich aus neun turmförmigen Einzelkirchen zusammen, die von (im 18. Jh. bemalten) weithin leuchtenden, zwiebelförmigen Kuppeln gekrönt sind. Die mittelste und höchste dieser Einzelkirchen hat eine zeltförmige Bedachung. Der Innenraum der B. besteht aus einzelnen zweigeschossigen Kapellen.

Basis (griech.), der ausladende Fuß einer Säule oder eines Pfeilers. Die B. verteilt den Druck der Stütze auf eine größere Fläche und bereitet den Übergang zur Fußplatte (Plinthe) vor, zwischen deren waagerechter Lage und der senkrechten Haltung der Stütze ästhetisch vermittelnd. Eine weitverbreitete Hauptform ist die →attische Basis.

Basrelief →Relief.

Bassae →Phigalia.

Bassano, Jacopo, eigentlich Jacopo da Ponte, ital. Maler, * ca. 1517/18 Bassano, † 1592 das., beeinflußt von Bonifazio Veronese, Tizian, Parmigianino und Tintoretto, entwickelte jedoch eine eigene, kraftvoll farbige Malweise. Eine Besonderheit seiner bibl. Bilder ist deren Ausstattung mit weiträumigen Landschaften und vorzüglich gemalten Viehherden. In Bassano unterhielt er eine große Werkstatt, in der auch seine vier Söhne tätig waren. Von ihnen ist der jedoch später in Venedig tätige Francesco B. hervorzuheben (1549–1592).

L. Zottman, Zur Kunst der Bassani, 1908; S. Bettini, L'arte di J. B., 1933; P. Zampetti, Mostra di J. B. Venezia 1957; Ders., J. B., 1958; W. Arslan, J. B., 1960 (engl.).

Basselisse (franz.), Wirkarbeit (Wirkteppich) mit waagerechter Kette im Unterschied zu Hautelisse mit senkrechter Kette.

Bassenheimer Reiter →Naumburger Meister.

Bathykles, ostgriech. Baumeister aus Magnesia am Mäander, der um die Mitte des 6. Jh. v. Chr. für ein altes Kultbild des Apollon bei Amyklai in der Nähe von Sparta einen Thron schuf. Die Reste sind von der griech. Archäologischen Gesellschaft ausgegraben worden, doch gelang es dt. Gelehrten, eine einwandfreie Rekonstruktion herzustellen. Nach ihr handelt es sich nicht um einen wirklichen Thron, sondern um einen hallenartigen Bau, aus dem in der Mitte das riesige, aber ganz primitive Bild des Gottes, von dem nur sehr schlechte Nachbildungen erhalten sind, herausragte. Die erhaltenen Bauteile zeigen eine sehr zarte, rein ostgriech. Ornamentik, die in der spartanischen Umgebung wie eine fremde Blüte wirkt.

E. Buschor-W. v. Massow, Mitteil. des Dt. Archäolog. Instituts, Athen. Abteil 52, 1927.

Batiken, ein in Indochina und bes. auf Java geübtes Verfahren, Stoffe mit farbigen Mustern zu versehen: der Stoff wird in der Farbe getränkt, nachdem die Stellen, die kein Muster annehmen sollen, mit Wachs abgedeckt wurden. Durch (absichtlich herbeigeführte) Brüche und Risse im Wachs kann eine farbige Äderung erzeugt werden. In Europa wurde das B. um 1900 durch die Holländer, bes. durch Thorn-Prikker, eingebürgert.

J. A. Loebèr, Das B., 1926; H. Graupner, Stoffdruck u. B., 1961; I. Fiegert, Die Kst. des B.s, 1963.

Bauaufnahme, die genaue maßstäbliche Wiedergabe eines Bauwerkes, auch von Teilen, Einzel- und Besonderheiten (wie Schadstellen, Zerstörungen) durch Zeichnung. Die B. ist Voraussetzung für Rekonstruktionen, Kopien, Umbauten im Rahmen der →Denkmalpflege; sie dient insbesondere der Inventarisation der Baudenkmäler.

Bauernbruegel →Bruegel.

Bauernkunst, Bauernmalerei→ Volkskunst.

Bauflucht →Flucht.

Bauhaus, ein von dem Architekten W. →Gropius geprägter Begriff für eine in Weimar durch Verschmelzung der dortigen Kunstakademie und der Kunstgewerbeschule unter Angliederung einer Architekturabteilung 1919 geschaffene Lehrstätte für d. Zusammenwirken von Kunst, Kunsthandwerk u. industrieller Formgebung zur Gestaltg. der Umwelt. Das Ziel war Klarheit, Sachlichkeit, Zweckmäßigkeit unter Überwindung des Historismus und Angleichung an Formen der Technik. Alle Gebiete der bildenden Kunst wurden gepflegt. An Mitarbeitern sind u. a. zu nennen: L. →Feininger, J. Itten, G. →Marcks, G. Muche, P. → Klee, O. →Schlemmer, W. →Kandinsky, L. →Moholy-Nagy. – 1925 übersiedelte das B. nach Dessau. 1928 schied Gropius aus, Direktor wurde H. Meyer und 1930 L. Mies van der →Rohe. 1933 wurde das B. aufgehoben. 1979 (Baubeg. 1976) erhielt das 1960 in Darmstadt gegründ., seit 1971 in Berlin (W) beheimatete Bauhaus-Archiv als „Mus. f. Gestaltg." ein von W. Gropius 1964 (noch f. Darmstadt) entworfenes Gebäude, dess. Pläne für d. neuen Standort von seiner 1945 gegründet. Arb.-gemeinschaft „The Architects Collaborative" bearbeitet wurden. Dieses Archiv gibt eine eigene Schriftenreihe heraus. – „B.bücher" (seit 1925); Zeitschr. „B." (seit 1926), Faks.-Ausg. aller erschienenen Ausg., 1976.

H. Bayer, W. Gropius, Ilse Gropius, B., 1919–1928, [3]1963; W. Gropius, Wege zu einer optischen Kultur, 1956; ders. Die neue Arch. u. d. B., 1965; D. Schmidt, B. Weimar Dessau, 1966; L. Lang, Das B. 1919–1933, 1965; W. Scheidig, B. Weimar 1919–1924, 1968; H. U. Würgler, Das B., [2]1968; E. Schulz, Das kurze Leben d. mod. Architektur (Betrachtgn. üb. d. Spätzeit d. B.s), 1977; J. Itten, Design and form: the basis course at the B. and later, 1975. W. Dexel, D. B.-stil – ein Mythos, 1976; H. Meyer, Bauen u. Gesellschaft. Schriften, Briefe, Projekte, 1979; Ein Museum für das B.? Zur Eröffn. des B.-Mus.; Bauhaus-Archiv, 1979; D. Schmidt, bauhaus, 1979.

Bauhütte, mittelalterl. Werkstattgemeinschaft der an einem größeren Kirchenbau beschäftigten Steinmetzen außerhalb der Zünfte. Ihre Mitglieder waren an eine bestimmte Hüttenordnung gebunden, die aber jeweils für mehrere Hütten galt, da einer Haupthütte eine Reihe minderbedeutender Hütten unterstellt war. Solche Haupthütten waren in Deutschland die von Straßburg (diese wiederum im Rang über allen anderen stehend), Köln, Wien, Bern (später Zürich). Innerhalb der B. erbten sich technische Erfahrungen, Methoden, Proportionsgrundsätze usw. fort, die als Hüttengeheimnisse streng gehütet wurden. Auch nach Beendigung des Bauwerkes, das an einem bestimmten Ort eine B. ins Leben rief, bestand diese in der Regel weiter fort. Die B. war auch Stätte bildhauerischen Schaffens, sofern dieses im unmittelbaren Zusammenhang mit dem Bau stand. Damit war die Einheitlichkeit des Zusammenwirkens beider Künste gewährleistet, die wir heute an den großen Kirchenbauten des Mittelalters bewundern, auch der monumentale Charakter dieser „Hüttenplastik". Die B.n, denen mönchische Organisationen ähnlicher Art im frühen Mittelalter vorangingen, entstanden mit der Zunahme des Laienelements beim Kirchenbau im 13. Jh. (Deutschland, Frankreich, England). Dieses und das 14. Jh. waren ihre eigentliche Blütezeit, während im 15. die Konkurrenz der Zünfte immer stärker wurde. Auf dem Regensburger Steinmetzentag von 1459 fand ein Zusammenschluß der dt. B.n statt unter Zugrundelegung der Straßburger Hüttenordnung. Im 16. Jh. ließen die großen kirchlichen Bauaufgaben nach, ein Teil der Hüttenordnungen ging in die Zunftordnungen über. Die technischen Überlieferungen gingen größtenteils verloren, da sich nur spärliche Reste von Bauhüttenbüchern (→Villard de Honnecourt), in denen sie niedergelegt waren, erhalten haben. Einzelne B.n werden bis zur Gegenwart fortgeführt. Ihre Bedeutung steigt mit der zunehmenden Zerstörung vieler Bauwerke durch Umwelteinflüsse und den dadurch bedingten ständigen Erneuerungen und Ergänzungen.

F. Janner, Die B. des dt. Mittelalters, 1876; A. Reichensperger, Die B.n des Mittelalters, 1879; J. Haase, Die B. des späten Mittelalters, 1919; L. Schwarz, Die dt. B. des Mittelalters und die Erklärung der Steinmetzzeichen, 1926; F. Durach, Mittelalterliche B.n und Geometrie, 1929; C. Discher. Dt. B.n u. ihre Geheimnisse, 1932; V. C. Habicht, Aufgaben der Forschung über die dt. B.n, 1933 (Architectura, Bd. 1); W. Jüttner, Ein Beitrag zur Gesch. der B. und des Bauwesens im Mittelalter, Diss. Köln 1935; F. Ried, Die Organisation einer B., Diss. München TH 1939; E. Hempel in Reallexikon zur dt. Kunstgesch., Bd. 2, 1948; P. du Colombier, Les chantiers des Cathédrales, 1953; P. Booz, Der Baumeister der Gotik, 1956; J. Ried, Die Organisation einer B., Diss. München, 1959; H. Birkhan, Die B. als exklusive Kultgemeinschaft (Festschrft. f. O. Höfler p. 17–41. 1 pl) 1968.

Baukeramik, Erzeugnisse der → Keramik, die zum Schmuck eines Baues dienen: Wand- und Fußbodenfliesen, Ornamentplatten, Reliefs, glasiert oder unglasiert. Oft dient die B. der farbigen Belebung des Baues. Farbige Wandverkleidungen keramischer Art gab es bereits im alten Ägypten. Bedeutende Wirkungen erzielte mit ihnen die babylonische Baukunst, vor allem in Gestalt von Tierfriesen, die aus farbig glasierten Ziegeln zusammengesetzt sind. In der griech., etrusk. und röm. Baukunst wurden Terrakottaplatten zum Schmuck der Dachregion verwendet. Ein weites Feld eröffnete sich der B. in der islam. Baukunst: reicher Fliesenschmuck überall, keramische Muster, Blendgliederungen zur Verzierung der Fassaden. Auf dem Wege über Spanien hat diese islamische B. auch auf die europ. Länder gewirkt. Außerhalb Europas ist bes. die B. Chinas zu nennen. Das bedeutendste Gebiet mittelalterl. B. stellt der norddt. → Backsteinbau der Gotik dar, wo es seit dem 13. Jh. glasierte Formsteine gibt. Namentlich in den Scheingiebeln des Backsteinbaus ist ein Höhepunkt mittelalterl. B. erreicht. Figürliche B. ist jedoch selten. Diese erwacht erst in der ital. Renaissance zum Leben, auch in farbiger Ausführung (die → Robbia in Florenz) zur Verzierung von Fassaden und Türbogenfeldern. Terrakottaverzierungen kommen in der Renaissance auch in Deutschland, namentlich im N vor. Der Barock hat den Stuck der B. vorgezogen. Eine Neubelebung der B. erfolgte seit Beginn des 20. Jh. (Backsteinbauten Högers).

R. Bormann, Die Keramik in d. Baukunst, [2]1908; O. Riedrich, Keramik u. dt. Baukunst, 1925; E. Boerschmann, Chinesische B., 1927; W. Henze, Architektur u. B., 1955; O. Riedrich, Keramik u. dt. Baukst., 1955; A. Berendson u. a., Fliesen, 1964. Weitere Literatur →Backsteinbau.

Baukunst (Architektur, aus lat. architectura, abgeleitet von griech. architéktōn „Erzkünstler", „Baumeister"). Der Begriff B., wie ihn die Kunstgeschichte verwendet, betrifft in der Regel nur den Hochbau, nicht auch den (seit dem 19. Jh. von jenem unterschiedenen) Tiefbau. Der Bestimmung nach unterscheidet man die beiden großen Gruppen: kirchliche Baukunst oder Sakralbau und weltliche Baukunst oder Profanbau (der wiederum in zahlreiche Untergruppen zerfällt). Träger der baukünstlerischen Entwicklung war im Mittelalter der Sakralbau; von der Renaissance bis zum Barock nimmt die Bedeutung des Profanbaus ständig zu, der seit dem Klassizismus die Führung übernimmt und Aufgaben von einer auch in Zukunft wohl noch zunehmenden Mannigfaltigkeit erhält. Dem Material nach sind die drei großen Gruppen Steinbau, →Backsteinbau und →Holzbau zu unterscheiden. Von letzterem wissen wir wenig wegen der weitaus geringeren Lebensdauer seiner Werke. Der Backsteinbau hat, allerdings auf seine Weise, die großen Bauaufgaben meist erst dann gelöst, wenn sie vom Steinbau bereits gelöst waren. Der Stein ist das ideale Material der B. Alle großen Baustile haben sich im Steinbau ausgebildet, und die Geschichte der B. ist zum allergrößten Teil eine Geschichte der Steinbaukunst. Im 19. Jh. kommen noch andere Baustoffe auf: Eisen und Glas, schließlich Beton (→Eisenbau, →Betonbau). Das Verhältnis der B. zu den anderen Künsten drückt sich in folgenden Tatsachen aus: sie hat der Bildnerei und Malerei oft erst die Entfaltungsmöglichkeiten gegeben (→Bauplastik, → Wandmalerei), sie damit zum Schaffen angeregt und ihnen schließlich etwas von ihrer monumentalen Form mitgeteilt. Am stärksten kommt diese Eigenschaft der B. als Mutter der Künste in der mittelalterl. Kathedrale zum Ausdruck. Seit dem 19./20. Jh. steht die B. bes. im Profanbau in enger Verbindung mit dem →Design.

H. Koepf, Bildwörterbuch d. Arch., KTA Bd. 194, 1968. G. Gollwitzer, Augen auf für Architektur. Ein Lehr-Lese- u. Bilderbuch für Kst.freunde u. Lehrer, 1973. Weitere Lit. →Künstlernamen; N. Pevsner, Lexikon d. Weltarchitektur, 2 Bde., 1976 (auch engl., A History of Building Types); M. Tafuri u. a., Architektur d. Gegenwart,

1976; B. Allsopp, A modern theory of architecture, 1977; R. Venturi, Vielfalt u. Widerspruch. Formprinzipien d. Architektur, 1977; P. L. Nervi (Hg.), Weltgesch. d. Architektur, 14 Bde., dt. 1977; H. Stierlin, Die Arch. d. Welt, Plan u. Bauwerk, 2 Bde., 1978; St. Waetzold (Hg.), Bibliogr. z. Arch. im 19. Jh.: die Aufsätze in d. dtsch.sprachigen Architekturzeitschriften 1789–1918 (8 Bde.), 1977; Ch. Norberg-Schulz, Vom Sinn des Bauens. Die Architekt. d. Abendlandes v. d. Antike bis z. Gegenwart, 1982; P. v. Naredi-Rainer, Architektur u. Harmonie. Zahl, Maß u. Proportion i. d. abendländ. Baukunst, 1982; W. Koch, Baustilkde., Europ. B. v. d. Antike bis zur Gegenwart, 1982; M. Raeburn (Hg.) B. d. Abendlandes. Entstehg. u. Entw. unserer Kultur, 1982.

Baumeister, Willi, Maler, Graphiker, Bühnenbildner, * 22. 1. 1889 Stuttgart, † 31. 8. 1955 das., seit 1946 Prof. an der Akademie das. B.s Werk weist keine einheitliche Linie auf, sondern ist durch das Experiment gekennzeichnet: Verbindung von Plastik und Malerei in den „Mauerbildern", Maschinen- und Sportbilder, ungegenständliche, dem Konstruktivismus sich nähernde Darstellungen (→Abstrakte Kunst), Verarbeitung motivischer Anregungen aus prähistor. und altoriental. Kunst, zuletzt Neigung zum →Surrealismus, technisch Bevorzugung des Farblithos. Er schrieb: „Das Unbekannte i. d. Kunst", 1947 u. 1960.

W. Gräff, W. B., 1928; W. Grohmann, W. Bì. ²1963 (mit Werkkatalog); B. Holeczek, H. Spielmann u. a., W. B., Bilder u. Zeichngn., Ausst. Kat. Kstverein. Braunschweig, 1977; Ausst.kat. W. B., Staatsgal. Stuttgart, 1979.

Baumkreuz, das Kreuz Christi in Gestalt eines Baumes mit Blättern, Blüten, auch Früchten als Ausdruck der alten Vorstellung des Lebensbaums. Literarisch fixiert ist die Vorstellung des B.es bes. in einem Traktat des hl. Bonaventura (1221–74); sie gewinnt an Beliebtheit bei den Mystikern des 14. Jh. Weinstock, Rosenstrauch und Eiche sind die Hauptformen, in denen das B. vorkommt. Die frühsten Beispiele gehören der Buchmalerei an und fallen in die 2. Hälfte des 12. Jh. Nach dem 16. Jh. wird das B. immer seltener. Hauptländer sind Deutschland und Italien.

H. Koch, Sonderformen des Heilandskreuzes, 1934 (Stud. z. dt. Kunstgesch. 303). S. auch Lit. zu →Lebensbaum.

Baumodell →Modell.

Baunaht, Bezeichnung für die Stelle des Bauwerks, wo ein älterer und ein jüngerer Teil sich deutlich erkennbar gegeneinander absetzen. Solche B.e findet man häufig an mittelalterlichen Basiliken, die in der Regel von O nach W gebaut wurden und bei oft langer Bauzeit technische und stilistische Unterschiede zwischen den einzelnen Bauabschnitten aufweisen.

Bauornament. Der Herkunft nach lassen sich zwei Gruppen unterscheiden: 1. B.e, die ausschließlich oder überwiegend nur am Bau vorkommen, weil sie struktiven Gliedern nachgebildet oder aus ihnen entwickelt (z. B. Blendgliederungen, Lisenen, spätgot. Netzwerk) oder überhaupt am Bau gewachsen sind (z. B. got. Maßwerk). 2. B.e, die dem allgemeinen Ornamentschatz einer Zeit angehören. – Das B. ist in der Regel plastisch oder zumindest in die Fläche eingelegt (→Inkrustation). Bloß aufgemalte Ornamente können nicht als B.e im eigentlichen Sinne gelten. Sie fallen unter den weiteren Begriff der Dekoration. Das B. hat neben der Funktion des Schmückens vor allem auch die des Gliederns.

Bauplan von Sankt Gallen → Sankt Gallen.

Bauplastik, die im Zusammenhange mit einem Bauwerk stehende Plastik. Dem Sinne nach unterscheidet man eine rein dekorativen Zwecken dienende B. (dekorative Plastik: Atlanten, Karyatiden, Putten, Masken u. dgl.) von einer solchen, die über alles Dekorative hinaus Sinn und Zweck des Bauwerks zum Ausdruck bringt, wie es in erster Linie bei kultischen Bauwerken (Tempel, Kirche) der Fall ist. Formal vermag sich die B. völlig dem gegebenen architektonischen System einzuordnen (z. B. Metopen und Giebelgruppen des griech. Tempels), sie kann aber auch dieses System überschneiden, plastisch fortsetzen (Gotik, Barock) oder es geradezu überwuchern (indischer Tempel). Alle Grade von innigster Verschmelzung der B. mit dem Baukörper (äußerster Fall: das „versenkte Relief" der ägypt. Baukunst) bis zur völligen Isolierung gegen diesen (Nischenfiguren der ital. Frührenaissance) werden durchlaufen. In der ägyptischen, mesopotam., griech., etrusk. und röm. Baukunst gibt es B. der verschiedensten Art. Die Auflösung der antiken Kunst brachte einen allgemeinen Rückgang der B. mit sich. Erst der roman. Stil hat sich der B. wieder zugewandt, im 11. Jh. noch vereinzelt; seit dem Beginn des 12. Jh. gibt es, zumal in Frankreich, B. in einer Überfülle von Werken. Ja, in diesem und im folgenden Jh. ist der weitaus größte und bedeutendste Teil aller Plastik B. Die Statue, die seit der Auflösung der Antike bis auf wenige Ausnahmen zu existieren aufgehört hatte, wächst jetzt am Bauwerk wieder heran, zunächst in Form der Gewändestatue mit engster Einbindung in die Architektur, dann immer freier und selbständiger werdend. Ausgangspunkt dieser mittelalterl. B. ist das Portal. Von hier aus verbreitet sie sich in der Gotik über alle Teile der Kathedrale, wobei im 13. Jh. in Frankreich die B. sich gern außen am Bau entwickelt, in Deutschland in seinem Innern. Erst seit dem 14. Jh. hat die Architektur aufgehört, die große Mutter der Plastik zu sein, die nunmehr ein immer selbständigeres Leben zu führen begann. Natürlich gab es weiterhin B., und im Barock, der auch sonst mit der Gotik manche Züge gemeinsam hat, kam es nochmals zu einem überaus innigen Zusammenwirken von Plastik und Architektur. Aber eigentlicher Entwicklungsträger war trotzdem die B. nicht mehr. Das ist im Klassizismus und im weiteren Verlauf des 19. Jh. und im 20. Jh. so geblieben.

W. Graf Rothkirch, Architektur und monumentale Darstellung im hohen M.A. (1100–1250), 1938; H. Appel, Plastik am Bau, 1944; R. Schwarz, K. Knappe, Plastik im Kirchenbau (Jb. d. Ges. f. christl. Kst.), 1958; U. Boeck, Plastik am Bau, 1961; U. Lammert, Architektur u. Plastik, 1962; H. Walter, Bauwerk u. Bildwerk, Zur Einheit griech. Architektur u. bild. Kst., 1965; M. Pötzl-Malikowa, Die Wiener Ringstraße, Bd. 9 Tl. 2: Die Plastik der W. R., 1976.

Baustein. Zu unterscheiden sind: 1. natürlicher oder gewachsener Stein a) Bruchstein, der nicht zugehauene B. von unregelmäßiger Form, b) Haustein oder Werkstein, der zu regelmäßiger Form zugehauene B.; als massiver, rechteckiger Block auch Quader genannt. 2. künstlicher B., der Backstein oder Ziegel (→Backsteinbau).

Bausymbolik, die symbolische Bedeutung eines Bauwerks und seiner einzelnen Teile, bes. weitgehend im christl. Kirchenbau des Mittelalters ausgebildet.

J. Sauer, Symbolik des Kirchengebäudes, 1924; A. Stange, D. frühchristl. Kirchengebäude als Bild d. Himmels, 1950; G. Bandmann, Mittelalterliche Architektur als Bedeutungsträger, 1951; E. Sauser, Symbolik d. kath. Kirchengebäudes, 1960; K. Wessel, Symbolik d. protestant. Kirchengebäudes, 1960.

Bautasteine, inschriftlose Grab- und Gedenksteine der nord. → Eisenzeit. Sie setzen um 600 v. Chr. ein und reichen bis in die Wikingerzeit. Verzierte B. treten erst mit der Völkerwanderungszeit auf. Die bedeutendsten Denkmäler befinden sich auf Gotland (Steine von Vallstenarum, Havor usw.).

S. Lindqvist, Gotlands Bildsteine, 1941/42.

Bayeux-Teppich, ein im Museum von Bayeux aufbewahrter Teppich aus lose gewebtem Leinen mit Darstellungen in farbiger Stikkerei. Sie schildern die Vorbereitungen Herzog Wilhelms von der Normandie im Jahr 1066 zu seinem Eroberungszug nach England, die Überfahrt und den Sieg über König Harold bei Hastings. Der friesartige Teppich ist 70 m lang (er war ursprünglich noch länger), aber nur 0,50 m hoch und ist im letzten Drittel des 11. Jh. entstanden. Die Darstellungen sind in ihrer Drastik, Fülle und Verschiedenheit (623 Figuren, 202 Pferde, 52 Hunde, 505 sonstige Tiere, 37 Bauten und Schiffe) von außerordentlichem kulturgeschichtlichem Wert.

A. Marignan, La Tapisserie de Bayeux, 1903; H. Belloc, The Book of the B. Tapestry, 1914; R. Roeingh, Ein Schwert hieb über den Kanal, 1941; Der Wandteppich von B. mit einführenden Essays von Sir F. Stenton, dt. 1957; Ch. H. Gibbs-Smith, The B. tapestry, 1973.

Beardsley, Aubrey, engl. Zeichner, * 24. 8. 1872 Brighton, † 16. 3. 1898 Mentone, hat Buchillustrationen geschaffen, die auch außerhalb Englands eine bedeutende Wirkung ausübten. Die zarte Linearität seines originellen Stils steigert sich in rascher Entwicklung zu oft phantastischen, flächenhaft-dekorativen, sehr bewegten Gebilden, Illustrationen zu O. Wildes „Salome“ (1894), Johnsons „Volpone“ (1896), Popes „The rape of the lock“ (1896). Gesammelte Zeichnungen: „The early-late work of A. B.“ (2 Bde., 1899–1901).

R. Klein, A. B., [2]1904; H. Esswein, A. B., 1908; C. L. Hind, A. B. The uncollected Work, 1925; H. Macfall, A. B., 1928; E. Hölscher, A. B., 1949; Zeichngn., hg. u. komm. v. A. Lavers, 1965; H. H. Hofstätter (Einf.), A. B., Zeichngn., 1976; B. Brophy, B. and his World, 1976; G. Herscher, A. B., 1976 (franz.).

Becher, schlankes, zu allen Zeiten gebräuchliches Trinkgefäß ohne Schaft und Fuß (im Unterschied zum →Pokal). Im Mittelalter herrscht der Glasbecher vor; seit der Renaissance der Metallbecher (aus Silber). Es gibt eine große Zahl verschied. Typen (→Rüsselbecher, →Haufebecher, →Jungfrauenbecher, →Mühlenbecher, →Nuppenbecher), darunter seit dem späteren Mittelalter Prunk- und Schaubecher, die aber z.T. schon unter den Begriff des Pokals fallen, wie der →Akley-Becher. Im 18. Jh. setzte eine allgemeine Verkümmerung der Zierformen des B.s ein.

Beckmann, Max, Maler, * 12. 2. 1884 Leipzig, † 27. 12. 1950 New York, studierte in Weimar und Berlin, wo er Mitglied der →Sezession wurde, lebte seit 1917 in Frankfurt a. M., ging 1937 in die Emigration nach Amsterdam, wo er (1943/44) 143 Federzeichnungen zu Faust II schuf, und übersiedelte 1947 nach Amerika. Während des 1. Weltkrieges vollzog sich seine Wandlung vom Impressionismus zum Expressionismus. Bes. charakteristisch für ihn sind dichtgedrängte, kontrastreiche, bewegte Figurenkompositionen von zeitkritischer und ironisierender Haltung. Daneben gibt es auch Bildnisse und Landschaften, ferner

Lithographien. – Tagebücher 1940 bis 1950, 1955; Blick auf B. Dokumente u. Vorträge 1919–1961 (Veröffentl. d. M.-B.-Gesellsch.), 1963; Sichtbares u. Unsichtbares, hg. v. P. Beckmann (mit Bibliographie), 1965.

B.-Mappe, hg. von der Marées-Gesellschaft, 1919; Glaser, Meier-Gräfe, Fraenger, Hausenstein, M. B., 1924 (mit Werkverz.); H. Kaiser, M. B., 1931; B. Reifenberg u. W. Hausenstein, M. B., 1949; P. Beckmann, M. B., 1955; E. Göpel, M. B. in seinen späten Jahren, 1955; Katalog der B.-Ausstellung 1955/56 im Kunsthaus Zürich; L. Buchheim, M. B., 1959; G. Busch, M. B., 1960; St. Kaiser, M. B., 1962; St. Lackner, M. B. 1884–1950, 1965; P. Selz, M. B., Sichtbares u. Unsichtbares, 1965; F. W. Fischer, M. B., 1972; U. Perucchi-Petri, M. B., Das druckgraphische Werk (Ausst.-Kat. Kst.haus Zürich) 1976; M. B., Graphik 1911–1946, Ausst.-Kat. Kst.verein Braunschweig, 1976; Barbara u. E. Goppel, M. B., 2 Bde., 1976; St. v. Wiese, M. B.s zeichnerisches Werk 1903–25, 1977.

Beer, Baumeister- und Stukkateurfamilie. Im 17. u. 18. Jh. gehören ihre Mitglieder neben P. →Thumb und C. →Moosbrugger zur →Vorarlberger Bauschule. Die wichtigsten Vertreter sind

1. Michael B., * 1605, † 1666 Au i. Bregenzer Wald (Stiftskirche St. Lorenz i. Kempten).

2. Franz B., * 1660 Bezau/Bregenzer Wald, † 1726 das. (Klosterkirche Obermarchtal, 1686; Rheinau/Schweiz, 1704–11; Zisterzienserkirche Luzern, 1711–15; Kloster Weingarten, 1715–23, Abb. →Kloster; Weissenau b. Ravensburg, 1717).

3. Johann Michael B., * 1696, † 1780 (Chor u. Ostfassade des Klosters St. Gallen.

4. Ferdinand B., * 1731, † 1789 (Gebäude im Kloster St. Gallen).

N. Lieb, Die Vorarlb. Barockbaumeister, 1959.

Beffroi →Belfried

Begas, Reinhold, Bildhauer, * 15. 7. 1831 Berlin, † 3. 8. 1911 das., Sohn des Historien- und Genremalers Karl B. (1794–1854), Schüler von Rauch, ein Hauptvertreter der pathetischen Plastik des Neubarocks in Berlin, wo er 1876–1903 ein Meisteratelier an der Akademie leitete. In Berlin: Denkmal Alexanders von Humboldt (1883), Kaiser Wilhelms I. vor dem Schloß (1897), Bismarcks vor dem Reichstagsgebäude (1901), Neptunsbrunnen am Schloß (1891). In Potsdam: Grabmal Kaiser Friedrichs III. im Mausoleum.

A. G. Mayer, R. B., ²1901.

Beham, 1. Barthel, Maler und Kupferstecher, * 1502 Nürnberg, † 1540 Italien, angeblich Schüler von Dürer, tätig in Nürnberg, seit 1527 in München und Landshut, ist bes. durch seine Kupferstiche (→Kleinmeister) biblischen, antiken und genrehaften Inhalts bemerkenswert, die zwischen ital. und dt. Renaissance vermitteln.

Pauli, B. B., Kritisches Verzeichnis seiner Kupferstiche, 1911; J. Muller, B. B. Kritischer Katalog, 1958 (Stud. z. dt. Kunstgesch. 318).

2. Hans Sebald, Bruder von 1, Maler, Kupferstecher und Holzschneider, * 1500 Nürnberg, † 22. 11. 1550 Frankfurt a. M., ist als Stecher einer der vielseitigsten der Kleinmeister und hat Holzschnittillustrationen für zahlreiche Werke geschaffen.

Pauli, H. S. B., 1901.

Behrens, Peter, Baumeister und Kunstgewerbler, * 14. 4. 1868 Hamburg, † 27. 2. 1940, tätig in Düsseldorf, Wien, Berlin, seit 1936 das. Leiter einer Meisterklasse für Baukunst an der Preuß. Akademie der Künste, gehört zu den Vorkämpfern einer neuen Baukunst. Er hat seine Ideen namentlich in sachlichen und klaren, architektonisch großgeformten Industriebauten (bes. für die Allgemeine Elektrizitätsgesellschaft in Berlin) verwirklicht und ist auch für die Formveredelung technischer Erzeugnisse eingetreten.

F. Hoeber, P. B., 1913; P. J. Cremers, P. B., 1928; H. Hesse-Frielinghaus, P. B. u. K. E. Osthaus, 1966; H.-J. Kadatz, P. B. (Ges. Werk als Maler, Grafiker, Designer, Arch.), 1977; T. Buddensieg, H. Rogge u. a., Industriekultur. P. B. u. die AEG, 1978; P. B. und die Allgem. Elektrizitätsgesellschaft Berlin, Ausst. kat. Kstgew.-Mus. Zürich, 1980.

Beichtstuhl, ursprünglich einfacher Stuhl, nahm um 1600 die noch heute gültige Form an: dreiteiliges Gehäuse mit hohem Aufbau, halboffenem, für den Geistlichen bestimmten Mittelteil, der Gitter gegen die Seitenteile besitzt, in denen die Beichtenden knien. Die B.e des Barocks sind in Aufbau und Ornamentik vielfach Meisterwerke des Kunstgewerbes.

W. Schlombs, Die Entwicklg. d. B.s in d. kath, Kirche, 1965.

Beischlag, ein die ganze Frontbreite eines Wohnhauses (Renaissance und Barock) einnehmender offener Vorbau mit Geländer und Sitzplätzen und über eine Treppe von der Straße zugänglich. Er entstand aus dem Bedürfnis einer Erweiterung des Hausraums nach der Straße zu und diente dem geselligen Beisammensein der Hausbewohner am Abend. Am häufigsten findet er sich im Ostseeraum, besonders in Danzig.

P. Oberg, Der B. des deutschen Bürgerhauses, 1935.

Belfried, gleichbedeutend mit Berchfrit (→Burg); aber auch der städtische Glockenturm (frz. beffroi), der alleinstehend oder mit dem Rathaus verbunden im späteren Mittelalter und in der Renaissance (bes. schöne Beispiele in Flandern) ein Wahrzeichen städtischer Macht darstellt.

Belgische Kunst. Die Unabhängigkeitserklärung Belgiens von 1830 und der ihr folgende politische und wirtschaftliche Aufschwung hat auch der Kunst dieses Landes einen starken Antrieb gegeben, vor allem dadurch, daß sie jetzt in den Dienst nationaler Repräsentation gestellt wurde. Es galt, große öffentliche Bauten zu errichten, deren gewaltigster, der Justizpalast in Brüssel (1866–83) von Poelaert, für ein Land von zehnfacher Größe ausreichte. Es galt ferner, die Städte mit Denkmälern und die öffentlichen Gebäude mit Bildwerken zu versehen, in denen die Geschichte des Landes allen vor Augen stand, und diese Geschichte gab wiederum den Stoff ab für unzählige Historienbilder, die im Gesamtwerk der belg. Malerei geradezu vorherrschen. Die schon durch die Sprache der Oberschicht gegebenen vielfältigen Beziehungen zu Frankreich liegen auch in der Kunst offen zutage; doch bleibt flämisches Volkstum ständig spürbar. Auf die große Zeit der flämischen Kunst im 17. Jh. wird oft zurückgegriffen, und der Barock beherrscht in großer Ausschließlichkeit die Bildhauerkunst, gleitet aber häufig ins Sentimentale und allzu Realistische ab. Handwerkliche Tüchtigkeit erreicht einen hohen Durchschnitt, europäische Bedeutung kann nur wenigen Meistern (Rops, Meunier) zuerkannt werden.

A. Fontaine, L'art belge, 1925; Histoire de la peinture et de la sculpture en Belgique 1830–1930, 1930 (mehrere Verfasser); L'art en Belgique du moyen âge à nos jours, hg. von Fierens, 1939; P. Haesaerks, Histoire de la peinture moderne en Flandre, 1960. M. Seuphor, La peinture abstraite en Flandre, 1964; Histoire de l'Architecture Belgique, 5 Bde., 1972ff.; P. Puttemans, L. Hervé, Architecture moderne en Belgique, 1976.

Bellevue →Belvedere.

Belling, Rudolf, Bildhauer, * 26. 8. 1886 Berlin, † 9. 6. 1972 München, stud. nach einer Lehre als Modelleur für Kleinplast. u. Kunstgewerbe 1911/12 bei P. Breuer in Berlin, schloß sich 1918 der „Novembergruppe" an, der die seinerzeit bekanntesten Künstler angehörten (Feininger, Kandinsky, Schrimpf, Arp, Mataré, Gropius, Poelzig, Mies v. d. R. u. a.). Als einer der ersten versuchte er aus Bronze, Messing od. Holz abstrakte Themen bildhauerisch zu gestalten („Dreiklang" 1919). Er sah in der Plastik in erster Linie ein Bewegungs-Körper-Raum-Problem. B. versuchte auch, verschiedene Materialien an einem Werk zu verwenden. Von 1937–51 lebte er in der Türkei u. übte einen Lehrauftrag a. d. Univ. Istanbul aus.

J. A. Schmoll gen. Eisenwerth, R. B. (Kstler. uns. Zeit XVII) 1971; Ausst.-kat. Mus. Folkwang Essen 1956; Ausst.-kat. Gal. Ketterer München, 1967.

Bellini, 1. Jacopo, Maler, * um 1400 Venedig, † um 1470 das., ist als Maler nur aus wenigen Werken bekannt, dagegen vermitteln seine beiden Skizzenbücher (Paris, Louvre und London, Brit. Mus.) mit je etwa 100 Silberstift- und Federzeichnungen einen einzigartigen Einblick in die geistige Werkstatt eines Künstlers der Frührenaissance.

Ricci, J. B. e i suoi libri di disegni, 2 Bde. 1908; Golubew, Die Skizzenbücher J. B.s, 2 Bde., 1912; H. Siman, Chronologie d. Architekt.- u. Landsch.-zeichngn. i. d. Skizzenbüch. d. J. B., Diss. München, 1936; V. Moschini, Disegni di J. B., 1943; B. Degenhart, Nach der B.-Ausstellg. (Zeitschr. f. Kst. 4.1) 1950; M. Röthlisberger, Studi su J. B., 1958/59.

2. Gentile, Maler, Sohn von 1, * wahrscheinlich 1429 Venedig, † 20. 2. 1507 das. Hauptwerke sind die drei großen Darstellungen aus der „Legende des Kreuzes" (Venedig, Akademie) und „Die Predigt des hl. Marcus in Alexandrien" (Mailand, Brera; alle vier 1496 bis 1506), etwas starr in Figuren- und Gewandbildung, aber von dekorativem Reichtum und mit vielen wirklichkeitstreuen Einzelheiten ausgestattet; ferner das in Konstantinopel gemalte Bildnis des Sultans Mohamed (1480; London, Nationalgal.) und das der Catarina Cornaro (Budapest, Mus.).

3. Giovanni, Maler, Sohn von 1, * um 1430 Venedig, † 29. 11. 1516 das., der Begründer der venezianischen Malerei der Hochrenaissance, Lehrer von Giorgione, Palmavecchio, Tizian u. a. An die Stelle der zeichnerischen Härte und Schärfe der Frührenaissance tritt bei ihm die malerische Weichheit sanfter, wohlgerundeter Formen, die Farben sind von tiefer Wärme und Leuchtkraft, die heiligen Gestalten stellen sich in milder Würde dar. Ein Hauptwerk ist das Altarbild der thronenden Madonna mit Heiligen (1505; Venedig, S. Zaccaria), eine klass. u. weithin vorbildlich gewordene Lösung dieses Themas.

G. Gronau, Die Künstlerfamilie B., 1909; Ders., G. B., 1930 (Klassiker d. Kunst); C. Gamba, G. B., 1938; V. Moschini, Giambellino, 1943; L. Dussler, G. B., 1949; R. Pallucchini, G. B., 1959 (ital.); F. Heinemann, G. B. e i Belliniani, 2 Bde. 1963; N. Huse, Studien zu G. B., 1972 (Beitr. z. Kstgesch. 7).

Bellotto →Canaletto 2.

Belvedere (ital. „schöne Aussicht"), hochgelegener Gebäudeteil, selbständiger, architektonisch gestalteter Aussichtspunkt in Parkanlagen oder Lustschloß mit schöner Aussicht, z. B. der Gartenpalast B. von 1490 im Vatikan (mit Bildwerken: Apollo von B.), die Schlösser B. in Prag (seit 1536), B. in Wien von Lukas von Hildebrandt (1714–21), B. bei Weimar, Potsdam, im Charlottenburger Schloßpark usw. Gleichbedeutend m. frz. Bellevue.

N. Knopp, Das Garten-B., 1967 (Kstwissenschaftl. Stud. 36); H. u. G. Aurenhammer, Das B. in Wien, 1971.

Belvederischer Torso, schon von Winckelmann gepriesene überlebensgroße Sitzfigur eines athletisch gebauten Mannes, die im Belvedere des Vatikan steht. Sie trägt die Inschrift des Bildhauers →Apollonios, Sohn des Nestor, der am Ende des ersten Jh. v. Chr. in Rom arbeitete. Die Deutung der Statue ist bis heute nicht gelungen; man hat an einen ausruhenden Herakles oder an einen Satyr gedacht. Von dem gleichen, in klassizistischem Stil arbeitenden Meister stammt der bronzene Faustkämpfer des Thermenmus. in Rom.

Langenskiöld in: Acta Archaeologica, 1, 1930; G. Lippold in Hb. d. Archäolog., 3, 1, 1950; W. Helbig u. W. Amelung, Führer Rom, 1963.

Bema (griech. Stufe, Bühne), in der griech. Kirche das um eine oder mehrere Stufen erhöhte, erweiterte Presbyterium (→Apsis). Die Erhöhung dient der feierlichen Zurschaustellung des Ritus. Die Tendenz zur Erweiterung führte meist zu dreiteiligen Bildungen; in Synagogen gilt dieser Platz den Schriftlesungen.

Bemalte Keramik setzt in Vorderasien schon im 4. Jahrtausend v. Chr. ein (Susa, Tell el Obeid, Warka usw.). Nach Europa breitet sich die Gefäßmalerei um die Mitte des 3. Jahrtausends v. Chr. aus. Sie erscheint in Thessalien (Sesklo), Mittelgriechenland (Orchomenos, Chäronea), im frühminoischen Kreta, im ganzen Donauraum bis nach Böhmen und Mähren (→Donauländischer Kreis) und in Unteritalien (Molfetta und Matera). Während die donauländische und unteritalische Gefäßmalerei mit dem Ende der →Jungsteinzeit wieder verschwindet, blüht die Gefäßbemalung im ägäischen Kulturgebiet durch alle folgenden Perioden bis in die klassisch-griech. Zeit fort. Unter unmittelbarem oder mittelbarem ägäischen Einfluß tritt in der →Eisenzeit auch in anderen Teilen Europas wiederum B. K. auf. Zu dieser jüngeren Gruppe gehören: die B. K. Italiens, die iberische Keramik Spaniens, die hallstättische Keramik Süddeutschlands (→Alb-Salem-Kultur, →Hallstattkunst), die bemalte Latène-Keramik (→Keltische Kunst). Der german. N kennt keine B. K. Erst in der Karolingerzeit taucht am Rhein eine Gruppe bemalter Gefäße (Pingsdorfer Ware) auf.

Hoernes-Menghin, Urgeschichte der bildenden Kunst in Europa, [3]1925; weitere Lit. →Keramik.

Benedictionale, liturgisches Buch mit Segensgebeten zum Gebrauch für den Bischof; nur in England im frühen Mittelalter häufiger mit Miniaturen geschmückt.

Beninbronzen, die aus dem kulturell hochstehenden westafrikan. Negerreich von Benin stammenden Bronzen und Messingarbeiten, die anläßlich einer engl. Strafexpedition von 1897 in Europa bekannt wurden. Es handelt sich meist um Werke des 16. bis 19. Jh., die vermutlich durch die ältere, benachbarte →Ife-Kunst angeregt sind, im übrigen aber einen durchaus selbständigen Stil zeigen: Rundbildwerke und Reliefs (Köpfe, Masken, Tiere u. a.), technisch vorzüglich aus verlorener Form gegossen und von einem bei Naturvölkern sonst nicht üblichen Naturalismus. Stücke u. a. in den

Museen von Berlin, Leipzig und Hamburg.

F. v. Luschan, Die Altertümer von Benin, 1919; W. B. Forman u. Ph. Dark, Die Kunst von Benin, 1960.

Berchfrit, Bergfried →Burg.

Berg, 1. Claus, Bildschnitzer, * um 1475 Lübeck, etwa 1504–32 im Dienst des dän. Hofes tätig, bedeutender Meister der lübischen Kunst, dessen bewegte und ausdrucksstarke Gestalten typische Erscheinungen des „spätgot. Barocks" sind. Hauptwerke: der figurenreiche Allerheiligenaltar in der Knudskirche in Odense (um 1520) und die Apostel im Dom zu Güstrow (nach 1530).

Thorlacius-Ussing, Billedsskaereren C. B., 1922; H. Deckert, Die lübisch-baltische Skulptur am Anfang des 16. Jh., 1927 (Marburger Jahrb. f. Kunstwissensch. Bd. 3); A. F. Lorenz, Der Dom zu Güstrow, o. J.; Th. Struck, Zur Kenntnis C. B.s (Mitteil. d. Ver. f. Lüb. Gesch. 15) 1939/40; G. Piltz, D. Bildhauerkst., 1962.

2. Max, dt. Baumeister, * 17. 4. 1870 Stettin, † 24. 1. 1947 Baden-Baden, wirkte als Stadtbaurat in Breslau. Sein bedeutendstes Bauwerk ist die „Jahrhunderthalle" in Breslau, bei der zum ersten Male eine Stahlbetonkonstruktion größeren Ausmaßes bei dem Kuppelbau verwirklicht wurde (1913). Sein weiteres Wirken galt dem Hochhaus im Rahmen der Stadtbaukunst. Er schrieb: Die Hochhäuser im Stadtbild, 1921.

Bergkristall →Kristall.

Bering →Burg.

Berlage, Hendrik Petrus, holländ. Baumeister, * 21. 6. 1856 Amsterdam, † 12. 8. 1934 Den Haag, hat mit seiner Börse zu Amsterdam (1898–1903) eins der ersten, von der Nachahmung historischer Stile freien Werke der neueren Baukunst geschaffen; er gilt als Wegbereiter der Amsterdamer Schule und des →Neuen Bauens. Ein weiteres wichtigstes Werk ist das Gemeindemuseum Den Haag (1934 vollendet).

Wattjes, B. en zijn Werk, 1916; J. Gratama, Dr. H. P. B., Bouwmeester, 1925; J. J. P. Oud, Holländ. Architektur (Bauhausbüch. Bd. 10) 1926; Repert betreffende Nederlandsche Monumenten van Geschiedenis en Kst. 1901–40, 1940 (m. Bibl.); J. Kniper, H. P. B., Ausst.kat. Den Haag Gemeentemus., 1975.

Berliner Porzellan. Die Berliner Porzellanmanufaktur geht auf eine private Gründung des Kaufmanns W. C. Wegely 1750 zurück. 1763 wurde sie königlich, 1918 staatlich.

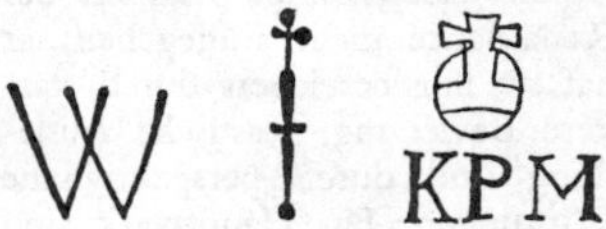

1 2 3

Berliner Porzellanmarken
1. Wegely-Zeit 1750–57, 2. Seit 1763. 3. Seit 1832.

Eine Spezialität von ihr war in der ersten Hälfte des 19. Jh. die →Lithophanie, seit etwa 1880 das nach seinem Erfinder so genannte Seger-Porzellan, das beim Brand weniger Hitze erfordert und daher eine größere Farbenskala unter der Glasur gestattet. Gegenwärtig zeichsich das B. P. aus durch edle reine Form ohne Dekor und durch zarte Tönung. Die im Kriege zerstörte Manufaktur arbeitet wieder seit 1954.

Lenz, B. P., 2 Bde., 1913; N. Moufang, Alt-Berlin in Porzellan, 1927; E. Köllmann, B. P., 1966.

Berlocke, Berloque (franz. breloque), kleiner Ziergegenstand, der an einer Kette, meist der Uhrkette, getragen wird; kam seit dem Ende des 18. Jh. sehr in Mode.

Bernini, Giovanni Lorenzo (Gianlorenzo), ital. Baumeister und Bildhauer, * 7. 12. 1598 in Neapel, † 28. 11. 1680 Rom, der geniale Vollender des ital. Hochbarocks und in seinen Ausmaßen Michelangelo vergleichbar. Er übersiedelte mit seinem Vater, dem Maler und Bildhauer Pietro B., etwa 1605 nach Rom, wo d. Päpste seine vornehmsten Auftraggeber wurden. 1655 folgte er einer Einladung Ludwigs XIV. nach Paris, um Pläne für den Weiterbau des Louvre zu entwerfen; doch die in Paris inzwischen eingetretene klassizistische Wendung verhinderte ihre Ausführung zugunsten der Entwürfe von Perrault. Als Baumeister hat B. die gesetzmäßige Klarheit der Renaissance nicht aufgegeben; er hat sie nur bereichert durch stärkere Bewegung, plastische Ausladung und durch perspektivische Wirkungen. Ein Hauptwerk sind die halbkreisförmigen Kolonnaden, die den Vorplatz der →Peterskirche in Rom einfassen und deren Wirkung entscheidend mitbestimmen (1657–1667). Mit prachtvoll bewegten Brunnen schmückte er die Stadt: Tritonbrunnen auf der Piazza Barbarini, Vierströmebrunnen auf der Piazza Navona. Als Bildhauer steht B. im gesamten Barock unerreicht da, u. viel kühner als in seinen Bauwerken ist er hier über die Grundlagen der Renaissance hinausgedrungen zu vielfältigem Bewegungsreichtum der Einzelwerke und Gruppen, der Mitwirkung von Licht und Schatten, der optischen Verbindung von Bildwerk und umgebendem Raum. Hauptwerke in Rom: Apoll und Daphne (Villa Borghese), Grabmal Urbans VIII. (1642–47; St. Peter), Verzückung der hl. Therese (1644 bis 1647; Sta. Maria della Vittoria).

Baldinucci, Vita di G. L. B. (1682; mit Übersetzung u. Kommentar von Riegl, 1912; neue ital. Ausg. mit Anmerkungen von S. Ludovici, 1948); St. Fraschetti, Il B., 1900; Tagebuch des Herrn von Chantelou über die Reise des Cavaliere B. nach Frankreich, dt. Bearbeitung v. H. Rose, 1919; Benkard, G. L. B., 1926; Boehn, L. B., ²1927; B. Zeichnungen hg. von Brauer u. Wittkower, 1931; R. Wittkower, Gian Lorenzo B., the sculptor of the Roman baroque, ²1966; H. Kauffmann, Giov. Lor. B., Die figürl. Kompositionen, 1970; T. K. Kitao, Circle and oval in the square of Saint Peter's: B.s art of planning, 1974; F. Borsi, G.L.B., 1982.

Bernstein ist bereits in vorgeschichtlicher Zeit kunstgewerblich verarbeitet worden (Perlen, Anhänger), dann im Mittelalter und bes. im 17. und 18. Jh. (Kassetten, Kabinette, Gefäße, Leuchter, Rahmen usw.), später meist nur noch als Schmuck. Er wird teils mit dem Messer geschnitten, teils gedrechselt. Als bedeutendstes Werk d. B.-kunst kann das (1942 verschollene) B.-Zimmer des Schlosses Zarskoje Selo (heute: Puschkin) gelten (1721–63). Es gibt Anhaltspunkte der Bergung. B.-Slgn. beherbergten die Universitäten Göttingen (teilw. erhalten) u. Königsberg.

A. Rohde, B., ein dt. Werkstoff. Seine künstlerische Verarbeitung vom Mittelalter bis zum 18. Jh., 1937; K. Andrée, Der B. u. seine Bedeutung etc., 1937; L. Schmid, Gesch. u. Technik d. B.s, 1941; A. Rohde, Das B.-Zimmer Friedrichs I. im Königsberger Schloß, 1942 (Pantheon); Gisela Reineking v. Bock, B. Das Gold der Ostsee, 1981.

Bernwardskunst, die unter Bischof Bernward von Hildesheim († 1022) dort in den beiden ersten Jahrzehnten des 11. Jh. entstandenen Kunstwerke, die diese Stadt zu einem der wichtigsten Kunstzentren des damaligen Deutschland machten. Sie galten der Ausstattung der von Bernward gegründeten Kirche St. Michael (→Hildesheim). Die wichtigsten sind: 1. Die Bernwardstüren, zwei bronzene, aus einem Stück gegossene Türflügel von fast 5 m

Höhe (1015 vollendet, jetzt im Dom) mit je 8 Reliefs aus der Geschichte der ersten Menschen und Christi, ein Werk, das mit Recht von jeher an den Anfang der roman. Bildnerei in Deutschland gestellt wird. 2. Die Bernwardsäule oder Christussäule (zwischen 1015 u. 1022; jetzt ebenfalls im Dom), fast 4 m hoch. Sie gilt heute nicht mehr als Osterleuchter, sondern als ein ursprünglich von einem Kruzifixus gekröntes Denkmal des Triumphes Christi. Auf ihrem Schaft ziehen sich Reliefs aus dem Leben Christi von eigentümlicher Schwere der Gestaltenbildung an einem Spiralband in die Höhe nach Art der Reliefs der Trajanssäule in Rom, die Bernward kennengelernt hatte. 3. Die Bernwardsleuchter, zwei 0,45 m hohe silberne Leuchter (Magdalenenkirche in Hildesheim), deren Fuß und Schaft mit einem reichen und phantasievollen Aufgebot menschlicher und tierischer Wesen bedeckt ist, die wohl den Aufstieg von der Finsternis zum Licht symbolisieren. 4. Der Bernwardkruzifixus nach Inschrift von Bernward selbst gearbeitet (um 1007; 0,32 m hoch, Domschatz), aus Silber getrieben, eine sehr lebendige Auseinandersetzung mit byzantinischen Vorbildern (von manchen später datiert). 5. Das Bernwardskreuz (Magdalenenkirche), etwa 0,50 m hoch, aus Gold gearbeitet und mit Perlen und Edelsteinen verziert.

St. Beissel, Der hl. Bernward von Hildesheim als Künstler, [2]1895; F. Dibelius, Die Bernwardstür zu Hildesheim. 1907; Die frühmittelalterl. Bronzetüren, hg. von R. Hamann, Bd. 1, 1926; F. J. Tschan, Saint B. of Hildesheim, 3 Bde., 1942–52 (Publications in mediaeval studies. The Univ. of Notre-Dame, Indiana, 6–8); R. Wesenberg, Bernwardinische Plastik, 1955; W. Ueffing, Die bernwardinischen Würfelkapitelle der Michaelskirche zu Hildesheim (Münster 26/3) 1973; H. J. Adamski, Die B.tür am Dom zu Hildesheim, 1977; V. H. Elber u.a., D. Hildesh. Dom, 1976.

Berruguete, Alonso, span. Bildhauer, * um 1490 Parades de Nava, † 1561 Toledo, bildete sich in Italien, bes. an Michelangelo, und wurde zum Hauptmeister der span. Renaissancebildnerei. Der starke Ausdruckswillen seiner Gestalten drängt aber bereits zu barocker Form. Hauptwerke in Valladolid und Toledo.

R. de Orueta, B. y sus obras, 1917; J. M. de Azcárate, A. B., 1963 (span.).

Bertram (Meister Bertram), Maler, * um 1335 Minden, † gegen 1415 Hamburg, nachweisbar das. 1367–1410. Erhalten haben sich zwei Altäre: 1. Grabower Altar von 1379 (ursprünglich Hochaltar der Petrikirche in Hamburg, daher auch Petri-Altar genannt, seit 1734 in der Kirche zu Grabow, 1903 durch A. Lichtwark für die Kunsthalle in Hamburg erworben). Es ist ein Flügelaltar, bestehend aus zahlreichen geschnitzten Figuren in einfacher Reihung und 24 Tafeln mit Darstellungen aus der Genesis und der Kindheitsgeschichte Christi. 2. Johannis- oder Passionsaltar, ein zweiflügliges Altarwerk (vielleicht 1394 für die Johanniskirche in Hamburg gemalt, 1929 im Kunsthandel aufgetaucht, 1930 für das Landesmus. in Hannover erworben). – B. ist der Hauptmeister der norddt. Malerei seiner Zeit. Eine Berührung mit der böhm. Malerei (Theoderich von Prag) muß stattgefunden haben. Sie äußert sich in der dumpfen Schwere der die Bildfläche möglichst groß füllenden Gestalten. Als Eigenart B.s kommt dazu ein ausgesprochener Sinn für derb-naturalistische Vergegenwärtigung des bibl. Geschehens und der Wille, die Dinge durch kräftige Helldunkelmodellierung in ihrer kubischen Existenz deutlich zu machen. Das ergibt zugleich Ansätze zu einer tief-räumlichen Durchgestaltung d. Komposition, wenn auch noch kein wirkliches Raumbild. In dem in der Farbe helleren, im Ausdruck beweglicheren und reicheren Johannisaltar ist der Zusammenhang mit Böhmen weitgehend gelöst. Nicht eigenhändig, aber wohl in der Werkstatt B.s entstanden ist der Harvestehuder Altar (Hamburg, Kunsthalle), während der B. früher selbst zugeschriebene Buxtehuder Altar (das.) eine wohl von ihm abhängige, aber sehr selbständige Hand zeigt.

A. Lichtwark, M. B., 1905; F. A. Martens, M. B., 1936; A. Dorner, M. B. von Minden, 1937; J. C. Jensen, Meister B., Quellen u. Untersuchungen, 1958 (Ztschr. d. Vereins f. Hamburg. Gesch. 44); H. Platte, Meister B. in der Hamburger Kunsthalle, 1960; P. Portmann, Meister B., 1963; G. Kauffmann, M. B.s Engelsturz (Stud. late mediev. Ren. Painting), 1977.

Beschauzeichen, das von amtlichen Prüfern in Arbeiten aus Silber, Gold und Zinn eingeschlagene Zeichen (Stadtwappen, oft mit Meisterzeichen) als Bestätigung der Qualität und des Feingehaltes. B. sind seit dem ausgehenden Altertum nachweisbar.

Beschlagwerk, eine auf den Niederländer Vredeman de Vries zurückgehende, in Deutschland gegen 1600 aufkommende Ornamentform, bestehend aus symmetrisch geordneten Bändern, Leisten und geometrischen Flachkörpern, mit denen die zu schmückenden Flächen (Holztäfelungen und Füllungen, Säulenschäfte usw.) gleichsam beschlagen sind. Geht das B. eine Verbindung mit Voluten und anderen eine Bewegung ausdrükkenden Ornamenten ein, wie das bes. häufig bei Giebelverzierungen des dt. Frühbarocks vorkommt, so heißt es auch Schweifwerk. Erheben sich die Enden der Beschläge vom Grund und rollen sich ein, so ergibt sich das →Rollwerk.

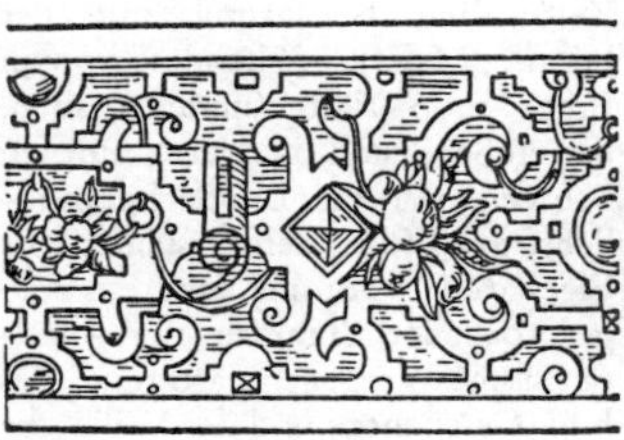

Beschlagwerk

Bestiarium →Physiologus.

Bestiensäule, Stütze, deren Schaft mit den dichtgedrängten Leibern unter sich oder mit Menschen kämpfender Tiere bedeckt ist. Sie gehören dem roman. Stil an und finden sich in Frankreich und Italien, in Deutschland nur in einem einzigen Exemplar in der Krypta des Doms zu Freising. Ihre Bedeutung ist nicht ganz geklärt.

Artikel B. im Reallexikon der deutschen Kunstgeschichte.

Betender Knabe, Bronzestatue, heute im Alten Mus. zu Berlin. Die Figur stammt aus Italien, war eine Zeitlang im Besitz des Prinzen Eugen und des Fürsten Liechtenstein, von dem sie Friedrich d. Gr. für Sanssouci erwarb. 1806 bis 1812 war sie nach Paris entführt. Die Statue ist mit Ausnahme der falsch ergänzten Arme gut erhalten und wurde für eine röm. Nachbildung eines betenden Knaben des Bildhauers Boëdas gehalten, eines Schülers des Lysipp. Da andere Werke dieses in der 2. Hälfte des 4. Jh. lebenden Künstlers nicht erhalten sind, ist die Zuschreibung unsicher.

Conze, Der B. K. in den Königl. Mus. zu Berlin, Jahrb. des Dt. Arch. Inst. I, 1886; G. Hafner, Die Bronzestatue eines

Knabensiegers in Berlin, 1943 (Österr. Jahreshefte 35).

Betnuß, kleine, aufklappbare Kapsel, meist aus Buchsbaumholz, aber auch aus Elfenbein oder Metall, als Anhänger bes. am Rosenkranz, innen mit winzigen Schnitzereien religiöser Darstellungen versehen (16. Jh.).

Betonbau, Bauwerke aus B., einem künstl. hergestellten Baustoff mit d. Eigenschaften von Gestein. Schon im Altertum verwendete man dem heutigen B. ähnliche Baumaterialien, deren Zuschläge als „caementum" (Bruchstein) bezeichnet wurden u. so dem Zement, dem Hauptbestandteil des B.s, den Namen gaben. Die Qualität des B.s hängt v. d. Bindemitteln ab, seit dem 19. Jh. hydraulische Stoffe. Aus ästhetischen Gründen wurden zunächst nur Rohbauten aus B. errichtet, die Verkleidung erhielten (Naturstein, Keramik, Putz). Später gewann der B. durch entsprechend vorbereitete Schalung als sog. →Sichtbeton künstlerischen Eigenwert, wobei „Materialgerechtigkeit" und die Betonung der „Sachlichkeit" (→Neue Sachlichkeit) Ausdruck künstlerischen Wollens wurden. Stahlbeton mit Bewehrung – Anfang des 20. Jhs. noch als „Eisenbeton" bezeichnet – ermöglichte neue u. gewaltige Konstruktionen durch seine erhöhte Zug- u. Druckbelastbarkeit. Im kleinen hat J. Monier seit 1849 bei Blumenkübeln dieses Prinzip angewandt (Monierbauweise); 1875 baute er die erste Stahl(-Eisen)betonbrücke. Als Hauptbaustoff d. Gegenwart hat der B. die moderne Baukunst maßgeblich beeinflußt. Dafür zeugen Bauten wie die Jahrhunderthalle in Breslau (Max Berg, 1913), Kirchen von Aug. Perret u. Le Corbusier (→Kirchenbau, Neuer), Bahnhofsbauten, Brücken (R. Maillard) u. nicht zuletzt die Werke Luigi →Nervis und japanischer Baumeister wie Kenzo → Tange.

Eine Weiterentwicklung des Stahlbetons ist der Spannbeton, bei dem die Bewehrung (Armierung) aus Stahl (Eisen) durch ummantelte Drahtkabel ersetzt wird.

Das neue Baumaterial eröffnete neue künstlerisch-gestalterische Möglichkeiten, bei denen das für die Baukunst bisher gültige „klassische" Prinzip von Stütze u. Last sowie – zumindest optisch – „schweren" (unten) und „leichteren" Elementen (oben) teilweise aufgehoben wurde. So finden z. B. paraboloide Schalenkonstruktionen weite Verbreitung (→Schalenbauweise).

Die →Ingenieurbaukunst hat diese neuen künstlerisch-ästhetischen Möglichkeiten formaler Gestaltung im wesentlichen bestimmt. Die Verwendung des B.s hat aber auch dazu geführt, daß gehäuftes Auftreten von B.bauten, das Fehlen plastischer Details (Fensterlaibungen, Portale usf.) und Sichtbeton zur Eintönigkeit der Formensprache und bei der farbigen Gestaltung beiträgt und so zur negativen Erscheinung gegenwärtiger Baukunst werden konnte („Betonklötze"; „Betonwüste"), insbesondere wegen des billigeren, schnelleren Bauens mit industriell vorgefertigten Bauelementen. Dem wirtschaftlichen Vorteil stehen schwerste ästhetisch-künstlerische Versäumnisse der Baumeister unserer Zeit bei der Anwendung des B.s gegenüber, von den besonders stark die moderne →Stadtbaukunst betroffen ist. Nur vereinzelt hat es Versuche gegeben, diese dem B. innewohnende „Starre" u. Farbmonotonie aufzulösen (Gauidi; Le Corbusier; Vasarely); siehe auch →Brutalismus.

H. Boost, Der B.- u. Eisenbau, 1920; E. Freyssinet, Die Entstehg. d. Spannbetons (in: G. Günschel, Große Konstrukteure 1. Bauwelt Fundamente 17) 1966; G. Huberti, Vom Caementum z. Spannbeton, Beitr. z. Gesch. d. B.s, 2 Bde. 1964; C. Siegel, Strukturformen der mod. Architektur, 1960.

Betsäule, Bildstock, Votivkreuz, meist freistehender Pfeiler aus Stein oder Holz mit Tabernakel, in dem zur Andachtsverrichtung ein Kruzifixus, Heiligenbild oder dgl. untergebracht ist.

Bettelordenskirchen, d. h. die Kirchen der Franziskaner (Minoriten, Barfüßer) und Dominikaner (Prediger), zeigen eine Baugesinnung, die sie zu einer Sondergruppe innerhalb der got. Kirchenbaukunst stempelt, wobei prinzipielle Unterschiede zwischen den beiden Orden nicht bestehen. Die Vereinfachung („Reduktion“) der franz. hochgot. Formen, wie sie in Deutschland in der 2. Hälfte des 13. Jh. vielfach eintritt, erreicht bei den B. den stärksten Grad: kein Querhaus, keine Türme (höchstens ein kleines Glockentürmchen auf dem Dach in der Nähe des Chors), ein innen und außen weitgehend reduziertes Strebewerk, keine →Gesimse, kein →Triforium, kleine Hochschiffenster. Diesen negativen Merkmalen stehen als positive gegenüber der Ernst und die Strenge der Bauglieder im feierlich wirkenden Innenraum, der weit, klar und in kaum unterbrochener Einheit sich dehnt, vorzüglich geeignet zum Anhören der Predigt. Die Hauptzeit der B. reicht in Deutschland von der Mitte des 13. bis zur Mitte des 14. Jh. in landschaftlich verschiedenen Typen.

R. Krautheimer, Die Kirchen der Bettelorden in Deutschland, 1925; J. Oberst, Die mittelalterl. Architektur der Dominikaner und Franziskaner in der Schweiz, 1927; W. Groß, Die Hochgotik im dt. Kirchenbau, 1933 (Marburger Jahrb. f. Kunstwissensch., Bd. 7); Lisa Schürenberg, Die kirchliche Baukunst in Frankreich zwischen 1270 und 1380, 1934; R. K. Donin, Die B. in Österreich, 1935; E. Badstübner, Kirchen u. Klöster d. Bettelorden im sozialen u. gestalterischen Gefüge d. ma. Stadt, 1980.

Beuroner Schule, eine von dem Baumeister, Bildhauer und Maler Desiderius Lenz (1832–1928) im Benediktinerkloster Beuron (bei Sigmaringen/Hohenz.) 1868 begründete Kunstschule, die eine neue kirchl. Kunst von einheitlicher Prägung schaffen wollte. Ihr Ziel, das sie oft im Anschluß an die Kunst vergangener Zeiten zu erreichen sucht, ist strenge Feierlichkeit u. Geschlossenheit der Form.

P. D. Lenz, Zur Ästhetik der B. S., 1912; Kreitmaier, B. Kunst, [5]1923; G. Schwind, P. Desiderius Lenz, 1932.

Beuys, Joseph, dt. Maler und Bildhauer, *12. 5. 1921 Krefeld, studierte an der Düsseldorfer Akademie bei E. →Mataré, war von 1961 bis 1972 dort Professor. B. ist weitesten Kreisen durch die Signalwirkung seiner Kleidung (Hut) bekannt geworden, mit der er gleichermaßen wie durch seine künstlerische Tätigkeit versucht, die Krise der heutigen Menschheit und Zivilisation zu zeigen. Dabei versteht er Kunst in zunehmendem Maße politisch und läßt sich von Medien vereinnahmen. Sein Werk gerät dadurch etwas ins Hintertreffen. B. ist u. a. ständiger Gast der „Documenta“ in Kassel. – Über diesen Äußerlichkeiten darf nicht übersehen werden, daß B. subtile Zeichnungen mit zarter Strichführung, fast notizartig, schuf, überwiegend Frauendarstellungen. Daneben fertigte er Environments (→Pop-Art); eines der bekanntesten „Zeige Deine Wunde“ erwarb das Lenbachhaus München. Angeregt wurde B. wie viele

Künstler seiner Zeit von dem Gedankengut Rudolf Steiners.

Beweinung Christi, eine zuerst in byzantin. Elfenbeinreliefs des 11. Jh. auftretende, dann von →Giotto (Padua, Arenakapelle) vorbildlich formulierte Darstellung als Bindeglied zwischen →Kreuzabnahme u. →Grableg.: der am Boden liegende Leichnam Christi wird von Maria, Magdalena, Johannes, Nikodemus und anderen Personen beweint und beklagt. Ein bibl. Bericht liegt nicht zugrunde, und so war den vielen gemalten und plastischen Darstellungen der B. C. hinsichtlich der Zahl, Stellung und Gebärdung der Personen weitester Spielraum gelassen. In der dt. Kunst wird die B. C. erst im Laufe des 15. Jh. häufiger. Ihr innerlich verwandt ist das →Vesperbild.

Bibiena →Galli-Bibiena.

Biblia pauperum →Armenbibel.

Biedermeierstil, Bezeichnung für bestimmte Erscheinungen der Kunst der Biedermeierzeit, d. h. der Zeit des „Vormärz“ in Deutschland (1815–48). Der Name Biedermeier, oder eigentlich Biedermaier, ist eine Kombination aus „Biedermann“ und „Bummelmaier“, den Namen zweier deutscher Philistertypen, die Viktor von Scheffel 1848 in den „Fliegenden Blättern“ geschaffen hatte. Die Kombination vollzog auf Anregung des Arztes A. Kußmaul der Dichter L. Eichrodt in seinen zuerst 1850 in den „Fliegenden Blättern“ abgedruckten Gedichten „Biedermaiers Liederlust“ (Kennel, Ludwig Eichrodt, 1895; A. Kußmaul, „Jugenderinnerungen eines alten Arztes“, 1899; W. E. Oeftering, „Geschichte der Literatur in Baden“, Bd. 2, 1937). Der Geltungsbereich des Begriffs B. ist verhältnismäßig beschränkt und nicht immer leicht abzugrenzen. Am besten ist dies noch auf dem Gebiet der Möbelkunst möglich. Das Biedermeiermöbel darf nicht einseitig als Vereinfachung und Vernüchterung des Empiremöbels aufgefaßt werden; es hat sehr viel Eigenwertiges entwickelt. Es ist klar gebaut und zweckmäßig, leicht und zierlich. Die Sitzmöbel haben einen weichen Schwung und passen sich den Körperformen an. Auf gutes Material, Festigkeit und vorzügliche handwerkliche Arbeit ist großes Gewicht gelegt. Tisch, Stuhl und Sofa stehen gern auf spitzen Füßen da. Fehlende Flächendekoration ist zum Teil durch ausgesuchte Maserungen ersetzt. Holz und Politur sind hell und freundlich, desgleichen die Bezüge der Sitzmöbel. Schlicht, freundlich und hell ist auch die übrige Ausstattung des Wohnraums, der nichts Überladenes kennt. Seine stilreine Durchbildung steht in einem sehr positiv zu wertenden Gegensatz zu der stillosen Innenausstattung der Wohn-

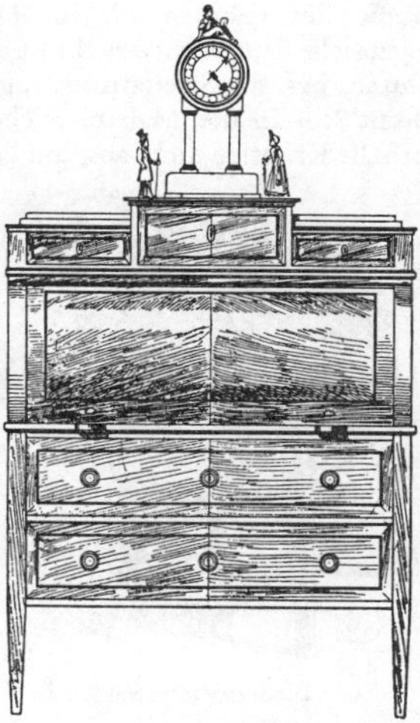

Biedermeiersekretär

räume des späteren 19. Jh. Das eigentliche Ornament des B.s ist die Blume, bes. als Streumuster („geblümt"). – In der Malerei reichen formale Kriterien nicht aus, um den

Biedermeiersessel

B. als selbständigen Stil zu begründen; es sind vielmehr in erster Linie inhaltliche Gegebenheiten, die uns bestimmen, von „Biedermeiermalerei" zu sprechen: die gemütliche, stille Welt des bürgerlichen Wohnraums (Kersting) oder der dt. Kleinstadt (Spitzweg), der unpathetische Naturausschnitt (Waldmüller), die ebenfalls unpathetischen Bildnisse der Menschen jener Tage (Oldach, Wasmann), dazu der Einschlag gutmütigen Humors. In der Bau- und Bildhauerkunst gibt es keinen B. als eigene Formenwelt.

M. von Boehn, Biedermeier, ^{4}1922; Folnesics, Innenräume und Hausrat der Empire- und Biedermeierzeit, ^{5}1922; P. F. Schmidt, Biedermeiermalerei, ^{2}1923; Ann Tizia Leitich, Wiener Biedermeier ^{5}1944; G. Hermann, Das B. im Spiegel seiner Zeit, ^{2}1965. G. Himmelheber, Biedermeier Furniture, 1973; W. Rüdiger, Die Welt des B., 1977; J. Bahns, B. – Möbel. Entstehg., Zentren, Typen, 1979.

Bild →Malerei.

Bildende Kunst, Bildende Künste, zusammenfassende Bezeichnung für Baukunst, Bildnerei, Malerei und Graphik, Kunstgewerbe. „Bilden" bedeutet dabei ursprünglich soviel wie abbilden, ein Bild machen, und daher galt früher und gilt z.T. heute noch die Bezeichnung B. K. nur der Bildnerei und Malerei.

Bilderbogen, Einblattdruck, der in volkstümlicher Fassung ein Bild oder eine inhaltlich zusammenhängende Folge von Bildern mit begleitendem, meist gereimtem Text enthält. Sein Ursprung liegt im kolorierten Einblattholzschnitt des 15. Jh., der in steigendem Maße Text aufnahm und weltlichem Stoff Raum gab. Später wurde der Text vom Typendrucker hergestellt. Um 1500 ist der B. als Gattung entwickelt und erlebte im Reformationszeitalter eine erste Blüte. Er ist verknüpft mit Namen wie Sebastian Brant und vor allem Hans Sachs, der einen erheblichen Teil seiner Dichtungen in Form von B. erscheinen ließ. Die künstlerische Bedeutung des B.s ist gering, da er fast durchweg handwerkliches Erzeugnis war. Häufig diente er den Ereignissen und Meinungen des Tages, ein Zug, der im 17. Jh. stärker hervortrat. Qualitativ höher steht der als Kupferstich ausgeführte B. Ende des 18. Jh. begann ein Aufschwung, der im Verlaufe des 19. Jh. dem B. auch eine gewisse künstlerische Bedeutung brachte. Dieser Aufschwung wurde hauptsächlich getragen von den seit Ende des 18. Jh. erscheinenden Nürnberger und Neuruppiner B., später bes. von den Münchner B. der Firma Braun & Schneider (seit 1844), die sich an die Jugend wandten und für die Meister wie Schwind, Pocci, Speckter u. a. tätig waren. Im 20. Jh. haben die B. wieder an Boden verloren. Außerhalb Deutschlands ist die B.produktion der westeurop. Länder und Rußlands zu nennen. Eine gewisse Fortführung der B. kann man in den von Nordamerika ausgehenden →Comics sehen. Ein Archiv der Firma Schreiber/Esslingen mit Exemplaren von B. seit 1831 beherbergt das Württ. Landesmus. Stuttgart. – Sehr reichhaltige Slgn. von B. im Märkisch. Mus. Berlin u. Neuruppin.

J. Bolte, B. des 16. und 17. Jh., 1907–10 (Zeitschr. d. V. f. Volkskunde, Bd. 17, 19, 20); K. Schottenloher, Flugblatt und Zeitung, 1922; H. Fehr, Massenkunst im 16. Jh., 1924; W. Fraenger, Materialien zur Frühgesch. des Neuruppiner B.s, 1925 (Jahrb. für histor. Volkskunde, Bd. 1); H. Röttinger, Die B. des Hans Sachs, 1927 (Studien zur dt. Kunstgesch. 247); A. Spamer, Arbeitsstand u. Problemstellung der dt. B.forschung, 1934 (in Volkskde. – Arbeit, Festschr. f. O. Lauffer); H. Wäscher, D. illustr. dt. Flugblatt, 2 Bde., 1956; M. Dierks, Vom B. zum Arbeitsbuch, B. Hürlimann, Die Welt im B., 1965; B. Dettmer, B. d. 18. u. 19. Jhs. (Ausst.kat. Westfal. Landesmus. Münster) 1976; Gertraud Zaepernik, Neuruppiner Bilderbogen, 1982.

Bilderrahmen →Rahmen.

Bilderstreit, Bildersturm (Ikonoklasmus), der Streit, ob die christl. Bilder zu verehren seien oder nicht. Er nahm 726 seinen Anfang mit dem vom byzantin. Kaiser Leo III. mit dem Hinweis auf Abgötterei und Heidentum ausgesprochenen Bilderverbot. Die Anhänger dieses Verbotes werden Ikonoklasten (Bilderstürmer) genannt. Der Streit wurde 787 durch die Kaiserin Irene zugunsten der Bilderverehrung beigelegt und nach kurzem Aufleben 843 nochmals in gleichem Sinne entschieden. Karl d. Gr. griff in den auf seine Veranlassung entstandenen Libri Carolini in den B. ein, indem er – damit die dt. Auffassung zur Geltung bringend – die Bilderverehrung als Abgötterei verdammte, zugleich jedoch die Bilderzerstörung tadelte. Als Bildersturm bezeichnete man auch die Verwüstung von Kirchen im 16. Jh. durch protestant. Fanatiker, die aus der Absage Luthers an die Bilderverehrung eine von Luther nicht gewollte Folgerung zogen.

Schwarzlose, Der B., 1890; L. Bréhier, La querelle des images, 1904; H. Koch, Die altchristl. Bilderfrage, 1917; G. Ladner, Der B. u. d. Kunstlehre d. byzantin. u. abendld. Theologie, 1931 (Ztschr. f. Kirchengesch. 50); A. Grabar, l'Iconoclasme byzantin, 1957; L. Breyer, Bilderstreit u. Arabersturm in Byzanz, 1957.

Bildhauerkunst, Bildnerei, Plastik, Skulptur, die körperbildende, ein Bildwerk schaffende Kunst. Die verschiedenen Bezeichnungen werden im allgemeinen gleichbedeutend gebraucht, wobei allerdings unter B. im engeren Sinn nur die Arbeit in Stein gemeint ist, während die Arbeit in Holz oder Elfenbein auch als Bildschnitzerei bezeichnet wird (→Holzbildhauerei, →Elfenbein). Plastik im engeren Sinn bedeutet dagegen das Formen (Modellieren) in weichem Material (→Bronzekunst, →Wachsbildnerei). Der Form nach sind zu unterscheiden: Vollplastik und →Relief. Die vorzüglichsten Werkstoffe sind Stein, Bronze, Holz; dazu kommen Ton, Elfenbein, Wachs und viele andere. Die technischen Vorgänge, die zu ihrer Formung führen, und die entsprechenden Werkzeuge sind demgemäß ganz verschieden. Einem größeren Werk geht in der Regel eine Tonskizze voraus (→Bozzetto), dem ein genau ausgearbeitetes Modell möglichst in natürlicher Größe folgt, die bei Bronzeguß sogar unerläßlich ist. Das Modell wird dann in Gips geformt (→Abguß) und kann nun auf den Stein übertragen oder in Bronze gegossen werden. Das gleiche Modell läßt sich also in verschiedenen

Werkstoffen wiedergeben. Im allgemeinen aber wird ein Bildwerk von vornherein in einem bestimmten Werkstoff gedacht sein, da seine Wirkung von diesem in hohem Grade abhängig ist, von seinen statischen Eigenschaften und von seiner glatten oder rauhen, hellen oder dunklen Oberfläche. Die Bemalung des Bildwerkes wird in moderner Zeit nicht als Erhöhung, sondern eher als Beeinträchtigung seiner Wirkung angesehen. Andere Zeiten, so das Mittelalter, haben darüber anders gedacht, die Bemalung als einen zusätzlichen Wert und vor allem dort als nötig empfunden, wo sich das Bildwerk in einen polychromen Innenraum einzufügen hatte. Wie das Bild durch den Rahmen von seiner Umgebung isoliert wird, so bedarf auch das Bildwerk einer Isolierung durch Sockel, Konsole, Postament. Weitere Isolierungsmöglichkeiten sind Aufstellung unter einem Baldachin, in einer Nische oder einem architektonischen Gehäuse (Tabernakel). Ein Bildwerk kann für sich gedacht und für einen bestimmten Aufstellungsort nicht berechnet sein. Dies ist namentlich bei Kleinbildwerken und Büsten der Fall. Das monumentale Bildwerk aber ist meist auf eine bestimmte architektonische Umgebung berechnet, oder es ist als →Bauplastik dem Bauwerk selber eingefügt. Hauptaufgabe der B. ist die Darstellung des Menschen. Ihre Geschichte beginnt mit der Geschichte menschlicher Kultur überhaupt.

G. Bazin, A. Abel u. a., 20000 Jahre Bildhauerkunst d. Welt. Vom Faustkeil bis z. Gegenwart. Eine Dokumentation (über 1000 Abb.), 1973; R. Wittkower, Sculpture. Processes and principles, 1977; E. Trier, Bildhauertheorien im 20. Jh., 1980; Dagmar Editha Lies, Plastik als Gestaltg. Wilh. Pinders Aussagen z. dtn. Plastik in d. Jahren 1914–30, Diss. Univ. Bonn, 1980.

Bildkarte →Meßbildverfahren.

Bildnis, Porträt, die Darstellung eines bestimmten Menschen durch Bildnerei, Malerei, Zeichnung, Graphik – so, daß sie ihm ähnlich ist, d. h. seine Individualität anschaulich vergegenwärtigt und hinter seiner körperlichen Erscheinung seine seelische Erscheinung sichtbar macht. Häufig wird, wovon hier abgesehen ist, die bloße Darstellung eines bestimmten Menschen ohne Ähnlichkeitscharakter als B. bezeichnet. Da die individuellen Merkmale eines Menschen im Kopf besonders dicht gesammelt sind, so wird meist nur dieser gegeben mit seinem Träger, dem Hals (Bildniskopf) oder Hinzunahme des oberen Teils der Brust (Bildnisbüste) oder der ganzen Brust (Brustbildnis, Bruststück). Weiterhin gibt es: Halbfigur, Kniestück (nur in der Malerei) und Ganzfigur (Malerei; Bildnerei: Standbild). Nach der Stellung, bes. des Kopfes, unterscheidet man: Vorderansicht (en face), Seitenansicht oder Profil und Halbprofil. Im Idealbildnis sind die individuellen Merkmale in der Richtung auf ein bestimmtes Ideal von Schönheit und menschlicher Bedeutung umgeformt. Man unterscheidet: Einzelbildnis (Sonderfall: →Selbstbildnis), Doppelbildnis und Gruppenbildnis (Sonderfälle: Familienbildnis, →Schützenstück).

Ganz allgemein läßt sich sagen, daß in geschlossenen Kunstkreisen das B. nie der archaischen, sondern stets der Spätstufe angehört, weil es eine Ausdrucksfähigkeit zur Voraussetzung hat, die sich erst allmählich entwickeln mußte. In Ägypten fällt der Höhepunkt der B.kunst, die aber noch keine wirklich individualisierende B.kunst war, in die 18. Dynastie (Büsten von Tell-el-

Amarna 1375–50 v. Chr.), in der griech. Plastik nimmt die B.freudigkeit im 5. Jh. allmählich zu. Das Individualbildnis wurde in der klassischen Kunst Griechenlands und in der menschlichen Weite griech. Denkens geboren, nachdem die Voraussetzung physiognomischer Differenzierung vor allem auf dem Gebiet der Dämonendarstellung (Kentaurenköpfe des Parthenon!) erfüllt worden war. In einigen hellenist. Werken wurde ein unüberbietbarer Naturalismus erreicht. Ähnliches läßt sich auch in der überaus bildnisfreudigen röm. Kunst beobachten, in der nun auch die Malerei für das B. herangezogen wurde: in den → Mumienbildnissen des alexandrinischen Kunstkreises (1.–5. Jh. n. Chr.) sind alle Mittel einer hochentwikkelten Malerei in den Dienst einer ausdrucksstarken und naturwahren B.kunst gestellt. Der Rückgang des antiken Naturalismus seit dem 4. Jh. bedeutet auch den Rückgang des B.s. Das frühe und hohe Mittelalter kennt das B. im eigentlichen Sinne nicht, so zahlreich auch die Fälle sind, in denen es bestimmte Menschen dargestellt hat. Im frühen Mittelalter (bis zum Ende des 12. Jh.) fehlten Drang und Fähigkeit, ein menschliches Antlitz physiognomisch zu differenzieren, im hohen Mittelalter galt die ideale Erscheinung eines Menschen mehr als seine wirkliche Erscheinung. Grabfiguren zeigen den Dargestellten stets in der Blüte seiner Jahre (nach einer im 13. Jh. und in der 1. Hälfte des 14. Jh. im N verbreiteten Auffassung soll der Verstorbene im Todesalter Christi, d.h. als 33jähriger, dargestellt werden) mit idealen Zügen ohne Spuren von Alter oder gar Tod, und wenn wirklich da und dort einzelne individuelle Züge beobachtet und festgehalten sind (Grabfiguren Papst Clemens' IV. in S. Francesco in Viterbo 1271–74, Rudolfs von Habsburg im Dom zu Speyer 1280–90, Philipps des Kühnen in St. Denis 1298–1307), so genügt dies nicht, das Ganze als B. anzusprechen. Immerhin hat die Plastik (und nur diese, nicht die Malerei!) des 13. Jh. die Voraussetzungen für das B. geschaffen, indem sie die starre Typik des Physiognomischen überwand, das Gesicht nicht mehr gleichsam von außen dem Kopf auferlegte, sondern als den von innen her geformten Ausdruck einer lebendigen Seele erscheinen ließ und hinter der Verschiedenheit des Körperlichen in Gesicht, Haltung und Gebärde die Verschiedenheit des Seelischen sichtbar machte (Chorschrankenapostel in der Liebfrauenkirche in Halberstadt um 1200, Masken von Reims 1235–45, →Naumburger Stifterfiguren). Daß die Wurzeln des neuzeitlichen B.s in der Plastik liegen, darf nicht wundernehmen; denn gegenüber der Malerei hat sie die Isolierung des Menschen von vornherein, die ja überhaupt erst Bedingung für seine bildnismäßige Darstellung ist. Seit etwa 1300 mehren sich, zuerst in Italien, die Fälle, die zum mindesten auf den Willen zum B. deuten, und zwar jetzt auch in der Malerei. Aber erst in der 2. Hälfte des 14. Jh. wird das B. ein drängendes Gestaltungsproblem der europ. Kunst. Zentren sind bes. der franz.-burgund. (älteste erhaltene selbständige B.tafel des Abendlandes ist das B. Johannes des Guten um 1360, Paris, Nationalbibl.) und der böhm. Kunstkreis. An den aus der →Parler-Werkstatt stammenden Bildnisbüsten auf dem Triforium des Prager Doms (1379–93) läßt sich innerhalb einer geschlossenen Folge das Ineinanderspielen von Typenvariation und Individualisierung in einzigartiger Weise beobachten. Im Laufe des 15. Jh. nimmt die Entwicklung des B.s unter verstärkter Beteiligung der Malerei, die sogar allmählich in Führung kommt, eine immer schwerer übersehbare Vielfältigkeit an, wobei die um 1430 erfolgte allgemeine Steigerung naturalistischer Bestrebungen auch der Sachlichkeit bildnishafter Wiedergabe zugute kam. Allgemein ist zu beobachten, daß das weibliche B. länger im Bann mittelalterlicher Idealität verharrte als das männliche. Sehr bezeichnend für die Wendung zu naturalistischer Auffassung sind die Stifterbildnisse des Genter Altars von Jan van Eyck (1432), wie denn überhaupt die B.malerei außerhalb Italiens ihre vorzüglichste Stätte in den Niederlanden hatte. In der ital., namentlich florentinischen Plastik der Frührenaissance wurde die antike Form der B.büste wieder in einer Fülle von Werken zur Geltung gebracht, und die ebenfalls antike Form der B.mepaille erlebte seit 1438 ihre Auferstehung durch Pisanello. Seit etwa 1500 vollzieht sich die Geschichte des B.s wesentlich auf dem Gebiete der Malerei, und die von der Renaissance gebrachte neue Geltung der Persönlichkeit hat das B. zu einer niemals wieder vernachlässigten Hauptaufgabe der Malerei werden lassen. Um 1500 hat auch Deutschland den Vorsprung anderer Kunstkreise eingeholt, was in eindrucksvollster Weise mit dem Auftreten Dürers geschah, dessen erstes erhaltenes Werk ein B. ist. Alle großen dt. Maler der Zeit, auch Grünewald, haben B.se geschaffen, und die bewegliche Kunst des Kupferstichs und die sprödere des Holzschnittes sind ebenfalls nicht an dieser Aufgabe vorübergegangen. Im 16. Jh. machen sich auch die ersten Anfänge eines B.spezialistentums bemerkbar (Holbein d. J., Moroni in Italien, Mor in den Niederlanden, Coello in Spanien), das aber erst im 17. Jh. im Gefolge verstärkter psychologischer Interessen (Rembrandt) und barocken Repräsentationsbedürfnisses (van Dyck) rein in Erscheinung tritt. In Holland wurde wie nirgends sonst das Gruppenbildnis durchgearbeitet (Frans Hals). Das repräsentative B. war namentlich in Frankreich zu Hause, wo auch der B.stich eine hohe Vollkommenheit erreichte. Im 18. Jh. tritt das B.spezialistentum in einer nie wieder erreichten Häufung auf, und der weit überwiegende Teil der Staffeleibilder dieses Jh. waren B.e Diese Vorherrschaft fiel im 19. Jh. zugunsten anderer Bildgattungen, wie →Landschaft, →Historien- u. →Genrebild; die Bedeutung des B.s als eines Hauptgegenstandes der Malerei blieb jedoch bis zur Gegenwart erhalten.

J. Burckhardt, Das Porträt in der ital. Malerei, 1895 (in Beiträge z. Kunstgesch. von Italien, ²1911); E. Schaeffer, Das Florentiner B., 1904; W. Waetzoldt, Die Kunst des Porträts, 1908; Dumont-Wilden, Le portrait en France, 1909; A. Hekler, Die Bildniskunst der Griechen und Römer, 1912; Ders., B.e berühmter Griechen, ³1962; R. Delbrück, Antike Porträts, 1912; Ders., Spätantike Kaiserporträts, 1933; E. Waldmann, Das B. im 19. Jh., 1921; H. Deckert, Zum Begriff des Porträts, 1929 (Marburger Jahrb. f. Kunstwissensch., Bd. V); H. Focillon, Les origines monumentales du portrait français, 1933 (in Mélanges Jorga); H. P. L'Orange, Studien z. Gesch. d. spätantiken Porträts, 1933; J. de Wit, Spätröm. B.malerei, 1938; B. Schweitzer, Studien zur Entstehung d. Porträts bei den Griechen, 1939 (Ber. über d. Verhandl. d. Sächs. Ak. d. Wiss. zu Leipzig. Phil.-hist. Kl. Bd. 91); Ders., Die B.-kunst der röm. Republik, 1948; H. Keller, Die Entstehung des B.s am Ende d. Hochmittelalters, 1939 (Röm. Jahrb. f. Kunstgesch., Bd. 3); E. Buschor, B.stufen, 1947; Ders., Das hellenist. B. 1949; Ders., Das Porträt, 1960; H. Drerup, Ägypt. B.köpfe griech.-röm. Zeit, 1950; E. Buchner, Das deutsche B. der Spätgotik u. d. frühen Dürerzeit, 1953; J. Pope-Hennessy, The Portrait in the

Renaissance, 1963; G. Richter, The Portraits of the Greeks, 3 Bde., 1965; K. Gerstenberg, Die dt. Baumeisterb.se d. Mittelalters, 1966; J. Flemming, Porträt u. Menschenbild i. d. Kst. d. Spätantike (Wiss. Ztschr. d. Univ. Jena 18, 1) 1969; H. Olbrich, Zu Problem u. Gestalt d. Bidnisses i. d. spätbürgerl. Gesellschaft (Wiss. Ztschr. d. Univ. Jena 18, 1) 1969; I. Lohmann-Siems, Begriff u. Interpretation d. Porträts in d. kst.gesch. Literatur, 1972; D. Pallas, H. G. Severin, Zur Porträtplastik d. 5. Jhs. n. Chr. (Miscell. byzant. monac. 13) 1972; H. W. Singer, Allgemeiner B.-Katalog, 19 Bde., 1930–38, Nachdruck 1976; G. Gerkens (Hg.) Das B. – seine Entwicklg. u. Gestalt (Ausst.-kat. Ksthalle. Bremen) 1977; M. Gasser, Das Selbstbildnis, 1979; Bilder vom Menschen i. d. Kst. d. Abendlandes, Ausst.kat. Staatl. Mus. Preußischer Kulturbesitz Berlin, 1980.

Bildpostkarte →Ansichtspostkarte.

Bildschnitzerei →Holzbildhauerei.

Bildstock →Betsäule.

Bildteppich, im Unterschied zum nur gemusterten ein Teppich mit bildlicher Darstellung, der als Wandbekleidung dient. Er ist in der Regel gewirkt (→Teppich), seine Herstellung wird daher auch als Bildwirkerei bezeichnet. Der gewebte Teppich herrscht seit dem 19. Jh. vor, d. h. seit Einführung der →Jacquardweberei. Der gewirkte B. wird nach einer Färberfamilie in Paris, deren Betrieb in kgl. Besitz überging und 1662 von Ludwig XIV. zur kgl. Manufaktur erhoben wurde, auch Gobelin genannt. Von den gewirkten Gobelins werden die gewebten auch als unechte Gobelins unterschieden.

Teppiche waren bei den Kulturvölkern des Altertums überall in Gebrauch. Älteste Reste sind ägyptische Funde aus dem 2. Jahrtausend v. Chr. Kommen Menschen- und Tierfiguren innerhalb des Musters vor, dann sind sie klein und dem Muster als Teile einbezogen. An der Ausstattung altchristl. und byzantin. Kirchen hatte der Teppich einen hervorragenden Anteil, wie Berichte und bildliche Darstellungen beweisen. Im abendländischen Mittelalter ist der älteste B. der →Bayeux-Teppich, der aber durch Technik und Material eine Sonderstellung einnimmt. Die ältesten erhaltenen gewirkten B. entstanden seit der 2. Hälfte des 12. Jh. in Niedersachsen (Halberstadt, Dom) und waren zu kirchlichem Gebrauch bestimmt. Die Schloßkirche in Quedlinburg bewahrt das einzige mittelalterlich-abendländische Beispiel eines geknüpften B.s (um 1200). Im 14. und 15. Jh. wurde mit steigender Wohnkultur der B. immer häufiger Ausstattungsstück des Wohnraums und nahm demgemäß auch weltliche Darstellungsstoffe auf. Hauptstätten der Bildwirkerei waren Paris und Arras. So gingen im letzten Viertel des 14. Jh. aus einer Pariser Werkstatt die großartigen Folgen der für die Kathedrale von Angers bestimmten B.e mit Darstellungen aus der Apokalypse hervor (jetzt im Mus.). Ende des 15. Jh. übernahm Brüssel die Führung und hat sie 2 Jahrhunderte behalten. Die flandrischen oder Brüsseler Teppiche erlangten Weltruf. Am bekanntesten wurden die zehn „vatikanischen Teppiche“, die etwa 1516–19 nach den Kartons von Raffael in der Werkstatt des Pieter van Aelst in Brüssel entstanden. Mit der Gründung der kgl. Gobelinmanufaktur in Paris 1662, deren Leitung der Maler Ch. Lebrun übernahm, wurde Paris wieder zum Hauptort der Herstellung des B.s, des „Gobelins“. Die Mittel farbiger Differenzierung nahmen an Raffinement zu, z. T. auf Kosten von Klarheit und Schlagkraft der dekorativen Wirkung, der B. wurde ein prunkvolles Ausstattungsstück kgl. Repräsentation. Seine künstlerische Höhe hat der franz. B. auch noch im 18. Jh. beibehalten. – In weit bescheidenerem Umfang wurde die B.herstellung im Zeitalter der Renaissance und des Barocks in Deutschland geübt. Das 19. Jh. brachte dem B. allgemein einen Rückgang.

H. Schmitz, B.e, [2]1921; H. Goebel, Wandteppiche, 3 Bde., 1923–34; Betty Kurth, Die deutschen B.e des Mittelalters, 3 Bde., 1926; Ch. Steinbrucker, Von deutschen B.en, 1937; R.-A. Hulst, Flämische B.e des 14. bis 18. Jhdts. 1961; Dora Heinz, Europäische Wandteppiche I, 1963; M. Stucky-Schürer, D. Passionsteppiche v. San Marco in Venedig, Diss. Bern 1972.

Bildübertragung 1. Gemälde →Restaurierung; 2. Wandmalerei →Distacco.

Bildwerk →Bildhauerkunst.

Bildwirkerei →Bildteppich.

Bill, Max, Maler, Plastiker, Designer, Baumeister, * 22. 12. 1908 Winterthur/Schweiz, lebt in Zürich, studierte in Zürich und von 1927–29 am →Bauhaus. Seit 1944 lehrte B. an der Kunstgewerbeschule in Zürich; als Rektor der HS für Gestaltung 1951–56 in Ulm leitete er die Abteilungen Architektur (er entwarf die Gebäude der HS) und Produktform. Gedanklich knüpfte er an die Ideen des Bauhauses an. B. beschäftigte sich bes. mit Problemen des künstlerischen Ausdrucks von Konstruktionen und solchen der Umweltgestaltung, wobei er stets von der These ausging, daß die Baukunst auch die neuen Wege und Formen der Kunst zu bestimmen habe. B. gilt als Anreger für moderne Formgebung (→Design). In der meist abstrakten Plastik versuchte er eine Körper-Raum-Beziehung zu verwirklichen. Schriften: Le Corbusier et Pierre Jeanneret, 1938; Wassily Kandinsky, 1949; Robert Maillart, Brücken u. Konstruktionen, [3]1969; Moderne Schweizer Architektur, 1950.

Th. Maldonado, M. B., 1956; Margit Staber, M. B. u. d. Umweltgestaltung, 1962; A. Roth (Hg.), M. B., Die neue Arch. 1930–1940, gestaltet v. M. B., 1976. Ed. Hüttinger, M. B., 1976 (erste umfass. Übersicht); M. B., Dokumentation z. Ausstlgn. Hamburg, Kstgew.-mus.; Stgt., Württ. Kst.verein u. Berlin, Kstakad., 1976; M. B., Malerei, Plastik, Architektur – vor neuen Problemen (die dreißiger Jahre) 1980.

Bindemittel →Farbe.

Binder, der Stein (Backstein) einer Mauer, der seine Schmalseite nach außen kehrt. Der mit der Langseite in der Mauerfläche liegende Stein heißt Läufer. – B. heißen auch die Trag- und Versteifungsbalken des Dachstuhls („Dachbinder").

Birnstab, stabartiges Glied der got. Baukunst (Gewölberippe, Dienst) mit birnförmigem Querschnitt.

Bischofsstab. Er hat im Bereiche der östl. Kirche Krückenform, in der abendländ. endet er in eine „Krümme", die aus Elfenbein, Silber oder vergoldetem Kupfer besteht, oft reich verziert und mit kleinen Figuren ausgestattet ist, die in roman. Zeit oft symbolische Bedeutung haben. Das Ornament wird in der Gotik gern architektonisiert, die Krümme z. B. mit Krabben besetzt. In der Spätgotik tritt sie sichelförmig zurück und bildet einen Kreis oder eine Volute.

T. Klauser, D. Ursprung d. bischöfl. Insignien u. Ehrenrechte, [2]1953. Magda v. Bàràny-Oberschall, Baculus pastoralis, 1958 (Ztschr. f. Kunstwissensch. 12; mit Bibliographie).

Bischofsstuhl, lat. Kathedra, der meist erhöhte Sitz des Bischofs in der Kirche. In altchristl. Zeit befand er sich in der Mitte der Apsis hinter dem Altar, später (wahrscheinlich seit dem späteren Mittelalter) kam er vor ihn auf die →Evangelienseite zu stehen. Der B. war, zumal im frühen Mittelalter, prächtig verziert. Ein Hauptstück ist der mit Elfenbeinschnitzereien höchsten Ranges ausgestattete B. des Maximian zu Ravenna (545–556; Domsakristei).

G. W. Morath, Die Maximianskathedra in Ravenna, 1940 (Freiburger Theol. Stud. 54); C. Ceccelli, La cattedra di Massimiano, Heft 1–7, 1936–44; H. U. Instinsky, B. u. Kaiserthron, 1955; G. Bovini, La cattedra eburnea del Vescovo Massimiano di Ravenna, 1957; A. Grabar, Byzantium from theDeath of Theodosius to the Rise of Islam, 1966.

Biskuitporzellan →Porzellan.

Bister, braune Aquarellfarbe, die bes. aus Buchenholzruß hergestellt ist.

Blacherniotissa, altbyzantin. Madonnentypus: Madonna in Orantenstellung ohne Kind. Die Bezeichng. stammt von einer 450 gegr. Marienkirche in Blacherne, einer Vorstadt von Byzanz.

Blake, William, engl. Maler, Graphiker und Dichter, * 28. 11. 1757 London, † 12. 8. 1827 das., nimmt durch seine phantastisch-mystische Kunst, die ihn als Vorläufer der Präraffaeliten erscheinen läßt, in seiner Zeit eine Sonderstellung ein. Am besten sind seine radierten Illustrationen eigener und fremder Dichtungen: Dante, Buch Hiob, Young's „Night Thoughts" (1797). Seine Werke befinden sich hauptsächlich in der Tate Gallery London.

A. Gilchrist, Life of W. B., 2 Bde., 1863, krit. Ausg. von R. Todd, 1942; D. Figgis, The Paintings of W. B. 1925; Mona Wilson, The Life of W. B., 1927; L. Binyon, The Drawings and Engravings of W. B., 1929; Th. Wright, The Life of W. B., 2 Bde., 1929; A. Blunt, The Art of W. B., 1959; H. J. Hagstrum, W. B., 1964 (engl.); K. Wolf-Gumpold, W. B., Versuch einer Einf. in s. Leben u. Werk, 1964; G. Keynes, W. B., Dichter, Denker, Prophet, 1965; H. L. Bruce, W. B. in this world, 1973; K. Clark, B. and visionary art (Glasgow Uiv. Prints 8) 1973; G. E. Bentley, W. B., the critical heritage, 1975; D. Bindmann, W. Hofmann u. a., W. B., Ausst.kat. Hamburg, Kst.halle/Frankfurt, Städelsches Inst., 1975; W. B., The Marriage of Heaven and Hell, 1976 (dt.); D. Bindmann, B. as an Artist, 1977; W. Vaugham, W. B. (Illustrations), 1977; R. N. Essick, W. B. printmaker, 1980.

Blattkapitell →Kapitell.

Blattmaske, menschliches Antlitz, das sich aus Blättern formt oder in Blätter übergeht. Die B. als plastisches Gebilde läßt sich am frühesten in der röm. Kunst des 1. Jh. n. Chr. nachweisen, weiter in der provinzialröm. Kunst und gelangte vermutlich von dieser in die roman. Kunst Frankreichs, von da in die spätromanische Deutschlands, wo sie jedoch nur in wenigen Beispielen vertreten ist. Häufiger kommt sie in der Gotik vor, und auch die Renaissance hat sie wieder im Zurückgreifen auf die Antike als Schmuckmotiv verwendet.

M. Wegner, Die B.n, 1935 (Das 7. Jahrzehnt. Festschr. z. 70. Geb. v. A. Goldschmidt); Marie Durand-Lefebvre, Art gallo-romain et sculpture romane, 1937; H. Keller, Die Entstehung des Bildnisses am Ende des Hochmittelalters, 1939 Röm. Jahrb. für Kunstgesch., Bd. 3).

Blaue Reiter, Der, Künstlergemeinschaft, die 1911 in München von →Kandinsky und →Marc gegründet wurde und ihren Namen von einem Gemälde Kandinskys erhielt, das zugleich ihrer Programmschrift den Titel gab. Nach wenigen Jahren, mit Beginn des 1. Weltkriegs, löste sich der B. R. auf, dem als wichtige Mitglieder noch →Klee und →Macke beigetreten waren.

Der B. R., der Weg von 1908–1914, Katalog der Ausstellung, München 1949; H. M. Wingler, Der B. R., 1954; L. G. Buchheim, Der B. R. u. die „Neue Künstlerische Vereinigung München", 1959; E. Roters, W. Kandinsky u. d. Gestalt des B. R.s, 1963 (Jahrb. d. Berliner Museen 5); W. Kandinsky u. F. Marc, Der B. R., 1912, ²1914, neu hg. v. K. Lankheit, 1965; R. Gollek, Der B. R. im Lenbachhaus München (Kat. m. Bibl.), 1973; P. Vogt, Der B. R., 1977.

Blechen, Karl, Maler, * 29. 7. 1798 Kottbus, † 23. 7. 1840 Berlin, war zwar noch in vielem von der Romantik abhängig, hat aber durch neue Bildmotive unpathetischer Art (z. B. Eisenwalzwerk bei Eberswalde) sowie durch seine unbefangene, weniger die Stimmung als die farbige Erscheinung der Natur suchende Beobachtung die realistische Richtung der neueren dt. Malerei vorbereitet, wie sie dann von Menzel aufgenommen wurde.
G. J. Kern, K. B., ²1937; K. B., Leben, Würdigung, Werk, hg. von der Nationalgal. Berlin, 1940; O. Rave, K. B. 1940; G. Heider, K. B., 1971; H. Borsch Supan, K. B. Ausst.-Kat. Berlin, (Kunstchronik 27/6) 1973. L. Brauner, K. B., ein Neuerer i. d. dtschn. Kst. (Bild. Kst. 22/4) 1974.

Bleiguß ist seit dem 16. Jh. häufig bei kleinplastischen Werken (Plaketten und Medaillen) angewendet worden, auch bei großplastischen, namentlich solchen, die im Freien aufgestellt wurden. So wurden seit dem letzten Viertel des 17. Jh. zahlreiche Bleibildwerke für den Park zu Versailles gegossen, und die Beliebtheit des Bleies, namentlich für Brunnenfiguren, steigerte sich im 18. Jh. noch. Von dt. Meistern des 18. Jh. haben sich bes. die österreich. des Bleis bedient, vor allem G. R. Donner: Brunnen auf dem Neuen Markt in Wien (1739; Originalfiguren jetzt im Barockmus.). Hervorragende Werke des B.s sind auch die nach Entwürfen Schlüters zu Anfang des 18. Jh. gegossenen Sarkophage preuß. Fürsten und Fürstinnen im Berliner Dom.

Bleikristall →Kristall.

Bleistift, eigentlich Graphitstift, wurde, wiewohl seit dem 16. Jh. bekannt, erst seit Ende des 18. Jh. in den heute bekannten Abstufungen seiner Härtegrade hergestellt, was einen bedeutenden Aufschwung der B.zeichnung zur Folge hatte, z. B. bei den →Nazarenern.

Blende, ein dem Mauerkörper zum Zweck der Dekoration und Gliederung hinzugefügtes (an-, vorgeblendetes) architektonisches Motiv (z. B. eine Reihe v. Bögen: Blendbögen, Blendarkaden). Blendfenster sind dagegen gemalte (Schein-) Fenster, die im Zeitalter des Barock als „blinde" Fenster häufig vorkommen. Blendsteine heißen die Steine von gleichmäßiger und schöner Ausführung, mit denen der Rohbau (bes. Ziegelrohbau) bekleidet („verblendet") ist.

Blockbau →Holzbau.

Blockbuch, zusammengehörende Folge von Holzschnitten mit erbaulichem, von Text begleitetem Inhalt. Text und Zeichnung sind aus der gleichen Holztafel (Block) geschnitten, meist einseitig abgedruckt. Das B. kam um 1430 in Deutschland und den Niederlanden auf und ist ein Vorläufer des mit beweglichen Lettern gedruckten Buches. Die Heftung erfolgt als „Block" am Rücken. (Ähnlich gebundene chinesische Bücher bezeichnet man ebenfalls als B.) Als es üblich wurde, dieses mit Holzschnittillustrationen zu versehen (um 1470), verschwand das nunmehr technisch überholte B. wieder. Über die Inhalte →Armenbibel, →Ars moriendi, →Heilsspiegel.

W. L. Schreiber, Handb. d. Holz- und Metallschnitte d. 15. Jh., Bd. 6 u. 7, 1928/29, Bd. 11 (hg. v. Th. Musper) 1976 (m. Lit.).

Bloemaert, Abraham, niederländ. Maler, * 1564 Gorinchem, † 27. 1. 1651 Utrecht, gründete das. 1592 eine für die Entwicklung der holländ. Malerei bedeutungsvolle Schule. Zahlreiche biblische und mytholog. Bilder von hellem Kolorit mit zunehmender Beruhigung und Vereinfachung des anfänglich manieristisch bewegten Stils und Neigung zum Anmutigen und Sentimentalen.

G. Delbanco, Der Maler A. B., 1928 (Stud. z. dt. Kunstgesch. 253).

Blondel, François, franz. Baumeister und Architekturtheoretiker, * gegen 1618 Ribemont, † 21. 1. 1686 Paris, von Haus aus Naturwissenschaftler und Mathematiker. Außer der Porte Saint-Denis in Paris (1672), seinem Hauptwerk, hat er wenig gebaut. Sie kann als reinster Ausdruck des franz. Architekturrationalismus gelten, ebenso wie das Hauptwerk unter seinen theoretischen Schriften, der „Cours d'Architecture" (1675–83).

Blumenthal, Hermann, Bildhauer, * 31. 12. 1905 Essen, gefallen 17. 8. 1942 in Rußland, begann als Steinbildhauer und war 1928–31 in Berlin Schüler von E. Scharff, unter dem er seinen höchst persönlichen Stil der archaisierenden Strenge, der Vereinfachung und Vergeistigung des Körperlichen ausbildete. Sein hinterlassenes Werk ist trotz der kurzen Schaffenszeit von erstaunlichem inneren u. äuß. Umfang.

Ch.-A. Isermeyer, Der Bildhauer H. B., 1947.

Blutampulle, in oder an röm. Katakombengräbern gefundene Glasampulle mit rötlicher Oxydierung im Innern, die früher für eingetrocknetes Märtyrerblut gehalten wurde.

Blutemail →Email.

Böblinger, Baumeisterfamilie des 15. Jh. Bedeutendstes Mitglied war Matthäus B., † 1505 Eßlingen. Er leitete 1474–94 den Bau des Ulmer Münsters, führte insbesondere den von Ensinger begonnenen Westturm weiter, der aber erst im 19. Jh. (als höchster Kirchturm der Welt) vollendet wurde.

Boccioni, Umberto, ital. Maler, Graphiker und Bildhauer, * 19. 10. 1882 Reggio in Calabrien, † 16. 8. 1916 Verona, schloß sich nach realistischen Anfängen 1909 der von Marinetti geführten Bewegung des →Futurismus an, dessen Prinzipien er seitdem vertrat und dessen Theoretiker er wurde. B. versuchte auch eine futuristische Plastik aufzubauen. Er schrieb u. a.: „Pittura e scultura futurista (1914).

R. Longhi, Scultura futurista, 1914; F. T. Marinetti, B., 1924; E. Fezzi, U. B., 1973 (ital.).

Böcklin, Arnold, Maler, * 16. 10. 1827 Basel, † 16. 1. 1901 San Domenico bei Fiesole, Schüler von Schirmer in Düsseldorf, tätig in Weimar, München, der Schweiz, Italien. B. malte in den 50er Jahren zunächst ital. Landschaften von trüber, dumpfer Farbe und stimmungsmäßigem Einschlag; seit den 60er Jahren beginnt die Farbe hell und blühend zu werden und die Figur (oft die der griech. Mythologie) dominiert in der Landschaft, die bald monoton schwermütiges Wesen begleitet, bald sonnig, klar und bunt heitere Lebensfreude hebt. „Toteninsel" (1880–83; mehrere Exemplare) und „Gefilde der Seligen" (1878; Berlin, Nationalgal.) sind die beiden Pole, zwischen denen sich der Stimmungsgehalt der idealistischen Welt B.s bewegt. Der innere und äußere Wandel seiner Persönlichkeit spiegelt sich in einer Reihe von Selbstbildnissen. Böcklin-Werk, hg. von H. A. Schmid, 5 Bde., 1892–1921; Ders., A. B., ^{2}1922; L. Justi, A. B., ^{2}1927; O. Fischer, A. B., 1940; A. v. Salis, A. B. u. d. Antike (Baseler Jb.), 1955; R. Andrée, A. B., Beiträge z. Analyse seiner Bildgestaltung (Diss. Berlin) 1960; A. B., Ausst.-kat. Kst.mus. Basel (Gemälde, Zeichngn., Plastik.), 1977; R. Andree, A. B. - D. Gemälde (Oeuvrekat. Schweiz Kstl. Nr. 6 hg. v. Schweiz. Inst. f. Kstwiss.) 1977; E. Huber, A. B. Ausst.kat. Stadt Darmstadt, 2 Bde. 1977.

Boëdas →Betender Knabe.

Boffrand, Germain, franz, Baumeister, * 7. 5. 1667 Nantes, † 18. 3. 1754 Paris, hat zahlreiche Schlösser gebaut und in seiner Ausstattung einiger Räume des Hôtel de Soubise in Paris (um 1735) Meisterleistungen der Rokokodekoration geschaffen. B.s Einfluß u. a. auf die deutsche Baukunst des 18. Jhs. beweist die →Würzburger Residenz.

Bogenformen. Die wichtigsten der in der Baukunst vorkommenden B. sind (vgl. die Abb.): 1. Rundbogen (röm., roman., Renaissance; eine gedrückte und der Ellipse sich nähernde, im wesentlichen der Renaissance angehörende Art heißt Korbbogen); 2. Flach-, Stich- oder Segmentbogen; 3. Kleeblattbogen (spätroman.); 4. Spitzbogen (got.; eine sehr schmale und spitze, in der engl. Gotik häufige Form heißt Lanzettbogen); 5. Eselsrücken oder Kielbogen (spätgot.; die steilere Form wird gern Eselsrücken, die gedrückte Kielbogen genannt); 6. Vorhangbogen (spätgot.); 7. Tudorbogen (engl. Spätgotik); 8. Hufeisenbogen (islam. Baukunst; rund und spitz vorkommend).

Bogenfeld →Portal.

Bogenfries →Fries.

Bogengang, Bogenstellung → Arkade.

Bogenlauf →Archivolte.

Boghasköj →Hettitische Kunst.

Böhm, Dominikus, Baumeister, geb. 23. 10. 1880 Jettingen (Bayr. Schwaben), gest. 6. 8. 1955 Köln, studierte bei Th. →Fischer in Stuttgart, war seit 1926 Leiter der Abt. christl. Kunst an den Kölner Werkschulen. B. hat zahlreiche kathol. Kirchen erbaut, in denen er die Konstruktionsmethoden und Materialien der mod. Baukunst er-

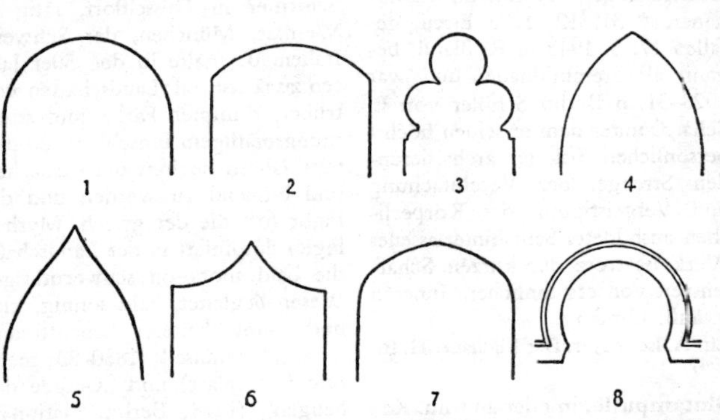

Bogen. (Die Nummern beziehen sich auf die Angaben im zugehörigen Artikel)

findungsreich anwandte. Seine Räume erscheinen meist breit und gedrungen. Er bevorzugte parabolische, oft bis auf den Boden herabgezogene Gewölbe. Zu seinen Hauptwerken zählt St. Engelbert in Köln-Riehl (1928), St. Maria Königin in Köln-Marienburg (1954).

A. Hoff, D. B., 1930; J. Habbel, D. B., 1943; D. B. (Leben u. Werk. Dokumentarbd.). Geleitwort von J. Frings. Beiträge von A. Hoff u. a., 1962; Schnell u. Steiner, D. B., o. J.; H. Schnell, D. Kirchenbau d. 20. Jhs. in Dtschld., 1973.

Bologna, Giovanni da, niederländ.-ital. Bildhauer, * 1529 Douai, † 13. 8. 1608 Florenz, kam um 1550 nach Rom, dann nach Florenz, schuf Werke in Marmor und Bronze (auch Kleinbronzen) von bald maßvoller, bald kühn bewegter Haltung: Geflügelter Merkur (Bronze, um 1574 Florenz, Nationalmus.); Raub der Sabinerin (Marmor, 1583, Florenz, Loggia dei Lanzi); Reiterstandbild Cosimos I. (Bronze, 1594, Florenz). Von ausgezeichneter Wirkung sind seine Brunnen: Neptunsbrunnen in Bologna (1563–67).

P. Patrizi, Il Giambologna, 1905; P. de Bouchaud, Jean de Boulogne, 1906; Elisabeth Dhanens, Jean Boulogne-Giovanni B. Fiammingo, 1956 (Verhandelingen Koninkl. Vlaamse Acad. voor Wetenschappen voor Belgie, Kl. der Schone Kunsten 11).

Bolus, Tonerde, gelb, braun oder rot. Aus B. wurden im Altertum Gefäße hergestellt (→Terra sigillata, →Arretinische Gefäße). B. wird ferner als Farbe gebraucht. So haben die Niederländer des 17. Jh. gern den braunen B. (Terra di Siena) zur Grundierung ihrer Bilder verwendet: Bolusgrund.

Bonatz, Paul, Baumeister, * 6. 12. 1877 Solgne (Lothr.), † 21. 12. 1956 Stuttgart, war Schüler Theodor →Fischers u. dessen Nachfolger als Lehrer a. d. Techn. Hochschule in Stuttgart. Er schuf Werke von monumentaler, blockhafter Wirkung und sehr knappem, dekorativem Aufwand: Hauptbahnhof in Stuttgart (1913–1927), Hochhaus für den Stumm-Konzern in Düsseldorf (1923–25), Zeppelinbau Stuttgart (1919–31), Ehrenmal Heilbronn (1931–36), Rathaus und Wasserturm Kornwestheim (1933 bis 1935). Eines seiner Spätwerke ist das Kunstmuseum in Basel. Seit 1943 war B. in der Türkei tätig (z. B. Opernhaus in Ankara, 1943), von 1946–54 als akad. Lehrer in Istanbul. Auch Ingenieurbauten hat er geschaffen (Neckarstaustufe Heidelberg u. a.). Er schrieb „Leben u. Bauen“ [4]1957.

G. Graubner, P. B. und seine Schüler, 1931; P. B. Arbeiten aus den Jahren 1907–37, hg. von F. Tamms, 1937. P. B. zum Gedenken, (Reden und Aufsätze), ein Gedenkbuch der Techn. Hochschule Stuttgart, 1957; N. Bongartz, P. Dübbers u. a., P. B., 1978.

Bonington, Richard Parkes, engl. Maler und Graphiker, * 25. 10. 1801 Nottingham, † 23. 9. 1828 London, in Paris Schüler von Gros, war in seinen schlicht-natürlichen Landschaftsgemälden und -aquarellen ein Vorläufer der Schule von →Barbizon und damit einer der Begründer der Landschaftsmalerei des 19. Jh.

A. Bouvenne, Catalogue de l'oeuvre de R. P. B., 1873; H. Stokes, Girtin and B., 1922; M. Gobin, R. P. B., 1950 (franz.); C. Peacock, R. P. B., 1980 (engl.).

Bonnard, Pierre, franz. Maler und Graphiker, * 30. 10. 1867 Fontenay-aux-Roses, † 23. 1. 1947 Le Cannet b. Cannes. Er überwand den Impressionismus, dessen differenzierte und helle Farbigkeit er jedoch beibehielt, um Akte, Bildnisse, Landschaften und Stilleben oft ohne Rücksicht auf die Gegenstandsfarbe der Dinge zu Erlebnissen einer aufs feinste abgestuften und abgestimmten Farbigkeit zu gestalten. Als Graphiker ging er von →Toulouse-Lautrec aus und schuf, meist als Lithographien, graphische Folgen und Buchillustrationen.

C. Roger-Marx, P. B., 1925; Ders., Les Illustrations de P. B., 1926; J. Rewald, P. B., 1948 (engl.); G. Jedlicka, P. B., 1949; A. Terrasse, B., dt. 1964; Anette Vaillant, P. B., dt. 1966; P. B., Ausst. kat. München, 1966; P. B. Ausst.kat. Musée d'art et d'histoire et Musée Rath, Genève, 1981.

Bordüre →Rahmen.

Borghesischer Fechter. Marmorstatue vom Bildhauer Agasias (nach Inschrift auf dem Baumstamm), der um 100 v. Chr. lebte und in Ephesos arbeitete. Sie stellt einen angreifenden und sich gleichzeitig mit seinem Schild (jetzt verloren) deckenden Kämpfer dar. Trotz der großen anatomischen Vollkommenheit der Statue, die den Fluß der Formen etwas stört, kann man bes. im Kopf die klassizistische Richtung der Zeit erkennen, die sich an Werke des →Lysipp anlehnt. Trotzdem ist die Figur nicht als Kopie zu werten, ihr Bewegungsmotiv ist sicher von Agasias selbst durchgebildet worden.

Bulle, Der schöne Mensch im Altertum, ^{2}1912; Lippold in Handb. d. Archäologie 4, 1953.

Borobudur, buddhistischer Tempel auf Java, der großartigste der indischen Kunst, erbaut um 800 über einer steinverkleideten Hügelkuppe. Seine sechs unteren Terrassen auf rechteckigem Grundriß bilden Umwandlungsgalerien, deren Wände mit prachtvollen Reliefs aus dem Leben Buddhas überzogen sind. Die drei oberen auf kreisförmigem Grundriß sind mit 72 Steinstupen besetzt und von einem glockenförmigen Zentralstupa gekrönt.

C. Leemans, Bôrô-Boedoer op het eiland Java, Text- u. Tafelbd., 1873; M. J. Krom u. T. van Erp, Beschrijving van B., 2 Tle., 1920–31.

Borromini, Francesco, ital. Baumeister, * 25. 9. 1599 Bissone im Tessin, † 2. 8. 1667 Rom, hat als erster dem barocken Bauwerk jene Kompliziertheit der Raumverschränkung und -durchdringung über elastischen und lebendig bewegten Kurvaturen des Grundrisses gegeben, die den Spätbarock einleitet und in Deutschland aufgenommen und schöpferisch weitergebildet worden ist. Erstes selbständiges und diese Richtung einleitendes Werk ist die Kirche San Carlo alle quattro fontane in Rom (1638–1641); Ein zweites Hauptwerk ist Sant' Ivo della Sapienza (1642–60).

E. Hempel, F. B., 1924; H. Sedlmayr, Die Architektur B.s, ^{2}1939; G. C. Argan, B., 1952 (it.); P. Portoghesi, B., 1967 (it.), 1968 (engl.), 1977 (dt.); H. Thelen, F. B. Die Handzeichnungen, 1967; G. C. Argan, B., 1978 (it.).

Bosch, Hieronymus, niederländ. Maler, * 2. 10. 1453, † 1516 Hertogenbosch. Seine Eigenart entfaltete sich bes. in den von Figuren wimmelnden, minutiös gemalten allegorischen Darstellungen („Garten der Lüste", Madrid, Prado), in denen eine schrankenlose Phantasie in oft kaum deutbaren Vorstellungen schwelgt, die scharf realistische Sicht mit dem Grotesken und Satirischen verbindet. Seine religiösen Darstellungen zeigen ähnliche Neigungen, wenn sie auch durch die Überlieferung stärker gebunden sind („Jüngstes Gericht", Wien, Akademie).

P. Lafond, H. B., 1914; Schürmeyer, H. B., 1923; M. J. Friedländer, Die altniederländ. Malerei, Bd. 5, 1927; J. Combe, Jérôme B., 1946; W. Fraenger, H. B., 1947, engl. 1976; D. Bax, Ontcijfering van Jerven B., 1949; J. Combe, H. B., dt. 1957; C. A. Wertheim-Aymès, Die Bildersprache des H. B., 1961; L.

Baldass, H. B., [2]1959; Ch. de Tolnay, H. B., 2 Bde., [2]1965; J. Schlégl, Mia Cinotti, D. Gesamtwerk von H. B., 1966; R. H. Marijnissen u. a., H. B., 1972; C. Mettra, H. B., 1977 (franz.); D. Bax, H.B. His picture-writing deciphered, 1979.

Boscoreale, Dorf am Südabhang des Vesuv, gleichzeitig mit Pompeji verschüttet. B. ist bekannt als Fundort einer röm. Villa mit Wandgemälden und eines Silberschatzes, der zahlreiche reliefgeschmückte Gefäße enthielt.

Héron de Villefosse, Le trésor de B., 1899; Barnabei, La villa pompeiana di P. Fannio Sinistro scoperta presso B., 1901; Die Fürstenbilder v. B., 1958; A. de Franciscis in: Enciclopedia dell'arte classica, 3, 1959.

Bosse, 1. Rohform eines plastischen Werkes (Stein oder Holz) vor der ferneren Ausarbeitung. Das Herausschlagen dieser Rohform wird bossieren oder bosseln genannt. 2. Buckel, bes. Metallbuckel, der der Verzierung dient; auch eine rundliche Zierform, z. B. ein Knauf an Decken oder Gewölben (meist geschmückt), wodurch der Schnittpunkt der Rippen verdeckt wird. 3. Haustein mit rohbucklig bearbeiteter Vorderseite. Diese Buckelquader bilden das → Bossenwerk.

Bossenwerk, Rustika (bäuerliches Werk), Mauerwerk, dessen Quadern an der Vorderseite in roher, aber bei allen Quadern gleichmäßiger Bearbeitung belassen sind. Nur die Ränder pflegen geglättet zu sein. Das B. kommt im Altertum bes. an röm. Bauten, im Mittelalter zuerst an den Wehrbauten der Stauferzeit etwa seit der Mitte des 12. Jh. (Buckelquadern) vor. Zuerst in der toskan. Frührenaissance, allgemeiner in der Hochrenaissance und bes. im Barock hat man ausgiebig Gebrauch von ihm gemacht und durch Variierung der Oberflächenbearbeitung und der Behandlung der Ränder eine Anzahl verschiedener Arten ausgebildet. Bei einer häufig vorkommenden Abart ist die Oberfläche zu facettenförmigen Bukkeln, sogenannten Diamantsteinen, zugeschliffen. Das B. wird, da es den Eindruck des Schweren und Wuchtigen macht, gern im Untergeschoß der Gebäude angewandt, auch zur Sicherung der Ecken.
Auch Säulen und Halbsäulen wurden „rustiziert"; der Schaft wechselt zwischen glatten und grob behauenen Quadern.

Böttgerporzellan →Steinzeug.

Botticelli, Sandro, ital. Maler, * 1444–45 Florenz, begraben 17. 5. 1510 das., Schüler des Fra Filippo Lippi, nimmt in der Malerei des Quattrocento insofern eine Sonderstellung ein, als seine Bilder mit ihren zarten, schlankgliedrigen Figuren ganz und gar von der schönläufigen, in gespannten Konturen geführten Linie beherrscht sind – letzte großartige Äußerung got. Linienseligkeit in Italien. Die Inhalte sind allegorischer („der Frühling", Florenz, Uffizien), mythologischer („Geburt der Venus" das.) und religiöser Art (Madonnenbilder von zarter Schönheit). Auch Bildnisse hat er gemalt sowie drei Fresken für die Sixtin. Kapelle in Rom (1481–83). Von ihm stammen ferner 94 Federzeichnungen zu Dantes „Göttlicher Komödie" (Berlin, Kupferstichkabinett, und Rom, Vatikan. Bibl.).

H. P. Horne, S. B., 1908 (engl.); W. v. Bode, B., [2]1924; Yukio Yashiro, S. B., 3 Bde., 1925 (engl.); C. Gamba, B., 1936; L. Venturi, S. B., 1937 (dt.); J. Mesnil, B., 1938 (franz.); S. Bettini, B., 1942; E. Pucci, La vita e l'arte di S. B., 1955; L. Goldscheider, B., 1956/57; G. C. Argan, B., dt. 1957; R. Salvini,

Tutta la pittura di B., 2 Bde. 1958; W. Timm, B., Hdzeichngn. z. Dantes „Göttl. Kom.“, 1961; L. D. Ettlinger, B., 1976 (engl.); R. Lightbown, S. B., 2 Bde. 1976 (engl.); Roberta J. M. Olson, Studies in the later works of S. B., Diss. Princeton Univ. 1976.

Bouchardon, Edme, franz. Bildhauer, * 29. 5. 1698 Chaumont, † 27. 7. 1762 Paris, tätig das., 1723 bis 1732 in Rom. Das Studium der Antike hat seinen Werken größere Einfachheit und Ruhe gegeben, als dem Stil der Zeit entsprach – der Klassizismus kündigt sich in ihnen an. Hauptwerke: Brunnen in der Rue de Grenelle in Paris, eine gewaltige, mit Figuren ausgestattete Anlage (1739–45), bronzene Reiterstatue Ludwigs XV. (beg. 1748, aufgestellt 1763 auf der Place de la Concorde das., 1792 eingeschmolzen; verkleinerte Repliken im Louvre und in Versailles).

A. Roserot, E. B., 1910; G. Weber, E. B. Studien z. s. Stellg. i. d. franz. Plastik d. 18. Jhs., Diss. Wien 1966.

Boucher, François, franz. Maler, * 29. 9. 1703, Paris, † 30. 5. 1770 das., 1765 Peintre du roi, Hauptmeister des Rokokos, dessen galante Welt er in hellen und duftigen, virtuos gemalten und komponierten und von anmutiger Bewegung erfüllten Bildern immer wieder dargestellt hat. Im gleichen Geiste hat er Zeichnungen, Radierungen, darunter Buchillustrationen (Molière-Ausgabe von 1734) geschaffen.

A. Michel, F. B., 1906 (franz.); Macfall, B., 1908 (engl.); P. de Nolhac, F. B., ²1915 (franz.); A. Reichel, F. B.; 1948; A. Ananoff, L'oeuvre dessiné de F. B., Catalogue XXX rais., 2 Bde. 1976 (m. Bibl.).

Boullearbeit, Boullemöbel, die von Charles André Boulle (1642 bis 1732) in Paris und seinen nach seinem Tode die Werkstatt führenden Söhnen hergestellten Prunkmöbel. Bei einfachem und klarem Aufbau sind sie mit Einlegearbeit (Marketerie) in höchster künstlerischer und technischer Vollendung verziert. Boulle benutzte dazu die verschiedensten Stoffe wie Schildpatt, Elfenbein, Kupfer, Zinn u. a. Aus diesen sind in flächenhafter und naturalist. Wiedergabe Blumen gebildet, zumeist zu Sträußen in Vasen geordnet und durch Vögel und Schmetterlinge belebt, nach eigener und nach fremder (Lebrun) Erfindung. Die besten Arbeiten stammen aus der Zeit von 1690–1710 und wurden ausschließlich für Ludwig XIV. hergestellt.

Ch. Asselineau, A. B., 1872; H. Havard, Les B., 1893; A. Feulner, Kstgesch. d. Möbels, ²1930; G. Himmelheber, Puchwiser, Boulle u. d. „B.-Möbel“ für München (in: Ausst.kat. Bayer. Nat.-Mus. Kurfürst Max Emanuel; Bay. u. Europa um 1700), 1976.

Bourdelle, Emile, Antoine, franz. Bildhauer, Maler und Graphiker, * 30. 10. 1861 Montauban, † 1. 10. 1929 Le Vésinet, Schüler und Gehilfe von Rodin, hat ein Gesamtwerk von ungewöhnlichem Umfang und großer Mannigfaltigkeit hinterlassen, in dem alle Stufen von sentimentaler Zartheit zu maßloser Steigerung in barockes Pathos und dann wieder zu monumentaler Stilisierung durchlaufen werden. Er hat ferner außer Gemälden auch Buchillustrationen geschaffen.

A. Fontainas, B., 1930 (franz.); E. F. Julier, A. B., 1930 (franz.); Ch. Léger, B., 1930 (franz.); P. Descargues, B., 1954 (franz.); Katalog der B.-Ausstellung Köln 1960.

Bouts, Dierick, Dirk, niederländ. Maler, * um 1410 Haarlem, † 6. 5. 1475 Löwen, tätig das., hat das Wesen der altniederländ. Malerei in Form und Ethos bes. rein zur Geltung gebracht, ihre Würde und

Feierlichkeit im Religiösen, die Tiefe und Wärme ihrer Farben, die technische Vorzüglichkeit in der wirklichkeitsgetreuen Wiedergabe des Gegenständlichen. Hauptwerk dieser Art ist d. vierflüglige Abendmahlsaltar mit dem „Abendmahl" im Mittelbild (1464–1467; Löwen, Peterskirche). B. ist mit mehreren Bildern im Prado in Madrid und in der Nationalgal. in London vertreten.

M. J. Friedländer, Die altniederländ. Malerei, Bd. 3, 1925; L. Baldass, Die Entwicklung des D. B., 1932 (Jahrb. der kunsthistor. Sammlungen in Wien, N. F., Bd. 6); W. Schöne, D. B. und seine Schule, 1938; J. Francotte, Dieric B., zijn kunst, zijn „Laatste Avondmaal", 1951; Ausst.kat. D. B., Brüssel, Delft 1957/58.

Boz(z)etto, erster künstlerischer Entwurf. Die Bezeichnung ist bei uns im allgemeinen nur bei solchen ital. Herkunft üblich und bezieht sich meist nur auf plastische Werke. Die Wertschätzung des B.s ist in neuerer Zeit gestiegen. Er verrät oft manches von der ursprünglichen künstlerischen Absicht, was nachher in Anpassung an ein anderes Material, an monumentale Ausführung u. dgl. verlorengegangen ist. Eine besondere Bedeutung besitzt der B. im Barock wegen der hier häufiger eingetretenen Sonderung zwischen dem entwerfenden Künstler und der Ausführung durch eine zweite Hand, so daß der B. dann also das künstlerisch höherstehende Werk ist.

A. E. Brinckmann, Barock-Bozzetti, 4 Bde., 1923–24; L. Planiscig, E. Kris, Bozzetti u. Modelletti d. Spätrenaiss. u. d. Barock, 1937; Reallex. d. Kst., Bd. 2.

Brakteaten, (lat. bractea „dünnes Blech") münzähnliche goldene Zierscheiben der Völkerwanderungszeit („Goldbrakteaten"), meist mit figürlichen Darstellungen verziert, in der Regel als Anhängsel gefaßt. Die große Mehrzahl aller B. stammt aus Skandinavien, doch kommen auch angelsächsische und südgermanische Stücke vor. Die B. stellen anfänglich Nachahmungen spätrömischer Goldmedaillons (→ Szilágy-Somlyó) und Kaiser-Münzen dar, gleiten aber im Verlaufe ihrer Entwicklung immer mehr ins Bildlos-Ornamentale hinüber. Die figürlichen Darstellungen der röm. Vorlagen verfallen einem stufenweisen Abbau; sie werden schematisiert, in einzelne Teile aufgelöst und gehen schließlich in ein rein ornamentales Bandgeschlinge über, das an die Formen der gleichzeitigen nordischen Tierornamentik (→Germanische Kunst) erinnert. Die ältesten B. dürften dem Ende des 5. Jh. n. Chr. angehören; die Hauptmasse fällt ins 6. und frühe 7. Jh. Die Bezeichnung B. wird auch auf mittelalterl. Münzen aus dünnem, einseitig geprägtem Silberblech angewandt. Die ältesten (2. Hälfte des 12. Jh.) sind am schönsten und sorgfältigsten gearbeitet. Vorläufer sind die Halbbrakteaten (10.–12. Jh.), ebenfalls aus dünnem Silberblech, aber zweiseitig geprägt.

O. Janse, Le travail de l'or en Suède, 1922; G. Gjessing, De norske gullbrakteatene, 1929; H. Zeiß, Das Heilsbild i. d. germ. Kunst d. frühen Mittelalters, 1941; M. Sternberger, Die Schatzfunde Gotlands d. Wikingerzeit, 1947; W. Jesse, Der zweite B.-fund v. Mödesse u. d. Kst. d. B. z. Zt. Heinrichs d. L., 1957; A. Suhle, Mittelalterl. B., 1966; B. Kluge, Probleme d. B.forschung (in Forschgn. u. Berichte, Staatl. Mus. Berlin XIX) 1979.

Bramante, Donato, Baumeister, auch Maler, * um 1444 wahrscheinlich Monte Asdrualdo b. Urbino, † 11. 3. 1514 Rom, etwa 1476 bis 1499 tätig in Mailand, dann in Rom. Mit der Klarheit und harmonischen Schönheit seiner Bauten wurde er zum Vollender der

Hochrenaissance, als deren Quintessenz B.s Grundriß für den Neubau von St. Peter in Rom (1506; Abb. →Renaissance) gelten kann. Werke in Mailand: Querhaus und Sakristei von Santa Maria presso San Satiro (seit 1479), Chor von Santa Maria delle Grazie (1492 bis 1497); in Rom: Rundtempel (Tempietto) von San Pietro in Montorio (1502), Klosterhof von Santa Maria della Pace (etwa 1500).

C. Baroni, B., 1944; W. Suida, B. pittore e il Bramantino, 1953; O. H. Förster, B., 1956; A. Bruschi, B. architetto, 1969; B. 1977 (engl.). Schriften u. Zusammenfassungen: Congresso internaz. di studi Bramanteschi, Milano, Urbino, Roma, 1970, 1974.

Brancusi, Constantin, rumän.Bildhauer, * 21. 2. 1876 Pestisani Gorj, † 16. 3. 1957 Paris, wo er seit 1904 lebte. Er begann als Naturalist, ging aber in Paris zu immer mehr vereinfachten und zuletzt ungegenständlichen Formen über. Die vollkommen, ganz in sich geschlossenen Grundformen bedeuteten für ihn zugleich höchste Konzentration des Ausdruckes und der symbolischen Bedeutung. Als Material bevorzugte er polierten Messing.

G. Oprescu, B., 1935 (rumän.); Paleolog, B., 1947 (rumän.); D. Lewis, C. B., dt. 1958: Carola Giedion-Welcker, C. B., 1958 (m. vollst. Bibl.).

Braque, Georges, franz. Maler und Graphiker, * 13. 5. 1882 Argenteuil-sur-Seine, † 31. 8. 1963 Paris, schloß sich zunächst den →Fauves an und ging, von Cézanne beeinflußt, um 1908 an der Seite Picassos zum →Kubismus über, zu dessen Hauptmeistern er gehört. Später hat seine Kunst noch manche Wandlungen durchgemacht, indem sie sich dem Naturvorbild bald näherte, bald sich wieder von ihm entfernte. Als beste Leistungen gelten seine Stilleben, in denen sein Sinn für maßvolle Ordnung der Dinge, fein abgestimmte Farbigkeit und leichte Eleganz der Linienführung bes. zum Ausdruck kommt. 1912 setzte sein graphisches Schaffen ein: Radierungen (auch farbige), farbige Lithographien und farbige Holzschnitte. Er schrieb: „Vom Geheimnis der Kunst. Gesammelte Schriften" (dt. 1958).

G. Apollinaire, Les peintres cubistes, 1913; St. Fumet, G. B., 1946 (franz.); J. Paulhorn, B. le Patron, 1947; M. Gieure, G. B., 1956 (frz.); R. Hauert, G. B., 1956; J. Russell, G. B., 1959; (engl.) J. Leymarie, B., 1961; E. Mullins, B. 1968 (engl.); A. Mabraux, F. Ponge, P. Descargues, G. B., 1972; Ausst.kat. Fondation Maeght, Nizza (St. Paul-de-Vence), 1980.

Braun von Braun, Mathias, Bildhauer, * 25. 2. 1684 Oetz (Tirol), † 15. 2. 1738 Prag, lernte in Italien, war tätig in Böhmen, seit 1710 hauptsächlich in Prag, schuf in leichter und rascher Erfindung ausdrucksstarke Bildwerke, so in Prag die Atlanten am Palais Clam-Gallas, Werke in der Nikolauskirche und auf der Karlsbrücke: der Gekreuzigte mit der heil. Luitgard (1710) u. die bedeutenden, Allegorien verkörpernden Steinplastiken im Schloßpark von Kukus (Tschechosl./Ostböhmen) um 1718/19.

J. Neumann u. J. Prošek, M. B.-Kuks, 1959 (tschech.); G. Schiff, Kuks, 1963; U. Röhlig, Eine Stichvorlage f. die Allegorien d. Tugenden u. Laster v. M. B. B. im Kukus, 1965.

Braunfirnis, Firnisbrand (Email brun), ein bes. im 12. und 13. Jh. angewandtes Hilfsmittel, um Kupfer teilweise zu vergolden. Die Kupferplatte wird mit einem Firnis (Leinöl) überzogen, der zu einer bräunlich-schwärzlichen, festen Schicht verkohlt wird. In diese werden Muster und Schriftzeichen eingeritzt, die das Kupfer bloßlegen, so daß es an diesen Stellen vergoldet werden kann. Der B. befindet sich meist auf der Unter-

oder Rückseite kirchlicher Kunstgegenstände. Das Verfahren ist von →Theophilus beschrieben worden.

Braunschweiger Löwe, Bronzelöwe auf hohem steinernem Sokkel, vor der Burg Dankwarderode in Braunschweig, wo ihn Heinrich der Löwe als sein Wappentier 1166 aufrichten ließ. Er ist sicher kein nur aus persönlichem Geltungsbedürfnis geschaffenes →Denkmal im Sinne der Antike oder der Neuzeit (wiewohl dessen Idee hier schon nahe gestreift wird), sondern er gehört in die Reihe der Hoheits- oder Rechtszeichen. Die Form des B. L. ist eine Vergrößerung und Monumentalisierung von Vorbildern der Kleinkunst, insbes. der Aquamanilia.

W. Kump, Die Restaur. d. B. L. im Jahre 1946 (Kst.chronik Bd. 7) 1954; P. E. Schramm, Herrschaftszeichen u. Staatssymbolik Bd. 3, 1956.

Brautbecher →Jungfernbecher.

Brauttür an der Nordseite einiger got. Kirchen, so genannt, weil vor ihr die Trauung vollzogen wurde; gern ausgestattet mit den Figuren der →Klugen und Törichten Jungfrauen (z. B. St. Sebald in Nürnberg).

Breitner, George Hendrik, holländ. Maler, * 12. 9. 1857 Rotterdam, † 5. 6. 1923 Amsterdam, beeinflußt von Willem →Maris, seit 1886 tätig in Amsterdam. Diese Stadt mit ihren Grachten, Brücken, Straßen und Hafenanlagen und dem sie belebenden Volk wurde von nun an Hauptgegenstand seiner impressionistisch breit und zügig angelegten, oft eine trübe Lichtstimmung bevorzugenden Bilder. Doch hat er auch Akte und Bildnisse gemalt und in seiner Frühzeit bes. Pferde und Reiter. Nach 1900 schuf er nur noch wenig.

A. van Schendel, G. H. B., 1939 (holländ.); Ausst.kat. B., Dte. Akad. d. Kste. Berlin, 1960.

Brera (ital. „Brachland"), das ursprünglich außerhalb der Stadt gelegene Jesuitenkonvikt in Mailand, seit 1651 erbaut, 1776 Sitz der Kunstakademie, jetzt „Palazzo di Scienze, Lettere ed Arti", enthält bedeutende Miniaturen und eine Gemäldesammlung, deren wertvollsten Teil die Werke oberital. Meister bilden.

Breu, Jörg, d. Ä., Maler und Zeichner für den Holzschnitt, * um 1475 Augsburg oder Landshut, † 1537 das., ging von Holbein d. Ä. und Burgkmair aus, hielt sich vor seiner endgültigen Niederlassung in Augsburg (1502) einige Jahre in Krems auf und malte Altäre für österreich. Klöster. Hauptwerk dieser Frühzeit von frischer, den Donaustil vorbereitender Empfindung ist der Bernhards-Altar in der Stiftskirche zu Zwettl. B. zeigte in seinen späteren Werken, so vor allem in den Orgelflügeln der Fuggerkapelle in der St. Annakirche zu Augsburg (um 1520), einen engeren Anschluß an ital. Form, der im übrigen die manieristisch-unruhige Bewegung seiner Figuren widerstrebte. Er schuf ferner Einzelholzschnitte und Buchillustrationen. Sein Sohn Jörg B. d. J. war als Zeichner für den Holzschnitt und Miniaturist tätig.

Buchner, Der ältere B. als Maler, 1928 (Beiträge zur Gesch. d. dt. Kunst, Bd. 2); O. Holtze, Die Kunst J. B.s d. Ä., 1940 (Pantheon, Bd. 25); Ausst.kat. Augsburger Renaiss., 1955 (m. Bibl.); Kat. Kst. d. Donauschule St. Florian bei Linz, 1965.

Breuer, 1. Marcel Lajos, ungar.-amerikan. Baumeister, * 1902 Pécs, Ungarn, studierte am Bauhaus in Weimar (1920–24) und wurde selbst Bauhausmeister in Dessau von 1925 bis 1928 als Leiter der Abteilung für

Möbelgestaltung. Nach Reisen und Tätigkeit in Griechenland, Italien, der Schweiz u.a. Orten lehrte B. vorübergehend in London, seit 1937 bis 1946 als Professor für Architektur an der Harvard University Mass. USA. Gemeinsam mit W. →Gropius ab 1941, später selbständig, war er der →Neuen Sachlichkeit verpflichtet. Wichtige Bauten sind neben Warenhäusern (Rotterdam), Schulen u. Bürogebäuden das Unesco-Gebäude in Paris (in Verbindung mit L. →Nervi) 1953 bis 1958, das Theater in Charkow. Am bekanntesten aber wurde B. durch seine Entwürfe für die ersten Stahlrohrmöbel. Er veröffentlichte: Art in our Time, 1939; The modern House, 1940.

P. Blake, M.B., 1949; 1956; ders., M.B. 1921–61 (dt.), 1960.

2. Peter, Bildschnitzer, * wahrscheinlich 1472 oder 1473 vermutlich in Zwickau, † das. 12. 9. 1541, wird das. zuerst 1492 als Malergeselle erwähnt, empfing auf der Wanderschaft entscheidende Eindrücke von Riemenschneider in Würzburg und Gregor Erhart in Ulm und wurde spätestens 1502 selbständiger Meister in Zwickau. Die Reihe seiner erhaltenen Werke – Heiligenfiguren, sonstige Einzelbildwerke, bes. Flügelaltäre – beginnt 1497. B., dessen Produktion allmählich in einem ausgedehnten Werkstattbetrieb verflachte, war der führende Bildschnitzer der Spätgotik in Sachsen. Höhepunkt seiner Kunst ist die „Beweinung Christi" aus dem 1. Jahrzehnt des 16. Jh.s (Zwickau, Marienkirche).

W. Hentschel, P. B. Eine spätgot. Bildschnitzwerkstatt, 1951.

Breviarium, dt. Brevier, Gebetbuch der Geistlichen, enthaltend die Psalmen, ausgewählte Stellen aus Bibel und Kirchenvätern, Heiligenlegenden u.a. Es dient aber nicht wie das →Missale dem Altardienst, sondern zur privaten Erbauung der am Chorgebet verhinderten Patres (Mönche).

Breviarium Grimani, Hauptwerk der fläm. Buchmalerei in der Markusbibliothek in Venedig, entstanden um 1510; überaus reich aber wenig einheitlich mit Malereien versehen, die z. T. eine Verquickung originaler Erfindungen mit Kopien sind. Der leitende unter den ausführenden Künstlern war höchstwahrscheinlich Simon Benning. – Ältere photograph. Wiedergabe der Vollbilder von Perini und Zanotto, 1862; Gesamtausgabe (teils farbige Tafeln) von S. de Vries und S. Morpurgo mit Text von G. Coggiola, dt. von K. Freise, 12 Tafelbde. u. 1 Textbd., 1903–11.

B. G. Die Miniaturen, Faks.-Ausg. u. Kommentar, 1972; M. Salmi, G. E. Ferrari, G. L. Mellini, Le breviaire Grimani (Faks.), 1977.

Briefmaler, mittelalterliche Zunft von Malern, die in handwerklicher und serienmäßiger Art kleine Blätter (Breve), auch Spielkarten malten. Nach Erfindung des Holzschnitts im 15. Jh. kolorierten sie die fertigen Drucke und wurden vielfach zu Briefdruckern.

W. L. Schreiber, Die B. u. ihre Mitarbeiter in Gutemberg-Jb. 1932; H. Wäscher, Das dt. illustriete Flugblatt, 1, 1955.

Bril, Paul, niederländ. Maler, * 1554 Antwerpen, † 7. 10. 1626 Rom, war dort mit Elsheimer zusammen und gehört wie dieser zu den Begründern der „idealen Landschaft" (→Landschaftsmalerei).

A. Mayer, Das Leben u. die Werke der Brüder Matth. u. P. B., 1910; R. Baer, P. B., Diss. München 1930.

Britisches Museum in London, ursprünglich nur Bibliothek (gegründet 1753), hat sich im Lauf der Zeit zu einem der bedeutendsten Museen der Welt entwickelt. Es umfaßt außer der Bibliothek mit ihren vielen Handschriften und Urkunden eine gewaltige Sammlung von Münzen, Medaillen, Holzschnitten, Kupferstichen und Handzeichnungen, ferner die Altertümersammlung: ägypt., assyr. und griech.-röm. Plastik (darunter die →Elgin-Marbles), die schönste Vasensammlung Europas, brit. und mittelalterl. Altertümer, ethnograph. Objekte. Das (später mehrfach erweiterte) Hauptgebäude wurde 1823–55 von Sir Robert Smirke in klassizistischem Stil errichtet.

Broederlam, Melchior, niederländ. Maler, tätig um 1400 am burgund. Hofe und in Ypern, überwand als einer der ersten den Linienstil des 14. Jh. und gestaltete aus der Farbe heraus. Erhalten haben sich zwei Altarflügel im Mus. in Dijon.

E. Panofsky, Early Netherlandish Painting, 2 Bde., 1953.

Brokat (ital. broccato „gestickt"), schwerer mit Gold oder Silber durchwirkter Seidenstoff (Goldbrokat, Silberbrokat) für Prachtgewänder (z. B. Meßgewänder). Der B. gelangte aus dem Orient über Byzanz nach dem Abendland.

Bronzekunst, die Herstellung von Bildwerken und kunstgewerblichen Gegenständen aus Bronze, d. h. aus einer Legierung von 9 Teilen Kupfer und 1 Teil Zinn. Die B. setzt ein Modell voraus, für dessen Guß sich zwei Hauptverfahren herausgebildet haben: 1. der Guß mit verlorener Form (franz. à cire perdue). Über einem tönernen Kern wird das Bildwerk aus Wachs modelliert und mit einem aus feinem Sand bestehenden Gußmantel umgeben, der sich überall genau an das Wachs legt. Dieses wird herausgeschmolzen, und an seiner Stelle fließt die Bronze in den entstandenen Hohlraum. Dieses Verfahren ist von alters her geübt worden. 2. Das Modell wird erst in Gips gegossen, von dem man dann eine Hohlform nimmt und mit Bronze ausgießt. In diesem Fall bleibt das (Gips-) Modell erhalten.

Über die B. der vorgeschichtlichen Kulturen →Bronzezeit. Künstlerisch hochentwickelte Bronzegefäße und sonstige sakrale Gegenstände aus Bronze hat China seit dem 1. Jahrtausend v. Chr. hervorgebracht. Werkstoff des Bildhauers wurde die Bronze seit dem 6. Jh. v. Chr. in Griechenland. Doch haben sich nur wenige Originale erhalten und der größte Teil ist uns nur durch Marmorkopien späterer Zeiten bekannt. Bronzegeräte vielfacher Art und in vorzüglicher und eleganter Ausführung haben die Ausgrabungen in Pompeji zutage gefördert; eines der bedeutendsten B.bildwerke der röm. B. ist die Reiterstatue des Marc Aurel auf dem Capitolsplatz in Rom. Die B. des Mittelalters beginnt unter Karl d. Gr. mit den Türflügeln und Brüstungsgittern d. Aachener Münsters, und die berühmte Reiterstatuette des Kaisers im Musée Carnavalet in Paris darf als erstes dt. Erzbildwerk von allerdings noch bescheidenen Ausmaßen gelten. Die dt. Bildnerei des 11. Jh. ist in ihren besten Werken B. Ein Zentrum war Hildesheim (→Bernwardskunst), im 12. Jh. wurde es Magdeburg. Türflügel, Grabplatten, Taufkessel, Kruzifixe, Kronleuchter, Standleuchter und Gießgefäße wurden in roman. Zeit aus

Bronze hergestellt, wobei Deutschland die Führung hatte. In der Gotik trat die B. gegenüber der Bildnerei in Stein und Holz zurück, erlebte dann aber einen neuen Aufschwung in der ital. Frührenaissance (Ghiberti, Donatello, Verrocchio), um 1500 auch in Deutschland (Vischersche Werkstatt in Nürnberg). Im Frühbarock blühte die dt. B. bes. in Süddeutschland (Augsburg), wo die Niederländer A. de Vries und Hubert Gerhard, sowie der Deutsche Hans Reichel tätig waren; im übrigen hatte im Barock Frankreich in der B. die Führung. Deren großartigste Zeugen freilich, die Reiterdenkmäler der franz. Könige, wurden in der Revolution zerstört. In Deutschland ragt um 1700 Andreas Schlüter hervor (Reiterdenkmal des Großen Kurfürsten in Berlin). Im 19. Jh. sind unzählige Denkmäler in ganz Europa aus Bronze gegossen worden, die zumal für Reiterdenkmäler den beinahe unerläßlichen Werkstoff abgibt. Im übrigen ist seit dem 19. Jh. die Bronze neben dem Stein der hauptsächlichste Werkstoff der Bildnerei.

Lüer, Technik der Bronzeplastik, 1902; Lüer und Creutz, Geschichte der Metallkunst, Bd. 1, 1904; G. Seitz, Entstehung ein. Plastik, 1951; H. Drescher, Der Überfangguß. Beitr. z. vorgeschichtl. Metalltechnik, 1958.

Bronzezeit, Periode der europ. Vorgeschichte, in der die Waffen und Werkzeuge aus Bronze hergestellt werden. Sie folgt auf die → Jungsteinzeit und geht der → Eisenzeit vorauf. – Geräte aus reinem Kupfer sind schon vor Beginn der B. bekannt; aber erst die Kenntnis der technisch viel brauchbareren, vor allem weit härteren Bronzelegierung führt dazu, daß der Stein als Werkstoff mehr zurücktritt. Die Erfindung der Bronze scheint um 2500 v. Chr. in Vorderasien erfolgt zu sein. In Europa tritt sie erstmalig gegen 2100 v. Chr. auf Kreta auf, um sich dann langsam nach N und W auszubreiten. Da später auch die Ablösung der Bronze durch das Eisen nur schrittweise erfolgt, ergibt sich für die einzelnen Teile Europas eine verschiedene Dauer der B. Sie währt in Kreta von 2100 bis 1100 v. Chr., in Italien und Mitteleuropa von 2000—1000, in Norddeutschland und Skandinavien von 1800—600. In Osteuropa kann erst ab 1200 von einer B. gesprochen werden. Durch die Einführung des neuen Werkstoffes werden der technischen und künstlerischen Entwicklung bisher unbekannte Möglichkeiten eröffnet, so daß sich der Formenschatz an Waffen, Geräten und namentlich Schmuckstücken gewaltig erweitert. Schwert und Helm, Sicherheitsnadel (→ Fibel), Rasiermesser sind Erfindungen der B. Die Herstellung der Geräte und Schmuckstücke erfolgt im Gußverfahren unter Benutzung steinerner oder tönerner Formen. Schon in der mittleren B. ist auch der Guß in verlorener Form bekannt. Die Verzierungen werden teils mitgegossen, teils nachträglich durch Punzierung, Gravierung oder in Treibarbeit hergestellt. Nächst der Bronze spielt das Gold als Schmuckmetall die größte Rolle. Es wird gegossen, gehämmert, getrieben und zu Drähten gezogen; in der ägäischen Welt sind auch → Tauschierung und Plattierung, → Filigran und →Granulation bekannt. Die Tonware der B. wird noch durchweg freihändig geformt; nur auf Kreta ist die Töpferscheibe in Gebrauch. – Das bronzezeitl. Europa (ohne Rußland) gliedert sich in sechs Kulturkreise, die gleichzeitig Kunstkreise darstellen. Der →nordische Kreis umfaßt Südskandinavien und Norddeutschland. Er zeichnet sich durch technisch wie künstlerisch hochwertige Bronzearbeiten aus und darf mit Sicherheit den Germanen zugeschrieben werden. Der mitteleuropäische Kreis reicht von Ostfrankreich bis Ungarn, von der Lausitz bis nach Unteritalien. Er gliedert sich in vier Untergruppen, die alle als indogermanisch anzusehen sind, wenn auch die Zuteilung an bestimmte Völker noch Schwierigkeiten bereitet. Die westl. Untergruppe setzt in der frühen B. (2000—1600) mit der rhein. Adlerbergkultur ein und geht dann in der mittleren B. (1600—1200) in die elsässisch-süddt. Hügelgräberkultur über. Sie wird meist den Ur-Kelten zugeschrieben. Ihre künstlerische Hauptschöpfung liegt auf dem Gebiet der Tonware, die reiche Kerbschnittverzierung zeigt. Die sudetenländische Untergruppe beginnt in der frühen B. mit der → Aunjetitzer Kultur und setzt sich später in der → Lausitzischen Kultur fort. Der Nachdruck des Kunstschaffens liegt gleichfalls auf dem Gebiet der Tonware, die mit ausgesprochen plastischem Formgefühl gebildet wird. Die Gruppe gilt als illyrisch. Die östl. (ungar.) Untergruppe zeichnet sich sowohl durch eine schöne Tonware (Werschetzer und Pannonische Keramik), wie durch hervorragende Metallarbeiten mit reicher Spiralverzierung aus. Sie gerät in der mittleren B. immer mehr unter Lausitzer Einflüsse und breitet sich schließlich in der späten B. (1000—800) über größere Teile Süddeutschlands aus (sogen. Urnenfelder-Kultur). Ihr Volkstum ist unbekannt. Die ital. Untergruppe, die sog. Terramaren-Kultur, darf mit ziemlicher Sicherheit den Ur-Italikern zugeschrieben werden. Indogermanisch ist ferner der mittelhelladische Kulturkreis des griech. Festlandes, der um 1600 v. Chr. in die frühgriech.-mykenische Kultur übergeht. Als nichtindogermanisch haben drei bronzezeitl. Kulturkreise Europas zu gelten: die minoische Hochkultur Kretas, die El Argar-Kultur Spaniens, der westeuropäische Kreis mit Irland, Britannien und den westl. Randgebieten Frankreichs. Der letztgenannte Kreis ist künstlerisch ebensowohl durch seine großartigen Steindenkmäler (→ Cromlechs) wie durch die hervorragenden Goldschmiedearbeiten der irischen Bronzezeit ausgezeichnet.

N. Åberg, Bronzezeitliche und früheisenzeitliche Chronologie I bis V, 1930 bis 1935; Ders., Vorgeschichtliche Kulturkreise in Europa, 1936; Hoernes-Menghin, Urgeschichte der bildenden Kunst in Europa, [3]1925; H. Kühn, Die vorgeschichtliche Kunst Deutschlands, 1935; F. Holste, Die B. in Süd- u. Westdeutschland, 1953; K. Kersten, Zur älteren nord. B., o. J.; E. Bandon, Die regionale u. chronolog. Einteilung d. jüngeren B. im nord. Kreis, 1960; J. Brondsted, Nord. Vorzeit, Bd. 2, 1962; K. J. Narr u. E. Sangmeister, B. in Saeculum Weltgeschichte, hg. v. H. Franke u. a., Y, 1965; J. J. Taylor, Bronze Age Goldwork of the British Isles, 1976; W. Coblenz, F. Horst(Hg.), Mitteleuropäische B., 1979.

Bronzino, Angelo, ital. Maler, * 17. 11. 1503 Monticelli bei Florenz, † 23. 11. 1572 Florenz, ein Hauptmeister des Manierismus. In seinen religiösen Bildern (z.B. „Christus in der Vorhölle", 1552; Florenz, Mus. von Santa Croce) entwickelte er das ganze Raffinement manieristischen Bildaufbaus, in seinen farbenkühlen Bildnissen ist er scharf, klar, von psychologischer Hintergründigkeit.

H. Schulze, Die Werke A. B.s, 1911; A. K. Mac Comb, B., 1928; C. H. Smyth, The earliest works of B., 1949 (Art Bulletin 31); L. Becherucci, Il B., [2]1952; A. Emiliano, Il B., 1960.

Brouwer, Adriaen, niederländ. Maler, * 1605—06 wahrscheinlich Oudenaarde, † 1638 Antwerpen,

Schüler des Frans Hals, malte den Bauern im Wirtshaus bei Spiel, Trank und Rauferei, jeweils mit höchster dramatischer Zuspitzung der Handlung. Die Farbe ist weich und tonig, das Beiwerk knapp. Gute Sammlung in der Älteren Pinakothek in München.

F. Schmidt-Degener, A. B., 1908; W. v. Bode, A. B., 1924; G. Böhmer, Der Landschafter A. B., 1940; E. Höhne, A. B., 1960; G. Knuttel, A. B. The Master and his Work, 1962.

Bruchstein → Baustein.

Brücke, Die, Künstlervereinigung, die von den Expressionisten → Kirchner, → Schmidt-Rottluff und → Heckel 1905 in Dresden gegründet wurde. Später schlossen sich → Pechstein, → Nolde, Otto → Mueller und einige weitere an. 1913 löste sich die B. auf. Ein festumrissenes Programm besaßen ihre Mitglieder nicht. Ihr Hauptverdienst ist die Einbeziehung der Graphik in die impressionistische Gestaltungsweise, bes. des Holzschnitts, der von ihnen als Flächenholzschnitt mit neuen Ausdrucksmöglichkeiten entwickelt wurde. Berlin beherbergt ein „B.-Museum".

U. Apollonio, „Die Brücke" e la cultura dell' Espressionismo, 1953; H. M. Wingler, Die B., 1954; L.-G.-Buchheim, Dt. Expressionismus-Gemälde, Graphik, Dokumente der B., 1956. Die Künstlergemeinschaft Brücke (Monographie), 1957; E. Roters, Beiträge z. Gesch. d. Künstlergruppe „B." 1905 bis 1907, 1960 (Jahrb. d. Berliner Mus. 2); W. Haftmann, Malerei im 20. Jh., ⁴1965; Kataloge d. B.-Mus. Berlin; L. Reidemeister (Hg.), Künstlergruppe B. (z. T. Erstveröff. v. Frühwerken) 1976; weitere Lit. → Veröffentlichungen des B.-Archives im B.-Museum Berlin (Heft 9/10, 1978).

Bruegel, Pieter d. Ä., der sog. Bauernbruegel, niederländ. Maler, * zwischen 1525 und 1530 Breughel, † 5. 9. 1569 Brüssel, tätig das. und in Antwerpen, 1553 in Italien, der größte nordische Maler der zweiten Hälfte des 16. Jh. Die schöpferische Originalität seiner Bilderfindung ist außerordentlich. Er entdeckte als ein völlig neues Darstellungsgebiet die Welt des Bauern, er charakterisierte als erster das Wesen der verschiedenen Jahreszeiten und schilderte das Komische und Tragische menschlichen Lebens aus tiefem Verstehen. Von seinem Werk haben sich etwa 40 Bilder erhalten (davon rund die Hälfte im Kunsthistor. Mus. in Wien), ferner 100 Handzeichnungen und etwa 300 nach seiner Erfindung gearbeitete Kupferstiche. Er hatte zwei Söhne, die auch Maler waren: Pieter B. d. J. (1564—1637/38), nach seinen Bildern mit nächtlichen Bränden u. dgl. auch Höllenbruegel genannt, und Jan B. d. Ä. (1568—1625), nach seinen Blumenstücken auch Blumenbruegel genannt.

R. van Bastelaer u. G. Hulin de Loo, P. B. l'Ancien, son œuvre et son temps, 1907; R. van Bastelaer, Les estampes de P. B., 1908; K. v. Tolnai, Die Zeichnungen P. B.s, 1925 u. 1952; F. Crucy, Les B., 1929; Ed. Michel, B., 1931 (franz. mit ausführl. Bibliographie); G. Glück, B.s Gemälde, ²1934; G. Jedlicka, P. B., ²1947; R. Genaille, B. l'Ancien, 1953; F. Grossmann, B. Die Gemälde, 1955; C. G. Stridbeck, B.studien, 1956; F. Würtenberger, P. B. d. Ä. und die dt. Kunst, 1957; R. L. Delevoy, B., 1959 (franz.); L. Müntz, Die Zeichnungen P. B.s, Ges.-Ausg., 1962; G. W. Menzel, P. B. d. Ä., 1966; G. Arpino u. P. Bianconi, L'opera completa di B., 1967; G. Winckelmann-Rhein, Blumen-B., 1968; M. Seidel u. R. H. Marijnissen, B., 1969; U. Japp (Hg.), Die groteske Welt d. P. B., 1976; C. Mettra, B., 1976 (frz.); A. Prater (Hg.), P. B. d. Ä., 1977; F. Baumgart, Blumen-Brueghel, 1978

Brüggemann, Hans, Bildschnitzer, * um 1480 Walsrode, † um 1540 Husum, hat als sein Hauptwerk den Bordesholmer Altar geschaffen (1515—21; jetzt im Dom zu Schleswig) mit Passionsszenen, die z. T. auf Bilderfindungen Dürers zurückgreifen.

Sach, H. B. und seine Werke, ²1895; F. H. Hamkens, Der Bordesholmer Altar Meister B.s, 1952; F. Fuglsang, Der Bordesholmer Altar des H. B., 1959.

Brüllow, Karl Pawlowitsch, russ. Maler, * 12. 12. 1799 Petersburg, † 23. 6. 1852 Marciano b. Rom, Professor der Akademie in Petersburg, in seiner Zeit sehr geschätzter Meister des Bildnisses und vor allem großformatiger Historienbilder.

E. Dobbert, K. B., 1871; Karl Pawlowitsch B. Die B.schule. Veröffentlichung aus der Großen Sowjet-Enzyklopädie, „Kunst u. Literatur", Nr. 37; W. N. Petrow, K. B., 1949 (russ.); M. Rakowa, B., der Porträtmaler, 1956 (russ.); E. Acarkina u. K. Pawlowitsch, B., 1963 (russ.).

Brunelleschi, Brunellesco, Filippo, italien. Baumeister und Bildhauer, * 1377 Florenz, † 15. 4. 1446 das., Bahnbrecher der ital. Frührenaissance, Entdecker der perspektivischen Konstruktion, erbaute in Florenz 1420—36 mit neuartigen technischen Mitteln die noch gotisch gedachte Kuppel des Doms, ferner in klaren und schönen Verhältnissen das Findelhaus (beg. 1421), die Kirchen San Lorenzo und Santo Spirito, die Pazzikapelle und vielleicht den Mittelteil des großartigen Palazzo Pitti. B. darf als Begründer der neueren Baukunst gelten. Als Bildhauer ist er bes. durch sein Bronzerelief mit der Opferung Isaaks (Florenz, Bargello) bekannt.

C. v. Fabriczy, F. B., 1892; Folnesics, B., 1915; A. Cantoni, B., 1933; L. Gori-Montanelli, B. e Michelozzo, 1957; P. Sanpaolesi, B., 1962 (ital.); E. Battisti, F. B., 1978 (dt.).

Brunnen. Er ist von jeher in aller entwickelten städtischen Baukunst Gegenstand künstlerischer Ausgestaltung gewesen. So hat das Altertum seit hellenist. Zeit höchst mannigfaltige B.figuren aus Stein oder Bronze (Menschen, Tiere) hervorgebracht, wie u.a. die zahlreichen in Pompeji gefundenen Beispiele beweisen. Im → Peristyl und im Garten des röm. Wohnhauses gab es Zierbrunnen, die wohl meist Schalenbrunnen gewesen sind. Auch Überbauen mit einem B.haus war üblich. Die Architektonisierung des B.s (Quelle, Verteilungsstelle des vom → Aquädukt kommenden Wassers) erhielt ihre letzte Steigerung in der zuweilen gewaltigen Anlage des → Nymphäums. Ein Hauptgebiet der Wasserbaukunst war der Orient, wo der B. zur Ausstattung des Binnenhofes gehört (die B. der →Alhambra), auch zum Zwecke der Waschung im Vorhof der Moschee angelegt wurde. Im gleichen Sinn findet sich der B. auch im → Atrium der christl. Basilika, und auf derselben Entwicklungslinie liegt sein Vorkommen in den Klöstern des Mittelalters. In Deutschland ist das älteste Beispiel eines künstlerisch gefaßten B.s der Springbrunnen vor der Klosterkirche von Sayn (Bez. Koblenz), ein Schalenbrunnen in spätroman. Formen des 13. Jh. In die gleiche Zeit dürfte der (aus Stücken verschiedenen Alters zusammengesetzte) in einem zierlichen got. B.haus untergebrachte Schalenbrunnen am Kreuzgang des Klosters Maulbronn zurückgehen. Diese Form mit zwei bis drei nach oben kleiner werdenden Schalen (Stein oder Bronze) übereinander, wobei das Wasser von den oberen in dünnen Strähnen oder Schleiern in die unteren fließt und so die verschiedenen Teile des Aufbaus miteinander verbindet, darf als die typische, auf das Altertum zurückgehende Form des Kunstbrunnens in roman. Zeit bezeichnet werden.

Seit der Gotik wird der Stockbrunnen der Haupttypus, ursprünglich ein auf die Röhrenleitung aufgesetzter hohler Baumstamm mit seitlichem Ausfluß und Sammeltrog.

Der „Stock" wird nun zur steinernen B.säule und damit Träger einer unendlich mannigfaltigen Ausstattung mit Ornamenten und Figuren, auch farbig belebt, gekrönt von Wappentieren und Gestalten aus den Bereichen der Geschichte, Allegorie und des Volkshumors. Die Säule rückt in die Mitte des recht-, vieleckigen oder runden Beckens, und die damit gegebene Allseitigkeit der Säule vermehrt auch die Zahl der Ausflüsse. Diese selbst mit ihren Streben geben der Schmiedekunst reiche Gelegenheit zur Betätigung. Die Außenwände des Bekkens werden Träger von Reliefs. Die Gotik hat entsprechend ihrer Tendenz, auch solchen Gebilden architektonische Formen aufzuprägen, die an sich nicht Architektur sind, turmartige B. geschaffen, für die der „Schöne Brunnen" auf dem Marktplatz in Nürnberg (1385—96) Hauptbeispiel ist. In der dt. Renaissance verschwinden diese Aufbauten, der reich verzierte Stockbrunnen bleibt der vorherrschende Typ. In Italien hat man schon früh B. von monumentalen Ausmaßen und großartiger Einordnung in das Stadtbild gebaut, so in Perugia den B. auf dem Platz zwischen Dom und Rathaus (voll. 1278), der aus drei ineinandergestellten Becken besteht und einen umfangreichen Zyklus von Reliefs und Statuetten (z. T. von Niccolò Pisano) aufweist. Meisterwerke der Reliefbildnerei von Jacopo della Quercia enthält die Fonte gaia in Siena (voll. um 1420), und etwa gleichzeitig entstand der von gewaltigen Figuren beherrschte Mosesbrunnen des Claus Sluter in Dijon. Die ital. Renaissance liebt den Schalenbrunnen mit einer die Säule bekrönenden Figur; er wurde auch in Deutschland da und dort (Nürnberg, Rathaushof) übernommen.

Der Barock hat dem Kunstbrunnen eine ganz besondere Pflege angedeihen lassen, da die lebendige und kräftige Bewegung des Wassers, das nun in starker Fülle rauschend strömt, den allgemeinen Gesetzen dieses Stils entsprach: Vierströmebrunnen des Bernini auf der Piazza Navona in Rom; ebenda die vor kolossalem architektonischem Hintergrund aufgebaute Fontana di Trevi (voll. 1762). Die Figuren, für die gern Gestalten aus der antiken Meeresmythologie genommen wurden (Poseidon, Tritonen, Najaden, Meeresrosse), sind jetzt nicht mehr an den tektonischen Mittelpunkt (Säule, Pfeiler, Sockel, Pyramide, Obelisk) des B.s gebunden, sondern treten frei in das Becken vor. In Deutschland beginnt die Reihe der Monumentalbrunnen des Barocks mit Bronzewerken wie dem Augustusbrunnen des Hubert Gerhard in Augsburg (1589—94) und dem Herkulesbrunnen des Adriaen de Vries das. (1596—1602). Aus dem 18. Jh. ist bes. der B. auf dem Neuen Markt in Wien zu nennen, mit den bleigegossenen allegorischen Gestalten von Raphael Donner (1737—39). Im Barockpark wird der Kunstbrunnen zur Wasserkunst, bei der Architektur und Plastik hinter dem freien Spiel des Wassers weitgehend zurücktreten. Im 19. Jh. hat man die verschiedensten B.typen der Vergangenheit verwendet, vor allem auch den mit großem mythologischem Figurenaufgebot ausgestatteten Barockbrunnen. Daneben gab es selbständige Leistungen wie den Wittelsbacher B. des Adolf von Hildebrand in München (1895) oder in neuerer Zeit den Märchenbrunnen in Berlin von L. Hoffmann mit Figuren von I. Taschner (1913). Beim Wiederaufbau der im 2. Weltkrieg zerstörten Städte wurden B. für die Platzgestaltung im modernen Gewande wiederum – oft verbunden mit Wasserspielen – zu einem beliebten Motiv für moderne Bildhauer.

A. Heubach, Monumentalbrunnen Deutschlands, Österreichs u. der Schweiz aus dem 13. bis 18. Jh., 1902/03; H. Volkmann, Die künstlerische Verwertung des Wassers im Städtebau, 1911; F. Corell, Deutsche B., ^{2}1914; W. Lindner, Schöne B. in Deutschland, 1920; A. Colasanti, Le fontane d'Italia, 1926; W. Kiewert, Der schöne B., 1956; A. Rautenberg, Berliner B. d. 19. u. 20. Jh. (Dipl.-Arb. Bln., ungedr.), 1957; ders., Mittelalterliche B. i. Dtschld., Diss. Freiburg 1966; J. Lukas, Fontane di Roma, dt. 1967.

Brustkreuz → Pektorale.

Brutalismus. Die Entstehung des Begriffes ist umstritten. Sicher ist nur, daß er zuerst Mitte der fünfziger Jahre von Alison und P. Smithson verwendet wurde. Bei der Betrachtung des B. muß sehr sorgfältig zwischen dem englischen B., wie er im Kreis der Smithsons theoretisch begründet wurde, dem sich später anschließenden internationalen B. und schließlich einem modischen Oberflächenb. unterschieden werden. Letzterer ist es ausschließlich, den die heutige Kritik meint, wenn sie abwertend von „B." spricht.
Das theoretische Konzept der Smithsons stellte das bisher Erreichte nicht in Frage – man könnte es eher als eine besondere, auf unsere Zeit und ihre Anforderungen bezogene Interpretation bisher in der Moderne verankerter Prinzipien bezeichnen. So spielt u. a. der Begriff „Ehrlichkeit" eine große Rolle, aus dem die Forderung abgeleitet wird, daß die räumliche Fügung, die Konstruktion und die Baustoffe ablesbar sein sollen – ein Gedanke, den Kahn zur gleichen Zeit vertritt. Damit dies erreicht wird, soll der Blick des Betrachters mit Aufdringlichkeit gereizt werden. So war theoretisch eine expressive Note von Anfang an mit dem B. verbunden, wenn sie auch bei den Smithsons infolge ihrer eher puritanischen Grundeinstellung noch nicht in Erscheinung trat. Auch der Begriff „Image" spielte eine große Rolle, der besagt, daß das Gebäude eine einprägsame Gestalt haben müsse.
Dieses kompromißlose Zurschaustellen der Baustoffe zeigt sich in der Schule von Hunstanton von A. und P. Smithson (1952–54), die aber noch stark von →Mies van der Rohe beeinflußt ist. Ein anderer Aspekt war die Betonung der Topologie der Verkehrswege im Gebäude, der später noch eine große Rolle spielen sollte.
Am Anfang des internationalen B. stehen die Jaoul-Häuser in Paris von →Le Corbusier. Mit der Rauheit ihrer Materialien, der Geschlossenheit und Schwere des Baukörpers haben sie nachhaltig die spätere Entwicklung beeinflußt. Ähnliche Merkmale zeigen die Wohnhäuser in Ham Common von J. Stirling und J. Gowan.
Was bei diesen Beispielen auf Raumbildung, Konstruktion und Topographie bezogen ist, verselbständigt sich später immer mehr. Die Ausbreitung des B. führt zu klobigen Baukörpern mit „brutalistisch" erscheinenden, modischen Effekten.

Banham, Reyner: Brutalismus in der Architektur, Stuttgart, 1966. Bd. 5 der „Dokumente der modernen Architektur", hg. v. J. Joedicke; Ders., Moderne Architektur, Strömungen und Tendenzen, Stuttgart, 1969; Bd. 7 der „Dokumente der modernen Architektur", hg. v. J. Joedicke.

Bruyn, Bartholomäus, Maler, * 1493 Wesel, † 1555 Köln, tätig das., hat eine Reihe von Altarwerken geschaffen, seine besten Leistungen aber im Bildnis vollbracht. – Sein Sohn gleichen Namens (seit 1550 in Köln nachweisbar, † vor 1610) war ebenfalls hauptsächlich Bildnismaler.

Firmenich-Richartz, B. B. und s. Schule, 1891; H. May, B. B., Ges.-Verz. s. Bildnisse u. Altarwerke, Kat. der B.-Ausstellg. Köln 1955; H.-J. Tümmers, Die Altarbilder d. ält. B. B. (mit krit. Kat.), 1964; H. Westhoff-Krummacher, Das Porträtwerk B. B.s d. Ä., Diss. Bonn 1961; Ders., B. B. d. Ä. (Kst.wiss. Stud. 35) 1965.

Bryaxis, griech. Bildhauer aus der 2. Hälfte des 4. Jh. Er arbeitete, wohl in seiner Jugend, an den Skulpturen der Nordseite des →Maussolleion von Halikarnass. Ein signiertes Werk seiner Werkstatt ist in einer Basis zu Athen mit Relieffiguren von Reitern erhalten. Von den sonst in der Literatur genannten Werken haben wir nur von dem → Sarapis zu Alexandria eine Vorstellung. Mit gewisser Wahrscheinlichkeit hat man ihm auch das Vorbild des sog. Eubuleus, wohl eines jugendlichen Unterweltgottes, zugeschrieben, von dem mehrere Büstenrepliken existieren.

Wolters-Sieveking, Jahrb. d. Deutsch. Archäol. Inst. 24, 1909; Lippold, Sarapis und B., Festschrift P. Arndt, 1925; Curtius, Die klassische Kunst Griechenlands, 1928; F. Schwarz, B., Diss. Graz, 1961.

Bucchero-Vasen, Gattung fast nur in Etrurien vom 8.—4. Jh. v. Chr. gefertigter Tonware, die eine schwarzglänzende Oberfläche zeigt und auch im Bruch schwarz ist. Die Gefäße sind oft durch erhabenes oder eingepreßtes Relief verziert, seltener mit Farben bemalt. Die schwarze Färbung glaubte man früher durch Schmauchung hergestellt, sie entsteht aber wahrscheinlich in stark eisenhaltigem Ton durch reduzierenden Brand.

Bucheinband. Das mittelalterliche Buch hatte, zumal wenn sein Platz auf dem Altar war, meist einen kostbar verzierten Deckel, der, mit einem Relief aus Elfenbein oder Edelmetall belegt, oft von außerordentlicher künstlerischer Bedeutung ist. Vor allem aus dem frühen Mittelalter haben sich Prachteinbände dieser Art erhalten. In vielen Fällen sind auch nur die elfenbeinernen Deckel übrig geblieben und bilden eine wichtige Gruppe im Gesamtbestand mittelalterlicher Elfenbeinschnitzereien. Es besteht Zusammenhang mit dem altchristl. und antiken →Diptychon. Im späteren Mittelalter überzog man die Holzdeckel mit Leder, das mittels Blindpressung ornamentiert wurde. In der Renaissance wurde der B. leichter: Pappe mit Leder bezogen, das nun durch Goldpressung mannigfache Ornamentmotive erhielt. Führend waren Italien und Frankreich. Blindpressung hat sich noch lange gehalten, zumal in Deutschland. Im übrigen hat der B. alle Wandlungen des Ornaments mitgemacht. Im 19. Jh. ging das Interesse an seiner künstlerischen Ausgestaltung stark zurück, um erst wieder in den 80er Jahren im Zusammenhang mit der Forderung einer neuen Buchkultur von England aus belebt zu werden. Auch im gegenwärtigen Zeitalter der Massenauflagen und der maschinellen Herstellung des B.s ging dessen Bedeutung nicht verloren; meist wird er – zusammen mit dem Schutzumschlag – von Künstlern gestaltet.

H. Loubier, Der B. von seinen Anfängen bis zum Ende des 18. Jh., [2]1926; E. P. Goldschmidt, Gothic and Renaissance Bookbindings, 2 Bde., 1928; Jahrb. der Einbandkunst, seit 1930; H. Hellwig, Handbuch der B.kunde, 2 Bde. u. Reg. Bd., 1953–55; Ilse Schunke, Die Einbände der Palatina in der Vatikanischen Bibliothek, 2 Bde., 1962; dies., Studien z. Bilderschmuck d. dt. Renaiss.-Einbände, 1959; T. de Marinis, La Legatura artistica in Italia, 3 Bde., 1960; G. K. Schauer, Kl. Gesch. d. dt. Buchumschlages im 20. Jh., 1962;

F. Steenbock, Der kirchl. Prachteinband im früh. MA., 1965; M. Menzel, K. Holter, Wiener Buchbinder der Barockzeit. Wiener Einbände aus 4 Jhdtn., 1972; Ilse Schunke, Die Schwenke-Slg. got. Stempel- u. Einbanddurchreibungen (Beiträge zur Inkunabelkde.) 1976; F. A. Schmidt-Künsenmüller, Corpus d. got. Lederschnitteinbände aus den dtn. Sprachgebieten, 1980.

Buchillustration → Illustration.

Buchkunst, die Gesamtheit der für das Buch aufgewendeten künstlerischen Leistungen. Diese erstrecken sich auf die Form und Ausgestaltung des geschriebenen oder gedruckten Buchstabens, z.B. als → Initial; die Anordnung des Textes und seine Begleitung durch Zierleisten oder sonstige Zierformen; seine Ausstattung mit bildlichen Darstellungen durch die Buchmalerei (→ Miniaturmalerei) und die graphischen Künste (→ Holzschnitt, → Kupferstich, →Lithographie); den → Bucheinband.
Das ganze Mittelalter hindurch ist immer wieder die Neigung hervorgetreten, das Buch über seinen eigentlichen Zweck hinaus zum Träger künstlerischer Leistungen zu machen („Prachthandschriften"). Diese Buchkultur ging nach Erfindung der Buchdruckerkunst sogleich auch auf das gedruckte Buch über, das den Charakter einer mittelalterl. Handschrift zunächst noch durchaus wahrte. Auch Initialen und Zierleisten wurden denen der mittelalterl. Handschriften nachgebildet. Der Umfang und die Mannigfaltigkeit, die die Buchdruckerkunst in den ersten Jahrzehnten des 16. Jh., d. h. in der Renaissance, gewann, tat ihrer künstlerischen Höhe zunächst noch keinen Abbruch. Doch bereitete sich der Abstieg seit dem zweiten Drittel des 16. Jh. langsam vor, um gegen 1600 seinen tiefsten Stand zu erreichen. Alle Hauptländer der B., Italien, Deutschland und Frankreich, waren gleichmäßig davon betroffen. D a Papier war schlecht, die Satzanordnung ohne ästhetischen Reiz, die Holzschnittillustrationen von handwerklicher Durchschnittlichkeit. Im Barock erhielt das Buch wieder eine sorgfältigere Durchbildung, eine wirkliche Buchkultur aber entwickelte sich erst in dem für die Kreise des Adels bestimmten franz. Rokokobuch. Der Kupferstich, der im Barockbuch meist nur als Titelkupfer prunkte, wurde zu ganzseitigen Textillustrationen und zur Verzierung der Kapitelanfänge und -ausgänge mit Vignetten herangezogen. Die besten Künstler stellten sich in den Dienst dieser Kupferstichillustrationen, und dem entsprach auch eine neue Pflege der Einbandkunst. Das franz. Rokokobnch hat vorbildlich, bes. auch auf die deutsche Buchkultur der 2. Hälfte des 18. Jh. gewirkt. Der Klassizismus wandte der Schrifttype neue Beachtung zu, und seit den 30er Jahren des 19. Jh. wurden Holzschnitt und Lithographie zur Illustrierung herangezogen. Seit der Mitte des 19. Jh. allgemeiner Abstieg. Die Erneuerung der B. wurde durch die Engländer, bes. durch William Morris (1890 Gründung der Kelmscott Press) in die Wege geleitet und seitdem von zahlreichen Stellen auch in Deutschland bis in die Gegenwart gefördert.

M. Gerlach, Das alte Buch und seine Ausstattung vom 15. bis 19. Jh., 1918; H. Loubier, Das neue dt. Buch, 1921; H. Reichner, Das dt. Buch als Kunstwerk, 1924; M. Sander, Die illustrierten Bücher des 19. Jh., 1924; ... des 18. Jh., 1926; A. Rümann, Die illustrierten dt. Bücher des 19. Jh., 1926; ... des 18. Jh., 1928; M. Lanckorónska und R. Oehler, Die Buchillustration des 18. Jh. in Deutschland, Österreich und der Schweiz 3 Bde., 1932–34; A. Kapr, Buchgestaltg., 1963; F. Eichenberg, The Art of the Print, 1976; H. Hussmann, Über d. Buch, 1976; weitere Lit. →Inkunabel; R. Weinreich, Franz. u. dte. Buchillustration d. 18. Jhs., Ausstkat. Kst.bibl. Berlin, 1978; O. Mazal, Die B. d. Romantik, 1978; Vom Jugendstil zum Bauhaus. Deutsche B. 1895–1930, Ausst.kat. Univ. Göttingen u. Münster, Mus. (m. zahlr. Beiträgen), 1981.

Buchmalerei →Miniaturmalerei.

Buckelkeramik, Tonware mit getriebenen oder aufgesetzten Zierbuckeln erscheint vereinzelt schon in den donauländischen Kulturen der →Jungsteinzeit. Die Hochblüte der Buckelverzierung fällt jedoch in die →Bronzezeit. Am reichsten ist sie in der →Lausitzischen Kultur entwickelt, etwas schwächer in den jungbronzezeitlichen Urnenfeldern Ungarns. Die B. aus der VII. Stadt von Troja geht auf donauländischen Einfluß zurück.

W. Coblenz, Grabfunde d. Mittelbronzezeit Sachsens, 1952.

Buckelquadern, →Bossenwerk.

Buckelung, das Heraustreiben von Buckeln aus der Wandung eines Gefäßes (Ton, Glas, Kupfer, Silber, Gold) zum Zwecke der Verzierung. Die B. ist bereits in vorgeschichtlicher Zeit geübt worden (→Bukkelkeramik) und kommt in der Geschichte des Kunstgewerbes öfters vor. Bes. bei den silbergetriebenen Pokalen der dt. Spätgotik bedingt die B. als Ergebnis der →Treibarbeit die Form von Körper, Fuß und Deckel („Buckelpokal").

Buen Retiro →Capo di Monte.

Bühnenbild, Theaterdekoration. Ein B. im eigentlichen Sinn, d. h. als ein in sich geschlossenes Ganzes, gibt es erst seit der Renaissance. (Über die Bühnenmalerei der Antike →Skenographie). Voraussetzung dafür war die grundsätzliche Trennung von Zuschauerraum und Bühne, die jetzt im Unterschied zu Altertum (→Theater) und Mittelalter vollzogen wurde und seitdem beibehalten worden ist. Äußeres Zeichen dieser Trennung ist der Vorhang. Zentralperspektivische Darstellung, wie sie für Tafelbilder und Wandgemälde längst in Gebrauch war (→Perspektive), wird um 1520 (zuerst faßbar in Entwürfen von →Peruzzi) maßgebend für die optische Durchbildung des B.s. An das Proszenium, die Vorderbühne, als den Hauptort der dramatischen Handlung schließt sich die Hinterbühne an. Ihre Seitenwände sind in einzelne aus leinwandbespannten Rahmen (Telari) bestehende und eine Vorder- und eine Seitenansicht zeigende Häuser mit Durchgängen dazwischen aufgelöst; um eine raschere Verwandlung zu ermöglichen, wurden die Telari sehr bald auf drehbaren, dreiseitigen Prismen angebracht. Den Hintergrund bildet ein Prospekt mit raumillusionistischer Architekturdarstellung. Szenen im Freien spielen sich stets in architektonischer Umgebung oder in Anlehnung an diese ab. In der 2. Hälfte des 16. Jh. wird (hauptsächlich durch →Vasari und Buontalenti) der Grund zu einer Erschließung des Bühnentiefraums für das Spiel gelegt. Dieses soll sich nicht mehr vor der starren Scheinarchitektur des B.s als seiner Folie vollziehen, sondern in diese hineingezogen werden, eine Aktivierung der Tiefenachse, die mit den allgemeinen Stiltendenzen der Malerei des →Manierismus in Zusammenhang steht. Im Barock des 17. Jh. verstärkt sich diese Entwicklung noch. An die Stelle der schwerfälligen Telari treten die leichtbeweglichen Kulissen (bereits für das Jahr 1606 bezeugt), deren Zahl zunächst 3 bis 4 beträgt und schließlich auf 8 gesteigert werden kann. Der illusionistisch gemalte Prospekt scheint den Bühnenraum ins Unendliche zu dehnen, der jetzt nicht mehr als Gegenstück zum Zuschauerraum, sondern als dessen Fortsetzung wirkt. Dabei hielt man zunächst an einer idealen Symmetrieachse fest, längs der das B. gleichsam aufgereiht war, wie die Pflanzenbestände und Gartenskulpturen längs der Hauptachse eines Barockparks. Zu Anfang des 18. Jh. vollzog sich ein Wandel, der die höchste Form des barocken B.s darstellt und durch die Meister Ferdinando und Giuseppe →Galli-Bibiena, sowie durch Filippo →Juvara herbeigeführt wurde: die Starrheit jener Symmetrieachse wird aufgegeben, der Bühnenraum erscheint in Übereckstellung („maniera di veder le scene per angolo"), seine Achse fällt nicht mehr mit der des Zuschauerraums zusammen, der Blick schneidet Nebenräume an und ergänzt sie in der Phantasie, gleitet an Diagonalachsen entlang und erschließt sich damit ein allseitig ausgedehntes Raumsystem, das von dem des Zuschauerraums durchaus verschieden ist. Im Rokoko verschwindet die Schwere der Architekturmassen, Lockerheit und Asymmetrie kommen auf. Der Klassizismus bringt wieder Strenge, Klarheit und Beruhigung. Das Spiel vollzieht sich nicht mehr im Labyrinth irrationaler Räume, sondern in einer mit einem einzigen Blick zu ermessenden Raumschicht vor dem Schlußprospekt, der wieder in seine alten Rechte eingesetzt wird, jedoch eine Minderung seiner raumillusionistischen Wirkung erfährt. Die Sonderung von Zuschauerraum und Bühne wird stärker betont: man blickt in sie hinein wie in einen Guckkasten („Guckkastenbühne"). Seit Anfang des 19. Jh. werden auch Szenen im Freien häufiger ohne Anlehnung an Architektonisches, was bisher selten vorgekommen war. Das B. ist zum scheinbar zufälligen Ausschnitt aus der Welt des Sichtbaren geworden. Der Naturalismus des 19. Jh. erfaßte auch das B. und belastete es mit Einzelheiten, die zum Gang des Spiels in keiner notwendigen Beziehung standen. Seit Beginn des 20. Jh. bemüht man sich, diesen Naturalismus zu überwinden, das B. auf einzelne starke Akzente zusammenzuziehen, diese mit den Akzenten des dramatischen Vorgangs zusammenzustimmen u. somit dem tragenden Wort die optische Resonanz tragender Formen zu verschaffen. Mächtiger Helfer wurde dabei die moderne Beleuchtungstechnik mit ihren unbegrenzten Möglichkeiten sowie Dreh-, Hebe- und versenkbare Bühnen. Für das B. der Gegenwart gingen für die Oper starke Impulse von den Bayreuther Festspielen aus, für das Sprechtheater von B. Brechts Werken.

G. Ferrari, La Scenografia, 1902; O. Fischel, Das moderne B., 1923; K. Nießen, Das B. Ein kulturgeschichtl. Atlas, 1927; A. Nicoll, The development of the theater, 1927; D. Frey, Gotik und Renaissance, 1929 (Kap. 5); C. Dubech, Histoire générale illustrée du théatre, 4 Bde., 1929; V. Mariani, Storia della scenografia italiana, 1930; J. Gregor, Weltgeschichte des Theaters, 1933; G. Schöne, Die Entwicklung der Perspektivbühne von Serlio bis Galli-Bibiena nach den Perspektivbüchern, 1933 (Theatergeschichtl. Forschungen, Bd. 43); H. H. Borcherdt, Das europäische Theater im Mittelalter und in der Renaissance, 1935; H. Tintelnot, Barocktheater und barocke Kunst, 1939; O. Schubert, Das B., 1955; Le décor de théatre depuis 1935, 1956 (Coll. de l'Institut internat. du Théatre, Brüssel); Esthétique générale du décor de théatre, 1, 1965; C. Neher, Bildende Kst. u. Bühne im XX. Jh., 1966; D. Mack, D. Bayreuther Inszenierungsstil 1876–1976. Ein Jh. Bühnenbilder d.

Wagner-Oper in Bayreuth, 1976; Kat. d. Wechselausstllgn. Theatermus. München; E. Berckenhagen u. Gretel Wagner, Bretter, die d. Welt bedeuten. Entwürfe z. Theaterdekor u. zum Bühnenkostüm in 5 Jahrhunderten (Ausst.kat. Staatl. Mus. Berlin, Mus. Bonn u. Zürich; 78. Veröff. d. Kst.bibl. Berlin) 1978.

Bukranion (griech.), die an Tieropfer erinnernde Nachbildung eines Ochsenschädels an griech. Altären, Grabmälern und auf Metopen; oft als Fries, in dem mehrere solcher Schädel durch Girlanden ver-

Bukranionfries

bunden sind: Bukranionfries. Das Motiv wurde in der Renaissance wieder aufgenommen.

A. E. Napp, B. u. Girlande, Diss. Heidelberg, 1933.

Bulgarische Kunst. Der heutige b. Raum war seit 15. v. Chr. röm. Provinz. Die Erschließung der röm. Altertümer durch Grabungen wurde nach dem 2. Weltkrieg sehr gefördert und hat schon zu bedeutenden Ergebnissen geführt. – Aus altchristl.-byzantin. Zeit gibt es Kirchenbauten von großem Formenreichtum, meist in Backstein ausgeführt. Das, wenn bulgarisch, dem 8. Jh. angehörende monumentale Reiterrelief an einer Felswand bei Madara wäre das einzige Denkmal dieser Art in Europa, könnte aber auch ein antikes Werk des 3.–5. Jhdts. sein.

Aus der Zeit des I. B.n Reiches (681–1018) sind in Aboba und Madara Reste von Palästen erhalten (9. Jh.), die in ihrer sorgfältigen Quadertechnik und in Einzelheiten des Grundrisses Verwandtschaft mit oriental.-sassanid. Bauten zeigen. Hauptwerke der Kirchenbaukunst aus der ersten Zeit nach offizieller Einführung des Christentums (865) sind die Basilika von Aboba (um 900; nur in Resten erhalten) und die etwa gleichzeitige Rundkirche von Preslav. Wandverkleidung mit farbig glasierten Tonplatten (Klosterkirche von Patleina, wo sich auch als ältestes Denkmal b.r Malerei eine auf keramischen Platten ausgeführte Ikone mit dem Bildnis des hl. Theodoros Stratilates befindet) läßt den weiter dauernden Zusammenhang mit dem Orient erkennen.

Die byzantin. Herrschaft (1018 bis 1185) hat das Schicksal der B. K. auf viele Jahrhunderte hinaus bestimmt. In der Zeit des II. B.n Reichs (1185–1394) wurden einschiffige, gewölbte Kirchen gebaut, Kreuzkuppelkirchen und Verbindungen zwischen beiden Typen, wobei die Vorliebe für keramische Dekoration bestehen blieb (Tirnowo, Messembria). Eine reiche, aber in ihrem Charakter überwiegend byzantin. Wand- und Buchmalerei entwickelte sich, die im 13. und 14. Jh. ihren Mittelpunkt in der Schule von Tirnowo hatte. Ihre bedeutendsten Denkmäler sind die Wandmalereien in der Kirche der 40 Märtyrer in Tirnowo und die in der Sebastokratorkirche in Bojana (1259). Wichtige Spätwerke sind die Wandmalereien der Petrus- und Pauluskirche in Tirnowo (Ende 14. Jh.). Es gab auch ein kirchliches Kunsthandwerk, vor allem eine sehr ausgebildete Holzschnitzerei, die bes. an den Türen der Ikonostasen ihr Betätigungsfeld fand.

Unter der türk. Herrschaft (1394 bis 1878) wurde viel vernichtet, und es trat ein allgemeiner Rückgang der künstlerischen Leistungen ein.

Nur in einigen abgelegenen Kirchen und Klöstern wurde die Tradition der kirchlichen Kunst aufrecht erhalten. Daneben gab es noch eine ausgeprägte Volkskunst. Die im 19. Jh. allmählich aufkommende nationale Bewegung belebte auch die Kunst: Marienkirche in Tatar Pazardžik (1832), Neubau des Rilaklosters (1834–37). Die Malerei blieb zunächst byzantin. bestimmt und fand erst in den 80er Jahren Anschluß an die des Westens, wobei Deutschland und Frankreich, bes. der französ. Impressionismus, maßgebend wurden. Eine bodenständige nationale Malerei entstand, die das Heimische in Landschaft, Stadt, Dorf u. Volkstum stark farbig zu gestalten sich bemühte, u. auch die Plastik hat einige begabte Vertreter aufzuweisen.

A. Protitch, L'architecture religieuse bulgare, 1924; Monuments de l'art en Bulgarie, 2 Bde., 1924–32; B. Filov, Geschichte der B. K., 2 Bde., 1932; K. Krestev u. V. Sachariev, Alte B. Malerei, 1960; A. Grabar u. K. Mijatev, Bulgarie. Peintures murales du moyen-âge, 1961; A. Boschkov, Die b. Malerei. Von d. Anfängen bis z. 19.Jh., 1969; Ausst.kat. Gold d. Thraker, Röm.-Germ.-Mus. Köln, Stadtmus. München, 1980.

Bündelpfeiler, in der got. Baukunst eine um einen Pfeilerkern geordnete Gruppe von kleinen und großen Dreiviertelsäulen, sogenannten jungen und alten →Diensten. In der Hochgotik wird deren Reihung so dicht, daß der Pfeilerkern ganz oder fast verschwindet.

Bunzlauer Tonwaren, Bunzlauer Gut, Gebrauchsgeschirr (Kannen und Krüge) aus grauem Steinzeug, außen braun, innen weiß glasiert, früher mit aufgelegtem Goldrelief oder Vergoldung, hergestellt in Bunzlau in Schlesien seit dem späteren 16. Jh. B.T. werden gegenwärtig in Bayern hergestellt.

Burckhardt, Jacob, Kunst- und Kulturhistoriker, * 25. 5. 1818 Basel, † 8. 8. 1897 das., 1858–93 Prof. der Universität das., hervorragendste und einflußreichste Persönlichkeit der dt. Kunstwissenschaft der 2. Hälfte des 19. Jh. Die Hinwendung zur ital. Renaissance, die im allgemeinen Geschmack des 19. Jh. (z. B. in der Baukunst) schon lange vorbereitet war, hat er für die Kunstwissenschaft vollzogen, und viele sind ihm darin gefolgt, bes. in Deutschland, sehr zur Vernachlässigung der Kunstgeschichte des eigenen Landes. Die stärkste und am weitesten über die Fachkreise hinausdringende Wirkung hatten: „Der Cicerone, eine Anleitung zum Genuß der Kunstwerke Italiens" (3 Bde., 1855) und „Die Kultur der Renaissance in Italien" (1860; beide in zahlreichen Auflagen, so auch in KTA Bd. 134 und 53). Im ersteren wurden die formalen Eigenschaften der Kunstwerke Italiens beschrieben, wie sie noch nie beschrieben worden waren; im letzteren entstand aus universaler Schau und bis in die Einzelheiten durch Nachweise belegt das Gesamtbild von Kunst und Kultur des geliebten Italien auf ihrer höchsten Stufe. Von den rein kunstgeschichtlichen Werken B.s sind bes. noch seine „Geschichte der Renaissance in Italien" (1867) zu nennen, die aber allein eine Geschichte der Baukunst ist, sowie die „Erinnerungen aus Rubens" (1898; auch in KTA Bd. 57). – Gesamtausgabe in 14 Bdn., 1930–33; u. 1956/57; „Briefe", hg. von F. Kaphan, ³1938.

Markward, J. B., Bd. 1, 1920; W. v. d. Schulenburg, Der junge B., 1926; C. Neumann, J. B., 1927; W. Rehm, J. B., 1930; K. Löwith, J. B., 1936; W. v Niebelschütz, J. B., 1946; W. Kaegi, J. B., 3 Bde., 1947–56; H. Knittermeyer, J. B., 1949; J. Wenzel, J. B. in der Krise seiner Zeit, 1967; E. M. Janssen, J. B.

und die Griechen, 1979; M. Burckhardt, J. B. Briefe. Vollständige u. krit. Ausgabe (Mit Benutzung d. handschriftl. Nachlasses) Bd. 9, 1980.

Burg, im weiteren Sinn ein Wehrbau schlechthin und damit eine Sache, die es zu allen Zeiten und bei allen Völkern gegeben hat; im engeren Sinn ein Wehrbau, der zugleich Wohnbau ist und von etwa 900 bis zum Ende des Mittelalters in allen europ. Ländern vorkommt. Seine Voraussetzungen sind die allgemeine Anwendung des Steinbaus auch im N und vor allem das mittelalterliche Feudalwesen mit seiner Verselbständigung örtlicher Gewalten („Ritterburg"). Von der B. unterschieden, aber durch mannigfache Übergänge mit ihr verbunden, sind die →Pfalz und das →Schloß.

Nach der Lage sind zu unterscheiden Höhen- und Niederburg (Tiefenburg). Letztere liegt gern im Schutze des Wassers: Wasserburg (Niederrhein, Holland, Westfalen). Eine Sondergattung ist die →Ordensburg, die meist als Niederburg vorkommt. Niederburgen waren im Lauf der Jahrhunderte einer viel gründlicheren Zerstörung ausgesetzt als Höhenburgen und so formt sich vorwiegend nach dem Bild der letzteren unsere Vorstellung von einer B. überhaupt. Ihre wichtigsten Bestandteile bes. auf dt. Boden sind die folgenden: abgesehen von den außerhalb befindlichen Verteidigungsanlagen wie Vorburg, →Barbakane oder sonstigen Außenwerken, umschließt eine dem Gelände angepaßte Ringmauer (Bering, auch Zingel genannt) das Ganze. An sie sind im Innern alle Gebäude angelehnt und formen so die unregelmäßige Gestalt des B.hofes. B.en dieses in german. Gebieten bes. verbreiteten Typus werden auch Randhausburgen genannt. Bei besonderer Gunst der Lage kann die Ringmauer fehlen und durch den geschlossenen Ring der B.gebäude vertreten sein. Die Ringmauer trägt den durch Brustwehr mit Zinnen geschützten Wehrgang, der gern vorgekragt ist. Zuweilen gibt es Türme, die als konzentrierte Verteidigungsstellen den Zug der Mauer unterbrechen oder auch das Tor sichern. Dieses pflegt nur über einen Graben (mit oder ohne Wasser) vermittels aufziehbarer Brücke (Zugbrücke) zugänglich zu sein. Der Raum zwischen einer etwa vorhandenen zweiten Ringmauer und der anderen heißt →Zwinger. Wehrhaftes Hauptstück ist der Berchfrit (Bergfrit, Bergfried), ein hoher, starker Turm bald von rundem, bald von polygonalem Querschnitt. Für seine Stellung innerhalb des Berings gibt es keine Regel. Er diente als Ausguck, zur Verteidigung, vor allem als letzter Rückzugsort und war in seinen oberen Teilen häufig wohnbar gemacht, ohne jedoch ein ausgesprochener Wohnturm zu sein. Hauptwohnbau ist der Palas, der in seiner Grundform dem Palas einer Pfalz seit dem 12. Jh. zuweilen sehr ähnlich ist (→Pfalz). Ein kleineres heizbares Wohngemach heißt Kemenate (lat. caminata, „heizbares Gemach"), ein Name, der bes. auf Frauengemächer, aber auch auf einen kleineren selbständigen Wohnbau übertragen wurde (im späteren Mittelalter auch Dirnitz genannt). Zum Palas gehört die Burgkapelle. Sie kann innerhalb der Bauflucht liegen oder mit ihrem Chor („Chörlein", →Erker) aus dieser vorspringen. Zuweilen ist sie als →Doppelkapelle eingerichtet, zumal wenn sie ein selbständiges Gebäude ist. Ein Mittelding zwischen Berchfrit und Palas ist der bes. in

Frankreich (→Donjon) und am Rhein verbreitete Wohnturm, rechteckig mit Zinnenkranz und runden Ecktürmchen. Eine von mehreren Besitzern bewohnte sog. Ganerbenburg hat unter Umständen mehrere Berchfrits, mehrere Wohntürme (berühmtes Beispiel. Eltz a. d. Mosel), ja vereinigt in einzelnen Fällen mehrere B.-komplexe innerhalb des gleichen Mauerrings (so die Salzburg bei Neustadt in Unterfranken, eine der größten B.ruinen Deutschlands). – Über Kirchenburgen →Wehrkirche.

Baukünstlerische Werte liegen zunächst in der Gesamterscheinung der B. Regelmäßigkeit der Anlage wird das Walten künstlerischer Gesichtspunkte bei der Gruppierung der Baukörper ohne weiteres erkennen lassen. Immerhin neigen meist nur Niederburgen zu Regelmäßigkeit, während für Höhenburgen die Zufälligkeiten eines überall knappen und unebenen Baugrundes maßgebend waren. Doch wird man auch hier die B. nicht nur als Ergebnis solcher Zufälligkeiten und wehrtechnischer Erwägungen gelten lassen dürfen, denn diese Mauern, Türme und Gebäude haben darüber hinaus noch etwas empfangen, was vom Geiste des sich Wehrenwollens und trotziger Bereitschaft redet. Im 12. Jh. setzt, so namentlich in den Hohenstaufenburgen, eine sorgfältigere Behandlung des Mauerwerkes ein. Buckelquadern (→Bossenwerk) werden für die Türme verwendet und steigern die Gewalt ihrer Erscheinung. Zugleich kommen, bes. an Palas und B.kapelle, Zierformen auf, wie sie in der kirchlichen Baukunst vorgebildet waren und auch in den Pfalzen Verwendung gefunden hatten. Gegen Ende des Mittelalters nimmt die Wohnlichkeit zu, Geschoßeinteilung läßt Räume in gleicher Höhenlage nebeneinander entstehen, die Räume werden größer und erhalten höhere und breitere Fenster – die B. wandelt sich zum Schloß (→Meißen, Albrechtsburg). Die Tatsache, daß Höhenburgen wegen ihrer Abgelegenheit niemandem im Wege standen, daß der Platz, an dem sie sich erhoben, nicht anderweitig benötigt wurde, ist ihrer Erhaltung, wenn auch nur als Ruinen, günstig gewesen. Die Romantik mit ihrer gesteigerten Empfindlichkeit für d. Stimmungswerte einer →Ruine wandte sich ihnen in neuer Liebe zu, einmal weil sie Zeugen der Vergangenheit waren, vielfältig verknüpft mit geschichtlichen und sagenhaften Ereignissen, und dann, weil die B. durch die Einsamkeit ihrer Lage die jetzt als ästhetischen Wert empfundene innige Verbindung von Bauwerk und Natur bes. rein darstellte. Praktische Folge war die Einbeziehung der B.en in den Bereich der →Denkmalpflege, wobei mit der →Marienburg der Anfang gemacht wurde. Zahlreiche B.en sind seitdem wiederhergestellt worden, leider oft mit allzu weitgehenden und den alten Bestand beeinträchtigenden Ergänzungen, sogar unter Hinzufügung völliger Neubauten (→Wartburg).

A. von Essenwein, Die Kriegsbaukunst. 1889; B. Ebhardt, Dt. B.en, 2 Bde. und Ergänzungen; 1899–1908; Ders., Die B.en Italiens, 6 Bde., 1909–28; Ders., Der Wehrbau Europas im Mittelalter, Bd. 1 (Deutschland, Frankreich, England), 1839; O. Piper, Österreich. B.en, 8 Bde., 1902–10; Ders., B.enkunde, [3]1912; Ders., Abriß der B.enkunde, [3]1914, Neudr. 1922; C. Schuchhardt, Die B. im Wandel der Weltgeschichte, 1931, Dt. B.en u. feste Schlösser, hg. von Pinder (Blaue Bücher); Ders., Dt. Wasserburgen, 1940 (ebenda); L. Bruhns, Hohenstaufenschlösser (ebenda); Zeitschr. Der B.wart, 1899–1942; Österreich. B.enwart, seit 1932; Dt.

B.engeographie, 1939; A. Tuulse, B.en des Abendlandes, dt. 1958; C. v. Lorck, B.n und Schlösser, 1965; C. Tillmann, Lex. d. dtn. B.n u. Schlösser 4 Bde., 1958–61; W. Müller-Wiener, B.n der Kreuzritter, 1966; H.-J. Mrusek, Thüring. u. Sächs. B.n, 1965; Ders., B.n in Europa, 1973; H. M. v. Aufsess, B.n in Dtschld., Oesterr., Südtirol u. in der Schweiz, 1976; W. Amman, B.n, Schlösser u. Ansitze in Südtirol, 1977; C. Meckseper, Ausstrahlungen d. franz. B.nbaus nach Mitteleuropa im 13. Jh. (Festschrift H. Wentzel), 1975; Glossarium artis, Faszikel 1: B.n u. feste Plätze, 1979 (dt./frz.); L. Villema, L. Crespi, W. Meyer u. a., Glossaire: B.-fachwörterbuch d. mittelalt. Wehrbaus, 1975 (dt., engl., frz., it., span.); M.-L. Boscardin (Hg.), B.n aus Holz u. Stein (Schweiz. Beiträge z. Kulturgesch. u. Archäol. d. MAs., Bd. 5), 1978; W. Hotz, Kleine Kunstgesch. der dtn. B., 1965; F. Hauswirth, Burgenführer d. Schweiz, 1981.

Bürgerbauten, öffentl. Bauten in der mittelalterlichen Stadt wie Rathaus, Zeughaus, Gewandhaus, Spital, Schranne (Kornhaus), Hochzeitshaus und Zunfthaus. Ihrer Bedeutung gemäß wurden sie künstlerisch aufwendig gestaltet, so in Augsburg (Elias →Holl), Nürnberg (J. Wolff), Leipzig (H. Lotter), Rothenburg und vielen ehemaligen Reichsstädten.

K. Junghanns, Die öffentl. Gebäude im mittelalterl. Stadtbild, 1956.

Burghausen, Haus von →Stettheimer.

Burgkmair, Hans, Maler und Zeichner für den Holzschnitt, * 1473 Augsburg, † 1531 das., hielt sich in Italien auf, ließ als einer der ersten dt. Maler Italienisches (venezianische Wärme der Farbe, Renaissancearchitekturen und -ornamente) in seinen Bildern spürbar werden, ohne jedoch sein dt. Wesen zu verlieren. Ein Hauptwerk ist der Johannesaltar (1519; München, Ältere Pinakothek). Als Zeichner für den Holzschnitt war er an den Holzschnittunternehmungen Kaiser Maximilians hervorragend beteiligt, an der „Genealogie" (1509–1512), dem „Theuerdank" (1517) und dem „Weiszkunig" (erst 1775 erschienen), hat auch bedeutende Einzelblätter und Zeichnungen hinterlassen.

K. Feuchtmayr, Das Malerwerk H. B.s von Augsburg. Krit. Verz. der Gemälde des Meisters, 1931; A. Burkhard, H. B. d. Ä., 1932 (Meister der Graphik, Bd. 15); Ders., H. B. d. Ä., 1934; Th. Musper, Kaiser Maximilians Weiszkunig, 2 Bfe., 1956; T. Falk, H. B., 1968; G. Goldberg, H. B. Das graph. Werk, Ausst.-Kat. Augsburg u. Stuttgart (u. Kunstchronik 27, 3) 1974.

Burg-Molkenberger Kultur → Nordischer Kreis.

Burne-Jones, Edvard, engl. Maler, * 21. 8. 1833 Birmingham, † 17. 6. 1898 London, Schüler von →Rossetti, schloß sich in seinem Stil den →Präraffaeliten an: schlanke, vergeistigte Gestalten von romantischer Idealität. Er schuf auch Kartons für Teppiche, Mosaiken und Glasfenster. B.-J. darf als Vorläufer des →Jugendstils gelten.

M. Bell, Sir E. B.-J., 1904; O. v. Schleinitz, B.-J., 1901; Memorials of B.-J., 1904; T. M. Wood, Drawings of Sir B. J., o. J.; M. Harrison, B. Waters, B. J., 1973 (engl.); D. Cecil, Visionary and Dreamer (Double biography of S. Palmer and E. B.-J.) 1977.

Busch, Wilhelm, Zeichner, Dichter und Maler, * 15. 4. 1832 Wiedensahl (Hannover), † 9. 1. 1908 Mechtshausen b. Seesen, populärste und künstlerisch bedeutendste Erscheinung unter den dt. Humoristen des 19. Jh. Die von ihm erdachten Gestalten tragen nicht ein bestimmtes Lokalkolorit wie die der Berliner Humoristen, sondern sind durchaus ins allgemein Menschliche erhoben, selbst wenn sie sich bloß in den Grenzen noch biedermeierlicher Kleinbürgerlichkeit bewegen. Die zeichnerischen Mittel Buschs sind von größter Originalität. Seine Veröffentlichungen beginnen 1859 in den „Fliegenden Blättern", erobern sich mit „Max und Moritz" (1865) die Herzen der dt. Jugend und schließen 1904 mit „Zu guter Letzt". Sämtliche Werke, hg. von O. Nöldeke, 8 Bde., 1943. – Es ist allerlei Sichtbares drin. Sein Leben in Selbstzeugnissen, hg. von H. Balzer, 1956. – 1937 wurde in Hannover ein W.-B.-Mus. eröffnet.

H. A. und O. Nöldeke, W. B., 1909; K. W. Neumann, W. B., 1919; Dangers, W. B., 1930; H. Cremer, Die Bildergesch. W. B.s, Diss. Münch. 1937; Fr. Novotny, W. B. als Zeichner u. Maler, 1949; F. Bohne, W. B., 3 Bde. 1959–61; F. Bohne u. R. Behrens, W. B. – Zauber des Unvollendeten, 1964.

busig oder gebust heißt ein Gewölbe, wenn seine Kappen leicht ansteigen, so daß es dadurch tiefer wird.

Büste (ital. busto „Brustbild"), plastische Darstellung des Menschen bis zur Brust oder auch nur bis zu den Schultern (→Bildnis). Die B. entwickelt sich zu Beginn der hellenistischen Zeit aus der → Herme und gewann in der Bildnisplastik der röm. Kaiserzeit außerordentliche Verbreitung. Im Mittelalter, das ja keine eigentliche Bildniskunst kannte, kommt die B. nur gelegentlich vor (z. B. als Reliquiar und in der von Friedrich II. um 1240 in Apulien angeregten, auch nach der Toskana ausstrahlenden Bildhauerschule), häufig dagegen wieder seit der ital. Renaissance des 15. Jh.

Bustelli, Franz Anton, Porzellanplastiker, * 12. 4. 1723 Locarno, † 18. 4. 1763 Nymphenburg, tätig an den Manufakturen von Neudeck und →Nymphenburg, neben →Kändler der vorzüglichste Meister seines Fachs. Seine Werke, deren Motive dem von jenem abgesteckten Stoffgebiet in seinem ganzen Umfang entnommen sind, bringen mit ihrer graziösen Bewegung, freudigen Buntheit, ihrem geistreichen Formenspiel das Wesen des Rokokos vollkommen zum Ausdruck. Ein Hauptwerk ist die lebensgroße Bildnisbüste des Grafen von Haimhausen (1761; München, Bayer. Nationalmus.).

L. Simona, Francesco Antonio B. da Locarno, 1938 (Anzeiger für schweizer. Altertumskunde, Bd. 36); W. Nowak, F. A. B. und Wien, Diss. Wien, 1942; Kat. Ausstellg. B. in München, Bayr. Nat. Mus., 1963; R. Rückert, F. A. B., 1963.

Butzenscheiben, Scheiben aus grünlichem Glas mit einer Verdickung (Butzen) in der Mitte, bleigefaßt und zur Fensterverglasung vereinigt (15.–16. Jh.). Daher heute noch die Bezeichnung Fenster„scheibe", obwohl diese meist keine Scheibe, d. h. kein rundes Gebilde, ist.

Byzantinische Kunst, Teilgebiet der christl. Kunst, das seinen Mittelpunkt in Byzanz (Konstantinopel) hatte und eine Zusammenfassung und Weiterbildung der → altchristl. Kunst darstellte. Sie entwickelte sich im 5. Jh. aus kleinasiatischen, syrischen und alexandrinischen Elementen und erreichte einen ersten Höhepunkt unter Kaiser Justinian (526–65). Dieser Zeit gehört auch ihr repräsentativstes Bauwerk an, die →Hagia Sophia in Konstantinopel. Nach der Krise des →Bilderstreits (726–843) erfolgte unter den makedonischen Kaisern seit dem ausgehenden 9. Jh. eine neue Blütezeit („makedonische Renaissance"), die bis ins 12. Jh. andauerte. Ein letzter künstlerischer Aufschwung fand unter den Paläologen (1261–1453) statt. Nach der Eroberung Konstantinopels durch die Türken (1453) lebte die B.K. im Bereiche des griech.-orthodoxen Christentums z. T. bis auf den heutigen Tag fort (→Athos). Die B.K. stand noch ausschließlicher im Dienste der Kirche als die abendländische Kunst des Mittelalters. Ihre Hauptleistungen liegen auf dem Gebiete der Baukunst, der Malerei und des Kunstgewerbes, während sich ihr plastisches Schaffen wie das der altchristlichen Kunst fast nur im Relief ausdrückt. Im Kirchenbau überwiegt der Zentralbau mit Kuppel, der allerdings vielfach eine Verbindung mit der Basilika eingeht (Kuppelbasilika). Im Inneren wird durch Mosaiken und Inkrustation eine vielfarbige Dekoration erreicht, die aber ganz in der Fläche bleibt. Das Bauornament zeigt schöpferische Neubildungen, so bes. an den Kapitellen. Die Malerei stellt sich als →Mosaik, →Ikone und →Miniatur, in späterer Zeit fast ausschließlich als Wandgemälde dar; ihr Stil zeigt mannigfache Schwankungen zwischen naturferner, hieratischer Strenge und einer durch engeren Anschluß an die Antike bedingten Naturnähe. Bemerkenswert ist die schöpferische Kraft auf dem Gebiete des Ikonographischen. Von den Werken der Kleinkunst sind vor allem die Elfenbeinreliefs hervorzuheben. Nach 1453 gibt es in der B. K. keine wirklichen Neubildungen mehr. In kaum gewandelter Erstarrung hat sie noch Jahrhunderte weiterexistiert (→Malerbuch vom Berge Athos).

Tief und nachhaltig waren die Wirkungen, die von der B. K. zu verschiedenen Zeiten auf die abendländische Kunst ausgegangen sind. Byzantin. Ikonen, Miniaturen, Elfenbeine, Stoffe brachten die Anregungen nach dem W, und in Ravenna und Venedig standen als Vorbilder machtvolle Zeugen byzantinischer Baukunst und Raumdekoration. Überall im Abendlande sind die Spuren der byzantin. Ikonographie anzutreffen, und einen wichtigen Anteil hatte die B. K. an der Bildung des got. Stils in der dt. und franz. Plastik und Malerei. In der ital. Kunst des 13. Jh. ist die „maniera greca“ oder „bizantina“ ein fester Begriff geworden.

O. Wulff, Altchristl. und byzantin. Kunst, Bd. 2, 1916; O. M. Dalton, East Christian Art, 1925; Ch. Diehl, Manuel d'art byzantin, 2 Bde., ²1926; J. Ebersolt, Orient et Occident, 2 Bde., 1928–29; H. Peirce und R. Tyler, L'art byzantin, 2 Bde., 1932 bis 34; F. Vollbach, G. Duthuit und G. Saller, Art byzantin, 1933; K. Weitzmann, Die byzantinische Buchmalerei des 9. u. 10. Jh., 1935; L. Bréhier, La sculpture et les arts mineurs byzantins, 1936; S. Bettini, La pittura bizantina. I mosaici, 1939; Ders., La scultura bizantina, 1944; O. Demus, Byzantine Mosaic Decoration 1947; Ph. Schweinfurth, Die byzantinische Form, ihr Wesen und ihre Wirkung, 1943 u. ²1954; W. N. Lasarew, Geschichte d. byzantin. Malerei, 2 Bde., 1948 (russ.); A. Grabar, La peinture byzantine 1953; F. Dölger u. A. M. Schneider, Byzanz, 1952; A. Hamilton, Byzantine Architecture and Decoration, ²1956; D. Talbot Rice, Kunst aus Byzanz, 1959; A. Grabar, Die B. K., 1964; Kat. d. Ausst. L'art byzantin-art européen, Athen 1964 (m. Bibliographie); ders., Die Kst. im Zeitalter Justinians, 1967; ders. Byzanz, 1976 (dt.); M. Restle, Die b. Wandmalerei in Kleinasien, 3 Bde. 1967; K. Wessel, Die Kultur v. Byzanz, 1970; H. Nickel (Hg.), Beitr. z. byz. u. osteurop. Kst. d. MA. (Berliner Byzantin. Arbeiten Bd. 46; Vorträge an d. Sektion Altertumswissenschaften d. Univ. Halle 1973 u. 74), 1977; W. Nyssen, Frühchristl. Byzanz (von: D. Zeugnis d. Bildes im frühen Byz., 1962), 1977; E. Coche de la Ferté, B.K. (Ars Antiqua), 1982.

Caecilia, Heilige, röm. Märtyrerin des 2. oder 3. Jh., galt seit dem 15. Jh. als Schutzpatronin der Musik, da sie die Orgel, die auch ihr Attribut ist, erfunden haben soll. C. ist seit dieser Zeit häufig bes. in der ital. Kunst dargestellt worden, allein oder von anderen Heiligen umgeben. Eine der bekanntesten Darstellungen ist das Gemälde von Raffael in der Pinakothek zu Bologna (gegen 1515).

P. Banati, Santa C. nella legenda e nell'arte, 1928; L. Reau, Iconograph. de l'art chrétien (Bd. 3), 1959.

Caecilia-Metella-Grabmal, das Grabmal der Gattin des jüngeren Crassus an der Via Appia bei Rom. Es ist in der Zeit des Augustus errichtet worden und besteht aus einem quadratischen Unterbau, auf dem sich ein Rundbau von 20 m Durchmesser erhebt. Um das Hauptgesims zieht sich ein Fries aus Girlanden und Stierschädeln. Im 13. Jh. wurde das Denkmal in eine Festung umgewandelt, die Sixtus V. abtragen ließ.

Caduceus, griech. Kerykeion, der Botenstab des →Hermes, meist wie Schuhe und Hut dieses Gottes mit Flügeln versehen.

Callot, Jacques, franz. Radierer und Zeichner, * 1592 Nancy, † 24. 3. 1635 das., 1609–22 in Italien, hat in geistreicher und origineller Weise außer Blättern religiösen Inhalts solche aus dem ital. Volksleben („Capricci di varie figure", 1617) und aus dem Kriegsleben seiner Zeit radiert („Misères de la guerre", 2 Folgen, 1632 und 33), die meist zahlreiche kleine Figuren in klarer räumlicher Ordnung und Gruppierung zeigen. Sie sind in ihrer lebhaften Bewegung und Gebärde präzis und schlagend gekennzeichnet bei zartester Strichführung.

P.-P. Plan, J. C., 1911 (Tafelwerk); Nasse, J. C., ²1923; L. Zahn, Die Handzeichnungen des J. C., 1923; J. Lieure, Catalogue de l'oeuvre gravé de J. C., 1926; O. Levertin, J. C., 1935; D. Ternois, L'art de J. C., 1962; ders., C., Catalogue de l'oeuvre dessiné, 1962; J. C. Das Gesamtwerk. Einl. v. A. Dohmann, 2 Bde., 1973; P. Ballerini u. a. J. C., Ausst.kat. Pallazzo Pubblico. Siena, 1976; R. Hanhart, Kat. d. Radierungen von J. C. (hg. v. Kst.verein St. Gallen), 1980.

Camaïeu, 1. eine →Kamee, welche aus einem Stein (gewöhnlich Onyx) mit verschieden getönten Schichten herausgearbeitet ist. – 2. Gemälde auf Holz, Leinwand, Porzellan, Glas, das in mehreren Abtönungen einer einzigen Farbe gehalten ist. Bes. häufig ist die Malerei grau in grau: Grisaille. Sie ist zuweilen zur Nachahmung plastischer Werke durch die Malerei benutzt worden (gemalte Standfiguren am Genter Altar der Brüder van Eyck). In der Renaissance und im Barock wurde dem Stecher eines Gemäldes gern dessen Grisaille-Skizze an Stelle des Originals als Vorlage gegeben, um ihm die Arbeit zu erleichtern.

Cambio, Arnolfo di, ital. Bildhauer und Baumeister, * gegen 1250 Colle di Valdelsa, † 1301–02 Florenz, Schüler des Niccolò Pisano, zuerst erwähnt als dessen Gehilfe bei den Arbeiten für die Kanzel des Doms zu Siena (1266), auch dessen Mitarbeiter am Brunnen vor dem Dom in Perugia. Selbständige sichere erhaltene Werke: Grabmal für den Kardinal de Braye († 1282) in S. Domenico in Orvieto, Tabernakel über dem Hauptaltar von S. Paolo fuori le mura in Rom (1285) und in S. Cecilia di Trastevere in Rom 1293). Seit 1296 in Florenz. Seine dortige Tätigkeit als Baumeister bes. am Dom und an Sta. Croce ist schwierig vorzustellen. Von seinen bildnerischen Arbeiten für die Domfassade haben sich mehrere erhalten, u. a. eine große Sitzstatue der Madonna mit Kind (Dommus.) und eine Sta. Reparata (Nationalmus.). Die große Form seines plastischen Stils ist eine Weiterentwicklung des Stils von Niccolò Pisano.

H. Keller, Der Bildhauer A. di C. und seine Werkstatt, 1934/35 (Jahrb. der Preuß. Kunstsammlungen, Bd. 55/56); E. Carli, La giovinezza di A. di C., 1936; C. L. Ragghianti, A. di C. etc., 1937 (Rivista del R. istituto di archeologia e storia dell'arte, Bd. 5); W. Paatz, Werden und Wesen der Trecento-Architektur in Toskana, 1937 (Florentiner Forsch., N. F. Bd. 1); P. Metz, Die Florentiner Domfassade des A. d. C., 1938 (Jahrb. der Preuß. Kunstsammlungen, Bd. 59); V. Mariani, A. di C., 1943 (ital.); A. M. Romanini, A. di C., 1969 (it.).

Camera obscura →Zeichenkamera.

Campanareliefs, nach der Sammlung Campana (nicht etwa nach Campanien) benannte Gattung röm. Tonreliefs, die in Privathäusern wohl in die Wände oder auch in das Gebälk des Atriums eingelassen waren. Sie stammen meist aus der Zeit des Augustus, doch gibt es wenige ältere und eine Anzahl jüngere Stücke. Ihre in flachem, aber scharf umrissenem Relief gegebenen Darstellungen sind meist dekorativ, häufig begegnen Menschen und Tiere in ornamentalen Blattranken, doch gibt es auch Kultszenen und Mythologisches.

H. v. Rhoden - H. Winnefeld, Architektonische Tonreliefs der röm. Kaiserzeit, 1911.

Campanile, der Glockenturm ital. Kirchen. Er ist im Unterschied zu den Turmbauten der nord. Länder nicht mit dem Baukörper der Kirche verwachsen, sondern steht als Bau mit rundem oder viereckigem Grundriß neben ihr. Seine Entwicklung reicht vom 9. Jh., wo C. altchristlichen Kirchen (z. B. Ravenna, S. Apollinare) angefügt wurden, bis in die Renaissance. Hauptbeispiele sind der „Schiefe Turm" in Pisa, der C. des Domes zu Florenz und der Markuskirche in Venedig (im 20. Jh. nach Einsturz erneuert). Nördlich der Alpen ist der C. nur selten anzutreffen (Dieburg; Regensburg, Alte Kapelle; Schwäb. Gmünd, Johanniskirche – ursprüngl. Zustand). Der russische Kirchenbau kennt den Kolokolnja (Kolokolnik; russ. Kolokol = Glocke) als freistehenden Glockenturm in reichen Ausbildungen bis in die neuere Zeit hinein.

Campen, Jacob van, holländ. Baumeister und Maler, * 2. 2. 1595 Haarlem, † 13. 9. 1657 Randenbroek b. Amersfoort, war vermutlich 1615–21 in Oberitalien, wo er die Werke Palladios und Scamozzis kennenlernte und als vorbildlich empfand. 1621 bis etwa 1630 wohnte er in Haarlem, um dann auf sein Landgut Randenbroek zu übersiedeln. Unter seinen zahlreichen Entwürfen für Monumentalbauten Hollands ragt der für das Rathaus in Amsterdam hervor, das als Repräsentationsbau der im Westfälischen Frieden 1648 endlich offiziell anerkannten Republik im gleichen Jahr begonnen wurde. C.s dem Palladianischen Klassizismus verpflichteter Stil ist für viele Bauten Hollands vorbildlich geworden.

Katharina Freemantle, The Baroque Townhall of Amsterdam, 1959 (Utrechter Kunsthistor. Studien 4); P. T. A. Swillens, J. v. C., Schilder en Bouwmeester, 1961.

Campendonk, Heinrich, Maler und Graphiker, * 3. 11. 1889 Krefeld, † 9. 5. 1957 Amsterdam, 1926 Prof. der Düsseldorfer Akademie, 1933 der Reichsakademie für bildende Kunst in Amsterdam, Expressionist, gehörte zum Kreis des →Blauen Reiters, schuf auch Glasgemälde (als Schüler von Thorn-Prikker in Krefeld) und kraftvolle Holzschnitte.

T. Engels, H. C., 1957; P. Wember, H. C., 1960.

Campin, Robert →Flémalle, Meister von

Camposanto, ital. Bezeichnung für Friedhof. Der bekannteste ist der von Pisa, 1278–83 von Giovanni di Simone als rechteckiger Hof erbaut, der von kreuzgangähnlichen, in hohen Maßwerkfenstern sich öffnenden Hallen umschlossen ist. Ihre Wände tragen Fresken toskanischer Maler des 14. und 15. Jh., darunter den berühmten „Triumph des Todes". Auch sind bedeutende antike und mittelalterl. Bildwerke in ihnen aufgestellt.

J. B. Supino, Il Camposanto di Pisa, 1896; E. Carli und P. E. Arias, Il Camposanto di Pisa, 1937; P. Sanpaolesi, Le sinopie del Camposanto di Pisa (in: Bollettino d'Arte; 1948); M. Bucci u. a., C. monumentale di Pisa, ²1961.

Canaletto, 1. Antonio Canale gen. C., ital. Maler und Radierer, * 18. 10. 1697 Venedig, † 20. 4. 1768 das., hat zahlreiche architektonisch treue Ansichten (sog. Veduten) seiner Vaterstadt gemalt und radiert bei genauer Beobachtung des Lichts und der atmosphärischen Erscheinungen.

R. Meyer, Die beiden C. etc. Monographie d. radierten Werke beider Meister, 1878; G. Ferrari, I due C., 1914; v. Hadeln, Die Zeichnungen von A. C., 1930; W. G. Constable, C. Giov. Antonio Canal, 2 Bde., 1962 (engl.), ²1977 (hg. v. J. G. Links, cat.rais.); R. Bromberg, C.'s Etchings, 1976; J. G. Links, C. and his successors, 1976.

2. Bernardo Bellotto gen. C., Neffe von 1, ital. Maler, * 30. 1. 1720 Venedig, † 17. 10. 1780 Warschau, 1747–66 Hofmaler in Dresden, dann in Warschau, 1759 und 1760 in Wien, hat Städtebilder von Wien, Warschau und bes. Dresden geschaffen, die an Präzision der Wiedergabe und perspektivischer Klarheit des Architektonischen, dabei noch malerischer Auffassung einen Höhepunkt der Verdutenmalerei des 18. Jh. darstellen.

H. A. Fritzsche, Bernardo Belotto gen. C., 1936; F. J. B. Watson, C., 1949 (engl.); M. Wallis, C., Warschaus Maler, 1954; T. Pignatti, Das venezianische Skizzenbuch von C., dt. 1958; Gertraude Lippold, Bernardo Bellotto, gen. C., 1963; Katalog der C.-Ausstellung, Dresden 1964; S. Kozakiewicz, B. B. gen. C., 2 Bde., 1972; Ausst.kat. C., London, The Queens Gallery, 1981.

Candela, Félix →Mexikanische Kunst.

Candid(o), Peter bis 1574 Pieter de Wit(te), niederländ. Maler, * um 1548 Brügge, † 1628 München, in Florenz Schüler Vasaris, 1586 Hofmaler in München, schuf in einem aus niederländ. und ital. Elementen gemischten Stil historisch-allegorische Wand- und Deckengemälde in der Münchener Residenz und im Schleißheimer Schloß, auch Altarbilder.

Rée, P. C., 1890; K. Steinbart, P. C. in Italien, 1937 (Jahrb. der Preuß. Kunstsammlungen Bd. 58); B. Volk-Knüttel, Wandteppiche für d. Münchner Hof n. Entwürfen v. P. C. (Forschgs.hefte hg. v. Bayer. Nationalmus. Bd. 2) 1976; dies., P. C. – der Zeichner, Ausst.kat. Staatl. Graph. Slgn. München, 1979.

Cano, Alonso gen el Granadino, span. Architekt, Bildhauer und Maler, get. 19. 3. 1601 Granada, † 3. 9. 1667 das., tätig auch in Sevilla und Madrid. Sein Hauptwerk als Architekt ist die Fassade der Kathedrale von Granada; als Bildhauer schuf er zahlreiche Altäre; als Maler war er wenig eigenschöpferisch, und seine Gemälde enthalten viele Entlehnungen.

O. Schubert, Geschichte des Barock in Spanien, 1908; A. L. Mayer, A. C. und die Kunst von Granada, 1909/10 (Jahrb. d. Preuß. Kunstsammlungen 30, Beiheft u. 31); Ders., Geschichte der span. Malerei ²1922; V. v. Loga, Die Malerei in Spanien, 1923; H. E. Wethey, A. C. Painter, Sculptor, Architect, 1955.

Canova, Antonio, ital. Bildhauer, * 1. 11. 1757 Possagno, † 13. 10. 1822 Venedig, tätig bes. in Rom, der reinste Vertreter klassizistischer Bildnerei und von weithin vorbildlicher Wirkung. Das erste Werk, das ganz klar die neue Richtung zeigte, war das Grabmal für Papst Clemens XIV. (1783–87; Rom, Santi Apostoli). Von den im Dienste Napoleons und seiner Familie geschaffenen Werken ist am bekanntesten die ruhende Pauline Borghese (1807; Rom, Villa Borghese),

Malamani, C., 1911; A. Colasanti, C. 1927; E. Bassi, C., 1953; R. Zeitler, Klassizismus u. Utopia. Interpretationen zu Werken von C. in: Figura, 5 Stockholm, 1954.

Čapek, Josef, tschech. Maler und Kunstschriftsteller, * 23. 3. 1887 Hronov, † 1945 im KZ. Belsen, kam vom Kubismus zu einem empfindsamen Expressionismus mit zuweilen religiös-mystischem Einschlag. Er hat außer Figurenbildern und Stilleben auch Buchillustrationen und Karikaturen geschaffen.

K. Čapek u. V. Špala, J. Č., 1935 (tschech.); J. Pečirka, J. Č., 1937; 1961 (tschech.); V. Thiele, J. Č., 1958 (tschech.).

Capo di Monte, Schloß bei Neapel, nach dem das in einer ursprünglich dort eingerichteten Manufaktur von etwa 1740–1806/07 hergestellte Porzellan benannt wird. Nach anfänglicher Nachahmung des Meißner Porzellans ging man zu bemalten Reliefs und bes. Seetieren über, später zu antikisierenden Gefäßen mit entsprechenden Reliefs. 1759 wurde im Schloß Buen Retiro bei Madrid eine Porzellanmanufaktur gegründet und mit Künstlern und Werkleuten von C. di M. besetzt. Diese bedeutendste Manufaktur Spaniens, die in ähnlicher Weise arbeitete wie C. di M., bestand bis 1808.

F. Stazzi, C. L'arte della ceramica, 1972

Capsien, vorgeschichtliche Kultur, in den Randgebieten des westl. Mittelmeerbeckens verbreitet, nach dem Fundplatz Gafsa (Tunis), dem röm. Capsa, benannt. Das frühe C. fällt in das Ende der Altsteinzeit, gehört in der Hauptsache jedoch bereits der mittleren und vielleicht schon der jüngeren Steinzeit an. Hauptschöpfung der C.-Kunst sind die Felsmalereien der ostspan. Mittelmeerküste, die von Cadiz bis in die Prov. Lérida nachgewiesen sind. Die bedeutendsten Denkmäler befinden sich bei Alpera (Albacete), Cogul (Lérida) und in der Valltorta-Schlucht (Castellón). Die Malereien sind meist einfarbig-rot ausgeführt; sie bringen Szenen aus dem Leben eines Jägervolkes zur Darstellung und zeichnen sich durch heftige, ja leidenschaftliche Bewegtheit aus. Neben Jagdbildern, die das Beschleichen und Erlegen des Wildes schildern, erscheinen Darstellungen kultisch-magischer Tänze (Cogul), laufende und bogenspannende Männer, Kämpfergruppen, Verwundete, die von Pfeilen durchbohrt zusammenbrechen. Auch ein Honigsammler, der von aufgescheuchten Bienen umschwirrt ist, tritt auf. Verschiedene Einzelzüge der Darstellungen verraten, daß sie zum Zwecke des Jagd- und Tötungszaubers angefertigt wurden. Die Wiedergabe der menschlichen Gestalt ist bei den ältesten Bildern, die dem Ausgang des Alt-C. angehören (Alpera-Typus), noch einigermaßen erscheinungsgetreu. Im Jung-C. dagegen tritt eine immer stärkere Stilisierung ein. Der menschliche Körper wird schließlich auf strichdünne Linien zurückgeführt, die nur mehr reiner Ausdruck der Bewegung sind (nematomorpher Typus). Im End-C. gehen die Figuren allmählich in ganz schematisch-geometrische Gebilde über, die entfernt an Buchstaben erinnern. – Einer dem C. urverwandten Kultur gehören die Felszeichnungen Nordafrikas zu, die heute schon im ganzen Umkreis der Sahara nachgewiesen sind (→ Altsteinzeit).

H. Obermaier, Fossil man in Spain, 1924; L. Frobenius und H. Obermaier, Hádschra Máktuba. Urzeitl. Felsbilder Kleinafrikas, 1925; H. Kühn, Kunst u. Kultur d. Vorzeit Europas. Das Paläolithikum, 1929; R. Vaufrey, Stratigraphie capsienne, 1936 (Swiatowit 16).

Caravaggio, Michelangelo da, ital. Maler, * 28. 9. 1573 Caravaggio b. Bergamo, † 18. 7. 1610 Porto d'Ercole, tätig in Rom und Neapel, ein Hauptmeister des beginnenden Barocks, der stärkste Naturalist seiner Zeit. Die Helldunkelmalerei hat er zu oft schroffer Wirkung ausgebildet und mit ihr eine überaus kräftige plastische Modellierung seiner Figuren erzielt. Landschaft und Raum sind oft nur angedeutet. C.s Wirkung reicht weit über Italien hinaus und ist bes. in den Niederlanden (Rembrandt), auch in Spanien (Velázquez) zu spüren.

L. Venturi, C., 1925; E. Benkard, C.-Studien, 1928; G. Kirsta und L. Zahn, C., 1929; A. von Schneider, C. und die Niederländer, 1933, ²1967; L. Schudt, C., 1942; B. Berenson, C., 1951; L. Venturi, C., dt. 1955; W. Friedländer, C. Studies, 1955; F. Baumgart, C., Kunst und Wirklichkeit, 1955; L. S. Samek, Vita del C. dalle testimonianze del suo tempo, 1956; R. Longhi, Il C., 1957; H. Wagner, M. da C., 1958; B. Joffroy, Le dossier Caravage, 1959; R. Jullian, Caravage, 1961; A. Ottino della Chiesa, C., 1962 (ital.); G. de Logu, C., 1962 (ital.); R. Longhi, C., 1968; B. Nicolson, The international Caravaggesque movement: lists of pictures by C. and his followers throughout Europe from 1596–1650, 1979.

Carlone, ital.-schweizer. Künstlerfamilie, deren Werke vorwiegend in Italien, Süddtschld., Österreich und der Schweiz entstanden.

– Carlo, * 1686 Scaria (Como), † 17. 5. 1775 das., schuf hauptsächlich Fresken und Altarbilder in Prag, Wien, Einsiedeln, Weingarten und Ludwigsburg.

– Carlo Antonio, Baumeister, † 1708 Passau, baute als seine Hauptwerke die Stiftskirche St. Florian bei Linz (1686–1705) und die Jesuitenkirche in Wien (1662).

– Diego, * 1674 Scaria, † 25. 6. 1750 das., schmückte insbesondere die Klöster Weingarten und Einsiedeln mit Bildwerken (Altäre).

– Giovanni Battista. Gilt als Hauptmeister des weißen Stuckes (Waldsassen, 1695–98; Straubing, Karmeliterkirche, Dom zu Passau, seit 1698).

M. Marangoni, I Carloni, 1950.

Carpaccio, Vittore, ital. Maler, † um 1525 Venedig. In seinen knapp und sachlich, doch zugleich lebendig erzählenden Bildern mit ihrer Objekttreue steht uns das Venedig seiner Zeit mit ungewöhnlicher Anschaulichkeit vor Augen. Die Komposition ist ruhig und klar, die Farbe mannigfaltig. C. hat vier Bilderzyklen von Heiligenlegenden geschaffen; der früheste ist sein unumstrittenes Hauptwerk: Ursulazyklus (1490–95; 9 Bilder, Venedig, Akademie). Von den Einzelbildern ist das etwa gleichzeitige „Wunder des Kreuzes" (das.) hervorzuheben.

W. Hausenstein, Das Werk des V. C., 1925; Fiocco, V. C., 1931 (ital.); T. Pignatti, C., dt. 1955; G. Perocco, Tutta la pittura del C., 1960; J. Lauts, C., 1962; V. C., Ausst.-Kat. Venedig, 1963.

Carpeaux, Jean Baptiste, franz. Bildhauer, * 14. 5. 1827 Valenciennes, † 12. 10. 1875 Courbevoie, Schüler von Rude, hat in seinen plastischen Gruppen mit ihren bald kraftvoll, bald anmutig bewegten, bei allem Naturalismus Schönheit bewahrenden Gestalten den Übergang zum Neubarock vollzogen. Er hat auch Marmor- und Bronzebüsten geschaffen und viele Zeichnungen hinterlassen. Umfangreiche Sammlung seiner Werke i. Louvre. Carpeaux-Mus. in Valenciennes.

A. Mabille de Poncheville, C., 1925; E. Sarradin, C., 1928; Ausst.kat. C., Paris 1955/56 (m. Bibl.); A. Hardy, Dessins de J. B. C., Ausst.kat. Valenciennes, 1975.

Carrà, Carlo, ital. Maler und Graphiker, geb. 11. 2. 1881 Quarguento (Alessandria), † 13. 4. 1966 Rom, studierte an der Brera-Akademie in Mailand, an der er später als Lehrer tätig war. 1909 begründete er mit Boccioni und Severini den →Futurismus. Um 1917 ging er zur →pittura metafisica über, die er um 1920 zugunsten einer sachlichen, gegenständlichen Malerei von gedämpfter Farbigkeit aufgab. C.s Bilder zeichnen sich in jeder seiner Perioden durch eine hervorragend feine, sehr tonreiche Malerei und genaue Zeichnung aus. Die Strenge der pittura metafisica milderte er durch stärkere Betonung des Malerischen; eine gewisse Isolierung der Gegenstände als Ausdruck von Ruhe und Einsamkeit behielt er auch in seinem späteren Werk bei. Er schrieb u. a.: „Pittura metafisica", 1919 und „La mia vita", 1943.

G. Paccioni, C. C., 1945; M. Carrà, C., tutta l'opera pittorica, 3 Bde., 1968; C. C., Opera grafica (hg. v. N. Pozza), 1976.

Carracci, bolognesische Malerfamilie, deren Mitglieder in Bologna gemeinsam eine große Werkstatt betrieben. 1. Agostino, Bruder von 2 und Vetter von 3, * 15. 8. 1557 Bologna, † 22. 3. 1602 Parma, hat seine Hauptleistungen als Kupferstecher vollbracht. Er war vorwiegend Reproduktionsstecher, der mit einer neuen Großzügigkeit des Liniensystems die Werke bes. venezianischer Maler wiedergab.

2. Annibale, * 1560 Bologna, † 15. 7. 1609 Rom, tätig das. seit 1595, zuerst ganz von Correggio, später stark von Raffael abhängig, erfindungsreicher Meister des dekorativen, eine ideale und schöne Welt auftuenden Freskos. Hauptwerke dieser Art sind die Szenen aus der antiken Mythologie im Palazzo Farnese in Rom (1597 bis 1604). Altarbilder, auch Landschaften, deren Klarheit und harmonische Ruhe von bahnbrechender Bedeutung wurden (→Landschaftsmalerei), sowie Bildnisse.

3. Lodovico, * 1555 Bologna, † 13. 11. 1619 das. In ihm tritt der eklektizistische Charakter der Werkstatt bes. deutlich hervor. Bilder von ihm in den Kirchen u. in der Pinakothek von Bologna.

Foratti, I C., 1913; Peyre, Les Carraches, 1924; P. della Pergola, I C., 1932; H. Bodmer, Lodovico C., 1939 (Beiträge zur Kunstgesch., Bd. 6). Katalog der C.-Ausstellung in Bologna 1956 (Gemälde u. Zeichnungen) mit Einl. von C. Gnudi; D. Posner, A. C., (engl.) 1971; G. Heinz, Bemerkungen zu einigen Bildgedanken des Annibale C. u. s. Schule (österr. Ztschr. f. Kst. u. Denkmalpflege, XXIX) 1975; P. J. Cooney, L'opera di Annibale C., 1976.

Carriera, Rosalba, ital. Malerin, * 7. 10. 1675 Venedig, † 15. 4. 1757 das., wurde durch ihre Bildnisminiaturen, bes. aber durch ihre Pastelle berühmt. 1720/21 hielt sie sich in Paris auf. Für die vornehme Gesellschaft der meisten europ. Fürstenhöfe hat sie Pastellbildnisse geschaffen, die das Modell zwar elegant und gefällig, aber wenig charakteristisch wiedergeben. Durch ihre Tätigkeit ist die →Pastellmalerei zu einer bevorzugten Technik des 18. Jh. geworden und viele haben sich bemüht, in ihrer Art zu arbeiten.

E. v. Hoerschelmann, R. C., 1908; V. Malmani, R. C., ²1910; T. C. Colding, Aspects of miniature painting, 1953; A. Walther, Zu den Werken d. C. R. i. d. Dresdener Gemäldegalerie (Beitr. u. Berichte d. Staatl. Kunstslgn. Dresden 1972–75), 1975.

Carstens, Asmus Jakob, Maler, * 10. 5. 1754 St. Jürgen b. Schleswig, † 25. 5. 1798 Rom, wo er seit 1792 lebte, idealster Vertreter des dt. Klassizismus, vermochte sein Wollen jedoch nur zu einem kleinen Teil in die Tat umzusetzen. Er hat fast nur Kartons (beste Sammlung im Mus. in Weimar) und Zeichnungen hinterlassen. Seine Vorbilder waren die Griechen und Michelangelo und seine Gegenstände Allegorie und antike Sagen. Die Landschaft war ihm nichts, die Figur in Gelassenheit und Größe alles.

Fernow, Leben des Künstlers A. J. C., 1806; A. F. Heine, A. J. C. und die Entwicklung des Figurenbildes, 1928; A. Kamphausen, A. J. C., 1941; H. Menz, A. J. C., 1955; H. v. Einem, A. J. C., 1958.

Cartoon, seit der Mitte d. 19. Jhs. gebräuchliche engl.-amerikan. Bezeichnung für humorvolle Darstellungen, im heutigen Sprachgebrauch auch ganz allgemein für witzige Zeichnungen u. Graphiken, in denen die sog. kleinen Dinge u. Schwächen des Alltagslebens wiedergegeben werden. C. steht damit im Gegensatz zur →Karikatur mit deren übertreibender Herausarbeitung bestimmter menschlicher Züge oder gesellschaftlicher Ereignisse u. Zustände. Die Gesch. u. Entwicklg. von C. und Karikatur wird im Museum für Karikatur und C. in Basel veranschaulicht.

Lucy Black-Johnson, W. P. Johnson, Knaurs lachende Welt. 800 C.s, 1957.

Carus, Carl Gustav, Maler, Arzt, Natur- und Kunstphilosoph, * 3. 1. 1789 Leipzig, † 28. 7. 1869 Dresden, mit Goethe befreundet, dessen Biograph er wurde („Goethe", 1843). Als Maler knüpfte er an C. D. Friedrich an und gab die von romant. Stimmung erfüllte Landschaft gern als stillen, in geisterhaftem Zwielicht dämmernden Erdenwinkel. Von Bedeutung ist seine Theorie der romant. Landschaftsmalerei, enthalten in seinen „Briefen über Landschaftsmalerei" (1831; neu hg. von K. Gerstenberg, 1927, mit Einleitung über C.' Kunstanschauungen).

G. Grashoff-Heins, C. als Maler, 1926; H. Kern, C. G. C., 1943; Elisabeth Bülck, C. G. C., sein Leben u. sein Werk im Verhältnis zu C. D. Friedrich, ungedr. Diss. Greifswald, 1944; Marianne Prause, C. u. Friedr. (Festschr. f. Joh. Jahn) 1957; dies. C. G. C., 1968.

Casino →Villa.

Cassapanca (ital. „Truhenbank"), Truhe der ital. Renaissance, die zu bequemem Sitzen mit Rücken- und Seitenlehnen versehen ist.

Cassone, Truhe, eins der wichtigsten Möbel der ital. Früh- und Hochrenaissance. Sie wurde als Hochzeitsgeschenk gegeben und erhielt eine entsprechend prächtige Verzierung durch Schnitzerei und Vergoldung, bes. aber durch Malereien auf der langen Vorderseite und den Schmalseiten, die oft von bedeutenden Meistern ausgeführt wurden: Pesellino, Paolo Uccello, Botticelli, Piero di Cosimo, Andrea del Sarto, Franciabigio u. a. Diese Truhenmalereien boten eine einzigartige Gelegenheit zur Gestaltung weltlicher Stoffe – Hochzeitsszenen, Jagdzüge, Turniere, Spiele, sonstige Szenen aus dem Leben und aus Sage und Dichtung – und sind abgesehen von ihrem künstlerischen Wert oft von hohem kulturgeschichtlichem Interesse.

P. Schubring, Cassoni, Text- und Tafelbd. 1915, Ergänzungsbd. 1923; M. Tinti, Il mobilo fiorentino, o. J.

Castagno, Andrea del, ital. Maler, * 1423, † 19. 8. 1457 Florenz, hat über Masaccio hinaus und Errungenschaften Donatellos in die Malerei übertragend seinen Figuren einen stärkeren plastischen Realismus gegeben, ihre Gebärdensprache bereichert und im Zusammenhang damit ihre seelische Haltung individualisiert. Die kräftigen Farbkontraste seiner Frühwerke weichen in den späteren einem an Übergängen reichen Gesamtton. Hauptwerke (Fresken) im C.-Mus. zu Sant' Apollonia in Florenz: Kreuzigung, Abendmahl (im Reichtum der Gebärdensprache und der Individualisierung der Jünger erst von Leonardo übertroffen), 9 überlebensgroße Gestalten berühmter Männer und Frauen („Uomini famosi"), Himmelfahrt Mariä (Tafelbild 1449–50; Berlin, Staatl. Mus.), Trinität (Florenz, Santissima Annunziata), Reiterbildnis des Niccolò da Tolentino (1456; das., Dom).

G. Sinibaldi, A. del C., 1933 (L'Arte, Bd. 36); M. Salmi, Paolo Uccello. A. del C. Domenico Veneziano [2]1938; ders.: A. del C., 1961; G. M. Richter, A. del C., 1943 (engl.); A. M. Fortuna, A. del C., 1957 (ital.); P. Toesca, A. del C., 1959; L. Berté, A. del C., 1973.

Castel del Monte, das bedeutendste der Hohenstaufenschlösser in Apulien, von regelmäßiger achteckiger Gestalt, um 1240 unter Kaiser Friedrich II. erbaut. Die Klärung der künstlerischen Voraussetzungen dieses Baus ist eine schwierige Frage, dürfte aber nicht ohne einen Blick nach dem O zu erreichen sein.

G. Chierici, C. del M., 1934; L. Bruhns, Hohenstaufenschlösser, 1937 (Blaue Bücher); A. Willemsen, C. del M., die Krone Apuliens, 1955 (Insel-Bücherei 619); H. Hahn, Hohenstaufenburgen in Süditalien, 1961; Ausst.kat. „Die Staufer", 3 Bde., Stgt. Landesmus., 1977.

Casula →Kasel.

Cathedra →Bischofsstuhl.

Causeuse (franz.), kleines Kanapee für zwei Personen (Empire).

Cavallini, Pietro, ital. Maler um die Wende des 13. zum 14. Jh. Die wahrscheinlich 1291 entstandenen Mosaiken aus dem Leben Marias in S. M. in Trastevere in Rom sind signiert. Wenig später (wohl 1293) schuf er mit Gehilfen das nur als Fragment überlieferte Fresko des „Jüngsten Gerichts" in S. Cecilia in Rom. Weitere Werke werden ihm und seinen Schülern zugewiesen, so in Assisi und Neapel, wo er 1308 im Dienste des Hofes nachweisbar ist. Von der antiken und bes. byzantin. Malerei ausgehend, hat C. seine Vorbilder überwunden, vor allem durch den Reichtum und die Intensität seiner Farben. Er hat es ferner verstanden, den Gestalten seiner klaren Kompositionen ein hohes Maß vornehmer Würde und zugleich ein neues inneres Leben zu verleihen.

E. Sindona, P. C., 1958 (ital.); P. Toesca, P. C., 1959 (ital.); F. Bologna, La pittura italiana delle origini, 1962; dt. 1964; L. Vayer, L'affresco absidale di P. C. nella chiesa di S. Maria in Aracoeli (Acta Historiae Artium 9 Budapest) 1963.

Cella →Tempel.

Cellini, Benvenuto, ital. Goldschmied und Bildhauer, * 1. 11. 1500 Florenz, † 14. 2. 1571 das., tätig auch in Rom und Frankreich am Hofe Franz I., für den er eines seiner berühmtesten Werke, das „Salzfaß", schuf (1539–1543; Wien, Kunsthistor. Mus.), vermutlich das einzige, was sich von seinen Goldschmiedearbeiten erhalten hat. Technisch meisterhaft ist sein Bronzestandbild des Persues mit dem

Haupte der Medusa (voll. 1554; Florenz, Loggia de' Lanzi). Weitere Bronzearbeiten: Büste Cosimos I. de' Medici (Florenz, Museo Nazionale); Büste des Bindo Altoviti (Boston, Gardener Mus.). In Marmor arbeitete er u.a. einen Kruzifixus (Escorial) und die 1958 in Amerika wieder entdeckte Büste Cosimos I. de' Medici (San Francisco, De Young-Mus.). Er verfaßte: Due trattati (dell' oreficeria e della scultura), Florenz 1568 (Neuere Ausg. v. Milanesi 1857; dt. v. J. Brinckmann 1867; De Mauri 1927); Ruth u. M. Fröhlich (in: Schrift d. Gewerbemus. Basel) 1974. Sein abenteuerliches Leben beschrieb er 1558–62 in der zuerst von Goethe 1803 übersetzten Selbstbiographie (Neueste Ausg. 1964 mit Nachwort von J. Jahn; eine weitere kommentiert v. W. Hess – Rowohlts Klassiker 22/23 – 1957).

E. Plon, B. C., 1882/84; Supino, L' Arte di B. C., 1901; H. Focillon, B. C. Biographie critique, 1910; H. Cust, B. C., 1912 (engl.); A. Venturi, Storia dell'arte italiana, X, 2, 1936; H. Klapsia, B. C., 1943; E. Camesasca, Tutta l'opera del C., 1955.

Cennini, Cennino di Drea, ital. Maler, * Colle di Valdelsa, Schüler von Agnolo Gaddi, schrieb gegen 1400 einen Kunsttraktat (Libro dell' arte), der an der Wende von Mittelalter und Neuzeit einen vielseitigen Einblick in technische Einzelheiten ital. Künstlerwerkstätten gewährt und die Auffassung der Zeit von der Malerei des Trecento widerspiegelt. – Ausgabe von C. und G. Milanesi, 1859; dt. Übersetzungen von A. Ilg 1871, ²1888 (Quellenschriften für Kunstgesch., Bd. 1) und P. W. Verkade, 1916.

J. v. Schlosser, Die Kunstliteratur, 1924, 1956 u. 1964 (J. Schlosser-Magnino).

Centula, ehemaliges Kloster in St. Riquier bei Abbeville (Nordostfrankreich), begründet vom hl. Richarius († 645), durch Angilbert, den Schwiegersohn Karls d. Gr., neu gebaut (790–99). Die Kirche dieses Neubaus, der später völlig zerstört wurde und an deren Stelle heute eine spätgot. Kirche steht, gehörte zu den Hauptwerken der karoling. Baukunst, wie die Rekonstruktion durch Effmann erkennen läßt: Säulenbasilika mit Querhaus und rundem, kuppelgewölbtem Vierungsturm, Chorquadrat und Rundtürmen zwischen diesem und den Querarmen. Im W war ein →Westwerk vorgesetzt, das erste und zugleich vollkommenste seiner Art. Das Gesamtbild mit der Verteilung der architektonischen Energien auf zwei Pole, dem Reichtum des Wechsels zwischen über- und untergeordneten Bauteilen und des Wechsels runder und eckiger Körper läßt zum erstenmal die Idee eines voll ausgebildeten Gruppenbaus der reinen Romantik ahnen. – Der von Effmann rekonstruierte Bau wird neuerdings für eine ottonische Umformung des karolingischen Urbaus gehalten.

W. Effmann, C., 1912; A. Fuchs, Zur Rekonstr. d. urspr. Klosterk. v. C. durch W. Effmann (Westfäl. Ztschr. 100) 1950; I. Achter, Zur Rekonstr. d. karoling. Klost.k. C. (Ztschr. f. Kstgesch. 19) 1956; W. Braunfels, H. Schnitzler, Karoling. Kst., 1965.

Ceres →Demeter.

Certosa, ital. Bezeichnung für Kartause, also für ein Kloster des Kartäuserordens. Das berühmteste ist die C. bei Pavia, deren Kirche mit ihrer Marmorfassade ein Prachtwerk der ital. Renaissance ist.

Certosina-Möbel, ital. Möbel (meist Truhen und Kästen) der Renaissance mit Einlegearbeit aus Elfenbeinplättchen oder farbigen Hölzern, die im Anschluß an oriental. Vorbilder geometrische Flächenornamente bilden. Die im Namen angedeutete Beziehung zur Certosa bei Pavia ist nicht geklärt.

Cestiuspyramide, Grabmal des 12 v. Chr. gestorbenen Tribunen C. Cestius Epulo, das in Rom nahe der Porta S. Paolo, ursprünglich außerhalb der Stadt, in Form einer spitzen Pyramide errichtet wurde. Der Kern besteht aus Ziegeln, der äußere Belag aus Marmor, die Eingangstür ist modern.

Nash, Bildlexikon der Topographie des antiken Rom, 1961; J. E. S. Edwards, Die ägypt. Pyramiden, dt. 1967; weitere Lit. →Pyramide.

Cézanne, Paul, franz. Maler, * 19. 1. 1839 Aix-en-Provence, † 22. 10. 1906 das., kam 1861 nach Paris, studierte hier alte und zeitgenössische Meister, gelangte durch Pissarro zum Impressionismus, lebte 1873–79 in Auvers-sur-Oise und kehrte dann zu einsamem Schaffen in die Heimat zurück. Sein in langem innerem Ringen entstandener Stil ist eine entscheidende Entwicklung über den Impressionismus hinaus und läßt C. als einen der wichtigsten Bahnbrecher der neueren Malerei erscheinen. Diese Weiterentwicklung besteht in der Hauptsache in einer neuen Verfestigung der Bildform gegenüber der lockeren des Impressionismus; doch hat dabei die Zeichnung nur sekundäre Bedeutung, da alles aus der Farbe heraus gestaltet ist. Die Farbe selbst, in ihren Tonabstufungen bereichert durch impressionistisches Sehen, ist dicht und gesättigt, der Bildgehalt oft ernst und schwer. C. hat Landschaften, Stilleben und Figurenbilder gemalt. Seine Bedeutung wurde erst nach seinem Tode allseitig erkannt. – P. C., Briefe, Einleitender Text von G. Jedlicka, 1939; Briefe von und an C., dt. hg. von J. Rewald 1962, 1976.

A. Vollard, P. C., 1914, dt. 1921; J. Gasquet, C., 1930; F. Novotny, C. und das Ende der wissenschaftlichen Perspektive, 1938; L. Venturi, C., 2 Bde., 1936; A. C. Barnes and V. de Mazia, The art of C., 1939; J. Rewald, C., sa vie, son oeuvre, son amitié pour Zola, 1939; H. Graber, P. C. Nach eigenen u. fremden Zeugnissen, 1942; F. Novotny, C., 1948; B. Dorival, C., 1949; M. Raynal, C., 1954 (franz.); K. Badt, Die Kunst C.s, 1956; Meyer Schapirs, P. C., 1956; H. Perruchot, Das Leben C.s, dt. 1957 (mit Bibliographie); A. Chappuis, Die Zeichnungen von P. C. im Kunstmus. zu Basel, 2 Bde., 1962; ders., The drawings of C. (cat. rais) 1973; P. H. Feist, P. C. 1963; W. Rubin (Hg.) u. a., C. The Late Work, 1977; G. Adriani, C. Aquarelle, Ausst.-kat. Tübingen u. Kunsthaus Zürich, 1982 (m. Bibl.).

Chagall, Marc, russ. Maler und Graphiker, * 7. 7. 1889 Liosno b. Witebsk, lebt in Vence, Alpes-Maritimes, Schüler v. Bakst in Leningrad, bildete sich 1910–14 in Paris an den Werken von Matisse, Picasso, Léger und wandelte sich vom Impressionismus zum Kubismus. Nach Rußland zurückgekehrt, fand er seinen eigenen Stil, indem er Elemente russ. Volkskunst, jüdischer Mystik und Legende, Trauminhalte psychoanalytischer Färbung zu völlig irrealen Gebilden zusammenfügte. 1923 übersiedelte Ch. wieder nach Paris. 1941–47 hielt er sich in Amerika auf. In seiner letzten Zeit hat sich das oftmals Harte und Grelle seiner früheren Farbgebung zu weicher, vergeistigter, in zarten Akkorden zusammenfließender Farbigkeit gewandelt. Von seinen Radierungen sind die 105 Illustrationen zur Bibel hervorzuheben (1931–39; ersch. in Paris 1956). Als Spätwerk gestaltete Ch. Glasfenster im Frauenmünster zu Zürich und in Mainz (1982). Er schrieb: „Mein Leben“ (dt. 1959).

A. Efross u. J. Tugendhold, Die Kunst M. Ch.s, 1921; A. Salmon, Ch., 1928; J. J. Sweeny, M. Ch., 1946; R. Maritain, Ch., 1948; L. Venturi, Ch., dt. 1956; Das graph. Werk, hg. v. F. Meyer u. H. Bolliger, 1957; J. Lassaigñe, Ch., 1957 (franz.); ders., Unveröffentlichte Zeichnungen, 1968; F. Meyer, M. Ch. Leben u. Werk, 1961, [2]1968; J. Cassou, Ch., dt. 1966; W. Haftmann, M. C., 1973; W. Schmied (Einf.), M. C., Die groß. graph. Zyklen, 1976; M. Ch., Das graphische Spätwerk, Ausst.kat. München, Haus der Kst., 1978.

Chalcedon, schwach durchsichtiger oder undurchsichtiger, mattgefärbter Halbedelstein (Quarz), im Altertum für Gemmen verwendet.

Chaldische Kunst, die Kunst des Volkes der Chalder oder Urartäer, die in der Gegend des heutigen Armenien wohnten. Die ältere urartäische Kunst hat vielfach auf die hethitische Kunst gewirkt, wenn wir sie auch mangels in dieser Gegend ausgeführter Grabungen noch nicht recht fassen können. Von der späteren Ch. K. sind vor allem Bronzen (aus Toprakkale im Berliner Mus.) erhalten. Sie sind offenbar stark von assyrischer Kunst abhängig. Aus der Gegend des Wansees ist Keramik mit plastischen Verzierungen bekannt.
Neue bedeutende Funde (bes. Bronzen) wurden neuerdings an verschiedenen Orten Armeniens gemacht.

Lehmann-Haupt, Armenien einst und jetzt, 3 Bde., 1910–29; Piotrowski, Karmir-Blur, 1950ff. (russ.); Mongait, Archaeology in the U.S.S.R., 1959.

Chalkographie, nicht mehr übliche Bezeichnung für die Kupferstechkunst.

Champaigne, Philippe de, fläm.-franz. Maler, * 26. 5. 1602 Brüssel, † 12. 8. 1674 Paris, stud. in Antwerpen u. Paris, zunächst von → Poussin beeinflußt (gemeins. Ausgestaltg. d. Palais Luxembourg/Paris), seit 1628 Hofmaler. Ch. gehörte 1648 zu den Gründern d. franz. Akad. d. Künste. Kirchenmalereien (Sorbonne-K., 1642–44), Darstellungen religiöser Themen unter dem Einfluß der „Jansenisten" (einer Reformbewegung von großem sittlichen Ernst) sowie bedeutende Porträts (Louis XIII, Richelieu, Mazarin u. a.) bilden das Werk des Ph. de Ch.

A. Mabille de Poncheville, Ph. de Ch., 1938; B. Dorival, Ph. de Ch., La vie, l'œuvre et le cat. rais, 2 Bde. 1976.

Chardin, Jean Baptiste Siméon, franz. Maler, * 2. 11. 1699 Paris, † 6. 12. 1779 das., war mit seinen Stilleben und Küchenstücken thematisch zwar von den Niederländern des 17. Jh. abhängig; in der Feinheit der Licht- und Schattenabstufungen, auch in der Erfindung neuer Farbenzusammenstellungen ist er aber über sie hinausgegangen und darf überhaupt als einer der größten Koloristen des 18. Jh. bezeichnet werden. In seinen Genrebildern mit häuslichen Szenen aus dem bürgerlichen Leben seiner Zeit verbinden sich Realismus der Darstellung mit Eleganz der Form.

G. Wildenstein, Ch., 1933 (franz.); E. Pilon, Ch., 1942. E. Goldschmidt, J.-B. S. Ch., 1945; A. Dayot et J. Guiffrey, J.-B. S. Ch., o. J. (mit Werkverz.); P. Rosenberg, Ch., 1963; V. Lazarew, Ch., dt. 1966.

Chariten, in der griech. Mythologie die drei Göttinnen der Anmut und Heiterkeit, von den Römern G r a z i e n genannt: Aglaia („Glanz"), Euphrosyne („Frohsinn"), Thalia („Lebensfreude"). Sie erscheinen oft im Gefolge der Aphrodite, anfangs leicht bekleidet, seit der Zeit des Skopas und Praxiteles nackt, einander die Hände reichend oder umarmend. Eine aus Rom stammende berühmte Gruppe dieser Art befindet sich in der Domopera zu Siena (2. Jh. n. Chr.).

Charivari (franz. „Katzenmusik“), Name einer Pariser politisch-satirischen Zeitschrift (gegr. 1832), für die →Daumier jahrzehntelang lithographische Illustrationen geliefert hat.

Chassériau, Théodore, franz. Maler, * 20. 9. 1819 San Domingo, † 8. 10. 1856 Paris, Schüler von Ingres, kam diesem bes. in seinen gemalten und gezeichneten Bildnissen nahe, gelangte vor allem in seinen Darstellungen nackter Weiblichkeit unter mytholog. oder histor. Vorwand zu einem sehr persönlichen Stil. Durch eine Reise nach Algier (1846) gewann er ein Verhältnis zur Kunst des Delacroix, was sich durch eine stärkere Farbigkeit seiner im übrigen linienklaren Kompositionen bemerkbar machte. Religiöse Fresken in verschiedenen Kirchen von Paris, Fresken im Treppenhaus des Rechnungshofs das. (1844–48; Hauptwerk, 1871 bis auf geringe Reste zerstört).

L. Bénédite, Th. Ch., 2 Bde., 1932; Ausst.kat. Ch., Louvre Paris (Zeichnungn.), 1957; M. Sandoz, Th. Ch. (cat. rais.) 1974 (frz.).

Chelsea-Porzellan, Erzeugnisse d. in Chelsea b. London um die Mitte des 18. Jh. blühenden Porzellanmanufaktur. Die Dekoration bevorzugt dunkles, nach Violett spielendes Rosa.

F. S. Mackenna, Ch. porcellain, 3 Bde., 1948–52.

Cheopspyramide, die größte Pyramide, in der Nähe von Giseh bei Kairo, urspr. 146 m, jetzt 137 m hoch, die sich der König Cheops um 2600 v. Chr. erbaute. Von dem Totentempel, der an sie anschloß, sind bedeutende Reste freigelegt. Die Zahlentheorien, die man auf Grund der Maßverhältnisse aufgestellt hat (Max Eyth), sind nicht haltbar.

L. Borchardt, Gegen die Zahlenmystik an der großen Pyramide bei Giseh, 1922; J. E. S. Edwards, The Pyramids of Egypt, 1947, dt. 1967; J. Ph. Lauer, Le problème des pyramides d'Egypte, 1948; Fr. W. v. Bissing in Forschungen u. Fortschritte, 26, 1950.

Cherubim, in der mittelalterlichen Kunst Engel mit vier Flügeln, die mit Augen besetzt sind; im Unterschied zu den Seraphim, die sechs Flügel, aber ohne Augen, haben. Doch wird zwischen beiden Typen nicht immer genau unterschieden. Sie gelten als Wächter an hl. Stätten und als Träger des Gottesthrones.

Chiaroscuro →Helldunkel.

Childerichgrab, das Grab des Westfrankenkönigs Childerich († 481), des Vaters Chlodwigs; es wurde 1653 zu Doornik (Tournai) in Flandern aufgefunden. Von der sehr reichen Grabausstattung sind heute nur mehr wenige Teile erhalten, die sich in der Bibliothèque Nationale zu Paris befinden: der Goldblechgriff eines Schwertes, mehrere Mundbleche und Beschläge von Schwertscheiden, Teile von Schnallen und zwei Zikadenfibeln, alle aufs reichste in Zelleneinlage (→Email) verziert. Das Vorkommen der Zikadenfibel (→Fibel) und die sorgfältige Zellenarbeit weist die Stücke als gotische Erzeugnisse aus; sie dürften um 450 in einer ostgot. Werkstatt des Donaugebietes entstanden sein.

H. Rupp, Die Herkunft der Zelleneinlage und die Almandin-Scheibenfibeln im Rheinland, 1937; K. Böhner, Das Langschwert d. Frankenkönigs Ch., 1948 (Bonner Jahrbücher 148); J. Werner, Beiträge zur Archäologie d. Attila-Reiches, 1956.

Chinesische Kunst. Sie reicht vom 3. Jahrtausend bis zur Gegenwart. Die Periodenteilung folgt der politischen Geschichte. 1. Frühzeit: Vorgeschichte und erste historische Periode, die Shang-Yin-Dynastie (1550–1050 v. Chr.). 2. Altertum: Zhou-Dynastie, Streitende Reiche, Qin-Dynastie (bis 206 v. Chr.). 3. Mittelalter: Han-Dynastie (206 v. Chr. – 220 n. Chr.), Zeit der 3 Reiche (220–280), Zeit der 6 Dynastien (221–589), Sui-Dynastie (581–618), Tang-Dynastie (618–906), Zeit der 5 Dynastien (906 bis 960), Song-Dynastie (960 bis 1279). 4. Neuzeit: Mongolenherrschaft (Yuan-Dynastie 1279–1368), Ming-Dynastie (1368–1644), Qing-Dynastie (1644–1911), Republik (1912–1949), Volksrepublik (seit 1949).

Die frühsten Erzeugnisse der Ch. K. sind neolithische Keramiken mannigfacher Art. Als erste Leistungen großer Kunst haben die sakralen Bronzegefäße der Shang-Yin- und Zhou-Dynastie zu gelten, die sowohl durch ihre monumentale Form wie auch durch ihre plastische Ornamentik ausgezeichnet sind.

Von der Baukunst ist aus den älteren Epochen noch wenig bekannt. Einige Häuser der Shang-Yin-, Zhou- und Han-Zeit wurden kürzlich in ihrem aus Lehmziegeln bestehenden Unterbau ausgegraben. Die schon früh mit Mauern umgebenen Städte waren rechteckig angelegt. Ein wesentliches Merkmal größerer Baueinheiten (Tempel, Paläste, Grabanlagen) ist die axiale Anordnung von Breithallen im Wechsel mit Torbauten. Selten begegnet man dem Gewölbebau. Fast immer ist auf steinernem Sockel ein hölzerner Pfostenbau errichtet, der im N Chinas oft ein geknicktes, im S ein geschwungenes Dach trägt oder mehrere Dächer übereinander aus farbig glasierten Ziegeln mit Dachreitern an First und Ecken. Die eigens für das Vorkragen der Dächer entwickelten Holzformen wurden auch im Stein- und Ziegelbau nachgeahmt (→Pagode). Der allergrößte Teil der Bauten stammt aus der Spätzeit; frühe Architekturdarstellungen in Gestalt von Steingravierungen oder auch in Form von Felsreliefs beweisen aber, daß sich die Bauart im Laufe der Zeiten kaum verändert hat.

Skulptur(en) aus Stein kommt in einigen Stücken seit der Shang-Yin-Zeit vor, monumentale Tierfiguren gibt es erst aus der Han-Zeit (Grab des Generals He Qu-ping. Hölzerne Grabfiguren kennen wir aus der späten Zhou-Zeit, und monumentale Tonplastiken werden seit 1974 in größerem Umfang bei der Grabstätte des ersten chinesischen Kaisers, des Qin Shihuangdi, ausgegraben. In der Grabausstattung der Han-Dynastie begegnet man Bronzeplastiken von Menschen und Tieren unterschiedlicher Größe. Tonfiguren sind seit der gleichen Zeit als Grabbeigaben sehr verbreitet. Ihren technischen und künstlerischen Höhepunkt erreichen sie in der Tang-Zeit, wo neben Figuren aus weißem Pfeifenton auch große Pferde und Kamele in farbiger Schmelzglasurtechnik hergestellt wurden. Kolossale Felsskulpturen, meist Buddhas und Bodhisattvas, kommen unter ind. Einfluß gegen Ende des 5. Jhs. n. Chr. auf (Höhlen von Yungang). Der Höhepunkt der Steinskulptur liegt ebenfalls in der Tang-Zeit (Höhlen von Longmen), doch auch die Song-Zeit brachte noch einzelne sehr gute plastische Werke hervor. Die bemalte Plastik aus ungebranntem Lehm, die man neben vergoldeten oder bemalten

Holzfiguren oft in buddhist. und taoist. Klöstern sieht, ist meist nur in stark ergänztem Zustand erhalten. Seit der Ming-Dynastie hat die Plastik kaum noch eigene Typen entwickelt. Die steinernen Tiere an den Alleen der Kaisergräber sind plump und teigig. Die ältesten erhaltenen vergoldeten buddhistischen Kleinbronzen (Altäre, Kultbilder) stammen aus dem 4. Jh. n. Chr. Aus der Ming-Dynastie und späterer Zeit gibt es auch größere vergoldete Buddha- und Bodhisattva-Figuren. Eine eigene Gattung bilden seit der Zeit der streitenden Reiche die Metallspiegel, deren Rückseite ornamentales Relief aufweist. Berühmt sind die Traubenspiegel der Tang-Zeit.

Die lange Geschichte der Malerei beginnt mit einem neuerdings aufgefundenen Seidenbild aus dem Ende der Zhou-Dynastie. Die Han-Zeit hat viele Steingravierungen geliefert, die als Wandbekleidung der Gräber dienten, neuerdings jedoch auch beachtliche Wandmalereien und farbige Gemälde auf Seide. Auch aus der Tang-Dynastie kennen wir heute erstrangige, teils gut erhaltene Wandgemäldezyklen höfischer Pracht (Gräber des Zhanghuai, Yide und der Yongtai bei Qian Xian, Shaanxi). In den Höhlen bei Dunhuang gibt es aus der Zeit vom 4.–14. Jh. viele Wandgemälde religiösen und profanen Inhalts. Die Malerei kleinen Formats, zu der außer Rollbildern auch bemalte Fächer, Albumblätter und Wandschirme gehören, stand von jeher in enger Verbindung mit der Kalligraphie. Von den Gemälden der Song- und Tang-Zeit sind fast ausschließlich Kopien nach bedeutenden Meistern erhalten. Sehr früh gab es eine Landschaftsmalerei. Sie galt in China als vornehmste Gattung der Malerei überhaupt und erreichte ihren Höhepunkt in der Song-Zeit. Obwohl die Perspektive in europ. Sinne unbekannt war, entstanden damals in der Darstellung von Ferne und atmosphärischem Raum Werke, die zu den großartigsten Leistungen aller Malerei überhaupt gehören. Die späteren Maler, zumal die der Yuan-Zeit, haben sich nicht nur mit der Nachahmung und Weiterentwicklung des Alten begnügt, sondern auch bedeutende Bilder eigener Erfindung geliefert. Eine Sondergattung ist die →Tuschmalerei. Im Zusammenhang mit der Malerei steht der Farbendruck (farbige Holzschnitt), dessen frühste erhaltene Beispiele aber erst ins ausgehende 17. Jh. gehören. Die Anfänge des Holzschnittes reichen jedoch bis in die Sui-Dynastie zurück.

Hauptgebiete des Kunsthandwerks sind Bronze- und Edelmetallarbeiten, Keramik, bes. →Porzellan, dessen Erfindung bis in die Tang-Zeit zurückreicht und das sich im Technischen und Künstlerischen dann zu großer Mannigfaltigkeit entwickelte; ferner Schmelzarbeiten, Schnitzereien, Lackarbeiten (→Lackkunst), Seidenweberei und -stickerei. Ein eigentümlich chines. Material ist Jade, ein Stein von grüner bis bräunlicher oder gelblicher Farbe, aus dem ursprünglich nur Kultgeräte, später auch Schmuckgegenstände und Kleinbildwerke hergestellt wurden. Das Kunsthandwerk der Spätzeit, bes. das der Qing-Dynastie, steht im Zeichen äußerer, zuweilen spielerischer Prunkentfaltung und technischen Raffinements. Was damals an Keramik, Lack- und Zellenschmelzarbeiten, Holz-, Jade-, Bergkristall- und Elfenbeinschnitzereien, an Stickereien und Seidengeweben entstand, hat bei gestei-

gerter Ausfuhr nach dem Westen die Vorstellung Europas von Ch. K. wesentlich bestimmt und zu ihrer Nachahmung angeregt (→ Chinoiserie). Vielleicht ist auch die neue Wendung der europ. →Gartenkunst im 18. Jh. auf das Beispiel der hochentwickelten chines. Gartenkunst zurückzuführen.
Seit der Gründung der Volksrepublik werden alle Künste eifrig gepflegt, wobei eine Richtung mit gutem Erfolg und oft in Anlehnung an die Volkskunst Altes weiterentwickelt, während eine andere (Ölmalerei, Plastik und bes. der Holzschnitt) sich der realistischen Mittel des Westens bedient, um die politischen und gesellschaftlichen Inhalte der Gegenwart zu gestalten. Neuerdings macht sich jedoch wieder stärkerer Einfluß älterer Vorbilder geltend.

E. Boerschmann, Chines. Architektur, 2 Bde. 1925; O. Sirén, Chines. Skulptur, 4 Bde. 1925; ders., A History of Early Chinese Painting, 2 Bde. 1933; ders., A History of later Chinese Painting, 2 Bde. 1938; ders., Chinese Painting, Leading Masters and Principles, 1956; L. Sickman u. A. Soper, The Art and Architecture of China, 1956; W. Speiser, R. Goepper, J. Fribourg, Chines. Kunst, 1965; M. Sullivan, The Arts of China, 1977; T. Thilo, Klassische chines. Baukunst, Strukturprinzipien und soziale Funktion, 1977. Weitere sehr ausführliche Literaturangaben bei H. Brinker u. R. Goepper, Kunstschätze aus China, Ausst.kat. Kunsthaus Zürich, Museum für Ostasiat. Kunst Berlin, Museum für Ostasiat. Kunst Köln, 1981/82.

Chinoiserie, Kunstform im 18. Jh. in Anlehnung an chines. Zierformen und in Verbindung mit Darstellungen aus dem Leben der Chinesen. Schon in den letzten Jahrzehnten des 17. Jh. waren chines. Erzeugnisse nach Europa gekommen und hier auch nachgeahmt worden. Reisebeschreibungen hatten eine gewisse äußere Kenntnis Chinas vermittelt und die Vorstellung erweckt, es sei ein Land heiteren und spielerischen Lebensgenusses. Dem Rokoko erschien diese chines. Welt in Form und Gegenstand bes. verwandt, und so begann die Ch. sich seit Anfang des 18. Jh. zunächst in Frankreich, dann auch in Deutschland und England allgemeiner durchzusetzen, am ausgedehntesten in der Innenausstattung des Rokokoraumes: gemalte, gewebte oder stuckierte, gegenständlich stets wechselnde Szenen aus dem Leben der Chinesen bedeckten die Wände, eingesponnen in Ornamente, die vielfach dem Formenschatz der Grotesken entnommen sind. Zuweilen wurden auch an den Wänden chines. Porzellane auf Konsolen angebracht. In beschwingtester und graziösester Form erscheint die Ch. in den Ornamentstichen des Rokokos. Ein reiches Feld fand sie auch in der Fayence- und Porzellankunst. Der Ch. verwandt und häufig mit ihr verbunden ist die Singerie, die Darstellung des spielerischen, menschenähnlichen Treibens der Affen. Im Ornamentstich ist sie durch Claude Gillot und namentlich durch Christophe Huet entwickelt worden.

R. Graul, Ostasiatische Kunst und ihr Einfluß auf Europa, 1906; Cordier, La Chine en France du XVIIIe siècle, 1910; Ch. Yamada, Die Chinamode des Spätbarock, 1935; E. H. v. Tscharner, China in der dt. Dichtung bis zur Klassik, 1939; Margaret Jourdain u. R. S. Jenyns, Chinese export art in the 18th century, 1951; E. Köllmann: Reallexikon zur dt. Kunstgesch., Bd. 3, 1954; O. Impey, Ch. Western Interpretation of Oriental Styles, 1977.

Ch'i Po-shih, auch Ch'i Bai-shih, Qi Baishi, Qi Huang gen. Binsheng, * 1863 Xiangtan (Prov. Hunan) † 16. 9. 1957 Peking, Altmeister der modernen chines. Malerei, zugleich bedeutendster Vertreter der neuen Tuschmalerei. Viele seiner in Holzschnitten vervielfältigten, sehr flotten Bilder, die meist Tiere, Pflanzen und Früchte u. Landschaften darstellen, sind in Europa verbreitet.

H. Kuntze, Ch. B.-sh., 1956; G. Pommeranz-Liedtke, Tschi Pai-schi, 1958; J. Hejzlár, Chi-Paj-s', 1970 (tschech.).

Chippendalestil, der erste national-engl. Möbelstil der Neuzeit, geschaffen um 1750 von dem in London tätigen Kunsttischler Thomas Chippendale (um 1709–1779). Der Ch. verbindet Elemente des engl. Barocks, des franz. Rokokos sowie got. und chines. Motive zu einer mehr oder weniger ausgeglichenen Einheit, wobei die Richtung auf gerade und flache Formen in seiner Entwicklung immer stärker hervortritt. Dem Holz fremde Einlagen und Metallbeschläge werden vermieden. Bevorzugt ist Mahagoni, das damit in die engl. Möbelkunst eingeführt wird. Namentlich in Sitzmöbeln hat der Ch. Bedeutendes geleistet und seine Zierformen der Zweckmäßigkeit und Bequemlichkeit angepaßt. Die ausgeführten Stücke sind meist maßvoller in der Form als die in Chippendales berühmter Vorbildersammlung „The gentleman and cabinet makers director" (1754; neue Ausg. von K. Schroeder, 1955) enthaltenen Entwürfe. Ende des 19. Jh. ist der Ch. wegen seiner Zweckmäßigkeit wieder in Aufnahme gekommen.

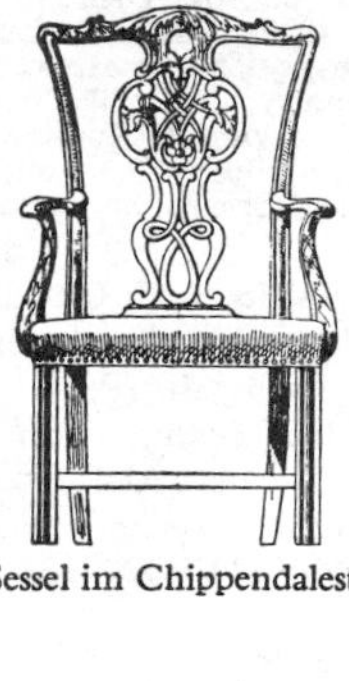

Sessel im Chippendalestil

Clouston, The Ch. period in English furniture, 1897; O. Brackett, Th. Chippendale, o. J.; J. Lowe, Möbel von Thomas Chippendale, 1955; E. T. Joy, Chippendale, 1971 (engl.).

Chirico, Giorgio de, ital. Maler, Graphiker und Kunstschriftsteller, * 10. 7. 1888 Volos (Griechenl.), † 21.11.1978 Rom, studierte zunächst am Polytechnikum in Athen (Landschaften, Marinen in Morgen- und Abendstimmung), dann 1906–09 in München, beeinflußt vom Werke Arnold →Böcklins. Bei der Rückkehr nach Italien empfing er besonders in Turin mit seinen Bauten stärkste Eindrücke (Turm-Bilder). In Paris (1911) wurde sein Schaffen durch die Bekanntschaft mit → Picasso und Apollinaire angeregt. Das Eigenartige seiner Kunst besteht darin, daß C. abstrakte Elemente und reale Gegenstände, die aus ihrer Umgebung herausgelöst sind, in seinen Bildern miteinander verband und so völlig neue Beziehungen schuf (sog. Pittura Metafisica, als deren Begründer C. gilt); Wirklichkeit und Traumwelt greifen ineinander. Kennzeichnend dafür sind die Mannequin-Bilder und die Stilleben mit phantastischen Architekturen oder streng perspektivisch aufgebauten Landschaften. Besonderen Wert legte C. auf malerische Qualität seiner Bilder; er studierte die Techniken alter Meister und kopierte u. a. Gemälde von Botticelli, Michelangelo und Raffael. C.'s Einfluß auf die Malerei d. Gegenw. war bedeutend. Bei der Beurteilg. seines Werkes ergeben sich Schwierigkeiten, weil sehr viele Fälschgn. zu Lebzeiten entstanden, die C. mit Echtheitszertifikaten versah od. signierte. Er schrieb: Wir Metaphysiker, Hg. v. W. Schmied, dt., 1979.

J. Thrall-Soby, G. de C., 1956 (engl. mit Ges.-Verz. der Lit.); W. Schmied, G. de C., o. J.; G. Legrand, G. de C., 1976; Cl. Bruni Sakraischik, G. de C., catalogo generale, 6 Bde. 1971–76; Isabella Far, D. Porzio, Conoscere de Ch.: la vita e l'opera dell' inventore della pittura metafisica, 1979; W., Schmied, G. d. Ch., Leben u. Werk, 1980; H. Th. Flemming, G. de Ch.s Lebenswerk in neuem Licht (in: Pantheon, 5), 1970.

Chodowiecki, Daniel, Radierer und Maler, * 16. 10. 1726 Danzig, † 7. 2. 1801 Berlin, seit 1743 tätig das., die selbständigste Persönlichkeit, die Deutschland im 18. Jh. auf dem Gebiete der Graphik hervorgebracht hat. Sein mehr als 2000 kleinformatige Radierungen umfassendes Werk besteht überwiegend aus Illustrationen für Bücher zeitgenössischer Autoren (u. a. solchen von Klopstock, Lessing, Goethe, Schiller, Basedow, Lavater). Dazu kommen Folgen und Einzelblätter. Nicht minder groß ist die Zahl seiner Handzeichnungen. Das Leben des dt. Bürgers in der Zeit des Zopfstils hat Ch. unübertrefflich geschildert, ja er ist selbst der eigentliche Meister des Zopfstils geworden. – Verzeichn. sämtl. Kupferstiche von W. Engelmann (1857; neue Ausg. 1926); A. Rümann, D. Ch., 1926 (Bibliographie d. graph. Werks).

W. v. Oettingen, D. Ch., 1895; L. Kaemmerer, Ch., 1897; J. Jahn, D. Ch. und die künstlerische Entdeckung des Berliner bürgerlichen Alltags, 1954; A. Wiecek, Das Reisetagebuch D. Ch.s, 1961; P. Dehnert, D. C., 1977.

Chor, seiner ursprünglichen Bedeutung nach der für den Chorgesang der Geistlichen bestimmte Platz in der Kirche, dann übertragen auf einen Raumteil, um den vielleicht schon seit karoling. Zeit die Basilika erweitert wurde: man verlängerte das Mittelschiff über das Querschiff hinaus, so daß sich ein Raumteil von (in der Regel) quadratischem Grundriß ergab, der C. oder das Chorquadrat. An ihn schloß sich im O das Chorhaupt oder die →Apsis an. Man pflegt auch den ganzen östl. Teil der Kirche samt der Apsis als C. zu bezeichnen. Er ist über das Niveau der Kirche um einige Stufen erhöht; wenn sich eine Krypta unter ihm befindet, kann diese Erhöhung sehr bedeutend sein. Zuweilen ist der C. auch durch →Chorschranken gegen das Mittelschiff abgeschlossen, seit dem 13. Jh. durch einen →Lettner, im Barock durch ein kunstvoll gegliedertes Chorgitter oder Doxale. Durch Weiterführung der Seitenschiffe um den C. entsteht der durch offene Bogenstellungen gegen den C. geschiedene Chorumgang, oft mit radial angelegten, halbrunden Chorkapellen, Apsidiolen (Kapellenkranz), die die Außenwände durchbrechen und sich nach dem Chorumgang als Altarräume öffnen. Diese Lösung tritt schon im 9. Jh. in Frankreich auf (St. Martin in Tours) und ist seitdem ein wesentliches Merkmal der roman. Baukunst in Frankreich geblieben. Für die dt. Romanik bezeichnend ist die doppelchörige Anlage: als Gegenstück zum Ostchor ist ein Westchor vorhanden (Hildesheim, St. Michael, Dome von Mainz und Worms). Dies bedingt gleichmäßige Verteilung der architektonischen Energien auf 2 Pole und Verzicht auf eine Westfassade. In der Gotik wird die Sonderung von C. und Apsis aufgehoben.

Choregische Monumente, Denkmäler, die für einen Sieg in einem musischen Wettbewerb (meist Chormusik) errichtet wurden. Sie standen in Athen am Ostabhang der Akropolis. Das bekannteste ist das Lysikratesdenkmal, ein

Rundbau mit korinthischen Halbsäulen und kegelförmigem Dach, das einst den Siegespreis in Gestalt eines vergoldeten Dreifußes trug. Das Denkmal steht auf einem quadratischen Sockel und ist im Jahre 334 v. Chr. errichtet.

Chorgestühl, die zu beiden Seiten des Chors aufgestellten Sitzreihen, die von den Mitgliedern eines Dom- oder Kollegiatkapitels oder denen einer mönchischen Gemeinschaft beim gemeinsamen Gottesdienst besetzt werden. Herkommend von der Kathedra des Bischofs und den Subsellien der Priester in altchristl. Zeit, hat das C. im 13. Jh. seine Grundform gefunden. Es besteht aus einer unteren und einer oberen Sitzreihe, hinter der sich die Rückwand, das Dorsale, erhebt. Sie ist durch Blendarkaturen gegliedert und mit Baldachinen versehen. Man unterscheidet eine offene und eine geschlossene Form des C.s, je nachdem, ob die einzelnen Sitze, die Stallen, offen geteilt oder durch hohe Trennungswände gegeneinander abgeschlossen sind. Den Abschluß des ganzen Komplexes bilden hohe Seitenwände, die Wangen. Die einzelnen Stallen haben Armlehnen, die Accoudoirs, zum Aufstützen und Klappsitze, deren vorderer Rand zu einer Gesäßstütze, der Miserikordie, verbreitert ist. Die meisten und schönsten C.e stammen aus dem 14. bis 16. Jh. und sind in dieser Zeit zu einem reichen Betätigungsfeld der Bildschnitzerei und Schnitzornamentik geworden. (Hervorragendstes Beispiel in Deutschland das C. des Ulmer Münsters von Georg Syrlin d. Ä., 1469–74). Dabei boten namentlich die versteckt angebrachten Miserikordien eine sonst nicht wahrgenommene Gelegenheit zur Gestaltung eines oft in die Welt des Profanen hinüberspielenden Stoffkreises. Bis in den Klassizismus hinein spiegelt das C., ohne im übrigen seine Grundform wesentlich zu verändern, den Formwandel der Zeiten wider.

F. Neugaß, Mittelalterliches Ch. in Deutschland, 1927 (Stud. z. dt. Kunstgesch. 249); R. Busch, Dt. C. in 6 Jhn., 1928; W. Loose, Die C.e des Mittelalters, 1931 (Heidelberger kunstgeschichtl. Abhandlungen, Bd. 11); B. v. Tieschowitz, Das C. des Kölner Doms, 1937; P. Ganz u. Th. Seeger, Das C. in der Schweiz, 1946; J. S. Witsen Elias, Koorbanken, Koorhokken en Kansels, 1946; Hannelore Sachs, Die mittelalt. Ch.e i. d. Altmark u. i. Havelberg, Diss. Berlin, 1960; Dies., Mittelalterliches Ch., 1964, H. L. Arena, Die Ch.e d. Meisters Rodrigo Aleman, Diss. Heidelberg, 1966.

Chorgitter →Chorschranken.

Chörlein →Erker.

Chorschranken, die den Chor gegen die den Laien zugänglichen Teile der Kirche abschließenden Schranken aus Stein (seltener aus Holz). Sie werden unterschieden von den bis etwa 1969 (Instructio generalis) in kathol. Kirchen üblichen Altarschranken geringerer Höhe, die im wesentlichen nur einen Raum um den Altar abgrenzen. In altchristl. Zeit waren es niedrige Brüstungen oder Gitter, im Mittelalter erreichten sie beträchtliche Höhe, die auch einen optischen Abschluß bedingte. In Kirchen mit Chorumgängen umziehen sie oft den ganzen Chor. Die Ch., die bis ins 16. Jh. vorkommen, sind häufig zur Ansatzstelle der Reliefbildnerei (seltner der Malerei) geworden. Hauptbeispiele in Deutschland: Ch. der Liebfrauenkirche zu Halberstadt, der Michaeliskirche zu →Hildesheim (beide um 1200), des →Bamberger Doms. Seit dem 15. Jh. traten Chorgitter (Doxale) an die Stelle der Ch., die im Zeitalter des Barock besonders großartige, vielfach perspektivische Ausbildung erfuhren (Weingarten, seit 1929 versetzt; Kempten; Amorbach; Luzern usf.). Sie ermöglichten den Laien mehr Teilnahme an Liturgie u. Chorgebet. Als Folge der neuen Breviergestaltung entfielen auch diese Chorgitter in den meisten Kirchen ebenso wie die Altarschranken. Der neue →Kirchenbau kennt sie nicht mehr.

Chrismarium, Chrismatorium, Gefäß für das geweihte Salböl (Chrisma); ursprünglich Büchse (Pyxis) oder Flasche (Ampulla), im späteren Mittelalter reich verziertes Horn auf Gestell, auch in Gold gefaßtes Straußenei auf Kelchfuß und mit einem Türmchen geschlossen.

Christliche Antike →Altchristliche Kunst.

Christophorus (griech. „Christusträger"), einer der 14 →Nothelfer der kath. Kirche, wird in Bildnerei und Malerei dargestellt als riesiger Mann mit Bart, der auf einen Baumstamm gestützt das Jesuskind auf der Schulter durch einen Fluß trägt. Zuweilen erscheint Ch., einer alten Legende entsprechend, auch mit Hundekopf. Im 13. Jh. vereinzelt, werden Ch.-Darstellungen im 14. Jh. immer häufiger. Höhepunkt ist das 15. und der Beginn des 16., wo Ch. namentlich ein beliebtes Thema der dt. Graphik ist.

E. K. Stahl, Die Legende vom heil. Riesen Ch. in der Graphik des 15. u. 16. Jh., 1920; H.-F. Rosenfeld, Der hl. Ch., 1937; W. Loeschke, Sanctus Christophorus Canineus, 1954 (in: Festgabe f. E. Redslob); Ders., Beiträge z. Ikonographie d. kynokephalen Ch., 1957 (Actes du Xe Congrès Int. d'études byz., Istanbul 1955); ders., Neue Beiträge zur Darstellung d. kynokephalen Ch., 1957 (Forschungen z. osteurop. Kunstgesch. 5); E. Krausen, Strukturwandel i. d. Ch.-Verehrung, in Bayer. Jb. f. Volkskde. 1957 u. 1961.

Christus, Petrus, niederländ. Maler, * um 1420 vielleicht Baerle, † 1472–73 Brügge, wahrscheinlich Schüler oder Gehilfe des Jan van Eyck, 1444 Meister in Brügge, in seinem Schaffen (christl. Themen, Bildnisse) durchaus von Jan van Eyck abhängig, aber ohne dessen seelische Weite und tiefdringende Kenntnis der Form. Am glücklichsten war Ch. in der Wiedergabe landschaftlicher und stillebenhafter Einzelheiten, wie sie in genrehafter Breite ausgeführt bes. in seiner Darstellung des hl. Eligius in der Goldschmiedewerkstätte (1449; Privatbesitz) sichtbar wird.

M. J. Friedländer, Die altniederländ. Malerei, Bd. 1, 1924; L. B. M. Gellmann, P. C., Diss. John Hopkins Univ. USA 1972; P. H. Schabacker, P. C. (holl.) 1974.

Christusbild, Christustypus. Die christl. Kunst hat von Anfang an Christus dargestellt, zunächst meist unter einem Symbol (Fisch, Lamm, Weinstock, Christusmonogramm), ferner als Guten →Hirten, aber auch in den histor. Szenen des Neuen Testamentes und wahrscheinlich auch als Repräsentationsbild. Einzige Zeugnisse bieten in der Frühzeit (2.–3. Jh.) die Malereien der röm. Katakomben. Im Gegensatz zu dem literar. C. der früheren Kirchenschriftsteller gibt das der bildenden Kunst der Christusgestalt Jugend (Bartlosigkeit) und Schönheit. Dieser Christustypus herrscht in Bildnerei und Malerei im allgemeinen bis zum Ende des 5. Jh. Allmählich kommt daneben ein bärtiger, männlich-ernster, autoritativer Christustypus auf, der vom 6. Jh. als sog. byzantin. Typus überwiegt und das C. der Folgezeit entscheidend bestimmt hat (zeitweiliger Rückschlag z. B. in der karoling.-otton. Kunst). Die roman. Kunst steigert noch die Starrheit dieses Typus, die got. des 13. Jh. mildert ihn und bahnt jene Vermenschlichung an, die es Giotto ermöglichte, den seelischen Ausdruck im Gesicht Christi zu vertiefen und zu differenzieren. Die Renaissance, bes. die italien., stattet Christus wieder mit neuer Schönheit aus, wobei aber der bärtige Typus bleibt (Ausnahme z. B. im „Jüngsten Gericht" des Michelangelo). Der Barock hat daran nichts Wesentliches geändert, mit Ausnahme Rembrandts, der durch Unscheinbarkeit und Häßlichkeit des Äußeren seelische Kraft bloßzulegen suchte. Im 19. Jh. haben die Klassizisten, Nazarener und Präraffaeliten die Schönheit in Milde, ja Weichlichkeit und Sentimentalität gewandelt. Aus der neueren Entwicklung des C. sind bes. jene Versuche zu nennen, die durch Naturalismus und naturalist. Umgebung eine starke Vergegenwärtigung Christi erreichen wollen (Uhde, Klinger, Corinth). Auch der Expressionismus (Schmidt-Rottluff) widmete sich mit großer Eindringlichkeit dem Ch.

J. Burns, The Christ face in art, 1907; J. Sauer, Die ältesten C.er, 1920; W. Rothes, Christus in der bildenden Kunst aller Jahrhunderte, [7–10]1924; H. Priebe, Das C. in der Kunst des 19. und 20. Jh., Diss. Halle 1932; H. Preuß, Das Bild Christi im Wandel der Zeiten, 1934; W. J. A. Visser, Die Entwicklung des C.es in Literatur und Kunst in der frühchristl. und frühbyzantin. Zeit, 1934; G. de Jerphanion, L'Image du Jésus-Christ dans l'art chrétien, 1938 (La Voix des Monuments, N. F.); Doncoeur, Le Christ dans l'art français, 1939; P. Mornand, Le visage du Christ, 1939; F. Gerke, C. in der spätantiken Plastik, [3]1948; O. Thulin, Das C. d. Katakomben, 1954; W. Schöne, J. Kollwitz, H. v. Camphausen, Das Gottesbild im Abendland, 1957; Hella Krause-Zimmer, D. zweifache Ch. in frühchristl. Kst., 1972; F. van der Meer, Christus. Der Menschensohn in der abendländ. Plastik, 1980.

Christus-Johannes-Gruppe, ein →Andachtsbild: Christus mit dem an seiner Brust ruhenden Jünger Johannes; eine (schon in der Miniaturmalerei des 12. Jh. geformte) Verselbständigung der Christusgestalt mit seinem Lieblingsjünger aus der Darstellung des →Abendmahls. Bekannt sind etwa 40 unterlebensgroße Holzbildwerke dieser Art aus dem 13.–15. Jh., die wohl alle der dt. Kunst (bes. dem schwäb.-alemann. Kreis) angehören oder zum mindesten unter ihrer Einwirkung entstanden sind. Die Ch.-J.-G. gibt es auch als Kleinplastik und in Miniaturen.

Betty Kurth, Zur Ch.-J.-G., 1933 (Ztschr. f. Kunstgesch. 2); H. Swarzenski, Quellen zum dt. Andachtsbild, 1935 (Ztschr. f. Kunstgesch. 4); W. Pinder, Die Kunst der dt. Bürgerzeit, 1937; H. Wentzel, Die Ch.-J.-G.n des 14. Jhs., 1947; Ders. im Reallexikon zur dt. Kunstgesch., Bd. 3, 1954; Ders., Unbekannte Chr.-J.-G.n, 1959 (Ztschr. f. Kunstwissensch. 13); R. Hausherr, Ch.-J.-G.n in der Bible Moralisée, 1964 (Zeitschr. f. Kunstgesch. 27); Ders., Über d. Chr.-J.-G.n; zum Problem „Andachtsbilder" u. dte. Mystik, (Festschr. H. Wentzel) 1975.

Chromolithographie →Lithographie.

Chronogramm, lat. Inschrift oder sonstiger lat. Schrifttext röm. Zahlbuchstaben enthaltend, deren Addition die Jahreszahl des zu der Inschrift gehörenden Ereignisses ergibt. Die betreffenden Zahlbuchstaben können dabei zur Erleichterung des Lesers durch Größe oder Farbe hervorgehoben sein; doch brauchen sie nicht in der Reihenfolge aufzutreten, die sie in der aus ihnen gebildeten Jahreszahl einnehmen. Ein gereimtes Ch. heißt auch Chronostichon. Ein in der Kunstgeschichte bes. bekanntes ist das am Schluß des Genter Altars (→Eyck): VersV seXta MaI Vos CoLLoCat aCta tVerI = MCCCLLXVVVVII = 1432. In seltenen Fällen gibt es auch Ch.e mit dtn. Buchstaben, wobei „w“ als 10 gilt.

Chryselephantin (griech.), in Goldelfenbeintechnik gearbeitet. Die so gefertigten Statuen bestanden aus einem Holzkern, auf dem die nackten Teile des Körpers aus Elfenbein, die bekleideten aus Goldplatten befestigt waren. Die bekanntesten Beispiele waren die Athena Parthenos des →Phidias, der Zeus zu Olympia von demselben Meister und die Hera des →Polyklet zu Argos.

Chrysographie (griech.), das Schreiben oder Malen mit einer Goldtinktur. Frühmittelalterliche, byzantin. wie abendländ. Handschriften sind zuweilen ganz in Gold geschrieben (→Codex aureus). Später beschränkte man sich auf das Ausmalen einzelner Buchstaben mit Gold.

Churriguerismus, die von José Churriguera (1650–1723) entwikkelte und bis zum Beginn des Klassizismus verbreitete Richtung des span. Barocks, deren Eigenart im wesentlichen nur im Dekorativen zum Ausdruck kommt. Im Ch. äußert sich ein Dekorationswillen ähnlich dem, der den →Platereskenstil schuf. Gotisches verbindet sich mit Barockem zu schwellenden und schweifenden, scheinbar an keine Regel gebundenen Formen. Am ungehemmtesten entfaltete sich der Ch. in zahlreichen holzgeschnitzten Altartabernakeln.

O. Schubert, Geschichte des Barock in Spanien, 1908; F. Jiménez-Placer, Historia del arte español, Bd. 2, 1955; H. Damisch in Annales, Economies, Sociétés, Civiliations, 1960.

CIAM = Congrès Internationaux d'Architecture Moderne, eine im Juni 1928 in La Sarraz (Schweiz) gegründete, 1959 in Otterloo (Holl.) wieder aufgelöste Vereinigung namhafter Baumeister (→Le Corbusier →Gropius →Häring u. a.), die auf zehn Kongressen neue Lösungen für Baukunst, insbesondere →Stadtbaukunst diskutierten und ihre Grundsätze in Manifesten formulierten, darunter die „Charta von Athen“ 1933. Jeglicher →Eklektizismus wurde abgelehnt. Die moderne europäische Baukunst verdankt dieser Gruppe entscheidende Anregungen (→Neues Bauen, →Deutscher Werkbund). Ein C. Archiv befindet sich in Zürich.

Die Wohnung für das Existenzminimum, 1930. Le Corbusier (Hg.) La Charta d'Athenes, 1941; ders., An die Studenten, Die Charta v. Athen, dt. 1962; J. Joedicke (Hg.) Dokumente d. mod. Architektur Bd. 1: O. Newman CIAM '59 in Otterloo, engl. u. dt. 1961; M. Steinmann (Hg.), CIAM. Internationale Kongresse für neues Bauen. Dokumente 1928–39 (Inst. f. Gesch. u. Theorie d. Architektur an der ETH Zürich, Schriftenreihe, 11) 1978.

Ciborium, 1. der auf Säulen ruhende steinerne Altarüberbau (Altarciborium, Baldachin). Er findet sich bes. häufig in Italien, schon in vorroman. Zeit. An ihm hing das Gefäß mit dem geweihten Brot, zwischen den Säulen waren Vorhänge angebracht, die den Altar umschlossen. In Deutschland kommt das C. nur bei Nebenaltären vor, tritt dann also aus der Wand heraus. Ein bekanntes Beispiel ist das mit Wimpergen, Fialen und Statuen ausgestattete got. C. im Dom zu Regensburg. 2. das Weihbrotgefäß selbst (auch Tabernakel genannt) aus Edelmetall, mit einem Kelchfuß, einem runden, oder vieleckigen Körper und entsprechendem Dekkel, der in der Gotik die Form eines Turmhelms annehmen kann.

Cimabue, Giovanni, ital. Maler, erwähnt 1272 in Rom und 1301–02 in Pisa, für dessen Dom er das einzige f. ihn gesicherte, aber sehr schlecht erhaltene Werk schuf; vorübergehend tätig auch in Florenz und Assisi, von Dante als einer der berühmtesten Maler seiner Zeit erwähnt. Allgemein zuerkannt werden ihm eine thronende Madonna mit Engeln (Florenz, Uffizien) und Fresken in der Oberkirche zu Assisi. Sie zeigen ihn als einen von der maniera bizantina zwar ausgehenden, sie aber mit eigener Kraft und Größe erfüllenden Meister.

E. Benkard, Das literarische Porträt des G. C., 1917; A. Nicholson, C., A critical study, 1932; R. Salvini, C., 1946 (ital.); E. Battisti, C., 1963 (ital.); R. Oertel, Die Frühzeit d. ital. Maerei, [2]1966; P. Barocchi, F. Baldunicci, C., 1974.

Cinquecento (ital. „500", Abkürzung für 1500), in der ital. Kunstgeschichte Bezeichnung für das 16. Jh., jedoch zugleich Stilbegriff. Als solcher bedeutet er nicht die Kunst des ganzen 16. Jh., sondern nur die der Hochrenaissance im Unterschied zum Quattrocento, der Frührenaissance.

Cire perdue →Bronzekunst.

Ciste. 1. Zylindrisches, mit Deckel versehenes Bronzegefäß, das in Mittelitalien und Etrurien im 4. und 3. Jh. v. Chr. oft vorkommt und wohl zur Aufbewahrung von Toilettengegenständen diente. Die Außenwand und auch der Deckel, dessen Griff oft plastisch gearbeitet ist, sind fast immer mit eingravierten Figuren geschmückt. Am bekanntesten die sog. Ficoronische Ciste (nach dem Namen des früheren Besitzers; jetzt Villa di Papa Giulio), die in umlaufendem Fries eine Darstellung der Argonautensage zeigt. Dieses Bild wurde ohne Sicherheit mit einem überlieferten Gemälde eines Malers Kydias von der Insel Kythnos in Verbindung gebracht. Über den Entstehungsort der C.n, deren Zeichenstil stark von unteritalisch-griechischer Kunst abhängt und mit etruskischer Kunst kaum etwas zu tun hat (trotz der Bezeichnung etrusk. Cisten), ist noch keine Gewißheit erzielt.

2. Kleine, meist aus Alabaster, aber auch aus Marmor oder Ton gefertigte sarkophagförmige Aschenurnen, die in der späten etrusk. Kultur vorkommen (3.–1. Jh. v. Chr.). Sie sind auf der Vorderseite in durchweg schlechter Ausführung mit Reliefszenen geschmückt, deren Inhalt oft der griech. Mythologie entnommen ist. Auf dem Dekkel meist liegende Figuren der Verstorbenen. Viele Stücke im Museum von Volterra.

Behn, Die ficoronische C., 1907; Brunn-Körte, I rilievi delle urne etrusche, 1877 bis 1911; s. auch Reallex. d. Vorgesch. Bd. 14; Enciclopedia dell' Arte Antica Bd. 2 u. 3.

Clairobscur →Helldunkel.

Clairobscurschnitt →Holzschnitt.

Claude Lorrain, eigentlich Claude Gellée, franz. Maler und Radierer, * 1600 Chamagne (Lothringen; daher der Beiname „Lorrain"), † 23. 11. 1682 Rom, wohin er in jungen Jahren gekommen war. Nach Aufnahme verschiedener Anregungen (Tassi, Paul Bril, Ad. Elsheimer, Annibale Carracci, später auch Poussin) entwickelte C. seine eigene Form der idealen Landschaft, die sich von der Poussins durch einen lyrischen Zug und durch starke Mitwirkung des Lichts und der Atmosphäre an der Gesamtstimmung des Bildes unterscheidet. – Außerdem hat C. eine verhältnismäßig geringe Zahl von Radierungen, dagegen sehr viele Zeichnungen hinterlassen (beste Sammlung mit über 300 Stück im Brit. Mus. in London, das jetzt auch eine von ihm selbst angelegte Slg. v. Zeichnungen besitzt, die im 18. Jh. v. Rich. Earlom gestochen u. 1777 als „Liber Veritatis" veröffentlicht wurde). Die Wirkung C.s auf die Landschaftsmalerei des 18. Jh. und der 1. Hälfte des 19. Jh. ist bedeutend gewesen.

M. Pattison, C. L., sa vie et ses oeuvres, 1884; W. Friedländer, C. L., 1921; P. Courthrou, C. L., 1933; U. Christoffel, Poussin u. C. L., 1942; K. Gerstenberg, C. L., 1953; M. Röthlisberger, C. L. The Paintings, 2 Bde., 1968, 1977 (frz.).

Clavus, senkrechter farbiger Zierstreifen am antiken Gewand.

Cleve, Joos van, niederländ. Maler, † 1540 Antwerpen, das. 1511 Meister, Hofmaler Franz I. von Frankreich. Nach einem Triptychon mit der Darstellung des Todes Mariä (1515; Köln, Wallraf-Richartz-Mus.; spätere und reichere Fassung München, Ältere Pinakothek), wurde J. früher Meister des Todes Mariä genannt. Sein Oeuvre (bibl. Bilder und Bildnisse), das innerhalb der altniederländ. Malerei an Umfang nur von dem Memlings übertroffen wird, spiegelt einen vielfältigen Eklektizismus wider, in dem auch die ital. Kunst, die C. wahrscheinlich in Frankreich kennenlernte, zu Wort kommt. Der Stil ist unruhig und von weicher Eleganz.

L. Baldass, J. v. C., 1925; M. J. Friedländer, Die altniederländ. Malerei, Bd. 9, 1931; E. Panofsky, Early Netherlandish Painting, 1953; E. Lanc, Die religiösen Bilder des J. v. C., Diss. Wien 1972.

Cloisonné →Email.

Clouet, 1. Jean, franz. Maler, † 1540–41 Paris, Hofmaler Franz I., gilt als Meister von 130 Bildniszeichnungen höfischer Persönlichkeiten (größtenteils Chantilly, Musée Condé), und anderer ihm danach zugeschriebener Werke. 2. François, sein Sohn, † 22. 9. 1572 Paris, seit 1541 Hofmaler, hat Bildnisse geschaffen, die in ihrer kühlen Objektivität und Präzision der Pinselführung der Art Holbeins nahestehen.

E. Moreau-Nélaton, Les C., 1924; A. Fourreau, Les C., 1929; J. Adler, Die C., 1929 (Jahrb. d. Kunsthistor. Sammlgn. in Wien, N. F. 3); A. Germain, C., 1942; P. Mellen, J. C., complete edition of drawings, miniatures and paintings, 1971.

Cluny, Benediktinerabtei (Saône-et-Loire), gegründet 910, wichtig als Geburtsstätte neuer Baugedanken des roman. Stils. Die im Gründungsjahr begonnene Abteikirche C. I wurde durch die 981 geweihte Kirche C. II ersetzt, eine Säulenbasilika mit Querschiff, die bes. durch ihre Choranlage (Hauptchor mit zwei Nebenchören) auf Nordfrankreich und Deutschland (→Hirsauer Bauschule) sowie die Schweiz (Payerne; Romainmôtier). An ihre Stelle trat seit 1089 C. III, die mit einem beispiellosen Aufwand der Grundrißbildung errichtete größte Kirche ihrer Zeit: fünfschiffiges Langhaus, zwei Querschiffe, Chor mit Umgang und Kapellenkranz. Auch got. Baugedanken klingen in ihr bereits an. Sie wurde zum Ausgangspunkt der sehr bedeutenden burgund. Bauschule des 12. Jh. 1809–15 ist sie zerstört worden. Die im Museum in C. aufbewahrten Figurenkapitelle gehören zu den wichtigsten Zeugnissen der frühromanischen Bildnerei Frankreichs.

J. Virey, L'abbaye de C. (Petites monographies des grands édifices de la France); V. Terret, La sculpture bourguignonne aux XIIe et XIIIe siècles, C., 1914; Ch. Oursel, L'art roman de Bourgogne, 1928; J. Evans, The romanesque architecture of the Order o Cluny, 1938; J. Evans, Cluniac art of the Romanesque period, 1950; J. Wollasch, Neue Forschungen über C. u. d. Chuniazenser, 1959; ders., Das Mönchtum d. M.A. zwischen Kirche u. Welt, 1963; K. J. Conant, C.studies, 1968–75 (speculum L. 3) 1975.

Codex (lat. „Holzklotz"), in seiner ältesten Form ein Aggregat von Holztäfelchen, die zum Schreiben wie die eines →Diptychons eingerichtet waren. Löcher am Rand gestatteten Fäden oder Riemen durchzuziehen und so die Täfelchen fest miteinander zu verbinden. Der Name C. ist später auf Pergamenthandschriften übergegangen, sofern sie aus einzelnen Blättern bestanden u. nicht (nach alter Weise) eine Rolle waren. Ein gerolltes Pergament hieß volumen. Der Übergang zur Form des C. erfolgte etwa im 4. Jh. n. Chr.

Codex aureus, karoling. Prachthandschrift aus dem Kloster St. Emmeram in Regensburg (seit 1811 München, Bayr. Staatsbibliothek), ein im Auftrag Karls d. Kahlen von Liuthard und Berengar 870 geschaffenes Evangeliar. Es ist mit goldenen Buchstaben geschrieben und mit Miniaturen in dem Riesenformat 31×41 cm ausgestattet. Der Deckel ist durch hervorragende Treibarbeit in Gold ausgezeichnet. Faksimileausgabe v. G. Leidinger, 6 Bde., 1921–25; O. K. Werckmeister, Der Deckel des C. A. von St. Emmeram, 1963.

Codex Laurentianus →Rabula-Evangeliar.

Coemeterium (griech.-lat. „Schlafkammer"), altchristl. Grabstätte, Friedhof. →Katakombe.

Collage →Klebebild.

Colombe, Michel, franz. Bildhauer, * um 1430, † nach 1512 Tours. In seiner Frühzeit scheint er Beziehungen zur burgund. Schule des →Sluter gehabt zu haben. Erste urkundliche Nachricht, die sich auf den Entwurf eines Grabmals für Ludwig XI. bezieht, von 1474. Seit 1491 ist C. sicher in Tours nachweisbar. Von seinen Arbeiten blieb nur wenig erhalten. Hauptwerk: Grabmal Franz II., Herzogs der Bretagne, und seiner Gemahlin (Nantes, Kathedrale; erste Jahre des 16. Jhs.) mit den Liegefiguren der Verstorbenen und den Statuen der vier Kardinaltugenden an den Ecken der Tumba (Mitarbeit eines ital. Gehilfen). Ferner ist zu nennen das Relief mit dem Drachenkampf des hl. Georg (Paris, Louvre; 1508 bis 1509). C. war der letzte bedeutende Bildhauer der franz. Spätgotik, der indes von dem neuen Formwillen der Renaissance bereits berührt ist.

P. Vitry, M. C. et la sculpture française de son temps, 1901; P. Pradel, M. C., 1953 (franz.).

Columbarium (lat. „Taubenschlag"), röm. und frühchristliche Begräbnisstätte, bei der in zahlreichen Höhlungen einer Wand Aschenurnen aufgestellt wurden. Raummangel u. Sparsamkeit schuf wohl diese Bestattungssitte, die ihren Namen von der Ähnlichkeit mit einem Taubenschlage hat und wohl nicht von der erst später aufkommenden symbolischen Bedeutung der Taube.

Combarelles, Les, Höhle bei Les Eyzies (Dordogne), 1901 entdeckt, mit zahlreichen lebensvollen Tiergravierungen aus der Altsteinzeit: Mammut, Wildpferd, Höhlenlöwe, Bison, Ren, Höhlenbär. Malereien sind nur wenige vorhanden. Die Kulturschichten der Höhle gehören dem →Magdalénien an.

Capitan-Breuil, Parures paléolithiques sur les parois de la grotte des C., 1902; H. Breuil, Quatre cents siècles d'art pariétal, 1952; H. G. Bandi u. J. Maringer, Kunst der Eiszeit, 1955; P. Graziosi, Die Kst. d. Altsteinzeit, 1956.

Comics, Comic Stripes, Strips, meist streifenförmige Bilderfolgen mit kommentierendem Text als Satzfetzen oder Kurzdialog in sog. Blasen („Balloons"). Dargestellt sind Abenteuer, Situationskomik, „Science fiction" und Horror durch übertriebene Typen von Glamourgirls und Supermännern, die zu Idolen stilisiert werden („Superman", „Blondie", „Barbarella"). Erweiterungen erfahren sie als Comicbooks. Ihre Verbreitung fanden sie seit dem Ende des 19. Jhs. („The yellow kid" 1897 u.a.) von Nordamerika aus. Als Vorläufer kann man die →Bilderbogen ansehen. C.s haben auch auf die →Pop-art eingewirkt.

Ausst.kat. Comic Strips, Mus. d. 20. Jhs. Wien, 1970.

Confessio, das unter dem Hauptaltar einer Kirche angelegte Grab eines Märtyrers, des Titelheiligen oder Gründers, seit dem 8. Jh. gern von einem im Halbkreis geführten Gang umzogen, der die Besichtigung ermöglicht. Die C. ist eine Vorform der →Krypta. Beispiele in Chur, Regensburg, Werden, Quedlinburg.

H. Buschow, Studien über die Entwicklung der Krypta im dt. Sprachgebiet, 1934.

Coninxloo, Gillis van, niederländ. Maler, * 24. 1. 1544 Antwerpen, begraben 4. 1. 1607 Amsterdam, übersiedelte 1587 nach Frankenthal (Pfalz), 1595 nach Amsterdam. C. war das Haupt der sog. Frankenthaler Maler (Landschaftsmaler der in Frankenthal ansässigen Kolonie niederländ. Reformierter, die wegen ihres Glaubens ausgewandert waren). Von seinem ersten datierten Werk an, der Landschaft mit dem Midasurteil (1588; Dresden, Gal.) bis zu den beiden Waldlandschaften der Liechtensteingal. in Wien (1598 und 1604) zeigt C. ein ständiges Fortschreiten zur vereinheitlichten, nicht konstruierten, sondern auf wirklicher Beobachtung beruhenden Landschaftsdarstellung.

E. Plietzsch, Die Frankenthaler Maler, 1910; J. A. Graf Raczynski, Die fläm. Landschaft vor Rubens, 1937; H. Wellensiek, G. van C. Ein Beitrag zur Entwicklung der Landschaftsmalerei um 1600, Diss. Bonn 1954.

Constable, John, engl. Maler, * 11. 6. 1776 East Bergholt, † 30. 5. 1837 London, wichtigster und einflußreichster Begründer der auf unbefangener und unmittelbarer Beobachtung der Natur beruhenden neueren realistischen Landschaftsmalerei. Hauptwerke in der Nationalgalerie in London.

E. V. Lucas, J. C. the Painter, 1924; J. Flaxmair, J. C., 1927 (engl.); J. Key, J. C., 1948; A. Shirley, J. C., 1948; J. Mayne, Life of J. C., 1951; G. Reynolds, C., the natural painter, 1965; A. D. Čegodaev, J. C., 1968 (engl.); B. Taylor (Hg.), C.: paintings, drawings and water colours, 1973; K. Kroeber, Romantic landscape and Wordsworth, 1975; H. A. Day, J. C., 1975; R. Gadney, C. and his World, 1976; L. Parris, I. Flemming-Williams u. a., Ausst.-Kat. Tate Gallery, London: J. C. Paintings, Watercolours and Drawings, 1976.

Contrefait-Büchse, eine aus Elfenbein eiförmig gedrehte Büchse, die beim Öffnen eine zweite, aus dem gleichen Stück herausgedrehte zeigt. Die C.-B. ist das Erzeugnis einer technischen Künstelei, die vereinzelt schon am Ende des 16. Jh., in größerem Umfang aber erst von dem Nürnberger Lorenz Zick (1594–1666) ausgeübt wurde.

Copertaglasur, durchsichtige,farblose Bleiglasur, die seit dem 16. Jh. über die erste, farbentragende, aber stumpfere Glasur einer Fayence zur Erzielung höheren Glanzes gelegt wurde.

Corbusier →Le Corbusier.

Corinth, Lovis, Maler und Graphiker, * 21. 7. 1858 Tapiau (Ostpreußen), † 17. 7. 1925 Zandvoort (Holland), 1890–1900 tätig in München, seitdem in Berlin, einer der Hauptvertreter des Impressionismus in Deutschland. Seine Bilder sind völlig aus der Farbe heraus entwickelt. Anfangs dunkel und schwer im Ton, hellen sie sich später auf in einer, überlieferte Auffassungen weit hinter sich lassenden, kraftvollen und urwüchsigen Malweise, um schließlich von expressionistischen Gestaltungstendenzen erfaßt zu werden. Er hat Bildnisse, religiöse Bilder, Landschaften und Stilleben gemalt. Der Graphik hat er sich seit etwa 1911 mit größtem Interesse zugewandt und eine Fülle von Radierungen und Lithographien, einzeln oder in Folgen, auch Buchillustrationen geschaffen. Er schrieb u. a.: „Das Erlernen der Malerei" ([2]1909), „Gesammelte Schriften" (1920), Selbstbiographie (1926).

K. Schwarz, Das graph. Werk von L. C., [2]1922; G. Biermann, L. C., [2]1922; Ders., Der Zeichner L. C., 1924; A. Kuhn, L. C., 1925; A. Rohde, Der junge C., 1941; Charlotte Berend-C., Mein Leben mit L. C., 1953; G. v. d. Osten, L. C.; [2]1959; Die Gemälde von L. C., Werkkatalog verf. v. Charlotte Berned-Corinth, 1958; H. Müller, Die späte Graphik von L. C., 1962; F. Mechthild, L. C., 1976; H. Keller, S. Gohr, L. C., Ausst.kat. Kst.halle Hamburg 1976; Th. Corinth, L. C.: eine Dokumentation, 1979.

Cornelisz, 1. Cornelis (Cornelis van Haarlem), niederländ. Maler, * 1562 Haarlem, † 11. 11. 1638 das., einer der letzten Vertreter des Manierismus in den Niederlanden, schuf bibl. und mytholog. Bilder in großem Format mit kraftstrotzenden Akten. Ein Hauptwerk dieser Art ist der Bethlehemitische Kindermord (1590, Amsterdam, Reichsmus.; 1591, Haarlem, Mus.). Seine beiden Schützenstücke von 1583 und 1599 (Haarlem, Mus.) sind mit ihrer lebendigen und ungezwungenen Komposition für die Entwicklung des Gruppenbildnisses wichtig geworden.

F. Wedekind, C. C. van Haarlem, Diss. Leipzig 1911.

2. Jacob (auch Jacob van Amsterdam oder van Oostsanen) niederländ. Maler und Holzschnittmeister, * gegen 1470 Oostsanen, † 1533 Amsterdam. In seinen Bildern, die bereits typisch holländ. Züge aufweisen, mischen sich zierliche und derbe Formen, das Stoffliche ist oft in vorzüglicher Feinmalerei gegeben, die Bildnisse zeigen eine zunehmende Plastizität.

K. Steinbart, Die Tafelgemälde des J. C. v. Amsterdam, 1922; Ders., Nachlese im Werke des J. C., 1929 (Marburger Jahrb. für Kunstwissensch., Bd. 5); Ders., Das Holzschnittwerk des J. C. v. A., 1937; M. Friedländer, Altniederl. Mal. 12 (1935).

Cornelius, Peter von, Maler, * 23. 9. 1783 Düsseldorf, † 6. 3. 1867 Berlin, Schüler der Düsseldorfer Akademie, 1809–11 in Frankfurt a. M., bis 1819 in Rom, dann München, 1821 Direktor der Düsseldorfer, 1825 der Münchner, 1841 der Berliner Akademie. Sein frühstes Schaffen steht unter dem Eindruck der altdt. Kunst und ist bewußt national betont. Erste bedeutende Werke sind die Illustrationen zu Goethes „Faust" (1811 beg., 1816 in Umrißstichen erschienen) und zum Nibelungenlied (in Rom entstanden). In Rom Anschluß an die →Nazarener; Raffael und Michelangelo werden Vorbilder. 1815 bis 1818 zwei Darstellungen aus der Josephsgeschichte als Wandgemälde für die Casa Bartholdy (seit 1887 in der Nationalgal. in Berlin). 1820–30 Ausmalung der Glyptothek in München unter Mitwirkung zahlreicher Gehilfen, 1830–40 der Ludwigskirche das. (eigenhändig nur das Jüngste Gericht). Die Fresken in der Alten Pinakothek (1826–40) sind zerstört. Seit 1843 Entwürfe (Weimar, Mus.) und Kartons (Berlin, Nationalgal.) zu

Wandgemälden für eine Grabkapelle der kgl. Familie in Berlin; Hauptstück: die apokalyptischen Reiter. Im Schaffen des C. ist klassizistische Form romantischem Empfinden und groß gesehener, leidenschaftlich-dramatischer Gestaltung unterworfen.

H. Riegel, C., ²1870; E. Förster, P. v. C., 2 Bde., 1874; A. Kuhn, P. C. u. d. geistigen Strömungen seiner Zeit, 1921; K. Koetschau, P. C. in seiner Vollendung, 1934; H. v. Einem, P. C. (Wallraf-Richartz-Jb. 16) 1954; W. Schmidt, Kat. d. C.-Ausstellg. d. Nat.-Gal. Berlin, 1956.

Corot, Camille, franz. Maler, * 16. 7. 1796 Paris, † 22. 2. 1875 das. Abgesehen von einer Anzahl von Figurenbildern (bes. Damenbildnissen) besteht der weitaus größte Teil seines umfangreichen Werks aus Landschaften. Dazu kommen Zeichnungen, Radierungen, Lithographien und Glasklischees. Seine frühsten Bilder entstanden während seines Aufenthaltes in Italien (1825–28) und zeichnen sich gegenüber der akadem. Richtung (Bertin), von der C. herkam, durch einen neuen Sinn für feine Abstufungen der Tonwerte aus. Am bekanntesten wurde C. durch die zahlreichen Stimmungslandschaften, die in matten, silbrigen Tönen Zwischenzustände zwischen Nacht und Morgen festhalten und zuweilen von tanzenden Nymphen u. dgl. belebt sind. Dieser Lyrismus verläßt ihn meist auch dort nicht, wo er Ansichten bestimmter franz. Landschaften und Städte gemalt hat. C. hat sich, bes. in seinen letzten Bildern, dem Impressionismus stark genähert, ohne sich jedoch ganz zu ihm bekennen zu können. – „Briefe aus Italien“ (1924).

A. Robaut, L'oeuvre de C., 5 Bde., 1905; Nachdruck 1965ff.; J. Meier-Graefe, D., 1930; C. Mauclair, C. (dt.), 1930; P. Jamot, C., 1936; G. Bazin, C., 1951 (mit Bibliographie). D. Baud-Bovy, C., 1957 (franz.); Fl Fosca, C., sa vie et son oeuvre, 1958; J. Leymarie, C., dt. 1966.

Correggio, Antonio Allegri, gen. C., ital. Maler, * um 1489 Correggio, † 5. 3. 1534 das., tätig meist in Parma. Früher als einer der größten Meister aller Zeiten gefeiert, pflegt er heute vor allem in seiner entwicklungsgeschichtlichen Bedeutung gewürdigt zu werden, als Wegbereiter der Barockmalerei: Beweglichkeit der Figuren in Luft und Licht, durchgehende und folgerichtige Anwendung des Helldunkels, Überschneidungen und Verkürzungen der Figuren, Entwicklung der Komposition in der Diagonale, Illusionismus. Die charaktervolle Schönheit der Hochrenaissance ist bei ihm zu empfindsamer Süße gewandelt, die in emailleartig glatten Farben vorgetragen wird. Seine Entwicklung kann an den vier großen Altargemälden in der Dresdner Galerie gut verfolgt werden. Dekorative Malereien in Parma: Ausmalung der Camera di S. Paolo, der Kuppel von S. Giovanni Evangelista und der Domkuppel (1526–30).

C. Ricci, C., 1897 (dt.); G. Gronau, C. Des Meisters Gemälde, 1907 (Klassiker d. Kunst); A. Venturi, C. 1927; S. de Vito Battaglia, C.-Bibliographie, 1934; Mostra del C.-Katalog 1939; H. Bodmer, C. u. d. Malerei d. Emilia, 1943; A. E. Popham, C.s drawings, 1958; P. Bianconi, Tutta la pittura del C., 1960; S. Bottari, C., 1961 (ital.); E. Panofsky, The iconography of C.s Camera di S. Paolo, 1961; A. D. Brown, The young C. and his Leonardesques sources, Diss. Yale Univ. 1973; C. Gould, The Paintings of C., 1976.

Cortona, Pietro da, ital. Maler, auch Baumeister, * 1. 11. 1596 Cortona, † 16. 5. 1669 Rom, hat bahnbrechende Bedeutung als Meister illusionistischer Deckenmalereien. Hauptwerke dieser Art in Rom (Palazzo Barberini, Palazzo

Pamfili, Santa Maria in Valicella) u. Florenz (Palazzo Pitti). Als Baumeister war P. an der durch Borromini eingeleiteten neuen Entwicklung der ital. Barockbaukunst hervorragend beteiligt. Hauptwerk ist S. M. della Pace in Rom (1655 bis 1667).

A. Muñoz, P. da C., 1921; G. Briganti, P. da C. o della pittura barocca, 1962.

Corvinen, die meist von Italienern prächtig gebundenen und illuminierten Handschriften der Corvina (Bibliotheca Corviniana) des Ungarnkönigs Matthias Corvinus (1458–90). Diese Bibliothek befand sich auf der Burg in Ofen und wurde nach dem Tod des Königs zerstreut und z. T. von den Türken verschleppt. Heute sind in europ. und amerikan. Bibliotheken noch 156 C. nachweisbar, davon 43 in Wien, 21 in Budapest. Die Einbände sind aus Kalbleder und mit Gold und Farben geprägt.

A. de Hevesy, La bibliothèque du roi Matthias Corvin, 1924; K. Zolnai, Bibliographia bibliothecae regis Mathiae Corvini, 1942; J. Berkovits, C. Bilderhandschriften aus der Bibliothek d. Matthias Corvinus, 1963.

Cosimo, Piero di, ital. Maler, * 1462 Florenz, † 1521 das., Schüler und Mitarbeiter von Cosimo Rosselli, nahm sich für die farbige Behandlung der Dinge den Portinari-Altar des Hugo van der Goes zum ständigen Vorbild und gelangte so zu einer farbenprächtigen, durch Hell-Dunkel-Modellierung im Sinne Leonardos bereicherten Malerei. Auf dem Gebiet der Luftstimmungen wie überhaupt auf dem des Freilichts hat er Entdeckungen gemacht und seinen Landschaftshintergründen viele fein beobachtete Einzelheiten eingefügt. Fra Bartolommeo, Andrea del Sarto und andere Meister des Cinquecento sind seine Schüler gewesen.

Hauptwerke: Venus und Mars (Berlin, Staatl. Mus.), Anbetung der Hirten (das.), Thronende Madonna mit Heiligen (Florenz, Ospedale degli Innocenti), Empfängnis Mariä (Florenz, Uffizien), Tod der Prokris (London, Nationalgal.). Von den Bildnissen C.s ist das der Simonetta Vespucci (Chantilly, Musée Condé) am bekanntesten.

F. Knapp, P. di C., 1899; L. Douglas, Piero di C., 1946 (engl.); Mina Bacci, P. di C., 1966 (ital.).

Cosmaten, die Mitglieder einer in Rom vom 12.–14. Jh. tätigen Gruppe von Künstlern, so genannt, weil bei ihnen (sie waren z. T. untereinander verwandt) der Vorname Cosmas häufig vorkommt, auch als „marmorarii romani" bezeichnet. Sie haben Fußbodenmosaiken geschaffen, Kanzeln, Chorschranken, Bischofsstühle, Altäre, Tabernakel, Grabmäler, auch die Ausstattung von Kreuzgängen und Vorhallen in zierlicher Marmorarbeit. Dabei verwandten sie mit Vorliebe musivischen, z. T. aus farbigen Glasflüssen gebildeten Schmuck, der orientalischen Einschlag aufweist. In der 2. Hälfte des 13. Jh. sind sie auch als Bildhauer hervorgetreten (bes. Meister Giovanni) und haben auf Arnolfo di Cambio in seinen Anfängen gewirkt; auch haben sie in dieser Zeit figürliche Mosaiken geschaffen. Die besondere Art ihrer Zierkunst ist als „Cosmatenarbeit" ein bestimmter Begriff geworden.

E. Hutton, The Cosmati, 1951.

Cossa, Francesco del, Maler, * um 1435 Ferrara, † 1477 Bologna, neben Tura der Hauptmeister der ferraresischen Schule des Quattrocento, stand unter dem Eindruck der Kunst des Piero della Francesca. Bedeutendstes Werk sind die auch vom kulturgeschichtl. Standpunkt höchst interessanten Monatsbilder (Fresken) im Palazzo Schifanoja in Ferrara (1470; nur einige eigenhändig). 1470 übersiedelte C. nach Bologna und wurde dort zum Begründer einer Schule.

F. Harck, Die Fresken im Palazzo Schifanoja in Ferrara, 1884 (Jahrb. der Preuß. Kunstsamml., Bd. 5); S. Ortolani, Cosmè Tura, Fr. del C., E. de Roberti, 1941; A. Neppi, F. del C., 1958 (ital.); E. Ruhmer, Fr. del C., 1959 (mit Werkverz.).

Courbet, Gustave, franz. Maler, * 10. 6. 1819 Ornans b. Besançon, † 31. 12. 1877 La-Tours-de-Peilz b. Vevey, Begründer des Naturalismus in der neueren franz. Malerei sowohl durch die Wahl seiner Themen (Die „Steinklopfer“, 1851; früher Dresden, Gal.; zerstört) wie durch die genaue Beobachtung des Gegenständlichen in Form und Farbe seiner Figurenbilder, Bildnisse, Stilleben, Wald- und Seestücke. Anerkennung hat er zuerst in Deutschland gefunden (Ausstellung im Münchner Glaspalast 1869). Ein charakteristisches Hauptwerk ist „Das Begräbnis in Ornans“ (1849; Paris, Louvre).

J. Meier-Graefe, C., 1924; P. Courthion, C., 1934; F. Fosca, C., 1940; P. Courthion, C. racouté par lui-même, 2 Bde., 1948–50; G. Mack, G. C., 1951 (engl.); L. Aragon, Das Beispiel C., 1956; K. H. Klingenburg, G. C., 1960; Petra ten Doeschate Chu, C. in perspective, 1977; H. Toussaint, G. C., Ausst.kat. London (Arts Council of G. B.) u. Paris, 1978; K. Herding, Realismus als Widerspruch: die Wirklichkeit in C.s Malerei, 1978; R. Fernier, La vie et l'œuvre de G. C., cat. rais. Bd. 2, Peintures 1866–1877, dessins, sculptures, 1978.

Coysevox, Antoine, franz. Bildhauer * 29. 9. 1640 Lyon, † 10. 10. 1720 Paris. Hofbildhauer Ludwigs XIV., ein Hauptmeister des franz. Barocks von außerordentlicher Fruchtbarkeit des Schaffens: Grabmäler, Bildnisbüsten, Statuen, Dekoratives. Hauptwerke im Louvre in Paris.

G. Keller-Dorian, Catalogue raisonné de l'oeuvre d'A. C., 2 Bde., 1920; L. Benoist, C., 1930 (franz.).

Cranach, Lucas d. Ä., Maler, Zeichner für den Holzschnitt und Kupferstecher, * 1472 Kronach in Oberfranken (daher sein Name), † 16. 10. 1553 Weimar, weilte 1503–04 in Wien, wurde 1505 von Friedrich dem Weisen an den kursächs. Hof nach Wittenberg gerufen und gründete hier eine Werkstatt, die Wittenberg zu einem Zentrum sächs. Malerei weit über seinen Tod hinaus gemacht hat. Als Freund Luthers und Anhänger der Reformation hat er seine Kunst auch in deren Dienst gestellt. Seine Frühwerke zeigen in ihrer Landschaftsgestaltung und mit ihrer weiten Spannung zwischen stärkster Ausdrucksdramatik (Kreuzigung, 1503; München, Ältere Pinakothek) und idyllischer Lieblichkeit (Ruhe auf der Flucht nach Ägypten 1504; Berlin, Staatl. Mus.) die Merkmale des Donaustils. Aus dieser Zeit stammen auch die vorzüglichen Bildnisse der Gelehrten der Wiener Universität Dr. Cuspinian (Winterthur, Sammlung Reinhart) und Dr. Reuß (1503; Nürnberg, German. Mus.). Abschluß und reifstes Werk der Frühzeit ist der Katharinenaltar (1506, Dresden, Gal.). Danach ist eine Beruhigung von C.s Stil eingetreten, der jedoch trotz manchen Konzessionen an Renaissancemäßiges spätgot. Spannung, bes. im Umriß der Figuren, niemals verliert. Jene Beruhigung bedeutet auf weiten Strecken Verflachung, nicht zuletzt hervorgerufen durch die Massenhaftigkeit der Produktion und die Mitarbeit der ausgedehnten Werkstatt. Der Themenkreis erweitert sich vor allem durch Aufnahme des weiblichen Aktes (unter mythologischem Vorwand). Hauptwerke sind: die Bildnisse in Ganzfigur Herzog Heinrichs des Frommen und seiner Gemahlin (1514; Dresden, Gal.), Kardinal Albrecht von Brandenburg vor dem Gekreuzigten knieend (um 1525; München, Ältere Pinakothek), Bildnis Dr. Scheuring (oder Dr. Johannes Schöner; 1529; Brüssel, Mus.), Selbstbildnis (1550; Florenz, Uffizien).

Als Zeichner für den Holzschnitt ging C. von Dürer aus. Die besten Blätter fallen in die Zeit 1505–09 (Verehrung des Herzens Jesu, der hl. Georg, der hl. Hieronymus, Passionsfolge von 1508, mehrere Helldunkelschnitte von 1509). 1508 bis 1509 entstanden die Illustrationen des Wittenberger Heiltumsbuches. Etwa seit 1520 stellte C. seine Werkstatt in den Dienst der Illustrierung und Holzschnittverzierung der Bibel und der reformatorischen Schriften, die jedoch in sehr handwerklicher Art durchgeführt wurde. Von seinen Stichen (Radierungen) sind die besten die „Buße des Johann Chrysostomus“ (1509) und das Bildnis Luthers im Profil (1521). In das Jahr 1515 fällt C.s Mitarbeit am →Gebetbuch Kaiser Maximilians.

C.s Söhne Hans C. († 1537) und Lucas C. d. J. (1515–86) waren seine Schüler und Mitarbeiter, deren Anteil an seinen Werken im einzelnen unsicher ist. Hauptwerk des letzteren ist das (früher dem Vater zugeschriebene) Altargemälde mit der Allegorie der Erlösung (1555; Stadtkirche in Weimar).

Chr. Schuchardt, L. C.s d. Ä. Leben u. Werke, 3 Bde., 1851–71; E. Flechsig, C.studien, 1900; C. Glaser, L. C., 1921; M. J. Friedländer u. J. Rosenberg, Die Gemälde von L. C., 1932, [2]1978; Th. L. Girshausen, Die Handzeichnungen L. C.s d. Ä., Frankfurter Diss., 1936; H. Lilienfein, L. C. und seine Zeit, 1942; H. Posse, L. C., [2]1943; L. C. d. Ä. Der Künstler und seine Zeit, hg. von H. Lüdecke 1953; J. Jahn, L. C. als Graphiker, 1955; J. Rosenberg, Die Zeichnungen C.s d. Ä., 1960, [2]1977 (engl.); H. Dornik Eger, Die Druckgraphik L. C.s u. s. Zeit, 1972; H. Gronau, Beobachtgn. an Gemälden L. C.s d. Ä. aus d. 1. Wittenberger Jahrzehnt unt. Berücksicht. v. Infrarot-, Röntgen- u. mikroskop. Untersuchungen, Diss. Berlin 1972; C. d. Ä., Das gesamte graph. Werk. Einl. v. J. Jahn 1972; W. Schade, Die Malerfamilie C., 1974, 1977; Kat. C.-Ausst. Basel, 1974; D. Koepplin, C.s Ehebildnis d. Joh. Cuspinian v. 1502: s. christl. humanist. Bdtg., 1973; Staatl. Lutherhalle Wittenberg, L. C. Künstler u. Gesellschaft, Referate d. Colloquiums z. 500. Geb. L. C.s, 1973; Myrna B. Pope, Woodcuts by L. C. the elder and his workshop: a catalog, Diss. Univ. of Pensylv., 1976.

Craquelée (franz.), das Netz haarfeiner Risse in der Glasur von Porzellan und anderen keramischen Erzeugnissen, dadurch entstanden, daß sich beim Erkalten nach dem Brand die Glasur anders ausdehnt als der Scherben. Das C. wurde (so bes. bei altchines. Porzellanen) meist absichtlich hervorgebracht durch entsprechende Zusammensetzung der Glasur. Es belebt sie und gibt ihr im Lauf der Zeit durch allmähliche Ausfüllung und Färbung der Risse eine Art Patina.

Craqueluren heißen die Risse, die sich im Firnis oder in der Farbschicht eines Gemäldes durch Zusammentrocknen bilden.

Crayonmanier →Kupferstich.

Cremer, Fritz, Bildhauer, * 22. 10. 1906 Arnsberg (Ruhr), in Essen als Steinbildhauerlehrling, seit 1929 in Berlin (Schüler von Gerstel), 1946 bis 1950 Professor der Akademie für angewandte Kunst in Wien, seit 1950 Mitglied der Deutschen

Akademie der Künste in Berlin. Berührt von der Kunst der Käthe Kollwitz und Barlachs gab er sein Bestes in ausdrucksstarken Gestalten bes. im Zusammenhang mit antifaschistischen Denkmälern der Nachkriegszeit. Ein Hauptwerk ist die plastische Gruppe des Buchenwald-Denkmals (1952–58). C. ist auch durch Büsten und Portraitplastiken hervorgetreten.

Katalog der Ausstellung Fritz C. der Dt. Akademie der Künste, Berlin 1951; H. Lüdecke, F. C., 1956; D. Schmidt, F. C., Leben, Werke, Schriften, Meinungen (hg. v. Akad. d. Kste. d. DDR), [2]1972; Ausst.kat. F. C., Lehmbruck-Mus. Duisburg, 1980/81.

Creußener Steinzeug →Kreußener Steinzeug.

Crome, John, engl. Maler, * 22. 12. 1768 Norwich, † 22. 4. 1821 das., genannt Old Crome (zum Unterschied von seinem Sohn, dem Landschaftsmaler John C., 1794–1842), schuf trotz Anlehnung an die Holländer des 17. Jh. mit durchaus eigener, frischer Naturbeobachtung, weite, schlichte, warmgetönte Landschaften von weicher atmosphärischer Stimmung. Hauptwerke in der Nationalgalerie in London. C. hat auch radiert.

H. S. Theobald, Life of C., 1906; C. H. Collins Baker, C., 1921 (engl.); R. H. Mottram, J. C. of Norwich, 1931.

Cromlech (keltisch, Steinkreis), vorgeschichtl. Grabdenkmal, aus kreisförmig gestellten, unbehauenen oder nur roh bearbeiteten Steinblöcken und Platten gebildet, in deren Mitte sich ein einzelner, bes. hoher Stein (→Menhir) als eigentlicher Gedenkstein befindet. Die C.s zählen zur Gruppe der →Megalithdenkmäler; sie gehören dem Ausgang der →Jungsteinzeit und der älteren →Bronzezeit an. Ihr Verbreitungsgebiet umfaßt das nordwestl. Frankreich, Großbritannien und Irland. Auf den brit. Inseln wurden bisher über 200 derartige Anlagen festgestellt. Die eindrucksvollste ist →Stonehenge bei Salisbury, die größte Avebury in der Grafschaft Wiltshire. Sie besteht aus einem äußeren Steinring von 400 m Durchmesser, der aus 4–5 m hohen Steinplatten gebildet wird. Im Inneren befinden sich zwei kleinere Kreise mit je einem Menhir in der Mitte. Die gesamte Anlage ist außen von Wall und Graben umzogen. In der Bretagne sind die C.s häufig mit großen, mehrreihigen Steinalleen verbunden, die auf sie zuführen.

C. Schuchhardt, Alteuropa, [3]1935; J. u. Ch. Hawkes, Prehistoric Britain, 1949; J. Raftery, Prehistoric Ireland, 1951; R. Feachem, A Guide to Prehistoric Scotland, 1963.

Croy-Teppich, der von dem letzten Nachkommen der Familie Croy 1684 der Universität Greifswald geschenkte, 1554 in Stettin von dem Niederländer Peter Heymann gewirkte Teppich mit Darstellung von Mitgliedern des pommerschen und sächs. Fürstenhauses, sowie Luthers und anderer Männer der Reformation. Als entwerfender Künstler ist neuerdings Lucas Cranach d. J. festgestellt worden.

J. Lessing, Der C.-T., 1892 (Jahrb. d. Preuß. Kunstsamml., 13); H. A. Gräbke, Der Reformationsteppich d. Univ. Greifswald, 1947 (Der Kunstbrief 30); H. Zimmermann, Der Kartonnier des C.-T.s, 1959 (Jahrb. d. Preuß. Kunstsamml., N. F. 1); H.-D. Schroeder, Der C.-T. der Univ. Greifswald (Manuskr. i. Univ.-Arch. Greifsw.).

Cruikshank, George, engl. Karikaturenzeichner, Stecher, Radierer und Zeichner für den Holzschnitt, * 27. 9. 1792 London, † 1. 2. 1878 das., war in den Jahren 1820–40 der fruchtbarste Illustrator Englands, dessen künstlerische Wirkung sich auch auf den Kontinent erstreckte (Daumier, Doré, Schroedter, Hosemann). Er hat Karikaturen politischer Persönlichkeiten und sozialer Zustände (in Nachfolge von Hogarth), Schilderungen aus dem engl. Volksleben, Illustrationen von Almanachen und Dichtwerken geschaffen.

W. H. Chesson, G. C., 1912; A. M. Cohn, G. C., A Catalogue rais. of the work executed during 1806–1877; A. Rümann, G. C., 1926; R. L. Patten, G. C., 1974.

Cul-de-lampe (franz.) heißt in der Graphik eine am Schluß eines Kapitels angebrachte kleine Vignette, die nach unten spitz zuläuft wie der untere Teil einer Ampel.

Curtain Wall →Skelettbau.

Cuvilliés, François de d. Ä., franz.-dt. Baumeister und Dekorateur, * 23. 10. 1695 Soignies, † 14. 4. 1768 München, kam früh nach Deutschland, bildete sich in München und Paris und wurde 1725 kurfürstl. Hofbaumeister in München. Seine Hauptleistung besteht in der glänzenden, phantasievollen und höchst persönlichen Weiterbildung der von Frankreich ausgegangenen Rokokodekoration bes. in den „Reichen Zimmern" der Münchener Residenz (1730–37; z.Zt. Wiederaufbau nach Zerstörung im 2. Weltkrieg) u. der Amalienburg im Nymphenburger Park (1734–39). C. war auch an Bauten außerhalb Münchens beteiligt, z.B. an der Ausstattung von Schloß Brühl. Seine Ideen zur Dekoration und Ornamentik hat er in zahlreichen Ornamentstichen niedergelegt. – Sein Sohn François de C. d. J. (1731–77) war ebenfalls als Baumeister in München tätig und hat die Reihe der Ornamentstiche seines Vaters fortgesetzt.

W. Braunfels, F. de C. d. Ä., 1938; Ges.-Ausg. ihrer Werke um 1773 „Architecture bavaroise" mit Catalogue rais. neu hg. v. W. Braunfels, 3 Teile, 1968; F. Wolff, F. de C., 1967.

Cuyp, Aelbert, holländ. Maler, * 1620 Dordrecht, begraben 15. 11. 1691 das., ist am vorzüglichsten in seinen in warmem Gelb getönten, von zarter Luft- und Lichtstimmung erfüllten Weidelandschaften mit stehenden oder ruhenden Tieren.

W. v. Bode, Die Meister der holländ. u. fläm. Malerschulen, ⁸1958.

Dachformen: 1. Pultdach; 2. Satteldach; 3. Walmdach; 4. Mansardendach; 5. Zeltdach. Turmdächer (Turmhelme): 6. Kegeldach; 7. Pyramidendach; 8. Zwiebeldach.

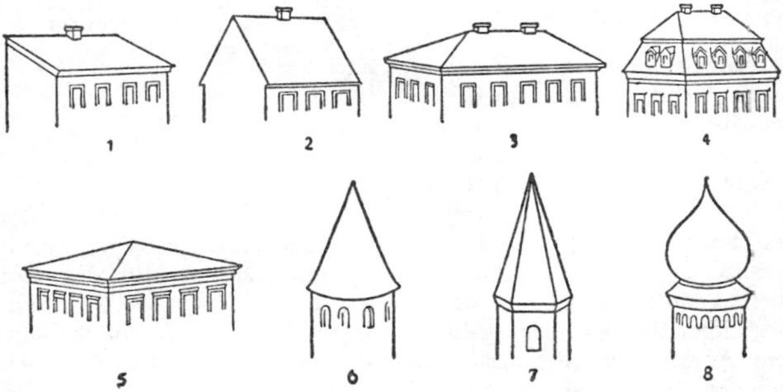

Dachformen

Dachreiter, schlankes Türmchen meist aus Holz, das ohne besondere Substruktionen auf dem First des Hauptdaches einer Kirche aufsitzt, mit Vorliebe auf der Vierung. Die D. kommen zuerst auf den im übrigen turmlosen Zisterzienserkirchen des 13. Jh. vor, dann auf denen der Bettelorden, zuweilen auch auf Kathedralen.

Dada, eine auch Dadaismus genannte literarisch-künstlerische Bewegung mit dem revolutionären Ziel, bürgerliche, sinnentleerte Konventionen als solche anzuprangern und, wenn möglich, etwas Neues an ihre Stelle zu setzen; doch überwogen von vornherein die destruktiven Absichten. Die Bewegung war international und fand ihren ersten Mittelpunkt auf dem neutralen Boden der Schweiz in dem 1916 in Zürich unter Hauptbeteiligung von Hans →Arp gegründeten Cabaret Voltaire, das zugleich Ausstellungslokal war. Der Name D. ergab sich durch einen Zufall und hat keinerlei gegenständliche oder begriffliche Bedeutung. An der ersten Ausstellung von 1917 beteiligten sich neben Arp Max Ernst, Feininger, Klee, Kokoschka, Chirico, Kandinsky, Modigliani und Picasso. D.-Gruppen bildeten sich auch in New York und Paris und auf dt. Boden in Berlin (Hülsenbeck), Hannover (Schwitters) und bes. Köln (Arp und Max Ernst). Doch hatte sich bereits nach wenigen Jahren die D.-Bewegung überlebt, und ihre Anhänger wandten sich anderen Zielen zu. Weil Zürich der „Geburtsort" der D.-Bewegung ist, hat die dortige Kunsthalle die Werke und Dokumente der D.-Ausst. 1980 erworben.

M. Janco u. W. Verkauf u. a., D. Monographie einer Bewegung, 1957, [2]1976; W. Mehring, Berlin D. Eine Chronik usw., 1959; W. Verkauf, D. Monographie einer Bewegung, 1961; D., hg. v. R. Huelsenbeck; H. Richter, D.-Kunst u. Antikunst, 1964 (m. Bibliogr.); A. Schwarz D., Ausst.kat. New York/München, 1973; R. Short, D. and Surrealism, 1980; K. Riha, Da Dada da war, ist Dada da. Aufsätze u. Dokumente, 1980; Ausst.kat. D. Kunsthalle Zürich, 1980.

Dädalus, griech. Daidalos, mythischer griech. Künstler, der aus Attika stammen soll, aber der Sage nach an zahlreichen anderen Orten Griechenlands gearbeitet hat. Er galt auch als technischer Erfinder, und es werden ihm zahlreiche Neuerungen in der Kunst zugeschrieben. Am bekanntesten ist die Sage von seiner Arbeit bei dem König Minos auf Kreta, dem er mit seinem Sohn Ikaros auf künstlich gefertigten Flügeln entfloh. Unter dädalischen Kunstwerken versteht man die in den Anfängen der griech. Kunst entstandenen Bildwerke, deren Unterkörper noch quadratische Form hat. →Labyrinth.

Schweitzer, Xenokrates von Athen, 1932; Ders., Studien zur Entstehung des Porträts bei den Griechen, 1940 (Berichte über die Verhandl. d. Sächs. Akad. der Wissensch. zu Leipzig, Phil. hist. Kl. Bd. 91); Jenkins, Dedalica, 1936; Homann-Wedeking, Die Anfänge der griech. Großplastik, 1950; H. Schrade, Götter und Menschen Homers, 1952.

Daguerreotypie →Photographie.

Dahl, Johann Christian Claussen, norweg. Maler, * 24. 2. 1788 Bergen, † 14. 10. 1857 Dresden, lebte seit 1818 das. (Prof. der Kunstakademie), war Freund und Schüler v. C. D. Friedrich. In seinen auf genauen Naturstudien beruhenden norweg. Landschaften klingt zwar Romantisches nach, ist aber zu kräftiger Wirklichkeitsnähe gewandelt.

A. Aubert, Maleren J. C. D., 1920; Ders., Die nordische Landschaftsmalerei u. J. Chr. D., 1947; J. Langaard,

J. C. D.s Verk, 1937; L. Østby, J. C. D., Tegninger og akvareller, 1957.

Daktyliothek (griech. „Sammlung von Fingerringen"), Sammlung von →Gemmen oder deren Abgüssen.

Dali y Domenech, Salvador, span. Maler, * 11. 5. 1904 Figueras, lebt nach Aufenthalt in Cleveland/Ohio zeitweise in Spanien. D. studierte in Barcelona und Madrid. Zunächst wandte er sich unter dem Einfluß von J. →Gris dem →Kubismus zu, später setzte er sich mit Werk und Geeanken des G. →Chirico auseinander und war seit etwa 1928 („Das Blut als süßer Honig") ein Hauptvertreter des →Surrealismus. Seine Bilder wurden angeregt durch die Psychoanalyse und zeigten Welten einer merkwürdigen Mischung von absurden Träumen mit schockierenden Realitäten; sein theoretischer Beitrag war die Kritik der Methode der Paranoia, seine Kunst bezeichnete er als „activité paranoique – critique". In seinen späteren Werken wandte sich D. vom Surrealismus ab und nach Studien der Malerei der ital. Renaiss. u. d. Barock der herkömmlickeh Auffassung von Thema und Form zu, teilweise religiösen Motiven. Allerdings stellte D. sein großes, von ständigen Experimenten bestimmtes technisches und malerisches Können durch unberechenbare, oft nur von Effekthascherei bestimmten neuesten Werken oft in Zweifel, wobei die Grenze zwischen Ironie und Kitsch fließend bleibt. Werke: Zerrinende Zeit, 1931; Brennende Giraffe, 1935; Illustrationen zu Dantes „Göttl. Komödie". D. schrieb auch literar. Bücher.

S. D., Il mondo di 1973; S. D., A. Läpple, Bilder zur Bibel; J. Th. Soby, S. D. 1946 (engl.); H. Schade, S. D. ein religiöser Maler der Triebskultur (Stimmen d. Zeit 189, 3) 1972; S. D., Pablo Picasso . . . a preliminary study in their similarities and contrasts (Cleveland, S. D.-Mus.) 1973; S. D., Ich u. d. Malerei, 1959; Fleur Cowles, Der Fall S. D. Die Biographie eines großen Exzentrikers, o. J.; S. D. D. sagt . . . Tagebuch eines Genies, 1968; S. D., Ausst.Kat. Bad.-Baden, 1971; M. Gérard, D. . . D. . . D., 1976; R. Melville (Einf.) S. D., The secret life of S. D., [5]1976; Kat. Centre national d'art et de culture G. Pompidou Paris. Vie publique de S.D., 1980.

Dalmatika, bis unter die Knie reichender, hemdartiger Überwurf mit Ärmeln. Dieses Kleidungsstück gelangte von Ägypten über Griechenland (Dalmatien) nach Rom, wurde hier seit dem 2. Jh. n. Chr. an Stelle der Tunika getragen und um 320 von Papst Sylvester I. als Amtskleid des Diakonus (über der →Alba zu tragen) eingeführt. Später gehörte die D. auch zu den Pontifikalgewändern des Bischofs, ferner zum Krönungsornat cer dt. Kaiser u. d. engl. Königs. Die Verschiedenheit der Stellung ihrer Träger bedingt gewisse Verschiedenheiten ihrer Grundform. Ursprünglich weiß, wurde die D. später zu einem Prachtgewand. Bezeichnend für sie sind zwei parallele Streifen, von denen jeder vom vorderen Saum über Brust, Schulter und Rücken zum hinteren Saum läuft.

J. Braun, Die liturg. Gewandung, 1907; ders., Hdb. d. Paramentik, 1912.

Damast (nach der Stadt Damaskus), Gewebe, in dem nicht durch Farbe, sondern nur durch entsprechenden Wechsel der Bindung (→Textilkunst) Figuren erzeugt sind. Die Figuren (Blumen, Tiere, Landschaften, Ornamente) haben also eine andere Bindung als der Grund und heben sich eben dadurch von diesem ab. Das Material kann Seide, Leinen (Tischwäsche), Wolle oder Baumwolle sein. – Über D. als Bezeichnung für Muster auf Metall →Tauschierung.

Damophon von Messene, griech. Bildhauer des 2. Jh. v. Chr. Von ihm ist eine Reparatur des Zeus des Phidias zu Olympia überliefert, mit der man ihn beauftragt hat, weil er selbst ähnliche aus verschiedenem Material zusammengesetzte Werke geschaffen haben soll. In eigener Erfindung arbeitete er verschiedene Göttergruppen für Heiligtümer in Arkadien, Messenien und Achaia. Erhalten sind die Köpfe der Gruppe der Demeter mit Despoina, Artemis und dem Titanen Anytos aus Lykosura (Athen, Nationalmus.). Sein Stil lehnt sich an die Formen des 4. Jh. an, ist aber trotz seiner Derbheit nicht ohne hellenistisches Pathos.

G. Dickins, Annual of British School at Athens, 1905–1907; L. Alscher, Griech. Plastik IV, 1957.

Damaszierung →Tauschierung.

Danaë, Gestalt der griech. Mythologie, Mutter des Perseus, zu der Zeus als goldener Regen kam (Bilder von Tizian, Correggio u. Rembrandt).

Danielschnallen, Bronzeschnallen des 7. Jhs., hauptsächlich in Burgund, der Westschweiz und Savoyen verbreitet, mit schematischer Darstellung des Propheten D., der von zwei Löwen flankiert wird. Die D.-Schnallen sind eine Schöpfung der burgund. Kunst; sie gehen auf ostchristl. Vorlagen zurück.

W. Holmqvist, Kunstprobleme der Merowingerzeit, 1939; H. Kühn, Die D. d. Völkerwanderungszeit (Jb. f. prähist. u. ethnolograph. Kst. 15/16) 1941/42; V. H. Elbern, Daniel-Ikonograph. [2]1959 (Lex. f. Theolog. u. Kirche Bd. 3); P. Feist, Aus d. Gesch. d. Tierbezwinger-Motivs (Wiss. Ztschr. d. Humboldt-Univ. Berlin, Ges.- u. sprachwiss. Reihe 9) 1959/60.

Dänische Kunst. Sie gehört in ihrer vorchristl. Zeit (d. h. bis etwa 1000 n. Chr.) zur →german. Kunst, schloß sich im Kirchenbau des roman. Stils eng an Deutschland (Rheinlande), des got. auch an Frankreich an. Die Werke des dän. →Backsteinbaus gehören zu den frühesten diesseits der Alpen. Die Bildnerei erhob sich erst in der Spätgotik zu einigermaßen dichtem Schaffen (Schnitzaltäre) und stand ganz unter norddt. bes. lübischem Einfluß (Claus →Berg), führte auch zahlreiche dt. Werke ein. Die aus roman. und got. Zeit erhaltenen kirchlichen Wandmalereien spiegeln ebenfalls die dt. Entwicklung wider. In der Renaissance wird die D. K. im wesentlichen von den im Lande tätigen Deutschen und Niederländern bestimmt; seit dem späteren 17. Jh. geriet sie in zunehmendem Maße unter franz. Einwirkung. Erst am Ende des 18. Jh. setzt eine wirkliche Eigenentwicklung der D. K. ein: in der Baukunst durch den Klassizisten K. F. Harstorff (1735–1799); in der Bildnerei durch den zu europ. Bedeutung aufgestiegenen Klassizisten →Thorvaldsen; in der Malerei durch Jens →Juel (1745–1802), N. A. Abildgaard (1743–1809) und Ch. v. Eckersberg (1783–1853). Gegenwärtig gehen insbesondere von der dän. Architektur und dem Kunsthandwerk (bes. Möbel u. Design) belebende Impulse f. d. europ. Kunstentwicklung aus.

Madsen, Kunstens Historie i Danmark, 1901–07; Beckett, Danmarks Kunst, 2 Bde., 1924–26; Kunstjahrb. „Artes", seit 1931; Danmarks Kirker, seit 1933; M. Bodelsen u. M. Aage, Dansk kunsthistorisk Bibliografi, 1935; Magnussen, Danmarks nationale Malerkunst, 1941; H. Bramsen, Dansk Kunst fra Rokoko til vore dage, 1942; J. Sthyr, Dansk Grafik 1500–1800, 1943; E. Zahle, Danmarks Malerkunst fra Middelalder til Nutid, [3]1947; J. Joedicke, Gesch. d. mod. Architektur,

²1961; V. Poulsen, E. Lassen, J. Danielsen, Danish History of Arts, 5 Bde., 1972–74.

Dannecker, Johann Heinrich von, Bildhauer, * 15. 10. 1758 Waldenbuch b. Stuttgart, † 8. 12. 1841 Stuttgart, seit 1790 Prof. der Karlsakademie das., nahm Anregungen in Paris und Rom auf, entwickelte sich zu einem der reinsten Vertreter klassizistischer Bildnerei in Deutschland. Bekannt ist D.s Schillerbüste (1794; Weimar). Hauptwerk ist die Marmorgruppe „Ariadne auf dem Panther“ (1803–1814; nach der Zerstörung im 2. Weltkrieg restauriert; Frankfurt/M., Liebighaus).

A. Spemann, J. H. D., 1909, 1959; Th. Musper, D.-Studien, 1942 (Zeitschr. d. Dt. Vereins für Kunstwissenschaft 9); W. Fleischhauer, Zur Bildniskunst D.s (Stud. z. Gesch. d. europ. Plastik, hg. v. K. Martin, H. Soehner u. a.), 1965.

Dansker (Danzker, Danzk), erkerartiger Ausbau auf der Nichtangriffsseite der →Ordensburgen, diente als Abtritt. Den gleichen Zweck haben ebenfalls D. genannte Türme mit offenem Untergeschoß über fließendem Wasser und mit der Burg durch einen Brückengang verbunden (Thorn, Marienburg, Marienwerder).

Daubigny, Charles François, franz. Maler und Radierer, * 15. 2. 1817 Paris, † 19. 2. 1878 das., gehörte zur Schule von →Barbizon, malte und radierte Landschaften mit zarten Luft- und Lichtstimmungen.

Laran, D., 1913; E. Moreau-Nélaton, D., raconté par luimême, 1925; R. Hellebrandt, C.-F. D., Vollst. Kat. d. gemalt. Werke, 1976; Madeleine Fidell-Beaufort, Jeanine Bailly-Herzberg, D., 1975 (engl.).

Daucher, Dauher, 1. Adolf, Bildhauer, * 1460–65 Ulm, † 1523–24 Augsburg, folgerichtiger Vertreter einer an Italien orientierten dt. Renaissance, Mitarbeiter an der Ausstattung der Fuggerkapelle in St. Anna in Augsburg (1509–18), des ersten Werkes der Renaissance auf dt. Boden. Für die Annenkirche in Annaberg schuf er den marmornen Hauptaltar (1522).

O. Wiegand, A. D., 1903; Ph. M. Halm, A. D. u. die Fuggerkapelle in Augsburg, 1920 (Jahrb. d. preuß. Kunstsammlungen, Bd. 41).

2. Hans, Bildhauer, Sohn von 1, * um 1485, † 1538, tätig in Augsburg und Wien, arbeitete, ebenfalls im Sinne der Renaissance, Medaillen und Kleinbildwerke (Reliefs in Solnhofer Stein).

G. Habich, Die dt. Medailleure des 16. Jh., 1916; Ph. M. Halm, Stud. zur süddt. Plastik, Bd. 2, 1927; N. Lieb, Die Fugger u. die Kunst, 1952; W. Lange, Die Annenkirche in Annaberg, 1954; J. Baum, A. D. in neuer Beleuchtung (Festschr. f. H. Vollmer, hg. v. M. George) 1957.

Daumier, Honoré, franz. Zeichner und Maler, * 26. 2. 1808 Marseille, † 10. 2. 1879 Valmondois, tätig in Paris, wo er nach spärlicher Vorbildung zuerst durch seine Lithographien für die satirischen Zeitschriften „La Caricature“ (1831 bis 1835) und „Le Charivari“ (seit 1832) Aufsehen erregte. Letztere Zeitschrift, deren Mitarbeiter er Jahrzehnte hindurch war, enthält den weitaus größten Teil seines Schaffens (etwa 3400 Lithographien und zahlreiche Holzschnitte). Er hat in der Folgezeit für eine Reihe weiterer Zeitschriften Beiträge geliefert, auch Buchillustrationen (fast ausschließlich in Holzschnitt) und Einzelblätter geschaffen. 1862–1865 widmete er sich vorübergehend der Malerei. Ferner gibt es von ihm eine Anzahl plastischer Werke, als bekanntestes die Statue des Ratapoil.

Sein Hauptausdrucksmittel war die Lithographie, als deren größter Meister er im 19. Jh. zu gelten hat. Sein Stil bildete sich sehr rasch zu außerordentlicher Flüssigkeit und Schlagkraft des Striches heran bei zunehmender Vereinfachung des Formenaufgebots und Behandlung alles unwesentlichen Beiwerks in impressionist. Andeutung. Dazu kommt eine Vorliebe f. Helldunkelgegensätze. Sein Spätstil (seit den 60er Jahren) bringt nochmals Steigerung zu großgesehenen, von mächtigem Leben erfüllten Formen. Inhaltlich ist das Wesentliche seines Werkes Satire des polit. und bürgerl. Lebens, in großer Sicht vom Tageserlebnis zum allgemein Menschlichen sich erhebend.

A. Rümann, H. D. Sein Holzschnittwerk, 1914; Klossowsky, H. D., ²1923; L. Delteil, H. D. Description de l'oeuvre graphique, 11 Bde., 1925–31; R. Escholier, D., 1938; J. Lassaigne, D., 1939; G. Ziller, D., 1947; R. Lejeune, H. D., 1953; J. Adhémar, H. D., 1954 (franz.); G. Besson, D., 1959 (franz.); W. Balzer, Der junge D. u. seine Kampfgefährten, 1965; R. Rey, H. D., 1968 (franz.); Paula H. Harper, D.'s clowns, Diss. Stanford Univ., 1976; G. Piltz, H. D., 1976; K. Schrenk (Hg.), H. D., Das lithograph. Werk, 2 Bde. 1977; Ausst.kat. Westfäl. Landesmus. Münster, D., 1978; R. Passeron, D. u. seine Zeit, 1980; Kunsthalle Tübingen „H .D. Bildwitz u. Zeitkritik“ (Slg. Horn), 1980.

David, Gerard, niederländ. Maler, *gegen 1460 Oudewater, † 13. 8. 1523 Brügge, dort nachweisbar seit 1483, wurde nach Memlings Tod das Haupt der Brügger Malerschule. Er hat wie dieser, allerdings nicht in so persönlicher Art, nochmals das Erbe der altniederländ. Malerei zusammengefaßt. Dramatische Gestaltung ist nicht seine Sache, wohl aber feierliche Zurschaustellung der hl. Personen in gelassener Ruhe. In reifster Form zeigt sich sein Stil in dem Breitbild der Madonna im Kreise weiblicher Heiliger (1509; Rouen, Mus.).

v. Bodenhausen, G. D. und seine Schule, 1905; M. J. Friedländer, Die altniederländ. Malerei, Bd. 6, 1928; K. G. Boon, G. D., 1946; E. Panofsky, Early Netherlandish painting, 1953.

David, Jacques Louis, franz. Maler, * 30. 8. 1748 Paris, † 29. 12. 1825 Brüssel, Schüler von J. M. Vien, bildete sich in Rom durch Studium der antiken Kunst weiter. Hier entstand 1784–85 „Der Schwur der Horatier“ (Paris, Louvre), in dem nach Form und Inhalt der Klassizismus in der Malerei sich zum erstenmal ganz rein durchgesetzt hat. D. hat an der franz. Revolutiontätigen Anteil genommen (Revolutionsbilder), wurde dann Hofmaler Napoleons, den er in einer Reihe von Gemälden verherrlichte, und verließ 1816 nach der Rückkehr der Bourbonen Frankreich, um den Rest seines Lebens in Brüssel zu verbringen. – D. war der Begründer der klassizist. Malerei in Frankreich und zugleich ihr anerkannter Führer, dessen schulbildende Wirkung wohl von keinem anderen neueren Maler erreicht worden ist. Heute empfindet man seine Kunst leicht als zu trocken und streng, als unlebendig in Form und Farbe.

R. Cantinelli, J. L. D., 1930; K. Holma, D., son évolution et son style, 1941; J. Maret, D., 1943; A. Maurois, J. L. D., 1948; L. Hautecoer, L. D., 1954; G. Wildenstein, L. D., Catalogue, 1963.

Deambulatorium (lat.), Chorumgang (→Chor).

Deckenmalerei. Sie gehört zur →Wandmalerei, besitzt dieser gegenüber jedoch manche Eigenheiten, die sich aus der Form, Aufteilung und Funktion der Decke erklären. Von jeher war es üblich (ägypt., antike Kunst), die Ausmalung eines Raumes auch auf die Decke auszudehnen. Diese wurde dabei entweder als zusammenhängende Bildfläche betrachtet oder in einzelne, bes. gerahmte Felder zerlegt. Im Mittelalter waren sowohl die flachen Holzdecken wie die Gewölbe Träger von D. Beispiele gemalter flacher Holzdecken aus der Zeit des roman. Stils sind die der Kirche von Zillis und die von St. Michael in →Hildesheim (um 1200). Das Tonnengewölbe ließ D.en in fortlaufender Reihe entstehen (St. Savin in Frankreich um 1140), das aus Kappen sich zusammensetzende Gewölbe machte die Kappe zur Teilungseinheit der D. In der Neuzeit steht die D. unter dem Zeichen des Illusionismus. Die abschließende Funktion der Decke wird durch die Malerei für das Auge aufgehoben, der Blick scheint höher hinauf in eine jenseits der Decke sich auftuende räumliche Welt zu gleiten. Die Anfänge dazu liegen noch im Quattrocento (Mantegnas D. in der Camera degli Sposi im Palazzo Ducale zu Mantua, voll. 1474). Strenge Aufteilung waltet noch an der Sixtinischen Decke des Michelangelo, völlige Lösung zu illusionistischer Freiheit ist erreicht in Correggios Kuppelfresko im Dom zu Parma (1526–30). Die hölzerne Flachdecke der Renaissance und des Barocks erhielt eine Einteilung in Felder, von denen jedes den Rahmen für ein völlig selbständiges Gemälde (oft auch auf Leinwand gemalt) abgab. Eine überaus reiche und in ihrem Illusionismus bis zum Äußersten getriebene D. entfaltete sich an den Gewölben von Barockkirchen und Schlössern. Wandmalerei ist jetzt überwiegend D. geworden.

H. Bauer, B. Rupprecht, Corpus d. bar. D. in Dtld., Bd. 1 Bayern, 1976(ff.). Lit. →Wandmalerei.

Deckfarben, undurchsichtige Farben, die den Malgrund verdecken, z. B. Guasch und Pastell, meist auch Öl und Tempera. Gegensatz →Lasurfarben.

Decorated style, die zweite Entwicklungsstufe der engl. Gotik (Hochgotik) etwa 1270 bis etwa 1350. Sie zeichnet sich aus durch reiche Durchbildung von Gewölben, Portalen, Fenstern und anderen Baugliedern, sowie durch stärkeren Aufwand an Zierformen. Das Hauptschiff der Kathedrale von York und das Hauptschiff mit Chor der Kathedralen von Exeter und Lichfield gehören zu seinen bedeutendsten Leistungen.

H. Bock, Der D. St. Untersuchungen zur engl. Kathedralarchitektur d. 1. Hälfte d. 14. Jhs., 1962 (Heidelberger Kunstgeschichtl. Abhlgn, N. F. 6).

Dedikationsbild, Darstellung der feierlichen Überreichung eines Kunstwerks an den Besteller oder Stifter. Derartige Bilder finden sich z. B. in frühmittelalterlichen Handschriften und zeigen den Schreiber oder Miniator, wie er sein Buch dem Besteller überreicht.

J. Prochno, Das Schreiber- u. D. i. d. dtn. Buchmalerei b. z. Ende d. 11. Jh.s, 1929.

Deësis (griech.), die Darstellung des thronenden Christus zwischen den Fürbittern Maria und Johannes, entweder für sich oder als Hauptgruppe des →Jüngsten Gerichts. Die D. wurde von der byzantin. Kunst im frühen Mittelalter ausgebildet und von der abendländ. übernommen.

Defregger, Franz von, Maler, * 30. 4. 1835 in Ederhof (Tirol), † 2. 1. 1921 München, Prof. der Akademie das., bekannt durch seine Darstellungen aus der Geschichte der Tiroler Bauern und aus ihrem Leben, das allerdings meist von der feiertäglichen und heiteren Seite gesehen ist, gewöhnlich unter Zugrundelegung einer novellistischen Handlung.

A. Rosenberg, D., [3]1911; H. Hammer, F. v. D., 1940.

Degas, Edgar, franz. Maler und Graphiker, * 19. 6. 1834 Paris, † 26. 9. 1917 das., schulte sich an den ital. Meistern des 15. Jh., an Holbein und Ingres, malte zuerst Historienbilder und Bildnisse und wandte sich seit den 70er Jahren neuen Darstellungsgebieten zu: Opern- und Ballettszenen, Rennplätzen, Frauen bei intimer Toilette, Vorgängen und Gestalten des täglichen Lebens, mit denen er die moderne Malerei gegenständlich bereichert hat. Haltung und Bewegung sind scharf beobachtet und namentlich letztere ist, oft mit impressionistischen Mitteln, unübertrefflich wiedergegeben. Hervorzuheben ist weiter die lineare Präzision seiner Bildnisse und die alle akademische Überlieferung bewußt verleugnende Zufälligkeit des Bildausschnittes, die durch scharfes Abschneiden von Randfiguren sinnfällig gemacht wird. D. hat sich für seine Ballettszenen gern des Pastells bedient. Er hat auch Lithographien geschaffen und gegen Ende seines Lebens, fast erblindet, Statuetten in Wachs und Ton modelliert.

P. Lafond, D., 2 Bde., 1918; Vente Degas. Catalogue des tableaux, pastels et dessins par Edgar D., 4 Bde., (2149 Illustr.), 1918/19; Jamot, D., 1924; J. Meier-Graefe, D., 1924; A. Vollard, D. (dt.), 1925; E. D., Eigene Zeugnisse, fremde Schilderungen, Anekdoten, hg. v. H. Graber, [3]1942; P. Borel, Les sculptures inédites de D., 1949; P. A. Lemoisne, D. et son oeuvre, 4 Bde., 1946–49; D. Cooper, Pastelle von E. D., 1952; F. Fosca, D., dt. 1954; J. Rewald, D., das plastische Werk, 1956; P. Cabanne, E. D., dt. 1960; J. Bouret, D., dt. 1970; F. Rusolli u. F. Minervino, La obra pictoria completa de E. D., 1972; J. Adhémar, F. Cachin, E. D., Radiergn., Lithograph., Monotyp. (Oeuvrekat.), 1976; Th. Reff, Notebooks of E. D., 2 Bde. 1977.

Dehne, Christoph, Bildhauer, * 1580–85, † nach 1626 Magdeburg, tätig das. Einziges gesichertes Werk ist das Epitaph für Heino von Brösicke in der Dorfkirche zu Ketzür (Westhavelland), 1612–14. Überwiegend von diesem Frühwerk aus wurden ihm weitere Epitaphien, z. T. von gewaltigen Ausmaßen, im Magdeburger Dom und an anderen Orten, auch Kanzeln und Taufsteine zugeschrieben. Ein Hauptwerk ist die prächtige Kanzel in der Stephanskirche in Tangermünde (1618–19). Die Kunst D.s zeigt eine Mischung ital., niederländ. und dt.-spätgot. Stilelemente, erhebt sich jedoch zu kräftiger Eigenart. Im Aufbau tritt das Architektonische hinter Figur und Ornament zurück. Die Figur hat dramatisches Leben und innere Spannung. In der Ornamentik ist die Stufe des Roll- und Beschlagwerkes überwunden zugunsten der moderneren Formen von Knorpelwerk und Ohrmuschelstil.

W. Dieck, Ch. D., ungedruckte Diss., Halle 1924; Liselotte Stauch, Ch. D., ein Magdeburger Bildhauer um 1600, Diss. Greifswald, 1936.

Dekoration, ganz allgemein „Ausschmückung“. Der Begriff D. zielt also nicht wie der Begriff →Ornament auf ein einzelnes Schmuckmotiv, sondern auf deren Gesamtheit. In der Baukunst spricht man etwa von der D. einer Fassade (Fassadendekoration), weit häufiger von der des Innenraums durch Malereien, plastische Verzierungen, Tapeten Teppiche, Vorhänge, allerlei Erzeugnisse des Kunstgewerbes. Dabei kann ein Gegenstand Teil der D. sein, auch wenn er einen außerhalb des Schmückens liegenden Gebrauchszweck hat (z. B. ein Beleuchtungskörper). D. betrifft auch im Kunstgewerbe nicht die reine Form eines Gegenstandes

(z. B. die Form einer Porzellanvase), sondern das, was an schmückendem Beiwerk (Bemalung, plastische Auflagen) noch dazu kommt. Bei keramischen Erzeugnissen wie Fayence und Porzellan wird die D. meist als Dekor bezeichnet.

del., für delineavit (lat. „hat es gezeichnet"), Abkürzung bes. auf Kupferstichen.

Delacroix, Eugène, franz. Maler, * 26. 4. 1798 Charenton-Saint-Maurice b. Paris, † 13. 8. 1863 Paris, Schüler von Guérin. Bestimmend für ihn wurden außerdem Géricault, Constable und bes. Rubens. Sein erstes Hauptwerk, die „Dantebarke" (1822; Paris, Louvre), bedeutete Überwindung des Klassizismus durch eine neue Kraft der Form und Farbe. D. wurde zum Führer der romant. Malerei in Frankreich, die hier freilich ein anderes Gesicht hat als in Deutschland. Sein Stoffgebiet war die Historienmalerei, wobei er sich gern durch Motive aus den Werken von Dante, Shakespeare, Byron, Scott u. a. anregen ließ. Dazu kommen Tierbilder (Pferd und Löwe in Bewegung) und seit seiner Reise nach Algier (1832) die bunte und bewegte Welt des Orients, die er als erster malerisch erschlossen hat. Seine Monumentalmalereien in der Deputiertenkammer, im Luxemburgpalast und in anderen öffentlichen Gebäuden von Paris stellen ihn in die erste Reihe der Monumentalmaler des 19. Jh. D. darf auch als erster großer Vertreter jener Richtung gelten, die in der 2. Hälfte des 19. Jh. als →Neubarock weite Strecken der europ. Kunst beherrscht hat. – Als Graphiker hat D. Radierungen und bes. Lithographien geschaffen, die seinen Drang nach Gestaltung des Wilden und Dämonischen meist noch stärker zum Ausdruck bringen als die Bilder: Lithographien zu Goethes „Faust" (1827) und zu Shakespeares „Hamlet" (1843) sowie großartige Tierstudien. – Er schrieb u. a.: „Mein Tagebuch" (dt. v. E. Hancke, 1903); Journal (1822 bis 1863), 3 Bde., 1953, 1822–1859; Die Tagebücher, hg. v. K. Mittelstädt, 1977.

E. Moreau-Nélaton, D., raconté par lui-même, 2 Bde., 1916; J. Meier-Graefe, E. D., [2]1922; R. Escholier, E. D., 3 Bde., 1296–29; Ders., E. D., 1963; Der junge D. 1798–1832. Briefe, Tagebücher, Werke. Hg. von H. Graber, 1938; J. Lassaigne. E. D., 1950: U. Christoffel, E. D., 1951; K. Badt, E, D., Zeichnungen, 1955; R. Huyghe. D., dt. 1967; G. Dumur, D., romantique français, 1973; K. Mittelstadt, E. D. Dem Auge ein Fest: aus den Tagebüchern d. Malers (dt. v. Liselotte Kolanoske u. F. Erpel), 1981.

Delaunay, Robert, franz. Maler und Graphiker, * 12. 4. 1885 Paris, † 25. 10. 1941 Montpellier, gehört zu den Mitbegründern des →Kubismus, stand auch der Künstlergruppe des →Blauen Reiters nahe, gelangte nach Zertrümmerung des Gegenständlichen (Großstadtbilder) zu dessen prismatischer Verfestigung und zur abstrakten Malerei (→Abstrakte Kunst) und trat in den letzten Jahren seines Lebens mit Werken einer monumentalen Dekorationskunst (bemalten Flachreliefs) hervor. – Robert D., Du Cubisme à l'Art abstrait, Documents inédits, publ. par P. Francastel (mit Katalog von G. Habasque u. Bibliographie), 1957.

F. Gilles de la Tourette, R. D., 1950 (franz.); G. Vriesen u. M. Imdahl, R. D. – Licht u. Farbe, 1967; B. Dorival, R. D., 1975; J. Cassou, R. D., Ausst.-kat. Kst.halle Baden-B., 1976.

Delfter Fayence, Delfter Ware, hat eine starke weiße Zinnglasur, die durch Zusatz eines mit dieser verschmolzenen Glaspulvers auf der Außen- oder Oberseite Hochglanz bekommen hat. Die Rückseiten, denen dieser Hochglanz fehlt, zeigen nicht selten von Luftblasen herrührende eingesunkene Stellen. In der Bemalung herrscht das Blau (Kobaltblau) vor, daneben gibt es noch Rot, Rotbraun, Gelb, Grün, Gold. Die Motive lehnen sich gern an chinesische und japanische Vorbilder an (Vögel, Blumen, →Chinoiserien), daneben gibt es aber auch heimische Motive wie Landschaften und Genreszenen. Hergestellt wurden alle Arten von Tischgeschirr, Krüge, Vasen, Prunkteller, Fliesen, Ofenkacheln, auch allerlei Spielereien, wie Blumenkörbe und sogar Geigen. Die Fayencekunst dürfte nach Holland erst im späteren 16. Jh. von Italien aus und vielleicht durch Vermittlung dt. Meister gelangt sein. Die Blütezeit der D. F. beginnt jedenfalls erst nach der Mitte des 17. Jh. mit Meistern wie Aelbrecht de Kijzer und Adriaen Pijnacker. Gegen Mitte des 18. Jh. ging die Fabrikation zurück, nicht zuletzt infolge der Konkurrenz des Meißner Porzellans, später des englischen Steinguts. In den 80er Jahren des 19. Jh. ist die Fabrikation von D. F. im Anschluß an die alten Muster wieder aufgenommen worden und wird fortgeführt.

E. M. Vis und C. de Geus, Altholländische Fliesen, 2 Bde., 1926–1931 (Dt.); H. P. Fourest, Les faïences de Delft, 1958; F. W. Hudig, D. F., [2]1959.

Delorme (De l'Orme), Philibert, franz. Baumeister * 1510—15 Lyon, † 8. 1. 1570 Ivry, studierte in Rom die Baukunst der Antike und der ital. Renaissance, war seit 1536 in Lyon und seit etwa 1540 in Paris tätig, 1545—59 Generalbauinspektor, neben Lescot der Hauptmeister der franz. Renaissancebaukunst; doch hat sich von ihm so gut wie nichts erhalten. Hauptwerke: Schloß Saint-Maur-les-Fossés (um 1540; zerstört), Schloß Anet (1543 bis 44; bis auf einen Flügel und die Kapelle zerstört), Fassade der Tuilerien in Paris in wuchtigen und strengen Formen (seit 1564; unter Ludwig XIV. verändert, 1871 zerstört). Er schrieb außer einer technischen Abhandlung das architekturtheoretische Werk: „Le premier tome de l'architecture de Ph. D." (1567; neue Ausg. 1894).

M. Vachon, Ph. D., 1887; H. Clouzot, Ph. D., 1910; A. Blunt and R. Wittkower, Ph. de l'O. Studies in architecture, Bd. 1, 1958; A. Blunt, Ph. de l'Orme, 1963 (franz.); V. Hoffmann, Ph. D. u. das Schloß Anet, 1973.

Delos, Insel im Ägäischen Meer, nahe Mykonos, Geburtsstätte des Apollon und griech. Nationalheiligtum. Die antiken Reste sind von franz. Gelehrten freigelegt worden. Neben zahlreichen Tempeln, Hallen und Schatzhäusern für Weihgeschenke ist bes. ein Wohnviertel von Bedeutung, das aus hellenistischer Zeit stammt. In den Häusern sind viele Reste von Wandmalerei und Mosaiken erhalten. Noch bedeutender sind die Funde von Skulpturen, die sich von der ältesten griech. bis in röm. Zeit verteilen.

Fouilles de Délos, 1909–60 (bisher 24 Bde.); Bethe, „Die Antike", 1938; R. Vallois, L'architecture helllénique et hellénistique à D., 2 Bde., 1944–53; H. Gallet de Santerre, D. primitive et archaique, 1958; Ph. Bruneau u. J. Ducat, Guide de D., 1965; E. Kirsten u. E. Kraiker, Griechenlandkunde, [5]1967 (m. Plänen); Ph. Bruneau, Les mosaiques. Exploration archéologique de Délos (Ecole Française d'Athenes) 1973.

Delphi, Stadt und Orakelheiligtum des Apollon in Phokis, in steil ansteigendem felsigem Gelände an den Ausläufern des Parnaß. Die großartige Landschaft, in der man wie an keinem andern Orte das Gefühl hat,

„als ob die Gottheit nahe wär", hat wohl zur Entstehung des Kultes mit beigetragen, der bis in die mykenische Zeit reicht und ursprünglich einer Muttergottheit galt. Von dem ältesten Tempel sind nur einige Steine erhalten. Er wurde etwas vor 600 von Agamedes erbaut und brannte 548 v. Chr. ab; Neubau gegen Ende des 6. Jh. Die vorhandenen Reste von Giebelskulpturen hat ein athenischer Bildhauer, wahrscheinlich Antenor, gearbeitet. Im 4. Jh. wurde dieser Tempel durch einen neuen ersetzt, von dem die gewaltige Terrassierung und ein Teil des Unterbaues noch stehen. Von der Orakelanlage hat sich nichts gefunden, auch der Erdspalt, über dem die Pythia der Überlieferung nach von den hervorströmenden Dämpfen betäubt wurde, existiert nicht. Man nimmt deswegen wohl mit Recht an, daß es sich hier um eine späte Verwechslung mit dem gewaltigen Erdspalt handelt, der ganz nahe beim Heiligtum die beiden Felsen der Phaidriaden trennt. In diesem entspringt die Quelle Kastalia, deren altes Brunnenbecken noch erhalten ist. Der Tempel steht inmitten des etwa rechteckigen, von einer Mauer umgebenen Bezirkes. Durch ihn führt in Windungen die heilige Straße, die zu beiden Seiten von zahlreichen Weihgeschenken und Schatzhäusern umgeben war. Das Schatzhaus der Athener ist aus den Bruchstücken wieder aufgebaut worden, andere ältere Schatzhäuser (Sikyon, Syrakus) haben wichtige frühe Skulpturen geliefert. Unter den sonst im Heiligtum gefundenen Statuen ragen hervor: die Brüder Kleobis und Biton (um 600), sowie der bronzene Wagenlenker (um 460), ein Weihgeschenk für einen Wagensieg. Die Ausgrabung von D. ist durch franz. Gelehrte ausgeführt worden.

Fouilles de Delphes (1902ff.); Poulsen, Delphi, 1912 (engl.); W. Wunderer, D., 1933; P. de la Coste-Messelière, Delphes, ²1957; E. Kirsten u. E. Kraiker, Griechenlandkunde, ⁵1967; K. Michalowski, D., Bd. 1, 1977.

Demeter, lat. Ceres, die Erdgöttin, die die Menschen durch Aussendung des Triptolemos den Getreidebau lehrte, wovon eine schöne Darstellung auf einem Relief aus Eleusis erhalten ist. Unter den statuarischen Bildwerken ragt die Demeter von Knidos im Brit. Mus. hervor, die aus dem 4. Jh. v. Chr. stammt und ein griech. Original ist.

Roscher, Lexikon der Mythologie; L Deubner, Attische Feste, 1956.

Dendera, Ort in Oberägypten am linken Nilufer, die alte Hauptstadt des 6. ägypt. Gaues. Die dort erhaltenen Tempel stammen sämtlich aus der Spätzeit der ägypt. Kultur. Der größte ist der Tempel der Hathor (1. Jh. v. Chr.). Berühmt sind die beiden Tierkreise seiner Decke, in denen man bestimmte Konstellationen glaubte ablesen zu können, und es ist nicht unmöglich, daß sie sich auf die Geburt des Cäsarion, des Sohnes Cäsars und Kleopatras beziehen (heute Kopien; Original im Louvre). Ein von Augustus erbauter kleinerer Tempel zeigt die zierlichen Formen der spätägypt. Kunst. Daneben hat Augustus einen Isistempel errichten lassen. In D. steht auch die Ruine einer der größten koptischen Kirchen aus dem 5. Jh.

Petrie, Dendereh, 1900; H. Bonnet, Reallexikon der ägypt. Religionsgeschichte, 1952; E. Chassinat, Le temple de D., 5 Bde., 1934–52; F. Daumas, Le mammisis de D., 1959.

Denkmal, Monument, 1. im weiteren Sinn jeder kunst-, kultur- oder allgemeingeschichtlich bedeutsame Überrest vergangener Zeiten, 2. im engeren Sinn ein zur Erinnerung an bestimmte Personen oder Ereignisse errichtetes Werk der Baukunst oder Bildnerei (abgesehen von dem nicht künstlerisch geformten D., das ein großer Stein, ein einfaches Kreuz, eine Erdaufschüttung oder dgl. sein kann). Sondergruppen bilden das →Grabmal (Grabdenkmal) und jene D.er, die in erster Linie Hoheits- und Rechtszeichen sind. Das Altertum hat D.er der verschiedensten Art hervorgebracht: Siegessäule (Sonderform die Siegessäulen der röm. Kaiserzeit mit spiralig herumlaufenden Reliefdarstellungen → Trajanssäule), → Triumphbogen, figürliches D. als Statue, Kolossalstatue, Reiterdenkmal. Dem Mittelalter ist der Gedanke eines D.s, das weder Grabmal noch Rechtssymbol ist und außerhalb des kirchlichen Zusammenhangs steht, fremd. Daher ist auch das „Reiterdenkmal" eines dt. Kaisers (vielleicht Ottos I. oder Ottos II.) auf dem Marktplatz zu Magdeburg (um 1245) nur aus der Rechtssphäre zu verstehen. Ähnlich muß wohl auch der häufig als Ausnahme von der Regel angeführte → Braunschweiger Löwe verstanden werden. Die Aufstellung der Stifterfiguren im Westchor des → Naumburger Doms lag zwar durchaus in der Richtung des D.sgedankens; zu seiner Erfüllung aber bedurfte es noch der Isolierung des einzelnen und seiner Befreiung aus dem übergeordneten Zusammenhang der Kirche oder überhaupt der Architektur. Abgesehen von gewissen architektonisch gebundenen Vorformen (z.B. den 10 Fürstengestalten, die jedoch noch ganz nach Art mittelalterlicher Heiligenfiguren an dem unter Karl V. um 1370 errichteten, später abgebrochenen Wendelstein des alten Louvre, der berühmten „Vis du Louvre", aufgestellt waren) schuf wirkliche D.er erst wieder die Renaissance, naturgemäß am frühesten in Italien, wo die Wiederaufnahme antiker Überlieferung am leichtesten erfolgte. So zeigt das Grab des Can Grande della Scala in Verona (1. Hälfte des 14. Jh.) bereits eine Verbindung von Grabmal und Reiterdenkmal, und in den beiden nur auf sich gestellten Reiterdenkmälern des 15. Jh., dem Gattamelata des Donatello in Padua und dem Colleoni des Verrocchio in Venedig, ist der völlige Durchbruch des D.sgedankens vollzogen. In der dt. Renaissance wurde er am deutlichsten von Kaiser Maximilian vertreten, ohne sich jedoch zu völliger Freiheit durchringen zu können: Bindung an das Grabmal (→ Maximiliansgrabmal in Innsbruck); Reiterdenkmal, das aber im Kreuzgang einer Kirche aufgestellt war; Triumphbogen, aber aus Papier. Im Barock zeichnete sich bes. Frankreich durch D.er aus (Reiterdenkmäler, Triumphtore). In Deutschland ist Schlüters „Großer Kurfürst" in Berlin (1698) das erste, zugleich sehr bedeutende Reiterdenkmal. War das Wesen des Barockdenkmals Repräsentation, so wurden in der 2. Hälfte des 18. Jh. im Zeitalter der Empfindsamkeit und aufsteigenden Romantik auch D.er zur stillen Erinnerung und zum stillen Gedächtnis geschaffen (Rundtempel mit Statue der Markgräfin von Bayreuth im Park von Sanssouci 1768), eine neue Seite des D.skultus, die (neben anderen) auch im 19. Jh. in Geltung bleiben sollte. Dieses Jh. ist eine wahre Inflationszeit des Denkmals gewesen, hauptsächlich wohl als Folge eines übersteigerten Historismus. Das figürliche D. herrscht vor, wobei der Kreis der denkmalswürdigen Personen eine gewaltige Erweiterung erfährt. Bis zum 18. Jh. hatte mit wenigen Ausnahmen (z.B. Erasmus-D. in Rotterdam 1549) nur eine fürstliche Persönlichkeit Anspruch auf ein D.; im 19. Jh. konnte jede Persönlichkeit von wirklicher oder vermeintlicher geschichtlicher Bedeutung Held oder Heldin eines D.s werden: Künstler, Gelehrte, Politiker, Organisatoren usw.

So wurde im Sinne des Historismus die „Walhalla" bei Regensburg als Ruhmestempel gebaut. Auch Türme (Bismarcktürme) traten an die Stelle figürlicher Denkmäler.

Im 20. Jh. wurden D.er zunehmend auch Ereignissen gewidmet (Völkerschlachtdenkmal in Leipzig 1913), häufig auch in der Form von Mahnmalen (Buchenwald b. Weimar) und Gefallenendenkmälern. – Den im weiteren Sinne bestehenden D.n widmen sich → Denkmalpflege und Denkmalschutz.

A. Riegl, Der moderne D.kultus, sein Wesen und seine Entstehung, 1903; Monumente und Standbilder Europas, 1914 (Wasmuth); A. E. Brinckmann, Platz und Monument, 1923; J. v. Schlosser, Vom modernen D.kultus, 1930 (Vortr. d. Bibl. Warburg 1926/27); P. Clemen, Der D.-Begriff u. seine Symbolik, 1933; A. Neumayer, Der D.-Gedanke des Klassizismus, 1932/33; H. Schrade, Das dt. Nationald., 1934 J. Dahl, Das barocke Reitermonument, Diss. Münch., 1935; W. Haftmann, Das ital. Säulenmonument, 1939; H. Keller, D., 1954; V. Plagemann, Zur D.geschichte in Dtschld. (Stud. z. Kst. d. 19. Jhs., 20) 1972; H. E. Mittig, V. Plagemann, D.r d. 19. Jhs.; Deutung u. Kritik (Stud. z. Kst. d. 19. Jhs., 20) 1972.

Denkmalpflege, die Sicherung der kunst- und kulturgeschichtl. Werke (Bau- und Kunstdenkmäler aller Art) vor Zerstörung, Beschädigung, Verfall, Verschandelung, Entfernung aus geschichtl. gewachsenen Zusammenhängen; auch die Sorge für Erhaltung städtebaulicher Schönheiten; schließlich die Freilegung, Zugänglichmachung und dem künstlerischen Wert entsprechende Aufstellung von Kunstdenkmälern.

Die D. ist in den Ländern, in denen sie überhaupt besteht, fast durchweg eine staatliche Einrichtung, was natürlich das Vorhandensein privater Vereinigungen nicht ausschließt, die sich bestimmte Sonderaufgaben gestellt haben (z.B. Vereinigung zur Erhaltung dt. Burgen). In Deutschland ist die Organisation der D. von den einzelnen Ländern zu verschiedenen Zeiten und in verschiedener Weise aufgebaut worden, was heute noch eine gewisse Uneinheitlichkeit bedingt. Hand in Hand mit der D. geht die Durchführung des großen Inventars der Bau- und Kunstdenkmäler, das in Format, Ausstattung und Anlage zur Zeit noch erhebliche Verschiedenheiten aufweist, an Umfang und Gründlichkeit aber von keinem ähnlichen Unternehmen anderer Länder auch nur annähernd erreicht wird.

Einzelne Fälle von D. sind schon seit dem Altertum zu beobachten. Bes. bemerkenswert ist die Pflege der antiken Denkmäler durch die Päpste der Renaissance (1516 Ernennung Raffaels durch Leo X. zum Leiter der Ausgrabungen in Rom und Umgebung; Errichtung einer Zentralkommission zur Erhaltung der antiken Denkmäler durch Paul III.). Die zusammenhängende Geschichte systematischer D. beginnt aber erst um 1800, d.h. in der Zeit der Romantik mit ihrem Interesse für die Kulturdenkmäler der Vergangenheit und des einsetzenden Historismus. Die Bemühungen um Rettung und Wiederherstellung der Marienburg (F. Gilly, M. v. Schenkendorf, Schinkel) sind ein gutes Beispiel. Planmäßig in Angriff genommen und vom Staate gefördert wurde eine D. aber erst seit den 30er Jahren, und zwar zuerst in Preußen (Errichtung der Stelle eines staatl. Konservators 1843); von den außerdt. Ländern bes. in Frankreich (Einsetzung der

Commission des monuments historiques 1837). Herrschend war der Grundsatz einer möglichst stilechten Wiederherstellung, der auch dort durchgeführt wurde, wo nur spärliche oder gar keine Anhaltspunkte vorhanden waren. Dabei ist auch vieles verdorben worden: mittelalterliche Wandgemälde durch allzu starke und nicht stilgerechte Erneuerung; der Eindruck mittelalterlicher Bauten durch willkürliche Ergänzung (Ausbau der Meißner Domtürme). Um 1900 begann der noch heute herrschende Grundsatz an Boden zu gewinnen, das Alte nur in seinem Bestande zu erhalten (zu konservieren) und freizulegen, Erneuerungen und Ergänzungen nur im unbedingten Notfall auszuführen und sie möglichst als solche zu kennzeichnen. Um die Jahrhundertwende belebten die Auseinandersetzungen um die Ruine des Heidelberger Schlosses und die damit zusammenhängenden Fragen um Grundsätze in der D. die Diskussion nachhaltig.

Vor gewaltige Aufgaben ist die D. durch die Zerstörungen des 2. Weltkrieges gestellt worden. Bei Totalzerstörungen hat man mitunter das Gewesene in der alten Form völlig neu wiederaufgebaut. Die im Zusammenhang mit der Wiederherstellung mittelalterlicher Kirchen ausgeführten Grabungen haben vielfach neues Licht auf Entstehungsgeschichte und ursprüngliche Gestalt jener Kirchen geworfen. Neuerdings werden auch die technischen Baudenkmäler der Vergangenheit (Mühlen, Hammerwerke usw.) stärker in die D. einbezogen. Die Fragen der D. gewinnen zunehmende Bedeutung im Zusammenhang mit sog. Stadtsanierungen, wobei nicht nur Einzelbauwerke, sondern auch Straßenzeilen, Plätze, Ortskerne als sog. Ensembles geschützt u. erhalten werden sollen (vorbildlich Berlin, Bamberg, Regensburg), auch solche des 19. u. 20. Jhs.. Landesgesetze bieten die Grundlage für die vielfältigen Aufgaben der Landesdenkmalämter (m. eigenen Veröffentlichungen, Jahresberichten, Inventarisationen, Sammlungen v. Bauaufnahmen, Schutzzonenatlanten etc.). Hier beginnt der sog. Denkmalschutz, der u. a. privaten, staatlichen u. kirchlichen Besitzern im allgemeinen öffentlichen Interesse Pflichten für Erhaltung u. Pflege auferlegt. D. wird in starkem Maße in das Architekturstudium einbezogen. Die Diskussion über Probleme der D. ist neuerdings durch Verfall v. D.n als Folge der starken Industrialisierung in den Vordergrund getreten (z. B. Kathedralen in Großstädten usw.). Zur Rettung von Originalen werden →Abgüsse hergestellt. Die D. ist in steigendem Maße auf die Mitarbeit naturwiss. Disziplinen angewiesen, wobei sich neue Möglichkeiten u. a. bei der Verwendung von Kunststoffen ergeben. Schriftenreihen u. Fortbildg.skurse erweitern das Blickfeld der D. durch internationale Zusammenarbeit. In der BR Deutschland besteht in diesem Zusammenhang das „Deutsche Nationalkomittee für Denkmalschutz", das der Organisation ICOMOS angeschlossen ist, deren Zentralgedanke des Denkmalschutzes immer mehr in den Vordergrund tritt.

Die D. auf dem Gebiet der DDR wird zentral vom Institut für D. in Berlin mit Außenstellen geleitet.

J. Reimers, Handbuch der D., 1911; M. Dvořák, Katechismus der D., ³1918; A. Egger, Kirchliche Kunst- u. D., 1933; P. Clemen, Die dt. Kunst u. die D., 1933; Ders., D. und Heimatschutz im Wiederaufbau der Nation, 1934 (Bericht vom 22. Tag der D. in Kassel 1933); R. Mancia, L'esame scientifico delle opere d'arte e il loro restauro, 2 Bde., 1936; H. Hörmann, Methodik der D., 1938. Ztschr.: Deutsche Kunst und D.; Österreich. Ztschr. für D., seit 1947; W. Götz, Beiträge zur Vorgeschichte der D., Diss. Leipzig, 1956; La conversation et la restauration des monuments et des bâtiments historiques. UNESCO, 1973 (Musées et monuments 14); F. Mielke, Denkmalpflege als Lehrgebiet (Dt. Kst. Denkmalpflege 31); Denkmalpflege in Bad.-Württemberg, Hg. v. Landesdenkmalamt s. 1972; Alb. Knoepfli, Schweizerische D. (Beitr. z. Gesch. d. Kst.wiss. i. d. Schw. 1) 1972 (mit reicher Bibl.); A. Wolff, D. Gefährd. d. Kölner Domes. Seine Steine u. ihr Zustand 1972 (Dt. Kst.- u. Denkmalpflege. 31, 1–2) 1973; S. Luckat, Luftverunreinigungen als Ursache d. Steinzerfalls (Dte. Kst. u. Denkmalpfl. 31) 1973; U. K. Paschke, Die Idee d. Stadtdenkmals. Ihre Entwicklung und Problematik im Zusammenhang des D.gedankens m. einer Darstellung am Einzelfall d. Stadt Bamberg (Erlanger Beiträge z. Sprach- u. Kstwissenschaft. Bd. 45) 1972; H. Günther, Historische Gärten u. Denkmalpflege. Gedanken z. ihr. Entwicklg. u. künftigen Gestaltg. (Neue Museumskunde 16/1) 1973; A. Knoepfli, D. gestern u. heute (Das Münster, 27, 1–2) 1974; Lebensraum u. historisches Erbe. Beiträge zum Denkmalschutz heute (Deutscher Landkreistag Bonn, Hg.; 8–9) 1975; Glossarium Artis, Denkmalschutz u. D., bisher Bd. 1–8 (Indices aller Fachwörter d. verwendeten Sprachen) hg. v. Comité International d'Histoire de l'Art, Straßburg/Tübingen, o.J.; Schriftenreihe des Zentralinstitutes für D. in der DDR Berlin (mit Außenstellen); Veröffentlichungen des Institutes für Denkmalpflege der ETH Zürich; T. Gebhard, D. u. Museum (bearb. v. H. Sperber), 1979; W. Kallenbach, Brandschutz in Baudenkmälern u. Museen, 1980; A. Gebeßler, W. Eberl, Schutz u. Pflege v. Baudenkmälern i. d. BR Deutschland (Hb. m. zahlr. Beitr.) 1980; M. Gerner, F. Kynast, W. Schäfer, Fachwerkfreilegung, 1980; Erhalten u. Gestalten. Hg. v. Rhein. Verein für D. u. Landschaftsschutz (m. zahlr. Beitr.) 1981; R. Huber u. Renate Rieth, Glossarium Artis: Das Baudenkmal – Zu Denkmalschutz u. D., Bd. 8, 1981; IIC Wien (Hg.), Probleme u. Konservierungstechniken i. d. Baudenkmalpflege, 1980; J. Fekete, D. u. Neugotik im 19. Jh. (Miscellanea Bavaria Monacensia 96) 1981.

Denner, Balthasar, Maler, * 15. 11. 1685 Altona, † 14. 4. 1749 Rostock, hat zahlreiche Bildnisse fürstlicher Persönlichkeiten geschaffen und bes. in seiner späteren Zeit einem übertriebenen Naturalismus gehuldigt. Mit Vorliebe sucht er sich als Modelle alte und häßliche Männer und Frauen, deren Runzeln mit größter Genauigkeit registriert sind.

J. von Gool, De nieuwe Schouburg der nederlandsche Kunstschilderers etc, 1751; H. Röthel, Bürgerl. Kultur u. Bildnismalerei in Hamburg während d. 1. Hälfte d. 18. Jhs., Diss. Hamburg 1938.

Depotfund → Verwahrfund.

Derain, André, franz. Maler und Graphiker, * 17. 6. 1880 Chatou, † Garches b. Paris 2. 9. 1954, gehörte zu den → Fauves, setzte die von Cézanne eingeleitete Richtung fort: gefühlsbetonte Landschaften, Stilleben, Figurenbilder und Bildnisse von klarem Aufbau, gedämpfter Farbigkeit und weichen Umrissen.

D. Henry, A. D., 1920; E. Faure, D., 1923 (franz.); M. Vaugham, D., 1941 (engl.); J. Leymarie, A. D., 1948; G. Hilaire, D., 1959; D. Sutton, A. D., 1960; G. Diehl, D., 1973 (franz.); J. Monod-Fontaine, A. D., Ausst.kat. Mus.nationaux Paris, 1976. Ausst.-Kat. A. D., Rom, Villa Medici, 1976/77.

Derutaware, Fayencen aus der ital. Stadt Deruta (Prov. Perugia), berühmt durch ihre metallischen Lüsterfarben mit schillernden Reflexen. Ihre gelbliche Masse ist schwer und dick, das Ornament streng, die Zeichnung und Modellierung blau. Die hervorragendsten Erzeugnisse, die wohl alle dem 16. Jh. angehören, sind Prachtschüsseln mit figürlicher Malerei und ornamentiertem Rand.

Design, Muster, Entwurf, Formgebung. Im engeren Sinne wird darunter formgerechte und materialgerechte künstlerische Gestaltung von Gebrauchsgegenständen u. Industrieprodukten aller Art verstanden; darunter fallen u. a. auch

→Möbel, wobei enge Verbindungen einheitlichen Gestaltens mit dem Bauen u. Wohnen gesucht werden (→Bill →Bauhaus). D. ist Lehrfach an Hochschulen u. Fachhochschulen u. steht in enger Verbindung mit der →Baukunst u. →Raumkunst.

Nikolaus Pevsner, Architektur u. Design, dt. 1968; ders., Der Beginn der mod. Architektur u. des Design, dt. 1971; G. Selle, Ideologie u. Utopie des D.. Zur gesellschaftl. Theorie d. industriellen Formgebung, 1973; ders., D. Gesch. d. D. in Dtld. v. 1870 bis heute, 1977; G. Selle, Die Gesch. d. D. in Dtschld., 1978; G. Himmelheber, Museum u. industrial D. (Kunstchronik 26, 10) 1973; G. Selle, Die Gesch. d. D. in Dtschld., 1978.

Desornamentadostil (spanisch „schmuckloser Stil"), Bezeichnung für die unter Philipp II. in Kastilien zur Herrschaft gelangte, u.a. von → Herrera vertretene, strenge Richtung der span. Renaissance.

Deutsch, Niklaus Manuel → Manuel.

Deutsche Kunst, die Kunst der german. Stämme seit ihrer Einigung im Reiche Karls d. Gr. Die Träger der D. K. sind also die gleichen wie die der → German. Kunst; aber der Aufgabenkreis ist ein weiterer und reicherer geworden durch den von Karl d. Gr. vollzogenen Anschluß an die antike Kultur und Kunst und durch die neuen Aufgaben, die der Kunst jetzt im Dienste des Christentums gestellt wurden (→Karoling. Kunst). Die D. K. ist neben der franz. und ital. die Hauptträgerin der abendländ. Stilentwicklung. Sie steht mit jenen in enger Wechselbeziehung, hat zu allen Zeiten Anregungen zu schöpferischen Auseinandersetzungen und Umformung in die eigene Willensrichtung aufgenommen, aber auch nach außen zurückgewirkt. Dt. Künstler sind in Italien, Spanien, Frankreich, England tätig gewesen, und der skandinav. N und der slawische O dürfen geradezu als Ausstrahlungsgebiete der D. K. bezeichnet werden. Soweit sich in der Fülle ihrer Erscheinungen ganz allgemeine Merkmale feststellen lassen, sind es diese: 1. Bewegungsdrang, der bereits der nordgerman. Tierornamentik in so hohem Maße zu eigen ist und immer wieder durchbricht, am deutlichsten in der Spätgotik und in der letzten, so in anderen Ländern nicht erreichten Steigerung des Barocks. 2. Im Gegensatz dazu das Streben nach Ruhe, Klarheit, Ausgeglichenheit. Oft haben die dt. Künstler dieses Streben nicht aus sich heraus erfüllen können, sondern haben dazu die Begegnung mit der ital. Kunst gesucht, mit der franz. und mit der antiken. 3. Die „Formfeindlichkeit", so genannt, weil an antiken Maßstäben oder solchen der roman. Völker gemessen, oft ein Gebilde der Phantasie in einem Werke der bildenden Kunst auch dann vollstreckt wird, wenn deren Mittel es eigentlich als unvollstreckbar erscheinen lassen. Doch liegt darin zugleich ein Greifen nach neuen Formmöglichkeiten. Eine andere Seite der „Formfeindlichkeit" ist das Zurücktreten klarer Anschaulichkeit hinter Überfülle des Gegenständlichen und Ausdrucksmäßigen. Gerade diese subjektivste Seite der D. K. hat ihr Verständnis bei anderen Völkern erschwert. 4. Zum Träger des Ausdrucks und zur Gestaltung des Gegenständlichen wird in bevorzugter Weise die Linie verwandt, da sie spannungserfüllter ist als Fläche und Farbe. So erklärt sich auch der ungewöhnlich bedeutende Anteil der graphischen Künste am Gesamtschaffen. 5. Die D. K. zeigt als Wirkung politischer und kultureller Uneinheitlichkeit auf manchen

Strecken ihres Verlaufs nicht die Geschlossenheit und Folgerichtigkeit der Entwicklung, wie sie in Frankreich und Italien beobachtet werden kann.

Das Verbreitungsgebiet der D. K. deckt sich im wesentlichen mit dem dt. Sprachgebiet, geht also über die heutigen politischen Grenzen z.T. weit hinaus. Die Verselbständigung des westfränk. Reiches führte seit dem 10. Jh. zur Sonderung zwischen einer dt. und einer franz. Kunst. Auch die niederländ. ist später ihre eigenen Wege gegangen, während zumindest die deutschschweizerische, trotz aller Besonderheiten in ihrer Entwicklung, doch wesentlich enger der D. K. verbunden blieb. Neue Gebiete hat die D. K. während des Mittelalters im Zuge der Ostkolonisation gewonnen, und wo es zu geschlossener Siedlung kam wie in der Zips oder in Siebenbürgen, da hat sich alsbald auch ein geschlossenes dt. Kunstgebiet herausgebildet.

Die innere Gliederung der D. K. entspricht den Landschaften und Stämmen, die in verschiedener Weise am Gesamtschaffen beteiligt sind. Durch besondere Züge heben sich im Mittelalter heraus: die Rheinlande, Südwestdeutschland, Westfalen, Sachsen-Thüringen, das nordostdt. Backsteingebiet. Im späteren Mittelalter treten die Eigentümlichkeiten der einzelnen Stammeslandschaften (Bayern, Franken, Schwaben, Oberrhein, Niederrhein u.a.) bes. in Bildnerei und Malerei deutlich hervor, um nach der Renaissance wieder zu verblassen. Die Sonderung in ein kath. Süddeutschland und ein protestant. Norddeutschland spiegelt sich im Barock sehr deutlich wider. Im 19. Jh. verwischen sich auch diese Grenzen. Einzig die → Volkskunst, soweit sie nicht durch die fortschreitende Verstädterung vernichtet worden ist, bleibt landschafts- und stammesgebunden. Die dte. Kunst d. 19. Jhs. tritt immer mehr i. d. Blickpunkt d. Forschungen; die Kunst d. 20. Jhs. war nach dem 2. Weltkrieg in verstärktem Maße Einflüssen aus N-Amerika ausgesetzt, mit denen sie sich auseinandersetzt und damit einer Art „Internationalisierung" zustrebte. Auf dem Gebiete der DDR wird die Kunstausübung im Sinne des →Sozialistischen Realismus beeinflußt, kann aber keineswegs als losgelöst von der Allgemeinentwicklung der D. K. angesehen werden.

G. Dehio, Geschichte der D. K., 4 Doppelbde., [4]1930–34 (Bd. 4 von G. Pauli); ders., Handb. der dt. Kunstdenkmäler, neue Ausg. von Gall, seit 1935; O. Schmitt, Reallexikon zur D. K.geschichte, seit 1933; Schrifttum zur D. K., hg. vom Dt. Verein für Kunstwissenschaft, seit 1934; O. Fischer, Geschichte der dt. Malerei, 1942, [3]1956; A. Grisebach, Die Kunst der dt. Stämme und Landschaften, 1946; E. Hempel, Geschichte der dt. Baukunst, [2]1956; O. Fischer, Geschichte der dt. Zeichnung u. Graphik, 1951; A. Feulner u. Th. Müller, Geschichte der dt. Plastik, 1953; H. Kohlhaussen, Geschichte des dt. Kunsthandwerks, 1955; F. Roh, Geschichte der D. K. von 1900 bis zur Gegenwart, 1958; P. Sager, Kunst in Dtschld., 1898–1973 (Kunstwerk 27) 1974; J. Posener, Berlin auf d. Wege zu einer neuen Arch. Das Zeitalter Wilhelms II. 1890–1918 (Stud. z. Kst. d. 19. Jhs. Bd. 40) 1977; P. Vogt, G. Aust u. a., D. dreißiger Jahre – Schauplatz Dtld., Ausst.-Kat. München, Haus d. Kst., 1977; R. Müller-Mehlis, D. Kst. i. „Dritten Reich" (Heyne Stilkde. Bd. 4496), 1976; L. Grote, Von Dürer bis Gropius. Aufsätze z. dt. Kst. (hg. v. W. Schadendorf), o. J.; H. Keller, Dte. Maler im 19. Jh., 1979; A. Behr, A. Hoffmann u.a., Architektur i. d. DDR (Schriften d. Institutes für Städtebau u. Architektur), 1979; K. M. Swoboda u. Maria Buchsbaum, Das 16. Jh. nördl. d. Alpen (Gesch. d. bild. Kst. 6) 1980. U. Kuhirt (Hg.), Gesch. d. dtn. Kunst – Kunst der DDR 1945 bis 1959, 1982.

Deutscher Verein für Kunstwissenschaft, 1908 in Berlin gegründeter Verein mit dem Ziel, die Forschungen über dt. Kunst zu fördern. Diesem Ziel dient die systematische Veröffentlichung der „Denkmäler deutscher Kunst“, die Herausgabe der „Forschungen zur deutschen Kunstgeschichte“ (seit 1934), die „Zeitschrift des Deutschen Vereins für Kunstwissenschaft“ (seit 1934) und die umfassende Bibliographie „Schrifttum zur deutschen Kunst“ (seit 1934).

G. Bandmann, Die Gründung des D. V. f. K. im Lichte der Gegenwart (Ztschrift. f. Kstwiss., 13) 1959.

Deutscher Werkbund, Arbeitsgemeinschaft von Künstlern, Kunsthandwerkern und Industriellen mit dem Ziel der Veredlung und zugleich zweckhaften Gestaltung von Gebrauchs- und Einrichtungsgegenständen, von industriellen Erzeugnissen, Bauten usw. Das Ziel wird zu erreichen gesucht durch Erziehung, Schriften, Ausstellungen. Höhepunkte waren die Ausst. für industrielle Formgebung 1914 in Köln, bei der van de →Velde, →Gropius, →Behrens u. a. Ausstellungsbauten entwarfen. Die für die mod. Baukunst richtungsweisende von Mies van der →Rohe geleitete Weißenhof-Ausstellung 1927 in Stuttgart vereinte Künstler u. Baumeister wie →Behrens, Gropius, →Poelzig, →Scharoun, →Le Corbusier. 1930 betreuten Gropius u. →Moholy Nagy die dtsche. Abt. der Pariser Weltausstellg. Der D. W. wurde am 16. 10. 1907 auf Anregung von →Muthesius nach dessen Studien zeitgenössischer engl. Baukunst u. den Ideen von →Morris gegründet. 1933 aufgelöst erfolgte seine Wiedergründung 1947 auf dem W.tag in Rheydt. Das 1972 in Berlin (W) gegr. W.-Archiv widmet sich d. Erforschg. d. Kultur d. 20. Jhs. u. d. Ideen d. D. W.s. – Seit 1910 gibt es einen Österr. W., seit 1913 den Schweizer W. Der schwedische Slöjdsföreningen (1913) u. d. engl. Design and Industries Association (1915) setzten sich in Nachahmung des dtschen. Vorbilds gleiche Ziele.

Riezler, Kulturarbeit des D. W.; 1916, 50 Jahre D. W., 1958; F. Schwarz (Hg.), F. Gloor, „Die Form“ Stimme d. D. W.s, 1925–34, Nachdr. 1969; Jahrbücher d. W.-Archivs seit 1972; L. Burckhardt, Der Werkbund in Dtschld., Österreich u. d. Schweiz. Form u. Ornament., 1978.

Deutschordenskunst →Ordensburg.

Deutschrömer, Bezeichnung der in der 1. Hälfte des 19. Jh. in Rom tätigen dt. Maler. Ihr Mittelpunkt war J. A. →Koch. Ein Teil der D. gehörte zu den →Nazarenern.

Dte. Künstler in Rom, Ausst.kat. Neue Pinakothek München, 1981.

Deutsches Band →Fries.

Devotionalien, kleine Gegenstände, die der Andacht dienen, wie Kruzifixe, Medaillen, Bildchen (→Andachtsbild 2) und gern zur Erinnerung an Wallfahrtsstätten mitgenommen werden.

Diadem (griech. „Binde“). Kopf- oder Stirnbinde aus Stoff oder Metall, altorientalisches, dann auch spätröm. und byzantin. Hoheitszeichen, in Griechenland Schmuck der Frauen und Jünglinge (Statue des „Diadumenos“ von →Polyklet), im Empire von den Frauen in gleicher Eigenschaft getragen. Aus dem metallenen D. der byzantin. Kaiser ist die Krone hervorgegangen.

Diadumenos →Polyklet.

Diakonikon, in der Nähe des Altars gelegener Nebenraum der Balisika des altchristl. Orients zum Aufenthalt der Diakonen und zur Aufbewahrung der Geräte und Gewänder. Der Gegenraum ist die →

Prothesis, mit der zusammen das D. die Pastophorien bildet.

Diamantierung, Besetzung von Ornamentlinien (z. B. an Kapitellen) mit kleinen, edelstein- oder zahnartig ausgemeißelten Gebilden zur Erhöhung des plastischen Reizes, bes. beliebt in der Spätromanik.

Diamantquader, Quader, deren bossierter Teil (→Bosse) einem geschliffenen Diamanten ähnlich bearbeitet ist (Renaissance, Barock).

Diana →Artemis.

Diaphanbild, durchscheinendes Bild; entweder auf Glas gemalt oder als durchscheinend gemachte Lithographie auf oder zwischen Glas. Zur Gruppe der D.er gehören auch die Erzeugnisse der →Lithophanie.

Diaphanradierung →Glasklischee.

Didymaion, Tempel des Apollon Philesios bei Didyma in der Nähe von Milet. Das alte, im 6. Jh. erbaute D., das die Orakelstätte des Gottes barg, wurde 494 von den Persern zerstört. Von dem alten Kultbild des Apollon, das von Kanachos gearbeitet war, besitzen wir Nachbildungen. Im 4. Jh. wurde ein neuer, riesenhafter Tempel durch die Architekten Daphnis und Paionios begonnen, der niemals ganz fertig wurde. Die Orakelstätte hat sich bis an das Ende der griech. Religion erhalten.

Th. Wiegand, Didyma. Hg. von C. Weickert, T. 1. Die Baubeschreibung. In 3 Bdn. von H. Knackfuß, 1941.

Diele, Hauptraum bes. des niedersächs. Bauernhauses, aber auch des nord. Bürgerhauses in Renaissance und Barock (Kaufmannsdiele oder wohnlich ausgestatteter Eingangsraum). Die D. wurde wieder beliebt im neuzeitlichen Landhaus und von da übergreifend im Wohnhaus, wobei das Vorbild der engl. „Hall" vielfach maßgebend war.

Dielenkopf, lat. Mutulus, Platte an der Unterseite des Kranzgesimses eines dorischen Tempels, jeweils einer →Triglyphe und einer →Metope zugeordnet, mit drei Reihen zylindrischer „Tropfen" besetzt in Erinnerung an die einstmals bei Holzbauten an dieser Stelle vorhandenen Nägel.

Dienst, in der got. Baukunst das lange dünne Säulchen (Viertel-, Halb-, Dreiviertelsäulchen), das entweder als Bestandteil eines →Bündelpfeilers oder auch eines Wandpfeilers als Stütze der Gurten und Rippen eines Kreuzrippengewölbes dient. Die stärkeren „alten Dienste" stützen die Quer- und Längsgurten, die schwächeren „jungen Dienste" die Kreuzrippen.

Dientzenhofer, Familie von Barockbaumeistern, tätig in Franken und Böhmen. Die wichtigsten Mitglieder sind: 1. Christoph, * 1655, † 20. 6. 1722 Prag, übertrug Baugedanken des Guarini nach Deutschland und erbaute (mutmaßlich) das Langhaus der Nikolauskirche auf der Kleinseite in Prag (seit 1703) und die Klosterkirche in Břevnov bei Prag. 2. Johann, Bruder von 1., * 1663, † 20. 7. 1726, Erbauer des Doms zu Fulda (1704–12), dessen Innenraum zu den besten Leistungen der Zeit zählt, wahrscheinlich auch der Klosterkirche in Banz (1710–18), in deren Innenraum Ideen von Borromini und Guarini fortgesetzt sind. 3. Kilian Ignaz, Sohn von 1. * 1689 oder 1690 Prag, † 18. 12. 1751 das., war in d. Werkstatt Lukas v. Hildebrands in Wien, rundete seine Studien in Italien und Paris ab und wurde seit 1720 der Hauptmeister der Prager Barockbaukunst von außerordentlicher Fruchtbarkeit des Schaffens: Villa Amerika (1720);

Nikolauskirche in der Altstadt (seit 1727), ein Zentralbau auf elliptischem Grundriß voll sprudelnden Lebens und Helligkeit; Kirchlein St. Johann Nepomuk am Felsen; Chor der Nikolauskirche auf der Kleinseite mit kleeblattförmigem Ausstrahlen dreier Räume über elliptischen Grundrissen.

Weigmann, D., eine Bamberger Baumeisterfamilie, 1902; Schmerber, Die Baumeister Christoph und Ignaz Kilian D., 1903; B. Menzel, M. H. v. Freeden, Kst. u. Künstler am Hofe d. Kurfürsten Lothar Franz v. Schönborn, 1949; Ch. Norberg-Schultz, Kilian I. D. e il Barocco Bœmo, 1968; H. Zimmer, Die D. Ein bayerisches Baumeistergeschlecht d. Zt. d. Barock, 1976.

Dietterlin, Wendel, Baumeister u. Maler, * 1550–51, Pfullendorf am Bodensee, † 1599 Straßburg, schuf in seinem Kupferstichwerk „Architectura von Austeilung, Symmetrie und Proportion der Säulen" (seit 1591: 2. erg. u. verb. Aufl. 1598, Nachdruck mit Einführung v. H. G. Evers 1965) einen Schatz von Vorlagen architektonischer und kunstgewerblicher Art, die am Übergang von der Spätrenaissance zum Frühbarock stehen und eine weitreichende Wirkung ausgeübt haben. Von seiner sonstigen Tätigkeit ist nichts erhalten.

Ohnesorge, W. D., 1893; Margot Pirr, Die Architectura des W. D., Diss. Berlin, 1940; K. Martin, Der Maler W. D., 1954 (in: Festschr. f. Karl Lohmeyer).

Diglyph →Triglyph.

Dinanderie, Gefäß oder sonstiger Gegenstand aus Kupfer und bes. aus Messing, hergestellt in Dinant an der Maas, wo diese Fabrikation im Mittelalter in hoher Blüte stand. Die D.n umfassen Erzeugnisse der verschiedensten Art von den Gegenständen des täglichen Lebens bis zu Taufbecken und Osterkerzen.

Dinglinger, Johann Melchior, Goldschmied, * 26. 12. 1664 Biberach (Württbg.), † 6. 3. 1731 Dresden, seit 1698 Hofgoldschmied Augusts des Starken, unterhielt (mit 2 Brüdern und 2 Söhnen) die berühmteste Goldschmiedwerkstatt seiner Zeit. Die aus dieser hervorgegangenen, aus vielerlei (in Material und Bearbeitung verschiedenen) Einzelteilen zusammengesetzten, barokken Prunkstücke befanden sich im →Grünen Gewölbe zu Dresden.

J. L. Sponsel, J. M. D. und seine Werke, ²1905; Erna v. Watzdorf, J. M. D., 2 Bde., 1962; J. Menzhausen, J. M. D. u. d. Dresdner Barock (Dresdner Kunstblätter 8), 1964; ders., Am Hofe des Großmoguls. Kabinettstück von J. M. D., 1965; U. Arnold, J. M. D., Leben u. Werk (Dresdn. Kstbl. 8), 1964; Katalog Ausstellg. Biberach/Riß, 1964; E. Kollmann, D. Goldschmied als Großmogul (2 Augsb. Emailminiaturen; in Festschrift P.W. Meister) 1975.

Diokletianspalast →Spalato.

Dionysos, bei den Griechen der Gott des Weines. Seine Herkunft ist unsicher, doch haben ihn schon die Griechen selbst aus Thrakien kommen lassen. Nur ein Teil der Dionysos-Sagen ist alt. Die Kunst stellt ihn entweder als Kind dar (Hermes des Praxiteles), oder als älteren bärtigen Mann in langem Gewande. Eine kürzlich im Bezirke des D. zu Athen gefundene Statue (im Athener Nationalmus.), stammt noch aus dem 6. Jh. Auf hellenistischen Reliefs (sog. Ikariosreliefs) tritt der Gott im Kreise seines Gefolges, der Satyrn und Mänaden auf. Im späteren Hellenismus gibt es auch Bildwerke, die D. als jungen Mann darstellen. Hauptsächlich in dieser Form wird er von der röm. Kunst übernommen, in der Bacchus an seine Stelle tritt.

H. Jeanmaire, D. 1951; H. Schrade, Götter und Menschen Homers, 1952; W. F. Otto, D. Mythos und Kultus, ³1960.

Diorama, von zwei Seiten bemalter, durchscheinender Stoff, der je nach der Beleuchtung bald die eine, bald die andre Seite des Gemäldes (meist Landschaft mit Beleuchtungseffekten) zur Geltung kommen läßt; 1822 von Daguerre erfunden. Später nannte man D. ein Bild, das in bestimmter Beleuchtung aufgestellt und zu plastischer Wirkung durch ein Guckloch betrachtet wurde. Heute heißt D. auch das in ähnlicher Weise zu betrachtende und mit plastischen Gegenständen und gemalten Hintergrund ausgestattete Schaubild in Museen verschiedenster Art.

A. Auerbach, Panorama u. D., 1942.

Dioskuren, Zwillingsgötter, wohl vordorischen, achäischen Ursprungs, mit ähnlichen nord. Göttern verwandt. Die D. Kastor und Pollux sind Söhne des Zeus. Die griech. Kunst bildet sie schon früh immer als Paar ab. Vielleicht sind schon die beiden Kolosse aus Sunion (um 600) im Athener Nationalmus. Statuen der D. Später halten sie meist Rosse am Zügel, wie noch die riesigen Bildwerke auf dem Quirinal in Rom (Monte Cavallo) aus spätröm. Zeit.

F. Altheim, Griechische Götter im alten Rom, 1930; F. Chapouthier, Les D. au service d'une déesse, 1935.

Dipteros →Tempel.

Diptychon (griech. „doppelt zusammengefaltet"), schmal-rechteckiges, zusammenklappbares Paar von Täfelchen aus Holz, Elfenbein oder Edelmetall, innen mit Wachseinlage, die zum Schreiben benutzt wurde (Altertum). Mit Reliefs reich verzierte Außenseiten haben die elfenbeinernen Konsulardiptychen, die der röm. Konsul beim Amtsantritt verschenkte. Sie bilden eine wichtige Gruppe von Kleinkunstwerken der spätröm. Zeit (5. bis 6. Jh.) und lassen die Entwicklung des Reliefstils bes. deutlich erkennen. – Mit bibl. Darstellungen versehene Diptychen (Diptycha ecclesiastica) dienten in alt-christl. Zeit der Aufnahme kirchl. Namenslisten. – In der mittelalterl. Kunst ist D. die Bezeichnung für ein zweiflügliges Altarbild ohne feststehendes Mittelteil.

R. Delbrück, Die Konsulardiptychen und verwandte Denkmäler, 1929; W. F. Volbach, Elfenbeinarbeiten d. Spätantike u. d. früh. M.A.s, [2]1952.

Dipylonstil →Vasenmalerei.

Directoire, Directoirestil, die in der Zeit der franz. Revolution herrschende, nach dem Revolutionsdirektorium (1795–99) genannte Stilrichtung; ein Sonderfall des →Klassizismus, Übergang zwischen →Louis-seize und →Empire, ohne daß sich eine genauere Abgrenzung gegen das letztere vornehmen läßt. Bezeichnend für das D. ist ein nüchternes, strenges Ornament, das seine Formen der Antike, insbesondere pompejan. Wandmalereien, entlehnt hat. Sehr deutlich äußerte sich das D. in der Mode als klassizist. Reaktion gegen das Rokoko: langes, fließendes, hochgegürtetes Hemdkleid mit Schleppe bei der Frau; weite Hosen, knapp anliegende Jacke, hohe Halsbinde beim Mann. Diese Mode ist in England z. T. bereits vor dem D. verwirklicht worden.

Dirnitz (Dürnitz, Tirnitz) →Burg.

Dirr, Johann Georg, dt. Bildhauer u. Stukkator, * 2. 4. 1723 Weilheim/Oberbayern, † 9. 10. 1779 in Mimmenhausen (Bodenseeraum) gehörte zum Kreis der →Wessobrunner Stukkatoren und arbeitete in der Werkstatt seines Vetters Jos. Ant. →Feuchtmayer. Nach 1750 wurde er Meister und schuf seine Meisterleistung 1764 im Arbeitszimmer des Abtes Anselm II. zu Salem (Bodenseeraum) aus Alabaster in den späten Formen des Rokoko und frühen Klassizismus.

Ruth Schweisheimer, J. G. D. Der Bodenseeplastiker des Louis XVI, Diss. Univ. München, 1935; J. Schulz, Salem. Wunder des Stucks, 1977.

Diskobol →Myron.

Distacco, das Ablösen von Wandmalereien mitsamt der oberen Putzschicht, dem intonacco, eine Methode der Bildübertragung, die bereits in der Antike (Pompeji) bekannt war und in der ital. Kunst seit dem Cinquecento entwickelt wurde; denn es ist oft schwieriger, Teile des jeweiligen Mauerwerkes zu versetzen, um Wandmalereien zu retten. – Das strappo-Verfahren ermöglicht dagegen die Übertragung auf neue Bildträger ohne intonacco, etwa in der Art von Abziehbildern, wobei eben nur die oberste Malhaut erhalten wird. Beide Verfahren dienen u.a. der →Denkmalpflege und dem Denkmalschutz.

Dix, Otto, Maler und Graphiker, * 2. 12. 1891 Gera-Untermhaus, † 25. 7. 1969 Singen Kr. Konstanz, studierte in Dresden, war tätig in Düsseldorf und Berlin und 1927 bis 33 als Prof. der Dresdener Akademie, lebt in Hemmenhofen am Bodensee. In seinem vielgestaltigen Werk herrscht ein magischer Realismus vor, der mit schonungsloser Grausamkeit Häßliches und Gemeines bloßlegt. Sein auf Fronterlebnisse zurückgehendes Bild „Schützengraben" (1920–23, vernichtet) war schärfste Anklage gegen den Krieg (2. Fassung als Triptychon „Der Krieg" 1929–32, Dresden, Gemäldegal.), desgleichen sein Radierwerk „Der Krieg" (5 Mappen 1924; neue Ausg. mit Einl. v. H. Lüdecke, 1963). Den Nachtseiten des Lebens gilt das Triptychon „Großstadt" (1928). Die neuere Produktion ist im allgemeinen von gemilderter Thematik.

P. F. Schmidt, O. D., 1923; W. Wolfradt, O. D., 1925; Katalog der D.-Ausstellung, Berlin 1957; H. Lüdecke, O. D., 1958; O. Conzelmann, O. D., 1959; O. D., Handzeichgn., 1968; F. Löffler, O. D., ³1970; U. Schneede, O. D., Zeichngn., Aquarelle, Grafiken, Kartons, Ausst.kat. Kst.verein Hamburg, 1977; E. Keuberlechner, O. D., 1977; O. D.-Menschenbilder, Ausst.kat. (hg. v. O. Conzelmann), Galerie der Stadt Stuttgart, 1981.

Docke (Togge), die gedrechselte Stütze eines hölzernen Geländers (→Baluster).

Doelenstück →Schützenstück.

Documenta, wird in Kassel als eine Art Weltausstellung moderner Kunst der „westlichen Welt" veranstaltet. Man kann dieses jeweilige „Museum der hundert Tage" als moderne Form des einstigen „Salon" für aktuelle Kunstproduktion ansehen. Dabei ist die d. oftmals nicht frei geblieben von „Aktionen" einiger Künstler, die – wenn auch in der Minderheit – moderne Kunst diskreditierten, indem sie versuchten, Spektakel vor Kunst zu setzen. Dennoch kommt den Veranstaltungen der d. außerordentliche Bedeutung zu als Überblick des Kunstschaffens der Gegenwart.

Dolmen oder Steintisch, vorgeschichtl. Grabbau, in die Gruppe der →Megalithdenkmäler gehörig. Die D. bestehen meist aus vier bis sechs unbehauenen Felssteinen, die in Form eines Vierecks oder Polygons aufgestellt sind. Darüber befindet sich ein mächtiger Deckstein. Nach Anschauung verschied. Forscher waren die heute freistehenden D. ursprünglich mit einem Erdhügel überwölbt. Die D. sind in Skandinavien, Norddeutschland, ganz Westeuropa einschl. der britischen Inseln, Nordafrika, Korsika, Unteritalien und Bulgarien verbreitet. Außereuropäische Vorkommen finden sich im Kaukasusgebiet, in Vorderindien und Korea. Die europ. D. gehören der →Jungsteinzeit an; eine sichere Datierung der außereurop. Vorkommen ist noch nicht gelungen.

W. Copeland Borlase, The D.s of Ireland, 1897; E. Sprockhoff, Die nord. Megalithkultur, 1938; G. u. V. Leisner, Die Megalithgräber der Iberischen Halbinsel I: der Süden, 1943; Ders., Los Sepulcros Megaliticos de Huelva, 1952; L. Kaelas, D. u. Ganggräber in Schweden, 1956 (Offa 15); E. Auer, D. (Offa 20) 1963.

Dom (abgek. aus lat. domus Dei „Haus Gottes"), in Deutschland übliche Bezeichnung für die Bischofskirche (Kathedrale), gleichbedeutend mit der in Süddeutschland üblichen Bezeichnung Münster (aus lat. monasterium „Kloster"). Die Hauptkirche einer Stadt, in der es eine Bischofskirche nicht gibt, wird häufig auch D. genannt.

Domenichino, eigentlich Domenico Zampieri, ital. Maler, * 21. 10. 1581 Bologna, † 6. 4. 1641 Neapel, tätig hauptsächlich in Rom, neben Reni der wichtigste Meister der Carracci-Schule von entschieden klassizistischer Haltung, die allen im 17. Jh. ähnlich Gesinnten zum Vorbild wurde, insbesondere Poussin. Seine dekorativen Fresken sind von klarem Aufbau und strenger Wahrung der architektonischen Grenzen; Eigenschaften, die am reifsten in den Fresken von S. Andrea della Valle in Rom (1624–28) zur Geltung kommen. Hauptwerk unter seinen Tafelbildern ist „Die Kommunion des hl. Hieronymus" (1614; Rom, Vatikanische Pinakothek).

L. Serra, Domenico Zampieri, 1909 und 1921; J. Pope-Hennessy, The Drawings of D. in the collection of His Majesty the King at Windsor Castle, 1948; E. Borea, D. 1965 (ital.).

Domopera, die Bauhütte eines ital. Doms, heute Bezeichnung für ein dem Dom angegliedertes Museum mit Kunstwerken und Altertümern, die in Beziehung zum Dom stehen.

Donatello, ital. Bildhauer, * 1386 Florenz, † 13. 12. 1466 das., tätig auch in Siena, Rom, Padua und anderen Städten, der größte Bildhauer des Quattrocento, an Umfang und Vielseitigkeit des Schaffens in seinem Jahrhundert von keinem anderen erreicht. Seine Lehrzeit brachte ihn in die Werkstatt des Ghiberti, vor allem in die des Nanni di Banco. Seine Frühzeit steht unter dem Zeichen der marmornen Standfigur (Standbilder für die Fassade, die Außenseiten und den Campanile des Doms in Florenz, sowie für Or San Michele das.). Anfangs der 20er Jahre beginnt eine neue Schaffensperiode, und es entstehen Bronzewerke, unter denen der David das bedeutendste ist (um 1430; Florenz, Bargello). D. weilt 1432–33 in Rom und erfährt die Einwirkung der Antike. Das Sandsteintabernakel mit der Verkündigung (um 1434; Florenz, Sta. Croce) und die Sängertribüne für den Dom das. mit tanzenden Kindern (1433–40; Dommus.) sind Höhepunkte dieser Periode. Ein weiterer Schaffensabschnitt wird durch seine Tätigkeit in Padua bezeichnet (1443–53), wo eines der gewaltigsten Werke der ital. Frührenaissance entstand, das bronzene Reiterdenkmal des Gattamelata (1446–47). Ein Hauptwerk der Spätzeit ist die Bronzegruppe Judith und Holofernes (um 1455; Florenz, vor dem Pal. Vecchio).
In D. sind alle über das Mittelalter hinaus zu neuen Zielen drängenden Kräfte der Zeit zusammengefaßt. Er schuf den ersten Akt (David), das erste Reiterdenkmal und die erste freistehende Gruppe (Judith und Holofernes) der Neuzeit und wandte sich der antiken Form der Bildnisbüste wieder zu. Der Naturalismus der Frührenaissance fand

in ihm seinen stärksten Vertreter. Häßliches und Schönes sind mit gleicher Intensität ergriffen, neue Möglichkeiten plastischer Gestaltung in einem Reichtum entwickelt von dem auch noch das 16. Jh. zu zehren vermochte.

P. Schubring, D., [2]1922 (Klassiker der Kunst); Colasanti, D., 1931 (ital.); H. Kauffmann, D., 1935; R. Buscaroli, L'arte di D., 1942; L. Planiscig, D., [4]1947; H. W. Janson, The sculpture of D., 2 Bde., 1957 (mit krit. Katalog); in 1 Bd. 1963; L. Grassi, Tutta la scultura di D., 1958; G. Castelfranco, D., 1963 (ital.); M. Wundram, D. u. Nanni di Banco (Beitr. z. Kunstgesch. 3) 1969; A. Rosenauer, Studien zu D., 1972; A. Rosenauer, Stud. z. frühen D.; Skulptur im projektiven Raum d. Neuzeit, (Wiener kst.gesch. Forschgn. 3) 1975; V. Herzner, David Florentinus: Zum Marmordavid D.s im Bargello (in Jb. d. Berliner Mus. XX), 1978; A. Parronchi, D. e il potere, 1980.

Donator (lat.), derjenige, der der Kirche ein Kunstwerk geschenkt oder gestiftet hat. Oft hat sich der D. oder Stifter zum Zeichen seiner Frömmigkeit auf dem gestifteten Werk darstellen lassen: Stifterbildnis, worunter man jedoch in der Regel ein gemaltes Bildnis versteht. Im früheren Mittelalter kniet der Stifter als kleine Gestalt am unteren Rand des Bildfeldes, im späteren Mittelalter und in der Renaissance gleicht er sich dem Maßstab der heiligen Personen an.

R. Beckmann, G. Gambke, S. Waetzoldt, Vitrea Dedicata. D. Stifterbild i. d. dtn. Glasmalerei d. Mittelalters, 1976; E. Heller, Das altniederl. Stifterbild, Diss. Univ. München, 1976.

Donauländischer Kreis, Kulturkreis der →Jungsteinzeit, vom Schwarzen Meer bis nach Westdeutschland verbreitet. Er wird nach den zuerst bekannt gewordenen Gattungen der Tonware auch als bandkeramischer Kreis bezeichnet. Kennzeichnend für die d. Gefäßverzierung ist das Vorherrschen von Spiral- und Mäandermustern, ferner der verhältnismäßig freie, selbständige Charakter der Ornamentik, die sich nur selten auf eine künstlerische Ausdeutung der tragenden Gefäßform einläßt. Durch diesen Zug unterscheidet sich die d. Kunst scharf von der tektonisch gliedernden Verzierungsweise des →nordischen Kreises. Der D. Kr. gliedert sich in eine westl. und eine östl. Hauptgruppe. Die westl. Gruppe, deren Verbreitungsgebiet von den Sudetenländern bis zum Rhein reicht, führt eine unbemalte Tonware, die mit eingeritzten, eingestochenen oder

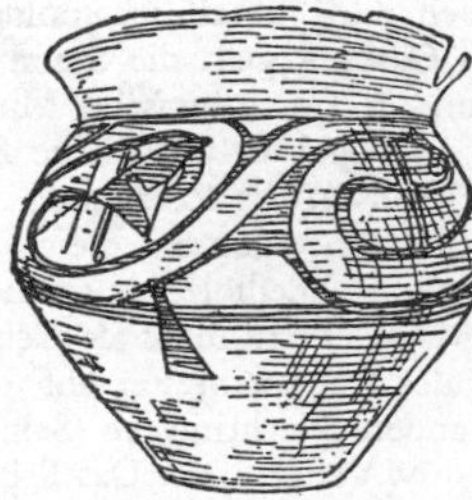

Gefäß steinzeitlicher Bandkeramik (bemalt)

plastisch aufgelegten Mustern verziert wird. Die Spirale kommt nur in den linearkeramischen Gattungen vor, wo sie häufig schon in stark zersetztem Zustand auftritt. Die übrigen Stilarten verwenden geradlinige Muster: Winkelbänder, Dreiecke, Wolfszahnmuster, Rauten u. dgl. Es sind folgende Untergruppen zu unterscheiden: 1. Die ältere Linearkeramik (Spiralmäander-K.), in den Sudetenländern, Schlesien, Pommern, Sachsen-Thüringen verbreitet; 2. Die Stichband- (Stichreihen-) Keramik mit ungefähr gleichem Verbreitungsgebiet; 3. Die →Hinkelstein-Keramik des Mittelrheingebietes; 4. Die jüngere (rheinische) Linearkeramik, die sich in zahlreiche Lokalstile gliedert (Flomborner, Wormser, Plaidter, Wetterauer Typ, das belgische Omálien). Die östliche Hauptgruppe erstreckt sich von Mähren und Schlesien bis in die Ukraine, südwärts bis nach Serbien, Bulgarien, Thessalien. In ihr herrscht die Gefäßbemalung vor, die unter vorderasiatischem Einfluß (→bemalte Keramik) zusammen mit andern Kulturelementen (Kupfer, Idolplastik) übernommen wird. Die Spirale erscheint sowohl in Gestalt kunstvoller, mehrzonig angelegter Spiralsysteme, wie in stark aufgelöster Gestalt. In der ukrainisch-moldavischen Gattung geht die Spiralverzierung in frei-ästhetische Muster über, die bald an pflanzliche Formen, bald an die Zeichnung von Pfauenfedern oder an die Maserung von Edelhölzern erinnern. Der Mäander tritt meist als flächenfüllendes Rapportmuster auf, dem sich andere Flechtmuster (Schachbrett usw.) zugesellen. Das Prinzip der Rahmenverzierung ist den meisten östl. Gattungen bekannt. Der Reichtum an Stilarten ist in der Ostgruppe noch weit größer als im W. Die wichtigsten Untergruppen sind: 1. Die Jordansmühler Keramik Schlesiens und der Sudetenländer; 2. Die bemalte mährische Gattung; 3. Die Bükker Keramik Oberungarns und der Slowakei; 4. Die Theiß-Keramik; 5. Die serbisch-slawonische Gattung; 6. Die Butmir-Keramik Bosniens; 7. Die bulgarische Keramik; 8. Die thessalische Dimini-Gattung; 9. Die siebenbürgische Keramik; 10. Die ukrainisch-moldavische Gruppe, die auch noch Ostgalizien umfaßt. – Die ältesten donauld. Stilarten dürften um 2500 v. Chr. anzusetzen sein, die jüngsten um 1800 v. Chr.

Hoernes-Menghin, Urgeschichte der bildenden Kunst in Europa, [3]1925; V. G. Childe, The Danube in Prehistory, 1929; H. Kühn, Die vorgeschichtliche Kunst Deutschlands, 1935; Handbuch der Urgeschichte Deutschlands Bd. II (W. Buttler), 1938; V. Milojčić, Chronologie d. jüng. Steinzeit Mittel- u. Südeuropas, 1949; Ders., Die Siedlgsgrenzen. u. Zeitstellg. d. Bandkeramik i. O u. SO Europas (33. Bericht d. Röm.-German. Kommiss. 1943–50) 1951.

Donauschule, Donaustil, eine Richtung der dt. Malerei im ersten Drittel des 16. Jh., die in Albrecht →Altdorfer in Regensburg ihren Mittelpunkt hatte. Ihr gehören ferner an Wolf →Huber, der junge →Cranach und eine Reihe Meister, deren Kenntnis in letzter Zeit bes. auch durch die Altdorfer-Ausstellung in München 1938 und durch die Ausstellung alt-dt. Kunst im Donauland, Wien 1939, stark vermehrt worden ist. Lebhafte Empfindung für das Spiel von Farbe und Licht, ein ausgesprochener Sinn für die Landschaft und deren Verbindung mit menschlichem Geschehen, für märchenhaft romantische Stimmung und dramatisch-leidenschaftliche Erzählung sind ihr eigen.

H. Voß, Der Ursprung des Donaustils 1907; L. Baldaß, Die Bildnisse des Donaustils, 1922 (Städeljahrb. Bd. 2); A. Stange, Malerei der D., 1964, [2]1972; Kat. d. Ausst. Die Kunst der D., St. Florian u. Linz 1965; →Lit. zu Altdorfer.

Donjon (aus lat. dominationem „Herrschaft"), franz. Bezeichnung für den Berchfrit oder den wehrhaften Wohnturm einer →Burg. Als schönste Beispiele gelten die von Loches (11. Jh.) und Coucy (13. Jh.; im ersten Weltkrieg zerstört).

Donner, Georg Raphael, Bildhauer, * 24. 5. 1693 Eßlingen (Niederösterreich), † 15. 2. 1741 Wien, tätig das. sowie in Salzburg und Preßburg, Hauptmeister der österreich. Barockbildnerei seiner Zeit, jedoch bereits mit entschieden klassizistischen Neigungen, die sein Schüler Oeser dann nach Dresden weitertrug. Große Bleigruppe des heil. Martin für den Hochaltar des Doms in Preßburg (1732), Brunnen auf dem Neuen Markt in Wien mit allegorischen weiblichen Gestalten in Bleiguß (1737–39; Originale jetzt im Barockmus. das.).

A. Mayer, G. R. D., 1907; A. Pigler, G. R. D., 1929; Waltraud Blauensteiner, G. R. D. ²1947; M. Schwarz, Formprobleme im Werk des G. R. D., Diss. Münster 1966.

Doppelbecher →Jungfernbecher.

Doppelchörige Anlage →Chor.

Doppelglas, besteht aus zwei genau ineinanderpassenden, an den Rändern verkitteten Gläsern meist in Form von Bechern oder Tellern (18. Jh.). Das größere äußere ist von innen mit Ölfarben bemalt, aus denen Äderungen ausradiert und mit Blattgold oder -silber hinterlegt sind. Der Mantel des inneren kleineren Glases ist ebenfalls mit Gold- oder Silberfolie belegt. Zur Marmorierung treten oft noch Figuren und Ornamente. Eine Sonderform ist das Zwischengoldglas (→Goldglas).

Doppelkapelle, Pfalz- oder Burgkapelle des roman. Stils mit unterem und oberem Raum, die durch eine Zwischendecke mit Öffnung in der Mitte geschieden sind. Der obere, reicher ausgestattete war für den Herrn und sein Gefolge, der untere für das Gesinde bestimmt. Beispiele u. a. in Nürnberg (Burg), Eger (Pfalz), Landsberg b. Halle, Freyburg a. d. Unstrut, Schwarzrheindorf.

O. Schürer, Roman. D.n, 1929; H. Nickel, Die D. zu Landsberg, o. J.; G. Bandmann, D. (in Realllex. z. dt. Kstgesch. 4), 1958.

Doré, Gustave, franz. Zeichner, * 6. 1. 1832 Straßburg, † 23. 1. 1883 Paris, Buchillustrator von außerordentlicher Phantasie der Bilderfindung. Seine Kompositionen entrollen gern einen wie von fern gesehenen umfassenden Schauplatz mit kleinen Figuren bei kräftiger Helldunkelwirkung. Er hat zwar auch Lithographien geschaffen, die meisten und besten seiner Arbeiten waren aber zur Reproduktion durch den Holzstich bestimmt: „Gargantua" von Rabelais (1854), „Contes drôlatiques" von Balzac (1855), „Der ewige Jude" von Sue (1856). Die großen Formate, wie sie die Prachtausgaben von Dantes „Hölle" (1861), Cervantes' „Don Quichote" (1863) und der Bibel (2 Bde., 1866) mit sich brachten, lagen ihm weniger.

Hartlaub, G. D., 1924 (Meister der Graphik, Bd. 12); Valmy-Baysse, G. D. Bibliographie et catalogue etc., 1930; K. Farmer, G. D. Der industrialisierte Romantiker, 2 Bde., 1963; ders., G. D., 1967; N. Gosling, G. D., 1977; G. D., D. Gallery-engravings, 1977.

Dorfkirche →Volkskunst.

Dorische Säule →Säulenordnung.

Dorischer Stil →Griech. Kunst (Baukunst).

Dormitorium (lat.), Schlafsaal der Mönche im →Kloster.

Dornauszieher (Kapitolinischer), antike Sitzfigur eines Knaben, der sich einen Dorn aus dem Fuß zieht, im Konservatorenpalast in Rom (5. Jh. v. Chr., oder wahrscheinlicher klassizistische Nachbildung aus röm. Zeit). Das Motiv ist im Altertum mehrfach wiederholt worden, war in der provinzialröm. Kunst als Statuette beliebt und wurde im Mittelalter bes. in der roman. Kunst Frankreichs, doch auch Deutschlands (Grabplatte des Erzbischofs Friedrich von Wettin im Magdeburger Dom, 1152;

Riesentor von St. Stephan in Wien, nach 1258) sowie in der ital. Renaissance nachgeahmt.

H. Ladendorf, Antikenstudium u. Antikenkopie (Abhandlgn. d. Sächs. Akad. d. Wissenschaften, Phil.-hist. Kl. 46, 2) 1953; W. Fuchs, Der D., 1958.

Dorothea, Heilige, dargestellt mit Rosen im Haar, auch mit Rosenkranz oder Korb mit Blumen und Früchten in der Hand.

Dorsale →Chorgestühl, →Rücklaken.

Doryphoros →Polyklet.

Dose, kleiner Behälter mit Deckel, aus Edelmetall, Holz, Elfenbein, rund, oval oder viereckig, bes. die Tabaksdose, die zur Aufnahme des im 18. Jh. üblich werdenden Schnupftabaks diente. Sie wurde im Zeitalter des Rokokos zu einem als Geschenk in vornehmen Kreisen beliebten Luxusgegenstand von entsprechend kostbarer Ausführung und hat sich in dieser Eigenschaft bis zur Mitte des 19. Jh. gehalten. Abgesehen von der Besetzung mit Perlen und Edelsteinen, Schnitzerei und Ziselierung, wurde der Deckel gern mit einer Miniatur in Emailmalerei versehen (Bildnis, Landschaft, Genrebild).

Doublieren →Restaurierung.

Douvermann, Heinrich, Bildschnitzer, tätig am Niederrhein in der 1. Hälfte des 16. Jh. Sein Altar der sieben Schmerzen Mariä in der Nikolauskirche in Calcar (1521) und sein Marienaltar in St. Viktor in Xanten (voll. 1535) sind Meisterleistungen der Schnitzkunst, die got. Formwollen bis zu seinen letzten Möglichkeiten entwickelt haben.

C. Louis, H. D., Diss. Münster 1936; R. Hetsch, Die Altarwerke von H. D., Diss. München 1937; F. J. Nüß, H. D., 1964.

Doxale →Chor, Chorschranken.

Drageoir, Schale oder Dose für Zuckerwerk aus Gold, Kristall, Porzellan; seit dem 14. Jh. ein beliebtes Zierstück.

Drahtemail →Email.

Draperie (franz.), die ästhetisch wirksame Anordnung von Stoffen, bes. von Gewändern in Bildnerei und Malerei, oft vorbereitet durch sorgsame Teilstudien (Gewandstudien).

J. Meder, Die Handzeichnung, [2]1923.

Dreifaltigkeit (Trinität). Vater, Sohn und Hl. Geist werden seit dem 10. Jh. als drei Personen nebeneinandersitzend dargestellt, seit dem 13. Jh. als eine einzige Gestalt mit drei Köpfen oder drei Gesichtern; später wird es immer mehr üblich, den Hl. Geist durch die Taube nur zu symbolisieren. Sie trägt, ebenso wie Vater und Sohn den gekreuzten Heiligenschein. Meist kommt jedoch die D. nur in Verbindung mit anderen Darstellungen vor (→Gnadenstuhl). Zahlreich sind die Möglichkeiten einer symbolischen Darstellung der D. (drei einander schneidende Kreise, drei Tiere, Engel oder sonstige Personen). Aus nachreformatorischer Zeit stammt das gleichseitige Dreieck mit dem Auge Gottes.

A. Hackel, Die Trinität in der Kunst, 1931; A. Heimann, L'iconographie de la Trinité, 1934/35 (L'art chrétien Bd. 1); W. Braunfels, D., 1954.

Dreifaltigkeitsring, ein Ring, der aus drei, jeweils aus einem Stück gearbeiteten Ringen besteht, die sich umeinander winden. Seit dem Ende des 17. Jh.s wurden D.e aus Elfenbein besonders von Stephan Zick hergestellt.

Dreifuß, Gestell mit drei Füßen, die ein Gefäß (Kessel) tragen; ein in der Antike verbreitetes, oft kunstvoll gearbeitetes Weihgeschenk.

Dreikonchenanlage, kreuzförmige Basilika, deren Querarme in Apsiden endigen und dadurch, sowie auch durch ihre Abmessun-

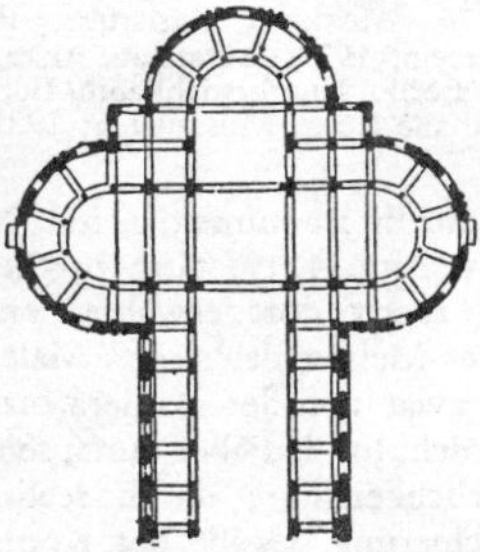

Grundriß einer Dreikonchenanlage

gen dem Ostchor angeglichen sind. Als Grundriß ergibt sich die Form eines regelmäßigen Kleeblattes. Im Innern entsteht, von der Vierung aus gesehen, der Eindruck eines nach W in ein Langhaus übergehenden Zentralraumes. Im Bereich des östl. Christentums vorbereitet, erhielt die D. ihre großartigste Form in den drei Kölner Kirchen S. Maria im Kapitol (11. Jh., im 2. Weltkrieg zerstört), St. Aposteln und Groß St. Martin (13. Jh.).

Drei Könige. Die Anbetung der Hl. Drei Könige (oder Magier oder Weisen aus dem Morgenland) gehört zu den beliebtesten und ältesten Themen der christl. Kunst, das bereits in der altchristl. Sarkophagplastik häufig begegnet. Es findet sich in byzantin. Mosaiken, otton. Miniaturen, in der monumentalen Plastik des hohen Mittelalters (Tympanon der Freiberger Goldenen Pforte) und in der ital., dt. und niederländ. Malerei des 15. und 16. Jh. In dieser Zeit wird gern die Gelegenheit benutzt, die D. K. in Stellung, Gebärdung und Charakter zu variieren und die Kostbarkeit ihrer Gewänder und Geschenke herauszustellen (Lochner, Kölner Dombild).

H. Kehrer, Die hl. d. K. in Literatur und Kunst, 2 Bde., 1908/9; K. Meisen, Die Hl. D. K., 1949; S. Waetzold, D. K. (Reallex. z. dt. Kst.gesch. 4) 1958; H. Aurenhammer, Lex. d. christl. Ikonograph., 1959ff; H. Kehrer, Die hl. D. K. in Lit. u. Kst., 1976.

Dreipaß →Paß.

Dreischneuß →Fischblase.

Dreisitz →Levitenstuhl.

Dreiviertelsäule, eine aus einer Mauer oder einem Pfeilerkern nur zu drei Vierteln hervortretende Säule (→Dienst).

Dresden China, engl. Bezeichnung für →Meißner Porzellan.

Dresdener Galerie, eine der bedeutendsten Gemäldegalerien, entstanden aus dem Sammeleifer der sächs. Fürsten, hauptsächlich in der 1. Hälfte des 18. Jhs. Dem Geschmack dieser Zeit entsprechend sind in ihren Beständen bes. die ital. Meister der Hochrenaissance und des Barocks sowie die niederländ. des 17. Jhs. hervorragend vertreten. Von Werken der neueren Malerei sind die der dt. Romantik und des dt. Impressionismus hervorzuheben.

Gertrud Rudloff-Hille, Die D. G., 1956; Ruth u. M. Seydewitz, Das D. G.buch. 1957; W. Balzer, D. G., [3]1962; H. Zimmermann, D. G. Neue Meister, 1964; M. Bachmann, Dresdener Gemäldegalerie - Alte u. Neue Meister, [3]1982.

Dreyer, Benedikt, Bildschnitzer, † nach 1555, tätig in Lübeck, Hauptmeister der manieristischen Richtung lübischer Plastik, die am stärksten in seinem drachentötenden Michael (Lettner der Marienkirche in Lübeck 1508–20) zum

Ausdruck kommt. Einziges gesichertes Werk ist der Antoniusaltar (1522; Mus. das.).

Roosval, B. D.,ein lübischer Bildschnitzer im Anfang des 16. Jh., 1909 (Jahrb. d. Preuß. Kunstsamml., Bd. 30); H. Deckert, Die lüb.-balt. Skulptur im Anf. d. 16. Jhs. (Marburg. Jb. f. Kst.-wiss. 3) 1927; M. Hasse, Ein unbek. Werk B. D.s (Jb. d. Preuß. Kst.slgn. 59) 1938.

Drolerie (franz.), drollige Darstellung mit Menschen, Tieren, Fabelwesen, bes. in mittelalterl. Handschriften oder geschnitzt, bes. an den Miserikordien der Chorgestühle.

C. G. Heise, Fabelwelt d. Mittelalters, 1936.

Druckerzeichen und Verlegerzeichen (franz. Signet), Kennzeichen des Druckers oder Verlegers eines Druckwerks, früher am Schluß, später auf dem Titel angebracht. Das älteste Beispiel findet sich in der von Fust und Schöffer gedruckten 48zeiligen Bibel (1462). Gegenwärtig sind nur Verlegerzeichen auf dem Titel oder Vorsatzblatt üblich. Das D. ist häufig künstlerisch geformt (theologische Symbole, Heilige, Monogramme, Bildnisse der Drucker, Pflanzen, Tiere, Fabelwesen, mytholog. Gestalten, Allegorien).

Annemarie Meiner, Geschichte des dt. Signets, 1922; H. Grimm, Deutsche Buchdruckersignete des 16. Jhs., 1965.

Druckgraphik →Graphik.

Dubuffet, Jean, franz. Maler, * 1901 Le Havre, lebt in Vence und Paris. Nachdem er mehrfach das Malen wieder aufgegeben hatte und lange in anderen Berufen tätig war, wandte er sich 1942 endgültig der Malerei zu. D. ist einer der erfindungsreichsten →Tachisten. In seinem Werk begegnen sowohl wimmelnde Kleinformen von skurriler Vielgestaltigkeit, als auch großformige idolhafte Figuren; manches erinnert an Kinderzeichnungen. Aus Schwämmen, Schlacken und Wurzelwerk stellt er groteske Plastiken her.

M. Ragon, D. B., 1959 (franz. u. engl.); Ausstell. Kat. Kunsthaus Zürich 1960/61 (Vorwort v. W. Schmalenbach); Kat. der Kestnerges. Hannover 1960; A. Franzke u. a., J. D. Werke 1963–76, Ausst.kat. Karlsruhe, Bad. Kst.verein, 1977; Ausst.kat. Akad. d. Kste. Berlin, Kupferstichkabin. Berlin; Kunsthalle Köln; Mus. Wien; 1981.

Duccio di Buoninsegna, ital. Maler, † Aug. 1319, tätig in Siena, 1278 zuerst dort erwähnt, erster großer Meister der sienes. Malerei, kam zwar von der maniera bizantina nicht los, hat aber durch seinen Wirklichkeitssinn, durch seelische Verfeinerung, Größe der Komposition und Bereicherung der farbigen Mittel zu der neuen Wendung entscheidend beigetragen, die die ital. Malerei am Beginn des Trecento nahm. Sein Hauptwerk ist die Maestà, d. h. die thronende Madonna mit Engeln und Heiligen (1308–11; Siena, Dommus.).

C. H. Weigelt, D. di Buoninsegna, 1911; E. Carli, D. di Buoninsegna, Das Gesamtwerk, 1961.

Ducerceau, Jacques Androuet, franz. Architekturstecher und -theoretiker, * um 1510, † um 1584, tätig in Paris und Orléans, hinterließ zahlreiche Architekturzeichnungen und -stiche und gab u. a. die Stichpublikationen heraus: „Livre d'architecture" (1559) und „Les plus excellents bastiments de France" (2 Bde., 1576–79; Neudr. 1866–73). Sie haben auf Baukunst und Kunstgewerbe der Folgezeit eine bedeutende Wirkung ausgeübt.

A. Bunt, Art and architecture in France 1500 to 1700, 1953.

Duchamp, Marcel, franz. Maler, * 28. 7. 1887 Blainville b. Rouen

† 1. 10. 1968 Neuilly b. Paris, Bruder des Raymond Duchamp-Villon und Jacques →Villon. Er malte zunächst impressionistisch und unter dem Einfluß von →Cézanne. 1909 ging er zum →Kubismus über, dessen Prinzipien er mit denen des →Futurismus vereinigte. In einer großen Serie von klar gegliederten Bildern variierte er den Versuch, die Bewegung einer Figur durch gleichzeitige Darstellung und Überblendung ihrer Bewegungsstadien darzustellen. 1915 wandte er sich dem →Dadaismus zu und zeigte „Ready-mades", industrielle Gebrauchsgegenstände ihrem Zweck entfremdet auf Kunstausstellungen. Die Malerei gab er um 1928 auf. D. ist seitdem vor allem als Schriftsteller und Organisator von Ausstellungen tätig.

Kat. Dokumentation über M.D., Kunsthaus Zürich 1960; M. Lebel, A. Breton, H. P. Roché u. a., M.D., 1962 (franz., ²1972 dt.); J. Clair u. a., M. C., Ausst.kat. Paris, Centre nat. d'art et de culture G. Pompidou, 4 Bde. (cat. rais.) 1977; P. Cabanne, Le 3 D. (The brothers D.), 1976 (engl., frz.).

Dufy, Raoul, franz. Maler und Graphiker, * 3. 6. 1877 Le Havre, † 23. 3. 1953 Forcalquier, kam vom Impressionismus zu den → Fauves und entwickelte einen Stil, der durch eine rasche und scheinbar mühelose Fixierung seiner Eindrücke einer farbig bewegten Außenwelt (beflaggte Straßen, Strandbilder, ländliche Feste, Pferderennen usw.) und eine sehr persönliche Farbgebung gekennzeichnet ist, Eigenschaften, die auch seine vorzüglichen Landschaftsaquarelle aufweisen. Als Graphiker hat er Buchillustrationen in Holzschnitt und Lithographie geschaffen, auch hat er viele kunsthandwerkliche Entwürfe geliefert.

M. Berr de Turique, R.D., 1930 (franz); P. Courthion, R. D., 1951 (franz.); G. Besson, R. D., 1953 (franz.); J. Lassffign
Besson, R. D., 1953 (franz.); J. Lassaigne, D., Biograph.-kritische Studie, 1954; M. Gasser, R. D., 1955; R. D., Gemälde u. Aquarelle, 1959; R. D., Dessins, aquarelles, gouaches, Ausst.-kat. Orléans, Musée des Beaux-Arts, 1977; M. Laffaille, R. D. (cat. rais. de l'œuvre peint. 4), 3 Bde. 1976.

Dugento, Ducento (ital. „200", Abkürzung für 1200), in der ital. Kunstgeschichte Bezeichnung für das 13. Jh.

Dughet, Gaspard (nach seinem Schwager Nikolas →Poussin auch G. Poussin genannt), franz. Maler, * 1613 Rom, † 25. 5. 1675 das., erst unter der Einwirkung des Domenichino, dann unter der seines Schwagers, gelangte wie dieser in seinen Landschaften (Fresken und Ölgemälden) von barocker Fülle und dramatischer Ballung der Massen zu beruhigter Klarheit. Er hat die ital. Landschaft mit nord. Erregung erfüllt und sie zuletzt in kraftvollem Realismus gestaltet. Am besten vertreten in Rom in S. Martino ai Monti sowie den Palazzi Colonna und Doria (13 Fresken, 25 Ölbilder), in der Dresdener Gal. und der Nationalgal. in London.

K. Gerstenberg, G. D., 1922 (Monatshefte f. Kunstwissenschaft); Cat. de l'exposition Nic. Poussin, Louvre Paris, 1960; Marie Nic. Boisclair, G. D: une chronologie révisée (Revue de l'Art 34) 1976.

Dura-Europos, Stadt am oberen Euphrat, von 165 bis 256 im Besitz der Römer als Grenzfestung und seitdem unbesiedelt geblieben. Die Freilegung der bedeutenden Ruinen wurde kurz nach dem 1. Weltkrieg von französ. und amerikan. Forschern begonnen. Tempel wurden entdeckt, auch eine mit Wandmalereien ausgestattete Synagoge (jetzt im Mus. von Damaskus) und eine christl. Kirche (jetzt in der Gal. of Fine Arts der Yale-Universität in New Haven). Der Stil der in einem der Tempel erhaltenen Wandgemälde (jetzt ebenfalls im Mus. von Damaskus) schien ein Vorläufer der byzantin. Kunst zu sein. Es handelt sich aber eher um das erste Auftreten provinzieller Stilelemente, die in ihrer abstrahierenden Linearisierung ganz ähnlich an anderen Orten vorkommen. Die Bilder, die auch christliche Zyklen wiedergeben, sind für die Religionsgeschichte wichtig.

J. H. Breasted, Oriental Forrunners of Byzantine Painting, 1924; F. Cumont, Fouilles de Doura-Europos, 2 Bde., 1926; Baur-Rostovtzeff, The Excavations at Dura-E., 1929ff.; Du Mesnil du Buisson, Les peintures de la synagogue de D.-E., 1939; O. Eißfeldt, Die Wandbilder der Synagoge vom D.-E., 1957 (Forschungen u. Fortschritte, Jahrg. 31, H. 8); ders. in Reallex. für Antike u, Christentum 4 mit Bibl., 1959; E. R. Goddenough, Jewish symbols in the Greco-Roman period 9–11, 1964.

Durchbruchsscheiben, die als Hängeschmuck getragen werden, setzen mit der mittleren →Bronzezeit ein. Besonders schöne D. hat die kelt. Kunst der jüngeren →

Alemannische Durchbruchsscheibe (7. Jh.)

Eisenzeit geschaffen → (Latène-Stil). An kelt. Überlieferungen knüpfen auch die mit „Trompeten"-Mustern verzierten D. der provinzialröm. Kunst an. Im 6. und 7. Jh. n. Chr. bilden D. ein beliebtes Schmuckstück der Franken und Alemannen. Sie sind teils mit geometrischen Mustern, teils mit figürlichen Darstellungen verziert (→Germanische Kunst).

W. Veeck, Die Alamannen in Württemberg, 1931; M. Franken, Die Alamannen zwischen Iller u. Lech, 1944; J. Werner, Das Alamann. Gräberfeld von Bülach, 1953.

Durchdruckverfahren, gleichbedeutend mit Vernis mou →Kupferstich.

Durchdruckzeichnung →Monotypie.

Dürer, Albrecht, Maler und Graphiker, * 21. 5. 1471 Nürnberg, † 6. 4. 1528 das., Sohn eines Goldschmieds, verbrachte seine Lehrzeit in der Werkstatt des Vaters und 1486–90 in der des Michael → Wolgemut. 1490–94 Wanderschaft (Colmar, Basel), 1494 Heirat in Nürnberg, 1495 erste, 1505–06 zweite Reise nach Italien mit längerem Aufenthalt in Venedig. 1520–21 Reise nach den Niederlanden.

D.s Leben fällt in die Wende zweier Zeitalter, d. h. in die Wende von der Spätgotik zur Renaissance. Die Begegnung beider Epochen vollzieht sich in seiner Person so sinnfällig wie bei keinem anderen Meister der Zeit. Indem er sich mit der ital. Kunst schöpferisch auseinandersetzte, hat er seine eigene Persönlichkeit weiter entwickelt. D. hat die große, klare und ruhige Form seines späteren Schaffens nicht einfach in Italien gefunden, sondern er hat sie gesucht, und Italien hat ihm mit dazu geholfen, sie zu finden. Dennoch wirkt die hohe Spannung, in die die dt. Kunst (am stärksten die Plastik) sich im letzten Viertel des 15. Jh. hineingesteigert hatte, bis an sein Lebensende nach, und selbst im letzten seiner Hauptwerke, den vier Aposteln, lebt etwas von dem gewaltigen Menschentum, mit dem Veit Stoß und andere Bildhauer der Gotik schon in den 80er und 90er Jahren des 15. Jh. ihre Gestalten erfüllt hatten. D.s Bedeutung liegt sowohl in der absoluten Höhe seines Künstlertums wie darin, daß er alle künstlerischen Bestrebungen der Zeit mit einer von keinem anderen auch nur annähernd erreichten Vielseitigkeit in seiner Hand zusammengefaßt und weiterentwickelt hat. Dies gilt bes. von Holzschnitt und Kupferstich, die er in Technik, Inhalt, Format und geistigen Möglichkeiten weit über ihren damaligen Stand hinausführte und denen er auch in erster Linie seine internationale Wirkung verdankt. D.s ganzes Leben ist erfüllt von dem niemals ruhenden Bemühen, an sich zu arbeiten, der Gestaltung der Sinnenwelt und der Gestaltung seiner Innenwelt immer neue Möglichkeiten abzugewinnen – ein steter Wandel vom Anfang bis zum Ende seiner Laufbahn. Er hat sich auch als erster dt. Künstler um eine Theorie der bildenden Kunst bemüht und das Problem der Schönheit in immer wiederholten Ansätzen denkend und gestaltend zu lösen gesucht.

Die wichtigsten Leistungen seiner Frühzeit sind die gezeichneten und gemalten Selbstbildnisse, die mit dem ersten überhaupt erhaltenen Werk, der Silberstiftzeichnung von 1484 (Wien, Albertina) beginnen; ferner die Landschaftsaquarelle seiner ersten Reise über die Alpen, die Naturausschnitte mit einer völlig neuen Unbefangenheit des Sehens wiedergeben; schließlich die Holzschnittfolge der Apokalypse (1498), das im spätgot. Sinne ausdrucksstärkste Werk D.s. Er beginnt jetzt die Holzschnittfolgen der Großen Passion (1498–1510) und des Marienlebens (1501–11). Es entstehen Kupfersticheinzelblätter (das Große Glück, Adam und Eva 1504), Bildnisse, Altarwerke und große Gemälde (Paumgärtner-Altar, München, Ält. Pinakothek; Anbetung der Könige 1504, Florenz, Uffizien). In Venedig malte er das Rosenkranzfest (Prag, Gal.). Hauptwerke nach der zweiten Italienreise: Kupferstichpassion (1507–12), kleine Holzschnittpassion (1509–11), Allerheiligenbild (1511; Wien, Kunsthistor. Mus.), die drei Meisterstiche „Ritter, Tod und Teufel“, Melancholie, Hieronymus im Gehäus (1513–14). Seit 1515 war er an den Unternehmungen des Kaisers Maximilian beteiligt (Ehrenpforte, Triumphwagen, Randzeichnungen zum →Gebetbuch). 1520–21 Tagebuch der niederländ. Reise mit Skizzen und Bildnissen. Bildnisse, gemalt (Hieronymus Holzschuher, Jakob Muffel, beide 1526, Berlin, Staatl. Mus.), in Holzschnitt (Ulrich Varnbühler 1522), in Kupferstich (Albrecht v. Brandenburg, 1519, 1523; Kurfürst Friedrich d. Weise, 1523; Pirckheimer, 1524; Erasmus von Rotterdam. 1526). Aus innerem Verhältnis zur Reformation entstanden die beiden Aposteltafeln (1526; München, Ält. Pinakothek). – Die ganze Vielseitigkeit D.s und die Unablässigkeit seines Bemühens spricht sich in seinen Handzeichnungen aus. Sie sind nicht nur Studien für Gemälde oder nach der Natur, sondern auch um ihrer selbst willen geschaffen und begleiten alle Perioden seiner Laufbahn in einer von keinem anderen Meister der Zeit auch nur annähernd erreichten Zahl. Theoretische Werke: „Unterweisung der Messung ...“ (1525); Befestigungslehre (1527); „Die vier Bücher über die Proportion“ (1528). – Erhaltenes Gesamtwerk: etwa 70 Gemälde, 100 Kupferstiche, 350 Holzschnitte, 900 Handzeichnungen.

Abbildungswerke: Gemälde, Kupferstiche, Holzschnitte, hg. von F. Winkler, [4]1928 (Klassiker der Kunst); Sämtliche Holzschnitte, hg. von W. Kurth, 1927; Sämtliche Kupferstiche, hg. von Hildegard Heyne, 1928; Zeichnungen, hg. von F. Winkler, 4 Bde., 1936–39. Ausgaben: Schriftlicher Nachlaß, hg. von K. Lange und F. Fuhse, 1893; v. H. Rupprich, 3 Bde., 1956–69; Niederländ. Reisen hg. von Veth u. Muller, 2 Bde., 1918. Werke über D.: E. Flechsig, A. D., 2 Bde., 1928–31; E. Tietze-Conrat; Kritisches Verzeichnis der Werke A. D.s, 2 Bde., 1928–38; E. Waldmann, A. D., 1933; W. Waetzoldt, D. und seine Zeit, [5]1943; H. Wölfflin. Die Kunst A. D.s, [6]1943; E. Panofsky, The Life and Art of D., [4]1958; H. Lüdecke und Susanne Heiland, D. und die Nachwelt, 1955; F. Winkler, A. D.s Leben u. Werk, 1957; K.-A. Knappe, D.: Das graphische Werk, 1964; H. Lüdecke, A. D., 1970; M. Mende, D.-Bibliographie, 1971; ders., A. D., Sämtl. Holzschnitte, 1976; ders., Wirkung u. Nachleben D.s (Ausst.kat. d. Stadtgesch. Mus. Nürnbg.) 1976; Kat. d. D.-Ausstellg. im German. Nat. Mus., 1971; A. D.s Umwelt, Festschrft. z. 500. Geburtstag (Nürnberger Forschgn. 15); A. D. Das gesamte graph. Werk, Einl. v. W. Hütt, [4]1971; W. J. Hofmann, Über D.s Farbe, Habil.-Schrift Phil. Fak. Univ. Erlangen, 1971; W. Funk, Das rechte Maß bei A. D. u. bei d. alten Meistern, 1971; M. Bonicatti, D.s Verhältnis z. Venezianischen Humanismus; A. D., Kunst im Aufbruch, Hg. Univ. Leipzig, 1972 (mehrere Beiträge eines internat. Kolloquiums); F. Anzelewsky, A. D., Das malerische Werk, 1972; E. Panofsky (dt. v. L. L. Möller), Das Leben u. d. Kst. A. D.s, 1977; H. Appuhn, A. D. Die drei großen Bücher, 1979; Th. Hetzer, Die Bildkunst D.s, 1982.

Duris, einer der bedeutendsten Maler rotfiguriger attischer Vasen der frühklassischen Zeit (arbeitete etwa 500–460 v. Chr.). Nach anfänglichem Schwanken fand er einen durchaus persönlichen Stil, der sich aber nur in einigen Meisterwerken äußert. Andere ihm zugeschriebene Vasen sind flüchtiger gemalt.

E. Buschor, Griechische Vasen, 1940; J. D. Beazley, Attic red-figure vase-painters, [2]1963.

Dyck, Anthonis van, fläm. Maler, * 22. 3. 1599 Antwerpen, † 9. 12. 1641 London, war 1616–21 Schüler und Mitarbeiter von Rubens, weilte in Italien, wo er bes. die Einwirkung von Tizian erfuhr, und war seit 1632 engl. Hofmaler in London. D. ist nach Rubens der größte fläm. Maler des 17. Jh. Seine Bilder (religiöse Darstellungen und Bildnisse) sind ausgezeichnet durch sinnlich-geistige Einheit in Form und Farbe, tiefen und warmen Ton, weiche und gedämpfte Kurven im Aufbau. Sein besonderer Ruhm war von jeher das Bildnis, dem er sich später immer ausschließlicher zuwandte. Seine Menschen erscheinen in edler und vornehmer Haltung, zuweilen schlicht und dunkel gewandet, so daß nur Gesicht und die überzarten Hände sprechen, zuweilen in ihrer Gesamterscheinung gehoben durch den Glanz kostbarer Stoffe. Der Drang, Reines, Vornehmes, Schönes zu zeigen, hat dabei freilich das Individuelle oft stark gedämpft. D.s Bildnisauffassung hat in England bis zum Ende des 18. Jh. nachgewirkt. D. ist in den meisten großen Sammlungen vertreten. Er hat auch vorzügliche Zeichnungen in Feder und Kreide hinterlassen. Unter seiner Leitung entstand ferner die „Ikonographie", eine Folge von radierten Bildnissen berühmter Persönlichkeiten, zu denen er die Vorlagen lieferte. An den Radierungen war er selbst beteiligt.

M. Rooses, A. v. D., 1900; L. Cust, Antony van D., 1900 (engl.); W. Drost, Barockmalerei in den german. Ländern, 1928; E. Göpel, Van D., 1940; A. v. D. Ital. Skizzenbuch, hg. von G. Adriani, 1940 u. 1965; L'Iconographie d'Antoine van D., Catalogue rais. par Marie Mauquoy-Hendricx, 2 Bde., 1956 (Acad.

royale de Belgique. Classe des Beaux-Arts. Mémoires IX); H. Vey, Van D.-Studien (Diss. Köln) 1958; ders. Die Zeichnungen A. v. D.s, 2 Bde., 1963; L. van Puyvelde, v. D., 1959; M. Jaffé, Van D.s Antwerp sketchbook, 1966 (engl.).

Early English, die Frühstufe der engl. Gotik (Frühgotik) 1175–1270. Hauptwerke sind die Kathedralen von Lincoln, Wells, Ely.

Ebenist, Ebenholzarbeiter, insbesondere Kunsttischler des 18. Jh., der Möbel mit Ebenholz- oder anderen Einlagen verfertigte.

Comte F. de Salverte, Les ébénistes du XVIIIe siècle, [5]1962 (mit Tafelband); Ledoux-Lebard, Les ébénistes parisiens (1795–1870), 1966.

Eberswalde (Brandenburg), Goldfund von. Größter vorgesch. Goldfund Deutschlands, 1913 bei Erdarbeiten gehoben, umfaßt 8 goldene Trinkschalen, zahlreiche Spiralen aus Golddraht, gebündelten Golddraht, Goldbarren, sowie Bruchstücke von Goldgegenständen, insgesamt 80 Einzelteile im Gesamtgewicht von 2,59 kg. Die Gegenstände waren bei ihrer Auffindung in einem Tongefäß verpackt. Die Trinkschalen sind in getriebener Arbeit mit geometrischen Mustern – Punktkreisen und sternartigen Rosetten – verziert. Sie sind süd- oder mitteldt. Arbeiten und datieren den Schatz in das 8.–7. Jh. v. Chr. (→Verwahrfunde).

Goldschale
aus dem Fund von Eberswalde

C. Schuchhardt, Der Goldfund vom Messingwerk bei E., 1914.

Ecaillemalerei, Schuppenmuster auf Porzellan.

Ecce homo, die Zurschaustellung Christi mit Dornenkrone und Spottmantel, ein Rohr als Szepter in den gefesselten Händen haltend; entweder als Szene mit den ihn verhöhnenden Juden oder auch als Einzelgestalt. Das E. h. ist die jüngste aller Passionsdarstellungen. Sie findet sich zum ersten Male in einem Gemälde aus der Schule Rogiers van der Weyden (um 1450; London, Nationalgal.) und kommt dann bis zum Barock in einer Reihe von Gemälden und Stichen vor.

Ecclesia und Synagoge, d. h. das Neue und Alte Testament, werden als weibliche Gestalten, und zwar stets als Paar dargestellt; seit dem 9. Jh. als Begleitfiguren der Kreuzigung, seit dem späteren 12. Jh. (d. h. seitdem in der Kunst eine typologische Anordnung allgemeiner geworden war) auch als selbständiges Motiv des typologischen Bilderkreises (Bourges, Kathedrale, Querschiffportal). Sie entsprechen nämlich der Lehre von der „Concordantia Veteris et Novi Testamenti“ insofern, als Synagoge die Vorbereitung, Ecclesia die Erfüllung bedeutet. Diese wird daher als aufrechte Siegerin gegeben mit Krone, Kelch und Kreuzesfahne, jene als Besiegte mit einer Binde über den Augen und zerbrochenem Stab, während ihr die Krone vom Haupte fällt und die Gesetzestafeln ihrer Hand entgleiten. Beispiele aus dem 13. Jh. in Reims, Bamberg und am schönsten in Straßburg.

P. Weber, Geistl. Schauspiel u. kirchl. Kunst etc., 1894; H. Pflaum, Der allegorische Streit zwischen S. und E. in der europ. Dichtung des Mittelalters, 1934 (Archivio Romano, Bd. 18).

Echinus (griech. „Igel"), wulstartiger Bestandteil des dorischen Kapitells als Verbindungsglied zwischen der Deckplatte und dem Säulenschaft.

Eckblatt, Eckknolle, blattartige Verzierung an den vier Ecken einer Säulenbasis, die den zwischen dem runden Säulenfuß und der quadratischen Fußplatte darunter entstehenden Zwickel füllt und zwischen Kreis und Quadrat vermittelt (byzantin., roman., frühgot.).

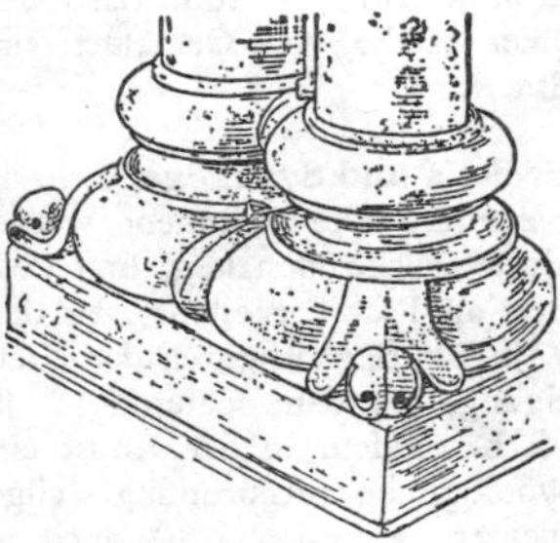

Roman. Säulenbasis mit Eckblättern

Ecklösung, die beim rechtwinkligen Zusammentreffen zweier Ornamentbänder (z. B. Rahmenbordüre eines Glasfensters) entstehende neue Kombination der vorhandenen Ornamentmotive.

Eckrisalit →Risalit.

École de Paris, zusammenfassende Bez. für die seit dem Impressionismus neue Wege suchenden Kräfte der Malerei in Paris, wo fast alle neueren Richtungen ihren Anfang genommen haben.

R. Nacenta, L'É. de P., dt. 1960; B. Dorival, L'É. de P., dt. 1962.

écorché →Muskelmann.

Edenhall, Glück von, Hauptwerk mittelalterlicher Glaskunst, wahrscheinlich syrisch Mitte 13. Jh., wurde Jahrhunderte lang in Eden Hall (Cumberland) aufbewahrt und befindet sich seit 1926 im Victoria and Albert-Museum in London. Die Bezeichnung „Glück von E." (Ballade von Th. Fontane) geht auf ein Gedicht von James Ralph 1729 zurück.

Effner, Josef, Baumeister, * 4. 2. 1687 Dachau, † 23. 2. 1745 München, bildete sich unter Boffrand in Paris und war 1715–30 kurfürstlicher Hofbaumeister in München. Er schuf u. a. die Flügelbauten an Schloß Nymphenburg bei München (seit 1714) und im Park das. Pagodenburg und Badenburg, ferner den Ausbau von Schloß Schleißheim (seit 1719), das Preysingpalais in München (1723–28) mit überreicher, ganz unfranz. Fassadendekoration und war auch an der Ausstattung der „Reichen Zimmer" der Münchner Residenz beteiligt.

M. Hauttmann, Der kurbayr. Hofbaumeister J. E., 1913; F. Wolf, Der Künstlerkreis um J. E., 1963; G. Vits, J. E.s Palais Freysing. Ein Beitrag zur Münchner Profanarchitektur d. Spätbarock, 1973.

Egell, Paul, Bildhauer, * 1691, † 1752 Mannheim, seit 1721 das., angeregt von Bernini, Schüler von Permoser, über den seine geschmeidige und zarte Kunst dem Rokoko gemäß hinausführt. In einigen seiner Figuren hat er ein ungewöhnliches Maß von Verinnerlichung und Vergeistigung erreicht. Seine Stuckarbeiten im Mannheimer Schloß gehören zu den besten der Zeit. Auch hat er zahlreiche Zeichnungen hinterlassen.

Feulner, Zum Werk P. E.s, 1934 (Zeitschr. d. Dt. Vereins f. Kunstwiss., Bd. 1); G. Jakob, P. E., 1934 (Mannheimer Geschichtsblätter, Jahrg. 35); K. Lankheit, Die Zeichnungen des kurpfälz. Hofbildhauers P. E., 1954; ders., E. Studien (Münchner Jb. d. bild. Kst., 3), 1955; L. Baron Döry, Der Bildhauer P. E. u. d. Brüder v. Weides (Jb. d. Hamburger Kstslg., 3) 1958; Ausst.kat. P. E. Bayer. Nat.-Mus. München, 1964.

Egerer Arbeit, Reliefintarsia (→Intarsia) in farbigen Hölzern, bestehend aus meist figurenreichen Tafeln zum Einfügen in Möbel, Spielbretter u. dgl. Sie wurde im 17. Jh. bes. in Eger, aber auch anderwärts hergestellt.

Eglomisieren, das Hintermalen von Glastafeln mit schwarzem Lack, in dem Stellen ausgespart und mit einer spiegelnden Materie (Goldbronze, Metallfolie) hinterlegt sind, so daß sich Ornamente, Buchstaben u. dgl. ergeben; eine Sonderform der →Hinterglasmalerei. Das 1825 geprägte Wort E. leitet sich her von dem Kunsthändler und Rahmenmacher J.-B. Glomy (Paris Ende des 18. Jh.), der das Verfahren anwandte, um Kupferstiche und Zeichnungen unter Glas mit einem rahmenden Abschluß zu versehen. Die Bezeichnung E. oder Eglomisé wird zuweilen fälschlicherweise auf verschiedene Arten von Hinterglasmalerei früherer Jahrhunderte angewandt.

Ehernes Meer, eine von 12 Rindern getragene erzene Schale im Vorhof des Tempels in Jerusalem (nicht erhalten). Ihre Form wirkte nach in dem ebenfalls von 12 Rindern getragenen Messingtaufbecken des Rainer von Huy (1112; Lüttich, Bartholomäuskirche), in einer Grubenschmelztafel des Klosterneuburger Altars (1181; →Nikolaus von Verdun), dem Speculum humanae salvationis (→Heilsspiegel) von Straßburg und anderen Werken.

J. J. Scheuchzer, Physica sacra, Bd. 3, 1733.

Ehmsen, Heinrich, Maler und Graphiker, * 9. 8. 1886 Kiel, † 6. 5. 1964 Berlin, ging 1919 nach München, 1929 nach Berlin, war 1945–49 Prof. an der Hochschule für bildende Künste in Berlin-Charlottenburg, und ist seit 1950 Mitglied der Deutschen Akademie der Künste in Berlin. E. wurde als Dekorationsmaler ausgebildet und kam 1910/11 in Paris in Berührung mit den führenden Kräften der franz. Malerei. Das Erlebnis des 1. Weltkrieges und seiner Folgen gab seinem Schaffen eine neue Richtung durch die Behandlung sozialkritischer Inhalte. Seine Kunst (Landschaften, Figurenbilder, Bildnisse) zeigt eine eigentümliche Verbindung realistischer und visionärer Elemente, eine durch Form und Farbe bewirkte Steigerung der Wirklichkeit ins Phantastische. Als Graphiker hat er Holzschnitte und Radierungen geschaffen.

A. Behne, H. E., 1946; Katalog der Ausstellung „H. E." in der Deutschen Akademie der Künste in Berlin 1951 und der Nationalgalerie 1957; Edith Krull, H. E. zu seinem 70. Geburtstag 1956 (Veröffentl. d. Dt. Akad. d. Künste); L. Lang, H. E., 1964; L. Lang, H. E. – zwei Aspekte s. Werks (in Bild. Kst. XXIV) 1976; B. Neumann, H. E., Gemälde, Aquarelle, Zeichnungen, Ausst.kat. Dresden, Albertinum/Gem.-Gal. Neue Meister, 1977.

Eiermann, Egon, Baumeister, * 29. 9. 1904 Neuendorf b. Berlin, † 19. 7. 1970 Baden-Baden, studierte bei H. →Poelzig 1923–27 in Berlin und war danach für Warenhauskonzerne tätig. Architektur bedeutete für E. „Sichtbarmachung der Ordnung vom Städtebau bis in das kleinste Bauwerk". Er schuf Industriebauten, Warenhäuser (Horten Heidelberg, Heilbronn,

Merkur Stuttgart 1961), Sakralbauten (Matthäuskirche Pforzheim 1953, Kaiser-Wilhelm-Ged.-Kirche Berlin unter Einbeziehung der Ruine 1961–63) und Repräsentationsgebäude (Dte. Pavillongruppe auf der Weltausstellg. Brüssel 1957/58 zus. mit Sepp Ruf; Dte. Botschaft in Washington 1963ff.) und wirkte seit 1967 an der T.H. Karlsruhe als Lehrer. Zahlreiche Anregungen gab er auch dem →Design.

J. Joedicke, Gesch. d. mod. Architektur, 1958; G. Hatje, Neue dte. Architektur, I, 1956; II, 1962; III, 1970; Ausst.-Kat.: Von Schinkel bis Mies v. d. Rohe, Kunstbibl. Berlin (Staatl. Museum Preuß. Kulturbesitz) 1974/75; E. Heinz, E. E. Planungsstudie Verw.geb. am Beisp. d. IBM-Dtschld., Projekt 2 Stuttgart, 1967.

Eierstab, auch „ionisches Kymation", konvexe Zierleiste, die sich aus dem Wechsel senkrecht stehender eiförmiger und pfeilspitzenartiger Gebilde zusammensetzt und unten und zuweilen auch oben von einer Perlenschnur (Astragalos) abgeschlossen wird. Der E. gehört der ionischen und korinthischen Ordnung der antiken Baukunst an und wurde von den antikisierenden Bauten des roman. Stils (Süd-

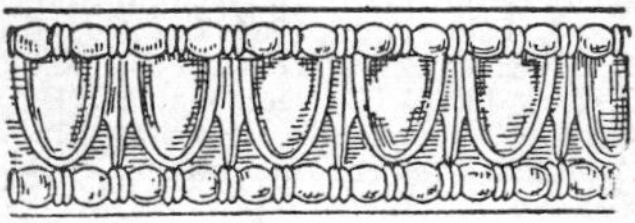

Eierstab

frankreich), sowie denen der Renaissance und des Klassizismus wieder aufgenommen.

Eilbertus, Kölner Goldschmied im 2. Viertel des 12. Jh., dessen Arbeiten von grundlegender Bedeutung für die roman. Goldschmiedekunst am Niederrhein sind. Sein Name findet sich auf einem → Tragaltar des →Welfenschatzes, der mit Grubenschmelzplatten in vorzüglicher Technik ausgestattet ist. Danach lassen sich ihm und seiner Werkstatt weitere Arbeiten zuschreiben.

O. v. Falke und H. Frauberger, Dt. Schmelzarbeiten des Mittelalters, 1904.

Einbeck, Konrad von, Baumeister und Bildhauer, zuerst 1382 als „Meister der Steinmetzen" an der Moritzkirche in Halle a. d. Saale erwähnt, schuf für diese einige Bildwerke: heil. Moritz (1411), Schmerzensmann (1416), Schmerzensmutter, Christus an der Martersäule und Relief mit der Anbetung der Könige. Sie haben nichts von der Idealität des „weichen Stils", dessen Zeit sie angehören, stehen überhaupt in dieser ohne Vergleich da mit ihren schweren, plumpen Formen und ihrer urwüchsigen, fast barbarischen Ausdruckskraft. Wohl von gleicher Hand und allgemein als Selbstbildnis angesprochen (eins der frühsten der dt. Kunst) eine Büste an der Wand des nördlichen Nebenchors mit einigen deutlich hervortretenden individuellen Zügen.

W. Schadendorf, K. v. E., Diss. Göttingen 1953; Ders. Die Moritzkirche z. Halle (Das christl. Denkmal, 43) 1958.

Einblattdruck →Holzschnitt.

Eingelegte Arbeit, Einlegearbeit →Intarsia.

Eingezogener Chor, ein →Chor, dessen Breite geringer ist als die des Mittelschiffs.

Einhorn, in der mittelalterl. Ikonographie das Symbol der Keuschheit. Nach dem →Physiologus ist es so wild, daß es nur gefangen werden kann, nachdem es seinen Kopf in den Schoß einer Jungfrau gelegt und dadurch seine Wildheit verloren hat, eine Szene, die sich seit dem 13. Jh. öfters an Kapitellen, Konsolen und Chorgestühlen findet. Im 15. und 16. Jh. ist diese Einhornjagd als Symbol der Menschwerdung Christi im Bilde dargestellt worden, wobei die Jungfrau als Maria gekennzeichnet ist (z.B. Einhornaltar des Erfurter Doms, gegen 1420).

H. Graf, Die Darstellungen der sakralen Einhornjagd in der altdt. Kunst, Diss. Münster 1923; K. v. Spieß, Marksteine d. Volkskunst, 2 T., 1942 (Jahrb. f. histor. Volkskunde 8/9); R. Ettinghausen, Studies in Muslim Iconography 1: The Unicorn, 1950; L. Wehrhahn-Stauch, E. (Reallex. z. dt. Kstg. 4) 1958; J. W. Einhorn, Das E. als Sinnzeichen d. Todes: die Parabel v. Mann im Abgrund (Frühmittelalterl. Stud. 6) 1972; R.R. Beer, E. Fabelwelt u. Wirklichkeit, 1972.

Einschlagen, das Glanzloswerden der Ölfarben auf der Malfläche, hervorgerufen durch Absaugen des Bindemittels bei zu magerer Grundierung oder Untermalung, auch durch Verdunstung ätherischer Öle.

Eirene, die griech. Friedensgöttin. Ihr Kult ist in Athen nicht vor dem 5. Jh. v. Chr. zu belegen, genau wie die Kulte ähnlicher Personifikationen. Das berühmteste Kultbild der E. schuf der Bildhauer →Kephisodot.

Roscher, Lexikon der Mythologie.

Eisenbau. Wegen seiner unbeschränkten Bildsamkeit und statischen Überlegenheit über alle anderen Baustoffe wurde das Eisen schon seit dem ausgehenden Altertum zur Sicherung von Gewölben und sonstiger Konstruktionen aus Stein oder Holz verwendet. Zum selbständigen Baustoff wurde es aber erst in der Neuzeit erhoben, und zwar zunächst im Brückenbau, wo seine Eigenschaft, ein Höchstmaß von Tragfähigkeit mit einem Mindestmaß von Material zu erreichen, bes. zur Geltung kommt. Abgesehen von Kettenbrücken, die es schon im 17. Jh. gegeben hat, wurden die ersten Versuche, eine Brücke ganz aus Eisen zu bauen, 1755 in Lyon gemacht. Das erste, ganz aus Gußeisen bestehende Bauwerk ist die bis zur jüngsten Gegenwart in Betrieb befindliche „Iron bridge“ über den Severn bei Brosely in Ostengland (1773–79), deren leichte und durchsichtige Konstruktion eine in Eisen übertragene Holzkonstruktion ist. Die älteste Eisenbrücke des Kontinents ist die über das Striegauer Wasser bei Laasan in Schlesien (1794). Seit Beginn des 19. Jh. kommen Eisenbrücken auch in Großstädten vor (Paris, Pont des Arts 1802–04) und haben sich zu immer gewaltigeren Konstruktionen entwickelt. In der Baukunst des 19. Jh. hat das Eisen in rascher Steigerung eine solche Bedeutung gewonnen, daß es gegenüber aller früheren Verwendung als neuer Baustoff bezeichnet werden darf. Da dessen Eigenschaften nicht raumschließender Natur sind, sondern sich in der Linearität des konstruktiven Gerüstes erschöpfen, bedurfte es zur Gestaltung und Überdeckung von Räumen eines weiteren, flächenhaltigen Baustoffes, der im Glas gefunden wurde. Es entstanden Glas-E.ten zunächst als Gewächshäuser, und der Erbauer der Gewächshäuser von Chatsworth, J. Paxton, lieferte den Entwurf für den anläßlich der Kunstgewerbeausstellung in London dort 1850–51 errichteten „Kristallpalast“, das erste große Zeugnis der neuen Bauweise (1940–41 abgebrochen). Im gleichen Jahr entstand in Liverpool die erste Bahnhofshalle in Glas-Eisenkonstruktion, der unzählige weitere folgten. Ferner wurden eiserne Deckenkonstruktionen für die Säle von Museen und öffentlichen Bibliotheken üblich. Ein Hauptwerk

dieser Art ist der Lesesaal der Nationalbibliothek in Paris (1861). In zahlreichen Städten wurden „Passagen" als Ladenstraßen in der neuen Konstruktionsweise gebaut, in Paris „Les Halles" (beg. 1852; abgebrochen 1969); Hamburg (Sillems Bazar, 1842–45; abgebr.) Mailand (Galleria Vittorio Emanuele II., 1865–77 mit gewaltigen Dimensionen), Neapel (Galleria Umberto I., 1887–91), Leipzig (Mädlerpassage, 1912–14).
Sogar der Kirchenbau bediente sich des neuen Materials: inneres Stützensystem von St. Augustin in Paris (1860–71). Damals wurden auch Sitzmöbel aus Eisen gemacht. Seinen größten Triumph feierte der E. auf der Weltausstellung in Paris 1889: riesige Maschinenhalle mit freischwebender Decke und Eiffelturm, der mit seinen 300 m alle bis dahin erreichten Turmhöhen um etwa das Doppelte übertraf. Er hat auch immer wieder Veranlassung gegeben, die ästhetischen Werte des E.s zu erörtern. Vielleicht ist es kein Zufall, daß dessen Anfänge mit den Anfängen der → Neugotik zusammenfallen, und seine weitere Entwicklung dürfte z. T. von der gleichen in der Neugotik sich äußernden Geschmacksrichtung getragen worden sein, das konstruktive Gerüst eines Bauwerks in allen Einzelheiten sichtbar zu machen. Das 20. Jh. ist davon wieder abgekommen. Es liebt glatte Flächen und Zusammenziehung des Vielerlei auf wenige große Einheiten. Die konstruktive Bedeutung des Eisens, das nur eben nicht mehr so sichtbar gemacht wird, ist darum nicht geringer geworden (→Hochhaus), ja es hat sich durch seine Verbindung mit dem Beton als Eisenbeton ein neues weites Feld erobert. →Eisenbau.

A. Vierendeel, La construction architecturale en fer de fonte et acier, 1900; A. G. Meyer, E.ten, 1907; A. Korn, Glas im Bau u. als Gebrauchsgegenstand, 1929; K. W. Schulze, Glas in der Architektur der Gegenwart, 1929; Ders., Bauen mit Glas, 1948; S. Giedion, Space-Time and Architecture, 1941; J. Joedicke, Geschichte der modernen Architektur, 1958; E. Fiebig, D. Eiffelturm, 1976; P. Hollister, The glazing of the Crystal Palace. (Journal of Glass Studies XVI) 1974; Eisen-Architektur. Die Rolle d. Eisens i. d. histor. Architektur d. 1. Hälfte d. 19. Jhs. (hg. v. ICOMOS, Dt. Nationalkomitee, m. zahlr. Beitr. des internat. Colloquiums 1978 in Bad Ems), 1979; H. Stelzner, Die Rolle d. Eisens i. d. histor. Architektur an Hand v. Beispielen aus der DDR (Architektur d. DDR, 1), 1980; G. Kohlmaier, B. v. Sartory, Das Glashaus, ein Bautypus d. 19. Jhs. (Stud. z. Kst. d. 19. Jhs., 43), 1981; Ausst.kat. E. Staatl. Museen Berlin (W), 1982.

Eisenguß ist anscheinend erst seit dem 15. Jh. künstlerisch verwertet worden. Im 16. Jh. ist er schon sehr verbreitet und findet namentlich für reliefgeschmückte Ofenplatten (ein Hauptmeister war Philipp Soldan von Frankenberg) und für Grabplatten Verwendung (diese waren zuweilen auch bunt bemalt). Eine wesentliche Erweiterung des Anwendungsgebietes trat erst gegen Ende des 18. Jh. ein unter Führung des Hüttenwerks Lauchhammer (auch freiplastische Werke), um sich im 19. Jh. noch erheblich zu steigern. Bes. Denkmäler sind gern in E. hergestellt worden, seit Beginn des 19. Jhs. auch Schmuck, Gefäße usw. in Berlin unter dem Eindruck der Befreiungskriege („Gold für Eisen").

Lüer und Creutz, Geschichte der Metallkunst, Band 1, 1904; R. Sprandel, Das Eisengewerbe im MA., 1968; I. G. Weber, Die Kunst d. Ofenplatten im Harzgebiet, 1965 (m. Bibl.) Studien z. künstlerischen E., Festschrift f. A. Kippenberger, 2 Bde. 1970; E. Schmidt, Kl. Gesch. d. E.s, 1976; E. G. u. J. Robertson, Verzierungen i. Gußeisen (Die vergessene Kst.), 1977.

Eisenradierung → Kupferstich.

Eisenzeit, letzte Periode der europ. Vorgeschichte, gekennzeichnet durch Eisenwaffen und -werkzeuge. Sie folgt auf die → Bronzezeit und reicht bis zum Einsetzen der schriftlichen Geschichtsquellen. Da das Eisen sich nur langsam vom Mittelmeergebiet nordwärts verbreitet und dieses überdies um Jahrhunderte früher in die Geschichte eintritt als der Rest Europas, umfaßt die E. in den einzelnen Teilen Europas ganz verschiedene Zeiträume. Sie dauert in Griechenland und Unteritalien von 1100—700 v. Chr., in Mittelitalien von 1000—500, in Mitteleuropa von 900 bis Chr. Geb., in Britannien von 600 v. Chr. bis 50 n. Chr. In Skandinavien endlich wird unter E. eine Periode verstanden, die von 600 v. Chr. bis 400 n. Chr. reicht. — Griechenland durchläuft in seiner Eisenzeit (1100 bis 700) die Periode des geometrischen Stiles (Dipylonstil → Vasenmalerei). Mit dem orientalisierenden Stil (700—610) setzt bereits die geschichtl. Zeit ein. In Italien sind während der E. fünf Kulturgruppen zu unterscheiden: 1. Die den Umbrern und Latinern zugehörige Villanova-Kultur im östl. Teil der Po-Ebene und Mittelitaliens (900—400). 2. Die → etruskische Hochkultur im westl. Mittelitalien (750—400), 3. Die den Venetern zugehörige Este-Kultur in Venetien und den angrenzenden Teilen der Julischen Alpen (700—400). 4. Die pizenische oder Novilara-Gruppe in der Gegend von Ancona (700—400). Sie gehört einem illyrischen Volksstamm nordwestbalkanischer Herkunft zu. 5. Die Golasecca-Gruppe in der westl. Po-Ebene (bis 400). Das Volkstum ihrer Träger ist unbekannt. Bestimmend für den Entwicklungsgang der italischen Kunst sind die Einflüsse von griech. und phönikischer Seite, die mit dem 8. Jh. einsetzen (älteste griech. Kolonien in Unteritalien: Kyme um 750, Syrakus 735.). Diese Einflüsse treten zuerst in der etruskischen Hochkultur in Erscheinung, um sich gegen Ende der E. auch auf die Villanova- und Este-Kultur fortzupflanzen (→ Situla).

In Mitteleuropa wird die E. in eine ältere E. oder Hallstattzeit (900 bis 450 v. Chr.) und eine jüngere Eisenzeit oder Latène-Zeit (450 bis Chr. Geb.) gegliedert. Während der Hallstattzeit ist ganz Mitteleuropa von Frankreich bis in die Sudetenländer und zum Nordbalkan von dem Hallstattkreis besetzt, dessen geometrische Kunst sich auf bronzezeitl. Grundlage unter Hinzutritt starker italischer Einflüsse entwickelt (→ Hallstattkunst). Es lassen sich fünf Hallstatt-Gruppen unterscheiden: 1. Eine franz., 2. eine südwestdt., 3. eine donauländisch-ostalpine mit dem namengebenden Fundplatz Hallstatt in Oberösterreich, 4. eine sudetenländische, 5. eine dinarische. Die beiden ersten Gruppen sind keltisch, die andern illyrisch. In der jüngeren E. oder Latène-Zeit breitet sich über ganz Mitteleuropa bis nach Schlesien und Ungarn der keltische Latène-Stil (→keltische Kunst) aus, der sich um 450 am Mittelrhein unter starkem italisch-etruskischem Einfluß entwickelt. Nur die dinarische Hallstattgruppe bleibt als eine alteisenzeitl. Restkultur bis um Chr. Geb. bestehen. Britannien empfängt um 600 v. Chr. eine erste festländisch-keltische Einwanderung, die mitteleurop. Hallstattformen mitbringt. Vom 3. Jh. ab beginnt sich dann im Gefolge neuer keltischer Einwanderungen der Latène-Stil nach Britannien zu verbreiten. – Für die um 600 v. Chr. einsetzende E. Nordeuropas →Germanische Kunst.

Hoernes-Menghin, Urgeschichte der bildenden Kunst in Europa, 1925; N. Åberg, Bronzezeitliche und früheisenzeitl. Chronologie Bd. I–II. 1930-31; C Schuchhardt, Alteuropa [3]1935; H. Kühn, Die vorgeschichtl. Kunst Deutsclands, 1935; C.-A. Moberg, Zonengliederung der vorchristl. E. in Nordeuropa, 1941; J. Brosted, Noud. Vorzeit, Bd. 3, 1963; J. Biel, Das frühkeltische Fürstengrab v. Eberdingen-Hochdorf (Kr. Ludwigsbg.) in: Denkmalpfl. in B.-Württ. 4, 1978, u. weitere Veröffentlichgn. d. Landesdenkmalamtes Bad.-Württ. seit 1979; A. Tanner, Die Latènegräberinventare d. nordalpinen Schweiz, 16 Bde., seit 1978.

Eklektizismus, der mangels eigenen schöpferischen Künstlertums erfolgte Anschluß an den Stil anderer Meister oder anderer Zeiten, wie er z.B. in großem Ausmaß in der Baukunst des 19. Jh. zu beobachten ist. Das hier erfolgte Zurückgreifen auf die historischen Stile wird auch Historismus genannt. Dieser ist dabei keineswegs nur auf d. Benutzung geschichtlicher Vorbilder fixiert; Anregungen aus früheren Epochen können auch als Teil eines umfassenden Ganzen aufgefaßt werden, wobei das 19. Jh. ein Gesamtkunstwerk als Schloß, Theater oder „Milieu" erstrebte, das in sich einheitlich wirkt. Das führt über bloße Hinwendg. z. Vergangenheit – den E. – hinaus.

L. Grote (Hg.), Historismus u. bild. Kst., 1965; W. Götz, Histor. (in Zs. d. dtn. Vereins f. Kst.wiss. XXIV) 1970; M. Bringmann, Stud. z. neuromant. Arch., Diss. Heidelberg 1968; K. Eggert, D. Wohnbau d. Wiener Ringstraße im Historismus 1855–96, 1976; Renate Wagner-Rieger u. W. Krause (Hg.) Historismus u. Schloßbau (Stud. z. Kst. d. 19. Jhs. Bd. 28), 1975; Historismus u. bild. Kunst (in Stud. z. Kst. des 19. Jhs., Bd. 1), 1965; H. G. Evers, Vom Historismus z. Funktionalismus, 1967; M. Onsell, Ausdruck u. Wirklichkeit. Versuch über d. Historismus i. d. Baukunst, 1981.

Eleusis, Ort in Attika an der Küste gegenüber Salamis, Stätte eines Mysterienkultes von hohem Alter. Das Heiligtum, das von einer Terrassenmauer umgeben ist, lehnt sich an einen Felshügel an. Der Mysterientempel (Telesterion) ist von quadratischer Form und wurde mehrmals erneuert und erweitert. Er erinnert in seinem von vielen Säulen gestützten Innenraum an die persischen Säulensäle. Ringsum waren Stufen für die Teilnehmer am Kult errichtet, der wahrscheinlich in der Mitte des Raumes stattfand. Das Dach hatte eine Vorrichtung, die es erlaubte, plötzlich Licht von oben her einfallen zu lassen. Über den Mysterienkult selbst ist wenig bekannt, da seine Riten geheimgehalten werden mußten. Von anderen Bauwerken sind nur noch zwei Propyläen und einige kleinere Tempel, darunter einer des Pluton und einer der Artemis, von Bedeutung.

Noack, Eleusis, 1927; Kourouniotes, Eleusis. A Guide to the Excavations and the Mus., 1936; E. Kirsten u. W. Kraiker, Griechenlandkunde, [5]1967.

Elfenbein (wozu auch Mammut- und Walroßzahn gehören) ist einer der ältesten Werkstoffe der Kleinbildnerei und des Kunstgewerbes, der schon in der Steinzeit zu Ritzzeichnungen und zur Anfertigung kleiner Figuren verwendet wurde, in letzterem Sinne auch in der ägypt., mesopotamischen und ägäischen Kunst. Eine Sondererscheinung ist die Verbindung von E. mit Gold (→ Chryselephantin). Von erheblicher kunstgeschichtl. Bedeutung sind die Konsulardiptychen (→ Diptychon) des ausgehenden Altertums. Die spätantike Elfenbeinschnitzerei fand ihre Fortsetzung in der altchristl. und byzantin. Kunst (ebenfalls Diptychen, Buchdeckel, Hostienbüchsen).

Das reichste aller erhaltenen Werke ist der mit Reliefplatten in E. belegte → Bischofsstuhl des Maximian in Ravenna (6. Jh.). Byzanz wurde der Hauptsitz der Elfenbeinschnitzerei und ist es auch im frühen Mittelalter geblieben. Haupterzeugnisse waren Reliefplatten als Buchdeckel und als Wände und Deckel von Reliquienkästen. Wegen ihrer leichten Transportfähigkeit stehen sie unter den Gattungen von Kunstwerken, die dem Abendland byzantin. Formengut und byzantin. Ikonographie vermittelten, an allererster Stelle. Im Abendland haben sich Elfenbein- (Walroß-) Schnitzereien aus vorkaroling. Zeit vor allem in der angelsächs. Kunst erhalten: Runenkästlein aus Auzon (7.—8. Jh., Florenz, Sammlung Carrand, und London, Brit. Mus.) mit Darstellungen aus röm. Geschichte und nord. Sage. Eine bedeutende Entwicklung abendländ. Elfenbeinschnitzerei setzt in karoling. Zeit ein, ja die karoling. und otton. Elfenbeinreliefs bilden eine der wichtigsten Gattungen der Kunst dieser Zeit. Gelegentlich gehen sie im Thematischen über den Bilderkreis der Malerei hinaus, wie die vom Mönch → Tuotilo gefertigten Tafeln beweisen. Nicht zu unterschätzen sind die Wirkungen, die von Elfenbeinreliefs auf die monumentalen Reliefs des 12. Jh. ausgegangen sind, zumal im Mittelalter eine ästhetische Grenze zwischen Kleinkunst und Monumentalkunst meist nicht empfunden wurde. Eine entscheidende Neubelebung der E.-bildnerei in Form u. Inhalt ging gegen Ende des 13. Jh. von Frankreich aus mit Paris als Zentrum. Es wurden Madonnenstatuetten, ja ganze Figurengruppen in E. hergestellt, Reise- und Hausaltärchen; profane Gegenstände wie Kämme, Sättel, Spiegelkapseln, Prunkhörner, Dolchgriffe, Armbrüste bedeckten sich mit E.reliefs, in denen die reiche Welt höfischer Minnedarstellungen sich in einer von jedem kirchlichen Zwang freien Weise ausbreitete. Entsprechend der Liebe des Mittelalters zur Polychromie war auch oft Bemalung und Vergoldung vorhanden. Ein Sondergebiet sind die mit figürlichen Schnitzereien versehenen Schachfiguren. Bis zum späten Mittelalter blühte diese got. E.kunst, außer in Frankreich vor allem in Italien. Die Renaissance mit ihrer Bevorzugung der Bronze für Kleinkunstwerke hat sie wenig gepflegt. Im Barock erfolgte ein neuer Auftrieb. Humpen, Prachtschüsseln und Kabinettschränke wurden mit E.schnitzereien verziert, auch Statuetten geschaffen, und bedeutende Meister wie Maucher, Angermair, Permoser und Elhafen stellten sich in den Dienst der Sache. Auch wurde das E. zu allerlei künstlichen Spielereien benutzt (→ Contrefait-Büchse). Im späteren 18. Jh. hat das Drechseln des E.s die eigentliche künstlerische Schnitzerei immer mehr verdrängt. Beliebt blieb das E. bis ins 19. Jh. als Malgrund für Miniaturbildnisse und wurde in dieser Zeit auch zur Herstellung von Schmuckstücken (Broschen), Stockknäufen und kleinen Gebrauchsgegenständen verwendet. Gegenüber dieser schließlich nur noch industriell betriebenen Verarbeitung ging eine künstlerische Erneuerung des E. gegen Ende des 19. Jh. von Belgien aus, die auch auf andere Länder übergriff (in Deutschland ist die Fachschule für E.-schnitzerei in Erbach im Odenwald Hauptpflegestätte).

H. Graeven, Frühchristl. und mittelalterl. Elfenbeinwerke, 1898–1900; Ch. Scherer, Elfenbeinplastik seit der Renaissance, 1903; O. M. Dalton, Catalogue of the ivory carvings of the christian aera of the British Museum, 1909; A. Goldschmidt, Die E.skulpturen a. d. Zeit d. karoling. u. sächs. Kaiser, 2 Bde., 1914–18; Ders., Die E.skulpturen a. d. roman. Zeit, 2 Bde., Nachdr. 1973; Ders. u. K. Weitzmann, Die byzantin. E.skulpturen des 10.–13. Jh., 2 Bde., 1930, Nachdr. 1978; O. Pelka, E.,

[2]1923; R. Koechlin, Les ivoires gothiques français, 3 Bde., 1924; W. F. Volbach, E.arbeiten d. Spätantike u. d. frühen Mittelalters, [2]1952, [3]1976 (hg. v. Röm.-Germ. Zentr.mus. Mainz, Katalog 7); E. v. Philippovich, E. ein Handb. für Sammler, 1961; ders., E. Die Gesch. d. europ. E.kunst, 1982; M. Carrà, Invories of the West, 1970; Erbach, E.-Museum, E.-arbeiten 11.–19. Jh. a. d. Staatl. Eremitage Leningrad (Ausst.kat.) 1975; Danielle Gaborit-Chopin, E. Kst. im M.A. 1978; Dies. E.ne, 1977.

Elfenbeinporzellan, zuerst in Worcester (England) im 18. Jh., dann auch von anderen Manufakturen (z.B. Berlin) hergestelltes Porzellan von gelblichem Ton und mattem Glanz.

Elgin Marbles, die von Lord Elgin in den Jahren 1801—03 vom → Parthenon abgenommenen Skulpturen, die 1816 vom Brit. Mus. erworben wurden. Diese Erwerbung wurde der Ausgangspunkt zu einer neuen Erkenntnis des Wesens griech. Kunst.

Michaelis, Ein Jahrhundert kunstarchäolog. Entdeckungen [2]1908; G. Lippold, Die antike Plastik (Hb. d. Archäologie 3, 1) 1950; F. Brommer, Die Skulpt. d. Parthen.-Giebels, 1963 (m. Bibl.).

Eligius, Pariser Goldschmied (etwa 588—659) im Dienste Dagoberts I., Bischof von Noyon, Heiliger, Patron der Schmiede und der Goldschmiede. Seine im ganzen Frankenland berühmten Werke (Ausstattung von Grabmälern) sind sämtlich verloren. Von seinen Darstellungen in der bildenden Kunst sind hervorzuheben die Tafel des Petrus Christus (1449; Privatbes.) und der Kupferstich vom „Meister des Bileam“ (letztes Drittel des 15. Jh.).

A. Kuyle, Sint Eloy, 1953; K. v. Etzdorf, Der hl. E. u. d. Typen seiner Darstellg., Diss. München 1956; E. Steingräber, Der Goldschmied (m. Lit.) 1966.

Elisabethstil wird zuweilen der während der Regierung der Königin Elisabeth (1558—1603) im engl. Profanbau herrschende Stil genannt, eine Mischung von Formen der Gotik und Renaissance.

Elsheimer, Adam, Maler, getauft 18. 3. 1578 Frankfurt a. M., begraben 11. 12. 1610 Rom, zwischen 1598 und 1600 in Venedig, dann in Rom. Er ist zwar dem allgemeinen Schicksal der dt. Maler seiner Zeit nicht entgangen, sich von Fremden anregen zu lassen (Annibale Carracci, Tintoretto, Caravaggio) und hat seine Kunst im Auslande ausgeübt; doch hat er sich trotzdem zum selbständigsten dt. Meister am Übergang zum Barock entwickelt und darf als Mitschöpfer der idealen Landschaft (→ Landschaftsmalerei) gelten. Der Zug zum Idyllischen und Heimlichen, der schon der Dürerzeit eigen war, ist in seinen meist kleinformatigen und auf Kupfer gemalten Tafeln wiederum spürbar. Seine Wirkung erstreckt sich auf den mit ihm befreundeten Rubens, sowie auf Rembrandt und Claude Lorrain. Der Bestand an erhaltenen Gemälden ist ziemlich klein, doch gibt es viele Zeichnungen (Figuren und Landschaftsstudien), auch einige Radierungen. – „Skizzenbuch“ (Sammlung von Zeichnungen im Städelschen Institut in Frankfurt a. M.) hg. von Weizsäcker, 1923.

W. Drost, A. E. und sein Kreis, 1933; Ders., A. E. als Zeichner, 1957; H. Weizsäcker, A. E., 3 Bde., 1936–52; F. Bothe, A. E., Der Maler von Frankfurt, 1939; H. Möhle, Die Zeichnungen A. E.s, 1966; Kat. d. E.-Ausstellg. Frankfurt/M., 1967; K. Andrews, A. E. Paintings, Drawings and Prints, 1977.

Elzevier, holländ. Buchdrucker- und Buchhändlerfamilie des ausgehenden 16. und des 17. Jh. mit Niederlassungen in Leiden und Amsterdam, berühmt durch ihre handlichen Duodezausgaben lat. Klassiker in klarem, schönem Druck (E.-Ausgaben) und durch sonstige Drucke (E.-Drucke, Elzeviriana) von hervorragender Ausführung.

H. B. Copinger, The E. Press, 1927; D. W. Davies, The world of the E.s, 1954; W. Alphonse, Les E.s, 1962.

Email, Schmelzmasse (Glasfluß), die durch Metalloxyde gefärbt und auf Metall (auch Glas oder Ton) zu farbiger Verzierung aufgeschmolzen ist. Unter Emailkunst (Schmelzkunst) im engeren Sinn versteht man nur die farbige Verzierung von Metall, die über das Dekorative hinaus zur Emailmalerei (Schmelzmalerei) werden kann. Haupttechniken des E. in ihrer kunstgeschichtlichen Anwendung sind: nach gelegentlichem Auftreten in der ägypt. Kunst kommt das E. zu reicherer Verwendung zuerst bei den Kelten (Höhepunkt 1.—3. Jh. n. Chr.) in Form des Furchenschmelzes: in Metall (Bronze) eingegrabene Furchen werden mit der Schmelzmasse gefüllt. Diese ist rot und heißt daher auch Blutemail. Eine bereits in röm. Zeit erfolgte Weiterbildung ist der Grubenschmelz: aus dem Metall (Kupfer) werden flache Gruben ausgehoben und mit mehrfarbiger Schmelzmasse gefüllt. Diese Technik wurde im 12. und 13. Jh. im Gebiete von Maas, Mosel und Rhein zu außerordentlicher Vollkommenheit entwickelt und zu einer Schmelzmalerei ausgebildet, die an Beweglichkeit der darstellerischen Mittel hinter anderen Gattungen der Malerei kaum zurückstand (→ Nikolaus von Verdun). Das zeichnerische Gerüst formt sich dabei aus den nicht ausgehobenen Metallteilen, die auch noch vergoldet wurden. Hauptträger dieser Emailmalerei waren namentlich die großen Reliquienschreine des genannten Gebiets. Zellenschmelz (franz. Cloisonné): auf eine goldene Platte werden goldene Stege aufgelötet, die in ihrer Gesamtheit die Zeichnung darstellen und die Zellen bilden, die die Schmelzmasse aufnehmen. Mit dieser Technik hat die byzantin. Kunst hervorragende Wirkungen erzielt, bes. im 10. und 11. Jh. (Hauptstück: die Pala d'oro, ein Altarvorsatz in San Marco in Venedig; schönstes Werk auf dt. Boden ist die → Staurothek des Doms zu Limburg a. d. Lahn). Auch das Abendland hat sich seit karoling. Zeit ihrer bedient und sie seit dem 12. Jh. auch mit dem Grubenschmelz kombiniert. Eine Abart ist das Drahtemail, bei dem nicht Stege, sondern gedrehte Silberdrähte die Zellen bilden (nur in der russ. und ungar. Volkskunst üblich). Mit dem Zellenschmelz verwandt ist die Zelleneinlage oder Zellenverglasung auf germanischen Schmuckstücken der Völkerwanderungszeit: in die Zellen werden farbige Glasstücke oder Halbedelsteine eingelegt, vor allem der →Almandin. Eine bes. zarte Form des E.s bildete sich im 14. Jh. heraus, der Silberschmelz oder Tiefschnittschmelz: in eine kleine Silberplatte wird das Bild in flachem Relief geschnitten und mit durchsichtigem E. überzogen. Je nach der Stärke der darüberliegenden Emailschicht schimmern die einzelnen Teile des Reliefs bald heller, bald dunkler. Bes. Italiener haben vorzügliche Arbeiten dieser Art bis in die Renaissance hervorgebracht. Ebenfalls in Italien kam gegen Ende des 15. Jh. das Maleremail auf, um dann im 16. Jh. seine Hauptstätte in Limoges in Frankreich zu finden: eine Kupfertafel, die zuweilen von beträchtlicher Größe ist, wird mit einer Schmelzmasse überzogen, auf der aus mannigfachen Farben das Bild entsteht, um dann eingebrannt zu werden. Auch Grisaillemalerei (→ Camaïeu) kommt dabei häufig vor. Eine vom 17.—19. Jh. beliebte Form war das E. auf weißem Grund, eine Art Miniaturmalerei in E. auf Taschenuhren, → Dosen, →Medaillons und Schmuckstücken. In neuester Zeit hat man wiederholt Versuche zur Wiederbelebung des E. gemacht z. T. unter Wiederaufnahme der alten Techniken. E. verschiedener Art gibt es auch im außereurop. Kunstgewerbe im Raum zwischen Persien und Japan, jedoch erst aus neuerer Zeit.

N. Kondakow, Geschichte und Denkmäler des byzantinischen Zellenemails, 1892; F. Luthmer, Das E., 1892; O. von Falke und H. Frauberger, Dt. Schmelzarbeiten des Mittelalters, 1904; W. Burger, Abendländ. Schmelzarbeiten, 1930; Hertha Rupp, Die Herkunft der Zelleneinlage, 1937; C. Hasenohr, E. 1955, [3]1968; K. Wessel, Die byzantin. E. kunst vom 5.–13. Jh., 1968, 1980; H. Matile, Mittelalterl. E., 1971; Marie-Madeleine Gauthier, Emaux du moyen âge occidental, 1972; J. B. Barsali, Europäische E., 1974.

Email brun → Braunfirnis.

Emanuelstil (Emanuelinischer Stil), der in Portugal unter Emanuel I. (1495—1521) herrschende Baustil, eine Mischung von Spätgotik und Renaissance. Hauptmeister dieses Stils war Joáo de Castilho.

Emblem (griech. „eingelegtes, eingesetztes Stück"), im Altertum Metallverzierung sinnbildlicher Art, später Sinnbild schlechthin, auch in der Bedeutung von → Attribut und → Symbol.

Emblemata, Handb. z. Sinnbildkst. d. 16. u. 17. Jhs., hg., va. A. Henckel u.- A. Schöne, 1967, Supplement d. Erstausg., 1976; S. Penkert, Zur E.forschung, (Göttingische gelehrte Anz. 224, 1–2) 1972.

Emmaus. Die Emmausszenen (Gang nach E. und Mahl) sind in der byzantin. Kunst schon früh dargestellt worden (Mosaiken von S. Apollinare Nuovo in Ravenna), danach auch in der abendländ. (Codex Egberti, Ende 10. Jh.; Kreuzgangrelief in Santo Domingo de Silos in Spanien, Ende 11. Jh.), im ganzen aber nicht sehr oft. Erst in der Spätrenaissance und im Barock (Rembrandt) kommt das E.mahl häufiger vor.

L. Rudrauf, Le Repas d'Emmaus, 2 Bde., 1955/56.

Empire (Empirestil), Bezeichnung des → Klassizismus zur Zeit des ersten Kaiserreichs unter Napoleon I. (aber darüber hinausgehend, etwa 1800—1830) auf dem Gebiet des Kunstgewerbes, der Innenraumdekoration und der Mode. Von Paris aus hat er sich über ganz Europa bis nach Rußland verbreitet. Die schon im → Directoire vertretenen griech.-röm. und ägypt. Elemente werden beibehalten. Die Wand des Innenraums ist in streng gegeneinander abgegrenzte Felder geteilt, Türen und Wandspiegel sind gerade gerahmt. Auch die Möbel sind geradlinig, das Flächenhafte ist betont, durch Schwere der Formen wird die Wirkung von Wucht und Größe angestrebt. Die Zier bilden Bronzebeschläge mit antikisierenden Motiven, die auch sonst in Gestalt von Säulen, Dreiecksgiebeln, Urnen und dgl. reichlich vertreten sind. Auch alle anderen kunstgewerblichen Erzeugnisse stehen unter dem Zeichen der Einfachheit und Klarheit des Umrisses, der Formenstrenge und Flächenhaftigkeit. In der weibl. Mode ist das hochgegürtete, lang herabfließende, mit sparsamem Ornament (Mäander) versehene Kleid für das E. bes. bezeichnend. Starken Einfluß auf die Ausbildung des E. gewannen die beiden in Arbeitsgemeinschaft ste-

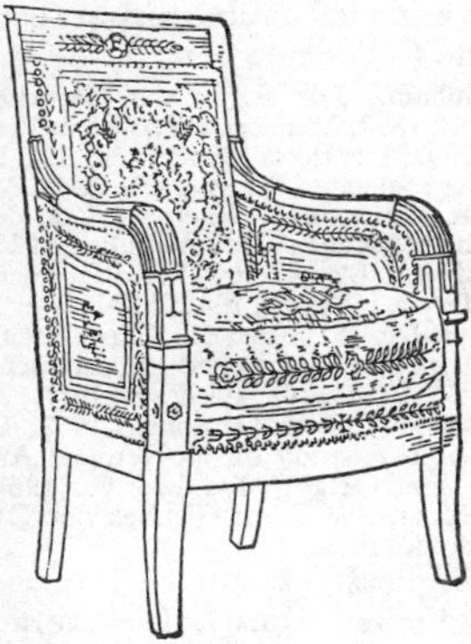

Empiresessel

henden Baumeister Charles Percier (1764–1838) u. Pierre François Fontaine (1762–1853) in Paris, die für Raumausstattung und Kunstgewerbe zahlreiche Entwürfe lieferten. („Recueil de décorations intérieures", 1812).

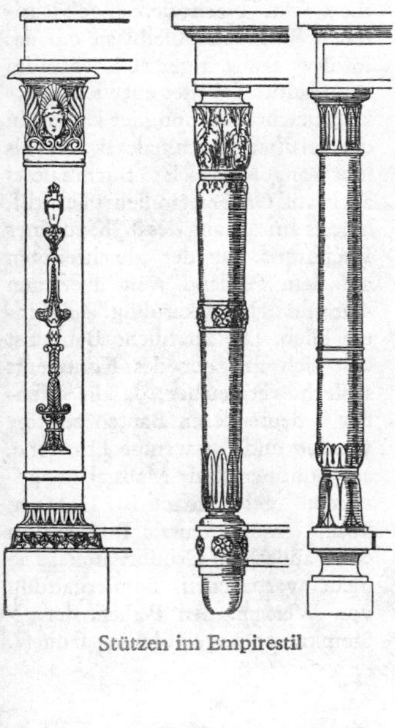

Stützen im Empirestil

P. Lafond, L'art décoratif et le mobilier sous la République et l'Empire, 1899; A. Speltz, Das E.-Ornament, [2]1913; P. Mebes, Um 1820, 1920; M. v. Boehm, Das E., 1925; P. Francastel, Le style E., 1939; J. F. Wittkop, Die Welt des E., 1968, 1977.

Empore, tribünen- oder galerieartige Anlage in Kirchenräumen zu dem Zweck, die für die Teilnehmer am Gottesdienst zur Verfügung stehende Bodenfläche zu vergrößern, auch eine bestimmte Gruppe von Teilnehmern abzusondern, z. B. Frauen oder eine höfische Gemeinde. Die E. kann offen oder gedeckt sein und sich in Bogenstellungen nach dem Kirchenraum öffnen. Beim Zentralbau ist sie über dem Umgang angelegt, bei der Basilika über den Seitenschiffen (zuweilen auch im Querschiff oder über dem Westeingang), bei der Hallen- oder Saalkirche auf eigenem steinernem oder hölzernem Gerüst (in späteren Zeiten oft nachträglich eingefügt). Das Vorhandensein einer E. gehört nicht zu den Selbstverständlichkeiten eines christl. Gotteshauses (höchstens des protestant.), sondern ist von baugeschichtlichen, kulturellen oder sonstigen Voraussetzungen abhängig. So haben Kirchen, die zu Nonnenklöstern gehören, gern eine E. im W, den sog. Nonnenchor (Prieche). Auch kann die Westempore als Standplatz der Sänger oder zur Unterbringung der Orgel dienen. Die E. ist vermutlich von Palästina ausgegangen. Altchristl. Kirchenräume haben sie, und im byzantin. Kirchenbau ist sie ein wesentlicher Bestandteil gerade der Hauptwerke. Von hier aus fand sie Eingang ins Abendland (Aachener Münster, Stiftskirche in Gernrode). Eine neue Entwicklung des Emporenbaus setzt in der frühroman. Baukunst Frankreichs ein, wobei in den letzten Jahrzehnten des 11. Jh. die Normandie führend war und verschiedene Typen ausbildete, die dann auch in England Fuß faßten, wo sich die E.nkirchen großer Beliebtheit erfreuten. Auch in der roman. Baukunst der Lombardei und der Rheinlande sind E.nkirchen verbreitet. Durch ihre wandzersetzenden und raumauflockernden Eigenschaften hat die roman. E. die Gotik vorbereitet, erfuhr in dieser zunächst eine Steigerung ihrer Raumweite, wurde dann aber allgemein aufgegeben.

P. O. Rave, Der Emporenbau in roman. und frühgotì Zeit, 1924; H. M. v. Erfa u. E, Gall, E. (in Reallex. z. dt. Kstgesch. 5) 1960.

Endymion, äolische Sagengestalt, Sohn des Zeus, der ihm ewigen Schlaf zugleich mit ewiger Jugend verlieh. Sein Grab wurde in Olympia gezeigt, aber auch eine Höhle im Latmos in Kleinasien war mit seiner Sage verbunden. Darstellungen kommen fast nur auf röm. Sarkophagen vor.

Roscher, Lexikon der Mythologie; Reallex. d. Kst., Bd. 5.

Engel werden in der frühchristl. Kunst als Jünglinge dargestellt, seit dem 5. Jh. immer ausschließlicher mit Flügeln, wofür die →Niken u. →Genien der antiken Kunst als Vorbilder dienten; auch wurden sie mit dem Heiligenschein ausgezeichnet. Bestimmte E. erhielten besondere Kennzeichen (→Erzengel, →Cherubim). Ihre Kleidung ist in den verschiedenen Zeiten verschieden. Die frühgot. Plastik hat es sich angelegen sein lassen, die E. als jugendlich schöne Menschen zu bilden (Engelspfeiler des Straßburger Münsters, der Engel von Reims), desgl. die ital. Frührenaissance, die nun noch einen Schritt weiterging und den Mädchenengel schuf. Der E. in kindhafter Gestalt geht auf die frühgot. Plastik zurück und wandelte sich in der ital. Frührenaissance zum Putto (→Putten).

Stuhlfauth, Die E. in der altchristl. Kunst, 1897; Menacci, Gli angeli nell'arte, 1902; Henriette Mendelsohn, Die E. in der bildenden Kunst, 1907; A. C. M. Beck, Genien und Niken als E. in der altchristl. Kunst, Gießener Diss. 1936; J. Villette, L'ange dans l'art d'Occident du 12e au 16e siècle, 1941; H. W. Hegemann, Der E. in der dt. Kunst, ²1950; „E." im Reallexikon z. dt. Kunstgesch., Bd. 5, 1960 (mit Bibliographie); A. Rosenberg, E. u. Dämonen, 1967; G. Berefelt, A study on the Winged Angel. The Origin of a Motive, 1968; L. Heiser, Die E. im Glauben der Orthodoxie, 1976.

Englische Kunst. Die vorgeschichtliche Zeit wird am eindrucksvollsten vertreten durch die Steinkreise (→Cromlech, →Stonehenge). Das erste Jahrtausend der christl. Zeitrechnung steht zunächst unter dem Zeichen der →keltischen Kunst, die auf den britischen Inseln eine lange Spätentwicklung erlebte, nachdem sie auf dem Festland zum Erliegen gekommen war. Nach der angelsächsischen Eroberung bleibt sie auf das infolge frühzeitiger Christianisierung kulturell weiter entwickelte Irland beschränkt, und hier kam es in der irischen Buchmalerei, die als irisch-angelsächsische Buchmalerei auch auf Großbritannien übergriff, bereits am Anfang des 8. Jh. zu einer Buchkunst, die der gleichzeitigen auf dem Festland weit überlegen war und es bis in karoling. Zeit hinein blieb. Die kirchliche Baukunst läßt sich mit der des Kontinents schlecht vergleichen, da alle offenbar bedeutenderen Bauten zerstört wurden und das wenige Erhaltene, an kontinentalen Maßstäben gemessen, recht einfach ist. Dagegen kommt monumentale Bildnerei in einer außerhalb Großbritanniens so nicht vertretenen Sondergattung von Werken, den Reliefs der →Steinkreuze ungewöhnlich früh (7.

bis 8. Jh.) zu Wort. Die normannische Eroberung von 1066 brachte England den Anschluß an eine Höchstform kontinentalen Bauens, die der Normandie. Zunächst bleibt diese anglonormannische Baukunst ihren Vorbildern in der Normandie noch eng verhaftet; allmählich aber machte das andere Kulturklima des angelsächsischen Bodens seine Kräfte geltend und formte das Übernommene in seinem Sinne um: der Chor dehnt sich (allerdings vorwiegend aus kirchenpolitischen Gründen) zu außerordentlicher Länge, das Querschiff springt weit vor, in feierlicher Großartigkeit tut sich das lange und schmale Mittelschiff auf, Säulen von ungeheuerer Dicke tragen die fast stets vorhandenen Emporen, der Innenraum hat oft eine düstere, starre und lastende Wucht; es fehlt ihm an vielgliedriger, lebendiger Beweglichkeit. Das Bauornament ist sehr reich entwickelt und von dem des festländischen roman. Stils durch eine Reihe von Sonderformen unterschieden. Bauplastik spielt dagegen eine ganz untergeordnete Rolle. Die Gotik setzt bereits 1175 ein mit dem ganz nach franz. Muster erbauten Chor der Kathedrale von Canterbury. Sie gliedert sich in drei Perioden →Early English, →Decorated Style, →Perpendicular Style. Im allgemeinen ist die got. Kathedrale in England von dem in anglonormannischer Zeit gefundenen Grundschema nicht abgewichen, d. h. es blieb die gewaltige Längenausdehnung des Chors wie überhaupt der ganzen Anlage, das starke Vorspringen des Querschiffes. Die Fassade hat eine erhebliche Breitenausdehnung, die Höhe des Mittelschiffs bleibt hinter seiner Breite zurück, und die Türme erheben sich niemals zu solcher Höhe wie in Frankreich und Deutschland. Nationale Sonderart tritt in der Spätzeit, in der übrigens ganz große Kathedralen nicht mehr entstanden, immer deutlicher hervor, vor allem in der überreichen Gewölbebildung. Die mittelalterliche Bildnerei Englands ist von weit geringerer Bedeutung. Der roman. Stil hat nur wenige Werke aufzuweisen, der got. wohl eine große Zahl (Bau- und Einzelbildwerke), unter der sich jedoch kaum etwas findet, was einen Vergleich mit den besten Leistungen der dt., franz. und ital. Bildnerei der Gotik auszuhalten vermöchte. Einen schon zahlenmäßig, aber auch qualitativ ungewöhnlich bedeutenden Anteil am Gesamtbestand hat bereits seit dem 13. Jh. die Grabfigur. Man darf in dieser Tatsache wohl eine Parallele zu der in der nachmittelalterlichen Malerei herrschenden Vorliebe für das Bildnis erblicken. Ein für die engl. Bildnerei seit dem 14. Jh. charakteristischer Werkstoff ist →Alabaster. Die mittelalterliche Malerei Englands ist in roman. Zeit fast nur durch Miniaturen vertreten, die seit dem Ende des 10. Jh. (1. Schule von Winchester) bis zum Ende des 12. Jh. einen sehr hohen Stand zeigen. In der Malerei der Gotik (Wand-Glas-Miniaturmalerei) ist der franz. Einschlag sehr deutlich.

Die Zeit vom Ausklingen der Gotik, etwa 1530 bis zum Einsetzen des Klassizismus am Anfang des 17. Jh., ist in der Baukunst durch ein auf keine Formel zu bringendes Durcheinanderwirken spätgot. Elemente mit solchen der ital. und dt. Renaissance gekennzeichnet: Tudorstil. Die Einführung des palladianischen →Klassizismus durch Inigo →Jones hat zu Anfang des 17. Jh. diesem Stilchaos ein Ende gemacht und der engl. Baukunst die Hauptrichtung gegeben, die sie bis in die Gegenwart beibehalten hat.

Gewiß ist der Barock auch an ihr nicht spurlos vorübergegangen, wurde aber immer wieder zum Klassizistischen zurechtgerückt, so daß es zu einer Barockkunst im festländischen Sinne in England nicht gekommen ist. Im 19. Jh. traten neben dem Klassizismus noch andere Richtungen auf, darunter als bemerkenswerteste die →Neugotik. Die engl. Plastik seit dem 16. Jh. ist ein Ableger der führenden Plastikländer des Kontinents und daher außerhalb Englands kaum bekannt. Die engl. Malerei der Neuzeit ist zunächst ganz überwiegend Bildnismalerei. In ihre Entwicklung haben zwei nicht-engl. Meister tief eingegriffen: im 16. Jh. Holbein d. J., dessen Schaffen die engl. Malerei fast ein Jahrhundert beherrschte; im 17. Jh. van Dyck, dessen Bildnisauffassung noch bis spät ins 18. Jh. zu spüren ist. Doch hatte die Wirkung der niederländ. Malerei bereits im späteren 16. Jh. eingesetzt. Auch die Bildnisminiatur hat in England eine bevorzugte Pflegestätte gefunden. Eine nationalenglische, vom Ausland unabhängige Malerei wird um die Mitte des 18. Jh. eingeleitet von Hogarth und durch Meister wie Reynolds und Gainsborough fortgesetzt. Seit dem Ende des 18. Jh. gewann die engl. Landschaftsmalerei (z. T. in Form der →Aquarellmalerei) steigende Bedeutung, die durch Constable die gesamte neuere Landschaftsmalerei befruchtet hat. Auf hohem Stand war im 19. Jh. die engl. Graphik. Auch ging von England (Ruskin, Morris) in der 2. Hälfte des 19. Jh. der erste Anstoß zu einer Erneuerung des Kunstgewerbes aus, als Reaktion auf dessen Verödung durch Mechanisierung und Industrialisierung.

W. Armstrong, Geschichte der Kunst in Großbritannien und Irland, 1909; B. Brown, The Arts in Early England, 6 Bde., 1903–21; F. Bond, An Introduction to English church architecture from the 11th to the 16th century, 2 Bde., 1913; K. Escher, Englische Kathedralen, 1929; R. Blomfield, A history of renaissance architecture in England, 2 Bde., 1897: Belcher and Macartney, Later Renaissance Architecture in England, 2 Bde., 1901; Prior and Gardener, An Account of mediaeval figure-sculpture in England 1912; E. G. Underwood, A short History of English Sculpture, 1928; Borenius und Tristram, Engl. Malerei des Mittelalters, 1927; E. Waldmann, Engl. Malerei, 1927; O. F. Saunders, Engl. Buchmalerei, 2 Bde., 1928; Baker und Constable, Die Malerei des 16. und 17. Jh. in England, 1930; Ch. Johnson, English Painting from the 7th Century to the Present Day, 1932; W. C. Baker, British Painting, 1933; E. T. Leeds, Early Anglo-Saxon Art and Archaeology, 1936; A. Leroy, Histoire de la peinture anglaise (800 bis 1938), 1939; D. Frey, Englisches Wesen m Spiegel seiner Kunst, 1943; A. Leroy, Geschichte der englischen Malerei, 1944; T. S. R. Boase (Hrsg.), The Oxford History of English Art seit 1949; E. Waterhouse, Painting in Britain 1530 to 1790, 1953; Margaret Rickert, Painting in Britain. The Middle Ages, 1954; L. Stone, Sculpture in Britain, 1955; J. Summerson, Architecture in Britain 1530 to 1830, ⁴1963; G. Webb, Architecture in Britain. The Middle Ages, 1956; P. Kidson and P. Murray, A History of English Architecture, 1962.– Annual Bibliography of the History of Britixh Art, seit 1936; N. Pevsner, D. Englische i. d. engl. Kst,, dt. 1973; L. Parris, Landscape in Britain 1750–1850, 1973; E. Hodnett, English woodcuts 1450–1535, 1973; Archaeological bibliography for Great Britain and Ireland, 2 Bde., 1971–73; J. Hook, The Baroque Age in Engl., 1976; C. Nordenfalk, Insulare Buchmalerei, 1976; T. Borenius, Engl. Medieval Painting, 1976; J. Burke, Engl. art 1714–1800 [The Oxford history of Engl. Art 9], 1976.

Englische Manier, Bez. der zwar nicht in England erfundenen, aber dort bes. im 18. Jh. häufig und höchst vollkommen angewandten Schabkunst (→Kupferstich).

Englischer Garten →Gartenkunst.

Englischer Gruß, der Gruß des Engels Gabriel an Maria bei der → Verkündigung, in der Ikonographie gleichbedeutend mit dieser. Die Bezeichnung wird jedoch nur auf wenige bestimmte Darstellungen der Verkündigung angewandt. Am bekanntesten ist der E. G. in der Lorenzkirche in Nürnberg, ein Holzbildwerk des Veit →Stoß.

Engobe (franz.), Anguß oder Beguß von Tonwaren mit einem Tonschlamm von schönerer und gleichmäßigerer Farbe, als sie der Scherben besitzt, wobei die E. auch künstlich (durch Metalloxyde) gefärbt sein kann. Vermittels der E. ist z. B. die Halbfayence hergestellt worden (→Fayence).

Enkaustik (griech.), antikes Malverfahren: die durch Wachs gebundenen Farben werden heiß aufgetragen oder bei kaltem Auftrag durch einen heißen Spachtel untereinander und mit dem Malgrund verschmolzen. Enkaustische Farben sind sehr unempfindlich gegen Feuchtigkeit und Alterung. Bekannte Beispiele antiker E. sind die ägypt. →Mumienbildnisse. Die Kenntnis der E. ist im Mittelalter verlorengegangen. Nach der Entdeckung der antiken Wandgemälde von Herculaneum und Pompeji versuchte 1753 der Graf Caylus nach den Rezepten des älteren Plinius die E. wieder zu beleben, doch ohne Erfolg (vgl. darüber den Anhang von: Pernety, Handlexikon der bildenden Künste, dt. 1764). Derartige Versuche sind im 19. Jh. durch F. X. Fernbach und J. Schnorr von Carolsfeld als Wachsmalerei wieder aufgenommen und von E. Berger und H. Schmid fortgeführt worden.

E. Berger, Die Maltechnik des Altertums, 1904; H. Schmid, E. u. Fresko auf antiker Grundlage, 1926; Ztschr. „Maltechnik“, H. 3, 1956; Wilhelmina Lepik-Kopaczinska, Die antike Malerei, 1963; K. Wehlte, Werkstoffe u. Techniken der Malerei, 1967.

Enkolpion (griech. „das auf der Brust Getragene“), die in altchristl. Zeit und im frühen Mittelalter von Bischöfen auf der Brust getragene Kapsel mit Kreuzpartikeln oder anderen Reliquien; auch das von den griech. Bischöfen in gleicher Weise getragene Medaillonbild der Jungfrau Maria.

Ensemble (frz. „zusammen“), Bezeichnung für eine Gruppe oder Anlage mit einheitlicher künstlerischer Wirkung (z. B. eine Gebäudegruppe, eine Straßenzeile, ein Platz mit Umgebung), die bes. für den Bereich der Stadtbaukunst, des →Schloßbaus und der →Denkmalpflege gilt. Diese ästhetische Wirkung erreichen E.s in der Regel durch Harmonie der entweder planmäßig angelegten oder im Laufe der Zeit folgerichtig entwickelten Gesamtanlage in ihrer räumlich-architektonischen Gliederung.

Ensinger, Ulrich (U. v. Ensingen), Baumeister, * um 1359, † 10. 2. 1419 Straßburg, leitete 1392 bis 1417 den Bau des →Ulmer Münsters und errichtete seit 1399 auf der Plattform des →Straßburger Münsters den Nordturm bis zum Ansatz des Helms, eine der genialsten und schönsten Turmkonstruktionen der Gotik. Sein Sohn Matthäus und sein Enkel Moritz waren seine Nachfolger als Ulmer Münsterbaumeister.

F. Carstanjen, U. v. E., 1893; O. Kletzl, Das Frühwerk U.s v. E., 1933 (Architectura, Jahrgang 1); L. Mojon, Der Münsterbaumeister Matthäus E., Berner Schriften z. Kst. 10) 1967.

Ensor, James, belg. Maler und Radierer, * 13. 4. 1860 Ostende, † 19. 11. 1949 das., eine der stärksten Persönlichkeiten der mod. belg. Malerei, nimmt in dieser eine ganz isolierte Stellung ein. Seine Frühwerke aus dem Beginn der 80er Jahre zeigen einen trüben und düsteren Realismus bei weicher und breiter Malweise. 1883 erfolgte plötzlich der Durchbruch zu seinem eigentlichen Stil, der, gern unter dem Symbol von Masken, das Grausige, Dämonische, Spukhafte gestaltete und für diese Visionen und Angstträume eine eigene Form in hellen Farben von leuchtender Buntheit entwikkelte.

H. v. Garvensburg, J. E., 1913; P. Colin, J. E., 1921; P. Fierens, J. E., 1943; A. Croquet, J. E., 1947; R. Avermaete, J. E. (Monographes de l'art belge) 1951; P. Haesaerts, J. E., 1957; Katalog d. J.-E.-Ausstellung, Basel 1963; J. Damase, L'oeuvre gravé de J. E., 1967; U. M. Schneede, J. E., ein Maler a.d . späten 19. Jh., 1972; J. Cassou, P. Haesarts, J. E., 1973 (franz.); A. Taevernier, J. E. cat. ill. de ses gravures, leur description critique el inventaire des plaques, 1973; T. Kiefer, J. E. 1976; Ausst.kat. J. E., Mus. Folkwang Essen, 1976.

Entasis (griech.), Schwellung des Säulenschaftes. Abgesehen von optischen Gründen nimmt sie dem Säulenschaft die Starrheit, indem sie ihm den Anschein der Spannung gegen den Druck von oben verleiht (Antike, Romantik, Renaissance, Barock).

Entlastungsbogen, ein Bogen, der über eine Fenster- oder Türöffnung oder über einen leichteren Bogen gespannt ist, um den Druck des Mauerwerks abzufangen.

Entrelacs (franz.), einander kreuzende oder ineinander verschlungene Ornamente im Kunstgewerbe oder in der Baukunst (z. B. an steinernen Brüstungen).

Environments →Pop-Art.

Eosander, Johann Friedrich von, genannt E. von Göthe, Baumeister, * um 1670 wahrscheinlich Riga, † 1729 Dresden, 1692 bis 1713 am Berliner Hof, wo er Amtsnachfolger →Schlüters war, dann im Dienst Karls XII. von Schweden u. seit 1723 am Dresdener Hof. Hauptwerk war die Weiterführung des von Schlüter begonnenen Berliner Schlosses (1707–13; zerstört), bes. dessen prachtvolles Westportal.

R. Biederstedt, J. F. E. Grundzüge einer Biographie, 1961.

Ephesos, Stadt an der Küste Kleinasiens bei der Mündung des Kaÿstros, ionische Kolonie, wohl um 1100 gegründet. Von der Altstadt ist bisher wenig gefunden. Die griech. Stadt lag nahe beim berühmten Artemistempel, einem der größten Tempel in ionischem Stil. Die von Engländern unternommenen Ausgrabungen haben für seine Chronologie wegen der starken Versumpfung wenig ergeben, doch fanden sich in den Fundamenten viele sehr wichtige frühe Elfenbeinfiguren. Die wenigen erhaltenen Bauteile und Reste von Skulpturen befinden sich im Britischen Mus. Viel bedeutender sind die Reste der röm. und byzantin. Stadt, die von österreichischen Gelehrten freigelegt und untersucht wurden. Die Stadt war um 290 v. Chr. durch Lysimachos näher ans Meer verlegt worden, da der alte Hafen durch die Anschwemmungen des Flusses nicht mehr benutzbar war. Unter den röm. Ruinen ragt hervor: das Theater, ein Odeion, zwei Gymnasien und ein Stadion, eine Bibliothek, ein Nymphaion und etwas von der Stadt entfernt am Abhange des Panajir-Dag ein Heiligtum der kleinasiatischen Göttermutter. Von der vielbrüstigen Statue der →Artemis von E. sind zahlreiche Wiederholungen aus röm. Zeit erhalten.

Benndorf u. a., Forschungen in E., 1906ff.; Hogarth, Excavations at E., 1908; Keil, E., ein Führer durch die Ruinenstätte u. ihre Gesch., [5]1964 Berichte über neue Grabungen i. d. Österreich. Jahresheften 1950ff.; F. Miltner,

E., 1958; W. Alzinger, Die Stadt d. 7. Weltwunders, 1962.

Epidauros →Asklepieion.

Epigraphik, Inschriftenkunde, als Hilfswissenschaft der Altertumskunde (Archäologie) und Kunstgeschichte die Lehre von Inschriften (lat. inscriptiones; tituli) wichtige Quelle für die Forschung und Erforschung von Zusammenhängen, Datierungen usw.

R. M. Kloos, Einführung i. d. E. des MA.s u. der frühen Neuzeit, 1980.

Epigraphik, Inschriftenkunde.

Epistelseite, die Südseite der Kirche und des Altars, da auf dieser Seite die Episteln verlesen wurden, auch →Männerseite genannt.

Epistolarium →Lektionarium.

Epistylion →Architrav.

Epitaph (griech.), ein an der Wand der Kirche (innen oder außen) oder an einem Pfeiler aufgestelltes oder aufgehängtes Mal zum Gedächtnis an einen Verstorbenen (also kein eigentliches Grabmal, da das E. sich ja nicht über einem Grabe befindet). Das E. kommt gegen die Mitte des 14. Jh. auf. Zwei Gruppen lassen sich unterscheiden. Die eine behält die Form des die Gestalt des Verstorbenen tragenden Grabsteins bei, nur daß dieser eben aufgerichtet und an die Wand gestellt ist; die andere, schließlich vorherrschende, versetzt den Verstorbenen in einen szenischen Zusammenhang, indem er (auch mit Frau und Kindern) zu Füßen Christi kniend und das Heil seiner Seele von ihm erbittend gegeben wird. Im 16. Jh. wird das E. äußerlich und auch seinem Darstellungsinhalte nach immer reicher, und der Barock hat mehrgeschossige Epitaphbauten u. Hängeepitaphe der verschiedensten Art in prunkvollem Rahmen her-

Epitaph von 1585

vorgebracht. Neben plastischen gibt es auch gemalte E.e, die im Aufbau von jenen nicht wesentlich verschieden sind.

Marie Lutze, Das plastische Bilde. in Deutschland, Diss. Leipzig 1931; E. Borgwardt, Die Typen d. mittelalterl. Grabmals in Deutschland, Diss. Freiburg 1935; A. Weckwerth, Der Ursprung des Bilde.s, Diss. Göttingen 1952 u. Ztschr. f. Kunstgesch. 20, 1957.

Erbärmdebild → Schmerzensmann.

Erdmannsdorff, Friedrich Wilhelm, Freiherr von, Baumeister, * 18. 5. 1736 Dresden, † 9. 3. 1800 Dessau, empfing auf Reisen entscheidende Anregungen von England, Frankreich, Rom und wurde zum vielleicht reinsten Vertreter des Frühklassizismus in Deutschland. Für den Fürsten Leopold Friedrich Franz von Anhalt-Dessau schuf er das Schloß im Wörlitzer Park (1769–1773) und eine Reihe anderer Bauten das., sowie in Dessau und Umgebung. Er war auch an der Innenausstattung des Schlosses Sanssouci und des Berliner Schlosses beteiligt.

E. P. Riesenfeld, E., 1913; A. Hartmann, Der Wörl. Park u. s. Kst.schätze, 1913; M. L. Harksen, E. und s. Bauten in Wörlitz, 1975.

Erechtheion, der Tempel des Erechtheus, eines alten, ursprünglich in Gestalt einer Schlange verehrten Gottes auf der Burg von Athen. Der Tempel wurde zwischen 420 und 408 erbaut und gehört zu den kompliziertesten Anlagen des Altertums, weil er mehrere alte Kultstätten umschloß. Seine rechteckige Grundform ist in drei Räume geteilt, von denen einer ein altes Athenabild enthielt. Unter einer Vorhalle im N lag das Mal des Dreizackstoßes, durch den Poseidon einen Salzquell hervorspringen ließ. Unter der Südwestecke, an der die bekannte Korenhalle steht mit den das Gebälk tragenden Koren oder Karyatiden (Abb. →Karyatide), war ein Raum ausgespart, der das Grab des Kekrops, ebenfalls eines alten Gottes, barg. Im W des Tempels stand der heilige Ölbaum der Athena. Die unregelmäßige Form des Baues ist sicher durch den Zwang hervorgerufen worden, in ihm diese verschiedenen Kultstätten unterzubringen. Das E. ist eine der zierlichsten Bauten des attisch-ionischen Stiles, bes. seine ausgezeichnet erhaltene Ornamentik gehört zur besten ihrer Zeit. Der Tempel wurde von dem griech. Architekten Balanos aus den Resten wieder aufgebaut. Die Karyatiden mußten 1979 in ein dafür eingerichtetes Museum überführt werden, um die als Folge der Luftverschmutzung eingetretene Gesteinszerstörung aufzuhalten. Kopien treten an ihre Stelle.

W. Stevens-Paton, The Erechtheum, 1927; Dörpfeld-Schleif, E., 1942; H. Lauter, Die Koren d. E. (in: Antike Plastik, hg. v. F. Eckstein, XVI) 1976.

Ereignisbild →Historienmalerei.

Erhart, Gregor, Bildhauer, † wahrscheinlich 1540 Augsburg, Sohn des Ulmer Bildschnitzers Michel E., übersiedelte 1494 nach Augsburg und unterhielt dort eine umfangreiche Werkstatt. Seine urkundlich erwähnten Werke sind nicht erhalten. Von den durch Wahrscheinlichkeitsschluß und Stilanalyse ihm zugewiesenen, recht zahlreichen Werken sind die wichtigsten: Hochaltar der Kirche in Blaubeuren (1493–94; die plast. Hauptarbeiten neuerdings Michael E. zugeschrieben), Kaisheimer Schutzmantelmadonna (1502–04; Berlin, Staatl. Mus.), Rosenkranzmadonna in Frauenstein (um 1515). E.s Werk ruht auf der Ulmer Überlieferung, bes. auf Multscher, weist aber in seiner lyrischen Haltung auch Beziehungen zu Riemenschneider auf. Ferner bestehen Beziehungen zu dem Ravensburger Meister Friedrich Schramm und durch diesen wieder zu Syrlin d. Ä. Seine Entwicklung führt von spätgot. Bewegtheit zur renaissancemäßigen Großartigkeit der Frauensteiner Madonna.

Gertrud Otto, G. E., 1943; Anja Broschek, Michel E. (Beitr. z. Kstgesch. 8), 1973; A. Schaedler, Das Eichstätter Willibalddenkmal u. G. E. (Münchner Jb. d. bild. Kst. XXVI) 1975; V. Liedke, Michel E. v. Ulm, d. Meist. d. Chorbogenkruzifixes zu St. Martin in Landshut (Ars Bavariae 7) 1977.

Erker, ein an der Fassade oder Ecke eines Hauses meist ohne Verbindung mit dem Erdboden angebrachter, geschlossener rechteckiger, polygonaler od. runder Ausbau, oft durch mehrere Stockwerke reichend; häufig verwendet in Spätgotik, Renaissance und dem Neubarock des 19. Jh. Namentlich an Profanbauten der dt. Renaissance (Abb. →Renaissance) ist der E. oft ein Schmuckstück, beliebt auch als Träger vertikaler Richtung. Eine Sonderform ist das eingeschossige, vielfach polygonale Chörlein an süddt., bes. Nürnberger Wohnhäusern der Spätgotik und Renaissance, entstanden aus der Hauskapelle der Burg und zuweilen von ähnlicher Bestimmung. Der E. leitet sich wahrscheinlich ab von der islam. Baukunst sowie vom Festungsbau. →auch Auslucht.

W. Haubenreißer, Der E. als Architekturmotiv i. d. dt. Stadt, Diss. Tübingen 1960; K. Pracht, Moderne E. an Fassaden u. Dach in Planung u. Gestaltung, 1980; Béatrice Keller, Der E., Studie zum ma. Begriff nach literarischen, bildlichen u. architektonischen Quellen (Europ. Hochschulschriften 28, Kunstgesch. 13), 1981.

Ermitage (franz. Einsiedelei), ländliche Hütte in Parks des 18. Jh. als empfindsames Symbol der Einsamkeit, aber auch wirklicher Wohnbau des 18. Jh., dessen Abgeschiedenheit betont werden soll. Nach einer von Katharina II. seit 1775 in Petersburg für einen engeren Kreis angelegten Kunstkammer heißt das aus dieser hervorgegangene Museum Staatl. E. Es ist in einem von Leo von Klenze 1840–52 geschaffenen Bau untergebracht, seit 1917 auch noch im früheren Winterpalais und gehört zu den bedeutendsten und vielseitigsten Museen der Welt: Antike Plastik, die Funde des →Pontischen Kreises, Gemmen und Kameen, Münzen, Waffen, Kunstgewerbe, Gemälde (unter ihnen die umfangreichste Rembrandt-Sammlung), Handzeichnungen, Kupferstiche.

P. v. Weiner, Meisterwerke der Gemäldesammlung in der E. zu Petrograd, [3]1923; Waldhauer, Die antiken Skulpturen der E., 2 Bde., 1928–31; R. F. Gubtschewski, Die staatl. E., dt. 1955; E., 2 Bde., 1956 (russ. Tafelwerk); Ch. Sterling, Le Musée de l'E. La peinture française, 1957; G. Bazin, Le Musée de l'E. 1958; W. F. Lewinson-Lessing, Meisterwe)ke aus der E., 3 Bde., 1962 bis 1965; J. Kusnezow u. a., Die staatl. E., 1968; O. M. Perstanova, Die E., 1976 (dt.).

Ernst, Max, Maler, Graphiker und Bildhauer, * 2. 4. 1891 Brühl b. Köln, † 1. 4. 1976, begann als Autodidakt, gründete 1919 mit Hans →Arp in Köln eine →Dada-Gruppe, ging 1922 nach Paris, wo er 1924 an der Gründung des →Surrealismus beteiligt war, 1941–1954 lebte er in den USA. E. vereinigt außerordentliche Phantasie mit genau überlegter Methode. Die Spannweite seines ebenso umfangreichen wie vielgestaltigen Werkes reicht vom witzig schockierenden Einfall bis zur visionären Weltlandschaft, von pedantischer Naturtreue bis zum freien Formenspiel und zu geometrischer Abstraktion. Seit 1919 verwendete er die →Klebebildtechnik, um aus alten Illustrationen groteske Szenen zusammenzusetzen. 1925 erfand er die „Frottage“ und kombinierte durchgeriebene organische Strukturen zu irrealer Bildwirkung, indem er die entstehenden Assoziationen durch Zeichnung verstärkte. In seinen anfangs unter dem Einfluß der →Pittura metafisica entstandenen technisch meist hervorragenden Bildern stellt er Phantastisches und Absurdes, Träume und Halluzinationen dar, eisige Mondlandschaften und tropische Vegetationen, wuchernde Formen, die sich in Tier und Mensch verwandeln und Porträts aus geometrischen Körpern. Seine seit 1934 geschaffenen Skulpturen sind starre Idole von strenger archaisierender Form. Er schrieb: „Beyond Painting" (1948).

P. Waldberg, M. E., 1958 (franz.); E. Trier, M. E., 1959; J. Russell, M. E., Leben u. Werk, 1966; L. Fischer, M. E. in Selbstzeugnissen u. Bilddokumenten, 1969; U. Schneede, M. E., Gemälde, Plastiken, Collagen, Frottagen, 1970; G. Diehl, M. E., 1973 (engl. u. franz.); E. Quinn, M. E., 1976; W. Spies, S. Metken, M. E. Oeuvrekat. m. Glossar u. Ausst.-Verz., o. J.; Bd. 3, 1976; M. E. Collagen, Frottagen, Grafik, Ausst.-kat. Kst.haus. Zürich 1978, Städelsches Kst.instit Frankfurt/M., Haus d. Kunst München, 1979; H. R. Leppien, M. E. Das graph. Werk, 1978; Max Ernst – Retrospektive. Kat. hg. v. Werner Spies, München 1979; W. Herzogenrath, M. E. in Köln, Ausst.kat. Kölnischer Kst.verein, 1980.

Eros (lat. Amor), der schöpferische Trieb in der Natur, auch die Personifikation der Liebe in der griech. Mythologie. Er wird von der bildenden Kunst als schöner Jüngling dargestellt, später, meist mit Aphrodite verbunden, auch als Kind und mit Flügeln. Von den berühmten Erosfiguren des Praxiteles kennen wir bisher keine Kopien. Der bekannte Typus des bogenspannenden Eros ist am Ende des 4. Jh. wohl in der Schule des Lysipp entstanden. Mehrere Wiederholungen besitzen wir von der Gruppe, in der Eros zusammen mit →Psyche dargestellt ist und deren Original aus dem Hellenismus stammte.

Roscher, Lexikon der Mythologie; Pagenstecher, E. u. Psyche, 1911; 1957; A. Rumpf, E. (Reallex. f. Antike u. Christentum 6) 1966.

Eroten, kleine Erosfiguren, die seit der Zeit des Hellenismus in dekorativem Sinne verwendet werden. Bes. häufig sind sie in der röm. Kunst, wo die pompejanische Wandmalerei sehr reizvolle Friese von Eroten, die in verschiedenen Tätigkeiten wiedergegeben sind, geschaffen hat. Es gibt auch plastische Friese mit Eroten auf Rennwagen, sowie Sarkophage, die Eroten bei der Weinlese oder anderen Beschäftigungen zeigen.

A. Greifenhagen, Griech. E., 1957.

Erwin von Steinbach (der Zusatz „von Steinbach" ist nicht ursprünglich, sondern stammt erst aus dem 17. Jh.), Baumeister, † 1318 Straßburg, wird (urkundlich jedoch nicht gesichert) zum erstenmal 1284 als Werkmeister am → Straßburger Münster genannt und auf seinem Grabstein als Leiter des Baues bezeichnet. Sein Werk ist der untere Teil der Westfassade. Die Romantik hielt ihn für den Erbauer des ganzen Straßburger Münsters (Goethes Aufsatz „Von Deutscher Baukunst", 1773) und umwob ihn mit dem Nimbus des got. Baumeisters an sich (Roman von Melas, 3 Bde., 1834).

Lit. →Straßburger Münster.

Erzbildnerei, Erzguß →Bronzekunst.

Erzengel, geflügelte Wesen in der Engelhierarchie (nach d. AT.: Seraphim, →Cherubim, E. und einfache Engel) über den einfachen Engeln stehend, deren bekannteste sind: 1. Michael, wurde in der byzantin. Kunst seit dem 6. Jh. als Begleiter Christi und Wächter dargestellt meist zusammen mit Gabriel. In der dt. Kunst erscheint er bereits zu otton. Zeit in kriegerischer Gestalt mit Schwert und Lanze als Bekämpfer des höllischen Drachens, dann als Führer der Seligen ins Paradies; in gleichen Eigenschaften seit Cimabue auch in der ital. Kunst. Ob mit dem in den Weltgerichtsdarstellungen des hohen Mittelalters als Seelenwäger auftretenden Engel Michael gemeint ist, ist umstritten; das ausgehende Mittelalter jedenfalls (auch der Barock) hat ihm da und dort dieses Amt gegeben (Jüngstes Gericht von Memling). Seit dem 14. Jh. trägt er zuweilen eine Rüstung, die die Renaissance beibehalten hat. – Im frühen Mittelalter wurden (meist hoch gelegene) Michaelskirchen oder -kapellen erbaut, die zuweilen als Grabkirche gemeint sind (Michaelskirche in Fulda, 820; Zentralbau als Nachbildung altchristl. Grabeskirchen).

Anna M. Renner, Der E. Michael in der Geistes- und Kunstgeschichte, 1927; W. Speiser, St. Michael in der Kunst, 1942.

2. Gabriel verkündet dem Zacharias die Geburt des Johannes und der Jungfrau Maria die des Heilands, hält in der Hand das Lilienszepter.

3. Raphael kommt erst seit dem 15. Jh., zunächst in der ital. Malerei, häufiger vor als Begleiter des Tobias. Als Schutzengel der Wanderer ist er auch mit Stab und Pilgertasche versehen. Er wurde Vorbild für die im 17. Jh. aufkommenden, im 19. Jh. so beliebten Darstellungen des persönlichen Schutzengels, der ein Kind leitet.
Der E. Uriel kommt in der bild. Kunst fast nicht vor; er besitzt kein eigenes Attribut.

E. S., Meister E. S., Kupferstecher, dessen Tätigkeit gegen 1450 einsetzt und 1467 endet. Sein auf einigen Stichen angebrachtes Monogramm und die Jahreszahlen 1466 und 1467 der offenbar letzten Stiche geben die Grundlage für die Zusammenstellung seines erhaltenen Werks. Man zählt etwa 317 Stiche, darunter 95 Unika. Hinzu kommen noch Handzeichnungen. Stilistischer Befund und die Mundart der Legenden weisen E. S. dem oberrhein.-alemann. Gebiet zu. Er hat die eben erfundene Kunst des Kupferstichs einen bedeutenden Schritt vorwärts gebracht, nicht nur in technischer Hinsicht, sondern indem er sie zum beweglichen Ausdrucksmittel eines Formwillens machte, der die Entwicklung der dt. Kunst seiner Zeit überhaupt in entscheidender Weise mit vorantrug, um so nachhaltiger, als sein Werk wegen seiner Modernität andere Stecher, aber auch Bildhauer und Bildschnitzer zu Übernahmen anregte; in nicht wenigen Fällen ist er jedoch auch selbst Kopist gewesen. – Ausgabe aller 317 Stiche von M. Geisberg, 1924.

M. Geisberg, Der Meister E. S., 1924; Edith Hessig, Die Kunst des M.s E. S. und die Plastik der Spätgotik, 1935; L. Fischel, Nicolaus Gerhaert u. d. Bildhauer d. dt. Spätgotik 1944.

Escorial, Schloß und Augustinerkloster, nordwestlich von Madrid auf einer vorgeschobenen Felsplatte am Fuß des Guadarrama-Gebirges gelegen, die Residenz des span. Königs Philipps II., der es in einer so nicht wiederkehrenden Einheit als Schloß und Kloster zugleich erbauen ließ. Der Grundplan geht auf Juan Bautista de Toledo zurück, der den Bau 1563 begann. Fortgesetzt wurde er 1567–84 von dessen Schüler Juan de Herrera. Die Anlage ist ein regelmäßiges Rechteck von 206 m Länge und 161 m Breite, mit kahlen, fensterreichen Mauern, die sich streng und düster hinziehen, aber durch Ecktürme und Mittelrisalite belebt sind. Den Kern bildet die nach Bramantes Plan für St. Peter, also über dem griech. Kreuz errichtete Kirche, mit Vierungskuppel und Fassadentürmen hoch über das Ganze hinausragend. Die Innenausstattung hat noch bis weit ins 17. Jh. zahlreiche Künstler beschäftigt. Der E. enthält eine

Bibliothek mit kostbaren Handschriften und eine Gemäldesammlung ersten Ranges.

O. Schubert, Geschichte des Barock in Spanien, 1908; F. J. Z. Cuevas, El monasterio de el E., [4]1932; P. Guinard, Madrid, L'Escorial et les anciennes résidences royales, 1935; J. de Contreras y Lopez de Ayala, Ayala, E., dt. 1965.

Eselsrücken →Bogen.

Estrade (franz.), ein- oder mehrstufige Fußbodenerhebung im Innern eines Raums, vor einem Fenster, unter einem Thron, Altar, Chorgestühl, Katafalk.

Etat →Kupferstich.

Etimasia (griech.), kreuzüberhöhter Thron mit dem Buche des Lebens, ein in der byzantin. Kunst häufiges apokalyptisches Motiv. Es kommt bes. in Psaltern vor, auch im Scheitel des Triumphbogens frühmittelalterlicher Basiliken; auch drang es in die Weltgerichtsdarstellungen ein, wobei, zumal in denen des Abendlandes, sich der Thron immer mehr zum Altar entwickelte.

P. Durand, Etude sur l'E., 1867.

Etruskische Kunst, die Kunst des Volkes der Etrusker, das wohl zwischen 1000 und 800 aus Kleinasien nach Mittelitalien gewandert ist. Eine eigene Formensprache haben die E. nur auf dem Gebiete der Baukunst entwickelt. Aus der frühesten Zeit ihres Aufenthaltes in Italien ist wenig bekannt, da die E. zunächst die einheimische Kultur (Terramare und Villanovakultur →Eisenzeit) übernommen haben. Im 7. Jh. v. Chr. treten die großen Rundgräber (z. B. in Cervetri) auf. Daneben gibt es zu allen Zeiten auch Kammergräber, die besonders viele Erzeugnisse der E. K. geliefert haben. Im Tempelbau entsteht wohl im 6. Jh. eine eigentümliche Form, auf hohem Podium und mit einer Vorhalle, deren Tiefe der der Cella entspricht. Die Tempel, deren Säulen und Dächer zuerst aus Holz bestanden, trugen einen reichen Terrakottaschmuck, auch die Giebelfiguren und die Akrotere waren aus Ton. Im Kunsthandwerk steht die E. K. zunächst seit dem 7. Jh. unter orientalischem Einfluß, neben dem Import echter phönikischer, assyrischer und ägyptischer Gegenstände stehen einheimische Nachahmungen. Bald wird dieser Einfluß vom griech. abgelöst, der bis zum Ende der E. K. beherrschend bleibt. Die E. K. ist deshalb am besten als provinzieller Ableger der griech. zu deuten. In der Abwandelung der griech. Vorbilder machen sich provinzielle Merkmale bemerkbar, die auch in ähnlichen Fällen abgeleiteter Kunst vorkommen. In der Plastik wird ein Linearisieren deutlich; die etruskische Figur zeigt, daß sie aus einzelnen Gliedern und Muskelpartien zusammengesetzt ist, während die funktionelle Einheit der Bewegung nicht nachgeahmt werden konnte. Der griech. Einfluß gelangt in die E. K. nicht als dauernder Strom, sondern in Etappen, weshalb die Zeit solcher Werke, die nicht durch äußere Umstände zu datieren sind, oft schwer zu bestimmen ist. Für die Geschichte der antiken Malerei sind die in Gräbern (bes. in Tarquinia und Chiusi) zahlreich erhaltenen Wandgemälde wichtig, da sie, abgesehen vom Darstellungsinhalt, am wenigsten eigene etruskische Elemente enthalten. Eine realistische Richtung der späteren E. K., die sich bes. im Porträt äußert, darf wohl aus Alexandria abgeleitet werden. Das Kunstgewerbe – gravierte Spiegel und →Cisten, sowie Vasenmalerei, in der die bis ins 3. Jh. reichenden faliskischen Vasen durch ihre Qualität hervorragen – hat viel von unteritalischen Vorbildern gelernt.

F. Weege, E. Malerei, 1921; Ducati, Storia dell'arte etrusca, 2 Bde., 1927; Giglioli, L'arte etrusca, 1935; K. Pfister, Die Etrusker, 1940; G. Patroni, Architettura preistorica generale ed italica: Architettura etrusca, 1941; Herbig, Die jünger-etrusk. Steinsarkophage, 1952; H. Leisinger, Malerei der Etrusker, 1953; M. Pallottino, E. K., dt. 1955; O. W. v. Vacano, Die Etrusker, 1955; Katalog d. Ausstellung „Kunst u. Leben der Etrusker", Zürich 1955, Köln 1956; H. A. Stützer, Die Kunst d. Etrusker u. d. röm. Republik, 1956; R. Bloch, D. Kst. d. E., 1960, ³1977; Luisa Banti, Die Welt der Etrusker, dt. 1960; H. Mühlestein, Die Etrusker im Spiegel ihrer Kunst, 1969; M. Sprenger, G. Bertolini, Die Welt d. E., 1970; K. Lukan, Land d. Etrusker, 1973; J. D. Beazley, Etruscan Vase-Painting, 1976; T. Dohrn, Die e. K. im Zeitalter d. griech. Klassik, 1982.

Eucharistische Taube →Sakramentshaus.

Euphronios, attischer Vasenmaler rotfigurigen Stils aus dem Ende des 6. Jh. v. Chr. Er ist einer der vielseitigsten Maler seiner Zeit und hat mit seinen meist bewegten Figuren den Übergang vom archaischen zum vorklassischen Stil vorbereitet.

J. D. Beazley, Attic Red-Figure Vase-Painters, 1942, ³1963; E. Buschor, Griech. Vasen, 1940; P. E. Arias, M. Hirmer, Tausend Jahre griech. Vasenkst., 1960.

Europa, weibl. Gestalt der griech. Mythologie; aus dem Kreis ihrer Gespielinnen am Meeresufer von Zeus in Gestalt eines Stieres verlockt, seinen Rücken zu besteigen, um übers Meer entführt zu werden; in dieser Szene in der antiken und neueren Kunst dargestellt.

Lucie de Brauw, Europe en de Stier, 1940.

Eustachius, Heiliger, einer der 14 →Nothelfer, dargestellt mit einem Hirsch, der zwischen dem Geweih ein Kruzifix trägt. Eine solche Erscheinung soll ihn zum Christentum bekehrt haben. Die bekannteste Darstellung ist der E.-Stich von Dürer. →Hubertus.

Euthynterie →Stereobat.

Eutychides, griech. Bildhauer aus Sikyon (Wende des 4. zum 3. Jh. v. Chr.). Er schuf ein Bild des Flußgottes Eurotas, von dem vielleicht Wiederholungen erhalten sind. Bekannter war seine für Antiochia gefertigte Tyche, zu deren Füßen der Flußgott Orontes aus dem Wasser auftauchte. Man glaubt, von dieser auf Münzen abgebildeten Statue einige Nachbildungen zu besitzen. Sie stellen eine sitzende Stadtgöttin dar, die den rechten Fuß auf einen jugendlichen Flußgott setzt, doch stimmt die Bildung dieser Statue nicht mit der gewöhnlichen Charakterisierung der Tyche überein; nach neuer Interpretation der Quellen wird die Identifikation unwahrscheinlich.

Dohrn, Die Tyche des E., 1960.

Eva →Adam.

Evangeliar, ein Teilbuch der Bibel, dem die →Kanontafeln vorangestellt sind. Zu jedem Evangelium gehört das Bild des Evangelisten als →Autorenbild mit dem jeweiligen →Evangelistensymbol, mit vollständigem Evangelientext.

Evangelienseite, die Nordseite der Kirche und des Altars, da auf dieser Seite, wo sich der Ambo befand, die Evangelien verlesen wurden; auch →Frauenseite genannt. Die Gegenseite, die Südseite, heißt →Epistelseite.

Evangelistar, Buch mit Auszügen aus den Evangelientexten (sog. Perikopen) für die Sonn- und Feiertage des Jahres; gleichbedeutend mit Perikopenbuch. Bei den bildlichen Darstellungen fehlen die →Kanontafeln; den Texten vorangestellt werden die Evangelistenbilder (→Autorenbild) und die → Maiestas Domini.

Evangelistensymbole, die den vier Evangelisten zugeordneten Symbole: Engel (Matthäus), Löwe (Markus), Stier (Lukas), Adler (Johannes). Zugrunde liegen die Visionen Ezechiel 1, 5ff. und Apokalypse 4,6ff. In der Kunst kommen die E. seit dem 4. Jh. vor, entweder für sich oder als Kennzeichen der einzelnen Evangelisten (in letzterem Fall wären sie richtiger als Attribute zu bezeichnen). In wortwörtlicher Veranschaulichung der Vision des Ezechiel sind die vier E. auch zu einer einzigen Gestalt zusammengezogen, dem sog. Tetramorph (griech. „Viergestalt"). Dieser ist offenbar assyrischen Ursprungs und verschwindet im späten Mittelalter aus der christl. Kunst.

W. Neuß, Das Buch Ezechiel in Theologie und Kunst bis zum Ende des 12. Jh., 1912; S. Landersdorfer, Der Baal Tetramorphos u. d. Kerube desEzechiel, 1918; R. Crozet, Les quatre Evangélistes et leurs symboles, 1966; W. Neumüller, K. Holter, Markus u. d. Löwe. Die Evangelisten u. ihre Symbole im Codex Millenarius, 1977.

Everdingen, Allaert van, niederländ. Maler und Radierer, getauft 18. 6. 1621 Alkmaar, begraben 8. 11. 1675 Amsterdam, tätig zuerst in Schweden, dann in Haarlem und Amsterdam. Er hat mit Vorliebe einsame Gebirgslandschaften und Wasserfälle von düsterer, schwerer Stimmung gemalt und radiert und damit auf Jacob van Ruisdael, auch auf die dt. Romantiker vom Anfang des 19. Jh. gewirkt.

Granberg, A. van E. och hans „norska" Landscap, 1902; E. Plietzsch, Holl. u. fläm. Mal. d. 17. Jhs., 1960.

exc. = excudit (lat. „hat es gebildet"), Abkürzung auf Kupferstichen als Zusatz zum Namen des Verlegers, der auch zugleich der Stecher sein kann.

Exedra (griech.), die mit Sitzen versehene, halbrunde Erweiterung am Säulengang eines griech. Gymnasiums, auch Unterhaltungsraum des antiken Wohnhauses; in der mittelalterlichen Baukunst gleichbedeutend mit →Apsis.

Exekias, attischer Töpfer und Vasenmaler aus der Zeit des schwarzfigurigen Stils, als dessen reifster und letzter Meister er zu gelten hat (3. Viertel des 6. Jh. v. Chr.). Seine Figuren sind trotz bewundernswert sorgfältiger Ausführung des Details von großer Eleganz des Umrisses u. in wohlabgewogener Komposition über das Bildfeld verteilt (Abb. →Amphora).

W. Technau, E., 1936; Neutsch, E., ein Meister der griech. Vasenmalerei, 1950 (Marburger Jahrb. f. Kunstwissensch. 15).

Exlibris (lat. „aus den Büchern", „aus der Bücherei"), Bücherzeichen, Bucheignerzeichen, ein kleines gedrucktes Blatt, das in der Regel auf die Innenseite des Buchdeckels geklebt wird und den Besitzer des Buches angibt. Das geschieht durch Namen, Monogramm, Wappen, zusätzlich einer symbolischen, allegorischen, den Besitzer oder sein Lebensgebiet charakterisierenden Darstellung. Als Einleitung stehen gern die Worte „ex libris", daher also der Name für das Ganze. Unter einem Super-Exlibris versteht man ein außen auf den Vorderdeckel als Wappen, Namen oder Monogramm geprägtes Besitzerzeichen. – Das E. kam gegen Ende des 15. Jh. in Deutschland als Holzschnitt auf, wurde sehr bald auch als Kupferstich hergestellt und nahm am allgemeinen Aufschwung der graphischen Künste zur Dürerzeit teil. Nicht immer freilich ist es als solches sicher festzustellen. Entsprechend der allgemeinen Entwicklung der graphischen Künste wurde das Holzschnittexlibris allmählich durch das Kupferstichexlibris verdrängt, das sich im Zeitalter des Barocks über alle europ. Länder verbreitete. Seine im 19. Jh. eingetretene Verödung wich um 1900 einer künstlerischen Wiederbelebung im Zusammenhang mit dem Aufschwung der Buchkunst (bes. England und Deutschland). – Bedeutende E.sammlungen im German. Mus. in Nürnberg, in der Berliner Kunstbibliothek, dem Brit. Mus. in London.

Graf K. E. zu Leiningen-Westerburg, Deutsche und österreich. Bibliothekszeichen, 1901; R. Braungart, Das moderne dt. Gebrauchs-Exlibris, 1922; E. W. von der Westen, E., [3]1925; Elisábeth Geck, E. (mit Lit.), 1955.

Expertise, die Begutachtung eines Kunstwerks durch einen Kenner (Experten), insbesondere ein schriftlich niedergelegtes Gutachten.

Expressionismus (von franz. expression „Ausdruck"), Richtung der Kunst des 20. Jhs. hauptsächlich in Malerei und Graphik, weniger in der Plastik (über den Ursprung des seit 1911 nachweisbaren Namens vgl. F. Schmalenbach, Kunsthistor. Studien, 1941, S. 71, Anm. 22). In seinen z. T. bis in die 80er Jahre des 19. Jhs. zurückgehenden Anfängen war der E. eine Reaktion gegen →Impressionismus, Naturalismus und Akademismus. Für ihn war Kunst nicht „Natur gesehen durch ein Temperament", sondern dieses, d. h. das Geistige, sollte das Primäre, die Natur das Sekundäre sein. Er wollte neue Bezirke des Seelischen mit neuen Mitteln gestalten und glaubte, dies nur durch Verzicht auf sachlich treue Wiedergabe des Gegenständlichen in Form und Farbe entwickeln zu können. Gegenüber der offenen Bildform des Impressionismus suchte er Geschlossenheit und Verfestigung. Die Ausdruckskraft der Linie in Binnenzeichnung und Umriß wurde verstärkt. Auch wurde versucht, das Elementare von Farbwirkungen durch Vereinfachung zurückzugewinnen, durch Verzicht auf impressionistische Brechung und Differenzierung zugunsten reiner, ungebrochener Farben in großen Flächen. Die emotionalen Eigenschaften der Farben wurden eingehend beobachtet und in den Dienst der Gesamtwirkung gestellt. Die Begründer des E. waren →Cézanne, van →Gogh, →Munch, →Hodler und →Gauguin. Erst seit Beginn des 20. Jhs. fand er eine größere Zahl von Anhängern, die sich zur gemeinsamen Verfolgung ihrer Ziele in einzelnen Künstlervereinigungen zusammenschlossen: →Brücke, →Fauves, →Blauer Reiter. Der E. war die treibende Bewegung der im eigentlichen Sinn modernen Kunst, mit dem alle folgenden Richtungen das Anaturalistische der Haltung gemein haben: →Abstrakte Kunst, →Futurismus, →Kubismus, →Surrealismus. In der Baukunst spricht man nur bedingt von E. und charakterisiert damit den Zeitabschnitt von etwa 1910–1925, in dem Tendenzen des →Jugendstils fortentwickelt und Bauten geschaffen wurden, die mit ihren sog. freien Formen und ihrer erstrebten Plastizität im Gegensatz zu den vom →Funktionalismus geprägten Bauten stand. Erich →Mendelsohn, →Mies van der Rohe, Fritz →Höger (Chilehaus in Hamburg); Michael de Klerk (Amsterdam, Wohnblock „Eigen Haard"), J. M. van der Mey (Amsterdam, „Scheepvarthuis") und P. V. Jensen Klint (Kopenhagen, Grundtvigkirche) sind Hauptvertreter der expression. Richtung des Bauens, die gegen Ende der zwanziger Jahre vom →Internationalen Stil abgelöst wurde.

H. Hildebrandt, Die Kunst des 19. u. 20. Jhs., 1924 (Handb. d. Kunstwissensch.); C. Einstein, Die Kunst des 20. Jhs., 1926 (Propyläen-Kunstgesch.); G. F. Hartlaub, Die Graphik des E. in Deutschland, 1947; M. Raynal u. a., Histoire de la peinture moderne, 3 Bde., 1949/50; H. Sedlmayr, Verlust der Mitte, [6]1953; Ders., Die Revolution der modernen Kunst, 1955; W. Haftmann, Malerei im 20. Jh., 1954; P. F. Schmidt, Geschichte der modernen Malerei, [3]1956; B. S. Myers, Die Malerei des E., dt. 1957; P. Selz, The German Expressionist painting, 1957; L. C. Buchheim, Graphik des dt. E., 1959; W.-D. Dube, Die Expressionisten, 1973; W. Pehnt, Die Arch. d. E., 1973; J. Schlick, Ausst.kat. Kst.halle Kiel, Dte. E.n aus d. Bes. d. K., 1977; J. M. Spalek, German Expressionism in the Fine Arts. A Bibliography (m. Ausst.kat.n), 1977; J. Joedicke, Gesch. d. mod. Architektur, 1958; Expressionisten. Ausst.kat. Kunsthalle Köln (Slg. Buchheim), 1981.

Externsteine, Gruppe von Sandsteinfelsen am Ausgang des Teutoburger Waldes bei Horn, die (was durch Grabungen 1934/35 noch wahrscheinlicher gemacht wurde) als german. Kultstätte gilt. Im westlichsten Felsen befindet sich eine 1115 als christl. Kapelle geweihte Grotte, die an der Außenwand ein etwa 5 m hohes Relief mit der Kreuzabnahme Christi zeigt. Es dürfte etwas jünger sein als das Weihedatum und stellt die erste mehrfigurige Szene der dt. Reliefplastik in monumentalen Ausmaßen dar. Der äußeren Größe entspricht die innere Größe der Komposition, die allerdings stellenweise stark zerstört ist.

A. Fuchs, Der Streit um die E., 1934; J. Andree, Die E., [2]1937; H. Gsänger, Die E., 1964; W. Matthes, Corvey u. d. E., 1982.

Ex voto (lat.), eine auf Weihegeschenken und Votivtafeln übliche Formel, die besagt, daß es sich um eine Stiftung auf Grund eines Gelübdes handelt.

Eyck, 1. Hubert van, niederländ. Maler, * um 1370 Maaseyck oder Maastricht, † 18. 9. 1426 Gent, begann den Genter Altar, ohne daß sich feststellen ließe, wie weit sein Anteil reicht. In dessen Inschrift wird er als der größte Maler bezeichnet, den es jemals gab. Wahrscheinlichkeitsschlüsse und Stilanalyse haben ihm einige Miniaturen des Turin-Mailänder Stundenbuchs (zwischen 1415 und 1417; der Turiner Teil 1904 verbrannt) sowie einige Tafelbilder zugewiesen. Sollte die Zuweisung jener Miniaturen zu Recht bestehen, so hätte er allerdings neben seinem Bruder als Überwinder des Mittelalters und Begründer der neueren nord. Malerei zu gelten.

Renders, H. v. E., Personnage de légende, 1933; O. Kerber, H. v. E., 1937.

2. Jan van, Bruder von 1, niederländ. Maler, * um 1390 Maaseyck oder Maastricht, begraben 9. 7. 1441 Brügge, 1425 Hofmaler Philipps des Guten, seit 1431 tätig in Brügge. Auch ihm weist man einige Miniaturen des Turin-Mailänder Stundenbuchs zu. Das erste sichere Werk aber ist der von seinem Bruder begonnene und von ihm 1432 vollendete Genter Altar (Gent, St. Bavo), der eine neue Zeit nord. Malerei einleitet. Es ist ein Flügelaltar mit feststehendem Mittelstück und je zwei beweglichen Flügeln. Geöffnet zeigt er die Anbetung des Lammes inmitten einer Landschaft mit den von den Seiten herbeipilgernden Betern,

darüber Gottvater zwischen Maria und Johannes, denen sich nach links und rechts musizierende Engel und weiterhin Adam und Eva anschließen; geschlossen die Bildnisse des knieenden Stifters und seiner Gemahlin, die gemalten Standbilder der beiden Johannes und darüber die Verkündigung. Im Genter Altar hat das neue, das Mittelalter überwindende Verhältnis zur Wirklichkeit seinen umfassendsten Ausdruck gefunden: die Landschaft mit ihren Bäumen, Blumen, Früchten und Felsen ist mit eindringender Genauigkeit gemalt, die die Pflanzen botanisch benennbar macht, die Stifterbildnisse sind die ersten völlig naturwahren Bildnisse und die nackten Gestalten von Adam und Eva die ersten völlig naturwahren Akte der Neuzeit. Das alles ist mit einer maltechnischen Meisterschaft vielleicht schon unter Verwendung von Öltempera vorgetragen, die der altniederländ. Malerei ein Beispiel gab, dem sie das ganze 15. Jh. hindurch immer wieder nachgeeifert hat. Andere Hauptwerke: Triptychon mit der Madonna in der Kirche (Dresden, Gemäldegal.); Bildnis „Tymotheos“ (1432; London, Nationalgal.); Die Verlobung des Arnolfini (1434); die Madonna des Kanonikus Pala (1436; Brügge, Akademie); die Madonna des Kanzlers Rolin (Paris, Louvre); die Lucca-Madonna (Frankfurt a. M., Städelsches Institut).

J. Weale, H. and J. van E., 1908, gekürzte und ergänzte Neuausg. dieses grundlegenden Werkes von Brockwell, 1912; F. Winkler, Der Genter Altar, 1921; M. J. Friedländer, Die altniederländ. Malerei, Bd. 1, 1924; M. Dvorák, Das Rätsel der Kunst der Brüder v. E., 1925; L. Scheewe, H. und J. van E. Ihre literarische Würdigung bis ins 18. Jh.; E. Renders, Jan v. E., 1935; H. Beenken, Hubert u. Jan v. E., [2]1943; L. van Puyvelde, Van E., L'Agneau Mystique, 1946; P. Coremans et A. Janssens de Bisthoven, Van E., L'Adoration de l' Agneau Mystique, 1948; L. Baldass, J. van E., 1952; E. Panofsky, Early Netherlandish Painting, Text- u. Tafelbd., 1953; J. Bruyn, Van E. Problemen, 1957 (holländ.); S. Thalheimer, Der Genter Altar, 1967; A. Chatelet, G. T. Faggin, Das Gesamtwerk der Brüder v. E., dt. 1968; Lotte B. Philip, The Gent altarpiece and the art of Jan v. E., 1971; R. Homa, J. v. E. and the Gent altar-piece, Burlington Magaz. 1974.

Fabeltiere →Monstren.

Fabriano, Gentile da, ital. Maler, * vor 1370 Fabriano, † 1427 Rom, tätig in Venedig, Brescia, Florenz, Siena und Rom, vertritt im ersten Viertel des 15. Jh. jene letzte, zu gleicher Zeit auch in Deutschland einsetzende Spätstufe der Gotik (→weicher Stil), die unmittelbar vor der Wandlung zu härteren, wirklichkeitsnäheren Formen durch Idealität der Auffassung, Schönläufigkeit der Linien, zarte Gefühlsseligkeit und Buntfarbigkeit gekennzeichnet ist. Vielleicht haben franz. und niederländ. Miniaturen an der Bildung von F.s Stil mitgewirkt, und von daher mögen auch gewisse realistische Züge seiner Kunst kommen. Hauptwerke: Anbetung der Hl. Drei Könige (1423; Florenz, Uffizien), Thronende Madonna mit Heiligen (Berlin, Staatl. Mus.), Polyptychon mit der Krönung Mariä u. Heiligen (Mailand, Brera).

A. Colasanti, G. da F., 1909 (ital.); B. Molajoli, G. da F., 1927 (ital.); L. Grassi, Tutta la pittura di G. da F., 1953; B. Degenhart u. A. Schmitt, G. da F. (Münchner Jb. d. bild. Kst. 3. Folge XI) 1960; K. R. Christiansen, G. d. F. (Phil. Diss. Harvard Univ.), 1977.

Fabritius, Carel, holländ. Maler, * 1622 Midden-Beemster, † 12. 10. 1654 Delft, der bedeutendste und selbständigste Schüler und Nachfolger Rembrandts, in dessen Werkstatt er 1641 war. Im Unterschied zu Rembrandt stellte er seine Figuren beschattet vor hellen Grund und gab gern einen zufälligen, idyllischen Ausschnitt. Nur wenige Werke haben sich erhalten, u. a.: Bildnis des Abraham de Notte (1640; Amsterdam, Reichsmus.), Tobias mit seiner Frau (Innsbruck), der Torhüter (1654; Schwerin. Mus.), der Distelfink (1654; Haag, Mauritshuis).

H. F. Wijnman, De schilder C. F., 1931 (Oud Holland, Bd. 48); K. E. Schuurman, C. F. 1947, (holl.), 1960.

Fächer. Von den im Lauf der Jahrtausende in sehr verschiedenen Formen ausgebildeten F.n ist kunstgeschichtlich wichtig nur der chines. und japan. F., sowie der Faltenfächer (der in China als korean. Erfindung gilt), wie er im 17. Jh. wohl im Anschluß an ostasiatische Vorbilder in Europa aufkam und bis zum Ende des 19. Jh. in Mode blieb. Zarte Goldschmiedearbeit, Holz-, Elfenbein- und Perlmutterschnitzerei kam für sein Gestell in Anwendung, Malerei auf Seide, Schwanenhaut, Gaze, Papier für das Fächerblatt. Die schönsten F. entstanden in Frankreich im Rokoko und in der Louis-seize-Zeit: galante Malereien (nach Entwürfen erster Meister wie Watteau und Boucher), Bildnisse, historische Darstellungen, gegen Ende des 18. Jh. auch komische, politische und satirische. Im 19. Jh. blieb der F. nicht mehr Luxusgegenstand der vornehmen Welt, sondern drang in weitere Kreise und wurde entsprechend einfacher gehalten.

G. Buß, Der F., 1904; M. v. Boehn, Das Beiwerk d. Mode, 1928.

Fächerfenster, seltenere Fensterform des roman. Stils, bestehend aus einem schmäleren unteren Teil und einem fächerförmig ausgebogten oberen. Hauptbeispiele in St. Quirin in Neuß.

Fächergewölbe →Gewölbe.

Fächerrosette, eins der beliebtesten Ziermotive an Fachwerkbauten der dt. Renaissance, bestehend aus einer ganzen oder halben Rosette mit fächerförmiger Innengliederung in farbigem Wechsel.

Fachwerk (Holzfachwerk), eine Hausbauweise, nach der zunächst ein Rahmenwerk aus Holz hergestellt wird, dessen Fächer dann mit Lehm, auch Ziegelsteinen ausgefüllt werden. Das F. ist aus der german. Zimmermannskunst hervorgegangen und für die 1. Hälfte des 7. Jh. bezeugt. Seine Blütezeit fällt in das 16. Jh. und einen Teil des 17. und trat bis zu den Zerstörungen durch den 2. Weltkrieg am schönsten in den niedersächs. Städten Hildesheim, Braunschweig, Goslar und Halberstadt sowie im alemannischen Bereich (Südwestdeutschland, Elsaß, Schweiz), am Mittelrhein, in Hessen und Franken in Erscheinung. Die auch profanen Dingen sich zuwendende Zierlust des 16. Jh. hat die Holzteile des F.s mit reichen buntbemalten Schnitzereien figürlicher und ornamentaler Art versehen, in denen volkstümlicher Humor und die z. T. heidni-

Fächerrosetten (halbe) an deutschem Fachwerkhaus

schen Symbole der Volkskunst zur Geltung kommen. Datierungen erfolgen neuerdings mit Hilfe der Dendrochronologie (Jahresringbestimmung) u. a. für die →Denkmalpflege.

W. Fiedler, Das Fachwerkhaus in Deutschland, Frankreich und England, 1902; Döring, Alte F.-bauten der Prov. Sachsen, 1910; H. Phleps, Deutsche Fachwerkbauten, [2]1959 (Blaue Bücher); G. Reimann, F.bauten i. d. DDR, 1964; Neufssg. hg. v. W. Sage 1976; G. Binding, U. Mainzer, Anita Wiedenau, Kl. Kst.gesch. d. dtn. F.baus, 1975; F.kirchen i. Hessen (hg. v. Förderkr. alt. Kirchen. Blaue Bücher) 1976; H. Nebel, F.bauten im Ortsbild am Mittelrhein, Diss. Köln, 1976 (hg. v. Arbeitskr. Theorie u. Lehre d. Denkmalpflege 1978); K. Klöckner, Alte F.bauten, 1978.

Fadenglas, unzutreffend auch Filigranglas genannt, ein farbloses Kunstglas, in dessen Masse dünne Milchglasfäden eingeschmolzen sind. Diese bilden diagonale, meist einander kreuzende Lagen („gestrickt"), die sich wiederum zu besonderen Mustern und reizvollen Verschlingungen formen können. Im Altertum nur gelegentlich geübt, wurde die überaus komplizierte Technik der F.herstellung in der 1. Hälfte des 16. Jh. von den venezianischen Glasbläsern aufs neue entdeckt und zur Vollkommenheit entwickelt. Der ästhetische Reiz des F.s liegt in dem rhythmischen Spiel seiner Muster, das der Farbe nicht bedarf. Erst in späterer Zeit hat man F.r mit verschiedenfarbigen Fäden hergestellt. – Eine Abart des F.s ist das ein besonderes Herstellungsverfahren erfordernde Netzglas mit spiralig laufenden, einander netzförmig kreuzenden Fäden. – Lit. →Glas.

Fadennetz →Netzrahmen.

Faenza-Majoliken →Fayence.

Faidherbe →Faydherbe.

Faksimile (lat. fac simile „mach ähnlich!"), die genaue und durch Druck vervielfältigte Nachbildung einer Vorlage (Zeichnung, Schrift).

M. Kramer, Das F. Versuch z. Deutung eines Phänomens der modernen Buchreproduktion (in Librarium 23 Nr. 2), 1980.

Falconet, Étienne Maurice, franz. Bildhauer, * 1. 12. 1716 Paris, † 24. 1. 1791 das. Hauptwerk ist das von mächtiger Bewegung erfüllte, bronzene Reiterstandbild Peters d. Gr. in Leningrad (1766 bis 1778).

E. Hildebrandt, Leben, Werke u. Schriften d. Bildhauers E. M. F., 1908; Réau, E. M. F., 2 Bde., 1922; A. B. Weinshenker, F., his writings and his friend Diderot, 1966; Chr. A. Isermeyer, Das Reiterdenkmal Peters d. Gr. (Europäische Hefte V/3), 1977.

Falsches Gewölbe, tonnen- oder kuppelartiges Gewölbe, dessen Steine in horizontaler Lage von Schicht zu Schicht vorkragen, bis der Gewölbeschluß erreicht ist. Sie sind also nicht wie beim echten Gewölbe durch keilförmig-radiale Anordnung der gewollten Rundung angepaßt (Mykenische Kultur, Indien, mittelamerikan. Indianerkulturen).

Fälschung →Kunstfälschung.

Faltenkapitell →Kapitell.

Faltstuhl, zusammenklappbarer Stuhl, dessen Sitzfläche mit Stoff oder Leder bespannt ist. Er findet sich in mannigfacher Abwandlung im alten Ägypten, Griechenland und Rom, aber auch in den bronzezeitlichen Kulturen Nordeuropas. Im Mittelalter begegnet er seit dem 10. Jh. häufiger und scheint in Fortführung röm. Sitte die offizielle Form des Herrschersitzes gewesen zu sein, wie aus bildlichen Darstellungen zu schließen ist. Auf antike Überlieferung deutet auch die Umbildung seiner Füße zu Löwenklauen. Die oberen Enden laufen gern in Tierköpfe aus. In der Renaissance erhielt der F. Seitenlehnen und eine Rückenlehne.

Faltwerk, Faltenfüllung, senkrecht geführtes Schnitzwerk, den Falten zusammengelegter Stoffe gleichend, als Flächenfüllung an den Möbeln. Beliebt in Spätgotik und Renaissance, bes. in Flandern.

Farbe, eine Gesichtsempfindung, die aus dem Zusammenwirken äußerer (physikalischer und physikalisch-chemischer) und innerer (physiologischer und psychologischer) Gegebenheiten entsteht. Im gewöhnlichen Sprachgebrauch heißt F. oft auch der Farbstoff, der durch seine lichtabsorbierenden Eigenschaften eine bestimmte Farbempfindung hervorruft.
Die Kunst hat die von den Farbempfindungen ausgelösten ästhetischen Erlebnisse in vielseitiger Weise in ihren Dienst gestellt. Dabei ist zu unterscheiden, ob die F. nur als Zusatz zu einer auch für sich bestehenden Form gegeben wird (→Polychromie), oder ob die Form aus der Farbe entwickelt ist und im wesentlichen durch diese besteht, was nur in der →Malerei vorkommt (→Kolorismus, →Impressionismus). In der Kunst handelt es sich in weitaus überwiegendem Maße um F.n, die reflektiertes Licht sind; Kunstwerke, deren Farbwirkung auf durchscheinendem Licht beruht, sind die Erzeugnisse der →Glasmalerei.
Farbwirkungen werden in der Kunst hervorgebracht 1. durch die Eigenf. der Werkstoffe, so in der Baukunst (→Backsteinbau, →Baukeramik, →Inkrustation), im Kunstgewerbe (→Glas, →Intarsia) und beim →Mosaik; 2. durch Auftragen von Farbstoffen auf einen Grund. Dabei verschwindet die Eigenfarbe des Grundes bei →Deckfarben, sie spricht mit bei →Lasurfarben. Der Grund muß zur Aufnahme des Farbstoffes oft bes. zubereitet sein (→Grundierung). Von seiner Beschaffenheit, ob rauh, ob glatt, ob den Farbstoff aufsaugend (→Freskomalerei) oder nicht, hängt ein Teil der Farbwirkung ab. Sie hängt ferner ab von dem Bindemittel, das die einzelnen Farbteilchen zusammenhält und auf dem Grund bindet. Denn die Verschiedenheit der Bindemittel (nicht der Farbstoffe) bedingt in erster Linie die Verschiedenheit der Maltechniken (→Aquarellmalerei, →Enkaustik, →Freskomalerei, →Guaschmalerei, →Ölmalerei, →Temperamalerei). Eine im Laufe der Zeit eingetretene chemische Veränderung des Bindemittels (häufig bei der Ölmalerei) kann eine Veränderung der Farbwirkung nach sich ziehen; auch sind die Farbstoffe selbst, allerdings in sehr verschiedenem und schwer nachzuweisendem Maße, Veränderungen unterworfen. Gehen diese Veränderungen verhältnismäßig rasch vor sich, so bezeichnet man die betreffenden Farbstoffe als nicht lichtecht. Der Farbauftrag kann alle Grade zwischen dünn und →pastos durchlaufen. Bei pastosem Farbauftrag ist die Reflexion des farbigen Lichts anders und verwickelter als bei dünnem. Dieser hat den Vorteil größerer chemischer Dauerhaftigkeit. Eine besondere Art des Farbauftrags in der des Pointillismus (→Impressionismus). Da bei farbigen Reproduktionen zwar Farbstoffe verwendet werden, die denen des Originals gleich oder ähnlich sind, Bindemittel, Grund, Farbauftrag und Format aber in der Regel von den Gegebenheiten des Originals stark abweichen, ist nur eine begrenzte Annäherung an dessen Farbwirkung möglich. Am besten, bis zu fast völliger Täuschung, gelingt die

Wiedergabe farbiger Handzeichnungen, da auch das Original auf Papier und mit ganz dünnem Farbauftrag gemalt ist.
Alle Farbtönungen können durch Mischung von Gelb, Purpurrot und Cyanblau erzeugt werden. Die Farbenphotographie kommt dem praktisch schon sehr nahe. Eine Farbe ist bestimmbar und meßbar nach ihrem Ton, ihrer Sättigung (Intensität) und ihrer Dunkelstufe (Hell-Dunkel-Wert). Man unterscheidet die dem Blau oder Grün nahestehenden F.n als kalte F.n von den warmen F.n, die dem Rot oder Gelb nahestehen. Diese erregen das Auge stärker, drängen sich gleichsam in den Vordergrund des Farbenerlebnisses und sind auch im Bild die für den Vordergrund bevorzugten F.n (→Farbenperspektive). Schwarz, Weiß und alle Grautöne sind unbunte F.n. Ergänzen zwei F.n gemischt einander zu Unbunt, so heißen sie Kompensationsf.n (Gegenf.n); praktisch sind es die Farbenpaare Rot-Grün und Blau-Gelb (nicht zu verwechseln mit den Komplementärf.n der F.nphysik). F.n, die an sich schön oder häßlich wären, gibt es in der Kunst nicht. Jede kann alles sein, und ein uns physiologisch gar nicht erregendes Grau kann an der rechten Stelle höchste ästhetische Bedeutung gewinnen. Die F.nordnung eines Kunstwerks ist ein Reich für sich. Selbst wenn sie einen Ausschnitt aus der Farbigkeit der dinglichen Welt abbilden will, wenn also die F.n Gegenstandsbezeichnungen sein wollen, sind sie dies doch erst in zweiter Linie; ihre Werte werden in erster Linie vom Ganzen jeder F.nordnung aus bestimmt, ob in dieser nun ein Einheitston vorherrscht, dem alle F.n angeglichen sind, oder ein F.nakkord (z.B. der Rot-Blau-Akkord oder Rot-Grün-Akkord eines mittelalterlichen Glasfensters oder einer Miniatur), oder ob die →Lokalfarben mehr zur Geltung kommen.
Eine geschichtliche Betrachtung alles dessen, was mit dem Begriff F. zusammenhängt, stößt zuerst auf die Tatsache, daß der F.nsinn sich immer differenzierter entwickelt hat. Falls die Schlüsse richtig sind, die die Sprachforschung aus dem Vorhandensein oder Fehlen von Farbbezeichnungen auf jene anscheinend in geschichtlicher Zeit noch nicht abgeschlossene Entwicklung gezogen hat, so wäre (abgesehen von den unbunten F.n Schwarz, Weiß und Grau) die zuerst unterschiedene F. das Goldgelb; dann kämen Rot und Grün und zuletzt Blau. Beobachtungen über die Entwicklung des F.nsinns beim Kind scheinen diese Abfolge biogenetisch zu bestätigen. Haben solche Überlegungen für eine Geschichte der F. in der Kunst nur hinsichtlich primitiver Stufen Gültigkeit, so ist die Geschichte der Farbmittel bis in die neueste Zeit zu berücksichtigen. Am augenscheinlichsten lehrt dies die Entwicklung des farbigen Porzellandekors, die von der Erfindung immer neuer feuerbeständiger F.n abhängig war; auch eine Geschichte der F. in der darstellenden Malerei darf an Erwägungen dieser Art nicht vorübergehen. Beachtung verdienen ferner die nationalen Verschiedenheiten des F.ngeschmacks, andererseits die übernationalen, weil christl.-kultischen Farbbedeutungen der mittelalterlichen Kunst, deren System nicht von der Anschauung, sondern von der Vorstellung beherrscht wurde (→F.nsymbolik). Im übrigen ist eine solche Geschichte der F. von der Kunstwissenschaft bisher nur auf wenigen eng begrenzten Gebie-

ten in Angriff genommen worden, woran nicht zum wenigsten der Mangel brauchbarer farbiger Wiedergaben schuld ist.

Maria Grunewald, Das Kolorit in der venezian. Malerei, 1912; W. Ostwald, Die F.nlehre, 3 Bde., 1918–22; V. Goldschmidt, F.n in der Kunst, 1919 (Heidelberger Kunstgeschichtl. Abhdlgn. 4); G. J. von Allesch, Die ästhetische Erscheinungsweise d. F.n, 1925; A. Sjöblom, Die koloristische Entwicklung in der niederländ. Malerei des 15. u. 16. Jh., 1928; Carry van Biema, F.n und Formen als lebendige Kräfte, 1930; J. J. Tikkanen, F.ngebung in der mittelalterl. Buchmalerei, 1933; H. Lützeler, Die F. in der Malerei, 1934 (Neue Jahrbücher für Wissensch. u. Jugendbildung, Heft 3); Th. Hetzer, Tizian, Geschichte seiner F., 1935; F. Haeberlein, Grundzüge einer nachantiken F.nikonographie, 1939 (Röm. Jahrb. für Kunstgesch., Bd. 3); El Boller, D. Brinkmann u. E. J. Walter, Einführung in die F.nlehre, 1947; W. Schöne, Das Licht in der Malerei, 1954; F. Birren, History of color in painting, 1965; H. Frieling, D. Gesetz d. F., 1968; E. Strauss, F.probleme der Neuzeit, (Kunstwissenschaftl. Stud. 47) 1972; J. Itten, Kunst d. F., [4]1973; L. Gericke u. K. Schöne, Das Phänomen F., [2]1973; H. Küppers, Die Logik d. F., 1976; L. Wittgenstein, On Colour, 1977; E. Berger, Quellen u. Technik d. Fresko-, Oel- u. Temperamalerei d. Mittelalters, Nachdruck 1973.

Farbenholzschnitt →Holzschnitt.

Farbenperspektive, die tiefräumliche Gliederung eines Bildes mit Hilfe der Verschiedenheit der Tiefenbedeutung der Farben. Zugrunde liegt die Erfahrung, daß von Farben, die in der gleichen Ebene sich befinden, einige (bes. rot und gelb) vor-, andere (bes. blau) zurückzutreten scheinen. Will man also z. B. die tiefenräumliche Distanz von einer Vordergrundsfigur zu einer Mittelgrundsfigur bes. sinnfällig machen, so ist es zweckmäßig, der ersteren vortretende, der letzteren zurücktretende Farben zu geben. – Eine Sonderform der F. ist die Luftperspektive. Sie beruht auf der Erfahrung, daß im Freiraum warme Farben nach dem Horizont zu immer mehr ins Bläuliche übergehen, weil sie auf dem Wege zum Auge des Betrachters mit zunehmender Entfernung durch das atmosphärische Medium immer stärker absorbiert werden. Will man also im Bilde die Zunahme der Entfernung, d. h. die Tiefe des Freiraums sinnfällig darstellen, so stuft man die Farben der Dinge nach der Tiefe zu immer mehr nach Blau oder Blaugrün ab.

Farbenrhythmus →Farbensymmetrie.

Farbenstich, Farbenradierung → Kupferstich.

Farbensymbolik. Eine symbolische Verwendung der Farben gibt es zu allen Zeiten und auf den verschiedensten Gebieten. In der christl. Kunst hat die F. eine gewisse, wenn auch nicht sehr große Bedeutung und zur Ausbildung eines festen Kanons ist es nur bei den →liturgischen Farben gekommen. Insbesondere in der Malerei ist die Anwendung einer F. infolge rein malerischer Erwägungen sehr beschränkt und nur bei bestimmten Personen mit einer gewissen Regelmäßigkeit festzustellen: Maria mit blauem Mantel und rotem Gewand, so auch Christus, Johannes der Evangelist rot und blau, Petrus weiß und blau, Paulus grün und rot, roter Mantel des Schmerzensmannes, die Juden und Judas in gelber Tracht.

W. Wackernagel, Die Farben- und Blumensprache des Mittelalters, 1872; G. Haupt, Die F. in der sakralen Kunst des abendländ. Mittelalters, Diss. Leipzig 1941; O. Lauffer, F. im dt. Volksbrauch, 1948; G. Kranz, Farbiger Abglanz. Eine Symbolik, 1957.

Farbensymmetrie, die dem symmetrischen Aufbau eines Bildes (z. B. Madonna in der Mitte, Figuren gleicher Zahl links und rechts) entsprechende symmetrische Verteilung der Farben. Die F. tritt häufig in ital. Bildern der Frührenaissance auf, während deutsche im Gegensatz dazu, auch bei symmetrischem Aufbau den Farbenwechsel oder Farbenrhythmus bevorzugen.

Anna L. Plehn, F. und Farbenwechsel. Prinzipien dt. und ital. Farbenverteilung, 1912 (Studien z. dt. Kunstgesch. 143).

Farnesischer Herakles, Kolossalfigur eines Herakles, der sich auf die Keule stützt. Die Statue galt früher für eine Nachbildung des Herakles des Lysipp, stammt aber ihrer Formensprache nach ganz aus der zweiten Hälfte des 2. Jh. n. Chr. und ist zu dekorativen Zwecken geschaffen. Sie stand in den Thermen Caracallas. Zum Namen →Farnesischer Stier.

Farnesischer Stier, die heute im Museum von Neapel befindliche Marmorgruppe wurde 1547 in den Thermen Caracallas in Rom gefunden und war lange im Besitz der Farnese. Sie ist eine röm. Kopie nach einem um 50 v. Chr. auf Rhodos aufgestellten Werk der kleinasiatischen Bildhauer Apollonios und Tauriskos, welches den Tod der Dirke darstellte, die von Amphion und Zethos an einen wilden Stier gebunden wird. Das Original kam wahrscheinlich nach Rom, ist aber verschollen. Der barocke Stil des Werkes ist durch zahlreiche Ergänzungen noch verschlechtert.

Studniczka, Der F. St. und die Dirkegruppe des A. und T., 1903 (Ztschr. für bildende Kunst, Bd. 14); G. Lippold, Die griech. Plastik, (in Hb. d. Archäolog. III/1) 1950.

Fasche, die der Außenansicht zugekehrte Seite des Fenstergewändes.

Fase →abfasen.

Fassade, die Schauseite eines Bauwerks, in der Regel die Haupteingangsseite. Ein Bauwerk kann auch zwei oder mehr F.n haben, wobei jedoch eine meist die Hauptfassade bleibt. So wendet sich das Barockschloß mit einer Gartenfassade dem hinter ihm gelegenen Parke zu, und die Querschiffenden got. Kathedralen haben zuweilen mächtige F.n erhalten, die allerdings der Westfassade untergeordnet sind. Die F. spiegelt entweder die innere Gliederung des hinter ihr liegenden Baukörpers oder der hinter ihr liegenden Räume wider (z.B. F. der altchristl., roman., got. Basilika, des Renaissance- und Barockpalastes), oder sie ist davon unabhängig; so etwa, wenn sie an einen Zentralbau angesetzt wird (Pantheon in Rom), der selbst keine flächige Begrenzung hat. Der Kirchenbau der engl. Gotik, der ital. Renaissance und des Barocks hat F.n hervorgebracht, die weder den Abmessungen nach Breite und Höhe, noch der Gliederung des zugehörigen Baues entsprechen. Dies ist z.B. bei der F. der Peterskirche in Rom der Fall, die wohl der Vorhalle, nicht aber dem Kircheninneren angepaßt ist. Andererseits hat der süddt. Barock die Anpassung der F. an den Innenraum der Kirche zuweilen so weit getrieben, daß sich ihr dessen ovale Krümmungen mitgeteilt haben. – Zur Ausgestaltung der F. sind abgesehen von ihrer architektonischen Durchgliederung und Auszeichnung durch Säulen, Türme, Giebel und sonstige Bekrönungen die verschiedensten Mittel aufgewendet worden, neben plastischen (→Bauplastik, →Bauornament) auch farbige: Wechsel roter und weißer Steine oder heller und dunkler Marmorsorten (→Inkrustation), Baukeramik, Mosaiken, schließlich eine F.nmalerei, die die F. als Wandfläche benutzt (Oberitalien, Süddeutschland).

H. Kunze, Das F.nproblem d. franz. Früh- u. Hochgotik, Diss. Straßburg 1912; M. Baur-Heinhold, Süddt. F.nmalerei vom Mittelalter bis zur Gegenwart, 1952; R. Schaal, Vorhangwände, 1961.

Faßmaler, derjenige, der ein Holzbildwerk farbig zu „fassen", d. h. zu bemalen und zu vergolden hatte. Das Holz wurde vor der Bemalung oder →Vergoldung mit einem Kreide- oder Gipsgrund oder auch mit Leinwand überzogen, damit sich eine möglichst glatte Oberfläche ergab. Man hat die Farbe selten unmittelbar auf das Holz aufgetragen. Gewöhnlich benutzte man Temperafarben mit einem dünnen Wachsüberzug; erst im 18. Jh. auch Ölfarben, da sie das Holz widerstandsfähig gegen Feuchtigkeit machen. Solange es eine Holzbildnerei gab, d. h. bis zum Ausgang des Barocks, ist der Beruf des F.s verbreitet gewesen.

H. Wilm, Die got. Holzfigur, [2]1940.

Fassung →Faßmaler. Der Begriff wurde neuerdings auch auf die farbige Ausstattung bes. mittelalterlicher Innenräume übertragen.

Fastentuch, Palmtuch, Hungertuch, großes Leinentuch mit Passions- und anderen bibl. Szenen in Schachbrettfeldern, das in der Fastenzeit vor dem Chor oder dem Hochaltar ausgespannt wurde; in Deutschland bekannt seit Mitte 14. Jh.; Hauptzeit 15.–16. Jh., aber noch bis Ende des 18. Jh. vorkommend.

E. Hohmann, Fastentücher (in: Zs. für Kst., 4) 1950; J. Emminghaus, Die westfäl. Hungertücher, Diss. Münster, 1949; ders., Velum quadragesimale (in: Theolog. Revue, 60) 1964.

Fatimidisch, Bez. der Kunst in Ägypten unter der mohammedan. Dynastie der Fatimiden (10.–12. Jh.).

Fauves (franz. „Die Wilden"), Bez. für eine um →Matisse gescharte, im 1. Jahrzehnt des 20. Jhs. sich entfaltende Gruppe nachimpressionistischer franz. Maler, die anstelle der gebrochenen Farben des Impressionismus ungebrochene, leuchtende Farben verwandten und diese unter Zurückdrängung plastischer Werte in großen Flächen nebeneinandersetzten. Zu ihr gehörten u. a. → Derain, →Dufy, →Vlaminck, → Rouault.

G. Duthuit, Les F., 1949 (mit Bibliogr.); J. Rewald, Les F., 1953; J. Leymarie, Fauvismus, dt. 1959; G. Jedlicka, Der Fauvismus, 1961; J.-P. Crespelle, Les F., 1962; J. E. Muller, Fauvismus, 1967.

Faydherbe, Faidherbe, Lucas, niederländ. Bildhauer und Baumeister, * 1617 Mecheln, † 31. 12. 1697 das., 1636–39 in der Werkstatt des Rubens in Antwerpen, hat unter dessen bestimmender Einwirkung eine überaus große Zahl von Bildwerken geschaffen, die in ihrem pathetischen Barock zwar hohe Fertigkeit, aber ein geringes Maß an Wandlungsfähigkeit und Bemühen um neue plastische Probleme zeigen. Sie haben in weitem Umfang schulbildend gewirkt. Statuen in den Kirchen von Brüssel und Mecheln, das. auch Grabmäler und im Museum eine Anzahl seiner Werke. F. erbaute die Kirche Notre Dame d'Hanswyck in Mecheln (1663 bis 1678).

M. Libertus, L. F., beeldhouwer en bouwmeester, 1938.

Fayence (franz. nach Faenza, einem der ersten ital. Herstellungsorte), Tonwaren, deren einmal vorgebrannter, meist farbiger Scherben mit einer undurchsichtigen, meist weißen und mit Scharffeuerfarben bemalten Zinnglasur überschmolzen ist. Der ital. Name für das gleiche Erzeugnis lautet Majolika nach der span. Insel Mallorca, über die der Handel mit span. F.n nach Italien vermittelt wurde. Unter Halbfayence oder Mezzamajolika versteht man ein Erzeugnis, dessen unedler, mißfarbiger Scherben einen Überzug aus weißer Erde mit aufgemalter oder eingekratzter Verzierung unter durchsichtiger Bleiglasur erhalten hat.

Glasierte Tonarbeiten (Gefäße, Schmucksachen) sind in Ägypten bereits im 4. Jahrtausend als Halbfayencen mit bläulich-grüner Bleiglasur hergestellt worden; ebenfalls im Bereich der →Induskultur mit blauen und weißen Glasuren. Die Babylonier haben die Zinnglasur und damit die echte F. erfunden, die zu den Persern unter Erweiterung der Farbenreihe gelangte. Die Perser haben vermutlich den Lüster, jenen metallisch glänzenden Überzug der F.n, zuerst hergestellt, die Araber haben ihn übernommen und die Technik der F. und den Lüster wahrscheinlich schon im frühen Mittelalter nach Spanien übertragen. Hauptsitze dieser blühenden span.-maurischen F.industrie waren Malaga und Valencia. Sie hat sich bis ins 16. Jh. den maurischen Charakter ihrer Dekoration bewahrt. Italien hat von Mallorca aus die F. eingeführt und sie dann selbst herzustellen begonnen. Allerdings ist hier der echten F. die Mezzamajolika vorangegangen, die sich neben jener, zumal in der Volkskunst, noch lange hielt. Frühester Hauptsitz der Fabrikation war Orvieto (14. Jh.); es folgten Faenza, Siena, Rom und Florenz, wo man zuerst über die Herstellung einfacher Gebrauchsgefäße hinaus zu der von Prachtgefäßen mit aufwändiger Dekoration übergeht, die aber immer noch den span.-maur. Einfluß verrät. Florenz hat noch eine besondere Bedeutung durch die F.-plastik der della →Robbia. Seit dem letzten Viertel des 15. Jh. übernimmt Faenza die Führung. Es entstehen Teller und Prachtschüsseln mit figürl. Szenen mytholog. und christl. Inhalts, wobei Kupferstiche, auch solche von Dürer, zuweilen als Vorlagen dienten. Einen Sonderzweig dieser Faenza-Majoliken bildet die Herstellung von Fliesen. Unter den Werkstätten war zwischen 1520 und 1536 die Casa Pirota die bedeutendste. In der Mitte des 16. Jh. wurde Urbino der Hauptort, im späten 17. Jh Castelli.

In Deutschland wurden F.n zuerst in einigen süddt., bes. Nürnberger Werkstätten neben der →Hafnerkeramik in der 1. Hälfte des 16. Jh. hergestellt. Diese frühe dt. F.kunst war noch keine Farbenkunst, sondern beruhte auf der Ausbildung verschiedener Gefäßformen und deren Verzierung mit Reliefs. Eine geschlossene Entwicklung der dt. F.fabrikation setzt erst gegen Ende des 17. Jh. ein unter Einwirkung von Holland her, das seine sehr bedeutende F.fabrikation in der Mitte des 17. Jh. aufgenommen hatte unter Führung von Delft (→Delfter Fayence). Die Anlehnung der dt. F.n an die Delfter war bis zur Mitte des 18. Jh. stellenweise so stark, daß manche dt. Erzeugnisse von den Delfter kaum zu unterscheiden sind. Andererseits hat Holland nicht nur einen Teil der benötigten Rohstoffe aus Deutschland bezogen, sondern auch seinerseits dt. F.n eingeführt. Natürlich gab es auch dt. Fabriken, die von vornherein ganz selbständig arbeiteten, namentlich die seit der Mitte des 18. Jh. gegründeten. Auf Form und Dekoration der dt. F.n gewann im Laufe des 18. Jh. das neuerfundene Porzellan Einfluß. Bis zum Ende dieses Jh. dauerte die Blütezeit der dt. F. an, die schließlich durch das immer wohlfeiler gewordene Porzellan sowie durch das engl. Steingut stark zurückgedrängt wurde. – In Frankreich gibt es F.n ebenfalls seit der 1. Hälfte des 16. Jh. (→Henri-deux-Fayencen), während die Arbeiten des berühmtesten franz. Keramikers dieser Zeit, des Bernard Palissy, Bleiglasuren haben, also der eigentlichen F. nicht zuzurechnen sind. Deren Industrie entwickelte sich in Frankreich erst seit der Mitte des 17. Jh. unter Führung von Rouen, später Nevers und Moustiers, die bis in die 2. Hälfte des 18. Jh. dauerte. Von der F. der skandinav. Länder ist nur die dän. F. des 18. Jh. bemerkenswert. – Im europ. Kunstgewerbe der letzten Jahrzehnte hat die F. wieder eine bedeutendere Stelle einzunehmen begonnen, als ihr im 19. Jh. beschieden war.

O. von Falke, Majolika, [2]1907; A. Stoehr, Dt. F.n und dt. Steingut, 1920; O. Riesebieter, Die dt. F.n des 17. und 18. Jh., 1921; G. Ballardini, Corpus della maiolica italiana, ab 1933 bis 1938; K. Hüseler, Deutsche F.n, 3 Bde., 1956–58; C. Liverani, Ital. Majolika, 1960; F. W. Hudig, Delfter F., [2]1960; Jeanne Giacometti, La Majolique de la Renaissance, 1961; S. Ducret, Deutsches Porzellan u. dte. Fn., 1962; G. Cora, Storia della maiolica di Firenze e del contado, secoli XIV e XV, Text- u. Tafelbd., 1973; G. Conti, L'arte della maiolica in Italia, 1976; C. Frégnac, H.-P. Fourest, Europ. F.n, 1976; J. P. Cushion, Hdb. d. europ. F.n., 1976; A. Klein, Dtsche. F.n, 1975; F. A. Dreier, G. Böhm u. a., F.n, Ausst.kat. Kst.gew. Mus. Berlin (W), 1976; A. Klein, F.n. Europas, 1980; E. Hölzl, E. Pichelkastner, Bruckmann's F.n-Lexikon. Majolika, F., Steingut, 1981.

fec. = fecit (lat. „hat es gemacht"), häufiger Zusatz zur →Signatur des Künstlers.

Federmosaik, das Einknüpfen von Schmuckfedern in Gewebe oder Kleben auf Agavefaserpapier, eine in Alt-Mexiko geübte Kunst, von der sich wegen der Vergänglichkeit des Materials jedoch nur noch wenige Zeugnisse erhalten haben.

Federzeichnung. Die Verwendung von Feder und Tinte gehört zu den ältesten Techniken und hat ihre Bedeutung vom frühen Mittelalter bis zur Gegenwart in großer Beständigkeit bewahrt. Der Strich der F. verfügt über eine weite Skala von An- und Abschwellungen und ermöglicht viele Übergänge von durchsichtiger Zartheit zu Kraft und Tiefe. Ein großer Vorzug gegenüber anderen Zeichentechniken ist die Unverwischbarkeit der getrockneten Linien. Die F. ist oft ein- oder mehrfarbig laviert. Ein Hauptwerk aus dem frühen Mittelalter ist der →Utrechtpsalter, aus dem hohen das Bauhüttenbuch des →Villard de Honnecourt. Am Aufschwung der Handzeichnung zu Beginn der Renaissance ist auch die F. beteiligt. Ein dt. Hauptwerk dieser Zeit ist das →Gebetbuch Kaiser Maximilians. Im 19. Jh. wurde die Feder häufig neben der Kreide das Instrument der Künstlerlithographie.

J. Meder, Die Handzeichnung, [2]1923; M. Kellerer, Die Kunst des Federzeichnens, [2]1940.

Feichtmayr →Feuchtmayer.

Feininger, Lyonel, Maler und Graphiker, * 17. 7. 1871 New York, † 13. 1. 1956 das., seit 1894 in Berlin, wo er als Karikaturenzeichner begann. Während eines Aufenthaltes in Paris (1906–08) geriet er unter den Einfluß von Braque und Picasso und wandte sich der Malerei zu. 1919–33 war F. im →Bauhaus tätig, seit 1937 lebte er in New York. Sein sehr persönlicher Stil ist kubistischer Gestaltungsweise verwandt: aus zart getönten, linear begrenzten Flächen entstehen stimmungsvolle Kompositionen von Landschaften und Stadtansichten.

L. Schreyer, L. F., Dokumente u. Visionen, 1957; H. Hess, L. F., 1959 (mit Werkverz. u. Bibliographie);

Katalog der F.-Gedächtnisausstellung Hamburg 1961; E. Ruhmer, L. F., 1962; Leona E. Prasse, L. F. Das graph. Werk (hg. v. Cleveland Mus. of Arts) 1972; H. Hess, L. F., Ausst.-Kat. München (Haus d. Kst.) 1973.

Felixmüller, Conrad, Maler und Graphiker, * 21. 5. 1897 Dresden, lebt in Berlin, Schüler der Dresdner Akademie (Bantzer), 1949 bis 1961 Prof. an der Pädagog. Fakultät der Univ. Halle, setzte in seinen expressionist. Anfängen seine Kunst für die Ziele des Sozialismus, ein vor allem auch mit den Mitteln der Radierung und des Holzschnitts. Später trat Beruhigung und eine Wendung zum Realismus ein. Thematisch überwiegen Bilder aus dem täglichen Leben, wobei meist eine Steigerung der farbigen Wirklichkeit erstrebt wird. Die graphische Tätigkeit (Mappenwerke, Illustrationen, Einzelblätter jeder Technik) hat bis zur Gegenwart niemals ausgesetzt.

H. C. v. der Gabelentz, C. F., 1946; Ders., Malerei aus Freude, Malerei als Anklage, 1948; H. Scherf, Religiös. Bildkst. d. Gegenwart. Zu d. Emporengemäld. v. C. F. i. d. Kirche z. Tautenhain (Festschr. f. H. Vollmer) 1957; B. Wächter, Das kl. Holzschnittbuch v. C. F., 1958 (m. Bibl.); D. Gleisberg, Zu C. F.s Porträt-Holzschnitten (Wiss. Ztschr. Univ. Leipzig, Ges.-sprachw. Reihe 12) 1963; H. Heinz, C. F., 1958.

Felsbilder, Felszeichnungen. Für die F. des Eiszeitmenschen und die nacheiszeitlichen F. Afrikas → Altsteinzeit, →Capsien, →Frankokantabrischer Kreis. Aus den jüngeren Perioden der Vorgeschichte sind Felsbilder bisher aus Skandinavien, Spanien, den ligurischen Alpen, Sibirien und der Mongolei bekannt geworden. Am bedeutendsten sind die F. Skandinaviens, die in zwei verschiedenen Gruppen auftreten. Die sog. arktischen Bilder Norwegens gehören der →Jungsteinzeit und dem Beginn der → Bronzezeit an. Sie stammen von einer vorindogermanischen Jägerbevölkerung (→arktisch-baltische Kultur) und bringen in der Hauptsache Darstellungen von Jagdwild, nur selten menschliche Figuren. Der Stil der Bildwerke reicht von einem gemäßigten Naturalismus bis zu völliger Schematisierung; die naturgetreuen Zeichnungen sind die älteren. Ähnlich wie die eiszeitliche Jägerkunst müssen auch die arktischen F. Skandinaviens als Zauberzeichnungen verstanden werden, die der Herbeizwingung des Jagdglückes dienen sollten. Von den Bildwerken arkt. Stiles sind scharf die germanischen F. der Bronzebeit zu trennen, deren Hauptverzreitungsgebiet im südl. Schweden vnd Norwegen liegt. Sie geben in völlig schematischer Darstellungsweise Szenen kultischen Inhalts, festliche Aufzüge, Weihehandlungen, rituelle Kampfspiele u. dgl. wieder. Es erscheinen Schiffs- und Schlittenprozessionen, Pflüger, äxteschwingende Männer, Lurenbläser, Sonnenräder; auch die Darstellung der „heiligen Hochzeit" kommt mehrfach vor. Die Deutung der Bildwerke ist im einzelnen noch sehr umstritten, der Zusammenhang mit Fruchtbarkeitsriten aber gesichert. – Die F. Liguriens, die sich in der Umgebung des Col di Tenda in einsamer Höhenlage zwischen 2000 und 3000 m befinden, zeigen inhaltlich und stilistisch eine entfernte Ähnlichkeit mit den Zeichnungen Südskandinaviens. Auch sie sind völlig schematisch; das Erscheinen des heiligen Pfluges und der axtschwingenden Männer deutet ebenfalls auf Fruchtbarkeitsriten hin. Durch mehrfache Darstellung von Stabdolchen sind die Bilder in die früheste →Bronzezeit datiert. In den Ostalpen hat sich der F.brauch in der Val Camonica (zwischen Adamello-Gruppe und Bergamasker Alpen) von der älteren Eisenzeit bis ins Mittelalter erhalten. F. im Sahara-Atlas müssen, nach ihren Tierformen zu schließen, entstanden sein, als die Wüste noch wasserreiches Weideland war. Die Felsbilder der libyschen Wüste und Ostafrikas bezeugen das Vordringen von Viezüchtern in vorgeschichtlicher Zeit. →Afrikanische Kunst. Die ethnische Stellung und Zeit der „Buschmann-Malereien“ ist noch ungeklärt. Bronzezeitl. sind auch die F. des nordwestl. Spanien, die gleichfalls Waffendarstellungen bringen. Die F. Sibiriens und der Mongolei dürften größtenteils den ersten Jh. n. Chr. angehören und türkisch-kirgisischen Stämmen zuzuschreiben sein. Ihre Tierdarstellungen und geometrischen Zeichen scheinen ebenfalls mit Zauberhandlungen zusammenzuhängen ebenso wie die zahlreichen F. der „Neuen Welt“.

J. Bøe, Die Felsbilder im westl. Norwegen, 1932; E. S. Engelstad, Østnorske Ristninger og Malinger av den Arktiske Gruppe, 1934; Almgren, Nordische Felszeichnungen als religiöse Urkunden, 1934; G. Gjessing, Nordenfjelske Ristninger og Malinger av den Arktiske Gruppe, 1936; Ders., Arktiske Hellristninger i Nord-Norge, 1932; A. M. Tallgren, Inner Asiatic and Siberian Rock Pictures, 1933 (Eurasia Septentrionalis Antiqua 8); G. Hallström, Monumental art of northern Europe, 1938; W. Krickeberg, Felsplastik u. F. bei d. Kulturvölkern Alt-Amerikas, Bd. 1: Die Andenländer, 1949; H. Kühn, Die F. Europas, 1952; H. Rothert, Libysche F., 1952; Jolantha Tschudi, Nordafrikanische Felsmalereien, 1956; F. Behn, Zur Problematik der F., 1962 (Abhandl. d. Sächs. Akad. d. Wissensch., Phil.-hist. Kl. 54, 1); P. Červiček, Cat. of the Rock Art Collection of the Frobenius Instit. (Stud. z. Kulturkde. Bd. 41) 1976; H. Biedermann, Lex. d. Felsbildkst., 1976.

Fenster. In der altchristl. Baukunst ist das F. rundbogig geschlossen und hat eine senkrecht in die Mauer geschnittene Laibung. Beim roman. F. sind Laibung und Sohlbank abgeschrägt, um den Lichteinfall zu erweitern, wobei wohl auch das Bestreben mitspielte, die Dicke der Mauermasse sichtbar zu machen. Dabei tritt keinerlei Rahmung aus der Mauerfläche vor. Häufig sind roman. F. gekuppelt, d. h. durch eine Mittelsäule in zwei Öffnungen geteilt (Zwillingsfenster) oder durch zwei Säulen in drei Teile (Drillingsfenster); auch können die F. durch übergreifende Blendbögen zu Gruppen zusammengefaßt sein. Im 12. Jh. tritt eine Profilierung der Laibung oder des Gewändes ein, etwa durch Einstellung von Rundstäben oder Säulen. F. an bes. bevorzugter Stelle (Apsis) sind zuweilen von einem Ornamentfries umrahmt. Außer rundbogigen kommen auch kreisrunde F. vor; Rundfenster; mit speichenförmigen Stäben versehen heißen diese Radfenster. Das spitzbogige F. der Gotik wird durch schmale steinerne Glieder vertikal (durch schwächere oft auch horizontal) zerteilt, Stabwerk genannt, das sich im Bogenfeld zum →Maßwerk zusammenschließt. Die F. werden immer breiter und höher und bilden, die Wandfläche zuweilen fast vollständig auflösend, steinerne, farbig verglaste Gerüste (→Glasmalerei). Im Außenbau wird der Vertikalismus des F.s über die eigentliche F.öffnung hinaus noch durch den →Wimperg gesteigert. Kreisrunde F., mit Maßwerk gefüllt und oft von riesiger Ausdehnung, sind bes. über Portalen und in den Querschiffgiebeln beliebt: Fensterrose. Eine Besonderheit der engl. Frühgotik sind die langen, schmalen, meist zu Gruppen geordneten Lanzettfenster. Die Renaissance verwendet bei Prachtfenstern wieder den Rundbogen (gern gekuppelt), hat daneben den geraden Fenstersturz eingeführt und dem F. eine plastisch vortretende

Umrahmung gegeben, die in der verschiedensten Weise ausgestaltet wird. Auch Maßwerkkombinationen sind in der Renaissance selbst in Italien anzutreffen. Der Barock hat alle inneren Teilungen aufgehoben. Seine F. schließen rund oder gerade. Die Plastizität der äußeren Umrahmung, die gern von einem Giebel (Giebelfenster) oder Kreissegment (Segmentfenster) gekrönt wird (→Giebel), ist gesteigert. Daneben gibt es ovale F. und (so im süddt. Barock) frei erfundene, kurvig begrenzte F. Im Klassizismus wird die äußere Umrahmung dünner und flacher oder fällt ganz weg. Der Neubarock der 2. Hälfte des 19. Jh. hat sie mit großem Aufwand wieder zur Geltung gebracht. In der Baukunst des 20. Jh. ist das F. kaum noch Ansatzstelle für Zierformen, vielmehr selber wandbildendes und formgebendes Element.

A. J. Wacker, Das F. im dt. Wohnhaus, 1938; O. Völckers, Glas und F., 1939; W. Wikkop, F., Türen, Tore, [3]1949; W. Zoeller, F. als Element d. Baugestaltung, 1961; H. Ricken, Die Gestaltg. v. F.laibungen, Diss. Weimar, 1960.

Fensterkorb, das einem flachen Korb ähnliche, aus der Flucht der Mauer vortretende Gitter vor den Fenstern meist nur des Erdgeschosses; kam in der Renaissance auf und zeigt zuweilen kunstvolle Schmiedearbeit.

Feston (franz.), Bogengehänge aus einem Gewinde von Blumen, Blättern, Früchten, oft mit Bändern kreuzweis umwunden; entweder in natura als vorübergehender

Feston

Schmuck von Gebäuden oder als Bauornament aus Stein, Gips, Holz, auch gemalt (Antike, Renaissance bis Klassizismus). Der F. kommt auch in der Buchkunst und im Kunstgewerbe vor.

Feuchtmayer, Feichtmayr, Bildhauer- und Stukkatorenfamilie des 17. und 18. Jhs., die aus Wessobrunn stammte. Ihr bedeutendstes Mitglied, Josef Anton F., * 1696 Linz, † 2. 1. 1770 Mimmenhausen b. Salem, Hauptmeister der Rokokobildnerei im Bodenseegebiet, schuf u. a. die Ausstattung der Schloßkapelle in Meersburg und auf der Insel Mainau, der Wallfahrtskirche in Neubirnau, den Hochaltar der Franziskanerkirche in Überlingen (1760), das Chorgestühl in der Stiftskirche St. Gallen (1762–68).

K. Sauer, Das Werk J. A. F.s, 1934 (Oberrhein. Kunst, Jahrg. 6); W. Boeck, J. A. F., 1948; G. Henel, Der Wandel d. plast. Formenideals bei J. A. F., Diss. Tübingen 1954; W. Boeck, F. Meisterwerke, 1963.

Feuerbach, Anselm, Maler, * 12. 9. 1829 Speyer, † 4. 1. 1880 Venedig, empfing Anregungen im Atelier von Couture in Paris, lebte meist in Rom, zuletzt in Venedig. Seine Welt ist Italien und die Antike. Auch er hat einen romantischen Zug wie Böcklin, drängt ihn aber zurück zugunsten kühler Geschlossenheit der Form und einer repräsentativen Vornehmheit der Haltung, die ihm über alles geht. Die von ihm gemalte Schönheit ist sehr bewußt als solche gemalt und sieht daher oft nicht nach Naturgegebenheit aus, sondern nach akademischer Züchtung. Starke Wirkung hat auf ihn die venezianische Farbe gehabt. Hauptwerke: Hafis in der Schänke (1852; Mannheim, Kunsthalle), Pietà (1863; München, Schackgal.), Medea (1867; Berlin, Nationalgal.), Bildnisse einer schönen Römerin,

Selbstbildnisse, das Gastmahl des Plato (2 Fassungen Karlsruhe und Berlin). – Briefe an seine Mutter, hg. von Kern und Uhde-Bernays, 2 Bde., 1911.

Allgeyer, A. F., 2 Bde., ²1904; Uhde-Bernays, F., 1913 (Klassiker der Kunst): Ders., F. Beschreibender Katalog seiner sämtlichen Gemälde, 1929; H. Bodmer, F., 1942; E. Waldmann, A. F., 1944; J. Lauts u. W. Zimmermann, A. F., 1961; Marianne Arndt, Die Zeichngn. A. F.s, Diss. Bonn 1967; A. F. Ausst.kat. Kst.halle Karlsruhe, 2 Bde. 1976.

Fiale (griech.), schlankes, spitzes Türmchen als Flankierung des → Wimpergs oder Bekrönung des Strebepfeilers (Abb. →Gotik), ein häufiges Ziermotiv des got. Baus und dessen Vertikalismus an zahlreichen Stellen ausstrahlend. Ihr unterer Teil, der meist vier- oder achtseitige Leib oder Schaft, ist mit Maßwerk verziert, auch als Tabernakel gebildet und mit Satteldach oder Giebel über jeder Seite versehen. Aus ihm steigt der pyramidenförmige, mit Krabben besetzte und von einer Kreuzblume gekrönte Helm oder Riesen (von mhd. rîsen = emporsteigen).

Fibel (aus lat. fibula; dt.: Gewandspange oder Gewandhafte), mit einem Bügel versehene Nadel zum Zusammenstecken der Kleidung. Die F. setzen in der →Bronzezeit ein und machen in der Folge eine sehr typenreiche Entwicklung durch, so daß sie in der vor- und frühgeschichtl. Archäologie die Rolle einer wichtigen Leitform spielen. Bei den vorgesch. F.n sind zwei Grundtypen zu unterscheiden, die sich unabhängig voneinander entwickeln: die eingliedrigen und die zweigliedrigen Formen.

Als älteste eingliedrige Typen dürfen die Peschiera- oder Violinbogen-F.n gelten, die in der späten Bronzezeit Italiens auftreten. Sie ähneln in der Konstruktion unseren heutigen Sicherheitsnadeln, indem die Nadel zunächst in eine federnde Spirale übergeht und rückbiegend dann den Bügel bildet. Als Nadelrast dient eine Schlinge des Bügels, die später zu einer Rinne oder einer kleinen Spiralscheibe umgeformt wird. Die zahlreichen Fibeltypen, die in der frühen →Eisenzeit Italiens, Griechenlands und Mitteleuropas auftreten, stellen durchwegs Weiterbildungen der Peschiera-F. dar. Sie entstehen dadurch, daß die F. aus einem großen Gebrauchsgegenstand immer mehr zu einem dekorativen Schmuckstück umgeformt wird. Diese Umgestaltung betrifft vor allem die am meisten sichtbaren Teile der F.: Bügel und Nadelrast (Fuß). Je nach der verschiedenen Ausgestaltung des Bügels werden Bogen-, Kahn-, Schlangen-, Raupen-, Pauken-, Harfen-, Spiralplatten-F.n u. dgl. m. unterschieden, die z. T. außerordentlich barockes Aussehen zeigen. In der jüngeren Eisenzeit Mitteleuropas (Latènezeit) setzen sich dann wieder einfachere F.-Formen durch. Man unterscheidet die Frühlatène-F.n mit lotrecht aufgestelltem Schluß-

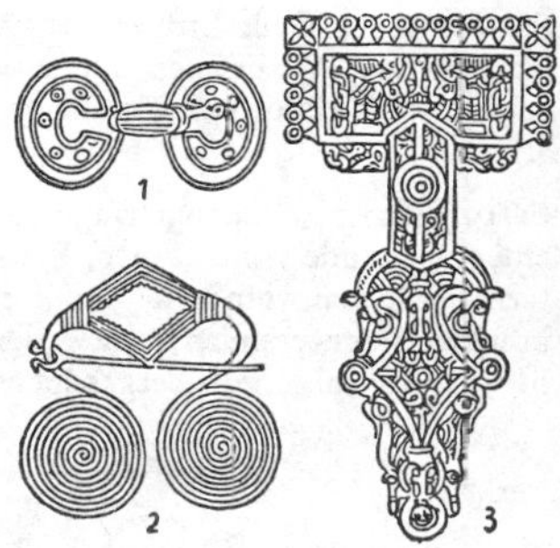

1. Zweigliedrige Bügelfibel der nord. Bronzezeit. 2. Spiralfibel der nord. Bronzezeit. 3. Nordgerm. Silberfibel mit ornamental aufgelösten Tierformen (um 600 n. Chr.)

knopf am Fußende, die Mittellatèneformen, bei denen der Schlußknopf bis zur Bügelmitte zurückgebogen wird, und die Spätlatène-F.n, bei denen der rückgebogene Fuß mit dem Bügel zu einem geschlossenen Rahmen verschmilzt. Die Frühlatène-F.n tragen vielfach reiche figurale Verzierung (Masken und Tierkopf-F.).

Das Ursprungs- und Hauptverbreitungsgebiet der zweigliedrigen F. liegt im →nordischen Kreis. Bügel und Nadel bestehen hier aus zwei verschiedenen Stücken, eine elastische Federung ist nicht vorhanden. Die Befestigung der Nadel erfolgt mittels einer am Nadelkopf angebrachten Öse, durch welche der Bügel durchgezogen wird. Die Entwicklung verläuft auch hier in dem Sinne, daß die F. aus einem Gebrauchsgegenstand immer mehr zu einem Schmuckstück umgebildet wird. Der ursprünglich drahtförmige Bügel wird breiter und setzt an den Enden Spiralscheiben an, die sich in der jüngeren Bronzezeit zu reich verzierten Platten erweitern, so daß die ganze F. ein brillenähnliches Aussehen annimmt. Bei einer anderen Entwicklungsreihe wird das Mittelstück des Bügels zu einer rhombischen Zierplatte umgebildet. Doch bleibt der Typenreichtum der zweigliedrigen F.-Formen wesentlich hinter dem der eingliedrigen zurück. Mit dem Ausgang der nord. Bronzezeit verschwinden die zweigliedrigen Formen. Erst gegen Ende der jüngeren →Eisenzeit tauchen nochmals zweigliedrige F.n auf (Ring- und Omega-F.), die dann in einzelnen Teilen Europas (Irland, Baltikum) bis in das Mittelalter fortleben.

Die provinzialröm. und german. Bü elfibeln der vier ersten Jhe. n. Chr., die in einer fast unübersehbaren Fülle von Typen entwickelt sind (ein- und zweigliedrige Armbrustfibeln, Augen- und Militär-F.n, F.n mit zweilappiger Rollenkappe, kräftig profilierte F.n, F.n mit umgeschlagenem Fuß usw.) stellen durchwegs Weiterbildungen der Spätlatène-F. dar. Sie unterscheiden sich aber technisch dadurch, daß die eingliedrige Konstruktion meist durch eine mehrgliedrige ersetzt wird. Bügel, Nadel mit Spirale, sowie die neu hinzutretende Spiralachse werden gesondert angefertigt und erst nachträglich zu einem federnden Mechanismus zusammengefügt. Eine grundsätzliche Neuerung stellen die röm. Scheiben- und Tier-F.n dar. Sie sind nach Art unsrer heutigen Broschen gebaut; der gesamte Befestigungsapparat wird auf die Rückseite des Schmuckstückes verlegt und dem Blick des Beschauers völlig entzogen. An Stelle der Nadelfederung erscheint meist eine Scharnierkonstruktion. Die german. F.n der Merowingerzeit sind gleichfalls broschenartig mit verdeckter Befestigungsvorrichtung gebaut. Sie gliedern sich in folgende Haupttypen: 1. Bügel-F. Sie besteht aus einer rechteckigen oder halbrunden Kopfplatte, einem kurzen, gewölbten Bügel und einer länglichen Fußplatte von rhombischer oder ovaler Gestalt. 2. Scheiben- und Teller-F. 3. S-förmige F. 4. →Brakteaten-F. 5. Tier-F. In diese Gruppe gehören sowohl die prächtigen, in Zelleneinlage verzierten Adler- und Zikaden-F.n der got. Kunst, wie auch die kleinen Vogel- und Pferde-F.n des fränkischen Kunstkreises. In der Wikingerzeit des N.s sind Scheiben-F.n verschiedener Art, ferner Kleeblatt-, Dosen- und Schalen- (Schildkröten-) F.n in Gebrauch. Da die F. während des ganzen Frühmittelalters Hauptträgerin der german.

Ornamentik ist, kommt ihr eine ganz besondere kunstgeschichtl. Bedeutung zu.

O. Almgren, Studien zu den nordeurop. F.-Formen, ²1923; F. Roeder, Die sächs. Schalenf.n der Völkerwanderrungszeit, 1927; v. Jenny-Volbach, Germ. Schmuck des frühen Mittelalters, 1933; F. Rademacher, Fränk. Goldscheibenf.n, 1940; E. Nissen-Fett, Relieff.n vom nord. Typ in Mitteleuropa, 1941 (Bergens Museums II Årbok); J. Sundwall, Die älteren ital. F.n, 1943. Die langobard. F.n aus Italien, hg. v.J. Werner, 1950; H. Kühn, die german. Bügel-F. d. Völkerwanderungszeit i. d. Rheinprov., 2 Bde. ²1965.

Fichtelberger Gläser, grüne, mit Emaillefarben bemalte Trinkgläser, Humpen und Seidel, die seit der Mitte des 17. Jh. und im 18. im Fichtelgebirge, bes. in Bischofsgrün, hergestellt wurden. Die Malereien enthalten Darstellungen des Fichtelgebirges und seiner höchsten Erhebung, des „Ochsenkopfes", durchsetzt mit allerlei Anspielungen auf seinen Wald-, Wild- und Quellenreichtum, auch sagenhafte Eigenschaften, die überdies in langen Sprüchen angedeutet werden.

T. Ostertag, Das Fichtelbergglas, 1933.

Ficoronische Ciste →Ciste.

Fiesole, Mino da →Mino da Fiesole.

Figura piramidale, der Aufbau einer Figurengruppe, so geschlossen, daß sie sich etwa in die Gestalt einer gleichseitigen Pyramide einfangen läßt; ein sehr verbreitetes Kompositionsschema der ital. Malerei der Hochrenaissance.

Figurenkapitell →Kapitell.

Figurenportal →Portal.

Figurierte Gewölbe, Gewölbe, deren Rippen Figuren bilden, d. h. die Stern- und Netzgewölbe der Spätgotik (→Gewölbe, →Abb. S. 271).

Figurinen (ital.), früher übliche Bezeichnung für kleine →Staffagefiguren.

Fikelluravasen, ostgriech. Vasengattung des 6. Jh., nach dem Orte F. auf Rhodes benannt, da dort viele Exemplare gefunden wurden, wohl in der Nähe hergestellt, aber auch an anderen Orten nachgeahmt. Dekoration meist ornamental, selten figürlich, charakteristisch Reihen von Mondsicheln.

R. M. Cook, Fikellura Pottery (Ann. Brit. School Athens Bd. 36).

Filarete, eigentlich Antonio Averlino, ital. Bildhauer und Baumeister, * um 1400 Florenz, † 1469 Rom, schuf als sein bildnerisches Hauptwerk die reliefgeschmückte Bronzetür der Peterskirche in Rom (1433–45), stand seit 1451 als Baumeister im Dienste des Francesco Sforza in Mailand und schrieb zwischen 1460 und 1464 seinen „Trattato d'architettura" (hg. von W. von Oettingen in den Quellenschriften zur Kunstgesch., N. F., Bd. 3, 1890) mit der romanhaften Schilderung einer in Form eines achteckigen Sterns angelegten →Idealstadt.

W. v. Oettingen, Über das Leben und die Werke des Antonio Averlino, genannt F., 1888 (Beiträge z. Kunstgesch., N. F. 6); P. Tigler, Die Architekturtheorie des F., 1963 (Neue Münchner Beitr. z. Kunstgesch. 5); L. Olivato, La citta „reale" del F. (Arte lombarda 18/38, 39) 1973; J. B. Onians, F. and the „qualità": architectural and social, (Arte lombarda 18/38, 39) 1973; Puppi, L, F. in gondola (Arte lomb. 18/38, 39) 1973; J. R. Spencer, F., the medaillist of the Roman emperors (in Art Bulletin LXI, 4) 1979.

Filigran (lat. filum „Faden" und granum „Korn"), Zierwerk aus feinem Gold- oder Silberdraht, häufig in Verbindung mit →Granulation. Die Drähte (glatte, gekörnte oder gezwirnte) sind als Muster auf den Metallgrund aufgelötet, der mit feinen Gold- und Silberkörnchen bedeckt ist. Das F. (zumal das neuere) kann auch ohne metallene Unterlage wie ein Geflecht oder Gespinst gebildet sein. Die Drähte sind dann dort gelötet, wo sie einander kreuzen oder berühren. – F. erscheint erstmalig um 2000 v. Chr. in der zweiten Stadt von Troja; in Griechenland tritt es ab 1500 v. Chr. (Mykene), in Italien ab 850 auf. Der german. N lernt das F. erst zu Beginn unserer Zeitrechnung kennen. Es spielt dann in der german. Goldschmiedekunst der Völkerwanderungszeit eine sehr bedeutende Rolle und geht schließlich auch in das karoling. und roman. Kunsthandwerk über. Es wurde ferner im Orient und mit besonderer Meisterschaft in Indien und China bis in die neueste Zeit verwendet bei Schmucksachen aus hauchdünnen Goldfäden, oder zum Fassen von Edelsteinen, Elfenbeinschnitzereien u. dgl. Im 17. Jahrh. haben Nürnberger Goldschmiede Schüsseln, Kästchen und andere Gegenstände aus Silberfiligran hergestellt. Auch zur Verzierung von Bucheinbänden ist es verwendet worden. In den neueren Jahrhunderten hat das F. bes. in der Volkskunst Verbreitung gefunden, entweder als selbständiges Schmuckstück oder zur Verzierung des Kostüms (Italien, Spanien, Holland, skandinav. Länder, Alpenländer, Ungarn).

Filigranglas →Fadenglas.

Filla, Emil, tschech. Maler, Graphiker und Kunstschriftsteller, * 3. 4. 1882 Chropyně, † 7. 10. 1953 Prag, verschrieb sich unter dem Einfluß von Braque und Picasso dem Kubismus, näherte sich jedoch in seinen späteren Arbeiten einer mehr realistischen Auffassung, ohne jenen ganz aufzugeben. Er hat Figurenbilder und Stilleben von überquellendem Formenreichtum und hoher farblicher Kultur geschaffen. Er schrieb: „Kunst und Wirklichkeit“ (dt. 1936).

A. Matějček, E. F., 1938.

Fiori, Ernesto de, ital.-dt. Bildhauer, * 12. 12. 1884 Rom, † 12. 4. 1945 São Paolo (Brasilien), ursprünglich Maler, ging 1911 in Paris zur Bildhauerkunst über, bildete sich bei Hermann Haller in Zürich aus und war später in Berlin tätig. 1936 wanderte er nach Brasilien aus. Er schuf Bildwerke bald von leidenschaftlichem Ausdruck, bald von strenger Klarheit, auch ausgezeichntee Bildnisköpfe.

P. M. Bardi, E. de F., 1950 (ital.).

Firnis →Ölmalerei.

Firusabad →Sassanidische Kunst.

Fisch, das Symbol Christi in der altchristl. Kunst, vermutlich zurückgehend auf Matth. 4, 19. Nachträglich fand man heraus, daß sich die einzelnen Buchstaben des griech. Wortes für F. so ergänzen lassen, daß sie den Namen Christi und seine Eigenschaften als Gottes Sohn und Retter bezeichnen.

F. J. Dölger, Ι Χ Θ Υ Σ, 3 Bde. Text, 2 Bde. Tafeln, 1922-28.

Fischblase, Schneuß, ein in der →keltischen Kunst sehr beliebtes, wohl aus der aufgelösten Palmette der klassischen Ornamentik entstandenes, auch in der irisch-angelsächs. Initialornamentik, bes. häufig

Fischblasen (Dreischneuß)

im spätgotischen Maßwerk vorkommendes Ornamentmotiv, das an die Form einer F. erinnert. Gern wird die F. im Kreis zu mehreren zusammengestellt und ergibt dann eine Wirbelform (z.B. Dreischneuß). In Frankreich sieht man die F. (die dort mehr in die Länge gezogen ist) als Flamme, und da sie die dortige Spätgotik ganz bes. beherrscht, wird danach der ganze Stil Flamboyantstil genannt.

Fischer, Johann Michael, Baumeister, * 18. 2. (?) 1692 Burglengenfeld (Oberpf.), † 6. 5. 1766 München, ist fast ausschließlich als Kirchenbaumeister bekannt. Das Streben des bayr. Barocks nach einem lichterfüllten Einheitsraum hat er auf das vollkommenste erfüllt. Seine Räume haben einen leicht gleitenden Rhythmus, der von einem Teilraum zum andern führt und die Grenzen des Ganzen für das Auge schließlich unfaßbar macht; doch bleibt der feste tektonische Bestand trotzdem noch spürbar. Die Außenarchitektur ist stets von überraschender Schlichtheit. Unter den Langhausbauten F.s ragen hervor die Benediktinerkirche von Zwiefalten (1741 bis 1753) und die Benediktinerkirche Ottobeuren, eine Kollektivarbeit, jedoch unter F.s entscheidender Mitwirkung; nach Dehio „nicht nur eine der ersten Leistungen des Barocks, sondern überhaupt einer der vornehmsten Kirchenbauten aller Zeiten in Deutschland". Die eigentliche Liebe F.s gehörte dem Zentralbau: Berg am Laim (1737–51) und als letztes Meisterwerk Rott am Inn (1759–62).

A. Feulner, J. M. F., 1922; Felicitas Hagen-Dempf, Der Zentralgedanke bei J. M. F., 1954.

Fischer, Theodor, Baumeister, *28. 5. 1862 Schweinfurt, † 25. 12. 1938 München, 1901 Prof. an der Techn. Hochschule das., dann in Stuttgart und seit 1908 wieder in München. Von seinen zahlreichen bedeutenden Bauten sind zu nennen: Universität Jena (1908), Kunstgebäude in Stuttgart (1911), Evangel. Garnisonskirche in Ulm (1911), Wittelsbacher Brücke in München, Landesmuseum in Kassel, Elisabethkirche in München-Schwabing, Siedlungsbauten. Auch durch vorzügliche Stadtplanungen (München, Stuttgart, Augsburg) ist er hervorgetreten. – Er schrieb: „Vom Wirken und Werten" 1946.

H. Karlinger, T. F., 1932; R. Pfister, Th. F., 1968.

Fischer von Erlach, Johann Bernhard, Baumeister, get. 20. 7. 1656 Graz, † 5. 4. 1723 Wien, 1682–85 in Italien, dann Wien, wo er kaiserlicher Hofarchitekt wurde. F. eröffnete die erste Generation großer dt. Barockbaumeister, die eine nationale dt. Barockbaukunst begründet haben. Er war der erste dt. Künstler, der durch einen Adelstitel („von Erlach") geehrt wurde. Seine Werke haben noch nicht das Leichtbeschwingte des österr. Barocks wie die seines Nachfolgers Lukas von →Hildebrandt; zumal sein kirchliches Hauptwerk, die Karl-Borromäuskirche in Wien (seit 1716), stellt sich in ernster Großartigkeit dar. Von seinen weltlichen Bauten ist die Hofbibliothek in Wien (seit 1722) der bedeutendste mit weiter und prächtiger Schwingung des Innenraums. Ein höchst interessantes und ganz für sich stehendes Unternehmen ist F.s Kupferstich-Prachtwerk „Entwurf einer historischen Architektur" (1721; 2. verm. Aufl. 1725; neue kommentierte Ausg. von G. Kunoth, 1956 = Bonner Beiträge z. Kunstwissensch. 5), das sogar die ältere und neuere Baukunst Asiens, auch Ostasiens berücksichtigt, und in dem er seine eigenen

Bauwerke als Endglieder einer Kette sieht, die mit dem Tempel Salomos beginnt. F.s Schaffen läßt im einzelnen heute noch viele Fragen offen. Sein Sohn Joseph Emanuel (1693 bis 1742) hat begonnene oder geplante Bauten des Vaters ausgeführt, so die Reichskanzlei in Wien (1725–30).

A. Ilg, Leben und Werke J. F.s v. E., 1895; H. Sedlmayr, Joh. Bernh. F. v. E., 1956, ²1976; H. Aurenhammer, Katalog der F. v. Erlach-Ausstellung Graz-Wien-Salzburg 1956/57; ders., J. B. F. v. E., 1973; G. Kunoth, Die Historische Architektur F.s v. E., 1959 (Bonner Beiträge zur Kunstgesch. 5); Th. Zacharias, J. Emanuel F. v. E., 1960.

Fisch-Vogel-Motiv, ein in der Initialornamentik merowing., armen. und kopt. Handschriften häufiges Motiv: der Buchstabe formt sich aus der Gestalt eines Fisches oder Vogels. Das F.-V.-M. fehlt in der irisch-angelsächs. Initialornamentik und verschwindet aus den abendländ. Handschriften in karoling. Zeit. Die Herkunft ist nicht ganz geklärt. Sie geht wohl auf sehr alte mythologische Vorstellungen zurück.

Fixieren, das Bestäuben einer Zeichnung (Bleistift, Kohle, Kreide, Pastell) mit einem rasch trocknenden Fixiermittel (Fixativ), früher meist in Spiritus gelöstem Schellack, um das Verwischen zu vermeiden.

Flachbogen →Bogen.

Flamboyant →Fischblase.

Flämische Kunst →Niederländische Kunst.

Flaxman, John, engl. Bildhauer und Illustrator, * 6. 7. 1755 York, † 7. 12. 1826 London, 1787–99 in Rom, reinster Vertreter des engl. Klassizismus, eiferte in seinen Bildwerken griech. Schönheit nach. In ähnlichem Sinne lieferte er Entwürfe für die Reliefs des Wedgwood-Steinguts. Weitreichender ist seine Bedeutung als Urheber der am griech. Vasenbild geschulten klassizistischen Umrißzeichnung, die er allein für würdig hielt, bei Illustration klassischer Dichtwerke angewandt zu werden. Er schuf u.a. Illustrationsfolgen zur Ilias und Odyssee (1793) und zu Dante (1793).

A. W. von Schlegel, Über Zeichnungen zu Gedichten und J. F.s Umrisse, 1799; W. G. Constable, J. F., 1927; R. Essick, J. la Belle, F.'s illustrations to Homer, 1977.

Flecheln →Zinn.

Flechtband. In Vorderasien wird das F. seit dem 3. Jahrtausend v.Chr. als ornamentales Ziermotiv verwendet. In Europa tritt es erst während der älteren →Eisenzeit auf (Griechenland, Italien, Mitteleuropa). Es geht dann in die klassische

Flechtbänder

Kunst über und bildet namentlich in röm. Zeit ein beliebtes Randmuster für Mosaikfußböden u. dgl. Unter röm. Einfluß lernt auch die germ. Goldschmiedekunst des 1. und 2. Jh. n. Chr. das F. kennen. Die eigentliche Hochblüte der F.-Verzierung aber fällt in das frühe Mittelalter. Zwischen 550 und 950 ist das F. über den größten Teil Europas bis nach Irland und Skandinavien verbreitet. Es wird sowohl in der monumentalen Steinarchitektur, wie in der ornamentalen Kleinkunst und der Buchmalerei in reichstem Maße verwendet.

W. Holmqvist, Kunstprobleme der Merowingerzeit, 1939; G. Haseloff, Die langobard. Goldblattkreuze, 1956

(Jahrb. d. Röm.-Germ. Zentralmuseums Meinz 3); H. Paulus, Kleiner Katalog karoling. Flechtwerksteine, 1956.

Fleischton (Inkarnat, Karnation), in der Malerei die vom Weiß ins Rot spielende Farbe der menschl. Haut. Die einzelnen Zeiten, Stile u. Künstlerpersönlichkeiten haben den F. sehr verschieden behandelt. Geht er nach Rot und gewinnt er an Leuchtkraft, so spricht man von einem blühenden F. (Venezianer der Hochrenaissance, Rubens). Blasse F.e sind dem Manierismus eigen; in der byzantinischen Kunst spielen sie, da grün untermalt, leicht ins Grünliche.

Flémalle, Meister von, niederländ. Maler, tätig zur Zeit des Jan van Eyck, gehört mit diesem und Rogier van der Weyden zu den Begründern der altniederländ. Malerei. Seine Namensbezeichnung stammt von 3 Altartafeln (Frankfurt a.M., Städelsches Institut), die sich früher wahrscheinlich in der Abtei F. bei Lüttich befanden. Möglicherweise ist er mit einem Robert Campin identisch, der am 26. 4. 1444 in Doornik starb. Man hat ferner seine Personengleichheit mit Rogier vermutet unter der Annahme, sein Werk sei nichts anderes als das Frühwerk dieses Meisters. Die Kennzeichen des Meisters von F. sind: dramatische Auffassung, durch Lichtschattenmodellierung erreichte, sehr kräftige Plastizität der Gestalten, überscharfe Zeichnung und ein fast gewaltsamer Realismus. Sein heftiges Temperament läßt ihn nirgends zu der Abgeklärtheit gelangen, wie sie bei Jan van Eyck zu finden ist. Hauptwerke sind außer den drei Frankfurter Tafeln: Triptychon mit der Verkündigung (sog. „Mérode-Altar", jetzt New York, Metropolitan Mus.), Altar für den Kölner Kanonikus Werl (1438; Madrid, Prado), Kreuzabnahme (nur Fragment des rechten Flügels mit Schächer erhalten, ebenfalls in Frankfurt).

F. Winkler, Der M. v. F. und Rogier van der Weyden, 1913; M. J. Friedländer, Die altniederländ. Malerei, Bd. 2, 1924; A. Schmarsow, Robert von der Kampine und Rogier van der Weyden, 1928; Renders, La solution du problème van der Weyden, F., Campine, 2 Bde., 1931; Ch. de Tolnay, Le maître de F. et les frères v. Eyck, 1939; E. Panofsky, Early Netherlandish Painting, Text- u. Tafelbd., 1953; A. Dohmann, Altniederl. Malerei, 1964.

Fleuron (franz.), stilisierte Blume als Ornament in der Baukunst und im Buchdruck, z.B. als Schlußzeichen eines Abschnittes.

Fliesen, Platten von vier- oder mehreckiger Form aus Stein oder gebranntem Ton als Wand- und bes. als Fußbodenbelag. Die F. können in mannigfachster Weise zu Trägern von Mustern, figürlichen Darstellungen, Wappen usw. gemacht werden, wobei in der Regel ihre Verschiedenfarbigkeit Voraussetzung ist.

F. aus gebranntem und glasiertem Ton waren in d. Baukunst des Alten Orients ein wichtiges Ausstattungsmittel. In Italien hat man seit d. röm. Kaiserzeit vorwiegend Marmorf. verwendet, u. im Laufe des Mittelalters wurde die F.verzierung zu einer hohen Kunst ausgebaut, z.B. durch die →Cosmaten. Vorzügliche Beispiele aus verschiedenen Zeiten bietet der Dom zu Siena. Die keramischen F. (Fayencef.) gewannen in der islam. Baukunst des Mittelalters eine außerordentliche Bedeutung, vor allem auch als Wandbekleidung. Die islam. Bauten in Spanien (Alhambra) gaben ein Beispiel, das bis heute in Spanien nachwirkt (Azulejos). Im 15. Jh. wirkte es nach Italien hinüber, wo seit dieser Zeit ebenfalls Fayencef. hergestellt wurden. Diese gelangten im 16. Jh.

auch in die Länder nördlich der Alpen, wobei sich im 17. und 18. Jh. die Niederlande (Delft) bes. auszeichneten. Der Klassizismus ist vom F.belag abgekommen. Seine in der 2. Hälfte des 19. Jh. in gewissen Grenzen erfolgte Wiederaufnahme geht auf den engl. Neugotiker Pugin zurück, der F. zunächst wieder für kirchliche Bauten verwendete. Die Baukunst der Gegenwart hat den Anwendungsbereich der keramischen F. bedeutend erweitert.

Für F. wird auch der Begriff →Kachel (wenn auch nur i. d. Umgangssprache) verwendet; s. auch →Baukeramik.

Forrer, Geschichte der europ. F.keramik, 1901; M. Boyken, F.n u. gekachelte Räume d. 17. u. 18. Jhs., 1955; C. Bülow, D. Kachelbuch. Eine Kst.-gesch. d. Wandkachel, ²1957; Anne Berendsen u. a., F. Eine Gesch. d. Wand- u. Bodenfliesen, 1964; Hiltrud Kier, Der mittelalterl. Schmuckfußboden (Kst.denkmäler d. Rheinlandes, Beih. 4) 1970.

Florentiner Mosaik →Mosaik.

Florian, Heiliger, Patron gegen Feuersgefahr, bes. häufig in Österreich dargestellt als geharnischter Ritter, der aus einem Kübel Wasser auf ein brennendes Haus gießt. An der angeblichen Stätte seines Grabes steht das Stift St. F. b. Linz. 6 Bilder aus seiner Legende von Altdorfer (Nürnberg, Augsburg, Siena).

Floris, 1. Cornelis, niederländ. Bildhauer, Baumeister und Ornamentzeichner, * 1514 Antwerpen, † 20. 10. 1575 das., erbaute das Antwerpner Rathaus (1561–65), einen Musterbau der fläm. Renaissance. Eine ausgezeichnete Verbindung von Plastik und Architektur zeigt sein Lettner in der Kathedrale zu Doornik. Weitreichende Bedeutung hat F. als Schöpfer des sog. „Florisstils", einer Welt neuer Ornamentformen, die er in mehreren großen seit 1548 erscheinenden Stichfolgen entwickelte: Entwürfe von Gefäßen mit phantastischem Figurenwerk, das eine nord. Abwandlung und Steigerung der röm. Groteske darstellt, Entwürfe mit Roll- und Knorpelwerk, aber auch solche von klarer Schönheit.

R. Hedicke, C. F. u. d. Florisdekoration, Text u. Tafelbd., 1913.

2. Frans, niederländ. Maler, Bruder von 1, * 1516 Antwerpen, † 1. 10. 1570 das., einer der Hauptmeister des Romanismus, unterhielt in Antwerpen eine ausgedehnte Werkstatt, deren Betrieb bereits an die des Rubens erinnert. Zahlreiche Schüler sind aus ihr hervorgegangen. Sein im einzelnen ungleiches Oeuvre ist voll von kühnen und originellen Einfällen. Neben bibl. und mytholog. Bildern mit dichtgeballten Figurengruppen stehen kraftvolle Bildnisse. – Hauptwerke: „Der Engelssturz" (1554; Antwerpen, Mus.) „Der Falkenjäger" (1558; Braunschweig, Mus.) und das Gegenstück „Die Frau des Falkenjägers" (Caen, Mus.).

Dora Zuntz, F. F., 1929; M. J. Friedländer, Die altniederländ. Malerei, Bd. 13, 1936; C. van de Velde, F. F., leven en weerken (Verhandlgn. d. Königl. Akademie d. Wiss. u. Schönen Künste von Belgien, Klasse d. Schön. Kste. 37/30) 1975.

Flötner, Peter, Kleinbildner, Ornamentzeichner, Kunsttischler und Holzschneider, * etwa 1490–95 im Thurgau (Schweiz), † 23. 10. 1546 Nürnberg, wo er seit 1522 tätig war, hat eine oder zwei Italienreisen unternommen und ital. Formengut nach Deutschland vermittelt. Entwürfe für Medaillen und Kleinreliefs, Ausstattung des Hirschvogelsaals in Nürnberg mit zahlreichen ital. Dekorationsentwürfen (voll. 1534), Holzschnittillustrationen für Flugblätter und andere Druckschriften und vor allem Ornamentblätter mit Arabesken, Mauresken, Grotesken und kunstgewerblichen Entwürfen, die als Vorbilder viel benutzt wurden. Neuerdings ist der bisher dem Hans →Vischer zugeschriebene Apollo-Brunnen vom Hof des Nürnberger Pellerhauses (1532) als Werk F.s festgestellt worden.

K. Lange, P. F., 1897; Leitschuh, Das Plakettenwerk P. F.s, 1904; Bange, P. F. (die Holzschnitte), 1926; Ders., Die Handzeichnungen P. F.s, 1936 (Jahrb. d. Preuß. Kunstsamml. Bd. 57); Ausst.kat. P. F. u. d. Renaiss. in Dtschld., Nürnberg, 1946/47.

Flucht, in der Baukunst die gerade Linie, in der Bauwerke, Bauteile, Innenräume aneinandergereiht sind (z. B. Häuserflucht, Zimmerflucht). Fluchten, fluchtrecht sein, heißt in gerader Linie liegen; abfluchten, in gerade Linie bringen. Bauflucht, Baufluchtlinie ist im Bebauungsplan die Linie, über die hinaus ein Grundstück nicht bebaut werden darf.

Flucht nach Ägypten. Ihre Darstellung hat sich nur sehr allmählich zu einer beliebten Szene innerhalb des Bilderzyklus aus der Jugendgeschichte Christi entwickelt unter ungewöhnlich reicher Mitwirkung von Vorstellungen aus der apokryphen Legende. Nach gelegentlichem Auftreten seit dem 5. Jh. beginnt die F. seit dem 8. Jh. im Zyklus aus dem Jugendleben Christi zu erscheinen, zunächst aber nur auf byzantin. und ital. Denkmälern. Diesseits der Alpen dürfte eine der ersten Darstellungen ein Relief der Holztür von S. Maria im Kapitol in Köln sein (gegen Mitte des 11. Jh.). Auf einem Glasfenster der Kathedrale zu Chartres (um 1160) ist die F. sogar in vier Phasen zerlegt: Flucht, Ankunft, Begrüßung in Ägypten, Sturz der Götzenbilder (der von der apokryphen Legende berichtet wird). Die dt. Malerei der Dürerzeit hat die F. mit idyllischen Zügen ausgeschmückt (Kupferstich von Schongauer und der von diesem abhängige Holzschnitt Dürers im Marienleben) und bes. die Ruhe auf der F. mit viel Liebe und Phantasie dargestellt (Cranach, Dürer, Altdorfer, Baldung). →Heilige Familie.

K. Vogler, Die Ikonographie der F. n. Ä., Diss. Heidelberg 1931; Adriano Heimendahl, Die F. n. Ä., 1951; H. Wentzel, Die Kornfeldlegende. (Aachener Kstbl. 30) 1965.

Fluchtpunkt →Perspektive.

Flügelaltar →Altar.

Flügelgläser, venezianische Kelchgläser, an deren hohen Stengel zwei einander entsprechende, flache Ansätze, die „Flügel“, angeschmolzen sind. Diese haben die Gestalt von Pflanzen oder Tieren oder sind rein ornamentale Bildungen. Blütezeit 16.–17. Jh.; Nachahmungen in anderen Ländern.

Flüstergalerie, Flüstergewölbe, Räumlichkeit, in der infolge besonderer akustischer Verhältnisse an bestimmten Stellen leise Geräusche über eine ungewöhnlich weite Entfernung hin wahrnehmbar sind. Derartige Räumlichkeiten gibt es in verschiedenen Gebäuden des Mittelalters und der Neuzeit.

Fohr, Carl Philipp, Maler, * 26. 11. 1795 Heidelberg, † 29. 6. 1818 Rom, schloß sich dort an die Nazarener an, hinterließ, durch frühen Tod an der Entfaltung seines Schaffens verhindert, nur wenige Landschaften, die streng stilisiert, in tiefleuchtenden, schweren Farben gehalten und herb aufgefaßt sind. Rastloses Studium nach der Natur verraten zahlreiche Aquarelle und Zeichnungen (Heidelberg, Frankfurt, Darmstadt, Dresden).

Ph. Dieffenbach, Das Leben F.s, 1823; Graf K. von Hardenberg u. E. Schilling, K. Ph. F., 1925; A. v. Schneider, C. Ph. F. Skizzenbuch, 1952; J. Ch. Jensen, C. Ph. F. in Heidelberg u. im Neckartal, 1968; Kat. d. Ausstllg. Frankfurt a. M., 1968; Ausst.kat. Städelsches Kst. Inst. Frankfurt/M., 1977.

Fondi d'oro →Goldgläser.

Fontainebleau, Schule von →Primaticcio.

Fontana, 1. Carlo, ital. Baumeister, * 1634 Brugiate b. Balerna (Tessin), † 5. 2. 1714, Schüler Berninis, dessen Stil er fortsetzte, war um 1700 der bedeutendste röm. Baumeister: Cappella Cibò in Santa Maria del Popolo, Portikus von Santa Maria in Trastevere, Fassade der Marcelluskirche, die eine Annäherung an den Stil Borrominis bedeutet. F. hatte große städtebauliche Ideen, z.B. die einer via triumphalis zwischen den Kolonnaden der Peterskirche und der Engelsbrücke. Auch gab er Tafelwerke über die Peterskirche heraus (1678 und 1694).

E. Coudenhove-Erthal, C. F. und die Architektur des röm. Spätbarocks, 1930; R. Wittkower, Art and architecture in Italy 1600 to 1750, 1958.

2. Domenico, ital. Baumeister, * 1543 Melide (Luganer See), † 1607 Neapel, unter Sixtus V. (1585 bis 90) päpstlicher Architekt, hat in Rom eine Reihe von Bauten in strenger, kalter und schwerer Massigkeit ausgeführt. Seine Hauptbedeutung liegt auf städtebaulichem Gebiet: großzügige Anlagen von Straßen, die von einem Platze ausstrahlen. Höchsten Ruhm gewann er durch die Aufrichtung des großen Obelisken auf dem Petersplatz und weitere Ingenieurtaten ähnlicher Art.

Th. W. Stürup, Stud. u. Vorarbeiten zu D. F.: 1. Frühwerke bis 1585. Diss. Wien 1940 (ungedr.).

Font-de-Gaume, Höhle bei Les Eyzies im Dép. Dordogne, 1901 entdeckt, berühmt durch →altsteinzeitliche (eiszeitl.) Malereien und Ritzzeichnungen. Die Höhle enthält über 200 einzelne Bilder, darunter 80 Darstellungen von Bisonten, 23 Mammutfiguren und über 40 Wildpferde. Inhaltlich bes. bedeutsam die Darstellung eines Mammuts in einer Wildfalle(?). Die Bilder gehören größtenteils dem mittleren →Magdalénien an und zählen zu den hervorragendsten Schöpfungen der →franko-kantabrischen Kunst.

Capitan-Breuil-Peyrony, La caverne de F., 1910; H. Kühn, Kunst und Kultur der Vorzeit Europas. Das Paläolithikum, 1929; P. Graziosi, Die Kst. d. Altsteinzeit, 1956.

Forli, Melozzo da, ital. Maler, * 1438 Forli, † 8. 11. 1494 das., tätig auch in Rom, Urbino und Loreto. Er ging aus von Piero della Francesca und empfing wertvolle Anregungen von dem Niederländer Justus van Gent, mit dem zusammen er in Urbino arbeitete. Wohl bei keinem anderen Meister, dessen Schaffen sich innerhalb des Quattrocento vollzog, tritt jene Haltung, wie sie sich nachher in der Hochrenaissance durchsetzte, bereits so deutlich hervor wie bei F. Die absolut klare Entwicklung seiner Innenräume hat ihm den Ruf des besten Perspektivikers Italiens eingetragen. Der monumentalen Wucht ihrer Erscheinung entspricht die Monumentalität der Menschen, die sich in ihnen gelassen bewegen. Seine Bilder sind nicht auf den hellen Klang der raschen, rhythmisch gespannten Linie gestimmt, sondern auf den tiefen Klang kubischer Schwere, massiver Formen und Rundungen. Als Illusionsmaler hat F. in seinen Fresken noch einen Schritt über Mantegna hinaus getan, indem er an die Gewölbe in starker Verkürzung scheinbar frei aufschwebende Figuren malte. Hauptwerke: Die Gründung der Vatikanischen Bibliothek (Fresco auf Leinwand übertragen; 1477; Rom Vatikan. Gal.), Kuppelfresko in der Sakristei von Loreto (1478), der gen Himmel fahrende Christus aus einem sonst zerstörten Fresko aus Santi Apostoli in Rom (gegen 1481; das., Quirinal).

A. Schmarsow, M. da F., 1886; O. Okkonen, M. da F. und seine Schule, 1910; C. Ricci, M. da F., 1911; R. Buscaroli, M. da F. nei documenti, nelle testimonianze dei contemporanei e nella bibliografia, 1938; Ders. M. e il Melozzismo, 1955; C. Gnudi u. L. Becherucci, Catalogo della Mostra di M. da F. etc., 1938.

Formmodel →Model 3.

Formschneidekunst→Zeugdruck.

Formsteine, Backsteine, aus denen die Zierglieder an Backsteinbauten gebildet werden und für die daher bes. Formen nötig sind.

Fortuna, altitalienische Göttin, später wie die griech. Tyche als Glücksgöttin aufgefaßt. Ihre Attribute sind Steuerruder, Füllhorn, Rad, Kugel unter den Füßen. In der mittelalterlichen Kunst kommt sie auch in Verbindung mit dem →Glücksrad vor.

A. Doren, F. im MA u. i. d. Renaiss., (Vortrag d. Bibl. Warburg 1922/23 I. Teil) 1924; G. Kirchner, F. in Dichtg. u. Emblematik d. Barock, 1970.

Forum, der Marktplatz der röm. Stadt. In kleinen Städten genügte ein Marktplatz, in Rom gab es mehrere (F. holitorium, der Gemüsemarkt, F. boarium, Rindermarkt, F. piscatorium, Fischmarkt, F. vinarium, Weinmarkt), die in verschiedenen Gegenden lagen. Das eigentliche F. romanum, das in älterer Zeit dem Handel diente, hat früh einen offiziellen Charakter angenommen. Es barg eine Anzahl der wichtigsten Erinnerungsstätten (Grab des Romulus, Lapis Niger, Lacus Curtius und die Regia, das Haus des Pontifex Maximus), ferner die Rednerbühne (Rostra), an der die in Seeschlachten erbeuteten Schiffsschnäbel angebracht waren. Um das F. herum gruppierten sich allmählich eine Anzahl offizieller Gebäude (Tabularium, das Archiv der Stadt Rom, mehrere →Basiliken und die Curia, der Sitzungssaal des Senates). Über das F. lief die heilige Straße (Via sacra), auf der später Triumphbögen (Titus, Severus) errichtet wurden. Der religiöse Charakter des F. romanum wurde durch eine Anzahl Tempel bestimmt (Vestatempel mit dem Hause der Vestalinnen, Concordiatempel, Saturntempel, Castor- und Polluxtempel, der Tempel des Divus Iulius, des Vespasian und des Divus Romulus). Ferner befanden sich auf dem F. zahlreiche Ehrendenkmäler. Da ziemlich früh der Raum dieses F. nicht ausreichte, haben auch manche Kaiser (Caesar, Augustus, Nerva, Trajan) besondere Fora errichtet, auf denen neben Tempeln und riesigen Markthallen auch Bibliotheken und Basiliken errichtet waren.

C. H. Hülsen, Forum und Palatin, 1926; P. Romanelli, Il Foro Romano, 1950, dt. 1951; Nash, Bildlexikon zur Topographie d. antiken Rom, 1961.

Fouquet, Foucquet, Jean, franz. Maler, * um 1415 Tours, † 1477/1481, ging zwischen 1443 und 1447 nach Italien und malte in Rom das (verschollene) Porträt Papst Eugens IV., ist seit 1461 wieder in Frankreich nachweisbar. F. war der größte unter den franz. Malern des 15. Jhs., arbeitete vornehmlich für den Hof und ist uns in erster Linie als Miniaturmaler bekannt. Einige Tafelbilder werden ihm zugeschrieben: Etienne Chevalier mit dem hl. Stephan (Berlin, Staatl. Museen),

Madonna mit Kind und Engeln (Antwerpen, Mus.), Bildnis des Juvénal des Ursins (Paris, Louvre). Miniaturen: Livre d'heures d'Etienne Chevalier (etwa 1458; größtenteils in Chantilly), Antiquités des Juifs (1465; Paris, Nationalbibl.), Grandes chroniques de France (das.). F.s Miniaturen stehen den flämischen nahe. Auf dem architektonischen Schauplatz seiner Darstellungen mischen sich Motive aus Italien mit roman. und got.; im übrigen aber sind die Vorgänge stets aus F.s Gegenwart heraus mit eindringlicher Genauigkeit geschildert. In seinen Tafelbildern ist bereits ein Vorklang von Renaissance zu spüren, vielleicht auch ein Nachklang Sluterscher Formengröße.

G. Lafenestre, J. F., 1904; Yves de Raulin, J. F., 1936 (Gazette des Beaux-Arts, 6. Pér., Bd. 15); K. G. Perls, J. F., 1940 (franz.); P. Wescher, J. F. u. seine Zeit, [3]1957; G. Künstler, J. F. als Bildnismaler (Wiener Jb. f. Kst.gesch. XXVIII) 1975.

Fra Angelico →Angelico.

Fra Bartolommeo →Bartolommeo.

Fra Filippo Lippi →Lippi.

Fragonard, Jean-Honoré, franz. Maler, * 5. 4. 1732 Grasse (Provence), † 22. 8. 1806 Paris, Schüler von Boucher, 1756–61 in Italien, malte in heller, duftiger Farbgebung galante Stoffe nach graziöser Rokokoart, radierte auch einige wenige Blätter mit außerordentlicher Zartheit des Strichs und schuf mit leichter Hand Zeichnungen, von denen die in Sepia ausgeführten durch ihre Luft- und Lichtbehandlung bes. fortschrittlich sind.

P. de Nolhac, F., 1931 (franz.); G. Grappe, F., 1946 (franz.); F. Fosca, Les Dessins de F., 1954; L. Réau, F., 1956 (franz.); G. Wildenstein, The Paintings of F. (mit Werkverz.), 1960; A. Ananoff, L'oeuvre dessiné de J.-H. F., Cat. rais., 3 Bde., 1961–67; J. Thuillier, F. Biograph.-krit. Studie, 1967.

Francesca, Piero della, ital. Maler, * 1410/20 Borgo San Sepolcro, begraben 12. 10. 1492 das., tätig in verschiedenen Orten Italiens, einer der größten Maler des Quattrocento, Meister und Lehrmeister der Perspektive, hat die Errungenschaften seiner Zeit zusammengefaßt und selbständig weiterentwickelt. Seine Bilder sind klar gebaut mit fest auf dem Boden stehenden Figuren von betontem Vertikalismus, geringer Beweglichkeit und geschlossenem Umriß. Die Fresken seiner Reifezeit sind kühl und hell in der Farbe, und F. hat wie kein anderer um die aufhellende Kraft des Freilichts gewußt. Am Ende seines Lebens gab er in seinem Traktat „De prospectiva pingendi" (hg. von Winterberg, 2 Bde., 1899. Neueste krit. Ausg. v. G. N. Fasola, Text u. Tafelbd., Florenz o.J.) eine tiefdringende Einführung in die Lehre von der Perspektive. Hauptwerke sind u.a. Votivbild des Sigismondo Malatesta (1451; Wandgemälde in San Francesco in Rimini), Bildnisse des Federigo da Montefeltre, Herzogs von Urbino und seiner Gemahlin (nach 1472; Florenz, Uffizien), 8 Fresken aus der Kreuzlegende in San Francesco in Arezzo (zwischen 1452 und 1466), Auferstehung Christi (Borgo San Sepolcro, Galerie), Taufe Christi (London, Nationalgalerie), Geißelung Christi (Urbino, Galerie).

C. Ricci, P. d. F., 1910; Graber, P. d. F., 1920; A. Venturi, P. d. F., 1922; R. Longhi, P. d. F., [2]1946 (mit Bibliographie); K. Clark, P. d. F., 1951 dt. 1970; H. Focillon, P. della F., 1952; J. L. Vaudoyer, P. della F., 1954 (franz.); L. Venturi, P. della F., dt. 1954; P. Bianconi, P. d. F., [3]1964; A. Parronchi, Riconstruzione della Pala dei Montefeltro, 1976.

Francesco di Giorgio Martini (eigentl. Francesco Maurizio di Giorgio di Martino Pollaiuolo), ital. Baumeister, Maler, Bildhauer,

* 23. 9. 1439 Siena, † Nov. 1502 (begr. 29. 11.) das., hauptsächlich tätig in Urbino von 1477–82 als Festungsbaumeister im Dienste des Herzogs Federigo da Montefeltre, 1490 in Mailand und seit 1498 Dombaumeister in Siena. F. d. G. M. gehörte zu den vielseitigsten Künstlern seiner Zeit; so schuf er als Maler die Krönung Mariae 1472 (Siena, Pinakothek), als Bildhauer ein Bronzerelief der Geißelung Christi 1480 (Perugia, Universität) u. die Bronzeengel am Hochaltar des Sieneser Domes 1489. Seine wichtigsten Bauten sind S. Maria del Calcinaio b. Cortona 1485 u. die Rathäuser von Ancona 1484 und Jesi 1486. Besondere Bedeutung erlangte neben den Abhandlungen →Filaretes und →Albertis sein „Trattato dell'architettura civile e militare" (hg. v. C. v. Saluzzo, Turin 1841), in dessen 3. Buch sich F. d. G. M. mit dem Problem der →Idealstadt u. a. als „Sternstadt" befaßt. Als weitere Möglichkeit schlug er eine Art Hügelstadt sowie einen Stadtaufbau in der Art eines Schachbrettmusters vor, wobei er moderne Gedanken der →Stadtbaukunst vorwegnahm.

A. Venturi, F. d. G. M., 1925 (ital.); S. Brinton, F. d. G. M. of Siena, 2 Bde. 1935 (engl.); A. S. Weller, F. d. G. M., 1943; R. Rapini, F. d. G. architetto, 3 Bde., 1946; G. Münter, Idealstädte, (Studien z. Architekt.- u. Kunstwissensch. 1) 1957; F. P. Fiore, Città e machine del Quattrocento nei disegni di F. di G. M., 1978.

Francke, Meister Francke, Maler, tätig in Hamburg. Herkunft und künstlerische Voraussetzungen sind unbekannt; doch darf als sicher gelten, daß er sich um 1405 in Frankreich aufgehalten und dort die Einwirkung der zeitgenössischen Buchmalerei erfahren hat. Deren Spuren, z.T. unmittelbare Entlehnungen, sind in seiner Frühzeit am deutlichsten und verwischen sich später. Erhalten haben sich: 1. Barbaraaltar (um 1410; Helsingfors, Nationalmus.). 2. Schmerzensmann (um 1420; Leipzig, Mus.). 3. Thomas- oder Englandfahreraltar (seit 1424; Hamburg, Kunsthalle; unvollständig erhalten), 4. Schmerzensmann (das.). – F. hat die von Meister Bertram in Hamburg eingeschlagene Richtung nicht fortgeführt, sondern er ist wie Konrad von Soest, mit dem ihn manche Züge verbinden, ein Vertreter der neuen Idealität des „weichen Stils" geworden. Seine Kunst ist eher rückblickend als vorwärtsblickend, und zur Förderung der Probleme körperlicher und räumlicher Gestaltung hat sie kaum etwas beigetragen. In Gesichtern u. Gewändern verfügt sie über einen ganz ungewöhnlichen Reichtum an Ausdrucksmitteln, ohne jedoch hier über die prinzipiellen Möglichkeiten des Mittelalters hinauszugehen und in neue Gebiete der Erfassung menschlichen Wesens vorzustoßen. Innerhalb dieser Bindungen ist die Spannweite von F.s Schaffen außerordentlich, und in dem Geburtsbilde des Thomasaltars ist das Thema mit einer Innigkeit und Zartheit vorgetragen, wie sie erst wieder der Dürerzeit gelingen sollte. Die Spätwerke F.s haben warme, tiefe Farben von einem Reichtum der Zusammenstellung, die ihn als einen der größten Koloristen der altdt. Malerei erweisen.

A. Lichtwark, M. F., 1899; Bella Martens, M. F., 2 Bde., 1929; Th. Rensing, Über die Herkunft d. Meisters F. (Wallraf-Rich.-Jb. 29) 1967; Ausst.kat. M. F. u. d. Kst. um 1400, Kst.halle Hamburg, 1969 (m. Bibl.).

Françoisvase →Vasenmalerei.

Frankenthaler Maler →Coninxloo.

Frankenthaler Porzellan, Porzellan der 1755 von P. A. Hannong aus

Straßburg in Frankenthal (Pfalz) gegründeten Manufaktur, die 1762 in kurfürstlichen Besitz überging und 1800 aufgelöst wurde. Trotz dieser kurzen Zeit ist das künstlerische Bild sehr mannigfaltig, namentlich auf dem Gebiet der Porzellanfiguren. Hervorragende Stücke stammen von Konrad Linck und Johann Peter Melchior, der 1779–93 in F. wirkte.

Frankenthaler Porzellanmarken

F. H. Hoffmann, F. P., 2 Bde., 1911; K. Schultz u. M. Oppenheim, F. P., 1955; L. Böhm, F. P., 1960.

Franko-kantabrischer Kreis, ein Kunstkreis der →Altsteinzeit, über Südfrankreich und ganz Spanien verbreitet, gekennzeichnet durch realistische Tierdarstellungen. Skulptur, Zeichnung und Malerei gehen von Anfang an nebeneinander her; doch liegt das Schwergewicht der künstl. Betätigung auf dem Gebiete der Malerei, die im →Aurignacien und →Magdalénien vier Entwicklungsstufen durchläuft: 1. Jüngeres Aurignacien. Schwarzer oder farbiger Kontur ohne Andeutung der Binnenteile. 2. Frühes Magdalénien. Noch immer festgeschlossener Kontur. Die Binnenteile werden in ihren Lokalfarben ausgeführt und durch Beimengung von Schwarz abschattiert. 3. Mittleres Magdalénien. Hochblüte des „impressionistischen“ Stiles. Der Kontur beginnt sich zu lockern und verschwindet schließlich völlig; das künstlerische Interesse konzentriert sich auf die Binnenteile. Die Farbe geht durch Hereinnahme körperfremder Töne immer mehr über das bloße Lokalkolorit hinaus und fängt an, sich selbständig als raumschaffendes Element zu betätigen. 4. Jüngeres Magdalénien. Verfall des malerischen Stiles. Auflösung der farbigen Flächen in Farbpunkte, die einzeln nebeneinander gesetzt werden. Schließlich Wiederkehr des Konturs und allmählicher Übergang der realistischen Darstellungen in schematisch-geometrische Gebilde (→Altsteinzeit, →Altamira, →Font-de-Gaume, →Lascaux).

Französische Kunst. Auf der ethnischen Grundlage der romanisierten Kelten und der eingewanderten Germanen begann sich seit dem 10. Jh. die Kunst des westfränkischen Reiches als F. K. von der dt. Kunst abzuheben, mit der sie zuvor als →karolingische Kunst eins gewesen war. Die volle Entfaltung ihrer schöpferischen Kräfte setzt aber erst gegen 1100 ein, bes. auf den Gebieten der roman. Bau- und Bildhauerkunst. Dabei unterscheiden sich N und S wie in der Sprache, so auch in der Kunst, nicht zuletzt deswegen, weil in S die Wirkung der antiken Kunst weit stärker war. Antike Baudenkmäler haben auf die roman. Baukunst der Provence eingewirkt, und ausschließlicher als anderswo ist hier die röm. Wölbeform, das Tonnengewölbe, vertreten. In der 2. Hälfte des 12. Jh. verlagerte sich der Schwerpunkt der F. K. eindeutig nach dem N, und die in der Normandie und in Burgund gemachten Ansätze zu einer got. Baukunst wurden in der Abteikirche von St. Denis bei Paris um 1140 erstmalig zu einem rein got. Werk zusammengefaßt. Im Laufe des 13. Jh. wurde Paris das bestimmende Kunstzentrum Frankreichs. Dieses Jh. war in Frankreich das größte seiner mittelalterlichen Kunst. Den Hauptteil der künstlerischen Kräfte zogen die Kathedralen an sich (Chartres, Paris, Reims, Amiens), die in beispiellosemReichtum mit Tausenden von Bildwerken und Hunderten von Glasfenstern ausgestattet waren. Diese franz. →Gotik hat eine Expansivkraft entfaltet, wie sie der F.K. in solchem Ausmaß nicht wieder beschieden sein sollte. Sie drang als Baukunst und Bildnerei, z. T. auch als Malerei (Miniaturmalerei) nach allen europ. Ländern vor und hat auch die dt. Kunst zu einer höchst fruchtbaren Auseinandersetzung veranlaßt. Im Zeitalter der Renaissance ist diese Expansivkraft der F.K. erloschen, und diese hat ital. Formengut in größerem Umfange in sich aufgenommen als die dt. Kunst. Eine außerordentliche Entfaltung aller schöpferischen Kräfte der F.K. setzt um die Mitte des 17. Jh. ein, im Zeitalter Ludwigs XIV., gefördert durch Riesenaufträge dieses Herrschers, in Paris und Versailles konzentriert und von hier weit über die Grenzen des Landes hinausgetragen: Schloßbau- und Gartenkunst, Bildnerei, Malerei und Graphik, Innendekoration und Kunstgewerbe. Auch im 18. Jh. blieb der F. K. ihre Höhe und Beweglichkeit erhalten, die sich namentlich in Malerei, Graphik und den dekorativen Künsten äußerte. Hier hat die dt. Kunst viel von ihr gelernt; im Monumentalbau, zumal im Kirchenbau, war diese aber der F. K. an schöpferischem Reichtum überlegen. Im 19. Jh. hat die F. K. ihre besten Leistungen auf dem Gebiete der Malerei vollbracht und zur Zeit des Impressionismus wiederum europ. Wirkung entfaltet. Auch im 20. Jh. blieb ihre beispielgebende Kraft erhalten, in der Baukunst durch →Le Corbusier, in der Plastik durch →Maillol, und in der Malerei wurde Paris Ausgang- und Sammelpunkt fast aller neuen Richtungen.

Der verstandesmäßige Zug, den man gern als Eigenheit des franz. Geistes gegenüber dem dt. hervorhebt, beginnt in der F. K. erst im 13. Jh. deutlicher hervorzutreten. Er drückt sich aus durch Klarheit und Maß, die in ihrer Übertreibung als akademische Nüchternheit erscheinen. So hat die antike Plastik auf Äußerlichkeiten der franz.-got. des 13. Jh. vielfältig eingewirkt, aber auch auf ihre innere Haltung deswegen, weil sie dem franz. Bedürfnis nach Maß und Klarheit entgegenkam. Der Vergleich des Innenraums und des Strebesystems einer franz. Kathedrale mit dem einer dt. zeigt dieses Überwiegen von Maß und Strenge bis zur mathemat. Abstraktheit auf franz. Seite. So können für den Chor des →Kölner Doms ganz bestimmte franz. Vorbilder nachgewiesen werden, nur sein Strebesystem ist von einer phantasievollen Unübersichtlichkeit, wie sie an franz. Kathedralen nicht vorkommt. Sehr aufschlußreich für die Erkenntnis der Grundhaltung der F. K. im Unterschied zur dt. ist auch der Barock. Der von Ludwig XIV. von Bernini eingeholte Entwurf für die Fassade des →Louvre wurde nicht ausgeführt, weil er für den franz. Geschmack zu barock war; der klassizistische Entwurf von Perrault sagte den Franzosen mehr zu. Im ganzen hat die franz. Barockbaukunst, die auch eine ungewöhnlich intensive theoretische Durcharbeitung auf Maß und Zahl hin erfuhr, vor den letzten, in Deutschland entwickelten und alle Vorstellungen von Maß und Zahl sprengenden Möglichkeiten dieses Stils in weiter Entfernung Halt gemacht. Gerade diese Klarheit und damit leichte Verständlichkeit erklärt die weite Verbreitung der F. K. über die Grenzen Frankreichs hinaus. Dieser ins moderne Zeitalter übertragene Wesenszug hat sich fortgesetzt in den Beiträgen zur →Ingenieurbaukunst.

A. Michel, Histoire de l'art, 8 Bde. in 17 Teilen und Index, 1905–29 (von zahlreichen Mitarbeitern geleistete Gesamtdarstellung der europ. Kunst seit christl. Zeit unter besonderer Berücksichtigung der F. K.); Hourticq, Geschichte der Kunst in Frankreich, 1912; C. Enlart, Manuel d'archéologie française, 3 Bde., 1916–24 (Bd. 1, [2]1929); Réau, Histoire de l'expansion de l'art français, 4 Bde., 1924–34; H. Keller, Die Kunstlandschaften Frankreichs, 1963; A. Châtelet u. a., La peinture française, 3 Bde., 1962–64; L. Schreiner, Die frühgot. Plast. SW-Frankreichs, 1963; L. Gillet, Histoire de l'art français, 2 Bde. 1977.

Frauenseite, Nordseite des Kircheninnern, wo im Mittelalter die Frauen zu sitzen hatten; auch →Evangelienseite genannt.

Freiburger Münster. Um 1200 war eine großangelegte, spätroman. Basilika begonnen worden in enger Beziehung zum Basler Münster und zu nordburgund. Vorbildern. Von ihr sind nur das Querschiff und der Unterbau der zwischen diesem und dem ehemaligen roman. Chor eingestellten „Hahnentürme" erhalten. Seit etwa 1250 wurde das Langhaus im Sinne franz. Hochgotik und nach dem vereinfachten Muster des Straßburger Langhauses errichtet. Um 1275 Beginn des Westturms, der in nicht einheitlicher Bauführung erst in der Mitte des 14. Jh. vollendet wurde. Er ist mit der Kraft und Eleganz seiner Erscheinung, der klingenden Feinheit seines in völlig durchbrochenem Maßwerk gearbeiteten achtseitigen Helms der schönste got. Turm Deutschlands und eins der reinsten, auch im Technischen mühelos gemeisterten Werke got. Bauwollens überhaupt. Seit 1354 wurde der roman. Chor durch einen riesigen Neubau ersetzt als dreischiffige Basilika mit Kapellenkranz und von gleicher Länge wie das Langhaus. – Das F. M. ist ungewöhnlich reich an Bildwerken, unter denen die der Turmvorhalle (etwa 1290–1310) die bedeutendsten sind. Sie bilden den besterhaltenen und umfangreichsten Monumentalzyklus aus dieser Zeit. Bes. beachtenswert ferner ein →Heiliges Grab und die Glasfenster aus dem 14. Jh. Die Gemälde des Hochaltars mit der Marienkrönung im Mittelpunkt sind ein Hauptwerk des Hans →Baldung (1512–16); die Universitätskapelle birgt den Oberriedaltar Hans Holbeins d.J. (1521). Durch Umwelteinflüsse ist das F. M. wie die meisten Kathedralen i. d. Gegenwart gefährdet.

F. Geiges, Der Fensterschmuck des F. M.s seit 1901; Freiburger Münsterblätter 1905–19; F. Kempf und K. Schuster, Das F. M., [2]1923; O. Schmitt, Gotische Skulpturen des F. M.s, 2 Bde. 1926; H. Jantzen, Das Münster zu Freiburg, 1929; W. Körte, Das F. M., 1940; L. Grothe, Das F. M., 1948; H. Lützeler, Der Turm des F. M.s, 1955; Ingeborg Krummer-Schroth, Glasmalereien a. d. F. M., 1968; A. Wangart, D. Münster zu Fr., 1972; V. Osteneck, Die roman. Bauteile des F. M.s, 1973.

Freie Künste →Künste, die sieben freien. →Kunstgewerbe.

Freilichtmalerei, Pleinairmalerei, die Malerei im Freien im Gegensatz zur Ateliermalerei. Vor dem 19. Jh. war es allgemein üblich, auch Landschaften im Atelier zu malen und nur die Vorstudien dazu vor der Natur selbst anzulegen. Seit Beginn des 19. Jh. gingen zuerst engl. Landschafter wie Constable und Bonington, sehr zum Vorteil der Frische und Helligkeit ihrer Bilder, zur F. über, die dann zu einer der wichtigsten Forderungen des →Impressionismus wurde.

Freilichtmuseum (Freiluftmuseum), ein Museum, dessen Bestand unter freiem Himmel aufgestellt ist. Das größte ist das 1891 gegründete F. Skansen auf einer Insel bei Stockholm. Es ist dem dortigen Nord. Mus. angegliedert und enthält volks- und landeskundliche Sammlungen. Das dän. F. Gamle By bei Aarhus enthält eine künstlich aufgebaute alte dän. Stadt. In Deutschland ist u.a. das Museumsdorf Cloppenburg im Oldenburger Münsterland zu nennen, das mit seinen Bauten und Sammlungen ein Heimatmuseum bäuerlicher Handwerkskunst darstellt, sowie das als Bauernsiedlung aus Originalen aufgebaute Bauernmuseum Illerbeuren b. Memmingen sowie Gutach i. Schwarzwald; ferner die einer Veranschaulichung des Lebens deutscher Vorzeit dienenden Anlagen von Unteruhldingen am Bodensee und auf der Bodenseeinsel Mettnau. Translozierte oder rekonstruierte Bauten verbunden mit typischen Gegenständen sollen die Lebensweisen – z. B. von Bauern – verdeutlichen und in ihren meist volkskundlichen u. d. →Volkskunst verhafteten Zusammenhängen erklären. In jüngster Zeit wurde der Gedanke des F.s auf Kunstsammlungen übertragen, bes. für das Gebiet der Plastik („Plastik im Freien", 1955 Hamburg). Auch antike Funde werden – oft am Fundort – in der Art eines F.s ausgestellt (Skulpturenpark in Xanten).

Allerdings laufen einige der F.n Gefahr, nicht mehr wissenschaftlichen Zwecken zu dienen. Deshalb versucht die →Museumspädagogik sich auch der Fragen der Gestaltung von F.n anzunehmen.

H. Ottenjann, Das Museumsdorf in Cloppenburg, 1944; E. Andrén, Skansen, 1947 (schwed.); K. Uldall, Open Air Museums, (in: Museum/UNESCO 10) 1957; Kat. Bauernmuseum Illerbeuren b. Memmingen, 1968ff.; Lit. →auch Pfahlbau.

Freitreppe, eine außerhalb des Gebäudes angelegte, offene Treppe. Mit F. bezeichnet man gewöhnlich die seit der Renaissance üblichen großen Treppenanlagen, die der Fassade eines Hauses vorgelegt sind, sie architektonisch und plastisch beleben und ihre Symmetrie betonen.

F. Corell, F. u. Portale vom MA bis z. Neuzt., 1902; Fr. Mielke, Die Gesch. d. dtn. Treppen, 1966.

Freskomalerei, Malerei, die auf dem frischen (ital. a fresco) Kalkbewurf einer Wand ausgeführt ist. Die Farben sind in Kalkwasser angeriebene und mit Wasser vermalbare Pigmente, die auf dem frischen Kalkputz nach dem Trocknen unlöslich mit ihm verbunden sind. Sie können also nicht abblättern wie die Farben eines auf der trocknen Wand (ital. a secco) ausgeführten Gemäldes. Verwendbar sind nur Farben, die einer chemischen Reaktion durch den Kalk nicht unterliegen, was natürlich für den Maler eine gewisse Beschränkung bedeutet. Es kann nur stückweise von oben nach unten gearbeitet werden, da das jeweils Begonnene noch am gleichen Tage vollendet werden muß. Man spricht von giornata als dem „Tagewerk", auch pontata (als dem Bereich zwischen dem Gerüst). Änderungen können nur nach Abkratzen der Schicht und Auftragen einer neuen vorgenommen werden. Um Änderungen möglichst zu vermeiden, wird das Bild meist auf einem Karton in Originalgröße entworfen und von diesem auf die Wand übertragen (→Karton). Da das Fresko nach dem Trocknen wesentlich heller ist, auch seine Farben dann anders aussehen als im feuchten Zustand, muß diese nachträgliche Veränderung beim Malen von vornherein in Rechnung gezogen werden. – Die hier geschilderte Technik der F. hat sich so erst um 1300 in Italien (Giotto) ausgebildet, doch war sie mit Seccomalerei gemischt, die zu Korrekturen und Ergänzungen herangezogen wurde. Cennino →Cennini beschrieb sie in seinem Traktat „Libro dell'arte". Naturgemäß gibt es Vorstufen, Übergänge und Abarten, von denen es strittig ist, ob sie unter den Begriff F. fallen. Daher ist die Frage heute noch nicht eindeutig beantwortet, ob und inwieweit die Wandmalerei der Ägypter, Etrusker und Römer F. gewesen sei (was man jedoch neuerdings anzunehmen geneigt ist), und ob die mittelalterliche Wandmalerei, zumal im N, die Freskotechnik gekannt habe. Sie blieb jedenfalls seit dem 14. Jh. zunächst eine Domäne der Italiener, um sich in geringem Umfang in der Renaissance, in wesentlich größerem im Barock auf die nord. Länder auszudehnen. Seit Michelangelo tritt die F. ohne Zusatz von Secco-Technik auf (ital. „Fresco buono"). Im 19. Jh. haben namentlich die Nazarener in bewußter Anlehnung an Italien die Freskomalerei wieder aufgenommen. →Wandmalerei.

Im allgemeinen Sprachgebrauch wird oft – unabhängig von der tatsächlich angewandten Maltechnik – fälschlicherweise von „Fresken" als Wandmalerei gesprochen.

E. Berger, F.- und Sgraffitotechnik, 1909; J. Ward, Fresco Painting, 1909; A. Eibner, Entwicklung und Werkstoffe der Wandmalerei vom Altertum bis zur Neuzeit, 1926; Muche, Buon fresco. Briefe aus Italien über Handwerk und Stil der echten F., ²1950; Wiegand, Antike Fresken, 1944; H. Tintelnot, Die barocke F. in Deutschland, 1951; K. Wehlte, Wandmalerei. Prakt. Einführung in Werkstoffe u. Technik, ⁴1962; ders.: Werkstoffe u. Techniken d. Wandmalerei, 1967.

Friderizianisches Rokoko, die in den ersten beiden Jahrzehnten der Regierung Friedrichs d. Gr. (seit 1740) in der Ausstattung der preuß. Königsschlösser (Sanssouci, Potsdam, Charlottenburg, Berlin) herrschende Variante des Rokokos, hauptsächlich vertreten durch →Knobelsdorff und Nahl.

P. Seidel, Friedrich d. Gr. und die bildende Kunst, 1922; Anneliese Streichan, Knobelsdorff und das F. R., 1932; W. Kurth, Sanssouci, 1962; H. Drescher, Zum Spätstil d. Friderizian. Architektur, Diss. Univ. Halle, 1969.

Friedrich, Caspar David, Maler, * 5. 9. 1774 Greifswald, † 7. 5. 1840 Dresden, tätig das. seit 1798, seit 1816 Lehrer an der Akademie. F.s Kunst erfüllt den Begriff Malerei der →Romantik am reinsten; nicht nur weil in ihr romant. Bewußsein ohne Einschränkung sichtbar wird, sondern auch weil dieses das nun einmal mitgeführte klassizistische Formengut stärker durchdrungen hat als etwa bei Runge. F. war fast ausschließlich Landschaftsmaler. Seine Leistung als solche liegt mehr in einer neuen Erfassung des Zuständlichen als des Gegenständlichen in der Natur. Ihren Zustand im Herbst, im Winter, in der Dämmerung, im Nebel, im Mondschein hat er in völlig neuer Weise als Maler gesehen. Mit F. ist zum erstenmal seit langer Zeit in der Geschichte der dt. Kunst wieder ein Maler aufgetreten, von dem man sagen kann, er sei der Malerei außerhalb Deutschlands in nichts verpflichtet gewesen, höchstens, daß man eine leise Beziehung zur Ruinen- und Einsamkeitsromantik Jacobs van Ruisdael namhaft machen könnte. Der Einfluß F.s blieb im wesentlichen auf den Dresdner Kreis beschränkt: Kersting, Carus, den Norweger Dahl. Später wurde seine Kunst vergessen und erst wieder durch die Berliner Jahrhundertausstellung von 1906 erschlossen. Ein Corpus seiner Werke, in das auch die vielen Handzeichnungen einzubeziehen wären, steht noch aus. F.s literarische Äußerungen sind gesammelt in „C. D. F., Bekenntnisse", hg. von Eberlein, 1924.

W. Wolfradt, C. D. F. und die Landschaft der Romantik, 1924; K. K. Eberlein, C. D. F. in seinen Meisterwerken, 1925; ders., C. D. F., der Landschaftsmaler, 1940; H. v. Einem, C. D. F., ^{3}1950; F. Nemitz, C. D. F., 1938; E. Sigismund, C. D. F., 1943; Irma Emmrich, C. D. F., 1964; C. D. F. in Briefen u. Bekenntnissen, hg. v. S. Hinz, 1968; W. Geismeier, C. D. F., 1972; Kat. Ausst. C. D. F., Hamburg 1974; H. Börsch-Supan, C. D. F., 1974; ders. u. K. W. Jähnig, C. D. F., Gemälde, Druckgraphik u. bildmäßige Zeichngn., 1974; J. Traeger (Hg.), C. D. F., 1976; H. Gärtner (Hg.), C. D. F., 1977. B. Hinz u. a., Bürgerl. Revol. u. Romantik: Natur u. Gesellsch. b. C. D. F. (Kst.wiss. Untersuchgn. d. „Ulmer Vereins") 1976; Hannelore Gartner (Hg.), C. D. F., Leben u. Werk (mehrere Beiträge), 1977; K. L. Hoch, K. D. F. Unbekannte Dokumente seines Lebens, Diss. Dresden, 1982.

Fries, in der Baukunst ein Flächenstreifen oder streifenartiges Feld zum Abschluß, zur Gliederung, zum Schmuck und zur Belebung einer Wand, entweder als Ornamentfries oder als Figurenfries, am Außenbau in der Regel nur bauplastisch, im Innern auch gemalt. Am antiken Tempel gibt es Figurenfriese, die sich zwischen Architrav und Kranzgesims um den Bau legen (Hauptbeispiel: Parthenonfries). In der griech. Kunst bes. häufig vorkommende Ornamentfriese (oder Ornamentbänder) sind Palmetten- und (2) Akanthusfries, (1) Anthemion (Palmetten und Lotosblüten) oder F.e, die aus diesen und Ornamentbändern wie →Mäander, →Eierstab, Rosettenband zusammengesetzt sind. Das Mittelalter kennt im wesentlichen nur den Ornamentfries, den bes. die Romanik

Friese (Die Nummern beziehen sich auf die Angaben im zugehörigen Artikel)

in großer Mannigfaltigkeit die Formen immer wieder verwendet hat. Die wichtigsten roman. Ornamentfriese sind: (3) Rundbogenfries (bes. häufig; eine Folge von oft reich profilierten Rundbogen, die gern auf Konsolen gesetzt sind); Kreuzbogenfries, eine in der normann. Baukunst beliebte Abwandlung des Rundbogenfrieses mit ineinandergreifenden Bogen); (4) Zahnfries, ältere Bezeichnung: Deutsches Band (Backsteinbaukunst); Diamantfries; (6) Schachbrett- oder Würfelfries; Kugelfries; Kegel-, Rollen-, Schuppenfries (alle drei anglo-normannisch); Plattenfries, Rautenfries; (5) Zickzackfries; gedrehtes Tau (anglonormannisch). Die Gotik verwendete vorzugsweise den (7) Laub- oder Blattfries. Die Renaissance nahm die antiken Ornamentfriese wieder auf.

Frigidarium →Thermen.

Frittenporzellan →Porzellan.

Fronaltar →Altar.

Frontale →Antependium.

Frontalität, Gesetz der, eine von dem dän. Kunstgelehrten Julius Lange 1892 als Gesetz formulierte Beobachtung, die man an Darstellungen des Menschen auf archaischer Stilstufe schon lange gemacht hatte: unabhängig von der Haltung Stellung oder Bewegung des dargestellten Menschen erscheint sein Körper stets frontal, d.h. symmetrisch zu einer durch ihn gelegten Mittelsenkrechten. Erst die Griechen des 5. Jh. haben dieses in der ägypt. und vorderasiat. Kunst herrschende Gesetz zugunsten freier Beweglichkeit des menschlichen Körpers überwunden. Das Hauptwerk Langes erschien dt. in 2 Teilen: „Die Darstellung des Menschen in der altgriech. Kunst“ (hg. von Furtwängler) und „Die menschl. Gestalt in der Gesch. der Kunst“ (hg. von Köbke, 1903).

Frontispiz (franz.), 1. Giebeldreieck über dem Mittelrisalit eines Gebäudes, auch über Türen und Fenstern (auch Fronton genannt). 2. Titelkupfer des franz. und engl. Buches im 17. und 18. Jh.

Frottage, eine zuerst von M. →Ernst 1925 angewandte Kunsttechnik, bei der mittels Durchreiben (daher d. Name F.) – meist mit Graphit – natürliche Strukturen wie Holzmaserungen, Blattgeäder u.a. in den Dienst realistisch-surrealistischer Gestaltg. bes. der Graphik gestellt wird.

Frueauf, 1. Rueland d. Ä., Maler, * 1440/50, † 1507 Passau, tätig das. und in Salzburg, gehört zur Salzburger Schule. Seine in klaren, kontrastreichen Farben gehaltenen Bilder vereinen verhältnismäßig wenige kräftig gebildete Figuren mit groß gesehenem Umriß in wuchtiger Komposition bei realistischem Detail. Gesichert sind 4 Passionstafeln (1490/91; Wien, Kunsthistor. Mus.), nach denen ihm weitere Werke zugeschrieben werden, darunter ein bedeutendes männliches Bildnis (das.).

L. Baldass, Die Kunst R. F. d. Ä., 1935 (Pantheon, Bd. 15/16).

2. Rueland d. J., Maler, vermutlich Sohn von 1, * 1465/70, † nach 1545 wahrscheinlich Passau. Hauptwerke sind 4 Tafeln aus der Leopoldslegende (1507; Mus. des Stiftes Klosterneuburg b. Wien; das. noch weitere Tafeln). In ihnen ist die Handlung in origineller Weise vollkommen in eine märchenhafte, sehr bewegte Stimmungslandschaft eingebettet.

R. Guby, Beiträge zur Künstlergeschichte der Passauer Maler. R. F., Vater und Sohn. 1929; L. v. Baldass, Conrad Laib und die beiden F., 1946.

Frühchristliche Kunst →Altchristliche Kunst.

Füger, Heinrich Friedrich, Maler, * 8. 12. 1751 Heilbronn, † 5. 11. 1818 Wien, Schüler von Oeser, Galerie- und Akademieleiter in Wien, hat Historienbilder von einem empfindsamen, dem Rokoko noch verhafteten Klassizismus gemalt und wurde einer der bekanntesten Meister der Wiener Bildnisminiatur.

Stix, H. F., 1925; J. de Bourgoing, Die Miniaturen von H. F. F., 1926; M. Schefold, H. F. F. (in Schwäb. Lebensbilder 6), 1957; A. M. Schwarzenberg, F.s Zeichnungen u. d. Kst. in Wien um 1800 (in Weltkst. 10), 1978.

Führich, Joseph, Ritter von, Maler und Zeichner für den Holzschnitt, * 9. 2. 1800 Kratzau (Böhmen), † 13. 3. 1876 Wien, schloß sich in Rom an die Nazarener an, lebte seit 1834 in Wien (Prof. an der Akad.). Bilder christl. Inhalts von einem sehr milden, kaum religiösen, märchenhaft-erzählenden Nazarenertum, biblische Folgen in Holzschnitt und Kupferstich. – Selbstbiographie (1875), Lebenserinnerungen (hg. v. C. Oswald, 1926).

Lukas von Führich, J. v. F., 1886; M. Dreger, J. F., 2 Bde., 1912; von Wörndle, F.s Werk 1914; Tetzel, J. F., 1925; H. Geller, J. F., Das Gebet d. Herrn, 1958.

Füllmauer, Mauer, die zwischen zwei aus bearbeiteten Steinen errichteten Wänden einen mit kleinen Steinen (Füllsteinen) und Brocken ausgefüllten und mit Mörtel ausgegossenen Zwischenraum hat (Altertum, Mittelalter).

Funeralwaffen →Totenschild.

Funktionalismus wird als Begriff u. Umschreibung für Erscheinungsformen gebraucht, die sich hauptsächlich beim →Neuen Bauen beobachten lassen, wobei die Form (Gestalt) von Bauwerken aber auch Gegenständen überwiegend von deren Funktion, also dem praktischen Gebrauch abgeleitet wird. Durch die Entwicklg. d. →Ingenieurbaukunst schoben sich technisch-konstruktive Momente des Bauens immer weiter in den Vordergrund, die im äußeren Erscheinungsbild sichtbar wurden u. zu neuen ästhetischen Bewertungen führten. Die Gedanken u. Theorien des F. fanden Anregungen durch allgem. wissenschaftl. Erkenntnisse (u. a. der Biologie) u. gipfelten in der Forderung, die von Menschen gefundenen Strukturen müßten der Funktion in gleicher Weise folgen wie in der Natur (H. Greenought, 1850). L. H. →Sullivan formulierte: „Form follows function". Diese nunmehr zu künstlerischen Maximen erhobenen Ideen, die zunächst im wesentlichen für d. Baukunst Geltung erlangten, fanden später ebenso für die Gestaltg. in Industrie, bei Maschinen u. Geräten Anwendg., und man sprach von d. „Urschönheit der elementaren Geräte u. Gebrauchsgegenstände" (→v. d. Velde). H. →Häring, →Muthesius, →Gropius, →Le Corbusier →Scharoun u. a. m. fühlten sich dem F. verbunden.

Fünte (aus lat. fontem), in Norddeutschland Name für →Taufbekken.

Furchenschmelz →Email.

Furnieren, das Bekleiden von unedlem Holz mit einer dünnen Schicht edlen Holzes, ein der →Intarsia verwandtes Verfahren, häufig geübt in der Möbelherstellung. Es kommt zusammen mit der Intarsia in der Renaissance auf, als man anfing, hohe Ansprüche an die dekorative Ausstattung des Wohnraums zu stellen. Zum F. wurde Nuß- und Eschenholz, später vor allem Ebenholz verwendet, auch Kirschbaum, Birke und (seit dem 18. Jh.) exotische Hölzer, wie Mahagoni und Palisander. – Heutige Furniere entsprechen nach Herstellung, Stärke und Bearbeitung meist nicht mehr denen früherer Epochen.

Fürspan(n), Fürspange, Band oder Kette, um den Mantel über der Brust zusammenzuhalten; an diesem an jeder Seite mit einer →Agraffe befestigt; oft kunstvoll gestaltet (12.–13. Jh.).

Fürstenberger Porzellan, Porzellan der 1753 in Fürstenberg a. d.

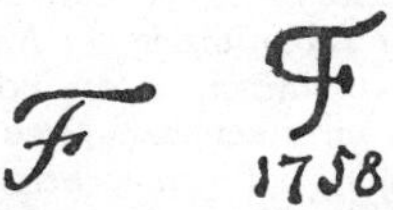

Fürstenberger Porzellanmarken

Weser unter Herzog Karl I. von Braunschweig gegründeten Manufaktur, deren Blütezeit in den 70er Jahren beginnt und am Anfang des 19. Jh. endet. Eine Besonderheit sind kameenartige Medaillonbildnisse v. Fürsten, Köpfe und Büsten bedeutender Männer, ferner Vasen und Geschirr mit Landschaften in Blau- und Buntmalerei.

Chr. Scherer, F. P., 1909; S. Ducret, F. P., 3 Bde., 1965; B. Hedergott, F. P., Ausst.kat. Braunschweig, 1972.

Furttenbach, Josef d. Ä., Baumeister und Architekturschriftsteller, * 30. 12. 1591 Leutkirch, † 17 1. 1667 Ulm, reiste 10 Jahre in Italien, ließ sich 1621 in Ulm nieder, wo er 1631 das Stadtbauamt übernahm. Von seinen Bauten ist kaum etwas erhalten. Bedeutung hat F. durch die lange Reihe seiner Schriften, die alle Zweige der Baukunst bis in die entlegensten technischen Einzelheiten hinein betreffen und weite Verbreitung gewannen. Sie stellen in ihrer Gesamtheit eine wahre Architekturenzyklopädie der Zeit dar. Sein Sohn Josef F. d.J. (1632–55) hat ebenfalls architekturtheoretische Schriften veröffentlicht.

S. Dietzel, F.s Gartenentwürfe, 1928; Margot Berthold, J. F., Diss. Münch. 1952; J. F., Architektura civilis, Hg. v. H. Foramitti, 1971.

Füßli, Johann Heinrich, Maler und Dichter (engl. Fuseli/Fusely), * 6. 2. 1741 Zürich, † 16. 4. 1825 Putney Hill bei London, tätig in Italien und seit 1779 in London, wo er Direktor der Akademie wurde. Von der Dichtung ging er zur Malerei über und gestaltete Stoffe von barocker Dramatik und phantastisch-grausigem Inhalt („Nachtmahr", Basel, Ksthalle) und mit stark literarischem Einschlag. Bilderfolgen (z. T. nur durch den Stich bekannt) zu Homer, Dante, Shakespeare, Milton und zur Bibel. – Briefe, 1942; Aphorismen, übers. u. hg. v. E. C. Mason, 1944.

Federmann, J. H. F., Dichter und Maler, 1927; Edith Hoffmann, J. H. F., 1942; E. Jaloux, J. H. F., 1942 (franz.); Ursula Ditchburn-Bosch, J. H. F.s Kunstlehre, 1960; P. Tomory, The life and art of H. F., 1972; F. Antal, F.-studien, 1973; W. Hofmann (Hg.), G. Schiff, J. H. F., Ausst.kat. Kst.halle Hamburg, 1976; ders., Zeichnungen von H. F., 1959; ders., J. H. F., 2 Bde., 1973.

Futurismus, Richtung der modernen Kunst, die 1909 in Italien zuerst für die Dichtung, dann auch für die Malerei proklamiert wurde (Carrà, Boccioni, Russolo, Severini) und den völligen Bruch mit der Überlieferung verlangte: in der Malerei der Zukunft (daher der von Marinetti erfundene Name) tritt an die Stelle der optischen, nur einen einzigen Zustand abbildenden Einheitlichkeit der Bildfläche die „Simultaneität", d.h. die Vereinigung mehrerer zeitlich verschiedener Zustände der Außenwelt und mehrerer zeitlich verschiedener Erlebnisphasen. Der F. war eine verhältnismäßig kurzlebige Erscheinung, die im wesentlichen auf Italien beschränkt blieb, von der jedoch gewisse Anregungen auf andere Vertreter der modernen Kunst ausgegangen sind.

U. Boccioni, Pittura, Scultura Futurista, 1914; F. T. Marinetti, Manifesti del Futurismo, 4 Bde., 1932; Ch. Zervos, Un demi-siècle d'art italien, 1950; Archivi del Futurismo, Bd. 1, 1957; E. Falqui, Bibliografia e iconografia del Futurismo, 1959; G. Marchiori, Arte e artisti d'avanguardia in Italia 1910–1950, 1960; C. Baumgart, Gesch. d. mod. F., 1966; Die Manifeste u. Programmschriften d. russ. Futuristen (russ. Texte, engl. Einltg. v. V. Markov), 1967; U. Apollonio, D. F., 1972; C. Pellegrini, A. Zweite u. a., Futurismo in Europa, 1976.

Gabelkreuz →Kreuz.

Gabo, Naum, (Nahum Pevsner), russ.-engl. Bildhauer, * 1890 Bryansk, Bruder des Antoine →Pevsner, lebt in Connecticut, USA, 1909–17 in Westeuropa, Studium der Medizin und Naturw. in München, Bekanntschaft mit →Kadinsky. 1916 übertrug er Formvorstellungen des →Kubismus auf die Plastik. Im Anschluß an den →Suprematismus veröffentlichte er 1920 mit A. Pevsner ein „realistisches Manifest". G. wandte sich einer völlig gegenstandsfreien Plastik zu, in der auch das körperliche Volumen verschwindet. In seinen oft aus Metall und Kunststoffen gefertigten, wie sichtbar gemachte Kraftfelder erscheinenden, raumgliedernden Gebilden verwendet er Kurven und kompliziert gekrümmte Flächen, Formen der höheren Mathematik. Er nutzt den ästhetischen Reiz der mathematischen Form, nimmt jedoch ihre Durchschaubarkeit in Kauf.

H. Read u. L. Martin, N. G., 1961.

Gabriel, Engel →Erzengel.

Gabriel, Jacques-Ange, franz. Baumeister, * 23. 10. 1698 Paris, † 4. 1. 1782 das., Mitbegründer des Frühklassizismus, schuf die Place de la Concorde in Paris mit anliegenden Hauptgebäuden (seit 1754) und das Schlößchen Klein-Trianon im Park von Versailles (1762–64).

Gromort, J. A. G., Sa vie, Son œuvre, 1933; E. de Fels, A.-J. G., ²1942; J. Bottineau, L'art d'A.-J. G. à Fontainebleau, 1962.

Gainsborough, Thomas, engl. Maler, getauft 14. 5. 1727 Sudbury (Suffolk), † 2. 8. 1788 London, tätig das. seit 1774, neben Reynolds der Hauptmeister seiner Zeit und gesuchter Bildnismaler des Adels. In seinen Bildnissen ist das Erbe van Dycks unverkennbar. Dazu kommen in der duftigen, lockeren Farbgebung Nachwirkungen von Watteau. Bei aller Vornehmheit und Distanzierung sind die von ihm (gern vor parkähnlichem Hintergrund) dargestellten Persönlichkeiten oft von unmittelbarer Lebendigkeit. Stärker noch kommt G.s unmittelbares Verhältnis zum Gegenstand in seinen Landschaften zur Geltung, in denen trotz ihrer Verpflichtung an die Meister des 17. Jh. doch engl. Landschaft mit engl. Augen gesehen ist. Hauptwerke: „Der blaue Knabe" (Kalifornien, Sammlung Huntington), Mrs. Siddons (1784; London, Nationalgal.), Der Marktwagen (das.), Die Viehtränke (das.).

G. Pauli, Th. G., ²1909; W. Th. Witley, Th. G., 1915; Dibdin, Th. G., 1923; Mary Woodall, Th. G., his Life and Work, 1949; O. Millar, G., dt. 1950; E. Waterhouse, G., 1958 (mit Werkverz.); Isab. Wormann, Th. G. a biography, 1976; Ausst.kat. G. Tate Gallery London, 1980.

Galerie (franz.), langgestreckter Raum zur Verbindung mehrerer Räumlichkeiten, für Feste und Empfänge. Die G. bildete sich als

Ersatz des mittelalterl. Saales in den franz. Schlössern heraus, wo sie zuerst im Schloß von Bury um 1520 ihre volle Längen- und Breitenausdehnung erhielt. Im Barock wurde ihr dann immer größere Pracht verliehen (Spiegelgalerie des Schlosses zu →Versailles). Wegen ihrer Helligkeit (lange Fensterreihe) wurde die G. seit dem 17. Jh. zur Aufstellung von Kunstwerken benützt, daher G. auch gleichbedeutend mit größerer Kunstsammlung (eine kleinere hieß Kabinett). G. bedeutet ferner den emporeähnlichen Einbau eines größeren Saals, auch den nach einer Seite offenen Laufgang an Häusern und Wehrbauten, im Städtebau eine glasgedeckte Passage mit Läden.

Galerieton, der dunkel-bräunliche Ton alter Ölgemälde, entstanden aus einer chemischen Veränderung (Oxydation) des Öls. Obwohl der G. eine Verdunkelung der ursprünglichen farbigen Erscheinung des Bildes ist, wurde er im 19. Jh. vielfach als ästhetischer Eigenwert empfunden und daher auch nachgeahmt (Bildnisse von Lenbach). Gegen diesen „Tonwert" wandten sich insbesondere die Maler des →Impressionismus.

Galiläa, der bes. in Frankreich (Galilée) und England (Galilee) gebräuchliche Name für die geräumige Vorhalle einer Kirche (Tournai, Vézelay, Durham, Lincoln, Ely). Die Deutung des Namens, der zuweilen auch auf andere Teile von Kirche und Kloster übertragen wurde, ist umstritten.

Gallégläser, von Emile Gallé in Nancy in der Zeit des →Jugendstils hergestellte Kunstgläser, die in einer sehr komplizierten, aus dem Studium der chines. Tabakfläschchen entwickelten, persönlich kunsthandwerklichen Technik (Überfang und Einlegearbeit) mit einem Dekor großfarbiger Blumen versehen sind, deren Gestalt meist in Beziehung zur Grundgestalt des Glases selber steht.

H. Demoriane, Le cas étrange de M. Gallé (Connais. des Arts 102) 1960; B. Hakenjos, E. G. (Stud. z. Kst. d. 19. Jhs., Bd. 17), 1976; Ph. Garner, E. G., 1976 (frz.); B. Hakenjos u. a. Keramik, Glas, Möbel des Art Nouveau, Ausst.kat. Mus. Bellerive Zürich, 1980.

Galli-Bibiena, Galli da Bibiena, ital. Künstlerfamilie des 17. u. 18. Jh., deren Mitglieder zugleich Baumeister und Maler waren und als Bühnenbildner den entscheidendsten Einfluß auf die Bühnendekoration des Hoch- und Spätbarocks ausübten (→Bühnenbild). Die bedeutendsten sind: 1. Ferdinando, * 18. 8. 1657 Bologna, † 3. 1. 1743 das., Baumeister des Hoftheaters zu Mantua (1731), Schöpfer von Entwürfen für Theater- und Festdekorationen. Eine für die Geschichte des Bühnenbildes bahnbrechende Serie von Entwürfen sind die „Varie opere di Prospettiva ..." (Bologna um 1706, gestochen von Buffagnotti). Hauptwerk ist: „L'architettura civile ..." (Parma, 1711). 2. Giuseppe, Sohn von 1, * 5. 1. 1696 Parma, † 1756 Berlin, hat die Gedanken seines Vaters in großartiger Weise weiterentwickelt, ist auch für dt. Bühnen und Festlichkeiten tätig gewesen (Wien, Prag, Dresden, München, Berlin). Stichfolge seiner Entwürfe: „Architetture e prospettive ..." (Augsburg 1740).

C. Ricci, I Bibiena, architetti teatrali, 1915; G. Schöne, Die Entwicklung der Perspektivbühne von Serlio bis G.-B. nach den Perspektivbüchern, 1933 (Theatergeschichtl. Forsch., Bd. 43); A. Hyatt Mayor, The Bibiena Family, 1945.

Gandhāra-Kunst, die Kunst der Landschaft Gandhāra im heutigen Afghanistan, jedoch weit über sie hinausreichend. Ihr Denkmälermaterial besteht aus Reliefplatten und rundplastischen Arbeiten kultischer Art, einer Mischung hellenistischer und indischer Kunst im Dienste des Buddhismus, daher auch „gräkobuddhistische Kunst" genannt. Die nach dem Zuge Alexanders d. Gr. nach Indien entstandenen griech.-ind. Staaten haben diese Mischung herbeigeführt. Die G.-K. beginnt im 2. Jh. v. Chr. und endet im 5. Jh. n. Chr. Sie hat die beiden Typen des Buddhabildes geschaffen: den stehenden, lehrenden Buddha, der hellenist. Standbildern nachgeahmt ist, und den sitzenden, meditierenden Buddha, eine indische Schöpfung unter hellenist. Anregung. Diese beiden Typen beherrschen seitdem die ganze buddhistische Kunst bis heute. Die griech.-hellenist. Züge der G.-K. verwandeln sich im Verlaufe ihrer Entwicklung immer mehr in indische.

A. Foucher, L'Art gréco-bouddhique du Ghandara, 3 Bde., 1900–23; A. Ippel, Wirkungen griech. Kunst auf Asien, 1940; H. Buchthal, The western aspects of Ghandara sculpture, 1945; H. Deydier, Contribution à l'étude de l'art du Gandhara. Essai de Bibliographie 1922–1949, 1950; H. Ingholt, Gandhāran art in Pakistan, 1957; J. H. Marshall, The Buddist art of Ghandara, 1960; D. Ahrens, Die röm. Grundlagen d. G.-Kst., 1961; H. G. Franz, Buddh. Kst. Indiens, 1965; Madeleine Hallade, Indien. Gandhāra, dt. 1968.

Gandscha-Karabagh-Kultur →Kaukasischer Kreis.

Ganerbenburg →Burg.

Ganosis, Imprägnierung von Bildwerken aus Marmor und bes. aus Gips, um ihnen eine elfenbeinartige Tönung zu geben.

Ganymedes, der Mundschenk des Zeus, von diesem wegen seiner Schönheit geraubt, wobei Zeus die Gestalt eines Adlers annahm. Dieser Vorgang ist oft in der griech. Kunst dargestellt, am bekanntesten in der Marmorgruppe des Vatikanischen Museums. Sie geht jedoch kaum unmittelbar auf die Gruppe des Bildhauers →Leochares zurück, von der berichtet wird. Bessere Vorstellungen von dieser geben einige Werke der Kleinkunst. Auch in der neueren Kunst ist der Raub des G. dargestellt worden, so von Correggio und Rembrandt.

H. Sichtermann, G. Mythos u. Gestalt in der antiken Kunst, 1953; G. Lippold, Leda u. G., 1954; Gerda Kempter, G. Studien z. Typologie, Ikonographie u. Ikonologie (Diss. z. Kst.gesch. 12), 1981.

Gartenkunst. Es gibt zwei Hauptarten künstlerischer Gartengestaltung: 1. die regelmäßige, nach architektonischen Gesichtspunkten ausgerichtete, 2. die der freien Natur nachgebildete, also unregelmäßige. In der Geschichte der G., zum mindesten der europäischen, ist die erstere Art die bei weitem wichtigste. Sie tritt uns bereits in den im Rechteck angelegten und symmetrisch aufgeteilten Gärten der alten Ägypter entgegen. Auch der griech. Garten war regelmäßig; über Einzelheiten seines Stils sind wir nicht unterrichtet. Die Babylonier haben den Terrassengarten ausgebildet (die „hängenden Gärten"), ebenso die Perser. Etwas deutlicher erkennbar wird die G. in der röm. Kaiserzeit. In Pompeji sehen wir heute noch den im →Peristyl des röm. Hauses angelegten, zierlichen, auch mit Bildwerken ausgestatteten Garten. Großartige Anlagen müssen die röm. Villengärten außerhalb der Stadt gewesen sein, die sich gern am Berg in die Höhe zogen, von Terrassen Aussicht boten, die lebendige Wirkung sprudelnden Wassers in ihren Dienst stellten und mit Bildwerken ausgestattet waren. Von der ebenfalls auf Regelmäßigkeit bedachten G. der islamischen Völker zeugen heute noch die Anlagen der →Alhambra und des zu ihr gehörenden Lustschlosses, des Generalife, mit raffinierter, das Ganze ungemein belebender Bewässerung. Die seit alters auf außerordentlicher Höhe stehende G. der Chinesen strebt nicht nach Regelmäßigkeit; sie entwickelt eine Gartenlandschaft mit Wasserflächen, Brücken, Baumgruppen, Pavillons, Grotten. Eine Landschaft im kleinen spiegelt der japan. Miniaturgarten wider; in Japan hat sich auch zuerst der sog. Steingarten herausgebildet.

Bescheiden war die G. des abendländ. Mittelalters: Klostergarten, Burggarten, Garten des bürgerlichen Wohnhauses von Mauern umschlossen. Aus Bildern des 15. Jh. (Paradiesgärtlein) gewinnen wir eine gewisse Vorstellung von ihr. Eine stärkere künstlerische Durchformung erfuhr der abendländ. Garten erst in der ital. Renaissance seit etwa 1500, mit Terrassenanlagen (Villa Medici bei Fiesole), geometrisch abgezirkelten Beeten, die durch Hecken in regelmäßigem Rechteck zusammengefaßt wurden, schnurgerade gezogenen Alleen und einer reichen Ausstattung mit Springbrunnen, Statuen, Gartenhäusern. Das Erbteil des Römertums lebt in diesen Villengärten der ital. Renaissance wieder auf, die nun auch für den N vorbildlich wurden. Am frühesten scheint man in Deutschland und hier wiederum in Augsburg diesen Vorbildern gefolgt zu sein, wobei auch das botanische Interesse mit im Spiel war. Daneben zeichnete sich Frankreich durch eine Reihe prächtiger Schloßgärten aus, und unter seiner Führung erfuhr die G. eine außerordentliche Entwicklung im Barock, etwa seit der Mitte des 17. Jh. Die wesentlichen Züge des Barockgartens oder (wegen der Steigerung seiner Dimensionen) des Barockparkes sind folgende: das Schloß

Deutscher Patriziergarten aus dem Anfang des 17. Jh.

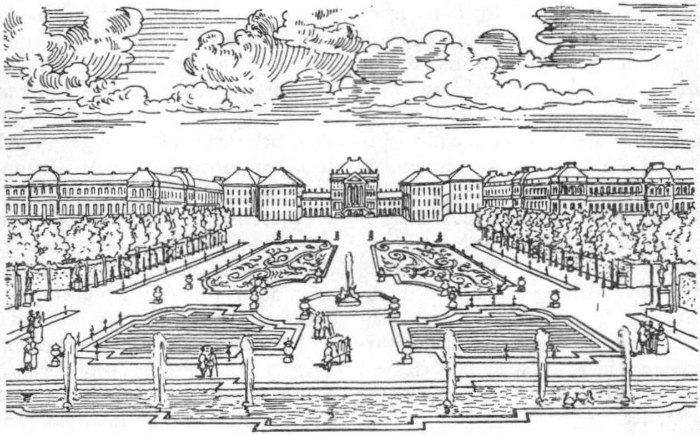

Barockpark der 1. Hälfte des 18. Jh. (Nymphenburg)

projiziert gleichsam seine architektonische Haltung in den Park hinaus. Der erhält als Verlängerung der Mittelachse des Schlosses eine Hauptachse, auf die alles einzelne bezogen ist. Als breiter Streifen zieht sie sich weit in die Landschaft hinaus, begleitet von Statuen, Baumreihen, belebt durch einen Kanal, durch Wasserkünste. Zuweilen hat diese Achse einen architektonischen Gegenpol zum Schloß (→Gloriette). Außerhalb von ihr ziehen die Wege regelmäßig dahin, zuweilen in einem „Stern" zu vielfacher Kreuzung zusammengefaßt. Bei bes. großen Anlagen sind Parkgebäude (Schlößchen) außerh. der Hauptachse zu neuen Kristallisationspunkten architektonischer Gartenformung geworden. Großartigstes Beispiel eines solchen Barockparks ist der des Schlosses von → Versailles, seit 1662 von Le Nôtre angelegt und von vorbildlicher Wirkung bis weit ins 18. Jh. hinein. Bedeutende Barockparks im deutschen Sprachgebiet sind: Schönbrunn bei Wien, Belvedere in Wien, Schleißheim, Nymphenburg, Schwetzingen, Veitshöchheim, Herrenhausen b. Hannover, Würzburg, Großsedlitz b. Dresden, Wilhelmshöhe b. Kassel u.a. Demgegenüber ging bereits zu Anfang des 18. Jh. von England die Forderung aus, den Garten nicht zu architektonisieren, sondern bei seiner Anlage den Anschein ursprünglicher Natur zu wahren. Diese Forderung war nichts anderes als eine Teilerscheinung der ja von England ausgegangenen romant. Strömung, und vielleicht hat auch das Vorbild des chines. Gartens mitgewirkt, denn der Einfluß Ostasiens auf Europa begann gerade damals auf den verschiedensten Gebieten sich bemerkbar zu machen (→Chinoiserie). Der englische Garten oder Landschaftsgarten will aber nicht allein Natur sein, er will sich auch als Bereich des Menschen darstellen. So erhält er Bauten und Denkmäler, die Träger ganz bestimmter Gefühlswerte sind: künstliche →Ruinen, bes. gotische („das längst Vergangene"), Einsiedeleien („das Einsame"), Bauernhäuser („das Einfach-Schlichte"), auch kleine chines. und japan. Bauten. Gegen Ende des 18. Jh. wird diese Ausstattung des engl. Gartens immer erfindungsreicher und sentimentaler. Mit der Entstehung der →Neugotik ist er eng verknüpft. Hauptbeispiele sind in Deutschland die Parks von Wörlitz und Weimar, die engl. Gärten in München und Meiningen, vor allem aber der ausgedehnte, schon dem 19. Jh. angehörende Park des Fürsten Pückler in Muskau (Schlesien; 1816–45). Zuweilen sind auch bestehende Barockparks durch einen engl. Garten erweitert worden, so in Schwetzingen und Nymphenburg. Die neueste Zeit hat sich mit dem Bestehenden im allgemeinen begnügt und nur auf kleinem Raum neue Lösungen versucht. Gartenkunst wird in der Gegenwart vornehmlich in Gartenschauen der Länder und Regionen offenbar; an die Stelle von Parks treten „Öffentliche Anlagen" der Gemeinden, bei denen unter modernem Vorzeichen die G. weiterlebt.

A. Grisebach, Der Garten, Gesch. seiner künstlerischen Gestaltung, 1910; H. Koch, Sächs. G., 1910; W. Pinder, Deutsche Parks, 1923 (Blaue Bücher); L. Dami, Il Giardino Italiano, 1924; Marie Luise Gothein, Gesch. der G., 2 Bde., 1926; F. Hallbaum, Der Landschaftsgarten, 1927; Senta Dietzel, Furttenbachs Gartenentwürfe, 1928; Harada, The Gardens of Japan, 1928; E. v. Erdberg, Der chines. Einfluß auf die Gartenbauten d. 18. u. Anf. 19. Jh. in Mittel- u. Westeuropa. Bonner Diss., 1936; H. Hasler, Deutsche G., 1939; P. Grimal, Les jardins Romains à la fin de la République, 1943; L. Grote, Dt. Gärten d. 18. Jh., 1946; O. Sirén, Gardens of China, 1949; Ders., China and Gardens of Europe of the 18th Century, 1950; A. Seifert, Ital. Gärten, 1950; G. Allinger, Der dt. Garten, 1950; E. Baumann, Neue Gärten, 1955; F. E. Carl, Kleinarchitekturen in der dt. G., 1956; Georgina Masson, Italienische Gärten, dt. 1962; Marguerite Charageat, L'art des Jardins, 1962; F. Schnack, Traum vom Paradies. Eine Kulturgesch. d. Gartens, 1962; A. Hoffmann, Der Landschaftsgarten, 1963; E. Hyams, The English garden, 1964; D. Hennebo u. A. Hoffmann, Gesch. d. dt. G., 3 Bde., ²1965; D. Clifford, Gesch. d. G. (hg. v. H. Biehn), 1966; H. Schüttauf, Parks u. Gärten der DDR, 1969; L. M. d'Ancona, The Garden of the Renaiss. (Arte e Archeologia-Studi e documenti, Vol. 10) 1977; Schriftenreihe Internation. Symposion „Histor. Gärten u. Anlagen" 1975, hg. v. Landesdenkmalamt B.-Württ.; D. Jarrett, The Engl. Landscape Garden, 1978; H. Johnson, Das große Buch der G. (aus d. Engl. The Principles of Gardening) 1980; Eva Ruoff, Gartenführer d. Schweiz, 1980; H.-R. Heyer, Histor. Gärten d. Schweiz, 1980; A. v. Buttlar, Der Landschaftsgarten, 1980.

Gartenstadt, planmäßig angelegte, von Gärten durchsetzte Siedlung am Rande großer Städte, also auf billigem Bauland und daher mit günstigen Bedingungen für Industrie und Handwerk. Sie ermöglicht naturverbundenes, gesundes Wohnen in Einfamilienhäusern.

Der Gedanke der G. als Trabant und Entlastungsmittel der Großstadt tauchte in der 2. Hälfte des 19. Jhs. in England, später auch in Deutschland auf, gewann breitere Wirkung aber erst durch das Buch von Ebenezer Howard „Garden Cities of to-morrow" (1898, dt. 1907). Es hatte zur Folge die Gründung einer G.-Gesellschaft in England und den Bau der ersten engl. G. Letchworth b. London (seit 1904). In Deutschland wurde 1902 eine G.-Gesellschaft gegründet. Abgesehen von den Gartensiedlungen für Arbeiter bes. der Firma Krupp Essen-Margarethenhöhe (1912), wurde Hellerau b. Dresden die erste wirkliche G. Deutschlands (seit 1907), ausgezeichnet auch als Stätte vorbildlicher moderner Architektur (→Tessenow, →Riemerschmid), eine Eigenschaft, die die zahlreichen, seitdem gegründeten G.e nicht aufzuweisen haben.

Ztschr. „Die G.", 1907–14; H. Kampffmeyer, Grünflächenpolitik und G.bewegung, 1926; K. Junghanns u. H.

Schulz, Die G. im dt. Städtebau, 1967 (Ztschr. Deutsche Architektur, Bd. 16).

Gärtner, Friedrich von, Baumeister, * 10. 12. 1792 Koblenz, † 21. 4. 1847 München, seit 1820 das. Lehrer an der Akademie, später Direktor, Generalinspektor der bayer. Kunstdenkmäler und Leiter der Nymphenburger Porzellanmanufaktur. Seine den Rundbogen immer wieder zur Geltung bringenden, klassizistisch kühlen und ebenmäßigen Bauten haben der Ludwigstraße in München das Gesicht gegeben: Ludwigskirche (1829–44; Mischung von dt. Romanik und ital. Frührenaissance), Bayerische Staatsbibliothek (1832–42; florentin. Frührenaissance, am bedeutendsten das Treppenhaus), Feldherrnhalle (1840–45; Nachahmung der Loggia de' Lanzi in Florenz), Siegestor (1843–50; Nachahmung des Konstantinsbogens in Rom).

O. Hederer, F. v. G. Leben – Werk – Schüler (Stud. z. Kst. d. 19. Jhs., Bd. 30), 1976; K. Eggert, Die Hauptwerke F. v. G.s, 1963.

Gaudí y Cornet, Antoni, span. Baumeister, * 25. 6. 1852 Reus b. Tarragona, † 10. 6. 1926 Barcelona, kam 1868 nach Barcelona, studierte dort an der Bauschule. G. verwirklichte eine Architektur von kühner, phantastischer Eigenart, in der spätgotische Formen mit exotischen verschmelzen, expressionistische Phantasiearchitekturen vorweggenommen werden. Mit seiner Vorliebe für ornamental wirkende Kurven stand G. dem →Jugendstil nahe. Er verwendete parabolische und hyperbolische Arkaden und Gewölbe, schräggestellte Säulen und Pfeiler, vermied die Symmetrie und suchte die bizarre, wuchernde Form. Seine Werke sind plastisch gedacht. Architektur, Plastik und Farbe (Mosaik) sind als Einheit entworfen. Neben zahlreichen Bauten für seinen Förderer, den Textilfabrikanten Güell, ist sein Hauptwerk die 1884 begonnene, noch unvollendete Kathedrale der hl. Familie in Barcelona, eine fünfschiffige Basilika mit drei Querschiffen und zwölf Türmen, von denen vier vollendet sind.

Cirlot, El Arte de G., 1950; Bergos, A. G., 1954; Fr. C. Alemany, Die Kirche d. Hl. Familie in Barcelona ... v. A. G., Diss. München 1959; J. J. Sweeny u. J. L. Sert, A. G., dt. 1960; G. R. Collins, A. G., dt. 1961; M. Tapié, G. La Pedrera, 1972; J. Wiedemann, A. G. Inspiration in Architektur u. Handwerk, 1974; C. Martinell-Brunet, G.: his life, his theories, his work, 1978 (span. u. engl.).

Gauguin, Paul, franz. Maler, * 7. 6. 1848 Paris, † 9. 5. 1903 La Domenica (Marquesas-Inseln), ließ sich zunächst nur vorübergehend, später dauernd auf Inseln der Südsee nieder und wurde der erste moderne Maler, der das Wesen und die Umwelt exotischer Menschen im Bilde zu gestalten versuchte. Dies geschah nicht mehr mit impressionistischen Mitteln, sondern in einer neuen Festigkeit des Bildaufbaus, die G. z. T. unter Einwirkung von Cézanne und van Gogh gewonnen hatte, und die ihn als einen Vorläufer des Expressionismus erscheinen läßt. Die von ihm gemalte Welt entbehrt, auch in der Farbe und Haltung, eines kraftvollen Wirklichkeitscharakters; es ist eine Welt traumhaften Seins, in der sich Naturkinder von naiver Schönheit gelassen bewegen. Holzschnitte, Lithographien und Holzbildwerke. G. schrieb u. a. den selbstbiograph. Roman „Noa-Noa" (dt. 1950).

Morice, P. G., 1919; Wiese, P. G., 1923; R. Rey, G., 1924; J. de Rotonchamp, P. G., 1925; W. Barth, P. G., 1929; J. Rewald, P. G., 1942 (franz.); H. Graber, P. G. nach eigenen u. fremden Zeugnissen, ²1946; R. Cogniat, G., 1947; M. Malingue, G., 1948; P.

Gauguin, Mein Vater P. G., 1950; L. van Dovski, P. G., 1950 (mit Werkverz.); Ch. Etienne, G., dt. 1953; R. Goldwater, P. G., ²1960; A. Langer, G., 1963; H. Perruchot, G., dt. 1964; G. Boudaille, G., dt. 1970; P. G. Briefe, hg. v. K. Mittelstädt, ⁵1970; R. S. Field, P. G. The paintings of the first voyage to Tahiti, 1978.

Gaul, August, Bildhauer, * 22. 10. 1869 Groß-Auheim b. Hanau, † 18. 10. 1921 Berlin, wo er hauptsächlich tätig war, einer der besten neueren Tierbildhauer, der Erscheinung und Wesen des Tieres genau zu fassen vermochte bei Hildebrandscher Geschlossenheit der Form. Unmittelbarer noch sind seine auf die Ausdruckskraft des Umrisses gestellten Tierzeichnungen und -radierungen. Die vollständigste Sammlung seiner Werke befindet sich im Mus. d. bildenden Künste in Leipzig.

E. Waldmann, A. G., 1919; A. Walther, A. G. Oeuvrekat., 1961, 1973; I. Wirth, A. G., 1972.

Gaupe (Gaube), größeres stehendes Dachfenster in der Form eines Dachhäuschens (im Unterschied zur Schleppgaupe) mit eigenem Sattel- oder Walmdach, in Renaissance und Barock häufig mit Ziergiebeln versehen. Tritt die G. als Ausbau unmittelbar aus der Hausflucht hervor, heißt sie Lukarne oder Dacherker.

Gavarni, Paul, (eigentl. Hippolyte G. Sulpice Chevalier) franz. Graphiker, * 13. 1. 1804 Paris, † 24. 11. 1866 Auteuil, seit 1837 Mitarbeiter des →Charivari, neben Daumier und Doré der Hauptmeister der franz. Illustration des 19. Jhs. Sein graphisches Mittel war die Lithographie, die er mit Eleganz und Zierlichkeit handhabte und die er allmählich zu einer saftigen und malerisch breiten Schwarzweißkunst entwickelte. G. hat sich von der politischen Karikatur ferngehalten. Er begann als Modezeichner, um sich immer ausschließlicher der Schilderung des eleganten Pariser Lebens zuzuwenden. Unter seinen etwa 3000 Lithographien bildet einen Höhepunkt die Folge des „Carnaval" (1846).

Armelhaut et Bocher, L'œuvre de G., Catalogue raisonné, 1873; E. Fuchs, G., 1925; P.-A. Lemoisne, G., 2 Bde., 1928; J. und E. de Goncourt, G., dt. 2 Bde., ²1935.

Gebende (Gebände), Kopftuch der verheirateten Frau im 13. Jh., bestehend aus einer um Wange und Kinn laufenden Binde und einer flachen runden Mütze. Vorzügliche Beispiele bieten einige der weiblichen Stifterfiguren des Naumburger Doms.

Gebetbuch Kaiser Maximilians, ein von Schönsperger in Augsburg 1515 für den Kaiser gedrucktes Gebetbuch, das in mehreren Exemplaren bekannt ist. Eins von diesen (der bedeutendere Teil in der Bayr. Staatsbibl. in München, der andere in Besançon) ist mit Randverzierungen in Federzeichnung geschmückt, die nach älterer Ansicht zur Ausführung in Holzschnitt bestimmt waren, nach neuerer nur dem Handexemplar des Kaisers besondere Kostbarkeit verleihen sollten. Sie stammen von Dürer, Cranach, Baldung, Burgkmair, Jörg Breu, Altdorfer und enthalten Pflanzen und Ornamentwerk, Figürliches, darunter ganze Szenen, alles begleitet von Schreibschnörkeln und durch sie verbunden. Der Anteil Dürers stellt in der spielerischen Leichtigkeit, Beschwingtheit und Zartheit, mit der hier von genialen Einfällen übersprudelnde Phantasiegebilde hingeschrieben sind, einen Höhepunkt dt. Zeichenkunst dar. Die erstmalige Veröffentlichung des G.s im Jahre 1808 mit Hilfe der soeben erfundenen Lithographie weckte allgemeine Begeisterung und hat damals manchen dt. Künstler zur Nacheiferung angeregt. Beste Ausgabe von K. Giehlow, 1907.

Th. Hetzer, Über Dürers Randzeichnungen im G. K. M., 1940 (Ztschr. f. dt. Geisteswissenschaft 3).

Gebrauchsgraphik (angewandte Graphik), künstlerische Graphik, die einem bestimmten Gebrauchszweck, in erster Linie der Werbung dient. Sie zeigt daher stets eine Verbindung von Bild und Schrift: Plakate, Prospekte, Kataloge, Packungen, Reklameseiten in Zeitschriften usw. Eine genaue Abgrenzung des Begriffs Gebrauchsgraphik ist nicht möglich. Ihre eigentliche Entfaltung beginnt erst mit der Entfaltung der Reklame im 19. Jahrhundert.

E. Hölscher, Gebrauchsgraphikfibel, 1954; K. Gerstner u. M. Kutter, Die neue Graphik, 1959 (Entwicklungsgeschichte der G.); A. Fletcher, C. Forbes, B. Gill, Graphic Design, 1968 (dt.).

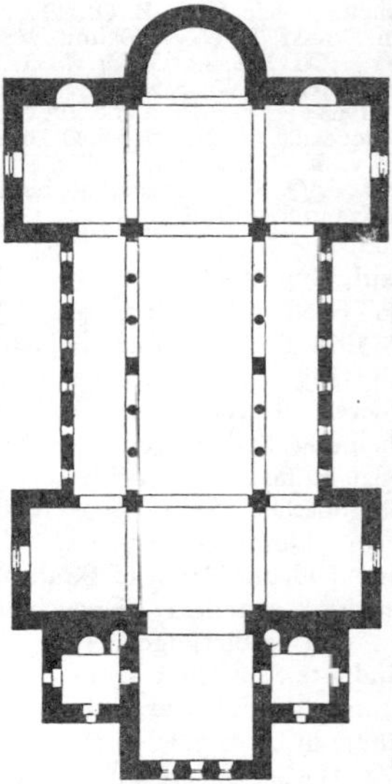

Münster i. W., Dom

Gebrochene Farben, durch Beimischung von Schwarz oder Weiß in ihrer Reinheit und Sättigung getrübte oder durch Beimischung anderer unbestimmt gewordene Farben. Ihre überwiegende Verwendung in der Malerei ist Ausdruck einer besonderen künstlerischen Haltung und kann auch Merkmal einer ganzen Stilrichtung sein (→ Manierismus).

Gebundenes System, die Konstruktion einer roman. Basilika unter Zugrundelegung einer für alle Teile ihres Grundrisses bindenden Maßeinheit. Diese Maßeinheit ist das Vierungsquadrat (→Vierung). Nach O angesetzt ergibt es das Chorquadrat (→Chor), nach N und S die beiden Querarme. Die Mittelschiffsjoche sind ebenfalls quadratisch konstruiert, so daß der Grundriß des Mittelschiffs als eine Summierung von Vierungsquadraten erscheint. Zudem erhält jedes Joch eine selbständige Wölbung. Die Seitenschiffe haben die halbe Breite des Mittelschiffes; sie setzen sich ebenfalls aus quadratischen Jochen zusammen, deren Grundriß also die halbe Länge des Vierungsquadrates hat. Man pflegt diese Zugrundelegung des Quadrates als Maßeinheit auch als quadratischen Schematismus zu bezeichnen. Die Ecken der Mittelschiffsquadrate werden gern durch „Hauptstützen" markiert, die Ecken der Seitenschiffe durch schwächere „Nebenstützen".

Geburt Christi. Ihre Darstellung, Hauptstück des sog. Weihnachtszyklus, hat mancherlei Wandlungen durchgemacht. Denkmäler der altchristl. Kunst (4./5. Jh.) zeigen das Kind unter offenem Hüttendach in einem Korb oder auf einem Gestell liegend, Ochs und Esel wenden sich ihm zu, Maria sitzt unbeteiligt daneben. Die byzantin. Kunst seit dem 6. Jh. verlegt die G. C. in eine Höhle, läßt Engel und Hirten verehrend hinzutreten. Maria ruht auf einem Lager; Josef sitzt sinnend beiseite, im Vordergrund wird das Kind gebadet. Dieser byzantin. Typus mit der liegenden Maria beherrscht die mittelalterlichen Geburtsdarstellungen bis ins 14. Jh. vollständig, natürlich in vielen Variationen. In der 2. Hälfte dieses Jh. kommt ein neuer Typus auf: das Kind liegt am Boden und wird von Maria und anderen kniend verehrt. Das geschieht in oder vor einer Hütte, die gern in verfallenem Zustand gegeben wird, oder auch einfach in der Landschaft. Im Hintergrund erscheint die Verkündigung an die Hirten. Man beginnt jetzt auch das Ganze als nächtliche Szene darzustellen (Gentile da Fabriano, Meister Francke), wodurch das Geheimnisvolle des Vorgangs gesteigert und die Möglichkeit zu Lichtwirkungen gegeben wird. Bes. Altdorfer, auch Holbein und Baldung haben von dieser Möglichkeit, eine heilige Nacht zu malen, Gebrauch gemacht. Die G. C. kommt selbstverständlich auch im Relief häufig vor. Ein Sondergebiet eröffnet sich ihr seit dem 16. Jh. durch das Aufkommen der →Krippe.

F. Noack, Die G. C. in der bildenden Kunst bis zur Renaissance, 1894; H. Cornell, The Iconography of the Nativity of Christ, 1924; R. Frauenfelder, Die G. des Herrn, 1939; G. Aust, G. C., 1953; A. Günter, Die G. C., 1953; H. Jursch, D. Weihnachtsbild. Seine Entst. u. Entw. b. z. Renaiss. (Wiss. Ztschr. d. Univ. Jena, Ges. u. Sprachw. Reihe 1/2 Jg. 4) 1954/55; K. Onasch, D. Weihnachtsfest im orthodoxen Kirchenjahr. Liturg. u. Ikonographie, 1958; G. Ristow, Die G. Ch. in d. frühchristl. u. byzant. ostkirchl. Kst., 1963.

gebust →busig.

Gedrehtes Tau →Fries.

Geertgen tot Sint Jans, niederländ. Maler, * um 1460 Leiden, † um 1490, tätig in Haarlem, angeregt bes. von Hugo van der Goes, einer der ursprünglichsten und frischsten Meister der altniederländ. Malerei. Seine Bilder sind reich an prächtig gemalten Einzelheiten, Mensch und Natur sind mit gleicher Eindringlichkeit erfaßt. Außer seinem beglaubigten Hauptwerk, den beiden großen Tafeln mit der Beweinung Christi und der Verbrennung der Gebeine Johannes des Täufers (Wien, Kunsthist. Mus.), ist bes. der inmitten einer hellen und reichen Landschaft sinnend sitzende „Johannes der Täufer" zu nennen (Berlin, Staatl. Mus.).

M. J. Friedländer, Die altniederländ. Malerei, Bd. 5, 1927; J. J. Hessler, G. tot sint Jans, 1930; W. Vogelsang, G. tot Sint Jans, 1942; J. Šip, G. t. S. J., 1963.

gegenständig, die symmetrische Stellung zweier Tiere im Profil (antithetische Gruppe), ein in der Kunst des Alten Orients ausgebildetes und bis ins Mittelalter bes. dort weitverbreitetes Motiv, wo Beziehungen zum Orient vorliegen. Oft sind die Tiere zu seiten einer Pflanze angeordnet.

Gehrung, in der Tischlerei die Verbindung zweier im (gewöhnlich rechten) Winkel zusammenstoßender Bretter oder Leisten. Sind diese, wie meistens, gleichgroß, so wird jedes Stück im Winkel von 45° abgeschnitten. Entsprechend bezeichnet G. in der Baukunst die Verbindungsstelle der beiden Teile eines um eine Ecke laufenden Gesimses. Auch hier halbiert die G.slinie den Winkel, in dem das Gesims gebrochen ist.

Geierstele →Babylonische Kunst.

Geison (griech.), beim antiken Tempel gleichbedeutend mit Kranzgesims (→Gesims). Das G. der Giebelschräge heißt Schräggeison.

Geist, Heiliger. →Dreifaltigkeit.

Gekröpftes Gesims, ein um Vorsprünge der Mauer, Säulen, Pfeiler herumgeführtes Gesims.

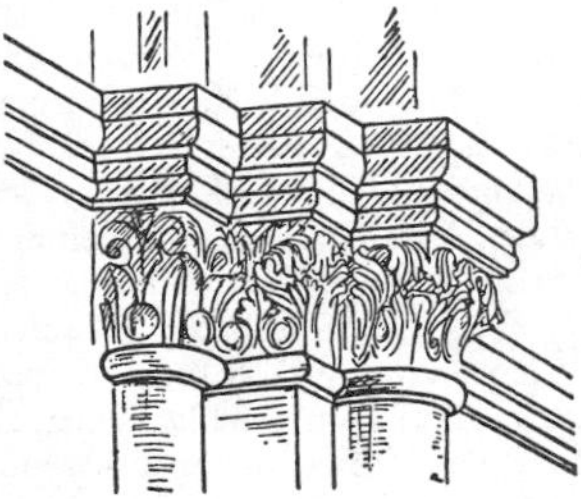

Gekröpftes Gesims

gekuppelt (gekoppelt), heißt die Verbindung zweier gleichartiger Bauteile durch ein gemeinsames Glied oder mehrere; häufig in der roman. Baukunst. So können zwei Säulen durch gemeinsame Fuß- und Deckplatte, auch durch Verschmelzung der Basen und Kapitelle g. sein. Rundbogenfenster werden g., indem man ihre Bogen durch eine gemeinsame Mittelsäule stützt.

Gelbguß →Messingarbeiten.

Gemäldedurchleuchtung, das Verfahren, mittels Röntgenstrahlen die Farbschichten eines Gemäldes sowie seinen Malgrund und dessen Träger zu durchleuchten und das Ergebnis photographisch festzuhalten. Malgrund und dessen Träger (Holz, Leinwand) sind im allgemeinen ziemlich homogen, nicht aber die Farbschichten. Je nach der Dicke des Auftrags und ihrem Metallgehalt setzen sie den Röntgenstrahlen einen sehr verschiedenen Widerstand entgegen, der z.B. bei den Bleifarben, in erster Linie beim Bleiweiß, am stärksten ist. Retuschen und Übermalungen, die fast stets sehr dünn sind, fallen im Röntgenbild in der Regel weg. Es werden also – ein wichtiger Anhaltspunkt für den Restaurator und Konservator – Schäden in der Tiefe der Farbschicht sichtbar. Da alle Farbschichten sichtbar werden, sofern sie den Strahlen Widerstand entgegensetzen, lassen sich aus dem Verhältnis der unteren zu den oberen Schlüsse auf den Malvorgang und auf die Art der Entstehung des Bildes ziehen. So können namentlich die bei manchen Malern sehr häufigen und meist unter der Oberfläche des Bildes verborgenen → Pentimenti erkannt werden. Die G. ist von Schülern Röntgens bereits in den 90er Jahren versucht worden. Ihre große Bedeutung für die Gemäldepflege und kunstwissenschaftliche Forschung wurde aber erst 1913 von A. Faber erkannt und von K. Wehlte gefördert. – Noch tiefer dringen Infrarotstrahlen in die Schichten ein. Untermalungen und eventuell vorhandene Vorzeichnungen werden sichtbar. – Ultraviolettstrahlen (Lumineszensanalyse) machen wiederum Oberflächenschäden und Veränderungen bei Gemälden aber auch bei Handschriften, Urkunden usw. deutlich. Heute sind die Restaurierungswerkstätten der großen Gemäldesammlungen mit speziellen Apparaturen ausgerüstet. →auch Restaurierung, →Archäometrie.

Chr. Wolters, Die Bedeutung der G. mit Röntgenstrahlen für die Kunstgeschichte, 1938 (mit Bibliographie); A. Burroughs, Art criticism from a laboratory, 1938; M. Hamsik, Physikal. u. chem. Method. z. Bildanalyse (Urania 20 H. 6) 1957; H. Nickel, Fotogr. im Dienst d. Kst., 1959; Ders., Infrarotkontrastaufnahmen (Wiss. Ztschr. d. Univ. Halle, Ges.- u. Sprachwiss. Reihe) 1960. →Archäometrie.

Gemälderestaurierung →Restaurierung.

Gemeine Figuren →Wappen.

Gemme, geschnittener Stein, d.h. ein Edel- oder Halbedelstein, der eine gravierte oder erhabene bildliche Darstellung trägt. Die gravierte G. heißt (seltener) auch Intaglio, die erhaben gearbeitete → Kamee. Im Unterschied zu dieser, die nur dem Schmuck dient, ist die G. mit vertieft geschnittenem Bild für den Abdruck in anderem Material (Wachs oder Ton) berechnet und wurde als Siegel verwendet. Die Bearbeitung der G. erfolgt durch Schleifen in einem für beide Arten ungefähr gleichen Verfahren. Dieses wird Steinschneidekunst, Glyptik oder Gemmoglyptik genannt. Die Größe der G.n ist nach Mode und sozialer Stellung des Besitzers verschieden. Bei Intaglien hält sie sich ungefähr in den Grenzen der praktischen Verwendbarkeit als Siegel. Bei Kameen dagegen kommen Größen bis zu 30 cm vor.

Die ältesten G.n sind die →Siegelzylinder der mesopotamischen Kulturen. Im alten Ägypten hatte die G. geringe Bedeutung, da zum Siegeln meist ein aus grüner Fayence hergestellter →Skarabäus verwendet wurde. Hervorragend und von großer Kühnheit und Mannigfaltigkeit der bildlichen Darstellungen sind die G.n der ägäischen (mykenischen) Kunst des 2. vorchristl. Jahrtausends. In Griechenland begann im 6. Jh. eine Blütezeit der Glyptik. Sie griff nach Italien über, wo sie zum Ausgangspunkt der reich entwickelten etruskischen Glyptik wurde, und wirkte auch auf die persische ein. Alle Wandlungen der griech. Kunst spiegeln sich auch in ihrer Glyptik wider. Sehr umfangreich ist das Material aus hellenist. und röm. Zeit, und sehr mannigfaltig sind die Darstellungsgegenstände: mytholog. Szenen, Abbilder von Werken der Plastik und Malerei, Bildnisse. Die selbständige Bedeutung dieses Kunstzweiges wird durch eine Anzahl Künstlersignaturen erwiesen. Die Kameen wurden zu wahren Prunkstücken (Bildnisse und Gruppenbildnisse von Mitgliedern des Kaiserhauses) ausgebildet. Berühmte Stücke der röm. Kaiserzeit sind die Gemma Augustea (Wien, Kunsthistorisches Mus.), einen Triumph des Tiberius darstellend, und die „Kamee der Sainte-Chapelle" (Paris, Nationalbibliothek) mit Bildnissen des Tiberius und Germanicus. In röm. Zeit verwendete man als billigen Ersatz auch Glaspasten. Doch sind diese Pasten zuweilen die Träger der schönsten röm. G.nbilder. Mit dem Ausgang des Altertums verfiel die Steinschneidekunst. Antike G.n wurden von den karoling. Herrschern weiterverwendet. Später gewann das Metallsiegel immer mehr Verbreitung. Der christl. Kunst des Mittelalters war die antike G. ein Zierstück, das zusammen mit Glasflüssen und gravierten Halbedelsteinen an Kronen, Kreuzen, auf Buchdeckeln usw. angebracht wurde, um deren Kostbarkeit zu erhöhen.

Erst die italien. Renaissance gewann wieder Verständnis für die G. und entwickelte eine neue Steinschneidekunst im Anschluß an die antike. Es entstehen G.n mit mytholog. und christl. figurenreichen Darstellungen, auch Bildnissen von Zeitgenossen. Im Barock ist man von der G. wieder abgekommen, und erst der erneute Anschluß an die Antike im Klassizismus des 18. Jh. brachte der G. wieder einen Aufschwung. Dabei haben sich bes. die allerdings meist in Rom lebenden Mitglieder der Tiroler Familie Pichler hervorgetan. Die eigen-

schöpferische Bedeutung der klassizist. G.n ist gering, da sie auf Nachahmung der antiken angelegt waren. Die darin erreichte Virtuosität führte auch zu zahlreichen Fälschungen. Nach dem Klassizismus ist das Interesse an der G., die jetzt auch meist aus unedlem Material (Muschel) hergestellt wurde, immer mehr zurückgegangen.
Sammlungsgegenstand wurde die G. in der ital. Frührenaissance, wo man ihren künstlerischen Wert zuerst wieder schätzen lernte. Man nahm die antiken G.n aus ihren Fassungen in Prunkstücken der mittelalterl. Kunst wieder heraus und vereinigte sie bereits im 15. Jh. zu Sammlungen, unter denen die des Lorenzo Medici in Florenz die bedeutendste war. Im Klassizismus wurde die G.nsammlung (Daktyliothek), oft nur in Gipsabgüssen, ein wichtiger Bestandteil einer Antikensammlung überhaupt. Eine der reichsten G.nsammlungen ist die des Kunsthistor. Museums in Wien.

Furtwängler, Die antiken G.n, 3 Bde., 1900, Nachdr. 1964; G. Lippold, G.n und Kameen des Altertums und der Neuzeit, 1922; Gebhart, G.n und Kameen, 1925; Eichler und Kris, Die Kameen des Altertums usw. im Kunsthistorischen Museum in Wien, 1927; E. Kris, Die Meisterwerke und Meister der Steinschneidekunst in der ital. Renaissance, 2 Bde., 1929; Marie-L. Vollenweider, Die Steinschneidekunst u. ihre Künstler in spätrepublikan. u. augustäischer Zeit, 1966; Antike G.n i. dtn. Slgn., Bd. I: Staatl. Münzslg. München, Bd. II: Stiftg. Preuß. Kulturbesitz. Staatl. Mus. Berlin, Antikenabt., 1969; P. Zazoff (Hg.), Bd. IV: Hannover, Kestner-Mus.; Hamburg, Mus. f. Kst. u. Gewerbe, 2 Bde., 1976; G. Dembski, Kat. d. römerzeitlichen G.n u. Kameen aus Carnuntum, 1977.

Genelli, Bonaventura, Maler und Zeichner, * 28. 9. 1798 Berlin, † 13. 11. 1868 Weimar, trat in Rom in Verbindung mit den Nazarenern, studierte Michelangelo, war tätig in München und Weimar. Sein eigentümlicher Stil bietet den interessanten Fall, daß er von seiner klassizistischen Ausgangsstellung nicht (wie sonst zu beobachten) in eine barocke, sondern in eine manieristische Haltung umgeschlagen ist. Seine für den Grafen Schack gemalten Bilder mytholog. Inhalts sagen uns heute nichts mehr; aber seine durch den Stich veröffentlichten Umrißzeichnungen zu Dante (1840), Homer (1844), seine Folgen „Leben einer Hexe" (1850), „Leben eines Wüstlings" (1866) u.a. sind hoch entwickelte Linienkunst.

L. Jordan, B. G., 1870 (Zeitschr. f. bildende Kunst, Bd. 5); Baisch, Einzelheiten aus G.s Leben und Briefwechsel, 1883 (ebda., Bd. 18); H. Ebert, Themenwelt u. Gestaltgs.weise B. G.s, Diss. (mit Werkverz.) Leipzig, 1960; Ders., B. G., 1971.

Genien, Gestalten der röm. Mythologie, Schutzgeister einzelner Menschen oder Gruppen, in der röm. Kunst als geflügelte Wesen dargestellt.

Genremalerei, die Gattung der Malerei, die typische Ausschnitte aus dem alltäglichen Leben von Vertretern eines bestimmten Standes darstellt. Man unterscheidet daher auch bäuerliches, bürgerliches, höfisches Genre und bezeichnet, eben weil es sich um typische Ausschnitte handelt, die G. auch als Sittenmalerei. Ihr Produkt ist das Genrebild oder Sittenbild. Die Grenzen gegenüber anderen, inhaltlich bestimmten Gattungen der Malerei sind natürlich nicht eindeutig zu ziehen, zumal auch religiöse und historische Inhalte zuweilen einer genremäßigen Darstellung unterworfen werden: religiöses Genre, historisches Genre. – Im Mittelalter, in dem das alltägliche Leben niemals Gegenstand künstlerischer Darstellung war, konnte es eine G. nicht geben. Deren Anfänge zeigen sich vielmehr erst um 1500, und zwar bes. deutlich in der dt. Graphik, deren Stoffkreis an sich schon ein etwas anderer ist als der der Tafelmalerei. Der erste dt. Meister, der Genredarstellungen nicht gelegentlich, sondern gleich in einer ganzen Folge (von Kupferstichen) gegeben hat, ist der →Hausbuchmeister. Starke Neigung zum Genre haben die →Kleinmeister gehabt; auch bei Dürer kommt es (aber nur in seiner Graphik) gelegentlich vor, und genrehafte Auffassung religiöser Inhalte ist in seinem „Marienleben" sehr ausgeprägt. Einen außerordentlichen Umfang gewann die G. im 17. Jh. in den Niederlanden, und zahlreiche Spezialisten bildeten sich für die verschiedenen Zweige der G. aus, die nun auch weiter differenziert wurde. So gab es etwa ein Soldatengenre, ferner das Konversationsstück, das vornehme Damen und Herren bei der Unterhaltung zeigt. Meister wie Ostade, Steen, Terborch, Teniers, Metsu, Wouwerman und viele andere sind hier zu nennen. Im 18. Jh. zeigt die G. in Frankreich einen höfisch-galanten Charakter (Watteau), in Deutschland einen bürgerlichen (Chodowiecki), in England einen moralisierenden (Hogarth). Unübersehbar wird das Gebiet der G. im 19. Jh., und erst der Impressionismus mit seiner Abneigung gegen literarisch-novellistische Inhalte hat ihr Abbruch getan.

B. Riehl, Gesch. des Sittenbildes in der dt. Kunst bis zum Tode P. Brueghels d. Ä., 1884; L. Hautecoeur, Les peintres de la vie familiale, 1945; M. J. Friedländer, Essays über d. Landschaftsmalerei u. andere Bildgattungen, 1947; W. Hütt, Das Genrebild, 1955; Ute Immel, Die dt. G. im 19. Jh., Diss. Heidelberg 1967.

Genter-Altar →Eyck.

Gentz, Heinrich, Baumeister, * 5. 2. 1766 Breslau, † 3. 10. 1811 Berlin, Schüler von Gontard, suchte seinen Stil im Zurückgehen auf die griech. Formen zu entwickeln. Seine Ausstattung des Großherzogl. Schlosses in Weimar (Treppenhaus, Festsaal), die G. in Zusammenarbeit mit Goethe 1802–04 schuf, gehört zu den schönsten Leistungen des dt. Frühklassizismus.

A. Doebber, H. G., 1916; G. Pauli, Kst. d. Klassizismus u. d. Romantik, 1925.

Geometrischer Stil →Griechische Kunst, →Vasenmalerei, →Terrakotta.

B. Schweitzer, Die geometrische Kst. Griechenlands, hg. v. U. Hausmann, 1969.

Georg, heiliger, einer der beiden Reiterheiligen der christl. Kunst, gern als Ritter dargestellt, der den Drachen tötet. Hervorragende plastische Werke dieser Art: die von den Brüdern Martin und Georg von Clausenburg (Siebenbürgen) 1373 geschaffene, heute auf dem Prager Burghof aufgestellte Bronzegruppe (die erste frei aufgestellte, allerdings unterlebensgroße Reiterstatue seit der Antike) und das gewaltige Holzbildwerk des Bernt →Notke (1489; Stockholm, Histor. Mus.).

O. v. Taube, Die Darstellung d. hl. G. i. d. ital. Kst., 1910; W. F. Volbach, Der hl. G., 1917; H. Brüggemann, Beitr. z. Gesch. d. G.verehrung, Diss. Univ. Breslau, 1943; Markwalder, Der hl. G., 1950; Sigrid Braunfels-Esche, Sankt G., 1976; E. Klivinyi, Der Hl. G. in Legende, Kunst u. religiöser Verehrung, Diss. Phil. Graz, 1959.

Georgische Kunst, die Kunst der an der äußersten östl. Grenze der europ. Kulturwelt gelegenen g.n Sowjet-Republik. Ihre früh-christl. Periode reicht vom 4.–9. Jh., die mittelalterliche bis zum 15., die neuzeitliche bis zum 18. Jh. Seit etwa 1800 ist sie in der russ. Kunst aufgegangen. Trotz aller Einwirkung der byzantin. und abendländ. Kunst und der Aufnahme pers.-

türk. Einflüsse hat die G. K. bis 1800 ihre Eigenart bewahrt. Hauptleistungen sind ihre monumentalen Kirchenbauten, silbergetriebene Ikonen, Wand-, Nadel- und Miniaturmalereien.

S. Amiranasvili, Gesch. der G. K., 1950 (russ.); G. N. Tschubinaschvili, Denkmäler d. Kultur d. grusin. SSR, 1959 (russ.); Ders., Grusin. Goldschmiedekunst, 1959 (russ.); W. Beridze, Die G. Baukunst, 1967 (russ.); E. Neubauer, Alte g. Baukst., 1976; R. Mepisaschwili, W. Zinzadse, Die Kst. d. alt. Georgien, dt. 1977.

Gerechtigkeitsbild, Darstellung einer richterlichen Handlung, die als Vorbild gerechten Richtens angesehen wurde, beliebt in niederländ. Rathäusern des 15. und 16. Jh. (Rogier, Bouts u. a.).

K. Simon, Niederländ. G.er, 1948; ders., Abendländische G.r, 1948; weitere Lit. in: W. Fraenger, Der Teppich von Michelfeld (Dt. Jb. f. Volkskde., Bd. 1), 1955.

Gerhaert, Nicolaus, von Leyden (nach anderer Schreibart auch von Leyen), Bildhauer, * 1420/30, † Wiener-Neustadt 1473 oder etwas später, nachweisbar in Trier 1462, ansässig in Straßburg 1463–67, dann in Wiener-Neustadt, tätig auch in Konstanz und Passau. G.s Kunst leitet die letzte Entwicklungsstufe der got. Bildnerei in Deutschland ein und enthält bereits vieles von dem, was sich um 1480 allgemein entfalten sollte. Ihre Eigenschaften sind das Mitschwingenlassen von Hohlräumen, die Verschränkung, Verspannung und ununterbrochene Weiterleitung der Formen innerhalb des Blocks (der in Fläche und Tiefe bis zum letzten ausgenützt wird), das starke Bemühen um realistische Wiedergabe des Anatomischen, die hochentwickelte Fähigkeit, menschliche Typen zu charakterisieren. Gewisse Voraussetzungen von G.s Kunst scheinen in den Niederlanden zu liegen. Von ihr beeindruckte Meister sind u. a. Syrlin d. Ä., Syfer, Pilgram. Die urkundlich gesicherten Werke: Grabmal des Erzbischofs Jacob von Sierck (1462; Trier, Diözesanmus.); zwei Büsten von der Kanzlei in Straßburg (1463/64; als ganze nur in Gipsabgüssen erhalten; ein Bruchstück der männlichen „Graf von Hanau-Lichtenberg“ im Mus. in Straßburg, ein Bruchstück der weiblichen „Bärbel von Ottenheim“ im Städelschen Institut in Frankfurt a. M.); Christus am Kreuz (1467; Baden-Baden, Alter Friedhof); Tumbengrab Kaiser Friedrichs III. (seit 1467; Wien, St. Stephan; von anderen vollendet). Danach werden G. eine Reihe weiterer Werke mit mehr oder weniger Sicherheit zugeschrieben.

A. R. Maier, N. G. v. L., 1910; O. Wertheimer, N. G., 1929; E. Hessig, Die Kunst des Meisters E. S. und die Plastik der Spätgotik, 1935; L. Fischel, N. G. u. d. Bildhauer der dt. Spätgotik, ²1953; C. Sommer, Bemerkgn. zu N. v. L. (Kst.chronik 13) 1960; W. Paatz, N. G. v. L., 1964.

Gerhard, Hubert, Bronzebildner niederländ. Abstammung, * etwa 1550, † 1620 München, einer der führenden Meister frühbarocker Bronzebildnerei in Süddeutschland: Augustusbrunnen in Augsburg (1589–94), heil. Michael an der Fassade der Michaeliskirche in München.

A. E. Brinckmann, Süddt. Bronzebildhauer d. Frühbarocks, 1923; A. Feulner, Dte. Plastik d. 17. Jh., 1926; M. Baxandall, A masterpiece by H. G. (Victoria and Albert Museum Bulletin, 1, 2) 1965.

Géricault, Théodore, franz. Maler, * 26. 9. 1791 Rouen, † 26. 1. 1824 Paris, wurde in seinem berühmten Hauptwerk „Das Floß der Medusa“ (1819; Paris, Louvre) zum romantisch-dramatischen Überwinder des

Klassizismus. Seine Neigung zum Realismus tritt am deutlichsten in den zahlreichen Pferdebildern hervor, in denen die Bewegung des Pferdes scharf und lebendig erfaßt ist. Beste Sammlung seiner Werke im Louvre. G. war auch einer der ersten Franzosen, die sich der Lithographie als eines künstlerischen Ausdrucksmittels bedienten.

Ch. Clément, T. G., ²1873; Rosenthal, G., o. J. (franz.); Duc de Trévise et P. Dubaut, G., o. J.; G., raconté par lui-même et par ses amis, 1947; Courthion, G., 1950; K. Berger, G. u. sein Werk, 1952; D. Aimé-Azam, G. u. s. Zeit, 1967.

Germanische Kunst. Die älteste Kunstgruppe, die mit Sicherheit german. Trägern zugeschrieben werden darf, ist der nordische Kunstkreis der →Bronzezeit. Mit seinem Auftreten – um 1800 v. Chr. – beginnt die Entwicklungsgeschichte der G. K. Als ihr Endpunkt darf der Übergang zum christlich-mittelalterlichen Kunstschaffen gelten, der in Deutschland und England zwischen 700 und 800 n. Chr., in Skandinavien zwischen 1100 und 1200 vor sich geht. Der Entwicklungsgang der G. K. umspannt somit einen Zeitraum von nahezu dreitausend Jahren, der sich scharf in zwei große Hauptabschnitte des Kunstschaffens, in die →Bronzezeit (1700–600 v. Chr.) und in die frühgeschichtliche Zeit (1. Jahrtausend n. Chr.) gliedert. Zwischen beide Hauptabschnitte schiebt sich als eine halbtausendjährige, kunstarme Niedergangsperiode die →Eisenzeit (600 v. Chr. bis Chr. Geb.) ein.

I. Bronzezeit (1800–600 v. Chr.). Die G. K. setzt mit einer geometrischen Ornamentik ein, um dann allmählich zu pflanzlich-organisch anmutenden Mustern aufzusteigen. Im einzelnen sind vier Stilstufen zu unterscheiden. Die früheste Bronzezeit (1800–1500) arbeitet mit geradlinigen Mustern, in denen noch deutlich die Verzierungsweise der nord. →Jungsteinzeit (→Nordischer Kreis) nachklingt. Bereits in der älteren Bronzezeit (1500 bis 1200) erfolgt der Übergang zu einer geometrischen Spiralverzierung, welche die Flächen der Bronzegegenstände mit zart eingepunzten Volutenzügen, manchmal auch mit mehrstreifigen Spiralsystemen überzieht. Hauptschöpfungen dieser Stufe sind die nord. Gürtelscheiben, auf denen die Spiralzüge in mehreren konzentrischen Ringen angebracht werden. In der mittleren Bronzezeit (1200–900) wird die umlaufende Spiralverzierung durch zentrale Sternmuster abgelöst, die hauptsächlich auf den runden nord. Gürteldosen zur Entwicklung gelangen. Es kommt vorübergehend zu breitflächig eingesenkten Mustern, die mit dunkler Harzmasse ausgelegt werden. In der späten Bronzezeit (900–600) kehrt die G. K. wieder zur Punzverzierung zurück. Die Sternmuster der voraufgegangenen Stufe verwandeln sich in kreisende Spiralwirbel, die von üppigen Wellenbändern um-

Wellenbänder der späten Bronzezeit

zogen werden. Der streng geometrische Charakter der Verzierung beginnt sich zusehends zu lockern und ins Pflanzliche hinüberzuspielen. Es entstehen Formen, die entfernt an Ranken oder Blattwerk erinnern. Gegen Ende der Spätbronzezeit setzt ein rascher Verfall ein. Die Wirbel und Wellenbänder beginnen sich immer mehr in zusammenhanglose Spiralschlingen aufzulösen, die schließlich zu geradlinigen Formen erstarren oder völlig verschwinden. Die darstellende Kunst der Bronzezeit ist auf die →Felszeichnungen Südskandinaviens und auf die figürlichen Darstellungen einiger Grabdenkmäler (→Kivik-Monument) beschränkt. Sie trägt ganz schematisches Gepräge und läßt keinerlei fortschreitende Entwicklung erkennen.

II. Eisenzeit (600 v. Chr. bis Chr. Geb.). Nach dem Untergang der bronzezeitl. Ornamentik vermag die G. K. vorerst keinen neuen Zierstil auszubilden. Bescheidene Ansätze zu ornamentalem Schmuck, die sich gegen Ende der Eisenzeit wiederum einstellen, gehen durchwegs auf Einflüsse der →keltischen Kunst zurück. Figürliche Darstellungen erscheinen nur auf den ostgerman. → Gesichtsurnen; sie sind von völlig schematischer Art.

III. Frühgeschichtliche Zeit (1. Jahrtausend n. Chr.). Nach dem Tiefstand der Eisenzeit tritt die G. K. um Chr. Geb. wieder in eine Periode aufsteigender Entwicklung ein, die bald in ein Zeitalter ausgesprochener Hochblüte übergeht. Die Ornamentik setzt anfänglich mit einer handwerklich-nüchternen Filigranverzierung ein, um dann über eine Stufe des farbigen Steinschmuckes zum organisch belebten Tierornament aufzusteigen, in dem das german. Kunstwollen der frühgeschichtlichen Zeit seinen vollkommenen Ausdruck findet. Vom 6. Jh. ab beginnt auch die figürliche Darstellung einen etwas breiteren Raum im german. Kunstschaffen einzunehmen. Es sind vier Stufen der Entwicklung zu unterscheiden, von denen die letzte – die Wikingerkunst – auf das spät-heidnische Skandinavien beschränkt ist. 1. Filigranstil (Chr. Geb.–350). Die Verzierung der Schmuckstücke, insbesondere der →Fibeln, besteht aus gekörnten Gold- oder Silberdrähten, die meist als tektonisch gliedernder Zierat Verwendung finden. Dazu tritt →Granulation, nicht selten in Gestalt pyramidenförmig aufeinander getürmter Gold- oder Silberkügelchen. Auch Auflagen aus preßverzierten Silberblechen kommen vor. 2. Farbiger Stil und Kerbschnittverzierung (350–550). Im Verlaufe des 4. Jh. werden von den Goten am Schwarzen Meer zwei Zierweisen iranischer Herkunft (→Pontischer Kreis) übernommen: die bunten Edelsteinauflagen auf preßverziertem Goldblech und die enge Zellenverglasung (→Email). Als Steinmaterial dient in der Regel der rote indische →Almandin. Beide Zier-

Rundfibel mit Zellenverglasung

weisen, die unter der Bezeichnung „farbiger Stil“ zusammengefaßt werden, breiten sich dann ab 400 im Zuge der gotischen Wanderungen über den größten Teil der german. Welt aus. Ungefähr gleichzeitig mit ihrer Ausbreitung erfolgt am Rhein und an der mittleren Donau die Übernahme der spätröm. →Kerbschnittverzierung und ihrer Motive, insbesondere der Spiralranke. Kerbschnitt und Zellenverglasung bilden dann bis 600 die vorherrschende Verzierung der festlandsgerman. Schmuckarbeiten; die letztere erreicht in der ersten Hälfte des 7. Jh. noch eine besondere Hochblüte, an der auch die angelsächsische Kunst Britanniens Anteil hat. 3. Abstrakte Tierornamentik und Bandgeflecht (550–800). Aus der Umformung provinzialröm. Tiermotive entwickelt sich in der ersten Hälfte des 6. Jh. auf angelsächsischem und skandinavischem Boden der sog. Tierstil I, der durch eigentümliche, kerbtierartig gegliederte Tiergestalten gekennzeichnet ist, deren Köpfe meist nur aus einer halbrunden Augeneinfassung bestehen. Vielfach arbeitet auch der Stil I mit völlig zerstückelten Tiergestalten, mit einzelnen Köpfen und Gliedmaßen, die mosaikartig zu Flächenmustern zusammengefügt werden. Gegen Ende des 6. Jh. breitet sich der Stil nach Mitteleuropa und dem langobardischen Oberitalien aus; es kommt zu einer Vermischung mit der südgerman. →Flechtbandverzierung, aus der alsbald eine jüngere Spielart der Tierornamentik, der Stil II, entspringt. Dieser führt wurmartige, oft fußlose Tiergestalten, die nach dem Prinzip der Flechtbandverzierung zu geordneten, flächenfüllenden Kompositionen verschlungen werden. Stil II ist der Hauptstil der

Tierflechtband (Bronzebeschlag) der 2. Stufe der nordgermanischen Tierornamentik

Tierwirbel auf einer nordgermanischen Scheibenfibel

festländischen Tierornamentik; er blüht in Mitteleuropa bis in das 8. Jh. fort. In Skandinavien dagegen gelangt um 700 noch ein Spätstil, der sog. Stil III, zur Entwicklung, der während des ganzen 8. Jh. fortlebt. Es entstehen höchst abstrakte, aber gleichwohl von organischem Formgehalt erfüllte Tiergestalten, die sich zu den kunstvollsten ornamentalen Kompositionen – zum kreisenden Tierwirbel, zur spiegelbildlichen und umgekehrt-spiegelbildlichen Gruppe – verschlingen. Die technische Ausführung der Ornamentik erfolgt mit dem Grabstichel; die Tierkörper werden derart aus dem Metallkörper der Schmuckstücke herausziseliert, daß sie in mehreren Tiefenschichten übereinander zu liegen kommen. 4. Wikingerkunst (jüngere Tierornamentik, 800–1100). In Mitteleuropa und England erfolgt im Verlaufe des 8. Jh. der Übergang zur christl.-mittelalterlichen Kunst. Das Schwergewicht des Kunstschaffens verlagert sich von der darstellungslosen Ornamentik auf andere Kunstgattungen, auf die figürliche Buchmalerei, auf die Plastik und monumentale Architektur. Im spätheidnischen Skandinavien aber bewahrt die Ornamentik noch durch mehrere Jahrhunderte ihre Führerstellung. Es gelangen verschiedene jüngere Tierstile zur Entwicklung, die sich aber alle durch eine etwas naturhaftere Auffassung ihrer Tiergestalten von der abstrakten Tierornamentik des 6.–8. Jh. unterscheiden. Der Reigen dieser jüngeren Tierstile wird von dem älteren Oseberg- oder Übergangsstil (800 bis 850) eröffnet (→Osebergfund), der von dem langsam entartenden Tierstil III zur eigentlichen Wikingerkunst überleitet. Es folgt der auf karolingische Anregungen zurückgehende jüngere Oseberg- oder Greiftierstil (850–900) – so benannt, weil seine langschwänzigen, halb affenähnlichen Tiergestalten sich gerne mit ihren Pfoten an den Rändern der Schmuckstücke festklammern. Einen gewissen Rückschlag nach der abstrakten Seite bringt der ältere Jellinge-Stil (900 bis 980), dessen Tierkörper häufig bandförmigen Charakter annehmen. Seine Vorbilder sind in der irischen Tierornamentik (→Keltische Kunst) zu suchen. Den Abschluß der Entwicklung bildet der kraftvolle jüngere Jellinge-Stil (980 bis 1100), der sich unter starkem angelsächsischem Einfluß entwikkelt. Seine kennzeichnende Tiergestalt – ein großes raubtierartiges Wesen mit Spiralgelenken, halbmondförmigen Klauen und mächtigem Nackenschopf – hat seine Vorfahren auf den nordenglischen →Steinkreuzen des 9. und 10. Jh. Mit dem endgültigen Siege des Christentumes schwindet auch in Skandinavien die Lebenskraft der Tierornamentik rasch dahin. Ihre letzten Schöpfungen gehören der Zeit um 1100 an.

B i l d h a f t - d a r s t e l l e n d e   A r b e i t e n sind aus den ersten drei Jahrhunderten unsrer Zeitrechnung bisher nicht bekannt geworden. Um 400 tritt mit den beiden Goldhörnern von Gallehus (Schlesw.) eine kleine Gruppe figürlicher Arbeiten auf, die jedoch ohne Fortentwicklung wieder verschwindet. Ähnliches gilt von den skandinavischen Goldbrakteaten des 6. Jh. (→Brakteaten). Hier lösen sich die figürlichen Darstellungen bald wieder in ein rein ornamentales Bandgeschlinge auf. Erst ab 600 beginnt die bildliche Darstellung im german. Kunstschaffen festeren Fuß zu fassen. Es entstehen nunmehr die fränkisch-alemannischen Reiterscheiben, die figürlich verzierten Helmbeschläge von Vendel und Torslunda (Schweden), sowie die ersten Bilddenkmäler in Stein (→Hornhausen, Niederdollendorf usw.). Zur Darstellung gelangen Gestalten der Götterwelt und Szenen kultischen Inhaltes. Mehrfach erscheint Wotan als Lanzenreiter (Reiterscheiben, Stein von →Hornhausen, Vendel-Helm), mehrfach kommt das Motiv des Kriegers in kultischer Tiervermummung vor (Torslunda, Gutenstein). Der Stil der Bildwerke ist durchweg von ungelöster Strenge. Gleichwohl gehen die Denkmäler durch ihre wohl-

Holzgeschnitzter Tierkopf

abgewogene Komposition wie durch ihren Reichtum an Einzelzügen bereits weit über die rein schematischen Arbeiten der vorgeschichtl. Zeit hinaus. In Mitteleuropa findet diese darstellende Kunst rein german. Gepräges mit dem Einsetzen der Karolingischen „Renaissance" ihr Ende (→Karolingische Kunst). In Skandinavien besteht sie als eine Nebenströmung des Kunstschaffens während der ganzen Wikingerzeit fort. Ein entscheidender stilistischer Fortschritt aber läßt sich bis zum Beginn der christl. Zeit nicht beobachten.

F. A. van Scheltema, Die altnordische Kunst, 1924; N. Åberg, Nordische Ornamentik, 1930; v. Jenny-Volbach, Germanischer Schmuck des frühen Mittelalters, 1933 (Tafelwerk); B. Salin, Die altgerm. Tierornamentik, [2]1935; H. Kühn, Die vorgeschichtliche Kunst Deutschlands, 1935; W. Holmqvist, Kunstprobleme der Merowingerzeit, 1939; H. Picton, Early German art and its origins, 1939; L. Gisochia u. L. Mazenod, Frühe Kunst im westfränk. Reich, 1939; W. v. Jenny, Die Kunst der Germanen im frühen Mittelalter, [2]1943; S. Fuchs, Kunst der Ostgotenzeit, 1944; E. Oxenstierna, Die Nordgermanen, 1958, ders., Die Wikinger, 1959; H. Arbmann, The Vikings, 1961; J. Brondsted, Die große Zeit der Wikinger, 1964; A. Dieterich, Das Geheimnis d. Goldhörner v. Gallehus, 1969; G. Behm-Blancke, Gesellschaft u. Kst. d. Germanen, 1973.

Gesichtsurne, Urne mit plastischer Gesichtsdarstellung auf der Halspartie, wobei der Gefäßkörper den Leib des Dargestellten vertritt. G.n treten als Gebrauchsgefäße in der 2. Stadt von →Troja (um 2000 v. Chr.), als Aschenurnen in der älteren →Eisenzeit Mittelitaliens und Ostdeutschlands auf. Die ostdeutschen Formen besitzen durchweg einen Deckel, der als Mütze gestaltet ist. Die weiblichen Urnen tragen eingesetzte Bronzeohrringe; weiterer Schmuck wird in Ritzzeichnung angedeutet. Die männlichen Urnen sind durch eingezeichnete Waffen kenntlich gemacht; auch kommen ganz schematische Darstellungen von Pferden und Wagen vor. Das Hauptverbreitungsgebiet der ostdeutschen G.n liegt an der unteren Oder und Weichsel. (Zahlreiche Beispiele der sog. Pommerellischen Gesichtsurnen-Kultur im ehem. Landesmuseum Stettin). Sie gehören der Zeit zwischen 600 und 400 v. Chr. an und werden einem ostgerman. Volksstamm zugeschrieben. Die G.n werden apotropäisch oder als Porträts erklärt.

E. Petersen, Die frühgerm. Kultur in Ostdeutschland u. Polen, 1929; W. La Baume, Zur Bedeutung d. bildl. Darstellungen auf. G.n der frühen Eisenzeit, 1934/35, 1949/50 (Prähistor. Ztschr.); ders., Die pommerellischen G.n, 1963.

Gesims (Sims), waagerecht aus der Mauer hervortretender, einfacher oder mannigfach zusammengesetzter Streifen, der die waagerechten Abschnitte eines Baues bezeichnet, unterstreicht, abschließt und die senkrechten Gliederungen zusammenfaßt. Die verschiedenen Gesimse sind: Fuß- oder Sockelsims, Gurtgesims (zwischen den einzelnen Geschossen), Dach-, Haupt- oder Kranzgesims (schließt den Bau am Dachansatz ab). Außerdem gibt es noch Fenster- und Türgesimse. Eine Besonderheit der Gotik ist das Kaffgesims (Kappgesims), ein unter den Fenstern hinlaufendes und um die Strebepfeiler herumgekröpftes, auch an den einzelnen Absätzen der Strebepfeiler angebrachtes schräges (gekapptes) G. Am reichsten profiliert ist naturgemäß das häufig durch Kragsteine (Konsolen) gestützte Kranzgesims, das zudem noch den Zweck hat, das Regenwasser von der Wand abzuhalten. Sein Hauptstück ist die vorn unten mit einer Tropfleiste (Wassernase) versehene Hängeplatte; die darüber befindlichen Glieder heißen die

Oberglieder, die darunter befindlichen die Unterglieder. Das oberste Glied ist in der Regel abgeschrägt: Wasserschräge. – Bes. kräftig sind alle Arten von G.n im Barock entwickelt, wo sie die Fassade plastisch beleben und durch Schattenschläge optisch bereichern. Die Baukunst der neuesten Zeit gibt der glatten, plastisch unbelebten Wand den Vorzug, so daß das G., wenn überhaupt vorhanden, ästhetisch kaum noch mitspricht.

Gesprenge →Altar.

Gessner, Salomon, Dichter, Radierer und Maler, * 1. 4. 1730 Zürich, † 2. 3. 1788 das., malte in Guasch und Aquarell ideale Landschaften mit mytholog. Gestalten (beste Sammlung die der Kunstgesellschaft in Zürich) und stattete seine Dichtungen mit zierlich radierten Illustrationen (Vignetten) aus, idyllischen, von Hirten und Nymphen belebten Landschaften, die dem Geist seiner Dichtungen entsprechen, jedoch einen gewissen technischen Dilettantismus nicht ganz verleugnen können. Eine Gesamtausgabe in 395 Blatt erschien 1802.

H. Wölfflin, S. G., 1889; Ders., Zur allgem. Charakteristik v. G.s Kst., 1946; P. Leemann-van Elck, S. G., 1930; D. Roskamp, S. G. im Lichte der Kst.-theorie s. Zeit, Diss. Marburg 1935; R. Strasser, Stilprobleme in G.s Kst. u. Dtg., Diss. Heidelberg 1936; B. Weber u. a., S. G. Maler u. Dichter d. Idylle (hg. v. d. Herzog-Aug.-Bibl. Wolfenbüttel, Ausst.kat. 30), 1980; M. Bircher, B. Weber, S. G., 1982.

Gestelzter Bogen, meist ein Spitzbogen, dessen Schenkel geraden Anlauf (Stelzen) haben, wodurch eine Erhöhung des Bogens ohne Zunahme seiner Spannweite ermöglicht wird.

Getäfel →Täfelwerk.

Getriebene Arbeit →Treibarbeit.

Gewände, die durch schrägen Einschnitt eines Fensters, bes. aber eines Portals in die Mauer entstehenden Schnittflächen im Unterschied zur Laibung (Leibung), wie die durch senkrechten Einschnitt entstehenden Schnittflächen heißen. – Das G. des roman. und got. Portals (Gewändeportals) ist oft sehr ausgedehnt, mit reichen Zierformen und bes. seit dem 13. Jh. mit Figuren (Gewändefiguren) ausgestattet.

Gewandhaus (Tuchhalle), Zunfthaus der Tuchmacher. Architektonisch bedeutend sind die Tuchhalle in Ypern (um 1300; im 1. Weltkrieg zerstört, neuerdings wieder aufgebaut), Krakau und das G. in Braunschweig (1591).

Gewandstudie →Draperie.

Gewölbe. 1. Tonnengewölbe. Sein Querschnitt ist ein Halbkreis, auch nur ein Kreissegment. Ein langes Tonnengewölbe, etwa über dem Mittelschiff einer Basilika, wird durch →Gurtbogen in einzelne Joche zerlegt. Es heißt dann auch Gurtgewölbe. 2. Kreuzgewölbe. Es entsteht, wenn zwei Tonnengewölbe von gleichem Querschnitt einander rechtwinklig schneiden. Die Durchdringungs- oder Schnittstellen heißen Grate, daher das Ganze auch: Kreuzgratgewölbe. Seine Teilstücke nennt man Kappen. 3. Kreuzrippengewölbe. An Stelle der Grate spannen sich Rippen, die den Druck und Schub des G.s, dessen Kappen nunmehr aus schwachem Mauerwerk bestehen können, auf die vier Stützpunkte ableitet. 4. Sterngewölbe. Die Rippen schießen zu sternförmigen Figuren zusammen, die Selbständigkeit des einzelnen Joches bleibt noch gewahrt (Spätgotik). 5. Netzgewölbe. Die Rippen überziehen

System eines spätgot. Sterngewölbes (Annenkirche in Annaberg)

die Gewölbedecke wie ein Netz, so daß die Jocheinteilung verschwindet. Noch komplizierter ist das in der engl. Spätgotik beliebte Fächergewölbe, dessen Rippen sich von einem Punkte fächerförmig ausbreiten. 6. Klostergewölbe. 7. Muldengewölbe, vorzustellen als ein Tonnengewölbe, dessen Enden durch Wölbungen geschlossen sind. 8. Spiegelgewölbe, ein Klostergewölbe, dessen obererTeil abgeschnitten und durch eine flache Decke (Spiegel) ersetzt ist. →Falsches G. →Kuppel. Die Kunst, größere Räume zu überwölben (Kuppel, Tonnengewölbe, Kreuzgewölbe) ist zuerst von den Römern entwickelt worden. Sie haben Spannweiten erreicht, die erst nach anderthalb Jahrtausenden übertroffen werden konnten. Den großartigen Abschluß der röm. Baukunst bildet die Maxentius- oder Konstantinsbasilika (geweiht 315), ein reiner Gewölbebau, deren Mittelschiff Kreuzgewölbe von 25 m und deren Nebenräume Tonnengewölbe von 20 m Spannweite hatten. Sie ist in der Konstruktion ihrer G.

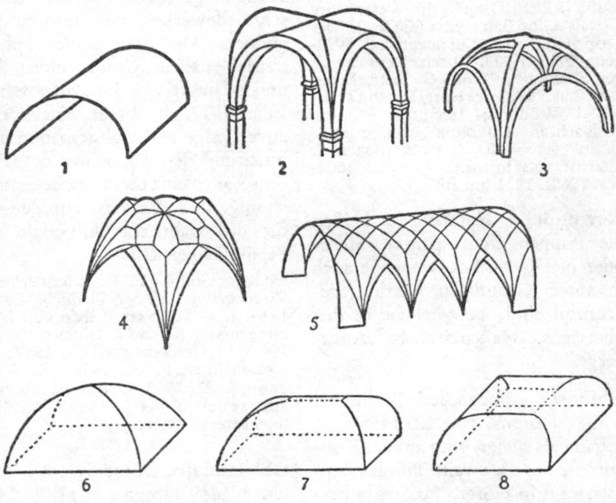

Gewölbe. (Die Nummern beziehen sich auf die Angaben im zugehörigen Artikel

und Pfeiler das wichtigste Bindeglied zwischen der antiken und der christl. Baukunst des Mittelalters. Eine Fortentwicklung des G.s fand jedoch in nachkonstantinischer Zeit weder in Italien noch im übrigen Abendlande statt. Dagegen wurde der G.bau als →Zentralbau mit Kuppel im christl. O gepflegt, wobei Konstantinopel von hervorragender Bedeutung war (→Hagia Sophia). Ausläufer dieser östlichen Wölbekunst sind die Kuppelbauten von Ravenna, das →Aachener Münster und andere Zentralbauten des Abendlandes. Die abendländ. Basilika ist erst am Ende des 11. Jh. etwa gleichzeitig an drei Stellen (Lombardei, Rheinland, Burgund) zur Wölbung des Mittelschiffs übergegangen (kleinere Räume wurden schon lange zuvor überwölbt), und von nun an wird das G. zu einem der konstruktiv und ästhetisch wichtigsten Elemente in der Entwicklung der Kirchenbaukunst.

H. Lömpel, Die monumentale Tonne in der Architektur, Diss. TH München, 1913; J. Eich, Die G., ihr Wesen, ihre Gestalt u. ihr Bau, 1921; H. Glück, Der Ursprung des röm. u. abendländ. Wölbens, 1933; K.-H. Clasen, Deutsche G. der Spätgotik, [2]1961; G. Fehr, Benedikt Ried, 1961; F. Hart, Kst. u. Technik d. Wölbung, 1965; Fr. Möbius, Beobachtgn. z. Ikonologie d. spätgot. G. in Sachsen u. Böhmen (Akten d. Internat. Kst.historik. Kongr. Budapest 1969), 1971 (m. Bibl.).

Gewundene Reihungen heißen die Rippen eines spätgot. Stern- oder Netzgewölbes, wenn sie auch in ihrer Grundrißprojektion gekrümmt sind; bes. beliebt in den obersächs. Hallenkirchen (Annaberg).

Ghiberti, Lorenzo, ital. Bildhauer, * 1381 Florenz, † 1. 12. 1455 das., begann als Maler, ging aus der Konkurrenz um die zweite Tür des Baptisteriums in Florenz als Sieger hervor, arbeitete sie 1403–24 und 1425 bis 1452 die dritte, die „Paradiesestür". Um das zu leisten, bedurfte es einer großen Werkstatt, in der viele Namen begegnen, u.a. die des Donatello und des Michelozzo, und in der noch viele andere Werke, Reliefs, Goldarbeiten, Statuen entstanden sind. G.s Ziel war nicht Schärfe der Charakteristik und dramatische Bewegung, sondern (im Gegensatz zu Donatellos Realismus) Ausgeglichenheit, Harmonie. Seine Kunst zeigt eine eigentümliche Verbindung der noch gotischen und daher leicht gespannten und rhythmisierten Schönläufigkeit der Linie mit dem neuen Schönheitsideal der Renaissance. Von weiteren Werken sind zu nennen: 3 Bronzefiguren für die Kirche Or San Michele in Florenz (1414 bis etwa 1428), die ersten Großbronzen der Renaissance; 2 Reliefs am Taufbrunnen in San Giovanni in Siena; Arca des heil. Zenobius im Dom zu Florenz (1439–46). Für den Dom hat er auch Glasfenster geliefert und als Baumeister gearbeitet. Seine Goldschmiedewerke sind verloren gegangen. Am Ende seines Lebens schrieb er seine „Commentarii"(hg. und erläutert von J. v. Schlosser, 2 Bde., 1912, dt. 1920), eine höchst zuverlässige und weitgespannte Betrachtung der ital. Kunst des Trecento, auch eine theoretische Grundlegung. Das Werk ist ein Zeugnis für das wahrhaft Universale der Persönlichkeit G.s.

Hedwig Gollob, L. G.s künstlerischer Werdegang, 1929; L. Planiscig, L. G., 1940; J. v. Schlosser, Leben und Meinungen des florentin. Bildners L. G., 1941; L. Goldscheider, G., 1947; R. Krautheimer, L. G., 1956; M. Wundram, L. G., 1963; G. e la sua arte nella Firenze del' '3'–400 (=14./15. Jh.), 1979 (mehrere Verfasser o. A.).

Ghirlandajo, Domenico, ital. Maler, * 1449 Florenz, † 11. 1. 1494 das., einer der vorzüglichsten Freskomaler der Renaissance. Seine figurenreichen Bilder sind in einfacher Klarheit aufgebaut und bes. in ihren meist sehr ausführlichen architektonischen Hintergründen sachlich genau durchgearbeitet, unter rhythmischer Zusammenstimmung von Figurengruppen und Architektur. Florentiner Bürger jener Tage ziehen, mit bildnishafterTreue gemalt, in langer Reihe an uns vorüber. Weniger glücklich zeigt sich sein Stil im Tafelbild; hier wirkt er leicht allzu sachlich und trocken. In den späteren Werken nimmt der Anteil der Schülerhände zu. Hauptwerke sind u.a. die 6 Fresken aus dem Leben des heil. Franz (voll. 1485; Florenz, Sta. Trinità) und die Fresken aus dem Leben Mariä und Johannes des Täufers (voll. 1490; Florenz, Chor von Sta. Maria Novella).

G. S. Davies, G., 1908 (engl.); Küppers, Die Tafelbilder des D. G., 1916; C. L. Ragghianti, La giovinezza e lo svolgimento artistico di D. G., 1935 (L'Arte, Nuova serie 6); J. Lauts, D. G., 1943; Josepha Weiser von Inffeld, Das Buch um G. Eine Florentiner Chronik, 1956; A. Rosenauer, Studien z. stilist. Entw. v. D. G.s Frühzeit, Diss. Wien 1965.

Giacometti, Alberto, schweiz. Bildhauer und Maler, * 10. 10. 1901 Stampa (Bergell), lebt seit 1922 meist in Paris. G. schloß sich nach archaisierenden Anfängen 1930 dem →Surrealismus an. Mit seinen überschlanken, fast körperlosen Bronzefiguren treibt er die gestreckten Formen →Lehmbrucks bis an die äußerste Grenze weiter. An →Rodin erinnert seine rauhe, malerische Oberflächenbehandlung. Das Verhältnis von Figur und Raum betrachtet er als sein Hauptproblem. Er ordnet seine Figuren oft schreitend oder stehend auf Plätzen oder fügt sie sperrigen Gerüsten ein. Es entsteht dann der Eindruck von verstellter Leere und Isoliertheit. Damit führt er die →pittura metafisica weiter. Als Maler und Zeichner bevorzugt er Innenräume mit Figuren und Stilleben.

J. P. Sartre, Situationen, 1956. A. G. Schriften, Fotos, Zeichnungen. Herausgegeben v. Scheidegger, 1958; J. Genet, A. G., 1962; P. Meyer, Testfall d. Kunstbetriebes. Grundsätzliches anläßl. d. Zürcher D.-Diskussion, 1966; H. Holländer, D. Problem des A. G. (Wallr.-Rich.-Jb. 33) 1971; P. Bucarelli, A. G., 1972; S. Salzmann, H. Heppner, A. G. Plastik. – Gemälde – Zeichnungen. Ausst.kat.Kst.halle Mannheim, Wilh.-Lehmbruck-Mus. Duisburg, 1977; R. Hohl, D. Koepplin, A. G. Zeichnungen u. Druckgraphik. Ausst.kat. Mus. Hamburg, Tübingen, Basel, 1981; J. Lord, G. Portrait, ²1980 (engl.).

Giebel, die Abschlußwand der Schmalseite eines Satteldachs, also in seiner Grundform ein Dreieck. Da der G. der Teil des Daches ist, der sich dem Beschauer von unten in voller Sichtbarkeit darstellt, ist Ansatz von Kunstformen häufig, bes. dann, wenn die Fassade eines mit Satteldach versehenen Hauses

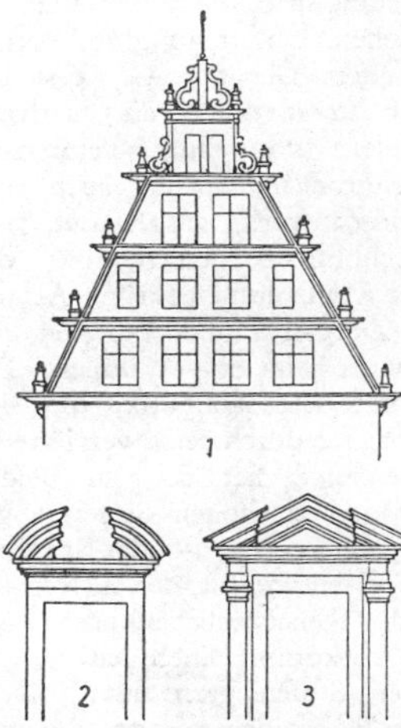

1. Giebel der deutschen Renaissance. 2. Gesprengter Giebel. 3. Gekröpfter Giebel.

sich an dessen Schmalseite befindet, der G. also ein Teil der Fassade ist. Entweder kann sein Umriß durch Ziermotive (Profilierung, Anbringung einer Scheitelbekrönung, Besetzung der steigenden Teile mit Bauornamenten, Abtreppung und sonstige Veränderung der Grundform) verbrämt, auch seine Fläche von solchen überzogen sein, oder er kann zum Träger von Werken der Bildnerei (G.gruppen), seltener der Malerei (Mosaik) werden. Natürlich können diese Möglichkeiten auch miteinander verbunden sein. In einigen Baustilen ist der G. selbst als Zierform verwendet worden zum oberen Abschluß von Portal, Fenster- und Fassadenteilen.

Der G. antiker Bauten ist ein flaches Dreieck, gern mit einem →Akroterion oder mehreren verziert. In den G.feldern der Tempel kommen plastische Gruppen vor. Der roman. G. bildet ein rechtwinkliges oder annähernd rechtwinkliges Dreieck und ist gewöhnlich schmucklos oder mit sparsamem Bauornament versehen. Übertragung auf Portale ist selten. Der got. G. ist steiler, gern (so vor allem an Querhausfassaden) von einer Fensterrose durchbrochen, später auch mit Blendmaßwerk ausgestattet, mit Kriechblumen besetzt und von einer Kreuzblume gekrönt. Als reiner Ziergiebel über Portalen und Fenstern heißt er →Wimperg. Die norddt. Backsteingotik, die sich überhaupt durch reich verzierte G. auszeichnet, hat den an beiden Schrägen zu hohen Stufen abgetreppten Treppen- oder Staffelgiebel entwickelt, der auch in der nord. Renaissancebaukunst vielfach vorkommt. Diese hat die einzelnen Stufen gern mit Voluten oder Pyramiden besetzt, die got. Steilheit beibehalten, die G.fläche aber häufig in horizontale Streifen zerlegt. Die ital. Renaissance hat den flachen antiken G. als Portal- und Fensterbekrönung wieder häufig verwendet und damit der nord. Renaissance ein viel nachgeahmtes Beispiel gegeben. Im Barock setzt sich dieser Gebrauch des G.s fort, wobei neben dem flachen Dreiecksgiebel der von einem flachen Kreissegment überspannte Segmentgiebel vorherrscht. Beide Formen kommen am gleichen Bau häufig im Wechsel vor. Im Unterschied von der Weise der Renaissance kann dabei der Mittelteil des G.s ausgelassen sein (gesprengter G.), oder er kann gegenüber den Seitenteilen zurücktreten (gekröpfter G.). Barocke Fassadengiebel haben gern geschweifte Umrisse. Der Klassizismus verwendet durchweg den antiken Dreiecksgiebel.

Gierymski, 1. Aleksander, poln. Maler, * 1849 Warschau, † 5. 3. 1901 Rom, Schüler von Piloty in München, war in verschiedenen europ. Städten tätig, hielt sich 1879 bis 1888 in Warschau auf und schuf in dieser Zeit Bilder, die einen Höhepunkt des kritischen Realismus in der polnischen Malerei darstellen. 2. Maksymilian, Bruder von 1, * 15. 10. 1846 Warschau, † 16. 9. 1874 Reichenhall, studierte in Warschau und München, war Meister stimmungsvoller Genrebilder und Landschaften.

Sygietyński, M. G., 1906 (poln.); J. Wolff, A. G., 1948 (poln.); T. Dobrowolski, A. G., 1949 (poln); S. Witkiewicz, A. G., [2]1950; Kat. Ausstellg. A. G., Warschau 1951.

Gießgefäß →Aquamanile.

Gigantensäulen →Juppitersäulen.

Gilly, Friedrich, Baumeister * 16. 2. 1772 Altdamm b. Stettin, † 7. 8. 1800 Karlsbad, Sohn des preuß. Oberbaurats David G. (1748–1808; Wohn- und Landhausbauten).Schüler von Erdmannsdorff und Langhans, Lehrer von Schinkel an der Berliner Bauakademie, neben diesem der genialste Baumeister des dt. Klassizismus. An ausgeführten Werken hat sich nur weniges erhalten, manches ist später wieder abgebrochen worden, das Meiste und Beste ist Entwurf geblieben: Entwurf zu einem Nationaldenkmal für Friedrich d. Gr. (1796) und Entwürfe zu einem Nationaltheater (1800). Haupteigenschaft ist die klare Herausstellung der stereometrischen Grundform. Barockes klingt durch in der Raumverschmelzung des Theaterentwurfs (mit dem G. übrigens zum Begründer des modernen Theaterbaues geworden ist), Romantisches kommt zur Geltung in der Komposition des Denkmals und seiner Eingliederung in die räumliche Umgebung. Im übrigen ist kein zeitgenössischer Baumeister, auch im Ausland nicht, so frei von Mode und Überlieferung gewesen, wie G. In seinem Interesse für die Baudenkmäler des Mittelalters hat er als erster die Aufmerksamkeit auf die Marienburg gelenkt durch Ansichten in lavierter Sepiazeichnung (bis auf eine nicht erhalten), die seit 1799 als Aquatintablätter im Rahmen eines größeren Lieferungswerkes über die Marienburg erschienen.

A. Oncken, F. G., 1935; A. Rietdorf, G. Wiedergeburt der Architektur, 1940; Marlies Lammert, David G., 1964 (Stud. z. Architektur- u. Kunstwissensch. 3).

Ginori-Keramik, Erzeugnisse der vom Marchese Ginori in Doccia b. Florenz 1735 gegründeten Manufaktur. Im 18. Jh. waren bes. ihre Porzellanbildwerke geschätzt, in der 2. Hälfte des 19. Jh. ihre alten ital. Stücken nachgebildeten Majoliken.

L. Ginori-Lisci, La porcellana di Doccia, 1963.

Giordano, Luca, ital. Maler, * 1632 Neapel, † 12. 1. 1705 das., Schüler von Ribera, außer in Neapel tätig in Rom, Florenz, Venedig und 1692 bis 1702 als Hofmaler Karls II. in Madrid, schuf überaus zahlreiche, virtuos gemalte Bilder in Fresko und Öl von sinnlich warmer Farbgebung, aber mehr äußerlichem Prunk und gefiel sich Zeit seines Lebens in der Nachahmung anderer auch nicht ital. Meister. Hauptwerke sind die Fresken im Palazzo Riccardi in Florenz (1682) und in der Schatzkapelle von S. Martino in Neapel (1704). In Deutschland gut vertreten in den Galerien von Berlin, Dresden, Wien.

E. Petraccone, L. G., 1919; O. Ferrari u. G. Scawizzi, L. G., 3 Bde. 1966 (ital.).

Giorgio →Francesco di Giorgio Martini

Giorgione, ital. Maler, * um 1478 Castelfranco, † 1510 Venedig, Schüler des Giovanni Bellini, wurde, das Quattrocento überwindend, zum Begründer der venezianischen Hochrenaissancemalerei. Er ging in Form und Inhalt neue Wege, wandelte die Schärfe des Quattrocentoumrisses zu weicher Rundung und harte Klarheit zu mildem und gedämpftem Licht, das gelassene und beruhigte Gestalten in feierlicher Stimmung sanft umfließt und die tiefen, warmen Farben der Dinge miteinander verbindet. Über G.s Leben ist wenig bekannt. Gering ist die Zahl der sicheren Werke, ungewöhnlich groß der Anteil zweifelhafter. Hauptwerke: Madonna mit den Heiligen Franziskus und Liberalis in der Kirche zu Castelfranco (um 1504); die drei Philosophen (Wien, Kunsthistor. Museum), die „Familie des G." (Venedig, Akademie; auch „Das Gewitter" genannt) mit vollkommener Einheit von Figuren und Landschaft; Schlummernde Venus (Dresden, Gal.), das Urbild einer ganzen Reihe ähnlicher Darstellungen.

L. Venturi, G. e il Giorgionismo, 1913; G. Hartlaub, G.s Geheimnis, 1925; L. Justi, G., 2 Bde., [3]1936; Hermanin, Il mito di G., 1933; G. M. Richter, Giorgio da Castelfranco, 1937 (engl.); A. Morassi, G., 1942; G. Fiocco, G., 1941; Katalog d. Ausstellung G. e i Giorgioneschi, Venedig 1955; L. Baldass u. G. Heinz, G., 1964; E. Wind, G.s Tempesta, 1969 (engl.).

Giotto di Bondone, ital. Maler und Baumeister, * gegen 1266 Colle di Vespignano b. Florenz, † 8. 1. 1337 Florenz. Die entwicklungsgeschichtliche Bedeutung G.s ist so groß, daß mit ihr wohl die keines anderen ital. Malers verglichen werden kann. Mit seinem Auftreten ist der Anfang gemacht zu jener führenden Stellung, die in der neueren Kunst die Malerei gegenüber der Bildnerei allmählich einnehmen sollte. Die Leistungen des 13. Jh. hatten (europ. gesehen) im wesentlichen einer Erweiterung der Möglichkeiten in der Plastik gegolten – die Malerei war dabei zu kurz gekommen. Mit G. hat sie diesen Vorsprung eingeholt und in ihrer bis dahin sehr beschränkten Fähigkeit, einen bestimmten seelischen Vorgang oder eine bestimmte seelische Haltung auszudrücken, einen gewaltigen Schritt vorwärts getan. G. hat durch seine seelische Ausdeutung den von ihm gemalten bibl. Vorgängen vielfach einen neuen Sinn gegeben und überlieferte Stoffe und ihre ebenfalls überlieferte Form mit neuem Leben erfüllt unter Abwerfung des Zwanges byzantin. Ikonographie. Die Bildung von G.s Form ist nicht ohne Mitwirkung der franz. Gotik zustandegekommen. Unübersehbar sind die Wirkungen, die von seiner Komposition und seiner räumlichen Bildgestaltung, von der Größe und Würde, die er seinen Menschen gab, auf die ital. Malerei ausgingen. Werke: Fresken der Arenakapelle in Padua aus dem Leben Mariä und Christi und Jüngstes Gericht (1305–07); Fresken aus dem Leben der beiden Johannes und des heil. Franziskus in Santa Croce in Florenz; Madonna mit Engeln und Heiligen (das., Uffizien). Seit 1334 war G. mit Bauarbeiten am Campanile des Florentiner Doms beschäftigt.

Rintelen, G. und die G.-Apokryphen, [2] 1923; Ch. Weigelt, G., 1925 (Klassiker der Kunst); E. Cecchi, G., 1937; Katalog der Mostra Giottesca, Florenz 1937; R. Salvini, G. Bibliografia, [2]1952; Th. Hetzer, G., [2]1960; P. Toesca, G., 1941; R. Seewald, G., eine Apologie d. Klassischen, 1950; W. Ueberwasser, Fresken des G., 1950; C. Gnudi, G., 1959 (it.); M. Gosebruch, G. u. d. Entwicklung d. neuzeitl. Kunstbewußtseins, 1962; D. Gioseffi, G. architetto, 1963; R. Oertel, Die Frühzeit d. ital. Malerei, [2]1966; G. Previtali, G. e la sua bottega, 1967; P. Hirschfeld, G.s Kanzone üb. d. Armut (Stil u. Überlieferg. i. d. Kst. d. Abendlandes; Akten d. 21. Internat. Kongr. f. Kst.gesch. Berlin, Bd. 3), 1967; L. Bellosi, G. Das Gesamtwerk, o. J.; Th. Hetzer, G. – Grundlegung d. neuzeitlichen Kst., 1982.

Giovanni da Bologna →Bologna

Gipsabguß →Abguß.

Girardon, François, franz. Bildhauer, * 17. 3. 1628 Troyes, † 1. 9. 1715 Paris, bildete sich in Rom, wurde 1657 Mitglied der Akademie. Seine zahlreichen Werke, die zum größten Teil unter der Leitung oder nach den Zeichnungen von →Lebrun entstanden, drücken den Stil im Zeitalter Ludwigs XIV. vollkommen aus: dekorative Bildwerke für die Apollogalerie des Louvre in Paris (1664–71), die Tuilerien das., Schloß und Park von Versailles. Ein Hauptwerk ist das Marmorgrabmal Richelieus (1694; Paris, Kirche der Sorbonne). Das kolossale bronzene Reiterdenkmal Ludwigs XIV. (1699) ist nur in verkleinerter Kopie erhalten.

P. Francastel, F. G., 1928 (franz.).

Gisela-Schmuck, Gruppe weiblicher Schmuckstücke aus der 1. Hälfte des 11. Jh., vielleicht zum Hausschatz der Kaiserin Gisela, der Gemahlin Konrads II., gehörig; 1880 in Mainz gefunden, früher im Schloßmuseum in Berlin bis auf zwei Stücke im Städt. Mus. in Mainz. Der G.-S. ist die bei weitem bedeutendste und umfangreichste geschlossene Gruppe dt. Schmuckstücke, die sich aus dem frühen Mittelalter erhalten haben: Halskette, Brustbehang, zwei Adlerfibeln, Fürspane, Tasseln, Ohrgehänge, Fingerringe, alles aus Feingold mit Steinen, Perlen, antiken Gemmen, Schmelzscheiben und unter Verwendung von Granulierung und zartester Filigranarbeit. Die Stücke lassen sich in zwei technisch und stilistisch verschiedene Gruppen ordnen.

O. von Falke, Der Mainzer Goldschmuck der Kaiserin G., 1913; G. Gruschke-Eichendorff, Die Restaur. d. G.-S.s (Neue Mus.kde, Jg. 1970) 1970.

Glas. Für die künstlerische Verzierung eines Glasgefäßes bieten sich, abgesehen von seiner fast unbeschränkten Formbarkeit, hauptsächlich folgende Möglichkeiten: 1. Farbige Verzierung. Sie läßt sich erzielen durch ein regelloses Mischen und Aneinanderschmelzen verschiedenfarbiger Glasmassen, das L a m i n i e r e n, das eine Zufallsmusterung ergibt. Gläser, die zwar kein regelmäßig-symmetrisches Muster, aber eine rhythmische Äderung haben, heißen O n y x g l ä s e r. Regelmäßige Muster in der Masse hat das →F a d e n g l a s (Netzglas) und das→M i l l e f i o r i g l a s (Mosaikglas). Farbige Verzierung der Oberfläche wird erzielt durch Bemalung mit kalten Farben, durch Einbrennen von Emailfarben, durch Vergolden und als sog. Ü b e r f a n g g l a s: über eine dicke Schicht farblosen G.es wird eine dünne Schicht farbigen G.es geschmolzen. Eine Sondergruppe bilden die Z w i s c h e n g o l d g l ä s e r (→Goldglas). Eine farbige plastische Verzierung läßt sich durch Aufschmelzen von Knöpfen, Perlen, Fäden usw. erreichen. 2. Durch mechanische Bearbeitung erzeugte Verzierung. Dahin gehört das S c h l e i f e n des G.s, durch das man meist jedoch nur Ornamente hervorbringt; das S c h n e i d e n von Figuren und Ornamenten mit Hilfe von Glasschneideinstrumenten; das R e i ß e n feiner Zeichnungen mit dem Diamanten; das S t i p p e n oder P u n k t i e r e n, d.h. das Einhämmern kleiner Punkte mit Stahlnadel oder Diamant. – Zarte Muster und Zeichnungen lassen sich auch durch Ätzen erzeugen (erst im 17. Jh. erfunden).

Die ältesten Glaserzeugnisse sind ägypt. Herkunft (4. Jahrtausend); noch keine Gefäße, sondern Pasten aus meist undurchsichtigem, farbigem Glase in Form von Amuletten, Perlen u.a. Schmuckgegenständen. Erst später hat man Gefäße (Salbenfläschchen) hergestellt. Die Verzierung bestand meist in bunter Farbeneinlage auf undurchsichtig farbigem Grund. Hauptherstellungsort mit riesiger Ausfuhr war bis in die röm. Kaiserzeit Alexandria. Damals ging Rom selbst zur Kunstglasherstellung über, die im 1. Jh. n. Chr. auch in Gallien eingeführt wurde, das bald die italische überflügelte und sogar in Konkurrenz zur alexandrinischen trat. Von Gallien übernahmen die Rheinlande die Glasindustrie, die hier einen außerordentlichen Aufschwung erlebte mit Köln an der Spitze. Nirgends sind so viele Funde von G. jener Jahrhunderte gemacht worden wie auf dem Boden Kölns. Im 5. Jh. setzt diesseits und jenseits der Alpen ein allgemeiner Verfall der Glaskunst ein. Die genannten Techniken der Glasverzierung sind fast alle bereits in der Antike geübt worden, aber auch nach dem 5. Jh. größtenteils verlorengegangen. Über Sondergruppen altchristl. Gläser →Goldglas, alexandrinischer →Hedwigsgläser. Am ehesten hat sich noch eine Glaskunst in Byzanz und im Orient gehalten. Die Verzierung dieses z. T. vorzüglichen orientalischen (islamischen) G.s bestand in Emailmalerei. Das in Deutschland und in anderen europ. Ländern im Mittelalter hergestellte Hohlglas war einfaches Gebrauchsglas, wegen seiner grünen Farbe „Waldglas" genannt. Gegen Ende des Mittelalters setzte in waldreichen Gegenden (Schlesien, Böhmen, Sachsen, Thüringen, Schwarzwald) eine neue Entwicklung ein, und der Formenreichtum der Arbeiten nimmt allmählich zu. Schon im 15. Jh. entstand der →Angster, im 16. der →Römer, und im Anschluß an die venezianische Glaskunst wurde im 16. Jh. die Bemalung von Humpen und sonstigen Gefäßen mit Emailfarben geübt. In Venedig erlebte die Herstellung kunstvollen Hohlglases seit dem 15. Jh. einen beispiellosen Aufschwung. Venedig wurde das, was Alexandria im Altertum gewesen war. Gläser von einer seit dem Altertum nicht wieder erlebten Mannigfaltigkeit in Form und Farbe entstanden, die alten Techniken wurden wieder entdeckt (so bes. das Millefioriglas), und durch neue Erfindungen bereichert, die Technik des Glasblasens selbst aufs höchste verfeinert. Die Kunstglasindustrie der Neuzeit beginnt in Venedig, und seine Produkte haben bis ins 17. Jh. den Vorrang vor allen anderen in Europa gehabt. Noch heute ist Venedig (Murano) ein Zentrum der Glasfabrikation. In anderen europ. Ländern fand das venezianische G. Eingang und wurde dort auch vielfach nachgeahmt, wobei sich diese Nachahmungen von echtem venezianischem G. oft nicht unterscheiden lassen. Auch in Deutschland entstanden Werkstätten „auf venedische Art". – Im Barock und Rokoko wurde das Schleifen und Schneiden des G.s in hoher Vollendung geübt (→Kristall). Besonderheiten sind das tiefrote Rubinglas (→Kunckelglas), das in England erfundene Flintglas (Bleiglas) mit seiner starken Lichtbrechung, die durch prismatischen Schliff dann bes. in den böhm. Werkstätten zur Geltung gebracht wurde. Im 18. Jh. standen Deutschland und England an der Spitze der europ. G.industrie. Die Blütezeit Venedigs war vorüber und Frankreich führte dt. und engl. Kunstgläser in großen Mengen ein. Im 19. Jh. hat dann allerdings Frankreich die Führung übernommen. Im allgemeinen haben die Gläser des 19. Jh. durch Bemalung, Schliff, Überfang und sonstige Techniken einen sehr kräftigen Dekor, der sich gegen das Ende des Jh. immer mehr steigerte (z. B. →Gallégläser). Das moderne Kunstglas sucht durch edle Form zu wirken, die entweder gar keinen oder in Farbe und Zeichnung sehr unaufdringlichen Dekor erhält.

Kisa, Das G. im Altertum, 3 Bde., 1908; R. Schmidt, Das G., ²1922; W. Bernt, Altes G., o. J.; J. R. Vávra, Das G. u. die Jahrtausende, 1954; L. Fuchs, Die G.kunst im Wandel der Jahrtausende, 1956; E. Barrington Haynes, Glass through the ages, 1959; F. Neuburg, Antikes G., 1962; F. Rademacher, Die dtn. Gläser d. MA., ²1963; F. Kämpfer, 4000 Jahre G., 1966; G. Schade, Dt. G., 1968; Journal of Glass-Studies, hg. v. Corming Mus. of glass in New York, seit 1959; Glaswelt (Zs.), seit 1957; A.-E. Liederwald, Niederländ. Glasformen d. 17. Jhs., Diss. Freiburg 1964; P. la Baume, G. d. antik. Welt. I: Wiss. Kataloge d. Röm.-Germ. Mus. Köln, 1973; W. Neuwirth, Das G. d. Jugendstils, 1973; Brigitte Klesse – Gisela

Reineking von Bock, G., [2]1973 (Kstgew.-Mus. Köln); H. Hahnloser, Corpus Vitrearum, 1973; R. Stennet-Willson, Neues Glas, 1976; W. Spiegel, G., 1979; ders. G. des Historismus; Biedermeier-Gläser; 2Bde., 1981.

Glasbau →Eisenbau.

Glasklischee, Glasplatte mit dunkler Kollodiumschicht, in die die Zeichnung mit der Radiernadel eingeritzt wird. Die Platte wird wie ein photographisches Negativ auf lichtempfindliches Papier kopiert, das dann die Zeichnung schwarz auf weiß wiedergibt. Das Verfahren wurde u. a. von Corot angewendet; es wird auch Diaphanradierung genannt.

Glasmalerei, im engeren Sinn die Herstellung farbiger Glasfenster mit bildlichen Darstellungen. Nach dem älteren Verfahren wird das Bild aus Glasstücken, die in der Masse gefärbt sind, mittels Bleiruten mosaikartig zusammengesetzt: musivische G., die Bleiruten geben zugleich die Hauptkonturen an. Für die feinere Zeichnung ist das Schwarzlot da, ein Bleiglas, das sich leicht aufschmelzen läßt und aus

Glasgemälde des 12. Jh. A: nur mit Angabe der durch die Bleiruten gebildeten Hauptkonturen, B: mit der durch Schwarzlot eingetragenen Binnenzeichnung.

dem dann die Binnenzeichnung herausgekratzt wird. Im späteren Mittelalter kamen als weitere Malfarben dazu noch das Silbergelb, das Eisenrot u. a. Anstatt die Glasstücke in der Masse zu färben, wurden sie (in einem späteren Verfahren) von einem dünnen, entsprechend gefärbten Glas überfangen: Überfangglas. Durch Herausschleifen konnten dabei neue Wirkungen erzielt werden. Durch Entdeckung immer mehr verglasbarer und aufschmelzbarer Farbstoffe am Ende des Mittelalters verfügte man allmählich über eine ausreichende Farbenskala, um eine Glastafel ähnlich wie eine Holztafel zu bemalen. An die Stelle der Musivischen G. trat die technisch weniger umständliche Kabinettmalerei („Kabinettscheiben"). Damit verließ aber die G. zugleich ihren flächendekorativen Charakter und begann mit den malerischen Zielen der Tafelmalerei zu wetteifern. – Im Verfahren gänzlich verschieden ist die →Hinterglasmalerei.
Von bunten Kirchenfenstern ist schon seit dem 4. Jh. (Prudentius) die Rede; doch hat es sich dabei zunächst wohl nur um Ornamentfenster gehandelt. Wirkliche Glasgemälde sind bereits um die Mitte des 9. Jh. für die Abteikirche in Werden bezeugt, am Ende des 10. Jh. etwa gleichzeitig auch für Tegernsee und Reims; die ältesten ganz erhaltenen sind die im Hochschiff des Augsburger Doms (Anf. 12. Jh.). Im 12. Jh. sind die Beispiele in Deutschland noch spärlich, in Frankreich beginnen sie seit der Mitte des Jahrhunderts sich zu mehren. Die frühesten datierten Stücke sind hier die (allerdings arg zerstörten) Chorfenster der Abteikirche von St-Denis (etwa 1140). Sie werden weit übertroffen von den drei gewaltigen, um 1160 entstandenen West-

fenstern der Kathedrale zu Chartres. Die große Zeit der G. bricht aber erst im 13. Jh. an, als die Gotik der Wand immer mehr an tragender und stützender Funktion nahm. Höher und breiter wurden jetzt die Fenster und füllten zuweilen fast die ganze Fläche zwischen den Pfeilern. Frankreich war in der G. weit voran (Kathedralen von Chartres und Bourges), in weitem Abstand folgten Deutschland und England. Für Italien hat die G. nie viel bedeutet. Im 14. u. 15. Jh. hat Deutschland Frankreich eingeholt (Glasgemälde in Köln, Xanten, Altenberg, Straßburg, Marburg, Freiburg i.B., Regensburg, Münnerstadt, Straubing, Erfurt, Stendal, Ulm). Im 16. Jh. blühte die Kabinettmalerei vornehmlich in der Schweiz (→Wappenscheibe), auch Kirchenfenster wurden noch geschaffen, zu denen erste Meister die Entwürfe lieferten. Der Barock hat der G. geringes Interesse entgegengebracht. Eine Neubelebung versuchte das 19. Jh., z.T. unter Wiederaufnahme, z.T. unter Weiterbildung der alten Verfahren. Die Farbenglut der mittelalterlichen Glasfenster ist aber nicht wieder erreicht worden. Harte Buntheit und süßlich nazarenische Auffassung herrschten vielfach vor. Im 20. Jh. hat man durch Zurückgehen auf die dekorativen Grundeigenschaften der G. (Thorn-Prikker) neue Wirkungen zu erzielen versucht. Rouault, Campendonck, Léger und M. Chagall (Zürich, Fraumünster) haben sich um G. bemüht. →Le Corbusiers großartige Sakralbauten (Ronchamp, La Tourette) waren Beispiele modernen Gestaltens, weniger als tatsächl. G., sondern im Sinne der Raumstimmung. Farbige Glasformsteine und Beton gehen in der Gegenwart eine Verbindung ein, die in den zahlreichen modernen Kirchenbauten – bes. auch der Schweiz, protestant. wie kathol. – den Eindruck einfacher Würde und großer Ausdruckskraft vermittelt. Auch der Neubau der Kais.-Wilh,-Gedächtnis-Kirche in Berlin (1953) durch E. →Eiermann gehört in diesen Zusammenhang. – Die figürliche Gestaltung wurde durch die neuen Gestaltungsweisen aber keineswegs völlig aufgegeben. – Neue Möglichkeiten für G. modernen Stils bieten auch die Ergänzungen und das Neueinfügen von Fenstern bei Kathedralen, Domen oder Münstern (Wettbewerb Ulmer Münster, 1982; Aachen, Dom). – Die europ. Bestände an mittelalterl. G. werden seit 1953 zusammengefaßt in einem Corpus Vitrearum Medii Aevi (hg. v. H. Wentzel).

Viollet-le-Duc, Dictionnaire raisonné de l'architecture française, Bd. 9, 1868 (Artikel „Vitrail"); Oidtmann, Die rhein. Glasmalereien vom 12. bis 16. Jh., 2 Bde., 1912–29; H. Schmitz, Die Glasgemälde des Kunstgewerbemuseums in Berlin, 2 Bde., 1913; Heinersdorff, Die G., ihre Technik u. Geschichte, 1914; H. Lehmann, Zur Gesch. der G. in der Schweiz, 1925; J. L. Fischer, Handbuch der G., ²1937; M. Engels, Zur Problematik d. mittelalt. G., 1937; H. Wentzel, Meisterwerke der G., 1951; J. Helbig, De Glasschilderkunst in België, 2 Bde., 1951–53; P. Boesch, Die Schweizer G., 1955; G. Marchini, Italienische G., dt. 1957; M. Aubert u. a., Le vitrail français, 1958; E. L. Armitage, Stained glass, 1959; J. Baker u. A. Lammer, English stained glass, 1960; E. Jansen, Kleine Gesch. d. dt. G., 1963; V. Beyer, Offenbarung d. Farbe, Kst. u. Technik d. G., 1963; Suzanne Beeh-Lustenberger, G. um 800 bis 1900, 1967; Eva Frodl-Kraft, Die G., 1970; dies. u. a., Die mittelalt. Glasgemälde in Niederösterreich, 1972; dies., Mittelalterl. G. Erforschg., Restaur., (G. Coll. d. Corp. Vitrearum, Paris) 1975; Fr. Matous, Mittelalt. G. i. d. Tschechoslowakei, (Corp. Vitr. Tschech.) 1975; R. Jacobi, Zur Frage der Erhaltung alter Glasmalerei (Maltechnik 2) 1973; L. Lee, G. Seddon, F. Stephens u. a., Die Welt d. Glasfenster (m. Hinw. auf Techniken, Restaur. etc.), dt. 1977; L. Grodecki, Roman. G., 1977; R. Becksmann, Die mittelalt. G. in Baden u. d. Pfalz (Corpus Vitrearum Medii Aevi Deutschland, Bd. 2) 1979; E. Drachenberg, Die mittelalt. G. in Erfurt (hg. v. Instit. f. Denkmalpflege i. d. DDR; 2 Bde.) 1980; Susanne Beeh-Lustenberger (Bearb.), Das Bild in Glas. Von d. europ. Kabinettscheibe zum New Glass; Ausst.kat. Hess. Landesmus. Darmstadt, 1979; Schriftenreihe Sakrale Kunst der Schweizerischen St. Lukasgesellschaft.

Glasradierung →Hinterglasmalerei.

Glasur, der glasige, keramischen Erzeugnissen aufgeschmolzene Überzug, der dem Scherben die Porosität nimmt, ihm Glanz und Glätte und seiner farbigen Verzierung Dauerhaftigkeit gibt. Zu unterscheiden sind: Kiesel- oder Erdglasur, farblos durchsichtig, bestehend aus Kieselerde, Tonerde und Alkalien (z.B. die G. des Hartporzellans); Bleiglasur, farblos oder gefärbt durchsichtig (→Hafnerkeramik); Zinnglasur, undurchsichtig, weiß oder farbig (→Fayence); Salzglasur, farblos und sehr hart (→Steinzeug).

Gleizes, Albert, franz. Maler und Illustrator, * 8. 12. 1881 Paris, † 12. 11. 1953 dass., ging vom Impressionismus zum Kubismus über, dem er immer verbunden blieb u. dessen Theoretiker er wurde. Sein Hauptgegenstand ist die menschliche Gestalt in kubistischer Verformung. 1917 ging er nach Amerika und hatte dort religiöse Erlebnisse, die ihn drängten, seine Kunst fortan unter christlichen Aspekt zu stellen. Er schuf auch Buchillustrationen, u.a. Radierungen zu den „Pensées" von Pascal. Von seinen Schriften ist die wichtigste: „Du Cubisme" (1912; dt. 1928). Sie wurde ausgestattet mit Originalgraphiken gesinnungsverwandter Künstler, 1947 neu herausgegeben.

A. Surchamp, Destinée du Cubisme, 1947; R. Judlekofer (Hg.), A. G. u. d. Kubismus, 1961; D. J. Robbins, The formation and maturity of A. G., a biography and critical study, Diss. Univ. New York, 2 Bde., 1975; Jacqueline Loyer, L'œuvre gravé de A. G. (Kat. in Nouvelles de l'estampe 26), 1976.

Gliederpuppe, Gliedermann, ital. Manichino, eine menschliche Figur, gewöhnlich aus Holz, mit beweglichen Gliedern, die man in die verschiedensten Stellungen und zu den verschiedensten Gebärden bringen kann; ursprünglich zu Maß- und Proportions-, dann zu Drapierungs- und Bewegungsstudien benutzt. Sie wurde nicht, wie Vasari meint, von Fra Bartolommeo erfunden (der sich ihrer allerdings bediente), sondern ist bereits im Trattato d'architettura des →Filarete (1451–64; 3. Buch von der Zeichenkunst) erwähnt. Von Italien wurde die G. auch nach Deutschland übernommen, wo z.B. Dürer sich ihrer ausgiebig bediente. Die ältesten erhaltenen G.n sind dt. Ursprungs und stammen aus der Zeit von etwa 1525–30.

A. Weixlgärtner, Dürer und die G., 1930 (Beiträge zur Kunstgesch., Franz Wickhoff gewidmet); Ders., Von der G., Göteborgs Kunstmuseum 1954; J. Meder, Die Handzeichnung. Ihre Technik u. Entwicklung, ²1923.

Glocke. Aus dem frühesten Zeugnis (um 535), das wir über den Gebrauch der G. im christl. Zusammenhang besitzen (chines. G.n sind weit älter), geht hervor, daß diese im 1. Drittel des 6. Jh. eine in nordafrikan. Klöstern wohlbekannte Einrichtung war. Von hier gelangte sie über Italien nach dem übrigen Abendland, wo sie im 9 Jh. allgemein nachweisbar ist, während das östl. Christentum sie nur zögernd annahm. Die ältesten G.n (Lullusglocke in der Stiftskirche zu Hersfeld 1059, G. von 1144 in der Pfarrkirche von Iggensbach in Niederbayern) sind klein und haben einen verhältnismäßig dünnen, geschmiedeten, nicht gegossenen Bronzemantel von bienenkorbartiger Gestalt. Im 13. Jh. setzte sich die noch heute übliche Form mit ausladendem Schlagrand durch. Die G. wurde jetzt meist gegossen, nahm an Größe zu und erhielt (zuweilen im Ichton gehaltene) Inschriften, auch figürliche Darstellungen und Ornamente. Sofern die Inschriften bestimmte Angaben aufweisen, können sie wichtige lokalgeschichtliche Dokumente sein. Zur Aufhängung der G. boten sich verschiedene Möglichkeiten: Gestell oder G.nturm (→Campanile) neben der Kirche, im N meist ein dem Baukörper der Kirche selbst angehörender Turm, bei Zisterzienser- oder Bettelordenskirchen der →Dachreiter. – Glocken, die als Klangkörper aufeinander abgestimmt sind, bilden Glockenspiele. Sie sind besonders aus Holland und Flandern bekannt (Barock) und dienen mit neuen Formen und Ausbildungen zur Belebung von Stadtbild und Straßenzügen sowie Plätzen. Eine Sonderform stellen Porzellanglokkenspiele dar (Meißen; Dresden, Zwinger).

K. Otte, G.nkunde, [2]1884; K. Walter, G.nkunde, 1913; G. Stuhlfauth, G. und Schallbrett, 1919 (Repertorium für Kunstwissensch., Bd. 41); P. Sartori, Das Buch von dt. G.n, 1932; C. Mahrenholz, G.nkunde, 1948; W. Ellerhorst, Hb. d. Glockenkde., 1957; Deutscher G.natlas, 1967; H. Hübner, Die mittelalterl. G.nritzungen, 1970; Beiträge z. Glockenkunde (Eine Slg. v. Referaten, hg. v. Beratungsausschuß f. d. dte. Glockenwesen), 1970; Schilling, G.n u. G.nspiele. Eine Kulturgesch., 1982; Kat. G.-museum Apolda, Thür.

Glockenbechergruppe, Kultur der →Jungsteinzeit und frühesten →Bronzezeit, ursprünglich in Zentralspanien beheimatet, später bis nach England, Oberitalien, Ungarn und Polen vorstoßend, einem nichtindogerman. Volksstamm zugehörig. Kennzeichnend sind glockenförmig geschwungene Becher von rötlicher Färbung, die mit zonal umlaufenden Mustern verziert sind, ferner steinerne Armschutzplatten (Schutzmittel gegen den Rückprall der Bogensehne). Die G. hat sich am Rhein und in England mit der →Schnurkeramik vermischt (Zonenbechergruppe) und ist in den indogerman. Kulturen der mitteleurop. Frühbronzezeit aufgegangen. (→Jungsteinzeit).

G. Neumann, Die Gliederung der Glokkenbecher-Kultur in Mitteldeutschland, 1929 (Prähist. Zeitschr. 20); H. Gatermann, Die Becherkulturen i. d. Rheinprovinz, 1943; F. Schlette, Die neuen Funde der Glockenbecherkultur im Lande Sachsen-Anhalt, 1948 (Strena Praehistorica); G. Neumann, Glockenbecherkultur, 1958 (Ausgrabungen u. Funde 3); E. Sangmeister, Die Glockenbecher im Oberrheintal (Jb. d. Röm.-German. Zentralmuseums Mainz, 11) 1966.

Glockenleiste →Karnies.

Glockenspiel →Glocke.

Glockenturm →Campanile.

Glorie, Glorienschein, Gloriole →Heiligenschein.

Gloriette, offener Rundtempel oder pavillonartiges Gebäude im barocken oder klassizistischen Park als Krönung einer Anhöhe. Bekanntes Beispiel im Park von Schönbrunn b. Wien.

Glücksrad, allegorische Darstellung der Wandelbarkeit des menschlichen Lebensschicksals: ein Rad, dessen Speichen mit Menschen (häufig mit Königen) besetzt ist und das in der Regel von →Fortuna (zuweilen mit verbundenen Augen) gedreht wird. Das G. erscheint in der christl. Kunst im 12. Jh. Eine der ersten Darstellungen ist die im →Hortus deliciarum.

G. Heider, Das G., 1859; A. Doren, Fortuna i. MA u. i. d. Renaiss. (Vorträge d. Bibl. Warburg) 1922/23. H. Sedlmayr, Die Entstehung d. Kathedrale, 1950; H. Ladendorf, Kairos (Festschr. Joh. Jahn) 1957 (m. Bibl.).

Glyptik →Gemme.

Glyptothek, Sammlung von Skulpturen, im besonderen die Sammlung antiker Skulpturen in München in dem von Leo von Klenze 1816–30 erbauten Museum, auch die Ny-Carlsberg-G. in Kopenhagen (1892–97).

Gnadenbild, ein an Wallfahrtsorten verehrtes Christus- oder Marienbild, auch Bildwerk, dem gern wundertätige Wirkung (Erhörung des vor ihm verrichteten Gebetes) zugeschrieben wird.

Gnadenstuhl, eine im 12. Jh. aufkommende Darstellung der Heil. Dreifaltigkeit in Verbindung mit dem Leiden Christi: Gottvater thronend hält mit beiden Händen vor sich das Kreuz mit Christus (oder auch dessen Leichnam auf dem Schoß), während die Taube des Heil. Geistes über seinem Haupte schwebt.

G. Neumann, Die Ikonographie des G.s, Diss. Berlin 1953.

Gobelin →Bildteppich.

Gočár, Josef, tschech. Baumeister, * 14. 3. 1880 Semín, † 10. 9. 1945 Prag, Schüler von →Kotera und dessen Nachfolger als Prof. der Akademie in Prag, brach ebenfalls mit dem historisierenden Eklektizismus seiner Zeit zugunsten einer streng konstruktiven Bauweise. Von besonderer Bedeutung waren seine städtebaulich-modernen Regulierungspläne, z.B. der von Königgrätz.

Z. Wirth, J. G., 1930; O. Novy, J. G., 1958 (tschech.).

Goes, Hugo van der, niederländ. Maler, * um 1440 Goes auf Seeland, † 1482 Roode Clooster b. Brüssel, nachweisbar in Gent und Brügge zwischen 1465 und 1476, Hauptmeister der altniederländ. Malerei der 2. Hälfte des 15. Jh., entfaltete seine Kunst fast ausschließlich im großen Altarbild. Die kühle Reserviertheit, die Jan van Eyck den von ihm dargestellten Vorgängen gegenüber bewahrt hat, ist aufgegeben zugunsten einer neuen Versenkung in das rein Menschliche des Vorgangs. Der Tiefraum des Bildes ist stärker erschlossen; er wird von den Gestalten, darunter zuweilen solchen von einem ausgesprochen bäuerlichen Typus, in freier Gruppierung eingenommen. In ihren Gesichtern spiegelt sich die jeweils verschiedene seelische Haltung aufs deutlichste wider. Alles wird geadelt und zu feierlicher Wirkung erhoben durch die warme Schönheit der Farbe und des Lichts, in dessen Behandlung G. neue Wege gegangen ist. Hauptwerke: Portinari-Altar mit der Anbetung des Kindes im Mittelbild (Florenz, Uffizien), Monforte-Altar mit der Anbetung der Könige (Berlin, Staatl. Mus.).

Destrée, H. v. d. G., 1914; M. J. Friedländer, Die altniederländ. Malerei, Bd. 4, 1926; K. Oettinger, Das Rätsel der Kunst des H. v. d. G., 1938 (Jahrb. der Kunsthist. Sammlungen in Wien, N. F., Bd. 12); V. Denis, H. v. d. G., 1956 (franz.); F. Winkler, H. v. d. G., 1964; K. Arndt, Z. Werk d. H. v. d. G. (Münchner Jb., 3. Folge Bd. 15) 1964.

Gogh, Vincent van, holländ. Maler, * 30. 5. 1853 Groot Zundert (Nordbrabant), † 29. 7. 1890 Auvers-sur-Oise, malte zuerst (seit 1880) Bauern- und Arbeiterbilder, auch düstere Landschaften in eintöniger Farbgebung, und in Paris (seit 1886) nach impressionistischer Art helle und lockere Stadtbilder und Landschaften, übersiedelte 1888 nach Arles und fand erst dort seinen eigentlichen Stil. 1889 mußte er in einer Irrenanstalt untergebracht werden und endete nach seiner Entlassung durch Selbstmord. Die zahlreichen Bilder dieser letzten Jahre (Landschaften, Bildnisse, Stilleben) sind von einer tiefen Erregung und Unruhe erfüllt, die sich in der flakkernden Art des Pinselstrichs und den oft grellen Farben äußert, und im Gegensatz zum Impressionismus ist wieder die Linie Hauptträger des Ausdrucks geworden. Damit gehört v. G. zu den Begründern des →Expressionismus. Briefe (dt. 2 Bde., 1928), Briefe v. G.s an seinen Bruder (3 Bde., ²1928). Sämtl. Briefe, hg. v. F. Erpel, 6 Bde., 1965/66.

Elisabeth du Quesne-van Gogh, Persönliche Erinnerungen an V. G., dt. ³1913; v. G.-Mappe, 1919 (Marées-Gesellschaft); Meier-Graefe, V. v. G., ²1922; B. de la Faille, L'Oeuvre de v. G., 5 Bde., 1928 (vollst. rev. u. verb. Aufl. 1939); Ders., V. v. G., 1933; L. Goldscheider u. W. Uhde, V. v. G., ⁴1936; W. Vanbeselaere, De Hollandsche Periode (1880–85) in het werk van V. v. G., 1937; L. Hautecœur, V. v. G., 1946; W. Weisbach, V. v. G., 2 Bde., 1949–51; Ch. Etienne, Van G., dt. 1953; H. Perruchot, Van G., dt. 1956; H. Feddersen, V. van G., 1956; H. W. Grohn, V. v. G., 1958; H. Liebau, V. v. G., 1965; J. Leymarie, Wer war v. G.?, 1968; ders. V. G., 1977 (frz.); Von Feuer zu Feuer. Sein Leben von ihm selbst berichtet, hg. v. H. W. Bähr, ²1970; H. Nagera, A. Freu, V. v. G., Psychoanalyt. Dtg. s. Lebens an Hand s. Briefe, 1973; P. Descargues, V. v. G. (La bibl. des grand peintres), 1976; E. Vitert, V. v. G., 1977; K. Badt, Die Farbenlehre v. G.s, 1981.

Goldbrakteaten →Brakteaten.

Goldene Legende →Legenda aurea.

Goldene Pforte des Freiberger Doms, Portal des ursprünglich roman. „Doms" in Freiberg, nach dessen Brande von 1484 allein übriggeblieben und für den jetzigen spätgot. Hallenbau beibehalten. Die G. P. ist etwa zwischen 1230 und 40 entstanden und mit überreichem und dicht gedrängtem figürlichem und ornamentalem Schmuck ausgestattet. Mit mehr als 50 Figuren ist ein bis ins einzelne ausgeklügeltes und mit symbolischen Beziehungen durchsetztes kirchliches Programm entwickelt – das reichste Werk dieser Art, das die roman. Baukunst in Deutschland hervorgebracht hat und bei aller Fülle von bewundernswerter Harmonie und Klarheit. Der Name G. P. erklärt sich aus der ursprünglich vorhandenen Vergoldung einzelner Teile. – Die G. P. ist auch ein Thema christl. Ikonographie: die Begegnung von Anna und Joachim (nach der Verkündigung, ihnen wird die Tochter Maria geboren) unter d. G. P. (Stadttor) v. Jerusalem.

A. Goldschmidt, Die Skulpturen von Freiberg u. Wechselburg, 1924; Die G. P. zu Freiberg. Mit einem Geleitwort von H. Küas, 1943; G. Krüger, Die Marienkirche zu Freiberg i. Sa. und ihre G. P., Diss. Basel, 1955; H. Magirius, Der Freiberger Dom, 1972.

Goldene Tafel, Flügelaltar eines Lüneburger Meisters aus dem 2. Jahrzehnt des 15. Jh. im Landesmus. zu Hannover mit 36 Darstellungen aus dem Leben Christi und Mariä und Skulpturen auf den Innenseiten der Innenflügel. Der Name erklärt sich so, daß der Schrein dieses Altars früher ein roman. Antependium in Goldschmiedearbeit u. zahlreiche Reliquien barg, wovon heute aber nur noch spärliche Reste erhalten sind.

V. C. Habicht, Die G. T. der St. Michaeliskirche zu Lüneburg, 1922; H. v. Einem, Die Plastik der Lüneburger G. T., 1929; Stuttmann, Der Reliquienschatz der G. T., 1937; H. Reinecke, Der Meister der G. T. v. Lüneburg, 1937.

Goldener Schnitt, die geometrische Teilung einer Linie in zwei ungleiche Teile, so daß der kleinere sich zum größeren verhält wie dieser zur ganzen Linie. Es ist früher oft versucht worden, die Proportionen des G. S. als ein nicht nur die

Natur, sondern auch die Kunst beherrschendes Gestaltungsgesetz hinzustellen. Nun gibt es aber in der Kunst keine unveränderlichen Idealproportionen, und der Begriff des Schönen oder ästhetisch Wirksamen ist zu verschiedenen Zeiten verschieden gewesen. So ist der Geltungsbereich des G. S. als eines Teilungsprinzips ziemlich klein. Etwa in der antiken Architektur, der roman. und der ital. Renaissance kam da und dort der G. S. zur Gliederung von Flächen und zur Bestimmung von Abständen in Anwendung, und in ähnlichem Sinne läßt er sich im Kunstgewerbe nachweisen. Von einer allgemeinen Herrschaft des G. S. kann jedenfalls keine Rede sein, denn die Fälle, in denen Qualitatives in unmittelbarem Zusammenhang mit Quantitativem steht, sind in der bildenden Kunst nicht Regel, sondern Ausnahme.

O. Hagemaier, Der G. S., ³1967.

Goldglas, Glas, das eine Auflage aus Blattgold erhalten hat und dann mit einer dünnen Schicht farblos-durchsichtigen Glases überfangen worden ist, daher auch Zwischengoldglas genannt. Aus dem Blattgold sind Inschriften, Ornamente und figürliche Darstellungen ausradiert. Die Technik stammt vermutlich aus Alexandrien, gelangte etwa im 2. Jh. n. Chr. nach Rom und erreichte dort ihren Höhepunkt im 4. Jh. in zahlreichen Exemplaren mit altchristl. Darstellungen. Eine Sondergruppe sind die Fondi d'oro, Schalen oder Kugelbecher mit Goldbildern, die zur Innenansicht in den Boden eingelassen sind. Die meisten stammen aus den röm. Katakomben.

Eine besondere Art von Zwischengoldgläsern hat die böhmische Glasindustrie im 18. Jh. hervorgebracht, meist in Form von Bechern: zwei genau ineinanderpassende Gläser werden zusammengefügt. Das innere trägt auf seinem Mantel eine Goldfolie, aus der eine Zeichnung (in der Regel Jagddarstellung) ausradiert ist. Neben der Goldfolie kommt auch Silberfolie oder beides gemeinsam vor. Die Verwendung durchsichtiger Farben ergibt eine weitere Bereicherung. Der äußere Mantel zeigt gern Facettenschliff. Der Boden ist ebenfalls dekoriert. Diese Art Zwischengoldgläser gehört zur Gruppe der Doppelgläser →Doppelglas).

H. Vopel, Die altchristl. G.r, 1899; R. Schmidt, Das Glas, ²1922; Th. E. Haevernick, Beiträge zur Gesch. d. antiken Glases, 1962 (Jahrb. d. röm.-Germ. Zentralmuseums Mainz 9); J. Schlosser, Das alte Glas, ²1965.

Goldgrund, in der christl. Malerei der goldene Grund, von dem sich die heiligen Gestalten abheben. Er bildete sich seit dem 4. Jh. in der altchristl. und byzantin. Kunst (Mosaiken und Ikonen) anstelle der antiken naturalistischen Hintergründe heraus, ersetzte somit den Raum durch die Fläche, die zugleich die Bedeutung einer idealen, raumlosen Sphäre erhielt, steigerte den Eindruck des Kostbaren und Feierlichen und war ein farbig neutraler Grund, von dem sich alles andere gut abhob. Auch das Mittelalter hat den G. reichlich verwendet (in Miniaturen, Tafelbildern, Textilien), und erst im 15. Jh. begann er wieder naturalistischen Hintergründen zu weichen. Bei bes. feierlichen Darstellungen findet er sich auch noch im 16. Jh., in der von Byzanz abhängigen Ikonenmalerei bis in die neueste Zeit. In der spätmittelalterl. Tafelmalerei erhielt der G. zuweilen eine durch Punzen eingetriebene Musterung.

J. Bodonyi, Entstehung und Bedeutung des G.s in der spätantiken Bildkomposition, 1932/33 (Archaeologiai

Ertösitö, Bd. 46); W. Braunfels, Nimbus u. G. (Das Münster, 3) 1950; W. Schöne, Üb. d. Licht i. d. Malerei, 1954.

Goldschmiedekunst, die künstlerische Verarbeitung der Edelmetalle Gold, Silber, Platin zu Gefäßen, Gerät, Schmuck. Gold läßt sich in derselben Weise gießen wie Bronze (→Bronzekunst). Doch kommt der Guß wenig zur Anwendung. Die Haupttechnik der Goldverarbeitung ist das Treiben oder Hämmern (→Treibarbeit). Die einzelnen Teile werden durch Schweißen oder Löten aneinandergefügt; die Oberfläche ziseliert, graviert, auch geätzt. Besondere Zweige und besondere Techniken sind →Filigran, →Niello, →Tauschieren, auch die Verbindung des Goldes mit dem →Email im Zellenschmelz und in der Zellenverglasung. Größere Gegenstände sind in neueren Zeiten selten aus reinem Gold, sondern meist aus vergoldetem Silber hergestellt.

Die G. wurde von allen Kulturvölkern des Altertums geübt, und dank der Beständigkeit des Metalls sind viele ihrer Erzeugnisse frisch wie am ersten Tag auf uns gekommen. Sie wurden auch in hoher Vollendung von den Germanen in vorgeschichtlicher Zeit geübt, wie der Goldfund von →Eberswalde beweist (8./7. Jh. v. Chr.), desgl. von den Kelten in der Latène-Zeit (→keltische Kunst). Aus der Völkerwanderungszeit stammt der umfangreichste aller Goldfunde, der von →Pietroasa mit vorwiegend westgotischen Arbeiten (→Haßleben, →Vettersfelde, →Szilágy-Somlyó). Die Germanen dieser Zeit liebten allerdings die Hinzufügung farbiger Reize durch →Almandin-Einlage oder durch Zellenverglasung (→Childerichgrab). Das Erbe der hellenistischen G. hat Byzanz angetreten und eine hochentwikkelte G. gepflegt, namentlich in Verbindung mit dem →Email. Kaum minder bedeutend waren die Leistungen des Abendlandes im frühen Mittelalter: Altarbekleidung in San Ambrogio in Mailand mit zahlreichen goldgetriebenen Reliefs (9. Jh.), goldene Altartafel im Aachener Münsterschatz, Deckelrelief des →Codex aureus, Baseler Altarvorsatz Heinrichs II. (Paris, Cluny-Mus.). Der Höhepunkt der G. des Mittelalters fällt in die Zeit des späteren roman. Stils. Namentlich in den großen Reliquienschreinen, wie sie im Gebiet von Maas und Rhein entstanden (Dreikönigsschrein in Köln) sammelte sich alles, was die Goldschmiede jener Zeit an technischen und künstlerischen Leistungen aufzubieten vermochten. Von den getriebenen Figuren dieser Schreine sind manche Anregungen auch auf die Großplastik ausgegangen. Selbstverständlich wurden in roman. und got. Zeit die Altargefäße aus Gold oder Silber oder vergoldetem Silber gebildet: Kelch, Ciborium, Monstranz, Kreuz, Leuchter, Bucheinband, Meßkännchen usw. In der Renaissance erfährt das Gebiet der G. eine erhebliche Erweiterung insofern, als nun auch in größerem Umfange weltliche Gegenstände aller Art aus Gold und Silber hergestellt wurden, namentlich Tafelgeräte. Eins der größten Kunstwerke dieser Art ist das silbergetriebene „Salzfaß“ Franz' I. von Cellini (Wien, Kunsthistor. Mus.). Der Barock mit seiner Prunkliebe brachte eine weitere Steigerung. Der Begriff des „Tafelsilbers“ kam auf, über das ein vornehmer Haushalt verfügen mußte, wenn er sich als solcher ausweisen wollte, und trat der Rat einer Stadt bei festlichem Mahl in Erscheinung, so war das „Ratssilber“ Hauptbestandteil des festlichen Tafelschmucks. Die Prunkliebe der kathol. Kirche führte im 17. u. 18. Jh. dazu, ganze Altäre aus Silber zu bilden, die nun mit den übrigen Altargeräten zu glitzernder Gesamtwirkung zusammenflossen. Barockformen haben sich gerade in der G. zum Teil noch lange bis ins 19. Jh. erhalten, das es im übrigen zu eigenwertigen Leistungen auf dem Gebiete der G. kaum gebracht hat. In neuester Zeit ist, was sehr nötig war, die Forderung nach wirklich kunsthandwerklichen Leistungen gestellt und z.T. erfüllt worden.

Lüer und Creutz, Geschichte der Metallkunst, Bd. 2, 1909; E. Redslob, Dt. Goldschmiedeplastik, 1922; M. Rosenberg, Geschichte der G., 1921–25; Ders., Der Goldschmiede Merkzeichen, 4 Bde. 3. Aufl. 1922–28; Jahrb. zur Gesch. der G., hg. von F. R. Wilm, Bd. 1, 1938; H. Lettermann, Dte. G., 1953; M. Mainz, Schönes Silber, 1964; H. Brunner, Altes Tafelsilber, 1964; H. Kohlhausen, Nürnberger G. d. Mittelalters u. d. Neuzeit, 1968; E. G. Grimme, G. im MA. Form u. Bedeutg. d. Reliquiars 800–1500, 1972; M. Rosenberg, Gesch. d. G. auf techn. Grundlage, 1972; G. Schade, Dte. G. v. MA bis z. beginnenden 19. Jh., 1976; H. Hilger, Zur G. d. 14. Jhdts. an Rhein u. Maas, 1973; D. Kötzsche, Zum Stand d. Forschg. d. G. des 12. Jhdts. i. Rhein-Maas-Gebiet, 1973; E. Steingräber, Europ. G. v. d. Renaiss. b. z. Jugendstil, 1973; W. Neuwirth, Wiener Gold- u. Silberschmiede u. ihre Punzen 1867–1922, 2 Bde., 1978; Benvenuto Cellini, Abhandlg. üb. d. G. u. Bildhauerei, dt. 1974 (Ruth u. M. Fröhlich); Mane Hering-Mitgau, Barocke Silberplastik in Süddtld., Diss. 1973; J. Divis, Silver marks of the World, 1976; C. Hernmarck, Die Kst. d. europ. Gold- u. Silberschmiede von 1450 bis 1830, 1979; J. Heuser, Oberrhein. G. im Hochmittelalter, 1974.

Goltzius, Hendrik, niederländ. Kupferstecher und Maler, * 1558 Mühlbrecht b. Venlo, † 1. 1. 1617 Haarlem. Seine entwicklungsgeschichtliche Bedeutung beruht auf der Ausbildung einer virtuosen Stichtechnik und deren Verwendung zur Wiedergabe von Gemälden. G. hat damit dem niederländ. Kupferstich des 17. Jh. die Wege gewiesen.

Hirschmann, H. G., 1919; Ders., Verzeichnis des graph. Werkes von H. G., 1921; E. K. J. Reznicek, Die Zeichnungen von Hendrik G., 2 Bde., 1961; W. L. Strauss (Hg.), H. G. 1558–1617: thr complete engravings and woodcuts, 1977 (2 Bde.).

Gontard, Karl von, Baumeister, * 13. 1. 1731 Mannheim, † 23. 9. 1791 Breslau, in Paris gebildet, tätig in Bayreuth und seit 1765 für Friedrich d. Gr. in Berlin und Potsdam, Meister des Übergangs zwischen einer noch barocken, plastisch lebhaften Bauweise und dem beginnenden Klassizismus: Schloß in Bayreuth (1759–63), die Kommuns beim Neuen Palais in Potsdam (1765 bis 1769; nach Entwurf von Legeay) und das Militärwaisenhaus (1771) das., die Spittelkolonnaden (1777) in Berlin und die beiden Kuppelkirchen (1781–85) auf dem Gendarmenmarkt daselbst.

Wallée, Leben und Wirken K. v. G.s, 1891; H. Schmitz, Berliner Baumeister v. Ausg. d. 18. Jhs., [2]1925; H. Kana, Potsdamer Baukst., [3]1926; E. Hempel, Baroque art and architecture in Central Europe, 1965; H. Drescher, Zum Spätstil d. friderizianischen Architektur, Diss. Halle 1968.

Gorgo, eigentlich Gorgo Medusa, sagenhaftes Ungeheuer, dessen Anblick tötete. Perseus erlegte sie durch eine List und schenkte ihren Kopf der Athena, die ihn an ihrem Schild, der →Ägis, befestigte. Die archaische Kunst stellte die G. geflügelt dar, mit schrecklichem Antlitz, gefletschten Zähnen und Schlangenhaar. Später wich dieser Typus anderen mehr menschlich gebildeten, als deren bekanntester die schöne Medusa Rondanini der Münchner Glyptothek gilt.

Furtwängler in Roschers Lexikon der Mythologie; Wilhelm II., Studien zur

G., 1936; H. Besig, G. und Gorgoneia in der archaischen griechischen Kunst, 1937; E. Buschor, Medusa Rondanini, 1958.

Gossaert →Mabuse.

Gothart-Neithart →Grünewald.

Gotik (gotischer Stil), Stilstufe der mittelalterlichen Kunst in Europa. Dem Namen liegt die von den Italienern des 15. Jh. (→Ghiberti) aufgebrachte Ansicht zugrunde, daß dem goldenen Zeitalter der Antike ein barbarisches Mittelalter gefolgt sei, als dessen Urheber →Vasari zum erstenmal die Goten nennt. Der Name blieb auch nach Beseitigung dieses Geschichtsirrtums haften und im Zeitalter des Klassizismus wurde die Bezeichnung „gotisch" zum Inbegriff alles Geschmacklosen, Überladenen, Abstrusen in der Kunst. Erst die Romantik befreite das Wort vom Odium des Barbarischen, und um 1820 erhielt zusammen mit anderen Stilbegriffen auch der „gotische Stil" oder die „Gotik" (nach franz. „art gothique") den Inhalt und die Umrisse, wie sie im wesentlichen noch heute in Geltung sind. Die Bestimmung des Begriffs G. ist von der Baukunst ausgegangen, und nur auf dem Gebiete dieser mathematischsten aller Künste, deren Raum-, Konstruktions- und Einzelformen gleichsam sein Rückgrat bilden, ist er einigermaßen genau zu fassen und gegen die Baukunst des →romanischen Stils einerseits, gegen die der →Renaissance andererseits scharf abzugrenzen; in Bildnerei und Malerei ist dies nicht in gleicher Weise möglich. Die zeitliche Dauer der G. ist in den einzelnen Ländern verschieden gewesen. In Frankreich beginnt sie in der Baukunst um die Mitte des 12. Jh., um sich in allen Künsten aber erst seit Anfang des 13. Jh. voll zu entfalten. In England beginnt sie im letzten Viertel des 12. Jh., in Deutschland erst in den 30er Jahren des 13. Ihr Ende fällt in den genannten Ländern, wozu noch Spanien kommt, in den Anfang des 16. Jh. Eine Sonderstellung nimmt Italien ein. Hier hat sich die G. unter der Einwirkung Frankreichs nur in bedingtem, jedoch trotzdem nicht zu unterschätzendem Ausmaß durchsetzen können und wird bereits um 1420 von der Renaissance abgelöst. Die Hauptländer der G. sind Frankreich und Deutschland. Ihr Ursprungsland ist Frankreich. Merkmale der got. Baukunst: Der Innenraum entwickelt sich nicht mehr als eine Summe von Teilräumen wie im roman. Stil, sondern als Einheitsraum, soweit das die Grundform der →Basilika der die G. treu blieb, zuließ. Das Querschiff wird kürzer und schmilzt dadurch enger mit dem Langhaus zusammen; dieses selbst findet unmittelbare Fortsetzung im Chor, um den die Seitenschiffe als Chorumgang herumgeführt sind, so daß der ganze Kirchenraum von einem

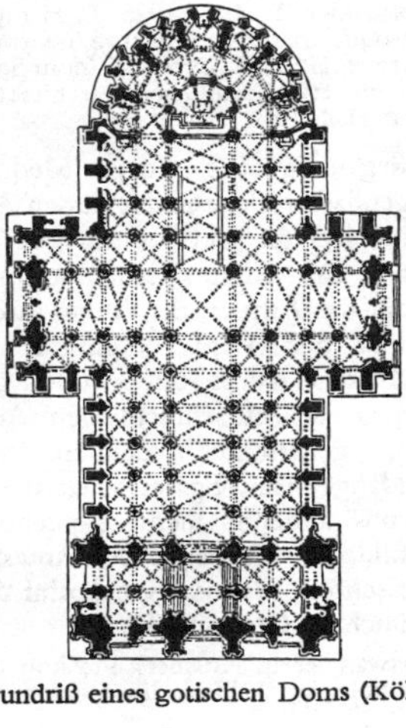

Grundriß eines gotischen Doms (Köln)

einzigen Zuge beherrscht wird. An die Stelle des Rundbogens tritt der Spitzbogen, Ausdruck der steileren Haltung des Baues und wichtig für die Konstruktion, da sein Seitenschub wesentlich geringer ist als der des Rundbogens. Der G. kommt alles darauf an, die Mauer zu entlasten, diese soll dünn und leicht sein und breiten und hohen Fenstern möglichst viel Fläche überlassen. Das kann sie aber nur, wenn sie dem Schub des Gewölbes nicht standzuhalten braucht. Um diesen abzufangen, bedurfte es eines komplizierten inneren und äußeren Gerüstes: die Gewölbe sind mit Rippen unterlegt, den Kreuzrippen (→Gewölbe), die von steinernen Wandvorlagen, den →Diensten, getragen werden. Diesem inneren Strebewerk, das alle architektonischen Energien aus der Wand herausgezogen und auf sich vereinigt hat, entspricht ein äußeres Strebewerk: der ganze Bau ist von →Strebepfeilern umstellt, von denen →Strebebogen sich zu den Wänden hinüberschwingen und sich an die

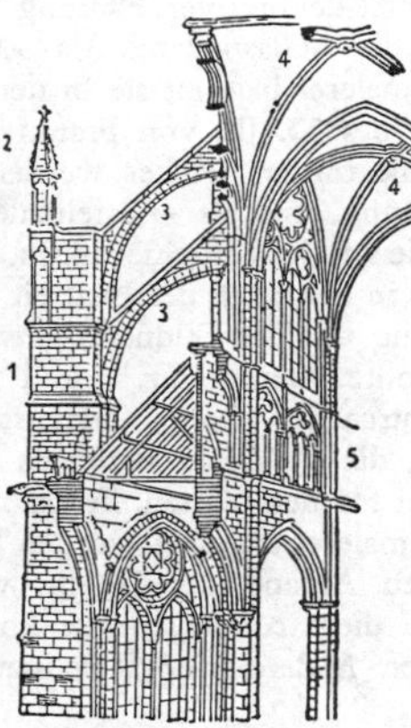

Gotisches Strebe-Wand- und Gewölbesystem
1. Strebepfeiler. 2. Fiale. 3. Strebebogen. 4. Rippengewölbe. 5. Triforium.

statisch bes. zu sichernden Stellen anstemmen. So stellt sich der „Skelettbau" der G. dar als ein inneres und äußeres steinernes Gerüst, zwischen dessen Streben die zum Teil aus Glas bestehenden Wände gespannt sind. Der ganze Bau scheint gleichsam aus dem Boden zu treiben unter Verschleierung aller horizontalen Gliederungen und Betonung aller vertikalen, die schließlich in dem Riesenturm oder den Riesentürmen der Westfassade ihre letzte Steigerung finden. – Die Anfänge der got. Baukunst liegen in der Normandie, d.h. in einem german. stark durchsetzten Gebiet Frankreichs. Die ersten Bauten, in denen einige ihrer Merkmale hervorzutreten beginnen, sind die Kirchen St-Etienne (geweiht 1077) und etwa gleichzeitig Ste-Trinité in Caen. Dann hat Burgund, eine ebenfalls german. durchsetzte Landschaft, diese Ansätze weiterentwickelt, die schließlich von dem Erbauer des Chors der Abteikirche von St-Denis bei Paris (1140–43) mit genialer Hand zusammengefaßt worden sind, dem ersten got. Bau, den man als solchen bezeichnen kann. Von Frankreich aus hat sich die got. Baukunst nach allen europ. Ländern verbreitet mit entsprechenden Sonderentwicklungen (→Sondergotik, →Backsteinbau) und in mehreren Entwicklungsstufen, die man auch Früh-, Hoch- und Spätgotik nennt. Letztere ist, zumal in Deutschland, charakterisiert durch den Übergang von der Basilika zur →Hallenkirche. Auch im 16. und 17. Jh. sind got. Elemente aus der Baukunst im N noch nicht völlig verschwunden (bei dt. Kirchen heißt diese Erscheinung →Nachgotik), und im 18. Jh. hat man sich der G. in Gestalt der →Neugotik wiederum zugewendet. Die Bildnerei tritt in einem Maße wie es bisher, wenigstens in Europa, noch niemals der Fall war, in Zusammenhang mit der Architektur (→Bauplastik). Das 13. Jh. ist das größte Jahrhundert dieses Zusammenwirkens. Die Wesenszüge seiner Bildwerke sind treffend als Idealismus und Naturalismus gekennzeichnet worden. Idealismus insofern, als die G. darauf aus war, schöne Menschen zu bilden, und dieses Ziel, allerdings vorwiegend nur in Frankreich durch Anschluß an antike Bildwerke zu erreichen suchte; Naturalismus insofern, als das in der roman. Bildnerei in so weite Ferne gerückte Naturvorbild jetzt in warmer Nähe hinter dem Bildwerk spürbar wurde. Auch ist die ferne Majestät des Göttlichen gemildert. Es wurde möglich, Christus „schön" zu bilden und Maria als Mutter mit irdischem Gebaren erscheinen zu lassen (→Madonna). Das die got. Baukunst beherrschende Prinzip der Entschwerung der Masse begann im späteren 13. Jh. sich auch in der Bildnerei auszuwirken und den größten Teil des 14. Jh. in Geltung

Gotische Madonnenstatue

zu bleiben. Im Zusammenhang damit ergibt sich, daß die Figuren nicht mehr fest auf dem Boden zu stehen, sondern im →gotischen Schwung von einer übergeordneten Macht ergriffen zu sein scheinen. Das alles bedeutet: im weiteren Verlaufe der G. verschwinden Naturalismus und irdische Vergegenwärtigung, um einer neuen Vergeistigung Platz zu machen. Der Entwicklungsverlauf der got. Bildnerei seit dem späteren 14. Jh. vollzieht sich in einer Verschiedenheit der Richtungen, die sich nicht auf einen Nenner bringen lassen (→Andachtsbild, →Elfenbeinschnitzerei, →Holzbildhauerei). Am Ende des Mittelalters erhob sich die got. Bildnerei in Deutschland nochmals zu einem Höhepunkt mit Meistern wie Stoß, Pacher, Riemenschneider u.a. – Die Malerei, für die ähnliche Gestaltungsgrundsätze gelten, wie für die Bildnerei, bedeutet gegenüber dieser im 13. Jh. weniger; doch hat sie sich entsprechend den besonderen Bedingungen des got. Kirchenbaus ein neues Gebiet monumental-dekorativer Haltung erobert, die →Glasmalerei. Als →Miniaturmalerei beginnt sie in der 2. Hälfte des 13. Jh. von Frankreich aus eine immer reicher werdende Entfaltung, und als →Tafelmalerei fand sie seit der Mitte des 14. Jh. die Form, in der sie in der Neuzeit die Führung vor der Bildnerei gewinnen sollte. Geringeren Anteil am Gesamtschaffen hatte, wenigstens im N, die →Wandmalerei, da die großen Flächen fehlten. In der ital. Wandmalerei dagegen wurden bereits zu Anfang des 14. Jh. von Giotto die Grundlagen zur kommenden Malerei der Renaissance gelegt.

M. Dvořák, Idealismus und Naturalismus in der got. Skulptur und Malerei, 1918; H. Schmitz, Die G. im dt. Kunst-

und Geistesleben, 1921; E. Gall, Die got. Baukunst in Frankreich und Deutschland, Teil 1, 1925, ²1955; W. Worringer. Formprobleme der G., ¹⁹1926; Ders., Griechentum und G., 1928; H. Lempertz, Wesen der G., 1926; R. de Lasteyrie, L'architecture religieuse en France à l'époque gothique, 2 Bde., 1926–27; D. Frey, G. und Renaissance, 1929; K.-H. Clasen, Die Baukunst der G., 1930; Karlinger, Die Kunst der G., ³1934; G. Weise, Die geistige Welt der G. u. ihre Bedeutung für Italien, 1939; A. Stange, Dt. Malerei der Gotik, 11 Bde., 1934–61; P. Frankl, The Gothic: Literary Sources and Interpretations through Eight Centuries, 1960; Th. Musper, Got. Malerei nördl. d. Alpen, 1961; P. Frankl, Gothik architecture (Pelican History of art), 1962; Fr. Cali, Das Gesetz der G., 1965; L. Castelfranchi Vegas, Die internat. G. in Italien, dt. 1966; W. Groß, G. u. Spätgotik, 1968; W. Götz, Zentralbau u. Zentralbautendenz in d. Got. Architekt., 1968; O. G. v. Simson, Die got. Kathedrale (Beiträge zu ihrer Entstehg. u. Bedeutung), 1968; E. Ullmann, G., 1969; K. M. Swoboda, M. Buchsbaum, D. Got. v. 1150–1300 (Gesch. d. Bild. Kst. Bd. 2) 1977; H. Koepf, Die got. Planrisse d. Ulmer Sammlgn. (Forschgn. z. Gesch. d. Stadt Ulm, 18) 1977, →Nachgotik.

Gotischer Schwung, die eigentümliche, etwa einer S-Linie entsprechende Schwingung got. Statuen (Abb. →Gotik). Er beruht z. T. darauf, daß (im Unterschied zum antiken →Kontrapost) die Spielbeinschulter höher liegt als die Standbeinschulter. Das bedeutet keinen harmonischen Ausgleich der steigenden und sinkenden Richtungen des Körpers, sondern einseitige Bevorzugung der steigenden in Übereinstimmung mit der Grundhaltung des got. Baues. Im 13. Jh. vielfach vorbereitet hat sich der g. S. im 14. Jh. allgemein durchgesetzt.

Gott aus dem Meer, Gott vom Kap Artemision, Bezeichnung einer Bronzestatue, die 1928 beim Vorgebirge Artemision an der Nordküste der Insel Euboea aus dem Meer gehoben worden ist (Athen, Nat. Mus.). Die 2,10 m hohe Statue stellt einen nackten, bärtigen Gott, wahrscheinlich Poseidon, in Ausfallhaltung dar. In der Güte des Gusses, der Feinheit von Modellierung und Ziselierung der Einzelformen, vor allem in der Größe und Gewalt der Auffassung nimmt sie unter den wenigen uns überkommenen griech. Originalbronzen den höchsten Rang ein und spiegelt den Geist der unmittelbar vorklassischen Zeit (um 470 v. Chr.) kraftvoll und lebendig wider.

H. G. Beyen, La statue d'Artémision, 1938.

Gouachemalerei→Guaschmalerei.

Goujon, Jean, franz. Bildhauer und Baumeister, * zwischen 1510 und 1514, † zwischen 1564 und 1568 Bologna, seit 1543/44 in Paris, Hauptmeister der franz. Renaissancebildnerei, hat die Verbindung von ital. Form und franz. Eleganz glänzend vollzogen. Am besten zeigt sich seine Kunst in den Nymphenreliefs der Fontaine des Innocents in Paris (1547–49; z. T. im Louvre) und in der Gruppe der ruhenden Diana mit Hirsch und Hunden (das.). An der dekorativen Ausstattung der Fassade des neuen Louvrebaues von Lescot, des schönsten und weithin vorbildlichen Baues der franz. Frührenaissance, hat er bedeutenden und entscheidenden Anteil gehabt.

P. Vitry, J. G., 1909; H. Vollmer, J. G. u. d. franz. Renaissanceskulptur, 1923; P. du Colombier, J. G., 1949 (franz.).

Goya, Francisco de, span. Maler u. Graphiker, * 30. 3. 1746 Fuentetodos (b. Saragossa), † 16. 4. 1828 Bordeaux, tätig hauptsächlich in Madrid, wo er für die Teppichmanufaktur arbeitete, Direktor der Malerakademie und 1798 Hofmaler wurde; seit 1824 in Bordeaux. G. ist der größte Maler, den Spanien seit Velazquez und Murillo hervorgebracht hat. Der Welt der Rokokomalerei mit ihren das Leben als Spiel darstellenden Inhalten, der er gleichwohl in seiner duftigen, lokkeren, geistreichen Farbgebung verpflichtet blieb, hat er eine andere Welt entgegengesetzt, in der die Grausamkeit, Bosheit und Hintergründigkeit der Menschen sichtbar gemacht werden. Das geschah in Bildern, die die Schrecken des Krieges dramatisch und sachlich zugleich vorführen, wie der „Erschießung der Aufständischen in Madrid" (1809; Madrid, Prado), das ließ er auch in seinen Bildnissen spürbar werden: mit schonungsloser Offenheit z.B. in dem Gruppenbildnis Karls IV. mit seiner Familie (1800; das.), die wie eine Versammlung von Scheusälern erscheint. Immer haben seine Bildnisse eine geistige Spannung, die auf den Beschauer unmittelbar eindringt. Auch als er das alte Motiv der ruhenden Venus aufnahm und das lässig hingestreckte Weib malte („die nackte Maja" und „die bekleidete Maja", 1800–02; das.), gab er ihm eine geistige Wachsamkeit mit, die seine Darstellung von allen Formulierungen des gleichen Themas grundsätzlich unterscheidet. In G.s Spätzeit, die durch den „Hexensabbat" (um 1815; das.) eingeleitet wird, tritt das Phantastische, Dämonisch-Düstere seiner Kunst noch deutlicher hervor, und seine Farbe verliert ihre bunte Leichtigkeit. – Noch unabhängiger von den Überlieferungen des 18. Jh. zeigt sich G.s wahrhaft revolutionäre Eigenart in seinen graphischen Werken, den Radierfolgen „Caprichos" (1796 bis 98), „Desastres de la Guerra" (1808), der „Tauromaquia" (1815) und den „Disparates" (1815; auch als „Proverbios" bezeichnet). Durch Anwendung der Aquatinta erreichte er Helldunkelwirkungen, die das Unheimliche und Dämonische dieser Blätter steigern und manchem Meister des späteren 19. Jh. Vorbild gewesen sind. In seiner Spätzeit wandte sich G. auch der Lithographie zu und hat ihr (um 1825) künstlerische Möglichkeiten abgewonnen, mit denen er seiner Zeit weit vorauseilte. – Etwa 750 Handzeichnungen, davon etwa 500 im Prado. Seit 1976/77 gibt es ein gesondertes G.-Mus. i. Madrid.

V. v. Loga, F. de G., ²1921; Ders., F. de G., ²1923 (Meister der Graphik); A. L. Mayer, F. de G., 1923 (mit Werkverz.); R. Oertel, F. de G., ²1928; S. Canton, F. de G., 1930 (franz.); B. Fleischmann, G., 1937; C. Poore, G., 1938 (engl.); F. Nemitz, G., 1940; F. G., Zeichnungen, hg. v. H. Rothe, 1943; H. Wiemann, G. 1949; Desparmet, Fitz-Gérald, L'œuvre peint de G. Catalogue raisonné, 2 Bde. Text, 2 Bde. Taf., 1951; F. D. Klingender, G. u. die demokrat. Tradition Spaniens, 1954; P. Gassier, F. G., 1955 (franz.); ders. F. G., Drawings (compl. alb.) 1973; A. Vallentin, G., dt. 1955; Th. Harris, G. Engravings and Lithographs, 2 Bde. 1965; Jutta Held, F. de G. Literatur von 1940–1962, 1965 (Ztschr. f. Kunstgesch. 28); E. Lafuente-Ferrari, G. Sämtl. Radierungen u. Lithographien, ²1964; J. Guidol, F. G., dt. 1968; G.-Las Desastres, Einführungen v. H. Holländer, 1968; P. Gassier u. J. Wilson, F. G., 1972; G. Gassier, G. Die Skizzenbücher, 1973; G. A. Williams, G., 1977 (dt.); F. G. Radiergn., Ausst.kat. d. Kstslgn. d. Georg-Aug.-Univ. Göttingen, 1976; P. Lecaldano, G. Die Schrecken d. Krieges, 1976. N. Glendinning, G. and his critics, 1977; Ausst.kat. Staatsbibl. Madrid, 1978; G. – Das Zeitalter der Revolutionen, Kunsthalle Hamburg, 1980; Ausst.kat. Haus der Kunst München, „Von Greco bis G.", 1981.

Goyen, Jan van, niederländ. Maler, * 13. 1. 1596 Leiden, † 27. 4. 1656 Haag, einer der reinsten Vertreter einer national-holländ. Landschaftsmalerei. Seine in allen Museen zu findenden Bilder schildern, in zunehmender Monotonie der Farbe, immer wieder die flache Weite unter hohem Himmel mit ihren Wasserflächen und den in die Linien der Landschaft sich einschmiegenden Häusern, Mühlen und Menschen, schlicht und ohne große Akzente, aber mit feinem Gefühl für die Stimmungswerte von Licht, Luft und Ferne.

Hofstede de Groot, Beschreib. u. krit. Verb. etc., Bd. 8, 1923; H. van der Waal, J. v. G., 1941; H. van de Waal, J. v. G., 1948 (holl.); Ein Skizzenbuch v. J. v. G., hg. v. H. U. Beck, 1966 (holl.); ders., J. v. G., 2 Bde., 1972; Ch. Wright, H. U. Beck, W. Thuillier, J. v. G. 1977 (engl.).

Gozzoli, Benozzo, ital. Maler, * 1420 Florenz, † 1498 Pistoja, 1447 Gehilfe Fra Angelicos, stand anfänglich ganz unter dessen Wirkung, nahm aber in steigendem Maße das bunte Vielerlei dieser Welt in seine Bilder auf. Voll entwickelt ist sein eigener Stil in seinem schönsten Werk, den Fresken in der Hauskapelle der Familie Medici (1459; Florenz, Palazzo Medici-Riccardi): Zug der hl. drei Könige, mit großem Reichtum kostümlicher und landschaftlicher Motive und vielen Bildnissen der Medici. 17 Fresken aus der Legende des hl. Augustin (1463–67; S. Gimignano, St. Agostino), 22 Fresken aus dem Alten Testament und eine Verkündigung (1468–84; Pisa, Camposanto).

H. Stokes, B. G., 1906 (engl.); E. Contaldi, B. G., 1928 (ital.); G. J. Hoogewerff, B. G., 1930 (franz.); M. Lagaisse, B. G., 1935 (franz.); E. Berti Toesca, B. G., 1958 (ital.); A. Boschetto, B. G. nella Chiesa di S. Francesco a Montefalco, 1961.

Grabendach, eine im 16. und 17. Jh. in Salzburg und anderen Städten des Inn- und Salzachbereichs an Wohnhäusern häufiger vorkommende Dachkonstruktion, die das Dach in eine Reihe kleiner, niedriger Giebeldächer auflöst, die hinter einem der Fassade horizontal aufgesetzten Wandstreifen verborgen sind. Das Grabendach ist aus Gründen der Feuersicherheit und leichteren Zugänglichkeit entstanden.

Grabkapelle, eine isoliert auf dem Friedhof stehende Kapelle; im Mittelalter gewöhnlich rund oder polygonal und dem heil. Michael geweiht (→Erzengel).

Grablegung Christi. Sie kommt in der abendländ. Kunst zuerst in den Miniaturen der Reichenauer Schule vor. Josef und Nikodemus legen den in Leinwand gewickelten Leichnam Christi in einen Sarkophag. Seit dem 13. Jh. wird die Zahl der Personen um Maria und Johannes vermehrt, zu denen später noch weitere hinzutreten. Von dt. Darstellungen sind die des Meisters Francke im Englandfahreraltar (seit 1424; Hamburg, Kunsthalle) hervorzuheben, sowie die plastische des Adam Krafft auf dem Schreyerschen Epitaph an St. Sebald in Nürnberg (1490–92); von ital. Darstellungen, die von Raffael (1507; Rom, Gal. Borghese). →Heil. Grab.

Simon, Ikonographie der G. C. vom 9.–16. Jh., Diss. Rostock 1926; A. Schwarzweber, Das Grab Christi i. d. deutschen Bildnerei des MA.s, 1940; W. H. Forsyth, The Entombment of Christ. French Sculptures of the 15th and 16th Centuries, 1970.

Grabmal (Grabdenkmal, Grabbau). – Über das G. der Ägypter → Ägyptische Kunst; das der nord. Vorzeit →Dolmen. In der Vorgeschichte des Mittelmeergebietes gibt es verschiedene Typen von Grabbauten, deren Herkunft samt ihren geschichtlichen und rassenmäßigen Bindungen noch kaum geklärt ist. Weit verbreitet ist das Kuppelgrab, das die Form eines aus vorkragenden Steinringen gebildeten Bienenkorbes hat und in die Erde versenkt ist. Ein offener oder bedeckter Gang führt zu seinem Eingang. Diese Form, die im Westen bis Spanien, im Osten bis Kleinasien nachweisbar ist, hat ihre großartigsten Vertreter in den mykenischen Kuppelgräbern, von denen das „Schatzhaus des Atreus“ am besten erhalten ist. Neben ihr gibt es zahlreiche Formen in den Felsen gehauener oder in der Erde aufgemauerter Kammergräber, auch sehr tief eingegrabener Schachtgräber, wie sie in Mykene 200 Jahre vor den Kuppelgräbern angelegt wurden. In Italien finden wir das gleiche Nebeneinander verschiedener Formen. Die griech. Kultur kennt bis in die Zeit des Hellenismus keine monumentalen Grabbauten. Die Stelle des Grabes wird durch eine Grabstatue auf einem Sockel oder eine Grabstele, eine länglich rechteckige, mit Relief versehene Platte verziert (→Stele, →Aristionstele). Aus dem 5. und 4. Jh. besitzen wir eine Fülle z. T. in ganz hohem Relief ausgeführter Grabmäler von großem künstlerischem Wert. Sie wurden durch das Gesetz des Demetrios von Phaleron gegen jeden Gräberluxus verboten und vom Ende des 4. Jh. durch kleine marmorne Grabvasen (→Lekythos) und Grabplatten ersetzt, bis in der Zeit der Römerherrschaft wieder größere Grabreliefs auftauchen. In Kleinasien, bes. in Lykien, hat sich im 6. Jh. eine Form des Turmgrabes entwickelt (→Harpyengrabmal), bei der die Grabkammer hochgelegt und damit unzugänglich gemacht ist. Sie erhält manchmal die Form eines Sarkophages, der später ebenfalls hochgelegt, von einer steinernen Umfriedigung mit Reliefschmuck umgeben wird (G. von Gjölbaschi in Lykien, jetzt im Mus. zu Wien). Aus einer Vereinigung beider Typen entstehen an den Rändern der griech. Kultur, zunächst ebenfalls in Kleinasien, auf einen hohen, reliefgeschmückten Sockel gesetzte Grabtempel, deren erster gut erhaltener das →Nereidenmonument von Xanthos ist (Skulpturen jetzt im Britischen Mus.). Dieser Form gehörte auch das G. des Maussollos an (→Maussolleion), von dem alle späteren Monumentalgräber den Namen Mausoleum erhalten haben. Die Form des Turmgrabes und des Grabtempels hat sich zur Zeit der römischen Weltherrschaft, zum Teil auch schon früher (Sizilien) über das ganze Mittelmeergebiet verbreitet. Ihr gehören zahlreiche röm. Grabmäler an, wie sie entlang den Straßen (Via Appia bei Rom) gestanden haben, auch noch das →Theoderich-G. in Ravenna. Eigene Typen haben sich an abgelegenen Punkten (Palmyra) entwickelt. In Italien lebt jedoch auch das alte Rundgrab weiter in den Grabmälern des Augustus und des Hadrian (Engelsburg), für die sich vielleicht wenig ältere Vorbilder in Nordafrika (Medracen) nachweisen lassen; doch haben Rundgräber kleineren Umfanges auch sonst in Italien bestanden. Der Grabstein, der für die Römer vor allem als einfaches Gedächtnismal für den in der Ferne gefallenen Soldaten Bedeutung erhält, nimmt in Italien eigene Formen an, die schon in der Republik auftreten. Meist ist der Verstorbene im Kreise seiner Familie in Gestalt sehr naturalistischer Brustbilder in einer Nische angebracht, unter der die Namensinschriften stehen. Diese Reliefs werden an Grabbauten verschiedener Form angebracht. Sie können auch das Leben des Toten in großen Reliefffriesen wiedergeben, wie es an den Grabtürmen des Rheinlandes oft vorkommt (→Igeler Säule, Neumagener Grabreliefs). →Sarkophag. – Über das Grabmal in altchristlicher Zeit →Katakomben, →Sarkophag.

Das G. im Mittelalter. Die Stätte eines künstlerisch geformten G.s ist die Kirche, obwohl das Grab mit dem Gottesdienst nichts zu tun hat. Ursprünglich gab es nur das Märtyrergrab in der →Krypta; doch wurde es üblich, dort, später im Chor, die Gräber von hohen Geistlichen, Gründern und Stiftern anzulegen und schließlich auch die übrigen Teile der Kirche als Grabstätte für den höheren Klerus in Anspruch zu nehmen. Mancher dt. Herrscher hat eine Kirche hauptsächlich deswegen gegründet, um für sich und sein Haus eine würdige Grabstätte zu haben (Dome in Magdeburg und Speyer). Hauptformen des G.s sind die in den Boden der Kirche eingelassene Grabplatte aus Stein oder Bronze und die Tumba, bestehend aus einem über dem Grab sich erhebenden rechteckigen Unterbau, der die Grabplatte trägt. Die Tumba ist meist aus Stein, im späteren Mittelalter auch aus Bronze und kann einen baldachinartigen Überbau erhalten. Künstlerische Bedeutung beginnt das mittelalterliche G. erst zu gewinnen, als es üblich wurde, auf der Grabplatte die Gestalt des Toten in Relief anzubringen. Frühestes erhaltenes Beispiel ist die Bronzegrabplatte des Gegenkönigs Rudolf von Schwaben († 1080) im Merseburger Dom mit der unterlebensgroßen Figur des Toten in schwachem Relief von einer solchen Vollkommenheit in Komposition und technischer Ausführung, daß man wohl eine längere Tradition wird voraussetzen müssen (früher noch ist allerdings der Grabstein des St-Ysarne, † 1048 in Marseille (Museum das.), der aber noch nicht die ganze Figur des Toten zeigt, sondern nur eine Inschriftplatte, über die dessen Kopf und Füße hinausragen). Weitere Etappen in der Entwicklung der dt. Grabfigur, die immer mehr an Plastizität gewinnt, bezeichnen die bronzene Grabplatte des Erzbischofs Friedrich von Wettin (†1152) im Chorumgang des Magdeburger Doms und das Doppelgrabmal Heinrichs des Löwen und seiner Gemahlin im Braunschweiger Dom (1230–40), das zu den größten Meisterwerken der dt. Steinplastik des 13. Jh. gehört. Der Tote erscheint stets in idealer Gestalt und im besten Lebensalter, meist ohne Spuren individueller Bildnishaftigkeit (→Bildnis). In Frankreich mehren sich die Beispiele von Grabfiguren erst seit dem 13. Jh.; zu einer Hauptstätte franz. Grabmalkunst entwikkelte sich der Chor der Abteikirche zu St-Denis, wo von jetzt an die franz. Könige beigesetzt wurden. In England (→Englische Kunst) gewann die Grabfigur einen Hauptanteil an der mittelalterlichen Plastik überhaupt. In Italien setzt eine reichere Entfaltung erst im späteren 13. Jh. ein (das frühste erhaltene G. mit Liegefigur ist das des Papstes Clemens IV. in S. Francesco in Viterbo 1271 bis 1274), wobei die Keime einer künftigen Entwicklung bereits deutlich sichtbar werden, die darauf hinzielt, das G. immer aufwändiger zu gestalten und es zu einem Ehren- und Ruhmesmal für den Verstorbenen werden zu lassen. Dieser weltliche Gedanke war zwar schon immer mit im Spiel gewesen, tritt aber jetzt deutlicher hervor, ganz klar in der großartigen Anlage der Skaligergräber in Verona (14. Jh.), die sogar die erste Kombination von G. und Reiterdenkmal enthalten. Da Tumbengrab wird im 14. Jh. weiter ausgebaut: es trägt die vollplastische Liegefigur des Verstorbenen (Přemysliden-Gräber aus der Parler-werkstatt im Chor des Prager Doms), klagende Gestalten in Relief oder auch als kleine vollplastische Figuren umstehen oder umschreiten die Wände der Tumba oder tragen deren Platte mit der Liegefigur des Toten (Pleurant(s) franz. beweinend). Ihre bedeutendste Ausbildung fand diese Klagetumba (die in Frankreich schon im 13. Jh. vorkommt) um 1400 durch Claus Sluter in Dijon und die an ihn anknüpfenden Meister. Kein eigentliches G., sondern nur Erinnerungsmal ist das gegen Mitte des 14. Jh. in Deutschland aufkommende →Epitaph.

Das G. seit der Renaissance. Gewiß ist ein wesentliches Merkmal der Renaissance das Anwachsen persönlichen Ruhm- und Geltungsbedürfnisses; entscheidender aber ist, daß dieses jetzt auch in einer Weise geäußert werden durfte, wie es im Mittelalter nicht möglich war. Der Gedanke eines rein weltlichen Denkmals fand freilich vorerst nur in wenigen Fällen Verwirklichung (→ Denkmal). Dafür wurde das G. so ausgebaut, daß es als wirkliches Denkmal für den Verstorbenen gelten konnte. In Pracht und Schönheit stellen sich die Florentiner Wandgrabmäler der 2. Hälfte des 15. Jh. dar, und Michelangelos Grabkapelle der Medici in Florenz war Grabkapelle und Ruhmestempel zugleich. Ähnliches hat vom → Maximiliansgrabmal in der Hofkirche zu Innsbruck zu gelten, der umfangreichsten derartigen Anlage der dt. Kunst. Schon im 14. Jh. hatte man begonnen, die überlieferten Formen des G.s zu verändern, zu bereichern, neue Kombinationen zu finden. Im 16. Jh. nahm man sich darin noch mehr Freiheit, und gerade die größten Grabbauten sind ganz persönliche Schöpfungen, die sich bestimmten Typen kaum mehr einordnen lassen. Im späteren 16. Jh. beginnt ein neuer Zug hervorzutreten: es wird auf den Tod, auf das Vergängliche alles Irdischen angespielt; der Knochenmann erscheint in eigener Person, der Blick wird aufs Jenseits gerichtet. Das bleibt auch im Barock so, und es ist interessant zu sehen, wie diese, die Abhängigkeit des Menschen betonende Richtung sich mit dem Bedürfnis des Menschen der Barockzeit nach persönlicher Repräsentation verbindet. Die wachsende Menge der G.er drängte schließlich aus der Kirche hinaus in deren unmittelbare Umgebung, auf den Friedhof also, nachdem man Epitaphien schon längst in Kreuzgängen oder an den Wänden der Kirche angebracht hatte. Im späteren 18. Jh. greift die Empfindsamkeit der Zeit auch auf das G. über: waren im Barock objektive, mit dem Tod zusammenhängende Vorstellungen im G. gestaltet worden, so wird dieses jetzt als Gelegenheit genommen, die subjektiven Empfindungen der trauernd Hinterbliebenen durch Allegorie und (was neu ist) durch Inschrift auszudrücken. Die Anspielung auf die Schrecken des Todes wird von jetzt ab peinlichst vermieden. Der Knochenmann des Barocks ist sozusagen in sein Gegenteil umgeschlagen, den sanften Engel, der die Seele des Verstorbenen dem Himmel zuführt. Seitdem sind in der Geschichte des persönlichen G.s neue Züge kaum hervorgetreten; wohl aber hat nach dem 1. Weltkrieg das Gefallenengrabmal, das zugleich Ehrenmal ist, eine reiche Entwicklung durchgemacht.

A. Conze, Die attischen Grabreliefs, 4 Bde., 1890–1923; F. Burger, Geschichte des florentinischen G.s, 1904; A. della Seta, Religione e arte figurata, 1912; F. Ingersoll-Smouse, La sculpture funéraire en France au XVIIIe siècle, 1912; Qu. Tosatti, L'evoluzione del monumento sepolcrale nell'età Barocco, 1913 (Boll. d' Arte 7); Th. G. Thiele und H. Küsthardt, Meisterwerke alter Grabmalkunst, 1914; G. Ferrari, La tomba nell'arte italiana, 1917; K. v. Seeger, Das Denkmal des Weltkrieges, 1930; A. Diepolder, Die attischen Grabreliefs des 5. und 4. Jh., 1931; D. Jalabert, Le tombeau gothique, 1932/33 (Revue de l'art ancien et moderne, Bd. 64/65); Deutschland über alles. Ehrenmale des Weltkrieges, hg. von S. Scharfe, 1938 (Blaue Bücher); H. Keller, Die Entstehung des Bildnisses am Ende des Hochmittelalters, 1939 (Röm. Jahrb. f. Kunstgesch., Bd. 3); E. Borgwardt, Die Typen des mittelalterl. G.s in Deutschland, Diss. Freiburg i. B., 1939; L. Bruhns, Das Motiv der ewigen Anbetung i. d. röm. Grabplastik d. 16.–18. Jhs., 1940 (Röm. Jahrb. f. Kunstgesch. 4); Henriette s'Jacob, Idealism and Realism. A Study of Sepulchral Symbolism, 1954; W. Messerer, Zu extremen Gedanken über Bestattung u. G. um 1800, 1963 (Probleme d. Kunstwissensch. 1); E. Panofsky, Grabplastik von Alt-Ägypten bis Bernini, 1964; P. Quarré, Les pleurants dans la sculpture du Moyen Age en Bourgogne, 1972; J. Fink, Ikonograph. Miszellen z. röm. Grabkst., (Rep. Archeol. crist. Ital.), 1973; P. G. Themelis, Frühgriech. Grabbauten, 1976; E. Pfuhl (hg. u. erg. v. H. Möbius), Die ostgriech. Grabreliefe, 4 Bde. 1977; G. Neumann, Probleme d. griech. Weihreliefs (Tübinger Stud. z. Archäol. u. Kst.gesch. Bd. 3 hg. v. U. Hausmann u. K. Schwager), 1977.

Grabstele →Stele.

Grabstichel, Grabstichelmanier →Kupferstich.

Graduale, das die Choralmeßgesänge enthaltende Buch.

Graf, Urs, schweizer. Maler und Graphiker, * um 1485 Solothurn, † 1527 wahrscheinlich Basel, das. Goldschmiedemeister, ist als Maler nur aus einem einzigen Gemälde bekannt, dem „Krieg“ (Basel, Öffentl. Kunstsammlung). Selber an Zügen der Landsknechte beteiligt, hat er deren Leben und Erscheinung in geistvollen Zeichnungen und Holzschnitten geschildert, mit starker, oft übertreibender Spannung des Strichs.

Koegler, Beschreib. Verz. der Basler Handzeichnungen des U. G., 1926; Lüthi, U. G. und die Kunst der alten Schweizer, 1928; E. Major u. E. Gradmann, U. G., 1947; H. Koegler, Hundert Tafeln a. d. Gesamtwerk des U. G., 1947; P. Ganz, Gesch. d. Kst. i. d. Schweiz, 1960.

Graff, Anton, Maler, * 18. 11. 1736 Winterthur, † 22. 6. 1813 Dresden, zuerst tätig in Augsburg, wurde 1766 an die neugegründete Dresdner Kunstakademie berufen, der er bis zu seinem Tode angehörte. G. war ausschließlich Bildnismaler. Die Eigenart der dargestellten Persönlichkeit bestimmt in meist natürlicher und ungesuchter Weise die Grundanlage des Bildes. Alles Stoffliche ist mit technischer Meisterschaft gegeben. Die Farbe verweilt gern im ernsten Reich gedämpfter brauner, roter und grauer Töne. An Stelle vornehmer Distanzierung des Modells, die so leicht auf Kosten des Charakteristischen geht, gibt er es in eindringender Lebendigkeit bei leichter Spannung in Haltung und Ausdruck. So hat G. die Züge vieler Vertreter des damaligen geistigen Deutschland überliefert, u. a. die von Bodmer, Bürger, Forster, Gellert, Geßner, Herder, Iffland, Lessing, Schiller, Sulzer, Wieland. Sich selbst hat er in jedem Alter von 17 bis 75 Jahren gemalt. Die bekanntesten Selbstbildnisse sind das von 1795 in der Dresdner Gal. und das von 1809 im Leipziger Mus. Das letztere zeigt, daß er mit der Zeit gegangen war; denn es ist wirklich schon ein Bildnis des 19. Jh.

R. Muther, A. G., 1881; J. Vogel, A. G., 1898; O. Waser, A.G., 1926; Beate Becker, Zur Porträtkunst A. G.s, Diss. Göttingen 1949; E. Berckenhagen, A. G., 1967.

Graffiato, Sgraffiato (ital.), eine Art der Tonwarenverzierung. Auf den Scherben wird eine farbige Schicht aufgetragen und in diese das Ornament hineingekratzt, so daß die ursprüngliche Farbe des Scherbens wieder zum Vorschein kommt. Das Ganze wird mit einer Glasur überzogen.

Graffito (ital.), in die Mauer eingekratzte Inschrift; auch Marmorfliese, in die figürliche Darstellungen oder Ornamente in verschiedenen Schattierungen eingelegt sind.

Gräko-buddhistische Kunst →Ghandara-Kunst.

Gral, Becher des heiligen, Bezeichnung für eine dickwandige, dunkelgrüne Glasschale (bis in die neuere Zeit für einen Smaragd gehalten) mit zwei Henkeln und geometrischen Gravierungen im Inneren (Genua, Domschatz). Sie wurde 1102 von Kreuzfahrern aus Cäsarea mitgebracht und ist antik-ägyptischer oder syrischer Herkunft.

Gran, Daniel, Maler, * 1694 Wien, † 16. 4. 1757 St. Pölten, Schüler von Seb. Ricci in Venedig und Solimena in Neapel, einer der bedeutendsten Freskomaler des Rokokos, weniger zu rauschender Bewegung als zu klassizistischer Klarheit und Festigkeit neigend. Hauptwerke: Fresken im Palais Schwarzenberg (1724 bis 26) und der Hofbibliothek in Wien (1730), im Schloß Eckartsau (1732), im Landhaussaal zu Brünn (1737 –1739)und im Schloß Hetzendorf (1746/47). Altarblätter für die Stifte St. Florian, Seitenstetten und Klosterneuburg.

K. L. Schwarz, G., Diss. Wien 1932; E. Knab, D. G. als Zeichner (Wiener Jb. f. Kst.gesch.) 1953; D. G. 1694–1757, Kat. d. Gedächtnis-Ausst. Wien, 1957.

Granatapfelmuster, ein auf Samt- und Seidenstoffen auftretendes Muster mit dem Granatapfel als stets wiederkehrendem Motiv. In sarazenischen Seidenstoffen des 14. Jh. vorgebildet, wurde es zu Anfang des 15. Jh. in Italien aufgenommen, in abendländischem Geiste umgeformt und zu einem für Prunkstoffe bes. beliebten Muster entwickelt. Seine Haupteigenschaft ist die großzügige, feste Flächengliederung. In spitzovaler, an spätgot. Maßwerk erinnernder Umrahmung erscheint

Granatapfelmuster

der stilisierte Granatapfel oder eine ihm ähnliche Frucht. Dazwischen steigt, oft schräg liegend und miteinander verbunden, Ranken- und Blattwerk auf. Die Variationsmöglichkeiten sind unendlich. Die schönsten Beispiele kommen auf venezianischen u. burgundischen Prunkstoffen des 15. Jh. vor. Die Ausläufer des G.s reichen bis ins 17. Jh.

R. Reichelt, Das Granatapfelmotiv in der Textilkunst, 1956; Lottlisa Behling, D. Pflanze i. d. mittelalterl. Tafelmalerei, 1957.

Granierstahl →Kupferstich.

Granulation (lat. granulum „Körnchen"), Verzierungsart der Goldschmiedekunst, die im Auflöten von goldenen und silbernen Körnchen besteht.

Graphik, Graphische Künste, (griech. schreiben, zeichnen, ritzen) – 1. Sammelbezeichnung für die Arten der Zeichnung (→Handzeichnung), auch der modernen Industriezeichng. (sog. Gebrauchsgraphik) und 2. Bezeichnung für die vervielfältigenden Künste →Holzschnitt, →Kupferstich, →Lithographie als Druckgraphik, im engeren Sinne nur die von Hand hergestellte (meist signierte) G. – Das Lineare der G. wird als „graphisch" häufig in Gegensatz zur farbigen Malerei gesehen.

Riva Castleman, Mod. Gr. seit 1945, dt. 1973; W. Koschatzley, Die Kst. d. G. (m. Lex. graph. Fachausdr.), [6]1980. Graph. Kst., Ztschrft. f. G.-Sammler, seit 1974; Joh. Wend, Ergänzendes Hb. z. d. Oeuvreverzeichnissen der Druckgraphik. Bd. 1.1: Ergänz. z. d. Oeuvreverzeichnissen. Deutschsprachiges Schrifttum (Einl. v. Joh. Jahn), 1975; Bd. 1.2: Erg. z. d. Oeuvreverzeichnissen, 1978; Bd. 2: Versteckte Oeuvreverzeichnisse, 1977; A. Krejča, Die Techniken a. graph. Kst.; Hb. d. Arbeitsvorgänge u. d. Gesch. d. Original-Druckgraphik, 1980.

Graphitierte Keramik erscheint in der älteren →Eisenzeit Mitteleuropas. Sie ist bes. den donauländ. und sudetenländ. Hallstattgruppen eigen (→Hallstattkunst).

O. Paret, Der Graphit im vorgeschichtl. Europa, 1929 (Sudeta 5); R. Tichy, Über d. Graphitbenützung i. d. jüng. Steinzeit, 1961 (Památky Archeologické 52).

Grasser, Erasmus, Bildhauer, * um 1450 Schmidmühlen (Oberpfalz), † 1518 München, das. seit 1474 nachweisbar, schuf in seinen „Moriskatänzern" (1480 für den Tanzsaal des Rathauses in München gearbeitet) Hauptwerke des in der Zeit um 1480 in der dt. spätgot. Bildnerei herrschenden Stils der verschränkten Bewegung. Weitere Werke: Marmorgrabplatte des Ulrich Aresinger (1482; Peterskirche das.); Sandsteingruppe der Beweinung Christi (1490–92; Freising, Dom); Hochaltar und Achatiusschrein in der Kirche zu Reichersdorf (1502–05).

Ph. M. Halm, E. G., 1928; Die Moriskentänzer, Einf. v. E, Hanfstaengl, 1943; Th. Müller, Alte baier. Bildhauer, 1950; J. Müller, Studien z. Frühwerk d. E. G., Diss. München, 1970.

Gratgewölbe →Gewölbe.

Gravieren, das Einschneiden von Zeichnungen oder Schriftzügen in Metall, Stein, Glas, Perlmutter. Metallgravierungen werden mit Grabstichel (→Kupferstich, →Tremolierstich) und Graviernadel, auch unter Zuhilfenahme von Punze und Meißel (→Ziselieren) ausgeführt, Glasgravierungen (→Glas) durch Schleifrädchen. Steingravierung → Gemme, →Ritzzeichnung.

Grazien →Chariten.

Greco, El („der Grieche"), eigentl. Domenico Theotocopuli, griech.-span. Maler, * 1541 Phodele b. Candia auf Kreta, † 7. 4. 1614 Toledo, kam etwa 1566 nach Venedig, 1570 nach Rom und ließ sich 1577 in Toledo nieder. Die Anfänge seiner Kunst stehen unter Einwirkung byzantin. u. ital., bes. venezian. Meister (Tizian. Tintoretto, Veronese, Bassano). Bald entwickelte er in Bildern religiösen Inhalts seinen eigenen Stil, der eine letzte, höchst persönliche Steigerung und Zusammenfassung aller jener Eigenschaften darstellt, die man mit dem Begriff →Manierismus bezeichnet. Jedenfalls ist die Weltfreude und Weltzugewandtheit der Renaissance aus seinen Bildern völlig verschwunden. Heiliges Geschehen und heilige Menschen sind von allen Schlacken irdischen Seins befreit und in einer ekstatischen Erregung und Verzückung dargestellt, die durch Haltung und Gebärde, gelängte Proportionen und die immaterielle, flackernde Farbe ausgedrückt ist. G.s erstes Meisterwerk ist „Das Begräbnis des Grafen Orgaz" (1586; Toledo, Santo Tomé), eine der geistvollsten Schöpfungen der europ. Malerei. Auch in seinen Bildnissen ist Geistiges bloßgelegt wie bei keinem anderen Maler der Zeit. Von Landschaften sind nur zwei Ansichten von Toledo bekannt.

M. B. Cossio, El G., 2 Bde., 1908 (span.); H. Kehrer, Die Kunst des G., [3]1920; Ders., G. als Gestalt des Manierismus, 1939; Ders., G. in Toledo, 1960; A. L. Mayer, El G. Krit. Verz. d. Gesamtwerks, 1926; Ders., El G., 1931; J. F. Willumsen, La jeunesse du peintre El G., 2 Bde., 1927; C. Mauclair, Le G., 1931; M. Legendre und A. Hartmann, Domenico Theotocopuli, dit El G., 1937; Ch. Zervos, Les oeuvres de G. en Espagne, 1939; J. C. Aznàr, Domenico G., 2 Bde, 1950 (span.); L. Goldscheider El G., [3]1954; F. J. Sánchez Canton, El G., 1962 (span); P. Guinard, G., 1956; P. Kelemen, El G. revisted – his byzantine heritage, [2]1962; H. E. Wethey, El G. and his school, 2 Bde., 1962; G. Reimann, El G., 1966; J. Gudiol, El G., dt. 1972.

Gregorsmesse, eine im 15. Jh. in der dt. Bildnerei und Malerei aufkommende Abwandlung des Erbärmdebildes(→Schmerzensmann): Papst Gregor d. Gr. kniet, umgeben von geistlichen Personen, im Gebet vor dem Altar, auf dem Christus als Schmerzensmann erscheint, wobei sein Blut aus den Wundmalen in den Kelch fließt. Dem Ganzen liegt eine Legende zugrunde, nach der Gregor, um eine Zweiflerin zu überzeugen, die Verwandlung der Hostie in Blut erfleht habe. Hauptbeispiel: Tafelbild des Bernt Notke (um 1504; Lübeck, St. Marien; im 2. Weltkrieg zerstört).

G. Samuellsson, Gregorii mässa, 1935 (Konsthistorisk tidskrift, Bd. 4); C. G. Heise, Die G. des Bernt Notke, 1941; M. Lorenz, Die G., ihre Entstehg. u. Ikonograph., Diss. Innsbruck 1956; J. de Borchgrave d'Altena, La messe de Saint Grégoire, 1959 (Bull. des Musées Royaux des Beaux-Arts 8); T. Buddensieg, Gregory the Great, the Destroyer of Pagan Idols (in: Journal Warburg 28), 1965.

Greif, geflügeltes Fabeltier mit Raubtierunterkörper und Raubvogelkopf. Seine Bedeutung ist weder in der babylonischen Mythologie, wo es zuerst vorkommt (Ischtartor), noch in der griechischen, die es aus dem Orient übernimmt, deutlich. In Griechenland, wo es zuerst auf frühen Metalltreibarbeiten vorkommt, erhält es bald einen rein dekorativen Charakter und wird häufig als Akroterschmuck verwendet. In der römischen Kunst ziert es, meist paarweise um eine Vase gruppiert, zahlreiche dekorative Reliefs. Auch unter den Fabeltieren der mittelalterlichen, bes. roman. Kunst ist der G. häufig vertreten.

Furtwängler in Roschers Lexikon der Mythologie; J. Wegener, Z. Ikonograph. d. G.n im MA, Diss. Freiburg i. Br. 1928; Jantzen, Griech. G.enkessel, 1955; A. M. Bisi, Il grifone (in: Studi Semitici, 13), 1965.

Gremiale (lat.), seidenes Schoßtuch des Bischofs, wenn er die Pontifikalmesse (einfache Messe) sitzend abhält.

Greuze, Jean Baptiste, franz. Maler, * 21. 8. 1725 Tournus, † 21. 3. 1805 Paris, tätig das., Meister des rührend-sentimentalen bürgerlichen Genrebildes („Der väterliche Fluch", Paris, Louvre), das er aber gern mit dem Galanten verbindet, so im „Milchmädchen" (das.), dem „Zerbrochenen Krug" (das.) und vielen Brustbildern und Köpfen junger Mädchen.

J. Martin u.. Ch. Masson, Cat. rais. de l'oeuvre peint et dessiné de G., 1908; C. Mauclair, G. et son temps, 1926; Anita Brookner, J. B. G., 1972.

Griechische Kunst. Die Anfänge der G. K. liegen im geometrischen Stil, der sich etwa ab 1000 v. Chr. an verschiedenen, miteinander in Verbindung stehenden Stellen Griechenlands entwickelt, wobei die Einwanderung der Dorer den wesentlichen Anstoß gegeben haben soll. Zeichnung und Malerei, zunächst am besten auf den Dipylovasen (→Vasenmalerei) faßbar, und Plastik entstehen ziemlich gleichzeitig. Von der monumentalen Kunst dieser Epoche wissen wir noch wenig; doch ist in ihr auch die Form des griech. →Tempels entstanden, die wir jetzt aus einigen frühen Beispielen kennen. Um 700 macht sich durch den zunehmenden Verkehr mit fremden Völkern ein gewisser mit fremden Völkern ein gewisser Einfluß des Orients bemerkbar, der hauptsächlich durch Erzeugnisse der textilen Künste vermittelt worden sein muß. Man kann diesen Einfluß, dessen Bedeutung für die große Kunst früher stark überschätzt wurde, fast allein an der Kleinkunst beobachten – Baukunst und Plastik haben sich vollkommen selbständig weitergebildet. Die Entstehung der Monumentalkunst liegt für die frühe Zeit noch im Dunkeln, da die Werke zum großen Teil aus vergänglichem Material bestanden haben (→Xoana). In der 2. Hälfte des 7. Jh. beginnt die große Bildhauerkunst in Stein, die um 600 auf einmal, wohl im Gefühl der erlangten Sicherheit in der Beherrschung des Materials und in Verbindung mit dem gleichzeitigen Entstehen der monumentalen Baukunst, sogar die überlebensgroßen Bildwerke bevorzugt. (Kolossalfiguren von Sunion, Naxos, Paros, Samos, Kleobis und Biton in Delphi). Das erste Thema der festländischen Kunst ist neben der weiblichen Peplosfigur, deren Unterkörper zunächst ungegliedert bleibt, die nackte männliche Figur, der sog. →Apollon, der das ganze 6. Jh. beherrscht. Die Entwicklung vollzieht sich in den verschiedenen Gegenden Griechenlands ziemlich gleichartig, doch lassen sich lokale Stilunterschiede feststellen. Ihre Bedeutung darf nicht überschätzt werden, da die Bildhauer an verschiedenen Orten arbeiteten.

Immerhin darf man sagen, daß die nackte männliche Figur ihren Ursprung vom dorischen Festlande nahm, aber auch Athen und die Kykladeninseln früh beteiligt waren, während die Ostgriechen als Erfinder des organischen Verhältnisses von Gewand und Körper, das die orientalische Kunst nirgends kennt, gelten müssen. Schon vom Ende des 6. Jh. an liegt das Zentrum der G. K. in Athen, wenn auch an anderen Orten noch bedeutende Leistungen hervorgebracht werden. Die ostgriech. Kunst hat freilich nach der Zerstörung Milets durch die Perser (494) kaum noch Eigenes geschaffen. Die Zeit kurz vor und nach den Perserkriegen bedeutet für die G. K. einen gewaltigen Aufschwung. Damals entstehen die äginetischen Skulpturen (→Äginetische Kunst). Das 5. Jh. bringt die Befreiung von der archaischen Starrheit und die Entwicklung zum klassischen Stil. Eine Etappe bilden die Giebel und Metopen des Zeustempels von →Olympia (um 460). Während um diese Zeit auf der Peloponnes in den Schulen von Argos und Sikyon hauptsächlich weibliche Peplosfiguren entstehen, werden in Athen in der Darstellung des bewegten nackten Körpers bedeutende Fortschritte erzielt. Um 470 entstand die Gruppe der Tyrannenmörder, etwas später die herrliche Bronzefigur des →„Gottes aus dem Meere“, die einzige originale Kultstatue, die uns aus dieser Zeit erhalten ist. Die 2. Hälfte des 5. Jh. bedeutet für die G. K. die Epoche der Klassik. In ihr entstehen die Bauten der →Akropolis mit ihrem Skulpturenschmuck unter der Leitung des →Phidias, der wenigstens an der Ausführung der Plastik des

Parthenon und seines Kultbildes selbst beteiligt war. Unter den Meistern, von denen wir uns ein Bild machen können, sind noch →Myron, →Alkamenes und →Agorakritos zu nennen. Die Wirkung dieser klassischen Kunst reicht bis weit ins 4. Jh., das aber gegen die Mitte hin eigene Tendenzen erkennen läßt, deren Träger durch die Namen →Lysippos und →Skopas bestimmt sind. In dieser Zeit liegt auch die Ausbildung des griech. Bildnisses, das noch im 5. Jh. einen mehr typischen als individuellen Charakter hatte (→Bildnis). Neben der attischen Kunst laufen verschiedene Richtungen her, deren bedeutendste die argivische Schule mit ihrem Hauptmeister →Polyklet ist. Auch sie findet im 4. Jh. in der sog. jüngeren polykletischen Schule (Daidalos, Naukydes) eine Fortsetzung.

Während die Baukunst des Festlandes mit wenigen Ausnahmen allein den dorischen Stil pflegte, der gegen Ende des 7. Jh. in der Nordostecke der Peloponnes entstanden war, kennt der O im ionischen Stil eine eigene Richtung, deren bedeutendste Werke um die Mitte des 6. Jh. errichtet wurden (Artemistempel in Ephesos, →Heraion auf Samos). Erst im 5. Jh. wird er für kleinere und zierliche Bauten (Niketempel und Erechtheion zu Athen) vom Festlande übernommen. Das Blätterkapitell der korinthischen Säule ist nicht vor 400 nachweisbar und wird in größerem Umfange erst seit dem Hellenismus verwendet.

Von der griech. Malerei wissen wir wenig, da fast alle Originalwerke (Wandgemälde und Tafelbilder auf Holz) verloren sind. Wir können ihre Entwicklung nur im Spiegel der Vasenmalerei erkennen, doch haben die Versuche, aus den Vasenbildern den Stil der großen Meister des 5. Jh. (→Polygnot, Mikon) herauszulesen, nicht zu befriedigenden Resultaten geführt. Die Malerei der nachklassischen Zeit muß stärkste Anregungen von der naturalistischen Bühnenmalerei empfangen haben, in der die Perspektive entdeckt wurde. Auch von ihr kann man sich aus Vasenbildern und späten römischen Nachbildungen (Pompeianische Wandbilder) nur eine schwache Vorstellung machen. →Hellenistische Kunst.

Springer, Handbuch der Kunstgeschichte, nach A. Michaelis bearb. von P. Wolters, [12]1923; E. Pfuhl, Malerei u. Zeichnung d. Griechen, 3 Bde., 1923; L. Curtius, Die klassische Kunst Griechenlands, 1938; Lübke, Pernice, Sarne, Die Kunst der Griechen, 1948; R. Hamann, G. K., 1949; Lippold, Die griech. Plastik, 1950 (Handb. d. Archäologie Bd. 3); A. Rumpf, Griech. Malerei u. Zeichnung, 1951 (a. a. O. Bd. 4); A. W. Lawrence, Greek Architecture, 1957; E. Buschor, Die Plastik der Griechen, [4]1958; ders. (Nachwort v. H. Walter), Vom Sinn griech. Plastik (erw. Nachdr. v. 1942), 1977; G. Hafner, Gesch. d. G. K., 1961; E. Langlotz, Ostg. K., 1964; P. Demargne, Die Geburt d. G. K., 1965; Gisela M. A. Richter, Hb. d. G. Kst., dt. 1966; W.-H. Schuchhardt, Gesch. d. G. K., 1972; J. Charbonneux, R. Martin, F. Villard, Classical greek art, 1973; dies., Hellenistic greek art, 1973; J. Boardman, J. Dörig, W. Fuchs, Die G. K., [3]1976; U. Höckmann, A. Krug, 40 Aufsätze üb. antike Plastik u. Mal. in Griechenl. (in Festschr. f. Franz Brommer), 1976/77; Fr. Chamoux, Die Kst. d. Griechen, [2]1978; W. Fuchs, Die Skulptur der Griechen, o. J.; H. Knell, Grundzüge d. griech. Architektur, 1980.

Griechisches Kreuz →Kreuz.

Grien →Baldung.

Grieshaber, HAP. Helmut Andreas Paul, Maler, Plastiker, Graphiker, * 5. 2. 1909 Rot a. d. Rot/Württ., † 12. 5. 1981 Achalm b. Reutlingen, studierte in Stuttgart, London und Paris, von 1955–60 Lehrer a. d. Akademie d. Bild. Kste. in Karlsruhe. Neben Wandmalereien (Justizgebäude Offenburg 1956), Metallplastiken (Atelierhaus

Darmstadt 1954), Collagen (Univ. Kinderklink Freiburg/Br. 1956), keramischen Arbeiten und Mosaiken widmete sich G. hauptsächlich großformatigen, plakatartigen Farbholzschnitten von großer Ausdruckskraft, wobei der Mensch neben Tieren und Pflanzen im Mittelpunkt steht; eine gewisse Beziehung zur Kinderzeichnung und zur Laienkunst (im positiven Sinne) ist G.s Werken eigen. Die Stadt Reutlingen/Württ. besitzt die umfassende „Slg. Ricca G.".

W. Boeck, HAP Grieshaber, Holzschnitte, 1959; K. Langenbacher, Die Reutlinger Drucke, 1948; M. Fuerst, HAP G. der Holzschneider, 1964 (mit Oeuvre- u. Lit.verz.); Ausst.kat. G. Kunstverein Stuttgart, 1969; W. Sandberg, M. Fuerst, G., 1978; W. Rothe, Schnittlinien, 1979; HAP G., Osterritt (Faks.), 1981; ders., 51 Zeichnungen (Originalgröße; Reprod.), 1981.

Gris, Juan, eigentl. José Gonzales, span. Maler, Bühnenbildner und Illustrator, * 23. 3. 1887 Madrid, † 11. 5. 1927 Boulogne-sur-Seine, 1905–22 in Paris, wo er zu Picasso, Léger, Derain und anderen in Beziehung trat und zum Mitbegründer des →Kubismus wurde. Seine durchdachten, strenggebauten Bilder (bes. Stilleben) nähern sich zwar zuweilen ungegenständlicher Malerei, lassen aber Gegenständliches meist klar erkennen. Dieses muß sich der vorbedachten Komposition völlig ein- oder unterordnen.

D. Henry, J. G., 1929; W. George, J. G., 1931 (franz.); D. H. Kahnweiler, J. G., His Life and Work, 1947; J. Th. Soby, J. G., 1958 (engl.); J. Richardson, J. G. 1966; J. A. Gaya Nuño, J. G., 1974 (span., engl.).

Grisaille →Camaïeu.

Grolier-Einbände, die Einbände der Bücher des franz. Bibliophilen Jean Grolier (1479–1565): meist braunes Leder mit Gold- oder verschiedenfarbiger Pressung und Zierformen der ital. Renaissance, ausgeführt von unbekannten ital. und franz. Meistern, durchweg von außerordentlicher Schönheit. Die Bibliothek wurde 1676 versteigert. Von den etwa 350 Bänden, die heute noch nachweisbar sind, befinden sich die meisten in der Nationalbibliothek in Paris und im Britischen Mus. in London. Sie tragen am unteren Rand der Decke den Vermerk: Jo. Grolieri et amicorum.

H. Loubier, Der Bucheinband, [2]1926; Th. Gottlieb, G. (Jb. d. Einbandkst., 2) 1928; H. M. Nixon, Bookbindings from the library of J. G. (Ausst.-Kat. London) 1965.

Gropius, Walter, Baumeister und Kunstgewerbler, * 18. 5. 1883 Berlin, † 6. 7. 1969 Boston, Schüler von P. →Behrens, 1919–28 Direktor des →Bauhauses, 1937–52 Prof. der Harvard-Universität in Cambridge (Mass.). G. ist Bahnbrecher einer auf jeglichen Historismus verzichtenden modernen Bauweise, die auf Zweckmäßigkeit und Klarheit ausgerichtet ist und unter Vermeidung jeder plastischen oder ornamentalen Belebung sich in großen Kuben und glatten Flächen darstellt. Vom Gedanken innenarchitektonischer Einheit ausgehend, hat er viele Entwürfe für Ausstattungsstücke seiner Innenräume geliefert. Das erste Bauwerk, in dem G. sein Ziel verwirklichte, war die Schuhleistenfabrik Fagus in Ahlefeld (1911), sein bekanntestes das Gebäude des Bauhauses in Dessau. Spätwerke waren die „G.-Stadt" in Berlin (Buckow) s. 1964, sowie die Porzellanfabrik in Selb, und das →Bauhaus-Archiv in Berlin (W.), Pläne 1964. Seine Übersiedlung nach Amerika verschaffte ihm ein neues weites Gebiet seiner Tätigkeit und der Durchsetzung seiner kunsterzieherischen Forderungen als Baumeister und Lehrer für die

Entwicklung moderner Architektur, des Städtebaus sowie der industriellen Formgebung (→Design). Er schrieb u. a. „Architektur, Wege zu einer optischen Kultur“, 1956.

S. Giedeon, W. G. Mensch u. Werk, 1954; J. M. Fitch, W. G., dt. 1962; G. C. Argan, G. u. d. Bauhaus, dt. 1962; A. Busignani, W. G., 1972; W. Gropius, The Architects Collaborative 1945–1965, 1966.

Grosz, Georges, eigentl. Georg Ehrenfried, Maler und Graphiker, * 26. 7. 1893 Berlin, † 6. 7. 1959 das., tätig das. bis 1933, danach in New York, in seinen Zeichnungen, Lithographien und Radierungen Ankläger gegen Militarismus, Kapitalismus, Bourgeoisie, soziale Mißstände, schilderte die Schattenseiten des Großstadtlebens in einem an Kinderzeichnungen erinnernden, jedoch das Wesentliche aufs schärfste charakterisierenden Stil. – Selbstbiographie: „A little Yes and a big No“ (1946, dt. 1955).

W. Wolfradt, G. G., 1921; Mynona, G. G., 1922; M. Ray, G. G., 1927 (franz.); J. H. Baur, G. G., 1954 (engl.); G. Anders, G. G. u. seine Welt, 1961; H. Bittner, G. G., 1961; A. Dückers, G. G. Das Druckgraph. Werk (Propylaen Kstbd.), 1977; G. G. Briefe 1913–1959, hg. v. H. Knust, 1979.

Groteske, Ornamentmotiv, bestehend aus dünnem Rankenwerk (Arabesken), in das menschliche und

Groteske

tierische Wesen, Früchte, Blumen, Trophäen, Architekturteile und dergl. eingefügt sind. Die G. ist eine Schöpfung der röm. Antike und wurde von der Renaissance (die sie bes. in unterirdischen Grabanlagen „Grotten“, kennenlernte) wieder aufgenommen. Bekannt sind die G.n Raffaels in den Loggien des Vatikan.

W. Kayser, Das Groteske. Seine Gestaltung in Malerei u. Dichtung, 1957; F. Piel, Die Ornament-Groteske i. d. ital. Renaissance, 1962 (Neue Münchner Beiträge zur Kunstgesch. 3); N. Dacos, La Découverte de la Domus Aurea et la formation des grotesques à la renaissance, 1969; C.-P. Warncke, Die ornamentale G. in Dtschld. 1500–1650, 2 Bde. (Quellen u. Schriften z. bildenden Kst., 6) 1979.

Grotte, in künstlerischer Nachbildung beliebt in den Gärten von der Renaissance bis zum Barock. Im 18. Jh. wurden gern Gartensäle mit Grottenwerk (Felstrümmer mit Muscheln, Schnecken, Moos und dergl.) ausgestattet.

Grottger, Artur, poln. Maler und Zeichner, * 11. 11. 1837 Ottyniowice, † 13. 12. 1867 Amélie-les-Bains, schuf Gemälde aus dem poln. Volksleben und Folgen von Zeichnungen, in denen die Kämpfe und Leiden des poln. Volkes dargestellt sind.

A. Potocki, G., 1907 (poln.); J. B. Antoniewicz, G., 1907 (poln.); P. Cyklów, A. G., 1957 (poln.); J. Puciata-Pawlowska, A. G., 1962 (poln.).

Grubenschmelz →Email.

Gründerzeit →Neubarock.

Grundierung, die Zubereitung des Malgrundes als Unterlage für das Gemälde. Die bereits von den alten Ägyptern verwendete G.sschicht aus Kreide oder Gips mit Leim, wobei der weiße Grund den Farben Leuchtkraft gibt, ist später im allgemeinen beibehalten worden. Der

Tiefenbronner Altar d. L. →Moser hat unter der Grundierung eine Pergamentschicht. Von der G. zu unterscheiden ist die →Untermalung.

Grundig, 1. Hans, Maler und Graphiker, * 19. 2. 1901 Dresden, † 11. 9. 1958 das., studierte 1922–26 an der Kunstgewerbeschule und der Akademie das. In symbolhaften Bildern und Radierungen ist G. gegen die Unterdrückung des Menschen, gegen Krieg und Faschismus aufgetreten. Die Jahre 1938–45 verbrachte er im Konzentrationslager. Seine dortigen Erlebnisse bildeten nach seiner Befreiung die wesentlichsten Inhalte seiner Kunst. 1947 wurde er Prof. der Hochschule der bild. Künste in Dresden. Er schrieb: „Lebenserinnerungen" (1957). – 2. Seine Frau Lea G., * 23. 3. 1906 Dresden, † 10. 10. 1977 das., hatte den gleichen Entwicklungsgang und arbeitete im gleichen Sinn. 1940 emigrierte sie und wurde nach ihrer Rückkehr 1949 ebenfalls Prof. der Hochschule der bild. Künste in Dresden.

E. Frommhold, Hans u. Lea G.,1958; W. Hütt, Lea G., 1969; H. Ohff, L. G. (Kunstwerk 26/5), 1973.

Grundriß, die geometrische Zeichnung eines Gebäudes oder Geschosses, die dessen horizontalen Durchschnitt etwa in Höhe der Fensterbrüstung darstellt. Für die Architekturgeschichte ist der G. als geometrische Abstraktion eines Baues ein hervorragendes Mittel der Stilvergleichung.

Grundstein, auch Eckstein, Bezeichnung nach Stellen des A. T.s als symbolischer Hinweis auf Christus (sog. Sachsymbol); im N. T. (Matth. 21,42 und Paulus 1. Kor. 3,11) als Symbol festgelegt. So wurde der G. einer Kirche durch Maß u. Form in seiner Bedeutung bes. hervorgehoben. In gleichem Sinne fand sogar eine Bedeutungsübertragung auf den →Schlußstein eines Gewölbes statt (belegt bei Sugerius v. St. Denis, 12. Jh.), der z. B. mit dem Christusbild (Dom zu Magdeburg, etwa 1235/40) oder einem Christussymbol (Lamm, Pelikan usw.) geschmückt wurde.

Grünes Gewölbe, die ehemalige Schatzkammer der sächs. Kurfürsten im Residenzschloß zu Dresden, eine in Jahrhunderten entstandene Sammlung, deren Bestände (Arbeiten in Gold, Silber, Elfenbein, Email, Bronze, Kleinodien, Waffen, Prunkstücke aller Art) den fürstlichen Geschmack am Prunkhaften, Kostbaren, Seltenen, ja Absonderlichen widerspiegelt. Sie erhielten ihre Aufstellung 1721–24 unter August dem Starken. Den Namen G. G. gab bereits im 17. Jh. ein ehemals grüner Anstrich.

J. L. Sponsel, Das G. G. zu Dresden, 4 Bde., 1925–32; J. Menzhausen, Das G. G., ²1968; G. Glaser, Das G. G. im Dresdn. Schloß, Diss. Dresden, 1975.

Grünewald, Matthias. Dieser 1675 von →Sandrart irrigerweise angegebene, vorläufig aber noch immer gebräuchliche Name bezeichnet einen dt. Maler, der, wie heute feststeht, Mathis Neithart oder Nithart hieß und später seinen Familiennamen in Gothart änderte. – G., * gegen 1460 Würzburg, † 31. 8. 1528 Halle a. d. S., 1485–90 in Aschaffenburg, 1501–26 in Seligenstadt bei Aschaffenburg, seit 1508 auch tätig für den erzbischöflichen Hof in Mainz, war 1527 in Frankfurt a. M., 1528 in Halle als „Wasserkunstmeister". Über seine Frühzeit ist nichts bekannt und, abgesehen von einem zweifelhaften Selbstbildnis, ist auch nichts aus ihr erhalten. Die Reihe der datierten Arbeiten beginnt erst 1503. Nur Gemälde und Zeichnungen hat er hinterlassen, nichts Graphisches, im Unterschied zu den meisten anderen dt. Malern seiner Zeit. Die religiöse Leidenschaft, die seine Werke erfüllt und die in der Gewalt des Ausdrucks oft über jedes hergebrachte Maß hinausgeht, die spätgotische Spannung, die in jeder Form lebendig ist, scheinen allem, was Renaissance heißt, völlig entgegengesetzt zu sein. Dennoch hat G. deren Probleme aufgenommen und sie mit Selbstverständlichkeit gemeistert: den lichterfüllten Innenraum, die Landschaft, das die Persönlichkeit des Dargestellten im Körperlichen und Seelischen steigernde Bildnis, die scharf beobachtete Wiedergabe des Gegenständlichen in Form und Farbe, wobei allerdings die Vorstellung stets der Anschauung übergeordnet bleibt. G. hatte nicht die Vielseitigkeit und Wandlungsfähigkeit Dürers, ganz abgesehen von dem wesentlich geringeren äußeren Umfang seines Schaffens. Seine Art konnte wegen ihrer Subjektivität nicht in dem Maße vorbildlich wirken wie die Dürers – nach Normen der Gestaltung hätte G. nie gesucht. Dennoch gehört sein Werk neben dem Dürers zu den stärksten Offenbarungen der dt. Kunst durch die Kraft der Farbe und durch die Verbindung genialer malerischer Fähigkeiten mit höchstem geistigem Ausmaß. Hauptwerk ist der Isenheimer Altar (voll. 1515; Colmar, Mus.), der ehemalige Hochaltar der Antoniterkirche in Isenheim; ein Wandelaltar, der in geschlossenem Zustand die Kreuzigung Christi zeigt, nach der ersten Öffnung als Mittelbild Maria mit dem Kind und Engelskonzert, nach der zweiten den geschnitzten Schrein (wahrscheinlich von Niklas →Hagnower). Der innere und äußere Reichtum dieses Altars ist unerschöpflich. Weitere Hauptwerke: Verspottung Christi (um 1505; München, Ältere Pinakothek), Kreuzigung (Basel, Öffentl. Kunstsammlung), die Madonna von Stuppach (1517–1519) mit birgittinischer Symbolik, Mauritius und Erasmus (1524–25; München, Ältere Pinakothek), Kreuzigung (Karlsruhe, Kunsthalle), 2 Bildnisse (Köln, Wallraf-Richartz-Mus.). Dazu kommen noch Handzeichnungen von höchster künstlerischer Bedeutung.

H. A. Schmid, Gemälde und Zeichnungen von M. G., Tafel- und Textband, 1908–11; Mela Escherich, G.-Bibliographie (1489–1914), 1914 (Stud. z. dt. Kunstgesch. 177); W. Niemeyer, M. G., ²1922; O. Hagen, M. G., ⁴1923; Feurstein, M. G., 1930; F. Knapp, G., 1935; A. Burkhard, M. G., 1936 (engl., Nachdr. 1976); W. Fraenger, M. G. in seinen Werken, 1937; W. K. Zülch, Der historische G. Mathis Gothardt-Neithardt, 1938; Ders., G., 1954; M. Hürlimann u. W. R. Deusch, G., ²1939; G. Schönberger, The Drawings of Mathis Gothart Nithart called G., 1948; Lottlisa Behling, Die Handzeichnungen d. Mathis Gothart Nithart gen. G., 1955; A. M. Vogt, G., 1957; A. Weixlgärtner, G. (mit Bibliographie), 1962, 1967; Marie Lanckoronska, Matthäus Gotthart Neithart, 1963 (mit Bibliogr.); Dies., Matthäus Neithart Sculptor, 1965; A. W. Hütt, Mathis Gothardt Neithardt gen. „G.", 1968; H. Muth, M. G. N. Seine Bildwerke i. fränk. Kirchen, 1972; A. Mischlewski, G. u. d. Antoniter. Bemerkgn. z. Troeschers Hypothesen üb. d. Entstehg. d. Isenh. Altars (Gießener Beitr. z. Kst.gesch. 3) 1975; Franziska Sarvey, G.-Studien. Zur Realsymbolik d. Isenheimer Altars (Hg. v. H. Möhring; Vw. von Albert Châtelet), o. J.

Gruppe, die auf mäßigen Umfang beschränkte und daher mit einem Blick zu übersehende Zusammenstellung gleicher oder ähnlicher Gegenstände zu einem künstlerisch geordneten Ganzen, das im Unterschied zur Reihe in sich zentriert ist. So gibt es in der Baukunst B a u g r u p p e n, die namentlich das Mittelalter in großer Zahl hervorgebracht hat. Die G.nidee kann auch in einem einzelnen Bauwerk wirksam sein, so in Zentralanlagen mit ihren kuppelüberwölbten Nebenräumen, die sich um den Zentralraum mit der Hauptkuppel „gruppieren", oder in größeren Basiliken des entwickelten roman. Stils. Man bezeichnet ein derartiges Bauwerk daher auch als Gruppenbau. In Malerei und Reliefbildnerei ist die Figurengruppe ein Teil der Komposition; doch gibt es auch hier G.n von betonter Selbständigkeit wie die →Figura piramidale der ital. Malerei der Hochrenaissance. Eine besondere Kunstform stellt die G. im Unterschied zum Einzelbildwerk in der statuarischen Plastik dar: Figurengruppe. Sie kommt im allgemeinen nur in entwickelten plastischen Stilen vor, entweder als Bauplastik vor architektonischem Hintergrund (Giebelgruppe des antiken Tempels, G. im Bogenfeld einer got. Kathedrale, Christus-Thomasgruppe Verrocchios an Or San Michele in Florenz) oder als freistehende G. Namentlich die statuarische Plastik der Griechen zeigt in der Bildung von G.n eine große Mannigfaltigkeit, danach auch Renaissance und Barock. Im Mittelalter beschränkt sich das Vorkommen der freistehenden plastischen G. zunächst auf die Kreuzigungsgruppe (→Kreuzigung Christi), und erst die →Andachtsbilder bringen seit dem 14. Jh. eine Erweiterung des Themenkreises.

Guardi, Francesco, ital. Maler, * 3. 10. 1712 Venedig, † 1. 1. 1793 das., Schüler des Antonio →Canaletto, hat wie dieser zahlreiche Ansichten von Venedig gemalt, ist aber in der Lockerheit seines Vortrags und der impressionistischen Wiedergabe flimmernder Luft- und Lichterscheinungen über seinen Lehrer weit hinausgegangen, freilich unter Aufgabe der architektonischen Genauigkeit. Auch die venezianischen Feste und überhaupt das venezianische Leben hat er in vielfigurigen Bildern dargestellt. 1959 sind fünf große Darstellungen nach Szenen aus Tassos „Befreitem Jerusalem" entdeckt worden, neuerdings auch fünf große, duftig gemalte Blumenstücke, die unsere Vorstellung von G. wesentlich erweitert haben.

G. A. Simonson, F. G., 1904 (engl.); G. Fiocco, F. G., 1924; M. Tinti, F. G., 1930; R. Pallucchini, G.s Zeichnungen im Museum Correr in Venedig, 1943; M. Goering, F. G., 1944; P. Panizza, F. G., 1946 (ital.); L. Dussler, F. G., 1948; J. Byam Shaw, The drawings of F. G., 1951; V. Moschini, F. G., 1952; Kat. „Mostra dei G.", Venedig 1965; R. Kultzen, F. G. i. d. Alten Pinakothek München, 1967; A. Morassi, Antonio e Francesco G., 1973; M. Brion, G., 1976 (frz.).

Guarini, Guarino, ital. Baumeister, * 17. 1. 1624 Modena, † 6. 3. 1683 Mailand, führte die von Borromini eingeleitete Entwicklung des ital. Spätbarocks auf ihren Höhepunkt: der Kirchenraum wird zum Schauplatz eines mathematischen Experiments. In diesen Kuppelbauten durchdringen und durchkreuzen die Raumteile einander. Der Grundriß zeigt Kreissegmente, die von allen Seiten vorstoßen. Jede anschauliche Klarheit und gewissermaßen euklidische Einfachheit der Raumgestaltung ist vermieden. Ein Raumgebilde höherer Ordnung tut sich auf, dessen Konstruktion nur von dem nachrechnenden Verstand erfaßt werden kann. G.s Richtung ist auch vom dt. Barock bis zu Balthasar Neumann verfolgt worden. Die Hauptwerke stehen in Turin: Cappella del Santissimo Sudario am Dom, San Lorenzo, Palazzo Carignano. G. schrieb: „Architettura civile" (1737).

A. E. Brinckmann, Theatrum Novum Pedemontii, 1931; Ders., Von G. bis Balthasar Neumann, 1932; M. Passanti, Nel mondo magico de G. G., 1963.

Guaschmalerei (franz. gouache, „Wasserfarbenmalerei"), Malerei mit deckenden Wasserfarben, die mit Weiß vermischt und mit einem harzigen Bindemittel (Gummi arabicum) versetzt sind. Die Farbschicht ist ziemlich dick, hellt nach dem Trocknen auf und wird sehr spröde. In der Wirkung ist die G. der →Pastellmalerei verwandt.

Gubbio-Majolika, die im 16. Jh. in Gubbio (Prov. Perugia) hergestellte Majolika, bekannt durch ihre reiche Lüstrierung, bes. aber durch einen nur ihr eigenen karminroten Lüster, den sogenannten Rubinlüster. Die G.-M. besteht fast ausschließlich aus leichten Geschirren. Hauptmeister war Giorgio Andreoli.

Guckkastenbühne →Bühnenbild.

Guercino, eigentlich Giovanni Francesco Barbieri, ital. Maler, getauft 8. 2. 1591 Cento, † 22. 12. 1666 Bologna, tätig hauptsächlich in Cento. Seine ersten erhaltenen Arbeiten beginnen etwa 1615 und zeigen seinen Stil bereits zu völliger Meisterschaft entwickelt. In seinem um 1630 unter dem Einfluß Guido Renis einsetzenden Spätstil hat er nie wieder die Kraft und Wärme seiner Frühwerke, die Weichheit der Formen und die Flüssigkeit der Malerei erreicht. Zu seinen glücklichsten Werken gehören das Dekkengemälde mit dem Zuge der Aurora (1621; Rom, Casino Ludovisi) und das Altarbild „Die Einkleidung des heil. Wilhelm von Aquitanien" (1620; Bologna, Pinakothek).

Marangoni, Il G., 1959; N. Grimaldi Il G. 1958; D. Mahon, Il G., 1968.

Guillochieren, das Gravieren mannigfach verschlungener Kurven in den verschiedensten Mustern bes. auf Metall (z.B. Gehäuse von Taschenuhren); vorzugsweise zum Druck auf Banknoten und anderen Wertpapieren, da die Kompliziertheit und Präzision der Muster (Guillochen) Schutz vor Nachahmung bietet. Das G. erfolgt mit Hilfe von Guillochiermaschinen, neuerdings auch auf photographischem Wege.

Gulbransson, Olaf, norweg. Zeichner und Maler, * 26. 5. 1873 Oslo, † 18. 9. 1958 auf dem Schererhof b. Tegernsee, übersiedelte 1902 nach München als ständiger Zeichner für den „Simplizissimus", wurde 1929 Prof. der Münchner Akademie. G. war der vielleicht bedeutendste Karikaturist der letzten Zeit, der das Wesentliche in Gesicht und Haltung eines Menschen mit unfehlbarer Sicherheit z. treffen wußte. Er hat auch vorzügliche, nicht karikierte Bildniszeichnungen geschaffen. Seine mit sparsamsten Mitteln arbeitende Zeichenweise ist eine geistreiche und ausdruckstarke Weiterbildung der klassizistischen Umrißzeichnung. Mappen: „Berühmte Zeitgenossen" (1905), „Aus meiner Schublade" (1912). 50 unveröffentlichte Zeichnungen (hg. von A. Meyer 1914), „Es war einmal" (1934; Selbstbiographie); „Sprüche und Wahrheiten" (1940). Der schriftl. Nachlaß von G. (bes. Briefe mit Kubin, Liebermann, Hamsun, Thoma, Hesse, Roth, Furtwängler) befindet sich seit 1980 im German. Nat. Mus. Nürnberg.

W. Schäfer, Der andere G., 1939; E. Roth u. a., O. G., 1959; Ursula Wolkers, Beitr. z. publizist. Schaffen O. G.s, Diss. Berlin 1964; Dagny Gulbransson-Björnson, O. G., 1967.

Gundestrup, Silberkessel von. Der 1891 in einem Moor bei Gundestrup (Jütland) gefundene Kessel (Durchm. 70 cm; Kopenhagen, Nationalmus.) ist in getriebener Arbeit mit bildlichen Darstellungen verziert. Es erscheinen Gestalten der keltischen und orientalischen Götterwelt, Tierfiguren, Darstellungen von Stierkämpfen und Kultprozessionen. Auch ein Menschenopfer ist wiedergegeben. Inhalt und Stil der Darstellungen weisen den Kessel als eine ostkeltische Arbeit aus, die im letzten Jh. v. Chr. an der unteren Donau entstanden sein dürfte.

Fr. Drexel, Jahrb. des Dtsch. Archäolog. Instituts, Bd. 30, 1915; O. Klindt-Jensen, The G. Bowl: A Reassesment, 1959 (Antiquity 33); R. Grosse, Der Silberkesssel v. G., 1963.

Günther, 1. Ignaz, Bildhauer, * 22. 11. 1725 Altmannstein (Oberpfalz), † 28. 6. 1775 München, tätig das. seit 1743, Schüler von →Straub, letzter Vollender der dt. Barock- oder besser Rokokobildnerei vor Einsetzen des Klassizismus. Sein eigentliches Gebiet ist das buntgefaßte kirchl. Holzbildwerk, in dem aber Weltliches und Kirchliches einander durchdringen. Bes. auf G.s weibliche Gestalten mit ihrer koketten, tänzerischen Bewegung scheint etwas von der galanten Haltung des Rokokos übergegangen zu sein. Hauptwerke sind die Altäre und Einzelbildwerke in den Kirchen von Rott am Inn (1762) und Weyarn (1763).

A. Feulner, I. G., 1947; Katalog d. I. G.-Ausstellung München 1951; A. Schönberger, J. G., 1954; G. Woeckel, J. G. (in Alte u. mod. Kst. 8, 1963; 11, 1966; in Pantheon 23, 1965); G. P. Woeckel, Die Handzeichngn. d. F. J. G., 1975.

2. Matthäus, Maler, * 1705 Unterpeißenberg (Obb.), † 30. 9. 1788 Haid b. Wessobrunn, Schüler von C. D. →Asam, tätig in Augsburg, einer der führenden Meister des süddt. Rokokofreskos von außerordentlicher Fruchtbarkeit des Schaffens. Seine mit leichter Hand entworfenen, durch Zartheit in Linie und Farbe ausgezeichneten Dekkengemälde gehen mit der sonstigen Dekoration des Innenraums aufs glücklichste zusammen. Hauptwerke in Neustift bei Brixen (1743), Amorbach (1745–47), Wilten (1754), Rott am Inn (1763).

A. Feulner, Skulptur u. Malerei des 18. Jh. in Deutschland, 1929; H. Gundersheimer, M. G., 1930; H. Tintelnot, Die barocke Freskomalerei in Dtschld., 1951.

Gurtbogen, gurtartiger Verstärkungsbogen eines Tonnengewölbes und an diesem die einzelnen Raumabschnitte (z. B. eines kirchl. Innenraums) bezeichnend.

Gürtelspende →Himmelfahrt Mariä.

Gurtgesims →Gesims.

Gußeisen →Eisenguß.

Gußmauerwerk, mit Hilfe von Schalungen „gegossenes" Mauerwerk. Die als Vorläufer des →Betonbaus angesehene Technik benutzten als opus incertum bereits die Römer, indem sie mit kleineren Bruchsteinen oder Kieseln als Zuschlagstoffen (caementum) bereiteten Mörtel verwendeten. U. a. bauten sie Gußgewölbe.

Gußnaht, die an der Oberfläche eines Gußstückes an den Stellen entstandene Naht, wo die einzelnen Stücke der Gußform zusammengepaßt sind (→Abguß).

Gußstein →Steinguß.

Guter Hirte →Hirt, d. Gute.

Guttuso, Renato, ital. Maler, * 2. 1. 1912 Begheria (Sizilien), lebt in Rom. G. ist eine der bedeutendsten Persönlichkeiten der ital. Malerei der Gegenwart. Vom Expressionismus und Kubismus beeinflußt, dabei mit starkem Sinn für realistische Gestaltung, zu der er immer wieder zurückkehrt, hat er bes. Bilder sozialkritischer und politischer Inhalte von großer Wirkung geschaffen.

G. Marchioni, R. G., 1952 (ital.); J. Berger, R. G., dt. 1957; E. Vittorini, R. G., 1960 (ital.); R. Hiepe, R. G., 1961; L. Lang, R. G., 1968, [2]1977; R. G. Gemälde, Holzzchngn. Ausst.kat. Kunsthalle/Mus. Ludwig in Köln, 1977.

Habanerfayencen, volkstümliche keramische Erzeugnisse der Habaner im 17. und 18. Jh., d.h. deutscher Sektierer, die nach dem Südosten (Slowakei, Ungarn, Siebenbürgen) ausgewandert waren. Es handelt sich um Teller, Krüge, Schüsseln, Flaschen und dgl. mit bunter Scharffeuerbemalung oder blauer Glasur mit Bemalung.

K. Layer, Oberungarische H., 1927; K. Cernohorsky, Die Anfänge d. H.-fayencekst., 1931; A. Zankl, Die Habaner in Mähren, 1940; B. Kristinkovitch, H. F., dt. 1962; G. Spies, Hafner u. Hafnerhandwerk i. Südwestdtschld., 1964.

Hadriansvilla, große Villenanlage, die sich der Kaiser Hadrian nach der Rückkehr von seinen Reisen in einem geschützten und landschaftlich schönen Tal nahe bei Tivoli, dem alten Tibur, anlegte. Neben einem größeren und einem kleinen Palast umfaßte sie mannigfache Bauten, Bibliotheken, Thermen, zwei Theater, ein Stadion und eine Palästra, sowie Anlagen, die den Kaiser an Orte erinnerten, die er auf der Reise besucht hatte (→Stoa Poikile, Kanopos, das Tempetal). Schon seit der Renaissance wurden von verschiedenen Besitzern des Geländes Ausgrabungen veranstaltet, die nur der Gewinnung der zahlreichen Bildwerke galten. Das Kanapos genannte Bauwerk, das ein ägyptisches Heiligtum nachahmt, hat viele Statuen in wenig geschmackvollem ägyptisierendemStil geliefert, die heute im Vatikan sind. Als Gesamtanlage ist die H. noch jetzt eine der eindrucksvollsten Ruinenstätten in der Nähe Roms.

Winnefeld, Die Villa des Hadrian bei Tivoli, 1895; H. Kähler, Hadrian u. s. Villa b. Tivoli, 1950; S. Aurigemma, Villa Adriana, 1962.

Hafnerkeramik, Hafnerarbeiten, Hafnerwaren. Zusammenfassende Bezeichnung für alle Erzeugnisse aus Ton, die im wesentlichen einen Überzug aus gefärbten Bleiglasuren (z.T. auch aus Zinnglasuren) haben, also gewöhnliche Geschirre („Häfen") und Ofenkacheln. In einem besonderen Sinn versteht man unter H. zur Kunstform erhobene Arbeiten der dt. Renaissance, wie sie in Nürnberg, in Oberösterreich, im Salzkammergut, in Sachsen und Schlesien hergestellt wurden. Den Hauptteil an dieser künstlerischen H. haben die mit Figuren und Ornamenten verzierten, auch vielfarbig glasierten Ofenkacheln (eins der schönsten Beispiele der Kachelofen von 1501 der Hohensalzburg). Hierher gehören ferner die Hirschvogelkrüge (→Hirschvogel), sowie die in der Mitte des 16. Jh. entstandenen Arbeiten der Nürnberger Hafnerfamilie Preuning.

Walcher u. Moltheim, Bunte H. der Renaissance in Österreich ob der Enns u. Salzburg, 1906; E. Meyer-Heisig, Dte. Bauerntöpferei, 1955; G. Spies, Hafner u. Hafnerhandwerk i. Südwestdtschld., 1964; Dt. Hafnergeschirr (Keysers Kst.- u. Antiquitätenbuch, hg. v. H. Seling, 3) 1967; J. Bauer (Hg.), H.geschirr aus Altbayern (Kataloge d. Bayer. Nat.mus. München, Bd. XV, 1) 1976.

Hagia Sophia (griech. „Heilige Weisheit"), die Sophienkirche in Konstantinopel, das Hauptwerk der byzant. Baukunst, errichtet auf Befehl des Kaisers Justinian 532–37 von Anthemios von Tralles unter Mitarbeit von Isidor von Milet, ein Kuppelbau, der der Langhausform zuneigt. Der Durchmesser der Kuppel, in deren untere Zone 40 Fenster eingeschnitten sind, beträgt 32 m. Dem Ganzen ist eine Vorhalle und ein säulenumgebenes Atrium vorgelegt. Der Innenraum der H. S. stellt eine der gewaltigsten Raumgestaltungen aller Zeiten dar. Seine Ausstattung mit Inkrustation und Mosaiken blieb z. T. erhalten. Nach der Eroberung Konstantinopels (1453) verwandelten die Türken die H. S. in eine Moschee, veränderten aber durch Errichtung von Minaretts im wesentlichen nur die äußere Erscheinung. Seit dieser Zeit begann die H. S. als Vorbild auf die islamische Baukunst zu wirken. 1934 wurde sie Museum; zugleich

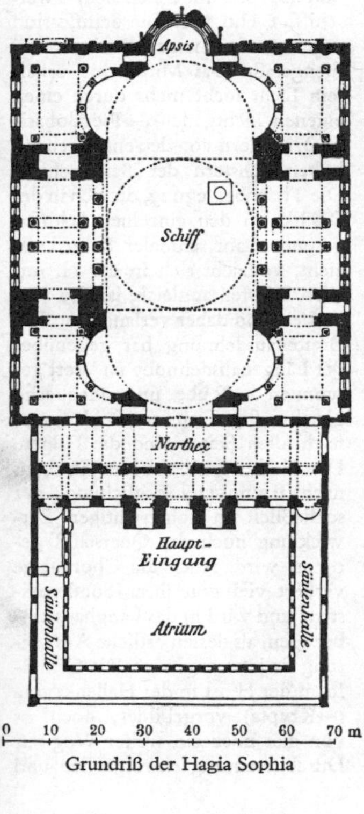

Grundriß der Hagia Sophia

begann die planmäßige Aufdeckung weiterer Mosaikreste.

G. A. Andreades, Die Sophienkathedrale zu Konstantinopel, 1931 (Kunstwiss. Forsch., Bd. 1); W. R. Zaloziecky, Die Sophienkirche in Konstantinopel u. ihre Stellung in der Gesch. der abendländ. Architektur, 2 Bde., 1936 (Studi di antichità cristiana 12); A. M. Schneider, Die H. S. zu Konstantinopel, 1939; J. Jantzen, Die H. S., 1967; H. Kähler, Die H. S., 1967.

Hagnower, Niklas, Nikolaus von Hagenau, Bildhauer, * um 1445, ist mit großer Wahrscheinlichkeit als Meister der Schrein- und Staffelbildwerke des Isenheimer Altars in Colmar nachgewiesen (um 1515; 2 Fig. davon – Landedelmann u. Bauer – i. Bad. Landesmus. Karlsruhe). Er arbeitete ferner den ehemaligen Hochaltar des Straßburger Münsters (begonnen 1500; nur z. T. erhalten) und die etwa in derselben Zeit entstandenen 2 Prophetenbüsten in St. Marx in Straßburg. Neuerdings ist versucht worden, sein Frühwerk aufzubauen und ihm u. a. die Bildwerke an den unteren Geschossen des Sakramentshauses im Ulmer Münster (voll. 1471) zuzuweisen, sowie das ebenfalls mit Bildwerken ausgestattete Sakramentshaus im Dom von Chur (voll. 1484), eins der vorzüglichsten seiner Art.

W. Vöge, N. H., 1930.

Haider, Karl, Maler, * 6. 2. 1846 München, † 29. 10. 1912 Schliersee, hat bes. als Landschaftsmaler einen sehr eigenen Stil entwickelt und in streng geschlossener Bildform bei einer gewissen Monotonie der Farbengebung einsame Natur in oft düsterer Stimmung dargestellt. Seine die Einzelheiten genau durcharbeitende, dennoch großzügig gliedernde Malweise hat auf manchen dt. Landschaftsmaler der unmittelbaren Gegenwart gewirkt. H. wird zum sog. Leibl-Kreis gerechnet neben W. →Trübner, K. →Schuch u. a., die zu Beginn der 70er Jahre des 19. Jhs. dem Maler W. →Leibl verbunden waren.

E. Haider, K. H., 1926; R. Neuhaus, Bildnismalerei des Leibl-Kreises, 1953.

Hakenkreuz, gleicharmiges Kreuz, dessen Arme im rechten (seltener im spitzen) Winkel, aber jeweils in der gleichen Richtung, hakenartig umgelegt sind. Das H. gehört in die Gruppe der Wirbelmotive und kommt sowohl rechts- wie linksdrehend vor. Sein Wirbelcharakter verstärkt sich, wenn die Haken spitzwinklig oder gar in eine Rundung überführt sind. Da das H. eine sehr einfache geometrische Figur ist und sich aus den Mittellinien eines Quadrats und dessen halben Seiten ohne weiteres konstruieren läßt, hat es eine außerordentliche Verbreitung mit naturgemäß wechselndem Symbolcharakter gefunden. Völker, bei denen es nicht angetroffen wird, sind Ausnahmen (z. B. die Australier) und auch den semitischen Völkern ist es nicht ganz fremd. In Europa ist das H. seit der Jungsteinzeit nachgewiesen und kommt als Schmuckmotiv und Symbol in der german. Kunst bes. häufig vor.

Bieder, Das H., [2]1934; Lechler, Vom H., [2]1934; K. Jaeger, Zur Gesch. u. Symbolik d. H.s, 1921, [2]1934.

Halbbrakteaten →Brakteaten.

Halbfayence →Fayence.

Halbsäule, eine aus einer Mauer oder einem Pfeiler nur halb heraustretende Säule.

Halbtöne, in der Malerei die den Übergang zwischen Licht und Schatten bildenden, gebrochenen Farbtöne.

Halle, 1. nach mehreren Seiten offenes, aber gedecktes Bauwerk, selbständig oder, wie die antike Säulenhalle, in Verbindung mit einem öffentl. Gebäude (→Portikus). 2. Geschlossener Raum als selbständiges Bauwerk wie die german. →Königshalle (von Mittelstützen durchstellt) oder als Teilraum eines Gebäudes; z. B. als Haupt- und Eingangsraum des engl. Landsitzes (heute vielfach zur „Diele“ verkümmert).

Hallenkirche, Langhauskirche, die im Unterschied zur →Basilika gleiche Höhe von Mittelschiff und Seitenschiffen hat. Das übliche ist wie bei der Basilika Dreischiffigkeit; es kommen aber auch fünfschiffige und (so bes. in Österreich) zweischiffige H.n vor. Die Schiffe sind unter einem einzigen Dach zusammengefaßt. Das Mittelschiff erhält sein Licht nicht mehr durch einen eigenen Lichtgaden (→Pseudobasilika), sondern von den entsprechend hohen Fenstern der Seitenschiffe. Die Tiefenbewegung, die sich in der Basilika in den einzelnen Schiffen gesondert auf schmaler Bahn vollzieht, vollzieht sich in der H. mit allen Schiffen zugleich, ist also verbreitert und daher verlangsamt. Die Breitenausdehnung hat gegenüber der Längenausdehnung an Wert gewonnen – Ruhe und annähernd gleichmäßige Dehnung des Raumes nach allen Seiten sind die Folgen. Die H. ist Ausdruck des Strebens nach Raumvereinheitlichung, der schließlich in folgerichtiger Entwicklung noch das Querschiff geopfert wird. Auch die Choranlage verliert viel von ihrer Sonderexistenz und wird in das Langhaus einbezogen, als dessen östliche Ausweitung sie jetzt erscheint. Die Grundform der H. ist in der Hallenkrypta (→Krypta) vorgebildet; doch ist von hier noch ein weiter Weg zur Durchgestaltung eines großen und

Querschnitt einer Hallenkirche

selbständigen Kirchenbaus nach dem Hallenprinzip. Frühstes Beispiel auf dt. Boden, das jedoch ohne unmittelbare Nachfolge blieb, ist die Bartholomäuskapelle in Paderborn (um 1017 „per graecos operarios" erbaut). Erst aus dem 12. Jh. hat sich eine Reihe von H.n erhalten, so in Westfalen und vor allem in Bayern und Ostschwaben (wohl frühestes Beispiel die Benediktinerklosterkirche Prüll bei Regensburg, 1. Viertel des 12. Jh.). Im 13. Jh. war Westfalen das eigentliche Gebiet der H.n, deren Raumwirkung sich jedoch infolge der Schwere der Stützen und des Raummantels noch nicht voll entfalten konnte. Eine der ersten rein got. Kirchen Deutschlands, die Elisabethkirche in Marburg (seit 1235), ist ebenfalls als H. durchgeführt, jedoch noch mit basilikaler Enge des Grundrisses. Zu vollem Durchbruch kam der Hallengedanke in Deutschland erst im 14. Jh. in Verbindung mit einem Wandel des Raumgefühls, der zuerst im Hallenchor der Kreuzkirche in Schwäbisch-Gmünd (1351) ohne Einschränkung sichtbar wird. Die Basilika ist zwar nicht verdrängt, aber im 15. Jh. wird doch die H. zum eigentlichen Ausdruck dt. spätgot. Raumempfindens und ist es bis zum Ende des got. Stils geblieben. – Außerhalb Deutschlands gibt es H.n in Frankreich (Südfrankreich), Holland, auf der Insel Gotland (v. Westfalen abhängig), in Italien.

H. Rosemann, Die H. auf german. Boden, Diss. München 1924; R. Hamann und K. Wilhelm-Kästner, Die Elisabethkirche zu Marburg, Bd. 1, 1924; Elisabeth Finck, Die got. H.n Westfalens, 1934; W. Krönig, H.n in Italien, 1938 (Kunstgeschichtl. Jahrb. der Bibliotheca Hertziana Bd. 2; auch als Sonderheft); Renate Wagner-Rieger, Italien. H. (Mitt. d. Ges. f. vergleich. Kstforschg. i. Wien, 12) 1960; G. Hahn, Der kirchl. Hallenraum zw. Ostsee u. Mittelgebirge, Diss. Berlin 1968.

Hallenkrypta →Krypta.

Haller, Hermann, Bildhauer, * 24. 12. 1880 Bern, † 23. 11. 1950 Zürich, ursprünglich Maler, wurde nach längerem Aufenthalt in Rom und Paris (Einwirkung von Maillol) Bildhauer. Ohne einer bestimmten Richtung verpflichtet zu sein, ist das Hauptthema seiner Kunst die Modellierung zartgliedriger Mädchengestalten von verhaltenem Rhythmus in Umriß und Bewegung als Ausdruck ebenfalls verhaltener seelischer Stimmung.

A. Kuhn, Der Bildhauer H. H., 1927; G. Scheiwiller, H. H., 1945; Doris Wild, H. H., 1956.

Haller von Hallerstein, Karl Freiherr von, Baumeister, * 10. 6. 1774 Hilpoltstein b. Nürnberg, † 5. 11. 1817 Ampelakia (Thessalien), hat bedeutende klassizistische Entwürfe, u. a. für die Glyptothek in München und die Walhalla b. Regensburg geliefert, die jedoch unausgeführt blieben. Er war auch als Archäologe tätig und hat mit Cockerell die Giebelskulpturen des Tempels von Ägina ausgegraben.

H. Kiener, H. (Münchner Jb. d. bild. Kst., 13) 1923; K. Fräßle, H. v.H., Diss. Freiburg 1970.

Hallorengläser, Glashumpen, von keulenförmiger Gestalt, die für die Halloren, d. h. für die Mitglieder der Salzpfännerschaft, in Halle a. S. seit den letzten beiden Jahrzehnten des 17. Jh. bis gegen Mitte des 18. Jh.

hergestellt wurden. Sie enthalten in Emailfarben das Wappen der Halloren, ihren Festzug, Ansichten von Halle und Ähnliches. Die frühesten Stücke (1679 und 1681) sind die am reichsten dekorierten.

Hallstattkunst, vorgeschichtlicher Kunstkreis, so benannt nach dem Gräberfeld auf dem Salzberg bei Hallstatt am Hallstätter See (Salzkammergut). Über die einzelnen Gruppen →Eisenzeit. In der Formgebung der Tongefäße und Metallsachen offenbart sich ein ausgesprochen barockerKunstgeschmack. Die Urnen zeichnen sich in der Regel nicht nur durch beträchtliche Größe, sondern auch durch übersteigerte Betonung der Schulterpartie oder des Bauchteiles aus. Nicht selten kommen hybride Gefäßformen vor: Etagenurnen, die aus zwei übereinander getürmten Gefäßen bestehen; Filialurnen, die einen Kranz kleiner Tochtergefäße auf der Schulter tragen; Urnen mit Tierkopfhenkeln, Urnen auf Menschenfüßen u. dgl. Ähnliches gilt von den Metallarbeiten, insbesondere vom Bronzeschmuck, der gleichfalls sehr bizarr anmutende Typen umfaßt: Wulstarmringe von 25 cm Durchmesser, massive Knotenarmbänder, Schlangen- und Paukenfibeln, Halbmondfibeln mit angehängten Ketten und Klapperblechen u.a.m. In der Gefäßornamentik offenbart sich die Neigung zum Barocken, Überladenen in einer gehäuften Anwendung der verschiedenartigsten Verzierungstechniken. Bemalung, Graphitierung, Polierung, Ritzung, Kerbschnitt und Stempelstich sind nicht selten auf ein- und demselben Gefäß anzutreffen; ja im östl. H.-Gebiet treten Urnen auf, die überdies noch mit aufgesteckten Bronzefigürchen verziert sind. Der Musterschatz der Ornamentik ist rein geometrischer Art; er beschränkt sich bei der südwestdt. →Alb-Salem-Gruppe auf geradlinige Verzierungen und Punktkreise, während die östl. H.-Stile auch die Spirale kennen. Figürliche Arbeiten kommen hauptsächlich im Donau- und Ostalpengebiet vor. Soweit es sich nicht um südliche Einfuhrware (venetische →Situlen u. dgl.) handelt, tragen die Darstellungen ein völlig schematisches Gepräge (Zeichnungen auf den Urnen von Ödenburg, figurale Gürtelbleche von Klein-Glein, Steiermark usw.). Fundort (s. 1950) zahlreicher Grabhügel d. spät. H.zeit (um 500 v. Chr.) mit wertvollen Grabbeigaben ist die Heuneburg b. Hundersingen/Württ., dem bisher ältesten Nachweis einer vom Mittelmeerraum „importierten" Befestigungstechnik im Donaugebiet. Die bedeutendsten neueren Funde von internationalem Rang entstammen dem seit Ende 1978 in Eberdingen-Hochdorf (Kr. Ludwigsburg/Württemberg) freigelegten späthallstattzeitlichen Fürstengrab (es gilt als erstes „unausgeraubtes"), darunter ein riesiger Bronzekessel, Sitzmöbel aus verstärktem Bronzeblech, eine Art Prunkkarosse, Schmuck und Textilien (wohl der älteste rautenförmig gewobene Köper Europas). Die wissenschaftl. Auswertung der nach 500 v. Chr. datierten Funde hat begonnen.

Hoernes-Menghin, Urgeschichte der bildenden Kunst in Europa, [3]1925; N. Åberg, Bronzezeitliche u. früheisenzeitliche Chronologie, Bd. 2, 1931; H. Kühn, Die vorgeschichtliche Kunst Deutschlands, 1935; G. Kossack, Südbayern während des H.zeit, 1959; Das Gräberfeld von Hallstadt, 2 Bde., 1960 (hg. vom Naturhistor. Mus. in Wien); K. Bittel, A. Rieth, Die Heuneburg a. d. oberen Donau, 1951; E. Gersbach, Die neuen Ausgrab. auf d. Heuneburg (Germania 44) 1966; Zum Hochdorfer Fund: J. Biel u. a. in den Veröffentlichungen des Landesdenkmalamtes Baden-Württemberg seit 1978/79.

Hals, Frans, niederländ. Maler, * 1581/85 wahrsch. Antwerpen, begr. 1. 9. 1666 Haarlem, wo er sich 1591 niederließ, Schüler des Karel van Mander, entnahm seine Stoffe (Bildnisse, Schützenstücke, Genrebilder) ausschließlich der bürgerlichen Wirklichkeit seiner Zeit und wurde damit einer der ersten Vertreter einer von Italien unabhängigen, nationalholländ. Malerei. Er gehört zu den größten Bildnismalern aller Zeiten und hat namentlich das Gruppenbildnis (Schützenstück und das →Regentenstück) zu einer vor ihm nicht erreichten Mannigfaltigkeit in Aufbau und Charakterisierung entwickelt. Besonderes Merkmal seiner Bildniskunst ist die andringende Lebendigkeit der dargestellten Persönlichkeit, die gern nicht in vornehmer Ruhe, sondern in einer gewissen Zufälligkeit von Haltung und Bewegung gegeben wird. Die Schärfe der Wirklichkeitsbeobachtung erstreckt sich bei H. (und das war neu!) auch auf die Wirklichkeit des Augenblicklichen. Seine Malweise entwickelte sich von fester Zeichnung zu immer breiterem (mit Recht „impressionistisch" genanntem) Vortrag, wobei an die Stelle der ursprünglich kräftigen Lokalfarben schwarze, graue und braune Töne traten.– Die besten seiner Schützenstücke befinden sich im Frans-Hals-Mus. von Haarlem; im übrigen ist er im Reichsmuseum in Amsterdam und in den Staatl. Museen in Berlin gut vertreten.

W. v. Bode und M. Binder, F. H., 2 Bde., 1914; M. R. Valentiner, F. H., [2]1923 (Klassiker d. Kunst); F. Dülberg, F. H., 1930; W. Martin, De Hollandsche Schilderkunst in de 17 de eeuw, Frans H. en zijn tijd, 1935; G. D. Gratama, F. H., 1943; N. S. Trivias, The paintings of F. H., [2]1949; H. P. Baard, F. H. u. das Haarlemer Gruppenportrait 1528–1737, 1952; E. Höhne, F. H., 1957; Kat. d. F. H.-Ausstellung Haarlem 1962; P. Descargues, F. H., 1968; C. Grimm, F. H. Entwicklg., Werkanalyse (m. Ges.-Kat.), 1972.

Handdruck, von Künstler selbst ohne Presse von einer graphischen Originalplatte genommener Abdruck.

Handzeichnung, eine mit →Silberstift, →Bleistift, der Feder (→Federzeichnung), Tusche, →Rötel, →Kreide, →Kohle usw. auf Papier ausgeführte Zeichnung, die auch farbig angelegt oder getönt sein kann. Sie kann alle Grade von flüchtigster Andeutung bis zu genauester Ausführung durchlaufen. Spitz und fein arbeitende Zeichenmittel (Silberstift, Feder) drängen zum kleinen Format, breit und weich arbeitende (Kohle, Kreide) zum großen. Zu unterscheiden ist die als selbständiges Kunstwerk gemeinte H. von jener, die nur Studie, Skizze, Entwurf, Vorzeichnung sein will und der Vorbereitung eines Gemäldes, Bildwerks u. dgl. dient. Sie läßt oft die ursprüngliche Absicht des Künstlers besser erkennen als das danach ausgeführte Werk.
Das Mittelalter kennt die H. im eigentlichen Sinne nicht, da deren geistige Voraussetzung (weitgehende persönliche Freiheit des Künstlers) sowohl wie die materielle (das Papier) fehlte. Erst als beides im 15. Jh. vorhanden war, konnte es H.en geben. Sie sind ursprünglich nur Entwurf, beginnen aber bereits im 16. Jh., zumal in Deutschland (Dürer), als selbständige Kunstwerke gemeint zu werden, die auch damals schon als solche in Geltung standen und Gegenstand des Sammeleifers wurden.

J. Meder, Die H., ihre Technik und Entwicklung, [2]1923; H. Leporini, Die Stilentwicklung der H. 14.–18. Jh., 1925; Ders., Die Künstlerzeichnung, 1928, [2]1955; J. Rosenberg, Great draughtsmen from Pisanello to Picasso, 1959; C. G. Heise, Große Zeichner des 19.

Jhs., 1959; H. Hütter, Die H. Entw., Technik, Eigenart, 1966; W. Koschatzky, D. Kst. d. Zeichng. (hg. v. d. Graph. Slg. d. Albertina Wien) 1977; H. Geissler, H. in Deutschld., Dte. Zeichner 1540–1640, Ausst.kat. Staatsgalerie Stuttgart Bd. 1, 1979.

Hängebecken, Hängegefäß. Tönerne Hängegefäße sind in der →Jungsteinzeit sowohl im →donauländischen wie im →nordischen Kreis verbreitet. Bronzene H.n treten im keltischen Britannien auf und erscheinen dann wiederum in angelsächsischer Zeit. – In der älteren Literatur werden die Gürteldosen der nordischen →Bronzezeit oft irrtümlich als H.n bezeichnet (→Nordischer Kreis).

Hängekuppel →Kuppel.

Hängeplatte →Gesims.

Hängezwickel →Kuppel.

Hannongfayencen, die von Mitgliedern der Familie Hannong von 1721 bis etwa 1780 in Straßburg hergestellten Fayencen. Bezeichnend für sie sind farbenprächtige, malerisch frei und schwungvoll angelegte Blumenmuster.

O. Riesebieter, Die dt. Fayencen des 17. und 18. Jh., 1921; H. Haug, La faincerie de Strasbourg, 1950.

Hans von Kulmbach, eigentlich Hans Süß, Maler, * um 1480, † 1522 Nürnberg, lernte das. und trat in enge Beziehungen zu Dürer, an dessen Kunst er seinen eigenen, nach 1510 voll entwickelten Stil bildete. Dieser ist weder kraftvoll noch beseelt, strebt nach dem schönen, gefällig Gezierten und liebt zarte, helle, gebrochene Töne. Wahrscheinlich 1510/11, sicher 1514–16 war K. in Krakau. Sein Gesamtwerk umfaßt Altarbilder (Motive aus dem Marienleben, stehende Heilige), Bildnisse, Entwürfe für Glasgemälde, Zeichnungen, Holzschnitte. Hauptwerk ist der Tuchersche Altar in der Lorenzkirche in Nürnberg (1513), dem eine Federskizze Dürers zugrunde liegt.

F. Stadler, H. v. K., 1936; F. Winkler, Die Zeichnungen H. S. v. K.s u. H. L. Schäufeleins, 1942; Ders., H. K., 1959 (Die Plassenburg 14); Ausst.-kat. Meister um Dürer, Nürnberg 1961.

Hans von Tübingen, Maler, * etwa 1400/1405, † 1462 Wiener-Neustadt, tätig das., urkundlich nachweisbar seit 1433, hat die Einwirkung der burgund.-franz. Malerei erfahren, sie aber bald in sehr selbständiger Weise überwunden. H. v. T. war der wichtigste Vertreter einer sehr ausgedehnten Malerschule im Südosten Deutschlands. Hauptleistungen seiner von dramatischer Spannung und kräftigem Realismus erfüllten Kunst sind die Votivtafel aus St. Lambrecht (um 1430; Graz, Landesgal.) und eine Kreuzigung (Wien, Gemäldegal.).

K. Oettinger, H. v. T. und seine Schule 1938; A. Stange, Europ. Kst. um 1400, Aust.-kat., 1962.

Harappakultur →Induskultur.

Hardouin-Mansart, Jules, franz. Baumeister, * 16. 4. 1646 Paris, † 11. 5. 1708 Marly b. Paris, Hauptmeister der franz. Baukunst im Zeitalter Ludwigs XIV., deren klassizistische Richtung er kraftvoll und erfindungsreich weiterführte. Von seinen Arbeiten für Versailles bes. zu nennen das Grand-Trianon (seit 1688) und die Schloßkapelle (seit 1699). Sein kirchliches Hauptwerk ist der Invalidendom in Paris (1693 bis 1706). Von großer städtebaulicher Bedeutung sind seine Entwürfe für die Place des Victoires und die Place Vendôme in Paris (um 1685). Nach ihm benannt, jedoch nicht von ihm erfunden, sind die →Mansarden.

Colomb, François Mansart et Jules Hardouin, dit Mansart, 1886; P. Bourget u. G. Cattaui, J. H.-M., 1960.

Häring, Hugo, Baumeister, * 25. 5. 1882 Biberach/Riß, † 17. 5. 1958 Göppingen, stud. in Stuttgart bei Th. →Fischer und Dresden (P. Wallot). Bedeutung erlangte H. durch seine wegweisenden theoretischen Schriften, durch die das →Neue Bauen – ein von H. geprägter Begriff – besondere Anregungen erhielt. In Anlehnung an Gedanken →Wrights forderte er etwa seit 1921 „organhaftes Bauen". 1923 gründete H. in Berlin die Vereinigung „Der Ring", der die maßgebenden modernen Baumeister seiner Zeit angehörten; sie gab u. a. den Anstoß zur Gründung der →CIAM. 1935–43 leitete H. die Schule für Gestaltung – Kunst und Werk in Berlin. Seine wichtigsten Schriften sind: Wege zur Form (Die Form 1) 1925; Werkbundsiedlung Wien (Die Form 7) 1932; Neues Bauen, 1947; Geometrie und Organik (Baukunst u. Werkform 4) 1951; Vom Neuen Bauen, 1952. – H. sah seine Ideen in den Werken von H. B. →Scharoun verwirklicht.

H. Lauterbach, J. Joedicke, H. H. Schriften, Entwürfe, Bauten (Dokumente d. mod. Architektur 4) 1965; J. Joedicke, Gesch. d. mod. Architektur, 1958.

Harpyiengrabmal, Grabmonument bei Xanthos in Lykien. Auf hohem Steinpfeiler lag die Grabkammer, die rings mit Reliefs umgeben war (Reliefschmuck heute im Brit. Mus.). Auf ihnen tragen geflügelte Todesdämonen (→Sirenen), die Harpyien, die Toten fort, deren Leben als Heroen in der Unterwelt auf anderen Seiten gezeigt ist. Das Denkmal gehört zu den wichtigsten Beispielen provinziell-ostgriech. Kunst aus der Zeit nach 500 v. Chr.

Catalogue of Greek Sculpture I, British Museum, 1930; K. Schefold, Frühgriech. Sagenbilder, 1964.

Harth, Philipp, Bildhauer, * 9. 7. 1887 Mainz, † 25. 12. 1968 Bayrischzell (Obb.), Schöpfer bedeutender Tierbildwerke in Marmor, Bronze und Holz. Fern von jeder naturalistischen Durchbildung der Einzelheiten versucht er, in großen, klaren Formen das für die jeweilige Tiergattung Wesentliche herauszuarbeiten. Er schrieb: Aufsätze über bildhauerische Gestaltung, [2]1949.

B. Adriani, Ph. H., 1939; Kat. d. Ausst. im Kunstgeschichtl. Inst. Mainz 1962 mit Beiträgen von Ph. H., W. Boeck, F. Gerke (Kleine Schriften d. Gesellsch. f. bild. Kunst in Mainz 11); W. Boeck, Über das Plastische bei P. H., 1967.

Hartung, 1. Hans, Maler, * 21. 9. 1904 Leipzig, studierte 1924–25 Philos. u. Kstgesch. in Leipzig, besuchte daneben die Kst.akademien in Leipzig u. Dresden. Reisen nach Westeuropa, bes. Frankreich, wo er sich 1935 niederließ. In den Jahren 1934–38 entstand die Reihe der „Taches d'eucre" (→Tachismus) mit einer Abkehr von rein geometrischen Formen. Seine Gemälde sieht H. als „Psychogramme", als Ausdrucksgebärde, als Niederschrift seelischer Vorgänge. Er gilt als einer der Hauptmeister der sog. „Ecole de Paris" moderner Maler. Balken, Gitter, Schriftspuren, Strichwerk vor monochromen Grund als subjektive Empfindungszeichen objektiviert H. zu Formen. Werke: „Komposition 1954" Köln; T 1951–52, Basel.

2. Karl, Bildhauer, * 2. 5. 1908 Hamburg, † 19. 7. 1967 Berlin, studierte bei Despiau u. →Maillol, wirkte seit 1950 als Lehrer a. d. Hochschule für Bild. Kst. Berlin. Seine abstrakten Werke sind Synthesen verschiedenen Ausdruckswillens mit Anklängen an die Werke H. →Moores; sie beziehen den sie umgebenden Raum in ihre Wirkung mit ein.

M. Rousseau, O. Domnick, J. J. Sweeney, H. H., 1950; W. Schmalenbach, Ausst.kat. H. H., Hannover 1956; W. Haftmann, Mal. im 20. Jhdt., [2]1962; H. H., Ausst.kat., Mus. d. Kst. d. 20. Jhdts. Wien, 1963; H. H. Autoportrait, 1976 (franz.); H. H.-Lithographien 1930–75, 1977 (frz.); P. Desccargues, H. H., 1977 (frz.).

Harunobu, Suzuki, japan. Maler und Holzschnittmeister, * 1718, † 29. 6. 1770 Edo (Tokyo), ging vom Zwei- zum Dreifarbendruck über und wurde damit der eigentliche Begründer des Buntdrucks. Der Schwerpunkt seiner Tätigkeit liegt im letzten Jahrfünft seines Lebens, in dem eine große Zahl anmutiger und graziöser Farbenholzschnitte entstanden, in denen immer wieder die Frau und das Leben der Frau vorgeführt wird.

Kurth, S. H., [2]1923; F. Winzinger, H. Mädchen u. Frauen, 1956; L. Hájek-Forman, H. und die Künstler seiner Zeit, 1957.

Haßleben, Fürstengrab von, Bestattung einer vornehmen Germanin aus der Zeit um 300 n. Chr. (Mus. Weimar). Die zahlreichen Goldschmuckstücke (Fibeln, Ohrgehänge, Ringe) dürften gotische oder vandalische Erzeugnisse sein; sie gehören zu den ältesten german. Arbeiten, die Auflagen von →Almandin tragen. Ein anderer Teil der Fundsachen ist röm. Einfuhrgut, das Hauptstück ist ein großer Silberteller.

W. Schulz, Das Fürstengrab von H., (röm.germ. Forschgn. 7) 1953.

Hathor, ägypt. Göttin verschiedener Bedeutung, kuhköpfig oder mit Kuhhörnern dargestellt (Abb. →Ägyptische Kunst), in ihrer „klassischen" Form in dem ihr geweihten großen Tempel von →Dendera.

H. Kees, Der Götterglaube im alten Ägypten, 1941; H. Bonnet, Reallexikon der ägypt. Religionsgeschichte, 1952; Sch. Allam, Beiträge zum H.kult, 1963 (Münchner Ägyptolog. Stud. 4).

Haufebecher, satzweise in abnehmender Größe angefertigte Metallbecher, die zur Aufbewahrung oder zum Mitnehmen auf der Reise zu einem „Haufen" ineinandergestellt werden können; seit dem 16. Jh. bekannt. Vollständige Sätze aus dieser Zeit in den Museen von Leipzig, Kassel und in der Reichen Kapelle in München.

Hausbuchmeister, Meister des Hausbuchs, Maler, Zeichner u. Kupferstecher, tätig hauptsächlich am Mittelrhein, wahrscheinlich in Mainz, bes. in der Zeit von 1480 bis 1490. Seinen Namen erhielt er nach dem mit Federzeichnungen ausgestatteten „Hausbuch" (Schloß Wolfegg). Da sich der größte Teil seiner sehr seltenen Kupferstiche im Reichsmus. zu Amsterdam befindet, nannte man ihn früher „Meister des Amsterdamer Kabinetts". Auch Holzschnitte hat man ihm zuweisen wollen, und neuerdings ist versucht worden, ihn mit dem Utrechter Maler Erhard Reuwich zu identifizieren, der die Holzschnittillustrationen zu Breydenbachs „Pilgerfahrt nach Jerusalem" (Mainz 1486) lieferte. Seine eigentliche Leistung liegt nicht in den wenigen ihm zugeschriebenen Bildern, sondern in seinen Zeichnungen und Kupferstichen. Er gehört zu den Bahnbrechern des dt. Kupferstichs vor Dürer. Ungewöhnlich ist die Freiheit seiner Stoffwahl: von seinen etwa 90 Kupferstichen stellen etwa ein Drittel unbefangen beobachtete Dinge des täglichen Lebens dar.

M. Lehrs, Der Meister d. Amsterdamer Kabinetts, 1894; Bossert u. Storck, Das mittelalterliche Hausbuch, 1912; J. Dürkop, Der Meister des Hausbuchs, 1932 (Oberrhein. Kunst, Jahrg. 5); E. Graf zu Solms-Laubach, Der H., 1935/36 (Städel-Jahrb. Bd. 9); J. C. J. Bierens de Haan, De Meester van het Amsterdamsch Kabinet, 1947 (mit Abb. sämtlicher Stiche); J. Graf Waldburg-Wolfegg, Das mittelalterl. Hausbuch,

1957; A. Stange, Der H. (mit Katalog), 1958 (Stud. z. dt. Kunstgesch.316); F. Anzelewsky (in Ztschr. f. Kstgesch. 24) 1961.

Hausmaler, Fayencenmaler des 17. und 18. Jh., auch Porzellanmaler, die außerhalb der Fabriken in eigener Werkstatt arbeiteten.

Hausmarke, Eigentumszeichen, vom Bauern (zuweilen auch vom Bürger) an Haus, Hof (Hofmarke) oder sonstigen Gegenständen angebracht, auch als Namensunterschrift oder Namensbeizeichen verwendet. Die H. ist ein den →Steinmetzzeichen ähnliches, aus einander kreuzenden oder im Winkel zueinander stehenden Linien zusammengesetztes Gebilde oft sehr alten Ursprungs (Runen). Nicht selten ist es als Figur ins Wappen aufgenommen worden. Im 18. Jh. ist die H. allmählich abgekommen.

K. K. A. Ruppel, Die H., 1939; A. M. Frank, H. u. Hauszeichen, 1944; W. Marti, Sackstempel, 1964; H. Spruth, Die H. Wesen u. Bibliographie (Aktuelle Themen z. Genealogie 4–5), 1960.

Haustein →Baustein.

Hausurne, Aschenurne in Form eines Hauses. Es gibt zwei größere Fundgruppen: 1. Skandinavien und Mittel- mit Ostdeutschland. 2. Mittelitalien. Beide Gruppen gehören der späten Bronzezeit und frühen Eisenzeit an. Eine dritte Gruppe röm. Zeit stammt aus Krain. Der Deutung auf Nachbildungen des

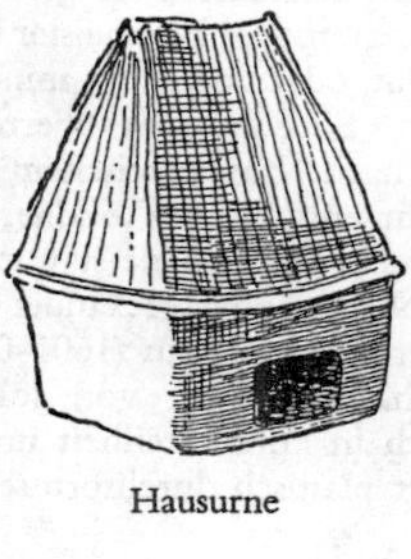

Hausurne

Hauses („Hausgedanke") steht die auf Speicherbauten („Verwahrgedanke") gegenüber. Neuere Funde von H.n auf Kreta und in vorgeschichtlichen Schichten der Stadt Rom lassen auch Deutung auf Kultbauten zu. In jedem Falle geben die H.n das Bild gleichzeitiger Bauten in verschiedenen Formen.

F. Behn, H.n, 1924 (Vorgeschichtl. Forschungen, Bd. 1); F. v. Duhn, Italische Gräberkunde, 1924. D. Randall-MacIver, Villanovans and early Etruscans, 1924; C. Engel, Herkunft u. Ausbreitung der früheisenzeitl. H. Nord- u. Mitteleuropas, 1929 (Mannus, Erg. Bd. 7); W. A. v. Brunn, Die Kultur d. H.ngräberfelder in Mitteldeutschland zur frühen Eisenzeit, 1939 (Jahresschr. f. d. Vorgesch. d. sächs.-thür. Länder 30); H. Koberstein, H. (Jb. f. mitteldtsche. Vorgesch. 48) 1964.

Hautelisse →Basselisse.

Heckel, Erich, Maler und Graphiker, * 31. 7. 1883 Döbeln/Sachs., † 28. 1. 1970 Hemmenhofen a. Bodensee, Mitbegründer der →„Brücke", ging 1911 nach Berlin, wurde 1949 Professor der Akademie in Karlsruhe. Von V. van Gogh und Edvard Munch beeindruckt, wurde H. einer der ersten Vertreter des Expressionismus in Deutschland (Figurenbilder, Landschaften), der im allgemeinen jedoch allzu starke Verformungen des Naturvorbildes vermeidet. Als Graphiker schuf er Holzschnitte, Radierungen, Lithographien.

H. Köhn, H., 1948; E. Gosebruch, E. H., Werke aus 4 Jahrzehnten, 1948; L. Thormaehlen, E. H., 1953; P. Vogt, E. H., 1968.

Hedwigsgläser, Glasbecher des 11. und 12. Jh. aus dicker, gelbl. oder grünl. Masse, meist mit stilisierten Tierfiguren in kräftigem Hochschnitt. Sie sind ägypt. Ursprungs und wurden durch die Kreuzzüge oder durch Pilger nach Europa, bes. nach Deutschland gebracht. Hier erhielten sie meist nachträglich eine Fassung in Edelmetall. Der Name erklärt sich daraus, daß die Überlieferung einige Exemplare mit der heil. Hedwig in Verbindung gebracht hat.

Heem, Jan Davidsz de, holländ. Maler, * 1606 Utrecht, † 1683/84 Antwerpen, seit 1635 das., Hauptmeister des Frucht- und Blumenstücks, das mit liebevollem Eingehen auf die Eigenart jeder Frucht und jeder Pflanze in warmem Helldunkel gemalt ist, belebt von ebenso liebevoll beobachtetem Kleingetier wie Insekten und Schnecken.

J. Bergström, Dutch Still-Life-Painting, 1957; W. v. Bode, Die Meister der holländ. und vläm. Malerschulen, [9]1958.

Hegenbarth, Josef, Maler und Illustrator, * 15. 6. 1884 Böhmisch-Kamnitz, † 27. 7. 1962 Dresden, studierte 1909–15 an der Dresdner Akademie unter Bantzer, Zwintscher und Kuehl. Seit 1919 in Dresden ansässig, war er 1946–49 Professor der Akademie das. H. war einer der vorzüglichsten Illustratoren der Gegenwart von reicher Phantasie und einem sehr persönlichen, über die mannigfaltigsten Ausdrucksmöglichkeiten verfügenden Stil. Seine besondere Vorliebe galt der zeichnerischen Interpretation von Märchen und Sagen meist in Form von Feder- oder Pinselzeichnungen, auch Aquarellen.

B. Jasmand, Josef H. als Illustrator. Ein Verz. des gesamten illustrierten Werkes, 1955; W. Grohmann, J. H., Zeichnungen, 1959; F. Löffler, J. H., 1959; J. H., Zeichnungen, hg. v. H. Kinkel, 1968; Bibl. des Werkes seit 1963 im H.-Archiv Dresden; A. Dohmann, J. H., Ausst.kat. Staatl. Mus. Berlin, 1970; Ausst.kat. J. H. Zeichnungen d. letzten Jahre, Kst.verein Ulm, 1978.

Heide, Henning von der →Heyde.

Heidelberger Schloß, ehemalige Residenz der pfälzischen Wittelsbacher, über der Stadt Heidelberg gelegen, stammt in seinen ältesten Teilen aus dem 13. Jh., wurde im 15. Jh. und in der 1. Hälfte des 16. Jh. weiter ausgebaut und trat 1544 in seine letzte, 1632 abgeschlossene Bauperiode ein, die es zu einem Hauptdenkmal der dt. Renaissancebaukunst gemacht hat. 1689 und 1693 von den Franzosen bei der Verwüstung der Pfalz z. T. zerstört, wurde es im Laufe der Zeit zu der vielleicht schönsten, durch Gunst der Lage wie durch künstlerischen Wert gleichermaßen ausgezeichneten Ruine Deutschlands, mit der sich Literatur und Dichtung immer wieder beschäftigt haben. Der Bestand wurde im 19. Jh. durch umfassende Wiederherstellungsarbeiten gesichert. – Die künstlerisch wichtigsten Bauten befinden sich an der NO-Seite: 1. Der gläserne Saalbau (seit 1544), z. T. in Übergangsformen zwischen Gotik und Renaissance, mit dreigeschossiger Bogenlaube und stilgeschichtlich wichtigem Frührenaissancegiebel. 2. Der Ottheinrichsbau (seit 1556, nur die Fassade und Umfassungsmauern ohne das Dach erhalten), künstlerischer Höhepunkt des H. S.s; in der horizontalen Lagerung der Stockwerke dem Prinzip der ital. Palastarchitektur nacheifernd, in den Verhältnissen und der Dekoration der Fassade aber doch wieder unitalienisch, ganz abgesehen von der nord. Lebhaftigkeit der ehemaligen, mit Zwerchhäusern ausgestatteten Dachregion. Der Baumeister ist unbekannt, oder doch zum mindesten strittig. Ein Teil des überreichen und nach humanistischem Programm entworfenen bildnerischen Schmucks der Fassade stammt von dem Niederländer Alexander Colin. 3. Der Friedrichsbau (1601–07; im 19. Jh. ausgebaut) von Johannes Schoch in nord. Steilheit und mit stärker plastisch durchformter Fassade. 4. Der engl. Bau (1612–15; nur in seinem unteren Teil erhalten) in palladianischer Art. – Von hohem Rang war ehemals auch die Gartenanlage.

Mitteilungen zur Geschichte des H. S., hg. vom H. S.- und Altertumsverein, 7 Bde., 1886–1936; J. Koch und F. Seitz, Das H. S., 1891; L. Schmieder, Der H. S.garten, 1936 (Mannheimer Geschichtsblätter, Jg. 37); A. v. Oechelhäuser, Das H. S., ⁷1955.

Heilige Familie, Darstellung von Maria mit dem Jesuskind und Joseph in einfachem Beisammensein oder bei häuslicher Beschäftigung; erwachsen aus der Schilderung des Aufenthalts auf der →Flucht nach Ägypten, die um 1500 immer mehr genrehafte Züge aufnahm, so daß schließlich der historisch-legendäre Anlaß hinter der Vorführung eines beschaulich-traulichen Familienidylls zurücktrat.

Heilige Nacht →Geburt Christi.

Heiligenschein (Nimbus, Glorie, Glorienschein, Gloriole), Lichtscheibe, Lichtkreis oder Strahlenkranz um das Haupt der göttlichen und heiligen Personen, auch allegorischer Gestalten der christl. Lehre. Der H. kommt in ähnlichem Sinne vor in der Kunst des Alten Orients, der antiken und indischen Kunst. Die christl. Kunst übernahm ihn im 4. Jh. von der antiken. Seine häufigste Form ist eine Scheibe (so auch bei Bildwerken), seit der Renaissance eine Kreislinie. Gottvater, Christus und die Taube des Heiligen Geistes werden stets durch einen mit Kreuz versehenenH. ausgezeichnet: Kreuznimbus. Ferner gibt es einen rechteckigen H. bei noch lebenden, aber nicht heiligen Personen, bes. in Italien. Christus hat zuweilen (aber nur als Auferstehender oder Auferstandener) einen ihn kreisförmig umfließenden H., die Aureole. Ist sie mandelförmig, so heißt sie Mandorla oder Mandelglorie, findet sich aber nur beim thronenden Christus im →Jüngsten Gericht und in der →Maiestas Domini. Die Mandorla kommt auch bei Maria vor.

A. Krücke, Der Nimbus und verwandte Attribute in der frühchristl. Kunst, 1905; Marthe Collinet-Guérin, Histoire du nimbe, 1961; Symbolik d. Religion, hg. v. F. Herrmann, 16 Bde., 1968.

Heiliger, Bernhard, Bildhauer, * 11. 11. 1915 Stettin, Schüler von →Scheibe in Berlin, arbeitete 1938/39 in Paris in Berührung mit →Maillol und Despiau, war 1947/49 an der Hochschule für Angewandte Kunst in Berlin-Weissensee und ist seit 1949 Professor an der Hochschule für Bildende Künste in Berlin-Charlottenburg. In seinen Figuren gibt er das Organische zwar niemals auf, abstrahiert aber weitgehend von der Wirklichkeit, um seine Ideen des Wachsens, Emporsteigens und lebendig sich Entfaltens ausdrücken zu können. Seine Porträtköpfe sind expressionistische Steigerungen des Modells.

H. Th. Flemming, B. H., 1962 (m. Werkverz.).

Heiliges Grab, das Felsengrab vor der Mauer von Jerusalem, in das Christus nach der Kreuzabnahme gelegt worden sein soll. Es wurde unter Konstantin d. Gr. von einem Rundbau umfaßt (326–35), der 614 durch Chosroes von Persien zerstört, 616–26 wiederhergestellt, 1010 abermals zerstört, von den Kreuzfahrern seit 1130 neu errichtet wurde, und der 1808 durch Feuer abermals zugrunde ging. Jetzt Neubau des 19. Jh. – Im Mittelalter erhielt sich der Gedanke an das H. G. zunächst in selbständigen Bauwerken, bes. den als Rundbauten angelegten Grabkapellen, deren ältestes erhaltenes Beispiel St. Michael in

Fulda ist (820–22). In Frankreich wurde die Kirche von Neuvy-Saint-Sépulcre „ad formam Sancti Sepulcri Ierosolimitani" angelegt (1045). Das bedeutendste Beispiel war indessen hier die Rotunde von St-Bénigne in Dijon (1001–1020; nur in Zeichnung überliefert). In England gab die in Erinnerung an das H. G. erbaute Rundkirche der Tempelritter in London (1185) und die der Johanniter in Little Maplestead das Beispiel für weitere Rundkirchen dieser Art. Sehr eigenartig ist die Nachbildung des H. G., oder genauer der Heiligen Stätte in Jerusalem, die auf Veranlassung eines Jerusalempilgers 1481–1504 in Görlitz entstand (nachgeahmt in Sagan 1598). Bis ins 18. Jh. sind derartige Bauten entstanden, meist als kleine Kapellen, freistehend oder an die Kirche angebaut. – Daneben gibt es Einbauten in Kirchen: das rechteckige H. G. in der Stiftskirche in Gernrode mit figürlicher Ausstattung (Anf. 12. Jh.), die Rotunde in der Kapuzinerkirche zu Eichstätt (1194), das mit Statuen ausgestattete polygonale H. G. in der Mauritiuskapelle des Münsters zu Konstanz (gegen 1280). – H. G. ist schließlich die Bezeichnung für plastische Gruppen (meist aus Stein, aber auch aus Holz), die seit der ersten Hälfte des 14. Jh. entstanden, zur selben Zeit also wie die Andachtsbilder, und die wohl als eine Sondergattung dieser gelten können. Dargestellt ist der Sarkophag mit dem Leichnam Christi, den schlafenden Wächtern, den drei Frauen und anderen Figuren. Hauptbeispiele im Freiburger Münster (etwa 1330–40; Figuren zerstreut), im Mainzer Dom (Ende 15. Jh.), in St. Viktor in Xanten (um 1500; Holz). Daneben gibt es Abarten, so das H. G. als Nische mit gemalten Szenen oder eine Verbindung von H. G. und →Sakramentshaus. Im 18. u. 19. Jh. gab es auch gemalte H. G.r., ein besonders großes in 45 Bildern und Symbolen auf Leinwand und Holz gemalt befindet sich in der St. Martinskirche in Dietenheim (Kreis Neu-Ulm), gemalt 1727. Außerhalb Deutschlands kommt das aus monumentalen plastischen Figuren zusammengesetzte H. G. nur noch in England vor.

A. Heisenberg, Grabeskirche u. Apostelkirche, 1908; K. Schmaltz, Mater ecclesiarum, die Grabeskirche in Jerusalem, 1918 (Studien zur Kunstgesch. d. Auslandes, 120); O. Schmitt, Das H. G. im Freiburger Münster, 1919 (Freiburger Münsterblätter, Jahrg. 15); N. Brooks, The Sepulchre of Christ in Art and Liturgy, 1921; G. Dalman, Das Grab Christi in Deutschland, 1922; H. Beenken, Der Skulpturenschmuck des H. G. in der Stiftskirche zu Gernrode, 1923 (Jahrb. der Preuß. Kunstsammlungen, Bd. 44); R. Busch, Das H. G. zu Konstanz, 1925/26 (Oberrhein. Kunst, Jahrgang 1); C. Gurlitt, Das Grab Christi in der Grabeskirche in Jerusalem, 1926 (Clemen-Festschr.); Annemarie Schwarzweber, Das H. G. in der dt. Bildnerei des Mittelalters, Diss. Freiburg i. B., 1940; P. Strieder, Entwürfe zu H. G.n in Münchner Kirchen (Münster 4), 1951; A. Parrot, Der Tempel von Jerusalem-Golgatha u. d. H. G., 1956; E. Dyggve, Sepulcrum domini (Collationes ex historia artium. Festschrft. F. Gerke) 1960; Ch. Cüasnon, The Church of the Holy Sepulchre in Jerusalem (in: Byzant. Zs., 68), 1975.

Heilige Sippe →Sippenbild.

Heilsspiegel, lat. Speculum humanae salvationis, Buch mit Bilderfolge der wichtigsten Tatsachen aus dem Leben Christi in typologischer Gegenüberstellung zu solchen aus dem Alten Testament und erbaulichem, lat. oder dt. (niederländ.) Text. Der H. hat nach frühen Anfängen im 14. Jh. seine gültige Fassung angenommen und war in der 2. Hälfte des 15. Jh. als →Blockbuch weit verbreitet.

J. Lutz u. P. Perdrizet, Speculum humanae salvationis, 2 Bde., 1907; E. Breitenbach, Speculum humanae salvationis, 1930 (Stud. z. dt. Kunstgesch. 272).

Heiltum, Reliquienschatz mittelalterlicher Kirchen. Seine oft sehr zahlreichen Stücke wurden in einem besonderen Verzeichnis aufgeführt, dem Heiltumsbuch. Diese Heiltumsbücher sind auch mit Abbildungen versehen und stellen daher eine wichtige Quelle dar, um die Herkunft manches, in nachmittelalterlicher Zeit in weltlichen Besitz gelangten Stückes nachzuweisen. Eine Reihe von ihnen wurde schon früh im Druck veröffentlicht, darunter das Wittenberger Heiltumsbuch mit Holzschnitten von Lucas Cranach (1509).

Ph. M. Halm u. R. Berliner, Das Hallesche H., 1931; Knoepfli, Heiltumskunst von gestern i. d. Augen v. heute (Münster 26/6) 1973.

Heimatkunst, ein am Ende des 19. Jh. aufgekommener, heute kaum noch angewandter Begriff. Er faßte, bes. auf dem Gebiete der Landschaftsmalerei, alle diejenigen Bestrebungen zusammen, die auf Darstellung und malerische Erschließung bestimmter dt. Landschaften gerichtet waren (Worpsweder, Dachauer Künstlerkolonie), und die sich damit im Gegensatz wußten zu den Malern ital., antiker oder überhaupt idealisierenderLandschaften (Feuerbach, Böcklin, Klinger). Der Begriff H. in diesem Sinn schloß zugleich ein starkes Stimmungsmoment ein. Man hat ihn auch auf das Kunstgewerbe angewandt, doch geht er hier in dem umfassenderen Begriff →Volkskunst auf.

Heimatmuseum, ein Museum,das die Kunst-, Kultur- und Naturdenkmäler eines engeren Landschaftsbereiches sammelt, damit zu deren Erhaltung beiträgt und Verständnis für Eigenart und Geschichte der Heimat weckt. Seit Beginn des 20. Jh. sind in Deutschland zahlreiche H.n gegründet worden, in neuerer Zeit i. Verbindg. mit →Freilichtmuseen u. Bauernmuseen.

W. Pessler, Das H. im dt. Sprachgebiet, 1927; L. Schmidt, H. (Forschg. u. Fortschritte, 37) 1963; Zeitschrift seit 1962: Der Museumsfreund.

Heimsuchung Mariä (lat. Visitatio), die Begegnung der beiden ein Kind erwartenden Frauen Maria und Elisabeth. Sie ist im frühen und hohen Mittelalter als einfache Begegnung oder Begrüßung dargestellt worden; so schon auf der Cathedra des Maximianus in Ravenna (6. Jh.). In der monumentalen Bildnerei des hohen Mittelalters sind die berühmtesten Beispiele die Visitatio-Gruppe an der Westfassade der Kathedrale zu Reims (um 1225) und die getrennte im Bamberger Dom (um 1235). In den Darstellungen des späteren Mittelalters und der Renaissance wird Elisabeth gern der Gottesmutter untergeordnet und daher oft kniend gegeben. Bes. in der dt. Kunst (Bildnerei und Malerei) kommt es im späteren Mittelalter vor, daß das Kind im Leib der Mutter sichtbar gemacht wird.

L. Réau, Iconographie de l'art chrétienne, 1959; Z. Urbach, Die H. M., ein Tafelbild d. Meisters M. S. Beiträge zur ma. Entwicklungsgesch. d. Heimsuchungsthemas (in: Acta historiae artium, 10) 1964; Lex. d. christl. Ikonogr., Bd. 2, 1970.

Heine, Thomas Theodor, Maler und Zeichner, * 28. 2. 1867 Leipzig, † 26. 1. 1948 Stockholm, wo er seit 1942 lebte, begründete 1896 mit Albert Langen die illustrierte Wochenschrift „Simplizissimus", für die er eine lange Reihe schlagkräftiger Karikaturen und zeitsatirischer Zeichnungen lieferte. Als Maler hat er Landschaften und Figurenbilder voll liebenswürdigen Humors geschaffen.

E. Hölscher, Der Zeichner Th. Th. H., 1955; L. Lang, Th. Th. H., 1968.

Heldt, Werner, Maler und Graphiker, * 17. 11. 1904 Berlin, † 3. 10. 1954 St. Angelo, Ischia. Sein Thema war die Stadt. Er malte anfangs spätimpressionistische Bilder von düsterer Farbigkeit, Stadtszenen, Kneipen, nächtliche Straßen. Gegen 1930 ging er zu helleren Farben über und näherte sich der Malweise →Utrillos. Nach 1930 beschränkte er sich fast ganz auf das Zeichnen, um erst nach dem 2. Weltkriege die Malerei wieder aufzunehmen. Sein nun entwickelter Stil, eine Art Synthese von →Pittura metafisica und →Konstruktivismus, ist hart und kontrastreich, dabei farbig sehr differenziert. Die Bilder – ausgestorbene Straßenfluchten mit leeren Fensterhöhlen, Ruinen, Schutthalden, Stilleben mit Todessymbolen – erscheinen selbst bei großer Helligkeit düster und bedrohlich.

G. H. Theunissen, W. H. Zeichnungen, 1950; W. Schmalenbach, W. H., Kat. der Kestnerges. Hannover, 1957; F. Baumgart, W. H., Kat. d. Ausstllg. Hamburg, 1961.

Helices, die an den vier Ecken des korinth. Kapitells aufsteigenden, in einer Volute endigenden und mit dieser die Deckplatte stützenden Ranken (Abb. →Säulenordnung).

Helios, der griech. Sonnengott, bei Homer noch Hyperion. Er wird als Jüngling mit Strahlenkrone gedacht, erst später erhält er den Sonnenwagen, den er über den Himmel lenkt und mit dem sein Sohn Phaeton (ursprünglich ein Beiname des Sonnengottes) abstürzt. H. im Sonnenwagen wird erst seit dem 5. Jh. dargestellt, öfter auf Vasen, am großartigsten beim Auftauchen aus dem Meere im Ostgiebel des Parthenon. Plastische Bilder des H. sind selten. Von dem berühmten Koloß des Erzgießers Chares von Lindos am Hafen von Rhodos haben wir keine Vorstellung; die um 290 geschaffene, über 30 m hohe Statue wurde einige Zeit später durch ein Erdbeben umgeworfen und später eingeschmolzen.

Helldunkel, ital. Chiaroscuro, franz. Clairobscur, das zum Prinzip der Bildgestaltung erhobene Gegeneinanderwirken von Hell und Dunkel in Malerei und Graphik. Es bedingt weitgehende Aufgabe der Lokaltöne und opfert zeichnerische Schärfe dem im eigentlichen Sinne malerischen Reiz, wie er durch die Polarität von Licht und Schatten mit ihren Abstufungen hervorgerufen wird. Die Helldunkelmalerei beginnt bei Correggio, wird von Caravaggio ausgebildet und von diesem mittelbar durch Rembrandt übernommen, der ihre letzten Möglichkeiten entwickelt hat.

W. L. Strauß, Clair-Obscur. Der Farbholzschnitt i. Dtschld. u. d. Niederlanden i. 16. u. 17. Jh. (ges. Kat.), 1973.

Helldunkelschnitt →Holzschnitt.

Hellenistische Kunst, die Kunst aus der Zeit der griech. Geschichte, die zwischen Alexander und Augustus liegt. Als allgemeines Merkmal der H. K. kann gelten, daß sie nach jeder Richtung über das Klassische hinauswächst, dabei aber zugleich die Geschlossenheit der Form vollkommen sprengt. Am deutlichsten ist das vielleicht in der Baukunst, wo schon im 4. Jh. das immer neue Durchbilden von Typen aufgegeben wird zugunsten eines größeren Reichtums der Formen, die nun allein eine dekorative Umkleidung der Zweckform des Bauwerkes bilden. Von einem klassischen Bau läßt sich die Fassade nicht lösen, weil sie mit jeder Seite des Bauwerkes und mit seinem inneren Kern durch plastische Gesetze so verbunden ist, daß die Fortnahme das Ganze zerstören würde. Die Front eines hellenistischen Theaters aber läßt sich vor ein monumentales Tor setzen, ohne daß ein unorganisches Gebilde entstehen würde. Die plastische Figur, die im klassischen Zeitalter entweder vollkommen in sich selbst ruhte oder der Baukunst untergeordnet war, sucht nun nach Beziehungen zu anderen Bildwerken; es entstehen freiplastische Gruppen, genau wie ganze Gruppen von Gebäuden jetzt zum ersten Male sinnvoll nebeneinander angeordnet werden (Galliergruppen, Bauten auf der Burg von Pergamon). Die Grundlagen dieser Haltung liegen vielleicht schon in der systematischen Planung ganzer Städte (Piräus durch Hippodamos von Milet, Priene, Alexandria), während früher auch die Städte samt ihren Märkten, Heiligtümern und Privathäusern organisch zusammengewachsen sind. Die Kunstschulen der Zentren des griech. Festlandes lösen sich auf, am frühesten im O, wo durch die Eroberung Kleinasiens durch die Perser ähnliche Verhältnisse entstehen wie später im Alexanderreich. Die früher nur in den Kunstschulen vererbten und weitergebildeten Stilelemente werden nun vogelfrei, man mischt sie miteinander und erzeugt durch diese Mischung auch neue Formen; aber diese erhalten einen internationalen Charakter, der zugleich ihre Widerstandskraft gegen die Einflüsse fremdartiger Geisteshaltung schwächt. In weit höherem Maße als früher ist die griech. Kunst jetzt d. individuellen Machtwillen Einzelner dienstbar, ihre Aufgaben werden denen der Kunst bei den Völkern des Alten Orients angeglichen. Riesige →Grabdenkmäler entstehen, Paläste, wie es sie in Griechenland nie gab, und das Bildnis gewinnt außerordentlich an Bedeutung. Nur da, wo es einzelnen mächtigen Fürsten gelingt, eine Anzahl tüchtiger Künstler für große Aufgaben längere Zeit zu fesseln, kann man noch von einem einheitlichen Stil reden (→Pergamenische Kunst), aber es scheint, als habe man diese späten Kunstschulen, vor allem die alexandrinische, früher stark überschätzt, denn ihre Elemente wird man in fast jedem Falle auch an anderen Orten nachweisen können. Gegen diese Auflösung stellt sich ganz am Ende des Hellenismus eine Richtung, die in klassizistischer Gesinnung sich an den Vorbildern der alten Zeit neu orientiert, die neuattische Kunst, deren Anfänge in Athen zu Hause sind. Sie hat unter Augustus die röm. Kunst aus den engen Fesseln des Bildnisses und der nur historischen Darstellung gelöst, wenn sich auch schon vorher, bes. in der Baukunst, Anlehnungen an griech. Gestaltungen bemerkbar machen. Im großen dekorativen Stil, im Bauornament und in der Plangestaltung riesiger Platzanlagen und Heiligtümer hat die röm. Kunst sich nie ganz von den Vorbildern des Hellenismus lösen können.

Eine befriedigende Darstellung der hellenistischen Kunst gibt es bisher nicht. Siehe vorläufig: A. Springer, Die Kunst des Altertums, nach A. Michaelis, bearb. von P. Wolters, [12]1923; Dickins, Hellenistic Sculpture, 1920; Lawrence, Later greek Sculpture, 1927; Th. Fyfe, Hellenistic Architecture, 1936; W. Zschietzschmann, in Handb. d. Kunstwissenschaft, Antike Kunst, Bd. II, 2, 1939; E. Buschor, Das hellenist. Bildnis, 1949; Margarete Bieber, The Sculpture of the Hellenistic Age, 1955; W. Fuchs, Die Vorbilder der neuattischen Reliefs, 1959; Christine M. Havelock, H. K., 1971.

Heller, Bert, Maler, * 30. 3. 1912 Aachen, † 29. 4. 1970 Berlin, Schüler von →Ehmsen. Lehrer an der Hochschule für angewandte Kunst in Berlin-Weißensee. Eine Studienreise nach China 1954 gab ihm mannigfache Anregungen. Hervorzuheben sind seine streng sachlichen Bildnisse (Bert Brecht, Helene Weigel), in denen sich wohldurchdachte Bildstruktur mit zurückhaltender, aber eigenartig vibrierender Farbigkeit verbindet.

H. Jähner, B. H., 1959; G. Geyer u. K. E. Müller, Ausst.kat. B. H., Akad. d. Kste. Berlin, 1965.

Helmkleinod →Wappen.

Henkelkreuz →Kreuz.

Henri-deux-Fayencen, franz. Fayencegefäße, auch Leuchter, die von einem unbekannten Meister in St-Porchaire und Oiron (Charente-Inférieure) etwa 1525–55 hergestellt wurden. Sie sind sehr selten und bilden eine ganz selbständige Gruppe. Ihre Besonderheit sind maureskenartige Verzierungen, dunkel in die hellen Töne eingelegt und mit Bleiglasur überzogen. Außerdem sind sie mit Figuren, Masken, Voluten, Girlanden usw. verziert.

Henri-deux-Stil, selten angewandte Bezeichnung für die in der Regierungszeit Heinrichs II. von Frankreich(1547–59) endgültig vollzogene Hinwendung der franz. Kunst zur Renaissance durch Baumeister wie Lescot und Delorme und Bildhauer wie Bontemps, Goujon und Pilon.

Hera, griech. Göttin, in ihrem ursprünglichen Wesen undeutlich, später Gattin des Zeus. Ihr Kult verbreitet sich von Argos um 900 nach Samos, erst gegen 700 nach Olympia (an diesen Orten die berühmtesten Heratempel). Sehr frühe, noch brettförmige Kultbilder sind überliefert, aber nicht erhalten. Die älteste Statue ist die von Cheramyes aus Samos geweihte, jetzt im Louvre zu Paris befindliche Figur mit rundem Unterkörper (550). Von Kopien nach Werken des 5. Jh. werden einige ohne Sicherheit auf Herastatuen zurückgeführt, so der schöne Kopf des Neapler Museums (Hera Farnese). Von dem Goldelfenbeinbild des Polyklet in Argos geben Münzbilder so gut wie keine Vorstellung. In der von Goethe hochgeschätzten Hera (Juno) Ludovisi, jetzt im Thermenmuseum zu Rom, ist ein Bildnis der Antonia Augusta erkannt worden.
Von der Würde griechischer Herabilder gibt allein eine schöne Metope des Tempels der Göttin in Selinunt (um 460) eine Vorstellung.

Oxford Classical Dictionary, 1953.

Herakles, der bedeutendste Nationalheros der Griechen. Er galt als Sohn des Zeus und der Alkmene. Schon als Kind besiegte er die beiden Schlangen, die Hera gegen ihn ausgesandt hatte. (Diese Szene oft in der Malerei und Plastik dargestellt.) Unter den zahlreichen H.-Mythen sind am bekanntesten die Arbeiten, die er für den König Eurystheus ausführen mußte. Es sind jeweils 12 Arbeiten, doch ist ihre Art und Reihenfolge in den einzelnen griech. Landschaften verschieden. Gewöhnlich sind es folgende: 1. Erlegung des memeïschen Löwen. 2. Kampf mit der lernäischen Hydra. 3. Fang der kerynitischen Hirschkuh. 4. Erlegung des erymantischen Ebers. 5. Reinigung der Ställe des Augias. 6. Verscheuchung der stymphalischen Vögel. 7. Fang des Stieres des Minos. 8. Holen der Pferde des Diomedes. 9. Erbeutung des Wehrgehenks der Amazonenkönigin Hippolyte. 10. Kampf mit dem Riesen Geryon um dessen Rinder. 11. Holen der goldenen Äpfel der Hesperiden. 12. Holen des Kerberos aus der Unterwelt. Sie sind oft ein Vorwurf für die Kunst gewesen, so mehrfach als Metopenreliefs (Olympia, Zeustempel, und sog. Theseion in Athen). Es ist wohl bes. der attischen Komödie zuzuschreiben, daß H. im Hellenismus zu einer komischen Figur wird, die ihre drastischen Wiedergaben in der alexandrinischen Kunst gefunden hat. Doch hat sich seine Bedeutung bis in röm. Zeit erhalten, da sich manche Kaiser (z.B. Commodus) in seiner Gestalt plastisch darstellen ließen.

Schweitzer, H., 1922; Herbig, H. im Orient, 1937 (Corolla L. Curtius); M. Launey, Le sanctuaire et le culte d'Héracles, 1944; F. Brommer, H. Die 12 Taten des Helden in antiker Kunst u. Literatur, 1953.

Heraldik →Wappen.

Herculaneum, antike Hafenstadt am Golf von Neapel, wurde durch den Vesuvausbruch im Jahre 79 n. Chr. mit Pompeji zusammen verschüttet. Die seit dem 18. Jh. betriebenen Ausgrabungen sind schwieriger als in Pompeji, da über H. auch Schlamm und Lavaströme flossen. Neben öffentlichen Gebäuden, darunter einem Theater, hat man bes. Villen gefunden, deren eine einen großen Teil der Bronzen des Neapler Museums und viele Wandbilder geliefert hat. Die neuen Grabungen haben dank der verbesserten Methoden zweistöckige Häuser im alten Zustand erhalten können.

E. C. Corti, Untergang u. Auferstehung von Pompeji u. H., [7]1951; A. Maiuri, Ercolano, 1958; Ders., E. I Nuovi Scavi, Bd. 1, 1959; E. Kusch, H., 1960.

Hering, Loy, Bildhauer, * 1484/85 Kaufbeuren, † bald nach 1554 Eichstätt, tätig in Augsburg und seit 1513 in Eichstätt, einer der reinsten Vertreter der renaissancemäßigen Richtung der dt. Bildnerei, der aber sehr zu kleinbildnerischem Schaffen neigte. Sein bevorzugter Werkstoff war Solnhofer Kalkstein. Hauptwerk ist das Sitzbild des heil. Willibald (1514; Eichstätt, Dom), von einfacher Größe der Form und Innerlichkeit des Ausdrucks.

F. Mader, L. H., 1905; Th. Neuhofer, G. v. Eyb, Fürstbischof von Eichstätt, 1934; E. Kahl, Dürer-Nachfolger in der Reliefplastik, unter bes. Berücks. des L. H., 1940; A. Herrmann, L. H. u. Chr Rodt in Elchingen (Ztschr. f. Kstwiss. 4) 1950; R. Milesi, L. H. (Carinthia 1, 149) 1959; P. Reindl, Studien zu L. H., Diss. Erlangen, 1970; P. Reindl, L. H. Zur Rezeption d. Renaiss. in Süddtschld., 1977.

Herkomer, Johann Jakob, dt. Barockbaumeister, * 1648 (Füssen?), † 1717 Füssen, wird – obwohl nicht aus Vorarlberg stammend – der → Vorarlberger Bauschule zugerechnet. Er muß in besonderem Maße als Übertrager aber auch Veränderer der ital. Baugesinnung diesseits der Alpen angesehen werden. Von 1668–94 lebte H. in Venedig. In Deutschland sind seine Hauptwerke St. Mang in Füssen/Allgäu, 1701 bis 1715; Pläne für St. Jakob in Innsbruck, 1712, erbaut 1717; Umbau der Hl.-Kreuzkirche in Augsburg. Auch beim Bau der Klöster Ottobeuren und Weingarten hat er mitgewirkt. Sein Einfluß und Wirken ist noch nicht restlos erforscht, war aber offensichtlich bedeutend.

J. Trautmann, J. J. H., 1941; E. Faldon, Architettura barocca in alta Baviera e alta Suevia, Diss. Univ. Venedig, 1982.

Herlin, Friedrich, Maler, * um 1435 Rothenburg, † 1499/1500 Nördlingen, nachweisbar das. seit 1461, stand wie viele dt. Maler der Zeit unter der Einwirkung Rogiers. Sie ist in seinem Hochaltar der Jakobskirche in Rothenburg (1466 bis 1467) noch verhalten, um im Blasiusaltar in Bopfingen (1472) stärker hervorzutreten und im Hochaltar der Georgskirche in Nördlingen (1477/78), noch mehr im Altarbild „Maria mit Heiligen und Stiftern" (1488; Nördlingen, Rathaus) wieder nachzulassen und beruhigten Formen Raum zu geben.

F. Haack, F. H., 1900; Buchner, Die Werke F. H.s, 1923 (Münchener Jahrb. d. bildenden Kunst, Bd. 13); K. Martin, Ein unbek. Altar v. F. H. u. seine Herkunft, (Münchner Jb. d. bild. Kst. 3, 2)

1951; A. Stange, Die Malerei d. Gotik, Bd. 7/1957.

Herme, rechteckiger Schaft, der oben einen Kopf trägt, unten auf der Vorderseite die Zeichen der

Herme

Männlichkeit. Ursprünglich ist auf diese Weise sicher nur der Gott →Hermes dargestellt worden, wenn auch die Herkunft des seltsamen Typus noch unklar ist. Später hat man ihn zum Träger von Porträtköpfen bestimmt, wobei der Schaft die Namensaufschrift trägt. Als Doppelhermen sind in ihrem Wesen zusammengehörige bedeutende Männer (Dichter usw.) oft in Privathäusern und Bibliotheken aufgestellt worden. Die röm. Büste hat mit der Herme ursprünglich nichts zu tun.

R. Lullies, Die Typen der griech. H., Diss. Königsberg, 1931.

Hermes, röm. Merkur, ein sehr alter griech. Gott, dessen Heimat wahrscheinlich Arkadien ist, wo er unter der Form von Steinpfeilern verehrt wurde. Daraus ist später wohl die →Herme entstanden. Schon im homerischen Hymnus gilt er als Sohn des Zeus und der Maia, auch seine Neigung zu listigen Bosheiten besteht schon früh, sie äußert sich in den Geschichten vom Rinderdiebstahl. Vielleicht hat ihn dieser Charakterzug zum Götterboten gemacht. Ziemlich früh ist aber auch seine Verbindung mit Apollon, mit dem er auch im Kult oft vereint war. Seinem alten Wesen entsprechend gilt er zugleich als Schutzgott der Herden und als Wegegott, weshalb seine Bilder an den Straßen standen. Sein Heroldsstab (Kerykeion) ist wohl ursprünglich eine Art Zauberstab, die Flügelschuhe und den Reisehut (Petasos) erhält er als schnell beweglicher Bote. In der archaischen Kunst ist H. wie andere Götter bärtig dargestellt, später erhält er jugendliche Bildung. Die bekannteste Statue des H. ist die des →Praxiteles, aus der neueren Kunst die des Giovanni da →Bologna.

Roscher, Lexikon der Mythologie; P. Zankel, Wandel d. Hermesgestalt i. d. attischen Vasenmalerei, 1965.

Heroische Landschaft →Landschaftsmalerei.

Heroldskunst →Wappen.

Herrera, Juan de, span. Baumeister, * Mobellan (Asturien) um 1530, † 15. 1. 1597 Madrid, erster Baumeister Philipps II., Vertreter der strengen und ernsten Richtung der span. Renaissance, die wegen ihrer Sparsamkeit der Schmuckformen auch Desornamentadostil genannt wird. Sein Hauptwerk ist der von seinem Lehrer Juan Bautista de Toledo begonnene und von ihm vollendete →Escorial.

A. Ruiz de Arcante, J. de H., 1936 (span.); M. Lopez Serrano, Trazas de J. de H., 1944 (span.); F. Chueca Goitia, Architectura del siglo XVI, Ars Hispanica Bd. XI, 1953; G. Kubler u. M. Soria, Art and Architecture in Spain, Portugal . . . 1500–1800, 1959.

Herz-Jesu-Bild, Darstellung des Heilands mit dem von einer Gloriole umstrahlten Herzen auf der Brust. Dieses bis in die Gegenwart bes. als →Devotionalie beliebte H. im eigentlichen Sinn gibt es erst seit dem 18. Jh., doch kennt bereits das ausgehende Mittelalter die Darstellung (bes. als Holzschnitt) des Herzens Jesu (von der Dornenkrone umgeben und von Nägeln durchbohrt) als Symbol der Liebe Jesu zu den Menschen und als bildlichen Niederschlag der Herz-Jesu-Verehrung.

K. Richstätter, Die H.-J.-Verehrung des dt. Mittelalters, [2]1924; M. Hartig, Das dte. H., (Das Münster 2) 1948.

Hethitische Kunst. Die Anfänge der H. K. liegen noch im Dunklen. Die Hethiter sind um 2000 in Kleinasien eingewandert, man hält sie für einen indogerman. Stamm, der sich jedoch rasch mit kleinasiatischem Blut mischte. Um 1800 gibt es in Nordsyrien, das zeitweise hettitisch war, einige plastische Werke, die ägypt. Einfluß zeigen, aber im Wesen doch anders als ägypt. Werke z. T. kraftvoller, aber auch roher sind. Dieser Stil, dessen Fortsetzung vorläufig nur auf Siegelzylindern zu erfassen ist, tritt um 1600 auch im Zentrum des hett. Reiches (Chattusas) auf, dem heutigen Boghasköj bei Ankara. Dort ist an der Stadtmauer das Relief eines Königs oder Gottes angebracht, das bedeutendste Werk der H. K. In Boghasköj sind mehrere Bauwerke aufgedeckt worden, darunter eine große Palastanlage, die von allen mittelmeerischen Palästen verschieden ist. In Jasilikaja, nahe bei Boghasköj, befinden sich große Zyklen von Felsreliefs mit Bildern von Göttern, Königen und Kriegern, die etwas jünger als der Torgott sind und um 1400 entstanden sein werden. Die spätere H. K., die vor allem in Nordsyrien (Marasch, Sendschirli, Tell Halaf) faßbar ist, entartet völlig. Seit etwa 1200 kommt auf Reliefs und Stelen eine eigentümliche Bilderschrift vor, die noch nicht völlig gedeutet ist. Sie weicht bei den spätesten Beispielen der H. K. der aramäischen Schrift. Während die ältere H. K. bis auf den nur am Anfang zu spürenden ägypt. Einfluß ziemlich selbständig ist, und nur an ganz wenigen Punkten mesopotamische Elemente übernimmt, ist die spätere mehr von Assyrien abhängig.

Moortgat, Die bildende Kunst des Alten Orients und die Bergvölker, 1932; Bittel, Güterbock u. Neumann, Boğazköy, 2 Tle., 1935–38; Margarete Riemschneider, Die Welt der Hethiter, 1954; M. Vieyra, Hittite Art 2300–750 B. C., 1955; R. Naumann, Architektur Kleinasiens von ihren Anfängen bis zum Ende d. hettit. Zeit, 1955; Kunst und Kultur der Hethiter, Ausst. Kat. Köln, Wallraf-Richartz-Museum, 1961; E. Akurgal u. M. Hirmer, Die Kst. d. Hethiter, 1961, [2]1976; Th. Beran, Die hethit. Glyptik, 1965; K. Bittel, Die Hethiter, 1976.

Heuneburg b. Hundersingen → Hallstadtkunst.

Heyde, Henning von der, Bildschnitzer, 1487 in Lübeck nachweisbar, † 1536 das. Er steht Bernt →Notke nahe, der vielleicht sein Lehrer war, und ist über diesen hinaus zu größerer Klarheit und ruhigerer Plastizität der Form gelangt. Hauptwerke sind die St. Jürgengruppe (1504; Lübeck, St. Annenmus.) und die von innerer Größe erfüllte Johannesfigur in der Lübecker Marienkirche.

F. Bruns, Meister Bernt Notkes Leben, 1923; J. Roosval, H. v. d. H., 1936 (Konsthistorik Tidskrift, Bd. 5; mit engl. Zusammenfassung); W. Paatz, Bernd Notke u. sein Kreis, 2 Bde., 1939; M. Hasse, Lübecker Maler u. Bildschnitzer um 1500, (Niederdt. Beitr. z. Kstgesch., 3) 1964.

Hiddensee, Goldschatz von, größter wikingischer Goldfund Deutschlands (Stralsund, Mus.). Der in den Jahren 1872–74 durch wiederholte Sturmfluten aus seinem ursprünglichen Versteck ausgespülte Schatz umfaßt: 1 Scheibenfibel (→Fibel) mit Tierornamentik im älteren Jellingestil (→ Germanische Kunst III, 4), 10 kreuzförmige Anhänger und 4 Zwischenstücke von einem goldenen Halsschmuck sowie 1 geflochtenen Goldhalsring. Die Gegenstände gehören der Zeit um 1000 an; sie dürften einer dän. Werkstatt zuzuschreiben sein.

P. Paulsen, Der Goldschatz von H., 1936.

Hieronymus, Heiliger, † 420, der in der Kunst am häufigsten dargestellte der vier großen lat. Kirchenväter. Weil er einem Löwen einen Dorn aus dem Fuß gezogen haben soll, ist er in der Regel von einem Löwen begleitet, der ihm zu Füßen oder in seiner Nähe liegt oder an ihm emporspringt. Als Einzelgestalt ohne szenischen Zusammenhang tritt H. in Kardinalstracht auf. An Schilderungen aus Leben und Legende kommen am häufigsten vor: 1. H. als Übersetzer der Heil. Schrift, in einer Höhle, Zelle oder Stube sitzend. Die schönste aller dieser Darstellungen ist Dürers bekannter Kupferstich „H. im Gehäus". 2. H. als Büßender in der Einöde, halb nackt, abgemagert vor dem Kruzifixus kniend, die Brust mit einem Stein schlagend. Letzteres Thema ist bes. im Barock beliebt, ersteres in der Renaissance.

Annie Strümpell, H. im Gehäus, 1925 (Marburger Jahrb. f. Kunstwissensch. 2); O. Pächt, Zur Entstehung des „H. im Gehäus", 1963 (Pantheon, 21. Jahrg.); R. Jungblut, H. Darstellung u. Verehrung ein. Kirchenvaters, Diss. Univ. Tübing., 1966.

Hildebrand, Adolf von, Bildhauer, * 6. 10. 1847 Marburg, † 18. 1. 1921 München, Schüler von Kreling in Nürnberg und Zumbusch in München, tätig in Berlin, seit 1873 in Florenz, seit 1892 in Florenz und München, befreundet mit Hans v. Marées und Konrad Fiedler, die beide für seine Kunst bestimmend wurden. H. ist der Hauptvertreter jener Richtung der dt. Bildnerei des späteren 19. Jh., die im Gegensatz zu dem das bildnerische Schaffen Europas weithin beherrschenden naturalistischen Neubarock nach Einfachheit, klarer Überschaubarkeit, Erhebung des Individuellen zum Allgemeinen und nach einer Gesetzmäßigkeit strebte, die sich die klassische Antike und die ital. Frührenaissance zum strengen Vorbild nahm. – Zahlreiche Bildnisbüsten, Reliefs, Plaketten; monumentales Hauptwerk: der Wittelsbacher Brunnen in München. – Die Fiedlersche Kunstlehre selbständig weiterbildend hat H. seine theoretischen Anschauungen niedergelegt in der kleinen Schrift „Das Problem der Form in der bildenden Kunst" (1893; [9]1914). Diese hat zu ihrer Zeit auf Künstler und bes. auf Kunstgelehrte eine außerordentliche Wirkung ausgeübt und wesentlich zur Ausbildung einer formalistischen Kunstbetrachtung beigetragen. – „Gesammelte Aufsätze" ([2]1916), „A. v. H.s Briefwechsel mit Konrad Fiedler" (hg. von Jachmann, 1927); A. v. H. und seine Welt. – Briefe u. Erinnerungen, hg. v. B. Sattler, 1962.

A. Heilmeyer, A. v. H. 1922; W. Hausenstein, A. v. H., 1947; G. Albrechts-Kirchinger, H.s Brunnenschöpfungen f. München (Festschr. Kronprinz Rupprecht v. Bayern) 1954; J. Geissler, Die Kstrheorien v. A. v. H., 1963; H. Bock (Hg.), A. v. H. Gesammelte Schriften z. Kst., 1969.

Hildebrand(t), Johann Lukas von, Baumeister, * 14. 11. 1668 Genua, † 16. 11. 1745 Wien, Schüler von Fontana, seit 1701 im kaiserl. Dienst in Wien, ist neben dem etwas älteren Joh. Bernh. Fischer v. Erlach der Hauptmeister der ersten Generation großer Architekten, die den um 1700 einsetzenden Aufstieg der dt. Barockbaukunst im S und SO des Reichs entscheidend gefördert haben. Seine Bauten sind im Unterschied zu den strengeren und monumentaleren Fischers v. Erlach festlicher und heiterer, lebhafter auch im Ornamentalen. Seine Eigenart kam nach einer Reihe von Frühwerken 1706 mit dem Palais Schönborn in Wien zum Durchbruch. Hauptwerk ist das für den Prinzen Eugen erbaute Untere und Obere Belvedere in Wien (1714–24). Zu nennen sind ferner das Palais Daun-Kinsky, das. (1713–16), sein genial erdachter, aber nur z. T. ausgeführter Bauplan für Stift Göttweig, der Umbau des Schlosses Mirabell in Salzburg mit seiner herrlichen Treppe, die Mitwirkung an Schloß Pommersfelden und vor allem an der Würzburger Residenz.

B. Grimschitz, J. L. v. H., ²1959; P. Voit, Unbekannte Pläne J. L. v. H.s u. der Neuaufbau d. Stiftes Göttweig 1719–46 (in: Wiener Jb. f. Kunstgesch. XXVIII), 1975; W. G. Rizzi, J. L. v. H., 1982/83 (neueste Forschgn. des Inst. für Kunstgesch. u. Denkmalpflege der Techn. Univ. Wien).

Hildesheim, Sankt Michael, flachgedeckte Basilika mit Chor und Querhaus im O und W, 2 Vierungstürmen und einem Paar frontaler Treppentürme an jedem Querhaus (im ganzen also mit 6 Türmen), 1010 von Bischof Bernward (→Bernwardskunst) gegründet, 1033 vollendet; der in jeder Hinsicht bedeutendste frühroman. Bau Deutschlands. Der feierliche Innenraum mit dem phantasievollen Aufbau von je 2 übereinanderliegenden Emporen in den Querhausarmen, den „Engelschören" (nur im NW erhalten), und dem warmen Wechsel von rotem und gelbem Stein ist der Inbegriff ottonischer Baukunst. Im dreijochigen Langhaus tritt zum erstenmal der doppelte Stützenwechsel auf. Die Säulen trugen hier ursprünglich schwere Würfelkapitelle. Unter Bischof Adelog (1171–90) wurden diese Säulen z. T. ausgewechselt und mit neuen, sehr reichen Kapitellen Königslutterer Richtung versehen. Zu Anfang des 13. Jh. erhielt die hölzerne Flachdecke des Mittelschiffs in ihrer ganzen Ausdehnung ein Deckengemälde, eine „Wurzel Jesse". Von der Ausstattung ist nur wenig bewahrt geblieben: am wichtigsten die nördl. Chorschranke mit Plastik und Ornamentik um 1200. Im 17. Jh. wurden Ostchor und beide Vierungstürme abgebrochen; wegen weiterer Beschädigungen wurde im 19. Jh. sogar der Abbruch der Kirche erwogen. Für die Wiederherstellung des alten Zustandes machten die schweren Zerstörungen des 2. Weltkrieges den Weg frei.

Zeller, Die Kunstdenkmäler der Prov. Hannover, II, 4, Stadt Hildesheim, Kirchenbauten, 1911; Kautzsch, St. M. zu H., 1922 („Alt-Hildesheim", Heft 4); Fuchs, Der Hildesheimer Dom, Bd. 1, 1933; H. Beseler u. H. Roggenkamp, Die Michaeliskirche in H., 1953; O. Kappa, Die Kirche St. Michael zu H., 1961; J. Sommer, Das Deckenbild d. Michaelskirche z. H., 1966; ders., St. Michael zu H., 1977.

Hildesheimer Bronzetür →Bernwardskunst.

Hildesheimer Silberfund, das Tafelsilber eines vornehmen Römers (man hat an Varus gedacht), das 1868 bei H. gefunden wurde.

Die Trinkbecher, Schalen mit Reliefschmuck und anderem Geräte, darunter ein Serviertisch, sind hervorragend erhalten u. befinden sich i. Berlin, Staatl. Museen. Die meisten Fundstücke sind italienischer Herkunft und dürften in der frühen Kaiserzeit entstanden sein. Einige hohe Becher mit flachem Relief sind im Stil oberital.-gallischen Kunsterzeugnissen verwandt.

Penice-Winter, der H. S., 1901; F. Drexel, Das Alter des H. S.s, 1927 (Germania 11); U. Gehrig, H. S. i. d. Antikenabt. Berlin (Bilderhefte d. Staatl. Museen Berlin 4) 1967.

Himmelfahrt, 1. Christi, seit dem 4. Jh. dargestellt in Relief und Buchmalerei (Elfenbeintafel im Bayr. Nationalmus. in München), seit dem 9. Jh. auch in der monumentalen Malerei (S. Clemente in Rom): Christus schreitet auf Wolken empor und ergreift die Hand Gottes, die ihn hinaufzieht, oder er wird von Engeln emporgetragen. Seit der Gotik, bes. eindringlich seit Giotto, wird Christus aus eigener Kraft in den Himmel schwebend dargestellt. Die neuere Kunst (seit der Renaissance) hat die zurückbleibenden, Christus nachblickenden Apostel mannigfach gruppiert und sie im einzelnen durch Haltung, Stellung, Gebärde und Gesichtsausdruck eingehend charakterisiert.

S. H. Gutberlet, Die H. Christi in der bildenden Kunst, 1934; H. Schrade, zur Ikonograph. d. H. Christi (Vorträge), 1930; A. Weis, Die H. am Straßburger Münster (in: Das Münster, 4) 1951.

2. Mariä, lat. Assumptio, ital. Assunta, Assunzione, seit dem frühen Mittelalter so gegeben, daß Maria auf einer Wolke oder von Engeln emporgetragen wird; häufiger erst im 14. Jh. (bes. in der ital. Malerei), zuweilen in Verbindung, mit der →Marienkrönung, später auch in Verbindung mit der Gürtelspende: Maria reicht im Emporschweben ihren Gürtel dem ungläubigen Thomas. Die zurückbleibenden Apostel sind seit der Renaissance ähnlich behandelt wie bei der H. Christi.

E. Staedel, Ikonographie der H. Mariens, 1935; H. Feldbusch, H. M., 1951; H. Schnell, Die Darstellg. v. „Mariä H." im süddtn. Barock (Das Münster, 4) 1951; K. Oettinger, Zur Assunta-Phase in Dtschld. (in: Festschr. P. Metz) 1965.

Hinkelstein-Keramik, Kulturgruppe der →Jungsteinzeit, dem →Donauländischen Kreis zugehörig, hauptsächlich am Mittelrhein verbreitet (der namengebende Fundort liegt bei Worms). Leitformen der Tonware sind →Kumpfgefäß und Fußbecher; die Verzierung besteht in umlaufenden Winkelbändern, Wolfszahnmustern oder rautenartigen Motiven.

W. Buttler, Der donauländ. u. der nord. Kulturkreis der jüng. Steinzeit, 1938 (Handb. der Urgesch. Deutschlands, Bd. 2).

Hinterglasmalerei, die Malerei auf der Rückseite einer Glastafel, durch die hindurch sie gesehen wird. Das deckend gemalte Hinterglasbild wirkt also nur im auffallenden und nicht im durchscheinenden Licht wie das Glasgemälde. Zuerst werden die Konturen über einer unter die Glastafel geschobenen Aufzeichnung mit Wasserfarben, Zinnober oder Sepia aufgetragen. Sie wird dann mit kräftigen Deckfarben (Öl oder Tempera) koloriert, oder in Annäherung an die Technik der Tafelmalerei in Primamalweise oder unter Verwendung von Lasuren so ausgemalt, daß Abschattierungen entstehen. Zuletzt wird mit einer Grundierfarbe abgedeckt. Das Hinterglasbild ist also eine Malerei in umgekehrter Schichtenfolge.

Seine Wirkung kann noch gesteigert werden durch Versilberung oder Vergoldung einzelner Teile oder durch Hinterlegung von Lasurfarben mit einer glänzenden Metallfolie. Haben einzelne Teile der Glasflächen an Stelle der Bemalung nur eine spiegelnde Metallfolie (Zinn, Silber), so spricht man auch von Spiegelmalerei. Ist die gesamte Glasfläche von einer solchen Folie bedeckt, und ist die Zeichnung in sie nur eingeritzt und mit schwarzem Lack oder Ruß opak gemacht und damit zugleich gegen den Grund abgehoben, so spricht man von einer Glasradierung. Eine Sonderart ist das →Eglomisieren.

Die Geschichte der H. ist in ihrer zeitlichen und räumlichen Ausbreitung heute noch nicht zu übersehen. Ihre Anfänge lassen sich bis in die späthellenistische Zeit zurückverfolgen. Das Verfahren ist dem der antiken →Goldgläser (Zwischengoldgläser) verwandt. Ein Hauptstück ist das Gruppenbildnis einer Frau mit zwei Kindern (4. Jh. n. Chr.; Brescia, Museo civico). Aus der „Schedula“ des →Theophilus geht hervor, daß zu seiner Zeit (um 1100) die H. geübt wurde. Die ältesten erhaltenen Hinterglasbilder des Mittelalters stammen aus dem 14. Jh., und zwar sind mehrere ital. und ein dt. bekannt: Christus am Kreuz zwischen Maria und Johannes, umgeben von symbolischem Beiwerk (um 1330; Schwerin, Staatl. Mus.). Die meisterhafte technische Ausführung dieses frühesten dt. Hinterglasbildes läßt auf eine längere Entwicklung schließen, deren Etappen uns nur nicht bekannt sind. Die große Zeit der H. setzt aber erst um 1500 ein in Deutschland, den Niederlanden, Italien und auch Spanien. Hergestellt wurden Andachtsbilder, Votivtafeln, Kußtafeln, Anhänger, kleine Tafeln zum Einlegen in Kreuze und Reliquiare; inhaltlich überwiegen die bibl. Darstellungen, daneben gibt es auch Bildnisse, Wappen u. dgl. In der Komposition wird gern der Anschluß an bedeutende Vorbilder gesucht (z. B. an Kupferstiche von Dürer). Im weiteren Verlaufe des 16. Jh., in dem die H. hinsichtlich des Reichtums malerischer Mittel ihren Höhepunkt erreichte, werden auch kunstgewerbl. Gegenstände mit Hinterglasbildern geschmückt, so Teller, Schüsseln, Prachtgefäße jeder Art (bedeutende Beispiele von Christoph Jamnitzer aus dem Anfang des 17. Jh.). Auch im 17. Jh. hielt sich die H. noch auf beträchtlicher Höhe, um im 18. Jh. zunächst zu einer Massenproduktion überzugehen und damit allmählich abzusinken. Bestimmte Themen (bibl. Darstellungen, Allegorien, Landschaften, Genrebilder usf.) werden in bestimmten Formulierungen ständig wiederholt – Schematismus und Formenverfall waren die Folge. Eine gewisse Erneuerung trat ein, indem die H., die bisher im wesentlichen der Sphäre bürgerlicher Kunst angehörte, im 2. Viertel des 18. Jh. zur Volkskunst wurde. Bäuerliche Handwerker, die jedoch kaum nach eigenen Erfindungen arbeiteten, vereinfachten sie in echt volkskünstlerischem Sinn, führten sie auf die Grundelemente starkfarbiger Flächen und einfacher Umrisse zurück und machten ihre Erzeugnisse in den Bauernstuben vieler dt. Gaue heimisch, namentlich im Süden. In dieser Gestalt hat sich die H. auch im 19. Jh. gehalten, wurde zuletzt aber vornehmlich nur noch in den Gebieten gepflegt, die vor der Industrialisierung einigermaßen bewahrt geblieben waren (Bayern, Tirol). Gegen Ende des 19. Jh. hat ihr der billige Öldruck stärksten Abbruch getan, so daß es ständig arbeitende Werkstätten der H. heute nicht mehr gibt. Eine Wiederbelebung hat in neuerer Zeit Franz Marc und sein Kreis versucht.

E. Wessels, Die H., Anleitung zur Herstellung, 1913; K. Hahm, Dt. Volkskunst, 1928; J. M. Ritz, Bauernmalerei, 1935; H. W. Keiser, Die dt. H., 1937; J. Palgen, Expressionistische H., 1937; O. Freytag, H., 1937; O. Keller, Hinterglasbilder, 1948; F. Prodinger, H. aus alter u. neuer Zeit, 1954; J. Vydra, Die H., 1957; F. Knaipp, Hinterglasbilder, 1963; W. Brückner, H. (Keysers Kst.- u. Antiquitätenbuch 3, mit Lit.) 1967; L. Schmidt, H., 1979; Gislind M. Ritz, H. 1972; R. Schuster, Auf Glas gemalt. H. auf Winklarn, 1973; M. Seidel, Ch. Baur, H., 1977; F. Wirtl, H. (hist. Entw. u. Werktechnik), 1977; W. Schwarze, H. aus alter Zeit, o. J.

Hintergrund. Man teilt bei einem auf Tiefraumillusion angelegten Bild, graph. Blatt oder illusionistischen Relief den (illusionistischen) Raum in drei Gründe ein, Vorder-, Mittel- und Hintergrund, die durch Farbe und Zeichnung, durch Figuren und Gegenstände scharf voneinander geschieden sein oder fließend ineinander übergehen können. Daher gibt es in der europ. Malerei einen H. erst seit dem Aufkommen einer raumillusionistischen Durchgestaltung der Fläche, d. h. seit dem 14./15. Jh. Die frühere Malerei kennt keinen H., sondern nur einen Grund (→Goldgrund).

Hippodamos von Milet, griech. Baumeister, der zum erstenmal an Stelle der früheren regellosen, nur von natürlichen Bedingungen abhängigen Entstehung der Straßenzüge einheitliche Planungen für das Bild ganzer Städte durchführte. Von breiteren, sich rechtwinklig schneidenden Hauptstraßen zweigt ein regelmäßiges System von Nebenstraßen ab, die öffentlichen Gebäude sind dem Ganzen planvoll eingefügt. Überliefert ist von ihm die Anlage der Hafenstadt Piräus und der attischen Kolonie Thourioi bei Tarent. Das von H. erfundene System lebt in griech. Neugründungen des Ostens (Priene, Milet) und auch bei röm. Kolonialstädten (Timgad) weiter, letzten Endes noch in modernen Stadtplanungen (Mannheim, New York).

A. v. Gerkan, Griech. Städteanlagen, 1924; G. Strauss, Siedlgs.- u. Architekturkonzeption d. Utopisten (in: Wiss. Zeitschr. d. Humboldt-Univ. Berlin, Ges.-Sprachwiss. Reihe XI), 1962.

Hiroshige, Ando, japan. Maler und Holzschnittmeister, * 1797, † 12. 10. 1858 Edo (Tokyo), hat ganze Serien von Landschaftsholzschnitten geschaffen, die nicht mehr unter dem Rhythmus stilisierter Linien stehen, sondern von oft greller bunter Wirkung sind und nach europ. Weise eine weite Raumperspektive haben.

E. F. Strange, The colour prints of H., 1925; Noguchi, H. and Japanese landscapes, 1936; W. Exner, H. Japan. Landschaftsbilder, 1952; E. Preetorius, H., Landschaften, 1956; Rose Hempel, H., 1959; B. W. Robinson, H., 1963 (engl.); Tamba Tsuneo, H., 1967 (engl.); M. Narazaki, H. 1968 (engl.); ders., Studies in Nature: Hokusai u. H., 1970; S. Schmidt, Kat. d. chines. u. japan. Holzschnitte, Mus. f. Ostasiat. Kst. Berlin (W), 1971.

Hirsauer Bauschule, Sondergruppe innerhalb der roman. Baukunst, die ihren Ausgang von der schwäb. Klosterkirche St. Peter u. Paul in Hirsau (1082–91; zerstört) genommen hat. Diese hat im Unterschied, ja im Gegensatz zu der allmählich zu Mannigfaltigkeit und Aufwand drängenden Romanik der Zeit Vereinfachungen und gewisse Eigenheiten, die in Anpassung an den eigenartigen Ablauf der liturgischen Handlungen der Hirsauer Mönchskongregation und unter Nachwirkung des zweiten Baus von →Cluny entstanden sind. Wesentlich für dieses „Hirsauer Schema" ist, daß zu dem eigentlichen Chorhaus mit seinen Nebenchören noch ein chorus maior in der Vierung tritt (für die Sänger) und ein chorus minor vor der Vierung (für die Nichtsänger). Der östl. Teil der Kirche ist von dem den Laien vorbehaltenen westl. scharf geschieden. Bezeichnend sind ferner Verzicht auf Fassadentürme, Wölbung und Krypta, die Verwendung von Säulen mit Würfelkapitellen, knappe und klare Gliederungsmotive, hervorragende Präzision der Steinbehandlung. Die meisten dieser Baugewohnheiten gab es in Schwaben allerdings bereits vor dem Bau von St. Peter und Paul. Die H. B. hat sich über Mittel- und Süddeutschland verbreitet; auch Österreich ist von ihr berührt. Ihre Forderungen sind freilich oft nur z. T. erfüllt worden, so daß neuerdings behauptet wurde, es habe eine H. B. im eigentlichen Sinn gar nicht gegeben. Nun war sie allerdings zweifellos keine fest organisierte Arbeits- und Ausbildungsgemeinschaft, wohl aber eine Richtung mit mehr oder weniger gemeinsamen Merkmalen ihrer Bauwerke. Hauptbeispiele: die Kirchen in Alpirsbach (seit 1095) und Paulinzella (1107–1124; Ruine).

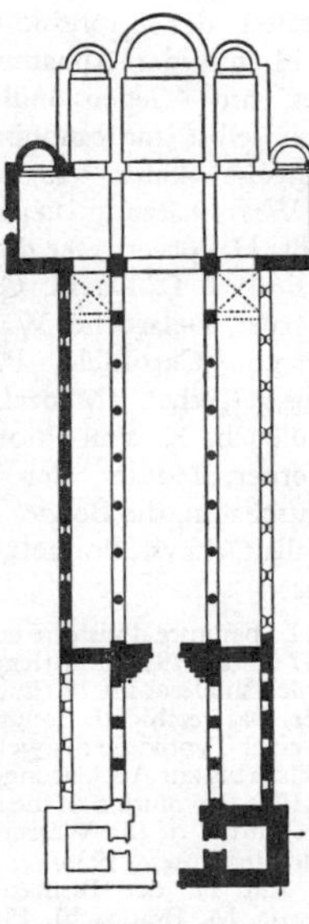

Klosterkirche Paulinzella (Ruine)

A. Mettler Die Kirchen und Klöster der H. und Zisterzienser, 1927; Ders., Kloster Hirsau, 1928; M. Eimer, Über die sogenannte H. B., 1937 (Blätter für Württemberg. Kirchengesch., N. F., Jahrg. 41); W. Hoffmann, Hirsau u. die H. B., 1950; W. Irtenkauf, Hirsau-Gesch. u. Kultur, 1978.

Hirschvogel, Augustin, Graphiker, * 1503 Nürnberg, † 1553 Wien, wo er sich seit 1542 aufhielt. Er hat zahlreiche Radierungen geschaffen: Bildnisse, Wappen, Landschaften von sehr zartem Strich und empfindsamer Haltung im Anschluß an die Donauschule, Ornamentblätter im Grotesken-, Mauresken- und Rollwerkstil ohne eigenschöpferische Bedeutung. Von seiner sonstigen vielseitigen, aber unklar überlieferten Tätigkeit ist die als Leiter einer Töpferwerkstatt in Nürnberg (seit 1525) hervorzuheben. Ihre Erzeugnisse lassen sich jedoch nicht sicher nachweisen, denn die sogenannten Hirschvogelkrüge in Hafnerkeramik mit Reliefdarstellungen auf gefärbten Bleiglasuren stammen z. T. aus der Werkstatt des Nürnberger Hafners Preuning, z. T. aus anderen Werkstätten.

C. Friedrich, A. H. als Töpfer, 1885; K. Schwarz, A. H., 1917; W. Stengel, H. (Jb. f. Kst.wiss. 2) 1924; W. Boeck

(Einl.), A. H. Zwölf Landschaftsradiergn., 1947; F. Glück, Der Wiener Rundplan v. A. H. (Notring Jb.) 1967.

Hirt, der Gute, eine Versinnbildlichung Christi, die in der altchristl. Kunst überaus häufig ist, jedoch nicht in die Ikonographie des Mittelalters übernommen wurde. Es gibt einen älteren Typus: der H. trägt das Schaf auf der Schulter, und einen jüngeren, selteneren: der Hirt ohne Schaf auf der Schulter inmitten der weidenden Herde. In den Malereien der Katakomben sowie auf altchristl. Sarkophagen ist der Gute H. als Verkörperung paradiesischer Glückseligkeit immer wieder anzutreffen. Auch gibt es eine geringe Zahl kleiner Einzelbildwerke, die ihn darstellen – der einzige Fall von Freiplastik in der altchristl. Kunst. Sie verraten jedoch deutlich ihre unmittelbare Abstammung von Sarkophagreliefs.

H. Bergner, Der Gute H. in der altchristl. Kunst, 1890; J. Quasten, Das Bild des G.n H.n in den altchristl. Baptisterien etc., 1939 (in: Pisciculi, Festschr. Dölger); Th. K. Kempf, Christus der Hirt, 1942; A. Legner, Der G. H., 1959 (Lukasbücherei z. christl. Ikonographie 11); W. N. Schumacher, H. u. „Guter H.“, Stud. z. Hirtenbild i. d. römisch. Kst. vom 2. bis zum Anf. d. 4. Jhs., 1977.

Hispanomoresken, span.-maurische Majoliken mit Goldlüster, die im späten Mittelalter und in der Renaissance in Spanien entstanden und eine bedeutende Wirkung auf die Entwicklung der italienischen Majolika ausübten. Sie sind z. T. von vornherein zur Ausfuhr nach Italien bestimmt gewesen.

Historienmalerei, Geschichtsmalerei, Gattung der Malerei, die geschichtl. Ereignisse zum Bildgegenstand hat, im weiteren Sinn auch sagenhafte und dichterische Inhalte. Das ein zeitgenössisches Ereignis darstellende Bild pflegt man auch als Ereignisbild zu bezeichnen. Historienbilder hat es zu allen Zeiten gegeben (→Alexandermosaik in Pompeji; Wandgemälde in der karoling. Pfalz zu Ingelheim, Teppich von →Bayeux): aber erst seit Beginn des 14. Jh. werden Ereignisbilder, zunächst in Italien, häufiger, und in der Renaissance ist das Historienbild auch im N selbstverständliche Aufgabe des Malers geworden. Der Gesichtspunkt der histor. Treue bei der Schilderung geschichtlich ferner Ereignisse fehlt zunächst (wie er auch in den histor. Dramen des 17. Jh. fehlt), und erst das 19. Jh. hat ihn voll zur Geltung gebracht. In diesem Jh. gewann die H. einen Anteil am Gesamtschaffen wie nie zuvor, allerdings nur in quantitativer Hinsicht, da sich die malerische Entwicklung der Zeit in den anderen Bildgattungen vollzog. Im Zeitalter des Impressionismus hat die H. mit der Abnahme des Interesses am Gegenständlichen, und da sie selbst impressionist. Gestaltungsweise kaum zugänglich ist, an Wertschätzung bedeutend eingebüßt. Hauptvertreter d. neueren H. sind: J. L. David, Guérin, Gros, Vernet, Delaroche, Wächter, Schnorr von Carolsfeld, P. von Cornelius, Rethel, Menzel, W. von Kaulbach, K. von Piloty, A. von Werner, Hodler, der Russe Wereschtschagin, die Belgier Wappers, Gallait, Leys, Portaels, Pauwels.

Locquin, La peinture d'histoire en France de 1747 à 1785, 1912; P. Brieger, Die dt. Geschichtsmalerei im 19. Jh., 1930; W. Hager, Das geschichtl. Ereignisbild. Beitr. zu einer Typologie des weltl. Geschichtsbildes bis zur Aufklärung, 1939; E. Wind, The Revolution of the history painting (Journal of the Warburg and Courtauld Institute), 1938/39; P. G. Thielen, Zur H. der Bismarck-Zeit (in: Festschr. M. Braubach), 1964; G. Sprigath, Themen aus d. Gesch. d. röm. Republik i. d. franz. Malerei d.

18. Jhs., Diss. Univ. München, 1968; F. Zelger, Heldenstreit u. Heldentod, Schweizerische H. i. 19. Jh., 1973.

Historismus, Historizismus, → Eklektizismus.

H. L., Meister H. L. (vielleicht Hans Loy in Freiburg), Bildschnitzer und Graphiker, † wahrscheinlich 1533, extremster Vertreter jener ins Manieristische gewandelten Richtung der dt. Bildnerei um 1520, von urwüchsiger Kraft und unbändigem Formwillen. Datiertes und signiertes Hauptwerk ist der Hochaltar des Münsters in Altbreisach (1526), über den hinaus eine Steigerung im Schaffen des Meisters wohl nicht möglich war. Sichere Werke sind außerdem der Altar der Friedhofskapelle von Niederrottweil und zwei Johannesfiguren im German. Mus. in Nürnberg. Außer einigen Holzschnitten hat H. L. etwa 24 Kupferstiche hinterlassen, die früher dem Hans Leinberger zugeschrieben wurden und unter dessen Namen von Loßnitzer veröffentlicht worden sind (18. Veröffentlichung der Graph. Gesellsch. Berlin, 1913). Ihre Datierungen reichen von 1511–22. Anfangs von Dürer, dann von Mantegna abhängig, sind sie in den späteren Blättern, vor allem dem „Petrus" von 1522, reinster Ausdruck von H. L.'s eigentümlichem Stilwillen.

Th. Demmler, Der Meister des Breiacher Hochaltars, 1914 (Jahrb. d. Preuß. Kunstsammlungen, Bd. 35); G. v. d. Osten, Ein Schüler des Veit Stoß am Oberrhein, 1934 (Zeitschr. d. Dt. Vereins f. Kunstwissensch., Bd. 2); C. Sommer, Der Meister des Breisacher Hochaltars, 1936 (ebenda Bd. 3); F. Dworschak, Der Meist. d. Breis. Hochaltars (Jb. d. Kst.hist. Slgn. in Wien, Neue Folge 13) 1944.

Hobbema, Meindert, holländ. Maler, * 31. 10. 1638 Amsterdam, † 7. 12. 1709 das., Schüler von Jakob van Ruisdael, ausschließlich Landschaftsmaler. Seine Bilder geben schlichte, auf genauen Naturstudien beruhende, im Motiv sich jedoch oft wiederholende Ansichten aus bewaldeten Gegenden der Niederlande mit Haus, Mühle, Wasserlauf oder von knapper Staffage belebtem Weg zwischen Bäumen. Sein bekanntestes Werk ist die seiner Spätzeit angehörende „Allee von Middelharnis" (London, Nationalgal.).

G. Broulhiet, M. H., 1938 (franz.); W. v. Bode, Die Meister d. holländ. u. fläm. Malerschulen, [8]1956; W. Stechow, H. (Art Quarterly, 22) 1959.

Hochdorf-Eberdingen, Fürstengrab von →Hallstattkunst.

Hochhaus, Tall Building, Geschäfts- oder Wohnhaus mit einer größeren Zahl von Geschossen und von entsprechender Höhe. Allgemein versteht man unter H. nur das moderne H., wie es sich seit den 80er Jahren des 19. Jh. zunächst in Amerika aus der Erwägung entwickelt hat, den teuer gewordenen großstädtischen Baugrund besser auszunutzen. Technisch möglich wurde die Erreichung immer größerer Höhen durch Anwendung des Stahlskelettbaues. Das zur Zeit höchste H. ist der „Sears Tower" in Chicago mit 442 m. In den wenigen Jahrzehnten seit 1880 sind also die höchsten in der Baukunst der Jahrtausende erreichten Höhen um weit mehr als das Doppelte überboten worden. Führend wurde New York, das seit Beginn des 20. Jh. zu einer Stadt der Hochhäuser (Wolkenkratzer) emporwuchs; aber auch das Bild anderer amerikan. Großstädte wird durch das H. in zunehmendem Maße geformt. Das ungünstige Verhältnis zwischen Bauhöhe und Straßenbreite und die damit verbundene

Behinderung des Licht- und Luftzutrittes ließ Bauvorschriften entstehen, die die Gestalt des amerikan. H.es entscheidend bestimmten: das Ganze verjüngt sich nach oben im allmählichen Übergang wie bei einem Turm oder häufiger, indem die oberen Geschosse gegenüber den unteren terrassenartig zurücktreten. In Europa wurden H.er erst nach dem 1. Weltkrieg gebaut, nicht in solcher Häufung wie in Amerika und in wesentlich beschränkterem Maßstab, der eine so weitgehende Loslösung von der Bauweise normal hoher Häuser nicht erforderte. Das erste dt. H. wurde das Wilhelm-Marx-Haus in Düsseldorf von W. Kreis (1922–24; 56 m). Nach dem 2. Weltkrieg nahm der H.bau bes. in Westdeutschland beim Wiederaufbau zerstörter Städte einen breiten Raum ein. Auch die Sowjetunion hat seit den letzten Jahrzehnten bedeutende H.bauten aufzuweisen, so die Lomonossow-Universität in Moskau (→Sowj. Kunst).

Lit. →Sullivan →Nordamerikanksche Kunst; →Sowjetische Kunst.
H. Helfritz, Chicago der Wüste, 1932; A. Müfrid, Der Stockwerksbau der Griechen u. Römer, 1932; H. Gerling, Das amerikan. H., 1949; P. Peters, Wohn-H., 1968; J. Schulz, H.er u. Citygedanke in Dtschld. (Dte. Arch. 13, H. 12) 1964; Internationaler Ausschuß für Hochhäuser: Deutsche Konferenz Hochhäuser, Mainz 1975, bearb. v. K. Schmiedel (hg. v. d. Internation. Vereinigung für Brückenbau u. Hochbau), 1975; weitere Berichte des Joint Committee of Tall Buildings.

Höchster Porzellan, Porzellan aus der 1746 in Höchst als Privatunternehmen gegründeten, 1778 kurmainzisch gewordenen Manufaktur. Ihre Marke ist das Mainzer Rad. 1796 wurde sie infolge der Kriegsunruhen aufgelöst. 1840 übernahm die Steingutfabrik in Damm bei Aschaffenburg die noch vorhandenen Modelle und formte

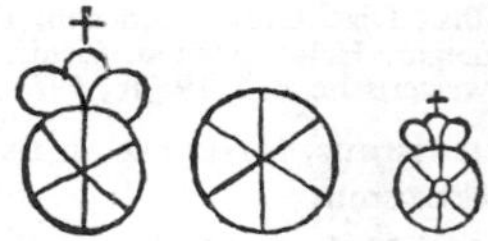

Höchster Porzellanmarken

sie zu Steingut aus. Der Radmarke wurde ein D hinzugefügt. – Anfangs gelang nur die Herstellung von Fayencen, die dank der Mitwirkung des aus Meißen zugewanderten Porzellanmalers Adam Friedrich v. Löwenfink zu den besten ihrer Zeit gehören. Bald darauf wurde auch Porzellan hergestellt, für das zunächst ostasiat. Vorbilder maßgebend waren. Daneben entwickelte sich die „deutsche Malerei“, d. h. die Malerei naturgetreuer Blumen. Vorzügliches wurde auf dem Gebiete der figürl. Plastik geleistet, namentlich in der Zeit, als Johann Peter Melchior Modellmeister war (1770–79). Er hat über 300 Figuren geschaffen, in denen sich Rokokoform mit empfindsamer Haltung verband und bereits ein leiser klassizistischer Zug sichtbar wird. Von seinen Bildnismedaillons in Biskuitrelief sind die von Goethes Eltern und Goethe selbst hervorzuheben. Im malerischen Dekor ist für das H. P. ein zartes Rosenrot und ein Karminrot bezeichnend.

Zais, Die kurmainzische Porzellanmanufaktur zu H., 1887; Röder und Oppenheim, Das H. P. auf der Jahrtausendausstellung in Mainz 1925, 1930; M. Oppenheim, J. P. Melchior als Modellmeister in Höchst, o. J.; K. H. Esser, H. P., 1962; H. Fayencen u. Porzellane, Ausst.kat. Altertumsmuseum Mainz, 1964.

Hodegetria (griech. „Wegführerin“), altbyzantin. Typus der Madonna in Halbfigur mit dem Kind auf dem linken Arm, benannt nach dem „Urbild“ in der Hodegonkirche (Mitte 5. Jh.) Byzanz. Zahlreiche Nachbildungen entstanden vor allem als →Elfenbeine im 10. bis 12. Jh.

Hodler, Ferdinand, schweizer. Maler, * 14. 3. 1853 Bern, † 20. 5. 1918 Genf, tätig das., überwand um 1890 den Naturalismus des 19. Jh., stellte sich zugleich in schärfsten Gegensatz zum Impressionismus und gab damit der Malerei neue Ziele. Das Wesentlichste an seiner Kunst ist, daß die Linie (als Umriß von Figuren oder Landschaftsformen) einen neuen Wert als Ausdrucksträger erhält (in offenbarem Zusammenhang mit ähnlichen Bestrebungen des →Jugendstils). Sie formt in rhythmischer Spannung Haltung, Bewegung, Gebärde. Weitere Eigenschaften sind: Symmetrie der Bildfläche (das bedeutet Festigung gegenüber der offenen Bildform des Impressionismus!), „Parallelismus" der Formen, Symmetrie der Farben, die vielfach nach ihrem Symbolwert gewählt sind. Diese Eigenschaften drängten zur Auswirkung im monumentalen Wandgemälde: „Der Rückzug der Schweizer nach der Schlacht bei Marignano" (1896–1900; Zürich, Landesmus.) und „Der Auszug der Jenenser Studenten 1813" (1908; Jena, Universität) gehören zu den bedeutendsten Leistungen der neueren Monumentalmalerei und wiesen auch der Historienmalerei neue Wege. Für H.s Fähigkeit, mit seinen Mitteln einen Vorgang der Wirklichkeit ins Allgemeine und Monumentale zu heben, ist „Der Holzfäller" (1910; Bern, Mus.) bes. bezeichnend.

C. A. Loosli, F. H., 1919 (300 Taf. in 16 Mappen u. Textbd.); Ders., F. H.s Werk und Nachlaß, 4 Bde., 1921–24; Ders., Aus der Werkstatt F. H.s, 1938; F. Burger, Cézanne und H., 2 Bde., [5]1923; E. Bender u. W. Y. Müller, Die Kunst F. H.s, 2 Bde., 1923–1941; Katalog der Gedächtnis-Ausstellung Bern 1938; H. Muehlestein, F. H., 1942; W. Hugelshofer, F. H., 1952; S. Guerzoni, F. H. als Mensch, Maler, Lehrer, 1959; J. Brüschweiler, F. H. Ausst.kat. Kunsthaus Zürich, Kst.mus. Bern, Villa Stuck Münch., 1976; F. Zelger, L. Gloor, Der frühe H. Das Werk 1870 bis 1890 (H.-Publikation, 3) 1981.

Hoetger, Bernhard, Bildhauer und Baumeister, * 4. 5. 1874 Hörde i. W., † 18. 7. 1949 Interlaken, tätig seit 1911 in der Künstlerkolonie Darmstadt, danach in Worpswede und seit 1933 in der Schweiz. Nach Anfängen im Schatten Rodins strebte er, zuweilen archaisierend, zur Vereinfachung und zur festen, tastbaren kubischen Form, wobei seine Kunst mannigfachen Wandlungen unterworfen war. Sein Hauptwerk als Baumeister ist das Paula Modersohn-Becker-Haus in der Böttcherstraße in Bremen.

G. Biermann u.a., B. H., 1930; A. Theile, B. H., 1930; D. Honisch, B. H., Kat. Ged.-Ausst. 1964.

Hofer, Carl, (Karl) Maler, * 11. 10. 1878 Karlsruhe, † 3. 4. 1955 Berlin, Schüler der Akademie das. und bes. von Hans Thoma, tätig in Rom, Paris, Berlin, wurde dort 1920 Prof. der Hochschule der bildenden Künste (in der Hitlerzeit entlassen), 1945 deren Direktor. H. war hauptsächlich Figurenmaler. Seine ursprünglich zarte und etwas akademische Kunst nahm 1919 die Wendung zum Expressionismus, dem H. dann treu geblieben ist. Er wiederholte gern die gleichen Motive in immer neuen Variationen: Mädchen am Fenster, Tischgesellschaft, Kartenspieler usw. Er vereinfachte die Formen, bes. des Gesichts, arbeitete mit starken Konturen und setzte die Farbflächen scharf gegeneinander ab. Die Gestalten verharren meist in eigentümlicher Bewegungslosigkeit, die zum Mittel wird, sie als seelisch beschäftigt erscheinen zu lassen. – Als Graphiker bevorzugte H. die Lithographie. – Er schrieb: „Aus Leben u. Kunst" (1952); „Erinnerungen eines Malers" (1953).

B. Reifenberg, C. H., 1924; A. Jannasch, C. H., ²1948; Katalog der Gedächtnis-Ausstellung Berlin 1956; K. H. Über d. Gesetzliche i. d. bild. Kst., hg. v. K. Martin, 1956; ders., Rede auf K. H., 1957; Kat. d. Ausst. „Entartete Kst. – Bildersturm nach 25 Jahren" (München), 1962; R. Hartleb, K. H., 1976.

Hoffmann, Josef, Baumeister, * 19. 2. 1870 Pirnitz (Mähren), † 7. 5. 1956 Wien, Schüler von Otto →Wagner, seit 1898 Lehrer an der Kunstgewerbeschule Wien, gründete 1903 mit Kolo Moser die „Wiener Werkstätte", hat das Erbe Wagners teils in Bauten von kühner Neuerung (Palais Stocklet in Brüssel 1911), teils in solchen von schöner, stiller und warmer Haltung (Österreich. Haus auf der Kölner Werkbundausstellung 1914, Villenbauten in Wien) fortgeführt und sich auch bedeutende Verdienste um die Entwicklung des modernen Kunsthandwerks erworben.

L. Kleiner, J. H., 1927; A. Weiser, J. H., 1930; L. W. Rochowanski, J. H., 1950; H. Kowalski, Die Stellung d. Wiener Werkstätten in d. Entw. des Kunstgewerbes seit 1900, Diss. Univ. Wien, 1951; G. Veronesi, J. H., 1956 (ital.); S. Gunther, Der Wiener Architekt J. H. (Kunst 86, 2) 1974.

Hofkellereigläser, zylindr. Gläser (Humpen), die vom Ende des 16. bis in den Anfang des 18. Jh. bes. zahlreich in Sachsen hergestellt wurden und in lichter Malerei Wappen oder Initialen des jeweiligen Herrschers, manchmal auch einen Ortsvermerk tragen.

K. Berling, Die sächs. H., 1900.

Hogarth, William, engl. Maler, * 10. 11. 1697 London, † 25. 10. 1764 das., begann als Kupferstecher und ging 1728 zur Malerei über; 1757 wurde er Hofmaler. Er ist der erste wirklich selbständige, von Überlieferungen und fremder Einwirkung in hohem Grade unabhängige Meister der neueren engl. Malerei, zugleich eine der markantesten Persönlichkeiten des engl. Geisteslebens im 18. Jh. In Deutschland kennt man ihn hauptsächlich als satirischen Schilderer der Schattenseiten des gesellschaftlichen Lebens seiner Zeit, da seine Bilderfolgen wie „Leben einer Dirne" (1732), „Leben eines Wüstlings" (1735), „Mariage à la mode" (1745) durch den engl. und dt. Kupferstich weiteste Verbreitung fanden und durch G. C. Lichtenberg („Ausführliche Erklärung der H.schen Kupferstiche"; seit 1794) in unübertrefflich geistvoller Weise ausgelegt wurden. Haupteigenschaft dieser H.schen Schilderungen ist die Vereinigung dramatischer Intensität mit einer bis ins kleinste gehenden Beobachtung einer Fülle von Nebenumständen. H. war ferner einer der bedeutendsten Bildnismaler des 18. Jh. und hat in einigen seiner Werke (so vor allem im „Krevettenmädchen" der Londoner Nationalgal.) manches von den malerischen Errungenschaften des 19. Jh. vorweggenommen. – Seine theoretischen Anschauungen legte er nieder in der Schrift „Analysis of beauty" (1753; dt. Ausg. zusammen mit anderen Schriften unter dem Titel „W. H.s Aufzeichnungen" von M. Leitner 1914).

Jessen, W. H., ²1905; A. Dobson, W. H., ³1907; Hildegard Reiber, W. H. und die Literatur seiner Zeit, 1930; A. P. Oppé, The Drawings of W. H., 1948; K. Haemmerling, H., 1950; R. Paulson, H.s graphic works, 2 Bde., 1965; ders., H.: his life, art and times (Yale Univ. Press 2 Bde.) 1971; F. Antal, H. u. s. Stellg. i. d. europ. Kst., 1966; J. Burke, H. Das graph. Werk, 1968; M. M.

Cohen, A. Rake's Progress and the the techniques of verse satire (in: Studies of Iconography V), 1979; H., Ausst.kat. Kst.mus. Darmstadt, 1981.

Höger, Johann Friedrich (Fritz), Baumeister, * 12. 6. 1877 Bekenreihe (Holstein), † 21. 6. 1949 Bad Segeberg, Erneuerer norddt. Backsteinbaukunst. Seine Bauten greifen nicht auf historische Stilformen zurück; sie werden moderner Sachlichkeit und Klarheit gerecht und zeigen neue Möglichkeiten kraftvoller Gliederung, Ornamentierung und farbiger Belebung. Hauptwerke sind das Chilehaus in Hamburg (1922–23) und das Rathaus in Wilhelmshaven (1929).

F. H., Der niederdt. Backsteinbaumeister. Zusammengestellt und hg. von C. J. H. Westphal, 1938; J. Gebhard, F. H., 1952.

Hohenfurth, Meister von, der Maler von 9 Tafeln mit Darstellungen aus dem Leben Christi, die ursprünglich wohl zusammen ein Altarwerk bildeten und aus der Klosterkirche in H. (Südböhmen) stammen (um 1350; Prag, Mus.). In diesen Tafeln (ihre Verschiedenheit läßt auf mehrere Hände schließen) erscheint der Stil der 1. Hälfte des 14. Jh. mit seinen schönläufigen, linearen Gewandsäumen, der Eleganz und Zierlichkeit der Figuren, der lebhaften Mimik noch einmal zusammengefaßt, kurz bevor die böhmische Malerei neue Wege einzuschlagen begann. An die H.er Bilder lassen sich eine Reihe weiterer anschließen.

R. Ernst, Beiträge zur Kenntnis der Tafelmalerei Böhmens im 14. und am Anfang des 15. Jh., 1912; A. Stange, Dt. Malerei der Gotik, Bd. 1, 1934; A. Matějček u. J. Pešina, Got. Malerei i. Böhmen (Tschech. got. Malerei 1350 bis 1450), ⁴1955; J. Peština (Hg.), České umĕni gotické 1350–1420 (m. Bibliogr.), 1970.

Hohenstaufenschlösser →Castel del Monte.

Höhlenmalereien →Altsteinzeit, →Altamira, →Font-de-Gaume, →Franko-Kantabrischer Kreis, →Lascaux.

Höhlentempel, Felsentempel, Grottentempel, in den Felsen gehauener Tempel. Sie sind bes. häufig in Indien und China, kommen aber auch in Mexiko, Ägypten (Abu Simbel) und im Mittelmeergebiet vor (Petra).

Hohlkehle, ein waagerechtes, senkrechtes oder gebogenes, auch in der Möbelkunst beliebtes Bauglied, das konkave Gegenstück zum →Rundstab. Ihr Querschnitt kann ein Viertel- oder Halbkreis, auch ein beliebiges Kreis- oder Ellipsensegment sein. Bei waagerechter Lage unterscheidet man stehende H. (die beiden Endpunkte ihres Querschnitts liegen genau übereinander), überhängende H. (der obere Endpunkt ist vorgezogen), ansteigende H. (der untere Endpunkt ist vorgezogen). Am häufigsten ist die H. als Teil eines →Gesimses oder einer Säulenbasis, auch benutzt man sie als Verbindungsglied zweier im rechten Winkel zusammenstoßender Flächen (z.B. Wand und Decke). →Karnies.

Höhung, das Aufsetzen von „Lichtern" auf dunklere Stellen einer Zeichnung, um erhöhte plastische Wirkung zu erzielen, zunächst mit weiß. Eitempera, später mit Bleiweiß oder →Kreide. – Neben dieser Weiß-H. gibt es verschiedentlich im 16. Jh. Gold-H., die im 19. Jh. – teilweise in Verbindung mit Gelb – wiederaufgenommen wurde. – Eine andere Möglichkeit bietet das Aussparen des meist weißen Malgrundes.

Hokusai, Katsushika, japan. Maler und Holzschnittmeister, * Edo (Tokyo) 21. 10. 1760, † 10. 5. 1849 das., Hauptmeister der neueren japan. Kunst von unendlicher Fruchtbarkeit des Schaffens, beherrschte Landschaft und Figur in gleicher Weise. Am weitesten entfernte er sich von der künstlerischen Überlieferung seines Landes in den seit 1812 in 14 Bänden erschienenen Holzschnittfolgen „Mangwa"(„gezeichnete Einfälle"), flüchtigen Skizzen aus allen Bezirken des japan. Lebens in Vergangenheit und Gegenwart, nicht umstilisiert, sondern in der Frische der unmittelbaren Beobachtung belassen. Namentlich die Bewegungsmotive sind von einem unerschöpflichen Reichtum. Außer den Mangwa machten ihn bes. populär die „100 Ansichten des Fuji-san" (1834/35). An Gestaltungskraft werden sie jedoch überragt von den „36 Ansichten des Fuji-san" (1829), von denen das Doppelblatt „Die Woge" wohl das in Europa bekannteste Werk japan. Kunst geworden ist.

F. Perzynski, H., [2]1908; Focillon, H., 1914 (franz.); Noguchi, H., 1928 (franz.); F. A. Kauffmann, Die Woge des H., 1938, [2]1966; W. Boller, H., 1955 (franz.); J. Hillier, H., dt. 1961; R. Connor, H., 1962 (engl.); B. Voigt, H., 1963; F. Winzinger, H., 1977.

Holbein, 1. Hans d. Ä., Maler und Zeichner, * um 1465 Augsburg, † 1524 Isenheim, tätig hauptsächlich in Augsburg kurze Zeit in Ulm und Frankfurt a. M., zuletzt in Isenheim. Die Reihe der datierten Werke reicht von 1493 bis 1519. H. ist im großen und ganzen noch Spätgotiker. Seine Bilder sind straff im Aufbau, knapp und klar in der Formgebung, scharf gezeichnet in den Einzelheiten. Die Farbe ist auf ruhige Schönheit ohne Erregung angelegt. Bildniszeichnungen und Studienköpfe offenbaren ein ungewöhnliches physiognomisches Interesse und hohe Treffsicherheit bei knappsten zeichnerischen Mitteln – Eigenschaften, die sein großer Sohn geerbt und gesteigert hat. Hauptwerk ist der Sebastiansaltar (1515 bis 1516; München, Ältere Pinakothek). Umfangreiche Sammlung seiner Zeichnungen (überwiegend Bildnisse) im Kupferstichkabinett in Berlin (Ausg. von Woltmann, 1909).

C. Glaser, H. H. d. Ä., 1908; Das Skizzenbuch H. H.s d. Ä. im Kupferstichkabinett Basel, hg. v. H. Landolt, 2 Bde., 1960; C. Beutler u. G. Thiem, H. H. d. Ä. Die spätgot. Altar- u. Glasmalerei, 1960 (Abhandlgn. z. Gesch. d. Stadt Augsburg 13); N. Lieb und A. Stange, H. H. d. Ä., 1960; Katalog der Ausstellung H. H. d. Ä. Augsburg 1965; B. Bushart-Reinking-Reinhart, H. H. d. Ä., 1966.

2. Ambrosius, Sohn von 1, Maler und Zeichner für den Holzschnitt, * wahrscheinlich 1494 Augsburg, † nach 1519, nachweisbar seit 1515 in Basel, wo er für den Buchholzschnitt tätig war. Im Mus. das. zwei Knabenbildnisse und das Bildnis des Malers Hans Herbster, in der äußeren Auffassung, wenn auch nicht in der Kraft der Durchführung den frühen Bildnissen Hans H.s d. J. verwandt.

W. Hes, A. H., 1911; O. Fischer, Acht Federzeichnungen v. A. H. (Jahresber. d. Öff. Kstslg. Basel) 1951–53; E. Fabian, H.-Manuel-Schmid-Studien, 1965.

3. Hans d. J., Sohn von 1, Maler und Zeichner, * 1497/98 Augsburg, † zwischen 7. 10. und 29. 11. 1543 London, 1515–26 in Basel (1517 in Luzern und vielleicht anschließend Italienreise), 1526–28 in London, 1528–32 in Basel, seit 1532 wieder in London, 1536 Hofmaler König Heinrichs VIII. H. ist neben Dürer und Grünewald der größte dt. Maler seiner Zeit. Die Tatsache, daß er einer jüngeren Generation angehörte, natürlich auch seine besondere Veranlagung haben ihm die Kämpfe und Spannungen erspart, die Dürer durchzumachen hatte:

spätgot. Erregung bedrängt ihn kaum, und anscheinend mühelos ist er zu der großen und klaren Form der Renaissance gelangt, soweit es einem dt. Maler der Zeit möglich war, ohne sein dt. Wesen aufzugeben. Sein Schaffen kann an Umfang und Vielseitigkeit nur mit dem Dürers verglichen werden. – Als Maler: den religiösen Bildern fehlt drängende seelische Beteiligung des Künstlers, sie sind mit innerem Abstand gemalt. Höchste Leistung gelingt dort, wo Göttliches und Irdisches sich auf beinahe gleicher Stufe begegnen wie in der „Madonna des Bürgermeisters Meyer“ (1525/26; Darmstadt, Hess. Landesmus.)

Als Bildnismaler ist H. einer der größten aller Zeiten. Er hat sich seines Gegenübers nicht seelisch bemächtigt und es entsprechend umgeformt, sondern er hat es, kühl beobachtend, in seinem Sosein belassen. Das schließt Steigerung der Persönlichkeit des Dargestellten nicht aus. Gesammelt, vornehm, in repräsentativer Haltung und prächtiger Kleidung blickt er uns an aus farbigem Reichtum und Kostbarkeit des Stofflichen, das mit unüberbietbarer technischer Meisterschaft gemalt ist. Auch auf kleinstem Raum hat H. sicher und leicht die Physiognomie getroffen. Seine Leistungen auf dem Gebiete der Bildnisminiatur sind nie wieder erreicht worden. H. hat sich wie kein anderer dt. Künstler seiner Zeit der Wandmalerei zugewendet (Fassadendekorationen. Wandgemälde im Basler Rathaussaal und im Schloß Whitehall). Doch ist der größte Teil dieser sehr bedeutenden Seite seines Schaffens verlorengegangen, oder nur noch aus Entwürfen und dgl. zu rekonstruieren. Sein Interesse am Dekorativen beweisen auch seine prachtvollen Entwürfe für Glasgemälde. – Als Zeichner: die Zeichnung ist bis auf wenige Ausnahmen nur Entwurf, Vorbereitung oder Vorlage (z. B. für kunstgewerbliche Gegenstände). Das Bedeutendste sind die Bildniszeichnungen (beste Sammlung in Windsor), die mit äußerster Sparsamkeit der Mittel das Höchste an Charakterisierung der Persönlichkeit erreichen und darin den danach gemalten Bildnissen noch überlegen sind. – Als Zeichner für den Holzschnitt: umfangreiche Tätigkeit für Basler Verleger (1519–26). Hauptwerke sind die Illustrationen zum Alten Testament, die ebenso wie der „Totentanz“ (Abb. →Totentanz) um 1525 entstanden, aber erst 1538 in Lyon erschienen sind, ferner das „Todesalphabet“. Niemals sind Holzschnitte von solch innerer Größe in so kleinem Format gegeben worden. Das war nur möglich bei äußerster Präzision und Schlagkraft des Striches, glasklarem Aufbau in strengster Beschränkung auf das Wesentliche und meisterhafter, von Hans Lützelburger ausgeführter Schneidetechnik. H. hat in Deutschland keine Schüler gehabt, aber sein Schaffen hat die engl. Malerei beinahe ein Jahrhundert lang beherrscht.

A. Woltmann, H. und seine Zeit, 2 Bde., 1874–²1876; P. Ganz, H. H. d. J., 1912 (Klassiker der Kunst); Ders., Die Handzeichnungen von H. H. d. J., 1911–37 (40 Lieferung. mit 400 Taf.); W. Stein, H., 1929; W. Waetzold, H. H. d. J., 1938; H. A. Schmidt, H. H. d. J., 3 Bde., 1945–48; P. Ganz, H., 1955; Die Malerfamilie H. in Basel. Katalog der Ausstellung im Kunstmuseum Basel 1960 (mit Bibliographie); F. Dvořák, H. H. d. J., Zeichgn., 1965; H. W. Grohn, R. Salvini, Das gemalte Ges.werk v. H. H., 1975; Jane Roberts, H. and the court of Henry VIII., Ausst.kat. The Queen's Gallery, Buckingham Palace London, 1978/79; R. Strong, H. The complete paintings (engl. u. ital.), 1980.

Holl, Elias, Baumeister, * 28. 2. 1573 Augsburg, † 6. 1. 1646 das., lernte die Baukunst Oberitaliens (Palladio) kennen, wurde 1602 Stadtbaumeister in Augsburg, wo er eine reiche Tätigkeit entfaltete. Sein Schaffen zeigt, was aus der dt. Baukunst schon im 17. Jh. hätte werden können, wenn nicht der 30jährige Krieg ihre Entwicklung jäh abgeschnitten hätte. Erstes Hauptwerk ist das Zeughaus (1602–07; unvollständig erhalten), in dem noch spätgot. Wollen eine eigentümliche, aber großgestimmte Verbindung mit einem plastisch stark durchgeformten Barock eingegangen ist. Im zweiten Hauptwerk, dem Rathaus (1615–20), hat die kühlere und strengere Richtung des Palladianismus die Oberhand gewonnen. Es ist eine einmalige Leistung ohne unmittelbare Vorbilder und mit dem entschiedenen Nachleben got. Höhendrangs so nur auf dt. Boden möglich. – Ein wichtiges Dokument zur Künstlergeschichte der Zeit ist die Hauschronik der Familie H. (hg. von Chr. Meyer, 1910).

H. Hieber, E. H., 1923; U. Christoffel, Augsburger Rathaus, 1929 (Dt. Kunstführer, Bd. 47); I. Albrecht, E. H., 1937 (Münchener Jahrb. der bildenden Kunst, N. F. Bd. 12); O. Schürer, E. H., der Augsburger Stadtwerkmeister, 1938 (Dt. Mus., Abhandlungen u. Berichte, Jahrg. 10, H. 1); Kat. d. Ausstllg. „Augsburger Barock", 1968; W. Hager, Uno studio sul Palladianismo di E. H. (in: Palladio e il Palladianismo, Bolletino del centro internaz. di studi di architectura A. Palladio, 9), 1967.

Holländische Kunst →Niederländische Kunst.

Hollar, Wenzel, Kupferstecher, * 13. 6. 1607 Prag, † 28. 3. 1677 London, Schüler von M. Merian in Frankfurt, tätig in Straßburg, Köln, seit 1636 als Reisebegleiter des engl. Grafen Arundel, seit 1652 in London, schuf etwa 3000 meist kleinformatige Radierungen, darunter zahlreiche Städte- und Landschaftsansichten. Topographische Genauigkeit ist wohl da, drängt sich aber nicht vor. Wichtig sind ferner seine Folgen von Frauentrachten und seine Reproduktionsstiche von Kunstwerken, die uns die Form manches verlorenen überliefert haben.

Parthey, W. H., Beschreibendes Verz. seiner Kupferstiche (1853; 1963); J. Urzidil, Wenceslaus H., 1936; F. Sprinzels, Wenceslaus H., Handzeichnungen, 1938; M. V. Kratochvil, W. H. Reisebilder, 1966; Ausst.-Kat. W.H., Würzburg, 1975.

Höllenbruegel →Bruegel.

Höllenfahrt Christi (in der byzantinischen Ikonographie als „Anastasis" bezeichnet), das Niedersteigen Christi in den Limbus (auch „Vorhölle" genannt), d.h. an den Aufenthaltsort der Seelen, die weder im Himmel noch in der Hölle sind. Die sehr alte Vorstellung erhielt ihre literarische Formulierung im zweiten Teil des apokryphen Evangeliums des Nikodemus (4. Jh.), wo die H. C. in grandioser Vision vorgeführt wird. Als bildliche Darstellung ist sie in der byzantin. Kunst seit dem 7.–8. Jh. vollkommen entwickelt: Christus hat das Tor der Hölle gesprengt, die Teufel überwunden und ergreift nun Adam an der Hand, um ihn ans Licht emporzuziehen. Neben diesem erscheint Eva, dahinter ein Gedränge weiterer Personen (Mosaiken von Daphni, Hosios Lukas, Torcello). Die abendländische Kunst hat das Thema zunächst in der Buchmalerei (seit etwa 1000) oft behandelt, dann auch im großen Gemälde. Bes. bekannt sind die Darstellungen der H. C. in der Graphik Schongauers und Dürers.

O. Erich, Die Darstellung des Teufels in der christl. Kunst, 1931; Margarete Bauer, Ikonographie der H. Chr., ungedr. Diss. Göttingen, 1948; H.-J. Schulz, Die „H." als „Anastasis" etc. 1959 (Ztschr. f. Kathol. Theologie 81);

E. Lucchesi-Palli, Der syr.-palästinens. Darstellungstyp d. H. C., (Röm. Quartalschrift 57) 1962; E. Kunstein, Die H.szene im geistl. Spiel d. MA.s, Diss. Köln, 1972.

Holzbau. Er ist wohl überall dem Steinbau vorangegangen und hat Formen hervorgebracht, die von diesem dann übernommen und in sein Material umgesetzt wurden – ganz große Architektur aber hat er auf Grund seiner wesentlich beschränkteren Bedingungen niemals werden können. Denn die Form seines „Bausteins", der Baumstamm, ist ihm unabänderlich gegeben und zwingt schon aus konstruktiven Erwägungen heraus, sie in möglichster Länge auszunutzen, während der Steinbaumeister mit seinen in jede Form und Größe zu bringenden Bausteinen vor einer Welt unbegrenzter Möglichkeiten steht. Die Geschichte des H.s läßt sich nicht in gleicher Weise überblicken wie die des Steinbaues, da die ältesten, in unserem Klima erhaltenen Holzbauten erst aus dem Mittelalter (12./13. Jh.) stammen. Die frühsten überhaupt erhaltenen sind die buddhist. Tempel Japans aus dem 7. Jh. n. Chr. (→Japanische Kunst). Für Europa sind wir auf kärgliche Bodenfunde angewiesen, die über das aufgehende Holzwerk wenig aussagen, ferner auf knappe bildliche Darstellungen, auf überlieferte Beschreibungen und auf Rückschlüsse von erhaltenen jüngeren Formen auf ältere. Die längste Überlieferung hat der H. im waldreichen mittleren und nördlichen Europa. Als älteste Reste gelten hier die in einem Moor bei Multerup auf Seeland zutage gekommenen, mutmaßlich aus der mittleren Steinzeit (7000–3000) stammenden, die auf eine bis heute übliche Urweise allen H.s deuten, den Blockbau, d.h. den Aufbau der Wand aus waagerecht aufeinandergelegten Stämmen. Die Jungsteinzeit (3000 bis 1700) kennt dann bereits den Rund-, Rechteck- und Pfahlbau. In der nord. Megalithkultur (→Nordischer Kreis) tritt uns eine höchst wichtige Hausbauform entgegen, bestehend aus einem Hauptraum mit Vorraum oder Vorhalle. Sie wanderte vom N nach Troja und Mykene, wurde dort in Stein umgesetzt und bestimmte auch die Grundform des griech. Hauses (→Megaron), ja des griech. Tempels. Bes. der dorische Tempel weist sehr deutliche Spuren davon auf, daß einzelne seiner Teile ursprünglich in Holz gedacht waren (→Dielenkopf). Für den H. der Germanen in geschichtlicher Zeit besitzen wir außer den Überresten Belege in Gestalt römischer Reliefs und schriftlicher Quellen. Tacitus berichtet über ihn, und im angelsächsischen Beowulflied findet sich eine vorzügliche Beschreibung einer german. Königshalle, die den vornehmsten Typus german. H.s darstellte, und deren Grundform vielleicht in den großen Saalbauten der mittelalterlichen Pfalzen, Burgen und Klöster weiterlebte. Die zweite Hauptart des H.s, das →Fachwerk, ist bei den Germanen bereits für das 7. Jh. n. Chr. nachgewiesen. Bis weit ins Mittelalter hinein sind Burgen und Befestigungen noch vielfach aus Holz erbaut und erst später durch Steinbauten ersetzt worden. Auch viele Holzkirchen gab es, von deren Aussehen wir uns allerdings keine rechte Vorstellung zu machen vermögen. Einzig die norwegischen →Stabkirchen zeigen uns heute noch, welcher Leistungen der mittelalterliche H. fähig war. Im 15. Jh. beginnt das Aufblühen des Fachwerkbaus, der in den Städten erst im 17. Jh. durch den Steinbau so gut wie ganz verdrängt wurde. Für das Bauernhaus ist der H., allerdings oft in Verbindung mit dem Steinbau, in Geltung geblieben und hat bes. in Gebirgsgegenden der Landschaft ästhetisch und praktisch vorzüglich ausgeglichene Typen hervorgebracht („Schweizerhaus“). Besondere Aufmerksamkeit muß diesem H. i. d. Gegenwart gelten, da er weitgehend vom Umbau u. Abriß bedroht ist. →Denkmalpflege.

C. Schäfer, Die H.architektur Dtschlds. v. 14.–18. Jh., 1883–88; K. G. Stephani, Der älteste dt. Wohnbau und seine Einrichtung, 2 Bde., 1902–1903; von Leixner, Der H. in seiner Entwicklung und in seinen charakteristischen Typen, 1907; W. Schulz, Das germanische Haus in vorgeschichtl. Zeit, 1913; F. Behn, Das Haus in vorröm. Zeit, 1922; Ders., Die Entstehung des dt. Bauernhauses, 1957; H. Phleps, Ost- und westgerman. Baukultur, 1934; Ders; H.-kunst. Der Blockbau, 1942; H. Franke, Ostergeman. Holzbaukultur, 1936; C. Schäfer, Dt. Holzbaukunst, 1937, Nachdr. 1980; O. Völkkers, Dt. Hausfibel, [2]1939; M. V. Rudolph, German. H. der Wikingerzeit, 1942; W. Radig, Frühformen der Hausentwicklung in Deutschland, 1958; F. Schlette, Die ältesten Haus- u. Siedlungsformen des Menschen, 1958 (Ethnograph-archäolog. Forschungen 5); M. Deinhard, Die Tragfähigkeit histor. H.konstruktionen, 1963; B. Schier, Hauslandschaften u. Kulturbewegungen, [2]1966; H. Phlebs, Alemannische H.kst, 1967; H. J. Hansen, Gesch. d. abendländ. Holzarchitektur, 1969; weitere Lit. →Fachwerk.

Holzbildhauerei (Holzbildnerei, Bildschnitzerei), die Kunst, Bildwerke aus Holz herzustellen. Nach Modell und nach Vorzeichnung auf dem Block wird aus diesem vermittelst großer und kleiner Schnitzeisen das Bildwerk herausgeschlagen.

Die H. ist zu allen Zeiten geübt worden (Ägypt. Statue des „Dorfschulzen“, etwa 2500 v. Chr., Kairo, Mus.). Sie war in der Antike bekannt (→Xoanon) und ist auch in der ostasiat. Kunst durch eine Fülle z. T. sehr früher Werke vertreten. Im Abendland bieten ein sehr frühes und bedeutendes Beispiel die Holztüren der Kirche Santa Sabina in Rom (5. Jh.) mit geschnitzten Reliefs. Eine dichtere Folge erhaltener Arbeiten gibt es aber erst seit dem 11. Jh.: Holztüren von S. Maria im Kapitol in Köln, Essener Madonna, Imad-Madonna in Paderborn (beide mit Goldblech überzogen, das bei der letzteren später entfernt worden ist). Seit dem 12. Jh. wurden gern monumentale Kruzifixe aus Holz hergestellt, insbesondere die Triumphkreuzgruppen des 13. Jh. (Halberstadt, Wechselburg, Freiberg). Im 14. Jh. gewann die H. zunächst im Andachtsbild, später im Schnitzaltar ein weites Betätigungsfeld. Ihren Höhepunkt erreichte sie in der dt. Spätgotik (Stoß, Pacher, Riemenschneider u. a.); auch die flandr. Bildschnitzer der Zeit haben Bedeutendes geleistet. In Niederdeutschland wurde Eichenholz, in Süddeutschland Lindenholz bevorzugt. Die Figuren waren stets „gefaßt“, d. h. mit einem Kreide- oder Gipsgrund, auch mit Leinwand überzogen und dann bemalt oder vergoldet. Erst Riemenschneider hat in einigen seiner Werke auf solche Fassung verzichtet und die reine Materialschönheit des Holzes sprechen lassen, dem nun die feinste Durchbildung der Oberfläche anvertraut werden konnte. Auch die Bildnerei des Barocks hat zahlreiche Werke in Holz aufzuweisen; doch hat sie nicht ihr Bestes darin gegeben. Dem 19. Jh. war das Holz als Werkstoff des Bildhauers nicht gut genug, und erst seit Anfang des 20. Jh. hat man es wieder zu schätzen gelernt. In der Volkskunst, vor allem Bayerns und Tirols, hat sich dagegen die Bildschnitzerei (Herstellung religiöser Bildwerke aus Holz: Herrgottschnitzerei) durch das 19. Jh. bis zur

Gegenwart erhalten. – Verstärkte Probleme bringt die Erhaltung und Pflege von Holzbildwerken in der Gegenwart mit sich. →Restaurierung.

Dell'Antonio, Die Kunst des Holzschnitzens, 1921; Metzger, Handbuch der Holzbildhauerei, [3]1925; H. Wilm, Die got. Holzfigur, [4]1944 (unterrrichtet auch über Erhaltung und Wiederherstellung alter Holzbildwerke).

Hölzel, Adolf, Maler u. Kunsttheoretiker, * 13. 5. 1853 Olmütz (Mähren), † 17. 11. 1934 Stuttgart; stud. a. d. Wiener (1874–76) u. Münchner Akad. (1879–82; Schül. v. W. Diez), gründete 1891 die „Dachauer Malerschule" (→Künstlerkolonie) mit L. Dill u. A. Langhammer, in der durch die Beschäftigung mit Farbtheorien ein eigener Farbkreis entwickelt wurde, der an Goethes Farbenlehre anknüpfend die Gesetzmäßigkeit d. Harmonielehre d. Musik auf den Gebrauch der Farbe überträgt. Demzufolge wandte sich H. nach Porträt- u. Landschaftsmalerei (zunächst i. d. Art Leibls u. Uhdes, dann in gedämpften Farben der „Dachauer-Moor-Serie") mit Farb- u. Formstudien der abstrakten Malerei zu, zu deren Begründern in Dtschld. er zählt. Von 1905–1919 war H. Lehrer d. Stuttgarter Akademie, zuletzt deren Direktor. Zu seinen Schülern zählten Meyer-Amden, W. Baumeister, O. Schlemmer, J. Itten, Ida Kerkovius u. M. Ackermann. Sein Bestreben galt Reformen d. Akademiewesens. Bekannte Werke H.s sind „Der Gekreuzigte", Wandmalerei, Ulm, Garnisonkirche, 1913; Wandfries i. d. Vorhalle d. Werkbundausstellg. Köln 1914; Fenster d. Fabrik Bahlsen 1916, i. Sitzungssaal d. Pelikanwerke 1932, Hannover, Rathaus Stuttgart 1928. In s. letzten Jahren wid mete sich H. auch der Pastellmalerei.

A. H., Über künstlerische Ausdrucksmittel u. deren Verhältnis zu Natur u. Bild (Die Kst. für alle) 1904; A. Roeßler, Neu-Dachau, 1905; H. Hildebrandt, A. H. als Zeichner, 1913; Ausst.kat. Staatsgal. Stuttgart H. u. s. Kreis, 1961; W. Venzmer, A. H., Ausst.kat. Braunschweig 1963.

Holzmeister, Clemens, österr. Baumeister und Bühnenbildner, * 27. 3. 1886 Fulpmes, studierte in Wien, 1924–38, das. Prof. an der Akad. der bild. Künste, 1928–32 auch an der Akademie Düsseldorf; 1938–48 Prof. in Istanbul, bis 1957 Dir. der Wiener Akademie. H.s Name ist zunächst mit dem Kirchenbau verbunden (Wien; Berlin St. Adalbertkirche 1933; später Brasilien). Daneben schuf er Wohnbauten, bes. in Wien. Am bekanntesten aber sind der Präsidentenpalast und das Grabmal für Kemal Atatürk in Ankara sowie die Bauten für die Salzburger Festspiele, die Erweiterungen 1937/38 nach der Vollendung des ersten Baues von 1926, hauptsächlich aber das Neue Festspielhaus mit seinen gewaltigen Dimensionen von 1956–60. – Auch zahlreiche Entwürfe für Bühnenbilder hat H. geschaffen, darunter für Max Reinhards „Faust"-Inszenierung von 1933.

Er schrieb u. a. Kirchenbau – ewig neu, 1951.

C. H., Entwürfe, Zeichnungen, 1927; Bauten, Entwürfe, Handzeichnungen, 1939; J. Gregor, C. H. Das architektonische Wien, 1953; P. Becker, C. H. und Salzburg, 1966; Ausst.kat. Kunstakademie Wien, C. H., 1982 (m. Werkverz.).

Holzschnitt, Holzschneidekunst (Xylographie), das Schneiden einer Zeichnung aus einer Holzplatte, so daß sie erhaben auf dieser stehen bleibt, zum Zwecke des Abdrucks auf Papier. Der fertige Abdruck wird ebenfalls als H. bezeichnet. Die Holzplatte, der „Holzstock" oder „Stock", ist entweder längs der Faser genommen und wird dann mit einem Messer so geschnitten, daß die Linien der Zeichnung als Stege stehen bleiben: Linienschnitt; oder sie ist quer zur Faser genommen aus hartem Holz („Hirnholz", meist Buchsbaum). In diesem Falle ist Bearbeitung mit dem Stichel nötig. Dieses Verfahren wird daher Holzstich genannt, auch Tonstich, da nicht die Linien einer Zeichnung faksimiliert, sondern eine Vorlage in malerischer Tonigkeit frei wiedergegeben wird. Die Zeichnung wird auf den grundierten Holzstock mit der Hand oder photomechanisch übertragen. Der Holzstock wird mit der Presse auf das Papier abgedruckt, was früher auch mit der Hand geschah. Lag dabei das Papier auf dem Stock und wurde mit der Handfläche oder einem Reiber angedrückt, so zeichneten sich die Linien auf der Rückseite des Blattes durch: Reiberdruck. In der Frühzeit wurden verschiedene Abarten versucht: Metallschnitt (der Stock ist aus Metall, was jedoch keine wesentlich andere Wirkung beim Abdruck ergibt); Schrotschnitt (Zeichnung mit weißen Punkten auf schwarzem

Einblattdruck (Anf. 15. Jh.)

Grund); Weißschnitt (die Linie wird nicht aus dem Stock, sondern in den Stock geschnitten, so daß sie beim Abdruck weiß auf dunklem Grund erscheint); Teigdruck (das Papier wird mit einem klebrigen Teig überzogen; die eingedrückte Zeichnung tritt nach Überstäuben mit Samtstaub deutlicher hervor). Zu Anfang des 16. Jh. kam der Tonholzschnitt, Helldunkelschnitt oder Clairobscurschnitt auf (die Linien werden durch eine „Strichplatte" erzeugt; eine „Tonplatte" oder mehrere fügen einen meist grauen Ton hinzu). Sind die Tonplatten verschieden eingefärbt, so entsteht der Farbenholzschnitt.

Der H. ist die älteste der graph. Techniken. Das Verfahren war seit alters im →Zeugdruck vorgebildet. Äußere Bedingung war die Einführung der Papierfabrikation in Europa in der 2. Hälfte des 14. Jh., innere Bedingung das Aufkommen der Privatandacht: man wollte die Abbilder von Heiligen oder Darstellungen heiligen Geschehens im eigenen Hause haben. Der H. tritt zuerst als Einzelblatt auf, als Einblattdruck, die ältesten dürften noch dem Ende des 14. Jh. angehören. Als Ursprungsland kommen neben Deutschland Frankreich und die Niederlande in Betracht. Um 1430 entsteht als neue äußere Form das →Blockbuch und seit etwa 1460 findet der H. als Illustration in das gedruckte Buch Eingang, zuerst in Deutschland. Da der H. wie der Buchdruck ein Hochdruckverfahren ist, war der Stock mühelos dem Satz einzufügen, und Text und Illustration stehen zu einander in einer natürlichen formalen Harmonie. Ein entscheidender Schritt in der Entwicklung des H.s vollzog sich, als sich seit den 80er Jahren Künstler von Rang (zuerst Michael

→Wolgemut) in den Dienst der Sache stellten, womit allerdings die bisher wohl immer anzunehmende Personengleichheit von Zeichner und Holzschneider vielfach aufhörte. In Dürers Apokalypse (1498) hat der H. zum erstenmal in Deutschland den vollen Gedanken- und Gefühlsstrom eines ganz großen Künstlers aufgenommen. Der H. bedurfte jetzt auch der Kolorierung nicht mehr, die im 15. Jh. auch für den Buchholzschnitt die Regel ist. Seitdem haben die meisten Maler der Dürerzeit sich des H.s als eines vollwertigen künstlerischen Ausdrucksmittels bedient: Cranach, Burgkmair, Baldung, Altdorfer, Holbein d. J. Um 1510 entstehen die Farben- und Tonholzschnitte: Cranach, Burgkmair, Baldung, Wechtlin. – In den anderen Ländern bedeutet der H. im künstlerischen Gesamtschaffen der Zeit bei weitem nicht so viel wie in Deutschland. In Italien haben sich die großen Meister nicht für ihn eingesetzt. Eine Hauptschöpfung ist hier die in Venedig gedruckte →Hypnerotomachia Polifili (1499). Der Farbenholzschnitt erhielt durch Ugo da Carpi eine bes. reiche Ausbildung und wurde zur Wiedergabe z. B. Raffaelscher Gemälde benutzt, wenn auch noch nicht ganz im Sinne eines Reproduktionsholzschnittes. Frankreich ist in der 1. Hälfte des 16. Jh. stark von Italien abhängig. In den Niederlanden steht der H. in dieser Zeit an Umfang und Bedeutung hinter dem Kupferstich zurück. Das wurde seit der Mitte des 16. Jh. allgemeine Erscheinung, und abgesehen von einzelnen Ausnahmen (Farbenholzschnitte von H. Goltzius, Reproduktionsholzschnitte von Ch. de Jegher nach Rubensschen Bildern) blieb das so im 17. und erst recht im 18. Jh. Eine Belebung erfolgte erst nachdem der Engländer Thomas Bewick im letzten Drittel des 18. Jhs. den Holzstich erfunden hatte, neben dem im übrigen der Linienschnitt der Alten Meister alsbald wieder zu neuer Geltung kam. In Deutschland wurde gegen die Mitte des 19. Jh. ein Höhepunkt erreicht durch Menzel und Rethel. In Frankreich ragen hervor Grandville und Doré. Der engl. H. stand nur technisch auf bedeutender Höhe. Seit den 60er Jahren trat der Künstlerholzschnitt oder Originalholzschnitt (d.h. derjenige, der die Vervielfältigung einer eigens zu diesem Zwecke gemachten Künstlerzeichnung ist) immer mehr zurück hinter dem Reproduktionsholzschnitt, der in illustrierten Werken einen breiten Raum einnahm, aber mit dem Aufkommen der photomechanischen Reproduktionsverfahren allmählich vollständig überflüssig wurde. Seit dem letzten Jahrzehnt des 19. Jh. haben überall Versuche eingesetzt, den Künstlerholzschnitt zu erneuern (Morris, Nicholson, Valloton, Gauguin, Munch), z. T. unter Anwendung neuer Schnittweisen. Eine solche war z. B. der Flächenholzschnitt, der seine Wirkung durch das Nebeneinander weißer und schwarzer Flächen erzielt. Auch der Farbenholzschnitt wurde wieder gepflegt. Der Expressionismus hat den H. unter den graph. Techniken bes. bevorzugt. In der Gegenwart neigt man in Deutschland zum Linienschnitt der Alten Meister. – Außerhalb Europas hat der H. als chinesischer u. japanischer Farbenholzschnitt (→Japanische Kunst) einen technisch und künstlerisch sehr hohen Stand erreicht.

Die Einblattdrucke des 15. Jh., ersch. b. P. Heitz in Straßburg seit 1906, bis 1942 100 Bde.; M. J. Friedländer, Der H., [4]1970; A. Schramm, Der Bilderschmuck der Frühdrucke, 23 Bde., 1922 bis 1943; K. Zoege v. Manteuffel, Der

dt. H., 1921; P. Kristeller, Kupferstich u. H. in vier Jahrhunderten, [3]1921; M. Geisberg, Der dt. Einblattholzschnitt in der ersten Hälfte des 16. Jh., 1925–29 (1600 Blätter); Ders., Der Buchholzschnitt im 16. Jh. usw., 1937; Ders., Gesch. der dt. Graphik vor Dürer, 1939; W. L. Schreiber, Handbuch der Holz- u. Metallschnitte des 15. Jh., 8 Bde., 1926–30; E. Bock, Geschichte der graph. Kunst, 1930; A. M. Hind, An introduction to a history of woodcut, 2 Bde., 1935; H. Höhn, Deutsche Holzschnitte bis zum Ende des 17. Jh., 1936 Neuausg. v. H. Wendland, 1980; Th. Musper, Der H. in 5 Jahrhunderten, [2]1964; W. L. Strauß, Clair-Obscur. D. Farbh. i. Dtschld. u. d. Niederlanden i. 16. u. 17. Jh. (Vollst. Bilddokum. u. Ges. Kat.), 1973; H. Rumpel, Der H., 1972; P. Westheim, D. H.buch (Faks. Ausg. v. 1921), 1977; H. Körner, Der früheste dtsche. Einblattholzschnitt, Diss. Univ. München, 1979.
S. auch Literatur →Kupferstich.

Holzschnitzerei, Verzierung hölzerner Gegenstände mit Ornamenten und Figuren, schon im Mittelalter im kirchl. Kunstgewerbe in hoher Blüte stehend (Schnitzereien an Chorgestühlen), in der Renaissance auch auf das weltliche übertragen (Möbel, Türen usw.), im Klassizismus und Biedermeier zurückgedrängt, in der Neurenaissance und im Neubarock in üppigster Weise wieder aufgenommen, im modernen Kunstgewerbe (seit Beginn des 20. Jh.) nicht beliebt. – In neuester Zeit ist H. hauptsächlich in der →Volkskunst vertreten.

Holzstich →Holzschnitt.

Honthorst, Gerard (Gerrit), van, niederländ. Maler, * 4. 11. 1590 Utrecht, † 27. 4. 1656 das., Schüler von →Bloemaert, etwa 1610–21 in Rom und dort von →Caravaggio inspiriert. Als Hofmaler der Oranier im Haag (1637–51) hat er eine fruchtbare Tätigkeit als Bildnismaler entfaltet; im übrigen war er in Utrecht tätig. Seine Bedeutung beruht auf den oft mit Beleuchtungseffekten ausgestatteten biblischen und Genrebildern, durch die er den Caravaggismus nach Holland vermittelt hat (Rembrandt).

J. R. Judson, G. van H., 1959 Utrechter Bijdragen tot de Kunstgeschiedenis 6); A. v. Schneider, Caravaggio u. d. Niederländer, [2]1967.

Hooch, Pieter de, holländ. Maler, getauft 20. 12. 1629 Rotterdam, † 1683/84 Amsterdam, tätig das. und in Delft, neben Jan Vermeer van Delft der Hauptmeister des holländ. →Interieurs. Seine Jugendwerke verraten den Einfluß von Meistern aus Rembrandts Umkreis. Seine schönsten Bilder entstanden wohl z. T. unter Einwirkung Vermeers während des Delfter Aufenthalts 1655–65. Sie zeigen wenige Figuren in geselligem Beieinander im vornehmen, aber mit nur geringem Mobiliar ausgestatteten Innenraum. Eine Tür öffnet gern den Blick in einen zweiten. Das Licht fällt durch hohe Fenster herein und verbreitet sich im ganzen Raum, so zwar, daß jede Ecke erhellt ist, sich aber doch ein warmer Gesamtton ergibt, in dem gesättigte Lokalfarben prächtig stehen.

Valentiner, P. de H., 1930; F. van Thienen, P. de H., [2]1950 (holl.); W. v. Bode, Die Meister d. holländ. u. fläмisch. Malerschulen, [8]1956.

Hornhausen, Reiterstein von, german. Bildwerk des 7. Jh. (Landesmus. Halle). Der etwa 68 cm hohe Stein bringt eine Darstellung Wodans als Lanzenreiter, der über eine Schlange hinwegtrabt. Auf dem unteren Felde des Steines Tierornamentik im Stil II. (→Germanische Kunst). Neuerdings wird vermutet, daß das Reitermotiv von H., wie es auch sonst bes. in den durchbrochenen Zierscheiben der Merowingerzeit vorkommt, auf koptische Vorlagen zurückgeht.

H. Hahne, 25 Jahre Siedelungsarchäologie, 1922; W. Holmqvist, Kunstprobleme der Merowingerzeit, 1939; W. v. Jenny, Die Kunst der Germanen im frühen Mittelalter, 1940; W. Schulz, Eine Nachlese z. d. Bildsteinen v. H., (Jahresschrift f. mitteldte. Vorgesch., 40) 1956.

Hörnschab, Hörnschap(p), Eckschrank der Spätrenaissance in Niederdeutschland, bes. in Schleswig-Holstein. Ältestes Beispiel 1601.

J. Goos, Das Dithmarscher H., 1934 (Zeitschr. Nordelbingen, Jahrg. 10).

Hortus deliciarum (lat. „Lustgarten"), eine um 1170 von Herrad von Landsperg, Äbtissin des Klosters Hohenburg oder St. Odilien im Elsaß verfaßte, vielleicht auch illuminierte Bilderhandschrift, die später in die Straßburger Bibliothek gelangte und dort bei der Belagerung Straßburgs 1870 verbrannte. Wohl als eine Art Handbuch für den Unterricht gedacht, war der H. d. ein Kompendium geistl. und weltl. Wissens. Er enthielt bibl. Darstellungen und solche der christl. Allegorie, Kriegs- und Tafelszenen, in denen Tracht und Sitte der Zeit überliefert ist. Die mit Deckfarben kolorierte Zeichnung stand nicht auf hoher künstlerischer Stufe, war aber drastisch und lebendig. Zum Glück sind Kopien erhalten geblieben, hg. von Straub und Keller (1879–99).

Ch. Schmidt, Herrade de Landsperg, ²1897; O. Gillen, Ikonographische Studien zum H. d. der Herrad von Landsperg, 1931 (Kunstwissenschaftliche Studien, Bd. 9); N. Mayers, Studien zum H. D. der Herrad v. Landsberg, Diss. Wien 1967; G. Cames, Allégories et symboles dans l'H.d., 1971.

Hosemann, Theodor, Maler und Zeichner, * 24. 9. 1807 Brandenburg, † 15. 10. 1875 Berlin, fand dort seine eigentliche Heimat und entwickelte sich zu einem der besten Illustratoren seiner Zeit, der sich mit Vorliebe der lithographierten Federzeichnung bediente. Die Reihe seiner Hauptwerke setzt 1840 ein mit Illustrationen zum „Münchhausen". Sein Bestes gab er in den Federzeichnungen zu E. T. A. Hoffmanns „Gesammelten Schriften" (1844).

L. Brieger, Th. H., 1920; G. Kapitan, Die polit. Graphik Th. H.s, 1955; B. Wirth, Th. H., 1967.

Hostienbüchse →Pyxis.

Hostienmühle, Veranschaulichung des Wunders der Transsubstantiation unter dem Bilde einer Mühle: die vier Evangelisten lassen das auf Spruchbänder geschriebene „Wort" in den Mühltrog gleiten, aus dem es in Gestalt von Hostien wieder hervorkommt, die in einem Ciborium aufgefangen werden. Über diesem schwebt das Christuskind. Das Ciborium wird vom Papst, Kardinälen, Bischöfen oder von Kirchenvätern gehalten, die die Hostien an die Gläubigen verteilen. Die Mühle wird von Aposteln gedreht oder auch mit Wasserkraft angetrieben, die dann von den vier →Paradiesesflüssen geliefert wird. Die H. entstand im 15. Jh. in Deutschland, kommt aber auch in Frankreich vor.

H. Schulz, Die mittelalterl. Sakramentsmühle, 1929 (Zeitschr. f. bild. Kunst 63); A. Thomas, Die mystische Mühle, 1934–35 (Die christl. Kunst, Jahrg. 31); ders., Maria, der Acker u. die Weinrebe i. d. Symbolvorstellung des MA.s, Habil.schrift Trier, 1950; H. Rye-Clausen, Die H.nbilder im Lichte mittelalterl. Frömmigkeit, 1981.

Hostientaube →Sakramentshaus.

Hostienteller →Patene.

Houbraken, Arnold, niederländ. Kunsthistoriograph, Maler und Radierer, * 28. 3. 1660 Dordrecht, † 14. 10. 1719 Amsterdam, schrieb: De Groote Schouburgh der Nederlandsche konstschilders en schilderessen (3 Bde., Amsterdam 1718 bis 1720, Neudruck den Haag 1753, Neudruck hg. v. Swillens, Maastricht 1943–53; dt., jedoch unvollständig übersetzt von Wurzbach in „Quellenschriften für Kunstgesch.", Bd. 14, 1880), ein Werk, das für die Geschichte der niederländ. Malerei des 17. Jh. von ähnlicher Bedeutung ist wie die van →Manders für das 16. Jh.

Hofstede de Groot, A. H. u. seine Groote Schouburgh, 1893 (Quellenschriften zur holländ. Kunstgesch., Bd. 1); De groote schouburgh, Nachdr. 1943–53, hg. v. P. T. A. Swillens.

Houdon, Jean-Antoine, franz. Bildhauer, * 20. 3. 1741 Versailles, † 15. 7. 1824 Paris, Schüler von Pigalle und Lemoyne, tätig in Paris. Er ist zwar der Hauptmeister der franz. Bildnisplastik im Zeitalter des Klassizismus, nimmt aber in diesem eine Sonderstellung ein durch die scharf realistische Art, mit der er seinen Gegenstand erfaßt. Von seinen zahlreichen Bildnissen berühmter Zeitgenossen ist am bekanntesten das marmorne Sitzbild Voltaires (1781; Paris, Théâtre Français).

H. Dierks, H.s Leben u. Werke, 1887; G. Giacometti, Le statuaire J. A. H. et son époque, 3 Bde., 1918/19; Ders., La vie et l'œuvre de J. A. H., 1928; Elisa Maillard, H., 1931 (franz.); L. Réau, H., sa vie et son oeuvre, 2 Bde. (mit Kat.), 1964.

Hrdlicka, Alfred, österr. Bildhauer, Maler und Graphiker, * 27. 2. 1928 Wien, studierte an der Akademie und später bei F. →Wotruba; lebt in Wien. H.s Thema in der Bildhauerei ist der an der Welt leidende Mensch. Umfangreicher ist sein graphisches Werk, das er meist in Zyklen gestaltet (großformatig, in differenzierten Hell-Dunkel-Werten oder farbig). Es wurde mit zahlreichen Kunstpreisen gewürdigt. Er schuf u. a. „Kleines Weltgericht", 1951; „Haarmann" (ein Mörder), 1965; „Winckelmanns schreckliches Ende", 1965; die Folge, die für sein Werk als programmatisch gelten kann: „Roll over Mondrian", 1966/67. Sie bedeutet eine Auseinandersetzung mit dem →Konstruktivismus.

Ausst.kat. Mus. Nürnberg, A. H., Das druckgraph. Werk, 1968 (m. Bibl.); A. H. Selbstbiographie, 1969.

Hubbuch, Karl, dt. Maler u. Graphiker, * 21. 11. 1891 Karlsruhe, † 26. 12. 1979 das., studierte das. 1908–12, 1912–14 in Berlin bei Emil Orlik (1870–1932); dann Prof. an der Landeskunstschule in Karlsruhe bis 1933. In seinem Frühwerk, meist brillanten Radierungen, spiegelt sich die Faszination der Großstadt wieder, wie er sie in der Weimarer Republik erlebte, mit den Kontrasten, auch dem Elend; es bietet sich als Sozialkritik dar („Herr Stresemann u. das Stück Schwarzbrot"; „Aus der Zeit der Fememorde"). Während der Karlsruher Zeit widmet sich H. verstärkt der Ölmalerei, häufig in altmeisterlichen Maltechniken (v. Eyck, Holbein, Rubens), die er studierte. Er nannte dies „Versuchsbilder". Auch hier kommt Sozialkritik zum Ausdruck durch Stilleben, Gerümpel, Akte und Personendarstellungen (oft verdoppelt, wie „Zweimal Hilde I", 1929), realistisch zwar, aber bei Betonung von Häßlichkeit, Banalität („Beim Arzt", 1930), stets seine Zeit trefflich charakterisierend durch seinen kritischen Realismus. Nach dem 2. Weltkrieg widmete sich K. H. – nunmehr Direktor der Karlsruher Akademie (1948–57) – erneut der Graphik (Radierungen) und Zeichnung und schuf Werke von großer Eindringlichkeit, thematisch teilweise an seine Frühzeit anknüpfend.

R. Hiepe, K. H., 1961; Ausst.kat. Neue Münchener Galerie, K. H., das Gesamtwerk, 1967; Stadthalle Freiburg i. Br., K. H. Das graph. Werk, 1969; Bad. Kunstverein Karlsruhe, K. H., (mit Texten von W. Hartmann u. a.), 1981.

Huber, Wolf, Maler und Zeichner für den Holzschnitt, * um 1485 wahrscheinlich Feldkirch, † 3. 6. 1553 Passau, tätig das., ist neben Altdorfer der bedeutendste Meister der →Donauschule. Auch sein Werk ist wie das Altdorfers von einer Grundstimmung erfüllt, die man mit gewissem Recht „romantisch" nennen könnte, doch ist er derber und leidenschaftlicher als jener und nicht so reich in seinen Ausdrucksmöglichkeiten. Am unabhängigsten von der Überlieferung und am meisten er selbst ist er in seinen großartig freien Zeichnungen und Holzschnitten.

H. Voß, Albrecht Altdorfer und W. H., 1910; P. Halm, Die Landschaftszeichnungen des W. H., 1910; M. Weinberger, W. H., 1930; E. Heinzle, W. H., 1954; K. Oettinger, Zu W. H.s Frühzeit, 1957 (Jahrb. d. Kunsthist. Sammlgn. in Wien 53); G. Künstler, W. H. als Hofmaler d. Bischofs von Passau, 1962 (Jahrb. d. Kunsthistor. Sammlgn. in Wien 58); A. Stange, Malerei d. Donauschule, 1964; Kat. Ausstllg. Die Kst. d. Donauschule, St. Florian b. Linz, 1965; F. Winzinger, W. H. (S. Ges.werk), 1978.

Hubertus, Hubert v. Lüttich, Heiliger, * um 665, † 727, Bischof von Tongern-Maastricht und Lüttich, Patron der Jäger, soll wie der hl. Eustachius durch einen Hirsch mit Kruzifix zwischen dem Geweih zum Christentum bekehrt worden sein; daher wie jener mit einem solchen Hirsch dargestellt, oder als Bischof mit Krummstab und Buch, meist auch mit Jagdhorn oder kleinem Hirsch auf dem Buch (Gemälde von Stefan Lochner, 1450, München, Alte Pinakothek), häufig in der franz. Kunst des 15./16. Jhs.

K. Puhr, D. Legende d. hl. H. u. ihre Darstellg. i. d. Kst., Diss. Graz, 1947; T. Lepique, Der Volksheilige H. in Kult, Legende, Brauch; Diss. Berlin, 1952; L. Huyghebaert, Sint H. in woord en beld 1949 (fläm.).

Hubertusburger Steingut, das in der 1770 im Hubertusburger Schloß (Sachsen) gegründeten, 1848 geschlossenen Manufaktur hergestellte Steingut.

Hufeisenbogen →Bogen.

Hugenottenstil, Bezeichnung für die von den hugenottischen Baumeistern nach ihrer Vertreibung aus Frankreich (1685) und Aufnahme in Holland und dem protestant. Deutschland dort vertretene klassizistische Richtung des Barocks. Hauptbeispiele in Dtschld. sind die Schlösser von Mannheim und Biebrich, der Deutsche und der Französische Dom in Berlin, Teile der Stadtanlagen von Potsdam, Mannheim, Hanau und Erlangen sowie die lutherische Kirche in Amsterdam.

Humerale →Amikt.

Humpen, größeres Trinkgefäß, zylindrisch oder bauchig, aus Glas, Fayence, Zinn, gewöhnlich mit Deckel und einem durch Hohlkehle abgesetzten Fuß, häufig verziert (→Fichtelberger Gläser, →Hofkellereigläser, → Kurfürstengläser, →Münzbecher). 16.–18. Jh.

Hundszahnornament, ein bes. in der engl. Frühgotik beliebter Zierfries, bestehend aus pyramidenförmigen Gebilden, über die ein Vierblatt gelegt ist; (engl. dog-tooth).

Hungertuch →Fastentuch.

Hunnen → Völkerwanderungskunst.

Hüttenplastik →Bauhütte, →Bauplastik.

H. W., Meister H. W. →Witten, Hans.

Hydria, griech. Gefäß zum Wassertragen, mit zwei waagerechten Henkeln und einem senkrechten.

Erika Diehl, Die H., 1964.

Hypäthraltempel (griech. hypaithros „unter freiem Himmel"), sehr große Tempel, die nicht überdacht werden konnten, bildeten einen freien Hof (Didyma).

Hypnerotomachia Polifili (griech. „Traumliebeskampf des P."), allegorischer Roman, 1499 bei Aldus Manutius in Venedig anonym erschienen. Verfasser ist wahrscheinlich der Dominikaner Francesco Colonna. Im Rahmen einer traumhaften Liebesgeschichte werden philosophische und künstlerische Anschauungen der Renaissance ausgebreitet, insbes. wird das Altertum und seine Kunst verherrlicht. In enger Verbindung mit diesem Inhalt stehen eine Reihe von Holzschnittillustrationen, die in ihrer durchsichtigen Klarheit zum schönsten gehören, was die ital. Graphik der Renaissance hervorgebracht hat. Die H. P. ist von bedeutender Wirkung namentlich auf den franz. Holzschnitt des 16. Jh. gewesen. – Faksimileausgabe, London, 1904, neue Faksimileausgabe v. G. Pozzi u. Lucia Ciapponi, 2 Bde., 1964.

J. Poppelreuther, Der anonyme Meister des P., 1964.

Hypnos, der griech. Gott des Schlafes, Zwillingsbruder des Thanatos, ihre Mutter ist die Nyx (Nacht). Erhaltene Darstellungen, die ihn als geflügelten Jüngling zeigen, gibt es erst aus dem 5. Jh. Von einer Statue des H., die dem Lysippischen Kreis angehört, sind Marmorkopien erhalten, die durch einen Bronzekopf des Britischen Mus. zu ergänzen sind.

Hypokausten (griech. „Heizung von unten"), antike Warmluftheizanlage unter den zu heizenden Wohn- und Baderäumen. Auch das Mittelalter kannte diese Art von Heizung, und zwar in technischer Weiterbildung. Man findet sie bes. in den Ordensburgen, aber auch sonst in Burgen (Marburg, Dankwarderode in Braunschweig) und Pfalzen (Werla, Goslar), sowie in Klöstern (Maulbronn).

G. Fusch, Über H. und mittelalterliche Heizungsanlagen, 1910; G. Precht, Kat. d. Ausstllg. „Römer am Rhein", Köln 1967.

Hypotrachelion (griech.), Säulenhals, d. h. der unmittelbar unter dem Kapitell liegende Teil der Säule.

Ibero-amerikanische Kunst, die auf span. Anregung von span. Künstlern in Ibero-Amerika geschaffene Kunst. Im weitern Sinn gehören dazu auch alle Kunstwerke span. Herkunft, die nach Ibero-Amerika gelangt sind. Die systematische Erforschung der I.-a. K. ist vom Laboratorio de Arte an der Universität Sevilla in Angriff genommen worden. Ihre Ergebnisse sind niedergelegt in den seit 1935 erscheinenden Heften „Arte en America y Filipinas".

D. A. Siqueiros, Der neue mexikan. Realismus, 1976.

ICOM, Abkürzung für „International Council of Museums", eine seit 1951 bestehende Organisation mit dem Hauptziel, die internationale Zusammenarbeit zwischen den Museen und den Museumsfachleuten zu fördern. Sie gibt die ICOM News heraus, hat ihren Hauptsitz im UNESCO-Haus in Paris und veranstaltet alle drei Jahre einen Kongreß.

ICOMOS, Abkürzung für „International Council of Monuments and Sites", internationaler Rat unter der Schirmherrschaft der UNESCO, 1965 in Warschau gegründet, der sich mit Fragen der Pflege von Baudenkmälern und Kunststätten befaßt. Er arbeitet insbesondere mit den Nationalkomitees der einzelnen Länder auf dem Gebiet der →Denkmalpflege zusammen, organisiert Internationale Colloquien von hohem Rang und unterstützt die Publikationen über diese Tagungen als ausgezeichnete wissenschaftl. Quellen.

Ideale Landschaft →Landschaftsmalerei.

Idealismus →Realismus.

Idealstadt, eine bloß gedachte Stadt von optimaler Erfüllung aller, in einer bestimmten historischen Epoche an eine Stadt gestellten materiellen und ästhetischen Forderungen. Ihr Hauptmerkmal ist Regelmäßigkeit der Anlage. Bei nicht gewachsenen, sondern ad hoc gegründeten Städten ist Verwirklichung einer I. oft angestrebt worden.

I.e wurden bereits in den Hochkulturen des Altertums erdacht. Hervorzuheben sind Platos utopische Vorstellung einer I., bes. aber die Konzeption des →Vitruv: radiale Anlage mit Forum im Zentrum. Das Mittelalter weist eine Reihe regelmäßig angelegter Städte auf, als älteste das 1144 gegründete Montauban in Südfrankreich. Vorherrschender Grundrißtyp war das Rechteck. Eine Sondergruppe bilden die Stadtgründungen des Dt. Ritterordens im 13. und 14. Jh.. Von dem um 1415 wiederentdeckten Werk des Vitruv angeregt und z.T. im Anschluß an ihn haben die italien. Architekturtheoretiker des 15.Jhs. dem Gedanken einer I. große Aufmerksamkeit geschenkt: →Alberti, →Filarete, →Francesco di Giorgio Martini. Auch →Leonardo, →Peruzzi, Antonio da →Sangallo d. J. haben entsprechende Überlegungen angestellt. Filaretes I. „Sforzinda" ist von einem regelmäßigen Achteck umschlossen, eine Form, die wegen der fortifikatorischen Zweckmäßigkeit einer polygonalen Ummauerung in den folgenden Jahrhunderten große Bedeutung gewann. Sie beherrscht auch die Befestigungslehre →Dürers, während dessen Idealplan einer Residenzstadt (1527) noch rechteckige Gestalt hat. Glänzendes Beispiel einer von einem Zentrum radial entwickelten und polygonal umgrenzten Anlage ist Palma Nuova b. Udine, seit 1593 von →Scamozzi erbaut. Im 17. und 18. Jh. sind in den meisten europ. Ländern Städte nach Idealplänen angelegt worden (meist in Verbindg. mit dem →Schloßbau), als bekannteste in Deutschland Mannheim (1607) und Karlsruhe (1715). Im 19. Jh. bringt der Gedanke einer →Gartenstadt Bereicherung. Das 20. Jh. hat in Auseinandersetzung mit den wachsenden Problemen des Verkehrs, der Hochhausbauten, der Ballung der Bevölkerung in den Städten neue Formen der I. hervorgebracht (Taut, →Le Corbusier, Hilbersheimer, →Neutra, →Wright). Eine der spektakulärsten Gründungen der Gegenwart ist Brasilia, die neue Hauptstadt Brasiliens (nach Plänen von Costa und Niemeyer, eingeweiht 1960).

A. E. Brinckmann, Stadtbaukunst, 1920 (Handb. d. Kunstwissensch., Erg. Bd.); J. Gantner, Grundformen der europ. Stadt, 1928; G. Münter, I.e, Studien zur Architektur- u. Kunstwissensch., 1, 1957; W. Müller, Die Heilige Stadt, 1961; W. Stäubli, Brasilia, 1965; N. Evenson, Two Brazillian capitals; architecture and urbanism in Rio d. J. and Brasilia (Yale Univ. Press 4) 1973; A. Mitscherlich, Thesen z. Stadt d. Zukunft, 1971.

Idealvedute →Vedute.

Idol (griech. eidolon „Bild"), Götzenbild (bes. der Naturvölker) aus Holz oder Stein, meist eine menschliche Gestalt von verzerrten Proportionen.

Idolino (ital. „kleiner Götze"), berühmte Bronzefigur des Archäolog. Mus. in Florenz. Der ruhig dastehende Knabe ist ein Werk der polykletischen Schule und gilt heute für eine ausgezeichnete röm. Kopie. Das Bruchstück einer Marmorwiederholung ist in den Magazinen des Vatikans gefunden worden.

L. Curtius, Die klassische Kunst Griechenlands, 1938; G. Lippold, Griech. Plastik (Hb. d. Archäolog. 3, 1) 1950.

Ife-Kunst, sog. nach der Stadt Ife im Yorubaland Süd-Nigerias. Die hier gefundenen Bildwerke aus Gelbguß in hoher technischer Vollendung und Terrakotta gehören zu den bedeutendsten Leistungen der →afrikan. Kunst überhaupt: Porträtköpfe von einem „idealisierten Naturalismus". Der Ursprung der I.-K. ist noch ungeklärt; ihre Entstehungszeit dürfte zwischen dem 12. und 14. Jh. liegen. Anregende Wirkung auf die wesentlich späteren →Beninbronzen ist als sicher anzunehmen. Auch in neuerer Zeit haben sich die Yoruba durch ihre großartige Holzschnitzkunst ausgezeichnet.

L. Underwood, Bronzes of West-Africa, 1949; E. Elisofon, Die afrikan. Plastik, 1958; W. Fröhlich, Probleme der I.-K., 1960 (Mouseion, Festschr. f. O. H. Förster); F. Willett, Ife. Metropole afrikan. Kst., 1967.

Igeler Säule, röm. Grabdenkmal aus dem 2. Jh. n. Chr. in Igel, nahe bei Trier, ein quadratischer Pfeiler mit konisch abgeschrägtem Schuppendach, das einst von einem fliegenden Adler bekrönt war. Höhe ca. 22 m. Der Pfeiler ist in mehreren Stockwerken mit Reliefschmuck versehen, dessen Darstellungen eine merkwürdige Mischung von Begebenheiten aus dem täglichen Leben und alten mythologischen Themen zeigen. Die I. S. hat früh das Interesse der Altertumsforschung erweckt. Goethe besaß eine kleine Nachbildung aus Bronze, die noch in seinem Hause in Weimar zu sehen ist.

Dragendorff-Krüger, Das Grabmal von I., 1924; E. Zahn, Die I. S. bei Trier, (m. Lit.) 1968.

Ikone (griech. „Bild") heißt in der griech.-orthodoxen Kirche das Tafelbild im Unterschied zum Wandgemälde. Die I. stellt heilige Ereignisse, bes. aber heilige Personen dar und ist in diesem Fall Gegenstand der Verehrung. Sie ist in altchristl. Zeit erwachsen aus der antiken Bildnismalerei und hat bis weit ins Mittelalter die Technik der antiken Wachsfarbenmalerei (→Enkaustik) bewahrt. Die ältesten erhaltenen Beispiele (Kiew, Mus. der Geistlichen Akademie) stammen aus dem 6.–7. Jh. In der byzantin. Malerei des Mittelalters (Beispiele aus dem 10. bis 13. Jh. spärlich, seit dem 14. Jh. reichlich) nimmt die I. einen hervorragenden Platz ein und ist trotz zähem Festhalten an der Überlieferung lebendig in der Darstellung der heiligen Personen. Eine Sonderform ist die meist auf Wachsgrund ausgeführte Mosaikikone. Hauptstätten der sehr bedeutenden russ. I.nmalerei waren Nowgorod und Moskau. Im 16. Jh. trat eine Erstarrung der I. ein zugleich mit ihrer bis zur Gegenwart geübten fabrikmäßigen Herstellung.

O. Wulff und M. Alpatoff, Denkmäler der I.nmalerei in kunstgeschichtl. Folge, 1925; Ph. Schweinfurth, Geschichte der russ. Malerei im Mittelalter, 1930; N. P. Kondakov, Die russ. I., 4 Bde., 1928 bis 1933; A. A. Hackel, I.n, 1951; L. Ouspensky u. W. Lossky, Der Sinn der I.n, 1952; C. H. Wendt, Rumän. I.nmalerei 1953; W. Felicetti-Liebenfels, Geschichte der byzantin. I.nmalerei, 1956; P. H. Schweinfurth, Russ. I.n, 1956; H. P. Gerhardt, Welt der I.n, 1957, [6]1977; W. v. Mattey, Russ. I.n, 1960; H. P. Skrobucha, Meisterwerke der I.nmalerei, 1961; B. Rothemund, Hb. d. Ikonenkst., [2]1966; K. Weitzmann u. a., Frühe I.n, 1965; K. Onasch, Die I.nmalerei, 1968; Kat. d. I.-Museums Recklinghausen, [4]1968; K. Sommer, I.malerei, (Hb., dtv.) 1980.

Ikonographie (griech. „Bildbeschreibung"), bedeutet in der Altertumswissenschaft soviel wie Porträtkunde und bezieht sich auf alle Arten von Bildnissen des griech. und röm. Altertums, gemalte und plastische, auch solche auf Münzen, Medaillen und Gemmen.

Bernoulli, Römische I., 2 Teile, 1882 bis 1894; Ders., Griechische I., 2 Bde., 1901; M. Lurker, H. Schneider, (Hg.), Bibliographie zur Symbolik, Ikonographie u. Mythologie, bisher 11 Bde., 1968–78.

In der Kunstwissenschaft versteht man unter I. die Kunde vom Inhalt und vom Sinn bildlicher Darstellungen, bes. solcher, die der christl. Kunst angehören („Christliche I."). Sie erforscht die Entstehung der christl. Bildthemen in den Katakombengemälden und Sarkophagreliefs, verfolgt ihren Wandel in Mosaiken, Wand- und Buchmalereien, die Aufnahme neuer Inhalte im frühen, hohen und späten Mittelalter, die Zusammenhänge mit der heolog. Literatur und religiösen Bewegungen (z.B. Marienkult), deutet Symbole und Allegorien der christl. Kunst und zeigt den Darstellungsplan auf, wie er den großen Bilderkreisen des Kirchengebäudes oder dem Aufbau eines Flügelaltars zugrunde liegt. Ein umfangreiches Sondergebiet ist die I. der Heiligen. – Wiewohl die Ansätze zu einer christl. I. bis ins 16. Jh. zurückreichen, da mit der Entdeckung der Katakombenmalereien das Bedürfnis zu ihrer Deutung sich regte, ist sie erst seit den 40er Jahren des 19. Jh. zu einem wichtigen Zweig der Kunstwissenschaft entwickelt worden, zuerst durch Franzosen wie Didron, Cahier und Martin, später auch durch Deutsche wie Springer, Dobbert, F. X. Kraus u. a. Mit dem Aufkommen einer formalen Betrachtungsweise in der dt. Kunstwissenschaft um 1900 ging das Interesse für ikonograph. Fragen zurück, während es in Frankreich lebendig blieb. Neuerdings ist es auch bei uns wieder aufgelebt. – Die I. von der Renaissance bis zur Gegenwart, insbesondere die I. nichtchristlicher Inhalte, ist noch wenig entwickelt. Eine systematische I. der Barockzeit ist neuerdings vom Münchener Zentralinstitut für Kunstwissenschaft in Angriff genommen worden.

F. X. Kraus, Geschichte d. christl. Kunst, 2 Bde., 1896–1908; F. Cabrol et H Leclerq, Dictionnaire d'archéologie chrétienne et de liturgie, 1901–47; E. Mâle, L'art religieux en France, 5 Bde., 1898 bis 1951 (die einzelnen Bände verschiedentlich neu aufgelegt); Ders., L'art religieux de la fin du XVIe s., du XVIIe s et du XVIIIe s., [2]1951; J. Sauer, Symbolik des Kirchengebäudes, [2]1924; K. Künstle, I. der christl. Kunst, 2 Bde., 1926 bis 1928; R. Marle, Iconographie de l'art profane, 2 Bde., 1931–32; B. Knipping, De Iconografie van de Contra-Reformatie in de Nederlanden, 2 Bde., 1939 bis 1940; E. Panofsky, Studies in iconology. Humanistic themes in the art of the renaissance, 1939; H. Beenken, Das 19. Jahrhundert in der dt. Kunst, 1944; H. Tintelnot, Die barocke Freskenmalerei in Deutschland, 1951; A. Pigler, Barockthemen, 2 Bde., 1956; L. Réau, Iconographie de l'art chrétien, 3 Teile in 6 Bdn., 1955–59; H. Aurenhammer, Lex. d. christl. I., 1959ff.; Lexikon d. christl. I., hg. v. E. Kirschbaum, 1970; Gertrud Schiller, I. d. christl. Kst., 4 Bde., 1968; Bd. 4.1: Die Kirche, 1976; Sachs-Badstübner-Neumann, Christl. I. in Stichworten, 1973; S. Barth, Lebensalter-Darstellgn. i. 19. u. 20. Jh. Ikonograph. Studien, Diss. München, 1971; W. Braunfels, Lex. d. christl. I., 5, 1972; M. Lurker, Bibliographie z. Symbolik, I u. Mythologie, 1976/79; I. u. Ikonologie. Theorien-Entwicklg.-Probleme. Bild. Kst. als Zeichensystem, Bd. 1, o. A., 1979; H. Appuhn, Einf. i. d. I. der mittelalterl. Kst. in Deutschld., 1979; R. Kumpf u. R. A. Haussmann, Vom Sinn d. I., 1979; M. Lurker, H. Schneider, Bibliographie z. Symbolik, Ikonographie u. Mythologie, 1979 (in Forts.); P.-Kl. Schuster, Moral u. Psychologie. Zu einem Interpretationswandel ikonograph. Typen i. d. Kst. seit dem Ende d. 18. Jhs., (in: Anzeiger d. German. Nat.-Mus.) 1980. Ch. W. Thomsen, J. M. Fischer, Phantastik in Literatur u. Kst., 1980.

Ikonoklast, Ikonoklasmus →Bilderstreit.

Ikonologie, im Unterschied zur →Ikonographie die Untersuchung der Gesamtbedeutung oder des Gesamtsinns eines künstlerischen Komplexes (einer Kirche, einer Portalanlage, eines Altars, Grabmals, der sixtinischen Decke). Obwohl dergleichen früher auch unter den Begriff der Ikonographie fiel, glaubt man neuerdings von dieser eine I. unterscheiden zu müssen, die nicht so sehr beschreibend als vielmehr deutend vorgeht, nicht Einzelheiten, sondern das Ganze im Auge hat. Die Bez. „I." wurde 1912 durch Aby Warburg eingeführt.

Ikonostas, Ikonostasis (griech.), die in der griech.-kathol. Kirche das Allerheiligste vom Gemeinderaum abschließende, mit Bildern (→Ikonen) bedeckte und von ein bis drei Türen durchbrochene Wand. Ursprünglich ein niedriger Abschluß nach Art der altchristl. Chorschranken, begann der I. seit dem 14. Jh. namentlich in den russ. Kirchen rasch zu wachsen. Zuweilen bis zum Gewölbe reichend, entzieht er das Sanktuarium den Blikken der Gläubigen völlig. Die Bilder sind in mehreren Reihen übereinander nach fester Ordnung angebracht.
Lit. →Ikone

Iktinos, der Baumeister des →Parthenon, der angeblich auch den Apollontempel in →Phigalia errichtet haben soll.

H. Knell, I. Baumeister d. Parthenon u. d. Apollontempels v. Phigalia-Bassae (in: Jb. d. Dtsch. Archäolog. Instit.), 1968; R. Carpenter, Die Erbauer des Parthenon, 1971.

Ilische Tafeln (Tabulae iliacae), kleine Marmortafeln, auf denen neben Teilen des Textes auch Abbildungen von Szenen aus Homers Ilias in flachem Relief wiedergegeben sind. Die sehr handwerklichen Arbeiten, von denen einige Exemplare in Rom gefunden wurden, sollen dem Schulunterricht gedient haben.

A. Sadurska, Les tables iliaques, 1964.

Illuminieren, ausmalen, insbesondere das Herstellen von Buchmalereien: illuminierte Handschriften. Der Buchmaler wird daher auch Illuminator genannt.

Illusion, meist in Zusammensetzung wie Tiefenillusion, Raumillusion, Körperillusion, die scheinbar dreidimensionale Darstellung von Tiefraum oder Körpern auf der zweidimensionalen Bild- oder Reliefflläche. Das geschieht bei Bildern mit den Mitteln der →Perspektive, der →Farbenperspektive, der Licht-Schatten-Modellierung. Das Relief hat außer perspektivischen Mitteln noch das weitere zur Verfügung, den Reliefgrad der nach der Tiefe zu gelegenen Dinge bis zu deren vollkommen flächenhafter, ja zeichnerischer Darstellung abnehmen zu lassen. Eine ausgesprochen illusionistische Malerei und Reliefkunst trat zuerst in der röm. Spätantike auf, in der Neuzeit besonders in der →Deckenmalerei; siehe auch →Quadraturmalerei.

Illustration. Im weiteren Sinn versteht man unter I. (das Wort in heutiger Bedeutung erst etwa seit 1840 gebraucht) jede bildliche, auch mit den Mitteln der Photographie geleistete Darstellung, die die anschauliche Ergänzung eines Worttextes durch das Bild sein will. Denn I. heißt „Erleuchtung", und der Gegenstand, der erleuchtet, d.h. anschaulich gemacht werden soll, ist eben der Text. Im engeren Sinn heißt I. die Veranschaulichung eines gedruckten Textes durch ein ebenfalls gedrucktes, mit zeichnerischen oder malerischen, d.h. rein künstlerischen Mitteln ausgeführtes Bild. I. ist also wesentlich Buchillustration mit den Merkmalen der typographischen Einordnung und des Auftretens in der Mehrzahl (die Veranschaulichung des Textes mittelalterlicher Handschriften durch Miniaturen nennt man im Unterschied dazu „Illumination", →Illuminieren). Rein äußerlich kann die I. in die Satzanordnung eingeschaltet („Textillustration") oder auf eigener Seite beigegeben sein. Über ihren eigentlichen Zweck hinaus vermag sie den künstlerischen Habitus eines Buches (→Buchkunst) zu bereichern. In ihrem Verhältnis zum Text können alle Grade von einfacher Hingabe an ihn bis zur schöpferischen Auseinandersetzung mit ihm durchlaufen werden. Es gilt für den Künstler das herauszufinden, was sich nicht nur anschaulich, sondern auch bildwirksam darstellen läßt (die hier unter Umständen auftretenden Schwierigkeiten vermögen z.B. die I.en zur →Apokalypse zu zeigen), wobei notfalls mehrere Situationen zu einer einzigen zusammengezogen werden müssen, das Nacheinander in einem Nebeneinander darzustellen ist. Denn das Wort vollzieht sich in der Zeit, das Bild im Raum. Oft ist der Text Anregung für den Künstler, das Gesagte nach den verschiedensten Richtungen auszumalen oder weiterzuspinnen (Doré), oder der Künstler wächst innerlich über das Wort hinaus, indem er die durch dieses vermittelte Vorstellung reiner, tiefer und größer gibt, so daß gegenüber den I.en der Text zu Bedeutungslosigkeit herabsinkt (Menzels I.en zu Kuglers „Geschichte Friedrichs d. Gr."). Auch können I.en einem Text einen ganz neuen Schwung verleihen, indem sie den Leser zwingen, ihn mit dem Temperament des Künstlers zu „sehen" (Slevogts Lederstrumpf-I.en). Naturgemäß gibt es fließende Übergänge zwischen der Situation eines Illustrators und der eines Künstlers, der ohne unmittelbare Verbindung mit einem Text, aber doch von einer literarischen Vorstellung ausgehend schafft. – Geschichte der I. →Holzschnitt, →Kupferstich, →Lithographie.

M. Klinger, Malerei u. Zeichnung, 1895; W. Worringer, Die altdt. Buchillustration [3]1921; A. Rümann, Das dt. illustr. Buch d. 18. Jhs., 1931; Ders., Das illustr. Buch d. 18. Jhs. in England, Frankreich u. Dtschld., 1930; M. Lanckoronska u. R. Oehler, Die Buchi. d. 18. Jhs. i. Dtschld., Oesterr. u. d. Schweiz, 3 Bde., 1932–34; W. Plünnecke, Grundformen der I., Diss. Leipzig 1940; K. Weitzmann, Illustrations in Roll and Codex, 1947; J. Rodenberg, Gesch. d. I. von 1800 bis heute, 1952 (Handb. d. Bibliothekswissensch. 1); D. Bland, A History of Book Illustration, 1958; W. Tiessen, Die Buchi. i. Dtschld. seit 1945, 2 Bde., 1968; H. Kunze, Gesch. d. B., 1975.

Imagines, die aus Wachs gefertigten, wohl am Toten durch Abguß hergestellten Bildnisse der Vorfahren, die im Atrium des röm. Hauses aufgestellt waren und bei Leichenbegängnissen mitgeführt wurden. Die Sitte hat sicher auf die röm. Bildniskunst gewirkt, die während der Zeit der Republik stark naturalistische Züge trägt, doch geht es zu weit, den Stil der frühen röm. Porträts allein aus ihr abzuleiten. Mit dem Namen imagines clipeatae bezeichnet man Bildnisköpfe, die in einen Rundschild eingesetzt sind.

Zadoks-Josephus Jitta, Ancestral Portraiture in Rome, 1932; Bethe, Ahnenbild und Familiengesch. bei Römern und Griechen, 1935; B. Schweitzer, Die Bildniskunst der röm. Republik, 1948; G. v. Kaschnitz-Weinberg, Röm. Kst., 2, 1961; ders., Ausgewählte Schriften, 3, 1965.

Immaculata →Unbefleckte Empfängnis.

Impasto (ital.), das dicke Auftragen der Farben.

Impressionismus, Richtung der neueren Malerei, die sich im letzten Viertel des 19. Jh. in Frankreich durchsetzte und von da später auf andere Länder, auch auf Deutschland, übergriff. Der Name stammt von einem „Impression" („Eindruck") betitelten und 1877 in Paris ausgestellten Gemälde des Claude Monet. Der I. brachte eine Malweise zu ausschließlicher Geltung, zu der sich Ansätze auch schon in früheren Zeiten finden (Spätantike, Velázquez, Hals), um sich in der ersten Hälfte des 19. Jh. beträchtlich zu mehren (Goya, Constable, Turner, Delacroix, Menzel, Blechen, Rayski u.a.). Der Durchbruch der ausschließlich impressionist. Malweise war zugleich eine Reaktion gegen den Formelkram der Akademien, die Ateliermalerei mit ihrer unnatürlichen Beleuchtung, die damit zusammenhängende Dunkelheit der Palette, das Historien- und Genrebild mit der Überbetonung des Inhaltlichen. Der I. faßt das Naturbild nicht als einen Aufbau aus Linien, Flächen und fest begrenzten Lokalfarben, sondern er nimmt die Natur ganz und gar als farbige Erscheinung, die es in allen ihren feinsten Abstufungen so treu wie möglich festzuhalten gilt. Er ist also eine neue Art von Naturalismus. Der Gegenstand wird nicht gemalt, wie er seiner Struktur nach ist, sondern wie er im Augenblick des Gemaltwerdens erscheint. Durch diese Einstellung auf das Flüchtige des Augenblicks gelingt dem I. die Wiedergabe der Bewegung vorzüglich. Da er stets darauf aus ist, seinen Gegenstand im farbigen Reichtum natürlicher Beleuchtung, wenn möglich im hellen Sonnenlicht zu malen, tritt an die Stelle der Ateliermalerei weitgehend die →Freilichtmalerei. Das bringt eine allgemeine Aufhellung der Palette mit sich. Schwarz, Braun und Grau gibt es nicht mehr, und die ja tatsächlich vorhandene Farbigkeit der Schatten wird als solche gemalt. Lokalfarben bleiben in ihrer Isolierung nicht mehr bestehen, sie tauchen in dem farbigen Gesamtmilieu unter, dem sie angehören und das auch eine scharfe Zeichnung der linearen Begrenzung der Dinge nicht aufkommen läßt. Um die Farben in ihrer Reinheit nicht zu beeinträchtigen, werden sie zur Erzeugung bestimmter Töne vielfach nicht auf der Palette gemischt, sondern auf der Leinwand so nebeneinander gesetzt, daß der gewünschte Ton, allerdings erst aus einiger Entfernung, durch sog. optische Mischung im Auge des Beschauers entsteht. Aus der Übertreibung dieses Prinzips ergab sich seit etwa 1885 der Neoimpressionismus oder Pointillismus (Hauptvertreter →Seurat und →Signac), der nur ungemischte Farben punkt- oder kommaförmig nebeneinandersetzt und alles der optischen Mischung überläßt. – Auch in der Bildhauerkunst spricht man von I. oder impressionist. Behandlung, dann nämlich, wenn die Formen nicht kubisch klar gegeneinander abgesetzt sind und wenn die Oberfläche malerisch weich, d.h. ein lebhaftes Spiel von Licht und Schatten ermöglichend, modelliert ist (Rodin).

Die franz. Hauptmeister des I. sind Manet, Monet, Sisley, Pissarro, Degas, Renoir. Nach Deutschland gelangte der I. erst im letzten Jahrzehnt des 19. Jh. Einer seiner ersten Vertreter war Leibl (aber nur in einem Teil seiner Werke); weitere waren M. Liebermann, sowie Corinth und Slevogt. Ihr Werk zeigt, daß auch Radierung und Lithographie in hohem Maße impressionist. Gestaltung zugänglich sind.

J. Meier-Graefe, Impressionisten, ²1907; W. Weisbach, I., 2 Bde., 1910–11; Th. Duret, Die Impressionisten, ⁶1923; R. Hamann, Der I. in Leben und Kunst, ²1923; L. Venturi, L'Impressionismo, 1935 (L'Arte, Nuova serie 6); R. Cogniat, La peinture en France au temps des impressionistes, 1950; F. Novotny, Die großen franz. Impressionisten, 1952; J. Leymarie, Der I., 2 Bde., 1955; J. Rewald, Histoire de l'impressionisme, 1955, dt. 1957 u. 1965; J. de Laprade, L'impressionisme, 1956; G.F. Hartlaub, Die Impressionisten in Frankreich, 1956; R. Hamann u. J. Hermand, I., 1960; F. Mathey, Die Impressionisten, 1960; S. Wichmann, Realismus u. I. i. Dtschld., 1964; F. Schmalenbach, Französ. I., 1965; J. Rewald, Die Gesch. d. I., ²1965; P. H. Feist, Bereicherg. u. Begrenzg. d. Malerei durch d. franz. I., Habil.schr. Humboldt-Univ. Berlin, 1965; H. Platte, Dtsche. Impressionisten, 1972; L. Fischel, Von der Bildform d. franz. Impressionisten (Jb. Berliner Museen, 15) 1973; R. Passeron, Die Graphik der Impressionisten, dt. 1974; B. Dunstan, Painting Methods of the Impressionists, 1976; P. Courthion, Malerei d. I., 1976; M. u. G. Blunden, Der I. in Wort u. Bild, 1976; R. Coginat, Le siécle des impressionistes, 1976. Ausst.kat. Royal Academy London, Meister des Impressionismus (bisher umfassendste Ausst.), 1979.

inc. = incidit (lat. „hat es geschnitten"), Abkürzung als Zusatz zu dem Namen des Stechers auf Kupferstichen.

Indische Kunst, im engeren Sinn die Kunst der vorderind. Halbinsel, im weiteren auch die von Ceylon, Kaschmir, Nepal, Tibet, Ostturkistan, Hinterindien und Indonesien. – Die ältesten Denkmäler entstammen der →Induskultur. Die nach der Mitte des 2. Jahrtausends v. Chr. auftretenden Indoarier haben nur literarische Zeugnisse hinterlassen. Unter der Maurya-Dynastie (324 bis 187 v. Chr.) wird Stein als Werkstoff für Architektur und Plastik eingeführt. Ohne eigentliche Vorstufen entfaltet sich eine höfische Kunst mit iranischem Einschlag, die ihren Höhepunkt z. Zt. des Kaisers Aschoka (274–237 v. Chr.) erreicht. Ihr gehören an: der Kern des →Stupa I von Santschi, die Reste der Säulenhalle von Pataliputra, die Lomas-Rischi-Felsenhöhle, die Ediktsäulen Aschokas, Großplastik in Stein und Kleinplastik in Terrakotta. Die Plastik unter den Dynastien der Schungas (187–75 v. Chr.), Kanvas (75– um 30 v. Chr.) und Schatawahanas trägt volkstümlichere Züge und gestaltet erstmalig buddhist. Stoffe, jedoch noch ohne das Buddhabild selbst. Bemerkenswert sind u. a. die Reliefs an den Steinzäunen und -toren der Stupas von Bharhut, Bodhgaja und Santschi I, wo →kontinuierende Darstellung angewandt wird unter zunehmender Plastizität. Neben den Stupa tritt als neuer Sakralbau die dreischiffige Tschaitjahalle mit apsisartigem Abschluß (Bhadscha, Adschanta X, Karli), die vorangegangene Holzbauten in Stein nachbildet. Der dritte Bautyp dieser Periode ist die Klosteranlage (wihara), die ebenso wie die Tschaitjahalle in den Felsen hineingearbeitet ist. In den ersten Jh. n. Chr. heben sich drei Kunstzentren heraus: im Norden das Gebiet von →Gandhara und das von Mathura, beide im Kuschana-Reich, im Süden das von Wengi unter den Schatawahanas. Im Unterschied zur Gandharakunst bewahrt Mathura den bodenständigen Stil kugelig gerundeter Formen; die Wengi-Schule, die auf die Gupta- und Pallawakunst vorausweist, zeigt schlanke Gestalten in eleganter Bewegung. Erst jetzt wird das Buddhabild in die Kunst eingeführt.

Die I. K. erreicht ihre klassische Stufe unter der Gupta-Dynastie (320– um 570), ausgezeichnet durch technische Vollkommenheit und heitere Lebensfreude. Als wichtigste Neuerung wird der Hindutempel geschaffen, mit Cella für das Kultbild, Umwandlungsgang und Vorhalle; bekrönt wird die Cella von einem turmartigen Aufbau. Daneben bestehen die alten Bautypen weiter. Berühmt sind neben den Mathura- und Sarnathskulpturen die unter buddhist. Vorwand höfischen Glanz widerspiegelnden Wandgemälde dieser Epoche in Adschanta XVII, Bagh und Sigirija. In der von der Guptakunst noch lange abhängigen mittelalterlichen Kunst verdrängt der Hinduismus die buddhist. Ikonographie immer mehr. Es treten jetzt landschaftlich gebundene Stile auf. So findet sich der Tempelturm mit kurvigem Umriß in Nordindien, der pyramidenförmige Stufenturm in Südindien.

In der frühmittelalterlichen Zeit, die im 7. Jh. beginnt, ragen an Bedeutung für die Kunst hervor: die Dynastien der Tschalukjas (Badami 7. Jh., Pattadakal 8. Jh.), Pallawas (Mamallapuram 7. Jh.) und Raschtrakutas (aus dem Felsen gehauener Kailasanatha-Tempel zu Elura 8. Jh., Elephanta 8. Jh.). Das Reich der Pala- und Sena-Dynastien in Bengalen und Bihar (um 730–1197) ist das Rückzugsgebiet der spätbuddhist. Kunst (Nalanda). Die gewaltigen Tempel von Khadschuraho in Zentralindien und Bhuwaneschwara in Orissa (Lingaradscha) sind um das Jahr 1000 erbaut, der Surjatempel von Konaraka entstand im 13. Jh. Fast unlösbar verbinden sich an ihren Außenwänden Architektur und Skulptur. Noch reicher sind die filigranartigen Skulpturen der Tempel der Hoyschala-Dynastie in Belur und Halebid (12. Jh.). In Südindien, wo die Tempeltürme (Gopuras) zu einer charakteristischen Bauform werden, entstehen unter den Tscholas neben riesigen Tempelanlagen (Tandschur um 1000) auch erstaunliche Leistungen der Bronzeplastik (tanzender Schiwa).

Im späten Mittelalter schreitet die Stilentwicklung zu überquellender und dabei doch erstarrter Formenfülle fort, die im Widschajanagar- und Madurastil gipfelt. Durch den Einbruch der Mohammedaner (11. Jh.) werden Baugedanken des Islam nach Indien getragen (Moscheen, Palastbauten, Grabbauten wie →Tadsch-Mahal). Die Moghul-Miniaturmalerei (16.–18. Jh.), eine naturalistische Hofkunst, fußt auf persischen Vorbildern und nimmt auch europ. Anregungen auf. Bodenständige Maltradition, zuvor in Wandgemälden und den Miniaturen der Dschaina-Handschriften aus Gudscharat (um 1100–1600) lebendig, wird von der Radschputenmalerei in Nordwestindien vom 17.–19. Jh. weitergeführt. Dabei unterscheidet man eine Radschasthani- und Pahari-Schule. Die Darstellungsgegenstände sind größtenteils mythologischer Art, bes. Krischna-Themen oder Wiedergaben von Stimmungen. Nach europ. Überfremdung im 19. Jh. bemühten sich im 20. Jh. A. Tagore und N. Bose, die Begründer der Bengalischen Malschule, wieder um einen nationalen Stil. In neuester Zeit führt die Malerei. In ihr sind, bisweilen mit starker Anlehnung an westl. Kunst, die verschiedensten Richtungen vertreten: Impressionismus, abstrakte Malerei, sozial orientierter Realismus und von der Volkskunst ausgehende Strömungen.

Das ind. Kunstgewerbe ist sehr vielseitig; aber aus der Zeit vor 1600 ist nur wenig erhalten geblieben. Die besten Leistungen liegen auf dem Gebiet der Metallarbeiten, des Schmuckes, der Elfenbeinschnitzerei und der technisch sehr mannigfaltigen Textilkunst.

Merkmale der I. K. sind: Üppigkeit der Formen, Fülle der Gestalten, pralle Oberfläche des Körperlichen ohne anatomische Genauigkeit, Vorliebe für das Gerundete und das tänzerisch Bewegte. – Seit Ende der Guptazeit gibt es Lehrbücher für die Kunst (schilpaschastra). Sie haben die in der I. K. ohnehin starke Bindung an die Tradition gefestigt.

E. La Roche u. A. Sarasin, I. Baukunst, 6 Bde., 1921–22; Annual bibliography of Indian archaeology, seit 1926; E. Diez, Die Kunst Indiens, 1926; A. K. Coomaraswamy, Geschichte d. ind. u. indones. Kunst, 1927; O. Fischer, Die Kunst Indiens, Chinas u. Japans, 1928; L. Bachhofer, Die frühind. Plastik, 2 Bde., 1929; Stella Kramrisch, Die I. K., 1929 (in: Springer, Handb. d. Kunstgesch. 6); Dieselbe, I. K., 1955; Dieselbe, The Hindu temple, 2 Bde., 1946; A. Grünwedel, Buddhist. Kunst in Indien, neu hg. v. E. Waldtschmidt, Tl. I., 1932; P. R. R. Rao, Modern Indian painting, 1953; H. Zimmer, The art of Indian Asia, 2 Bde., 1955; P. Brown, Indian architecture, 2 Bde., ³1956; B. Rowland, The art and architecture of India, ²1956; H. Rau, Die Kunst Indiens, 1958; K. Fischer, Schöpfungen I.r K., 1959 (mit Bibliographie); Ders., I. Baukst. islam. Zeit, 1976; H. Goetz, Indien, ⁴1962; R. J. Metha, Handicrafts and industrial arts of India, 1960; D. Barret u. B. Gray, Indische Malerei, dt. 1963; H. G. Franz, Die buddhist. Kunst Indiens, 1965 u. 1968; A. L. Dahmen-Dallapiccola, Ind. Miniaturen. Malerei d. Raiput-Staaten, 1976; B. Rowland, The Art and Architecture of India, 1978.

Induskultur, eine vom ausgehenden 4. Jahrtausend bis in die Mitte des 3. Jahrtausends reichende, über sehr große Räume sich erstreckende Kultur im Indusgebiet. Ihre Träger sind unbekannt; ihre Höhe entspricht der der etwa gleichzeitigen sumerischen Kultur (→Babylonische Kunst), zu der offenbare, wenn auch noch nicht sicher faßbare Beziehungen bestanden. Neuerdings wird jedoch die I. als etwas jünger angenommen. Ihre Entdekkung (engl. Ausgrabungen seit 1920, amerikan. seit 1935) ist die bisher größte archäologische Entdeckung des 20. Jh. Hauptfundorte sind Harappa („Harappakultur") und Mohenjo-daro, zu denen neuerdings noch einige weitere kommen. Die Stadtanlagen mit ihren rechtwinkligen Straßenzügen, die aus Ziegeln errichteten Wohn- und öffentlichen Bauten verraten einen zivilisatorischen Hochstand, wie er zu so früher Zeit an keiner anderen Stelle der Erde bekannt geworden ist. Unter den Kleinfunden, die u. a. bemalte Keramik, Kupfergeräte, Edelmetallschmuck und rundplastische Figürchen aus Terrakotta umfassen, ragen die Siegelplatten aus Fayence, Speckstein oder Stuck hervor; sie tragen (bisher noch nicht entzifferte) Schriftzeichen und Tierreliefs von einer Verfeinerung naturalistischer Formen, die als Ergebnis einer langen Entwicklung betrachtet werden muß.

J. Marshall, Mohenjo-daro and the Indus civilization, 3 Bde., 1931; E. Mackay, The Indus Civilization, 1935, dt. 1938; Ders., Chanho Daro Excavations 1935/36, 1943; H. Heras, Studies in Proto-Indo-Mediterranean Culture, 1953; Sir R. E. M. Wheeler, The Indus civilization, 1953; H. Mode, Das frühe Indien, 1959.

Inful →Mitra.

Ingenieurbaukunst. Bis zum Ende des 18. Jh. waren die Aufgaben des Baumeisters von denen des Ingenieurs nicht grundsätzlich geschieden (→Neumann). Eine Trennung vollzog sich erst, als die Technik neue Materialien entwickelte (Gußeisen, Stahl, Glas →Eisenbau →Betonbau, →Holzbau) und damit die Lösung neuartiger Bauaufgaben forderte. Dem speziell ausgebildeten Bauingenieur fallen seitdem alle Aufgaben zu, bei denen die genaue statische Berechnung und Konstruktion die Hauptrolle spielt, oder die überwiegend technischer Natur sind, also vor allem: der Brücken-, Straßen-, Wasser-, Tunnel- und, gemeinsam mit dem Architekten, der Industrie- und Hochhausbau sowie Sportstadien, Bahnhöfe usw. So hat der Ingenieur L. →Nervi als großartiger Gestalter des →Betonbaus als einer der großen Baumeister (Architekten) des 20. Jhs in sich selbst I. u. Baukunst vereint. – Für die I. ergibt sich die Form unmittelbar aus der Funktion und dem Material durch Berechnen der günstigsten Lösung. Die I. des 19. Jh.s hat durch ihr neues Verständnis von Form und Zweck entscheidend zur Entstehung der modernen „funktionalistischen" Baukunst beigetragen. Die Architektur der 2. Hälfte des 20. Jh. ist maßgeblich durch die I. geprägt.

Hans Straub, Die Gesch. d. I., ^{2}1964; F. Leonhardt, I. Bauingenieure gestalten d. Umwelt, 1974.

Ingres, Jean Auguste Dominique, franz. Maler, * 29. 8. 1780 Montauban, † 14. 1. 1867 Paris, Schüler von David, tätig in Paris und Rom. Als Klassizist bleibt I. dem Zeitstil am meisten verhaftet in seinen großen Historienbildern; am stärksten und persönlichsten ist er in seinen leuchtend farbigen, mit altmeisterlicher Präzision gemalten Bildnissen und den weibl. Akten mit ihrem blühenden Fleischton. Seine Hauptwerke befinden sich im Louvre, die meisten seiner Zeichnungen besitzt das Musée Ingres in seiner Vaterstadt Montauban.

Lili Fröhlich-Bum, I., sein Leben und sein Stil, 1924; M. Malingue, I., 1943; G. Wildenstein, The Paintings of J. A. D. I., 1954 (mit Werkverz.); J. Alazard, I. et l'Ingrisme, 1954; N. Schlenoff, I., ses sources littéraires, 1956; H. Naef. I., 1962; Ders., Die Bildniszeichngn. v. J. A. D. Ingres, 5 Bde. 1976ff.; G. Picon, I., 1967 (franz.); R. Rosenblum, J. A. D. I., 1968 (franz.); D. Ternois, I., 1965; 1980 (franz.).

Initiale (auch: das Initial), der durch Größe, Farbe und Verzierung hervorgehobene Anfangsbuchstabe in Hand- und Druckschriften. Die I. kommt in spätantiken Handschriften des 5. Jh. auf, jedoch in sehr sparsamer Verwendung, und bildet seit der 2. Hälfte des 7. Jh. den Hauptschmuck merowingischer Handschriften, wobei ihre Gestalt meist aus Tierkörpern, am häufigsten nach dem →Fisch-Vogelmotiv, geformt ist. Zum Ansatzpunkt einer überreich entwickelten Ornamentik wurde die I. in der irisch-angelsächs. Buchmalerei zu Beginn des 8. Jh. Sie nimmt, wie auch in der karoling. Buchkunst, zuweilen eine ganze Seite für sich ein: Initialseite. Das Mittelalter hindurch ist die I. in mannigfach wechselnder Ausführung ein Hauptausstattungsstück der Handschriften geblieben. Die Gotik liebte es, kleinfigurige Darstellungen in ihr unterzubringen. In den frühsten Erzeugnissen der Buchdruckerkunst sind die I.n mit der Hand gemalt, und erst im 16. Jh. ging man allgemein zur gedruckten I. über. Die im 19. Jh. eingetretene Vereinfachung der Buchausstattung hat auch der I. ihre künstlerische Bedeutung genommen. Eine Wiederbelebung wurde

Karolingische Initiale

versucht im Zusammenhang mit den im letzten Viertel des 19. Jh. von William Morris ausgegangenen Bestrebungen zur Erneuerung der Buchkultur nach alten Vorbildern.

K. Lamprecht, Initialornamentik des 8. bis 13. Jh., 1882; Löffler, Romanische Zierbuchstaben und ihre Vorläufer, 1927; A. Schaardt, Das Initial. Phantasie und Buchstabenmalerei des frühen Mittelalter, 1938; J. Gutbrod, Die I. in Handschriften des 8.–13. Jhs., 1965; C. Nordenfalk, Die spätantiken Zierbuchstaben, 1970.

Inka-Kunst →Peruanische Kunst.

Inkarnat →Fleischton.

Inkrustation, die farbige Verzierung von Flächen durch Einlagen. Der Begriff I. beschränkt sich meist auf das Einlegen von Stein in Stein oder steinähnliche Materien. Ist Holz der Grundstoff, so spricht man von →Intarsia. Das Einlegen v. Metall in Metall heißt →Tauschierung. – Inkrustiert werden steinerne Wände und Fußböden, indem man durch den Wechsel heller und dunkler Steine der gleichen (z.B. schwarzen und weißen Marmor) oder verschiedener Art Muster erzeugt. In letzterem Fall wird das Muster von dem wertvolleren Stein gebildet. Die I. der Wände wurde in der antiken und byzantin. Kunst geübt. Eine bedeutende Rolle spielt sie in der ital. Baukunst vom frühen Mittelalter (San Miniato al Monte) bis zum Barock. – Inkrustationsstil heißt eine Richtung der pompejan. Wandmalerei, die an die Stelle wirklicher I. gemalte setzte.

Inkunabel (lat.), Wiegendruck, Name für ein frühes, d.h. vor 1500 entstandenes Erzeugnis der Buchdruckerkunst. Im gleichen Sinn spricht man von einer I. des Holzschnitts.

A. Schramm, D. Bilderschmuck d. Frühdrucke, 23 Bde. 1920–43; K. Haebler, Hb. d. I.-kde., 1925 u. 1967; E. v. Rath, Buchdruck u. Buchill. b. z. Jahre 1600 (Hb. d. Bibliothekswiss. Bd. I) ²1952; H. Lülfing, Joh. Gutenberg u. d. Buchwesen d. 14. u. 15. Jhs., 1969; Ilse Schunke, Die Schwenke-Slg. got. Stempel- u. Einbanddurchreibungen (Beiträge z. I.-kde.), 1976; F. Geldner, I.kunde, 1978.

Innenarchitektur →Raumkunst.

Innendekoration →Raumkunst.

Inro, das, japan. Döschen aus gelacktem Holz oder Elfenbein, reich verziert und aus mehreren Teilen bestehend, die durch eine in Ösen laufende und an der →Netsuke befestigte Schnur zusammengehalten werden.

Inselfiguren, primitive Idolfiguren, meist aus Marmor gearbeitet, die in der →Jungsteinzeit, im ägäischen Kulturkreis, namentlich auf den griech. Inseln auftreten; sie dienten als Weihegeschenke u. Grabbeigaben, vielleicht auch als Kultbilder.

J. Thimme, Die religiöse Bedeutung d. Kykladenidole (in: Antike Kst., 8), 1965.

Intaglio →Gemme.

Intarsia (italien.), eingelegte Arbeit, Einlegearbeit, Marketerie (Marqueterie), die Verzierung von Möbeln oder sonstigen aus Holz gearbeiteten Gegenständen mittels eingelegter, andersfarbiger Hölzer oder andersartiger Materialien wie Elfenbein, Perlmutter, Schildpatt, Metall. Die Ziermotive können geometrischer, vegetabilischer und figürlicher Art sein, ja sie können sich zu vollkommen bildmäßigen Darstellungen erweitern. Nach der älteren, in der Renaissance angewandten Technik der I. wurde aus der Grundfläche mit dem Schnitzmesser das Muster herausgeholt und in die so entstandenen Gruben das andersfarbige, ebenfalls nur mit dem Schnitzmesser zugeschnittene Holz eingelegt. Die Meister dieser älteren

Technik wurden Intarsiatoren genannt. Nach der jüngeren, seit dem 17. Jh. geübten Technik werden aus dünnen Platten (Fournieren) die Muster mit der Laubsäge herausgeschnitten, und zwar aus mehreren verschiedenfarbigen Platten zugleich. Die helleren Muster werden dann in den Grund aus dunklem Holz eingelegt und umgekehrt. Durch Verwendung mechanischer Sägen (Marketeriesägen) ist im 19. Jh. dieses Verfahren technisch sehr vervollkommnet und außerdem sehr verbilligt worden, allerdings auf Kosten des künstlerischen Reizes. Die Verschiedenfarbigkeit der Hölzer ist oft durch Beizen und Färben künstlich erzeugt. Eine Sonderform ist die im 17. Jh. in Deutschland erfundene Reliefintarsia, eine Verbindung von Einlegearbeit und Schnitzerei zu farbiger und plastischer Wirkung.

Bereits im Altertum und im Mittelalter bekannt, bildete sich die I. zu einem wesentlichen kunstgewerblichen Verfahren erst in der italien. Frührenaissance heraus. Doch sind es, wie auch in der Hochrenaissance, meist nur kirchliche Möbel (Chorgestühle, Sakristeischränke), bei denen man diese kostbare und zeitraubende Verzierungsart anwandte. Von weltlichen Möbeln hat man noch am ehsten Truhen der I. für wert erachtet, später auch Schränke, Wandtäfelungen und Türfüllungen. Einen bedeutenden Aufschwung nahm die I. in Frankreich im Zeitalter Ludwigs XIV. im Zusammenhang mit der Steigerung der Ansprüche an Luxusmöbel. Zugleich wurde das Verfahren bereichert durch Aufnahme von Perlmutter, Schildpatt, Bronze, Messing, Zinn. Am vollkommensten ist diese franz. Form der I., für die die Bezeichnung „Marketerie" im engeren Sinne gilt, in den →Boulle-arbeiten. Bis zum Ende des Rokokos hat die I. ihre Bedeutung als Zier des Luxusmöbels beibehalten (in Deutschland gehören zu den besten Leistungen im Rokoko die der Neuwieder Möbelwerkstatt von Abraham und David →Roentgen), sie aber seit dem Klassizismus eingebüßt. Angewandt wird sie auch heute noch, meist nur bei Gegenständen kleinen Formates (z. B. Kästchen).

Ch. Scherer, Technik und Geschichte der I., 1891; Weinsheimer, Die I., 1925; G. Kossatz, Die Kunst der I., 1955; F. Krauss, I.. Herkunft, Herstellg. u. Verwendg., ²1955; H. Beblo, Die I .u. ihre Techniken, 1958; Lieselotte Möller, Der Wrangelschrank u. d. verwandten süddt. Intarsienmöbel des 16. Jhs., 1956.

Interieur (franz.). Bild, das einen Innenraum darstellt; auch Bezeichnung für die ganze Gattung solcher Bilder. Die mittelalterliche Malerei hat den Innenraum stets nur in formelhafter Abkürzung angedeutet. Seit dem 15. Jh. erscheinen in der europ. Malerei wirkliche, mit stillebenhaften Einzelheiten ausgestattete Innenräume, die dann auch den Gesetzen der Perspektive unterworfen werden. Doch blickt man stets von einem Standpunkt außerhalb des Innenraums in diesen hinein (Dürers Kupferstich „Hieronymus im Gehäus"). Erst in der holländ. Malerei des 17. Jh. (Vermeer van Delft, Pieter de Hooch, die Meister des Kircheninterieurs →Architekturbild) ist die Darstellung des Innenraums und der besonderen Erscheinungen von Licht und Farbe, die sie mit sich bringt, Selbstzweck geworden, und erst jetzt kann man von einem I. im eigentlichen Sinn, auch als Bildgattung, reden. Der Innenraum ist vom Standpunkt eines Menschen gesehen, der sich in ihm befindet. Die neuere Malerei hat das im wesentlichen beibehalten. Der Impressionismus hat das I.

aufgehellt und ist dabei neuen Farb-Lichtproblemen nachgegangen. Auch kam im 19. Jh. das vordem unbekannte I. ohne menschl. Bewohner auf (Menzel: „Das Balkonzimmer"), in dem die Dinge ein eigentümliches Leben erhalten.

H. Jantzen, Das niederländische Architekturbild, 1910; Lucy v. Weiher, Der Innenraum in der holländ. Malerei des 17. Jh., Diss. München, 1937; F. Horb, Das Innenraumbild des späten Mittelalters. Seine Entstehungsgesch., 1938; F. Roh, Der Wohnraum i. d. europ. Malerei, 1955; F. Laufer, Das I. in der europ. Malerei des 19. Jhs., Diss. Zürich 1960; U. Görner, Herausbildung u. Problematik d. menschenleeren Innenraums i. d. Malerei d. 19. Jhs., 1965.

Interkolumnium, Interkolumnie, der Abstand zweier Säulen. Er wird gewöhnlich nicht im Lichten, sondern von Achse zu Achse gemessen und in unteren Säulendurchmessern ausgedrückt. Die Wirkung einer Säulenordnung oder einer Säulenreihe im Innenraum wird ganz wesentlich durch das I. bestimmt.

Internationaler Stil, Begriff für einen Baustil seit den 20er Jahren des 20. Jhs.; er stammt von dem 1932 in New York veröff. Buch „The International Style. Architecture since 1922" von H. R. Hitchcock u. Ph. Johnson. Seine bedeutendsten Vertreter waren F. L. →Wright, T. Garnier, A. Loos, W. →Gropius, →Mies v. d. Rohe. Kubische Formen mit Flachdächern, Asymmetrische Kompositionen, streifenartig angeordnete Fenster, heller, meist weißer Putz und das Fehlen von Ornament und Plastizität am Bau (z. B. Gesimse etc.) sind Kennzeichen des I. St.s, so bei Gebäuden der Weißenhofsiedlung v. 1927 in Stuttgart. Der I. St. ist von Mitteleuropa ausgehend auch in N-Amerika anzutreffen.

H. R. Hitchcock, R. Johnson, Th. I. St. Arch. since 1922; ²1966.

Intonaco →Wandmalerei, →Distacco.

inv. = invenit (lat. „hat es erfunden"), Abkürzung auf graph. Blättern zur Kennzeichnung des Künstlers, von dem die zugrundeliegende Originalzeichnung stammt.

Inventare der Bau- und Kunstdenkmäler →Denkmalpflege.

Ionische Säule →Säulenordnung.

Iphigenie, Tochter des Agamemnon und der Klytemnästra, sollte auf Grund eines Orakels zur Behebung einer Windstille bei der Abfahrt der griech. Flotte nach Troja geopfert werden. Artemis rettet sie, indem sie eine Hirschkuh an ihre Stelle setzt, während I. nach Taurien entführt wird, wo sie als Priesterin Unsterblichkeit erlangt. Die Szene ist von der antiken Kunst oft dargestellt worden, darunter auf einem Wandbilde, von dem wir einen Nachklang in einem pompejanischen Bilde besitzen; auf einem Relief, das vielleicht ebenfalls auf das Gemälde des Timanthes zurückgeht, sowie in einer späten Marmorgruppe in Kopenhagen.

Studniczka, Artemis und I., 1926; S. Fazio, Ifigenia nella poesia e nell'arte figurata, 1932; M. R. Scherer, The legends of Troy in art and literature, 1964.

Irisch-angelsächsische Buchmalerei, Sondergruppe vorkaroling. Buchmalerei. Ihre aus dem Anfang des 8. Jhs. stammenden Hauptwerke, zugleich die frühesten der Gruppe, sind: Book of Durrow, Book of Kells (beide Dublin, Trinity College) und Book of Lindisfarne (London, Brit. Mus.). Sie entwickeln in ihren Initialen die letzten Möglichkeiten der auf einer langen Überlieferung fußenden kelt. Ornamentik (→Keltische Kunst); auch finden sich hier im Unterschied zu den gleichzeitigen kontinentalen Handschriften bereits bildliche Darstellungen in Nachahmung antiker Vorlagen. Irische Missionstätigkeit ließ diesen Stil stellenweise auch auf dem Kontinent zur Geltung kommen.

E. H. Zimmermann, Vorkaroling. Miniaturen, Textbd. u. Tafelbd. 1, 1916; E. H. Alten u. P. Meyer, Evangeliorum quattuor Codex Cennanensis (Book of Kells), 3 Bde., 1950; E. Sullivan, The Book of Kells, [6]1952; Th. Kendrick u. a., The Lindisfarne Gospels, 2 Bde., 1956–60; Codex Durmachensis – The Book of Durrow. Vollst. Ausg., 2 Bde., 1961.

Irische Kunst →Keltische Kunst.

Irisierende Gläser, in den Farben des Regenbogens schillernde Gläser, erhalten diese Eigenschaft, indem man sie Metalldämpfen aussetzt. Im übrigen ist das Irisieren Ergebnis eines Verwitterungsprozesses, dem namentlich weiche Glassorten ausgesetzt sind.

Irmensäule, Irminsul, „hohe, erhabene Säule", eine bei den Sachsen, Thüringern, Westfalen und Nordgermanen geschichtlich bezeugte Säule, wohl in Gestalt eines mächtigen Baumstamms, als Mittelpunkt kultischer Feiern. – Die Sachsen und Franken errichteten nach ihrem Sieg über die Thüringer bei Burgscheidungen (531) eine I.; eine andere wurde durch Karl d. Gr. bei der Eresburg nach seinem Sieg über die Sachsen zerstört (772). Die Form der I. lebt vielleicht in den Rolandsäulen mittelalterlicher Städte Ostfalens fort.

K. Schoppe, Die I., 1947; J. de Vries, Altgerman Religionsgesch., 1, [2]1956.

Isenheimer Altar →Grünewald.

Isis, griech. Bezeichnung für die ägypt. Göttin Ese, Iset, die Gemahlin und Schwester des →Osiris und Mutter des Horus. Wir kennen ihre Mythologie aus der Schrift des Plutarch (De Iside et Osiride). Ursprünglich wird sie dargestellt mit den Symbolen des Herrscherthrones auf dem Haupte, später gleichgesetzt mit der Himmelskönigin Hathor und deren Zeichen des Rindergehörnes mit Sonnenscheibe; auch als menschlicher Körper mit Kuhkopf kommt sie vor. Von Ägypten (z.B. Alexandria) verbreitet sich der I.-Kult nach Griechenland und Rom. Die Griechen werden mit ihr in der Ptolemäerzeit bekannt; schon im 3. Jh. gibt es im Piräus ein I.-heiligtum. Die sehr häufigen statuarischen Darstellungen der I. lassen sich in bestimmte Typen einteilen, deren einer auf spätägyptische Vorbilder zurückgeht, während ein anderer in Athen entstanden ist. Diesem gehören die meisten röm. I.bilder an. Häufig sind auch Grabreliefs von Frauen in der Tracht von I.-priesterinnen, dem vor der Brust verknoteten Gewande, das auch die Göttin selbst trägt. Der I.kult spielt im kaiserlichen Rom eine große Rolle und hat sich über ganz Italien und die Provinzen verbreitet. In Benevent ist das gesamte Skulptureninventar eines I.heiligtums mit ägypt. und ägyptisierenden Bildwerken gefunden worden. Auch Pompeji hatte einen I.tempel, der in der Form ganz unägyptisch ist, aber Gemälde enthielt, die Kulttänze von I.priesterinnen wiedergaben.

Erman, Die Religion der Ägypter, 1934; H. Kees, Der Götterglaube im alten Ägypten, 1941; G. Vandebeek, De interpretatio Graeca van de Isisfiguur, 1946 (Studia Hellenistica 4); H. Bonnet, Reallexikon der ägypt. Religionsgeschichte, 1952; D. Müller, Ägypten u. d. Griech. I.aretalogien, 1961 (ASAW 53); Maria Münster, Untersuchungen z. Göttin I. (Münchener ägyptol. Stud. 11) 1968.

Islamische Kunst. Sie ist allein aus den Bedingungen einer Religion entstanden, die von verschiedenen Völkern angenommen wurde. Freilich sind starke lokale Unterschiede da, aber das Typische überwiegt im allgemeinen. Da eine eigentliche Volkskunst höchstens in gewissen Zweigen des Kunsthandwerks bestand, steht die große Kunst mit Ausnahme der Nutzbauten ganz unter religiösem Einfluß. Das Verbot der Darstellung alles Lebendigen hat die I. K. früh in eine bestimmte Richtung gelenkt. Auch in der Baukunst liegen ihre eigentlichen Verdienste auf dem Gebiete des Dekorativen. Die Grundformen der Baukunst wurden vorhandenen, einst anderen Zwecken dienenden Typen entnommen. Wenn anfangs teilweise ältere Bauwerke für den islamischen Kult umgewandelt wurden (Aksa-Moschee in Jerusalem, Hagia Sophia, Omar-Moschee in Damaskus), so hat sich der Typus der Hofmoschee, der an verschiedenen Orten etwa gleichzeitig auftritt, an die Form des befestigten Lagers angelehnt (→Moschee). Die rechteckige, das Ganze umgebende Mauer hat außen manchmal vorspringende Türme, innen oft Säulen- oder Pfeilerumgänge. Der rechteckige Betsaal, in dem eine kleine, apsidenartige Nische (Mihrab) die Richtung nach Mekka anzeigt, enthält auch die Predigtkanzel (Mimbar), oft aus Holz geschnitzt. Im Hofe steht der Reinigungsbrunnen (Sebil) und das rechteckige, spiralförmige oder später runde Minarett, der Turm für den Gebetsrufer.

In Persien entstand unter dem Einfluß der sassanidischen Baukunst der Liwântypus der Moschee, zunächst meist als Tempelschule (Medrese). Bei ihm öffnen sich auf einen Hof vier große überwölbte Hallen, an die sich die weiteren Räume anschließen. Die zunächst bescheidenen Kuppeln über dem Betsaal, die beim Liwântypus auftreten, steigern sich auch bei anderen Formen der Moschee unter dem Einfluß der spätantiken Kuppelkirchen zu gewaltigen Bauten (Felsendom in Jerusalem). Aus den kleinen, in verschiedenen Formen im ganzen Gebiet des Islam anzutreffenden Heiligengräbern, die ebenfalls von Kuppeln überwölbt sind, entsteht auf dem Weg über größere Mausoleen die Grabmoschee (bes. in Kairo). Die Profanbauten, soweit sie nicht als reine Nutzbauten (Brücken, Befestigungen, Straßen) frühere Formen übernehmen, schließen sich im Stil den religiösen Bauten an.

Die Bauornamentik ist in hohem Grade aus dem Material entwickelt. Der Ziegelbau hat eine ganz eigenartige Ornamentik erzeugt, die später an einigen Stellen durch Verkleidung mit farbigen Steinen ersetzt wird. Der Wanddekoration diente in Persien das farbige Fayencemosaik, später die von den Türken erfundene glasierte Kachel. Die Ornamente sind fast allein geometrischer Natur, seltener werden stilisierte Pflanzen oder Tiere verwendet. In reichem Maße wird die Stuckdekoration ausgebildet, die neben mannigfachen Holzschnitzereien auch im Privathaus Verwendung findet. Im Ornament spielt die Schrift, die, an sich schon dekorativ, in dem sog. Kufi eine besondere geometrische Ausgestaltung erhält, eine große Rolle. Zweifellos hat an dieser Entwicklung die Buchmalerei Anteil, die seit der Verbreitung des Papiers in fast allen islamischen Ländern blüht. Bes. in Persien und dem islamischen Indien entwickelte sich eine hochstehende Buchmalerei, die auch Figürliches darstellt, während man sich sonst auf die ornamentale Ausschmükkung der Schriften beschränkt. In der Keramik stehen am Anfang plumpe Gefäße, die in fast vorgeschichtlicher Technik mit matter Farbe bemalt oder durch reliefartig aufgesetzte Tonschlammornamentik verziert sind. Die farbige Glasur, die wohl von den Sassaniden übernommen war, wurde durch die Konkurrenz mit dem eingeführten chinesischen Porzellan angeregt, dessen verschiedene Gattungen man nachzuahmen versuchte. Bes. effektvolle Wirkungen erzielte die metallglänzende Lüsterkeramik. Auch die Treibarbeit in verschiedenen Metallen schließt sich zunächst an sassanidische Arbeiten an, kommt aber dann in der →Tauschierung zu eigenen Techniken. In der Textilindustrie, in der bei den Nomadenstämmen der in einfachen geometrischen Mustern geknüpfte oder gewebte Zeltteppich den Ausgang bildet, kommt es zur Gründung verschiedener Manufakturen, die den Bedarf der Fürstenhäuser decken. Die Herstellung seidener Stoffe wurde bes. in Persien, aber auch im arabischen Spanien gepflegt. Die Produktion kostbarer Glasgefäße schloß sich an die Techniken der Spätantike, Vergoldung und Emaillierung, an. Alle diese Zweige des Kunstgewerbes haben auch für den Export nach Europa gearbeitet.

A. Raymond, L'art islamique en Orient, 2 Bde., 1923; Diez, Die Kunst des Islam, 1925; H. Glück u. E. Diez, Die Kunst des Islam, [3]1927 (Propyläen-Kunstgesch.); M. S. Dimand, A Handbook of Muhammadan Art, [2]1944; G. Marçais, L'art de l'Islam, 1946; Ders., L'architecture musulmane d'Occident, 1954; B. Gray, Persische Malerei, dt. 1961; R. Ettinghausen, Arab. Malerei, 1962; E. Kühnel, Die Kunst d. Islam, 1962 (Kröners Taschenausg. 326); Ders., Islam. Kleinkunst, 1963; Katharina Otto-Dorn, Kst. d. Islam, 1966; D. Talbot Rice, Die Kst. d. Islam, dt. 1967; C. J. du Ry, Art of Islam, 1972; A. Klein, Islam. Keramik, 1976; K. A. Kreswell, The Muslim Architecture of Egypt, 2 Bde., 1976; O. Grabar, Die Entstehg. d. I. K., 1977; A. Papadopoulo, I. K. (Ars Antiqua II), 1977; P. Amiet, Die Kst. d. alt. Orient, 1977; D. Hill, L. Golvin, Islamic Architecture in North Africa, 1976; J. Hoag (in Weltgesch. d. Kst.; hg. v. L. Nervi), Isl. Architektur, 1976 (dt.).

Isokephalie (griech. „gleiche Kopfhöhe"), Kompositionsweise mehrfiguriger Reliefs oder Gemälde so, daß alle oder ein Teil der dargestellten Figuren gleiche Kopfhöhe haben. Die I. gibt der Komposition Strenge, Klarheit und leichte Überschaubarkeit und verbindet sich in der Regel mit dem Prinzip der Reihung. I. findet sich im antiken Relief, in der frühmittelalterlichen Malerei, mit besonderer Strenge im got. Relief des 13. Jh. in Frankreich, in der Malerei der ital. Frührenaissance (z. B. bei Masaccio). In der Hochrenaissance und vor allem im Barock wird sie bewußt vermieden.

Italienische Kunst. Eine I. K. im eigentlichen Sinn, d. h. eine allseitige Entfaltung der künstlerischen Kräfte in Italien unter gleichzeitigem Hervortreten nationaler Eigenart gibt es erst seit dem Zeitalter Dantes, seit dem ausgehenden 13. Jh. Daher beginnen auch erst von hier ab die Italiener ihre Kunstjahrhunderte zu zählen als Ducento, Trecento usw. Damals hatte die Kunst im führenden Land der Gotik, in Frankreich, ihren Höhepunkt überschritten, nicht aber den Höhepunkt ihrer Expansionskraft. In deren Bannkreis gerät auch die I. K., aber nur zu einem Teil ihres Wesens. Ein anderer wird bestimmt durch das Erbe der Antike, das, abgesehen von seinen zahlreichen äußeren Zeugnissen, den Italienern doch auch im Blute lag. Dazu kam ferner die Stellung Italiens als Einfallsland östlichen Kunstwollens, das sich sehr deutlich in der Verpflichtung der ital. Malerei des Ducento und z. T. noch des Trecento an die maniera bizantina zeigt. Hinter allem aber steht eine originale künstlerische Schöpferkraft des ital. Volkes, die von jetzt ab auf Jahrhunderte von einer überaus dichten Reihe großer Künstlerpersönlichkeiten vertreten wird, die zu immer neuen Wandlungen ansetzt und in ihrer Kraft kaum jemals ernstlich nachläßt, bis ihr erst im Verlaufe des 18. Jh. der Atem ausgeht. Die Verschiedenheit der ital. Stadtstaaten gibt der I. K. ein Gepräge großer Mannigfaltigkeit, und die Namen Rom, Siena, Florenz, Venedig sind ebensoviele Namen künstlerischer Eigenart. Weil die I. K. von der Gotik nur in gewissen Grenzen berührt worden ist, hat sich die Überwindung des Mittelalters am frühesten und durchgreifendsten in der I. K. vollzogen. Etwa 1420 beginnt hier die allgemeine Prävalenz dessen, was wir →Renaissance nennen, rund 100 Jahre früher als in den nord. Ländern. Kein Wunder, daß diese, als sie endlich auch so weit waren, viel von ital. Formengut annahmen. Und als die I. K. mit gleicher Energie von Rom aus die Renaissance in den Barock umbildete, gab sie damit abermals ein Beispiel, dem die andern Länder folgten. Wollte man die Einwirkungen der I. K. auf Europa im 16. und 17. Jh. darstellen, so hieß das, einen großen Teil der Geschichte der europ. Kunst schreiben. Im 18. Jh. hat im wesentlichen nur Venedig noch den alten Ruhm der I. K. aufrechterhalten. Im 19. Jh. sind ihre schöpferischen Kräfte so völlig erlahmt, daß nicht einmal die Malerei, die in diesem Jahrhundert doch sonst überall recht rege war, etwas Bedeutendes hat hervorbringen können. In der Baukunst dominierten vom Historismus beeinflußte Werke monumentalen Zuschnitts wie Theaterbauten, Justizgebäude, Repräsentationsbauten und auch Kirchen, insgesamt aber nicht mehr von solcher Bedeutung wie in früheren Jahrhunderten. Doch haben die Italiener einen wesentlichen Beitrag zur neuen Malerei des 20. Jh. geliefert (→Futurismus; pittura metafisica); für die Baukunst tat dies L. →Nervi mit seinen vom →Ingenieurbau bestimmten bedeutenden Schöpfungen.

An der Art, wie die I. K. sich mit der Gotik auseinandersetzte, werden einige ihrer Grundzüge sichtbar: nicht Spannungszustände zu dulden, sondern sie in beruhigte Lagerung und Ausbreitung zu überführen, das Unübersichtliche so zu gliedern, daß es dem Auge leicht faßbar wird. In der Renaissance treten dann die weiteren Merkmale der I. K. rein zutage: nicht das hinter den Dingen Liegende anzudeuten, sondern in sinnlicher Klarheit und Anschaulichkeit vorzutragen; dem menschlichen Körper zu geben, was des Körpers ist, ihn in seinem organischen Aufbau und seiner dem Geiste nicht unterworfenen Schönheit darzustellen; im Bauwerk Maß, Gliederung, schöne Verhältnisse zur Geltung zu bringen; Wert, Würde und Haltung der Architektur nicht durch Verlieren in Einzelheiten zu gefährden. – Was den Menschen umgibt, ist wohl in keinem Land künstlerisch so durchgestaltet worden, wie in Italien in den besten Jahrhunderten seiner Kunst, und auch der unscheinbarste Gegenstand wird oft durch den Abglanz großen Stils geadelt. Die Bedeutung der bildenden Kunst für die menschliche Kultur ist zuerst den Italienern bewußt geworden. Zu einer Zeit, da im N der Künstler noch fast völlig anonym war, richtete man in Italien das Augenmerk auf ihn und sah ihn und sein Werk im Zusammenhang mit der Geschichte des Landes. Auch haben die Italiener als erste eine nach wissenschaftlichen Grundsätzen betriebene Theorie der bildenden Kunst in Angriff genommen, und mit Recht wird ein Italiener, Vasari, als „Vater der Kunstgeschichte" bezeichnet.

A. Venturi, Storia dell'arte italiana, Bd. I–XI, 3, 1901–1940, Nachdruck 1976, dazu Index 2 Bde., 1975; R. van Marle, The development of the Italian schools of painting, 19 Bde., 1923–38; P. Toesca, Storia dell'arte italiana, 2 Bde., 1927–51; P. A. Corna, Dizionario della storia dell'arte in Italia, 2 Bde., 1930; U. Ojetti und L. Dami, Atlante di storia dell'arte italiana, 2 Bde., 1937. – J. Burckhardt, Die Kultur der Renaissance in Italien (zahlreiche Aufl.); H. Wölfflin, Die klassische Kunst, [7]1924; Ders., Renaissance und Barock, [4]1926; Ders., Italien und das dt. Formgefühl, 1931; G. Weise, Die geistige Welt der Gotik und ihre Bedeutung für Italien, 1939; G. Ballo, Ital. Malerei vom Futurismus bis heute, 1958; C. Maltese, Storia dell'arte in Italia 1785–1943, 1960.

Itten, Johannes, schweiz. Maler, Graphiker, Kunsttheoretiker und Kunsterzieher, * 11. 11. 1888 Schwarzenegg (Kanton Bern), † 25. 3. 1967 Zürich, studierte 1913–16 bei A. →Hölzel an der Stuttgarter Akademie, von dessen Wirken er nachhaltig beeinflußt wurde. Von 1919–23 lehrte I. am →Bauhaus in Weimar allgem. Gestaltungslehre (sog. Vorkurs), leitete 1926–34 seine private Schule in Berlin, wirkte von 1932–38 als Leiter der Krefelder Flächenkunstschule (Textilentwurf). Nach dem Weggang aus Deutschland war I. Direktor der Kunstgew.-Schule und des Kunstgew.-Museums sowie des Rietberg-Museums für außereurop. Kunst in Zürich. Seine Hauptleistung besteht in seinen Kunsttheorien und noch stärker auf dem Gebiet der Kunsterziehung, die für die weitere Entwicklung in Europa und N-Amerika maßgebend wurde. Ausgehend vom zwölfteiligen Farbkreis suchte er ästhetische und gesetzmäßige Wirkungen der Farben und bildnerische Formen zu ergründen, verbunden mit philosophischen, teilweise auch mystischen Gedankengängen.
Seine Hauptschriften: Analysen alter Meister, 1921; Tagebuch 1930; Kunst der Farbe, 1961; Mein Vorkurs am Bauhaus, 1963.

Ausst.kat. J. I., Kst.halle Düsseldorf, 1966, Bern 1971; L. Gericke, K. Schöne, Das Phänomen der Farbe, 1970; C. Roux, I. et son enseignement (Cahir du Musée Nation. d'Art mod., Paris) 1979; W. Rotzler u. a., J. I., Gemälde, Gouachen, Aquarelle, Tuschen, Zeichnungen, Ausst.kat. Westfäl. Landesmus. Münster, 1980.

Jacquardweberei, die Herstellung von gemusterten Geweben und Teppichen, auch Bildteppichen, auf der von dem Lyoner Weber Jacquard um 1800 erfundenen Jacquardmaschine, die das Weben der kompliziertesten Muster und bildlichen Darstellungen gestattet. Sie hat den gewirkten Gobelin vielfach durch den gewebten bedeutend billigeren ersetzt und damit wesentlich zur Mechanisierung und künstlerischen Verflachung der Gobelinherstellung beigetragen.

Jacquemart (franz. „Jakob"), Bezeichnung für die als Ausstattung großer Turmuhren der Vergangenheit zuweilen anzutreffende automatische Figur, die mit einem Hammer auf einer Glocke die Stunden schlägt. Ein bekanntes Beispiel sind die in Leipzig nachgeahmten riesigen Bronzefiguren von 1497 auf dem Uhrturm am Markusplatz in Venedig (dort „mori" genannt).

Jade, hochgeschätzter Halbedelstein von meist grüner Farbe, der in allen Epochen d. →chinesisch. Kst. zu Ritualgeräten, Kleinfiguren (bes. Tieren) u. anderen Gegenständen kunstvoll verarbeitet wurde. Ein weiteres Zentrum waren die präkolumbischen Kulturen Mittelamerikas.

S. Howard Hansford, Chinese j. carving, 1950 u. 1968; A. Salmony, Archaic chinese j. s. (m. Bibliographie), 1952; J. B. Palmer, J., 1967 (engl.); P. F. Schneeberger, Jades de la Chine (m. Bibl.), 1976.

Jagdkrüge, Krüge aus glasiertem Steinzeug mit aufgelegten bunten Jagddarstellungen, im 16. und 17. Jh. in Kreußen angefertigt.

Jagdstück, Jagdstilleben, ein Beieinander auf der Jagd erlegter Tiere, zuweilen mit Jagdhund, Waffen u. dgl.; eine Bildgattung, die sich in der niederländ. Malerei des 17. Jh. verselbständigte. Als J. wird auch die Darstellung einer Jagd bezeichnet.

O. H. v. Bockelberg, Das J. in der nord. Kunst von der Gotik bis zum Rokoko, Diss. Halle 1936; E. Graf zu Solm-Laubach, Die schönsten Jagdbilder aus europ. Slgn., 1961; P. E. Rattelmüller, Jagdromantik i. d. Mal. d. 19. Jhs., 1977.

Jagdteppiche, persische Knüpfteppiche des 16. und 17. Jh., in deren Mittelfeld Jagdszenen dargestellt sind. Der berühmteste der wenigen noch vorhandenen J. befindet sich im Museum für Angewandte Kunst in Wien.

W. v. Bode u. E. Kühnel, Vorderasiat. Knüpfteppiche, [4]1955; K. D. Erdmann, Der oriental. Knüpfteppich, [3]1965.

Jamnitzer, Wenzel, Goldschmied und Ornamentstecher, * 1508 Wien, † 19. 12. 1585 Nürnberg, tätig das., eröffnete mit seinem Bruder Albert 1534 in Nürnberg eine Werkstatt. Der Anteil der Brüder an dem erhaltenen Werk ist nicht genau festzustellen. J. wurde der bekannteste dt. Goldschmied der Renaissance, dessen mit einem hohen Aufgebot virtuos gehandhabter technischer Mittel gearbeitete Prunkgegenstände die höchste Bewunderung seiner Zeitgenossen fanden. Für unsern heutigen Geschmack tritt jedoch bei ihm das Künstlerische oft allzustark hinter dem Gekünstelten zurück. Als Hauptstück gilt der Merkelsche Tafelaufsatz (ehemals im Berliner Schloßmus.). J. hat auch zahlreiche Entwürfe für Prachtgefäße geliefert. Sein Enkel Christoph J. (1563 bis 1618) ist ebenfalls als Goldschmied in Nürnberg mit bedeutenden Leistungen hervorgetreten.

Frankenburger, Beiträge zur Geschichte W. J.s und seiner Familie, 1901; M. Rosenberg, J., 1920; E. W. Braun, Verschollene Zimmerbrunnen W. J.s, (96. Jahresber. d. German. Nat. Mus. Nürnbg.) 1951; K. Pechstein, J., (Jb. d. Berliner Mus., 8) 1966.

Japanische Kunst. Aus der vorbuddhist. Zeit Japans haben sich nur wenige Reste einer künstlerischen Kultur erhalten. Diese beginnt erst deutliche Formen anzunehmen, als mit der Einführung des Buddhismus um die Wende des 6. zum 7. Jh. n. Chr. auch der enge Anschluß an die überlegene Kunst Chinas erfolgte. Deren schöpferischer Reichtum ist (wobei die →Koreanische Kunst oft Mittler war) eine Quelle beständiger Anregung für die parallel zu der chinesischen sich entwikkelnde J. K. geworden, die allerdings manche Errungenschaften jener selbständig weiterbildete. Dies gilt vom Kunstgewerbe mit seiner ungewöhnlichen Vollkommenheit der handwerklichen Leistung; dies gilt auch vom Bilddruck, der als „japanischer Farbenholzschnitt" letzte Möglichkeiten des Bilddrucks überhaupt erreichte.

Frühzeit (7.–9. Jh.). Die neue Religion hatte das Entstehen einer neuen Baukunst zur Folge. Nach chines. Vorbild entstanden buddhist. Tempel mit mehreren übereinander aufsteigenden und an den

Ecken aufwärts geschweiften Dächern. Es sind die ältesten Holzbauten der Welt, die sich erhalten haben. Sie legen den Typus der buddhist. Tempelarchitektur Japans in seinen wesentlichen Zügen für alle kommenden Zeiten endgültig fest – eine der europäischen vergleichbare Aufeinanderfolge verschiedener Baustile kennt Japan nicht. Zur Ausstattung der Tempel gehörte eine kultische Großplastik in Bronze und Holz, die sogleich in hoher Vollkommenheit da ist, ohne daß wir jedoch wissen, wie weit sie von japan. Meistern selbst geschaffen wurde. Es gab ferner eine kultische Wandmalerei. Hauptwerk auch in bezug auf die Ausstattung mit Bildwerken und Wandmalereien ist die ausgedehnte Anlage des Hōryūji-Tempels.

Mittelalter (10. bis Mitte des 14. Jh.). Es hebt an mit der Fujiwara-Zeit (890–1160), die eine stärkere Durchdringung und selbständigere Weiterbildung des übernommenen chines. Formgutes im japan. Sinn brachte: Verfeinerung, Umbildung ins Zierliche, Elegante, Schmiegsame, ein Grundzug, der der J. K. von nun an eigen blieb. Die Tempel stellen sich in zierlicher Gliederung, graziös geschwungenem Umriß und reicher Innendekoration dar. Ernst und Strenge der Kultbilder wandelt sich zu milder Schönheit. Von der religiösen Malerei sondert sich eine weltliche, in der die Neigung zum Realistischen und Grotesken hervortritt, auch wird das Porträt in Bildnerei und Malerei gepflegt. Man arbeitet nach chines. Weise nur mit Wasserfarben (Tusche) auf Seide oder Papier; auch die äußere Form der Bilder ist chinesisch (→Kakemono). Im Kunstgewerbe ist das Eigene vom Importierten vorläufig noch nicht genau zu trennen.

Neuzeit. In der Ashikaga-Zeit (1334–1573) setzte sich die Wandlung durch, die das Gesicht der J. K. bis ins 19. Jh. bestimmt hat. Sie wurde herbeigeführt durch eine neue Form der Religiosität, wie sie der von China ausgehende Siegeszug der Zen-Sekte mit sich brachte. Die buddhist. Plastik verfällt. Gestalterin der neuen Ideen, die eine Art Naturphilosophie sind, wurde die Malerei. Das Göttliche offenbart sich in der Landschaft, in Tieren und Pflanzen. Die von China übernommene → Tuschmalerei wird jetzt auch in Japan große Kunst, und in →Sesshū trat in der 2. Hälfte des 15. Jh. der größte Landschaftsmaler auf, den Japan überhaupt hervorgebracht hat. Die Überlieferung chines. Töpferkunst wird jetzt ebenfalls aufgenommen und im Dienste der Tee-Zeremonie (Teeurnen und Teeschalen) zu Meisterwerken von höchster Kultur weitergebildet. Gleiches gilt von den Erzeugnissen der →Lackkunst und der Metallbearbeitung mit ihrer Besonderheit, den künstlerisch geformten Schwertstichblättern. Die Tokugawa-Zeit (1603–1868) setzt mit Prunk und Luxus ein, so daß man das 17. Jh. mit dem Zeitalter des Barocks in Europa verglichen hat. Tempel mit überladener Pracht an vergoldetem und bemaltem Schnitzwerk entstehen, Wandmalereien von dekorativem Schwung, in denen verschwenderisch ausgestattete Gewänder und Geräte erscheinen, den Luxus der Zeit widerspiegelnd. Auch die Tuschmalerei erhielt einen Zug ins Dekorative, der in der 2. Hälfte des 18. Jh. zum Realistischen sich wandelte. Der Bilddruck, der zwar in China und Japan schon lange, aber nur zur Bildreproduktion in Übung war, wurde jetzt künstlerisches Ausdrucksmittel zuerst durch Moro-

nobu (1638–1714). Anfangs einfarbig, wird er durch Übereinanderdrucken mehrerer Farbplatten (bis zu 15) immer farbiger. Im ganzen Reichtum seiner Möglichkeiten tritt uns dieser japan. Farbenholzschnitt nach der Mitte des 18. Jh. bei →Harunobu entgegen. Weitere Meister des Farbenholzschnitts waren Kiyonaga (1752–1815), →Utamaro, →Hokusai, →Hiroshige. – Eine Großplastik gibt es nicht mehr. Die besten plastischen Leistungen vollzogen sich jetzt auf einem in dieser Vollkommenheit nur der J. K. eigentümlichen Sondergebiet, dem der Maskenschnitzerei des 17. und 18. Jh. Es entstanden die Nō-Masken (Masken für den Nō-Tanz) mit ihrem in feinsten Abstufungen gegebenen Reichtum an physiognomischem Ausdruck. Auf dem Gebiet des Kunstgewerbes sind die Holzschnitzereien der Prunkbauten hervorzuheben, ferner Schwertzierat, Lackkunst, Porzellan und die kleinplastischen Kunstwerke der → Netsuke.
Wie aus China (→Chinoiserie), so waren auch aus Japan mit dem Ende des 17. Jh. Anregungen kunstgewerblicher Art nach Europa gedrungen (→Delfter Fayence), während umgekehrt seit dem 18. Jh. auch europ. Einfluß auf die J. K. festzustellen ist (Perspektive). Als 1868 Japan den Fremden geöffnet wurde, nahmen diese Wechselwirkungen einen größeren Umfang an. Eine Weiterentwicklung der J. K. in bodenständigem Sinn gibt es seitdem nicht mehr. Japan. Kunstwerke kamen in Mengen nach Europa und wurden hier von öffentlicher und privater Hand gesammelt. Seit den 80er Jahren erschienen auch die ersten, freilich ganz unzulänglichen europ. Schriften über J. K. Eine unmittelbare Einwirkung auf die europ. Kunst hat die lineare Gestaltungsweise des japan. Holzschnitts im →Jugendstil gehabt.

The Kokka (A monthly Journal of Oriental Art), seit 1889; Shimbi Taikwan (Selected Relies of Japanese and Chinese Art), seit 1889; O. Fischer, Die Kunst Indiens, Chinas und Japans, 1928; O. Kümmel, Die Kunst Chinas und Japans, 1929; Tsudzumi, Die Kunst Japans, 1929; J. Kurth, Geschichte des jap. Farbenholzschnitts, 3 Bde., 1925 bis 1929; Minamoto, An illustrated History of Japanese art, 1935; J. Buhot, Histoire des arts du Japon, Bd. 1, 1949; G. B. Sensom, Pageant of Japanese art, 6 Bde., 1952–54; K. Moriya, Die japan. Malerei, 1953; Payne-Treat-Soper, The art and architecture of Japan, 1955; W. Boller, Meister des japan. Farbenholzschnittes, ²1957; T. Hasumi, Jap. Plastik, dt. 1961; J. A. Michener, Japanese prints, 1961; Rose Hempel, Holzschnittkunst Japans, 1964; W. Walson, Sculpture of Japan, 1959; Noma-Seiroku, The art of Japan, 2 Bde., 1965/67; Kokusai Bunka Shinkokai, Japanese architecture and gardens, 1966; A. Drexler, The architecture of Japan, 1967; E. Tempel, Neue japan. Architektur, 1969; R. Illing, Japanese Prints from 1700–1900, 1976; G. Schack, Japan. Handzeichngn., 1977; F. Whitford, Japanese Prints and Western Painters, 1977.

Japanpapier, ein handgeschöpftes, aus Bastfasern japan. Pflanzen hergestelltes Papier, biegsam und weich. Es wurde zuerst in Holland im 17. Jh. für Handzeichnungen und Radierungen verwendet, z.B. von Rembrandt und Jan Livens.

Jasperware, Jasper ware, englisches, durch Metalloxyde in der Masse gefärbtes Steingut, das 1775/80 von →Wedgwood auf den Markt gebracht wurde. Hergestellt wurden Reliefs, meist weiß auf blauem Grund, auch Gemmen, Bildnismedaillons und mit weißen Reliefs verzierte Vasen.

Jaspis, undurchsichtiger Quarz, rötlich, gelb, braun, früher häufig zu Vasen, Schalen, Gemmen, Tischplatten verarbeitet.

Jawlensky, Alexej, russ. Maler, * 13. 3. 1867 Kuslowo, † 15. 3. 1941 Wiesbaden, Schüler von Repin, ging 1896 nach München, lebte während des 1. Weltkrieges in der Schweiz und seit 1921 in Wiesbaden. Mit Kandinsky, Klee und Feininger gehörte er seit 1924 zu der Gruppe „Die blauen Vier". Auf ihn wirkten Cézanne, van Gogh und Matisse, doch verarbeitete er alle Anregungen zu einem eigenen expressionistischen Stil einfacher Zeichnung und kraftvoller Farbigkeit. Bes. eigentümlich waren seine Bemühungen um die Darstellung des mystisch vergeistigten menschlichen Antlitzes.

Katalog der J.-Ausstellung in der Kunsthalle zu Bern 1957, München 1964, Hamburg 1967; E. Rathke, J., 1968; J. Schulze, A. J., 1970; C. Weiler, A. J., 1972.

Jellinge-Stil →German. Kunst III, 4.

Jerusalemsweg →Labyrinth.

Jessebaum, Wurzel Jesse, die Darstellung des Stammbaums Christi nach Jesaias 11,1: Jesse, der Vater Davids, liegt schlafend auf dem Boden; aus ihm wächst die „virga" (Rute) als mächtiger Baumstamm, der in seinen Ästen die wichtigsten Vorfahren Christi trägt, im Gipfel Maria mit dem Kind oder Christus, umgeben von den sieben Gaben des Heil. Geistes in Gestalt von Tauben. Das älteste erhaltene Beispiel eines J.s findet sich im Evangeliar des Vyšehrad in Prag (Ende 11. Jh.). In bedeutender monumentaler Form erscheint er in einem Glasfenster der Westfassade der Kathedrale zu Chartres (um 1160) und als riesiges Dekkengemälde in St. Michael in Hildesheim (Anfang 13. Jh.). Eins der schönsten spätgot. Beispiele bietet der Altar der sieben Schmerzen Mariä von Heinrich Douvermann in St. Nikolaus in Kalkar (1521).

Watson, The early Iconography of the Tree of Jesse, 1934; P. Bloch, Nachwirkungen d. Alt. Bundes in der christl. Kst. (in: Monumenta Judaica, Hb.), 1963; O. Böcher, Zur jüngeren Ikonograph. d. W. J. (in: Mainzer Zs. 67/68), 1972/73; R. Schumacher-Wolfgarten, Jesse m. d. Rosenstock (in: Röm. Quartalschr. f. christl. Altertumskde. u. Kirchengesch., 68) 1973.

Jesuitenstil, 1. Bezeichnung für den von den Jesuiten im 17. Jh. in Anlehnung an das Vorbild der römischen Jesuitenkirche Il Gesù (beg. 1568) geprägten Barockstil in Süddeutschland (München, Michaelskirche, Umbau 1634; Dillingen/Donau, 1610–17).

2. Bezeichnung für den wenig originellen Barockstil der Kirchen Latein-Amerikas. Die Jesuiten sind hier häufig die Anreger und Förderer von Kirchenbauten gewesen.

W. Weisbach, Barock als Kunst der Gegenreformation, 1921; C. Galassi Paluzzi, Storia segreta dello stile dei Gesuiti, 1951.

Joch, franz. Travée, die Gewölbeeinheit innerhalb einer Folge solcher Einheiten, wie sie bes. die Schiffe einer Gewölbebasilika aufweisen; dann auch der durch eine Gewölbeeinheit (z. B. durch ein Kreuzgewölbe oder den zwischen zwei Gurtbögen befindlichen Teil eines Tonnengewölbes) bestimmte Raumabschnitt. – J. wird auch jeder Abschnitt einer Brücke (von einem Pfeiler zum anderen) genannt. – Rhythmische Travée heißt ein (z. B. durch Wechsel von Pfeiler und Säule) in sich rhythmisch gegliederter und gespannter Raumabschnitt.

Johannesschüssel, Schüssel oder Teller aus Holz (auch aus Stein oder Metall) mit dem Schmerzenshaupt Johannes des Täufers in Hochrelief. Sie finden sich vom 13. bis zum 17. Jh. (sehr frühes und schönes Beispiel im Naumburger Dom, um

1225), wurden an der Wand oder über der Tür von Johanneskapellen angebracht und am Tage der Enthauptung des Täufers (29. August) auf dem Altar aufgestellt).

I. Combs Stuebe, The J. From Narrativ to Reliquary to Andachtsbild (in: Marsyas 14), 1968; H. Arndt u. R. Kross, Zur Ikonographie der J. (Aachener Kstblätter. 38) 1969.

Jones, Inigo, engl. Baumeister und Bühnenzeichner, * 15. 7. 1573 London, † 21. 6. 1652 das., hielt sich um 1600 einige Jahre in Italien auf, weilte dort abermals 1613/14 zum Studium der Baukunst, wurde 1615 Oberbauaufseher am engl. Hof in London. J. hat dem Stilchaos der Tudorzeit durch Einführung des palladianischen Klassizismus ein Ende bereitet und damit die Richtung der engl. Baukunst für die nächsten Jahrhunderte entscheidend bestimmt. Seine Bauten zeichnen sich aus durch die Vornehmheit der Verhältnisse, Schlichtheit im Dekorativen und Solidität. J. begann als Landschafts- und Bühnenzeichner, hat zahlreiche Entwürfe für Theaterdekorationen und Kostüme geliefert, auch wichtige bühnentechnische Neuerungen eingeführt. Seine Tätigkeit als Baumeister beginnt erst 1616, unter anderem mit dem Entwurf für das Schloß der Königin in Greenwich (voll. 1635), den ersten streng palladianisch-klassizistischen Bau auf engl. Boden. Hauptwerk ist der riesige Komplex des Kgl. Schlosses Whitehall (Entwürfe 1619; nur z. T. ausgeführt, durch Brand zerstört; erhalten die Banketthalle, jetzt Museum). Weitere Bauten: St. Paulskirche in Covent Garden (1631–38), Wilton House des Grafen Pembroke (nach 1647). Die Zahl seiner Bauten und Entwürfe ist groß; vieles wird ihm nur zugeschrieben und ist von den Werken seiner Schüler und Nachfolger (bes. des John Webb) nicht mit Sicherheit abzugrenzen. – Designs of I. J., hg. von W. Kent (1727; neue Ausg. mit Erläuterungen, 2 Bde., 1770).

S. C. Ramsay, I. J., 1924; J. A. Gotek, I. J., 1928; C. Rowe, The theoretical drawings of I. J., Diss. London, 1947; J. Summerson, I. J., 1966; S. Orgel, R. Strong, I. J., 1976.

Jongkind, Johan, Barthold, holländ. Maler und Radierer, * 3. 6. 1819 Lattrop, † 9. 2. 1891 Côte-Saint-André, Schüler von Schelfhout im Haag und Isabey in Paris, Vorläufer der franz. Impressionisten. Er schuf Landschaften, bes. auch als Aquarelle mit einfachen Motiven bei feinster Beobachtung der Luft- und Lichtstimmungen. Ähnliches gilt auch von seinen sehr persönlichen Radierungen.

E. Moreau-Nélaton, J., raconté par lui-même, 1918; V. Bakker-Hefting, J. B. J., 1964 (holländ.); Dies., J. (franz. m. Bibl.), 1975; Marianne Buchler-Schild, J. B. J. Seine Stellg. i. d. Landschafts- u. Aquarelltradition d. 19. Jhs., 1974.

Jordaens, Jakob, fläm. Maler, * 19. 5. 1593 Antwerpen, † 18. 10. 1678 das., neben Rubens und van Dyck der Hauptmeister der fläm. Malerei des 17. Jh., hat deren Eigenart bes. kräftig und urwüchsig zum Ausdruck gebracht. Derbe Lebensfreude und die Lust am Essen und Trinken sprechen aus seinen Sittenbildern, namentlich den oft wiederholten Darstellungen des „Bohnenfestes“. Bezeichnend für ihn ist der leuchtende Fleischton des weiblichen Aktes, den er in Rubensscher Fülle ohne Idealisierung unter mythologischem Vorwand gern gemalt hat.

M. Rooses, J.s Leben und Werke, 1906; Leo van Puyvelde, J., 1953 (franz., mit Werkverz.); R. A. de Hulst, De tekeningen van J. J., 1956; ders., Tekeningen van J. J., Kat. d. Ausstllg. Antwerpen-Rotterdam, 1966/67.

Juel, Jens, dän. Maler, * 12. 5. 1745 Balslev (Fünen), † 27. 12. 1802 in Kopenhagen, Akademiedirekt. das., tätig auch in Italien, Paris und Genf, malte Stilleben, Landschaften, Sittenbilder, vor allem aber schlicht und natürlich aufgefaßte Bildnisse, die zu den besten Leistungen der dän. Bildnismalerei gehören. Hauptwerke: Selbstbildnis mit Gattin (Kopenhagen, Mus.), Klopstock (Frederiksborg).

E. Poulsen, J. J., 1942 u. 1961 (dän.).

Jugendstil, Stilströmung der europ. Kunst etwa 1895–1905, in erster Linie auf dem Gebiet des Kunstgewerbes. Der Name J. kam kurz vor 1900 auf und steht in Zusammenhang mit der seit 1896 in München erscheinenden Zeitschrift „Jugend" und ihrer z. T. von O. Eckmann gelieferten künstlerisch-dekorativen Ausstattung. Der J. war eine Reaktion gegen die Nachahmung historischer Stile, die das Kunstgewerbe vor ihm beherrscht hatte, insbesondere gegen das historische Ornament. Er nahm die Pflanze wieder zur Grundlage ornamentalen Schaffens und arbeitete daneben auch mit abstrakten Formen von vegetabilischem Schwung. Die Merkmale der J.ornamentik sind: innerhalb der zu dekorierenden Fläche wenige, großgeformte Pflanzengebilde, die sich schattenlos in der Fläche ausbreiten unter möglichst weitgehendem Verzicht auf Raumillusion und plastische Wirkung. Sie sind bewegungshaltig durch ihre zügig geschwungenen Umrisse und ihre langen dünnen Stiele, deren Bewegungsspiel in das eines abstrakten Linienornaments übergeht. Noch stärker ist die Bewegung, wenn nur abstrakte Linienornamente gegeben sind. Dieser ornamentale Wille hat auch dreidimensionale Gebilde ergriffen und entsprechend geformt, z. B. Möbel, Geräte, Gläser, keramische Erzeugnisse. (Eine der größten Slgn. für J.-gläser befindet sich im Städt. Mus. Freiburg i. Br.). – Die Baukunst ist vom J. weniger im Konstruktiven als vielmehr im Dekorativen erfaßt worden. (Hauptmeister: H. van de →Velde). Die Großplastik ist mit Ausnahmen wie Georges → Minne im allgemeinen frei von ihm, in der kunstgewerblichen Kleinplastik ist er dagegen stärker zur Geltung gekommen. In der Malerei vermochte er sich nur dort auszuleben, wo diese flächenhaft-dekorativ ist (→Klimt). Aber auch Begründer der modernen Malerei wie →Munch und →Hodler sind tief von ihm berührt. Alles Räumlich-Plastische widerspricht seinem Wesen. Daher konnte er auch in der Radierung keinen Fuß fassen, wohl aber im flächenhaft angelegten Künstlerholzschnitt und in der Gebrauchsgraphik.

Jugendstilornamentik

Dem J. verwandte Erscheinungen sind bes. früh in England aufgetreten und hängen mit der Erneuerung des engl. Kunstgewerbes zusammen (→Morris). Der dt. J. hat sich hier manche Anregungen geholt, die durch die seit 1893 erscheinende engl. Kunstzeitschrift „The Studio" dargeboten wurden. Auch das historisch wenig belastete amerikan. Kunstgewerbe hat auf Deutschland eingewirkt. Eine weitere, sehr wichtige Quelle von Anregungen war die japan. Kunst, deren Erzeugnisse etwa seit der Mitte der 80er Jahre verstärkt nach Europa eingeführt wurden. Vielleicht hat auch die kretische Kunst Vorbilder geliefert (→Ägäische Kunst). Trotz seiner Kurzlebigkeit hat der J. vielfach die Grundlage der modernen Kunst abgegeben; seine Bedeutung wird neuerdings stärker erkannt und tritt immer mehr ins Gesichtsfeld von Forschung allgemeiner Kunstbetrachtung.

E. Michalski, Die Entwicklungsgeschichtl. Bedeutung des J.s, 1925 (Repertorium f. Kunstwissensch. 46); F. Schmalenbach, Der J., 1935, 1981; H. Seling, K. Bauch, J., Der Weg ins 20. Jh., 1959; Fr. Ahlers-Hestermann, Stilwende, 1956; R. Schmutzler, Art Nouveau-J., 1962, 1977; H. Hofstädter, Gesch. d. europ. J.malerei, 1963; J. hg. v. J. Hermand, 1971; J. Cremona, Die Zeit d. J.s, 1966; Kataloge der Ausstllgn. Zürich, 1952; München, 1958, 1964; Wien, 1964; Kassel, 1968; I. v. Treskow, Die J.-Porzellane der KPM. Bestandskatal. d. Kgl. Porz.-Manuf. Berlin 1896–1914, 1971; H. Müller, J., 1972; K. A. Reiser, Graphik d. dtn. J.s., 1972; W. Neuwirth, Das Glas des J.s, 1973; R. Linnenkamp, J., 1973; B. Champigneule, J. Art nouveau, dt. 1973; Aust.-Kat. „J.", München Villa Stuck, 1975; E. Pélicket, La ceramique, art nouveau, 1977; R. Kempton, Art Nouveau. An Annotated Bibliography (Art and architecture bibliographies 4) 1977; Erika Billeter, Objekte d. J.s, 1977; S. Wichmann, J., 1977; Ph. Garner (Hg.), Dekorative Kst. 1890–1940 (a. d. Engl. mit mehr. Beiträgen), 1978; M. Weisser, Ornament u. Illustration um 1900 (Hb. f. Text- u. Bilddokumente bekannter u. unbek. Künstler aus d. Zeit d. J.s, 1979; Ausst.kat. J., ein Dokument deutscher Kunst, Kst.-mus. Darmstadt, 5 Bde., 1980; Ruth Grönwoldt, Art Nouveau, Textil-Dekor um 1900, Ausst.kat. Württ. Landesmus. Stuttgart, 1980; F. Russel (Hg.), Architektur d. J.s. Die Überwindg. d. Historismus in Europa u. N-Amerika, 1982.

Jungfernbecher, Brautbecher. Doppelbecher der dt., namentlich Nürnberger Edelschmiedekunst des 16. und 17. Jh., bestehend aus einem größeren, als weibliche Figur mit langem Rock gebildeten, die den kleineren, drehbar aufgehängten mit erhobenen Händen trägt. Nachdem beide Becher gefüllt sind, trinkt der Herr aus dem größeren, ohne dabei einen Tropfen aus dem kleineren zu verschütten, und reicht diesen dann der Dame.

Jungsteinzeit (Neolithikum), dritte Hauptperiode der menschl. Kulturentwicklung, welche auf die → Mittelsteinzeit folgt und von der →Bronzezeit abgelöst wird. Mit dem Beginn der J. vollzieht sich im größten Teil Europas der Übergang vom schweifenden Jägertum zur bäuerlichen Dorfkultur – ein entscheidender Fortschritt, der die Grundlage aller späteren Kulturentwicklung bildet. Gleichzeitig beginnt sich auch die endgültige Bevölkerungsgliederung Europas anzubahnen, indem die vorindogerman. Bevölkerungsschichten von den Urindogermanen mehr und mehr in Randgebiete abgedrängt werden. Die Zeitansätze für die Dauer der europ. J. sind von der neueren Forschung stark herabgedrückt worden. Es darf heute als sicher gelten, daß die J. in keinem Teil Europas vor 3000 v. Chr. eingesetzt hat; sie dauert im ägäischen Kulturgebiet bis etwa 2100, in Mitteleuropa bis 2000, in Skandinavien und Britannien bis 1800 v. Chr. Es sind sechs große Kulturkreise zu unterscheiden, die sich ihrerseits in eine Menge kleinerer Gruppen und Untergruppen gliedern. Diese Kreise sind: 1. Der →nordische Kreis. Er umfaßt anfänglich Südskandinavien und Norddeutschland, breitet sich aber im Verlauf der J. über Teile von England und Frankreich, ganz Mitteleuropa und den Donauraum aus; auch Rußland bis zum Kaukasus wird von nord. Gruppen durchsetzt. Als Träger dieses Kreises sind die Urindogermanen anzusehen, deren Aufspaltung in Einzelvölker wohl schon während der J. einsetzt. 2. Der westeuropäische Kreis. Er umfaßt Italien mit den umliegenden Inseln, die Iberische Halbinsel, Frankreich, Britannien und Irland. Eine seiner Gruppen, die →Michelsberger Kultur, schiebt sich bis nach Mitteleuropa vor. Er wird von einer vorindogerman., wahrscheinlich ligurisch-iberischen Urbevölkerung getragen. Eine späte Abzweigung dieses Kreises ist die →Glockenbechergruppe. 3. Der →donauländische Kreis mit einer ebenfalls vorindogerman., vielleicht von Vorderasien her eingewanderten Bevölkerung. 4. Der ägäische Kreis auf dem griech. Festland und den vorgelagerten Inseln. Seine Kulturverbindungen weisen gleichfalls nach Vorderasien. Er ist der einzige europäische Kreis, der unter altorientalischem Einfluß bereits Ansätze zur Entwicklung einer Stadtkultur zeigt (→Ägäische Kunst). 5. Der osteuropäische oder →kammkeramische Kreis. 6. Der →arktisch-baltische Kreis in den Ostseeländern und Nordskandinavien. Beide letztgenannten Kreise gehören wohl der J. an, stellen aber rückständige Kulturen dar, die noch auf der Stufe des Jägertums verharren.

Hoernes-Menghin, Urgeschichte der bildenden Kunst in Europa, [3]1925; O. Menghin, Weltgeschichte der Steinzeit, 1931; H. Kühn, Die vorgeschichtliche Kunst Deutschlands, 1935; C. Schuchhardt, Alteuropa, [3]1935; V. Milojcic, Chronologie d. jüng. Steinzeit Mittel- u. Südosteuropas, 1949; G. Mildenberger, Studien zum mitteldt. Neolithikum, 1953; H.-D. Kahlke, Der Mensch der Steinzeit, 1957; G. Smolla, Neolith. Kulturerscheinungen, 1960; K. J. Narr, Urgesch. der Kultur, 1961; G. Smolla, Epochen d. menschl. Frühzeit, 1967; F. Schlette, H. Brentjes u. a., Evolution u. Revolution im Alten Orient u. in Europa. Das Neolithikum als histor. Erscheinung, 1971 (m. Lit.).

Jüngstes Gericht. Ansätze zur Darstellung dieses figurenreichsten und daher zu monumentalen Ausmaßen reizenden Themas finden sich bereits in frühchristl. Zeit. Ihre literarische Formulierung fanden die Motive des J. G.s in den Homilien des syrischen Kirchenlehrers Ephräm (4. Jh.); ihr anschaulicher Zusammenschluß zu bildlicher Darstellung mit dem Richter, seinen Begleitfiguren, der das Gericht erwartenden Menschheit und den Auferstehenden muß vor 750 auf dem Boden des östlichen Christentums erfolgt sein, wenn sich auch dort nichts aus dieser Zeit erhalten hat. Im Abendland ist das J. G. als Wandgemälde bereits für die 1. Hälfte des 9. Jh. beglaubigt, und zwar für die Bodenseegegend, die überhaupt in der Folgezeit der Ausgangspunkt der abendländischen Weltgerichtsdarstellung gewesen ist: Miniaturen der Reichenauer Malerschule um 1000, Wandgemälde in St. Georg in Oberzell auf der Reichenau und in Burgfelden. Obgleich diese von östlichen Voraussetzungen ausgingen, haben sie doch von vornherein einen besonderen, eben abendländischen Typus ausgebildet, der sich vom byzantin. durch Zentralisierung der Figuren um den in beherrschendem Maßstab gegebenen Weltenrichter unterscheidet. Der byzantin. Typus hat Einheitlichkeit der Maßstäbe und Summierung der Figuren in Streifenanordnung. Deren Entstehung ist neuerdings aus den in Streifen angeordneten byzantin. Triumphalreliefs mit Darstellungen besiegter Kaiser erklärt worden (vgl. A. Grabar, L'Empereur dans l'art byzantin, 1936). Auf ital. Boden fand eine Begegnung beider Typen statt: Wandgemälde von S. Angelo in Formis (westlich), Mosaik in Torcello (östlich). Als monumentales Relief ist das J. G. bes. von der franz. Kunst immer wieder im Bogenfeld über dem Eingangsportal der Kirchen angebracht und durch eine Fülle neuer Züge bereichert worden: Autun (12. Jh.), Chartres, Paris, Reims, Amiens, Bourges (13. Jh.). Die Auferstehung der Toten wird mit vielen Einzelheiten vorgeführt, die Wägung der Seelen, der Höllenrachen, Abrahams Schoß, die posaunenblasenden Engel; zu Füßen des von Beisitzern begleiteten Weltenrichters knien Maria und Johannes. Eine bedeutende Reihe von Monumentalgemälden des J. G. hat die ital. Kunst aufzuweisen: Cavallini, Giotto, Orcagna, Fra Angelico, Signorelli, Michelangelo. In der Malerei diesseits der Alpen sind Lochner und Memling zu nennen. Das letzte Wort hat schließlich Rubens gesprochen. Außerhalb des kirchlichen Zusammenhangs findet sich das J. G. seit dem späteren Mittelalter öfters in Rathäusern und an Gerichtsstätten als Mahnung zur Gerechtigkeit.

P. Jessen, Die Darstellung des Weltgerichts bis auf Michelangelo, 1883; G. Voß, Das J. G. in der bildenden Kunst des frühen Mittelalters, 1884; W. H. von der Mülbe, Die Darstellung des J. G. an den roman. und got. Kirchenportalen Frankreichs, 1911; O. Gillen, Ikonograph. Studien zum Hortus deliciarum der Herrad v. Landsberg, 1931 (Kunstwissenschaftl. Stud., Bd. 9); W. Paeseler, Die röm. Weltgerichtstafel im Vatikan, 1938 (Jahrb. der Bibliotheca Hertziana, Bd. 2); G. Spiekerkötter, Die Darstellung des Weltgerichts von 1500–1800 in Deutschland, 1939; G. Troescher, Weltgerichtsbilder in Rathäusern und Gerichtsstätten, 1939 (Wallraf-Richartz-Jahrb., Bd. 11); R. Schneider, Das Weltgericht, 1958; A. M. Cocgnac ,Le jugement dernier dans l'art, 1955; E. Peterich, D. Weltgericht, 1959; B. Brenk, Tradition u. Neuerung i. d. christl. Kst. d. 1. Jahrtausends. Studien z. Gesch. d. Weltgerichtsbildes, 1966 (Wiener byzant. Stud. 3; Westfalen 49) 1971.

Juno →Hera.

Juppitersäulen, Gigantensäulen, hohe, aus reliefierten Trommeln bestehende Säulen auf viereckigem Sockel, die von einer Statue des ruhig stehenden oder von einem schlangenleibigen Giganten getragenen röm. Gottes gekrönt sind. Es ist allerdings fraglich, ob immer der Gott selbst oder nicht unter seiner Form dargestellte german. Göttervorstellungen gemeint sind. Auch die zahlreichen Reliefs an Säule und Sockel, die verschiedene Gottheiten wiedergeben, sind noch nicht sicher gedeutet, zumal sie meist sehr zerstört sind. Die bekannteste Juppitersäule steht im Museum zu Mainz.

Koepp, Die Römer in Deutschland, ³1926; G. Behrens, Zur Frage der J., 1932 (Germania 16); H. Schoppa, Röm. Götterdenkmäler in Köln, 1959; S. Ferri (Enc. dell' arte ant. 2) 1959.

Juvara, Filippo, ital. Baumeister, * 27. 3. 1678 Messina, † 1. 2. 1736 Madrid, seit 1714 in Turin, schuf dort und in dessen Umgebung seine den röm. Spätbarock, von dem er ausgegangen war, mehr in klassizistischem Sinne fortsetzenden Hauptwerke: die Kirche der Superga mit Kloster (1717–31), den Westflügel des Palazzo Madama (1718–20), Schloß Stupinigi (1729 bis 33).

Leonarda Masini, La vita e l'arte di F. J., 1920; Telluccini, L'arte del architetto F. J. in Piemonte, 1926; A. E. Brinckmann, Theatrum Novum Pedemontii, 1931; Mostra di F. J., Calalogo a cura di V. Viale, 1966; ders., I disegni di F. J. per il Palazzo del Conclave, 1969.

Juwelenporzellan, Porzellan, das mit Schmelzperlen verschiedener Farbe verziert ist, die sich von einem ihnen unterlegten Goldplättchen abheben, so daß der Eindruck von

Juwelen entsteht. Das J. wurde seit 1780 in Sèvres, im 19. Jh. auch in England hergestellt.

Kabinett. 1. Kleines Nebengemach ohne Verbindung mit einem Vorsaal, diente in Schlössern oft zur Aufbewahrung und Aufstellung von Kunstwerken und anderen Sammlungen. Daher die Bezeichnung Kabinettstück für ein Werk, das solcher Aufstellung würdig war. Der Name K. ist bis heute an Sammlungen geringerer räumlicher Ausdehnung hängen geblieben: Kupferstichk., Münzk., Naturalienk. 2. Kunstvoll gearbeitetes, kastenähnliches Schränkchen mit vielen Schubladen und Fächern zur Unterbringung von Kostbarkeiten, gewöhnlich auf einem tischartigen Gestell; auch Kabinettschrank oder Kunstschrank genannt. Derartige K.schränke wurden namentlich in Deutschland in der 2. Hälfte des 16. und im 17. Jh. hergestellt. Das unbestrittene Hauptstück ist der →Pommersche Kunstschrank.

G. Himmelheber, Kab.schränke, Münch. Bayer. Nat. Mus. (4), 1977.

Kabinettmalerei, Kabinettscheibe →Glasmalerei.

Kabirion, böotisches Heiligtum eines Paares von Zwillingsgöttern, unweit von Theben. Von dem Tempel selbst ist nur der Grundriß erhalten. Im K. hat sich eine Gattung bemalter Tonvasen gefunden, die sonst nur in thebanischen Gräbern vorkommt. Auf ihnen sind häufig burleske Szenen dargestellt, die in dem hier bis ins 4. Jh. v. Chr. weiterlebenden schwarzfigurigen Stil (→Vasenmalerei) gemalt sind.

P. Wolters - G. Bruns, Das Kabirenheiligtum bei Theben, 1940.

Kacheln, die gebrannten und meist glasierten Tonplatten, aus denen der →Kachelofen zusammengesetzt ist, auch oft gleichbedeutend mit →Fliesen als Belag von Fußböden und Wänden. Die Ofenkachel besteht aus einem meist glasierten Blatt und dem zu einem hohen Steg ausgeformten Hals oder Rumpf auf der Rückseite, der ein festeres Aneinanderfügen der K. ermöglicht. Nach der Grundform unterscheidet man die ebenen Tafelkacheln von den eine größere Heizfläche ergebenden vertieften Napf-, Nischen- oder Schüsselkacheln; nach der Verzierung Wappen- und Figurenkacheln; nach der Stelle, die sie am Ofen einnehmen, Eck-, Gesims-, Fries- oder Leistenkacheln.

Catharina Bülow, Das K.buch, 1956; K. Strauss, Die Kachelkst. d. 15. u. 16. Jhs. in Dtschld., Österr. u. d. Schweiz (mit Lit.), 1966.

Kachelofen. Die ältesten Berichte über den K. stammen aus dem 8. Jh., und auch im Idealplan des Klosters St. Gallen von etwa 820 ist er bereits für einige Räume vorgesehen. Die ältesten vollständigen K. haben sich jedoch erst aus der spätesten Gotik erhalten (Hohensalzburg, Schloß Tirol bei Meran), und zwar in einem Reichtum der Ausführung (Reliefs, vollrunde Figuren), der auf eine lange Entwicklung deutet. Sie zeigen auch bereits die im großen und ganzen in den nächsten Jahrhunderten gebliebene Grundform: vierseitiger, auf Füßen ruhender Unterbau, vier- oder mehrseitiger oder runder Oberteil von kleinerem Durchmesser, zuweilen noch mit besonderer Bekrönung. Die Renaissance hat den Reichtum der Ausstattung des K.s noch gesteigert, wobei die Schweiz und Süddeutschland führend waren. Dunkelgrüne und dunkelbraune Glasuren herrschen vor; doch kommen im späteren 16. Jh., zuerst in der Schweiz, auch die mehrfarbigen Majolikaöfen auf. Der K. ist durch kräftige Gesimse gegliedert, seine Felder sind durch Säulen, Pilaster, Karyatiden getrennt, mit Wappen und in immer zunehmendem Maße mit allegorischen, mythologischen, biblischen oder sonstigen Darstellungen in Relief versehen. Daneben kommen im späteren 17. Jh. in Holland und dann auch in Norddeutschland einfach geformte Öfen auf mit weiß glasierten Tafelkacheln und Delfter Blaumalerei. Im 18. Jh. geht die Farbigkeit allgemein zurück, auch der Aufwand an Reliefs und Statuetten wird geringer. Im Rokoko herrscht das Weiß, daneben gibt es auch zartgetönte einheitliche Färbung; der K. baut sich in geschwungenen Formen auf; er ist mit der entsprechenden Rokokoornamentik versehen. Der K. des Klassizismus ist einfach im Aufbau, wobei für den Oberteil zylindrische Formen beliebt sind. Die Kacheln sind weiß und meist unverziert. Als einziges Ziermotiv wird gern ein in der Mitte des Ofens eingesetztes Terrakottarelief verwendet. Im noch weiter vereinfachten sog. Berliner Ofen hat sich die klassizistische K.form bis zur Gegenwart erhalten. Doch wandte man sich in der 2. Hälfte des 19. Jh. wie in der Möbelausstattung so auch in der des K.s vielfach wieder den Formen der dt. Renaissance zu (Neurenaissance). Das 20. Jh. hat die Gesamtform des K.s blockmäßig vereinfacht.

F. Blümel, Deutsche Öfen. Der deutsche Kunstofen von 1480 bis 1910, 1965; H. Grohmann, Kamin- u. Kachelöfen, 1967; R. Franz, Der K. Entstehg. u. kunstgesch. Entw. v. MA bis z. Ausgang d. Klassizismus, 1969; T. Gebhard, K.n Entw., Form, Technik, 1980; J. Tauber, Herd u. Ofen im MA. (Unters.... vornehmlich der NW Schweiz, Diss. Basel, 1980.

Kaffgesims →Gesims.

Kaiserpfalz →Pfalz.

Kakemono (japan. „etwas, was man aufhängt"), japan. Gemälde im Hochformat auf einer Rolle aus Seide oder Papier, die oben und unten in einen Holzstab gefaßt ist. Das K. ist die Hauptform des japan. Gemäldes. Gegenstück ist das M a k i m o n o, ein Rollbild im Querformat, das zum Betrachten auf den Fußboden gelegt werden kann. Beide Bezeichnungen werden auch auf chines. Gemälde angewandt.

R. Goepper, Kst. u. Ksthandwerk Ostasiens, 1968.

Kalathos (griech.), eigentlich der aus Weiden geflochtene, kelchartige Arbeitskorb der griech. Frau, danach der Kelch des korinthischen Kapitells (Abb. →Säulenordnung).

Kalendarium, Bezeichnung für eine Folge von →Monatsbildern.

Kalf, Willem, holländ. Maler, * 1622 Amsterdam, † 31. 7. 1693 das., Hauptmeister des holländ. Stillebens der 2. Hälfte des 17. Jh. Seine in vielen Sammlungen anzutreffenden, meist im Hochformat gehaltenen Bilder zeigen ein farbig und gegenständlich reiches Beieinander von kostbaren Gefäßen (Silberkannen mit getriebenen Ornamenten, Römer, Fayencen) und üppigen Früchten.

I. Bergström, Dutch still-life painting in the 17th century, 1956; W. v. Bode, Die Meister der holländ. und fläm. Malerschulen, [2]1958.

Kalkmalerei →Wandmalerei.

Kallimachos, attischer Bildhauer um 400 v. Chr. Die Überlieferung schreibt ihm neben statuarischen Werken (eine bräutliche Hera in Plataeae, tanzende Lakedämonierinnen) die Erfindung des korinthischen Kapitells zu (→Säulenordnung). Seine Kunst soll zu übergroßer Zierlichkeit und überfeinerter Ausführung geneigt haben. Ob ein Relief des Kapitolinischen Museums in Rom, das in Buchstaben des 2. Jh. den Namen K. trägt, als Nachbildung eines seiner Werke angesehen werden darf, ist fraglich, ebenso die oft geäußerte Meinung, K. habe in archaistischem Stil gearbeitet. Die verschiedentlich versuchten Zuschreibungen anderer Werke entbehren jeder Grundlage.

Brunn, Geschichte der griech. Künstler, Bd. 1, [2]1889; Furtwängler, Meisterwerke, 1893; Schrader, Phidias, 1926; G. Gullini, K., (Archaologica classica, 5) 1953; B. Schlörb, Untersuchung. z. Bildhauergeneration nach Phidias, 1964.

Kallipygos (griech. „Die mit dem schönen Hintern"), moderne Bez. einer Aphroditestatue im Mus. zu Neapel. Der Name wurde aus einer bei Athenaios überlieferten Erzählung übernommen.

Kalotypie →Photographie.

Kaltnadelradierung →Kupferstich.

Kalvarienberg →Kreuzigung Christi, →Kreuztragung Christi.

Kamaresvasen, Gattung kretischer Tongefäße von vorzüglicher Machart, manchmal von der Dünne chinesischen Porzellans, die außen mit einer schwarzen Glasurfarbe überzogen sind, auf welche die Ornamente meist pflanzlicher Natur mit bunten Erdfarben aufgemalt wurden. Die Gattung, die auch exportiert wurde, gehört der mittleren Bronzezeit (um 1900) an.

Lit.: →Ägäische Kunst; A. Zois, K.-Keramik, Diss. Tübingen 1964; F. Schachermeyer, Die minoische Kultur d. alten Kreta, 1964.

Kamee, Edelstein, meist Halbedelstein (Onyx, Sardonyx, Achat) mit erhaben herausgearbeiteter figürlicher Darstellung. Vorzugsweise werden Steine mit verschieden getönten Schichten verwendet, so daß die Formen des Reliefs sich durch verschiedene Tönung gegeneinander abheben. Im Unterschied zur vertieft geschnittenen Gemme ist die K. stets nur als Schmuckstück oder Kleinkunstwerk verwendet worden.

Im Altertum wurden größere Gefäße in K.ntechnik geschnitten. Im gewöhnlichen Sprachgebrauch bezeichnet man die K. oft als →Gemme (dort auch Geschichtliches und Literatur).

Kamennaya Baba („steinerne Frauen"), volkstümliche russ. Bezeichnung für Steinfiguren, die in großen Teilen Rußlands und Sibiriens auftreten. Es handelt sich um sitzende oder stehende männliche und weibliche Figuren, die in der Regel einen Becher in den gefalteten Händen halten. Die Haartracht ist stets ein mehrteiliger Zopf. Die K. B. sind Grabdenkmäler, die von alttürk. Stämmen zwischen 500 und 1000 n. Chr. errichtet wurden.

T. Pasch und B. A. Latynine, Sur la question des K. B., 1928 (Eurasia Septentrionalis Antiqua 4); G. Fehér, Les monuments de la culture protobulgare, 1931 (Archaeologia Hungarica 7).

Kamin. Der Kaminmantel, der die Feuerstelle einfaßt und sie gegen den zu heizenden Raum absetzt, ist schon in roman. Zeit künstlerisch verbrämt worden. Das schönste Beispiel bietet der K. im Palas der Kaiserpfalz Gelnhausen (um 1200) mit schwungvoll ausladenden Kragsteinen und reichem Ornament. Allgemeine Verbreitung gewann der K. neben dem Ofen seit dem 15. Jh. Bes. die ital. Renaissance (Venedig, Florenz) hat prächtig verzierte K.e aus Marmor und Sandstein hervorgebracht, auch alles Zubehör, wie die Feuerhunde zur Aufnahme der Holzscheite, die Feuerhaken, -zangen und -schaufeln, in die Verzierung einbezogen. Außerhalb Italiens entstanden im Zeitalter der

Renaissance bes. in Frankreich (hier schon seit etwa 1400) und den Niederlanden ausgezeichnete Stücke. Im Barock hat namentlich Frankreich dem K. einen wichtigen Anteil an der dekorativen Ausstattung des Raumes zugewiesen. Der K.-sims (Sturz) diente als Standort für eine Uhr (K.uhr), für Leuchter, Vasen u. dgl.

H. Grohmann, K. u. Kachelöfen, 1967.

Kammkeramik, osteurop. Kulturgruppe der →Jungsteinzeit und →Bronzezeit, von Zentralrußland bis in die baltischen Länder und nach Schweden verbreitet. Die Verzierung der Tonware besteht anfänglich in Grübchen, später in streifigen Mustern, die durch Eindrükken eines kammartigen Instrumentes hergestellt sind.

O. Menghin, Weltgeschichte der Steinzeit, 1931; A. J. Brjussow, Gesch. d. neolith. Stämme im europ. Teil der UdSSR, 1957; E. Sturms, Der Ursprung d. Kamm- u. Grübchenkeram. Kulturen Osteuropas, 1957.

Kampf, Arthur von, Maler, * 28. 9. 1864 Aachen, † 8. 2. 1950 Castrop-Rauxel, Schüler der Düsseldorfer Akademie, das. Prof., später an der Berliner Akademie, 1914 bis 1925 Direktor der Hochschule für bildende Künste in Berlin, Meister realistisch durchformter Historienbilder, bes. aus den Befreiungskriegen, sowie monumentaler Wandgemälde gleichen Inhalts.

H. Rosenhagen, A. K., 1922; B. Kroll, A. K., 1944.

Kämpfer, in der Baukunst die oberste vorspringende Platte eines Pfeilers oder einer Säule, die als Auflager für Bogen oder Gewölbe dient. Der K. ist eine Erfindung der spätantiken oder frühbyzantin. Kunst. Die ältesten Beispiele gehören dem ausgehenden 4. oder beginnenden 5. Jh. an.

Kämpferaufsatz, der zwischen einem Kämpfer und dem Bogen eingeschobene würfelförmige oder trapezoide meist geschmückte Block, dessen Herleitung man als Rest eines über der Säulenreihe verlaufenden Gebälks auffassen kann. Die bes. beim frühchristl. Kirchenbau (Byzanz; Ravenna S. Vitale) vorkommenden Formen werden auch als Kämpfer-→Kapitell bezeichnet.

Kanachos, aus Sikyon, griech. Erzgießer, der zu Ephesos das Bild des Apollon Philesios im →Didymaion arbeitete. Wir besitzen von dieser Statue nur Nachbildungen auf zwei röm. Reliefs im Berliner Mus. und vielleicht Nachklänge in Kleinbronzen, deren beste im Brit. Mus. ist. Xerxes nahm die Statue nach Ekbatana mit. Der Künstler wird zu Beginn des 5. Jh. gearbeitet haben.

Brunn, Gesch. d. griech. Künstler, [2]1889; Bielefeld, 1962, (Istanbuler Mitt. 12); E. Simson, K., 1957; O. v. Falke, E. Meyer, Roman. Leuchter u. Gefäße, Nachdr. 1980.

Kandelaber (lat. candelabrum), Kerzenständer (im Unterschied zum hängenden →Kronleuchter), meist gleichbedeutend mit Leuchter. Der K. ist seit der Antike Gegenstand künstlerischer Formung und Verzierung gewesen. Aus der Antike selbst haben sich prächtige Stücke in Marmor und Bronze erhalten. Das Mittelalter kennt fast nur bronzene K., meist in Form des siebenarmigen Leuchters, der zuweilen riesige Ausmaße hat (Hauptstücke in den Domen zu Braunschweig und Mailand). Auch die menschliche Gestalt als Kerzenträger kommt vor (Wolframsleuchter im Erfurter Dom, 12. Jh.). In die Gruppe der K. gehört der →Osterleuchter. Ansatz für figürlichen und ornamentalen Schmuck ist der Fuß; in der Renaissance, die (vor allem in Italien) den K. gern aus Marmor bildete, auch der Schaft. Seit dem 18. Jh. wurden die K. meist aus Eisen geschmiedet, häufig als kunstvoll gestaltete Straßenlaternen in →Eisenguß im 19. u. 20. Jh.

Kandinsky, Wassily, russ. Maler, * 5. 12. 1866 Moskau, † 13. 12. 1944 Neuilly-sur-Seine, Schüler von Stuck in München, 1918 Prof. in Moskau, 1922 am Bauhaus in Weimar, 1925 in Dessau, seit 1933 in Neuilly-sur-Seine, wurde um 1911 der erste Vertreter der abstrakten Malerei (→Abstrakte Kunst) und begründete mit Franz Marc in München die Künstlergruppe „Der →blaue Reiter". In seinen Bildern durchdringen geometrisch begrenzte, starkfarbige Flächen einander zu einem bunten Spiel durcheinanderschießender Kräfte. In ähnlichem Sinne hat K. auch Radierungen geschaffen. Er schrieb: „Über das Geistige in der Kunst" (1912; [7]1963, 1977); Punkt und Linie zu Fläche [5]1964; Essays üb. Kst. u. Kstler., 1973 neu ersch.

In memory of W. K. hg. von Hilla Rebay, 1945; M. Bill, W. K., 1950; L. Grote, W. K., Rückblick, 1955, J. Eichner, K. u. Gabriele Münter, 1956; W. Grohmann, W. K., 1958 (mit Werkverz.); R. Korn, K. u. d. Theorie der abstrakten Malerei, 1960; J. Lassaigne, K., dt. 1964; R. Overy, K., The language of the eye, 1969; W. K., Gegenklänge. Aquarelle u. Zeichngn., 1970; Nina Kandinsky, K. u. ich, 1976; W. Kandinsky, Rückblicke 1901–13, Neudr. von 1913 (Verlag „Der Sturm") 1955, 1977; T. M. Messer u. a., W. K., Ausst.kat. Haus d. Kst. München, 1977; Ausst.kat. „K. u. München 1896–1914", Lenbachhaus München (m. wichtigen Beiträgen), 1982.

Kändler, Johann Joachim, Bildhauer und Porzellanmodelleur, * 1706 Fischbach b. Dresden, † 18. 5. 1775 Meißen, seit 1731 Modelleur der dortigen Porzellanmanufaktur, der eigentliche Schöpfer der Porzellanplastik, deren Darstellungsgebiet er auch gleich so weit absteckte, daß andere dem kaum etwas Neues hinzuzufügen hatten. So ist K. durch seine Tierbildwerke der Begründer der neueren Tierplastik geworden. Allerdings sind seine Einzelfiguren und Gruppen (etwa 1000 Stück) nicht alle nach eigener Erfindung gearbeitet, sondern verwerten Anregungen aus Bildern und Stichen der Zeit. Seine Arbeiten lassen in zunehmendem Maße barocke Schwere hinter sich und werden mit ihrem leichten, graziösen Schwung vollkommenster Ausdruck des Rokokos. Von K.s großplastischen Arbeiten ist das Grabmal des Freiherrn von Miltitz in Neustadt b. Meißen (1739) hervorzuheben; auch plante er ein Reiterdenkmal König Augusts III. aus Porzellan (Modell von 1753, ebenso einige ausgeführte Teile in der Porzellansammlung in Dresden).

Sponsel, Kabinettstücke der Meißner Porzellanmanufaktur von J. J. K., 1900; Ingelore Hand, J. J. K. u. d. Meißner Porzellanplastik d. 18. Jhs., 1954; H. Gröger, J. J. K., 1956; C. Albiker, Die Meißner Porzellantiere im 18. Jh., 1959; R. H. Wark, K. (Keramos 10), 1960; mehrere Abhandlungen in: Mitteilgsbl. d. Keramikfreunde d. Schweiz Nr. 42, 1958; 10, 1960; 50, 1960; 21, 1963; 24, 1964; 32, 1966.

Kannebäckerland, Landstrich am Westerwald mit ausgedehnten Tonlagern, die eine im 16. und 17. Jh. auch künstlerisch hochstehende Steinzeugindustrie (Herstellung von meist grauen bemalten Krügen und Kannen) begünstigt haben. Hauptorte sind Höhr und Grenzhausen.

Kannelierung, die Besetzung eines Säulen- oder Pfeilerschaftes mit Rillen, die entweder in scharfen Graten aneinanderstoßen oder durch Stege getrennt sind (→Säulenordnungen). Die K. läßt eine Säule schlanker, leichter und elastischer erscheinen. Sie findet sich in der antiken Baukunst, der romanischen (hier nur an kleineren Säulen, z.B. in Krypten und Kreuzgängen) sowie in der neueren Baukunst seit der Renaissance. In dieser wurde die K. in ihrem unteren Teil oft verstäbt, d.h. durch Stäbe ausgefüllt.

Kanon →Proportionslehre.

Kanonbild, Bild des Gekreuzigten im Meßbuch zu Beginn des Kanons, d.h. des stets gleichbleibenden Gebetsteils der Messe. Das K. entwickelte sich aus dem Anfangsbuchstaben T des mit „Te igitur" beginnenden Gebetes.

V. H. Elbern, Über d. Illustration des Meßkanons im fr. MA. (in: Festschr. H. Schnitzler), 1965.

Kanontafeln, Kanonestafeln, die den mittelalterlichen Evangelienbüchern vorausgeschickten Tafeln, die die Nummern der Abschnitte enthalten, in die jedes Evangelium zerlegt ist, und die die Auffindung aller gleichen oder ähnlichen Evangelienstellen erleichtern sollen. Für diese Evangelienkonkordanz, die auf Eusebius von Caesarea (4. Jh.) zurückgeht, hat sich folgendes Schema herausgebildet: die vier Zahlenreihen sind in den Interkolumnien von fünf Säulen untergebracht, die durch Halbkreisbögen untereinander verbunden und nochmals alle von einem großen Halbkreisbogen überschlagen sind. Die K. (älteste Beispiele im →Rabula-Evangeliar von 586 und anderen syrischen Handschriften) gaben noch vor jeder Illustrierung des Textes reiche Gelegenheit zu ornamentaler Ausstattung. →Evangeliar; →Evangelistar.

C. Nordenfalk, Die spätantiken K., Text- u. Tafelbd., 1938; ders., The Beginning of Book Decoration, (Beitr. f. G. Zwarzenski) 1951; Christel Meier, U. Ruberg (Hg.) Text u. Bild. Aspekte d. Zusammenwirkens zweier Künste i. MA u. früh. Neuzeit, 1980.

Kanopen, gewöhnlich aus Alabaster gefertigte Krüge, in denen in Ägypten die Eingeweide der mumifizierten Toten gesondert beige-

Kanope

setzt wurden. Die Deckel der K. werden von Menschen- oder Tierköpfen gebildet, Dämonen, die den Toten vor Hunger schützen sollten.

D. Randall-MacIver, Villanovans and early Etruscans, 1924; Fr. U. v. Bissing. Das heilige Bild von Kanopos, 1929 (Bull. de la Société Archéologique d'Alexandrie 24); H. Bonnet, Reallexikon der ägypt. Religionsgeschichte, 1952; L. Banti, Die Welt der Etrusker, 1960; weitere Lit. →Etrusk. Kst.

Kantharos, Kantharus, 1. zweihenkliges, becherartiges Trinkgefäß, manchmal auf hohem Fuß. Die Form ist in Griechenland seit dem 6. Jh. v. Chr. üblich. – 2. Reinigungsbrunnen im →Atrium frühchristl. Basiliken (z. B. Alt-St. Peter in Rom), ähnlich den oriental. und röm. Vorbildern.

Kanzel (von lat. cancelli „Schranken"). Sie hat sich aus dem Ambo entwickelt, der in der altchristl. Basilika an oder vor den Chorschranken errichteten und um mehrere Stufen über sie erhöhten Lesebühne. Von hier aus wurde die Heilige Schrift verlesen, seit dem 4. Jh. auch gepredigt. An Stelle der Chorschranken mit Ambo trat im 13.

Jh. der →Lettner. Von seiner Höhe herab wurde nunmehr gepredigt (Lettnerkanzel in Wechselburg aus der 1. Hälfte des 13. Jh.; heute nicht mehr im ursprünglichen Zusammenhang). Doch ist nicht anzunehmen, daß jede Kirche eine feste K. dieser Art gehabt hat; dann müßte mehr erhalten sein. Oft wird man sich auch mit Predigtstühlen beholfen haben. Im übrigen gehören die frühesten freistehenden K.n auch schon dem 13. Jh. an, so die an einem Vierungspfeiler der Stiftskirche zu Bücken, der man aber ihre Herkunft vom Lettner deutlich ansieht. In Italien sind die berühmtesten K.n der zweiten Hälfte des 13. Jh. (Pisa, Siena, Pistoia), Träger reichsten bildnerischen Schmuckes, mit den Namen der beiden Bildhauer Niccolò und Giovanni →Pisano verknüpft. Die Zahl der erhaltenen Denkmäler beginnt erst im 15. Jh. langsam zuzunehmen; die meisten sind aus dem 17. und 18. Jh. erhalten geblieben. Die Grundform ist folgende: der K.-fuß in Gestalt einer Säule trägt die eigentliche K. mit ihrer polygonal gebrochenen Brüstung. Die K. lehnt sich an einen Pfeiler der Vierung oder des Langhauses an; eine mit Brüstung versehene Treppe führt um den Pfeiler zu ihr empor. Über der K. ist ein Schalldeckel wie ein Baldachin angebracht. Dieser, sowie die Brüstungen von K. und Treppe sind seit der Renaissance oft überreich mit Figuren und Ornamenten in architektonischer Gliederung ausgestaltet. Der K.-fuß wird gern durch eine Tragfigur ersetzt, die in das ikonographische Programm der K.ausstattung hineinpaßt. Eine reichverzierte K. zu besitzen, muß im Zeitalter der Spätgotik und Renaissance in Deutschland selbst für kleinere Kirchen Ehrensache gewesen sein. Das Beste, was man zu geben vermochte, ist oft gerade in der K. gesammelt: K. im Stephansdom zu Wien von Anton Pilgram (1505–12), Tulpenkanzel des Freiberger Doms von Hans Witten (2. Jahrzehnt des 16. Jh.). Im Barock löst sich die streng architektonische Form auf, Figuren umspielen sie, der Schalldeckel scheint als Puttenwolke emporzuschweben. Vorzügliche Beispiele dieser Art finden sich bes. in süddeutschen und flämischen Barockkirchen. →Schiffskanzel. Die reformatorischen Kirchen übernahmen zunächst die überkommene Anordnung der K.n, vereinigten später aber teilweise K. und Altar zum →Kanzelaltar.

Als Sonderform gibt es auch Außenkanzeln, namentlich in Italien; ein modernes Beispiel bietet die Wallfahrtskirche Ronchamp von Le Corbusier. Auch an Profanbauten finden sich K.n wie Rats- od. Verkündk.n an Rathäusern. Seit der instructio generalis (d. kath. K.) v. 1969 mit neuer Liturgie wird die K. in Dtschld. weitgehend durch d. Lesepult ersetzt.

Hanna Mayer, Deutsche Barockk.n, 1932 (Stud. z. dt. Kunstgesch. 287); A. Henle, Die Typenentw. d. sdt. K. d. 18. Jhs., Diss. Heidelberg 1933; P. Poscharsky, Die K. Erscheinungsform i. Protestantismus b. z. Ende d. Barocks, (Schriften d. Inst. f. Kirchenbau u. kirchl. Kst. d. Gegenw. 1), 1963; H. Schweigert, Die Entw. d. K. d. 18. Jhdts. i. d. Steiermark (Jb. d. Ksthist. Inst. Univ. Graz), 1973.

Kanzelaltar, Altarkanzel, seit etwa 1890 eingeführte Bezeichnung für die Verbindung von Kanzel u. →Altar. K.e gibt es mit Kanzeln über einer Mensa ohne Aufsatz od. in Verbindung der Kanzel mit dem Altaraufbau. Im 18. Jh. wird der K. durch die aus einem Säulenportikus gebildete Altarrückwand bestimmt u. ist teilweise mit

der Orgel zu einem dominierendem Prospekt verbunden.
Der K. ist Ausdruck reformatorischer Theologie, Liturgie u. Frömmigkeit unter dem Hauptgesichtspunkt der Gleichwertigkeit von Predigt u. Abendmahl. Dem entspricht die erstrebte axiale Anordnung von Altar, Kanzel, Taufbekken u. Orgel, die ihren Niederschlag in der vorwiegend symmetrischen Raumgestaltung seit dem Ende des 16. Jhs. fand. Als ältestes erhaltenes Beispiel gilt der K. der Schloßkapelle von Schmalkalden/Thüringen (1585–90). In Mittel- u. Norddeutschland aber auch in Teilen der Schweiz u. den protestantischen Gebieten der österreichischen Kronländer fand der K. Verbreitung. Im 19. Jh. erlangte er – ausgehend von der Ringkirche in Wiesbaden (1892–94) – erneute Bedeutung. Im neuen →Kirchenbau ist die Verbindung Kanzel-Altar aufgehoben; Mensa u. Lesepult treten an seine Stelle.

H. May, Der evang. K., 1969.

Kapelle. Den Namen K. trug ursprünglich nur der Betraum des Königspalastes in Paris, wo die Cappa, d.h. das Mönchskleid des heil. Martin aufbewahrt und verehrt wurde. Später ging der Name auf die Beträume anderer Paläste über (Schloßkapelle, Pfalzkapelle) und wurde schließlich allgemein auf kleinere selbständige Bauten des christl. Kultus angewendet (Taufk., Totenk.), auch auf nicht selbständige, der Kirche angegliederte (Chork., Seitenschiffsk.).

Kapellenkranz →Chor.

Kapitell. Kapitäl (lat. capitellum „Köpfchen"), der oberste plastisch ausladende Teil (Kopf) von Säule, Pfeiler oder Pilaster. Das K. ist ein Zwischenglied zwischen Stütze und Last, erweitert die Auflagefläche der Stütze und setzt diese gegen die zu tragenden Teile ab. Wo solcher Kontrast nicht mehr beabsichtigt ist, wie häufig in der Spätgotik, fehlt auch das K. Dieses ist naturgemäß auf den Charakter der Säule abgestimmt, der es angehört; es ist aber viel wandlungsfähiger als deren übrige Teile und gestattet daher oft genauere Schlüsse auf zeitliche Entstehung.
Die →ägyptische Kunst hat ihren K.en vielfach Lotus- oder Papyrusformen zugrunde gelegt. Die griech. Baukunst hat für jede ihrer drei Säulenordnungen, die dorische, die ionische und die korinthische, ein besonderes K. ausgebildet (→Säulenordnungen), die römische aus der Verbindung des ionischen mit dem korinthischen K. das Kompositkapitell geschaffen. Neuschöpfungen brachte die byzantin. Kunst hervor. Zunächst entstand zwischen K. und Bogenansatz als dessen Auflager ein Zwischenglied, der →Kämpfer. Er gab schließlich einer ganzen Gruppe von K.en die Form: Kämpferkapitell. Nach Dekorierung und Grundform unterscheidet man in der byzantin. Kunst weiter: Korbkapitell, Faltenkapitell, Trapezkapitell u. a. Die karoling.-otton. Kunst hat röm. K.e in stark vereinfachter und vergrößerter Form übernommen. Nicht nach antikem Vorbild, sondern aus der Holzbaukunst entstanden ist dagegen das sog. Pilzkapitell (beste Exemplare in der Wipertikrypta in Quedlinburg). Eine Schöpfung der frühroman. Baukunst (seit etwa 1000) ist das Würfelkapitell, eine Durchdringung von Würfel und Kugel, somit in idealer Weise zwischen dem Rund der Säule und den kubischen Körpern vermittelnd, die sie zu tragen hat. Das Würfelkapitell kann auch

mit Ornamenten, gewöhnlich Palmetten, bedeckt sein. Es kommt am kraftvollsten und klarsten in Deutschland vor und hat hier auch seine längste Dauer gehabt. Gegen die Gotik hin wird das Bestreben immer deutlicher, in das K. einen Teil der Schlankheit der Säule einzubeziehen und es als deren kelchartige Erweiterung darzustellen: Kelchkapitell. Eine Übergangsform, in der noch ein Teil des früheren blockartigen Bestandes erhalten blieb, ist das Kelchblockkapitell. Abgesehen von diesen, den Kern des K.s betreffenden Grundformen unterscheidet man hinsichtlich seiner Ausgestaltung: Figurenkapitell (zwischen den Ornamenten und oft in engster Verbindung mit ihnen erscheinen einzelne Figuren, die auch zu ganzen Szenen zusammengefügt werden). Das Figurenkapitell gehört der roman. Kunst an und ist vornehmlich in Frankreich vertreten, wo die Figurenkapitelle eines Kreuzgangs oder eines Kircheninneren zuweilen ein ausgedehntes ikonographisches Programm bestreiten; Akanthuskapitell (das antike →Akanthusornament ist bes. an spätroman. K.en in den mannigfaltigsten Abwandlungen zu sehen); Knospen- oder Knollenkapitell (eine von Frankreich ausgehende frühgot. Form); Blattkapitell (in der Gotik ausschließlich herrschend; anfangs sind die Blätter heimischen Blattformen getreu nachgebildet, werden gegen Ende des 13. Jh. aber immer stärker stilisiert). Im ganzen ist die Ausstattung des roman. K.s viel mannigfaltiger und phantasievoller als die des gotischen. Seit der Gotik sind neue Formen nicht mehr entstanden, denn in der Renaissance hat man, wenn auch mit manchen Abwandlungen, die antiken wieder aufgenommen.

E. Ahlenstiehl-Engel, Das roman. K., 1912; W. von Alten, Gesch. des altchristl. K.s, 1913; K. Ginhart, Das christl. K. zwischen Spätantike und Spätgotik, 1923; Emma Alp, Das K. im Entstehungsgebiete der Gotik, 1928; R. Kautzsch, Kapitellstudien, 1936; H.

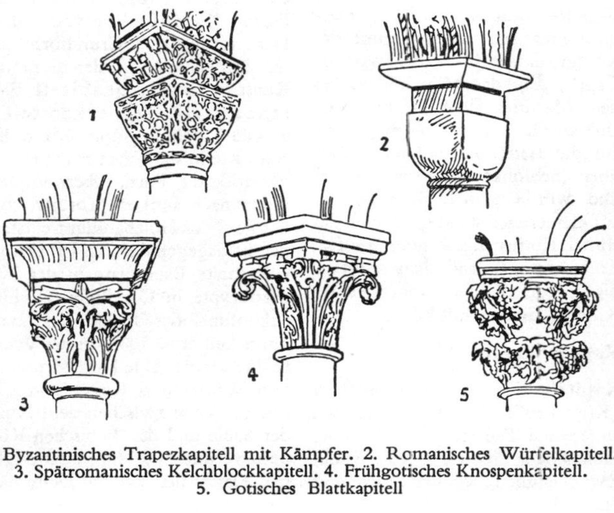

1. Byzantinisches Trapezkapitell mit Kämpfer. 2. Romanisches Würfelkapitell. 3. Spätromanisches Kelchblockkapitell. 4. Frühgotisches Knospenkapitell. 5. Gotisches Blattkapitell

Weigert, Das K. in der dt. Baukunst des Mittelalters, 1943; E. v. Mercklin, Antike Figuralk.e, 1962; P. Zubeck, Die Entw. d. K.s im dtn. Spätbarock, Diss. Kiel, 1966.

Kapitelsaal →Kloster.

Kappe, Gewölbekappe →Gewölbe.

Kardinalshut, das Abzeichen der Kardinalswürde, ein flacher, runder Hut von roter Farbe mit breiter Krempe, von der beiderseits mit Knoten und Quasten versehene Schnüre herabhängen. Deren Zahl wurde um 1600 endgültig beiderseits auf 15 vermehrt. Der K. ist ein Attribut des heil. →Hieronymus.

Kardinalskreuz →Kreuz.

Kardinaltugenden →Tugenden.

Karikatur (ital. caricare „überladen“, „übertreiben“), übertreibende Herausarbeitung bestimmter menschlicher Züge (Porträtk.) sowie politischer Ereignisse und gesellschaftlicher Zustände meist mit den Mitteln der Zeichnung. Bildliche K. hat es neben der literarischen zu allen Zeiten gegeben, aber sozusagen immer nur am Rande der bildenden Kunst. Zu einer eigenen, wirkliche Publizität gewinnenden Richtung entwickelte sich die bildliche K. aber erst im 19. Jh., nachdem noch im 18. durch →Hogarth dazu der Anfang gemacht worden war. Sie ist in der Hauptsache politische und gesellschaftliche K. Ihr eigentlicher Boden blieb zunächst England: Gillray, Rowlandson, Cruikshank. Um 1830 übernehmen die Franzosen die Führung: Grandville, Daumier, Gavarni. Außerordentlich begünstigend wirkten die neuen Verfahren rascher und billiger Vervielfältigung, und der erstarkte Liberalismus ermöglichte jegliche Freiheit. Eigene, nur der K. gewidmete illustrierte Zeitschriften wurden gegründet: „La Caricature“ (1831), „Le Charivari“ (1832); in England der noch heute bestehende „Punch“ (1841). In Deutschland gewann die gesellschaftliche K. ein Organ in den 1844 gegründeten „Fliegenden Blättern“, die politische im „Kladderadatsch“ von 1848. Dazu trat 1896 der „Simplizissimus“. Hauptmeister der dt. K. des späteren 19. Jh. war Oberländer. Bedeutende Karikaturisten des 20 Jh. sind: Th. Th. Heine, Gulbransson, George Grosz. Seit Nov. 1980 gibt es das erste europ. Museum für K. und → Cartoon in Basel. Hier wird die Entwicklung der beiden Gattungen bis zur Gegenwart dargeboten.

Champfleury, Histoire générale de la caricature, 5 Bde., 1865–80; J. Grand-Carteret, Les mœurs et la caricature en France, 1888; Bayard, La caricature et les caricaturistes, 1900; G. Hermann, Die dt. K. im 19. Jh., 1901; E. Fuchs, Die K. der europ. Völker vom Altertum bis zur Neuzeit, 2 Bde., [4]1921; W. Hofmann, Die K. von Leonardo bis Picasso, 1956; A. Sailer, Die K. Ihre Gesch., ihre Stilform u. ihr Einsatz in der Werbg., 1969; L. Hollweck, K.n, 1844–1914, o. J.; M. Melot, Die K. Das Komische i. d. Kst., 1975; J. H. Müller, Christiane Noll u. a., Ladies, Lords u. Lumpenpack. Engl. K.n 1780–1830 (Ausst.kat. Kst.halle Kiel, Univ. Göttingen) 1975. „La Caricature“, Ausst.kat. der Museen Hannover, Göttingen, Tübingen, Mainz (Gutenberg-Mus.), 1980/1981.

Karnak, ägypt. Dorf am r. Nilufer, unweit Luxor. Berühmt sind die Ruinen eines großen Ammontempels mit riesigem Säulensaal, der um 1250 v. Chr. errichtet ist. Daneben gibt es Reste zahlreicher anderer Heiligtümer. →Ägypt. Kst.

Baedeker, Ägypten, [8]1928; E. Otto, Topographie des thebanischen Gaues, 1952; P. Barguet, Le temple d’Amon-Rê à K., 1962; W. Helck, Die Ritualszenen auf d. Umfassungsmauer Ramses II. i. K., 2 Bde., 1968; K. Michalowski u. A. Dziewanowski, K., 1970.

Karnat(ion) →Fleischton.

Karneol, blut-, fleischrot oder rötlich-weiß gefärbte Abart des→Chalcedon, bes. verwendet für Petschaft oder Siegelring.

Karner, runde oder polygonale Friedhofskapelle, die in ihrem unteren Teil als Beinhaus für die bei der Anlage neuer Gräber gefundenen Gebeine dient, während der obere einen Andachtsraum mit Apsis und Altar für die Totenmesse enthält. Der meist dem roman. Stil zugehörige und im 13. Jh. zuweilen mit großem Formenaufwand ausgestattete K. ist bes. in Süddeutschland, Niederösterreich und Kärnten verbreitet. Hauptwerke sind die K. zu Hartberg, Mödling und Tulln. Bad Doberan (Mecklenburg) besitzt ein Beispiel d. Backsteingotik.

M. Capra, Die K. in Niederösterreich, 1926 (ungedruckte Diss. der Univ. Wien).

Karnies (aus span. cornisa), Glokkenleiste, Bauglied von S-förmigem Querschnitt, also zusammengesetzt aus einem konvexen und einem konkaven Teil; auch aufzufassen als Verbindung von Hohlkehle und Stab. Der K. ist ein beliebter Bestandteil des→Gesimses. Seine Form wechselt hauptsächlich danach, ob er ein Zwischenglied (tragender K.) oder ein Abschlußglied (bekrönender K.) ist.

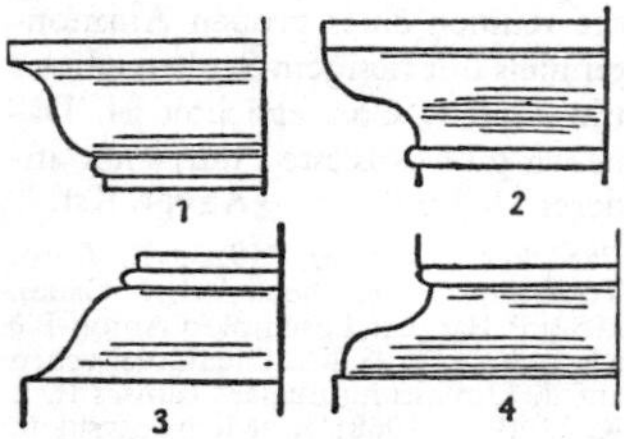

Karniesprofile:
1 u. 2 stehender od. steigender Karnies
3 u. 4 fallender Karnies

Karolingische Kunst, die Kunst des Karolingerreichs von 800 bis in die 1. Hälfte des 10. Jh. Sie ist charakterisiert durch den in solchem Umfang und solcher Entschlossenheit in der Kunstgeschichte beispiellosen Versuch der german. Stämme (wenn auch nur ihrer höfischen und klerikalen Kreise), sich einer ihnen im Grunde fremden Kunstwelt zu bemächtigen, der der orientalisierten Spätantike („karolingische Renaissance"). Das hieß Übernahme des Steinbaus und Inangriffnahme jener alten künstlerischen Aufgabe der Mittelmeerkulturen, die den Germanen bisher wenig bedeutet hatte: Darstellung des Menschen durch Bildnerei und Malerei. Dabei mag es sich oft um unverstandene Nachahmung fremder Vorbilder gehandelt haben, aber oft sind diese auch mit neuem Bedeutungsgehalt erfüllt, und vor allem wichtig ist die Tatsache, daß in den Trägern der K. K. jetzt neue künstlerische Kräfte entbunden wurden. Jedenfalls wurden durch die K. K. die Grundlagen für die Entwicklung der mittelalterlichen Kunst geschaffen. Die Zweige der K. K. sind: Kirchen- und Palastbau (von diesem nur geringe Reste erhalten; →Aachener Dom; Torhalle in →Lorsch; →Centula) in Stein; Kleinbildnerei als Elfenbeinrelief (eine monumentale Plastik gab es nicht); Wandmalerei religiöser, aber auch weltlicher Art (so gut wie nichts erhalten), Buchmalerei (→Miniaturmalerei).

F. Gerke, G. v. Opel, H. Schnitzler, K. und ottonische Kunst, 1957 (Forschungen z. Kunstgesch. u. christl. Archäologie 3); W. Otto, Die k. Bilderwelt, 1957; Karl d. Gr., Lebenswerk u. Nachleben, hg. v. W. Braunfels, 4 Bde. 1965; Kat. d. Ausst. Karl d. Gr. Aachen 1965; H. Fillitz, Die Elfenbeinreliefs z. Zt. Karls d. Gr. (Aachener Kstblätt.) 1966; W. Braunfels, Die Welt d. Karolinger u. ihre Kst., 1968; J. Hubert, J. Porcher, W. F. Volbach,

Die Kst. d. Karolinger, 1969; W. Messerer, K. Kst., 1973; Florent. Mütherisch, J. E. Gaehde, Carolingian Painting, 1977.

Kartapesta →Papiermasse

Karton, in der Malerei die mit Kreide, Kohle oder Bleistift auf starkem Papier ausgeführte Zeichnung als Vorbereitung für ein Fresko, aber auch für andere Darstellungen in monumentalem Format, sowie kunstgewerbl. Arbeiten. Durch den K., der die gleiche Größe hat wie das Fresko, sollen Korrekturen soweit wie möglich vermieden werden. Zur Übertragung auf die Wand verwendet man bei →Seccomalerei das Pauspunktverfahren, wobei alle Konturen durchstochen werden. Beim Andrücken der Pause an die zu bemalende Wand und gleichzeitigem Pudern der erzeugten Stiche mit Papierasche übertragen sich die Umrisse der Zeichnung. Bei der →Freskomalerei werden die gezeichneten Konturen mit einem spitzen Griffel durch den K. in den weichen Putzmörtel eingedrückt

Das Kartonverfahren, dessen Anfänge vielleicht auf dem Gebiet der Mosaik- und Glasmalerei liegen, kam im 15. Jh. in Italien auf und wurde auch in der Folgezeit vorzugsweise dort geübt. Der K. war nur Werkstattbehelf, wurde, abgesehen von einzelnen Ausnahmen, wenig sorgfältig ausgeführt und nach Gebrauch noch weniger sorgfältig behandelt. Allerdings ist er zuweilen (Michelangelo, Leonardo) öffentlich ausgestellt worden. Einen Marktwert besaß er nicht, und so sind denn die K.s jener Zeiten bis auf einen geringen Rest oder einzelne bes. wichtige Teilstücke (Köpfe) sehr bald zugrunde gegangen. Erst im späteren 16. Jh. begann man sie als künstlerische Urkunden zu schätzen und dann auch zu sammeln (z. B. Raffaels K.s). Der neuere K. seit dem Klassizismus ist meist ein in allen Teilen gleichmäßig durchgearbeitetes Kunstwerk (Carstens, Cornelius), das seinen Zweck in sich trägt und uns oft mehr bedeutet als ein danach ausgeführtes Gemälde.

Kartonstich →Kupferstich.

Kartusche (franz.), ein in der Baukunst namentlich des Barocks häufig verwendetes Zierglied, bestehend aus einer schildartigen Fläche und einem aus →Rollwerk gebildeten Rahmen. Die Fläche kann der Aufnahme von Inschriften,

Kartusche

Wappen und Emblemen aller Art dienen. Die K. kommt auch in Kupferstichen des 17. und 18. Jh. oft vor, bes. in solchen topographischer Art, wo sie erklärende Beischriften aufzunehmen hat.

B. Hadergott, Die K. – die Lebensgeschichte einer Form, Diss. Göttingen 1955.

Karyatide (griech.), weibliche Statue in langem Gewand als Gebälkträgerin an Stelle einer Säule, Gegenstück zum →Atlant. Die K. als freiplastische Statue ist, abgesehen von karyatidenähnlichen Stützfiguren der ägypt. und vorderasiat. Kunst, eine Schöpfung der klassischen Baukunst Griechenlands (→Erechtheion) und hat auch in der neueren Baukunst seit der Renaissance vielfach Verwendung gefunden.

Karyatiden

Kaseinmalerei, Käsekalkmalerei, die Malerei mit Farben, deren Bindemittel Kasein ist (im Milcheiweiß enthaltener Stoff, der mit Kalkbrei aufgeschlossen wird, späterhin auch mit Borax). Die K. ist meist Wandmalerei auf trockenem Putz, kann aber auch auf anderen Malgründen ausgeführt werden. Ihre Spuren finden sich in Italien schon im frühen Mittelalter; in Deutschland ist sie seit dem 14. Jh. nachgewiesen, kam in der Renaissance und im Barock zur Anwendung und wird auch in der Neuzeit häufig geübt. →Wandmalerei.

Kasel (von lat. casula „Häuschen"), das Meßgewand des kath. Priesters; ursprünglich ein ärmelloser, glokkenähnlicher Mantel aus schwerem Seidenstoff mit Ausschnitt für den Kopf. Im späteren Mittelalter wurden seitliche Ausschnitte angebracht, um den Armen Bewegungsfreiheit zu geben, und seit dem 17. Jh. besteht die K. nur noch aus zwei über Brust und Rücken bis zum Knie herabfallenden Stoffbahnen. Von jeher ist die K. reich verziert gewesen durch gestickte oder gewirkte Streifen, durch ein Gabelkreuz auf Brust und Rücken, seit dem 15. Jh. durch ein lat. Kreuz auf dem Rücken. Auch figürliche Stickereien wurden häufig auf der K. angebracht, im 16. Jh. gern als reliefartige Auflage.

J. Braun, Die liturgische Gewandung, 1907; ders., Handb. d. Paramentik, 1912.

Kassette, in der Baukunst vertieftes Feld einer in eine Anzahl von Feldern aufgeteilten flachen oder gewölbten Decke, die danach Kassettendecke heißt. Auch Bogenlaibungen können K.n haben („kassettiert" sein). Die K. hat rechteckigen oder gerundeten Umriß; sie kann leer, mit Ornamenten (z. B. einer Rosette) besetzt, auch farbig ausgefüllt sein oder den Rahmen für ein Gemälde abgeben. Die K.n einer Decke können gleiche oder mannigfach wechselnde Formen haben, so daß sich die verschiedensten Muster ergeben. Die K.ndecke kommt bei antiken Säulenhallen vor, danach in der Renaissance und im Barock, wo sie bes. üppige und schwere Formen annimmt, auch vielfach mit Gemälden ausgestattet ist. Kassettendecken kommen auch beim in Holz ausgeführten →Täfelwerk vor.

Kastenkomposition →Modellmännchen.

Katakombe, unterirdische Begräbnisstätte bei den Etruskern und in altchristl. Zeit, im Orient, in Sizilien, Unteritalien, Neapel und bes. Rom und Umgebung. Der altchristl. Name lautet Coemeterium. Der Name K. war ursprünglich der Beiname einer bestimmten K., der des heil. Sebastian bei Rom (coemeterium ad catacumbas) und wurde später (das unterirdische Rom ist erst im 16. Jh. entdeckt worden) auf alle röm. Coemeterien übertragen. Am längsten und lückenlosesten läßt sich die Entwicklung der K. in Neapel verfolgen (1.–10. Jh.). In Rom beginnt sie im 2. Jh., erreicht ihren Höhepunkt im 4., um dann abzuklingen. Doch stehen die röm. K.n an Ausdehnung, Mannigfaltigkeit und Bedeutung allen anderen voran. Von einem Vorraum gehen Gänge aus, die bei den ältesten K.n meist nach dem Grundriß eines Rostes angelegt sind und eine beträchtliche Höhe haben (bis zu 9 m). Die späteren haben lange Hauptgänge mit vielen Abzweigungen, oft in mehreren Stockwerken übereinander. Diese Abzweigungen sind durchschnittlich 0,80 m breit und 2 m hoch. In die Wände der Gänge sind neben- und übereinander länglich-viereckige Grabnischen eingehauen (loculi), die durch Steinplatten mit dem Namen des Verstorbenen geschlossen waren. Eine etwas aufwändigere Form des Wandgrabes ist das →Arkosolium. Die Gänge erweitern sich zuweilen zu einer großen Grabkammer (cubiculum). Die kunstgeschichtl. Bedeutung der K.n beruht auf ihrer Ausstattung mit Wandmalereien, die formal mit der heidnisch-antiken zusammengehen, inhaltlich unter den verschiedensten Bildern und Symbolen den Erlösungsgedanken veranschaulichen.

J. Wilpert, Die Malereien der K.n Roms, 2 Bde., 1903; L. v. Sybel, Christl. Antike, 2 Bde., 1906–09; O. Wulff, Altchristl. u. byzantin. Kunst, Bd. 1, 1914; P. Styger, Die röm. K.n, 1933; Ders., Röm. Märtyrergrüfte, 2 Bde., 1935; O. Marucchi, Le Catacombe Romane, 1933; Roma Sotteranea Christiana per cura del Pontificale Istituto di Archeologia Christiana, Bd. 1, 1936 (Systemat. Bearbeitung aller röm. K.n); H. Achelis, Die K.n von Neapel, 1936; L. Hertling u. E. Kirschbaum, Die röm. K.n u. ihre Märtyrer, 1950; E. Bock u. R. Goebel, Die K.n, ²1964; P. Testini, Le catacombe e gli antichi cimiteri cristiani in Roma, 1966; F. Mancinelli, Die K.n u. Basiliken d. frühchristl. Rom, 1980.

Katalanische Kunst →Spanische Kunst.

Katharina, heilige (von Alexandria), in der Malerei seit dem 14. Jh. überaus häufig. Der Legende nach sollte sie aufs Rad geflochten werden, das aber auf ihr Gebet hin durch Feuer, das vom Himmel fiel, zerstört wurde. Schließlich wurde sie enthauptet, und Engel brachten ihren Leib auf den Sinai. Von den dt. Darstellungen ist die schönste der Katharinenaltar von L. Cranach (1506; Dresden, Gal.). Die Attribute der K. als Einzelfigur sind: Rad, Schwert, Palme, Buch. Häufig behandelt ist auch ihre mystische Vermählung mit dem Jesuskind, das ihr einen Ring an den Finger steckt. Die gleiche Vorstellung kehrt übrigens wieder in der Legende der heil. Katharina von Siena, der Schutzheiligen des Dominikanerordens.

E. Weigand, Zu d. ältest. abendländ. Darst. d. K. v. A. (in: Festschr. F. J. Dölger), 1939; L. Küppers, K., 1965.

Katharinenrad, zuweilen angewandte Bezeichnung für ein got. Radfenster, da ein Rad das Attribut der heil. Katharina ist.

Kathedra →Bischofsstuhl.

Kathedrale (griech. cathedra, „Bischofsstuhl"), bes. in Frankreich, Spanien und England übliche Bezeichnung für die Bischofskirche od. Hauptkirche einer Stadt (→Dom).

Kauffmann, Angelika, Malerin, * 30. 10. 1741 Chur (Graubünden), † 5. 11. 1807 Rom, lebte in Italien und London und seit 1782 dauernd in Rom. Im Kreise der Romdeutschen ihrer Zeit nahm sie eine bedeutende Stellung ein. Sie malte in einem empfindsamen Klassizismus Bilder mythologischen, allegorischen und religiösen Inhalts, in der Hauptsache aber Bildnisse; diese sind von der engl. Bildniskunst nicht unberührt geblieben. Hervorzuheben ist das Bildnis Goethes (Weimar).

Engels, A. K., [2]1910; Lady Manners und Williamson, A. K., 1924, 1976 (engl. m. Bibl.); Passow, A. K., 1948; Irmgard Smidt-Dörrenberg, A. K., 1968; A. K. u. ihre Zeitgenossen, Ausst. kat. Wien 1969; C. Helbock, Miss. A. K., 1968; Ausst.kat. Vorarlb. Landesmus. Bregenz, A. K. u. ihre Zeitgen., 1968; P. Sanborn Walch, A. K., Diss. Princeton 1969; A. K. u. ihre Zeit, Graphiken u. Zeichngn. v. 1760–1810; o. A., 1979.

Kaukasische Teppiche, Gruppe orientalischer Knüpfteppiche, in den kaukasischen Landschaften aus Schafwolle hergestellt. Ihre Ornamentik besteht aus rein geometrischen oder stilisierten vegetabilischen Motiven, auch zeigen sie stilisierte Tiergestalten in geometrischen Feldern. Die Farben sind bunt und harmonisch aufeinander abgestimmt. Die Einführung der Anilinfarben hat zu einer Verschlechterung der farbigen Stimmung geführt. Hauptsitze der Erzeugung sind die Städte Derbent und Kuba im N und die Provinzen Schirwan und Karabagh im S.

Neugebauer und Orendi, Handbuch der oriental. Teppichkunde, [2]1923; K. Erdmann, Der oriental. Knüpfteppich, [3]1965; U. Schürmann, Teppiche a. d. Kaukasus, 1965.

Kaukasischer Kreis. Die Kaukasusländer bilden in der →Bronze- und →Eisenzeit einen selbständigen Kunstkreis, der eigenartige Metallarbeiten und eine formenreiche Tonware hervorgebracht hat. Von seinen zahlreichen Untergruppen ist am besten die nordkaukasische Koban-Kultur (ca. 1200–600 v. Chr.) erforscht, deren Hauptfundplätze im Hochgebirge südwestl. von Wladikawkaz liegen. Kennzeichnend für die ältere Koban-Kultur sind bronzene Lochäxte von schön geschwungener Form, große →Rudernadeln, Armringe mit Spiralendungen, Bogenfibeln (→Fibel), ferner bronzene Gürtelschließen, die nicht selten mit Grubenemail (→Email) ausgelegt sind. Die Ornamentik besteht teils in geometrischen Mustern, teils in stark stilisierten Tiergestalten. Auch bildhafte Darstellungen ganz schematischen Gepräges kommen vor. Einer jüngeren Entwicklungsstufe gehört der Schatzfund von Kazbek an, der Bronze- und Silbergefäße, Kultgegenstände und zahlreiche figürliche Kleinbildwerke geliefert hat. In den Tochterkulturen der Koban-Gruppe (ca. 600 v.Chr. bis Chr.Geb.) macht sich ein starker Einfluß von skythischer Seite (→Pontischer Kreis) bemerkbar. – In Transkaukasien blüht zwischen 1300 und 700 v. Chr. die Gandscha-Karabagh-Kultur, die aus zahlreichen größeren Gräberfeldern des Gouv. Elisabethpol bekannt ist. Zu ihren kennzeichnenden Metallarbeiten gehören →Amazonenäxte, Bronzeschwerter und -dolche mit durchbrochenen Knäufen, durchbrochene Anhängsel in Vogelgestalt, Zierknöpfe mit Türkiseinlagen, ferner große bronzene Gürtelbleche, die in sorgfältigster Punzarbeit mit Friesen gereihter Tiergestalten, mitunter auch mit eigentümlich bewegten Tier-Kompositionen verziert sind. Die sehr formenreiche Tonware ist in der Regel schwarz; ihre Verzierung besteht in geometrischen Mustern oder geometrisch stilisierten Tierfiguren, die mit weißer Kalkmasse ausgelegt sind. Die etwas jüngere Lelwar-Kultur des Tifliser Gouvernements kennt gleichfalls die bronzenen Gürtelbleche, doch treten hier statt der Tierfriese Darstellungen von Bogenschützen, Streitwagen, Rindergespannen usw. auf. Auch ist der Stil dieser Arbeiten viel schematischer. Verschiedene andere Kunstgruppen, die großenteils noch einer genaueren Erforschung bedürfen, gelangten in Daghestan, Russisch-Armenien und in der Provinz Talyche (am Südwestufer des Kaspischen Meeres) zur Entfaltung.

R. Virchow, Das Gräberfeld von Koban, 1883; Ders., Über die kulturgesch. Stellung des Kaukasus, 1895 (transkaukas. Gürtelbleche); Gräfin Uwarow, Materiali po Archeologi Kawkaza 8, 1900 (Koban-Kultur); J. de Morgan, La Préhistoire Orientale 3, 1927; A. M. Tallgren, The Kazbek Treasure, 1930 (Eurasia Septentrionalis Antiqua 5); F. Hančar, Kaukasus-Luristan, 1934 (ebda. 9); Ders., Probleme des kauk. Tierstiles, 1935 (Mittlg. der Anthrop. Ges. in Wien 65).

Kaulbach, Wilhelm von, Maler, * 15. 10. 1805 Arolsen, † 7. 4. 1874 München, Schüler von Cornelius, seit 1849 Direktor der Akademie in München, einer der Hauptmeister des großen Historienbildes im 19. Jh. Die einst hohe Schätzung seiner vielfigurigen, mit leichter Hand entworfenen Fresken hat heute erheblich nachgelassen. In ihnen wird die Größe des Geschehens nicht in wahrer Monumentalität vorgetragen, sondern die Komposition löst sich in eine Reihe anekdotenhafter, zuweilen rührseliger Szenen auf. K. hat auch Bildnisse geschaffen, vor allem aber Buchillustrationen, von denen die zu Goethes „Reineke Fuchs" zu den vollkommensten seiner Leistungen gehören.

F. v. Ostini, W. v. K., 1909; Josepha Dürck-K., Erinnerungen an W. v. K. und sein Haus, ³1922; E. Pfeiffer-Belli, Bruckmann u. K., 1958; K. Zimmermanns, F. A. v. K. 1850–1920: Monographie u. Werkverz. (Material. z. Kst. d. 19. Jhs., 26) 1980.

Kavalierperspektive, die perspektivische Darstellung der Dinge von einem höher als normal gelegenen Blickpunkt aus, also etwa vom Blickpunkt eines Reiters („Kavaliers"). Die Bezeichnung K. wird auch angewendet, wenn eine wirkliche perspektivische Konstruktion nicht vorliegt. In diesem Sinn sind bereits die Tiergruppen auf altassyrischen Reliefs aus der K. dargestellt.

Kefermarkter Altar, Flügelaltar in der Kirche zu Kefermarkt im oberösterreich. Mühlviertel, entstanden um 1495; Höhe 13 m; mehrere Hände. Vom Hauptmeister, vielleicht Martin Kriechbaum von Passau, stammen die drei Figuren des Mittelschreins, die Heiligen Petrus, Wolfgang und Christophorus, die an Formengewalt und Differenzierung des Ausdrucks zu den großartigsten Leistungen der dt. Spätgotik gehören.

K. Kaltwasser, Der K. A., 1941; St. Kruckenhauser, Das Meisterwerk von K., 1941; K. Bardachzi, Got. Bildschnitzer, Die Meisterwerke von K. u. St. Wolfgang im Farbbild, 1944; F. Oberchristl, Der K. Flügelaltar, 1956; Marga Pollak u. H. Lange, Der Altar v. K., 1959; H. Herrmann, F. Chevreau, Der K. A., 1973; H. Beck, Bemerkungen z. Meister von Kefermarkt (Städel-Jb. 4), 1973.

Kegeldach, die kegelförmige Bedachung roman. Rundtürme. →Dachformen.

Kehlbalken, die etwa in halber Höhe des Dachstuhls zwischen zwei gegenüberliegenden Sparren zu deren Versteifung horizontal eingezogenen Balken, die mitunter gedielt sind und dann einen oberen Boden bilden

Kehle →Hohlkehle.

Keilrahmen, der Rahmen, auf den die zu bemalende Leinwand aufgespannt wird. Seine vier Leisten sind durch flache Keile miteinander verfalzt, daher der Name K.

Keilschnitt →Kerbschnittverzierung.

Kelch, das Hauptstück unter den kirchl. Gefäßen und seit dem frühen Mittelalter fast ausschließlich aus Edelmetall hergestellt. Er besteht aus Fuß, Schaft mit Knauf (lat. nodus), um den sich die Hand beim Halten des K.s legt, und Schale (lat. cuppa). Ursprünglich, so bei dem aus dem 8. Jh. stammenden →Tassilokelch, fehlt der Schaft, und der Fuß ist in seiner Form der Kuppa angeglichen, so daß das Ganze beinahe das Aussehen eines Doppelbechers hat. Der roman. Stil bildet die Kuppa halbkugelig; den Nodus kugelig; der Kelch ist mit dem ganzen Aufgebot roman. Ornamentik aufs reichste verziert. Im 13. Jh. beginnt der Schaft hervorzutreten; er wird in der Gotik länger und macht die Gesamterscheinung des K.s schlanker. Auch die Kuppa wird schlanker und nähert sich der Trichterform. Der Fuß erhält eine Sechspaßgliederung und teilt seine polygonale Form auch dem Schaft und dem Knauf mit. Dieser erhält in vielen Fällen 6 Griffknoten, die Rotuli (Nägel), deren oft rautenförmige Köpfe nun ihrerseits wieder Ansatzstellen für Verzierungen werden und (bes. im 15. Jh.) nicht selten in Email die Buchstaben ihesus tragen. Mit fortschreitender Gotik wird die Gliederung immer reicher, wobei der Verzierungsweise der Gotik entsprechend auch architektonische Motive Anwendung finden, nicht selten jedoch die Gesamtform verunklären. Die Umbildung dieses got. Typus beginnt in der 2. Hälfte des 15. Jh. in Italien und ist dort zu Beginn des 16. vollendet. Der Fuß ist wieder rund und geschlossen, der Knauf birnen- oder eiförmig, die Kuppa geschweift. Außerhalb Italiens bleibt die got. Grundform noch bis ins 17. Jh. bestehen, die Ornamentik allerdings nimmt im 16. Jh. Renaissancecharakter an. Im Barock steigern sich die Maßverhältnisse, der K. wird prunkhaft ausgestattet: Fuß und Kuppa erhalten Medaillons mit Reliefdarstellungen, am Knauf sitzen Engelsköpfe. In dem (jedoch nur in Deutschland zur Ausbildung gelangten) Rokokokelch sind, nicht zuletzt durch eine überwuchernde Ornamentik, die einzelnen Glieder des K.s miteinander verschleift; der Klassizismus hält sie wieder streng auseinander und schmückt den K. mit knappen, antikisierenden Ornamenten.

Kelch (romanisch)

Kelch (gotisch)

J. Braun, Das christl. Altargerät, 1932; V. H. Elbern, Der eucharist. K. im Mittelalter, 1964 (Ztschr. d. Deutschen Vereins f. Kunstwissensch. 17); V. H. Elbern, Der eucharist. K. im früh. MA., 1961; ders., Der euchar. K. im fr. MA (Ikonogr. u. Bdtg., in: Zs. d. Ver. f. Kstwiss. 17), 1963.

Kelchkapitell, Kelchblockkapitell →Kapitell.

Kelter, Christus in der, auf Jesaja 63,3 zurückgehende, den Opfertod symbolisierende Darstellung Christi, der nur mit dem Lendenschurz bekleidet und die Dornenkrone tragend im Trog einer K. steht, deren Balken ihn niederdrückt, während ein Kelch unter der Ausflußöffnung des Troges sein Blut auffängt. Frühstes Vorkommen im →Hortus deliciarum um 1170, bes. häufig in Holzschnitten des 15. Jh.

A. Thomas, Die Darstellung Christi in der K., 1936; A. Weckwerth, Chr. i. d. K., 1960 (Beiträge zur Kunstgesch. Eine Festgabe f. H. R. Rosemann).

Keltische Kunst. Der Entwicklungsgang der K. K. gliedert sich in zwei Hauptabschnitte: in die altkeltische K. der Latènezeit (→Eisenzeit) und in die neukeltische K. des christl. Frühmittelalters. Zwischen beide Abschnitte schiebt sich eine mehrhundertjährige fundarme Übergangsperiode ein, deren Aufhellung der Forschung noch nicht völlig gelungen ist. – Die altkeltische oder Latène-Kunst setzt um 450 v. Chr. mit dem Frühlatènestil ein, der unter starkem Einfluß der etruskischen Kunst (→Eisenzeit) zur Entwicklung gelangt. Kennzeichnend sind Ornamente halb pflanzlichen, halb abstrakten Charakters, die durch Umstilisierung und Auflösung etruskischer Pflanzenmuster, insbes. des Lotus- und Palmettenmotives gewonnen werden: leyer- und S-förmige Bildungen, komma- und tropfenförmige Motive, rankenartige Formen u. a. m. Neben diesen pflanzlich anmutenden Motiven, die sich stets durch eine ausgesprochen organische, ungeometrische Linienführung auszeichnen, verfügt der Frühlatènestil auch über eigenartig stilisierte Tiergestalten und menschliche Maskenköpfe, die in der Mehrzahl gleichfalls auf italische Vorbilder zurückgehen. Die Frühlatènekunst ist ein ausgesprochen höfischer Zierstil, der hauptsächlich aus den reich ausgestatteten k. Fürstengräbern des südwestl. Deutschland bekannt ist; Goldarbeiten, meist von erlesener handwerklicher Qualität, nehmen im Gesamtbestand der Denkmäler einen breiten Raum ein (Funde von Besseringen, Schwarzenbach, Rodenbach, Dürkheim, Klein Aspergle (usw.). Daneben erscheinen auch hervorragende Bronzearbeiten, die vielfach mit roter Koralle, seltener mit Email ausgelegt sind (Schnabelkannen von Diedenhofen, Bouzonville usw.). Nach der Hochblüte der Frühlatènekunst stellt der Mittellatènestil (300–100 v. Chr.) einen entschiedenen Rückschritt dar. Es kommt zu einem unverkennbaren Wiederaufleben vorkeltisch-hallstättischer Stilüberlieferungen (→Hallstattkunst); die Pflanzenornamentik beginnt zu erstarren und ins Geometrische abzugleiten. Immerhin hat die Mittellatènekunst noch so bedeutende Schöpfungen wie die bronzenen Wagenbeschläge des namengebenden Fundortes La Tène (Kanton Neuenburg) hervorgebracht. 1980 wurden auf dem Dürrnberg b. Hallein (Österr.) erstmals in Mitteleuropa 2 Gräber aus dieser Epoche mit völlig unversehrten Holzeinbauten entdeckt. Die Einbauten und Grabbeigaben weisen der Forschung neue Wege. – Der völlige Verfall tritt erst mit dem Spätlatènestil (100 v. Chr. bis Chr. Geb.) ein, der zumeist auf jegliche Flächenverzierung verzichtet. Während die festländische Latène-Kunst langsam abstirbt, gelangt auf inselkeltischem Boden der britische Spätlatènestil (50 v. bis 150 n. Chr.) zur Entwicklung, der seine Anregungen in der Hauptsache aus der röm. Pflanzenornamentik (Akanthusranken) schöpft. Die Flächenmuster, die so entstehen, gehören zu den schönsten Schöpfungen der altkeltischen Kunst. Auf den gravierten britischen Bronzespiegeln (Birdlip, Desborough usw.) wird das Akanthusgerank in ein zartes Linienspiel aufgelöst; auf den getriebenen Bronzeschilden kommen Ornamente vor, die in faszinierender Art vom Pflanzlichen ins Animalische hinüberspielen. Stets aber ist die Linienführung von überzeugender Sicherheit. Eine besondere Rolle spielt in der brit. Latène-Kunst auch die Emaileinlage. Bevorzugt wird das purpurrote Blutemail, das in Verbindung mit dem natürlich-goldenen oder schwarz mattierten Bronzegrund der Gegenstände kraftvolle Farbwirkungen hervorbringt (Beschläge v. Polden Hill, Bronzeschild von Battersea usw.). Doch kommt vom 1. Jh. ab auch mehrfarbige Emaileinlage vor. Gegen die Mitte des 2. Jh. beginnt die Kraft der brit. Latène-Kunst allmählich zu erlahmen. Zu ihren letzten Schöpfungen gehört die sog. Trompetenspirale, ein Ornamentmotiv, das dann durch die anschließende Übergangsperiode (150 bis 650) bis in die neukeltische Kunst Irlands und Schottlands fortlebt. Diese kann nur zum kleinen Teil als eine Fortsetzung der Latène-Kunst gelten; sie stellt in der Hauptsache einen völlig neuen Stil dar, der unter starken Fremdeinflüssen von christl.-orientalischer und angelsächs. Seite zur Entwicklung gelangt. Ostchristl. Herkunft ist neben manchen figürlichen Motiven vor allem die neukeltische → Flechtbandverzierung; angelsächs. Ursprunges die Tierornamentik, die an den Tierstil II der →german. Kunst anknüpfte. Im weiteren Verlaufe der Entwicklung machen sich dann auch Einflüsse der karolingischen, wikingischen u. frühroman. Kunst bemerkbar. Es sind drei Stufen der neukelt. Kunst zu unterscheiden, die sowohl in Irland wie in Schottland zur Ausbildung gelangen: Der frühirische Stil (650 bis 850) wird dadurch gekennzeichnet, daß Spiralverzierung, Tierornament und Bandgeflecht als ziemlich gleichrangige Zierweisen nebeneinander hergehen. Sie sind häufig auf ein und demselben Gegenstand anzutreffen. Der Stil gelangt zuerst in der Buchmalerei zur Entwicklung (→Irisch-angelsächsische Buchmalerei), greift aber bald auf die Metallarbeit über, die zwischen 750 und 850 die schönsten und handwerklich vollkommensten Erzeugnisse der neukelt. K. hervorbringt (Tara- und Hunterston-Fibel, Ardagh-Kelch usw.). Der mittelirische Stil (850–1000), in eine Periode schwerster Kämpfe mit dem Wikingertum fallend, läßt sowohl in technischer wie in künstlerischer

Trompetenspiralen

Hinsicht ein deutliches Absinken erkennen. Die Trompetenspirale verschwindet; die Tierornamentik beginnt zu verwildern; Flechtbandmuster ziemlich eintöniger Art herrschen in der Verzierung vor. Der spätirische Stil endlich (1000–1150), der fast nur auf kirchlichen Kunstgegenständen erscheint, zeigt wohl ein gewisses Wiederaufleben der guten handwerklichen Technik; die Ornamentik aber ist trocken und schwunglos. Sie zehrt vornehmlich vom Erbe der Vergangenheit, ohne sich zu wirklich neuen Schöpfungen aufschwingen zu können. Mit der Unterwerfung Irlands durch die Anglo-Normannen (1170) findet dann auch die neukeltische Kunst ihr Ende (→ Steinkreuze).

R. Allen, Celtic art in pagan and christian times, 1904; E. H. Zimmermann, Vorkaroling. Miniaturen, Textbd. u. 4 Tafelbde., 1916; M. Verworn, K. K., 1919; A. Mahr, Christian art in ancient Ireland, 1932; Ders., in Bossert, Gesch. des Kunstgewerbes, Bd. 5, 1932; E. T. Leeds, Celtic ornament in the British Isles, 1933; F. Henry, Sculpture irlandaise pendant les douze premiers siècles de l'ère chrétienne, 1933; Dies., Emailleurs d'Occident, 1933 (Préhistoire, Bd. 2); W. v. Jenny, Kelt. Metallarbeiten aus heidnischer und christl. Zeit, 1935; Ders., Ipek 1935 (über Trompetenornamentik); R. Lantier, Art celtic et art roman. Mélanges Martroye, 1940; Ders., Les origines de l'art français, 1947; P. Jacobsthal, Early Celtic art, 1949; J. Moreau, Die Welt der Kelten, 1958; H.-P. Eydoux, Monuments et trésors de la Gaule, 1958; J. Filip, Die kelt. Zivilisation u. ihr Erbe, 1961; Francoise Henry, Irish art in the early christian period, 1965; dies., Irish art during the Viking invasions, 1967; M. N. Ch. Dillon, Die Kelten, 1967; C. Nordenfalk, Celtic and Anglosaxon Painting, 1977; H. J. Engels (m. Einl. v. K. Bittel), Die Viereckschanze, Grabungen 1974/75, 1976; P.-M. Duval, Die Kelten, 1978 (Universum d. Kst. Bd. 25); Ausst.kat. u. Berichte der Funde von Hallein, Die Kelten in Mitteleuropa, 1980.

Kemenate →Burg.

Kenotaph (griech. „leeres Grab"), Grabmal, das die (anderwärts bestatteten oder verlorenen) Gebeine des Verstorbenen nicht birgt, sondern das nur zu seinem Gedächtnis errichtet ist. Das K. ist bereits aus vorgeschichtlicher Zeit bekannt.

Kentauren, Fabelwesen der griech. Mythologie, in der älteren Kunst als Menschen dargestellt, denen am Rücken ein Pferdekörper angewachsen ist, in der klassischen Kunst sind die menschlichen Beine zu Pferdebeinen geworden. Die Kentaurensagen haben stark auf die Kunst gewirkt und sind oft Vorwurf für große Kompositionen geworden. (Olympia, Westgiebel des Zeustempels, Parthenonmetopen.)

Baur, Centaurs in Ancient Art, 1912; A. Isnard, Le centaure dans la légende et dans l'art, 1939; J. Adloff, Die antiken Fabelwesen i. d. roman. Bauornamentik, Diss., 1947.

Kephisodot, Name zweier athenischer Bildhauer; der ältere war der Vater, der jüngere der Sohn des Praxiteles. Von beiden werden zahlreiche Werke genannt, ohne daß sie immer geschieden sind. Mit Sicherheit nachweisbar ist allein die Eirene des älteren K. durch die Erwähnung des Pausanias und ein Münzbild, von der wir eine schlecht ergänzte Kopie in einer Statue der Münchner Glyptothek besitzen. Von dem Plutokind, das sie auf dem Arm hält, gibt es eine Replik in Athen. Die Statue ist wahrscheinlich im Jahre 374 in Athen aufgestellt worden. Sie wurde fälschlich für die Tyche des Praxiteles gehalten. Dem Stil nach läßt sich dem älteren K. die Kopie eines Mädchenkopfes in Madrid zuschreiben, zahlreiche andere Zuschreibungen sind nicht haltbar.

Lippold, in Handb. d. Archäologie, Bd. 3, 1950; Alscher, Griech. Plastik III, 1956; Enciclop. Arte Antica 4, 1961.

Keramik. Sammelbegriff für Erzeugnisse aus gebranntem Ton. Zu unterscheiden sind Grobkeramik (Ziegel, Röhren usw.) und Feinkeramik (Gefäße, Geschirr, kunstgewerbliche Gegenstände). Zur Erreichung des Ziels, insbesondere der Feinkeramik, dem porösen und daher Feuchtigkeit ansaugenden Scherben diese Eigenschaft zu nehmen, sind zwei Hauptwege gefunden worden: die Glasur und die durch hohe Brenntemperatur erzeugte Sinterung des mit geeigneten Flußmitteln durchsetzten Tons. Danach ergeben sich die Hauptgruppen: →Fayence (Majolika), →Porzellan, →Steingut, →Steinzeug, →Terrakotta.

Von Hand geformte und mit Mustern verzierte Tongefäße gehören zu den frühesten Erzeugnissen des Kunstgewerbes überhaupt (mittlere Steinzeit) und haben einen sehr bedeutenden Anteil an der vorgeschichtl. und primitiven Kunst. (→Aunjetitzer Kultur, →Bemalte K., →Donauländischer Kreis, →Schnurkeramik, →Stichbandkeramik). Ein wichtiges Entwicklungsmoment war die Anwendung der Töpferscheibe (in Vorderasien und Ägypten in der 1. Hälfte des 3. Jahrtausends, in Nordeuropa erst zu Beginn des 1. Jahrtausends v. Chr.), die eine völlig regelmäßige Formung der Gefäße ermöglichte. Die Zusammensetzung des Scherbens, Brennvorgang, Glasur, Bemalung und sonstige Verzierung und überhaupt die leichte Formbarkeit des ungebrannten Scherbens schließen Variationsmöglichkeiten in sich, wie sie kaum einem anderen Zweige des Kunstgewerbes gegeben sind. – Reiche Entfaltung in der ägypt., babylon. und griech. Kunst. Die griech. Malerei ist uns beinahe nur so weit bekannt, wie keramische Erzeugnisse ihre Träger waren (→Vasenmalerei). Einen sehr hohen Rang nimmt die K. in der ostasiat., insbes. in der chines. Kunst ein, und zwar schon seit sehr früher Zeit. In Europa dagegen stand sie im Mittelalter hinter anderen Zweigen des Kunstgewerbes zurück. Das kam daher, weil dieses seine höchsten Leistungen nur im Dienste der Kirche vollbrachte, für die keram. Erzeugnisse, weil zu wenig kostbar, ungeeignet erschienen. Erst als in der Renaissance der Drang allgemein wurde, auch die Dinge des täglichen Lebens zu Kunstgegenständen zu machen, war in Europa für die K. die Zeit des Aufschwunges gekommen. Er wurde befördert durch den schon früher erreichten hohen Stand der K. der islam. Völker, deren Fayence-Kunst von Spanien aus zuerst nach Italien und dann nach dem N Europas herüberwirkte. – Seit 1954 befindet sich im Palacio del Marqués de dos Agnas in Valencia das span. Nat.-Mus. für K. mit außerordentlich reichem Bestand.

Das bedeutsamste Ereignis in der weiteren Entwicklung der europ. K. war die Erfindung des (in China schon lange bekannten) Porzellans zu Anfang des 18. Jh.

Von jeher sind keram. Erzeugnisse über ihre allerdings vorwiegende Verwendung als Gebrauchsgegenstände hinaus auch reine Kunstgegenstände gewesen (→Tonplastik) oder zur farbigen Dekoration von Bauwerken verwendet worden (→Baukeramik). In der Gegenwart werden sie – soweit Gebrauchsgegenstände – vom →Design bestimmt oder altüberkommene Formen werden fortgeführt.

F. Jaennicke, Gesch. der K., 1900; L.-M. Solon, Ceramic literature, 1910; O. Pelka, K. der Neuzeit, 1924; H. Hecht, Lehrbuch der K., [2]1930; J. Giacomotti, Histoire de la céramique, de l'antiquité au XIXe siècle, o. J. (etwa 1934); A.

Rieth, Die Entwicklung der Töpferscheibe, 1939; M. Laeuger, Keramische Kunst, 1939; Tardy, Les poteries, les faiences et les porcelaines européennes (France exceptée), 3 Bde., 1953–54; J. Liebscher u. F. Willert, Technologie der K., 1955; W. Dexel, K., Stoff und Form, 1958; F. Koyama, Céramique ancienne de l'Asie, 1959; G. Spies, Hafner u. Hafnerhandwerk i. SW-Dtschld., 1964; J. G. Th. Graesse u. E. Jaennicke, Führer f. Sammler v. Porzellan u. Fayence, Steinzeug, Steingut usw., [21]1967; U. Lobbedey, Untersuchungen mittelalterl. K., vornehmlich a. SWDtschld., 1968; O. Prinz v. Hessen, Die langobard. K. a. Italien, 1968; M. Vegas, A. Bruckner, Die augusteische Gebrauchskeramik, 2 Bde. (in Limesforschgn. Bd. 14 Novaesium VI) 1975; J. P. Cushion, Pocket Book of British Ceramic Marks (including Index to registered Designs 1842–83) 1976; J. N. L. Myres, A corpus of Anglo-Saxon pottery of the Pagan period, 2 Bde. 1977; A. Klein, Islamische K., 1976; Ausst.kat. Japan. K. (v. 3. Jahrt. v. Chr. bis z. Gegenw.) Düsseldorf, Berlin (W), Stuttgart, 1978/79.

Keramische Malerei →Bemalte Keramik.

Keramischer Druck, die Verzierung von Glas, Porzellan usw. mit Bildern und Mustern. Diese wird meist auf lithographischem Wege als Abziehbild in feuerbeständigen Farben hergestellt, auf den keramischen Gegenstand übertragen und dort eingebrannt.

Kerbschnittkeramik →Kerbschnittverzierung.

Kerbschnittverzierung, ornamentale Zierweise, die mit schräg geneigten, scharfkantig aufeinandertreffenden Schnittflächen in die Oberfläche des Trägers hineinarbeitet, daher auch Keilschnitt genannt. Sie mag sich zuerst in der Holzschnitzerei entwickelt haben, doch sind keine vorgeschichtl. Holzgegenstände mit K. erhalten geblieben. Tongefäße, die in kerbschnittartiger Manier verziert sind, treten erstmalig in der →Jungsteinzeit auf (→Glockenbechergruppe). In der

Germanische Kerbschnittverzierung in Metall

→Bronzezeit ist K. kennzeichnend für die Tonware der süddeutschen Hügelgräberkultur; sie geht dann auch in die →Hallstattkunst des gleichen Gebietes über. Die Muster werden in der Regel nicht in Schnittechnik ausgeführt, sondern mit pyramidenförmig zugespitzten Modeln in den weichen Ton eingedrückt. Eine zweite Blütezeit der K. fällt in das erste nachchristl. Jahrtausend. Bereits mit dem 2. Jh. n. Chr. setzen in Spanien und Gallien provinzialröm. Steindenkmäler mit K. ein. Im 4. Jh. wird die K. auch auf Metallgegenstände übertragen (spätröm. Kerbschnittschnallen).
Sie geht dann in die →german. Kunst der Völkerwanderungszeit über und blüht dort bis in das 7. Jh. weiter. Während die kerbschnittverzierten röm. Metallarbeiten meist in Gußtechnik ausgeführt sind, ist die K. der german. Erzeugnisse vielfach mit dem Grabstichel aus dem Metallkörper herausgearbeitet. Daß die K. auch in der german. Holzschnitzerei eine Rolle spielte, zeigen verschiedene Funde aus dem alemannischen Gräberfeld von Oberflacht (Württembg.).
In der Volkskunst hat sich die K. bis zur Gegenwart gehalten, so auf Kästen, Truhen, Spinnrockenständern, Mangelbrettern, Ellen und dgl. Im Anschluß an die Volkskunst wurde seit den 70er Jahren des 19. Jh. die K. Mode für Dilettantenarbeiten aller Art und ist es auch einige Jahrzehnte lang geblieben.

W. Veeck, Die Alamannen in Württemberg, 1931; K. Rumpf, Eine dt. Bauernkunst, 1943; F. Holste, Die Bronzezeit in Süd- u. Westdeutschld., 1953.

Kersting, Georg Friedrich, Maler, * 31. 10. 1785 Güstrow, † 1. 7. 1847 Meißen, seit 1808 in Dresden, wurde 1818 Vorsteher der Abteilung für Malerei an der Meißner Porzellanmanufaktur. In Dresden stand er C. D. Friedrich nahe, doch hat er schon sehr früh die Wendung zu einer biedermeierlichen Wahl und Auffassung seiner Bildgegenstände vollzogen: Mädchen oder sonst eine Einzelgestalt bei harmlos stiller Beschäftigung im bürgerlich einfachen Innenraum. K. ist geradezu der typische Vertreter des biedermeierlichen Interieurs geworden.

C. Gehrig, G. F. K., 1932; G. Vriesen, Die Innenraumbilder G. F. K.s, 1935; K. Leonhardt, K., 1940; J. Müller, Ein Maler i. Atelier, (Bild. Kst. 7) 1959.

Kertsch →Pontischer Kreis

Kerykeion →Caduceus.

Keyser, Hendrik de, holländ. Baumeister und Bildhauer, * 15. 5. 1565 Utrecht, † 15. 5. 1621 Amsterdam, wo er seit 1591 tätig war. K. war der bedeutendste Vertreter einer holländ. Baumeister- und Bildhauerfamilie des 16./17. Jh.; er gilt als Begründer der Amsterdamer Baukunst des 17. Jh. Seine wichtigsten Bauten sind hier: die Zuiderkerk, die erste reformatorische Kirche Hollands (1603–14), die Börse (seit 1608 nach dem Vorbild der Londoner) und die Westerkerk (seit 1620). K.s Profanbauten zeigen reiche, vom Florisstil (→Floris 1) abgeleitete Formen, die kirchlichen haben eine strenge Gliederung im Sinne des palladianischen Klassizismus.

Als Bildhauer verarbeitete K. ital. Anregungen neben solchen aus Frankreich. Hauptwerke sind das Grabmal für Wilhelm den Schweiger in der Nieuwe Kerk in Delft (seit 1614) und das Bronzestandbild des Erasmus in Rotterdam (1622 aufgestellt).

Elisab. Neurdenburg, H. de K., beeldhouwer en bouwmeester van Amsterdam, 1930.

Kielbogen →Bogen.

Kinderkunst, das Zeichnen, Malen, Modellieren und Bauen des Kindes, das nicht lediglich Spiel, sondern eine schöpferische Auseinandersetzung des Kindes mit der Welt ist, in die es gestellt wurde. Die Bezeichnung „Kunst" kommt allerdings diesem Schaffen nur in sehr bedingtem Maße zu, denn es vollzieht sich gegenüber dem künstlerischen Schaffen der Erwachsenen nach anderen seelischen Grundsätzen. So gibt das Kind beim Abzeichnen eines Gegenstandes nicht wieder, was es sieht, sondern es gibt das, was ihm an dem Geschehenen wesentl. erscheint. Dieses Wesentliche wird ohne Rücksicht auf naturalist. Formenzusammenhänge schon im Maßstäblichen überbetont. Bei freiem Entwerfen einer Zeichnung wird die Gestaltung des Gedachten oder gedanklicher Beziehungen der Gestaltung optisch-einheitlicher Zusammenhänge übergeordnet. Beim Bauen treten mannigfache Übergänge auf zwischen der Zusammenfügung der Bausteine zu gegenständlich fest bestimmten Gebilden und einer nur ornamentalen Anordnung. – Zwischen dem ersten formlosen Kritzeln und dem Erreichen einer erscheinungsmäßigen Darstellungsweise, mit der die K. als abgeschlossen gelten kann, liegen eine Anzahl Entwicklungsstufen, die im allgemeinen bestimmten Lebensjahren entsprechen, nach Veranlagung und Umwelterlebnissen des Kindes aber oft früher, oft auch erst später erreicht werden. Unterschiede zwischen dem Schaffen der Knaben und dem der Mädchen treten auf den späteren Stufen hervor (z.B. im Bauen). In der neueren Kunstwissenschaft sind Versuche gemacht worden, zwischen der K. und der Erwachsenenkunst Entwicklungsparallelen festzustellen und, in Anwendung des biogenetischen Grundgesetzes auf die geistige Entwicklung, insbes. zu zeigen, daß auf primitiver Kunststufe der Erwachsene nach ähnlichen Gesetzen gestaltet wie das Kind. Eine solche Betrachtungsweise kann sich zwar auf eine Reihe formaler Ähnlichkeiten berufen, hat aber die methodische Schwierigkeit noch nicht überwunden, daß der hinter allem Formalen stehende Erlebnis- und Bedeutungsgehalt eines Erwachsenenkunstwerkes von dem eines Erzeugnisses der K. wesentlich verschieden ist.

Zum wissenschaftl. Forschungsgebiet wurde die K. zuerst von dem italien. Kunstgelehrten Corrado Ricci gemacht in seiner Schrift „L'arte dei bambini" (1887).

G. Kerschensteiner, Die Entwicklung der zeichnerischen Begabung, 1905; Krötzsch, Rhythmus und Form in der freien Kinderzeichnung, 1917; Britsch, Theorie der bildenden Kunst, 1926; Wulff, Die Kunst des Kindes, 1927; Hartlaub, Der Genius im Kinde, [2]1930; Hildegard Hetzer, Kind und Schaffen, 1931; H. Volkelt u. a., Das bildnerisch gestaltende Kind, 1931, 1933 (Neue psycholog. Stud., Bd. 7 und 8); A. van Scheltema, Die geistige Wiederholung, 1937; R. Ott, The art of children, 1950; H. Egen, Kinderzeichnungen u. Umwelt, 1967; H. Knobloch, D. bildermächtige Alter, 1968.

Kinetische Kunst, Kinetik (griech. Kunstwort in der Bedeutung von „sich bewegen"), eine moderne Kunstrichtung, bei der sich Kunstwerke u. Objekte bewegen od. bewegen lassen. Die Veränderung ist also zum Gestaltungsprinzip erhoben mit dem Ziel, bei Farbflächen, bes. Lichtträgerformen (teilweise verbunden mit Geräuschen) die traditionelle „Statik" in der bisherigen bildenden Kunst zu überwinden. Dem dienen auch mechanische u. elektrische Apparate.

Die Suche nach neuem künstlerischen Ausdruck hat zur Grundlage die realen Erfahrungen aus Wissenschaft u. Technik, kurz: der allgemein feststellbaren Verwissenschaftlichung unseres Zeitalters; sie führt dazu, die Dynamik u. den normalen Rhythmus oder die filmische Bewegung einseitig von den tatsächlichen Bezügen zu lösen und künstlerisch-ästhetischen Eigenwert zu gewinnen. Dadurch wird auch der Eindruck von „Basteleien" oder „Pseudomaschinen" hervorgerufen. Umweltgestaltung u. visuelle Kommunikation, auch Produktgestaltung u. Design erfahren durch diese Wechselwirkung neue Anstöße (z.B. Leuchtreklame, Werbung usf.). Die Abgrenzung zur →Op-Art ist teilweise erschwert. Sie besteht im wesentlichen darin, *wie* der künstlerische Eindruck hervorgerufen wird: bei der K. K. bewegt sich der „Gegenstand", bei der Op-Art der Betrachter.

Als Vorstufen dieser Gestaltungsweise kann man sog. Licht- u. Farbklaviere seit d. 18. Jh., auch sog. Automaten (Kunstwerke, die durch innere Mechanik bewegbar sind) s. d. Antike ansehen; desgleichen A. Calders „Mobiles" (ein Begriff v. →Duchamp, der sich mit „Rotoreliefs" als sich bewegenden Flächen beschäftigte) sowie die Lichtbewegungs-Werke Tatlins und →Moholy-Nagys um 1930 geschaffene Lichtmaschine.

Auch die Gruppen „Espace" (Paris), „Zero" (Dtschld. mit M. Mack, O. Piene u. G. Uecker),

„Nul" (Holl.) u. „Dwischenie" (Sowj.Un., L. Nusberg) übten K. K.

L. Moholy-Nagy, Von d. Pigmentmal. bis z. der in d. Raum geworfenen Lichtgestaltg., 1925; ders., Vision in Motion, 1956; Ausst.kat. Paris/Krefeld Multiplizierte Kst.werke, die sich bewegen od. bew. lassen, 1959/60; F. Mon u. a., Movens, 1960; K. K., Ausst.kat. Kst.halle Zürich, 1960; Ausst.kataloge Amsterdam, Kopenhagen, Stockholm 1961; P. Wember, Bewegte Bereiche d. Kst., 1963; F. Popper, Naissance de l'Art cinetique, 1968; weitere russ. Lit.

Kiosk (türk.), oriental. Gartenhaus freistehend oder angebaut, auch luftiger Vorbau eines oberen Stockwerks, in Europa als Bauform auch für Gartenhäuschen und Musikpavillons. Der Name wird auf moderne Kleinbauten angewendet (Zeitungskiosk usw.).

Kirche (gr. Ekklesia; lat. ecclesia), 1. die ursprüngl. Bezeichnung für die Gemeinschaft der Gläubigen mit Christus und den Heiligen, symbolisiert durch das K.-Schiff und die →Ecclesia. – 2. das christliche Kultgebäude. Dazu zählen →Dom, →Kathedrale, →Kapelle, →Oratorium. In Mitteleuropa wurde der Typus der →Basilika als Haus für den Gottesdienst weiterentwickelt, im oström. Bereich parallel dazu der →Zentralbau mit kühnen Wölbungen bis zur Großartigkeit d. →Hagia Sophia. Der basilikale Raum des gestreckten Rechtecks blieb in Mitteleuropa d. Grundform der K. mit den verschiedensten Abwandlungen in Romantik, Gotik u. Renaissance. Er entsprach der ständischen Ordnung, dem Ablauf der Liturgie u. d. konstruktiven Möglichkeiten mit den zur Verfügung stehenden Baumaterialien. Unabhängig von der formalen Ausbildung in den einzelnen Epochen, Baustilen, durch Orden und in Landschaften für die Bauten und Kulteinrichtungen (Altar usw.) wurde im MA der K.nbau als Abbild einer geistigen K. verstanden, als Sinnbild der Himmelsstadt, des „himmlischen Jerusalem". Dabei fallen den einzelnen Teilen der K. bestimmte Bedeutungen zu: →Grundstein u. Schlußstein = Christus; Fundament u. Stützen = →Apostel u. Propheten (diese deshalb an Stützen als Skulpturen wiedergegeben); Steine = Gläubige; Portal = Christus. – Die Geschichte des K.baues ist zu weiten Teilen die Auseinandersetzung mit den verschiedenen Bedeutungen in den verschied. Zeiten unter jeweils neuen geistigen und gesellschaftlichen Voraussetzungen. Der Kirchenraum war demnach nicht nur wohldurchdachtes, etwa ästhetisch gemeintes Bauwerk. Die in der Neuzeit veränderten Gegebenheiten spiegelt der Neue →K.nbau wieder.

Kirchenbau, Neuer. Bereits die in der Renaissance einsetzende Säkularisierung ließ (in der gleichzeitigen Verbindung zur Technik) von der ratio bestimmte Räume entstehen. Die Festsäle des Barock schließlich schwangen als Zentralräume frei nach allen Richtungen aus, wenngleich durch die Liturgie bestimmt die Längsachse weiterhin dominierte. Seit der Mitte des 18. Jhs. begann für den K. eine neue Epoche mit →Klassizismus und →Romantik. Beide gehören als Gegensätze zusammen. Gemeinsam ist ihnen gegenüber den früheren einheitlichen Stilepochen der Mangel an eigenständiger schöpferischer Kraft mit dem Primat der Form. Die fortschreitende Entleerung des sakralen Kultes im Zeitalter der neuen Wissenschaft und Technik bedeutete für den N. K. den Versuch, Lösungen in Form-Problemen zu suchen, einerseits in der Imitation früherer Stile als Historismus und →Eklektizismus, andererseits in der Verwendung neuer technischer Lösungen und Baumaterialien, die weitgehend vom Ingenierbau bestimmt sind, angeregt durch Bauten auf Weltausstellungen wie z.B. den Londoner Kristallpalast oder den Pariser Eiffelturm. Baumeister und Bauingenieur wurden Rivalen. Der Veräußerlichung, in der Kult zur ästhetischen Pose und Liturgie zum historischen Theater verblaßten, folgte die Erkenntnis einer notwendigen Einheit von Konstruktion und Gestalt, von Material und Konstruktion, von Inhalt und Form für den N. K.; Stahlkonstruktionen und Eisen-/Stahlbetonbau fanden Verwendung, wenn auch manchmal durch gotisierende oder gar antikisierende Stilelemente bis ins Detail verfremdet. Angeregt wurden die neuen Formen bereits vor der Jh.-wende von A. de Baudot. Aber erst im 20. Jh. gelang der Durchbruch zu einem wirklich N. K., beeinflußt vom →Deutschen Werkbund und anderen Zeitströmungen. So schuf A. Perret in der Hallenkirche Notre Dame du Raincy (Paris) 1923 einen wegweisenden K. in Stahlbeton. Der Grundriß ist noch Langraum, die umschließende Wand jedoch nicht mehr tragend, sondern als „Vorhang“ in ein Lichtgitter aufgelöst. In seinen Werken nahm A. →Gaudi mit den neuen Materialien Stahl, Stahlbeton und Glas viele erst später verwirklichte Gedanken des N. K.s vorweg wie z. B. paraboloide Schalen. In neuester Zeit fand auch der Holzleimbau mit beachtlichen Spannweiten Eingang in den N. K.. In Deutschland gab D. →Böhm dem kath. K. mit dem Zentral-Raum eine neue Wendung. Für den evang. K. wurde diese Entwicklung von O. →Bartning fortgeführt. In die Gesamtdispositionen wurde oft – so in der Schweiz sehr häufig – der Außenraum mit einbezogen. Auch →Le Corbusier verwirklichte den Gedanken in seinem Meisterwerk Ronchamp. Das Fehlen verbindlicher liturgischer Auffassungen, die Freiheit der Konstruktion, die Vielfalt der neuen Materialien und die durch keine „Funktionen“ gebundenen Aufgaben ließen in der Neuzeit die Baumeister die Gestaltung der Kirchenräume bestimmen, was oftmals zu willkürlichen Formen führte. – Nach dem 2. Vatikan. Konzil 1962 und der „Instructio Generalis“ zur neuen Meßordnung von 1969 näherten sich ev. u. kath. K. nicht nur äußerlich an. Die Kirche wurde zum Versammlungsraum; aus dem „Himml. Jerusalem“ wurde das Gemeindezentrum. Es umfaßt Kindergarten, Jugendräume, solche für Erwachsene, Bibliothek, einen oft variablen Saal und den Kirchenraum. Ein Freiraum od. Vorhof ermöglicht die allgemeine Begegnung. Damit haben sich die künstlerischen Ansatzpunkte völlig gewandelt. So lassen die Ausmaße der Wohn- und Industriebauten den Kirchturm nicht mehr dominieren. Glocken werden nicht mehr als Kultinstrument verstanden; statt überragender Türme finden sich Glockenständer. Die eigentliche „Kirche“ wird zentraler Raum, als Quadrat, Vieleck oder Kreis. Im Inneren steht der von Zierrat befreite Altar als mensa nicht mehr abgesondert im Chor, sondern inmitten der Gemeinde, meist sogar auf gleicher Höhe. Taufsteine werden häufig nur noch als Schüsseln ausgebildet, Beichtstühle zum kleinen Raum f. Gespräche; die Kanzel verschwindet zugunsten eines Lesepultes in der Nähe des Altares. In der kath. Kirche zelebriert der Priester „versus populum“; Nebenaltäre sind nicht mehr vorhanden. Diese liturgischen Forderungen ergeben – trotz aller Verschiedenheit im einzelnen und zwischen den Konfessionen – für die Raumgestaltung des N. K.s eine grundsätzliche Einheit: den Zentralraum. Dabei reichen die Gestaltungen von der →Neuen Sachlichkeit über →Konstruktivismus zum reinen Funktionalismus und neuerdings „Brutalismus" mit wuchtigen, Betonbauten. Die Architekturkritik der Gegenwart hat an der einseitigen Betonung der Form und in der Vernachlässigung des „Inhalts" großen Anteil. Die Literatur über den N. K. gibt davon Zeugnis.

F. Pfammatter, Betonkirchen, 1948; H. Sedlmayer, Die Entstehung der Kathedrale, 1950; J. Hoster, Die neue Kirche, 1956; Le Corbusier, Ronchamp, 1957; R. Biedrzynski, Kirchen unserer Zeit, 1958; J. Pichard (dt. v. P. Wachsmann), Kirchen d. Gegenwart, 1960; H. Schnell, Der K. d. 20. Jhs. i. Dtschld., 1973; G. E. Kidder Smith, N. K. in Europa, o. J.; Handbuch für d. K.; Zeitschriften: Kunst u. Kirche (insbes. Heft 1/1965); Kirchliches Bauen, hg. v. d. Dtn. Bauzeitschrift, bearbeitet v. S. Nagel u. S. Linke, 1968; P. Peters (Hg.), Kirchen, Gemeindezentren (Baumeisterquerschnitte 2), 1966; E. Kimmig (Einl.), Architekturwettbewerbe Kirchen/Churches, Internat. Vierteljahresschrift 54, 1968; G. Merkle, Kirchenbau im Wandel, 1973. Das Münster (Zschrft. f. christl. Kst. u. Kstwissenschaft); W. Müller-Wulckow, Architektur d. 20er Jahre, Neuausg. 1975. Weitere Lit. →Bartning, Böhm, Eiermann.

Kirchenburg →Wehrkirche.

Kirchner, Ernst Ludwig, Maler und Graphiker, * 6. 5. 1880 Aschaffenburg, † 15. 6. 1938 Davos, Mitbegründer der →„Brücke" in Dresden, seit 1917 in der Schweiz, malte Landschaften in starker Vereinfachung des Naturvorbildes und mit grellen Farbkontrasten und schuf als Graphiker bes. Holzschnitte von kraftvoller Schwarzweißwirkung. In Davos wird 1986 ein E. L. K.-Mus. eröffnet werden, das sich ausschließl. seinem Werk widmet.

G. Schiefler, Das graphische Werk E. L. K.s, 1926; W. Grohmann, E. L. K., 1958; E. L. K., Davoser Tagebuch, hg. v. L. Grisebach, 1968; D. E. Gordon, E. L. K. (mit krit. Kat.) 1968; K. H. Gabler, E. L. K. Zeichngn., Pastelle, Aquarelle, Ausst.kat. Mus. Aschaffenburg, Karlsruhe, Mus. Folkwang Essen, Kassel, 1980/81; L. Reidemeister u. a., E. L. K. 1880–1938, Ausst.kat. Nat.gal. Berlin, Haus d. Kst. München, Kst.-halle Köln, Kst.haus Zürich, 1980; Annemarie u. W.-D. Dube, E. L. K. Das graph. Werk, 2 Bde., ²1980; A. Henze, E. L. K. Leben u. Werk, 1980.

Kitsch, geschmackloses Erzeugnis, das sich als Kunstwerk ausgibt (Bild, Bildwerk, kunstgewerblicher Gegenstand). Die Herkunft des um 1900 aufgekommenen Wortes K., das im allgemeinen nur von modernen, noch nicht historisch gewordenen Erzeugnissen gebraucht wird, ist noch nicht geklärt. Es gibt verschiedene Arten von K., z. B. den nationalen K., der entsteht, wenn nationale Symbole in einen Zusammenhang gebracht werden, in den sie nicht passen und der ihrer nicht würdig ist. Weit verbreitet ist der sentimentale K., der mit süßlichem Inhalt und in süßlicher Form auf d. Beschauer zu wirken sucht. Er zeigt besond. deutlich ein allem K. wesentliches Merkmal: keinerlei geistige Anforderungen an den Beschauer zu stellen, um von ihm mühelos aufgenommen werden zu können. Das Mittel dazu ist, mit Vorstellungen zu arbeiten, die allen geläufig sind. K. ist also das Gegenteil von allem, was im Kunstwerk Kraft, Tiefe, Spannung, Originalität heißt.

E. Pazaurek, Geschmacksverirrungen im Kunstgewerbe, 1909 (Führer durch die K.sammlung des Landes-Gew.-Mus. in Stuttgart); F. Karpfen, Der K., 1925; H. Ulrich u. W. Timmling, Film, K., Kunst, Propaganda, 1933; F. Linde, Kunst oder K.? Ein Führer zur Kunst, 1934; Ch. Keller, Weltmacht K., 1957; L. Giesz, Phänomenologie des

Kitsches, 1960; H. L. Zankl, Kst. K. u. Werbewirkg., 1966; G. Dorfler, Der K., 1970; A. Moles, Psycholog. d. K.s, 1972; K.-Lexicon von A–Z, 1972; Ausst.kat. „Die Bilderfabrik“, Hist. Mus. Frankf./M., 1973; J. Sternberg (Hg.), K., 1973 (engl.); H. Klotz, Die röhrenden Hirsche d. Architektur. K. i. d. mod. Baukst., 1977.

Kivik-Monument, 1748 bei K., auf der schwed. Halbinsel Schonen, entdecktes Steinkistengrab der älteren →Bronzezeit, dessen Platten mit eingeritzten figürlichen Darstellungen und sinnbildlichen Zeichen verziert sind. Es erscheinen Sonnenräder, Darstellungen von Waffen, ein zweiräderiger Streitwagen, Züge von Gefesselten und Vermummten. Die Deutung der völlig schematischen Zeichnungen ist im einzelnen sehr umstritten; fest steht jedoch, daß es sich um Wiedergabe kultischer Bräuche handelt.

C. A. Moberg, K.graven, 1957 (schwed.); J. Brøndsted, Nordische Vorzeit, Bd. 2, 1962.

Klagetumba →Grabmal.

Klappaltärchen, in Form eines →Diptychons oder →Triptychons zusammengefügte Tafeln aus Elfenbein oder Holz, mit getriebenen oder emaillierten Figuren versehen, auch gemalt. Im frühen Mittelalter dienten sie wohl zum Aufsetzen auf den →Tragaltar, im späteren der Privatandacht als Haus- oder Reisealtärchen. Sie kommen auch in Form eines zweitürigen Schreins vor. Von den gemalten K. des späteren Mittelalters sind bes. die der Kölner Schule hervorzuheben.

klassisch (lat.), vollkommen, ausgereift. Es ist der Ergänzungsbegriff zu →archaisch und meint den Höhepunkt oder Reifezustand einer Entwicklungseinheit der Kunst. Bes. beliebt ist seine Anwendung auf die griech. Kunst des 5. Jh. v. Chr., aber man spricht auch von dem k.en Kathedralenschema der Hochgotik usw. Mit der entwicklungsgeschichtlichen Bedeutung dieses Begriffs (dessen Anwendung außerhalb der Kunstgeschichte sehr viel allgemeiner ist) verbindet sich eine qualitative: das Maßvolle, Ausgewogene, von Spannungen Erlöste, in klarer Gesetzmäßigkeit sich Darstellende, auch die Unterordnung individueller Neigungen unter ein allgemeingültiges Maß.

W. Jaeger, Das Problem d. K. u. d. Antike, 1931; H. Rose, Klassik als künstlerische Denkform, 1937; H. Wölfflin, Das K.e, 1941 (in: Gedanken zur Kunstgesch.); Concinnitas. Beiträge zum Problem d. K.n. Heinrich Wölfflin z. 80. Geburtstag, 1944; J. Gantner, Schönheit u. Grenzen d. k.en Form, 1949; H. Wölfflin, Kst.geschichtl. Grundbegriffe, [13]1963.

Klassizismus. Abgesehen von vagen Anwendungen dieses Begriffs versteht die Kunstwissenschaft unter K. im wesentlichen zwei Erscheinungen: 1. Richtung der europ. Baukunst, die in der Mitte des 16. Jh. in Oberitalien von Andrea →Palladio („Palladianischer Klassizismus“) ausging und sich im 17. Jh. in den dafür disponierten Ländern diesseits der Alpen durchsetzte (hauptsächlich in der Fassadengestaltung), so in Frankreich (Louvrefassade des Perrault), Holland (Amsterdamer Rathaus des J. van Kampen) und vor allem in England (→Jones). Merkmale des K. in der Baukunst sind: die im Anschluß an antike, bes. röm. Vorbilder durchgeführte Klarheit und Strenge der Gliederung, Sparsamkeit der bauplastischen Ausstattung, Geradlinigkeit, monumentale Ruhe, eine (oft durch Maß und Zahl nachweisbare) Gesetzmäßigkeit der Verhältnisse.

2. Stilstufe der europ. Kunst in allen ihren Erscheinungsformen, etwa 1770–1830, auch Neuklassizismus (Neoklassizismus) genannt. Wenn

der Wandel der Stilformen sonst im allgemeinen schwer zu verstehen ist – hier glaubt man die Grundkräfte zu spüren, die den K. heraufgeführt haben: Gegenbewegung gegen Barock und Rokoko; ein Umschlagen ins Gegenteil von solcher Schroffheit, wie sie in der europ. Kunst noch nicht vorgekommen war. Die Neuentdeckung der Größe der antiken Kunst war nicht so sehr Ausgangspunkt als vielmehr Folge der schon in der 1. Hälfte des 18. Jh. da und dort spürbaren klassizist. Neigungen, zu edler, klarer Form zurückzukehren (der Bildhauer G. R. Donner). Man fand dies Ideal verwirklicht in der antiken Kunst, wandte sich dieser mit neuer Liebe zu und suchte im eigenen künstlerischen Schaffen auf gleichen oder ähnlichen Wegen das Ziel zu erreichen, das in der antiken Kunst erreicht worden war. Die gelehrten Vertreter der klassizist. Bewegung waren in Deutschland vor allem →Winckelmann und Lessing, in Frankreich der Graf Caylus, in England Stuart und Revett.

Treppenaufgang im Schloß zu Weimar (um 1800)

Baukunst. Sie zeigt deutlich, daß nicht bloße Nachahmung einer als vergangen empfundenen Kunst gewollt wurde (wie so oft bei der Stilnachahmung des 19. Jh.), sondern eine Erneuerung im Sinne der Antike, die lebendiggegenwärtiges Erlebnis war. In Deutschland waren die ersten Vertreter Erdmannsdorf (Schloß in Wörlitz 1769–73), Langhans (Brandenburger Tor in Berlin 1788–91), F. Gilly; spätere Weinbrenner, Klenze und vor allem K. Fr. Schinkel in Berlin. In Frankreich: Soufflot (Pantheon in Paris 1764–90), Percier und Fontaine; in England: die Brüder Adam, Chambers, Smirke, Soane. Bildhauerkunst. Lieblingswerkstoff ist glatter, weißer, kühl wirkender Marmor. Hauptmeister und von weitreichender internationaler Wirkung sind der Italiener Canova und der Däne Thorvaldsen. In Deutschland sind zu nennen G. Schadow in Berlin, der aber die streng klassizist. Richtung durch lebendigen Naturalismus oft durchbrochen hat, sein Schüler und Nachfolger Rauch, in Süddeutschland Dannecker. In Frankreich ist der bedeutendste Bildhauer der Epoche Houdon, dessen eigenwillige und lebensvolle Persönlichkeit aber ebenfalls häufig vom klassizist. Ideal abgewichen ist. Malerei. Hier beginnt der K. nach gewissen Vorklängen (Mengs) mit dem Gemälde des Franzosen J.-L. David „Der Schwur der Horatier“ (1785), in dem die Haupteigenschaften der klassizist. Malerei sich zum erstenmal beieinander finden: bedeutender antikischer Inhalt, Klarheit im Aufbau, zeichnerisch-lineare Form, kühle Farbe. Die Bewegung darf nur in der Form, niemals (wie im Barock und Rokoko) in der Farbe liegen. An David schließt sich in Frankreich eine große Schule an. In Deutschland sind bes. Carstens und der Landschaftsmaler J. A. Koch zu nennen. Kunstgewerbe →Directoire, →Empire.

P. Klopfer, Von Palladio bis Schinkel, 1911; S. Giedion, Spätbarocker u. romant. K., 1923; G. Pauli, Die Kunst des K. und der Romantik, 1925; E. v. Sydow, Die Kultur des dt. K., 1926; S. Graf Pückler-Limpurg, Der K. in der dt. Kunst, 1929; H. Mebes, K. und Klassik der Baukunst um 1800 als internationale und nationale Erscheinungen, 1931; H. Kiener, Die Baukunst des dt. K., 1935; F. Schumacher, Strömungen in dt. Baukunst seit 1800, 1935; H. Vogel, Dt. Baukunst des K., 1937; L. Hautecœur, Histoire de l'architecture classique en France, 5 Bde., 1952–53; R. Zeitler, K. und Utopia, 1954; V.-L. Tapié, Baroque et classicisme, 1957; K. Lankheit, Revolution u. Restauration, 1965; J. K. Wittkop, Die Welt d. Empire, 1968; R. Zeitler u. a., Die Kst. d. 19. Jhs. (Propyläen-Kst.gesch. 11), 1966; M. Greenhalgh, Classicism in European Art, 1976; O. Hederer, K. (Heyne-Stilkde. Bd. 4491) 1976; J. Dobai, Die Kst.-literatur d. K. u. d. Romantik i. Engl., Bd. 3, 1790–1840, 1976; M. Klinkott u. a., 5 Architekten d. K. in Dtschld. Fr. Gilly – K.-F. Schinkel – Fr. Weinbrenner – L. v. Klenze – G.-F. Laves. Ausst.kat. Dortmund (Dortmund. Architekturhefte 4) 1977; G. Tolzien, Der europäische K., 1978; A. Jericke, D. Dolgner, Der K. in d. Baugesch. Weimars, 1975; W. Oechslin, Gabriele Dischinger u. a., K. in Bayern, Schwaben u. Franken: Arch.-Zeichngn. 1775 bis 1825, Kat. Stadtmus. München, 1980.

Klausur →Kloster.

Klebeband, Folioband, in dem die Sammler von Handzeichnungen und Stichen ihre Blätter aufbewahrten (16.–18. Jh.). Diese wurden meist wenig sorgfältig nacheinander, z. T. auch nebeneinander eingeklebt und dabei oft beschädigt. Die Bände wurden bibliotheksmäßig aufgestellt. Die Gruppierung der Blätter innerhalb der Bände erfolgte mit wenigen Ausnahmen nicht nach kunstwissenschaftlichen, sondern nach äußeren Gesichtspunkten, meist solchen des Darstellungsinhalts. Bereits im 17. Jh. begann jedoch das Verfahren sich durchzusetzen, die Blätter einzeln auf lose Kartons zu legen.

Klebebild (Collage, frz. „papiers collés"), ganz oder teilweise aus Papier oder anderem Material (Stoffresten, Furnieren, auch zerschnittenen Bildern) zusammengeklebtes Bild. Diese an sich nicht neue, schon früher als reizvolle Spielerei zumal für illusionistische Effekte angewandte Technik wurde um 1910/11 von →Braque und →Picasso in die mod. Kunst eingeführt, weil sie der flächigen Bildordnung des synthetischen →Kubismus besonders entsprach und geeignet war, ihn um neue Akzente zu bereichern. Die →Futuristen nutzten das K. für die von ihnen angestrebten kaleidoskopartigen dynamischen Wirkungen. Den →Dadaisten und →Surrealisten kam es auf die in dieser Technik möglichen Überraschungseffekte und absurden Kombinationen und freien Spiele des Zufalls an. Seitdem wurde das K. vor allem in der abstrakten Malerei weiterentwickelt.

Herta Wescher, Die Gesch. d. Collage, 1968.

Klee, Paul, Maler und Graphiker, * 18. 12. 1879 Münchenbuchsee b. Bern, † 29. 6. 1940 Muralto-Locarno, studierte in München bei Stuck, wurde 1921 Lehrer am Bauhaus in Weimar, später in Dessau, 1931 an der Akademie Düsseldorf, übersiedelte 1933 in die Schweiz. K. gestaltete aus Farben und Formen eine irreale Welt, in der er gern die Dinge in überraschende begriffliche Beziehungen zu einander treten läßt („Hochzeitszug auf Schienen"). Dabei bediente er sich vorzugsweise einer an Kinderzeichnungen erinnernden Manier dünn gekritzelter Linien sowie zarter Tönungen, die dem Ganzen den Akzent des Empfindsamen verleihen. Sein künstlerischer Nachlaß befindet sich im Mus. zu Bern. (Nachgelassene Schriften zur Form- und Gestaltungslehre, hg. von J. Spiller in 4 Bdn., Bd. 1 ³1971, Bd. 2 1970); Tagebücher, hg. von Felix Klee, 1956, 1960.

A. H. Barr u. a., P. K. (mit Bibliographie), 1945 (engl.); H. Read, P. K., 1947 (engl.); H.-F. Geist, P. K., 1948; W. Haftmann, P. K., 1951; C. Giedion-Welcker, P. K., 1954, 1977; W. Mehring, P. K., 1956; Katalog der P.-K.-Ausstellung im Berner Kunstmus. 1956; G. San Lazzaro, P. K., dt. 1958; W. Grohmann, P. K., ⁴1965; 1977 (engl., franz.); Ders., Der Maler P. K., 1966; F. Klee, P. K. Leben u. Werk in Dokumenten etc., 1961; E. W. Kornfeld, Verz. d. graph. Werks von P. K., 1963; J. Glaesemer (P.-K.-Stiftg. Bern, Hg.), P. K., (Slgs.kataloge Kst.mus. Bern 1), 1976; ders., P. K. Handzeichngn. III 1937–40 (Kat. m. Anhang), 1979; Ausst.kat. Lenbachhaus München, P. K. Das Frühwerk 1883 bis 1922, 1979; V. Schmalenbach, P. K. Ausst.kat. Kst.slg. Düsseldorf, 1977; Carola Mueller, D. Zeichnen in Bild u. Theorie b. P. K., Diss. T U. München, 1979; P. K. Das Frühwerk, Ausst.kat. Lenbachhaus München, 1979; P. K. Ausst.kat. Slg. Felix K., Kestner-Ges. Hannover, 1980; P. K. Die Ordng. d. Dinge. Bilder u. Zitate (zus.gest. u. kommentiert v. T. Osterwold, ²1979; P. K. Beitr. z. bildnerisch. Formenlehre. K.s Vorlesgn. 1921/22 am Bauhaus Weimar; Faks. 1979; O. K. Werkmeister, Versuche üb. P. K., 1981.

Kleeblattbogen →Bogen.

Kleeblattkreuz →Kreuz.

Kleinmeister, eine nicht scharf begrenzte Gruppe dt. Kupferstecher des 16. Jh., so genannt, weil sie vorwiegend Stiche kleinen Formats geschaffen haben. Eine engere Zusammengehörigkeit in zeitl., landschaftl. und stilist. Hinsicht besteht nur zum Teil Der älteste und bedeutendste ist Altdorfer. Etwa gleichzeitig arbeiteten in Nürnberg die Brüder Hans Sebald und Barthel Beham, sowie Georg Pencz; alle drei unter der Wirkung Dürers stehend. Ferner gehören zu den K.n in Köln Jakob Binck, in Westfalen Heinrich Aldegrever. Auch Hans Brosamer, sowie die Mitglieder der Familie Hopfer in Augsburg u.a. werden zu den K.n gerechnet.

H. W. Singer, Die K., 1908; E. Waldmann, Die Nürnberger K., 1911; W. Hugelshofer, Schweizer K., 1943; Kat. Ausstllg. „Meister um A. Dürer", Nürnberg, 1961.

Klenze, Leo von, Baumeister, * 29. 2. 1784 Bockenem b. Hildesheim, † 27. 1. 1864 München, dort Hofarchitekt Ludwigs I., hat durch seine klassizistischen Bauten und solche im Stil ital. Renaissance das Gesicht Münchens mitbestimmt: Glyptothek (1816), Ältere Pinakothek (1826–30), Propyläen (1846 bis 1862). Seine Allerheiligen-Hofkirche (1826–1832) zeigt eine Mischung roman. und byzantin. Stilelemente und war eins der ersten Bauwerke dieser Art. Außerhalb Münchens ist sein bekanntestes Werk die „Walhalla" bei Regensburg (1830–1847) in Gestalt eines dorischen Tempels. Er schrieb „Anweisung zur Architektur des christlichen Cultus" (38 Lithogr.) 1834.

H. Kiener, L. v. K., Diss. München 1920; E. Lacroix, K.s Tätigkeit a. d. Festg. z. Ingolstadt, Diss. Karlsruhe 1931; O. Hederer, L. v. K., 1964; N. Lieb, Fl. Hufnagl, L. v. K. Gemälde u. Zeichngn., 1979.

Klimsch, Fritz, Bildhauer, * 10. 2. 1870 Frankfurt a. M., † 30. 3. 1960 Freiburg i. Br., Schüler von Fritz Schaper, 1921–35 Prof. an den Vereinigten Staatsschulen für freie und angewandte Kunst in Berlin, ist nach manchen Schwankungen, die ihn immer wieder einem gewissen Naturalismus seiner Bildnisköpfe (W. v. Bode 1924, Slevogt 1928, Planck 1931, Selbstbildnis 1937), stärkerer Bewegung seiner Einzelfiguren und Gruppen zuneigen ließen, zu einer gelassenen Monumentalität, Vereinfachung u. Beruhigung gelangt. Hauptthema ist die rhythmisch zart bewegte nackte Mädchengestalt, die einen bestimmten seelischen Zustand verhalten und in sich ruhend zum Ausdruck bringt: „Die Schauende“ (1932), „Olympia“ (1937). Mit seinem Virchow-Denkmal in Berlin (1906 bis 1910) schuf er einen neuen Denkmaltypus.

W. von Bode, F. K., 1924; U, Klimsch, F. K., 1938; Ausst.kat. Mus. Köln, F. K., 1958.

Klimt, Gustav, Maler, * 14. 7. 1862 Baumgarten b. Wien, † 6. 2. 1918 Wien, schuf flächig-dekorative, der raffinierten Innenausstattung des →Jugendstils entsprechende, zartfarbige Gemälde symbolischer Art, auch Bildnisse, in denen das Gegenständliche eine eigentümliche Verbindung mit ungegenständlichen, nur schmückenden, mit dem Gefühl edelsteinartiger Kostbarkeit aufgesetzten Farbflekken eingeht. Bleistiftzeichnungen weiblicher Akte von dekadenter Erotik (G. K., 50 Handzeichnungen mit einem Vorwort von H. Bahr, 1922; 25 Zeichnungen, hg. v. W. Koschatzky, 1964). Gute Sammlung der Gemälde in der Modernen Galerie in Wien.

„Das Werk von G. K.“, 1918; E. Pirchan, G. K., [2]1956; J. Hatle, G. K., Diss. Wien 1956; A. Strobl, G. K. Zeichngn. u. Gemälde, 1962; F. Novotny u. J. Dobai, G. K., 1968; W. Hofmann, G. K. u. d. Wiener Jh.wende, 1972; Alice Strobl, W. Koschatzky, G. K. Zeichngn., Ausst.kat. Mus. Folkwang Essen, 1976; M. Bisanz-Prakken, G. K. Der Beethovenfries, 1977.

Klinger, Max, Bildhauer, Maler, Radierer, * 18. 2. 1857 Leipzig, † 4. 7. 1920 Großjena bei Naumburg, tätig in Leipzig, zeitweilig auch in Rom. Ein Grundzug der Kunst K.s ist der Mangel einer eindeutigen Entscheidung zwischen Idealismus und Naturalismus, ein Zwiespalt, der am stärksten in den im Gesamtentwurf originellen großen Gemälden zutage tritt: Kreuzigung (1890; Leipzig, Mus.), Christus im Olymp (1897; das.), Die griech. Geisteswelt (1909; Aulagemälde der Universität Leipzig; zerstört). Als Bildhauer machte K. den Versuch einer Erneuerung der antiken Polychromie. Sein umstrittenes Hauptwerk, der sitzende Beethoven (1886–1902; Leipzig, Mus.), ist reich an schönen Einzelheiten, aber die Verschiedenheit und Verschiedenfarbigkeit der Materialien läßt eine Stileinheit des Ganzen nicht zustande kommen, schon deswegen nicht, weil jedes Material seine eigene Stilschattierung hat. Die entwicklungsgeschichtlich bedeutendste Leistung hat K. als Radierer vollbracht. Unter denjenigen, die sich um 1880 in Deutschland der Radierung als einem vollwertigen künstlerischen Ausdrucksmittel aufs neue zuwandten, stand er in vorderster Linie. Auch technisch ist er dabei durch Verwendung der Aquatinta neue Wege gegangen. Gerade seine frühesten Radierfolgen mit ihrer noch eindeutig naturalistischen Haltung gehören zu den besten Leistungen der dt. Graphik der Neuzeit: Rettungen ovidischer Opfer (1879), Ein Handschuh, Intermezzi (1881), Dramen (1883). Spätere sind: Vom Tode I (1889), Vom Tode II (1898–1910), Brahmsphantasie (1890–94), das Zelt (1915). – Er schrieb: Malerei und Zeichnung (1891; neue Ausgabe 1919). Auswahl seiner Briefe hg. von Singer, 1924.

M. Schmidt, M. K. (1899; 5. Aufl. von J. Vogel, 1926); P. Kühn, M. K., 1907; H. W. Singer, M. K.s Radierungen, Stiche u. Steindrucke. Wissenschaftl. Verz., 1909; M. K., Gedanken und Bilder, hg. von Hildegard Heyne, 1925; P. Angerholm, M. K. z. 100. Geburtstg., 1957; Kat. Ausstllg. M. K., Darmstadt, 1966; M. K. Ausst.-Kat. Leipzig, 1970;

U. Steiner, M. K. als Maler, Diss. Wien 1970; W. Gilly, St. W. Mathieu, M. K. Ausst.kat. Mus. Oldenburg (m. Bibl.) 1975; A. Dückers, M. K., 1976; J. K. T. Varnedoe, Graphic Works of M. K., 1977; M. Pauseback, B. Growe u. a., M. K., Ausst.kat. Wiesbaden, Tübingen u. a., 1976; Ausst.kat. Mus. Boymans, Rotterdam, 1978; Angela Hellmann, J. A. Schmoll u. a., M. K. Die graphischen Zyklen, Ausst.kat. Villa Stuck München, 1979; H.-G. Pfeifer, M. K. Graphikzyklen (Giessener Beitr. z. Kst.gesch. 5), 1980.

Klinker, Hartziegel aus kalkarmem, schwach eisenhaltigem Ton mit leicht verglaster Oberfläche von bläulich-roter bis schwarzer Farbe; wird verwendet als Fußbodenbelag und zur Pflasterung, neuerdings auch für Ziegelrohbauten.

Kloster (von lat. claustrum „das Verschlossene"). Die Anlage der abendländ. Klöster geht zurück auf die vom hl. Benedikt von Nursia an Stelle mönchischer Vereinzelung zuerst eingeführte Gemeinschaft der Mönche, die zugleich eine strenge Regelung ihrer Pflichten erforderte, wie sie in der Ordo Sancti Benedicti, einem der wichtigsten Kulturdokumente des frühen Mittelalters, festgelegt ist. Dieser Geist strenger Regelung hat auch die bauliche Anlage des K.s bestimmt und ihr durch die Jahrhunderte im großen und ganzen nur geringe Schwankungen gestattet. Das erste K. der abendländ. Chri-

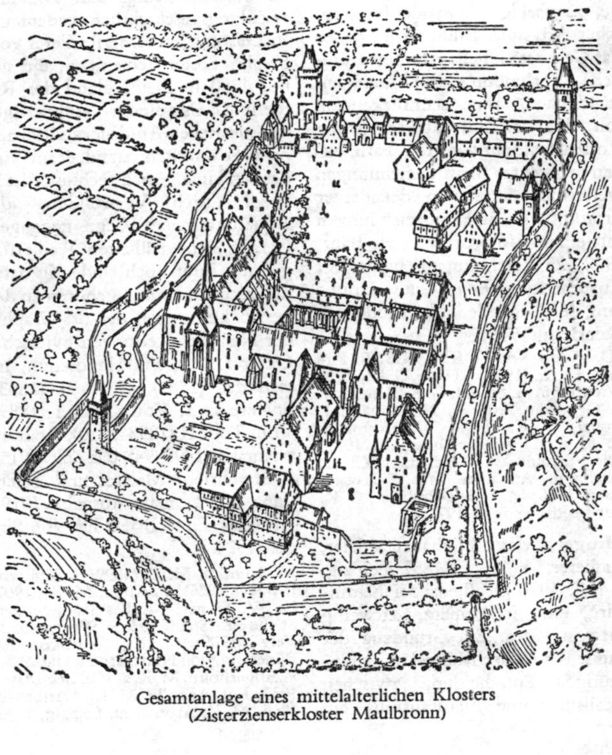

Gesamtanlage eines mittelalterlichen Klosters (Zisterzienserkloster Maulbronn)

stenheit war das vom heil. Benedikt 529 gegründete Kloster Monte Cassino. Wie jene ersten K. ausgesehen haben und wann die Festigung zu dem im Mittelalter vorherrschenden Typ eingetreten ist, wissen wir nicht; doch zeigt ihn der um 820 entstandene Bauplan von →St. Gallen bereits so entwickelt, daß spätere Jahrhunderte dem kaum noch etwas hinzuzufügen hatten. An die Süd-, also die Sonnenseite der K.-kirche (nur in Ausnahmefällen an die Nordseite) legt sich der quadratische oder rechteckige Kreuzgang, dessen freie Seiten von den Haupträumlichkeiten der klösterlichen Gemeinschaft in fester Anordnung besetzt sind: Kapitelsaal (Versammlungsraum) östl. neben der Kirche, über ihm das Dormitorium (Schlafsaal); Refektorium (Speisesaal) an der der Kirche gegenüberliegenden Seite des Kreuzgangs; Wirtschaftsräume westl. neben der Kirche. Dazu kommen noch andere dazwischen und darüber liegende Räume verschiedener Bestimmung. Ausnahmen von dieser Anordnung sind nur bei Nonnenklöstern häufiger. Das Ganze bildet einen ausschließlich den Mönchen vorbehaltenen Bezirk, die Klausur, an die sich weitere, dem K.betrieb dienende Gebäude zwanglos angliedern können. In solcher Gruppierung um den durch den Kreuzgang ausgesparten Binnenhof ist ein Nachleben der Anlage antiker Wohnbauten (Gruppierung von Räumen um das →Peristyl) zu erkennen, die dem mönchischen Hang zu Abgeschlossenheit und Beschaulichkeit entgegenkam. Demgemäß sind Klöster in der Regel an abgelegenen Stellen erbaut worden, wobei die Benediktiner Höhenlage, die Zisterzienser Tallage bevorzugten. Erst die Bettelorden wie Franziskaner und Dominikaner haben ihre Klöster in oder an die Stadt gelegt, da sie die Verbindung mit der Bevölkerung suchten. Das bedeutete natürlich von vornherein bauliche Beschränkung. Neue Baugedanken brachten im 12. Jh. die Kartäuser zur Geltung (Unterbringung der Mönche in Einzelhäuschen, die um einen großen Kreuzgang gereiht sind; Anlage eines zweiten, kleineren Kreuzgangs) und seit dem 13. Jh. die Deutschordensritter, deren Burgen zugleich Klöster waren (→ Ordensburg).

Plan eines Barockklosters (Weingarten)

Die einzelnen Gebäude des mittelalterl. K.s: Die Klosterkirche weist entsprechend den jeweiligen kultischen Bedürfnissen und der geistigen Haltung der verschiedenen Orden Merkmale auf, durch die sie sich von der Bischofs- oder Pfarrkirche unterscheidet. So bilden eine wichtige Sondergruppe innerhalb des roman. Stils die Kirchen der von der Hirsauer Kongregation ausgegangenen Klöster (→ Hirsauer Bauschaule). Die Zisterzienserkirchen (→Zisterzienserbaukunst) sind im allgemeinen mit geringerem Aufwand gebaut, haben turmlose Fassaden, sparsamen Bauschmuck und im rom. Stil rechteckigen Chorschluß. Bei den → Bettelordenskirchen fallen Türme und Querhaus grundsätzlich weg, die Obermauer ist nicht gegliedert, alle Formen sind vereinfacht, der weite Innenraum dehnt sich in klarer Nüchternheit. – Der Kreuzgang ist meist gewölbt, aber auch flach gedeckt und öffnet sich gegen den Binnenhof in Bogenstellungen auf einer mehr oder weniger hohen Brüstung. Diese Bogenstellungen sind oft mit großem Aufwand gearbeitet: in roman. Zeit sind die tragenden Säulen verziert, verdoppelt, mit mannigfach wechselnden Kapitellen versehen, die, zumal in Frankreich, einen ganzen Zyklus plastischer Darstellungen aufnehmen können; die Gotik hat Kreuzgangarkaden gern bes. zierlich in Säule und Maßwerk gebildet. Der Kreuzgang beherbergt zuweilen auch den Klosterbrunnen, über dem sich dann ein apsisartiges, nach dem Binnenhof vortretendes, gegenüber dem Eingang zum Refektorium gelegenes Brunnenhaus erhebt. – Der Kapitelsaal ist eine meist zweischiffige gewölbte Halle. Mit bes. Pracht ist er in engl. Abteien ausgestattet und dort oft auch als eigenes Kapitelhaus entwickelt. Ihm ähnlich ist das Refektorium. Größter Raum ist das über dem Kapitelsaal gelegene und ebenfalls als zweischiffige Halle angelegte Dormitorium. – Die architekton. Einzelheiten der K.räume sind von denen der Kirche abgeleitet. – Die besterhaltenen mittelalterl. K.bauten Deutschlands sind die Zisterzienserklöster Maulbronn und Bebenhausen.

In der Renaissance hat die K.bautätigkeit in Deutschland so gut wie ganz geruht und ist erst gegen Ende des 17. Jh. wieder in Schwung gekommen. Jenseits unserer Grenzen entstanden jedoch auch im 16. Jh. bedeutende K.anlagen, so der Ausbau der →Certosa (Kartäuserkloster) bei Pavia und des →Escorial in Spanien, in dem sich K. und Schloß in eigentümlicher Weise verbinden. – Eine sehr bedeutende Stelle nimmt der K.bau im Barock ein, wobei jedoch, entsprechend der Kirchliches und Weltliches vereinenden Haltung des Barocks, die scharfen Grenzen des spezifisch Klösterlichen verschwinden und, z.B. in der großzügigen Gesamtplanung, eine Annäherung an die Schloßbaukunst eintritt. Hervorragende dt. Anlagen sind die von Weingarten, Einsiedeln (Schweiz), Banz, Ottobeuren, Zwiefalten, Neresheim, Melk, St. Florian, Kremsmünster.

J. v. Schlosser, Die abendländ. K.anlagen des frühen Mittelalters, 1889; O. Stiehl, Der Wohnbau des Mittelalters, 1908 (Handbuch d. Architektur, T. 2, Bd. 4, Heft 2); J. Schuhmacher, Dt. Klöster, 1928; G. Adriani, Die K.bibliotheken des Spätbarock in Österreich u. Süddeutschland, 1935; O. Völckers, Deutsche Hausfibel, [3]1939; O Link, Mönchtum u. Klosterbauten Württembergs im M. A., 1953; E. Lehmann, Die Bibliotheksräume der dt. Klöster im Mittelalter, 1957; W. Braunfels, Abendländ. K.baukst., 1969; H. Schindler (Hg.), Europ. Barockklöster, 1972; C. Brooke, W. Swann, Die große Zeit d. Klöster, 1000–1300, 1976; G. Bazin,

Paläste d. Glaubens. Die Gesch. d. Klöster v. 15. Jh. bis z. Ende d. 18. Jhs. Bd. 2: Österr., Dtschld., Schweiz, 1980.

Klosterdach →Priependach.

Klostergewölbe →Gewölbe.

Klosterneuburger Altar →Nikolaus von Verdun.

Kluge und Törichte Jungfrauen, christl. Parabel (Matth. 25,1f.), in der Kunst seit dem 4. Jh. dargestellt. In Italien scheint es aus dem Mittelalter keine Beispiele dafür zu geben, während sie in Frankreich und bes. in Deutschland häufig vorkommen. Hier hat sogar (im Unterschied zu Frankreich) die Bildnerei das Thema in monumentalem Maßstab gefaßt: die Jungfrauen erscheinen als Statuen in den Portalgewänden. Frühestes und wohl zugleich schönstes Beispiel ist der Zyklus an der Brautpforte des Magdeburger Doms (um 1240), am ausdrucksstärksten in der Reihe der törichten Jungfrauen, die in Gebärde und Gesicht die verschiedensten Arten und Grade schmerzlichen Klagens veranschaulichen. Weitere Gewändezyklen finden sich an der Westfassade des Straßburger Münsters (gegen 1300), am Westportal des Erfurter Doms, am Nordportal der Heilig-Kreuzkirche in Schwäbisch-Gmünd (beide 14. Jh.).

W. Lehmann, Die Parabel von den K.n u. T.n J., Diss. Berlin 1916; Hildegard Heyne, Das Gleichnis von den K.n u. T.n J., Diss. Freiburg 1922; J. Jeremias, Die Gleichnisse Jesu, [7]1965.

Knagge, ein kurzes Stück Kantholz, das an Fuß oder Kopf einer hölzernen Stütze beiderseits angeschraubt wird, um sie zu verstärken und am Abgleiten zu hindern.

Kniestück →Bildnis.

Knobelsdorff, Georg Wenzeslaus von, Baumeister, * 17. 2. 1699 Gut Kuckädel b. Crossen, † 16. 9. 1753 Berlin, gehörte zum Rheinsberger Kreis Friedrichs des Großen, wurde 1740 Oberintendant der Kgl. Schlösser und Gärten in Berlin. Er war der bedeutendste Baumeister der ersten Regierungszeit Friedrichs d. Gr., der oft starken persönlichen Einfluß auf K.s Pläne nahm, was anläßlich des Baus von Sanssouci (1745–47) zum Bruch zwischen beiden führte. K. hat sehr wesentlichen Anteil am „Friderizianischen Rokoko", wenn er auch als Norddeutscher einer klassizistischen Haltung zuneigte. – Umbau des Schlosses Rheinsberg (1737–39), Opernhaus in Berlin (1741–43), Erweiterungsbauten der Schlösser in Charlottenburg und Potsdam. Pläne für das Schloß in Dessau. Ausgestaltung des Tiergartens in Berlin. K. ist auch als Maler (Bildnisse, Landschaften) und Zeichner hervorgetreten.

W. v. Knobelsdorff, G. W. v. K., 1891; Annelise Streichhan, K. und das Friderizianische Rokoko, 1932; H.-G. Kupsch, Rheinsberg, 1960; W. Kurth, Sanssouci, 1962, [2]1970.

Knollenkapitell, Knospenkapitell →Kapitell.

Knorpelwerk, Ornamentformen des 17. Jh., die aus knorpelartig

Knorpelwerk

sich verdickenden Gebilden in phantastischer Weise zusammengesetzt sind. Im Ornamentstich vorgebildet, sind sie häufig in plastischer Ausführung anzutreffen (Deutschland, Frankreich, Niederlande).

Knossos, Stadt auf Kreta, wahrscheinlich der Mittelpunkt der kretischen Kultur. Reste von Besiedelung sind seit der Steinzeit nachgewiesen. In K. grub A. Evans seit 1899 den sog. Palast des Minos aus. Von den ältesten Palastbauten (um 2000) sind nur geringe Reste erhalten, die Mehrzahl der Anlagen stammt aus der Mitte des 2. Jahrtausends. Das scheinbar wirre Durcheinander von Räumen im Palaste von K. klärt sich bei näherer Betrachtung. Um einen großen Innenhof sind verschiedene Komplexe von Räumen angeordnet, die durch Korridore getrennt sind. Neben Wohnräumen gibt es Repräsentationssäle, Wirtschaftsräume, Magazine, selbst Badezimmer. Auch kleinere Heiligtümer oder Kapellen waren im Palast selbst untergebracht. Für viele Teile des Palastes ist Zweistöckigkeit gesichert, die eine Beleuchtung der unteren Räume durch Lichtschächte erforderte. In mehreren Räumen sind Reste von Wandmalerei erhalten. Neueste brit. Forschungen, die auch in K. neue Ergebnisse brachten, werden noch ausgewertet.

Evans, The Palace of Minos, 4 Bde., 1921–1938; F. Matz, Kreta, Mykene, Troja, 1956; F. Schachermeyer, Die minoische Kultur des alten Kreta, 1964; A. Evans, K. Fresco Atlas, hg. v. M. Cameron u. S. Hood, 1967 (engl.); L. Palmer, A new guide to the palace of Knossos, 1969.

Knotensäule, Doppelsäule, deren Schäfte in halber Höhe in einen starken steinernen Knoten verschlungen sind. Die K. kommt in der roman. Baukunst, meist jedoch nur in kleinem Maßstab, vor. Der Knoten wird als apotropäisches Zeichen gedeutet.

Knüpfteppich →Teppich.

Koban-Kultur →Kaukasischer Kreis.

Kobell, 1. Ferdinand, Maler und Radierer, * 7. 6. 1740 Mannheim, † 1. 2. 1799 München, schuf Landschaften, in denen z. T. die stimmungsselige rokokohafte Verschwommenheit durch topographische und geologische Genauigkeit kräftig überwunden ist. Seine Landschaftsradierungen verharren stärker in der Überlieferung.

2. Wilhelm von, Maler u. Radierer, Sohn von 1, * 6. 4. 1766 Mannheim, † 15. 7. 1853 München, seit 1792 Hofmaler das., später auch Akademieprof., malte anfangs Tiere in der Landschaft nach dem Vorbild der Holländer des 17. Jh., später leicht romantisch gestimmte Landschaften von klarer Weiträumigkeit mit festgezeichneten, etwas starren Staffagefiguren, die in der hellen Beleuchtung einen kräftigen Schatten werfen. Von besonderer Eigenart sind seine Schlachtenbilder, unter ihnen sein Hauptwerk: Belagerung von Kosel (1808; München, Neue Pinakothek).

W. Lessing, W. v. K., 1923 u. 1966 (hier auch ein Kapitel über Ferdinand K.); W. Böhm, Die Malerfamilie K. (Baden, Monograph. ein. Ldschft., 2) 1950; S. Wichmann, W. v. K. Wissenschaftl. Ges.-Verz. (Münchner Forschgn. z. Kst.gesch.) 1970; Monika Goedl-Roth, W. v. K.: Druckgraphik, Stud. z. Radierg. u. Aquatinta (m. krit. Verz.), 1974 (Beiträge z. Kst.wiss.).

Koch, Joseph Anton, Maler, * 27. 7. 1768 Obergieblen (Tirol), † 12. 1. 1839 Rom, tätig das., einer der bedeutendsten unter den deutsch-röm. Malern und Erneuerer der dt. Landschaftsmalerei zu Beginn des 19. Jh. Er pflegte die heroische Landschaft, die bei ihm in klarer, ja überscharfer Gliederung aufgebaut ist. Doch trifft man sein Wesen nicht vollständig, wenn man ihn als reinen Klassizisten bezeichnet – er hat auch entschieden romant. Züge. Dies zeigt deutlich eins seiner Hauptwerke, der Schmadribachfall (1805–1811; Leipzig, Mus.). Als Figurenmaler hat K. das Erbe von Carstens angetreten, mit dem er befreundet war. Das Hauptthema, das ihn Zeit seines Lebens beschäftigte, war Dantes „Göttliche Komödie". Eine Reihe von Zeichnungen sind ihr gewidmet, auch einige Wandgemälde im Casino Massimo in Rom (1824–29). Von K.s Radierungen sind die ital. Landschaften hervorzuheben.

Th. Musper, Das Reiseskizzenbuch von J. A. K. aus dem Jahre 1791, 1936 (Jahrb. d. Preuß. Kunstsammlungen, Jahrg. 56); O. R. v. Lutterotti, J. A. K., 1940; Margarete Pfister-Burkhalter, Handzeichnungen von J. A. K., 1947 (Ztschr. f. Schweizer. Archäologie u. Kunstgesch. 9); D. Frey, Die Bildkomposition bei J. A. K. etc., 1950 (Wiener Jahrb. f. Kunstgesch.); O. R. v. Lutterotti, Kat. Ausst. „Klassizismus u. Romantik", Nürnberg 1966; K. Kosel, J. A. K. (Kunstchronik 20) 1967.

Koch, Rudolf, Buchkünstler und Schriftzeichner, * 20. 11. 1876 Nürnberg, † 10. 3. 1934 Frankfurt a. M., wurde 1906 Mitarbeiter der Schriftgießerei Klingspor und lehrte zugleich seit 1908 an der Kunstgewerbeschule in Offenbach. K. hat durch seine Schriftschöpfungen viel zur Hebung der Buchkultur beigetragen und auch für die künstlerisch-handwerkliche Durchbildung kirchlicher Gebrauchsgegenstände Vorbildliches geleistet.

F. Matthäus, R. K., ein Werkmann Gottes, 1935; G. Haupt, R. K., der Schreiber, 1936; W. H. Lange, R. K., ein dt. Schreibmeister, 1938; O. Beyer, R. K., (m. Bibl.) 1953; G. K. Schauer, Dte. Buchkst. 1890–1960, 2 Bde., 1963.

Kodex →Codex.

Kohle (Holzkohle). Gebranntes Holz ist von jeher zum Zeichnen verwendet worden. Es wird in mehr oder weniger starken Stengeln (Lindenholz, Weidenholz, Buchsbaum) verschiedener Härtegrade hergestellt. Wegen der Leichtigkeit, kräftige Striche hervorzubringen, die sich auch wieder leicht verlöschen lassen, eignet sich K. vorzüglich zu Kompositionsentwürfen und Studienzeichnungen. Bes. für →Kartons war die K. das gegebene Instrument. Soll eine K.-zeichnung haltbar bleiben, so muß sie mit einem Fixiermittel (→Fixieren) behandelt werden. In der dt. Kunst wird die meisterhafte Handhabung der K. und die ganze Saftigkeit ihres Strichs zuerst in den Bildniszeichnungen Dürers von 1503 offenbar.

H. Burkhardt, K.zeichng., 1967.

Koimesis →Marientod.

Kokoschka, Oskar, Maler und Graphiker, * 1. 3. 1886 Pöchlarn, † 22. 2. 1980 Villeneuve (Schweiz), tätig in Wien, der Schweiz, Berlin, Dresden, der Tschechoslowakei, London, wohin er 1938 übersiedelte. Seit 1953 lehrt er an der internationalen Sommerakademie in Salzburg. K. gehört zu den führenden Meistern des Expressionismus schon von seinen ersten Arbeiten an (seit 1906). Seine Werke zeichnen sich aus durch Vergeistigung des Gegenstandes, bunten Wechsel stark leuchtender Farben, deren emotionelle Wirkung mit feinem Gefühl berechnet ist. Sie umfassen Bildnisse, Landschaften (bes. hervorzuheben die zwischen den beiden Weltkriegen entstandenen Elb- und Themselandschaften), sowie Gemälde visionären Inhalts. Diese nahmen seit dem span. Bürgerkrieg in zunehmendem Maße politischen Charakter an und wurden zu lauten Anklagen gegen den Faschismus. In seinen letzten Bildnissen bewährte er sich als Meister vertiefter Menschendarstellung (Bildnis W. Reinhart 1947 und L. Cronberg, 1950). Als Graphiker schuf K. Folgen von Lithographien stark gedanklichen Inhalts, von denen bes. die Folge „O Ewigkeit, du Donnerwort" (1914) bekannt geworden ist. – Schriften 1907–1955, hg. v. H. M. Wingler, 1956. Selbstbiographie „Mein Leben", 1971.

P. Westheim, O. K., 1925; H. Heilmaier, K., 1930 (franz.); Edith Hoffmann, K. Life and Work, 1947 (mit Bibliographie u. Katalog); H. M. Wingler, O. K., 1956 (mit Bibliographie u. Werkverz.), 1976; J. Muschik, O. K., 1958; K. Bultmann, O. K., 1959; Der späte K., Katalog der Ausstellung Braunschweig 1960; L. Goldscheider, K. in Farben, 1963; O. K. Handzeichnungen 1906–1965. Mit ein. Vorwort v. E. Rathenau, 1966; J. P. Hodin, O. K. Sein Leben, seine Zeit, 1968; O. Breicha (Hg.), O. K., 1977; O. K. (Einf. v. F. Welz), Frühe Druckgraphik 1906–12, 1977; ders. O. K. Das druckgraph. Werk 1906–75, Ausst.kat. Haus d. Kst. München, 1976.

Kolbe, Georg, Bildhauer, * 15. 4. 1877 Waldheim (Sa.), † 20. 11. 1947 Berlin, begann als Maler und Graphiker und ging 1898–1900 in Rom als Schüler von Tuaillon zur Bildhauerei über. Sein erstes bedeutendes Werk, die Tänzerin (Bronze; 1912 Berlin, Nationalgal.), ein dem Tanze in seliger rhythmischer Schwingung ganz hingegebenes Mädchen, ist wie kaum ein anderes ein klassisches Werk der neueren Plastik geworden. Seine Bildnisse zeigen wie seine Statuen den glücklichen Ausgleich zwischen Leben und absoluter plastischer Form. K.s Wohn- u. Atelierhaus in Berlin dient als Museum (Plastiken, Zeichnungen). – G. K., Auf Wegen der Kunst. Schriften, Skizzen, Plastiken. Einl. v. J. Bencken, 1949.

G. K., 100 Lichtdrucktafeln mit einem Begleitwort von G. K. und einer Einführung von R. Scheibe, 1932; Binding, Vom Leben der Plastik, Inhalt und Schönheit des Werkes von G. K., 1933; G. K., hg. von W. Pinder, 1937; Zeichnungen, Einl. v. W. Pinder, 1942; G. K., Auf Wegen der Kst. Schriften, Skizzen, Plastiken a. d. Nachlaß hg. v. d. G. K.-Stiftung Berlin, 1949; A. Wolters, G. K.s Beethovendenkmal, 1951.

Koldewey-Gesellschaft, eine 1925 gegründete Arbeitsgemeinschaft von Architekten des dt. Sprachgebiets, die in der archäolog. Bauforschung tätig sind. Sie ist genannt nach dem dt. Archäologen Robert Koldewey (1853–1925), dem Ausgräber von Babylon und Schöpfer vorbildlicher Ausgrabungsmethoden. 1950 erfolgte die Neugründung der K.-G.

Kollegiatskirche →Stiftskirche.

Kollwitz, Käthe, geb. Schmidt, Graphikerin, * 8. 7. 1867 Königsberg i. Pr., † 22. 4. 1945 Moritzburg b. Dresden, Schülerin von Stauffer-Bern in Berlin 1884–86 und von Herterich in München 1888–89, verheiratete sich 1891 in Berlin mit dem Arzt Karl Kollwitz und blieb bis zur Zerstörung ihres Ateliers 1943 dort ansässig. Sie hat ihre Kunst fast ausschließlich der Darstellung der leidenden und geknechteten Menschen, bes. des modernen Großstadtproletariats gewidmet. Der Form nach ging sie vom Naturalismus der Radierungen Max Klingers aus, um später, vor allem in ihren Lithographien, zu immer stärkerer Vereinfachung und Monumentalisierung zu gelangen. In ihren nach dem 1. Weltkrieg entstandenen Holzschnitten hat sie sich eine Zeitlang dem Expressionismus angeschlossen. Ihr gültiges Schaffen beginnt mit den 6 Blättern zum Weberaufstand (1895–98; 3 Radierungen, 3 Lithos). Ein weiterer Zyklus von 7 Blättern ist dem

Bauernkrieg gewidmet (1903–08). Später hat sie die historischen Themen vollständig aufgegeben und in einer Fülle von groß angelegten Blättern, auch hochbedeutenden Zeichnungen das sie bewegende Thema von Not und Tod in lapidarer Einfachheit veranschaulicht. Über ihr eigenes Wesen hat sie sich in etwa 40 Selbstbildnissen Rechenschaft abgelegt. Seit den 30er Jahren wandte sie sich in einer ihrer Graphik in Form und Inhalt entsprechenden Weise auch der Bildnerei zu; doch sind diese Werke bis auf wenige Ausnahmen bei der Zerstörung ihres Ateliers zugrunde gegangen. – Tagebuchblätter u. Briefe, hg. v. H. Kollwitz (1948) u. in Auswahl „Ich will wirken in dieser Zeit" (1952). Aus Tagebüchern u. Briefen, 1959.

H. W. Singer, K. K., 1908; J. Sievers, Die Radierungen u. Steindrucke von K. K. 1890–1912, 1913; A. Wagner, Die Radierungen, Holzschnitte u. Lithographien von K. K. 1912–1927, 1927; A. Kuhn, K. K., 1921; Das K. K.-Werk, m. Einl. von A. Bonus, 1930; W. Worringer, K. K., 1931; Beate Bonus-Jeep, Sechzig Jahre Freundschaft mit K. K., 1948; F. Schmalenbach, K. K., 1948; P. Fechter, K. K. als Plastikerin, 1948; A. Heilborn, K. K., [4]1949; G. Strauß, K. K., 1951; A. Klipstein, K. K., Verz. des graph. Werkes, 1955 (mit Bibliographie); R. Fanning, K. K., 1956 (engl.); H. Bittner, K. K., Drawings, 1959; O. Nagel, K. K., 1963; Ders., Die Selbstbildnisse der K. K., 1965; F. Schmalenbach, K. K., 1965; H. Lüdekke, K. K., 1967; O. Nagel, K. K. Die Handzeichnungen, 1972; Mina u. A. Klein, K. K., 1972; A. Ziersch, K. K., Ausst.kat. Villa Stuck München, 1977; H. Kollwitz, K. K. Das plastische Werk, 1967; ders. K. K. Ein Leben in Selbstzeugnissen, 1979; Renate Hinz, K. K. Druckgraphik, Plakate, Zeichnungen, 1980; U. Schneede (Hg.) Ausst.kat. K. K. Die Zeichnerin, Kst.halle Hamburg/Kst.haus Zürich, 1980/81.

Kölner Bibel, das bedeutendste Frühwerk der Bibelillustration, wohl 1477/78 in Köln erschienen. Angabe des Druckers und Erscheinungsjahrs fehlt, doch beweisen die ziemlich treuen Kölner Stadtansichten, die den Hintergrund einiger der Holzschnitte bilden, die Entstehung in Köln. Die kühle Klarheit und Schärfe der Ausführung weist auf Beziehungen zu Frankreich hin. Die Wirkung auf den dt. Buchholzschnitt war nachhaltig, vor allem auch dadurch, daß Anton Koberger in Nürnberg für seine Bibel von 1483 sich der Druckstöcke der K. B. bediente.

R. Kautzsch, Die Holzschnitte der K. B. von 1479, 1896; Die K. B. Mit einer Einführung von W. Worringer, 1923.

Kölner Dom, St. Peter (Grundriß Abb. →Gotik), got. kreuzförmige Basilika mit fünfschiffigem Langhaus und dreischiffigem Querhaus. Die Seitenschiffe sind als Umgang mit sieben Kapellen um den Chor herumgeführt. Doppeltürm. Westfassade mit fünf Portalen. Äußere Länge 144 m, Breite und Höhe 61 m, Höhe der Westtürme 157 m. Der Dom ist das größte got. Bauwerk Deutschlands. Baubeginn 1248 unter Erzbischof Konrad von Hochstaden durch Baumeister Gerhard. Weihe des Chors 1322. Langsames Fortschreiten; Einstellung der Bautätigkeit 1560. Bis dahin waren außer dem Chor nur Teile des Querschiffs und Langhauses fertig, sowie ein größerer Abschnitt des südl. Westturms. Erst in der Romantik wurden Stimmen laut, das Bauwerk vor Verfall zu schützen und, wenn möglich, zu vollenden: Friedrich Schlegel, Sulpiz Boisserée. Letzterer schuf zusammen mit Architekturzeichnern und Kupferstechern ein umfassendes Tafelwerk (1823). Im gleichen Jahr begannen die Wiederherstellungsarbeiten. 1840 wurde mit Unterstützung von Friedrich Wilhelm IV. der Kölner Dombauverein gegründet, und 1842 erfolgte die Grundsteinlegung zum Weiterbau. Einweihung am 15. Okt. 1880. – Der Bau folgt zwar Vorbildern der franz. klassischen Hochgotik, bes. der Kathedrale von Amiens, weicht aber in wesentlichen Zügen vom franz. Ideal ab: Breitenausdehnung, die nicht nur durch die jenem Ideal ebenfalls widersprechende Fünfschiffigkeit bedingt ist, Vermehrung und Verstärkung der Formen, bes. deutlich am Strebewerk des Chors. Bewundernswert ist die Harmonie des Gesamtplanes. Die Bautätigkeit des 19. Jh. wird mit Recht als zu korrekt, trocken und nüchtern beurteilt. Zerstörungen durch den 2. Weltkrieg sind inzwischen durch umfassende Bauarbeiten beseitigt worden, indessen treten gehäuft außerordentlich schwere Gesteinsschäden durch Abgase u. Zersetzungseinwirkungen auf, die den Bestand d. K. D.s gefährden u. laufende Sanierungsmaßnahmen erfordern.

Von der künstlerischen Ausstattung sind hervorzuheben: 14 Statuen an den Chorpfeilern (Maria und Apostel) aus der Zeit der Chorweihe, Glasgemälde (von etwa 1300 bis Anfang 16. Jh.), die Malereien der Chorschranken, das „Kölner Dombild" des Stephan Lochner, das Chorgestühl (um 1350), eins der phantasievollsten des Mittelalters, eine Reihe bedeutender Grabmäler und im Chor der Dreikönigsschrein aus der Werkstatt des Meisters →Nikolaus von Verdun (Ende 12. Jh.), ein Hauptwerk spätroman. Kleinplastik, Edelschmiede- und Emailkunst.

O. H. Förster, Der Dom zu Köln, 1925 (Deutsche Bauten 3); A. Huppertz, Der K. D., 1932; Der K. D. Mit einleitendem Text von W. Pinder, 1934; P. Clemen u. a., Der Dom zu Köln, 1937 (Die Baudenkmäler der Rheinprovinz, Bd. 6, Abt. 3); Maria Geimer, Der Kölner Domchor und die rhein. Hochgotik, 1937; H. Peters, Der Dom zu Köln 1248–1948; Der K. D. Festschr. zur Siebenhundertjahrfeier 1248–1948; H. Lützeler, Der K. D. in der deutschen Geistesgeschichte, 1948; V. Hoster, Der Dom zu K., 1965; H. Rode, Leitbilder vom K. D., 1972; W. Weyres, Die Domgrabung XIX (Kölner Domblatt) 1973; A. Wolff, 15. Dombaubericht vom Herbst 1971 bis Ende Sept. 1973 (Kölner Domblatt) 1973; H. Rode, Die mittelalterl. Glasmalereien d. K. D.s, 1974; G. Kleveringhaus, Die Vollendg. d. K. D.s im Spiegel dtsch. Publikationen in der Zeit v. 1800–1842, Diss. Saarbrücken, 1972.

Kolonialstil, der Stil, in dem bes. in den engl. Kolonialländern Wohn- und andere Bauten errichtet sind, eine Abart des engl. Klassizismus. Auch in den Vereinigten Staaten von Amerika ist der K. im 19. Jh. sehr beliebt gewesen, zumal bei Wohnbauten, die vornehm wirken sollten. Die Bauten sind gern in Weiß gehalten.

C. A. Crane u. E. Soderholz, Alte Bauwerke im K. aus den nordamerikan. Unionstaaten etc., o. J.

Kolonnade, Säulengang mit geradem Gebälk (ohne Bögen), beliebt im Barock und Klassizismus; verwendet als selbständiges Bauwerk (die quer-oval geführten K.n des Bernini als Umrahmung des Vorplatzes von St. Peter in Rom) oder als Teil eines solchen (K. des Perrault an der Louvre-Fassade in Paris; Potsdam, Sanssouci).

Kolonnenschrift, eine Schrift, deren Zeichen nicht neben-, sondern untereinander stehen. So ist die chines. und japan. Schrift eine K. Auf byzantin. und roman. Gemälden, bes. Miniaturen, findet man sie häufig etwa zur Angabe von Namen; auch auf Initialseiten kommt sie aus dekorativen Gründen zuweilen vor.

kolorieren, mit Farben ausmalen (z.B. Holzschnitte, Diapositive). Derjenige, der diese Tätigkeit ausübt, heißt Kolorist, worunter man aber in der Kunstgeschichte auch einen Maler versteht, in dessen Kunst die Farbe ganz bes. viel bedeutet.

Kolorismus, in der Malerei die einseitige Heraushebung der farbigen Erscheinung vor allen anderen Gegebenheiten des Bildgegenstandes, wie etwa Linie, kubisch-plastische Bestimmtheit, Perspektive. K. ergibt sich, wenn ein Bild von vornherein aus der Farbe und nicht aus der Zeichnung heraus gedacht ist, wie z.B. stets im Impressionismus.

Kolorit, in der Malerei die Farbgebung eines Bildgegenstandes, soweit sie auf Grund seiner natürlichen Farbigkeit erfolgt. Gegenbegriff →Polychromie.

Kolossalordnung, Säulenordnung die mehrere (meist zwei) Geschosse einer Fassade übergreift. Die K. wurde in der it. Spätrenaissance bes. durch A. →Palladio und →Michelangelo entwickelt. Als Ausdruck von Kraft und Wucht ist sie hauptsächlich dem Barock eigen (Beispiel: Schlüters Portal an der Südfront des ehemaligen Berliner Schlosses, Abb. →Barock).

Kolosseum →Theater.

Kolumbarium →Columbarium.

Kommandostab, Knochengerät des →Magdalénien, aus einem gegabelten Rehgeweihsproß bestehend, der an der Abzweigungsstelle eine fingerdicke Durchbohrung aufweist. Die K.e sind häufig mit gravierten Tierdarstellungen verziert. Ihr Verwendungszweck ist unbekannt (Zaubergeräte?).

Kommunizierende Nebenchöre sind Nebenchöre, die durch Öffnungen in der sonst üblichen Trennungswand gegen den Hauptchor mit diesem in Verbindung stehen. Sie kommen zuweilen im roman. Stil vor (Choranlagen von Murbach und Konradsburg).

Komposition. Dieser vieldeutige Begriff wird in der bildenden Kunst in erster Linie bei Werken angewendet, die in der Fläche gestalten: Gemälde, Zeichnung, graph. Blatt, Relief. Bei rundplastischen Bildwerken oder Bauwerken spricht man seltener von K. Diese meint nichts anderes als den formalen Aufbau. Denn die aus der Wortbedeutung (lat. componere „zusammensetzen") abgeleitete Definition „Zusammenfassung der Teile zu einem einheitlichen Ganzen" läßt außer acht, daß beim Kunstwerk das Ganze vor seinen Teilen da ist, wie der Satz vor seinen Wörtern. K. ist eine Seite des Stils, die an allen seinen Wandlungen teilnimmt. Die gegenüber allen anderen Formgegebenheiten eines Kunstwerks isolierte Betrachtung seiner K. ist erst von der neueren Kunstwissenschaft in Angriff genommen worden und hat zu wichtigen Erkenntnissen geführt. Wir nennen eine K. streng, wenn ihr ein Schema, oder, was in diesem Falle dasselbe ist, eine erkennbare Gesetzmäßigkeit zugrunde liegt: Reihung, Symmetrie, Diagonalität; Aufgliederung nach geometrischen Gesichtspunkten durch Einführung eines architektonischen Gerüstes, auf dessen Teilungen die Teile der K. eindeutig bezogen sind; →Isokephalie; →Figura piramidale; scharfe formale und farbige Trennung von Vorder-, Mittel- und Hintergrund einer Landschaft; →Perspektive.

A. Schmarsow, K.sgesetze in der Kunst des Mittelalters, 2 Bde., 1920–22; O. Schubert, Gesetze d. Baukst., 2 Bde. 1954; A. Riegl, Histor. Grammatik d. bildenden Künste (hg. v. K. M. Swoboda u. O. Pächt), 1966; H. Tucholski, Bildfläche u. Maß, 1971.

Kompositkapitell →Kapitell, →Säulenordnungen.

Koncha, Konche (griech.-latein. „Muschel"), bei altchristl. und mittelalterl. Kirchen die Halbkuppel der →Apsis, auch diese selbst. →Dreikonchenanlage.

Königsgalerie, Galerie mit Königsstatuen unter Blendarkaden an der Fassade franz. Kathedralen (Paris, Amiens, Reims). Sie betonen besonders die Horizontale. Dargestellt sind biblische, den Sagen entlehnte oder historische Könige. Als Vorstufe können die →Zwerggalerien roman. Kirchen angesehen werden.

J. G. Prinz v. Hohenzollern, ‚Die K. d. franz. Kathedrale, 1965.

Königshalle, nordische, nach den Schilderungen der altisländ. Dichtung ein saalartiger Holzbau, der dem Fürsten und seiner Gefolgschaft als Aufenthaltsraum diente. Man betrat ihn von der einen Schmalseite her, wo vor der Tür eine Bank für wartende Gäste aufgestellt war. Im Innern zogen sich zwei lange Bankreihen hin, zwischen denen zu jeder Jahreszeit das offene Langfeuer brannte. In der Mitte der einen Bankreihe war der Hochsitz des Fürsten; ihm gegenüber ein ähnlicher Sitz für den bes. zu ehrenden Gast. Bei Festlichkeiten wurde die Halle mit gewirkten Bildteppichen ausgeschmückt, wie solche u.a. im →Osebergfund erhalten sind. Bes. gerühmt wird in der altisländ. Dichtung die Halle des Jarls Olaf Pfau, deren Wände mit geschnitzten Darstellungen aus der Göttersage verziert waren (→Holzbau). Der Typ der K. setzte sich im →Palas der →Pfalz fort.

H. Schneider, German. Altertumskunde, 1938.

Königspfalz →Pfalz.

Konrad von Einbeck →Einbeck.

Konrad von Soest →Soest.

Konsekrationsmünze, Münze der röm. Kaiserzeit, geprägt bei der Konsekration eines Kaisers, d.h. bei seiner Erhebung zum Gott. Sie zeigt sein Bildnis und auf der Rückseite ein entsprechendes Symbol.

Konservierung →Denkmalpflege.

Konsole, ein aus der Mauer vortretender Tragstein (auch Kragstein genannt) als Stützpunkt für Gesimse, Bögen, Blendbögen, Dienste, Figuren u. dgl. Die K. ist sehr häufig als Zierglied geformt, dem jeweiligen Stil entsprechend. Im Mittelalter wurde sie hinsichtlich der Ausstattung mit Ornamenten und Figuren ähnlich wie ein Kapitell behandelt. Es gibt auch K.n aus Holz oder Eisen.

Konstantinsbasilika →Gewölbe.

Konstantinsbogen, der vom Senat nach dem Sieg Konstantins an der Mulvischen Brücke (Ponte Molle) im Jahre 312 errichtete Triumphbogen. Sein Skulpturenschmuck besteht zum großen Teil aus Reliefs, die Bauten Trajans und Marc Aurels sowie einem Jagddenkmal Hadrians (Rundreliefs) entnommen wurden. Bei diesen Stücken wurden die Köpfe, soweit notwendig, im Stil der konstantinischen Zeit umgearbeitet und ikonographisch verändert. Eigens dafür angefertigt sind im wesentlichen außer dekorativen Teilen die Langreliefs über den seitlichen Bögen, die sich in ihrem spätantiken Stil deutlich abheben.

H. P. L'Orange u. A. v. Gerkan, Der spätantike Bildschmuck des K.s, 1939 (Studien zur spätantiken Kunstgesch., Bd. 10); B. Berenson, The arch of Constantine, 1954; A. Giuliano, Arco di Constantino, 1955.

Konstruktivismus, um 1915 von Wladimir Tatlin in Moskau gegründete, in ihren Zielen mit d.

→Suprematismus nahezu übereinstimmende Stilbewegung. Sie forderte ebenso wie der Non-Objektivismus Rodchenkos die Beschränkung auf reine Harmonien einfacher geometrischer Formen und lehnte jeden Anklang an gegenständliche Motive ab. Verallgemeinernd nennt man oft jede Richtung der mod. Kunst, die verwandten Prinzipien folgt, „konstruktivistisch", also auch die →Stijlgruppe Mondrians und ihre Nachfolger (→abstrakte Kunst).

K. Malewitsch, Suprematismus – Die gegenstandslose Welt, dt. 1962; R. Bauham, Die Revolution d. Architektur, dt. 1964; G. Rickey, Constructivism, 1967; W. Rotzler, Konstruktive Konzepte. Eine Gesch. d. konstrukt. Kst., 1977; A. Lottmann, Ungar. konstruktivist. Kst. 1920–1977, Ausst.kat. Kst.-Verein München, 1979.

Konsulardiptychon →Diptychon.

Konterfei (eigentlich „Nachahmung"), gemaltes →Bildnis.

Kontinuierende Darstellung, die Darstellung mehrerer nacheinander ablaufender Handlungen innerhalb einer Bildeinheit (Relief, Gemälde). Die verschiedenen Handlungen können in gemeinsamer Fläche (z. B. bei mittelalterlichen Miniaturen) oder auch in verschiedenen (illusionistischen) Raumschichten untergebracht sein (z. B. bei Tafelbildern des 15. und 16. Jh.). Obwohl die K. D. sich besonders zu Illustrationen eines fortlaufenden Textes eignet und sich hier bis zu Übertreibungen entwickelte, war sie sehr viel allgemeiner. Sie wurde bereits in der Kunst des Alten Orients (Sumer) und Ägyptens angewendet, hin und wieder auch in der griech. Vasenmalerei und im griech. Relief und wird dort häufiger erst im Hellenismus. Ihre eigentliche Blütezeit beginnt in der röm. Kunst (klass. Beispiel das Reliefband der Trajanssäule). Sie ging auch auf die altchristl. Kunst über, beherrschte die Kunst des Mittelalters und verlor sich erst (abgesehen von vereinzelten späteren Beispielen) im 16. Jh. mit dem Ausgang der Renaissance.

F. Wickhoff, Die Wiener Genesis, 1912 (in „Schriften", Bd. 3); E. Bielefeld, Zum Probl. d. kontinuierlichen D.sweise, (Arch. Anz.) 1956.

Kontorniaten →Medaille.

Kontrapost (ital. „Gegensatz"), das zu harmonischem Ausgleich gebrachte Gegeneinanderspielen der steigenden und sinkenden Kräfte, der Bewegung und der Ruhe des stehenden menschl. Körpers, ausgedrückt durch Unterscheidung von →Standbein und Spielbein. Die Gestaltungsprobleme des K.s wurden in der klass. griech. Bildnerei zur Vollkommenheit entwickelt, im Mittelalter nur im 13. Jh. gelegentlich gestreift und dann wieder von der Renaissance aufgenommen.

R. Hedicke, Der Begriff des K.s, 1931 (Dt. Vierteljahrsschrift f. Literaturwissensch. u. Geistesgesch. 9).

Statue im Kontrapost

Kontur (franz.), Umriß, Umrißlinie. Der K. ist natürlich auch den Stilwandlungen unterworfen. Während er z.B. in der mittelalterlichen Malerei als gleichmäßig starke Linie ganz in der Fläche bleibt, wird er in der neueren Malerei und Zeichnung raumhaltig; er scheint vor- und zurückzutreten und im An- und Abschwellen die Figur zu umspielen.

Konversationsstück →Genremalerei.

Kopenhagener Porzellan. Die in Kopenhagen seit 1763 betriebene Privatherstellung von Porzellan wurde 1779 als Kgl. Porzellanmanufaktur verstaatlicht, die unter Beibehaltung der Bezeichnung „Königlich" Ende der 60er Jahre in Privatbesitz überging. Daneben gibt es seit 1853 die Manufaktur von Bing und Gröndahl. Das neuere K. P. hat zuerst die Unterglasurtechnik eingeführt. Die Farben werden zu zarten Tönungen aufgespritzt; auch Figuren, bes. Tierfiguren (Vögel), werden in ebenfalls zarter Tönung hergestellt.

A. Hayden, K. P., dt. ²1924; Den Kgl. Danske Porcelainsfabrik, 1938 (dän.); X. Rostock, The Royal Copenhagen Porcelain Manufactory and the faience manufactory aluminia past and present, 1939.

Kopfleiste, Zierleiste am Kopf einer Handschriften- oder Buchseite.

Kopfreliquiar →Reliquiar.

Kopie, Wiederholung oder Nachbildung eines Kunstwerkes durch eine andere Hand (im Unterschied zur →Replik), in der Regel mit den gleichen technischen Mitteln ausgeführt wie das Original. Doch läßt der Begriff der K. es zu, daß die Nachbildung in einem anderen Material erfolgt (z.B. Bronzekopie eines Marmororiginals) und daß auch ihr Maßstab von dem des Originals abweicht. Kopiert ein Künstler das Werk eines anderen um davon zu lernen, so spricht man von einer Studienkopie. Eine auf Vervielfältigung in zahlreichen Exemplaren gerichtete Nachbildung, insbesondere mit den Mitteln der Graphik, heißt Reproduktion.

Das Kopieren von Kunstwerken wurde im Altertum in hellenistischer und röm. Zeit häufig geübt, und zahlreiche antike Bildwerke sind uns nur als röm. K.n erhalten geblieben, die seit dem Ende des 1. Jh. v. Chr. bis in die Zeit Caracallas entstanden. Das Mittelalter kennt die K. im allgemeinen nicht, sondern nur eine mehr oder weniger freie Nachahmung, da ihm der Begriff einer individuellen, von einer Künstlerpersönlichkeit bis ins letzte bestimmten Prägung des Originals fehlte. Erst in der beginnenden Neuzeit ist das Kopieren wieder in Aufnahme gekommen zu rein künstlerischen und zu geschäftlichen Zwecken. Dabei pflegen sich trotz der Absicht auf wortwörtliche Wiederholung Eigenart und Zeitstil des Kopisten deutlich zu äußern, zumal, wenn er selbst eine schöpferische Künstlerpersönlichkeit ist.

G. F. Hartlaub, Meisterk.n, 1941 (Die Kunst für Alle, Jahrg. 56); R. Hamann, Original u. Kopie (Marburger Jahrb. f. Kunstwissensch. 1949/50); G. Lippold, Antike Gemäldek.n, 1951 (Abhandlgn. d. Bayr. Akad. d. Wissensch., phil.-hist. Kl., N. F. 33); H. Ladendorf, Antikenstudium u. Antikenkopie (Abhdlgn. d. Sächs. Akad. d. Wissensch., phil. hist. Kl., 46, 2) 1953; K. E. Maison, Bild u. Abbild, 1960; W. Schmidt, Dialoge, K., Variation u. Metamorphose alt. Kst. in Graphik u. Zeichng. v. 15. Jh. b. z. Gegenwart, Ausst.kat. Dresden, 1970.

Koptische Kunst, die Kunst der Kopten, d.h. der christl. Nachkommen der alten Ägypter, die im ägypt. Hinterland saßen und deren

Christentum eine sehr eigene Färbung angenommen hatte. Die K. K. reicht etwa vom 3. bis zum 9. Jh. Sie ist ein Zweig der christl. Kunst, eine seltsame Mischung von ägypt. Überlieferung mit hellenistischen, alexandrinischen, syrischen, römisch-altchristl. und byzantin. Elementen. Die koptische Basilika zeigt gewisse Abweichungen, die z.T. mit dem anderen Ritus zusammenhängen; bes. beliebt ist die Dreikonchenanlage. Die Bildhauerkunst hat den Hang zur starren Frontalität und dazu, alles Plastische einzuebnen und der Fläche möglichst anzugleichen. Hier wirkt die Überlieferung der ägypt. Kunst bes. stark nach. In der Malerei ist vor allem die Abweichung gegenüber der altchristl. und byzantin. Ikonographie bemerkenswert. Das originellste Material aber, das die K. K. hinterlassen hat, sind die in überraschend großer Menge zutage gekommenen Stoffe von vorzüglicher Webart, Färbung und Musterung. Neuerdings ist die Wirkung der K. K. auf Ornamentik und figürliche Motive der Merowingerzeit stark betont worden.

O. Wulff, und W. F. Volbach, Spätantike und koptische Stoffe aus ägypt. Grabfunden, 1926; H. Ranke, Koptische Friedhöfe bei Karâra, 1926; Duthuit, L'art copte, 1934; W. Holmqvist, Kunstprobleme der Merowingerzeit, 1939; D. Cooney, Late Egyptian and Coptic Art, 1943; K. K. Christentum am Nil, Katalog d. Ausstellung Essen 1963; K. Wessel, K. K., 1973; Christentum am Nil, hg. v. K. Wessel, 1964 (Referate d. Arbeitstagung Essen 1963, mit Angaben aller wichtig. Lit.); ders., K. K. Die Spätantike in Ägypten, o. J.; M. Cramer, Kopt. Buchmalerei, 1964; P. du Bourget, Die Kopten, 1967; A. Effenberger, K. K., 1976.

Kore (griech. „Mädchen"), moderne Bezeichnung für die auf der Burg von Athen und in anderen Heiligtümern gefundenen Weihstatuen langgewandeter Mädchen. Sie gehören sämtlich in die zweite Hälfte des 6. und den Anfang des 5. Jh. v. Chr. Die athenischen Beispiele, die zumeist aus dem Perserschutt stammen, tragen z.T. noch gut erhaltene Bemalung.

E. Langlotz u. W. H. Schuchhardt, Archaische Plastik auf der Akropolis, 1940; H. Lauter, Die K.n des Erechteion (in: Antike Plastik, hg. v. F. Eckstein, XVI) 1976; auch →Erechteion.

Koreanische Kunst, die Kunst der Halbinsel Korea. Sie ist ganz von der chines. Kunst abhängig und hat die gleichen Zweige ausgebildet wie diese. Manche ihrer Werke gehören zu den feinsten Leistungen der ostasiatischen Kunst überhaupt. Der geographischen Mittelstellung der Halbinsel zwischen China und Japan entspricht auch eine geistige: koreanische Künstler haben die ihnen von China überkommenen Formen und Techniken nach Japan verpflanzt.

O. Kümmel, Die Kunst Chinas, Japans u. Koreas 1929; A. Eckardt, Geschichte der K. K., 1929; E. McCune, The arts of Korea, 1962; W. Forman u. J. Bařinka, Alte K. K., 1962, 1965; A. B. Griswold u. P. H. Pott, Burma, Korea, Tibet, 1966; J. Fontein u. Rose Hempel, China, Korea, Japan, 1968.

Korbbogen →Bogen.

Korfu, die nördlichste Insel an der Westküste Griechenlands, wurde im Altertum mit der homerischen Phäakeninsel Scheria gleichgesetzt. Die vorgeschichtlichen Funde sind einstweilen wenig bedeutend. Das wichtigste Denkmal des Altertums ist der kurz vor 600 erbaute Artemistempel, dessen Reste vor dem 1. Weltkrieg Dörpfeld freilegte. Von den Skulpturen ist der Gorgogiebel, wahrscheinlich korinth. Stils, als frühste fast ganz erhaltene Giebelkomposition von größtem Wert.

Rodenwaldt, Altdorische Bildwerke in Korfu, 1938; Ders., Korkyra, Archaische Bauten und Bildwerke, Bd. 1,

1940; A. Philippson u. E. Kirsten, Die griech. Ldschftn. 2, 1956–58; E. Kirsten u. W. Kraiker, Griechenlandkde., [5]1967.

Korinthischer Stil →Säulenordnung.

Körperschatten → Schattieren.

Korporale, leinenes Tuch, das als Unterlage für Kelch und Hostie vom Diakon auf die Altartücher gelegt wird.

Korssunsche Türen, eigentlich Chersonsche Türen, bronzene Türflügel der Sophienkirche in Nowgorod mit zahlreichen Relieffeldern. Die K. T. entstanden 1150 bis 1155 in der Magdeburger Gießhütte und wurden wahrscheinlich 1336 nach Rußland exportiert. Gipsabgüsse im German. Nationalmuseum in Nürnberg.

A. Goldschmidt, Die Bronzetüren von Nowgorod u. Gnesen, 1932; H.-J. Krause, E. Schubert, Die Bronzetür d. Soph.kathedr. i. Nowgorod, 1968; U. Götz, Die Bildprogramme d. Kirchentüren d. 11. u. 12. Jhs., Diss. Tübingen 1971.

Kosmatenarbeiten →Cosmaten.

Kostüm, Begriff seit d. 18. Jh. für die Kunstgesch. und Kunstbetrachtung in erster Linie historische Kleidung, deren Entwicklg. d. Kostümkunde untersucht, im Gegensatz zur Tracht, der Kleidung einz. Volksgruppen, Berufe u. früheren Stände, der sich d. Trachtenkunde widmet. K.geschichte wird seit d. Ende d. 18. Jhs. betrieben. Ursprüngl. umfaßte sie ebenso Rüstungen wie Waffen u. Geräte d. tägl. Bedarfs, später in d. Regel histor. Kleidung. Die K.gesch. ist weitgehend Gesch. d. Mode, die den jeweiligen Geschmack verschiedener Zeitalter widerspiegelt. Aber auch zur Abhebung u. Hervorhebung od. gar Auszeichnung dient das K. (auch d. Sonderform der Uniform). In d. Malerei ist es Teil d. Verbildlichung (z. B. →Verkündigung), dient innerhalb von Darstellgn. der Verdeutlichung einzelner Szenen – (Orts-, Zeit- oder Situationsverdeutlichung, z. B. antik, orientalisch, römisch usf.) u. Rangordnungen; später werden K.darstellgn. zum Selbstzweck, so z. B. die Wiedergabe sog. echter K.e in der K.malerei (z. B. Raffael) u. in K.büchern, den Vorläufern der heutigen Modedarstellgn. (seit d. 2. Hälfte d. 16. Jhs.) und Modebildern (seit etwa 1770). So dient die K.kunde nicht zuletzt als Hilfsmittel bei d. Datierung von Kunstwerken.

Von Bedeutung ist d. histor. K. für das Theater, das ihm – zusammen mit dem →Bühnenbild – zu einem großen Teil seine Wirkung verdankt. In den versch. Kunst- u. Kulturepochen fanden u. finden Wiederaufnahmen und Anlehnungen an frühere Vorbilder statt (z. B. i. d. Romantik). Die Kleidung d. Gegenwart ist nicht K. in dem genannten Sinne.

L. Henzey, Histoire du costume antique, 1922; M. v. Boehm, Die Mode. Menschen u. M. im MA bis 1914, 8 Bde. u. Erg., [5]1923–28; J. Laver, Das K. Eine Gesch. d. Mode - Ren. u. Frühbarock, 1951; ders., Concise History of Costume and Fashion, 1971; E. Thiel, Gesch. d. K.s, [4]1973; J. Loschek, Mode im 20. Jh., 1978; F. N. Steigerwald, Gugel, Gebende u. gebrechliche Konsolen. Ein Beitrag z. K.kunde u. Bauplastik d. MA.s (in: Niederdte. Beitr. z. Kst.gesch., 18) 1979; R. Elli, Entw.-gesch. des K.s, 1979.

Kotěra, Jan, tschech. Baumeister, * 18. 12. 1871 Brünn, † 17. 4. 1923 Prag, Schüler von Otto →Wagner in Wien, Prof. der Akademie in Prag, überwand den historisierenden Eklektizismus seiner Zeit und gelangte zu einem die architektonische Funktion betonenden Monumentalstil. Er schrieb: „Meine und meiner Schüler Arbeiten“ (1902).

O. Novotní, J. K., 1958 (tschech. m. Lit., Werkverz.).

Krabbe →Kriechblume.

Krafft, Adam, Bildhauer, * um 1460 wahrscheinlich Nürnberg, † 1508/09 Schwabach bei Nürnberg. Alle seine Werke (sämtlich in Stein) befinden sich in Nürnberg. In seiner Kunst wird die Unruhe, Vielteiligkeit und das lineare Strömen der Spätgotik allmählich abgelöst durch neue Formenklarheit, Ruhe und kubische Fülle. – Schreyersches Epitaph an St. Sebald (1490 bis 1492); Sakramentshaus in St. Lorenz (1493–96), schönstes Werk seiner Art, ganz spätgot. in der engen Durchdringung von Figur und Ornament. Die Klarheit ist erreicht im Relief der Stadtwaage (1497). Weitere Werke: Peringsdörffersches Epitaph (1498); Rehbeck-Epitaph (1500; beide in der Frauenkirche); Landauer-Epitaph (1503; St. Ägidien); die Kreuzwegstationen auf dem Johanniskirchhof (1508 bis 1510; durch Kopien ersetzt, die stark verwitterten Originale im German. Museum).

Dorothea Stern, A. K., 1916; W. Schwemmer, A. K., 1958, 1966; E. Lutze, A. K., 1961; E. Steingräber, A. K. Die Nürnbg. Stadtwaage, 1966.

Kragenflasche, kleine tönerne Feldflasche mit einem ringförmigen Wulst am Hals, der zum Befestigen der Tragschnur dient. Die K.n gehören der →Jungsteinzeit an und sind Leitformen der nord. Megalith-Kultur (→Nordischer Kreis).

Kragstein, Tragstein, ein aus der Mauer vortretender (vorkragender) Stein als Stützpunkt für Bauglieder, etwa gleichbedeutend mit einer →Konsole in einfacher Form.

Kranzgesims →Gesims.

Krater, weit geöffnetes großes Gefäß mit Fuß und zwei Henkeln, in Griechenland zum Mischen des Weins verwendet. Man unterscheidet Kelch- und Glockenkratere. Abb. →Vasenmalerei.

Kratzputz →Sgraffito.

Krebs, Conrad (Cunz), Baumeister, * 1492 Büdingen (?), † 1. 9. 1540 Torgau, erbaute u. a. das Langhaus der Moritzkirche in Coburg (seit 1520) und leitete seit 1532 als kurfürstlich sächs. Baumeister die Neubauten von Schloß Hartenfels in Torgau. Die Hoffront des von ihm errichteten Ostflügels (der leider unvollkommen erhalten ist) mit dem aus der Mitte vorspringenden Treppenturm (Wendelstein) und der reichen Bauornamentik gehört zu den bedeutendsten Leistungen der dt. Frührenaissance.

Kreide. Als primäres Zeichenmittel kommt im wesentlichen nur die schwarze K. in Betracht. Zu unterscheiden ist: 1. Naturkreide (Steinkreide), eine weiche, erdige Tonschiefermasse, mehr grau als schwarz. Ihre Verwendung beginnt im späteren 15. Jh. in Italien und endet im 18. Jh. K.zeichnungen sind meist auf getöntem Papier ausgeführt und oft mit Rötel oder Pastell kombiniert. Sie drängen zum großen Format. 2. Kunstkreide, aus Lampenruß hergestellt, mit tiefschwarzem, samtartigem Strich. Sie ist seit dem 19. Jh. in ausschließlicher Verwendung. – Weiße Naturkreide (Schneiderkreide) oder Kunstkreide dient zum Aufsetzen von Lichtern, der sog. Höhung.

Kreidemanier →Kupferstich.

Kreis, Wilhelm, Baumeister, * 17. 3. 1873 Eltville, † 13. 8. 1955 Bad Honnef a. Rhein, war Prof. an den Akademien v. Düsseldorf und Dresden, streifte die in seinen Bauten der Vorkriegszeit noch spürbaren klassizistischen und barocken Elemente nach dem Kriege ab und gelangte zu sachlicher Klarheit und monumentaler Flächenwirkung des Baukörpers: Wilhelm-Marx-Haus in Düsseldorf (1922–24; eins der ersten dt. Hochhäuser), das. Museums- und Ausstellungsbauten (1926), Hygienemuseum in Dresden (1926–30).

C. Meißner, W. K., 1925; H. Stephan, W. K., 1944; H. K. F. Mayer, W. K. Architektur i. dieser Zeit, 1953; G. Rehder, W. K., 1953.

Kreml, russ. Stadtfestung oder festungsartiger Teil russ. Städte. Am bekanntesten ist der K. in Moskau, der auf einem Hügel gelegene und von einer 20 m hohen, 1487 erbauten, mit Zinnen und Türmen versehenen Mauer umgebene älteste Teil der Stadt. Er enthält Bauwerke vom 14. bis 19. Jh., Kirchen, Klöster, Paläste, Staatsgebäude und Kasernen und ist seit 1918 Sitz der Sowjetregierung.

A. Voyce, The Moscow Kremlin, 1954; B. A. Rybakow u.a., Der Moskauer K. Die Rüstkammer, 1962; E. Behrens, Kst. i. Rußland, 1969; J. Burian, O. A. Svidkowskij, Der K. in Moskau, 1975; W. Markowa, Der K., 1975; H. Faensen, Kirchen im Moskauer K. (Das christl. Denkmal, Sonderheft 5 hg. v. F. Löffler), 1980; Ausst.kat. Schätze aus dem K. (in Moskau) „Trésors des Musées du Kremlin", Paris Grand Palais, 1979.

Kremser-Schmidt →Schmidt.

Krepidoma →Tempel.

Kresilas, griech. Bildhauer aus Kydonia, der um die Mitte des 5. Jh. arbeitete. Aus der Überlieferung kennen wir eine größere Zahl seiner Werke, doch haben sich auch einige in röm. Marmorkopien nachweisen lassen. Die Forschung hat auszugehen von seinem Porträt des Perikles, wohl einer Statue, deren Kopf in Hermenrepliken bekannt und durch Inschrift gesichert ist. Von einer Statue des Diomedes gibt es neben anderen Wiederholungen ein gutes Exemplar in Neapel. K. hat mit anderen Bildhauern eine Reihe von Amazonen gearbeitet. Von den vier überlieferten Typen schreibt man ihm die sich auf die Lanze stützende Amazone zu, die in einem Werke des röm. Kopisten Sosikles im Kapitolinischen Museum in Rom überliefert ist. Verschiedene Varianten eines Zeus-Ammonkopfes mit Widderhörnern, unter denen man das Kultbild des K. erkennen wollte, lassen sich ihm bisher nicht mit Sicherheit zuschreiben.

Curtius, Die klassische Kunst Griechenlands, 1928; V. Poulsen, Die Amazone des K., 1957.

Kretisch-Mykenische Kunst → Ägäische Kunst.

Kreußener Steinzeug, Steinzeuggefäße, die im 16. bis 18. Jh. in Creußen (Oberfranken) hergestellt wurden. Der figürliche Reliefschmuck, den sie in der Renaissance haben, wird später durch eine dunkelbraune, glänzende Glasur verhüllt und unscharf gemacht.

H. Eber, Creußener Töpferkunst, 1913.

Kreuz, eine in wechselnder Gestalt seit den ältesten Zeiten und in den verschiedensten Kulturschichten vorkommende Zier- und Symbolform, die im Christentum zum Sinnbild des Leidens Christi und damit zum Sinnbild Christi selber wurde (→Kreuzigung Chr.). Die Formen, die alle unter den Begriff K. fallen, sind außerordentlich zahlreich und in bes. vielen Variationen von der Heraldik entwikkelt worden. Die im Zusammenhang mit dem Christentum und der christl. Kunst wichtigsten sind folgende:

1. Griechisches K. mit vier gleichlangen Armen (kommt im N bereits in der jüngeren Steinzeit als Ornament oder Symbol vor). 2. Lateinisches K. (crux immissa). 3. Andreaskreuz (ein schrägliegendes

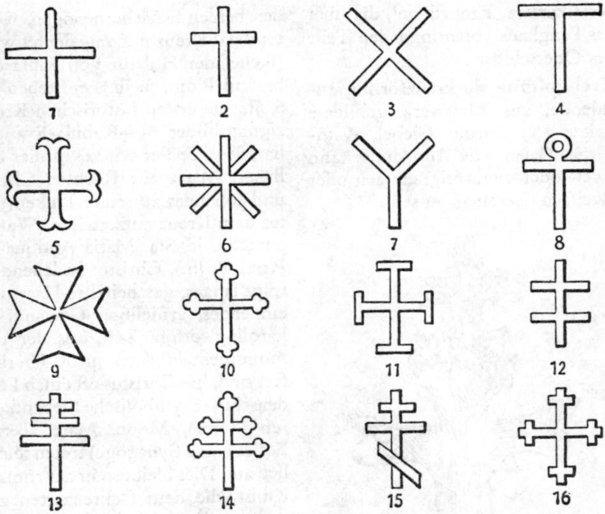

Kreuze (vgl. die Nummern im zugehörigen Artikel)

griech. K.). 4. Antoniuskreuz oder ägypt. K. (crux commissa; diese Form wird vielfach für die K.e verwendet, an die in Kreuzigungsdarstellungen die Schächer gebunden sind). 5. Ankerkreuz. 6. Doppelkreuz. 7. Gabelkreuz. 8. Henkelkreuz (crux ansata; ein aus Ägypten in die christliche Kunst übernommenes Symbol des zukünftigen Lebens). 9. Malteser- oder Johanniterkreuz. 10. Kleeblattkreuz, mit kleeblattförmig endenden Armen (kommt bes. bei Triumphkreuzen des 13. Jh. vor). 11. Krückenkreuz, dessen vier Arme je ein Antoniuskreuz, also eine Krücke bilden. 12. Doppelkreuz oder lothringisches K. 13. Päpstliches K. 14. Kardinals- oder Patriarchenkreuz. 15. Russisches Kreuz. 16. Wiederkreuz.

Kreuzabnahme. Die Darstellung der Abnahme Christi vom Kreuz durch Nikodemus und Joseph von Arimathia kommt in der byzantin. Kunst seit dem 9., in der abendländ. seit dem 10. Jh. vor (z.B. im Codex Egberti und anderen Handschriften). Die frühste dt. Darstellung der K. in monumentalem Maßstab und damit das frühste erhaltene Monumentalrelief einer mehrfigurigen Szene in Deutschland überhaupt ist das an den →Externsteinen (1115 oder später). Die sehr genauen Anweisungen der byzantin. Ikonographie spielen oft auch in die abendländ. Darstellungen der K. hinein. Übrigens stellt gerade sie durch ihre von vornherein gegebene, betonte Asymmetrie und die Zahl der Figuren, die nicht einfach assistieren, sondern in sehr bestimmter Weise beschäftigt sind, der Komposition besondere Aufgaben.

E. Rampendahl, Die Ikonographie der K. vom 9. bis 16. Jh., Berliner Diss., 1916; J. Bialistocki, The Descent from the Cross in Works by P. P. Rubens and his Studio (in: Art Bulletin, 12) 1964.

Kreuzarme, Kreuzflügel, die über das Langhaus vorspringenden Teile des Querschiffs.

Kreuzblume, die kreuzförmig ausladende, aus Blattwerk gebildete Spitze got. Türme, Giebel, Wimperge, Fialen. Die Ausladung kann zwei- oder vierarmig, einfach oder zweifach übereinander sein.

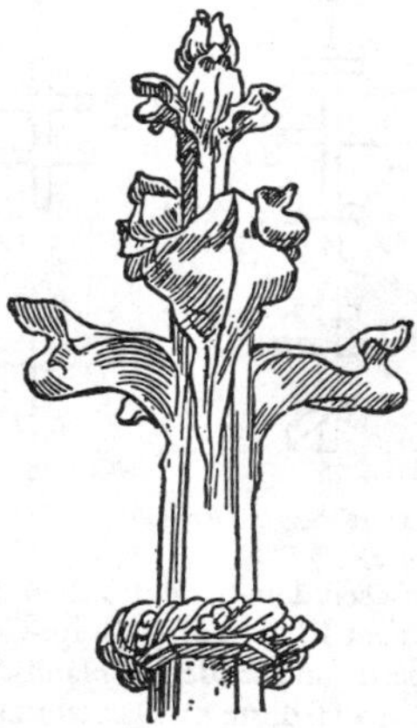

Kreuzblume

Kreuzbogen →Fries.

Kreuzfahne, ein in einem Kreuz endigender, mit einem Wimpel versehener langer Stab in der Hand des aus dem Grabe auferstehenden Christus, als Zeichen des Sieges über den Tod.

Kreuzgang →Kloster.

Kreuzgewölbe →Gewölbe.

Kreuzigung Christi, das wichtigste Thema des christl. Bilderkreises. Richtiger wäre die Bezeichnung „Christus am Kreuz", da ja nicht der Akt der Kreuzigung, sondern sein Ergebnis dargestellt wird. Die Entstehungsgeschichte der K. ist in manchen Punkten strittig. Nach vorbereitenden Versuchen, die Christus in Oranten-Stellung zwischen den beiden Schächern zeigen, während das Kreuz nur angedeutet wird (Relief der Holztür von Santa Sabina in Rom, 5. Jh.), entstehen im 6. Jh. die ersten historischen Kreuzigungsbilder (→Rabula-Evangeliar, 586). Später wird es immer üblicher, Maria zur Rechten Christi und Johannes zu seiner Linken unter dem Kreuz aufzustellen (Wandgemälde in Sta. Maria Antiqua in Rom, 8. Jh.). Christus ist lebendig, trägt langes, gescheiteltes Haar und ein enges, ärmelloses Gewand. In karoling.-otton. Zeit, aus der uns monumentale K.en nicht überliefert sind, hat Christus oft einen Lendenschurz; symbolische Nebenfiguren (Sonne, Mond, Mare, Terra, Ecclesia und Synagoge) treten reichlich auf. Dies bleibt so in der roman. Kunst, die dem Gekreuzigten zuweilen die Königskrone gibt. Sie bildet auch die Triumphkreuze aus, die in Italien gemalt, diesseits der Alpen nur als plastische Gruppen erscheinen (Hauptbeispiele im Dom zu Halberstadt um 1220, in der Kirche zu Wechselburg und im Dom zu Freiberg um 1235). Sie beschränken sich in der Regel auf Maria und Johannes als Begleitfiguren, abgesehen von Symbolfiguren kleineren Maßstabes. Das Triumphkreuz ist auf dem Triumphbalken hoch oben zwischen Chor und Langhaus angebracht. Aus dem Streben der Gotik nach Vermenschlichung des Göttlichen ergaben sich auch für die K. wichtige Änderungen: 1. die beiden Füße Christi werden (nach 1220, in Italien erst nach 1275) nur noch von einem Nagel durchbohrt, so daß der eine Fuß über dem anderen liegt. Das bedeutete Verlust an Symmetrie und damit an Strenge und Repräsentation, aber auch Gewinn an plastischer Ausladung und an Variationsmöglichkeiten der Haltung.

2. Christus erscheint tot oder sterbend, mit der Dornenkrone auf dem Haupt und schmerzvollem Gesichtsausdruck (K. am Lettner des Naumburger Doms, um 1260). Im 14. Jh. werden die Leidensmerkmale gesteigert, bes. in der dt. Kunst: der magere Leib hängt schwer herab und zerrt an den Armen, aus den Wunden quillt das Blut. Die ital. Kunst kennt diese Übertreibung des Schmerzlichen und Grausigen nicht. Erst in der 2. Hälfte des 15. Jh. gewinnt der Gekreuzigte in der dt. Kunst, zumal in der Plastik, wieder eine straffere und edlere Haltung (Nikolaus Gerhart), während in den K.en Grünewalds das Leiden eine letzte Steigerung erfährt. Die gemalten Darstellungen der K. bringen im 15. Jh. (in Italien schon im 14. Jh.) eine außerordentliche Vermehrung der um das Kreuz versammelten Personen und eine Erweiterung des ganzen Schauplatzes. Man nennt sie daher auch Kalvarienberg (= Schädelstätte, von lat. calvaria „Schädel"). In der Renaissance wird der Körper Christi anatomisch genau durchmodelliert und schön, mit geringen Spuren des Leidens gegeben: ähnlich im Barock, der jedoch das Schmerzvolle wieder stärker betont.

Der Gekreuzigte heißt lat. Kruzifixus, ein Name, der in der Abkürzung Kruzifix auf die isolierten Kreuze mit dem daran gehefteten Christus übergegangen ist, wie sie seit dem frühen Mittelalter auf dem Altar, bei Prozessionen, zur Erteilung der Sterbesakramente usw. verwendet wurden.

Eine seit frühroman. Zeit (Bernwardstür in Hildesheim) vorkommende Sonderform des Kreuzes bei der K. C. ist das Astkreuz, bei dem Stamm und Arme als dürre Äste gebildet oder mit Aststümpfen besetzt sind (→Lebensbaum). Eine weitere Abart ist das →Baumkreuz.

J. Reil, Die frühchristl. Darstellungen der K. C., 1904; Ders., Christus am Kreuz in der bildenden Kunst der Karolingerzeit, 1930; G. Schönermarck, Der Kruzifixus in der bildenden Kunst, 1908; Béla Lázár, Die beiden Wurzeln der Kruzifixusdarstellungen, 1912; K. Künstle, Ikonographie der christl. Kunst, Bd. 1, 1928; E. Sandberg-Vavalà, La croce dipinta italiana e l'iconografia della passione, 1930; Géza de Francovich, L'origine e la diffusione del crocifisso gotico doloroso, 1938 (Kunstgeschichtl. Jahrb. d. Bibliotheca Hertziana, Bd. 2); A. S. J. Grillmeier, Der Logos am Kreuz, 1956; K. Wessel, Die Entstehung d. Kruzifixus, 1960 (Byzantin. Ztschr. 53); R. Hausherr, Der tote Christus am Kreuz, Diss. Bonn 1963; P. Maser, Zur Entstehg. d. Kreuzigungsbildes, Diss. Halle 1970; G. W. Benson, The Cross, its History and Symbolism, 1976.

Kreuzkuppelkirche, Kirche, deren Kernbau über dem griech. Kreuz als Grundriß errichtet und von einer Kuppel gekrönt ist. Die Nebenräume sind auch oft mit einer Kuppel überdeckt. Eine genaue Scheidung zwischen K. und Kuppelbasilika ist nicht immer möglich. Die K. gelangt in der byzantin. Baukunst im 7. Jh. zu voller Ausbildung und gewann im Bereiche des östlichen Christentums weite Verbreitung.

M. Bühlmann, Die Entstehung der K., 1914; W. Sas-Zalaziecki, Die byzant. Baukst. i. d. Balkanländern, 1955.

Kreuzlage →Schattierung.

Kreuznimbus →Heiligenschein.

Kreuzrippe →Gewölbe 3. Sie ist eins der wichtigsten Konstruktionselemente der got. Baukunst.

M. Aubert, Les plus anciennes croisées d'ogives, 1934 (Bulletin monumental, auch separat).

Kreuztragung Christi. In der altchristl. Kunst wird das Kreuz zuweilen von Simon von Kyrene getragen, in der mittelalterl. Kunst ausschließlich von Christus selbst. Seit dem 14. Jh. wird die Zahl der

Begleitfiguren immer größer, eine Entwicklung, deren Höhepunkt bei Schongauer erreicht ist (Kupferstich „Die große Kreuztragung"). Im späteren Mittelalter wird die K., bes. wohl unter dem Einfluß der Passionsspiele, weiter ausgestaltet, nach der schmerzlichen Seite durch das Zusammenbrechen Christi unter dem Kreuz und das rohe Gebaren der Kriegsknechte, nach der tröstlichen durch Einfügung des Veronika-Motivs (um 1400). Dieses hat ursprünglich mit der K. nichts zu tun, sondern die ältere Veronikalegende besagt nur, daß die von Christus Geheilte auf ihre Bitte das wahre Abbild (vera icon) Christi zum Andenken erhalten habe. Daher zeigen Veronikabilder vor 1400 Christus ohne Dornenkrone, danach meist mit Dornenkrone. Denn die jüngere Legende läßt Veronika Christus auf seinem Kreuzweg begegnen und ihm das Schweißtuch reichen, auf dem dann sein Antlitz sichtbar blieb. Im 15. Jh. begann man auch den Kreuzweg in einzelne Stationen zu zerlegen, die sieben Kreuzwegstationen, die im 17. und 18. Jh. auf 14 vermehrt wurden. Eine Erweiterung der Kreuzwegstationen ist der Kalvarienberg (= Schädelstätte), wie er sich in Süddeutschland, Böhmen und bes. umfangreich ausgestaltet in Italien findet. Er bringt über die Kreuzwegstationen hinaus in Gemälden und plastischen Darstellungen die Haupttatsachen der Passion und überhaupt des christl. Vorstellungskreises.

P. Keppler, Die 14 Stationen des heiligen Kreuzweges, [4]1904; M. Hartig, Der Kreuzweg als Kircheneinrichtungsstück, 1936 (Die christl. Kunst, Jahrg. 32); U. Ulbert-Schede, Das Andachtsbild d. kreuztragenden Christus i. d. dt. Kst., Diss. München 1969; B. Wilk, Die Darstellg. d. K. u. verwandte Szenen bis 1300, Diss. Tübingen 1969; dies., Tropaeum u. Kreuz. Die frühchristl. Darst. d. K. C., 1975.

Kriechblume, Krabbe, die auf den Kanten der Turmhelme, Giebel und anderer Teile des got. Bauwerks in Zwischenräumen angebrachte, gleichsam emporkriechende Zier in Gestalt eines Blattornaments. Die K. nimmt gegen die Spätgotik hin immer kühnere und ausladendere (in der engl. Gotik breite) Formen an. Ästhetisch bedeutet sie die Verbrämung starrer Architekturglieder mit lebendig empordrängenden Formen.

Kriechblume

Krippe, Weihnachtskrippe, die figürlich-räumliche Darstellung des Weihnachtsgeschehens. Ihre Wurzeln liegen im geistl. Schauspiel (Krippenspiel) und den geschnitzten Weihnachtsszenen spätgot. Altäre. Die K. scheint sich im 16. Jh. in Italien entwickelt zu haben, wobei Neapel ein Hauptort war. In Deutschland wurde zuerst 1603 in der Michaelskirche in München von den Jesuiten eine K. als volkstümliches Andachtsmittel aufgebaut. Bayern und Tirol waren die Hauptverbreitungsgebiete. Die Figuren sind aus Holz, Wachs oder Ton oft mit großer Kunst gebildet, haben bewegliche Glieder und treten in modisch-prächtiger Kleidung auf. In bergiger Landschaft steht der Stall von Bethlehem mit der Hl. Familie, Hirten, Engeln, Zuschauern, Tieren. Am Dreikönigstag werden die Hirten durch die Heil. Drei Könige ersetzt. Bes. blühte die K.nkunst im 18.Jh., und bedeutende Meister (Ignaz Günther) stellten sich in ihren Dienst. Beste Sammlung im Bayr. Nationalmuseum in München. – Neben der künstlerisch gehobenen Form der K., wie sie in der Kirche und im vornehmen Bürgerhaus zur Andacht aufgestellt wurde, gab es seit etwa 1700 in Deutschland noch eine volkstümliche Form, die auch in protestant. Gegenden weite Verbreitung fand und sich bis in die Gegenwart, oft mit sehr primitiven Mitteln ausgeführt, gehalten hat.

G. Hager, Die Weihnachtsk., 1902; Chabot, Les crèches de Noël dans tous les pays, 1906; R. Berliner, Denkmäler der K.nkunst, 1926; Ders., Die Weihnachtsk., 1956; J. Ringer, Dt. Weihnachtsk.n, 1929; A. Stefanucci, Storia del Presepio, 1944; W. Döderlein, Alte K.n, 1964; O. Kastner, Die K. Ihre Verflechtungen mit d. Antike, 1964; L. Kriss-Rettenbeck, Anmerkgn. z. neuer. K.nliteratur, (Bayer. Jb. f. Volkskde.) 1966/67; J. Lanz, Tragkrippen in Böhmen, Mähren u. Schlesien (Jb. f. ostdt. Volkskde.), 1972.

Kristall, ein Quarz von vollkommener Durchsichtigkeit und Farblosigkeit, der in den Alpen und anderen Gebirgen („Bergkristall") gefunden wird und der, abgesehen von seiner Verwendung zu Schmuckgegenständen, bereits im Altertum zu Prunkgefäßen verarbeitet wurde, indem man die Technik des Steinschnitts (→Gemme), sowohl des erhabenen wie des vertieften, auf ihn anwandte. Dieser K.schnitt wurde im frühen Mittelalter auch auf Glasarbeiten übertragen (→Hedwigsgläser). In der Renaissance setzte, zuerst in Italien, die Herstellung von Prunkgefäßen aus Berg-K. wiederum ein. Sie sind meist vertieft geschnitten, während der Barock den Hochschnitt bevorzugte. Seit etwa 1600 kam, zuerst in Deutschland, die Anwendung des K.schnitts auf Glas immer mehr in Gebrauch. Man nimmt dazu das sog. K.glas, ein Glas von besonderer Reinheit. Unterschieden wird das mit Kalk erschmolzene böhmische K.glas und das unter Zusatz von Bleioxyd gewonnene, sehr schwere u. sehr weiche, daher zum Schneiden bes. geeignete Bleikristall.

Kristallpalast →Eisenbau.

Kritios, griech. Bildhauer der ersten Hälfte des 5. Jh. v. Chr. Er schuf zusammen mit Nesiotes die Gruppe der Tyrannenmörder Harmodios und Aristogeiton als Ersatz für die von den Persern im Jahre 480 entführte Gruppe des →Antenor. Die Statuen des K. sind durch röm. Kopien in Neapel und drei Kopfrepliken des Aristogeiton bekannt, doch kann über die Art der Aufstellung kaum völlige Klarheit erzielt werden. Von der Basis hat sich nur ein ganz kleines Fragment auf der Agora in Athen gefunden. Eine dem Meister zugeschriebene Knabenstatue auf der Akropolis zu Athen stammt kaum von seiner Hand. Man hat auch das Original der in Ostia gefundenen Herme mit dem Kopf des Themistokles dem Künstler zuschreiben wollen.

E. Buschor, Die Tyrannenmörder, 1940 (Sitzungsber. d. Bayr. Akad. d. Wiss., Abh. 5); Brunsåker, The Tyrant-Slayers of K. and Nesiotes, 1958.

Kronleuchter, ein von der Decke herabhängender Leuchter mit mehreren Lichtquellen, so genannt, weil er ursprünglich die Form einer Krone hatte (Lichtkrone). Künstlerisch bedeutende Beispiele kommen zuerst im kirchl. Kunstgewerbe vor. Ein frühes Hauptstück war der K., den Bischof Bernward für St. Michael in Hildesheim fertigen ließ (1. Drittel des 11. Jh.; im 17. Jh. zerstört) und der vermutlich zum erstenmal den in der roman. Kunst weiterhin festgehaltenen Gedanken durchführte, den K. durch Ausstattung mit Türmen und Toren als Abbild des himmlischen Jerusalem erscheinen zu lassen. Erhalten haben sich roman. K. z. B. im Dom zu Hildesheim (11. Jh.), im Münster zu Aachen und in der Abteikirche zu Komburg (12. Jh.). Die mittelalterlichen K. waren auch mit figürlichem Beiwerk versehen. In der Gotik setzte sich als Grundform die eines Schaftes mit ausstrahlenden Armen durch, einfach oder zweifach übereinander (ähnlich einer Kreuzblume). Von der Renaissance ab werden die Formen sehr mannigfaltig, vornehmlich aus Bronze, Messing oder Schmiedeeisen hergestellt. Bes. hervorzuheben sind die gläsernen K., die die venezianische Glasindustrie in prunkvoller Aufmachung und höchst verwickelter Zusammensetzung hervorgebracht hat. Aber auch Porzellan wurde seit dem Rokoko für K. benutzt. Die vom Historismus beeinflußten K.r des Empire – meist in Verbindg. mit Kristall – werden als Lüster bezeichnet. Sie fanden auch für Theater- und Festsäle Verwendung.

A. Kitt, Der frühroman. K. u. s. Symbolik, Diss. Wien, 1944.

Krückenkreuz →Kreuz.

Krüger, Franz, Maler, * 3. 9. 1797 Radegast b. Köthen, † 21. 1. 1857 Berlin, Akademieprof. und preuß. Hofmaler das., einer der besten Meister des biedermeierlichen Berlin, Spezialist kleinformatiger, sauber und scharf gemalter Darstellungen edler Pferde und Hunde („Pferdekrüger"). Weniger lagen ihm die großformatigen Darstellungen Berliner Paraden und sonstiger Festlichkeiten, obwohl sie durch ihren Reichtum an Einzelmotiven und die vielen von ihnen enthaltenen Porträtköpfe bekannter Persönlichkeiten beim Publikum bes. beliebt waren. Er hat ferner vorzügliche Bildnisse auch als Bleistiftzeichnung und Lithographie geschaffen. Beste Sammlung seiner Bilder in der Nationalgalerie in Berlin. Bildniszeichnungen z. T. veröffentlicht: „Vor 50 Jahren. Porträtskizzen berühmter und bekannter Persönlichkeiten von F. K." (1883).

W. Weidmann, F. K., 1927.

Krümme →Bischofsstab.

Krump(p)er, Hans, Bildhauer, * um 1570 Weilheim, † 12. 5. 1634 München, Schüler von Hubert Gerhard, seit 1609 Hofbildhauer in München, schuf Bronzewerke, die z. T. Anregungen des Malers Peter Candid verwerten. Am bekanntesten ist die Patrona Bavariae an der Residenz in München (1615). K. ist auch als Baumeister und Dekorator (Münchener Residenz) tätig gewesen.

A. Feulner, H. K.s Nachlaß. Risse u. Zeichngn. v. F. Sustris, H. Gerhard u. H. K. (Münchner Jb.), 1922. A. E. Brinckmann, Süddte. Bronze-Bildhauer d. Spätrenaissance, 1923; H. R. Weihrauch, Die Bildwerke in Bronze im Bayer. Nat.Mus. München, 1956; H. Schnell, Die Patrona Bavariae u. d. Wessobrunner Gnadenbild, (Das Münster, 15) 1962.

Kruzifixus →Kreuzigung Christi.

Krypta, in frühchristl. Zeit Grabraum eines Märtyrers in den Katakomben, im Mittelalter halb unterirdischer Raum unter dem Ostchor der Kirche zur Aufbewahrung von Reliquien oder als Grabstätte geistl. und weltl. Würdenträger. Frühste Form ist die →Confessio und die aus einem oder mehreren einander kreuzenden Stollen mit Grabkammern bestehende Stollenkrypta. Im 9. Jh. kam, zuerst in Italien, die Hallenkrypta auf, die einen meist dreischiffigen, gewölbten und mit Säulen ausgestatteten Raum darstellt, der, auf späteren Entwicklungsstufen immer größere Dimensionen annehmend, sich zuweilen bis unter die Vierung und noch weiter erstreckt. Die oft bedeutende Höhe bedingte ein Höherlegen des Chorfußbodens. Die K. ist nur der roman. Baukunst eigentümlich (jedoch nicht in den Bauten der →Hirsauer Schule), in der got. fiel sie aus kultischen und architektonischen Gründen im allgemeinen weg; doch gibt es von dieser Regel auch eine Anzahl Ausnahmen.

H. Buschow, Studien über die Entwicklung der K. im dt. Sprachgebiet, 1934; R. Wallrath, Zur Entwicklungsgeschichte der K., 1940 (Jahrbücher des Kölnischen Geschichtsvereins 22); Ders., Die K., Habil.-Schr. Köln 1944 (Masch.-Schr.); F. Deshoulières, Les cryptes en France, 1940 (Bull. de la Société Nationale des Antiquaires de France); E.-H. Lemper, Entwicklung u. Bedeutung der K.n etc. vom Ende der Romanik bis zum Ende der Gotik, Habil.-Schr. Leipzig 1962 (Masch.-Schr.)

Ktesiphon, Stadt im Zweistromland, nahe Bagdad am Tigris gegenüber Seleukeia, mit dem es im Altertum durch eine Brücke verbunden war. Sie wurde als Lagerstadt im 1. Jh. v. Chr. gegründet und diente dann den arsakidisch-persischen Königen als Winteraufenthalt. 1928–1932 wurde dort von einer deutschen und einer dt.-amerikan. Expedition gegraben, doch kamen die Resultate fast allein der Topographie und Baugeschichte zugute, da in der späthellenist. Stadt nicht gegraben wurde, trotzdem ihre Lage im Laufe der Erforschung der Ruinenhügel bekannt wurde. Ein großer Teil der Stadt ist allerdings durch die Wanderung des Tigris, der heute mitten durch K. verläuft, fortgeschwemmt worden. Auf dem linken Tigrisufer wurde die z. T. noch stehende Ruine des großen Palastes der sassanidischen Könige (Tâk el Kisra = Bogen des Chosrau) untersucht und rückwärts an den großen →Liwan anstoßende Räume festgestellt. Auf dem rechten Ufer gelang die Aufklärung des Befestigungssystems; ferner fand man dort eine sassanidische Kirche etwa aus der Zeit des Palastes (6.–7. Jh. n. Chr.) und eine parthische Nekropole (um 40 n. Chr.). Unter den Einzelfunden sind fast allein sassanidische Stuckreliefs bedeutend, von denen das Berliner Mus. Proben besitzt.

M. Streck, Seleucia und K., 1917 (in bezug auf die Topographie überholt); O. Reuther, Ausgrabg. der dt. K.-Expedition, 1929; Die Ausgrabg. der zweiten K.-Expedition, 1932; R. Ghirshman, Iran – Parther u. Sassaniden (m. Lit.), 1962; H. H. v. d. Osten, Die Welt d. Perser, [2]1956 (m. Bibl.); B. Brentjes, D. iran. Welt vor Mohammed, 1967; ders., Kst. des Islam, [2]1982.

Kuban-Kultur →Pontischer Kreis.

Kubin, Alfred, Zeichner und Illustrator, * 10. 4. 1877 Leitmeritz, † 20. 8. 1959 Zwickledt bei Wernstein am Inn. Sein eigentliches Thema ist das Dämonische, Grausige, Unheimliche, das er in einer eigentümlichen, mit dünnen Linien die Dinge impressionistisch umschreibenden Zeichenweise gestaltet. Illustrationen zu E. T. A. Hoffmann, Poe, Dostojewski, Strindberg. Mappenwerke: „Sansara" (1911; mit Selbstbiographie), „Ein Totentanz" ([2]1925). „Dämonen und Nachtgesichte" (1926), „Ali der Schimmelhengst" (1931), „Vom Schreibtisch eines Zeichners" (1939), „Abenteuer einer Zeichenfeder" (1941), „Orbis pictus" (1948), „Phantasien im Böhmerwald" (1952), Kubins Zeichnungen in der

„Bibliothek Kubin", 7 Bde (DTV), 1979.

P. F. Schmidt, A. K., 1924; W. Schneditz, A. K. u. seine magische Welt, 1949; Ders., A. K., 1956; A. Horodisch, A. K. als Buchillustrator, 1949; W. Heier, A. K., 1954; P. Raabe, A. K., 1957 (mit Werkverz. u. Bibliographie); W. Schmied, Der Zeichner A. K., 1967; E. Mitsch, A. K. Zeichngn., 1967; H. Bisanz, A. K. (hg. v. d. Graph. Slg. Albertina/Wien u. a.), 1977; A. Harks, Der Illustrator A. K. (Ges.-Kat. s. Illustr. u. buchkünstlerischen Arbeiten, Werkverz. als Bildkat.), 1977.

Kubismus, Sonderrichtung der neueren Malerei, die sich zwischen 1908 und 1910 als Rückschlag gegen den Impressionismus mit seiner Auflösung der kubischen Werte der Dinge ausbildete. Diese werden vom K. einseitig hervorgehoben und als die eigentlich wesentlichen herausgestellt, eine Entwicklung, die bereits bei Cézanne beginnt und schließlich zu einer Zertrümmerung aller optisch-anschaulichen Formenzusammenhänge führte. Sein Hauptland ist Frankreich (Picasso, Braque Gleizes, Léger), während er in anderen Ländern als Nebenerscheinung auftrat.

Die Zeitspanne von etwa 1910–12, der „analytische K." ist dadurch gekennzeichnet, daß Bildgegenstände in kleine, facettenartige Gebilde zerlegt werden, deren Darstellung statt von einem (subjektiv bestimmten) Blickpunkt aus mehrere Ansichten vermittelt und somit „objektiviert" und „verschlüsselt", wodurch die Bildgegenstände nicht ohne weiteres ablesbar sind. – Von 1912 bis etwa 1915 bietet der „synthetische K." eine neue Art des Bildaufbaus aus verfestigten Farbflächen oder in der Art der →Klebebilder mit sog. Realitätsabfällen, um dadurch einen Bezug zur Wirklichkeit herzustellen. Ein Vertreter dieser Richtung ist J. →Gris. Die Bilder werden zudem farbiger. Gegen 1915 findet der K. sein Ende, hat aber die Werke zahlreicher Künstler beeinflußt, u. a. L. →Feininger u. K. →Schwitters.

P. E. Küppers, Der K., 1920; A. Gleizes, Du cubisme, 1912, dt. 1928; F. Fosca, Bilan du cubisme, 1956; A. Schmeller, K., 1956; D.-H. Kahnweiler, Der Weg zum K., 1958; G. Habasque, K., dt. 1959; R. Rosenblum, Der K. u. d. Kunst d. 20. Jhs., 1960, 1977 (engl.); P. Cabanne, Die heroische Zeit des K., dt. 1964; J. Pierre, Le cubisme, 1966, Nachdr. 1976; E. Fry, Der K., 1966; G. Apollinaire, Die Maler d. K., Neuaufl. 1973; F. Mosele, Die kubistische Bildsprache v. G. Braque, P. Picasso u. J. Gris unter bes. Berücksichtig. d. Entw. d. Farbe, Diss. Zürich 1973.

Küchenstück, die Darstellung eines Ausschnitts aus einem Küchenraum mit stillebenartig zusammengestellten Küchengegenständen wie Kupferkesseln, Töpfen, Krügen, Fleisch, Gemüse. Das K. kann auch durch eine oder mehrere Personen belebt sein. Als Bildgattung erscheint es zuerst in der niederländ. Malerei des 17. Jh. Hauptmeister im 18. Jh. ist Chardin.

W. Sternberg, Die Küche i. d. klass. Malerei, 1910; L. Brieger, Das Genrebild, 1922.

Kugelamphore, Tongefäß der →Jungsteinzeit mit kugelförmigem Körper und kurzem, konischem oder zylindrischem Hals. Die Verzierung beschränkt sich auf den Oberteil des Gefäßes; sie besteht in rautenförmigen Mustern auf der Halspartie und fransenartigen Strichbündeln auf der Gefäßschulter. Die K.n sind im Mittelelbegebiet verbreitet und bilden eine Untergruppe des →Nordischen Kreises.

H. Priebe, Die Westgruppe der K.n, 1938; V. Weber, Die K.nkultur in Sachsen, 1964 (Arbeits- u. Forschungsberichte zur sächs. Bodendenkmalpflege 13).

Kugelbau. Der Gedanke, ein Bauwerk in Gestalt einer Kugel, also eines nicht tektonischen, weil basislosen Körpers zu errichten, wurde zum erstenmal um 1770 in Entwürfen von C. N. →Ledoux fixiert und hat die franz. Baumeister der Revolutionszeit mehrfach beschäftigt. Bekannt wurde auch der Entwurf eines Denkmals für Newton als Kugel von mehr als 150 m Höhe des Etienne-Louis Boullée. Eine Umsetzung in die Wirklichkeit war damals technisch noch nicht möglich. Sie erfolgte zum erstenmal auf der Pariser Weltausstellung von 1900. Eine Neubelebung erfuhr der K.gedanke in der Architektur Rußlands nach der Revolution. Ausgeführt wurden jedoch nur wenige K.ten und blieben anscheinend auf Ausstellungen beschränkt, so in Deutschland das Kugelhaus der Dresdner Hygieneausstellung von 1928 (abgebrochen).

H. Sedlmayr, Die Kugel als Gebäude, oder: das Bodenlose, 1939 (Das Werk des Künstlers, Jg. 1); E. Kaufmann, Three Revolutionary Architects: Boullée, Ledoux and Lequeue, 1952; U. Conrads u. H. G. Sperlich, Phantast. Architektur, 1960; A. M. Vogt, Boullées Newton-Denkmal. Sakralbau u. Kugelidee, 1969.

Kuhmäuler, die breiten, vorn abgerundeten Schuhe, die in Deutschland gegen Ende des 15. Jh. Mode wurden, als Reaktion gegen die von Frankreich her eingedrungene Mode der spitzen Schnabelschuhe. Im Gegensatz dieser beiden Schuhformen drückt sich der Gegensatz zwischen Spätgotik und Renaissance aus.

Kulisiewicz, Tadeusz, poln. Zeichner und Meister des Holzschnitts, * 13. 11. 1899 Kalisch, Prof. an der Akademie in Warschau, gehört zu den führenden Persönlichkeiten der gegenwärtigen poln. Kunst. Seine Holzschnitte sind von urwüchsiger Kraft der Formgebung und Schwarz-Weiß-Wirkung. In einzelnen Zeichnungen und ganzen Folgen hat er Polen und seine Menschen, aber auch das Leben in anderen Ländern mit eigenwilliger Strichführung und realistischer Prägnanz geschildert.

T. K., Graphik 1930–1953, Kat. d. Ausst. Berlin, 1955; Joanna Guze, K., dt., 1956 (m. Bibl.); dies., Einltg. T. K., Indisches Tageb., 1964 (Einleitg. v. J. Guze).

Kulisse →Bühnenbild.

Kulmbach, Hans von →Hans v. K.

Kultscheibe. Als Kultgegenstände (Sonnensinnbilder?) werden die kreisrunden Goldblechscheiben gedeutet, die in der →Bronzezeit Irlands, Norddeutschlands und Skandinaviens erscheinen. Sie sind mit getriebenen geometrischen Mustern verziert; auf den irischen Stücken kommt häufig das Kreuzmotiv (Sonnenrad) vor (→Trundholm, Sonnenwagen). Dieselben Scheiben sind häufig auf den südschwed. Felsbildern dargestellt.

K. H. Jacob-Friesen, Die Goldscheibe von Moordorf b. Aurich etc, 1931 (Jahrb. f. prähist. u. ethnograph. Kunst); J. Raftery, Prehistoric Ireland, 1951.

Kultwagen. In der →Bronzezeit und älteren →Eisenzeit Mittel- und Nordeuropas erscheinen vielfach kleine Bronzewägelchen, die als Kultgeräte gedeutet werden. Die bekanntesten Fundstücke stammen aus →Trundholm (Dänemark), Peccatel (Mecklenbg.), Strettweg (Steiermark) und Burg im Spreewald. Bei dem Peccateler Wagen handelt es sich um einen einfachen Bronzekessel, der auf vier Räder gesetzt ist; bei dem Strettweger Fundstück wird der Kessel von einer nackten Frau getragen. Um sie herum sind in prozessionsartiger Gruppe Reiter und ithyphallische (mit aufgerichtetem Glied) Männer angebracht, die zwei Hirsche führen. Die kaum 20 cm langen Miniaturwägelchen von Burg sind mit ganz schematischen Rinderköpfen und Vogelfigürchen geschmückt.

W. Schmid, Der K. von Strettweg, 1934 (Führer zur Urgesch., Bd. 12); G. Kossack, Studien zum Symbolgut der Urnenfelder- u. Hallstattzeit Mitteleuropas, 1954; H. Müller-Karpe, D. urnenfelderzeitliche Wagengrab v. Hart (Bayer. Vorgesch. Bl., 21) 1965; I. Bona, Clay Models of Bronze Age Wagons and Wheels in the Middle Danube Basin (Acta arch. Hungar. 12) 1960.

Kumpfgefäß oder Bombengefäß, Tongefäß in Gestalt einer Halb- oder Dreiviertelkugel. Die K.e gehören der →Jungsteinzeit an und sind kennzeichnend für die westlichen Gruppen des →donauländischen Kreises.

Kümmernis, eine in West- und Mitteleuropa verehrte, von der Kirche nicht anerkannte Heilige. Sie wird dargestellt als gekreuzigte Jungfrau, bärtig, in schönem Gewand, und mit nur einem goldenen Schuh. Die erst im 15. Jh. belegte Legende geht wohl auf ein Mißverständnis von Kreuzigungsdarstellungen mit langgewandetem Christus zurück. Als Urbild wird der →Volto Santo in Lucca angenommen.

G. Schnürer und J. Ritz, Sankt K. und Volto Santo, 1934 (Forschungen zur Volkskunde, hg. v. G. Schreiber, Heft 13–14); K. v. Spieß, Marksteine der Volkskunst, 1942 (Jahrb. d. hist. Volkskunde 8, 9); A. J. Visser, H. K. problem (Nederl. Theolog. Tijdsschr., 8) 1953; A. Dörrer, St. K. in Österr., (Arch. f. Kulturgesch. XLIX) 1962; R. Schneider-Berrenberg, Kreuz-K., eine Bibliographie, 1973.

Kunckelglas, Rubinglas, das von Johann Kunckel (1630–1703) im Dienste des Großen Kurfürsten und des Kurfürsten Friedrich III. gegen Ende des 17. Jh. hergestellt wurde. Es galt als außerordentlich kostbar und wurde oft in Gold gefaßt.

H. Maurach, J. K., 1933; G. Stein, K. (Glastechn. Ber. 25) 1952.

Künersberger Fayencen, die von J. Küner „v. K." bei Memmingen von 1745 bis 1767 hergestellten Fayencen. Sie haben eine ausgezeichnete, stark glänzende und milchweiße Glasur, zeigen vielfache Anwendung der Blaumalerei, auch der Muffelfarbenmalerei, oft mit Gold vereint. Die K. F. gehören z. d. besten dtn. Fayencen.

O. Riesebieter, Die deutschen Fayencen des 17. und 18. Jahrhunderts, 1921.

Kunst →Bildende K., →Baukunst, →Bildhauerkunst, →Malerei, →Kunstgewerbe, →Dekoration, →Ornament usw.

Kunstakademie →Akademie.

Kunstauktion, die öffentliche Versteigerung von Kunstwerken. Sie bietet Museen und Sammlern die beste Gelegenheit zur Ergänzung ihrer Bestände. Ihr Wert besteht auch darin, daß sie in Privatbesitz verborgen gebliebene Kunstwerke zum Vorschein bringt und durch Ausstellung vor der Versteigerung der Betrachtung zugänglich macht. Die fachmännisch gearbeiteten Auktionskataloge der anerkannten Auktionshäuser sind oft wertvolle Hilfsmittel für die Kunstwissenschaft, da sie genaue Angaben über Herkunft, Beschaffenheit, Maße usw. der Kunstwerke enthalten und bes. wichtige oft auch abbilden. Da häufig die erwarteten Preise angegeben werden, sind Auktionskataloge gute Gradmesser der Einschätzung bestimmter Künstler oder bestimmter Gattungen von Kunstwerken. – Die Formen der K. sind hauptsächlich im Holland des 17. Jh. entwickelt worden. Der erste Auktionskatalog hat sich hier aus dem Jahre 1616 erhalten (England 1686, Frankreich 1699, Deutschland 1711).

F. Lugt, Répertoire des Catalogues de ventes publiques, Bd. 1 (1600–1825), 1938 weitere Bde. bis in die Gegenwart.

Kunstausstellung. Ihre Voraussetzung ist das Nachlassen der engen Beziehung zwischen Künstler und Auftraggeber. Wenn Kunstwerke nicht mehr überwiegend auf Bestellung, sondern auf Vorrat gearbeitet werden, so ist der beste Weg, sie an den Mann zu bringen, die K. Die Wendung dazu ist da und dort im 17. Jh. eingetreten: auf holländ. Jahrmärkten wurden Bilder feilgeboten, und in Paris bürgert sich in dieser Zeit die Sitte ein, am Fronleichnamstage auf einem bestimmten Platz die Bilder junger, noch unbekannter Maler auszustellen. Zu festem Brauch wurde nach der Mitte des 17. Jh. die K. der Pariser Akademie, die zuerst im Palais Royal, dann in einigen Salons des Louvre stattfand. Bis 1791 durften sie jedoch nur von den Mitgliedern der Akademie beschickt werden. Seit der Mitte des 18. Jh. kamen dazu noch die K.n der Pariser Académie de Saint-Luc. Dem Beispiel von Paris folgten Dresden und Leipzig (1764), London (1768), und im Laufe des 19. Jh. wurde die K. allgemeine europ. Einrichtung. Von bes. Bedeutung sind K.en, vor allem auch für die Kunstwissenschaft, wenn sie als Gedächtnisausstellungen die verstreuten Werke eines Meisters unter einem Dach vereinen; oder als Teil einer Weltausstellung die Kunst des Landes, in dem jene stattfindet, in ihren Meisterwerken vorführen; oder wenn sie einem bestimmten Kunstkreis oder einer bestimmten Epoche gewidmet sind. So hat die Deutsche Jahrhundertausstellung von 1906 in Berlin unbekannten dt. Künstlern zu neuer Wertschätzung verholfen und die so gut wie vergessene Malerei der dt. Romantik unserem Kulturbewußtsein aufs neue erschlossen. Solche K.en bieten oft die einzige Möglichkeit, in Privatbesitz verborgene Kunstwerke, wenn auch nur für kurze Zeit, an die Öffentlichkeit gelangen zu lassen. In neuester Zeit haben sich großangelegte K.n über Künstler (Rembrandt, Cranach, Kandinsky u.a.), Gruppen (Nazarener, Staufer, Parler) sowie Epochen (Ägypt. Kunst, Kunst der 20er Jahre in Dtschld. usf.) über Ländergrenzen u. Kontinente hinweg zu einer der breiten Öffentlichkeit zugänglichen Einrichtung erweitert. Meist sind damit wiss. Kolloquien verbunden, deren Ergebnisse ebenso wie die nunmehr stark erweiterten wissensch. Kataloge wichtige kunstgeschichtl. Aufschlüsse bieten, oftmals sogar völlig neue Erkenntnisse vermitteln.

G. F. Koch, Die K., Ihre Gesch. . . . bis z. Ausg. d. 18. Jhs. (m. Bibliograph.) 1967; J. Allwood, The great Exhibitions 1977.

Kunstdenkmäler, künstlerisch und geschichtlich wertvolle Werke der bildenden Kunst. Sie unterstehen der →Denkmalpflege und werden in den Inventaren der „Bau- und Kunstdenkmäler" wissenschaftlich erfaßt. Abgesehen von diesen bietet die wichtigste Übersicht und kritische Beschreibung der dt. K. das „Handbuch der deutschen Kunstdenkmäler" von G. Dehio (5 Bde., 1905–12 und öfter; neue bändereiche Ausg. von Gall seit 1935). In neuerer Zeit steht die Aufnahme sämtlicher K. im Vordergrund. Einige Länder haben sog. Schutzzonenatlanten aufgestellt. Insbesondere durch die fortschreitende Industrialisierung sind viele K. gefährdet. Die jeweiligen Definitionen der K. werden in d. einzelnen Ländern durch Gesetz geregelt (etwa Nationale K. usf.).

R. Hootz (Hg.), Dte. K., s. 1966. Weitere Lit. →Denkmalpflege.

Künste, die sieben freien. Als „freie Künste“ (lat. artes liberales) wurden im Altertum diejenigen Kenntnisse und Fähigkeiten bezeichnet, über die der freie Mann im Unterschied zum Sklaven verfügen soll. Durch Marcianus Capella (um 400 n. Chr.) wurde ihre Zahl auf sieben festgestellt und in zwei Gruppen geteilt: Grammatik, Arithmetik, Geometrie (Trivium) und Musik, Astronomie, Dialektik, Rhetorik (Quadrivium). Er hat sie auch als erster personifiziert und damit ihre Darstellung durch die bildende Kunst vorbereitet. Diese erfolgte in karoling. Zeit (Bamberger Boëthius) und begegnet im Mittelalter häufig, bes. in Italien und Frankreich. Es sind weibliche Figuren mit den entsprechenden Attributen. Auch in nachmittelalterlicher Zeit wurden diese Personifikationen beibehalten.

G. Meier, Die sieben fr. K. im Mittelalter, 1887; P. D'Ancona, Le rappresentazioni allegoriche delle Arti Liberali nel medio evo e nel rinascimento, 1902 (L'Arte 5); E. Mâle, L'art religieux du XIIIe siècle en France, [8]1923.

Kunstfälschung. Eine K. wird begangen, um den Marktwert eines Kunstwerks zu steigern, indem man es für etwas anderes ausgibt, als was es in Wirklichkeit ist. Die beiden Hauptmöglichkeiten der Steigerung des Marktwertes sind Vorgabe höheren Alters durch Herstellung eines Werkes im Stil einer vergangenen Kunstepoche und Zuschreibung an einen berühmten Meister. Die falsche Zuschreibung braucht nicht die Herstellung eines Werkes im Stil des betreffenden Meisters vorauszusetzen, sondern wird oft schon durch die entsprechende Signierung oder sonstige Zurechtmachung eines anderen, ihm nahe stehenden Werkes vollzogen. Die K. erstreckt sich auf alle Arten beweglicher Kunstwerke aller Zeiten und Völker: Bildwerke, Bilder, graphische Blätter, Zeichnungen, Glas, Porzellan, Fayence, Terrakotta, geschnittene Steine, Elfenbein, Email, Goldschmiedearbeiten, Münzen, Medaillen, Möbel, Bucheinbände, Textilien und vieles andere. Die K. setzt mit Beginn der Renaissance ein, d.h. in einer Zeit, da man den Altertums- und Persönlichkeitswert von Kunstwerken zu schätzen begann. So sind die ältesten Antikenfälschungen, von denen man weiß, bereits um 1400 für die Sammlung des Herzogs Jean de Berry hergestellt worden. So beschwerte sich Dürer in Venedig darüber, daß seine Werke von ital. Malern nachgemacht würden, und im Zusammenhang mit solchen Erfahrungen steht wohl auch das Häufigerwerden der →Signatur, die sich aber dann gerade als ein sehr bequemes Mittel für die Fälscher erwies, ihre Arbeiten als die eines anderen Meisters auszugeben. Bei der Feststellung von K.en vermag die Stilanalyse allein oft nicht zu vollkommen eindeutigen Feststellungen zu gelangen. Sie bedarf daher der Unterstützung durch chemische und physikalische Untersuchungen der Werk- und Farbstoffe und sonstigen materialmäßigen Gegebenheiten. Ein Beispiel der K. in jüngster Zeit stellte der Skandal um die angeblich wiederentdeckten Fresken in der Marienkirche zu Lübeck dar. In der Gegenwart werden bes. viele K.n bei Graphik erkannt. So hat auch der Maler S. →Dali zahlreiche Werke in seiner Art als Fälschungen aus Ausstellgn. entfernen lassen.

St. Beissel, Gefälschte Kunstwerke, 1909; P. Eudel, Fälscherkünste, neu hg. von A. Rößler, 1909 [10]1941; A. Neuburger, Echt oder Fälschung?, 1924; Donath, Technik des Kunstsammelns, 1925; H. Tietze, Zur Psychologie u. Ästhetik der K., 1933 (Zeitschr. f. Ästhetik u. allg. Kunstwissensch. 27); A. Donath, Wie Kunstfälscher arbeiten,

1937; Th. Würtenberger, Das Kunstfälschertum, 1940 (Forschungen zur Gesch. des dt. Strafrechts, Bd. 2); O. Kurz, Fakes. A handbook for collectors and students, 1948; P. B. Coremans, Van Meegeren's Faked Vermeers and de Hooghs, 1949; K. Wehlte, Was ging in Lübeck vor? in: Maltechnik 1955/1; F. Mendax, Aus der Welt der Fälscher, 1953; S. Schüller, Fälscher, Händler u. Experten, 1959; F. Arnau, Kunst d. Fälscher, Fälscher d. Kunst, 1959; J. Goll, Kunstfälscher, 1962; E. Paul, Die falsche Göttin. Gesch. der Antikenfälschung, 1962; Ders., Studien zur Problematik der Antikenfälschungen. Habil.-Schr. Leipzig 1963 (Masch.-Schr.); L. Alscher, Götter vor Gericht, 1963; F. Arnau, Kunst der Fälscher, Fälscher der Kunst, 1964 (Knaurs Taschenbücher 48); F. Neugass, Triumpf d. Fälscher I. u. II. (Weltkunst 43, 23 u. 24) 1973; H. Althöfer, Fälschg. u. Forschg. Ausst.kat. Mus. Folkwang Essen, 1976; K. E. Meyer, Geplünderte Vergangenheit, 1977; P. Bloch, Original-Kopie-Fälschung (in: Jb. Preuß. Kulturbesitz, 16), 1980.

Kunstgeographie, die Erforschung von Kunstwerken unter dem Gesichtspunkt räumlich-landschaftlicher Zusammengehörigkeit. Dabei lassen sich zwei Aufgabenkreise unterscheiden. 1. Feststellung von Wesen und Eigenart von Kunstwerken des gleichen Landschaftsraumes; Feststellung ihres überzeitlichen „Raumstils" (im Unterschied vom überräumlichen „Zeitstil"). Die K. kann sowohl sehr kleine wie sehr große Räume ins Auge fassen. Die Kräfte, die diesen „Raumstil" bestimmen, lassen sich sondern a) in die Gegebenheiten des Bodens (Beispiele: das Vorkommen oder Nichtvorkommen bestimmter Baustoffe läßt je nachdem eine Holz-, Stein- oder Backsteinbaukunst entstehen. Das Material der Steinbildnerei ist nach Härte, Korn und sonstiger Beschaffenheit verschieden; diese landschaftlich bedingte Verschiedenheit wirkt mitbestimmend auf den Stil); b) in Gegebenheiten des Stammes oder der Rasse (ein Beispiel für eine in diesem Sinn durchgeführte Untersuchung ist: A. Grisebach, Die altdeutsche Stadt in ihrer Stammeseigenart, 1930). Die Kategorien a und b werden häufig in gegenseitiger Durchdringung angewandt werden müssen. – 2. Die Untersuchung der geograph. Ausbreitung bestimmter Stile, Formen, Motive usw. (ein entsprechendes Werk ist z.B. Kingsley Porter, Romanesque sculpture of the pilgrimage roads, 10 Bde., 1923). – Wichtiges Hilfsmittel der K. sind Karten der Verbreitung bestimmter Formen, Werkstoffe u. dgl.

Die kunstgeographische Betrachtungsweise ist, wenn auch nicht isoliert, schon immer geübt worden, vor allem in der Vorgeschichtsforschung. Sie steckt auch z.B. in der Milieutheorie von H. Taine. Das Wort K. wurde geprägt von dem Geographen Hugo Hassinger in seinem Aufsatz über „Aufgaben der Städtekunde" (Petermanns Mitteilungen, 1910). Systematisch sind die Aufgaben der K. bisher nur von sehr wenigen in Angriff genommen worden.

J. Strzygowski, Vergleichende Kunstforschung auf geograph. Grundlage, 1918 (Mitteilungen d. Geograph. Gesellsch. Wien, 63); K. Gerstenberg, Ideen zu einer K. Europas, 1922; J. A. Brutails, La géographie monumentale de la France, 1923; J. Puig i Cadafalch, La geografia i els origines del primer art romanic, 1930; P. Pieper, K., Versuch einer Grundlegung, 1936 (Neue dt. Forschungen, Bd. 61); H. E. Kubach, Drei Verbreitungskarten rhein.-roman. Baukunst, 1936 (Rhein. Vierteljahrsblätter, Jahrg. 6); Ders., Der niederrhein. Kunstraum von der otton. bis zur stauf. Zeit, 1938/39 (Zeitschr. d. Dt. Vereins f. Kunstwissenschaft, Bd. 5); D. Frey, Die Entwicklung nationaler Stile in der mittelalterlichen Kunst des Abendlandes (mit einleitendem Überblick über die Entwicklung des kunstgeograph. Gedankens in der neueren Forschung), 1938 (Dt. Vierteljahrsschrift für Literaturwissenschaft u. Geistesgesch., Jahrg. 16); H. Keller, Die Kunstlandschaften Italiens,

1960; ders., Die Kstldschftn. Frankreichs, 1963; K. u. Kstldschft. Zum Stand d. Diskussion (Kst. i. Hessen u. a. Mittelrhein, 8) 1968.

Kunstgeschichte, der geschichtliche Ablauf der →bildenden Künste. Die Wissenschaft, die ihn untersucht, heißt →Kunstwissenschaft.

Lit. →Kunstwissenschaft

Kunstgewerbe, zusammenfassende Bezeichnung für diejenigen Zweige der bildenden Kunst, die nicht wie Bildnerei und Malerei Vorstellungen gestalten und daher um ihrer selbst willen da sind, sondern die dem Nutzwert eines Gegenstandes einen Schönheitswert hinzufügen, indem sie ihn künstlerisch formen oder ausstatten. Daher heißt das K. auch „angewandte Kunst" im Unterschied zu den „freien" Künsten (Bildnerei und Malerei). Weitere, verschiedene Schattierungen des Begriffs K. ausdrückende Bezeichnungen sind: Kunsthandwerk, dekorative Kunst, technische Künste, Kunstindustrie. Als ein Sondergebiet der bildenden Kunst wurde das K. erst seit der Mitte des 19. Jh. umschrieben, erhielt seinen Namen, eigens ihm zugewiesene Mus. (→Kunstgewerbemuseum), wurde auf seine Gestaltungsgrundsätze untersucht (G. Semper, Der Stil in den techn. u. tekton. Künsten, 1. Aufl. 1860–63) und in seiner geschichtl. Entwicklung betrachtet.

Der Begriff K. schließt von der Einheit der entwerfenden und ausführenden Hand (Kunsthandwerk im engsten Sinn) bis zur mechan. Ausführung des Entwurfs durch die Maschine die verschiedensten Möglichkeiten in sich ein.

Die Gliederung in die einzelnen Gruppen des K.s erfolgt zunächst vom Werkstoff her und innerhalb der einzelnen Werkstoffgruppen nach den techn. Verfahren. So ergeben sich: Gold- und Silberschmiedekunst, Eisenschmiedekunst, Schnitzerei in Elfenbein, Horn, Holz, Möbelkunst, Kunstglas, Email, Keramik (Steingut, Steinzeug, Fayence, Porzellan), Textilkünste (Weberei, Wirkerei), Buchkunst u.a. Dabei sind jedoch scharfe Grenzen gegenüber den „freien" Künsten nicht immer einzuhalten, so bei Kleinbildwerken (z.B. aus Porzellan) oder dann, wenn sich bildliche oder figürliche Darstellungen mit einem Gegenstand des K.s verbinden, wie es etwa bei griech. Vasen, dem Bildteppich, dem mittelalterlichen Reliquienschrein oder dem →Cassone der italien. Renaissance der Fall ist. Überhaupt sind die Übergänge zwischen K. und freien Künsten in Zeiten einheitlicher künstlerischer Kultur auch im Personellen viel fließender (Holbeins kunstgewerbl. Entwürfe, der Maler Ch. Lebrun und seine gewaltige Wirkung auf das K. seiner Zeit), und erst das 19. Jh., das diese Einheit nicht mehr besaß, hat im Tatsächlichen und danach auch im Begrifflichen die Trennung verschärft.

Labarte, Histoire des arts industriels au moyen âge et à l'époque de la renaissance, 3 Bde., 1872–75; B. Bucher, Gesch. der techn. Künste, 3 Bde., 1875 bis 1876; G. Lehnert u. a., Illustr. Geschichte des K.s, 2 Bde., 1907–09; Bossert u. a., Geschichte des K.s aller Zeiten und Völker, 6 Bde., 1929–35; W. Dexel, Dt. Handwerksgut, 1939; H. Kohlhaussen, Geschichte des dt. Kunsthandwerks, 1955; ders., Europ. Kunsthandwerk, Gotik u. Spätgotik, 1970; J. Fleming, H. Honour, The Penguin Dictionary of Decorative Arts, 1976; R. Kahsitz, Die Kst. d. mittelalterl. Kirchenschätze u. d. bürgerl. Kunsthandwerk d. spät. MA.s (in:. Beitr. z. Gesch. des German. Nat.-Mus. Nürnberg 1952–77), 1977.

Kunstgewerbemuseum. Die Anregung zur Einrichtung von K.n gab die Londoner Weltausstellung von 1851, und im folgenden Jahr wurde das South-Kensington-Museum (Victoria und Albert-Museum) in London als erstes K. gegründet. Gedacht waren die K.n ursprünglich nicht nur als rein museale Darbietungen kunstgewerblicher Erzeugnisse aller Zeiten u. Völker, sondern auch als Vorbildersammlungen für den Kunsthandwerker, was der Stilnachahmung im Kunstgewerbe der 2. Hälfte des 19. Jh. entschieden Vorschub geleistet hat. Weitere Gründungen waren: Österreichisches Mus. für Kunst und Industrie in Wien (1863; jetzt Museum für Angewandte Kunst), Bayr. Nationalmuseum in München (1867), K. (früh. Schloßmuseum) in Berlin (1867), die K.n in Hamburg (1874), Dresden (1876), Köln (1887) und in anderen Städten.

Barbara Mundt, Die dtn. K.een i. 19. Jhdt., 1973.

Kunstglas →Glas.

Kunsthandwerk →Kunstgewerbe.

Kunsthistoriographie →Kunstwissenschaft.

Kunstindustrie →Kunstgewerbe.

Kunstkritik, die Deutung und Bewertung von Werken zeitgenössischer Kunst. Die K. will Kunstwerke, zumal wenn sie durch eine Ausstellung der Öffentlichkeit zugänglich gemacht worden sind, dem Publikum nahebringen und sie bewerten. Da es einen objektiven Maßstab dafür nicht gibt, sind die Urteile der K. von der Nachwelt ebenso oft bestätigt wie abgelehnt worden. – Die Geschichte der K. als einer offiziellen Einrichtung beginnt in der 2. Hälfte des 18. Jh. in Frankreich. Ihr erster Meister war Diderot, der von 1759 bis 1781 seine kritischen Ausstellungsberichte, die „Salons", schrieb. Sie gewannen starken Einfluß auch auf Deutschland. Einen großen Fortschritt in der Würdigung der formalen Eigenschaften der Kunstwerke brachten die Pariser Salonberichte von Burger-Thoré (1844–68). In neuerer Zeit wurde der Beruf des K.ers eine ständige und allgemeine Einrichtung, hat aber manche Auswüchse mit sich gebracht, da die Persönlichkeitsausmaße und die Erfahrung, die er voraussetzt, nicht immer vorhanden sind.

A. Dresdner, Die Entstehung d. K., 1915, ²1968; R. Quast, Studien zur Gesch. der dt. K. in der 2. Hälfte des 19. Jh., Diss. München, 1936; G. J. Hogewerff, Verbelding en vorstelling, 1939; Gengaro, Orientamenti della critica d'arte nel Rinascimento cinquecentesco 1941; F. Roh, Der verkannte Künstler, 1948; F. Koch, Die Kstausstellg., 1967; L. Venturi, Gesch. d. K., dt. 1972. B. Allsopp, The future of the arts, 1972; L. Venturi, Gesch. d. K., dt. 1972; J. Burnham, Kst. u. Strukturalismus; Die neue Meth. d. Kst.interpretation, dt. 1973.

Künstlerinschrift →Signatur.

Künstlerkolonie, ein urspr. v. England um 1800 ausgehender Bereich des Kunstlebens. (1790 Cockburnspath, „The Boys of Glasgow" um William →Turner, die K. um J. →Crome in Norwich 1802 u. a. m.), der sich insbesondere in Anlehnung an sezessionistische, gegen d. sog. Akademismus gerichtete Tendenzen gegen Ende d. 19. Jhs. in einzelnen Künstlergruppen manifestierte. Unmittelbare Berührung mit der Natur – verbunden mit teilweise romantischen Auffassungen – erschloß bes. für d. Landschaftsmalerei neue Stimmungswerte (z. B. Moorlandschaften, Dämmerung usf.). Andererseits fühlten sich die Maler (namentlich der dtn.) K.n dem Dekorativen u. somit dem →Jugendstil verbunden. Einzelne K.n haben ihr Fortwirken bis i. d. Gegenwart bewahrt, so Ahrenshoop u. Worpswede. Bekannte K.n waren →Barbizon,

Ahrenshoop (1882), Dachau (1894 →Hölzel), →Worpswede, Darmstadt/Mathildenhöhe (1900–1914), wo – als Ausnahme – Architektur u. Innenraumgestaltg. sowie Kunstgewerbe im Vordergrund des Interesses standen.

G. Wietek, Dtsche. K.n u. Künstlerorte, 1976 (Bibl.); Darmstadt. Ein Dokument dt. Kst. 1901–76. Mathildenhöhe, 5 Bde., 1976/77 (Bd. 1: Ein Dok. dt. Kst.; Bd. 2: Kst. u. Dekoration 1851 bis 1914; Bd. 3: Akad. – Sezession – Avantgarde um 1900; Bd. 4: Die Künstler d. Mathildenhöhe; Bd. 5: Die Stadt der K. Darmstadt 1900–1914. K. Mathildenhöhe 1899–1914); C. Knupp, Norddte. K.n. 2, Rügen, Vilm, Hiddensee, Ausst.kat. Mus. Hamburg-Altona, 1977; P. Morrin, Woodstock: an American art colony, 1977.

Künstlermonogramm, das auf Kunstwerken angebrachte, den Künstler bezeichnende Monogramm. Allgemeiner üblich wurde es zuerst auf Kupferstichen im letzten Drittel des 15. Jh. (z. B. →E. S.), d. h. bei Kunstwerken, die die anonym-handwerkliche Stufe überwunden hatten (was damals bei dem obwohl älteren Holzschnitt noch nicht der Fall war), und deren Vervielfältigung außerdem die Nachahmung begünstigte. Das K. bedeutete also zunächst nicht nur Bezeichnung des Persönlichen der künstlerischen Leistung, sondern Wahrung des Eigentumsrechts an ihr. Auch im 16. Jh., wo das K. nunmehr auch auf Holzschnitten, Gemälden, Bildwerken vorkommt, lassen sich diese beiden Gesichtspunkte nicht trennen, wiewohl der erstere, entsprechend dem gestärkten Selbstbewußtsein des Künstlers, überwogen haben mag. – Das K. ist bis zur Gegenwart in Anwendung geblieben; daneben aber wurde seit der Renaissance die volle oder abgekürzte Schreibung des Künstlernamens (→Signatur) immer mehr üblich. Meister des Kupferstichs und Holzschnitts (bes. der Spätgotik und Renaissance), von denen man nur das K. kennt, faßt man unter dem Namen Monogrammisten zusammen.

Ris Paquot, Dictionnaire des marques et monogrammes etc., 2 Bde., o. J.; G. K. Nagler, Die Monogrammisten, 5 Bde., 1857–79, Neudr. u. Generalregister 1919–20; F. Goldstein, Monogramm-Lexikon. Internat. Verz. der Monogramme bildender Künstler seit 1850, 1964; H. H. Caplan (Hg.), Künstler-Signaturen, – Symbole- u. Monogramme, 1977.

Künstlerpostkarte→Ansichtspostkarte.

Kunstphilosophie, die Untersuchung von Wesen und Bedeutung der Kunst oberhalb ihrer einzelnen Erscheinungsweisen u. Mittel. Sie wird häufig auch der →Ästhetik zugerechnet.

Kunstsammlung. Der Trieb des Menschen, die Dinge, die er schätzt, auch zu sammeln, ist so ursprünglich, daß mit dem Vorhandensein von Kunst auch das Vorhandensein von K.en unmittelbar gegeben ist. Deren Wert, Wesen und soziologische Bedeutung kann freilich sehr verschieden sein. Im Altertum dürfen die Tempelschätze als K.en angesprochen werden, wenn hier auch wohl hauptsächlich der materielle und kultische Wert ausschlaggebend war. Dagegen haben die Könige von Pergamon und die Ptolemäer in Ägypten K.en und Gemäldegalerien sogar schon unter historischen Gesichtspunkten angelegt. Im Rom der Kaiserzeit waren unermeßliche Kunstschätze in Tempeln, öffentlichen Bauten und in den Palästen und Villen der Vornehmen beisammen; bereits damals tauchte der Gedanke auf, den privaten Kunstbesitz zu verstaatlichen, und Asinius Pollio der den →Farnesischen Stier besaß, öffnete seine

Privatsammlung sogar dem Publikum. Im Mittelalter waren die Kirchenschätze K.en ersten Ranges, für deren Zustandekommen naturgemäß nicht in erster Linie künstlerische Interessen maßgebend waren, sondern kultische und die Gesichtspunkte des Seltenen und Kostbaren. Auch die Reliquiensammlung der Kirche, das →Heiltum, ist nun durch die künstlerische Fassung der Reliquien auch eine K. geworden. Zu den geistlichen Schatzkammern kommen seit dem 14. Jh. die weltlichen Schatzkammern der Fürsten, in ihrem Bestand jenen durchaus ähnlich, nur daß sich ein weltlicher Zug stärker bemerkbar machte. Bei König Johann dem Guten von Frankreich († 1364) und seinen vier Söhnen tritt fürstliches Sammlertum so deutlich hervor wie nirgends sonst in Europa. Bei einem dieser Söhne, dem Herzog Jean de Berry († 1416), ist aus dem Charakter der Sammlung (deren Inventare erhalten sind) neben der Freude am kostbaren Material und am Seltsamen ein ausgesprochenes Interesse am künstlerischen Wert festzustellen. Rein kam dieses zur Geltung in den →Antikensammlungen, die seit dem späteren 15. Jh. in Italien entstanden, und in Deutschland ist der jedoch nicht gesicherte Fall Peter →Vischers d. Ä. zu vermerken, der sich eine umfangreiche Sammlung von deutschen Bildwerken der Vergangenheit angelegt hatte. Außerordentliches haben die ital. Familien der Medici, Este, Gonzaga, Farnese u.a. zusammengebracht. Der Typus der fürstlichen K.en in Deutschland, wie er vom späteren 15. bis ins 18. Jh. herrschte, war der der sog. K u n s t - u n d W u n d e r k a m m e r, eines Raritätenkabinetts, in dem Kunstwerke, Naturalien und Kuriositäten in buntem Beieinander waren. Die bedeutendsten dieser Sammlungen um 1600 waren die Ambraser Sammlungen des Erzherzogs Ferdinand von Österreich und die Kunstkammer Rudolfs II. in Prag. Dem Beispiel der großen Höfe folgten die kleinen. In der „Galerie" des Schlosses wurde ein Teil der Sammlungen zu guter Sichtbarkeit untergebracht, die kleineren Stücke fanden im „Kabinett" ihren Platz. Namen, die bis heute an K.en hängen geblieben sind (Gemäldegalerie, Kupferstich- und Münzkabinett). Daneben waren auch K.en von Privatpersonen nicht selten. Von bekannteren seien genannt das Praun'sche und das Imhoff'sche Kabinett in Nürnberg, die Sammlung des Philipp Hainhofer in Augsburg, die des Rubens in Antwerpen, die Rembrandts in Amsterdam, die des engl. Grafen Arundel.

Seit der Mitte des 18. Jh. bahnte sich das Bestreben an, die K.en der Öffentlichkeit zugänglich zu machen, nachdem jedoch schon 1662 die Stadt Basel das private „Amerbach-Kabinett" angekauft und der Allgemeinheit überwiesen hatte. 1750 wurde im Palais du Luxembourg in Paris die Rubensgalerie geöffnet, 1755 auf Geheiß Friedrichs d. Gr. die Bildergalerie in Potsdam als selbständiges Gebäude geschaffen und einem allerdings nur beschränkten Kreis von Besuchern zugänglich gemacht. Das Britische Museum in London entstand seit etwa 1700 aus Stiftungen und aus Ankäufen durch das Parlament und wurde 1759 in einem vom Parlament erworbenen Privatpalast dem Publikum geöffnet. Wenig später wurde auch in Deutschland die erste öffentliche K. eingerichtet durch Herzog Karl I. von Braunschweig. Das wichtigste Ereignis auf dem Wege zum Museum, wie wir es heute haben, war die vom franz. Nationalkonvent ausgesprochene Erklärung des kgl. Kunstbesitzes zum Nationaleigentum und die daraufhin 1793 erfolgte Öffnung der Galerie des Louvre. Schließlich sind die meisten fürstlichen K.en in öffentlichen Besitz übergegangen. Im 19. Jh. hat das Museum, wie es jetzt vielfach genannt wird (nach griech. museion „Musenstätte", „Forschungsstätte", im Humanismus „Studierstube"), eine reiche Entwicklung durchgemacht. Es erfolgte die Trennung in Kunstbestände und Bestände anderer Art (eine Trennung, die später im →Heimatmuseum wieder aufgegeben wurde); die Bestände wurden auch nach Kunstgattungen getrennt und in besonderen Gebäuden historisch geordnet untergebracht. Zur Skulpturensammlung, zur Gemäldegalerie und zum Kupferstichkabinett traten seit der 2. Hälfte des 19. Jh. das →Kunstgewerbemuseum, das kulturgeschichtliche Nationalmuseum (Nürnberg, München), das Museum für Volkskunde, für Vor- und Frühgeschichte und viele Spezialmuseen aller Art. Auch bedeutende Privatsammlungen sind im 19. Jh. zusammengekommen. Eine Sonderstellung nimmt Amerika ein, das ohne überlieferten Kunstbesitz war. Hier entstanden seit dem Ende des 19. Jh. durch die Macht des Geldes oft in ganz kurzer Zeit bedeutende K.en, die dann der Öffentlichkeit geschenkt wurden. – Die K. in Gestalt des öffentlichen Museums ist im Laufe des 19. Jh. zu einem Bildungsmittel ersten Ranges geworden, und viele Möglichkeiten wurden versucht, die gesammelten Schätze so darzubieten und durch Wort und Schrift zu erschließen, daß sie dem Beschauer wirklich lebendig werden. Für die Kunst des 20. Jhs. wird diese Tradition eines Mäzenatentums erfolgreich fortgesetzt oder staatl. Institutionen treten an seine Stelle. Zahlreiche K.n für d. Gegenwartskst. zeugen davon (New York; Paris; Basel, Köln u. a. O.). Die Bedeutg. d. K. für d. Gegenwart wird durch die Entwicklg. einer →Museumspädagogik deutlich.

J. Burckhardt, Die Sammler, 1893 (in „Beiträge zur Kunstgeschichte von Italien", [2]1911); A. Furtwängler, Über K.n in alter und neuer Zeit, 1899; D. Murray, Museums. Their history and their use, 1904; V. Scherer, Deutsche Museen, 1913; J. v. Schlosser, Die Kunst- und Wunderkammern der Spätrenaissance, 1918; E. Waldmann, Sammler u. ihresgleichen, 1920; A. Donath, Psychologie d. Kunstsammelns, 1920; O. Homburger, Museumskunde, 1924; L. Brieger, Die großen Kunstsammler, 1932; H. Seling, Die Entstehung des Museums, Diss. Freiburg, i. B. 1953; R. Albi, Musei. Architettura-Tecnica, 1962; Jahrb. der dt. Mus., seit 1928; Zeitschr.: Museumskunde, seit 1905; Museum, seit 1948 (hg. von der UNESCO); Ztschr.: Neue Museumskunde, seit 1958; F. H. Taylor, The taste of angels. A history of art collections from Ramses to Napoleon, 1948; P. Cabanne, Die Gesch. großer Sammler, [2]1966; Hannelore Sachs, Sammler u. Mäzene, 1971; V. Plagemann, D. dtsche. Kunstmuseum, Lage, Baukörper, Raumorganisation, Bildprogramm 1790–1870 (Studien z. Kst. d. 19. Jhdts. Bd. 3) 1967; G. Bolt (Hg.), Das Museum d. Zukunft. 43 Beiträge zur Diskuss. üb. d. Zuk. d. Museums, 1970; Terminolog. Wörterbuch d. Museumswesens DDR, 1973; E. Hühns, Museologie. Gesch., Gegenstand, Methoden (Neue Mus.-Kunde) 1973; B. Deneke, Die Museen u. d. Entw. d. Kulturgesch. (Nürnbg. Symposium, 1975), 1977; C. Schuchhardt, Goethes K.n. (Nachdr. d. Ausg. Jena 1848/49) 1976; B. Deneke, R. Kahsnitz (Hg.), Das kunst- u. kulturgeschichtl. Mus. im 19. Jh. (Stud. z. Kst. d. 19. Jhs., Bd. 39) 1977. Schriftenr. d. Inst. f. M.kde Berlin f. d. DDR; E. Steingräber, Große Gemäldegalerien, 1980; Ein neues Haus f. neue Kst., Mus. f. Gegenwartskunst Basel, 1980; Architekturmuseen (in: Kunstforum international, 38) 1980; Elisabeth Scheicher (hg. v. Chr. Brandstatter), Die Kst.- u. Wunderkammern d. Habsburger, 1979.

Kunstschrank →Kabinett 2.

Kunststein →Steinguß.

Kunsttheorie, allgemeine Kunstwissenschaft. Sie untersucht Eigenart, Grenzen, Gestaltungsweisen der einzelnen Kunstgattungen, ihr Verhältnis zueinander und sucht Gesetzmäßigkeiten in ihrer Entwicklung festzustellen. Eine scharfe Grenze gegenüber dem Bereich der →Ästhetik ist dabei nicht zu ziehen.

H. Bauer, Kst.gesch. u. K. im 19. Jh., 1963; R. Heidt, E. Panofsky, K. u. Einzelwerk, 1977; ders., Idea. Ein Beitr. z. Begriffsgesch. d. älteren K., 1980; R. Hamann, Theorie d. bild. Künste (hg. v. R. Hamann-Mac Lean), 1980; G. Britsch, Schrift. u. Fragmente z. K. des früh. 20. Jhs., (hg. v. W. J. Menning u. a.), 1981.

Kunsttopographie, Abteilung der →Kunstwissenschaft, die Kunstdenkmäler nach ihrer räumlichen Zusammengehörigkeit untersucht und beschreibt. Unter den Begriff K. fallen z. B. die Inventare der Bau- und Kunstdenkmäler (→Denkmalpflege). – Kunsttopographische Werke gehören zu den ältesten Formen von Kunstliteratur überhaupt und reichen bis ins Altertum zurück (Pausanias' „Führer durch Griechenland" 2. Jh. n. Chr.).

R. Hootz (Hg.) Dt. Kst.denkmäler, seit 1966; Kst.bibliographien d. einzelnen Länder u. Gebiete.

Kunstwissenschaft, die Wissenschaft, die den geschichtlichen Ablauf der bildenden Künste untersucht, die Beziehungen der Kunstwerke untereinander und zu anderen Kulturäußerungen ihrer Zeit erforscht, Leben und Schaffen der Künstler aufhellt, Inhalte und Formen beschreibt und die Gesamtmasse des überkommenen Kunstgutes nach bestimmten Gesichtspunkten ordnet. Der tatsächliche Geltungsbereich freilich, der sich hinter dem universellen Namen K. verbirgt, ist in mannigfacher Weise eingeschränkt. Die K. als Universitätswissenschaft gilt nur der mittelalterlichen und neueren Kunst des abendländischen Kulturkreises und ist auch in ihren Methoden von denen der →Archäologie verschieden. Die Kunst der außereuropäischen Länder, wird meist nicht behandelt. Auch findet das →Kunstgewerbe in der Universitäts-K. im allgemeinen keine Berücksichtigung, sondern bleibt den Fachleuten der Kunstgewerbemuseen überlassen. Die Wissenschaft von der primitiven Kunst ist ein Teilgebiet der Völkerkunde, die von der vorgeschichtl. Kunst ein solches der Vor- und Frühgeschichtswissenschaft mit jeweils verschiedenen Betrachtungsweisen und Untersuchungsmethoden. Die Konstituierung der K. als eines selbständigen geisteswissenschaftlichen Faches ist eben heute noch nicht in allen Bezirken ihres weiten Aufgabenkreises gleichmäßig durchgeführt. Geschichte der K. Nachrichten über Künstler und Kunstwerke haben sich aus dem Altertum zahlreich erhalten, auch technische Erörterungen, an die historische Folgerungen geknüpft wurden. Es hat im Altertum Künstlergeschichte gegeben, wenn sie auch ganz von außen gesehen war. Den Reichtum der antiken Kunstliteratur vermögen wir aus den Quellenverzeichnissen in der „Naturgeschichte" des älteren Plinius und den „Zehn Büchern von der Baukunst" des Vitruv mit ihrem Katalog der alten Architekturschriftsteller nur zu ahnen. Byzanz hat eine reiche kunsttopographische Literatur hervorgebracht. Für das abendländ. Mittelalter sind bes. bezeichnend die kunsttechnischen Traktate. Niemals aber hat das Mittelalter seine eigene Kunst im Zusammenhang gesehen und hat auch nur eine verschwindend kleine Zahl von Künstlernamen überliefert, die zudem für uns bloße Namen bleiben. Außerhalb Europas hat man in China schon früh die eigene Kunst sehr bewußt betrachtet und umfassend über sie berichtet. Die Anfänge einer wirklichen Kunstgeschichtsschreibung (Kunsthistoriographie) liegen in der ital. Renaissance, gefördert einmal von der hohen Schätzung, die die Italiener der eigenen Kunst (der des Trecento) entgegenbrachten, und dann von dem Ansehen, das von jetzt ab die Künstler in Italien genossen. Bereits die „Denkwürdigkeiten" des →Ghiberti (um 1450) enthalten einen kunstgeschichtlichen Überblick, und sie enthalten vor allem Künstlergeschichte. Künstlerbiographien, sog. Viten, sind die Hauptformen, unter der eine K. ins Leben trat. Die wichtigste und umfassendste unter diesen Vitensammlungen, Vorbild und Quelle einer Reihe weiterer, ist die des →Vasari (1550; [2]1568). Die Renaissance hat ferner zahlreiche kunsttheoretische Schriften hervorgebracht bes. in Italien, dazu die sog. Guidenliteratur, d.h. die der Führer durch die Kunstdenkmäler einer Stadt, vor allem die von Rom. In Deutschland wurden die ersten künstlerbiographischen Schriften in der Dürerzeit geschrieben: Johannes Butzbach, „Libellus de praeclaris picturae professoribus" (1505), Johann Neudörfer, „Nachrichten von Künstlern und Werkleuten" (1547) u.a. Der hervorragendste unter den älteren deutschen Kunsthistoriographen war Joachim von →Sandrart, der Verfasser der „Teutschen Akademie" (1675–1679). In d. Niederlanden sind van Mander („Schilderboek", 1604; [2]1618) und Houbraken („Groote Schouburgh", 1718 bis 20), in Frankreich Félibien, Roger de Piles und Montfaucon zu nennen. Das alles war jedoch noch nicht K. in dem Sinne, wie wir sie heute betreiben als eine aus den tieferen Gegebenheiten eines Volkes erklärte Geschichte der Entwicklung seiner Kunst. Das erste Werk dieser Art wurde die „Geschichte der Kunst des Altertums" (1764) von J. J. →Winckelmann, und nach seinem Vorbild entstanden bald Darstellungen auch der Kunst neuerer Zeiten, die nicht eine Sammlung von Künstlermonographien waren, sondern eine wirkliche entwicklungsgeschichtliche Betrachtung boten. Die 2. Hälfte des 18. Jh. stand überhaupt im Zeichen einer ständigen Zunahme des Interesses für alles, was bildende Kunst hieß. Man hatte die Kunst des Altertums auch innerlich entdeckt (→Klassizismus) und ging daran, die des Mittelalters zu entdecken. Die neue Wissenschaft der Ästhetik, die seit ihrer Begründung durch Boileau im 17. Jh. fast ausschließlich Poetik gewesen war, fand jetzt auch auf die bildende Kunst Anwendung (Lessings „Laokoon"). Die Sammlertätigkeit erreichte einen großen Umfang und bildete einen Kreis von Kennern heran, aus dem der K. manche wertvollen Kräfte zuwuchsen. Als neue Gattungen der Kunstliteratur entstanden, ebenfalls in der 2. Hälfte des 18. Jh., Kunstzeitschrift und Künstlerlexikon. Aber erst nach der Romantik ist die K. wirkliche Fachwissenschaft geworden, die von Spezialisten betrieben wurde unter Anwendung von Urkundenforschung, Quellenkritik und Stilvergleichung; sie begann jetzt auch als selbständiges Fach an den Universitäten ihren Einzug zu halten, wo für sie in der 2. Hälfte des 19. Jh. Lehrstühle gegründet und kunstwissenschaftliche Institute eingerichtet wurden. Eine gewaltige Stofferschließung setzte ein. Man nahm die auf lange Sicht berechnete Arbeit in Angriff, die Kunstdenkmäler des eigenen Landes systematisch zu inventarisieren, eine Arbeit, die heute in Deutschland am weitesten fortgeschritten ist (→Denkmalpflege). Man entdeckte Kunstperioden, die bisher als Verfall und zum mindesten als belanglos gegolten hatten, und wandte sich ihrer Erforschung zu. Die heute noch nicht geschriebene Geschichte dieser Stofferschließung ist ein Spiegelbild der Geschichte des europ. Geschmacks im weitesten Sinne des Worts. Denn die K. ist wie kaum eine andere Geisteswissenschaft von Wertungen abhängig, die der allgemeinen Bewußtseinslage der Zeit entstammen. Das hatte sich bereits bei ihrer Begründung durch Winckelmann gezeigt, die aus einer neuen Liebe zur antiken Kunst heraus erfolgt war, das hatte sich weiter in der Romantik gezeigt, die den Antrieb zur Erschließung der mittelalterlichen Kunst gegeben hatte, und das wurde aufs neue offenbar, als der Barock in einer Zeit, die ihn selber eifrig nachahmte, d.h. in den 80er Jahren des 19. Jh., zu einem Neuland der K. wurde. Die innere Durcharbeitung und Darstellung des Stoffes war von gewissen Betrachtungsweisen abhängig, die einander ablösten und zum Teil nebeneinander herliefen. Die K. der 2. Hälfte des 19. Jh. wurde beherrscht von der kulturgeschichtlichen Betrachtungsweise: das Kunstwerk erschien als eine Kulturerscheinung wie andere auch und wurde im wesentlichen nach denselben historischen Methoden untersucht und mit all seinen historischen Beziehungen dem Gesamtkulturbild einer Zeit eingegliedert. In den 90er Jahren kam die hauptsächlich in Deutschland vertretene formanalytische Betrachtungsweise auf: die Welt der Kunstformen wurde als eine Welt für sich gesehen, deren Geschichte als Formengeschichte zu schreiben war, ohne Rücksicht auf sonstige Zusammenhänge, die das Kunstwerk mit dem Leben verbanden. Dieser formanalytischen Methode hat die neuere K. an Erkenntnissen außerordentlich viel zu verdanken, versuchte aber sehr bald, der einseitigen Anwendung jener eine neue Betrachtungsweise gegenüberzustellen, die geisteswissenschaftliche oder geistesgeschichtliche: Formen und Wandel der Kunst werden begriffen aus der geistigen Gesamthaltung einer Zeit und ihrem Wandel. Diese Auffassung war wiederum der Gefahr ausgesetzt, das Kunstwerk nur als Beispiel für die Geschichte von Ideen zu beschreiben und zu bewerten, und so fordert man denn in der Gegenwart stärkere Berücksichtigung der wirklichen und allseitigen Lebenszusammenhänge, aus denen Kunst erwachsen ist, ohne jedoch diese durch die formanalytische Methode gewonnene Vertiefung unserer Erkenntnis der Formen aufzugeben.

H. Tietze, Die Methode d. Kunstgeschichte, 1913; E. Heidrich, Beiträge zur Geschichte und Methode der Kunstgeschichte, 1917; W. Waetzoldt, Dt. Kunsthistoriker, 2 Bde., 1921–24; J. v. Schlosser, Die Kunstliteratur, 1924, ²1956 („La letteratura artistica", übers. v. F. Rossi mit bibliograph. Ergänzungen v. O. Kurz); B. Croce, Zur Theorie und Kritik der Geschichte der bildenden Kunst, übers. und eingel. von J. von Schlosser, 1926 (Wiener Jahrb. f. Kunstgesch. N. F. Bd 4); J. Jahn, Methoden und Probleme der neueren Kunstwissenschaft, 1928 (Archiv f. Kulturgesch., Bd. 18); W. Passarge, Die Philosophie der Kunstgeschichte in der Gegenwart, 1930; R. Kauffmann, Der Renaissancebegriff in der dt. Kunstgeschichtsschreibung, 1932; J. von Schlosser, Die Wiener Schule der Kunstgeschichte, 1934; G. Bendinelli, Dottrina dell' archaeologia e della storia dell'arte, 1938; C. H. Töwe, Die Formen der entwickelnden Kunstgeschichtsschreibung, 1939; A. Feulner, Kunst und Geschichte, 1942; S. Lodovici, Storici, teorici e critici delle arti figurative (1800–1940), 1942; D. Frey, Kunstwissenschaftl. Grundfragen, 1946; P.-C. Kirchner, Dt. Kunsthistoriker seit der Jahrhundertwende, ungedr. Diss. Göttingen 1948; E. van der Grinten, Enquiries into the history of art-historical writing, Diss. Amsterdam 1952; K. Gilbert-H. Kuhn, A History of Esthetics, 1956; A. Hauser, Philosophie der Kunstgeschichte, 1958; H. Sedlmayr, Werke u. Epochen, 1959; H. Schrade, Einf. i. d. Kstgesch., 1966; U. Kultermann, Gesch. d. Kstgesch., 1966; L. Venturi, Gesch. d. Kst.kritik, dt. 1972; H. Wölfflin, Kunstgeschichtliche Grundbegriffe, [15]1976; G. Richter, Ideen zur K., [6]1976; H. Bauer, Kst.-historik, 1976; E. H. Gombrich, Die Gesch. d. Kst., 1977; K. M. Swoboda, Gesch. d. bild. Kst., 8 Bde., 1976; J. A. Walker, Glossary of art, architecture and design since 1945, [2]1977; Glossarium artis: dtsch.franz. Wörterb. z. Kst. (hg. in Tübingen); M. Dvořák, K. als Geistesgesch. Stud. z. abendländ. Kunstentwicklg., Nachdruck 1979; H. Dilly, Kunstgesch. als Institution. Studien z. Gesch. einer Disziplin, 1979; Kunsterziehg. u. K. im wilhelmin. Dtschld. 1871–1918 (Diss. Univ. Bonn, 1976), 1979.

Kunst- und Wunderkammer → Kunstsammlung.

Kupezky, Joannes, böhm. Maler, * 1666/67 Prag, † 16. 7. 1740 Nürnberg, weilte ca. 1682 bis ca. 1687 in Wien und anschließend bis 1709 in Italien. In Rom setzte sein selbständiges Schaffen ein. 1703 bis 1723 war er abermals in Wien, wo sich sein Ruf als Porträtmaler immer mehr festigte, und übersiedelte 1723 nach Nürnberg. K. hat sich an den wichtigsten Kunstzentren Italiens gebildet und sich zu einem der gesuchtesten Porträtmaler seiner Zeit entwickelt. Der erhaltene, noch nicht genügend geklärte Bestand seiner Bildnisse wird auf 1500 geschätzt.

E. Šafařík, J. K., 1928; F. Dvořák, K., 1956.

Kupferstich (Kupferstechkunst), nach dem →Holzschnitt die älteste der graphischen Künste und von ihm dadurch unterschieden, daß sie ein Tiefdruckverfahren ist: die Zeichnung wird in eine Kupferplatte gegraben, die eingefärbt und auf Papier abgedruckt wird. Das Ergebnis heißt K. (oder Stich), eine Bezeichnung, die aber auch auf das Verfahren als solches angewendet wird. Das Grundinstrument des K.s ist der Grabstichel, ein mit Griff versehener, vorn abgeschrägter Stahl von quadratischem Querschnitt. Mit ihm werden die Linien (franz. Taillen) in die Kupferplatte gegraben oder „gestochen". Dies ist die älteste Technik des K.s, auch Grabstichel- oder Linienmanier genannt. Die zu beiden Seiten der gegrabenen Furche entstandenen Grate werden mit dem Schaber, einem dreikantigen Stahl, entfernt; man kann sie aber auch stehen lassen und damit besondere Wirkungen erzielen. Ein K., dem die Binnenzeichnung fehlt, heißt Umrißstich oder Kartonstich (im Klassizismus beliebt). Seit dem 16. Jh. gibt es die Punktiermanier oder Punzenmanier: die Zeichnung wird aus Punkten gebildet, die mit der Punze, später auch mit der Roulette (einem mit feinen Zähnen besetzten Rädchen) in die Platte eingetieft werden. Ein von dem bisherigen wesentlich verschiedenes Verfahren ist die Schabkunst oder schwarze Kunst ital. Mezzotinto: die Platte wird mit Hilfe d. Granierstahls („Wiege"; bogenförmiges Stahlinstrument mit gezähnter Schneide) vollkommen gleichmäßig aufgerauht („gewiegt"). Die künstlerische Tätigkeit besteht nun darin, mit dem Schabeisen die Stellen der Platte glatt zu schaben, die im Abdruck

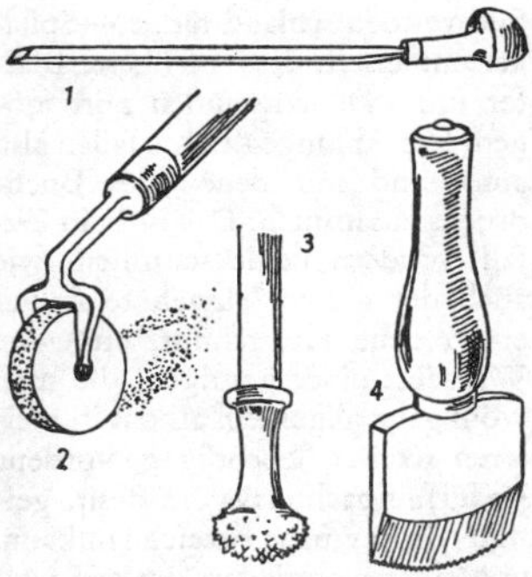

Werkzeuge des Kupferstechers:
1. Grabstichel. 2. Roulette.
3. Mattoir. 4. Granierstahl
oder Wiege

hell wirken sollen; was nicht geschabt wird, bleibt dunkel. Aus den Zwischenstufen zwischen beiden Extremen formt sich die Zeichnung, also nicht aus Linien, sondern aus weich ineinander übergehenden Flächen. Neben diesem K. im eigentlichen Sinne kam zu Anfang des 16. Jh. ein Verfahren auf, das zunehmende Bedeutung gewann und später auch wieder verschiedene Sonderrichtungen einschlug: die Radierung oder Ätzkunst. Die Platte wird mit einer säurefesten, harzigen Masse überzogen, dem Ätzgrund, auf dem man mit der Radiernadel, einer spitzen Stahlnadel, so zeichnet, daß das Kupfer bloßgelegt wird (in der Frühzeit hat man statt des Kupfers auch Eisen genommen: Eisenradierung). Beim Übergießen mit einer Säure dringt diese in die bloßgelegten Stellen, ätzt also die Zeichnung in die Platte ein, um so tiefer, je länger man sie wirken läßt. Manuell kommt also das Radieren dem Zeichnen auf Papier sehr nahe. Man kann auch mit der Radiernadel, die dann als kalte Nadel bezeichnet wird, auf die blanke Kupferplatte zeichnen, ohne zu ätzen, was einen sehr zarten und hellen Abdruck ergibt: Kaltnadelradierung. Oft wird auch mit der kalten Nadel in die schon geätzte Platte hineingearbeitet, zuweilen auch mit dem Grabstichel. Abarten der Radierung sind: die in Verfahren und Wirkung der Schabkunst sehr ähnliche Aquatinta: auf die Platte wird feinster Kolophoniumstaub aufgeschmolzen: nach dem Ätzen hat sie ein sehr dichtes und zartes Korn; die Zeichnung wird nun nicht wie bei der Schabkunst aus ihr herausgeschabt, sondern stufenweise durch Abdecken und Wiederätzen gewonnen. Die Kreide- oder Crayonmanier: die Zeichnung wird auf dem Ätzgrund mit Instrumenten wie Roulette, Punze, Mattoir (Stahlstab mit gerauhter, von kleinen Spitzen besetzter Aufsatzfläche) angelegt, die aus feinen Punkten zusammengesetzte Linien hervorbringen. Nach dem Ätzen und Abdrucken ergibt sich eine Wirkung, die der einer Kreide- oder Rötelzeichnung oft täuschend ähnlich ist (dieses heute veraltete Verfahren wurde im 18. und noch im 19. Jh. viel zu Reproduktionszwekken verwendet). Vernis mou („Durchdruckverfahren"): auf weichem Ätzgrund wird ein Papier gelegt und auf dieses mit hartem Stift gezeichnet. Hebt man es ab, so wird der Ätzgrund an den gezeichneten Stellen weggenommen, d.h. die Platte ist an diesen Stellen freigelegt und kann dort geätzt werden. Im 2. Drittel des 19. Jh. hat man in den Fällen, wo eine große Auflage erwünscht war, statt des Kupfers auch Stahl genommen: Stahlstich. Die Erfindung galvanoplastischer Verstählung hat ihn überflüssig gemacht. Seit dem 17. Jh. hat man immer wieder versucht, dem K. bzw. der Radierung Farben zu geben: Farbstich, farbige Radierung; doch sind das stets nur gelegentliche Versuche gewesen, abgesehen vom engl. Farbstich des 18. Jh. (meist als Schabkunstblatt), der allein eine geschlossene Gruppe bildet. Der Schöpfung und Verbreitung kunstgewerblicher Entwürfe dient der Ornamentstich. Er tritt seit dem 15. Jh. auf, und seine Bedeutung für das Kunstgewerbe, namentlich im 17. und 18. Jh., ist gar nicht abzuschätzen. – Da die Wirkung eines K.s nicht wie die eines Holzschnitts sich ohne weiteres von der Platte ablesen läßt, pflegt der Künstler Probedrucke zu nehmen, die ihm sagen, wie und an welchen Stellen er weiterarbeiten soll. Zumal bei der Radierung ist dies nötig. Die Probedrucke von den oft sehr verschiedenen Zuständen (franz. Etats) der Platte lassen die verschiedenen Etappen in der Erreichung des beabsichtigten Ziels deutlich erkennen. Probedrucke, die vor Einsetzen des Künstlernamens oder der Namen von Zeichner, Stecher und Verleger genommen sind, heißen „vor der Schrift", franz. Avant-la-lettre. Der Druck „nach der Schrift" wird als Après (oder avec)-la-lettre bezeichnet. Da Erfindung, Zeichnung, Stich und Druck nicht in einer Hand zu liegen brauchen, erhalten die Namen der Beteiligten gegebenenfalls folgende Zusätze: →inv., →del., →sc., →exc. Vom bloßen Reproduktionsstecher wird der Künstler, der nach eigener Erfindung sticht oder radiert, als Malerstecher oder Malerradierer, franz. Peintregraveur, unterschieden.

Die Geschichte des K.s beginnt im 2. Drittel des 15. Jh. An ihrem Beginn steht (im Unterschied zum Holzschnitt) eine bestimmte Künstlerpersönlichkeit, der vermutlich in Südwestdeutschland tätige →Spielkartenmeister, dessen früheste Blätter um 1440 entstanden sein mögen. Die Anfänge des K.s fallen also annähernd mit denen des Buchdrucks zusammen. Das ist kein Zufall; sondern beide stammen, wie auch der einige Jahrzehnte früher entstandene Holzschnitt, aus zwei Wurzeln: einer geistigen, die man wohl ganz allgemein als das in weiteren Kreisen lebendig gewordene Bedürfnis nach privatem Besitz geistiger Erzeugnisse bezeichnen kann, und einer materiellen, der erst jetzt in Europa heimisch gewordenen Papierfabrikation, die das billige, die Erfüllung jenes Bedürfnisses überhaupt erst ermöglichende Material lieferte. Als engeren Bereich der ersten Anwendung des K.s darf man die Goldschmiedewerkstätten ansehen, während der früher oft betonte Zusammenhang mit dem →Niello sich als unwahrscheinlich erwiesen hat. Eine bedeutende Künstlerpersönlichkeit erwuchs dem K. im Meister →E. S., und durch ihn hat er zur Stilbildung der dt. Spätgotik wesentliches beigetragen. Mit →Schongauer ist der erste Maler für den K. tätig gewesen. Dürer hat ihm die technische Vollendung gegeben und ihm künstlerisch das Höchste anvertraut. Außer Deutschland sind in der Frühzeit des K.s nur noch die Niederlande und Italien (Mantegna) hervorgetreten; doch ist dort der Anteil der neuen Technik am Gesamtschaffen bei weitem nicht so groß wie bei uns. In Deutschland ist auch in den ersten Jahren des 16. Jh. die Radierung aufgekommen, und zwar im Kreise der Familie Hopfer in Augsburg. Sie ist dann bes. von den →Kleinmeistern gepflegt worden. Die Darstellungsinhalte des K.s decken sich nur z. T. mit denen der Malerei, zumal er mehr als diese zur Gestaltung weltlicher Inhalte herangezogen wurde. Beispielsweise gibt es in der Dürerzeit reine Landschaften fast nur im K., selten in der Malerei. Der führende Meister des ital. K.s der Hochrenaissance, →Marcantonio Raimondi, ist z.T. unter die Wirkung der K.kunst Dürers geraten und hat diese wiederum einer Reihe von ihm abhängiger ital. Stecher des 16. Jh. mitgeteilt. Marcantonio hat auch als erster den K. in den Dienst der Reproduktion von Zeichnungen und Gemälden (bes. Raffaels) gestellt. Der führende Meister in den Niederlanden, Lucas von Leyden, hat ebenfalls im Bann Dürers gestanden. Die große Zeit des dt. K.s geht nach Dürers Tod zu Ende. Eine technische Weiterbildung erfolgte in der 2. Hälfte des 16. Jh. durch den Niederländer Cornelis Cort sowie durch den Italiener Agostino Carracci: die Linien schwellen an und ab und umkreisen in sehr präzis geführten, parallelen Zügen die plastische Form, sie kräftig herausmodellierend. Ein Hauptmeister dieser Technik war um 1600 Hendrik Goltzius. Im 17. Jh. trat nun auch Frankreich auf den Plan, das sich an der ganzen Entwicklung bisher nur mit sehr spärlichen und wenig selbständigen Leistungen beteiligt hatte. Callot (zeitgeschichtliche Darstellungen) Claude Lorrain (Landschaft), Nanteuil (Bildnis), Lepautre (Ornamentstich). In den Niederlanden regte Rubens eine ganze Gruppe von Stechern, die von ihm persönlich angeleiteten „Rubensstecher", zur Wiedergabe seiner Gemälde an, in Holland gewann Rembrandt der Radierung bisher unbekannte Möglichkeiten ab. In Deutschland sind in dieser Zeit das Bemerkenswerteste die Topographien (→Merian). In Italien haben sich viele Maler auch als Radierer betätigt: Ribera, Luca Giordano, Salvator Rosa. Im 18. Jh. hat Frankreich durchaus die Führung. Vom Reproduktionsstich verlangte man jetzt nicht Übersetzung des Originals in die andere Technik, sondern möglichst raffinierte Nachahmung von Bild oder Zeichnung mit den Mitteln des Stichs oder der Radierung, die auch häufig kombiniert wurden. Neue Verfahren wurden ausgeklügelt oder ausgebaut, um jenes Ziel zu erreichen so die Schabkunst (erfunden von Ludwig von Siegen etwa 1640), die Aquatinta (erfunden von Jean Baptiste Le Prince gegen 1768), die Crayonmanier. Eingeleitet wurde diese ganze Bewegung durch die Watteaustecher, die die malerisch lockere Art der Gemälde Watteaus mit den alten Mitteln der Linienmanier nicht zu fassen vermochten. In einem bisher nicht gekannten Umfang wurde der K. jetzt in Frankreich auch in den Dienst der Buchillustration gestellt (G. de Saint-Aubin, Moreau-le-jeune, Eisen), zumal das Buch hier künstlerisch gepflegt wurde wie in keinem anderen Land. Übrigens hat auch Deutschland im 18. Jh. zahlreiche durch den Stich oder die Radierung illustrierte Bücher aufzuweisen. Die bürgerliche Welt des späteren 18. Jh. spiegelt sich in den kleinformatigen Blättern des Chodowiecki wieder. In England blühte die Schabkunst (Earlom) und in Verbindung mit ihr der Farbstich. In Italien ragt die Erscheinung des Piranesi hervor, der in seinen großen Blättern das antike Rom mit nie gesehener Gewalt veranschaulichte. Zum 19. Jh. leitet Goya über, in dem Spanien zum erstenmal einen Stecher von europ. Bedeutung hervorgebracht hat. Im übrigen ist in der ersten Hälfte des 19. Jh. der K. hauptsächlich Reproduktionsstich und nur in geringem Maße künstlerisches Ausdrucksmittel gewesen. Erst in der 2. Hälfte des Jahrhunderts ist in Frankreich, Deutschland und England darin eine Änderung eingetreten, wobei in Deutschland vor allem Max →Klinger zu nennen ist. Der Impressionismus hat die Radierung als ein ihm neben der Lithographie bes. gut liegendes graphisches Ausdrucksmittel häufig angewendet.

M. Lehrs, Geschichte u. krit. Katalog des dt., niederländ. u. französ. K.s im 15. Jh., 6 Bde., 1908–15; P. Jessen, Der Ornamentstich, 1920; P. Kristeller, K. und Holzschnitt in vier Jahrhunderten ^{3}1921; A. Bartsch, Le Peintregraveur, 21 Bde., 1803–21, Neudruck 1922; C. Glaser, Die Graphik der Neuzeit, 1922; F. Courboin, Histoire illustrée de la gravure en France, 3 Bde., 1923 bis 1926; W. Singer, Die moderne Graphik, ^{3}1923; M. Geisberg, Die Anfänge des K.s, ^{2}1924; Ders., Geschichte der deutschen Graphik vor Dürer, 1939; A. J. J. Delen, Histoire de la Gravure dans les anciens Pays-Bas etc., Bd. 1, 1924; Leporini, Der K.sammler, 1924, ^{2}1954; A. Blum, Les origines de la gravure en France, 1927; E. Bock, Geschichte der graphischen Kunst, 1930; Mary Pittaluga, L'incisione italiana nel cinquecento 1940; A. Calabi, L'incisione italiana, 1931; A. Friedrich, Handlung und Gestalt des K.s und der Radierung, 1931; A. Haemmerle, Der Farbstich, seine Anfänge und seine Entwicklung bis zum Jahre 1765, 1937; A. M. Hind, Early Italian Engraving. A Critical catalogue, 7 Bde., 1938–48; F. W. Hollstein, Dutch and Flemish Etchings, Engravings and Woodcuts ca 1450 — 1700, seit 1949 14 Bde.; Ders., German engravings, etchings, and woodcuts ca 1400–1700, seit 1954; J. G. Philips, Early Florentine Designers and Engravers, 1955; J. Laran, L'Estampe, 2 Bde., 1959; F. Lippmann, Der K., ^{7}1963; W. Stubbe, Die Graphik d. 20. Jh., ^{2}1969; Liselotte Schober, Die Radierung u. ihre Technik. Von d. Platte z. Druck, ^{2}1980. – Stahlstich: A. Marsch, Meyer's Universum. Ein Beitr. z. Gesch. d. Stahlstichs u. d. Verlagswesens im 19. Jh., 1972.

Kuppa →Kelch.

Kuppel. Sie dient der Überwölbung runder, quadratischer oder polygonaler (bes. achteckiger) Räume oder Raumabschnitte. Sie ist entweder völlig geschlossen oder im Scheitel von einer kreisrunden Öffnung, dem Auge, durchbrochen, oder sie trägt über der Scheitelöffnung ein von Fenstern durchbrochenes Türmchen, die Laterne. Oft sitzt die eigentliche K. auf einem zylindrischen, meist mit Fenstern versehenen Zwischenteil, der Trommel oder dem Tambour. Größere K.n bestehen in der Regel aus einer inneren Raumkuppel und einer äußeren, steiler ansteigenden K.schale. Um den Übergang vom quadratischen oder polygonalen Querschnitt des zu überwölbenden Raums in den kreisrunden Querschnitt der K. zu vollziehen, bedarf es gewisser Hilfskonstruktionen, der Hängezwickel oder Pendentifs, die ihrer Grundform nach sphärische Dreiecke sind. Es gibt zwei Möglichkeiten ihrer Anwendung: 1. K.raum und überwölbter Raum durchdringen einander; anders ausgedrückt: der Fußkreis der K. geht durch die Ecken des zu überwölbenden Raumes. Damit werden die Hängezwickel Teile der K. selbst, die auch Hängekuppel heißt. 2. Der Fußkreis der K. entspricht dem eingeschriebenen Kreis des Quadrates oder Vielecks. Die Hängezwickel werden damit konstruktiv selbständige Teile: Pendentifkuppel. Eine weitere konstruktive Möglichkeit bietet die Anwendung der → Trompen.

Die ältesten K.n kommen auf den sog. K.gräbern der kret.-myken. Kultur vor (→Grabmal), sind aber noch nicht durch echte Wölbung entstanden, sondern durch übereinander vorkragende Steinringe, die nach oben zu immer enger werden und so die K. schließen. Nach hellenistischer Vorbereitung wurde die K. ästhetisch und technisch meisterhaft in der röm. Baukunst entwikkelt, und der großartigste K.bau der Antike, das →Pantheon in Rom, ist mit der Spannweite seiner K. von 39,5 m Durchmesser erst nach etwa anderthalb Jahrtausenden

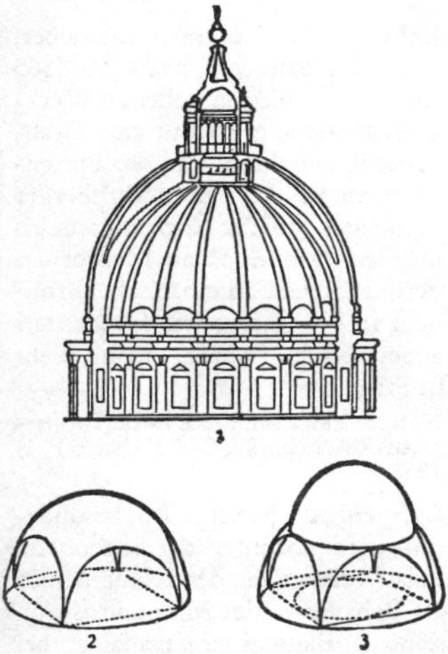

1. Querschnitt durch eine Kuppel mit Tambour, innerer und äußerer Schale und Laterne. 2. Schema einer Hängekuppel. 3. Schema einer Pendentifkuppel

durch die K. der →Peterskirche in Rom (42 m) übertroffen worden. Eine bedeutende Entwicklung nahm die K. in der byzantin. Baukunst (→Hagia Sophia), die damit weithin auf den christl. Orient, schließlich auch auf die islamische Baukunst vorbildlich wirkte. Das abendländische Mittelalter hat die K. wenig verwendet. Seine Bauform war ja fast ausschließlich die Basilika und nicht der Zentralbau, dessen monumentalsten Ausdruck die K. darstellt. Einzelne K.bauten kommen natürlich auch im Abendlande vor (St-Front in Périgeux), und die sog. aquitanischen K.kirchen des roman. Stils in Frankreich bilden eine geschlossene Gruppe von Langhausbauten, deren einzelne Raumabschnitte von Flachkuppeln überwölbt sind. Zu wirklichen Ehren kam die K. erst wieder in der ital. Renaissance. Das Hauptwerk der Frührenaissance ist hier die K. des Florentiner Doms von Brunelleschi, das der Spätrenaissance die Peterskuppel Michelangelos. Seitdem hat die K. nie wieder ihre Bedeutung eingebüßt und findet auch in der Baukunst der Gegenwart häufig Verwendung. Die Spannweiten sind in neuester Zeit immer größer geworden, was durch eine sehr leichte Konstruktion möglich wurde.

Baldwin Smith, The Dome, 1950 (Princeton monographs in art and archaeology 25); Marguerite Rumpler, La coupole dans l'architecture byzantine et musulmane, 1957; J. Fink, Die K. über dem Viereck, 1958; F. Hart, Kst. u. Technik d. Wölbung, 1965.

Kuppelgräber →Grabmal.

Kuppelreliquiar →Reliquiar.

Kurfürstengläser, Kurfürstenhumpen, dt. Gläser von einfacher zylindrischer Form mit Darstellung des Kaisers und der Kurfürsten, Wappen, Inschriften usw. in bunter Emailmalerei. Sie wurden vom Ende des 16. Jh. bis ins 18. hergestellt.

Kurfürstenkrüge, Steinzeugkrüge des 16. und 17. Jh., insbesondere rhein. Herkunft, die um den Bauch die Bildnisse der Kurfürsten in Medaillons oder Arkaden zeigen.

Kurfürstenteller, Nürnbg. Zinnteller des 16. und 17. Jh. mit dem Bildnis des Kaisers in der Mitte und denen der Kurfürsten auf dem Rande.

Kurgan (tartarisch-russische Bezeichnung f. Hügelgrab), vorgeschichtl. Grabhügel. Bedeutendste Vorkommen in der ältesten Metallzeit Südrußlands und in der skythischen Kultur (→Pontischer Kreis). Sehr wichtige Funde haben die K.e von Pazaryk im Altai und von Noin Ula b. Ulan-Bator geliefert.

K. Jettmar, Die frühen Steppenvölker, 1964.

Kußtäfelchen, Pax, Pacem, Pacificale, Reliquientäfelchen aus Elfenbein, Edelmetall, Holz oder Glas, vorn mit einer Darstellung in Relief, als Hinterglasmalerei oder Email, hinten mit einem Handgriff versehen, wurde den Geistlichen, dann auch allen Gläubigen vor der Kommunion zum Kusse dargereicht (seit dem 13. Jh.).

Kuttrolf →Angster.

Kykladenkunst →Ägäische Kunst.

Kymation, Kyma (gr. „Welle"), Zierleiste aus stilisierten Blattformen, bes. am Gesims griech. Tempel. Zu unterscheiden sind das im Profil konkave, kraftvoll strenge dorische K., das konvexe ionische K. oder →Eierstab und das konvexkonkave lesbische K. (Wasserlaub) mit einer Folge herzförmiger, lebhaft bewegter Blätter.

Kyonaga, japan. Maler und Holzschnittmeister, * 1742 Yedo (Tokyo), † 1817, Hauptmeister des japan. Holzschnitts in den beiden letzten Jahrzehnten des 18. Jh., von klarer Geschlossenheit der Bildformen, ruhiger, großer Wirkung der Gestalten, einer der ersten Landschafter der japan. Kunst.

Labarum (lat.), röm. Feldzeichen, eine Lanze mit Querstange, von der ein rotes quadratisches Tuch herabhing. Mit dem Christusmonogramm versehen, diente das L. in der Konstantinsschlacht (312) dem christl. Heer als Feldzeichen und war seitdem die persönliche Fahne Konstantins d. Gr. und seiner Nachfolger. Auch das Christusmonogramm als solches wird als L. bezeichnet.

R. Egger, L. (Sitzungsber. d. Österr. Akad. d. Wiss., Phil.-hist. Kl. 234. Bd.) 1960.

Labenwolf, Pankraz, Erzgießer, * 1492 Nürnberg, † 20. 9. 1563 das., besaß eine gut gehende Werkstatt. Beglaubigt ist nur eine Grabplatte in Meßkirch und der Puttenbrunnen im Hof des Nürnberger Rathauses (1557). Nach diesem zu urteilen, kommt L. als Meister des derbkräftigen Gänsemännchenbrunnens in Nürnberg, wie früher stets angenommen wurde, wohl nicht in Frage.

H. R. Weihrauch, Stud. z. sdt. Bronzeplastik (Münchn. Jb. f. bild. Kst., 3 F, 1) 1951.

Labyrinth (griech.). Im besonderen wird darunter der sagenhafte Palast verstanden, den König Minos als Behausung des Minotauros von seinem Baumeister Dädalos bei Knossos auf Kreta erbauen ließ, und dessen tatsächliche Überreste manche in den weitläufigen Palastruinen von →Knossos erblicken wollen. Auch aus dem ägypt. Altertum ist in dem Palast von Medinet el Fajum ein L. bekannt. Ferner stellen die vorgeschichtl. →Trojaburgen Nordeuropas L.e dar. In neuerer Zeit finden sich aus kunstvoll geführten Hecken gebildete L.e in den Gartenanlagen des 17. und 18. Jh. (z. B. in Hampton Court). – Unter L. versteht man auch eine verwickelte geometrische Figur (meist unterbrochene Spirale), die in Erinnerung an das kretische L. dessen Grundriß wiedergibt, sich schon auf archaischen kretischen Münzen findet, vor allem auf Fußböden von der Antike bis in die Neuzeit, auch in Handschriften und selbst auf Grabplatten. Von den zahlreichen mit-

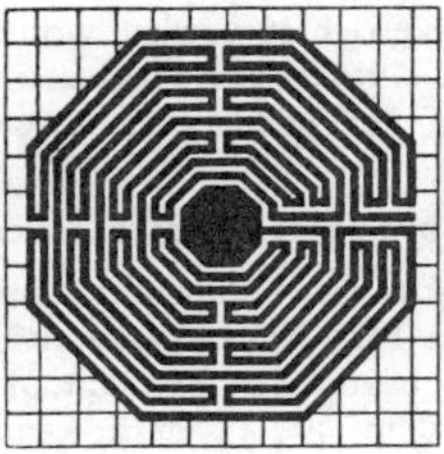

Labyrinth

telalterlichen L.en dieser Art sind besonders bekannt die der Kathedralen von Reims (zerstört), Amiens und Chartres (hier nimmt es die ganze Breite des Mittelschiffes ein). Das einzige dt. Beispiel in St. Severin in Köln ist um 1850 zerstört worden. Die Gotik hat die L.figur bes. geschätzt, einmal als Gelegenheit, ein kunstvolles geometrisches Spiel zu entwickeln und dann als Sinnbild kunstvollen Bauens überhaupt. Daher weist das L. zuweilen im Mittelpunkt das Bild des Baumeisters oder eine auf ihn deutende Inschrift auf. Solche in die Fußböden der Kirchen eingelassene L.e benutzten die Gläubigen auch zu Buß- und Betübungen, indem sie sie auf den Knien durchrutschten. In diesem Sinne wurde das L. als „Jerusalemsweg" bezeichnet. Ähnliche Bedeutung scheinen labyrinthartige, neben oder in der Nähe der Kirche im Boden ausgesparte Gebilde zu haben, wie sie sich in Deutschland an manchen Orten finden.

Eilmann, Labyrinthos, Diss. Halle 1931; H. Ladendorf, Das L. in Antike u. neuerer Zeit, 1963 (Archäolog. Anzeiger); Ders. Kafka u. d. Kunstgesch. II, 1963 (Wallraf-Rich.-Jahrb. 25); G. Kauffmann, „... durch das L. der Brust", 1965 (Festschr. f. H. v. Einem); G. R. Hocke, Die Welt als L., Manier u. Manie i. d. europ. Kst., 1957; L.e, phantast. Kst. v. 16. Jh. bis z. Gegenw., Kat. d. Ausst. Berlin 1966; P. Santacangeli, Il libro dei labirinti, 1967; N. Himmelmann – Wildschütz, Über einige gegenständl. Bedeutungsmöglichkeiten d. frühgriech. Ornaments, 1968.

Lackkunst, das Überziehen von Gegenständen aller Art, bes. Möbeln und Kästchen, auch Gegenständen aus Ton oder Metall mit einer Lackschicht. Den Rohstoff liefert der Lackbaum (Rhus vernicifera), dessen Saft in vielen dünnen Schichten, von denen jede erst wieder langsam in feuchter Luft trocknen muß, aufgetragen wird. Die oberste Schicht erhält eine glänzende Politur und wird mit Figuren und Ornamenten aus Lack bemalt, die dann mit Goldpulver vergoldet werden. Die Farben des Lacks sind ursprünglich auf schwarz und rot beschränkt. Später hat man durch Einstreuen feinen Gold- und Silberstaubes entsprechende Tönung des Grundes erreicht. Weitere Verzierungsmöglichkeiten ergeben sich durch Einlegen der verschiedensten Stoffe, vor allem des Perlmutters und Elfenbeins. Auch kann der Lack, falls er sehr dick aufgetragen ist (30–60 Schichten) geschnitzt werden. – Die L. ist eine Erfindung der Chinesen und läßt sich bis ins 1. Jahrtausend v. Chr. zurückverfolgen. Anscheinend hat sie bereits in sehr früher Zeit einen überaus hohen Stand erreicht. Einzelne Werke sind schon aus der Chou-Zeit erhalten, sehr viele aus der Zeit der streitenden Reiche (481–256 v. Chr.). Von den Chinesen haben die Japaner die L. übernommen und in hoher Vollendung gehandhabt unter Bevorzugung goldener Lackgründe. Im allgemeinen ist der Erhaltungszustand der japan. L. besser und sie hat im Gegensatz zur chines. auch in neueren Jahrhunderten ihren hohen technischen und künstlerischen Stand bewahrt. Die L. findet sich auch in Korea, Indien, Persien und Zentralasien. In Europa wurden ostasiatische Lackarbeiten im späteren 17. Jh. eingeführt und dann auch nachgeahmt.

W. Holzhausen, L. in Europa, 1959; K. Herberts, Das Buch der Ostasiat. L., ²1959; W. Speiser, L. in Ostasien, 1965; Beatrix v. Ragué, Gesch. d. japan. L., (Hbücher. d. Staatl. Museen i. Berlin), 1967; B. v. Rague, A History of Japanese Lacquerwork, 1976, Herbig-Haarhaus (Hg.), Ausst.kat. Lackmus. Köln (BASF), Ex oriente lux. L. aus Ostasien u. Europa, 1977; H. Kern, L.e. Erscheinungsformen u. Deutungen, 1982.

Lady Chapel, Marienkapelle engl. Kathedralen. Sie hat rechteckigen Grundriß und ist gern an den Scheitel des Ostchors angesetzt.

Laeuger, Max, Keramiker, Bildhauer, Architekt, * 30. 9. 1864 Lörrach, † 12. 12. 1952 das., studierte an der Kunstgewerbeschule in Karlsruhe, lehrte dort seit 1894, später an der Technischen Hochschule und wurde Mitarbeiter der dortigen Staatl. Majolika-Manufaktur. Seine zunächst vielen kunsthandwerklichen Gebieten gewidmete Tätigkeit konzentrierte sich schließlich auf Keramik, in der er technisch und künstlerisch schöpferisch war. Das gilt auch von seinen Leistungen als Architekt und als Gestalter größerer Komplexe mit dem Zusammenwirken von Architektur, Bildhauer- und Gartenkunst. Seine Erfahrungen legte er in drei Kunsthandbüchern nieder (1937/39), von denen das letzte die „Keramische Kunst" behandelt.

O. Pelka, Keramik der Neuzeit, 1924 (Monographien d. Kunstgewerbes 17/18); Kat. der L.-Ausstellung Bern 1943; Mannheim 1964/65.

Laibung, Leibung →Gewände.

Laienaltar, der in Stifts- und Klosterkirchen zwischen Chor und Mittelschiff (unter dem Triumphbogen) aufgestellte, meist dem heil. Kreuz gewidmete, für die Laien bestimmte Altar. Er ist bes. in den Fällen errichtet worden, wo infolge eines Lettners der Hochaltar vom Schiff aus nicht gesehen werden kann.

Laienmalerei →Naive Malerei.

Lainberger, Simon, Bildschnitzer, zuerst 1478 als Bürger von Nürnberg urkundlich erwähnt, † das. vor dem 30. 1. 1503, kann auf Grund urkundlicher Erwähnung mit einer gewissen Wahrscheinlichkeit als Meister der sehr bedeutenden Kreuzigungsgruppe am Hochaltar der Stadtkirche in Nördlingen gelten. An dieses Werk (das neuerdings z. T. als Jugendwerk des Veit Stoß in Anspruch genommen wird) hat man einige weitere angeschlossen.

Th. Demmler, Der Meister der Dangolsheimer Madonna, 1925 (Jahrb. d. Preuß. Kunstsammlungen, Bd. 46); G. Wulz, Der Meister der Figuren des Nördlinger Hochaltars. 1934/35 (Jahrbuch d. Histor. Vereins für Nördlingen u. Umgebung, Jahrg. 18).

Lambrequin, mit Quasten versehener Behang als oberer Abschluß eines Betthimmels oder Fensters, im Barock zur Verzierung von Gesimsen und anderen architektonischen Teilen in Stein nachgebildet. In der Heraldik bedeutet L. die Helmdecke (→Wappen).

Lambris (franz.), Wandverkleidung mit Marmor, Stuck und bes. mit Holz.

Laminieren →Glas.

Lancret, Nicolas, franz. Maler, * 22. 1. 1690, Paris † 14. 9. 1754 das., Meister galanter Szenen in der Art Watteaus, aber wesentlich gröber als dieser und ohne die hohe künstlerische Vergeistigung des Inhalts.

G. Wildenstein, L., 1924; F. Boucher, Le dessin français au XVIIIe siècle, 1952.

Landschaftsmalerei. Ansätze zu einer L., die die Natur nicht als bloßen Begleitumstand menschlichen Geschehens, sondern als dessen räumlichen Schauplatz zu geben sich bemüht, sind zuerst auf Wandgemälden der röm. Kaiserzeit festzustellen (Odysseelandschaften im Vatikan). Eine Weiterentwicklung wurde durch die anaturalist. Wendung verhindert, die die Kunst am Ende der Antike nahm; doch sind Nachwirkungen jener L. bis ins 10. Jh. zu spüren (→Pariser Psalter). – Ohne Zusammenhang damit entstand etwa seit dem 6. Jh. in China eine L. (→Chinesische Kunst), deren Hauptzeit in das 8.–12. Jh. fällt und die zu den bedeutendsten Leistungen aller Malerei gerechnet werden muß. Die abendländische Malerei des Mittelalters war ausschließlich Figurenmalerei und deutete alles Nichtfigürliche nur durch formelhafte Abkürzungen an. Auch das Naturgefühl des 13. Jh., wie es etwa in den Liedern Walthers von der Vogelweide lebt, hat nur in der Bildnerei, der damals reicheren und ausdrucksstärkeren Kunstgattung, einen gewissen Niederschlag gefunden (naturalist. Pflanzenkapitelle), nicht aber in der Malerei. Die Voraussetzungen für eine L. ergaben sich erst in der 2. Hälfte des 14. Jh., da man daran ging, den Tiefraum zu gestalten und Interesse an der malerischen Erfassung von Dingen gewann, die nur anschaulich und nicht durch einen Sinnzusammenhang von Bedeutung waren. Es wird immer eins der erstaunlichsten Ereignisse in der Geschichte der Malerei bleiben, wie in den niederländ.-burgund. Miniaturen vom Anfang des 15. Jh. (bes. dem Turin-Mailänder Stundenbuch →Miniaturmalerei) mit einem Schlage eine L. da ist, die den Naturausschnitt als Ganzes gesehen zu geben und auch den Menschen in ein annähernd richtiges Verhältnis zu ihm zu setzen vermochte.

Die Tafelbilder und Wandgemälde des 15. Jh. zeigen meist zusammengesetzte Natur. Von den wenigen Ausnahmen ist die See- und Berglandschaft auf dem Tafelbild „Petri Fischzug" von Konrad Witz (1444) bes. bemerkenswert, weil sie einen bestimmten, auch heute noch auf die Richtigkeit seiner Wiedergabe nachzuprüfenden Naturausschnitt mit lokalen Besonderheiten (Pfahlbauten) festgehalten hat. – Die erste reine Landschaftsdarstellung ohne Menschen schuf Leonardo in einer Federzeichnung von 1473 (Florenz, Uffiz.). Es schlossen sich an die Landschaftsaquarelle Dürers, Zeichnungen der →Donauschule und Stiche der →Kleinmeister. Damit wurde, wiederum nur im kleinen Format, eine reine L. vorbereitet, wie sie sich dann im 17. Jh. ergeben sollte. Weitere Fortschritte um 1500 waren (und zwar hauptsächlich in Deutschland und Italien): Beobachtung der atmosphär. Erscheinungen, der Beleuchtung, Bereicherung der landschaftl. Ansichten, Zusammenstimmung von Mensch und Natur, die nicht in starrer Unbeweglichkeit (wie meist im 15. Jh.) um den Menschen her ist, sondern sich in Bewegung befindet. Die jahreszeitliche Verschiedenheit der Natur hat zuerst P. Bruegel d. Ä. anschaulich zu machen vermocht (um 1560). Um 1600 ging aus einem Kreise in Rom tätiger Maler (Annibale Caracci, Domenichino, Paul Bril, Adam Elsheimer) die ideale Landschaft hervor: gleichsam eine Sonntagslandschaft mit den großen, gerundeten, reifen Formen des Sommers, mit Sonne und Licht in der Ferne, Kühle und Heimlichkeit in der Nähe, gestimmt auf einen vollen sonoren Ton. Hat sie als Staffage Gestalten der antiken Mythologie, so heißt sie auch heroische Landschaft, eine Bezeichnung, die im 19. Jh. gern noch das Merkmal des dramatisch Bewegten in sich schließt. Ihre Hauptmeister im 17. Jh. sind Poussin und Lorrain, bei dem jedoch das Idyllische stärker hervortritt. Eine Sonderstellung nimmt Holland ein; der allgemeine Hang, sich auf bestimmte Bildgattungen zu spezialisieren, kam auch der L. zugute. Sie erhielt hier eine Selbständigkeit wie sonst nirgends und eine bisher unbekannte Differenzierung. Es wurden Küsten-, Fluß-, Weide-, Wald-, Winter- und Mondscheinlandschaften gemalt. Auch alle Abstufungen der Auffassung sind vorhanden, von der treuen und sachlichen Abschilderung des Landes (van Goyen) bis zur höchsten Steigerung und Dramatisierung der Natur (Rembrandt, Ruisdael). – Im 17. Jh. verstärkte sich ferner das Interesse für Topographie (Dilich, Merian, Hollar), die mit der L. zuweilen eng zusammenging. Frucht dieses Zusammengehens waren in der Mitte des 18. Jh. die Stadtansichten des Bernardo Belotto (Canaletto). Im übrigen hat sich das 18. Jh. auf dem Gebiete der L., die in diesem Jahrhundert des Bildnisses auch geringer bewertet wurde, schöpferisch kaum betätigt, sondern hat die Formeln des 17. Jh. immer wieder abgewandelt. Wirklich schöpferisch in der L. wurde erst wieder die Romantik zu Beginn des 19. Jh. (C. D. Friedrich) und der Klassizismus (J. A. Koch), sofern er romantisch erfüllt war. Ganz neue landschaftl. Motive kommen auf (die Einsamkeit des Hochgebirges, des Meeres), in ganz neuer Weise werden Mensch und Landschaft zueinander in Beziehung gesetzt und bisher nie gemalte Zwischenstadien der Natur (Spätherbst, Frühwinter, Dämmerung, Nebelstimmung) malerisch erfaßt. Im 19. Jh. nahm die L. schon quantitativ einen Aufschwung, der nur noch mit dem der Historienmalerei zu vergleichen ist, und sie begann in der Schätzung des Publikums eine bevorzugte Stellung einzunehmen. Wichtig wurde eine realist. Strömung, die von Engländern wie Constable und Bonington ausgegangen war, seit den 30er Jahren in Frankreich von der Schule von Barbizon, in Deutschland von Blechen und Menzel getragen wurde. Daneben blühte die heroische Landschaft (Preller, Rottmann, Schirmer, Lessing), der in der 2. Hälfte des Jahrhunderts durch Böcklin neue Seiten abgewonnen wurden. Auch das topograph. Interesse lebte fort und äußerte sich in bändereichen Werken, die in allen graph. Techniken, zu denen jetzt vor allem der Stahlstich hinzutrat, mehr oder weniger stimmungsvolle Ansichten aus aller Herren Länder veröffentlichten. – Von besonderer Bedeutung für die Weiterentwicklung der L. wurde der Impressionismus, der die Freilichtmalerei zur Regel erhob und durch seine Konzentration auf die farbige Erscheinung der Dinge deren Tonskala feiner erfaßte. Er brachte jedoch die Gefahr mit sich, daß alle feste Form in Licht und Farbe aufgelöst wurde. Zu neuer Formverfestigung und zu neuem Ausdruck suchten Cézanne, van Gogh und Hodler zu gelangen. Namentlich auf van Gogh fußte die L. des Expressionismus, der die Landschaft aber nur zu mehr oder weniger belanglosem Ausgangspunkt nahm, um Gefühle zu demonstrieren, die mit diesem Ausgangspunkt kaum noch etwas zu tun hatten. Daneben hat es in Deutschland in lückenloser Folge bis heute eine L. gegeben, bald sachlich und fest in der Form, bald impressionist. berührt, bald auf romant. Stimmungsgehalt zurückgreifend.

J. Gramm, Die ideale Landschaft, 1912; P. F. Schmidt, Die dt. L. von 1750–1830, 1922; K. Gerstenberg, Die ideale L., 1923; R. Grosse, Die holländ. Landschaftskunst, 1600–1650, 1925; Geese, Die heroische Landschaft von Koch bis Böcklin, 1930 (Stud. zur dt. Kunstgesch. 271); R. Buscaroli, La pittura di paesaggio in Italia, 1935; J. A. Graf Raczyński, Die flämische Landschaft vor Rubens, 1937; P. O. Rave, Dt. Landschaft in fünf Jahrhunderten dt. Malerei, 1938; C. van de Wetering, Die Entwicklung der niederländ. L. vom Anfang des 16. Jh. bis zur Jahrhundertmitte, 1938; O. Fischer, Chinesische Landschaftsmalerei, ³1943; Liselotte Fromer im Obersteg, Die Entwicklung d. schweiz. L. im 18. u. frühen 19. Jh., 1945 (Basler Stud. z Kunstgesch. 3); M. J. Friedländer, Essays über L. u. andere Bildgattungen, 1947; A. Lhote, Traité du paysage, ³1948; H. Geller, 150 Jahre deutsche L., 1951; K. Clark, Landschaft wird Kunst, dt. 1962; W. J. Peters, Landscape in Romano-Campanian Mural Painting, 1963; U. Christoffel, Der Berg i. d. Malerei, 1963; St. Lydakis, Die griech. Ldschft. i. d. europ. Malerei, 1963; Eva Börsch-Supan, Garten-, Ldschfts.- u. Paradiesmotive i. Innenraum, 1967; H. Ost, Einsiedler u. Mönche i. d. dtn. Malerei d. 19. Jh., 1968; H. Lehmann, Formen landschaftl. Raumerfahrung i. Spiegel d. bild. Kst. (m. Lit.), 1968; G. Pochat, Figur u. Ldschft. (L. v. d. Antike bis z. Gegenwart), 1973; G. Rosenthal, Bürgerl. Naturgefühl u. offizielle L. in Frankreich, Diss. Heidelberg 1974; P. Miquel, Le paysage français au XIXe siècle, 1824–1874 (L'ecole de la nature), 3 Bde. 1976; Gertrud Roth, Landschaft als Sinnbild. Der sinnbildhafte Charakter v. Landschaftselementen d. oberdtn. Tafelmal. d. 15. Jhs., 1979; M. Eberle, Individuum u. Landschaft, Zur Entstehg. u. Entw. der L., 1980.

Langhans, Carl Gotthard, Baumeister, * 15. 12. 1732 Landeshut (Schlesien), † 1. 10. 1808 Grüneiche bei Breslau, seit 1786 Berlin, wurde nach barocken Anfängen einer der frühesten Vertreter des dt. Klassizismus. Sein Hauptwerk ist das nach dem Vorbild der griech. Propyläen wuchtig und streng erbaute Brandenburger Tor in Berlin (1788–91).

Hinrichs, C. G. L., 1909; Schmitz, Berliner Baumeister vom Ausgang des 18. Jh., ²1925; G. Grundmann, C. G. L., 1939 (Zentralbl. d. Bauverwaltung, Jahrg. 59); H. Büttner, D. Brandenb. Tor, 1958.

Langhaus →Basilika.

Langobardische Kunst, vorgeschichtl. ein Teilgebiet der →Germanischen Kunst, jedoch mit eigenem Schmuckstil, dessen Besonderheit kleine Goldkreuze sind, die sog. Langobardenkreuze. Im engeren Sinne die Kunst des von 568 bis 774 in Oberitalien, der „Lombardei", bestehenden Langobardenreiches, entstanden aus der Angleichung german. Voraussetzungen an die christl. Kunst röm. bes. aber byzantin. Prägung. Charakteristische Erzeugnisse sind mit Flechtwerkmustern oder primitiven figürlichen Darstellungen versehene Reliefplatten an Ausstattungsstücken des Kirchenraums. Ein Hauptzentrum dieser L. K. war Cividale.

H. Picton, Die L. K. in Italien, 1931; E. Schaffran, Die Kunst der Langobarden in Italien, 1941; J. Werner, Die Langobarden in Pannonien, 1962; F. Kayser, Kreuz u. Rune. Langobard.-Roman. Kunst in Italien, 2 Bde., 1964/65; O. v. Hessen, Die langobard. Keramik aus Italien, 1968; H. Roth, R. Degen, Die Ornamentik d. Langobard. in Italien, 1973; R. Kutzli, L. K. Die Sprache d. Flechtbänder, 1976; A. Weis, Die l. Königsbasilika v. Brescia, 1977.

Lanzettbogen →Bogen.

Lanzettfenster →Fenster.

Laokoon, trojanischer Priester, der seine Mitbürger warnte, das hölzerne Pferd in die Stadt zu bringen. Die Götter, die die Zerstörung Trojas beschlossen haben, schickten zwei Schlangen, die L. und seine Söhne töteten. Die Sage ist von den rhodischen Bildhauern Hagesandros, Polydoros und Athanadoros um 50 v. Chr. in einer Gruppe dargestellt worden, die ein Beispiel meisterhafter Komposition aus der letzten Epoche der griech. Kunst ist. Eine Kopie der Gruppe (offenbar nicht das Original, das nach Plinius „ex uno lapide" bestand) wurde 1506 in den Thermen des Titus in Rom gefunden. Sie steht heute im Vatikan. Auf die bildende Kunst der Renaissance hat sie ebenso stark gewirkt wie auf die ältere Kunstbetrachtung (Winckelmann, Lessing, Goethe), die die Tendenzen ihrer eigenen Zeit in ihr erfüllt sah. Heute wird sie mehr als ein Bravourstück plastischer Gestaltung angesehen. Die falsche Ergänzung des ausgestreckten Armes des L. konnte durch den Fund von Bruchstücken einer röm. Kopie berichtigt werden. 1957 wurden in der Grotte des Tiberius bei Sperlonga (Prov. Latina) Teile einer Gruppe (darunter Splitter m. d. Namenszug d. beid. Kstler.) gefunden, die vielleicht d. Thema d. L. darstellen. Genaue Forschungsergebnisse stehen noch aus.

Cassel, L. in Mythe und Kunst, 1890; Blinkenberg, Exploration archéologique de Rhodes, 1905; H. Sichtermann, L., 1957; H. Ladendorf, Antikenstudium u. A. kopie, ²1958; H. Sichtermann, Der wiederhergestellte L. (Gymnasium 70) 1963; W. H. Groß, Zur L.-gruppe u. ihr. Künstlern (Nachr. d. Gießener Hochschul-Ges. 35) 1966.

Lapidarium, lat. lapis = Stein, eine umfangreiche Slg. von Steindenkmälern aller Art (Epithaphe, Grabsteine, Altäre, Sarkophage, Wegekreuze, Meilensteine, Steinskulpturen usw.). Lapidarien können neben Museen (Köln, Röm.-Germ.-Mus. Mainz, Stuttgart) auch an Fundorten entstehen.

Lapislazuli, Lasurstein, dunkelblauer Halbedelstein, oft mit helleren (gelben) Flecken und Adern, wurde früher zu kleineren Ziergefäßen und Schmuckstücken verarbeitet, auch zur →Intarsia verwendet und ergab in pulverisiertem Zustand den Farbstoff für das natürliche Ultramarin.

L'art pour l'art („Die Kunst für die Kunst"), der Grundsatz, daß die Kunst von allen übrigen Lebenszusammenhängen losgelöst nur für sich selbst da sein müsse. Er kam auf im Kreise romantischer Literaten und wurde namentlich vom Bohémien vertreten, der sich im Gegensatz fühlte zum kommerziell eingestellten Bourgeois. So berichtet Murger („Scènes de la vie de Bohème" 1851) von einer Gruppe von Dichtern, die sich „Schüler des l'art pour l'art" nannten. Unter der Julimonarchie hatte sich die Meinung gebildet, es sei für den Künstler nicht nötig, ja schädlich, politische und soziale Ideen zu haben, zumindest dürfe er sie nicht in seinen Werken äußern. „Il faut comprendre ... la morale pour la morale, la religion pour la religion, l'art pour l'art" (Victor Cousin in „Revue des Deux Mondes" 1845). Praktisch huldigten diesem Grundsatz bes. die Impressionisten in Reaktion gegen die den Inhalt betonenden und damit neuen Weisen künstlerischer Gestaltung sich verschließenden Richtungen des 19. Jhs. Seine Wirkung machte sich auch in der Kunstwissenschaft bemerkbar, wo er half, eine vorwiegend formanalytische Betrachtungsweise auszubilden. Heute hat man seine Einseitigkeit eingesehen.

A. Cassagne, La théorie de l'art pour l'art en France, 1906, 1959.

Lascaux, Höhle in Südfrankreich (Dordogne), die reichste Bilderhöhle der Eiszeit, entdeckt 1940. Sie enthält gegen 80 Malereien und 40 Gravierungen verschiedener Höhe von 0,30 m bis 5 m. Die Erhaltung der auf weißem kristallinischem Wandüberzug stehenden Bilder, deren Farben in feinster Polychromie aufgespritzt sind, ist hervorragend. Nach den zahlreichen Überschneidungen lassen sich 14 verschiedene Stufen feststellen, die wohl alle ins →Magdalénien gehören. Von den Tieren sind viele als trächtig dargestellt (Fruchtbarkeitszauber). Eine wissenschaftlich fundierte genaue Nachbildung mit Hilfe der →Meßbildtechnik befindet sich im Pelizaeus-Mus. zu Hildesheim; sie wurde wegen der Gefährdg. u. teilw. Zerstörg. des Originals geschaffen. (Die Nachbildg. wurde auch in Paris, Grand Palais, gezeigt, 1981).

F. Windels, L., Chapelle Sixtine de la préhistoire, 1948; Ders., The L. cave paintings, 1950; A. M. Brodrick, L., a commentary, 1949; G. Bataille, Die vorgeschichtl. Malerei: L. oder die Geburt der Kunst, 1955; G. Bataille u. H. Breuil, Les cavernes du Volp, 1958; Annette Laming, L., 1959 (Fundus-Bücherei 4).

Lasieren, Teile eines Bildes (z.B. Fleischpartien) mit dünnen Farben (Lasurfarben) übermalen, so daß die darunterliegende Farbschicht durchscheint.

Lasurfarben, durchsichtige Farben (Gegensatz: →Deckfarben), die auf schon bestehende Farbschichten aufgetragen werden und diese durchschimmern lassen.

Lateinisches Kreuz →Kreuz.

Latène-Stil →Keltische Kunst.

Latène-Zeit →Eisenzeit.

Laterne →Kuppel.

La Tour, Georges de, franz. Maler, get. 19. 3. 1593 Vic-sur-Seille (Lothringen), † 30. 1. 1652 Lunéville, neben den Brüdern →Le Nain bedeutender Vertreter einer von Caravaggio berührten, realist. Genremalerei mit religiösen und profanen Inhalten. In seinen meist großfigurigen Bildern wußte er durch Kerzenbeleuchtung, die er ähnlich wie →Honthorst anwandte, eigenartige Stimmungen zu erzeugen.

F. G. Pariset, G. de L. T., 1949 (franz.); M. Arland, G. de L. T., 1953 (franz.); B. Nicolson, Ch. Wright, G. de la Tour, 1974.

Latour, Maurice, Quentin de, franz. Pastellmaler, * 5. 9. 1704 St. Quentin, † 17. 2. 1788 das., Hofmaler in Paris, der größte Meister des Pastells im 18. Jh., schuf in dieser damals zum Süßlichen und Konventionellen neigenden Technik Bildnisse voll Kraft und Leben. Ein bedeutender Teil seines Werks befindet sich im Museum seiner Vaterstadt.

K. Erhard, L., der Pastellmaler Ludwigs XV., 1917; L. La vie et l'œuvre de l'artiste par A. Besnard. Catalogue critique par G. Wildenstein, 1928; A. Leroy, Qu. de la Tour et la société française du XVIIIe siècle, 1953; E. Fleury, G. Brière, Collect. M. Qu. de L. a St. Quentin, 1954.

Laube, der dem Erdgeschoß eines Hauses vorgelagerte oder einen Teil desselben bildende meist gewölbte Bogengang; bes. beliebt an Rat- und Wohnhäusern der dt. Renaissance; auch in Frankreich, Italien und der Schweiz (Bern) u. in Tirol anzutreffen. →Loggia.

Laufender Hund →Mäander.

Läufer →Binder.

Laurana, 1. Francesco, ital. Bildhauer, * Laurana (Vrana) in Dalmatien, † 1500/1502 wahrscheinlich Avignon, tätig an verschiedenen Höfen Italiens, in Sizilien und Südfrankreich, hat ein reiches und vielseitiges, sehr zerstreutes Oeuvre hinterlassen. Am bekanntesten sind seine weiblichen Marmorbüsten (Berlin, Wien, Florenz, Paris) von etwas träumerischer Stimmung, zart und fein in der Ausführung.

Von ähnlicher Art auch die Marmormasken junger Mädchen (eine Anzahl in franz. Provinzialmuseen), die aus der letzten Schaffenszeit L.s stammen. Mitarbeit an der plastischen Ausgestaltung des Triumphbogens am Castel Nuovo in Neapel (→Triumphbogen).

F. Bürger, F. L., 1907 (Stud. zur Kunstgesch. des Auslandes 50); W. Rolfs, F. L., 2 Bde., 1907; W. R. Valentiner, L.s Portrait Busts of Women, (Art Quarterly 5) 1942; J. Pope-Hennessy, Italian Ren. Sculpture, 1958.

2. Luciano, italienischer Baumeister, * 1420/25 Laurana (Vrana) in Dalmatien, † 1479 Pesaro, vermutlich verwandt mit 1, lieferte vielleicht den Entwurf für den Triumphbogen am Castel Nuovo in Neapel (1453–70), wurde um 1465 vom Herzog Federigo da Montefeltre nach Urbino berufen, um den 1447 begonnenen Palazzo Ducale weiterzubauen, der unter L. zu einem Hauptwerk der Palastarchitektur der Frührenaissance geworden ist. Bes. bemerkenswert ist der allerdings nicht ohne das Beispiel Brunelleschis denkbare Hof. Schönheit der Verhältnisse, antikische Reinheit der Einzelformen ohne Überladung sind für L. bezeichnend. Er darf als Wegbereiter der Architektur der Hochrenaissance gelten.

Th. Hofmann, Bauten des Herzogs Federigo di Montefeltro als Erstwerke der Hochrenaissance, 1904; F. Kimball, L. L. and the „High Renaissance", 1927 (Art Bulletin 10); P. Rotondi, Il palazzo ducale di Urbino, 1950/51; engl. The Ducal palace of Urbino, 1969.

Laurencin, Marie, franz. Malerin, * 31. 10. 1885 Paris, † 1956 das., bes. bekannt durch ihre in zarten, duftigen Farben gemalten, anmutigen Jungmädchenbilder, die, obwohl mitunter vom Kubismus leise berührt, eine in Frankreich durch das Rokoko geschaffene Tradition aufrecht erhalten.

H. v. Wedderkop, M. L., 1921; George-Day, M. L., 1950; C. Gere, M. L., 1977 (engl.); 1978 (franz.).

Laurens, Henri, franz. Bildhauer, * 18. 2. 1885 Paris, † Mai 1954 Paris. Nach einer Ausbildung als Steinmetz und Dekorationsbildhauer kam er 1911 mit dem →Kubismus in Berührung, der bis um 1925 die Form seiner Steinskulpturen und bemalten Konstruktionen aus Holz, Blech und anderen Materialien bestimmte. In seinem späteren Werk verwandelte sich die anfangs reliefmäßige Gliederung in allseitig räumliche Modellierung. Sein bevorzugtes Motiv war die weibl. Figur, die er abstrahierend umformte um den Ausdruck von Haltung und Gebärde zu steigern. Die Formen sind massig und weich gerundet, jedoch scharf voneinander abgesetzt, sie vereinigen schwingende Linienführung mit kubistischer Strenge.

C. Goldscheider, H. L., 1956; Ausst. Kat. (i. Grand Palais Paris) 1967.

Laurentius (Lorenz), hl. Diakon und Märtyrer, † 10. 8. 258 in Rom, der Legende nach durch Tod auf glühendem Rost, in der christl. Kunst bes. seit dem MA als Diakon gekleidet mit einem Feuerrost in der Hand – zusätzlich auch mit Buch und Kreuz – in Zyklen auf Miniaturen, Fresken (Fra →Angelico, Vatikan) oder einzeln auf Tafelbildern (→Grünewald, Frankfurt/ Städelsches Institut, hier mit Rost und Buch) oder in Plastiken, (Holzplastik i. German. Mus. Nürnberg mit Rost u. Buch) auch zusammen mit dem hl. Stephanus (mit Siegespalme und Steinen) dargestellt. Als Grabkirche des h. L. gilt San Lorenzo fuori le mura in Rom. Die wohl älteste Darstellung befindet sich im Grabmal der Galla Placidia in Ravenna (um 450) mit Rost und Kreuz; viele Bräuche aus der Volkskunde nehmen auf L. Bezug, zahlreiche Patronate tragen seinen Namen (Lorenzkirchen/L.-Kirchen).

K. Künstle, Ikonographie der Heiligen 2, 1926; R. Krautheimer, W. Frankl, S. Corbett: Corpus Basilic. Christian. Romae 2, 1963; G. H. Mohr, Lexik. d. Symbole, 1971; R. Beitl, Wörterb. d. dtschn. Volkskunde, KTA 127, 1974.

Lausitzische Kultur, Kulturgruppe der mittleren und jüngeren →Bronzezeit, in den Sudetenländern und den angrenzenden Teilen Nord- und Ostdeutschlands verbreitet. Die meist hellbraune, gut gebrannte Tonware zeigt anfänglich eine kraftvolle Buckelverzierung, die aber im Verlaufe der Entwicklung allmählich verflacht und schließlich völlig verschwindet. Unter dem Namen jüngere L. K. werden mitunter verschiedene norddt. Lokalgruppen zusammengefaßt, die der ausgehenden Bronzezeit und beginnenden →Eisenzeit angehören (Auriether, Göritzer, Billendorfer Typus u. a. m.). Es handelt sich um Mischstile, die unter dem Einfluß d. böhmisch. →Hallstattkultur entstehen. Sie führen häufig eine glänzend schwarze, graphitierte Keramik; auch bemaltes Tongeschirr kommt vor. Die L. K. wird meist einem nordillyrischen Volksstamm zugeschrieben.

W. Grünberg, Die Grabfunde d. jüngeren u. jüngsten Bronzezeit im Gau Sachsen, 1943; W. Coblenz, Grabfunde d. Mittelbronzezeit Sachsens 1952; E. Plesl, Die L. K. in Nordwestböhmen, (Prag) 1961; M. Gedl, Kultura Luzycka etc. 1962 (poln.).

Lavabokessel, Kanne oder Becken, meistens ein Kupferkessel mit zwei Schnäuzen (Tüllen), der zum Handwaschen benutzt wurde. Seinen Ursprung hat der auf zahlreichen Innenraumdarstellungen des 15./16. Jhdts. (bes. der altniederl. Malerei) in einer Nische hängende L. in der symbolischen Handwaschung des Priesters während der latein. Messe (bis 1969) nach dem Lavabo = ich werde (meine Hände in Unschuld) waschen, Psalm 26 (25).

Lavieren, das Verwaschen einer aufgetragenen Farbe oder überhaupt das Anlegen verlaufender Farbflächen mit nassem Pinsel als zusätzliche künstlerische Behandlung einer Zeichnung. Sie ist bei fast allen Zeichentechniken möglich und kommt bes. häufig bei Federzeichnungen vor: „lavierte Federzeichnung". Das L. dient der Vertiefung der Schatten und damit auch der Modellierung, ferner der Kontrastierung der Formen und erzeugt malerische Lichtwirkungen sowie zarte Farbigkeit.

Lebensbaum, ein in der Mythologie vieler Völker (schon der Babylonier und Assyrer) vorkommender Baum als Sinnbild des Lebens und der Lebenskraft. Die theologische Spekulation hat im L. das Gegenstück zum verderbenbringenden Baum der Erkenntnis erblickt und hat ihn auch in Verbindung mit dem Kreuzesholz gebracht, das daher zuweilen als lebendiger Baum dargestellt worden ist. Der L. wird zum Sinnbild der Erlösung. Als solcher erscheint er (bes. in mittelalterl. Türbogenfeldern) entweder allein oder in Gegenüberstellung zum Baum der Erkenntnis. Er kann wegen seiner angenommenen Identität mit dem Kreuzesholz auch durch dieses ersetzt sein. Auch mit dem Abendmahlsdogma hat man ihn in Verbindung gebracht (er trägt dann Trauben oder Hostien), desgleichen mit Maria (sie erscheint unter dem L., während ihre Gegenspielerin Eva unter dem Baum der Erkenntnis auftritt). Bis ins 16. Jh. kommen immer wieder neue Kombinationen vor, in denen der L. als Sinnbild des Erlösungswerkes verwendet ist. Überaus häufig ist er auch in der Volkskunst, wobei german. Vorstellungen nachwirken, sich z.T. aber mit christl. vermischen.

H. Bergner, Handb. der kirchl. Kunstaltertümer Deutschlands, 1905; W. Stief, Heidnische Sinnbilder an christl. Kirchen und auf Werken der Vollkunst. Der „L." und sein Gestaltwandel im Jahreslauf, 1938; R. Bauerreis, Arbor Vitae. Der „L." und seine Verwendung in Liturgie, Kunst und Brauchtum des Abendlandes, 1938; Ders., Das Lebenszeichen, 1961; M. Lurker, Der Baum i. Glauben u. Kst., 1960; E. O. James, The tree of life, 1966; Johanna Flemming, Der L. in der altchristl. byzantin. u. byzantin. beeinflußten Kunst. Habil.-Schr. Jena 1963 (Masch.-Sch.); W. Woeller, Der Baum im dt. Brauchtum (in: Wiss. Zs. d. Humboldt-Univ. Berlin, 9. Jg., Heft 4) 1959/60.

Lebensbrunnen, allegorische Darstellung der erlösenden Kraft Christi in der christl. Kunst unter dem Bild einer Quelle, die in einen tempelartigen Aufbau gefaßt ist, dem sich Tiere nähern (frühestes Beispiel in der nord. Malerei im Godescalc-Evangeliar, nach 781). Später tritt an Stelle des Wassers in oft sehr drastischer Weise das Blut Christi; oder (so im Genter Altar der Brüder van Eyck) der L. erscheint in Verbindung mit dem Lamm als Becken, in das Wasser sprudelt; die Gläubigen sind um das Becken versammelt oder steigen hinein.

W. v. Reykebiel, Der „Fons vitae" in der christl. Kunst, 1934 (Niederdt. Zeitschrift für Volkskunde, Jahrg. 12); P. A. Underwood, The Fountain of Life, 1950 (The Dumbarton Oaks Papers 5); K. Hoffmann, Zur Deutg. klösterlicher Brunnenhäuser d. MA.s (in: Festgabe f. H. v. Einem, Kst.hist. Inst. Univ. Bonn), 1965; K. J. Höltgen, Arbor, Scala u. Fons vitae, 1968; M. B. Wedell, Fons pietatis, 1969.

Lebrun, Charles, franz. Maler, Ornamentzeichner und Meister kunstgewerblicher Entwürfe, * 24. 2. 1619 Paris, † 12. 2. 1690 das., Direktor der Kunstakademie und der Gobelinfabrik, Premier peintre du Roi, faßte in seiner Person alle Bestrebungen des Louis-quatorze-Stils zusammen. Er hatte die dekorative Ausstattung der Schlösser Ludwigs XIV. zu überwachen und griff überall selbst mit Entwürfen ein, die seine außerordentliche Vielseitigkeit verraten. Der Umfang seiner Tätigkeit ist kaum abzuschätzen. Als Maler ist er vor allem in seinen Deckengemälden in der Apollogalerie des Louvre und in der Spiegelgalerie des Schlosses zu Versailles bemerkenswert. In seinen zahlreichen Staffeleibildern tritt ein leiser klassizistischer Zug hervor, entsprechend der klassizistischen Wendung, die die franz. Kunst in der 2. Hälfte des 17. Jh. auf manchem ihrer Gebiete genommen hatte.

H. Jouin, Ch. L. et les arts sous Louis XIV., 1883; P. Marcel, Ch. L., 1909; Ausst. Kat. Ch. L. 1619–1690, Peintre et Dessinateur, Versailles 1963; G. Wildenstein, Les oeuvres de C. L. d'après les gravures de son temps (Gazette des Beaux-Arts 107) 1965.

Le Corbusier, Deckname für Charles Edouard Jeanneret, franz.-schweiz. Baumeister, Maler und Schriftsteller, * 6. 10. 1887 La Chaux-de-Fonds, † 27. 8. 1965 Roquebrune-Cap Martin (Riviera), seit 1917 in Paris, ausgebildet auch bei Joseph →Hoffmann in Wien und Peter →Behrens in Berlin, begründete in Zusammenarbeit mit seinem Vetter Pierre Jeanneret einen neuen Stil des Wohnbaus: aus kubischen Elementen zusammengesetzte Häuser mit flachem Dach, großen Fenstern, keinerlei Bauornament, sachlich, klar und verstandesmäßig gegliedert. 1952–1955 wurde unter C.s Leitung u. nach seinen Entwürfen die Wallfahrtskapelle Notre-Dame-du-Haut in Ronchamp (Haute-Saône) errichtet, ein für den modernen Kirchenbau bedeutsames Werk. Von Bedeutg. f. d. mod. Architektur ist sein →Modulor, 1945 schrieb er „Grundfragen des Städtebaus", hg. v. H. Hildebrandt, 1979 (dt.).

Le C. et P. Jeanneret, Oeuvre complète, 5 Bde., 1910–52; M. Gauthier, Le C., 1945; W. Boesiger, Le C., 1946; M. Bill, Le C., 1947; St. Papadaki, Le C., 1948 (engl.); Le C. Katalog der Ausstellung im Kunsthaus Zürich 1957 (mit Werkverz. u. Bibliographie); L. C., Ausblick auf eine Architektur, 1963; A. Henze, Ronchamp. L. C.s erster Kirchenbau, 1964; St. v. Moos, Le C. Elemente einer Synthese, 1968; M. Besset, Wer war Le C.?, 1968; ders., L. C., 1976; Le C., Oeuvre complète, hg. v. W. Boesiger u. a., 8 Bde. 1934–1970; R. de Fusco, L. C. Furniture, 1976; N. Huse, L. C. (rororo-Bildmonogr. 248), 1976; E. Sekler, W. Curtis, L. C. at Work, 1977; A. Roth, 2 Wohnhäuser v. L. C. u. Pierre Jeanneret (Faks. d. Ausg. anläßlich d. Ausstellg. Stgt. 1927 v. Dt. →Werkbund) 1977.

Leda, in der griech. Mythologie eine Geliebte des Zeus, der sich ihr in Gestalt eines Schwans näherte; im Altertum und in der ital. Renaissance (Leonardo, Correggio Michelangelo) öfters dargestellt.

A. Klinckowström, L. och swanen, 1924; G. Lippold, L. u. Ganymed, 1954.

Lederer, Hugo, Bildhauer, * 16. 11. 1871 Znaim (Mähren), † 1. 8. 1940 Berlin, das. tätig, hat das Verdienst, der in der hohlen Pracht des Neubarocks befangenen dt. Denkmalskunst neue Wege gewiesen zu haben, indem er dem Denkmal wirkliche Monumentalität und plastische Geschlossenheit gab. Hauptwerk ist das gewaltige Bismarckdenkmal in Hamburg (1901 entworfen, 1906 errichtet). Bronzeakte (Ringer, Bogenschütze, Diana, Läufergruppe, der Sieger usw. 1927/28) an der Heerstraße und im Lietzenseepark in Berlin, Brunnenanlage am Baltenplatz das., Bildnisbüsten.

H. Rosenhagen, H. L., 1912; H. Krey, H. L., 1931.

Ledermosaik, Zusammensetzung verschieden gefärbter Lederstücke zu Ornamenten; kommt bes. auf oriental. Bucheinbänden vor, seit dem 16. Jh. auch in Venedig und Frankreich. In der Neuzeit sogar als Wandschmuck u. im Kst.gewerbe.

H. Helwig, Hb. d. Einbandkde., 3 Bde., 1953–55; G. Gall, Leder i. europ.Ksthandwerk, 1965.

Lederschnitt, die Verzierung von Lederflächen durch Einschneiden von Figuren und Ornamenten, oft verbunden mit Punzierung des Grundes, Vergoldung und dem reliefmäßigen Heraustreiben bestimmter Teile von der Rückseite her. Der L. findet sich seit dem 14. Jh. auf profanen Gegenständen aller Art und war seit dem 16. Jh. vor allem in Spanien zu Hause.

Clouzot, Geschmückte Lederarbeiten, 2 Bde., 1925; J. Rudel, Die Technik d. L.s, 1951; H. Helwig, Hb. d. Einbandkde., 3 Bde., 1953–55 (m. Bibl.).

Ledertapeten, aus rechtwinklig geschnittenen Lederstücken (Kalb- Ziegen- oder Schafleder) zusammengesetzte und mannigfach verzierte Wandbekleidung. Sie wurde vergoldet, versilbert, mit Farben bemalt und mit figürlichem und ornamentalem Relief versehen, das durch starken Druck über vertieft geschnittenen Holzmodeln hervorgebracht wurde; auch Punzierung ist häufig. – Die L. wurden von den Mauren im frühen Mittelalter in Spanien eingeführt und hießen dort nach der durch ihre Lederarbeiten berühmten arabischen Stadt Gadames „Guadamaciles". Cordoba wurde der Hauptsitz der Fabrikation. Von Spanien gelangten sie im 16. Jh. zuerst nach Italien („corami d'oro"), dann nach den Niederlanden, Frankreich („cuirs dorés"), Deutschland und England. Im 17. Jh. sind L. als Schmuck vornehmer Wohnräume überall anzutreffen. Seit der Mitte des 18. Jh. traten in zunehmendem Maße Stoff- und Papiertapeten an ihre Stelle.

Clouzot, Geschmückte Lederarbeiten, 2 Bde., 1925; G. Gall, Leder i. europ. Ksthandwerk, 1965.

Ledoux, Claude Nicolas, franz. Baumeister, * 1736 Dormans, † 19. 11. 1806 Paris. Nach Bauten seiner Frühzeit im Louis-seize-Stil wurde er in den 80er Jahren zu einem Hauptvertreter der franz. „Revolutionsarchitektur“: Die stereometrischen Grundformen (Würfel, Kugel, Pyramide) sind auch die Grundformen der Architektur. Diese verschmelzen nicht mit einander, sondern durchdringen einander in starren Blöcken ohne Plastik und Ornament. Von L.' zahlreichen Entwürfen wurde nur ein kleiner Teil ausgeführt, und von diesem blieb wiederum nur ein kleiner Teil erhalten. Er veröffentlichte seine Entwürfe in dem Stichwerk „Architecture considérée sous le rapport de l'art, des moeurs et de la législation“ (Paris 1804); nach seinem Tode fortgesetzt von Daniel Ramée: „L'architecture de Claude-Nicolas Ledoux“ (2 Bde., Paris 1847). Soweit die Stiche seine frühen Bauten betreffen, geben sie diese nicht exakt wieder, sondern im Sinne der Revolutionsarchitektur stilistisch weitergebildet. – Die Kunstwissenschaft hat sich in neuerer Zeit stark mit L. beschäftigt, da seine Baugedanken solche des 20. Jhs. vorwegzunehmen scheinen (z. B. das Kugelhaus).

Levallet-Haug, L., 1934; Raval-Moreux, L., 1945; J. Langner, L.s Redaktion der eigenen Werke für die Veröffentlichung, 1960 (Zeitschr. f. Kunstgesch. 23); Ders., L. u. die „fabriques“. Voraussetzungen der Revolutionsarchitektur im Landschaftsgarten (Zeitschr. f. Kst.gesch. 26), 1963; Ausst.kat. Metropolitan Mus. of Art (N. Y.): Visionary architects, 1968; M. Gallet, La jeunesse de L., 1970.

Legenda aurea (lat. „Goldene Legende“), eine Sammlung von Heiligenlegenden, die der Dominikaner und spätere Erzbischof von Genua Jacobus de Varagine (1230–1298/99; fälschlich meist Voragine) aus schriftlicher und mündlicher Überlieferung zusammengetragen hat und die außerordentliche Verbreitung fand. Als Quelle für die künstlerische Darstellung von Heiligenlegenden ist die L.a. von großer Bedeutung. Dt. Ausg. von R. Benz, 1963.

Legende (lat. „das zu Lesende“), Um- oder Beischrift auf Bildern oder graphischen Blättern, die der Erklärung der bildlichen Darstellung dient; auch der Text auf Spruchbändern, ferner die Schrift auf Münzen und Medaillen.

Léger, Fernand, franz. Maler, Graphiker und Kunstgewerbler, * 4. 2. 1881 Argentan, † 17. 8. 1955 Gif-sur-Yette, ging vom Neo-Impressionismus 1910/11 zum →Kubismus über, den er dann in einer bes. extremen und eigenwilligen Art vertrat. Er wählte für seine Kompositionen mit Vorliebe Gegenstände aus der Welt der Maschine, die ohne Rücksicht auf ihre Ordnung in der Wirklichkeit unter formal-dekorativen Gesichtspunkten und mit größter Schärfe der Konturen zusammengefügt sind. Statisches und Dynamisches findet sich nebeneinander, und auch der Mensch ist dieser starren und harten Welt von Formen zuweilen eingefügt. – 1959 wurde in Biot b. Cagnes ein F.-L.-Mus. erbaut. Schriften i. dt. Sprache: Mensch, Maschine, Malerei, 1972.

E. Tériade, F. L., 1929 (fr.); W. George, F. L., 1930 (fr.); D. Cooper, F. L. et le nouvel espace, 1949; A. Verdet, F. L. Le dynamisme pictural, 1955; P. Descargues, F. L., 1955 (fr.). Kat. L., Münch. 1957; R. L. Delevoy, L., dt. 1962; F. L., Ausst. Kat. Wien 1968; A. Verdet, F. L., 1971; F. L., Functions of painting, 1973; Chr. Green, L. and the avant-garde, 1976; W. Schmalenbach, F. L., 1977; L. Saphire, L. C. Oeuvrekat. d.

graph. Werkes, 1977; Ausst.kat. Staatl. Kunstslg. Berlin (Retrospektive), 1981.

Lehmbruck, Wilhelm, Bildhauer, * 4. 1. 1881 Meiderich b. Duisburg, † 25. 3. 1919 Berlin. Studierte 1901 bis 1907 an der Düsseldorfer Akademie, ging 1910 nach Paris und 1914 nach Berlin. Die Vergeistigung seiner Gestalten, die im übrigen nie ins Häßliche und Deformierte abgleiten, suchte er u.a. durch eine übermäßige Längung der Gliedmaßen zu erreichen. Die Zartheit und Zerbrechlichkeit des Körperlichen sollte Seelisches stärker in Erscheinung treten lassen. Doch schuf er auch, von Maillol berührt, Bildwerke von prall geschlossener Körperlichkeit. – 1964 wurde in Duisburg ein L.-Mus. eröffnet.

P. Westheim, W. L., 1920; A. Hoff, W. L., 1936; W. Hofmann, W. L., 1957; „Das Wilhelm-L.-Museum Duisburg" 1964, E. Petermann, Die Druckgraphik von W. L. (Verz.), 1964; L., Ausst.kat. Staatl. Mus. Berlin, 1973; Ausst.kat. W. L. in seiner Zeit; L. und die dte. Plastik, Kunstmus. Duisburg; Akad. Berlin, 1980.

Leibl, Wilhelm, Maler, * 23. 10. 1844 Köln, † 4. 12. 1900 Würzburg, studierte in München und Paris und fand seit 1873 seine eigentliche Darstellungswelt in oberbayr. Dörfern. Seiner entwicklungsgeschichtlichen Stellung nach ist er der Vollender jenes malerischen Realismus, der auch die letzten Spuren romantischen Einschlags abgestoßen hat. Der novellistische Inhalt interessiert ihn wohl, ist aber niemals Selbstzweck, sondern stets der malerischen Erscheinung untergeordnet. Diese wird mit einer technischen Vollendung erfaßt, an die kaum ein anderer neuerer Meister herangekommen ist. Dabei findet sich sowohl eine rein zeichnerische wie eine impressionistische Gestaltungsweise. L. hat an sich selbst die höchsten Ansprüche gestellt und sich immer aufs neue bemüht, mit der Gediegenheit seiner Malweise die der Alten Meister zu erreichen. Seine alten und jungen, männlichen und weiblichen Bauerngestalten und Bauerngesichter sind von innen heraus kraftvoll modelliert und mit dem gedämpften Licht und der verhaltenen Farbigkeit oberbayr. Bauernstuben zusammengesehen. L. war zugleich einer der bedeutendsten Bildnismaler des 19. Jh. Seine Hauptwerke befinden sich in den Galerien von Berlin, Hamburg, Köln und München.

G. Wolf, L. und sein Kreis, 1923; E. Waldmann, W. L., [2]1930; Ders., W. L., als Zeichner, [3]1948; J. Mayr, W. L., [4]1936; K. Römpler, W. L., 1955; A. Langer, W. L., 1961, [2]1977 (veränderte Aufl.).

Leidenswerkzeuge → Passionswerkzeuge.

Leinwand →Tafelmalerei.

Leinberger, Hans, Bildschnitzer, tätig in Landshut, wo er sich von 1513 bis gegen 1530 verfolgen läßt, ist, dem Kunstkreis der →Donauschule eng verbunden, zu einem der größten Vertreter der dt. Bildnerei seiner Zeit emporgewachsen. In seinen von leidenschaftlichem Temperament erfüllten Werken offenbart er wie kein anderer das Streben der dt. Kunst, von der Spätgotik unter Auslassung der Entwicklungsstufe „Renaissance" gleich in den Barock überzugehen. Hauptwerke: der Altar der Pfarrkirche in Moosburg (1513–15), die gewaltigen Sitzfiguren des Jakobus d. Ä. (München, Bayr. Nationalmus.) und des Christus in der Rast (Berlin, Staatl. Mus.), eine überlebensgroße Madonna (Landshut, St. Martin) und eine kleine Bronzemadonna (Berlin, Staatl. Mus.) von außerordentlicher Kühnheit der plastischen Durchformung.

G. Lill, H. L., 1942; Th. Müller, Alte baier. Bildhauer, 1950; A. Schädler, Zur künstler. Entw. H. L.s (Münchner Jb. d. Kst. 28), 1977; H. Thoma, H. L., 1978.

Lektionar, liturgisches Buch, das die bei der Messe zu lesenden Stellen aus der Heiligen Schrift enthält. Man unterscheidet das Verzeichnis dieser Stellen, das Epistolar, das →Evangeliar und Homiliar (als Darlegungen der Kirchenväter; Bibelerklärungen) und →Evangelistar, wofür L. praktisch eine zusammenfassende allgemeinere Bezeichnung ist.
In der Gegenwart gibt es wegen der neuen Kirchenordnungen der kath. Kirche neue L.e.

Lelwar-Kultur → Kaukasischer Kreis.

Lekythos, griech. Gefäßform, schlanke Kanne auf Fuß mit Hals und Ausguß, besonders für Öl verwendet. Die L. wurde im 5. Jh. zum Gefäß des Grabkultes, der meist auch auf ihr dargestellt ist. Später hat man sie in großer Form aus Marmor nachgebildet und an Stelle von Grabreliefs auf die Gräber gestellt.

Lekythos

W. Riezler, Weißgrundige attische Lekythen, 2 Bde., 1914; Elferink, L., 1934; Emilie Haspels, Attic Blackfigured Lekythoi, 1936; J. D. Beazley, Enciclopedia dell'arte antica classica e orientale 4, 1961.

Le Nain, Lenain, 3 franz. Maler-Brüder, die gemeinsam arbeiteten und die gleiche Signatur für ihre Bilder verwendeten. Sie stammten aus Laon und lebten von spätestens 1629 an bis zu ihrem Tode meist in Paris. 1648 traten sie gemeinsam in die Akademie ein. Über ihr Leben ist wenig bekannt. Neuerdings hat man versucht, das hinterlassene Oeuvre aufzuteilen: Antoine (*1588, †25. 5. 1648), Louis (*1593, † 23. 5. 1648), Mathieu (* 1607, † 20. 4. 1677). Ihre Hauptstärke liegt in der schlichten, realistisch vergegenwärtigenden Schilderung des nordfranz. Bauernlebens. Ihre vom niederländ. Bauerngenre durchaus unabhängigen Bilder sind streng aufgebaut, suchen eher ruhige Zuständlichkeit als Bewegung und erhalten durch kräftige Licht-Schattenwirkungen ein eigentümliches Leben. Gute Sammlung im Louvre.

A. Valabrègue, Les L. N., 1904; P. Jamot, Les Lenains, 1929; P. Fierens, Les L. N., 1933; J. Thuillier, Le N. studies (Burlington Magazine 100) 1958.

Lenbach, Franz von, Maler, * 13. 12. 1836 Schrobenhausen (Oberbayern), † 6. 5. 1904 München, Schüler von Piloty in München, kopierte 1863–68 im Auftrage des Grafen Schack in Italien und Madrid die Bilder Alter Meister und etablierte sich 1868 in München als Bildnismaler, der bald einen ungeheuren Zulauf hatte. Die bedeutendsten Männer der „Gründerzeit" sind von ihm gemalt worden, so Kaiser Wilhelm I., Moltke, Bismarck. Alle diese Bildnisse (in den meisten Galerien zu finden) haben eine ähnliche, schon beinahe zum Schema gewordene Aufmachung (die Figur bleibt in magischem Halbdunkel, alles Licht ist in warmem →„Galerieton" auf den Kopf gesammelt), geben aber die Physiognomie des Dargestellten scharf beobachtet wieder.

A. Rosenberg, F. L., [5]1911; H. Kehrer, F. v. L., 1937; H. Behr, Der Malerfürst F. v. L. u. s. Zeit, 1960; S. Wichmann, F. v. L. u. s. Zeit, (m. Bibl.) 1973.

Le Nôtre, André, franz. Gartenbaumeister, * 12. 3. 1613 Paris, † 15. 9. 1700 das., leitete seit 1661 die Anlage des Parks von Versailles und wurde damit, sowie durch zahlreiche weitere Entwürfe, der eigentliche Schöpfer des Barockparks (→Gartenkunst).

J. Guiffrey, A. Le N., 1912; L. Corpechot, A. Le N., 1912; E. de Ganay, A. le N., 1962 (franz.); Helen M. Fox, A. le N. garden architect to kings, 1963.

Leochares, griech. Bildhauer, Zeitgenosse des →Praxiteles. Er hat am Reliefschmuck des →Maussolleion mitgearbeitet, und man glaubt ihm mit ziemlicher Sicherheit die auf der Westseite des Bauwerkes gefundenen Platten zuschreiben zu können. Auf dieser Grundlage hat man versucht, ihm andere, in Kopien erhaltene Werke zuzuschreiben. Mit großer Wahrscheinlichkeit stammt von ihm das Original d. →Apollon im Belvedere. Von seinen zahlreichen in der Literatur genannten Werken ist kein einziges mit Sicherheit nachzuweisen. →Ganymed.

Curtius, Die klassische Kunst Griechenlands, 1928; G. Lippold, L. (Hb. d. Archäolog. 3, 1) 1950; Encyclop. Arte antica 4, 1961.

Leonardo da Vinci, ital. Maler, Bildhauer, Baumeister und Forscher, * 15. 4. 1452 Anchiano b. Vinci, † 2. 5. 1519 Schloß Cloux b. Amboise, wurde in Florenz 1466 Schüler der Verrocchio und 1472 Mitglied der Malergilde, lebte 1482 bis 1498 in Mailand am Hofe des Lodovico Sforza, 1500 bis 1506 in Florenz, dann wieder in Mailand, ging 1513 nach Rom und 1516, einer Einladung König Franz I. folgend, nach Frankreich. – In L. hat das universalistische Menschentum der ital. Renaissance seine reichste Verkörperung erfahren, und jene Durchdringung von Kunst und Wissenschaft, wie sie ebenfalls zu den Merkmalen der Renaissance gehört, hat sich bei keinem ihrer Repräsentanten so tief vollzogen wie bei L. Allein seine Leistungen auf naturwissenschaftlichem und technischem Gebiet würden genügen, ihm einen hervorragenden Platz in der Geschichte der Menschheit zu sichern – als Künstler gehört er neben Michelangelo, Raffael und Tizian zu den Vollendern der Renaissance. Voran stehen seine Leistungen als Maler. Aus seiner ersten Florentiner Zeit wird ihm u. a. zugeschrieben der eine Engel auf dem Gemälde der Taufe Christi des Verrocchio (um 1472; Florenz, Uffizien). Erstes großes selbständiges, wenn auch unvollendetes Werk ist die „Anbetung der Könige" (1479 bis 81; Florenz, Uffizien). Der Mailänder Zeit gehören u. a. an: die Madonna in der Felsengrotte (seit 1483: Paris, Louvre; spätere, nicht ganz eigenhändige Fassung in der Nationalgalerie in London) und sein Hauptwerk, das große Wandgemälde des Abendmahls im Refektorium des Klosters von Santa Maria delle Grazie in Mailand (1496/97). Dieses heute leider stark zerstörte Werk ist schon kompositionell die reifste und vollkommenste Lösung einer ganzen Reihe von Abendmahlsdarstellungen in Refektorien ital. Klöster und steht auch an seelischer Vertiefung des Vorgangs unerreicht da. Seit 1981 sind im Rahmen umfangreicher Restaurierungsarbeiten, die den Verfall des Werkes stoppen sollen, neue Erkenntnisse gewonnen worden, wonach das „Abendmahl“ teilweise erheblich anders z. Zt. seiner Entstehung aussah (z. B. Teppiche statt Türöffnungen; d. Jünger Simon etc.). Aber in keinem Gemälde der Zeit ist das Quattrocento so endgültig überwunden und zeigt sich das Cinquecento so klar wie in diesem. – Die Werke der letzten beiden Jahrzehnte sind zum größten Teil verlorengegangen oder nur in Schülerkopien erhalten. Die Schärfe des zeichnerischen Umrisses verliert sich immer mehr, die Formen runden sich, Helldunkel-Gegensätze kommen auf, jedoch in weichen Übergängen, ein zartes Sfumato legt sich über die Dinge. Dieser Zeit gehören an: das Bildnis der Mona Lisa (1503–06; Paris, Louvre), die heil. Anna selbdritt (das.) und das Wandgemälde der Anghiari-Schlacht für den Palazzo Vecchio in Florenz. Der Karton dazu ging bis auf ein Fragment verloren, und von der nur angefangenen Malerei hat sich nichts erhalten; doch lassen mehr oder weniger vollständige Kopien, bes. die nach einem Stich des 16. Jh. gefertigte Zeichnung des Rubens („Der Kampf um die Fahne“) die außerordentl. entwicklungsgeschichtliche Bedeutung auch dieses Werkes erkennen.

Von L. als Bildhauer haben wir keine genaue Vorstellung. Hauptwerk war das Reiterdenkmal für Francesco Sforza von Mailand; das unvollendete Modell ist jedoch seit 1499 zerstört worden. Auch als Baumeister ist L. für uns nicht bestimmt faßbar. – Die in den verschiedensten Techniken ausgeführten Zeichnungen vermitteln einen einzigartigen Einblick in die geistige Werkstatt L.s. Es sind Zeichnungen im Zusammenhang mit geplanten oder ausgeführten Kunstwerken, Naturstudien, Bewegungs- und physionomische Studien, Zeichnungen anatomischer und technischer Art. – L.s kunsttheoret. Hauptwerk, das Malerbuch („Trattato della pittura“), ist unvollendet und fragmentarisch auf uns gekommen (hg., übers. und erläutert von H. Ludwig in Eitelbergers Quellenschriften, 4 Bde., 1884 und 1 Bd. neues Material 1885; neue Ausg. v. Marie Herzfeld, 1909; engl. Übers. „Treatise on painting“ von A. Ph. McMahon, 2 Bde., 1956).

I Manoscritti e i disegni di L. da V. pubblicati dalla Reale Commissione Vinciana seit 1923; E. Hildebrandt, L. da V., 1927; A. Venturi, I disegni di L. da V., seit 1928; W. Suida, L. und sein Kreis, 1929; E. Verga, Bibliografia Vinciana 1493–1930, 2 Bde., 1931; L., des Meisters Gemälde und Zeichnungen, hg. von H. Bodmer, 1931 (Klassiker der Kunst); W. von Seidlitz, L. da V., Ausg. letzter Hand, 1935; G. Calvi, Vita di L., 1936; F. Knapp, L. da V., 1938; G. Fumagalli, L., omo senza lettere, 1938. L. da V., Tagebücher u. Aufzeichnungen. Dt. von Th. Lücke, 1940, [2]1952; L. da V., 1940 (Prachtwerk der Mailänder L.-Ausstellung 1939, dt. Ausg.); G. Fumagalli, L. Omo senza lettere, 1943; A. E. Popham, The drawings of L. da V., 1947; Antonia Vallentin, L. da V., 1951; H. Lüdecke, L. da V. im Spiegel seiner Zeit, [2]1953; L. H. Heydenreich, L. da V., Text- u. Tafelbd., [2]1953; L. Goldscheider, L. da V., 1960; S. Braunfels-Esche, L. da V., Das anatomische Werk, 1961; K. Clark, L. in Selbstzeugnissen u. Bilddokumenten, 1969; Il codice atlantico, Faks.Ausg., 1973. L. Reti, L., Forscher, Künstler, Magier (codices Madrid), Faksimileausgabe, 5 Bde., 1974 (dt.); C. Fusero, L. d. V., 1976 (engl.); J. Wassermann, L. d. V., 1977 (dt.); C. Pedretti, Literary Work of L. d. V., 2 Bde. 1977; J. A. Richter, Selections from the Notebooks of L. d. V., 1977.

Leptis Magna, phönik. Gründung an der nordafrikan. Küste, später numidisch, seit 107 v. Chr. römisch. Die Blüte der Stadt, die unter Trajan Kolonie geworden war, beginnt mit der Zeit des Septimius Severus, der dort geboren war. Im 4. Jh. wurde sie von Libyern zerstört und lebte nur unter Justinian noch einmal auf, wurde aber bald ganz vom Dünensand verschüttet. Diesem Schicksal ist die vorzügliche Erhaltung vieler Bauten, Skulpturen und Mosaiken zu verdanken, die in den Grabungen der Italiener seit 1920 gefunden wurden. Die öffentlichen Gebäude waren mit seltener Großartigkeit ausgestattet (Tempel, Theater und Amphitheater, Basilika, Thermen).

Romanelli, L. M., 1925; Bartoccini, Le Terme di L. M., 1929; R. B. Bandinelli u. a., L. M., 1964 (ital.); M. F. Squarciapino, L. M., 1966 (dt.).

Lesbische Welle, lesbisches Kymation →Kymation.

Lescot, Pierre, franz. Baumeister, * gegen 1510, † 10. 9. 1578 Paris, war 1556–64 mit dem Bau des →Louvre beschäftigt, dessen von ihm unter Mitarbeit des Bildhauers Jean →Goujon errichteter Flügel das Meisterwerk der franz. Frührenaissance geworden ist. Von seinen übrigen Werken ist nichts erhalten oder nichts mit Sicherheit nachzuweisen.

L. Hautecoeur, Le Louvre de P. L., (Gazette des Beaux-Arts 69) 1927.

Lessing, Karl Friedrich, dt. Maler, * 15. 2. 1808 Breslau, † 5. 6. 1880 Karlsruhe; seine meist großformatigen Landschaftsmalereien u. Historienbilder gehören zu den bedeutendsten der älter. „Düsseldorfer Schule": Landschaft m. Ritterburg, 1828, Berlin, Staatl. Mus.; Hussitenpredigt, 1836, das.; Hus vor dem Konzil, 1842, Frankf. M.; M. Luthers Disputation mit Dr. Eck in Leipzig, 1866/67, Karlsruhe; Eifellandschaft b. Gewitter, 1875, Berlin; Von 1858–1880 war L. Direktor d. Gemäldegalerie in Karlsruhe.

H. W. Hupp, K. F. L., Diss. Univ. Bonn, 1922, W. Hütt, Die Düsseld. Malerschule, 1964; Ausst.kat. C. F. L., Kunsthalle Karlsruhe, 1980.

Le Sueur, Eustache, franz. Maler, * 18. 5. 1617 Paris, † 30. 4. 1655 das., Schüler von S. Vouet. Von Raffael und Poussin beeindruckt, malte er bibl. und mytholog. Bilder von einfachem und klarem Aufbau, feierlicher Schönheit, schlichter und stiller Empfindung. Zu seinen Hauptwerken gehört die Folge von dekorativen Malereien mytholog. Inhalts aus dem Hôtel Lambert in Paris (um 1640) sowie die Folge von 22 Darstellungen aus dem Leben des hl. Bruno (1645–48; beide im Louvre).

G. Rouchès, E. L., 1923; L. Dimier, Histoire de la peinture française, XVIIe siècle, Bd. 2, 1927; La peinture française de Le Nain à Fragonard, 2, 1964.

Lettner (lat. lectorium, „Lesepult"), die an Stelle der →Chorschranken zwischen Chor und Mittelschiff eingezogene Scheidewand. Sie hat einen Durchgang oder mehrere und ist oben zu einer durch Treppen zugänglichen Bühne mit Brüstung ausgebaut. Von dort wurde das Evangelium verlesen an einem Lesepult, das dann der ganzen Anlage den Namen gab. Auch war die Bühne meist so geräumig, daß sie als Sängerbühne dienen konnte. Ältestes Beispiel ist der L. von Vezzolano, 1189. Das älteste dt. Beispiel vor dem Ostchor des Naumburger Doms gehört noch dem roman. Stil an und zeigt eine andere Entstehungsmöglichkeit des L.s: er steht nicht an Stelle von Chorschranken, sondern bildet die Stirnwand des infolge der hohen Krypta beträchtlich über dem Niveau des Langhauses gelegenen Ostchors. Der sog. L. in der Klosterkirche in Maulbronn dagegen ist eine spätroman. →Chorschranke, der. Form allerdings bereits auf dem Wege zu einem L. ist. Die Gotik hat den L. zuweilen mit Bildwerken reich ausgestattet. Ein frühes Werk dieser Art war der nur in Bruchstücken erhaltene L. der Kathedrale zu Chartres (um 1220). Hauptwerke in Deutschland aus dem 13. Jh. sind der Westlettner des →Naumburger Doms, dem der vom gleichen Meister mit Bildwerken versehene, später zerstörte Westlettner des Mainzer Doms voranging; der L. der Marienkirche in Gelnhausen, der got. L. im Münster v. Breisach, 1496. Unter den zahlreichen spätgot. Beispielen sind die in den Domen zu Havelberg und Halberstadt hervorzuheben. In Frankreich sind die meisten L. in nachmittelalterlicher Zeit zerstört worden, vielleicht hauptsächlich deswegen, weil sie den Blick auf das Meßopfer verwehrten. Der L. in St. Etienne du Mont in Paris aus der 1. Hälfte des 16. Jh. ist ebenso wie andere nachmittelalterliche L. so gebaut, daß eine Behinderung des Blickes nicht eintritt: er besteht aus einem einzigen Bogen mit Bühne darüber.

W. Noack, Mittelrhein. L. des 13. Jhs., 1911 (in: Erster Bericht über d. Arbeiten a. d. Denkmälern dt. Kunst); W. Greischel, Die sächs.- thüring.L. des 13. Jhs., 1931; E. Kirchner-Doberer, Die dt. L. bis 1300, Wiener Diss. 1946; J. Magin, Les Jubés de la Renaissance, 1946; E. Doberer, L. (in: Mitt. d. Ges. für vergleich. Kunstforschg. in Wien, 9) 1956; K. Bracher, L. in steirisch. Pfarrkirchen (in: Festschr. f. F. Popelka), 1960.

Leuchter →Kandelaber →Kronleuchter.

Leuchterweibchen →Muttergottesleuchter.

Levitenstuhl, ein Dreisitz, der zum Ausruhen des Priesters und seiner beiden Diakone während des Credo und Gloria der Messe diente. In frühgot. Zeit ist der L. gern als Nische in der Südseite der Chorwand gebildet (z.B. in der Zisterzienserkirche Schulpforta); später ist er aus Holz gearbeitet und gehört zu einem vollständigen Chorgestühl, an dessen prunkvoller Ausstattung er auch teil hat.

Lewitan, Isaak Iljitsch, russ. Maler, * 1861 Kibarty b. Wirballen, † 22. 7. 1900 Moskau, lernte 1889 in Paris die französ. Landschaftsmalerei kennen. Er entdeckte als erster die eigentümlichen Reize der russ. Landschaft und wußte in vorzüglicher malerischer Durchführung die verschiedenen Stimmungen der Jahreszeiten feinfühlig zu erfassen.

S. Glagol u. I. Grabar, I. L., o. J. (russ.); K. Paustowski, I. L., dt. 1965.

Lewizkij, Dimitrij Grigorjewitsch, russ. Maler, * 1735 Kiew, † 4. 4. 1822 Petersburg, seit 1771 Prof. der Akademie das., schuf hervorragende Bildnisse, die franz. Schulung, aber auch viel Eigenart verraten. Hervorzuheben sind die sieben Bildnisse von Schülern des Smolny-Instituts (Leningrad, Russ. Mus.), sowie die von Diderot (1775; Genf, Mus.) und Katharina II. (1783).

A. M. Skworzow, D. G. L., 1916 (russ.); G. Shidkow, D. G. L., 1946 (russ.); N. Molera, L., 1960 (russ.); N. M. Geršenzon-Čegodaera, L., 1964 (russ.).

Leyden, Lucas van, niederländ. Maler, Kupferstecher und Holzschnittmeister, * 1494 Leiden, † 1533 das. Seine Hauptleistung liegt auf dem Gebiet des Kupferstichs, dessen bedeutendster Vertreter er in den Niederlanden in der ersten Hälfte des 16. Jh. war. L. ist einer der erstaunlichsten Fälle von Frühreife der Begabung, denn sein erster Kupferstich, den er 1508 als 14jähriger schuf, „Mohammed und der getötete Mönch", ist sowohl im Thema wie in der Gestaltung von Figuren und Hintergrund und auch technisch ungewöhnlich bedeutend. Gleiches gilt von seinem großen

Stich des Ecce homo (1510), der das Problem der Massengruppierung so meisterhaft behandelte, daß Rembrandt später auf ihn zurückgriff. Im weiteren Verlauf seines Schaffens geriet L. unter die Wirkung Dürers, mit dem er 1521 in Antwerpen zusammenkam, wandte sich schließlich immer mehr dem Romanismus zu und übernahm in größerem Umfang die Motive anderer. Seine Gemälde zeigen eine sehr uneinheitliche Entwicklung. L. hat auch für den Buchholzschnitt gearbeitet.

Beetz, L. de Leyde, 1913; Baldaß, Die Gemälde des L. van L., 1923; M. J. Friedländer, L .v. L., 1924 (Meister d. Graphik 13); Ders., Die altniederländ. Malerei, Bd. 10, 1934; Ders., L. v. L., 1963; F. W. H. Hollstein, The Graphic Art of L. v. L., (1955); J. Lavalleye, L. v. L., Pieter Brueghel d. Ä. Das gesamte graph. Werk, 1966; Fr. Buttner u. a., L. v. L. Druckgraphik, Ausst.-kat. Univ. Würzburg, 1979/80.

Lichtdruck, Kollotypie, Phototypie, als Flachdruckverfahren beruht auf der Lichtempfindlichkeit von Chromsalzen in Verbindg. mit Kolloiden (Gelatine). Durch diese Technik ist die originalgetreue Wiedergabe von Halb- und Zwischentönen ohne Raster möglich. Die L.-pressen gleichen denen des Steindruckes (→Lithographie). Der L. wurde 1855 von A. L. Poitevin erfunden und durch den Münchener Photographen J. Albert seit 1869 angewandt (deshalb Albertotypie genannt).

Lichtenstein, Roy, amerikan. Maler u. Graphiker, * 27. 10. 1923 New York, lebt das., studierte in New York u. am Ohio State College an dem er später selbst Lehrer wurde (1951–57). R. L. gilt als Vertreter der →Pop-Art; ähnlich wie in den Werken A. →Warhols setzt er sich mit den Problemen des modernen Menschen im Zeitalter des Massenkonsums auseinander. Seine bevorzugten künstlerischen Mittel sind Malerei (mit Lokalfarben; rot, blau, gelb), Siebdruck, Lithographie. Kennzeichen seiner Werke ist eine Zerlegung in Rasterpunkte sowie eine Reduzierung von Formen als „Typen“ (etwa Frauenbildnisse).

J. Rublowsky, Pop Art, 1968; weitere Lit. →Pop-Art; Ausst.kat. R. L., Kestner-Gesellsch. Hannover, 1968; Kunsthaus Zürich, 1969.

Lichtgaden, die Fensterregion im Mittelschiff einer →Basilika.

Lichtwark, Alfred, Kunstgelehrter, * 14. 11. 1852 Hamburg, † 13. 1. 1914 das., seit 1886 Direktor der Hamburger Kunsthalle, die er in vorbildlicher Weise zu einem bedeutenden Museum ausbaute und zugleich zum lebendigen Zentrum kunsterzieherischer Tätigkeit machte. Dadurch und durch seine kunsterzieherischen Schriften hat er zur Überwindung der Geschmacksunkultur der Gründerzeit entscheidend beigetragen. Einflußreichste dieser Schriften waren die „Übungen in der Betrachtung von Kunstwerken“ (1897; [18]1922). Seine Forschungstätigkeit galt vor allem der Malerei in Hamburg. Er schrieb u.a.: „Meister Francke“ (1899), „Meister Bertram“ (1905). – Auswahl aus seinen Schriften hg. von Mannhardt u. Scheffler, 2 Bde., 1917.

Anna v. Zeromski, A. L., 1924; J. Gebhardt, A. L. u. die Kunsterziehungsbewegung in Hamburg, 1947.

Liebermann, Max, Maler und Graphiker, * 20. 7. 1847 Berlin, † 8. 2. 1935 das., Schüler von Karl Steffeck, dann der Weimarer Kunstschule unter Pauwels. Sein erstes bedeutendes Bild „Die Gänserupferinnen“ (1872; Berlin, Nationalgal.) von kräftigem Realismus und dunkler Farbgebung ist in Anlehnung an ein Werk von Munkacsy entstanden. Die erste Studienreise nach Holland (1872) eröffnete ihm ein für seine Kunst entscheidendes Motivgebiet. 1874 Aufenthalt in Barbizon, Anregungen von Millet. Tätig meist in Paris. 1878 Übersiedlung nach München, 1884 nach Berlin. Unter dem Einfluß von Izraels wird L. vorübergehend zum Stimmungsmaler: „Die Netzflickerinnen" (1889; Hamburg, Kunsthalle), „Die Frau mit den Ziegen" (1890; München, Neue Pinakothek). Seit den 90er Jahren nimmt L.s Stil immer ausschließlicher die Wendung zum Impressionismus, zu dessen bedeutendsten dt. Vertretern er zählt. Zugleich nimmt auch seine Radiertätigkeit zu. Die Reihe seiner hervorragenden Porträts beginnt mit „Bürgermeister Petersen" (1891; Hamburg, Kunsthalle). 1900 Gründung der „Berliner Sezession" unter L.s Führung, Beginn der Reihe der Strandbilder in Scheveningen (Badende Knaben, Reiter am Strande), in denen die reife Meisterschaft impressionistischer Malerei erreicht ist. – Gesammelte Schriften (1922).

G. Pauli, M. L., 1911 (Klass. d. Kunst; Ausw. 1921); M. J. Friedländer, M. L.s graph. Kunst, 1920; Ders., M. L., 1924; J. Elias, M. L.,1921; Ders., M. L., Handzeichnungen, 1922; E. Hancke, M. L., ²1923; G. Schiefler, Das graph. Werk M. L.s, ³1923; H. Rosenhagen, M. L., ²1927; K. Scheffler, M. L., 1953; F. Stuttmann, M. L., 1961; M. L., Ausst. Kat. Dt. Akad. d. Kste. Berlin, 1965; G. Meissner, M. L., ²1976; Ausst.kat. M. L. in seiner Zeit, Haus d. Kst. München, 1980.

Limburg, Paul (Pol) von, niederländ.-französ. Miniaturmaler, der mit seinen Brüdern Jan und Hermann eine Werkstatt unterhielt. Sie waren vermutlich Neffen von Jean →Malouel und sind 1411 im Dienste des kunstliebenden Herzogs Jean de Berry nachweisbar. In dessen Auftrag entstand wahrscheinlich bis 1416 ihr Hauptwerk, die „très riches heures" (Chantilly), ein →Stundenbuch, das zu den reichsten und schönsten der uns überkommenen gehört. Es setzt italien. Anregungen voraus, hat diese aber neuartig und zukunftweisend verarbeitet.

P. Durrieu, Les très riches heures de Jean de France, 1904; Ders., Les très belles heures de N.-Dame, 1922; F. Winkler, Die altniederländ. Malerei, 1924; The belles heures of Jean Duke of Berry, 1958, dass. hg. v. M. Meiss (Faks.) 1976; Jean Duc de Berry, Trés riches heures, Faksimileausg. m. Erläut. v. J. Longnon u. R. Cazelles, 1973; H. Trost, Die Monatsbilder der Brüder von L., 1962.

Limbus →Höllenfahrt Christi.

Linear →malerisch.

Limosiner Email, das in der Stadt Limoges hergestellte Email, bes. das gegen Ende des 15. Jh. dort aufgekommene Maleremail, d.h. eine Malerei mit Schmelzfarben auf Kupfer ohne Zellen oder Gruben. Verschiedene Künstlerfamilien, unter denen die von Léonard Limosin (1505–1575/77) gegründete hervorragt, der zugleich ihr bedeutendster Vertreter war, haben bis ins 17. Jh. Platten, Schüsseln, Kannen und sonstige Gefäße in der Technik des Maleremails geliefert. Natürlich hat in dieser Zeit die Technik des L. E.s manche Wandlungen durchgemacht. Auch Bildnisse wurden hergestellt und Malereien grau in grau oder blau in blau. In der 2. Hälfte des 17. Jh. hörte die Herstellung allmählich auf.

Ardant, Emailleurs limousins, 4 Bde., 1858–61; A. Meyer, L'art de l'émail de Limoges ancien et moderne, ²1897; M. M. Gauthier u. Madeleine Marcheix, Les èmaux de Limoges, (Prag) 1962.

Lingner, Max, Maler und Graphiker, * 17. 11. 1888 Leipzig, † 14. 3. 1959 Berlin, studierte in Leipzig und Dresden (Bantzer), ging 1928 nach

Paris, war 1930–35 Mitarbeiter der „Monde", später der „Humanité". 1949 kehrte er nach Deutschland zurück und wurde Professor an der Hochschule für angewandte Kunst in Berlin. L. ist in Gemälden, auch Wandgemälden, Plakaten, graphischen Blättern und Zeichnungen für die kommunistische Idee eingetreten. Seine von Hodler berührte Kunst ist einheitlich im Stil, kräftig und einfach in der Aussage und beruht auf der Beobachtung wirklichen Lebens. – Er schrieb: Mein Leben und meine Arbeit, 1955.

H. Barbusse u. Agnès Humbert, Max L., dessins et peintures, ca. 1935 (bis auf wenige Exemplare eingestampft); Max L. zu seinem 65. Geburtstage, 1953 (Veröffentl. der Deutschen Akademie d. Künste); W. Geismeier, M. L., 1968; G. Förster, M. L., Ausst.kat. Kst.halle Rostock, 1976.

Linienmanier →Kupferstich.

Linoleumschnitt, Linolschnitt, ein dem →Holzschnitt ähnliches Hochdruckverfahren bei dem das Druckbild aus der viel leichter zu bearbeitenden Linoleummasse mit dem Messer herausgeschnitten wird. Das Material ermöglicht (weil die Holzmaserung wegfällt) besonders die Wiedergabe von schwingenden Linien und Rundungen. Auch Mehrfarben-L.e sind möglich.

Linsenflasche, Tonflasche mit langem, schlankem Hals und sehr breit ausladender, linsenförmig abgeplatteter Bauchpartie. Die L.n treten zu Beginn der jüngeren →Eisenzeit im östl. Mitteleuropa auf.

Liotard, Jean-Étienne, schweizer Maler, * 22. 12. 1702 Genf, † 12. 6. 1789 das.; er hielt sich mehrere Jahre in der Türkei auf, später in Venedig, Deutschland und Frankreich (Paris), arbeitete dann in Genf. L. wurde wie sein künstlerischer Rivale M. Qu. →Latour hauptsächlich bekannt als Email- und →Pastellmaler; seine Hauptwerke sind Pastellbildnisse, z. B. das „Schokoladenmädchen" (1743, →Dresdener Galerie).

F. Fosca, L., 1927 (m. Werkverz.); ders. J.-E. L., 1956.

Lippi, 1. Fra Filippo, ital. Maler, * 1406/09 Florenz, † 9. 10. 1469 Spoleto, Karmelitermönch, tätig in Florenz, Prato, Padua. L. hat wie Fra Angelico danach getrachtet, biblisches Geschehen durch weltliche Schönheit zu verklären. Doch sind seine Bilder (Einfluß Donatellos) irdischem Sein viel näher: die Gestalten fest, frisch und anmutig, später sogar derb, die Beziehung der Madonna zum Jesuskind ins Mütterliche umgedeutet. Der Schauplatz ist mit einer Fülle von Einzelheiten ausgestattet und perspektivisch genau konstruiert, unter sichtlicher Freude an klarer Raumtiefe. Seine ganze Innigkeit, Frische und Naturliebe kommt zum Ausdruck in dem Bilde seiner Frühzeit mit der Madonna, die in felsiger Waldlandschaft das Kind anbetet (Berlin, Staatl. Mus.; 2 weitere derartige Anbetungsbilder in Florenz, Uffizien). Weitere Werke: Marienkrönung (das.), zwei Verkündigungen (Florenz, San Lorenzo, und München, Ältere Pinakothek), Fresken im Domchor zu Prato (etwa 1452–65) und im Dom zu Spoleto (1467–69).

J. B. Supino, Fra F. L., 1902; Henriette Mendelsohn, Fra F. L., 1909; R. Oertel, Fra F. L., 1942; Mary Pittaluga, F. L., 1949 (it.).

2. Filippino, ital. Maler, Sohn von 1, * 1457 Prato, † 18. 4. 1504 Florenz, seit 1472 Schüler Botticellis, steht diesem in seiner bis etwa 1490 reichenden Frühzeit durch die Anmut und Zierlichkeit seiner Gestalten, die Freude an durchsichtigen Schleiern und kostbaren Gewändern und Dingen ziemlich nahe,

lenkt aber bereits durch allzu reichliches Beiwerk vom wesentlichen ab: Vision des heil. Bernhard (1486; Florenz, Badia), Vollendung von Masaccios Freskenzyklus in der Brancaccikapelle von Santa Maria del Carmine in Florenz, wo etwas von der Größe Masaccios auf L. übergegangen ist. Die zweite Schaffensperiode L.s hat man auch als die „barocke" bezeichnet: bei aller Schönheit im einzelnen wirken seine Bilder unruhig und zerfahren, übertreiben Gebärden, Bewegungen und Beiwerk: Fresken der Caraffakapelle an Santa Maria Sopra Minerva in Rom (1488–1493) und in der Strozzikapelle in Santa Maria Novella in Florenz.

A. Scharf, F. L., 1935 und 1950; K. Neilson, F. L. A critical study, 1938; L. Berti u. U. Baldini, F. L., 1957 (it.); E. C. Strutt, F. F. L., 1972 (engl.).

Lipsanothek, (griech. leipsana „Reliquien"), Reliquiar. Die bekannteste ist die L. von Brescia (4. Jh.), deren Wand- und Deckelflächen mit Elfenbeinschnitzereien von ungewöhnlicher Reichhaltigkeit des Ikonographischen versehen sind.

J. Kollwitz, Die L. von Brescia, 1933 (Stud. z. spätantiken Kunstgesch., Bd. 7); R. Delbrueck, Die Probleme der L. von Brescia, 1952.

Lisene, senkrechter, flacher Mauerstreifen im Gegensatz zum →Pilaster ohne Basis und Kapitell, der bes. am roman. Außenbau auftritt und weniger der Verstärkung, sondern meist nur der Gliederung der Mauerfläche dient. Häufig bilden die L.n ein ganzes Gliederungssystem, in dem sie durch Rundbogenfriese miteinander verbunden sind. Auch bei entsprechend gegliederten Möbeln spricht man von L.n.

Liss, auch Jan Lys, Johann, Maler, * um 1597 im Holsteinischen, † 1629/30 Venedig, erfuhr seine eigentliche Ausbildung in den Niederlanden und ließ sich spätestens 1621 in Venedig nieder. Seine mytholog., relig. und Sittenbilder zeigen ihn als eine der stärksten Malerpersönlichkeiten, die Deutschland im 17. Jh. hervorgebracht hat. Werke in Berlin, Bremen, Budapest, Dresden, Florenz, Kassel, Nürnberg, Pommersfelden, Venedig, Wien.

R. Oldenbourg, Jan Lys, 1914 (Jahrb. d. Preuß. Kunstsammlg. Bd. 35); K. Steinbart, J. L., 1940 und 1946; B. Bushart u. a., J. L., Ausst.kat. Rathaus Augsburg, 1975.

Lissitzky, El (Eliezer), russ. Maler, * 10. 11. 1890 Polschinoc bei Smolensk, † 1941 in Moskau, 1909–1914 Ausbildung als Ingenieur a. d. TH Darmstadt, schloß sich 1919 dem →Konstruktivismus an, lebte 1921–25 in Berlin und in der Schweiz, arbeitete mit →Mies van der Rohe und →Moholy-Nagy zusammen, 1928 kehrte er nach Moskau zurück. Sein bekanntestes Werk ist eine 1919 entstandene Serie von Zeichnungen mit dem Titel „Proun". Sein Hauptwerk, die Ausgestaltung eines „abstrakten Kabinetts" im Landesmuseum Hannover ist zerstört. Entsprechend den Lehren des Konstruktivismus sind seine Bilder aus einfachen geometr. Formen aufgebaut, die er jedoch meist in Parallelperspektive räumlich zusammenfügte. Sie erinnern dann an Architekturphantasien mit kubischen Formen und können unmittelbar in architektonische Entwürfe umgesetzt werden. Erinnerungen, Briefe, Schriften, übergeben v. Sophie L.-Küppers, dt. 1967, ²1976.

C. Gray, The great experiment: Russian art 1863–1922, 1962; K. Rubinger, E. L. Ausst.kat. Gal. Gmurzynska Köln, 1976.

Lithographie, Steindruck, ein Flachdruckverfahren, das folgendermaßen gehandhabt wird: auf eine Platte aus Solnhofer Kalkschiefer, die vermöge ihrer Porosität die Fähigkeit hat, Fett und Wasser einzusaugen, wird mit fetthaltiger Tinte oder Kreide die Zeichnung gebracht. Dann wird die Platte mit einer Säure überzogen, die bewirkt, daß Druckerschwärze nur an der Zeichnung haftet, die also beim nachfolgenden Druckprozeß allein auf das Papier übertragen wird. Dieses Grundverfahren ist natürlich mancher Abwandlung fähig. Eine bes. wichtige ist die Farbenlithographie (Chromolithographie, die durch Übereinanderdrucken mehrerer Farbplatten entsteht). Die L. arbeitet rascher als Holzschnitt oder Kupferstich und gibt die Zeichnung des Künstlers vollkommen treu wieder, da diese ja nicht (wie beim Holzschnitt und Kupferstich) durch den Widerstand des Materials der Druckplatte hindurchgegangen ist, auf der sie nur auf chemischem Wege fixiert wurde. Sie erspart dem Künstler auch jene Vertrautheit mit dem Technischen des Vorganges, die die anderen graphischen Verfahren von ihm fordern. Gegenüber diesen liegen die bes. Wirkungsmöglichkeiten der L. in der Breite und Weichheit des Striches und den weichen und tonigen Übergängen.

Die L. ist zwischen 1796 und 1798 von Aloys Senefelder in München erfunden worden zu rein reproduktiven, nicht künstlerischen Zwecken. Diesen wurde sie aber sehr bald dienstbar gemacht, in München durch Wagenbauer und Dorner, sowie durch die Angehörigen der Künstlerfamilie Quaglio, in Wien durch Kriehuber, in Berlin durch Krüger, Blechen, Hosemann und schließlich durch Menzel, in dessen „Armeewerk“ (1850–57) und den wenigen Blättern „Versuche auf Stein mit Pinsel und Schabeisen“ (1851) ein Höhepunkt erreicht wurde, von dem es in den nächsten Jahrzehnten einen raschen Abstieg gab. Die Romantiker haben bis auf Olivier der L. kaum etwas abzugewinnen vermocht. Außerhalb Deutschlands sind hervorzuheben die am Anfang der 20er Jahre entstandenen wenigen Blätter von Goya. In der gleichen Zeit begann die Künstlerlithographie ihren Siegeszug in Frankreich: Ingres, Chassériau, Prud'hon, Géricault, Delacroix, Isabey, Dupré, H. Vernet, Raffet, vor allem Daumier und Gavarni. Von Engländern ist in der 1. Hälfte des 19. Jh. nur Bonington zu nennen, der jedoch seine Kunst in Frankreich ausübte. In der Zeit von 1860–1890 galt die L., soweit sie nicht Reproduktionslithographie war, nur in Frankreich etwas, wo sich bes. die Impressionisten ihrer bedienten, deren Gestaltungswillen sie sehr entgegenkam. Um 1890 allgemeiner Aufschwung. Erste Anwendung der Farbenlithographie durch J. Chéret, deren erste künstlerische Auswertung durch Toulouse-Lautrec. In England brach Whistler der Künstlerlithographie die Bahn. Ihm folgten Legros, Pennell, Shannon. Der Norweger Munch machte sie zum Mittel eines neuen Ausdruckswillens. In Deutschland, wo in den 90er Jahren Karlsruhe der Vorort der Künstlerlithographie wurde, sind u. a. zu nennen: Thoma, Greiner, Volkmann, Kampmann, Grethe, Boehle, Corinth und Slevogt, der die Künstlerlithographie in bisher nie gekanntem Ausmaß in den Dienst der Buchillustration (Ilias, Lederstrumpf) stellte. Auch in der modernen Kunst ist die L. ein wichtiges graphisches Ausdrucksmittel geblieben.

A. Senefelder, Lehrbuch der L., 1818, [2]1925; Kappstein, Der künstlerische

Steindruck 1910; C. Wagner, Die Geschichte der L., 1914; L. Dußler, Die Inkunabeln der dt. L., 1925; E. Bock, Geschichte der graph. Kunst, 1930; O. Krüger, Die lithographischen Verfahren und der Offsetdruck, [3]1949; H. Wolf, Fachkunde für Lithographen, 1950; F. H. Man, 150 years of artist's lithographs 1803–1953, 1953; R. Gräfe, Die Farbenl., 1955; W. Weber, Saxa loquuntur. Gesch. d. L., 2 Bde., 1964; H. Cliffe, L. heute, 1968; U. Heiderich, J. Schulze, A. Winkler (Bearb.), Die L. v. d. Anfängen b. z. Gegenw., Ausst.-kat. Kunsthalle Bremen, 1976; R. A. Winkler, Die Frühzeit d. dtn. L. Kat. d. Bilddrucke v. 1796–1821, 1976.

Lithophanie, bildliche Darstellung, die in eine Platte aus unglasiertem, dünnen Porzellan durch ein Gipsrelief so eingepreßt ist, daß im durchfallenden Licht die dünnsten Stellen der Platte als die höchsten Lichter, etwas stärkere als Halbtöne usw. in den mannigfaltigsten Abstufungen erscheinen. Das so entstandene Bild ähnelt mit seinen weichen Umrissen und Übergängen einem Aquatinta- oder Schabkunstblatt. Die L. kam in der ersten Hälfte des 19. Jh. auf als Fensterschmuck, Lichtschirm u. dgl.

Lithyalinglas, farbiges, undurchsichtiges Kunstglas von steinähnlichem Aussehen, das seit Beginn des 19. Jh. bes. in böhmischen Hütten hergestellt wurde.

Littmann, Max, dt. Baumeister, * 3. 1. 1862 Schloßchemnitz, † 20. 9. 1931 München, studierte in Dresden, arbeitete seit 1885 in München und wurde zum führenden dt. Theaterbaumeister seiner Zeit in Anlehnung an neu-barocke und neu-klassizistische Richtungen. Auch Kurhäuser, Krankenhäuser und Verwaltungsgebäude hat er gebaut. Hauptwerke sind: Prinzregententheater München, 1900–01; Schillertheater Berlin-Charlottenburg, 1905–06; das Deutsche Nationaltheater Weimar, 1907–08; Schauspielhaus München, 1900–01; zwei Hoftheater (Oper/Schauspiel) in Stuttgart, 1908–12; Kurtheater Bad Kissingen, 1904–05; Kurhäuser in Bad Reichenhall, 1898–99; und Kissingen, 1927–28. L.s Partner war Jakob Heilmann.

G. J. Wolf, M. L., 1931.

Liturgische Farben, die von der kath. Kirche vorgeschriebenen Grundfarben der Paramente entsprechend den Zeiten des Kirchenjahres, der Besonderheit des Tages und der liturgischen Handlung, für die die Paramente verwendet werden. In Betracht kommen weiß, rot, grün, violett und schwarz, für die ein genauer Kanon festgelegt ist. Ein solcher bildete sich auf Grund weit in die Vergangenheit zurückreichender Voraussetzungen in der 2. Hälfte des 12. Jh. in der röm. Kirche aus, gelangte aber erst im 19. Jh. im Abendland zur allgemeinen Anerkennung. Das östl. Christentum kennt ihn nicht.

J. Braun, Die liturgische Gewandung, 1907; W. Schöneis, Antike Färbung u. L. F., (Liturg. Jb. 8) 1958.

Livre d'heures →Stundenbuch.

Liwân →Islamische Kunst.

Lochner, Stephan, Maler, * um 1410 wahrscheinlich Meersburg am Bodensee, † 1451 Köln, wo er wahrscheinlich zu Anfang der 30er Jahre ansässig wurde, schöpferischste Persönlichkeit der Kölner Malerschule der ersten Hälfte des 15. Jh. Seine künstlerischen Voraussetzungen sind unbekannt, doch hat er zweifellos die Einwirkung der altniederländ. Malerei erfahren (Meister von Flémalle). Unter seinen Hauptwerken ist das frühste der Weltgerichtsaltar (um 1435; Mitteltafel im Wallraf-Richartz-Mus. in Köln, die Flügel im Städelschen Institut in Frankfurt a. M. und in der

Älteren Pinakothek in München). In der Komposition unausgeglichen, enthält er eine Fülle neuer Bewegungsmotive. Das berühmte „Kölner Dombild" (um 1440; erst seit 1810 im Dom) mit der Anbetung der Heil. Drei Könige in der Mitteltafel zeigt ihn auf der Höhe seiner Kunst: Ausgewogenheit der Komposition, Pracht der Farbe und technische Meisterschaft. Weitere Hauptwerke: Darbringung im Tempel (1447; Darmstadt, Hessisches Landesmus.) mit überzeugender Gestaltung des Räumlichen; Muttergottes mit dem Veilchen (Köln, Erzbischöfl. Diözesanmus.); Muttergottes in der Rosenlaube (Köln, Wallraf-Richartz-Mus.). Die Spuren L.s, dem noch eine weitere Anzahl von Werken zugeschrieben werden, finden sich auch in der Kölner Buchmalerei der Zeit.

H. Schrade, St. L., 1923; W. Bombe, St. L., 1937 (Schriftenreihe d. Preuß. Jahrbücher 42); O. H. Förster, St. L., 1952; H. Kauffmann, St. L., 1952; R. Wallrath, Bulletin d. Museen i. Köln, 5, 1966.

Loggia, gewölbte Bogenhalle oder gewölbter Bogengang, von Pfeilern oder Säulen getragen, dem Erdgeschoß eines Hauses vorgelagert oder einen Teil desselben bildend (in diesem Sinne gleichbedeutend mit →Laube, ein Wort, das übrigens dem ital. Wort L. zugrunde liegt). L. heißt ferner der einem Bau in der Höhe eingegliederte Bogengang, der auch mehrgeschossig sein kann. (In diesem Sinne gleichbedeutend mit →Galerie), dann eine offene Bogenhalle, z. B. die L. dei Lanzi in Florenz. Die L. ist ein häufiger Bestandteil ital. Paläste und öffentlicher Bauten der Renaissance. Schließlich heißt L. bei Wohnhäusern der nach einer oder mehreren Seiten offene Raum der im Unterschiede zum →Balkon innerhalb der Bauflucht liegt.

Lohstein, bes. leichter, da von Hohlräumen durchsetzter Backstein, der in der Gotik für Gewölbe Verwendung fand. Beimengung von Gerberlohe, die durch den Brennvorgang zerstört wurde, ließ die Hohlräume entstehen.

Lokalfarbe, die kräftige Eigenfarbe eines Gegenstandes im Bild, die als solche belassen und nicht durch tonige Angleichung an andere Farben im Bild oder an einen Gesamtton verändert worden ist.

Lokrische Reliefs, in Lokroi in Unteritalien gefundene Gattung kleiner flacher Weihreliefs aus Ton, die etwa aus der Zeit von 460–450 v. Chr. stammen. Ihr ziemlich einheitlicher Stil ist nicht ganz frei von ostgriech. Einflüssen; unter den Darstellungen kommen Götter u. Menschen vor.

Quagliati, in Zeitschr. „Ausonia" Bd. 3, 1909.

Lombardi (Lombardo), ital. Bildhauer- und Baumeisterfamilie in Venedig. Bedeutendster Vertreter war Pietro L., * um 1435 Carona, † 1515 Venedig, Hauptmeister der venezian. Frührenaissance. Er zeigt in seinem Frühwerk, dem Grabmal Roselli im Santo in Padua (voll. 1467), einen deutlichen Zusammenhang mit der florentiner Plastik. Deren Feinheit, Klarheit und Einfachheit tritt jedoch in den späteren Werken hinter der Freude an reicher Dekoration und vielgliedrigem Aufbau zurück. Hauptwerke in Venedig: Grabmal des Dogen Marcello († 1474) und des Dogen Mocenigo († 1476) in S. Giovanni e Paolo, Kirche Sta. Maria dei Miracoli mit reichster Dekoration (1481–1489), Fassade der Scuola di San Marco. Größere Arbeiten sind z. T. unter Mitwirkung seiner Söhne Tullio L. (etwa 1455–1532) und Antonio L. (etwa 1458 bis etwa

1516) entstanden. Deren gemeinsames Hauptwerk ist das umfangreichste und prächtigste Grabmal Venedigs, das des Dogen Vendramin in San Giovanni e Paolo (voll. 1494).

L. Planiscig, Venezianische Bildhauer der Renaissance, 1921; J. Pope-Hennessy, Italian Renaissance Sculpture, 1958; C. Semenzato, P.e T. L. architetti (in: Bollett. del Centro internazionale di Studi Architettura „Andrea Palladio“) 1964.

Longhena, Baldassare, it. Barockbaumeister, * 1598 Venedig, † 18. 2. 1682 das., gilt als der große Barockbaumeister Venedigs. Zahlreiche Paläste, die Bibliothek S. Giorgio Maggiore und die große Treppenanlage dieses Klosters sowie Kirchen baute L. Sein Hauptwerk aber ist seit 1631 (nach einem Wettbewerb, den er gewann) Sta. Maria della Salute in Venedig am Canal Grande mit ihren großen barocken Voluten beim Übergang vom Oktogon in die eigentliche Kuppel.

C. Semenzato, L'architettura di B. L., 1954; G. Fiocco, B. L. (Barocco europeo e Barocco veneziano), 1962.

Loos, Adolf, österr. Baumeister u. Gestalter, * 10. 12. 1870 Brünn, † 23. 8. 1933 Kalksburg b. Wien, studierte in Dresden, hielt sich mehrere Jahre in Nordamerika (Chicago) auf, war seit 1896 vorwiegend in Wien tätig unter dem Einfluß von O. →Wagner. L. widmete sich der Produktgestaltung (→Design) und vor allem Wohnbauten im Sinne des →Funktionalismus. Er wandte sich heftig gegen die Auffassungen des Jugendstils, so in seiner berühmten Schrift „Ornament und Verbrechen“, 1908. Sein „Haus am Michaelerplatz“ in Wien (1910) rief seinerzeit erregte Fachdiskussionen hervor. Als Baumeister selbst weniger erfolgreich vermittelte er dennoch bahnbrechende Gedanken und übte auf die nachfolgende Baumeistergeneration großen Einfluß aus. A. L. „Sämtliche Schriften“, 1964 (hg v. F. Glück).

A. L., Ins Leere gesprochen, 1921, ²1932; ders., Trotzdem, 1931; H. Kulka, A. L., 1931; L. Münz, G. Künstler, Der Architekt A. L., 1964; M. Kubinszky, A. L., 1970.

Lorenzetti, 1. Ambrogio, ital. Maler, tätig in Florenz und bes. in Siena, schuf als sein Hauptwerk die Freskenfolge mit dem guten und schlechten Regiment im Rathaus zu Siena (1335–40), in der nicht nur das Leben jeder Figur treffend ausgedrückt ist, sondern auch das Stadtbild als Hintergrund mit einer bisher nie gesehenen Genauigkeit und Ausführlichkeit gemalt ist.

E. v. Meyenburg, A. L., 1903; G. Rowley, A. L., 2 Bde., 1959 (engl.).

2. Pietro, ital. Maler, Bruder von 1, gehörte wie dieser der sienesischen Malerschule an, * angeblich um 1280, † vielleicht 1348, nachweisbar seit 1305, erstes datiertes Werk 1320. Seine Anfänge stehen im Zeichen von Duccio und Simone Martini. Die Grundzüge seiner Kunst sind Streben nach seelischer Vertiefung und dramatisch bewegter Gestaltung; ihren Höhepunkt bilden die beiden Fresken in der Unterkirche zu Assissi: Maria zwischen Franziskus und Johannes und Kreuzabnahme. Die Spätwerke (das letzte ist die Geburt Mariä, 1342, Siena, Domopera) zeichnen sich durch räumliche Klarheit aus.

E. Cecchi, P. L., 1930; G. Sinibaldi, I L., 1933; C. Brandi, P. L. Fresken i. d. Kirche zu Assisi, 1958; R. Oertel, Die Frühzeit d. ital. Malerei, ²1966.

Lorrain →Claude Lorrain.

Lorsch, Benediktinerkloster in Hessen-Starkenburg, 763 gegründet, durch Karl d. Gr. zum Reichskloster erhoben und überreich dotiert, Grabstätte der ostkaroling.

(dt.) Könige. In nachkaroling. Zeit schneller Niedergang, 1621 Zerstörung durch span. Truppen. – Erhalten allein die Torhalle (Triumphtor oder Königshalle) mit mehrfarbiger Plattenverkleidung der Außenwände und karoling. Architekturmalerei der Innenwände, jedoch von got. Engelchören überdeckt. Die Torhalle wurde Ende des 18. Jh. mit barockem Dach versehen, 1929 restauriert. Die Ausgrabungen (1927–37) erwiesen die Basilika als dreischiffig ohne Querhaus mit viereckigem Ost- und Westchor. Im O angebaut die karoling. Gruftkapelle, die Ecclesia Varia. Im S anschließend die Klausur mit zahlreichen Einzelräumen, im Westflügel zweischiffiges Refektorium mit frühroman. Säulenbasen. In der Südostecke vierbogiges Prunktor gleicher Bauart wie die Torhalle. An Einzelfunden zahlreiche Reste der figürlichen Wandmalerei aus der Gruftkapelle, Sandsteinköpfe und Glasmalerei karoling. Zeit.

F. Behn, Das karoling. Reichskloster zu L. an der Bergstraße, 1934; Ders., Kloster L., [2] 1949; Die Reichsabtei L., hg. v. Fr. Knöpp, 1964–69; W. Selzer, Das karoling. Reichskloster L., 1955; K. J. Minst, H. Huth, Kloster L., 1962.

Lotossäule →Ägyptische Kunst.

Lotto, Lorenzo, ital. Maler, * 1480 in Venedig, † 1556 in Loreto, tätig in Venedi, Treviso, Rom, Bergamo, ging von der venezian. Malerei aus, bes. von Giovanni Bellini, nahm aber auch Anregungen von Raffael und Correggio auf. Er verließ die venezian. Überlieferung und gelangte zu einem sehr persönlichen Stil, der sich in der eigenwilligen Umformung der christl. Bildstoffe äußerte, in der dramatischen Steigerung des seelischen Ausdrucks, in den kalten Tönen der Farbgebung – alles Eigenschaften, die in d. Richtung des →Manierismus liegen. Hervorragendes leistete L. auch als Bildnismaler (Bildnis d. Bischofs de' Rossi; Neapel, Pinacoteca).

L. Biagi, L. L., 1942; Anna Banti, L. L. 1953 (ital.); P. Bianconi, L. L., 1955 (ital.); B. Berenson, L. L., dt. 1957 (Gesamtausgabe); Margot Seidenberg, Die Bildnisse des L. L., Diss. Basel, 1964; C. Gould, L. L. and the Double Portrait (in: Saggi e memorie, 5) 1966.

Louis-quatorze, der unter Ludwig XIV. (1643–1715) in Frankreich herrschende Stil, die höchste und allseitige Entfaltung des franz. Barocks (→Barock, →Franz. Kunst). Die Bezeichnung des Stils mit dem Namen des Herrschers erklärt sich daraus, daß das Beste in seinem Dienst und auf seine Anregung hin entstand, insbesondere →Versailles. L.-qu. umfaßt praktisch sämtliche Bereiche angewandter Kst., so auch →Möbel.

Louis-quinze, der unter Ludwig XV. (1723–74) in Frankreich herrschende Stil, in Deutschland →Rokoko genannt.

Louis-seize, der unter Ludwig XVI. (1774–92) in Frankreich herrschende Stil. Er setzt schon in den

Schreibtisch im Louis-seize-Stil

60er Jahren ein und bildet den Übergang vom Rokoko zum Klassizismus. Der Übermut des Rokokos ist gemäßigt, ohne jedoch in Pedanterie zu geraten. Eine stille Klarheit und Zartheit bei gedämpften Farben sind die Merkmale dieses Stils, der wie das Rokoko vorwiegend ein Stil der Dekoration und des Kunstgewerbes ist.

S. de Ricci, Der Stil Louis XVI. Mobiliar und Raumkunst, 1913 (Bauformen-Bibl., Bd. 8); Ph. Siguret, Le style Louis XVI, 1965; Ph. Jullian, Les styles Louis XVI et directoire, 1977.

Louvre, bedeutendstes weltliches Baudenkmal von Paris und eines der größten Museen der Welt. Der L. ist eine im Laufe der Jahrhunderte in verschiedenen Bauperioden entstandene, sich an der Seine entlangziehende Gebäudegruppe, die einschließlich der Höfe einen Flächenraum von etwa 200000 qm bedeckt. Sein Ursprung geht zurück auf eine von König Philipp August um 1200 errichtete Burg, die unter Karl V. vergrößert und unter Franz I. abgetragen wurde, um seit 1546 einem Neubau Platz zu machen. Baumeister war →Pierre Lescot, f. d. Bauplastik und Dekoration stand ihm Jean Goujon zur Seite. Schönster Teil ihres gemeinsamen Werkes ist die Hoffassade des westl. Flügels, ein Höhepunkt der franz. Renaissancebaukunst überhaupt. Eine neue Belebung erfuhr die Bautätigkeit um 1600 durch Heinrich IV.; abermalige Steigerung unter Ludwig XIII., der eine Erweiterung des L. auf das Vierfache beschloß. Baumeister war seit 1624 Jacques Lemercier. Unter Ludwig XIV. war das Hauptereignis die Errichtung der östl. Fassade (1667–74) nach dem Plan des klassizistisch gesinnten Claude Perrault mit 28 gekuppelten korinthischen Säulen („Kolonnade des L."). Danach geschah lange nichts Wesentliches mehr, da Ludwig XIV. seine baulichen Interessen ganz dem Schloß in Versailles zuwandte. Erst unter Napoleon I. und Napoleon III. entstand der „Neue L." in durchaus nicht immer günstiger Anpassung an den „Alten L.". Es wurden Pavillons geschaffen und 2 lange Galerien, die den L. mit den Tuilerien verbanden (1868 voll.). – In der Franz. Revolution wurde der kgl. Kunstbesitz zum Nationaleigentum erklärt und 1793 die Galerie des L. der Öffentlichkeit zugänglich gemacht – ein in der Geschichte der Museen bahnbrechendes Ereignis. Seit Beginn des 19. Jh. vollzog sich dann der vielseitige Ausbau der Sammlungen: ägypt., griech. und röm. Bildwerke, auch solche des Mittelalters und der Neuzeit, eine Bildergalerie ersten Ranges; Kunstgewerbliches. Das Beste, was die franz. Kunst hervorgebracht hat, ist hier konzentriert.

H. Verne, Le Palais du Louvre de Philippe Auguste à Napoléon III, 2 Bde., 1924; Vitry, Le Musée du L., 1927; Hautecœur, L'histoire du L., 1290 bis 1928, 1929; A. Blum, Le L., du Palais au Musée, 1946; G. Bazin, Der L., dt. 1958; Les Merveilles du L., 2 Bde., 1959; Der L. i. Paris, hg. v. R. Hughe, 1960; M. Gauthier, L., 2 Bde., dt. 1962; K. H. Clasen, Die Gemäldegalerie d. L., 2 Bde., 1962–65.

Lübecker Bibel, erschienen bei Stephan Arndes in Lübeck 1494 mit Holzschnittillustrationen, die neben denen der →Kölner Bibel die bedeutendste Leistung der frühen Bibelillustration darstellen. Im Unterschied zu jener sind sie in ihrer lebensvollen Drastik, Wärme und Kraft nur aus der dt. Überlieferung abzuleiten. Die Holzschnitte sind nicht einheitlich, sondern zeigen gegen Ende des Werkes eine schwächere Hand. Als Hauptmeister wird von manchen Forschern Bernt → Notke angesehen, neuerdings auch ein Meister franz.-flämischer Herkunft.

Die 92 Holzschnitte der L. B., hg. von H. Wahl, 1917; A. Schramm, Der Bilderschmuck der Frühdrucke, Bd. 11, 1928; W. Paatz, Bernt Notke, 2 Bde., 1939; A. L. Romdahl, Der A-Meister der L. B. a. d. Jahre 1494, 1941 (Göteborgs Högskolas Arsskrift 47); F. Anzelewsky, Der Meister der L. B. von 1494 (Ztschr. f. Kunstgesch. 27, 1964).

Lucarne, (franz.) Dachfenster, Dachluke, →Gaupe.

Luchsperger, Luxperger, Lorenz Bildschnitzer, zuerst erwähnt 1486 in Wiener-Neustadt, † das. 1501, wird neuerdings als Meister der Wiener-Neustädter Domapostel (um 1495) bezeichnet (von anderer Seite bestritten), und würde somit unter die Hauptmeister der dt. spätgot. Bildschnitzerei zu rechnen sein. Denn diese Apostel (nur ein Teil eigenhändig) gehören durch Pathos und Lebensfülle zu den gewaltigsten Erscheinungen der dt. Spätgotik überhaupt.

K. Oettinger, L. L., 1935 (Forschungen zur dt. Kunstgeschichte, Bd. 12); K. Garzarolli, Mittelalterl. Plastik i. Steiermark, 1941.

Ludwigsburger Porzellan, das in der Manufaktur von Ludwigsburg bei Stuttgart hergestellte Porzellan. Sie wurde 1756 als Privatunternehmen gegründet, kam 1758 in herzoglichen Besitz und wurde 1824 aufgehoben und besteht z. Zt. wieder privat. Unter dem Modellmeister und Bildhauer J. Ch. W. Beyer, der 1759–67 an der Manufaktur tätig war, nahm diese als erste eine klassizistische Richtung an, aber nur

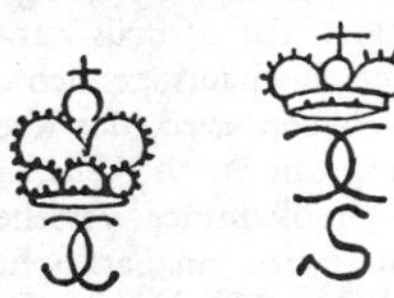

Ludwigsburger Porzellanmarken

im Figürlichen; in den Gefäßen erst seit den 80er Jahren. Die große Zeit des L. P.s war nach dem Tode des Herzogs Carl Eugen (1793) zu Ende.

B. Pfeiffer, Alt-Ludwigsb., 1906; Balet, L. P., 1911; Christ, L. P.-figuren, 1921; M. Ladenberger, Ausst.-Kat. Alt L. P., 1959; L. P. im Württemberg. Landesmus., Kat. 1970.

Lüftlmalerei, Sonderbezeichng. für d. Fassadenmalerei im Alpenraum. Sie wird abgeleitet vom Hausnamen „Zum Lüftl" des als „pinctor non contemnendus" bezeichneten Fassadenmalers Franz Seraph Zwinck (1748–92) aus Oberammergau und neuerdings nicht nur für dessen beglaubigte Werke gebraucht, sondern ganz allgemein für bemalte Fassaden.

Margar. Baur-Heinhold, Bemalte Fassaden, 1975 (mit Lit.verz.).

Luftperspektive →Farbenperspektive.

Lukasbilder, 1. die Bildnisse Christi als Jesuskind und der Maria; Bildnisse Christi die nach der Legende vom Evangelisten Lukas gemalt sein sollen. Die frühsten L., von denen berichtet wird, befinden sich in Konstantinopel (6. Jh.). In Italien rühmen sich verschiedene Städte, L. zu besitzen. Das berühmteste ist das im Oratorium Sancta Sanctorum in Rom. 2. Darstellungen, die den Evangelisten L. beim Malen der Maria zeigen. Ein solches Bild heißt Lukasmadonna. Besonders im 15. Jh. war dies ein beliebtes Thema, so bei Rogier v. d. Weyden u. a.

D. Klein, St. Lukas als Maler der Madonna. Ikonographie der Lukasmadonna. Marburger Diss., 1934; C. M. Henze, Lukas, der Muttergottesmaler, 1948.

Lukasbrüder, Lukasbund →Nazarener.

Lukasgilde, häufiger Name von Malergilden, da der heil. Lukas der Patron der Maler war. →Lukasbilder.

Lukasmadonna →Lukasbilder.

Lünette (franz. „kleiner Mond") heißt in der Baukunst ein halbkreisförmig oder kreissegmentförmig begrenztes Feld über Türen, Fenstern oder auch sonst als oberer gerundeter Abschluß eines Rechtecks.

Lurçat, Jean, Maler, Zeichner für Bildteppiche und Keramiken, * 1. 7. 1892 Bruyères (Vogesen), † 6. 1. 1966 St-Paul de Vence b. Nizza. Seine Hauptleistung bestand in der Übertragung der den Impressionismus ablösenden neuen Tendenzen der Malerei bis zum Surrealismus auf die Teppichkunst, der er sich nach dem 1. Weltkrieg immer ausschließlicher widmete. Für ihre Erneuerung wirkte er auch in Schriften und Vorträgen. Ein Hauptwerk ist der gewaltige Zyklus „Le Chant du Monde" (1957–61).

C. Roy, L., 1956 (franz.); Tapisserien von J. L. mit einem Vorwort von Vercors, 1963.

Luristanbronzen, bronzene Gegenstände der Hochtäler von Luristan im südwestl. Persien. Ihre Datierung schwankt noch zwischen dem 12. u. 7. Jh. v. Chr. Man neigt dazu, sie mit nomad. Kunst nördl. des Kaukasus in Verbindung zu bringen; doch gibt es auch mesopotam. Einflüsse assyrischer Herkunft. Es sind Waffen, Geräte, Schmuck, Gefäße, Wagenbeschläge, Teile des Pferdegeschirrs und Feldzeichen, oft ausgestattet mit Tier- und Menschenfiguren von großer Lebendigkeit.

R. Dussaud, The Bronzes of Luristan, 1938 (in: A. A. Pope, Survey of Persian Art 1); R. Girshman, Iran. Protoiranier, Meder, Achämeniden, dt. 1964; M. Mellink u.a., Dark Ages and Nomads c. 1000 B. C., 1964; P. Calmeyer, Datierbare Bronzen aus Luristan u. Kirmanshah, 1969.

Lüster, Lüsterung, 1. metallisch schillernder Überzug (Glasur) auf Glas, Fayence, Porzellan. Je nach der Farbe unterscheidet man Goldlüster, Rubinlüster usw. →Fayence, →Gubbio-Majolika. 2. Bezeichnung für bestimmte →Kronleuchter.

Luxor (Luksor) →Theben.

Lydische Kunst. In Lydien sind hauptsächlich Grabbauten erhalten, teils Höhlen mit geschmückter Felsfassade, teils einfache Grabhügel. Der Stil der L. K. ist stark von dem benachbarten Lykien und Paphlagonien abhängig. Kleinasiatische Elemente mischen sich später mit griechischen. Die Lyder galten als Erfinder der Münzprägung, jedenfalls haben sie wegen des Goldreichtums ihres Landes sehr früh gegossene Goldklumpen mit eingeprägten Zeichen versehen.

Texier, Description de l'Asie Mineure, 1839–49; Akurgal, Die Kunst Anatoliens von Homer bis Alexander, 1961; K. Schefold, Die Griechen u. ihre Nachbarn, 1967.

Lykische Kunst. In Lykien gibt es große Felsgräber mit reich geschmückten Fassaden, die einen Giebel tragen und auf der glatten Fläche mit Teppichmustern plastisch verziert sind. Das bekannteste Beispiel ist das sog. Midasgrab von Doghanlu. Andere spätere Felsgräber (um 500 v. Chr.) zeigen deutlich den Einfluß der Holzbaukunst, indem sie in der Steintechnik Balkenlagen nachahmen. In Lykien ist auch das Turmgrabmal beheimatet, das oftmals aus einem einzelnen hochaufragenden Felsen herausgehauen wird, der oben mit einer ringsum durch Reliefs eingefaßten Grabkammer versehen ist. Zuweilen wird ein Sarkophag auf einem hohen Unterbau aufgestellt, der ebenfalls die Formen der Holztechnik erkennen läßt. Das bekannteste Beispiel ist das Grabmal von Gjölbaschi (→Grabmal). Die Relieffriese, die einst außen seine Mauer schmückten, zeigen in ihren Darstellungen (Kriegszüge und mythologische Szenen) den Einfluß der ostgriech. Malerei, bes. in der Anwendung einer Art von Perspektive bei Gebäuden (Wien, Kunsthistor. Mus.).

Benndorf-Niemann, Reisen in L. und Karien, 1884; E. Akurgal, Griech. Reliefs d. 6. Jh. aus Lykien, 1942.

Lysikratesdenkmal →Choregische Monumente.

Lysippos, griech. Bildhauer des 4. Jh. v. Chr., aus der sikyonischen Schule, Hofbildhauer Alexanders d. Gr., von dem er eine Anzahl Porträts geschaffen hat, die sich aber noch nicht mit Sicherheit nachweisen lassen. Seine Kunst ist bisher nur in der Statue des Apoxyomenos faßbar, eines Athleten, der mit dem Schabeisen sich vom Staube der Palaistra reinigt (ausgezeichnete Kopie im Vatikan). Nach der Überlieferung hat er eine neue Art von Naturstudium begründet und die alte Lehre von den Proportionen danach revidiert. Es wird seinen Bronzestatuen nachgerühmt, daß sie eine neue Erfassung des dreidimensionalen Raumes bedeuten im Gegensatz zu der früheren mehr reliefmäßigen Auffassung. Er soll auch durch eine schlankere Bildung seiner Figuren die Eleganz der Erscheinung und die Wirkung der Beweglichkeit gesteigert haben. Die individuellere Auffassung der menschlichen Gestalt muß sich auch in seinen Bildnissen bemerkbar gemacht haben. Dem lysippischen Stil hat man eine kleine Zahl von Bildwerken, durchweg röm. Kopien, zuweisen können. Zu ihnen gehört u.a. ein ausruhender Hermes aus Bronze im Mus. von Neapel.

Johnson, L., 1927; Curtius, Die klass. Kunst Griechenlands, 1938; G. Lippold, Antike Plastik, 2, 1963; ders., Hb. d. Archäolog., 3, 1, 1950; L. Alscher, Griech. Plastik III, 1956.

Mäander. Rechtwinklig gebrochenes Ornamentband, das seinen Namen von dem viele Windungen bildenden kleinasiatischen Flusse Maiandros erhielt. Es geht auf ein Webe- oder Flechtmuster zurück. Den Kern des Ornaments bildet oft eine fortlaufende Reihe von Hakenkreuzen. Neben der geometrischstarren Form des M. gibt es noch eine organisch-lebendige, rhythmisch-bewegte, den sog. Laufenden Hund (fortlaufende Spirale, Spiralmäander, Wellenspirale). Der M. ist bereits in der vorgeschichtl. Keramik sehr verbreitet, findet sich in den altamerikanischen Kulturen zwischen Peru und Mexiko, erfuhr seine klassische Ausbildung (mit zahlreichen Varianten) in der griech. Kunst und kommt auch in der mittelalterl. Wand- und Miniaturmalerei (in seiner geometrischen Form) bis ins 12. Jh. vor, häufig so, daß er nicht als Flachornament, sondern als räumliches Gebilde erscheint. Der Klassizismus hat ihn wieder aufgenommen (z.B. als Kante am Empirekleid) und ihn als das griech. Ornament an sich betrachtet (daher franz. à la grècque und danach dt. als Grek-Kante bezeichnet).

1. und 2. Mäander, rechtwinklig gebrochen. 3. Mäander als Wellenband oder „laufender Hund“.

O. Kunkel, Der M. in den vor- u. frühgeschichtl. Kulturen Europas, 1925; Eilmann, Labyrinthos, ein Beitr. z. Gesch. einer Vorstellung u. eines Ornaments, 1931; K. Hecht, Der sogenannte perspektivische M., ungedr. Diss. Stuttgart TH 1946; V. Milojčic, Jb. Röm.-German. Zentralmus. Mainz, 11, 1964.

Mäanderurnen, Bezeichnung für die germ. Tongefäße des 1. und 2. Jh. n. Chr., die häufig mit mäanderartigen Mustern verziert sind.

Mabuse, eigentlich Jan Gossaert, niederländ. Maler, * zw. 1478 u. 88 Maubeuge, † 1532 Middelburg, tätig das. und in Utrecht. 1508 ging M. nach Rom und wurde nach seiner Rückkehr zum Begründer des „Romanismus", d.h. der an Italien orientierten Richtung der niederländ. Malerei. Dies zeigt sich sowohl in seiner Figurenbildung wie in der Ausstattung seiner Gemälde mit Renaissancearchitekturen, wobei aber Gotik und Renaissance nebeneinander vorkommen. Er hat bes. sitzende Madonnen mit Kind gemalt, doch auch Bildnisse. Ein Hauptwerk ist: „Der hl. Lucas malt die Madonna" (Prag, Nationalgal.).

E. Weiß, Jan Gossaert, gen. M., 1913; F. Winkler, Die Anfänge Jan Gossaerts, 1921 (Jahrb. d. Preuß. Kunstsammlungen, Bd. 42); Ségard, Jan Gossaert dit M., 1923; M. J. Friedländer, Die altniederländ. Malerei, Bd. 8, 1930; Kat. der Jan-Gossaert-Ausstellung in Rotterdam 1965; S. J. Herzog, Jan Gossaert called M.. A study of his chronolog with a catalogue of his works, Diss. Bryn Mauer College 1968.

Macke, August, Maler, * 3. 1. 1887 Meschede, gefallen 26. 9. 1914 bei Perthes in der Champagne, gehörte zum Kreis des →Blauen Reiters, hat trotz seines kurzen Lebens ein beträchtliches Werk hinterlassen. M. war in erster Linie Kolorist, der in höchst mannigfaltigen, eigenartig gewählten Farben, die oft von denen des Gegenstandes abweichen, eine helle und heitere Welt (bunt gekleidete Frauen auf der Straße) gestaltete.

W. Holzhausen, A. M., 1956; G. Vriesen, A. M., ²1957; Elisabeth Erdmann-M., Erinnergn. an A. M., 1962; G. Busch, A. M. Handzeichngn., 1966; K. Bussmann, B. Kühn, A. M. Ausst.-Kat. Westfäl. Landesmus. Münster (Mus. Bonn, Krefeld), Aquarelle, Zchngn., 1976/77; Ausst.kat. A. M., Mus. in Hamburg (Kst.halle), Frankfurt, 1968/1969.

Maderna, Maderno, Carlo, ital. Baumeister, * 1556 Capolago am Luganer See, † 30. 1. 1629 Rom, tätig das., Schüler von Domenico Fontana, bedeutender Vertreter des röm. Frühbarocks, schuf als sein Hauptwerk das Langhaus von St. Peter mit Vorhalle und Fassade (1607–14), deren Kolossalordnung und kräftig schattende Vor- und Rücksprünge barockes Wollen deutlich zum Ausdruck bringen. Weitere Bauten u.a.: Fassade von Sta. Susanna (1596–1603), Fortführung von Oliveris Kirche Sant' Andrea della Valle (1608–28), Palazzo Mattei di Giove (1606–16), Entwurf zum Palazzo Barberini (1624).

A. Muñoz, C. M., 1922; Nina Caflisch, C. M., 1934; U. Donati, C. M., 1957.

Madonna, Darstellung der Maria mit dem Kind, losgelöst aus dem biblischen Geschehen. Sie kommt, wenn auch selten, bereits in der altchristl. Kunst seit dem 2. Jh. vor in Orantenstellung (Maria-Orans) od. sitzend mit dem Kind auf dem Schoß. Häufig wird die M. erst seit dem 6. Jh. in der byzantin. Kunst, und zwar in verschiedenen Typen (→Blacherniotissa, →Hodegetria). Diese hat die frühmittelalterl. Kunst übernommen, wobei Ikonen, Miniaturen, Elfenbeinreliefs Vermittler waren. Gemeinsam ist der byzantin. und frühmittelalterl. Kunst bis zum Ende des rom. Stils die feierliche und strenge Majestät der

M. Sie ist im roman. Stil womöglich noch gesteigert, wobei vielleicht auch die Vorstellung der mittelalterl. Theologen mitgewirkt hat, Maria sei der Thron des Jesuskindes. Die ersten Freifiguren der roman. Kunst in Deutschland sind Sitzbilder der M. (Essen, Paderborn). Die Gotik brachte wie auf allen Gebieten der Ikonographie so auch in der Auffassung der M. die entscheidende Wendung: unter ausschließlicher Weiterbildung des Hodegedriatypus (Maria mit dem Kind auf dem Arm) tritt an die Stelle starrer Majestät liebenswürdige Menschlichkeit, bes. klar erkennbar an den Standbildern der M. an got. Kathedralen des 13. Jh. (Vierge dorée von Amiens). Die Strenge des byzantin. M.bildes aber herrscht im Bereiche des orthodoxen Christentums weiter bis zur Gegenwart und machte sich im 13. Jh. auch in der ital. Malerei bemerkbar. Erst Duccio hat sie überwunden. Im 14. Jh. wird das Spiel mit dem Kinde mütterlicher und lebendiger. Eine Sonderform ist die →Schutzmantelmadonna. Im 15. Jh. ist das Madonnenideal, namentlich in Deutschland, vielfach ins Liebliche und Idyllische gewandelt. Bezeichnend dafür sind in der Bildnerei die „schönen Madonnen" vom Anfang des 15. Jh., in der Malerei die „Madonna im Rosenhag" oder die „Madonna im Gehäus" mit Heiligen und Stiftern. Daneben gibt es aber, namentlich in der Bildnerei, noch genug Madonnen in feierlicher Monumentalität, die in der Renaissance auch auf dem Gebiete der Malerei wieder stärker hervortritt. Dazu erfährt hier der szenische Zusammenhang, in dem die M. schon im 15. Jh. erscheint, eine weitere Bereicherung, auf meist gänzlich irdischem Schauplatz. Der mystisch-symbolische und zugleich pathetische Zug, der in der 2. Hälfte des 16. Jh. die Kunst ergreift (Manierismus), hat diesem Madonnen-Schauplatz das allzu Irdische wieder genommen und ihn in den Himmel oder eine dem Himmel nähere Sphäre entrückt (so schon in Raffaels Sixtinischer M.). Das Spiel zwischen der Mutter (der Himmelskönigin) und dem Kind (dem zukünftigen Erlöser) hört auf. Beide haben sich nicht zur Menschheit herabbegeben, sondern diese kommt zu ihnen herauf, um sie anzubeten (→Unbefleckte Empfängnis). Das ist im wesentlichen den ganzen Barock hindurch so geblieben. Seit dem 19. Jh. ist die M. nicht mehr Gegenstand der Bildnerei, und die Malerei hat sie auch nur nach der Weise vergangener Zeiten zu gestalten vermocht. →Sippenbild, →Rosenkranzbild, →Himmelfahrt, →Schmerzensmutter.

A. Venturi, La M., 1900 (auch dt.); St. Beißel, Geschichte der Verehrung Marias in Deutschland während des Mittelalters, 1909; Ders., Geschichte der Verehrung Marias im 16. und 17. Jh., 1910; N. Kondakow, Ikonographie der Mutter Gottes, 2 Bde., 1914/15 (russ.); V. C. Habicht, Maria, 1926; M. Vloberg, La Vierge et l'enfant dans l'art français, 2 Bde., 1933; Elisabeth H. Korevaar-Hesseling, Die Entwicklung des Madonnentypus in der bildenden Kunst, 1938, [2]1949 (holländ.); A. Ehrhardt u. H. Wentzel, Niederdt. M. n, 1940; L. Birchler u. O. Karrer, Die M. in der Kunst, 1940; Hilde G. U. Schmidt, Die Darstellung der stehenden Muttergottes in der dt. Skulptur des 13. u. 14. Jh., Diss. München 1940; A. Schiavo, La Donna nella scultura italiana del XII al XVIII secolo, 1950; K.-H. Clasen, Die „schönen Madonnen", 1951; A. Stubbe, La Madone dans l'art, 1958; G. A. Wellen, Theotokos, 1960; Kat. der Ausstellung „Schöne Madonnen 1350 bis 1450" Salzburg 1965; K. Kolb, Eleusa, 2000 Jahre Madonnenbild, 1968; K. H. Clasen, Der Meister d. Schönen Madonnen, 1974.

Maestà, ital. Bezeichnung für die Darstellung der thronenden und von Engel- und Heiligenscharen umgebenen Madonna, wie sie bes. die Malerei des Dugento und des Trecento (M. des Duccio 1308–11, Siena, Dommus.) hervorgebracht hat.

Magdalena →Maria Magdalena.

Magdalénien, Unterstufe u. letzte Phase der europ. →Altsteinzeit, nach dem Fundplatz La Madelaine (Dép. Dordogne) benannt. Im M. erreicht die altsteinzeitl. Kunst, insbesondere die Malerei, ihre Hochblüte (→Altsteinzeit, →Altamira, Combarelles →Font-de-Gaume, →Frankokantabrischer Kreis, →Lascaux). Weibliche Figuren werden dabei zunehmend schematisiert u. teilweise stilisiert (z. B. Petersfeld b. Engen, Nebra).

Magdeburger Dom. Er geht zurück auf eine Gründung Ottos I. von 955. Dieser ottonische Dom (dessen Fundamente seit 1901 zum Teil freigelegt und zugänglich gemacht wurden) wurde nach einem Brand von 1207 durch einen Neubau ersetzt, der als erste große Kirche Deutschlands nach dem Schema der franz. Gotik geplant war. Doch ist dieses infolge mehrfacher Unterbrechungen und mehrfachen Wechsels der Bauleitung nicht folgerichtig durchgeführt worden, vor allem auch deshalb nicht, weil die bodenständigen Kräfte sich widersetzten und Angleichungen an heimische Art erzwangen. Der M. D. ist eine kreuzförmige got. Gewölbebasilika mit Chorumgang und Chorempore („Bischofsgang"), Kapellenkranz u. doppeltürmiger Fassade. Ein Hauptstück der Choranlage ist der etwa 1230–40 von einem Baumeister Maulbronner Schulung geschaffene Bischofsgang. Das Langhaus wurde unter Beseitigung der ursprünglich vorhandenen Zwischenschiffe und Verbreiterung der Seitenschiffe im wesentlichen seit dem letzten Viertel des 13. Jh. ausgeführt, bei weitgehender Vereinfachung franz. Formenaufwandes. 1363 fand die Weihe statt. Fassade und Türme sind erst 1520 ganz vollendet worden. – Mit dem Ernst und der Großartigkeit seiner Erscheinung ist der M. D. eins der charaktervollsten dt. Baudenkmäler. Ein bes. Ruhm sind die Kapitelle im unteren Chorumgang. Sie haben in dem Überschwang der Fantasie, mit der hier Menschen- und Tierfiguren mit Pflanzenornamenten in dichtester Fülle auf engstem Raum zusammengebracht sind, nicht ihresgleichen und zeigen kurz vor der nun einsetzenden Uniformierung des Kapitells als got. Pflanzenkapitell noch einmal, was spätroman. Bauornamentik zu leisten vermochte. – Zahlreiche Bildwerke aus allen Epochen der dt. Kunst seit dem 12. Jh. Noch aus dem alten Dom stammen die Bronzegrabplatten der Erzbischöfe Friedrich von Wettin (1152) und Wichmann (1192), Meisterwerke der ehemals so bedeutenden Magdeburger Gießhütte. Aus dem 13. Jh. ragt hervor der Zyklus der Klugen und Törichten Jungfrauen an der Paradiesespforte (1240–50). Die Spätgotik ist mit dem Bronzegrabmal des Erzbischofs Ernst von Sachsen (1495) von Peter Vischer d. Ä. machtvoll vertreten. Auch Chorgestühl, Lettner und Kanzel sind hohen Ranges.

R. Hamann u. F. Rosenfeld, Der M. D., 1910; W. Greischel, Der M. D., 1929; H. Fiedler, Dome u. Politik, 1937; G. Giesau, Der Dom zu M., ²1940; H.-J. Mrusek, Drei dte. Dome, 1963; Helga Möbius u. K. G. Beyer, Der Dom zu M. (m. Lit.) 1967; E. Schubert, Der M. D., 1975, ²1983; Hans Sachs (Hg.), Die Bildwerke d. M. D.s, 1977.

Magischer Realismus, die auch unter dem Namen →Neue Sachlichkeit bekannte nachexpressionistische Stilrichtung der Malerei. Das Wort wurde 1925 von Franz Roh geprägt. Beide Begriffe bezeichneten ursprünglich nur verschiedene Aspekte derselben Sache. Heute wird der Begriff M. R. vielfach auf alle Richtungen der mod. Malerei ausgedehnt, die mit „realistischen" Mitteln das Fremdartige, Rätselhafte, „Magische" der Dinge darstellen, also auch noch auf die → Pittura metafisica.

Magnasco, Alessandro, ital. Maler, * 1677, † 12. 3. 1749 Genua, tätig hauptsächlich in Mailand, Spezialist kleinfiguriger Szenen aus dem Volksleben, bes. aus dem Leben der Mönche und Nonnen. Mit impressionistisch flüchtiger Pinselführung zeichnete er überschlanke Gestalten von mimischer Beweglichkeit und gefiel sich in düsteren Visionen, in denen grelle Lichter unheimlich aufzucken. Seine Malweise wurde in gewisser Hinsicht von →Guardi aufgenommen.

B. Geiger, A. M., (Mail.) 1949; ders., M. I Disegni, 1945; A. Ferri, M., 1922 (ital.); M. Pospicil, M., 1945 (ital.); A. Morassi, Kat. der M.-Ausstellung Genua 1949; G. G. Syamken, Die Bildinhalte des A. M., 1965; H. Dürst, A. M., 1966.

Maiestas Domini, die Darstellung des als Herr der Christenheit frontal thronenden Christus, ein aus der →Apokalypse stammendes Motiv, das, in der altchristl. Kunst ausgebildet (Mosaik in San Vitale in Ravenna, 6. Jh.), seit karoling. Zeit häufig in der abendländ. Kunst des Mittelalters vorkommt. So schon als Kuppelmosaik der Aachener Pfalzkapelle (um 800; nicht erhalten) und in karoling. Handschriften (Bibel Karls des Kahlen, Paris, Nationalbibliothek). Bes. beliebt ist die M. D. als Tympanonrelief franz. Kirchen des 12. Jh.: Christus thront mit erhobener Rechten, das Buch in der Linken, und ist von den 24 Ältesten der Apokalypse oder von den vier Evangelistensymbolen umgeben.

R. Berger, Die Darstellung des thronenden Christus in der roman. Kunst, 1926; F. v. d. Meer, M. D. Théophanies de l'Apocalypse dans l'art chrétien, 1938 (Studi di antichità cristiana, 13); E. Grube, Majestas u. Kruzifix. Zum Motiv des Suppedaneums (in: Zs. f. Kst.gesch., 20) 1957; H. B. Beyer, Zur Symbolik frühmittelalterl. Voraussetzgn. für eine M. D.-Darstellung d. 12. Jhs. (in: Tortulae. Stud. z. altchristl. u. byz. Monumenten. Röm. Quartalschr. f. christl. Altertumskde., 30) 1966.

Maillol, Aristide, franz. Bildhauer, * 8. 12. 1861 Banyuls-sur-Mer, † 24. 9. 1944 Marly-le-Roy b. Paris, nach Rodin der einflußreichste Meister der neueren franz. Plastik, der auch auf die dt. Bildnerei eine erhebliche Wirkung ausgeübt hat. Der malerischen Offenheit der Bildwerke Rodins stellte er eine neue, kubisch betonte Geschlossenheit gegenüber. Seelische Grundstimmungen sind in unkompliziert sich gebenden Gestalten von ruhiger Zuständlichkeit verkörpert. M. war auch graphisch tätig (Holzschnitt, Radierung, Lithographie).

O. Mirbeau, A. M., 1924; A. Kuhn, A. M., 1925; M. Denis, A. M., 1929; Judith Cladel, A. M., 1937; P. Sentenac, A. M., 1937 (franz.); J. Rewald, M. 1939; J. Payró, A. M., 1942; F. Fosca, A. M., 1945; J. Charbonneux, M., 1947; H. Frère, Conversations de M., 1956; R. Linnenkamp, A. M., 1960; W. George, A. M., dt. 1964; M. Guérin, Cat. rais. de l'oeuvre gravé et lithographié de A. M., 2 Bde., 1965–1967; S. Kühnen, M.: das druckgraph. Werk Diss. Wien 1972; W. George, M. et l'âme de la sculpture, 1977.

Mainzer Dom, Hauptwerk der rhein. Romanik, doppelchörige Anlage mit Westquerschiff, zwei Vierungstürmen u. je einem Turmpaar im O und W. Sie geht zurück auf einen unter Erzbischof Willigis seit 975 erbauten, 1009 geweihten, aber am Vortag d. Weihe abgebrannten Dom. Wiederherstellung unter

Erzbischof Bardo bis 1036. Nach Brand von 1081 Erneuerung des Ostwerkes: Verbindung der beiden erhalten gebliebenen Osttürme durch einen mit Vierungsturm gekrönten Querbau, der aber eigentlich kein Querschiff ist, sondern aus seitlichen Eingangshallen mit Emporen besteht; Apsis mit Zwerggalerie, nach dem Muster von →Speyer. Stillstand beim Tod Heinrichs IV. 1106. Vollendung seit 1118. Nach Speyer der erste ganz große Bau mit Mittelschiffsgewölben. Letzte Bauperiode innerhalb des roman. Stils etwa 1190–1239: Erneuerung der Mittelschiffsgewölbe in Form von Kreuzrippengewölben. Neubau der Westpartie mit Dreikonchenanlage des Chors, ein Meisterwerk der Massengruppierung im spätroman. Formenreichtum. 1279–1309 got. Seitenkapellen. Restaurierung nach Brand von 1767 durch F. J. Neumann d. J., der 1774 den Ausbau des westlichen Vierungsturms in einer Mischung von roman., got. und spätbarocken Formen vollendete – ein interessantes Beispiel von Denkmalpflege im 18. Jh. Der Turm über der Ostvierung ist neuroman. (1869–79). 1909 wurde umfassende Sicherung und Wiederherstellung des schwergefährdeten Bauwerks eingeleitet; diese Maßnahmen, die zu den bedeutendsten Leistungen der modernen Denkmalpflege gehören, wurden 1927 abgeschlossen. – Der M. D. enthält zahlreiche wertvolle Grabdenkmäler der Erzbischöfe vom 13. bis 18. Jh., die Reste eines Westlettners aus dem 13. Jh., das Werk des →Naumburger Meisters, auch Meisterwerke spätgot. Plastik, u. a. ein →Heiliges Grab.

Kautzsch und Neeb, Der Dom zu Mainz, 1919; Kautzsch, Der M. D. und seine Denkmäler, 2 Bde., 1925; P. Metz, Der Dom zu M., 1927; W. Hege und H. Weigert, Die Kaiserdome Speyer, Mainz und Worms, 1934; L. Becker und J. Sartorius, Baugeschichte der Frühzeit des Doms zu Mainz, 1936; F. V. Arens, Der M. D. und das Dom-Mus., [3]1948; ders., Der Dom zu M. (Das Münster, 11) 1958; A. Peschlow-Kondermann, Rekonstruktion d. W.-Lettners u. d. O.-Choranlage des 13. Jhs. im M. D., 1972.

Maison carrée →Nîmes.

Majano, Maiano, Benedetto da, ital. Bildhauer, * 1442, † 27. 5. 1497 Florenz, tätig das. Seine kirchlichen Ausstattungsstücke mit ihrer vollkommenen Harmonie zwischen Architektonischem und Plastischem gehört zu den schönsten Leistungen der Frührenaissance: Kanzel von Santa Croce in Florenz (etwa 1470 bis 1474), Ciborium für den Hochaltar von S. Domenico in Siena. Die Reliefs M.s haben in ihrer Schönlinigkeit manches Ghiberti Verwandte. Auf dem Gebiet des Grabmals erscheint M. als Nachfolger von Antonio Rossellino. Er hat auch Marmoraltäre, Madonnen und Bildnisbüsten geschaffen.

L. Dußler, B. da M., 1924.

Majestas Domini →Maiestas D.

Majolika →Fayence.

Makart, Hans, Maler, * 28. 5. 1840 Salzburg, † 3. 10. 1884 Wien, Schüler von Piloty in München, seit 1869 in Wien, hat in seinen Riesengemälden historischen und allegorischen Inhalts (Wien, München, Berlin, Dresden, Hamburg) mit ihrem rauschenden Farbenprunk, dem gedrängten Durcheinander pathetisch posierender Gestalten, der üppigen Sinnlichkeit nackter Leiber das malerische Ideal des →Neubarocks wohl am weitesten erfüllt.

R. Stiaßny, H. M. und seine bleibende Bedeutung, 1886; H. Ulide-Bernays, Mittler u. Meister, 1948; E. Pirchan, H. M., 1954; R. Mikula, Studien z. H. M., Diss. Wien, 1971; B. Heinzl, H. M. Beitr. z. ein. Monograph. (in: Mitt. d. österr. Galerie, Jg. 15) 1971;

Ausst.kat. H. M., Kst.halle Baden-Baden, 1973.

Makartbukett, ein von Hans Makart eingeführter Strauß aus Binsen, Schilfkolben, Gräsern, getrockneten Blumen und Fächerpalmzweigen, der in den 80er und 90er Jahren ein beliebtes Ausstattungsstück der „guten Stube" und des Malerateliers war. Er verschwand erst, nachdem die bes. von Lichtwark erhobenen Forderungen nach einer neuen Wohnkultur sich durchgesetzt hatten.

A. Lichtwark, M. und Blumenstrauß, 1911.

Makimono →Kakemono.

Malerbuch vom Berge Athos, ein aus den Malerwerkstätten des →Athos hervorgegangenes Handbuch technischer und ikonographischer Art, das in einem neugriech. Text vom Beginn des 18. Jh. vorliegt, in seinem Inhalt aber z.T. auf wesentlich ältere Erfahrungen und Gewohnheiten zurückgeht, so daß es auch heute noch bei technischen und ikonographischen Fragen der mittelalterl. Kunst zu Rate zu ziehen ist. Es wurde zuerst in München bekannt durch einen griech. Maler, der eine Abschrift besaß, nach deren ikonographischen Angaben 1828 einige Bilder in der griech. Kapelle in München gemalt wurden. Die älteste Handschrift wurde von Didron auf dem Athos aufgefunden und 1845 in franz. Übersetzung herausgegeben. Auf dieser und dem 1853 in Athen entdeckten griech. Urtext beruht die dt. Ausgabe von G. Schäfer, 1855. Diese Ausgaben sind heute nur noch sehr bedingt brauchbar, da die von Didron gefundene älteste Handschrift ein stark interpoliertes Exemplar darstellt. Den gereinigten Text gab Pappadopulos Kerameus, Petersburg, 1900 und 1909, heraus.

H. Brockhaus, Die Kunst in den Athosklöstern, ²1924; M. d. Dionysios v. B. A., ²1960 (dt.); E. Amand de Mendieta, Mount A., 1972 (dt.).

Malerei, die Kunst, deren alleiniger Bereich im Unterschied zu Baukunst und Bildnerei die Fläche ist. Die gestaltenden Elemente sind Farbe und Linie. Die Linie kann fehlen (z.B. im →Impressionismus); fehlt die Farbe oder ist sie nur sekundär, so pflegt man die betr. Erzeugnisse als Zeichnung oder Graphik gegen die M. im engeren Sinne abzusetzen. M. als darstellende Kunst, als Gestalterin eines Inhalts um dieses Inhalts willen, ist zu unterscheiden von einer rein dekorativen M., die entweder völlig ungegenständlich ist oder Gegenständliches doch wieder nur zu dekorativen Zwecken bringt. Die Übergänge zwischen beiden Bereichen sind fließend und lassen die mannigfaltigsten Kombinationen zu. Zudem wird der Zweck des Schmükkens bei jedem Bild mehr oder weniger mitsprechen, ob es sich nun an der Wand eines Innenraumes ausbreitet oder an ihr hängt, oder ob es die Seite eines Buches bedeckt. Denn alle M. rechnet mit dem elementaren Reiz der →Farbe, deren Welt sie künstlerisch organisiert, und deren magische und symbolische Bedeutung sie für ihre Wirkungen ausnützt.

Gegenstand der M. als einer darstellenden Kunst kann die ganze sichtbare Welt sein, einschließlich einer nur gedachten, die analog der sichtbaren vorgestellt ist. Darin liegt ein Hauptunterschied gegenüber der Bildnerei, deren ewiges Thema die menschliche Gestalt ist. Doch gibt es ein Zwischenreich, in dem beide Künste, einen Teil ihres Wesens aufgebend, einander begegnen, das →Relief. Von ihren Möglichkeiten, die ganze Erscheinungswelt zu gestalten, hat die M. zu verschiedenen Zeiten einen sehr verschiedenen Gebrauch gemacht und jeweils das ausgewählt, was ihrer Zeit wesentlich war, stets gesteuert von außerkünstlerischen Zwecken. Dabei hat jedes ihrer Stoffgebiete wieder seine besondere Geschichte. So unterscheidet man: →Historienmalerei, →Bildnis, →Landschaftsmalerei, →Stilleben, →Genremalerei, →Interieur, →Architekturbild, wozu noch manche Untergruppen kommen. Außerdem unterscheidet man nach Maltechnik und den damit zusammenhängenden Gegebenheiten von Format, Malgrund, Verwendungsart und formaler Gestaltung: →Wandmalerei, →Mosaik, →Glasmalerei, →Miniaturmalerei (Buchmalerei), →Tafelmalerei.

Stellung und Bedeutung der M. hat in der Gesamtkunstgeschichte der Zeiten und Völker gewechselt. So drückt sich die Kunst des Altertums in der Bildnerei umfassender und großartiger aus als in der M., während der christl. Kunst in ihren Anfängen die M. die günstigeren Mittel bot, um die dem christl. Vorstellungskreis wesentl. Inhalte zu gestalten. Das ist im Mittelalter zunächst so geblieben, aber das größte Jahrhundert mittelalterlicher Kunst, das 13., ist ein Jahrhundert der Baukunst und Bildnerei gewesen und nicht der M. Im späteren Mittelalter gewinnt diese vor der Bildnerei langsam die Führung, um sie seit der Renaissance voll zu behaupten. Sie hat damals am Übergang vom Mittelalter zur Renaissance eine Erweiterung ihrer Inhalte, ihrer geistigen und technischen Ausdrucksmöglichkeiten erfahren, die sie zu einer Gestaltung des neuen Weltbildes befähigten, wie es so umfassend der Bildnerei nicht möglich war (→Renaissance). Der Übergang zur Neuzeit bedeutete für diese bei weitem nicht das, was er für die M. bedeutete. Bis zur Gegenwart hat sich diese Vormachtstellung der M. erhalten, und schon dem Umfange nach nimmt sie im Leben der Kulturvölker heute einen viel größeren Raum ein als die Bildnerei.

Maleremail →Email.

malerisch, in populärem Sinne das, was Gegenstand der Malerei werden kann; in kunstwissenschaftlichem Sinne der Gegensatz zu zeichnerisch (linear). Man nennt es m., wenn ein Bild nicht aus der Zeichnung, sondern aus der Farbe entwickelt ist, wenn also nicht scharfe Konturen, sondern unbestimmt begrenzte Farbflecken entstehen, die weich ineinander übergehen (bes. bei der Helldunkelmalerei des Barocks). Nach Wölfflin gibt es ein psychophysisches Entwicklungsgesetz, daß alle Kunst aus einem zeichnerischen (linearen) Zustand in einen malerischen übergehen müsse. Der Begriff m. wird zur Charakterisierung architektonischer Erscheinungen, insbes. der Barockarchitektur, vielfach mißbräuchlich oder zum mindesten einseitig angewendet. Weil das moderne Auge meist wenig geschult ist, das mathematisch Konstruktive eines Barockbaus zu erfassen, bleibt es an dessen „malerischer“ Oberfläche hängen. Aber nicht sie ist das Wesentliche, sondern die architektonische Syntax des Baues.

A. Schmarsow, Zur Frage nach dem Malerischen, 1896; H. Wölfflin, Kunstgeschichtliche Grundbegriffe, [13]1963.

Malerradierer, Malerstecher →Kupferstich.

Malewitch, Kasimir, russ. Maler, * 11. 2. 1878 Kiew, † 1935 Leningrad. Malte zunächst impressionistisch, wurde dann von den →Fauves beeinflußt. Eine Parisreise 1912 machte ihn mit dem →Kubismus bekannt, aus dem er durch Zurückführung aller Formen auf einfache geometrische Elemente, wie Kreis, Quadrat, Rechteck, Dreieck, den →Suprematismus entwickelte. 1915 veröffentlichte er sein Manifest „Vom Kubismus zum Suprematismus". 1918–21 lehrte er an der Moskauer, 1921 an der Leningrader Kunstschule. 1927 erschien als „Bauhausbuch" sein Werk „Die gegenstandslose Welt". M. gehört zu den entscheidenden Anregern der abstrakten Malerei. Seine in strenger Folgerichtigkeit aus vorgegebenen Stilrichtungen entwikkelte Kunst und Kunsttheorie steht am Anfang aller geometrisierenden Richtungen der modernen Kunst.

Kat. K. M. Kunsthalle Bern, 1959; Mus. Leverkusen (m. Einf. v. F. Meyer), 1962; A. B. Nabkow, K. M., Ausst.-kat. Tate Gallery London, 1976; D. Karshan, W. Sandberg, M. Das graph. Werk (cat. rais.) Ausst.kat. München Lenbachhaus u. a. Orts., 1975; Charlotte Cummings Douglas, Swans of other worlds: K. M. and the origins of Suprematism, Diss. Univ. of Texas 1975; Ch. Brockhaus u. a., M.-Mondrian u. ihre Kreise, Ausst.kat. Kst.verein Köln, 1976; K. Rubinger u. a., K. M. Zum 100. Geb., 1978; K. M. Ausst.kat. Kst.hallen Düsseldorf u. Baden-Baden (erste Ausst. in W.-Europa), 1980.

Malgrund →Grundierung.

Malouel, Jean, franz.-niederländ. Maler, † 12. 3. 1419 Paris, tätig das. 1396, seit 1397 Hofmaler der Herzöge von Burgund in Dijon. Für die Kartause von Champmol malte er 5 Altarbilder, von denen sich einige Tafeln im Louvre erhalten haben. Ebenda befindet sich ein ihm zugeschriebenes Rundbild mit einer Pietà-Darstellung von starker Empfindung. Seine Werke zeigen eine hohe Malkultur, sind aber eigentlich in den Maßstab von Tafelbildern übertragene Miniaturen.

F. Winkler, Die altniederländ. Malerei, 1924; G. Ring, A century of French painting, 1949.

Maltechnik →Aquarellmalerei, →Enkaustik, →Fresko-, →Guasch-, →Öl-, →Pastell-, Secco-, →Tempera-, →Tusch-, →Wismutmalerei.

M. Doerner, Malmaterial u. s. Verwendg. i. Bilde, [12]1965; H. Roosen-Runge, Farbgebg. u. Techn. frühmittelalt. Buchmalerei, 1967; E. E. Ploss, Ein Buch v. alt. Farben, [2]1967; K. Wehlte, Werkstoffe u. Techniken d. Malerei, 1968; Das Straßburger Manuskript (betrifft alte Maltechniken), 1976 (Nachdr.); E. Berger, Quellen f. M. während d. Renaiss. u. Folgezeit, Neudruck 1980.

Malteserkreuz →Kreuz.

Mänaden, Begleiterinnen des Dionysos, die sein Fest in wilder Begeisterung feiern. Von der griech. Kunst, bes. der Vasenmalerei, werden sie in Verzückung dahertaumelnd, oft zusammen mit Satyrn und Silenen im Gefolge des Gottes dargestellt.

Mander, Carel van, niederländ. Maler und Kunsthistoriograph, * 1548 Meulebeeke, † 2. 9. 1606 Amsterdam, hielt sich einige Jahre in Italien auf und war seit 1583 in Haarlem ansässig. Als Maler gehörte er den Manieristen an und wurde Lehrer von Frans Hals. Als erster Kunsthistoriograph der nord. Länder verfaßte er nach dem Beispiel Vasaris das künstlerbiographische Werk „Het Schilder-Boeck" (Alkmaar 1604, 2. Ausg. Amsterdam 1616/18; franz. mit Erläuterungen von Hymans, 2 Bde., 1884; dt. mit dem holländ. Text der 2. Ausg. von H. Floerke, 2 Bde., 1906). Voran geht das die Theorie der Malerei behandelnde Lehrgedicht „Den Grondt der Edel vry Schilderconst" (mit dt. Übersetzung und Glossar hg. von R. Hoecker 1916 in Quellenschriften zur holländ. Kunstgesch., Bd. 7). Dann folgen die Lebensbeschreibungen, unter denen naturgemäß die der niederländ. Maler den größten Quellenwert haben. Den Beschluß bilden kunstmythologische Betrachtungen.

H. E. Greve, De bronnen van C. v. M etc., 1903 (mit Bibliographie, in: Quellenschr. zur holländ. Kunstgesch., Bd. 2); E. Valentiner, C. van M. als Maler, 1930; Helen Noe, C. van M. en Italié, 1954; H. Miedema, K. v. M., 1972 (holl.).

Mandorla, Mandelglorie →Heiligenschein.

Mánes, Josef, tschech. Maler und Graphiker, * 12. 5. 1820 Prag, † 9. 12. 1871 das., Begründer der modernen tschech. Malerei, der er vom Studium des tschech. Volkstums aus eine nationale Haltung zu geben versuchte. M. hat auch eine vielseitige Tätigkeit als Buchillustrator entfaltet.

K. B. Mádl, Josef M., 1901–05 (tschech.); M. Jiránek, Josef M., 1922; A. Matějček u. F. Zákayec, Das Werk Josef M.s, 4 Bde., 1920 ff (tschech.); M. Lamač, Josef M., 1952 (tschech.); F. Kožík, Palette der Liebe. Josef M., [2]1958; O. Macková, J. M., 1970 (tschech.); M. Lamač, J. M., 1971 (tschech.).

Manessische Handschrift, eine Sammelhandschrift mittelhochdt. Minnelyrik in der Universitätsbibliothek zu Heidelberg, genannt nach dem Züricher Ratsherrn Rüdiger Manesse, der ein Sammler alter Liederhandschriften gewesen sein soll. Sie enthält die Lieder von 140 Dichtern, denen 138 ganzseitige Miniaturen zugeordnet sind, und ist wahrscheinlich um 1320 in Zürich entstanden. Der franz. Einschlag ist bei den Miniaturen offensichtlich. Doch haben sie in ihrer frischen Farbigkeit, breiten Flächigkeit, in ihrer oft derben und naiven Art und auch in der Komposition sehr viel Eigenes.

Ausgabe der Miniaturen von F. X. Kraus, 1887; Farbige Faksimileausgabe 1923–27; Stange, Die Miniaturen der M. H. und ihr Kreis, Königsberger Diss., 1909; A. Haseloff, Die kstgeschichtl. Stellg. d. M. n. H., 1929; E. Jammers, Das Königl. Liederb. d. dtn. Minnesängers, 1965; W. Schmidt, M. H., 1977 (Faks.); K. Clausberg, Die M. Liederhandschrift, 1978; W. Koschorreck, W. Werner (Hg.), Codex Manesse. Die große Heidelb. Liederhandschrift. Kommentar z. Faksimile d. Codex Palatinus Germanicus 848 d. Univ.-Bibl. Heidelberg, 1981.

Manet, Edouard, franz. Maler, * 23. 1. 1832 Paris, † 30. 4. 1883 das., Schüler von Couture, hat den Impressionismus entscheidend vorbereitet, ist auch allmählich ganz zur Freilichtmalerei übergegangen, unter Aufhellung seiner Palette, hat aber die Folgerungen des Impressionismus nur so weit mitgemacht, daß die lineare Bestimmtheit der Form noch erhalten blieb. Figürliches überwiegt bei ihm. Das Neue seiner Leistung, das er mit seinem ersten Hauptwerk „Frühstück im Freien" (1863; Paris, Louvre) vollbrachte, liegt schon im Gegenständlichen: Darstellung einer belanglosen und alltäglichen Situation im anspruchsvollen Format eines Historienbildes. So ist die Verständnislosigkeit zu begreifen, auf die M. zunächst traf, zumal auch seine farbige Behandlung von allem bisher Gesehenen abwich. Heute gilt er mit Recht als einer der größten Koloristen der franz. Malerei des 19. Jh., von dem sehr viele gelernt haben. In seinen Radierungen und Lithographien hat er sich (was selten ist) ganz anders ausgedrückt als in seinen Gemälden. In den Radierungen spürt man da und dort Goya, in den Lithographien hat sich impressionistische Auffassung ohne Einschränkung durchgesetzt.

Th. Duret, Histoire de E. M. et de son œuvre, dt. 1910; J. Meier-Graefe, E. M., 1912; v. Tschudi, E. M., [4]1920; E. Waldmann, E. M., 1923; E. Moreau-Nélaton M., 2 Bde., 1926; P. Jamot und G. Wildenstein, M., 2 Bde., 1932 (Oeuvre-Katalog); H. Graber, E. M. nach eigenen und fremden Zeugnissen, [3]1941; G. Jedlicka, E. M., 1941; A. Tabarant, M. et ses œuvres, 1947; Manet. Raconté par luimême et par ses amis: Regards sur soimême. – M. et ses contemporains, 2 Bde., 1953; G. Bataille, E. M., 1955 (franz.); W. Uhde, E. M., 1959; P. Courthion, E. M., dt. 1962; M. Liebmann, E. M., 1968; A. de Leiris, The Drawings of E. M., 1968; Gisela Hopp, E. M. (Beiträge z. Kst.gesch. 1) 1968; D. Rouart, D. Wildenstein, E. M. (cat. rais.) 2 Bde. 1975.

Manichino →Gliederpuppe.

Maniera greca, maniera bizantina, ital. Bezeichnung für die Summe byzantin. Stilelemente in der ital. Malerei, bes. des 13. Jh.

Maniera tedescha („deutsche Kunstweise"), von den ital. Kunsthistoriographen der Renaissance gebrauchte Bezeichnung für die →Gotik, die sie neben der maniera greca für den nach ihrer Annahme im Mittelalter eingetretenen Niedergang der Kunst verantwortlich machten.

J. v. Schlosser, Zur Gesch. der Kunsthistoriographie, 1927 (in „Präludien").

Manierismus, Stilbegriff, zur Bezeichnung einer Stilstufe oder Stilrichtung zwischen Renaissance und Barock. Er hat seinen Ausgang genommen von gewissen Erscheinungen der ital., bes. der florentin. Malerei der Spätrenaissance, die wohl zuerst von Riegl nicht als „Manier" in abschätzigem Sinne (wie schon Vasari tat), sondern eben als „M.", d. h. als eigenwertige und eigengesetzliche Abwandlung der Malerei der Hochrenaissance hingestellt wurden. Diese Erscheinungen sind: langgestreckte, kleinköpfige, sehr bewegliche und plastisch nicht voll gerundete Figuren, die kein festes Verhältnis zum Boden haben, zumal ihre Gliedmaßen gern als spitzzulaufend gegeben werden; konkave, saugende Räume von unklarer Ausdehnung; Komposition mit paralleler Gleichschaltung vieler Figuren; jäher Wechsel von hell und dunkel, unruhige, gebrochene, bald glitzernde, bald glimmende Farben. All dies als Ausdruck seelischer Haltungen wie Spannung, Unruhe, Inbrunst, Weltverneinung, weswegen man auch versucht hat, den M. aus dem Geiste der Gegenreformation zu erklären. Pontormo, Bronzino, Parmigianino, weiterhin Tintoretto waren Hauptmeister des M.; außerhalb Italiens vor allem Greco, der alle Merkmale des M. in einer Dichte und Ausschließlichkeit zeigt wie kein anderer Maler, während die niederländ. „Manieristen" des 16. Jh. eine bes. Spielart vertreten. In der dt. Malerei des späteren 16. Jh. läßt sich der Begriff des M. schwerlich von dem der Spätgotik abspalten, wodurch zugleich ihre Verwandtschaft erwiesen wird. In Deutschland gab es ja keine vollausgeprägte Hochrenaissance, die nun manieristisch hätte abgewandelt werden können. – Von der Malerei ist der Begriff des M. auch auf Bildnerei und Baukunst übertragen worden. Letztere vermag Merkmale des M. jedoch nur in Äußerlichkeiten aufzuweisen, etwa der Dekoration, nicht aber im eigentlich Architektonischen wie der Konstruktion, Raumanordnung oder Raumgestaltung. – Abgesehen von einer zeitlichen Festlegung als Stilstufe zwischen Renaissance und Barock (etwa 1530–1600) wird der Begriff M. auch in überzeitlichem Sinne gebraucht.

Lili Fröhlich-Bum, Parmigianino und der M., 1921; J. von Schlosser, Das kunsttheoretische Schrifttum des M., 1924 (in „Die Kunstliteratur"); Margarete Hoerner, Zeitschr. f. Ästhetik und Allgem. Kunstwissenschaft, 1924, 1928, 1933; M. Dvořák, Geschichte der ital. Kunst im Zeitalter der Renaissance, Bd. II, 1928; Ders., Greco, und der M., in „Kunstgeschichte als Geistesgeschichte", [2]1928; W. Pinder, Zur Physiognomik des M., 1932 (Klages-Festschrift); F. Arens, Die Kunstbewegung des ital. „M.", 1934 (Archiv für Kulturgesch.,

Jg. 24); G. Iven, Versuche einer Deutung des M., Kölner Diss., 1938; H. Hoffmann, Hochrenaissance, M., Frühbarock, 1939; W. Weisbach, M. in mittelalterl. Kunst, 1942; L. Becherucci, Manieristi toscani, 1944; E. Wüsten, Die Architektur des M. in England, 1951; Le Triomphe du maniérisme européen. Katalog d. Ausstellung im Reichsmus. in Amsterdam 1955; G. R. Hocke, Die Welt als Labyrinth, 1957; H. Ladendorf, Der M. im Rahmen d. Stilgesch., 1960 (Kat. d. Ausst. „Sammlung d. Familie Grzimek" Leverkusen; mit Bibliographie); F. Würtenberger, Der M., 1962; J. Bousquet, Malerei des M., 1963; F. Baumgart, Renaiss. u. Kst. d. M., 1963; D. Frey, Der M. als europ. Stilerscheinung, 1964; A. Hauser, Der M., 1964; ders., D. Ursprg. d. mod. Kst. u. Lit., D. Entwicklg. d. Manierismus s. d. Krise d. Renaiss. 1973; W. Friedländer, Mannerism and antimannerism in Italian painting, ²1968; Marianne Haraszti-Takács, Die Manieristen, dt. 1968; J. F. Hayward, Virtuoso Goldsmiths and the Triumph of Mannerism 1540–1620, 1976; Ausst.kat. „Von Tizian bis El Greco – Zur Gesch. d. M. in Venedig 1540–1590", Venedig, Dogenpalast, 1981.

Männerseite, Südseite des Kircheninnern, wo im Mittelalter die Männer zu sitzen hatten; auch Epistelseite genannt.

Mansarde, ursprünglich die Bezeichnung für ein Giebeldach von gebrochener Form, das eine günstigere Ausnützung des gesamten Dachraumes zum Einbauen von Teilräumen ermöglicht (→Dachformen). Heute heißen nur diese Teilräume M.n, das Dach M.dach. Der Name kommt von dem Baumeister →Hardouin-Mansart der jedoch die M. nicht erfunden hat.

Mansart →Hardouin-Mansart.

Mantegna, Andrea, ital. Maler und Kupferstecher, * 1431 bei Vicenza, † 13. 9. 1506 Mantua, wo er seit 1460 am Hofe des Markgrafen Lodovico Gonzaga tätig war. M. war Schüler Squarciones, hat die starke Einwirkung Donatellos erfahren und wurde der größte oberital. Maler der Quattrocento. Seine Werke sind erfüllt von Ernst und Strenge; die Komposition ist meist in ruhiger Zuständlichkeit gehalten. Alles Gegenständliche ist in Überschärfe und Überdeutlichkeit der Zeichnung gegeben, auch die Farben stehen zuweilen hart nebeneinander Die plastische Erscheinung des Körperlichen ist herausgearbeitet, der anatomische Aufbau des nackten Körpers mit großer Ausführlichkeit klargelegt. Mit gleicher Unerbittlichkeit ist M. dem Problem der Raumillusion nachgegangen und hat mit allerdings zuweilen allzu bewußt angewandten perspektivischen Mitteln (jähe Verkürzung) den Raum tief und klar bis zur letzten Einzelheit des Hintergrundes entwickelt. Kein Maler seiner Zeit hat der Antike so nahe gestanden wie er. Dies zeigt sich u.a. in der statuarischen Gelassenheit der Gestalten, abgesehen von den vielen Nachbildungen antiker Ornamente, Bildwerke und Architekturfragmente, die sich in seinen Gemälden finden. Hauptwerke seiner Jugend sind die Fresken in der Eremitanikapelle in Padua (1448–57), die er z.T. mit anderen (bes. Niccolò Pizzolo) ausgeführt hat (im 2. Weltkrieg fast völlig zerstört). Das bedeutendste unter den Tafelbildern seiner Frühzeit ist das Altarblatt für S. Zeno in Verona (1457/58) mit der thronenden Madonna und Heiligen, das zum erstenmal in der oberital. Kunst den Typus der →Sacra Conversazione zeigt. 1474 vollendete M. die Ausmalung der Camera degli Sposi im Schloß von Mantua, die den Beginn der Raumillusion in der Malerei bedeutet. Hier schuf er das erste illusionistische Deckengemälde sowie das erste Gruppenporträt, das die Kunstgeschichte kennt. Hauptwerke der Spätzeit, die eine Steigerung im

Sinne antikischer Großartigkeit der Haltung bringt, sind: Madonna della Vittoria (1496; Paris, Louvre), Triumph des Scipio (London, Nationalgal.) – Außerordentlich ist die Bedeutung M.s für den Kupferstich, in dem er sich aber erst seit den 80er Jahren betätigt zu haben scheint; auch haben sich nur wenige Blätter als eigenhändig bewährt. In diesen aber ist der ital. Kupferstich über die kleinteilig erzählende Weise hinausgewachsen zu groß gesehenen Kompositionen voll Kraft, Leidenschaft und einheitlicher Bildwirkung. – Unter den Meistern, auf die M. gewirkt hat, war auch Dürer.

P. Kristeller, A. M., 1902; F. Knapp, M., [2]1924 (Klassiker der Kunst); G. Pacchioni, A. M. [2]1928; J. Blum, A. M. und die Antike, 1935; Erika Tietze-Conrat, M., Gemälde, Zeichnungen, Stiche, 1956; G. Fiocco, L'arte di A. M., 1959; Kat. der M.-Ausstellung in Mantua 1961; Venedig, 1961; Renata Cipriani, All the paintings of M., 1963; E. Camesasca, M., 1964 (ital.); M. Bellonci u. N. Garavaglia, L'opera completa del M., 1967 u. 1973.

Manuel, Niklaus, gen. Deutsch, Maler und Zeichner für den Holzschnitt, * um 1484 Bern, † 1530 das., gehört neben Hans Leu und Urs Graf zu denjenigen Meistern, die dem schweizerischen Landsknechtswesen der Zeit bes. nahe gestanden haben. Etwas von diesem Wesen ist auch in seine farbenprächtigen, biblischen und mytholog. Bilder übergegangen. Durch die mögliche Berührung mit Italien (Bellini) scheint sich an seiner Kunst mit ihrem modisch aufgeputzten Realismus (Urteil des Paris; Basel, Öffentl. Kunstsammlung) und ihrer, auch unter Zuhilfenahme magischer Lichterscheinungen (Enthauptung Johannes d. Täufers; das.) erreichten Phantastik nichts Wesentliches geändert zu haben. Als Zeichner von bedeutendem Rang zeigt er sich in einer Anzahl von Blättern mit Darstellungen aus dem Landsknechtsleben. Unter seinen Holzschnitten, die eine gewisse Abhängigkeit von Hans Baldung verraten, ist die Folge der „Klugen und Törichten Jungfrauen" (1518) hervorzuheben. Nach 1520 scheint M. als bildender Künstler nur noch vereinzelt tätig gewesen zu sein und sich als eifriger Anhänger der Reformation überwiegend dem literarischen Kampf gegen das Papsttum gewidmet zu haben. Ausg. seiner literar. Werke von Bächthold (1878). Zwei Schreibbüchlein des N. M. D. von Bern, hg. von P. Ganz, 1909.

Lucie Stumm, N. M. D. von Bern als bildender Künstler, 1925; W. Wartmann, Katalog der N.-M.-Ausstellung im Züricher Kunsthaus, 1936; C. v. Mandach u. H. Koegler, N. M. D., 1940; C. A. Beerli, Le peintre poète N. M. et l'évolution sociale de son temps, 1953; E. Fabian, Holbein-M.-Schmid-Studien, 1965; H. Wagner, Der einstige Hochaltar d. Predigerkirche v. N. M. Zu sein. Rekonstr. (Ztschr. f. schweiz. Arch. u. Kst.gesch. 34) 1977; H. Chr. v. Tavel, N. M. Zur Kunst eines Eidgenossen d. Dürerzeit, 1979. Ausst.kat. Mus. Bern, 1979; Studien z. N. M. (in: Zs. für Schweizer. Archäolog. u. Kst.gesch., 37) 1980 (Kolloqu.-Beitr., Bern, 1979).

Manzù, Giacomo, ital. Bildhauer u. Graphiker, * 24. 12. 1908 Bergamo, lebt in Ardea b. Rom. M. hat sich auf handwerklicher Grundlage im wesentlichen als Autodidakt zum Bildhauer entwickelt. Er arbeitet in Wachs, Stein und bes. Bronze und gestaltet sowohl lebensvolle Bewegung bei „impressionistisch" aufgelöster Oberfläche („Der Tanzschritt") wie starr geschlossene Form von monumentaler Ausdruckskraft („Der Kardinal"). Als Meister sakraler Kunst schuf er Bildwerke (auch Reliefs) für ital. Kirchen. Letztes bedeutendes Werk dieser Art ist die „Porta della Morte" der Peterskirche in Rom (voll. 1964).

Anna Pacchioni, G. M., 1948; C. L. Ragghianti, G. M., ²1957; E. Huettinger, G. M., ²1959; G. Mucchi, G. M., 1960; J. Rewald, G. M., 1966; A. Ciranna, G. M., 1968 (ital.); M.-Mus. in Ardea seit 1969.

Marc, Franz, Maler, * 8. 2. 1880 München, † 4. 3. 1916, gründete mit Kandinsky 1912 in München die Künstlergruppe „Der →Blaue Reiter". Sein gesamtes Schaffen drängt sich auf die Jahre 1907 bis 1914 zusammen. M. entwickelte seinen expressionistischen Stil bes. an Tierdarstellungen und gelangte dabei zu neuen Möglichkeiten, durch Zurückdrängung allzu naturalistischer Einzelheiten und Steigerung bestimmter Merkmale das Wesen des jeweiligen Tieres rein und mit starker Gefühlsbetonung herauszubringen. Hauptwerke: „Der Turm der blauen Pferde"; „Tierschicksale". Mit Kandinsky veröffentlichte er die Programmschrift des Expressionismus „Der Blaue Reiter" (1912; ²1914). Er hinterließ ferner „Briefe, Aufzeichnungen und Aphorismen", 2 Bde. (1920).

A. J. Schardt, F. M., 1936; H. Demisch, F. M., der Maler eines Neubeginns, 1948; G. Schmidt, F. M., 1957; K. Lankheit, F. M., 1950 u. 1960; ders., F. M. Oeuvrekatal., 1970, 1976; H. Bünemann, F. M., Zeichnungen-Aquarelle, ³1960; Ausst.kat. Kst.verein Hamburg (m. Bibl. der gedruckten Schriften von F. M.), 1963/64; Ausst.kat. Lenbachhaus München (bearb. v. J. Langer), 1963; Ausst.kat. Lenbachhaus München, 1980 (neue, krit. Wertung).

Marcantonio →Raimondi.

Marc Aurel, Reiterstatue. Diese einzige aus dem Altertum erhaltene Reiterstatue, die seit dem 12. Jh. vor der Laterankirche stand und früher als Bildnis Konstantins galt, wurde von Michelangelo, der sie bewunderte, auf dem Kapitolsplatz aufgestellt. Ihr Einfluß auf alle späteren Reiterstatuen war sehr groß.

Marcks, Gerhard, Bildhauer und Graphiker, * 18. 2. 1889 Berlin, † 13. 11. 1981 Burgbrohl/Eifel, Schüler von Gaul, Kolbe und bes. Scheibe, 1919–25 tätig am Bauhaus in Weimar und bis 1933 an der Kunstgewerbeschule Halle-Giebichenstein. Hauptmerkmale seiner Figuren sind starke innere Spannung bei geschlossener, archaisch herber und ruhiger Form, Strenge und Klarheit der Gliederung, Verhaltenheit des Ausdrucks. Nach dem 2. Weltkrieg nahm seine Kunst einen neuen Aufschwung: Figuren für die Nischen der Katharinenkirche in Lübeck (1947), für Denkmäler in Köln, Hamburg und Mannheim, Kleinplastik, kirchliche Kunst, Porträts. M. hat Holzschnitte geschaffen: Einzelblätter, Illustrationen, selbständige Zyklen.

G. M. 24 Zeichnungen mit einer Einführung von W. Schöne, 1949; H. Ladendorf, G. M., 1962; G. M., Skulpturen u. Zchngn. (Kat.), 1964; Kat. der G.-M.-Ausstellung im Wallraf-Rich.-Mus. in Köln 1964; Ausst.-Kat. G. M. Plastiken und Graphik, Reutlingen 1975; G. Busch, M. Rudloff, G. M. Das plast. Werk (mit Werkverz.) 1976.

Marcussäule, Säule auf der Piazza Colonna in Rom zu Ehren Marc Aurels um 190 errichtet und mit einem umlaufenden Bande geschmückt, auf dem die Kriegstaten des Kaisers dargestellt sind. Sie stand mit einem Tempel des vergöttlichten Kaisers in Verbindung. Über den Typus →Trajanssäule.

Petersen-Domaszewski-Calderini, Die M., 1896; W. Zwikker, Studien zur M., 1941; G. Becatti, Colonna di Marco Aurelio, 1957.

Marées, Hans von, Maler, * 24. 12. 1837 Elberfeld, † 5. 6. 1887 Rom, Schüler von Steffeck in Berlin, tätig in München, Berlin, Dresden, Florenz und seit 1875 dauernd in Rom. Sein eigentliches Thema ist die einfach und groß komponierte Darstellung nackter Menschen in der Landschaft, in ruhigem Beieinandersein ohne bestimmten Inhalt. Die Farbe ist zurückhaltend und leuchtet nur manchmal aus dunkler Deckung hervor. Auch dort, wo M. nicht zeitloses Menschentum, sondern alltäglich-gegenwärtiges gestaltet, sind die Beziehungen der Menschen zueinander mit so geringem mimischem Aufwand gegeben, daß sie im Rätselhaften bleiben. Seine Kunst ist eine höchst eigentümliche Ausprägung jener idealistischen Richtung der europ. Malerei der 2. Hälfte des 19. Jh., der auch Böcklin und Feuerbach, freilich in ganz anderer Weise, angehörten.

J. Meier-Graefe, H. v. M., 3 Bde., 1909 bis 1910; Ders., H. v. M., [4]1924; L. Justi, H. v. M., 1921; K. Lankheit, H. v. M., 1952; B. Degenhart, M. Die Fresken i. Neapel, 1958; ders., M. Zeichnungen, [2]1963; K. Liebmann, H. v. M., 1972; G. Schiff, H. v. M. and his place in modern painting (Yale Univ. Art Gall. Bull. 33, 3) 1971/72.

Maria, Marienleben, außer Christus das Hauptthema der christl. Kunst. Abgesehen von der isolierten Darstellung der M. als →Madonna kommen Szenen aus ihrem Leben, die nicht zugleich auch das Leben Christi unmittelbar betreffen, mit wenigen Ausnahmen erst seit dem 12. Jh. vor. Mit der raschen Zunahme der Marienverehrung seit Beginn des 13. Jh. nimmt sie in der mittelalterl. Ikonographie einen immer größeren Raum ein unter ständiger Vermehrung, Bereicherung und Variation der Themen. Auch die seit dem 12. Jh. häufig erfolgte Gründung von Kirchen unter ihrem Patronat (Marienkirche, Frauenkirche, Liebfrauenkirche, Kirche Unserer Lieben Frau, Notre-Dame) regte immer wieder zu Mariendarstellungen an. Um 1500 ist der Höhepunkt dieser Entwicklung erreicht. Renaissance und Barock haben wirklich neue Marienthemen kaum noch hinzugebracht. →Unbefleckte Empfängnis.

St. Beißel, Gesch. der Verehrung M.s in Deutschland während des Mittelalters, 1909; Ders., Geschichte der Verehrung M.s im 16. u. 17. Jh., 1910; V. C. Habicht, M., 1926; C. Jéglot, La vie de la Vierge dans l'art 1927; M. Treno, Iconografia de la Virgen en el arte español, 1947; E. Vetter, M. im Rosenhag, 1956; Lexik. d. Marienkde., hg. v. K. Algermisse u. a., Bd. 1, 1967; M. Thibout, L'iconographie mariale dans la peinture murale française de la fin du Moyen Age, 1972; L. Küppers (Hg.), Die Gottesmutter. M.nbild in Rheinl. u. in Westfalen (m. Bibl.), 2 Bde. 1976.

Maria auf der Mondsichel →Unbefleckte Empfängnis.

Maria Magdalena, Heilige, Begleiterin Christi, gewöhnlich als personengleich mit der Schwester des Lazarus und der Sünderin (Luk. 7,37) aufgefaßt, lebte als Büßerin in einer Höhle; in ihre langen Haare eingehüllt wurde sie von Engeln in den Himmel getragen. Ihr Attribut als einzelne Heilige ist die Salbenbüchse. Seit dem 14. Jh. erscheint sie häufiger in den Grabszenen des Passionszyklus als Begleitfigur in der Kreuzigung, zuweilen am Fuß des Kreuzesstammes (Isenheimer Altar). Eine bedeutende Bildfolge aus ihrer Legende bietet der Tiefenbronner Altar des Lucas Moser von 1431. Die bildliche Formulierung ihrer Begegnung mit Christus nach der Auferstehung geht bis in altchristl. Zeit zurück (→Noli me tangere). Der Barock gibt sie gern als Büßerin vor der Höhle, in der Bibel lesend, mit Bußwerkzeugen und Attributen der Vergänglichkeit neben sich, das Ganze oft mit sentimental-erotischem Einschlag (Bild von Batoni um 1750, Dresden, Galerie).

V. Saxer, Le culte de Marie Madeleine, 1959; Marga Janssen, M. M. i. d.

abendl. Kst., Diss. Freiburg i. Br. 1962; J. Emminghaus, M. M., 1964.

Marianische Symbole, die Sinnbilder, die sich auf die Person Marias beziehen. Sie sind von der mittelalterl. Typologie in großer Zahl entwickelt worden. Symbole der Jungfräulichkeit Marias sind z.B.: der brennende Busch des Moses, der verschlossene Garten und die verschlossene Quelle, der blühende Stab Aarons, das Vließ Gideons u. a.

Marienburg, Die, der ehemalige Sitz der Hochmeister des Deutschen Ritterordens, gelegen am Ufer der Nogat, der sie ihre Front zukehrt. Die Gründung erfolgte etwa 1272, aber erst 1309 wurde die M. Sitz des Hochmeisters und damit geistiges Zentrum des Ordens. Sie entwickelte sich im Laufe der Zeit zur größten und schönsten aller →Ordensburgen. Ältester Teil ist das Hochschloß im SW (um 1280), bestehend aus vier Flügeln, die in regelmäßigem Viereck einen Hof umschließen. Baustoff ist dunkelroter Backstein. Hauptstück des Hochschlosses und zugleich sein am besten erhaltener Teil ist die noch im 13. Jh. begonnene, im 14. Jh. umgebaute und erweiterte, aus der Bauflucht herausspringende Marienkapelle. Ihr Innenraum wird von eleganten, vielstrahligen Sterngewölben überspannt. Ein in der gesamten Kunstgeschichte des Mittelalters einzigartiges Werk ist die 8 m hohe, aus Stuck geformte und an der Oberfläche mit farbigem Mosaik ausgelegte Marienstatue außen am Chorhaupt. An das Hochschloß schließt sich das aus drei Flügeln bestehende Mittelschloß an. Sachlich und künstlerisch am bedeutendsten ist der Flügel, der der Nogat parallel läuft und der als Kernstück den Hochmeisterpalast enthält (letzte Vollendung in der 2. Hälfte des 14. Jh.). Die Gewalt seiner Erscheinung wie die Feinheit und Originalität der architektonischen Durchbildung sind gleich bewundernswert. Ein besonderer Ruhm des Hochmeisterpalastes und des anstoßenden Flügels sind die Remter mit ihren schlanken Mittelstützen und den geschmeidig und schwungvoll ausstrahlenden Rippen der Sterngewölbe. Zu den genannten Baulichkeiten kommen noch eine Anzahl weiterer Wohn- und Wirtschaftsgebäude und wuchtige Befestigungsanlagen.

Im zweiten Thorner Frieden 1466 wurde die M. den Polen zugesprochen und entging als Sitz von Verwaltungsbehörden der planmäßigen Zerstörung; doch wurde im Laufe der Jahrhunderte durch Feuer, Vernachlässigung und durch Einbau von Wohnungen viel zerstört. 1772 kam die M. an Preußen, wurde als Kaserne, dann als Kornmagazin eingerichtet und verfiel immer mehr. Der erste, der auf den künstlerischen und historischen Wert der M. wieder hinwies, war der Baumeister Friedrich →Gilly. Er brachte im Verein mit anderen ein Abbildungswerk mit Text heraus, das seit 1799 erschien. Aber erst nachdem sich Max von Schenkendorff 1803 für die Sicherung und Wiederherstellung eingesetzt hatte, kam diese in Gang unter Teilnahme von K. F. Schinkel. Die letzte große Wiederherstellung war 1882–1914 und wurde später fortgesetzt. Zerstörungen im 2. Weltkrieg sowie Schäden durch einen Großbrand 1959 bedingten Wiederaufbauarbeiten bis zur Gegenwart.

Pompecki, Die M. in der dt. Dichtung, 1913; B. Schmid, Führer durch das Schloß M., [4]1934; Ders., Die Wiederherstellung der M., 1934; L. Passarge, Die M., [2]1942; B. Schmid u. K. Hauke, Die M., 1955; B. Guerquin, Zamek w Malborku, [3]1965 (poln.); Neuex M.er Heimatbuch, hg. v. R. Zacharias, 1967.

Marienkrönung, die letzte in der Reihe der Darstellungen, die dem Tod und der Verherrlichung Mariä gewidmet sind. Zugrunde liegt eine in den apokryph. Schriften angedeutete Vorstellung. Die M., die in der byzantin. Kunst nicht vorkommt, hat sich im Abendland im späteren 12. Jh. anscheinend zuerst in Frankreich ausgebildet und ist dort als Tympanonrelief und Glasgemälde vor allem in der Frühgotik häufig: Maria sitzt neben Christus, der ihr die Krone aufsetzt oder sie durch einen aus der Höhe kommenden Engel aufsetzen läßt. Überaus häufig ist die M. auch in der ital. Kunst vom 14.–16. Jh. In der dt. Spätgotik empfängt Maria kniend die Krone, auch wird sie ihr von Christus und Gottvater gemeinsam aufs Haupt gesetzt.

Pia Wilhelm, Die M. am Westportal d. Kath. v. Senlis, 1941 (Diss. Hamburg); E. Lengnick, Ein Beitr. z. Ikonograph. d. M., Diss. Marburg 1949; Mary Tuck, The Coronation of the Virgin in 15th century Italian art, Diss. Univ. of Virginia, 1976.

Marientod. Am frühesten wurde der M. in der byzantin. Kunst dargestellt, doch hat sich aus der Zeit vor dem Bilderstreit kein Beispiel erhalten: Das Schema dieser sog. Koimesis ist folgendes: Maria liegt mit gekreuzten Händen auf dem Totenbett; am Kopf- und Fußende sind die klagenden Apostel versammelt; hinter dem Bett steht Christus, der die Seele der soeben Gestorbenen in Gestalt eines kleinen Kindes in den Armen hält. Dies Schema ist in der byzantin. Kunst fast unverändert geblieben und hat sich auch auf das Abendland übertragen, wo der M. seit dem 10. Jh. vorkommt (Miniaturen) und seit Ende des 12. Jh. vor allem in der got. Plastik Frankreichs überaus häufig wird. Von dt. frühgot. Werken ist das schönste das leidenschaftlich bewegte Tympanonrelief am Südportal des Straßburger Münsters. Der M. ist seitdem mit mancher zarten und innigen Abwandlung ein Hauptthema der christl. Ikonographie geblieben. So gibt es in der dt. Bildnerei, Malerei und Graphik des 15. und 16. Jh. eine Anzahl Meisterwerke, die den M. zum Gegenstand haben (Konrad von Soest, Veit Stoß, Schongauer, Dürer).

O. Sinding, Mariä Tod und Himmelfahrt, 1903; Peters, Die Ikonographie des M.s, ungedr. Diss. Bonn, 1950; G. Holzherr, Die Darstellung d. M.s im Spätmittelalter, 1971.

Marinemalerei, die Schilderung des Meeres und der Meeresküste. Das Meer ist ruhig oder vom Sturm aufgewühlt, es schäumt ans Ufer oder ist der Schauplatz von Seeschlachten. Auch gibt es Gelegenheit, die unbegrenzte Weite mit wechselnden atmosphärischen Stimmungen anschaulich zu machen. Die Erzeugnisse der M. heißen auch Marinen. Als selbständige, von Spezialisten vertretene Kunstgattung bildete sich die M. im 17. Jh. in den Niederlanden aus (Porcellis, Simon de Vlieger, Adriaen und Willem van de Velde u.a.) und ist seitdem eine von vielen Meistern vertretene Sondergattung der Landschaftsmalerei.

F. C. Willis, Die niederländ. M., 1911; E. K. Chatterton, Old Sea Paintings, 1928; W. Waetzoldt, Okeanos, 1943 (Neue Beiträge dt. Forschung, Wilh. Worringer zum 60. Geburtstag); D. Cordingly, Marine painting in England, 1973; L. J. Bol, Die holländ. M. d. 17. Jhdts., 1973; W. Benson, Marine Painting, 1977; H. J. Hansen, Dte. M., 1977.

Marini, Marino, ital. Bildhauer und Maler, * 27. 2. 1901 Pistoia, † 6. 8. 1980 Viareggio, studierte an der Akademie in Florenz, war zunächst Maler und Graphiker, seit

1928 auch Bildhauer, lehrte 1929–40 am Istituto Superiore in Monza und seit 1940 an der Academia di Brera in Mailand. Seine Figuren sind in großen, auf das Wesentliche konzentrierten plastischen Formen komponiert. Er geht vom organischen Bau und von der Funktion der Glieder aus und faßt die Formen abstrahierend zusammen. Auch bei kontrastreichster Dynamik eignet seinen Figuren ein überlegter, von den Fußpunkten her entwickelter architektonischer Aufbau und eine feste Verspannung aller Teile. Die Oberflächen sind oft malerisch und graphisch aufgelockert, z. T. auch farbig bemalt. Sein Werk umfaßt neben Porträts und stehenden Figuren vor allem Pferde und Reiter. In der Münchener Staatsgalerie (Neue Pinakothek) befindet sich ein M.-Saal, der die dort ausgestellten Werke (Schenkung) neben dem M.-M.-Museum in Mailand als größte öffentl Slg. seiner Werke präsentiert.

E. Carli, M. M., 1950; E. Trier, M. M., 1954; M. M. Ein Lebensbild, 1961; O. Baetschmann, M. M., 1971; A. M. Hammacher, M. M., 1972; E. Steingräber, Ausst.kat. „Bilder-Heft“ M. M., Staatl. Gem. Slg. München, 1981.

Maris, Jacob, holländ. Maler, * 25. 8. 1837 im Haag, † 7. 8. 1899 Karlsbad, tätig in Antwerpen, Paris und seit 1871 im Haag, Meister des typisch holländischen, stimmungsvollen Landschaftsbildes.

Sein Bruder und Schüler Willem M. (1844–1910) schloß sich ihm eng an und malte vorzugsweise Kühe auf der Weide und von Enten belebte Wasserflächen.

Der dritte Bruder Matthijs M. (1839–1917), seit 1877 in London ansässig, stattete seine Landschaften mit Figuren aus als Träger poetischer oder märchenhafter Stimmung, malte auch reine Figurenbilder und Porträts.

Th. de Bock, Jacob M., 1903; D. C. Thomson, The Brothers M., 1907 (The Studio, Spez. Nr.); E. D. Fridlander, Matthew M., 1922; H. E. van Gelder, M. M., 1939; M. M. (Einf. v. A. Hentzen), Werkkat. d. Druckgraphik, hg. v. d. Bayerisch. Staatsgemäldeslgn., 1976.

Marke, das Zeichen an kunstgewerblichen Erzeugnissen (aus Gold, Silber, Zinn, Porzellan, Fayence usw.), das den Künstler (→Künstlermonogramm), den Ort, die Fabrik (→Porzellan), die amtliche Prüfung (→Beschauzeichen) bedeuten kann.

Marketerie, Marqueterie →Intarsia.

Marmion, Simon, franz. Maler, * um 1420 Amiens, † 24. 12. 1489 Valenciennes, einer der bedeutendsten Vertreter der franz. Buchmalerei des 15. Jhs. Als Hauptwerk dieser Art gelten die „Grandes Chroniques de St-Denis“ (seit 1458; Leningrad, Staatsbibl.). Unter seinen minutiös gemalten Tafelbildern ragt hervor der Altar mit Darstellungen aus dem Leben des hl. Bertin (Berlin, Staatl. Kunstsammlungen).

Edith Hofmann, S. M., Diss. London 1958.

Marmor, körnig-kristallinischer Kalkstein, der vom reinsten Weiß bis zum tiefsten Schwarz in allen Farben vorkommt und die verschiedensten Änderungen und Flecken haben kann. Er findet sich in fast allen Gebirgen Europas, in Deutschland allein in etwa 200 verschiedenen Sorten. (Weiß, schwarz, grau, braun, gelblich, rötlich, grünlich, bläulich.) In der antiken Bau- und Bildhauerkunst ist der M. bevorzugter Werkstoff gewesen. Berühmte griech. Sorten sind der bläulich schimmernde pentelische M. und der →parische M. In außerordentlichem Umfang und größter Mannigfaltigkeit der Sorten (deren

Vorkommen heute z. T. nicht mehr bekannt sind) haben die Römer den M. verarbeitet, und seitdem ist er in Italien zu allen Zeiten (altchristl., mittelalterl., neuere Kunst) mit Vorliebe verwendet worden. Nicht so im N. Hier kommt er in der mittelalterl. Kunst nur gelegentlich vor, häufiger erst seit der Renaissance. Der Barock ist dabei gern auf Schwarz-Weiß-Gegensätze ausgegangen (Wandverkleidungen, Altäre), der Klassizismus hat (entsprechend seiner allgemeinen Abneigung gegen bunte Farbigkeit) für Bildwerke den ganz weißen M. bevorzugt, wie er in Carrara gebrochen wird. Dieser ist auch in großen Mengen nach Deutschland eingeführt worden; doch hat man hier bereits gegen Ende des 18. Jh. begonnen, heimische Sorten zu verwenden (Schadows Grabmal des Grafen von der Mark). Gegenwärtig hat der M. in der Bildhauerkunst viel von seiner früheren Beliebtheit verloren.

R. Lepsius, Griech. M.studien, 1890; O. Herrmann, Gestein für Architektur und Skulptur, ²1914; H. F. Kopp, Der dt. M., 1939; A. Herbeck, Der M., 1953; H. J. Klein, Marmorierung u. Architektur. Ein Beitrag z. Frage d. Musterung, Diss. Univ. Köln, 1970.

Marmorstuck →Stuck.

Marquet, Albert, franz. Maler, * 27. 3. 1875 Bordeaux, † 14. 6. 1947 Paris, Schüler von G. Moreau in Paris, gehörte zu den →Fauves, gab aber später deren starke Farbigkeit auf und entwickelte auf ausgedehnten Reisen zwischen dem Mittelmeergebiet und den skandinavischen Ländern eine feintonige Landschafts- und Marinemalerei. Bemerkenswert sind auch seine Zeichnungen aus dem Pariser Straßenleben.

G. Besson, A. M., 1948; Marcelle Marquet, M., 1952; F. Jourdain, M., 1959; Ausst.kat. A. M. Kst.halle Hamburg, 1964; Prag, 1973.

Mars → Ares.

Marsyas, ursprünglich phrygischer Flußgott, der wohl im Gefolge der Göttin Kybele nach Griechenland kam, wo er als Erfinder der Flöte genannt wird. Der Kampf der Flötenmusik mit der älteren Lyramusik spiegelt sich in den Sagen von M. Er soll die von Athena erfundenen, aber wieder verworfenen Flöten aufgenommen und mit Apoll sich in einen Wettstreit eingelassen haben, bei dem er besiegt und geschunden wurde. Beide Sagen sind wiederholt dargestellt worden (→ Myron, →Pergamenische Kunst).

Muthmann in: Corolla für L. Curtius, 1936; H. J. Rose, Griech. Mythologie, ³1969.

Martin, Heiliger, Schutzpatron Frankreichs, einer der beiden Reiterheiligen der christl. Kunst, dargestellt, wie er ein Stück seines Mantels abschneidet, um einen Bettler zu bekleiden. Eins der schönsten Werke dieser Art ist der „Bassenheimer Reiter“ des →Naumburger Meisters.

Martini, Simone, ital. Maler, * 1284 Siena, † 1344 Avignon, empfing entscheidende Eindrücke von Duccio, überwand wie dieser die maniera bizantina und wurde nach Giotto der bedeutendste Maler des Trecento. Seine Werke zeichnen sich aus durch helle freundliche Farben, minutiöse Wiedergabe aller Einzelheiten (die wohl auf Betätigung in der Miniaturmalerei schließen läßt) und eine got. Schönläufigkeit der Linien, die von Werk zu Werk zunimmt. Fresken: Maestà (1315; Siena, Palazzo pubblico), der Feldherr Guidoriccio (1328; das.), zehn Darstellungen aus der Martinslegende (Assisi, S. Francesco, Martinskapelle). Von seinen Tafelbildern ist das schönste die „Verkündigung" (1333; Florenz, Uffizien).

R. van Marle, S. M. et les peintres de son école, 1920; C. Weigelt, S. M.s Weg, Werk und Wirkung, 1933 (Die christliche Kunst 29); A. de Rinaldis, S. M., 1936; G. Paccagnini, S. M., 1955; K. Steinweg, Beitr. zu S. M. u. s. Werkstatt (in: Mitt. d. Kst.hist. Instit. Florenz, 7) 1956; E. Carli, S. M., 1959; F. Bologna, S. M., 1966; V. Mariana, S. M. e il suo tempo, 1968; G. Contini, C. Gozzoli, L'opera completa di S. M., 1970.

Martini →Francesco di Giorgio Martini.

Marzocco, Löwe, gemalt, gemeißelt, gegossen, das Wappen der Republik Florenz.

Masaccio, ital. Maler, * 21. 12. 1401 S. Giovanni Valdarno, † wahrscheinlich 1428 Rom, nach Vasari Schüler von →Masolino. Die Bedeutung M.s für die Malerei des Quattrocento entspricht der Giottos für das Trecento. Die Wendung zur Frührenaissance, die in der Baukunst Brunelleschi, in der Bildnerei Donatello herbeigeführt hat, hat M. in der Malerei herbeigeführt. Dabei gehört die Abgrenzung seines Schaffens gegen das seines mutmaßlichen Lehrers Masolino zu den strittigsten Fragen der Kunstgeschichte. Hauptwerke sind die Fresken in der Brancacci-Kapelle in Sta. Maria del Carmine in Florenz, die in den letzten Jahren von M.s kurzem Leben entstanden. An der Ausmalung war auch Masolino beteiligt. Als sichere Arbeiten M.s gelten dabei u.a.: Taufe Petri, Zinsgroschen, Schattenheilung, Vertreibung aus dem Paradies. Die Figuren sind hier als wirkliche Körper im Raum geformt, die fest dastehen und sich gemessen bewegen. Unter möglichster Aufrechterhaltung des Prinzips der →Isokephalie sind sie klar und rhythmisch gruppiert und durch Haltung und Gebärde so aufeinander bezogen, daß der geistige Inhalt gleichsam als Ganzes dargeboten wird. Die Tatsachen werden nicht mehr lebhaft und geschwätzig erzählt, sondern wuchtig hingestellt. Die got. Erregtheit ist auch aus der Farbe verschwunden. Der Raum wird in einer bisher nie gesehenen Klarheit perspektivisch erschlossen und durch die Anordnung seiner Architekturen und die Lichtführung mit den Figuren aufs engste zusammengestimmt. Von weiteren Werken M.s seien genannt: Trinitätsfresko (Florenz, Sta. Maria Novella), Anna selbdritt (Florenz, Uffizien), der umstrittene Freskenzyklus in S. Clemente in Rom (1425) und das nur z. T. erhaltene und über verschiedene Museen verstreute Pisaner Altarwerk (1426).

A. Schmarsow, Masaccio-Studien, Text- u. Tafelbd., 1895–99; J. Mesnil, M. et les débuts de la renaissance, 1927; H. Lindberg, To the Problem of M. and Masolino, 2 Bde., 1931; M. Salmi, M., 1932; R. Oertel, M.s Frühwerke, 1933 (Marburger Jahrb. f. Kunstwissensch., Bd. 7); Mary Pittaluga, M., 1935; K. Steinbart, M., 1948; U. Procacci, Tutta la pittura di M., 1956; A. Parronchi, M., 1966 (ital.); P. Volponi u. L. Berti, L'opera completa di M., 1968.

Masereel, Frans, belg. Graphiker und Maler, * 30. 7. 1889 Blankenberghe, † 3. 1. 1972 Avignon, ist vor allem durch seine Holzschnittillustrationen und seine z. T. sozialkritischen Holzschnittfolgen bekannt geworden. Sein eigenartiger Stil liebt kräftige Schwarz-Weiß-Wirkung bei dichtester Füllung der Fläche. Holzschnittfolgen: „Die Passion eines Menschen" (1918), „Mein Stundenbuch" (1919), „Die Idee" (1920), „Von Schwarz zu Weiß" (1939), „Totentanz" (1940), „Schicksale" (1939–42), „Die Lebensalter" (1948), „Jugend" (1948), „Die Stadt" ([3]1961), „Meine Heimat" (1965); Illustrationen zu Zola, Tolstoi, de Coster, Rolland,

Stefan Zweig, Verhaeren. – Ölbilder meist mit Darstellungen aus dem Großstadt- und Hafenleben.

A. Holitscher u. St. Zweig, F. M., 1923; J. Billiet, F. M., 1925; L. Durtain, F. M., 1931 (franz.); G. Ziller, F. M., 1957; Stefan Zweig u. a., F. M., 1959, ²1961; P. Vorms, Gespräche mit F. M., 1967; ders., M. (Werkkat.), 1976; R. Avermaete, F. M., 1976 (dt.), 1977 (m. Bibl.; engl. 1977; franz. 1978).

Maskaron (franz. „Fratzengesicht"), groteske fratzenhafte Maske, besonders die in der dekorativen Plastik des Barock sowohl in der Raumkunst wie auch als Architekturteil (Konsolen; Schlußsteine; Tür- und Fensterbogen; Kapitelle), als Möbelschmuck und Verzierung von Metallgegenständen und Gefäßen.

Maskaron (Anf. 17. Jh.)

Masolino, ital. Maler, * 1383 Panicale, † wahrscheinl. 1447, schuf u. a. Fresken in der Kollegiatkirche von Castiglione d'Olona (seit 1425) und im Baptisterium das. und war neben →Masaccio, als dessen Lehrer er genannt wird, an der Ausmalung der Brancacci-Kapelle in Sta. Maria del Carmine in Florenz beteiligt. Sein Anteil ist strittig, ebenso die Frage, ob ihm oder Masaccio die Fresken der Passionskapelle in S. Clemente in Rom zuzuschreiben seien.

Lit. →Schrifttumsnachweis zu Masaccio; L. Vayer, M. és Róma, 1962 (ungar.); A. Martini, M. a Castiglione d'Olona, 1965.

Maßwerk, das Bauornament der Gotik, das „gemessen", d.h. mit dem Zirkel konstruiert ist; also ein abstrakt geometrisches Ornament ohne gegenständliche Bedeutung. Es gehört nur der Gotik an und spiegelt ihren Sinn für geometrisch-gesetzmäßige Konstruktion und für Unterteilung eines gegebenen Ganzen bes. klar wieder. Ursprüngliche Aufgabe des Maßwerkes war, den Bogenzwickel eines Fensters auszugestalten, und dies ist auch bis zum Ende der Gotik seine Hauptaufgabe geblieben, an der sich seine ganze Entwicklung ablesen läßt. Vom Fenstermaßwerk sind alle anderen Verwendungsarten des M.s abgeleitet, als Blendmaßwerk zur Gliederung von Wandflächen, als durchbrochenes M. zur Füllung von Brüstungen usw.
Der Ansatzpunkt für die Entwicklung des M.s liegt dort, wo zwei Fensteröffnungen unter einem gemeinsamen Bogen zusammengeschlossen sind, so daß über den beiden Öffnungen ein Bogenfeld übrigbleibt. Das findet sich schon in der roman. Baukunst des 12. Jh., die auch bereits das Bogenfeld durchbrochen hat, zunächst durch eine einfache Rundöffnung. Zwischen dieser Lösung und den ersten M.fenstern im 13. Jh. gibt es eine Reihe von Zwischenstufen. Ein anderer, aber minder wichtiger Ansatzpunkt liegt in der geometrischen Ausgestaltung des ja ebenfalls der roman. Baukunst angehörenden Radfensters zur Fensterrose. Als die ältesten echten M.fenster gelten die der Chorkapellen der Kathedrale von Reims (1211–27): in das Spitzbogenfeld über den beiden Fensterschlitzen ist ein Kreis eingeschrie-

ben, der in einen Sechspaß unterteilt ist. Die Kombinations- und Variationsmöglichkeiten des M.s sind unendlich, und die Fülle des in den drei Jahrhunderten der Gotik tatsächlich konstruierten ist unübersehbar, zumal auch die Hauptländer der Gotik, Frankreich, Deutschland und England, z.T. verschiedene Wege gegangen sind. Immerhin lassen sich gewisse Entwicklungsmomente feststellen: der Kreis, der wie alles Gerundete der Gotik nicht liegt, zunächst aber noch als Rudiment des roman. Stils im 13. Jh. mitgeführt wird, verschwindet gegen 1300 allmählich, um gespitzten Formen Platz zu machen, deren Kommen schon um die Mitte des 13. Jh. im Auftreten der „Nasen" sich ankündigt. Das M. bleibt nicht auf das dominierende Bogenfeld beschränkt, sondern greift auch auf die Bogenfelder der Fensterschlitze über, die bereits in der 2. Hälfte des 13. Jh. nochmals in je zwei unterteilt werden. Im 14. Jh., wo dreiteilige Fenster beliebt sind, gehen von einem Zentrum strahlenartige Gebilde nach allen Seiten aus (style

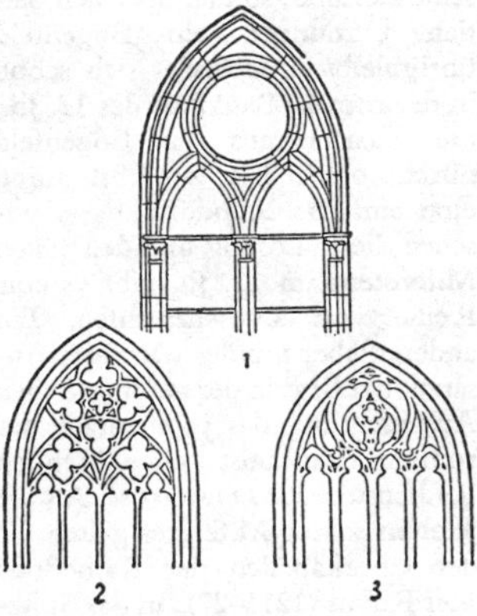

Maßwerk des 13. (1), 14. (2), 15. (3) Jahrhunderts

rayonnant). Die Formen werden spröde und in zunehmendem Maße unübersichtlich. Für die Spätgotik ist bezeichnend die →Fischblase (style flamboyant); die nationalen Eigentümlichkeiten des M.s treten deutlicher hervor. So zeigt das deutsche oft Asymmetrie, die beim französischen nicht vorkommt; das englische hat sich in den strengen, ja steifen Vertikalismus des Stabwerkes einzufügen. Im 16. Jh. geht das M. oft die eigentümlichsten Verbindungen mit Renaissanceformen ein.

Lottlisa Behling, Gestalt und Geschichte des M.s, 1944.

Massys (Metsys), Quinten, niederländ. Maler, * 1466 Löwen, † 1530 Antwerpen, gehörte seit 1491 der dortigen Lukasgilde an. Erst das Schaffen des reifen Meisters ist uns aus sicheren Werken erkennbar. Ihre Reihe beginnt mit zwei Hauptwerken: dem Annenaltar (1508/09; Brüssel, Mus.) und dem Altar mit der Beweinung Christi (1511; Antwerpen, Mus.). Seine Entwicklung verläuft von da ab nicht in gleichmäßiger Bahn, da die erstrebte Ruhe und Klarheit der Renaissance immer wieder durch Rückfälle in spätgot. Unruhe gestört wird. Am nächsten kommt M. dem Ideal der Hochrenaissance in Bildnissen wie dem „Domherrn" (Wien, Liechtensteingal.). Er verbindet blühende, oft emailartig glatte Farbigkeit mit zeichnerischer Schärfe und einer weichen einschmeichelnden Modellierung, namentlich der weiblichen Köpfe. Wie weit er in den überraschend naturalistischen sittenbildlich. Darstellungen („Der Geldwechsler und seine Frau"; Paris, Louvre) eine Überlieferung nur weiterentwickelt oder sie selbst geschaffen hat, steht dahin. Von den Meistern der Antwerpener Schule ist er im 16. Jh. der einflußreichste gewesen.

J. de Bosschère, Q. M., 1907; H. Brising, Q. M. u. d. Ursprung d. Italianismus in d. Kunst d. Niederlande, ²1908; M. J. Friedländer, Die altniederländ. Malerei, Bd. 7, 1929; L. Baldaß, Gotik u. Renaissance im Werke des Q. M., 1933 (Jahrb. d. Kunsthistor. Sammlungen in Wien, N. F., Bd. 7); H. Roosen-Runge, Die Gestaltung der Farbe bei Q. M., 1940; K. G. Boon, Q. M., 1942 (holl.); E. Panofsky, Early Netherlandish painting, 2 Bde., 1953; S. Sulzberger (Bulletin de Museés Royaux des Beaux-Art de Belgique, 14) 1965.

Mastaba →Ägyptische Kunst.

Mastenkirche →Stabkirche.

Mataré, Ewald, Bildhauer, * 25. 2. 1887 Aachen, † 29. 3. 1965 Büderich b. Neuß, 1932–33 Prof. d. Akademie in Düsseldorf und dann wieder seit 1946, begann als Maler und wandte sich 1920 der Plastik zu. Sein Hauptthema ist die in kostbarem, blankpoliertem Holz oder in Bronze ausgeführte Tierfigur, wobei er bestrebt ist, durch Weglassung aller unwesentlichen Einzelheiten die typische Grundform des jeweiligen Tierkörpers in glattfließender Zusammenfassung aller Körperteile herauszuarbeiten. M. hat auch Entwürfe für Glasgemälde und Mosaiken geliefert und farbige Holzschnitte (meist Tierdarstellungen) geschaffen sowie drei bronzene Türflügel am S-Portal d. Kölner Domes u. Kupfertüren f. die Friedenskirche i. Hiroshima.

H. Th. Flemming, E. M., 1955; E. Trier, E. M., 1956; E. M., Türen u. Tore, hg. v. Anna Klaphek, 1960; H. Peters, E. M. Sein graph. Werk, 2 Bde., 1967.

Matejko, Jan, poln. Maler, * 28. 7. 1838 Krakau, † 1. 11. 1893 das., malte in dramatischem Neubarock großformatige Bilder aus der Geschichte Polens, die zur Stärkung des poln. Nationalbewußtseins wesentlich beigetragen haben.

St. Zahorska, M., 1925 (poln.); M. Wawrzeniecki, Jan M., 1928 (poln.); J. Starzyński, Jan M. – der große Realist und Gestalter des Nationalbewußtseins, 1955; J. Michalowski, J. M., 1978, dt. v. Renate Boning, 1980.

Mater dolorosa →Schmerzensmutter.

Matisse, Henri, franz. Maler, Graphiker und Bildhauer, * 31. 12. 1869 Le Cateau, † 3. 11. 1954 Nizza, widmete sich nach kurzem Rechts-Studium und der Tätigkeit als Anwaltsgehilfe der Malerei; er studierte in Paris hauptsächlich bei Gustave →Moreau. – Nach anfänglichem Kopieren alter Meister und deren jeweiliger „Manier" und angeregt durch das Schaffen →Cezannes und →Gauguins sowie des Neoimpressionismus fand M. zu der seine Malerei kennzeichnenden Farbigkeit von außerordentlicher Eindringlichkeit. Dekoratives vereint er mit der Wirkung von Plastizität, besonders in seinen Stilleben; seit etwa 1905 weicht diese allerings im Sinne der →Fauves (als deren Wortführer M. galt) der Betonung des oft dunkel umrandeten Flächenhaften.

Farbe wurde für M. zum Hauptausdrucksmittel. Neben Stilleben malte er hauptsächlich Landschaften, Interieurs und Frauenbilder (Bildnisse und Akte).

Als Zeichner bevorzugte M. konzentrierte, vereinfachte Formen mit meist dünnen zarten Umrißlinien. Trotz ihrer Zweidimensionalität vermitteln die Zeichnungen Eindrücke des Plastischen. Ähnliches gilt für seine Radierungen. Auch als Buchillustrator (Mallarmé, Joyce, Beaudelaire, Ronsard, de Montherlant) ist er hervorgetreten. In seinen letzten Lebensjahren schuf er – häufig als Vorlagen für Wandteppiche – großformatige Kompositionen, in

denen nochmals das Dekorative dominiert.
Beim Modellieren seiner von →Rodin beeinflußten Skulpturen sah M. „das Klären seiner Bildideen" und somit eine enge Beziehung zur Malerei. – Erst in jüngster Zeit wurde das Werk des H. M. in seiner Bedeutung für die Fortentwicklung der modernen Kunst voll erkannt und gewürdigt.

Basler, H. M., 1924; Fels, H. M., 1929 (franz.); R. Frey, H. M., 1938; Carson, H. M., 1939; G. Scheiwiller, H. M., [2]1939 (ital.; mit Bibliographie); J. Cassou, M., 1939; P. Courthion, Le visage de M., 1942; L. Swane, H. M., 1944 (schwed.); L. Aragon, H. M., 1947 (franz.); A. H. Barr, H. M., 1951 (engl.; mit Oeuvreverz.); G. Diehl, H. M., dt. 1958; R. Escholier, H. M. Nach eigenen u. u. fremden Zeugnissen, 1958; J. Lassaigne, M., dt. 1959; G. Marchiori, M., dt. 1967; J. Guichard-Meili, H. M., dt. 1967; L. Aragon, H. M., 2 Bde., 1972 (franz. u. engl.); M. Luzi, M. Carré, M., 1976 (it.); J. Cowart u. a., Ausst.kat. Nat. Gal. of Art Detroit, St. Louis, H. M., Paper cut-outs, 1977; Isabella Monod-Fontaine, Cat. ètabli: Centre national d'art et culture G. Pompidou, Paris: H. M., 1979; Ausst.-kat. H. M., Kst.haus Zürich, 1982/83.

Mattoir →Kupferstich.

Maulbertsch, Maulpertsch, Franz Anton, Maler, get. 7. 6. 1724 Langenargen am Bodensee, † 7. 8. 1796 Wien, tätig das., der genialste Freskomaler Österreichs in der 2. Hälfte des 18. Jh., hat seit etwa 1750 eine unübersehbare Fülle von Deckengemälden geschaffen, auch Altarblätter und sonstige Bilder auf Leinwand. Die Merkmale sind: Zurückdrängung der Allegorie zugunsten dramatisch bewegter Erzählung, geistvolle Erfassung des Vorgangs von innen heraus, leuchtende und fein abgestufte Farbgebung. Bedeutende Sammlung von Leinwandbildern, Skizzen u. dgl. im M.saal des Wiener Barockmuseums.

Benesch, F. A. M. Zu den Quellen seines malerischen Stils, 1924 (Städel-Jahrb., Bd. 3/4); Klara Garas, F. A. M., 1960; F. M. Haberditzl, F. A. M., 1977.

Maulbronn, Zisterzienserkloster, die am vollständigsten erhaltene und zugleich künstlerisch hochbedeutende mittelalterl. Klosteranlage Deutschlands (Abb. →Kloster). Weihedatum der nach Zisterzienserart langgestreckten, einfachen und turmlosen Kirche ist 1178. Ihre im 2. Jahrzehnt des 13. Jh. erbaute Vorhalle zeigt eine bewegte und phantasievolle Weiterbildung des roman. Stils in got. Sinn, die offenbar durch die Hand des gleichen Meisters danach in Walkenried und im Bischofsgang des →Magdeburger Doms ihre Fortsetzung fand. Der Stil der Vorhalle kehrt im Herrenrefektorium und in einem Teil des Kreuzgangs wieder, dessen Vollendung sich bis ins 14. Jh. hinzog. Im übrigen sind in den verschiedenen Baulichkeiten alle Phasen der Gotik bis ins 16. Jh. vertreten. Erhalten sind auch die Ringmauer des Klosters und ein Teil der im W vorgelagerten Wirtschaftsgebäude, so daß sich das Ganze zu einem einzigartigen Gebilde abrundet.

A. Mettler, Neue Beiträge zur mittelalterl. Baugeschichte des Klosters M., 1935/36 (Württ. Jahrb. f. Statistik und Landeskunde); J. Dörrenberg, Das Zisterzienserkloster M., 1937; O. Linck, Kloster M., 1938; L. Windstoßer, M., 1954; H. H. Ehrler u. A. Petersen, Das Kloster M., 1964.

Maureske, ein auf der Grundlage hellenistischer Pflanzenornamentik im Bereiche der islamischen Kunst entwickeltes, reines Flächenornament aus schematischen Linien mit streng stilisierten Blättern und Blüten. Die M. wurde im Kunstgewerbe und im Ornamentstil der Renaissance ein beliebtes Motiv. Sie ist nicht zu verwechseln mit der →Arabeske.

Maurische Kunst →Islamische Kunst, → Spanische Kunst.

T. Burckhardt, Die m. Kultur i. Spanien, 1970.

Mausoleion, das monumentale Grabmal, das sich der König Mausolos von Karien († 353 v. Chr.) in Halikarnassos hat errichten lassen. Es war von den griech. Baumeistern Pytheos und Satyros entworfen und bestand aus einem quadratischen Unterbau, der Träger einer Säulenhalle mit schräg ansteigendem Dach war. Auf der Spitze dieser Pyramide, die treppenförmig anstieg, stand ein Viergespann mit Maussollos und seiner Gattin. Höhe des Ganzen 46 m. Der Reliefschmuck, der um den viereckigen Unterbau lief, war von den Künstlern Leochares, Timotheos, Skopas und Bryaxis geschaffen (Brit. Mus.). Der Entwurf des Ganzen soll von Pytheos stammen, der angeblich auch die Quadriga mit den Statuen gefertigt hat. Es ist fraglich, ob die heute als Maussollos bezeichnete Kolossalstatue jene ist, die in dem Viergespann stand, ebenso ob die neben ihm befindliche Figur seine Gemahlin darstellt, da sie in zu kleinem Verhältnis gebildet ist. Teile des Denkmals stecken sicher noch in einer leider unzugänglichen türkischen Festung, und wegen des Mangels an Architekturfragmenten sind alle bisher vorgelegten Wiederherstellungen des Denkmals nicht ganz befriedigend. Das M. zählte zu den sieben Weltwundern und hat seinen Namen, lat. Mausoleum, an alle monumentalen Grabdenkmäler späterer Zeiten vererbt.

Krischen, 1927 (Archäolog. Anzeiger); v. Lorentz, „Maussollos" und die Quadriga auf dem M. zu H., 1931; E. Buschor, Maussolos u. Alexander, 1950; A. v. Gerkan, Grundlagen für d. Wiederherstellung des M. von H. (in: Mitt. d. Dt. Archäolog. Instit., Röm. Abt., 72), 1965.

Maureske

Mauve, Anton, holländ. Maler, * 18. 9. 1838 Zaandam, † 5. 2. 1888 Arnheim, malte Weide- und Strandlandschaften in einem für ihn charakteristischen hellen Silberton. Sehr geschätzt sind auch seine Zeichnungen und bes. seine Aquarelle.

L. Bouyer, A. M., 1898.

Maximianskathedra →Bischofsstuhl.

Maximiliansgrabmal in der Hofkirche zu Innsbruck, das im ersten Jahrzehnt des 16. Jh. von Kaiser Maximilian in Auftrag gegebene Bronzegrabmal seiner selbst im Kreise seiner (z. T. sagenhaften) Ahnen. Der Plan stammt vom Humanisten Peutinger. Der bei Innsbruck eigens errichteten Gießhütte stand Stephan Godl vor. Im übrigen waren eine ganze Anzahl von Künstlern für diese größte Grabanlage der dt. Kunst tätig: 40 große Statuen, 32 Brustbilder und 100 Statuetten sollten den Sarkophag des Kaisers umgeben. Sie Ausführung zog sich bis in die 2. Hälfte des 16. Jh. hin, aber nur ein Teil des Grabmals ist fertig geworden. Das Beste sind zwei große Statuen, der

Theoderich und der Artus, die Peter Vischer d. Ä. 1513 schuf.

V. Oberhammer, Die Bronzestandbilder des M.s in der Hofkirche zu Innsbruck, 1935 (gekürzte Ausg.: Die Bronzestatuen am Grabmal Maximilians I., 1955); K. Oettinger, Die Bildhauer Maximilians am Innsbrucker Kaisergrabmal, 1967.

Maya-Kunst, die Kunst der altamerikanischen Mayastämme (Guatemala, Halbinsel Yukatan). Sie besitzt eine gewaltige Tempelarchitektur (Tempel auf Terrassen mit pyramidenförmigem Unterbau). Die Tempelwände sind in barocker Fülle bedeckt mit Hochreliefs kultischen Inhalts oder in einer monumental gemeißelten Ornamentik gehalten, in der z. B. der →Mäander in den verschiedensten Abwandlungen vorkommt. Auch Wandmalereien gibt es und Bilderhandschriften von bunter Fülle des Figürlichen, ferner vorzüglich bemalte oder durch Ausschaben des Grundes ornamentierte Tongefäße. Die zeitliche Erstreckung der M.-K. mit der europ. Zeitrechnung in Einklang zu bringen, ist bisher noch nicht gelungen. Von einigen Forschern wird das 1. Jahrtausend unserer Zeitrechnung, von anderen das 8.–15. Jh. als Blütezeit der M.-K. angesehen. Im 16. Jh. wurde die Kultur der Maya von den Spaniern zerstört.

Springer, Handb. d. Kunstgesch., Bd. 6, 1929; Dieseldorff, Kunst und Religion der Mayavölker im alten und heutigen Mittelamerika, 2 Bde., 1931; G. Médioni, Art maya du Mexique et du Guetemala. 1: Ancien Empire, 1950; P. Rivet, Cités Maya, 1954; W. Wadepuhl, Die alten Maya u. ihre Ku.tur, 1964; F. Anton, Kst. d. M., 1968; W. Krickeberg, Felsplastik u. Felsbilder bei d. Kulturvölkern Altamerikas, 1969.

Meckenem, Isra(h)el van, niederländ. oder niederdt. Kupferstecher, * 1440/50, † 10. 11. 1503 Bocholt, hat etwa 600 Stiche hinterlassen, die jedoch zum weitaus größten Teil Kopien nach Stichen anderer Meister sind. Immerhin gibt es einige mit weltl. Darstellungen von überraschender Unmittelbarkeit. Das bekannteste und innerhalb des Kupferstichs thematisch völlig neue Blatt ist das Doppelbildnis des Künstlers und seiner Frau. M. hat auch vorzügliche Ornamentstiche geschaffen.

M. Geisberg, Verzeichnis der Kupferstiche I. v. M.s, 1905; Annie Warburg, J. v. M., 1930; M. Lehrs, Gesch. u. krit. Katalog d. dt. etc. Kupferstichs im 15. Jh., Bd. 9, 1934; I. van M. Zur 450. Wiederkehr seines Todestages, hg. von der Stadt Bocholt 1953.

Medaille, Schau- oder Denkmünze aus Metall von meist kreisrunder Form. In eckiger Form heißt sie Plakette. Die M. trägt auf einer oder beiden Seiten eine Reliefdarstellung (Bildnis, historische, allegorische Szene), ist auch zuweilen mit einer erklärenden Beischrift (Legende) versehen. Ursprünglich war sie stets gegossen, wurde seit dem 16. Jh. immer häufiger geprägt und wird seit dem 19. Jh. auch auf galvanoplastischem Wege hergestellt. Das Material ist Bronze, Blei, Gold oder Silber. – Im Altertum kommen M.n, also Münzen, die nicht für den Geldumlauf bestimmt waren, in der spätröm. Kaiserzeit vor (4.–5. Jh.), die sog. Kontorniaten aus Bronze mit Kaiserbildnissen oder mythologischen Darstellungen. Das Mittelalter kennt die M. nicht. Abgesehen von einigen Einzelstücken des niederländisch-burgund. Kunstkreises vom Ende des 14. Jh. beginnt ihre Geschichte in der ital. Frührenaissance, und zwar als Bildnismedaille. Ihr erster Meister wurde Antonio Pisano, genannt Pisanello. Seine erste M. mit dem Profilbild des byzantin. Kaisers Johannes Paläologus stammt aus dem Jahre 1438. Nach ihm haben viele ital. Meister M.n geschaffen, die auf der Vorderseite das scharf akzentuierte Profilbildnis dessen tragen, dem sie gewidmet sind, während die Rückseite eine szenische Darstellung aufweist. Seit dem 16. Jh. fand die Kunst der M. auch in andere europ. Länder Eingang, und bes. Deutschland zeichnete sich durch zahlreiche und vorzüglich gearbeitete M.n aus. Das immer häufiger werdende und seit dem 17. Jh. überwiegende Prägen der M. hat ihrer künstlerischen Qualität erheblichen Abbruch getan. Einen gewissen Aufschwung brachte der Klassizismus, dem die knappe Klarheit der Darstellung, die die M. verlangt, sehr lag. Auch später hat es nicht an Versuchen gefehlt, die Kunst der M. wieder zu beleben.

Heiss, Les médailleurs de la renaissance, 9 Bde., 1881–92; Mazerolle, Les médailleurs français du XVe au XVIIe siècles, 3 Bde., 1902–04; L. Forrer, Biographical dictionary of Medallists, 8 Bde., 1904–30; M. Bernhart, M.n und Plaketten, ²1920; G. Habich, Die M. der italienischen Renaissance, 1924; Ders., Deutsche Schaumünzen der Renaissance, 2 Bände und Registerband, 1929–34; G. F. Hill, Corpus of Italian Medals, 1930; A. Suhle, Die dte. Reanaiss. m., 1950; P. Grotemeyer, Da ich het die gestalt. Dte. Bildnis-M.n d. 16. Jhs., 1957; L. Börner, Ital. Renaiss.medaillen, 1962; J. Küppel, Dtsche. Kriegs- u. Friedensmedaillen von S. Dadler bis A. Widemann, Diss. Berlin, 1966; J. Roubier, J. Babelon, Das Menschenbild auf Münzen u. M.n von d. Antike bis z. Renaiss., 1967; L. Börner, Die Gnadenpfennige. Ein Beitr. z. Porträt u. Kulturgesch. d. M. des 16. u. 17. Jhs., Diss. Berlin 1970; W. Grasser, M. u. Plaketten, 1979.

Medaillon (franz. „große Medaille") 1. an Wänden (Stuck), über Portalen, an Türen, Bogen oder 2. auf Möbeln und Geräten (Metall) rund oder oval gerahmtes Bild oder Relief in dekorativer Verwendung, im Miniaturformat auch als Bildnis-M. bei Schmuck.

Mediceische Venus →Aphrodite.

Medici-Porzellan, Tonwaren, die in Florenz am Hofe Herzog Franz I. von Medici in der zweiten Hälfte des 16. Jh. bei den Versuchen, echtes Porzellan zu machen, hergestellt wurden. Sie haben Bleiglasuren und sind blau bemalt.

G. Liverani, Catalogo delle porcellane dei M., 1936; A. Lane, Italian Porcelain, 1954.

Medische Kunst→Persische Kunst.

Medrese →Islamische Kunst.

Medusa →Gorgo.

Megalithische Denkmäler, Denkmäler der →Jungsteinzeit und →Bronzezeit, die aus großen, unbehauenen oder nur roh zugerichteten Steinblöcken errichtet wurden. Sie sind im N und W Europas, im Mittelmeergebiet sowie in einzelnen Teilen Asiens verbreitet. Zu den M. D.n gehören die →Dolmen, →Cromlechs, →Menhire, ferner die Gang- und Kistengräber Skandinaviens, Norddeutschlands und Frankreichs (→Stonehenge).

G. u. Vera Leisner, Die M. der Iberisch. Halbinsel, 1943, 1956; G. E. Daniel, The prehistoric chamber tombs of England and Wales, 1950; ders., The prehistoric chamber tombs of France, 1960; E. Sprockhoff, Atlas d. Megalithgräber Dtschlds., 1967; S. v. Reden, Die M.-Kulturen. (Große Steinmale in England, Frankreich, Irland . . .), 1980.

Megalith-Kultur, Megalith-Keramik →Nordischer Kreis.

Megaron, das mit Vorhalle versehene griech. Haus, das innen nur einen Raum hatte, in dessen Mitte der Herd stand. Obwohl an verschiedenen Stellen des Mittelmeers ähnliche Raumbildungen auftreten, ist das M. in dieser Form sicher nicht mittelländ. Herkunft; ältere Belege finden sich in Mittel- und Osteuropa bereits in steinzeitl. Siedlungen. →Holzbau.

S. Simos, Die vorklass. Hausformen i. d. Agäis, 1971.

Meidias, attischer Vasenmaler aus dem Ende des 5. Jh. Seine Gefäße, z.T. signiert, sind in einem zarten und eleganten Stil bemalt, der das Ende der klassischen Vasenmalerei bedeutet. Bekannte Werke seiner Hand befinden sich in Karlsruhe u. in London. Seine Werkstatt hat eine Fülle von Vasen geliefert, die von verschiedenen Malern verziert sind.

W. Hahland, Vasen um M., 1930; J. D. Béazley, Attic Red-Figure Vase-Painters, 1942; J. D. Beazley, Attic redfigure vase-painters, 3 Bde., ²1963.

Meißen, Dom und Albrechtsburg, geschlossene und zusammenhängende Baugruppe auf felsiger Höhe über der Elbe.

1. Dom, wohl erst nach der Mitte des 13. Jh. als Basilika begonnen und seit etwa 1300 in langsamer Bauzeit als Hallenkirche weitergeführt. Vor die doppeltürmige Westfassade, deren Türme erst seit 1904 in wenig verständnisvoller Weise ausgebaut worden sind, wurde 1420–30 die Fürstenkapelle gelegt, die die Form eines Westchors hat und die Grabmäler sächsischer Fürsten birgt. Künstlerisch wertvollster Teil ist der Chor mit dem in zierlicher Frühgotik gehaltenen Lettner. Das Detail, wie Blattfriese und die Kapitelle der Chorwandgliederung, hängt mit Naumburg (Lettner und Westchor) eng zusammen, ohne daß jedoch die gleiche Mannigfaltigkeit und Frische der Erfindung erreicht wäre. Die vier auf Konsolen an den Chorwänden angebrachten Statuen, zu denen noch drei in der Johanniskapelle kommen, sind neuerdings von der Forschung wieder stärker beachtet worden. Auch sie hängen mit Naumburg zusammen, und man hat sie sogar dem →Naumburger Meister selbst zuschreiben wollen.

J. Schubert, Dom zu M., 1927 (Tafelwerk); Der Dom zu M., Festschrift des Hochstifts M., 1929; H. Giesau, Die M.er Bildwerke, 1936; H. Küas, Die Naumburger Werkstatt, 1937; Ders., Der Dom zu M., 1939; E.-H. Lemper, Der Dom zu M., 1955 (Das christl. Denkmal 23/24); E. Lehmann u. E. Schubert, Der Dom zu M., 1971.

2. Albrechtsburg, erbaut 1471 bis 85 durch Arnold von Westfalen, Hauptwerk der spätgotisch. Profanbaukunst und als Übergangsbau von der Burg zum Schloß zum erstenmal die neue Weise großartigen fürstlichen Wohnens repräsentierend, der die Zukunft gehören sollte. Klare Einteilung nach Stockwerken, die auch im Außenbau durch waagerechte Gurtgesimse gegeneinander abgesetzt sind, und weite, durch große Fenster erhellte Räume in gleicher Höhenlage enthalten. Die Fenster haben kein Maßwerk und sind in dem in Sachsen so verbreiteten Vorhangbogen geschlossen. Die Wirkung der gewölbten Haupträume wird durch das überreiche und kraftvolle Spiel spätgot. Rippenwerks entscheidend mitbestimmt. Auch Zellengewölbe sind in sehr ausgeprägter Form vertreten. Aus der Fassade springt ein Treppenturm (Wendelstein) vor.

C. Gurlitt-Wanckel, Die Albrechtsburg zu M., 1895; F. Rauda, M., 1929; H.-J. Mrusek, M., 1957; Ursula Czerzot, Die A. Meißen, 1965; H.-J. Mrusek, (Hg.), Die A. zu M. (Aufsätze u. Bibl.), 1972.

Meißner Porzellan, das Porzellan der 1710 in Meißen gegründeten Manufaktur, der ersten Europas (→ Porzellan). 1710–19 stand sie unter der Leitung des Erfinders Böttger. Die Masse ist noch nicht rein weiß, plastische Ornamente sind aufgelegt. Zwergenhafte Figuren, sog. Callot-Figuren, kommen vor. Die zweite Periode unter Leitung des Malers J. G. Höroldt 1720–31 wird auch die malerische genannt we-

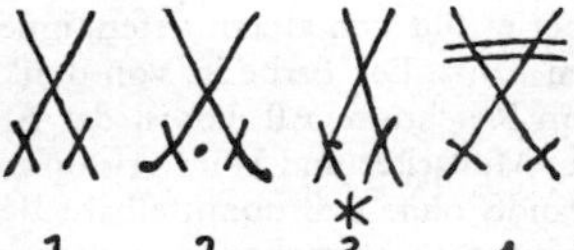

Meißner Porzellanmarken
1. Schwertermarke seit 1726. 2. Zeit von 1763 bis 1774. 3. Zeit von 1774 bis 1813 (Marcolinizeit). 4. Ausschußporzellan des 19. Jahrhunderts

gen der außerordentlichen Verbesserung des malerischen Dekors. Die Manufaktur nahm jetzt künstlerisch und wirtschaftlich einen großen Aufschwung. Die dritte Periode 1731–56 (bis zum Ausbruch des sehr hemmend wirkenden Siebenjährigen Krieges) heißt auch die plastische, weil in ihr unter der Leitung →Kändlers die plastischen Möglichkeiten des neuen Werkstoffs nach jeder Richtung hin entwickelt wurden. Erst damit hat das europ. Porzellan einen entscheidenden Schritt über seine ostasiatischen Vorbilder hinaus getan. Eine weitere Periode des M. P.s geht unter dem Namen des Grafen Marcolini, der 1774–1813 die Oberleitung hatte. Sie ist vor allem durch die Tätigkeit des franz. Bildhauers Acier bestimmt. Langsam vollzieht sich der Übergang zu klassizistischer Haltung. Seitdem hat das M. P. seine künstlerische Sonderstellung in gleichem Maße wie früher kaum behaupten können.

Doenges, M. P., ²1920; E. Zimmermann, M. P., 1926; W. B. Honey, Dresden China (dies die engl. Bezeichnung für M. P.), 1934; C. Albiker, Die M. P.tiere im 18. Jh., 1935; F. Fichtner, M. P., 1936; Ingelore Handt u. Hilde Rakebrand, M. P. des 18. Jhs., 1710–1750, 1956; 250 Jahre Staatl.P.-manufaktur M., hg. v. VEB Staatl. P.manufaktur M., 1960; E. Köllmann, M. P., 1965; O. Walcha, M. P., Gesch. ein. Manufaktur, 1974; H. Morley-Fetcher, Porzell. aus Meißen, 1971; G. Meier, Porzellan aus Meißner Manufakturen, 1982.

Meister des Amsterdamer Kabinetts →Hausbuchmeister.

Meister des Bartholomäusaltars, Kölner Maler, dessen Schaffenszeit von etwa 1470 bis in den Anfang des 16. Jh. reicht, so genannt nach seinem mutmaßlich letzten Hauptwerk, dem Bartholomäusaltar (München, Ältere Pinakothek). Weitere Hauptwerke sind: Thomasaltar (um 1499; Köln, Wallraf-Richartz-Mus.), Kreuzaltar (um 1501; das.), Kreuzabnahme (Paris, Louvre). Der mutmaßlich aus den nördl. Niederlanden eingewanderte und weiterhin in engen Beziehungen zur niederländ. Malerei verbleibende M. d. B. ist der letzte bedeutende Vertreter spätgot. Überlieferung in Köln. Sein temperamentvolles Werk zeigt hohe Farbkultur, Freude an der sinnlichen Erscheinung der Dinge, Betonung der mimischen Beziehungen zwischen den Figuren und intensive Ausdeutung ihrer verschiedenen seelischen Zustände.

K. vom Rath, Der M. d. B., 1941 (Kunstgeschichtl. Forschungen des Rhein. Heimatbundes 8); P. Pieper, Miniaturen des B.-M.s, 1953 (Wallraf-Richartz-Jahrb. 15); Katalog der Ausst. „Kölner Maler der Spätgotik" im Wallraf-Richartz-Mus. 1961; M. Andreae, Der Bartholomäusmeister. Gewandstud. zur Chronologie sein. Werke, Diss. Univ. Innsbruck, 1963; Spätgotik in Köln, o. A., 1970.

Meister Bertram →Bertram.

Meister E. S. →E. S.

Meister von Flémalle →Flémalle.

Meister Francke →Francke.

Meister Hans von Burghausen → Stettheimer.

Meister des Hausbuchs →Hausbuchmeister.

Meister von Hohenfurth →Hohenfurth.

Meister H. L. →H. L.

Meister H. W. →Witten, Hans.

Meister des Marienlebens, Maler, der bedeutendste der anonymen Kölner Maler der 2. Hälfte des 15. Jh., nachweisbar in Köln etwa 1465 bis 90, knüpfte nicht an die dortige Malerei der 1. Hälfte des 15. Jh. an, sondern an Rogier und Bouts. Hagere Gestalten mit scharf gebrochenen Umrissen und Gewandfalten sind in stiller und frommer Haltung, zuweilen silhouettenhaft gereiht, locker über die Bildfläche verteilt. Die Farben sind von niederländ. Wärme und Kostbarkeit. Seinen Namen hat der Meister nach den Tafeln eines Marienaltars (7 München, Ältere Pinakothek; 1 London, Nationalgal.). Von seinem sonstigen, ziemlich umfangreichen Oeuvre sind hervorzuheben: Anbetung der Könige (Nürnberg, German. Mus.), Kalvarienberg (Cues, Hospital), Kreuzigung (Köln, Wallraf-Richartz-Mus.), Kreuzabnahme (das.).

H. Reiners, Die Kölner Malerschule, 1925; H. M. Schmidt, Der. M. d. M. u. s. Kreis (Die Kst.denkmäler d. Rheinlandes, Beiheft 22), 1977.

Meister der Spielkarten →Spielkartenmeister.

Meister des Todes Mariä →Cleve, Joos van.

Meister des Tucher-Altars, Nürnberger Maler der Mitte des 15. Jh., so genannt nach seinem Hauptwerk, einem mit dem Wappen der Tucher versehenen Altar in der Frauenkirche in Nürnberg (etwa 1440–50), der zu den bedeutendsten Leistungen der dt. Malerei der Zeit gehört. Got. Idealität mit ihrer Schönläufigkeit der Linien und freudigen Farbigkeit ist hier vollkommen überwunden. Die kräftig modellierten, schweren Gestalten sind gedrungen von einer gewissen Härte und Starrheit, verhalten in der Bewegung, aber erfüllt von einem tiefen, inneren Ernst. Die Farbe ist von dunklem Reichtum. All dies ist der Art des Multscher und Witz geistesverwandt, ohne daß unmittelbare Beziehungen vorzuliegen scheinen. Voraussetzungen dieser Kunst hatte der Meister von Flémalle geschaffen, außerdem wirkt die in Nürnberg lange lebendig gebliebene Überlieferung der böhm. Malerei der 2. Hälfte des 14. Jh. nach. Dem Meister und seiner Werkstatt werden eine Reihe weiterer Werke zugeschrieben, als frühestes und ebenfalls sehr bedeutendes das Epitaphbild des Johannes von Ehenheim († 1438; Nürnberg, Lorenzkirche).

C. Gebhardt, Die Anfänge der Tafelmalerei in Nürnberg, 1908 (Stud. zur dt. Kunstgesch., 103); R. Kömstedt, Zur künstler. Herkunft d. Tuchermeisters, 1942 (Pantheon 15); A. Stange, Dtsche. Malerei d. Gotik, Bd. IX, 1958.

Meister von Wittingau →Wittingau.

Meisterzeichen →Steinmetzzeichen.

Meit, Conrad, Bildhauer, * wahrscheinlich um 1480 Worms, † 1550/51 wahrscheinlich Antwerpen, vor 1511 für Kurfürst Friedrich den Weisen von Sachsen in Wittenberg tätig, seit 1514 Hofbildhauer der Statthalterin Margarete von Österreich in Mecheln, seit 1534 in Antwerpen. M. ist einer der reinsten Vertreter der renaissancemäßigen Richtung der dt. Bildnerei seiner Zeit. Bezeichnend für ihn sind runde, auf Schönheit der Oberfläche in glattem Material (Marmor, Alabaster, Buchsbaum) bedachte, dennoch realistisch durchgearbeitete Formen. Seine Hauptschöpfung ist sein (im einzelnen nicht ganz geklärter) Anteil an dem Grabdenkmal, das Margarete von Österreich für ihren Gemahl, dessen Mutter und sich selbst im Chor der Kirche

St. Nicolas de Tolentin in Brou errichten ließ (1526–32). Die lebensvolle Schönheit der Grabfiguren und die kindliche Lieblichkeit der Putten haben in der dt. Bildnerei des 16. Jh. kaum ihresgleichen.

G. Troescher, C. M. von Worms, 1927; J. Duverger, Conrat Meijt (ca. 1480 bis 1551), 1934; Theodor Müller (Sitzungsberichte d. Kstgeschichtlich. Ges. zu Berlin 4) 1955/56; R. Gaettens, Zum Werke des C. M. v. Worms (Der Wormsgau Bd. 3 Heft 4) 1954–55; W. Medding, Die Jugendwerke des Bildhauers K. M. v. Worms, (dass. Heft 5) 1956.

Memling, Hans, niederländ. Maler, * 1430/40 Seligenstadt bei Aschaffenburg, † 11. 8. 1494 Brügge, seit 1466 das. nachweisbar, war vielleicht zuvor in Köln tätig. Sein erhaltenes Gesamtwerk weist den ungewöhnlich hohen Bestand von etwa 100 Bildern auf. Ein großer Neuerer ist M. nicht gewesen. In der Komposition vielfiguriger Bilder ging er von Rogier aus, ohne jedoch dessen dramatische Spannung zu erstreben, in der tiefen Wärme der Farbe und der Gestaltung des Innenraumes von Bouts. Am reinsten zeigt sich seine Kunst bei Themen von ruhiger Zuständlichkeit wie den thronenden Madonnen und den Bildnissen mit ihrer geschmackvollen Anordnung und dem harmonischen Zusammenklang der Farben. Eindringliche Schärfe der Charakteristik hat er in ihnen jedoch nicht erreicht. Hauptwerke sind: Jüngstes Gericht (spätestens 1472; Danzig, Marienkirche), der Johannesaltar (1479; Brügge, Johanneshospital), das Nieuwenhove-Diptychon (1487; das.) und die kulturgeschichtlich höchst interessanten Darstellungen aus der Ursulalegende auf dem Ursulaschrein (1489; das.).

K. Voll, M., des Meisters Gemälde, 1909 (Klassiker der Kunst); M. J. Friedländer, Die altniederländ. Malerei, Bd. 6, 1928; P. Lambotte, H. M., der Meister des Schreins der hl. Ursula, 1939; L. v. Baldaß, H. M., 1942; M. Hasse, H. M.s Lübecker Altarschrein (Lübecker Mus.hefte 6) 1967; P. Treciak, H. M., 1977.

Memnonsäulen oder M.-Kolosse, zwei sitzende Kolossalstatuen Amenophis III., in der Nähe von Theben, die einst einen Tempel flankierten (fast 20 m hoch). Sie sind von der griech. Sage mit Memnon in Verbindung gebracht worden, der König von Äthiopien war. Durch das Springen von Steinen sollen bei der einen Statue merkwürdige Töne erzeugt worden sein.

Baedeker, Ägypten, [8]1928; H. Bonnet, Reallexikon d. ägypt. Religionsgesch., 1952.

Mendelsohn, Erich, Baumeister, * 21. 3. 1887 Allenstein (Ostpr.), † 16. 9. 1953 San Francisco, ging 1933 nach Palästina, 1941 nach England, dann nach den USA, lehrte an der Architekturschule der Univ. San Francisco. M. wurde in den zwanziger Jahren von den Theorien und Architekturphantasien des →Expressionismus und → Futurismus entscheidend beeinflußt. Sein 1920–21 in Potsdam errichteter Einsteinturm, ein Kuppelobservatorium, ist unter Ausnützung der Möglichkeiten des Stahlbetons als kurvig gegliederte Masse von plastischer Erscheinung modelliert. In späteren Bauten, vor allem Kaufhäusern, drängte er das plastische Element zurück, betonte die Konstruktion und vereinfachte die „Stromlinien“ zu Kreisformen, die nur noch im Grundriß vorkommen. Charakteristisch auch für seine letzten Bauten, wie dem Maimonides Health Center, San Francisco (1946 bis 50) ist eine dynamische Gliederung durch schmale, langgezogene Fensterbänder, Gesimse und Balkons. Er schrieb „Amerika, Bilderbuch eines Architekten" 1926; „Rußland, Europa, Amerika, ein architektonisch. Querschnitt", 1928.

A. Whittik, E. M., 1940 u. 1964; E. M. Briefe ein. Architekten, hg. v. O. Beyer, 1961; W. v. Eckardt, E. M., 1962; E. M., Ausst.-Kat. Berlin, 1968.

Mengs, Anton Raphael, Maler, * 22. 3. 1728 Außig, † 29. 6. 1779 Rom, tätig das. seit 1741, zeitweise auch in Dresden u. 1761–1775 mit Unterbrechungen in Madrid, danach wieder in Rom. Die Dresdener klassizistische Atmosphäre, der Umgang mit Winckelmann und die unmittelbare Wirkung der Antike ließen ihn, nach barocken Anfängen, als einen der ersten die Wendung zum Klassizismus vollziehen, vor allem in dem Deckengemälde der Villa Albani in Rom „Der Parnaß" (1761). In seinen Bildnissen ist er weit weniger kühl und verstandesmäßig als in seinen großen Kompositionen. Seine Schrift „Gedanken über die Schönheit und den Geschmack in der Malerei" (1762) hat in seiner Zeit viel Beachtung gefunden. – Hinterlassene Schriften, hg. von G. Schilling, 2 Bde., 1843/44 und U. Christoffel, 1918.

W. Waetzoldt, Dt. Kunsthistoriker, Bd. 1, 1921; D. F. J. Sánchez Cantón, M. en España, 1927; K. Gerstenberg, J. J. Winckelmann und A. R. M., 1929; D. Honisch, A. R. M., Diss. Münster 1960; ders., A. R. M. u. d. Bildform d. Frühklassizismus, 1965; S. Röttgen, A. R. M., Diss. Univ. Bonn, 1974.

Menhir (kelt.), Gedenkstein in Gestalt eines einzeln stehenden, unbehauenen Steinblockes. Die M.e gehören in die Gruppe der →Megalithischen Denkmäler und haben das gleiche Verbreitungsgebiet wie die →Cromlechs.

H. Kirchner, Die M.e in Mitteleuropa etc., 1955 (Akad. d. Wissenschaften u. d. Literatur in Mainz, Abhdlgn. d. geistes- u. sozialwissenschaftl. Klasse); Waldtraut Schrickel, Westeurop. Elemente i. Neolithikum u. i. d. früh. Bronzezt. Mitteldtschlds. (mit Lit.), 1957.

Menora (hebräisch), der siebenarmige Leuchter, ein jüd. Kultgerät, dessen Vorbild im Tempel von Jerusalem stand; gilt auch als Symbol des Judentums und findet sich häufig in der jüd. Ornamentik und auf Grabsteinen.

C. Roth, Die Kunst d. Juden, 2 Bde., 1963/64; R. Krüger, Die Kst. d. Synagoge (m. Bibl.), 1966.

Mensa →Altar.

Menzel, Adolph von, Maler und Graphiker, * 8. 12. 1815 Breslau, † 9. 2. 1905 Berlin, wo er seit 1830 ansässig war. Ein elementarer Drang zum Zeichnen erfüllte ihn sein ganzes Leben, und jeder Gegenstand war ihm recht, als Vorwurf einer Zeichnung zu dienen. Abgesehen von der technischen Einführung in die Lithographie durch seinen Vater und einem kurzen Besuch der Berliner Akademie hat er sich selbst weitergebildet (im Malen etwa seit 1837). Das erste seiner Hauptwerke sind die etwa 400 Holzschnittillustrationen zu Kuglers „Geschichte Friedrichs d. Gr." (1842), auf Grund der Originalzeichnungen M.s von anderen nach dem neuen Holzstichverfahren ausgeführt (→Holzschnitt) und von einer in der dt. Graphik bisher nie gesehenen Helldunkelwirkung. Damit hatte M. das Thema gefunden, das ihn bis etwa 1860 ständig beschäftigen sollte: er wurde zum Schilderer des friderizianischen Zeitalters und damit des Preußentums überhaupt. Seine Art, jene Zeit und ihren Geist zu sehen, hat unsere Vorstellung von ihr bis zum heutigen Tage bestimmt. In 600 lithographierten Federzeichnungen ließ M. mit einer bis ins Letzte gehenden historischen Treue „Friedrichs d. Gr. Armee in ihrer Uniformierung" erstehen (3 Bde., 1842–57). Sein technisches u. künstlerisches Meisterstück auf dem Gebiete der Lithographie sind jedoch die wenigen Blätter der Folge „Versuche auf Stein mit Pinsel und Schabeisen" (1851). – Das „Balkonzimmer" (1845; Berlin, Staatl. Mus.) leitete eine Reihe von Ölgemälden der nächsten Jahre ein, in denen unscheinbare und bisher des Gemaltwerdens nicht fürwürdig befundene Motive in beinahe impressionistischer Technik mit einer Unmittelbarkeit und Frische gestaltet wurden, wie sie M. später kaum wieder erreicht hat, da ihn die zunehmende Vorliebe für erzählenden Inhalt daran hinderte. Von seinen Gemälden zur Geschichte Friedrichs d. Gr. sind wohl die „Tafelrunde von Sanssouci" (1850; Berlin, Staatl. Mus.) und das „Flötenkonzert" (1852; das.) am populärsten geworden. Durch Wilhelm I. angeregt hat M. historisches Geschehen seiner Zeit geschildert: Krönung Wilhelms I. in Königsberg (1861–65; Berlin, Staatl. Mus.), seine Abreise zur Armee 1870 (1871; Berlin, das.). Im „Eisenwalzwerk" (1875; Berlin, Nat. Gal.) gab er die erste größere Darstellung vom Inneren eines Industriewerks und seinen Arbeitern.

M. Jordan u. R. Dohme, Das Werk A. M.s, 3 Bde. u. 2 Nachtragsbde., 1890 bis 1905; A. v. M., Abbildungen seiner Gemälde und Studien, hg. v. H. von Tschudi, Schwedeler-Meyer, Kern, 1906; A. M.s graphische Kunst, hg. von Kurth, 1920; F. Bock, A. M., Verzeichnis seines graphischen Werkes, 1923; J. v. Kürenberg, A. v. M., Die kleine Exzellenz, 1935; E. Waldmann, Der Maler A. M., ³1944; K. Scheffler, M. Der Mensch – das Werk, neu hg. v. C. G. Heise 1955; Das Kinderalbum von A. M. mit einer Einführung von J. Jahn, 1955; W. Schmidt, Katalog d. Ausstellung A. M. Zeichnungen i. d. Nat. Gal. Berlin 1955; Renate Weinhold, M.-Bibliographie, 1959; W. Hütt, A. M., 1965; K. Kaiser, A. M., 1965; E. Ebertshäuser u. a., A. v. M. Das graph. Werk, 2 Bde. 1976; Ausst.-kat. A. v. M., Nationalgal. Berlin (O), 1980; A. v. M., Kunsthalle Kiel, Bremen u. a. O., 1981.

Merian, 1. Matthäus, Kupferstech., * 22. 9. 1593 Basel, † 19. 6. 1650 Schwalbach, übernahm eine Verlagsanstalt in Frankfurt a. M. und gab hier u. a. die von ihm mit Kupfern versehene und nach seinem Tode von seinen Söhnen weitergeführte „Topographie" Europas heraus (1642–88; 30 Bde.; Die Topographia Germaniae als Neudruck 1964), deren Text M. Zeiler schrieb. Sie ist das Hauptwerk unter den Topographien des 17. Jh. und enthält über 2000 Ansichten, Karten, Pläne u. dgl. Die Stiche sind sauber in der Ausführung und perspektivisch geschickt angelegt, jedoch ungleich, zumal M. auch auf fremde Vorlagen zurückgegriffen hat (ohne sie zu nennen). Die architektonische Treue der Aufnahmen hat das Werk zu einem wichtigen Hilfsmittel der Architektur- und Stadtgeschichte gemacht.

H. Eckardt, M. M., ²1892, 1963; Selbstbiographie, veröffentl. von R. Wacker nagel, Basler Jahrb., 1895; Schuchhardt, Die Zeiller-M.sche Topographie, 1896 (Zentralbl. für Bibliothekswesen, Bd. 13); D. Burckhardt in den Berichten des Basler Kunstvereins 1906–08; F. Bachmann, Die alten Städtebilder, 1939; L. H. Wüthrich, Die Handzeichnungen von M. M. d. Ä., 1963; ders., Das druckgraph. Werk v. M. M. d. Ä., 1, 1966, 2, 1972.

2. Maria Sibylla, Malerin, Tochter von 1, * 2. 4. 1647 Frankfurt a. M., † 13. 1. 1717 Amsterdam, malte Blumen und gab Werke zur Insekten- und Pflanzenkunde heraus, die mit Kupfern nach ihren Zeichnungen illustriert sind. Diese stehen an Sachlichkeit und Schönheit in ihrer Zeit einzig da und haben auf ähnliche Werke des 18. Jh. vorbildlich gewirkt. In einzelnen Exemplaren sind sie von der Künstlerin selbst ausgemalt worden. Hervorzu-

heben das auf Grund eines Aufenthalts in Surinam (1699–1701) entstandene Werk „Metamorphosis insectorum surinamensium" (Amsterdam 1705; Teilausg. eines kolorierten Exemplars mit Geleitwort von F. Schnack, „Das kleine Buch der Tropenwunder", Insel-Bücherei 351). Neues Blumenbuch. Faks. d. Ausg. Nürnberg 1680; Leningrader Aquarelle, Text- u. Tafelbd. 1974.

J. Stuldreher-Nienhuis, Verborgen Paradijzen. Het leven en de werken van M. S. M., 1954; Gertrud Lendorff, Maria Sibylla M., 1955; W. Quednan, M. S. M., 1966; Kat. d. Ausst. i. German. Nat. Mus., Nürnberg, 1967; Margarethe Pfister-Burkhalter, M. S. M. Leben u. Werk, 1980; Elisabeth Rücker, M. S. M. Ihr Wirken in Dtschld. u. Holland, 1980; E. Ullmann (Hg.), Leningrader Aquarelle, 1974.

Merkur →Hermes.

Merkurstab →Caduceus.

Merowingische Kunst, die Kunst im Merowingerreich etwa 500–750 n. Chr. →Germanische Kunst III.

Mesdag, Hendrik Willem, holländ. Maler, * 23. 2. 1831 Groningen, † 10. 7. 1915 im Haag, hat die Küstenlandschaft seiner Heimat, bes. den Strand von Scheveningen, frisch und unmittelbar bei jeder Naturstimmung und Beleuchtung geschildert. Seine Sammlung holländ. und franz. Gemälde seiner Zeit, insbesondere der Schule von →Barbizon, vermachte er 1903 dem Haag (M.-Museum).

De Meesterwerken van H. W. M., (Mus. Den Haag) 1908. Weitere Lit. in Ausst.kat. Den Haag.

Mesolithikum →Mittelsteinzeit.

Meßbildverfahren, das Verfahren, auf photographischem Wege meßtechnisch genaue Aufnahmen von Bauwerken herzustellen und diese zeichnerisch zu genauen Rissen, Schnitten und sonstigen Darstellungen auszuwerten. Der Grundgedanke des M.s (Photogrammetrie) wurde bereits 1839 von Arago ausgesprochen, nach 1850 von dem franz. Offizier Laussedat praktisch entwickelt und unabhängig von diesem wenig später von dem hessischen Kreisbauinspektor Albrecht Meydenbauer (1834–1921) aufgenommen. Seine Anregung führte 1885 zur Gründung der kgl. preuß. Meßbildanstalt in Berlin, wo nach dem von ihm ausgebildeten, sehr zweckmäßigen Verfahren gearbeitet wurde. Bis zum Jahre 1920 wurden 2336 deutsche und 302 außerdeutsche Bauwerke auf rund 20000 Platten im Format 40×40 cm aufgenommen und zeichnerisch oft bis ins kleinste ausgewertet. 1922 erfolgte die Umwandlung der Meßbildanstalt zur Staatlichen Bildstelle, die die planmäßige photographische Erfassung der dt. Bau- und Kunstdenkmäler fortsetzte (der größte Teil d. Negative im M.-Archiv d. Instit. f. Denkmalpflege der DDR Berlin). Besonders wichtig ist das M. für die →Denkmalpflege bei →Restaurierungen.

A. Meydenbauer, Handbuch der Meßbildkunst, in Anwendung auf Baudenkmäler- und Reiseaufnahmen, 1912; Staatliche Bildstelle, Verzeichnis d. Aufnahmen, [4]1939; M. Zeller, Lehrbuch d. Photogrammetrie, 1947; G. Lehmann, Photogrammetrie, 1959.

Messerschmidt, Franz Xaver, Bildhauer, * 6. 2. 1736 Wiesensteig b. Geislingen, † 19. 8. 1783 Preßburg, tätig bes. in Wien (Akademie), schuf in Bronze und vergoldetem Blei groß aufgefaßte Statuen, Bildnisbüsten und Charakterköpfe in einem noch schwungvollen Barock. Hauptwerke im Barockmus. in Wien.

Ilg u. Batka, F. X. M.s Leben u. Werke, 1885; L. Hevesi, F. X. M.s Werke, 1909; Gabriele Weiß, F. X. M., ungedr. Wiener Diss. 1924; E.

Kris, Die Charakterköpfe des F. X. M., 1932 (Jahrb. d. Kunstsammlgn. d. Allerh. Kaiserhauses, N. F. 6).

Messina, Antonello da, ital. Maler, * 1430 Messina, † 1479 das., tätig in Sizilien, Neapel, Venedig (seit 1475) und Mailand, läßt in seinen religiösen Bildern und charaktervollen Bildnissen die starke Einwirkung der altniederländ. Malerei (Jan van Eyck) erkennen, die er vermutlich in Neapel studiert hat. Sie äußert sich in der Verwendung der Ölfarbe, der tiefen, warmen, aus Licht und Schatten modellierenden Farbengebung, dem Sinn für das Kostbare des Stofflichen, der plastischen Deutlichkeit und Schärfe, mit der alles Gegenständliche erfaßt ist. Dazu kommen Anregungen von Piero della Francesca, Giovanni Bellini u. Mantegna, während er selbst wieder auf die venezianische Malerei gewirkt hat. Hauptwerke seiner reifen Zeit sind der „Heilige Sebastian" (Dresden, Gal.) und ein für San Cassiano in Venedig gemaltes, unvollständig erhaltenes Altarbild der Madonna mit Heiligen (1475/76; Wien, Kunsthistorisches Museum), das für ein halbes Jahrhundert den Typus des venezianischen Altarbildes bestimmte.

N. Scalio, A. da M. e la Pittura in Sicilia, 1914; S. Bottari, A. da M., 1939 (ital.), J. Lauts, A. da M., ³1940.

Messingarbeiten. Messing ist eine Legierung von Kupfer und Zink, deren Farbe je nach dem Legierungsverhältnis verschieden ist (Gelbguß, Weißmessing). Die künstlerische Verwendung ist etwa die gleiche wie die der Bronze (→Bronzekunst), so daß M. häufig nicht als solche von Bronze- oder Erzwerken unterschieden werden. So ist z. B. das Sebaldusgrab (→Vischer) nicht aus Bronze, sondern aus Messing. Im Mittelalter wurden bes. kirchliche Gebrauchsgegenstände wie Leuchter, Gießgefäße, Taufbekken oder dergl. aus Messing hergestellt. Auch für die →Dinanderien wurde häufig Messing verwendet.

A. Peltzer, Geschichte d. Messing-Industrie u. d. künstler. Arbeiten in Messing, 1909; A. S. G. Verster, Bronze. Altes Gerät aus Bronze, Messing u. Kupfer, 1966; U. Mende (Keysers Kst.- u. Antiquitätenbuch 3), 1967.

Meštrović, Ivan, jugoslaw. Bildhauer, * 15. 8. 1883 Vrpolje (Slavonien), † 16. 1. 1962 South Bend/Ind. USA, in Wien und Paris geschult. Seine urwüchsige plastische Begabung hat Werke hervorgebracht, die bald mittelalterl. Vorbildern nachempfunden, bald von barocker Vitalität erfüllt, bald monumental vereinfacht und ins Große gesteigert sind. Ihre Zahl (Denkmäler, Bildnisse, religiöse, symbolische Werke) ist ungewöhnlich groß. Hauptsammlungen in den Museen zu Knin, Zagreb und Belgrad.

E. Collings, I. M., 1919 (engl.); K. Strajnič, I. M. 1919; Meštrović u. Ćurčin, M., 1933; J. Kljakovitch u. M. Ćurčin, M., 1935; Z. Grum, J. M., 1962; V. Barbič, J. M., 1963; D. Kečkemet, I. M., 1970 (dt.).

Metallschnitt →Holzschnitt.

Metaphysische Kunst →Pittura metafisica.

Metopen, Reliefs etwa quadratischer Form, die am griech. Tempel entweder nur an den Frontseiten (Olympia) oder rings umlaufend (Parthenon) über dem Architrav angebracht sind, und durch die Triglyphen (Dreischlitze) voneinander getrennt sind. Sie sind meist in hohem Relief gebildet und geben mythologische Szenen (Kämpfe von Kentauren, Arbeiten des Herakles) wieder. Bei sehr alten Tempeln (Thermos) sind die M. auch aus Ton, der in der Art der Vasenmalerei mit Bildern versehen ist.

Katterfeld, Die griech. M.-Bilder, 1911; G. Rodenwaldt, Das Relief bei den Griechen, 1923; H. Kähler, Das griech. M.bild, 1949; G. Gruben, Die Tempel der Griechen, 1966.

Metsu, Gabriel, holländ. Maler, * 1629 Leiden, begr. 24. 10. 1667 Amsterdam, das. seit 1657 nachweisbar, Meister des Genrebildes: wenige Figuren im vornehmen bürgerlichen Innenraum mit nur leichter Andeutung eines anekdotischen Zusammenhangs bei liebevoller Wiedergabe des Gegenständlichen, das gern auf Kostbarkeit hin ausgesucht ist. Die Lokalfarben sind bes. in den späteren Werken fest gegeneinander abgesetzt, aber doch tonig zusammengestimmt.

C. Hofstede de Groot, Beschreib. u. krit. Verz. der Werke der hervorragendsten holländ. Maler des 17. Jh., Bd. 1, 1907; W. v. Bode, Die Meister der holländ. u. fläm. Malerschulen, [9]1958; Ausst.kat. G. M., Leiden, 1966.

Metsys →Massys.

Meunier, Constantin, belg. Bildhauer und Maler, * 12. 4. 1831 Brüssel, † 4. 4. 1905 das., fand um 1880 im Kohlenrevier von Mons sein eigentliches Stoffgebiet und hat die Gestalten des „Borinage" zuerst in großgebauten Bildern, seit 1886 fast ausschließlich in Bildwerken aus Bronze und Stein dargestellt: Hammerschmiede, Puddler, Lastträger usw. Bei realistischer Durchbildung der Einzelheiten hat sein plastischer Stil Einfachheit, Größe, Geschlossenheit. So gelingt es M., ohne in eine billige Idealisierung zu verfallen, seine Gestalten als Helden ihrer Arbeit erscheinen zu lassen. 1939 wurde in dem von M. zuletzt bewohnten Hause in Brüssel ein M.-Museum eingerichtet.

G. Treu, C. M., 1898; C. Lemonnier, C. M., 1903; W. Gensel, C. M., [2]1907; L. Christophe, C. M., 1950 (franz.); Aust. M., Bochum 1970/71 (franz.).

Mexikanische Kunst, 1. Die Kunst der altamerikanischen Kulturvölker (Olmeken, Tolteken und Azteken) in Mexiko, die von zeitlich umstrittenen Anfängen bis in den Anfang des 16. Jh. reicht, d. h. bis zur Zerstörung der altamerikanischen Kulturen durch die Spanier: mächtige Stufenpyramiden (Teotihuacan, Cholula), eine vielgestaltige Götterwelt in der Bildnerei, kultische Symbole, reichbemalte Tongefäße und als Besonderheit das →Federmosaik. – 2. Die Kunst Mexikos seit dem Beginn der Neuzeit ist als →Iberoamerikanische Kunst im wesentlichen von Spanien beeinflußt worden, z. B. durch den Jesuitenstil. Im 20. Jh. hat die mexikan. Baukunst europäische Anregungen übernommen und verarbeitet; so beeinflußten insbes. →Mies van der Rohe und der →Internationale Stil das moderne Bauen in Mexiko. Besondere Beachtung verdienen die Werke Félix Candelas (* 1910), der zu den einfallsreichsten Vertretern des →Betonbaus gehört und ein Pionier der →Schalenbauweise ist (Pavillon für kosmische Strahlenforschung Univ. Mexiko, 1953; Palacio de los Deportes, Mex.-City, 1968; Kirchen, Kaufhäuser usw.). Bedeutende Leistungen weisen der Städtebau und Industriebauten auf. – Die Malerei unseres Jhs. ist weitgehend von den Ideen der Revolution bestimmt; sie ist sehr häufig monumentale Wandmalerei. Wichtige Vertreter dieser neuen mexikan. Kunst sind José Clemente →Orozco, Diego →Rivera und David Alzaro →Siqueiros. Auch die Druckgraphik stellte sich zunehmend in den Dienst der neuen Gedanken und verhalf ihnen zu weiter Verbreitung. →Iberoamerikanische Kunst, →Jesuiten-Stil.

A. Basler u. E. Brummer, L'Art Précolombien, 1928; Springer, Handb. der

Kunstgesch., Bd. 6, 1929; W. Lehmann, Aus den Pyramidenstädten von Alt-Mexiko, 1933; P. Kelemen, Mediaeval American Art, 2 Bde., 1946; C. A. Burland, Art and Life in Ancient Mexiko, 1948; I. Groth-Kimball u. F. Feuchtwanger, Kunst im alten Mexiko, 1953; W. Krickeberg, Altmexikanische Kulturen, 1956. S. K. Lothrop, Das vorkolumbian. Amerika u. seine Kunstschätze, 1964; F. Anton, Alt-Mexiko u. seine Kunst, 1965; P. Westheim, Die Kst. Alt-Mexikos, 1966; P. R. Vazquez, Mexiko u. s. Schätze, 1968; P. Rojas u. R. Tibol, Die Kst. Mexikos, 3 Bde., dt. 1970; K. A. Nowotny, Codex Borgia (Biblioteca Apostolica Vaticana; Faks. Ausg., dt. Komm.), 1976. P. Gendrop, D. Heyden, Pre-Columbian Architecture of Mexiko and Mesoamerica, 1976; J. L. Furst, P. T. Furst, Mexiko. Die Kunst d. Olmeken, Mayas u. Azteken, 1980; E. J. Soustel, Die Olmeken. Ursprünge d. mexikan. Hochkulturen, 1980; H. Stierlin, Die Kunst der Azteken u. ihrer Vorfahren, 1982; M. Cetto, Modern architecture in Mexico, 1982. →auch Präkolumbische Kst.

Mezzamajolika →Fayence.

Mezzanin (ital.), M.geschoß, Halb- oder niedriges Zwischengeschoß, meist zwischen Erdgeschoß und erstem Obergeschoß, aber auch unmittelbar unter dem Dach (Renaissance, Barock, Klassizismus).

Mezzotinto →Kupferstich.

Michael, Heiliger, →Erzengel.

Michalowski, Piotr, poln. Maler, * 2. 7. 1801 Krakau, † 9. 6. 1855 Krzyztoforzyce b. Krakau, studierte in Paris und kehrte 1835 nach Polen zurück. Er wurde bes. als hervorragender Pferdemaler bekannt.

I. Sienkiewicz, P. M., 1960; J. Zanoziński, P. M., zycie i Awórczość, 1965.

Michelangelo Buonarroti (schrieb sich selbst Michelagniolo), italienischer Bildhauer, Maler, Baumeister und Dichter, * 6. 3. 1475 Caprese, † 18. 2. 1564 Rom, 1488 Schüler des Malers Domenico Ghirlandajo und seit 1489 des Bildhauers Bertoldo di Giovanni in Florenz, arbeitete 1494–1495 in Bologna, 1496–1501 in Rom, bis 1505 und 1517–1534 in Florenz, im übrigen in Rom. M. war in erster Linie Bildhauer. In seiner Jugend wirkten Donatello, Jacopo della Quercia, vor allem aber die Antike auf ihn ein. Seine Jugendwerke zeigen zwar noch keine einheitliche Richtung, wohl aber eine ungewöhnliche Spannweite des Menschlichen. Die bedeutendsten sind die mit tiefster Hingabe an den Gegenstand gemeißelte Pietà (etwa 1498–1501; Rom, St. Peter) und der David (1501–04; Florenz, Akademie), in dem jene Grundhaltung der Kunst M.s bereits sehr deutlich hervortritt, die von den Zeitgenossen „terribilità" genannt wurde. Die Jugendzeit schließt ab mit der Berufung nach Rom, wo M. für Papst Julius II. ein Grabmal machen sollte. Die Arbeit daran wurde durch einen neuen Auftrag verdrängt: Ausmalung der Decke der →Sixtinischen Kapelle (1508–12). M. hat diese Decke mit durch und durch plastisch empfundenen Propheten und Sibyllen bevölkert, deren Gestalten ins mehr als Menschliche gesteigert sind. Die anschließend in Gang gekommene Arbeit am Juliusgrabmal (Rom, San Pietro in Vincoli) ist 1545 unvollendet abgebrochen worden. Ihm gehören u. a. der sitzende Moses an (1515/16) sowie der gefesselte und der sterbende Sklave (Paris, Louvre). Etwa 1520 bis 1534 die wiederum unvollendeten Arbeiten für die Grabkapelle der Medici in San Lorenzo in Florenz; plastische Ausstattung eines feierlich-ernsten, kuppelüberwölbten Raumes („Die Nacht"). In Rom entstand 1534–41 das „Jüngste Gericht", ein Riesenfresko auf der Altarwand der Sixtinischen Kapelle. – Als Baumeister ist M. in der Hauptsache Planer und Entwerfer gewesen – ausgeführt wurde unter seiner unmittelbaren Leitung nur weniges: Treppenhaus der Biblioteca Laurenziana in Florenz, das bereits Grundgedanken barocker Treppenanlagen enthält; Umgestaltung des Kapitolsplatzes in Rom zur ersten ganz geschlossenen Platzanlage der neueren Zeit; Kuppel von St. Peter. – Da M.s Losung nicht „Harmonie" war, sondern „Kraft", ist er zum Überwinder der Hochrenaissance und zum „Vater des Barocks" geworden. – G. Milanesi, Le lettere di M. B. 1875. Gegenwärtig werden in Gewölben im Vatikan M.-Vorzeichnungen an Wänden der Öffentlichkeit als neue Funde zugänglich gemacht.

A. Condivi, Vita di M. B., 1553 (hg. von P. d'Ancona, 1928; dt. u. a. von R. Diehl, 1939); H. Grimm, Das Leben M.s, 2 Bde., 1860–63, neueste Ausg. von K. A. Laux, 1940; C. Justi, M., 2 Bde., 1900–1909; H. Thode, M. u. d. Ende d. Renaissance, 6 Bde., 1902–1912; Die Handzeichnungen M. B.s, hg. von K. Frey, 2 Bde.,1907–11 (mit Nachträgen von F. Knapp 1925 bis 1937); F. Knapp, M., [5]1924 (Klassiker der Kunst); H. Mackowsky, M., [4]1924; Steinmann und Wittkower, M.-Bibliographie 1510–1926, 1927; F. Kriegbaum, M. Buonarroti. Die Bildwerke, 1940; K. A. Laux, M.s Juliusmonument, 1943; D. Redig de Campos e B. Biagetti, Il Giudizio Universale di M., 2 Bde., 1944; C. Tolnay, The Youth of M., 1947; Ders., M., 5 Bde., 1945–60 (engl.); A. Schiavo, M. architetto, 1949; Ders., La vita e le opere architettoniche di M., 1953; G. Papini, M. u. s. Lebenskreis, dt. 1952; H. v. Einem, M., 1959 u. 1973; L. Dussler, Die Zeichnungen des M. Krit. Katalog, 1959; J. Ackerman, The Architecture of M., 2 Bde., 1961; J. Jahn, M., 1963; M. architetto, hg. v. P. Portoghesi u. B. Zevio (mit Bibliographie), 1964; H. Koch, M. in Selbstzeugnissen u. Bilddokumenten, 1966; H. Keller, M., 1966; L. Goldscheider, M., Ges.-Ausg., [6]1971; A. Condividi, The Life of M. A., 1976; A. Perrig, M.-Studien (Kst.wiss. Stud. Bd. 1 u. 3), 2 Bde. 1976; L. Dussler, M.-Bibliographie (1927–1970), 1974; A. Prater, M.s Medici-Kapelle: „ordine composto" als Gestaltungsprinzip v. Architektur u. Ornament, 1979; H. Thies, M. – Das Kapitol, 1982.

Michelozzo di Bartolommeo, ital. Baumeister und Bildhauer, * 1396 Florenz, begraben 7. 10. 1472 das., Mitarbeiter von Ghiberti und Donatello, wurde 1446 Nachfolger Brunelleschis als Dombaumeister in Florenz. Seine bedeutendsten Leistungen vollbrachte er als Baumeister: Kloster- und Palasthöfe in Florenz, Palazzo Medici-Riccardi das. (seit etwa 1444; Hauptwerk, seit 1715 erweitert), Bauten in Mailand im Auftrage des Cosimo Medici. Als Bildhauer hat sich M. bes. stark an die Antike angeschlossen.

F. Wolf, M. di B., 1900; O. Morisani, M. architetto, 1951; L. Gori-Maontanelli, Brunelleschi e M., 1957 (ital.); M. G. Sassoli, M.e l'architettura di Villa nel primo Rinascimento (Storia dell' Arte 23) 1975; Harriet Caplow, M. (Phil. Diss. Columbia Univ. 1970), 1979.

Michelsberger Kultur, Kulturgruppe der →Jungsteinzeit, nach einer Siedlung auf dem Michelsberg bei Untergrombach (Baden) benannt. Die M. K. gehört dem westeurop. Kreis zu und ist über SW-Deutschland und die angrenzenden Teile Frankreichs und der Schweiz verbreitet. Die meist unverzierte, schwarze Tonware erinnert durch ihre Formgebung an Ledergefäße. Zu den Leitformen gehört der Tulpenbecher, ein beutelartiges, spitzbodiges Gefäß mit ausladender Mündung.

W. Buttler, Der donauländ. u. der westische Kulturkreis der jüng. Steinzeit, 1938 (Handb. der Urgesch. Deutschlands, Bd. 2); A. Baer, Die M. K. in der Schweiz, 1959; J. Lüning, 48. Bericht d. Röm.-German. Kommission, 1967.

Mies van der Rohe, Ludwig, Baumeister, * 27. 3. 1886 Aachen, lebt in Chicago, Schüler von Peter→ Behrens, 1930–33 Direktor des → Bauhauses in Dessau und Berlin, ging 1938 nach den USA, ist seit 1946 Direktor der Architekturabt. des Illinois Inst. of Technology. Die strenge kubische Ordnung seiner mit ausgeprägtem Sinn für Maß und Proportion entworfenen Bauten ist aus dem →Konstruktivismus der zwanziger Jahre, zumal der R. nahestehenden →Stijlbewegung Mondrians, hervorgegangen. Andererseits hat das Studium der Bauten →Schinkels zur Bildung seines Stils beigetragen. Seinem Streben nach durchsichtiger Klarheit entsprechend bevorzugt er Glas und Stahl. 1927 wurde er zum Planer und Bauleiter der Weißenhofsiedlung in Stuttgart berufen, in der er den viergeschossigen Block im Zentrum erbaut hat. In Chicago baute er u.a. das Illinois Inst. of Techn. (1939–51) und die Hochhäuser am Lake Shore Drive. Er gehört heute zu den einflußreichsten Architekten in den USA und Europa.

P. C. Johnson, M. v.d. R., dt. 1956; A. Drexler, M. v. d. R., dt. 1960; P. Blake, M. v. d. R., dt. 1962; W. Blaser, M. v. d. R., 1965, 1972, 1976; Ausst.-kat. L. M. v. d. R., Berlin (W), Nat. Gal., 1968.

Mihrāb, Michrāb, die Gebetsnische der arabischen Moschee, im Chan auch manchmal im Freien auf dem Gebetsplatz. Sie hat nur den Zweck, die Richtung nach Mekka anzugeben.

E. Kühnel, Die Moschee, 1949; G. Fehervari, Development of the M. down to the 14th century, 3 Bde., 1961; O. Aslanapa, Turkish Art and Architecture, 1971.

Milet, griech. Stadt an der Küste Kleinasiens bei der Mündung des Mäander, wohl um 1100 geg ündet, doch kennt man aus der ältesten Epoche bisher wenige Reste. M. war die bedeutendste Handelsstadt der ionischen Griechen und hat zahlreiche Kolonien bis nach Ägypten und an den Küsten des Schwarzen Meeres gegründet. Die seit 1899 von dt. Gelehrten unternommenen Ausgrabungen haben viele Bauten aus der späteren griech. und der röm. Zeit aufgedeckt. Das riesige Theater gehört zu den besterhaltenen Anlagen dieser Art. Wichtig sind ferner das Rathaus, viele Heiligtümer, Thermen sowie das Tor des Südmarktes aus dem 2. Jh. n. Chr. (Berlin, Pergamonmuseum). Die Stadt der klassischen Zeit ist um die Mitte des 5. Jh. durch den Architekten Hippodamos als erste in rechtwinkligen Straßenzügen geplant und ausgeführt worden. Auch die öffentlichen Plätze und Gebäude fügen sich diesem System ein.

M., Ergebnisse der Ausgrabungen und Untersuchungen des Dt. Archäolog. Instituts, hg. v. G. Kleiner, 3 Bde. 17 Hefte, 1906–68; ders., Die Ruinen v. M., 1968; W. Bendt, Topograph. Karte v. M., Dt. Archäolog. Inst. M., 2, Heft 4, 1968.

Milieutheorie, die Lehre von H. Taine, die die Entstehung und das Wesen von Kunstwerken und Stilen aus dem Milieu, d.h. der Umwelt des schaffenden Künstlers, ableitet. Unter „Milieu“ wird in erster Linie die Summe soziologischer, weltanschaulicher, geistesgeschichtlicher Gegebenheiten verstanden unter Hereinspielen kunstgeographischer Gesichtspunkte. Die Bedeutung der schöpferischen Einzelleistung tritt demgegenüber zurück. Die M. stellte eine Annäherung an naturwissenschaftliche Betrachtungsweise dar und verzichtete im Gegensatz zur damaligen Ästhetik und Kunstphilosophie auf jedes Dogma und (soweit möglich) auf jede Wertung. – H. Taine, Philosophie de l'art (einzeln schon seit 1865; 2 Bde., 1881, dt. 1902/03).

Zeitler, Die Kunstphilosophie von Taine, 1901; H. Keller, Kst.gesch. u. M. (in: Festschr. C. G. Heise; m. Lit.), 1950.

Millefioriglas (ital. „Tausendblumen"), ein mit einer vielfarbigen, blumenartigen Musterung versehenes Kunstglas. Herstellung: verschiedenfarbige Glasstäbe werden so geordnet, daß ihr gemeinsamer Querschnitt ein bestimmtes Muster zeigt (Rosette, Vogel, Maske, Blume, geometrisches Ornament). Das Stabbündel wird zusammengeschmolzen und in die Länge gezogen, wobei sich sein Querschnittmuster zwar verkleinert, aber sonst nicht verändert. Dann wird das Bündel in einzelne Scheiben zerschnitten, die alle das gleiche Muster zeigen (und auch einzeln als Schmuckplättchen verwendet werden können). Schließlich werden diese Scheiben zu einer Glasmasse zusammengefügt oder in farbloses Glas eingeschmolzen. Die Technik des M.s stammt aus Ägypten. Hauptherstellungsort war im Altertum Alexandria. Es wurden Amphoren und Schalen hergestellt mit prachtvoller Wirkung und nach einem zuweilen äußerst komplizierten Verfahren. Dieses antike M. pflegt man auch als Mosaikglas zu bezeichnen. Vermutlich waren es antike Funde, die im 15. Jh. die venezianischen Glasbläser zur Wiederaufnahme der Technik des M.s angeregt haben. Die erhaltenen Stücke, wenigstens soweit es Gefäße sind, stammen aus dem ausgehenden 15. und dem ersten Drittel des 16. Jh. Später scheint man nur Schmucksachen, Perlen, Knöpfe usw. aus M. hergestellt zu haben. Im 19. Jh. hat man die Technik wieder aufgenommen.

R. Schmidt, Das Glas, [2]1922; F. Neuburg, Antikes Glas, 1962; F. Kämpfer, 4000 Jahre Glas, 1966.

Milles, Carl, schwed. Bildhauer, * 23. 6. 1875 Orbygård, † 19. 9. 1955 Lidingö b. Stockholm. In der Frühzeit Einwirkungen von Rodin und Adolf v. Hildebrand, dann Durchbruch zu einem eigenen Stil kraftvoll bewegter Bronzefiguren. In außerordentlicher Produktivität schuf M. vor allem Denkmäler und Monumentalbrunnen. Seit 1930 war er in den USA tätig als Leiter des Kunstinstitutes in Cranbrook b. Detroit, 1951 kehrte er nach Schweden zurück, arbeitete aber während des Winters in Rom. Sein nach seinen Entwürfen erbautes und eingerichtetes Atelier in Lidingö „Millesgården" (heute als Museum in Staatl. Besitz) enthält fast alle seine Arbeiten im Original oder als Repliken.

A. Braeckström, C. M. The swedish Sculptor, 1930; C. G. Laurin, C, M., 1930 (schwed.); M. R. Rogers, C. M., [3]1948 (engl.); H. Cornell, C. M., 1963 (schwed.).

Millet, Jean-François, franz. Maler, * 4. 10. 1814 Gruchy b. Gréville, † 20. 1. 1875 Barbizon, schloß sich 1849 der dortigen Schule von Landschaftern an und fand in dieser Zeit sein eigentliches Thema: die Darstellung des Bauern und der bäuerlichen Erde. Er wurde damit zum ersten Bauernmaler der Neuzeit und hat als solcher eine starke Nachfolge gehabt. Ausgesprochener Realismus liegt ihm noch fern. Dafür liebt er es, seinen in schweren braunen und grauen Tönen gemalten Bildern eine, heute zuweilen als sentimental empfundene, poetische, oft melancholische Stimmung zu geben. Am bekanntesten geworden sind die „Ährenleserinnen" (1857) und „Das Abendgebet" (1859), beide im Louvre in Paris. – Zeichnungen, Radierungen, Holzschnitte zum gleichen Thema.

Julia Cartwright, J. F. M., his life and letters, 1896, dt. 1903; Moreau-Nélaton, M. raconté par lui-même, 3 Bde., 1921; P. Gsell, M., 1928 (franz.); P. Gay, J.-F. M., 1951 (franz.); J. Bouchot, Dessius de J.-F. M., 1960; Ausst.kat. Arts Council of Great Britain. Hayward Gal. London, J.-F. M., 1976; A. Fermigier, M., 1977; Ausst.kat. F. M., Paris, Grand Palais, 1976.

Mimbar →Moschee.

Minarett →Moschee.

Mineralmalerei →Stereochromie.

Miniaturmalerei. 1. Buchmalerei, d.h. die Illustrierung eines Buchtextes durch ein Bild oder eine Zeichnung, die entweder in den Text eingeschaltet oder auf einer besonderen Seite untergebracht sein können. Das Bild oder die Zeichnung (meist Federzeichnung) wird Miniatur genannt. Der Name kommt von lat. minium „Mennig", einer roten Farbe, mit der im mittelalterlichen Buch Randleisten gezogen oder Teile des Textes, wie Initialen, Überschriften u. dgl. hervorgehoben wurden. Der Miniator ist also eigentlich der Schreiber des Textes, der aber oft mit dem Buchmaler (auch Illuminator genannt) identisch gewesen sein wird. Als Farben wurden im ausgehenden Altertum Wachsfarben, im Mittelalter Wasserfarben, später auch Temperafarben verwendet. Der Goldgrund findet seit otton. Zeit reichlich Anwendung.

Das älteste Vorkommen von Malereien im Text bieten ägypt. Papyrusrollen (Totenbücher) des 2. Jahrtausends v. Chr., in denen die Bilder ohne feste Ordnung bald da, bald dort in den Text eingeschaltet sind ohne jede Umrahmung. Die ältesten Reste einer griech. Papyrusrolle aus dem 2. Jh. n. Chr. (Paris, Nationalbibliothek) sind noch nach dem gleichen Prinzip illustriert. Der im 4. Jh. sich vollziehende Übergang von der Buchrolle zu dem aus einzelnen Blättern bestehenden Kodex begünstigte die Trennung von Text und Bild, das sich nunmehr dem rechteckigen Format der Blattseite anglich, einen festen Rahmen erhielt und innerhalb dieses Rahmens seine eigenen Gesetzlichkeiten entfalten konnte. Begünstigt wurde die Entwicklung der M. ferner durch die zunehmende Verwendung von Pergament. Die ältesten Reste von M. einer biblischen Handschrift sind die Itala-Fragmente (4. Jh.; Berlin, Preuß. Staatsbibliothek). Seit dem 6. Jh. nimmt die Zahl der erhaltenen Miniaturenhandschriften zu, die aber zunächst nur in Italien und im christl. Orient entstehen. Den Wandel der Bildgestaltung am Übergang von der Antike zum Mittelalter spiegeln sie in allen Phasen wider. In den Ländern diesseits der Alpen gehen die frühesten Handschriften nicht über die Mitte des 7. Jh. zurück. Ihre M. ist zunächst rein ornamental und äußert sich hauptsächlich in der ornamentalen Ausgestaltung der →Initiale unter Verwendung von Tiermotiven, unter denen bes. das Fisch- und das Vogelmotiv beliebt ist. Eine Sondergruppe bildet die →irisch-angelsächsische Buchmalerei. Der volle Einstrom der Bilderwelt der christl. Antike setzt erst in der karoling. M. im 9. Jh. ein, ohne daß dies jedoch eine Schmälerung des ornamentalen Reichtums bedeutete. Von nun an ist die M. neben der Wandmalerei die Trägerin der malerischen Entwicklung des Mittelalters überhaupt, ja sie hat vor jener den Vorzug einer unvergleichlich besseren Erhaltung sowohl hinsichtlich der Zahl wie des Zustands ihrer Werke und bildet daher die festeste Grundlage für die Erkenntnis der mittelalterlichen Malerei. Die karoling. M., die als eine große Gruppe von Schulen mit z.T. recht verschiedenem Charakter erscheint, zeigt sich in vielen ihrer Werke als eine Kunst aus zweiter Hand (abgesehen vom Ornament). Christlichantike

Vorlagen werden mehr oder weniger verstanden nachgeahmt, daneben aber tritt die Grundrichtung der mittelalterlichen Malerei, die der Linie allen Ausdruck und alle Energie der Form gab, deutlich hervor. In der otton. M., die um 1000 in der Reichenauer Malerschule gipfelte, ist der Sieg der Linie erreicht. Ihre Werke gehören zu den höchsten und eigentümlichsten Leistungen der mittelalterlichen Kunst überhaupt. Von jetzt an wird die Zahl der erhaltenen Werke unübersehbar. Hauptländer sind der byzantinische O, Italien, Spanien, Frankreich, Deutschland, England. Dazu kommt die islamische M., die aber im Unterschied zum byzantin-. abendländ. Kreis nicht sakralen Charakters ist, sondern als Illustrierung von Dichtungen, Legenden u. dgl. auftritt. Die frühesten erhaltenen Werke stammen aus der Zeit um 1200. Besondere Gruppen sind die persische und die erst seit dem 16. Jh. blühende indische M. Einen tiefgreifenden Stilwandel erlebte die europ. M. im 13. Jh. unter Führung Frankreichs. Der von Frankreich und insbes. von der Pariser Miniatorenschule seit der Mitte dieses Jahrhunderts ausgehende got. Miniaturenstil wurde allgemein maßgebend, auch für Deutschland. Der Anwendungsbereich der M. erfährt eine bedeutende Ausdehnung, die sich seit dem 14. Jh. in zunehmendem Maße auf weltliche Stoffe erstreckte. Wichtig und bisher nur z.T. erkannt sind die Wirkungen, die von der mittelalterlichen M. auf andere Gattungen der darstellenden Künste übergingen. So bestehen engere Beziehungen zur Elfenbeinplastik, aber auch zu Kunstwerken monumentalen Formates wie Wandgemälden und Bildwerken in Stein. – Viele Themen der mittelalterl. Ikonographie haben ihre Formulierung zuerst in der M. gefunden, da keine andere Kunstgattung der anregenden Wirkung des Schrifttextes so ausgesetzt war wie sie. Außerdem läßt sich in der Geschichte der Kunst immer wieder beobachten, daß gerade das kleine Format den Künstler ermutigt, zu Neuem vorzustoßen und etwas zu wagen, was er im Kunstwerk großen Maßstabes noch nicht wagen würde. Das wird bes. deutlich an den niederländ.-franz. Miniaturen vom Anfang des 15. Jh., die in der Gestaltung des Tiefraums, der Landschaft und vielem anderen den übrigen Malgattungen, auch der Tafelmalerei, weit voraus waren. Allerdings ging in demselben Maße, wie die Bedeutung der Tafelmalerei im 15. Jh. zunahm, die der M. zurück, und es tritt eine Umkehrung ihres gegenseitigen Verhältnisses ein dergestalt, daß schließlich die Tafelmalerei zur Anregerin der M. wurde. Ein Hauptgrund für ihr Nachlassen war natürlich der Übergang zum gedruckten Buch in der 2. Hälfte des 15. Jh. und die Möglichkeit, dessen Text mit Holzschnittillustrationen auszustatten. Wenn man auch die neuen graphischen Techniken, den Holzschnitt und den Kupferstich, nicht ohne weiteres als Ersatz für die M. ansprechen darf, so haben sie doch zum mindesten eine ernsthafte Konkurrenz für jene bedeutet. Immerhin haben das 15. Jh. und die ersten Jahrzehnte des 16. einen außerordentlichen Reichtum an Prachthandschriften bes. in Italien, Frankreich und den Niederlanden aufzuweisen. Seit dem späteren 16. Jh. hat die M. in der europ. Kunst ein spärliches und untergeordnetes Dasein gefristet.

E. H. Zimmermann, Vorkaroling. Miniaturen, 1 Textbd., 4 Tafelbde., 1916; A. Boinet, La miniature carolingienne,

2 Bde., 1920; G. Leidinger, Meisterwerke der Buchmalerei aus Handschriften der Bayerischen Staatsbibliothek in München, 1920; E. Kühnel, M. im islamischen Orient, ^{2}1923; A. Martin, La miniature française du XIIIe au XVe siècle, ^{2}1924; E. Kühnel und H. Goetz, Indische Buchmalereien, 1924; F. Winkler, Die flämische Buchmalerei des 15. u. 16. Jh., 1925; P. d'Ancona, La miniature italienne du Xe au XIVe siècle, 1925, 1978; E. G. Millar, English illuminated manuscripts from the Xth to the XIIIth centuries, 1926; Ders., English illuminated manuscripts of the XIVth and XVth centuries, 1928; J. Ebersolt, La miniature byzantine, 1926; P. Durrieu, La miniature flamande au temps de la cour de Bourgogne, ^{2}1927; O. Elfrida Saunders, Englische Buchmalerei, 2 Bde., 1927; A. Goldschmidt, Die dt. Buchmalerei, 2 Bde., 1928; Armenag Bey Sakisan, La miniature persane du XIIe au XVIIe siècle, 1929; R. Kömstedt, Vormittelalterl. Malerei, 1929; A. Blum et Ph. Lauer, La miniature française au XVe et XVIe siècles, 1930; W. Köhler, Die karolingischen Miniaturen, Bd. 1–3, 1930–60; J. D. Bordona, Die span. Buchmalerei vom 7. bis 17. Jh., 2 Bde., 1930; P. d'Ancona u. E. Aeschlimann, Dictionnaire des miniaturistes du moyenâge et de la renaissance, ^{2}1949; A. A. Sidorow, Die altruss. Buchillustration, 1951 (russ.); A. Boeckler, Dt. Buchmalerei vorgot. Zt., 1952; Ders., Got. Buchmalerei, 1959; M. Salmi, Italienische Buchmalerei, dt. 1956 (mit Bibliographie); D. Diringer, The illuminated book, 1958; K. Weitzmann, Ancient book illumination, 1959; J. Porcher, Französ. Buchmalerei, dt. 1959; P. d'Ancona, Die Kunst d. Buchmalerei, 1969; K. Weitzmann, Spätantike u. frühchristl. Buchmalerei, 1976; A. Venturi, Biblia di Borso d'Este (krit. hist. Stud.), 1976; F. Müthrich, E. Gaehde, Karoling. Buchmalerei aus 26 Handschriften d. 8. bis 10. Jhs., 1976; J. P. R. Lyell, Early Book Illustration in Spain, 1976; L. Shiwkowa, Das Tetraevangeliar d. Zaren Iwan Alexander, 1976; N. Keil, Die M.n d. Albertina in Wien, 1977.

2. Malerei im kleinen Format, überwiegend Bildnismalerei. Sie hat mit der M. unter 1 nichts zu tun, nur daß sie, ihres kleinen Maßstabs wegen, den Namen von jener übernahm. Ihre Anfänge liegen im 15. Jh. (Frankreich). Weitere Verbreitung gewann sie als Bildnisminiatur im 16. Jh. Bedeutende Meister haben sie gepflegt, in Deutschland vor allem Hans Holbein d. J. Im 17. Jh. ragt hervor Jean Petitot, der erst in England, dann in Frankreich wirkte. Das eigentliche Jahrhundert der Bildnisminiatur aber war das 18., einmal, weil diese Zeit dem Bildnis überhaupt ein ganz besonderes Interesse entgegenbrachte, und dann, weil das kleine Format dem Rokokogeschmack entgegenkam. Als Malgrund kommt zum Pergament und Metall jetzt das Elfenbein, das aber, z. B. von Petitot, zuweilen schon im 17. Jh. verwendet wurde. Gemalt wird ursprünglich fein punktierend mit Wasserfarben, später auch mit Öl- und keramischen Farben auf Porzellan. – Das Miniaturbild tritt entweder für sich auf oder es dient zur Verzierung von Dosen, Uhren und Schmuckgegenständen. Auch im Klassizismus und Biedermeier blieb die Bildnisminiatur in Geltung, und tüchtige Meister sind für sie tätig gewesen, in Deutschland u. a. Füger, Daffinger und Kriehuber. Die in den 40er Jahren des 19. Jh. aufkommende Photographie, die ja zunächst im wesentlichen Bildnisphotographie war, hat der Bildnisminiatur erheblichen Abbruch getan, deren Erzeugnisse von nun an immer handwerksmäßiger wurden.

G. L. Williamson, The History of Portrait Miniatures, 2 Bde., 1904; H. Bouchot, La miniature française 1750–1825, 5 Bde., 1907; E. Lemberger, Meisterminiaturen aus 5 Jahrhunderten, 1911; Ders., Die Bildnisminiatur in Skandinavien, 2 Bde., 1912; L. Grünstein u. J. de Bourgoing, Die Bildnisminiatur und ihre Meister, 4 Bde., 1925–28; H. Riehen, Bildnisminiaturen, 1951; Ausst.-Kat. Europ. Bildn.miniaturen, 1956; D. Foskett, British Portrait Miniatures, 1963; L. R. Schidlof, The Miniatures in Europe, 1964; Ausst.kat. Graph. Slgn. Albertina, Wien: Meisterwerke d. europ. M., 1965.

Minne, George, belg. Bildhauer und Graphiker, * 30. 8. 1866 Gent, † 20. 2. 1941 Laethem-St.-Martin, wurde mit seinem Frühwerk, dem Brunnen mit knienden nackten Knaben im Folkwang-Museum in Essen (1898), zum eigentlichen Bildhauer des →Jugendstils. Überhaupt ist das Thema seiner Frühzeit der nackte (meist männliche) jugendliche Körper, der zart und überschlank und wie von verhaltenen seelischen Empfindungen erfüllt und bewegt gegeben wird. Dieser Frühstil weicht um 1908 einer festeren und naturnäheren Formung. Als Graphiker hat M. Illustrationen zu Dichtungen seiner Landsleute Verhaeren und Maeterlinck geschaffen.

L. van Puyvelde, G. M., 1930 (franz.); A. de Ridder, G. M., 1948 (holländ.); U. Kultermann, Ausst. Kat. G. M., Hagen, 1962.

Minnekästchen, eine besondere Art von Minnegabe des Bräutigams an die Braut in Gestalt eines mit Schnitzerei und Malerei geschmückten Kästchens (späteres Mittelalter).

H. Kohlhaussen, M. im Mittelalter, 1928.

Mino da Fiesole, ital. Bildhauer, * 1431/32 Poppi, † 1484 Florenz, Schüler des Desiderio da Settignano, hat in Rom und Florenz zahlreiche Werke der mannigfachsten Art geschaffen, Grabmäler, Kanzeln, Altäre, Tabernakel, die mehr von handwerklicher Routine als von wirklicher Durcharbeitung des Gegenstands zeugen. Am besten ist er in seinen ebenfalls zahlreichen Bildnisbüsten und Reliefbildnissen von derber und frischer Unmittelbarkeit.

D. Angeli, M. da F., 1904; W. v. Bode. Florentiner Bildhauer der Renaissance, ²1910; P. Schubring, Die ital. Plastik des Quattrocento, 1919; H. Lange, M. da F., 1928; L. Carrara, Nota sulla formazione di M. da F. (Critica d'arte 13/14) 1956; G. C. Sciollo, La scultura di M. da F., 1970.

Minoische Kunst →Knossos → Ägäische Kunst.

Miró, Joan, span. Maler, * 20. 4. 1893 Montroig b. Tarragona, seit 1939 in USA, begann nach kurzem akademischem Studium in Barcelona selbständig zu arbeiten und empfing seit 1919 entscheidende Anregungen in Paris, wo er sich oft aufhielt. Anfänglich vom Kubismus berührt, ging er um 1925 zum Surrealismus über. Seine ganzflächig gehaltenen, meist heiteren und unbeschwerten Bilder bieten eine wimmelnde Welt surrealistischer und abstrakter Formen. M. hat sich auch als Illustrator und Bildhauer betätigt und Entwürfe für kunsthandwerkliche Erzeugnisse geliefert. Ein Großteil des Lebenswerkes J. M.s befindet sich im M.-Mus. in Barcelona „Centre d'Estudis d'Art" Contemporani (CERAC) der „Fundació J. M.". – Gesammelte Schriften (dt. 1957).

C. Greenberg, J. M., 1948 (engl.; mit Bibliographie); J. E. Cirlot, J. M., 1949 (span.); J. Lassaigne, M. dt., 1963; J. Dupin, J. M. (m. Oeuvre-Kat.) dt. 1961; ders., M. Sculpteur, 1972; J. J. Sweeney, J. M., 1972; Ausst.kat. Barcelona, 1969; J. Leymarie, J. M., Ausst.kat. Grand Palais Paris, 1974; J. M., Les carnets catalans, 1976; J. Teixidor, M. d. Lithograph III, 1977.

Miserikordie →Chorgestühl.

Miserikordienbild →Schmerzensmann.

Missale, liturgisches Chor- oder Meßbuch, das seit dem 13. Jh. alle bei der Messe üblichen Gesänge, Gebete und sonstigen Texte enthält. Es ist also eine Zusammenfassung von Evangelistar (Perikopenbuch), Lektionar, Epistolar, Sakramentar, Graduale, Antiphonar; die Illumination entsprach diesen.

Mithras, ursprünglich ein persischer Sonnengott, der früh in die röm. Religion eindringt und mit den Heeren in die Provinzen gelangt. Der M.kult ist der stärkste Gegner des Christentums, mit dem er eine gewisse Ähnlichkeit hat. Von der Verbreitung des Kultes geben zahlreiche M.-Denkmäler Kenntnis, von denen sich eine große Anzahl im röm. Germanien gefunden hat (Karlsruhe, Dieburg). Die M.-tempel waren ziemlich dunkel, oft unterirdisch angelegt, und hatten zu beiden Seiten des langgestreckten Raumes breite Bänke, auf denen sich die Teilnehmer lagerten. An der hinteren Schmalwand stand das Kultbild, meist ein Relief, das den Gott bei der Tötung eines Stieres zeigte. Solche Heiligtümer sind in fast allen röm. Provinzen gefunden worden, auch die Saalburg besaß eines.

Cumont, Die Mysterien des M., ³1927; Behn, Das M.-Heiligtum zu Dieburg, 1928; F. Saxl, Lectures, 2 Bde. 1957; M. J. Vermaseren, Corpus inscriptionum et monumentorum religionis Mithriacae, 2 Bde. m. sämtl. M.-Bildwerken, 1956-60; ders., M., 1965; L.A. Campbell, Mithraic iconography and ideology, 1968.

Mitra, Bischofsmütze, gleichbedeutend mit Inful.

Mittelgrund →Hintergrund.

Mittelrisalit →Risalit.

Mittelschiff →Basilika.

Mittelsteinzeit (Mesolithikum), Übergangsstufe zwischen →Altsteinzeit und →Jungsteinzeit, kulturell noch mehr zur ersteren gehörig. Die bisher bekannten Kunstdenkmäler der M. beschränken sich auf einige Knochengegenstände, die mit einfachen geometrischen Ritzmustern verziert sind.

G. Clark, Frühgesch. d. Menschheit, 1964; K. J. Narr, Urgesch. d. Kultur, Kröners Taschenausg. 213, 1968.

Möbel (aus franz. meuble von lat. mobilis „beweglich"). Nach dem Gebrauchszweck werden Kasten-, Tafel- und Sitz(Liege)möbel unterschieden, wobei es auch Kombinationen gibt. So kann der Schreibtisch Tafel- und Kunstmöbel zugleich, die Truhe Kasten- und Sitzmöbel sein. – M. in künstlerischer Form haben sich aus dem alten Ägypten erhalten (hölzerne Stühle zierliche Totenbetten, Truhen), in Pompeji Tische aus Marmor oder Travertin, Stühle aus Bronze, Speisebetten mit Bronzebeschlägen. Im übrigen geben bildliche Darstellungen Kenntnis von der hochentwickelten M.kunst des Altertums. Im Mittelalter ist das M. zunächst

Gotischer Schrank

einfache, nur den Gesichtspunkt der praktischen Brauchbarkeit kennende Zimmermannsarbeit; allein das kirchliche M. wurde dekorativ ausgezeichnet. Erst im 15. Jh. mit der allgemeinen Zunahme der Wohnkultur wird das M. wieder Gegenstand künstlerischer Gestaltung, und erst jetzt beginnt die Ausbildung nationaler M.stile. Der Un-

Schrank der dt. Spätrenaissance

terschied zwischen Rahmenwerk und Füllung wird eingeführt, Schnitzerei, meist in Gestalt von →Maßwerk, später auch von →Faltwerk, wird an das M. angetragen. Neue Formen entstehen, und der Schrank, dessen Aufgabe im Mittelalter fast ausschließlich die Truhe vertrat, wurde zum repräsentativsten und künstlerisch am reichsten bedachten M. Der durchgreifende Wandel in der Formung aller Dinge, den die ital. Frührenaissance im 15. Jh. brachte, ergriff auch das M.: es stellt sich in neuer Harmonie der Proportionen dar, nimmt antikische Ornamente und Profile an, seine Flächen bedecken sich mit →Intarsia. Die ital. Truhe (→Cassone) wird zu einem Zierstück ersten Ranges. Die Wirkung, die das ital. Vorbild im 16. Jh. auf die anderen Länder ausübte, zeigt sich in Deutschland in einer neuen und klaren Architektonisierung des M.s, in der Aufnahme der Intarsia (in Süddeutschland), der Arabesken und sonstigen Verzierungsweisen Italiens. Ausgezeichnete Künstler, allen voran Peter Flötner, stellten sich in den Dienst der Sache und lieferten Entwürfe. Zugleich vereinigten sich die Zierformen des M.s mit denen der Täfelung des Zimmers zu einer einheitlichen Gesamtwirkung. Im weiteren Verlauf des 16. Jh. wird das M. immer prunkvoller, schwerer und plastisch stärker durchgebildet. Ihren Höhepunkt erreichte diese M.kunst in Deutschland in den mit einem außerordentlichen Aufwand an kostbarem Material gearbeiteten Kabinettschränken des späteren 16. und des 17. Jh. (→Kabinett, →Pommerscher Kunstschrank). Das dt. Barockmöbel tritt in den riesigen Dielenschränken Norddeutsch-

Schrank der dt. Frührenaissance

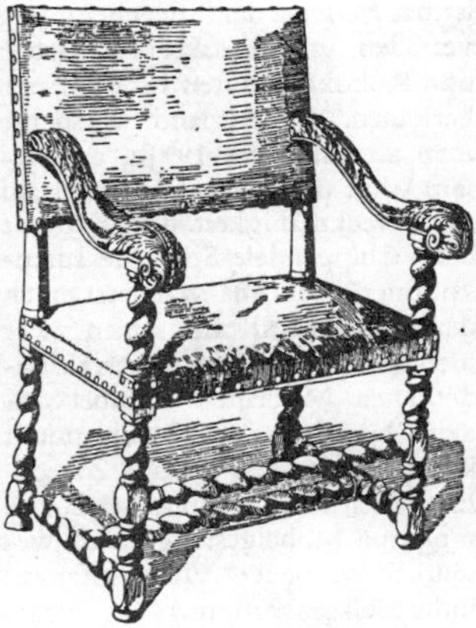

Deutscher Barocksessel

lands am stattlichsten in Erscheinung. Eine einzigartige Konzentration künstlerischer Kräfte auf das M. brachte die Zeit Ludwigs XIV. in Frankreich. Im Dienste des Hofes wurden M. hergestellt (z. B. Schreibtische), von denen manchmal ein einziges den Arbeitsaufwand von Jahren erforderte, da die Ansprüche, die an seine Ausstattung bes. mit Marketerie (→Intarsia) gestellt wurden, ins Ungemessene wuchsen (→Boullearbeit). Paris wurde der Vorort europ. M.kunst und ist es auch im Rokoko und im späteren 18. Jh. noch geblieben, übrigens unter hervorragender Beteiligung dort tätiger deutscher →Ebenisten. Die Stilwandlungen des 18. Jh. lassen sich gerade am M. wie an einem bes. empfindlichen Instrument überaus deutlich ablesen; auch wurden in diesem Jahrhundert zahlreiche Abarten zumal des Sitzmöbels geschaffen. In der 2. Hälfte des Jahrhunderts brachte England im →Chippendale-Stil seinen ersten nationalen M.stil hervor. Die Etappen der M.kunst nach dem Rokoko sind durch die Stilbezeichnungen → Louis-seize, →Empire, → Biedermeier gegeben. Im letzten Drittel des 19. Jh.

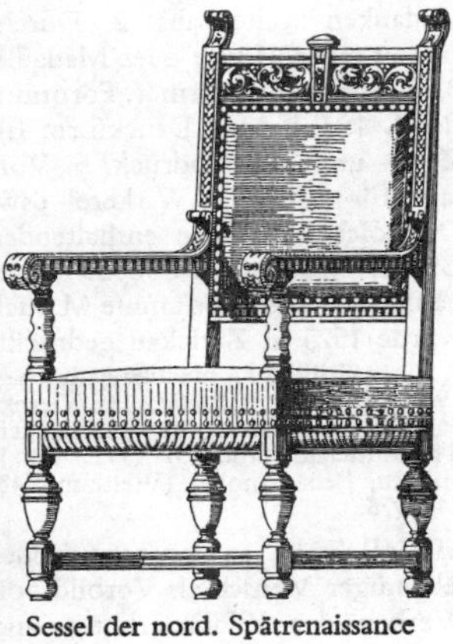

Sessel der nord. Spätrenaissance

Rokokotisch

ist das M. ganz der Stilnachahmung verfallen, und Renaissance, Barock und Rokoko mußten ihre Formen herleihen. In England versuchte man am Ende des 19. Jh. aus diesem Wust durch Zurückgreifen auf die Zweckmäßigkeit und Klarheit des Chippendale-Stils herauszukommen, bei uns war erst noch der →Jugendstil mit seinen zwar nicht historisierenden, aber absonderlichen M.formen zu überwinden, bis sich der Gesichtspunkt konstruktiver Klarheit und Zweckmäßigkeit ebenfalls durchsetze. Die moderne Möbelgestaltg. wird wesentlich v. neuen Werkstoffen u. industriellen Fertigungs- u. Bearbeitungsmethoden bestimmt. Besonderen Einfluß auf die Formgebung üben skandinavisch. Vorbilder u. →Design aus. Neuerdings kommt die Wiederaufnahme alter Formen in Mode, die sog. Stilmöbel.

Meyer-Graul, Tafel zur Gesch. der Möbelformen, 12 Serien mit Text, 1904–19; O. von Falke u. H. Schmitz, Dt. M. vom Mittelalter bis zum Anfang des 19. Jh., 3 Bde., 1922–24; A. Feulner, Kunstgesch. d. M.s, [3]1930; Text neu bearb. v. D. After (in: Prop. Kst.gesch. Sonderband 2), 1980. Hoffmann, Sitzmöbel aus 6 Jahrhunderten, 1938; G. Kowalczyk, Schöne M. aus 5 Jahrhunderten, 1938; K. Hahm, Dt. Bauernmöbel, 1939; E. Augst, Das deutsche M., [2]1950; H. Schmitz, Das M.werk, 1951, [7]1963; S. Müller-Christensen, Alte M., [3]1954; G. Wernitt, Historische M. u. Innenräume, 1956; J. M. Ritz, Alte bemalte Bauernm., 1962; G. Hatje (Hg.) Neue M., bisher 11 Bde., 1952–73; M. Praz, Die Inneneinrichtg. v. d. Antike bis z. Jugendstil, dt. 1965; E. Rettelbusch, Stilhandbuch. Ornamentik, Möbel, Innenausbau, [7]1965; G. Schade, Dte. M. aus 7 Jhdtn., 1966; Gisela Richter, The furniture of the Greeks, Etruskians and Romans, 1966; H. Kreisel, Die Kst. d. dtschn. M.s, 3 Bde., 1970, [2]1980; J. Aronson, The Encyclopedia of Furniture, 1970; R. Dolz, M.stilkde., 1970; B. Deneke, Dte. Bauernm., 1972; L. Dewiel, Dte. M. d. Barock u. Rokoko, 1975; A. Gonzales-Palacios, Europ. M.kst., 8 Bde. 1974–76; J. Muir, Early Engl. Furniture, 1976; E. Joy, Engl. Furniture 1800–1851, 1976; S. Colombo, L'arte del mobile in Italia, 1976; Kat. Mus. f. Kst.handwerk Frankfurt, Europ. M. v. d. Gotik b. z. Jugendstil, 1976; H. Eckstein, D. Stuhl (v. d. Antike b. z. Gegenw.), 1977; K. Mang, Gesch. d. mod. M.s, 1978; W. Schwarze (Hg.), Antike dte. M., 1977; Fr. Watson, Die Gesch. d. M., 1979; J. Bahms, Biedermeier-M., Entstehg., Zentren, Typen, 1979; F. Russel, Stuhl u. Stil 1850–1950. Die Einführg. d. Sitzmöbels in Beispielen d. bedeutenden Gestalter, 1980.

Mode →Kostüm.

Model, 1. auch Modul (lat. modulus „kleines Maß"), antike Maßeinheit zur Bestimmung der Verhältnisse einer Säulenordnung, gleich dem unteren Halbmesser einer Säule. Bei Unterteilung in 30 ergeben sich die Minuten oder Partes. Der M. wurde zur Berechnung der Säulenhöhe, des Säulenabtandes, der Abmessungen von Kapitell und Gebälk verwendet. In d. Antike wurde diese Lehre bes. d. →Vitruv verbreitet; durch dessen Einfluß auf die →Renaissance u. ganz allgemein seit d. 18. Jh. fand d. teilweise abgewandelte M. weite Verbreitg. Im 20. Jh. bildete →Le Corbusier mit seinem d. moderne Baukst. beeinflussenden →Modulor diese Gedanken weiter aus. 2. Durchmesser einer Münze oder Medaille. 3. Vertiefte Gußform („Formmodel)". 4. Erhabene Druckform für Zeug- und Tapetendruck. 5. Vorlage für Stickerei, Wirkerei usw. Die solche Vorlagen enthaltenden Bücher werden „M.bücher" genannt. Das älteste bekannte M.buch wurde 1525 in Zwickau gedruckt.

A. Lotz, Bibliographie der M.bücher, 1933, 1963; T. Capelle, H. Vierck, M.n d. Merowinger u. Wikingerzeit (Frühmittelalt. Stud. 5) 1971; H. J. Hansen, Gebäckmodel, (Weltkunst 43, 24) 1973.

Modell (ital.), 1. Gegenstand oder lebendiger Mensch als Vorbild von Werken der Bildhauerkunst und

Malerei (→Akt). 2. In der Baukunst die mit irgendwelchen Hilfsstoffen durchgeführte Konstruktion eines geplanten Bauwerks in kleinem Maßstab, um die aus den zeichnerischen Entwürfen nicht ohne weiteres erkennbare endgültige Wirkung beurteilen zu können: Baumodell (seit der Renaissance üblich); in der Bildhauerkunst die aus bildsamem Stoff (Ton) hergestellte Urform eines Bildwerks, die dann in Gips gegossen und von diesem Gipsmodell in den gewünschten Werkstoff (Stein, Bronze) übertragen wird (→Bozzetto).

Modellieren, das bildnerische Formen aus einem bildsamen Stoff (Ton, Wachs) mit der Hand und unter Zuhilfenahme von Modellierhölzern und Drahtschlingen.

Modellmännchen, kleine Figur aus Wachs, Gips oder Ton, die dem Maler zu Proportions-, Bewegungs- und Kompositionsstudien diente (16.–18. Jh.). In letzterem Fall wurde eine Gruppe von M. auf einem Brett befestigt, auch zur Beobachtung der Schattenbildung von der Seite her beleuchtet, oder in einen von oben oder seitlich erhellten Kasten eingeschlossen (Tintoretto): Kastenkomposition.

Modern Style →Jugendstil.

Modersohn-Becker, Paula, Malerin, * 8. 2. 1876 Dresden, † 20. 11. 1907 Worpswede, Gattin des Worpsweder Malers Otto Modersohn, Schülerin von Mackensen in →Worpswede, in Paris bes. von Gauguin angeregt. Dem Expressionismus nahestehend, bevorzugte sie schlichte ländliche Themen, die sie mit starker Formvereinfachung, flächenhaft und in gedämpfter Farbigkeit bei stets innigem Ausdruck darstellte. – Selbstbiographie (1939); Briefe u. Tagebuchblätter, hg. u. neu bearb. von Sophie Dorothea Gallwitz (1949).

C. E. Uphoff, P. M., 1919; G. Pauli, P. M., ³1922; G. Biermann, P. M., 1927; R. Hetsch, P. M., 1932; P. M.-B., hg. v. O. Stelzer, 1958; H. Seiler, P. M.-B., 1959; C. G. Heise, P. M.-B., Mutter u. Kind, 1961; U. M. Schneede u. a., P. M.-B., Zeichngn., Pastelle, Bildentwürfe, Ausst.kat. Kst.haus Zürich, Kst.-halle Hamburg u. a. Orts, 1976; Ch. Murken-Altrogge, P. M.-B., Kinderbildnisse, 1977.

Modigliani, Amedeo, ital. Maler, * 12. 7. 1884 Livorno, † 25. 1. 1920 Paris, wo er seit 1906 lebte und wo er die für die Ausbildung seines eigenen Stils wichtigsten Anregungen erhielt (Cézanne, Picasso). Gegenstand seiner Bilder und vielen Zeichnungen waren vor allem Akt und Bildnis. Von den natürlichen Proportionen seiner Modelle wich er ab, wenn dies dem Ausdruck der meist lyrischen oder melancholischen Empfindung dienlich war, die er ihnen entgegenbrachte. Durch →Brancusi lernte er 1909 Negerskulpturen kennen, die ihn zu plastischen Versuchen ähnlicher Art anregten.

A. Pfannstiel, A. M., 1929 (franz.); G. Jedlicka, A. M., 1953; A. Ceroni, A. M., 1958; F. Russoli, M., 1958 (ital.); Jeanne Modigliani, M. senza legenda, 1958; A. Salmon, A. M., dt. 1960; A. Werner, A. M., dt. 1968.

Modul →Model.

Modulor, von →Le Corbusier in Anlehnung an die antike Maßeinheit →Model aufgestellte Proportionsskala. Der →Goldene Schnitt sowie ein mit erhobener Hand stehender Mensch bestimmen zwei auf die Körpergrößen von 1.75 m u. 1.83 m bezogene Reihen; Sinn u. Zweck sind die Suche nach Maßharmonie insbes. als Grundlage für Architektur- u. Industrienormen.

Le Corbusier, Der M., 1953; ders., M. 2, 1958.

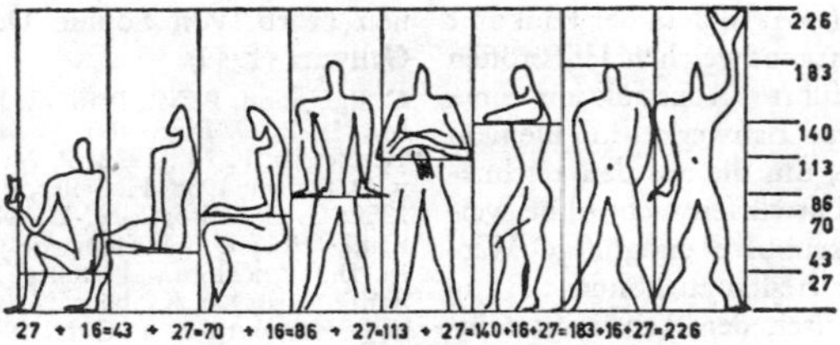

Modulor von Le Corbusier

Moholy-Nagy, Laszlo, ungar. Maler, * 20. 7. 1895 Bàcsborsod, † 24. 11. 1946 Chicago, war 1923 bis 28 Prof. am →Bauhaus und gab mit →Gropius die Bauhausbücher heraus, in denen er selbst des öfteren seine Untersuchungen und Theorien niederlegte. Als Maler vertrat er die ungegenständlich-konstruktivistische Richtung (→Abstrakte Kunst). 1937 wurde er Direktor des von ihm gegründeten „New-Bauhaus" in Chicago. Er schrieb u.a. „Malerei, Fotografie, Film", 1925; „Von Material zu Architektur", 1928; „The new Vision", 1939.

Sibyl Moholy-Nagy, M.-N. The Story of his Life, 1950.

Monatsbilder, die anschauliche Darstellung der einzelnen Monate des Jahres durch die sie kennzeichnenden ländlichen Arbeiten oder sonstigen Verrichtungen, oft in Parallele mit den Tierkreiszeichen. Sie finden sich zuerst im Mosaikfußboden altchristl. Basiliken, dann in den Kalendarien karoling. Handschriften im Anschluß an antike Monatszeichen und gewinnen allmählich jenen genrehaften Charakter, den sie das ganze Mittelalter hindurch beibehalten haben. Bes. beliebt waren sie als Reliefs kleinen Formates an den Portalen der franz. Kathedralen des 13. Jh. (Chartres, Paris, Reims, Amiens), während sie als plastische Gebilde in Deutschland selten sind. In den niederländ.-burgund. →Stundenbüchern vom Anfang des 15. Jh. sind die M. zu einem wichtigen Anlaß der Landschaftsdarstellung geworden.

C. Webster, The labors of the months, 1938; O. Koseleff, Die M. i. d. franz. Plastik des 12. Jhs., 1934; K. Gravenkamp, Tierkreiszeichen und M. an franz. Kathedralen, 1949; H. Trost, Die M. der Brüder v. Limburg, 1962.

Mondrian, Piet, holländ. Maler, * 7. 3. 1872 Amersfort, † 1. 2. 1944 New York. An der Akademie in Amsterdam ausgebildet, begann er als Figuren- und Landschaftsmaler, kam vor dem 1. Weltkrieg in Paris in Verbindung mit dem Kubismus und wurde dann in Holland der Wegbereiter der abstrakten Malerei. Seine Bilder sind aufgebaut aus Senkrechten und Waagerechten und dem elementaren Gegensatz von blauen, roten, gelben und nichtfarbigen Flächen (von ihm als Neo-Plastizismus bezeichnet→Stijl, De). 1919 ging er wieder nach Paris, 1938 nach London und 1940 nach New York, wo seine Kunst großen Anklang fand. Er schrieb: „Le Néo-plasticisme" (1920; dt. 1925 Neue Gestaltung).

M. Seuphor, P. M., 1956 (mit Werkverz.); H. L. C. Jaffé, M. u. De Stijl, 1967 (holl.); F. Elgar, M., 1968 (engl. u. franz.); L. Wijsenbeek, P. M., 1968; Cor. Blok, P. M. een catalogus van zijn werk in Nederlands openbaar bezit, 1974; Ausst.kat. P. M. Das zeichnerische Werk, Staatsgal. Stuttgart, Mus. Den Haag, Mus. of Art Baltimore (USA) 1981.

Monet, Claude, franz. Maler, * 14. 2. 1840 Paris, † 6. 12. 1926 Giverny, ging vom dunkeltonigen Figurenbild zur Freilicht- und damit zur Landschaftsmalerei über und entwickelte sich zum Hauptvertreter des franz. Impressionismus. Mit subtiler Pinseltechnik gelang ihm die Wiedergabe des flimmernden Lichts und feinster atmosphärischer Stimmungen, bes. vollkommen in seinen Seine-Landschaften.

G. Geffroy, C. M., 1920; L. Werth, C. M., 1928; G. Clemenceau, C. M.. 1929; M. Malingue, C. M., 1943; H. Graber, Camille Pissarro, Alfred Sisley, Claude M. nach eigenen u. fremden Zeugnissen, 1943; O. Reuterswärd, M., 1948; J.-P. Hoschedé, C. M., ce mal connu, 2 Bde., 1960; W. C. Seitz, C. M., 1960; J. House, M., 1977 (engl.).

monochrom, einfarbig, im Gegensatz zu polychrom (→Polychromie), →Camaïeu 2.

Monogramm, Monogrammisten →Künstlermonogramm.

Monolith (griech.), ein aus einem einzigen Steinblock gefertigtes Stück von monumentalen Ausmaßen: Säule, Obelisk, Kuppelschale.

Monologium, in der byzantin. Kirche die nach Monaten geordnete Zusammenstellung der Heiligengeschichten.

Monopteros, seltene Form des griech. oder röm. Tempels, ein Rundbau, dessen Dach von Säulen getragen wird, ohne Cella. Die Form ist vom Barock und Empire oft als Gartentempel verwendet worden. Aus der Antike ist das bekannteste Beispiel der Augustus- und Romatempel auf der →Akropolis.

Ingrid Weibezahn, Gesch. u. Funktion d. M., 1975.

Monotypie, graphisches Verfahren, das jeweils nur einen einzigen Abdruck ermöglicht. Durch die Besonderheit des Verfahrens ist dieser von lockerer, duftiger Wirkung. Zu unterscheiden sind 2 Arten. 1. Man malt mit Ölfarbe auf versilberter Kupfer- oder weißer Kunstharzplatte, legt das Papier auf und druckt auf einer Kupferdruckpresse. Dabei ist noch ein zweiter oder dritter Abdruck möglich, der dann aber jeweils heller ausfällt. Auch ein Handdruckverfahren ist möglich: das Papier wird auf eine bemalte Glasplatte gelegt, von der Rückseite her mit einem Falzbein mehr oder weniger stark gerieben und dann abgezogen. 2. Auf die dünn mit Ölfarbe eingewalzte Glasplatte wird das Papier gelegt, auf dessen Rückseite man mit einem harten Bleistift spiegelverkehrt zeichnet. Bei diesem auch Durchdrückzeichnung genannten Verfahren ergibt sich nur ein einziger Abdruck, und die Zeichnung bleibt auf der Rückseite des Papiers erhalten. – Die schwierig auszuführende und kaum Korrekturen ermöglichende M. ist seit dem 17. Jh. bekannt, wurde in neuerer Zeit z. B. von →Degas geübt und erfreut sich gegenwärtig einer gewissen Beliebtheit.

E. Rhein, Die Kst. d. manuellen Bilddrucks, 1956.

Monstranz (von lat. monstrare „zeigen"), auch Ostensorium genannt, liturg. Behälter aus Edelmetall, der hinter Glas die von einem halbmondförmigen Träger (lunula) gehaltene, geweihte Hostie zeigt. Erst mit der Einführung des Fronleichnamsfestes (1264) ist die M. allgemein üblich geworden und richtete sich in ihrer Form nach den längst gebräuchlichen Reliquienschaugefäßen, war aber größer als diese und auch reicher ausgestattet. Am Ende ihrer mittelalterlichen Entwicklung steht die got. Turmmonstranz: ihr Fuß entspricht durchaus dem eines got. →Kelches (Sechs- oder Achtpaßform), ebenso der polygonale Schaft und der Knauf. Das zylinderförmige oder kreisrunde Glasgefäß wird flankiert und überhöht von Türmchen oder Fialen ähnlich dem Gesprenge eines Altars. Der Barock hat die M. figürlich ausgeschmückt (z.B. mit der Wurzel Jesse) und ihre Formen sehr variiert. Bes. häufig begegnet die Sonnenmonstranz, die den Hostienbehälter als Mittelpunkt eines Strahlenkranzes erscheinen läßt.

J. Weingartner, Das kirchl. Kunstgewerbe der Neuzeit, 1927; F. X. Noppenberger, Die eucharistischen M.n des Barockzeitalters, Diss. Univ. München, 1958; Lotte Perpeet-Frech, Die got. M.n im Rheinland, 1964 (Bonner Beiträge zur Kunstwissensch. 7).

Monstren (lat. monstra, Zeichen), Fabelwesen als Ungeheuer, Mischwesen zwischen Tieren oder Mensch und Tier. Sie dienten in der mittelalt. Kunst zur Darstellung von Dämonen, besonders in der roman. →Bauplastik. Ihre Formen sind in mittelalt. Tierbüchern, z. B. dem →Physiologus beschrieben; z. T. wurden sie antiken Vorbildern entlehnt, wie →Kentauren, →Sirenen u. Chimären. Aber auch Darstellungen von „Mißgeburten" gelten als M. →Teufel.

I. Adolff, Die antiken Fabelwesen in der roman. Bauornamentik, 1947; H. Mode, Fabeltiere u. Dämonen, 1973.

Montespan, Höhle in den franz. Pyrenäen mit plastischen Werken der →Altsteinzeit. Hauptstück ist ein Bär aus Höhlenlehm mit Vorrichtung zum Aufsetzen eines wirklichen Bärenschädels.

Monument →Denkmal.

monumental heißen ursprünglich Kunstwerke, sofern sie sich im Zusammenhang mit einem Monument, d.h. einem Baudenkmal, befinden und von dessen Dimensionen her bestimmt sind: Monumentalplastik, Monumentalmalerei. Schließlich meint der Begriff m. etwas schlechthin in großen Dimensionen Gehaltenes („Monumentalbau") und deutet zugleich einen bestimmten Stilcharakter an, den des Repräsentativen und Großgeformten.

I. Emmrich, Über die ästhetische Kategorie des Monumentalen, 1972.

Moore, Henry, engl. Bildhauer, Maler und Zeichner, * 30. 7. 1898 Castleford (Yorkshire), lebt in Much Hadham (Hertfordshire), studierte 1919–1925 an der Leeds School of Art und am Royal College of Art, London, war an mehreren engl. Kunstakademien als Lehrer tätig. Beeindruckt von archaischer und exotischer, besonders altmexikanischer Skulptur, schuf er anfangs Figuren von blockhaft-massiger Geschlossenheit. Der Schwere und Monumentalität seiner Formen entsprechen die bevorzugten Motive: Liegende und halbaufgerichtete Figuren, Mutter-und-Kind-Gruppen, sitzende Paare. Durch Abstraktion steigert er den Ausdruck zu urtümlicher Kraft und fremdartig dämonischer Strenge. Das gegenständliche Motiv bleibt fast immer Ausgangspunkt des Werkes, nur in den dreißiger Jahren hat er sich vorübergehend ganz vom Gegenstand gelöst. Im Verlaufe seiner Entwicklung suchte er immer mehr die Plastik mit dem umgebenden Raum zu verbinden. Charakteristisch für viele seiner Werke ist daher die Verwendung von Höhlungen, Durchbrüchen und Vergitterungen. Er arbeitet in Stein, Holz, Gips, Ton, Bronze und Zement. Als Zeichner kombiniert er oft verschiedene Techniken – Kreide, Aquarell und Feder – um eine malerisch-räumliche Wirkung zu erreichen. M. hat seine Kunstanschauung in zahlreichen Aufsätzen dargelegt.

J. J. Sweeny, H. M., 1946; D. Sylvester, H. M., Sculpture and Drawings, 2 Bde. 1955 (mit Bibliographie); H. Read, H. M., Sculpture and Drawings, 2 Bde., [4]1957 u. 1965; H. M. Schriften und Skulpturen, hg. v. W. Hofmann, 1959; W. Grohmann, H. M., 1960; Kat. d. H. M.-Ausst. im Kunsth. Zürich, 1960; H. Read, H. M., dt. 1967; R. Melville, H. M., 1972; H. M., Energie u. Raum, dt. 1973; G. Cramer u. a., H. M., Cat. of graphic work, 2 Bde., 1973–75; H. M., Sculpture and Environment, 1977; Ausst.-kat. H. M. Tate Gallery London, 1978; dass. Haus d. Kst. München, 1978.

Mo(o)r, Anthonis (Antonio Moro), niederländ. Maler, * 1519 Utrecht, † 1576/78 Antwerpen, Schüler von Jan van Scorel, tätig außer in Antwerpen an verschiedenen Fürstenhöfen in Italien, Spanien und England, einer der bedeutendsten Bildnismaler seiner Zeit und der erste Bildnisspezialist in den Niederlanden. Seine in allen größeren Sammlungen, vor allem denen von Madrid und Wien, anzutreffenden Bildnisse sind von schlichter Eindringlichkeit. Der Dargestellte ist in zwangsloser Haltung gegeben und mit warmer Menschlichkeit erfaßt, das Kostümliche erscheint in virtuoser Feinmalerei.

H. Hymans, A. M., 1910; G. Marlier, A. M., 1934; M. J. Friedländer, Die altniederländ. Malerei, Bd. 13, 1936; H. W. v. Löhneysen, Die ältere niederl. Malerei, 1956.

Moosbrugger, Caspar, Baumeister, * 22. 7. 1656 Au im Bregenzerwald, † 26. 8. 1723 Einsiedeln, schuf Klosterbauten, -kirchen und Kapellen. Hauptwerk: Neubau des Klosters und der Kirche Einsiedeln (1704–23) mit kühn kontrastierten Raumfolgen. M. ist der →Vorarlberger Bauschule zuzurechnen.

L. Birchler, Einsiedeln und sein Architekt C. M., 1924; H. Landolt u. Th. Seeger, Schweizer Barockkirchen, 1948; H. M. Gubler, Fr. Naab u. a., Die Vorarlberger Barockbaumeister (Ausst.kat. Klost. Einsiedeln u. Bregenz/Vorarlb.) 1973.

Morandi, Giorgio, ital. Maler, * 20. 7. 1890 Bologna, † 18. 6. 1964 das., wo er auch studierte und später an der Akademie lehrte. M. ging nach kubist. und futurist. Anfängen 1917 zur →pittura metafisica über, jedoch interessierte ihn bald das ruhige Beieinander von Dingen mehr, als ihre harte Isolierung. Um 1920 gab er die Requisiten der pittura metafisica auf. Er malt seitdem neben Landschaften vor allem Stilleben, wobei er Krüge, Flaschen, Gläser als Motive bevorzugt. Die ursprünglich scharfe zeichnerische Anlage seiner Bilder verwandelte sich immer mehr in eine ebenso klare und plastische wie differenzierte Malerei mit feinsten Halbtönen und wenigen, meist hellen Farben.

C. Gnudi, G. M., 1946; L. Vitali, G. M. Pittore, [2]1965 (ital.); G. Giuffrè, G. M., 1970 (m. Bibl.); K. H. Olbricht, D. sensible Dingwelt d. G. M. (Kunst 86, 1) 1974; N. Pozza, M.-dessins, 1977 (frz.); C. Vitali, M. Catalogo critico, 2 Bde., 1977.

Moreau, Gustave, franz. Maler, * 6. 4. 1826 Paris, † 18. 4. 1898 das., entwickelte abseits von Realismus und Impressionismus unter der Einwirkung von Chassériau und der Präraffaeliten eine eigene malerische Welt, deren Themen gern der Antike und der biblischen Geschichte entnommen sind. Realistisch im Detail sind seine Bilder durch magische Lichtwirkungen oft in eine mystische Atmosphäre gehüllt und verkörpern – namentlich im Spätwerk – das Gedankengut des → Symbolismus. Ein großer Teil seines Werkes befindet sich in dem von ihm selbst gestifteten G.-M.-Museum in Paris.

G. Geffroy, L'œuvre de G. M., 1900; J. Paldilhe u. J. Pierre, G. M., 1972; P. L.

Mathieu, G. M. in Leben u. Werk (m. Werkverz. u. Bibl.), 1976.

Morellische Methode, die von dem ital. Kunstgelehrten Giovanni Morelli (1816–91) angewandte Methode der Gemäldevergleichung. Morelli, der ursprünglich Medizin studiert hatte, glaubte die Beobachtung gemacht zu haben, daß ein Maler an der Formung minder wichtiger Einzelheiten (z.B. der Ohren) in seiner persönlichen Handschrift am sichersten zu erkennen sei, da er da am wenigsten schwanke. Bei seiner auf Grund dieser Methode durchgeführten Untersuchung der Bildbestände röm. und dt. Galerien gelangte er vielfach zu neuen Zuschreibungen und veröffentlichte seine Ergebnisse unter dem Decknamen Iwan Lermolieff in den „Kunstkritischen Studien über ital. Malerei" (3 Bde., 1890 bis 1893. In Bd. 3 ein Lebensbild Morellis von G. Frizzoni.

Italienische Malerei der Renaissance im Briefwechsel von Giov. Morelli u. Jean P. Richter 1876–1991, hg. v. Irma u. Gisela Richter, 1960.

Morris, William, Erneuerer des Kunstgewerbes, Dichter, * 24. 3. 1834 Walthamstow, † 3. 10. 1896 London, gehörte dem Kreise der →Präraffaeliten an, erblickte in der Industrialisierung den schwersten Schaden auch für das Kunstgewerbe und wollte dieses wieder zu den Arbeitsverhältnissen zurückführen, wie sie im Mittelalter bestanden, d.h. zur echten Handwerkskunst. Um seine Gedanken in die Tat umzusetzen, begründete er 1861 die Firma M., Marshall, Faulkner u. Co., die bis 1874 bestand. Sie lieferte Teppiche und sonstige Gewebe, Möbel, Fliesen, Glasmalereien und übernahm die Einrichtung ganzer Wohnungen. Mit seinen Mitarbeitern Madox Brown, Rossetti, Burne-Jones u.a. zeichnete M. unermüdlich die Muster, wobei er selbst eine besondere Begabung auf dem Gebiete des Flachmusters entwickelte. Auch der Reform der arg heruntergekommenen →Buchkunst wendete er sich zu und gründete 1890 die Kelmscott Press, für die er die Typen auf Grund des Studiums alter Drucke selbst entworfen hatte. Das M.sche Vorgehen wirkte beispielgebend auf das engl. Kunstgewerbe und steht am Anfang jener großen Erneuerung des europ. Kunstgewerbes, wie sie um 1900 einsetzte. – Die vollständigste Sammlung von M.-Drucken befindet sich im Gutenberg-Museum in Mainz.

Vallance, W. M., ²1909; J. W. Mackail, Life of W. M., 2 Bde., ²1922, 1950; ders., W. M. and his circle, 1973; F. A. Schmidt-Künsemüller, W. M. u. d. neuere Buchkst., 1955; N. Pevsner, Pioneers of the modern movement from W. M. to Gropius, ²1960; P. Thompson, The work of W. M., 1967 H. H. Hofstätter, Jugendstil, Druckkst., 1968; E. Goldzamt, W. M. u. d. sozialen Ursprünge d. mod. Architektur, 1976; P. Needham (Hg.), W. M. and the Art of Book, 1977.

Mosaik, musivische Arbeit, ornamentale oder figürliche Flächendekoration, die durch Aneinanderfügen verschiedenfarbiger Körper aus Stein oder Glas hervorgebracht wird. Das M. dient der Dekoration von Fußböden, Wänden und Gewölben: auf das Mauerwerk wird eine Schicht Mörtel oder Kitt aufgetragen, in deren noch feuchte Masse dicht nebeneinander die Stein- oder Glaswürfel (diese auch mit Hilfe von Stiften) eingesetzt werden. Goldene M.gründe werden durch Einlagen von Blattgold in die Glaspasten hervorgebracht. (Über weitere mosaikähnliche Verzierungsweisen, die aber nicht M. im eigentlichen Sinne sind, →Fliesen, →Inkrustation, →Intarsia, →Ledermosaik). Eine jedoch dem Verfahren der Inkrustation näher stehende Abart ist das Florentiner Mosaik (ital. Pietra dura), das der Verzierung namentlich von Tischplatten dient und seit der Mitte des 16. Jh. bes. in Florenz geübt wurde: der gezeichneten Vorlage entsprechend werden die verschiedenfarbigen Steine (auch farbenprächtige Halbedelsteine) in dünnen, verschieden geformten Blättchen fugenlos aneinandergekittet und blank poliert. Den Grund für das farbige Muster gibt gern schwarzer Marmor.

Fußbodenmosaik hat es im alten Orient und auch in Griechenland in klassischer Zeit gegeben. Zu einer zusammenhängenden Entwicklung der M.kunst mit ständiger Steigerung der künstlerischen Mittel kam es aber erst seit hellenistischer Zeit. Ein Hauptwerk ist das Fußbodenmosaik mit der Darstellung der Alexanderschlacht (→Alexandermosaik) aus Pompeji (Neapel, Mus.), und auch sonst sind aus der römischen Erde und im ganzen Umkreis des römischen Weltreichs zahlreiche Fußbodenmosaiken zutage gekommen. Zwischen ihren figürlichen Darstellungen und denen der Wandmalerei besteht stilistisch kaum ein Unterschied. Als Wandschmuck kommt das M. jedoch nur in kleinem Format vor. Das Material ist Stein, der Hintergrund vorwiegend weiß. Ein eigener M.stil, ja eine völlige Neugestaltung dieses Kunstzweiges bahnt sich erst in der altchristl. Kunst an. Hier treten uns die ersten M.en als Wand- und Gewölbemosaiken in den christl. Basiliken Roms schon seit dem 4. Jh. entgegen unter Bevorzugung des in Glanz und Farbe viel stärker wirkenden Glasmosaiks. So zeigen die M.en von Sta. Maria Maggiore (4./5. Jh.), die auch schon Goldgründe aufweisen, die beginnende Umsetzung der illusionistischen Bildgestaltung in eine abstrakt monumentale Komposition, während die M.en von Sta. Costanza (um 350) noch Wandgemälde sind, die nur in die dauerhaftere Technik übertragen wurden. Leuchtkraft und farbiger Reiz des altchristl. M.s steigern sich an der gewölbten Fläche durch Lichtreflexe zu einer in späteren Zeiten kaum jemals wieder erreichten Wirkung (Apsismosaik in Sta. Pudenziana, Ende 4. Jh., stark restauriert). In Ravenna bedeuten das Kuppelmosaik im Baptisterium der Orthodoxen (um 450) und die Innenausstattung des Mausoleums der Galla Placidia mit dem Triumph der blauen Farbe des Grundes Höhepunkte der altchristl. M.kunst. Sie fand unter Bevorzugung des Goldgrundes ihre Fortsetzung in byzantin. Kirchen seit dem 6. Jh. (Demetriuskirche in Saloniki) und durch byzantin. Meister in Ravenna und Rom (so in SS. Cosma e Damiano, 526–30). Ihr berühmtestes Werk ist die feierliche und monumentale Darstellung des Kaisers Justinian und seiner Gemahlin Theodora mit Gefolge in S. Vitale in Ravenna. Das M. hat in der byzantinischen Kunst die Aufgabe der Wandmalerei übernommen, Darstellung der christl. Inhalte zu sein; aber es war zugleich mehr: eine Flachdekoration, die den Langhauswänden, den Wölbungen von Kuppel und Apsis leuchtende Farbigkeit und schimmernden Glanz gab und damit die Pracht und Feierlichkeit des Kirchenraums erhöhte. Der künstlerische Abstieg beginnt bereits im 7. Jh., in dem sich das Schwergewicht auf das rein Dekorative legte, Komposition und Figurenstil vernachlässigt wurden. Auch in die Länder nördl. der Alpen drang, allerdings nur in ganz bescheidenem Umfange, die Kunst des M.s: so hat das →Aachener Münster Kuppelm.en gehabt. Einen Aufschwung erlebte die byzantin. M.kunst im 10. Jh., wie bes. die in der →Hagia Sophia neuerdings aufgedeckten M.en beweisen. Aus dem 11. Jh. sind die von Hosios Lukas und Daphne (Griechenland) zu nennen, aus dem 12. die sizilianischen von Cefalù, der Martorana und Capella Palatina in Palermo, sowie die im Dom von Monreale, ferner solche in und um Venedig (S. Marco, Dome in Murano und Torcello). Die Nachwirkung dieses Aufschwungs ist auch noch im 13. Jh. in Italien zu spüren; doch übernahm nunmehr die Wandmalerei endgültig die darstellerischen Aufgaben des M.s. Seine dekorativen Reize wurden in den kunstgewerblichen Techniken der →Cosmaten, in Inkrustation und Intarsia und in der farbigen Zusammenstellung von Fliesen wahrgenommen. Im letzteren Sinne hat auch der Islam eine rein dekorative M.kunst ausgeübt. – Wie so viele andere Kunsttechniken der Vergangenheit hat man im späteren 19. Jh. auch das M. wieder zu beleben versucht. In jüngster Zeit hat die M.kunst einen erneuten Aufschwung erlebt und mit Hilfe neuartiger Werkstoffe bisher unbekannte Wege eingeschlagen.

J. Kurth, Die M.en von Ravenna, ²1912; Wilpert, Die röm. M.en und Malereien vom 4.–13. Jh., 4 Bde., ³1924, 1976 (hg. v. W. N. Schumacher); M. van Berchem et E. Clouzot, Mosaïques chrétiennes, du IVᵉ au Xᵉ siècles, 1925; A. Venturi, Musaici christiani in Roma, 1926; Blanchet, La mosaïque, 1928; J. L. Fischer, Deutsches M. u. seine Geschichtsquellen, 1939; G. Bovini, Die M.n von Ravenna, ⁴1956; K. Wehlte, Wandmalerei, ⁴1957; Parlasca, Die röm. M.en in Deutschland, 1959; H. P. L'Orange u. P. J. Nordhagen, M. Von der Antike bis zum Mittelalter, 1960; W. Oakeschott, Die M.n v. Rom v. 3. bis z. 14. Jh., dt. 1968; Beat. Brenk, Die frühchristl. M.n in S. Maria Maggiore zu Rom, 1976; F. Rossi, M.n u. Steinintarsien, 1979.

Mosaikglas →Millefioriglas.

Moschee (→Islamische Kunst). Die M. (arab. Dschami) ist aus dem einfachen Gebetsplatz entstanden. Da in der Frühzeit vielfach antike Bauten verwendet wurden (so in Jerusalem die Aksa-M., in Damaskus die Omar-M.), hat sich kein überall gleichmäßiger Typus herausgebildet. Die M. hat gewöhnlich einen Vorhof mit Brunnen für die Waschungen. Im Innern ist an einer Wand der →Mihrab, die Gebetsnische, angebracht, in seiner Nähe gewöhnlich der Mimbar, eine Predigtkanzel. Der Boden ist meist mit Teppichen ausgelegt, da die M. nicht mit Schuhen betreten werden darf. Von der Decke hängen oft prunkvolle Lampen herab, dagegen fehlen stets Bänke. Im Vorhof der M. oder an sie angebaut findet sich das Minarett, ein verschiedenartig gestalteter Turm, von dem der Muezzin die Gebetsstunden ausruft.

E. Kühnel, Die M., 1949; B. Finster, Die Omayyaden-M. v. Damaskus; Studien z. frühislam. M.nbau, Diss. Univ. Tübingen, 1966; K. A. C. Creswell, Early muslim architecture, 2 Bde. ²1969; ders., The muslim architecture of Egypt, 2 Bde., 1952–59; U. Vogt-Göknil, Die M., 1978.

Moser, Lucas, Maler aus Rottweil oder Weil der Stadt, nur bekannt aus der Inschrift seines einzigen erhaltenen Werkes, des Magdalenenaltars in der Kirche zu Tiefenbronn b. Pforzheim von 1431. Neuerdings wurde versucht, die Inschrift als Fälschg. zu erklären u. d. Altar einem Schüler von Simone →Martini 1370/80 zuzuweisen. Er enthält Szenen aus d. Legende der heil. Maria Magdalena und ist mit seiner lebendigen Vergegenwärtigung dieser Szenen, der wirklichkeitsgetreuen Wiedergabe von Architekturteilen und anderen Einzelheiten, der räumlichen Weite seiner Seelandschaft das frühste Zeugnis jener neuen, in den 30er Jahren des 15. Jh. einsetzenden realistischen Richtung der dt. Malerei, die dann durch Witz und Multscher weiter vorangetrieben wurde. Berührung mit der niederländ.-burgund. Malerei hat stattgefunden.

A. Schmarsow, Die oberrhein. Malerei, 1903; A. Stange, L. M. und Hans Multscher, 1932; Graf J. v. Waldburg-Wolfegg, L. M., 1939 (Neue Deutsche Forschungen, Bd. 221); W. Boeck, Der Tiefenbronner Altar von L. M., 1951; G. Piccard, Der Magdalenenaltar in Tiefenbronn, (m. Bibliographie) 1969; R. Hausherr, D. Magdal.altar in Tiefenbronn (Ber. üb. d. Tag. 1971 im Zentralinst. f. Kst.gesch. München in Kst.chronik 1971).

Moses, wird als Einzelgestalt mit Patriarchenbart und den Gesetzestafeln dargestellt. Die Hörner oder Hornansätze auf seiner Stirn gehen auf eine falsche Lesart des lat. Bibeltextes zurück (facies cornuta), der nicht Hörner, sondern Strahlen meinte (facies coronata). In der christl. Kunst kommt M. seit dem 5. Jh. vor. Bedeutende M.figuren gibt es in der Plastik des 12./13. Jh. an Kathedralen; Hauptbeispiele monumentaler Gestaltung sind der M.-Brunnen des Claus →Sluter und der M. am Grabmal Julius' II. von → Michelangelo.

Mossulbronzen, Geräte aus Messing (nicht Bronze) mit reicher, streng stilisierter, in Tauschierung ausgeführter Ornamentik; islam. Arbeiten des Mittelalters, genannt nach der Stadt Mossul (Irak), wo sie aber nur z. T. entstanden sind. Ihre Technik gelangte auch nach Persien und sogar bis Venedig.

Mozarabischer Stil, der in den maurischen Gebieten Spaniens aus einer Mischung frühroman. und maurischer Elemente entstandene Stil, dessen Träger hauptsächlich die von den Mauren unterworfenen Christen waren.

M. Schapiro, Romanesque Art, 1977 (a study of Mozarabic and Romanesque styles . . .).

Mschatta, arabisches Wüstenschloß in Transjordanien, wahrscheinlich im 8. Jh. n. Chr. erbaut. Die nur in Ruinen erhaltenen Innenbauten waren mit einer großen rechteckigen Mauer umgeben. Die Vorderfront dieser Mauer (seit 1904 in der islam. Abteilung des Berliner Museums) ist am Sockel mit reichem Reliefschmuck versehen und hat Ausbuchtungen von Türmen. In der Arbeit der dekorativen, auf starke Schattenwirkung berechneten Reliefs kann man verschiedene Hände beobachten und hat daraus Schlüsse auf die Herkunft der Handwerker ziehen wollen. Der Stil ist sicher nicht sassanidisch, wie neuerdings vermutet wurde.

J. Strzygowski, M., 1904 (Jahrb. d. Preuß. Kunstsammlungen 25); K. A. C. Creswell, Early Muslimic Architecture, 2 Bde., 1932–40, [2]1969; F. W. v. Bissing, Abhandlgn, d. Bayr. Akad. d. Wissensch., 1951 (N. F. 32); F. Altheim, Asien u. Rom, 1952; L. Trümpelmann, M., 1962.

Muche, Georg, dt. Maler u. Baumeister, * 8. 5. 1895 Querfurt (Thür.), lebt in Lindau/Bodensee, studierte in München u. Berlin und war seit etwa 1915 zunächst abstrakter Maler in Verbindung mit dem →„Sturm"; 1919 bis 1927 war er Lehrer, Meister u. Professor am → Bauhaus in Weimar, dann in Dessau, seit 1931 an der Akademie in Breslau, 1935–38 an der Schule für Gestaltung Hugo →Härings in Berlin; 1939–58 war M. Leiter der Meisterklasse für Textilkunst an der Ingenieurschule in Krefeld. Dennoch galt seine Kunst 1938 als „entartet". In der Malerei löste sich M. allmählich vom Abstrakten und näherte sich dem Figürlichen unter Einbeziehung visionärer Gedanken, in denen er seine Weltschau u. die Wirklichkeit zu verbinden sucht. Auch Fresken hat er geschaffen. Als Baumeister wurde er durch das kühne Versuchshaus der ersten Bauhausausstellung 1923 in Weimar bekannt. Bahnbrechend bei der Suche nach der Verwendbarkeit neuer Baumaterialien war sein Haus aus Stahl in Dessau (zusammen mit R. Paulick). Für beide Projekte entwarf M. ebenfalls die Ausstattung. Er schrieb: Bilder, Fresken, Zeichnungen, 1960; Blickpunkt. Sturm – Dada – Bauhaus – Gegenwart, 1961.

P. H. Schiller, Krit. Verz. des druckgraph. Werkes von G. M., 1970; Ausst.kat. G. M. Mus. Freiburg i. Br., 1973; Berlin, 1974; G. M. der Zeichner, Staatsgal. Stuttgart, 1979.

Muchina, Vera Ignatjewna, sowjet. Bildhauerin, * 19. 6. 1889 Riga, † 6. 10. 1953 Moskau, 1912–14 Schülerin von Bourdelle in Paris, wurde international bekannt durch ihre ausdrucksstarke Kolossalgruppe „Arbeiter und Kolchosbäuerin", die, in Stahlguß ausgeführt, den Sowjet-Pavillon der Pariser Weltausstellung 1937 krönte. Sie hat in jedem Material gearbeitet und bes. Bildnisbüsten und Denkmäler geschaffen.

D. W. Arkin, W. M., dt. 1958.

Mudejarstil (span. estilo mudéjar), der von den Mudejaren (d. h. den „zum Bleiben ermächtigten" Mauren), aber auch von christl. Meistern in den von den Christen eroberten Teilen Spaniens vertretene Bau- und Dekorationsstil. Der M. ist ein Mischstil, bei dem jedoch, zumal im 14. Jh., seiner Blütezeit, das Maurische überwiegt: Hufeisenbogen, Stalaktitengewölbe, Stuckornamentik, Majolikafliesen u. dgl. Hauptwerke finden sich in Toledo und Sevilla. Auch christl. Klöster, so z. B. das große Kloster in Guadalupe (Estremadura), sind im M. erbaut. Unter den Begriff des M.s fällt schließlich auch die span.-maurische Majolikakeramik, die vom S des Landes über Mallorca ihren Weg nach Italien nahm.

P. Ricard, Pour comprendre l'art musulman, 1924; M. Gómez Moreno, La ornamentación mudéjar toledana, arquitectura española, 1924–26; E. Kühnel, Maurische Kunst, 1924; L. Torres Balbás, Ars Hispaniae, 4, 1949 (span.).

Mueller, Otto, Maler und Graphiker, * 16. 10. 1874 Liebau (Schlesien), † 24. 9. 1930 Breslau, studierte an der Dresdener Akademie, ließ sich 1907 in Berlin nieder, trat 1910 der →Brücke nahe und wirkte seit 1919 an der Breslauer Akademie. Nach eigenem Bekenntnis war ihm die Kunst der Alten Ägypter Vorbild. Seine von expressionistischer Spannung erfüllten Bildflächen enthalten meist nur wenige Figuren in einfacher, großer und klarer Zuordnung zueinander, auch zur Landschaft. Stumpfe Töne, mit Vorliebe in gelb, grün und rot, geben eigenartige Farbenklänge. Bes. haben es ihm die fremdartigen Gestalten der Zigeuner angetan. Als Graphiker hat M. die Lithographie, bes. die farbige, bevorzugt (er war gelernter Lithograph).

E. Troeger, O. M., 1949; L. G. Buchheim, O. M., Leben u. Werk, 1963.

Muffelfarben, in der Fayence- und Porzellanmalerei verwendete Farben, die bei mäßiger Hitze von außen in die Glasur eingebrannt werden. Das geschieht in der Muffel, einem feuerfesten Gefäß aus Ton oder Gußeisen, das die unmittelbare Einwirkung des Feuers verhindert. Farben, die dieser unmittelbaren Einwirkung ausgesetzt sind und unter der Glasur liegen, heißen Scharffeuerfarben.

Mühlenbecher, silberner Trinkbecher, der auf die Öffnung gestellt wird und anstelle des Fußes eine Windmühle mit drehbaren Flügeln hat; im 17. und 18. Jh. in Holland hergestellt.

Muldengewölbe →Gewölbe.

Multscher, Hans, Bildhauer und Maler, * gegen 1400 Reichenhofen (Allgäu), † 1467 Ulm, erwarb das. 1427 das Bürgerrecht. Als Bildhauer hat M. in der Zeit von 1430 bis 60 die Bildnerei Ulms, ja Schwabens beherrscht. Beziehungen zur burgund.-niederländ.Kunst haben ihm geholfen, in seinen Frühwerken den Idealismus des →weichen Stils durch einen neuen Realismus zu überwinden (Schmerzensmann am Westportal des Ulmer Münsters); in seinem Alterswerk, den Schnitzfiguren des Sterzinger Altars (1457/58), ist er wieder zu einer idealistischen Richtung zurückgekehrt, indem er seine Figuren in schlanker Vornehmheit, Ruhe und Schönheit bildete. Beglaubigt ist von seinen bildnerischen Arbeiten außer dem Sterzinger Altar nur noch die allerdings stark zerstörte Votivnische für Konrad Karg im Ulmer Münster (1433). Die Zahl der ihm zugeschriebenen Werke ist ziemlich groß. Die früheren sind in Stein (Schmerzensmann am Portal des Ulmer Münsters, Grabsteinmodell für Ludwig den Gebarteten, 1435; München, Bayr. Nat.-Mus.), die späteren in Holz ausgeführt (Maria aus Bihlafingen, Ulm, Mus.). – An Gemälden sind nur die acht Tafeln des Wurzacher Altars (1437; Berlin, W. Mus.) mit Darstellungen aus der Passion Christi und aus dem Leben Marias für ihn gesichert. Sie sind neben dem Tiefenbronner Altar des Lukas Moser und den Tafeln des Konrad Witz die stärksten Beiträge zum malerischen Realismus der Zeit, der hier mit verbissener Zähigkeit und unter Aufgabe jeglicher Idealität erzwungen wird.

K. Gerstenberg, H. M., 1928; Gertrud Otto, H. M., 1939; N. Rasmo, Der M.-Altar in Sterzing, 1964; M. Tripps, H. M., S. Ulmer Schaffenszeit, 1969.

Mumienbildnisse. Der ägypt. Glaube, die Erhaltung des Körpers sei Voraussetzung für die Weiterexistenz der Seele, hat auch in der Zeit nachgewirkt, in der die ägypt. Kultur nicht mehr bestand. Er führte dazu, auf den Mumienhüllen die Bildnisse der Verstorbenen entweder plastisch aus Gips geformt oder auf Leinwand oder Holz in →Eukaustik gemalt anzubringen. Diese in großer Zahl erhaltenen Mumienporträts sind wichtige Zeugen für die Geschichte der antiken Malerei etwa von der Zeit des Augustus bis ins 5. Jh. Freilich finden sich unter vielen flott und sicher gemalten Stücken manche recht handwerkliche.

H. Drerup, Die Datierung der Mumien-Porträts, 1933; H. Bonnet, Reallexikon der ägypt. Religionsgeschichte, 1952; Hilde Zaloscer, Porträts aus dem Wüstensand, 1961; K.Parlasca, Mumienporträts u. verwandte Denkmäler, 1965; Hilde Zaloscher, Vom Mumienbildnis z. Ikone, 1969; A.-P. Leca, Die Mumien. Zeugen ägypt. Vergangenheit, 1982.

Munch, Edvard, norweg. Maler und Graphiker, * 12. 12. 1863 Loeiten, † 21. 1. 1944 bei Oslo, machte zu Anfang der 90er Jahre, etwa gleichzeitig mit Hodler, einen Stilwandel durch, der eine Abkehr vom Naturalismus und eine Vorbereitung des Expressionismus bedeutete, dessen letzte Folgerungen M. freilich nicht gezogen hat. Jedenfalls gehört er mit Cézanne, van Gogh und Hodler zu den eigentlichen Begründern des Expressionismus. Seine Gestaltungsweise ist sowohl impressionistisch wie auf die

Ausdruckskraft der Linie gestellt, wobei die eigentümliche Linienbildung des →Jugendstils zeitweise stark hervortritt. M.s Gedankenwelt war zunächst den Schattenseiten des Lebens zugewandt (Einsamkeit, Not, Krankheit, Kampf der Geschlechter, Dämonie des Weibes) und darin der Strindbergs sehr ähnlich. So wird auch im Inhaltlichen ein Grundzug des Expressionismus deutlich. Später ist M. allerdings zu einer bejahenderen Lebensauffassung übergegangen und hat stark- und hellfarbige Bilder gemalt mit kräftigen Schilderungen der Arbeit des täglichen Lebens, ist aber dann namentlich in seiner Graphik immer wieder in die verneinende Haltung zurückgefallen. Der Graphik (Radierung, Holzschnitt, Lithographie) hat M. außerordentliche Wirkungen abgewonnen. – 1963 wurde in Oslo ein M.-Mus. eröffnet.

C. Glaser, E. M., 1922; G. Schiefler, E. M.s graphische Kunst, 1923; Ders., Verz. d. graph. Werkes E. M.s bis 1906, 1907; Ders; E. M. Das graph. Werk 1906–1926, 1928; J. Thiis, E. M., dt. 1934; R. Stenersen, E. M., dt. 1950; F. B. Deknatel, M., 1950 (engl.); H. E. Gerlach, E. M. Sein Leben u. Werk, 1955; A. Moen, E. M., 3. Bde., dt. 1960; O. Benesch, E. M., 1961; J. P. Hodin, E. M., 1963; O. Sarvig, E. M. Graphik, dt. ²1965; W. Timm, E. M. Graphik, 1969; ders., E. M., 1973; E. M. Probleme – Forschgn. – Thesen, hg. v. H. Bock u. G. Busch, (Stud. z. Kst. d. 19. Jhs. 21) 1973; E. M. Ausst.kat. Liljevaldis u. Kulturhuset Stockholm, 1977; E. M., im Kst.haus Zürich. (Kst.haus Zür., Sammlgsheft 6) 1977; Ausst.kat. v. P. Hougen u. U. Perucchi-Petri; U. M. Schneede, Ausst.kat. E. M. Kst.halle Hamburg, Kst.verein Stuttgart, Berlin, Frankfurt, 1979; Ragna Stang, E. M. – der Mensch u. d. Kstler., 1979.

Mündener Fayencen, in Münden (Hann.-Münden) hergestellte Fayencen, die im 18. und z. T. auch im 19. Jh. in Nordwestdeutschland sehr verbreitet waren. Die Anfänge der Fabrik, die später auch Steingut herstellte, reichen bis ins Jahr 1732 zurück; 1854 wurde sie geschlossen. Zu ihren bemerkenswertesten Erzeugnissen gehören mit Netz- oder Gitterwerk versehene Stücke, die blaue oder manganviolette Vergißmeinnichtblüten an den Kreuzungspunkten haben; ferner Prunkvasen und Teller mit aufgelegten Gruppen von Blumen.

A. Stoehr, Dt. Fayencen und dt. Steingut, 1920; O. Riesebieter, Die dt. Fayencen des 18. und 19. Jh., 1921.

Munkácsy, Michael von, ungar. Maler, * 20. 2. 1844 Munkács, † 1. 5. 1909 Endenich b. Bonn, in Wien (Rahl), München und Düsseldorf (Knaus) ausgebildet, lebte seit 1872 in Paris. Er wurde bes. bekannt durch seine in düsteren Farben gemalten großformatigen Sittenbilder („Letzter Tag eines Verurteilten"), schuf auch geschichtliche und religiöse Darstellungen sowie Landschaften und Blumenstilleben. Er schrieb selbstbiographische Erinnerungen, dt. 1897.

Malonyai, Michael v. M., 1907 (ungar.); F. W. Ilges, Michael v. M., 1899; Ch. Sedelmeyer, Michael v. M., 1914; K. Lyka, Mihály M., 1952 (ungar.); L. Végváry, Mihály M.s Werk, 1952; L. Végváry, Mihály M., dt. 1959 (mit Werkverz.); L. Végvári, M., dt. 1961; A. Székely, M. M., 1977 (dt.).

Münster →Dom.

Münstermann, Ludwig, Bildhauer und Bildschnitzer, * wohl um 1575, † 1638/39, 1599 in Hamburg erwähnt. Die Reihe seiner Werke, die nur geringen Wandel der Entwicklung erkennen lassen, reicht von 1607 bis 1637. Sie befinden sich alle im Oldenburgischen: Kanzeln, Altäre und sonstige Ausstattungsstücke des Kirchenraums. Unter den übrigen norddt. Bildhauern des Frühbarocks ragt M. hervor durch den in Unabhängigkeit von fremden Vorbildern erreichten starken Ausdruck seiner Figuren.

Martha Riesebieter, L. M., 1930; H. Busch u. S. Fliedner, Welt im Zwielicht. Das Werk d. Bildhauers L. M., 1962.

Münzbecher, Münzhumpen, seit dem 16. Jh. in Deutschland beliebte silberne Trinkgefäße, in deren Körper und Deckel Silbermünzen eingelassen sind.

Münze. Die Erfindung, kleine Klumpen aus Edelmetall, zunächst aus einer Mischung von Gold und Silber (Elektron) mit eingeprägten Stempeln zu versehen und ihnen dadurch einen bestimmten Wert dokumentarisch zuzuerkennen, ist wohl in Lydien gemacht worden (7. Jh. v. Chr.). Nach einer anderen Überlieferung hat König Phaidon von Argos als erster auf der Insel Aegina M.n aus Silber prägen lassen. Der Punzstempel zeigt bei den ältesten Beispielen meist ein in der Mitte doppelt geteiltes Quadrat (quadratum incusum). Der Ambosstempel (d. h. der unten liegende Stempel) ist früh mit bildlichen Darstellungen versehen worden, die fast immer eine Beziehung zu der das Münzrecht ausübenden Stelle (Stadt, einzelne Herrscher) haben. Für die Kunstgeschichte sind die M.n des Altertums in vielfacher Hinsicht von Bedeutung. Sie lassen sich oft zeitlich genauer bestimmen als andere Kunstwerke, da ihre Typen mit dem Wandel der politischen Verhältnisse wechseln, und der Zeitpunkt dieses Wechsels oft genau bestimmt werden kann. Es sind auf ihnen häufig Götterbilder, in röm. Zeit auch Bauwerke, dargestellt, die ganz verloren oder nur aus der Literatur bekannt sind, so daß schon oft die Identifizierung röm. Kopien mit verlorenen griech. Kunstwerken auf diesem Wege gelungen ist. Die M.n bilden eine der Hauptquellen für die antike Ikonographie, vor allem nach der Zeit des Hellenismus, in dem das Herrscherbild auf M.n üblich wird, das sich über die röm. M.n bis in die Neuzeit erhalten hat. Auch für Religionsgeschichte und bes. für die Geschichte von Handel und Wirtschaft im Altertum bilden die M.n ein wichtiges Material.

Die merowing.-fränk. M.n lehnen sich an die röm. an, jedoch unter zunehmender Verschlechterung des Münzbildes. Die von Karl d. Gr. durchgeführte Münzreform brachte eine allerdings nur vorübergehende Hebung der künstlerischen und technischen Qualität. Diese stellte sich erst wieder im Zeitalter der Renaissance ein, wobei ihr Träger vor allem die seit etwa 1500 geprägte große Silbermünze, der Taler, war. Doch hat die M. die künstlerische Bedeutung, die sie im Altertum besaß, nie wieder erlangt, zumal die im 15. Jh. aus der M. entwickelte, aber nicht dem geldlichen Verkehr dienende →Medaille die entsprechenden künstlerischen Kräfte an sich zog.

K. Regling, Die antike M. als Kunstwerk, 1924; Ders., Die antiken M.n, ³1929; H. Gebhart, Die dt. M.n des Mittelalters u. der Neuzeit, 1930 (mit Bibliographie); F. v. Schrötter, Wörterbuch der Münzkunde, 1930 u. 1969; A. Suhle, Münzbilder der Hohenstaufenzeit, 1938; ders., Dte. Münz- u. Geldgesch. v. d. Anfängen b. z. 15. Jh., 1955; 1967; W. Jesse u. R. Gaettens, Handb. der Münzkunde von Mittel- u. Nordeuropa, Bd. 1 seit 1939; K. Lange, Götter Griechenlands, 1946; F. W. A. Schlickeysen, Erklärgn. d. Abkürzgn. auf. M.n d. Altertums, d. MAs. u. d. neueren Zeit, ⁴1961; G. Probszt, Wesen u. Wandel d. M.n, 1963; P. R. Franke, M. Hirmer, Die griech. M.n, 1964; F. Reinfeld, M.kat. d. bekanntesten M.n v. d. Antike b. z. Gegenw., ⁸1969; R. Klimpert, Lex. d. M.n, Maße u. Gewichte, ²1896, Nachdr. 1971; P. Grierson, M.n d. Mittelalters, 1976; R. Postel, Kat. d. antik. M.n i. d. Hamburger Kst.-halle, 2 Bde. 1976; Meshorer, M.n,

Zeugen d. Vergangenheit, 1979; H. Rittmann, Schweizer M.n u. Banknoten, 1980; M. Jessop Price (Hg.), Die M.n d. Welt (Hb. üb. 2500 Jahre Geld- u. Kulturgesch.), 1979.

Murillo, Bartolomé Esteban, span. Maler, getauft 1. 1. 1618 Sevilla, † 3. 4. 1682 das., neben Velázquez der größte Maler des span. Barocks, beeinflußt von Raffael, Correggio, Rubens, Van Dyck, 1660 Präsident der neugegründeten Malerakademie in Sevilla, 1665 Mitglied der Caridad-Bruderschaft. M. war in erster Linie Maler von Madonnen und Heiligen. Andacht, Verzückung und innige Frömmigkeit in Schönheit, Zartheit und Anmut darzustellen war sein eigentliches Thema. Die Komposition ist sicher und mit leichter Hand entworfen, und nach den etwas kalten und harten Farben seiner Anfänge gelangte er bald zu einem zarten und warmen Helldunkel, zu weicher, duftiger und aufgelockerter Farbgebung, wie sie der Lieblichkeit seiner Madonnen und Jesuskinder gemäß war. Aber M. war Spanier, und dessen eingeborener Hang zum Realismus setzte sich zuweilen recht drastisch durch. Hinter mancher seiner Heiligengestalten spürt man das Modell von Fleisch und Blut. Dazu kommen Bildnisse, auch Selbstbildnisse von harter Wirklichkeitsnähe und jene Genrebilder mit essenden und würfelnden Bettelbuben, von denen die Münchner Ältere Pinakothek drei der bezeichnendsten besitzt. – M.s erstes größeres Werk waren eine Reihe von Darstellungen aus der Legende von Franziskanern für das Kloster von S. Francisco in Sevilla (1645–46; in verschiedenen Sammlungen zerstreut). Namentlich das Thema der →Unbefleckten Empfängnis hat durch ihn seine schönste Gestaltung erfahren.

C. Justi, M., [2]1904; P. Lafond, M., 1907; A. L. Mayer, M., 1913 (Klassiker d. Kunst); S. Monoto, M., 1932; A. Muñoz, M., 1941; M. Sánchez de Palacios, M., Estudio biografico y critico, 1965.

Murrhinische Gefäße, Vasa murrhina, eine Art von Glasgefäßen, die bei den Römern großes Ansehen genoß, ohne daß wir ihre Technik kennen. Sie sollen eine in vielen Farben schillernde Oberfläche gehabt haben.

Kisa, Das Flas im Altertum, 1908; W. H. Groß (Real-Encyclop. d. class. Altertumswiss., hg. v. A. Pauly u. G. Wissowa, 8A) 1955.

Muschelwerk →Grotte, →Rocaille.

Musen, griech. Göttinnen der Poesie, Musik, des Tanzes und der Wissenschaften. Ihr Ursprung ist unklar. In Athen gab es zuerst nur eine Muse, in klassischer Zeit und schon bei Hesiod sind es neun: Kleio, Euterpe, Thaleia, Melpomene, Terpsichore, Erato, Polymnia, Urania, Kalliope. Die M. sind in der Kunst, vor allem im Hellenismus, oft dargestellt worden, offenbar in statuarischen Gruppen, die leider aus dem Zusammenhang gerissen, sich schwer wieder vereinigen lassen. Eine Reihe solcher Statuen besitzt das Liebighaus in Frankfurt a. M. Eine große Gruppe von M. ist auf dem Marmorrelief des Archelaos im Britischen Mus. wiedergegeben, die man mit der M.-gruppe des Philiskos in Verbindung gebracht hat. Von den hier dargestellten M. sind die meisten auch in statuarischen Repliken erhalten.

Schede, Zu Philiskos u. den M., 1921 (Röm. Mitt.); W. F. Otto, Die M., 1954; Vatikanische Gruppe, Niobidengruppe, Gruppe d. Philiskos, (Hb. d. Archäolog., 3, 1) 1950; L. Ettlinger, Die Verwandlung der M. in die sieben Freien Künste (in: Sitzungsber. d. Kst.-gesch. Gesellsch.) 1960/61 (engl.: 1967).

Museum →Kunstsammlung.

Museumspädagogik wird unterschieden von der Kunstpädagogik (Kunsterziehung). Sie entwickelte sich aus der Wunschvorstellung, breiteste Bevölkerungskreise am Kunst- u. Kulturgeschehen zu beteiligen. Bestimmend war die Erkenntnis, daß die fast ausschließliche Bindung, vor allem der öffentlichen Museen u. Kunstsammlungen, an wissenschaftliche Bezugsrahmen und die erfolgte Lösung der Museumsobjekte u. Ausstellungsstücke aus ihren ursprünglichen sakralen oder gesellschaftlichen Bindungen dem fachlich nicht vorgebildeten Besucher das Verständnis für die Zusammenhänge u. damit das Verstehen zunehmend erschwerte oder unmöglich machte.

Seit der Mitte des 19. Jhs. unternahm man deshalb den Versuch, Kunstwerke in Bezug zur Lebenswirklichkeit zu setzen u. damit außerhalb des rein wissenschaftlichen Rahmens Zugang zu vermitteln u. Verständnis zu wecken. Dies geschah zuerst in England (South Kensington Mus. London), später in Berlin (Deutsches Gewerbemus.) u. in Hamburg (Kst.-halle). Planmäßige Kunstpädagogik war die Folge einer Volksbildungsbewegung etwa seit 1871, deren Zielvorstellung eine einheitliche nationale Kulturtradition war, entsprechend den politischen Einigungsbestrebungen jener Zeit. Seit der Jahrhundertwende verstanden sich die Museen zunehmend als „Volksbildungsstätten".

Angeregt dazu hatten Alfred → Lichtwarks Führungen für Kinder u. Erwachsene an der Hamburger Kunsthalle sowie seine Schriften. Seit etwa 1920 gehörten Führungen, allgemeinbildende Veranstaltungen u. Lehrerfortbildung zur Museumsarbeit; 1927 erfolgte erstmals planmäßige pädag. Zusammenarbeit des Römisch-German.-Zentralmuseums Mainz mit Schulen.

Systematische M. wurde nach dem 2. Weltkrieg betrieben, vor allem in den Vereinigten Staaten von Amerika (Yunior Mus.), in Skandinavien, den Niederlanden, den sozialistischen Ländern Europas als Teilgebiet eines „einheitlichen sozialistischen Bildungssystems" und in Deutschland. „Zielgruppen" der M. sind Kinder („Vorschulerziehung"), Jugendliche (Schulbildung; Jugendarbeit) u. Erwachsene (Erwachsenenbildung).

Trotz aller Fortschritte u. Erkenntnisse der M. dominiert auch heute noch das fachwissenschaftlich orientierte Museum; insbesondere mangelt es an Museumsdidaktik. Erste, teilweise umstrittene, Lösungsversuche bieten das Römisch-German. Mus. in Köln (Abbau der sog. Schwellenangst für den Besucher durch eine Art „Warenhausstruktur"), das Historische Mus. in Frankfurt/M., das Heimatmus. Rüsselsheim u. das Mus. für dte. Geschichte in Berlin (Ost).

Naturwissenschaftlich-technische Museen (Deutsches Museum München), Heimatmuseen und volkskundliche Museen bestimmten sich in ihrer didaktischen Struktur vornehmlich durch die dargebotenen Gegenstände. E. A. Rossmässler (1806–67) regte seinerzeit Schulmuseen als Lehrmittelsammlungen für das Museum an.

Auch →Freilichtmuseen weisen im allgemeinen didaktisch motivierte Grundzüge auf; als modernes Beispiel kann – neben Bauernmuseen – der Skulpturenpark in Xanten gelten, wobei Gedanken eines herkömmlichen historischen Museums mit denen eines „Vergnügungsparkes" verbunden werden.

A. Kuntz, Das Mus. als Volksbildgs.-

stätte. Mus.konzeption i. d. Volksbildgs.beweg. in Dtschld. zw. 1871 u. 1918 (Marb. Stud. z. vergleich. Etnologie 7) 1976.

Musivische Arbeit →Mosaik.

Muskelmann, ein gezeichnetes oder plastisches (Holz, Wachs, Gips, Bronze) anatom. Modell des Menschen ohne Haut (franz. écorché), um die Lage der Muskeln und Sehnen sichtbar werden zu lassen. In den Akademien war der M. früher ein wichtiges Hilfsmittel. Seine Entstehung dürfte im Kreise des Antonio del →Pollajuolo in Florenz zu vermuten sein, in dem die ersten anatom. Künstlerzeichnungen nachweisbar sind. Die frühsten gezeichneten Beispiele eines M.s finden sich bei Leonardo. Um 1600 schuf Lodovico Cigoli einen M. (Wachsmodell im Bargello in Florenz), der dann vielfach nachgeahmt worden ist. Das gleiche gilt von dem 1767 entstandenen „écorché" des→Houdon.

H. Meige, Les Ecorchés (Zeitschr. Aesculape, N. F. 16, Paris 1926); A. Weixlgärtner, Von der Gliederpuppe, Göteborgs Konstmuseum 1954.

Musterbuch, im engeren Sinn Sammlung von Zeichnungen, die dem mittelalterlichen Künstler als Muster (exemplum) für eigene Werke dienten. Zwar kennt auch die spätere Zeit bis heute das M., aber nur als Vorlagensammlung für das Kunsthandwerk. Das mittelalterliche M. (oder einzelne Musterblatt) enthält typische Einzelformen, etwa eine sitzende Gestalt, die nach einem plastischen Vorbild gezeichnet sein kann und als exemplum für einen anderen Bildhauer oder einen Maler zur Verwendung in einem beliebigen thematischen Zusammenhang gedacht ist. Ausgereifte und erprobte Einzelformen oder ganze Bildformeln wurden so dem Künstler an die Hand gegeben und von einem hochentwickelten Niveau (byzantin. Kunst, franz. Kathedralplastik) auf ein minder entwickeltes übertragen. Nicht immer läßt sich entscheiden, ob Nachzeichnung oder eigener Entwurf vorliegt.

Das bedeutendste erhaltene M. des Mittelalters ist das Bauhüttenbuch →des Villard de Honnecourt. Ihm gehen zeitlich Musterblätter voraus, deren ältestes ins 10. Jh. gehört. Das vor 1230 entstandene Wolfenbütteler M. ist Mittler zwischen byzantin. und niedersächs. Kunst und steht in enger Beziehung zum Goslarer Evangeliar. Das Braunschweiger M. (zwischen 1380 und 1400) repräsentiert den Stil der böhm. Malerei. Die um 1400 entstandenen sog. Wiener Täfelchen wenden ihre besondere Aufmerksamkeit den Gesichtstypen zu und geben Muster in der Behandlung der damals gebräuchlichsten religiösen Stoffe.

J. Neuwirth, Das Braunschweiger Skizzenbuch, 1897; J. v. Schlosser, Zur Kenntnis der künstler. Überlieferung im späten Mittelalter, 1902/03 (Jahrb. d. kunsthistor. Slgn. d. AH. Kaiserhauses 23); H. Fett, En islandsk tegnebog fra middelalderen, 1910; Burger-Schmitz-Beth, Die dt. Malerei vom ausgehenden Mittelalter bis zum Ende der Renaissance, Bd. 1, 1913 (Handb. d. Kunstwissensch.); J. Meder, Die Handzeichnung, ihre Technik u. Entwicklung, ²1923; H. R. Hahnloser, Das M. von Wolfenbüttel, 1929 (Mitteilungen d. Gesellsch. f. vervielfältigende Kunst); Ders., Villard de Honnecourt, 1935; B. Degenhart, Autonome Zeichnungen bei mittelalterl. Künstlern, 1951 (Münchner Jahrb. d. bild. Kunst); R. W. Scheller, A Survey of Medieval Model Books, 1963; Helga Kreuter-Eggemann, Das Skizzenbuch d. Jaques Daliwe, 2 Bde., 1964; Ulrike Jenni, D. Skizzenb. d. internation. Gotik i. d. Uffizien; der Übergang v. M. zum Skizzenbuch, 1976.

Muthesius, Hermann, Baumeister u. Theoretiker, * 20. 4. 1861 Groß-Neuhausen, † 26. 10. 1927 Berlin, studierte in Berlin u. war später Mitarbeiter von P. Wallot, dem Erbauer des Reichstagsgebäudes.

Als Angehöriger der deutschen Botschaft in England befaßte er sich mit engl. Baukunst, insbesondere Wohnbauten. Daraus leitete er Forderungen für modernes deutsches Bauen ab und gründete u. a. mit H. →Tessenow u. R. →Riemerschmid die →Gartenstadt Hellerau b. Dresden. Die Ideen von M. wurden durch die Bewegung → Arts and Crafts beeinflußt; sie führten u. a. zur Gründung des →Deutschen Werkbundes. Seine Schriften: Die engl. Baukst. d. Gegenwart (4 Tle.) 1900–04; Das engl. Haus (3 Bde.) 1904/05; Landhaus u. Garten, 1907, [2]1910, N. F. 1919; Wie baue ich mein Haus? 1917; Kleinhaus u. Kleinsiedlung 1918, [2]1920; Die schöne Wohng. 1922. Das 1972 gegr. Werkbundarchiv Berlin (W.) bewahrt d. ges. wiss. Nachlaß M.s.

Dte. Bauzeitung 61, 1927 (Nachruf); R. Banham, Die Revolution d. Architektur, 1964.

Muttergottesleuchter, eine seit dem 15. Jh. bekannte Form des →Kronleuchters: über den eisernen Leuchterreifen erhebt sich die stehende Gestalt der Muttergottes, oft von einem Hirschgeweih wie von einer Mandorla umgeben. Auf einer weiteren Entwicklungsstufe ist das Hirschgeweih waagerecht und dient selbst als Kerzenträger, während die Muttergottes am Ursprung seiner Gabelung sitzt. Das Ganze wird an drei Ketten aufgehängt. Aus dieser letzteren Form hat sich das im 16. Jh. bes. in Deutschland beliebte Leuchterweibchen entwickelt: an die Stelle der Muttergottes ist eine weibliche Halbfigur getreten, das Hirschgeweih ist geblieben; also gewissermaßen eine weltliche Spielart der kirchlichen Grundform.

Mutulus →Dielenkopf.

Mykene, Stadt und Burg am Rande der Argolis, bei Homer die Heimat Agamemnons. Von der Burg ist vor allem die Mauer mit dem großartigen Löwentor (14. Jh. v. Chr.) erhalten, der ersten griech. Monumentalskulptur. Vor dem Löwentor lagen in dem Gräberrund, das von Steinplatten eingefaßt ist, die Schachtgräber, aus denen Schliemann die reichen Goldfunde barg (16. Jh.). Sie zeigen in ihrem Inhalt das Nebeneinander kretischen Kunstgewerbes und einheimischer Produkte, die den Einwanderern aus dem N zugeschrieben werden müssen. Nahe bei der Burg liegen die Kuppelgräber, deren größtes, das sog. Schatzhaus des Atreus, gut erhalten ist. Die Meinung von A. Evans, die Beisetzungen aus den Kuppelgräbern seien in die Schachtgräber überführt worden, ist nicht haltbar, da die Kuppelgräber nach den Untersuchungen engl. Archäologen wesentlich jünger sind.

Schliemann, Mykenae, 1878 Neudruck 1981; Bethe, 1000 Jahre altgr. Lebens, 1933; A. J. B. Wace, Mycenae, 1949; G. E. Mylonas, Mycenae and the Mycenaean age, 1966; ders., M. Ein Führer zu seinen Ruinen u. s. Geschichte, 1981.

Mykenische Kunst →Ägäische Kunst.

Myron, attischer Bronzebildner, der um die Mitte des 5. Jh. v. Chr. lebte. Von seinen zahlreichen Werken ist bes. der Diskobol, die Statue eines zum Diskuswurf ausholenden Athleten, in einer Reihe von Wiederholungen aus röm. Zeit bekannt (bestes Exemplar Rom, Thermenmus.). Von anderen Werken des M. ist allein die Gruppe von Athena und Marsyas durch mehrere Kopien der Athena (bestes Exemplar in Frankfurt a. M., Liebighaus, ein anderes in Madrid, ausgezeichnete Kopfreplik in Dresden) und durch eine

Wiederholung des Marsyas im Lateran zu Rom gut bekannt. Die berühmte Kuh des M., von der zahlreiche antike Epigramme Wunderdinge berichten, kennen wir nicht. Ebenso hat man einen Herakles, der überliefert ist, bisher nicht mit Sicherheit nachweisen können. Als Merkmal der Kunst des M. wird erwähnt, daß er es verstanden habe, als erster die heftige Bewegung des Körpers darzustellen, während die antike Kunstforschung den Mangel an seelischem Ausdruck rügte.

Curtius, Die klassische Kunst Griechenlands, 1938; V. H. Poulsen, M., ein stilkritischer Versuch, 1940 (Acta Archäologica 11); G. Lippold (Hb. d. Archäolog. 3, 1) 1950; J. Döring, Antike Plastik, 6, 1967.

Myslbek, Josef Václav, tschech. Bildhauer, * 20. 6. 1848 Prag, † 2. 6. 1922 das., Prof. der dortigen Akademie, wurde durch sein Werk und seine Lehre der Begründer der modernen tschech. Plastik. Seine wichtigsten Arbeiten sind die Reiterstatue des hl. Wenzel in Prag (Entwurf 1888) und das Grabmal mit der knienden Gestalt des Kardinals Schwarzenberg im Prager Dom (1891–95). Er schuf auch ausgezeichnete Bildnisse.

K. B. Mádl, J. V. M., dt. 1902; V. Volavka u. a., J. V. M., 1929 (tschech. mit Werkverz.); Ders., J. V. M., 1942 (tsch.); V. V. Štech, J. V. M., dt. 1954; V. Procházka, J. V. M. Die Musik, 1961 (tsch.).

Nabis (hebr. „Propheten“), 1888 gegründete Künstlergruppe, die von Gauguin ausgehend das Wesen der Malerei im Dekorativ-Flächenhaften sah, in einer Ordnung der Farben auf der Fläche nach ästhetischen Gesichtspunkten ohne Rücksicht auf sachlich treue Wiedergabe des Gegenständlichen, jedoch unter starker Beteiligung von Gefühl und Phantasie des Künstlers. Ihr gehörten u. a. an: Sérusier, Bonnard, Vallotton, Vuillard und Maurice Denis, der Theoretiker der Gruppe.

Agnès Humbert, Les N. et leur époque, 1954, Die N., dt. 1967; Ch. Chassé, Les N. et leur temps, 1960; U. Perucchi-Petri, Die N. u. Japan (Stud. z. Kst. d. 19. Jhs. Bd. 37) 1976.

Nachdunkeln →Galerieton, → Ölmalerei.

Nachgotik, ein Weiterleben bzw. die Wiederaufnahme gotischer Formensprache im Anschluß an die → Gotik in der 2. Hälfte des 16. Jhs. und im 17. Jh. neben den hauptsächlichen Stilen dieser Zeit (Ren. u. Barock). Das ist in der Baukunst, für das Kunsthandwerk und (wenn auch weniger deutlich) in Malerei und Bildnerei der Fall, muß aber von der →Neugotik unterschieden werden und läßt sich nicht als überall und gleichmäßig sichtbarer Vorgang feststellen. Oftmals handelt es sich um got. Gesamtformen von Bau und Innenraum, dann wieder um Einzelformen- und Merkmale; auch sind lokale Begrenzungen zu beobachten, hauptsächlich in Gebieten, in denen die Gotik zu ihrer Zeit dominierte, so in Teilen Deutschlands (bes. in Nürnberg, im Rheinland und in Gebieten nördl. des Harzes), in England, aber auch in Böhmen und Frankreich (St. Etienne du Mont; St. Eustache in Paris). Die Tendenzen der N. lassen sich in ihrer Gleichzeitigkeit mit Manierismus und Barock u. a. durch einen jenen Richtungen innewohnenden „Bewegungsdrang“ als dem Gotischen verwandt auffassen sowie durch den Hang nach dekorativer Fülle.

E. Kirschbaum, Dte. N., 1930; Ch. I. Eastlake, A History of the Gothic Revival, 1970; H. Hipp, Studien z. N.

des 16. u. 17. Jhs. in Dtschld., Diss. Univ. Tübingen, 1973.

Nachtstück, Gemälde, das seinen Gegenstand bei künstlicher Beleuchtung oder Mondschein vorführt. N.e gibt es seit dem 15. Jh. zunächst aus thematischen Gründen: Nächtliche →Geburt Christi oder die Gefangennahme bei Fackelschein. Erst im Barock hat man das N. auch ohne thematischen Anlaß um seiner selbst willen gemalt oder radiert, da erst jetzt die Helldunkel-Gegensätze, die das N. mit sich bringt, einen künstlerischen Reiz erhalten hatten (Elsheimer, Honthorst, Rembrandt, Aert van der Neer).

Nadeln der Kleopatra →Obelisk.

Nagel, Otto, Maler, * 27. 9. 1894 Berlin, † 12. 7. 1967 das., im wesentlichen Autodidakt. Verwandte Thematik seiner Arbeiten ergab engere Beziehungen zu Käthe Kollwitz und Heinrich Zille. Hauptgegenstand seines Schaffens waren vor 1933 Menschen des Berliner Proletariats, lapidar in den Umrissen und düster in der Farbe. Nach 1933 wurde N. zum Maler und Zeichner des Alten Berlin der kleinen Leute, das, heute zerstört, durch ihn dokumentarisch überliefert wurde. Hauptwerke N.s werden im O.-N.-Haus in Berlin (O) gezeigt. – Er schrieb: Mein Leben (in: Otto N., Leben u. Werk, 1952); H. Zille, 1955; Berliner Bilder, 1955.

L. Justi, Otto N., 1947; Ders. in: Otto N., Werke aus drei Jahrzehnten, 1950; G. Pommeranz-Liedtke, O. N. und Berlin, 1964; Festschr. z. 65. Geburtstag 59; E. Frommhold, O. N., 1974.

Nagelkopf, ein bes. in der anglonormannischen Baukunst vorkommendes rautenförmiges Ornament, das wie der Kopf eines eingeschlagenen Nagels aussieht und der Verzierung schmaler Bauglieder dient.

Nagy-Szent-Miklós, Schatz von, großer frühgeschichtl. Goldfund, 1799 in N.-S.-M. (Banat) entdeckt (Wien, Kunsthist. Mus.). Er umfaßt 7 Krüge, 10 Schalen, 1 Vase, mehrere Becher und 1 Goldhorn im Gesamtgewicht von 8,5 kg. Als Hauptstücke dürfen zwei Krüge gelten, die in getriebener Arbeit mit figürlichen Darstellungen aus der orientalischen Mythologie verziert sind. Der Schmuck der übrigen Gegenstände besteht in pflanzlichen Ornamentmustern und stilisierten Tiergestalten. Mehrfach tritt auch Emaileinlage auf. Der Schatz dürfte einer südosteurop. Werkstatt zuzuschreiben sein, die unter starkem Einfluß der spät- und nachsassanidischen Kunst Persiens stand. Als Zeitstellung kommt das 7.–9. Jh. in Frage.

A. Riegl u. E. H. Zimmermann, Die spätröm. Kunstindustrie, Bd. 2, 1923; W. Schmid, Kossinna-Festschrift 1928; G. Fehér, Les monuments de la culture protobulgare, 1931 (Archaeologia Hungarica 7); N. Fettich, Die Metallkunst der landnehmenden Ungarn, 1937 (ebenda 21); N. Mavdrinow, Le Trésor protobulgare, 1943 (ebenda 29); ders., russ. 1959; I. Venedikow, Schätze aus Bulgarien, 1966.

Naive Malerei, eine Art der Malerei, die zwar innerhalb der Volkskunst (→Votivbilder) oder überhaupt der Laienmalerei schon immer geübt wurde, die aber erst in neuerer und neuester Zeit als eine legitime, im Kunsthandel geführte, auf Ausstellungen gezeigte und in Museen aufgenommene Richtung Anerkennung fand. Die Zahl ihrer Vertreter, die man auch „Sonntagsmaler“ nennt, ist in aller Welt ständig gewachsen, wobei allerdings viele als bloße Nachahmer einer in Mode gekommenen Malart zu werten sind. Der echte „Sonntagsmaler“ ist Autodidakt und betreibt seine Kunst als Hobby; in der Woche geht er seinem eigentlichen Berufe nach. Technische Experimente zu machen, liegt ihm fern. Er sieht Menschen und Dinge vornehmlich in ihrer linearen Begrenzung, scharf gegeneinander abgesetzt. Dasselbe gilt von den Farben, wobei meist eine fröhliche Buntheit vorherrscht. Einzelheiten von Architekturen, Innenräumen, Gewändern usw. werden in unendlicher Geduld photographisch treu wiedergegeben; doch kommt auch extreme Stilisierung vor. Heftige Bewegung wird gern vermieden. Es sieht dann so aus, als seien die Menschen in ihrere Bewegung plötzlich angehalten worden, und oft stehen sie da in starrer Frontalität. Die Welt ist geordnet, ruhig und von kindlicher Problemlosigkeit, kann aber auch ins Phantastische und Märchenhafte übergehen. Perspektive und normale Proportionen haben keine unbedingte Gültigkeit. Die Sonntagsmaler bilden keine Schulen; sie sind Individualisten und von der Entwicklung der Malerei in ihrem Lande so unabhängig, daß es schwer ist, in ihren Bildern nationale Merkmale zu entdecken und sie zeitlich genauer zu bestimmen. – Selbstverständlich hat es seit je auch eine von Laien gefertigte „Naive Skulptur“ gegeben; doch hat sie sich nicht in gleichem Maße wie die N. M. zu einer weitverbreiteten Modeerscheinung unserer Zeit entwickelt.

Der Vater der modernen N. M. war der Zöllner Henri →Rousseau, der jedoch, wofür es weitere Beispiele gibt, nach Eintreten des öffentlichen Erfolges zum Berufskünstler wurde. Zu den Klassikern der N. M. in Frankreich gehören weiter Louis Vivin, Camille Bombois, André Bauchant, und die Putzfrau Séraphine Louis, auch, zumindest in seinen Anfängen, Maurice →Utrillo. Die N. M. ist in allen europ. Ländern zu finden (Deutschland „Maler Paps“, Albert Ebert). Eine bes. starke Gruppe gibt es in Jugoslavien (Ivan Generalić mit Anwendung der Technik der →Hinterglasmalerei), auch auf Haiti. Von den Sonntagsmalern der Vereinigten Staaten ist die Farmersfrau Grandma Moses am bekanntesten geworden.

„Sonntagsmaler“, hg. v. O. A. Ehlers, 1956; A. Jakovsky, Die N. M. in Frankreich, 1957; Ders., Dämonen und Wunder. Eine Darstellung der naiven Plastik, 1963; O. Bihalji-Merin, Das naive Bild der Welt, 1959; Kat. der Ausstellung De Lusthof der Naïeven, Rotterdam 1964; O. Bihalji-Merin, Die Kst. d. Naiven i. Jugoslawien, 1966; A. Pohribuý-St. Tkác, Die N.-Kunst i. d. Tschechoslowakei, 1967; A. Jakovsky, Peintres naifs. Lexikon d. Laienmalerei aus aller Welt, 1968 dt. 1976; ders. N. M., 1976; Ausst.-Kat. N. M. München u. Zürich, 1974/75; N. Tomasevic, Jugoslawische Naive, dt. 1975; T. Grochowiak, Dte. naive Kst., 1976; B. Kelemann, Naive Art. Paintings from Yugoslavia, 1977; R. Italiaander, N. Kst. u. Folklore, 1977; M. T. Engels u. a., Naive Kunst, Gesch. u. Gegenwart, Ausst.kat. Hamburg-Altona, Bielefeld u. a. O., 1981; K. Diemer, Über Sonntagsmaler oder wie naiv ist die moderne Kunst?, 1982; H. Wiesner, N. M. heute, 1982.

Naksch i Rustem →Sassanidische Kunst.

Nanni di Banco, ital. Bildhauer, * zwischen 1374 u. 1390 Florenz, † 1421 das., Sohn des Steinmetzen Antonio di Banco, arbeitete mit diesem 1407–1408 an der Porta della Mandorla des Florentiner Doms. Doch hat er vermutlich vorher die schöne Verkündigungsgruppe der Florentiner Domopera geschaffen, in der die klare und gelassene Gestalt der Maria bereits einen Hauch antikischen Empfindens verspüren läßt. Dieses steigert sich noch in den späteren Nischenfiguren an Or San Michele in Florenz, namentlich in der großartigen, von schwerem Pathos erfüllten Gruppe der Quattro Coronati (einer Versammlung von vier antiken Bildhauern mit zugehörigem Relief darunter, das sie an der Arbeit zeigt). Reifes Spätwerk ist das Tympanonrelief mit Himmelfahrt und Gürtelspende Marias über der Porta della Mandorla (1415 bis 1420), das sich durch Reichtum der Bewegung, freie und dekorative Verteilung der Figuren sowie durch neuartigen Raumillusionismus auszeichnet. Der frühe Tod N.s war ein großer Verlust für die Entwicklung der Florentiner Bildnerei.

L. Planiscig, N. di B., 1943; P. Vaccarino, N., 1956 (ital.); M. Wundram, Donatello u. N. di B., (Beitr. z. Kstgesch. 3) 1969.

Nanteuil, Robert, franz. Kupferstecher, * 1618 oder 1623 Reims, † 9. 12. 1678 Paris, Schüler von A. Bosse, glänzendster Vertreter der hochentwickelten franz. Bildnisstiches. Er hat nach fremden Vorlagen (z. B. Gemälden von Lebrun), vielfach auch nach eigenen, unmittelbar vor dem Modell angefertigten Zeichnungen gearbeitet. Das Lebensvolle der Darstellung wird durch die technische Virtuosität niemals beeinträchtigt. Von seinen 234 Blättern sind 214 Bildnisse seiner Zeitgenossen, darunter die von Ludwig XIV., Mazarin, Turenne, Anna von Österreich, Christine von Schweden.

Loriquet, Robert N., sa vie et son oeuvre, [2]1885; Porée, Robert N., sa vie et son oeuvre, 1890; E. Bouvy, N., 1924; Petitjean et Wicker, Le catalogue de l'oeuvre gravé de Robert N. Notices biographiques de F. Courboin, 1925.

Naos →Tempel.

Näpfchen, halbkugelförmige Vertiefungen im Mauerwerk von Kirchen neben den Portalen; sollen durch Entnahme von Gesteinsstaub entstanden sein, der als Heilmittel gegen Krankheiten eingenommen wurde. Eine ähnliche Entstehungsursache sollen die Schleifrillen haben, die man ebenfalls an Kirchenportalen findet: entstanden durch das Wetzen und damit Weihen von Waffen, bevor man in den Kampf zog.

Narkissos (Narziß), in der griech. Mythologie der schöne Sohn des Flußgottes Kephissos, verschmähte die Liebe der Bergnymphe Echo. Er wurde von Aphrodite dadurch bestraft, daß er sich in sein eigenes, im Wasser erblicktes Spiegelbild verliebte, das ihm ewig unerreichbar blieb. Darstellungen des N. finden sich in der Spätantike und in der neueren Kunst.

Narthex (griech.), die Vorhalle der frühchristl. → Basilika.

Nase, 1. vorspringende Spitze beim Zusammentreffen zweier Pässe (→ Pass) beim got. →Maßwerk. – 2. Wassernase. →Gesims.

Naturalismus →Realismus.

Naturpapier, Tonpapier, ein in der Masse blau, grau oder braun gefärbtes Papier für den Zeichner, wurde seit Ende des 15. Jh. hergestellt.

Naukratis, älteste griech. Handelskolonie in Ägypten, wohl um 633 v. Chr. oder etwas später von verschied. ostgriech. Städten (Milet, Samos, Klazomenai u. a.) gegründet. Die im Nildelta gelegene Stadt besaß mehrere Heiligtümer. Von den Funden sind bes. Skulpturen und Keramik für die frühe Geschichte der ostgriech. Kunst wichtig. Ein ägypt. Einfluß ist kaum zu bemerken.

H. Prinz, Funde aus N., 1908; F. W. v. Bissing (Forschgn. u. Fortschritte 25, 1) 1949; J. Boardman, The Greeks overseas, 1964.

Naumburger Dom St. Peter und Paul, kreuzförmige, doppelchörige

Pfeilerbasilika mit vier Türmen. Anstelle einer frühroman. Anlage begann der spätroman. Neubau vor 1213. Hauptbauzeit seit etwa 1220 von O nach W fortschreitend, zunächst spätroman., dann immer mehr got. Charakter annehmend. Der Ostchor wird durch einen roman. Lettner, das einzige Beispiel seiner Art, gegen das Langhaus abgeschlossen. Der nach 1249 begonnene Westchor ist mit dem ihm vorgelegten Lettner ein Meisterwerk dt. Frühgotik. Nach 1300 wurde der roman. Hauptchor im O durch einen gotischen ersetzt. Die Osttürme im Unterbau roman., mit spätgot. Erhöhung und barocken Hauben. Die got. Westtürme (der südliche erst seit 1894 ausgebaut) gehen auf die des Bamberger Doms und damit auf das Vorbild der Kathedrale von Laon zurück. Die Bauornamentik des N. D.s, namentlich im Inneren an Kapitellen und Schlußsteinen, ist von höchster Qualität.

Der N. D. birgt Meisterwerke der dt. Bildnerei. An den Diensten des Westchors stehen die lebensgroßen steinernen Gestalten der einstigen Stifter und Wohltäter des Bistums Naumburg und des ersten Doms. Kunstgeschichtlich betrachtet stellen sie den Kulminationspunkt verschiedener Entwicklungslinien dar. Eine der wichtigsten ist folgende: Um 1200 setzt die Bildhauerkunst, bes. Mitteldeutschlands, dazu an, die roman. Einförmigkeit menschlicher Typen zu überwinden und die Verschiedenheit seelischer Haltungen in Gesicht, Gebärde und Stellung anschaulich zu machen. In dieses Reich der Gestaltung körperlicher und seelischer Charaktere stoßen die Naumburger Stifterfiguren am weitesten vor. Sie sind denkbar verschieden voneinander; ja, der Meister hat aus einigen von ihnen ein solches Höchstmaß spezieller Aktivität hervorgelockt, daß die irrige Meinung hat entstehen können, diese Gestalten seien auf einander bezogen, und es spiele sich zwischen ihnen so etwas wie ein stummes Drama ab. Der Entwurf zu diesem Zyklus stammt sicher nur von einem einzelnen, dem →Naumburger Meister. Wieweit bei der z. T. sehr ungleichen Ausführung seine Hand im einzelnen reicht, ist ungewiß. Einheitlicher sind die Reliefs mit Darstellungen aus der Passion Christi am Lettner. In der Tiefräumlichkeit ihrer Anlage, der urwüchsigen bildnerischen Kraft der Ausführung, der Fähigkeit, die Vorgänge zu vergegenwärtigen und sie psychologisch zu durchdringen, sind hier ganz neue Wege begangen worden. Am Mittelpfeiler des Lettners der Gekreuzigte, zu Seiten im Gewände Maria und Johannes; aus der Gattung der Triumphkreuzgruppen, aber im buchstäblichen und übertragenen Sinne den Menschen nahegebracht.

H. Giesau, Der Dom zu Naumburg, 1927; W. Pinder, Der N. D. u. d. Meister seiner Bildwerke, 1939; H. Küas, Die Meisterwerke im N. D., ^{2}1943; J. Jahn, Schmuckformen des N. D.s, ^{3}1944; P. Metz, Der Stifterchor des N. D.s, 1947; W. Schlesinger, Meißner Dom und Naumburger Westchor, ihre Bildwerke in geschichtl. Betrachtung, 1952; A. Stange u. A. Fries, Idee u. Gestalt d. Naumburger Westchors, 1955; W. Hütt, Lydia Manikowski, H. Nickel, P. Feist, Der N. D., 1956; E. Schubert, Der Westchor des N. D.s, 1964 (Abhandlgn. d. Dt. Akademie d. Wissenschaften zu Berlin, Kl. f. Sprachen, Literatur u. Kunst, 1964, 1); ders., Der N. D., 1968, 1975; C. Schmidt, Glasfenster im N. D., 1976.

Naumburger Meister, Bildhauer des 13. Jh., eine der größten Persönlichkeiten der dt. Kunst überhaupt, von der uns außerhalb ihrer Werke nichts bekannt ist. Schaffenshöhe sind die Bildwerke des →

Naumburger Doms. Die Zusammenstellung des Werkes leidet unter der Schwierigkeit, Eigenhändiges gegen das von Mitarbeitern Geleistete und sonstiges Schulgut abzugrenzen, auch darunter, daß sich ein einigermaßen klarer Entwicklungsverlauf von Frühwerken zu Spätwerken bisher noch nicht hat feststellen lassen. Nur die Etappen des Schaffensweges dürften feststehen: sie beginnen in Frankreich und führen über das Rheingebiet nach O, vielleicht bis Meißen, d.h. bis zur damaligen Ostgrenze des dt. Reiches. Sichere oder ihm doch sehr nahestehende Werke sind: Konsolfigur am nördl. Westportal der Kathedrale von Noyon; einige Vierpaßreliefs an der Westfassade der Kathedrale von Amiens; Reliefs (Bruchstücke) vom Liebfrauenportal des Doms zu Metz; Reliefs (Bruchstücke) des Jüngsten Gerichts vom ehemaligen Westlettner des Doms zu Mainz unbestritten; Relief des hl. Martin in der Pfarrkirche von Bassenheim (Bassenheimer Reiter; unbestritten); die Werke im Naumburger Dom (mehrere Mitarbeiter); die Madonna in Horburg (stark umstritten); die Standbilder des Doms zu →Meißen (stark umstritten). Die Nachwirkung des N. M.s läßt sich in der dt. Plastik in einer Reihe von mehr oder weniger von ihm abhängigen Arbeiten bis weit ins 14. Jh. verfolgen.

Außer der Literatur über den →Naumburger Dom: H. Giesau, Die Meißner Bildwerke, 1936; H. Küas, Die Naumburger Werkstatt, 1937; A. Stange und Wolff-Metternich, Der Bassenheimer Reiter, ²1937; H. Beenken, Der Meister von Naumburg, 1939; P. Hinz, Der N. M., ein protestant. Mensch d. 13. Jhs., 1951; J. Jahn, Die Erschließung der Bildwerke des N. M.s, 1964 (Sitzungsberichte d. Sächs. Akademie d. Wissenschaften zu Leipzig, Phil.-hist. Kl. 109, 4); Annegret Peschlow-Kondermann, Rekonstrukt. d. Westlettners ... im Mainzer Dom (Forschgn. z. Kstgesch. u. christl. Archäolog. d. Kstgeschichtl. Instituts d. Joh.-Gutenberg-Univ. 8) 1972; K. Bauch, Bildnisse v. N. M. (Kst.histor. Forschgn.) 1972; D. Isserstedt, D. Bassenheimer Reiter d. N. M.s, Versuch ein. Rekonstruktion (Marburg. Jb. f. Kst.wiss. Bd. 16), 1955; D. Gleisberg, Nachfolge d. Naumburger Plastik in Sachsen u. Thüringen, 1959.

Nautiluspokal, ein Pokal, der aus einer Nautilusmuschel in kostbarer Fassung besteht, wobei durch Tritonen und Nereiden, Delphine und sonstige Meerwesen gern auf die Herkunft der Muschel angespielt wird. Die N.e sind in der Hauptsache Erzeugnisse der dt. Renaissance.

Nay, Ernst Wilhelm, Maler, * 11. 6. 1902 Berlin, † 8. 4. 1968 Köln, zunächst Autodidakt, studierte 1925–28 a. d. Kunstakad. Berlin unter Einfluß C. Hofers. Angeregt durch d. Spätstil E. L. Kirchners wandte sich N. immer mehr der abstrakten Malweise durch zeichenhafte, metaphern-ähnliche Formen zu, erst stillebenartigen Kompositionen, dann Figurenbildern (Lofotenbilder 1937/38) u. später mythologisch-phantastischen Darstellungen bis zur völligen Abstraktion. Seine Werke zeichnen sich durch abgewogene Farbigkeit aus.

F. Usinger, E. W. N. Aquarelle, 1956 u. 1961; W. Haftmann, E. W. N., 1960; M. Imdahl, Akkord in Blau u. Rot, 1962; Ausst.kat. E. W. N. Kunsthalle Hamburg u. a., 1964; Ausst.kat. Neue Gal. Staatl. Kst.slgn. Kassel, N. Zeichnungen, 1977.

Nazarener, Gruppe dt. Maler, die auf Dürer, den frühen Raffael und Perugino zurückgehen, eine „neudeutsch-religiös-patriotische“ Kunst schaffen wollten im Gegensatz zu der gefühlsleeren, wie sie durch die Akademien vertreten wurde. Den Ausgangspunkt bildete der von Overbeck und Pforr 1809 in Wien nach dem Muster religiöser Bruderschaften gegründete Lukasbund, dessen Mitglieder, die Lukasbrüder, sich zu einer strengen, sittlich-religiösen Lebensführung verpflichteten. 1810 übersiedelten Pforr und Overbeck nach Rom und begannen im Kloster Sant' Isidoro auf dem Pincio ihre Ideale zu verwirklichen, abgesondert von der Welt, „um unter sich im Stillen der alten heiligen Kunst nachzuarbeiten" (Overbeck). Der eigentliche Führer der Gruppe, zu der sich noch Cornelius, W. Schadow, J. Schnorr von Carolsfeld u. a. gesellten, war Overbeck. Ursprünglich protestantische Mitglieder besiegelten ihre Zugehörigkeit zum Bund durch Übertritt zur katholischen Kirche, was mit zur Erfindung des Spottnamens „Nazarener" Veranlassung gab. Als Gemeinschaftsarbeit nach mittelalterlicher Weise übernahmen einige von ihnen (Cornelius, Overbeck, Schadow, Ph. Veit) die Ausstattung der Casa Bartholdy in Rom mit Fresken aus der Josefsgeschichte (1816/17; seit 1887 Berlin, Nationalgalerie). Eine weitere Gemeinschaftsarbeit, zu der später auch J. A. Koch herangezogen wurde, war die Ausmalung des Casino Massimo in Rom (seit 1819). Die nicht zuletzt aus romant. Geiste hervorgegangene Bewegung der N. hat ihr Ziel einer wirklichen Erneuerung der religiösen Malerei Deutschlands nach dem Vorbilde der Alten Meister nicht durchsetzen können; doch bleibt ihre Wirkung noch bis in die 2. Hälfte des 19. Jh. spürbar.

F. H. Lehr, Die Blütezeit romant. Bildkunst. Franz Pforr, Der Meister des Lukasbundes, 1924; P. F. Schmidt, Die Lukasbrüder, 1924; C. G. Heise, Overbeck und sein Kreis, 1928; K. Gerstenberg und P. O. Rave, Die Wandgemälde der dt. Romantiker im Casino Massimo zu Rom, 1934; G. Gröschel, Die N. und ihre Beziehungen zur altdt. Malerei, Erlanger Diss. 1937; H. Verbeck-Cardauns, Die Lukasbrüder, 1947; K. Andrews, The Nazarenes, 1964; J. C. Jensen (Ausst.-Kat. Nürnberg) Klassizismus u. Romantik, 1966; ders. (ebda), Der frühe Realismus 1800–1850, 1967; U. Görner, Die Traditionsfolge i. d. nazarenisch. Kst. am Beisp. d. „Casa Bartholdy", Diss. Univ. Leipzig, 1969; L. D. Ettlinger, N. u. Praeraffaeliten (in: Festschr. für G. v. d. Osten), 1970; P. Ponte, Die N. u. Dante, Diss. Univ. Münster, 1971; R. Bachleitner, Die N. (Heyne Stilkde. Bd. 4504), 1976; Ausst.kat. Städelsches Kunstinstitut Frankfurt/M., 1977.

Negerkunst →Afrikanische Kunst.

Neidkopf (von ahdt. nîd „Haß"), Fratze oder Tierkopf aus Stein oder Holz, als Abwehrzauber gegen feindliche Mächte am Haus (Tür, Giebel, Mauer) angebracht. N.e gibt es auch an und in roman. Kirchen, an Taufsteinen und am Chorgestühl.

J. H. F. Kohlbrugge, Tier- u. Menschenantlitz als Abwehrzauber, 1926.

Neithart (Nithart), Mathis →Grünewald.

Nekropole (griech. „Totenstadt"), größere, aus Grabbauten bestehende Begräbnisstätte des Altertums und der christl. Frühzeit, oft eine Fundgrube für den Archäologen. So stammt ein erheblicher Teil der Überreste →Etruskischer Kunst aus N.n. Sonderformen von N.n (Königs-N.n) gibt es im Bereiche der altoriental. u. ägypt. Kunst (Tal der Könige in →Theben).

Nemisee-Schiffe, die seit 1927 im Nemisee (unweit Roms in den Albanerbergen) durch Senkung des Wasserspiegels gehobenen kaiserlichen Prachtschiffe aus der Zeit des Kaisers Claudius (sie waren in einem in der Nähe des Sees für sie errichteten Museum untergebracht, das aber heute nur noch ihre verkleinerten Nachbildungen enthält, da die Originale 1944 im Zuge der Kriegshandlungen verbrannten).

Die beiden riesigen, einst sehr luxuriös ausgestatteten Schiffe waren die einzigen in diesem Umfang erhaltenen Exemplare aus dem Altertum. Sie haben infolge ihrer guten Erhaltung und der sehr sorgfältigen Bergung für die Kenntnis des röm. Schiffsbaues wichtige Beiträge gebracht und zudem zahlreiche Einzelfunde, meist Bronzen, geliefert.

G. Ucelli, Le Navi di Nemi, [2]1950.

Neobarock →Neubarock.

Neogotik →Neugotik.

Neoimpressionismus →Impressionismus.

Neolithikum →Jungsteinzeit.

Neo-Plastizismus →Stijl, De → Mondrian.

Neorenaissance →Neurenaissance.

Neoromanik →Neuromanik.

Neptunus →Poseidon.

Nereïden →Triton.

Nereïdenmonument, Grabdenkmal in Xanthos (Lykien), dessen Reliefschmuck ins Britische Mus. gelangt ist. Die Rekonstruktion des ganzen Denkmals ist unsicher, da die inzwischen verschwundenen Architekturteile nicht richtig aufgenommen wurden. Es ähnelte in der Form dem →Maussolleion, d.h. auf einem mit Relieffriesen verzierten Unterbau stand ein Grabtempel, der ebenfalls an seinem Architrav und seiner Wand Friese trug. Zwischen den Säulen dieses Oberbaues standen die Nereïdenfiguren. Ihr Stil ist rein provinziell und von der attischen Kunst der Zeit um 400 v. Chr. abhängig. Die Friese enthalten Darstellungen aus dem Leben des Fürsten, dem das Denkmal gehörte. In ihnen wird man zwar einen gewissen Einfluß der ostgriech. Malerei nicht ableugnen können, aber sie sind in vielen Teilen unbedeutend und wiederholen oft die gleichen Motive.

Niemann, Das N. von Xanthos, 1921; Schuchhardt in Athen. Mitteilungen 1927; P. Coupel, P. Demargne, Le monument de Néréides. L'architecture, 2 Bde., 1969; P. Bernard, Le morium de N.s. La sculpture, o. J.

Nervi, Pier Luigi, Ingenieur u. Baumeister, * 21. 6. 1891 Sondrino/Ital., † 9. 1. 1979, einer d. bedeutendsten europäisch. Baumeist. u. Lehrer d. 20. Jhs., vor allem Gestalter d. Stahlbetonbaues, der in seinen Werken die Einheit von künstlerischer Form u. Technik suchte, wobei er die materialbedingten Strukturen sichtbar machte. Seine Industriebauten, Stadien, Hallen, Bahnhöfe u. Repräsentationsgebäude erreichten riesige Dimensionen u. neue Raumformen, teilweise mit vorfabrizierten Betonelementen. Hauptwerke: Stadion Florenz (1930–32), Ausstellungshallen Turin (1948–50); Olympiabauten Rom (1956–59); UNESCO-Gebäude Paris (1953 bis 1957); Pirelli Hochhaus Mailand (1955/56). Er gab seit 1973 die großangelegte „Weltgesch. d. Architektur" heraus.

L. Nervi, Bauten u. Projekte, dt. v. J. Joedicke u. E. Rogers (Hg.), 1957; ders., Neue Strukturen, dt. 1963; A. L. Huxtable, P. L. N., dt. 1960; A. Pica, P. L. N., 1969; M. Major, P. L. N., 1970.

Nesiotes →Kritios.

Netsuke, Netske, die, japan. Gürtelknopf aus Elfenbein, Holz od. (seltener) Metall zum plastischen Kleinkunstwerk mannigfachster Art ausgebildet und bestimmt, das → Inro oder den Tabaksbeutel zu tragen. Beliebter Sammelgegenstand.

A. Brockhaus, Netsuke, [3]1925; H. G. Bunke, N., 1959; R. Wolf, Die Welt der N., 1970; N. K. Davey, N., 1976 (engl.).

Netzgewölbe →Gewölbe.

Netzglas →Fadenglas.

Netzrahmen, ein Rahmen mit Fadennetz als Hilfsmittel für den Akt-, Bildnis- und Landschaftszeichner. Durch den senkrecht aufgestellten Rahmen wird der Gegenstand betrachtet, dessen Hauptpunkte und -linien dann auf dem mit dem gleichen Netz versehenen Zeichenblatt eingetragen werden (16.–19. Jh.). Die tatsächliche Verwendung des N.s wird anschaulich aus einem Holzschnitt Dürers (B. 149).

Neubarock, Richtung der europ. Kunst im 19. Jh., die die Gestaltungsweise des →Barocks in gewissem Sinne aufs neue zur Geltung brachte, teils in unmittelbarer Nachbildung, teils aus einem Anempfinden von innen her. Am weitesten sichtbar äußerte sich der N. in der Baukunst. Hier hatte nach dem Abblühen des →Klassizismus die aus der eigenen Schaffensohnmacht sich erklärende Nachahmung historischer Stile eingesetzt, ohne daß zu einem von diesen eine wirklich innere und allgemeine Zuneigung bestand. Diese trat erst in der 2. Hälfte des 19. Jh. gegenüber dem Barockstil ein, in erster Linie wohl als eine Reaktion gegen den Klassizismus mit seinen ruhigen, klaren Flächen und einfachen Formen. Doch müssen die Dinge noch etwas tiefer liegen, da auch außerhalb der bildenden Kunst eine ähnliche Grundhaltung zu beobachten ist (z.B. in der Musik: Rich. Wagner, Bruckner). Jedenfalls will man wieder das Rauschende, Pompöse, mit machtvollen Akzenten Arbeitende, nicht das Zierliche und Leichte, sondern das Schwere und Wuchtige; nicht die Harmonie schön proportionierter Flächen, sondern die Massenwirkung plastisch ausladender Teile; nicht die durch Anwendung von viel Weiß erzielte Helligkeit klassizistischer Räume, sondern den schweren, auf Gold und Rot dunkel getönten Prunk. Ungezählte Bauten entstanden in diesem N. damals allenthalben, in den drei letzten Jahrzehnten des 19. Jh. beherrschte er die europ. Baukunst völlig, und noch heute wird das Gesicht, zumal unserer Großstädte, weitgehend von ihm bestimmt. Der Berliner Dom oder das Reichstagsgebäude oder die Große Oper in Paris sind markante Beispiele. In Plastik und Malerei setzte der N. z.T. schon früher ein, wenn er auch nicht mit solcher Ausschließlichkeit zur Herrschaft kam. Hier ist Frankreich vorangegangen. Etwa François Rudes Relief am Arc de triomphe in Paris „Le chant du départ“ (1832–36) bildet in der Plastik den Auftakt, und die sog. romantische Richtung der franz. Malerei unter Führung von Delacroix ist am Barock orientiert, wobei die unmittelbare Reaktion gegen den Klassizismus vollkommen deutlich ist. Delacroix' Vorbild war nicht mehr die Antike, sondern Rubens. In der dt. Malerei sind vielleicht die Riesengemälde Hans Makarts die besten Beispiele. Verheerend war die Wirkung des N.s im Kunstgewerbe. Hier war der Barock leere, zu bloßem Schwulst aufgeblähte Form geworden, hinter der keinerlei schöpferisches Eigenleben stand, und es ist zu verstehen, wenn die Reaktion gegen den N. zuerst im Kunstgewerbe einsetzte. Auch die Baukunst des 20. Jh. mit ihrem Ideal des architektonisch Reinen, durch plastische Ausladungen oder Ornamentik nicht Verunklärten, ist eine Kontrasterscheinung zum N. In Deutschland war der Aufschwung des nach großen Formaten, Materialaufwand, Pathos u. Repräsentation drängenden N.s unmittelbar verknüpft mit dem wirtschaftlichen Aufschwung nach dem

Sieg von 1871, daher auch die Bezeichnung „Kunst der Gründerzeit“. – Über die z.Z. des N.s ins Leben gerufene Barockforschung →Barock.

K. Scheffler, Verwandlungen d. Barocks i. d. Kunst d. 19. Jh.s, 1947; J. Jahn, Der Barock u. d. dt. Kunstwissenschaft, 1961 (in Festschr. Oprescu); R. Linnenkamp, Die Gründerzeit 1835–1918 (Heyne Stilkde. Bd. 4), 1976.

Neue Sachlichkeit, Bezeichnung einer Reaktionserscheinung der europ. Malerei gegen den Expressionismus, die seit etwa 1920 zu einer von mehreren Namen (Scholz, Schrimpf, A. Kanoldt u.a.) getragenen Richtung wurde, auch, so bei →Dix, mit sozialkrit. Tendenz auftrat. Das Wort N. S. wurde 1923 von G. F. Hartlaub geprägt als Programmwort einer jedoch erst 1925 zustandegekommenen Gemäldeausstellung in der Kunsthalle zu Mannheim. Die N. S. ist ein Realismus besonderer Art: alles Gegenständliche ist scharf beobachtet, überdeutlich gezeichnet und modelliert und einem klaren Bildaufbau fest eingeordnet, oft so fest, daß Bewegungslosigkeit, ja Starrheit die Folge ist. Somit erscheint die N. S. auch als Reaktion gegen den Impressionismus. – Als N. S. bezeichnet man ferner eine von der Nachahmung geschichtl. Stilformen sich abwendende, Sachlichkeit und Zweckmäßigkeit erstrebende Richtung in Baukunst, Innenausstattung und Kunstgewerbe der 20er Jahre des 20. Jh., deren Anfänge aber schon um 1900 liegen. In Italien nennt man ebenfalls seit 1923 die auf Übersichtlichkeit, Klarheit u. Zweckmäßigkeit angelegte neue Bauweise, die der bei uns als N. S. bezeichneten etwa entspricht, „Stile Novecento“.

F. Roh, Nachexpressionismus, 1925; W. Schmid, N. S. u. magischer Realismus i. Dtschld. 1918–33, 1970; N. S. u. Realismus. Ausst.kat. Mus. d. 20. Jhs. Wien, 1977; G. Presler, Die Kst. d. 20er Jahre. N. S. im Aufwind, 1978; H. G. Vierhuff, Die N. S. Malerei u. Fotografie, 1980.

Neues Bauen. Seit der Mitte der zwanziger Jahre dieses Jhs. verstärkten sich die Bestrebungen, Bauen von historischen u. historisierenden Vorbildern zu lösen. H. →Häring entwickelte dabei Gedanken des Soziologen u. Kulturphilosophen Alfred Weber weiter und unterschied „Architektur“ vom „Bauen“, dem „die Wesenheit der eigentliche Inhalt der Gestalt u. des zu schaffenden Werkes“ sein müsse und nicht wie Architektur – „die sich auf den geistigen u. technischen Aspekten der geometrischen Figuren übte“ und forderte, „daß das Bauwerk der vom Geist zu setzenden Strukturidee gehorche“. Damit wurden seit 1952 neue Maßstäbe des Bauens gesetzt, die auch Gedanken F. L. →Wrights aufnahmen. Häring spricht auch vom organhaften Bauen. H. →Scharoun verwirklichte diese Gedanken vom N.n B. in seinen Werken, besonders in der Berliner Philharmonie.

→Häring; →Neutra, →Wright; J. Joedicke (Hg.), Dokumente der modernen Architektur Bd. 4, 1965; ders., Bd. 7, Moderne Architektur, Strömungen u. Tendenzen, 1968; N. Huse, N. B. 1918–33, mod. Architektur i. d. Weimarer Rep., 1975; V. Kultermann, Die Architektur i. 20. Jh., 1977.

Neugotik, Richtung der neueren Baukunst, die den got. Stil wieder zur Geltung brachte, nicht zu verwechseln mit der →Nachgotik. Die N. steht im Zusammenhang mit dem Aufkommen der Romantik und ist daher wie diese von England ausgegangen. Um 1750 sind in England die ersten neugot. Bauten entstanden, zunächst künstliche →Ruinen (frühestes datiertes Beispiel 1746 in Edgehill), dann aber zu tatsächlichem Gebrauch bestimmte Bauten:

das Landhaus Strawberry Hill (begonnen um 1751) des Horace Walpole und (ebenfalls schon in den 50er Jahren) einige got. Kirchen. Man baute gotisch, in erster Linie, weil ein got. Bau die romantische, sich für das Mittelalter begeisternde Phantasie beschäftigte, aber auch, weil die zierlichen und dünnen got. Formen dem Rokokogeschmack entgegenkamen. In Deutschland ist das erste, jedoch ganz vereinzelte Beispiel das Nauener Tor in Potsdam (1755), das Friedrich d. Gr. auf engl. Anregung errichten ließ. Ebenfalls von England angeregt ist auch das „Gotische Haus" im Wörlitzer Park (1786/87). Überhaupt blieb in der 2. Hälfte des 18. Jh., so auch in Frankreich, die eigentliche Domäne got. Bauens der Park. Die N. war zunächst noch Privatliebhaberei, die allerdings, wie die Errichtung von Fonthill-Abbey (um 1800; 1825 zusammengestürzt) zeigt, zuweilen gigantische Ausmaße annehmen konnte. Selbst in England kommen bis etwa 1820 neugot. Kirchen nur vereinzelt vor. Das Interesse an der got. Architektur erfuhr bei den dt. Romantikern in den beiden ersten Jahrzehnten des 19. Jh. eine wesentliche Steigerung: Plan zur Wiederherstellung der Marienburg, des Kölner Doms, Bilder von C. D. Friedrich, Entwürfe got. Kirchen und Monumente des Klassizisten Schinkel. Seit etwa 1820 begann die Zahl neugot. Kirchenbauten in England zu wachsen; in Berlin errichtete Schinkel die allerdings von klassizistischem Geiste durchdrungene, got. sein sollende Werdersche Kirche (1824–1830). Der eigentliche Aufschwung der N. zu einer europäischen, das Gesicht der Städte mitbestimmenden Richtung erfolgte aber erst in den 30er Jahren. Der Begriff der Gotik erfuhr erst jetzt eine genauere Bestimmung, ihre Einzelformen lernte man erst jetzt genauer kennen. Aufs neue beschäftigte sie die Gemüter, wie die Tatsache und der Erfolg von Victor Hugos historischem Roman „Notre-Dame de Paris" von 1831 beweist. Ein wichtiges Agens war dabei der nun mit allen Stimmen einsetzende historisierende Eklektizismus des 19. Jh. Die entscheidende Tat wurde auch jetzt wieder in England getan: 1834 war das alte Parlamentsgebäude in London abgebrannt; 1836 wurde der neugot. Entwurf von Ch. Barry zur Ausführung angenommen. Damit hatte sich die N., die bisher im allgemeinen auf Kirchen und kleinere Liebhaberbauten beschränkt blieb, das repräsentativste weltliche Bauwerk Englands erobert. Von jetzt ab vermochte sie nach allen großen Aufgaben zu greifen, und es entstanden im weiteren Verlaufe des 19. Jh. in England, Deutschland, Frankreich und Belgien unzählige kirchliche und weltliche Bauten (bes. Rathäuser), in denen der got. Stil nach allen Richtungen abgewandelt ist. Auch ins Kunstgewerbe zog er ein, wofür ebenfalls ein Engländer die Bahn gebrochen hatte: A. W. Pugin, der seit 1835 in ununterbrochener Folge auch in Deutschland stark verbreitete Werke erscheinen ließ, die zeichnerische Aufnahmen und Entwürfe aller möglichen got. Einzelheiten enthielten. Mit der um 1900 sich vollziehenden Abkehr vom historisierenden Eklektizismus war die N. im wesentlichen zu Ende. Im Sakral- und Denkmalbau der Gegenwart blieben aber got. Baugedanken noch weiterhin lebendig.

Eastlake, A History of the Gothic Revival, 1872, neue Ausg. v. J. M. Crook, 1970; Mornet, Le romantisme en France au XVIIIe siècle, 1912; H. Schmitz, Die Gotik im dt. Kunst- und Geistesleben, 1921; R. Lanson, Le goût du moyen-âge en France au XVIIIe siècle, 1926; A. Neumeyer, Die Erweckung der Gotik in der dt. Kunst des späten 18. Jh., 1928 (Repertorium f. Kunstwissensch., Bd. 49); Kenneth Clark, The Gothic Revival, 1928, ²1950; A. Addison, Romanticism and the Gothic Revival, 1938; P. Frankl, The Gothic, 1960; Th. G. Jackson, Modern gothic architecture, 1973; A. Meyer, N. u. Neuromantik i. d. Schweiz, 1973; G. Germann, N. Gesch. ihrer Architekturtheorie.

Neuklassizismus →Klassizismus.

Neumann, Balthasar, Baumeister, getauft 30. 1. 1687 Eger, † 18. 8. 1753 Würzburg, Ingenieur und Artilleriehauptmann, wurde 1720 mit der technischen Überwachung des Baues der Würzburger Residenz beauftragt, dessen künstlerische Leitung er im Laufe der Zeit immer mehr in die Hand bekam und bis zu seinem Tode behielt. Die dort von ihm geschaffene Treppenanlage gehört zu den größten Raumerlebnissen, die die dt. Kunst zu bieten vermag (→Würzburger Schloß). Auch die Treppenhäuser in den Schlössern Bruchsal (1729 bis 33) und Brühl (1743–48) sind von N. entworfen. N.s kirchliche Hauptwerke: die Wallfahrtskirche von Vierzehnheiligen (1743–72) und die Abteikirche in Neresheim (seit 1745), die mit ihrer spezifisch dt. Raumphantasie zum höchsten gehören, was unsere Barockbaukunst auf ihrer letzten Entwicklungsstufe zu geben vermochte. Die Größe von N.s Persönlichkeit und seines Schaffensumfanges ist von der Forschung erst in jüngster Zeit erkannt worden.

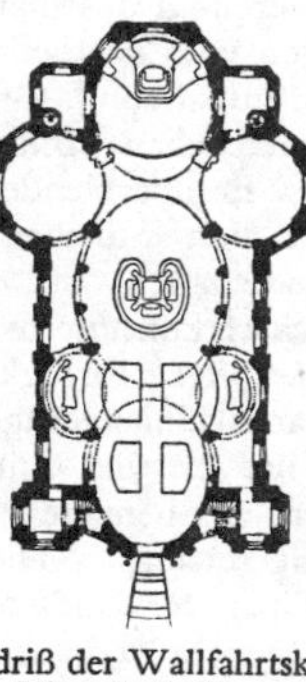

Grundriß der Wallfahrtskirche Vierzehnheiligen

R. Sedlmaier und R. Pfister, Die fürstbischöfliche Residenz zu Würzburg, 2 Bde., 1923; F. X. Pröll, Kirchenbauten B. N.s, Würzburger Diss., 1936; M. H. von Freeden, B. N. als Stadtbaumeister, 1937 (Kunstwissensch. Stud. Bd. 20); F. G. Bendel, Beiträge zur kirchlichen Bautätigkeit B. N.s in den Jahren 1730–45, 1937 (Archiv d. Histor. Vereins von Mainfranken, Bd. 71); H. W. Hegemann, Die Altarbaukunst B. N.s, Marburger Diss., 1937; F. Knapp, B. N., der große Architekt seiner Zeit, 1937; Th. A. Schmorl, B. N., 1946; G. Neumann, Neresheim, 1947; M. H. v. Freeden, B. N., Leben und Werk, 1953, ²1963; R. Teufel, Vierzehnheiligen, ²1957; H. Reuther, Die Kirchenbauten, B. N.s, 1960; E. Ortner, Der Barockbaumeister B. N., 1978; (m. Bibl.); H. Reuther, D. Zeichnungen aus d. Nachlaß B. N.s: d. Bestand i. d. Kst.biblioth. Berlin, 1979.

Neurenaissance, die im letzten Drittel des 19. Jh. erfolgte Wiederaufnahme von Formen insbesondere der dt. Renaissance vornehmlich in der Architektur aber auch im Kunstgewerbe (Möbel). Die N. fiel also zeitlich mit dem →Neubarock zusammen, war aber in ihren Auswirkungen viel beschränkter. Bedeutendster Vertreter der N. in der Baukunst war G. →Semper. Opernhäuser (Dresden, Karlsruhe, Wien u. a.), Museen (Dresden, Paris, Leipzig, Wien, London u. a.), Hochschulen (ETH Zürich u. a.), Rathäuser, Bahnhöfe, Schulen, Justizgebäude, Postämter und andere öffentl. Gebäude – seltener Kirchen (Berliner Dom) – entstanden in der Formensprache der N., oftmals allerdings nicht eindeutig abgrenzbar und vermengt mit der des →Neubarock, besonders in d. sog. Gründerzeit. Auch die Kunstwissenschaft jener Zeit nahm die Renaissance wieder in ihr Blickfeld, so W. Lübke, Geschichte der dt. Renaissance, 1873, H. Hirth, Formenschatz der Renaiss., und später A. Haupt. So wie das dte. Zeitalter der Renaissance weitgehend vom Bürgertum bestimmt wurde, ist dies in ähnlicher Weise für die Kunst der N. der Fall.

Neuromanik, Neoromanik ist im 19. Jh. eine Tendenz des Historismus (→Eklektizismus), die auf die Baukunst beschränkt blieb. Sie ist der →Neugotik, dem →Neubarock und der →Neurenaissance wesensverwandt und läßt sich aus dem Geiste des im Zeitalter der Romantik erwachten Geschichtsbewußtseins erklären, nicht zuletzt unter dem Einfluß der sich eben abzeichnenden Beschäftigung mit der Kunstgeschichte und den sich bildenden Stilbegriffen. Die N. ist wie Neubarock und Neugotik eine gesamteuropäische Erscheinung. In Deutschland sind die Hauptvertreter H. Hübsch aus Karlsruhe mit seinem Entwurf für eine Bischofskirche in Rottenburg (Neckar), um 1830, der auch den Dom zu Speyer ergänzte, C. W. Haase mit dem Provinzialmus. in Hannover, 1853 bis 1858, F. Schwechten, Kaiser-Wilh.-Ged.-Kirche Berlin, 1891–95. Den Kirchen folgten öffentliche Gebäude, Postämter, Gerichtsgebäude usw. sowie Burgen und Villen. Teilweise verschmolzen allerdings die einzelnen „Stil"-richtungen ineinander und wurden in Überwindung ihres →Eklektizismus durch modernes Bauen abgelöst.

M. Bringmann, Studien zur neurom. Architektur in Deutschland, Diss. Univ. Heidelberg, 1968; H. Mai, Stud. zum Kirchenbau des 19. Jhs. in Deutschland; Habil.schrift Univ. Leipzig, 1971.

Neutra, Richard, österr.-amerikan. Baumeister, * 8. 4. 1892 Wien, † 16. 4. 1970 Wupperthal, Schüler von O. →Wagner und A. Loos an der TH Wien, Zusammenarbeit mit E. →Mendelsohn in Berlin, ging 1926 nach den USA, lehrt an der Harvard Universität. N. hat in den USA als einer der ersten bedeutenden europäischen Architekten moderne Baugedanken verbreitet. Seine Bauten sind klar und streng aus kubischen Körpern und geometrisch gegliederten Flächen errichtet. Sie kontrastieren als Ganzes mit der umgebenden Landschaft, der sie sich in Einzelheiten einfügen. Mit seinem Bau einer Versuchsschule in Los Angeles (1935) leitete er neue Entwicklungen im Schulbau ein. Daneben hat er vor allem zahlreiche Wohnbauten errichtet. Er schrieb u.a. „Survival through Design" 1954, „Mensch und Wohnen", 1955; „Bauten u. Projekte (1923–65)", 3 Bde., 1965.

R. N., Amerika. Die Stilbildg. d. neuen Bauens, 1930; W. Boesinger, R. N., Bauten und Projekte, 3 Bde., 1951, 1966; E. McCoy, R. N., 1961 (engl.), dt. 1962.

Nicholson, Ben, engl. Maler, * 1894 Denham (Buckinghamshire), lebt seit 1958 in der Schweiz, reiste nach Südfrankreich, Italien, Kalifornien, war 1933–35 Mitglied der Gruppe „abstraction-création" in Paris. N. vereinigt in seinem Werk Anregungen vom synthetischen → Kubismus, zumal von J. →Gris, mit der geometrischen Bildordnung Mondrians. Er überblendet in seinen meist von Stillebenmotiven oder Landschaften abstrahierten Bildern scharf konturierte Flächen von gedämpfter Farbigkeit mit ebenso klaren Liniengefügen. Eine Zeitlang hat er viel mit mehrschichtigen, aus bemalten Brettern zusammengesetzten Reliefs gearbeitet. Einen verwandten Raumeindruck erreicht er in seinen Bildern.

H. Read, B. N., 1956 (engl.); J. P. Hodin, B. N., 1957 (engl.); D. Baxandall, B. N., 1962 (engl.); Ausst.kat. B. N., London, 1963.

Niederländische Kunst, die Kunst des heute in die Länder Belgien und Holland gesonderten Gebietes. Im Laufe ihrer Entwicklung traten sie immer deutlicher in zwei verschiedenen Richtungen auseinander, die flämische im S (seit 1830 belgische genannt) und die holländische im N. Schöpferische Eigenbedeutung gewinnt die N. K., die zunächst als Ausstrahlungserscheinung der stammverwandten dt. und der franz. Kunst anzusehen ist, um 1400. Damals trat in dem Niederländer Claus →Sluter der gewaltigste Bildhauer seiner Zeit diesseits der Alpen auf; damals leiteten die niederländ. Miniatoren eine neue Epoche der nord. Malerei ein (→Miniaturmalerei, →Landschaftsmalerei), und die Brüder van →Eyck begründeten die altniederländ. Malerei, die neben der gleichzeitigen ital. führend in Europa wurde. Der Schwerpunkt des künstlerischen Schaffens lag in den südl. Niederlanden, die alle Kräfte an sich zogen; auch das bauliche Antlitz der flandrischen Städte jener Tage mit ihrer dichten Folge hochentwickelter spätgot. Bauten, die eine bedeutende Sondererscheinung im Gesamtbild der Spätgotik sind, zeugen von der reichen bürgerlichen Kultur gerade der südl. Niederlande. Das 16. Jh. bringt den Einbruch der ital. Renaissance, der die bisher so harmonische Entwicklung stört und zu einem Schwanken zwischen bodenständiger Art und fremder Form führt, das zumal die niederländ. Malerei mit Unruhe und Unausgeglichenheit erfüllt. Die „Romanisten" schlossen sich bes. eng an Italien an, ohne aber dadurch ihre spätgot. Unruhe bändigen zu können, und die „Manieristen" hatten wieder in anderer Weise den festen Boden der Überlieferung unter den Füßen verloren. Immerhin ragt um die Mitte des Jahrhunderts ein Maler hervor, dem damals diesseits der Alpen kein anderer zur Seite gestellt werden konnte, Pieter →Bruegel d. Ä., eine Erscheinung von Shakespeareschen Ausmaßen und zugleich fest dem flämischen Volkstum verbunden. Der durch Stammesverschiedenheiten gegebene Unterschied zwischen dem N und dem S (der in einzelnen Erscheinungen naturgemäß schon immer spürbar war) verschärft sich durch die politische und konfessionelle Trennung der beiden Gebiete in der 2. Hälfte des 16. Jh. so, daß man seit etwa 1600 von einer flämischen und holländischen Kunst sprechen kann. Im 17. Jh. hat die niederländ. Malerei, wie schon einmal im 15., die Führung diesseits der Alpen gehabt, und ihre beiden Repräsentanten, Rubens im katholischen S und Rembrandt im protestantischen N, verkörpern zugleich die Eigenart dort der fläm., hier der holländ. Kunst. Niemals in der Geschichte der Malerei hat es auf so engem Raum eine solche Fülle von Malern bei so hohem Niveau gegeben, wie im Holland des 17. Jh., und hier hat sich auch in unpathetischer Sachlichkeit jene Sonderung in die verschiedenen, von Spezialisten gepflegten Kunstgattungen vollzogen, wie wir sie noch heute haben. Die große Zeit der N.n K. ist nach dem 17. Jh. zu Ende; aber die Wirkungen ihrer Malerei haben lange angehalten, und noch im 19. Jh. läßt sich vieles auf die Niederländer des 17. Jh. zurückführen. Die Begründung des Königreichs Belgien von 1830 hat der Kunst in diesem Lande neue Aufgaben und damit einen starken

Auftrieb gegeben (→Belgische Kunst), und auch in Holland hat sich nach längerer Stagnation seit dem späteren 19. Jh. wieder eine regere Tätigkeit entfaltet, die im 20. Jh. zumal der Baukunst zugute gekommen ist. – Die Beziehungen zwischen der dt. und der N.n K. sind zeitweise sehr eng gewesen. So steht die dt. Malerei der 2. Hälfte des 15. Jh. weithin unter dem Einfluß der niederländ. K. (Rogier van der Weyden, Bouts), und in der gleichen Zeit sind auf den Gebieten des Holzschnitts und Kupferstichs die beiden Länder oft gar nicht zu trennen. In der 1. Hälfte des 16. Jh. übte die Graphik Dürers eine sichtbare Wirkung auf die N. K. aus, und in der Ornamentik der beiden Länder herrschte in diesem Jahrhundert eine enge Wahlverwandtschaft. Ähnliches gilt von der holländ. und der norddt. Baukunst im Zeitalter der Spätrenaissance und des Barocks, und auch im Kunstgewerbe sind mannigfache Beziehungen vorhanden.

A. von Wurzbach, Niederländ. Künstlerlexikon, 3 Bde., 1906–11; M. J. Friedländer, Die altniederländ. Malerei, 14 Bde., 1924–37; De Nederlandsche Monumenten van Geschiedenis en Kunst (holländ. Inventarwerk), seit 1926; J. Casier u. P. Bergmans, L'art ancien dans les Flandres, 3 Bde., 1928; H. van Hall, Repertorium voor de Geschiedenis der Nederlandsche Schilder- en Graveerkunst, 2 Bde., 1932–49; De Meyere, L'art populaire flamand, 1934; Ars Belgica, seit 1934 (eine Art Inventarwerk); G. J. Hoogewerff, De nord-nederlandsche Schilderkunst, 4 Bde., 1936–42; Kunstgeschiedenis der Nederlanden etc. onder redactie van H. E. van Gelder, ²1946; Stan Leurs, Geschiedenis van de Vlaamsche Kunst, 2 Bde., 1938–39; W. Bernt, Die niederländischen Maler des 17. Jh., 3 Bde., 1948; E. Panofsky, Early Netherlandish Painti gs, 2 Bde., 1954; J. Leymarie, La peinture hollandaise, 1956; dt. 1976; J. Lassaigne u. R. Delevoy, Die fläm. Malerei, 2 Bde., dt. 1957/58; S. J. Fockema Andreae, E. H. ter Kuile u. R. C. Hekker, Duizend Jaar Bouwen in Nederland, 2 Bde., 1957/58; W. v. Bode, Die Meister d. holländ. u. fläm. Malerschulen, ⁹1958; E. Plietzsch, Holländ. u. fläm. Maler d. 17. Jh., ²1972; P. Haesaerts, Histoire de la peinture moderne en Flandre, 1960; A. Dohmann, Die altniederländ. Malerei d. 15. Jh. von van Eyck bis Bosch, 1964; H. G. Franz, Niederländ. Landschaftsmalerei i. Zt.alter d. Manierismus, 2 Bde., 1969; C. Hofstede de Groot, Beschreibendes u. krit. Verz. d. Werke d. hervorragendst. holl. Mal. d. 17. Jhs. (1907–26), Nachdr. Bd. 9 u. 10, 1976; H. Bauer, Niederländ. Malerei d. 17. Jhs., 1982.

Niello (ital. von lat. nigellus „schwärzlich"), 1. die als schwarze oder schwärzliche Zeichnung sich abhebende Verzierung eines metallenen, bes. silbernen Gegenstandes; auch der in solcher Weise verzierte Gegenstand selbst. Technik: in die eingravierte Zeichnung wird die aus Silber, Kupfer, Blei, Schwefel und Borax bestehende Niellomasse gleichmäßig eingeschmolzen, darauf wird das Ganze poliert, so daß die Zeichnung nunmehr sauber und klar in dem silbernen Grunde steht. 2. Der Abdruck einer zur Aufnahme der Niellomasse bestimmten, gravierten Platte auf Papier oder (seltener) auf Schwefel. In der Mehrzahl heißen solche Abdrücke Niellen.

Das N. war der ägypt. und röm. Kunst bekannt und wurde auch im Mittelalter zur Verzierung von Kelchen, Kruzifixen und dergl. verwendet. Bes. gepflegt wurde es von den ital. Goldschmieden des 15. u. 16. Jh. Nach Vasari soll der Florentiner Goldschmied Maso Finiguerra um 1460 eine Nielloplatte eingeschwärzt, auf Papier abgedruckt und damit den Kupferstich erfunden haben. Auf dieser Angabe beruht die lange herrschende Annahme eines Zusammenhanges zwischen N. und Kupferstich. Sie darf heute als erledigt gelten, da die frühesten bekannten Kupferstiche keinerlei Merkmale zeigen, die auf die N.-

technik und den mit ihr verbundenen Stil hinweisen. Nach dem 16. Jh. verlor das N. in Europa an Bedeutung. Im Orient wurde es namentlich in Indien und Persien gepflegt. Im 19. Jh. wurde die N.-technik im Süden Rußlands, in der Krim, bes. in Tula geübt: Tulaarbeiten (Dosen, Löffel, Schmucksachen). Solche Tulaware (Tulasilber) ist seit der Mitte des 19. Jh. auch in Wien zahlreich hergestellt worden.

A. M. Hind, Nielli, chiefly Italian of the 15th century – Plates, Sulphur Casts and Prints – preserved in the British Mus., 1936; A. Blum, Les nielles du Quattrocento, Musée du Louvre, 1950.

Nike, die griech. Siegesgöttin, eine der frühesten Personifikationen. Sie wird von der Kunst mit Ausnahme einer ungeflügelten Form (Nike Apteros) immer geflügelt gebildet. Das frühste plastische Beispiel ist eine auf Delos gefundene Figur, die man früher dem Erfinder des geflügelten Typus, dem Bildhauer Archermos, zuschreiben wollte. Sie war jedoch wohl ein Akroter. Aus dem Ende des 5. Jh. stammt die Nike des →Paionios, die in Olympia gefunden wurde. Die berühmte Nike von Samothrake, die auf einem Schiffsvorderteil stand (Louvre), ist im Hellenismus entstanden. – In Athen hatte der Nikekult sein Zentrum auf der Akropolis in dem zierlichen N.-Tempel, der von einer Balustrade mit prachtvollen Nikereliefs umgeben war, die dem Ende des 5. Jh. angehören. Die röm. Kunst hat zahlreiche Umbildungen der klassischen N.n geschaffen.

Studniczka, Die Siegesgöttin, 1898; The Oxford Classical Dictionary, 1953; Cornelia Isler-Kerenyi, N., 1969.

Nikias, athenischer Maler, der zur Zeit des →Praxiteles lebte und diesem die Marmorstatuen bemalte. Von seinen Gemälden (Tafelbildern, Grabstelen, Wandgemälden) sind in der Literatur viele genannt, aber keines ist erhalten. Man nimmt an, daß sich in der pompejanischen Malerei Nachklänge seiner Werke finden.

B. Neutsch, Der Maler N. von Athen, 1940; A. Rumpf, Malerei u. Zeichng. (Hb. d. Archäolog., 4) 1953.

Nikolaus von Hagenau →Hagnower.

Nikolaus von Verdun, lothring. Goldschmied und Emailmaler, in datierten Werken nachweisbar 1181 bis 1205, ein Künstler von überragender entwicklungsgeschichtlicher Bedeutung, in dessen Werken das Werden der Gotik bes. deutlich zu verfolgen ist. Erstes sicheres Werk ist der Klosterneuburger oder Verduner Altar (1181; Stift Klosterneuburg bei Wien), ursprünglich wohl Bekleidung einer den Ambo umgebenden Brüstung. Er enthält in 51 Grubenschmelztafeln Darstellungen aus dem Alten und Neuen Testament in typologischer Beziehung und ist somit eines der ersten Werke der mittelalterl. Ikonographie, in dem die typologische Betrachtungsweise umfassend und folgerichtig zur Geltung kommt. Die Grubenschmelztechnik ist so virtuos gehandhabt, daß sie allen zeichnerischen Intensionen des Künstlers aufs geschmeidigste zu folgen vermag. Der Zeitpunkt der Entstehung ist allgemein gekennzeichnet durch ein verstärktes Einströmen byzantin. Formvorstellungen. N. hat sie in schöpferischer Weise verwertet und ist auf dieser Grundlage als erster zu der Eleganz und Zügigkeit der got. Linienführung gelangt, die im 13. Jh. in Frankreich Allgemeingut werden sollte. Ähnliches gilt von der fließenden Faltenführung seiner getriebenen Figuren, die in Haltung und Gesichtsbildung bei unverminderter Kraft des Ausdrucks bereits die edle Schönheit der klassischen Gotik des 13. Jh. vorwegnehmen. Letztes bezeichnetes Werk ist der Marienschrein der Kathedrale in Doornik (Tournai) von 1205. Aus seiner Werkstatt hervorgegangen ist auch der riesige Dreikönigsschrein des Kölner Doms (letztes Jahrzehnt des 12. Jh.), ferner ist seine Mitarbeit am Annoschrein (1183; Siegburg, Pfarrkirche), und am Albinusschrein (1186; Köln, St. Pantaleon) anzunehmen.

Drexler und Strommer, Der Verduner Altar, 1903; O. v. Falke und H. Frauberger, Dt. Schmelzarbeiten des Mittelalters, 1904; O. von Falke, Der Dreikönigsschrein des N. v. V., 1911; H. Rupprich, Das Klosterneuburger Tafelwerk des N. Verdunensis und seine Komposition, 1931 (Jahrb. der österreich. Leo-Gesellschaft); A. Weisgerber, Studien zu N. v. V. u. der rhein. Goldschmiedekunst des 12. Jh., 1940 (Kunstgeschichtl. Forschungen d. Rhein. Vereins f. Denkmalspflege u. Heimatschutz, Bd. 6); F. Röhrig, Der Verduner Altar, [3]1965; J. Hoster (Festschr. f. K. H. Usener, hg. v. Frieda Dettweiler u. a.) 1967; H. Filitz, Zu N. v. V. Die Frage seiner antiken Anregungen, 1973; E. Doberer, Die ehemal. Kanzelbrüstg. d. N. v. V. im Augustiner-Chorherrenstift Klosterneuburg, (Ztschr. Dtr. Ver. f. Kst.wiss. 31) 1977.

Nimbus →Heiligenschein.

Nîmes, Stadt in Südfrankreich, röm. Name Nemausus. Sie wurde unter Augustus röm. Kolonie. N. besitzt in seinem großen, noch heute benutzten Amphitheater und in einem vorzüglich erhaltenen röm. Tempel in korinthischem Stil, der jetzt ein Mus. antiker Skulpturen birgt (Maison carrée), hervorragende Reste aus dem Altertum. Unweit von N. führt der berühmte Pont du Gard, ein röm. Aquädukt, über den Gard-Fluß.

Espérandieu, La Maison carrée à Nîmes, 1929; J. Chr. Balty, Etudes sur la Maison carrée de N., 1960.

Niobe, galt in der griech. Sage als Tochter des Tantalos. Da sie Leto, die Mutter Apollons, beleidigt hatte, wurde sie von diesem und seiner Schwester Artemis samt ihren sieben Söhnen und sieben Töchtern getötet. Diese Sage wird von der griech. Kunst erst seit dem 5. Jh. häufiger dargestellt. Am bekanntesten waren die von Phidias geschaffenen Reliefs an den Seitenlehnen des Thrones des olympischen Zeus. Von einer Giebelgruppe sind in Rom (Thermenmus.) und Kopenhagen (Ny-Carlsberg-Glyptothek) einzelne Figuren erhalten. Eine große Niobidengruppe, von der einzelne Figuren auch in anderen Repliken erhalten sind, besitzen die Uffizien in Florenz.

Roscher, Lexikon der Mythologie; G. Lippold (Hb. d. Archäolog. 3, 1) 1950.

Nodus →Kelch.

Nofretete (ägypt. „die Schöne ist gekommen"; zeitgenöss. Lautung wahrscheinlich Naftêta), Gemahlin Amenophis IV., deren Bildnis aus dem vorzüglich erhaltenen Kopf im Berliner Ägypt. Museum bekannt ist (bemalter Kalkstein um 1360 v. Chr.). Der Kopf mit seinen dekadenten Zügen ist früher überschätzt worden. →Tell el Amarna.

L. Borchardt, Porträts der Königin N., 1923 u. 1968; R. Anthes, Die Büste der Königin N., [2]1968; Ausst.kat. Tutanchamun, Haus der Kunst München, Berlin, Köln, Hannover, Hamburg, 1980/81.

Nok-Kultur →Afrikanische Kunst.

Nolde, Emil (eigentlich Hansen), Maler und Graphiker, * 7. 8. 1867 Nolde (Kr. Tondern), † 13. 4. 1956 Seebüll, Hauptvertreter des Expressionismus in Deutschland, zu dem er nach impressionistischen Anfängen seit etwa 1905 übergegangen war. Seine religiösen Bilder erzielen ihre besondere Wirkung durch die Ausdruckskraft des Häßlichen, das bei Verzerrung aller natürlichen Proportionen in grellen Farbkontrasten vorgeführt wird. N.s urwüchsige Begabung kommt bes. auch in seinen Holzschnitten zur Geltung. Von starker Farbensinnlichkeit erfüllt sind seine Südseeaquarelle und Blumenstilleben. Er schrieb: „Das eigene Leben" (1931 u. 1949); „Jahre der Kämpfe" (1934).

G. Schiefler, Das graphische Werk E. N.s, 2 Bde., 1911–27; M. Sauerlandt, E. N., 1921; Festschrift für N., anläßlich seines 60. Geburtstages, 1927; N., Aquarelle u. Zeichnungen, Einf. v. M. Gosebruch, 1957 u. 1965; H. Fehr, E. N., 1957; Katalog d. Gedächtnis-Ausst. Hamburg 1957; W. Haftmann, E. N., ^{3}1960; M. Urban, E. N., 1969; Ausst.kat. E. N. Aquarelle u. Handzeichngn., Kst.halle Bremen, 1971; K. Hoffmann, E. N. Masken u. Figuren, Ausst.kat. Mus. Bielefeld, 1971; E. N. Ausst.kat. Kst.mus. Köln, 1972.

Noli me tangere (lat. „Rühr mich nicht an"), die Darstellung des auferstandenen Christus, der der Maria Magdalena als Gärtner erscheint (Joh. 20, 14–18). Sie findet sich zum erstenmal als Elfenbeinrelief auf der →Lipsanothek von Brescia (4. Jh.). In byzantin. oder byzantin. beeinflußten Beispielen wird Magdalena häufig in der Haltung der Proskynesis gegeben, d.h. Oberkörper und Gesicht zu Boden gebeugt. In abendländ. Darstellungen kniet sie mit aufgerichtetem Oberkörper, Christus anblickend und die Hände nach ihm ausstreckend. Dieser, in der einen Hand die Kreuzesfahne (oder als wirklicher Gärtner mit Spaten), die andere abwehrend gegen die Kniende ausgestreckt, scheint sich von ihr wegzuwenden. Gerade wegen ihrer Einfachheit und der geringen äußeren Variationsmöglichkeit ihrer Komponenten läßt diese Szene in ihrer Entwicklung von den Hildesheimer Bronzetüren bis zu Rembrandt bes. klar eine zunehmende psychologische Vertiefung erkennen, die in der neueren Kunst zu einem mannigfach abgetönten Wechselspiel zwischen den Partnern wird, seit der Renaissance oft hart an der Grenze, wo das bestimmte religiöse Thema aufhört und das allgemein menschliche beginnt.

→Maria Magdalena.

Nonnenchor →Empore.

Nordamerikanische Kunst. Eine eigene N. K. gab es bis zum 19. Jh. nicht, sondern nur eine europ. Kunst auf nordamerikan. Boden, wobei diese ihre europ. Stilformen in erster Linie von Holland und später von England (als sog. Georgianische Architektur, ausgehend v. I. →Jones) bezogen hat. (→Kolonialstil). Als Baumaterialien spielten Holz u. Backstein die Hauptrolle. – Gegen Ende des 18. Jhs. machte sich auch in der N. K. der Einfluß des „Greek Revival" bemerkbar, jener klassizistischen Grundhaltung, die im griech. Vorbild Einfachheit u. Würde sah und daher nachahmte (Bank of Pennsylvania, 1798. Innenausbau des Kapitols in Washington s. 1803; Kathedrale v. Baltimore s. 1804). Regierungsgebäude wurden im klassizistischen Sinne gestaltet. Die gegen Ende des 19. Jhs. in d. europ. Baukunst sich anbahnende Befreiung vom →Eklektizismus (die freilich erst nach 1900 wirkte) vollzog sich in Amerika mit besonderer Kühnheit durch jene Art des Bauens, die in den Augen d. Europäers das „typisch Amerikanische" widerspiegelt: Geschäftsbauten, Warenhäuser, Hotelbauten, Bahnhöfe in den sich ständig steigernden Dimensionen des →Hochhauses unter Führung der →Ingenieurbaukunst.

Neue Materialien u. Bauweisen, bes. der Stahlskelettbau in seiner Verbindung mit Glas und die dadurch bedingte Fassadengestaltung ergaben neue ästhetische Eigenwerte, verkörpert in d. Bauten →Sullivans u. →Wrights. Hauptzentren waren Chicago u. New York. Einen neuen Höhepunkt der N. K. setzte im 20. Jh. der →Internationale Stil, begünstigt durch das politisch bedingte Wirken von →Gropius, →Mies v. d. Rohe, →Neutra, M. →Breuer u. a. in den Vereinigten Staaten. Im Vordergrund stand der →Betonbau.

Bildnerei und Malerei blieben dagegen enger der europ. Kunst verbunden, namentlich der englischen. Denkmäler, Menschendarstellungen und Landschaften waren die Themen. Herausragendster Künstler ist J. M. →Whistler, der jedoch hauptsächl. in England tätig war. Daneben Edward Hopper u. Thomas Hart Benton. Erst im 20. Jh., bes. aber in der 2. Hälfte gewann die N. K. größere Eigenständigkeit und nahm ihrerseits Einfluß auf europ. Kunstentwicklungen durch Graphik (zeichnerische u. malerische Reportage, Pressegraphik), Photographie und Malerei einschließlich der Karikatur. →Dada-Einflüsse wurden verarbeitet und umgedeutet zu →Comics, →Pop-Art, →Op-Art u. Happening. A. →Warhol und R. →Lichtenstein sind Vertreter der nunmehr zwischen der Alten und der Neuen Welt einsetzenden wechselseitigen Kst.beziehung, zu der auch bereits das →Bauhaus beigetragen hatte (so L. →Feininger). Auch die großen nordamerik. Museen mit ihren bedeutenden Beständen europ. Kunst dienen dieser unser Jh. bestimmenden Auseinandersetzung.

L. Mumford, Vom Blockhaus zum Wolkenkrater, 1925; W. Hegemann, Amerikan. Architektur u. Stadtbaukunst, ²1927; Th. E. Tallmadge, The Story of Architectures in America, 1927; S. Isham, The History of American Painting, 1927; G. H. Edgell, The American Architecture of Today, 1928; F. Kimball, American Architecture, 1928; R. Neutra, Amerika. Die Stilbildung des neuen Bauens, 1930; L. Taft, The History of American Sculpture, 1930; J. Walker u. M. James, Great American Paintings from Smibert to Bellows, 1943; J. Th. Flexner, Die ersten Künstler der neuen Welt, 1947; F. M. Huebner u. V. P. Delgado, Die Maler d. Romantik in Amerika, 1953; J. Mellquist, Die amerikan. Kunst d. Gegenwart, dt. 1954; J. I. H. Baur, New Art in America, 1957; J. Joedicke, Gesch. d. mod. Architektur, 1961; L. Nordness u. A. S. Weller, Zeitgenöss. amerikan. Malerei, 2 Bde., 1965; J. W. Reps, The Making of urban America. A history of city planing in the United States, 1965; J. Russell Harper, La peinture en Canada des origines a nos jours, 1966; B. Rose, American art since 1900, 1967; J. Fitch, Vierh. Jhdte. Bauen in USA, 1968; M. Baigell, A history of American Painting, 1971; A. Neumeyer, Gesch. d. amerikan. Malerei, Bd. 1, 1973; Barbara Rose, Amerikas Weg z. mod. Kst., 1974; D. Honisch u. a. Am. Kst. von 1945 bis heute, 1976; D. G. De Long (Hg.), Historic American Buildings, 2 Bde., 1979; Ausst.kat. Kst.halle Düsseldorf, Kst.haus Zürich: 2 Jahrzehnte amerik. Malerei 1920 bis 1940, 1979; Ch. Alexander, Here the country lies: nationalism and the arts in 20th century in America, 1980: A. Panyella, M. Ribalta, Volkskst. Amerikas (erste umfassende Dokumentation N.- u. S.-Am.; dt. v. Astrid Herr), 1982; Ausst.kat. Amerika – Traum u. Depression 1920–40, Kunstakademie Berlin (W) u. Kunsthalle Hamburg, 1981; Amerikan. Malerei 1930–80, Haus der Kunst München, 1981; P. Portmann, Amerikan. Malerei, 1977.

Nordischer Kreis. Die Kunstschöpfungen der nord. → Jungsteinzeit liegen ausschließlich auf dem Gebiete der Tonware, die in einer Fülle verschiedener Gattungen und Stilarten auftritt. Man unterscheidet die beiden Hauptgruppen Megalithkeramik und Einzelgrabkeramik (→Schnurkeramik), von denen sich namentlich die erstere in zahlreiche lokale Spielarten untergliedert (dänische, schwedische, nordwestdeutsche, ostdeutsche Megalith-Keramik, →Kugelamphoren, Walternienburger, Bernburger, Molkenberger Typus, havelländischer Stil, →Rössener Gruppe usw.) Der Entwicklungsgang der Gefäßverzierung läßt sich am deutlichsten in Dänemark verfolgen, wo vier Stilstufen zur Ausbildung gelangen. In der Dolmenperiode besteht die Verzierung nur aus lotrechten Ritzlinien oder plastischen Rippen, welche die Schulter- und Bauchpartie der Gefäße überziehen. In der älteren Ganggräberperiode geht die Ornamentik zu einem gerüstartigen Rahmenwerk horizontaler und vertikaler Linienzüge über, welches in tektonisch gliedernder Weise die lotrechten und waagrechten Linien des Gefäßkörpers nachzeichnet. Die technische Ausführung erfolgt nicht mehr durch Ritzung, sondern in kräftigem Tiefstich (sog. großer Stil). In der jüngeren Ganggräberperiode behält die Verzierung im großen und ganzen ihren gerüstartig gliedernden Charakter bei, zeichnet sich aber durch zartere Ausführung aus. Zuweilen treten flächenbedeckende Muster auf; ja in Ausnahmefällen kommt es sogar zur Umkehrung von Grund und Muster (sog. schöner Stil). In der anschließenden Steinkistenperiode erfolgt dann ein rascher und vollständiger Verfall der Gefäßornamentik. Die Entwicklung der norddeutschen Gruppen verläuft grundsätzlich in der gleichen Richtung; es tritt hier nur in der dritten Stufe die Neigung zur Ausbildung flächenfüllender und umkehrbarer Muster stärker in Erscheinung.

Für die nordische Kunst der → Bronzezeit und der folgenden Perioden →German. Kunst.

N. Åberg, Das nordische Kulturgebiet in Mitteleuropa I und II, 1918; Ders., Nordische Ornamentik, 1932; Ders., Vorgeschichtliche Kulturkreise in Europa, 1936; F. A. van Scheltema, Die altnord. Kunst, [2]1924; E. Sprockhoff, Die nord. Megalithkultur, 1938 (Handb. der Urgeschichte Deutschlands, Bd. 3); G. Mildenberger, Studien zum mitteldt. Neolithikum, 1953; Ders., Mitteldeutschlands Ur- u. Frühgesch., 1959; K. W. Struve, Die Einzelgrabkultur in Schleswig-Holstein, 1955; C. J. Becker, Probleme d. neolith. Kulturen in Nordeuropa etc., 1961; M. P. Malmer, Jungneolithisch. Studien, 1962.

Norwegische Kunst. Über die N. K. in vorchristl. Zeit →Bronzezeit, →German. Kunst, →Nordischer Kreis, →Oseberg-Fund. Den Anschluß an die christl. Kunst Europas gewann sie erst im 11. Jh., was sich zunächst aber nur im Kirchenbau auswirkte. Soweit dieser Steinbau ist, hat er enge Beziehungen bes. zur engl. Baukunst des Mittelalters. Bodenständige Erzeugnisse sind dagegen die hölzernen →Stabkirchen, die sich in beträchtlicher Zahl seit dem 11. Jh. erhalten haben, wie denn überhaupt die Holzbaukunst in Norwegen bes. lange in Geltung blieb. Die Bildnerei (Holzbildwerke) und Malerei (Altarvorsätze) des Mittelalters zeigt kaum eine eigene Note. Auch hier ist wieder die Anlehnung an England deutlich; im späteren Mittelalter überwiegt das Einfuhrgut aus dem lübischen Kunstkreis (Flügelaltäre). Die Zeit vom 16. bis 18. Jh. war sehr unergiebig; zahlreiche Ausländer arbeiteten in Norwegen, Norweger im Ausland. Wirklich eigene Leistung war allein die bedeutende Volkskunst, die wohl Anregungen der städtischen Kunst aufnahm (Barock), sie aber ihrer formen- und farbenkräftigen Schmuckwelt weitgehend anglich. Sie ist der Industrialisierung des 19. Jh. zum größten Teil erlegen und erst in neuester Zeit wieder etwas belebt worden. Im 19. Jh. ging die

Baukunst den eklektizistischen Weg wie anderwärts auch. In der Bildnerei sind Stephan Sinding und Gustav →Vigeland zu nennen. Die Malerei, vorwiegend Schilderung der heimischen Natur und des norwegischen Bauern, deren Vertreter sich zunächst in Deutschland (Düsseldorfer Schule), in den letzten Jahrzehnten des Jahrhunderts auch in Frankreich schulten, brachte tüchtige Meister hervor, u.a. den in Deutschland tätigen J. Chr. →Dahl, J. F. Eckersberg, und Edvard →Munch.

C. G. Laurin, Nordisk konst, 4 Bde., 1921–26; E. Lexow, Norges kunst, 1926, [2]1946; Ders., Norsk kunsthistorie, 2 Bde., 1925–27; E. Gudenrath, Norweg. Maler von J. C. Dahl bis E. Munch, 1943; L. Østby, Norges kunsthistorie, [2]1966; István Rácz u. P. Anker, Norsk middelalderkunst, 1970 (norw.).

Nothelfer, Die vierzehn, Gruppe derjenigen Heiligen, die vor ihrem Märtyrertode Gott gebeten haben sollen, denen besondere Hilfe und Erhörung zu gewähren, die in ihrem Namen bitten. Die Zusammensetzung der Gruppe steht nicht ganz fest; die üblichste dürfte sein: Erasmus mit der Winde, Eustachius mit dem Hirsch, →Georg mit dem Drachen, →Katharina mit dem Rad, Cyriacus mit einem Dämon an der Kette, →Christophorus mit dem Jesuskind auf der Schulter, Dionysius mit dem abgeschlagenen Haupt, Achatius mit Dornenkrone oder Kreuz, Vitus mit dem Hahn, Blasius mit zwei gekreuzten Kerzen, →Barbara mit dem Turm, Aegidius mit einer Hirschkuh, Margarete mit einem Drachen an der Kette, Pantaleon mit den aufs Haupt genagelten Händen. – Der Kult der N. geht vielleicht bis ins 13. Jh. zurück und erhielt seit 1445 einen starken Auftrieb, da ein Schäfer in Oberfranken die wunderbare Erscheinung der N. mit dem Jesuskind auf freiem Felde erlebte. An dieser Stelle wurde alsbald eine Wallfahrtskirche errichtet, später die berühmte Wallfahrtskirche Vierzehnheiligen von Balthasar → Neumann, eins der Hauptwerke des dt. Spätbarocks.

K. H. Erkelenz, Die V. N., 1937; J. Braun, Tracht u. Attribute d. Heiligen i. d. dtn. Kst., 1943; G. Schreiber, Die 14 N., 1959; R. u. H. Voßmerbäumer, Darstellgn. d. 14 N. im zentralen Unterfranken (in: Mainfränk. Jb. f. Gesch. u. Kst., Bd. 22 u. 23), 1970 u. 1971.

Notke, Bernt, Bildschnitzer und Maler, * 1430/40 Lassan (Vorpommern), † 1509 Lübeck, tätig das., seit 1483 in Stockholm, wo er schwed. Reichsmünzmeister wurde, seit 1498 wieder in Lübeck, hat dort einen großen Wirkungskreis entfaltet. Sein Hauptwerk, eins der seltsamsten und großartigsten der Spätgotik, ist die von dem schwed. Reichsverweser Sten Sture als Siegesdenkmal bestellte Gruppe: der heil. Georg tötet den Drachen (voll. 1489; Stockholm, Storkyrka; Kopie in der Katharinenkirche in Lübeck). Der Abstand dieser Meisterleistung von den übrigen Werken ist teilweise recht groß: Triumphkreuz (1477; Lübeck, Dom), Hochaltar der Domkirche zu Aarhus (1479), Hochaltar im Dom zu Reval (1483); wichtigste Sammlung von mehr oder weniger vollständig erhaltenen Werken im St. Annenmuseum in Lübeck. Die Tätigkeit N.s als Maler ist nicht leicht zu fassen. Zugeschrieben werden ihm Tafeln der von ihm gelieferten Altäre, Totentanzzyklen in der Marienkirche in Lübeck (nur in Kopien erhalten) und in der Nikolaikirche in Reval, als Hauptwerk die „Gregorsmesse" in der Marienkirche in Lübeck (um 1504; im 2. Weltkrieg zerstört). Einige Forscher haben N. den besten Teil der

Holzschnitte der →Lübecker Bibel zugeschrieben.

F. Bruns, Meister B. N.s Leben, 1923 (Nordelbingen, Bd. 2); J. Roosval, B. N., peintre, 1937 (Gazette des Beaux-Arts, Bd. 17); C. G. Heise, Die Gregorsmesse in der Lübecker Marienkirche, 1937 (Zeitschr. d. Dt. Vereins f. Kunstwissenschaft, Bd. 4); W. Paatz, B. N. und sein Kreis. Text- und Tafelbd., 1939; Ders., B. N., 1944; M. Hasse, Das Triumphkreuz des B.N. im Lübecker Dom, 1952; ders., Das Pergament z. B. N.s Triumphkreuz i. Lübecker Dom (Kunstchronik 26, 12) 1973; ders., B. N., St. Jürgen zu Stockholm, 1962; K. Stoll u. a., Triumphkreuz im Dom zu Lübeck. Ein Meisterw. B. N.s, 1977; Renate Paczkowski, B. N. Eine Dokumentation. Ausst. Kiel, 1978.

Novecento →Neue Sachlichkeit.

Nowgorod, Zentrum altruss. Baukunst. Ältestes Bauwerk ist die Sophienkathedrale (1045–52) mit den in einer Magdeburger Gießhütte um 1150 geschaffenen und mit zahlreichen Reliefs ausgestatteten sog. Korssunschen Bronzetüren.

A. Goldschmidt, Die Bronzetüren von N. u. Gnesen, 1932; W. Sauerländer, Die Bronzetür von N., 1963.

Numismatik, Münzkunde (→ Münze).

Nuppenbecher, becherartiges Glasgefäß mit aufgeschmolzenen Nuppen (Tropfen), Erzeugnis der röm. fränk. Glaskst. sowie der dtn. im 16. u. 17. Jh. Auch die Bezeichnung „Waldgläser" ist verbreitet.

Nydam, Moorfunde von. Im N.er Moor, das bei der Ortschaft Ost-Satrup am Alsensund (Schlesw.) liegt, kamen in den 60er Jahren des 19. Jh. mehrere bedeutende Funde zutage. Der erste Fund bestand aus drei Holzschiffen des 4. Jh. n. Chr., die vollbeladen mit Eisenwaffen als Weiheopfer für die Götter versenkt worden waren. Das größte der drei Schiffe ist ein offenes, 25 m langes Ruderboot. Ein zweiter Fund lieferte eine größere Zahl eiserner Lanzenspitzen sowie einige Silberbeschläge von Schwertscheiden. Kunstgeschichtlich am wichtigsten ist der dritte Fund, der 38 Silbergegenstände, meist Ortbänder und Mundbleche von Schwertscheiden, umfaßt. Als Hauptstück darf ein durchbrochenes Ortband gelten, das im Stil der beginnenden Tierornamentik (→Germ. Kunst) mit ornamentalen Vogelfiguren und Menschenköpfen verziert ist. Hervorragende Arbeiten sind ferner verschiedene → kerbschnittverzierte Mundbleche, deren Ornamentik in Spiralrankenmustern oder eckigen Flechtbändern besteht. Die Gegenstände sind als anglische Erzeugnisse anzusehen; sie gehören dem 5. Jh. n. Chr. an und verraten stärksten Einfluß der provinzialröm. Kunst. Die Funde befinden sich seit 1947 in der N.halle des Schleswig-Holstein. Landesmus.s für Vor- u. Frühgesch. in Schloß Gottorf in Schleswig.

C. Engelhardt, N. Mosefund, 1865; A. Riegl u. E. H. Zimmermann, Die spätröm. Kunstindustrie, Bd. 2, 1923; H. Shetelig u. F. Johannessen, Das N. schiff, 1930 (Acta Archaeologica 1); W. v. Jenny, Die Kunst der Germanen im frühen Mittelalter, 1940; H. Jankuhn, N. u. Thorsberg, [7]1967.

Nymphäum, Nymphenheiligtum, ursprünglich mit Quellen verbunden, später bes. in der Kaiserzeit sehr üppig mit Nischen, Säulenfassaden und Wasseranlagen ausgestattete mehrgeschossige Bauten an der Mündung von Wasserleitungen in die Stadt, oft in der Art eines Lusthauses mit Statuen versehen und mit Brunnen.

Hülsen, Das N. von Milet, 1919; O. Reuther (Real-Encyclop. der class. Altertumswiss., hg. v. A. Pauly u. G. Wissowa, 17, 2) 1937; S. Meschini (Encyclopedia dell'arte antica 5) 1963; N. Neuerburg, L'architettura delle fontane e del ninfei nell' Italia antica, 1965.

Nymphenburger Porzellan. Auf Veranlassung des Kurfürsten Max

Josef III. von Bayern wurde 1754 in Neudeck eine Porzellanfabrik errichtet und 1758 nach Nymphen-

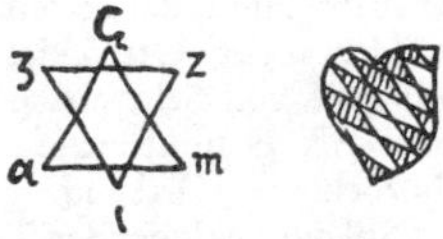

Nymphenburger Porzellanmarken (Frühzeit und 19. Jahrhundert)

burg überführt. Modellmeister war F. A. →Bustelli, der aber schon um 1764 starb. Die von ihm entworfenen Rokokofiguren und -gruppen gehören zu den besten der Zeit. 1786–1825 war J. P. Melchior Modelleur, von dem bes. Entwürfe zu allegorischen Biskuitgruppen und Porträtbüsten stammen. In der gleichen Zeit stellte man auch viele Stücke mit Nachbildungen von Gemälden aus den Münchner Sammlungen her. Später hatte die Leitung der Architekt Gärtner und seit 1874 Neureuther. 1862 wurde die Fabrik Privatbesitz.

F. H. Hofmann, Gesch. d. bayr. Porzellan-Manufaktur N., 3 Bde., 1921–23; Margarete Braun-Ronsdorf, 200 Jahre Nymphenburger Tafelgeschirr, 1954; R. Rückert u. M. Hirmer, F. A. Bustelli, 1963; →Bustelli.

Obelisk, hoher rechteckiger Steinpfeiler, der sich nach oben verjüngt und in einer pyramidenförmigen Spitze endet. Ursprünglich war er in Ägypten wohl ein Kultsymbol des Sonnengottes, doch ist die Herkunft noch nicht erklärt. Die meisten O.en sind in der Zeit der 18. und 19. Dynastie errichtet worden. Sie sind gewöhnlich mit hieroglyphischen Inschriften versehen. Viele O.en sind nach Italien gebracht worden. Die bekanntesten Beispiele sind die „Nadeln der Kleopatra", die ursprünglich in Heliopolis vor dem Tempel des Sonnengottes standen und von Thutmosis III. aufgestellt waren. Sie kamen später nach Alexandria vor den Tempel des Caesar. Der eine von ihnen wurde von der ägypt. Regierung nach London (jetzt am Victoria Embankment), der andere nach Amerika (jetzt im Zentralpark in New York) geschenkt. Auch die babylonische und die assyrische Kunst kennt die Form der O.en, doch sind sie hier mit Reliefstreifen verziert. Die Renaissancebaukunst verwendet kleine O.en in dekorativem Sinne, ebenso Barock u. der Klassizismus im 19. Jh., hier teilweise als selbständige Denkmalform.

R. Engelbach, The Problem of the O.s, 1923; Roeder-Unger, Obelisk. Eberts Reallex. d. Vorgesch., Bd. 9, 1927; H. Kees, Der Götterglaube im alten Ägypten, 1941; H. Bonnet, Reallex. d. ägypt. Religionsgesch., 1952; G. Rühlmann, Die Nadeln des Pharao, (m. Lit.) 1968; P. A. Memmesheimer, Das klassizist. Grabmal, Diss. T. U. Berlin (W) 1969.

Obergaden →Lichtgaden.

Oberländer, Adolf, Maler und Zeichner, * 1. 10. 1845 Regensburg, † 29. 5. 1923 München, Schüler von Piloty, bes. bekannt als Meister satirisch-humoristischer Zeichnungen, die er größtenteils für die „Fliegenden Blätter" lieferte. – O.album (12 Bde., 1879–1901); „Heiteres und Ernstes", hg. von G. J. Wolf (1917).

Eßwein, A. O., 1905; R. Klein, A. O., 1910.

Ochsenauge, franz. Oeil-de-boeuf, runde oder ovale Fensteröffnung, häufig im Barock u. Rokoko, häufig in Verbindg. mit einem darunter liegenden Rechteckfenster, aber auch bei →Gaupen findet es Verwendung.

Odeion, in Griechenland Gebäude für musikalische Vorführungen. In Athen erbaute Perikles ein O. (etwa 450 v. Chr.) von dem nur Reste der Grundmauern gefunden wurden. Es hatte eine annähernd quadratische Form. Über seine Inneneinrichtung ist nichts bekannt. Das besterhaltene O. ist das am Fuße der Akropolis des Herodes Atticus (2. Jh. n. Chr.) in Athen. Als „Theatrum tectum" errichteten auch die Römer derartige überdachte Gebäude (Pompeji, 1. Jh. v. Chr.). Der Name „Odeon" (Theatre de l'Odeon) hat sich in Paris (1872) u. München (1826; L. v. Klenze) für den Konzertsaal erhalten.

Oeben, François, franz. Kunsttischler, * in Deutschland 1710/20, † 21. 1. 1763 Paris, das. 1754 „ébéniste du roi", bedeutendster Meister seiner Zeit. Hauptwerk ist der 1760 begonnene, 1769 von →Riesener vollendete Schreibtisch Ludwigs XV. (Paris, Louvre; jedoch mehrfach wiederholt). Er ist ausgestattet mit vergoldeter Bronze und Einlegearbeit in verschiedenfarbigen Hölzern und gehört im wesentlichen noch dem Rokoko an mit bereits klassizistischen Anklängen.

A. Feulner, Kunstgeschichte des Möbels, 1927; F. de Salverte, Les ébénistes du XVIIIe siècle, 1934; O. Boutemy (Gazette des Beaux-Arts, 63) 1964; R. Stratmann, Der Ebenist Fr. Oe., Aachener Kunstbl. 43, 1972.

Oeuvre (franz.), das Gesamtwerk eines Künstlers. Ein Verzeichnis dieses Gesamtwerkes heißt daher auch Oeuvre-Verzeichnis oder Oeuvre-Katalog.

Ofen →Kachelofen.

Ofenplatten →Eisenguß.

Ohrmuschelstil, ein zwischen 1580 und 1680 in den Niederlanden und in Deutschland vorkommender Stil des Kunstgewerbes und der Dekoration, eng verwandt mit dem →Knorpelwerk. O. heißt er wegen eines darin immer wiederkehrenden ungegenständlichen Motivs, das an die weichen, kurvigen Formen der Ohrmuschel erinnert. Zwischen diesen tauchen Figuren oder Fragmente von solchen auf, die aber zuweilen in der teigigen Masse steckengeblieben zu sein scheinen, ohne sich voll ausgeformt zu haben. Das Nachwirken der →Groteske ist nicht zu verkennen, ebensowenig das im Grunde Spätgotische der ruhelos wogenden Bewegung, die dem Auge keinen festen Halt bietet.

Ohrmuschelstil

W. K. Zülch, Entstehung des O.s, 1932 (Heidelberger kunstgeschichtl. Abhandlungen, Bd. 12); A. M. v. Graevenitz-Ludwig, D. niederl. O.-Ornament, Diss. München, 1973.

Oinochoe, griech. Bezeichnung für die Weinkanne, die in verschiedenen Formen, aber stets mit einem Henkel, vorkommt.

Oktogon, griech. Achteck, wichtige Figur zur Bildung von Ornamenten u. in der Baukunst, besonders beim →Zentralbau als Grundriß oder bei der →Kuppel u. bei Gewölben.

Ölberg. Das Gebet Christi am Ölberg im Garten von Gethsemane ist bereits in der altchristl. Kunst dargestellt worden, wird aber erst seit dem 14. Jh. häufiger: Christus kniet im Gebet, der Engel erscheint mit dem Kelch; im Vordergrund schlafen die Jünger. Im 15. Jh. wird es dann üblich, Judas und die Häscher im Hintergrund nahen zu lassen. Die Ö.szene stellte dem Künstler die gegen die Renaissance hin in immer neuer Weise gelöste Aufgabe, das Ringen Christi im Gebet und das tiefe Versunkensein der Jünger in den Schlaf anschaulich zu machen. Außerordentliche Verbreitung hat seit dem 15. Jh. der Ö. als plastische Gruppe neben und an der Kirche gefunden, auch in Verbindung mit anderen Passionsszenen, die dann über einen Felsenhügel hin verteilt sind. Namentlich in Schwaben und Franken sind zahlreiche Beispiele zu finden. Hauptstücke waren der von got. Architektur überbaute vor dem Münster zu Ulm von 1474 (1807 abgetragen) und der von Hans Syfer 1505 entworfene neben dem Dom zu Speyer (1689 bis auf geringe Reste durch die Franzosen zerstört, neuerdings wieder hergestellt). Einer der umfänglichsten ist der mit vier weiteren Passionsdarstellungen besetzte Ö. bei St. Viktor in Xanten (1525–36). Bis weit in den Barock ist der Ö. in dieser Form üblich gewesen.

Keppler, Die Darstellung des Heilands am Ö., 1884 (Archiv für christl. Kunst, 2); F. Baumgarten, Ö. und Osterspiel, 1897 (Zeitschr. f. bildende Kunst, Bd. 29); M. Bartmuß, Die Entwicklung der Gethsemane-Darstellung bis um 1400, Diss. Halle, 1935; E. Plüs, Dürers Darstellgn. Christi am Ö., 1954; D. Munk, Die O.-Darstellungen i. d. Monumentalplastik S.-Deutschlands, Diss. Univ. Tübingen, 1968; G. Schiller, Ikonogr. d. christl. Kst. II, 1968; Hannelore Sachs, E. Badstübner, Helga Neumann, Christl. Ikonogr., 1980.

Olbrich, Josef Maria, Baumeister und Kunstgewerbler, * 22. 12. 1867 Troppau, † 8. 8. 1908 Düsseldorf, Schüler von Otto →Wagner, führte dessen Ideen fort, wurde 1898 Mitbegründer der Wiener Sezession und gehörte seit 1899 der Künstlerkolonie in Darmstadt an, wo er den größten Teil der Gebäude auf der Mathildenhöhe errichtete. Sein Hauptwerk in Wien ist das in flächenhaften Blöcken reich gegliedert sich aufbauende und mit der neuen Ornamentik des Jugendstils ausgestattete Ausstellungsgebäude der Sezession. Er veröffentlichte: „Ideen" (1898, ²1904), „Architektur" (3 Bde., 1901–14).

J. A. Lux, J. O., 1919; G. Veronesi, J. M. O., 1948 (ital.); R. J. Clark (Architectural Design, 12) 1967; K. H. Schreyl, J. M. O. Die Zeichngn. i. d. Kst.bibliothek Berlin (Krit. Katalog), 1972; J. Latham, J. M. O., 1980 (engl. m. Bibl.).

Olifant (altfranz. „Elefant"), aus Elfenbein geschnitztes Jagd- oder Kriegshorn, meist verziert mit Jagd- oder Kampfszenen, auch Tieren und Rankenwerk. Bekannt sind eine Anzahl mittelalterliche Arbeiten dieser Art (Sammlungen von Berlin, Wien, Gotha, Prag, Paris), deren älteste Exemplare bis ins 10. Jh. zurückgehen. Manche tragen die Merkmale islamischer und byzantin. Kunst, andere wieder sind durchaus abendländ. Charakters. Man hat sie später auch in

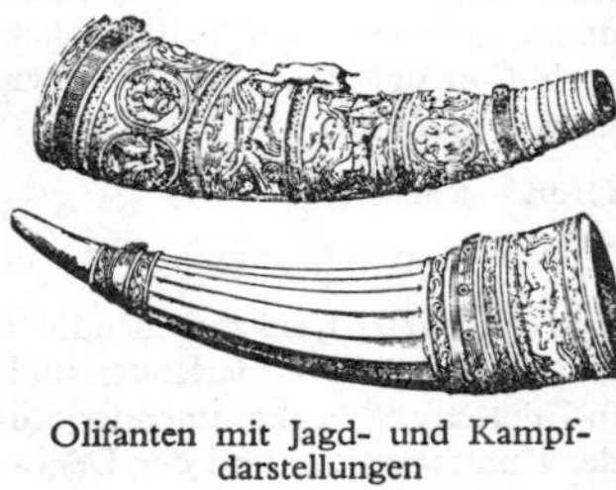

Olifanten mit Jagd- und Kampfdarstellungen

Edelmetall gefaßt und als Reliquienbehälter benutzt.

E. Kühnel, Jb. d. Berliner Museen, 1, 1959; H. Swarenski, Les monuments historiques de la France, 1966.

Olivier, Ferdinand von, Maler, * 1. 4. 1785 Dessau, † 24. 3. 1841 München, ging 1811 nach Wien, wo bes. Koch auf ihn wirkte. Auf wiederholten, seit 1815 ausgeführten Reisen nach Salzburg ergriff ihn die Salzburger Landschaft so, daß er sie in zugleich sachlicher und romantischer Art immer wieder in Zeichnungen und Lithographien, aber nur in wenigen Gemälden geschildert hat, wobei sich da und dort bereits ein biedermeierlicher Zug ankündigt. Das Salzburger Erlebnis hat ihm den Blick auch für die Landschaft um Wien geschärft, in die er sich später in ähnlicher Weise versenkt hat. Seit 1830 war er in München tätig. Seine beste Zeit liegt vor seiner Übersiedlung dorthin. In der Geschichte romantischer Landschaftsdarstellung nimmt O. einen bedeutenden Platz ein. Sein Bruder Friedrich v. O., * 23. 4. 1791 Dessau, † 6. 9. 1859 München, hat Zeit seines Lebens einen dilettantischen Zug nicht überwinden können. Immerhin sind seine ital. Landschaftszeichnungen (er war 1818–22 in Rom) bemerkenswerte Leistungen einer dt.-röm. Landschaftskunst.

L. Grote, Die Brüder O. und die dt. Romantik, 1938; H. Schwarz, Salzburg u. das Salzkammergut, ³1958; F. Novotny, F. O.s Landschaftszeichngn. v. Wien u. Umgebg., 1971.

Ölmalerei, das Malen mit Farben, deren Bindemittel Öl ist (Lein-, Mohn- oder Nußöl). Anwendbar ist sowohl deckender wie lasierender Auftrag der Farben, die neben- oder übereinander gesetzt werden können, ohne ineinander zu laufen, daher auch Korrekturen sehr leicht anzubringen sind. Es lassen sich die weichsten Übergänge zwischen den einzelnen Farben erzielen. Vom dünnen bis zum pastosen Auftrag sind vielerlei Abstufungen möglich. Auch läßt sich die Ö. ohne weiteres mit der →Temperamalerei verbinden. Die Malfläche war ursprünglich Holz, später überwog die auf einen Rahmen gespannte Leinwand. Auch Tafeln aus Pappe oder Kupfer kommen vor. Beim Trocknen ändert sich das Aussehen der Farbe nicht und bleibt lange Zeit erhalten, vorausgesetzt, daß es lichtechte Farben waren. Im Verlaufe sehr langer Zeiten treten jedoch gewisse Veränderungen ein: das Öl vergilbt, das Bild „dunkelt nach". Durch Festwerden und durch das damit verbundene Zusammenschrumpfen des Öls kann es zu Rissen und Sprüngen kommen, um so eher, je mehr Schichten halbtrokken übereinanderliegen oder wenn ungeeignete Malmittel verwendet wurden. Durch Überziehen des Bildes nach der Vollendung mit einem luftabschließenden durchsichtigen Firnis (Lösung von Weichharzen wie Dammar, Mastix oder dgl. in rektifiziertem Terpentinöl) lassen sich diese Erscheinungen wohl zurückhalten, aber nicht völlig vermeiden, zumal der Firnis selbst im Laufe der Zeit Veränderungen unterliegt. Er verleiht darüber hinaus dem Bild die endgültige optische Wirkung. –
Über die Behebung der Schäden →Restaurierung.
Die Verwendung von Öl als Bindemittel von Farben war schon im Altertum beim Anstrich von Schiffen bekannt. Auch Banner und Fahnen, deren Farben ebenfalls feuchtigkeitsbeständig sein mußten, sind schon früh mit Ölfarbe bemalt worden. Die Brüder van Eyck haben sie also nicht erfunden, wie

→Vasari meint, wohl aber haben diese Maler sie zuerst mit verfeinerter Technik in größerem Umfang auf die Tafelmalerei angewendet. Es dauerte aber noch lange, bis die Ö. sich aus der Verbindung mit der Temperamalerei löste. Vielleicht durch einen Aufenthalt in den Niederlanden selbst lernte →Antonello da Messina die neue Maltechnik kennen und vermittelte sie um 1460/70 den Italienern. Diese haben auch zuerst die Holztafel durch Leinwand ersetzt (→Tafelmalerei). Im 17. Jh. hat dann die Ö. die Temperamalerei fast ganz verdrängt. Das schnelle und schwungvolle Arbeiten, das sie ermöglicht, die Weichheit der Übergänge in wechselndem Helldunkel haben sicher viel zur Stilbildung der Barockmalerei beigetragen.

Jännicke, Handbuch der Ö., Bd. 1, [10]1923, Bd. 2, [3]1922; A. Eibner, Entwicklung und Werkstoffe der Tafelmalerei, 1928; E. Balló, Technik der Ö., [2]1935; M. Doerner, Malmaterial und seine Verwendung im Bilde, [12]1965; A. Ziloty, La découverte de Jean van Eyck l'évolution du procédé de la peinture à l'huile du moyen âge à nos jours, 1941; De Langlais, La technique de la peinture à l'huile, 1959; K. Wehlte, Werkstoffe u. Techniken d. Mal., 1968; ders., Ö., [12]1971; B. W. Jaxtheimer, Die Ö. Entw., Technik, Eigenart, 1971.

Olympia, Kultort in Elis, nahe der Westküste der Peloponnes, Stätte der olympischen Spiele. Unter dem späteren Heiligtum liegt eine vorgeschichtliche Siedlung der Bronzezeit mit Ovalhäusern, die keinen Zusammenhang mit späteren Anlagen hat. Über die Gründungszeit des Heiligtums, das zuerst wahrscheinlich einer Muttergottheit gehörte, in dem aber auch andere alte lokale Gottheiten verehrt wurden, herrscht noch keine Klarheit. Die frühesten Funde gehören dem geometrischen Stil (→Griech. Kunst →Vasenmalerei) an. Der älteste Bau ist das Heraion, ein dorischer Tempel, in dem Zeus zusammen mit seiner Gemahlin Hera verehrt wurde (2. Hälfte des 7. Jh.). Im 6. Jh. wurde das sog. Buleuterion, ein seltsamer Bau aus zwei apsidialen Räumen, errichtet, daneben auch eine Anzahl der sog. Schatzhäuser, die auf einer etwas erhöhten Terrasse liegen. Der große Tempel des Zeus wurde erst in den Jahren 470–60 von dem einheimischen Architekten Libon errichtet. Als Meister der Giebelskulpturen gibt Pausanias Paionios und Alkamenes an, doch ist diese Nachricht mit Recht heute angezweifelt. Der Ostgiebel schildert den Pelops-Oinomaos-Mythos, im Westgiebel ist der Kampf der Kentauren und Lapithen dargestellt, die →Metopen schildern die Heraklestaten. Der Stil von Giebeln und Metopen ist nicht ganz einheitlich, gehört aber sicher der gleichen Werkstatt an, in der sich verschiedene wahrscheinlich peloponnesische Bildhauer eigens für diese Aufgabe zusammengeschlossen hatten. Nach langjährigen Restaurierungsarbeiten und Ergänzungen mit Originalfunden auf Grund neuester Forschungen sind die nunmehr vollständiger gewordenen Giebelskulpturen und Metopen im neuen Museum zu O. aufgestellt und geben Aufschluß über die Gesamtkonzeption des Zeustempels. Das Kultbild, der Zeus aus Gold und Elfenbein, wurde erst in den dreißiger Jahren des 5. Jh. von →Phidias geschaffen.

In den folgenden Jahrhunderten wurden im heiligen Bezirk, der Altis, nur wenige Bauten errichtet. Das Metroon diente dem Kult der großen Mutter. Andere Bauten waren, wie z.B. der Rundbau des Philippeion, nur kostbare Weihgeschenke. Praktischen Zwecken dienten das Prytaneion sowie mehrere Hallen.

Von den sportlichen Anlagen ist die älteste das Stadion, dessen eine Seite sich an den Kronoshügel anlehnt, während die andere aus einem einfachen Erdwall besteht, nur die Ablaufschwellen waren aus Marmor. Später fügte man noch eine Palästra und ein Gymnasium hinzu. Der Kultort wurde, nachdem im Jahre 394 die Wettspiele durch Theodosius I. verboten worden waren, von einer byzantin. Siedlung überbaut, welche die von Menschenhand und Erdbeben begonnene Zerstörung fortsetzte. Damals verschwanden auch die zahllosen Weihgeschenke und Siegerstatuen aus Bronze und Marmor. Das Kultbild des Zeus war schon lange vorher geraubt worden. Die Freilegung der Ruinen wurde seit 1875 von dt. Gelehrten durchgeführt, kam dann zum Stillstand und wurde 1936 wieder aufgenommen. Die neuen Grabungen, die noch laufen, haben außer vielen Einzelfunden (Monumentalplastik aus Ton, zahlreiche Bronzefiguren und -Reliefs) auch für die Topographie vieles ganz Neue ergeben. Das Stadion reichte in klass. Zeit viel näher an den Zeustempel heran und war dadurch enger mit dem Kult verbunden. Sehr überraschend sind die Funde in der Werkstatt des →Phidias.

Adler, Curtius, Dörpfeld u. a., O., Die Ergebnisse der vom Deutschen Reich veranstalteten Ausgrabungen, 5 Bde., 1897ff.; Dörpfeld, Alt-O., 2 Bde., 1935; Hege-Rodenwaldt, O., 1936; Hampe-Jantzen, Bericht über die Ausgrab. in O., 1936–37, 1938; E. Kunze, H. Schleif u. viele andere, 2.–7. Ber. über die Ausgrab. in O., 1938 bis 1958; E. Kunze, Neue Meisterwerke griech. Kunst aus Olympia, 1948; Ders., Olympische Forschungen, 2 Bde., 1950; H.-V. Herrmann, O., 1972; A. Mallwitz, O. u. seine Bauten, 1972.

Onatas →Äginetische Kunst.

Onyx, Halbedelstein, Abart des →Chalcedon mit wechselnd weißen und schwarzen (rotbraunen) Streifen; im Altertum der bevorzugte Kameenstein, aus dem auch Gefäße hergestellt wurden.

Onyxglas →Glas.

Op-Art (engl. optical art = „optische Kunst"), Bezeichnung für eine moderne Kunstrichtung, die seit den 60er Jahren d. 20. Jhs. von Nordamerika (erste große O.-A.-Ausst. 1964/65 in New York) u. England ausgehend hauptsächlich in Westeuropa Verbreitung fand. Angeregt durch →konstruktivistische Ideen →Moholy-Nagys (der sich als einer der ersten Künstler mit optischen Elementen in d. Malerei befaßte), versuchten V. de →Vasarely und zuvor schon J. Albers Kunstwerke so zu „konstruieren", daß – gewissermaßen als Reaktion gegen →Tachismus – auf der Fläche oder beim (farbigen) Relief geometrisch-abstrakte Farb-Licht-Beziehungen entstehen, die der Betrachter im Vorübergehen oder sich Nähern u. Entfernen, also durch seine Bewegung, als Wechselspiel von Farbabstufungen u. Ineinandergleiten oder Spiegeln erfährt.

„Bewegung", eine Art Vibrieren u. damit die stetige Veränderung des Bildes oder Reliefs ergeben sich auf diese Weise; ebenso perspektivische Bildräume oder das Wechselspiel matt-glänzend.

In Anlehnung an Vorbilder Piet →Mondrians sind O.-A.-werke oft aus Senkrechten u. Waagerechten aufgebaut, die – manchmal vorgeblendet – als eine Art Raster- oder Gitterwerk im Sinne von Ornamenten die Fläche ordnen. Die mögliche und auch praktizierte Serienherstellung schuf d. Verbindung zur industriellen Fertigung, auch zum →Design und verleiht somit dem Ganzen praktischen Gebrauchswert z. B. als Bauelement od. zur Dekoration, wobei eine Art →Ornamentik geschaffen wird.

Op u. die neue Geometrie, Ausst.kat. Frankf./M. 1966; Optical Art, Ausst.-kat. Wuppertal, Mus., 1969; M. Compton, Optical and Kinetic art, 1967; V. Vasarely, Ausst.kat. Budapest, 1969.

Opisthodomos, im griech. Tempel der an die Hinterwand der Cella anstoßende Raum, manchmal mit dieser durch eine Tür verbunden, als Gegenstück v. →Pronaos. Der O. wurde teilweise als eine Art Schatzkammer verwendet.

opus, lat. Werk; Bezeichnung für jeweils besondere Techniken oder Bauweisen in der römischen Antike, insbesondere für die versch. Arten von Mauerwerk, Verputz, Verkleidung und Fußböden. Die wichtigsten sind:

opus alexandrinum, Fußbodenmosaik, wahrscheinlich nach Alexandria benannt, mit geometrischen Mustern (meist aus Marmor) →opus sectile.

opus incertum, röm. Mauerwerk aus Bruchsteinen mit Mörtelguß. →Gußmauerwerk.

opus reticulatum, röm. Mauerwerk mit netzförmig angeordneten Steinen.

opus sectile, gleichbedeutend mit →opus alexandrinum, jedoch nicht aus quadratischen Steinchen, sondern aus zugeschnittenen Marmorplättchen.

opus spicatum, Mauerwerk mit ährenförmig oder fischgrätenähnlich zusammengefügten Steinen.

opus tesselatum, Fußbodenmosaik aus kleinen würfelförmigen Steinen von verschiedener Farbe.

Orangerie, Gebäude, das der Orangenzucht dient. Diese kam in Deutschland um 1650 auf, im Laufe des 17. Jh. wurden eigene Bauten für sie errichtet und in der 1. Hälfte des 18. Jh. in die künstlerische Gestaltung von Barockschloß und -park einbezogen: die O. bildet den der Hauptseite des Schlosses gegenüberliegenden Abschluß des Gartens. Ihre Flügel sind geschwungen oder im Winkel gebrochen, der überhöhte Mittelbau dient als Gartensaal oder ist zum Durchblick auf den dahinterliegenden Gartenteil durchbrochen. Zuweilen wurden Mittelteil und Flügel auch in Einzelbauten aufgelöst und konnten dann an jeder beliebigen Stelle des Parks untergebracht oder dem Schloß selbst angegliedert werden. Im späteren 18. Jh. verlor die Orangenzucht an Bedeutung.

A. Tschira, O.n und Gewächshäuser, ihre geschichtl. Entwicklung in Deutschland, 1939 (Kunstwissenschaftl. Studien, Bd. 24); E. Schild, Zwischen Glaspalast u. palais des illusions. Form u. Konstruktion im 19. Jh., 1967.

Orans, Orant, betende Gestalt der altchristl. Kunst, häufig auf Katakombengemälden. Meist ist es eine langgewandete weibliche Gestalt, die beide Arme in gleicher Höhe ausgestreckt hält, wobei die Handflächen nach oben weisen. Sie verbildlicht die betende Seele des Verstorbenen und ist in anderen Fällen, so in Verbindung mit dem „Guten Hirten", die Verkörperung des Gebets an sich. – Orant zuweilen auch gleichbedeutend mit →Adorant.

W. Neuß, Die O.n i. d. altchristl. Kst. (in: Festschr. P. Clemen), 1926; Th. Klauser, Studien d. Entstehungsgesch. d. christl. Kst., (Jb. f. Antike u. Christentum, 2) 1959; H. G. Thümmel, Studien z. frühchristl. Grabeskunst, Habil.schrift Univ. Greifswald, 1966.

Oratorium, im frühen Mittelalter Bezeichnung für ein kleines Gotteshaus, später nicht öffentlicher oder zum mindesten halböffentlicher Betraum; auch Bezeichnung für den Betraum und die Orgelbühne.

Orcagna, Andrea, ital. Baumeister, Bildhauer und Maler, † 1377 Florenz, urkundlich seit 1325 das. erwähnt, als Baumeister beschäftigt an den Domen von Orvieto und Florenz, als Bildhauer nur an einem einzigen Werk sicher nachweisbar, dem Tabernakel in Or San Michele in Florenz (1348–59), das prachtvoll aufgebaut und mit zahlreichen Reliefs allegorischer Art und aus dem Marienleben versehen ist. Sie zeigen das allmähliche Fortschreiten von strenger Flächengebundenheit zu freier Gruppierung auch in die Tiefe hinein, worin (eine bedeutsame Erscheinung!) zweifellos eine Einwirkung der Malerei auf die Reliefkunst zu erblicken ist. Von besonderer Schönheit sind die beiden leuchtertragenden Engel. Als Maler ist O. ebenfalls nur aus einem einzigen Werke sicher nachzuweisen: einem Altar der Strozzi-Kapelle in Sta. Maria Novella in Florenz (1357) von klarer Aufteilung, mit stark plastisch empfundenen Gestalten und von äußerer Pracht.

K. Steinweg, A. O., 1929; L. M. Tosi, A. O. architetto, 1934 (Bollettino d'arte, Bd. 27); H. D. Gronau, A. O. und Nardo di Cione, 1937; R. Oertel, Die Frühzeit d. ital. Malerei, ²1966; J. White, Art and Architecture in Italy 1250–1400, 1966.

Orchestra →Theater.

Ordensburg, Burg des Deutschen Ritterordens in Preußen und Livland. Die O.en bilden eine Sondergruppe in der Burgenarchitektur Deutschlands. Ihre bauliche Erscheinung wird durch den Zweck bestimmt, zugleich Kloster und Burg zu sein. O. ist also nicht Ergebnis der Baugesinnung eines einzelnen, sondern der einer fest organisierten Gemeinschaft. Daher die von den Gepflogenheiten der mittelalterl. Burgenarchitektur Deutschlands abweichende Regelmäßigkeit ihrer Anlage: vier Flügel um einen Hof zu regelmäßigem Viereck (meist Quadrat) geordnet. Die früheste Gründung ist die der O. Nessau im Culmerland, 1230, und bis 1300 zählt man bereits 23 O.en. Größte und bedeutendste ist die etwa 1272 gegründete →Marienburg, die 1309 zum Sitz des Hochmeisters wurde.

C. Steinbrecht, Die O.en der Hochmeisterzeit in Preußen, 1920; K. H. Clasen, Die mittelalterliche Kunst im Gebiete des Deutschordensstaates Preußen, Bd. 1: Die Burgbauten, 1927; Ders., Entwicklung, Ursprung u. Wesen der Deutscho., 1926 (Jahrb. f. Kunstwissensch.); B. Schmid, Die Burgen des Deutschen Ritterordens in Preußen, 1938; E. Lindemann, Das Problem d. Deutschordensburgtypus, Berliner Diss., 1938; A. Winnig, Der Dt. Ritterorden u. seine Burgen, ²1956.

Ordnung →Säulenordnung.

Organisches, organhaftes Bauen →Häring, Hugo; →Neues Bauen.

Orgelprospekt, Schauseite der Orgel, die durch sinnvolle Verbindung des Pfeifenaufbaus mit einem rahmenden und krönenden, durch Schnitzerei und Malerei bereicherten Holzgehäuse von künstlerischem Wert sein kann. O.e haben sich in Deutschland erst seit etwa 1450 erhalten, doch läßt sich aus bildlichen Darstellungen und anderen Quellen die Entwicklung noch weiter zurück verfolgen. Entstanden ist der O. aus dem allgemeinen Hang der Gotik, die Ausstattungsstücke des Kirchenraums zu architektonisieren, und seine Entwicklung hat manche Ähnlichkeit mit der des got. Schnitzaltars. Wie dieser gelangt er in der Spätgotik zu außerordentlichem Reichtum vielfältigen Schnitzwerks und hat wie dieser ein Gesprenge, das auch von Figuren durchsetzt sein kann. Zuweilen war der O. durch bewegliche Flügel geschlossen, die vor dem Spiel geöffnet wurden und dann wie die geöffneten Flügel eines Altarschreins bes. prächtige Innenbilder zur Schau stellten. Bedeutende Meister wie Jörg Breu und Holbein d. J. haben Malereien für solche Orgelflügel geliefert.

Während die Renaissance dem O., abgesehen von der gewandelten Ornamentik, kaum Neues hinzugefügt hat, hat der Barock des 17. Jh. die Gedanken der Spätgotik schöpferisch weiterentwickelt und seinen mitunter gewaltigen Orgeln Prospekte von hoher Würde und Feierlichkeit gegeben. Ihre architektonische Klarheit tritt im Rokoko des 18. Jh. allmählich hinter dem Überschwang der Ornamentformen zurück, der O. wird selbst zum ornamentalen Gebilde innerhalb des Kirchenraums. Im Klassizismus wird wieder alles einfach und klar, und im 19. Jh. dominierte seit etwa 1820 das neugot. Orgelgehäuse, dem oft auch in alten got. Kirchen die barocken O.e haben weichen müssen, da diese als dem got. Kircheninneren nicht stilgemäß empfunden wurden. So sind viele künstlerisch wertvolle O.e des Barocks zerstört worden, zumal das 19. Jh. dem Barock nicht die Achtung entgegenbrachte, wie wir das heute tun. Im 20. Jh. trat vielfach das Bestreben hervor, auf Holzverkleidung und Ornamentik überhaupt zu verzichten und „offene“ Orgeln zu bauen, die dem Auge nichts als die symmetrische Anordnung und Abstufung der Pfeifen bieten; ja zuweilen läßt man die Orgel hinter einem Gitterwerk ganz verschwinden.

W. Kaufmann, Der O. in stilgeschichtl. Entwicklung, ³1949 (m. Bibl.).

Orientierung →Ostung.

Orme, Philibert de l' →Delorme.

Ornament (lat.), Verzierung. Im Unterschied zur →Dekoration, die das Ganze des Verzierungssystems meint, bedeutet O. das einzelne Verzierungsmotiv. Deren Summe innerhalb eines bestimmten Kunstkreises wird als O r n a m e n t i k bezeichnet (z. B. Renaissanceornamentik). Das O. begleitet alle Künste, am ausgiebigsten diejenigen, die keinen Darstellungsinhalt haben, sondern reine Formen sind, also Baukunst (→Bauornament) und →Kunstgewerbe; denn das O. selbst ist reine Form. Aber auch mit Bildnerei und Malerei sind mannigfache Verbindungen möglich, wie bes. die →Miniaturmalerei beweist Das O. kann der zu verzierenden Fläche plastisch aufgelegt, aufgemalt oder eingelegt sein. Es kann aus dem gleichen Material bestehen oder auch materialverschieden sein (Bronzebeschläge an Möbeln, Einlegearbeit). Dabei werden die Größenverhältnisse des Gegenstandes im allgemeinen auch die des O.s bestimmen. Auch ist in den meisten Kunststilen das O. auf die einzelnen Teile des Gegenstandes abgestimmt. So ist der Fuß einer Vase anders ornamentiert als Bauch oder Hals, wodurch zugleich die Gliederung der Vase betont wird. Dies ist überhaupt eine wichtige (allerdings nicht in allen Kunststilen zu beobachtende) Funktion des O.s, einen Gegenstand zu gliedern und seine einzelnen Teile optisch gegeneinander abzusetzen. Das O. hat, selbst wenn es ursprünglich nur für eine bestimmte Kunstgattung geschaffen war, die Tendenz, sich auch auf alle anderen der gleichen Zeit oder des gleichen Stils auszudehnen. So hat das von der Baukunst ausgegangene got. →Maßwerk in den anderen Kunstgattungen ebenfalls weite Verbreitung gefunden. Im allgemeinen greift das O. in den

Aufbau des zu verzierenden Gegenstandes nicht ein, sondern begleitet ihn nur. Doch kommt es andererseits vor (bes. häufig in Barock und Rokoko), daß Gegenstände vom O. her geformt werden (Treppengeländer Hildebrands in Schloß Mirabell in Salzburg, Gefäße in Ohrmuschel- oder Rocailleform); ja ganze bildliche Kompositionen oder Teile von ihnen können ihre Grundanlage gleichsam vor jeder Vergegenständlichung vom O. empfangen; oder das O. wiederholt eine vom Inhalt her bestimmte Gebärde in abstrakt formaler Weise, sie dadurch zugleich verstärkend (so, wenn der Disput eines Prophetenpaars der Bamberger Georgenchorschranken von dem über den Köpfen der Partner sich erhebenden ornamentalen Gebilde gleichsam wiederholt wird). Die beiden Hauptformen des O.s sind das mit Zirkel und Lineal konstruierbare geometrische O. und das vegetabilische oder Pflanzenornament. Beide Hauptformen kommen zu allen Zeiten vor. Das Pflanzenornament kann alle Grade von naturalistischer Nachbildung einer bestimmten Pflanze bis zur botanisch nicht mehr bestimmbaren, abstrakten Gestaltung von Blättern, Blüten und Ranken durchlaufen. Außerhalb jener beiden Hauptgattungen gibt es O.e, die von den verschiedensten Ausgangspunkten her gewonnen sind: →Flechtband, →Schnurkeramik, →Ohrmuschelstil, →Bandelwerk, →Rollwerk, →Rocaille, →Fries usw. Eine nur in der →german. Kunst zur höchsten Form gelangte Sondergattung ist das Tierornament, dem der Körper eines Tiers zugrunde liegt. Die Geschichte des O.s bildet einen wichtigen Teil der Geschichte der Kunst überhaupt. Praktisch wird diese Bedeutung bisher aber nur bei jenen Kunststilen in vollem Umfang anerkannt, die eine nennenswerte darstellende Kunst nicht besitzen, in denen also das O. Hauptobjekt der künstlerischen Gestaltung und Hauptträger der künstlerischen Entwicklung ist. Das O. ist eben nicht nur O., d.h. nicht nur Verzierung, sondern es ist wesentlich mehr: es ist eine Urform künstlerischen Ausdrucks überhaupt. Die schöpferische Kraft freilich, mit der diese Urform sich Bahn brach, die Bedeutung, die das O. im Verhältnis zu den anderen künstlerischen Ausdrucksmöglichkeiten einer Zeit hatte, ist verschieden gewesen. Seit Beginn des 19. Jh. scheint die Fähigkeit völlig erloschen zu sein, neue O.e zu erfinden und zu allgemeiner Geltung zu bringen. In der Gegenwart zeigen sich neue Ansätze zu O.n im Zusammenhang mit der Baukunst, beeinflußt durch →Konstruktivismus, →Op-Art u.a. z.B. als Fassadenschmuck oder Wanddekoration.

G. Semper, Der Stil in den techn. und tekton. Künsten, 2 Bde., 1878/[2]79; A. Riegl, Stilfragen. Grundlegung zu einer Gesch. der Ornamentik, 1893, 1978; Ders., Die spätröm. Kunstindustrie, 2 Bde., 1901–23; M. Meurer, Vergleichende Formenlehre des O.s und der Pflanzen, 1909; A. Schmarsow, Anfangsgründe jeder Ornamentik, 1910 (Zeitschr. für Ästhetik u. allgemeine Kunstwissensch., Bd. 5); Ders., Die reine Form in der Ornamentik aller Künste, 1924 (das., Bd. 17); Speltz, Das farbige O. aller historischen Stile, 3 Tle., 1914–23; P. Jessen, Der O.stich, 1920; Bossert, Das O.werk, 1924; Ders., Gesch. des Kunstgewerbes aller Zeiten u. Völker, 6 Bde., 1929–35; H. Stolpe, Collected essays in ornamental art, 1927; H. Wichmann, Deutsche O.fibel, 1942; W. v. Wersin, Das elementare O. und seine Gesetzlichkeit, [3]1953; D. Debes, Das O. Ein Schriftenverz., 1956; E. Rettelbusch, Stilhandbuch. Ornamentik, Möbel, Innenausbau v. d. ältesten Zeiten bis z. Biedermeier, [7]1965; K. Hoffmann, Neue Ornamentik, 1970; C. Humbert, O., 1970; J. Wiedemann, O. heute (Reihe d. Bayer. Akad. d.

Kste. München 3) ²1974; A. C. Racinet, Farbige O.e (4 Bde.), 1978.

Ornamentstich →Kupferstich.

Orozco, José Clemente, mexikan. Maler und Graphiker, * 23. 11. 1883 Zapotlán, † 1949 Mexiko-City, neben →Rivera der Hauptmeister der neueren mexikan. Malerei, deren Inhalte im wesentlichen durch Bürgerkrieg, Revolution und die neue Ordnung der Dinge in Mexiko bestimmt sind. Sein von der bodenständigen Überlieferung ausgehender Stil neigt zum Monumentalen, plakathaft Vereinfachten. Seine zahlreichen Wandgemälde in öffentlichen Gebäuden sind zugleich Aufrufe zur Erfüllung der neuen Lebensziele. Er schrieb: „Autobiografia“ (1945).

J. Fernandez, J. C. O., 1942 (span.); A. Neumayer, C. O., 1950 (in Festschr. für C. G. Heise); Alma Reed, O., 1956 (engl.); dies. The Mexican muralists, 1960; J. Renau, J. C. O., 1966.

Orpheus, griech. Sagengestalt, Sohn des Apollon und der Muse Kalliope, sowie berühmter Sänger. Der Mythos seiner Reise in die Unterwelt, um seine verstorbene Gemahlin Eurydike zurückzuholen, ist auf einem schönen Marmorrelief in Neapel abgebildet (um 420). Andere Darstellungen begegnen in der Vasenmalerei (O. unter den Thrakern). In der altchristl. und byzantin. Kunst lebte seine Gestalt unter dem Bilde des „Guten →Hirten“ fort.

F. M. Schöller, Darstellungen d. O. i. d. Antike, 1969.

Orthostaten, die meist aufrecht stehende Steinplatten oder Quader, als unterste Schicht des Mauerwerkes eines griech. Tempels, die den Sockel der Cella bildet, oft Träger von bildnerischem Schmuck (Reliefs).

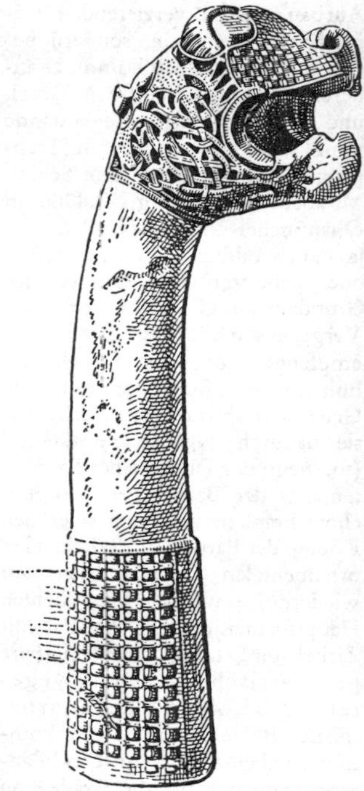

Pfosten mit Tierkopf aus dem Osebergfund

Oseberg-Fund, Schiffsbestattung einer norwegischen Fürstin, bedeutendster Grabfund der →Wikingerzeit (Oslo, Wiking-Mus.). Die Fundstelle befindet sich unweit des Gutshofes O. (Kirchspiel Slagen) am Westufer des Oslo-Fjordes. Ausgrabungen, die 1903–04 durchgeführt wurden, förderten außer dem 22 m langen Schiff, in dem eine hölzerne Totenkammer errichtet war, einen Wagen, mehrere Schlitten, zahlreiches Mobiliar sowie Reste von Gewändern und gewirkten Teppichen zutage. Die beiden Steven des Schiffes sind mit geschnitzter Tierornamentik im frühwikingischen Übergangsstil (→German. Kunst) verziert. Ähnliches gilt von der Tierornamentik des Wagens und einiger anderer Gegenstände. Der Greiftierstil (→Germanische Kunst) ist gleichfalls auf mehreren Fundstücken vertreten, am schönsten auf einem der Tierkopfpfosten, der in prachtvoller, tief unterschnittener Arbeit mit zwei übereinanderliegenden Ornamentsystemen von Greiftieren verziert ist. Figürliche Darstellungen (Gunnar im Schlangenhof und eine Drei-Figuren-Gruppe schwer deutbaren Inhaltes) erscheinen auf dem Wagen. – Der Zeitpunkt der Bestattung muß um 850 n. Chr. angesetzt werden.

A. W. Brogger, H. Shetelig u. a., Osebergfundet, 4 Bde., 1917–1932; F. A. van Scheltema, Der O., ²1938; T. Sjøvold, Die Wikingerschiffe, 1952; A. Hagen, The Viking Ship Finds, 1959; H. Arbman, The Vikings, 1961; H.-J. Eggers, Kelten u. Germanen in heidn. Zeit, 1964.

Oeser, Adam Friedrich, Maler, Radierer und Bildhauer, * 17. 2. 1717 Preßburg, † 18. 3. 1799 Leipzig, Schüler von →Donner in Preßburg und Wien, der ihm etwas von seiner klassizistischen Richtung vermittelte. Sie konnte sich in der klassizist. Atmosphäre Dresdens weiter entwickeln, wohin O. 1739 übersiedelte. Aus seiner Dresdner Zeit war das Wichtigste sein Umgang mit →Winckelmann, der bei ihm zeichnen lernte, ja durch ihn überhaupt erst in die bildende Kunst eingeführt wurde. 1759 ging O. nach Leipzig und entfaltete dort seit 1764 als Direktor der neugegründeten Akademie eine rege Tätigkeit. Abermals führte er hier einen Großen in das Zeichnen und in alle Fragen der bildenden Kunst ein, den Studenten Goethe. Auch Goethe hat ausdrücklich wiederholt hervorgehoben, wieviel er ihm zu verdanken habe. O. war in seinen Bildern (Wand- und Deckengemälden, Theaterdekorationen, Staffeleibildern), die von mühsam zu deutenden Allegorien überquellen, durchaus kein Klassizist. Er war es offenbar nur in der Theorie. O. hat auch radiert und Entwürfe für Bildwerke geliefert.

A. Dürr, A. F. O., 1879 (Quellenwerk); K. Benyovszky, A. F. O., der Zeichenlehrer Goethes, 1930; A. Rühmann, A. F. O. Bibliographie, 1931; F. Schulze, A. F. O., 1944.

Osiris, ägypt. Gott, Sohn der Himmelsgöttin Nut. Er ist der Gemahl seiner Schwester Isis. Die O.-Mythologie ist sehr verzweigt und keineswegs einheitlich; O. wird mit vielen anderen Göttern in Verbindung gebracht und unter verschiedensten Formen verehrt. Im Unterschiede zu anderen ägypt. Gottheiten ist O. immer in menschlicher Gestalt abgebildet. Die Standbilder sind kaum von Königsstatuen zu unterscheiden, da der verstorbene König mit O. identifiziert wird.

Erman, Ägypt. Religion, ³1933; H. Kees, Der Götterglaube im alten Ägypten, 1941; H. Bonnet, Reallex. d. ägypt. Religionsgesch., 1952; S. Morenz, Die Zauberflöte, 1952; E. Otto u. M. Hirmer, O. u. Amun, 1966; J. Gwyn Griffiths, The Origins of O. (in: Münchner Ägyptolog. Studien, 9) 1966.

Ostade, Adriaen van, holländ. Maler und Radierer, getauft am 10. 12. 1610 Haarlem, begraben 2. 5. 1685 das., Schüler v. Frans Hals, einer der Hauptmeister des holländ. Bauerngenres und in zahlreichen Galerien vertreten. Auf seine spätere Entwicklung hat Rembrandt Einfluß gewonnen. Die gleichen Szenen eines zufriedenen, behaglichen und gemütlichen Bauerndaseins hat O. auch in seinen Radierungen dargestellt, die jede feste und eindeutige Linie vermeiden, die Gegenstände mit zarten Strichlagen modellieren und in durchaus malerischer Art bei ständigem Helldunkelwechsel gegeneinander absetzen. - Sein Bruder Isaac van O. (1621 bis 1649), ebenfalls Maler, hat ähnliche Themen, bevorzugte jedoch solche mit landschaftlichem Hintergrund.

A. Rosenberg, A. und I. van O., 1900; J. Springer, Das radierte Werk von A. v. O., o. J.; L'œuvre gravé, hg. v. Rovinski u. Tchétchouline, 1912; A. v. O., Die Radierungen des Meisters, mit Einführung von E. Bock, 1922; L. Godefroy, L'œuvre gravé de A. v. O., 1930; W. v. Bode, Die Meister der holländ. und fläm. Malerschulen, [9]1958; R. Klessmann (Jb. d. Berliner Museen, 2) 1960; B. Haak (Bulletin van het Rijksmuseum, 12) 1964.

Ostensorium →Monstranz.

Osterleuchter, der für die Osterkerze bestimmte, neben dem Hauptaltar aufgestellte Leuchter. Die Osterkerze wird am Karsamstag geweiht und brennt bei der Messe bis Himmelfahrt. Mit dem O. wird oft ein besonderer künstlerischer Aufwand getrieben.

Ostung (Orientierung), die Richtung der christl. Basilika von W nach O, d. h. so, daß Chor und Apsis, die gottesdienstlich wichtigsten Teile, nach O liegen. Ursache ist die liturgische Vorschrift, nach der der Priester beim Beten das Gesicht der aufgehenden Sonne zuzukehren habe. Sie setzte sich anscheinend zuerst im Bereich des östl. Christentums durch und führte dort auch zuerst die O. der Basilika herbei. In den ältesten christl. Basiliken Roms herrschte die O. keineswegs vor; sondern ebenso häufig sind W- und S-Richtung. Seit dem frühen Mittelalter wurde die O. immer ausschließlicher angewendet, ohne daß man jedoch wegen der immer wieder anzutreffenden Ausnahmen von einem wirklich bindenden Gesetz reden könnte. Auch kam es dem Mittelalter durchaus nicht auf exakte O. an.

Ottonische Kunst, die dt. Kunst unter den Ottonen, genauer im letzten Drittel des 10. Jh. und im 1. Drittel des 11. In ihr ist unter dem Druck einer religiösen Spannung, wie sie so in karoling. Zeit nicht bestand, alles aus der Antike Übernommene so gründlich umgeformt worden, daß es jetzt als ein völlig Eigenes der dt. Kunst gelten kann, obwohl die naturalistischen Formenzusammenhänge der antiken Kunst keineswegs gänzlich aufgegeben wurden. Östliches, Byzantinisches spielt stark herein und dabei herrscht noch nicht jene Formenaskese, wie sie der frühroman. Kunst eigentümlich ist, sondern bunte Bewegtheit und Mannigfaltigkeit. Höhepunkt der O. K., soweit sie darstellend war, sind die um 1000 entstandenen Miniaturen der Reichenauer Schule (→Miniaturmalerei), die als Höhepunkte mittelalterl. Miniaturmalerei überhaupt bezeichnet werden dürfen. Die ottonische Plastik, die noch immer Reliefplastik ist, tritt uns am glücklichsten in den Reliefs der Hildesheimer Bronzetür entgegen (→Bernwardskunst), und in Hildesheim steht auch das bedeutendste Bauwerk der O. K.: St. Michael in →Hildesheim.

H. Jantzen, O. K., 1947, [2]1959; F. Gerke, G. v. Opel u. H. Schnitzler, Karoling. u. O. K., 1957; L. Grodecki, L'architecture ottonienne, 1958; ders., Die Zeit d. Ottonen u. Salier, 1973; T. Buddensieg, Zur otton. Buchmalerei u. Elfenbeinskulptur in Sachsen (Studien z. Buchmalerei u. Goldschmiedekst. des MA.s in: Festschr. K. H. Usener) 1967. →Hildesheim; →Bernwardskunst.

Oud, Jac Joh. Pieter, holländ. Baumeister, * 9. 2. 1890 Purmerend † 5.4.1963 Wassenaer, war 1918–33 Stadtbaumeister von Rotterdam. O. ist ein Hauptvertreter moderner Baukunst in Holland mit dem Ziel, sachlich und klar, schön und zugleich nützlich zu bauen. Seine Spezialität sind Siedlungsbauten. Er war in Stuttgart am Aufbau der Weissenhofsiedlung beteiligt (1927). Er schrieb: „Holländische Architektur" ([2]1929); „Nieuwe Bouwkunst in Holland en Europa" (1935); Mein Weg in „De Stijl" (1961).

K. Wiekart, J. J. P. O., 1965 (holl.); W. Fischer (Einf.), J. J. P. O., Bauten 1906–63, 1965.

Overbeck, Johann Friedrich, Maler, * 3. 7. 1789 Lübeck, † 12. 11. 1869 Rom, gründete 1809 in Wien mit Pforr die Lukasbrüderschaft (→Nazarener) und übersiedelte 1810 mit ihm nach Rom, um dort sein Ideal einer neuen religiösen Malerei zu verwirklichen. Vielleicht hat keiner von den Deutschrömern sich ital. Form, wenigstens äußerlich, so zu eigen gemacht wie er. Leider bleibt die Größe der Gestaltung oft hinter der Größe und Bedeutung des Vorwurfs zurück. Am meisten er selbst und am meisten deutsch ist er in seinen ganz aus der zarten Linie entwickelten Zeichnungen. Höhepunkt seines Schaffens sind seine beiden Fresken für die Casa Bartholdy in Rom „Verkauf Josephs" und „Die sieben mageren Jahre" (1816/17, Berlin, Nationalgal.).

Margaret Howitt, F. O., hg. v. Binder, 2 Bde., 1886 (Quellenwerk); C. G. Heise, O. u. sein Kreis, 1928; W. Köhler, Christentum u. Gesch. bei F. O., Diss. Univ. Erlangen, 1951; K. Gerstenberg, Ital. Dichtungen in Wandgemälden dt. Romantiker in Rom, 1961. →Nazarener.

Oxusschatz, großer Goldschatz, der bei Oxus (Amu-Darja in Persien) entdeckt wurde und ins Britische Mus. kam. Er enthält neben zahlreichen Münzen, die bis ins 2. Jh. v. Chr. reichen, viele Goldgefäße, Reliefs und Geräte, von denen die ältesten aus dem 6. Jh. stammen und meist der persischen Kunst angehören.

Dalton, The Treasure of Oxus, [2]1926, [3]1976.

Ozenfant, Amédée →Purismus 2.

Pacem, Pacificale →Kußtäfelchen.

Pacher, Michael, Maler und Bildschnitzer, * um 1435 wahrscheinlich Bruneck (Pustertal), † Juli oder August 1498 Salzburg, zuerst 1476 als Bürger von Bruneck nachweisbar, wird in den auf ihn bezüglichen Urkunden zwar immer nur als Maler bezeichnet, doch ist er auch mit Sicherheit als Schnitzer der in seiner Werkstatt entstandenen Altäre anzunehmen. Frühwerk ist der Altar der Pfarrkirche von Gries bei Bozen (1471–75), Hauptwerk der Hochaltar der Kirche von St. Wolfgang im Salzkammergut (voll. 1481), der den um 1480 die besten Leistungen der deutschen spätgotischen Bildnerei beherrschenden Stil der Bewegung, Formverschränkung, räumlichen Durchschluchtung in großartiger Weise zur Geltung bringt. Die gemalten Flügel mit ihren jähen perspektivischen Verkürzungen zeigen enge Beziehungen zur oberital. Malerei (Mantegna). Wenig später entstand der (jedoch urkundlich für P. nicht gesicherte) nur gemalte „Kirchenväteraltar" (wahrscheinlich aus der Kirche von Neustift, jetzt München, Ältere Pinakothek). In P.s letzte Lebenszeit fällt der Hochaltar für die Franziskanerkirche in Salzburg, von dem jedoch nur eine Sitzmadonna in schlechter Erhaltung übriggeblieben ist. Eine Reihe weiterer Werke der Malerei und Bildnerei schließen sich an die gesicherten mehr oder weniger eng an. P.s Kunst übte eine bedeutende Wirkung aus. Soweit sie Malerei war, hat sie in ihrer Zeit an Kraft, Eigenart und Neuheit der Probleme kaum ihresgleichen gehabt; ihre vollkommenste Leistung liegt jedoch auf dem Gebiet der Bildnerei.

J. von Allesch, M. P., 1931; A. Schwabik, M. P.s Grieser Altar, 1933; R. Salvini, Sulla Posizione storica di M. P., 1937 (Archivio dell'Alto Adige, Bd. 23); O. Schürer, M. P., 1940; E. Hempel, M. P., [6]1952; D. Frey, M. P. Studien, 1953 (Wiener Jahrb. f. Kunstgesch., Bd. 15); N. Rasmo, M. P., dt. 1970.

Pagode (indisches Wort, das über das Portugiesische in die europ. Sprache gelangt ist), indischer Tempel (etwa gleichbedeutend mit →Stupa) oder chinesischer (danach auch koreanischer und japanischer), Bauten in Form eines Turms, dessen Stockwerke je ein eigenes Dach besitzen (von dem manchmal Glokken herabhängen). Nachahmungen fanden P.n im Zeitalter des →Rokoko als →Chinoiserie in der Gartenkunst. P. nennt man fälschlich auch die kleine Götzenfigur mit beweglichem Kopf aus chines. Porzellan, wie sie im 17. und 18. Jh. nach Europa gelangte und dort auch häufig nachgemacht wurde.

Paionios, griech. Bildhauer der 2. Hälfte des 5. Jh. v. Chr. aus Mende in der Chalkidike. Erhalten ist von ihm allein die fliegende →Nike, welche die Naupaktier nach Olympia weihten. Sie stand auf einer dreiseitigen Basis. Eine Wiederholung gab es in Delphi. Die Nachricht des Pausanias, P. habe an den Giebelskulpturen des Zeustempels in Olympia mitgearbeitet, kann durch die Forschung nicht bestätigt werden. Möglicherweise stammten die (verlorenen) Akrotere des Tempels von seiner Hand.

Curtius, Die klass. Kunst Griechenlands, 1938; W. Deonna, La Niké de Paeonios de Mendé et de triangle sacré des monuments figurés, 1968.

Pala d'oro, goldene Altartafel (1,40×3,40 m; ursprünglich Altarantependium) in San Marco in Venedig, der kultische und künstlerische Mittelpunkt unter den Schätzen dieser Kirche, 976/78 in Byzanz bestellt und im Laufe der Jahrhunderte mehrfach verändert und bereichert. In ihren 180 Zellenschmelzbildern läßt sich ein erheblicher Teil der byzantin. Schmelzmalerei übersehen.

W. Bucher, Die Zellenschmelze der P. d'oro zu San Marco in Venedig, Diss. Breslau 1933; Il tesoro di San Marco, 1, hg. v. H. R. Hahnloser, 1965; O. Demus, Zur P. d'O. (in: Jb. d. Österr. Byzantin. Gesellschaft), 1967; K. Wessel, Die Byzantin. Emailkst. v. 5.–13 Jh., 1967.

Palaistra, in Griechenland die Übungsstätte für die Leichtathletik Die erhaltenen Anlagen (Delphi, Olympia u. a.) stammen meist aus der Zeit des Hellenismus. Sie bestehen aus mehreren Höfen, die mit Säulenhallen umgeben sind. Daneben enthielten sie auch Badeanlagen und Umkleide- sowie Ruheräume.

Paläolithikum →Altsteinzeit.

Palas (lat. palatium), der Wohnbau einer mittelalterlichen →Burg, auch der Festsaal allein; der Festsaal (-bau) einer →Pfalz.

Palissy, Bernard, franz. Kunsttöpfer, * um 1510, † um 1590 Paris, bes. bekannt durch seine bunten Zierschüsseln, die mit höchst naturalistischen Reliefnachbildungen von Pflanzen und allerlei kriechendem Getier bedeckt sind. Seit dem 18. Jh. galt er in Frankreich als der Keramiker an sich. Sehr bemerkenswert und eine echte Renaissanceerscheinung ist P.s Tätigkeit als Theoretiker. Er hat naturwissenschaftliche Schriften verfaßt, auch solche über techn. Einzelheiten seiner Kunst und seine Erfindungen auf dem Gebiete der Keramik. Ausgaben von Anatole France (1880) und B. Fillon (2 Bde., 1888).

Hanschmann, B. P., 1903; De Leroux, La vie de B. P., 1928; L. Dimier, B. P., 1934 (Gazette des Beaux-Afts); P. Guth (Conaissance des Arts, 15) 1953.

Palladianismus, Palladianischer Klassizismus, eine Richtung in der europ. Baukunst, die auf die Bauten und theoretischen Schriften A. →Palladios zurückzuführen ist und die seine Formvorstellungen zu vollenden trachtet; er ist vom Ideal des →Klassizismus 2 zu unterscheiden (→Klassizismus 1, →Jones, →Kolonialstil).

Palladio, Andrea (eigentl. Andrea di Pietro della Gondola), ital. Baumeister, *30. 11. 1508 Padua, †19. 8. 1580 das., studierte in Rom sowie in den Schriften des Vitruv die antike Baukunst und machte diese zum Vorbild seines eigenen Schaffens. Im Unterschied, ja im Gegensatz zu Spätrenaissance und beginnendem Barock war er bestrebt, den Anteil des rein Dekorativen am Baukörper möglichst knapp zu halten, um Ernst, Würde und Strenge des Architektonischen nicht zu beeinträchtigen und dafür die Klarheit und Größe der Gliederung, die Schönheit der Proportionen rein herauszubringen. Eine Besonderheit P.s ist die Anwendung von →Kolossalordnungen. In der Gestaltung des Innenraums und seiner innigen Verbindung mit den tektonischen Gegebenheiten, sowie in der Anordnung der Raumfolgen besteht jedoch kein Gegensatz zum Barock, sondern hier befindet sich P. vollkommen auf dessen Entwicklungslinie. Der von P. vollzogene Anschluß an die röm. Antike ist von größter entwicklungsgeschichtlicher Bedeutung gewesen, denn dieser „palladianische Klassizismus" beherrschte seit etwa 1600 die engl. Baukunst völlig (→Englische Kunst, →Jones), wirkte seit der Mitte des 17. Jh. sehr stark auf Frankreich und hat auch in der Baukunst der übrigen Länder seine tiefen Spuren hinterlassen; auch in die →nordamerikanische Kunst (→Kolonialstil) strahlte er aus (→Klassizismus). Hauptwerke P.s in Vicenza sind: Die Basilika (seit 1549), Palazzo Chierigati (1550–56), Villa Rotonda (ca. 1550–52), Teatro Olimpico (1579–84); in Venedig: die Kirchen S. Giorgio Maggiore (seit 1565) und Il Redentore (seit 1577). – Seine Lehre von der Baukunst faßte er zusammen in den „Quattro libri dell'architettura" (Venedig 1570; zahlreiche Ausgaben u. Übersetzungen).

F. Burger, Die Villen des A. P., 1909; J. Maestri, A. P., 1922; G. K. Lukomskij, A. P., 1924; Ders., L'œuvre d'A. P., 2 Alben, 1927; A. Melani, P., 1928; H. Pée, Die Palastbauten des A. P., ²1941; A. M. Dalla Pozza, P., 1943; R. Pane, A. P., 1948; W. Timofiewitsch, Die P.-Forschung 1940–60 (Zeitschr. f. Kunstgesch. 23); E. Forssmann, P.s Lehrgebäude, (Acta Univ. Stockholmiensis. Stockholm studies in history of art 9), 1965. H. Spielmann, A. P. u. d. Antike (Kstwissenschaftl. Stud. 37) 1966; G. Zorzi, Le chiese e i ponti di A. P., 1967; Seit 1959 erscheint in Vicenza: Bolletino del Centro Internazionale di Studi d'Architettura „A. P."; seit 1968 das Corpus Palladianum; L. Puppi, A. P., 1973 (ital.), ders., A. P. Das Gesamtwerk, 2 Bde., 1977 (dt.).

Palladion, das alte kleine Bild der bewaffneten Athena, das in Troja stand und der Sage nach von Zeus dem Dardanos geschenkt war. Es gibt verschiedene Überlieferungen von seinem Raube durch Aias, Odysseus und Diomedes. Das troische P. kommt nach Rom und findet sich häufig auf Panzern röm. Kaiserstatuen dargestellt als ein von vorn gesehenes, in archaisierendem Stil gebildetes Athenabild.

Erika Simon, Die Götter d. Griechen, 1969.

Pallium, Abzeichen der erzbischöflichen Würde, eine weiße leinene, mit Kreuzen besetzte Binde, die über die Schultern gelegt wird und vor der Brust in zwei lose gebundenen Bändern oder je einem Band auf Brust und Rücken herabhängt. Erstes Vorkommen im 6. Jh. Die Form des P.s hat sich im Laufe der Zeit in gewissen Grenzen gewandelt. Im 13. und 14. Jh. wurde es auch mit einer Nadel oder Spange auf Schultern u. Brust festgesteckt.

Palma Vecchio, eigentl. Jacopo Negretti, ital. Maler, * 1480 Serinalta b. Bergamo, † 30. 7. 1528 Venedig, nachweisbar daselbst seit 1510, hat in schwungvoll aufgebauten Kompositionen von leuchtendem, emailartigem Kolorit immer wieder sein weibliches Ideal zur Schau gestellt, die etwas üppige blonde Venezianerin. Diesem Ideal entspricht die Weichheit, ja Weichlichkeit der Formbildung. Der Erfindungsreichtum ist nicht sehr groß. Lieblingsthema ist die →Santa Conversazione. Als Hauptwerk gilt das Altarbild von Sta. Maria Formosa in Venedig.

A. Spahn, P. V., 1932; G. Gombosi, P. V., des Meisters Gemälde und Zeichnungen, 1937 (Klassiker der Kunst); G. Mariacher, P. il Vecchio, 1968 (ital.).

Palmesel, auch Palmchristus, fahrbares Gestell mit hölzernem Esel, auf dem Christus in Lebensgröße mit segnender Gebärde sitzt. Der P. wurde bes. in Süddeutschland in der Palmsonntagsprozession in Erinnerung an den Einzug Christi in Jerusalem mitgeführt. Aus dem Mittelalter haben sich vorzügliche Stücke seit dem ausgehenden 12. Jh. erhalten (Berlin, Staatl. Mus.). Weit verbreitet war das Motiv des P.s im 15. u. 16. Jh., so der P. von Hans Multscher im Kloster Wettenhausen b. Ulm (1456).

E. Wiepen, Palmsonntagsprozession und P., 1903; J. A. v. Adelmann, (Ztschrft. f. Volkskde., 63) 1967; Theodor Müller (Ztschrft. f. Kstwiss., 21) 1967.

Palmette, vegetabilisches Ornament mit fächerförmig sich auseinanderlegenden Blättern, die sich streng symmetrisch zu seiten einer

Palmetten

mehr oder weniger stark betonten Mittelsenkrechten ordnen. Die P. ist also ein Ornament, das in ausgesprochener Frontalität und in sich ruhend dasteht. In der antiken Kunst ist sie sehr verbreitet, kommt aber auch in der roman. Kunst häufig vor.

Palmtuch →Fastentuch.

Palmyra, Stadt in der syrischen Wüste, wohl schon vor der Zeit des Augustus durch ihren Handel nach dem O von Bedeutung und unter dem Namen Tadmur schon viel früher erwähnt. Unter den heute erhaltenen Ruinen, die fast alles in Europa Erhaltene an Großartigkeit übertreffen, finden sich geringe Reste aus der Zeit des Hellenismus, doch stammt das meiste aus der röm. Kaiserzeit. Der große, dem

Baal geweihte Tempel ist wohl schon im 1. Jh. n. Chr. begonnen worden. Während seine Einzelformen sich fast ganz in die röm. Kunst fügen, zeigt der Grundriß in seiner eigentümlichen Gestaltung Einflüsse des orientalischen Breitraumes. Neben ihm sind bedeutende Reste der Stadtmauer, verschiedene kleinere Tempel, ein Theater und ein Prätorium teilweise erhalten. P. kennt einen eigenen Typus von turmartigen Grabbauten mit mehreren Geschossen, welche in kunstvoll ausgestatteten Räumen die Begräbnisstätten einzelner Familien bargen. Ihre Form, die durch Inschriften an einigen Gräbern schon im 1. Jh. v. Chr. nachgewiesen ist, stammt höchstwahrscheinlich vom pers. Turmhause ab.

Wiegand u. a., P., Ergebnisse der Expeditionen, 2 Bde., 1931; A. Champdor, Les ruines de Palmyre, 1953; K. Michalowski, Palmyre (Fouilles Polonaises 1–3), 1960ff; K. Michalowski, P., dt. 1968; M. A. R. Colledge, The Art of P., 1976.

Palstab, altertümliche Bezeichnung für Äxte und Meißel der →Bronzezeit.

Pan, ein uralter Berg- und Herdengott, der in der Kunst bocksfüßig gebildet wird. Er erscheint dem Wanderer in der flimmernden Hitze des sommerlichen Mittags, manchmal auch als Helfer in der Not. Die Athener sollen seinen Kult eingeführt haben, weil er ihnen in der Schlacht bei Salamis geholfen hatte. Die ursprüngliche Heimat des P. ist jedoch Arkadien, in dessen Gebirgen er unter den Ziegen zu Hause ist.

R. Herbig, P., 1949; G. Wissowa, Satyrspiele, [2]1959; K. Schauenburg, P. in Unteritalien (in: Mitteilgn. d. Dt. Archäolog. Instit., Röm. Abt. 69), 1962.

Panagjurischte, Goldfund von, ein 1949 nordwestl. von Plovdiv gemachter und im dortigen Museum untergebrachter Fund. Er besteht aus vier Trinkhörnern (Rhyta) mit Tierköpfen, drei Weinkannen in Form menschlicher Köpfe, einer Amphora und einer Omphalosschale. Er wiegt insgesamt 6,164 kg. Der Stil der getriebenen Reliefs spricht für die Entstehung der Gefäße im späteren 4. Jh. v. Chr., wahrscheinlich in Lampsakos. Die Vermutung, der Goldschatz sei spätantik, ist nicht haltbar.

D. Zontschev, Der Goldschatz von P., 1960; Venedikov, Der Goldschatz von P., 1961; ders., Alte Schätze aus Bulgarien, 1965; M. Čičikowa, Gold- u. Silberschätze aus Bulgarien, Ausst.kat. Essen, 1964.

Panathenäische Preisamphoren, große Tongefäße mit zwei Henkeln, die auf der einen Seite mit einem Bildnis der Göttin Athena, auf der anderen mit verschiedenen Darstellungen sportlicher Wettkämpfe geschmückt sind. Sie wurden den Siegern in solchen Kämpfen am Feste der Panathenäen als Preis übergeben und waren mit Öl gefüllt. Da ein Sieger bis zu 80 solcher Vasen erhielt, die er dann in seiner Heimat in ein Heiligtum weihte, sind zahlreiche Exemplare vom 6. bis ins 3. Jh. v. Chr. erhalten.

G. v. Brauchitsch, P. P., 1910; Ed. Schmidt, Archaistische Kunst in Griechenland und Rom, 1922; K. Peters, Studien zu den P. P., 1942; J. D. Beazley, Attic Black-Figure Vase-Painters, 1956.

Paneel (niederländ.), die vertieft liegende Holztafel als Füllung zwischen den Gliedern des →Täfelwerks.

Pankok, Otto, Maler, Graphiker und Bildhauer, * 6. 6. 1893 Mühlheim, † 20. 10. 1966 Wesel. Nach kurzem Studium an der Düsseldorfer Akademie und der Weimarer Kunstschule fand er seine eigene, im wesentlichen bis heute beibehaltene Richtung, die man als einen expressiven Realismus bezeichnen kann. Form und Thematik seiner Arbeiten führten zu seiner Verfemung durch den Faschismus. 1947 wurde er als Professor an die Düsseldorfer Akademie berufen. P. bevorzugt als Zeichner die Kohle und das große Format, als Graphiker den Holzschnitt. Dabei ist er gewöhnt, in Zyklen zu arbeiten: Spanische Bauern, 120 Zeichnungen (1929); Die Passion, 60 Zeichnungen 1936); Zigeuner, 150 Zeichnungen (1947, 1958); Jüdisches Schicksal, 30 Zeichnungen; Künstlerbildnisse, 25 Zeichnungen; Land der Steine, 400 Zeichnungen (1953/55); Begegnungen, 32 Zeichnungen (1956).

K. Schifner, O. P., 1963; R. Zimmermann, O. P. 1964; A. Greither, D. junge O. P. Das Frühwerk d. Malers, 1977.

Panorama, Rundgemälde, das dem in seinem Mittelpunkt im Halbdunkel befindlichen Betrachter die Illusion eines weiten Horizontes vermittelt. Diese wird erreicht durch abnehmende Beleuchtung vom Vordergrund nach dem Hintergrund zu, auch vermittels plastischer Durchbildung des Vordergrundes. Die Voraussetzungen des P.s liegen in der Malerei des Barocks, insbesondere der Theatermalerei. Doch wurden die frühesten P.n erst im letzten Jahrzehnt des 18. Jh. in London und Paris gezeigt. Ihre Gegenstände waren Stadt- und Schlachtenansichten. Von dt. P.malern ist vor allem Schinkel zu nennen. In Frankreich haben bes. die napoleon. Kriege, in Deutschland die Schlachten von 1870/71 Veranlassung zur Herstellung von P.n gegeben, die in eigenen Rundbauten untergebracht werden mußten. Der jüngste P.bau wurde 1962 in Moskau errichtet zur Unterbringung des um 1912 von F. Rubow geschaffenen P.s der Schlacht von Borodino.

Bapst, Essai sur l'histoire des panoramas et des dioramas, 1891; H. Buddemeier, P., Diorama, Photographie (Theorie u. Gesch. d. Literatur u. d. schönen Kste.) 1970; G. Solar, Das P. u. s. Vorentwicklg. bis zu Hans Conrad Escher von der Linth, 1979. St. Oettermann, Das P. Die Gesch. eines Massenmediums, 1980.

Pantheon, der größte Kuppelbau der Antike (Kuppeldurchmesser 39,5 m). Es steht in Rom an der Stelle eines von Agrippa gebauten Tempels gleichen Namens, der von Hadrian etwa 115–125 n. Chr. erneuert wurde, welcher die Weihinschrift Agrippas am Architrav wiederholte. Das P. ist ein Rundbau dessen Gesamthöhe 43 m beträgt. Die Höhe der Kuppelrundung entspricht genau der Höhe der senkrecht aufsteigenden Wand, wodurch die eigentümliche Wirkung des Innenraums hervorgerufen wird. Der Außenbau ist mit Ausnahme der Vorhalle schmucklos, innen sind Nischen zwischen Säulenstellungen angebracht. Das Licht tritt durch die Öffnung in der Kuppel (9 m Durchmesser) ein. In christlicher Zeit wurde das P. zur Kirche S. Maria Rotonda, in der außer berühmten Männern (Raffael) auch die Könige Italiens in der Neuzeit beigesetzt wurden.

Beltrami, Il P., 1929; Nash, Bildlexikon zur Topographie des antiken Rom, 1961; K. de Fine Licht, The Rotunda in Rom, 1966; E. Steingräber, Der röm. Tempel, 1970.

Pantograph →Storchschnabel.

Papier(s)-collé(s) →Klebebild.

Papiermasse, Papiermaché (franz. papier mâché), Kartapesta (ital. cartapesta), eine aus zerstampftem und in Wasser gelöstem Papier mit Zusatz von Gips, Kreide, Leim, Gummi und anderen

Substanzen hergestellte Masse, die sich modellieren und in Formen pressen läßt und beim Trocknen ziemlich hart wird. Die bildende Kunst hat die P. zur Herstellung zunächst von Reliefs bereits seit der 2. Hälfte des 15. Jh. verwendet (Niederlande, Elsaß). Zuweilen wurden von derselben Form (Model) sowohl Tonreliefs wie solche aus P. abgenommen. Im 18. Jh. hat man Büsten und selbst Statuen aus P. geformt.

Entwisle, The Book of Wallpaper, 1953.

Papyrussäule →Ägyptische Kunst.

Paradies →Atrium.

Paradiesesflüsse. Die vier P. werden in der frühchristlichen Kunst (nachweisbar seit dem 4. Jh.) im O und im W als vier kleine Wasserzungen dargestellt, die aus dem Boden quellen. In der mittelalterlichen Kunst dagegen werden sie personifiziert als Männer mit Gefäßen, aus denen Wasser strömt, ein Darstellungstypus, der vermutlich von der otton. Kunst geschaffen wurde. Ein bes. schönes Beispiel bietet das Hildesheimer Taufbecken (1. Hälfte des 13. Jh.).

E. Schlee, Die Ikonographie der P., 1937 (Studien über christliche Denkmäler, N. F. 24); L. Réau, Iconographie de l'art chrétien 2, 1956; F. Redenbacher, Evangelistensymbole u. P. i. d. Bibel v. St. Gumbertus, 1965; A. Grabar, Les quatres fleuves du Paradis et la source de Castilie (in: Bull. de la Société nationale des antiquaires de France), 1968.

Paramente, die liturgischen Gewänder der Geistlichen, die Bekleidung der Altäre und Kanzeln und sonstige Behänge für den kirchlichen Gebrauch. Die P. waren besonders im späteren Mittelalter oft hervorragende Leistungen des kirchlichen Kunstgewerbes und trugen auch häufig figürliche Darstellungen.

J. Braun, Die liturgischen P., [2]1924; R. Lesage, Liturg. Gewänder u. Geräte, dt. [2]1962; Augustina Flüeler, Das sakrale Gewand, 1964; M. Wagner, Sakrale Weißstickereien des MA.s, 1963; T. Papas, Studien z. Gesch. d. Meßgewänder im byz. Ritus, 1965; R. Kroos, Niedersächs. Bildstickereien d. MA.s, 1970.

Parischer Marmor, großkristallinischer, weißer bis bläulich-weißer M. von der Insel Paros. Er wurde schon in vorgeschichtlicher Zeit für Idole und Gefäße verwendet, die exportiert wurden, dann sehr viel in der griech. Kunst der klassischen Zeit und selbst in Italien. Die beste bergwerksmäßig gewonnene Sorte hieß Lychnites (von lychnes = Licht, weil er bei Lampenlicht gebrochen wurde).

Pariser Psalter, byzantin. Prachthandschrift, die um die Mitte des 10. Jh. entstanden ist und sich in der Nationalbibliothek in Paris befindet. Die Frage, ob ihre überraschend naturalistischen Miniaturen spätantike Originale (oder zum mindesten unmittelbare Kopien nach solchen) seien, ob ein Bilderzyklus der Spätantike hier nur mittelalterlichem Empfinden angeglichen wurde, oder wieweit es sich um eine mittelalterliche Neuschöpfung handele, ist heute noch nicht entschieden.

H. Buchthal, The Miniatures of the Paris Psalter, a study in Middle Byzantine Painting, 1938.

Park →Gartenkunst.

Parkettieren →Restaurierung.

Parler, Baumeisterfamilie des 14. Jh., von größter Bedeutung für die spätgot. Baukunst und Bildnerei in Deutschland und von außerordentlichem Wirkungskreis: Köln, Ulm, Regensburg, Prag, Freiburg, Gmünd, Nürnberg u.a. Städte. Ihr Werkzeichen war ein Winkelhaken. Der Name P. (in heutiger Fassung „Polier") ist eigentlich Berufsname und bezeichnete den zweiten Baumeister. Stammvater war der zuvor in Köln tätige Heinrich von Gmünd, der aller Wahrscheinlichkeit nach den Hallenchor der Kreuzkirche von Schwäbisch-Gmünd gebaut hat (Datum 1351), ein Werk, mit dem man den Beginn der dt. Spätgotik ansetzt. – Heinrichs Sohn war Peter Parler, * 1330 Gmünd, † 13. 7. 1399 Prag. Er wurde 1353 von Karl IV. nach Prag berufen, um den von Matthias von Arras begonnenen Dombau weiterzuführen; zu Lebzeiten P.s ist der Dombau jedoch nicht viel über den Chor hinausgekommen, denn nebenher liefen noch andere Arbeiten: die Karlsbrücke (seit 1357) mit dem Altstädter Brückenturm in Prag, die Chöre der Bartholomäuskirche in Kolin und der Barbarakirche in Kuttenberg. Aus der Prager Dombauhütte sind ferner jene Bildwerke hervorgegangen, die Prag damals zum Vorort der dt. Bildnerei gemacht haben: die Grabmäler der Przemysliden im Chorumgang des Doms, bes. die 1377 von P. eigenhändig gemeißelte Gestalt Ottokars I., von außerordentlicher Gewalt der plastischen Erscheinung, und die 21 Bildnisbüsten weltlicher und geistlicher Persönlichkeiten auf dem Chortriforium (zwischen 1374 und 1385). Mit einer Energie und Folgerichtigkeit, wie sonst nirgends in Europa, kommt es in ihnen zu einer wirklichen Bildnisplastik (→Bildnis). – Peter P. hat fünf Söhne gehabt. Mindestens zwei von ihnen, Wenzel und Johann, waren sicher Baumeister und übernahmen die Leitung der Prager Dombauhütte. Wenzel wurde dann 1400 Dombaumeister in Wien, erhielt aber schon 1403 die ehrenvolle Aufforderung, die Mailänder Hütte, die damals größte Italiens, zu leiten. Er ist vor Antritt seines Amtes gestorben. – Vielleicht ein Bruder von Peter P. war Heinrich, vermutlich personengleich mit Heinrich Behaim Balier (Parlier), der auch am Prager Dombau beteiligt war, 1361–72 den Ostchor von St. Sebald in Nürnberg errichtete und den Entwurf für den „Schönen Brunnen" auf dem Nürnberger Marktplatz lieferte (1385–96) – Das P.zeichen führte ferner ein Johann von Gmünd, der seit 1359 den Chor des Münsters in Freiburg i. B. baute und auch in Basel erwähnt wird.

Stix, Monumentale Plastik der Prager Dombauhütte, 1908 (Jahrbuch der kunsthistor. Sammlg. des Allerh. Kaiserhauses, Bd. 27); Pinder, Die dt. Plastik, Bd. 1, 1929; Reinhold, Der Chor des Münsters zu Freiburg und die Baukunst der P.familie, 1929; J. Opitz, Die Plastik in Böhmen zur Zeit der Luxemburger, T. 1, 1936; K. M. Swoboda u. E. Bachmann, Studien zu P. P., 1939; K. M. Swoboda, P. P., 1940; O. Kletzl, P. P., 1940; K. M. Swoboda, P. P., d. Baukstler. u. Bildhauer, [4]1943; ders. (Hg.), Gotik i. Böhmen, 1969; A. Legner (Hg.), Die P. u. d. schöne Stil 1350–1400, Ausst.kat. Mus. Schnütgen Köln, 3 Bde., 1978/79.

Parmigianino, eigentlich Francesco Mazzola, ital. Maler, * 11. 1. 1503 Parma, † 24. 8. 1540 Casel Maggiore, tätig in Parma, Rom und Bologna, verarbeitete Einflüsse von Correggio, Pordenone und Raffael und gelangte gegen 1530 auf die Höhe seines persönlichen Stils, durch den er einer der einflußreichsten Begründer des Manierismus wurde. Dessen Merkmale sind in seinen Bildern zum größten Teil erfüllt. P.s vielleicht bedeutendstes, wenn auch nicht bezeichnendstes Werk ist die Madonna mit den Heiligen Stephan und Johannes (Dresden, Gemäldegal.), ein Werk, in dem der religiöse Mystizismus der Gegenreformation bereits sichtbar wird. Im übrigen sind seine überschlanken Madonnen von einer sehr bewußt vorgetragenen raffinierten Eleganz bei kalter Farbgebung. Neuartig und eindringlich sind die Bildnisse.

Lily Fröhlich-Bum, P. und der Manierismus, 1921; G. Copertini, Il P., 2 Bde., 1932; A. E. Popham, The Drawings of P., 1953; S. J. Freedberg, P. His works in painting, 1956.

Parrhasios, griech. Maler zur Zeit des peloponnesischen Krieges (431 bis 404 v. Chr.), der bekannteste neben Zeuxis. Seine Werke, von denen nichts erhalten blieb, zeichneten sich durch Eindringlichkeit und feine Unterscheidung in der Schilderung seelischer Haltungen aus und entsprachen in dieser ihrer psychologisierenden Richtung dem Geist der euripideischen Tragödie.

Brunn, Geschichte der griech. Künstler, Bd. 2, ²1889; A. Pfuhl, Malerei u. Zeichng. d. Griechen, 1923; A. Rumpf, Malerei u. Zeichng. d. klass. Antike, 1953.

Parthenon, der Tempel der Athena Parthenos auf der →Akropolis zu Athen. Er ist in dorischem Stil als Tempel mit Ringhalle, Pronaos und Opisthodom aus pentelischem Marmor gebaut. Der Innenraum besteht aus zwei Teilen, dem 100füßigen, dreischiffigen Hauptraum u. einem kleineren Raum unklarer Bedeutung, dem eigentlichen P. Um die Cellawand läuft außen in der Höhe der P.-Fries um, von dem nur einige Platten an Ort und Stelle sitzen (das meiste im Britischen Mus. →Elgin-Marbles). Die Bauzeit des Tempels, der unter der Aufsicht von Phidias durch Iktinos entworfen wurde, fällt in die Jahre 447–438. Von → Phidias selbst stammten die Skulpturen. Der P. wurde im 5. Jh. in eine christliche Kirche umgebaut, die 1456 von den Türken in eine Moschee verwandelt wurde. 1687 litt der bis dahin gut erhaltene Bau bei der Belagerung Athens durch die Venezianer, indem eine Pulverexlposion neben vielen Säulen auch einige Giebelfiguren zertrümmerte. Die noch an Ort und Stelle vorhandenen Reste sind jetzt durch Balanos wieder aufgebaut worden.

Michaelis, Der P., 1871; Hege-Rodenwaldt, Akropolis, ⁴1941; Brommer, Die Skulpturen der P.giebel, 1963; ders. Der P.fries (hg. v. Dtn. Arch. Instit., 2 Bde.) 1977; ders., Die Giebel des P.; Die Metopen des P., 2 Bde., 1967; E. Langlotz, Phidias u. d. P.fries, 1965; R. Carpenter, Die Erbauer des P., 1971.

Parthische Kunst, die Kunst des parthischen Reiches in Mesopotamien und Persien (3. Jh. vor bis 3. Jh. n. Chr.). Sie ist eine Mischkunst, doch überwiegen in ihr griech. Elemente die orientalischen. Die p. Baukunst ist durch einige große Palastbauten bekannt (Assur, Fassade im Berliner Mus. aufgebaut, Hatra). Während im Ornament hier die griech. Form überwiegt, enthält die Grundrißgestaltung orientalischen Einfluß, z.B. in der Verwendung der großen offenen, überwölbten Halle (Liwân). Die p. Plastik zeigt überall eine Erstarrung griech. und pers. Formen, eine schematisch linienhafte Faltenbildung. In ihr überwiegt als Material der Stuck aber auch Terrakotten und Gemmen sind nicht selten. Ein Einfluß der P. K. auf die röm. bestand nicht. Die Fortsetzung der P. K. bildet die →sassanidische Kunst. →Dura-Europos.

R. Girshman, Iran, 1. Parther u. Sassaniden, 1962; M. A. R. Colledge, Parthian Art, 1977.

Pasiteles, griech. Bildhauer des 1. Jh. v. Chr., der in Rom arbeitete. Er war als Bronzegießer bekannt und hat einen klassizistischen Stil in die röm. Kunst eingeführt. Wenn wir auch Werke von ihm selbst nicht kennen, so ist doch einiges aus seiner Schule erhalten (Jüngling des Stephanos und die Gruppe des Menelaos im Thermenmus. in Rom).

P. verfaßte auch eine Schrift über die berühmtesten Werke der griech. Kunst. Die Theorie Furtwänglers, daß diese Liste von Kunstwerken von Plinius benutzt worden sei und daß sie auch richtunggebend für die Auswahl der von der röm. Kunst nachgebildeten griech. Werke gewesen sei, hat sich nicht halten lassen.

Lippold, Kopien u. Umbildungen griech. Statuen, 1923; M. Borda, La scuola di Pasiteles, 1953.

Pasquinogruppe, ein Torso, der in Rom am Palazzo Braschi steht und P. genannt wurde, weil ein Spottdichter an ihm seine Gedichte (pasquini) anzuheften pflegte. Die Gruppe, von der sich neben verschiedenen Fragmenten anderer Wiederholungen zwei vollständigere Exemplare in Florenz (Palazzo Pitti und Loggia dei Lanzi) befinden, geht auf ein pergamenisches Original zurück, das in der Mitte des 3. Jh. v. Chr. entstanden sein wird. Mit dem großartigen Pathos der frühhellenistischen Kunst ist dargestellt, wie Menelaos den Leichnam des Patroklos aus dem Kampfe davonträgt.

B. Schweitzer, Das Original der sog. P., 1936.

Pass (gleichbedeutend mit „Zirkel"), eine aus Dreiviertelkreisen zusammengesetzte gotische →Maßwerkfigur. Nach der Anzahl der im Durchmesser gleichen durch →Nasen getrennten Kreisteile unterscheidet man Dreipass, Vierpass, Fünfpass, Sechspass und Vielpass.

Vierpässe und Vielpass

Passage (franz.), als Architektur meist glasgedeckter Durchgang zwischen Bauwerken, seit dem 19. Jh. im Zshg. mit dem →Eisenbau zum eigenen Bautypus geworden und in der Regel mit Läden versehen. Auch die moderne Baukunst bedient sich dieses Typus (Beispiele: →Eisenbau).

Passepartout, Kartonrahmen mit Rückfläche zum Auflegen eines graph. Blattes, schützt dessen Ränder und verhindert bei genügender Kartonstärke die Berührung mit einem anderen darauf liegenden Blatt.

Paßglas, ein Stangenglas, dessen Außenwandung durch Glasreifen („Pässe") in einzelne Zonen zerlegt ist (16.–17. Jh.). Es mußte jeweils genau die zwischen zwei solcher Zonen befindliche Menge Bier ausgetrunken werden.

Passionale, liturgisches Buch, das die Legenden der Märtyrer enthält.

Passionssäule, eine Säule, die mit den →Passionswerkzeugen Christi ausgestattet ist; obenauf steht der Hahn Petri (15./16. Jh.).

Passionswerkzeuge (Leidenswerkzeuge), die Sinnbilder des Leidens Christi, kommen in der dt. Bildnerei und Malerei des ausgehenden Mittelalters sehr häufig vor. Ihre Zahl (bis zu 30) steht nicht fest. Bes. üblich sind Nägel, Stricke, Rutenbündel, Lanze, Rohr mit Essigschwamm, Zange, Würfel.

R. Berliner (Münchner Jb. d. Bild. Kst., 6) 1955; F. Wimmer (Organ f. christl. Kst.) 1968.

Passionszyklus, die Folge von Darstellungen aus der Leidensgeschichte Christi. Sie beginnt mit dem Einzug in Jerusalem; es folgen: →Abendmahl, Gebet am →Ölberg, Gefangennahme, Geißelung, Dornenkrönung, →Ecce homo, →Kreuztragung, →Kreuzigung, →Kreuzabnahme, →Beweinung, →Grablegung, →Auferstehung. Diese Reihe ist noch mannigfach bereichert worden. Der P. tritt in der frühchristl. Sarkophagplastik und Kleinkunst (bes. Elfenbein) gegen Mitte des 4. Jh. auf, wobei jene ihn in symbolischer Auffassung, diese in erzählender Darstellung bringt. Stets aber ist Christus nicht leidend, sondern als jugendlich schöner Mann und Sieger über den Tod gegeben. Im Mittelalter werden geschlossene P.n, vielleicht unter dem Einfluß der Osterliturgie, erst seit dem Ende des 12. Jh. häufiger unter Betonung des Leidens. Die große Zeit der P.n kommt aber erst in der Spätgotik, wo sie den Darstellungskreis der Kunst zumal in Deutschland geradezu beherrschen, und wo man sich gar nicht genug tun kann, das Leiden Christi als menschliches Leid oft mit den gröbsten Mitteln zu vergegenwärtigen. Bes. beliebt ist der P. in der Graphik (Schongauer, Cranach, Dürer: zwei Holzschnittpassionen und eine Kupferstichpassion).

K. Künstle, Ikonographie der christl. Kunst, Bd. 1, 1928; H. v. Campenhausen, Die Passionssarkophage, 1929 (Marbg. Jahrb. f. Kunstwissensch., Bd. 5); F. Gerke, Christus in der spätantiken Plastik, 1940; M. E. v. Voigtländer, Passionsszenen auf karoling. Elfenbeinen, Diss. Univ. Berlin, 1945; E. Schürer, v. Witzleben, Der dte. Passionsaltar, Diss. Univ. München, 1953; M. Zingel, Die Passion Christi i. d. Mystik d. dtn. MA.s, Diss. Berlin, 1956/57; D. J. Pallas, Die Passion u. Bestattung Christi in Byzanz (in: Lex d. christl. Ikonographie, 3), 1968.

Paste →Gemme.

Pastellmalerei, eine Trockenmalerei, die mit Pastellstiften ausgeführt wird. Diese bestehen aus einem weißen Farbträger (Kreide oder Ton, heute Lithopone) und Buntfarben (Pigmenten). Vermittels einer dünnen Pflanzenleim-Lösung wird ein Teig hergestellt (ital. pasta) und zu Stiften ausgeformt. Nach dem Trocknen bleiben die Farbteilchen durch den Bindestoff nur lose aneinander gebunden. Verschiedene Härtegrade sind möglich. Die Malfläche (Papier, Pappe, Pergament, Leinwand) muß rauh sein, damit die Farbkörper haften können. Die Farben werden in staubartiger Schicht auf die Malfläche aufgetragen und mit einem Wischer oder dem Finger verrieben, wobei sich die zartesten Übergänge erzielen lassen, zumal mehrere Farbschichten übereinandergelegt und miteinander verrieben werden können. Die Korrekturmöglichkeiten sind unbegrenzt, da die Farbe an den gewünschten Stellen ohne weiteres zu entfernen oder zu überdecken ist. Auch läßt sich die Arbeit jederzeit abbrechen und auf ihre farbige Wirkung hin beurteilen, da diese keinerlei Veränderungen ausgesetzt ist. Die technischen Nachteile der P. liegen in der ungenügenden Fixierbarkeit des Farbkörpers, denn alles Fixieren beeinträchtigt die Reinheit, Helligkeit und Zartheit der Pastellfarben, in denen ja gerade ihr Reiz besteht. Pastellbilder reiben sich sehr leicht ab und sollten daher stets durch Glas gegen Berührung geschützt sein; auch dürfen sie keinen Erschütterungen ausgesetzt werden, da die Farbteile sich sonst von der Malfläche lösen. – Die P. nimmt eine Zwischenstellung zwischen Zeichnung und Malerei ein und

kann sowohl als Zeichnung mit ausgeprägten Strichen (Pastellzeichnung) wie als Malerei mit ineinander gearbeiteten Farbflächen ausgeführt werden.
Die Anwendung von Pastellstiften läßt sich bis ins 15. Jh. zurückverfolgen, doch diente das Pastell in der Regel nur zur farbigen Ausführung einer Zeichnung (Bildniszeichnung), die mit einem fester haftenden Zeichenmittel (Silberstift, Kohle, Rötel) angelegt war. Im 16. Jh. war diese Pastellzeichnung im wesentlichen in Italien vertreten, das der Technik ja auch den Namen gab; im 17. Jh. auch in Frankreich und den Niederlanden, wobei der Übergang zu einer eigentlichen P. sich immer deutlicher vorbereitete. Deren vollkommene Ausbildung erfolgte jedoch erst im 18. Jh., und nur in diesem Jahrhundert hat die P., vorzugsweise in Frankreich, eine wichtige Rolle in der Gesamtheit des malerischen Schaffens gespielt, weil dem Rokokogeschmack die hellen, zarten, duftigen und matten Farbtöne des Pastells ganz besonders zusagten. Den Auftakt zu der raschen Entwicklung der franz. P. im 18. Jh. gab der Aufenthalt der venezianischen Pastellmalerin Rosalba →Carriera in Paris 1720/21, die von der vornehmen Welt mit Aufträgen für Pastellbildnisse überhäuft wurde. Sie hat dann in diesem so in Mode gekommenen Fach in Frankreich selbst zahlreiche Nachfolger gehabt, unter denen Maurice Quentin de →Latour hervorragt. In Deutschland hat sich damals namentlich A. R. →Mengs des Pastells bedient. Mit Beginn des Klassizismus ist die Zeit der P. vorbei. Sie wird erst seit den 70er Jahren des 19. Jh. wieder ernsthafter aufgenommen, in Frankreich vor allem durch →Degas, in Deutschland durch →Lenbach, der seine Bildniszeichnungen mit Pastellfarben belebte.

L. Brieger, Das Pastell, o. J.; H. Macfall, The French Pastellists of the 18th Century, 1909; M. Doerner, Malmaterial und seine Verwendung im Bilde, [12]1965; R. Halm, P., eine Einführung in die Technik, [5]1955; K. Wehlte, Werkstoffe u. Techniken d. Malerei, 1965, [3]1977; L. Lamps, Materials and Methods of Painting, 1970.

Pasticcio (ital. Pastete, Mischmasch), Bild oder Bildwerk, in dem die Manier eines bestimmten Künstlers zum Zwecke des Betruges täuschend nachgeahmt ist.

Pastophorium →Prothesis.

pastos (ital. „teigig") nennt man den dicken Farbenauftrag, wie er in der Ölmalerei vorkommt. Die Bildfläche ist dann keine Fläche mehr, sondern ein Relief. Bes. die Impressionisten und Expressionisten haben sich an pastosem Farbenauftrag oft nicht genug tun können, haben die Farbe manchmal aus der Tube unmittelbar auf die Leinwand gedrückt und ihr mit Spachtel oder Daumen die gewünschte Ausdehnung gegeben.

Pästum (griechisch Poseidonia), Stadt südlich von Neapel, griechische Gründung, bekannt durch seine wohlerhaltenen Tempel. Der älteste ist die sog. Basilika, mit gedrungenen Säulen und sehr weit ausladendem Kapitell, noch aus dem 6. Jh. Aus dem Beginn des 5. Jh. stammt der Poseidontempel jetzt Heratempel, etwas später ist der Cerestempel, jetzt Athenatempel. Alle drei sind Musterbeispiele des dorischen Stiles in Italien. Neuerdings hat man in P. auch einen Teil der Stadt, deren Mauer streckenweise erhalten ist, ausgegraben und dabei Skulpturen (darunter eine →Metope) aus dem 6. Jh. gefunden. Die neuen ital. Grabungen haben den Nachweis der richtigen Tempelnamen erbracht und wichtige Funde an Steinplastik und Terrakotten ergeben.

Koldewey-Puchstein, Die Tempel Unteritaliens und Siziliens, 1900; H. Riemann, Zum griech. Peripteraltempel, Diss. 1935; F. Krauss u. R. Herbig, Der korinth.-dor. Tempel am Forum von P., 1939; ders., P., die griech. Tempel, 1941, 1978; C. Lamb, Die Tempel von P., 1944; P. C. Sestieri, P., [s]1966; F. Krauss, Die Tempel von P., 1959, erw. Nachdruck 1978; M. Napoli, Guida del Museo di Paestum, 1971.

Patene (lat.), Hostienteller, gehört zum →Kelch, besteht aus dem gleichen Edelmetall wie dieser, ist flach und so gearbeitet, daß sie als Deckel auf den Kelch paßt. Ihre Ornamente oder figürlichen Darstellungen sind daher auch in den meisten Fällen nur eingraviert. Die Gotik liebte es, den Boden der P. als Sechs- oder Vielpass einzudrücken. Auf den Rand ist ein Kreuz (Kußkreuz) graviert.

J. Braun, Das christl. Altargerät, 1932; V. H. Elbern, Der eucharist. Kelch i. M.A., 1964.

Patenir, Patini(e)r, Joachim, niederländ. Maler, * 1475/80 Dinant oder Bouvignes, † 5. 10. 1524 Antwerpen, das. Meister 1515, beeinflußt von Gerard David und Bosch, der erste Landschaftsspezialist der niederländ. Kunst insofern, als in seinen Bildern die Landschaft das entschiedene Übergewicht über das Figürliche erlangt hat. Seine Bilder zeigen eine weite Sicht über Land und Wasser, sind belebt durch zackige Felsbildungen und durch Gebäudegruppen, während ein schmaler Himmelsstreifen mit kräftiger Wolkenbildung die Dramatik der Landschaft fortsetzt. Die Figurengruppen (z.B. Ruhe auf der Flucht, Taufe Christi, Versuchung des hl. Antonius) sind ungefähr in der Mitte des Vordergrundes angeordnet. In der Farbgebung herrschen fahles Blau und Grün vor.

L. von Baldaß, Die niederländ. Landschaftsmalerei, von P. bis Breughel, 1918 (Jahrb. d. Wiener Kunstsamml., Bd. 34); M. J. Friedländer, Die altniederländ. Malerei, Bd. 9, 1934; R. A. Koch, J. P. (Princeton monographs in art and archaeology 38) 1968; H. G. Franz, Niederländ. Landschaftsmalerei im Zeitalt. d. Manierismus, 1969; A. Piron, J. P. et H. met de Blès, 1971.

Pater, Jean-Baptiste, franz. Maler, getauft 29. 12. 1695 Valenciennes, † 25. 7. 1736 Paris, Schüler von Watteau, malte in dessen Art galante Szenen und Feste von oft flüchtiger Ausführung. Gut vertreten im Louvre und in den Gal. von Berlin und Dresden.

Florence Ingersoll-Smouse, J.-B. P., 1928 (franz.).

Pâte sur pâte, die Verzierung von Porzellan mit weißem, sehr flachem Relief auf farbiger Glasur. Diese schimmert durch die dünnen Stellen des Reliefs hindurch und gibt diesem eine Abtönung. Das Verfahren wurde seit den 60er Jahren des 19. Jh. in Anknüpfung an chines. Vorbilder zuerst in Sèvres angewandt und auch von den Manufakturen in Berlin und Meißen aufgenommen.

Patina, durch Oxydation entstandener Überzug von Gegenständen aus Kupfer oder Kupferlegierungen, bes. Bronze. Die P. ist je nach Zusammensetzung des Materials und der Art der Oxydation grün, braun oder schwarz und kann auch künstlich erzeugt werden. Bei modernen Bronzewerken geschieht dies fast immer. – Im übertragenen Sinne bezeichnet P. die Veränderungen eines Kunstwerkes an seiner Oberfläche durch äußere Einflüsse im Laufe der Zeit soweit es sich nicht um Zerstörung handelt.

Patio, Binnenhof des span. Wohnhauses (bes. im Süden), mit Boden- und Wandfliesen (azulejos) versehen, mit Springbrunnen und Pflanzen ausgestattet, dient als kühler Aufenthalt. Der P. ist ein Überrest maurischer Baugewohnheiten.

Patriarchenkreuz →Kreuz.

Paulus, Apostel, wird seit dem hohen Mittelalter dargestellt als würdiger Patriarch mit fast kahlem Kopf, hoher Stirn, Adlernase und lang herabhängendem, auch spitz zulaufendem Bart. Seine Attribute sind Schwert und Buch.

E. v. Dobschütz, Der Apostel P.. Seine Stellg. i. d. Kst., 1928; S. Hohenstein, Die Ikonographie d. Bekehrg. Pauli (Diss. Freiburg i. Br.) 1956; C. Tresmontant, P. in Selbstzeugnissen u. Bilddokumenten, 1963; I. C. Hampe, P., 1970.

Pausanias, griech. Schriftsteller, der im 2. Jh. n. Chr. in Rom lebte. Er bereiste Griechenland und Kleinasien und verfaßte eine Reiseschilderung in 10 Büchern. Die Beschreibungen von Ortschaften und Heiligtümern beruhen nur zum Teil auf eigener Anschauung, zum anderen Teil auf literarischen Quellen und sind von langen mythologischen und historischen Exkursen unterbrochen. Trotzdem ist das Werk wegen seiner zahlreichen topographischen und kunstgeschichtlichen Nachrichten unentbehrlich, wenn es auch mit Kritik benutzt werden muß.

Ausgabe mit Kommentar: Hitzig-Blümner, Des P. Beschreibung von Griechenland, 3 Bde,. 1896–1910:. C. Robert, P. als Schriftsteller, 1909; P. Beschreibung Griechenlands. Neu übers. u. mit Einleitung u. Anmerkungen versehen v. E. Meyer, 1954, ²1967; ders., P., Führer d. Athen u. Umgebg., 1959.

Pavillon (franz., ursprüngl. gleichbedeutend mit papillon „Schmetterling"), ein großes viereckiges Zelt im Unterschied zu einem kleinen Rundzelt; auf die Baukunst übertragen ein viereckiger oder runder Bau, entweder freistehend (Gartenpavillon) oder als durch ein eigenes Dach als selbständig hervorgehobener Teil eines größeren Gebäudes (Eckpavillon eines Barockschlosses). Dabei kann ein P. die Funktion eines →Risalits erhalten.

Paxtafel →Kußtäfelchen.

Paysage intime →Barbizon, Schule von.

Peccatel, Kultwagen von, →Kultwagen.

Pechstein, Max, Maler und Graphiker, * 31. 12. 1881 Zwickau, † 29. 6. 1955 Berlin, studierte in Dresden, trat dort 1906 der →„Brücke" bei, unternahm 1914 eine Südseereise, übersiedelte 1919 nach Berlin. Der Stil seiner starkfarbigen Bilder ist ein gemäßigter Expressionismus, der den Bildgegenstand noch klar erkennen läßt, ihn aber vereinfacht und zugleich steigert. In seinen Holzschnitten, Lithographien und Radierungen kommt expressionistisches Kunstwollen ungehemmter zum Ausdruck. Seit 1945 war P. Prof. der Hochschule für bildende Kunst in Berlin. Er schrieb „Erinnerungen", erschienen 1960.

W. Heymann, M. P., 1916; G. Biermann, M. P., 1919; P. Fechter, Das graph. Werk M. P.s, 1921; M. Osborn, M. P., 1922; K. Lemmer, M. P. u. d. Beg. d. Expressionism., 1949; G. Krüger (Ztschrft. d. dtn. Vereins f. Kstwiss., 19) 1965; M. P. Graphik, M. P. Aquarelle u. Zeichngn., Kataloge Hamburg-Altona, 1972.

Pedum (lat.), Hirtenstab; Bezeichnung für den Stab des Abtes oder Bischofs.

Peintre-graveur →Kupferstich.

Pektorale (lat. pectus „Brust"), antiker und mittelalterl. Bruststchmuck, am liturgischen Gewand auch reich verzierte Spange oder

Schnalle, die den Chormantel auf der Brust zusammenhält und meist als medaillonartiges Relief gestaltet ist. P. heißt auch das von hohen kath. Geistlichen getragene Brustkreuz.

Pelikan, Symbol der sich aufopfernden Liebe Gottes zu den Menschen (des Opfertodes Christi), da er der Sage nach sich die Brust mit dem Schnabel öffnet, um seine Jungen zu ernähren. Diese Szene hat die christl. Kunst häufig dargestellt, oft im Zshg. mit der →Kreuzigung Christi.

D. Forstner, Die Welt d. Symbole, [2]1967.

Pelta, der auf griech. Darstellungen von Amazonen getragene Schild, auf einer oder beiden Seiten halbmondförmig ausgeschnitten; als Ornamentmotiv in der antiken Baukunst und Kleinkunst, zuweilen auch an roman. Bauten Frankreichs verwendet.

Pencz, Georg, Maler und Kupferstecher, * um 1500 Nürnberg, † 11. 10. 1550 Leipzig, bildete sich unter dem Einfluß Dürers und der zeitgenössischen ital. Malerei, die er in Rom studierte, gab als Maler sein Bestes in Bildnissen. Als Stecher gehörte er zu den →Kleinmeistern. Seine Darstellungen aus der röm. Geschichte, allegorischen und mythologischen Szenen zeigen einen sehr starken Einschlag ital., besonders raffaelischer Form, auch ital. Technik. Am persönlichsten sind seine Stiche biblischen Inhalts. Auch Holzschnitte hat man auf seine Zeichnungen zurückzuführen versucht.

E. Waldmann, Die Nürnberger Kleinmeister, 1911; H. Röttinger, Die Holzschnitte des G. P., 1914; E. Buchner, Der junge P. als Maler, 1933/34 (Wallraf-Rich.-Jahrb., N. F. 2/3); H. G. Gmelin, G. P. als Maler (Münchner Jb. d. bild. Kst., 3, Bd. 18) 1966; H. Zschelletzschky, Die „drei gottlosen Maler v. Nürnberg", 1971, 1975.

Pendentif →Kuppel.

Pentiment (ital.), Reuezug. Nicht sehr treffende Bezeichnung für Striche und Umrisse auf Zeichnungen, Stichen, Gemälden, die, noch sichtbar, dem ursprünglichen Bildgefüge angehörten, aber vom Künstler durch andere ersetzt, „verbessert" worden sind. Vergleiche zwischen ihnen und ihren späteren Veränderungen lassen Schlüsse auf die Richtung des künstlerischen Wollens zu. Ihre Zahl ist bei manchen Künstlern (z.B. Dürer) sehr klein, bei anderen (z.B. Rembrandt) sehr groß. Unter der Oberfläche des Bildes verschwundene P.i können oft mit Hilfe der →Gemäldedurchleuchtung nachgewiesen werden.

Percier, Charles, **Fontaine,** Pierre Francois →Empire.

Pergamenische Kunst, die Kunst des pergamenischen Reiches (283 bis 133 v. Chr.), die innerhalb der →hellenistischen Kunst eine besondere Richtung vertritt. In Pergamon hat man früh mit dem Sammeln und Nachbilden alter Kunstwerke begonnen, aber die lebendige Kunst hat sich vom Klassizismus ziemlich ferngehalten. Die Merkmale der P. K. sind ein lebendiger Naturalismus, der nicht ohne Pathos und in breiten pastosen Formen vorgetragen wird, sowie eine Vorliebe für große, wohlausgeglichene Kompositionen mit vielen Figuren (Galliergruppen, Marsyasgruppe, sog. →Pasquinogruppe). Der monumentale Reliefstil ist am großartigsten im Fries des Pergamonaltars (Berlin, Staatl. Mus., Pergamonmus.) in Erscheinung getreten. Das Wagnis, ein großes Bauwerk ganz aus einem Relieffries mit Figuren von heftigster Bewegung aufwachsen zu lassen, ist vollkommen geglückt mit Hilfe einer innerhalb der hellenistischen Kunst klassisch strengen Komposition.

Conze u. a., Altertümer von P., 1885ff. (Monumentalwerk, bisher 10 Bde.); Schuchhardt, Die Meister des großen Frieses von P., 1925; von Massow, Führer durch das Pergamon-Mus., 1932; H. Kähler, Der große Fries von Pergamon, 1948; Ders., Pergamon, 1949; A, Schober, Die Kunst von Pergamon. 1951; Eva-Maria Schmidt, Der große Altar zu Pergamon, 1961; W. Müller, Der Pergamon-Altar, 1964; Elisabeth Rohde, Pergamon, [5]1969; O. Ziegenaus, G. de Luca, Die Ausgrabgn. zu Pergamon im Asklepieion [Arch. Anz. 85] 1970; C. H. Bohtz, W.-D. Albert, Die Untersuchgn. am Demeter-Heiligtum in P. [Arch. Anz. 85] 1970; Seit 1968: Pergamen. Forschgn. (2ff.); E. Künzl, Die Kelten d. Epigonos v. Pergamon, 1971; E. Töpperwein, Terrakotten v. Pergamon, 1976; E. Rohde, Pergamon-Burgberg u. Altar, 1982.

Pergamonaltar →Pergamenische Kunst.

Perikopenbuch →Evangelistar.

Pergola, ital. Bezeichnung für eine Laube oder einen Laubengang, bestehend aus Pfeilern oder Säulen, die eine Holzkonstruktion als Halt für rankende Pflanzen tragen.

Peripteros, Form des griech. Tempels, bei der um einen Antentempel mit →Pronaos und →Opisthodomos eine Ringhalle aus einer Säulenstellung herumgelegt ist.

Peristyl, der von Säulen umgebene Hof griech. Bauanlagen, bes. des Privathauses, in dem er gartenartig ausgestaltet wird. In dieser Form kennt ihn auch die röm. Antike (→Atrium), wo in Pompeji zahlreiche Beispiele erhalten sind. – Bei einem derartigen „Tempel-Hof" spricht man vom Peribolos.

Perlmutter, die irisierende Innenschicht der Schale vieler Muschelarten, läßt sich sägen, schnitzen, drechseln, gravieren. Zu dekorativen Zwecken soll das P. in der röm. Kaiserzeit verwendet worden sein. Auch die byzantin. Kunst kennt es (Verwendung in Mosaiken für die höchsten Lichter). Aus dem späteren Mittelalter und der Renaissance gibt es P.-Schnitzereien in Hochrelief, vor allem aber wurde das P. seit der Renaissance für Einlegearbeiten in Holz verwendet (→Intarsia). Seine Beliebtheit steigerte sich im 17. Jh. und hielt auch das 18. Jh. hindurch vor (→Boullearbeit). Neben dem P.relief gibt es die P.gravierung, die, um die Zeichnung besser hervortreten zu lassen, auch gern mit einer schwärzlichen Masse gefüllt wurde.

W. E. Pazaurek, P., Geschichte eines künstlerischen Werkstoffs, 1937.

Perlstab, Perlschnur, architektonisches Ziermotiv, bestehend aus kleinen perlenähnlichen, nebeneinandergereihten Kugeln, die zuweilen auch mit nichtkugeligen Gebilden abwechseln (→Astragalos). Beliebt ist der P. auch als Möbelverzierung.

Permeke, Constant, belg. Maler und Bildhauer, * 31. 7. 1886 Antwerpen, † 1952 Ostende, malte in einem expressiven Realismus von fläm. Bodenständigkeit Landschaften, Hafenszenen und Menschen aus dem Volke wie Bauern und Fischer. Seine in dunklen, erdigen Farben gehaltenen Figurenbilder heben das Grobe, Kraftvolle und Urwüchsige seiner oft ins Monumentale gesteigerten Modelle hervor. In ähnlichem Sinn hat er seit 1936 auch Bildwerke geschaffen.

E. Langui, C. P., 1947 (franz.); R. Avermaete, P., 1958 (franz.); P. Fierens, C. P., 1959; R. Avermaete, C. P., 1970; Ausst.kat. C. P., Venlo, 1972.

Permoser, Balthasar, Bildhauer, getauft 13. 8. 1651 Otting, * Kammer bei Traunstein (Chiemsee),

† 20. 2. 1732 Dresden, bildete sich in seiner Heimat sowie in Salzburg und Wien aus, ging 1675 nach Italien, wo er 14 Jahre blieb, und wurde 1689 als Hofbildhauer nach Dresden berufen, war tätig auch in Berlin zwischen 1704 und 1710. P. ist trotz bedeutenden eigenen Fähigkeiten den verschiedensten Einflüssen unterlegen. So ist manches in seinen Werken Durchschnitt, anderes wieder zeigt höchst originelle Ansätze, die jedoch nicht folgerichtig weiterentwickelt worden sind. Werke: Grabmal der Kurfürstinnen Anna und Wilhelmine (1703–1704; Freiberg, Dom); Kleinbildwerke aus Elfenbein (Dresden, Grünes Gewölbe); Figurenschmuck am Dresdener Zwinger (1711–18), der zu den besten Leistungen dekorativer Plastik damaliger Zeit gehört und den Absichten Pöppelmanns durchaus kongenial ist; Kanzel der Hofkirche in Dresden; Apotheose des Prinzen Eugen (1721; Wien, Barockmus.); Augustin und Ambrosius (Bautzen, Stadtmus.). Die P.-Forschung ist zurzeit noch sehr im Fluß. Eine umfassende Darstellung seines Gesamtwerks steht noch aus.

Beschorner, P.studien, 1913; E. Michalski, B. P., 1927; W. Boeckelmann, B. P., Studien z. seiner Frühzeit 1651 bis 1700, 1951; S. Asche, B. P. u. d. Barockskulptur d. Dresdn. Zwingers, 1966; ders., B. P., Leben u. Werk, 1978.

Perpendicular style (Perpendicularstil), Spätstufe der engl. Gotik (Spätgotik) seit etwa 1350 bis ins 16. Jh., so genannt nach dem senkrechten Stabwerk, das, bes. als Gliederungssystem der hohen und breiten Fenster, aber auch als Blendgliederung der Wände, die gerade Linie immer wieder vorherrschen läßt. Eine weitere Eigentümlichkeit dieser Stilstufe, die im übrigen ganz große Kathedralen nicht mehr hervorgebracht hat, aber die nationale Eigenart der engl. Gotik gegenüber der des Kontinents bes. stark zur Geltung bringt, ist das Fächergewölbe. Spitzbogen werden zu flacheren Korbbogen und Tudorbogen (→Bogen 7).

Perrault, Claude, franz. Baumeister, * um 1613 Paris, † 8. 10. 1688 das., Bruder des Schriftstellers Charles P., erbaute in siegreicher Konkurrenz gegen Bernini als sein Hauptwerk die Ostfassade des → Louvre (1667–74). Mit ihren 28 gekuppelten korinth. Säulen („Kolonnade des Louvre"), der Klarheit, Schönheit und Ruhe ihrer Maßverhältnisse bedeutet sie den für die Zukunft der franz. Baukunst entscheidenden Durchbruch klassizistischer Haltung. P. gab auch eine kommentierte Übersetzung des Vitruv heraus (1673, 1684²) und schrieb: „L'ordonnance des espèces des colonnes selon la méthode des anciens" (1683); „Mémoires de ma Vie" (Neue Ausg. 1909); er war einer der Mitbegründer der Académie Royale d'Architecture 1671.

A. Hallays, Les P., ²1926; T. Sauvel (Bulletin Monumental, 122) 1964; M. Petzet, C. P. als Architekt d. Paris. Observatoriums (Zeitschr. f. Kst.gesch. 30, Heft 1) 1967.

Persepolis →Persische Kunst.

Persische Kunst, die Kunst der Perser der Achämenidenzeit (550 bis 331 v. Chr.), eine ausgesprochen höfische Mischkunst, die jedoch nicht eigener Züge entbehrt. Im weiteren Sinne rechnet man zur P. K. noch die →parthische und die → sassanidische Kunst. Von der Vorläuferin der P. K., der medischen, kennen wir außer einigen Gräbern und Felsreliefs so gut wie nichts. Die pers. Baukunst ist hauptsächlich aus den großen Palästen von Persepolis und Susa bekannt. Ihr Merkmal sind die gewaltigen Säulensäle, die im Altertum nur in der ägypt. Kunst vergleichbare Bauten finden. In den Detailformen hat bes. in der Kannelierung der Säulen und auch in der Bildung der Kapitelle und Basen die ionische Kunst das Vorbild geliefert. Sie hat auch auf den Reliefstil, der in den Palästen durch viele Beispiele belegt ist, eingewirkt. Doch macht sich eine Nachwirkung der assyr. Kunst in den langen Prozessionen steifer Würdenträger und in den großen, die Tore flankierenden Flügelstieren bemerkbar. Freilich wissen wir jetzt aus inschriftlichen Quellen, daß die Handwerker vielfach Griechen gewesen sind, aber sie haben sich dem pers. Stile angepaßt. Das kann man auch in der Steinschneidekunst (Gemmen und Siegelzylinder) sowie bei anderen Produkten des Kunsthandwerkes nachweisen. – Über die P. K. unter dem Islam → Islamische Kunst.

Sarre, Die Kunst des alten Persien, 1922; A. N. Pope, A survey of Persian art from prehistoric times to the present, 7 Bde., o. J. 1938f.; H. H. v. d. Osten, Die Welt der Perser, 1956; Van den Berghe, Archéologie de l'Iran ancien, 1959; Edith Parada, Alt-Iran, 1962; A. Godard, Die Kunst des Iran, 1964; R. Ghirshman, Iran I: Protoiranier, Meder, Achämeniden, 1964; Ders., Iran II: Parther u. Sasaniden, 1962; W. Herrmann, The theorie of C. P. (Studies in architecture 2) 1973; S. J. Falk, Qajar Paintings. Persian Oil Paintings of the 18th and 19th Centuries, 1976; P. Amiet, Die Kst. d. alt. Orient, 1976; J. Hofstetter, D. Griech. in Persien [Mittlgn. a. d. Iran, hg. v. Dt. Arch. Inst., Erg. Bd. 5] 1977.

Perspektive (von lat. perspicere „hindurchschauen"), die Darstellung des Raums und der in ihm enthaltenen Dinge auf einer ebenen Bildfläche so, daß sie dort unter den gleichen Sehbedingungen erscheinen, unter denen sie im wirklichen Raum wahrgenommen werden. Das Zustandekommen einer perspektivischen Zeichnung läßt sich folgendermaßen vorstellen: man betrachtet von einem festen Gesichtspunkt aus durch eine Glasscheibe hindurch mit einem Auge den darzustellenden Raum mit seinen Gegenständen. Jeder seiner Punkte kommt auf eine bestimmte Stelle der Glasscheibe zu liegen. Würde man alle diese Punkte auf der Scheibe zeichnerisch fixieren, so erhielte man das perspektivische Bild. In diesem sind alle zur Scheibe parallelen Geraden auch unter sich parallel, erleiden also keinerlei Verkürzungen oder Verzerrungen, und die Proportionen der von ihnen begrenzten Flächen bleiben unverändert. Jede in die Tiefe laufende Gerade aber erscheint in perspektivischer Verkürzung. Sind diese Geraden untereinander parallel, so schneiden sie sich in der perspektivischen Ansicht in einem Punkt, dem Fluchtpunkt. Die Größe der Dinge vermindert sich nach der Tiefe zu. Fällt man von dem Punkt aus, von dem das perspektivische Bild aufgenommen ist, ein Lot auf die Bildfläche, so trifft es diese im Augenpunkt. Dieser ist zugleich identisch mit dem Fluchtpunkt aller senkrecht zur Bildfläche in die Tiefe

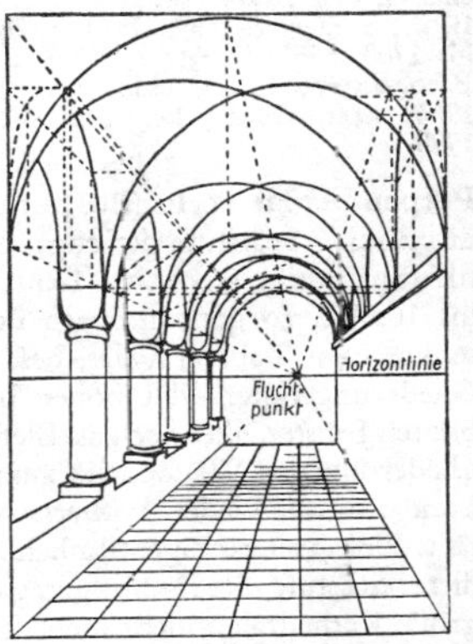

Perspektivische Konstruktion

laufenden Geraden. Die durch den Augenpunkt in der Bildfläche waagerecht laufende Linie heißt Horizontlinie. Sie ist der geometrische Ort aller Fluchtpunkte von Geraden, die einer zur Bildfläche senkrecht stehenden Grundebene parallel sind. Auf Grund von Erfahrung und Wissen deutet das Auge das ihm perspektivisch dargebotene Abbild des Raums und seiner Gegenstände in die richtigen Größen- und Distanzverhältnisse und in die richtige Gestalt um. Damit dies mühelos geschehen kann, genügt die geometrische Richtigkeit nicht allein. Der Gesichtspunkt soll in mäßiger Entfernung vor der Bildmitte liegen. Liegt er zu hoch, so erscheinen die Dinge in Vogelperspektive, liegt er zu tief, so erscheinen sie in Froschperspektive. Die Erfassung der Tiefendistanz vollzieht sich am leichtesten bei Darbietung gleichartiger und in Wirklichkeit gleichgroßer Gegenstände, z.B. einer in die Tiefe führenden Säulenreihe, Baumallee, Häuserflucht u. dgl. Würde man gleichartige Gegenstände verschiedener Größe in dieser Weise verwenden, so würde eine klare Tiefenvorstellung trotz geometrischer Richtigkeit nicht zustandekommen können. Diese bedingt zudem Verzerrungen, die vom Maler nicht alle mitgemacht werden dürfen, soll nicht eine unnatürliche Wirkung herauskommen. Das natürliche Sehen mit zwei Augen und beweglichem Standpunkt ist eben etwas anderes als das für das Zustandekommen einer genauen P. angenommene Sehen mit einem Auge und von einem fixierten Gesichtspunkt aus. – Außer dieser geometrisch zu konstruierenden Linear- oder Zentralperspektive unterscheidet man noch eine Beleuchtungsperspektive, die die Beleuchtung und Lichtschattenmodellierung der Dinge nach hinten zu abstuft, sowie eine →Farbenperspektive.

Die Malerei der Antike hat vermittels einzelner perspektivischer Elemente wie Verkürzung, Größenverminderung entsprechend der Tiefendistanz, Konvergenz paralleler Linien zwar eine gewisse Vorstellung von Raumtiefe zu erzeugen vermocht (→Skenographie), die gesetzmäßige Konstruktion der P. war ihr jedoch unbekannt. Die mittelalterliche Malerei hat diese Elemente fast völlig abgestoßen, da ihr am Tiefraum nichts, an der spannungerfüllten Fläche alles lag. Ja sie kehrt zuweilen die perspektivische Ordnung um, indem sie Linien, die eigentlich konvergieren müßten, divergieren läßt und menschliche Gestalten des „Vordergrundes" kleiner als die des „Mittelgrundes" gibt. dann nämlich, wenn jene diesen an Bedeutung überlegen sind: umgekehrte Perspektive. Am stärksten hat Giotto die moderne P. vorbereitet, indem er den Bildraum zu einem geschlossenen, gleichmäßig tiefen Raumvolumen zusammenzog. Diese Vorstellung des malerischen Tiefraums festigt sich im 14. Jh. immer mehr und führt schließlich im 2. Jahrzehnt des 15. Jh., also mit dem Beginn der Frührenaissance, in Florenz zur Entdeckung der mathematischen Konstruktion der P., aller Wahrscheinlichkeit nach durch →Brunelleschi. Ihre erste praktische Anwendung findet sich in den Fresken des →Masaccio um 1425, die erste Erläuterung ihrer Grundbegriffe in den „Drei Büchern über die Malerei" des →Alberti (1436). In der gleichen Zeit hat im N. Jan van Eyck die perspektivische Erfassung von Innenräumen einen entscheidenden Schritt weitergebracht. Die dt. Malerei hat sich der neuen Errungenschaft im

15. Jh. noch nicht angeschlossen, warum, erkennt man bes. deutlich aus den Bildern des Konrad Witz, der Innenräume von überzeugender Tiefe konstruiert, aber dem strengen und statischen System einer geometrischen Konstruktion stets ins Dynamische ausweicht. Erst mit Dürer setzt sich die P. auch in der dt. Malerei und Graphik durch. – Die Zentralperspektive ist nicht etwa unabänderliches Gesetz malerischer Tiefraumgestaltung, sondern sie ist Ausdruck eines ganz bestimmten Zeitalters, eben der Renaissance, in der Wissenschaft und Kunst einander in einer Weise durchdrungen haben, wie es niemals später der Fall gewesen ist. Die P. ist eines der klarsten Beispiele dafür, und immer wieder haben ital. Künstler der Renaissance Theorie und Praxis der P. in Abhandlungen erörtert, wobei die tiefsten Einsichten Leonardo verdankt werden. Spätere Jahrhunderte haben die P. nicht mehr so ernst genommen oder haben sie zu virtuosen Spielereien ausgebeutet, wie es in der barocken Deckenmalerei der Fall gewesen ist (→Quadraturmalerei; → Deckenmalerei). Bei einer Malerei, die wie der Impressionismus die Welt nicht auf ihr lineares Gefüge hin ansieht, sondern auf ihre farbige Erscheinung, sind einer mathematisch genauen P. die Anhaltspunkte entzogen.

G. Hauck. Die malerische P., 1882; R. Delbrück, Beiträge zur Kenntnis der Lilienp. in der griech. Kunst, Bonner Diss. 1899; G. J. Kern, Die Grundzüge der linearp. Darstellung in der Kunst der Brüde van Eyck und ihrer Schule, 1904; Ders., Die Anfänge der zentralp. Konstruktion in der ital. Malerei des 14. Jh., 1913 (Mitteilungen des kunsthistor. Instituts in Florenz, Bd. 2); E. Sauerbeck, Ästhetische P., 1911; Th. Wedepohl Ästhetik der P., 1919 H. Schuritz, Die P. in der Kunst Dürers, 1919; M. Kleiber, Angewandte P., [6]1922; E. Panofsky, Die P. als symbolische Form, 1927 (Vorträge d. Bibl. Warburg 1924–25); H. A. Fritzsche, Bernardo Belotto, gen. Canaletto, 1936 (über die Verwendung der Camera obscura für p. Ansichten); H. Eith, Die p. Darstellungsart in ihrem Verhältnis zu Vorstellungsbild und Sehbild, 1936; F. Novotny, Cézanne u. d. Ende d. wissenschaftl. P., 1937; M. Schild Bunim, Space in Mediaeval Painting and the Forerunners of P., 1942; B. Schweizer, Vom Sinn der P., 1953; J. White, Perspective in ancient drawing and painting, 1956; ders., The birth and rebirth of pictural space, [2]1967; ders., P.-transparent, 1970 (dt.); Gisela M. A. Richter, Perspective in Greek and Roman art, 1970; J. Harnest, D. Problem d. konstruierten P. i. d. altdtn. Malerei, 1971; A. Ahngren, Die umgekehrte P. u. d. Fluchtachsenp., 1971; D. de Capeaurouge, Der Konflikt zw. Zentral-P. u. Bedeutungsmaßstab (Festschr. G. Scheja) 1975; W. A. Bärtschi, P., 1976.

Peruanische Kunst, die Kunst der peruanischen Hochlandes vor der Zerstörung der altamerikanischen Kulturen durch die Spanier. Ihre hervorragendste Leistung ist die bereits vor der Begründung der Inkareiche hochentwickelte Steinbaukunst, deren Quadertechnik von einer an keiner Stelle der Erde sonst erreichten Meisterschaft ist. Ferner gibt es eine höchst mannigfaltige, bemalte Keramik, auch prächtige Gewebe- und Flechtarbeiten.

W. Lehmann und H. Doering, Kunstgesch. des alten Peru, 1924; Springer, Handb. d. Kunstgesch., Bd. 6, 1929; M. Schmidt, Kunst u. Kultur von Peru, 1929; L. Baudin, Les Incas du Pérou, 1942, dt. 1947; G. Kutscher, Chimu, 1950; H. Ubbelohde-Doering, Kunst im Reiche der Inka, 1952; ders., Hochkulturen Alt-Perus, o. J.; G. H. S. Bushnell, Peru, 1957; F. Anton, Peru, 1958; ders., Alt-Peru u. s. Kst., 1962; D. Menzel, Pottery Style and Society in Ancient Peru, 1976.

Perugino, eigentlich Pietro Vannucci, ital. Maler, * um 1450 wahrscheinlich Castello della Pieve, † 1523 Fontignano, tätig in Florenz, Rom und Perugia, Lehrer Raffaels, reinster Vertreter der umbrischen Schule des Quattrocento. Seine Bilder sind klar, einfach, weiträumig und symmetrisch im Aufbau, die Figuren stellen sich in rhythmisch sanft bewegtem Umriß, doch ruhiger Haltung dar, ihre schlichte und ernste Stimmung schlägt leicht ins Schwärmerische und Sentimentale um. Architekturen, die zarte Landschaft sowie Licht und Farbe sind aufs feinste in die Stimmung der Figuren einbezogen. Nachdem P. seinen Stil gefunden hatte, erging er sich oft in formelhaften Wiederholungen. Seine beste Zeit ist um 1500 vorbei. Seine Reifezeit wird eingeleitet durch das Fresco „Schlüsselübergabe an Petrus" (seit 1480; Rom, Sixtinische Kapelle). – Im 19. Jh. haben Nazarener und Präreffaeliten vielfach gerade an P. angeknüpft.

W. Bombe, P., 1914 (Klassiker der Kunst); A. Schmarsow, P.s erste Schaffensperiode, 1915; F. Knapp, P., ²1926; F. Canuti, Il P., 1931; E. Camesasca, Tutta la pittura del P., 1957; ders. u. C. Castellaneta, L'opera completa del P., 1969.

Peruzzi, Baldassare, ital. Baumeister und Maler, getauft 7. 3. 1481 Siena, † 6. 1. 1536 Rom, kam 1503 nach Rom und wurde dort Schüler und Mitarbeiter von Bramante. Außer in Rom war er auch in Siena und Bologna tätig. In Rom hat er an der Peterskirche mitgearbeitet und eine Reihe von Palästen gebaut, deren Zuschreibung an ihn jedoch vielfach fraglich ist. Der bedeutendste ist der Palazzo Massimo alle Colonne (beg. 1535). Als Maler (erzählende Fresken und Tafelbilder) war P. von Pinturicchio und Raffael abhängig.

W. W. Kent, The life and works of B. P., 1925; A. Venturi, Storia dell'arte italiana, Bd. XI, 1, 1938; C. L. Frommel, Die Farnesina u. P.s architekton. Frühwerk, 1961; ders., B. P. als Maler u. Zeichner, 1968; H. Wurm, Der Palazzo Massimi alle Colonne in Rom, 1962.

Pesel, die Haupt-, „Putz"- und Prachtstube des niederdeutschen Bauernhauses.

K. D. Lievers u. I. Burscher, Schleswig-holstein. Bauernstuben (m. Lit.) 1963.

Pesne, Antoine, franz. Maler, * 23. 5. 1683 Paris, † 5. 8. 1757 Berlin, das. seit 1711 preuß. Hofmaler, in welcher Eigenschaft er der Porträtist führender Persönlichkeiten auch der Damen des preuß. Hofes wurde. Seine in Farbe und Modellierung kraftvollen Bildnisse haben auf die Berliner Malerei bestimmenden Einfluß ausgeübt: Friedrich d. Gr. (1739), der Kupferstecher G. F. Schmidt mit Gattin (1748), Bildnis des Malers mit seinen zwei Töchtern (1754; sämtlich Berlin, Staatl. Mus.). Dekorative Gemälde in preuß. Schlössern, Genrebilder in der Art des Lancret.

L. Dimier, Les peintres français du 18e siècle, Bd. 2; P. du Colombier, P. (mit Katalog); A. P. Mit Beiträgen von E. Berckenhagen u. a., eingeleitet von G. Poensgen, 1958; G. Eckard, A. P., 1963.

Pestbilder, -blätter, -säulen. Das Erlebnis der Pest spiegelt sich seit dem späteren Mittelalter in Darstellungen wider, die die Pest als Äußerung von Gottes Zorn zeigen (angedeutet durch herabfallende Pfeile) und als Retter geltende Personen vorführen: Christus, Maria (→Schutzmantelmadonna), die Heiligen →Sebastian, Christophorus, Rochus, Antonius u. a. Eigene Kapellen und Altäre wurden diesen Darstellungen gewidmet, die bei meist geringem Kunstwert in erster Linie apotropäischen Charakter gehabt haben dürften. Das gilt bes. von den Pestblättern, Einblattdrucken des 15. und 16. Jh. Als Votiv- und Betsäulen sind die Pestsäulen aufzufassen, wie sie im Barock in Süddeutschland, Österreich und Schlesien entstanden. Ihr Hauptstück ist die Pestsäule am Graben in Wien (1687–93).

P. Heitz, Pestblätter des 15. Jh., ²1918; G. Coudenhove, Die Wiener Pestsäule, 1958; A. Grünberg, P.säulen in Österr., 1960.

Petel, Georg, Bildhauer, * 1601/02 Weilheim, † 1634 Augsburg, tätig das. seit 1625, hat unter Verwertung von Anregungen der antiken, ital. und niederländ. Kunst (Rubens), aber auch gestützt auf eigenes Naturstudium Werke voll Schwung und Größe geschaffen: Bronzefigur der Magdalena (etwa 1625; Regensburg, Niedermünster), Elfenbeinkruzifixus (München, Reiche Kapelle), Christus Salvator (Holz; etwa 1630; Augsburg, St. Moritz).

Kat. der Ausstellg. G. P., München 1964; K. Arndt (Jb. d. Berliner Museen, 9) 1964; Ausst.kat. Augsburger Barock, Mus. Augsb., 1968; A. Schädler, K. Feuchtmayr, G. P., 1973.

Peterskirche in Rom (San Pietro in Vaticano), die Grabeskirche des Apostels Petrus und größte Kirche der Christenheit. Bauleiter: Bramante (1506–14); Raffael (1515–20), neben ihm Giuliano da San Gallo und Fra Giocondo; Antonio da San Gallo d. J. (1520–46) und Peruzzi (1520–1536); Michelangelo (1547 bis 64); Vignola, Giac. della Porta, Dom. Fontana; Maderna (1603–29); Bernini (1629–69). – Die P. erhebt sich an der Stelle, wo der Überlieferung nach Petrus begraben wurde. Dem jetzigen Bau voraus ging die in Konstantinischer Zeit errichtete fünfschiffige alte Petersbasilika (geweiht 326), die seit 1506, dem Jahr der Grundsteinlegung des Neubaues unter Papst Julius II. beseitigt wurde. Zu diesem Neubau sind zahlreiche Pläne vorhanden (Florenz, Uffizien), deren Bedeutung im einzelnen strittig ist (erste kritische, heute noch grundlegende, wiewohl vielfach korrigierte Sichtung durch H. v. Geymüller in „Die ursprünglichen Entwürfe für St. Peter", 1875–80). Sicher ist jedenfalls, daß der erste Baumeister Bramante die Kirche mit Zentralkuppel über griech. Kreuz errichten wollte (Abb. →Renaissance), und auf ihn selbst geht die Kuppelvierung mit ihren vier großen Pfeilern zurück, d. h. der Kern der ganzen Anlage. Die nach dem Tode Bramantes folgende bauliche Entwicklung der P. hat, gesteuert durch liturgische Erwägungen und den Wandel des Geschmacks bis zum Hochbarock, den Grundgedanken Bramantes zwar verschleiern, in seiner sieghaften Behauptung aber doch nicht ernsthaft

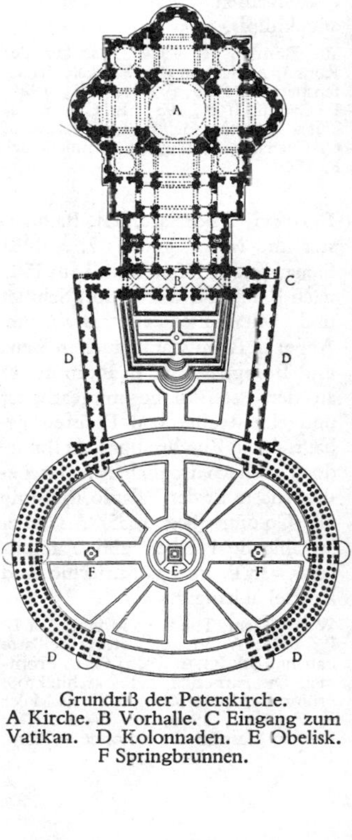

Grundriß der Peterskirche.
A Kirche. B Vorhalle. C Eingang zum Vatikan. D Kolonnaden. E Obelisk. F Springbrunnen.

antasten können. Wichtig war vor allem der Kompromiß zwischen Zentralbau und Langhausbau, auf den man nach Bramantes Tod zukam. Von Michelangelo stammen die Westteile, also die Rückseite (die P. ist nicht „orientiert"), auch die Kuppel geht auf seinen Entwurf zurück und wurde nach seinem Tode 1586–93 von Giac. della Porta ausgeführt. Michelangelo hat ferner die in Bramantes Entwurf vorgesehene Gleichordnung der Nebenräume in Unterordnung unter den Hauptraum verwandelt. Maderna baute das Langhaus mit Vorhalle und Fassade (1607–14), deren Kolossalordnung und kräftig schattende Vor- und Rücksprünge barockes Wollen deutlich zum Ausdruck bringen. Bernini schuf die halbkreisförmigen Kolonnaden, die den Vorplatz einfassen und die Wirkung der Kirche entscheidend mitbestimmen (1657–67), ferner das 29 m hohe, von gedrehten Bronzesäulen getragene Altartabernakel. – Maße: 15160 qm Fläche, 211,5 m Länge, 119 m innere Höhe bis zur Kuppel, 42 m Kuppeldurchmesser.

Letarouilly, Le Vatican et la Basilique de St-Pierre, 2 Bde., 1882; K. Frey, Zur Baugesch. des St. P. 1909–12 (Jahrb. der Preuß. Kunstsamml., Beihefte zu Bd. 31–33); H. Rose, Die P., in: Wölfflin, Renaissance u. Barock, ⁴1926; Th. Hofmann, Entstehungsgesch. des St. P., 1928; A. Raichle u. R. Kempter, St. Peter zu Rom, 1955; R. di Stefano, La cupola di San Pietro, 1967; F. Graf W. Metternich, Die Erbauung der P. zu Rom i. 16. Jh. (Röm. Forschgn. d. Bibl. Hertziana 20 Bd. 1) 1972; H. Thelen, Zur Entstehungsgesch. d. Hochaltar-Architektur v. St. Peter in Rom (Habil.schrift, Univ. Berlin W, 1962) 1967.

Petra, einst Hauptstadt des nabatäischen Reiches, in Transjordanien gelegen. Bekannt durch Felsengräber mit großen architektonisch durchgebildeten Fassaden aus röm. Zeit. Die übrigen Bauwerke sind durch eine Vermischg. hellenist.-röm. mit nabatäischen Formen gekennzeichnet.

Bachmann-Watzinger-Wiegand, Petra, 1921; Kammerer, P. et la Nabatène, 1929/30, 2 Bde.; Ph. C. Hammond, The excavation of the main theater at P. 1961–62, 1965; K. Schmitt-Korte (Hg.), P. u. d. Königreich d. Nabatäer, 1970.

Petrossa, Schatzfund von →Pietroasa.

Petrus, Apostel, erscheint in der christl. Kunst als kräftiger, etwas robuster älterer Mann, mit breiter Stirn, kurzem, rundem Bart, Tonsur und einem oder zwei Schlüsseln als Attribut. Der Zyklus von Darstellungen aus dem Leben Petri (zunächst nur Quellenwunder, Gefangennahme und Ansage der Verleugnung) setzt zu Anfang des 4. Jh. in der stadtröm. Sarkophagplastik ein, offenbar im Zusammenhang mit einer besonderen Ehrung Petri durch die röm. Kirche.

G. Stuhlfauth, Die apokryphen P.geschichten in der altchristl. Kunst, 1925; H. Brinkmann, Die Darstellung des Apostels P., Diss. Erlangen, 1936; C. Cecchelli, Iconografia di S. Pietro, 1937; E. Dinkler, Die ersten P.-Darstellungen, 1939 (Marburger Jahrb. für Kunstwissensch., Bd. 11); R. Schneider, P. 1955; M. Sótomayor, S. Pedro en la iconografia paleo cristiana, 1962 (span.); A. v. Kritter, Die Auswahl u. Anordng. der Darstellgn. i. d. Brancacci-Kapelle. Versuch einer Deutg. d P.-Zyklus, Diss. Univ. Berlin W., 1970; Hannelore Sachs, E. Badstübner, Helga Neumann, Christl. Ikonographie, 1980.

Pettenkofersches Verfahren → Restaurierung.

Pevsner, Antoine, russ.-franz. Maler und Bildhauer, * 18. 1. 1886 Orel, † 12.4.1962 in Paris, Bruder des Naum →Gabo, ausgebildet in Kiew und St. Petersburg, weilte 1911–13 in Paris, wo er mit →Archipenko und →Modigliani bekannt wurde. 1915–17 lebte er mit seinem Bruder in Oslo, kehrte aber dann mit diesem nach Rußland zurück und lehrte an der Kunstschule in Moskau. Dort veröffentlichte er 1920 mit seinem Bruder das „Realistische Manifest“, das die Richtlinien ihrer Kunst enthielt. Die neue Wendung der sowjet. Kunstpolitik veranlaßte ihn 1923 seine Heimat zu verlassen und nach Paris zu gehen, wo er später die franz. Staatsangehörigkeit erwarb. Ursprünglich Maler (abstrakte Gemälde), war er seit 1923 fast nur noch als Bildhauer tätig. Er schuf „Raumplastiken“ aus abstrakten, vielfältig mit einander verknüpften Elementen, bes. solchen aus Metall und Kunststoff, mit Effekten des Spiegelnden und Durchsichtigen und einer dynamisch in sich zurücklaufenden oder ausstrahlenden Bewegung.

Carola Giedion-Welcker u. P. Peissi, A. P., 1961 (franz.).

Pfahlbau, 1. ein auf Pfähle gestellter Holzbau an Fluß- oder Seeufern, oft ins Wasser vortretend. Er ist bei manchen Naturvölkern üblich. In Europa bildeten die P.ten eine charakteristische Erscheinung vorgeschichtl. Siedlungen; ihre Reste finden sich bes. im Bereiche der Voralpenseen (Bodensee, Unteruhldingen), zumal der Schweizer Seen. Doch machen neuere Beobachtungen und Ausgrabungen wahrscheinlich, daß es sich dabei um ebenerdige Bauten auf Moorgrund oder völlig trockenem Grund gehandelt hat. (Immerhin beweist das Bild des Konrad →Witz „Petri Fischzug“ das Vorhandensein ins Wasser vortretender P.ten am Genfer See noch im Jahre 1444.) Von einer einheitlichen vorgeschichtl. P.kultur kann jedenfalls wegen der großen zeitlichen und kulturellen Verschiedenheit ihrer Belege keine Rede sein. Sie reichen vom Ende der Jungsteinzeit bis zum Ende der Bronzezeit, und auch das für die jüngere Eisenzeit namengebende Uferkastell von Latène (→Eisenzeit) am Neuenburger See ist ein P. gewesen. Einheitlichkeit besteht nur im Technischen: aus langen Hölzern erbaute Häuser, ein- oder mehrräumig, auch mit offener Vorhalle. – 2. Auf Pfählen gegründete Bauten (Pfahlbaugründung) bei schlechtem Baugrund (z. B. Venedig; St. Petersburg).

P.berichte 1–11, 1856–1930; E. v. Tröltsch, Die P.ten des Bodenseegebietes 1902; H. Reinerth, P.ten am Bodensee, [4]1955; Ders., Die jüngere Steinzeit der Schweiz, 1926: Ders., Das Pfahldorf Sipplingen, 1932; R. R. Schmidt, Jungsteinzeitsiedlungen am Federseemoor, 1930; O. Paret, Das neue Bild der Vorgeschichte, Kritik d. alten Pfahlbautentheorie, 1948; Das P.problem, 1955 (Monographien f. Ur- u. Frühgesch. d. Schweiz 11).

Pfalz (von lat. palatium „Palast“), Wohn-, Verwaltungs- und Repräsentationsstätte der dt. Kaiser und Könige (Kaiserpfalz, Königspfalz) im früh- und hochmittelalterlichen Deutschland. Die Pf.n waren über den ganzen Herrschaftsbereich zerstreut und wurden, da es damals eine feste Residenz noch nicht gab, vom Herrscher abwechselnd aufgesucht, wobei naturgemäß bestimmte Pf.n als Lieblingspfalzen (Aachen, Frankfurt, Goslar, Hagenau, Mainz, Regensburg) bevorzugt wurden. Die Pf. ist zunächst ein Wirtschaftshof, der für die materiellen Bedürfnisse des kaiserlichen Haushalts aufzukommen hat und (im Unterschied zur Burg) eine für den Wirtschafts- und sonstigen Verkehr günstige Lage haben muß. Hier wurden Reichsversammlungen, Fürsten- und Hoftage abgehalten, die Feste des Jahres gefeiert, Gesandtschaften empfangen, rechtliche Entscheidungen getroffen. Die Geschichte der Pf. als baukünstlerische Erscheinung beginnt um 800 mit Karl d. Gr. und endet um 1250 mit Kaiser Friedrich II. Das weitaus

Kaiserpfalz zur Hohenstaufenzeit

meiste ist völlig vom Erdboden verschwunden, der kleine Rest in Bruchstücken erhalten, die sich nur in wenigen Fällen zu einer einigermaßen klaren Vorstellung der einstigen Anlage ergänzen lassen. Doch hat sich die Forschung in letzter Zeit auch durch Ausgrabungen dieser bisher arg vernachlässigten Seite mittelalterlichen Kunstschaffens angenommen.

Die architektonischen Hauptbestandteile der Pf. sind der Palas und die Pf.kapelle. Seit dem 12. Jh. (z. T. schon früher) werden von der →Burg wehrhafte Teile übernommen, so der Berchfrit und die Ummauerung. Andererseits haben manche Burgen (Wartburg, Burg Dankwarderode in Braunschweig) durch Errichtung eines prächtigen Palas nach dem Muster der Pf. ein dieser ähnliches Aussehen angenommen. Wirtschaftsgebäude und Wohnhäuser der Beamten lagen meist außerhalb des Mauerrings. In den Pf.n Karls d. Gr. (bes. Ingelheim) wirken röm. Baumotive nach, während im 11. Jh. in der Anlage des Palas wieder german. Baugewohnheiten hervortreten. Denn dieser führt die Form der german. →Königshalle fort, wie das einzige erhaltene, weil in Stein ausgeführte Exemplar einer solchen, Sta. Maria de Naranco bei Oviedo (8. Jh.), beweist. Der Palas ist ein zweigeschossiger (zuweilen auch dreigeschossiger), rechteckiger Bau, der sich an die Mauer anlehnt und vor sich auf meist leicht abfallendem Gelände den Hof mit der Gerichtslinde hat. Das niedrigere Untergeschoß enthält Küche u. Wirtschaftsräume, in einzelnen Fällen (Werla-Goslar) auch eine Warmluftheizanlage (→Hypokausten). Das ganze Obergeschoß wird von dem großen Saal (Kaisersaal) eingenommen, der das repräsentative Kernstück jeder Pf. darstellt. Freitreppen führen vom Hof unmittelbar zu ihm hinauf, auch kann ein Altan (→Balkon) vorhanden sein. Die dem Hof zugekehrte Längswand ist von (rhythmisch gruppierten) Fensterarkaden durchbrochen, die unverschlossen waren. In der Mitte der rückwärtigen Längswand befand sich der Kaisersitz. Ob das Ganze von einer Flachdecke überzogen war, oder den Blick in den offenen Dachstuhl freiließ, entzieht sich unserer Kenntnis. Hauptansatzstellen der Bauzier waren Portal, Fenster und Kamin. Die Schmuckformen entsprechen im allgemeinen den in der kirchlichen Baukunst ausgebildeten, doch sind auch neue Kombinationen gefunden worden, so bes. bei Verzierung des Kamins (Gelnhausen). Die Pfalzkapelle kommt als →Doppelkapelle vor, als Kapelle mit Westempore und als Torkapelle, Typen, die sich auch im Burgenbau finden. Palas und Kapelle können getrennt oder zu einem Baukörper zusammengefaßt sein. Eine Sonderstellung nimmt die Aachener Pf.-kapelle ein (→Aachener Münster).

K. M. Swoboda, Röm. und roman. Paläste, ³1969; R. Kautzsch, Wimpfen, 1922; U. Hölscher, Die Kaiserpfalz Goslar, 1927; O. Schürer, Die Kaiserpfalz Eger, 1934; Chr. Rauch, Die Königspfalz Ingelheim, 1935; G. Schlag, Die dt. Kaiserpfalzen, 1940 (mit Katalog und Schrifttumsnachweisen); F. Sprater, Die P. in der Vor- und Frühzeit, 1948; Dtsche. Königspfalzen (Veröffentlichgn. d. Max-Planck-Instituts f. Gesch.) 2 Bde., 1963–65.

Pfau, in der altchristl. Kunst das Symbol der Auferstehung des Fleisches, da im antiken Volksaberglauben das Fleisch des P.s als unverweslich galt. Unter den →Tugenden u. Lastern sowie in der neueren Kunst ist der P. das Symbol der Eitelkeit.

K. Lothar, Der P. in der altchristl. Kunst, 1929; D. Forstner, Die Welt d. Symbole, ²1967.

Pfeiler, senkrechte Stütze von rechteckigem oder achteckigem Querschnitt; in der mittelalterlichen Baukunst auch eine solche von kreisförmigem Querschnitt: Rundpfeiler. Zwischen diesem und der Säule gibt es keinen prinzipiellen Unterschied, weswegen denn beide Bezeichnungen für das betr. mittelalterliche Bauglied gebräuchlich sind. Jedoch spricht man stets von Säule, wenn der Unterschied vom P. betont werden soll (z. B. beim Wechsel von P. und Säule, oder wenn man eine Säulenbasilika im Unterschied von einer P.basilika meint), oder wenn eine starke Ähnlichkeit mit der antiken Säule vorhanden ist. Rundpfeiler dagegen heißen insbesondere die runden Gewölbestützen spätgot. Hallenkirchen, da sie sowohl durch ihre übergroße Schlankheit wie durch das Fehlen des Kapitells von der Form antiker Säulen abweichen. Der P. kann freistehen, er kann aber auch aus der Wand heraustreten: Wandpfeiler. Im wesentlichen got. Sonderformen sind der Strebepfeiler (→Gotik) und der →Bündelpfeiler. Der P. kann in derselben Weise gegliedert sein wie eine Säule, d. h. in Fuß (Basis), Schaft und Kapitell (auch Kämpfer, Kämpfergesims). →Pilaster.

Pfeilerbasilika →Basilika.

Pfette, Mehrz. Pfetten, die auf beiden Seiten des Dachstuhls parallel zum Dachfirst verlaufenden Balken, auf denen die Sparren aufliegen (Auflager).

Pfingsten, die Ausgießung des Heil. Geistes, erscheint in der bildenden Kunst zuerst im syrischen Rabulas-Evangeliar (586): die Apostel stehen links und rechts von Maria, Feuerflammen über dem Haupt, der Heil. Geist schwebt als Taube über Maria. Seitdem kommt die Pfingstdarstellung des öfteren auf byzantin. Gemälden vor, auf abendländ. bereits seit karoling. Zeit, zunächst als Miniatur, dann auch, aber selten, in monumentalen Ausmaßen. Die Apostel können stehen oder sitzen. Zuweilen sind Vertreter der Völkerschaften beigegeben, zu denen sich das Evangelium verbreitete. Maria kann fehlen (Klosterneuburger Altar) oder durch Christus ersetzt sein (Portaltympanon von Vézelay, 12. Jh.). Im späteren Mittelalter festigt sich das Pfingstbild in der Weise, daß die Apostel sitzend um die ebenfalls sitzende Maria gruppiert sind.

A. Fabre, L'iconographie de la Pentecôte, 1923 (Gazette des Beaux-Arts, 5. Pér. Bd. 7); St. Seleiger, P , 1959; ders., Die Ikonographie des P.wunders unter bes. Berücks. d. dtn. Buchmalerei des MA.s, 1956; A. C. Esmeijer, Cosmos en theatrum mundi in de Pinkster voorstelling (in Nederlandsch Kunsthist. Jaarboek 15) 1964.

Pforr, Franz, Maler, * 5. 4. 1788 Frankfurt a.M., † 16. 6. 1812 Albano b. Rom, gründete 1809 in Wien mit Overbeck die Lukasbrüderschaft (→Nazarener) und übersiedelte 1810 mit diesem nach Rom. Seine wenigen Bilder tragen eine fromme Einfalt der Gesinnung zur Schau bei sorgfältiger Durchbildung aller Einzelheiten und altertümelnder Haltung. P. unternahm es als einer der ersten, altdt. Inhalte zu behandeln: Einzug Kaiser Rudolfs in Basel 1273 (1808; Frankfurt a.M., Histor. Mus.), Ballade vom Grafen von Habsburg (1809; das., Städelsches Institut), Zeichnungen zu Goethes Götz von Berlichingen (hg. v. R. Benz 1941 = Schriften d. Goethe-Gesellschaft 52).

F. H. Lehr, Die Blütezeit romantischer Bildkunst: F. P., der Meister des Lukasbundes, 1924; W. Teupser, Italia u. Germanien v. P. u. Overbeck, 1943; K. Andrews, The Nazarenes, 1964; Die Nazarener, Ausst.kat. Städelsches Kst.-instit. Frankf./M., 1977.

Pharos, griech. Bezeichnung für Leuchtturm, ursprüngl. Name des ältesten Leuchtturms in Alexandria, bzw. der Insel, auf der er stand. Der Ph. wurde bald nach 300 v. Chr. durch den Architekten Sostratos aus Knidos errichtet. Seine Höhe dürfte mindestens 100 m betragen haben. Er hatte einen rechteckigen Unterbau, auf dem ein schlankerer achteckiger Turm stand, der oben eine runde Laterne trug; man zählte ihn zu den sog. sieben Weltwundern. – Der Ph. hat sich, obwohl nicht unverändert, bis ins 14. Jh. gehalten. Sein Einfluß auf spätere Turmbauten ist überschätzt worden; der Glockenturm und das Minarett stammen nicht von ihm ab, doch ist er für viele antike Leuchttürme das Vorbild gewesen.

Thiersch, Ph., Antike und Islam, 1909; R. Henning (Internat. Archiv f. Verkehrswesen, 5) 1953.

Phidias, griech. Bildhauer, * wahrscheinlich bald nach 500 v. Chr. Er selbst nannte sich Athener und Sohn des Charmides, die antike Überlieferung kennt ihn als Schüler des Agelades und des Hegias, von denen wir jedoch so gut wie nichts wissen. Schon um 470 und etwas später erhält Ph. verschiedene Aufträge für Weihgeschenke aus der marathonischen Beute, so in Delphi, Plataeae und Athen. Von diesen konnte bisher keines in Nachbildungen erkannt werden. Perikles betraute den Ph. mit der Aufsicht über die Bauten auf der →Akropolis, seit 447 vor allem des →Parthenon, dessen Skulpturenschmuck sicher mindestens auf Entwürfe des Ph. zurückgeht, wenn auch der Anteil seiner eigenen Arbeit daran nicht groß sein dürfte, weil er selbst bis 438 mit dem kolossalen Goldelfenbeinbild der Athena Parthenos beschäftigt war.

Diese Statue kennen wir aus einer Anzahl Nachbildungen, deren getreueste immer noch die mehr als zehnfach verkleinerte Statuette aus dem Varvakion zu Athen ist, während die pergamenische trotz ihrer Größe wegen ihres gänzlich abweichenden Stiles nur durch die teilweise erhaltene Basis mit einer Reliefdarstellung der Pandorageburt wichtig ist. Im Stil leidlich getreu mag eine Athena im Louvre kopiert sein, während unter den mehrfach vorhandenen Repliken des Kopfes

die Aspasiosgemme (Rom, Thermenmus.) am höchsten steht. Eine genaue Replik ist nicht zu erwarten, da die Statue wiederholt beraubt und ergänzt worden ist. Sie kam später nach Konstantinopel und wurde durch einen Brand zerstört. Von dem Reliefschmuck des Schildes der Göttin sind Teilrepliken im Piräus gefunden worden, deren Identifizierung mit Hilfe einer kleinen Wiederholung (Strangfordscher Schild) im Britischen Mus. und zweier anderer bruchstückhafter Kopien (in Rom und Patras) gelang. Von der ebenfalls auf der Burg aufgestellten Athena der Lemnier glaubte Furtwängler Repliken in zwei Statuen des Dresdner Albertinums und einem Kopf in Bologna nachweisen zu können, doch ist diese Vermutung nicht allgemein gebilligt worden.
Von dem letzten und berühmtesten Werk des Ph., dem kolossalen Goldelfenbeinbild des Zeus in Olympia, können wir uns trotz der röm. Münzbilder (ein sehr gutes Stück im Berliner Münzkabinett) keine sehr sichere Vorstellung machen, die nur in Äußerlichkeiten durch die Beschreibung des Pausanias bereichert wird. Von den am Thron des Gottes angebrachten Reliefs mit der Tötung der Niobiden glaubt man Reliefkopien (Leningrad und London) zu besitzen.
Ph. wurde nach Vollendung der Parthenos wegen angeblicher Veruntreuung von Gold angeklagt, doch ist es nicht wahrscheinlich, daß er 438 im Gefängnis zu Athen starb, wie eine Überlieferung will, da er sicher nach der Parthenos den Zeus in Olympia schuf, wo er nach anderer Nachricht gestorben sein soll. Die neuen Grabungen in →Olympia haben in der Werkstatt des Ph. Teilformen für die Goldplatten des Kultbildes ergeben. Dort fand sich ein Trinkgefäß mit seinem Namen. Es ist zu hoffen, daß eine sehr eindringliche Untersuchung des Stiles der Parthenonskulpturen in Verbindung mit immer neuer Durchforschung des Vorrates an röm. Kopien einst ein deutlicheres Bild des Meisters entwerfen wird, der die griech. Kunst auf ihre größte Höhe geführt hat.

Hekler, Die Kunst des Ph., 1924; Schrader, Ph., 1926 (großenteils unhaltbare Theorien); B. Schweitzer, Jahrb. des Dt. Arch. Inst., 1938 ff.; E. Langlotz, Ph. probleme, 1948; Ders., Ph., 1950 (in: Vermächtnis d. antiken Kunst); E. Buschor, Ph. der Mensch, 1948; Ders., Pferde des Ph., 1948; Becatti, Problemi Fidiaci, 1951; F. Brommer, Athena Parthenos, 1957; ders., Die Skulpturen der Parthenongiebel, 1963; Boehringer, Neue dt. Ausgrabungen im Mittelmeergebiet u. vorderen Orient 1959; Die Werkstatt d. Pheidias i. Olympia, hg. v. Dt. archäolog. Institut, 1, 1964.

Phigalia (Bassae), Apollonheiligtum in Arkadien auf einsamer Hochebene. Der Tempel ist an eine kleine, ursprünglich von O nach W orientierte Kapelle angebaut, wegen der Form des Geländes in NS-Richtung. Dadurch hat er eine ganz einmalige Form erhalten. Im Inneren der schmalen Cella springen Wandpfeiler mit ionischen Dreiviertelsäulen an der Front vor, weil der Raum für zwei Stützenreihen zu eng war. Die äußere Peristasis hat dorische Säulen. Im Inneren der Cella, dort, wo sie sich nach der Kapelle öffnete, stand eine Säule mit korinthischem Kapitell, das heute verschwunden, aber aus alten Zeichnungen bekannt ist, das älteste Exemplar dieser Gattung. Über den ionischen Säulen lief im Inneren ein Fries um, der in hohem und etwas derbem Relief sicher peloponnesischen Stils (um 400 v. Chr.) Szenen aus der griech. Mythologie darstellt. Die Behauptung einer antiken Überlieferung, der Tempel sei von Iktinos, dem Erbauer des →Parthenon entworfen worden, ist wenig glaubhaft.

O. M. Stackelberg, Der Apollontempel zu Bassae in Arcadien, 1826; H. Kenner, Der Fries d. Tempels von Bassae-Ph., 1946.

Philae, Insel im Nil südlich des 1. Kataraktes. In spätägypt. Zeit sind auf ihr von Nektanebos I. und Ptolemaios II. mehrere Tempel gebaut worden, zu denen ein weiterer in röm. Kaiserzeit kam. Alle waren bis zur Anlage des Staudammes gut erhalten, jetzt sind sie meist überschwemmt. Nunmehr sie nach Anlage einer Staumauer freigepumpt und dann auf die weiter südlich gelegene Insel Egilia transportiert worden.

Baedeker, Ägypten, [8]1928; H. Bonnet, Reallex. d. ägypt. Religionsgesch., 1952; H. Junker, Der große Pylon d. Tempels der Isis zu Ph., 1958 (Denkschriften d. Wiener Akad. d. Wissensch., Sonderbd.); ders. u. E. Winter, Das Geburtshaus d. Tempels d. Isis in P., 1965.

Philiskos →Musen.

Philoxenos →Alexanderschlacht.

Phönikische Kunst, Phönizische K. Die Bedeutung der Phöniker für die Entstehung der griech. Kunst ist früher sehr überschätzt worden. Sie haben selbst niemals eine eigene Kunst entwickelt, sondern nur Mischstile, die aus den verschiedensten Elementen ägyptischer, assyrischer und späthettitischer Kunst zusammengesetzt waren. Von phönikischen Bauwerken kennen wir außer einigen Grabbauten bei Amrith, einigen Nekropolenanlagen und der Beschreibung des salomonischen Tempels in Jerusalem, der von phönikischen Baumeistern erbaut war, so gut wie nichts. Die wenigen Reste von Plastik sind nur schlechte Nachahmungen hettitischer oder ägypt. Werke. Eine größere Rolle spielten die Phöniker auf dem Gebiete des Kunsthandwerkes, wenn sie auch hier mehr als fabrizierende Hersteller denn als Schöpfer aufgetreten sind. Die Erfindung des Glases hat man ihnen zu Unrecht zugeschrieben. Durch den weithin ausgedehnten Handelsverkehr, der sich vor allem auf Metallwaren erstreckte, aber auch kostbare Stoffe und andere Luxusartikel umfaßt haben muß, gelangten wohl viele Produkte des phönikischen Kunsthandwerkes nach Griechenland, von denen sich manches in den Heiligtümern gefunden hat; aber der Kunstwert dieser Dinge scheint weniger geschätzt worden zu sein als die Tatsache ihrer fremden Herkunft. Sie sind in Griechenland zwar nachgeahmt, aber sehr bald umgebildet worden.

Conteneau, L'art phénicien, 1925 u. 1949; C. Watzinger, Handbuch d. Archäologie Bd. 1, 1939; R. Dussaud, L'art phénicien du IIe millénaire, 1949; D. Baramki, Die Phönizier, 1965; S. Moscati, The World of the Phoenicians, 1968; A. Massa, Die Welt d. Phöniz., 1977; V. Karageorghis, Kition, 1976 (dt.); A. Parrot, M. Chéhab, M. Moscati, Die Phöniz., 1977.

Phönix, sagenhafter Vogel von Adlergröße und der Gestalt eines Kranichs aus der fernöstlichen und ägypt. Mythologie, der in einem hölzernen Nest auf einer Palme durch die Sonne verbrennt und aus der Asche wieder auferstehen soll. In der christl. Kunst ist er zum Symbol von Tod und Auferstehung Christi geworden und erscheint als solcher gern bes. in der mittelalterichen Plastik.

Photogrammetrie →Meßbildverfahren.

Photographie, das von Niepce und Daguerre ausgearbeitete, 1839 in Paris der Öffentlichkeit übergebene Verfahren, mit Hilfe des Lichts auf lichtempfindlichen Substanzen fixierbare Bilder der Außenwelt zu erzeugen. Als Bildträger verwendete Daguerre jodierte Silberplatten, die nicht kopiert werden konnten. Daher bezeichnet man die Ph. auf Metallplatten auch als Daguerreotypie. Erst um 1860 wurde dieses Frühstadium durch die überwiegende Verwendung kopierbarer Glasnegative überwunden. Etwa gleichzeitig mit der Erfindung Daguerres und unabhängig von ihm gelang dem engl. Privatgelehrten Talbot die Herstellung von Papiernegativen, die transparent gemacht und kopiert werden konnten, was einen großen Vorzug gegenüber der Daguerreotypie bedeutete. Dieses englische, weitaus beweglichere und rasch vervollkommnete Verfahren hieß Talbotypie oder nach des Erfinders eigener Benennung Kalotypie. Nach ihm stellte der schottische Maler D. O. Hill hauptsächlich in den Jahren 1843–45 die ersten künstlerischen Ph.n, Bildnisse und Figurenbilder, her, anfänglich zur Vorbereitung seiner gemalten Bildnisse, dann um der Ph.n selbst willen. Sie sind auch heute noch nicht übertroffen worden, so daß Hill mit Recht als Begründer der künstlerischen Ph. bezeichnet wird. Talbot hat als erster die Ph. der Buchillustration dienstbar gemacht: „The Pencil of Nature“ mit Ph.n von Landschaften, Bau- und anderen Kunstwerken (1844). Die Veröffentlichung der Daguerreotypie ließ in rascher Folge überall in der Welt Ateliers entstehen, in denen Berufsphotographen Bildnisse herstellten, eine Entwicklung, die von den Malern mit den größten Bedenken beobachtet wurde.

Doch haben gerade sie sich der Ph. (wie zuvor schon der →Zeichenkamera) als vorbereitender Technik bedient (z.B. Lenbach) und tun es heute noch. Immerhin dürfte der Rückgang der Bildnisminiatur mit der neuen Erfindung zusammenhängen.

War die Frühzeit der Bildnisphotographie von der Sachlichkeit der Aufnahme beherrscht, so bahnte sich seit den 60er Jahren darin ein Wandel an, befördert durch die Möglichkeit, auf dem jetzt immer ausschließlicher verwendeten Glasnegativ Retuschen vorzunehmen. Der Wunsch des Publikums, dem photographierten Ich die Resonanz einer idealisierten Wirklichkeit zu geben, führte zur Verwendung gemalter Hintergründe und allerlei Requisiten, inmitten derer der Photographierte, je nachdem, süßlich oder heroisch posierte. Bis in die 90er Jahre dauerte dieser Tiefstand. Zu seiner Überwindung haben die infolge der Vereinfachung des Verfahrens (Erfindung der Trockenplatte!) immer zahlreicher werdenden Amateurphotographen wesentlich beigetragen. Überall entstanden Vereine, deren beste Leistungen durch Ausstellungen der Öffentlichkeit zugänglich gemacht wurden. Der Photograph begann Motive zu suchen wie der Maler und durch die Wahl des Standpunkts, des Ausschnitts, der Beleuchtung, des Kopierverfahrens ähnliche Stimmungsgehalte zu erzeugen wie jener. Manches von dieser Haltung der künstlerischen Ph. um 1900 ist bis heute lebendig geblieben. Im großen und ganzen aber sucht die künstlerische Ph. heute nicht, es der Malerei gleich zu tun, sondern zu immer neuen, spezifisch photographischen Wirkungen zu gelangen, z.B. durch Photomontagen, dem künstlerisch-gestalteten Zusammenfügen photographischer Ausschnitte zu Bildkonstruktionen, einem der →Collage artverwandten Verfahren (deshalb auch „Photocollagen“ genannt seit 1850 als „Combination Painting" begründet) und z. B. im →Dadaismus aber auch im Plakat, der Buchgestaltg. usf. angewandt. Andy →Warhol benutzt die Ph. als Bildkonzeption in seiner besonderen Art des „malerischen Ph.-realismus".

Die Ph. als Hilfsmittel der Kunstwissenschaft. Aufnahmen von Werken der Baukunst und Bildnerei wurden bereits in den allerersten Jahren der Ph. gemacht. Sie gewinnen einen besonderen Wert, wenn das betreffende Werk später verändert oder zerstört worden ist. So gibt es Aufnahmen der Tuilerien und des Rathauses in Paris vor ihrer Zerstörung von 1871. Wir hätten heute keine Vorstellung von einem der erstaunlichsten Kunstwerke aller Zeiten, den 1904 verbrannten Miniaturen der Heures de Turin (→Eyck), wenn sie nicht zwei Jahre zuvor photographiert worden wären. Nach den durch den zweiten Weltkrieg verursachten Zerstörungen ist der dokumentarische Wert der Ph. vollends dargetan worden. Für die Entwicklungsgeschichte eines Stadt- oder Ortsbildes ist das Vorhandensein möglichst vieler Aufnahmen der verschiedensten Zeiten und von den verschiedensten Standpunkten außerordentlich wertvoll. Ihre Sammelstellen sind das jeweilige Stadt- oder Heimatmuseum und die Landesämter für Denkmalpflege. Systematisch scheint die photographische Aufnahme von Kunstwerken zuerst von den Museen in Angriff genommen worden zu sein. So hat der Louvre bereits 1855 seine Bildwerke photographisch katalogisiert und dem Publikum Abzüge zur Verfügung gestellt. Damit war der Anfang zu jener gewaltigen bildlichen Inventarisierung von Kunstwerken gemacht, wie sie in Deutschland von Firmen wie Braun, Hanfstaengl, Stoedtner, Seemann und Instituten wie dem Marburger Kunstgeschichtlichen Institut und der Staatl. Lichtbildstelle in Berlin, in Italien durch Firmen wie Alinari, Brogi, Anderson durchgeführt wurde. Die Kunstgelehrten erhielten ein Vergleichsmaterial, durch das viele Forschungen überhaupt erst ermöglicht worden sind. Für die Wissenschaft wurden Kunstwerke entdeckt, deren Kenntnis bisher über einen kleinen Umkreis nicht hinausgedrungen war, und die in neuester Zeit bes. gepflegte Großaufnahme von Ausschnitten brachte Einzelheiten zutage, die bisher übersehen worden waren. Mit Hilfe der photomechanischen Reproduktionsverfahren wie Autotypie und Lichtdruck ließ sich das alles rasch und leicht vervielfältigen, so daß heute vielfach nicht der Text, sondern der Abbildungsteil das Primäre ist, der durch den Text eigentlich nur erläutert wird. Diese Umwertung pflegt jedoch der vertieften Kenntnis der Dinge nicht immer förderlich zu sein. Meist wird auch die Frage gar nicht gestellt, wie weit denn die Objekttreue der Ph. eigentlich geht; und doch kommt für die wesensmäßige photographische Erfassung bes. eines dreidimensionalen Objekts (Bau- oder Bildwerk) so außerordentlich viel auf die Wahl des Standpunktes an, für die nicht nur ästhetische, sondern vor allem auch historische Einfühlung bestimmend sein muß. Durch die Einführung der Projektion photographischer Diapositive in den 80er Jahren erhielt der kunstwissenschaftliche Unterricht an den Universitäten ein neues Gesicht. Später gesellte sich dazu die episkopische Projektion und das farbige Lichtbild. Als wichtiges Hilfsmittel erwies sich die Ph. bei der Gemäldeuntersuchung zur Entdeckung von Übermalungen und Signaturen, auch zum Nachweis von Fälschungen. Neuerdings sind diese Möglichkeiten durch Einführung der →Gemäldedurchleuchtung sowie durch Infrarot-, Fluoreszenz-, Makro- u. Mikrophotographie außerordentlich vervollkommnet worden. Die Infrarotph. wird ebenfalls erfolgreich in der Denkmalpflege eingesetzt, z. B. um – neben anderen Methoden – Fachwerk freilegen zu können. Eine ebenfalls erst in neuester Zeit aufgekommene Anwendung der Ph. im Dienste archäologischer Forschung ist das Luftbild (erste Aufnahme des Stadtbildes von Paris vom Fesselballon aus jedoch schon 1858). Es gestattet, den Gesamtkomplex einer Ausgrabungsstätte zu übersehen und läßt aus der Färbung, Hebung oder Senkung des Bodens unter dessen Oberfläche steckendes Mauerwerk erkennen. – Über die Verwendung der Ph. für meßtechnisch genaue Aufnahmen von Bauwerken →Meßbildverfahren. – 1958 wurde in Dresden ein „Museum für Ph." gegründet; weitere Museen sind in München u. Köln (Slg. Ludwig).

J. M. Eder, Geschichte der Ph., [4]1912; W. Warstat, Die künstlerische Ph., [2]1919; H. Th. Bossert, Aus der Frühzeit der Ph. 1840–70, 1930; C. Recht, Die alte Ph., 1930; E. Stenger, Die Ph. in Kultur und Technik, 1938; Ders., Siegeszug der Ph., 1950; Th. Brachert, Gemäldepflege, 1955; H. u. A. Gernsheim, The history of photography from the earliest use of the Camera Obscura in the 11th century to 1914, 1955; H. L. Nickel, Ph. im Dienste der Kunst, 1959; S. U. Palme u. A. Meyerson, Als die neue Zeit anbrach. Geschichtl. Dokumente aus der Frühzeit der Ph., dt. 1959; P. Pollack, Storia della Fotografia dalle origini a oggi, 1959; W. Beier, Geschichte der Ph., [2]1965; M. F. Braive, Das Zeitalter der Ph., 1965; Van Deren Coke, The painter and the photograph, 1964, 1972; R. Hiepe (Hg.) Ausst.kat. Die Photomontage. Gesch. u. Wesen einer Kst.form (Ingolstadt), 1969; H. Thorau, Ph.montage, 1969; A. Dawn, Ph.montage, 1976 (engl.); D. Ades, Photomontage, 1976 (engl.); A. v. Criegern, Fotodidaktik als Bildlehre, 1976; E. Billeter, Malerei u. Ph. im Dialog v. 1840 bis heute, 1977; P. Tansk, Gesch. d. Ph., 1977; F. Kempe, Daguerreotypie in Dtschld., 1979; J. A. Schmoll gen. Eisenwerth, Vom Sinn der Ph., 1980; W. Kemp, Theorie d. Fotografie 1839–1912, 1980.

Photoplastik, Photoskulptur, die Herstellung eines plastischen Bildnisses (als Relief oder auch als vollrundes Tonmodell) auf photographischem Wege. Es wurden dafür verschiedene Verfahren entwickelt, die aber doch nur Versuche geblieben sind.

Phrygische Mütze, kegelförmige, nach vorn umgebogene Mütze, im Altertum von den Phrygern und kleinasiat. Griechen, bis zur Gegenwart von Fischern und Schiffern der Mittelmeerküsten getragen; in der Franz. Revolution Symbol der Freiheit des Volkes („Freiheitsmütze", „Jakobinermütze").

Physiologus, Tierbuch des Mittelalters (Bestiarium, franz. Bestiaire), in seiner ältesten Fassung wohl in der 2. Hälfte des 4. Jh. vielleicht in Alexandria entstanden, aber auf eine noch ältere Quelle zurückgehend. Der Verfasser ist nicht bekannt. Der Name P. (griech. „Naturkundiger") bezeichnet nur dessen Beruf. Vom 7. bis zum 13. Jh. ist der P. nach der Bibel wohl das verbreitetste Buch des Mittelalters gewesen, das in zahlreichen Übersetzungen und Bearbeitungen vorhanden war. Der Inhalt besteht in der Verquickung einer z. T. recht sagenhaften Zoologie mit der christl. Glaubens- und Heilslehre und hat einen umfangreichen Niederschlag in der mittelalterlichen Ikonographie gefunden. Mittelalterliche Tierdarstellungen sind oft nur durch Zurückgehen auf den P. in ihrer eigentlichen Bedeutung zu erfassen. Somit ist der P. eine Hauptquelle für christl. →Tiersymbolik. – Als Faksimile-Ausgabe erschien 1964 der Physiologus Bernensis (Hg. v. O. Homburger).

F. Lauchert, Gesch. des P., 1889; M. Wellmann, Der P., 1930; Der P., übertragen u. erläutert v. O. Seel, 1960; T. A. White, The bestiary, 1960; Florence McCulloch, Medieval Latin and French Bestiaries (mit Bibliographie), 1962 (Univ. of North Carolina Studies in the Roman languages and literatures 33); V.-H. Debidour, Le bestiaire sculpté en France, 1961; Elisabeth de Solms, Bestiaire roman., 1977.

Piazzetta, Giovanni Battista, ital. Maler und Graphiker, * 13. 2. 1682 Pietrarossa b. Treviso, † 28. 4. 1754 Venedig, Schüler von Crespi, einer der letzten großen venezian. Meister des 18. Jh.s. Außer Altarbildern schuf er Genreszenen aus dem venezian. Leben. Seine kraftvoll lebendige Malweise ist durch weiche Hell-Dunkelgegensätze und plastisch gerundete Formen gekennzeichnet. Als Radierer lieferte er u. a. Illustrationen zu Tassos „Gerusalemme liberata“ (1745).

A. Ravà, G. P., 1921 (ital.); R. Pallucchini, G. P., 1942 u. 1961.

Picasso, Pablo, span. Maler, Graphiker und Bildhauer, * 25. 10. 1881 Malaga, † 8. 4. 1973 Mougins. P. ist die bedeutendste Persönlichkeit der modernen Malerei. Seine urwüchsige Begabung wahrt sich volle Freiheit gegenüber jeder Konvention, sucht immer neue Wege der Bildgestaltung. Er beginnt ab 1895 mit scharf beobachteten Szenen und Typen aus Spanien und Paris und tritt 1901 in die schwermütig-ausdrucksvolle „blaue Periode“ ein, auf die 1905–07 die heitere „rosa Periode“ folgt. In die Jahre 1908–17 fällt die „kubistische Periode“, in der P. zum eigentlichen Begründer des →Kubismus wird. Nach 1918 ist eine Periodengliederung im Schaffen P.s nicht mehr möglich, da dieses in allen Arten gegenständlich-realistischer, klassizistischer, symbolistischer, surrealistischer und abstrakter Darstellungsweise schillert. Es wird begleitet von einem ausgedehnten graphischen Schaffen (bes. Radierung u. Lithographie). Die bildhauerische Tätigkeit P.s setzt um 1905 ein, seit 1946 beschäftigt er sich auch mit keramischen Entwürfen. – P.s berühmtes Anti-Kriegsgemälde „Guernica“, das er 1937 schuf, befindet sich seit 1981 im Cason del Buon Retiro (Prado-Mus.) in Madrid.

O. Schürer, P. P., 1927; A. Bertram, P., 1930; J. Cassou, P., 1940; Zervos, P. Catalogue raisonné, bisher 10 Bde., 1932 bis 1959; A. H. Barr, P., 1946 (engl.); D. H. Kahnweiler, Les sculptures de P., 1948; G. Walter, P., 1949; W. Boeck, P., 1955; B. Geiser u. H. Bollinger, P. Das graphische Werk, 1955; F. Elgar, P., 1956; J. Camón Aznar, P. y el Cubismo, 1956; A. Vallentin, P. P., 1957; L.-G. Buchheim, P., 1959 (engl.).; P. Daix u. G. Boudaille, P. 1900–1906. Cat. rais., 1966; L'œuvre grave de P. (1955–66). Introduction de K. Leonhard. Documentation de H. Bollinger, 1966; G. Bloch, P. P. Kat. d. graph. Werkes 1, 1968; 2, 1971; F. Mourlot, P. Lithographe (Gesamtwerk), 1970. K. Gallwitz, P. Sein graph. Werk seit 1945, 1971, 1977; P. P., P., 1971; W. Boeck, P. P. Zeichngn., 1973; W. Wiegand, P. P. in Selbstzeugnissen u. Bilddokumenten, 1973; T. Hilton, P., 1975 (engl.); J. A. Gaya Nuño, P., 2 Bde., 1976 (span.); P. P., Ausst.kat. Kst.mus. Basel, 1976; F. Cachin, F. Minervino, P. 190–16 (cat. compl. . . . de la periode cubiste) 1977; Ausst.kat. P. P., Mus. of Modern Art New York, 1980; Ausst.kat. P. P. – Das Spätwerk, Kst.mus. Basel, 1981; Plakat-Slg. d. Stadt Heidenheim/Brenz seit 1981; Ausst.kat. P. P. Haus der Kunst, München; Kunsthalle Köln; Städelsches Instit. Frankfurt/M., 1982 (hg. v. W. Speis); Staatsgal. Stuttgart, 1982.

Pietà →Vesperbild.

Pietra dura, ital. Bezeichnung für Florentiner Mosaik (→Mosaik).

Pietroasa (Petrossa), Schatz von, großer westgotischer Goldschatz, 1837 bei dem Dorfe P., Bezirk Buzeu (Rumänien), aufgefunden. Er umfaßte ursprünglich 22 Goldgegenstände im Gesamtgewicht von etwa 75 kg. Ein großer Teil wurde eingeschmolzen; der Rest, aus 12 Teilen bestehend, gelangte 1842 in das Bukarester Antikenmuseum. 1875 wurde der Schatz gestohlen und konnte nur in erheblich beschädigtem und gemindertem Zustand wieder zusammengebracht werden. 1917 wurde der Schatz nach Moskau gebracht. 1956 wieder an Rumänien zurückgegeben. – Der Fund von P. setzt sich teils aus spätantiken, teils aus gotisch-pontischen Arbeiten zusammen. Zu den ersteren gehören u.a. eine Opferschale und eine Goldkanne mit figuralen Verzierungen; die zweite Gruppe umfaßt drei goldene Adlerfibeln mit →Almandinauflagen, eine Brosche in Vogelgestalt, zwei goldene Henkelschalen und einen großen Goldhalskragen. Die letztgenannten drei Stücke waren ursprünglich in Zellenverglasung mit Almandinen ausgelegt. Der gotische Charakter des Fundes wird durch einen Goldhalsring mit der Runeninschrift GUTANIOWI HAILAG „Der Goten Besitz. Unverletzliches Weihtum“ erhärtet. Der Schatz dürfte wahrscheinlich im Jahre 376 n. Chr. beim Abzug der Westgoten aus Siebenbürgen niedergelegt worden sein.

A. Odobesco, Le Trésor de Petrossa, 1899–1900; H. Rupp, Die Herkunft der Zelleneinlage, 1937; E. Vulpe, Der Schatz von P., 1967.

Pigalle, Jean-Baptiste, franz. Bildhauer, * 26. 1. 1714 Paris, † 21. 8. 1785 das. In seinen Werken kreuzen sich, nicht immer in harmonischem Ausgleich, Stilelemente des Rokoko und des beginnenden Klassizismus, wozu gewisse Naturalismen kommen. Berühmt machte ihn sein nie wieder erreichtes Jugendwerk, der seine Sandalen bindende Merkur (Marmorstatuette 1744, Louvre.) Ein weiteres Hauptwerk ist das Grabmal des Marschalls Moritz v. Sachsen (1753–70; Straßburg, St. Thomas. Darüber hinaus sind P.s Bildnisbüsten (Ludwig XV., 1751; Diderot, 1777; Marquise de Pompadour, 1751) sowie Kinderbüsten bekannt.

Rocheblave, J.-B. P., 1919 (franz.); L. Réau, J.-B. P., 1950 (franz.).

Pilaster, ein Wandpfeiler, d.h. ein aus der Wand mehr oder weniger flach hervortretender →Pfeiler, der wie eine Säule in Fuß (Basis), Schaft und Kapitell gegliedert ist. Er dient zur Verstärkung der Mauer, als Gebälkträger, zur Gliederung einer Wand, zur Rahmung von Portalen und Fenstern (Antike, Renaissance bis Klassizismus).

Pilgram, Anton, Bildhauer und Baumeister, * 1460/65 wahrscheinlich Brünn, † 1515 oder kurz darauf, in seinen Wanderjahren tätig in Südwestdeutschland, seit 1495 in Brünn nachweisbar, trat nach 1511 in die Bauhütte des Stephansdoms in Wien ein. P.s Kunst, die sicher von der Straßburger Plastik berührt wurde und auch Beziehungen zu Hans Seyfer aufweist, hält sich fern von allem Idealismus und Lyrismus und vereinigt spätgot. Formenvielfalt mit ausdrucksvollem Ernst des Physiognomischen und starkem Realismus der Auffassung. Hauptwerke sind der Orgelfuß (1513) und die Kanzel (voll. 1515) im Stephansdom in Wien, beide mit dem Selbstbildnis des Meisters. Zugeschrieben u.a. das Sakramentshaus im Chor der Kilianskirche in Heilbronn (nach 1487), kleine Gruppe der Grablegung (1496; Holz; München,

Bayr. Nationalmus.), Kleinfigur eines schreitenden Falkners (Holz; Wien, Kunsthistor. Mus.) Kanzelträger aus Öhringen (Berlin, Staatl. Mus.).

J. Schlosser, Die Kanzel und der Orgelfuß in St. Stephan in Wien, 1925; R. Schnellbach, Ein unbekanntes Frühwerk des A. P., 1930 (Wallraf-Richartz-Jahrb., N. F., Bd. 1); H. Seiberl, Die Nachfolger A. P.s, 1937 (Zeitschr. des Dt. Vereins für Kunstwissenschaft, Bd. 4); K. Oettinger, A. P. u. d. Bildwerke von St. Stephan, 1951; B. Grimschitz u. H. Koepf, Neuentdeckte Bauwerke des Meisters A. P. (in: Wiener Jb. f. Kstgesch., 15) 1953; A. Macku, Z. Symbolik an Ps. Kanzel d. Wiener Stephansdoms (Festschrift f. K. M. Swoboda, hg. v. O. Benesch) 1959; P. Voit, A. P. (in: Wiener Jb. f. Kstgesch., 24) 1971.

Pilon, Germain, franz. Bildhauer, * 1535 Paris, † 3. 2. 1590 das., schuf als sein bedeutendstes Werk das Marmorgrabmal für Heinrich II. und Katharina von Medici in der Abteikirche von St-Denis (1564 bis 1570). Vor allem die beiden unbekleideten Liegefiguren dieses Grabmals sind in einem meisterhaften Ausgleich zwischen naturalistischer Form und pathetischer Beseelung gehalten. Ein weiteres Hauptwerk ist die Bronzefigur des knieenden Kanzlers de Birague († 1583; Paris, Louvre), die den offenbar bildnisgetreu Dargestellten im Zustande tiefster Ergriffenheit gibt. 1572 erhielt P. die künstlerische Kontrolle über die Münzen und Medaillen, die aus der Kgl. Münze hervorgingen; deren Leistungen wurden dadurch ganz beträchtlich gehoben.

J. Babelon, G. P., 1927; Th. Gaethgens, Zum frühen u. reifen Werk d. G. P., Diss. Bonn 1967; E. J. Ciprut, Nouveaux documents sur G. P. (in: Gazette des Beaux-Arts, 5 u. 6), 1969; ders., Chronologie nouvelle de la vie et des œuvres de G. P. (s. o., 12), 1969.

Piloty, Karl von, Maler * 1. 10. 1826 München, † 21. 7. 1886 Ambach (Obb.), Schüler und seit 1874 Direktor der Münchner Akademie, lernte in Antwerpen 1852 die belgische Historienmalerei und in Paris die französische (Delaroche) kennen. Seine in Riesenformaten gehaltenen Bilder mit ihrer Darstellung geschichtlicher, am liebsten weltgeschichtlicher Ereignisse zeigen die Historienmalerei an dem Punkt, wo sie nichts anderes ist als ein gemalter Bühneneffekt. Äußerster, ja geradezu gesuchter Naturalismus verbindet sich in ihnen mit pompösem Aufbau und dem Wechsel zwischen tiefen Schwärzen und grellem Licht. Eins der bekanntesten ist das Frühwerk „Seni an der Leiche Wallensteins" (1855; München, Neue Pinakothek). P. nahm im Kunstleben seiner Zeit eine bedeutende Stellung ein, und viele namhafte dt. Meister sind seine Schüler gewesen.

R. Stieler, Die P.schule, 1881; H. Karlinger, München u. d. dte. Kst. des 19. Jh., 1933.

Pilzkapitell →Kapitell.

Pinakothek (griech. „Bildersammlung") hieß ursprünglich der Aufbewahrungsort für gemalte Weihgeschenktafeln in einem Flügel der Propyläen auf der Akropolis in Athen. Der Name ging von da auch auf andere antike Gemäldesammlungen über, wurde im Humanismus als Pinacoteca ins Italienische übernommen und fand in Deutschland auf die beiden bedeutendsten Gemäldegalerien Münchens Anwendung, die Ältere und die Neue P.

P. Böttger u. a., Die alte P. in München, (Arch., Ausstattg., museales Programm etc.) 1972; W. Mittlmeier, Die Neue P. in Münch. (Stud. z. Kst. d. 19. Jhs. Bd. 16) 1976; Kat. Neue P. München, 1981.

Pinienzapfen, architektonisches Schmuckmotiv als Nachbildung des vielschuppigen Zapfens der Pinie. Der P. läßt sich bis in die assyrische Kunst zurückverfolgen. Die Antike hat ihn schon im 2. Jh. v. Chr. als

Wasserspeier benutzt. Diese Verwendung hat vielleicht auch das riesige Bronzeexemplar eines antiken P.s gehabt, das einst vielleicht im Vorhof der alten Peterskirche in Rom stand und sich heute im Giardino della „Pigna" des Vatikans befindet. Röm. Grabdenkmäler sind häufig mit dem P. gekrönt worden, und von da ist er auf Bauten anderer Art übergegangen. Wegen seiner vielen Schuppen galt er (so im Mithraskult) als Symbol der Fruchtbarkeit und überhaupt des Lebens, und daher tritt er in der christl. Kunst auch als Bekrönung des →Lebensbrunnens auf. Als Schmuckmotiv ist der P. in der Renaissance verbreitet (z. B. Augsburg), als hängender P. auch an Kanzeln.

Pinturicchio, eigentl. Bernardino di Betto di Biagio, ital. Maler, * um 1454 Perugia, † 11. 12. 1513 Siena, tritt uns zuerst als Mitarbeiter Peruginos an Fresken der →Sixtinischen Kapelle in Rom entgegen (1480 bis 1484). Das Schwergewicht seiner Tätigkeit liegt auch in der Folgezeit auf dem Gebiete des Freskos, bei dem es ihm in erster Linie auf eine festlich dekorative Wirkung ankommt. Seine Farben (Verwendung von Goldfarbe) sind von großer Leuchtkraft. Ihm liegt nicht dramatische Gestaltung, sondern beschauliche Erzählung. Vermutlich geht auf P. die erste Anwendung der in der ital. Kunst hernach so beliebten antiken →Groteske zurück. Von P.s Werken seien bes. genannt die Freskenfolge in der Dombibliothek zu Siena (1502–08).

E. Steinmann, P., 1898; C. Ricci, P., 1902 (engl.); W. Bombe, Geschichte d. Peruginer Malerei, 1912; E. Carli, Il P., 1969 (ital.).

pinxit (lat. „hat es gemalt"), auch abgek. pinx. oder p., seit dem Barock häufiger Zusatz zur Signatur des Malers auf Gemälden.

Piombo, Sebastiano del, ital. Maler, * um 1485 Venedig, † 21. 6. 1547 Rom, bildete sich im Umkreis Giorgiones, übersiedelte 1511 nach Rom, wo er unter den Einfluß Michelangelos geriet und 1531 das Amt eines Plombators der päpstlichen Bullen erhielt (daher „del Piombo"). Einige seiner Werke zeigen eine großartige Vereinigung venezianischer Malweise mit michelangelesker Formen- und Ausdrucksgewalt: Beweinung Christi (Viterbo, Mus.). – Briefwechsel mit Michelangelo, hg. von Milanesi: Les correspondants de Michelange, Bd. 1, 1890.

E. Benkard, Die venezian. Frühzeit des S. del P., Heidelberger Diss., 1907; G. Bernardini, S. del P., 1908; P. d'Achiardi, S. del P., 1908; L. Dussler, S. del P., 1942; R. Pallucchini, Sebastiano Veneziano, 1943.

Piranesi, Giovanni Battista, ital. Kupferstecher und Baumeister, * 4. 10. 1720 Mogliano bei Venedig, † 9. 9. 1778 Rom, tätig das. seit 1740. Nach seinem Entwurf wurde in Rom die Kirche Sta. Maria del Priorato mit antikisierender Fassade errichtet (1765). P.s eigentliche Bedeutung liegt auf dem Gebiet des Kupferstichs. Er hat in großformatigen Blättern (Verbindung von Grabsticheltechnik mit Radierung) Ansichten von Rom, seinen antiken und barocken Baudenkmälern geschaffen, auch Architekturphantasien größten Stils. Niemals sind die antiken Baudenkmäler mit solcher Gewalt veranschaulicht worden, wie es hier geschehen ist, und P.s Blätter gehören wohl zu den packendsten Äußerungen der heraufziehenden klassizistischen Gesinnung. Die Mittel freilich sind barock: der Standpunkt ist sehr nah gewählt, so daß das Bauwerk in gigantischer Größe vor dem Betrachter aufwächst. Grelle Streiflichter wechseln mit tiefen Schattenlagen, was eine unruhige malerische Wirkung ergibt, auch die Plastizität der Dinge übertreibt. In einem gewissen Gegensatz zu dieser Darstellungsweise, die die antiken Ruinen nicht zeigt, wie sie wirklich sind, sondern wie sie sich in der Phantasie des Künstlers widerspiegeln, steht die zur Schau getragene archäologische Absicht: die Stiche sind häufig von Erläuterungen und archäologischen Erörterungen begleitet. – Hauptwerke sind die „Vedute di Roma" (beg. gegen 1748; nicht abgeschlossene Folge von 137 Blättern); ferner zu nennen: „Carceri" (um 1745; Architekturphantasien), „Le Antichità Romane" (4 Bde., 1756). Im 19. Jh. sind die Platten immer wieder neu abgedruckt worden. – Ausgewählte Werke von G. B. P., hg. von P. Lange, 4 Bde., 1885–1888.

A. Giesecke, G. B. P., 1911; A. M. Hind, G. B. P., 1922 (engl.); H. Focillon, G. B. P., [2]1928, 1963 (franz.); V. Mariani, Studiando P., 1938; R. Pane, L'acquaforte die G. B. P., 1938; Ulya Vogt-Göknil, G. B. P., „Carceri", 1959; H. Volkmann, G. B. P., Architekt u. Graphiker, 1965; G. Brunel, P. et les français 1740–90 (Ausst.kat. Villa Medici Rom; Paris; hg. v. d. Academ. de France) 1976; J. Wilton-Ely, P., 1978 (dt.); A. Bettagno, Disegni di G. P. Ausst.kat. Fondazione Giorgio Cini, Instit. di Storia dell'Arte Ital., 1978; B. Reudenbach, G. B. P. Architektur als Bild. Der Wandel in d. Architekturauffassung d. 18. Jhs., 1979.

Pisanello →Pisano 2.

Pisano, 1. Andrea, ital. Bildhauer und Baumeister, * um 1290, † 1348/49 Orvieto, war zunächst Goldschmied, kam 1330 aus Pisa nach Florenz, um dort eine der Bronzetüren des Baptisteriums zu arbeiten (1330–36). Sie enthält in Vierpässen die Reliefs allegorischer Gestalten und biblischer Szenen; einige von ihnen weisen Entlehnungen aus Giotto auf. Ihr Aufbau beschränkt sich auf wenige Personen und ist den got. Vierpaßrahmen in vollkommener Klarheit harmonisch eingeordnet. Trotz aller Strenge des Reliefstils sind die Kompositionen von reichem rhythmischem Leben erfüllt. Von P. stammen ferner die Marmorfiguren Christi und der heil. Reperata (Florenz, Domopera), auch einige Reliefs am Campanile des Doms, an dem P. als Baumeister tätig war.

2. Antonio, gen. Pisanello, ital. Maler und Medailleur, * vor 1395 Pisa, † 1455, tätig an den verschiedensten Orten Italiens, hat Fresken und Tafelbilder gemalt, in denen got. Zierlichkeit, frische Erzählerlust und Naturbeobachtung sowie psychologische Vertiefung der Gebärde sich miteinander verbinden. Seine Fresken sind bis auf zwei zerstört: Verkündigung (1422–26; Verona, S. Fermo), Aufbruch des heil. Georg zum Drachenkampf (gegen 1438; das., Sta. Anastasia). Tafelbilder: Madonna della Quaglia (das., Museo Civico), St. Georg und Antonius Abbas (London, Nat. Gal.), Legende des heil. Eustachius (das.). Als hervorragender Bildnismaler zeigt er sich in den Profilbildnissen des Lionello d'Este (Bergamo, Akademie) und einer estensischen Prinzessin (Paris, Louvre). – Zahlreiche Zeichnungen (meist im Louvre) lassen die Schärfe seiner Naturbeobachtung erkennen, bes. in der Wiedergabe von Tieren. – P. war ferner der erste Meister der beginnenden ital. Medaillenkunst. Sie wird eröffnet durch P.s Medaille mit dem Profilbildnis des byzantin. Kaisers Johannes Paläologos (1438), der etwa 30 weitere mit Bildnissen der Großen der Zeit folgten.

G. F. Hill, Pisanello. 1903 (engl.); Ders., Les dessins de Pisanello, 1929, (mit Katalog); J. Guiffrey, Les dessins de Pisanello conservés au Musée du Louvre, 4

Bde.; 1911–20; A. Calabi u. G. Cornaggia, Pisanello, 1928 (ital.); A. Venturi, Pisanello, 1939; B. Degenhart, Antonio Pisanello, 1940; L. Coletti, Pisanello, 1953 (ital.), 1954 (franz.); E. Sindona, Pisanello, 1961 (ital.); Maria Fossi Todorow, I disegni del P. e della sua cérchia, 1966; B. Degenhardt, P. (in: Pantheon, Jg. 1972) 1972.

3. Giovanni, ital. Bildhauer und Baumeister, Sohn und Schüler von 4, * gegen 1250, † nach 1314, der größte Plastiker seiner Zeit in Italien, vollzog die Wendung zur Gotik. Indem er aus der bisherigen ital. Überlieferung heraustrat, machte er die Bahn frei für neue Möglichkeiten plastischen Gestaltens. Abgesehen von allen formalen Neuerungen zeigen seine Werke eine in der ital. Plastik bis dahin nie erlebte realistisch-dramatische Vergegenwärtigung biblischen Geschehens, höchste Spannung des seelischen Lebens und eine große Vielseitigkeit im körperlich-geistigen Ausdruck. Die monumentale Strenge der Werke seines Vaters Niccolò ist völlig überwunden; in beweglichen Wendungen treten seine Gestalten auf, oft unwiderstehlich in einen rhythmischen Schwung hineingezogen. Als Baumeister und Bildhauer hat P. am Dom von Siena Bildwerke und Architektur in eine vollkommene Verbindung miteinander gebracht. Werke: Mitarbeit an der von seinem Vater geschaffenen Domkanzel in Siena; Unterteil der Fassade des Doms das. mit Statuenzyklus (1284–98); Elfenbeinmadonna (1298; Pisa, Dom); Marmorkanzel in Sant' Andrea in Pistoia (1298–1301) mit Freifiguren und Reliefs, die seine Kunst auf einem Höhepunkt zeigen; Madonna in der Arenakapelle in Padua; Kanzel des Doms in Pisa (1302–11; abgebrochen, aber 1926 rekonstruiert).

A. Venturi, G. P., 2 Bde., 1927; H. Keller, Die Bauplastik des Sieneser Doms; Stud. zu G. P. u. seiner künstler. Nachfolge, 1937 (Kunstgeschichtl. Jahrb. d. Bibliotheca Hertziana, 1); Ders., G. P. 1942; M. Ayrton, G. P., dt. 1970; G. L. Mellini, G. P., 1970 (ital.); M. Seidel, La scultura lignea di G. P , 1971.

4. Niccolò, ital. Bildhauer, * um 1225, † zw. 1278 u. 1284, stammte wohl aus Apulien, war die erste Künstlerpersönlichkeit des Mittelalters, die durch überlieferte Daten für uns einigermaßen faßbar ist. Ein wesentliches Merkmal seiner Kunst ist der enge Anschluß an antike Vorbilder, die er z. T. in Einzelheiten frei kopierte, auch in Komposition und Technik nachahmte. Das bedeutet jedoch keine Einschränkung der Größe seiner persönlichen Leistung, die einmal in der Wucht, Monumentalität, plastischen Urkraft und Ausdrucksstärke seiner Gestalten liegt, dann auch in dem durchdachten Gesamtaufbau seiner Schöpfungen. Alle diese Vorzüge zeigen sich bereits in dem ersten seiner erhaltenen Werke, in der Marmorkanzel im Baptisterium in Pisa (1260), die von Säulen getragen ist, Eck- und Zwikkelfiguren sowie dichtgefüllte Brüstungsreliefs aufweist. Durch ihre architektonische Gesamterscheinung, die harmonische Verbindung der Plastik mit jener, die Reichhaltigkeit des ikonographischen Programms hat sie einen höchst vollkommenen Kanzeltypus geschaffen. Weitere Hauptwerke sind die Marmorkanzel im Dom zu Siena (1268) und der große Brunnen vor dem Dom in Perugia (1273–80; unter Beteiligung von Giov. P. und Arnolfo di Cambio).

H. Graber, Beiträge zu N. P., 1911; G. Swarzenski, N. P., 1926; G. H. u. G. R. Crichton, N. P. and the revival of sculpture in Italy, 1938; G. N. Fasola, N. P., 1941; E. Carli, Il pulpito di Siena, 1943; J. Poeschke, Die Sieneser Domkanzel d. N. P., (Beitr. z. Kstgesch. Bd. 9) 1973; E. Carli, Giovanni P., 1976 (engl.).

5. Nino, ital. Bildhauer, Goldschmied und Baumeister, Sohn von 1, * um 1315, hat Madonnengestalten von lyrischer Zartheit und schmiegsamem Linienfluß der Gewänder geschaffen. Werke in Florenz und Pisa.

E. Carli, Il problema di N. P., 1934 (L'Arte, Bd. 37); Ilaria Toesca, Andrea e N. P., 1950 (ital.); M. Wundram, Toskan. Plastik v. 1250–1400 (in: Ztschr. f. Kst.gesch. Bd. 21) 1958 (m. Lit.).

Piscina (lat.), 1. Taufbecken im Baptisterium (→Taufkirche).
2. Vertiefung zum Ablauf des vom Priester zum Waschen der Hände und der heiligen Gefäße gebrauchten Wassers in der Südwand des Chors neben dem Altar. Sie hat meist die Form einer kleinen, architektonisch verzierten Nische.

Pissarro, Camille, franz. Maler und Graphiker, * 10. 7. 1831 St.-Thomas (Antillen), † 13. 11. 1903 Paris, der älteste der Impressionisten. Nach der „dunklen Periode" seiner Frühzeit wiesen ihn seine Beziehungen zu Monet und Manet seit 1866 in die impressionistische Richtung, die seit 1884 in den Neo-Impressionismus überging. P. war fast ausschließlich Landschafter. Seit 1895 durch ein Augenleiden gehindert im Freien zu arbeiten, beschränkte er sich auf Stadtansichten, die er von seinen verschiedenen Ateliers in Paris, Rouen, Dieppe und Le Havre aus malte und in denen er die malerische Schönheit der in farbige Atmosphäre getauchten, lebenerfüllten Großstadtstraße entdeckte. Sein Blick für feinste Tonwertabstufungen bewährte sich auch in Radierungen und Lithographien. – Briefe an seinen Sohn Lucien, hg. v. J. Rewald 1953; Briefe, hg. v. F. Erpel, ²1964.

G. Lecomte, P., 1923; L. Delteil, P., 1923 (Graph. Werkverz.); A. Tabarant, P., 1924; C. Roger-Marx, C. P. (graveur). 1929; L. R. Pissarro et L. Venturi, C. P., son art – son œuvre, 2 Bde., 1939; H. Grabar, C. P., Alfred Sisley, Claude Monet nach eigenen u. fremden Zeugnisse, 1943; J. Rewald, C. P., dt. ³1970; R. E. Shikes, Paula Harper, P. His life and work, 1980; Ausst.kat. P. Hayward Gallery London, 1980.

Pittura metafisica (ital. „metaphysische Malerei"), Richtung der modernen Malerei, die 1911–15 von →Chirico begründet wurde. Um 1917 schlossen sich →Carrà und →Morandi der P. m. an. Sie errichtete mit äußerster zeichnerischer Härte und überscharfer plastischer Modellierung eine starre, verrätselte Welt, in der die Gegenstände ihren gewohnten Sinn verloren. Die Figuren der P. m., oft Gliederpuppen oder aus geometrischen Formen zusammengenagelte Gebilde, stehen einsam und beziehungslos zwischen Architekturkulissen oder auf ausgestorbenen Plätzen. Die Bilder sind perspektivisch konstruiert, jedoch nutzten die Maler der P. m. die irrealen Wirkungen einer übersteigerten Perspektive oder mißachteten die Regel, indem sie jede Form auf eine andere Horizontlinie bezogen, um die Isolierung der Gegenstände zu steigern. Die P. m. hatte um 1920 ihr Ende erreicht. Ihre Absichten wurden vom →Surrealismus weitergeführt. Die außerordentliche Wirkung der P. m. blieb nicht auf die Malerei beschränkt; sie erstreckte sich auch auf die Plastik und ist u. a. im Werk von →Giacometti und →Moore nachweisbar. (→auch Valori Plastici).

C. Carrà, P. m., ²1945 (ital.); H. Th. Flemming, G. de Chiricos Lebenswerk in neuem Licht (in: Pantheon, 5), 1970; W. Schmied, G. de Chirico, Schriften, 1973.

Plakat, großformatige, ins Auge fallende, vor allem der Werbung dienende und sich an Alle wendende Bekanntmachung, die durch

Zusammenwirken von Schrift und Bild zum Kunstwerk werden kann. Das P. soll nicht in erster Linie gefallen, sondern auffallen; doch braucht das eine das andere nicht auszuschließen. Entscheidend ist die massenpsychologische Wirksamkeit. Das P. muß daher seine Aussage in schlagender Verständlichkeit machen und mit einem einzigen Blick erfaßbar sein. Es verlangt vom Künstler nicht, dessen Eigenart zu verleugnen, wohl aber, sie dem beabsichtigten Zweck anzupassen, sei er politischer, kultureller, wirtschaftlicher oder sonstiger Natur. Obwohl P.e meist ein kurzlebiges Dasein haben, sind sie wertvolle Dokumente des vielschichtigen gesellschaftlichen Zustandes ihrer Zeit. Die P.kunst ist angewandte Kunst, die sich der Mittel der zeitgenössischen Kunst bedient, soweit sie eine plakatgerechte Gestaltung ermöglichen.

Die ersten Anfänge des P.s liegen im Flugblattwesen des 16. Jhs. Ist dem Text eine bildliche Darstellung beigegeben, so tritt diese hinter jenem meist zurück. Daran hat sich auch in den folgenden Jahrhunderten nichts Wesentliches geändert. Im Laufe des 19. Jhs. gewann das P. als Werbemittel im wirtschaftlichen Konkurrenzkampf wachsende Bedeutung, zunächst jedoch überwiegend als Schriftp. Seine der bildlichen Gestaltung den absoluten Vorrang gebende künstlerische Entwicklung setzte in den 70er Jahren in Paris ein mit den in farbiger Lithographie gehaltenen, das Thema „Frau" immer wieder abwandelnden P.n des Jules Chéret. Auf höchste Stufe wurde die P.kunst gehoben durch →Toulouse-Lautrec, der schon mit seinem ersten, 1891 für Moulin Rouge geschaffenen P. ein weithin wirksames Vorbild gab. Es trägt bereits die Merkmale des →Jugendstils, dessen Gestaltungsprinzipien plakativer Wirkung sehr entgegenkamen. In Frankreich sind ferner zu nennen: →Steinlen, →Bonnard, →Vallotton. Dem Beispiel Frankreichs folgte England (→ Beardsley), wo 1894 in London die erste internationale P.ausstellung stattfand. In Deutschland war das P. zunächst eine Angelegenheit gewerbsmäßiger Zeichner, von einzelnen Ausnahmen abgesehen. Erst der Jugendstil der 90er Jahre brachte hier den Durchbruch zu einer modernen P.kunst (Farblithographien von →Hofmann, →Stuck, Otto Fischer, →Heine), wobei naturgemäß P.e für Kunstausstellungen zu besonderen Leistungen herausforderten. Seitdem ist das künstlerische P. ein aus den Städten in aller Welt nicht mehr wegzudenkendes Werbemittel geworden, dem sich vor allem auch im politischen Kampf ein weites Feld der Wirkung auf die Massen eröffnet hat. In neuester Zeit dienen P.e als →Poster (häufig in Nachdrucken von P.n seit dem →Jugendstil) in zunehmendem Maße als Wandschmuck. Das P. ist zum Sammelobjekt geworden.

J. L. Sponsel, Das moderne P., 1897; O. Grautoff, Das moderne P. am Ende des 19. Jhs., 1899; Zur Westen, Reklamekunst, ²1914; Ders., Das politische P., 1919; Zeitsch. „Das P.", 1910–21; A. M. Cassandre, P.e, 1948; Annemarie Hagner, Das P. im Jugendstil, Diss. Freiburg 1958; F. Marlot, Kunst im P. der Pariser Schule, 1959; H. Rademacher, Das deutsche P. von den Anfängen bis zur Gegenwart, 1965; Internat. P. jahrb. hg. v. A. Niggli, seit 1953; H. Rademacher, Das alte P., 1965; ders., Dte. P.-Kst. u. ihre Meister, 1965; J. Bernicoat, Das Poster, 1972; B. Hillier, 100 Jahre P.e, 1972; J. u. S. Müller-Brockmann, Gesch. d. P.s, 1972; H. Schundler, Monograph. d. Plakats. Entwicklg., Stil, Design, 1972; L. L. Möller, H. Spielmann, S. Waetzoldt (Hg.), D. frühe P. in Europa u. d. USA, Bd. 1 (m. Kat.), 1973, Bd. 2 (bearb. v. K. Popitz u. A. v. Saldern) Frankreich

u. Belgien, 1976; K. Staeck, D. Adelmann, Die Kst. findet nicht im Saale statt. Polit. P.e, 1976; J. Schultze, A. Winther (Ausst.kat. Kunsthalle Bremen), Kst. im Alltag. P.e u. Gebrauchsgraph. um 1900, 1977; Ch. Murken-Altrogge, Werbg. – Mythos – Kst., 1977; J. Markschiess van Trix, B. Novak, Artisten- u. Zirkusple., 1976; K. Popitz, P.e d. 20er Jahre a. d. Kst.-bibl. (Bilderh. Staatl. Mus. Preuß. Kulturbes. 30–31) 1977; Ausst.kat. Stuttgart/Landespavillon, Franz. Plakate v. 1870–1914, 1980.

Plakette → Medaille.

Plastik →Bildhauerkunst.

Platereskenstil (span. plateresco „goldschmiedeartig"), ein zu Ende des 15. Jh. in Spanien aufkommender Stil namentlich zur Dekorierung von Fassaden, der sich aus Elementen des →Mudéjarstils sowie solchen der Spätgotik und der ital. Frührenaissance zusammensetzt. Sein Hauptmerkmal ist die überaus dichte, ja überladene Besetzung der zu schmückenden Flächen mit kleinteiligen und sehr mannigfaltigen Schmuckformen, eine Parallelerscheinung zum Formenüberschwang der späteren Gotik auch in anderen Ländern. Als frühstes Beispiel gilt das von dem Goldschmied (platero) Pedro Díez 1480–92 erbaute Colegio de Santa Cruz in Valladolid.

J. Camón Aznar, Arquitectura plateresca, 2 Bde., 1945 (span.); E. Rosenthal (Gazette des Beaux-Arts, 51) 1958; J. B. Bury, The stylistic term „Plateresque" (Warburg Journal XXXIX) 1976.

Plattenfries →Fries.

Playtera (griech. weit, breit), Maria Platytera, in der byzantin. Kunst ausgebildete Darstellung der Madonna mit ausgebreiteten Armen. Das Kind als Halbfigur erscheint auf ihrer Brust, gewöhnlich als Brustbild und von einem Kreis umgeben.

Platz, wichtiges Element insbes. der →Stadtbaukunst, der durch seine Form und eine abgrenzende Bebauung seine Bedeutung als künstlerisch gestaltete Fläche erhält. Schon die Antike kennt den P. als →Agora oder →Forum. Die Verbindg. mit der Architektur schafft P.räume mit Kirchen, Rathäusern u. Öffentlichen Gebäuden, Theaterbauten, Museen, Schlössern, die den P. optisch abschließen, gleichzeitig aber durch die ihnen vorgelagerte Fläche in ihrer Wirkg. gesteigert werden. Diese Wechselbeziehung ist jener von →Schloß u. Garten (Park) vergleichbar. Auch die →Idealstadt bevorzugt P.anlagen. Neben den Sichtbeziehungen zu den abgrenzenden Bauwerken u. Straßenzuführungen kann der Gesamteindruck durch →Denkmäler u. → Brunnen bestimmt werden. Nicht wenige der größten Baumeister gestalteten P.e, so Michelangelo, Bernini, Weinbrenner, v. Klenze, Semper. Hauptbeispiele sind der Kapitolsplatz u. d. Petersplatz in Rom, d. Markuspl. in Venedig, der frühere Gendarmenmarkt in Berlin, der Theaterpl. in Dresden. Paris, London, München, Karlsruhe u. a. Städte weisen bedeutende P.e auf. Die mod. Baukst. vernachlässigt dagegen vielfach d. P. als Ansatzpunkt für wirkliche Stadtbaukunst u. degradiert ihn zu Abstell- u. Aufmarschplätzen.

Brigitte Ott, Zur P.gestaltg. im 19. Jh. in Dtschld., Diss. Freiburg i. Br. 1967; K. Lässig, R. Linke u. a., Straßen u. Plätze, 1968; F. Rothstein, Die schönst. Plätze d. Welt, 1970.

Pleinairmalerei →Freilichtmalerei.

Plenarium, liturgisches Buch, das alle für die Lesung der Messe in Betracht kommenden bibl. Texte, aber auch andere Texte enthält; häufig ist es illustriert. Mit der Reformation verloren das P.n an Betung. →Lektionarium.

Pleurant →Grabmal.

Pleydenwurf(f), Hans, Maler, * wahrscheinlich Bamberg, † 1472 Nürnberg, seit 1457 ansässig das., beeinflußt von Rogier van der Weyden und Dirk Bouts, vor Dürer der Hauptmeister der Nürnberger Malerei der 2. Hälfte des 15. Jh., sorgfältig im einzelnen, klar und groß im ganzen. – Hochaltar für St. Elisabeth in Breslau (1462 in Auftrag gegeben); Kreuzabnahme (Nürnberg, German. Mus.); Bruchstück einer Kreuzigung (fr. Breslau, Schles. Mus.); Bildnis des Kanonikus von Löwenstein (Nürnberg, German. Mus.); Kreuzigung Christi (um 1470; München, Ältere Pinakothek). – P.s Sohn Wilhelm P., * um 1462, † 1494 Nürnberg, arbeitete in der Werkstatt des Michael Wolgemut, der Hans P.s Witwe geheiratet hatte. Er ist an dem Holzschnittwerk der Schedelschen Weltchronik (→Wolgemut) beteiligt gewesen.

A. Stange, Dte. Malerei d. Gotik, 9, 1958; ders., Die spätgot. Malerei, 1965.

Plinthe (griech. Ziegel), die rechteckige oder quadratische Fußplatte einer Säule, eines Pfeilers, eines Postaments, einer Statue.

Pluviale (lat. „Regenmantel"), ärmelloser Schultermantel des kathol. Geistlichen, der offen getragen und nur von einer metallenen „Pluvialschließe" über der Brust zusammengehalten wird. Ursprünglich Regenmantel mit Kapuze bei Prozessionen zu tragen, wurde er seit dem späteren 13. Jh. zu einem reichgeschmückten Gewand für den Gottesdienst, wobei die Kapuze zu einer Art Schild umgebildet wurde.

Podiumtempel →Etruskische Kunst.

Poelzig, Hans, Baumeister, * 30. 4. 1869 Berlin, † 14. 6. 1936 Berlin, gehört mit seinen vor dem ersten Weltkrieg errichteten Bauten, wie dem Wasserturm in Posen (1911), zu den Wegbereitern einer sachlichen, klaren, von historischem Beiwerk befreiten und konstruktiv betonten Architektur. Nach dem ersten Weltkrieg schloß er sich vorübergehend dem architektonischen Expressionismus an. Das Große Schauspielhaus in Berlin verwandelte er durch zahlreiche ineinander gestaffelte Stalaktitenformen in ein phantastisches Grottengewölbe (1919). Monumental geschlossen, aus großen blockhaften Baukörpern komponiert sind seine späteren Werke, wie das IG Farben-Verwaltungsgebäude in Frankfurt am Main (1928–31).

Th. Heuß, H. P., 1939, 1948 u. 1966; H. P., Gesammelte Schriften u. Werke (Hg. v. J. Posener), 1970; Ausst.kat. H. P. Akad. d. Kste. u. Mus. Mühlheim/Ruhr, 1965.

Pointillismus →Impressionismus.

Pokal, kelchartiges Trinkgefäß mit Fuß, Schaft und Schale, oft auch mit Deckel; aus Metall oder Glas hergestellt und vom 15. bis 17. Jh. als Prunk- und Ziergefäß behandelt.

Pollajuolo, Antonio del, ital. Goldschmied, Bronzeplastiker, Maler u. Kupferstecher, * 1432/33 Florenz, † 4. 2. 1498 Rom, begann als Goldschmied, wandte sich um 1460 in Werkstattgemeinschaft mit seinem Bruder Piero P. (1443–1496) auch der Malerei zu, lieferte Zeichnungen für Paramente, kam 1484 nach Rom und erhielt hier zwei Aufträge, bei deren Ausführung er zu einem der bedeutendsten Plastiker des Quattrocento emporwuchs: Bronzegrabmäler für Papst Sixtus IV. (1484–93) im Museo Petriano und für Papst Innozenz VIII. (1494–98), in der Peterskirche in Rom. In ihnen wurde die große Aufgabe des Papstgrabes zum ersten Male in monumentaler Form gelöst. Von P.s sonstigen Werken sind bes. die Statuetten nackter, anatomisch genau durchgebildeter Männergestalten hervorzuheben, z.B. Herkules und Antäus (Florenz, Bargello), Herkules (Berlin, Staatl. Mus.). Auch die Bilder P.s (Tafelbilder und Fresken) zeigen ein Bemühen um anatomische Durchbildung des nackten Körpers, wie es bei keinem anderen Meister der Zeit mit ähnlicher Energie hervortritt. Dazu kommt eine außerordentliche Schärfe und Klarheit der Zeichnung. Alle diese Eigenschaften erscheinen gesammelt in P.s einzigem beglaubigtem Kupferstich, der nackte Männer in den verschiedensten Stellungen und Bewegungen im Kampfe miteinander zeigt. Dürer hat diesen oder einen ähnlichen gekannt und verwertet.

Maud Cruttwell, A. P., 1907 (engl.); C. L. Ragghianti, A. P. e l'arte fiorentina del Quattrocento, 1936 (La Critica d'arte, Bd. 1); G. Colacicchi, A. del P., dt. 1943; A. Sabatini, Antonio e Piero del P., 1944; S. Ortolani, Il P., 1948; A. Busignani, A. P., 1970 (it., m. Bibl.).

Pollock, Jackson, amerik. Maler, * 1912 Cody, Wyoming, † 11. 8. 1956 Springs, gilt neben →Wols als Begründer des → Tachismus. Unter dem Einfluß von →Miro, →Picasso und anderen begann er nach realistischen Anfängen stärker zu abstrahieren und die Motive ausdruckssteigernd zu verformen. In der surrealistischen Theorie fand er seine eigene Anschauung von der Schöpfung aus dem Unbewußten bestätigt. Seit 1944 gelangte er allmählich zu einer freien, subjektiven Malerei, in der die Formen jede Begrenzung verlieren. Die Liniengespinste und Farbflecken seiner oft extrem großformatigen tachistischen Bilder folgen dem freien Rhythmus der Hand und der unmittelbaren Assoziation. Jedoch entstanden neben den gegenstandslosen Arbeiten auch weiterhin Bilder, die einen gegenständlichen Ausgangspunkt deutlich erkennen lassen und eine festere Form bewahren.

F. O'Hara, J. P., 1959 (engl.); B. Robertson, J. P., dt. 1961; F. V. O'Connor, J. P., 1967 (engl.); E. Putz, J. P. Theorie u. Bild, Diss. Bochum, 1973; J. P. 1975.

Polnische Kunst. Eine mittelalterl. Kunst wird in Polen erst deutlicher sichtbar nach dem Mongoleneinfall von 1241: sie ist zum allergrößten Teil Ausstrahlungserscheinung der dt. Kunst. Dt. Bauern und Bürger wurden zur Besiedelung der verwüsteten Gebiete herangezogen. 1257 wird das neue Krakau als dt. Kolonisationsstadt mit Magdeburger Recht gegründet. Der Grundriß der Innenstadt von Krakau entspricht etwa dem der Innenstadt von Breslau, und die got. Baukunst der poln. Krönungsstadt ist ein provinzieller Ableger der dt. Gotik. Krakau ist nur ein Beispiel für viele andere. Das bedeutende künstlerische Leben in Krakau am Ende des Mittelalters wird fast ausschließlich von dt. Meistern vertreten, in erster Linie von Veit →Stoß, dessen Hochaltar in der Marienkirche die Krone der dt. Schnitzaltäre ist. Außer ihm sind zu nennen Hans von Kulmbach und Hans Dürer. Peter Vischer lieferte ein paar schöne Bronzeplatten, und das Zunftbuch des Balthasar Behaim von 1503 mit seinen vielen Miniaturen entrollt vor uns ein Leben, wie es sich zu gleicher Zeit in Nürnberg oder Augsburg auch nicht anders abgespielt hat. Im Verlaufe des 16. Jh. versiegt allmählich der Zustrom künstlerischer Kräfte aus Deutschland, z.T. im Zusammenhange mit einem stärkeren Anwachsen des poln. Nationalbewußtseins, was aber eine eigene Kunst keineswegs zur Folge hatte. Die ital. Renaissance dringt ein und wird von ital. Meistern getragen, die im 17. Jh. auch den Barock nach Polen bringen. Zur Zeit, als die sächs. Kurfürsten Könige von Polen waren, hat naturgemäß der dt. Einfluß wieder stärker eingesetzt. So ist unter August dem Starken Pöppelmann in der Residenzstadt Warschau tätig gewesen, hat allerdings viel mehr entworfen, als dann tatsächlich ausgeführt worden ist. Zur dt. Einwirkung tritt im späteren 18. Jh. die französische. Auch die bedeutenderen klassizistischen Bauten in Polen sind auf nichtpolnische Baumeister zurückzuführen. Nur auf dem Gebiete des Kunstgewerbes und der Volkskunst zeigte sich eine nennenswerte Eigentätigkeit. Im 19. Jh. haben die meisten poln. Maler ihre Schulung zunächst in Paris gesucht, wie denn überhaupt die allgemeinen kulturellen Beziehungen zu Frankreich sehr eng waren. Die Erschütterung und zugleich Stärkung des Nationalbewußtseins, die durch die Niederwerfung der poln. Erhebung durch die Russen (1831) eintrat, gab der Malerei neue, vorwiegend nationale Inhalte. Hauptmeister waren Arthur Grottger (1837–67) und Jan Matejko (1836–93), der Maler großer Historienbilder in der Art von Delaroche oder Piloty. Die moderne P. K. zeigt ihre bes. Leistungen im Städtebau unter Einbeziehung vorbildlicher Denkmalpflege u. in der Graphik, insbes. in der Buchillustration u. der Plakatkunst. Auf diesen Gebieten erlangte die P. K. außerordentliche Geltung.

G. Lefol und L. Strzemboz, L'architecture polonaise, 1916; J. Topaß, L'art et les artistes en Pologne, 1928; A. Kuhn, Die P. K. von 1800 bis zur Gegenwart, [2]1938; F. Kopera, Gesamtschau der poln. Malerei, 3 Bde., 1938; Irene Piotrowska, The art of Poland, 1947; 500 Lat Malarstwa Polskiego (500 Jahre poln. Malerei, mit engl., franz. u. dt. Text), 1950; P. K., 3 Bde., 1962 (poln.); Poln. Malerei v. Ausg. d. 19. Jh. bis z. Gegenwart (Ausst.kat. Essen) 1963; 1000 years of art in Poland (Ausst.kat. London) 1970; K. Michalowski, Faras. Die Wandbild. i. d. Slgn. d. Nation.-mus. zu Warschau, 1976; J. Jakimowicz, P. Druckgraphik seit 1945, 1976; Janina Wierscinska, Maria Liczinska, Polska bibliografia sztuki 1801–1944, Bd. 2, Zeichngn., Drucke, Buchillustration, 1979; Ausst.kat. Nat.mus. Warschau und Kst.mus. Luzern „Ein seltsamer Garten". Poln. Malerei des 19. Jhs.: Romantik, Realismus, Symbolismus, 1980.

Polsterquadern, Quadern, deren Außenseite polsterartig abgerundet ist (→Bosse 1,3).

Polychromie (griech. „Vielfarbigkeit"), die Farbigkeit eines Gegenstandes, sofern sie nicht aus illustrativen, sondern aus dekorativen Gründen an ihn herangetragen ist. Von P. pflegt man aber nur dann zu sprechen, wenn die Farben keine weichen Übergänge und keinen einheitlichen Gesamtton haben, sondern in kräftigem Wechsel gegeneinander abgesetzt sind. Polychrom ist also etwa gleichbedeutend mit bunt. Selbstverständlich kann die P. mit dem Illustrativen eine Verbindung eingehen, was bes. innig bei Mosaiken und Glasgemälden der Fall ist, die zugleich einen Inhalt darstellen und polychromer Flächenschmuck sein wollen. Der Reiz der Farbe ist ein ästhetisches Urerlebnis, und daher ist P. auf jeder Stufe menschlicher Kultur anzutreffen; sie ist auch keineswegs auf das Gebiet der Kunst beschränkt. Alle primitive und alle Volkskunst ist ausgesprochen polychrom. – Im besonderen bedeutet P. in der Baukunst: die vielfarbige Ausstattung eines Innenraumes durch dekorative Malerei, Mosaik, Glasmalerei, Inkrustation, Keramik. Auch der Außenbau ist polychromer Ausstattung zugänglich (dorischer Tempel, polychrome Fassaden der ital. Gotik, Backsteingotik mit farbig glasierten Ziegeln). Gerade in der Baukunst ist dabei meist nicht nur farbige Belebung, sondern auch optische Gliederung der Flächen und Absetzen der architektonischen Glieder gegeneinander beabsichtigt. Auch in der Bildhauerkunst dient die P. der optischen Verdeutlichung. So setzt sich bei griech. Statuen das bemalte Gewand gegen den unbemalten Körper ab, und bemalte Lippen, Augen und Haare wirken verdeutlichend und steigern zugleich den Eindruck der Körperhaftigkeit. Im Relief bewirkt P. u.a. die Absetzung der Figuren gegen den Grund. Im Mittelalter sind die Bildwerke am Außenbau der Kirchen zuweilen, im Innern stets bemalt gewesen, weil sie sich in die P. des Innenraums einzufügen hatten. – Zur besonderen Kunst entwickelte sich die farbige Fassung der mittelalterlichen Holzbildwerke (→Faßmaler). Stark polychrom war noch die Bildnerei der ital. Frührenaissance. Ganz beseitigt wurde die P. des Bildwerkes erst durch den Klassizismus, und trotz manchen Wiederbelebungsversuchen (Max Klinger) ist man im großen und ganzen bis heute bei dieser Ablehnung geblieben. – Unendlich ist der Anwendungsbereich der P. im Kunstgewerbe. →Farbe.

G. Treu, Sollen wir unsere Statuen bemalen? 1884; L. Courajod, La polychromie dans la statuaire du moyenâge et de la renaissance, 1888 (Mém. de la soc. des antiquaires de France 47); H. Bulle, Klingers Beethoven und die farbige Plastik der Griechen, 1903; H. Phleps, Die farbige Architektur bei den Römern und im Mittelalter, 1930; O. Rückert, Die Farbe als Element baulicher Gestaltung, 1935; P. Reuterswärd, Studien zur P. der Plastik, Ägypten 1958, Griechenland u. Rom 1960; W. Bornheim gen. Schilling, Fugenmalerei im MA. (Dte. Kst. u. Denkmalpflege 19) 1961; T. Brachert, Die Techniken d. polychromierten Holzskulpturen, (Maltechnik 3 u. 4) 1972. Griechenland u. Rom, 1960; P. Reuterswärd, Stud. z. antiken P. d. Plastik, 1960; L. Gericke, K. Schöne, Das Phänomen Farbe, 1970; A. Knoepfli, Stuckauftrag u. Stuckpolychromie in d. barocken Baukst. (in: Festschrift Hans Burkard) 1965; M. v. Aleman-Schwartz, Crucifixus dolorosus. Beitr. z. P. u. Ikonogr. d. rhein. Gabelkruzifixe, Diss. Bonn 1973, 1976.

Polygnot(os), bedeutendster griech. Maler der vorklassischen Zeit, aus Thasos, arbeitete etwa 475 bis etwa 450. Von seinen Bildern in Delphi und Athen sind bei Pausanias und anderen Beschreibungen erhalten; doch reichen weder sie noch offenbar in Anlehnung an die Bilder gezeichnete Vasenbilder oder dafür herangezogene Relieffriese (Gjölbaschi) aus, um von seinem Stil eine wirkliche Vorstellung zu gewinnen. Sicher ist, daß die Figuren, wohl in einzelnen Gruppen zusammengestellt, gestaffelt auf der Fläche verteilt waren, daß landschaftliche Elemente nicht fehlten, ohne daß jedoch eine naturalistische Perspektive oder eine Komposition von einem einzigen Blickpunkt versucht war. Für das Kolorit vermutet man, daß noch die alte Vierfarbenmalerei angewendet war, die nur mit Schwarz, Weiß, Rot, Gelb und deren Mischungen arbeitete.

Brunn, Geschichte der griech. Künstler Bd. 2, [2]1889; E. Löwy, P., 2 Bde., 1929; A. Rumpf, Malerei und Zeichng. der klass. Antike, 1953.

Polyklet, griech. Bronzebildner, wohl aus Sikyon, bedeutendster Meister der argivischen Schule in der 2. Hälfte des 5. Jh. Sein Streben war, mit Hilfe einer veränderten Ponderation (völlige Entlastung des Spielbeines) einen die ganze Figur beherrschenden Rhythmus zu finden, dem sich Körper und Glieder natürlich einfügen. Das einmal von ihm gefundene Schema, dem das Motiv der Statue stets angepaßt oder untergeordnet wird, verwendet er oft. Aus diesem Grunde hat ihm die antike Kunstkritik eine gewisse Einseitigkeit zugeschrieben. Seine Kunst bedeutet jedoch die Erfüllung der theoretischen Bestrebungen seiner Schule, die nicht allein durch Beobachtung der Natur, sondern auch mit Hilfe von Gesetzen und Proportionslehren die Idealform des menschlichen Körpers finden wollte. Das spätere Altertum hat dies insofern anerkannt, als es den Doryphoros des P., einen speertragenden Jüngling, in dieser Richtung als einmalige und mustergültige Lösung bezeichnete (→Abb. Kontrapost). Er trug den Namen Kanon, vielleicht auch aus dem Grunde, weil P. selbst in einer Schrift angeblich gerade an dieser Figur seine Proportionslehren dargelegt hatte. Außer dem Doryphoros, von dem mehrere Kopien erhalten sind, kennen wir einen Diadumenos (einen sich das Haar mit einer Binde umwindenden Jüngling), eine Amazone (Berliner Typus) und mehrere Torsen und Köpfe in Nachbildungen. Das Sitzbild der Hera aus Gold und Elfenbein im Tempel zu Argos (nach 423 v. Chr.) kennen wir nur aus Münzbildern.

Mahler, P. und seine Schule, 1902; Blümel, Der Diskusträger P.s, 1930; P. E. Arias, Policleto, 1964 (ital.); T. Lorenz (Werkmonographien z. Bild. Kst., 116, hg. v. C. G. Heise) 1966; ders., P., 1972; H. v. Steuben, P., 1973.

Polyptychon, im Unterschied zu →Diptychon und →Triptychon, ein Flügelaltar mit mehr als 2 Flügeln und somit geeignet, ein umfangreicheres ikonographisches Programm zu bieten (z. B. der Isenheimer Altar).

Pommerscher Kunstschrank (früher Berlin, Schloßmus.), ein im Auftrage des Herzogs Philipp II. von Pommern 1605–17 in Augsburg unter Leitung des Patriziers und Kunstsachverständigen Philipp Hainhofer hergestellter Kabinettschrank aus Ebenholz, der sich in drei Stockwerken verjüngt und von einer silbernen Pegasusgruppe gekrönt ist. Das Ebenholz ist mit Reliefs, Auflagen in Silber, Lapislazuli, Email, ferner mit Schnitzwerk und Malerei verziert. Den Hauptteil der Edelschmiedearbeiten lieferte Matthias Wallbaum. Der P. K. ist das Hauptstück der Gattung Kabinettschränke (→Kabinett). Er enthält mathematische und physikalische Instrumente, silberne Geräte, eine vollständige Hausapotheke; auf seiner Rückseite ist ein Orgelwerk untergebracht. – Der P. K. ist im 2. Weltkrieg zugrunde gegangen, doch wurde sein Inhalt gerettet.

J. Lessing und A. Brüning, Der P. K., 1905; T. Haussmann, Der P. K., 1959 (Zeitschr. f. Kunstgesch. 22).

Pompeji, Stadt in Campanien, oskische Gründung, südlichster Punkt der etruskischen Kultur, später ganz unter dem Einfluß des griech. Unteritalien. Im 1. Jh. v. Chr. ist die Stadt rein römisch. Der teilweisen Zerstörung durch ein Erdbeben im Jahre 63 n. Chr. folgte die völlige Verschüttung unter der Asche des Vesuvausbruches vom Jahre 79. Schon bald danach hat man wertvollere Dinge aus dem Schutt gerettet, aber erst seit 1748 wurden systematische Ausgrabungen unternommen, die zunächst nur auf die Gewinnung von Kunstwerken, später immer mehr auf die Wiederherstellung des alten Stadtbildes bedacht waren. Die Bedeutung P.s liegt darin, daß man hier zum ersten Male eine antike Stadt mit allen ihren öffentlichen und privaten Gebäuden kennenlernte, die zudem durch die Verschüttung hervorragend erhalten ist. Wer einen unmittelbaren Eindruck antiken Lebens sucht, wird ihn hier finden. Für die Wissenschaft überaus wichtig ist die Erhaltung zahlreicher Wandgemälde, die fast als einzige Reste eine Vorstellung dieser Kunst erwecken können, obwohl ihre Qualität sich meist nicht über ein handwerkliches Niveau erhebt. Daneben hat die Kulturgeschichte und die Religionswissenschaft reichen Vorteil aus den Funden gezogen. Die Grabungen, die heute mehr als drei Viertel des antiken Stadtgebietes umfassen, dauern an.

Engelmann, Neuer Führer durch P., 1925; Ippel, P., 1925; Pernice, P., 1926; Della Corte, P., I nuovi scavi e l'anfiteatro, 1930; A. Maiuri, P., 1939; Ders., P., Kultur u. Kunst einer antiken Stadt, 1939; K. Schefold, Pompejanische Malerei, 1952; Spinazzola, P. alla luce degli scavi nuovi, 2 Bde., 1953; Maria J. Sergejenko, P., 1953; K. Schefold, Die Wände P.s, 1957; C. L. Ragghianti, Pittori di P., 1963; J. Engemann, Architekturdarstellgn. d. frühen 2. Stils, 1967; H. Eschebach, Die städtebauliche Entw. des antiken P., 1970; Ausst.kat. Essen, Leben und Kunst in den Vesuvstädten, 1973; Th. Kraus, Lebendiges P., 1973; Ausst.kat. Royal Akad. London, 1976; H. Eschebach, P., 1978.

Ponderation, harmonisches Gleichgewicht der Massen, bes. die gleichmäßige Verteilung der Körperschwere auf die Gliedmaßen bei der Statue. Ein Sonderfall der P. ist der →Kontrapost.

L. Alscher, Archaische Vorstufen z. Gestaltg. der P. an klass. Standbildern (in: Archäolog. Anzeiger z. Jb. d. Dt. Archäolog. Instit.) 1953; ders. in: Griech. Plastik, 4 Bde., 1961.

Pontischer Kreis. Er umfaßt die Landschaften am Nordufer des Schwarzen Meeres, die im Altertum ein Gebiet eigenartiger Kulturmischung darstellten. – Als älteste pontische Kunstgruppe darf die Kuban-Kultur gelten, die um 1700 v. Chr. im nördl. Vorland des Kaukasus auftritt. In ihren reich ausgestatteten Fürstengräbern (Maikop, Zarskaja Staniza, Oul) erscheinen Steinwaffen und Tongefäße Die zahlreichen Edelmetallarbeiten (Silbergefäße, Goldbeschläge, Schmuckgegenstände u. dgl.) stehen unter starkem Einfluß der altvorderasiatischen Kunst. Die Kuban-Kultur wird einem ost-indogermanischen Volksstamm zugeschrieben, der sich auf seinen Wanderzügen vorübergehend in Südrußland niederließ. Sie verschwindet ebenso spurlos, wie sie ohne Vorstufen aufgetreten war. In der Bronzezeit (1400 bis 700 v. Chr.) stellt der P. K. ein ausgesprochenes Rückständigkeitsgebiet dar, das keine eigene Kunst zu entwickeln vermag. Einige größere Schatzfunde, die dieser Periode angehören (Schatz von Borodino in Bessarabien usw.) enthalten ausschließlich Einfuhrgut aus fremden Kunstkreisen. Zu Beginn des 7. Jh. wird Südrußland von den Skythen besetzt, einem ostindogerman. Reitervolk, dessen Kunst in einem eigenartigen Tierstil besteht. Er verbindet realistische Beobachtungstreue mit einem ausgesprochen ornamentalen Formgefühl. Besonders kennzeichnend für die ältere skyth. Kunst ist das Motiv des liegenden Hirsches mit ornamental stilisiertem Geweih; häufig erscheinen auch Tiergestalten, in deren Umriß andere Tierfiguren oder Spiralornamente hineinkomponiert sind. Die skyth. Schmuckarbeiten sind meist aus Gold gefertigt; unter persischem Einfluß erscheint zuweilen auch Zelleneinlage (Tierfigur von Kelermes). Ungefähr gleichzeitig mit der skyth. Landnahme setzt in Südrußland auch die Gründung griech. Pflanzstädte ein, die sich bald zu Mittelpunkten eines blühenden

Kunsthandwerkes entwickeln (Tyras am Dnjestr, Olbia an der Bug-Mündung, Chersonnesos auf der Krim, Pantikapaion an der Straße von Kertsch u.a.). Die skyth. Kultur wird durch die griech. Kolonien aufs stärkste beeinflußt. In den großen skyth. Fürstengräbern des 6. bis 3. Jh. v. Chr. (Sieben-Brüder-Kurgan, Solokha-Kurgan, Karagodeuasch, Kul-Oba, Tschertomlyk usw.) erscheint eine stets wachsende Fülle griech. Einfuhrgutes; ja es kommt häufig vor, daß selbst die Goldarbeiten skyth. Stiles nicht mehr von einheimischen Künstlern, sondern von griech. Goldschmieden angefertigt werden (vgl. →Vettersfelde). Diese Überschwemmung mit fremdem Kunstgut führt schließlich zum Untergang des national-skyth. Tierstiles, der im 5. und 4. Jh. einer raschen Auflösung verfällt. Im Verlaufe des 4. Jh. erscheint in Südrußland ein neues Reitervolk, welches die Skythen allmählich verdrängt oder unterwirft. Es sind dies die Sarmaten, welche aus ihrer baktrisch-innerasiatischen Heimat einen Zierstil indisch-persischen Gepräges mitbringen. Kennzeichnend sind Arbeiten aus preßverziertem Goldblech, welche mit mugelförmig geschliffenen →Almandinen in niederer Zellfassung belegt werden; auch Zelleneinlage kommt vor. Da das sarmatische Volkselement bald auch in den griech. Pflanzstädten zur Herrschaft gelangt, entwickelt sich etwa von der Wende unsrer Zeitrechnung ab eine Mischkunst sarmatisch-hellenistischen Gepräges, welche als spätpontischer Stil bezeichnet werden darf. Dieser spätpontische Stil – vermehrt um einige Bestandteile provinzialrömischer, sinosibirischer und neupersischer Herkunft – ist es dann, der von den Goten bei ihrem Einrücken in Südrußland (um 200 n. Chr.) übernommen und schließlich im Zuge der Völkerwanderung über den größten Teil der german. Welt verbreitet wird (→Germanische Kunst).

E. H. Minns, Scythians and Greeks in South Russia, 1913; M. Ebert, Südrußland im Altertum, 1921; M. Rostovtzeff, Iranians and Greeks in South Russia 1922; A. M. Tallgren, La Pontide préscythique, 1926 (Eurasia Septentrionalis Antiqua 2); G. Boroffka, Kunstgewerbe der Skythen, 1928 (Bossert, Gesch. des Kunstgewerbes, Bd. 1); K. Schefold, Der skyth. Tierstil in Südrußland, 1937 (Eur. Sept. Ant. 12); Rudenko, Der zweite Kurgan von Pasyryk, 1951; Tamara Talbot Rice, The Scythians, 1957; D. Carter, The Symbol of the East , 1957; K. Jettmar, Die frühen Steppenvölker, 1964.

Pontormo, Jacopo, ital. Maler, * 1494 Pontormo b. Empoli, begraben 2. 1. 1557 Florenz, tätig das. seit 1507, gelangte bereits gegen 1520 zu einem sehr persönlichen, neue, über die Hochrenaissance hinausgehende Gestaltungsformen suchenden Stil, z. T. unter Annäherung an nord. Meister (Dürer), schloß sich um 1530 (z. T. in direkter Nachahmung) an Michelangelo an und wurde zu einem Hauptmeister des Manierismus. Die wichtigsten Werke aus den verschiedenen Perioden seiner Laufbahn sind: Fresko der Heimsuchung (1514–16; Florenz, Sta. Annunziata), Lünettenfresko der Jahreszeiten in der Villa Poggio a Cajano (1520–22), Bildnis eines jungen Mannes (gegen 1530; Lucca, Pinakothek), Ausmalung des Chors von S. Lorenzo in Florenz (1546–57; im 18. Jh. übertüncht, aus Zeichnungen zu rekonstruieren).

F. M. Clapp, Jacopo Carucci da P., his life and work, 1916; H. Voß, Die Malerei der Spätrenaissance in Rom und Florenz, Bd. 1, 1920; Toesca, P., 1943; Ginsta N. Fasola, P. o del cinquecento, 1947; C. Camba, Contributo alla conoscena del P., 1956; Janet Cox Rearick, The Drawings of P., 2 Bde., 1964; K. W. Forster, P. (m. krit. Kat.) 1967; A. Forlani Tempesti u. a., Disegni del P., 1970

Pop-Art, Kunstrichtung, die von der Malerei ausging und seit den 60er Jahren des 20. Jhdts. die verschiedensten Bereiche der Kunst (Graphik, Plastik, aber auch Baukunst, Literatur, Theater und Musik) erfaßte. Die Grundhaltung ist dem →Dada verwandt. Mit ihren Werken versuchten die Künstler der P.a den Konstruktivismus der →abstrakten Kunst zu überwinden, indem sie Reales (Menschen u. Gegenstände) in irrealen Zusammenhang brachten und somit zu ironisieren und persiflieren. So suchte der engl. Maler Richard Hamilton (von dessen Collage „Wieso sind die Wohnungen heute eigentlich so anders, so wohnlich?" 1956, auf der die Buchstaben POP zu lesen sind, der Kritiker L. Alloway den Begriff P.a ableitete) in seinen Werken Witz, Ironie, Verspieltheit, Flüchtigkeit und Popularität zugleich auszudrücken. Kunst, die den von Hamilton dargestellten Eigenschaften entsprach, wurde als P.a. bezeichnet. Andy → Warhol ist der bedeutendste amerikan. Vertreter dieser Richtung neben Roy →Lichtenstein u. Robert →Rauschenberg. Im →Poster fand sie weite Verbreitung. Diese englische Version der P.-a. benutzt die ironische Anspielung und Verfremdung als künstlerisches Gestaltungsmittel.

Die amerikanische P.-a. ist stärker den →Ready-mades von M. →Duchamp verbunden. Die Themenkreise sind vorwiegend: die Welt des Supermarktes und der Massenproduktion; Zeitungen, Illustrierte mit „Comics", Werbeanzeigen und Schlagzeilen; Strahlende Stars mit dem Image der „Jugend"; die Modell-Wohnung. Im großen und ganzen also die sog. Welt, die der P.-a.-Künstler real erlebt, allerdings bereits verarbeitet, zubereitet und auch manipuliert, sozusagen aus zweiter Hand. Was er erfährt und darstellt sind nicht „wirkliche" Objekte u. Zusammenhänge, sondern „Idole", die als Normen angesehen werden, eigentlich aber nur Fetischfunktionen erfüllen R.→ Lichtenstein.

Die künstlerische Verarbeitung erfolgt vielfach durch Serien und Reihungen in verschiedenen Farbabstufungen und erzielt damit ihre Wirkung (z.B. A. →Warhols „Coca-Cola-Büchsen"; „Flowers"; Porträts usf.). Durch Kombinieren vorgefertigter Teile oder einfacher Gegenstände (z.B. Verpackungen) werden „Environments" (engl. „Umgebungen") geschaffen. Es entsteht so eine Art Schaukasten der Alltagswelt, „in der sich der Mensch wie eine Marionette bewegt".

Man muß bei der P.-a. im Auge behalten, daß es sich also nicht um Wirklichkeit, sondern um eine „Museumskunst" handelt, deren Werke ihre Wirkung nur deshalb erzielen können, weil sie vom „Alltag" isoliert dargeboten werden und eben dadurch zur Reflexion anregen (z.B. Warhols „Campbell's Soup Cans", „Crash" usf.). Die Gleichsetzung von P.-a. als „Popular art" („volkstümliche Kunst") kann nur bedingt gelten und fast ausschließlich für Nordamerika, dessen Kunstentwicklungen nicht den europäischen Traditionen verhaftet sind.

R. G. Dienst, P., 1965; U. Kultermann, Neue Dimensionen der Plastik, 1967; ders., Neue Dimensionen des Bildes, 1969; Lucy R. Lippard, Pop Art, dt. 1968; H. Ohff, W. Vostell, P. und die Folgen, 1968; D. Higgins, W. Vostell (Hg.), P.-Architektur, Concept art, 1969; J. Russel, Suzi Gablik, Pop Art Redifined, 1969; J. Hermand, P. International. Eine kritische Analyse, 1971; P.-a. von gestern, Ausst.-Kat. Karlsruhe, Bremen, Essen, 1973; W. Hofmann,

Grundlagen d. modern. Kunst, (KTA 355), 1966; U. Kuhirt, Warum P.-A.? (in: Bildende Kst., 5), 1969; J. Weber, P.-A., 1971; J. Hermand, P. international, eine krit. Analyse, 1971; U. M. Schneede, Ausst.kat. Kunstverein Hamburg, P.-H. in England 1947–1963, 1976. Weitere Lit. →Warhol; Collage.

Pöppelmann, Matthäus Daniel, Baumeister, * Mai 1662 Herford, † 17. 1. 1736 Dresden, seit 1686 im Dienste des kursächs. Hofes tätig, schuf als sein Hauptwerk im Auftrage Augusts des Starken den → Zwinger in Dresden (1711–1722; unvollendet), eine der originellsten und schwungvollsten Leistungen des dt. Barocks.

B. A. Döring, M. D. P., 1930; H. Heckmann, M. D. P. als Zeichner, 1954; H. Heckmann u. J. Pape, M. D. P., 1962; H. Heckmann, M. D. P. Leben u. Werk, 1972.

Portal, Haupteingang und als solcher oft Gegenstand besonderer architektonischer und bildnerischer Ausgestaltung. Das antike P. ist oben waagerecht geschlossen und hat in der Regel ein auf Konsolen ruhendes Gesims. In der röm. Baukunst kommt das rundbogig geschlossene P. auf, das auch oft von Säulen eingefaßt ist. Namentlich die röm. → Triumphbögen bieten Prachtbeispiele für P.anlagen und haben damit u.a. vorbildlich auf die südfranz. P.e des roman. Stils gewirkt. Dieser hat ganz allgemein das rundbogige P. übernommen, die eigentliche Öffnung aber durch einen waagerechten Türsturz nach oben geschlossen, so daß zwischen diesem und dem Rundbogen noch ein Feld entstand, das Tympanon. Damit war die für das ganze Mittelalter verbindliche Grundform des P.s geschaffen; sie ist Anfang des 12. Jh. fertig.
Diese Grundform hat nun mannigfache Bereicherung erfahren. Ist das P. sehr groß, so wird der Türsturz in der Mitte von einem Türpfeiler gestützt. Die P.wände werden schräg in die Mauer geschnitten, so daß sie an Fläche gewinnen. Dieses →Gewände ist durch Säulen gegliedert, die in der Höhe des Türsturzes durch Bogenläufe oder Archivolten fortgesetzt werden. Alle diese einzelnen Teile des P.s werden als Figurenportal (→Kluge u. Törichte Jungfrauen) mit Bildwerken besetzt, was bereits im 12. Jh. in sehr ausgedehntem Maße in Frankreich geschah. Deutschland folgte dieser Gewohnheit erst am Ende des roman. Stils (Bamberger Dom, Freiberger →Goldene Pforte). Die Gotik hat den spitzbogigen Schluß des P.s eingeführt, dieses außerdem noch durch einen Giebel oder →Wimperg überhöht. Die franz. Kathedralen des 13. Jh. haben das P., namentlich an der Westfassade, mit einem künstlerischen Aufwand ausgestaltet, wie es später niemals wieder der Fall sein sollte (→Bauplastik). Das P. wurde zur dreiteiligen, ja fünfteiligen P.anlage. Die Renaissance ist wieder auf die antike Form zurückgekommen, d. h. sie hat das P. rundbogig oder gerade geschlossen, auch mit einem von Säulen oder Pilastern getragenen Giebel versehen. Das ist im wesentlichen auch im Barock so geblieben, nur daß hier das P. noch repräsentativer ausgestaltet wird durch Vergrößerung seiner Dimensionen und durch eine Häufung architektonischer und plastischer Zierformen.

E. Redslob, Das Kirchenportal, 1909; K. Reissmann, Roman. Portalarchitektur i. Dtld., 1937; O. Walzer, Das Bildprogramm an mittelalt. Kirchen-P.n (Festschrift f. W. Pinder) 1938; L. Goldscheider, Les origines du portail à statues-colonnes, 1946; H. Müller, J. Fritz, Portale, Die Entw. eines Bauelementes . . ., 1976.

Porta Nigra, röm. Torburg in Trier mit Doppelportal und doppelter Galerie zwischen turmartigen Aufbauten, alles mit Säulen aufwendig verblendet bei einer Breite von 36 m und einer Höhe von 29 m; Symbol kaiserlicher Macht und eins der besterhaltenen röm. Architekturdenkmäler diesseits der Alpen (3. Jh.). Der im Laufe der Zeit fast schwarz gewordene Sandstein hat ihr den Namen gegeben.

E. Gose, Die P. N. in Trier, 2 Bde. 1969 (Trierer Grabungen u. Forschungen 4).

Portatile →Tragaltar.

Portikus, säulengetragener (seltener von Pfeilern) an den Seiten offener oder nur teilweise geschlossener Vorbau eines Gebäudes an der Haupteingangsseite, oftmals von einem Giebel bekrönt (Pantheon in Rom). Der (eigentlich: die) P. (griech. Stoa) wurde in der antiken Baukunst ausgebildet, auch als selbständiges Bauwerk. Als Vorbau hat ihn die neuere Baukunst seit der Renaissance wieder häufig verwendet.

Portlandvase, Gefäß aus dunkelblauem Glas mit aufgeschmolzener Reliefdarstellung aus weißem Glasfluß, deren Deutung noch unklar ist. Die Vase, ein bedeutendes Werk antiker Glaskunst, kam aus Rom in den Besitz der Herzogin von Portland und ist jetzt im Britischen Mus. in London. 1845 wurde sie von einem Irrsinnigen in Stücke zerschlagen; doch gelang ihre Wiederzusammensetzung.

Erika Simon, Die P., 1957; D. E. L. Haynes, The Portland Vase, 1964; H. Möbius (Abhandlgn. d. Bayer. Akad. d. Wissensch. Phil.-hist. Kl., N. F., 61) 1965.

Porträt →Bildnis.

Porzellan (ital. porcellana „Porzellanschnecke" mit glattem, weißem Gehäuse; von lat. porcellus „Schweinchen"), keramisches Erzeugnis, dessen Hauptbestandteile die feuerbeständige, reinweiße Kaolinerde und der schmelzbare Feldspat sind. Sie ergeben nach dem Brennen einen dichten, harten, gleichartigen, feinkörnigen, reinweißen Scherben, der, falls nicht zu dick, lichtdurchlässig ist. Der geformte und getrocknete Scherben wird einem ersten Brand von nicht allzu hoher Temperatur ausgesetzt (Verglühbrand) und erhält dann die aus ähnlicher Masse bestehende Glasur, die sich in einem zweiten stärkeren Brand (Garbrand) vollständig mit ihm verbindet und ihn mit einer glasharten und glasähnlichen, glänzenden Schicht überzieht. Nach dem Brennen ist der P.gegenstand um etwa ein Drittel seines ursprünglichen Volumens vermindert. Als Dekoration kommt zunächst das einfache Färben in Betracht. Dieses kann entweder in der Masse geschehen oder nur in einer äußeren Schicht des Scherbens oder endlich durch Färben der Glasur. Weitaus am häufigsten ist jedoch farbige Verzierung durch Aufmalen von Farben (P.malerei). Hierbei gibt es zwei Möglichkeiten, 1. die Unterglasurmalerei: nach dem ersten Brand wird der Scherben bemalt, worauf er die Glasur erhält und dem hochgradigen Garbrand ausgesetzt wird. Die Farben werden dadurch dem Scherben fest verbunden und sind durch die Glasur vollkommen geschützt. Die farbigen Möglichkeiten sind dabei allerdings sehr beschränkt, da sich nur Metalloxyde, sog. Scharffeuerfarben, verwenden lassen. Am häufigsten ist das Kobaltblau, wie es z. B. für das Meißner Zwiebelmuster (eigentlich Astermuster) genommen wird.

2. Die Aufglasurmalerei: Farben und Vergoldung werden nach dem Garbrand auf die Glasur aufgetragen und, durch Muffeln (→

Muffelfarben) geschützt, in schwachem Feuer dieser eingebrannt. Dieses Verfahren hat den Vorteil der reicheren Palette, den Nachteil der geringeren Haltbarkeit, da die Farben in schwachem Relief auf der Glasur aufsitzen. – Nach der Höhe der Brenntemperatur (nicht nach dem Härtegrade) unterscheidet man Hartporzellan (hohe Brenntemperatur) und Weichporzellan (niedrige Brenntemperatur). Die Hauptgattungen sind: 1. das ostasiatische (chinesische und japanische) P., fast durchweg ein Weichporzellan. Der Scherben des chinesischen P.s hat häufig eine zarte grünliche oder bläuliche Glasur. Die Dekorationsmöglichkeiten sind infolge der niedrigen Brenntemperatur sehr reich. 2. Das europäische Hartporzellan, das bes. die Manufakturen von Meißen und Berlin in vorzüglicher Zusammensetzung hervorbringen. 3. Biskuitporzellan, ein Weichporzellan von matter, etwas rauher Oberfläche ohne Glasur. 4. Frittenporzellan (pâte tendre), ein Weichporzellan von sehr umständlicher Zusammensetzung, das streng genommen nicht unter den Begriff P. fällt, da es kein Kaolin enthält und eher dem Glas verwandt ist. Die Farben werden auf die bleihaltige Glasur aufgetragen und in schwachem Brand, der die Verwendung fast aller Farben ermöglicht, mit ihr verschmolzen. Die Leuchtkraft der Farben ist außerordentlich. Die Widerstandsfähigkeit und Haltbarkeit des bes. in Frankreich, Belgien, Italien und Spanien gebräuchlichen Frittenporzellans ist gering. – Zur Kennzeichnung der Herkunft aller besseren P.-erzeugnisse dienen die Porzellanmarken in Form von Zeichen, Buchstaben, Stempeln (auch kombiniert). Da sie im Laufe der Zeit meist einem Wandel unterworfen waren, lassen sie Schlüsse auf die Datierung der Stücke zu.

Das P. wurde in der T'ang-Zeit (618–906 n. Chr.) in China erfunden und dort, später auch in Japan, in höchster Vollendung hergestellt. Selbstverständlich wurde es auch exportiert; bis Europa sind jedoch immer nur vereinzelte Stücke gelangt, in größerer Zahl erst seit etwa 1520. Mit dem Beginn des ostasiatischen Einflusses auf Europa im 17. Jh. (→Chinoiserie) steigerte sich sprunghaft die Einfuhr von ostasiatischem P., das alsbald beliebter Sammelgegenstand der Fürsten wurde. Die schon seit dem Ende des 15. Jh. zuerst in Italien unternommenen Versuche, es nachzuahmen, erhielten jetzt einen neuen Antrieb, und unter Mitwirkung des Physikers und Mathematikers von Tschirnhausen gelang Johann Friedrich Böttger in Dresden 1708/09 die Erfindung des europ. P.s. Er hatte zuvor das rote Steinzeug erfunden, das nach ihm Böttgersteinzeug, irrtümlich auch Böttgerporzellan genannt wird. 1710 wurde als erste europ. P.manufaktur die von Meißen gegründet (→Meißner P.). Der Bildhauer-Modelleur → Kändler hat den neuen Werkstoff in umfassender Weise in den Dienst einer Kleinbildnerei gestellt, die Inhalte und Formen des Rokokos in einer Reinheit widerspiegelt wie kaum eine andere Kunstgattung. Das Geheimnis der P.herstellung blieb nicht lange auf Meißen beschränkt. Bereits 1717 folgte Wien (→Wiener P.), danach eine ganze Reihe dt. Manufakturen (→Höchster P., →Frankenthaler P., →Ludwigsburger P., →Nymphenburger P., →Berliner P., →Fürstenberger P.). In Frankreich wurde das → Sèvres-P. führend, ein Frittenporzellan von hervorragender künstlerischer Durchformung und Dekoration. Auch in den übrigen europ. Ländern sind im 18. Jh. zahlreiche Manufakturen gegründet worden. In diesem Jahrhundert war die P.-herstellung im wesentlichen eine Angelegenheit der Fürstenhöfe. Der Rückgang höfischer Kultur im 19. Jh. brachte auch einen Rückgang der künstlerischen Qualitäten des P.s mit sich, und erst gegen Ende dieses Jahrhunderts begann auch das P. wieder, freilich nicht auf der ganzen Linie, an dem allgemeinen Aufschwung des Kunstgewerbes teilzunehmen, wobei sich die Kopenhagener Manufaktur (→Kopenhagener Porzellan) auszeichnete. In der Gegenwart wird die künstlerische Gestaltung des P.s – insbesondere des sog. Gebrauchsp.s – vom →Design bestimmt. Namhafte Manufakturen wie →Rosenthal sind darum bemüht.

E. Zimmermann, Die Erfindung und Frühzeit des Meißner P.s, 1908; Ders., Chinesisches P., 2 Bde., [2]1923; Zoellner, Das Buch vom P., 1925; R. Schmidt, Das P. als Kunstwerk u. Kulturspiegel, 1925; Löwenberg, Tabelle der wichtigsten P.marken, [5]1926; Rieke, Das P., [2]1928; H. Hofmann, Das P. der europ. Manufakturen im 18. Jh., 1932; H. Hegemann, Die Herstellung des P.s, [2]1938; W. B. Honey, The ceramic art of China, 1944; E. Tilmans, Porcelaines de France, 1953; M. O. Daydé, Das europ. P., 2 Bde., 1954; L. Danckert, Handb. d. europ. P.s, 1954, 1974; J. G. Th. Graesse u. E. Jaenicke, Führer für Sammler von P. u. Fayence etc., [21]1967; E. Poche, Böhm. P., 1956; L. Schnorr v. Carolsfeld, P. der europ. Fabriken, [5]1956; M. Olivar Daydé, Das europ. P. von den Anfängen bis zum Beg. d. 19. Jh., dt. 1957; S. Ducret, Die Zürcher P.manufaktur, 2 Bde., 1958/59; ders., Deutsches P. u. dte. Fayencen, 1962; M. Beurdeley, P. aus China – „Compagnie des Indes", 1962; O. Walcha, P., 1963; H. Jedding, Europäisches P., 2 Bde. (Bd. 1 bis 1800), 1972; L. Nikiforowa, Russ. P. i. d. Ermitage, dt. 1973; O. Walcha, Meißner P., 1973; P. W. Meister, H. Reber, Europäisches P., 1980; Fr. H. Hofmann, Das P. der europ. Manufakturen (Propylaen-Kst.-gesch. Sonderb. 1), 1980.

Poseidon, lat. Neptunus, ursprünglich nicht der Gott des Meeres, sondern der Binnengewässer. Er ist der Herr des attischen Landes, um das er mit Athena kämpft, indem er den Dreizack in den Felsen stößt, aus dem ein Quell entspringt. Später der Herr des Meeres, von großem Gefolge (Tritonen und Nereiden) umgeben, bes. bei seiner Hochzeit mit Thetis. In der älteren griech. Kunst ist er nur durch sein Attribut, den Dreizack, von Zeus unterschieden, späteren Darstellungen meint man die Feuchte des Elementes anzusehen, aus dem der Gott aufgetaucht ist (P. von Melos).

Schachermeyer, P. u. d. Entstehg. d. griech. Götterglaubens, 1951; E. Thiemann, Hellenist. Vatergottheiten, 1959; Erika Simon, Die Götter d. Griechen, 1969.

Poster, engl. Bezeichnung für →Plakat, in Dtschld. als Sammelname für Plakate oder deren Nachdrucke, auch Landschaften mit bes. Stimmungswerten, Tierbilder, Karikaturen und →Popdarstellungen verschiedenster Art, häufig als Wandschmuck verwendet. Auch Zeitschriften bieten (in verkleinerten Maßen) farbige P.s an, teilweise zusammensetzbar.

J. Bernicoat, Das P., 1972.

Potpourrivase, Porzellanvase mit durchbrochenem Deckel, durch den der Duft der in der Vase befindlichen Kräuter oder Essenzen entweichen kann. Die P.n sind meist reich mit Blumen verziert, haben auch figürliches Beiwerk. Sie kamen um die Mitte des 18. Jh. auf und wurden z.B. von der Meißner Manufaktur in prachtvollen Exemplaren hergestellt.

Potter, Paulus, niederländ. Maler und Radierer, getauft 20. 11. 1625 Enkhuizen, begraben 17. 1. 1654 Amsterdam, der größte unter den holländ. Tiermalern des 17. Jh., der trotz seiner kurzen Schaffenszeit ein bedeutendes (in Amsterdam, dem Haag, Berlin und Dresden gut vertretenes) Oeuvre hinterlassen hat. Die sachlich treue Charakterisierung der Stofflichkeit, Haltung und Physiognomie seiner meist in kleinem Naturausschnitt vorgeführten, ruhig stehenden oder liegenden Tiere verbindet sich mit einer saftigen, die Licht- und Schattenwerte fein beobachtenden, Tier und Landschaft zusammenstimmenden Malweise. Ähnliches gilt von seinen Radierungen.

E. Michel, P. P., 1907 (franz.); W. v. Bode, Die Meister der holländ. und fläm. Malerschulen, (Hg. v. E. Plietzsch) [9]1959; R. v. Arps-Aubert, Die Entwicklung des reinen Tierbildes in der Kunst des P. P., Diss. Halle 1932.

Poussin, Nicolas, franz. Maler, * 15. 6. 1593 Villers b. Les Andelys (Nordfrankreich), † 19. 11. 1665 Rom, ging 1612 nach Paris, 1624 nach Rom, war 1640–42 in Paris, dann wieder in Rom tätig. Er ist neben Claude Lorrain der größte Maler Frankreichs im 17. Jh. In seinem Schaffen vollzieht sich unaufhaltsam ein Wandel von barokker Haltung zu einem nach Maß und Klarheit drängenden Klassizismus, eine für die franz. Kunst des 17. Jh. auch sonst bezeichnende Erscheinung. Mit besonderer Deutlichkeit tritt dieser Wandel seit seinem Pariser Aufenthalt von 1640 bis 42 hervor. P.s Vorbilder waren Raffael, Tizian, Annibale Carracci und Domenichino, der klassizistischste seiner ital. Zeitgenossen in Rom. Hier hat er antike Altertümer gezeichnet, auch die →Aldobrandinische Hochzeit kopiert und kunsttheoretische Schriften studiert. Antike Stoffe nehmen in seinem Schaffen einen großen Raum ein, und sehr liebt er es, seine Landschaften mit den Trümmern antiker Kunst auszustatten. P. ist einer der Hauptmeister der heroischen oder idealen Landschaft (→Landschaftsmalerei) und hat gerade auf diesem Gebiet einen weitreichenden, auch im 18. Jh. anhaltenden Einfluß ausgeübt. Das Gesamtwerk P.s ist von einer ungewöhnlichen Vielgestaltigkeit. Hauptwerke aus seiner ersten Schaffenszeit bis 1640 sind: der Parnaß (Madrid, Prado), die Metamorphose der Pflanzen (Dresden, Gal.); aus der Zeit nach 1640: die 7 Sakramente (London, Bridgewater-Haus), Rebekka am Brunnen (1648; Paris, Louvre), Landschaft mit Matthäus und dem Engel (Berlin, Staatl. Mus.), Die Jahreszeiten (Paris, Louvre). – Zeichnungen von gar nicht klassizistischer, sondern ausgesprochen barocker Haltung in verschiedenen Kabinetten. – Correspondance de P., hg. von Jouanny, 1911; Lettres de P., hg. v. P. du Colombier, 1929.

O. Grautoff, P., 2 Bde., 1914; W. Friedlaender, N. P., 1914; E. Magne, N. P. Documents inédits suivi d'un catalogue raisonné etc., 1914: L. Hourticq, La jeunesse de P., 1937; U. Christoffel, P. u. Claude Lorrain, 1942; P. Jamot, P., 1949; F. S. Licht, Die Entwicklung der Landschaft i. d. Werken von N. P., 1954; G. Kaufmann, P.-Studien, 1960; A. Chastel, N. P., 2 Bde., 1958 (franz.); A. Blunt, The paintings of N. P., a critical catalogue, 2 Bde., 1967; K. Badt, Die Kst. d. N. P., 2 Bde., 1969; J. Thuillier, L'opera completa di P., 1974; A. Brejon, L'univers de P., 1977; P. Ausst.kat. Rom, 1977/78.

Prado (Museo del P.), das span. Nationalmus. in Madrid, genannt nach dem Park („Prado"), der sich im 18. Jh. an dieser Stelle befand. Das Mus. besteht als solches seit 1819 und besitzt neben einer verhältnismäßig geringen Zahl von Bildwerken eine der bedeutendsten Gemäldesammlungen der Welt, darunter viele Werke ersten Ranges. Das beste, was die span. Herrscher im Lauf der Jahrhunderte zusammengetragen haben, ist hier vereinigt, in erster Linie die span. Meister Greco, Velázquez, Goya; von den nichtspan. bes. die alten Niederländer, auch Rubens und van Dyck, schließlich die Italiener, unter ihnen vor allem Tizian. Kataloge von 1819 bis 1963.

Die Meisterwerke des P.-Mus. Einleitung von F. Alvarez de Sotomajor, 1940; M. de Madrazo, Historia del Museo del P. 1818–1868, 1945; F. J. Sánchez Cantón, Der P., dt. 1959; M. Lorente, P., 2 Bde., 1963 (dt.); H. B. Wehle, Le Musée du P., 1963; J. Jahn, Der P., 1965; J. A. Goya Nuño, Historia del Museo del P., 1969 (span.); A. P. Sánchez, El M. d. P., 1971 (span).

Prähistorische Kunst, vorgeschichtliche Kunst, d.h. die Kunst in denjenigen Zeiten, aus denen es noch keine schriftliche Überlieferung gibt. →Altsteinzeit →Bronzezeit →Eisenzeit →Germanische Kunst →Keltische Kunst →Nordischer Kreis →Pontischer Kreis.

Präkolumbische Kunst, die Kunst der alt-amerikanischen Hochkulturen vor Kolumbus. →Maya-Kunst, →Mexikanische Kunst, →Peruanische Kunst.

P. Gendrop, D. Heyden, Pre-Columbian Architecture of Mexiko and Mesoamerica, 1976; S. K. Lothrop, Les trésors de l'Amérique precolumbienne, 1976; A. Lapiner, Pre-Columbian Art of South America, 1976; F. Anton, Alt-Amerika u. s. Kst., 1977.

Prandtauer, Jakob, Baumeister, * 15./16. 7. 1660 Stanz b. Landeck (Tirol), † 16. 9. 1726 St. Pölten b. Wien, gehört neben Fischer von Erlach zur ersten Generation großer dt. Barockmeister, die um 1700 einen nationalen Barock begründet haben, und zwar war er einer der originellsten und bodenständigsten. Seine Frühwerke kennen wir nicht. Er tritt uns gleich mit seinem Hauptwerk entgegen, das ihn bis an sein Lebensende beschäftigt hat, dem Neubau des Stiftes Melk a. d. Donau (beg. 1702), das schon durch seine unvergleichliche und von P. glänzend ausgenützte Lage zu den hervorragendsten Klosterbauten des Barocks gehört. Fassade und Innenraum der Kirche (1709–1711) stellen sich in Pracht und Schwung dar, im Innenraum ist die Höhenentwicklung bemerkenswert. An weiteren Werken ist vor allem die Fortführung des Neubaues von Stift St. Florian (seit 1711) zu nennen.

H. Hantsch J. P., 1926; J. P. und s. Kunstkreis (Ausst.Kat. Melk) 1960.

Präneste (ital. Palestrina), alte latinische Stadt, Zentrum des Fortuna-Kultes mit Orakel, wo neuerdings das große Heiligtum mit Terrassenanlagen freigelegt wurde.

Fasolo-Gullini, Il santuario della Fortuna Primigenia a Palestrina, 1953; H. Kähler, Das Fortunaheiligtum v. P. (Annalen Univ. Savariensis, 7), 1958.

Präraffaeliten, Vereinigung engl. Maler (Pre-Raphaelite Brotherhood), die 1848 von Dante Gabriel →Rossetti, Holman Hunt und John C. Millais gegründet wurde, um eine Reform der Kunst heraufzuführen, wobei der Geist, der die Vorläufer Raffaels erfüllt hatte, Vorbild war. Sie forderte seelische Vertiefung, Eingebung des Künstlers unmittelbar von der Natur her, dekorative Wirkung. Die Bewegung zog weite Kreise. Auch Bildhauer und Dichter scharten sich um Rossetti, und der Erneuerer des modernen Kunstgewerbes, William →Morris, ist ebenfalls aus dieser Bewegung hervorgegangen.

W. H. Hunt, Pre-Raphaelism, 2 Bde., 1905; Margarete Jaris, Die P. in Kunst und Dichtung, 1927; R. Ironside, The Pre-Raphaelite Painters, 1948; D. S. Weiland, The Pre-Raphaelites in literature and art, 1953; L. Hönninghausen, P. und Fin de siècle, 1971; T. Hilton, The Pre-Raphaelites, 1972; K. Roberts, The Pre-Raphaelites, 1973; K. Gallwitz, Die Kst. d. P. oder d. Kst. als moralische Anstalt (Artis 26, 3) 1974; J. Harding, The Pre-Raphaelites, 1977.

Praxiteles, Sohn des Kephisodot, attischer Bildhauer um die Mitte des 4. Jh. v. Chr. Seine Werke waren durch harmonischen Fluß der Linie und durch höchste Eleganz der Marmorbehandlung ausgezeichnet. Er gilt als der Entdecker der Anmut des weiblichen Körpers, wie er ihn in der knidischen Aphrodite (röm. Kopie im Vatikan, bester Kopf in Toulouse) gestaltet hat. Von seinen sonstigen Werken ist der Sauroktonos, ein Apollon, der an einen Baum gelehnt ist und spielend mit einem Pfeil auf eine emporkriechende Eidechse zielt, in mehreren Marmornachbildungen und einer Bronze überliefert. Den Hermes aus dem Heraion von Olympia hält man heute mit nicht ganz ausreichenden Gründen für eine röm. Kopie. Die Musenbasis aus Mantinea, die allenfalls für ein etwas skizzenhaftes Alterswerk des Künstlers gelten könnte, hat man auch einem jüngeren Bildhauer des gleichen Namens zuschreiben wollen, doch ist beides unsicher. Ebenso ist es zweifelhaft, ob die zahlreichen Wiederholungen eines angelehnten Satyrs auf ein Original des P. zurückgehen. Andere Zuschreibungen sind ganz unhaltbar.

Rizzo, Prassitele, 1932; Curtius, Die klassische Kunst Griechenlands, 1938; Lippold, Griech. Plastik, (Handb. d. Archäologie 3, 1) 1950; R. Lullies u. M. Hirmer, Griech. Plastik, ²1960; L. Alscher, Griech. Plastik, 3, 1957; G. Becatti (Enciclopedia dell'arte antica 6) 1963; G. Becatti, Enciclopedia de l'Arte antica classica e orientale, Bd. 6, 1965.

Predella →Altar.

Preller, Friedrich d. Ä., Maler, * 25. 4. 1804 Eisenach, † 23. 4. 1878 Weimar, schloß sich 1826 in Rom dem Kreis um J. A. Koch an, schuf heroische Landschaften mit romant. Einschlag bei sorgfältiger Durchbildung aller Einzelheiten. Hauptwerk ist eine Folge von Odysseelandschaften (erste Fassung 1832–34, Leipzig, Fresken im Treppenhaus der Universitätsbibl., zerstört; zweite erweiterte in enkaustischer Malerei, 1863–68, Weimar, Mus.; Kartons dazu 1860–63, ehemals Leipzig, Mus., zerstört). – Sein Sohn Friedrich P. d. J. (1838–1901) malte ebenfalls griech. Landschaften und mythol. Szenen.

J. Gensel, F. P. d. Ä., 1904; Katalog der Ausstellung Heidelberg, bearbeit. v. K. Mugdan u. A. Stemper, 1954.

Presbyterium →Apsis.

Prieche →Empore.

Priene, griech. Stadt in Kleinasien an der Mündung des Mäander, in steil ansteigendem Gelände. Von der alten Stadt ist nichts erhalten, die heute sichtbaren und von Deutschen freigelegten Ruinen gehören der Gründung des 4. Jh. v. Chr. an, stammen aber z. T. aus noch späterer Zeit. Die Stadt ist nach dem hippodamischen System in rechtwinkligen Straßenzügen gebaut und hatte neben einem Marktplatz ein Theater, Gymnasien sowie zahlreiche Heiligtümer. Wichtig sind viele Privathäuser, deren Grundriß und Aufbau hier bes. gut zu erkennen sind.

M. Schede, Die Ruinen von P., ²1964.

Priependach, andere Bezeichnung für „Klosterdach", eine im Mittelalter sehr häufige, in vielen Gegenden bis in die neueste Zeit übliche Form des Ziegeldachs: Ziegel von halbzylindrischen Profil werden in zwei Reihen übereinandergelegt, die unteren („Nonnen") mit der Höhlung nach oben, die oberen („Mönche") mit der Höhlung nach unten 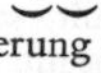, wodurch eine stärkere Gliederung erreicht wurde.

Primaticcio, Francesco, ital. Maler und Dekorateur, * 30. 4. 1504 Bologna, † 1570 Paris, arbeitete seit

1525 unter Giulio Romano an der dekorativen und malerischen Ausstattung des Palazzo del Tè in Mantua und schuf seit 1532 zusammen mit Giov. Batt. Rosso und anderen Italienern die plastische, malerische und dekorative Ausstattung von Schloß Fontainebleau. Diese Schule von Fontainebleau war von großer Bedeutung für die Übertragung ital. Formengutes nach Frankreich und hat dort auf lange Zeit entscheidende Wirkung ausgeübt.

L. Dimier, Le Primatice, 1918; Sylvie Béguin, L'École de Fontainebleau, 1960 u. 1973; D. Rondorf, Der Ballsaal in Schloß Fontainebleau. Zur Stilgesch. P.s in Frankreich, Diss. Univ. Bonn, 1967; H. Zerner, Die Schule v. Fontainebleau. Das graph. Werk, 1969.

Primitive Kunst, die Kunst der Naturvölker. Ihre Hauptgebiete sind die indianische Kunst in Nord- und Südamerika, die malaisch-pazifische Kunst, die der Eskimos, die der asiatischen Steppenvölker, die afrikanische Kunst. Die Baukunst beschränkt sich auf Versammlungs- und Wohnbauten meist geringen Umfanges, die geringe Haltbarkeit des Materials – Holz, Stroh, Lehm, Felle, Gewebe – läßt eine Entwicklung schwer erkennen. Die Bildnerei in Holz und Ton, seltener in Stein, dient der Darstellung von Götter-, Ahnen- und Tierfiguren in ausdrucksstarker Stilisierung. Sie erreicht bes. bei den Negern hohe Vollendung. Bei Nomaden spielt die Bildnerei keine Rolle. Die Malerei wird meist zur Verzierung von Gegenständen geübt. Als freie Malerei tritt sie selten auf und zeigt dann zuweilen, bes. bei den Buschmännern, große Naturtreue. Alle Naturvölker haben einen ausgeprägten Sinn für Ornamentik, verbunden mit greller, kontrastreicher Farbwirkung.

H. Kühn, Die Kunst der Primitiven, 1923; E. v. Sydow, Kunst u. Religion der Naturvölker, 1926; Vatter, Religiöse Plastik der Naturvölker, 1926; Springer, Handb. der Kunstgeschichte, Bd. 6, 1929; Th. Bossert, Geschichte d. Kunstgewerbes aller Zeiten u. Völker, Bd. 1–4, 1930.

Probedruck →Kupferstich.

Profanbau, P.architektur (lat. profanus = ungeweiht) ohne Kultbestimmung (im Gegensatz zu →Sakralbau), z. B. →Schloß, →Burg, →Bürgerbauten usw.

Profil (franz.), 1. in der Baukunst der aus dem Gesamtgefüge vorspringende Teil eines Baugliedes, bes. eines Gesimses (Abb. →Karnies) oder Bogens, ablesbar am Querschnitt des betreffenden Baugliedes. Entsprechende Anwendung findet der Begriff P. auch beim architektonisierten Möbelstück (Schrank). Profilierung (z.B. einer Fassade) heißt die Gesamtheit aller P.e. – 2. der Querschnitt eines Bauteiles, – 3. im Sinne von Umriß od. Seitenansicht in d. Baukunst, – 4. der vorspringende Teil eines menschlichen Kopfes, in der Malerei am besten (weil unverkürzt) darstellbar an dessen Seitenansicht: P.bildnis.

Pronaos, die Vorhalle der Cella des griech. →Tempels.

Prophetenschnallen →Danielschnallen.

Proportionslehre, die Lehre von der Gesetzmäßigkeit der Verhältnisse, in denen die Teile eines Kunstwerkes zueinander stehen müssen, um bestimmten ästhetischen Forderungen zu genügen. Da diese zu verschiedenen Zeiten verschieden sind, ist jene Gesetzmäßigkeit relativ. Ein Hauptziel der P. war stets, einen Kanon (griech. „Richtmaß") der menschlichen Gestalt zu finden, d.h. ein Gesetz, das die Proportionen der Teile des menschlichen Körpers zueinander festlegt und die Schaffung menschlicher Idealgestalten in Bildnerei und Malerei ermöglicht. Einen solchen Kanon stellte der griech. Bildhauer →Polyklet auf. In der ital. Renaissance wurden diese Bestrebungen wieder aufgenommen (Alberti, Leonardo), und von den Italienern ausgehend hat sich vor allem Dürer um die Schaffung einer P. für die Malerei bemüht. Naturgemäß ist die P. stets für die Baukunst bes. wichtig gewesen, d.h. für diejenige Kunst, die quantitativer Berechnung am ehesten zugänglich ist. →Goldener Schnitt, →Quadratur, →Triangulation, →Model, →Modulor.

Moessel, Die Proportionen in Antike und Mittelalter, 1926; Ders., Vom Geheimnis der Form und der Urform des Seins, 1938; G. A. S. Snijder, Het ontstaan van den proporte-kanon bij de Grieken, 1928; W. Überwasser, Von Maß und Macht der alten Kunst, 1933; Th. Fischer, Zwei Vorträge über P.n, 1934; H. Graf, Bibliographie zum Problem der Proportionen etc., T. 1: Von 1800 bis zur Gegenwart, 1958 (Pfälz. Arbeiten zum Buch- u. Bibliothekswesen u. zur Bibliographie 3); R. Wittkower, The changing Concept of Proportion, in: Dodalo, 1960; H. Spielmann, Jörg Ratgebs Interpretation d. platonischen P. im Herrenberger Altar (Festschr. H. Wentzel), 1975; E. Ullmann, Die Lehre v. d. P.n, 1961; K. Treckmann, P.n in der Architektur, 1965; P. Bause, Got. Arch.-Zeichng. in Dtl., Diss. Univ. Bonn, 1973.

Propyläen, Eingangstore zu monumentalen Anlagen, gewöhnlich griech. Heiligtümern, so auf Aegina, in Eleusis u.a., am bekanntesten die P. der →Akropolis von Athen, die der Architekt Mnesikles in den Jahren 437 bis 432 erbaute. Ihr Plan hatte nicht nur mit dem unebenen Gelände, das eine doppelte Treppenanlage erforderte, sondern auch mit dem Unverständnis lokaler Priester zu kämpfen, die auf der Südseite eine abweichende Lösung erzwangen. Die äußeren Formen der P. sind dorisch, im Inneren sind der leichteren Verhältnisse wegen ionische Säulen verwendet. Der Nordwestflügel enthielt eine Pinakothek. Die P. wurden Vorbild für spätere klassizist. Bauten, so z. B. für die P. von L. v. →Klenze in München (1846).

O. Walter, Führer durch Griechenland, I, Akropolis, 1929.

Proskau, bedeutende Fayence- und Steingutfabrik Schlesiens, gegründet 1763. Es wurde zunächst nur Fayence, seit 1788 auch Steingut hergestellt, 1793 die Fayenceherstellung aufgegeben. Die Fabrik existierte bis 1850. Die Arbeiten der Frühzeit ähneln den →Hannongfayencen, sind nur derber und schwerfälliger: bunte Bemalung mit großen Blumen. Seit den 70er Jahren üppiger plastischer Dekor und selbständige Kleinbildwerke, seit den 80er Jahren klassizistische Vereinfachung. Das Steingut führte diese Richtung fort, lehnte sich außerdem an engl. Vorbilder an. Seit 1796 Dekor mit Kupferstichen zur Anwendung des Umdruckverfahrens. Seit den 30er Jahren des 19. Jh. einfache Handelsware.

A. Stoehr, Dt. Fayencen und dt. Steingut, 1920.

Prospekt →Vedute.

Prostylos →Tempel.

Prothesis, eigentlich der Rüsttisch zur Vorbereitung des Meßopfers, danach der jenen enthaltende, nördl. der Apsis gelegene Nebenraum der Basilika des christl. Orients; sein Gegenraum ist das →Diakonikon. Beide Räume zusammen werden als Pastophorium bezeichnet.

G. Bandmann, Ikonologie kirchl. Nebenräume im MA (in: Sitzungsber. d. kunstgesch. Gesellschaft Berlin Okt. 1954–Mai 1955); ders., Über Pastophorien u. verwandte Nebenräume (in: Kst.gesch. Stud. für H. Kauffmann), 1956.

Protodorische Säule, unrichtige Bezeichnung für den facettierten Pfeiler in der ägypt. Baukunst. Eine Verwandtschaft mit der dorischen Säule, die man von ihm ableiten wollte, besteht nicht.

Protokorinthische Vasen, wahrscheinlich in Korinth selbst oder in seiner Umgebung (Sikyon?) hergestellte Gattung frühgriech. Vasen, die größtenteils dem 7. Jh. v. Chr. angehört. Sie bildet zunächst Ornamente des geometrischen Stils (→Vasenmalerei) weiter, wird aber dann in den Tierfriesen von oriental. Motiven abhängig, die sie selbständig fortentwickelt.

H. Payne, Necrocorinthia, 1931; ders., P. Vasenmalerei, 1933; ders. u. a., Perachora II, 1962 (engl.); R. M. Cook, Greek Paited Pottery, ²1966.

Protorenaissance, Vorrenaissance, eine von Jacob →Burckhardt eingeführte, heute nur noch wenig gebräuchliche Bezeichnung für den vor dem Einsetzen der eigentlichen Renaissance erfolgten engeren Anschluß bestimmter ital. Bauwerke an antike Form. Ein Hauptwerk dieser Art ist die Kirche San Miniato al Monte bei Florenz. Danach hat man auch von einer südfranz. P. des 12. Jh. gesprochen.

R. Hamann, Südfranz. P. u. ihre Ausbreitung, ²1923; W. Paatz, Die Hauptströmungen i. d. florentiner Baukunst d. früh. u. hohen MA.s (in: Mitt. d. kunsthist. Instit. Florenz, 6) 1940; E. Panofsky, Renaissance and Renascenses in Western Art, 1960; ders., Die Renaissancen d. europ. Kunst, 1979; Ch. Brooke, The Twelfth Century Renaissance, 1969.

Prud'hon, Pierre Paul, franz. Maler, * 4. 4. 1758 Cluny, † 16. 2. 1823 Paris, seit 1780 das., 1782–88 in Italien, geriet dort unter die Einwirkung von Leonardo und Correggio, deren malerische Weichheit er zu erreichen bemüht war in bewußtem Gegensatz zum strengen und zeichnerisch harten klassizistischen Stil seiner Zeit. Der Louvre besitzt seine Hauptwerke, u. a. „Gerechtigkeit und Rache den Verbrecher verfolgend" (1808), „Entführung der Psyche" (1808), „Zephyr sich über dem Wasser schaukelnd" (1814). Unter P.s meisterhaften Zeichnungen sind bes. die Akte hervorzuheben.

E. de Goncourt, Catalogue rais. de l'œuvre de P., 1876; Ch. Clément, P., ³1880; E. Bricon, P., 1907; A. Forest, P., 1914; J. Guiffrey, L'œuvre de P., 1914; C. Martine, Les dessins de P., 1924; G. Grappe, P. P. P. 1958 (franz.).

Psalterium, wichtigstes für das Klosterleben bestimmtes, oft illuminiertes liturgisches Buch, das die beim Chorgebet der kirchl. Tageszeiten gesprochenen 150 Psalmen enthält. Seit dem 13. Jh. wird es auch von Laien benutzt und erfährt künstler. Gestaltung durch Heiligenbilder, Monatsbilder (→Stundenbuch) und Darstellungen aus dem Alten Testament.
Ein bedeutendes Beispiel eines P.s ist der →Utrechtpsalter.

F. Mütherich, Die versch. Bedeutungsschichten i. d. frühmittelalterl. Psalterillustration (Frühmittelalterl. Stud. 6) 1972.

Pseudobasilika (pseudobasilikale Hallenkirche), eine →Hallenkirche, bei der das Mittelschiff höher ist als die Seitenschiffe, ohne jedoch eigene Fenster zu besitzen. Im allgemeinen spricht man von einer P. nur dann, wenn die Erhöhung des Mittelschiffs so beträchtlich ist, daß sich auch basilikale Dachbildung nötig macht.

Pseudodipteros →Tempel.

Pseudoperipteros →Tempel.

Psyche, bei den Griechen die Seele, in sehr verschiedener Bedeutung gebraucht. Die archaische Kunst stellt sie als kleines geflügeltes Wesen dar (Eidolon), manchmal auch unter dem Bilde eines Vogels. Erst in der hellenist. und röm. Plastik erscheint sie als zartes Mädchen mit Schmetterlingsflügeln, die Geliebte des →Eros (Amor). Das Märchen von Amor und P. ist von Apulejus erzählt und fand seine schönste bildliche Darstellung in den von Raffael entworfenen Fresken der Villa Farnesina in Rom.

Psychomachie →Tugenden und Laster.

Puget, Pierre, franz. Bildhauer, * 16. 10. 1622 Marseille, † 2. 12. 1694 Fougette b. Marseille, nimmt in der franz. Barockplastik eine Sonderstellung ein durch den brutalen Naturalismus seiner Werke, die voll Kraft und Leben, aber wegen der starken Divergenz ihrer Grundrichtungen auch unausgeglichen sind und dem franz. Streben nach Maß und Abrundung nicht entsprechen. Hauptwerke sind die beiden für den Park von Versailles geschaffenen Marmorgruppen „Milon von Croton" (1682; Paris, Louvre) und „Perseus befreit Andromeda"(1684; das.).

Ph. Auquier, P. P., 1904; M. Brion, P. P., 1930; F. P. Alibert, P. P., 1930; E. Baumann, P. P. sculpteur, 1949 (franz.); W. Trachsler, P. P., Diss. Zürich 1960; ders. P. P., 1973; K. Herding, P. P., 1971.

Pugin, Aug. Welby Northmore (1812–1852) →Neugotik.

Pultdach →Dachformen.

Punktieren, in der Bildhauerkunst das Übertragen der wichtigsten Punkte eines Modells (Gips, Ton, Wachs, Plastilin) auf den nach diesem zu bearbeitenden Block (Stein, Holz). Je nach dem Gegenstand und nach dem Grad der Genauigkeit werden dabei verschiedene Methoden angewandt. Zum P. von kleineren Gegenständen, die in gleicher Größe in das endgültige Material zu übertragen sind, wie es bes. bei Bildnisbüsten oder -köpfen der Fall ist, benutzt man eine Punktiermaschine.

Punktiermanier, Punzenmanier →Kupferstich.

Punze, Stahlstift oder -stempel zum Eintreiben irgendwelcher Formen in Metall, auch Leder und zuweilen Holz. Sie wird vom Gold- oder Kupferschmied, auch vom Kupferstecher (→Kupferstich) verwendet. Die fertige Arbeit heißt gepunzt oder punziert.

Purismus, 1. in der bildenden Kunst das Bestreben, ein Kunstwerk stilrein zu machen, d. h. es von Zutaten zu befreien, die einem anderen (späteren) Stil angehören. Der P. trat vornehmlich im 19. Jh. in Erscheinung, als man glaubte, die Stilreinheit der Innenräume got. Kirchen durch Entfernung barocker, damals nicht geschätzter Ausstattungsstücke (Altäre, Orgelprospekte) und durch deren Ersatz in →Neugotik wiederherstellen zu müssen. Vieles Wertvolle ist dadurch zerstört worden. Heute hält sich der P. in sehr bescheidenen Grenzen; derartige Probleme muß die →Denkmalpflege lösen. – 2. Innerhalb der abstrakten Kunst des 20. Jhs. die französ. Auffassung und Spielart des →Konstruktivismus und →Suprematismus, die in dem Manifest „Après le Cubisme" 1919 zum Ausdruck kommt. Einer der Hauptvertreter des P. war der franz. Maler und Kunsttheoretiker Amédée Ozenfant (1886–1966).

Purkyně, Karel, tschech. Maler, * 11. 3. 1834 Breslau, † 6. 4. 1868 Prag, malte bes. Porträts und Stilleben und gilt als einer der Klassiker der tschech. Malerei des 19. Jhs.

F. X. liřik, K. P., 1925 (tschech.); O. Macková (Hg.), K. P., 1962 (tschech.).

Purrmann, Hans, Maler, * 10. 4. 1880 Speyer, † 17. 4. 1966 studierte in München (bei Stuck) und Paris, wo er sich an Matisse anschloß und mit Gleichgesinnten eine Matisse-Schule bildete. 1916–35 lebte er in Berlin, übernahm 1935 die Leitung der Villa Romana in Florenz und lebte seit 1943 in Montagnola (Schweiz). P. ist vom Impressionismus ausgegangen, den er auch nie ganz verleugnet hat. Durch Matisse erhielt seine Malerei die Wendung zum koloristisch Gebauten, ohne jedoch wie bei jenem soweit vom Gegenständlichen fort ins Dekorativ-Abstrakte zu geraten. P.s Werke werden im P.-Haus in Langenargen/Bodensee gesammelt, das als Museum zugleich der P.-Forschung dient.

E. Hansen, der Maler H. P., O. J.; Katalog der P.-Ausstellung in Hannover 1960; Barbara u. E. Göpel, Leben u. Ansichten des Malers H. P., 1962; H. P. Ausst.kat. Villa Stuck München, 1976. Angela Heilmann u. a., H. P. Das druckgraph. Werk (Ges.-Verz.), 1981; H. P., hg. v. Mus. Langenargen, 1981.

Putten (ital. putti „Kinder", „Knaben"; Einzahl putto), nackte kleine Knaben mit oder ohne Flügel, eine liebenswürdige Erfindung der ital. Frührenaissance, zu verstehen als Umformung der got. Kinderengel nach dem Vorbild der antiken →Eroten. Auch die Kinderengel der dt. Kunst nehmen im 16. Jh. gern die Gestalt von P. an. Die P. werden öfters fälschlich als Amoretten bezeichnet, ein Name, der aber nur von den geflügelten Kindergestalten in rein weltlicher Bedeutung zu gelten hat, wie sie bes. im Rokoko beliebt waren.

S. Weber, Die Entwicklung des Putto in der Plastik der Frührenaissance, 1898; E. W. Bredt, Amoretten u. Putti, o. J.; W. Messerer, Kinder ohne Alter, Kinder i. d. Kst. d. Barockzeit, 1962.

Putzritzung →Ritzzeichnung.

Puvis de Chavannes, Pierre Cécile, franz. Maler, * 14. 12. 1824 Lyon, † 24. 10. 1898 Paris, einer der Hauptmeister der franz. Monumentalmalerei, stand anfangs unter dem Eindruck des Chassériau, steigerte sich dann in einen immer stärkeren Gegensatz zur barocken Weise der dekorativen Malerei seiner Zeit hinein. In seinen weiträumigen Kompositionen von gedämpfter, kühler Farbgebung gestaltete er eine ideale Welt, in der sich schöne Menschen von edler Haltung gelassen bewegen. Hierbei nähert er sich dem → Symbolismus. In den späteren Werken gerät sein Stil in der Übertreibung seines Prinzips in eine gewisse Nüchternheit und Trockenheit hinein. Technisch sind P.'s Wandgemälde keine Fresken, sondern im Atelier entstandene und nachträglich auf der Wand befestigte Ölbilder. Hauptwerke im Museum in Marseille (1869), im Museum in Lyon sowie im Rathaus, der Sorbonne und dem Pantheon in Paris.

M. Vachon, P. de Ch., 1895; R. Jean, P. de Ch., 1914; L. Werth, P. de Ch., 1926; C. Mauclair, P. de Ch., 1928; Déclairieux, P. de Ch. et ses œuvres, 1928; H. P. de Ch., (Ausst.kat. Musée Galliera Paris) 1952; Louise d'Argencourt u. a., P. d. Ch., Ausst.kat. Grand Palais Paris, Nat.gal. Ottawa, 1977 (frz./engl.).

Pygmalion, König von Cypern, verliebte sich in eine von ihm selbst gemeißelte Mädchenstatue, die auf seine Bitten von Aphrodite zum Leben erweckt wurde. Von der Malerei des Barocks öfters dargestellt.

Pylon, 1. trapezförmiger turmartiger Torbau der →Ägyptischen Kunst. Der besterhaltene ist der vom Horus-Tempel in Edfu (um 300 v. Chr.). – 2. Pfeiler oder Masten (auch Pfeilertürme), an denen das Tragwerk einer Brücke oder eines Gebäudes aufgehängt wird (Olympiabauten in München).

Pyramide →Ägyptische Kunst, →Cestiuspyramide, →Cheopspyramide.

Pyramidendach →Dachformen.

Pyxis (griech. „Behälter aus Buchsbaumholz"), zylindrischer Behälter mit Deckel, meist aus Elfenbein zur Aufbewahrung der Hostie (Hostienbüchse). Die frühmittelalterl. Pyxiden waren oft mit Reliefschnitzereien reich versehen. Eine Sondergruppe bilden die im Mittelalter in Limoges hergestellten aus emailliertem Kupfer. →Ciborium.

Quader →Baustein.

Quadratischer Schematismus →Gebundenes System.

Quadratnetz →Quadrierung.

Quadratur, in der Baukunst die Verwendung eines Quadrats zur Festlegung bestimmter, konstruktiv wichtiger Punkte. Ein Hauptfall von Q. ist das →gebundene System der roman. Baukunst.

Maria Velte, Die Anwendung der Q. u. Triangulatur bei d. Grundriß- u. Aufrißbildung d. got. Kirchen, 1951 (Basler Stud. z. Kunstgesch. 8). – Weitere Lit. →Triangulation.

Quadraturmalerei, perspektivische Architekturmalerei, die einen Innenraum (Wand oder Decke) illusionistisch erweitert. Figuren können dabei in einem inhaltlichen Zusammenhange untereinander stehen oder auch nur der Belebung und als Maßstab der Größenverhältnisse dienen. Abgesehen von verwandten Äußerungen der röm. Antike (Pompeji) gehen die Anfänge der Q. auf →Mantegna zurück, und Italien ist auch ihr Kernland geblieben, von dem aus sie sich nach dem N verbreitete. Da sie genaue Kenntnis der architektonischen Formen voraussetzte und auch an deren Entwicklung teilnahm, galt sie in Italien als Disziplin der Architektur und wurde vielfach von Architekten ausgeübt. Ihr Aufschwung beginnt mit →Peruzzi; ein erster Höhepunkt wurde mit der Ausmalung der Sala Clementina des Vatikans in Rom durch Giovanni Alberti erreicht (um 1595). Im 17. Jh. ragt Agostino Tassi hervor. In Deutschland ist die eigentliche Zeit der Q. das 18. Jh. (→Troger). →Bühnenbild, →Deckenmalerei. Nicht gleichzusetzen ist die Qu. der →Lüftlmalerei.

H. Posse, Das Deckenfresko des Pietro da Cortona im Palazzo Barberini etc., 1919 (Jahrb. d. Preuß. Kunstsammlungen, Bd. 40).

Quadrierung, 1. das Überziehen einer als Entwurf gedachten Zeichnung mit einem Quadratnetz zum Zwecke einer in den Verhältnissen richtigen Übertragung auf eine Wandfläche, die eine entsprechend große Q. erhält. Auf diese Weise lassen sich einzelne Punkte der Zeichnung im gleichen Verhältnis zueinander auf der Wandfläche genau festlegen; 2. die durch Ziehen von Scheinfugen im Putz einer Wand erzeugte Nachahmung von Quadersteinen.

Quadriga (lat.) Viergespann, der mit vier nebeneinander laufenden Pferden bespannte, stehend gelenkte, zweirädrige Streitwagen des homerischen Zeitalters; später, vor allem in Rom, nur noch bei Wagenrennen und in Triumphzügen verwendet. Als dekorative Bekrönung von Bauwerken kommt die Q. zuerst auf dem →Mausoleion in Halikarnaß vor, später als Bekrönung von →Triumphbögen. Das bekannteste Beispiel in Deutschland ist die bronzene Q. auf dem Brandenburger Tor in Berlin von G. Schadow. Die Pferde von S. Marco/

Venedig gehören ebenfalls in den Zusammenhang einer Qu.

G. Hafner, Viergespanne in Vorderansicht, 1938 (Neue dt. Forschungen, Abt. Archäologie, Bd. 2).

Quaglio, Maler- und Baumeisterfamilie des 18. u. 19. Jhdts. aus Laino (Comer See), später in München und Süddeutschland tätig. 1. Lorenzo, * 25. 5. 1730 Laino, † 7. 5. 1804 München, erbaute das Mannheimer Theater, das Rathaus in Lauingen/Do. und schuf Theaterdekorationen. 2. Domenico, * 1. 1. 1787 München, † 9. 4. 1837 Hohenschwangau, Architekturmaler, Radierer, Lithograph (Gebäude Münchens, 1813; Denkwürdige Gebäude des MAs in Deutschland, 1820), leitete den Ausbau des Schlosses Hohenschwangau. – Die Brüder Michel Angelo, Simon und Lorenz malten Theaterdekorationen, Landschaften und Architekturdarstellungen von Rang. 3. Angelo, * 13. 12. 1828 München, † 5. 1. 1890 das., entwarf u. a. die Bühnenbilder zu Uraufführungen von Werken Richard Wagners.

E. Hora, Die Künstlerfamilie Qu., 1932; Brigitte Trost, Domenico Qu., Diss. München 1969.

Quattrocento (ital. „400", Abk. für 1400), in der ital. Kunst Bezeichnung für das 15. Jh., jedoch zugleich Stilbegriff. Als solcher bedeutet er die Kunst der Frührenaissance, etwa seit 1420. Ihre Meister heißen auch Quattrocentisten.

Queensware →Wedgwood.

Quellinus, Artus, d. Ä., niederländ. Bildhauer, getauft 30. 8. 1609 Antwerpen, † 23. 8. 1668 das., bedeutender Meister des fläm. Barocks, schuf zahlreiche Marmorbildwerke voll sinnlichen und bewegten Lebens, die sich in den Kirchen und Sammlungen Antwerpens befinden. Sein Ruhm trug ihm den großen Auftrag ein, das neuerbaute Amsterdamer Rathaus mit dekorativen Bildwerken zu schmücken (allegorischen Giebelfiguren, Karyatiden, Reliefs). Auch als Bildnisplastiker hat sich Q. bewährt. Sein minder kraftvoller Neffe und Schüler Artus Q. d. J. (1625–1700) war ebenfalls an der bildnerischen Ausstattung des Amsterdamer Rathauses beteiligt und hat auch sonst mit seinem Onkel zusammengearbeitet. Seine überaus fruchtbare Tätigkeit hat außer in Antwerpen auch in Gent, Mecheln und Brügge ihre Spuren hinterlassen.

Juliane Gabriels, A. Quellien de oude, 1930; K. Fremantle, The baroque townhall of Amsterdam, 1959; E. Hubala, Die Kunst d. 17. Jhs. (Propylaenkunstgesch., 9) 1970.

Quercia, Jacopo della, ital. Bildhauer, * wahrscheinlich 1374 in oder bei Siena, † 20. 10. 1438 das., der größte Bildhauer, den diese Stadt hervorgebracht hat. Sein Werk zeigt eine gewisse Beschränkung insofern, als er (mit einer Ausnahme) nur in Stein gearbeitet und auch das Problem der Statue nicht aufgegriffen hat. Von seinen Hauptwerken ist das früheste das Grabmal mit der Liegefigur der Ilaria del Carretto (1406; Lucca, Dom), innig und zart und von edelfeiner Durchbildung aller Einzelheiten. 1409–19 arbeitete Q. am Hauptwerk seiner Reifezeit, den Hochreliefs für die Fonte gaia in Siena: Madonna und weibliche allegorische Gestalten, dazu biblische Reliefs (die stark beschädigten Originale heute in der Loggia an der Rückseite des Palazzo pubblico). Er erreicht hier eine monumentale Feierlichkeit des Stils und Größe der Form, die in den Reliefs, bes. den Genesisreliefs des Hauptportals von S. Petronio in Bologna (1425–38), noch eine weitere Steigerung und Abkürzung erfuhr. Man darf bereits an Michelangelo denken, und es ist zu begreifen, daß dieser sich zu Q. so hingezogen gefühlt hat.

C. Cornelius, J. della Q., 1896; J. B. Supino, J. della Q., 1926; J. Lányi, Q.-Studien, 1930 (Jahrb. f. Kunstwissensch.); L. Biagi, J. della Q., 1946 (mit Bibliographie); J. Pope-Hennessy, Italian gothic sculpture, 1955 (mit Bibliographie); O. Morisani, Tutta la scultura di J. d. Q., 1962; Anne C. Hanson, J. d. Qu.s Fonte Gaia, 1965 (engl.); G. Previtali, C. Brandi u. a., J. d. Q. nell'arte del suo tempo, Ausst.kat. Pal. Publ. Siena, 1975.

Quergurt, der in der Querrichtung einer Basilika zwischen zwei Stützen geschlagene →Gurtbogen eines Gewölbes.

Querschiff, Querhaus →Basilika.

Quodlibet („Was beliebt"), ein aus den verschiedensten Elementen zusammengesetztes Stilleben, wobei es darauf ankommt, mit Zeichnung und Malerei Drucktechnisches nachzuahmen als eine Spezialform des →Trompe-l'oeil. Mitunter wird die Täuschung dadurch gesteigert, daß das Stilleben wie durch ein halbgeöffnetes Fenster erblickt wird. Bildträger sind Textilien, Papier, Holz und Porzellan. Das Qu. diente als Ofenschirm oder zur Verzierung von Tischplatten, in letzterem Fall gern mit täuschend nachgeahmten Landkarten, Spielkarten oder Zeitungsblättern. – Hauptmeister des Qu.s waren der um 1670 in Kopenhagen tätige C. N. Gijsbrechts, ferner der um 1700 tätige E. Collier. Besonderer Beliebtheit erfreute es sich in der Biedermeierzeit.

E. v. Philippovich, Qu.s – eine Abart des Stillebens, 1966 (Alte u. moderne Kunst, Jahrg. 11, H. 89).

Rab(b)ula-Evangeliar, eine im mesopotamischen Kloster Zagba von dem Mönch Rab(b)ula in syrischer Sprache 586 geschriebene Evangelienhandschrift (Florenz, Bibliothek von S. Lorenzo; daher auch „Codex Laurentianus"), die einzige altchristl. Handschrift, die Zeit und Ort ihrer Entstehung angibt. In ihr treten zum ersten Mal die den Evangelien vorangestellten →Kanontafeln auf, auch enthalten ihre Miniaturen die erste Darstellung der Kreuzigung, die diese als Vorgang gibt, und das älteste Beispiel eines bekleideten Kruzifixus.

Evangeliarii Syriaci, vulgo Rabbulae, hg. v. C. Cecchelli u. a., 1959; The Rabbula Gospels (illustr. Ausg.), 1960; P. Maser, Das Kreuzigungsbild des R.-Codex (in: Byzantinoslavica, XXXV, I), 1973.

Radfenster →Fenster.

Radierung →Kupferstich.

Raffael, eigentlich Raffaello Santi, ital. Maler, * 28. 3. oder wahrscheinlicher 6. 4. 1483 Urbino, † 6. 4. 1520 Rom, kam wohl 1500 nach Perugia in die Werkstatt Peruginos und ging 1504 nach Florenz, wo er die älteren und zeitgenössischen Meister systematisch studierte. 1508 übersiedelte er nach Rom und wurde 1514 (nach dem Tode Bramantes) zum Bauleiter der Peterskirche ernannt. Er genoß die Ehre, im Pantheon i. Rom beigesetzt zu werden. – R. gilt als derjenige Meister, der das Wesen der Malerei der Hochrenaissance am reinsten, vollkommensten und umfassendsten ausgedrückt hat. Die Reihe seiner datierten Werke beginnt 1500. In immer zunehmendem Maße gibt sich R. dem Lyrismus →Peruginos hin, seiner Art Figuren und Landschaft zu bilden und zusammenzustimmen. Gegen Ende des Aufenthalts in Perugia aber tritt Eigenes merklicher hervor. R. erscheint großzügiger, innerlicher, lebendiger. Sein „Sposalizio" (1504; Mailand, Brera), das in Aufbau und Einzelheiten von Peruginos Werk gleichen Themas ausgeht, zeigt dies deutlich. In Florenz verliert R.s Kunst ihre umbrische Note, sie wird italienisch an sich. Zahlreiche Madonnen entstehen, Bildnisse, auch mehrfigurige Andachtsbilder und „heilige Familien". Leonardo, Fra Bartolommeo und Michelangelo wirken auf ihn ein. Hauptwerke dieser Zeit sind u.a. Madonna aus dem Hause Tempi (um 1505; München, Ältere Pinakothek), Die Madonna mit dem Stieglitz (Florenz, Uff.), La belle jardinière (1507; Paris, Louvre). In Rom erreichte R.s Kunst ihre letzte Reife und Abklärung; doch lösen sich ihre Grenzen oft in einem immer ausgedehnteren Werkstattbetrieb auf, zumal R. durch sein Baumeisteramt zusätzlich in Anspruch genommen war. Jetzt gewann das Fresko neben dem Tafelbild außerordentliche Bedeutung. R. hatte im Auftrag Papst Julius II. drei Räume (Stanzen) des Vatikans mit Wand- und Deckengemälden auszustatten, die einen hohen geschichtl.-religiös-symbolischen Gedankenkreis anschaulich machen sollten. Die Hauptgemälde sind: in der Stanza della Segnatura (1509–11) „Disputa" und „Schule von Athen", in der Stanza d'Eliodoro (1511–14) „die Vertreibung Heliodors". In diesem Werk ist der Umbruch zu einer neuen Bildform eingetreten, die auf den Barock vorausdeutet und vor allem die Wirkung R.s auf die Folgezeit bestimmt hat. Die Ausmalung der Sala del' Incendio (1514–17) wurde von R. wohl entworfen, aber von Schülern ausgeführt. Das gleiche gilt von den Loggien des Vatikans. Ein heiter-weltliches, antikem Geist anempfundenes Fresko ist der Triumph der Galathea in der Villa Farnesina (1514), und ebenda befinden sich auch die von R. entworfenen, von anderen ausgeführten Darstellungen aus der Geschichte von Amor und Psyche (1516/17). 1516 waren auch die Kartons für die 10 Bildteppiche aus der Apostelgeschichte fertig, die die Sixtinische Kapelle schmücken sollten und in Brüssel gewirkt wurden. Von Tafelbildern der röm. Zeit R.s sind vor allem zu nennen: Madonna della Sedia (Florenz, Pal. Pitti), Sixtinische Madonna (um 1512/13; Dresden, Gal.), Die Verklärung Christi (um 1517, Vatikan. Slgn., neuerdings in der ursprüngl. Farbgebung), und die grandiosen Bildnisse von Papst Julius II. 1511/12; Florenz, Uff.) und Leo X. mit zwei Kardinälen (1517–19; Palazzo Pitti). Zeichnungen hg. von O. Fischel, Bd. 1–7, 1913–28, Bd. 8 hg. von W. Kurth, 1941. – Wie wir uns R. als Baumeister vorzustellen haben, ist umstritten; wahrscheinlich hat er nur Skizzen und Entwürfe gegeben (Villa Farnesina in Rom und Villa Madama b. Rom).

R., Des Meisters Gemälde, mit Einleitung von A. Rosenberg, [6]1922 (Klassiker der Kunst); C. Ricci, Raffaello, [2]1926; H. Grimm, Das Leben R.s, [6]1927; Th. Hetzer, Gedanken um R.s Form, [2]1957; O. Fischel, R., 1948 (engl.) 1962 (dt.); A. Venturi, Raffaello, 1952; W. Schöne, R., 1958; W. Kelber, R. von Urbino, 2 Bde., 1963/64. – Th. Hofmann, R. als Architekt, 4 Bde., 1900–1914 (großer Teil der Zuschreibungen nicht haltbar); L. Dussler, R. Krit. Verz. d. Gemälde, Wandbilder u. Bildteppiche, 1967; M. Salmi u. a., Raffaello, 2 Bde., 1968 (ital.); J. Pope-Hennessy, R. 1970: (engl.); S. Say, R.architetto, 1974; F. Antal (dt. v. Karin Stempel), R. zwischen Klassizismus u. Manierismus (eine sozialgeschichtl. Einf. i. d. mittelitalien. Malerei d. 16. u. 17. Jhs.), 1980.

Rahmen (Bilderrahmen). Er hat die Aufgabe, das Bild nach innen zusammenzuschließen und nach außen abzuschließen. Am wirksamsten geschieht das, wenn er im Unterschied zur Bildebene Dreidimensionalität besitzt, und daher gehört diese zu seinem bestimmenden Merkmal. Die Umrahmung eines Bildes (oder Musters), die in dessen Ebene bleibt und ihm daher auch stets werkstoffgleich ist, heißt Borte, Bordüre (bei Textilien, Mosaiken, Glasgemälden), Randleiste (bei Wandgemälden, Buchillustrationen, graphischen Blättern, die im übrigen im Barock ihre Randleisten gern wirklichen Bilderrahmen nachgebildet haben). Unter R. wird also im allgemeinen die hölzerne Umrahmung eines Tafel- oder Staffeleibildes verstanden. Seine Entwicklung beginnt daher erst mit diesem, d.h. im späteren Mittelalter. Bei Altarbildern der Spätgotik und Frührenaissance ist er gern als architektonischer Aufbau gestaltet, zu dem die Bildarchitektur in Beziehung gesetzt ist. Der nicht-architektonische, aus vier einfachen Leisten zusammengesetzte R. kam erst nach der Mitte des 15. Jh. auf und wurde seit der Renaissance allgemein üblich, mannigfach profiliert und farbig gehalten. Er ist nach innen zu abgeschrägt, um bereits die Tiefenvorstellung anzuregen, die im Bild ihre Fortsetzung finden soll. Im Barock überwog das Gold als Rahmenfarbe (→Vergoldung) wegen seiner Neutralität gegenüber den Farben im Bilde und aus Prachtbedürfnis. Der R. erhielt geschweiften Umriß und üppige Verzierungen von starkem Relief aus vollem Blatt-, Frucht- und Muschelwerk, die später nicht mehr geschnitzt, sondern durch Auflage plastischer Formen hervorgebracht wurden. In Holland und Norddeutschland herrschten jedoch dunkle, aus einfachen Kehlungen und Leisten zusammengesetzte R. vor. Der Klassizismus hatte naturgemäß strengere R.formen. In der 2. Hälfte des 19. Jh. kehrte man wieder zum Goldrahmen barocker Prägung zurück. Aus gelockertem Stilgefühl heraus hat man in dieser Zeit zuweilen versucht, dem R. durch Bemalen einen künstlerischen Eigenwert zu geben, der dem des Bildes ähnlich ist. Dadurch wird die eigentliche Aufgabe des R. unmöglich gemacht, da seine Wirklichkeit eine andere sein muß als die des Bildes. In neuerer Zeit ist viel mit R. experimentiert worden. Heute herrschen im allgemeinen strengere Formen vor, ohne Ornament, vergoldet oder poliert.

J. von Falke, R., 1882; E. Bock, Florentinische und venetianische Bilderrahmen aus der Zeit der Spätgotik und Renaissance, 1902; E. Everth, Der Bilderrahmen als ästhetischer Ausdruck von Schutzfunktionen, Diss. Leipzig, 1909; W. Ehlich, Bild u. R. im Altertum, 1954; J. Schmidt, Der got. Bildr. in Deutschland u. d. Niederlanden, Diss. Freiburg i. B., 1954; A. Stange u. L. Cremer, Alte Bilderr., 1958; ders., Gedanken üb. frühdtsche. Tafelbildrahmungen spätantiker Prägung (Altertum 18, 3) 1972; C. Grimm, Alte Bilderrahmen. Epochen – Typen – Material, 1978; W. Ehlich, Bilderrahmen. Von d. Antike bis z. Romantik, 1979.

Rahmennetz →Netzrahmen.

Raimondi, Marcantonio (Markanton), ital. Kupferstecher, * um 1475 Bologna, † spätestens 1534, geriet, als Dürer 1505 nach Italien kam, unter dessen unmittelbare Einwirkung. Abgesehen von zahlreichen Motiventlehnungen aus Dürerstichen hat er 74 Dürerblätter kopiert, wobei ihn sowohl deren technische Vollkommenheit wie Inhalt und Komposition reizten, denn er hat auch Holzschnitte Dürers in Stichtechnik wiedergegeben, darunter das Marienleben und die kleine Holzschnittpassion. Seit 1510 wurde er in Rom der Stecher Raffaelscher Kompositionen, und da er mehr nach dessen Skizzen und Entwürfen arbeitete, hat er viel überliefert, wovon wir sonst keine Kenntnis besitzen würden. R. hat in Rom einen umfangreichen Werkstattbetrieb unterhalten und eine zahlreiche Schulnachfolge gehabt. Sein Einfluß hat sich auch auf Deutschland, die Niederlande und Frankreich erstreckt.

H. Delaborde, M. R., 1887; Hirt, Marcanton und sein Stil, 1898; A. Oberheide, Der Einfluß M. R.s auf die nord. Kunst des 16. Jh., Diss. Hamburg, 1933; M. R. incisioni, hg. v. A. de Witt, 1968 (ital.).

Randhausburg →Burg.

Raphael →Erzengel.

Rapport, die Wiederkehr der Einheiten eines Musters; derjenige Ausschnitt aus einer gemusterten Fläche, durch dessen regelmäßige Wiederholung eben jene Musterung entsteht. Die Größe des einzelnen Rapports entspricht im allgemeinen der Größe der gemusterten Fläche. Er selbst kann einfach, aber auch sehr mannigfaltig sein, selbst ein Muster im kleinen bilden, z.B. eine eigene Symmetrieachse haben. Bleibt eine gemusterte Fläche nicht in sich beschlossen, werden ihre an den Rändern liegenden R.e von jenen überschnitten, etwa halbiert, so daß der Beschauer sie sich zu ergänzen hat und die gemusterte Fläche selbst wie ein zufällig begrenzter Ausschnitt aus einem unendlichen Muster erscheint, so spricht man von unendlichem Rapport. Dieser ist wohl orientalischen Ursprungs, findet sich in der spätantiken Kunst, auf orientalischen Teppichen usw.

Rastrelli, Bartolomeo, Graf, russ. Baumeister, * um 1700 Paris, † 1771 Petersburg, Sohn des 1715 von Peter d. Gr. aus Paris nach Rußland berufenen französisierten Baumeisters und Bildhauers Carlo Bartolomeo R. (Hauptwerk: Reiterstandbild Peters d. Gr. in Leningrad 1743). – R., bedeutendster russ. Baumeister seiner Zeit, hat eine überaus große Zahl von Kirchen und Palästen eines kraftvollen, dem russ. Charakter angepaßten Barockstils geschaffen: Andreaskirche in Kiew (1744–67), Schloß Peterhof b. Leningrad (1746–55); in Leningrad: Palais Anitschkow (seit 1744) und Stroganow (1751 bis 1754), Smolnykloster (1744–57), Winterpalast (1754–62).

Gesch. d. russ. Kst., hg. v. d. Akad. d. Wissenschftn. d. UdSSR, 5, dt. 1970.

Ratgeb, Jerg, Maler, * um 1480 Schwäbisch-Gmünd, † 1526 Pforzheim (als führender Mann im Bauernkrieg gevierteilt), nachweisbar in Stuttgart, Heilbronn, Frankfurt a. M. Hauptwerke: Barbaraaltar von 1510 in der Stadtkirche zu Schwaigern. Wandgemälde mit typologischem Zyklus im Kreuzgang des Karmeliterklosters in Frankfurt 1514–17 (z. T. zerstört oder schlecht erhalten, vieles davon in Nachzeichnungen, ursprünglich eines der umfangreichsten Beispiele seiner Zeit), Herrenberger Altar 1518/19 (Stuttgart, Staatsgal.) ein Werk von den gleichen Ausmaßen und ähnlicher Thematik wie der →Isenheimer Altar Grünewalds. Beziehungen zu diesem sind augenscheinlich, auch muß R. eine gute Kenntnis der ital. Renaissance gehabt haben (Baukunst, Carpaccio); doch hat er sein spätgot. Fundament nie verlassen. Naturwahre Detailbehandlung und Drastik des Vorgangs mischt sich mit wirrer Phantastik, erfüllt von Erregung und Spannung. R. muß zu den bedeutendsten Malern seiner Zeit gerechnet werden; seine Anfänge liegen in der Nähe der Kunst des →Hausbuchmeisters.

O. Donner v. Richter, J. R., 1892; A. Stange, J. R., 1924 (Festschr. f. H.

Wölfflin); W. Fraenger, J. R., 1972; H. Spielmann, J. R.s Interpretation d. platonischen Proportionslehre im Herrenberger Altar (Festschr. H. Wentzel), 1975.

Rationale, bischöfl. Gewandstück, das aus zwei über Brust und Rükken herabfallenden und nur über den Schultern miteinander verbundenen Teilen besteht. Das R. ist eine Abwandlung d. →Palliums, im Unterschied zu diesem aber durch Edelsteine und Perlstickerei reich geschmückt; es wurde gleichfalls vom Papst verliehen.

Rauch, Christian Daniel, Bildhauer, * 2. 1. 1777 Arolsen, † 3. 12. 1857 Dresden, wurde 1802 Schüler von Gottfried Schadow in Berlin, bildete sich 1804–11 in Rom weiter, lebte dann in Berlin. R. hat das Erbe Schadows als Hauptmeister der Berliner Bildhauerkunst angetreten und eine starke Schultradition begründet. Sein beseelter Klassizismus hat ihm zu seiner Zeit hohen Ruhm verschafft, der in neuerer Zeit wieder etwas verblaßte. Seine Berliner Tätigkeit hebt mit einem Meisterwerk an, dem Marmorgrabmal der Königin Luise (1811–15; Charlottenburg, Mausoleum). Danach folgen viele Marmorbüsten und Standbilder in Marmor und Bronze, auch weitere Grabmäler. Am Schluß seines Schaffens steht als Hauptwerk das Denkmal Friedrichs des Großen. Unter den Linden in Berlin (1839–51), in dem der noch im 18. Jh. geborene Gedanke eines Nationaldenkmals Friedrichs d. Gr. endlich seine Erfüllung fand, allerdings unter Minderung der Größe der ursprünglichen Planungen. – Briefwechsel mit seinem Meisterschüler Ernst Rietschel, 2 Bde., 1890/91.

Fr. und K. Eggers, Ch. D. R., 5 Bde., 1873–91; H. Mackowsky, Ch. D. R., 1916; C. D. R., Ausst. Kat. Nationalgal. Berlin, 1957; G. Reinheckel (i. Bildende Kunst) 1960; H. Börsch-Supan, Die Werke C. D. R.s im Schloßbezirk v. Charlottenburg (Aus Berlin. Schlössern 3), 1977.

Rauchmiller, Rauchmüller, Matthias, Bildhauer und Elfenbeinschnitzer, * 1645 Radolfzell, † 15. 2. 1686 Wien, schuf, berührt von fläm. Vorbildern, bedeutende Grabmäler, so vor allem das Marmorgrabmal des Bischofs Karl v. Metternich (um 1675; Trier, Liebfrauenkirche), weitere in Liegnitz und Breslau. Unter seinen seltenen Elfenbeinwerken, die zu den vorzüglichsten des damaligen Europa gehören, ist das Hauptstück ein Humpen mit bacchischen Szenen von überquellendem Formenreichtum (1676; Gal. Liechtenstein).

E. W. Braun-Troppau, M. R., 1942 (Oberrhein. Kunst, 10); H. Tintelnot (Wiener Jb. f. Kstgesch., 10) 1957; Ch. Theuerkauff, Studien z. Elfenbeinplastik d. Barock, Diss. Freiburg i. Br. 1964; V. Birke, Studien zu M. R., Diss. Univ. Wien, 1974.

Raumkunst, Innenraumkunst, Innenausstattung, Innendekoration, – die künstlerische Ausstattung des Innenraumes, an der fast alle Zweige des Kunstgewerbes, aber auch Bildnerei und Malerei beteiligt sein können. Die Bezeichnung R. bezieht sich in der Regel nur auf weltl. Bauten. R. oder „Innenarchitektur“ wird als Begriff seit den Reformbewegungen in Baukunst und Kunstgewerbe zu Beginn des 20. Jhs. angewendet, wobei sie als Gesamtheit unter Einbeziehung von Wand, Decke, Fußboden, Beleuchtung, Mobiliar und Ausstattung verstanden wird, der ein Künstlerentwurf oder ein Gestaltungskonzept zugrundeliegt. So wurde Innenarchitektur/Raumkunst zur selbständigen Kunstdisziplin; ihr Vertreter der „Innenarchitekt.“ Besondere Bedeutung erhält dabei die Oberflächengestaltung durch die jeweiligen Materialien (Holz, Stuck, Tapeten, Beläge) und Farben. – Diese Trennung Baukunst–Raumkunst suchten die Vertreter des →Bauhauses wieder aufzuheben. In neuerer Zeit wird die R. im Hinblick auf Wohn- u. Repräsentationsräume in starkem Maße vom →Design geprägt.

Innenarchitektur, Ztschr. s. 1953; Die Innendekoration s. 1890; Architektur u. Wohnform, s. 1946; Leonie v. Wilckens, Dtsche. Raumkunst seit sieben Jhdtn., 1959; weitere Lit. →Möbel; H. Börsch-Supan, Marmorsaal u. Blaues Zimmer. Innenansichten preuß. Schlösser u. Palais in Aquarellen d. 19. Jhs., 1976; M. Praz, Die Inneneinrichtg. v. d. Antike bis z. Jugendstil, 1965; G. Savage, R., 1973; S. Hinz, Innenraum u. Möbel, ²1977.

Rauschenberg, Robert, amerikan. Maler, * 22. 10. 1925 Port Arthur (Texas), studierte in Kansas und New York, gilt in Verbindung mit →Pop-Art zu den anregendsten Künstlern der modernen Kunstszene. Er schuf Bühnenausstattungen, Zeichnungen und Illustrationen (Dantes „Inferno"), Lithographien, Siebdrucke („Currents") und Malerei mit Objekten (Stoff oder Material des Alltags „Kulturschutt"), darin A. →Warhol verwandt. R. nennt diese Kunstform „Combine-Paintings"; vorausgegangen waren Perioden der „White Paintings", „Black Paintings" und „Red Paintings". Seine Werke sind nicht denkbar ohne Einflüsse von K. →Schwitters und der →Dada-Bewegung. Es erscheint allerdings fraglich, ob die mögliche Provokation durch seine Werke wirklich ernsthaft ist, trotz aller Spontaneität der Erscheinung. Mit Siebdruck und „Durchschreiben" werden Reproduktionen und Fotos übertragen und „spontan" (action painting) als Malerei gestaltet.

Ausst.kat. R. R., Stedelijk Mus. Amsterdam, 1968; Berlin, Düsseldorf, Frankfurt/M., München, Lenbachhaus 1980/81.

Rayski, Ferdinand von, Maler, * 23. 10. 1806 Pegau, † 23. 10. 1890 Dresden, lebte das. seit 1839. Die nächsten beiden Jahrzehnte sind seine besten Schaffensjahre, in denen die Bildnisse hervorragen. In ihnen zeigt sich R. frei von biedermeierlicher Enge. Mit einer glänzenden und flüssigen und das Stoffliche vorzüglich charakterisierenden Technik hat er z.B. in den Bildnissen des Grafen Zech (1841; Dresden, Gal.) und des Domherrn von Schroeter (1843; verbrannt) den Typ des eleganten Gesellschaftsmenschen dargestellt. Daneben gibt es Landschaften und erstaunlich flotte, fast impressionistisch hingestrichene Tierstücke.

E. Sigismund, F. v. R., ²1922; O. Grautoff, F. v. R., 1923; M. Goeritz, F. v. R. und die Kunst des 19. Jh., 1942; M. Walter, F. v. R., 1943 (mit Werkverz.); H. Menz, F. v. R., 1954; F. v. R., Ausstl.Kat. Dresden 1957.

Ready-mades, Readymades (engl. ready-made article „Fertigware") von M. →Duchamp eingeführte Bezeichnung für seine dem →Dada zuzurechnende Methode, banale Haushaltsgegenstände u. Industrieerzeugnisse dadurch zu „Kunstwerken" zu machen, daß er sie vom ursprünglichen Gebrauchszweck löst und durch die Art der Aufstellung (etwa auf einem Sokkel) und einen neuen „Titel" dem ganzen einen neuen Sinn gibt (z.B. „Flaschentrockner" 1915; „Fahrrad-Rad" 1913). Primär ist also das Auswählen der hauptsächliche künstlerische Akt, sekundär die Ironie oder das Paradoxe der „neuen" Situation.

R.-m.s haben der →Pop-Art entscheidende Anregungen vermittelt.

W. Hofmann, Von der Nachahmung zur Erfindung der Wirklichkeit, 1970; W. R. Wendt, R.-m., Das Problem und der philosophische Begriff des ästhetischen Verhaltens dargestellt an M. Duchamp, 1970; Ausst.kat. Dada, München, 1973.

Realismus (in der bildenden Kunst), diejenige Gestaltungsweise, die die optische Erscheinung der Wirklichkeit (eines Gegenstandes, eines Beieinanders von Dingen im Raum, eines Vorgangs aus dem Leben) so wiedergibt, daß die Hauptmerkmale jener Wirklichkeit (Proportionen, plastische und farbige Werte, Distanzen, Lichtverhältnisse usw.) erhalten bleiben. Diese Wiedergabe steht zugleich im Dienste einer Deutung der Wirklichkeit und einer schöpferischen Auseinandersetzung mit ihr. Fehlt diese in einem tieferen Sinn, herrscht das Bestreben vor, dem Naturvorbild so nahe wie möglich zu bleiben und allen seinen Einzelheiten im Kunstwerk den gleichen Rang einzuräumen, so spricht man von Naturalismus. Eine genaue gegenseitige Abgrenzung der beiden Begriffe ist jedoch nicht immer möglich. Im Gegensatz zu Realismus und Naturalismus steht der Idealismus, d.h. die Gestaltung nach einem Ideal, die Steigerung und Verklärung der Wirklichkeit unter Zurückdrängung „realistischer" Züge. Im wirklichen Leben der Kunst wird man realistische (naturalistische) und idealistische Züge häufig nebeneinander finden, die einander ergänzen, zuweilen auch stören. In der Geschichte der Kunst hat es Zeiten und Kunstkreise mit überwiegend realistischer, andere mit überwiegend idealistischer Gestaltungsweise gegeben. →Sozialistischer Realismus.

S. Wichmann, R. u. Impressionismus i. Dtschld., 1964; K. Lankheit, Revolution u. Restauration, 1965; U. Kultermann, Radikaler R., 1971; Forum. Stichwort: Realismus, 1973; P. Sager, Neue Formen des R. (Kunst zw. Illusion u. Wirklichkeit; Dokumente z. Kst. d. 20. Jhs.), 1974; W. Hartmann, H. Goettl, Realist. Kunst d. 20er Jahre in Karlsruhe, Ausst.kat., 1980; W. Nerdinger, Zur Entsteh. d. R.begriffs in Frankreich (in: Städel-Jb., Neue Folge), 1975.

Redon, Odilon, franz. Maler und Graphiker, * 20. 4. 1840 Bordeaux, † 6. 7. 1916 Paris, begann, von Doré angeregt, mit Radierungen romantisch-literarischen Inhalts, ging dann zur Lithographie über und bediente sich bald auch des Pastells. Als Maler gestaltete er wie Moreau eine Welt von Visionen, Ahnungen, Träumen, auch religiös-symbolistische Inhalte, so daß seine Kunst als Parallelerscheinung zu der symbolist. Richtung der franz. Literatur seiner Zeit angesehen werden kann (Mallarmé). Seine Palette weist neue, überraschende, dem visionären Inhalt seiner Bilder gemäße Farbzusammenstellungen auf.

A. Mellerio, O. R., 1913, 1924 (Katalog d. graph. Werkes mit Bibliographie); Ders., O. R., 1923; M. u. A. Leblond, O. R., 1941; C. Roger-Marx, O. R., 1950; Roseline Bacon, O. R., 2 Bde., 1956 (franz.); K. Berger, O. R., Phantasie u. Farbe, 1964; Ausst.kat. O. R., Kölner Museen, 1973; R. Hobbs, O. R., 1977 (engl.); C. Keay, O. R., 1977 (engl.); J. Selz, O. R., 1977.

Refektorium →Kloster.

Regenbogenschüsselchen, volkstümliche Bezeichnung für die flachgewölbten keltischen Goldmünzen der jüngeren →Eisenzeit; →Keltische Kunst.

Régence, Stilrichtung der franz. Kunst zur Zeit der Regentschaft des Philipp von Orléans (1715–23), ein Übergang von der schweren Pracht des Louis-quatorze-Stils zu lockeren, leichten, eleganten Formen. Der Grundriß der Gebäude und einzelnen Räume hat oft Rundungen, wo zuvor rechte Winkel waren. Die plastische Durchgliederung der Wände und des Innenraums schmilzt zusammen; an die Stelle der Vollsäule tritt der flache Pilaster. Die scharfe Trennung zwischen Wand und Decke wird aufgehoben. An dieser entfaltet sich ein heiteres Spiel zierlicher, plastisch nicht mehr betonter Formen. Nicht Kontraste werden gesucht, sondern Übergänge. Neue dekorative Elemente erscheinen, wie Drachen und sonstige Fabeltiere, Frauenköpfe mit einem Diadem u. a. Die eigentlichen Schöpfer dieses Stils waren die Baumeister Robert de Cotte, der Dekorateur Pineau und der Ebenist Charles Cressent.

Regenerieren →Restaurierung.

Regentenstück, holländ. Gruppenbildnis des 17. Jh. von Vorstehern (Regenten) einer Gilde. Die bedeutendsten Maler von R.n waren F. →Hals, B. van der Helst, F. Bol und →Rembrandt (Staalmeesters"). Im Gegensatz zu den →Schützenstücken kommt in den R.n durch die Gestaltung der Kleidung und Haltung der Dargestellten eine gewisse Starre zum Ausdruck.

Reiberdruck →Holzschnitt.

Reichskleinodien, die deutschen, der Krönungsornat der dt. Kaiser. Bes. hervorzuheben sind der scharlachrote Kaisermantel mit Gold- und Perlstickerei (1133 im Auftrag König Rogers II. in Palermo angefertigt) und die Adlerdalmatica (Purpur mit Stickerei, dt. Arbeit des 14. Jh.). Ferner gehören zu den R. Zepter, Reichsapfel, Kaiser- und Königskrone, alles aus Gold oder vergoldetem Silber und mit Edelsteinen besetzt, auch kostbare Schwerter. Die R. werden in der weltlichen Schatzkammer der Wiener Hofburg aufbewahrt.

J. v. Schlosser, Die Schatzkammer des Allerhöchsten Kaiserhauses in Wien, 1918; Ders., Die dt. R., 1920; G. Haupt, Die Reichsinsignien, 1939; H. Kohlhaußen, Die R., [2]1942; H. Fillitz, Die Insignien u. Kleinodien d. Hl. Röm. Reiches, 1954 (mit Bibliographie); F. Mütherich, Denkmale d. dtschn. Könige u. Kaiser, 1962.

Reichle (Reichel), Hans, Bildhauer, * um 1570 Schongau, † 1642 Brixen, tätig das. sowie in München u. Augsburg, in seiner Frühzeit in Florenz Gehilfe des Giovanni da Bologna, hat ital. Form mit nord. Ausdruckskraft erfüllt. Hauptwerke: Bronzegruppe mit dem drachentötenden Michael an der Fassade des Augsburger Zeughauses (1603–06), bronzene Kreuzigungsgruppe in der St. Ulrichskirche in Augsburg. Für den Schloßneubau in Brixen hat er eine große Zahl von Terrakottafiguren gearbeitet.

Fr. Kriegbaum, H. R., 1931 (Jb. der Kunsthistorischen Sammlungen in Wien, N. F. 5); H. R. Weihrauch (Münchener Jb. d. Bild. Kst., F. 3, 2) 1951; H. M. v. Erffa (Mitt. d. Ksthist. Instit. i. Florenz, 12) 1965; J. H. Biller u. G. Woeckel, Bayer. Barock, 1965.

Reinhart, Johann Christian, Maler und Radierer, * 24. 1. 1761 bei Hof, † 8. 6. 1847 Rom, Schüler von Oeser in Leipzig und Klengel in Dresden, seit 1789 in Rom, einer der Hauptvertreter der dt.-röm. Landschaftsmalerei, malte und radierte heroische Landschaften, gern mit idyllischem Einschlag. R. gab zusammen mit anderen 72 „malerisch radierte Prospekte von Italien" heraus (1799).

O. Baisch, R. und seine Kreise, 1882; Inge Feuchtmayr, J. Ch. R., Diss. München 1956; dies., J. C. R. (Monogr. u. Werkverz.), 1975 (Mat. z. Kst. d. 19. Jhs., 15); Ausst.kat. R., Hof 1961.

Reiterdenkmal →Denkmal→Marc Aurel.

Relief (franz. „erhabene Arbeit", nach ital. relievo, ein Wort, das als kunsttechn. Ausdruck zuerst von →Cennini gebraucht wurde), Form der Bildhauerkunst, bei der die Figuren aus einer Fläche hervortreten, an die sie gebunden sind. Je nach dem Grade dieses Hervortretens unterscheidet man Flachrelief (frz. bas-relief), Halbrelief und Hochrelief. Eine Sonderform ist das nur in der altägypt. Kunst vorkommende versenkte Relief (franz. relief en creux), bei dem die Figuren nicht aus der Fläche heraustreten, sondern in sie hineingearbeitet sind. Das R. bedeutet eine Annäherung der Bildhauerkunst an die Malerei. Bleiben die Gesetze der ersteren maßgebend, so spricht man von einem strengen Relief: die Figuren stehen ohne Überschneidungen und Verkürzungen vor der Fläche, verschmelzen nicht mit ihr, sondern sind gegen sie isoliert. Außer den Figuren gibt es kein Beiwerk, oder dieses nur in äußerster Beschränkung. Im malerischen Relief ist diese Isolierung gegen die Fläche aufgehoben, die Figuren entwickeln sich aus ihr, ja sie kann landschaftlich und architektonisch geformt und nach den Gesetzen der Perspektive durchgestaltet sein wie der Hintergrund eines Bildes. – Das R. kommt in jedem in der Bildhauerkunst auch sonst gebräuchlichen Material vor.

Reliefintarsia →Intarsia.

Reliquiar, Behälter zur Aufbewahrung der Überreste (Reliquien) eines Heiligen. Seit dem 4. Jh. wurde es üblich, die Reliquien eines Heiligen in kostbarem Behälter (→Lipsanothek) auf dem Altar den Gläubigen zur Schau zu stellen. Bis zum Ende des Mittelalters wurden derartige R.e in großer Zahl angefertigt und haben einen hervorragenden Anteil am kirchl. Kunstgewerbe. Die Form des R.s wurde durch Art und Umfang der Reliquien bestimmt. So gibt es Reliquienkästen und -büchsen, auch Medaillons zum Tragen, ferner figurierte Behälter wie Statuetten, Büsten (Büstenreliquiar, Kopfreliquiar), Arme (Armreliquiar), Füße, Finger usw., R.e als ein mit Kuppel versehenes kleines Bauwerk, sog. Kuppelreliquiare (berühmtestes Beispiel im →Welfenschatz). Die Hauptform des R.s ist jedoch der Reliquienschrein, der dem Reliquiensarg die kostbare Hülle gibt. Namentlich die in Hausform gebildeten Reliquienschreine des 12. Jh. (Dreikönigsschrein im Kölner Domschatz) und 13. Jh. (Elisabethschrein in der Elisabethkirche in Marburg) sind wahre Wunderwerke der Goldschmiede- und Emailkunst, und ihre silbergetriebenen und vergoldeten Figuren gehören zu den bedeutendsten Leistungen mittelalterlicher Kleinplastik. Hauptstücke von Reliquienschreinen am Übergang vom Mittelalter zur Renaissance sind der mit Gemälden von Memling ausgestattete Ursulaschrein (1489; Brügge, Johanneshospital) und das „Sebaldusgrab“ Peter Vischers in der Sebalduskirche in Nürnberg (Anf. 16. Jh.).

J. Braun, Die R.e, 1940; E. Meyer, Reliquien u. R.e im MA. (in: Festschr. C. G. Heise), 1950; H. Keller, Zur Entstehg. der Reliquienbüste aus Holz (in: Kst.hist. Studien f. H. Kauffmann), 1956; E. Kovacs, Kopfreliquiare d. MA.s, 1964; E. G. Grimme, Goldschmiedekunst i. MA. Form u. Bedeutg. d. R.s von 800–1500, 1972.

Remarquedruck, Bezeichnung für einen der ersten Drucke von einer radierten Platte. Es war üblich, irgendeine kleine Zeichnung (franz. remarque) am Rand der Platte anzubringen, um an dieser die Wirkung der Ätzflüssigkeit auszuprobieren.

Rembrandt, eigentlich R. Harmensz van Rijn, holländ. Maler und Radierer, * 15. 7. 1606 Leiden, † 4. 10. 1669 Amsterdam, Schüler von Pieter Lastman das., tätig zunächst in Leiden, seit 1631 in Amsterdam. 1634 heiratete er Saskia van Uylenburgh und lebte nach deren Tode (1642) mit Hendrickje Stoffels zusammen. Sein Haus (jetzt Rembrandtmuseum) verlor er samt der darin enthaltenen sehr bedeutenden Kunstsammlung durch finanziellen Zusammenbruch (1656). – R. ist die stärkste und vielseitigste Erscheinung der holländ. Malerei des 17. Jh., gleichbedeutend als Maler wie als Radierer. Seine Kunst umfaßt alle Stoffgebiete der Zeit, in erster Linie beschäftigten ihn jedoch bibl. Inhalte und das Bildnis. Seine Frühzeit umfaßt die Leidener Jahre von 1626–31: bibl. Bilder kleinen Formats, deren Szene sich im dämmrigen oder durch Hell-Dunkel-Gegensätze dramatisierten Innenraum abspielt unter Steigerung der seelischen Spannung; Radierungen, die das drängende Bemühen zeigen, den physiognomischen Ausdruck in all seiner Vielfältigkeit zu studieren, auch solche, die den weiblichen Akt in ungemildertem Naturalismus fassen. Eine zweite Schaffensperiode wird begrenzt durch zwei Gruppenbildnisse: Anatomie des Dr. Tulp (1632; Haag, Mauritshuis) und das Schützenstück „Die Nachtwache" (1642; Amsterdam, Reichsmus.), ein Werk, in dem der Kolorismus R.s seinen Höhepunkt erreicht, während die „Anatomie" noch ganz im Bann eines harten Naturalismus steht und eines scharfen, die Plastizität der Dinge übertreibenden Helldunkels. Milderung dieser Härten und zunehmende Farbigkeit sind das Ergebnis dieses Jahrzehnts. Ihm gehören zahlreiche Bildnisse an (denn R. war jetzt ein berühmter Mann geworden und erhielt viele Aufträge), darunter die Reihe der Saskia-Bildnisse. Hauptwerke unter den bibl. Bildern sind ein Zyklus von 5 Passionsbildern (München, Ält. Pinakothek), Danaë (1636; Leningrad, Ermitage) und das Opfer Manoahs (1641; Dresden, Gal.). Die bisher nicht behandelte Landschaft wird in den Bereich der Darstellung einbezogen: Gewitterlandschaft (um 1638; Braunschweig, Mus.). Die Radierung wird zum Träger der ganzen Gewalt und Tiefe von R.s Darstellungskunst: Verkündigung an die Hirten (1634), Heimkehr des verlorenen Sohnes (1636), Tod Mariä (1639). Die Zeit bis 1656 bringt Beruhigung, Vertiefung, Klärung; Der barmherzige Samariter (1648; Paris, Louvre; neuerdings R. abgesprochen), Bildnis des Jan Six (1654; Amsterdam, Sammlung Six), Landschaft mit Ruinen auf dem Berge (um 1650; Kassel, Gal.); Radierungen: die drei Bäume (1643), Hundertguldenblatt (gegen 1649), die drei Kreuze (1653). Die Spätzeit wird eingeleitet durch den „Jakobssegen" (1656; Kassel, Gal.). R. ist zu einer letzten Vergeistigung gelangt und hat auch seine farbigen Mittel zu neuer Ausdruckskraft gewandelt. Dramatische Höhepunkte bedeuten ihm nun nichts mehr; die Landschaft ist aus seinem Schaffen wieder verschwunden: die Staalmeesters (1661/62; Amsterdam, Reichsmus.), Rückkehr des verlorenen Sohns (1668/69; Leningrad, Ermitage), Familienbild (um 1668; Braunschweig, Mus.), wenige Radierungen. R.s ganzes Schaffen ist von den ersten Anfängen bis zum letzten Jahr von gemalten, radierten und gezeichneten Selbstbildnissen begleitet, deren Zahl eine bei keinem anderen Künstler auch nur annähernde Höhe erreicht. Sein Werk wird ergänzt durch viele Zeichnungen, meist Federzeichnungen, die durch starke Lavierungen oft ganz bildmäßig gemacht sind. Im ganzen umfaßt R.s hinterlassenes Werk etwa 700 Gemälde, 300 Radierungen und 1600 Handzeichnungen. – R.s späteres Schaffen wich von dem malerischen Ideal seiner Zeit so stark ab, daß er dieser nicht mehr viel bedeuten konnte. Im 18. Jh. ist er auch in seinen Radierungen viel nachgeahmt worden, das Bewußtsein seiner wirklichen Größe hat sich aber erst in der 2. Hälfte des 19. Jh. eingestellt, und erst seit dieser Zeit gibt es eine R.-forschung.

Die Urkunden über R., hg. von C. Hofstede de Groot, 1906 (Das seitdem aufgefundene, aber noch nicht veröffentlichte Urkundenmaterial ist sehr umfangreich). Abbildungswerke und Werkzusammenstellungen: W. v. Bode, R. Beschreibendes Verz. seiner Gemälde mit heliograph. Nachbildungen, 8 Bde., 1897–1905; R. Des Meisters Gemälde, hg. von W. R. Valentiner, [3]1909, wiedergefundene Gemälde, 1921 (Klassiker der Kunst); R.s Gemälde, besorgt von A. Bredius, [4]1972; D. Rowinski, L'œuvre gravé de R., 4 Bde., 1890; R. Des Meisters Radierungen, hg. von H. W. Singer, [2]1909 (Klassiker der Kunst); R. Sämtliche Radierungen, hg. von H. W. Singer und J. Springer, 3 Bde., 1914–20; W. von Seidlitz, Die Radierungen R.s, 1922; A. M. Hind, A Catalogue of R.s Etchings, [2]1923; R.s Radierungen, hg. von R. Graul, [2]1924; Zeichnungen von R., hg. von F. Lippmann und C. Hofstede de Groot, 10 Bde., 1888–1910; R.s Handzeichnungen, hg. von W. Valentiner, 2 Bde., 1925–34 (Klass. der Kunst); L. Münz, A critical Catalogue of R.s Etchings, 2 Bde., 1952; O. Benesch, The Drawings of R., 6 Bde., 1954–57, [2]1973; K. G. Boon, R. Das graph. Werk, 1963; K. Bauch, R. Gemälde, 1966; H. Gerson, R. Paintings, 1968; F. Erpel, Die Selbstbildnisse R.s, [3]1973; Herwig Guratzsch, Die Untersicht als ein Gest.mittel in R.s Frühwerk (Oud Holland LXXXIX), 1975; M. Bernhard (Hg.) R. Bd. 1 Druckgraphik, Bd. 2 Handzngn., 1976. – Darstellungen: R. Hamann, R.s Radierungen, 1906; Ders., R., 1948, [2]1969; C. Neumann, R., 2 Bde., [4]1924; W. Weisbach, R., 1926; K. Bauch, Die Kunst des jungen R., 1933; O. Benesch, R., 1935; J. Rosenberg, R., 2 Bde., 1948 (engl.); J. Jahn, R., 1956 u. 1971; Kat. der R.-Ausstllg. Amsterdam 1956, 3 Bde.; G. Knuttel, R., 1956 (holländ.); E. Hanfstaengl, R., [3]1958; K. Bauch, Der frühe R. u. seine Zeit, 1960; Susanne Heiland u. H. Lüdecke, R. u. die Nachwelt, 1960; W. Scheidig, R. als Zeichner, 1962; J. Gantner, R. und die Verwandlung klass. Formen, 1964; G. Schwartz (Hg.); R. Sämtliche Radierungen in Originalgröße, 1979; W. Strauß, L. Meulen, The R. documents, 1979.

Remter, Speisesaal des Klosters (Refektorium), bes. in den →Ordensburgen des Dt. Ritterordens. Es gab Sommer- und (heizbare) Winterremter. Am berühmtesten sind die der →Marienburg.

Renaissance, 1. ein Begriff, der zwar im Hinblick auf die bildende Kunst geprägt wurde, aber nicht auf diese beschränkt blieb. Zuerst spricht →Vasari in den Proemien seiner „Lebensbeschreibungen" (1550) von einer Wiedergeburt, einer rinascita der Künste, für deren Beginn er jedoch keinen bestimmten Zeitpunkt angibt. Gemeint ist die große, das Mittelalter überwindende Bewegung der ital. Kunst, wie sie etwa mit Giotto anhebt, allerdings nicht die Bewegung als solche, sondern nur ihr Einsetzen. Rinascita bezeichnet also zunächst nur einen Akt, nicht eine Zeit und schon gar nicht einen Stilbegriff. Zu dem kam es erst um 1820 in Frankreich und etwa 20 Jahre später auch in Deutschland in der franz. Form des Wortes „Wiedergeburt" (ital. „rinascimento"). Allmählich aber wurde ein umfassender kulturgeschichtl. Begriff daraus, namentlich nachdem Jacob Burckhardt in seinem Hauptwerk „Die Kultur der R. in Italien" (1860) die Grundlinien festgelegt hatte. R. bedeutet jetzt ein neues Zeitalter, das unter Vorantritt Italiens heraufgezogen ist, die Befreiung der Persönlichkeit von mittelalterl. Gebundenheit gebracht hat und damit die Neuzeit überhaupt einleitet.

Auf dem Gebiet der bildenden Kunst bedeutet R. eine Stilstufe der europ. Kunst, die nach manchen, tief ins Mittelalter zurückreichenden Vorboten (→Protorenaissance) etwa 1420 als Frührenaissance in Italien einsetzt und um 1500 in das Stadium der Hochrenaissance eintritt. Deren Ende nimmt man mit etwa 1520/30 an und spricht von da ab entweder von Spätrenaissance (so bes. in der Baukunst) oder (so bes. in der Malerei) auch von →Manierismus. Um 1600 allgemeiner Übergang zum Barock. Außerhalb Italiens liegen die Dinge anders. Hier beginnt die Wendung zur R. erst nach 1500, vermag sich jedoch nur in sehr bedingter und in den einzelnen Ländern sehr verschiedener Weise durchzusetzen. Die leidige Übertragung eines für einen bestimmten Kunstkreis geprägten Stilbegriffs auf andere Kunstkreise hat auch hier wieder stattgefunden in Bezeichnungen wie: augusteische, karolingische, ottonische, byzantinische R. Allgemeinstes Merkmal der R. ist ein von dem des Mittelalters verschiedenes neues Welt- und Lebensgefühl, aus dem heraus man sich der Antike auf so breiter Front näherte, wie es in der Geschichte der abendländ. Kunst bisher noch nie der Fall gewesen war. Die Bedeutung der antiken Kunst für die Kunst der R. ist jedoch überschätzt worden. Entscheidend war die originale Begabung des ital. Volkes, das mit einer stolzen Phalanx großer Künstlerpersönlichkeiten jetzt der Kunst neue Wege eröffnete. Man nahm Kunst nicht mehr als etwas Selbstverständliches hin, wie man es offenbar im Mittelalter getan hatte; man wurde sich ihrer bewußt, man dachte über sie nach, suchte ihre Gesetze in Kunsttheorien zu ergründen, sammelte sie (→Kunstsammlung) und stellte den, der sie schuf, auf eine hohe Stufe. Die Anonymität des Künstlers, wie sie im Mittelalter die Regel war, hörte auf, wir haben es in der R. zum erstenmal mit namentlich bekannten, historisch faßbaren Künstlerpersönlichkeiten zu tun, die bereits zu ihrer Zeit selbst Gegenstand der Geschichtsschreibung wurden. Mit der R. beginnt die →Kunstwissenschaft der Neuzeit. Wenn der weltliche Zug der R.kunst hervorgehoben wird, so darf dies nicht heißen, daß der Bedeutung der kirchl. Kunst Abbruch getan worden wäre, denn die Kirche blieb weiterhin die große Auftraggeberin, in deren Dienst die höchsten Meisterwerke

Ital. Renaissancepalast
(Palazzo Strozzi in Florenz)

entstanden; der Kreis dessen, was Gegenstand künstlerischer Formung wurde, erfuhr vielmehr eine außerordentliche Erweiterung nach der weltlichen Seite hin. Im Ganzen gesehen stellte das Einsetzen der R. in der Geschichte der abendländ. Kunst einen Wandel dar, der sich mit so einschneidender Wirkung seitdem niemals wieder vollzogen hat, und der Barock steht der R. nicht gegensätzlich gegenüber wie diese der Gotik, sondern er wandelt

die Gegebenheiten der R. nur in seinem Sinne ab.
Die Baukunst der ital. R. ist von der der nord. R. so verschieden, daß nur sehr bedingt gemeinsame Merkmale angegeben werden können, Als Ausdruck einer neuen Wohnkultur wird ihr sowohl im S wie im N die große Aufgabe des Palast- oder Schloßbaues gestellt. Dieser erhebt sich in klar von einander abgesetzten Geschossen, die (im Unterschied zur mittelalterl. Burg) jeweils Räume in gleicher Höhenlage enthalten, in Italien mit horizontalem Dachabschluß, während im N got. Vertikalismus gerade in der Dachregion noch fast unumschränkt in Herrschaft bleibt. Auch die Gesamtproportionen bleiben im N noch vielfach gotisch. Antike Bauglieder, vor allem Säulen und Pilaster mit antiken Kapitellen, antike Gesimse, Profile, Bauornamente u. sonstige Einzelheiten werden reichlich verwendet, allerdings in entsprechender Abwandlung der antiken Vorbilder. Der N hat im Laufe des 16. Jh. alle diese Motive auch aufgenommen, aber nicht aus der Antike direkt, sondern in der Formulierung durch die Italiener, und hat das Übernommene abermals umgebildet, so z. B. i. d. sog. →Weserrenaissance. Die Forderungen der ital. R.kunst wie Symmetrie, Gleichmaß, Harmonie, wurden von der nord. R., bes. von der dt., nur sehr bedingt anerkannt, ja oft hat sie gerade durch asymmetrisch angeordnete Baumassen ihre Wirkungen erzielt. Mit Eifer haben die dt. Baumeister das antik-ital. Ornament verwendet, um ihren Bauten ein schmückendes Gewand überzuwerfen. Meist aber ist es nur ein Gewand, auch nehmen diese Ornamente, die im Frühstadium der dt. R. z. T. ziemlich getreue Nachbildungen ihrer ital. Vorbilder waren, allmählich einen nord. Charakter an, sie breiten sich nicht ruhevoll in der Fläche aus, sie rollen und verflechten sich, sie entfalten einen Bewegungsdrang, der dem ital. R.-ideal zuwider war. Der Kirchenbau bedeutet im 16. Jh. in den nord. Ländern wenig, in Italien bedeutet er im 15. und 16. Jh. sehr viel. Dabei tritt hier eine Neigung zum Zentralbau hervor, wie sie dem Mittelalter fremd gewesen war. Zu reinen Zentralbauten ist es jedoch nur in wenigen Fällen gekommen, da liturgische Gründe immer wieder den Kompromiß mit dem Langhausbau erzwangen, wofür das Hauptbeispiel die als Zentralbau entworfene, aber dann doch mit einem Langhaus versehene →Peterskirche in Rom ist. Der Zentralbau entsprach eben dem Ideal vollkommener Harmonie und vollkommenem Spannungsausgleich am besten. Weithin sichtbarer Ausdruck von Macht und Größe (diesen zu erstreben ist auch ein Merk-

Deutscher Renaissancebau
(Rathaus zu Gernsbach)

mal der ital. R.) wurde die Kuppel, und sie spannte zugleich im Innern jene wohlig gerundete Weiträumigkeit aus, die jetzt auch im Langhaus die Steilheit und gestraffte Schärfe des got. Innenraums ablöste.

Die Bildhauerkunst gewann eine stärkere Unabhängigkeit von der Baukunst, als sie sie im Mittelalter besessen hatte. Die Statue bedurfte der architektonischen Bindung nicht mehr, sondern konnte frei aufgestellt werden. Die stolzesten Zeugen dieser neugewonnenen Freiheit sind wohl die (aber immer noch im Zusammenhang mit einem architektonischen Hintergrund errichteten) Reiterdenkmäler in Padua und Venedig, in dem das antike Thema des Reiterdenkmals (→Marc Aurel) aufgegriffen und

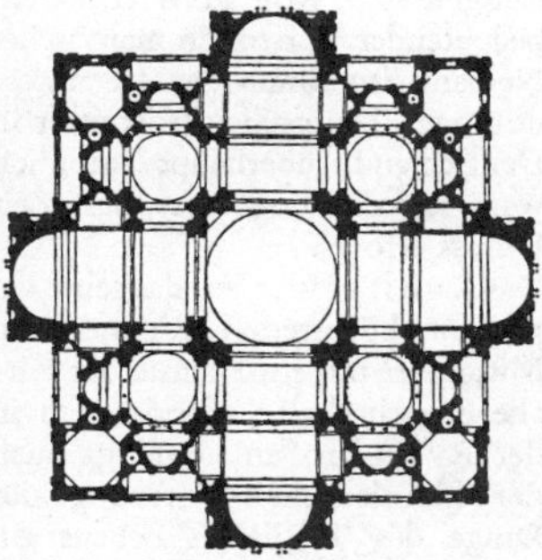

Idealer Kirchengrundriß der ital. Hochrenaissance (Bramantes Grundriß für St. Peter in Rom)

glanzvoll weitergeführt ist. Überhaupt setzte sich der dem Mittelalter fremde Gedanke des →Denkmals jetzt in mancherlei Formen durch und ergriff auch das →Grabmal, das immer prächtiger wurde und den Ruhm des Verstorbenen immer lauter verkündete. Die antike Form der Bildnisbüste, die das Mittelalter nur gelegentlich beschäftigt hatte, wurde aufs neue zu einer wichtigen Aufgabe der Bildhauerkunst (→Büste, →Bildnis) und ist es bis auf den heutigen Tag geblieben. Als Werkstoff kam die Bronze in Geltung und trug auch ihrerseits zur Verselbständigung des Bildwerkes gegenüber dem Bauwerk bei: Man wagte wieder, den Menschen nackt darzustellen, die hochgeschätzte Antike bot dafür den moralischen Rückhalt (→Akt). Die Bildhauer studierten den nackten Körper und suchten sich über seinen anatomischen Bau Klarheit zu verschaffen (→Muskelmann), sie studierten auch die antiken Bildwerke, aus denen jene Kenntnis ebenfalls zu gewinnen war. Alles dies gilt uneingeschränkt nur von Italien. Der dt. Bildhauerkunst des 16. Jh. ist es sehr schwer geworden, sich in renaissancemäßigen Bahnen zu bewegen, denn gerade sie hatte in den letzten Jahrzehnten vor Einsetzen der R. ihren mächtigen spätgot. Aufschwung genommen. Diejenigen dt. Bildwerke, in denen sich spätgot. Erregung und Spannung zu renaissancemäßiger Form und Haltung (im Sinne Italiens) abgeklärt haben, sind Ausnahme, nicht Regel. In Frankreich dagegen ist man dem ital. Vorbild viel näher gekommen.

Die Malerei erfuhr den umfassendsten Zuwachs an darstellerischen Aufgaben, sowohl dem Inhalt wie der Form nach. Sie hatte gegenüber der Bildnerei die beweglicheren Mittel zur Verfügung, der Erweiterung des Weltbildes nachzukommen, die die R. mit sich gebracht hatte. Auch das ebenfalls der R. eigene neue und starke Verhältnis zur Wirklichkeit vermochte sie vielseitiger auszudrücken als die Bildnerei, deren ewiger Gegenstand, die Darstellung des Menschen, der gleiche geblieben war. In der Malerei konnte die Antike auch nicht Vorbild sein, denn von antiker Malerei war so gut wie nichts bekannt. In Italien waren Wandmalerei und Tafelmalerei gleichwichtige Träger der Entwicklung, im N war es letztere fast ganz allein (→Fresko, →Glasmalerei, →Miniaturmalerei). Dazu erhoben sich jetzt als neue Zweige die graphischen Künste (→Holzschnitt, →Kupferstich). Zu den vom Mittelalter überkommenen und weitergepflegten christlichen Inhalten trafen die der antiken Mythologie und der zunächst noch kleine, aber sich ständig erweiternde Kreis weltlicher Inhalte. Die Landschaftsdarstellung kommt auf (→Landschaftsmalerei), freilich noch nicht um ihrer selbst willen, sondern als Schauplatz menschlichen Geschehens. Mit Freude wird das Auge, das bisher immer im Vordergrund haftete, in die Weite und Tiefe des Raums geleitet, und dieser selbst wird nach den Gesetzen der zu Anfang der R. erfundenen →Perspektive geometrisch genau konstruiert. In diesen Raum wird die menschliche Gestalt vollkörperlich und in irdischer Schwere hineingestellt. Die toten Dinge, die die mittelalterl. Malerei entweder gar nicht oder, wenn sachlich unbedingt notwendig, in formelhaften Abkürzungen gegeben hatte, werden genau beobachtet und wirklichkeitsgetreu wiedergegeben: die Anfänge des →Stillebens tauchen auf. Jetzt auch setzt eine zusammenhängende Entwicklung der malerischen Bewältigung des individuellen →Bildnisses ein, das seitdem eine Hauptaufgabe der abendländ. Malerei geblieben ist. Wie in der Bildnerei, so wurde selbstverständlich auch in der Malerei das künstlerische Problem des menschlichen →Akts in Angriff genommen. Die der R. eigentümliche Verbindung von Wissenschaft und Kunst, wie sie die Erfindung der Linearperspektive zeigt, äußert sich auch darin, daß man Gesetze sucht, nach denen die menschliche Gestalt in idealer Schönheit darzustellen ist (→Proportionslehre). Technisch bedeutet der allmählich sich vollziehende Übergang zur →Ölmalerei für das Staffeleibild eine Errungenschaft, die seitdem niemals wieder aufgegeben wurde. – Auf dem Gebiete der Malerei ist der Vorsprung Italiens vor den anderen Ländern nicht so groß und nicht so eindeutig. So sind in dem am Beginn der altniederländ. Malerei stehenden Genter Altar der Brüder van Eyck von 1432 die Hauptprobleme der R.malerei bereits angeschnitten, ja z.T. vollkommen gelöst. Auch in den Bildern von Jan van Eycks dt. Zeitgenossen, Konrad Witz, ist ein bedeutender Vorstoß in malerisches Neuland im Sinne der R. unternommen. Deren Sieg (soweit er in Deutschland überhaupt möglich war) ist allerdings erst zur Zeit Dürers erfolgt.

Das Kunstgewerbe, das seine bei weitem höchsten Leistungen im Mittelalter nur im Dienste der Kirche erreicht hatte, wandte sich in der R. im großen Umfange auch der künstlerischen Formung der Dinge des weltlichen Lebens zu, ja es bemächtigte sich der abendländ. Menschheit eine Zierlust, wie sie noch niemals dagewesen war (→Fayence, →Glas, →Intarsia, →Möbel usw.). – 2. Der Begriff R. ist indessen weit über den einengenden Gebrauch für eine Stilepoche hinaus erweitert worden und zwar unter dem Gesichtspunkt der Rezeption der Antike. So werden die Bezeichnungen „byzantinische, karolinsche und ottonische R." gebraucht. Es gilt aber als sicher, daß die mittelalterl. Kunst nicht nur auf dem

Fundament der antiken ruht, sondern daß sie Impulse antiker Formenzusammenhänge auch durch Vermittlung der byzantinischen Kunst erhalten hat. Es ist daher wenig sinnvoll, dort, wo man an einem mittelalterl. Kunstwerk Antikisches bemerkt, von „R." zu reden. Der Begriff R. (→R. 1) kann wohl dann als erfüllt angesehen werden, wenn die Vorherrschaft des Neuen über das Alte eingetreten ist. Und das gilt für die als R. bezeichnete Epoche.

J. Burckhardt, Die Kultur der R. in Italien, 1860 ([8]1958, hg. von W. Götz in KTA, Bd. 53); A. Philippi, Der Begriff der R., 1912; H. Wölfflin, Die klassische Kunst, [7]1924; Ders., R. und Barock, [4]1926; Ders., Kunstgeschichtl. Grundbegriffe, [9]1948; Ders., Italien und das dt. Formgefühl, 1931; R. Kaufmann, Der R.begriff in der dt. Kunstgeschichtsschreibung, 1932; P. Johansen, R. Entwicklung der künstlerischen Probleme usw., 1936; H. Baeyens, Begrip en Probleem van de R., 1952; H. Baron, The crisis of the early italian r., 2 Bde., 1955; E. Panofsky, R. and Renaissances in western art, 1960; O. Benesch, The art of the R. in Northern Europe, [2]1965; K. G. Beyer, G. J. Reimann, R., 1966; J. Jahn, Dtsche. R., 1969; N. Wundram, R., 1971; L. H. Heidenreich, Ital. R., 1972; J. Bialistocki, The Art of the R. in Eastern Europe, 1976; H. Biermann, R., 1976; L. Murray, The High R. and the Manierism, [20]1977; E. H. Gombrich, The heritage of Apelles. Studies in the art of the R., 1976; H. A. Stützer, Die ital. R., 1977; M. Stirm, Die Bilderfrage i. d. Reformation, 1977; E. Panofsky, Die R.n der europ. Kunst, 1979.

Reni, Guido, ital. Maler, * 4. 11. 1575 Calvenzano b. Bologna, † 18. 8. 1642 Bologna, Schüler von Lodovico Carracci, siedelte 1605 nach Rom über, wo die Kunst Caravaggios auf ihn einwirkte, kehrte 1611 nach Bologna zurück und wurde dort nach seines Lehrers Tod der unbestrittene Hauptmeister der bolognesischen Schule. Lebendige und gefällige Erzählungskunst, eine gefühlvolle, aber leicht ins Sentimentale abgleitende Auffassung sind ihm eigen. Seine Reifezeit beginnt 1610 mit dem einst hochberühmten, heute etwas kühler beurteilten Fresko der Aurora im Palazzo Rospigliosi in Rom. Von den in warmen Tönen breit und voll gemalten Bildern dieses 2. Jahrzehnts sind noch zu nennen: die Fresken der Quirinalskapelle und der Cappella Borghese, 4 Herkulesbilder (1617; Paris, Louvre), Assunta in S. Ambrogio in Genua (etwa 1619). R.s etwa 1630 vollkommen ausgebildeter Spätstil hat die Kraft und Wärme der früheren Werke zu Mattigkeit, Glätte und Farbenkühle gewandelt. Die Komposition breitet sich schematisch, ja starr in der Ebene aus. Aber gerade diese, den Stempel verstandesmäßiger Berechnung tragenden Spätwerke, z.B. Wettlauf der Atalante mit Hippomenes (Neapel, Nationalmus.), haben R. in seiner Zeit bes. berühmt gemacht und Nachfolge gehabt.

G. Sobotka, G. R., 1914; Malaguzzi, G. R., 1921; M. von Boehn, G. R,. 1925; Katalog d. G.-R.-Ausstellung Bologna 1954, bearbeitet von C. G. Cavalli mit Einführung von C. Gnudi (mit Bibliographie); ders., G. R., 1955 (ital.); G. Heinz, Studien üb. die Anwendg. d. Helldunkel in den Werken G. R.s (in: Jb. d. kunsthist. Slgn. Wien, 51), 1955; V. Schmidt-Linsenhoff, G. R. im Urteil d. 17. Jh., Diss. Univ. Kiel, 1973.

Renoir, Auguste, franz. Maler, * 25. 2. 1841 Limoges, † 2. 12. 1919 Cagnes, schloß sich in den 60er Jahren an Courbet, später auch an die Impressionisten an und fand anfangs der 70er Jahre seinen eigenen Stil einer ganz hellen, in rosa und hellblau schwelgenden Freilichtmalerei, die späterhin auch neoimpressionistische Züge annahm u. im wesentlichen beim Figurenbild blieb. Mitte der 80er Jahre setzte eine vom Impressionismus wegführende Formenverfestigung mit stärker hervortretendem Kontur und plastischer Modellierung des Körperlichen ein, die, abgesehen von Rückschlägen, im allgemeinen anhielt. R.s Auge haftet durchaus an der farbigen Erscheinung der Dinge, die zuweilen gleichsam immateriell im beglückenden Märchenreich der Farbe sichtbar werden. Bekannte Werke: „Lise", eine weißgekleidete Dame im Garten (1868; Essen, Folkwangmus.), „In der Loge" (1874), „Am Frühstückstisch" (1879; Frankfurt a. M., Städelsches Institut). R.s Oeuvre ist sehr umfangreich, da er bis zuletzt, trotz Lähmung durch Gicht, tätig war.

J. Meier-Graefe, A. R., 1919; M. Florisoone, R., 1938 (engl.); H. Graber, A. R. nach eigenen und fremden Zeugnissen, 1943; M. Drucker, R., 1944 (franz.); P. Haesaerts, R. sculptor, 1947; A. André, L'Atelier de R., 2 Bde., o. J. (720 Abb.); M. Drucker, R., o. J.; D. Rouast, R., dt. 1954; A. Vollard, Tableaux, pastels et dessins de P.-A. R., 2 Bde., 1955 (1742 Abb.); H. Bünemann, R., 1960; F. Nemitz, P.-A. R., 1962; F. Fosca, R., dt. 1969; R. Pickvance, R., 1976 (engl.).

Rentoilieren →Restaurierung.

Repin →Rjepin.

Replik, etwa gleichzeitige Wiederholung eines Kunstwerks durch dieselbe Hand (oder zum mindesten in derselben Werkstatt), im Unterschied zu der von anderer Hand und mitunter sehr viel später hergestellten →Kopie. Weicht die R. in wesentlichen Punkten ab, so spricht man von einer zweiten, dritten usw. Fassung.

Repoussoir, franz., auch im Deutschen übliche Bezeichnung für einen im Vordergrund des Bildes zur Steigerung des Tiefeneindrucks angebrachten oft dunklen Gegenstand. Auch die Photographie bedient sich häufig des R.s, um die Illusion räumlicher Tiefe zu erzeugen (z. B. Landschaftsaufnahme mit Baum im Vordergrund).

Reproduktion →Kopie.

Restaurierung, die Wiederherstellung eines Kunstwerkes. Sie hat sich auf die Sicherung des Materials zu beschränken, das Träger der geistigen Schöpfung ist, die wir Kunstwerk nennen. Sie hat, soweit dies möglich ist, Veränderungen zu beseitigen, die im Laufe der Zeit eingetreten sind und den ursprünglichen Zustand beeinträchtigt, entstellt oder verunklärt haben. Sie darf Ergänzungen nur soweit vornehmen, wie völlige Sicherheit besteht, daß dadurch dem Kunstwerk keinerlei stilfremdes Element hinzugefügt wird.

W a n d g e m ä l d e, die durch das Sichlösen des Putzes von der Mauer gefährdet sind, werden nach Einspritzen von Kalziumkasein in die Hohlräume wieder angepreßt. Bei starken Schäden wird das Gemälde abgenommen, entweder mitsamt dem Putz oder nur in der obersten, die Farbe tragenden Schicht.

G e m ä l d e a u f H o l z t a f e l n, die sich geworfen haben, können durch mechanische Mittel wieder eben gemacht werden (z. B. durch Eintreiben von Holzkeilen in Einschnitte auf der Rückseite). Um sie eben zu erhalten, bekommen sie auf der Rückseite eine P a r k e t t i e r u n g. Diese besteht in einem System längs der Faser aufgeleimter starker Leisten und schwächerer Querleisten, die durch die ersteren hindurchgeführt sind und beweglich bleiben müssen, um dem Holz einen gewissen Spielraum des Sichdehnens und -zusammenziehens zu lassen. Gegen die Parkettierung sind neuerdings Einwände erhoben worden, da das Holz mitunter neben den gesicherten Stellen reißt. Wurmstichige Tafeln werden durch Einspritzen bestimmter Substanzen wieder festgemacht. Zur Vernichtung der Holzwürmer wendet man Vergasen oder Injektionsmittel an. Ist das Holz völligem Zerfall nahe, so wird es bis dicht zum Malgrund entfernt und mit einer Sperrholzplatte hinterfangen. Gemälde auf Leinwand, die brüchig geworden ist, muß man mit einer neuen hinterkleben: doublieren oder durch eine neue ersetzen: rentoilieren. Hat sich bei Tafel- und Leinwandgemälden die Farbschicht vom Malgrund gelöst (Blasenbildung), so kann sie mit Wachs oder Leim wieder festgebügelt werden. Ist der Malgrund ausgebrochen, so wird ausgekittet und behutsam retuschiert. Übermalungen, die heute mit Hilfe der Quarzlampe und der →Gemäldedurchleuchtung zu erkennen sind, werden nach Möglichkeit abgenommen. Für das Entfernen alter Schmutz- und Firnisschichten und das Wiederauffrischen der Farbe (regenerieren) gibt es die verschiedensten Mittel. Ein früher viel, heute nur noch selten angewandtes ist das von dem Chemiker M. v. Pettenkofer erfundene Pettenkofersche Verfahren: das Gemälde wird Alkoholdämpfen ausgesetzt, die den spröde gewordenen, getrübten Firnis aufweichen und wieder klar und durchsichtig machen. In vielen Fällen genügt es, die alten Firnisschichten mit Terpentin und Alkohol zu entfernen, so daß die Farbe wieder in alter Leuchtkraft erscheint.

Bei Bildwerken aus Stein werden verwitterte Stellen imprägniert oder durch möglichst gleichartiges Material ersetzt. Wurmstichige Holzfiguren sind entsprechend dem Verfahren bei wurmstichigen Holztafeln zu behandeln. Beim Reinigen von Bronzefiguren ist auf Schonung der Patina zu achten. Für Ergänzungen gilt das über die allgemeinen Grundsätze der R. Gesagte. Siehe auch →Abguß. – Der Begriff R. wird neuerdings auch für die Baukunst im Rahmen der →Denkmalpflege gebraucht.

Basch-Bardone, Handb. der Konservierung und R. alter Gemälde, 1921; H. Wilm, Die got. Holzfigur, 1923; Ders., Die got. Tonplastik, 1929; Lucanus, Die Praxis des Restaurators, 1929; Manuel de la conservation et de la restauration des peintures, hg. vom Institut International de Coopération Intellectuelle, 1939; F. G. Rawlins, Les méthodes scientifiques de conservation des tableaux, 1948; M. Schweidler, Die Instandsetzung von Kupferstichen, Zeichnungen, Büchern usw., [2]1949; M. C. Bradley, The treatment of pictures, 1950; Th. Brachert, Gemäldepflege, 1955; E. W. Kudrjawzew, Die Technik des Gemälderestaurierens, 1955; Zeitschr. Maltechnik; Studies in Conservation (Zeitschr. des International Institute for the Conservation of Museum Objects); Ztschrft. Denkmalpflege i. B.-Wttbg. (seit 1971); Konservierg. u. Denkmalpfl., hg. v. Schweizer Institut f. Kunstwiss., Zürich, 1965; M. Doerner, Malmaterial u. s. Verwendg. i. Bilde, [12]1965; K. Wehlte, Werkstoffe u. Techniken d. Malerei, 1967; R.-H. Marynissen, Degradation, conservation et restauration de l'œuvre d'art, 1967; R. Jacobi, Zur Frage d. Erhaltung alt. Glasmalerei (Maltechnik 2) 1973; H. C. v. Imhoff, A. Voute, Konservierungsprobleme (Ztschrft. f. Schweiz. Kstwiss. 30, 2) 1973; F. Kelly, Restaurierung v. Gemälden u. Drucken. Ein Hb. f. Restauratoren, Händler, Sammler u. Liebhaber, 1973; R. Wihr, R. v. Keramik u. Glas, 1977; R. Lepeltier, Die R. v. Druckgraph. u. Zchngn., 1977; J. M. André, Die R. v. Skulpturen, 1977; über Fragen der R. von Putz, Stuck, Mauerwerk: s. Schriftenreihe d. Instituts für Denkmalpflege an der ETH Zürich; Fr. Kelly, R. von Gemälden u. Drucken (Hb. für Restauratoren), [3]1979; H. Althöfer, Moderne Kunst. Hb. d. Konservierung (Bestandsaufn. der Materialien u. Techniken), 1980; H. Weber, Steinkonservierung, 1980; H. Kühn, Erhaltung u. Pflege von Kunstwerken u. Antiquitäten (Wandmalerei, Skulptur u. Bauwerke aus Stein; Keramik; Glasmalerei; Hohlglas) 1981, 2 Bde.; Th. Goege, Theorie u. Praxis d. Restaurierung im Gothic Revival. Die Rest.-Bewegung der Ecclesiologists". Diss. Univ. Freiburg i. Br. 1979,

1981; R. Wihr, Restaur. von Steindenkmälern (Hb.), 1980/81.

Retabel →Altar.

Rethel, Alfred, Maler und Graphiker, * 15. 5. 1816 Haus Diepenbend b. Aachen, † 1. 12. 1859 Düsseldorf (seit 1852 geisteskrank), Schüler der Düsseldorfer Akademie. Malerisches Hauptwerk sind seine Fresken aus der Geschichte Karls d. Gr. im Aachener Rathaus (seit 1840), die die Vorgänge mit anschaulicher Klarheit, Wucht und Größe schildern (4 von ihm selbst, die anderen nach seinen Entwürfen ausgeführt). Das bekannteste ist „Otto III. in der Gruft Karls d. Gr." (1847). Von ähnlicher Großartigkeit sind seine aquarellierten Zeichnungen vom Zuge Hannibals über die Alpen (1842–44; Dresden, Kupferstichkabinett). Auf dem Gebiet des Holzschnittes steht er neben Menzel unerreicht da (→Holzschnitt). Seine ersten Holzschnittillustrationen entstanden für die 1840 erschienene Marbachsche Ausgabe des Nibelungenliedes. Die Größe seiner Auffassung und sein besonderes Gefühl für den Holzschnitt in der altdt. Form des Linienholzschnitts kommen zu voller Geltung in der durch die Revolution von 1848 angeregten Folge „Auch ein Totentanz" (1849). Schon früher war das Blatt „Der Tod als Würger" entstanden (1847) und als versöhnlich. Gegenstück folgte der wohl bekannteste Holzschnitt des 19. Jh., „Der Tod als Freund" (1851). – Briefe, hg. von Ponten (1912).

J. Ponten, A. R., 1911 (Klassiker der Kunst); Ders., Studien über A. R., 1922; K. Zoege von Manteuffel, A. R. Radierungen und Holzschnitte, 1929; K. Koetschau, A. R.s Kunst vor dem Hintergrund der histor. Malerei seiner Zeit, 1929; H. Franck, A. R., 1937; H. Schmidt, A. R., 1959; H. v. Einem, Die Tragödie d. Karlsfresken A. R.s, 1968; D. Hoffmann, Die Karlsfresken A. R.s, Diss. Freibg. i. Br. 1969; C. Zoege v. Manteuffel, A. R.s Spätstil, 1969.

Revers →Avers.

Revolutionsarchitektur →Ledoux.

Reynolds, Sir Joshua, engl. Maler, * 16. 7. 1723 Plympton bei Plymouth, † 23. 2. 1792 London, 1749–52 in Rom, 1768–90 Präsident der Londoner Akademie, nahm eine überragende Stellung im Londoner Kunstleben seiner Zeit ein. In seinen Historienbildern war er durchaus Eklektizist, als Bildnismaler führte er die Tradition van Dycks weiter mit einem Einschlag Rembrandtschen Helldunkels. Doch steckt in seinen vornehmen und, wenn es sich um Damen und Kinder handelt, ins Süße hinüber spielenden Bildnissen ein hohes Maß eigener Beobachtung und Unmittelbarkeit der Wiedergabe, das sich gegen Ende seines Lebens noch steigerte. Aus der gewaltigen Zahl seiner Bildnisse sind einige der bekanntesten: Lady Crosbie (1778; Privatbes.), die Schauspielerin Mrs. Siddons als tragische Muse (1774; Dulwich, Gal.), die Herzogin von Devonshire mit ihrem Töchterchen (1786; Chatsworth), Lord Heathfield mit dem Schlüssel von Gibraltar (1787; London, Nationalgal.). – Als Direktor der Akademie hat R. Vorträge über Kunst gehalten, die seiner Zeit als höchst bedeutende Äußerungen galten.

Schriften, hg. von Malone, 2 Bde., 1797, und Fry, 1905. Seine Vorträge dt. von E. Leisching „Zur Ästhetik und Technik der bildenden Künste", 1893.

Leslie und Taylor, Life and times of R., 2 Bde., 1865; Braves und Coonin, A history of the works of Sir J. R., 4 Bde., 1899–1901; Armstrong, Sir J. R., dt. 1907; E. K. Waterhouse, R., 1941 (engl.); D. Hudson, Sir J. R., 1958 (engl.); E. K. Waterhouse, R., 1973 (engl.).

Rhamnus →Agorakritos.

Rhodos, Die um 1000 v. Chr. von Doriern besiedelte Insel steht in der Kunstübung seit dem 7. Jh. unter ostgriech. Einfluß, auch macht sich der nahe Orient in der Übernahme gewisser Typen und Techniken, wie etwa der Fayence, bemerkbar. Im 6. Jh. gab es verschiedene, vor allem nach den griech. Kolonien in Kleinasien bis zum Schwarzen Meer hin exportierende Fabriken bemalter Tongefäße, von denen auch die großen, auf der Insel selbst ausgegrabenen Nekropolen zeugen. In der klassischen Zeit hat R., wenn überhaupt, fast nur fremde Künstler beschäftigt, doch gibt es aus dem 5. Jh. einige Grabreliefs von anmutiger Schönheit. Seine eigentliche Kunstblüte erlebt R. erst in hellenistischer Zeit. Sie äußert sich in einem besonderen, von alexandrinischer und pergamenischer Kunst nicht ganz unabhängigen Stil der Plastik (→Laokoon). Das Mittelalter hat in R. stattliche Befestigungs- und Wohnbauten aus der Kreuzfahrerzeit hinterlassen.

Ital. Zeitschr. „Clara Rhodos", seit 1928; R. Matton, R., ³1959 (Athen); G. Konstantinopoulos, R., 1971 (dt.).

Rhoikos →Samos, Heraion.

Rhythmus. Dieser, ein menschliches Urverhalten und Urerleben bezeichnende Begriff ist in der neueren Ästhetik und Kunstwissenschaft von den zeitlichen Künsten (Musik, Dichtung, Tanzkunst) auch auf die räumlichen (Baukunst, Bildnerei, Malerei) übertragen worden, jedoch ohne genaue Eingrenzung seines Geltungsbereichs.

W. Drost, Die Lehre vom R. in der heutigen Ästhetik der bildenden Künste, Diss. Leipzig, 1919; H. Chr. Wolff, Das Musikalische i. d. modern. Malerei (in: Jb. für Ästhetik u. allgem. Kstwiss., 7), 1962; J. Wolkowa, Der R. als Objekt d. ästhet. Analyse (in: Kst. u. Lit. H. 1), 1976.

Ribera, Jusepe de, span. Maler und Radierer, in Italien genannt lo Spagnoletto, get. 17. 2. 1591 Játiva b. Valencia, † 2. 9. 1652 Neapel, tätig das. seit etwa 1616, setzte dort die Helldunkel-Malerei, die er aber schon bei seinem Lehrer Francisco de Ribalta in Valencia kennengelernt hatte, und den Naturalismus Caravaggios fort und baute sie weiter aus. In seinem sehr umfangreichen und von den Arbeiten der Gehilfen noch nicht genügend klar getrennten Werke nehmen grausigdüstere Marterszenen einen hervorragenden Platz ein. Ein Hauptwerk ist „Die heilige Dreifaltigkeit" (1632; Eskorial). Als Radierer hat R. eine sehr persönliche Technik ausgebildet und mit ihr die stärksten plastischen und malerischen Wirkungen erzielt. Ein Hauptblatt ist „Der trunkene Silen" (1628).

M. Utrillo, J. de R., 1907 (span.); E. Bayard, J. R., 1909 (franz.); A. L. Mayer, J. de R., ²1923; E. Conte, R., 1925 (franz.); G. Pillement, R., 1929 (franz.); E. Du Guè Trapier, R., 1952 (engl.); G. Jedlicka, Span. Malerei, 1965; C. M. Felton, J. d. R., Diss. Pittsburgh, 1971; J. Brown, J. de R. Prints and Drawings, 1973.

Riccio, Andrea, ital. Bildhauer, * 1470 Padua, † 1532 das., bedeutend vor allem als Bronzebildner und hier wiederum auf dem Gebiet der Kleinbronzen, hat in großer Zahl kirchl. Ausstattungsstücke wie kleinere Altäre, Tabernakel, Leuchter, aber auch weltl. Gebrauchsgegenstände geschaffen, fein und zierlich in der Form, von hervorragender technischer Ausführung, mit figürlichem Schmuck, bes. kleinen Reliefs von klarer und lebendiger Komposition. Ein Hauptwerk ist der mit Statuetten und Reliefs dicht besetzte große Kandelaber im Santo in Padua (1507–16).

L. Planiscig, A. R., 1947; J. Pope-Hennessy, Italian renaissance sculpture, 1958.

Richier, Germaine, franz. Bildhauerin, * 16. 9. 1904 Grans, Südfrankreich, † 1959 Montpellier, war 1925–1929 Schülerin von A. → Bourdelle, lebte 1939–1949 in der Schweiz, dann in Paris. Sie stand dem Surrealismus nahe. Ihre langgliedrig dürren Bronzefiguren sind skurrile Monstren, die einsam gestikulierend vorwärtsschreiten oder mit sperrigem Gestänge kämpfen. Ihr Werk ist dämonischer Ausdruck von Angst, Bedrohtheit und Zerstörung. In Form und Technik besteht Verwandtschaft zu den Arbeiten →Giacomettis.

Musée National d'Art Moderne, Ausstellungskatalog, G. R., 1956; J. Cassou, G. R., 1961 (franz.).

Richter, Adrian Ludwig, Maler und Zeichner, * 28. 9. 1803 Dresden, † 19. 6. 1884 das., 1823–26 in Italien, 1826–36 Lehrer an der Zeichenschule der Porzellanmanufaktur Meißen, 1836–77 an der Akademie in Dresden, malte in Italien nach dt.-röm. Weise Landschaften von klarem Aufbau mit scharf gezeichneten Einzelheiten, blauer, sehnsuchtsvoller Ferne, durchsetzt mit anmutigen und friedlichen Motiven, und wandte sich später unter ähnlichen Gesichtspunkten der sächs.-böhm. Landschaft zu. Die größte Fruchtbarkeit hat er als Zeichner für den Holzschnitt entfaltet und zahllose Illustrationen für volkstümliche Schriften, Kinderbücher, Kalender, Gedichte, Märchen, Lieder und Erzählungen geliefert. Mit ihnen hat er sich einen festen Platz im Herzen des dt. Volkes erworben, und man darf ihn wohl den volkstümlichsten Meister des 19. Jh. überhaupt nennen. Um Formprobleme hat er nicht gerungen. Sein Anschauungskreis beschränkte sich auf die Welt des Kleinbürgers der Biedermeierzeit, die er in all ihrem gemütlichen und besinnlichen Leben, in ihrer liebenswürdigen Schlichtheit erfaßt und mit treuherziger Eindringlichkeit dargestellt hat. Auch seine „Lebenserinnerungen eines dt. Malers" sind ein rechtes Volksbuch geworden (zahlreiche Ausgaben; die erste von 1885 ist jedoch eine von dem Sohn Heinrich R. vorgenommene Bearbeitung; bearb. v. J. Neidhardt, 1976).

Hoff, A. L. R., [3]1922, Nachlese 1926; P. Mohn, L. R., [7]1927; K. J. Friedrich, Die Gemälde L. R.s, 1937; Ders., L. R. u. sein Kreis, 1956; E. Kalkschmidt, L. R., [2]1948; L. Kempe, L. R., [3]1955; Das L. R. Album. Sämtl. Holzschnitte, eingel. v. W. Stubbe, 2 Bde., 1968; H. J. Neidhardt, L. R., 1969, [2]1976 (m. Bibl.); J. Beer, L. R., 1976.

Richter, Hans Theo, Maler u. Zeichner, * 7. 8. 1902 Rochlitz, † 14. 9. 1969 Dresden. Er begann als Maler (Frühwerke zerstört), widmete sich aber nach dem Kriege ausschließlich der Zeichnung und Lithographie. Dabei entwickelte er einen eigenen unverwechselbaren Stil zartester Strichführung, die ganz auf das wesentliche seiner Figuren beschränkt bleibt. Die innige Beziehung zwischen Mutter und Kind immer neu zu gestalten, war ihm ein Hauptanliegen.

W. Balzer, H. Thl R. Sein zeichner. Werk seit 1945, 1956; W. Schmidt (Hg.), H. Th. R. Ausst. Kat. Berlin/Dresden (mit Lit.-Verz.), 1962; ders., H. Th. R., Das graph. Werk, 1974; H. Th. R., Lithographien, Handzeichnungen. Einl. v. H. Kinkel, 1968; F. Löffler, H. Th. R. Zeichnungen, 1979.

Ried, Benedikt (von Piesting, auch Benesch v. Laun) Baumeister, * um 1454 Landshut (?), † 30. 10. 1534 Laun, nach mutmaßlicher Ausbildung im Donau-Inn-Gebiet seit 1489 als Leiter der kgl. Bauhütte auf der

Prager Burg nachweisbar. Er baute dort Befestigungsanlagen, Wohngemächer und als ein erstes Hauptwerk das Wladislawsche Oratorium im Veitsdom (1490–93). Den Höhepunkt seines Schaffens erreichte er im Wladislaw-Saal (1493–1502), dem größten stützenlosen Saalraum der dt. Spätgotik. Noch niemals war bis dahin ein profaner Innenraum von solchen Ausmaßen durch ein einziges Rippengewölbe überspannt worden. Es vereinigt technische Vollendung mit der spielerischen Leichtigkeit seiner in schwingender Bewegung geführten Rippen. Einzelteile sind in Formen monumentaler Renaissancearchitektur gehalten, die R. sicher in Ungarn kennen gelernt hat. Er vollendete ferner die von Peter →Parler begonnene St.-Barbarakirche in Kuttenberg (1512–48) mit ihren originellen, turmartig wirkenden Zeltdächern und hatte die Oberaufsicht über den Neubau der St.-Nikolauskirche in Laun (1520–38). Seine letzten gesicherten Profanbauten sind Schlösser (Blatna, Frankenstein). Reiche Nachwirkung haben seine Baugedanken in NW-Böhmen, im Erzgebirge und in Sachsen gefunden.

G. Fehr, B. R., 1961; Eva Gamánkova, Architektura české renesance, 1961 (tschech.); W. Schadendorf, B. R. und seine Bedeutung, 1962 (Zeitschr. f. Ostforschung, Jahrg. 11); V. Kotrba, Baukst. u. Baumstr. d. Spätgot. am Prager Hof (Ztschr. f. Kst.gesch.) 1968.

Ri(e)dinger, Johann Elias, Maler und Radierer, * 16. 2. 1698 Ulm, † 10. 4. 1769 Augsburg, stach und radierte etwa 1300 meist mit Erläuterungen versehene Darstellungen jagdbarer Tiere, die große Verbreitung fanden, u.a. die Folgen „Der Fürsten Jagdlust", „Parforcejagd der Hirschen", „Abbildungen jagdbarer Tiere mit beigefügten Fährten".

G. Thienemann, Leben und Wirken R.s, 1856–76 (mit 3 Nachträgen, Nachdruck 1963); I. Schwarz, Katalog einer R.sammlung, 2 Bde., 1910–18 (Werkverz.).

Riefenkeramik. Tonware, die mit Riefen oder Kanneluren verziert ist, erscheint in Mitteleuropa gegen Ende der →Bronzezeit und zu Beginn der →Eisenzeit. Sie tritt sowohl in der süddt. Urnenfelder-Kultur (→Bronzezeit) wie in der →Lausitzer Kultur auf.

Riemenschneider, Tilman, Bildhauer und Bildschnitzer, * etwa 1460 Heiligenstadt, † 7. 7. 1531 Würzburg, seit 1483 das., 1504 Ratsmitglied, 1520/21 Bürgermeister, 1525 wegen Unterstützung der Bauern gefangengesetzt und gefoltert. Sein Werk drückt in so hohem Grade den allgemeinen Stilwillen der Landschaft aus, in dem es steht, daß seine Eingrenzung mit besonderen Schwierigkeiten verbunden ist. Bestimmende Merkmale von R.s Kunst im Unterschied von der pathetischen Ausdrucksgewalt des Veit Stoß oder der ruhigen, schweren Derbheit des Adam Krafft sind nervöse Beweglichkeit feingliedriger Menschen, feinste Abstufung seelischen Ausdrucks, der jedoch meist verhalten ist und sich gern in den Bezirken des Gefühlvollen, ja Sentimentalen bewegt. Träger des Ausdrucks sind in hohem Grade die Hände. Reichste Oberflächenbehandlung sowohl der Werke in Stein wie der in Holz verbindet sich mit eindringlicher Wiedergabe des Gegenständlichen. Zur Geltung kommt diese Oberflächenbehandlung durch den von R. zuerst geübten Verzicht auf Vergoldung und Bemalung des Holzes. Als früheste Arbeiten gelten die 1956 entdeckte Reliefbüste eines Geistlichen mit Buch am Eingang zur Würzburger Domschule, weiter ein

1489 gestifteter Schnitzaltar in der Pfarrkirche zu Großostheim b. Aschaffenburg und der Altar der Pfarrkirche in Münnerstadt (1490/92; nur in einzelnen Teilen erhalten das., sowie in den Staatl. Museen in Berlin und im Bayr. Nationalmus. in München). Weitere Werke der Frühzeit: Adam und Eva (Stein, 1491–93; Würzburg, Mainfränk. Mus.), die Wandgrabmäler des Rudolf von Scherenberg (1498/99; Würzburg, Dom) und des Konrad von Schaumburg (1499; Würzburg, Marienkapelle). Als weiteres Frühwerk wird neuerdings ein Altar in der Stadtkirche von Haßfurt (Franken) angesehen. Mit dem Heiligenblutaltar der Jakobskirche in Rothenburg (1499–1505) und bes. dem Altar der Herrgottskirche in Creglingen (kurz darauf) erreicht R. den Höhepunkt seines Schaffens. Eine hervorragende steinerne Madonnenstatue dieser Zeit gelangte 1956 in das Mainfränk. Museum in Würzburg. Es folgen der Kreuzigungsaltar der Pfarrkirche in Dettwang (ungefähr 1508/10), der Hochaltar für den Würzburger Dom (1508/10; nur in einzelnen Teilen erhalten), das Tumbengrab für Heinrich II. und Kunigunde im Bamberger Dom (voll. 1513), das Wandgrabmal des Lorenz von Bibra († 1519; Würzburg, Dom), die Beweinung auf dem Hochaltar der Pfarrkirche i. Maidbronn (Sandstein; 1520–25); außerdem zahlreiche Einzelfiguren (Madonnen, Kruzifixe).

H. Schrade, T. R., 2 Bde., 1927; J. Bier, T. R. Ein Gedenkbuch, ²1936; Ders., T. R., 2 Bde., ⁴1937; Th. Demmler, Die Meisterwerke T. R.s, 1937; K. Gerstenberg, T. R., ²1943; F. Knapp, T. R., ⁴1941; H. Flesche, T. R., ³1967; M. H. v. Freeden, T. R., ⁴1972; J. Bier, T. R., Die späten Werke in Stein, 1973; Ders., Die späten Werke in Holz (Bd. 4), 1978. W. Steinert, T. R.s Kaisergrab im Bamberger Dom, ⁴1973; H. Muth, R. in Franken, 1977; Forschungsprojekt z. Frühwerk T. R.s an der Skulpturengalerie Berlin (in: Jb. Preuß. Kulturbesitz XIV), 1977; Ausst.kat. Mainfränk. Mus. Würzburg, R., 1981. (betr. Altar in Haßfurt).

Riemerschmid, Richard, Maler, Baumeister, Kunsttheoretiker, * 20. 6. 1868 München, † 15. 4. 1957 das., studierte zunächst Malerei, entwarf Möbel, Gebrauchsgegenstände, Geräte, Textilien u. a. im Jugendstil. 1897 gehörte er zu den Gründungsmitgliedern der „Vereinigten Werkstätten für Kunst im Handwerk", 1907 zu denen des →Deutschen Werkbundes u. 1908 der „Deutschen Werkstätten" in Hellerau b. Dresden. Seit der Jhdt.-wende war R. verstärkt in der Baukunst tätig; so entwarf er den Bebauungsplan für die →Gartenstadt Hellerau (1908). R.s Hauptwerke sind die Inneneinrichtung des Schauspielhauses München (1901) u. Gebäude der „Dtschn. Werkstätten" Hellerau (1909ff.). Sein Bemühen galt auch Fragen der Kunsterziehung.

R. R. Künstlerische Erziehungsfragen, 1917, ²1919; Der Dte. Werkbund, 1928; H. Thiersch (Hg.) Festschrift für R. R. (Baukunst u. Werkform 6) 1957.

R(j)epin, Ilja Jefimowitsch, russ. Maler, * 5. 8. 1844 Tschugujew, † 29. 9. 1930 Kuokkala (Finnland), 1893–1907 Prof. der Kunstakademie in Petersburg, hervorragendster Vertreter des Realismus in der neueren russ. Malerei und von bedeutendem Einfluß auf deren Entwicklung, malte Bilder von packender Ausdruckskraft aus Leben und Geschichte des russ. Volkes, z. T. mit sozialer Tendenz, auch Bildnisse von Tolstoi, Mussorgski, Glinka, Rubinstein u. a. Zu seinen bekanntesten Werken gehört: „Antwort der Saporoger Kosaken an den Sultan" (1891; Leningrad, Russ. Mus.). Die meisten seiner Bilder befinden sich in der Tretjakow-Gal. in Moskau. R. hat sich auch als Radierer und Bildhauer betätigt.

K. Karelin, Der russ. Maler I. J. R., 1905; T. Stephanowitz, I. J. R., 1956; I. Grabar, R., 2 Bde., 1964 (russ.).

Riesen →Fiale.

Riesener, Jean-Henri, Kunsttischler, * 1734 Gladbeck i. W., † 6. 1. 1806 Paris, nach →Oeben, dessen Werkstatt er 1767 übernahm, der hervorragendste Meister seiner Zeit, 1782 „ébéniste du roi". Er vollendete 1769 den von jenem begonnenen Schreibtisch Ludwigs XV. Seine Möbel (Louvre in Paris, Wallace Collection und South Kensingtonmus. in London) sind von klarer, geradliniger Form, ausgezeichnet durch feinste Marqueterie und Bronzebeschläge.

A. Feulner, Kunstgeschichte des Möbels, 1927; F. de Salverte, Les ébénistes du XVIIIe siècle, ^{4}1953; P. Verlet, Möbel v. J. H. R., 1955; F. J. B. Watson, The Furniture in the Wallace Collection London, 1958.

Rietschel, Ernst, Bildhauer, * 15. 12. 1804 Pulsnitz, † 21. 2. 1861 Dresden, Schüler von Rauch, seit 1832 Prof. der Akademie in Dresden, schuf in einer Verbindung von Klassizismus und maßvollem Realismus vor allem Bronzedenkmäler: Thaer (1850; Leipzig), Lessing (1853; Braunschweig), Goethe und Schiller (1857; vor dem Theater zu Weimar), Entwürfe für das Lutherdenkmal in Worms (seit 1868 von R.s Schülern Donndorf und Kietz vollendet). – R.-Museum in Dresden mit Abgüssen der Werke. – Briefwechsel zwischen Rauch und R. (2 Bde., 1890/91), E. R., Erinnerungen aus meinem Leben, hg. von A. Loeckle, 1935, neue Ausg. von seinem Enkel Ernst R. 1954.

Oppermann, E. R., ^{2}1873; M. O. Johannes, E. R., Der Bildhauer, 1938; K. Proksch, Die Stellg. d. bildhauer. Werkes von E. R. im 19. Jh., (Bildende Kst. 9) 1961.

Rietveld, Gerrit Thomas, holl. Baumeister und Designer, * 24. 6. 1888 Utrecht, † 25. 7. 1964 das., war zunächst Tischler, bildete sich unter dem Eindruck von →Berlage und nach der Begegnung mit der Bewegung des →Stijl, der er sich anschloß, zum Baumeister aus. Sein erster, wegweisender Bau wurde das Haus Schröder in Utrecht, bei dem er das Konstruktive sichtbar und zum Maßstab von Schönheit gemacht hat. Dieser Gestaltungswille spricht auch aus seinen Möbelentwürfen (Holz u. Stahl). 1928 gehörte R. zu den Mitbegründern des →CIAM. – Reihenhäuser, Villen aber auch Pavillons für Ausstellungen (Venedig, 1954; Amersfoort 1958/59) sowie die Entwürfe für die Akademie in Arnheim und das Van Gogh-Museum in Amsterdam zählen zu seinen Werken.

Th. M. Brown, The Work of G. R., 1958; Ausst.kat. R., Amsterdam, 1972.

Rigaud, Hyacinthe, franz. Maler, * 18. 7. 1659 Perpignan, † 29. 12. 1743 Paris, tätig das. seit 1680, genoß zu seiner Zeit höchsten Ruhm als Meister des pompös aufgemachten, repräsentativen Barockbildnisses. Das Lebensgefühl des Zeitalters Ludwigs XIV. ist in seinen Bildern unübertrefflich ausgedrückt. Viele von ihnen, bes. die späteren, entstanden jedoch unter weitgehender Beteiligung von Gehilfen.

J. Roman, Le livre de raison du peintre H. R., 1919; Ausst.kat. H. R., Perpignan 1959; C. Colomer, La famille et la milieu social du peintre R., 1973.

Ring, Der →Häring, Hugo.

Ring, tom, Malerfamilie in Münster: Ludger d. Ä. (1496–1547), seine Söhne Hermann (1521–97) und Ludger d. J. (1522–84). Sie nahmen zu ihrer Zeit eine beherrschende

Stellung in der Malerei Münsters ein und gaben unter Anlehnung an die niederländ. Meister ihr Bestes in Porträts.

Th. Riewerts u. P. Pieper, Die Maler tom R., 1955 (mit Werkkat.); P. Pieper Hermann tom R., die Bildform d. nord. Manierismus, 1956 (Wallr.-Rich.-Jahrb. 18); ders., Ein Muttergottesbild von H. t. R. (in: Anz. d. German. Nat.-Mus. Nürnberg) 1964.

Ringkrug, Wurstkrug, Ton- oder Steinzeugkrug, dessen Körper aus einem Ring besteht, einen schmalen runden Fuß und ähnlich geformten engen Hals hat. Im Innern des Ringes ist zuweilen eine Figur angebracht. Die Bemalung ist dunkelblau oder violett. Es gibt einfache und doppelte R.e. Sie wurden seit dem 16. Jh. hergestellt, seit dem 17. Jh. auch aus Glas.

Ringtonne, Tonnengewölbe, das in einem ganzen oder halben Ring (z.B. bei Chorumgängen) geführt ist.

Rippe →Gewölbe.

Rippl-Rónai, Jószef, ungar. Maler, * 24. 5. 1861 Kaposvár, † 25. 11. 1927 das., studierte in München und Paris, wo er 1887–89 im Atelier von Munkácsy arbeitete. Dann trennte er sich von dessen romant. Realismus, schloß sich der Gruppe der →Nabis an und entwickelte seinen eigenen Stil, der auch Elemente der starkfarbigen ungar. Volkskunst enthielt. Bes. wichtig wurde für ihn die Freundschaft mit Maillol. 1902 kehrte er in die Heimat zurück. In seinen späteren Jahren ging er fast ganz zum Pastell über. Er schrieb: „Selbstbiographie" (1911; ungar.).

Denise Pewny, R., 1940 (ungar.); E. Petrovics, R., o. J. (ungar.); J. Genthon, R., 1958 (dt.); P. Elek, R.-R., o. J.; Ausst.kat. J. R.-R., Budapest, 1961; A. Aumbert, Die Nabis u. ihre Epoche, 1967; Ausst.kat. J. R.-R., Tihany, 1968.

Risalit, ein aus der Fluchtlinie eines Baukörpers in seiner ganzen Höhe vortretender Gebäudeteil. Zu unterscheiden sind Mittelrisalit, Seitenrisalite, Eckrisalite. Das R. ist ein bes. im Barock und im 19. Jh. häufig angewandtes Mittel, eine Fassade zu gliedern, ihre Eintönigkeit zu beleben (zumal auch die Dachlinie mit vorspringt), dem Gesamtbaukörper ein Relief zu geben.

Ritzzeichnung, Zeichnung, die durch Einritzen der Linien in einen harten Grund vermittels eines scharfen Gegenstandes entsteht. Die vorgeschichtl. R.en auf Stein, Knochen, Elfenbein gehören zu den ältesten Kunstäußerungen überhaupt (→Altsteinzeit). Eine Sondergruppe von R.en bilden die mittelalterlichen Putzritzungen (bekannte Beispiele im Kreuzgang des Magdeburger Doms, 13. Jh.), die jedoch durch Ritzen in den noch weichen Mörtelgrund entstanden (vgl. L. Arntz, Außenmauerschmuck auf Mörtelgrund, 1916, Zeitschr. für christl. Kunst, Bd. 29).

Rivera, Diego, mexikan. Maler, * 8. 12. 1886 Guanajuato, † 25. 11. 1957 Mexiko-City, vervollkommnete seine in der Heimat begonnene Ausbildung in Paris, wo Cézanne, Picasso und Henri Rousseau auf ihn einwirkten, studierte in Italien die Fresken der Alten Meister und kehrte 1921 nach Mexiko zurück, d.h. in dem Jahr, in dem nach der „nationalen Revolution" der kulturelle Aufbau in Mexiko begann. Seit dieser Zeit hat R. in vielen umfangreichen Freskenzyklen in öffentlichen Gebäuden des neuen Staates die kommunistischen Ideen veranschaulicht und propagiert, die zu dessen Gründung geführt haben. In ähnlichem Sinn hat er auch Fresken für Versammlungsräume sozialistischer Organisationen in S.

Francisco, Detroit und New York geschaffen. Für die gewollte Primitivität von R.s Stil war vor allem das Beispiel Henri Rousseaus maßgebend, doch überwuchert bei R. das Stoffliche und Gedankliche zuweilen die Form und beeinträchtigt deren im übrigen oft sich bewährende lapidare Schlagkraft.

Das Werk des Malers D. R., 1928 (mit Selbstbiographie); H. F. Secker, D. R., 1957; D. R., Myart, my life, 1960; L. Suárez, D. R.-Bekenntnisse, dt. 1967; Ausst.kat. Kst. d. mex. Revolution Berlin (W.) 1975.

Robbia, 1. Luca della, ital. Bildhauer, * 1399 Florenz, † 1482 das., gehört neben Ghiberti und Donatello zu den Begründern der Florentiner Frührenaissance. Das Wesen seiner Kunst ist klare Harmonie, ohne Spannung, ohne gesuchten Naturalismus, vollkommener Ausgleich, edle und schöne Haltung, warmes seelisches Leben. Die Chronologie seiner Werke ist schwierig wegen ihrer geringen Stilschwankungen. Hauptwerk der Frühzeit: Marmorkanzel mit Reliefs tanzender und musizierender Knaben für den Florentiner Dom (1431–37; Dommus.), Reliefs mit Darstellungen der Wissenschaften am Campanile das. (1437–39). Anfangs d. 40er Jahre (vielleicht aber auch schon früher) kam R. darauf, die Technik der →Fayence mit ihren Farben und ihrer Glasur auf die Großplastik zu übertragen: Tabernakel für Sta. Maria Nuova in Peretola b. Florenz (voll. 1443). Seitdem hat R. eine Fülle solcher Fayence- oder Majolikabildwerke geschaffen, vielfarbig oder mit weißen Figuren auf blauem Grund. Er tat dies vor allem als Architekturplastiker, indem er die Kreise und Lünetten der Bauwerke Brunelleschis (z.B. Pazzi-Kapelle) mit farbigen Reliefs schmückte. Dazu kommen selbständige Madonnenreliefs und Bildnisreliefs in Form des →Tondo.

2. Andrea della, ital. Bildhauer, Neffe und Schüler von 1, * 1435 Florenz, † 1525 das., hat die Kunst der Glasur weiter entwickelt und auf die großen Altartafeln mit Rahmen und Predella übertragen. Von seinen zahlreichen Werken dieser Art, auch Madonnenreliefs, Lünetten, Büsten, Freifiguren, Gruppen sind am bekanntesten die „Bambini“ (Wickelkinder in Hochrelief am Findelhaus in Florenz, 1463–66) und das Lünettenrelief mit der Begegnung der beiden Ordensstifter Franz und Dominikus an der Loggia S. Paolo (das.). Die Söhne R.s, Girolamo und Giovanni, waren in der gleichen Weise tätig.

Der Familie della R. Werke, hg. von W. von Bode, 1914; P. Schubring, Luca della R. und seine Familie, ²1921; A. Marquand, Andrea della R. and his atelier, 2 Bde., 1922; L. Planiscig, Luca della R., 1940; M. Lisner, Die Sängerkanzel des L. d. R., Diss. Freibg. i. Br. 1955, 1961; P. Bargellini, L. d. R., 1961 (it.); U. Baldini, La bottega dei della R., 1965; C. de Bravo, L'umanesimo di L. d. R. (in: Paragone 24, Nr. 285), 1973.

Robert, Hubert →Ruinenmalerei.

Rocaille

Rocaille, Muschelwerk, Grottenwerk aus Muscheln und Steinen, das hauptsächlichste und den gesamten Bereich der Kunst und des Kunstgewerbes umfassende Dekorations- und Ornamentmotiv des →Rokoko. Dieses heißt daher seit Beginn des 19. Jh. franz. auch Style rocaille.

H. Bauer, R. Zur Herkunft u. zum Wesen eines Ornamentmotivs, 1962 (Neue Münchner Beiträge zur Kunstgesch. 4); St. Bursche, Die R. als Sinnbild d. Natur (Anz. d. Germ. Nat. Mus. Nürnberg) 1976.

Rodakowski, Henryk, poln. Maler, * 9. 8. 1823 Lemberg, † 28. 12. 1894 Krakau, studierte in Wien und Paris und entwickelte sich zu einem Hauptvertreter der poln. Bildnismalerei im 19. Jh. Er hat auch Historienbilder geschaffen.

A. Ryskiewicz, H. R., dt. 1955; S. Kozakiewicz, H. R., [2]1962.

Rodin, Auguste, franz. Bildhauer, * 12. 11. 1840 Paris, † 17. 11. 1917 Meudon, die bedeutendste Persönlichkeit der Plastik des späteren 19. Jhs., begründete eine Richtung, die man als Impressionismus in der Plastik bezeichnet hat: die Oberfläche seiner Figuren schließt sich nicht fest zusammen, sondern ist gleichsam weich durchformt und ermöglicht Licht und Schatten ein „malerisches" Spiel. R. ist in Unabhängigkeit von der plastischen Überlieferung seiner Zeit seinen Weg gegangen, wenn er auch dem →Neubarock verpflichtet war, und hat immer neue Möglichkeiten gefunden, seelische Erregungen, wie Lust, Leidenschaft, Verzweiflung, aus der Tiefe und Ganzheit des Körpers heraus und mit einer ins Allgemeinmenschliche erhobenen Größe darzustellen. Figuren und Gruppen sind zuweilen nur so weit aus dem Block herausgearbeitet, daß das Wesentliche bloßgelegt ist. Seine Kunst der Darstellung seelischer Haltungen hat ihn auch hervorragende Bildnisbüsten schaffen lassen. Nach seinem Tod wurde das von ihm selbst vorbereitete R.-Mus. in Paris eingerichtet, das den besten Überblick über sein Schaffen gewährt. Hauptwerke: Jünglingsgestalt „Das eherne Zeitalter" (Bronze, 1877; Paris, Luxembourg-Mus.), die Bürger von Calais (Bronzegruppe, 1884–95 Calais), der Kuß (Marmor, 1898; R.-Mus.), Balzac (Marmor, 1898; das.), der Denker (Bronze, 1904; das.). – Die „Kunst. Gespräche des Meisters", gesammelt von P. Gsell, 1933.

O. Grautoff, R., [2]1911; C. Mauclair, A. R., 1917 (dt.); L. Bénédite, R., 1926; R. M. Rilke, A. R., 1934; Judith Cladel, R., 1936; E. Waldmann, R., 1944; G. Grappe, Musée R., 1945; J. Gantner, R. u. Michelangelo, 1953; J. A. Schmoll, gen. Eisenwerth, Der Torso als Symbol u. Form. Zur Gesch. d. Torso-Motivs im Werk R.s, 1954; ders., R.-Studien (Stud. z. Kst. 31) [2]1978 (m. Bibl.); Cécile Goldscheider, R., 1962 (franz.); A. E. Elsen, R., 1963 (engl.); ders. u. J. K. T. Varnedoe, The drawings of R., 1972; R. Descharnes u. J.-F. François, A. R. (Documents historiques et iconographiques), 1967; I. Jianou, R., 1970 (frz.); J. A. Schmoll gen. Eisenwerth, R.s kunsttheoret. Ansichten (in: Beitr. z. Theorie d. Kste. im 19. Jh., 2), 1972; ders., R.-Studien, 1975 (m. Bibl.); Claudie Judrin, Monique Laurent, R. et l'Extrême-Orient, Cat. Mus. R. Paris, 1979.

Roentgen, David, Kunsttischler, (Ebenist), * 11. 8. 1743 Herrnhag (Wetterau), † 12. 2. 1807 Neuwied a.Rh., Schüler seines Vaters Abraham R. (1711–93), übernahm 1772 dessen Werkstatt in Neuwied, zu der später noch Zweigniederlassungen in Paris und Berlin kamen. Den im engl-holländ. Formenkreis wurzelnden Stil seines Vaters hat R. rasch überwunden und seine Möbel dem Geschmack des Louis-seize angepaßt. Sie zeigen in der Frühzeit geschwungene Rokokoformen und eine überreiche Intarsia. Diese verschwindet seit etwa 1780 immer mehr zugunsten des Gegensatzes von Holz und Bronzebeschlägen, die Formen werden strenger und klarer. Die Werkstatt erlangte Weltruhm und belieferte viele Fürstlichkeiten. 1795 wurde sie wegen der Kriegswirren geschlossen. Hauptstücke in einer Reihe von dt. Schlössern sowie in den Kunstgewerbemuseen von Wien und Berlin.

H. Huth, Abraham und D. R. und ihre Neuwieder Möbelwerkstatt, 1928, [2]1974; ders., Möbel von D. R., 1955; J. M. Greber, D. R., 1948; H. Kreisel, A. R., 1953; B. Göres, Möbel v. D. R., Ausst.kat. (Forsch. u. Ber. d. Staatl. Mus. Berlin, Bd. 17) 1976.

Rogerus von Helmershausen →Theophilus.

Rogier van der Weyden →Weyden.

Rohe, Mies van der →Mies van der Rohe

Rohlfs, Christian, Maler, * 22. 11. 1849 Niendorf (Holstein), † 8. 1. 1938 Hagen i.W., studierte in Weimar, wurde dort ansässig und ging vom intimen Landschaftsrealismus der Weimarer Schule in den 80er Jahren zum Impressionismus über. Etwa 1900 erfolgte ein neuer Wandel, indem R. das Gegenständliche (Landschaften, Architekturen, Blumen) in Form und Farbe expressionistischer Gestaltungsweise unterwarf. Seit 1901 lehrte er an der Folkwang-Schule in Hagen.

H. Tintelnot, C. R. zum hundertjähr. Geburtstag, 1950; P. Vogt, C. R., 1956; W. Scheidig, C. R., 1965; P. Vogt, C. R., 1967; Ausst.kat. C. R. Westf. Landesmus. Münster, 1974.

Rokoko, Stilstufe der europ. Kunst von etwa 1730 bis etwa 1770/80. Das Wort ist abgeleitet von franz. →rocaille „Grotten- und Muschelwerk" nach einem immer wieder hervortretenden Ornamentmotiv; diese Ableitung zeigt, daß es sich hier im wesentlichen um einen Dekorationsstil handelt. Daher pflegt man denn auch hinsichtlich der monumentalen Baukunst und Bildnerei jener Zeit nur in sehr bedingtem Maße von R. zu sprechen, und eigentlich nur auf dem Gebiete des Kunstgewerbes wird das R., diese Endphase des →Barocks, gegen diesen einigermaßen scharf abgesetzt. Aber auch die Bauwerke – sakrale wie profane – zeigen in ihrer Gliederung den Verzicht auf große Säulenordnung und barocke Feierlichkeit, ja sogar Pathetik und Strenge, wobei sich das Schwere, Üppige, Großformige, Volltönende des Barocks zu Leichtigkeit, Zierlichkeit, Kleinteiligkeit, beschwingter Grazie gewandelt hat. Die Farbe hellt sich allgemein auf, am Außenbau wie in den lichtdurchfluteten Innenräumen mit ihrer durch Malerei und Plastizität bewirkten beschwingten Musikalität der Erscheinung. Für die Malerei entsprechend konnte die zartfarbige →Pastellmalerei erst im R. zu wirklicher Geltung gelangen. Barockes Pathos schlug in spielerisches Gebaren um, dem das kleine Format gemäßer war; so wurde das

Rokokoleuchter

Kleinbildwerk aus →Porzellan zum Träger dieser spielerischen Haltung, die sich bes. deutlich auch in den →Chinoiserien ausdrückt. Seine höchsten Triumphe feierte das R. im Dienst einer raffinierten Wohnkultur, bei der Dekoration des Innenraums und seiner Ausstattung mit Möbeln. Frankreich ist hier vorangegangen; nach ihm wurde Deutschland das Hauptland des Rokokos. Eine Sonderform stellt das →Friderizianische Rokoko dar.

R. Graul, Das 18. Jh., Dekoration und Mobiliar, 1905; R. Sedlmaier, Grundlagen der R.ornamentik in Frankreich, 1917; A. Feulner, Bayr. R., 1923; Ders., Skulptur und Malerei des 18. Jh. in Deutschland, 1929; E. Hildebrandt, Malerei und Plastik des 18. Jh. in Frankreich, 1924; M. Osborn, Die Kunst des R., 1940 (Propyläen-Kunstgesch. Bd. 13); W. Hegemann, Deutsches R., 1942 (Blaue Bücher); F. Kimball, The Creation of the R., 1943; Ders., Le style Louis XV, 1947; A. Schönberger u. H. Soehner, Die Welt des R., 1959; H. Keller, Die Kst. d. 18. Jh. (Propylaen-Kstgesch. 10) 1971; C. Squarr, Die süddtsche. R.-kirche i. d. Anschauung ihrer Zeit, 1972; W. Henschel, W. May, J. Chr. Knöffel. Der Architekt d. sächs. R.s, 1973; G. Eckardt, Die Mal. d. R., 1972; V. Loers, R.plastik u. Dekorationssysteme: Aspekte d. süddtn. Kst. u. d. ästhet. Bewußtseins im 18. Jh. (Münchn. kst.hist. Abhandlgn. 8), 1976; C. Norberg-Schulz, Arch. d. Spätbarock u. R., 1976; H. Bauer, R.malerei, 1979; U. Schiessl, R.fassung u. Materialillusion. Unters. z. Polychromie sakraler Bildwerke im süddtschn. R. (Studien u. Materialien zur kunsthistorischen Technologie, 1), 1979.

Roland (Rolandsäule), überlebensgroße Bildsäule aus Holz oder Stein, die eine barhäuptige Rittergestalt meist mit bloßem, aufrecht gehaltenem Schwert darstellt und sich auf den Markt- oder anderen Hauptplätzen der Städte findet. Der R. ist an ein ganz bestimmtes Verbreitungsgebiet in Norddeutschland gebunden, im wesentlichen an den Raum zwischen Weser und Oder mit einzelnen Ausstrahlungen nach dem ostdt. Kolonialgebiet sowie nach Böhmen, Siebenbürgen und Ragusa. Im ganzen kennt man 38 R.e, von denen sich 19 erhalten haben. Ältestes erhaltenes und zugleich schönstes Beispiel ist der über 5 m hohe steinerne R. vor dem Bremer Rathaus von 1494; doch sind eine Anzahl R.e aus dem 14. Jh. beglaubigt, ja der 1719 erneuerte R. in Halle a.S. scheint seiner Tracht nach auf ein Urbild des 13. Jh. zurückzugehen. Die spätesten Beispiele stammen aus dem 18. Jh. Naturgemäß hat sich im Laufe der Zeit eine Entwicklung in der Auffassung des R.s vollzogen. Verschiedene Typen haben sich herausgebildet; die Stellung, die Haltung des Schwertes, die Attribute sind variiert. Allgemein kann gelten, daß der R. im 15. Jh. als jugendlicher Ritter, seit der Renaissance als bärtiger gegeben wird und daß der Barock dazu neigt, den R. als röm. Krieger zu bilden. Doch kommen auch einmalige Sonderformen vor. Ursprung und Bedeutung des R.s hat von jeher die Forschung beschäftigt (älteste Schrift von Johannes Gryphiander: De Weichbildis Saxonicis sive Colossis Rulandinis etc., Frankf. a.M. 1625, [2]1666), ohne daß bisher eine einhellige Meinung sich ergeben hätte. Der Name R. deutet offenbar nicht auf die bestimmte Person des Paladins Karls d. Gr., sondern ist erst nachträglich hinzuerfunden worden (etwa wie man einen kräftigen Menschen einen Herkules nennt). Seinem Sinn nach wird der R. mit ziemlicher Übereinstimmung als Rechtssymbol bezeichnet, doch weiß man nicht, ob Zeichen der Hohen Gerichtsbarkeit, der Marktfreiheit einer Stadt oder sonstiger Stadtrechte und Freiheiten. Man hat auch versucht, den R. aus german. Rechtsbräuchen abzuleiten. Möglicherweise hat der R. auch nur einen sehr allgemeinen Sinn gehabt, der sich entsprechend den bes. Bedingungen des jeweiligen Ortes in bestimmter Weise verengt hat.

G. Sello, Zur Literatur der R.säulen, 1902–04 (Dt. Geschichtsblätter, Bd. 2–4); K. Heldmann, Die R.sbilder Deutschlands, 1904; F. E. Mann, Das R.slied als Geschichtsquelle und die Entstehung der R.säulen, 1912; H. Meyer, Heerfahne und R.sbilder, 1930 (Nachrichten der Gesellsch. der Wissensch. zu Göttingen, Phil.-hist. Klasse); Th. Goerlitz, Der Ursprung und die Bedeutung der R.sbilder, 1934; K. Hoede, Dt. R.e, 1934; M. Samson-Campbell, Deutschlands R.e in Gesch. u. Bild, 1939 (mit Abbildungen sämtl. erhaltener R.e); W. Götz (Zttchrft. d. Dtn. Vereins f. Kst.wiss., 20) 1966; H. Appuhn, Reinold d. R. v. Dortmund (ein kst.gesch. Vers. üb. d. Entstehg. d. R.e) 1978.

Rollenporträt, Bildnis eines Schauspielers oder einer Schauspielerin in der Glanzrolle. Das R. gibt den Dargestellten in ganzer Figur und der Rolle entsprechender Attitüde, ist daher ein wichtiges theater- und kostümgeschichtliches Zeugnis. Es wird seit Beginn des 18. Jh. in Frankreich zunächst in der Malerei, dann auch in der Graphik üblich, nach der Mitte des 18. Jh. ebenfalls in England. Bekannte Beispiele sind das für Friedrich d. Gr. von Antoine Pesne gemalte Bildnis der Tänzerin Barberina (fr. Berlin, Schloß), aus neuester Zeit die Bildnisse des Schauspielers d'Andrade als Don Juan von Slevogt.

H. Tintelnot, Barocktheater und barocke Kunst, 1939; K. J. Lemmer, Schauspieler u. Sch.-kunst als Motiv i. d. Malerei, Diss. Univ. Berlin (O), 1957; M. Schartner, Die Gesch. des R.s in Dtschld., Diss. Univ. München, 1962.

Rollwerk, zusammenfassende Bezeichnung für Ornamente und sonstige Schmuckmotive, die sich an ihren Enden oder Rändern rollen, so daß dort die Fläche zu plastischer Wirkung verlassen wird. Die ausgeprägtesten und frühesten Rollwerkerscheinungen bieten Spruchbänder, Wappenschilder, Kartuschen. Von vereinzeltem früherem Auftreten abgesehen (so namentlich in der Schule von Fontainebleau seit 1530), wird das R. eine allgemeinere Erscheinung seit der Mitte des 16. Jh., und zwar vornehmlich in der fläm. und dt. Kunst bis zum Ende des Barocks. Die Hauptförderer waren Cornelis →Floris und Vredeman de →Vries. Vom R. zu unterscheiden ist das Schweifwerk (→Beschlagwerk).

Rollwerk

A. Lichtwark, Der Ornamentstich der dt. Frührenaissance, 1888; M. Deri, Das R. in der dt. Ornamentik des 16. u 17. Jhs., 1906; R. Hedicke, Cornelis Floris, Text- u. Tafelbd. 1913; P. Jessen, Der Ornamentstich, 1920; L. Pulvermacher, Das R. i. d. süddt. Skulptur, 1931; W. K. Zülch, Entstehung des Ohrmuschelstils, 1932 (Heidelberger Kunstgeschichtl. Abhandl., Bd. 12).

Romako, Anton, Maler, * 20. 10. 1834 Atzgersdorf b. Wien, † 8. 3. 1889 Wien-Döhling, studierte in Wien, hielt sich 1857–76 in Rom auf. Sein höchst zwiespältiges Werk umfaßt virtuos gemalte, anekdotenhafte Genrebilder und romantisierte Figurenstücke, aber auch ausgezeichnete Bildnisse und vom Impressionismus berührte, frisch und unmittelbar empfundene Landschaften.

F. Novotny, Der Maler A. R., 1954; ders. (in Mitteilgn. d. Österreich. Galerie, 9) 1965; R. Feuchtmüller u. W. Mrazek, Kst. in Österreich 1860 bis 1918, 1964.

Romanischer Stil (romanische Kunst, Romanik), der erste der beiden umfassenden Stile der mittelalterl. Kunst. Die Prägung des Begriffs ist zuerst auf dem Gebiete der Baukunst erfolgt. Bis ins 1. Drittel des 19. Jh. war eine einheitliche Bezeichnung für die jetzt „romanisch" genannte Baukunst nicht vorhanden. In Deutschland hieß sie vorgotisch, altdeutsch, byzantinisch oder auch neugriechisch. In Frankreich lag die Sache ähnlich. Der franz. Kunstgelehrte de Gerville war der erste, der gegen 1820 diese Baukunst wegen ihrer Verwendung bestimmter Motive der Baukunst des alten Rom (z.B. Rundbogen und Säule) „romanisch" nannte nach Analogie der bereits bestehenden Bezeichnung „romanische Sprachen", obwohl diese auf die roman. Länder beschränkt sind, im Unterschied zu dem über ganz Europa sich erstreckenden R. St. Wenige Jahre später tauchte das neue Wort in den Schriften des weit bekannteren franz. Kunstgelehrten Arcis de Caumont auf und fand namentlich durch ihn in Frankreich, schließlich auch in Deutschland rasche Verbreitung. Hier ist es zum erstenmal durch Waagen gelegentlich der Beschreibung der Goldenen Pforte in Freiberg 1839 angewendet worden, kurz darauf auch von Kugler.

Der R. St. umfaßt die Zeit von etwa 1000 bis in die 1. Hälfte des 13. Jh., wobei sich allerdings in Frankreich die →Gotik gegen ihn schon viel früher durchgesetzt hat. In Deutschland pflegt man zwischen der →karolingischen Kunst und dem R. St. noch die →ottonische Kunst gegen diesen abzusetzen. Hauptländer sind Deutschland, Frankreich und Italien (bes. die Lombardei). Selbstverständlich kam es überall zu nationalen Varianten. Neuerdings faßt man die Kunst der zwei oder drei dem Einsetzen des R. St.s voraufgehenden Jahrhunderte (wenigstens bei einigen Ländern wie z.B. Italien) auch als vorromanische Kunst zusammen. Diese besitzt noch keine fest und überall durchgreifende Struktur, es spiegelt sich in ihr der Synkretismus der Formen wider, dem das antike Weltreich mit der Auflösung seines politischen Zusammenhalts, mit der Öffnung seiner geistigen Grenzen Raum gegeben hatte. Antike, orientalische, nordische Formelemente wirkten in den verschiedensten Mischungsverhältnissen und Verbindungen, gegenseitigen Steigerungen und Abschwächungen in einer überaus komplizierten, heute noch nicht annähernd geklärten Weise zusammen. Im R. St. ist diese Festigung der Struktur eingetreten, nicht zuletzt durch die machtvolle Erstarkung der internationalen Organisation der Kirche. Denn die Werke des R. St.s sind fast ausschließlich Werke der kirchlichen Kunst, die hier in einer hieratischen Strenge auftritt, die erst in der Gotik eine Milderung erfahren sollte.

Seine größte Leistung hat der R. St. in der kirchlichen Baukunst vollbracht, und hier sind seine Merkmale auch am klarsten und eindeutigsten zu fassen (Einzelheiten →Basilika; →Cluny als Geburtsstätte neuer Gedanken des roman. Stiles; Grundrisse →Hirsauer Bauschule; →Speyer, Dom). Ganz allgemein brachte er eine bedeutende Bereicherung des Bautypus der Basilika in Fortsetzung von Bestrebungen, die bereits in der karoling. Kunst zu beobachten sind. Der Betonung der Ostseite durch Querschiff und Apsis wird eine Betonung der Westseite durch Ausbildung reicher Fassaden, in Deutschland gern auch durch Doppelchörigkeit

(→Chor) gegenübergestellt. Diese Zusammenballung der Bauenergien an zwei Polen an Stelle des ruhigen Dahingleitens in einheitlicher Richtung wird noch gesteigert durch die ebenfalls an den beiden Polen sich sammelnden Türme, denen über alle praktischen Zwecke hinaus eine gewaltige Bedeutung verliehen wurde. In ihnen spricht sich nord. Kunstwollen im Unterschied zu dem des Südens bes. energisch aus, und nichts Unantikeres kann es geben als eine vieltürmige roman. Basilika, aus der architektonische Energien in den Himmel zu strahlen scheinen, in der alle Teile durch gemeinsame Beziehung auf die Höhenrichtung kraftvoll zusammengehalten werden. Die Chorpartie erscheint von außen als dramatische Massenaufgipfelung: im Halbrund wölbt sich die Apsis heraus, über sie empor steigt der Giebel des Vorchors und schließlich reißen die links und rechts emporschießenden Türme die Höhenrichtung an sich. Die Kraft des Zusammenfassens muß sichtbar entwickelt werden, weil die roman. Basilika nicht wie die got. von vornherein auf durchgreifende Einheit aus ist, vielmehr einen Gruppenbau darstellt, der sich zusammensetzt aus Teilgebilden, die innen und außen sehr genau als solche von einander unterschieden werden. Alles ist auf Wucht und Schwere angelegt, die Mauern haben eine Stärke, die über das konstruktiv Erforderliche oft weit hinausgeht. Auch alle Einzelglieder sind in dieser Schwere und kubischen Massigkeit gehalten. Dabei ist ein wichtiger Zug roman. Stilgefühls der Wechsel runder (zylindrischer) und rechtflächiger (kubischer) Formen. Er äußert sich z.B. dort, wo eine Halbsäule aus dem rechtflächigen Pfeiler heraustritt, wo die halbrunde Apsis gegen die Chorwand steht oder ein runder Turm gegen den kubischen Bau-

Romanische Basilika (Wormser Dom)

körper, schließlich auch in der typisch-roman. Form des Würfelkapitells (→Kapitell). In der Gotik wurde dieser Gegensatz durch polygonale Brechung aufgehoben, und im Zuge der gleichen Entwicklung wurde der von der Antike übernommene roman. Rundbogen zum Spitzbogen gebrochen. Einer der größten Triumphe der roman. Baukunst ist die um 1100 beginnende Einführung der Wölbung des ganzen Innenraums, dessen Gesamtwirkung dadurch in entscheidender Weise gesteigert wird. Zur dekorativen Bereicherung des Baus hat der R. St. eine gegen sein Ende immer zunehmende Fülle von Zierformen ausgebildet, wie denn überhaupt die Spätromanik zu den im Ornament schöpferischsten Zeiten gehört.

Ist auch in der roman. Baukunst durch die Verwendung röm. Architekturglieder oder die Wiederaufnahme röm. Architekturprobleme wie der Wölbung ein tatsächlicher Zusammenhang mit Rom vorhanden, ja wird sogar in ihr eine gewisse Wahlverwandtschaft mit dem Geiste röm. Bauens merkbar, so ist in Bildnerei und Malerei davon nichts zu spüren. Diese beginnen überhaupt erst dort „romanisch" zu werden, wo der Zusammenhang mit Rom aufgehört hat, und die Gestaltungsgesetze, die sie jetzt zu entfalten beginnen, haben mit denen der Antike nichts zu tun. Die Bildhauerkunst bemüht sich im R. St. zum erstenmal wieder seit dem Ausgang der Antike, aber nicht im Anschluß an sie, aus der flachen Reliefschicht Körperliches herauszurunden, und in einzelnen Fällen hat sie sogar Freifiguren geschaffen. Neben der in karoling. und otton. Zeit noch fast ausschließlich vorhandenen Kleinplastik entsteht jetzt eine Großplastik, vor allem in Verbindung mit dem Bauwerk (→Bauplastik). Das roman. Bildwerk ist naturfern, von archaischer Strenge, zuweilen Starrheit, wenig differenziert in Gewandbildung und Gesichtsausdruck (→Bildnis). Doch gibt es gerade innerhalb des R. St.s Bildwerke von einer außerordentlichen mimischen Beweglichkeit (Burgund, Südfrankreich). Die Naturferne begünstigt formelhafte Bildungen, die an Köpfen, Gliedmaßen und in der Gebärdensprache immer wieder zu sehen sind. – Ähnliche Gestaltungsgesetze herrschen auch in der Malerei, die als Wand-, Decken-, Glas-, Miniatur- und Emailmalerei auftritt, während das auf Holz gemalte Tafelbild noch Ausnahme ist. In der Malerei wird der äußerste Gegensatz gegen die Gestaltungsformen der röm. Antike am deutlichsten: es gibt keinen Hintergrund, sondern nur einen Grund, also keinerlei Raum- oder Körperillusionismus. Auf Wiedergabe naturalistischer Formenzusammenhänge ist verzichtet, und die Größenverhältnisse der Menschen und Dinge richten sich nach ihrer Bedeutung, nicht nach der Wirklichkeit. Die roman. Malerei will nicht raum-körperliche Erscheinung wiedergeben, sondern einen christl. Vorstellungsinhalt schlagkräftig veranschaulichen, wozu auch die mit allen Mitteln erstrebte farbig-dekorative Wirkung des Bildes gehört. – Von größter Mannigfaltigkeit ist das roman. Kunstgewerbe, das ebenfalls fast ausschließlich kirchl. Kunstgewerbe ist. Es ist als solches von der Plastik einerseits und von der Malerei andererseits oft nicht zu trennen, da es neben seiner Aufgabe der künstlerischen Formung von Gegenständen auch vielfach darstellerische Aufgaben verfolgt. Gerade im kleinen Format des roman. Kunstgewerbes ist vieles vorgebildet, was Plastik und Malerei dann im großen Maßstab aufgenommen haben, da in der mittelalterl. Kunst eine ästhetische Grenze zwischen klein und groß kaum bestand. Die schöpferische Kraft des R. St.s auf kunstgewerblichem Gebiet war so bedeutend, daß die Gotik oft nichts anderes zu tun hatte, als das bereits Vorhandene nach ihrem Geschmack abzuwandeln.

E. Mâle, L'art réligieux du XIIe siècle en France, ²1924; Graf v. Vitzthum und F. Volbach, Malerei und Plastik des Mittelalters in Italien, 1924; P. Toesca, Storia dell'arte italiana, Bd. 1, 1927; R. de Lasteyrie, L'architecture religieuse en France à l'époque romane, ²1929; M. Hauttmann, Die Kunst des frühen Mittelalters, 1929; G. Dehio, Gesch. der dt. Kunst, Bd. 1, ⁴1930; M. Aubert, L'art français à l'époque romane, 3 Bde., 1930–33; Puig de Cadafalch, La géographie et les origines du premier art roman, 1935; W. Pinder, Die Kunst d. dt. Kaiserzeit, ⁴1940, 2 Bde.; J. Gantner, Romanische Plastik, ²1942; R. Rey, L'art roman et ses origines, 1945; J. Gantner, M. Pobé, J. Roubier, Gallia Romanica, 1955; H. Decker, Italia Romanica, 1958; H. Schrade, Vor- u. frühroman. Malerei, 1958; H. Focillon, L'art des sculpteurs romans, ²1964; M. Durliat, Hispania Romanica, 1962; H. Busch, Germania Romanica, 1963; R. Th. Stoll-Roubier, Britannia Romanica, 1966; G. Künstler, Roman. Kst. im Abendland, 1968; F. Möbius, Roman. Kst., 1969; Ute Goetz, Die Bildprogramme der Kirchentüren d. 11.–12. Jhs., Diss. Tübingen 1971; H.-J. Mrusek, Romanik, 1972; O. Demus, Roman. Wandmalerei, 1972; Corpus d. rom. Kst. i. sächs.-thür. Gebiet (mehrere Bde.; Forts.); K. M. Swoboda, Die Epoche d. R., 1976; E. Bock, Schwäb. R., ⁴1976; H. E. Kubach, A. Verbeek, R. Baukst. an Rhein u. Maas (Kat. d. vorrom. u. rom. Denkmäler), 3 Bde. 1977; J. Tetzlaff, Rom. Portale in Frankreich (Kst. Taschenb. Bd. 56), 1977; U. Krenzlin, Die Romnaik als europ. Erscheing., (Bild. Kst. 26) 1978; H. Eckstein, Die rom. Architektur, 1975; Ausst.kat. Kunst d. Stauferzeit, 3 Bde., Landesmus. Stuttgart, 1977; R. Budde, A. u. Irmgard Hirmer, Deutsche roman. Skulptur 1050–1250, 1979; O. v. Falke, E. Meyer, Roman. Leuchter u. Gefäße (Nachdr. v. 1935), 1980; Susanne Brugger, Die roman. Bilderdecke v. St. Martin in Zillis (Graubünden). Stil u. Ikonographie, Diss. Univ. Basel 1975, 1981.

Romanismus, Romanisten →Niederländ. Kunst.

Romano, Giulio, Maler und Baumeister, * 1499 Rom, † 1. 11. 1546 Mantua, wo er seit 1524 im Dienste des Herzogs stand. Als Lieblingsschüler Raffaels hatte er wesentlichen Anteil an Ausführung und Vollendung der Fresken Raffaels im Vatikan. Sein architektonisches und malerisches Hauptwerk, eine einzigartige Schöpfung der ital. Renaissance, ist der Bau und die mit Primaticcio u. anderen ausgeführte Dekoration des Palazzo del Te in Mantua (1525–35; Gesch. von Amor u. Psyche, Gigantensturz).

F. Hartt, G. R., 1958 (engl.); G. N. Fasola, G. R. e il Manierismo (in: Commentarii 11), 1960.

Romantik. Diese seit etwa 1800 alle Gebiete des geistigen Lebens ergreifende Haltung hat in der bildenden Kunst keinen eigenen Stil hervorgebracht. Denn zur Erfüllung des Begriffs „Stil" als eines Entwicklungsabschnittes der Kunstgeschichte gehört eine nur ihm eigene Formenwelt. Diese aber fehlt der R. durchaus, was sofort deutlich wird, wenn man die Ornamentik der Zeit, also ein Gebiet reiner Formen, ins Auge faßt. Es gibt kein romant. Ornament, wie es ein klassizistisches, barockes usw. gibt, daher auch kein romant. Kunstgewerbe. Die Herrschaft des Klassizismus im Formalen ist durch die R. kaum erschüttert worden. Spricht man dennoch von romant. Baukunst, Bildnerei und Malerei, so hat das für jede dieser Kunstgattungen einen bes. Sinn.

Baukunst. Die Hauptleistungen des Klassizismus (Schinkel) fallen in die Zeit der R. Daneben gibt es als romant. Sondererscheinung die

→Neugotik, entstanden aus der Liebe der R. zum Mittelalter und weiterhin beibehalten vom Eklektizismus des 19. Jh. Doch trägt auch sie vielfach klassizistische Merkmale. Aus dem romant. Sicheinsfühlen des Menschen mit der Natur, aus dem romant. Sinn für gleitende Übergänge, für Kontinuität, für Verbindung aller Erscheinungen untereinander ergab sich auch eine innige Einordnung des Bauwerks in die Landschaft. Daher bezeichnen wir im gewöhnlichen Sprachgebrauch die Lage von Bauwerken oder Baugruppen als „romantisch", wenn diese sich der Natur einschmiegen.

Bildnerei. Hier läßt sich mit dem Begriff R. so gut wie nichts anfangen, höchstens insofern, als man auch wieder nur Hineinstellen eines Bildwerks (Denkmals) in die Natur, mit Einbeziehung in diese, meint.

Malerei. Sie ist die eigentliche Domäne der R. als bildende Kunst, schon weil sie es ermöglichte, die neuen Inhalte romant. Erlebens zu gestalten. Dies geschah in einem oft überaus engen Anschluß an die Dichtkunst, ein Zusammengehen, wie es in der Geschichte der europ. Kunst bisher noch niemals vorgekommen war. Dadurch gewann die Malerei ganz entschieden an nationaler Eigenart, sie wurde in Deutschland wieder eine nationale Kunst, was sie im 17. Jh. kaum, im 18. nur in sehr bedingtem Maße gewesen war. Mit bes. Stärke trat romant. Haltung und Stimmung in der Landschaftsmalerei hervor. Menschen und Natur werden zu einander in innige Beziehung gesetzt, Schwebungen landschaftlicher Stimmungen werden erfaßt, wie sie Maler zuvor nie beachtet hatten; nicht die klare, statische Ordnung alles Seienden, sondern das beziehungsreiche Ineinanderweben der Erscheinungen wird darstellenswert. Ein ebenfalls national bedingtes Gebiet neuer Inhalte eröffnete sich der romant. Malerei dadurch, daß Gelehrte und Dichter den vergessenen Schatz dt. Sagen, Märchen und Volkslieder wieder zu heben und zugänglich zu machen sich bemühten. Diese Stoffe sind bes. von der romant. Illustration gestaltet worden, die nicht wenig dazu beigetragen hat, sie dem dt. Volk wieder lieb und wert zu machen. – Die Hauptmeister, die zugleich den Unterschied zwischen der ernsten norddt. und der heiteren süddt. R. verkörpern, waren C. D. Friedrich und Ph. O. Runge einerseits, M. von Schwind andererseits. Eine religiös bestimmte Sonderrichtung romant. Malerei vertraten die →Nazarener. Obwohl das Zeitalter der R. um 1830 zu Ende war, blieb romant. Haltung in der Malerei da und dort noch lange lebendig, oft verquickt mit Haltungen anderer Art und somit zu vielerlei Gestalt gewandelt, schließlich verflacht und abgesunken in gewisse Niederungen des modernen Kitschs.

Die R. ist von England ausgegangen, hat aber in der Malerei dort bei weitem nicht den schöpferischen Ausdruck gefunden wie in Deutschland. Die franz. Malerei der R., als deren Führer die Franzosen selbst Delacroix bezeichnen, ist ganz anderen Zielen nachgegangen als die dt. – Von großer Bedeutung wurde die R. mit ihrer Blickrichtung auf die Kulturdenkmäler der Vergangenheit für die →Denkmalpflege.

U. Christoffel, Die romant. Zeichnung von Runge bis Schwind, 1920; K. K. Eberlein, Dt. Maler der R., 1920; G. Pauli, Die Kunst des Klassizismus und der R., 1925; G. J. Wolf, Verlorene Werke dt. romant. Malerei, 1931; W. Deusch, Malerei der dt. Romantiker und ihrer Zeitgenossen, 1937; L. Grote, Die Brüder Olivier und die dt. R., 1938

(Forschungen zur dt. Kunstgesch., Bd. 31); R. Benz u. A. v. Schneider, Die Kunst der dt. R., 1939; H. Beenken, Schöpferische Bauideen der deutschen Romantik, 1952; M. Brion, Die Kunst der R., dt. 1960; P. Courthion, Malerei der R. dt. 1961; H. Schrade (Hg.), Dte. Maler d. R., 1967; P. Kipphoff (Hg.), Dte. R., 2 Bde., 1973; R. Joppien, Engl. rom. Kst. in Europa (Kst.chronik XXVIII/19) 1975; J. Dobai, Die Kst.lit. d. Klassizism. u. d. R. in Engl., 2 Bde., 1975; C. Träger, Ursprünge u. Stellg. d. R. (in: Weimarer Beitr. z. Kst., 2) 1975; Cat. L'art romantique allemande, Paris, Centre Pompidou), 1976; Ausst.kataloge Blake, Füßli, C. D. Friedrich, Runge, Russ. Malerei 19. Jh., 1974 bis 1981; W. Vaugham, R. Art, 1977; E. Skasa-Weiss, Bergromantik i. d. Mal. d. 19. Jhs., 1977.

Römer, Trinkgefäß aus flaschengrünem oder braunem Glas mit fast kugelförmiger Kuppe, zylindrischem, mit Warzen oder Nuppen besetzten Schaft oder auch Knauf und einem umgekehrt trichterförmig ausladenden Fuß, der mit einer Spirale oder dicht ühereinanderliegenden Glasringen verzier, ist. Der R. hat sich aus dem Warzenbecher des 15. Jh. entwickelt und ist seit der 1. Hälfte des 16. Jh. nachweisbar, bes. am Niederrhein(Köln). vor allem in den Niederlanden. Die Zahl der Varianten bis ins 19. Jh. das den R. fabrikmäßig herstellte, ist groß. Der R. kommt bis zu einer Höhe von etwa 40 cm vor und wird ausschließlich zum Trinken von Rheinwein benutzt. Der Ursprung des Namens ist unsicher. Vielleicht leitet er sich von dem niederländisch - niederrheinischen „roemen" = preisen, prunken her.

Römische Kunst. Über die Anfänge der R. K. sind wir nicht gut unterrichtet, da in Rom selbst fast alle älteren Zeugnisse verloren gegangen sind. Es ist aber nicht angängig, die R. K. aus einer einzigen Quelle abzuleiten. Zweifellos ist in der Zeit der Etruskerherrschaft die Kunst auch in Rom der →etruskischen ähnlich gewesen, wie man aus Werken wie der bekannten kapitolinischen Wölfin (5. Jh. v. Chr.) schließen mag, doch wird schon früh die griech. Kunst Unteritaliens eingewirkt haben. Die Kunst der späten Republik kennen wir am besten aus dem Bildnis, das, nicht unabhängig vom spätgriech. Bildnis, eine eigene Entwicklung nimmt, dank der Bedeutung des Ahnenkultes (Wachsmasken der Verstorbenen, die im Atrium aufgestellt waren und bei Leichenzügen mitgetragen wurden).
Schon hier, im 1. Jh. v. Chr., wechseln verschiedene mehr naturalistische Strömungen mit solchen, die sich enger an griech. Werke anschließen. Ein gutes Beispiel dafür ist die sog. Ahenobarbusbasis, deren historisches Relief einen eigenen, etwas trockenen Stil zeigt, während die Friese mit Meergöttern fast rein hellenistisch sind. Schon in der Republik haben griech. Künstler in Rom gearbeitet. Wir kennen aus der Überlieferung die Schule des →Pasiteles, der die Bildhauer Stephanos und Menelaos angehörten (von diesem die Gruppe „Orest und Elektra" im Thermenmus.). Die Werkstätten scheinen schon damals das Kopieren berühmter griech. Originale gepflegt zu haben, eine Tätigkeit, die bis zum Ende der R. K. beibehalten wird. Ein wirklich röm. Stil im Sinne einer einheitlichen Auffassung hat sich erst seit Augustus herausgebildet, wenn man vom Bildnis absieht. Er lebt vor allem im historischen Relief, für das wir in Griechenland keine unmittelbaren Vorläufer finden. Sein großartigstes Beispiel aus der Zeit des Augustus sind die Reliefs der →Ara Pacis Augustae. Das stets sich wandelnde Verhältnis der

R. K. zur griechischen macht jedoch ihren Gesamtverlauf uneinheitlich, da immer wieder scheinbar längst verschüttete Ströme hervorbrechen. Der Sieg des Römertums im östl. Mittelmeer hat die Fortentwicklung der hellenist. Kunst wohl in andere Bahnen gelenkt, aber nicht völlig abgeschnitten. So kommt es, daß das griech. Element in der röm. Kunst sein eigenes Leben weiterlebt und daß neben eigentlich röm. Schöpfungen wie den Reliefs der Triumphbögen oder der →Marcus- und →Trajanssäulen immer wieder Werke von überwiegend griech. Geist stehen. Dieses Verhältnis, das durch die ständige Wendung nach rückwärts in den Kopistenschulen sicher bestärkt worden ist, gibt der R. K. eine eigentümliche Zwiespältigkeit. Sie ist freilich in so großartigen Leistungen wie der Ara Pacis völlig überwunden, aber irgendwo tut sie sich immer wieder auf. Während sich die augusteische Kunst im 1. Jh. v. Chr. bis in die Zeit des Trajan ziemlich geradlinig entwickelt, tritt schon in der Zeit Hadrians ein Wandel in Erscheinung, den man vielleicht am besten bei den Bildnissen des Antinous, des Lieblings Hadrians, spürt. In den Provinzen geht die in Rom stets noch lebendige Verbindung mit der griech. Kunst eher verloren. Dies macht sich bemerkbar in einem Verlust an Plastizität im Reliefstil, der früher als in Rom zu linearen Tendenzen zu neigen scheint. Es ist durchaus möglich, daß diese Tendenzen auch auf die stadtröm. Kunst gewirkt haben, die, je mehr sie sich der Spätantike nähert, eine Linearisierung der plastischen Erscheinung annimmt, wie sie längst für das spätantike Bildnis nachgewiesen wurde. Die Gründe dieser immer wieder von „Renaissancen" unterbrochenen, aber doch völlig deutlich fühlbaren Entwicklung sind einstweilen keineswegs klar. Es darf aber angedeutet werden, daß jede abgeleitete Kunst, deren Wurzeln in der griech. Kunst liegen, eine Tendenz zur Abkehr vom rein Plastischen zum mehr Linearen zeigt. Da dieses Schicksal am raschesten im Orient eingetreten ist (palmyrenische Kunst), so darf man schließen, daß der zunehmende Einfluß des Ostens und der Provinzen mindestens der angedeuteten Entwicklung förderlich gewesen ist.

Ihre ureigensten Schöpfungen hat die R. K. jedoch nicht in der Bildhauerkunst vollbracht, sondern in der Baukunst. Sie hält sich in der älteren Zeit durchaus an die Überlieferung Italiens, wie die Übernahme des etruskischen Podiumtempels beweist, wenn auch die Einzelformen vielfach der griech. Baukunst entlehnt sind. Bei den großen Aufgaben der Plangestaltung riesiger Heiligtümer oder Märkte (Baalbek, Kaiserfora) macht sich der röm. Sinn für die organisatorische Leistung ebenso geltend wie das Gefühl für das praktische Bedürfnis bei den großartigsten Ingenieurbauten, den Brücken und Wasserleitungen, den Bädern und →Theatern. Hier sind von den Römern vorbildliche Formen gefunden worden, die niemals von irgendeiner anderen Kunst übertroffen wurden und noch heute den Maßstab für Bauten ähnlichen Charakters bilden.

Springer-Michaelis-Wolters, Das Altertum, [12]1923; W. Technau, Die Kunst der Römer, 1940; G. Rodenwaldt, Kunst um Augustus, 1942; L. Curtius-A. Nawrath, Das antike Rom, 1944; H. Koch, R. K. [2]1949; B. Schweitzer, Die Bildniskunst d. röm. Republik, 1948; E. Buschor, Das Porträt, 1960; Lübke, Pernice, Sarne, Die Kunst der Römer, 1958; Kähler, Roma e l'arte imperiale, 1962; G. M. A. Hanfmann, R. K., 1965; Helga v.

Heintze, R. K., 1969; R. Bandinelli, Rom, d. Zentrum d. Macht. Die R. K. v. d. Anfängen b. z. Zt. Marc Aurels, dt. 1970; H. Kähler, Der röm. Tempel, 1970; B. Andreae, R. Kst., (Ars antiqua Bd. 5), 1973; A. Mc. Kay, Röm. Häuser, Villen u. Paläste, 1981; Augusta Hönle, A. Henze, Röm. Amphitheater u. Stadien, 1982.

Römische Ordnung →Säulenordnung.

Röntgenaufnahmen von Gemälden →Gemäldedurchleuchtung.

Rosa, Salvator, ital. Maler und Radierer, Dichter und Musiker, * 20. 6. 1615 Arenella b. Neapel, † 15. 3. 1673 Rom, tätig das. und in Florenz, schuf Bilder bibl. und histor. Inhalts in äußerlichem Pathos, ist am originellsten in seinen phantastisch-romantischen Landschaften, die gern eine zerklüftete Bergwildnis darstellen, und in seinen von wild wimmelndem Leben erfüllten Schlachtenbildern.

L. Ozzola, Vita e opere di S. R., 1908; A. Pettorelli, S. R., 1926; Irene Cattaneo, S. R., 1929; H. W. Schmidt, die Landschaftsmalerei S. R.s, Diss. Halle, 1930; L. Salerno, S. R., 1963 (ital.); A. Carbone, S. R., 1968 (ital.); H. Langdon, S. R. His Ideals and Development as an Artist, Diss. Univ. London, 1974; M. Rotili, S. R. incisore, 1974.

Rosenkranzbilder, gemalt oder geschnitzte Darstellungen, in denen Maria mit oder ohne Kind in irgendeiner Form in Verbindung mit dem Rosenkranz gebracht ist. Die R. hängen zusammen mit dem Auftreten der Rosenkranzbruderschaften. Das älteste Beispiel (Triptychon der Andreaskirche in Köln) stammt aus dem Jahr 1474. Häufig sind auch die meist geschntzten Rosenkranzaltäre, namentlich in Norddeutschland. Im übrigen gibt es R. in allen europ. Ländern bis zum Barock. Die beiden Hauptformen sind: 1. Die Rosenkranzmadonna, Maria und das Kind erscheinen in einem Kranz von 50 Rosen, zwischen denen auf Medaillons die sog. Geheimnisse des Rosenkranzes wiedergegeben werden (meist die →Sieben Freuden und →Sieben Schmerzen Mariä). – 2. Das Rosenkranzfest, wo die Madonna Rosen an die Mitglieder der Rosenkranzbruderschaft oder Gläubige verteilt (bei Dürers R. an Papst Julius II. und Kaiser Maximilian) oder an Heilige (Dominikus; Katharina). Außerdem gibt es viele Möglichkeiten, das Rosenkranzmotiv mit anderen christlichen Motiven zu verbinden (z. B. der „Englische Gruß" des Veit Stoß in Rosenkranzumrahmung).

St. Beißel, Geschichte der Verehrung Marias in Deutschland während des Mittelalters, 1909; Augusta von Oertzen, Maria, die Königin des Rosenkranzes, 1925; W. Kirfel, Der Rosenkr., Urspr. u. Ausbreitg., 1949; G. Ritz, Der R., 1962.

Rosenthalporzellan, das in den Fabriken der von Philipp Rosenthal gegründeten Rosenthal-A. G. seit 1891 hergestellte Porzellan. Die Fabriken befinden sich in Selb, Kronach, München und anderen Orten. Als R.-studio-Porzellan wird bes. neues u. modernes Design gepflegt.

Rosette (franz. „Röschen"), 1. eins der ältesten und verbreitetsten Ornamentmotive, flach oder plastisch vorkommend (in Kassetten) von kreisrundem oder mit einem Kreis zu umschreibendem Umriß, die Form einer runden Blüte (Rose, Marguerite) in Aufsicht nachbildend oder schematisch andeutend: von einem Zentrum gehen blattähnliche

Wirbelrosette

Gebilde strahlenförmig aus. Sind diese so geordnet, daß sie die Illusion einer Drehung erzeugen, so heißt das Ganze Wirbelrosette. – 2. Als R.n oder Fensterrose werden oft auch die Radfenster (→Fenster) got. Kathedralen bezeichnet.

F. Streng, Das Rosettenmotiv in der Kunst und Kulturgeschichte, 1918; P. Cowen, Die Rosenfenster d. got. Kathedralen, 1979.

Rossellino, 1. Antonio, ital. Bildhauer, * 1427 Settignano, † 1479 Florenz. Seine Marmorfiguren sind ausgezeichnet durch freie Bewegung und feine Beobachtung des Stofflichen, das jedoch in weicher Schönheit wiedergegeben wird. Hauptwerk ist die Grabkapelle und das Grabmal des Kardinals von Portugal in San Miniato al Monte in Florenz (voll. 1466), eins der schönsten Grabmäler der Florentiner Frührenaissance. Von hohem Rang auch die Aktfigur des hl. Sebastian in der Kollegiatkirche von Empoli (ca. 1470). Büsten, Madonnenreliefs (beste Sammlung in den Staatl. Mus. in Berlin).

H. Gottschalk, A. R., Kieler Diss., 1930; Planiscig, Bernardo u. A. K., 1942.

2. Bernardo, ital. Baumeister und Bildhauer, Bruder von 1, * 1409 Settignano, † 23. 9. 1464 Florenz, schuf mit seinem großartig aufgebauten Marmorgrabmal des Leonardo Bruni († 1444) in Sta. Croce in Florenz dort das erste und für alle weiteren vorbildliche Wandnischengrab. Seine Figuren haben nicht die freie Schönheit derjenigen seines Bruders, dessen Lehrer er war. Weniger selbständig war er als Baumeister: Palazzo Ruccellai in Florenz, Palazzo Piccolomini und Dom (Hallenkirche) in Pienza (1460–64).

Maryla Tyskiewicz, B. R., 1928 (ital.); L. Planiscig, B. u. A. R., 1942; G. Urban (Festschrift H. Keller) 1963; A. Markham, The Skulptur of B. R. and his Workshop, 1968.

Rössener Kultur, Kultur der → Jungsteinzeit, nach dem Gräberfeld von R. bei Merseburg benannt. Kennzeichnend sind Fußvasen, die in Tiefstichmanier mit Winkelbändern verziert sind, wobei in der Regel Umkehrung von Grund und Muster eintritt. Als Körperschmuck wurden massive Steinarmringe getragen. – In Süddeutschland erscheinen verschiedene jüngere Spielarten der R. K.: Großgartacher-, Eberstadter-, Friedberger Typus usw.

F. Niquet, Die R. K. in Mitteldeutschland, 1937; W. Buttler, Der donauländ. u. der nord. Kulturkreis der jüngeren Steinzeit, 1938 (Handb. der Urgeschichte Deutschlands, Bd. 2); A. Stroh, Die R. K. in Südwestdeutschland, 1940; H. Behrens, Die R. K. u. d. frühneolith. südskandinav. Trichterbecherkultur, 1959 (Acta Archaeologica 30); J. Lüning (Veröff. d. Staatl. Amtes f. Denkmalpflege Stuttgart, Reihe A, 13) 1969.

Rossetti, Dante Gabriel, engl. Maler und Dichter, * 12. 5. 1828 London, † 9. 4. 1882 Birchington-on-Sea, gründete 1848 mit Hunt und Millais die Pre-Raphaelite-Brotherhood (→Präraffaeliten). Präraffaelitische Stoffe und Auffassung zeigen nur seine Frühwerke. Später (seit etwa 1860) malte er mit Vorliebe sinnlich-übersinnliche weibliche Gestalten, schmachtend und von mystischen Schwebungen umwittert, in ähnlicher Weise auch Darstellungen aus der Welt Dantes. R. hat ferner empfindsame und anmutige Buchillustrationen geschaffen: Holzschnittillustrationen zu Tennysons Gedichten (1857).

Lotte Block, D. G. R., der Malerdichter, 1925; Evelyn Waugh, R. his life and work, 1928; M. Seiler, D. G. R.s künstlerische Entwicklung, Greifswalder Diss., 1932; H. G. Fleming, R. and the Pre-Raphaelite brotherhood, 1967; A. J. Grieve, D. G. R.s stylistic development as a painter, Diss. London

1969; Virginia Surtees, The paintings and drawings of D. G. R., 2 Bde. 1971; E. Waugh, R., his life and works, 1973; J. Nicoll, D. G. R., 1976 (engl.).

Rossi, Carlo Giovanni (auch gen. Karl Iwanowitsch), Baumeister, * 18. 12. 1775 Neapel, † 6. 4. 1849 Petersburg, letzter Hauptmeister des Klassizismus in Rußland; er war tätig in Petersburg (Michaels-Palais, 1819–23; Alexander-Theater, 1828–34, Galerie im Winterpalais 1826/27) und Moskau; R. trug wesentlich zur einheitlichen architektonischen Gestaltung von Petersburg und Moskau bei.

V. Graf Suboff, Carlo Giov. R., Berliner Diss. 1914 (mit Werkverz.); V. J. Piljavskij, Der Baumeister R., 1951 (russ.); A. W. Bunin, Gesch. d. russ. Städtebaues, dt. 1961.

Rötel, ein Gemenge aus Eisenocker und Ton, das zu sehr weich arbeitenden Zeichenstiften ausgeformt ist. Obwohl als Farbe von alters her bekannt, kam der R. als trockener Zeichenstift erst gegen Ende des 15. Jh. in Italien auf. In der Renaissance ist er gern für Bildentwürfe und zur Modellierung von Aktzeichnungen verwendet worden, mit Vorliebe auch von Meistern des franz. Rokokos. Damals wurden mit Hilfe der Crayon-Manier, einem Kupferstichverfahren, R.zeichnungen oft täuschend nachgeahmt. Häufig ist die Verbindung des R.s mit der stofflich verwandten →Kreide (16. bis 18. Jh.).

J. Meder, Die Handzeichnung, ²1923; K. Wehlte, Werkstoffe u. Techniken d. Malerei, ²1968; H. Hütter, Die Handzeichng. Entw. Technik, Eigenart, 1966.

Rotfiguriger Stil →Vasenmalerei.

Rottenhammer, Hans, Maler, * 1564 München, † 14. 8. 1625 Augsburg, 1596–1603 tätig in Venedig, seit 1606 in Augsburg. Obgleich sein eigentliches Vorbild Tintoretto war, ist die dt. Überlieferung (Altdorfer) bei ihm nicht ganz geschwunden. Sein Bestes gab er in leuchtender, glatter Feinmalerei auf kleinen Kupfertafeln (religiöse Bilder, Landschaften mit mythologischen Figuren), auch schuf er Altäre für Münchner und Augsburger Kirchen.

A. R. Peltzer, H. R., 1916 (Jahrb. der Kunsthist. Sammlungen des Allerh. Kaiserhauses, Bd. 33); M. Stuffmann (Städel-Jb., N. F. 2) 1965; H. Wagner (Pantheon, 28) 1970; E. Mai, Bemerkgn. z. „Taufe Christi" H. R.s (Pantheon XXXIV H. II) 1976.

Rottmann, Carl, Maler, * 11. 1. 1797 Handschuhsheim b. Heidelberg, † 7. 7. 1850 München, das. seit 1822, malte Landschaften aus Italien und Griechenland, bes. solche, die von Sage und Geschichte umwoben sind. Dadurch und durch die Dramatik des Lichts und atmosphärischer Erscheinungen erhält ihre klassizistische Grundform einen romantischen Einschlag. Hauptwerke in der Neuen Pinakothek in München, darunter im R.saal 23 in enkaustischer Technik ausgeführte griech. Landschaften. Fresken ital. Städte in den Arkaden des Münchner Hofgartens (im 2. Weltkrieg zerstört).

F. Krauss, C. R., 1930 (Heidelberger Kunstgeschichtl. Abhdlg., Bd. 9); H. Decker, C. R., 1957; E. Bierhaus-Rödiger, C. R. (m. krit. Werkkat.), 1977.

Rottmayr, Johann Michael, Maler, getauft 11. 12. 1654 Laufen, † 25. 10. 1730 Wien, das. seit 1696, kaiserl. Hofmaler, 1704 geadelt (R. v. Rosenbrunn), schuf zahlreiche bedeutende Deckenmalereien in hellen, leuchtenden Farben u. a. für die Salzburger Residenz (1710–11), Schloß Pommersfelden (1717–18), Stiftskirche in Melk (1716–22), Karlskirche in Wien (1726–30).

R. Guby, Der Maler J. M. R., 1925 (in: Ostbayer. Grenzmarken); A. Feulner, Skulptur und Malerei des 18.

Jh. in Deutschland, 1929; G. Heinz, Die Salzburg. Malerei d. 17. Jh. u. d. Werke d. J. M. R., Diss. Wien 1950; Ausst. Kat. R., Salzburg 1954; B. Bushart, Dte. Malerei des Barock, 1967; P. Preiss, R. (Mitt. d. Österr. Galerie 18) 1974.

Rotuli →Kelch.

Rotunde, kleiner Bau über kreisförmigem Grundriß (Rundbau) und somit →Zentralbau oder Rundraum innerhalb eines Bauwerks.

Rouault, Georges, franz. Maler und Graphiker, * 27. 5. 1871 Paris, † 13. 2. 1958 das., kam zu einem Glasmaler in die Lehre und wurde 1891 Schüler von Gustave Moreau (→Symbolismus). Mit ihm verband ihn der Hang zum Mystischen und Ekstatischen. In Bildern und bes. in großformatigen Radierungen (auch farbigen) schildert er Elend und Tragik des Menschen, oft verkörpert in den Gestalten von Richtern, Clowns und Dirnen. Eigenwillige Radiertechnik erzeugt seltsame Wirkungen. In den Bildern seiner späteren Zeit überwiegt religiöse Thematik. Mit ihren dunkel glühenden und glimmenden Farben, die Träger mystischer Empfindungen sind, und den breiten schwarzen Umrissen der Figuren erinnern sie an mittelalterliche Glasfenster. Auch Entwürfe für Glasfenster (Kirchen von Chateau d'Assy, Tavaux) und Kostüme für das Diaghilew-Balett hat R. geschaffen.

M. Puy, G. R., 1921 (franz.); B. Charensol, G. R., 1926 (franz.); R. Cogniat, G. R., 1931 (franz.); J. Thrall-Soby, G. R., 1945 (engl.); R. Hauert u. B. Dorival, G. R., dt. 1956; L. Venturi, R., dt. 1959; C. Roulet, R. Souvenirs, 1961; P. Courthion, R., dt. 1966, 1977; G. Marchiori, G. R., dt. 1966; J. Kind, R., 1969 (engl.); G. R., Ölbilder u. Gouachen der Jahre 1897–1956, Druckgraphik, 1972; A. Wofsy, G. R. The Graphik Work, 1976 (m. Bibl.).

Roulette →Kupferstich.

Rousseau, 1. Henri, franz. Maler, * 21. 5. 1844 Laval, † 2. 9. 1910 Paris, übte bis 1884 das Amt eines Zöllners aus und malte nebenbei als Dilettant, ging dann ganz zur Malerei über und stellte 1886 zum ersten Mal aus. Seine mit einer an Kinder- und Volkskunst erinnernden Naivität ganz flächig gemalten Ausschnitte aus dem täglichen Leben spiegeln die einfache Welt eines kleinbürgerlichen Menschen wider, der aber doch Sinn für die Hintergründigkeit der Dinge hat. Dazu kommen märchenhaft-romantisch gesehene Urwaldbilder.

W. Uhde, H. R., 1914, 1949; Ch. Zervos, H. R., 1927; P. Courthion, H. R., 1944; D. C. Rich, H. R., 1946 (engl.); Ph. Soupault, H. R., 1948; Dora Vallier, H. R., dt. 1961; O. u. Lise Bihaly-Merin, Leben u. Werk d. Malers H. R., 1971; K. Werner, H. R. u. d. Entdeckg. d. naiven Malerei (Bild. Kst. 21, 10) 1973; Carolyn Keay, H. R., 1976.

2. Théodore, franz. Maler, * 15. 4. 1812 Paris, † 22. 12. 1867 Barbizon, gehörte seit 1833 der Schule von → Barbizon an. Seine ganz im Sinne des „Paysage intime" nicht ohne Einwirkung der Niederländer des 17. Jh.s und des John Constable gemalten Landschaften verbinden Wirklichkeitstreue mit poetischer Stimmung.

W. Gensel, Millet et R., 1902; M.-Th. de Forges u. H. Toussaint, T. R., Ausst. Kat. Louvre Paris, 1967.

Rubens, Peter Paul, fläm. Maler, * 28. 6. 1577 Siegen (Westfalen), † 30. 5. 1640 Antwerpen, seit 1587 das., Schüler der Romanisten Adam van Noort und Otho van Veen, weilte 1600 bis 1608 in Italien und war von da an in Antwerpen tätig. Reisen führten ihn nach Paris, Spanien und England. R. ist der Hauptmeister des fläm. Barocks, der mit urwüchsiger, aber durch die Schulung an der ital. Kunst kultivierter Genialität alle

Stoffgebiete seiner Zeit behandelt hat unter Erreichung der letzten Möglichkeiten barocken Malens Der Schwung seines Pinsels ist durch keinerlei klassizistische Anwandlungen jemals gelähmt worden. Die sinnliche Pracht des Leibes bei den Frauen, seine heroische Kraft bei den Männern kommt immer wieder in seinen Bildern zur Geltung, auch wenn sie religiösen Inhalts sind. Die geschmeidige Bewegung eines Tierkörpers darzustellen ist kaum einem anderen Maler so gelungen wie ihm. Der sublimierten Sinnlichkeit und Pracht der von ihm dargestellten Welt entspricht die Farbe: es dominiert ein glühendes und blühendes Rot. – Bereits die Zeit seines ital. Aufenthalts ist reich an Werken; sie lassen die Einwirkung verschiedener ital. Meister erkennen; vielleicht war er keinem stärker verpflichtet als Tizian. In Antwerpen beginnt sein persönlicher Stil sogleich hervorzutreten: Kreuzaufrichtung (1610/11; Antwerpen, Kathedrale) und Kreuzabnahme (1611–14; das.). Immer freier, großartiger, lockerer in Aufbau und Farbe werden in den nächsten Jahren seine Bilder: Raub der Töchter des Leukippos (München, Ältere Pinakothek), Löwenjagd (das.). Die kraftvolle Bewegung von Menschen und Tieren versetzt schließlich die ganze Bildfläche in Bewegung. Am Anfang der 20er Jahre steht die im Auftrag der Maria von Medici für den Luxembourg-Palast in Paris gemalte Folge von 21 Bildern historisch-allegorischen Inhalts (1621–25; Paris, Louvre; Skizzen in der Älteren Pinakothek in München). Dieses Jahrzehnt ist auch reich an bedeutenden Bildnissen. Das letzte Jahrzehnt wird eingeleitet durch den gewaltigen Ildefonso-Altar (1630–1632; Wien, Kunsthistorisches Museum), der im Schaffen des Meisters den Höhepunkt unbändigen Farbenreichtums darstellt. Weitere Hauptwerke der letzten Zeit: seine Frau Helene Fourment im Pelzmantel (um 1638; das.), Landschaft mit dem Regenbogen (etwa 1635; Leningrad, Ermitage), Heilige Cäcilie (1639/40; Berlin, Staatl. Mus.). – R. hat einen Werkstattbetrieb von beispiellosem Umfang gehabt, so daß sich um einen Kern von 500 bis 600 eigenhändigen Werken ein großer Kreis von solchen legt, die von diesem Kern mehr oder weniger weit entfernt sind, obwohl sie oft ohne Einschränkung unter dem Namen des Meisters gehen. Eine der besten Rubenssammlungen ist die des Kunsthistor. Museums in Wien, auch besitzt die Albertina das. einen bedeutenden Teil seiner Handzeichnungen. R.' Wirkung auf sein Land und seine Zeit ist kaum zu übersehen. Er hat flämische Kupferstecher, die sog. R.stecher, und Meister des Holzschnittes herangebildet, die seine Werke in ihre graphische Technik umzusetzen hatten. Auch die fläm. Bildnerei hat seinen Formen überall nachgelebt, und in der Dekoration fläm. Barockfassaden meint man ebenfalls seinen Geist zu spüren. Von R.' Veröffentlichungen sind bes. wichtig die „Palazzi di Genova" (1622; neu hg. von Gurlitt, 1924), in denen architektonische Aufnahmen genuesischer Paläste niedergelegt sind. Correspondance de R., hg. von Rooses und Ruelens, 6 Bde., 1887–1909; Correspondance de R. traduite et annotée par P. Colin, 2 Bde., 1934; dt. Ausgaben der R.briefe von A. Rosenberg, 1881 und O. Zoff, 1918; The Letters of P. P. R., übers. u. hg. von Ruth Saunders Magun, 1955.

M. Rooses, L'œuvre de R., 5 Bde., 1886–92; Ders., R.' Leben und Werke, dt. 1905; J. Burckhardt, Erinnerungen aus R., 1898 (neu hg. von Kauffmann, 1928; neueste Ausg. 1937); E. Dillon, R., 1909 (engl.); P. P. R. Des Meisters Gemälde, hg. von R. Oldenbourg, [4]1921 (Klassiker der Kunst); Ders., P. P. R., 1922; Die Handzeichnungen von P. P. R., hg. von G. Glück u. F. M. Haberdietzl, 1928; F. R. Lehmann, P. P. R. Menschen und Mächte des Barock, ein Zeitbild, 1936; L. van Puyvelde, Skizzenbuch des P. P. R., 1939; H. G. Evers, P. P. R., 1942; Ders., R. u. sein Werk, Neue Forschungen, 1944; O. Bock v. Wülfingen, R. in der dt. Kunstbetrachtung, 1942; P. Arents, Geschriften van en over R., 1940; Ders., R.-Bibliografie, 1943; E. Larsen, P. P. R., 1952 (engl.); F. R. Lehmann, R. u. seine Welt, 1954; J. S. Held, R.' selected drawings, 2 Bde., 1959; L. Burchard u. R.-A. d'Hulst, R. Drawings, 2 Bde., 1963; Ch. A. Isermeyer, P. P. R., 1965; W. Stechow, R. and the classical tradition, 1968; R. M. Baumstark, Die Allegorien v. Krieg u. Frieden d. P. P. R. u. s. Werkstatt, Diss. Münster 1971; F. Humer, Corpus Rubenianum, 26 Bde., Bd. 19 Portraits, 1977; M. Warnke, P. P. R., 1977; M. Jaffé, R. and Italy, 1977; H. Bauer, R., 1977; R. Avermaete, R. u. s. Zeit, 1977; F. Baudoin, P. P. R., 1977; H. Kauffmann, P. P. R. Bildgedanke u. künstler. Form, 1976; P. P. R., Ausst.-kat. Wallraf-Rich. Mus. Köln, 2 Bde. (Bd. 2 R. u. d. Druckgraphik, bearb. v. W. Vomm), 1977; weitere Ausst.kat. Wien, Albertina u. Kst.hist. Mus. (m. krit. Kat.), Bremen, Kst.halle (R. u. s. Stecherwerkstatt), 1977.

Rubinglas, rubinrotes Glas → Kunckelglas.

Rubinlüster →Gubbio-Majolika.

Rubljew (Rublow), Andrei, russ. Wand- u. Ikonenmaler, * wahrscheinl. zwischen 1360 u. 1370, † zwischen 1427 u. 1430 Moskau, bedeutendster und richtungweisender Meister der altruss. Malerei. Seine Werke sind nur zum kleinen Teil erhalten, bzw. bekannt und von denen anderer Meister nicht immer zu trennen. Die frühesten erhaltenen sind Wandgemälde und Ikonen der Kathedrale des Sawwa-Staroshewski-Klosters in Swenigorod (1404) und der Blagowestschenie-Kathedrale in Moskau (seit 1405; zusammen mit dem Griechen Theophanes); ferner die Wandgemälde der Uspenskie-Kathedrale in Wladimir (1408). Vermutlich letztes und zugleich berühmtestes Werk ist die Dreifaltigkeits-Ikone (Moskau, Tretjakow-Gal.), die den auf Helligkeit der Farbe, Harmonie der Komposition und Feinheit, ja Eleganz der Linienführung gerichteten Stil R.s in besonderer Vollkommenheit zeigt. Byzantin. Strenge ist durch Anmut und Natürlichkeit gemildert.

J. E. Grabar, A. R., 1926 (russ.); Grabar-Lasarew-Kemenow, Geschichte der russ. Kunst, Bd. 3, 1959; Julia A. Lebedewa, A. R. u. seine Zeitgenossen, dt. 1962; K. Onasch, Das Problem des Lichts i. d. Ikonenmalerei A. R.s, 1962; V. N. Lasarew, A. R. u. s. Schule, 1966 (russ.); M. Alpatow, A. R., 1972 (russ. m. Bibl.).

Rücklaken, schmaler Wandbehang (Teppich) des späteren Mittelalters, um den Rücken des an der Wand Sitzenden zu schützen; oft mit figürlichen Darstellungen; es findet sich auch beim Dorsale eines →Chorgestühls.

Rude, François, franz. Bildhauer, * 4. 1. 1784 Dijon, † 3. 11. 1855 Paris, schuf in seiner schwungvollen Reliefgruppe „Le chant du départ" oder auch „La Marseillaise" genannt (1832–36; Arc de l'Etoile in Paris) ein Werk, das als eins der ersten die Abkehr vom Klassizismus und die Hinwendung zum Neubarock nachdrücklich bezeichnet.

De Fourcaud, F. R., ses œuvres et son temps, 1904; J. Calmette, F. R., 1922; H. Drouot, Une carrière, F. R., 1958.

Rudernadel, Nadelform der → Bronzezeit mit ruderähnlich gestaltetem Kopf, in Mittel- und Südosteuropa verbreitet.

E. Vogt, Die Gliederung d. schweizer. Frühbronzezeit, 1948 (Festschr. Otto Tschumi).

Ruine. Die R. eines Bauwerks stellte für spätere Zeiten zunächst einen materiellen Wert dar: sie diente als Steinbruch, dem man die Steine bereits fertig bearbeitet entnehmen konnte. Durch diese Ausnutzung sind viele R.n des Altertums wie des Mittelalters gründlicher zerstört worden, als dies durch bloße Einwirkung der Naturkräfte möglich gewesen wäre. In der ital. Renaissance des 15. Jh. erhält die antike R. einen ästhetischen Wert und wird Gegenstand künstlerischen und archäologischen Interesses. Sie erscheint auf Bildern der Zeit, man nimmt sie zeichnerisch auf, und die ersten Vorboten einer R.nromantik melden sich: unverkennbar in einem Holzschnitt der →Hypnerotomachia Polifili von 1499, dann auch wohl darin zu erblicken, daß man im 16. Jh. Gärten gern an antiken R.nstädten anlegte und die R. in die Wirkung des Ganzen mit einbezog. Sogar künstliche R.n scheint man damals schon gebaut zu haben. Von anderen Gesichtspunkten aus muß die romanische R. beurteilt werden, wie sie in den Bildern niederländ. und dt. Maler seit dem späteren 15. Jh. zur Bezeichnung des Stalls von Bethlehem erscheint. Im 17. Jh. hat die Beliebtheit der R. als Staffage eines Naturschauplatzes zugenommen, was bes. bei den Meistern der heroischen Landschaft (Poussin) deutlich wird. Bei J. van Ruisdael ist die R. mit romantischen Stimmungswerten behaftet, die die R.nromantik des 18. Jh. entscheidend vorbereitet haben. Im 18. Jh. hat die R.ndarstellung weiterhin ihre Meister gefunden, deren großartigster Piranesi ist; zugleich wird die künstliche R. wichtiges Ausstattungsstück von Garten- und Parkanlagen in Deutschland, England und Frankreich: R.nanlagen im Park von Sanssouci 1748, antikisierende R.n in den Parks von Veitshöchheim, Schönbrunn und Schwetzingen. Gegen Ende des 18. Jh. bevorzugte man got. R.n, die in England schon um 1745 aufkamen und deren umfangreichstes dt. Beispiel die „Löwenburg" im Park von Wilhelmshöhe bei Kassel (1790) darstellt (→Neugotik). Auch im 19. Jh. sind als Requisit des sog. engl. Landschaftsgartens künstliche R.n noch gebaut worden.

Marie Luise Gothein, Geschichte der Gartenkunst, 2 Bde., 1914, 1926; Haferkorn, Gotik und R. in der engl. Dichtung des 18. Jh., 1924; W. S. Heckscher, Rom-R., Diss. Hambg. 1936; Kenneth Clark, The Gothic Revival, ²1950; E. de Ganay, Le goût du moyen-âge et des ruines aux jardins du XVIIIe siècle, 1932 (Gazette des Beaux-Arts Bd. 74); weitere Lit. →Ruinenmalerei.

Ruinenmalerei. Eine R. als selbständige Sondergattung der Architektur- oder Landschaftsmalerei gibt es erst seit dem 17. Jh., obwohl lange zuvor die Ruine als Gegenstand von Malerei und Graphik häufig vorkommt. So erscheint in der Darstellung der Geburt Christi der Stall von Bethlehem seit dem 15. Jh. gern als eine oft phantasievoll ausgestaltete Ruine, und in ital. Bildern des späteren Quattrocento taucht die antike Ruine auf. Im 17. Jh. fügt man einzelne Ruinenmotive (zerfallene Türme und sonstige Bauwerke, stehengebliebene Säulen, verstreut am Boden liegende Gesims- und Säulentrümmer u. dgl.) in einer Landschaft zusammen, die eben durch die Häufung jener Motive den eigentümlichen Stimmungswert einer Ruinenlandschaft erhält und für sich da sein oder von einzelnen Menschen belebt sein kann. Diese Ruinenlandschaften greifen auch auf die Bühnendekoration über, wo sie in Italien bereits seit Beginn des 17. Jh. nachweisbar sind. In der Folgezeit ist es zu mannigfachen Wechselwirkungen zwischen der R. der Bühne und der des Staffeleibildes gekommen. Im 18.

Jh. waren die Hauptmeister der R.: Giov. Paolo Pannini und dessen Schüler, der Franzose Hubert Robert, auf dem Gebiet des Kupferstichs →Piranesi. In der Malerei der dt. Romantik ist die got. Ruine zum starken Stimmungsträger geworden, namentlich bei C. D. → Friedrich.

H. Vogel, Die Ruine i. d. Darstellung d. abendländ. Kunst, 1948; H. P. Müller, Die Ruine i. d. dt. u. niederländ. Malerei d. 15. u. 16. Jh., ungedr. Diss. Heidelberg 1949; Susanne Heiland, Die Ruine im Bild, ungedr. Diss. Leipzig, 1953; F. Arisi, Gian Paolo Pannini, 1961; H. Burda, Die Ruine i. d. Bildern Hubert Roberts, 1967; J. Simmen, Ruinen-Faszination i. d. Graphik v. 16. Jh. bis in die Gegenwart, 1980.

Ruisdael, Jacob Isaacksz. van, holländischer Maler, * 1629 Haarlem, begr. 14. 3. 1682 das., Neffe und wahrscheinlich Schüler von Salomon →Ruysdael, seit 1657 tätig in Amsterdam. R. war ausschließlich Landschaftsmaler. Seine Frühzeit bis in den Anfang der 50er Jahre ist gekennzeichnet durch enge Naturausschnitte und schlichte Motive voll Frische und starker Naturnähe. Später wird er groß und frei, der Blick geht in die weite, von schweren Wolken überlagerte Flachlandschaft in ihrer ernsten, nordischen Stimmung, mächtige Bäume in dunklem Grün ragen auf, Ruinen bekrönen die Felsenhänge, Wasserfälle stürzen nieder, und das alles vollzieht sich in zuweilen düsterer Einsamkeit, denn Menschen beleben diese Natur entweder gar nicht oder doch nur ihr völlig untergeordnet. R.s Kunst der Schilderung großer Natur in schwermütiger Stimmung hat auf die Landschaftsmaler der dt. Romantik gewirkt, die hier etwas Verwandtes spürten. R. ist am besten im Reichsmus. in Amsterdam, in Deutschland am besten in der Dresdener Gal. vertreten. – R. hat in gleichem Sinne Landschaftsradierungen geschaffen, die nach denen Rembrandts das Beste sind, was die holländ. Radierung auf diesem Gebiet zu leisten vermochte.

J. Rosenberg, J. van R., 1928; K. E. Simon, J. van R., 1931; G. Wiese, J. v. R., 1963; W. Wiegand, Ein Vers. z. Ikonologie d. Ldschftsmalerei, Diss. Hambg. 1968; ders., R.-Studien, 1971.

Rumänische Kunst. Ihre Geschichte beginnt mit der Entstehung der beiden selbständigen Fürstentümer Walachei und Moldau im 14. Jh. Die auf der Grundlage des griech.-orthodoxen Kultus ruhende kirchliche Baukunst (eine nennenswerte städtische Profanbaukunst gibt es neben ihr nicht) ist ein Zweig der byzantinischen, wobei die Kirchen der Walachei in ihrer gedrungenen Gesamterscheinung mit wenigen Ausnahmen den Baugewohnheiten des byzantin. Stils der Balkanländer folgen, während die der Moldau stärker gelängt sind und eine höhere und steilere Kuppel haben. Auch weisen sie (bes. an Portalen) zuweilen Einzelformen der Gotik auf, die hier ihre letzten östl. Ausläufer gehabt hat. Im Gesamtbild der rum. Baukunst treten ferner armen., kaukas., türk. und russ. Spuren hervor. Dazu kommen Beziehungen zu Bulgarien (12./13. Jh.) und Serbien (14. Jh.). Die Blütezeit reicht von der Mitte des 15. Jh. bis zur Mitte des 17.; als Hauptwerk gilt die prächtig dekorierte Kirche von Curtea de Argas (Walachei; gew. 1517). Seit dem späteren 17. Jh. dringen in die Reinheit der überlieferten Bauweise ital. Barockmotive störend ein. Die Plastik ist fast ausschließlich dekorativ. Der Stil der Malerei (an Innen- und Außenwänden der Kirche und am Ikonostas) bleibt vollkommen byzantinisch. Neben der kirchlichen Kunst führt die Volkskunst ihr eigenes Leben. – Seit Beginn des 19. Jh. wurden westl. Einflüsse, bes. durch die Beziehungen zu Frankreich, immer stärker. Die nationale Einigung in der 2. Hälfte des 19. Jh. hatte das Entstehen einer nationalbewußten Kunst zur Folge unter Führung der Malerei. Ihr in Frankreich gebildeter Hauptmeister Nicola Grigorescu (1838–1907) hat mit den Mitteln der Schule von Barbizon die Landschaft seiner Heimat malerisch entdeckt. – In der 2. Hälfte des 20. Jhs. ist die R. K. zum Teil von den Gedanken des →Sozialistischen Realismus geprägt, öffnete sich aber in der Baukunst und bildenden Kunst, bes. auf den Gebieten der Malerei und Graphik den Einflüssen und Strömungen Westeuropas (Hotelbauten, Repräsentationsbauten; phantastische Malerei und Zeichnung). Weitgehend werden in Bildnerei und Kunstgewerbe die Traditionen der Volkskunst gepflegt.

N. Jorga und G. Bals, Histoire de l'art roumain ancien (14.–19. Jh.), 1922; N. Jorga, L'art populaire en Roumanie, 1923; Oprescu, Die Malerei Rumäniens seit 1900, 1936; C. H. Wendt, R. Ikonenmalerei, 1953; Maestrii picturii Romȃnesti, 1953 (rumän.); P. Comarescu u. J. Jianu, Die rumän. Malerei im 20. Jh., 1956; G. Oprescu, Die rumän. Bildhauerkunst, 1961; G. Gusti, D. Architekt. Rumäniens, 1968; C. Nicolescu, Rum. Ikonen, ²1976 (dt.); J. Hammer, Bildnis u. Menschenbild i. d. rumän. Mal. d. 20. Jhs., Diss. Jena (m. Bibl.) 1972.

Rundbau, Rundkirche →Zentralbau.

Rundbogen →Bogen.

Rundbogenfries →Fries.

Rundfenster →Fenster.

Rundpfeiler →Pfeiler.

Rundstab, eine bes. in der roman. u. got. Baukunst beliebte stabartige Verzierung von viertel-, halb- oder dreiviertelrundem Profil. Er findet sich bei Rippen, Gesimsen und bes. Portal- und Fenstergewänden.

Runge, Philipp Otto, Maler, * 23. 7. 1777 Wolgast, † 2. 12. 1810 Hamburg, Schüler der Kopenhagener Akademie, bildete sich seit 1801 in Dresden weiter und ließ sich 1804 in Hamburg nieder. R. ist neben C. D. Friedrich der bedeutendste Maler der norddt. Romantik, doch hat ihn nicht wie diesen die Landschaft, sondern das Figurenbild beschäftigt. Die künstlerischen Probleme seiner Zeit hat er durchdacht wie kein anderer; aber gerade diese seine grüblerische Natur hat mit dazu beigetragen, daß er nur einen kleinen Teil dessen vollenden konnte, was ihm vorschwebte. Die kubische Modellierung klassizistischer Figuren ist bei ihm zuweilen geradezu Starrheit geworden. Seine Menschen haben nichts Aufgelockertes und Heiteres; sie sind ernst, streng, verschlossen, in ihrer Individualität beharrend. Farbe und Licht wirken in neuer Weise am Ausdruck von Gefühl und Stimmung mit. Romantisches Naturgefühl wird sichtbar in der Art, wie das lebendige Wachsen und Drängen der Pflanzen erfaßt ist, überhaupt in der Sorgsamkeit und Liebe, die allem Pflanzlichen zugewendet wurde. Mensch und Natur in ihrem Verwobensein darzustellen war der Sinn seiner Folge von vier symbolischen Bildern der „Tageszeiten", die ihn in Zeichnungen, Entwürfen, verschiedenen Fassungen seit 1803 beschäftigten, ohne vollendet werden zu können (die Zeichnungen in Umrißradierungen 1806 veröffentlicht. Erste Ausführung des „Morgens" als Ölgemälde 1808, Hamburg, Kunsthalle; das. auch Fragmente der zweiten Bearbeitung, vor allem das Kind auf der Wiese). Das vielleicht schönste Werk R.s, das Gruppenbildnis „Wir drei“, ist beim Brande des Münchener Glaspalastes (1931) zugrunde gegangen. Die bei weitem beste R.-Sammlung besitzt die Hamburger Kunsthalle: die Hülsenbeckschen Kinder (1805/06), Ruhe auf der Flucht nach Ägypten (1805/06), die Eltern des Künstlers (1806), die Kinder des Künstlers (1808–09), die Frau des Künstlers (1810), mehrere Selbstbildnisse. – Zeichnungen: „Ausgeschnittene Blumen und Tiere in Umrissen“ (veröffentl. 1843). – Hinterlassene Schriften, hg. von seinem Bruder Daniel, 2 Bde., 1840/41, Neudr. 1965; Ph. O. R. Schriften, Fragmente, Briefe, hg. von E. Forsthoff, 1938; Briefe in der Urfassung, hg. v. K.F. Degner, 1940. Ph. O.R., Farbenkugel, 1810, Nachdr. 1978.

P. F. Schmidt, Ph. O. R., 1923; O. Böttcher, Ph. O. R., 1937; Th. Bohner, Ph. O. R., 1937; Ch. A. Isermeyer, Ph. O. R., 1940; K. Privat, Ph. O. R., Sein Leben in Selbstzeugnissen, Briefen u. Berichten, 1942; G. Berefelt, Ph. O. R. zwischen Aufbruch u. Opposition, 1961 (Acta Universitatis Stockholmiensis. Stockholm Studies in History of Art Bd. 7); J. Langer, Ph. O. R. i. d. Hambgr. Ksthalle, 1963; J. Traeger Ph. O. R. u. s. Werk, 1975 (m. krit. Kat. u. Bibl.); Kathlee J. Regier, The paintings of Ph. O. R., Diss. Washingt. Univ. 1975; S. W. Mathieu, Ph. O. R. Leben u. Werk (Werkkat.) 1977; J. C. Jensen, Ph. O. R., 1977; W. Hofmann u. a., R. in seiner Zeit, Ausst.kat. Kst.halle Hamburg, 1977/78.

Ruskin, John, engl. Kunsttheoretiker, -kritiker und -erzieher, auch Sozialreformer, * 8. 2. 1819 London, † 20. 1. 1900 Brantwood, einflußreichste Persönlichkeit im engl. Kunstleben seiner Zeit, Vorkämpfer Turners und der Präraffaeliten, forderte künstlerische Veredelung aller den Menschen umgebenden Dinge, was dann →Morris in die Tat umgesetzt hat. In seinen Schriften verlieh er einer Richtung beredten Ausdruck, die u.a. auch in der damals erfolgten Begründung von →Kunstgewerbemuseen unter erzieherischen Gesichtspunkten zum Ausdruck kommt. – Ausgewählte Werke in dt. Übersetzung, hg. von Schölermann u.a., 15 Bde., 1900 bis 1906.

Charlotte Broicher, J. R. und sein Werk, 3 Bde., 1902–07; G. P. Landow, The aestetic and critical theories of J. R., 1971; Kristine O. Garrigan, R. on architecture; his thought and influence, Diss. Univ. Wisconsin, 1973; R. Hewison, J. R., 1976 (engl.).

Rüsselbecher, Glasbecher, deren Außenwand mit langen, rüsselartig herabhängenden Fortsätzen geschmückt ist. Die Rüssel sind nicht aufgesetzt, sondern durch Ausziehen der Gefäßwand hergestellt; ihr hohler Innenraum kommuniziert mit dem Hohlraum des Bechers. Die R. treten in german. Grabfunden des 5.–7. Jh. auf; sie dürften aus rheinischen oder gallischen Fabriken stammen.

F. Fremersdorf, Zur Gesch. d. fränk. R.s, 1933/34 Wallraf-Richartz-Jahrb. N. F. 2/3); F. Rademacher, Fränk. Gläser aus d. Rheinland, 1942 (Bonner Jahrbücher 147).

Russische Kunst, die Kunst in Rußland seit Einführung des Christentums (988). Man unterscheidet eine altrussische und eine neurussische Kunst. Diese beginnt mit dem Regierungsantritt Peters d. Gr. (1689), genauer mit der Gründung Petersburgs (1703). Rußland empfing sein Christentum von Byzanz, und damit wurde auch die →byzantin. Kunst für die sich jetzt entwickelnde christl. Kunst Rußlands maßgebend. Die ältesten Baudenkmäler (1. Hälfte des 11. Jh.) sind die Sophienkathedrale in Kiew und Nowgorod, beide Kreuzkuppelkirchen und von byzantin. Baumeistern errichtet, daher eher als byzantin. Werke auf russischem Boden anzusprechen. Im weiteren

Verlauf der Entwicklung trat eine Vereinfachung des byzantin. Typus ein. Hauptorte waren Nowgorod und Wladimir, wo im 12. oder 13. Jh. eine Sondergruppe von Kirchen entstand, in denen auch roman. und armenische Elemente sichtbar werden. Natürlich gab es neben den Steinkirchen auch viele Holzkirchen, die allerdings nicht erhalten blieben, deren Form aber aus Beispielen neuerer Zeit erschlossen werden kann. Ihre Balken lagen stets waagerecht, ein hohes keilförmiges Dach überragte das Ganze. Diese Grundform ist mannigfachen Veränderungen unterlegen. Auch haben sich von der kirchlichen Holzbaukunst bedeutende Rückwirkungen auf die kirchliche Steinbaukunst ergeben. Die Berührung mit der ital. Renaissance, die seit dem späteren 15. Jh. durch ital., in Rußland tätige Baumeister stattfand, blieb ohne tiefere Einwirkung. Grundform der russ. Kirche war weiterhin die Kirche über dem griech. Kreuz mit fünf halbkugligen oder zwiebelförmigen Kuppeln, darunter einer überragenden Hauptkuppel. Dabei kam es innerhalb dieses Grundtypus oft zu den bizarrsten Mischungen der verschiedensten Elemente, wofür die Basiliuskathedrale zu Moskau (1555–60) eins der bekanntesten Beispiele ist. – Eine wirkliche Plastik fehlt (wie ja auch in der byzantinischen Kunst nach dem Bilderstreit). Das Wenige an Reliefs und Kleinbildwerken ist belanglos. – Auch die altruss. Malerei (Hauptmeister →Rubljow) bewegte sich in byzant. Formen. Es gibt Wandmalerei und Mosaiken, vor allem aber die auf den Bilderwänden der Kirchen (→Ikonostas) vereinigten →Ikonen. Der Versuch einer Angleichung an die Malerei des Westens, ohne die byzantin. Grundlage aufzugeben, führte im 18. Jh. zum Niedergang der altruss. Malerei.

Die neuruss. Baukunst, wie sie in der 1. Hälfte des 18. Jh. zunächst nur in Petersburg entstand, wurde von Deutschen, Franzosen und Italienern geschaffen, und erst in der 2. Hälfte des 18. Jh. hatte sich auch ein russ. Architektenstand herausgebildet, der in barocken und klassizistischen Formen zu bauen wußte. Diese Baukunst hat alle Wandlungen der westeurop. Baukunst mitgemacht, ja sie ist eigentlich westeurop. Baukunst auf russ. Boden. Ein Hauptvertreter ist C. G. →Rossi. Die Verachtung aller räumlichen Beschränkung gibt ihr eine majestätische Weite und Vornehmheit. Auch die Bildhauerkunst war zunächst Sache der Ausländer (→Falconet) und wurde erst im 19. Jh. von einheimischen Meistern aufgenommen. In der Malerei traten solche früher hervor. Im 18. Jh. war der bedeutendste der Bildnismaler →Lewizkij (1735 bis 1822), im 19. Jh. Ilja →Rjepin (1844 bis 1930), Vertreter einer naturalistischen Historienmalerei. Nach der Revolution von 1917 hat der Expressionismus in Rußland eine bes. bevorzugte Stätte gefunden, wurde aber bald zugunsten d. →„Sozialistisch. Realismus“ wieder abgelehnt, →Sowjetische Kunst.

J. Grabar, Istorija russkawo Isskustwa, 5 Bde., seit 1911; L. Réau, L'art russe, 2 Bde., 1921/22; Ph. Schweinfurth, Entwicklungslinien der R. K. seit Peter d. Gr., 1926 (Auslandsstudien, Bd. 2); Ders., Gesch. der russ. Malerei im Mittelalter, 1930; D. Ainalow, Gesch. der russ. Monumentalkunst der vormoskowit. Zeit, 1932; Ders., . . . zur Zeit des Großfürstentums Moskau, 1933; M. Alpatow u. N. Brunow, Gesch. der altruss. Kunst, 1932; O. Wulff, Die neuruss. Kunst, 1932; F. Nemitz, Die Kunst Rußlands, 1940; C. C. E. Bunt, Russian Art: From Scyths to Soviets, 1947; V. Fiala, Die russ. realistische Malerei des 19. Jhs., 1953; G. H. Hamilton, The Art and Architecture of

Russia, 1955; Geschichte der R. K., Veröffentlichung d. Akad. d. Wissenschaften der UdSSR, bisher 5 Bde., dt. 1957–70; R. Hare, 1000 Jahre R. K., dt. 1964; Tamara Talbot Rice, Die Kunst Rußlands, dt. 1965; El Lissitzky, Rußld., Architektur f. eine Weltrevolution, [2]1965; E. Behrens, Kst. i. Rußld., 1969; H. Faesen u. W. Iwanow, Altruss. Baukst., 1972; W. Felicetti-Liebenfels, Gesch. d. russ. Ikon.malerei, 1972; Ausst.kat. „Russ. realist. Malerei d. 19. Jhs.", Kunsthalle Baden-Baden, 1972; W. Schmidt, Russ. Graphik d. 19. u. 20. Jhs., 1967; Ausst.kat. Altes Mus. Berlin, Russ. Graph. d. 19. u. 20. Jhs., 1977; V. N. Lazarew, Die Ikonen d. Moskauer Schule, 1977; M. Alpatow, Histoire de l'art russe des origines à la fin du 17e siècle, 1976; J. Rein, Russ. Realismus 1850–1900 (Kunst 86, 1) 1974; Ausst.kat. „Russ. Malerei 1890–1917", München, Lenbachhaus, 1977.

Russisches Kreuz →Kreuz.

Rustika, rustizierte Säule →Bossenwerk.

Rüstlöcher, die im Mauerwerk mittelalterlicher Kirchen ausgesparten viereckigen Löcher zur Aufnahme von Gerüsthölzern.

Ruysdael, Salomon van, holländ. Maler, * um 1600 wahrscheinlich Haarlem, begr. 1. 11. 1670 das., hat in seiner Frühzeit Landschaften von grau-grünlichem Einheitston geschaffen, die denen Jans van Goyen sehr nahestehen; später bilden sich farbige Gegensätze und festere Landschaftsformen heraus, deren Staffage immer mehr zunimmt.

W. Stechow, S. van R., 1938, [2]1975 (m. krit. Kat.).

Rya („rauh"), altschwedischer, früher als Bettdecke verwendeter Knüpfteppich, dessen Technik aber im ganzen Ostseeraum verbreitet war, bes. in Finnland, wo sich auch die meisten älteren Beispiele erhalten haben. Charakteristisch ist die dichte Folge der Schlingen, die eine hochstehende, wollige Fläche erzeugen. Im späteren 19. Jh. erfolgte eine Erneuerung der vom Aussterben bedrohten alten Technik, die seit einigen Jahrzehnten wieder für Wandteppiche in den Dienst moderner Wohnraumgestaltung gestellt ist.

U. T. Sirelius, Die finnischen Ryen, 1924.

Saalkirche, einschiffige Kirche. Im Mittelalter sind in der Regel nur kleinere Kirchen als S.n erbaut worden (Ausnahmen bes. in Italien); in größerem Maßstab kommen sie in Deutschland erst seit der Renaissance vor.

E. Lehmann, Saalraum u. Basilika im früh. MA. (in: Festschr. J. Gantner), 1958; K. Mertens, Roman. S.n, 1973.

Sacra (Santa) Conversazione („Heilige Unterhaltung"), ital. Bezeichnung für die seit dem 15. Jh. häufige Darstellung der Madonna mit Heiligen. Die klassische und für die Hochrenaissance vorbildliche Lösung gab Giovanni Bellini in seinem Altarbild in S. Zaccaria in Venedig.

K. Caspar, Die ikonograph. Entw. der S. C., Diss. Tübingen 1954.

Sakralbau (Sakralarchitektur), im Gegensatz zum →Profanbau in seinem formalen Aufbau vom Kult bestimmtes Bauwerk wie →Tempel →Kirche →Moschee →Pagode.

Sakramentar, liturgisches Buch, das die bei der Messe zu lesenden Gebete enthält.

H. Gamber, S.typen, 1958.

Sakramentshaus, der Behälter für das Gefäß mit der Hostie. Ursprünglich wurde diese, gern in ein Metallgefäß von Taubenform („Eucharistische Taube", „Hostientaube") eingeschlossen, über dem Altar aufbewahrt. Seit dem 12. Jh. wurde es indessen üblich, sie in einer Wandnische in der Nordwand des Chors in nächster Nähe des Altars unterzubringen, dem Wand→Tabernakel. Diese Sakramentsnische, die bis ins 16. Jh. vorkommt, erhielt in der Gotik eine reiche architektonische Verbrämung. Zum eigentlichen S. wurde sie, indem sie aus der Wand heraustrat: auf pfeilerartigem Sockel erhebt sich ein durchbrochener und vergitterter Schrein, der die Hostie birgt. Das Ganze erhält nach der Weise der Gotik eine turmartige Bekrönung in mehreren Geschossen. Zunächst hing dieses S. noch mit der Wand zusammen, in der späteren Gotik löste es sich von ihr und wurde zu einem selbständigen Gebilde, das immer mehr in die Höhe wuchs. Es entstanden jene auch mit Figuren ausgestatteten Wunderwerke steinerner Filigranarbeit im Ulmer Münster (1467 bis 1471; 28 m hoch) und als berühmtestes das S. des Adam Krafft in der Lorenzkirche in Nürnberg (voll. gegen 1500; 19 m hoch). Die Freude an diesen Zierbauten führte dazu, daß manche Kirche deren zwei oder gar drei erhielt. Auch Beispiele aus Holz kommen vor, selten aus Bronze: S. der Marienkirche in Lübeck (1479; 9,5 m hoch). Das S. wurde im 17. Jh. überflüssig, da das Tridentiner Konzil die Unterbringung der Hostie in einem Tabernakel über dem Hochaltar angeordnet hatte.

R. Wesenberg, Das got. S., Diss. Gießen, 1937; G. Naujoks, Die Entw. d. architekton. Sakramentsbehälter in Franken, Diss. Erlangen, 1948; I. Güttig, Die rhein. Sakramentshäuschen u. Sakramentsnischen, Diss. Köln 1955; V. Frebel, Typologie mittelalt. S.er, Diss. Bonn 1973.

Sakristei, der südl. oder nördl. vom Chor befindliche, mit diesem in Verbindung stehende Raum einer Kirche, bestimmt als Aufenthalts- oder Ankleideraum eines Geistlichen, auch zur Aufbewahrung des Ornats, der heiligen Gefäße und sonstigen Gegenstände des kirchlichen Gebrauchs. Eine S. ist bereits auf dem Bauriß des Klosters von →St. Gallen (um 820) vorgesehen. Die Entwicklung der S. leitet sich vom Pastaphorium ab (→Prothesis).

Salem-Kultur →Alb-Salem-Kultur.

Salvatorbild, gleichbedeutend mit →Majestas Domini.

Samarra, Stadt am Tigris oberhalb Bagdad, im 9. Jh. die Residenz d. Abbasiden. Ausgrabungen (1911 bis 1913) haben dort Paläste, Wohnhäuser und Moscheen (darunter die Mutawakkil-Moschee mit spiralförmigem Turm und rechteckiger, mit Rundtürmen versehener Umfassungsmauer im alten Lagertypus) freigelegt. Aus Privathäusern sind eigentümliche Stuckdekorationen ins Berliner Islamische Mus. gelangt. Auch Keramik u. Glas, Porzellan u. Steinzeug gehören zu den Funden.

Springer, Handb. d. Kunstgesch., Bd. 6, 1929; Diez, Die Kunst des Islam, 1925; F. Sarre, E. Herzberg u. a. (Bearb.), Die Ausgrabgn. v. S., 6 Bde., 1923–48; F. Sarre, Die Keramik v. S., 1925; C. J. Lamm, Das Glas v. S., 1928; E. Herzberg, Gesch. d. Stadt S., 1948; M. Wheeler, Prachtbauten d. Ostens, 1965.

Sammelvedute →Vedute.

Sammlermarke, die auf graph. Blättern eingedruckte, eingestempelte oder auch handschriftlich angebrachte Marke eines bestimmten Sammlers oder einer bestimmten Sammlung, die das betreffende Blatt als dieser Sammlung zugehörig bezeichnet. Die S.n kamen zu Beginn des 17. Jh. auf und sind ein zuverlässiges Mittel für Provenienzfeststellungen. In „Les Marques des

Collections des Dessins et d'Estampes" – seit 1921 mit Supplementbänden von F. Lugt – sind die bekannten S.n reproduziert und die Sammlungen beschrieben.

Samos, Heraion von, das große Heiligtum der Göttin Hera an der Ostküste von Samos. Es liegt über einer vorgeschichtlichen Siedlung der mittleren Bronzezeit. Der griech. Kult dürfte bald nach der Neubesiedlung der Insel (um 1000 v. Chr.) begonnen haben. Zu den ältesten Resten gehören mehrere Altäre, zu denen um 800 ein Tempel kam, der wiederholt erneuert und vergrößert wurde. Um die Mitte des 6. Jh. entstand der große Heratempel des Rhoikos und Theodoros in ionischem Stil, doch vielleicht ohne Volutenkapitelle. Die Basen der Säulen waren auf der Drehscheibe hergestellt. Das Heiligtum barg neben zahlreichen Weihgeschenken und einem dem pergamenischen ähnlichen Riesenaltar zahlreiche Bauten, Tempel anderer Gottheiten und Säulenhallen. Seine Blütezeit liegt im 6. Jh. vor und während der Herrschaft des Tyrannen Polykrates. Nachher büßte der Kult an Bedeutung ein und erfuhr erst in der röm. Kaiserzeit eine Belebung. Die Überbauung des Heiligtums durch eine byzantin. Stadt hat den älteren Bauresten sehr geschadet. Seit 1911 fanden Ausgrabungen durch dt. Gelehrte statt, die die Geschichte des H. klären und zahlreiche Einzelfunde machen konnten (Marmorskulpturen und Bronzen).

Buschor, Mitteil. des Dt. Arch. Inst. Athen 55, 1930ff.; Ders., Altsamische Standbilder, 1934ff. (Bilderhefte antiker Kunst 1–4); Reuther, Der Heratempel von S., 1957; H. Walter, D. Griech. Heiligtum, 1965.

Sandrart, Joachim von, Maler, Kupferstecher und Kunsthistoriograph, * 12. 5. 1606 Frankfurt a. M., † 14. 10. 1688 Nürnberg, lebte in Amsterdam, Stockau in der Pfalz, Augsburg und seit 1674 in Nürnberg. Seine Bedeutung als bildender Künstler wird weit übertroffen von der als Kunsthistoriograph, denn seine mit Kupfern ausgestattete „Teutsche Akademie der edlen Bau-, Bild- und Malereikünste" (2 Bde., 1675–79; lat. 1683; neue, nicht vollständige Ausg. mit Einl. und Komm. von Peltzer 1925; Faksimile Neudruck der Ausgabe von 1675/79 mit Einleitung von W. Koschatzky 1965) ist das erste große Quellenwerk der dt. Kunstgeschichtsschreibung. Es ist dies eine von Vasari und anderen Schriftstellern abhängige gewaltige Kompilation, die aber sehr viel Eigenes enthält. Der 1. Teil umfaßt allgemeine Betrachtungen über die drei Künste; der 2. ist eine Sammlung der Lebensbeschreibungen der hervorragendsten Künstler seit der Antike, wobei die Nachrichten über zeitgenöss. Künstler, deren S. viele auf seinen ausgedehnten Reisen kennengelernt hatte, von besonderem Werte sind; der 3. Teil bringt als Hauptstück eine Übersicht und Beschreibung der wichtigsten Kunstsammlungen.

J. E. Sponsel, S.s Teutsche Akademie kritisch gesichtet, 1896; P. Kutter, J. v. S. als Künstler, 1907; W. Waetzoldt, Deutsche Kunsthistoriker, Bd. 1, 1921, [2]1965; A. R. Peltzer, S.-Studien, 1925 (Münchener Jahrb. d. bildenden Kunst N., F., Bd. 2); F. Bohmert, J. v. S., Teutsche Academie d. Bau-, Bild- u. Mahlereykünste, Diss. Freiburg i. Br., 1949; C. Krahmer, J. v. S., Diss. Paris, 1967; N. Werner, J. v. S. u. M. A. Immenraedt (Giessener Beitr. z. Kst.-gesch. 2) 1973.

Sangallo (San Gallo), ital. Baumeisterfamilie der Renaissance, die einen sehr bedeutenden Anteil an der Entwicklung der Renaissancebaukunst gehabt hat. Die wichtigsten Mitglieder sind:

1. Giuliano da S., * 1445 Florenz, † 20. 10. 1516 das., baute zum ersten Mal in der Renaissance über dem griech. Kreuz als Grundriß die Kirche Sta. Maria delle Carceri in Prato (beg. 1485) und hat sich auch sonst in seinen sehr bemerkenswerten Architekturskizzen immer wieder mit dem Zentralbaugedanken beschäftigt. Mit seiner in heiterer Klarheit gestalteten Villa Reale in Poggio a Caiano (letztes Jahrzehnt des 15. Jh.) schuf er einen für den ital. Landhausbau vorbildlich gewordenen Typ. – Skizzenbücher, hg. von Falb (1902) und Hülsen (1910), Krit. Verz. der Handzeichnungen, hg. von C. v. Fabriczy (1902).

G. Marchini, Giuliano da S. G., 1942; H. Biermann, D. Palastmodell G. da S.s für Ferdin. I. v. Neapel (Wien. Jb. f. Kst.gesch. XXIII) 1970.

2. Antonio da S. d. J., * 1485 im Mugello b. Florenz, † 1546 Terni, Neffe von 1, Schüler von Bramante, der wohl meistbeschäftigte und berühmteste Baumeister seiner Zeit. Von seinen zahlreichen Werken, die an schöpferischer Bedeutung jedoch meist nicht in vorderster Reihe stehen, ist das weitaus wichtigste der Palazzo Farnese in Rom (Pläne seit 1517, begonnen um 1540, vollendet nach S.s Tod von Michelangelo). Er zeigt zum erstenmal die Ausrichtung der Haupträume auf eine Hauptachse, ein Gedanke, der für die Baukunst des Barocks entscheidend werden sollte. 1520 wurde S. Raffaels Nachfolger als Bauleiter der Peterskirche.

G. Clausse, Les San Gallo, 3 Bde., 1900 bis 1902; G. K. Loukomski, Les S., 1934; A. Venturi, Storia dell'arte italiana, XI, 1, 1938; G. Giovannini, A. da S. il Giovane, 1959; Ch. Frommel (Ztschrft. f. Kstgesch., 27) 1964.

Sankt Gallen, Bauplan von, ein um 820 entstandener, auf Pergament gezeichneter Plan (St. Gallen, Stiftsbibl.), der das sehr ausführliche Schema einer großen Klosteranlage gibt. Er zeigt die wesentlichen Merkmale einer mittelalterlichen Klosteranlage überhaupt bereits voll ausgebildet und ist das erste erhaltene Zeugnis einer solchen. Auch der Grundriß der Klosterkirche enthält ungewöhnlich fortschrittliche Merkmale (Doppelchörigkeit, Chorhaus). Dem nicht maßstäblich gezeichneten und auch in den Verhältnissen nicht exakten Plan sind Maßzahlen eingeschrieben, die mit der Zeichnung selbst nicht übereinstimmen und wohl nur als Vorschläge zu deuten sind. Es wird angenommen, daß der Plan dem gleichzeitigen (nicht erhaltenen) Klosterbau von St. Gallen zugrunde liegt. – Facs.-Wiedergabe, hg. vom Histor. Verein des Kontons St. Gallen, 1952.

F. Keller, Bauriß des Klosters St. G. vom Jahre 820, 1844; A. Hardegger, Die alte Stiftskirche und die ehemaligen Klostergebäude von St. G., 1917; J. Hecht, Der roman. Kirchenbau des Bodenseegebiets, Bd. 1, 1928; H. Reinhardt, Der St. Galler Klosterplan, 1952; Studien z. St. Galler Klosterplan (In memoriam Hans Bessler), hg. v. J. Duft, 1962; W. Horn, E. Born, W. Braunfels, The Plan of St. G., 1978.

Sanmicheli, Michele, ital. Baumeister, * 1484 Verona, † 1559, Schüler von Bramante, bildete sich auch an den röm. Bauwerken Veronas und hat vor allem im Palastbau, bes. der Fassadengestaltung, Lösungen gefunden, die bis ins 19. Jh. (Semper) vorbildlich gewirkt haben. Hauptwerke in Verona: die Paläste der 30er Jahre Pompei, Canossa, Bevilacqua; in Venedig: Palazzo Grimani (um 1557). S. war zugleich einer der bedeutendsten Festungsbaumeister Italiens. Von seinen Befestigungswerken in Verona sind die Porta Nuova (beg. 1533) und die Porta Stupa (oder del Palio;

beg. etwa 1550) höchst bemerkenswert.

E. Langenskiöld, M. S., 1938 (engl.); A. Venturi, Storia dell'arte italiana, Bd. XI, 3, 1940; Katalog der S.-Ausstellung in Verona, 1960; G. Kauffmann, Die Kst. d. 16. Jh., (Propyläen-Kstgesch., 8) 1970; L. Puppi, M. S., architetto di Verona, 1971.

Sansovino, 1. Andrea, ital. Bildhauer und Baumeister, * 1460 Monte Sansavino, † 1529 das., Schüler des Antonio del Pollajuolo, tätig in Florenz, Lissabon (dortige Arbeiten nicht erhalten) und Rom, vermochte sich zu Werken von empfindungsvoller Schönheit und vorzüglicher Dekoration zu erheben, war aber ungleich und zuweilen oberflächlich in der Ausführung. Marmorgruppe der Taufe Christi über dem Hauptportal des Baptisteriums in Florenz (beg. 1502), Grabmäler der Kardinäle Ascanio, Sforza (1505) und Girolamo Basso (1507) im Chor von Sta. Maria del Popolo in Rom, Bildwerke der Casa Santa im Dom zu Loreto (1513–29; zahlreiche Mitarbeiter).

P. Schönfeld, A. S. und seine Schule, 1881; G. Huntley, A. S., 1935, 1971.

2. Jacopo (eigentlich Jacopo Tatti), ital. Baumeister und Bildhauer, * 1486 Florenz, † 27. 11. 1570 Venedig, Schüler von 1 (dessen Namen er annahm), tätig in Florenz, Rom und seit 1527 in Venedig, wo er der Hauptmeister der dortigen Hochrenaissance wurde. Aus seiner florentiner Zeit stammt die anmutig frische Jünglingsgestalt des Bacchus (Florenz, Nationalmus.). In Venedig entfaltete J. S. eine umfangreiche Tätigkeit als Baumeister und Bildhauer und hat zahlreiche Schüler gehabt. Bauten von dekorativem Reichtum: Hauptwerk: Alte Bibliothek von S. Marco (seit 1536). Bildwerke: Standbilder (Bronze) und Reliefs (Marmor) der Loggetta di S. Marco (seit 1537), Kolossalstatuen des Mars und Neptun auf der Treppe des Dogenpalastes, Grabmal Antonio Veniers in S. Salvatore.

Laura Pittoni, J. S., 1909 (ital.); L. Planiscig, Venezian. Bildhauer der Renaissance, 1921; Sapori, Jacopo Tatti detto il S., 1928; H. R. Weihrauch, Studien zum bildnerischen Werke des J. S., 1935 (Stud. zur Kunstgesch. des Auslandes, 135); A. Venturi, Storia dell'arte italiana, Bd. XI, 3, 1940; M. Tafuri, J. S., 1969 (it.); D. Howard, J. S., 1975 (engl.).

Sanssouci (franz. „sorgenfrei"), das bei Potsdam inmitten eines Parks auf einer Anhöhe gelegene Schlößchen, das sich Friedrich d. Gr. 1745–47 von →Knobelsdorff erbauen ließ, ein Hauptwerk des →friderizianischen Rokokos und Lieblingswohnsitz des Königs.

G. Piltz, S., 1954; W. Kurth, S., [2]1970 (m. Bibl.).

Santa Conversazione →Sacra Conversazione.

Sarapis, hellenistischer Gott, aus ägypt. und griech. Elementen unter Ptolemaios I. in Ägypten geschaffen, wo er als Verbindung von Osiris und Apis galt, sich aber bei der einheimischen Bevölkerung nie durchgesetzt hat. Sein synkretistischer Kult (oft in Verbindung mit Isis und anderen Göttern) verbreitete sich im ganzen röm. Reich. Die erste Kultstatue, die S. sitzend mit dem Kerberos neben sich und einem Kalathos (Getreidemaß) auf dem Kopfe darstellte, schuf →Bryaxis. Sie ist in zahlreichen Nachbildungen überliefert, die leider wenig vom Stil des Originals erhalten haben.

G. Lippold, S. und Bryaxis, 1925 (Festschr. f. P. Arndt); H. Bonnet, Reallex. d. ägypt. Religionsgesch., 1952; S. Morenz, Ägypt. Religion, 1960; L. Vidman, Isis u. S. b. d. Griech. u. Römern, 1970.

Sarkophag (griech. „Fleischfresser"), aus Stein, Ton, Holz oder Metall (Bronze, Blei) gearbeiteter, meist kunstvoll verzierter Sarg. Der Name hing ursprünglich (nach Plinius) an einem von den Griechen für S.e verwendeten Kalkstein, der angeblich die darin beigesetzte Leiche allmählich aufzehren sollte.

S.e sind bei fast allen Völkern des Altertums in Gebrauch gewesen. In Ägypten haben sie im Alten Reich oft Hausform und nehmen erst später den Umriß des menschlichen Körpers an, indem sie sich der Mumienhülle anpassen und den Kopf des Toten plastisch abbilden. Aus dieser Form ist der anthropoide phoinikische S. abzuleiten, der auch von der griech. Kunst übernommen wurde, aber selten zur Verwendung kam. In Babylonien und bei den späteren Völkern des Zweistromlandes, Parthern und Sassaniden, kennt man fast ausschließlich einfache Tonsärge verschiedener Form. Das vorgeschichtliche Griechenland hat neben aus Platten zusammengesetzten Steinsärgen auch tönerne und hölzerne S.e, deren bekannteste Beispiele auf Kreta (S. von Hagia Triada) gefunden sind. Einfache, unverzierte Steinsärge benutzte man auch in älterer Zeit in Griechenland, später entstehen im O in der Zeit des Hellenismus die prachtvoll mit bemalten Reliefs geschmückten Marmorsarkophage (→Alexandersarkophag). Bei den Etruskern überwiegen S.e, auf deren Deckel wie auf einer Kline das plastische Bild des Toten liegt. Auch die Wände der S.e sind oft reliefgeschmückt. Dieser Typus wird von den Römern übernommen und bis zum Ende der Antike mannigfach variiert. In die Reliefdarstellungen dringen Szenen der griech. Mythologie ein, doch kommen auch Bilder des täglichen Lebens vor. Die röm. S.e bestehen meist aus Marmor, nur die Kaiser hatten das Vorrecht, in Porphyrsarkophagen bestattet zu werden.

Die altchristl. Kunst hat die röm. S.typen übernommen und z.T. weitergebildet. Es gibt wannen- und kastenförmige S.e, solche mit glatten oder geriefelten Wänden, wobei die Riefelung meist s-förmig geschwungen (strigiliert) ist. Die Wände sind gern durch Arkaden gegliedert, in denen Figuren stehen. Überhaupt ist der S. mit reichem bildnerischem Schmuck versehen, und die altchristl. Plastik ist fast ausschließlich Reliefplastik an S.en. Sie hielt sich zunächst im engsten Anschluß an die heidnischen Vorbilder, wurde später immer flacher und neigte einer symbolischen Haltung zu, so namentlich in der Sondergruppe der Ravennatischen S.e. Die mittelalterliche Tumba (→Grabmal) bewahrt wohl die Erinnerung an den S., weicht jedoch in Bestimmung und Ausgestaltung sehr von ihm ab. Die Renaissance dagegen hat ihn wieder aufgenommen und prunkvoll ausgestattet, ebenso wie der Barock, wobei der S. häufig in den größeren Zusammenhang eines Grabmals hineingestellt ist. Die Reliefplastik antiker S.e hat schon im Mittelalter (franz. Gotik, Niccolò Pisano) und dann bes. in der Frührenaissance oft als Anknüpfungspunkt an antikes Formengut gedient.

C. Robert, Die antiken S.reliefs, bisher 4 Bde., seit 1890; W. Altmann, Architektur und Ornamentik der antiken S.e, 1902; L. von Sybel, Christliche Antike, Bd. 2, 1909; J. Wilpert, I sarcofagi cristiani antichi, 2 Bde. Atlas, 2 Bde. Text und Erg.-Bd., 1929–33; F. Gerke, Die christl. S.e der vorkonstantin. Zeit, 1940 (Studien zur spätant. Kunstgesch. 11); F. Cumont, Recherches sur le symbolisme funéraire des Romains, 1942; H. Bonnet, Reallex. d. ägypt. Religionsgesch.,

1952; Repertorium d. christl.-antiken S.e hg. d. d. Dte. Archäolog. Inst., v. F. W. Deichmann, 2 Bde., 1966/67; ders. u. Th. Klauser, Frühchristl. S.e i. Wort u. Bild, 1966; P. A. Memmesheimer, D. klassizist. Grabmal. Eine Typologie, Diss. Bonn 1969; F. Matz, Die dionys. S.e, Teil 4, Die antiken S.reliefs Bd. 4) 1973; H. Sichtermann, G. Koch, Griech. Mythen auf röm. S.n (Bilderhefte d. Dt. Archäol. Inst. Rom 5/6) 1975; dies., Römische S.e (Hb. d. Archäologie), 1982; M. Waelkens, Dokimeion. Die Werkstatt d. repräsentativ. kleinasiat. S.e. – Chronologie u. Typologie ihrer Produktion (Hg. v. Dtn. Archäolog. Inst. Berlin, Arch. Forschgn. 11), 1982.

Sarmatische Kunst →Pontischer Kreis.

Sarto, Andrea del, ital. Maler, * 16. 7. 1486 Florenz, † 22. 1. 1531 das., 1518/19 in Frankreich neben Fra Bartolommeo bedeutendster Meister der Florentinischen Hochrenaissance, läßt namentlich die Wirkung von Piero di Cosimo verspüren. Seine Figuren geben sich gelassen und vornehm, eingesponnen in ein zartes Helldunkel und die Pracht warmleuchtender Farben. In seiner Frühzeit überwiegen erzählende Fresken (Florenz, Santissima Annunziata). Später reift sein Stil unter dem Eindruck Michelangelos, auch nimmt er Motive aus Dürers Graphik auf: Geburt Mariä (1513/14; das.), Madonna delle arpie (1517; Florenz, Uffizien), Disputa della S. Trinità (das., Palazzo Pitti), Fresken grau in grau aus dem Leben Johannes des Täufers (1511 bis 1526; das., Chiostro dello scalzo). In seiner Spätzeit beschäftigten ihn immer ausschließlicher koloristische Probleme. An Bildnissen sind nur wenige bekannt. Sein Werk wird ergänzt durch hervorragende Zeichnungen (Modellstudien) in Kreide und bes. Rötel.

F. Knapp, A. del S. und die Zeichnungen des Cinquecento, 1915; Ders., A. del S., [2]1928; L. Biagi, A. del S., 1920; J. Fraenkel, A. del S., 1935 (Studien z. Kunstgesch. d. Auslands 136); H. Wagner, A. del S., 1950; S. J. Freedberg, A. del S., 2 Bde., 1963 (engl.); J. Shearman, A. del S., 2 Bde., 1965 (engl.); R. Monti, A. del S., 1965 (ital.).

Sassanidische Kunst, die Kunst der persischen Dynastie der Sassaniden (226–641 n. Chr.). Sie übernimmt das Erbe der →parthischen Kunst, bildet es aber in verschiedenem Sinne weiter. In der Baukunst findet der Typus der Liwânanlagen in den großen Palästen von Ktesiphon (Tâk el Kisra, um 270 n. Chr.), Firusabad und Sarvistân eine Fortbildung, an den Hof schließen sich rechteckige und quadratische Räume an, die mit Tonnengewölben oder Kuppeln überdeckt sind. In Ktesiphon ist eine sassanidische Kirche aus dem 5. Jh. gefunden worden, deren ursprüngliche Anlage noch nicht ganz klar ist. Die sassanidische Plastik ist eine abgeleitete Kunst, deren Elemente zum größten Teil der röm. Spätantike entstammen. Sie neigt zu einer starken Linearisierung der Einzelform, welche das volle Relief wie mit Ornamenten überzieht. In den dekorativen Ornamenten liegt offenbar ein starker Einfluß textiler Kunstübung vor, auch hier herrscht eine lineare Flächenhaftigkeit. Während eigentliche Rundplastik mit Ausnahme kleiner Terrakotten bisher nicht gefunden wurde, gibt es gute Beispiele des monumentalen Felsreliefs in der Nähe von Persepolis (Naksch i Rustem und Tâk i Bustân), sowie dekorative Stuckreliefs aus Ktesiphon. Auf besonderer Höhe stand das Kunstgewerbe, das zahlreiche getriebene Schalen und Kannen aus Silber sowie gute geschnittene Steine (Gemmen) geliefert hat. In der späten S. K. macht sich ein gewisser Einfluß Indiens bemerkbar. Die S. K. ist in vielem

Vorbild für die islamische Kunst gewesen. Ihre Ausstrahlungen reichen bis weit nach Südrußland und Turfan.

K. Erdmann, Die Kunst Irans zur Zeit d. Sassaniden, 1943, Neudr. 1969; Edith Porada, Alt-Iran – D. Kst. i. vorislam. Zeit, 1962; B. Finster, J. Schmidt, S. u. islam. Ruinen im Irak, 1977; weitere Lit. →Persische Kunst.

Satsuma, frühere japan. Provinz, in der seit dem 16. Jh. die Herstg. von Steinzeug (Satsumayaki) blühte. Sie wurde jedoch nicht von Japanern, sondern von hier angesiedelten Koreanern betrieben. Die in einfachen Formen gehaltenen Gefäße zeichnen sich durch eine sehr feine und regelmäßige Glasur aus. Eine Bemalung setzt erst am Ende des 18. Jh. ein. Die in Europa hochberühmte S.fayence („Alt-Satsuma") hat mit S. nichts zu tun, sondern ist Massenware, die in Tokyo oder Yokohama seit etwa 1860 f. d. Export hergestellt wurde.

F. Koyama, Keramik d. Orients, 1959; M. Feddersen, Japan. Kstgewerbe., 1960.

Satteldach →Dachformen.

Satyrn, ursprünglich wohl halbtierische Naturgottheiten, ähnlich dem Pan, vielleicht aus einer vorgriech. Schicht. Sie gelangen früh in den Kreis des Dionysos und streifen die tierischen Elemente, Bocksbeine, Pferdeschwanz, Eselsohren ab oder behalten sie nur noch in andeutender Form. Es wird ihnen ein komischer Charakter beigelegt, der sie dazu befähigt, in der Komödie (Satyrspiel) den Chor zu spielen. Die griech. Kunst hat zu allen Zeiten und in den verschiedensten Formen sich dieses Stoffes bemächtigt. In der Vasenmalerei gibt es zahllose Satyrszenen, selbst die statuarische Kunst hat viele S. geschaffen (Praxiteles, ausruhender Satyr der Münchner Glyptothek).

F. Brommer, Satyroi, 1937, ^{2}1959; Ders., Satyrspiele, ^{2}1959; E. Buschor, Satyrtänze u. frühes Drama, 1943.

Säulenbasilika →Basilika.

Säulenordnung, das Säulen- und Gebälksystem des antiken Tempels und der von diesem abgeleiteten Bauformen. „Ordnung" besagt dabei ganz wörtlich, daß durch die gleichförmige oder rhythmische Reihung von Säulen (oder Pila-

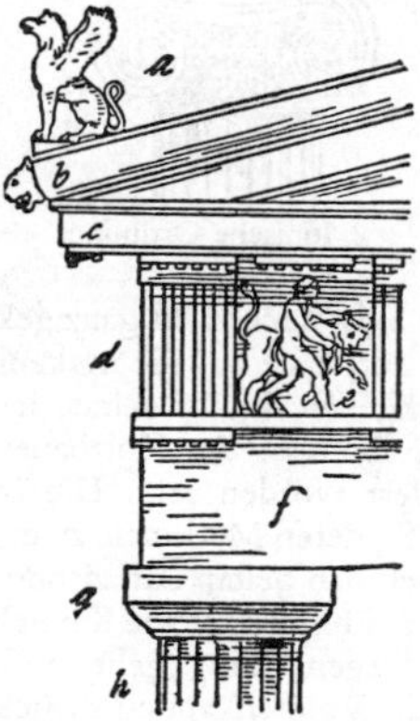

1. Dorische Ordnung. a) Akroter, b) Sima (Traufleiste mit Wasserspeier), c) Geison (Kranzgesims), d) Triglyphe, e) Metope, f) Epistyl (Architrav), g) Kapitell, bestehend aus Echinus (Wulst) und Abakus (Deckplatte) h) Säulenschaft mit Kannelierung

stern) Ordnung in den Bau gebracht wird. Obwohl ursprünglich nur tektonisch gedacht, ist die S., bes. in neuerer Zeit, auch oft rein dekorativ verwendet worden. Die griech. Baukunst kennt nur drei S.n, die von der röm. Kunst übernommen werden. Am Anfang (älteste Beispiele um 625 v. Chr.) steht die dorische Säule, die einen kannelierten Schaft ohne Basis, ein wulstförmig abgeschrägtes Kapitell und einfache quadratische Deckplatte hat. Die Herkunft der dori-

2. Ionische Ordnung

schen S. ist noch nicht ganz geklärt, doch dürfte sie auf die mykenische zurückgehen, im Einzelnen jedoch durch Einflüsse des Holzbaues abgeändert worden sein. Die ionische S., deren Merkmale zwei große nach den Seiten ausladende Voluten am Kapitell sowie Kanneluren mit Stegen sind, geht auf das äolische Volutenkapitell zurück; sie ist seit etwa 570 v. Chr. nachzuweisen. Sie kommt erst im 5. Jh. nach

3. Korinthische Ordnung

Mittelgriechenland und wird wegen der schlankeren Proportionen zunächst im Innenbau verwendet. Das korinthische Kapitell entsteht erst um 400 (→Kallimachos). Es ist mit seinen Reihen von Akanthusblättern viel dekorativer als die anderen Formen und wird in der röm. Kunst in den verschiedensten

4. Kompositkapitell

Umbildungen verwendet. Ist es aus ionischen und korinthischen Einzelheiten zusammengestellt, so heißt es Kompositkapitell (Römische Ordnung). Auch die tuskanische (toskanische) Säule wird von der röm. Kunst übernommen. Sie ist eine in Etrurien geschaffene Abart der dorischen Säule, die sich von dieser durch die Basis unterscheidet.

E. Forssmann, Dorisch, Ionisch, Korinthisch. Stud. ü. d. Gebrauch d. S.n i. d. Arch. d. 16.–18. Jhs., 1961; ders., Dorisch, Ionisch, Korinthisch, 1967; G. Gruben, Die Tempel d. Griechen, 1966.

Sauroktonos →Praxiteles.

sc. = sculpsit (lat. „hat es gestochen"), Abkürzung auf Kupferstichen zur Kennzeichnung des Stechers.

Scagliola, Formmasse aus Gips mit Leimwasser und Pigmentfarben, nachträglich geschliffen, bes. zur Imitation von Marmor. Ornamentale und bildliche Anwendung von S.-Technik, als →Intarsia ausgeführt von ital. Spezialhandwerkern, gibt es in der Münchener Residenz, im Schloß Ludwigsburg b. Stuttgart und im Schloß Favorite b. Rastatt.

P. Vierl, Der Stuck (ect.) 1969; E. Neumann, Materialien z. Gesch. der S., (Jb. d. Ksthist. Slgn. Wien 55, N. F. 19), 1959.

Scamozzi, Vincenzo, ital. Baumeister, * 1552 Vicenza, † 7. 8. 1616 Venedig, hauptsächlich durch Palladio bestimmt, schuf u.a. die Neuen Prokurazien am Markusplatz in Venedig und die Pläne für den Dom in Salzburg (1606), die jedoch nur in reduzierter Form durch Solari zur Ausführung kamen. S. ist auch als Architekturtheoretiker hervorgetreten: Idea dell' architettura universale, 1615.

F. Scolari, Della vita e delle opere dell' architetto V. S., 1837; F. Barbieri, V. S., 1959; W. Timofiewitsch (Festschrft. K. Oettinger, hg. v. H. Sedlmayr u. W. Messerer) 1966.

Scarabäus →Skarabäus.

Schabkunst →Kupferstich.

Schabtechnik, ein mit weißer Grundierschicht eingestrichenes Papier wird schwarz getönt. Durch Abschaben der schwarzen Schicht flächig mit Messern oder Schabern oder durch Anritzen mit Radierwerkzeugen wie mit Retuschierfedern in feinen Konturen und Schraffuren entsteht eine besondere, graphische Wirkung, die etwa dem Holzschnitt ähnelt.

Schachbrettfries →Fries.

Schadow, 1. Gottfried, Bildhauer, * 20. 5. 1764 Berlin, † 28. 1. 1850 das., Schüler des in Paris ausgebildeten Flamen Antoine Tassaert, 1785–87 in Rom, 1788 Hofbildhauer in Berlin, 1816 Direktor der kgl. Akademie der Künste. Der Schwerpunkt seiner künstlerischen Tätigkeit liegt im 1. Jahrzehnt nach seiner Rückkehr nach Berlin. S. war der größte Bildhauer Deutschlands im Zeitalter des Klassizismus, doch ist er diesem keineswegs glatt einzuordnen. Bestimmend für das Beste, was er schuf, war sein enges Verhältnis zur Natur (bewiesen durch die vielen Zeichnungen von sachlicher, beinahe nüchterner Treue), sein Blick für das Ungezwungene und Natürliche einer Bewegung und Haltung, sein Mut, diese Natürlichkeit und Wirklichkeitsnähe seinen Bildwerken zu verleihen, auch wenn dies der klassizist. Forderung nicht entsprach. Erstes Hauptwerk ist das Wandgrabmal des 8jährigen Grafen von der Mark (1788–91; ehemals Berlin, Dorotheenkirche, jetzt Nationalgal., beschädigt) mit der Gestalt des in aller Lieblichkeit der Jugend schlummernden Knaben und allegorischem Beiwerk. Weitere Werke: Die Quadriga mit der Viktoria auf dem Brandenburger Tor (entworfen 1789); Marmorstandbild Zietens (um 1793; ehemals Berlin, Kaiser-Friedrich-Mus.) und Friedrichs des Großen (um 1793; ehemals Stettin), beide im Kostüm ihrer Zeit, voll Natürlichkeit und Ungezwungenheit und in nichts klassizistisch. Ihnen schließen sich weitere Standbilder preuß. Nationalhelden an. Einen Höhepunkt im Schaffen S.s bedeutet ferner die Marmorgruppe der Kronprinzessin Luise und der Prinzessin Friederike (1795; Berlin, Nationalgal.). In schwesterlicher Eintracht lehnen sie sich aneinander, wobei der Unterschied ihrer Temperamente eindringlich herausgearbeitet ist. Seitdem beginnt ein langsamer Abstieg. Die Zahl der Werke ist groß: Bildnisbüsten, Grabmäler, Bronzegruppen, dekorative Arbeiten, Radierungen, Lithographien und vor allem Zeichnungen (beste Sammlung in der Nat.-Gal. in Berlin). Er schrieb u.a.: „Polyklet oder von den Maßen des

Menschen nach dem Geschlecht und Alter" (1834; zahlreiche Aufl.), „Nationalphysiognomien oder Beobachtungen über den Unterschied der Gesichtszüge und die äußere Gestalt des menschlichen Kopfes" (1835), „Aufsätze und Briefe" (hg. von J. Friedländer, 1864, ²1890).

H. Mackowsky, J. G. S., Jugend und Aufstieg, 1764–97, 1927; Ders., S.s Graphik, 1936; Ders., Die Bildwerke G. S.s, 1951; F. Nemitz, G. S., Der Zeichner, 1938; K. Kaiser, G. S. als Karikaturist, 1955; Kat. der S.-Ausst. Berlin 1964/65; H. Ladendorf, G. S. u. d. Antike (Vortr. Dte. Archäol. Ges. Köln), 1965; P. Gerlachs, S.s „Polyklet" (Beitr. z. Theorie d. Kste. im 19. Jh. Bd. 1, hg. v. H. Koopmann u. a.) 1971.

2. Wilhelm von, Maler, Sohn von 1, * 6. 9. 1788 Berlin, † 19. 3. 1862 Düsseldorf, wurde 1826 Direktor der Akademie das. und damit eigentlicher Begründer der Düsseldorfer Schule. In Rom schloß er sich den Nazarenern an und war dort auch an der Ausmalung der Casa Bartholdy beteiligt. Er hat hauptsächlich Bilder religiösen Inhalts gemalt.

J. Hübner, S. und seine Schule, 1869; H. Peters, W. v. S., 1962 (Annalen d. Histor. Vereins f. d. Niederrhein 164); H. Schmidt, W. v. S., 1962; Kat. Gedächtnis-Ausst. W. v. S., 1962; W. Hütt, Die Düsseldorfer Malerschule, 1964.

Schaffner, Martin, Maler, * 1477 oder 1478, † zwisch. 1546 und 1549 Ulm, zeigt in seiner durch eine harte, bunte Malweise gekennzeichneten Frühzeit Berührung mit Hans Holbein d. Ä., nach 1510 wird die Farbgebung lockerer und toniger, gegen 1520 läßt spätgot. Spannung nach zugunsten voller, weicher Formen in leuchtenden Farben. Hauptwerke dieser reifen Zeit sind der Hutzaltar (1521; Ulm, Münster) und ein Altar aus Wettenhausen (1524; München, Ältere Pinakothek). Die Bildnisse des Itel Besserer (1516; Ulm, Münster) und eines unbekannten Mannes (gegen 1520; Wien, Kunsthistor. Mus.) gehören zu den besten ihrer Zeit. S. war der letzte bedeutende Meister der Malerei in Ulm.

Pückler-Limpurg, M. S., 1899; Katalog der S.-Ausstellung Ulm 1959 (mit Bibliographie); Suzanne Lustenberger, M. S., Diss. Bonn 1961; Ausst.kat. Mus. Augsburg, H. Holbein u. die Kst. d. Spätgotik, 1965.

Schaftring, Wirtel, steinerner Ring, der sich um die Mitte eines Säulenschaftes legt. Er kommt bereits in frühroman. Zeit vor (Basler Altarvorsatz im Cluny-Mus. in Paris, Anf. 11. Jh.), häufiger aber erst in der spätroman. Baukunst, meist jedoch nur bei Säulen geringeren Umfanges, als Ausdruck spätroman. Strebens nach kräftigen plastischen Ausladungen. Urspr. war der Sch. konstruktionsbedingt der Zungenstein, der als Binder die Säulen mit der Wand verbindet. In knapper Ausladung, aber oft zu mehreren übereinander, findet sich der S. an Diensten der franz. Frühgotik (Kathedrale zu Laon). Eine Säule mit S. heißt gewirtelt, den Vorgang selbst nennt man Wirtelung.

Romanisches Fenster
Säulen mit Schaftringen

Schale→1. Vasenmalerei. →2. Schalenbauweise.

Schalenbauweise, Schale, eine moderne Bauweise der Tragkonstruktion, die den Vorteil einer geringeren Stärke der Wölbung, die sog. Gewölbeschale (vergleichbar einer Eierschale) als System einer selbsttragenden Membran, mit großen Spannweiten verbindet. Es findet eine andere Verteilung der Kräfte statt als beim herkömmlichen Bauen (etwa einer Kuppel). Voraussetzung ist der →Betonbau. Von künstlerischer Bedeutung sind die Dachkrümmungen, wodurch stark geschwungene Konturen möglich werden. Mit der Sch. ist ein wichtiges Gestaltungsmittel der Gegenwartsbaukunst geschaffen worden. Bedeutende Baumeister waren Félix Candela (→Mexikan. Kunst), Luigi →Nervi, Hans B. →Scharoun.

C. Siegel, Strukturformen der mod. Architektur, 1960; J. Joedicke, Schalenbauten, 1962.

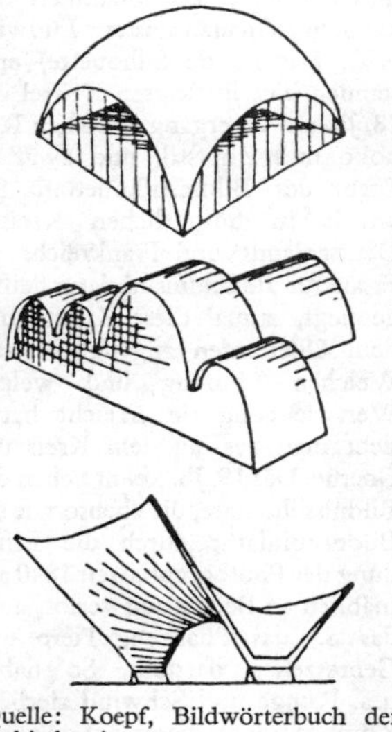

(Quelle: Koepf, Bildwörterbuch der Architektur)

Schapergläser, Kunstgläser mit Schwarzlotmalerei, so genannt, weil die Anwendung des bisher nur in der monumentalen Glasmalerei bekannten Schwarzlots auf Hohlgläser zuerst von Johann Schaper (nachweisbar in Nürnberg seit 1655, † das. 1670) vorgenommen wurde. Den Gläsern sind sehr zarte Schwarzlotmalereien (bes. Landschaften) eingebrannt, zu denen zuweilen noch bunte, durchsichtige Emailfarben hinzukommen. Es handelt sich dabei um Gläser von fast durchweg gleicher Form: zylindrische Becher auf drei hohen Kugelfüßen mit gewölbtem Deckel und mehrteiligem Kugelknauf (beste Sammlg. früh. Schloßmus. in Berlin). Die Technik der S. hat sich noch bis weit ins 18. Jh. hinein gehalten und wurde auch auf Fayence-Krüge angewandt.

R. Schmidt, Das Glas, [2]1922; G. Schade, Dtsches. Glas v. d. Anfängen bis z. Biedermeier, 1968. →Glas.

Scharff, Edwin, Bildhauer, *21. 3. 1887 Neu-Ulm, † 18. 5. 1955 Hamburg, ursprünglich Maler und Radierer, seit 1946 Prof. der Landeskunstschule Hamburg, in erster Linie Steinbildhauer. In vielen seiner Werke wirkt die malerische Oberflächenbehandlung Rodins nach, darüber hinaus strebt er jedoch zu Vereinfachung und Geschlossenheit der Form. Am stärksten zeigt dies sein in Düsseldorf aufgestelltes Monumentalbildwerk „Der Rossebändiger" (Granit; 1936/39). Von seinen ausgezeichneten Büsten ist die von Heinrich Wölfflin hervorzuheben (1919; München, Neue Staatsgalerie). Eine E. S.-Sammlung befindet sich im E.-S.-Haus (Mus., Kongreßhalle) in Neu-Ulm.

K. Pfister, E. S., 1920; K. Leonhardi, E. S., 1947; G. Sello, E. S., 1956.

Scharffeuerfarben→Muffelfarben.

Scharoun, Hans Bernhard, Baumeister, * 20. 9. 1893 Bremen, studierte 1912–14 in Berlin, lehrte 1926 bis 1932 an der Kunstgewerbeschule in Breslau. S. gilt als bedeutender Stadtplaner, Baumeister und akadem. Lehrer d. 20. Jhdts.. Seine Prinzipien des →Neuen Bauens unter Einfluß H. →Härings verwirklichte er in zahlreichen Werken und Entwürfen wie Berlin-Siemensstadt, Lageplan und Wohnblocks 1930; „Wachsendes Haus" Berlin 1932; Landhaus Schminke in Löbau/Sa. 1930; Wohnhochhäuser in Stuttgart 1954–59; Berlin/Charlottenburg-Nord mit „Wohngehöften" 1955–61; Schule in Lünen/Westf. mit Klassenräumen als „Wohnungen" 1956–62; Philharmonie in Berlin als neue Form eines Konzertsaales 1960–63; Staatsbibliothek der Stiftung Preuß. Kulturbesitz in Berlin 1964, fertiggest. 1978. Als Lehrer an der Techn. Univ. Berlin (1947–60), als Leiter der Bauverwaltung sowie Präsident d. Akademie der Künste Berlin beeinflußte S. maßgebend das moderne Bauen. Er verstand es, dem Charakteristischen seiner Bauaufgaben die jeweils gemäße Form zu geben.

M. Staber, H. S. (Zodiac 10), 1962; P. Pfankuch, H. S.-Ausstell.Kat. d. Akadem. d. Kste. Berlin, 1967; J. Joedicke, Moderne Architektur. Strömungen u. Tendenzen (Dokumente d. mod. Arch. 7) 1969; P. Pfankuch (Hg.), H. S. Bauten, Entwürfe, Texte (Schriftenreihe d. Akad. d. Kste. Berlin, Bd. 10) 1974.

Scharrierung, in der Baukunst die Oberflächenbearbeitung eines Steins, so daß parallele Furchen entstehen. Die S. wird mit einem Steinmeißel, dem Scharriereisen, ausgeführt und kommt seit dem 15. Jh. vor, zuerst als meist schräg gerichtete Schmalscharrierung, seit dem 17. Jh. als senkrechte, grobe Breitscharrierung.

Schattenbild (Schattenriß), **Silhouette,** das flächenhafte Abbild von Menschen und Dingen entsprechend dem von ihnen erzeugten Schatten. Dabei kommt es darauf an, einen Schatten zu wählen, der den höchsten Grad von Prägnanz besitzt. Beim menschlichen Kopf ist dies die Profilansicht. Um eine genaue Bildnissilhouette zu erhalten, läßt man vermittels einer Lichtquelle den Profilschatten des Kopfes auf Papier fallen und zeichnet ihn nach. Die Zeichnung wird mit Hilfe des Storchschnabels verkleinert, aus schwarzem Papier ausgeschnitten und auf weißes oder farbiges aufgeklebt. Auch hat man sich der →Zeichenkamera bedient. Geübte Silhouettisten schneiden das S. unmittelbar nach der Natur. Die künstlerischen Voraussetzungen des S.s liegen im ostasiatischen Schattenspiel, das im 18. Jh. auch in Europa heimisch wurde. S.er oder Silhoutten (so genannt nach dem durch seine Sparmaßnahmen bekannten Finanzminister Ludwigs XV., Etienne de Silhouette) entstanden hier im letzten Drittel des 18. Jh. am Übergang zwischen Rokoko und Zopfstil, und zwar in Form der Bildnissilhouetten. Sie wurde in bürgerlichen Kreisen Deutschlands und Frankreichs als Ersatz für die Bildnisminiatur fleißig gepflegt, zumal diese Kunst auch dem Dilettanten zugänglich war. Welchen Umfang und welche Wertschätzung sie erreicht hatte, sieht man bes. an dem Kreis um Goethe. Das 19. Jh. kennt neben der Bildnissilhouette, die ebenso wie die Bildnisminiatur durch die Erfindung der Photographie seit 1840 allmählich an Bedeutung verlor, auch das S., das Pflanzen, Tiere und Genreszenen darstellt. So haben u.a. Runge und Schwind zierliche Kompositionen dieser Art geliefert,

später sind in Konewka und K. W. Diefenbach Spezialisten dieser Gattung hervorgetreten.
Man bezeichnet ihre Erzeugnisse oft auch als Scherenschnitt, der jedoch noch eine andere, weiter in die Vergangenheit zurückreichende Wurzel hat. So hat man zur Ausschmückung kleiner Andachtsbilder (→Andachtsbild 2) schon im 16. Jh. vereinzelt Kupferstiche von Heiligen und dergl. ausgeschnitten und auf farbigem Grund (Papier, Seide) aufgeklebt, und im 17. Jh. wurde die Kunst geübt, aus Pergament Figuren auszuschneiden. Diese Pergamentschnitte waren entweder Umrißschnitte, die man ausmalte, oder man hob aus dem Pergament mit dem Messer Figuren aus. Der früheste derartige dt. Schnitt ist von 1631, der erste namentlich bekannte und zugleich bedeutendste Meister dieser Gattung R. W. Hus, von dem wir datierte Schnitte aus den Jahren 1653/54 besitzen. Am häufigsten war aber seit dem 17. Jh. das Spitzenbild, bei dem durch Ausschneiden ein spitzenartiges Gewebe von Ranken-, Gitter- oder Netzwerk aus pflanzlichen oder rein ornamentalen Motiven erzeugt wurde als Rahmung eines meist ovalen Heiligen- oder sonstigen Andachtsbildes.

Anna Corsep, Die Silhouette, ²1909; G. Buss, Aus der Blütezeit der Silhouette, 1903; M. Knapp, Dt. Schatten- u. Scherenbilder, 1916; A. Kippenberg, Die Technik der Silhouette, 1921 (Jahrb. d. Sammlg. Kippenberg 1); M. Bucherer u. a., Spitzenbilder, Papierschnitte, Porträtsilhouetten, 1922; M. v. Boehn, Miniaturen u. Silhouetten, ⁴1925; C. Pieske, Sch.risse u. Silhouetteure, 1963; E. Biesalski, Scherenschnitte u. Sch.risse. Kl. Gesch. d. Silhouettenkst., 1964, 1978; W. Hofman (Hg.), Phil. O. Runge, Scherenschnitte (Insel Bücherei 986), 1977; Luise Duttenhofer, H. Rühl (Hg.), Scherenschnitte, Faks.-Drucke a. d. Slgn. im Schiller-Nat.-Mus. Marbach/N., 1978; Sue Mc. Kechne, British silhouette artists and their work, 1760–1860; 1978; Sigrid Metken, Geschnittenes Papier. Eine Gesch. d. Ausschneidens in Europa von 1500 bis heute, 1978.

Schattieren, die Ausstattung gemalter oder gezeichneter Gebilde mit Schatten (Körperschatten), um sie als Körper im Raum erscheinen zu lassen. Das S. ist keine selbstverständliche Forderung von Malerei und Zeichnung, sondern ist stilgeschichtlich bedingt. Es setzte sich folgerichtig und in genauer Anpassung an die Lichtführung erst in der Renaissance durch. Wird allein mit linear arbeitenden Instrumenten wie Stift, Feder, Grabstichel oder Radiernadel schattiert, werden also Flächen durch Linien vorgetäuscht, so ergeben sich die verschiedensten Arten: Vertikal-, Horizontal- und Diagonalschattierungen mit einer Schar gerader paralleler Linien, sowie deren Durchkreuzung mit einer zweiten Schar paralleler Linien, sog. Kreuzlagen (seit dem späteren 15. Jh.); ferner Schattierung durch geschwungene Linien, durch Häkchen und Punkte. Bes. streng wurden solche Schattierungssysteme im Kupferstich ausgebildet. Das S. mit einfachen Parallelen wird auch Schraffieren genannt, das Ergebnis Schraffur.

Schaube, vorn offener Überrock der Männer mit weiten, faltigen Ärmeln, an Rändern und Kragen mit Pelz verbrämt, je nach der Vornehmheit des Trägers bis zu den Füßen oder nur bis zu den Knien reichend. Die S. kam in Deutschland in der 2. Hälfte des 15. Jh. auf und wurde in der 1. Hälfte des 16. Jh. häufig getragen, zuweilen auch von Frauen. In der 2. Hälfte des 16. Jh. wurde sie kürzer und verschwand um 1700. In gewissen Amtstrachten (Rektor und Dekane der Universitäten, Hamburger Senatoren, evangel. Geistliche) lebt sie bis zur Gegenwart fort.

Schäufelein, Hans Leonhard, Maler und Zeichner für den Holzschnitt, * um 1483 wahrscheinlich Nürnberg, † 1539/40 Nördlingen, seit 1515 Stadtmaler das., einige Jahre zuvor tätig in Augsburg, bildete sich unter Dürers Einfluß. Seine Farben sind bunt und kühl, seine Zeichnung ist etwas lässig. Wesentlich origineller ist seine Leistung auf dem Gebiete des Holzschnitts. An den Holzschnittunternehmungen des Kaisers Maximilian hatte er seit 1512 starken Anteil, vor allem an Theuerdank und dem Weißkunig, zu dem er 70 Illustrationen lieferte. Seitdem hat er zahlreiche Einzelblätter und Buchillustrationen geschaffen, die eine zunehmende Klarheit, Festigkeit und Sicherheit in der Behandlung von Renaissanceformen zeigen. Wegen der Genauigkeit des Details von Trachten und dergl. haben sie auch beträchtlichen kulturgeschichtlichen Wert. – Die 97 Einblatt-Holzschnitte des H. S., hg. von M. Geisberg, 2 Mappen, 1931.

E. Buchner, Der junge S. als Maler und Zeichner, 1927 (Festschr. f. M. J. Friedländer); H. Wallach, Die Stilentwicklung H. L. S.s, Münchner Diss. 1927; F. Winkler, Die Zeichnungen H. Süss v. Kulmbachs u. H. L. S.s, 1942; E. Schilling, Zeichnungen des H. L. S., 1955 (Zeitschr. f. Kunstwissensch. 9); das. 16, 1962; M. Oldenbourg, D. Buchholzschnitte d. H. S., 2 Bde. (Stud. z. dt. Kstgesch. 340) 1964.

Schedelsche Weltchronik →Wolgemut.

Scheibe, Richard, Bildhauer, * 19. 4. 1879 Chemnitz, † 6. 10. 1964 Berlin, 1925 Lehrer am Städelschen Kunstinstitut in Frankfurt a.M., seit 1936 an der Hochschule der bild. Künste in Berlin-Wilmersdorf. Werke: Ehrenmäler für die Gefallenen im 1. Weltkrieg, Denkmal der Saarbefreiung in Höchst am Main, männliche und weibliche Akte, streng geformt, von schlanker Kraft und ruhiger Zuständlichkeit.

R. S., ein dt. Bildhauer. Mit Vorwort von G. Kolbe, Einl. von B. Kroll, 1939; Magda George, Der Bildhauer R. S., Diss. Leipzig 1961 (mit Werkverz.).

Scheibenkreuz, Kreuz mit oder ohne Kruzifixus, dem eine Scheibe hinterlegt ist, oder das sich von einer Scheibe abhebt. Diese dient entweder der Erweiterung des Schmuckbereiches, indem sie mit Rankenfüllungen, gravierten oder ausgeschnittenen Ornamenten versehen ist (mehrere Exemplare aus dem Anfang des 12. Jh. in der Heil. Kreuzkirche in Hildesheim), oder sie wird auch Träger figürlicher Darstellungen (S. vom Ende des 13. Jh. mit Reliefdarstellungen aus dem Leben Christi und gemalter Rankenverzierung in St. Maria zur Höhe in Soest).

Scheibenriß, Entwurf zu einem Glasgemälde. In größerer Zahl haben sich S.e von dt. (Dürer, Baldung, Holbein) und niederländ. Meistern der Renaissance erhalten. Seit dem Wiederaufleben der Glasmalerei im 19. Jh. haben sich auch von Künstlern der Romantik und der Gegenwart Sch.e erhalten.

Scheidbogen, der Bogen, der das Mittelschiffsjoch einer Basilika vom Seitenschiffsjoch scheidet; er bildet hier die →Arkade. Die Mauer, die er trägt, heißt Scheidmauer.

Scheinarchitektur, die nur gemalten Architekturteile auf Wand oder Decke. →Deckenmalerei, →Quadraturmalerei.

Scheitelkapelle, eine an den Scheitel der Apsis got. Kirchen angebaute und meist der Maria geweihte Kapelle; häufig in England („Lady's chapel").

Scherenschnitt →Schattenbild.

Schick, Gottlieb, Maler, * 15. 8. 1776 Stuttgart, † 11. 4. 1812 das., Schüler von Hetsch und Dannecker sowie von David in Paris, 1802–11 in Rom, einer der reinsten Vertreter klassizistischer Malerei, doch nicht ohne romantische Empfindung, schuf große Historienbilder, Landschaften mit mythologischer Staffage, vor allem Bildnisse: Dannekker (1798; Stuttgart, Staatsgalerie), Frau Heinrike Dannecker (1802; Berlin, Nationalgal.), die Kinder Adelheid und Gabriele v. Humboldt (1809; Schloß Tegel).

K. Simon, G. S., 1914; W. Fleischhauer u. a., Die schwäb. Kst. i. 19. u. 20. Jh., 1952; H. v. Einem (Festschr. f. H. Schnitzler) 1965; Z. Gauss, C. v. Holst, G. S. Ein Maler d. Klassizismus, Ausst.-kat. Staatsgal. Stuttgart, 1976.

Schiffskanzel, Kanzel in Form eines Schiffes, von Formen überhöht, die dem Takelwerk eines Schiffes nachgebildet sind. Der Prediger predigt von ihr, wie einst Christus von einem Schiffe auf dem See Genezareth gepredigt haben soll. Frühestes Beispiel ist wohl das in der Klosterkirche von Irsee in Schwaben (1725). Der Typus hat sich nach dem O verbreitet, nach Österreich, Schlesien und bis nach Polen hinein (schönes Beispiel in Lemberg).

P. J. Geistberger, Die S.n Oberösterreichs, 1914 (Christl. Kunstblätter Linz); Hanna Mayer, Dt. Barockkanzeln, 1932 (Stud. z. dt. Kunstgesch. 287); Alice Strobl, Die Naturkanzeln des 18. Jhs., 1955 (Alte und neue Kunst, Wiener Kunstwissenschaftl. Blätter 4); →Kanzel.

Schildbogen, der Bogen, der sich an der Durchdringungsstelle eines Gewölbes und einer Mauer (Fensterseite; Obergaden), der Schildmauer oder Schildwand, ergibt.

Schildhalter, die zu den „Prachtstücken" des →Wappens gehörenden Figuren, die zu beiden Seiten des Wappenschildes stehen und diesen halten: Menschen, insbesondere →Wilde Männer, Engel, Tiere (Löwen, Adler, Hirsche, Greifen u. a.).

Schinkel, Karl Friedrich, Baumeister und Maler, * 13. 3. 1781 Neuruppin, † 9. 10. 1841 Berlin, war auf der Bauakademie das. seit 1797 Schüler von Friedrich Gilly, weilte 1803–05 in Italien und Frankreich, betätigte sich in Berlin zunächst als Maler (Architektur- und Landschaftsbilder, Dioramen, Panoramen und Bühnenbilder), wurde 1815 Geh. Oberbaurat und 1831 Oberbaudirektor. S. ist die bedeutendste und umfassendste Persönlichkeit der klassizistischen Baukunst in Deutschland, deren Blütezeit eigentlich erst mit ihm beginnt. Er hat reine Zweckbauten geschaffen, aus romantischen Stimmungen heraus auch solche der →Neugotik. Sein eigentlicher Ruhm aber gründet sich auf jene Berliner Bauten, die aus dem Geist der Antike empfangen sind und schlicht, streng, groß und würdevoll dastehen, in allen Einzelheiten aufs genaueste durchgebildet. Ihre Reihe beginnt erst nach den Befreiungskriegen: Neue Wache (1816), von einem Wohllaut der Verhältnisse, wie er sich innerhalb des europ. Klassizismus so kaum wiederfindet; Schauspielhaus (1818–21), mit der Mannigfaltigkeit und doch klaren Schönheit seiner Erscheinung der erste wirklich bedeutende Theaterbau der Neuzeit; Altes Museum (1822–28) mit seiner gewaltigen Säulenfront, prachtvoller Innenraumbildung und bis ins letzte durchdachten dekorativen Ausstattung. Die in Backsteingotik ausgeführte Werdersche Kirche (1825 bis 1828) zeigt, daß er gotischem Bauen im Grunde innerlich fernstand. Bemerkenswert ist jedoch hier die Verwendung des Backsteins, mit der S. eine wertvolle Anregung gab. Von seinen sonstigen zahlreichen Schöpfungen sei nur noch die Nikolaikirche in Potsdam (1830–37) genannt. (Alle Werke S.s in Berlin und Potsdam wurden im 2. Weltkrieg aufs schwerste beschädigt, manche ganz zerstört). Höchsten Flug architektonischer Phantasie offenbaren seine Entwürfe für ein Königsschloß auf der Akropolis (1834) und für das Schloß Orianda auf der Krim für die Kaiserin von Rußland (1838). – Eine Sammlung seiner architektonischen Entwürfe erschien 1820–40 (Neue Ausg. 1858/59). Er schrieb: „Grundlagen der praktischen Baukunst“, 2 Bde., 1834. – „Aus S.s Nachlaß“, hg. von H. von Wolzogen, 4 Bde., 1862–64 (mit Werkverzeichnis); Auswahl von H. Mackowsky, 1922.

S.-Schrifttum, bearb. von P. O. Rave, 1935 (Beiheft zum „Schrifttum zur dt. Kunst“, hg. vom Dt. Verein für Kunstwissenschaft); A. Grisebach, K. F. S., 1924; P. O. Rave, Das S.-Mus. und die Kunstsammlung Beuths, 1931; K. F. S. Das Lebenswerk. Hg. von der Akademie des Bauwesens unter der Schriftleitung von P. O. Rave, seit 1945; C. v. Lorck, K. F. S., 1939; E. Riehn, K. F. S. als Landschaftsmaler, Diss. Göttingen 1942; G. F. Koch (Ztschr. f. Kstgesch., 32) 1969; G. Riemann, K. F. S.s Reise nach England 1826 u. ihre Wirkg. auf s. architekton. Werk, Diss. Halle, 1967; ders., K.-F. Sch., Reisen nach Italien; Tagebücher, Briefe, Zeichnungen, Aquarelle, 1979; C. Schädlich, K. F. S., 1973; U. Harten-Foerst, Die Bühnenbilder K. F. S.s, Diss. Kiel, 1974; Ausst.kat. Kunstbibl. Berlin (Preuß. Kulturbesitz), Neue Slg. München, Landesmus. Münster, Von Sch. bis Mies v. d. Rohe, Zeichner. Entw., 1974/75; G. F. Waagen, K.-F. Sch. als Mensch u. als Künstler (eingel. v. W. Gabler), Nachdruck v. 1844, ²1981; M. Zadow, K.-F. Sch., 1981; Ausst.kat. F. Sch., Berlin (O), Staatl. Museen u. Kunsthalle Hamburg, 1982.

Schlagschatten, der Schatten, den ein Körper auf seine Standfläche oder sonstige Umgebung wirft; zuerst von den nord. Malern des 15. Jh. wiedergegeben (Jan van Eyck, Meister von Flémalle, Witz).

Schlaun, Johann Conrad, Baumeister, * 5. 6. 1695 Noerde bei Ossendorf (Westf.), † 21. 10. 1773 Münster, tätig zuerst im Dienste des Fürstbischofs von Paderborn, ging 1720 zu Balthasar Neumann nach Würzburg, hielt sich 1722 in Rom auf, 1725–28 in Bonn als kur-kölnischer Oberbaumeister und siedelte 1729 nach Münster über, wo er hohe Posten bekleidete. S. ist der Hauptmeister des westfäl. Barocks. Seine Kunst bietet keine großen Überraschungen, ist maßvoll und vornehm, liebt die schön gegliederte Fläche und weiß immer neue Lösungen für die jeweilige Bauaufgabe zu finden. Eine besondere Note erhält sie durch die der holländ.-norddt. Überlieferung entsprechende Verbindung von Backstein und Haustein. Die Hauptwerke stehen in Münster; Hospitalkirche St. Clemens (1744–53) als Kopie d. Festsaal wiederhergestellt, Erbdrostenhof (1754–57; rekonstr. 1957–70), das fürstbischöfliche Schloß (1767–1772).

Th. Rensing, J. C. S., 1936 (Westfäl. Kunsthefte 6); Ders., Nachlese zum Werk J. C. S., 1941 (Westfalen 26); K. Bußmann, J. C. S., 1973; Ausst.kat. Landesmus. Münster, Text- u. Tafelbd., 1975.

Schleifkanne →Zinn.

Schleifrillen →Näpfchen.

Schlemmer, Oskar, Maler und Graphiker, * 4. 9. 1888 Stuttgart, † 13. 4. 1943 Baden-B., Schüler von Adolf Hoelzel an der Stuttgarter Akademie, 1920–29 Lehrer am →Bauhaus (Leiter der Bühnenwerkstatt), bis 1932 an der Akademie Breslau, bis 1933 an den Vereinigten Staatsschulen Berlin-Charlottenburg. Seine Bilder zeigen eine eigentümliche, oft das Magisch-Irreale meinende Verbindung abstrakt geometrischer Form mit der menschlichen Figur, die aber ebenfalls zur starren Figurine geometrisiert ist. Hauptthema ist die Darstellung der Figur im Raum. S. entwarf auch Bühnenbilder u. Kostüme. Sein „Triadisches Ballett" wurde 1922 in Stuttgart uraufgeführt (die Figuren seit 1979 in d. Staatsgal. Stuttgart).

H. Hildebrandt, O. S., 1952; W. Grohmann, O. S., 1965; O. S., Briefe u. Tagebücher, 1958, 1977; O. S., Der Mensch, Unterricht am Bauhaus. Nachgelassene Aufzeichnungen, 1969; W. A. Herzogenrath, O. S. D. Wandgestaltg. d. neuen Architektur, 1973; K. V. Maur, O. S. (m. Oeuvrekat.); Forschgn. d. Fr.-Thyss.-Stiftg., (Sonderband) 2 Bde. 1977.

Schloß, fürstlicher oder aristokratischer Wohnbau nachmittelalterlicher Zeit, städtisch-weltliche Kultur oft in höchster Form repräsentierend. In der Regel ist ein S. landschaftsbeherrschend (auch als Wasserschloß) angelegt oder ist stadtbildbestimmend, wobei ein Park die wirkungsvolle Ergänzung zum architektonischen Erscheinungsbild oder das S. Teil eines →Ensembles ist (→Gartenkunst, →Idealstadt). Im Unterschied z. →Burg ist das S. ein Gesamtkunstwerk durch →Fassadengestaltung, großartige Raumanordnung (Enfilade) und prächtige Innenräume. Die Entwicklung des S.baus setzt ein mit dem Umbau von Burgen (z.B. Meißen s. 1471, Torgau s. 1532), unter Einfluß ital. Vorbilder (z.B. Plassenburg, Stuttgart, Altes Schloß – mit Innenhof u. Arkaden). Höhepunkte des S.-baus verzeichnen das 17. u. 18. Jh. ausgehend von →Versailles, dem Hauptbeispiel für die Verbindung S. – Park, zunächst mit dessen Unterordnung unter das Gesamtkonzept. Im 18. Jh. setzt sich in diesem Verhältnis S. – Garten allmählich der sog. Engl. Garten durch (→Gartenkunst). Die S.bauten öffnen sich als dreiflügelige Anlagen mit Cour d'honneur, Frei →Treppen. Weiterhin bestimmen aufwendige Treppenhäuser, Corps de logis, Sala terrena, S.kapellen u.a. den S.bau. Bedeutende Beispiele in Deutschland und Österreich sind Ludwigsburg (D. G. Frisoni) als größtes deutsches S., Berlin (A. →Schlüter; gesprengt n. d. 2. Weltkrieg), →Würzburger Residenz (B. →Neumann), →Sanssouci (G. W. v. Knobelsdorff), Wien Belvedere (L. v. →Hildebrandt). Auch im 19. Jh. gab es noch den S.bau, allerdings im Sinne des →Eklektizismus u. Historismus, so Potsdam Charlottenhof (Schinkel), Herrenchiemsee u. Linderhof (Dollmann) u. a. Bedingt durch die Wandlung der gesellschaftlichen Verhältnisse gibt es den S.bau im 20. Jh. nicht mehr. Der S.bau kann als letzte großartige Zusammenfassung von Baukunst, Malerei, Bildhauerkunst, Kunstgewerbe und Dekoration gelten, die bisher nicht wieder erreicht wurde.

C. Tillmann, Lex. d. dtn. Burgen u. Schlösser, 4 Bde., 1958–61; W. Holz, Kl. Kstgesch. d. dtn. Schlösser, 1970; H. Boekhoft, G. Jopp, F. Winzer (Hg.), Paläste, S.r, Residenzen, 1971; Burgen S.r, Herrensitze, 30 Bde. (Slg.) seit 1957; K. Furtner, S. Russ, Bayer. Königsschlösser, 1977; E. Burmeister, Die Schlösser d. altbayr. Landadels. Typologie nach Kupferstichen Michael Wenings Anf. 18. Jh., 1977.

Schlußstein, der im Scheitel eines Kreuzrippengewölbes sitzende Stein. Er hat entweder die Form einer Platte, die mit Figuren oder Ornamenten belegt ist, auch ein Wappen zeigen kann; oder er ist wie ein Knauf gebildet, der die Rippen gleichsam zusammenhält und mitunter vom Gewölbe herabhängt: hängender S. Auch der im oder über dem Scheitel eines rundbogigen Fensters oder Portals sit-

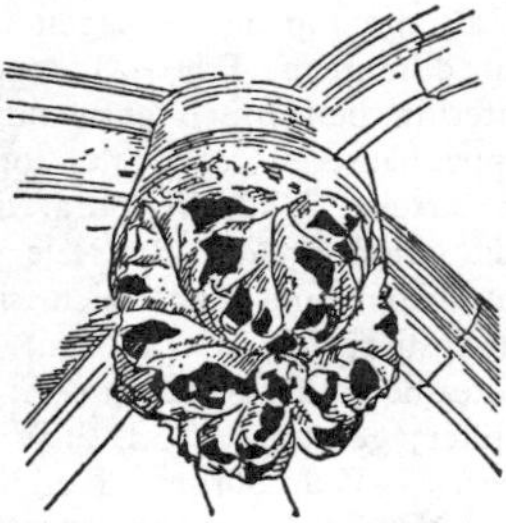

Gotischer Schlußstein, aus Blattwerk zusammengesetzt

zende Stein wird, zumal wenn er verziert ist, S. genannt.

Schlüter, Andreas, Bildhauer und Baumeister, * um 1660 wahrscheinlich Danzig, † vor dem 23. 6. 1714 Petersburg. Über seine Jugend und Ausbildung ist fast nichts bekannt. 1689–93 ist er in Warschau nachweisbar, wo er an verschiedenen Palästen tätig ist. 1694 kommt er nach Berlin und wird dort als Bildhauer angestellt. 1696 unternimmt er eine Studienreise nach Italien und beginnen seine ersten erhaltenen Berliner Arbeiten, die der dekorativen Ausstattung des Zeughauses dienen: Schlußsteine der Fenster und Tore, Prunkhelme, Medusenhäupter, sowie als größte Leistung die 22 Masken sterbender Krieger im Lichthof von höchster Ausdrucksgewalt. Für das Zeughaus war auch das Bronzestandbild Kurfürst Friedrichs III. bestimmt (1697/98; seit 1801 in Königsberg). Gleichzeitig entstand das Reiterdenkmal des Großen Kurfürsten (gegossen 1700), das 1703 mit dem Blick gegen das Schloß auf der Langen Brücke aufgestellt wurde, das erste unter freiem Himmel errichtete Reiterdenkmal Deutschlands und die bildhauerische Hauptschöpfung S.s (jetzt im Hof des Charlottenburger Schlosses). In stolzer Kraft sitzt der Herrscher auf dem dahinstampfenden Pferd, den Blick ins Weite gerichtet. Pathos und schwellende Bewegung in der Form verbinden sich zu einem Werk von strotzender Lebensfülle. Weitere bildhauerische Arbeiten S.s sind u.a. die aus Blei gegossenen Prachtsarkophage für die Königin Sophie Charlotte und für König Friedrich I. im Berliner Dom sowie die Bronzebüste Landgraf Friedrichs II. von Hessen-Homburg (1704; Homburg v. d. Höhe, Schloßhof). – 1698 übernimmt S. die Bauleitung des Zeughauses und wird in immer zunehmendem Maße für den Um- und Neubau des Berliner Schlosses eingesetzt. Das Beste an diesem Hauptwerk des norddt. Barocks war ihm zu verdanken und auch bei der Ausstattung der prunkvollen Innenräume zeigte sich die hohe Originalität seiner Erfindung. (Das Schloß ist im 2. Weltkrieg stark beschädigt und nach dessen Ende ganz abgetragen worden). Die wegen konstruktiver Mängel notwendig gewordene Abtragung des von ihm fast vollendeten Münzturms führte 1706 zu seiner Entlassung. In Berlin baute S. nur noch die Villa Kamecke (1711/12). 1713 wurde er von Peter d. Gr. nach Petersburg berufen.

E. Benkard, A. S., 1925; H. Ladendorf, Der Bildhauer u. Baumeister A. S., 1935; Ders., A. S., ²1940; G. Peschken, Neue Lit. üb. A. S. (Ztschr. f. Kstgesch., 30) 1967; E. Hubala, Das Berl. Schloß d. A. S. (Gedenkschr. E. Gall), 1965; C. Keisch, Zur Todesikonograph. bei A. S. (Forsch. u. Berichte z. Kst. 13) 1971.

Schmelzmalerei →Email.

Schmerzensmann (Erbärmdebild, lat. imago pietatis), gehört zur Gruppe der →Andachtsbilder. Es ist die Darstellung Christi mit allen Leidensmerkmalen als Inbegriff des Heilsgeschehens. Der S. ist schon im 12. Jh. in der byzantin. Malerei nachgewiesen worden. Eine unmittelbare literarische Vorlage fehlt. Die eigentliche Zeit der S.darstellung beginnt im frühen 14. Jh. hauptsächl. in der dt.Kunst. Diese hat aus d. Erlebniswelt der Mystik heraus den S. als plastisches Andachtsbild geschaffen und bis zum Ende des 16. Jh. eine Reihe verschiedener Typen hervorgebracht. Sehr beliebt ist in der 1. Hälfte des 15. Jh. die Verbindung des S.s mit kniendem Beter als Epitaph. Auch gemalte S.darstellungen gibt es (Meister Francke).

H. Loeffler, Ikonographie des S.s, ungedruckte Berliner Diss., 1922; H. Schrade, Beiträge zur Erklärung des S.bildes, 1930 (Beiträge zur neueren Literaturgeschichte, N. F. 16); G. v. d. Osten, Der S., 1935; Ders., Christus im Elend, 1952; Wiltrud Mersmann, S., 1952; G. Bott, Schmerzensmutter u. Sch. nach Lukas v. Leyden (in: Festschr. P. Metz), 1965; C. Grössinger, Eine Studie z. d. stilgeschichtl. Entwicklg. engl. Miserikordien im 13. u. 14. Jh., Diss. Wien 1972.

Schmerzensmutter, lat. Mater dolorosa, die ihren Schmerz äußernde Muttergottes; als Andachtsbild aus ihrem ursprüngl. Zusammenhang mit der Kreuzigungsgruppe oder der Beweinung Christi gelöst. Ihr Schmerz wird seit der Mitte des 15. Jh. in sehr handgreiflicher Weise zuweilen so ausgedrückt, daß ein Schwert ihre Brust durchbohrt. Vielfach sind es auch sieben Schwerter als Symbole der →sieben Schmerzen Mariä. Eine Sonderform der Sch. bildet das → Vesperbild.

Schmidt, Martin Johann, gen. Kremser-Schmidt, Maler und Radierer, * 25. 9. 1718 Grafenwörth b. Krems, † 28. 6. 1801 Stein b. Krems, tätig in Stein seit 1746. Seinen wenigen Fresken steht eine große Zahl von Altarblättern (in österr. Barockkirchen und Klöstern) gegenüber, in denen er, stark von Rembrandt, aber auch von Italienern angeregt, die bibl. Inhalte in stimmungsvollem Helldunkel mehr traulich und idyllisch als dramatisch erzählt. Außer Radierungen sind viele Zeichnungen, meist Kompositionsentwürfe, erhalten.

A. Mayer, Der Maler J. M. S., 1879; K. Garzarolli-Thurnlackh, Das graph. Werk M. J. S.s, 1924; F. Dworschak, R. Feuchtmüller u. a., Der Maler M. J. S., gen. „der Kremser-S.“, 1955; Ausst.kat. M. J. S. delo v Sloveniji, Ljubljana, 1957.

Schmidt-Rottluff, Karl, Maler und Graphiker, * 1. 12. 1884 Rottluff b. Chemnitz, † 10. 8. 1976 Berlin (W), 1905 in Dresden Mitbegründer der →„Brücke“, seit 1911 in Berlin, seit 1943 in Chemnitz, seit 1947 Prof. der Hochschule für bildende Kunst in Berlin-Charlottenburg, bildete einen auf dem Zusammenwirken starker, ungebrochener Farben beruhenden malerischen Stil aus. Er gehört zu den führenden Meistern des dt. Expressionismus und ist seit 1945 bes. durch großgeformte Aquarelle hervorgetreten. Seine Holzschnitte sind von lapidarer Ausdruckskraft.

W. R. Valentiner, K. S., 1920; Rosa Schapire, K. S.s graphisches Werk, 1924; W. Grohmann, K. S., 1956; E. Rathenau, K. S.-R. Das graph. Werk s. 1923, 1964; Ausst.-Kat. z. 90. Geb., Brücke-Mus. Berlin, 1974; Weitere Ausst.kat.e: Stuttgart (Staatsgal.), Hamburg (Kst.halle), Frankf. (Städel) u. a. O. 1974; Ausst.kat. K. Sch.-R., Museen K.-Marx-Stadt, Dresden, Berlin (O), 1974; J. Schilling, D. Blume, K. Sch.-R: Werke 1905–61, Ausst.kat. Kunstverein Braunschweig, 1980.

Schmiedekunst. Über eine S. des Altertums ist so gut wie nichts bekannt. Über frühmittelalterliche Arbeiten (Türbeschläge) unterrichten uns Miniaturen; die ältesten Beispiele kunstvoll geschmiedeter Türbeschläge und Gitter haben sich erst aus dem 12. Jh. erhalten. Im 13. Jh. ist die S. besonders in Frankreich, den Niederlanden und England hoch entwickelt, ja gewisse Arbeiten wie die Türbeschläge von Notre-Dame in Paris sind an künstlerischer Phantasie und technischer Vollendung kaum jemals überboten worden. Auch Truhenbeschläge kommen im 13. Jh. vor, desgl. geschmiedete Geräte wie Standleuchter und Kaminböcke. Seit dem 14. Jh. tritt Italien mit eigenartigen und bedeutenden Leistungen hervor (Fackelhalter, Laternen, Gitter). Im 16. Jh. wird die dt. S. an Umfang und Vollendung von der keines anderen Landes erreicht, und für Gitter, Beschläge, Lichtgeräte, Wandarme und viele andere Gegenstände wurden immer neue Formen ersonnen. Zugleich wurden manche Verfeinerungen wie Ätzen und Gravieren von der jetzt ebenfalls hoch entwickelten Waffenschmiedekunst übernommen. Hauptleistungen der S. des 17. und 18. Jh. sind die großen Gitter, die den Chor vom Schiff der Kirche trennen. Das 19. Jh. hat den Eisenguß der mühevollen handwerklichen Arbeit des Schmiedens vielfach vorgezogen, und erst im 20. Jh. hat man sich wieder, wenn auch in geringem Umfang, bemüht, wirklich künstlerische Schmiedearbeiten hervorzubringen.

Lüer und Creutz, Geschichte der Metallkunst, Bd. 1, 1904; A. Brüning, Die S. bis zum Ausgang des 18. Jh., [2]1922; F. Stuttmann, Dt. Schmiedeeisenkunst, 3 Bde., 1926–30; Höver, Das Eisenwerk, 1927; H. Phleps, S., 1935; J. Schramm, Über das Kunstschmiedehandwerk, [2]1937; F.C.Munck, Schmied, Hammer, Amboß, 1937; P. Mahlberg, Kultur im Eisen, 1938; P. Artaria, Kunstschmiedearbeiten, 1950; F. Kühn, Stahlgestaltung, 1956, 1967; R. Pleiner, Alteurop. Schmiedehandw., 1962; Lea Carl, Gitter, 1964; F. Magnani, Fer forgé, 1966; M. Freivogel, V. Zandonella, Eisen, Schmiedehandwerk, Kst.-handwerk, Kst. (hg. v. d. G. Fischer AG. Schaffhausen; Gesch. d. Schm.) 1976; O. Schmirler, Werk u. Werkzeug d. Kunstschmieds, 1981.

Schmiege →Abfasen.

Schmitthenner, Paul, Baumeister, * 15. 12. 1884 Lauterburg (Elsaß), † 11. 11. 1972 München, 1918 Prof. a. d. T. H. Stuttg., vertrat eine den Zusammenhang mit bodenständiger Überlieferung betonende Bauweise von schlichter und charaktervoller Prägung. Sein eigentliches Gebiet sind Wohn- und Siedlungsbauten, Banken und Versicherungsgebäude. Er schrieb: Das dt. Wohnhaus (1932); Das sanfte Gesetz in der Kunst (1954).

J. Auler, Zum Lebenswerk P. S.s (Bauwelt H. 14) 1974; J. Petsch, Baukunst u. Stadtplanung im Dritten Reich, 1976.

Schmuck. Die künstlerische Formung des Körper- und Gewandschmuckes beginnt mit der Bearbeitung der Metalle (→Bronzezeit, →Goldschmiedekunst, →Filigran). Auch →Email und Steinschneidekunst (→Gemme) sind am S. beteiligt. Hervorragendes haben die Kulturvölker des Altertums, bes. die Ägypter und Griechen, auf dem Gebiete des S.s geleistet (Brustplatten, Hals- und Ohrgehänge), während in der röm. Kaiserzeit der bunte Glanz von Edelsteinen und Glasflüssen das eigentlich Künstlerische oft überwog. Der byzantin. S. erhielt seine besondere Note durch reichliche Verwendung von Zellenschmelz. Sehr schmuckfreudig waren →keltische und →germanische Kunst: Arm- und Halsringe, vor allem aber die in einer unendlichen Fülle von Formen erhaltene →Fibel. Im Mittelalter war das vornehmste S.stück die aus dem →Diadem der byzantin. Kaiser entwickelte Krone. Die beste Vorstellung vom S. einer dt. Fürstin des frühen Mittelalters gibt der →Giselaschmuck. Hervorragende Beispiele von Brustschmuck und Mantelschließen des 13. Jh. finden sich in steinerner Nachbildung auf den

Gewändern der Statuen des Naumburger und Meißner Doms. Eleganter und zierlicher wird der S. im 14. Jh. unter häufigerer Verwendung von Silber. Eine außerordentliche Steigerung des S.bedürfnisses in Verbindung mit einem neuen Kleiderluxus ging um 1400 von den burgund.-franz. Fürstenhöfen aus. Die Miniaturen und Tafelbilder der Zeit, auch solche deutscher Meister (Konrad von Soest, Lochner, Witz) spiegeln das deutlich wider: Halsgeschmeide, kostbare Gürtel, Barettschmuck. Die Renaissance bringt in Deutschland Massenhaftigkeit und protzenhafte Zurschaustellung des S.s, wie etwa die Bilder Cranachs zeigen: Armbänder, Ringelketten, mehrfach genommen, Anhänger, wo immer sie sich nur anbringen lassen, dicke Fingerringe. Der ital. Renaissanceschmuck ist dagegen viel zurückhaltender. Im Barock wird der S. wieder knapper, man bevorzugt Perlen und Edelsteine, die in Silber gefaßt sind. Im 18. Jh. fügten sie sich zu naturalistischen Gebilden (Blumen, Ranken, Federn, Schleifen) zusammen, zierliche Anhängsel schmücken die Uhrketten (→Berlocke), ins Haar wird die →Aigrette gesteckt. Der Klassizismus nimmt die Gemme wieder als Schmuckstück auf, das Biedermeier liebt das Medaillon, das Bildnisminiatur oder Bildnissilhouette birgt. Das spätere 19. Jh. hat im S. wenig Originelles mehr geleistet. Seit Beginn des 20. Jh. strebt man auch hier wie auf allen anderen Gebieten des Kunstgewerbes nach Vereinfachung.

R. Rücklin, Das S.-Buch, 2 Bde., 1901; H. Barth, Das Geschmeide. S.- und Edelsteinkunde, 2 Bde., 1903/4; Forrer, Gesch. des Gold- und Silberschmucks, 1905; Bassermann-Jordan, Der S., 1909; E. Steingräber, Alter S. Die Gesch. d. europ. S.s, 1956; J. Lanllier u. Marie-Anne Pini, Fünf Jhdte. abendl. S.kst., 1971; J. A. Black, Die Gesch. d. Sch.s, 1976; A. Héji-Détari, Altungar. Sch., 1976; J. Evans, A history of jewellery 1100–1870, 1970; C. B. Heller u. a. in: Bruckmanns Hb. d. Sch.s, o. J., A. Greifenhagen, S.arbeiten in Edelmetall. Kat. Staatl. Mus. Preuß. Kulturbesitz Berlin, Antikenabt., 2 Bde. 1974; Yvonne Hackenbroch, Renaiss. Jewellery, 1979.

Schnelle, Steinzeugkrug von hoher, schlanker, nach oben nur wenig sich verjüngender Form, mit Reliefs versehen. Bes. vorzüglich sind die weißgrauen S.n, die im späteren 16. Jh. in Siegburg hergestellt wurden.

Schneuß →Fischblase.

Schnitzaltar →Altar.

Schnorr von Carolsfeld, Julius, Maler und Zeichner für den Holzschnitt, * 26. 3. 1794 Leipzig, † 24. 5. 1872 Dresden, seit 1811 in Wien, 1818–27 in Rom, wo er sich den →Nazarenern anschloß. 1827–46 Prof. der Akademie in München, danach der Akademie in Dresden u. Direktor der Gemäldegalerie. Das Beste seiner röm. Zeit sind die Fresken aus Ariosts „Rasendem Roland“ im Casino Massimo, dazu vorzügliche Federzeichnungen röm. Landschaften (Dresden, Kupferstichkabinett). In München füllte er 5 Säle der Residenz mit Fresken aus der Nibelungensage (die erste monumentale Gestaltung dieses Stoffs) und 3 mit enkaustischen Wandgemälden aus der dt. Kaisergeschichte. Die Ausführung läßt freilich im einzelnen viel zu wünschen übrig, zumal S. weitgehend auf Schülermitarbeit angewiesen war. Nazarenische Naivität verliert sich immer mehr, Raffael und Michelangelo werden seine eigentlichen Vorbilder. Dies zeigt sich auch in den 240 in Holz geschnittenen Tafeln seiner „Bibel in Bildern“ (1853 bis 1860; neue Ausgabe 1899), die zwar nicht das dt. Nationalwerk wurde, das er sich erhoffte, die aber doch weite Verbreitung fand.

K. W. Singer, J. S. v. C., 1911; K. Gerstenberg und P. O. Rave, Die Wandgemälde der dt. Romantiker im Casino Massimo zu Rom, 1934; A. Schahl, Gesch. der Bilderbibel von J. S. v. C., Diss. Leipzig, 1936; K. Lankheit (Ztschr. f. Kstwiss., 7) 1953; K. Andrews, The Nazarenes, 1964; Ausst.kat. J. S. v. C. Aus d. zeichn. Werk, Berlin (W) Staatl. Mus. 1974; Ausst.kat. „Die Nazarener", Städelsch. Inst. Frankfurt, 1977; Ausst.kat. J. S. v. C. Berlin (W) (Staatl. Mus.) 1977.

Schnuramphore, Schnurbecher →Schnurkeramik.

Schnurkeramik, Kulturgruppe der →Jungsteinzeit, wahrscheinlich in Sachsen-Thüringen heimisch, später über ganz Mitteleuropa bis zum Schwarzen Meer verbreitet. Leitformen der Tonware sind die Schnuramphore, ein bauchiges Gefäß mit zylindrischem Hals und vier kleinen Henkeln, ferner der hohe, schlanke Schnurbecher. Die Verzierung besteht in Abdrücken von Wickelschnüren oder in eingestochenen Mustern, welche solche Abdrücke nachahmen. Zuweilen sind die Verzierungen mit weißer Kalkmasse ausgelegt. Zum Steingerät gehört die fassettierte Streitaxt. Die

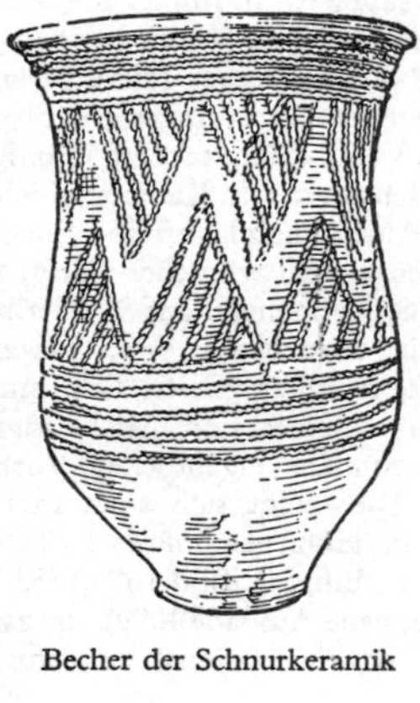

Becher der Schnurkeramik

kulturkreisliche Stellung der S. ist sehr umstritten. Sie wird teils als Untergruppe des →Nordischen Kreises betrachtet und mit der Einzelgrabkeramik (→Nordischer Kreis) in Verbindung gebracht, teils als völlig selbständiger Kulturkreis angesehen, dessen Träger die Urindogermanen gewesen sein sollen.

U. Fischer, Mitteldeutschld. u. d. S., 1958 (Jahresschr. f. mitteldt. Vorgesch. 41/42); G. Mildenberger, Zur schnurkeram. Ornamentik, 1958 (Festschr. Johannes Jahn); Kataloge zur mitteldt. S. I: G. Loewe 1959, II: H. Lucas, 1965; Ch. Strahm, Die Gliederung der S. in d. Schweiz, 1971.

Scholle, Die, Gruppe Münchener Maler (Erler, Putz, Münzer u.a.), die sich 1899 zu gemeinsamen Ausstellungsvorhaben zusammenfanden. Ihre farbenfrohe, großflächige Malweise kann als Variante des Jugendstils gelten.

G. Biermann, Die S., 1910; F. Roh, Gesch. der dtn. Kunst v. 1900 bis z. Gegenwart, 1958; W. Hütt, Deutsche Malerei u. Graphik im 20. Jh., 1969.

Schöne Madonnen. Der Begriff S. M. wurde 1923 v. W. Pinder eingeführt u. umfaßt einen Madonnentypus des →Weichen Stiles, die stehende Maria mit Kind; →Madonna.

W. Pinder (Jb. d. Preuß. Kstslgn., 44) 1923; C. H. Clasen, Die s. M., 1951; Ausst. Kat. S. M.n 1350–1450 Salzburg, 1965; K. H. Clasen, Der Meister d. Sch. M., 1974, 1979.

Schönfeld, Johann Heinrich, Maler und Radierer, get. 23. 3. 1609 Biberach, † 1682/83 Augsburg, einer der bedeutendsten Vertreter der süddt. Barockmalerei; seit 1633 tätig in Rom, später auch in Neapel, 1647 in Dresden, 1652 in Ulm, danach seßhaft in Augsburg. Von seiner vielseitigen und phantasievollen Persönlichkeit, die trotz mannigfachen Einwirkungen vonseiten der niederländ. und italien.

Malerei sich zu einer sehr bestimmten Eigenart entwickelt hat, zeugen zahlreiche Bilder in süddeutschen Kirchen und Profanbauten. Als Hauptwerke gelten „Jüngstes Gericht" (Augsburg, Barfüßerkirche), „Kreuztragung" und „Kreuzabnahme" (Augsburg, Evang. Kreuzkirche). Er schuf ferner Zeichnungen und zwei Radierfolgen von großer Leichtiigkeit und Flüssigkeit der Strichführung.

H. Voss, J. H. Sch., 1964; H. Pée, Ausst.kat. S. Ulm, 1967; dass. Berlin (W), 1969; B. Bushart, J. H. S.-Studien z. Biograph. (Jb. d. Staatl. Kst.slgn. i. B.-Württ. 6) 1969; R. Biedermann (Jb. d. Staatl. Kstslgn. i. Bad.-Württ., 8) 1971.

Schönfelder Keramik, keramische Gruppe der →Jungsteinzeit, an der mittleren Elbe (Gegend von Stendal) verbreitet, dem →Nordischen Kreis zugehörig. Kennzeichnend sind große flache Schüsseln, deren Verzierung mitunter in exzentrisch angebrachten, krummlinigen Bandmustern besteht. Einige Formen verraten Einflüsse von seiten der →Glockenbecherkultur.

P. Kupka, Eine neue spätneolithische Kultur aus der Altmark, 1910 (Prähist. Ztschrift, Bd. 2); W. Nowothnig, Die Schönfelder Gruppe, 1937 (Jahresschr. f. d. Vorgesch. d. sächs.-thür. Länder 25); G. Behm, Die Schalenverzierung der S. Gruppe, 1950 (Jahresschr. f. mitteldt. Vorgesch. 34); U. Fischer, Kulturbeziehungen d. Sch. Kreises im Elbegebiet (in: Archaeologica geographica 2. Jg.) 1951; H. Lies, Eine Totenhütte der S. Kultur ... (in: Ausgrabungen u. Funde Bd. 14, H. 1) 1969.

Schongauer, Martin, Maler und Kupferstecher, * 1425/30 Colmar, † wahrscheinlich 2. 2. 1491 Breisach, wohin er 1488 übersiedelt war, Sohn eines Goldschmiedes. Als Tafelmaler kennen wir ihn nur aus wenigen Hauptwerken, von denen nur ein einziges ganz gesichert ist, die Madonna im Rosenhag (1473; Colmar, Stiftskirche), ein Bild von außerordentlicher Klarheit in Aufbau und Zeichnung. Es beweist, daß S., unbeschadet seiner künstlerischen Selbständigkeit, durch die Schule Rogiers van der Weyden gegangen ist. Als Wandmaler tritt er uns in dem 1931 wiederentdeckten „Jüngsten Gericht" an der inneren Westwand des Breisacher Münsters mit einer hochbedeutenden, aber zum mindesten mit Hilfe seiner Werkstatt seit 1488 ausgeführten Leistung entgegen. Als Kupferstecher repräsentiert S. die dritte Entwicklungsstufe des dt. Kupferstichs, die die Erscheinung Dürers unmittelbar vorbereitet. Auf uns gekommen sind 116 Blätter, alle signiert. Ihre zeitliche Reihenfolge ist umstritten; doch wird man im allgemeinen annehmen müssen, daß ein Fortschreiten von krauser Vielfältigkeit zur Einfachheit und Klarheit erfolgte. S. hat den Kupferstich nicht nur technisch bereichert und verfeinert, er hat ihm auch ausdrucksmäßig Aufgaben gestellt, wie sie bisher noch nie gestellt waren, und er hat zugleich seinen christlichen Bildthemen eine so schlagkräftige und der Zeit allgemein einleuchtende Formulierung gegeben, daß seine Kompositionen eine unübersehbare Nachfolge gehabt haben. Am bekanntesten sind „Die Versuchung des heil. Antonius", die „Verkündigung" und „Die große Kreuztragung". Das hinterlassene Werk S.s vervollständigt sich durch eine Anzahl in allen europ. Museen verstreute Zeichnungen, meist Köpfe von einer kupferstichmäßigen Prägnanz des Striches.

H. Wendland, M. S. als Kupferstecher, 1907; M. S. Nachbildungen seiner Kupferstiche, hg. v. M. Lehrs, 1914; M. J. Friedländer M. S.s Kupferstiche, 1914/15 (Zeitschr. f. Bildende Kunst, N.F. 26); L. Baldass, M. S., 1927 (Repertorium f. Kunstwiss., Bd. 48); K. Bauch, S.s Frühwerke, 1932 (Oberrhein. Kunst, Bd. 5); W. Thöllden, Die

Wirkungen der S.stiche auf die dt. Plastik um 1500, Berliner Diss., 1938; K. Bauch, M. S. u. die dt. Kupferstiche d. 15. Jh., 1941; E. Buchner, M. S. als Maler, 1941; E. Flechsig, M. S., 1946; U. Middeldorf, M. S.s klassischer Stil, 1947 (Dt. Beiträge z. geistigen Überlieferung, The University of Chicago Press); J. Baum, M. S., 1948; F. Winzinger, Die Zeichnungen M. S.s, Ges. Ausg., 1962; ders. i. „Dürerstudien", (Berliner Jb.) 1968; F. M. Krafft, M. S. Das graph. Werk, Ausst.kat. Kst.-halle Basel, 1968; R. Zeitler, Kompositionsprinzipien der Graphik S.s (Festschr. K. Badt) 1970; P. Bellini, M. S., 1973; Marianna Bernhard, M. S. u. s. Kreis: Druckgraphik, Handzeichnungen, 1980.

Schraffieren, Schraffur →Schattieren.

Schrank →Möbel.

Schrein, hölzerner Behälter, Schrank, im besonderen der feststehende Mittelteil eines Flügelaltars (→Altar), auch Reliquienschrein (→Reliquiar).

Schriftband →Spruchband.

Schrimpf, Georg, Maler, * 13. 2. 1889 München, † 19. 4. 1938 Berlin, Lehrer an der Städt. Gewerbeschule München und seit 1933 an der Staatl. Kunstschule Berlin-Schöneberg, hat stille Schwarzwald- und Voralpenlandschaften gemalt, die mit ihrer stimmungerfüllten Ruhe, klar geschauten Weite und festen Zeichnung zuweilen eine Fortführung der Art Karl Haiders darstellen, sie jedoch in sonnige Helle wandeln.

M. Pförtner, G. S., 1940; J. Adamiak, G. S., (Dipl.-arb. Humboldt-Univ. Berlin) 1961.

Schrotschnitt →Holzschnitt.

Schuch, Carl, Maler, * 30. 9. 1846 Wien, † 13. 9. 1903 das., seit 1869 in München, wo er sich dem Leibl-Trübner-Kreise anschloß, malte Landschaften und Interieurs, bes. aber Stilleben von einfachem Aufbau und feinster Abstufung der Tonwerte bei dunkler Gesamthaltung. – Briefe m. Vorw. v. A. Roessler (1922).

K. Hagemeister, K. S., 1913; E. Ruhmer (Festschr. f. W. Waetzold) 1941; R. Migacz, C. S. als Landschaftsmaler, Diss. Wien 1973.

Schüchlin, Hans, Maler, † 1505 Ulm, nachweisbar das. seit 1480. Einziges sicheres Werk ist der Hochaltar der Kirche in Tiefenbronn (1469), der Beziehungen zu Wolgemut und zur niederländ. Malerei (Rogier) zeigt.

F. Haack, H. S., 1905; H. Rott, Die Kirche zu Tiefenbronn, 1929; W. Boeck (in: Ztschr. f. Kst.gesch. 15) 1952; A. Stange, Dte. Malerei der Gotik, Bd. 8, 1957.

Schumacher, Fritz, Baumeister und Architekturschriftsteller, * 4. 11. 1869 Bremen, † 4. 11. 1947 Hamburg, 1899–1909 Prof. der Techn. Hochschule in Dresden, 1909–33 Oberbaudirektor von Hamburg, gelangte in seinem reichen Schaffen zu immer größerer Formenklarheit unter Wahrung des Zusammenhangs mit den Überlieferungen dt. Bauweise, was bes. in seinen Backsteinbauten zur Geltung kommt. Die Stufen seiner Entwicklung sind etwa durch den Gegensatz der plastisch-dekorativen Haltung seines Dresdner Krematoriums (1908) und des architektonisch-strengen Charakters seines Hamburger Krematoriums (1933) bezeichnet. S.s Hauptleistung ist die neuzeitliche Ausgestaltung Hamburgs. Schriften: Das Wesen des neuzeitl. Backsteinbaus (1920), Strömungen in dt. Baukunst seit 1800 (1935), Stufen des Lebens (1935), Der Geist der Baukunst (1938), Probl. der Großstadt (1940), Die Sprache der Kunst (1944); Lesebuch für Baumeister (1947).

E. Ockert, F. S., 1950; W. Kallmorgen (Hg.), Sch. u. Hamburg, 1969.

Schutzengel →Erzengel.

Schützenstück, Doelenstück (von niederländ. doele „Ziel“), Gruppenbildnis von Mitgliedern einer Schützengilde. Das S. kam in der 2. Hälfte des 16. Jh. in den Niederlanden auf und wurde in der holländ. Malerei des 17. Jh. durch Frans Hals und B. van der Helst in meisterhafter Weise entwickelt. Auch Rembrandts „Nachtwache“ ist ein S.

A. Riegl, Das holländ. Gruppenporträt, 2 Bde., 1931.

Schutzmantelmadonna, Maria in einem weiten, zuweilen von Engeln gehaltenen und gleichmäßig ausgebreiteten Mantel, unter dem zu beiden Seiten Gläubige der verschiedensten Stände in bittender Haltung versammelt sind. Diese im 13. Jh. aufkommende, in der Literatur schon längst verbreitete Darstellung geht auf mittelalterliche Rechtsanschauungen zurück. Übrigens ist das Schutzmantelmotiv auch auf Heilige – z. B. Hl. →Ursula – (älteste Darstellung 1292) sowie auf Christus und Gottvater angewandt worden. Die Zisterzienser haben die S. an vielen Orten zu ihrem Sinnbild gemacht, die Dominikaner haben sie zu ihrem offiziellen Bruderschaftsbild erhoben. Schutzmantelmadonnen werden mit und ohne Jesuskind dargestellt. Im späteren Mittelalter kommt die S. auch als Pestbild vor. Dann deuten aus der Höhe herabfliegende Pfeile den Zorn Gottes an, vor dem Maria die Menschen schützen soll.

P. Perdrizet, La Vierge de Miséricorde, 1908; Vera Sussmann, Maria mit dem Schutzmantel, (Marburger Jahrb. für Kunstwissensch., 5) 1930; dies., Vorläufer u. Varianten d. mittelalt. S.s (Festschr. R. Hamann) 1954.

Schwanthaler, Ludwig von, Angehöriger einer Bildhauerfamilie, Bildhauer, * 26. 8. 1802 in München, † 14. 11. 1848 das., nahm im Münchner Kunstleben der 30er und 40er Jahre eine beherrschende Stellung ein. Doch wirkt sein Klassizismus mit dem romantisch-sentimentalen Einschlag schwächlich etwa gegenüber dem von Rauch. Die Fülle der ihm gestellten, z. T. sehr umfangreichen Aufgaben ließ ihn zu ihrer wirklichen Durcharbeitung meist nicht kommen. Von seinen Denkmälern sei das Bronzestandbild Mozarts in Salzburg genannt (1842), von seinen monumentaldekorativen Arbeiten die Gruppe der Hermannsschlacht im Nordgiebel der Walhalla. Eine Übersicht über sein Schaffen bieten seine im S.-Mus. in München vereinigten Modelle.

A. Heilmeyer, Die Plastik d. 19. Jh.s in München, 1931; F. Otten, L. M. S., Ein Bildhauer, 1970; Ausst.kat. Stift Reichersberg (Inn), Die Bildhauerfamilie S., 1974.

Schwarz, Hans, Medailleur und Bildschnitzer, * um 1492 Augsburg, tätig das., in Nürnberg und außerhalb Deutschlands, einer der ersten Meister der dt. Bildnismedaille. Er hat anscheinend stets nach zeichnerischer Vorlage zuerst ein Buchsbaummodell angefertigt, nach dem die Medaille gegossen wurde. Der erhaltene Bestand von etwa 175 Bildnismedaillen reicht von 1517 bis nach 1530 und übermittelt uns die Bildnisse bekannter Männer der Dürerzeit, namentlich aus Augsburg und Nürnberg. Zeichnerische Vorlagen in den Sammlungen von Berlin, Bamberg und Weimar.

G. Habich, Die dt. Medailleure des 16. Jh., 1916; E. F. Bange, Die Kleinplastik der dt. Renaissance in Holz und Stein, 1928; P. Grotemeyer, H. S. aus Augsburg als Zeichner, 1937/38 (Münchner Jahrb. der bildenden Kunst, N. F. Bd. 12); R. Zeitler, Frühe dte. Medaillien 1518–27 (Figura, 1) 1951; P. Arnold, Medaillenbildnisse d. Reformationszeit, 1967.

Schwarze Kunst →Kupferstich.

Schwarzfiguriger Stil →Vasenmalerei.

Schwarzlot →Glasmalerei.

Schwedische Kunst. Über die S. K. in vorchristl. Zeit →Bronzezeit, →German. Kunst, →Nordischer Kreis, →Osebergfund. – Die mittelalterl. Kunst Schwedens entwickelte sich wie in den anderen skandinav. Ländern nach Einführung des Christentums (11. Jh.) im Anschluß an die ausgebildeten Formen der christl. Kunst anderer Länder, d.h. im Anschluß an die dt., engl. und franz. Kunst. Doch sind die roman. Steinkirchen des 12. und 13. Jh., unter denen es auch Rundkirchen und (auf der Insel Gotland) von Westfalen abhängige Hallenkirchen gibt, im allgemeinen einfacher. Das gilt ebenso von den got. Kirchen, in denen zudem roman. Schwere länger bewahrt blieb als in den Hauptländern der Gotik und die, wie in England, ein geringeres Maß von Höhenerstreckung haben. Bei großen Bauaufgaben wurden fremde Bauleute ins Land gezogen. So ist der edle got. Chor des Doms zu Linköping im 15. Jh. von einem Meister Gerlach von Köln erbaut worden. German. Ornamentik hat sich viel länger gehalten als bei uns nach Einführung des Christentums. Offenbar ist in den skandinav. Ländern die Kirche in diesem Punkt viel duldsamer gewesen. In der Bildnerei in Holz und Stein besteht starke Abhängigkeit von Deutschland, und die Spätgotik steht ganz unter dem Zeichen des deutschen, bes. lübischen Imports. Die Hansa hatte die Wege erschlossen, auf denen kulturelle Güter nach dem N. gelangen konnten, und mit ihrem Erstarken seit dem Ende des 14. Jh. begannen die engl. und franz. Einflüsse hinter den dt. zurückzutreten. Gewiß gab es einen dt. Kunstexport nach den skandinavischen Ländern bereits seit der Zeit Heinrichs des Löwen, aber die große Zeit dieses Exports beginnt doch erst gegen 1400, um bis in den Anfang des 16. Jh. zu dauern. Hauptwerke dieser lübischen Plastik befinden sich im Brigittenkloster Vadstena, und eine der gewaltigsten Schöpfungen dt. spätgot. Plastik, die Jürgengruppe des Bernt Notke, ist auf schwed. Bestellung für die Stadthauptkirche in Stockholm geliefert worden. Auch deutsche Tafelbilder sind nach Schweden gelangt. Wandmalereien haben sich vom 13. bis 15. Jahrh. erhalten. Die Renaissance ließ den Kirchenbau ganz zurücktreten. Hauptaufgabe wurde der Schloßbau im Dienste der Krone (Gripsholm, Kalmar). Bis zur Mitte des 17. Jh. sind dafür allerdings fast nur Ausländer, in erster Linie Deutsche und Niederländer, tätig gewesen. Der Barock wurde nur allmählich aufgenommen, zurückgehalten durch den palladianischen Klassizismus, der von Holland her wirkte. Erst Nikodemus Tessin d.J. hat die Verbindung zum ital. Barock hergestellt, doch blieb der schwed. Barock stets kühl und gemessen. Sein Hauptwerk ist der Neubau des Königsschlosses in Stockholm (seit 1697). Seit dem Klassizismus ist der Verlauf der schwed. Baukunst kein wesentlich anderer als in den übrigen europ. Ländern. – Die Bildhauerkunst des 16. und 17. Jh. stand ganz im Zeichen der Niederländer, im 18. Jh. traten die Franzosen an ihre Stelle. Führender Meister im Klassizismus aber wurde ein Schwede, Johann Tobias →Sergel. Die Malerei übten im 16. und 17. Jh. ebenfalls Ausländer, vorwiegend Deutsche und Niederländer, die als Gäste ins Land geholt wurden, mitunter dort aber auch Wurzel faßten, wie der Hamburger David Klöcker, der in der 2. Hälfte des 17. Jh. in Stockholm eine Schule begründete, die von dem Hamburger David Krafft weitergeführt wurde und in der im 18. Jh. nun allmählich auch einheimische Talente heranwuchsen. Im 19. Jh. wurde die schwed. Malerei auch von der Romantik berührt, als deren Hauptvertreter der Landschaftsmaler C. J. Fahlcrantz (1774–1861) gilt. Doch sind seine Landschaften nach unseren Begriffen eher empfindsam als romantisch. Eine wichtige Folge der schwed. Romantik war die Hinwendung zu volkstümlich nationalen Stoffen. Doch suchten viele Maler des späteren 19. Jh. ihre Ausbildung in Paris und an der Düsseldorfer Akademie, in den 70er und 80er Jahren fast ausschließlich in Paris; die meisten blieben auch dort, und erst seit etwa 1890 erfolgte eine Rückwanderung in die Heimat und damit eine wirkliche Nationalisierung der neueren schwed. Malerei, deren bester Vertreter Anders →Zorn auch als Radierer internationalen Ruf genießt. In der Bildnerei des 19. Jh. ist der Klassizismus lange bestimmend gewesen; die Loslösung von ihm wurde durch den französisch geschulten Per Hasselberg (1850 bis 1894) eingeleitet. Allseitig anerkannter Hauptmeister der neueren schwedischen Bildnerei ist der vielseitige Carl →Milles.

Die moderne Schw. K. des 20. Jhs. ist als Baukunst zunächst historisierend, wird dann aber zunehmend von den allgemeinen Strömungen des →Internationalen Stils erfaßt. Auf dem Gebiete der Malerei und Graphik stand sie weitgehend unter franz. Einfluß, bes. dem von H. → Matisse, später dem allgemeinen Trend der Abstrakten folgend bis hin zu Op-Art und Pop-Art. Wesentliches wird dagegen im Kunstgewerbe und Design (bes. Möbel) geleistet.

A. L. Romdahl und J. Roosval, Svensk konsthistoria, 1913; C. G. Laurin, Konsten i Sverige, ²1921; Ders., Nordisk konst, 4 Bde., 1921–26; A. Dresdner, Schwed. und norweg. Kunst seit der Renaissance, 1924; J. Roosval, Swedish art, 1932 (Princeton Monographs on Art and Archaeology, Bd. 18); Ders., Svensk konsthistoria för studerande, 1936; H. Cornell, Den Svenska Konstens Historia, 2 Bde., 1944–46; A. Lindblom, Sveriges Konsthistoria från forntid till nutid, 3 Bde., 1944–46; S. T. Kjellberg u. S. A. Svensson (Hg.), Slott och herresäten i Sverige (Inv. d. schwed. Schlösser, 16 Bde.) 1966ff.; S. Curman u. J. Roosvaal, Sveriges Kyrkor (Invent. d. schwed. Kirchen, 140 Hefte) 1912–70ff.

Schweifwerk →Beschlagwerk.

Schweißtuch der Veronika → Kreuztragung.

Schweizer Kunst ist weitgehend den Sprachgebieten des Landes entsprechend den angrenzenden Kunst- u. Kulturzentren zuzuordnen: Schwaben u. Vorarlberg, dem Oberrhein u. Burgund sowie Tirol, der Lombardei u. Savoyen. Lombardische Bau gesinnung bestimmte z.B. außer im Tessin u. in Graubünden den Großkirchenbau von Zürich, Chur u. Basel in romanischer u. vorroman. Zeit, mischte sich aber zumeist mit Strömungen des kaiserlichen dtn. Stiles vom Oberrhein. →Clunyazensische Ordensbauweise beeinflußte die Bauten von Romainmotier u. Payerne, während St. Pierre in Genf u. Lausanne von burgundischem Einfluß geprägt sind. Die →Hirsauer Bauschule hat Bauten wie dem Schaffhauser Münster Gestalt gegeben; die schwäbische Spätgotik – führend auch in der Plastik u. im Altarbau – etwa den Münstern von Bern u. Freiburg.

In Renaissance u. Barock wirkten ital. u. Tessiner Baumeister neben denen der →Vorarlberger Bauschule (z. B. →Moosbrugger, →Beer, →Thumb), letztere in Einsiedeln, Rheinau, Muri, St. Katharinenthal, Solothurn u. St. Gallen.

Im 19. Jh. schufen tüchtige Baumeister einen ansehnlichen historischen Baubestand (→Semper, Stadler, J.G. Müller); in ihm werden die Einflüsse d. Akademien von Paris, Rom, Karlsruhe u. München deutlich. →Le Corbusier, K. Moser, H. Bernoulli, Hofmann u. Salvisberg, Roth, Bauer und Förderer sind Vertreter moderner Baukunst. Bes. im Kirchenbau wurden hervorragende Anregungen gegeben in Verbindg. mit neuen Techniken (z. B. Glas/Beton).

Bedeutende Beispiele der Malerei findet sich im karoling. Freskenzyklus von Müstair, in der karoling. Buchmalerei St. Gallens, der roman. Bilderdecke von Zillis, aber auch in der von Frankreich u. d. Oberrhein. Gebieten beeinflußten Kunst der Zeit des Minnesangs (→Manessische Handschrift), der frauenklösterlichen Mystik (St. Katharinenthal) u. in Dominikanerklöstern. Berühmte Zeugnisse der Glasmalerei sind außer der Rosette von Lausanne die Glasmalereien des 14. Jhs. von Frauenfeld/Oberkirch, Kappel a. A., Königsfelden u. im Münster zu Bern. Zum Eigenständigen der S. K. gehört – wie die bürgerliche Kultur der Zeit – die →Kabinettscheibenkunst vornehmlich d. 15. u. 16. Jhs. neben den Bilderchroniken. In der Buchillustration war Basel führend, wo auch K. →Witz, H. →Holbein d. J., Urs →Graf wirkten, Zeitgenossen des Berners Niklaus →Manuel u. des Zürchers Hans Leu.

In den Schnittpunkten der Nord-Süd und Süd-Nord-Einflüsse entstanden interessante Stilmischungen; andererseits läßt sich für bestimmte, relativ kurze Zeiten maßgeblicher Einfluß ausländischer Kunstzentren beobachten: die Augsburger Renaissance u. barocke Goldschmiedekunst; die Stukkatorenkunst von Wessobrunn u. später Vorarlberg, die süddte. Kirchenmalerei d. 18. Jhs. Eigenständig dagegen sind die durch S. →Geßners Idyllen angeregten u. von der Literatur beeinflußten Landschaftsmalereien und Bildnisse (A. →Graff, J.E. Liotard; Pastelle), denen J.H. →Füßli neue frühromant. Impulse gab. Mit F. →Vallotton u. F. →Hodler erreicht die S. K. – den Impressionismus überwindend – neue Höhepunkte. Hodler u. G. →Segantini setzen die von Wolff, J.A. →Koch u. Calame begonnene Alpenmalerei fort. Neben den Realisten Anker, Buchser Menn gelangen die Idealisten Ch. →Gleyre, A. →Böcklin u. A. Welti zu hoher Anerkennung. Die Moderne ist durch den Zürcher Dadaismus, P. →Klee, C. →Amiet, R. Auberjonnois, Meyer-Amden, Kirchner, Gubler, A. →Giacometti u. M. →Bill vertreten. Für Malerei u. Bildhauerei wird in abstrakt-experimentellen Werken ein Bezug zur Umweltgestaltg. gesucht. Hohen Stand erreichte auch die S. Plakatkunst. Von großer Bedeutg. f. d. S. K. sind die öffentl. u. priv. Kunstsammlungen. Vorbildliches wird – bes. i. d. Ortsbildinventarisation – für die →Denkmalpflege geleistet.

Schweizerisches Künstlerlexikon, 4 Bde., 1905–17; Die Kunstdenkmäler der Schweiz, seit 1927 (bis 1968, 66 Bde.); J. Gantner u. A. Reinle, Kunstgeschichte der Schweiz, 4 Bde., 1936–62; H. Jenny, Kunstführer der Schweiz, [4]1946; P. Meyer, S. Stilkde., 1952; P. Ganz, Geschichte der Kunst in der Schweiz, 1960, 1974; H. Gissberger u. F. Adler (Hg.) Architekturführer Schweiz, 1969; R. Hootz (Hg.) Kst.denkmäl. d. Schweiz, 2 Bde., 1969/70; A. Scheidegger, D. S. Künstlergraphik, 1975;

Susanne Brugger, Die roman. Bilderdecke v. St. Martin Zillis (Gr.), Stil u. Ikonographie, Diss. Basel 1975, 1981; W. Blaser, Architektur 70/80 in der Schweiz, 1981. – Handbuch d. zeitgenöss. Schweizer Künstler (m. umfangr. Register) hg. v. Schweizer Inst. f. Kunstwissenschaft (dreisprachig).

Schwibbogen, ungenaue Bezeichnung für einen Bogen größeren Ausmaßes, unter dem man hindurchgeht. Auch der got. Strebebogen (→Gotik) wird häufig als S. bezeichnet.

Schwimmer, Max, Maler und Illustrator, * 9. 12. 1895 Leipzig, † 12. 3. 1960 das., Schüler von Hans Purrmann, 1926–33 Lehrer an der Kunstgewerbeschule Leipzig, 1946 bis 1950 Prof. an d. Hochschule für Buchkunst und Graphik das., seit 1951 Prof. an der Hochschule für bildende Künste Dresden. Seine Figurenbilder sind mit impressionistischer Technik aus der Farbe heraus entwickelt, lassen aber in der Art der von Matisse ausgegangenen Richtung die Konturen stark sprechen. Als Illustrator hat S. eine große Zahl von Werken der Weltliteratur (Goethe, Heine, Eichendorff, Stifter, Fontane, Maupassant, Balzac, Puschkin usw.) mit spritzig ausgeführten, treffsicheren, zuweilen auch farbig belebten Federzeichnungen versehen.

Magda George, M. S. Das graph. Werk (Kat.), 1975.

Schwind, Moritz von, Maler und Zeichner, * 21. 1. 1804 Wien, † 8. 2. 1871 München, wo er meist tätig war. S. ist der Hauptmeister der süddeutschen, mit biedermeierlichen Zügen liebenswürdig gemischten Romantik, der eigentliche Gestalter der dt. Märchenwelt. Seine Frühzeit steht unter der Einwirkung von Cornelius, zu dem er 1828 nach München kam. Doch war dessen heroisch-akademische Art der seinen durchaus entgegengesetzt, und so erklärt sich ein gewisser Zwiespalt in S.s Frühwerken. Er verliert sich später, und auch die Landschaft, die zunächst noch fehlt, gewinnt seit den 40er Jahren Raum und trägt, stets nur in kleinem Ausschnitt gezeigt, zur Vertiefung poetischer Stimmung ganz wesentlich bei. Einige der bekanntesten Staffeleibilder sind: Ritter Kurts Brautfahrt (1835–40; 1931 in München verbrannt), Der Falkensteiner Ritt (1843/44; Leipzig, Mus.), Die Morgenstunde (1858; München, Schack-Gal.), Die Hochzeitsreise (1862; das.), Rübezahl (das.). In seinen zahlreichen Wandgemälden kommt er an die Vollkommenheit dieser Schöpfungen nicht heran. Volkstümliche und humorvolle Art des Erzählens hat er in vielen Holzschnittillustrationen bewährt, die in den 40er Jahren in den „Fliegenden Blättern“ und den „Münchner Bilderbogen“ erschienen. Zu seinen vorzüglichsten Schöpfungen dieser Art gehören seine Illustrationen für Scherers „Alte und neue Kinderlieder“ (1848/49). – Briefwechsel mit Mörike, hg. von Bächtold, 1890, und H. W. Rath, ²1920.

O. Weigmann, S., des Meisters Werke, 1906 (Klassiker der Kunst); F. Haack, M. v. S., ⁶1924; H.Elster, M. v. S., 1930; E. Kalkschmidt, M. v. S., 1943; E. Hanfstaengl, M. v. S., 1953; J.,Busse,D. Bilderzählg. b. M. v. S., Diss. Köln 1955; M. Raumschlüssel, D. März. b. S., Diplomarbeit Berlin, 1957; Helga Bäuml (Hg.), D. Wartburgfresken M. v. S.s, 1963; H. Hoffmann, D. Fresk. M. v. S.s auf d. Wartburg, 1976; J. M. Hafner, Stud. z. Werk M. v. S.s, Diss. München, 1976.

Schwitters, Kurt, Maler, Graphiker u. Schriftsteller, * 20. 6. 1887 Hannover, † 8. 1. 1948 Ambleside, England, studierte in Dresden an der Akademie, ging 1933 nach Norwegen, 1940 nach England. S. malte anfangs expressionistisch und kubistisch, ging dann unter dem Einfluß →Kandinskys zur Abstraktion über. 1918 gründete er eine dadaistische Bewegung (→Dada), die er „Merz" nannte, und gab eine Zeitschrift gleichen Namens heraus. Das Wort hatte Schwitters aus einer Anzeige der „Commerz- und Privat-Bank ausgeschnitten und zum Titel seiner Werke erhoben. Die „Merzbilder", →Klebebilder aus Papierresten und anderen Abfällen, sind nach den Gesetzen der geometrischen Abstraktion komponierte skurrile Spiele mit Wirklichkeitsfetzen und Wortfragmenten.

Ausst.kat. K. S., Mus. Köln, 1963; K. Steinitz, K. S. Erinnerungen aus d. Jahren 1918–30, 1963; Ausst.kat. K. S., Mus. Boymans Rotterdam, 1964; W. Schmalenbach, K. S., 1967; F. Lach, Der Merz-Künstler K. S., 1971; Ausst.kat. K. S., Kst.halle Düsseldorf, 1971; London Gal. Marlborough Fine Arts (diese Gal. betreut den Nachlaß von K. S.) K. S. Das Spätwerk, 1981.

Scorel, Jan van, niederländ. Maler, * 1. 8. 1495 Schoorl b. Alkmaar, † 6. 12. 1562 Utrecht, lernte u.a. bei Jan Gossaert, ging gegen 1520 auf Reisen nach Deutschland und Italien und wurde in Rom Verwalter der päpstlichen Antikensammlung des Belvedere. 1524 ließ er sich in Utrecht nieder. Entscheidend für seine Kunst, die eine in der niederländ. Malerei neue Art der Lichtbehandlung zeigt, wurden Venedig und Raffael. Sein Frühwerk, der 1520 für die Kirche in Obervellach in Kärnten gemalte u. an seiner ursprünglichen Stelle erhaltene Sippenaltar, ist noch von spätgot. Enge der Komposition. Diese wird in den Bildern nach der Italienreise großräumig von Licht und Farbe sanft durchleuchtet, die Figuren stehen mit großgeformten, aber geschmeidigen Umrissen in oder vor der Landschaft. Bedeutender noch als im bibl. Historienbild ist S. in Bildnissen von außerordentlicher Lebendigkeit der Haltung, Gebärde und des Gesichtsausdrucks.

G. H. Hoogewerff, J. v. S., 1923 (franz.); M. J. Friedländer, Die altniederländ. Malerei, Bd. 12, 1935; Kat. d. Ausstellung J. v. S., Utrecht 1955, 1977.

sculps. (sc.) = sculpsit (lat. „hat es gestochen"), Abkürzung auf Kupferstichen als Zusatz zum Namen des Stechers.

Sebaldusgrab →Vischer.

Sebastian, Heiliger, Schutzpatron der Schützen, wurde an einen Baum gebunden mit Pfeilen beschossen und später zu Tode geschlagen. Er kommt bereits in der altchristl. Kunst vor als bartloser oder bärtiger Krieger, ist aber in der mittelalterl. Kunst noch ziemlich selten, zumal in den nord. Ländern, hier als Schutzheiliger der Kreuzritter. Seit der Pest von 1350 und besonders im 15. Jh. erscheint er häufiger: nur mit Lendenschurz bekleidet, an einen Baum oder eine Säule gebunden und an den verschiedensten Körperstellen von Pfeilen durchbohrt, aber noch lebend. Die Pfeile symbolisierten Krankheit, die Wunden die Pest (→Pestbilder). Es wird meist nicht die Marter als solche geschildert (wie etwa bei Katharina), sondern nur der Gemarterte. S. ist gleichsam der „Schmerzensmann" unter den Heiligen. Er kommt vom 15. Jh. bis zum Barock sehr häufig vor in Malerei, Graphik (Holzschnitte von Baldung) und auch als Bildwerk.

D. v. Hadeln, Die wichtigsten Darstellungsformen des heil. S. in der ital. Malerei bis zum Ausgang des Quattrocento, 1906; V. Kraehling, Saint Sébastien dans l'art, 1938; J. Braun, Tracht u. Attribute d. Heilig. i. d. Kst., 1942/43; A. M. Vogt (Ztschr. f. schweiz. Archäolog. u. Kstgesch., 18) 1958.

Sebastiano del Piombo →Piombo.

Seccomalerei, im Gegensatz zur →Freskomalerei das Malen auf trockenen Putzmörtel.

Sechspaß →Paß.

Segantini, Giovanni, ital. Maler, * 15. 1. 1858 Arco, † 28. 9. 1899 bei Pontresina. In seinen Bildern erscheinen immer wieder die in sonniger Klarheit daliegenden Hochtäler der Alpen (Oberengadin) als weites, von schneebedeckten Gipfeln umstandenes Panorama mit Hirt und Herde, pflügendem Bauer oder sonstiger Darstellung aus dem Leben der Hochgebirgsbewohner, die nicht als bloße Staffage, sondern so gegeben sind, daß die Spannung zwischen Mensch und großer Natur sichtbar wird. Dabei hat S. in seiner späteren Zeit sich einer Technik des Farbenauftrags bedient, die der der Neoimpressionisten verwandt, aber nicht gleich ist: ungemischte Farben sind in kleinen dikken Strichen eng nebeneinander gesetzt und ergänzen einander zu der gewollten Wirkung. Auf diese Weise gelang es S. wie kaum einem anderen, die durchsichtige Klarheit der Hochgebirgslandschaft zu fassen. Weniger geschätzt sind heute seine Bilder symbolistischen Inhalts. – S.-Mus. in St. Moritz. – Schriften und Briefe dt. hg. von Bianca S., 1909, Volksausg. ³1934.

F. Servaes, G. S., 1902, Volksausgabe 1907; L. Garello, G. S., 1923 (iral.); Montandon, S., ⁴1925; V. Uberti-Bona, G. S., 1937 (ital.); Gottardo Segantini, G. S., 1949; H. Zbinden, G. S., 1951, ²1964; Katalog d. S.-Ausstellung im Kunstmus. St. Gallen 1956; F. Arcangeli, D. Gesamtwerk von S., 1976; ders., G. S., 1973 (it.); Schweiz. Inst. f. Kunstwiss. (Hg.), G. S. Zeichngn. (m. Beitr. v. U. Peruchi-Petri), Ausst.-kat. Kunsth. Zürich, Compagnia del Disegno Mailand, Villa Stuck München, 1978 (dt. Ausg. bearb. v. Ch. Eggenberger).

Seger-Porzellan →Berliner Porzellan.

Seghers, Herkules, niederländ. Maler und Radierer, * 1589, † um 1645 Amsterdam, Schüler von Coninxloo, malte nach älterer Weise phantastische Berglandschaften, vor allem aber in die Tiefe sich dehnende holländische Flachlandschaften mit hohem Himmel und von vollkommener Sachlichkeit (2 Ansichten von Rhenen um 1630, Berlin, Staatliche Mus.). Seine etwa 60 Landschaftsradierungen (Amsterdam, Dresden) haben eine sehr eigene Art der Strichführung und sind z. T. farbig gehalten. Als Rembrandt sich der Landschaft zuwandte, knüpfte er in manchem an S. an.

J. Springer, Die Radierungen des H. S., 1910–12 (Veröffentlichg. d. Graph. Gesellsch. 13, 14, 16); K. Pfister, H. S., 1921; W. Steenhofi, H. S., 1924; W. Fraenger, Die Radierungen des H. S., 1929; E. Haverkamp-Begemann, H. S. 1968 (holl.); H. R. Schneebeli, H. S. Die Radierungen, Diss. Univ. Zürich, 1963; W. Bernt, Die niederl. Maler des 17. Jhs., Bd. 3, ³1969.

Segmentbogen →Bogen.

Segmentfenster →Fenster.

Segmentgiebel →Giebel.

Seitenschiff →Basilika.

Seitz, Gustav, Bildhauer, * 11. 9. 1906 Neckarau b. Mannheim, † 27. 10. 1969 Hamburg, seit 1925 Schüler von Gerstel an der Hochschule für bildende Künste in Berlin-Charlottenburg, 1946–50 Professor das., 1950 Mitglied der Deutschen Akademie der Künste in Berlin und Leiter eines Meisterateliers, schuf bes. Bildnisköpfe, u. a. solche von starker Einfühlung in das Wesen des chines. Menschen. Er schrieb: Entstehung einer Plastik, 1951; Eine Granitplastik entsteht, 1953. – Studienblätter aus China, mit einem Geleitwort von Anna Seghers, 1953; Skulpturen und Zeichnungen, 1925–1955, 1956.

W. Timm, G. S., 1958; H. Th. Flemming, G. S., 1963; Ausst.kat. Kunsthalle Mannheim, G. S. Zeichnungen u. Kleinplastiken der letzten Jahre, 1971/1972; G. Gerkens, Ursula Grohn u. a., G. S. Skulpturen u. Handzeichngn. Ausst.kat. Kst.halle Bremen, 1976.

Seladon, chines. Porzellan oder Steinzeug mit undurchsichtiger, blaßgrüner, ins Graue spielender Glasur, meist mit →Craquelé.

Selbdritt →Anna selbdritt.

Selbstbildnis (Selbstporträt). Die Selbstdarstellung eines Künstlers durch ein Werk der Plastik, Malerei, Zeichnung, graph. Kunst – so, daß sie ihm ähnlich ist, d.h. seine Individualität anschaulich vergegenwärtigt. Oft gebraucht man die Bezeichnung S. auch dann, wenn die letztere Voraussetzung nicht erfüllt ist, wenn es sich also um eine einfache Selbstdarstellung ohne Ähnlichkeitscharakter handelt. Aus der Antike hat sich ein S nicht erhalten. Im Mittelalter sind Selbstdarstellungen häufiger, als gewöhnlich angenommen wird, und kommen auch mit Namenbeischriften vor, die keinen Zweifel darüber lassen, wer gemeint ist. So schon auf einem primitiven Flachrelief der Abtei S. Pietro in Ferentillo aus dem 8. Jh. Wesentlich entwickelter ist die Selbstdarstellung des Goldschmiedes Wolvinius auf dem Altarvorsatz in Sant' Ambrogio in Mailand aus dem 9. Jh. Zahlreich sind seit diesem Jahrhundert auch die Schreiber- und Dedikationsbilder der Handschriften, wobei da und dort einmal ein individueller Zug beobachtet und festgehalten zu sein scheint. Von einem wirklichen S. kann in all diesen und anderen Fällen nicht die Rede sein, denn ein solches hatte die Existenz des Bildnisses überhaupt zur Voraussetzung (→Bildnis). Erst mußte das Bildnis da sein, bevor das psychologisch viel schwieriger zu vollziehende S. entstehen konnte, und so wird man denn vor dem 15. Jh. vergeblich nach ihm suchen. Daß man um 1400 sein S. aus dem Spiegel gemalt hat, erweisen französ.-burgund. Miniaturen dieser Zeit, aber die Beurteilung der mutmaßlichen, aus der 1. Hälfte des 15. Jh. erhaltenen plastischen und gemalten S.se bleibt noch immer unsicher. Erst in der 2. Hälfte des 15. Jh. mehren sich in der ital. Malerei die Fälle, in denen der Maler eine der →Assistenzfiguren eines religiösen Bildes mit seinen eigenen bildnishaften Zügen versehen hat. Dies war die übliche Form, in der das S. in die ital. Malerei Eingang fand. Welche Bedeutung es, und zwar als isoliertes Bildnis, in der dt. Malerei um 1500 gewann, das mag man am Schaffen Dürers ablesen. Den tiefsten psychologischen Vorstoß in das Gebiet des S.ses führte er allerdings nicht im Tafelbild, sondern in der Zeichnung. Von jetzt ab war das S. selbstverständliche Aufgabe der Malerei wie das Bildnis und hat an dessen Wandlungen teilgenommen. In keines Meisters Werk ist es häufiger vertreten als in dem Rembrandts. – Die größte Sammlung von S.sen besitzen die Uffizien in Florenz in ihrer bis ins 17. Jh. zurückgehenden allgemeinen Sammlung von Künstlerbildnissen.

W. Waetzoldt, Die Kunst des Porträts, 1908; E. Benkhard, Das S. vom 15. bis zum Beginn des 18. Jh., 1927; H. Kehrer, Dürers S.se und die Dürerbildnisse, 1934; L. Bruhns, Dt. Künstler in Selbstdarstellungen, 1936 (Blaue Bücher); Fünfhundert Selbstporträts von der Antike bis zur Gegenwart. Gesammelt, gesichtet und eingel. v. L. Goldscheider, 1936; W. Pinder, Rembrants S.se, 1943 (Blaue Bücher); G. F. Hartlaub, Das Selbstbildnerische in der Kunstgeschichte, 1955 (Zeitschr. f. Kunstwissensch. 9); M. Gassner, Das S., 1961; W. Timm, Das S. 1752–1962. Von Chodowiecki b. z. Gegenw., Ausst. Kat. Berlin 1962; H. Middeldorf u. U.

Procacci (Hg.), Die Slg. d. S.e i. d. Uffizien, 5 Bde., 1971f.

Selinunt, dorische Gründung auf Sizilien (628 v. Chr.), im Jahre 408 von den Karthagern erobert und zerstört. Auf einen Wiederaufbau folgte eine weitere Zerstörung, doch lag die Blütezeit der Stadt in ihrer frühen Periode. Aus dieser Zeit sind acht Tempel in Ruinen erhalten. Von einem stammen die altertümlichen Metopen (Tötung der Gorgo, Herakles und die Kerkopen), von einem anderen, dem Heraion, eine Reihe von Metopen aus der Zeit der Olympiaskulpturen (Herakles und Amazone, Zeus und Hera, Artemis und Aktaion, Athena im Kampfe mit einem Giganten).

Benndorf, Die Metopen von S., 1873; Koldewey-Puchstein, Grch. Tempel in Unteritalien und Sizilien, 1899; J. Bérard, Bibliographie topographique, 1941. rard, Bibliographie topographique, 1941; Maria Santangelo, S., dt. 1956; J. Marconi-Bovio, S. (Enciclopedia dell'arte antica classica e orientale 7) 1966.

Semper, Gottfried, Baumeister, * 29. 11. 1803 Hamburg, † 15. 5. 1879 Rom, 1834 Prof. der Baukunst an der Dresdner Akademie, mußte 1849 aus politischen Gründen Dresden verlassen, war in London an der Gründung des South-Kensington-Museums beteiligt (1852), des ersten Kunstgewerbemuseums in Europa, ging 1855 nach Zürich und 1871 nach Wien. S. ist der erste große Vertreter jener Richtung, deren Ideal nicht mehr die Antike, sondern die ital. Renaissance war, die S. jedoch nicht nachahmte, sondern an die er nur anknüpfen wollte. Sein Hauptwerk dieser Art ist das Dresdner Opernhaus (1838–41; 1869 abgebrannt und von seinem Sohn Manfred S. bis 1878 neu gebaut, allerdings unter Abweichung von S.s ursprünglicher Schöpfung im Sinne des →Neubarocks). In Dresden baute er ferner seit 1847 die Gemäldegalerie, die aber von anderen vollendet werden mußte. In Wien war S. an den Plänen für den Ausbau der Hofburg, der Hofmuseen und des Burgtheaters beteiligt. Von seinen Schriften hat „Der Stil in den technischen und tektonischen Künsten" (2 Bde., 1860–63; Ndr. 1977) eine große Wirkung auf die Kunstanschauung seiner Zeit gehabt, da hier Gedanken über Kunst nicht wie bisher von einer spekulativen Philosophie aus entwickelt wurden, sondern auf Grund der ureigensten Erfahrungen des schaffenden Künstlers. S.s zeichnerischer Nachlaß mit mehr als 2000 Blättern befindet sich in der Eidgenöss. Techn. Hochsch. Zürich.

H. Semper, G. S., 1880; Sommer, G. S., 1886; E. Stockmeyer, G. S.s Kunsttheorie, 1939; C. Zoege v. Manteuffel, Die Baukunst G. S.s, Diss. Freiburg i. B. 1952; Ausst.-Kat. ETH Zürich, 1955. H. Quitzsch. Die ästhet. Anschauungen G. S.s, 1962 (Stud. f. Architektur- u. Kunstwissensch. 1); A. M. Vogt, Christina Reble u. a., G. S. u. d. Mitte d. 19. Jhs. (Symposion ETH Zürich 1974), 1976; M. Fröhlich, G. S.s Zeichner (Nachlaß ETH Zürich, krit. Kat.) 1974; ders. G. S. als Entwurfslehrer, Diss. Zürich 1975; ders. Die Bauschule am Eidgenöss. Polytechnikum 1855–1915, 1971; K. Milde u. a., G. S. Zum 100. Geburtstag, Ausst.kat. Albertinum Dresden, hg. v. den Staatl. Kst.Sammlungen Dresden u. d. Inst. f. Denkmalpflege, 1979 u. ²1980 (München, Fribourg m. Vorwort v. M. Fröhlich); W. Herrmann, G. S. im Exil (Entstehungsgesch. „Der Stil"), 1978; G. S. Kleine Schriften (hg. v. H. u. M. Semper; Faks. Nachdr.), 1979.

Sendschirli →Hethitische Kunst.

Sepia, eine aus dem Farbstoff des Tintenfisches hergestellte Malerfarbe, die in neuerer Zeit auch als Wasserfarbe für Tusch- und Federzeichnungen verwendet wurde.

Seraphim →Cherubim.

Sergel, Johann Tobias, schwed. Bildhauer, * 8. 9. 1740 Stockholm,

† 26. 2. 1814 das., Sohn dt. Eltern, Schüler von Larchevèque in Stockholm, lebte 1767–78 in Rom, wo er die Wendung zum Klassizismus vollzog, jedoch ohne seine auf Spannung und Formauflockerung gerichtete Grundhaltung zu verleugnen. Diesen röm. Jahren gehören seine besten Werke an (Stockholm, National-Mus.). In seiner späteren Zeit schwankt er zwischen barocker Dramatik und nüchternem Klassizismus. Den ganzen Reichtum seiner Persönlichkeit aber offenbaren erst seine Zeichnungen, die in großer Zahl seine künstlerische Laufbahn begleiten und in denen eine Erlebniswelt bald von unmittelbarer und humorvoller Lebendigkeit, bald von phantastischem Schweifen sichtbar wird.

G. Göthe, J. T. S.s skulpturverk, 1921 (Beschreib. Katalog u. Bibliographie); A. L. Romdahl, S., deutsch 1922; R. Josephson, S.s Fantasi I–II, 1956 (schwed.); J. T. S., Ausst.kat. Kst.halle Hamburg; München, 1975.

Serigraphie →Siebdruck.

Serlio, Sebastiano, ital. Baumeister, und Architekturtheoretiker, * 6. 9. 1475 Bologna, † 1554 Fontainebleau, wo er seit 1542 Hofbaumeister war. Schüler von Peruzzi. Von eigenen Arbeiten hat sich nicht viel erhalten. Sein Ruhm gründet sich auf sein architekturtheoretisches Werk, das wohl nicht eigentlich viel Neues bringt, durch das aber die von den großen ital. Baumeistern der Renaissance im Anschluß an Vitruv vertretene Lehre von der Baukunst in ganz Europa bekannt wurde. Es erschien ohne einheitlichen Titel seit 1537 in sieben Büchern (ein achtes nur Fragment). Bekannt sind eine Reihe mehr oder weniger vollständiger Ausgaben des 16. und 17. Jh., darunter auch Übersetzungen. Eine dt. Übersetzung der ersten fünf Bücher kam 1609 in Basel heraus.

J. Schlosser, Die Kunstliteratur, 1924; Tutte l'opere d'architettura et prospectiva. Faks. d. Ausg. Venedig MDCXIX, New Jersey 1964; M. Rosci, Il trattato di architettura di S. S., 2 Bde. 1966; R. Wittkower, Grundlagen d. Architekt. i. Ztalt. d. Humanismus, 1969.

Serpentin („Schlangenstein"), ein gut zu schleifender und zu polierender Stein, meist grün bis grünlichschwarz, auch rot oder braun, geflammt, geädert, gefleckt; wird verarbeitet zu Gefäßen, Tisch- und Grabplatten, auch verwandt zur Inkrustation und zu Architekturteilen der Innendekoration.

Sesshu, japan. Maler, * 1420 Akahama, † 26. 8. 1506 Daikian, erlernte um 1460 in China die Malerei, gilt als der größte Maler der alten japan. Kunst. Er hat nach chines. Weise vornehmlich Tuschzeichnungen (→Tuschmalerei) geschaffen, die zuweilen farbig leicht getönt sind. Bes. geschätzt sind seine Landschaften. Er hat eine ungewöhnlich große Zahl von Schülern und Nachfolgern gehabt.

H. Mode, S. 1420–1506. Toyo Oda u. seine Zeit, Handzeichngn. in Faksimiledrucken, Ausst. Halle/S., 1956; J. C. Covell, Under the seal of S., 1975.

Settignano, Desiderio da, ital. Bildhauer, * 1428 Settignano bei Florenz, † 16. 1. 1464 Florenz, einer der liebenswürdigsten Meister der Frührenaissance, ohne die Kraft und künstlerische Spannweite Donatellos, den er sich gleichwohl zum Vorbild nahm, hat fast ausschließlich Marmorwerke geschaffen, klar und schön in der Form und technisch meisterhaft: Mädchen- und Kinderbüsten, Madonnenreliefs und als ein Hauptwerk unter den florentinischen Grabdenkmälern das des Carlo Marzuppini (nach 1455; Sta. Croce).

L. Planiscig, D. da S., 1942.

Seurat, Georges, franz. Maler, * 2. 12. 1859 Paris, † 29. 3. 1891 das., vollzog um 1885 die Wendung zum Neo-Impressionismus oder Pointillismus (→Impressionismus). Erstes Werk dieser Art war „Un Dimanche à la Grande Jatte“ (Chicago, Art Institute).

Lucie Cousturier, G. S., 1926; G. Kahn, Les Dessins de S., 1919; J. de Laprade, S., 1945; J. Rewald, G. S., 1946 (engl.); G. Seligmann, S., The Drawings, 1947; A. Lhote, S., 1948; R. L. Herbert, S. Drawings, 1962; W. J. Homer, S. and the science of painting, 1964; L. Zahn, S., 1965; J. Russel, S., dt. 1968; P. Courthion, S., dt. 1969; A. Chastel, D. Gesamtwerk v. S., 1976.

Severini, Gino, ital. Maler, * 7. 4. 1883 Cortona, übersiedelte 1906 nach Paris, lebt in Meudon. Mit dem ihm befreundeten Boccioni und anderen bekannte er sich 1910 zum →Futurismus, ging dann zum →Kubismus über, um nach einer klassizistischen Periode etwa 1930 wieder zu ihm zurückzukehren. Sein wandlungsfähiger Stil näherte sich zuweilen der abstrakten Malerei, um in neuerer Zeit wieder in verstärktem Maße Elemente aus der konkreten Wirklichkeit aufzunehmen. Er schrieb: „Du Cubisme au Classicisme“ (1921 u. 1972); „Ragionamenti sulle Arti Figurative“ (1936); „Tutta la vita di un pittore“ (1946).

P. Courthion, G. S. ^{3}1946 (ital.); J. Lassaigne, Les Dessins de S., 1947; L. Venturi, G. S., 1961 (it.); P. Pacini, G. S., 1966 (it.); G. Dorfles, Ren. Langer, G. S., Ausst.kat. Dortmund, 1976.

Sèvres-Porzellan, das in Sèvres, einem Städtchen zwischen Paris und Versailles, erzeugte Porzellan. In ihm gipfelt die franz. Porzellanherstellung des 18. Jh. Die Fabrik wurde um 1740 in Vincennes als Privatunternehmen gegründet, 1753 mit königl. Privilegien ausgestattet, 1756 nach S. verlegt und 1759 in das alleinige Eigentum des Königs übernommen (daher die Marke mit dem L = Louis). Zunächst wurde nur Frittenporzellan hergestellt (→Porzellan): Prunkvasen, kleineres Geschirr, Büsten, Figuren und allerlei kleine Gegenstände. Anfangs dekorierte man mit aufgelegten und bemalten Blumen und Ornamenten und gelangte dann zu prächtigen, leuchtenden Farben, die wegen der niedrigen Brenntemperatur dieses Weichporzellans in großer Auswahl zur Verfügung standen: dunkelblau (königsblau), türkisblau, gelb, grün, rosenrot. Die Schönheit dieser Fond-Farben hat nirgends ihresgleichen. Galante Szenen wurden in goldumrandeten Feldern auf weißem Grund gemalt. Eine Besonderheit war das →Juwelenporzellan. Unter den Bildhauern von Ruf, die für S. modellierten, ist vor allem Falconet zu nennen. Die Kleinplastik wurde meist in Biskuit (→Porzellan) hergestellt. Nach der Entdeckung von Kaolin-Vorkommen (1765) konnte auch Hartporzellan erzeugt werden. Der Übergang zu klassizistischen Formen erfolgte nur sehr allmählich. Im 19. Jh. hat die S. die alten Modelle vielfach kopiert und hat auch in neuester Zeit eine Anpassung an moderne Stilformen nur sehr zögernd vorgenommen.

Sèvres-Porzellanmarken

E. Garnier, La porcelaine tendre de S., 1891; P. Verlet u. a., 2 Bde., 1953/54 (franz.); S. Eriksen, S.porcelain, 1968 (engl.); C. Ch. Dauterman, S., 1970 (engl.); Hetjens-Mus. Düsseldorf, Kat. S. vom 18. Jh. b. z. Gegenwart, 1975.

Seyfer (Syfer), Hans, Bildhauer und Bildschnitzer, * um 1460, † 1509 Heilbronn, ging von der Straßburger Kunst (Nicolaus Gerhaert) aus und hat in seinem (urkundlich jedoch nicht gesicherten) Hauptwerk, den Figuren des Hochaltars der Kilianskirche zu Heilbronn (voll. 1498), der spätgot. Bildnerei eine neue Wendung zu kraftvoll plastischer Erfassung und darauf beruhender Monumentalität menschlicher Erscheinung gegeben. Gesicherte Werke sind eine Kreuzigungsgruppe an St. Leonhard in Stuttgart (voll. 1501; Original in der Hospitalkirche das.) und der Ölberg am Dom zu Speyer (1506–09; 1689 von den Franzosen zerstört; Reste im Histor. Mus. das.).

R. Schnellbach, Spätgot. Plastik im unteren Neckargebiet, 1931; L. Böhling, Die spätgot. Plastik im württ. Neckargeb., Diss. Tübingen 1932; H. Koepf, D. Bildhauerfam. S. (Ztschr. f. Württ. Landeskde., 18) 1959; Ausst.kat. Spätgotik am Oberrhein. Meisterwerke d. Plastik u. d. Kunsthandwerks 1450 bis 1530, Kunsthalle Karlsruhe, 1970.

Sezession, Bez. für eine Künstlergruppe, die sich von einem bereits bestehenden Künstlerverband losgelöst hat, weil sie mit dessen Richtung nicht mehr einverstanden war, und nun eine neue bildet, oder überhaupt Künstlergruppe mit betont neuem Ziel. Der Name S. haftet jedoch nur an dt. Gruppen dieser Art seit dem Ende des 19. Jhs. Die erste war die Münchener S., 1892 von →Stuck, →Trübner und → Uhde gegründet. Ihr folgten 1897 die dem Jugendstil verschriebene Wiener S. unter →Klimt und 1899 die Berliner S. unter →Liebermann, die sich 1906 in die Neue S. und die Freie S. spaltete. Auch in anderen Städten (Leipzig, Darmstadt) bildeten sich S.en.

G. Biermann, Die S., 1910; R. Waissenberger, Die Wiener S., 1971; F. Femmel, W. Doede, Die Berliner S., 1977.

sfumato (ital.), mit weichen, verschwimmenden Umrissen gemalt, so daß das Bild wie durch einen zarten Dunstschleier gesehen erscheint. Beispiele bei Leonardo da Vinci und seiner Schule, Correggio und Prud'hon.

Sgraffito (ital. sgraffiare „kratzen"), Sgraffitomalerei, eine bes. an Renaissancebauten Oberitaliens vorkommende sehr wetterbeständige Art der Wandmalerei. Die Wand wird über einem groben Unterputz zunächst schwarz, grau oder rötlich abgeputzt und dann mit einer weiteren dünnen Mörtelschicht überzogen. In diese wird, solange sie feucht ist, mit Metallschlingen, Kratzeisen oder spachtelähnlichen Werkzeugen die Zeichnung eingeritzt, so daß sie sich in der entsprechenden Farbe vom Oberputz abhebt. Bisweilen wird der dünne Oberputz durch eine weiße oder gefärbte Kalktünche ersetzt. Im 19. Jh. hat → Semper dieser Technik wieder Aufnahme zu verschaffen gesucht. Gegenwärtig bemüht man sich in Deutschland um sie aufs neue. S.s kommen als Kratzputz auch in der Volkskunst vor, z.B. an Bauernhäusern in Thüringen, Kurhessen, Österreich und im Engadin.

E. Berger, Fresko- und S.-Technik, 1909; H. Urbach, Geschichliches und Technisches vom S.putz, 1928; K. Wehlte, Wandmalerei, [4]1962; ders., Werkstoffe u. Technik d. Malerei, 1968; P. Philippot, Die Wandmalerei. Entw., Technik, Eigenart, 1972; I. V. Könz, E. Widmer, S. im Engadin u. Bergell, 1977.

Sheraton-Möbel, die von Thomas Sheraton in London am Ende des 18. Jh. hergestellten Möbel, eine Sonderform des klassizistischen Möbels mit dünnen aber festen Beinen, glatten Flächen ohne Relief, sparsamer Verzierung, gar keinem oder sehr knappem Profil, einfachem aber zweckmäßigen Zuschnitt. Er veröffentlichte: The cabinet maker's and upholsterer's drawingbook 1791, dt. 1794.

R. Fastnedge, Sh. Furniture, 1962; A. Gonzales-Palacios, Europ. Möbelkunst, England 19. Jh., 1975.

Sibylle, Name des Altertums für weissagende Frauen, deren Zahl und nähere Bezeichnung jedoch nicht übereinstimmend angegeben wird. In der christl. Kunst sind die S.n den Propheten zugeordnet, kommen aber erst seit dem 12. Jh. vor. Zunächst sind es nur zwei: die erythräische und die tiburtinische S. Giovanni Pisano gibt an seiner Kanzel von S. Andrea in Pistoja (1298 bis 1301) bereits deren sechs, Syrlin d. Ä. an seinem Ulmer Chorgestühl (1469–74) neun, und danach erscheinen sie gern in Zwölfzahl entsprechend den zwölf Propheten. Die großartigsten S.ngestalten (allerdings nur fünf) malte Michelangelo an die Decke der →Sixtinischen Kapelle.

Barbier de Montault, Iconographie des sibylles, 1874; E. Mâle, L'art religieux de la fin du moyen-âge, ²1922; L. Freund, Stud. z. Bildgesch. d. S.n in d. neueren Kst., Diss. Heidelberg 1936; A. Weißenhofer, Darstellgn. d. S. in d. bild. Kst. (Mitt. d. Ges. f. vergl. Kst.-forschg. Wien, 7) 1954/55.

Sichtbeton (béton brut), bewußt unverputzter Beton, dessen Oberfläche, die „Struktur“, beeinflußt wird 1. durch die Schalung (Bretter, Bleche, Platten) entweder glatt (fast marmorartig), gemasert oder körnigrauh durch Zusätze (→Brutalismus), 2. als Sonderform des Waschbeton, bei dem die Kieselsteine an der Oberfläche mosaikartig wirken. S. bietet die Möglichkeit, Eintönigkeit beim →Betonbau zu mildern und stellt einen künstlerischen Eigenwert dar.

Siebdruck (Serigraphie), ein zur Dekorierung von Textilien schon lange bekanntes, neuerdings auch in der Künstlergraphik angewandtes Verfahren. Sein Grundprinzip besteht darin, durch ein auf einen Rahmen gespanntes Gewebe mit offener Struktur (Gaze) vermittels eines Gummiquetschers (= Rakel) auf Papier Farbe auszudrücken, die an den Stellen, die die gewünschte Zeichnung ergeben sollen, durch eine zwischen Papier und Gewebe geschobene Schablone aufgehalten wird. Beim künstlerischen S. wird jedoch die Schablone mit Leim oder Lack unmittelbar auf das Gewebe aufgezeichnet, das nach dem Trocknen an dieser Stelle farbundurchlässig wird. Des Verfahren erlaubt verschiedene Kombinationen, auch den Mehrfarbendruck. Es ergibt großzügige Formen mit unscharf abgegrenzten Flächen und eignet sich bes. für Plakate. Schon H. Arp, L. Moholy-Nagy, W. Baumeister u.a. hatten sich mit der S.technik beschäftigt. Aber erst in den 30er Jahren unseres Jh.s fand sie größere Verbreitung; so wurde 1936 in Nordamerika eine „National Serigraph Society“ gegründet. F. Léger u. V. Vasarely versuchten, dem S. gemäße Formen zu finden. Für →Op-Art und →Pop-Art ist der S. ein wichtiges Mittel künstlerischer Aussage, besonders bei A. →Warhol mit seinen „Produktionen“. In zunehmendem Maße wird der S. ebenfalls in Deutschland angewandt, und auch für die Zukunft wird er durch Abwandlungen neue technisch-künstlerische Gestaltungsmöglichkeiten eröffnen.

W. Timm, Über die Technik des S.s, 1957 (Zeitschr. „Bildende Kunst“); E. Rhein, D. Kst. d. manuellen Bilddrucks, ⁴1971; K. F. Ehlers, S., 1972; M. Caza, Der S., 1972; J. J. Biegeleisen, S. (Einführung i. d. Technik), 1978.

Siebenarmiger Leuchter →Menora.

Sieben freie Künste → Künste, die sieben freien.

Sieben Freuden Mariä: 1. Verkündigung, 2. Heimsuchung, 3. Geburt Christi, 4. die Heiligen Drei Könige, 5. Begegnung mit Simeon, 6. das Wiederfinden im Tempel, 7. Marienkrönung. Die letztere Darstellung wird auf Flügelaltären des 15. und 16. Jh. zuweilen zum Mittelpunkt der übrigen erhoben. Eine der schönsten Darstellungen ist die von Memling mit der Anbetung der Könige als Mittelpunkt (1480; München, Ältere Pinakothek); unter den geschnitzten seien genannt die Medaillons auf dem Rosenkranz um den „Englischen Gruß" des Veit Stoß.

Sieben Schmerzen Mariä: 1. Simeons Weissagung, 2. Flucht nach Ägypten, 3. Verlust des 12jähr. Jesus, 4. Christi Gefangennahme und Kreuztragung, 5. Kreuzigung, 6. Kreuzabnahme, 7. Begräbnis. Auf Flügelaltären des 15. und 16. Jh. werden diese Darstellungen gern um eine Mater dolorosa oder ein Vesperbild geordnet, so in einem der schönsten Werke dieser Art, dem Altar der Nikolaikirche zu Kalkar von Heinrich Douvermann (1522).

H. Peters, Die s. Schm. M., (Neußer Jb. f. Kst. etc.), 1957.

Siegel, der Abdruck eines Stempels (S.ring, Gemme, Petschaft) in eine biegsame Masse (Ton, Gold, Silber, Blei, Wachs, Oblate, S.-lack) zur Rechtsbekräftigung und Beglaubigung einer Urkunde und zum Versiegeln von Schriftstücken. Das S. geht bis weit ins Altertum zurück (→Siegelzylinder), ist bei den Griechen und Römern nachzuweisen, wurde von diesen dem Mittelalter vererbt und hier aufs reichste und mannigfaltigste ausgebildet. Die Wissenschaft, die sich mit dem S. befaßt, heißt Siegelkunde oder Sphragistik. S. wurden geführt von Königen und Kaisern (schon bei den Merowingern nachweisbar, seit dem 8. Jh. lückenlos erhalten), vom Papst, vom hohen Adel und der hohen Geistlichkeit (seit dem 10. Jh.), späterhin von den verschiedensten Standespersonen, auch bürgerlichen, von Klöstern, Städten (seit dem 12. Jh.), Universitäten, Behörden, Zünften und Körperschaften jeder Art. Die gebräuchlichste Form war rund, daneben auch spitzoval (bes. die der geistlichen S.). Die Befestigung geschah durch Aufdrücken und Anhängen (stets bei Metallsiegeln). Angehängte Wachssiegel können zu ihrem Schutz in Kapseln (meist aus Holz) eingeschlossen sein.
Dem Inhalt nach sind zu unterscheiden: 1. Schriftsiegel. 2. Bildsiegel: S. mit symbolischen, religiösen, historischen, architektonischen und anderen Darstellungen (Geistlichkeit und Behörden). 3. Bildnissiegel: der S.führende ist in ganzer Figur oder als Kopf-, Brust- oder Kniestück dargestellt. Porträtähnlichkeit ist dabei im Mittelalter jedoch nicht vorauszusetzen (→ Bildnis). Wichtige Sonderarten sind das Thronsiegel (zuerst von Kaiser Heinrich II. am Anfang des 11. Jh. verwendet und seitdem der herrschende Typ der Königs- und Kaisersiegel, aber auch vom hohen Adel und der hohen Geistlichkeit geführt) und das Reitersiegel (seit dem 10. Jh. vorkommend und bes. vom hohen Adel geführt). 4. Wappensiegel: mit dem Wappen der siegelführenden Person oder Körperschaft (es erscheint in der zweiten Hälfte des 12. Jh. in Verbindung mit dem Reitersiegel, wird dann selbständig und bildet seit dem 16. Jh. das Hauptsiegelbild unter weitgehender Verdrängung der anderen Typen). – Die S. bieten nicht nur der Kultur-, Kostümgeschichte und

Wappenkunde, sondern auch der Kunstgeschichte ein reiches, jedoch noch nicht genügend ausgeschöpftes Material, ganz abgesehen von der oft hohen Schönheit ihrer Ausführung. Die Anfertigung der S.-stempel lag im Mittelalter in den Händen der Goldschmiede.

G. A. Seyler, Geschichte der S., 1894; W. Ewald, S.kunde, 1914; E. v. Berchem, S., [2]1923 (mit Schrifttumsverzeichnis); E. Kittel, S. (mit Gesamtbibliograph.) 1970.

Siegelzylinder, Rollsiegel, zylinderförmige, durchbohrte Stücke aus Halbedelsteinen oder anderem Material, in die figürliche Darstellungen und Inschriften eingraviert sind. Sie dienten zum Versiegeln der babylon. und assyrischen Keilschrifttafeln, auf denen die Darstellungen in fortlaufenden Bändern abgerollt wurden. Für die Geschichte der vorderasiatischen Kunst und Mythologie bilden sie ein wichtiges Hilfsmittel.

Frankfort, Cylinder Seals, 1939; A. Moortgat, Staatl. Mus. zu Berlin. Vorderasiat. Rollsiegel 1940; Porada, Corpus of Ancient Eastern Seals, 1948; E. Unger, D. Beginn d. altmesopotam. Siegelbildforsch., 1966. →Gemme.

Signac, Paul, franz. Maler, * 11. 11. 1863 Paris, † 15. 8. 1935 das., neben Seurat der Hauptmeister des Neo-Impressionismus oder Pointillismus (→Impressionismus), schuf mit Hilfe dieser Technik seit 1886 sonnenüberflimmerte Fluß- und Seelandschaften in Öl, Aquarell und Farbenlithographie. Er schrieb: „D'Eugène Delacroix au néo-impressionisme" (1889; dt. 1903).

Lucie Cousturier, P. S., 1922; C. Roger-Marx, P. S., 1924; G. Besson, S. Dessins, 1950; Kat. Louvre (mit Bibl.), 1963; E. Kornfeld u. a., Cat. rais. de l'œuvre gravé et lithographié de P. S., 1974.

Signatur, Künstlersignatur, das auf einem Kunstwerk angebrachte und auf dessen Urheber deutende Zeichen; in der Regel der Name des Künstlers, voll ausgeschrieben, abgekürzt oder nur durch Anfangsbuchstaben gegeben (→Künstlermonogramm), seltener irgendeine Figur (Krebs, Eule, Drache, Würfel usw.). Eine Sondergruppe bilden die S.en der mittelalterlichen Steinmetzen (→Steinmetzzeichen). S.en haben sich zahlreich aus dem Altertum erhalten. Im Mittelalter sind sie Ausnahme, kommen aber in allen Jahrhunderten vor. In zunehmendem Maße finden sie sich seit dem ausgehenden Mittelalter, so als Meisterzeichen (→Steinmetzzeichen) an Bauwerken, auf Bildern (aber zunächst meist nur auf dem Rahmen, nicht im Bilde selbst: van Eyck, Moser, Witz) entsprechend der Betonung des Kunstwerks als persönlicher Leistung, und sind heute allgemein üblich. Ein Nebenzweck der S., der aber auch als Hauptzweck auftreten konnte (so zuweilen am Übergang zur Renaissance), ist Schutz vor Nachahmung. Im japan. Holzschnitt ist die S. ein formal wichtiger Bestandteil der Bildkomposition selbst.

H. Vollmer, Künstlers.n,1910 (Zeitschr. Die Kunst 21); J. Jahn, Die Stellung des Künstlers im Mittelalter, 1960 (Festgabe für Friedr. Bülow zum 70. Geburtstag); H. H. Caplan (Hg.) Künstler-S.n, – Symbole – u. Monogramme, 1977.

Signet →Druckerzeichen.

Signorelli, Luca, ital. Maler, *1441 oder später Cortona, † 16. 10. 1523 das., geriet in Florenz unter die Einwirkung bes. der Kunst des Antonio Pollajuolo und fand sein eigentliches Problem in der Darstellung bewegter Aktfiguren. Doch suchte er dabei über alles bloß Formale hinaus die verschiedensten Seelenzustände und Affekte durch Haltung und Bewegung des Körpers sichtbar zu machen. Seine Gestalten sind hart, fest und klar modelliert. Schönheit der Farbe galt ihm wenig, Landschaftliches kommt kaum zur Geltung und ist dann streng und herb gegeben. Den Höhepunkt seiner Kunst erreichte S. in den Fresken mit Darstellungen der letzten Dinge in der Briziokapelle im Dom zu Orvieto (1499 bis 1505), denn dieses Thema bot seinen besonderen künstlerischen Interessen die besten Entfaltungsmöglichkeiten.

A. Venturi, L. S., 1922; S., des Meisters Gemälde, hg. von Dußler, 1927 (Klassiker d. Kunst); M. Salmi, L. S. (m. Kat.), 1955 (ital.); P. Scarpellini, L. S., 1964 (ital.); M. Lenzini-Moriondo, L. S., 1966 (ital.).

Silberschmelz →Email.

Silberschmiedekunst → Goldschmiedekunst.

Silberstift, Metallgriffel mit angeschmolzener Silberspitze, das Zeichenwerkzeug der Alten Meister und Vorläufer des Bleistifts. Der S. erfordert ein bes. zubereitetes Papier und gibt zarte, hellgraue Linien von gleichbleibender Stärke. Schatten können daher nur durch dichte Lagen paralleler Striche erzeugt werden.

E. Wiske, Die Technik des S.s u. ihre Entwicklung, 1942 (Ztschr. f. Maltechnik 28); K. Wehlte, Werkstoffe u. Technik. d. Malerei, 1968.

Silene, den →Satyrn ähnliche, doch meist in höherem Alter dargestellte Wesen, die zum Gefolge des Dionysos gehören. Die ältere griech. Kunst stellt sie mit Bocksbeinen dar, von den Satyrn unterscheiden sie sich später auch durch Fettleibigkeit und starke Behaarung.

H. Bulle, Die S. in der archaischen Kunst der Griechen, 1893; F. Brommer, Satyrspiele, Bild. griech. Vasen, ²1959; K. Schauenburg, S.e (Jb. d. Dtschn. Archäol. Instit. 88) 1973.

Silhouette →Schattenbild.

Silikatmalerei →Stereochromie.

Sima, die Traufleiste des antiken Tempels (Abb. →Säulenordnung 1). Die verschiedenen Säulenordnungen bildeten jeweils andere Formen und Konstruktionen aus, die ornamentiert waren, oft aus Platten (Terrakotten) zusammengefügt.

Sims →Gesims.

Sinan, türk. Baumeister, * 1490/1491, † 1588 Istanbul. S. war sehr wahrscheinlich westlich-christlicher Herkunft, verlebte seine Jugend in Agyrnas (Anatolien) und wurde als Freigelassener 1512 zum Dienst des Sultans nach Istanbul berufen. Unter die Janitscharen eingereiht, machte er als Offizier eines Janitscharenkorps viele Feldzüge mit. Während dieser Zeit muß er sich mit bautechnischen Dingen befaßt haben. Um 1539 wurde er zum Hofarchitekten berufen und behielt diese Stellung bis zu seinem Tode bei. Er entwickelte sich zur überragenden Gestalt der osman.-türk. Baukunst im 16. Jh. von außerordentlicher Fruchtbarkeit des Schaffens. An erster Stelle stehen seine Moscheen (81 an der Zahl). Er hat außerdem Schloßbauten, Badeanlagen, Medressen usw. errichtet. Hauptwerke sind die Moschee des Sultans Suleyman, die Suleymanye in Istanbul (1550–56) und die Moschee des Sultans Selim II. in Edirne (Adrianopel, 1567–74). S. blieb zwar auf dem Boden der islam. Überlieferung, hat aber die ihm von dort gegebenen künstlerischen und technischen Möglichkeiten mit großer Freiheit gehandhabt und variiert, wobei er manche Wandlungen durchmachte von Strenge zu Pracht und wieder zu Strenge.

E. Egli, S., der Baumeister osman. Glanzzeit, 1954 (mit Werkverz. u. Bibliogr.).

Singerie →Affe→Chinoiserie.

Sintenis, Renée, Bildhauerin, * 20. 3. 1888 Glatz, † 22. 4. 1965 Berlin. Ihre überwiegend als Kleinbildwerke in Bronze ausgeführten Tierdarstellungen geben Wesen und Bewegungen namentlich des jungen, ungelenken Tiers mit vorzüglicher Beobachtung in einem geläuterten Naturalismus wieder. S. hat auch menschliche Figuren in Bewegung sowie Bildnisköpfe geschaffen. Sie ist in den meisten dt. Museen vertreten.

R. Crevel u. G. Biermann, R. S., 1930; R. Hagelstange u. a., R. S., 1947; M. Ahlhorn-Pachenius, R. S., 1947; Hanna Kiel, R. S., 1956; Ausst.kat. R. S., Berlin (W), 1958.

Sippenbild, Darstellung der heil. Sippe, d.h. der Verwandtschaft Marias (die heil. Anna mit ihren drei Männern, mit ihren Töchtern, Schwiegersöhnen und Enkeln). Um Maria und Anna herum sind die Frauen sitzend gruppiert mit ihren Kindern, dahinter stehen die Männer. Anlaß zu dieser Komposition soll eine Vision der sel. Coletta Boilet (1408) gewesen sein. Bes. häufig im 15. und 16. Jh.

A. Fries, A.-Selbdritt samt Sippe (Das Münster) 1956; M. Mitgau-Hering, Die Hl. S. in Legende u. Darstellg. (Genealogie 12) 1963–66.

Siqueiros, David, Alzaro, mexikan. Maler, * 1898 Chihuahua, *6. 1. 1974 Mexiko-City, aktiver Teilnehmer an der mexikan. Revolution (mehrere Jahre eingekerkert), deren Ideale zu veranschaulichen und mit deren Gegnern abzurechnen das Hauptanliegen seiner Kunst wurde: riesige Wandgemälde in schweren, dunklen Farben mit schwellenden Formen von expressiver Gewalt, realistisch und symbolistisch zugleich, auch zum Surrealismus tendierend. Als kühne Neuerung schuf er zur Belebung der Architektur weit aus der Wand vorspringende farbige Hochreliefs.

Raquel Tibol, D. A. S., dt. 1969; dies. (Hg.), D. A. S. Der neue mexikan. Realismus. Red. u. Schrift. z. Kst., 1975.

Sirenen, Fabelwesen mit weiblichem Kopf. Sie locken durch ihren Gesang den Seefahrer (Odysseus), um ihn zu töten und sein Blut zu trinken. Es mag in dieser Vorstellung die des Seelenvogels mit der des Vampyrs vereinigt sein; jedenfalls galten sie als Todesdämonen und kommen in Relief oder Rundplastik oft auf Grabmälern der Antike vor, desgleichen an Kapitellen des roman. Stils.

Weicker, Der Seelenvogel in der alten Literatur und Kunst, 1902; D. Jalabert, De l'art oriental antique à l'art roman II, Les sirènes, 1936 (Bulletin monumental 95); E. Buschor, Die Musen des Jenseits, 1944; Th. Klauser (Jb. f. Antike u. Christent., 6) 1963.

Sisley, Alfred, franz. Maler, * 30. 10. 1839 Paris, † 29. 1. 1899 Moret-sur-Loing, engl. Abstammung, Schüler von Gleyre, ging von Corot und Daubigny aus und entwickelte mit Monet und Pissarro die impressionistische Landschaftsmalerei, zu deren hervorragendsten Vertretern er gehört.

G. Geoffroy, S., 1923; H. Graber, Camille Pissarro, Alfred S., Claude Monet nach eigenen u. fremden Zeugnissen, 1943; Ausst.kat. A. S., Kunstmus. Bern, 1959; F. Daulte, A. S., Catalogue de l'œuvre peint, 1959; ders., S.-paysages, 1961.

Sittenbild →Genremalerei.

Situla (lat.), Bronzeeimer von konischer Gestalt, ähnlich unsern heutigen Eimerformen. S.en bilden in der älteren →Eisenzeit Italiens und der nordwärts angrenzenden Gebiete einen häufig vorkommenden Typus des Bronzegeschirres. Durch reichen figuralen Schmuck zeichnen sich die S.en des venetischen Kunstkreises (→Eisenzeit) aus. Sie bringen in ziemlich starrer, aber an Einzelzügen reicher Darstellungsweise Bilder von Festzügen, Trinkgelagen und sportlichen Wettkämpfen. Friese von schreitenden Fabeltieren (Löwengreifen, Chimären usw.), die gleichfalls auftreten, haben ihre Vorbilder im griech.-orientalisierenden Stil. Die bekanntesten venet. S.en wurden in Bologna, Watsch (Krain) und Kuffarn (Niederösterreich) gefunden. Sie entstanden um 500 v. Chr.

Hoernes-Menghin, Urgeschichte der bild. Kunst in Europa, [3]1925; J. Kastelič, Situlenkunst, 1964; O. H. Frey, Der Beginn der Situlenkunst im Osthallstatt-Kreis, 1969.

Sixtinische Kapelle, die Hauskapelle des Papstes im Vatikan zu Rom, 1473–81 im Auftrage Sixtus' IV. von Giovanni de Dolci erbaut. Ihre Längswände tragen Fresken aus dem Alten und Neuen Testament in Gegenüberstellung, gemalt von den besten Meistern der Zeit: Pinturicchio, Botticelli, Ghirlandajo, Perugino, Signorelli, Rosselli. Die gewölbte Decke samt den Zwickelfeldern der 4 Ecken und den 12 Dreiecksfeldern zwischen den Stichkappen wurde 1508–12 von Michelangelo mit Darstellungen aus der Schöpfungsgeschichte und den gewaltigen Gestalten der Propheten und Sibyllen ausgemalt, und schließlich schuf er noch seit 1534 an der Altarwand das Riesenfresko des Jüngsten Gerichts.

K. Steinmann, Die S. K., 2 Bde., 1901 bis 1905; P. Schubring, Die S. K., 1909; Ch. de Tolnay, Michelangelo, 2, 1949 (engl.); L. D. Ettlinger, The Sistine Chapel before Michelangelo, 1965.

Skarabäus, der heilige Mistkäfer der Ägypter und der in seiner Form geschnittene Stein (→Gemme), der auf der Unterseite mit figürlichen Darstellungen und Inschriften versehen ist. Diese Steine dienten zum Siegeln oder auch magischen Zwekken. Im Handel finden sich viele gefälschte Stücke, namentlich aus Fayence.

H. Stock, Stud. z. Gesch. u. Archäologie d. 13. bis 17. Dynastie Ägyptens unter besonderer Berücksichtigung d. Skarabäen, 1942; Ders., Der S. der alten Ägypter, 1949 (Entomon); P. Zazoff, Etrusk. S., 1968; F. S. Matouk, Corpus du scarabée égyptien, Bd. 1, 1972; E. Hornung, E. Staehelin (Hg.) S.n u. andere Siegelamulette aus Basler Slgn. (Ägypt. Denkmäler i. d. Schweiz, Bd. 1) 1977.

Skelettbau, eine Bauweise, die im Gegensatz zum massiven Bauen ein Rahmengerüst benötigt („Gerippe", „Skelett"), das die tragenden Funktionen übernimmt. Für den S. eignen sich Holz (→Fachwerk), Stahl (→Eisenbau) und Stein (→Gotik, Strebewerk). Das Skelett kann – wie bei got. Kathedralen – sichtbar bleiben oder – wie beim modernen →Hochhaus – durch eine „Vorhangfassade" (Curtain Wall) aus Platten, Glas, Metall, Kunststoff verdeckt werden.

F. Hart, Skelettbauten, 1956; C. Siegel, Strukturformen d. mod. Architektur, [2]1965.

Skenographie (griech. „Bühnenmalerei"), die Bemalung der Bühnenwand des antiken Theaters. Sie hat vermutlich von Anbeginn zur attischen Bühnenkunst gehört und zeigte Architekturen und Landschaften. Um 460 v. Chr. entdeckte Agatharch von Samos an ihr die Möglichkeit perspektivischer Darstellungsweise, so daß der Begriff S. gleichbedeutend mit dem der Perspektivlehre und (bei Vitruv) der perspektivischen Ansicht eines Gebäudes wurde.

Skiagraphie (griech. „Schattenmalerei"), die Vortäuschung der Körperlichkeit gemalter Dinge mit Hilfe der Schatten; zuerst angewandt von Apollodoros (letztes Drittel des 5. Jh. v. Chr.).

Skizze (ital. schizzo), erster flüchtiger Entwurf eines Bildes, eines Bildwerks oder Bauwerks. Ursprünglich verstand man unter S. nur einen gezeichneten Entwurf, heute hat man den Namen auch auf plastische Entwürfe übertragen: Tonskizze. Schließlich kann S. jede flüchtige Zeichnung bedeuten, die einen Natureindruck festhalten oder Auge und Hand des Künstlers üben soll. Daher heißt das für solche Zeichnungen bestimmte Buch S.n-buch.

P. Wescher, La prima idea, 1960; B. Bushart, Die dte. Ölsk. als autonomes Kst.werk, (Münchn. Jb. f. bild. Kst. XV) 1964.

Skopas, griech. Bildhauer aus Paros, Altersgenosse des Praxiteles. Sein Stil ist durch Streben nach Bewegtheit und gemäßigtes Pathos charakterisiert. Er wirkte (um 350 v. Chr.) mit an den Skulpturen des Tempels der Athena Alea zu Tegea, später am →Maussolleion zu Halikarnaß. Diese einigermaßen gesicherten Werke seiner Hand bildeten den Ausgangspunkt für weitere Zuschreibungen, die nur zum Teil annehmbar sind: Die Statuettenreplik einer tanzenden Mänade in Dresden und einige Typen des Herakles. Röm. Wiederholungen des Meleager und des sog. Pothos gehen wohl auch auf originale Werke des S. zurück.

K. Neugebauer, Studien über S., 1913; Curtius, Die klassische Kunst Griechenlands, 1938; Lippold, Griech. Plastik, 1950 (Handb. d. Archäologie, Bd. 3); P. E. Arias, S., 1952 (ital.); L. Alscher, Griech. Plastik Bd. 3, 1956; A. F. Stewart, S., 1977 (engl.).

Škréta, Karel, tschech. Maler, * 1610 Prag, begr. 1. 8. 1674 das., hielt sich 1630–35 in Italien auf, wo er sich den virtuosen Pinselschwung italien. Meister zu eigen machte. Seit 1638 dauernd in Prag tätig, wurde er zum Hauptmeister der tschech. Malerei des 17. Jhs. In flüssiger, über Ungenauigkeiten leicht hinweggleitender Malweise hat er zahlreiche religiöse Darstellungen, aber auch Bildnisse geschaffen.

G. E. Pazaurek, K. S., 1889 (mit Werkverz.); P. Bergner u. J. Herain, K. S., 1910; O. Blažíček, K. S., dt. 1965, 1974.

Skulptur →Bildhauerkunst.

Skurz (ital. scorcio), in starker Verkürzung gezeichnete Figur.

Skyphos, griech. Trinkgefäß, tiefer Napf mit waagrechten Henkeln am Rande.

Skythische Kunst →Pontischer Kreis.

Slevogt, Max, Maler u. Graphiker, * 8. 10. 1868 Landshut, † 20. 9. 1932 Neukastel (Pfalz), tätig 1890 bis 1900 in München, dann in Berlin, einer der besten dt. Impressionisten, der schließlich alle schwere, naturalistische Akribie und Sentimentalität des 19. Jh. hinter sich ließ und Menschen und Landschaften hellfarbig auf die Leinwand bannte mit geistvoller Erfassung der Flüchtigkeit einer Bewegung oder eines Farbeneindrucks. Hauptwerke dieser Art sind das Bildnis des Sängers d'Andrade in der Rolle des Don Juan (mehrere Fassungen) und die Reihe der ägyptischen Landschaften (1913/14; Dresden, Gemäldegal.). Hervorragendes hat S. als Graphiker geleistet und vor allem die Lithographie in ganz großem Umfange in den Dienst der Buchillustration gestellt. Seine Illustrationen zu den Werken der Weltliteratur – Ali Baba und die 40 Räuber (1903), Ilias (1907), Lederstrumpf (1909), Benvenuto Cellini (1913), Achilles (1916), Die Inseln Wak-Wak (1922) u.a. – sowie seine Randzeichnungen zu Mozarts „Zauberflöte“ (1920) haben in der Fülle der Phantasie, der bildhaften Vergegenwärtigung einer

Situation und der Leichtigkeit, mit der sie niedergeschrieben ist, in der modernen Graphik nicht ihresgleichen.

E. Waldmann, M. S., 1923; M. S. Graphische Kunst, hg. von Waldmann, ²1924; W. v. Alten, M. S., 1926; K. Scheffler, M. S., 1940; H.-J. Imiela (Hg.), M. S. Das druckgraph. Werk, 1890–1914, 1, 1962; ders., M. S., 1968 (m. Lit.verz.).

Sluter, Claus, niederländ.-burgund. Bildhauer, holländ. oder niedersächs.-westfälisch. Abstammung, † 1406 Dijon, erschien 1385 das. als Gehilfe von Jean de Marville, des Bildhauers Philipps des Kühnen, und trat 1389 an Jean de Marvilles Stelle. Im Dienste Philipps hat er eine Reihe von Arbeiten ausschließlich für die Chartreuse von Champmol ausgeführt, ein Kloster, das Philipp 1383–88 errichten ließ, um sich und seinen Nachfolgern eine Grabstätte zu schaffen. S. ist der bei weitem bedeutendste Bildhauer seiner Zeit im N, der erste auch, der hier als greifbare Persönlichkeit mit einer ungewöhnlichen Zahl überlieferter Daten vor uns steht. Seine Werke zeigen zwar die formalen Merkmale des →weichen Stils, haben mit dessen Grundgesinnung aber nichts zu tun. Denn ihr Pathos, die Gewalt ihrer plastischen Erscheinung, ihr Naturalismus stehen in ihrer Zeit im N einzig da und greifen einer späteren Entwicklung weit vor, 1391–96/97 schuf S. (mit Gehilfen) die Portalfiguren der Klosterkirche. Das größte Werk S.s ist der Mosesbrunnen im Garten des Klosters (Auftragserteilung 1395), der aber eigentlich ein Kalvarienberg ist. Ein Teil der Figuren ist verloren, von den erhaltenen sind zwei Propheten eigenhändig und Moses (1402), in dessen mächtiger Gestalt S.s Kunst ihren Höhepunkt erreicht. S. setzte ferner die Arbeit an dem von Jean de Marville 1384 begonnenen Grabmal Philipps des Kühnen fort, das aber erst von seinem Neffen und Nachfolger Claus de Werve (seit 1396 Mitarbeiter) 1411 vollendet wurde (Dijon, Mus.). Das Thema der von Nischenfiguren begleiteten Tumba, auf der die Gestalt des Toten liegt, ist hier in prachtvoller Weise behandelt worden. Die Wirkung S.s ist bes. in der franz. Plastik das ganze 15. Jh. hindurch nachzuweisen.

G. Troescher, C. S. und die burgund. Plastik um die Wende des 14. Jh., Bd. 1, 1932; W. Medding, Herkunft und Jugendwerke des C. S., 1934 (Zeitschr. für Kunstgesch., Bd. 3); H. David, De S. à Sambin, 1934; J. Duverger, Brussels als Kunstzentrum in de XIVe en de XVe Eeuw, 1935; Ders., De Brusselsche Steenbickeleren etc., o. J.; G. Roggen, in „Gentsche Bijdragen tot de Kunstgeschiedenis“, Deel II, 1935, Deel IV, 1937; A. Liebreich, C. S., 1936; H. David, C. S., 1951 (franz., ausführl. Bibliographie); J. Bialistocki (in: Propyl. Kunstgesch. Bd. 7), 1972.

Snyders, Frans, fläm. Maler, getauft 11. 11. 1579 Antwerpen, † 19. 8. 1657 das., Mitarbeiter von Rubens, Meister des großformatigen Stillebens und Tierstücks, hat nach Rubens' Vorbild auch Darstellungen kämpfender Tiere gemalt. Seine Tierstücke sind von echt barocker Haltung in der fast chaotischen Fülle des Gegenständlichen, dem Realismus der Durchführung, dem breiten malerischen Vortrag, dem Prunk der Farben, vorzüglich geeignet, in barocken Innenräumen zu paradieren.

W. v. Bode, Die Meister der holländ. und vläm. Malerschulen, ⁹1958; H. Robels (Wallraf-Richartz Jb. 31) 1969; W. Bernt, Die niederl. Maler des 17. Jhs., Bd. 3, ³1969.

Sockel (lat. socculus „kleiner Schuh“), der ungegliederte Schwere zur Schau tragende, niedrige und eine breite Grundfläche abgebende Block, auf dem etwas ruht oder sich erhebt; der unterste, etwas vorspringende Teil einer Mauer oder eines Gebäudes, häufig gegen dessen weitere Teile durch ein Gesims, das Sockelgesims, abgesetzt; der S. eines Denkmals, einer Statue, eines Bildniskopfes, einer Säule usw. wird Postament oder Piedestal genannt.

Sodoma (eigentl. Giov. Antonio Bazzi), ital. Maler, * 1477 Vercelli, † 15. 2. 1549 Siena, tätig das., auch in Rom und in der Lombardei. Seine anmutig-innigen Gestalten erfahren nach einem zweiten Aufenthalt in Rom (1513–15) unter dem Eindruck der dortigen Malerei eine Steigerung ihrer Körperlichkeit, die Kompositionen werden figurenreicher, die Landschaftshintergründe ausführlicher. Hauptwerke dieser reifen Zeit: Vermählung Alexanders mit Roxane (1514; Fresko in der Villa Farnesina in Rom), Fresken im Oratorium von S. Bernardino zu Siena (1518–32) und in der Katharinenkapelle von S. Domenico das. (1525–28), hl. Sebastian (1525; Florenz, Uffizien).

R. H. H. Cust, Giov. Ant. Bazzi, 1906 (engl.); E. Jacobsen, S. und das Cinquecento in Siena, 1910; Ch. Terrasse, S., 1925 (franz.); Kat. der S.-Ausstellung in Vercelli u. Siena 1950; Maria T. Marcianò-Agostinelli Tozzi, Il S., 1951 (ital.).

Soest, Konrad von, der Hauptmeister der westfälischen Malerei im 1. Viertel des 15. Jh., stammte vermutlich aus Dortmund. Das einzige beglaubigte und zugleich frühste Werk seiner Hand ist ein großer Flügelaltar in der Kirche zu Wildungen, mit Namensbezeichnung und etwas beschädigter Jahreszahl versehen, die allgemein als 1404 gelesen wird. Danach werden ihm mit Sicherheit zugeschrieben: eine Nikolaustafel in der Nikolaikirche in Soest und der Marienaltar in der Marienkirche zu Dortmund, sein um 1420 entstandenes reifes Spätwerk. Mit mehr oder weniger Sicherheit der Zuschreibung reihen sich noch eine Anzahl weiterer Werke an. Die Wirkung, die von S. ausging, hat nicht nur der westfäl. Malerei ihr Gesicht gegeben, sondern erstreckte sich auch bis Köln. – S.s Kunst ist Ausdruck eines Idealismus, der – entsprechend der Grundgesinnung des „weichen Stils", mit dessen Blütezeit die Tätigkeit S.s zusammenfällt – die Züge des Zierlichen, Lyrisch-Empfindsamen trägt. Dazu kommt eine ausgesprochene Vorliebe für Prunkgewänder und für höfische Eleganz des Auftretens, worin, wie auch in bestimmten Einzelheiten, eine enge Beziehung zur burgundisch-franz. Miniaturmalerei erkennbar wird. Sie ist im Wildunger Altar am stärksten, im späten Dortmunder Marienaltar am schwächsten. Dieser gehört, obwohl in verstümmeltem Zustand auf uns gekommen, zu den bedeutendsten Offenbarungen altdt. Malerei, bes. auch dadurch, daß heiliges Geschehen hier in neuer Vergegenwärtigung und neuer Verinnerlichung ergriffen wurde.

K. Hölker, K. v. S., 1921 (Beiträge zur westfäl. Kunstgesch. 7); P. J. Meier, Werk und Wirkung des Meisters K. v. S., 1921 (1. Sonderheft der Zeitschr. Westfalen); M. Geisberg, Meister K. v. S., [2]1934 (Westfäl. Kunsthefte, 2); K. Steinbart, K. v. S., 1946; H. May, K. v. S. Der Dortmunder Marienaltar, 1948; R. Fritz, K. v. S. als Zeichner, 1953 (Zeitschr. Westfalen 31); Ders., K. v. S. Der Wildunger Altar, 1954; A. Stange, K. v. S., 1966.

Sohlbank, der Teil einer Fensteröffnung, der diese nach unten begrenzt und ihr Gewände trägt.

Solis, Virgil, Kupferstecher und Holzschnittmeister, * 1514 Nürnberg, † 1. 8. 1562 das. Sein umfangreiches Oeuvre besteht aus Kupferstichen eigener und fremder Erfindung in der Art der Nürnberger Kleinmeister und aus Buchillustrationen. Bes. hervorzuheben sind seine Ornamentstiche u. Entwürfe für Silbergerät mit →Rollwerk, die von bedeutender Wirkung waren.

E. v. Ubisch, V. S. u. seine bibl. Illustrationen, Leipziger Diss. 1889; F. Braun, V. S., 1910/11 (Mitteil. d. Gesellsch. f. vervielfältigende Kunst); H. Röttinger, Neue Mitteilungen über V. S., 1924 (Zeitschr. f. Bücherfreunde, Bd. 16).

Solitär, ein sehr großer und daher bes. kostbarer Diamant, in der Gartenkunst ein großer, alleinstehender Baum.

Söller →Balkon.

Solutréen, Unterstufe der →Altsteinzeit.

Sondergotik, deutsche S., von K. Gerstenberg eingeführte Bezeichnung f. d. letzte Entwicklungsstufe der got. Baukunst in Deutschland, namentlich im 15. Jh. und in den ersten Jahrzehnten des 16. Jh. Sie will die Eigenentwicklung andeuten, die die dt. Gotik, nunmehr in Unabhängigkeit von der franz., genommen hat. Im Grunde ist diese Eigenentwicklung aber schon seit dem Aufkommen der Gotik in Deutschland da.

K. Gerstenberg, Dt. S., ²1969.

Sonntagsmaler →Naive Malerei.

Sophienkathedrale in Kiew, älteste erhaltene Kirche Rußlands, wenige Jahrzehnte nach Einführung des Christentums seit 1036 im byzantin. Stil errichtet, aber im Verlauf der Jahrhunderte mehrfach umgebaut; im Innern mit byzantin. Mosaiken ausgestattet.

Sopraporte (ital. „über der Tür"), auch S u p r a p o r t e, das über dem Rahmen einer Tür befindliche Feld, im vornehmen Wohnraum des Barocks und Rokoko gern mit einem

Tür mit Sopraporte

Gemälde ausgestattet, das dann selbst auch als S. bezeichnet wird. Die S. bildet mit der Türe eine Einheit.

Sotto in su-Ansicht (ital. „von unten nach oben"), die durch kühne perspektivische Verkürzungen den Blick des Beschauers über die materielle Grenze der Decke illusionistisch in die Höhe führende Gestaltungsweise der barocken →Deckenmalerei.

Soufflot, Jacques-Germain, franz. Baumeister, * 22. 7. 1713 Irancy b. Auxerre, † 29. 8. 1780 Paris, wurde dort 1776 Generalinspektor der königl. Bauten. In Italien hatte er sich an der Antike und an Palladio gebildet, hatte als erster die Tempel von Pästum vermessen (erschienen 1764) und wurde in Paris der Bahnbrecher des franz. Klassizismus. Er erbaute hier die später zum Pantheon bestimmte Kirche Ste-Geneviève (1764–90; Pläne bereits 1757), das erste große Werk der neuen Richtung.

J. Mondain-Monval, S. Sa vie, son œuvre, son esthétique, 1918; M. Petzet,

S.s Sainte-Geneviève u. d. franz. Kirchenb. d. 18. Jhs., (Neue Münchener Beitr. z. Kstgesch. 1961 (mit Bibl.).

Soulages, Pierre, franz. Maler u. Graphiker, * 24. 12. 1919 Rodez (Südfrankreich), lebt in Paris. In seinen meist sehr großformatigen Gemälden bilden schwarze, rissige, balkenhafte Formen vor hellem Hintergrund ein dynamisch gespanntes Gefüge. Obgleich er gegenstandslos arbeitet, erinnern seine Bilder durch ihre unbestimmte Räumlichkeit sowie durch Formcharakter und Bildbau oft an gegenständliche Motive, wie Balkenkonstruktionen, Kolben, stürzende Gerüste oder kahle Bäume.

W. Schmalenbach, (Kat. der Kestnerges. Hannover) 1960/61; J. Cassou (Art international, 8) 1964; Ausst.kat. P. S., Galerie de France Paris, 1972.

Soutine, Chaim, russ.-franz. Maler, * 1894 Smilovitch b. Minsk, † 9. 8. 1943 Paris, studierte in Wilna, lebte seit 1913 meist in Paris, war mit →Modigliani und →Chagall befreundet. S. war unter den in Frankreich lebenden Malern der konsequenteste und wohl bedeutendste Expressionist. Seine sehr pastos gemalten Bilder sind ganz aus einer reichen und kräftigen Farbstruktur entwickelt. Die Formen scheinen wie von Wirbeln und Strudeln mitgerissen, verlieren jeden festen Grund oder stehen labil und schwankend. Manches erinnert an van →Gogh. Die psychologische Eindringlichkeit seiner zahlreichen Porträts verbindet S. mit →Kokoschka.

M. Wheeler, S. Mus. of mod. Art, New York 1950; M. Castaing, J. Leymarie, S., 1965 (engl.); A. Werner, S., 1977 (engl.).

Sowjetische Kunst, die Kunst der Sowjetunion seit der Oktoberrevolution von 1917. In der Baukunst wurde für Anlage und Umgestaltung von Städten sozialistische Planung maßgebend. Die Wandlung vom Agrarstaat zum Industriestaat stellte eine Fülle neuer Aufgaben auf dem Gebiete der Industriebauten. Eine Besonderheit sind die in zahlreichen Städten entstandenen Kulturpaläste. Dazu kommen Regierungsgebäude, Sportstadien und Theaterbauten für Massenbesuch, Universitäten, Bibliotheken, Erholungsheime, vielgeschossige Wohnhäuser, auch Hochhäuser. Der Stil der s.n Baukunst verwertet die russ. Überlieferung ebenso wie die des europ. Klassizismus.

Plastik und Malerei stehen überwiegend im Zeichen des →sozialistischen Realismus. Zahlreiche Gemälde und öffentliche Denkmäler gestalten die Tatsachen von Revolution, Krieg und sozialistischem Aufbau und stellen Leben und Persönlichkeit der führenden Männer vor Augen. Weitere Gebiete der bildenden Künste sind das Bühnenbild, vielfach in Zusammenhang mit dem Ballett, ferner die Plakatgestaltung sowie die Satire auf dem Gebiet der Graphik.

In neuerer Zeit lassen sich Differenzierungen innerhalb der verschiedenen Zweige der bildenden Kunst verfolgen, die den einzelnen Künstlern ermöglichen, deutlicher als bisher ihre eigene „Handschrift“ zu offenbaren, wobei auch in geringerem Umfange internationale Anregungen aufgegriffen werden. Nach wie vor aber ist die nationale Tradition der S. K. innerhalb der jeweiligen Völkerschaften der Sowjetunion der Hauptquell künstlerischen Schaffens.

30 Jahre s. Architektur in der RSFSR, hg. von der Dt. Bauakademie, o. J. (ca. 1951); B. P. Michailow, Architektur der Sowjetvölker, dt. 1953 (Auszug aus der Großen Sowjet-Enzyklopädie; mit Literaturverz.); B. M. Nikiforow, Kurzer

Abriß der Geschichte der s.n Malerei von 1917 bis 1945, dt. 1953; 50 Jahre S. K., 1967 (russ.); 60 Jahre sowj. Malerei, Ausst.kat. Mus. Wiesbaden, 1977; W. M. Simenko, S. Malerei d. Gegenw., 1977; Kst. aus d. Revolution, Ausst.kat. Staatl. Mus. Berlin (W) 2 Bde., 1977 Ausst.kat. Sowj. K.-Majakowski, Kunsthalle Düsseldorf, 1980.

Sozialistischer Realismus, die Grundmethode der sowjet. Kunst, fordert eine „wahrheitsgetreue historisch-konkrete Darstellung der Wirklichkeit in ihrer revolutionären Entwicklung", verbunden mit der Aufgabe der „ideologischen Umformung und Erziehung der Werktätigen im Geiste des Sozialismus" (Statut des sowjet. Schriftstellerverbandes).

Beiträge zum S. R., Berlin 1953; V. A. Razumnij, Probleme des S. R., 1963 (russ.); W. Iwanov, Der S. R., dt. 1965; E. Pracht u. W. Neubert (Hg.), S. R. – Positionen, Probleme, Perspektiven, 1970; H.-D. Sander, Marxist. Ideologie u. allgem. Ksttheorie., 1971; G. Zinserling, D. Kst. des S. n. R. u. d. klassische griech. Kst. d. Griechen (Wiss. Ztschr. d. Univ. Jena 18, 4) 1969; H. Koch u. a., Zur Theorie d. S. R., 1974; H. Gassner, E. Gillen, Zwischen Revol.kunst u. S. R.: Dokumente u. Kommentare, Kunstdebatten i. d. Sowjetunion v. 1917–1934, 1980.

Špála, Václav, tschech. Maler, * 24. 8. 1883 Žlunic, † 13. 5. 1946 Prag, hat nach dem Kubismus tendierende Landschaften und Figurenbilder mit geometrisch vereinfachten, derben, aber farbensprühenden Formen geschaffen.

J. Kodíčzek, V. Š., 1927; A. Matějčzek, V. Š., 1935; J. Kotalik, V. S., 1972 (tschech.).

Spalato, heute Split, das alte Spalatum, nahe der Hauptstadt Dalmatiens, Salonae. In S. erbaute sich Diokletian im Jahre 315 n. Chr. eine große Palastanlage, in welche die Altstadt von S. hineingebaut ist. Die Anlage unterscheidet sich von der röm. Villa durch ihren festungsartigen Charakter, der im Typus vom Legionslager übernommen ist. Der große Komplex ist mit einer rechteckigen, von quadratischen und runden Türmen bewehrten Mauer umgeben. Unter den Gebäuden im Inneren ist das Maussolleion des Kaisers (heute Kathedrale) der wichtigste, da er als Oktogon mit rundem, von Nischen unterbrochenem Innenraum auf die spätantike und frühmittelalterliche Baukunst eingewirkt hat. Die Einzelformen der Dekoration sind von anderen spät-römischen kaum unterschieden.

Niemann, Der Palast Diokletians in S., 1910; F. Bulič u. L. Karaman, Kaiser Diokletians Palast in Split, 1929; T. Masarović, D. Diokletianspalast, dt. 1967; J. Marasović u. a., Diocletian's Palace, 1972.

Spandrille →Zwickel.

Spangenhelm, seltene Helmform des 5.–6. Jh. n. Chr., von der bisher nur etwa 10 Exemplare bekannt sind. Der Helm besteht aus einem Spangengerüst von Kupfer mit Eisenplatten in den Zwickeln und ist meist reich durch Gravierung und getriebene Muster verziert, unter denen sich auch christl. Embleme finden. Die meisten Stücke stammen aus dem alemannischen Siedlungsgebiet. Doch kommen wahrscheinlich alle aus dem gleichen Herstellungszentrum im O, einer byzantinischen Werkstatt. Vorformen gibt es in Vorderasien. Das schönste Stück fand sich in dem 1939 gefundenen Fürstengrab von Planig b. Kreuznach.

R. Henning, Die Helme vom Baldenheimer Typ, 1907; P. Th. Kessler, Das Fürstengrab von Planig, 1940 (Mainzer Zeitschr., Bd. 35); J. Werner, Zur Herkunft d. frühmittelalterlichen S.e, 1949/50 (Prähistor. Zeitschr. 34/35); G. Post, Der kupferne, S., 1951/53 (34. Ber. d. Röm.-Germ. Kommission); K. Böhner, Das Grab eines fränk. Herrn aus Morken i. Rheinld. 1959.

Spanische Kunst. Die röm. Baukunst hat aus der Zeit, da Spanien röm. Provinz war, vielerorts Spuren hinterlassen. Verhältnismäßig gering dagegen sind die Spuren aus der Zeit der Westgotenherrschaft (Anf. 6. Jh. bis 711). Die Besetzung durch die Mauren wiederum ist von einer überaus tiefgehenden Wirkung auf die S. K. gewesen, und manche ihrer von der Kunst der anderen europ. Hauptländer so verschiedenen Eigentümlichkeiten ist auf diese über ein halbes Jahrtausend währende Berührung mit der maurischen, d.h. islamischen, Kunst zurückzuführen (→Fayence, →Azulejos). Die ersten Werke der span. Steinbaukunst aus dem 9. und 10. Jh., die in und bei Oviedo stehen (San Juliano de los Prados, San Miguel de Lino, Santa Maria de Naranco), tragen allerdings noch westgot. Merkmale, denn sie entstanden in einem Gebiet, in das sich die Westgoten nach ihrer Besiegung zurückgezogen hatten. Eine S. K. als zusammenhängende Erscheinung beginnt erst im 11. Jh. hervorzutreten, naturgemäß in dem von Mauren freien N, und es kam hier zu einer vielseitigen Ausprägung des roman. Stils, die entschieden die schöpferischste Leistung der S. K. des Mittelalters darstellt. Dabei zeichnete sich Katalonien bes. aus, ja es bildete eine Kunstprovinz für sich, deren Leistungen man auch als katalonische Kunst zusammenfaßt. Enge Beziehungen bestanden in Baukunst und Bildnerei zu Südfrankreich, wobei Spanien, wie die Reliefs im Kreuzgang des Klosters Santo Domingo de Silos aus dem 11. Jh. beweisen, zuweilen auch der gebende Teil war. Sehr bedeutend war die Buchmalerei, die sich seit dem 10. Jh. in Katalonien entwikkelte; ihr hat Frankreich nichts Vergleichbares an die Seite zu stellen. Sie erhält ihr besonderes Gepräge durch einen starken Einstrom östlicher (byzantin., koptischer) Elemente und ist ikonographisch von höchstem Interesse. Es gibt auch Wandgemälde und gemalte Altarvorsätze, d.h. Tafelbilder, die in Katalonien so früh und in solcher Zahl entstanden (beste Sammlung im Museum in Vich), wie nirgend anderswo in Europa. – Zu einer Mischung roman. und maurischer Elemente kam es im →mozarabischen Stil.

Weniger schöpferisch war die S. K. in der Gotik, in der sich die Abhängigkeit von Frankreich allzu stark bemerkbar machte; doch entstanden große Kathedralen, die vor allem durch ihre üppige Dekoration (Burgos) und sonstige Eigentümlichkeiten so nur in Spanien möglich waren. Aus der Verbindung maurischer und gotischer Elemente ergab sich der →Mudejarstil, dessen Blütezeit ins 14. Jh. fällt. Die Kathedralplastik trägt franz. Gepräge; die gegen Ende der Gotik immer riesenhafter werdenden Schnitzaltäre weisen dt. und niederländ. Einflüsse auf und waren oft auch von ausländischen Meistern gearbeitet. In der Malerei (Tafelmalerei) bildeten sich seit Beginn des 15. Jh. Schulen z.B. in Barcelona, Valencia, Sevilla unter bestimmender Mitwirkung der ital. und flandrischen Malerei.

Am Übergang von der Gotik zur Renaissance kam es im →Platereskenstil, einem Dekorationsstil, zu einer seltsamen Mischung zwischen got., maurischen Elementen und solchen der ital. Renaissance. Ein Rückschlag gegen ihn war der →Desornamentadostil, in dem sich die ital. Renaissance voll durchgesetzt hat (→Escorial). Die span. Barockbaukunst wird weithin durch den bis zum Beginn des Klassizismus verbreiteten →Churriguerismus bestimmt. Seit dem Klassizismus ist die span. Baukunst allgemein europäisch. Die Bildnerei der Renaissance richtet sich ebenso wie die Baukunst sehr stark nach Italien; ihr Repräsentant ist Alonso →Berruguete. Die Bildnerei des Barocks ist bald schwermütig nud ernst, bald leidenschaftlich bewegt, dabei von einem Hang zum Naturalismus erfüllt, der sich z.B. in starker Bemalung und gelegentlich sogar in der Bekleidung der Figuren mit wirklichen Stoffen äußert. Die nachbarocke Bildnerei Spaniens ist wenig bemerkenswert.

Ihre schöpferische Leistung hat die S. K. der neueren Zeit in der Malerei vollbracht. Das 16. Jh. stand freilich noch stark unter dem Zeichen der ital. und auch der niederländ. Kunst. Die Zeit der großen Meister hebt an mit →Greco (seit 1577 in Toledo), der zwar kein Spanier war, seine Kunst so aber nur in Spanien entfalten konnte. Weiter sind zu nennen der allerdings in Italien tätige →Ribera, →Zurbarán und vor allem →Velázquez und →Murillo, mit denen die span. Malerei im 17. Jh. europ. Geltung erlangt hat. Der letzte Großmeister der span. Malerei war an der Wende vom 18. zum 19. Jh. →Goya.

Im 19. u. 20. Jh. hat die span. Baukunst mit Ausnahme von A. → Gaudi und seinen Bauten in Barcelona sowie E. Torroja (1899–1961) in Madrid und Algeçiras keinen Beitrag zur allgem. Entwicklung geleistet. Auf dem Gebiete der bildenden Künste steht allen voran P. →Picasso, der aber außer Landes arbeitete. – Eine genaue Würdigung der s. K. in neuester Zeit steht noch aus.

Die portugiesische Kunst hat eine der span. parallele Entwicklung durchgemacht, ohne sich jedoch zu solchen schöpferischen Leistungen zu erheben wie diese. Ausgeprägt ist ein Sinn für prächtige Baudekoration, wie er sich etwa im →Emanuelstil zeigt. Zur europ. Kunstentwicklung hat Portugal nichts Wesentliches beigetragen.

Dieulafoy, Gesch. der Kunst in Spanien und Portugal, 1913; A. L. Mayer, Geschichte der span. Malerei, ²1922; V. v. Loga, Die Malerei in Spanien, 14.–18. Jh., 1923; G. Weise, Span. Plastik aus sieben Jahrhunderten, 4 Bde., 1925–39; Getrud Richert, Mittelalterliche Malerei in Spanien, 1925; Archivo Espanol de Arte, seit 1925; H. Kehrer, Die span. Kunst, von Greco bis Goya, 1926; Kingsley Porter, Roman. Plastik in Spanien, 2 Bde., 1928; P. Bordona, Die span. Buchmalerei, 2 Bde., 1930; La escultura en Andalucia, 2 Bde., 1930–32; Lozoya, Historia del arte hispánico, bisher 3 Bde., 1931–40; Monumentos Españoles, 2 Bde., 1932; H. Lützeler, Die S. K. in „Handbuch der Spanienkunde", 1932 (mit ausführl. Schrifttumsnachw.); C. R. Post, A History of Spanish Painting, 12 Bde., 1933–58; M. Gómez-Moreno, Die Plastik d. Renaiss. in Spanien, 1934; H. Mahn, Kathedralplastik in Spanien, Text- und Tafelbd., 1936; Die Kunst Kataloniens, hg. v. Zervos, 1937; L'Art Portugais. Texte de Reynaldo dos Santos, 1938; Ars Hispaniae. Historia universal del arte hispánico, Bd. 1–5, 1947/48; P. Guinard et J. Baticle, Histoire de la peinture espagnole du XIIe au XIXe siècle, 1950; E. L. Ferrari, Breve historia de la pintura española, ⁴1953; G. Roucher, La peinture espagnole des origines au XXe siècle, 1958; G. Jedlicka, Span. Malerei, ²1962; J. Gudiol, Die Kunst Spaniens, 1964; A. García y Bellido, Iber. Kst. i. Span., dt. 1972; J. Williams, Frühe span. Buchmalerei, 1977; H. Schlunk, T. Hauschild, D. Denkmäler d. frühchristl. u. d. westgot. Zeit (Hispania Antiqua, hg. v. Dt. Arch. Inst. Madrid), 1977; Ausst.kat. Haus der Kunst München „Von Greco bis Goya – Vier Jhde. Span. Malerei", 1982.

Speckstein, Steatit, sehr weiches Mineral verschiedener Tönung (gelblich, grau, grünlich, rötlich), vielfach als Werkstoff der Kleinplastik verwendet, so in der kret.-myken. und ostasiat. Kunst. In der byzantin. Kunst des Mittelalters sind Specksteinarbeiten Ersatz für solche aus Elfenbein: Diptycha, kleine Relieffiguren, Heiligenmedaillons, Hostienschalen. Ein Hauptwerk ist die Hostienschale der Prinzessin Pulcheria im Kloster Cheropotamu am Athos (11. Jh.). Dt. S.-arbeiten entstanden bes. im 16. und 17. Jh.

K. With, Chines. Kleinbildnerei in Steatit, 1926.

Speculum humanae salvationis →Heilsspiegel.

Speyer, Dom, der erste der drei rhein. Kaiserdome, mit seiner Gesamtlänge von 133 m die größte roman. Kirche vor →Cluny III., Grabstätte der salischen Kaiser. Der erste Bau unter Konrad II. und Heinrich III. beginnt zwischen 1024 und 1033; seine Mauern stecken zum Teil noch im heutigen. Es war eine flachgedeckte Pfeilerbasilika mit hoher, in 3 Portalen unter

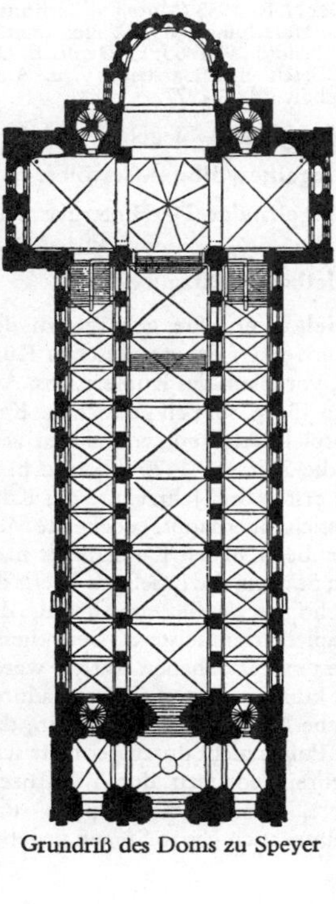

Grundriß des Doms zu Speyer

einem Westoratorium sich öffnender Vorhalle. Die Pfeiler erhielten (zum erstenmal in der dt. Baukunst) Vorlagen, die bis in den Lichtgaden aufsteigend die Fenster umzogen. Der Ostchor war nahezu quadratisch und hatte einen einzigen Turm. Die Seitenschiffe wurden noch unter Heinrich III. gebaut. Bei dessen Tode 1056 wurde eine gemeinsame Grabanlage für ihn, seinen Vorgänger Konrad und dessen Gemahlin im Mittelschiff vor der Vierung geschaffen. Zu beiden Seiten von ihr führten Treppen zur Krypta hinab. Weihe 1061.

2. Bauzeit etwa 1082–1112. Baumeister waren Bischof Benno von Osnabrück und nach dessen Tod 1088 Bischof Otto von Bamberg. Das Mittelschiff erhält Gratgewölbe und wird in quadratische Joche aufgeteilt unter Verstärkung jeder zweiten Pfeilervorlage. Der Dom zu S. ist also die älteste ganz große, durchgehend mit Kreuzgewölben versehene Basilika des roman. Stils. Auf diese zweite Bauzeit gehen ferner zurück die Ostapsis mit ihrer →Zwerggalerie, die Querhausarchitektur außen und der östliche Vierungsturm. Jetzt erhielt auch die Krypta ihre endgültige Gestalt, mit ihren etwa 850 qm Flächenraum und ihrer Höhe von etwa 7 m eine der größten, die wir kennen, und einen Eindruck von der Baukunst des 11. Jh. mit eigentümlicher Gewalt vermittelnd. Eine 3. Bauzeit beginnt nach Brand von 1159 und Einsturz der Gewölbe. Damals erhielt das Querhaus Gurtrippengewölbe, die Vierungskuppel wurde erneuert, die Zwerggalerie um Querhaus und Langhaus fortgesetzt.

1689 ist der Dom durch die Franzosen verwüstet und z.T. zerstört worden. 1774–92 Wiederherstellung durch F. J. Neumann. 1793 abermalige Verwüstung durch die Franzosen. Seit 1852 Wiederherstellung durch Hübsch, der den geistvollen Westbau Neumanns durch den nüchternen v. heute ersetzte. 1931/32 Sicherung d. Fundamente. Die Ausstattung des Doms ist im Verlauf seines Schicksals fast ganz vernichtet worden. Nur die in einfacher Form gehaltenen Kaisergräber (Konrad II., Heinrich III., IV., V. und ihre Gemahlinnen) konnten durch Grabungen (1900) freigelegt werden. In der Krypta Grabplatte Rudolfs v. Habsburg (1280/90). – Die 1971 abgeschlossene Restaurierg. d. i. 2. Weltkrieg beschädigten Doms hat zu neuen Erkenntnissen seiner Geschichte geführt. Sie sind verwertet in: Der D. z. Sp., bearbeitet v. H. E. Kubach u. W. Haas, 3 Bde., 1972.

Mever-Schwartau. Der Dom zu S., 1893; Kautzsch, Der Dom zu S., 1921 (Städel-Jahrbuch Bd. I); M. Schmitt, Die Sicherungen des S.er Doms im 19. und 20. Jh., 1932; H. Weigert, Die Kaiserdome, 1933; Die Kunstdenkmäler von Bayern, Pfalz Bd. 3: Stadt u. Bez.-Amt S., bearbeitet von B. H. Röttger, 1934; F. Klimm, Der Kaiserdom zu S., [2]1953; 900 Jahre Speyerer Dom, Festschrift zum Jahrestag der Domweihe 1061–1961, hg. v. L. Stamer, 1961; R. Bohlender, Dom u. Bistum S. (m. Bibliogr.) 1963; H. E. Kubach, W. Haas, Der D. zu S. (Die Kst.denkmäl. v. Rheinl. Pfalz 5) 3 Bde., 1972; ders., Der Dom zu S., 1974.

Sphinx, Fabelwesen, dessen Bedeutung noch nicht geklärt ist. In Ägypten wird die Sphinx als Löwe mit männlichem Kopf gebildet (sie ist hier Bild des Königs und später auch Götterbild), in Griechenland, wohin sie offenbar nicht unmittelbar, sondern auf dem Umweg über die hettitische Kunst gelangte, als Löwin mit weiblichem Kopf und mit Flügeln versehen. Sie wird dort zum Todessymbol und steht oft auf Gräbern. Das bekannteste Beispiel in Ägypten ist die Sphinx von Giseh, die zum Teil aus dem anstehenden Felsen gehauen, z. T. aufgemauert ist (um 1400 v. Chr.). In Griechenland ist die von Furtwängler in Aegina gefundene S., die einst als Akroter des Apollontempels diente, das schönste Beispiel (um 460 v. Chr.). In der mittelalterlichen Kunst kommt die S. bes. an Kapitellen des roman. Stils vor, in der neueren Kunst bes. als barocke Gartenskulptur seit etwa 1720.

Pauly-Wissowa, Realenzyklopädie der klass. Altertumswissenschaft, 2. Reihe, Bd. 3, 1929; D. Jalabert, De l'art oriental antique à l'art roman I, Le sphinx, 1935 (Bull. monumental 94); J. Leibovitch, La Sphinge, 1947; Ursula Schweitzer, Löwe u. S. im alten Ägypten, 1948; S. Hassan, Le sphinx. Son histoire à la lumière des fouilles récentes, 1951; H. Bonnet, Lexikon d. ägypt. Religionsgesch., 1952; W. Helck, Die liegende u. geflügelte weibl. S. des N. R, 1955 (Mitteil. d Instituts f. Orientforschung); H. Walter (Antike u. Abendld., 9) 1960; H. Demisch, Die S., Gesch. ihr. Darstellg. v. d. Anf., Nachdr. Bd. 2, 1977.

Sphragistik →Siegel.

Spiegelgewölbe →Gewölbe.

Spiegelmalerei →Hinterglasmalerei.

Spielbein → Standbein.

Spielkarten. Sie gehören zu den Frühwerken der graphischen Künste, vor allem des Kupferstichs. Aus dem 15. Jh. sind elf gestochene Kartenspiele erhalten, von denen acht in die Zeit vor 1470 fallen, d.h. in die ersten drei Jahrzehnte des Kupferstichs überhaupt. Ja der erste Meister dieser neuen Kunst heißt nach den Stichen, die in seinem Werk die wichtigste Stelle einnehmen, der →Spielkartenmeister. Bei diesen ältesten gestochenen Karten waren der künstlerischen Leistung dadurch reiche Möglichkeiten gegeben, daß die Points nicht durch geometrische Figuren, sondern durch Pflanzen, Tiere, Menschen, Wappen und Helme, auch ganze Szenen gegeben wurden. Jede Schematisierung fehlt noch, und die künstlerische Phantasie konnte sich frei betätigen. Davon ist denn auch reichlich Gebrauch gemacht worden, wie etwa die prachtvollen Kartenspiele des Meisters →E. S. zeigen. – S.museen gibt es in Bielefeld und Altenburg (Schloßmuseum).

H. R. d'Allemagne, Les cartes à jouer du XIVe au XXe siècle, 2 Bde., 1906; K. Bachmann, Die Spielk., 1932; F. Rumpf, Beiträge zur Geschichte der frühen S., 1935 (Goldschmidt-Festschrift); W. L. Schreiber, Die ältesten S. und die auf das Kartenspiel bezughabenden Urkunden des 14. u. 15. Jh., 1937; H. Rosenfeld u. E. Kohlmann, Dte. S. aus 5. Jhdtn., 1964; D. Hoffmann, Die Welt d. S., 1972; ders., K.n d. Meisters P. W., 1974; M. Gisberg (hg. v. H. Rosenfeld), Alte S., 1973; S.n.-Kat. d. S.-Slg. d. Histor. Mus. Frankfurt/M., 1972; F. Koreny (Einf.), K.n d. oberdtschn. Stechers v. Ende d. 15. Jhs., Faks., 1977. [Reihe: Histor. K.n in Faks.ausgaben].

Spielkartenmeister, frühester dt. Kupferstecher, tätig um 1440 in Südwestdeutschland, so genannt nach einer Reihe in Kupfer gestochener Spielkarten, denen man eine Anzahl weiterer früher Kupferstiche zugeordnet hat. Die technischen Möglichkeiten und die Fähigkeit des S.s, sie in den Dienst seiner künstlerischen Absichten zu stellen, stehen bereits auf bemerkenswerter Höhe.

M. Geisberg, Die Anfänge des Kupferstichs, 1924.

Spindeltreppe →Wendeltreppe.

Spirale, aus der Flechttechnik übernommenes Ornament. Eine südosteurop. Gattung neolithischer Keramik, in der es bes. häufig auftritt, wird danach „Spiralkeramik" genannt (Tripolje-Kultur; sehr verwandt die Yangschao-Kultur im vorgeschichtl. China). Die S. ist das in mehreren Variationen vorkommende, führende Ornamentmotiv der Bronzezeit. →Volute.

Wurz, S. und Volute, 1914; J. Boehlau, Die S. in d. Bandkeramik (Prähist. Ztschr. Bd. 19) 1928; L. J. Ringbohm, Entst. u. Entw. d. S.-ornamentik (Acta Archäolog. IV H. 2/3) 1933; G. Kaschnitz-Weinberg, Zur Herkunft der S. in d. Ägäis (in: Prähist. Ztschr. 34, 35), 1949/50.

Spitzbogen →Bogen →Gotik.

Spitze, Textilerzeugnis, das in der Mitte zwischen Geflecht, Gewebe und Strickerei steht und als ausgebildete Erscheinung erst der Renaissance angehört, wiewohl ihre Voraussetzungen weit in die Vergangenheit zurückreichen. Die sog. echte S. wird mit der Hand genäht oder geklöppelt, auch gestrickt, gehäkelt oder geknüpft. Daneben gibt es seit dem 19. Jh. die Maschinenspitzen. Die S. ist hervorgegangen einmal aus der Verzierung eines Gewebes durch Herausziehen von Schußfäden und Verknüpfen und Umnähen der freigelegten Kettenfäden, wodurch ein Muster entsteht (Durchbrucharbeit), und der Verzierung des Saumes durch Verknüpfung der (als Franse) herabhängenden Kettenfäden. Durch Weglassen des Grundgewebes entstanden die vollkommen durchbrochen gearbeiteten Muster, die man S. nennt. Dieser Vorgang vollzog sich wahrscheinlich im 15. Jh. in Italien und zwar zunächst wohl nur in der Technik des Nähens. Danach kam im 15. Jh. das Klöppeln auf und war bes. in den Niederlanden, Frankreich und Deutschland vertreten. Bis ins 17. Jh. behauptete Italien seine Vormachtstellung in der Spitzenerzeugung, dann machten ihm Frankreich (Valenciennes-S.) und die Niederlande (Brüsseler S.) den Rang streitig. In der Schweiz ist St. Gallen durch seine S.-erzeugnisse bekannt. Im 19. Jh. wurde neben der maschinellen Erzeugung der S. auch die Herstellung von Hand eifrig gepflegt.

Dreger, Entwicklungsgeschichte der S., [2]1910; Marie Schuette, Alte S.n, [4]1963; Dies., S.n von der Renaissance bis zum Empire, 1926; A. v. Henneberg, Stil und Technik der alten S., 1931; M. Schuette, Technik u. Entst. d. S. (Ciba-Rundschau 81) 1948; ders., Alte S.n, [4]1963; S. Sieber, Die S.klöppelei im Erzgeb., 1956; A. Hanisch, Die Klöppels. u. ihre gesch. Entw., 1959.

Spitzenbild →Schattenbild.

Spitzweg, Carl, Maler, * 4. 2. 1808 München, † 23. 9. 1885 das., ursprünglich Apotheker, Autodidakt, hat in seinen Werken die kleine Welt des dt. Kleinbürgers mit liebenswürdigem Humor gestaltet und in echt biedermeierlicher Art die „gute alte Zeit" geschildert, Biedermeier und Romantik miteinander verbindend. Dabei ist S. sowohl im Technischen wie im Aufspüren neuer farbiger Möglichkeiten sehr eigene Wege gegangen, wie vor allem seine Landschaften beweisen. Er bewährte sich auch als Zeichner von schlagender Sicherheit des Strichs, so etwa in seinen Beiträgen für die „Fliegenden Blätter".

H. Uhde-Bernays, C. S., [10]1935; M. v. Boehn, C. S., [4]1937; A. Elsen, C. S., [2]1952; E. Kalkschmidt, C. S. u. seine Welt, [3]1959; G. Roennefahrt, C. S. Werkverz., 1960; E. Höhne, C. S., 1961; S. Wichmann, C. S., 1968; J. Chr. Jensen, C. S., 1971; H. Weiss, C. S., 1972; A. Winkler, C. S., 1977.

Spitzzahnornament, anglonormannisches Bauornament des roman. Stils, eine Reihe spitzer Zähne in Form kleiner dreiseitiger Pyramiden, ähnlich dem Sägezahnmotiv bei normannischen Friesen.

Spolien (lat. spolia) heißen in der Archäologie Teile eines Kunstwerks, die nicht für dieses geschaffen wurden, sondern anderen Werken entnommen sind, z.B. der Hauptteil der Reliefs des →Konstantinsbogens in Rom. Die Verwendung von S. war bes. häufig in der frühchristl., später auch in der islam. Baukunst und hatte neben praktischen auch symbolische Gründe.

G. Bandmann, Mittelalterl. Architektur als Bedeutungsträger, 1951 (mit Bibl.).

Sposalizio (ital. „Hochzeit"), die Darstellung der Verlobung oder Vermählung Marias mit Joseph, ein bes. in der ital. Malerei der Renaissance beliebtes Thema. Am bekanntesten ist das S. des Perugino und das davon abhängige von Raffael.

Spottkruzifix, ein 1856 auf der Südseite des Palatins in Rom gefundenes Stuckfragment (2. Jh.; das., Thermenmus.), das in Ritzzeichnung eine gekreuzigte Gestalt mit Eselskopf zeigt und einen diese anbetenden Mann. Es ist nicht ganz sicher, ob es sich hier um eine Karikatur Christi handelt, die dann allerdings die älteste erhaltene wäre (heute Museo Kircheriano/Rom).

Spranger, Bartholomäus, niederländ. Maler und Radierer, * 21. 3. 1546 Antwerpen, † 1611 Prag, 1570 päpstl. Maler in Rom, 1575 Hofmaler Maximilians II. in Wien, später Rudolfs II. in Prag, Hauptmeister der letzten Stufe des niederländ. Manierismus, schuf bes. mythologische Bilder, in denen er Gelegenheit fand, den nackten menschlichen Körper in Spannung und Bewegung vorzuführen.

E. Diez, Der Hofmaler B. S., 1909/10 (Jahrb. d. kunsthist. Sammlungen d. Allerh. Kaiserhauses, Bd. 28); A. Niederstein, Das graph. Werk des B. S., 1931 (Repert. für Kunstwissenschaft, Bd. 52); K. Oberhuber, Die stilist. Entwicklung im Werk B. S.s, Diss. Wien 1959; ders., (Jb. d. Staatl. Kstslgn. i. Bad.-Württ., 1) 1964.

Spruchband, Banderole, Bandrolle. Auf mittelalterlichen Reliefs, Wand- und Tafelgemälden, Bildteppichen, Holzschnitten und Kupferstichen halten die Personen oft geschwungene und an den Enden sich einrollende Bänder, oder diese sind frei in die Bildfläche hineinkomponiert. Sie geben als Legende Sprüche oder eine nähere Bezeichnung der dargestellten Person oder Szene. Bes. in der dt. Kunst des 15. Jh. kommt das S. häufig vor als Ausdruck theolog.-didaktischer Haltung, formal als Träger spätgot. Bewegungsdranges.

Ssurikow, →**Surikow,** Wassilij.

Stab →Rundstab.

Stabkirche, norwegische Holzkirche, deren Wände aus senkrecht gestellten Pfosten (Stabbauweise) zusammengefügt sind. Da diese Pfosten in ihrer Größe an Masten erinnern, heißt eine solche Kirche auch Mastenkirche. Die Art ihres Zimmerwerks ist in manchen Einzelheiten dem Schiffsbau entlehnt. Die S. ist keine Übersetzung des Steinbaus in Holz, sondern sie hat ihre durchaus eigenen Formen: steile, hochragende, übereinander geschichtete Dächer, Vorhallen, einen halb offenen Laubengang, der das Ganze umzieht. Basilikale Grundanlage ist zwar da, aber die Seitenschiffe sind sehr knapp weggekommen, und der mächtige Hauptraum dominiert so, daß man (zumal auch noch andere Merkmale dafür sprechen) in ihm mit Recht das Nachleben der nord. Königshalle erblickt hat. Die Giebel sind mit Drachenköpfen ausgestattet wie der Vordersteven der Wikingerschiffe, und geschnitzte Tierornamentik des Wikingerstils ist an den Türen zu sehen. Die Zahl der erhaltenen norwegischen S.n wird mit 25 angegeben. Als die ältesten, noch dem 11. Jh. angehörenden gelten die von Garmo (nach Lillehammer verbracht) und Urnes; aus dem 12. Jh. ist die von Borgund, aus dem 13. die von Hitterdal zu nennen. Manche dieser Kirchen hat man von ihrem ursprünglichen Platz entfernt; die von Vang ist sogar nach Schlesien transportiert worden (Brückenberg unter der Schneekoppe).

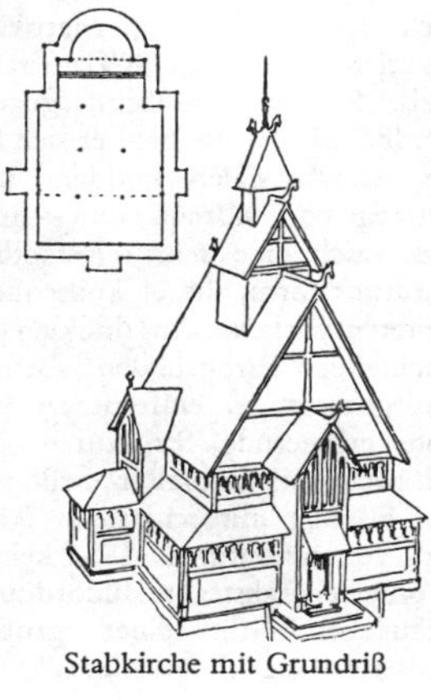

Stabkirche mit Grundriß

J. C. C. Dahl (der Maler), Denkmäler der Holzbaukunst in Norwegen, 1857; Fr. Seeßelberg, Die skandinav. Baukunst der ersten nord.-christl. Jahrhunderte, 1897 (Tafelwerk); Dittrichson und Munthe, Die Holzbaukunst Norwegens, ²1901; Gerda Boëthius, Hallar, tempel och stavkyrkor, 1931; A. Bugge, The origin, development and decline of the norwegian stavechurch, 1935 (Acta Archaeologica, Bd. 6); H. Reiher, Norweg. St.n. o. J.; O. Lindholm, S.n i. Norwegen, 1968; R. Hauglid, Norske Stavkirkor, 1969, 1973; E. Burger, Norweg. St., Bauweise – Gesch. – Schmuck, 1981.

Stabwerk →Fenster.

Stadtbaukunst, die Anlage einer Stadt oder einzelner Bezirke in ihr nach architektonisch-künstlerischen Gesichtspunkten. Diese sind naturgemäß dem Wandel der Zeiten unterworfen. Auch können sie nur in seltenen Fällen so rein zur Geltung kommen, wie es bei der Anlage eines einzelnen Bauwerks geschieht, da meist Rücksicht auf Bestehendes genommen werden muß und auch außerkünstlerische Erwägungen stark mitsprechen. Zwischen einer wie eine geometrische Figur beschreibbaren, vollkommen regelmäßigen Anlage (→Hippodamos von Milet) und einer unregelmäßigen „malerischen" gibt es viele Möglichkeiten. Die Gestaltung des Grundrisses oder der Planung ist nur eine Seite der Sache. Es gilt weiter, die Dimensionen der Gebäude, vor allem ihre Höhe so zu bemessen, daß architektonisch Wichtiges nicht unterdrückt, Unwichtiges nicht über Gebühr herausgestellt wird. Es müssen optische Hilfen gegeben werden, damit das, was groß erscheinen soll, auch wirklich so erscheint. S. hat auch die Aufgabe, Neubauten einem bestehenden, historisch und ästhetisch einheitlichen Stadtbild oder dem Teil eines solchen so anzugleichen, daß dieses Stadtbild nicht gestört wird. Hier werden Fragen der →Denkmalpflege berührt. Brunnen und Monumente sind in das richtige Größenverhältnis zu dem Platz zu bringen, auf dem sie sich erheben, damit sie weder zu groß noch zu klein erscheinen. Geländeerhebungen sind auszunützen, um die Wirkung eines Bauwerks zu steigern. – Die Geschichte der S. ist ein wichtiges Teilgebiet der Entwicklungsgeschichte der Baukunst überhaupt, doch hat sie erst in neuster Zeit gebührende Beachtung gefunden. →Idealstadt, →Gartenstadt.

C. Sitte, Der Städtebau nach seinen künstlerischen Grundsätzen, [5]1922; A. v. Gerkan, Griech. Städteanlagen, 1924; A. E. Brinckmann, St., [2]1925; J. Gantner, Grundformen der europäischen Stadt, 1928; A. Grisebach, Die altdt. Stadt in ihrer Stammeseigenart, 1930; K. A. Doxiadis, Raumordnung im griech. Städtebau, 1937; K.-H. Clasen, Die ostpreuß. Stadt als Kunstwerk, 1943 (Kunstgeschichtl. Studien, Festschr. f. Dagobert Frey); H. Keller, Oberbayr. S. des 13. Jhs., 1948 (Festschr. Walter Goetz); R. E. Wycherley, How the Greeks built cities, 1949; K. Gruber, Die Gestalt der dt. Stadt, 1952; M. Braunfels, Mittelalterl. S. in der Toskana, 1953; D. E. Herzog, Von der Römerstadt zur Bürgerstadt des Mittelalters, 1954; Reichow, Organische S., 1954; E. Egli, Geschichte d. Städtebaus, 3 Bde., 1959, – 1967; E. Herzog, Die otton. Stadt, 1964 (Frankfurter Forschungen zu Architekturgesch. 2); Brigitte Ott, Zur Platzgestaltg. i. 19. Jh. i. Dtschld., Diss. Freiburg i. Br. 1967; Sybil Moholy-Nagy, Die Stadt al. Schicksal. Gesch. d. urbanen Welt, 1970; A. Mitscherlich, Thesen z. S. ds Zukunft, 1971; N. Pevsner, Die dte. Stadt im 19. Jh., 1973; H. Engel, J. Dahlhaus u. a., Stadtidee u. Stadtgestalt, 1976; J. Petsch, Baukst. u. Stadtplang. im „Dritt. Reich", 1976; M. Scott, American City Planning since 1890, 1976; W. Braunfels, Abendländ. S., 1976; T. Hall, Mittelalterl. Stadtgrundrisse, 1978; E. Guidoni, Die europ. Stadt. Eine baugesch. Studie üb. ihre Entst. im MA., 1979; L. Mumford, Die Stadt. Gesch. u. Ausblick, 2 Bde., 1979; B. Hofmeister, Die Stadtstruktur, 1980; W. Rausch (Hg.), Die Stadt an der Schwelle z. Neuzeit (in: Beitr. z. Gesch. d. Städte Mitteleuropas d. österr. Arbeitskreis. f. Stadtgesch.-forsch.), 1980; G. Fehl (Hg.), J. Rodriguez-Lores, Städtebau um die Jh.-wende, 1980; V. Magnano Lampugnani, Architektur u. Städtebau d. 20. Jhs., 1980.

Stael, Nicolas de, russ.-franz. Maler, * 5. 1. 1914 Leningrad, † 16. 3. 1955 Antibes, studierte 1932/33 an der Akademie in Brüssel, reiste nach Spanien, Italien, Marokko, Algerien, lebte seit 1943 meist in Paris. S. malte zunächst gegenständlich. 1942 entschied er sich für die abstrakte Malerei und fand, u. a. angeregt von →Braque und →Soutine, rasch eine sehr selbständige Ausdrucksform, die er konsequent weiterentwickelte. Aus dunklen gespachtelten Farbgründen formen sich gitterartige, entfernt an Gerüste erinnernde Strukturen, die sich nach 1945 zu breiten, hellfarbigen Flächen mit schartigen Rändern zusammenfügen. 1952 kehrte er, ohne seine abstrakte Bildordnung aufzugeben, mit einer großen Bildserie, den „Footballeurs", der in den folgenden Jahren zahlreiche Landschaften und Stilleben folgten, wieder unmittelbar zum gegenständlichen Motiv zurück.

A. Tudal, N. d. S., 1958 (franz.); Kat. Kestnerges. Hannover 1960; R.-V. Gindertael, N. de S., 1960 (franz.); Kat. N. de S., Hannover, 1959; D. Cooper, N. de S., 1961 (engl.).

Staffage, Menschen- oder Tierfiguren, die ein Landschafts- oder ein Architekturbild beleben, auch die Tiefenabstände verdeutlichen. Im Barock bildete sich die Gewohnheit aus, die S. von einem Spezialisten in das Bild hineinmalen zu lassen. →Repoussoir.

Staffel, Altarstaffel →Altar.

Staffelchor, in der roman. Baukunst Gruppe eines Hauptchors mit seinen Nebenchören, die staffelweise kleiner werden. Es müssen also mindestens 5 Apsiden mit ihren Vorchören vorhanden sein. Herleitung von der Chorlösung von →Cluny II (954–81) darf als gesichert gelten.

E. Lehmann, Bemerkungen zum S. der Benediktinerklosterkirche Thalbürgel, 1957 (in Festschr. Johannes Jahn).

Staffeleibild (Staffelbild), das bewegliche, auf der Staffelei, dem Gestell des Malers, entstandene Bild (auf Holz oder Leinwand) im Unterschied zum Wandgemälde oder Deckengemälde.

Staffelgiebel →Giebel.

Staffiermalerei, Bemalung oder Vergolden der Stein- und Holzbildwerke, auch Porzellan. →Faßmaler.

Stahlbau →Eisenbau.

Stahlschnitt, das Schneiden oder Meißeln kunstgewerblicher Gegenstände aus Edelstahl, eine Technik, die in neuester Zeit durch Michael Blümelhuber in Steyr zur Vollkommenheit entwickelt worden ist.

Stahlstich →Kupferstich.

Stalaktitengewölbe, Gewölbe der islam. Baukunst, das aus vielen, zuweilen Tausenden von treppenartig übereinander aufsteigenden Einzelkörperchen zusammengesetzt ist, die von ihm herabzuhängen scheinen wie die Stalaktiten von der Decke einer Tropfsteinhöhle.

Stalaktitengewölbe

Stallen →Chorgestühl.

Stammbaum Christi →Jessebaum.

Standbein, das Bein, das im →Kontrapost die Hauptlast des Körpers trägt, im Unterschied zu dem den Körper nur leicht stützenden Spielbein, das in den Gelenken spielt, verschiedene Stellungen annehmen kann und jeden Augenblick dazu bereit zu sein scheint.

Standbild →Statue.

Stanzen (ital. „Zimmer“), die von Raffael, seinen Schülern und Nachfolgern ausgemalten Wohngemächer Papst Julius II. im Vatikan (→Raffael).

statuarisch, statuenhaft. Man nennt eine gemalte stehende Figur s., wenn sie ein geringes Maß mimischer Beweglichkeit und eine Geschlossenheit hat, die an eine Statue erinnert.

Statue (lat.), Standbild, in der Bildhauerkunst die stehende, vollplastische Gestalt eines einzelnen Menschen (oder Tieres). Wie das Bild durch den Rahmen, so ist sie in der Regel durch einen Sockel, ein Postament, in der Gotik auch durch ein Gehäuse (→Tabernakel) gegen ihre Umgebung isoliert. Unter Mißachtung der Ableitung des Wortes St. (von lat. stare = stehen) spricht man neuerdings auch von „Sitzstatue", an Stelle von „Sitzbild". Dagegen ist die Bezeichnung „Reiterstatue" oder „Reiterstandbild" durchaus haltbar.

Stauffer-Bern, Karl, Maler und Radierer, * 2. 9. 1857 Trubschachen (Schweiz), † 24. 1. 1891 Florenz, studierte an der Münchener Akademie und übersiedelte 1880 nach Berlin, wo er als Bildnismaler sehr geschätzt wurde (Bildnis Gustav Freytags 1886, Berlin, Nationalgal.). 1884 wandte er sich hier unter der Anleitung von Peter Halm der Radierung zu, die von da an (in Verbindung mit Grabstichelarbeit) seine Schaffenskraft fast ausschließlich in Anspruch nahm und in der seine eigentliche Bedeutung liegt (Bildnis seiner Mutter, Bildnisse von C. F. Meyer, Gottfried Keller, Gustav Freytag; liegender Mädchenakt). 1888 ging er nach Italien, wo er sich, jedoch mit geringem Erfolg, auch der Bildhauerei zuwandte. – Briefe u. Dichtungen (mit Biographie), hg. v. U. W. Züricher 1914.

M. Lehrs, K. St.-B. Verz. seiner Radierungen u. Stiche, 1907; O. Brahm, K. St.-B., [12]1912, 1926; F. Stoeckli, K. St.-B., Leben, Werk, Briefe, 1942; ders., K. St.-B., 1952; W. U. Zürcher, K. St.-B., 1961; B. v. Arx, D. Fall St.-B., 1969.

Staurothek (griech. „Kreuzbehälter"), Kreuzreliquiar, Behälter einer Kreuzreliquie. Das bedeutendste Stück ist die 1204 durch dt. Kreuzfahrer aus der Sophienkirche in Konstantinopel entführte und in den Domschatz der Kirche St. Georg in Limburg a. d. Lahn gelangte S. Sie besteht aus einem flachen hölzernen Kasten, der mit vergoldetem Silberblech verkleidet und mit Darstellungen heiliger Figuren in Zellenschmelz von außerordentlicher Feinheit versehen ist (2. Hälfte des 10. Jh.).

Die Limburger St., 1955 (Sonderheft d. Zeitschr. D. Münster) 1955; das. 8., 1955; A. Frolow, Les reliquaires de la Vraie Croix, 1965.

Steatit →Speckstein.

Steen, Jan, holländ. Maler, * um 1626 Leiden, begraben 3. 2. 1679 das., einer der besten Meister des holländ. Genrebildes. Er hat wie Brouwer und Ostade Bilder aus dem Leben der Bauern gemalt, allerdings etwas gesitteter als jene, auch solche aus dem Leben des wohlsituierten Bürgertums, immer humorvoll, beziehungs- und anekdotenreich. Holländ. Leben spiegelt sich in ihnen mit einer Mannigfaltigkeit wie bei kaum einem anderen Maler der Zeit. Weniger bekannt sind seine historischen, biblischen und mythologischen Bilder. Die Zahl der erhaltenen Werke wird auf etwa 500 geschätzt. Gute Stücke befinden sich auch in den meisten dt. Galerien.

A. Bredius, J. St., 1927 (holländ.); W. Martin, J. S., 1954; A. v. Criegern, Ikonograph. Stud. z. d. Fröhlich. Gesellschaften v. J. S., Diss. Tübingen 1969; ders. (Oud Holland 8), 1971; B. D. Kirschbaum, The religious and historical paintings of J. St., 1977; L. de Vries, J. St., de kluchtschilder, Diss. Groningen 1977.

Steindruck →Lithographie.

Steinguß, das Gießen eines Bildwerks aus der Masse, die aus pulverisierten Steinbrocken (meist Kalkstein) angerührt ist. In dieser Technik sind in der späteren Gotik in Süddeutschland eine Reihe von Bildwerken hergestellt worden. Von Gußstein oder Kunststein spricht man dann, wenn ein gegossener Block nach dem Erhärten vom Bildhauer wie ein Naturstein bearbeitet wurde.

L. A. Springer, Die bayr.-österr. Steingußplastik der Wende vom 14. zum 15. Jh., Leipziger Diss. 1936; K. Rossacher, Technik u. Materialien d. St.plastik um 1400 (Alte u. Mod. Kunst (Wien) Nr. 72) 1964.

Steingut, Tonwaren mit weißgebranntem, nicht verglastem Scherben und durchsichtiger Bleiglasur, eine in den Töpfereien von Staffordshire in England etwa 1720 gemachte und durch →Wedgwood verbesserte Erfindung (Queensware).

A. Stöhr, Dt. Fayencen und dt. S., 1920; G. E Pazaurek, S., Formgebung u. Geschichte, 1922. →Wedgwood.

Steinkonservierung →Denkmalpflege.

Steinkreuze, mit reicher Ornamentik, z. T. auch mit figürlichem Schmuck, erscheinen während des christl. Frühmittelalters auf den britischen Inseln. Sie sind hauptsächlich in Nordengland, Schottland, Irland und auf der Insel Wight verbreitet. Die älteren nordengl. S. (650–688) tragen eine Weinrankenornamentik syrischen Ursprunges, welche durch kirchliche Beziehungen nach Britannien verpflanzt wurde (Kreuze von Otley, Bewcastle, Ruthwell usw.). Auf den jüngeren S.n (800–1050) entwickelt sich ein Tierstil nordengl. Gepräges, der aber bald unter starken Einfluß der Wikingerkunst gerät (Kreuze von Collingham, Ilkley, Walton, Middleton usw.). Auf den schottischen S.n (Hilton of Cadboll, Thornhill, Abercorn usw.) erscheint gleichfalls die Weinranke, die aber hier in etwas anderer Stilisierung auftritt. Die irischen S. (Monasterboice, Clonmacnois, Kells) zeigen neukeltische Ornamentmotive (→Keltische Kunst) in Verbindung mit figürlichen Darstellungen. Sie gehören der 1. Hälfte des 10. Jh. an. Eine Sondergruppe bilden die meist mit →Flechtbandmustern verzierten St. der Insel Man (zwischen 700 und 1000).

P. M. Kermode, Manx Crosses, 1907; J. Brøndsted, Early English Ornament, 1924; A. Mahr, Christian Art in ancient Ireland, I, 1932; M. Stokes, Early christian Art in Ireland, ²1928; F. Henry, Sculpture irlandaise pendant les douze premiers siècles de l'ère chrétienne, 1933.

Steinlen, Théophile Alexandre, franz. Graphiker und Maler, * 10. 11. 1859 Lausanne, † 14. 12. 1923 Paris (Pseudon.: Jean Caillou; Petit-Pierre), stellte seine Kunst überwiegend in den Dienst des Kampfes gegen die Gesellschaftsordnung seiner Zeit, indem er schlagkräftig und mit beißender Schärfe die Unterdrückung des Arbeiters schilderte. Es geschah dies meist in farbigen Lithographien, die er einer Anzahl Pariser Zeitschriften lieferte. S. hat auch Bücher illustriert.

E. de Crauzat, Th.-A. S. L'œuvre gravé et lithographié, 1913; H. Gute, S.s Vermächtnis, 1954; L. H. Haguenin, Th. A. S. 1960 (franz.); Th. S., Ausst.kat. Mus. Charleroi 1970; Kst.halle Basel, 1971.

Steinmetzzeichen, Arbeits- und Ehrenzeichen des Steinmetzen, vor dem Versetzen auf dem von ihm behauenen Stein angebracht, um diesen als aus seiner Arbeit hervorgegangen zu kennzeichnen. Abgesehen von ähnlichen Marken der antiken Baukunst, die aber wohl nur als Versetzungszeichen gemeint sind, kommen die St. in der Mitte des 12. Jh. auf und finden sich an kirchlichen und weltlichen Bauten bis ins 18. Jh. Mit der Auflösung der letzten Reste des mittelalterlichen Bauhütten- und Zunftwesens ver-

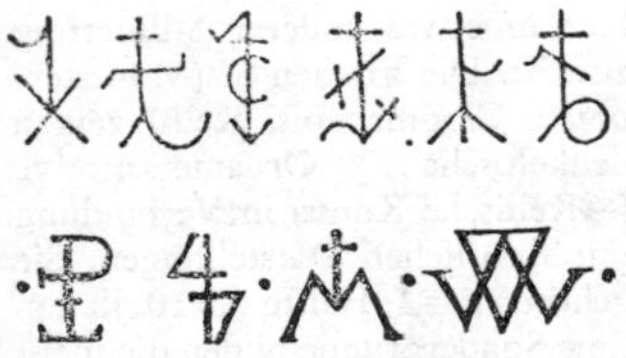

Gotische Steinmetzzeichen

schwinden sie. Ursprünglich ziemlich groß (10–15 cm hoch), werden sie bis zum Ende des 14. Jh. immer kleiner (2 cm), um dann an Größe wieder etwas zuzunehmen. Die Formen der St. haben eine Entwicklung durchgemacht, die wertvolle Anhaltspunkte für baugeschichtliche Untersuchungen zu liefern vermag. Sie führt von einfachen Gebilden oder auch Buchstaben in der Zeit des roman. Stils zu immer mannigfaltigeren, um in der Spätgotik einen Höhepunkt an Mannigfaltigkeit der Formen und Häufigkeit der Verwendung zu erreichen. Der Versuch (Ržiha), alle dt. St. aus 4 Mutterfiguren entsprechend den 4 dt. Haupthütten →(Bauhütte) abzuleiten, ist nicht anerkannt worden. Während die St. bis ins 14. Jh. in der Regel nur auf glatten Quadern vorkommen, finden sie sich in der Spätgotik auch auf Steinen von komplizierten Profilen (z.B. Rippen), sehr selten dagegen auf plastisch verzierten Steinen oder Figuren der Bauplastik. Alle Fragen, die mit den St. zusammenhängen, können heute noch nicht als ausreichend geklärt angesehen werden. – Von dem St. zu unterscheiden ist das gern auf einen Schild gesetzte Meisterzeichen, das der führende Baumeister seit der zweiten Hälfte des 14. Jh. an hervorragender Stelle des Bauwerks anzubringen pflegte.

Schneider, Über die St., 1872; Ržiha, Studien über St., 1881–83 (mit Beibringung umfangreichen Materials); L. Schwarz, Die dt. Bauhütte des Mittelalters und die Erklärung der St., 1926; K. Friederich, Die Steinbearbeitung in ihrer Entwicklung vom 11. bis 18. Jh., 1932; W. Jüttner, Ein Beitr. z. Gesch. der Bauhütte u. d. Bauwesens im MA., Diss. Univ. Köln, 1935.

Steinschneidekunst, Steinschnitt →Gemme.

Steinzeichnung →Lithographie.

Steinzeit →Altsteinzeit, →Jungsteinzeit.

Steinzeug, Tonwaren, aus einem nur an wenigen Plätzen gefundenen, beim Brennen sinternden, wasserundurchlässig werdenden Ton, dessen glänzende Glasur durch Verdampfen von Salz während des Brennprozesses hervorgerufen wird. Künstlerisch geformtes S. wurde früh in Ostasien (China, Korea, Japan) hergestellt, in Europa seit dem 15. Jh. zunächst am Rhein, wobei Köln in der 1. Hälfte des 16. Jh. die Führung hatte. Hergestellt wurden vornehmlich Krüge mit Reliefs ornamentaler und figürlicher Art. Wegen der hohen Brenntemperatur kamen nur wenige Farben (kobaltblau, manganviolett) in Betracht; das Braun wurde durch Einlassen von Rauch in den Brennraum (Schmauchung) erzeugt. Außer in Köln gab es noch Werkstätten in den benachbarten Orten Frechen, Raeren, Siegburg, ferner in Höhr und Grenzhausen in Nassau (→Kannebäckerland). Eine gewisse Berühmtheit erlangte das →Kreußener Steinzeug (Oberfranken). Zu Anfang des 18. Jh. stellte Böttger, der Erfinder des →Porzellans, in Meißen ein braunrotes S. in japanischen Formen her, das sog. Böttgerporzellan. Seit den 80er Jahren des 19. Jh. sind mannigfache Versuche zur künstlerischen Wiederbelebung des S.s, zunächst in Anlehnung an die alten Muster, gemacht worden.

O. v. Falke, Das rhein. S., 2 Bde., 1908; K. Koetschau, Rhein. S., 1924; A. Klein, Rhein. St. d. 15.–18. Jhs., 1954; C. Brauns, V. Bartmannkrug z. S.-Industrie, [3]1970; J. Horschik, St. d. 15.–19. Jhs., 1976.

Stele, in Griechenland eine aufgestellte Platte aus Stein (hölzerne Beispiele nicht erhalten). Sie diente den verschiedensten Zwecken, als Weihgeschenkträger, als Ort für Inschriften, als Grabdenkmal, in diesem Falle mit dem Bildnis des Toten oder seiner Familie versehen.

H. Möbius, Die Ornamente der griech. Grabstelen, 1929; H. Diepolder, Die attischen Grabreliefs des 5. und 4. Jh. v. Chr., 1939; Elise van Hall, Over den Oorsprong van de griekschen Grafstele, 1942; H. Biesantz, D. thessal. Grabreliefs, 1965.

Griech. Grabstele mit Akroterion

Stephanos →Pasiteles.

Stephansdom in Wien →Wien.

Stereobat, das Fundament des griech. Tempels, das im Boden verborgen ist. Die oberste, niemals sichtbare Richtschicht heißt Euthynterie, auf ihr erheben sich die Stufen der Krepidoma mit Stylobat. →Tempel.

Stereochromie (griech. „Farbenbefestigung"), ein 1823 in München erfundenes Verfahren, auf trockenem Putz mit Wasserfarben ausgeführte Wandgemälde durch einen Überzug mit Wasserglas zu befestigen (Silikatmalerei). Eine Verbesserung der St. ist die sog. Mineralmalerei des Münchner Chemikers Adolf Keim.

A. Keim, Die Mineralmalerei, 1881, [2]1917; K. Wehlte, Wandmalerei, [4]1962; ders., Werkstoffe u. Technik. d. Mal., 1968.

Sterl, Robert, Maler und Graphiker, * 23. 6. 1867 Groß-Dobritz b. Dresden, † 10. 1. 1932 Naundorf b. Wehlen, Schüler der Dresdener Akademie und 1904–32 dort Lehrer. Von seinen Reisen sind bes. die fünf Studienreisen nach Rußland bemerkenswert, die er in den Jahren 1906–14 unternahm. Entscheidend für St.s Entwicklung wurden Menzel und Liebermann sowie der franz. →Impressionismus, den er während eines Aufenthaltes in Paris 1892/93 kennenlernte. St. wurde reiner Impressionist. Zwei Themenkreise haben ihn bes. beschäftigt: die Welt der Steinbrecher, Lastträger und Bauern (bes. russ. Arbeitertypen im Wolgagebiet) und die Welt der Musiker. In ähnlichem Sinne hat er etwa 100 Lithographien und einige Radierungen geschaffen. Sein umfangreiches zeichnerisches Werk harrt noch der Erschließung.

H. Posse, R. St., 1929; Katalog der R.-St.-Gedächtnisausstellung Dresden 1932; H. Becker, R. St. als Zeichner, 1952 (mit Verz. d. graph. Werks); K. Brix, R. St., 1960; Irmgard Hiller, R. St., Diss. Köln 1965; R. St., Ausst.-kat. Westfäl. Landesmus. Münster, 1977.

Sterngewölbe →Gewölbe.

Stettheimer (Stethaimer), Hans, Baumeister, * um 1360 Wasserburg am Inn, † 1432, nach neuerer Forschung Hans von Burghausen, schuf als sein Hauptw. d. Kirche St. Martin in Landshut (beg. vor 1392), eine in Backstein ausgeführte Hallenkirche, die mit ihrem 133 m hohen, schlank und leicht emporschießenden Westturm überaus wirkungsvoll im Stadtbild steht. Der einzigartigen Schlankheit dieses Turms entspricht die der Stützen im Innern und überhaupt die für diese Zeit ungewöhnliche Höhenerstreckung des Innenraumes. Von seinen sechs weiteren Bauten, die alle Hallenbauten sind, ist die Heilig-Geist-Spitalkirche in Landshut (beg. 1407) hervorzuheben, sowie der lichterfüllte Chor der Franziskanerkirche in Salzburg (beg. um 1408).

E. Hanfstängl, H. S., 1911; Buchheit u. Lill, Hans Leinberger, H. S., Krit. Katalog der Ausstellung in Landshut 1932; E. Zorn, Statische Untersuchung der St. Martinskirche in Landshut, Diss. München 1933; P. Baldass, H. St.s wahrer Name, 1950 (Wiener Jahrbuch für Kunstgesch. Bd. 14); Th. Herzog, Meister Hans v. Burghausen gen. St. (Verhdlgn. d. Histor. Vereins f. Niederbayern, Landshut, 84) 1958; ders. in Bd. 95, 1969.

Stichbandkeramik, Kulturgruppe der →Jungsteinzeit, dem →donauländischen Kreis zugehörig, in den Sudetenländern, Mitteldeutschland und Teilen von Ostdeutschland verbreitet. Die Verzierung des Tongeschirrs besteht in eingestochenen Winkelbändern, Dreiecken und andern geradlinigen Mustern.

W. Buttler, Der donauländische und der westliche Kulturkreis der jüngeren Steinzeit, 1938 (Handb. d. Urgesch. Deutschlands, Band 2); M. Steklá, Zur S. in Polen, 1958; E. Hoffmann, Die Kultur d. Bandkeramik in Sachsen, 1963; M. Zápotocká-Stekla, Die S. in Böhmen, 1968.

Stichbogen →Bogen.

Stichkappe, die in die Rundfläche eines Deckengewölbes senkrecht zu dessen Achse einschneidende Gewölbekappe, die bes. dann entsteht, wenn eine Fensteröffnung bis über den Ansatz des Deckengewölbes hinaufgezogen wird.

Stickerei, die Verzierung von Geweben oder Leder durch Fäden, die mit einer Nadel eingezogen werden. Meist handelt es sich dabei nur um Verzierungen der Oberseite, doch kommen auch solche beider Seiten vor. Die Verzierung kann sowohl ornamentaler wie figürlicher Art sein. Die letztere heißt auch Bildstickerei. Man unterscheidet eine Reihe von Stichtechniken wie Plattstich, Kreuzstich, Kettenstich u.a. – Die S. war in Ostasien bei den Kulturvölkern des Altertums von jeher bekannt. Eine bedeutende Rolle spielte sie in Byzanz zur Verzierung der Prachtgewänder (Silberstickerei) und gelangte von da über Italien nach den Ländern des Nordens. Hervorragende Beispiele sind der herrliche ungarische Krönungsmantel (1031; Ofen, Domschatz), der zu den →Reichskleinodien gehörende dt. Kaisermantel (1133 in Palermo angefertigt), der eine Sonderstellung einnehmende →Bayeux-Teppich und die sog. Dalmatika Leos III. (aber erst 12./13. Jh.; Schatz von St. Peter in Rom), die mit ihren figürlichen S.en zu den besten Werken der byzantin. Kunst überhaupt gehört. Im späteren Mittelalter nahm die S. einen immer breiteren Umfang an. Hauptleistungen wurden, wie auch noch in den folgenden Jahrhunderten, auf dem Gebiete der Paramentenstikkerei vollbracht. Seit der Renaissance wurde die S. in erhöhtem Maße zur Verzierung des weltlichen Gewandes herangezogen. Ihre große Zeit ist seit dem Rokoko vorbei. Eine Wiederbelebung hat man in den letzten Jahrzehnten des 19. Jh. versucht und durch Veröffentlichungen die alten dt. Stickmuster weiten Kreisen als Vorbilder zugänglich gemacht.

L. de Farcy, La broderie du XIe siècle jusqu'à nos jours, 1892–1900 (mit 180 Tafeln); P. Jessen, Der Ornamentstich, 1920; H. d'Hennezel, Histoire du décor textile, 3 Bde., 1928; E. Heinemeyer, Süddte. S.n d. 13. u. 14. Jhs., Diss. München 1958; Marie Schuette u. Sigrid Müller-Christensen, Das St.werk,

1963; Gisela v. Bock, Perlst. in Dtschld. b. z. Mitte d. 16. Jhs., Diss. Bonn 1966.

Stifterbildnis →Donator.

Stiftskirche (Kollegiatkirche), die Kirche eines Stifts, d.h. einer ursprünglich zu geistlichen Zwecken bestimmten Anstalt, der. Mitglieder das Stiftskapitel (Kollegiatkapitel) bilden. Darüber hinaus wird zuweilen auch eine Klosterkirche als St. bezeichnet.

Stiftung Preußischer Kulturbesitz, die vom dt. Bundestag durch Gesetz von 1957 errichtete und von Bund und Ländern gemeinsam getragene Stiftung des Öffentl. Rechts in Berlin mit dem Zweck, die in ehemals preuß. Besitz befindlichen Kulturgüter (Museen, Bibliotheken) zu bewahren, zu pflegen und fortzuentwickeln. Für ihre Unterbringung in Berlin (W) sind bedeutende Neubauten errichtet worden, so die von H. B. →Scharoun entworfene „Staatsbibliothek Pr. K." (1978 fertigg.). Organ dieser Stiftung ist das Jahrb. P.K. seit 1967.

Kat. Preuß. K., 1967; Mitteilgn. d. S. P. K. seit 1966.

Stigmatisation, das Erscheinen der Wundmale Christi bei Personen, die sich in religiöser Ekstase befinden. In der bildenden Kunst ist die S. des heil. Franz von Assisi des öfteren dargestellt worden.

Stijl, De, Kunstrichtung, die in der Malerei jede Naturwiedergabe ablehnt, die Kunst von allen „sekundären und schädlichen Beigaben" befreien will und sich daher auf elementare Ausdrucksmittel beschränkt: senkrechte und waagerechte Linien, die drei primären Farben sowie weiß, schwarz und grau. Diese Abstraktion sollte, auch auf Plastik und Architektur übertragen, die reine Gestaltung ausgewogener Beziehungen ermöglichen zugleich mit dem ethischen Ziel, damit auch auf die Gestaltung unseres Lebens zu wirken. – Begründer der S.-Bewegung war der holländ. Maler Theo van Doesburg, der 1917 die erste, programmatische Nummer der Monatsschrift „De Stijl" herausgab und bis zu seinem Tode 1931 die treibende Kraft war. Entscheidend beteiligt an der Gründung waren ferner der Maler Mondrian, der Architekt Oud und der Dichter A. Kok. Zahlreiche weitere, auch nichtholländ. Künstler bekannten sich zu den Grundsätzen der S.-Bewegung, die etwa 10 Jahre lang eine nicht unbedeutende Wirkung ausübte und der →Bauhaus-Bewegung verglichen werden kann. Ihre Bestrebungen wurden von Mondrian auch als Neo-Plastizismus bezeichnet.

Ztschrft. De Stijl 1917–32, engl. Neudr. s. 1968; H. L. C. Jaffé, Mondrian u. De S., dt. 1967; Nancy Joslin Troy, De Stijl's collaborative ideal: the colored abstract environment 1916–1926. Diss. Yale Univ. 1979.

Stil (lat. stilus „Schreibgriffel"), ein Begriff, der ursprünglich den sprachlichen Ausdruck betrifft und wohl erst im 18. Jh. auf die bildende Kunst übertragen wurde. Er hat hier zwei Hauptbedeutungen: 1. der Begriff S. zielt auf Sonderung. Er meint die Eigenart einer bestimmten Künstlerpersönlichkeit, die sich immer gleichbleibende Grundhaltung ihres Wesens und darauf beruhende Gleichartigkeit der künstlerischen Mittel. Aufgabe der Stilanalyse oder Stilkritik ist es, aus der Erkenntnis dieses Individualstils den durch schriftliche Überlieferungen nicht oder nicht genau abgesteckten Schaffensbereich eines Künstlers einzugrenzen, sein Gesamtwerk zusammenzustellen und innerhalb dieses den einzelnen Werken ihren bestimmten Platz anzuweisen. Dabei bestehen freilich die Schwierigkeiten, daß der Individualstil nicht bei jedem Künstler sehr ausgeprägt ist, daß er Schwankungen unterliegt und daß es zu seiner wirklichen Erkenntnis einer breiten Basis von gesicherten Werken aus allen Perioden seines Schaffens bedarf, die jedoch nicht immer gegeben ist. – 2. der Begriff S. zielt auf Verbindung und Zusammenfassung. Dabei lassen sich wieder mehrere Bedeutungsarten unterscheiden: a) man dehnt den Begriff der Persönlichkeit auf eine Gruppe von Menschen aus, eine Schule, eine räumlich zusammengehörige Gruppe (Raumstil →Kunstgeographie), auf eine Nation (Nationalstil). Diese Zusammenfassung bedeutet natürlich wieder, aber erst in zweiter Linie, Sonderung gegenüber anderen Schul-, Raum- und Nationalstilen. b) Man faßt die einer bestimmten Zeit eigentümlichen künstlerischen Merkmale, die überindividuell, überräumlich und übernational sind, als Zeitstil zusammen. Dahin gehören die ganz und gar auf dem Boden einer entwicklungsgeschichtlichen Betrachtung gebildeten (und daher auch erst im 19. Jh. formulierten) umfassenden Stilbegriffe, mit denen man den Entwicklungsablauf der abendländischen Kunst wissenschaftsökonomisch ordnet, also roman. S., Gotik, Renaissance usw. c) Man geht von überindividuellen, übernationalen, überräumlichen und überzeitlichen Gegebenheiten aus. So unterscheidet man nach menschlichen Grundhaltungen etwa einen archaischen S. (→archaisch), einen idealen und von diesem einen naturalistischen S. (→Naturalismus). Hierher gehört auch das im Grunde mit Idealismus-Naturalismus identische Begriffspaar Abstraktion – Einfühlung, ferner linear (zeichnerisch) – malerisch. Solche unwandelbaren Gegebenheiten sind auch die Eigenschaften des Materials, z.B. des Steins, des Holzes, der Bronze, die den Materialstil bedingen; ferner die Gestaltungsgesetze der einzelnen Kunstgattungen, das Architektonische, das Plastische, das Malerische, die ebenfalls mehr oder weniger ausgesprochen unter dem Begriff S. zusammengefaßt werden.

C. Semper, Der Stil in den bildenden Künsten, 1860; B. F. Wallach, Über Anwendung und Bedeutung des Wortes Stil, 1919; W. Weisbach, Stilbegriffe und Stilphänomene, 1957; J. Bialostocki, S. u. Ikonographie, (Fundus-Büch. 18), 1966; J. Jahn, Die Problematik d. kstgesch. S.begriffe, (Sitzgsber. d. Sächs. Akad. d. Wissensch.n z. Leipzig, Phil.-hist. Kl. 112, 4) 1966; W. Worringer, Abstraktion u. Einfühlung (m. Schlußwort n. 50 Jahren), 1976; W. Hager, N. Knopp (Hg.), Beiträge z. Probl. d. St.pluralismus, 1977; H. Müller, Neostile, 1978; C. Levi-Strauss, Masken (betr. St.), 1977 (dt.); W. Messerer, Kst.werke in ihren Stilperioden, (Salzb. Univ. Reden 64) 1976.

Stile novecento →Neue Sachlichkeit.

Stilisierung →Naturalismus.

Stilleben, die Darstellung von toten oder zum mindesten reglosen Dingen, die still für sich da sind und keinerlei mimische Beziehungen zueinander haben: Blumen, Früchte, tote Tiere und allerlei Gegenstände des täglichen Lebens vom einfachsten bis zum kostbarsten in der mannigfaltigsten Zusammenstellung, die als solche vom Maler in der Regel nicht vorgefunden, sondern nach den Gesichtspunkten ästhetischer Wirksamkeit erst getroffen worden ist. Nach dem Vorwiegen einer bestimmten Gattung von Gegenständen unterscheidet man Blumenstilleben, Fruchtstück, Jagdstück, Küchenstück, Frühstücksstilleben u. dgl. Die Gegenwart lebender und beweglicher Wesen ist nicht ausgeschlossen, bleibt aber von untergeordneter Bedeutung: der Hund, der nach der Jagdbeute schnuppert, die Insekten, die auf einem Blumenstrauß umherkriechen. – Der Name S. wurde zuerst von dem niederländischen Kunsthistoriographen Houbraken zu Anfang des 18. Jh. als „stilleven" gebraucht und ist danach auch zur dt. Bezeichnung geworden. Die franz. Bezeichnung „nature morte" (als „natura morta" ins Ital. übersetzt), taucht erst um 1800 auf.

S. im kleinen Maßstab kommen zuerst, aber nur gelegentlich, in der spätantiken Malerei vor (Pompeji, Rom). Die mittelalterliche Kunst kennt das S. nicht, da sie sich nicht für Dinge, sondern nur für Menschen interessierte. Die Freude an der Wiedergabe von Dingen um dieser selbst willen wird in schüchternen Ansätzen zuerst in der Malerei des späteren 14. Jh. sichtbar, um seit etwa 1430 mit dem Aufkommen einer neuen Wirklichkeitsbeobachtung eine mächtige Steigerung zu erfahren. Die Bilder niederländ. und dt. Meister sind von dieser Zeit ab eine Fundgrube stilllebenhafter Züge (Jan van Eyck, Meister von Flémalle, Witz, Multscher). Zu Anfang des 16. Jh. hat es das S. als selbständige Bildgattung bereits gegeben, doch war es noch selten, und nur ein einziges Stück ist erhalten geblieben: eine Tafel des Jacopo de' Barbari mit einem toten Vogel (1504; München, Ältere Pinakothek). Immerhin wissen wir von Cranach, daß er sich als Maler von S. (Jagdstilleben) hervorgetan hat, und es gibt von ihm, wie auch von Dürer, Zeichnungen und Deckfarbenmalereien, die wohl S. sind, aber eben noch nicht im Sinne eines vollgültigen Tafelbilds. Am stärksten in der niederländ. Malerei des späteren 16. Jh. vorbereitet (Aertsen), tritt das S. als selbständige und vielseitig gepflegte Bildgattung erst bei den Niederländern des 17. Jh. hervor und findet sogleich eine Anzahl von Spezialisten für die verschiedenen Gegenstände: Frühstücksstilleben von Kalf und Heda, Blumenstilleben von de Heem usw. Im 18. Jh. hat die besten S. Chardin gemalt, und man sieht hier deutlich, wie gerade das S. zur Behandlung koloristischer Probleme besonders anregt. Darum ist es auch im späteren 19. Jh., d.h. in einer Zeit, in der solchen Problemen bes. eifrig nachgegangen wurde, sehr gepflegt worden: Courbet, Manet, Cézanne, Schuch, Corinth. Seitdem hat die Beliebtheit des S.s kaum nachgelassen, und in neuester Zeit ist es in immer zunehmendem Maße auch Gegenstand einer künstlerischen Photographie geworden.

D. J. Hoogewerff, Nature morte italiane del seicento e del settecento, 1923/24 (Dedalo, Bd. 4); H. Beyen, Über St. aus Pompeji und Herculaneum, 1928; E. Zarnowska, La nature morte hollandaise, 1929; B .Wipper, Das Problem des S.s, 1931 (Zeitschr. für Ästhetik und allg. Kunstwissenschaft, Bd. 25); Eva Badelt, Das St. als bürgerliches Bildthema u. seine Entwicklung von den Anfängen bis zur Gegenwart, Diss. München 1938; I. Bergström, Studier i holländskt stillebenmåleri under 1600 – talet, 1947; Hermine van Guldener, Die Blume i. d. Malerei, 1949; Ch. Sterling, La Nature Morte de l'Antiquité à nos jours, 1952; Wolfg. J. Müller, Die Anfänge der St.malerei. Georg Flegel, 1956; I. Bergström, Dutch Still-Life Painting, 1956; Edith Greindl, Les peintres flamands de la Nature Morte, 1956; Iris Elles, Das S. in der franz. Malerei d. 19. Jhs., 1958; J. Pešina, Der Anteil Böhmens a. d. Entwicklung des S.s in der Malerei d. Spätmittelalters, 1959 (Festschr. Swoboda); S. Pavière, A dictionary of flower, fruit and still-life painters, 2 Bde., 1962/63; M. Faré, La nature morte en France, 2 Bde., 1962; M. u. F. Faré, Le siècle d'or de la nature morte en France. Le 18e siècle, 1976; G. Gehrkens, Das S., Ausst.kat. Kst.halle Bremen 1978; G. de Logu, Natura morte italiana, 1962; H. Gerson, Das trügerische S. i. d. holländ. Mal. d. 17. Jhs. (Sitzgsber. d. Kstgeschichtl. Ges. zu Berlin, N. F.) 1963;

Marie-L. Hairs, Les peintres flamands de fleurs au XVIIe siècle, [2]1965; G. Meißner, S. in der Kunst, 1967; A.-M. Logan-Saegesser, Die Entw. des S.s als Teil einer größ. Komposition in der franz. Malerei vom Beginn des 14. Jh. bis z. Ende des 18. Jh., Diss. Univ. Zürich, 1968; R. Hartleb, Aussagen zur Zeit im S., 1971; F. Lewis, A dictionary of Dutch and Flemish Flower and Still-Life Painters, 1973; R. Brinsley Burbridge, A dictionary of British Flower, Fruit and Still-Life Painters, 2 Bde., 1973; Ausst.kat. Stilleben in Europa, Westfäl. Landesmus. Münster; Kunsthalle Baden-Baden, [2]1979/1980.

Stimmer, Tobias, Maler und Zeichner für den Holzschnitt, * 17. 4. 1539 Schaffhausen, † 4. 1. 1584 Straßburg, tätig das. seit 1570, der bedeutendste und vielseitigste Meister der dt. Spätrenaissance. Bekannt sind eine Reihe von Bildnissen. 1570 schuf er nach Art Holbeins die Fassadenmalereien am Haus zum Ritter in Schaffhausen in Form einer von antiken Sagengestalten belebten Scheinarchitektur. Er hat ferner Risse für Glasgemälde geliefert, auch Malereien für die Straßburger Münsteruhr ausgeführt. In S. lebte etwas von dem Schwung und dem Temperament eines Urs Graf und Niklas Manuel. Das wird vor allem deutlich in seinen Zeichnungen und seinen Vorlagen für Holzschnittwerke des Verlegers Jobin in Straßburg. Bes. lebendig und wirkungsvoll sind dabei seine Bildnisse, z.B. die Bildnisse berühmter Gelehrter in Reußners „Contrafacturbuch" (1587).

B. Barnass, Die Bibelillustrationen T. S.s, Diss. Hamburg 1932; F. Thöne, T. S.s Handzeichnungen, 1936; M. Bendel, T. St., 1940 (mit krit. Werkverz. und Bildkatalog); P. Boesch, T. S.s allegor. Deckengemälde im Schloß zu Baden-B. (Ztschr. f. schweiz. Arch. u. Kst.gesch.) 1939 u. 1951.

Stirnziegel, in der antiken Baukunst der am Fuß des Daches aufrecht stehende, meist mit Palmetten verzierte Ziegel.

Stoa →Portikus.

Stoa poikile, die „bunte Halle" auf dem Markt von Athen, so genannt wegen der Gemälde, die auf ihrer Rückwand angebracht waren: die Schlacht bei Oinoe, ein Amazonenkampf, die Einnahme Trojas und die Schlacht bei Marathon. An diesen Bildern haben → Polygnot und Mikon gearbeitet (um 460), doch ist die Verteilung der Bilder auf die beiden Maler nicht sicher überliefert. Man glaubt heute, Reste der S. p. in einem von den Amerikanern auf der Agora ausgegrabenen Bau nachweisen zu können, doch scheint dies noch nicht völlig sicher.

Dörpfeld, Alt-Athen und seine Agora, 1937 (dort Zitate der Ausgrabungsberichte); R. Martin, Recherches sur l'agora grecque, 1959; L. Sh. Meritt, The St. P. (Hesperia 39) 1970; H. A. Thompson, R. E. Wycherley, The Athenian Agora. Vol. XIV, 1972.

Stola, 1. in Rom und Byzanz ein mit breiten Borten verziertes Frauengewand, 2. in der christl. Kirche Teil der Amtstracht der Geistlichen beim Pontifikalamt. Von der ursprünglichen S. sind dabei gewissermaßen nur die verzierten Borten übriggeblieben. Denn die S. ist ein langer, schärpenartiger Seidenstreifen, der je nach dem Rang des Geistlichen in verschiedener Weise getragen wird, beim Bischof parallel herabhängend, beim Priester über Kreuz. Sie wird über der →Albe getragen.

Stollenkrypta →Krypta.

Stollenschrank, ein im 15. Jh. in den Niederlanden, am Rhein und in Frankreich aufkommendes Möbel, gewisermaßen eine Truhe, deren Fußpfosten so verlängert sind, daß sie bis zu einer oberen Kantenhöhe von etwa $1^1/_2$ m emporgehoben erscheint. Daher gibt es auch statt des Deckels zwei Türen in der vorderen Wand, unter dem Kasten meist Schubladen, die hier zum erstenmal in der Geschichte der Möbelkunst auftreten. Sie befinden sich bereits an dem frühesten bekannten Exemplar eines S.s, das im Werl-Altar des Meisters von Flémalle von 1438 vorkommt. Auf dem S. lassen sich Gefäße und sonstige Ziergeräte zur Schau stellen. Die Füße sind meist durch einen Boden, bei franz. S.n durch eine Rückwand verbunden.

Stonehenge bei Salisbury, bekanntester →Cromlech (Steinkreis) Englands. Die äußere Einfriedung wird von einem Erdwall mit Graben gebildet, der etwa 90 m im Durchmesser mißt. 30 m vom Wall entfernt folgt ein erster Steinkreis aus mächtigen, roh zubehauenen Blökken, die durch Deckplatten miteinander verbunden sind; dann ein Ring aus etwas kleineren Steinen, der wiederum einen Steinkreis mit Deckplatten einschließt. Ganz im Innern der Anlage befindet sich eine hufeisenförmige Steinsetzung aus niedrigen Blöcken, die einen einzelnen Stein umzieht. Zu dem ganzen Bauwerk führt eine breite Zufahrtsstraße; wo sie den Ringwall durchschneidet, steht ein einzelner Steinblock. St. wurde teils als Denkmal des Sonnenkultes angesprochen, teils als monumentale Grabanlage. Entstehungszeit 2. Jahrtausend v. Chr.; nach neueren engl. Untersuchungen Aufbau in mehreren Perioden.

C. Schuchhardt, Alteuropa, [3]1935; R. J. C. Atkinson, S., 1956 (engl.); G. Hawkins, S. decoded, 1965; A. Thom, Megalithic Sites in Britain, 1967; F. Niel, La Civilisation des megalithes, 1970; F. Hoyle, On Stonehenge, 1977.

Storchschnabel (Pantograph), Instrument, mit dem sich eine Zeichnung in vergrößertem, verkleinertem oder gleichem Maßstab wiedergeben läßt.

Stoß, Veit, Bildschnitzer und Bildhauer, * um 1445 Horb/Neckar (diese Herkunft gesichert durch 1952 aufgefundene Dokumente), † 22. 9. 1533 Nürnberg, gab 1476 sein Bürgerrecht in Nürnberg auf und zog nach Krakau, um dort für die Marienkirche im Auftrage der dt. Gemeinde den Hochaltar zu arbeiten. Nach Beendigung des Werkes 1489 führte er noch weitere Aufträge in Krakau aus und kehrte 1496 wieder nach Nürnberg zurück. 1503 wurde er gebrandmarkt und ins Gefängnis gebracht. – S. ist ein Hauptmeister der dt. spätgot. Bildnerei. Auch von ihm kann gelten, was von Dürer gesagt worden ist: glühend und streng. Am stärksten tritt sein Pathos und sein kaum zu bändigender Ausdruckswillen im Frühwerk, dem Krakauer Marienaltar, hervor (1477–89; mit seinen Ausmaßen von 13 m Höhe und 11 m Breite der gewaltigste Schnitzaltar der dt. Kunst). Weitere Hauptwerke: die Rotmarmorplatte mit der Bildnisgestalt des polnischen Königs Kasimir IV. († 1492), von dessen Grabmal in der Kathedrale zu Krakau; Christus am Kreuz (um 1510; aus dem Heiliggeistspital in Nürnberg, jetzt im German. Mus. das.); der „Englische Gruß" (1517/1518; Nürnberg, Chor von St. Lorenz); Christus am Kreuz (1520; Nürnberg, St. Sebald); der Bamberger Altar (1520–23; Bamberg, Dom, als Leihgabe der Oberen Pfarrkirche das.). Danach hat S. nichts mehr gearbeitet und ist erblindet gestorben. In den beiden letzten Werken hat sein Stil eine neue Klarheit und Reife gewonnen; die Formen sind beruhigt, groß, gerundet. – Man kennt von S. ferner 10 Kupferstiche, auch ist er als Maler tätig gewesen: Altartafeln der Pfarrkirche in Münnerstadt (1504).

M. Loßnitzer, V. S., 1912; E. Lutze, Katalog der V. S.-Ausstellung im German. Mus. zu Nürnberg, 1933; Ders., V. S., [4]1968; Th. Szydlowski, Le retable de Notre-Dame à Cracovice, 1935; Dobrowolski-Duthkiewicz, Wit Stwosz, 1951 (poln.); E. Buchner, V. S. als Maler, 1952 (Wallraf-Richartz-Jahrb. 14); S. Dettloff, Wit Stosz, 2 Bde., 1961 (poln. u. dt.); H. Sachs, V. S., [2]1972; A. Burkard, D. Krak. Altar, 1972; Z. Kepinski, V. St., 1982.

Strappo →Distacco.

Straßburger Münster, eins der bedeutendsten Bauwerke des Mittelalters, nicht einheitlich in Plan und Ausführung, da seine Bauzeit von der späteren Romanik bis in die späte Gotik reicht. Voraus ging ein 1015 begonnener Dom von gewaltigen Ausmaßen. Von ihm erhalten der Ostteil der Krypta und die Fundamente, auf denen der heutige Bau steht, in seinem Grundriß zum Teil von jenen bestimmt. Das Ganze gliedert sich zeitlich und stilistisch in drei Hauptteile. 1. Chor (letztes Viertel des 12. Jh.) und Querhaus (1. Hälfte des 13. Jh.); letzteres in einigen Teilen bereits von der franz. Gotik berührt. 2. Langhaus 1250–75 in einheitlicher und ungewöhnlich rascher Bauführung, der erste dt. Kirchenraum reifer Hochgotik, aber durch seine Breitenausdehnung und den weiten Schritt der Langhausarkaden von franz. hochgot. Innenräumen wesentlich unterschieden. 3. Westfassade seit 1276. Der Entwurf stammt vielleicht vom Meister → Erwin von Steinbach. Eine Besonderheit der beiden unteren Geschosse bildet das vielseitige System steinernen, ganz dünnen Stabwerks, das frei vor der Wand steht. Nach Erwins Tode (1318) wird unter Abweichung von seinem Plan stockend weitergebaut. Seit 1399 errichtete Ulrich von Ensingen auf der Plattform des 3. Geschosses einen Nordturm, der ab 1419 durch Johannes Hültz aus Köln bis 1439 vollendet wurde. Er war mit seinen 142 m bis in die 2. Hälfte des 19. Jh. der höchste Kirchturm der Welt und gehört zu den schönsten got. Türmen überhaupt.
Ausstattung: Glasgemälde in ungewöhnlicher Vollständigkeit und die Wirkung des Innenraumes wesentlich mitbestimmend. Als Stätte mittelalterlicher Bildnerei ist das S. M. nur noch mit den Domen von Bamberg und Naumburg zu vergleichen (235 Bildwerke wurden in der franz. Revolution zerstört). Das Wichtigste: der Engelspfeiler mit einer Darstellung des Jüngsten Gerichts im südlichen Querschiff, am Doppelportal außen der Marientod und die Figuren von Ekklesia und Synagoge (alles um 1230; die Originale der beiden letzteren im Frauenhaus), der reiche bildnerische Schmuck der drei Westportale (letztes Jahrzehnt des 13. Jh.), der eine neue Entwicklungsstufe der dt. Bildnerei einleitet.

G. Dehio, Das S. M., 1922; O. Schmitt, Got. Skulpturen des S. M.s, 2 Bde., 1924; M. Hasak, Das Münster Unserer Lieben Frau zu Straßburg im Elsaß, 1927; H. Jantzen, Das S. M., 1933; H. Kunze, Der Stand unseres Wissens um die Baugesch. des S. M.s, 1939 (Elsaß-Lothring. Jahrb., Bd. 18); F. Zschokke, Die roman. Glasgemälde des S. M.s, 1942; H. Weigert, Das S. M. u. seine Bildwerke, [3]1942; A. Erler, Das S. M. im Rechtsleben des Mittelalters, 1954; W. Sauerländer, Von Sens b. S. Ein Beitr. z. kstgeschichtl. Stellg. d. St. Querhausskulpturen, 1966; V. Beyer, Das S. M.: Glasmalereien, 1966; H. Recht, Das S. M., dt. 1971; H. Reinhardt, La Cathédrale du Strasbourg, 1972.

Straub, Johann Baptist, Bildhauer, * 1704 Wiesensteig (Württ.), † 15. 7. 1784 München, entfaltete das. seit 1735 eine sehr umfangreiche Tätigkeit. Er war einer der bedeutendsten und fruchtbarsten Vertreter der deutschen Rokokobildnerei, dessen schwungvolle und erfindungsreiche Werke mit dem Raum, für den sie geschaffen wurden, aufs feinste zusammengestimmt sind. Die besten gehören der Zeit um 1760 an: Hochaltar und Seitenaltäre in Schäftlarn (um 1758) und in Ettal.

Giedion-Welcker, Bayr. Rokokoplastik, J. B. St. 1922; A. Feulner, Skulptur und Malerei des 18. Jh. in Deutschland, 1929; R. Klessmann (Festchrift Peter Metz, hg. v. Urs. Schlegel u. C. Zoege v. Manteuffel) 1965; P. Steiner, J. B. S., 1974.

Strebebogen, Strebepfeiler, Strebewerk →Gotik.

Strettweg, Kultwagen von →Kultwagen.

Streumuster (Streublumen), kleine Blumen und Blätter, auch Sträußchen, die mehr oder weniger unregelmäßig über eine zu schmükkende Fläche verstreut sind. Das St. kommt bes. auf Porzellan- und Fayencegefäßen des 18. Jh. vor, auch auf Geweben, Tapeten, Teppichen, Spitzen u. dgl.

Strigel, Bernhard, Maler, * 1460/1461 Memmingen, † 1528 das., nachweisbar seit 1506, tätig auch in Augsburg und Nürnberg, ist bes. als Bildnismaler bemerkenswert, wiewohl er eine tieferdringende Charakteristik des Dargestellten nicht gibt. Seit 1515 war er der Bildnismaler des Kaisers Maximilian (Bildnisse des Kaisers und seiner Familie im Kunsthistor. Mus. in Wien). Hauptwerke sind die lebensgroßen Bildnisse des Augsburger Patriziers Konrad Rehlingen und seiner acht Kinder (1517; München, Ältere Pinakothek).

Parker-Hugelshofer, B. St. als Zeichner, 1925 (Belvedere 8); A. Stange, Deutsche Malerei d. Gotik, Bd. 8, 1957; Gertrud Otto, B. St., 1964 (Kunstwiss. Stud. 33, m. Bibl.); Edeltraud Rettich, B. S., Herkunft u. Entfaltg. s. Stils, Diss. Freiburg i. Br. 1965.

strigiliert →Sarkophag.

Strukturforschung, eine kunstgeschichtliche Methode, die auf der Voraussetzung beruht, daß alles schöpferische Leben sich gestaltet niederschlägt und aus der Gestalt auf wissenschaftlichem Wege wiederum herauszulesen ist. Das Kunstwerk als ein Teil des Gesamtniederschlags einer Kultur bietet durch seine Gleichzeitigkeit und Überschaubarkeit ein besonders eindringliches anschauliches Gleichnis der jeweiligen Weltgestaltung, sowohl der schöpferischen Einzelpersönlichkeit als auch der Zeit in dem betreffenden Kulturkreise. Ausgangspunkt der Strukturforschung ist die sorgfältige Feststellung des Tatbestandes des Kunstwerks, sowohl seines Inhalts als auch seiner Form, wobei beide streng gesondert werden (ähnlich der Graphologie). Die übrigen gleichzeitigen Kulturäußerungen werden zur Kontrolle, Bestätigung, Ergänzung herangezogen, ohne daß sie die Autonomie des sichtbaren Materials antasten dürfen („Zuordnung“). Den Antrieb für die immer subtiler zu erarbeitende Analyse bietet die Gewißheit, daß jedes sinnliche Merkmal ein geistig-seelisches Analogon hat. Das psychologische oder physiologische Schlußverfahren vom Künstler auf sein Werk wird somit zurückgestellt. Der unendlichen Vielfalt der Formen begegnet die S. durch die Erkenntnis umfassender Aufbaugesetze, Gesamtstrukturen, die die Abgrenzung verschiedener Kulturen und Epochen ermöglichen (Polare Symmetrie, Ovalstruktur usw.). Sie ist grundsätzlich auf alle Formen der Weltkunst anwendbar.

C. v. Lorck, Grundstrukturen des Kunstwerks, ²1965; ders., Wie erkenne ich das Kunstwerk? 1941; W. Drost, Barockmalerei i. d. german. Ländern, 1926; Ders., Zur Grundlegung der S. 1938 (in: Danziger Malerei); F. Matz, Kunstgeschichte u. S., 1950 (in: Griech. Kunst, Bd. 1, 1950); Ders., Tizian u. Tintoretto, eine Epochenwende (Universitas Jg.) 1955; Ders., Umbruch d. Spätromanik u. d. Spätbarocks (Festschr. J. Jahn) 1957; Ders., Versuche in S. an antiker u. neuer Kst., 1965; A. Hauser, Philosoph. d. Kst.gesch., 1958; J. Burnham, Kst. u. Strukturalismus. Die neue Methode d. Kst.interpretation, 1973; H. v. Einem, D. Strukturbegriff i. d. Kst.wiss., 1973.

Stucco lustro eine Abart der Freskotechnik, die oft mit der →Scagliolatechnik (Stuckmarmor) verwechselt wird. Der frisch aufgetragene, feinsandigen Marmor enthaltende Freskoputz wird mit einer Kalkseife eingestrichen. Darauf wird mit Freskofarben gemalt, die ebenfalls mit Kalkseife angesetzt sind. Die noch frische Malerei wird heiß gebügelt und erhält dadurch eine Glanzglättung, welche später nach völligem Trocknen durch Polieren mit Wachspaste noch gesteigert wird. Spezialisten dieser Technik sind seit dem 18. Jh. die Italiener.

K. Wehlte, Wandmalerei, [4]1962, [5]1969.

Stuck, Masse aus Gips, Kalk und Sand, die sich zunächst beliebig formen läßt, aber rasch erhärtet, daher sehr schnell bearbeitet werden muß und auch Korrekturen kaum zuläßt. – St.plastik läßt sich wohl am frühsten im Orient nachweisen (→Parthische Kunst). Auch in der →Gandhāra-Kunst war der St. als Werkstoff durchaus üblich, ferner im Rom der Kaiserzeit zur Herstellung von Relieffiguren in Innenräumen, ebenso in den altchristl. Kirchen Ravennas. Die vorroman. Plastik Italiens hat bedeutende Werke der St.plastik aufzuweisen, so die Figuren in S. Maria della Valle in Cividale (9. Jh.) und die Reliefs des Ziboriums von Sant' Ambrogio in Mailand (um 835). Das früheste Vorkommen von St.-plastik diesseits der Alpen dürften die Fragmente von Ornamenten und Figuren der Kirche in Disentis (8./9. Jh.?) darstellen. Ferner sind karoling. St.reliefs für die Kirche Saint-Riquier (→Centula) bezeugt. Meisterwerke roman. Reliefplastik in St. sind in Deutschland: das heilige Grab in der Stiftskirche in Gernrode (um 1120), die Reliefs der nördl. Chorschranke in St. Michael in Hildesheim (Ende des 12. Jh.) und die berühmten Chorschrankenfiguren in der Liebfrauenkirche zu Halberstadt (um 1200). Aus dem späteren 13. Jh. sind die Emporenfiguren der Trausnitzkapelle in Landshut zu nennen. Im 14. Jh. kommen vollplastische Bildwerke aus St. häufig vor, die dann allerdings meist aus zwei Hälften zusammengesetzt sind. In der Renaissance wurde (zuerst in Italien) der St. zu plastischen Verzierungen der Innenarchitektur verwendet, eine Verwendung, die im Barock einen immer größeren Umfang annahm. Man färbte den St., bemalte ihn mit Marmoradern, setzte ihm Steinbrocken zu und erhielt so Imitationen verschiedener Marmorsorten: St.marmor (Marmorstuck). Eine ital. Besonderheit ist die →Scagliola-Technik, eine Imitation von Marmor-Intarsien aus Gips, Leim und Pigmentfarben, die oft als Stuckmarmor bezeichnet wird. Übrigens ist die Stuckausstattung barocker Innenräume in Deutschland oft von ital. Handwerkern ausgeführt worden, die sich darauf am besten verstanden. Unter den dtn. Stukkatoren ragen bes. die der →Wessobrunner Stukkatorenschule hervor, die sich von den ital. Traditionen lösten und zu eigener Gestaltung fanden. Bis in die Gegenwart hat man sich des St.s bedient, namentlich zur Verzierung von Decken („Stuckdecken“).

G. Bankart, The art of the plasterer, 1908; F. Theilmann u. F. Schulze, Über das Stuckaturhandwerk, 1937; F. Berndt, St.plastik im frühmittelalterl. Sachsen, ihre Bedeutung und Technik, Diss. Hannover 1932; K. Lade u. A. Winkler, Putz, St., Rabitz, 1952; H. Cramer, St.-marmor, 1954; H. Schnell, Wessobrunner Baumeister u. Stuckatoren, 1953; P. Vierl, Der S., Aufbau u. Werdegang, (Kst.wiss. Stud. 42) 1969; R. Koch, Dte. St.plastik 800–1300, 1975; A. Knoepfli, Stuckauftrag u. St.polychromie, (Festschr. H. Burkard) 1965; Ders., Stuckauftrag u. St.-Polychromie i. d. barocken Baukst., 1965; Ch. Thon, J. B. Zimmermann als Stukkator, 1978; H. J. Schulz, Salem, Wunder des Stucks, 1977.

Stuck, Franz von, Maler und Bildhauer, * 23. 2. 1863 Tettenweis (Niederbayern), † 30. 8. 1928 Tetschen, seit 1889 Prof. der Akademie in München, malte repräsentative Bildnisse, heitere bukolische Szenen in der Art Böcklins, bes. aber mystisch-symbolistische Darstellungen („Der Wächter des Paradieses“, „Die Sünde“, „Luzifer“), düster gehalten, aber durchzuckt von giftig glimmenden Farben. S. hat später auch zu modellieren begonnen. Sein bekanntestes Bildwerk ist die speerschleudernde Amazone (Bronze). Seine von ihm selbst entworfene und nach seinen Plänen ausgestaltete Villa in München wurde 1936 als S.-Museum der Öffentlichkeit zugänglich gemacht.

Das Gesamtwerk F. v. S.s m. Vorwort v. F. v. Ostini, 1909; O. J. Bierbaum, S., [4]1924; G. Nicodemi, F. v. S., 1936 (ital.); Ausst. Kat. Stuckvilla München, 1968; A. Sailer, F. v. S., 1969; J. A. Schmoll gen. Eisenwerth, Das Phänomen F. v. S., 1972; H. Voss, F. v. S., 1974; H. Voss, F. v. St., 1974; Ausst.-kat. Fr. v. St., Villa Stuck München, 1982.

Stuckmarmor →Stuck.

Stufenpyramide →Ägyptische Kunst.

Stundenbuch, Livre d’heures, Gebetbuch für Laien (Gegenstück zum →Breviarium) das Gebete für die einzelnen Tageszeiten enthält. Kunstgeschichtlich am bedeutendsten sind die mit Miniaturen versehenen Stundenbücher des niederländ.-franz. Kunstkreises am Anfang des 15. Jh., z. B. das Turin-Mailänder St. („Heures de Turin“) und das von Chantilly („Les très riches heures du Duc de Berry“) der Brüder von →Limburg.

V. Leroquais, Les Livres d’heures, 3 Bde., 1927; H. Trost, Die Monatsbilder der Brüder v. Limburg, 1962; P. Lacombe, Livres d’heures imprimés au XVe et au XVIe siècle 1963; W. Smith, Das S. d. Kardinals Alessandro Farnese, 1976; J. Harthan, S.er u. ihre Eigentümer, 1977; Das S. d. Markgrafen Christoph I. v. Baden (Codex Durlach I), 1978/79 (Faks. m. Komm.).

Stupa, das verbreitetste sakrale Bauwerk Indiens, ursprünglich von halbkugeliger Gestalt und mit einem Zaun umgeben. Der S. nahm im Laufe der Zeiten mannigfaltige Formen an und entwickelte sich zuweilen zu komplizierten Anlagen. Eine solche ist z. B. →Borobodur auf Java.

Sturm, Der, eine von Herwarth Walden 1910 in Berlin gegründete Wochenschrift, die ein Sammelbecken alles Neuen in Literatur und bildender Kunst sein sollte. Mitarbeiter waren u. a. Kokoschka sowie die Künstler der →Brücke und des →Blauen Reiters. 1912 wurde eine Galerie angegliedert, in der in rasch aufeinanderfolgenden Ausstellungen die dt. und franz. Expressionisten, die ital. Futuristen und überhaupt alle avantgardistischen Künstler ihre Werke zeigen konnten. Höhepunkt war der „Erste deutsche Herbstsalon“ von 1913, ein Querschnitt durch alles, was damals im europ. Kunstschaffen neuartig war. Nach dem 1. Weltkrieg verlor der St. viel von seiner Bedeutung, zumal ähnliche Ziele auch von anderen Organisationen verfolgt wurden.

Der Sturm. Erinnerungsbuch an H. Walden und die Künstler aus dem St.-Kreis, hg. von Nell Walden u. L. Schreyer, 1954; ders. Erinnergn. an S. u. Bauhaus, 1957; Der S., Ausst.kat. Nat. Gal. Berlin (W), 1961; D. Schmidt, Manifeste 1905–33. Schriften deutscher Künstler d. 20. Jhs., Bd. 1, 1965.

Štursa, Jan, tschech. Bildhauer, * 15. 5. 1880 Nové Město, † 2. 5. 1925 Prag, Schüler von Myslbek und nach diesem der bedeutendste Vertreter der modernen tschech. Plastik. In seinen Anfängen von Rodin beeinflußt, gelangte er später zu eigener, plastisch geschlossener Form mit zuweilen lyrischem Einschlag. Ein dafür bezeichnendes Werk ist seine „Eva" (1908; München, Glyptothek).

K. Novotny, J. Š., 1940; A. Matějček, J. Š., 1950; J. Šebek, Piseň hor J. Š., 1957; P. Wittlich, Kresby J. Š., 1959; J. Š. - Svědectvi současniků a dopisy, 1962 (m. Lit.).

Sturz, der waagrechte Abschluß einer Tür- oder Fensteröffnung: Türsturz, Fenstersturz. In der mittelalterlichen Baukunst ist der Türsturz oft Träger plastischen Schmucks.

Sturzbecher, trichterförmiger Becher aus Steinzeug oder Glas ohne Fuß, den man also, wenn er gefüllt ist, nicht hinstellen kann. Leer, wird er mit der Öffnung nach unten hingestellt, „gestürzt" (Nürnberg, 16. Jh.).

Stützenwechsel, der Wechsel von Säule und Pfeiler (oder von zwei Säulen und Pfeiler) im Mittelschiff einer roman. Basilika. Auch das abwechselnde Auftreten von Pfeilern (oder Säulen) mit Vorlage und solchen ohne Vorlage pflegt man als S. zu bezeichnen. Dieser ist ein wichtiges Mittel, dem Langhaus die

Mittelschiffswand einer romanischen Basilika mit Stützenwechsel

Einförmigkeit seines Dahinziehens zu nehmen und es rhythmisch zu beleben. Bes. beliebt und kräftig durchgeführt ist der in seinen Anfängen auf den Orient (Saloniki, Demetriusbasilika; Rusapha, Sergiuskirche) zurückgehende S. in den niedersächs. Kirchen (Gernrode, Quedlinburg, →Hildesheim). Auch in der roman. Baukunst Frankreichs (bes. der Normandie) und Italiens findet sich der S., wenn auch weit spärlicher als in Deutschland.

G. Humann, St. in der roman. Baukunst, 1925 (Stud. z. dt. Kunstgesch. 233); F. Oswald, Zu d. Erscheinungsformen d. S.s (Würzb. Kirchenbauten d. 11. u. 12. Jhs.), 1966; G. Seib, Niedersächs. S., (Sichtbare Kirche) 1973.

Stylobat →Tempel.

Sullivan, Louis Henry, amerik. Baumeister, * 3. 9. 1856 Boston, † 14. 4. 1924 Chicago, setzte sich hauptsächlich mit dem Hochhausbau auseinander, in dem er die Stahlskelettkonstruktion weiterentwickelte. Er forderte, jedem Bauwerk die ihm gemäße „organische Gestalt" zu geben, wobei die Form stets der Funktion zu folgen habe. Damit begründete er den Typus des modernen Geschäfts- u. Warenhauses als →Hochhaus. S.s Gedanken wurden von seinem Schüler u. Mitarbeiter (1887–94) F. L. →Wright weiterentwickelt und beeinflußten auch europäisches Bauen. Hauptwerke: Auditorium Building Chicago 1887–89, Wainright Building St. Louis 1890–91, Gage Building Chicago 1898, Geschäftshaus Carson Pirie and Scott Chicago 1899. S.s Schriften nahmen viele Ansichten moderner Baumeister vorweg.

L. H. S., Inspiration, 1886; ders., The Autobiography of an Idea, 1924; H. Morrison, L. S., Prophet of Modern Architekture, 1952; W. Connely, L. S. as he lived, 1960; P. Sherman, L. H. S. – ein amerikanischer Architekt und Denker (Bauwelt Fundamente 5) dt. 1963 (m. Bibliograph., Schriften, Vorträgen); R. E. Schoneman, D. Hanks, The centennial of L. H. S.s arrival in Chicago. Drawings and architektural fragments from the collection (Calendar Art Inst. Chicago 68, 1) 1974.

Sumerische Kunst →Babylonische Kunst.

Super-Exlibris →Exlibris.

Suppedaneum, die Stütze unter den Füßen des gekreuzigten Christus, auch die oberste Altarstufe (Altarantritt).

Supraporte →Sopraporte.

Suprematismus, von →Malewitsch um 1913 in Moskau begründete Richtung der mod. Malerei, die eine radikale Beseitigung bis dahin gültiger Vorstellungen von Malerei anstrebte. Der S. forderte die Beschränkung auf „rein malerische" Formen und meinte damit geometrisch begrenzte in reinen Farben bemalte Flächen (Quadrate, Rechtecke, Dreiecke, Kreise) auf weißem Grund, die nichts darstellen, nichts bedeuten und in reiner, von jeder Gefühlsassoziation freien Harmonie sich selbst genügen. Dem S. entsprechen zahlreiche Bewegungen mit verwandten Zielen und nur leicht veränderten Grundsätzen. – (→Konstruktivismus →Stijl).

K. Malewitsch, S. – Die gegenstandslose Welt, dt. 1962; Camilla Gray, Die russ. Avantgarde d. mod. Kst., dt. 1963; T. Andersen, Malewitsch: Essays on Art, 2 Bde. 1968; Ausst.kat. Malewitsch, Amsterdam 1970; Ausst.kat. Von d. Fläche zum Raum, Köln, 1974.

Surikow, Wassilij, russ. Maler, * 12. 1. 1848 Krassnojarsk, † 1916 Moskau, Meister des national-russischen Historienbildes. Hauptwerke in der Tretjaków-Galerie in Moskau.

S. N. Goldštejn, W. S., 1950 (russ.); J. Dobay, S., 1954 (ungar.); K. Liebmann, Wassili Iwanowitsch S., 1954 (Das Kleine Kunstheft 12); G. N. Maskowtschew, W. J. S., 1960 (russ.).

Surrealismus, Richtung der modernen Malerei (und Dichtung), die auf Darstellung des Überwirklichen ausgeht. Sie sucht unter Einwirkung von Gedankengängen psychoanalytischer Forschung das Unbewußte, Traumhafte anschaulich zu machen, nimmt keine Rücksicht auf die naturgesetzliche, kausale Ordnung der Sinnendinge und bringt dagegen das Irrationale zu uneingeschränkter Geltung. Eine tief pessimistische Grundstimmung ist ihm eigen. Spuren von S. hat es in der Geschichte der Malerei schon immer gegeben, wofür bes. Hieronymus Bosch zu nennen ist. Das Programm des S. ist in der Neuzeit zuerst von dem Italiener Giorgio de →Chirico 1913 aufgestellt worden. Zu einer geschlossenen Richtung wurde er zunächst in der Literatur durch eine Gruppe franz. Dichter unter Führung von André Breton, der in seiner Programmschrift „Manifeste du Surréalisme" (1924) der Sache den Namen gab. In der Folgezeit wuchs sich der S. zu einer über ganz Europa und in Amerika vertretenen Richtung aus, die, wenngleich in geringerem Maße, auch auf die Plastik übergriff. Hauptvertreter: der Italiener de Chirico, die Franzosen Masson und Tanguy, der Spanier Miró, die Deutschen Max Ernst und Hans Arp (Bildhauer). Chagall, Klee, Picasso und viele andere stehen dem S. nahe.

A. Breton, Le surréalisme et la peinture, 1928, dt. 1972; D. Wyss, Der S. in Literatur u. Malerei, 1949; H. Dyserinck, Das ideolog. u. ästhet. Gedankengut des S., ungedr. Diss. Marburg 1949; M. Carrouges, André Breton et les données fondamentales du surréalisme, 1950; M. Nadeau, Histoire du surréalisme, 1958; P. Waldberg, S., dt. 1962; J. Marcel, Gesch. d. S., dt. 1961; M. Jean, Gesch. d. S., dt. [2]1968; P. Bürger, Der franz. S., 1971; S. Alexandrian, S., dt. 1973; ders., Surrealistische Maler, 1973; U. Schneede, Malerei des S., 1973; W. S. Rubin, Dada und S., 1973; J. Pierre, Lexik. des S., 1974; D. Ades, Dada und S., 1975; G. Picon, d. S. in Wort u. Bild, 1976; ders., Surrealists and S. (engl./fr.), 1977; M. Remy, British S., 1977.

Sutton Hoo, Grab von, ein in der engl. Grafschaft Kent gelegenes, 1939 untersuchtes Grab eines angelsächs. Fürsten, vielleicht des Königs Aethelhere († 655). Schiffsbestattung mit sehr reichen Beigaben: Waffen aller Art, bronzene und silberne Gefäße mit Email- und Glaseinlagen, goldener Beschlag einer Tasche mit figürlichen Darstellungen, goldene Schnallen usw. Es sind zumeist Erzeugnisse des bodenständigen ostenglischen Kunstgewerbes mit einigen Beziehungen zu Schweden.

R. L. S. Bruce-Mitford, The Sutton Hoo ship burial, [11]1968; C. W. Philipps, The excavation of the Sutton Hoo ship burial, 1956; Ch. Greene, The excavations of a royal shipburial, 1963; C. Hawkes, S. H. (Antiquity 38) 1964.

Švabinský, Maximilián, tschech. Maler und Graphiker, * 17. 9. 1873 Kremsier, † 10. 2. 1962 Prag, wurde das. 1910 Professor an der Akademie. Als Maler vertritt er alle Bildgattungen und hat auch Entwürfe für Glasfenster und Mosaiken geschaffen. Als Graphiker (Radierfolgen, Porträtholzschnitte) hat er zur Erneuerung der tschech. Künstlergraphik den stärksten Beitrag geliefert.

J. Květ, M. S., dt. 1961; M. Š., Kat. Mus. Prag (m. Bibl.), 1973 (tschech.).

Syfer →Seyfer.

Symbol. In der Kunst unterscheidet sich das S. von der →Allegorie dadurch, daß es nicht etwas Abstraktes veranschaulichen, sondern einen tieferen, bedeutsamen Inhalt oder Sinn andeuten will. Das allgemeinste S. der christl. Kunst ist das Kreuz. Auch Tiere sind von ihr häufig als S.e verwendet worden (Lamm, Fisch, Taube, Pfau u.a.), ferner Zahlen und Farben, die verschiedensten Zeichen und Gegenstände (→marianische Symbole), ganz abgesehen von alledem, was zwar nicht als S. geschaffen, aber als solches gedeutet worden ist. Ein großer Teil der S.e der mittelalterlichen Kunst stammt aus der →Typologie, einem Spezialfall der Symbolik. →Tiersymbolik.

W. Menzel, Christl. S.ik, 2 Bde., [2]1856; J. Sauer, S.ik des Kirchengebäudes, [2]1924; W. Walter, Lehrbuch der S.ik, 1924; G. Lanoc-Villène, Le livre des symboles. Dictionnaire de symbolique et de mythologie, Bd. 1–6, 1939; O. Doering, Christl. S.e, 2. Aufl. von M. Hartig 1940; B. Kipping, Symbol en Allegorie in de beeldende Kunst, 1941; G. Ferguson, Signsand symbols in christian art, 1954; Klementine Lipffert, S.-Fibel, 1955; E. Baldwin Smith, Architectural symbolisme of Imperial Rome and the Middle Ages, 1956 (Princeton Monographs in Art and Archaeology 30); G. de Terverent, Attributs et symboles dans l'art profane 1450–1600, 1958; S. Wisse, Die religiöse S., 1963; R. Volp, Das Kstwerk als S., 1966; Symbolik d. Religion, hg. v. F. Herrmann, 16 Bde., 1958–68; G. Heinz-Mohr, Lexik. d. S.e. Bilder u. Zeichen d. christl. Kst., [2]1972; M. Lurker, S., Mythos u. Legende in der Kunst, [2]1974; ders., Bibliographie z. Symbolik, Ikonograph. u. Mythologie, 1976; A. Reinle, Zeichensprache d. Architektur, 1976; G. W. Benson, The Cross, its

History and Symbolism, 1976; Maria Helene Gamillscheg, Die Symbole von Licht u. Finsternis i. der Orthodoxen Ikonographie, 1979; Bauer, Dümotz, Golowin, Lex. der S.e, 1980; H. u. M. Schmidt, Die vergessene Bildersprache christl. Kultur, 1981.

Symbolismus, eine in Frankreich zuerst um 1885 in der Literatur, wenige Jahre später auch in der Malerei auftretende Richtung, die gegen →Realismus und →Impressionismus opponierte und Gedankliches durch Symbole auszudrücken versuchte. Dem S. war ein mystischer Einschlag eigen und eine auf den →Jugendstil hindeutende Neigung zum Dekorativen. Zusammenhang bestand mit der Kunst der →Präraffaeliten. Hauptvertreter waren Gustave →Moreau, →Puvis de Chavannes, Odilon→Redon und der Belgier →Ensor.

S. Lövgren, The Genesis of Modernism, 1959; H. H. Hofstätter, S. u. d. Kst. d. Jhwende., 1965; ders., Idealismus u. S., 1971; E. Lucie-Smith, Symbolist art, 1972; P. Jullian, The Symbolists, 1973; S. in Europa, Ausst.-kat. Kst.halle Baden-B. und Mus. Boymans Rotterdam, 1976 (m. Bibl.).

Symmetrie. Da S. unter statischem Gesichtspunkt Spannungsausgleich bedeutet, tritt sie hauptsächlich in der Baukunst in Erscheinung, die ja aus statischen Gründen auf Spannungsausgleich bedacht sein muß. Dieser wiederum kann, ohne daß statische Erwägungen in Frage kommen, einen ästhetischen Wert gewinnen, gewissermaßen als Grenzfall der Harmonie aller Teile. So ist denn S. weithin in der Kunst verbreitet, wenn auch nicht in allen Stilen gleichermaßen geschätzt. Die antike Baukunst und die von ihr ausgehenden Stile (ital. Renaissance, Klassizismus) neigen zur S., während die nord. Spätgotik und die von ihr durchdrungene nord. Renaissance sich der S. gern immer wieder entziehen (bewußt asymmetrische Bildung von Profanbaufassaden). Bes. deutlich wird dies in dem auf Spannung und Bewegung angelegten spätgot. Ornament, das selbst bei dem von Haus aus symmetrischen Maßwerk zu asymmetrischen Bildungen drängt, die auch im Rokokoornament beliebt sind. Im übrigen ist gerade das Ornament ein Hauptgebiet der S., vor allem auch in seiner Vervielfachung zum dekorativen System. Im Kunstgewerbe ist S. dort natürlich, wo es auf Statik ankommt (Möbel, Gefäße), was wiederum nicht ausschließt, daß ihr durch asymmetrischen Dekor entgegengewirkt wird. In den einer Geometrisierung am wenigsten unterworfenen Künsten der Bildnerei und Malerei vermag S. nur sehr locker zur Geltung zu kommen. →Farbensymmetrie, →gegenständig.

D. Frey, Zum Problem der S. in der bildenden Kunst, 1949 (Zeitschr. Studium Generale, Jahrg. 2); Lottlisa Behling, S.probleme in der bildenden Kunst, Zeitschr. d. Friedr. -Schiller-Univ. Jena, Jahrg. 1952/53; K. L. Wolf u. R. Wolf, S., Text- u. Tafelbd., 1956; M. Gardner, Das gespiegelte Universum, dt. 1967; Lottlisa Behling, S.-probleme i. d. bild. Kst., 1974.

Synagoge, 1. urspr. Versammlungshaus, später Kultstätte und Bethaus der Juden. Sie leitet sich nicht vom Tempel ab. Bezeichnend für die Entwicklungsgeschichte des S.baus ist die Übernahme jeweils zeitgenössischer Formen, so daß es – abgesehen von Inneneinrichtungen für den Kult (siebenarmiger Leuchter →Menora, die Kanzel, Heilige Lade) – keinen verbindlichen Bautypus gibt; so ist die älteste dte. S. in Worms „romanisch“, die Altneuschul-S. in Prag „gotisch“; ital. S.n sind vorwiegend im „Stile“ der Renaissance und des Barock gebaut; solche des 19. Jhs. vom Historismus beeinflußt. Eine Sonderform

der S. – namentlich in Osteuropa – waren S.n als Holzbauten, im Inneren bemalt. Die heutigen S.n sind Ausdruck modernen Bauens.
2. →Ecclesia.

Syrakus. Stadt an der Ostküste Siziliens, um 800 v. Chr. durch Griechen erbaut, Blütezeit 5. bis 3. Jh. Zahlreiche Reste antiker Bauten sind überall in der Stadt erhalten. Der Athenatempel ist heute im Dom verbaut. Ferner sind ein Theater (das größte griechische) und ein Amphitheater vorhanden sowie bedeutende Teile der Stadtmauern, Wasserleitungen, ein riesiger Altar und die antiken Steinbrüche (Latomien). Aus christl. Zeit stammt eine große Katakombenanlage. Nahe bei S. die Quelle Arethusa mit antiker Fassung.

Lupus, Die Stadt S. im Altertum, 1887; Fabricius, Das antike S., eine historisch-archäologische Untersuchung, 1932; Margaret Guido, Syracuse, [3]1963 (engl.); G. v. Gentili, Siracusa, (Enciclop. dell' arte antica classica e orientale Bd. 7) 1966.

Syrlin, Jörg, d. Ä., Schreiner, Bildschnitzer und Bildhauer, * um 1425 Ulm, † 1491 das., schuf als sein Hauptwerk das Chorgestühl des Ulmer Münsters (1469–74), wobei allerdings nicht ganz sicher ist, ob er nicht nur der Schreiner, sondern auch, wie man gern annehmen möchte, der Schnitzer des besten Teils der Figuren war (mehrere Hände). Dieses Gestühl ist die Krone der dt. Chorgestühle und steht schon durch den Umfang seines figürlichen Programms allen anderen voran. Dazu kommt die in ihrer Zeit einzigartige edle Klarheit der Form. Als Steinbildhauer zeigt sich S. in den Figuren vom Ulmer Fischkasten (1482). Sein Sohn Jörg S. d. J. (etwa 1455 bis nach 1523) hat die Werkstatt fortgeführt und Chorgestühle, Altäre und Einzelwerke geschaffen.

Grill, J. S. d. Ä. und seine Schule, 1910; Gertrud Otto, Die Ulmer Plastik der Spätgotik, 1927; W. Vöge, J. S. d. Ä. und seine Bildwerke, Bd. 2, 1950; H. Peé, J. S. d. Ä. Das Ulmer Chorgestühl 1468–1474, 1962.

Székely, Bertalan, ungar. Maler, * 8. 5. 1835 Kolozsvár, † 21. 8. 1910 Mátyásföld, studierte in Wien (Rahl) und München (Piloty), wirkte an der Akademie in Budapest, wurde bes. bekannt durch seine großen historischen Kompositionen, die auch als monumentale Wandbilder ausgeführt sind.

E. Petrovics, S., 1936 (ungar.); L. Haulisch, B. S., 1964 (ungar.).

Szenographie →Skenographie.

Szilágy-Somlyó (Siebenbürgen), Schatzfunde von. Der erste, 1797 entdeckte Schatz (Wien, Kunsthist. Mus.) besteht aus zahlreichen spätröm. Goldmedaillons des 4. Jh. Der zweite Schatz (Budapest, Nationalmus.), der 1889 unweit der ersten Fundstelle zutage kam, enthält Schmucksachen pontisch-gotischen Stiles: eine große Onyx-Fibel, zahlreiche goldene Bügelfibeln (→Fibel) mit →Almandinauflagen, Zellenverglasung und →Filigran, ein Paar Rundscheibenfibeln mit getriebenen Tierfiguren, einen Goldhalsring und je ein Goldmedaillon des Constantius (337–361) und des Gratianus (375–378). Beide Schatzfunde sind etwa um 400 der Erde anvertraut worden; sie stammen aus ostgotischem oder gepidischem Besitz.

Hampel, Altertümer des Frühmittelalters in Ungarn II, 1905; N. Fettich, Der zweite Schatz von Sz.-S., 1932 (Archaeologia Hungarica 8); H. Lajos, Die Gesch. d. Auffindg. d. erst. Schatzes v. S.-S. u. s. Überführen nach Wien (Folia Archaeologica) 1941; R. Noll, Vom Altertum z. MA., 1958.

Szinyei, Pál (Paul) Merse von, ungar. Maler, * 4. 7. 1845 Színye-Ujfalu, † 2. 2. 1920 Jernye, in München Schüler Pilotys, wurde einer der ersten Vertreter der Freilichtmalerei in Ungarn. Seit 1905 war er Direktor der Hochschule für bildende Künste in Budapest.

B. Lázár, Paul M. von S., ein Vorläufer der Pleinairmalerei, 1911; D. Rózsaffy, Un précurseur de la peinture moderne en Hongrie, P. M. de Sz., 1927; S. Meller, S., 1935 (ungar.); M. Rajnai, Sz.-Merse Pál 1845–1920, dt. 1953; S. Jeszenszky, Le Dejeuner sur l'herbe de S. (Bull. de la Gal. Nat. Hongr. II) 1960; D. Pataky, S. M., 1964 (ung.); G. O. Pogany, Ungar. Mal. im 19. Jh., 1971.

Tabernakel; (lat. Hütte) 1. Das Gehäuse oder die (Wand-)Nische zur Aufbewahrung der geweihten Hostien; nachdem sich der T. in seiner Entwicklung von der Nischenform gelöst hatte, entstand das →Sakramentshaus. – 2. ist T. oft gleichbedeutend mit →Ciborium, →Baldachin. – 3. Im besonderen bezeichnet man mit T. das aus Säulen und Dach bestehende luftige Ziergehäuse der got. Architektur mit und ohne Statuen.

Baare-Schmidt, Das spätgot. T. in Deutschland, Bonner Diss. 1937.

Tachismus (von la tache frz. = der Fleck), auch „art informel" (frz. = formlose Kunst), „action painting" (engl. = Aktionsmalerei), „abstrakter →Expressionismus", Stilrichtung der mod. Malerei, die gegen 1950 in Paris und den USA entstanden ist. Der Begriff T. wurde um 1950 von dem franz. Kritiker Seuphor eingeführt. Als Begründer gelten J. Pollock (USA) und →Wols. Mit dem T. hat sich eine malerische und extrem subjektive Richtung gegen die geometrisierende Malerei (→Suprematismus →Stijl) durchgesetzt. Der T. betont das Spontane des Malvorgangs, das „Schaffen aus dem Unbewußten". Der malerische Prozeß ist oft wichtiger als das Ergebnis. Eindeutig begrenzte Formen werden vermieden, es sei denn, sie stellten sich von selbst ein. Die Darstellung bestimmter Motive wird weder angestrebt noch abgelehnt. Ebensowenig hat die Beschränkung auf bestimmte Bildformen, Materialien, Techniken für den T. einen Sinn. Der T. knüpft z. T. unmittelbar an den Expressionismus an. Es bestehen auch Beziehungen zum →Surrealismus, dessen Anschauung vom „irrationalen Schaffensvorgang" der T. abgewandelt hat.

B. v. Grünigen, Vom Impressionismus zum T., 1964.

Tâdsch Mahâl („Grab der Kronendame"), Grabbau der Lieblingsfrau Schāh Jahāns bei Agra (Vorderindien), ein Meisterwerk indoislamischer Baukunst, entstanden 1630 bis 1648 aus d. Zusammenarbeit der besten Baumeister und Handwerker von Indien, Zentral- und Westasien, ein weißer Marmorbau mit Hauptkuppel und vier Nebenkuppeln sowie vier minarettähnlichen Türmen.

D. Brandenburg, Der T. M. in Agra, 1969.

Tafelmalerei, die Malerei, deren Bildträger eine Holztafel ist. Das auf diese gemalte Bild heißt Tafelbild. An Stelle des Holzes kommt bei kleinen Formaten zuweilen Kupfer vor (→Elsheimer). Unter den Begriff der T. rechnet man, zumal wenn man sie im Unterschied zur Wandmalerei meint, meist auch die Bilder, deren Träger eine auf einen Holzrahmen gespannte Leinwand ist. Um Holztafel oder Leinwand zur Aufnahme von Malerei geeignet zu machen, bedarf es der →Grundierung. Zur Anwendung kommen →Temperamalerei und →Ölmalerei. Das Tafelbild, das im

Unterschied zum Wandgemälde keinen festen Platz im Raume hat, erfordert einen →Rahmen, der es von seiner Umgebung isoliert. – Die Geschichte der T. beginnt bei den →Mumienbildnissen der Spätantike und wird fortgesetzt durch die Geschichte der byzantin. →Ikone. In der abendländischen Kunst des Mittelalters sind die ersten Tafelbilder die Altarvorsätze (→Antependium), wie sie sich bereits aus dem 11. Jh. in Katalonien (→Span. Kunst) erhalten haben. Auch ital. Tafelbilder des 12. und 13. Jhs. sind in größerer Zahl bekannt. Deutsche gibt es erst seit dem 13. Jh. u. nur in wenigen Beispielen. Außerordentlich wichtig für die weitere Entwicklung des Tafelbildes war die zunehmende Bedeutung des Altaraufsatzes oder Retabels (→Altar); denn das abendländische Tafelbild war zunächst überhaupt nichts anderes als ein Altarbild. Sein Aufschwung beginnt um die Mitte des 14. Jh. Das Tafelbild wurde im N zum eigentlichen Träger der malerischen Entwicklung, während ihm in Italien das Wandgemälde durchaus gleichgeordnet blieb. In Italien begann man auch zuerst die Holztafel durch eine aufgespannte Leinwand zu ersetzen, und zwar am frühesten in Oberitalien (Mantegna), bes. in Venedig (Jacopo Bellini), kurz nach der Mitte des 15. Jh. („Tuchbilder" als Ersatz für Wandmalerei gab es jedoch schon früher, bes. in Flandern). Im übrigen Italien ebenso wie im N wurde dagegen noch im 16. Jh. allgemein auf Holz gemalt, ja auch im 17. Jh. kommt dieses wohl mindestens ebenso häufig vor wie Leinwand. Diese wurde in der Regel bei großen Formaten genommen, jenes bei kleinen. Die unbedingte Vorherrschaft der Leinwand ist erst im 19. Jh. eingetreten.

W. Worringer, Die Anfänge der Tafelmalerei, 1924; A. Eibner, Entwicklung u. Werkstoffe der T., 1928; K. Wehlte, Werkstoffe u. Technik d. Mal., 1968; E. Kluckert, Die Erzählformen d. spätmittelalterl. Simultanbildes, Diss. Tübingen 1974; Christa Maria Dreissiger, Zur Gesch. der T. 1420–1470 (Probleme u. Entw.), 1978.

Täfelwerk (Täfelung, Getäfel), die Verkleidung von Wänden oder Decken mit Holztafeln, ein vom 15. bis 18. Jh. in den nord. Ländern angewandtes Mittel, um gegen die Kälte der Mauer zu schützen, den Wohnraum gemütlich zu machen und ihn zu zieren. An der Decke sind die Tafeln (→Kassetten) in ein Rahmenwerk gebracht, das auch durch die Deckbalken gebildet sein kann. Bei reich ausgeführten T. ist die Wand zu einer Fassade im kleinen geworden: auf einem Sockel erhebt sich ein architektonisches Scheingerüst aus Pilastern, kleinen Säulen, Gesimsen, Konsolen, Giebeln, Segmentbögen, mit Schnitzwerk verziert, zuweilen durch Intarsia belebt. Die Tür ist in dieses System mit einbezogen und stellt den Brennpunkt des Formenaufwandes dar. Namentlich die dt. Schreiner des 16. Jh. haben dieses T. mit außerordentlicher Kunstfertigkeit ausgeführt und damit zum Ruhme der „altdeutschen Stube" beigetragen, auch haben die besten Meister, so z.B. Peter Flötner, Entwürfe geliefert. Gelegentlich ist es auch zu einer Überfülle der Schmuckformen gekommen.

Taille →Kupferstich.

Talbotypie →Photographie.

Tambour →Kuppel.

Tanagrafiguren →Terrakotta.

Tange, Kenzō, japan. Baumeister, * 4. 9. 1913 Imabari Prov. Ōsaka, studierte in Hiroshima und Tokio, Professor für Architektur an der

Univ. das., bes. für Stadtplanung. Unter dem Einfluß von →Le Corbusier hat sich die jap. Baukunst mit der europ. auseinandergesetzt; von ihm übernahm K. T. die „Sprache" des europ. →Betonbaus und der Fassadengestaltung (→Sichtbeton, →Brutalismus), versagte sich aber trotz allem nicht japanischer Tradition des Holzbaus, die er mit den neuen Baustoffen u. Techniken der Gegenwart weiterentwickelte. Ein Wesensmerkmal seiner Bauwerke ist deren Plastizität.
Bedeutende Leistungen T.s sind das Friedenszentrum in Hiroshima, 1955/56; die nationale Sporthalle für die Olympischen Spiele in Tokio, 1964; die kath. Kathedrale in Tokio, 1964; die Kagawa-Präfektur in Takamatsu, 1958. Bei diesen Bauwerken beeindruckte K. T. durch die Dachkonstruktionen in →Schalenbauweise. In Europa wurde er bekannt durch seine Planung zum Wiederaufbau der erdbebenzerstörten jugoslawischen Stadt Skopje. 1970 plante er die Weltausstellung in Ōsaka. – K. T. schrieb: Architektur u. Städtebau 1946–69, 1970; Katsura. Tradition and Creation in Japanese Architecture, 1960.

R. Boyd, K. T., 1964 (dt.); E. Tempel, Neue japan. Architektur, 1969; U. Kultermann, Neues Bauen in Japan, 1964; ders. (Hg.), K. T. 1946–69 Architektur u. Städtebau, 2 Bde., 1970 (s. o.); P. Riani, K. T., 1971; Z. Kósa, K. T., 1977 (dt.).

Tanguy, Yves, franz. Maler, * 5. 1. 1900 Paris, † Jan. 1955 Woodbury, Conn., USA. T. war zunächst Seemann, bevor er 1924, angeregt durch surrealistische Bilder, zu malen begann. 1939 ging er nach den USA. Seine Bilder sind Traumlandschaften mit unendlichem Horizont, bevölkert von weichen, plastischen, schwebenden oder ruhenden Formen, die oft an Organisches anklingen. Entsprechend der Technik des →Surrealismus stellte er Phantastisches mit den Mitteln einer glatten und genauen illusionistischen Malerei dar.

J. Thrall Soby, Y. T., Mus. of mod. Art New York, 1955; Y. T. Das druckgraph. Werk, 1976.

Tapete, Wandbekleidung, ursprünglich aus gewebten Stoffen (→Teppich, →Bildteppich, →Rücklaken), auch aus Leder (→Ledertapeten), seit dem 18. Jh. meist aus Papier. Ende des 18. Jh. gelangten chines. Wandschirme, die mit Papier verkleidet waren, nach England und gaben hier den ersten Anstoß zur Herstellung von Papiertapeten, die mit den Mustern bedruckt wurden, wie sie die gewebten T.n aufwiesen. Die Muster wurden durch Abdruck von Holzmodeln, später von solchen aus Metall hergestellt. Im 18. Jh. verbreitete sich der Gebrauch der Papiertapeten immer mehr und wurde vollends allgemein, als durch Erfindung der Tapetendruckmaschine am Ende des 18. Jh. die Herstellung außerordentlich vereinfacht und damit verbilligt wurde. Ein ernst zu nehmender Zweig des Kunstgewerbes oder der dekorativen Kunst ist die Papiertapete jedoch kaum jemals gewesen, da sie im allgemeinen nur die auf anderen Gebieten gefundenen Muster wiedergab. – Einen Überblick über die Entwicklung der T. gibt das Deutsche T.-Museum in Kassel (seit 1923).

G. E. Pazaurek, Die T., 1922; Kat. Dt. T.-Mus. Kassel-Wilhelmshöhe, 1955; J. Leiss, T.n a. alt. u. neu. Zt., 1961; M. Schulz, Bildtapeten, 1968; H. Olligs (Hg.) T. Ihre Gesch. bis zur Gegenwart, 3 Bde., 1970; G. Haase, Bildtapeten, 1978.

Tarentinische Kunst. Die im Jahre 708 v. Chr. gegründete griech. Kolonie Tarent in Unteritalien war ein Zentrum gewisser Kunstgattungen. Von älterer monumentaler

Plastik kennt man bes. die sitzende Göttin des Berliner Museums (um 480), die dort gefunden wurde. Im 5. Jh. gilt eine Anzahl von Kleinbronzen als tarentinisch, aus dem 4. kennen wir zahlreiche Kalksteinreliefs meist kleinen Formats, die zu Grabdenkmälern gehört haben und einen eigenständigen Stil zeigen. Die sehr reiche Vasenmalerei von T. ist noch wenig erforscht.

H. Klumbach, Tarentiner Grabkunst, 1937; U. Jantzen, Bronzewerkstätten in Großgriechenland und Sizilien, 1938.

Tarquinii, ital. Taranto, antike Stadt in Süd-Etrurien beim heutigen Tarquinia (früher Corneto Tarquinia), etruskische Gründung aus der Zeit um 800 v. Chr. Von der Stadt selbst sind nur geringe Mauerreste erhalten. Dagegen liegen in der Nähe große Nekropolen, in deren Kammergräbern zahlreiche etrusk. Wandgemälde aus der Zeit von etwa 550–100 v. Chr. erhalten sind →Etruskische Kunst.

H. Leisinger, Malerei d. Etrusker, 1953; H. Hencken, T. and Etruscan origins, 1968; H. Herdejürgen, Untersuchungen z. thronenden Göttin aus T. in Berlin, 1968; dies., Die tarentinischen Terrakotten, 1971.

Tartsche →Wappen.

Tassel, Mantelschließe im Mittelalter (12.–14. Jh.), meist als Schmuckstück ausgebildet.

Tassilo-Kelch, ein den Namen des Bayernherzogs Tassilo tragender, etwa 25 cm hoher Kelch im Stift Kremsmünster (781). Er ist aus Kupfer gearbeitet, zeigt in niellierten Silberplatten auf der Kuppa die Brustbilder Christi und der Evangelisten, auf dem Fuß die von Heiligen und ist im übrigen dicht mit vergoldeten Ornamenten ausgestattet, deren Grund in Keilschnitt ausgegraben ist. Angelsächsisch-irische Stilmerkmale haben Veranlassung gegeben, den T. für eine süddt. Nachahmung angelsächs. Vorlagen oder überhaupt für eine südengl. Arbeit unter irischem Einfluß zu halten.

P. Stollenmayer, Der T. (400 Jahre Gymn. Kremsmünster), 1949; G. Haseloff, Der T., 1951; P. Stollenmayer, E. Widder, D. Kelch d. Herzogs T., 1976.

Taufe Christi. Sie erscheint in der mittelalterlichen Kunst sehr häufig, da sie zugleich eine Darstellung der Dreifaltigkeit ist: Christus steht frontal da, der Jordan steigt in Gestalt eines Wasserberges bis zu seinen Hüften an. Gottvater und die Taube des heil. Geistes werden über ihm sichtbar. Johannes der Täufer links legt ihm die Hand segnend aufs Haupt, rechts stehen Engel, die Tücher zum Abtrocknen bereit halten. Der Jordan ist in byzantin. Darstellungen gern durch einen Mann mit Wasserurne personifiziert und danach auch in abendländischen, die gerade im Taufbild besonders stark von Byzanz abhängig sind. Seit dem 15. Jh. macht sich die inzwischen eingetretene Änderung des Taufritus auch in der bildenden Kunst insofern bemerkbar, als Johannes jetzt aus einer Schale Wasser über das Haupt Christi gießt.

J. Strzygowski, Ikonographie der T. Chr., 1885; G. Ristow, Die T. Ch. im Jordan, ungedr. Diss. Berlin, 1958.

Taufkirche (Baptisterium), selbständiges kirchliches Bauwerk, das der Vollziehung des Taufakts dient. Die T., meist Johannes dem Täufer geweiht, gehört zu einer größeren Kirche (Bischofskirche) und liegt in ihrer Nähe, gern westlich von ihr (so in Pisa und Florenz). Sie ist ein Zentralbau über rundem, rechtwinkligem, kreuz- oder kleeblattähnlichem, am häufigsten jedoch achteckigem Grundriß und enthält das Taufbecken, in dem durch Untertauchen getauft wurde, was auch im Namen Baptisterium von lat./griech. babtisterion = Wasserbecken zum Ausdruck kommt. Die Nebenräume der T. können sehr verschieden sein. – T.n kommen im christl. Orient wie Okzident vor. Die ältesten Beispiele dürften noch aus dem 4. Jh. stammen (S. Giovanni in Fonte in Neapel und T. der älteren Menasbasilika bei Alexandria). Mit der im Verlaufe des Mittelalters eingetretenen Abschaffung der Sitte des Untertauchens bei der Taufe wurden die T.n überflüssig, da nun der in der Kirche aufgestellte →Taufstein völlig genügte. Im N bleiben daher die T.n (von denen viele in späteren Zeiten zerstört worden sind) im allgemeinen auf den roman. Stil beschränkt; in Italien kommen sie noch bis ins 15. Jh. vor. →Westwerk.

A. Khatchatrian, Les Baptistères paléochrétiens, 1962.

Taufstein (Taufbecken). Zur Vornahme der Taufe wurden in altchristl. Zeit und im frühen Mittelalter, z.T. auch noch später, → Taufkirchen errichtet mit einem großen Becken in der Mitte. Infolge zunehmender Reduktion des Taufritus begann man seit dem 11. Jh. mit einem T. auszukommen, der in der Kirche neben dem Eingang aufgestellt wurde (in protestant. Kirchen befindet er sich aus Zweckmäßigkeitsgründen im Chor). Da das Material in den weitaus meisten Fällen Stein war, so ist der Name „T." auch auf die Exemplare aus Metall oder Holz übergegangen. Form und Ausstattung des T.s waren in keiner Weise festgelegt, und so stehen innerhalb des roman. Stils verschiedene Typen von T.en nebeneinander, die man als Kessel, Kufe, Pokal und Schale bezeichnet hat. Gemeinsam ist ihnen ein gedrungener Fuß; für die oft sehr reichliche Verzierung mit Ornamenten, figürlichen und symbolischen Darstellungen gibt es keine Regel. Die figürliche Ausstattung der T.e zu Freckenhorst in Westfalen (um 1129) und im Merseburger Dom (um 1180) gehört ikonographisch und formal zu den bemerkenswerten Leistungen der dt. roman. Bildnerei. Das gilt in noch höherem Grade von einigen Erztaufen, die Hauptwerke ihres Zeitalters sind: Das ein →ehernes Meer darstellende, aus Messing gegossene Taufbecken des Reiner von Huy in der Bartholomäuskirche in Lüttich (1112) und das noch bedeutendere im Dom zu Hildesheim (um 1230), das auf den Personifikationen der vier →Paradiesesflüsse ruht. Das meisterhaft in Szene gesetzte ikonographische Programm, die technische und künstlerische Ausführung sind gleich bewundernswert. Erztaufen waren namentlich im 13.–16. Jh. in Norddeutschland verbreitet (Fehlen von Haustein!). In der Gotik läßt der Reichtum der Ausstattung ganz wesentlich nach. Der T., der jetzt auch des öfteren aus →Zinn hergestellt wurde, erhält eine architektonische Blendgliederung in Maßwerk, die Pokalform wird immer ausschließlicher bevorzugt. In der Renaissance nimmt der figürliche Aufwand im allgemeinen wieder zu. Im Barock herrscht eine Freiheit der Form, daß sich kaum eine allgemeine Regel aufstellen läßt. Im 18. Jh. ist man vielfach zum Holz (mit Metalleinsatz) übergegangen.

H. Bergner, Handb. d. kirchl. Kunstaltertümer in Deutschland, 1905; A. Mundt, Die Erztaufen Norddeutschlands, 1918; G. Pudelko, Roman. T.e, 1932; A. Ehrhardt, Mittelalterliche Taufen aus Erz und Stein, 1939; A. Henze, Das T. in Freckenhorst (in: Das Münster, 3), 1950; K. Noehles, Die westfäl. T.e des 12. u. 13. Jhs., Diss. Univ. Münster, 1953; J. Müller-Hauck, Das

T. im Dom zu Hildesheim, Diss. Univ. Göttingen, 1966; A. Gommel, Tauf- u. Abendmahlsgeräte aus evang. Kirchen in Württemberg, 1969.

Tauschierung (ital. tausia, aus span. tauxia, aus arab. tauschija „Färbung"), die Verzierung der Oberfläche unedler Metalle (Eisen, Bronze) durch Einlegen von Drähten aus edlen Metallen (Gold, Silber). Die T. ist also eine Art →Intarsia in Metall. Es gibt verschiedene Verfahren, die Edelmetalldrähte in dem sie aufnehmenden Grunde zu befestigen. Nach dem solidesten, am vollkommensten von den Arabern geübten, wird die Zeichnung (Mauresken, stilisierte Blätter) so eingegraben, daß die Rinne eine nach unten schwalbenschwanzförmig sich verbreiternde Nut ergibt, aus der der eingelegte und festgehämmerte Draht nicht wieder entweichen kann. Die Vertiefungen sind später auch mit Hilfe von Ätzwasser hervorgebracht worden. Nach einem einfacheren, aber weniger dauerhaften Verfahren wird der Grund an den Stellen, die das Muster aufnehmen sollen, durch Feilen angerauht und dann mit dünnen Gold- oder Silberblechen beschlagen, die an den rauhen Stellen haften. Die T. in Bronze ist im Altertum geübt worden (schon in der myken. Kunst), im nördl. Europa von der Bronzezeit bis zu den Wikingern, um dann aufgegeben zu werden; im Mittelalter in China, Japan, Indien und im ganzen Orient. Die T. in Eisen oder Stahl war bes. vollkommen bei den Arabern entwickelt und gelangte im ausgehenden Mittelalter von ihnen zu den Spaniern, dann zu den Italienern und im 16. Jh. auch nach Deutschland und dem übrigen Europa. Namentlich Prunkwaffen und Prunkrüstungen wurden mittels T. verziert. Im 17. Jh. wurde die T. in Europa, nicht aber im Orient, wieder aufgegeben. Die T. wird auch Damaszierung genannt (nach Damaskus, dem Hauptort der arabischen Waffenherstellung). Im engeren Sinn versteht man jedoch darunter das Erzeugen von Mustern auf Stahl durch Einätzen; ferner ein Verfahren, bei dem durch Verschweißen und Verwinden von Stahl- und Eisenstäben deren bei der letzten Bearbeitung des Stücks (Schwertklinge) hervortretende Berührungslinien ein Muster (den „Damast") ergeben.

Taut, Bruno, dt. Baumeister, * 4. 5. 1880 Königsberg, † 24. 12. 1938 Istanbul, war Schüler der Baugewerkschule Königsberg, 1904–08 Mitarbeiter bei Theodor →Fischer in Stuttgart und gründete danach mit seinem Bruder Max T. und Franz Hoffmann ein Architekturbüro. Durch sein „Glashaus" (Ausstellung des →Dt. Werkbundes in Köln 1914) wurde T. weithin bekannt. Seine Hauptleistung vollbrachte er auf den Gebieten des Wohn(siedlungs)baus und der Stadtplanung als Stadtbaurat in Magdeburg (1921–24) und vor allem in Berlin mit Großsiedlungen (Berlin Britz, 1925–31). T. suchte sich in Geistesverwandtschaft zu Hugo →Häring (er war Mitglied von dessen Vereinigung „Der Ring") von herkömmlichen Gestaltungszwängen zu befreien und erstrebte, durch „Gestaltfindung" jeder Aufgabe die ihr gemäße Lösung zu geben. So gehört er zu den Wegbereitern des →Neuen Bauens. – T. war in Deutschland, der Sowjetunion, Japan und der Türkei tätig. Erst in jüngster Zeit erfährt seine Leistung mit ihren Anregungen für das Bauen der Gegenwart die gebührende Würdigung. – T. verfaßte zahlreiche Schriften, darunter: Der neue

Wohnbau, 1927; Die neue Baukunst in Europa u. Amerika, 1929; Frühlicht, 1920–22/1963; Architekturlehre. Grundlagen, Theorie und Kritik, dt. 1977 (jap. 1936; türk. 1938).

K. Junghans, B. T., 1970; Ausst.kat. B. T., Akad. d. Künste, 1980.

Teigdruck →Holzschnitt.

Tektonik, das Zusammenfügen starrer Teile zu einem Gefüge. Früher wurde der Begriff T. auch auf Zimmermannskunst angewendet, heute beschränkt man ihn meist auf die Baukunst, wobei durch den Eindruck des klar hervorgehobenen Tragens und Lastens ein in-sich-Ruhen hervorgerufen wird. T. würde dann bei dorischen Tempeln genau so wie etwa romanischer Baukunst zum Ausdruck kommen, während Rokoko als atektonisch gelten müßte. – Gleiches läßt sich von Großplastik feststellen.

Telari →Bühnenbild.

Tell el Amarna, moderner Name für die von Amenophis IV. (1375 bis 1358 v. Chr.) gegründete Stadt, die nach seinem Tode verlassen wurde. Die Ausgrabungen (1911 bis in jüngste Zeit) haben neben der Palastanlage auch Tempel und bes. größere Viertel von Wohnhäusern freigelegt, die für die Geschichte des ägypt. Privathauses wichtig sind. In einem von diesen fand sich die Bildhauerwerkstatt, die neben vielen anderen Modellen aus Stein und Gips auch die bekannte →Nofretetebüste geliefert hat. Sowohl diese Büste, wie die gesamte Kunst von Amarna ist früher falsch bewertet worden. Sie stellt weniger einen neuen Naturalismus als vielmehr eine manieristische Entartung der ägypt. Kunst dar.

N. de G. Davies, The Rock Tombs of El Amarna, 6 Bde., 1903–08; Schäfer, Religion und Kunst von el Amarna, 1923; H. Frankfort, The Mural Paintings of El-Amarneh, 1928; H. Ricke, Der Grundriß d. Amarna-Wohnhauses, 1932; J. D. S. Pendlebury, T. el A., 1935; Fr. W. v. Bissing, Der Fußboden aus d. Palaste d. Königs Amenophis IV. zu el Hawata im Mus. zu Kairo, 1941.

Tempel, nichtchristl. Kultbau, in engerem Sinn die Hauptform des Kultbaus bei den Griechen und Römern. Das Wort T. (lat. templum) ist wohl etruskischen Ursprungs und bedeutet ursprünglich eine für die Zwecke des religiösen Kultus umgrenzte Fläche auf der Erde, auf der sich später das den Göttern geweihte Gebäude erhob. Bei den Griechen heißt der T. Naos.

Die älteste Form des griech. T.s, langgestreckter Raum mit Vorhalle (Pronaos), muß vom →Megaron abgeleitet werden, von dem wir Beispiele unmittelbar unter späteren griech. Kultbauten (Eleusis) besitzen. Ihr Zusammenhang mit dem nord. Wohnhaus wird wohl kaum noch bestritten. Der

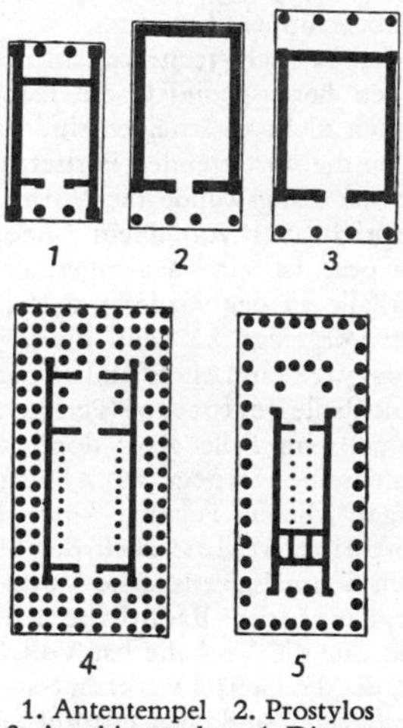

1. Antentempel 2. Prostylos
3. Amphiprostylos 4. Dipteros
5. Pseudodipteros

T. ist nur Wohnhaus des Gottes, nicht etwa Versammlungsraum wie die christl. Kirche. Die ältesten T. (Heraion in →Samos, Thermos) haben noch keine säulengetragene Ringhalle, die aber schon im 7. Jh. v. Chr. auftritt. Sie bestanden zunächst wie das Wohnhaus aus Holz und Lehm; selbst bei späteren Bauten (Heraion in Olympia, letzter Bau kurz vor 600) ist nur der Sokkel aus Stein; doch darf man etwa von der 2. Hälfte des 7. Jh. an mit der vermutlich von der Argolis ausgehenden Entwicklung einer monumentalen Architektur rechnen. Aus der 1. Hälfte des 6. Jh. kennen wir auch monumentale T. im O. Kern des T.s ist der Wohnraum des Gottes, die fensterlose und ihr Licht vom Eingang empfangende Cella (Naos), oft mit Götterbild ausgestattet und durch Säulenreihen in zwei, später meist drei Schiffe geschieden. Über dem Ganzen erhebt sich ein Satteldach, dessen flache Dreiecksgiebel Gelegenheit zur Anbringung von Bildwerken (Giebelgruppen) boten.

Es haben sich früh verschiedene Typen herausgebildet, die jedoch zeitlich nicht zu scheiden sind. Ergeben die vortretenden Fortsetzungen der Längswände die Vorhalle, so spricht man von einem Antentempel. Ist eine säulengetragene Vorhalle an der vorderen Schmalseite vorgelegt, so heißt dieser T. Prostylos, mit rings umlaufender Säulenhalle Peripteros (Peripteraltempel), im Falle einer doppelten Säulenreihe Dipteros. Abwandlungen dieser Formen sind der Amphiprostylos: auch der hinteren Schmalseite ist eine Vorhalle vorgelegt; der Pseudoperipteros: nur die Vorhalle hat Vollsäulen, die das Gebälk wirklich tragen, alle übrigen sind der Cella nur vorgeblendete Halbsäulen (röm. Baukunst); Pseudodipteros: von den beiden umlaufenden Säulenreihen fehlt die innere. Der T. erhebt sich auf einem (beim dorischen T. stets dreistufigen) Unterbau, dem Krepidoma (Krepis), auf dessen oberster Stufe, dem Stylobat, die Säulen stehen. Große T., deren Cella nicht von einem Dach bedeckt ist, heißen →Hypäthraltempel. (Über die verschiedenen Systeme von Säulen und Gebälk →Säulenordnung.)

Der röm. T. entstand aus dem etruskischen Podiumtempel (→Etruskische Kunst), zu dessen sehr tiefer Vorhalle eine Treppe an der Vorderseite des Podiums emporführt. In der griech. und röm. Baukunst gibt es auch Rundtempel (→Tholos); eine seltene Form ohne Cella ist der →Monopteros.

F. Noack, Die Baukunst des Altertums, 1910; I. Anderson, R. Ph. Spiers, W. B. Dinsmoor, The Architecture of Ancient Greece, 1927; I. Anderson, R. Ph. Spiers, Th. Ashby, The Architecture of Ancient Rome, 1950; H. Koch, Der griech.-dorische T., 1951; H. C. Evers, Der griechische T., in: Das Werk des Künstlers (Festschrift Hubert Schrade) 1960; G. Gruben, Die T. d. Griechen, 1966, ²1976; E. Arendt, Griech. T., 1970; H. Kähler, D. röm. T., 1970.

Temperamalerei (von lat. temperare, was im Mittelalter das Mischen der Farben mit Bindemitteln bedeutete), die Malerei mit Temperafarben, d.h. mit Farben, deren Bindemittel wäßrige u. ölige oder harzige Bindestoffe enthalten. Man unterscheidet Gummi-, Ei-, Kasein-, Wachstemperam,. außerdem von der gewöhnlichen T. mit stumpfer, guaschartiger Oberfläche die „gefirnißte" T., die in ihrer satten Tiefenlichtwirkung vom Laien leicht mit Ölmalerei verwechselt werden kann. Temperafarben trocknen sehr rasch. Übergänge sind nicht wie bei der Ölmalerei weich und unmerklich zu vollziehen, sondern nur mit

Hilfe kleiner Striche und Punkte. Die T. hat also gegenüber der Ölmalerei etwas Hartes an sich. Die Tafelbilder des Mittelalters sind durchweg in gefirnißter T. ausgeführt, und nur allmählich gelang es der →Ölmalerei seit dem 15. Jh. sie zu verdrängen. Dabei kommen auch Mischungen beider Techniken vor. Die von der Hochrenaissance und dem Barock erstrebten farbigen Wirkungen ließen sich viel besser mit Ölfarben erzielen, und das hat ihnen schließlich den endgültigen Sieg gesichert. Seit Ende des 19. Jhs., da man überhaupt mit den Malverfahren der Vergangenheit experimentierte, hat man auch oft auf die T. zurückgegriffen.

D. v. Thompson, The practice of tempera painting, 1936; M. Doerner, Malmaterial und seine Verwendung im Bilde, [8]1944; K. Wehlte, T., [6]1969.

Temperantiaschale →Zinn.

Templerkirchen, die Kirchen der Tempelritter. →Heiliges Grab.

Teneberleuchter, ein nur in der Karwoche gebrauchter Leuchter, bestehend aus einem schmiedeeisernen Gestell mit dreieckigem Aufsatz, der 12–15 Lichter trägt, die Christus und die Apostel, zuweilen noch die drei Marien symbolisieren. Die T. gehören dem späteren Mittelalter an.

Teniers, David d. J., fläm. Maler, Sohn des Malers David T. d. Ä. (1582–1649), get. 15.12.1610 Antwerpen, † 25.4.1690 Brüssel, seit 1651 Hofmaler das., Genremaler von ruhiger Beschaulichkeit des Erzählens und überaus großer Fruchtbarkeit. Seine Bilder trifft man fast in allen Galerien: Wirtshaus- und Wachtstuben mit trinkenden, rauchenden, kartenspielenden Männern, Alchemistenküchen, ländliches Leben, bes. Kirmesfeste im Freien. Die seit den 30er Jahren wahrnehmbare Einwirkung Brouwers brachte ihm zwar Auflockerung der Farben, half ihm aber nicht, die Steifheit seiner Figuren zu überwinden.

A. Rosenberg, T. d. J., [3]1901; R. Peyre, D. T., 1914 (franz.); G. Eckhoud, T., 1926 (holländ.); W. v. Bode, D. Meister d. holländ. u. fläm. Malerschulen, [9]1958; Faith P. Dreher, The vision of county life in the paintings of D. T., Diss. Columbia Univ., 1975.

Tepidarium →Thermen.

Teppich, früher als Wandbekleidung, im Orient und seit neuester Zeit auch in Europa als Fußbodenbelag verwendetes Textilerzeugnis. Zu unterscheiden sind: 1. gewebter T. (rechtwinklige Kreuzung zweier Fadensysteme, der Kett- und Schußfäden); 2. gewirkter Teppich (Einflechten der bunten Schußfäden in die Kette mit Hilfe von Nadel oder Spule); 3. geknüpfter T. (die Kettfäden werden mit kurzen bunten Schußfäden verknüpft). – Die Geschichte des T.s reicht bis in die ägypt. Kunst des 2. Jahrtausends vor Chr. zurück. Einen hohen Rang nimmt seit dem frühen Mittelalter der orientalische, bes. persische T. ein, der in der Knüpftechnik hergestellt ist und sich durch Schönheit der Muster und Farben auszeichnet. Im Abendland herrscht der gewirkte →Bildteppich vor. Die T.e des 19. Jh. sind in der Regel gewebt (→Jacquardweberei) und sofern sie (wie meist) als Fußbodenbelag dienen, nur gemustert. Dabei hat man vielfach auf orientalische Muster zurückgegriffen, zuweilen auch die alten Techniken angewendet.

Grote-Hasenbalg, Der Orientteppich, 3 Bde., 1922; F. Sarre u. H. Trenkwald, Altoriental. T.e, 2 Bde., 1926–28; R. Neugebauer u. J. Orendi, Handbuch der oriental. T.kunde, [14]1930; K. Erdmann, Der oriental. Knüpft., 1955; Dora Heinz, Europ. Wandt.e, Bd. 1: Von d. Anfäng. b. z. Ende d. 16. Jhs. (Bibl. f. Kst.- u. Antiquitätenfreunde 37) 1963; W. Dreczko, Bibliograph. z.

Orientt.n u. ihren Provinienzen, 1973; H. Lorenz, Chines. T.e, 1972; E. Gaus-Ruedin, Hb. der oriental. u. afrikan. T.e, [2]1974; E. Biedrzynski, T.-Lex., [2]1975; H. A. Lorentz, Chines, T.e, 17.–20. Jh., 1976.

Terborch, Gerard, holländ. Maler, * 1617 Zwolle, † 8. 12. 1681 Deventer. Seine Genrebilder sind ganz unaufdringlich im Inhalt. Im Milieu vornehmen Bürgertums erscheinen seine Gestalten still für sich oder in ruhiger Unterhaltung, immer kostbar gekleidet. Knisternde Seide oder Atlas mit subtilster Feinmalerei wiederzugeben, muß ihm eine wahre Wonne gewesen sein. Auf Beiwerk verzichtet er soviel wie möglich oder läßt es im Dämmer des Wohnraums untertauchen. Alle Farben sind in vornehmen Klängen zusammengestimmt. Von kulturgeschichtlichem Interesse ist T.s Gruppenbildnis der Teilnehmer am Friedenskongreß zu Münster (1648; London, Nationalgal.).

E. Plietzsch, G. T., 1944; S. J. Gudlaugsson, G. ter Borch, 2 Bde., (m. Werkverz.) dt. 1959; Ausst.kat. T., Münster 1976; Den Haag, 1976.

Terrakotta (ital.), gebrannte Tonerde, deren Farbe nach dem Brennen weiß, gelb, braun, hell- oder tiefrot wird. Der äußerst bildsame, durch das Brennen sehr hart werdende Werkstoff eignet sich zur Herstellung von Kleinplastik und Gefäßen und wegen seiner Wetterbeständigkeit ganz bes. für Bauplastik. Er gehört zu den ältesten künstlerischen Werkstoffen des Menschen. – In Ägypten hat sich keine T.-Industrie entwickelt, da die Bedingungen fehlten und früh die Fayence an Stelle des Tones trat (→Uschebti). In Babylonien hat man die gleichen Typen, nackte Frauengottheiten, immer wieder aus Formen abgedrückt. In Griechenland stand seit der geometrischen Epoche (→griech. Kunst) eine reiche Tonindustrie in Blüte, die vor allem die Weihgeschenke für Heiligtümer herstellte, zunächst kleine Tiere, Reiter, dann auch menschliche Figürchen. Mit der Entwicklung der großen Plastik hielt auch die T. Schritt, doch wurde sie in Griechenland selten zu lebensgroßen Standbildern verwendet, wogegen in Etrurien die Giebel der Tempel oft mit großen T.-Gruppen und figürlich gebildeten Stirnziegeln geschmückt waren. Die klassische Zeit hat in Griechenland nur wenige Typen verwendet. Eine viel reichere Entwicklung setzt im 4. Jh. ein, wo Böotien (Tanagra) ein Zentrum bildete, das aus seinen Gräbern die größte Menge der reizenden Tanagrafiguren geliefert hat. Ein neues, intimeres und volkstümlicheres Verhältnis zu solchen Kleinkunstwerken führte dazu, daß man sie nicht nur zu kultischen Zwecken verwendete, sondern auch im Hause zum Schmuck aufstellte, wenn auch erst seit dem Hellenismus. In Rom stand die T.-Industrie unter griech. Einfluß und hat kaum Eigenes geschaffen.

Tonfiguren als Grabbeigaben liegen in großer Menge und zahlreichen Typen aus dem China der Tang-Zeit (618–907) vor und beweisen bes. in der Darstellung von Tieren (Pferden und Kamelen) realistische Gestaltungsmöglichkeiten, die der durch rituelle Vorschriften eingeengten Sakralkunst versagt waren.

Das Mittelalter hat T. für seine Bildwerke zunächst nur in Ausnahmefällen verwendet. Erst gegen Ende des 14. Jh. beginnt der Wiederaufstieg dieses Werkstoffes in Deutschland und Italien. Hinsichtlich der dt. Bildwerke gebraucht man jedoch das Wort T. meist nicht, sondern spricht von Tonbildwerken und von Tonplastik. Bes. in der Zeit des →weichen

Stils, d.h. im ersten Drittel des 15. Jh., sind in Deutschland zahlreiche Tonbildwerke, allerdings meist in kleinem Maßstab, entstanden, zumal der bildsame Werkstoff dem Wollen dieses Stiles sehr entgegenkam. Die bedeutendsten sind die sog. Nürnberger Tonapostel (Sitzfiguren; Nürnberg, German. Mus.), die Lorcher Kreuztragung (ehemals Wien, Samml. Figdor) und die vom gleichen mittelrhein. Meister geschaffene Beweinung (Limburg, Dommus.). Die Zahl der Tonbildwerke des 15. Jh. ist sehr groß. Sie sind über ganz Deutschland verbreitet, kommen häufig auch bemalt vor und bevorzugen bestimmte Themenkreise. Sie sind eine wichtige Teilerscheinung im Gesamtbilde der dt. spätgot. Plastik und sind zuweilen von einer Kühnheit in Form und Auffassung, die bei Bildwerken großen Maßstabs nicht gewagt wurde. Noch größer war allerdings die Bedeutung der T. in der ital. Plastik des Quattrocento, und deren Hauptmeister in Florenz haben sich alle mehr oder weniger der (häufig bemalten) T. bedient: Donatello, die della Robbia, Rossellino, Benedetto da Majano. In Florenz ist ja auch die der T. verwandte Majolika (→Fayence) in großem Umfange für die Bildnerei eingesetzt worden (→Robbia). Auch als bauplastisches Material hat die Renaissance die T. wieder zu Ehren gebracht, vor allem in Oberitalien und in Norddeutschland. Dt. Hauptwerk dieser Art ist der Fürstenhof in Wismar (1553–54), dessen Fassade mit prachtvollen Pilastern, Relieffriesen und Medaillonköpfen in T. ausgestattet ist.

F. Sarre, Der Fürstenhof in Wismar und die norddt. T.-Architektur der Renaissance, 1890; A. Köster, Die griech. Terrakotten, 1926; H. Wilm, Die gotische Tonplastik in Deutschland, 1929; V. H. Poulsen, Der strenge Stil, 1937 (Acta Archaeologica VIII); L. Kjellberg, Die architektonischen T.n, 2 Bde., 1940; G. Kleiner, Tanagrafiguren, 1942; A. Rickert, Das Bilden in Ton, [3]1951; Ruth Opificius, Das altbabylon. T.relief, 1961; R. A. Higgins, Greek Terracottas, 1967; Elisabeth Rohde, Griech. T.n, 1969; B. Lucchesi, M. Mahnstrom, T.: The Technique of Fired Clay Sculpture, 1977.

Terra-mare-Kultur →Bronzezeit.

Terra sigillata, mit Fabrikstempeln versehenes, in der röm. Kaiserzeit übliches Gebrauchsgeschirr aus Ton, hergestellt in Arezzo (→Arretinische Gefäße), später auch in der röm. Provinz Gallien und in Germanien. Der Name T.s. ist modern.

E. Fölzer, Die Bilderschüsseln d. ostgall. Sigillata-Manufakturen, 1913; E. Vogt, T.s.-Fabrikation i. d. Schweiz, 1941 (Zeitschr. f. Schweiz. Archäologie u. Kunstgesch. 3); F. Oswald, Index of figure-types on t. s., 1964; A. Oxé u. H. Comfort, Corpus Vasorum Arretinorum, 1968.

Terrazzo (ital. „Estrich"), in Italien beliebte Art des Fußbodens, der durch Einwalzen verschiedenfarbiger kleiner Steine in Mörtel oder Zement ein ungeordnetes Mosaik erhält.

Tessenow, Heinrich, Baumeister, * 7. 4. 1876 Rostock, † 1. 11. 1950 Berlin, Prof. an der Kunstgewerbeschule in Wien, der Akademie in Dresden und seit 1926 an der Techn. Hochschule in Charlottenburg, forderte als einer der ersten Sachlichkeit, Klarheit, Schlichtheit, edle Verhältnisse und völlige Zurückdrängung aller eklektizistischen Anwandlungen. Bereits 1910 hat er beim Bau der Tanzschule E. Jacques-Dalcroze in Hellerau bei Dresden diese Forderungen in die Tat umgesetzt. Seine Wohnbauten haben in Deutschland vorbildlich gewirkt, ebenso seine Tätigkeit als Stadtplaner, Architekt u. Möbelgestalter. Schriften: Zimmermannsarbeiten,

1905; Der Wohnhausbau 1909; [3]1927; Die kleine u. große Stadt (hg. v. H. Hasche), 1961.

H. T., Hausbau u. dergleichen, [4]1953; H. Rettich (Bauen u. Wohnen, 23) 1967; Gerda Wangerin, G. Weiss, H. T., 1976. G. Wagnerin, H. T. Seine Tätigkeit als Stadtplaner, Architekt u. Möbelgestalter, Diss. T. H. Hannover, 1975, 1976; G. Weiß, H. T., Diss. Univ. Göttingen, 1975, 1976; Ausst.kat. H. T. Akademie d. Kste. Berlin (W), 1976; H. Sommer, H. T., Ausst.kat. Kst.-Hochsch. Wien, 1976.

Tetramorph →Evangelistensymbole.

Teufel. Der T. wird in der mittelalterlichen Kunst unter einem Symbol und in menschlicher oder halbmenschlicher Gestalt gegeben. Derartige Symbole sind Schlange, Drache, Löwe, Basilisk und andere Tiere. In menschlicher Gestalt ist er in der frühmittelalterlichen Kunst noch selten. Als Versucher Christi erscheint er als nackter Engel von dunkler Hautfarbe; auch hat er zuweilen eine Zackenkrone oder zackig gesträubtes Haar. Unter Mitwirkung von Vorstellungen heidnischer Fabelwesen, bes. der Satyrn, kam es um 1100 wohl zuerst in Frankreich zu jenen Mißbildungen, wie sie in vielen Variationen bis zum 16. Jh. beibehalten wurden: fratzenhaftes Gesicht, zottige Behaarung, lange spitze Satyrohren, Hörner, Bocksfüße oder Füße mit Klauen (der Pferdefuß ist selten), Schwanz, im späteren Mittelalter Fledermausflügel. Er hat einen Haken oder Dreizack, seine Farbe ist rot, grün oder schwarz. Vollkommen ausgebildet sind derartige phantastische T.sgestalten in der franz. Portalplastik der 1. Hälfte des 12. Jh. (Moissac, Autun). Namentlich die vielen Darstellungen des Jüngsten Gerichts gaben immer wieder Veranlassung, T. auftreten zu lassen. Deutschland ist dem franz. Beispiel gefolgt, während Italien zur Beibehaltung menschlicher Formen neigte. Im späteren Mittelalter ergab sich ein Zuwachs an neuen T.themen, so durch Schilderung der Versuchung des heil. Antonius (Kupferstich von Schongauer, Grünewalds Isenheimer Altar) und durch das Erbauungsbuch der →Ars moriendi. Immer neue Kombinationen möglichst scheußlicher T.-gestalten wurden ausgedacht (Dürers Stich „Ritter, Tod und T."). Die nord. Kunst des 16. Jh. (in dem der T.sglaube seinen Höhepunkt erreichte) wimmelt von ihnen (Bosch). Die ital. Renaissance und der Barock sind zur vollkommen menschlichen Bildung des T.s zurückgekehrt und nur in der Volkskunst (Kasperletheater) blieb als „gesunkenes Kulturgut" etwas von der tierischen und fratzenhaften Bildung des T.s bewahrt. →Monstren.

G. Bordone, Il diavolo nell'arte, 1903; O. Erich, Die Darstellung des T.s in der christl. Kunst, 1931; J. Levron, Le diable dans l'art, 1935; R. Villeneuve, Le diable dans l'art 1957; H. Daniel, Devils, Monsters and Nightmares, 1964; M. Praz, Liebe, Tod u. T., 1970; D. Canzio (Hg.), Il diavolo, 1969.

Textilkunst, Sammelbegriff für Verfahren, die alle das gemeinsam haben, daß (eindimensionale) Fäden aus Wolle, Baumwolle, Leinen, Seide und anderen Materialien zu (zweidimensionalen) Flächen zusammengefügt werden. Beim Flechten werden in der gleichen Richtung laufende Fäden wechselseitig miteinander verschlungen. Ihm verwandt ist das Wirken, bei dem aus den gleichlaufenden Fäden Maschen gebildet und diese miteinander verschlungen werden. Das Weben beruht auf einer (meist rechtwinkligen) Kreuzung zweier Fadensysteme: das eine System, die „Kette", ist im Webstuhl festgelegt, das andere, der „Schuß“, wird mittels des Weberschiffchens oder Schützen zwischen den im Wechsel vor- und zurücktretenden Kettfäden hindurchgeschossen. Vor, bzw. hinter welche Kettfäden sich dabei der Schußfaden legt, kann variiert werden, so daß verschiedene Arten von „Bindungen“ entstehen. Die wichtigsten sind Leinwand-, Köper- und Atlasbindung. Durch Anwendung verschiedener Bindungen innerhalb des gleichen Gewebes können „Figuren“ erzeugt werden (→Damast). Samtartige Gewebe entstehen dadurch, daß besondere Kett- oder Schußfäden kleine Schleifen, „Noppen“, bilden, die aufgeschnitten den „Flor“ ergeben. Durch Verschiedenfarbigkeit der Kett- und Schußfäden sind weiterhin zahlreiche Variationen möglich. →Bildteppich, →Spitze, →Stickerei, →Teppich.

O. von Falke, Kunstgeschichte der Seidenweberei, [2]1921; E. Flemming, Textile Künste, 1923; Das Textilwerk, mit einer Einleitung von E. Flemming, 1927; Renate Jacques, Deutsche T., 1942; J. Schneider, B. Markowski, Europ. Seidengewebe d. 13.–18. Jhs. (Kat. d. Kst.gew.-Mus. Köln, 8) 1976; Agnes Geijer, A. History of Textile Art, 1979.

Theater. Über die älteste Form des griech. Th.s sind die Meinungen sehr geteilt, da kein einziges Th. aus dem 5. Jh. erhalten ist. Das Dionysos-Th. zu Athen, auf dem die Dramen der großen Tragiker aufgeführt wurden, war aus Holz. Sämtliche griech. Th. bestehen aus drei klar geschiedenen Teilen: dem halbrunden Zuschauerraum mit ansteigenden Sitzreihen, die sich meist an einen Berghang anlehnen, aus der Orchestra, d.h. dem kreisrunden Tanzplatz, der in älterer Zeit mindestens als Aktionsraum des Chores diente und in dessen Mitte der Altar des Dionysos stand, und der Skene, dem Bühnenbau, der zur Aufnahme der Skenographie, des gemalten Hintergrundes, diente. Etwa von der Mitte des 2. Jh. an wird die Bühne erhöht, auf ihr findet nun allein die Handlung statt, der Chor verliert an Bedeutung. Von zahlreichen griechischen Th.n ist wenigstens der Zuschauerraum gut erhalten (Epidauros, Sikyon, Megalopolis, Oropos, Milet, Priene), von den Bauten der Skene sind meist nur geringere Reste vorhanden. Das Dionysos-Th. in Athen stammt in seiner jetzigen Form wahrscheinlich fast ganz aus röm. Zeit, die Reliefs unter der Skene aus der Zeit des Hadrian. Das röm. Th. ist mit gewissen Abwandlungen dem griech. entlehnt, doch ist bei ihm die Orchestra nur halbkreisförmig, die Zugänge zur Bühne sind anders gestaltet. Auch in Italien waren die älteren Th. primitive Holzbauten; das erste steinerne Th. errichtete Pompeius 55 v. Chr. in Rom. Andere gut erhaltene Th. gibt es in Pompeji, Taormina und besonders in Kleinasien (Aspendos). Eine rein röm. Form, die man früher wohl kaum mit Recht den Etruskern zuschrieb, ist das Amphitheater. Es soll aus zwei zusammenschiebbaren Holztheatern entstanden sein, wenn man der Nachricht über das Th. des Curio in Rom (um 50 v. Chr.) Glauben schenken will, doch gibt es kein Amphitheater, das kreisrund ist. Schon das älteste erhaltene Beispiel, das Amphitheater in Pompeji (um 80 v. Chr.), ist elliptisch. Diese Form behalten alle späteren Amphitheater bei. Die bekanntesten sind das Kolosseum zu Rom (um 80 n. Chr. eingeweiht, oft erneuert) und das in Verona aus diokletianischer Zeit.

Dem Mittelalter war der Gedanke eines Th.raums als einer festen und eine eigene architektonische Ausgestaltung erfordernden Einrichtung unbekannt. Erst die ital. Renaissance hat ihn im Anschluß an die Antike wieder aufgenommen. Selbständige Th.bauten gab es zuerst noch nicht, sondern nur den Th.saal innerhalb des Palastes. Nach theoretischer Vorbereitung schon bei Serlio (1540), erbaute Palladio in Vicenza das Teatro Olympico nach antikem Muster mit einem in Stufen ansteigenden halbovalen Zuschauerraum (1579–84). Die große Zeit des Th.-baus beginnt aber erst im 17. Jh. im Zusammenhang mit dem →Schloßbau u. mit dem Aufkommen der Barockoper, die jedoch im wesentlichen eine fürstliche Angelegenheit war. Logen werden in den Zuschauerraum eingebaut (zuerst 1673). Dieser wird erheblich vertieft, aus Rechteck und Halbkreis zusammengesetzt, auch längselliptisch ausgerundet und geht im Proszenium in die Bühne über. Die Fassade erhält einen Vorbau. Der ital. Th.bau wurde bis in die 2. Hälfte des 18. Jh. für ganz Europa maßgebend. Der Klassizismus brachte einen entscheidenden Wandel, der wiederum in der Hauptsache den Zuschauerraum betraf, der ja überhaupt der architektonisch bei weitem wichtigste Teil des Th.s ist. Die Gründe waren formaler und soziologischer Art. Das Bürgertum, das im fürstl. Barocktheater eben noch geduldet war und sich mit sehr bescheidenen Plätzen begnügen mußte, hielt in breiter Masse seinen Einzug. Es galt, möglichst viele optisch und akustisch gleichwertige Plätze zu schaffen, und dafür war immer noch die beste Lösung das Rund des antiken Th.s. Zugleich wurde eine schärfere Trennung zwischen Zuschauerraum und Bühne eingeführt. Wiewohl die Ansätze zu diesen Neuerungen ebenfalls in Italien liegen, hat man ihre letzten Folgerungen doch erst in Frankreich gezogen. Seitdem Victor Louis seine Entwürfe für das Th. in Bordeaux 1782 veröffentlichte, hat Italien die Führung an Frankreich abgeben müssen, das nunmehr für die weitere Entwicklung des Th.baus vorbildlich wurde. Dieser wurde jetzt auch in Deutschland große Architektur, zuerst in den Entwürfen Friedrich Gillys (der die franz. Th.architektur seiner Zeit sehr genau studiert hatte), dann im Berliner Schauspielhaus Friedrich Schinkels (1818–21), das unter den Meisterwerken der klassizistischen Baukunst in Deutschland an erster Stelle steht. „Hoftheater“ bauten G. →Semper in Dresden (1838–41; verändert 1871–78 v. H. Semper) und Entwurf für das Hofburgtheater in Wien 1875/76. Das Bühnenhaus überragte dabei nach außen hin den halbkreisförmigen Zuschauerraum. Diesem Prinzip folgten auch die Th.bauten M. →Littmanns.

Seit der Mitte des 19. Jhs. gewannen daneben die Bürgertheater als „Stadttheater“ zunehmende Bedeutung, so u. a. das Deutsche Theater Berlin (1849/50 v. E. Titz), Das Neue Theater (Opernhaus) Leipzig (1864–68 v. Langhans), Die Grand Opera von Paris (Garnier), alles übertreffend die Frankfurter Oper. Auch Zürich, Genf und zahlreiche schweizer Städte erhielten derartige Stadttheater von glänzendem Zuschnitt. – Erst die Epoche nach dem 2. Weltkrieg belebte den Th.bau neu, so in Köln, Mannheim, Leipzig. Im weiteren Sinne zählen auch die Stuttgarter Liederhalle (1955/56) von R. Gutbrod u. die Philharmonie in Berlin (W) v. H.-B. →Scharoun dazu; ein Sonderfall war das Festspielhaus in Bayreuth 1872–1876.

Dörpfeld-Reisch, Das griech. Th., 1896; M. Semper, Th. 1904 (Handb. d. Architektur, T. 4, Halbbd. 6, H. 5); A. E. Brinckmann, Baukunst des 17. u. 18. Jh. in den roman. Ländern, 1915; Anderson-Spiers-Ashby, The Architecture of Ancient Rome, 1927; Bulle, Untersuchungen an griech. Th.n, 1928; Fiechter, Antike griech. Th.-Bauten, Heft 1–8, 1930–36; H. Riemer, Gillys Verhältnis zum Th.bau, Berliner Diss. 1931; A. Oncken, Friedrich Gilly, 1935; A. Dörrer, Deutschlands erste Th.bauten, 1937 (Forschungen und Fortschritte, Jg. 13); Margarete Bieber, The History of the Greek and Roman Theater, 1939; E. Werner u. G. Gussmann, Th.gebäude, 2 Bde., 1954; E. Bozyk, Geschichte der Th.-architektur u. der Szenerietechnik im europ. Th., 1956 (poln.); V. Arpe, Bildgesch. d. Th.s, 1962; J. Jacquot (Hg.), Le lieu théatral à la renaissance, 1964; Margarete Baus-Heinhold, Th. d. Barock, 1966; Hannelore Schuberth, Moderner T.bau, 1971; Augusta Hönle, A. Henze, Röm. Amphitheater u. Stadien, 1982.

Theaterdekoration →Bühnenbild.

Theben, Stadt in Oberägypten bei den heutigen Orten Luksor und Karnak, auf dem rechten Nilufer. Von Bedeutung erst seit dem Beginn des Mittleren Reiches, in der 18. Dynastie Hauptstadt Ägyptens in politischer und religiöser Hinsicht. Einige wohlerhaltene Tempel stammen aus der Zeit Amenophis III., Ramses II. und Sethos I. Die ausgedehnten Nekropolen mit den Königinnengräbern befinden sich auf dem linken Nilufer bei Bibân el Muluk.

Blackman, Das hunderttorige T., 1926; Baedeker, Ägypten, [8]1928; E. Otto, Topographie d. thebanischen Gaues, 1952; H. Bonnet, Reallexikon d. ägypt. Religionsgesch., 1952; E. Riefstahl, Th. in the time of Amunhotep III, 1964; C. F. Nims u. W. Swaan, Th. of the Pharaohs, 1965; M. Saleh, Three old kingdom tombs at Th. (hg. v. Dt. Arch. Inst. Bd. 14 Abt. Kairo) 1976; H. Brunner, Die südl. Räume d. Tempels v. Luxor (hg. v. Dt. Arch. Inst. Bd. 18 Abt. Kairo), 1977.

Theoderich-Grabmal in Ravenna, Grabmal des 526 gestorbenen Gotenkönigs Theoderich. Der Bau ruht auf einem Ziegelfundament, alle sichtbaren Teile einschließlich des riesigen Kuppelsteines bestehen aus istrischem Kalkstein. Das außen zehneckige, innen kreuzförmige Untergeschoß dient nur dem unten ebenfalls zehneckigen, innen und im oberen Teil runden Obergeschoß als Postament. Eine oft rekonstruierte Bogengalerie auf Säulen hat nie bestanden, dagegen war der Bau mit einem von reliefierten Marmorpfeilern getragenen Gitter umgeben. Das Grabmal folgt in seiner Form den im ganzen Mittelmeergebiet verbreiteten Grabtürmen, übernimmt in der Dekoration manches von älteren Bauten Ravennas, aber zeigt doch in vielen Zügen deutlich germanische Einflüsse. Der sogenannte →Zangenfries kann nur aus germanischer Kunst abgeleitet werden, ebenso verschiedene konstruktive Eigenheiten, die dem Holzbau entnommen sind.

A. Haupt, Monumenta Germaniae Architectonica I. Ravenna, Theoderichs Denkmal, 1910; Hanna Jursch, Die drei Gräber Ravennas, 1934; R. Heidenreich u. H. Johannes, Das Grabmal Theoderichs des Ostgoten zu Ravenna, 1971.

Theoderich von Prag, einer der Hauptmeister der böhmischen Malerschule, begegnet zuerst in einer Urkunde von 1359 als Maler Kaiser Karls IV. in Prag. Er hat die Malereien (Wandgemälde und Tafelbilder) der 1365 geweihten Kreuzkapelle der Burg Karlstein ausgeführt. Hauptwerk ist eine Tafel mit dem Gekreuzigten zwischen Maria und Johannes. Th. hat der böhmischen Malerei im Unterschied zu der eleganten Kunst des Meisters von →Hohenfurth eine Richtung aufs Großformige, Schwere, Massige, Dumpfe gegeben, das aber von starker Ausdruckskraft ist.

A. Stange, Dt. Malerei der Gotik, Bd. 2,

1936; A. Matějčeck, Got. Malerei in Böhmen, 1939; A. Friedl, Magister Theodoricus, dt. 1956.

Theophilus Presbyter, der Verfasser der „Schedula diversarum artium", des wichtigsten kunsttechnischen Lehrbuchs, das wir aus dem Mittelalter besitzen. Es wird darin die Bereitung der Farben und ihre Anwendung beschrieben, die Glaserzeugung, Glasmalerei und das ganze Gebiet der Metallarbeit. Vielleicht war Th. personengleich mit dem Benediktinermönch Rogerus von Helmershausen, der um 1100 im Kloster Helmershausen bei Paderborn lebte, und von dem wir einige Metallarbeiten besitzen, vor allem zwei Tragaltäre in Paderborn (Domschatz und Franziskanerkirche). – Ausgaben der „Schedula": Quellenschriften für Kunstgesch., Bd. 7, 1874; Technik des Kunsthandwerks im 10. Jh. Des Th. Presbyter Diversarum Artium Schedula. In Auswahl neu hg., übers. und erl. von W. Theobald, 1933. On Divers Arts. The treatise of Th. translated etc by J. G. Hawthorne and C. St. Smith, 1963.

A. Fuchs, Die Tragaltäre d. Rogerus in Paderborn, 1916; E. Meyer, Neue Beiträge zur Kunst d. Roger v. H. u. seines Kreises, (Zeitschr. Westfalen, Bd. 25), 1940; B. Bischoff, St. Waetzoldt u. H. Roosen-Runge (Münchner Jb. d. bild. Kst., 3. Folge, 3–4) 1952/53; W. Hanke, Kunst u. Geist. Das philos. u. theol. Gedankengut der Schrift „De diversis artibus" des Priesters u. Mönches Theophilus Rugerus, 1962; E. Krüger, Die Schreib- u. Malerwerkstatt der Abtei Helmarshausen, 3 Bde., 1972.

Thermen, römische Badeanlagen. Während bei den Griechen auch in sportlichen Anlagen gewöhnlich nur große Waschbecken zur Verfügung standen, hat das Badewesen bei den Römern einen ungeheuren Aufschwung genommen. Als Th. bezeichnet man warme Bäder verschiedenster Art und Anlage, doch gibt es, wenigstens was die Reihenfolge der Badeprozeduren betrifft, schon früh einen ziemlich einheitlichen Typus. Man gelangte aus dem Auskleidezimmer (Apodyterium) in das kalte Bad (Frigidarium), dann durch einen Raum mit mäßig warmer Luft (Tepidarium) in den Heißluftraum (Caldarium, das auch große Becken mit warmem Wasser enthielt). Das eigentliche Schwitzbad hieß Laconicum, nach seiner angeblichen Herkunft aus Lakonien. Die Erwärmung der Luftbäder geschah durch hohle Fußböden (Hypokausten), in großen Räumen auch durch hohle Wände, in deren Zwischenräume die heiße Luft einströmte. Aus diesen verschiedenen Räumen, die noch in Pompeji einfach nebeneinander gesetzt sind, entwickelt sich der Typus der riesigen Monumentalanlagen, in denen Tausende auf einmal baden konnten (in Rom T. des Titus, Trajan, Caracalla, Constantin). Jede Provinzstadt (Kaiserthermen in Trier) hatte große Badeanlagen.

Pfretschmer, Die Grundrißentwicklung der röm. Th., 1909; Krencker-Krüger, Die Trierer Kaiserthermen, 1929; L. Dinkel, Röm. T., 1962; T. Kraus u. F. Rakob (Propyläen-Kstgesch. 2) 1967.

Tholos, griech. Form des Rundbaues mit Säulenumgang. Das älteste Beispiel in Delphi stammt aus dem 6. Jh. und wurde im 4. Jh. durch einen Neubau ersetzt. Eine andere Th. stand in Epidauros beim →Asklepieion. Der Zweck dieser Bauten ist noch unklar, vielleicht dienten sie dem Heroenkult.

G. P. Lavas, Die griech. T.bauten d. klass. Zeit, 1974.

Thoma, Hans, Maler und Graphiker, * 2. 10. 1839 Bernau (Schwarzwald), † 7. 11. 1924 Karlsruhe, besuchte die Kunstschule das. unter Schirmer, übersiedelte 1870 nach

München und 1877 nach Frankfurt a.M., wurde 1899 zum Leiter der Kunsthalle und Prof. der Akademie in Karlsruhe berufen. Sein nicht sehr einheitliches Gesamtwerk umfaßt Landschaften, Figurenbilder, Bildnisse, Stilleben, Religiöses, Mythologisches und Allegorisches. Th. ist dort am größten, wo er auf dem Boden der Wirklichkeit blieb, die er mit hellem und scharfem Auge erlebte. Seine Landschaften aus dem Schwarzwald, dem Taunus und vom Oberrhein geben das Wesen dt. Landschaft mit einer Allgemeingültigkeit wieder, wie sie keinem seiner Zeitgenossen erreichbar war; seine Figurenbilder zeigen dt. Menschentum mit schlichter Darlegung seiner menschlichen Werte; seine Stilleben adeln den einfachsten Gegenstand durch die höchste Sorgfalt, die auf die Erfassung seiner plastischen und malerischen Erscheinung verwendet wurde. Th. hat auch radiert, wichtiger aber sind seine Lithographien. Seit den 90er Jahren hat er hunderte geschaffen, Landschaften und bäuerliche Motive in einfachen Strichen und großen Flächen von schlagkräftiger Fernwirkung, als volkstümlicher Wandschmuck vorzüglich geeignet. Er hat damit geholfen, die zur bloßen Reproduktionstechnik herabgesunkene Lithographie wieder zu einem künstlerischen Ausdrucksmittel zu machen. Th. ist auch für Buchkunst und Kunstgewerbe tätig gewesen. – Ges. Schriften und Briefe, hg. von Beringer, 2 Bde., 1927/28. – 1949 wurde in Bernau ein Th.-Museum gegründet.

H. Th. Gemälde, hg. von H. Thode, 6 Mappen, 1900–10; Th. Des Meisters Gemälde, hg. von H. Thode, 1909 (Klassiker der Kunst); J. A. Beringer, H. Th.s Griffelkunst, 1916; Ders., H. Th. Aus achtzig Lebensjahren, [2]1930; A. v. Schneider, H. Th. Zeichnungen, 1932; H. E. Busse, H. Th., 1936; Ders., H. Th. Sein Leben in Selbstzeugnissen, Briefen u. Berichten, 1942; K. Martin, Führer d. d. H.-T.-Mus., (Staatl.Ksthalle Karlsruhe) 1957; J. Lauts, H. Th., 1963; I. Weber, Die Themenkreise im Schaffen H. T.s, Diss. Univ. Halle/S., 1974.

Thorsberg (Nordschleswig), großer Moorfund mit Opfergaben aus verschiedenen Jahrhunderten n. Chr., darunter als hervorragendstes Stück ein Paar reliefverzierter Rundscheiben.

J. Werner, Die Zierscheiben von T., 1941 (Röm.-german. Forschungen, Bd. 16); K. Raddatz, D. T.-Moorfund, 1957; H. Jahnkuhn, Nydam u. T., [7]1967.

Thorvaldsen, Bertel, dän. Bildhauer, * 13. 11. 1768 oder 19. 11. 1770 Kopenhagen, † 24. 3. 1844 das., Schüler der Kopenhagener Akademie, hielt sich 1797–1838 in Rom auf. In Th. hat Dänemark zum erstenmal einen Künstler von internationaler Bedeutung hervorgebracht. Th. hat neben Canova das Ideal des Klassizismus am reinsten verwirklicht. Die entscheidende Wendung dazu vollzog sich in Rom unter dem Eindruck der Antike und bes. unter dem Eindruck der Kunst des Carstens, mit dem Th. befreundet war. Th. ist allen Mängeln klassizistischer Plastik erlegen. Seinen Bildwerken fehlt Kraft, Bewegung, ein die strenge, ja starre Form sprengender Gefühlsinhalt; dafür haben sie Ruhe, Gleichmaß, edlen Umriß, milde Schönheit. Das erste Werk dieser Art ist die überlebensgroße Marmorfigur des Jason (1802/3; engl. Privatbesitz). Seit 1811 führte er im Auftrage Napoleons I. für den Quirinal in Rom einen 17,5 m langen Fries des Alexanderzuges in Gips aus (Marmorausführungen in der Villa Carlotta am Comer See und in Schloß Christiansborg in Kopenhagen). 1815 entstanden die beiden Reliefmedaillons mit den allegorischen Gestalten des Tages und der Nacht (Neapel, Nationalmus.), 1821 nach seinem Modell der in eine Felswand gehauene Löwe von Luzern. 1819 wurde ihm die Ausstattung der Frauenkirche in Kopenhagen mit Bildwerken übertragen. Weniges hat er eigenhändig ausgeführt, als Hauptstück den überlebensgroßen Christus am Altar. Von seinen sonstigen sehr zahlreichen Werken ist vor allem das Grabmal Pius VII. mit dem thronenden Sitzbild des Papstes in der Peterskirche in Rom zu nennen (1824–40). – Alle Werke sind teils in Originalen, teils in Entwürfen, Abgüssen oder Repliken im Th.-Mus. in Kopenhagen vereinigt.

J. M. Thiele, Th.s Leben, 3 Bde., 1852 bis 1856; J. Lange, Th.s Darstellung des Menschen, dt. 1894; Rosenberg, Th., ²1901; Oppermann, Th., 3 Tle., 1927 bis 1930 (dän.); H. Konradsson, B. Th., 1944 (isländ.); P. O. Rave, Th.,1942; (m. krit. Lit.-Verz.), 1947; Else Kai-Sass, Th.s portraet buster, 3 Bde., 1963–65; H. v. Einem, Th.s „Jason". Versuch ein. histor. Würdigung (Sitzungsber. d. Bayer. Akad. d. Wiss., Phil.-hist. Kl., 3) 1974; B. Th. ein dän. Bildh. in Rom, Ausst.kat. Kst.halle Köln, 1976; B. Th. Untersuchgn. z. s. Werk u. z. Kst. s. Zeit (ersch. anläßl. d. Ausst. i. d. Ksth. Köln, hg. v. d. Mus. d. Stadt Köln), 1977.

Thumb, Peter, Baumeister, * 18. 12. 1681 Bezau, † 4. 3. 1766 Konstanz, Angehöriger der →Vorarlberger Bauschule und bedeutendster Vertreter einer ausgedehnten Künstlerfamilie des 17. und 18. Jh., schuf die Klosterkirche Ebersmünster im Elsaß (voll. 1727) und als sein Hauptwerk die Wallfahrtskirche von Neubirnau am Bodensee (1746 bis 1749). Vortrefflich sind auch seine Bibliotheksräume, so der des Klosters St. Gallen (1758–61).

B. Pfeiffer, Die Vorarlberger Schule, 1914 (Württ. Vierteljahrsschr. f. Landesgesch. 13); R. Werneburg, P. T. u. seine Familie, 1916; P. H. Boerlin, D. Stiftsk. St. Gallen, 1964; N. Lieb u. F. Dieth, D. Vorarlberg. Barockmstr., ²1967; H. M. Gubler, P. T., ein Vorarlberger Barockbaumeister, 1972. →Vorarlberger Bauschule.

Thyrsosstab, ein mit Efeu und Weinlaub umwundener Stab, das Abzeichen der Bacchanten und Bacchantinnen.

F. G. v. Papen, Der T. in der griech. u. röm. Literatur u. Kunst, Diss. Univ. Bonn, 1905.

Tiara (griech.), 1. die hohe spitze Mütze der assyr. und pers. Könige. 2. Die ebenfalls hohe und spitze Kopfbedeckung des Papstes bei feierlichen Anlässen. Sie hat verschiedene Wandlungen durchgemacht. Anfangs weiß und ohne weitere Verzierungen, erhielt sie im 12. Jh. einen Stirnreif. Bonifazius VIII. (1294–1303) gab diesem Stirnreif die Gestalt einer Krone und fügte darüber noch eine zweite hinzu. Durch Hinzufügung einer dritten unter Urban V. (1362–70) erhielt die T. ihre noch heute gültige Gestalt. Ihr Stoff besteht aus mehrfarbigen Streifen.

G. B. Ladner, Der Ursprung u. die mittelalterl. Entw. der päpstl. T. (in: Tainia, Roland Hampe z. 70. Geb. 1978; 2 Bde.), 1980.

Tiburio →Vierung.

Tiefschnittschmelz →Email.

Tiepolo, Giovanni Battista, ital. Maler, * 5. 3. 1696 Venedig, † 27. 3. 1770 Madrid, Schüler von Lazzarini und Sebastiano Ricci, beeinflußt von Piazzetta, tätig in Venedig und anderen oberital. Städten, 1750–53 in Würzburg, seit 1762 in Madrid, war der letzte Großmeister der venezianischen Malerei. Hauptleistungen sind seine Wand- und Deckengemälde in Kirchen und Palästen mit ihren in gemalten Säulenhallen sich abspielenden Darstellungen festlichen Geschehens, in die mancherlei Züge unmittelbar beobachteten Lebens verwoben sind, mit ihren in lichtem Blau schwebenden Gestalten, ausgezeichnet durch eine unendliche Fülle von spielerisch leicht erfundenen Bewegungsmotiven. Die Farbe ist licht und überrascht mit immer neuen Wendungen, die die Lebhaftigkeit des Ganzen steigern. Fresken bis 1750: im erzbischöflichen Palast in Udine (1727), in der Villa Valmarana bei Vicenza (1737) an der Decke der Scalzi-Kirche in Venedig; Einzelbilder: Triumph der Amphitrite (Dresden, Gal.), die heil. Katharina (1746; Wien, Kunsthistor. Mus.), Maria und weibliche Heilige (1747; Venedig, Sta. Maria del Rosario). Im →Würzburger Schloß schuf T. 1750–53, unterstützt von seinem Sohn Domenico (1727–1804), die Ausmalung des Kaisersaals und vor allem das Deckengemälde des Treppenhauses, ein Riesenwerk, das unter geistvollem Aufgebot von Allegorien das Blühen der Künste unter Fürstbischof Karl Philipp von Greifenklau veranschaulichen will. Von späteren Werken seien nur noch genannt die Fresken im Palazzo Labia zu Venedig (1757), im Madrider Schloß (1764) und das Einzelbild des heiligen Jakobus zu Pferde (Budapest, Mus.). – T. hat auch eine Anzahl Radierungen in sehr persönlicher Technik geschaffen.

T. Molmenti, G. B. T., la sua vita e le sue opere, 1909; E. Sack, Giambattista und Domenico T., ihr Leben und ihre Werke, 1910; D. v. Hadeln, Handzeichnungen von G. B. T., 2 Bde., 1927; H. W. Hegemann, G. B. T., 1940; G. Vigni, Disegni del T., 1942; Ders., T., 1951; Th. Hetzer, Die Fresken T.s in der Würzburger Residenz, 1943; G. Delogu, T., 1951 (ital.); T. Pignatti, T., 1951 (ital.); A. Morassi, T., 1955; ders., A complete catalogue of the paintings of G. B. T., 1962; M. H. v. Freeden u. C. Lamb, Das Meisterwerk d. G. B. T. Die Fresken der Würzburger Residenz, 1956; A. Rizzi, The etchings of T., 1972; Kat. der Mostra di Disegni del T. in Udine 1965 mit Beitrag von A. Morassi; Atti del congresso internazionale di studi sul T., 1972; T. Pignatti, T. Disegni, 1974; Marcia Ellen Vetrocq, The Divertimento per li Regazzi of G. T., Diss. Stanford Univ., 1979; G. Knox, Cat. of the T. drawings, Ausst.kat. Vict. and Alb. Mus. London, [2]1975.

Tiergefäß. Gefäße in Tiergestalt treten in Kleinasien im 2. Jahrtausend v. Chr. auf (Troja, Boghazköi usw.). In Mitteleuropa kommen T.e in der →Lausitzer Kultur und in der →Hallstattkunst vor. Das Mittelalter kennt sie in der Form des →Aquamanile.

Tierkreiszeichen →Monatsbilder.

Tierornamentik →Germanische Kunst →Pontischer Kreis.

Tierstil →Germanische Kunst → Pontischer Kreis.

Tiersymbolik. In der mittelalterlichen Ikonographie nimmt die T. einen bedeutenden Platz ein (→Aspis, →Pfau, →Phönix, →Einhorn). Ihre Hauptquelle war der →Physiologus. Daneben hat es noch andere Quellen tiersymbolischer Vorstellungen gegeben (nord. Sagenwelt), die uns aber z. T. nicht mehr bekannt sind. Daher haben die vielen Tierfiguren, die die Portalanlagen frühroman. Kirchen bevölkern, an Kapitellen und sonstigen Baugliedern ihr Wesen treiben (→Bestiensäule), der Deutung bisher größtenteils widerstanden. Aber es kann wohl kein Zweifel sein, daß es sich hier wirklich um T. handelt und nicht bloß um dekorative Ausstattung mit Tierfiguren.

G. Müller, Die frühchristl. Tiersymbole etc., 1894; E. P. Evans, Animal Symbolism in Ecclesiastical Architecture, 1896; L. Charbonneau-Lassay, Le Bestiaire du Christ, 1940; W. v. Blankenburg, Heilige u. dämonische Tiere, 1943; D. Carter, The Symbol of the Beast, 1957; F. Klingender, Animals in art and thought to the End of the Middle Age, 1971; K. Berger, Das Tier i. d. Kst., 1973; P. Michel, Tiere als Symbol u. Ornament. Möglichkeiten u. Grenzen der ikonograph.

Deutung (gezeigt am Beisp. des Zürcher Großmünsterkreuzgangs), 1979.

Timgad, die alte Colonia Marciana Thamugadi, eine Gründung Trajans im heutigen Algier, angeblich in einem Jahre erbaut. Die Stadt hat rechtwinklige Straßenzüge, in die sich nach festgelegtem Plane die öffentlichen Gebäude einfügen. Sie erlebte ihre höchste Blüte im 3. Jh., wurde im 6. zerstört, ihre Ruinen haben sich jedoch in der Abgelegenheit unter dem Schutz des Wüstensandes vorzüglich erhalten. Sie sind seit 1881 von den Franzosen freigelegt worden und haben unsere Kenntnis von dem Reichtum der römischen Provinzstädte sehr gefördert. Die Stadt hatte neben den üblichen Marktplätzen, Bädern, gepflasterten Straßen, ein Theater und eine öffentliche Bibliothek. Ein Ehrenbogen für Trajan steht noch aufrecht.

Boeswillwald-Cagnat-Ballu, T., une cité africaine sous l'empire romain, 1892 bis 1904; A. Ballu, Les ruines de T., sept années de découvertes, 1903, 1910, 1911; H. Holtzinger, T. u. die röm. Provinzialarchitektur in Nordafrika, 1906; Ch. Courtois, T., antique Thamugadi, 1951; P. Romanelli (Enciclopedia dell'arte antica, 7) 1966; S. Germain, Les mosaiques de T., 1969.

Timotheos aus Athen, griech. Bildhauer aus der 1. Hälfte des 4. Jh. v. Chr. Er arbeitete mit an den Skulpturen des →Maussolleion zu Halikarnaß und dem Schmuck des Tempels der Athena Alea zu Tegea, wo seine Tätigkeit inschriftlich gesichert ist. Mit gewissem Recht hat man ihm das Original der in zahlreichen Kopien erhaltenen Statue der Leda mit dem Schwan zugeschrieben. Der Stil des T. ist durch heftige Bewegung der Figuren und etwas künstlich aufgebauschte Gewänder charakterisiert.

Curtius, Die klassische Kunst Griechenlands, 1938; Barbara Schlörb, T., 1965

Tintoretto, eigentl. Jacopo Robusti, ital. Maler, * 29. 9. 1518 Venedig, † 31. 5. 1594 das. Über Jugend und Lehrzeit ist wenig bekannt. 1539 ist er bereits selbständiger Meister. Über Venedig ist er, abgesehen von einer mutmaßlichen Reise nach Rom 1547/48, nicht hinausgekommen, und nur in Venedig, wo sich alle seine Hauptwerke befinden, kann man ihn wirklich kennenlernen. In seinen Frühwerken vor 1548 nimmt er Anregungen von Parmigianino auf und steht in enger Beziehung zu Schiavone. Hier bereits tritt das ihm eigentümliche skizzenhaft Verwehte der Malweise hervor, mit dem er später das Gegenständliche so zu vergeistigen wußte. Das Markuswunder (1548; Venedig, Akademie) mit den starken Bewegungen plastisch vollwertiger Körper setzt die Begegnung mit röm. Form, mit Michelangelo voraus. Später verblaßt dieser Eindruck wieder, der Tiefenzug verstärkt sich und reißt die weniger selbständig gewordenen Figuren mit, die venezianisch kostbare Farbe wird tonig. Um 1560 ist der große Wandel eingetreten, der T. zum Hauptmeister des späteren Manierismus gemacht hat. Das Licht erhält zunehmende Bedeutung, es wirkt an der Dramatisierung des Vorgangs mit, es schafft durch seine bleichen, zuckenden Strahlen eine Atmosphäre des Geisterhaften und Visionären, aus der die Gestalten in wogender Komposition sich gerade eben zu materialisieren scheinen. Hauptwerke sind die 1565–87 vollkommen eigenhändig ausgeführten, eine gewaltige Arbeitsleistung darstellenden Wand- und Deckengemälde in der „Scuola di San Rocco", in denen sich jener Stil zu immer weiteren Möglichkeiten steigert. Von den Malereien, die T. seit 1574 auch für den Dogenpalast schuf, ist die gewaltige Komposition des Paradieses im Saal des Hohen Rats hervorzuheben (1590 bis 1592). Letzte Vergeistigung durch die magische Kraft des Lichts ist erzielt im Abendmahl in San Giorgio Maggiore (1593–94).

G. Ridolfi, Vita di Jacopo Robusti, detto il T., 1664; E. Waldmann, T., 1921; R. Pallucchini, T. a San Rocco, 1937; La Mostra del T. Catalogo delle opere, 1937; G. Delogu, T. in der Scuola di San Rocco, 1938 (dt. von H. Furtwängler); E. v. d. Bercken, Die Gemälde des J. T., 1942; H. Tietze, T. Gemälde u. Zeichnungen, 1950; R. Pallucchini, La Giovinezza del T., 1950; L. Coletti, Il T., ³1951; E. Newton, T., 1952 (engl.); C. Bernari u. P. de Vecchi (Hg.), L'opera completa del T., 1970; P. Rossi, J. T., 2 Bde., 1974; ders., I disegni di J. T., 1975; R. Pallucchini, P. Rossi, J. T. Le pitture sacre e profane, 1976.

Tiryns, Burg aus kyklopischem Mauerwerk auf vereinzelter Felserhebung nahe →Mykene in der Argolis. Hauptanlagen aus der Mitte des 2. Jahrtausends v. Chr., doch gehen einzelne Reste, z.B. ein gewaltiger Rundbau, bis ins 3. Jahrtausend zurück. Der Palast der mykenischen Zeit stammt aus dem 13. Jh. v. Chr. und enthält zwei Megaronanlagen, in denen auch Reste von Wandmalereien gefunden wurden. Die Ausgrabung wurde von Dörpfeld und Schliemann 1884–85 ausgeführt, später hat man bes. die Toranlagen und die älteren Kulturreste untersucht und Teile der Unterstadt ausgegraben, deren Ausdehnung noch nicht bekannt ist.

Frickenhaus, G. Rodenwaldt, K. Müller u. a., T., die Ergebnisse der Ausgrabungen des Instituts, 4 Bde., 1912–38; H. Drerup, Griech. Baukst. i. geometr. Zeit, 1969.

Tischbein, Malerfamilie des 18. und 19. Jh. Über ihre Genealogie vgl. F. B. Strieder, Grundlagen einer hess. Gelehrten- u. Schriftstellergeschichte, Bd. 16, 1812. Ihre wichtigsten Mitglieder sind: 1. Johann Heinrich d. Ä., * 14. 10. 1722 Haina (Hessen), † 22. 8. 1789 Kassel, tätig das. seit 1754 als Hofmaler, seit 1776 Akademiedirektor. Er malte im Geiste des dt. Rokokos die Bildnisse prächtig kostümierter fürstlicher Damen und Herren (Schönheitsgal. des Schlosses Wilhelmsthal bei Kassel) und nach der Weise Bouchers galante Szenen unter mytholog. Motivierung, denen jedoch die Pikanterie seines Vorbildes fehlt. Bedeutender erscheint T. in seinen Handzeichnungen, die erst neuerdings in größerer Zahl bekannt geworden sind.

H. Bahlmann, J. H. T., 1911 (Studien zur dt. Kunstgesch., 142); E. Preime, Die Handzeichnungen von J. H. T. d. Ä., 1942, 1964.

2. Johann August Friedrich, Neffe und Schüler von 1, * 9. 3. 1750 Maastricht, † 21. 6. 1812 Heidelberg, Sohn des Hildburghausener Hofmalers Valentin T. (1715–67), hielt sich in Paris und Italien auf, wurde 1780 Hofmaler des Fürsten von Waldeck, 1800 Direktor der Akademie in Leipzig. Er hat fast ausschließlich Bildnisse gemalt. Diese sind in einem empfindsamen Klassizismus gehalten, haben aber noch manches von der Duftigkeit und Grazie des Rokokos bewahrt. Am besten kommen diese Eigenschaften in den weiblichen Bildnissen zur Geltung.

Pinder, F. A. T., 1907 (Kunstwissenschaftliche Beiträge, A. Schmarsow gewidmet); Stoll, Der Maler J. F. A. T. und seine Familie, 1923; H. Dingeldey, Die Lehr- und Wanderjahre des Malers F. T., Leipziger Diss., 1931.

3. Johann Heinrich Wilhelm, der sog. Goethe-T., Neffe und Schüler von 1, * 15. 2. 1751 Haina, † 26. 6. 1829 Eutin, hielt sich 1779–99 mit Unterbrechungen in Italien auf, war mit Goethe befreundet und gehörte

dessen Kreis in Rom an, war eine Zeitlang Akademiedirektor in Neapel und wurde 1808 Hofmaler des Herzogs von Oldenburg in Eutin. Er ist härter, naturalistischer, klassizistischer, freilich auch gröber als sein Vetter, malte außer Bildnissen auch Tiere, Frucht- und Blumenstücke, Geschichtsbilder und gab Zeichnungen nach der Antike im Stich heraus. Sein bei weitem bekanntestes Werk ist das Bildnis Goethes in Italien, wie dieser in gelassener Pose mit weißem Mantel und Schlapphut inmitten der Ruinen der Campagna betrachtend sitzt (1787; Frankfurt a. M., Städelsches Institut). – Selbstbiographie „Aus meinem Leben", hg. von Schiller, 2 Bde., 1861, neu hg. 1957.

v. Alten, Aus T.s Leben u. Briefwechsel 1872; Sörrensen, W. T., 1910; E. Wünsche, D. Oldenburger Idyllen-Zyklus W. T.s, Diss. München 1956; Ch. Beutler, J. H. W. T., Goethe i.d. Campagna, 1962; Kat. Goethe gemalt von T. – Ein Porträt u. seine Gesch., 1974. (Goethehaus/Frankfurt).

Titulus, in der frühmittelalterlichen Kunst die in Verse gebrachte Unterschrift eines Bildes. Der T. erläutert es, dient ihm auch als Wegweiser, wenn er, wie es häufig vorkam, eher als das Bild entstanden ist. Er kann auch in Prosa gehalten und neben und auf das Bild gesetzt sein. Der T. ist eine wichtige Quelle zur Kenntnis der Bildinhalte des frühen Mittelalters. So vermögen wir uns eine Vorstellung von den Inhalten der karolingischen Wandmalerei fast nur auf Grund er erhaltenen Tituli zu machen. Auch bei der Tafelmalerei u. Buchillustration spricht man von Tituli.

E. Steinmann, Die Tituli u. d. kirchl. Wandmalerei im Abendland vom 5.–11. Jh., 1892; J. v. Schlosser, Die Kunstliteratur, 1924; H. Rosenfeld, Das dtsche. Bildgedicht, 1935; ders., Bild u. Schrift (in: Archiv f. Gesch. d. Buchwesens, XI) 1970/71.

Titusbogen, der im O des Forum Romanum zu Rom über der Via Sacra von Domitian im Jahre 81 zur Erinnerung an den Sieg des Titus über die Juden und die Eroberung Jerusalems (70 n. Chr.) errichtete Triumphbogen. Die Reliefs im Durchgang zeigen den Triumph des T., in dem die heiligen Geräte aus dem Tempel der Juden mitgetragen wurden.

Tizian, eigentl. Tiziano Vecelli(o), ital. Maler, * 1476 oder 1477 (vielleicht auch später) Pieve di Cadore (Ort am Südrand der Dolomiten), † 27. 8. 1576 Venedig, übersiedelte anscheinend schon sehr früh in diese Stadt, deren größter Meister er geworden ist, und trat vermutlich, zusammen mit Giorgione, bei Giovanni Bellini als Schüler ein. Man hat sein Schaffen in vier Perioden eingeteilt.

1. Frühzeit, etwa 1500–1518. Sie zeigt ein sehr vorsichtiges Voranschreiten, wobei T. in der Nähe zunächst Bellinis, dann Giorgiones bleibt: Zigeunermadonna und Kirschenmadonna (um 1503; Wien, Kunsthistor. Mus.). Die ersten datierten Werke sind Fresken am Fondaco dei Tedeschi, dem Kaufhaus der Deutschen (1508; im wesentlichen nur durch Radierungen bekannt), die T. gemeinsam mit Giorgione ausführte. In diese Zeit fallen auch die Zeichnungen zum „Trionfo della Fede", die in Holz geschnittene friesartige Darstellung eines Triumphzuges Christi (Ausgabe in den Veröffentlichungen der Graph. Ges., Bd. 1, 1906). Stimmungswerte Giorgiones werden sichtbar in der „Himmlischen und irdischen Liebe" (1514; Rom, Gal. Borghese), dem berühmtesten Werk aus T.s Frühzeit. Ans Ende gehören „Der Zinsgroschen" (Dresden, Gal.) und Bildnisse wie die Flora (Florenz,

Uffizien) und der Mann mit dem Handschuh (Paris, Louvre).

2. Der Anfang dieser Periode ist durch die Himmelfahrt Mariä, die „Assunta", gegeben (1518; Venedig, Frarikirche), das Ende durch die Madonna des Hauses Pesaro (das.) und die Ermordung des Paulus Martyr (1528–30; Venedig, S. Giovanni e Paolo, nur in Kopie erhalten). T. hat jetzt eine Weite und Größe der Komposition, eine Pracht und Fülle erreicht, die den Geist der Hochrenaissance in einer zugleich persönlichen und allgemeinen Weise zum Ausdruck bringen. Weitere Werke dieser Zeit: Bacchanal (Madrid, Prado), Venusfest (das.), Bacchus und Ariadne (London, Nationalgal.).

3. In der Zeit von etwa 1530–50 tritt T.s Eigenschaft als Bildnismaler ersten Ranges beherrschend hervor. Er vermag es, den Menschen in Glanz und Pracht des äußeren Auftretens darzustellen, ohne dabei etwas an tiefdringender Charakterisierung zu opfern, die mit den verschiedensten, manchmal scheinbar zufälligen Mitteln erreicht ist, nicht zuletzt durch die Farbe. Höhepunkte solcher Menschenschilderung sind das Bildnis Pauls III. im Lehnstuhl (Neapel, Nationalmus.), das des gleichen Papstes mit Allessandro und Ottavio Farnese (das.), Karl V. sitzend (München, Ältere Pinakothek) und zu Pferde in der Schlacht bei Mühlberg (Madrid, Prado).

4. In seiner Spätzeit wandte sich T. wieder ausschließlicher der großen Komposition zu, deren dramatisches Leben sich steigert, vor allem durch die Anwendung von Licht-Schatten-Gegensätzen: Danaë (1554; Madrid, Prado), Grablegung (1559; das.), Nymphe mit Schäfer (Wien, Kunsthistorisches Museum), Dornenkrönung (1570/71; München, Ältere Pinakothek). In der Verwendung der Farbe als eines Mittels, unnennbare geistig-seelische Schwebungen sichtbar zu machen, hat T. in seiner Spätzeit ein Letztes erreicht.

O. Fischel, T., [5]1924 (Klass. d. Kunst); Th. Hetzer, Die frühen Gemälde des T., 1920; Ders., T., Geschichte seiner Farbe, [2]1948; K. W. Jaehnig, T., 1921; O. Zoff, T., 1922; D. v. Hadeln, Zeichnungen des T., 1924; E. v. d. Bercken, Malerei der Renaissance in Oberitalien, 1925; W. Suida, T., 1933; L. Foscari, Iconografia di Tiziano, 1935; Mostra di Tiziano. Katalog der Ausstellung in Venedig 1935, bearb. v. G. Fogolari; H. Tietze, T., 2 Bde., [2]1950; D. Cecchi, T., dt. 1957; U. Christoffel, T., 1957; D. Gioseffi, T., 1959 (ital.); F. Valcanova, T., 1960 (ital.); M. Valsecchi, T., 1961 (ital.); C. Cagli u. F. Valcanover, L'opera completa d. Tiziano, 1969; H. E. Wethey (Hg.), The paintings of T., complete ed., 3 Bde. 1972; K. Oberhuber, R. Pallucchini, Disegni di T., Kst.instit. Venedig, 1975; M. Muraro, D. Rosaud, T.e la xilografia veneziana del cinquecento (Kat.), 1976; dies. als Ausst.kat. Washingt. 1977 (engl.); Ausst.kat. Pal. Reale Mailand: Omaggio a T., 1977; Mina Gregori u. a., Ausst.kat. Florenz (Pal. Pitti) „Tiz. in Florenz" (im Rahmen d. Medici-Ausstllgn., m. z. T. neuen Zuschreibgn. u. Klärgn. zu →Giorgione) 1979.

Tod. In der griech. Kunst wird der T. (Thanatos) als bärtiger alter Mann mit Flügeln personifiziert, später auch wie →Hypnos, der Schlaf, als geflügelter Jüngling, da er in der Mythologie als Bruder des Schlafes gilt; oder er erscheint als Genius mit gesenkter Fackel. Das Christentum kennt diese versöhnliche Auffassung des T.es nicht. Er ist der Sünde Sold und wird daher häßlich gebildet. Bis ins hohe Mittelalter sind Personifikationen des T.es sehr selten und ganz uneinheitlich. Bald wird er als Frau, bald als Mann gegeben mit den verschiedensten häßlichen Attributen. So steht er auf einem Blatt des Uta-Evangeliars (Anfang 11. Jh.) unter dem Kreuz der weiblichen Gestalt des „Lebens" gegenüber als Mann mit zugebundenem Mund, zerbrochenen Waffen, Sichel und Speer und einer Schulterwunde. Auf dem „Triumph des Todes" (Fresko im Camposanto zu Pisa um 1350) ist er ein häßliches Weib mit Fledermausflügeln.

Die große Zeit der Todesdarstellungen beginnt erst im 15. Jh., um bis in den Barock anzudauern. Der T. hat die Gestalt eines halbverwesten Leichnams oder eines Skeletts (seit dem letzten Drittel des 14. Jh. hat man auch der Liegefigur des Toten auf dem Grabmal zuweilen diese Gestalt gegeben). Aus der Apokalypse stammt sicher der Gedanke, ihn beritten erscheinen zu lassen. So kommt er in einer Zeichnung Dürers von 1505 auf dürrem Klepper daher mit der Sense in der Hand und begleitet von den mahnenden Worten: Memento mei! Die verschiedensten Attribute werden dem T. gegeben, darunter auch die Sanduhr. Ein weites Feld für Darstellungen des T.es boten die Zyklen des →Totentanzes, und von ihnen sind auch manche Motive für Einzelbilder übernommen worden, so etwa der T. die blühende Frau küssend (Baldung). Seit dem späteren 16. Jh. tritt der T. in Zusammenhang mit dem →Grabmal häufiger auf; damit wird er Gegenstand auch der Plastik, nachdem er bisher fast ausschließlich auf die Malerei beschränkt gewesen war. So gab Schlüter in genialer Neubildung den T. als Gestalt voll emsigen und unheimlichen Lebens am Sarkophag der Königin Sophie Charlotte im Berliner Dom. Sehr zahlreich sind ferner Todesallegorien in den Kupferstichen des 17. und z.T. noch des 18. Jh. Der Klassizismus ist wieder zur versöhnlichen Auffassung der Antike zurückgekehrt, und der T. als Genius mit der gesenkten Fackel ist seitdem aus der Grabmalkunst nicht wieder verschwunden. Im 19. Jh. hat sich die Graphik gern mit dem T. beschäftigt, wie bes. Rethels „Auch ein Totentanz" und Max Klingers Radierfolgen „Vom Tode" zeigen.

G. E. Lessing, Wie die Alten den T. gebildet, 1769; I. E. Wessely, Die Gestalten des T.es und des Teufels in der darstellenden Kunst, 1876; Th. v. Frimmel, Beiträge zu einer Ikonographie des T.es, 1891 (Sonderdruck aus den Mitteilungen der Zentralkommission, N. F. 13–17); Adele Reuter, Beiträge zu einer Ikonographie des T.s, Diss. Leipzig 1913; E. Mâle, L'art religieux de la fin du moyen-âge, [4]1931; ders., L'art religieux de la fin du XVIe siècle, du XVIIe s. et du XVIIIe s., [2]1951; R. Helm, Skelett- u. T.esdarstellungen bis zum Auftreten der Totentänze, 1928 (Stud. z. dt. Kunstgesch. 255); R. van Marle, Iconographie de l'art profane, Bd. 2, 1932; J. B. Hartmann, Zur Sepulkralikonographie d. Klassizismus (in: Röm. Jb. f. Kst.-gesch., 12), 1969. →Totentanz.

Tondo, Gemälde oder Relief von kreisrundem Format in der ital. Kunst. Kreisrunde Formate hat es in der bildenden Kunst natürlich immer gegeben. Der T. im engeren Sinn bildete sich seit der Mitte des 15. Jh. in Florenz bes. für Madonnendarstellungen heraus, bleibt im wesentlichen auf Florenz beschränkt und verliert sich in der 1. Hälfte des 16. Jh. wieder. Seine beiden Hauptwurzeln sind das antike Medaillon und die christl. Glorie. Seine Entstehung ist aus der Eigenart der Florentiner Kunst abzuleiten.

M. Hauptmann, Der T., 1936.

Tonholzschnitt →Holzschnitt.

Tonnengewölbe →Gewölbe.

Tonpapier →Naturpapier.

Tonplastik →Terrakotta.

Tonstich →Holzschnitt.

Tonsur, mit einem Brunnentrog ausgestattete Kapelle am Kreuzgang gegenüber dem Refektorium eines Klosters, vermutlich so genannt, weil hier dem Kleriker bei Erteilung der Weihe Kopf und Barthaar geschoren wurde.

Töpferscheibe →Keramik.

Topographie, die Beschreibung eines Landes, seiner geographischen Formationen, einzelnen Gebiete und Ortschaften. Topographische Ansichten um ihrer selbst willen treten in der europ. Kunst seit dem Ende des 15. Jh. auf (Holzschnitte zu Breydenbachs Bericht über eine Pilgerfahrt nach Jerusalem, Mainz 1486; Schedelsche Weltchronik, Nürnberg 1493, mit Holzschnitten aus der Werkstatt des →Wolgemut) und bilden, zu umfangreichen Holzschnitt-, später Kupferstichfolgen zusammengeschlossen (→Merian), ein wichtiges (wenn auch noch nicht genügend untersuchtes) Sondergebiet der Kunstgeschichte.

F. Bachmann, Die alten Städtebilder. Ein Verz. d. graph. Ortsansichten von Schedel bis Merian, 1939 (grundlegende Übersicht des Materials); P. Volkelt, Die Stadtansicht in den großen Druckwerken, Diss. Univ. Marburg, 1949.

Toreutik (griech.), die Kunst der Metallbearbeitung, das →Ziselieren, aber auch die →Treibarbeit. Unter T. versteht man sowohl den Herstellungsprozeß, die Technik, als auch den damit gefertigten Gegenstand, die Arbeit, bezogen in der Regel auf die Antike.

C. Reinsberg, Studien zur hellenist. T., 1980.

Torso (ital. „Baumstumpf"), Bezeichnung einer unvollständig erhaltenen oder unvollendeten Statue, meist einer antiken Statue mit abgebrochenen Gliedmaßen. Seit dem 16. Jh. gibt es den T. als bildhauerischen Entwurf, als →Bozzetto; seit dem späteren 19. Jh. (Rodin) als in sich vollendetes Werk der Plastik.

H. v. Einem, Der T. als Thema der bild. Kunst, 1935 (Zeitschr. f. Ästhetik u. allgem. Kunstwissensch. 29); J. A. Schmoll, gen. Eisenwerth, Der T. als Symbol u. Form, 1954; Ders., Das Unvollendete als künstlerische Form, 1959; W. Schnell, Der Torso als Problem der mod. Kunst, 1980.

Torus, der wulstartige Teil der antiken Säulenbasis (→Attische Basis).

Toskanische Ordnung →Säulenordnungen.

Totenleuchte, steinerner Aufbau auf Friedhöfen in Gestalt eines Türmchens oder einer Betsäule zur Aufnahme des „Armeseelenlichts", das für die Toten des Abends angezündet wurde. Sehr früh und sehr zahlreich kommen die T.n (lanternes des morts) in Frankreich vor, wo die meisten dem 11. und 12. Jh. angehören. Vom 13. Jh. an werden sie seltener. Die Formen sind sehr verschieden, die Höhe ist oft beträchtlich. In Deutschland stammt die älteste T. erst von 1268 (Friedhof des ehemaligen Zisterzienserklosters Pforta); sie hat die Gestalt eines schlanken Tabernakels. Bis zum Ende des Mittelalters wurden in Deutschland, namentlich im S, zahlreiche T.n erbaut. Dann verliert sich der Brauch.

F. Hula, D. T.n u. Bildstöcke Österreichs, 1948; A. Höck (Ztschr. d. Ver. f. hess. Gesch. u. Landeskde., 73) 1962.

Totenschild, der zum Gedächtnis eines dem Ritterstand angehörenden Toten über dessen Grab in einer Kirche oder Kapelle aufgehängte Schild mit Wappen, Symbolen und Inschriften in Malerei oder Schnitzerei. Der T. gehört in die Gruppe der Funeralwaffen, d. h. der Waffen, die einem alten Brauch zufolge über einem Rittergrab angebracht wurden. Dabei ist nicht immer sicher, ob der T. ein wirklicher Gebrauchsschild war oder nur für den Zweck, als T. zu dienen, geschaffen wurde. Meist wird das letztere der Fall gewesen sein. Die Grundform ist verschieden: spitz, dreieckig, achteckig, kreisförmig oder nur unten abgerundet, im 16. Jh. rechteckig. Die ältesten Beispiele stammen aus der ersten Hälfte des 13. Jh. Hervorragende Sammlungen in der Elisabethkirche in Marburg (seit 1927 z.T. im Mus. der Universität) und in den Kirchen und dem German. Nationalmus. in Nürnberg.

F. Warnecke, Die mittelalterl. heraldischen Kampfschilde in der St. Elisabethkirche zu Marburg, 1884; K. Pilz, Der T. in Nürnberg und seine dt. Vorstufen, 1936–39 (Anzeiger d. German. Nationalmus.).

Totentanz, die Darstellung eines Reigentanzes, in dem abwechselnd Lebende und Tote auftreten. Der Lebende wird von seinem toten Partner abberufen. Eine Unterschrift deutet zuweilen Rede und Gegenrede der beiden an. Als T. bezeichnet man auch zyklische Darstellungen, in denen das Motiv des Tanzes weggefallen ist und in denen Menschen verschiedenen Alters, Geschlechts, Standes und Berufs auftreten, die mitten aus dem Leben vom Tod oft in gewaltsamer Überwältigung abberufen werden. In diesem Falle handelt es sich also nicht um einzelne Tote, sondern um den (als Skelett gebildeten) Tod an sich. Der T. ist fast ausschließlich auf Malerei und Graphik beschränkt geblieben. – Die Frage nach seiner Entstehung gehört zu den umstrittensten der spätmittelalterlichen Ikonographie und hat eine umfangreiche Literatur zur Folge gehabt. Nach der wahrscheinlichsten Annahme liegt dem T. die im Mittelalter verbreitete Legende von der Begegnung der drei Toten und der drei Lebenden zugrunde, die in den Worten der drei Toten gipfelt: „Was Ihr seid, das waren wir; was wir sind, das werdet Ihr." Das Tanzmotiv wird erklärt aus der volkstümlichen Vorstellung, daß die Toten um Mitternacht ihre Gräber verlassen und einen Tanz aufführen, oder aus schauspielerischen Aufführungen des dramatisierten Legendentextes. Allerdings hat es sich dabei offenbar niemals um ein geistliches Schauspiel gehandelt, das in der Kirche aufgeführt wurde, und so gehört denn auch der T. nicht zu den offiziellen kirchlichen Themen und findet sich vorwiegend an Kirchhofsmauern und -kapellen. Die ältesten T.e, von denen man weiß, entstanden als Wandgemälde der 1. Hälfte des 15. Jh. in Frankreich und Deutschland. Manche sind nur durch Kopien bekannt. Das berühmteste Beispiel auf dt. Sprachgebiet ist der nur in Kopien erhaltene „Tod von Basel" an der Kirchhofsmauer des Basler Dominikanerklosters (1437–41). Weitere Beispiele des 15. Jh. in den Marienkirchen zu Lübeck (1463) und Berlin. In der Graphik sind vor allem zu nennen die Holzschnitte der „Danse macabre" (franz. Bezeichnung für T.), die 1485 in Paris erschienen. In Frankreich hat man

Aus Holbeins „Totentanz"

auch zuerst begonnen, das Tanzmotiv aufzugeben und den Reigen in eine Folge von Einzelhandlungen aufzulösen. Das führte zu der klassischen und vielfach nachgeahmten Gestaltung des Themas in Holbeins T.holzschnitten (um 1525, erschienen 1538). Die im Anschluß an die Revolution von 1848 entstandene Holzschnittfolge „Auch ein T." von Alfred Rethel ist ikonographisch eine völlige Neubildung.

W. Seelmann, Die T.e des Mittelalters, 1892 (mit Katalog); K. Künstle, Die Legende der drei Lebenden und der drei Toten und der T., 1908; A. Dürrwächter, Die T.forschung, 1914; W. Stammler, Die T.e des Mittelalters, 1922; Ders., Der T. Entstehung u. Deutung, 1948; St. Kozáky, Geschichte der T.e, 3 Bde., 1936–45; G. Buchheit, Der T., 1938; Kozáky, Der T. von heute, 1941; J. M. Clerk, The Dance of Death in the Middle Ages and the Renaissance, 1950; H. Rosenfeld, Der mittelalterl. T., ²1968; ders. (Lex. d. christl. Ikonograph., 4, Hg. E. Kirschbaum) 1972 (in: Beih. zu Archivalien für Kulturgesch., 3), 1974.

Toulouse-Lautrec, Henri de, franz. Maler und Graphiker, * 24. 11. 1864 Albi, † 9. 9. 1901 Schloß Malromé (Gironde). Meisterhafte Darstellungen aus dem Pariser Leben der Theater, Cafés und der Halbwelt, farbig vorzüglich und in der Komposition vom Stil japan. Holzschnitte beeinflußt, Bildnisse. Seit 1893 Lithographien ähnlichen Themas. Am Wiederaufleben der Künstlerlithographie, vor allem der farbigen, hatte T.-L. hervorragenden Anteil. Beste Sammlung der Gemälde im T.-L.-Mus. in Albi.

A. Astre, T.-L., 1926; M. Joyant, H. de T.-L., 2 Bde., 1926/27; G. Jedlicka, H. de T.-L., ²1943 (dt.); W. Kern, T.-L., 1948; J. Lassaigne, Lautrec, dt. 1953; H. Landolt, T.-L., Farbige Zeichnungen, 1954; D. Cooper, H. de T.-L., dt. 1964; Liselotte Zinserling, H. de T.-L., 1964; J. Adhémer, T.-L. Das graph. Werk, dt. 1965; ders., T.-L., 1972; H. Keller, H. de T.-L., 1968; J. Polasek, T.-L., Zeichngn., 1972; G. M. Sugana, D. Lutton, The complete paintings of T.-L., 1973; G. Adriani, H. T.-L. (Monogr. u. Kat. d. ges. graph. Werkes, m. Bibl.) 1976; ders., T.-L. u. d. Paris um 1900, 1978.

Tragaltar (Portatile). Seit dem 7. Jh. war es hohen Geistlichen und Fürsten durch päpstliches Privileg gestattet, auf Reisen die Messen an kleinen tragbaren Altären zu lesen. Gelegentlich wurden diese auch in Kirchen gebraucht, die einen regelrecht geweihten und eine Reliquie enthaltenden Altar nicht besaßen. In entwickelter Form besteht der T. aus einem mit Metall oder Elfenbein verkleideten Holzkern, der auf Füßen oder Säulchen ruht, auch eine Fußplatte und gesimsartig ausladende Deckplatte haben kann. In diese ist eine Platte aus Halbedelstein (Amethyst, Achat, Onyx) eingelassen, auf die der Kelch zu stehen kommt. Die Seitenwände sind durch Säulen oder Pfeiler gegliedert und mit getriebenen oder emaillierten Figuren (meist Apostel) besetzt. Das älteste erhaltene Stück ist der von Kaiser Arnulf (887–99) dem Kloster St. Emmeram in Regensburg vermachte T. (früh. in der Reichen Kapelle der Münchner Residenz), edelsteinbesetzt, mit Treibarbeit in Goldblech versehen und dadurch ausgezeichnet, daß er einen zweigeschossigen Überbau in der Art eines Ciboriums besitzt. Bedeutende Stücke enthält der →Welfenschatz, darunter den des Kölner Meisters →Eilbertus (1140–50) mit trefflichen Emailfiguren. Hervorzuheben ist auch der T. des Rogerus von Helmershausen (um 1100; Domschatz zu Paderborn). Die T.e des späteren Mittelalters sind schlicht und einfach.

B. Kleinschmidt, Der mittelalterliche T., 1903 (Zeitschr. f. christl. Kunst, Bd. 16). – Lit. →Welfenschatz.

Tragstein →Konsole.

Trajanssäule, die mit Reliefs auf spiralig umlaufendem Bande geschmückte Säule, die am Trajansforum hinter der heute nur in Resten erhaltenen Basilika Ulpia steht. Sie trug einst ein Standbild des Kaisers. Der etwa 200 m lange Relieffries behandelt die Dakerkriege Trajans, dessen Asche in dem quadratischen Sockel der Säule beigesetzt war. Die Weihinschrift von 114 n. Chr. ist noch nicht mit voller Sicherheit gedeutet.

Cichorius, Die Reliefs der T., 2 Bde., 1896–1900; Th. Birt, Die Buchrolle in der Kunst, 1907; Die T. Kupferstiche a. d. Jahre 1667 von P. S. Bartoli. Erklärung etc. von E. A. P. Dzur, 1941; La colonna Traiana. Rilievi fotografici eseguiti in occasione dei lavori di protezione antiaeria, 1942; C. Weißgerber, Die Architekturdarstellungen der T. Diss. Köln 1951; F. B. Florescu, Die T., dt. 1969.

Transenna, 1. durchbrochen gearbeitete Stein- oder Holzplatte als Fensterverschluß frühchristl. Kirchen vor Anwendung der Fensterverglasung, – 2. in gleicher Weise (meist durchbrochener Marmor) gearbeitete Schranken oder Brüstungsplatten in frühchristl. Kirchen.

Transept, Querschiff der →Basilika.

Transfiguration →Verklärung Christi.

Trapezkapitell →Kapitell.

Travée →Joch.

Travertin (ital. aus lat. lapis Tiburtinus), ein in den Abruzzen gebrochener, poröser Tuffstein (Kalkstein) von gelblichem Ton, vielfach als Werk- und Baustein verwendet.

Trecento (ital. „dreihundert", Abk. für 1300), in der ital. Kunstgeschichte Bezeichnung für das 14. Jh.; auf dem Gebiete der Malerei, weniger auf dem der anderen Künste, auch Stilbegriff. Unter „Trecentisten" versteht man in der Regel nur die ital. Maler des 14. Jh.

Treibarbeit (Getriebene Arbeit), das Herstellen von Metallgefäßen oder Verzierungen auf Metall durch Treiben, d.h. durch Bearbeiten mit dem Hammer auf kaltem Wege. Alle auch sonst von der bildenden Kunst verwandten Metalle (Gold, Silber, Kupfer, Bronze, Messing, Eisen) eignen sich für T., am besten natürlich die weichen Metalle. Des immerhin beschränkten Kraftaufwandes wegen sind dünne Platten (Blech) Voraussetzung, deren Dehnbarkeit man noch beikommen kann. Gefäße werden über dem Amboß durch Gegenhalten oben gerundeter Formen getrieben; künstlerische T.en aus weichem Metall werden auf einer harten, zähen, der Dehnbarkeit des Bleches nachgebenden Unterlage aus einer Mischung von Pech und Ziegelmehl, dem sog. Treibpech, mit dem Treibhammer und unter Verwendung von Punzen von der Rückseite her ausgeführt. Zum Treiben von Gold- und Silberblech hat man sich auch eines Modells aus Bronze bedient. – Die T. ist so alt wie die Metallarbeiten überhaupt; sie war allen Kulturvölkern des Altertums bekannt und war auch in der vorgeschichtlichen Kunst weit verbreitet. Namentlich mit der Geschichte der →Goldschmiedekunst ist sie aufs engste verbunden. Das Verfahren ist im Laufe der Zeit im Grunde wohl immer das gleiche geblieben. T.en in Eisen kommen im 16. Jh. bei der Verfertigung von Prunkharnischen häufig vor. Im 19. Jh. hat man Kolossalstatuen gern aus Kupfer getrieben. Allerlei Kunstgriffe der T. aus Edelmetall hat Benvenuto Cellini in seinem „Trattato dell' oreficeria" beschrieben.

Tremolierstich, Wüchsenzeichen, eine zickzackartig geführte Gravierung an unauffälliger Stelle eines Silbergerätes (bei Gefäßen z.B. unter dem Boden) zur Entnahme einer kleinen Metallprobe und Feststellung der Vollwichtigkeit.

Treppe(n) entwickelten sich aus Hilfsmitteln z. Überwindung v. Höhenunterschieden (Steigebaum, Leiter) und aus mythisch begründeten Stufenfolgen (→Zikkurat, Prang, indian. Stufenberg). Ihre Einordnung i. d. Grundriß u. damit künstlerische Gestaltung eines Gebäudes blieben so lange indifferent u. mobil, bis sich gesellschaftliche u. funktionelle Ordnungsprinzipien ausbildeten. Deshalb entstanden massive T.anlagen im Sakralbau früher als im Profanbau. Sie sind nicht an ein menschliches Schrittmaß gebunden (Pergamonaltar); die Reihung ihrer Stufen folgt dem Ritual sowie sog. heiligen Zahlen.
T.n unterscheiden sich von den älteren Rampen durch die mehr oder weniger ausgebildeten Stufen. Die Stufenfolge heißt Lauf. Sie kann durch Längs-, Eck- u. Wendepodeste unterbrochen u. in T.narme unterteilt werden. Zu unterscheiden sind: Außent.n, Freit.n u. Innent.n, ferner nach dem Grundriß: geradarmige, gewendelte u. gewundene T.n.
Die ägypt. u. griech. Antike kannte keinen künstlerischen T.nbau. In Vorderasien (Persepolis) u. auf Kreta (Knossos) waren T.n dagegen Bestandteile zeremonieller Prachtentfaltung. In d. röm. Kunst spielten T.n besonders vor Tempeln eine Rolle.
Freit.n (ahd. grêde) kamen erstmals vor Kaiserpfalzen zur Geltung, dann vor mittelalt. Rathäusern, vor Schlössern u. Klöstern in Renaissance u. Barock. Italien. Baumeister u. Bühnenbildner (z.B. →Galli-Bibiena) schufen Vorbilder, die auch in d. dtn. Kunst nachgeahmt wurden. Höhepunkte der Freit.nbauten im 19. Jh. waren Nationaldenkmäler (Walhalla u. a.).
Wendelt.n sind seit der Antike bekannt. Sie entstanden als notwendiger Bestandteil in röm. Triumphsäulen u. islam. Minaretten. In der dtn. Kunst, namentlich beim Kirchenbau, treten sie als Treppenturm auf, ein an den Baukörper angesetzter oder auch zum Teil in ihn einbezogener Turm, der im Innern eine Wendeltreppe enthält, die den Zugang zu den oberen Geschossen vermittelt. Derartige T.e finden sich zuerst an karoling. und roman. Kirchen und entwickeln sich in der nord. Renaissance zu einem an der Gesamtwirkung des Bauwerks oft hervorragend beteiligten Gebilde. Sie bringen nämlich am besten die im nord. Renaissancebau mit so vielen Mitteln erstrebte Vertikalrichtung zur Geltung. Dabei treten sie als sog. Wendelstein entweder vor die Fassade (Albrechtsburg in Meißen, Schloß Hartenfels in Torgau) oder in den Winkel zwisch. zwei Flügeln (Blois, Merseburg, Dresden u.a.).
Zu einem ital. Renaissancepalast hätte ein die horizontale Lagerung der Geschosse überschneidender und das Dach überragender T. nicht gepaßt. Hier sind die Treppen in das Innere verlegt und schließlich im Barock zu einem Treppenhaus ausgebaut worden. Die letzten Folgerungen aus dieser Entwicklung hat der dt. Barock gezogen (Schlösser von Pommersfelden, Brühl, Bruchsal, Würzburg), der das Treppenhaus mit einem baukünstlerischen Aufwand ausgestattet hat, der über seinen praktischen Zweck weit hinausgeht. Das Treppenhaus ist zu einem Prachtraum geworden, der

seinen Zweck in sich selber trägt, der Erlebnismöglichkeiten bietet, wie sie anderen Prachträumen nicht gegeben sind, die Erlebnismöglichkeiten des Wanderns und Steigens und des damit verbundenen steten Wechsels der architektonischen Bilder durch alle Höhenschichten hindurch. Unter veränderten funktionellen u. technischen Voraussetzungen dienten diese Vorbilder d. Gestaltung von aufwendigen Treppenhäusern im 19. Jh. von Justizpalästen (Brüssel, Leipzig, München, Wien), Opernhäusern u. Theatern (Wien, Berlin, Paris), Museen, Bibliotheken, Rathäusern, Universitäten u. Hochschulen sowie auch Warenhäusern (Berlin, Düsseldorf) bis hin zum Wohnhaus. Gußeisen, Stahl, Stahlbeton u. Glas erschlossen im 20. Jh. dem T.bau neue gestalterische Möglichkeiten, bes. im →Neuen Bauen. So schuf O. →Gropius die erste freitragende T. in einem Glasbau (1911).

Viollet-le-Duc, Dictionnaire de l'architecture française, Bd. 5, 1875 („Escalier"); M. Grantz, Die T. d. norddtn. Bürgerhauses, 1929; H. Keller, Das Treppenhaus im deutschen Schloß- u. Klosterbau des Barock, Diss. München 1929, 1936; M. Messina, Tecnica, Architettura, Urbanistica delle Scale, 1948; K. Gatz, T. u. T.nhäuser, 1954; F. Mielke, Die T. d. Potsdamer Bürgerhauses i. 18. Jh., Diss. Dresden 1957; Ders., Die Gesch. d. dtn. T.n, 1966; A. A. Mohamed, Die Entw. d. Mietshaust. i. 19. Jh. i. Europa, Diss. T. U. München 1962; K. Hoffmann, Helga Griese, Stahltreppen, 2 Bde. 1962, 1969; Chr. Ewert, Offene T.nhäuser i. südfranz. Städten, Diss. T. U. Berlin, 1964; W. Mannes, Gestaltete T.n, 1975; H. Zagermann, Studien z. Ikonologie d. barocken T.nhauses i. Dtschld. u. Österr., Diss. Tübingen 1978.

Treppengiebel →Giebel.

Treppenhaus →Treppe(n).

Treppenturm →Treppe(n).

Tretjaków-Galerie in Moskau, eine von P. M. Tretjaków (1832 bis 1900) seit 1856 aufgebaute Galerie, die seit 1863 vor allem die Werke der →Wanderkünstler aufnahm und 1892 der Stadt Moskau geschenkt wurde. Heute staatlich, ist sie seit der Neuordnung der sowjet. Museen ausschließlich eine Sammlung national-russ. Kunst, die Werke der Malerei, Graphik und Plastik vom 11.–20. Jh. enthält.

V. Fiala, Die T.-G., dt. [2]1956; Album der T.-G., 1958, (russ. u. franz.); N. A. Mudrogel, Ein Leben für die T.-G., 1973.

Triangulation, in der Baukunst die Verwendung des gleichseitigen Dreiecks zur Festlegung bestimmter, konstruktiv wichtiger Punkte und damit der →Quadratur vergleichbar. Es ist versucht worden, das gleichseitige Dreieck als vorherrschende Grundfigur der got. Baukunst nachzuweisen; doch kann wohl nur das variable spitzwinklige Dreieck als eine solche Grundfigur gelten.

G. Dehio, Untersuchungen über das gleichseitige Dreieck als Norm got. Bauproportionen, 1894; Ders., Ein Proportionsgesetz der antiken Baukunst u. sein Nachleben im Mittelalter u. in der Renaissance, 1895; Mössel, Die Proportionen in Antike und Mittelalter, 1926; W. Thomae, Das Proportionswesen in der Gesch. der got. Baukunst u. die Frage der T., 1933 (Heidelberger kunstgesch. Abhandlungen, Bd. 13); Maria Velte, Die Anwendung d. Quadratur u. Triangulatur bei d. Grund- u. Aufrißgestaltung d. got. Kirchen, 1951 (Basler Stud. z. Kunstgesch. 8).

Trianon →Versailles.

Tribuna →Apsis.

Triforium (altfranz. trifoire = durchbrochene Arbeit), ein in Bogenstellungen sich öffnender Laufgang unter den Fenstern von Mittelschiff, Querschiff und Chor des romanischen und besonders des gotischen Kirchenraums. In seiner ausgebildeten Form ist er in der Mauer ausgespart (→Abb. S. 254), doch gibt es auch ein Blendtriforium ohne dahinterliegenden Gang. Überhaupt ist der praktischen Bedeutung des T.s seine Bedeutung als Gliederungsmotiv übergeordnet. – Die frühesten Spuren des T.s finden sich im Rheinland bereits in der 1. Hälfte des 11. Jh.: Chorquadrat der Luciuskirche in Werden. Später kommt es in franz. Kirchen vor, bleibt aber im 11. Jh. noch auf die Choranlage beschränkt, und findet sich erst in der 1. Hälfte des 12. Jh. auch im Mittelschiff in Form einer Blendbogenreihe (Normandie, Cluny III; seit etwa 1150 auch im Rheinland). Um 1200 hat sich das echte, d.h. mit einem Laufgang verbundene T. in Frankreich und dem Rheinland durchgesetzt. Seit der Mitte des 13. Jh. hat sein Verbreitungsgebiet eine zunehmende Einschränkung erfahren.

H. E. Kubach, Rheinische Baukunst der Stauferzeit. Das T. und seine Parallelen in Frankreich, 1934; Ders., Das T., 1936 (Zeitschr. für Kunstgesch., Bd. 5); H. Sedlmayr, Die Entstehung der Kathedrale, 1950.

Triglyph, (griech. „Dreischlitz"), heißt in der griech. Baukunst (dorischer Stil) ein Block mit drei durch Stege voneinander getrennten senkrechten Rinnen mit dreieckigem, selten halbrundem Querschnitt. Die T.n (blau bemalt) sitzen mit den →Metopen abwechselnd auf dem Architrav auf, sind also Träger des oberen Gebälks und finden sich jeweils über einer Säule und dem Intercolumnium. Sie gehen auf die Holzbaukunst zurück und sind vielleicht eine Erinnerung an den mit besonderen Brettchen verkleideten Balkenkopf. Eine Abart des T.s ist der Diglyph, der zuerst in den Bauten Vignolas im 16. Jh. auftritt.

A. v. Gerkan, Die Herkunft des dorischen Gebälks (Jb. d. dtschn. Archäolog. Instit. 53/64), 1948 u. 1949.

Trinität →Dreifaltigkeit.

Triptychon (griech.), dreiteiliges Bild; bes. ein mittelalterlicher Flügelaltar, der aus einem Mittelbild und zwei Seitenflügeln besteht.

K. Lankheit, Das T. als Pathosformel, 1959 (Abhandlgn. d. Heidelberger Akad. d. Wissenschaften, phil.-hist. Kl.); J. Hammer, Zur Bildgattung des T. (in: Bildende Kunst, 10, 1968 u. 1, 1969); W. Pilz, Das T. als Kompositions- u. Erzählform i. d. dtschn. Tafelmalerei v. den Anfängen bis z. Dürerzeit, 1970; E. Kluckert, Die Erzählform des spätmittelalterl. Simultanbildes, Diss. Univ. Tübingen, 1971.

Triton, nach der griech. Sage der Sohn des →Poseidon und der Amphitrite, erscheint in Poseidons Gefolge, wird dargestellt als kräftiger Mann, dessen Körper in einem Fischschwanz endet. Er bläst zuweilen auf einer Muscheltrompete, spielt mit den Nereiden, den Töchtern des Meergottes Nereus, bändigt die Rosse Poseidons. Die neuere Kunst hat ihn gern als Brunnenfigur und dann in der Mehrzahl verwendet (→Brunnen).

Triumphbogen. 1. Unrichtige Bez. für einen röm. Ehrenbogen. Der Ursprung ist noch unklar, doch handelt es sich in allen bekannten Fällen um monumentale bogenförmige Postamente für Statuen, die den Geehrten manchmal in einer Quadriga stehend abbilden. Über dem Bogen war die Ehreninschrift angebracht. Es gibt verschiedene Typen von T., eintorige und mehrtorige, auch Doppelanlagen an Straßenkreuzungen, ohne daß diese Abarten sich zeitlich absetzen ließen. Man darf aber sagen, daß die Entwicklung vom einfachen, noch körperhaft geschlossenen Denkmal zu größerer Auflösung der Wandfläche strebt, die in vielen Fällen ganz mit Reliefs bedeckt ist. In Rom stehen aufrecht die Bögen des →Titus, Severus und →Konstantin.

Gut erhalten sind ferner: der Trajansbogen in Benevent, der Augustusbogen in Susa und viele Beispiele in Südfrankreich (St. Remy, Orange, Saintes), in Nordafrika (etwa 40 Bögen) und anderen Provinzen des röm. Reiches. Auf die Form des röm. T.s hat man im Mittelalter mehrfach zurückgegriffen, so bei der Fassadenbildung roman. Kirchen Südfrankreichs (Arles, St. Gilles) oder gelegentlich bei monumentalen Torbauten (Capuaner Brückentor Friedrichs II.). Die Renaissance hat die Form ihrer Prachtportale vielfach der des röm. T.s entlehnt, und auch die Architektur des Grabmals (sowohl des freistehenden wie des Wandgrabmals) zeigt bes. in Italien und Frankreich eine Durchdringung mit der T.-architektur (Grabmal Julius II. von Michelangelo). Das gleiche gilt vom Barock, wo das T.motiv auch in die Brunnenarchitektur (Fontana Trevi in Rom), ja sogar in die Gestaltung des Hochaltars (Weltenburg) Eingang fand. An wirklichen T. hat die ital. Renaissance nur einen einzigen gebaut, den zum siegreichen Einzug des Alfons von Aragon in Neapel (zwischen zwei Türmen des Castel Nuovo, voll. 1470). Die dt. Renaissance hat in dem aus Holzschnitten zusammeen gesetzten papiernen T. Kaiser Maximilians den T.gedanken in sonderbarer Weise verwirklicht. In den Schriften der Architekturtheoretiker des 16. und 17. Jh. gehegt, nahm er seine eigentliche Entfaltung im Barock, d.h. im Zeitalter des absoluten Fürstentums und prunkvoller Repräsentation. Für triumphale Einzüge von Fürsten wurden T. aus Holz errichtet und dafür die ersten Baumeister herangezogen (Hauptbeispiel: Die T. in Wien von Fischer von Erlach). Steinerne T. entstanden im Barock (gern in Verbindung mit Paradestraßen) namentlich in Frankreich. Hauptwerk des 19. Jh. ist der zur Zeit Napoleons I. errichtete Arc de Triomphe de l'Etoile in Paris (voll. 1836).

Kähler in Pauly-Wissowa, Realenzyklopädie (mit Liste aller erhaltenen und überlieferten T. des Altertums); Bernoulli, Die roman. Portalarchitektur in der Provence, 1906; F Noack, Triumph und T., 1928 (Vorträge der Bibl. Warburg, Bd. 5); J. H. Schmidt, Nachröm. Triumphtore, 1939 (in „Das Werk des Künstlers", Jg. 1); W. E. Stopfel, T. i. d. Arch. d. Barock in Frankr. u. Dtschld., Diss. Freiburg i. B., 1964; R. Brilliant, The Arch of Leptimus Severus in the Roman Forum, 1967; G. Traversari, L'Arco dei Sergi, 1971; U. Westfehling, T. im 19. u. 20. Jh. (Stud. z. Kst. d. 19. Jhs. Bd. 32), 1976.

2. Der Bogen, der den Chor einer Basilika vom Mittelschiff trennt, so genannt, weil er eine Darstellung des über den Tod triumphierenden Erlösers oder eine sonstige Verbildlichung des Triumphs der Kirche enthält.

Triumphkreuz (Triumphbalken) →Kreuzigung Christi.

Troger, Paul, Maler, * 30. 10. 1698 Zell (Tirol), † 20. 7. 1762 Wien, Schüler des Giuseppe Alberti in Cavalese, bildete sich weiter an Piazzetta, Crespi, Solimena und Magnasco, kam 1728 nach Wien und entfaltete eine reiche Tätigkeit als Maler von Deckengemälden und Altarbildern für österreich. Barockklöster und -kirchen. Seine Deckengemälde sind gern von einer dunklen Architekturmalerei eingefaßt, die die Illusion eines Blickens in den lichten, von schwebenden Gestalten erfüllten Himmelsraum noch täuschender erscheinen läßt. T.s schwungvolle Altarbilder sind von atmosphärischen Stimmungen erfüllt und mit Beleuchtungseffekten ausgestattet.

R. Jacobs, P. T., 1930 (Veröffentlichungen der Österreich. Gesellschaft für christl. Kunst, Bd. 1); Brigitte Fr. Heinzl, Die Freskomalerei P. T.s, Diss. Wien 1960; Wanda Aschenbrenner u. G. Schweighofer, P. T. Leben u. Werk, 1965; Christl Wolf, P. T. Zeichngn. u. Graphik, Diss. Wien, 1971.

Troja, alte Stadt bei den Dardanellen, der Ort des homerischen Epos. Der Ruinenhügel wurde von Schliemann entdeckt und in Verbindung mit Dörpfeld 1870 bis 1890 ausgegraben. Von den damals gefundenen mindestens 9 Wohnschichten gehört die älteste der Steinzeit, die letzte der röm. Kaiserzeit an. Als das homerische T. (Ilion) erkannte Dörpfeld die 6. Schicht. Sie enthält neben großartigen Befestigungsanlagen eine Anzahl →Megaronhäuser. Neuerdings nimmt man jedoch die 7. Schicht als das homerische T. an. Die Grabungen lieferten neben dem bekannten Goldfund (im Mus. für Vor- und Frühgeschichte zu Berlin) Unmengen von Keramik aus den verschiedenen Epochen, von der fast alle europ. Sammlungen Proben erhalten haben. Neuerdings haben amerikan. Gelehrte sich wieder bes. der Erforschung der ältesten Perioden zugewendet, die früher nur zu kleinen Teilen freigelegt waren, und haben verschiedene sehr alte Schichten aus der Steinzeit feststellen können.

Dörpfeld u. a., T. und Ilion, 1902; Berichte über die neuen Grabungen in der amerikan. Zeitschr. „Hesperia"; C. W. Blegen u. a. (Hg.), Troy, (3 Text- u. 3 Tafelbände; Princeton 1950–53); ders., Troy and the Trojans, 1963. F. W. Goethert u. H. Schleif, D. Athenatempel v. Ilion, 1962; W. Müller, T., 1972.

Trompe (franz. „Jagdhorn"), Bogen mit nischenartiger Wölbung zwischen zwei rechtwinklig aneinander stoßenden Mauern. Sie dient z. B. dazu, den quadratischen Querschnitt eines Turmunterbaus in ein Achteck zu überführen, oder dazu einen quadratischen Raum in seinem oberen Teil in einen achteckigen zu verwandeln, über dem sich dann leicht eine Kuppel konstruieren läßt. Die T. kommt bes. in der Baukunst des Orients und der des Mittelalters vor (ältestes Beispiel in Deutschland in der Heiligkreuz-

Trompe

kapelle in Trier, Mitte 11. Jh.). Vom Pendentif (Hängezwickel) unterscheidet sich die T. in Konstruktion und den Gestaltungsmöglichkeiten. Die T.n wirken wie eine Art weiterer kleiner „Eckkuppeln". →Abb. Kuppel.

W. Rave, T. u. Zwickel (in: Festschr. f. H. Jantzen) 1951; J. Fink, Die Kuppel über der Vierung, 1958.

Trompe-l'oeil (franz. „Augentäuschung"), Gemälde oder Teil eines solchen, der durch naturalistische Genauigkeit, Anwendung von Schattenschlägen oder perspektivischer Mittel, die Illusion eines wirklich auf dem Gemälde befindlichen körperhaften Gegenstandes hervorruft (z. B. einer irgendwo hingemalten Fliege). Gelungene Motive dieser Art galten schon in der Antike (Wettstreit zwischen Apelles und Zeuxis) als besondere Beweise hohen artistischen Könnens und waren seit dem 15. Jh. auch in der neueren Malerei heimisch, bes. in holländ. Stilleben des 17. Jhs. Der →Surrealismus hat sich ebenfalls ihrer bedient.

H. Gerson, Sitzgsberichte. d. Kstgeschichtl. Gesellsch. zu Berlin, N. F., 1963, Marie Chr. Gloton, T. et décor plafonnant dans les églises romaines de l'âge baroque, 1965; M. L d'Otrange Mastai, Illusion in Art, 1975.

Trompetenornament, Trompetenspirale →Keltische Kunst.

Trophäen, (von griech. Tropaion), eine den antiken Siegeszeichen nachgebildete, seit der Renaissance an öffentlichen Gebäuden vorkommende Verzierung: Waffen verschiedener Art, die um einen Brustpanzer, Helm oder hinter einen Schild geordnet sind.

Trübner, Wilhelm, Maler, * 3. 2. 1851 Heidelberg, † 21. 12. 1917 Karlsruhe, Schüler von Canon und Diez, beeinflußt von Leibl, lebte 1875–96 in München, bis 1903 in Frankfurt a. M. und seitdem als Prof. der Kunstakademie in Karlsruhe. Bereits im Anfang der 70er Jahre trat er mit vorzüglich gemalten Interieurs hervor, die in ihrer realistischen Fassung und den dunklen Tönen den Einfluß Courbets verraten, machte einen Abstecher auf das Gebiet der Historienmalerei, fand um 1890 seinen persönlichen Stil und wurde zu einem der besten dt. Impressionisten. Seine mit breiten, saftigen Pinselstrichen gemalten Landschaften und Bildnisse haben sich jedoch eine gewisse Schwere der Farbe bewahrt. Eine Spezialität von ihm waren lebensgroße Reiterbildnisse.

G. Fuchs, W. T. u. sein Werk, 1908; J, A. Beringer, T. Des Meisters Gemälde. 1917 (Klassiker der Kunst); J. Elias, W. T.: Handzeichnungen, 1921; Ausst. Kat. Karlsruhe, T. u. s. Kreis, 1951; J. Geissler, Die Kunsttheorien von A. v. Hildebrand, W. T., Max Liebermann, Diss. Univ. Heidelberg, 1963; K. Brix, W. T., 1966; K. Rohrandt, W. T., krit. beschreibender Kat. sämtl. Gemälde, Zeichnungen u. Druckgraphik, Diss. Univ. Kiel, 1974 (m. Bibl.).

Truhe →Möbel, →Cassone.

Trundholm, Sonnenwagen von (Kopenhagen, Nationalmus.). Der 1902 im T.-Moor bei Nykjobing (Seeland) gefundene bronzene → Kultwagen hat eine Länge von etwa 60 cm. Er besteht aus einer schematischen Pferdefigur, die eine kreisrunde, beiderseits mit Goldblech belegte Scheibe (Sonnensinnbild) zieht. Pferd und Scheibe sind auf drei Räderpaaren fahrbar aufmontiert. Der Wagen wird durch die getriebene Spiralornamentik (→German. Kunst) des Goldblechbelages in die Periode II der nordischen →Bronzezeit (1500 bis 1300 v. Chr.) datiert.

J. Bing, Der S. v. T., 1934; J. Bronsted, Nord. Vorzeit, Bd. 2, 1962; H. Drescher (Acta Archaeologica, 33 Kopenhagen) 1962; F. Behn, Die Bronzezeit in N.-Europa, 1968.

Tuaillon, Louis, Bildhauer, * 7. 9. 1862 Berlin, † 21. 2. 1919 das., Schüler von R. Begas, schlug jedoch nicht dessen neubarocke Richtung ein, sondern die neuklassizistische Adolf v. Hildebrands und schuf bronzene Reiterstandbilder in einem durch klare, monumentale Form geläuterten Naturalismus: Amazone (1895; Berlin, an der Nationalgalerie und im Tiergarten), Denkmal Kaiser Friedrichs III. (1905; Bremen).

E. Waldmann, L. T., (Zeitschr. Kst. u. Künstler, 17), 1919.

Tuc d'Audoubert, vorgeschichtliche Kulthöhle in den franz. Pyrenäen. Im Innern mehrere bes. schöne Tropfsteingrotten, ganz hinten gewölbter Saal, darin plastische Gruppe eines Bisonpaares im Augenblick des Bespringens, in etwa Dreiviertelgröße aus Höhlenlehm modelliert. Davor auf dem Boden zahlreiche Eindrücke menschlicher Fersen, von einem Kulttanz herrührend.

Comte Bégouen, Une nouvelle grotte à gravures etc., 1912 (Congrès internat. d'anthropol. et d'archéol. préhist. Genf); H. Bégouen u. H. Breuil, Les cavernes du Volp, 1958; P. J. Ucko, A. Rosenfeld, Felsbildkunst im Paläolithikum, 1967.

Tucheraltar →Meister d. Tucheraltars.

Tuchhalle →Gewandhaus.

Tudorblatt, eine der engl. Spätgotik eigentümliche Ornamentform in Gestalt eines Blattes, das dem Efeublatt entfernt ähnlich ist.

Tudorbogen →Bogen.

Tudorstil →Englische Kunst.

Tugenden und Laster, ethische Grundbegriffe, die in der Literatur bereits in vorchristl. Zeit personifiziert worden sind. Von diesen Personifikationen wurden am bekanntesten die in der „Psychomachie" des span. Dichters Prudentius, der in diesem Gedicht (404/5) den Kampf der T. u. L. um die Seele schildert. Im wesentlichen an dieses Gedicht hat die mittelalterl. Kunst angeknüpft, wenn sie die T. u. L. als weibliche Gestalten darstellte. Bei den T. wurde dabei unterschieden zwischen den drei theologischen T. Glaube (Fides), Hoffnung (Spes), Liebe (Caritas) und den vier Kardinaltugenden Klugheit (Prudentia), Mäßigkeit (Temperantia), Tapferkeit oder Stärke (Fortitudo), Gerechtigkeit (Justitia). Darüber hinaus ist die Zahl der personifizierten T. oft noch vermehrt worden und auch für die L., die teils in männlicher, teils in weiblicher Gestalt erscheinen, gibt es keine bestimmte Zahl. Zur Charakterisierung der T. sind meist Attribute gewählt, zu der der L. Handlungen aus dem Leben; doch gibt es hier keine bestimmte Regel, wie denn überhaupt die T. u. L. durch alle möglichen allegorischen Kombinationen ausgedrückt werden können. – Nach vereinzeltem Auftreten in Miniaturen schon des 6. Jh. werden die T. u. L. seit dem 12. Jh. zu einem sehr häufigen Gegenstand der christl. Kunst auch in der Plastik, so bes. an den Portalen und Archivolten franz. Kathedralen. T. u. L. brauchen dabei durchaus nicht immer zusammen zu erscheinen, sondern es kommen oft, so bes. in Italien, die T. allein vor; dies natürlich immer, wenn sie in Verbindung mit einem Grabmal stehen (seit der Mitte des 14. Jh.). In Italien haben sich auch ganz bestimmte, allgemeinverständliche Attribute für die T. herausgebildet. In der dt. Kunst war der Gegenstand nicht so beliebt wie in Frankreich und Italien; doch gehören die streitbaren T. als Gewändefiguren der Westfassade des Straßburger Münsters (Ende 13. Jh.) zu den künstlerisch wohl am höchsten stehenden Gestaltungen des Themas.

Stettiner, Die illustrierten Prudentius-Handschriften, 1905; Mâle, L'art religieux du 13e siècle en France, [6]1923; Ders., L'art religieux de la fin du moyen-âge, [2]1922; Künstle, Ikonographie der christl. Kunst, Bd. 1, 1928; A. Katzenellenbogen, Die Psychomachie in der Kunst des Mittelalters von den Anfängen bis zum 13. Jh., Diss. Hamburg 1933; F. Klingender, Allegories of the virtues and vices in mediaeval art, 1964; M. Evans, Lexik. d. christl. Ikonographie, 4, 1972; H. Kraft, Die Bildallegorie d. Kreuzigung Christi durch die Tugenden, Diss. Univ. Berlin (W), 1971; I. Kaiser, Die T.- u. L.-Darstellgn. im 16. Jh., Diss. Univ. Salzburg, 1974.

Tulaarbeiten →Niello.

Tüllengefäß. Gefäße mit längerer oder kürzerer Ausgußtülle, in der Form zuweilen an unsre Teekannen erinnernd, erscheinen in Kleinasien schon um 2000 v. Chr. (II.

Stadt von Troja usw.). Auch später sind T.e hauptsächlich auf den Orient und das Mittelmeergebiet beschränkt.

Tulpenbecher →Michelsberger Kultur.

Tumba →Grabmal.

Tummler, Trinkglas von gedrungener Form ohne Fuß und Henkel mit schwerem abgerundetem Boden, so daß sich das Glas, wenn auf die Seite gelegt, wieder aufrichtet (16.–18. Jh.).

Tuotilo, Tutilo, Mönch im Kloster St. Gallen, der in der Geschichte dieses Klosters von Ekkehard als Schnitzer zweier Elfenbeintafeln bezeichnet wird, die jetzt die Buchdeckel eines Evangeliars der St. Gallener Stiftsbibliothek bilden. Die um 900 entstandenen Tafeln gehören zu den hervorragendsten Zeugnissen karoling. Elfenbeinschnitzkunst. Bemerkenswert sind bes. die volkstümlich erzählten Szenen aus dem Leben des hl. Gallus.

A. Goldschmidt, D. Elfenbeinskulpturen a. d. Zt. d. Karoling. u. Sächs. Kaiser, I, 1914, Neudr. 1969; E. G. Ruesch, T., 1953.

Tura, Cosimo, ital. Maler, * gegen 1430 Ferrara, † 1495 das., neben Cossa der Hauptmeister der ferrares. Schule des Quattrocento. Seine in harter Plastizität und spätgot. Formenunruhe gestalteten Figuren sind erfüllt von einer in den Spätwerken noch gesteigerten leidenschaftlichen Erregung. Madonna mit Heiligen (Berlin, Staatl. Mus.), Thronende Madonna mit Engeln (London, Nationalgal.), Büßender Hieronymus (das.), S. Jacopo della Marca (Modena, Pinakothek). T. hat auch Kartons für Teppichwirkereien geliefert.

Ortolani, C. T. usw. 1941; E. Ruhmer, C. T., 1958; P. Bianconi, Tutta la pittura di C. T., 1963.

Turfan, Stadt in Ostturkestan, bekannt geworden durch die vier dt. Expeditionen, die 1902–14 zur Erforschung von Kunst und Kultur nach Ostturkestan unternommen worden waren, und von denen die erste T. und seiner Umgebung gewidmet war. Es wurden Handschriftenreste und Höhlenmalereien geborgen, die zum größten Teil in das Völkerkundemuseum in Berlin gekommen sind. Diese Denkmäler, die in der Hauptsache aus dem 8. bis 9. Jh. stammen, zeigen eine einzigartige Mischkunst aus indischen, hellenistischen, tibetisch-hochasiatischen, türkischen, iranischen und chinesischen Bestandteilen.

Grünwedel, Altbuddhist. Kultstätten in Chinesisch-Turkestan, 1912; A. v. Lecoq, Die buddhistische Spätantike in Mittelasien, 7 Bde., 1922–33; E. Waldschmidt, Faksimile-Wiedergaben v. Sanskrit Handschriften a. d. Berliner T.-Funden, 1, 1963; Annemarie v. Gabain, D. Drucke d. T.-Sammlg., 1967; A. v. Le Coq, Bilderatlas zur Kunst u. Kulturgesch. Mittelasiens, 1976.

Turm. Unter dieser Bezeichnung faßt man Bauwerke sehr verschiedener Form und Bestimmung zusammen, die alle nur das Gemeinsame haben, daß ihre Höhe ein Mehrfaches ihrer Grundfläche beträgt und daß sie nicht oder doch nicht in erster Linie Wohnzwecken dienen. Mit einer entwickelten Steinbaukunst ist auch der T. gegeben. Das berühmteste Beispiel aus dem Altertum, der T. zu →Babel, ein in eine Tempelanlage einbezogener Terrassenbau, ist freilich trotz allen Rekonstruktionsversuchen uns in seiner wirklichen Gestalt und Höhe nicht bekannt. Wesentlich besser sind wir dagegen über einen zweiten berühmten T. des Altertums unterrichtet, den → Pharos von Alexandria. Der Uhrturm war der Antike auch bereits bekannt, wie der im ersten vorchristl. Jh. beim röm. Markt in Athen erbaute, vorzüglich erhaltene, jedoch nur 12 m hohe „T. der Winde“ zeigt, der mit einer Wasser- und einer Sonnenuhr ausgestattet war. Im großen und ganzen bedeutete jedoch der T. in der antiken Baukunst nicht viel, er war ein reiner Zweckbau, der sich mit einem anderen Baukörper zu künstlerischer Einheit nicht zusammenfand.

Mehr bedeutet er schon in der islam. Baukunst in der Gestalt des Minaretts (→Moschee). Nirgends aber ist der T.gedanke mit solcher Macht ergriffen worden wie in den nord. Ländern zur Zeit des Mittelalters, vor allem in Deutschland und Frankreich: der T. als Kirchturm (→Basilika, →roman. Stil, →Gotik). Italien blieb der antiken Überlieferung treu. Hier ist der T. meist nicht mit dem Baukörper der Kirche verwachsen, sondern er steht neben ihr als →Campanile, als einfacher, nicht sehr hoher Glockenturm. Die roman. und got. Kirchenbauten des N können sich dagegen gar nicht genug tun, zunächst an Vielzahl, später an Höhe der T.e. Der roman. Stil liebt die Vieltürmigkeit; die Gotik zieht es vor, die Westfassade mit zwei T.en, später nur mit einem einzigen auszustatten. Dabei war oft eine so gewaltige Höhe vorgesehen, daß die Kraft zu ihrer Bewältigung nicht ausreichte, und so sind denn viele got. T.bauten in halber Höhe steckengeblieben. Um den Sinn dieser T.höhen zu verstehen, kommt man mit religiösen Gesichtspunkten allein nicht aus, denn der T. sollte auch ein repräsentatives Wahrzeichen der Stadt sein, wie z.B. die Baugeschichte des T.s des →Straßburger Münsters zeigt. Dieser Straßburger Münsterturm war mit seinen 142 m der höchste T. des Mittelalters und ist (abgesehen von dem zu Anfang des 16. Jh. errichteten, aber schon 1573 wieder eingestürzten, 153 m hohen Vierungsturm der Kathedrale von Beauvais) der höchste Kirchturm der Welt geblieben bis in die 2. Hälfte des 19. Jh. Erst durch die damals erfolgte Vollendung der Kölner Domtürme (156 m) und des Ulmer Münsterturms (161 m) ist ihm der Rang abgelaufen worden. Der schönste aller got. Türme ist wohl der des Freiburger Münsters mit seinem vollkommen durchbrochen gearbeiteten Helm, der, Wind und Wetter offen, keine praktische Bedeutung mehr hat, sondern nur noch eine ästhetische. Sehr aufschlußreich für diese in der Gotik eingetretene hohe ästhetische Wertung des T.s ist auch die Tatsache des spätgot. →Sakramentshauses, das als schlanker, bis zum Gewölbe der Kirche hinaufschießender T. gebildet ist, den ursprünglichen Zweck eines solchen Sakramentshauses ästhetisch weit überbietend. Auch für Dinge des kirchlichen Kunstgewerbes hat die Gotik gern die Form des Türmchens gewählt (→Ciborium, →Monstranz). – In der weltlichen Baukunst hat der T. wegen seiner konzentrierten Verteidigungsmöglichkeiten stets einen hervorragenden Platz im Wehrbau gehabt, freilich nur so lange, als ihm Geschütze noch nicht viel anhaben konnten. Wehrtürme sind auch die zuweilen künstlerisch hochwertigen Tortürme unserer mittelalterlichen Städte.

Im späteren Mittelalter sind mit der repräsentativen Erscheinung eines T.s auch weltliche Bauten ausgezeichnet worden, so vor allem die Rathäuser, und in dieser Eigenschaft ist der T. niemals wieder aus der Geschichte der weltlichen Baukunst verschwunden. Daneben gab es in mittelalterlichen Städten auch freistehende T.e, die zuweilen zum Wahrzeichen der Städte werden konnten (so der „Rote T." in Halle a. d. Saale). Sie hatten natürlich einen praktischen Zweck (z.B. als Beobachtungsstation für die Brandwache), auch dienten sie, wie der flandrische →Belfried, der Unterbringung von T.uhr und Glockenspiel. Auch darin war die Kirche vorangegangen, denn T.uhren für Kirchen sind schon im 13. Jh. bezeugt, aus dem 14. erhalten. Wie stark der T.gedanke im N eingewurzelt war, erhellt aus der Tatsache der Treppentürme der Renaissance und daraus, daß dt. Barockbauten (z.B. Wallfahrtskirche von Vierzehnheiligen) zuweilen hohe Fassadentürme haben, die ihre Abstammung von got. T.vorstellungen nicht verleugnen können. – Im 19. Jh. wendete man sich dem T.-gedanken erneut zu. Neben den zahlreichen Rathaustürmen und den in diesem Jh. erst vollendeten Kirchtürmen (Köln, Regensburg, Ulm, Wien) entwickelten sich neue Typen, so der Kunstturm mit →Denkmalcharakter (Bismarcktürme) und der vom →Eisenbau bestimmte Eiffelt. in Paris als Wahrzeichen einer Weltausstellung. Im 20. Jh. wurde es der Bahnhofsturm (Hotel) in Stuttgart von P. →Bonatz für die Stadt, abgelöst durch Funk- und Fernsehtürme (Stuttgart, F. Leonhardt, Berlin, Alexanderplatz) von beachtlichen Höhenmaßen. Bei letzteren T.n überwiegt allerdings die Funktion. Abgesehen von ihrer formalen Gestaltung handelt es sich nicht um Kunst. – Über nichteurop. T.e →Indische Baukunst, →Pagode.

C. Sutter u. F. Schneider, Das T.buch. T.formen aller Stile u. Länder, 2 Teile, 1888–95; H. Thiersch, Pharos, Antike u. Islam, 1909; H. Soehner, Geschichte d. Westeinturmes im Abendland, Diss. München 1950; M. Révész-Alexander, Der T. als Symbol u. Erlebnis, 1953; U. Schmidt, Treppen d. Götter, Zeichen d. Macht. D. Buch d. Türme, 1971; G. Meißner, Tore u. Türme i. Europa, 1972.

Turner, William, engl. Maler, * 23. 4. 1775 London, † 19. 12. 1851 Chelsea, Hauptmeister der engl. Landschaftsmalerei, begann als topographischer Zeichner und schuf dann Landschaften, die bald naturnah aufgefaßt, bald mit mythologischen Gestalten bevölkert, bald ganz phantastisch komponiert sind. Wilson wirkte auf ihn ein, Claude Lorrain war einer der vielen Meister, mit denen er wetteifern wollte. Von Anfang an war ihm darum zu tun, den Zauber der lichtdurchglühten dunstigen Atmosphäre mit ihren mannigfachen Farbenspielen, auch die Reflexe dieser Farbenspiele auf dem Wasser festzuhalten, was ihm die (jedoch nicht zutreffende) Bezeichnung eines Vorläufers der Impressionisten eingetragen hat. Seine Hauptwerke sind in der Nationalgal. und bes. der Tate-Gal. in London vereinigt: Nelsons Tod (1808), Odysseus verspottet Polyphem (1828), Einholung des Fighting Temeraire (1839), Rain, Steam and Speed (1844; eine der ersten künstlerischen Darstellungen der Eisenbahn, und zwar die dramatischste). – 1807–19 stellte er in einem „Liber studiorum" seine (von anderen, aber unter Beteiligung T.s) in Schabkunst reproduzierten Werke nach Gegenständen geordnet zusammen. In London befind. sich ein T.-Museum.

Ch. A. Swinburne, Life and works of T., 1902; W. Armstrong, T., 2 Bde., 1902; W. G. Rawlinson, The engraved work of T., 2 Bde., 1908–13; The watercolours of T., mit Text von Rawlinson und Finberg, 1909; C. Mauclair, T., 1938 (franz.); A. J. Finberg, The life of J. M. W. T., [2]1961; J. Rothenstein u. M. Butlin, T., 1964 (engl.); W. Haftmann u. a., J. M. W. T., der Maler d. Lichts, 1972; J. Gage,

Studies in T.s colour, Diss. London, 1969; H. George, T. in Venice, Diss. London, 1969; H. Bock, U. Prinz, J. M. W. T. Der Maler des Lichts, 1972; W. Hofmann, W. T. u. d. Landschaft s. Zeit, 1976; J. Selz, T., 1976; J. Walker, W. T., 1977 (dt.); E. Shanes, T.s Picturesque views in England and Wales, 1828–35, 1979; J. Russell, A. Wilton, T. in Switzerland, 1977.

Türpfeiler, Türsturz →Portal.

Tuschmalerei, Zweig der ostasiatischen Malerei, mit schwarzer Tusche auf Papier oder Seide ausgeführt. Sie wurde von Angehörigen der buddhistischen Ch'an-Sekte zuerst in China ausgeübt und dann mit dieser auch auf Japan übertragen. Sie hat ursprünglich nur Inhalte, mit denen sich eine religiöse oder philosophische Wahrheit veranschaulichen läßt, mag es auch bei vielen ihrer Darstellungen so scheinen, als seien sie einfach aus dem Leben gegriffen. Ihre Ausbildung muß schon in der T'ang-Periode (618–907) vor sich gegangen sein, die ältesten Beispiele haben sich jedoch erst aus der Sung-Periode (960–1279) erhalten. Die Werke dieser Zeit sind später niemals übertroffen worden. Nach dem Niedergang der T. in China gelangte sie in Japan in der Ashikaga-Periode (1337–1573) zu neuer Blüte. Ihr größter Meister war → Sesshu.

E. Große, Die ostasiatische T., 1922; F. van Briessen, Chines. Maltechnik, 1963; L. Tanaka, Japanese Ink Painting, 1972.

Tut-ench-Amun, Tutanchamon, Grab des, das 1922 von Lord Carnarvon und Howard Carter im Tal der Königsgräber bei Theben entdeckte Grab des vorletzten Königs der 18. ägypt. Dynastie († um 1330 v. Chr.). Die Entdeckung war vor allem von Bedeutung, weil hier ein zwar einmal geplündertes, aber doch ziemlich gut erhaltenes Königsgrab mit seinem gesamten Inhalt aufgedeckt wurde. Obwohl der Kunstwert der Gegenstände nur zum Teil hoch ist, sind sie doch für die Kulturgeschichte sehr wichtig. Das unverletzte Begräbnis des Königs mit seinen verschiedenen Sarkophagen und Mumienhüllen ist einzigartig.

H. Carter und A. E. Mace, Tut-ench-Amun, ein ägypt. Königsgrab, Bd. 1–3 seit 1927, neu hg. 1973; P. Fox, Tutankhamun's Treasure, 1951; A. Piankoff – N. Rambova, The Shrienes of Tut-Ankh-Amon, 1955; J. R. Harris (Hg.), Tutankhamun's Tomb Series, 5 Bde., 1963–72 (engl.); J. Settgast u. a., T. Ausst.kat. Haus d. Kunst München (Berlin, Köln, Hannover, Hamburg), 1980/81; J. E. S. Edwards, T. Das Grab und s. Schätze, 1982.

Tyche, bei Hesiod noch eine mythologische Gestalt, später die Spenderin des Segens und die Göttin des glücklichen Ausganges, in Rom Glücksgöttin. Ihr Kult ist nicht vor der 2. Hälfte des 5. Jh. v. Chr. nachweisbar. Seit dieser Zeit wird sie von der Kunst häufig dargestellt, fast immer mit dem Füllhorn, oft auch mit dem Steuerruder. →Eutychides, →Fortuna.

Tympanon →Portal.

Typologie, die Lehre, daß es zu einem Ereignis des Neuen Testaments jeweils ein (oder mehrere) des Alten Testaments gibt, das auf jenes vorausdeutet, so daß beide Ereignisse als Typus und Antitypus einander gegenüberstehen. Diese spezielle Auslegung der beiden Testamente beruht auf der allgemeineren Anschauung von der grundsätzlichen Übereinstimmung beider (concordia veteris et novi Testamenti), die bereits in der altchristl. Kunst ihren Niederschlag fand, indem man auf demselben Kunstwerk alt- und neutestamentliche Szenen zusammenstellte. Aus der Zuspitzung jener „concordia" ergab sich die T., in der mittelalterlichen Kunst veranschaulicht durch Zusammenstellung bestimmter Personen und Ereignisse der beiden Testamente, die als einander entsprechend angesehen wurden, z. B. 12 Propheten und 12 Apostel, die eherne Schlange und die Kreuzigung Christi. Es entstanden die auf jener typologischen Vorstellung aufgebauten typologischen Bilderkreise, in denen dann oft einem Ereignis des Neuen Testamentes zwei ihm ähnliche aus dem Alten Testament zugeordnet wurden. Die Zuordnung, für die manchmal recht äußerliche Übereinstimmungen den Ausschlag gaben, standen durchaus nicht fest, sondern konnten variiert werden. Ausgedehnte typologische Zyklen sind im frühen Mittelalter selten. (Eins der ältesten Beispiele dürften die Illustrationen des byzantin. Chludoff-Psalters aus der 2. Hälfte des 9. Jh. bieten.) Häufiger werden sie erst in der 2. Hälfte des 12. Jh., wohl im Zusammenhang mit dem Einsetzen der Hochscholastik (ein Hauptwerk ist der Klosterneuburger Altar des →Nikolaus von Verdun). Im 13. Jh. ist die T. namentlich in Frankreich ein wesentliches Mittel, um System in ausgedehnte Bilderzyklen (z. B. Glasgemälde) zu bringen. In Italien dagegen haben sie keine rechte Pflege gefunden. Im späten Mittelalter verfährt bes. die →Armenbibel nach typologischer Darstellungsweise.

B. Molsdorf, Führer durch den symbolischen und typologischen Bilderkreis der christl. Kunst des Mittelalters, ³1926; H. Engelhardt, Der theolog. Gehalt der Biblia pauperum, 1927 (Stud. zur dt. Kunstgesch., Bd. 243); L. Goppelt, Typos, 1939; P. Bloch, Typolog. Kst. (Miscellania mediaevalia) 1969; K. A. Nowotny, Wandlungen der T. in der Frührenaiss. (Misc. mediaev. 6), 1969; H. J. Geischer, Das Problem der T. in der ältest. christl. Kunst. Isaakopfer u. Jonaswunder, Diss. Univ. Heidelberg, 1970; H. G. Thümmel, T. u. analog. Argumentation i. d. christl. Kunst (in: Theolog. Versuche IV), 1972; P. Springer, Ikonographie u. T. hochmittelalterl. Kreuzfüße, Diss. Univ. Berlin (W), 1973.

Überfangglas →Glas, →Glasmalerei.

Übermalung. In sehr vielen Fällen sind alte Gemälde im Laufe der Zeiten an mehr oder minder ausgedehnten Stellen, oft auch mehrmals übermalt worden, um Schäden zu verdecken, dunkel und unansehnlich gewordene Partien aufzufrischen, wohl auch „Fehler" zu verbessern. Derartige Ü.en können den ursprünglichen Zustand eines Gemäldes stark beeinträchtigen, vor allem, wenn sie in Stil und Technik sehr vom Original abweichen. Die Entfernung der Ü.en ist eine der Hauptaufgaben der → Restaurierung.

Uccello, Paolo, ital. Maler, * gegen 1400 Florenz, † 1475 das., tätig auch in Venedig und Urbino, ist weniger durch die absolute künstlerische Höhe seiner Leistungen eine der bemerkenswertesten Gestalten der ital. Frührenaissance als vielmehr durch den Eifer und die Vielseitigkeit, mit denen er den neuen, der Malerei damals gestellten Problemen nachging. Er hat die eben erst entstandene Lehre von der Perspektive aufgegriffen, wenn ihm hier auch nur Teillösungen gelangen; er hat in botanischer Genauigkeit Pflanzen gezeichnet und hat zehn Jahre vor Donatello den Gedanken des Condottiere-Reiterdenkmals in einem Bilde vorweggenommen. Hauptwerke: Folge von Schlachtenbildern für den Palazzo Medici (1423–25; drei erhalten in den Uffizien, im Louvre und in der Nationalgal. in London),

Reiterbild des Condottiere John Hawkwood (1436; Florenz, Dom), Fresken im Kreuzgang von Sta. Maria Novella (1447).

M. Salmi, P. U., Andrea del Castagno, Domenico Veneziano, [2]1938; W. Boeck, P. U., 1939; E. Somaré, U., 1946 (ital.); J. Pope-Hennessy, The complete work of P. U., 1950, [2]1969; P. D'Ancona, P. U., 1960; L. Tongiorgi Tomasi, L'opera completa di P. U., 1971.

Uffizien, ital. „Palazzo degli Uffizi", seit 1560 durch →Vasari errichteter Verwaltungsbau in Florenz, der heute u.a. die Galleria degli Uffizi enthält. Sie bewahrt einen großen Teil der Kunstschätze der Medici und ist eine der bedeutendsten Kunstsammlungen Italiens überhaupt: antike Bildwerke, Handzeichnungen, Graphik und vor allem die Gemäldegalerie. Diese gibt an Zahl und Qualität den besten Überblick über die Florentiner Malerei und enthält darüber hinaus auch Meisterwerke oberital., dt. und niederländ. Maler.

R. Salvini, Die U. zu Florenz, dt. 1955; F. Rossi, Galerie d. U. u. Gal. Pitti in Florenz, dt. [2]1966; W. Prinz, Gesch. d. Slg. U., 1971.

Uhde, Fritz von, Maler, * 22. 5. 1848 Wolkenburg (Sachsen), † 25. 11. 1911 München, 1866 Schüler der Dresdner Akademie, 1867–77 Offizier, 1879/80 in Paris Schüler von Munkacsy, seitdem in München. Er unterlag in den 70er Jahren dem Makartschen Prunkstil und ging in den 80er Jahren immer mehr zur Freilichtmalerei über, die er in einer Anzahl seiner Bilder bis zu ihren letzten Möglichkeiten entwickelte. Zugleich aber wandte er sich religiösen Themen zu, stellte seine Christusgestalten in das bäuerliche Milieu seiner Gegenwart und versuchte, durch viele Züge beobachteten Lebens den Vorgang unmittelbar zu vergegenwärtigen. Hauptwerke dieser Art sind: Lasset die Kindlein zu mir kommen (1884; Leipzig, Mus.), Komm, Herr Jesu, sei unser Gast (1885; Berlin, Nationalgal.), Heilige Nacht (1888/89; Triptychon, Dresden, Gal.).

H. Rosenhagen, F. v. U., Des Meisters Gemälde, 1908 (Klassiker der Kunst); F. v. Ostini, U., [2]1911; G. Keyssner, U., 1922.

Uhr, Kunstuhr. Die Geschichte der Uhr als Zeitmeßgerät ist insbesondere seit dem späten Mittelalter zugleich die ihrer künstlerischen Gestaltung. Wesentliche Voraussetzung dafür war die nicht ortsgebundene Uhr (etwa im Gegensatz zu Sonnen- und Wasseruhren), die als autonome Räderwerksuhr um die Wende zum 14. Jh. in Erscheinung trat. Ihre äußere Gestaltung wird bis in die Gegenwart durch die jeweilige technische Entwicklung bestimmt.

Etwa seit der Mitte des 15. Jhs. treten nach den urspr. mit Gewichten angetriebenen Räderuhren solche mit Federzugantrieb in den Vordergrund. – Für die Uhr als Kunstwerk sind – ausgehend vom Zweck, dem die Uhr zu dienen hat – deren Größe, äußere Form und die Einzelteile wie Zifferblatt, Zeiger oder die Gesamtanlage – wie z. B. Uhren in Verbindung mit Schlagwerken – und der Ort der Aufstellung, Benutzung oder Anbringung von Bedeutung. Man hat so das Sichtbare der Uhr – ihr Gehäuse – herausgehoben und zum künstlerischen Ansatzpunkt im Stile der jeweiligen Zeit gemacht. Abgesehen von Turmuhren, astronomischen Uhren und – teilweise – Taschenuhren sind die Formen denen der →Möbel verwandt, so z. B. bei den →Boulle-Arbeiten.

Unterschieden werden Kunst- und Automatenuhren mit beweglichen Figuren (Straßburger Münsteruhr; Nürnberger Frauenkirche; München, Rathaus; Rostock, Marienkirche usf.), Tisch- und Türmchenuhren, Hals- und Formenuhren, Sattel- und Reiseuhren. Bei der Unterscheidung nach Groß- und Kleinuhren versteht man unter Kleinuhren alle am Körper zu tragenden Uhren. Ferner gibt es Standuhren, Wanduhren, Turm- und astronomische Uhren, meist mit Werken der Plastik u. Malerei versehen. – Dem Ort der Aufstellung entsprechend unterscheidet man Kaminuhren, Kanzeluhren, Konsoluhren, Bodenstanduhren, Telleruhren, Pendulen „Stutzuhren", Tischuhren mit Pendel (bes. im 18. und 19. Jh.) usw. – Vielfach sind Uhren mit Glockenspielen oder Walzenspielwerken versehen, von denen alle möglichen Tonerzeuger zur Wiedergabe von Melodien gesteuert werden.

Eine Sonderform der Automatenuhr bildet die im Schwarzwald gebaute Kuckucksuhr. Bekannte deutsche Herstellungsorte prächtiger Uhren waren im 16. und 17. Jh. Nürnberg und Augsburg. Berühmt als Zentren des Uhrenbaus waren oberitalienische Städte, London, Paris, Genf und in der industriellen Frühphase der Schweizer Jura mit La Chaux de Fonds als Zentralort und in Deutschland Gebiete des Schwarzwalds sowie Glashütte/Sa. – Die Formen der modernen Gebrauchsuhren – besonders seit der Erfindung des Transistors u. der Quarzuhr seit der 2. Hälfte des 20. Jhs. – werden mehr vom →Design als von der Technik bestimmt, wobei dem Materialwert des Gehäuses bei Taschen- und Armbanduhren (Edelmetalle, Edelsteine) Bedeutung zufällt.

Mühe/Vogel, Alte Uhren, ein Handbuch der europäischen Großuhr, 1976; Maurice, Die Deutsche Räderuhr (2 Bde.) 1976; Bassermann/Jordan/Bertele, Uhren, 1978; G. Brusa, L'arte dell orlogeria in Europa, Busto Arsizio 1978; Meis, Taschenuhren, 1979; Mühe/Kahlert, Die Geschichte der Uhr, an den Beständen des Deutschen Uhrenmuseums Furtwangen, 1979; Schindler, Alte Uhren, 1981; Tardy, La Pendule Francaise (4 Bde. europ. Großuhren, insbes. Frankreich) Paris 1982; Kahlert/Mühe/Brunner, Armbanduhren, 1983.

Ulmer Münster, die größte got. Pfarrkirche Deutschlands und nach dem Kölner Dom die größte got. Kirche Deutschlands überhaupt, 1377 nach einem Sieg des schwäbischen Städtebundes gegründet. Das U. M. ist eine fünfschiffige Basilika mit hohem Turm im W und Doppeltürmen im O zwischen Chor und Seitenschiffen. In einer ersten Bauperiode (mit Meistern, die vermutlich der Familie der →Parler angehörten) war sie als Hallenkirche geplant. Ulrich →Ensinger (seit 1392) machte sie zur dreischiffigen Basilika, gab ihr die gewaltigen Dimensionen und den kolossalen Westturm. 1471 wurden die Gewölbe des Mittelschiffs geschlossen. Eine dritte Bauperiode begann mit Matthäus Böblinger, der 1474–94 Münsterbaumeister war. Er vollendete das Turmviereck. Plötzlich auftretende Risse zwangen, den Turm zu stützen und durch Einziehen von Wänden die Einheit zwischen Turmhalle und Kirchenraum aufzuheben; auch wurden die Seitenschiffe geteilt, so daß die Basilika zu einer fünfschiffigen wurde. Dies geschah unter Burkard Engelberg bis 1507. 1529 stellte man den Weiterbau ein. Vollendet wurde das U. M. 1845–90 unter gleichzeitiger Restaurierung. Leider ließ man sich am Äußeren manche Entstellungen und Willkürlichkeiten zuschulden kommen. Der Turm wurde nach Böblingers Zeichnung bis zur Höhe von 161 m emporgeführt, der höchsten Höhe, die je von einem Kirchturm erreicht worden ist. – Am Äußeren viel Bauplastik, an den Chorstrebepfeilern, den Seitenportalen und vor allem am Hauptportal im W. Am Türpfeiler ein Schmerzensmann von Hans →Multscher. Im Innern prachtvolle Glasfenster im Chor, ebenda das berühmteste Chorgestühl Deutschlands (→Syrlin), ein 28 m hohes Sakramentshaus (voll. 1471; →Hagnower).

R. Pfleiderer, Das M. zu U. und seine Kunstdenkmale, 1907; Gertrud Otto, Die Ulmer Plastik des früheren 15. Jh., 1924; K. Gerstenberg, Das U. M., 1926; K. Friedrich, Das U. M., 1938; A. Vollmar, Das M. in U., 1949; A. Herrmann, Das U. M., 1950; H. Pée, D. Ulmer Chorgestühl, 1962; H. Seifert, Das U. M., [8]1969; R. Wortmann, Das U. M., 1972; H. Baumhauer, J. Fest, Das U. M. u. seine Bildwerke, 1978.

Umgekehrte Perspektive →Perspektive.

Umrißstich →Kupferstich.

Unbefleckte Empfängnis, lat. Immaculata (zu ergänzen conceptio), Darstellung der Maria, die lichtverklärt und von Engeln umschwebt vom Himmel herabkommt, auf Wolken, der Mondsichel, oder der Erdkugel steht. In dieser Form erscheint die U. E. erst um 1500 und wird im Barock bes. beliebt. Vor 1500 sind andere Themen (z.B. Begegnung von Joachim u. Anna an der Goldenen Pforte, der Jessebaum) in mystische Beziehung zur U. E. gebracht worden. Die Darstellung der von Strahlen umflossenen, auf der Mondsichel stehenden Maria war jedoch bereits seit dem 14. Jh. geläufig und kommt schon im →Hortus deliciarum (um 1170) vor. Sie geht zurück auf die Vision des Sonnenweibes Apokalypse 12.

L. Maxe-Werly, Iconographie de l'Immaculée Conception, 1903; F. Hübner, Maria auf der Mondsichel, 1938; M. L. d'Ancona, The iconography of the immaculate conception, 1957.

Ungarische Kunst. Das altungar. Kunsthandwerk der Landnahmezeit (896–997), hauptsächlich aus Grabfunden bekannt, hat durchaus östlichen Charakter. Es erscheinen gegossene Riemenbeschläge mit Blatt- und Rankenornamenten, die ihre nächsten Entsprechungen im Altai-Gebiet und im mittleren Sibirien haben, während andere Formen und Zierweisen aus der Kunst Südrußlands entlehnt sind. Auch Einflüsse von seiten der osteurop. Wikingerkunst lassen sich nachweisen. Zu den schönsten Erzeugnissen des altungar. Kunsthandwerkes gehören verschiedene Prunksäbel, ferner die silbernen Säbeltaschenplatten, die in getriebener Arbeit mit orientalischen Palmettenmustern verziert sind. Persische Seidenstoffe scheinen hier als Vorlagen gedient zu haben. – Mit der Einführung des Christentums unter Stefan dem Heiligen (997–1038) vollzog sich der Anschluß an die westeurop. Kunst. Die mittelalterl. Kirchen Ungarns, sowohl die roman. wie die got., sind stark von Frankreich abhängig, vor allem, seit im letzten Viertel des 12. Jh. die Zisterzienser ins Land gekommen waren. Sehr sichtbar drückt sich diese Abhängigkeit von Frankreich darin aus, daß →Villard de Honnecourt in den 30er Jahren des 13. Jh. längere Zeit in Ungarn weilte und dort die Kenntnis der nordfranz. Gotik vermittelte.

Auch im 14. Jh., unter der Regierung der Könige aus dem Hause Anjou, hielten diese engen Beziehungen noch an; doch entwickelte sich in dem dt. besiedelten, mit Ungarn nur in loser politischer Beziehung stehenden Siebenbürgen eine fast ausschließlich vom dt. Mutterland abhängige Kunst, deren originellstes und bedeutendstes Werk das 1373 auf dem Prager Burghof aufgestellte, von Martin und Georg von Klausenburg gearbeitete Reiterstandbild des drachentötenden Georg ist. Unter Matthias Corvinus (1458–90) wurde Ungarn, genauer die Residenz Ofen, ein Vorort der ital. Frührenaissance. Ital. Baumeister, Bildhauer und Maler, unter denen sich mancher berühmte Name findet, arbeiteten für den König. Viele Bestellungen wurden namentlich in Florenz gemacht. Ein besonderer Zug des Matthias Corvinus war seine Bücherliebhaberei. Für keinen Mäzen sind damals von ital., bes. florentiner Meistern so viele illuminierte Handschriften angefertigt worden wie für ihn (→Corvinen).

Die Schlacht von Mohács von 1526 und die ihr folgende Türkenherrschaft bis 1686 war eine Katastrophe für Kunst und Kultur in Ungarn. Es wurde nur zerstört, nichts aufgebaut, und auch im 18. Jh. hat sich Ungarn von dieser Niederlage noch nicht erholen können. Ofen war eine Provinzstadt, die Baukunst ein schwacher Ableger des österreich. Barocks. Wohl gab es ungar. Künstler; aber wer etwas bedeutete, übte seine Kunst in Deutschland aus. Auch im 19. Jh. hat sich bis 1867 an diesem Zustand kaum etwas geändert, und erst die in diesem Jahre erlangte politische Selbständigkeit war der Beginn eines Aufschwungs, der allerdings wesentlich der Malerei zugute kam. Wiewohl sie sich, wie dies im letzten Drittel des 19. Jh. überall in Europa zu beobachten ist, an Paris orientierte, kann man sie doch als eine national-ungarische Leistung ansprechen, deren vorzüglichstes Merkmal eine Freude an starken Farben ist, die ja auch der ungar. Volkskunst in ganz besonderem Maße eignet. Die Hauptmeister waren →Munkácsy, der Landschaftsmaler Ladislas Paál (1846–79) und Paul Merse von →Színyei, der erste Freilichtmaler Ungarns. Seit 1896 entstanden an verschiedenen Orten Künstlerkolonien auf dem Lande, die durch ihre enge Verbindung mit einer bestimmten ungarischen Landschaft Hauptträger einer nationalen Malerei geworden sind. Nach Einengungen der künstlerischen Entfaltungsmöglichkeiten nach dem 2. Weltkrieg hat sich nunmehr auch das ungar. Kunstschaffen den Einflüssen „westlicher" Kultur geöffnet. In Auseinandersetzung mit dieser und der eigenen Tradition sucht die U. K. nach neuen Wegen in der Baukunst u. den bildenden Künsten. Beachtliches hat dabei die moderne Graphik hervorgebracht.

K. Divald, Histoire de l'art hongrois, 1927; Ders., Old Hungarian Art, 1931; A. Hekler, Ungarische Kunstgeschichte, 1937; N. Fettich, Die Metallkunst der landnehmenden Ungarn, 1937 (Archaeologia Hungarica 21); L. v. Balás-Piry, Die ungar. Malerei des 19. u. 20. Jh., 1940; N. Fettich, Die altungar. Kunst, 1942 (Schriften z. Kunstgesch. Südosteuropas I); G. Ö. Pogány u. E. Gador, U. Malerei im 19. Jh., 1955; J. Balogh u. a., Die U. Malerei von der Landnahme bis zum 19. Jh., 1956 (ungar.); G. Ö. Pogány, Die U. Malerei d. 20. Jhs., dt. 1960; A. Kampis, Kst. in Ungarn, 1966; G. Entz, Die got. Baukst. in Ung., 1977; L. Zolnay, Der got. Skulpturenfund in d. Burg v. Buda, 1977; D. Radocsay, Wandgemälde im mittelalterl. Ungarn, 1977.

Unikum (Mehrzahl: Unika), Erzeugnis der graphischen Künste, das nur in einem einzigen Exemplar bekannt ist. Dies ist häufig bei Holzschnitten und Kupferstichen des 15. Jh. der Fall.

Unterglasurmalerei →Porzellan.

Untermalung, das Auftragen einer ersten Farbschicht beim Tempera- oder Ölgemälde. Die U. verfolgt verschiedene Zwecke: Rißbildung zu verhüten, die Grundformen der Komposition festzulegen, von vornherein einen Einheitston anzugeben, der bei der endgültigen Farbwirkung mitspricht. Die einzelnen Partien eines Gemäldes können verschiedenfarbige U. haben. Dabei sprechen Beobachtungen über Kontrastwirkungen mit, so, wenn in der byzantin. Ikonenmalerei die Vorschrift bestand, das Inkarnat grün zu untermalen. In neuerer Zeit ist man von der U. vielfach abgekommen.

Urne, vorgeschichtliches Tongefäß für Speise und Trank als Wegzehrung für den Toten, bereits seit der jüngeren Steinzeit bekannt; mit dem Zunehmen der Brandbestattung seit der Bronzezeit wird die U. der Behälter für die Reste des Leichenbrandes. Besondere Formen →Gesichtsurne, →Hausurne.

Ursula, Heilige, brit. Königstochter, unternahm mit 11000 Jungfrauen eine Wallfahrt nach Rom, wollte über Köln zurückkehren und wurde dort von den diese Stadt belagernden Hunnen samt ihren Begleiterinnen ermordet. Die Legende war bereits seit dem 5. Jh. bekannt und hat immer wieder zu bildlichen Darstellungen angeregt. Die schönsten sind 9 Bilder des Carpaccio (1490–95; Venedig, Akademie) und die von Hans Memling auf dem Ursulaschrein im Johannishospital von Brügge (1489).

G. de Tervarent, La légende de Ste. Ursule dans la littérature et l'art du moyen-âge, 2 Bde., 1931; O. Dahmen, Das Kölner St.-U.-Problem auf Grund d. Ausgrabgn. 1942 u. 1943, 1953; J. Solzbacher, V. Hopmann, Die Legende von der hl. U. (Die Gesch. der U.verehrung in Köln), 1964; Ausst.kat. Köln, Wallr.-Rich.-Mus., 1978.

Uruk, Ort am unteren Euphrat südl. Babylons, sehr alte Gründung aus sumerischer Zeit. Die vor dem 1. Weltkrieg begonnenen und 1928 fortgesetzten Ausgrabungen, die u.a. mehrere babylonische Tempel freigelegt haben, sind neuerdings bis in sehr alte Kulturschichten vorgedrungen (4. Jahrtausend), in denen man neben vielen Resten von Lehmziegelbauten Tontafeln mit sehr alter sumerischer Schrift und Siegelabdrücken gefunden hat.

Jordan, U.-Warka, 1928, Neudr. 1969; Ders., A. Nöldeke u. a., Vorläufige Berichte üb. d. von d. Notgemeinschaft d. dtn. Wiss. in U.-Warka unternommenen Ausgrabungen, bisher 27 Bde. 1930–72; E. Heinrich, Die Kleinfunde aus den archaischen Tempelschichten in U., 1936; ders., A. Falkenstein u. H. Lenzen, Ausgrabgn. d. Dtn. Forschgsgemeinschaft. in U.-Warka, bisher 8 Bde., 1936–68. Vorberichte über neuere Grabungen von Lenzen, Archäolog. Anzeiger 1954ff.; Vorläufiger Bericht über die Ausgrabungen von U.-Warka 1970, 1978.

Uschebti, kleine Figürchen in Mumienform, die in Ägypten vom Mittleren Reich ab dem Toten mit ins Grab gegeben wurden. Sie sind die Nachfolger der Dienerfiguren des Alten Reiches, die den Toten davor schützen sollten, in der Unterwelt selbst arbeiten zu müssen, wenn dazu aufgerufen wurde.

Fl. Petrie, Shabtis, 1935; H. Bonnet, Reallex. d. ägypt. Religionsgesch., 1952; S. Morenz, Die Herkunft der U.s, 1966 (Festschrift Karl Scheffold).

Utamaro, japan. Maler und Holzschnittmeister, * 1753, † 20. 9. 1806 Edo (Tokio), tätig das., nächst Hokusai der in Deutschland bekannteste japan. Künstler. Sein Schaffen zeigt den japan. Farbenholzschnitt in einem Stadium äußerster Verfeinerung. Im Mittelpunkt steht die Frau, genauer die Kurtisane, und so ist denn seine zweibändige Chronik der grünen Häuser des Yoshiwara (1804) sein berühmtestes Werk geworden. Viele illustrierte Bücher, bes. naturhistorischen und erotischen Inhalts, sowie zahllose Einzelblätter sind aus seiner Hand hervorgegangen.

Goncourt, Outamaro, [2]1904 (französ.); J. Kurth, U., 1907; Vignier u. Inada, U., 1912 (franz.); J. Hillier, U., 1961 (engl.); M. Narazaki, The Japanese Print, 1966; ders. U., 1966; K. Schmidt, Kat. der chines. u. japan. Holzschnitte im Mus. f. ostasiat. Kunst Berlin (W), 1971.

Utrechtpsalter, karoling. Psalterhandschrift des 9. Jh., aus der Schule von Reims oder doch dieser nahestehend (seit 1718 Utrecht, Universitätsbibliothek). Er nimmt in der karoling. Buchmalerei insofern eine Sonderstellung ein, als er anscheinend an keinerlei Vorbild gebunden ist, sondern aus einem unmittelbaren Verhältnis zum Text heraus diesen in immer neuen Bilderfindungen wortwörtlich illustriert. Seine Technik ist die der Federzeichnung, die hier mit äußerster Beweglichkeit und Leichtigkeit gehandhabt wird. Spätantike und altchristl.-byzantin. Formenzusammenhänge werden im wesentlichen nur in den Architekturen sichtbar. Eine gewisse Verwandtschaft besteht zu dem byzantin. Chludoff-Psalter in Moskau (wohl Mitte 9. Jh.). Der U. muß sehr früh (im 10. oder 11. Jh.) nach England gekommen sein, wo er eine starke Wirkung ausübte. Nicht weniger als dreimal ist er dort im Mittelalter kopiert worden. – Faksimile-Ausgabe der Palaeographical Society (1874).

Birch, The U. P., 1876; Springer, Die Psalterillustrationen im frühen Mittelalter, 1883; Gertrude R. Benson, New light on the origin of the U., 1931 (Art Bulletin, Bd. 13); E. T. Dewald, The illustrations of the U., 1933; J. H. A. Engelbrecht, Het Utrechts Psalterium. Een eeuw wetenschappelijke bestudering (1860–1960), Orbis Artium, Utrechtse kunsthistor. stud. VIII, 1965.

Utrillo, Maurice, franz. Maler, * 25. 12. 1883 Paris, † 5. 11. 1955, Sohn der Malerin Suzanne Valadon, bes. bekannt durch seine Pariser Stadtansichten, die gegenüber impressionistischer Auffassung wieder ein festeres zeichnerisches Gefüge und starke Lokalfarben haben.

P. Courthion, U., dt. 1947, P. Jourdan, U. (franz.), 1948; F. Carco, M. U., dt. 1958; P. Pétridès, L'œuvre complet de M. U., 1904–13, 1959; P. de Polnay, The world of U., 1967; A. Werner, U., 1967.

Valeurs, Tonwerte, d.h. im Unterschied zur gleichmäßigen Farbe eines Gegenstandes deren feine und zarte Abstufungen durch Licht und Schatten, wie sie bes. der Impressionismus erstrebt hat.

Vallotton, Félix, franz. Maler und Graphiker, * 28. 12. 1865 Lausanne, † 28. 12. 1925 Paris. Seine Bedeutung liegt weniger in seiner zu Ingres sich bekennenden, trockenen, spröden und zuweilen pedantisch-naturalistische, dennoch moderne Züge aufweisenden Malerei (Bildnissen, Akten, Familienszenen, Landschaften) als vielmehr in seiner Graphik. Seine Holzschnitte mit ihren harten, aber ausdrucksstarken Kontrasten von Schwarz und Weiß haben zur Entwicklung des modernen Holzschnittes entscheidend beigetragen.

L. Godefroy, L'Oeuvre gravé de F. V., 1932; Hedy Hahnloser-Bühler, F. V. et ses amis, 1936; Kat. d. Ausst. Zürich 1965; F. Jourdain, F. V., dt. 1967; Ch. Goerg, F. V., cat. raisonné de l'œuvre gravé et lithographié, 1972; Ausst.-kataloge Frankfurt/M (Staedel), Kunsthaus Zürich, F. V., 1975; A. Berlelowitsch, Ashley St. James, G. Herscher, V. dessinateur de presse, 1979; J. Schultze, Anette Meyer zu Eisen, Annemarie Winter, F. V. Das druckgraphische Werk. Ausst.kat. Kunsthalle Bremen, 1981.

Valori Plastici (ital. „Plastische Werte"), von Mario Broglio 1918 in Rom gegründete Zeitschrift italienischer Maler, in der →Futurismus, →Expressionismus und →Kubismus heftig angegriffen wurden. Die Zeitschrift, der u.a. →Carrà und →Chirico nahestanden, warb anfangs für die Gedanken der →Pittura metafisica. Seit 1920 propagierte sie einen an Vorbildern des →Quattrocento orientierten Klassizismus und die Rückkehr zu nationalen Traditionen.

Vanitas (lat. „Eitelkeit"), im engeren Sinn ein Stilleben, das mit Symbolen irdischer Vergänglichkeit ausgestattet ist (Totenkopf, Sanduhr, Spiegel, erloschene Kerze, Bücher, in Verfall geratene Gegenstände) und auch mit entsprechenden lat. Aufschriften („Memento mori") versehen sein kann. Nach Vorläufern im 15. und 16. Jh. ist die Hauptzeit der V.-Darstellungen das 17. Jh., wobei sich die weitaus häufigsten in der niederländ. Malerei finden. Im weiteren Sinn können auch Einsiedler- und Büßerszenen (Hieronymus, Magdalena) als V.-Darstellungen gelten.

H. Rudolph, V., 1938 (in Festschr. f. Wilh. Pinder); L. Möller, D. Kugel als V.symbol, Jb. d. Hamburg. Kstslgn., 2, 1952; A. Pigler, Barockthemen, Bd. 2, 1956; G. Gsodam, Lex. d. christl. Ikonograph. (hg. v. E. Kirschbaum) 4, 1972; F. Bächtiger, V. Schicksalsdeutung i. d. dtschn. Renaiss.graphik, Diss. Univ. München, 1970; R. Hartleb, Das V.stilleben in der Kunst d. 20. Jhs. (in: Bildende Kunst, 9) 1972.

Vaphio, Goldbecher von, zwei Goldbecher aus spätmykenischer Zeit, sicher kretische Arbeiten, die in einem Kuppelgrab bei V. (südl. Sparta) gefunden wurden. Sie sind in getriebenem Relief mit technisch und künstlerisch meisterhaften Darstellungen des Fanges und der Zähmung wilder Stiere geschmückt. Das Verhältnis des Menschen zum Tier hat in ihnen einen so zuvor noch niemals gestalteten Ausdruck gefunden.

Bossert, Altkreta, [3]1937; E. N. Davis, The V. cups. Aegean Gold and Silver Ware, Diss. New. York, 1973.

Vasarely, Victor de, ungar. Maler, * 9. 4. 1908 Fünfkirchen, lebt seit 1930 in Paris, gehörte d. Gruppe „Espace" (R. Mortensen, A. Jacobsen, A. Magnelli) an. V. gilt als Vertreter einer rein geometrisch bestimmten Malweise; er trug auch zur Entwicklung der →Op-Art bei. Mit Intensität widmete sich V. seiner Idee der sog. Farbstadt mit der Absicht, die besonders durch den →Betonbau entstandenen Hochhausfassaden, langweiligen Vorstadtsiedlungen u. Bürobauten durch farbige Dekorationen aufzulockern, um so eine Umgestaltung des Lebensraumes zu verwirklichen, so z. B. als „urbane Verschönerung" der gesamten Stadt Cleveland. Für den neuen Kongreßpalast von Monte Carlo gestaltet V. eine Wandmalerei von ca. 1000 m². Er schrieb: „Farbstadt" 1978.

J. Dewasne, V., 1952 (franz.); M. Joray, V., 1965, Bd. 4: 1979; W. Spiess, V., 1971; J. L. Ferrier, Gespräche mit V., 1971; G. Diel, V., 1973.

Vasari, Giorgio, ital. Maler, Baumeister und Kunsthistoriograph, * 30. 7. 1511 Arezzo, † 27. 6. 1574 Florenz, kam als Dreizehnjähriger dorthin und genoß eine vielseitige humanistische Bildung. In seiner Frühzeit als Maler steht er unter dem Einfluß des Rosso Fiorentino. 1531/32 kommt er nach Rom und wird ein gesuchter Maler. Er lebte abwechselnd in Rom und Florenz, unternahm zahlreiche Reisen und erwarb sich auf ihnen eine ausgebreitete Kenntnis der ital. Kunst seiner Gegenwart und der Vergangenheit. Seine malerischen Hauptwerke sind Fresken im Palazzo Vecchio in

Florenz (seit 1555) und in der Scala Regia des Vatikans (1571–73). Sie zeigen V. als einen nicht sehr bedeutenden Manieristen. Bedeutender war er als Baumeister: Badia in Arezzo, Haus des Ritterordens von Santo Stefano in Pisa (1562), vor allem die →Uffizien in Florenz (seit 1560).

Seinen größten Ruhm hat er sich jedoch als Kunsthistoriograph erworben („Vater der Kunstgeschichte"). Er schrieb: „Le vite de' più eccellenti Pittori, Scultori e Architettori" (2 Bde., 1550, 2. erw. Auflage 3 Bde., 1568), ein Werk, das die Lebensbeschreibungen ital. Künstler von Cimabue bis zu V.s Gegenwart umfaßt, das wichtigste Quellenwerk der Kunstgeschichte überhaupt. Alle Kunsthistoriographen der Folgezeit in Italien und außerhalb gehen mehr oder weniger von V. aus, ja sind z.T. wohl erst durch ihn angeregt worden. Abgesehen von dem großen Tatsachenmaterial, das V. aus schriftlicher und mündlicher Überlieferung und vor allem aus eigener Erfahrung zusammengetragen hat, enthält sein Werk vieles, was uns über die Geschichtsauffassung der Zeit, über die ästhetischen und kunstkritischen Ansichten seines Verfassers Auskunft gibt. – Beste Ausgabe von Milanesi (mit kleineren Schriften und Briefen), 9 Bde., 1878–85, ²1906; Neue philologisch-kritische Ausgabe von K. Frey, Bd. 1, 1911; dt. Ausgabe von Schorn und Förster, 6 Bde., 1832–49, von Gottschewski u.a., 7 Bde., 1904–16 und in Auswahl von H. Siebenhüner, 1940; V.s literarischer Nachlaß, hg. v. K. Frey, 3 Bde., 1923–40; E. Jaffé (Hg.), Lebensbeschreibungen der ausgezeichnetsten Maler, Bildhauer u. Architekten d. Renaissance nach Dokumenten u. mündl. Berichten dargestellt von G. V., Nachdruck der Ausgabe Berlin, 1911 (Nachwort v. Marianne Bernhard).

W. Kallab, V.studien, hg. von J. v. Schlosser, 1908; J. v. Schlosser, Die Kunstliteratur, 1924 (it.: La letteratura artistica), ²1956. Organ der V.-Forschung ist seit 1927 das Periodikum: Il V.; Paola Barocchi, V. pittore, 1964; E. Rud, G. V. Vater d. europ. Kstgesch., dt. 1964; W. Prinz, V.s Slg. v. Künstlerbildnissen, 1966; Instituto Nazion. di Studi sul Rinascimento: Il V. Storigrafe e Artista (Congresso 1974), 1976.

Vasenmalerei. Die Bemalung von Tongefäßen beginnt schon in vorgeschichtlicher Zeit, wo bes. auf dem Balkan, in Südrußland und Thessalien bemalte Gattungen vorherrschen (→Bemalte Keramik). Von dort aus gelangt die Technik nach dem griechischen Festlande, entsteht aber offenbar auch selbständig bereits in der frühen Bronzezeit auf Kreta (→Ägäische Kultur).

Nach der Einwanderung der Dorer in Griechenland bildet sich der g e o m e t r i s c h e S t i l heraus (bes. in Athen, Dipylonstil), der in Anknüpfung an die kretisch-mykeni-

Athenische Amphora
im geometrischen Stil (Dipylonstil)

sche Technik die Gefäße bemalt, im Unterschied zu den früheren Vasen jetzt mit geometrischen Ornamenten, zu denen stark linear gebildete Tier- und Menschenfiguren treten. Die Zersetzung des geometrischen Stiles geschieht durch den Einfluß des Orients, zunächst wohl in Nachahmung orientalischer Gewebe, da der Orient eine V. in diesem Sinne nicht kennt. Übernommen werden vor allem pflanzliche Motive wie die Lotosblüte, aber auch Tiere u. Fabeltiere, Greifen, Sphinxe, Löwen, Leoparden. Sie werden sehr früh umgebildet und dem griech. Gefühl angepaßt. Dieser Prozeß vollzieht sich schon im protokorinthischen u. korinthischen Stil, der die V. des 7. Jh. beherrscht. Neben ihm stehen lokale Gattungen, wie in Athen die Vurva- und die Phaleron-Gattung, in Sparta die lakonische Keramik. Alle arbeiten zunächst noch mit verschiedenen Farben (schwarz, rot, weiß, braun), im Laufe des 6. Jh. setzt sich, vor allem in Athen, der schwarzfigurige Silhouettenstil durch, der die Innenzeichnung der Figuren durch Ritzung angibt.

Im letzten Drittel des 6. Jh. entsteht in Athen, möglicherweise unter östlichem Einfluß, die rotfigurige Malerei, bei der die Figuren aus schwarzem Grunde ausgespart werden, während die Innenzeichnung jetzt durch schwarze Linien gegeben wird. Das 5. Jh. bedeutet die Blütezeit der V. Ihr durch einen unerschöpflichen Reichtum künstlerischer Erfindung ausgezeichneter Höhepunkt fällt in die Zeit von 470 bis 430. Wir kennen eine große Zahl von Vasenmalern (Liste siehe unten), die ihre Gefäße teilweise signiert haben. Die Vasenbilder müssen nicht nur für die Kunstgeschichte als Ersatz der völlig verlorenen großen Malerei gelten, sie tragen meist sehr wichtige Darstellungen mythologischer Art und sind auch für das Studium des täglichen Lebens aufschlußreich. Der Einfluß der großen Malerei läßt sich aus den Kompositionen der Vasenbilder erschließen. Im 5. Jh. tritt in den →Lekythen eine Gattung auf, die auf weißem Grunde farbige Darstellungen trägt. Mit dem Fortschreiten der großen Malerei geht der Niedergang der V. am Ende des

Rotfiguriger Krater

5. und im 4. Jh. zusammen, indem diese versucht, die Mittel jener auf ihre ursprünglich ganz graphische Technik zu übertragen. Wieder werden Farben, selbst Gold, verwendet, und dadurch wird der begrenzte Rahmen des Gefäßkörpers gesprengt. In Italien, das eine große Menge attischer Keramik importiert hat, lebt die rotfigurige V. weiter, sie kommt auch nach Etrurien, wo einige lokale Gattungen bis ins dritte Jh. reichen (faliskische Vasen). Der Hellenismus kennt in Griechenland nur mehr ornamental verzierte Gefäße, von denen bes. in Ägypten Beispiele gefunden wurden (Hadravasen). Liste der wichtigsten Vasenmaler: Klitias und Ergotimos, die Meister der großen „Françoisvase“ (so genannt nach ihrem Finder; Florenz, Museo archeologico), eines mit zahlreichen mythologischen

Darstellungen verzierten Kraters in feinster schwarzfiguriger Technik, um 565; Oltos 525–510; Epiktet 525–500; →Euphronios 510–500; Euthymides 510–500; →Duris 500 bis 460; Brygos-Maler 500–470; Sotades-Maler 470–450; →Meidias-Maler 415–400.

Furtwängler-Reichhold, Griech. V., 3 Serien, 180 Taf. m. Text, 1900–32; 1975; Langlotz, Griech. Vasenbilder, 1922; Seltmann, Attic Vase-Painting 1933; E. Buschor, Griech. Vasen, 1940, 1969; J. D. Beazley, Attic red-figured vases, 1942; Ders., Etruscan Vase-Painting, 1947; G. Richter, Attic Red-figured Vases, 1946; W. Schmalenbach, Griech. Vasenbilder, 1948; J. D. Beazley, Attic black-figure vasepainters, 1956; P. E. Arias u. M. Hirmer, Tausend Jahre griech. Vasenkunst, 1960; Corpus Vasorum Antiquorum, hg. v. d. Union Academique Internat. Paris, seit 1923 bis z. Gegenwart; W. Noll, Techniken antiker Töpfer u. Vasenmaler (Antike Welt 2) 1977; E. Simon, Griech. Vasen, 1976; H. R. W. Smith, Funerary Symbolism in Apulian Vase-Painting, (Classical Studies Univ. of Calif. Bd. 12) 1976; E. Simon, Die griech. Vasen, 1976; J. Boardman, Schwarzfigurige Vasen aus Athen. (Hb.), 1977; ders., Rotfigurige Vasen aus Athen (Hb.), 1981.

Vedute (ital.), sachlich treue Ansicht einer Stadt oder Landschaft als Gemälde, Zeichnung oder Stich. Dabei bleibt die sachlich treue Wiedergabe den Forderungen bildmäßiger Gestaltung oder perspektivischer Richtigkeit übergeordnet, kann sich aber auch mit ihnen verbinden (z.B. bei →Canaletto 2), wobei die Grenzen zum →Architekturbild fließend werden. Die V. kann auch als Sammelvedute aus den Wiedergaben zwar wirklicher, in der Wirklichkeit aber nicht vereinter Gegenstände zusammengestellt sein, schließlich auch als Idealvedute aus nur erdichteten Gegenständen. Hauptzeit 17. Jh. bis 1. Hälfte 19. Jh. – Die Sammel- und Idealvedute ist nicht immer genau vom Prospekt zu unterscheiden, der durch perspektivische Übertreibungen (starke Verkürzungen) Architektur- und Landschaftsformen raumillusionistisch zusammendrängt und hauptsächlich in der Bühnenmalerei (→Bühnenbild) Verwendung findet.

Velarium, gleichbedeutend mit →Velum.

Velázquez, Diego Rodriguez de Silva y, span. Maler, getauft 6. 6. 1599 Sevilla, † 7. 8. 1660 Madrid. Er war Schüler seines Schwiegervaters Francisco Pacheco und malte in seiner Frühzeit Stilleben und Volkstypen in kräftigen Helldunkelwirkungen, bereits mit jenem Realismus und zugleich Sinn für die Kostbarkeit der Farbe, die für sein ganzes Schaffen bestimmend blieben: das Frühstück (Leningrad, Eremitage), die alte Köchin (Richmond, Sammlung Cook), Christus im Haus der Martha (London, Nationalgal.; ganz als Sittenbild aufgefaßt). 1623 wurde er an den Madrider Hof berufen und zum Hofmaler ernannt. Es entstanden Bildnisse und am Schluß dieser Madrider Frühzeit „Die ‚Trinker' (etwa 1629; Madrid, Prado), ein erstes großes Werk, das im wesentlichen noch zu der Gruppe der Schilderungen aus dem Volksleben gehört. Auf einer Reise nach Italien (1629–31) lernte V. in Venedig und Rom die Werke Tizians und Tintorettos kennen und kaufte im Auftrag seines Königs Bilder dieser Meister (jetzt im Prado). Sein malerischer Vortrag wird weicher und lockerer. Nach seiner Rückkehr entstanden „Die Schmiede des Vulkan" (Prado) und „Jakob erhält den blutigen Rock" (Escorial). In der nun folgenden Periode bis etwa 1649 wächst V. zu einem der größten Bildnismaler aller Zeiten heran. Immer wieder hat er die Mitglieder der kgl. Familie und ihres Hofstaats porträ-

tiert, so zwar, daß das Königliche und Repräsentative beherrschend bleibt, aber doch wenig an Charakterisierung des Persönlichen verloren geht. Hauptwerk dieser Zeit ist „Die Übergabe von Breda" (Las Lanzas; 1634/35; Prado), ein Bild, das, abgesehen von seiner genialen Komposition und seinen vielen formalen und koloristischen Feinheiten, auch seinem kulturgeschichtlichen und ethischen Gehalt nach von höchstem Werte ist. Eine span. Besonderheit sind die Bildnisse der dem Hofe zur Belustigung dienenden Narren und Zwerge. Hier war V. frei von jeder Rücksicht auf Repräsentation und konnte die Schärfe seines Charakterisierungsvermögens voll z. Geltung bringen.
Auf einer zweiten Italienreise (1649 bis 1651) malte V. Papst Innozenz X. (Rom, Palazzo Doria), dessen häßliche und drohende Züge mit unbarmherzigemRealismus wiedergegeben sind.
Die letzte Schaffenszeit brachte eine neue schöpferische Wendung. Die Pinselführung ist namentlich in den Prinzessinnenbildnissen ganz leicht und impressionistisch geworden. V. macht Beobachtungen über die Erscheinung von Licht und Farbe, die seiner Zeit weit vorauseilen und erst im späteren 19. Jh. wieder aufgenommen wurden. Sie kommen am herrlichsten zur Geltung in dem großen, in seiner Komposition völlig neuartigen Gruppenbildnis der Infantin Margherita mit ihren Hofdamen, genannt „Las Meninas" (1656; Prado), noch deutlicher in „Las Hilanderas" (um 1657; das.). In diesem Spinnerinnen bei der Arbeit zeigenden Gemälde ist zum erstenmal in der Kunstgeschichte der Betrieb in einem Fabrikraum (Gobelinfabrik) dargestellt worden, wenn auch unter mytholog. Vorwand.
Das Gesamtwerk des V. ist seinem Inhalt nach wesentlich dadurch ber stimmt worden, daß er in erster Linie für die Bedürfnisse des Hofes zu arbeiten hatte. Daraus erklärt sich im Unterschied zu Murillo das fast völlige Fehlen religiöser Gemälde. Reine Landschaften hat er nur ganz wenige gemalt, und auch in seinen großen Bildnissen im Freien (bes. Reiterbildnissen) ist das Landschaftliche bescheiden dem Figürlichen untergeordnet.

C. Justi, Diego V. und sein Jahrhundert, 2 Bde., 1888, [4]1933 (span. Übersetzung mit Ergänzung u. Anhang: Despues de Justi. Medio sigle de estudios velazquistas por G. Nuno, 1953); R. A. M. Stevenson, The Art of V., 1895; dt. 1904; A. de Beruete, V., 1898; dt. 1909; H. Kehrer, V., 1920; V., Des Meisters Gemälde, [4]1925 (Klassiker der Kunst); A. L. Mayer, D. V., 1925; E. Faure, V., 1939; A. Muñoz, V., dt. 1941; E. Lafuente, The Paintings and Drawings of V., 1943; Elisabeth Trapier, V., 1948 (engl.); G. Jedlicka, V., 1953; J. Ortega y Gasset Hg.), V., 1953, 1959; H. Soehner, V. u. Italien (in Ztschr. f. Kunstgesch. 18), 1955; K. Gerstenberg, D. V., 1957, 1976; T. P. Kaptereva, V. u. d. span. Porträtmalerei, 1961; J. A. Gaya Nuño, Bibliografia Critica y Antologica de V., 1963; J. Lopéz Rey, V., 1968 (engl.); J. Camón Aznar, V., 1964 (span.); G. Eckardt, V., 1976.

Velde, 1. Adriaen van de, holländ. Maler, getauft 30. 11. 1636 Amsterdam, begraben 21. 1. 1672 das., Meister sonniger, heiterer Landschaften, anmutig belebt von Menschen und Tieren und mit feingezeichneten Einzelheiten. Beste Sammlung im Reichsmus. in Amsterdam. Ausgezeichnete Radierungen von Tieren in der Landschaft.

C. Hofstede de Groot, Beschreib. u. krit. Verz. d. Werke d. hervorragendsten holländ. Maler des 17. Jh., Bd. 3, 1910; W. v. Bode, Die Meister der holländ. u. fläm. Malerschulen, [9]1958; W. Stechow, Bulletin of the Cleveland Mus. of art, 54, 1967; R. Kidzum, A. v. d. V., Diss. Univ. Bonn, 1968; W. Bernt, Die niederl. Maler d. 17. Jhs., Bd. 3, [3]1970.

2. Willem van de, holländ. Maler, Bruder von 1, getauft 18. 12. 1633 Leyden, † 6. 4. 1707 Greenwich, Sohn des Marinezeichners Willem v. de V. d. Ä. (1611–93), seit 1673 in London, einer der bedeutendsten Marinemaler seiner Zeit. In seinen Hafenansichten, Seestürmen und -schlachten sind Meer und Schiffe sowie das bald Dunstige, bald Klare des hohen Himmelsraums vorzüglich beobachtet. Zahlreiche Bilder in engl. Sammlungen.

F. C. Willis, Die niederländische Marinemalerei, 1911; C. Hofstede de Groot, a. a. O.; Bd. 7, 1918; W. v. Bode, a. a. O., K. Zoege v. Manteuffel, Die Malerfamilie v. d. V., 1927; L. Preston, Sea and River Painters, 1937; M. S. Robinson, Van de V. drawings, 1958; W. Stechow, Dutch Landscape of the 17th Century, 1966; W. Bernt, Die niederl. Maler d. 17. Jhs., Bd. 3, ³1970; M. Robinson, The W. van de V. drawings in the Boymans van Beuningen Mus. Rotterdam, 2 Bde., 1979.

3. Henry van de, belg. Baumeister und Kunstgewerbler, * 3. 4. 1863 Antwerpen, † 27. 10. 1957 in Zürich, lebte 1900–14 in Deutschland, wo er seit 1907 die Kunstgewerbeschule in Weimar leitete, eröffnete in Brüssel 1925 eine Schule für Baukunst und Kunstgewerbe. V. gehörte zu den eifrigsten Vorkämpfern für eine Befreiung von der Nachahmung historischer Stile. Sein z. T. noch überlieferungsgebundenes Haus Bloemenwerf in Uccle bei Brüssel (1895) zeigt bereits Ansätze eines neuen Formwillens. Ornamentales Hauptmotiv wurde die elastisch schwellende Bewegung abstrakter Bogenlinien, die auch seine Möbel beherrschten, obwohl das seinem Grundsatz zweckhafter, folgerichtiger und materialgerechter Konstruktion zuweilen widersprach. Er wurde in seiner ersten Schaffenszeit, in der er großen Einfluß auf die dt. Kunst gewann, ein Hauptvertreter des →Jugendstils. Später hat er sich erheblich gewandelt, aber auch viel von seiner Bedeutung als Reformator eingebüßt. Er schrieb u. a.: Kunstgewerbl. Laienpredigten (1902), Vom neuen Stil (1907). Auswahl aus seinen Schriften von H. Curjel, 1955. Gesch. mein. Lebens, dt. hg. v. H. Curjel.

K. Scheffler, H. v. d. V., 1913; K. E. Osthaus, V. Leben und Schaffen des Künstlers, 1920; I. v. de Voort, Gedenkbock H. v. d. V., 1933; Ahlers-Hestermann, Stilwende, ²1956; K.-H. Hüter, H. v. d. V. Sein Werk b. z. Ende s. Tätigkeit i. Dtschld., 1967; H. v. d. V. Theaterentwürfe 1909–14, Ausst.kat. Belg. Haus Köln, Westf. Mus. Münster u. a. O., 1977.

Velum (lat.), 1. Textiler Vorhang im röm. Haus (auch Tempel). – 2. Bezeichnung für verschiedene Arten liturgischer Textilien; die in altchristlicher und frühmittelalterlicher Zeit übliche Verhüllung des Altars durch Vorhänge, die zwischen den Säulen des →Ciboriums angebracht waren; das Seidentuch zur Verhüllung der Meßgefäße; das Schultertuch des Priesters (→Amikt).

Vendelstil, nach dem Gräberfeld von Vendel (Schweden) geprägte Bezeichnung für die Stile II und III der germanischen Tierornamentik (→Germanische Kunst).

S. Lindqvist, Vendelkulturens alder och ursprung, 1926; Hj. Stolpe et T. J. Arne, La nécropole de Vendel, 1927; Greta Arwidsson, V.e. Email und Glas im 7.–8. Jh., 1942; Dieselbe, Die Gräberfunde von Valsgärde, I: 1942, II: 1954.

Venezianische Gläser →Glas.

Venus →Aphrodite.

Vera icon →Kreuztragung Christi.

Verblenden →Blende.

Verdun →Nikolaus v. Verdun.

Verdüre, gewirkter Wandteppich, der überwiegend auf grün (v. franz. tapis de verdure „Rasenteppich") gestimmt ist und im Unterschied zum →Bildteppich Pflanzenwerk aufweist, auch in Verbindung mit Tierdarstellungen, bes. Vögeln und Tierkampfmotiven. Die V. hat sich aus dem spätmittelalterlichen Bildteppich mit blumigem Hintergrund im 15. Jh. entwickelt und kommt bis ins 18. Jh. vor.

Vergoldung, in der Malerei eine vielgestaltige Technik, echtes Gold oder auch Silber- oder Zinnfolie, mit „Goldfirnis" überzogen, auf Gemälden und →Rahmen anzuwenden. Man unterscheidet Glanz- oder Polimentvergoldung mit polierbarem, hauchdünnem Blattgold und Mattvergoldung, die heute meistens als Ölvergoldung ausgeführt wird. Daneben wurde (vorwiegend im 13. u. 14. Jh.) mit Goldstaub, in Eiweiß angesetzt, gemalt. Der Goldgrund bildete, meistens durch Punzierung reich verziert, einen edlen, neutralen Bildhintergrund für Tafeln in →Temperamalerei. Auch beim Fassen von Holzplastiken und Architekturornamenten spielte die V. eine große Rolle. Ihren Höhepunkt erlebte die V. im Zeitalter des Barock.

C. Hebing, Vergolden und Bronzieren, [6]1960; K. Wehlte, Werkstoffe u. Techniken d. Malerei, 1968.

Verhulst, Rombout, niederländ. Bildhauer, * 15. 1. 1624 Mecheln, † 27. 11. 1696 oder 1698 Haag, arbeitete seit 1650 mit an den Skulpturen des Amsterdamer Rathauses, blieb in Holland und wurde hier einer der Hauptvertreter der Barockbildnerei, der prunkvoll üppige Grabmäler, auch Bildnisbüsten in ungewöhnlicher technischer Vollendung schuf; Grabmäler: Admiral Tromp (1655–58; Delft, Alte Kirche; zusammen mit Willem de Keyser und Jacob van Campen), van Inn-ende-Knyphuisen (1664; Midwolde, Kirche), Admiral de Ruyter (1677–81; Amsterdam, Neue Kirche), die Admirale und Brüder Evertsen (1679–82; Middelburg, Abteikirche).

M. van Netten, R. V., 1907; Klaus Merten, Die Kst. d. 17. Jhs., Propyläen Kstgesch. 9, 1970.

Verismus (von lat. verus = wahr) ital. „verismo", ursprünglich die naturalistische Richtung der ital. Oper, die ihre Themen dem Alltag entnahm. Mit veränderter Bedeutung wird der Begriff auch für jeden →Realismus mit sozialkritischer Absicht gebraucht (→Grosz, →Dix, →Neue Sachlichkeit).

Verklärung Christi, lat. Transfiguration. Nach den Synoptikern ging Christus mit den Jüngern Petrus, Jakobus und Johannes auf einen hohen Berg und verklärte sich vor ihnen. Seine Kleider und sein Gesicht glänzten, Elias und Moses erschienen und sprachen mit ihm. Die Darstellung dieses Vorgangs, die häufig den Passionszyklus einleitet, findet sich zuerst in der byzantin. Kunst. Im 6. Jh. ist ihr Typus ausgebildet: Christus steht etwas erhöht von der Mandorla umgeben oder so, daß Strahlen hinter ihm hervorbrechen. Ihm zur Seite Moses und Elias, ihm zu Füßen die drei Jünger, kauernd oder liegend. Die abendländische Kunst hat diesen byzantin. Typus übernommen, die V. Chr. aber nur in der Malerei dargestellt, nie in der Plastik. Ein hervorragendes dt. Beispiel bietet ein roman. Wandgemälde in der Unterkirche in Schwarzrheindorf. Mit der alten Überlieferung brach erst Giotto, indem er Christus mit ausgebreiteten Händen in der Luft schweben ließ. So auch gab Raffael die V. Chr. (Rom, Vatikan).

De Waal, Die V. auf Tabor in Liturgie und Kunst, Geschichte und Leben, 1914; P. Clemen, Die roman. Monumentalmalerei in den Rheinlanden, 1916; G. Wolter, Ikonographie der

V. Chr., Diss. Univ. Berlin (O), 1970; K. Oberhuber, Raphaels „Transfiguration". Stil u. s. Bedeutung, 1982.

Verkröpfung →Gekröpftes Gesims.

Verkündigung. 1. V. der Engel an die Hirten nach Luk. 2,8–14, als Thema dem Kreis der →Geburt Christi zugehörig. – 2. V. der Geburt an Maria nach Luk. 1,26–38 der Besuch des →Erzengels Gabriel bei →Maria; bereits in der altchristl. Kunst dargestellt (Katakombenmalereien) und frühzeitig durch Züge aus den apokryphen Evangelien bereichert: Maria mit Spinnrocken (Mosaik in Santa Maria Maggiore in Rom, 5. Jh.). Diese Züge verschwinden im hohen Mittelalter wieder. Seit dem 14. Jh. ist die V. zu einer der häufigsten und beliebtesten Darstellungen des christl. Bilderkreises geworden, die im 15. Jh. eine gern wahrgenommene Gelegenheit zur malerischen Gestaltung eines Innenraums bot.

Gersbach, Iconographie de l'Annonciation, 1898; D. Schumann, Die Darstellung der V. in der ital. Renaissance, 1910; D. M. Robb, The Iconography of the Annunciation in the fourteenth and fifteenth centuries, 1936 (Art Bulletin); G. Prampolini, L'Annunziazione nei pittori primitivi italiani, 1939; W. Kaufhold, Die V. an Maria nach den Apokryphen in Literatur u. Kunst, Diss. Freiburg 1942; W. Braunfels, V., 1949; A. Walzer, Die V. (in: Neue Beitr. z. Archäol. u. Kunstgesch. Schwabens), 1952; K. S. Frank, Zum Thema Jungfrauengeburt, 1970; J. H. Emminghaus, V. an Maria, Lexik. d. christl. Ikonograph., 4, 1972.

Verkürzung →Perspektive.

Verlorene Form →Abguß, →Bronzekunst.

Verlorenes Profil, in der Malerei die Drehung eines Kopfes aus der Profilstellung vom Beschauer weg in den Bildraum hinein.

Vermeer van Delft, Jan, eigentlich Jan van der Meer, holländ. Maler, getauft 31. 10. 1632 Delft, begraben 15. 12. 1675 das., hat in seinem knappen Oeuvre von etwa 40 Bildern nur ein einziges datiertes hinterlassen: „Bei der Kupplerin" (1656; Dresden, Gal.), das völlig reife Meisterwerk eines 24jährigen, dessen Jugendentwicklung wir nicht kennen. Die meisten seiner Bilder geben den behaglich eingerichteten bürgerlichen Innenraum mit ein oder zwei Figuren bei meist belangloser Beschäftigung: die Briefleserin, die Milchgießerin, die Spitzenklöpplerin usw. Einmalig ist die elementare, aber kühl und gelassen gebändigte Farbensinnlichkeit, die aus diesen Bildern leuchtet. Bei aller Freude am Polychromen hat V. in einer sehr eigenen Technik den Konturen die Schärfe genommen und durch Aufsetzen von reinfarbigen hellen Tupfen die Oberfläche der Dinge in ihren Farben vibrieren lassen. Alle Vorzüge seiner von Bindungen an die Überlieferung erstaunlich freien Farbgebung erscheinen gesammelt in seinen beiden einzigen Landschaften, vor allem in der „Ansicht von Delft" (Haag, Mauritshuis).

C. Hofstede de Groot, Jan V. en Carel Fabritius, 1908; G. Vanzype, V. de Delft, 1908; B. Reiffenberg u. W. Hausenstein, V. v. D., 1924; E. Flietzsch, V. v. D., 1939; A. B. de Vries, Jan V. v. D., dt. 1945, 1959; M. M. van Dantzig, Johannes V. etc., 1947; P. T. A. Swillens, Johannes V., 1950; A. Malraux, Tout de V. d. D., 1952; L. Goldscheider, Johannes V., ²1967; P. Descargues, V., dt. 1966; M. Walicki, J. V. v. D., dt. 1970; G. W. Menzel, V., 1977; A. Blankert, J. V., 1977.

Vernis mou →Kupferstich.

Veronese, Paolo, eigentlich Caliari, * 1528 Verona, † 19. 4. 1588 Venedig, siedelte etwa 1553 dorthin über, war 1560/61 in Rom. Anregungen erfuhr er von Parmigianino,

Giulio Romano und naturgemäß von der venezianischen Malerei. Abseits von der manieristischen Spannung, dem Ernst und dem religiösen Fanatismus der zeitgenössischen Malerei hat er in seinen Bildern noch einmal die heitere, unbeschwerte Welt der Hochrenaissance in Glanz und irdischer Lebensfülle aufleben lassen. Verkürzungen und illusionistische Mittel beherrschte er mit vollkommener Leichtigkeit, viele seiner Bilder sind Meisterwerke prächtig dekorativer Malerei. Um 1560 hat sein Stil die volle Reife erlangt: Fresken der Villa Barbaro Giacomelli in Maser mit mythologischen und allegorischen Darstellungen von blühendem Reichtum; Thronende Madonna mit Heiligen (1562/63; Venedig, Akademie); die vier für die Familie Cuccina gemalten Bilder der Dresdner Galerie: die Madonna mit der Familie Cuccina, die Anbetung der Könige, die Hochzeit zu Kana, die Kreuztragung Christi. Gastmähler unter religiöser Motivierung darzustellen hat V. bes. geliebt, gaben sie ihm doch die Möglichkeit, heiter festliches Treiben zu schildern. Das berühmteste Stück dieser Art ist das Gastmahl im Hause des Levi (1573; Venedig, Akademie). Im letzten Jahrzehnt seines Lebens wird die Nähe des Barocks spürbar in der Heftigkeit der Bewegung, der Schwere der Körper und Architekturteile, der Überfüllung der Bildfläche: Triumph der Venezia, Gemälde an der Decke des großen Saals im Dogenpalast (1580–85).

G. Fiocco, P. V., 1928; A. Venturi, P. V., 1928; Catalogo delle opere, a cura di R. Pallucchini, 1939 (mit vollständ. Bibliographie); Th. Hetzer, V., 1940 (Röm. Jahrb. f. Kunstgesch., Bd. 4); A. Orliac, Véronèse, 1941; R. Pallucchini, V., 1950; Eva Tea, V., 1954 (ital.); G. Piovene u. R. Marini, L'opera completa del V., 1968; Ch. Lenz, V.s Bildarchitektur, Diss. München 1969; T. Pignatti, P. V. (cat. rais.), 2 Bde. 1977.

Veronikabild → Kreuztragung.

Verputzen, das Angreifen der originalen Pinselstriche eines Gemäldes (bes. der Lasuren) durch unsachgemäßes Restaurieren, namentlich bei der Abnahme von Firnis und Übermalungen. In der 2. Hälfte des 19. Jh. hat die vielfach noch unentwickelte Technik des Restaurierens manche Schäden durch V. angerichtet.

Verrocchio, Andrea del, ital. Bildhauer und Maler, * 1436 Florenz, † 1488 Venedig, Schüler eines Goldschmieds, wurde nach dem Tode Donatellos der Hauptmeister der florentinischen Bildnerei. Sein erstes erhaltenes Werk ist die bronzene Brunnenfigur des David (1465; Florenz, Nationalmus.), eine Gestalt von heiterer, frischer Lebendigkeit, technisch vorzüglich gearbeitet. Es folgen dann eine Anzahl weiterer Werke (in Bronze, Ton, Marmor), die ebenso wie der David im Dienste der Medici entstanden, und als erstes Hauptwerk die große Bronzegruppe Christus und Thomas für eine Nische von Or San Michele (voll. 1480). Beide Gestalten, von üppigen Faltengehängen umwogt, sind in Haltung und Gebärde aufs feinste charakterisiert. Das zweite Hauptwerk V.s entstand am Ende seines Lebens in Venedig: Reiterdenkmal des Condottiere Bartolommeo Colleoni auf dem Platz der Kirche Santi Giovanni e Paolo (1479–88, Guß durch Leopardi), von geringerer plastischer Wucht als der Gattamelata des Donatello, aber gestraffter und bewegter. – Als Maler ist V. schwer zu fassen, da es von ihm nur ein einziges beglaubigtes Gemälde gibt, die Taufe Christi (Florenz, Uffizien), das überdies z.T. von V.s Schüler Leonardo da Vinci gemalt ist. Die metallische Härte mancher Einzelheiten verrät den Bronzebildner.

A. Mackowsky, V., 1901; Maud Cruttwell, V., 1904 (engl.); N. Reymond, V., 1906 (franz.); Schubring, Ital. Plastik des Quattrocento, 1922; A. Bertini, L'arte del V., 1935 (L'Arte, Bd. 38); L. Planiscig, A. del V., 1941; G. Passavant, A. del V. als Maler, (Bonner Beiträge zur Kunstwissensch. 6), 1959; ders., V. Skulpturen, Gemälde u. Zeichngn., 1969 (engl.); Ch. Seymour jr., The sculpture of V., 1972.

Versailles, Schloß, Hauptwerk des franz. Barocks, in seiner Gesamtanlage von weitreichender vorbildlicher Wirkung. Kernstück ist ein von Lemercier 1626 für Ludwig XIII. erbautes Jagdschloß. Dessen Erweiterung wurde 1668 im Auftrag Ludwigs XIV. von Louis Le Vau in Angriff genommen. Ihm folgten François de Vau und Orbay und seit 1676 Jules Hardouin-Mansart, dessen Tätigkeit für das Schloß von ganz besonderer Wichtigkeit war. Von jetzt ab bis 1789 war V. die eigentliche Residenz der franz. Monarchie. Hardouin-Mansart baute die berühmte Spiegelgalerie, mit deren Dekoration 1679 Le Brun beauftragt wurde, auch die Schloßkapelle (1700–1710). Der Schöpfer des Parks, der mit seinen Gebäuden, Wasserkünsten, Statuen die großartigste Parkanlage des Barocks ist, war Le Nôtre. Der Park enthält die beiden Lustschlösser Grand Trianon, 1686/87 von Mansart, und Petit Trianon, 1762–66 von Gabriel, eins der frühsten Werke des franz. Klassizismus.

G. Brière, Le château de V., architecture et décoration, 2 Bde., 1907–09; Ders., Le parc de V., sculpture décorative, 2 Bde., 1909–11; P. de Nolhac, Histoire du château de V. sous Louis XIV., 2 Bde., 1911–12; Ders., L'art à V., 1930; Ders., La résurrection de V., 1937; Ch. Mauricheau-Beaupré, V., 1949; E. Guillon, V., le palais du soleil, 1963; A. Marie, Naissance de V., le château, les jardins, 2 Bde., 1968–72; G. Weber, Die V.konzepte von A Le Nôtre (in: Münchner Jb. d. bild. Kunst XX), 1969; Chr. Beutler, Paris u. V., 1970.

Verwahrfund (Depotfund), Fund von Gegenständen, die dem Erdboden als Versteck anvertraut wurden. V.e setzen mit der →Jungsteinzeit ein und sind aus allen folgenden Perioden der Vorgeschichte und Geschichte bekannt. Je nach dem Inhalt lassen sich Händlerfunde und Schatzfunde unterscheiden. Die ersteren finden sich hauptsächlich an verkehrsgeographisch wichtigen Punkten, Flußübergängen u. dgl.; sie wurden niedergelegt, ehe sich der reisende Händler in ein unbekanntes oder unsicheres Gebiet vorwagte. Die Schatzfunde sind meist in Kriegszeiten dem Erdboden anvertraut worden. Oft läßt sich auf Grund der Fundumstände und des Inhaltes unterscheiden, ob die Vergrabung durch den legitimen Besitzer erfolgte oder ob eine eilig zusammengeraffte Kriegsbeute vorliegt. Von den V.en sind scharf die Opferfunde zu trennen, die als Weihegaben für die Götter niedergelegt wurden (→Nydam).

Vesperbild, ital. Pietà, Thema der Marienklage (→Beweinung Christi; →Schmerzensmutter), plastische Darstellung der schmerzergriffenen Maria mit dem toten Christus auf dem Schoß. Der Name V. deutet auf das Abendgeschehen nach der Kreuzabnahme. In der religiösen Dichtung des 12. und 13. Jh. vorbereitet, tritt das V., aus der Beweinungsszene herausgelöst und zum →Andachtsbild isoliert, am Anfang des 14. Jh. in der dt. Plastik auf. Frühestes Beispiel auf der Veste Coburg (wohl um 1320). Verschiedene Typen: im 14. Jh. ist der Oberkörper Christi schräg aufgerichtet, im 15. meist waagerecht gelagert, im Anfang des 16. ruht der Leichnam Christi zuweilen auf dem Boden mit dem Haupt im Schoß der Maria. In der Malerei kommt das V. zuerst in den Miniaturen der Heures de Turin zu Beginn des 15. Jh. vor, wenig später auch als Einblattholzschnitt (Lambach, Maihingen) im offenbaren Anschluß an die plastischen Vorbilder; als Tafelbild erst in der 2. Hälfte des 15. Jh. (aus der Schule von Avignon; Paris, Louvre). Das bekannteste außerdeutsche Beispiel ist die Pietà des →Michelangelo. In Renaissance und Barock ist das V. Darstellungsgegenstand der christl. Kunst geblieben und auch das 19. Jh. hat sich wiederholt an diesem Thema versucht.

W. Pinder, Die Pietà; Ders., Die dt. Plastik, Bd. 1, 1929; W. Passarge, Das dt. V. im Mittelalter, 1924; W. Körte, Dt. V.er in Italien, 1937 (Kunstgeschichtl. Jahrbuch der Bibliotheca Hertziana, Bd. 1); F. C. Schneider, Die mittelalterl. dt. Typen u. Vorformen des V.es, Diss. Kiel 1933 (mit Katalog); Elisabeth Reiners-Ernst, Das freudvolle V. u. die Anfänge der Pietà-Vorstellung, 1939; C. Gravenkamp, Marienklage, 1948; G. Schmidt, V.r um 1400 u. d. Meister der Schön. Madonnen (Österr. Ztschr. f. Kst. u. Denkmalpfl. 31) 1977.

Vettersfelde (Kr. Guben, Mark), Goldfund von. Der 1882 gehobene Fund (Berlin, Alt. Mus.) enthält als Hauptstücke: einen 41 cm langen Fisch aus Goldblech; den Goldblechbelag einer skythischen Schwertscheide; ein gleichfalls aus Goldblech gefertigtes, vierpaßähnliches Zierstück, wahrscheinlich zum Pferdegeschirr gehörig. Alle drei Gegenstände sind in Treibarbeit mit stilisierten Tiergestalten verziert. Die Arbeiten dürften gegen Ende des 6. Jh. v. Chr. in Südrußland entstanden sein. Während es sich bei dem Schwertscheidenbeschlag u. dem Vierpaß um skythische Erzeugnisse handelt, verrät der Fisch die Hand eines griech. Künstlers, der für skythische Auftraggeber in skythischem Geschmack gearbeitet hat.

A. Furtwängler, Der Goldfund von V., 1883; H. Kühn, Die vorgeschichtl. Kunst Deutschlands, 1935.

Vexiergefäße, Trinkgefäße aus Glas, Steinzeug, Fayence, die so konstruiert sind, daß nicht auf normale Weise aus ihnen getrunken werden kann, indem z.B. der flüssige Inhalt durch den hohlen Henkel emporsteigt. Sie waren im 16. und 17. Jh. beliebt, doch auch schon im Altertum bekannt. Ein verbreiteter Typ ist der →Angster.

Vierblatt, die in der späteren Gotik übliche Form des Vierpasses, bei der an die Stelle von vier Rundbögen vier Spitzbögen getreten sind.

Vierpaß →Paß.

Viertelstab, konvexes Bauglied mit dem Querschnitt eines Viertelkreises.

Vierung, die Stelle der mittelalterlichen Basilika, wo Langhaus und Querhaus einander durchdringen. Bei gleicher Breite von Langhaus und Querhaus hat der so entstandene Raumteil quadratischen Grundriß: Vierungsquadrat. Im frühroman. Stil (erstes erhaltenes Beispiel St. Michael in →Hildesheim) beginnt man die bloße Durchkreuzung als selbständigen, vertikal gerichteten Raumteil gegen Langhaus, Querarme und Chorquadrat auszuscheiden: ausgeschiedene Vierung. Dies geschieht durch Verstärkung der Vierungspfeiler mit Vorlagen und durch Vierungsbogen, die auch die den Raum begleitenden Wände miteinander verkreuzen. Im Außenbau wird die V. durch einen Vierungsturm betont; enthält er im

Inneren eine Kuppel, spricht man von (it.) Tiburio.

H. Beenken, Die ausgeschiedene V., 1930 (Repertor. f. Kunstwissensch., Bd. 51); G. Urban, Der V.sturm b. z. Ende d. roman. Stils unt. bes. Berücksichtig. d. dtschn. Entwicklg., Diss. Frankfurt a. M., 1953.

Vierzehnheiligen →Nothelfer.

Vigée-Lebrun, Elisabeth Louise, franz. Malerin, * 16. 4. 1755 Paris, † 30. 3. 1842 das., tätig an verschiedenen europ. Höfen, hat mehr gefällig und geschmackvoll als wirklich charakterisierend zahlreiche Bildnisse berühmter Männer und bes. Frauen gemalt (z.B. Madame de Staël als Corinna; Genf, Museum). Zu ihren besten Werken gehören die beiden Selbstbildnisse mit Tochter (1787 u. 1789; Paris, Louvre). Auch Landschaften gibt es von ihr. Sie schrieb: „Souvenirs de ma vie“ (3 Bde., 1835–37; dt. [5]1921).

P. de Nolhac, Madame V., 1912; W. H. Helm, V., 1916 (engl., mit Werkverz.); A. Blum, Madame V., 1919; Ch. Oulmont, Les femmes peintres du XVIII siècle, 1928.[e]; H. Bock, V.-L. (in: Niederdtsche. Beitr. zur Kunstgesch., Bd. 16) 1977.

Vigeland, Gustav, norweg. Bildhauer, * 11. 4. 1869 Mandal, † 12. 3. 1943 Oslo, der vielleicht bedeutendste Vertreter der neueren Bildnerei der skandinav. Länder. Ursprünglich von Rodin beeinflußt, gelangte er zu einem geschlossenen und monumentalen Stil. Hauptwerk ist die gedanken- und figurenreiche Brunnenanlage im Frogner-Park bei Oslo.

R. Stang, G. V., 1969 (norw.); N. C. Hale, Embrace of life, The sculpture of G. V., 1969; Kat. V.-Mus. in Oslo, 1970; R. Stang, G. V. und der Skulpturenpark in Oslo, 1972.

Vignette (franz. „Weinranke“), ursprünglich das in Form zierlicher Weinranken die Ränder spätmittelalterlicher Handschriften belebende Ornament, auch die Rahmenbordüre einer Buchminiatur. Danach werden V.n auch kleine ornamentale oder figürliche Beigaben der gedruckten Buchseite genannt, wie sie sich namentlich über Kapitelanfängen findet, auf Anfangsseiten, Titeln oder am Schluß.

Vignola, Giacomo Barozzi da, ital. Baumeister, * 1. 10. 1507 Vignola, † 7. 7. 1573 Rom, brachte seine Lehrjahre in Bologna zu, war vorübergehend in Frankreich und seit 1546 dauernd in Rom tätig, wo er 1564 Baumeister der Peterskirche wurde. In seinem Hauptwerk, der Jesuitenkirche Il Gesù in Rom (beg. 1568, geweiht 1584), hat er eine für die weitere Entwicklung des barocken Kirchenraums auch außerhalb Italiens vorbildliche Lösung gefunden. Sie besteht im wesentlichen darin, daß alle Nebenräume hinter der beherrschenden Entfaltung des Hauptraumes zurücktreten müssen. Ernst, Strenge und Regelmäßigkeit sind Eigenschaften der Kunst V.s. Weitere Werke: Paläste in Bologna, Villa Papa Giulio in Rom (1551 bis 1555), Schloß Caprarola b. Viterbo (1558–62), Nebenkuppeln der Peterskirche, Kirche Sta. Anna dei Palafrenieri in Rom über ovalem Grundriß (seit 1562). In seinen letzten Lebensjahren arbeitete er Entwürfe für den →Eskorial aus. – V.s knapp gefaßtem architekturtheoretischem Lehrbuch „Regola delle cinque Ordini dell'Architettura“ (1562) ist ein Erfolg beschieden gewesen, wie keinem anderen derartigen Werk. Es ist bis in die neueste Zeit immer wieder aufgelegt und in viele Sprachen übersetzt worden. V. schrieb ferner: „Le due regole della prospettiva pratica“, das von dem Mathematiker Ignazio Danti 1583 herausgegeben und mit einer

Lebensbeschreibung V.s versehen wurde.

Maria Walcher Casotti. Il V., 2 Bde. 1960; K. Merten, Die Kst. d. 16. Jhs., Propyläen Kstgesch., 8, 1970; J. Coolidge, La vita e le opere di J. B. da V., 1975.

Villa, bei den Römern ursprünglich das zum Landgut gehörende Wohnhaus, dann auch das außerhalb der Stadt, oft am Meer gelegene Sommerhaus, das meist von Gärten umgeben war. Bekannte Beispiele sind die V. des Tiberius auf Capri, die sog. V. Item (nach dem modernen Besitzer) in Pompeji und eine V. in Boscoreale. Die röm. Villen in Westdeutschland (Nennig, mit bekanntem Mosaik, u. a.) haben sicher auf die frühmittelalterliche Baukunst eingewirkt. In karoling. Zeit hieß V. regia die königliche Domäne. In der ital. Renaissance, als man zuerst wieder im Sinne antiker Wohnkultur Villen zu bauen begann (Florenz, Rom, →Palladio), bedeutet V. die gesamte gartenartige Anlage, während das Wohngebäude selbst in der Regel Casino heißt. Nach ital. Vorbild entstanden später auch im N Europas Villen. Die Bezeichnung V. ging in neuerer Zeit auf das freistehende, mit Garten versehene Wohnhaus (meist Einfamilienhaus) über, im Unterschied zu dem mit anderen zu einer Straßenzeile zusammengeschlossenen Mehrfamilienhaus. Der Typus der V. wurde weitgehend abgelöst vom „Bungalow“ des 20. Jhs., einem nunmehr meist eingeschossigen Haus.

B. Patzak, Die Renaissance- und Barockvilla in Italien, 3 Bde., 1908–13; K. M. Swoboda, Röm. und romanische Paläste, [2]1924; R. Borchardt, V., 1922 (Schriften, Bd. 1); H. Drerup, Die V., Marburger Winckelmannprogramm, 1959; G. A. Mansuelli, Enciclopedia Italiana dell'arte antica, 7, 1966; M. Kubelik, Die V. im Veneto. Zur typolog. Entw. im Quattrocento, 2 Bde., 1977. Lit. auch →Muthesius.

Villanovakultur →Eisenzeit.

Villard de Honnecourt, franz. Baumeister des 13. Jh., baute den Chor der Kollegiatkirche in St. Quentin (geweiht 1257) und war auch in Ungarn tätig. Er hinterließ ein um 1240 entstandenes „Livre de portraiture“, ein Bauhüttenbuch, wie wir solche im ganzen Umkreis got. Bauschaffens vorauszusetzen haben. Aber nur dies eine blieb aus hochgot. Zeit erhalten, leider nur zur knappen Hälfte (seit 1795 Paris, Nationalbibl.). Es enthält auf 33 Pergamentblättern etwa 325 einzelne Federzeichnungen (Menschen, Tiere, Ornamente, Bauten, Maschinen, Konstruktionen), dazu Erläuterungen, Rezepte und anderes und gewährt einen einzigartigen Einblick in die geistige Werkstatt eines Künstlers im Zeitalter der Hochgotik. Daher hat es auch seit der ersten Veröffentlichung einzelner Abbildungen (1825) die Forscher dauernd beschäftigt, ohne daß es bisher gelungen wäre, alle seine Rätsel zu lösen. Erste Gesamtausgabe mit Text von Lassus und Darcel (1858; engl. Übersetzung 1859). Offizielle Lichtdruckausgabe der Bibliothèque Nationale von H. Omont (1906). Mustergültige kritische Gesamtausgabe in originalgroßen Lichtdrucken mit umfassendem kunstgeschichtlich-kulturgeschichtlich-philologisch. Kommentar und dt. Übersetzung der Texte von H. R. Hahnloser (krit. Ges. Ausg. 1935, [2]1972). Hier auch eingehende bibliographische Angaben. →Musterbuch.

T. Bowie, The Sketchbook of V. d. H., 1962; H. R. Hahnloser, V. de H., [2]1972.

Villon, Jacques (Gaston Duchamp), franz. Maler und Graphiker, Bruder des M. →Duchamp, * 31. 7. 1875 Danville, † 9. 6. 1963 Puteaux b. Paris. V. malte zunächst impressionistisch, wurde dann vom →Kubismus beeinflußt. 1919 ging er zu einer geometrisch abstrahierenden Malerei über. Er geht meist vom gegenständlichen Motiv, der Landschaft, dem Stilleben, dem Porträt aus und zerlegt seine kühn mit dem Rahmen verspannten Formen in geometrisch begrenzte, genau gegeneinander abgestufte Farbflächen. Seine Bilder erscheinen kristallin, wie aus durchleuchteten farbigen Gläsern zusammengefügt.

P. Eluard, J. V., 1948 (franz.); J. Auberty u. Ch. Perousseau, V. Cat. de l'œuvre gravé, 1950; R. Hauert u. B. Dorival, J. V., 1957; Dora Vallier, J. V., 1958 (franz.); J. P. Crespell, J. V., 1958; P. Cabanne, The Brothers Duchamp, 1976.

Vischer, Erzgießerfamilie in Nürnberg, tätig etwa zwischen 1450 und 1550. Ihre Gießhütte war die bedeutendste des damaligen Deutschland. Ihre wichtigsten Mitglieder sind:

1. Hermann d. Ä., † 1488, begründete 1453 die Gießhütte. Man kennt von ihm nur ein Taufbecken in der Stadtkirche zu Wittenberg (1457) und einige Grabplatten.

2. Peter d. Ä., Sohn von 1, * um 1460, † 7. 1. 1529, war Geselle seines Vaters, dessen Werkstatt er, 1489 Meister geworden, übernahm und auf ihren hohen Stand brachte. Er ist eine der bedeutendsten Erscheinungen der dt. Bildnerei der Dürerzeit. In seinem Werk, dessen Abgrenzung und Einschätzung heute noch in der Forschung erheblich schwankt, verbindet sich Spätgotisches mit Renaissancemäßigem, ohne daß V. den Schritt zu diesem entschlossen zu vollziehen vermochte. Früheste Arbeit ist der nicht ausgeführte großartige Entwurf zu einem tabernakelartigen Gehäuse für den Schrein des heil. Sebaldus in der Sebalduskirche (1488; Wien, Akademie). Es folgen „Der Astbrecher" (1490; München, Bayr. Nationalmus.; nicht gesicherte Zuschreibung), das Grabmal des Erzbischofs Ernst von Sachsen im Magdeburger Dom (1495), zahlreiche Grabplatten, die nach allen Teilen Deutschlands und auch nach dem O gingen. 1508 beginnt er das Gehäuse („Sebaldusgrab") für den Sebaldusschrein und fördert es in einem ersten Arbeitsgang bis 1512. Danach führt er im Auftrage Kaiser Maximilians zwei Statuen für dessen Grabmal in der Hofkirche zu Innsbruck aus (→Maximiliansgrabmal). Im zweiten Arbeitsgang für das Sebaldusgrab (1514–19) tritt sein Anteil hinter dem seiner Söhne Hermann und bes. Peter anscheinend völlig zurück. Sein wesentlichster Beitrag für dieses Hauptwerk dt. Gießkunst sind, abgesehen von Entwurf und Anregung, die Gestalten der zwölf Apostel, in denen die Ruhe der Erscheinung z. T. durch einen bewußten Rückgriff auf die Plastik des 14. Jh. erzeugt wird. Die letzten 15 Jahre seines Lebens ist V. künstlerisch wohl nicht mehr tätig gewesen. Bei seinen Söhnen ist die Wendung zur Renaissance eingetreten.

3. Hermann d. J., Sohn von 2, * um 1486, † 1517, war 1515 in Rom, von wo er 20 architektonische Zeichnungen mitbrachte (Louvre). Von ihm stammen eine Anzahl von Grabplatten, wahrscheinlich das Grabmal des Hermann von Henneberg und seiner Gemahlin in der Stadtkirche zu Römhild (um 1508), das Fuggergitter mit Rundbogenrelief für eine Grabkapelle der Fugger in Augsburg (Schloß Montrottier) und vermutlich der architektonische Aufbau des Sebaldusgrabes.

4. Peter d. J., Sohn von 2, * 1487, † 1528, besuchte wahrscheinlich Oberitalien, arbeitete Grabmäler, Medaillen und Plaketten und als sein Hauptwerk die reiche Fülle der figürlichen Kleinplastik des Sebaldusgrabes. Er darf als der erste und bedeutendste der dt. Kleinplastiker gelten.

H. Stafski, Der jüngere P. V., 1962.

5. Hans, Sohn von 2, * um 1489, † 1550 Eichstätt, übernahm 1530 die Gießhütte. Hauptwerk ist das Doppelgrabmal der Kurfürsten Joachim und Johann Cicero im Berliner Dom (1530), während der ihm bisher zugeschriebene Apollobrunnen im Hof des Nürnberger Pellerhauses neuerdings als Arbeit des Peter →Flötner festgestellt worden ist.

A. Feulner, Peter V.s Sebaldusgrab in Nürnberg, 1924; S. Meller, Peter V. d. Ä. und seine Werkstatt, 1925; E. F. Bange, Die künstlerische Bedeutung Peter V.s d. Ä., 1929 (Jahrb. d. Preuß. Kunstsammlungen, Bd. 50); H. Küas, P. V., das Sebaldusgrab zu Nürnberg, 1938 (Inselbücherei 330); E. F. Bange, Die dt. Bronzestatuetten des 16. Jh., 1949; F. Kämpfer, P. V., 1960; K. Pechstein, Beitr. z. Gesch. d. V.-Hütte in Nürnberg, Diss. Berlin 1962; ders., Das Sebaldusgrab in Nbg., 1967; K. Pilz, Das Sebaldusgrabmal, 1970.

Visierung, in der Sprache des ausgehenden Mittelalters und der Renaissance soviel wie Entwurf, Werkzeichnung, Riß.

Visitatio →Heimsuchung Mariä.

Vitensammlung →Kunstwissenschaft.

Vitruvius Pollio, Ingenieur und Architekt zur Zeit des Augustus, der eine dem Kaiser gewidmete Schrift „De architectura" verfaßte. Sie ist als einzige Schrift dieser Art aus dem Altertum wichtig und behandelt neben den Grundlagen der Baukunst auch die Baumaterialien, sowie die einzelnen Gebäudetypen, Tempel, Bäder, Privathäuser, danach auch Maschinen und mechanische Werke verschiedener Art. V. hat neben seiner praktischen Erfahrung schriftliche Quellen älteren Datums, bes. griechische benutzt. Sein künstlerischer Geschmack ist an Werken des Hellenismus geschult, von den Baumeistern dieser Zeit bevorzugt er Hermogenes (um 200 v. Chr. in Kleinasien). Das Werk des V., um 1415 wiederentdeckt, hat auf die Renaissancearchitekten einen großen Einfluß ausgeübt. Die älteste außerhalb Italiens gedruckte Ausgabe erschien 1543 in Straßburg, besorgt von Walter Rivius (Ryff), der auch die erste dt.V.-Übersetzung gab, den V. Teutsch, Nürnberg 1548. Beste dt. Übersetzung von Reber 1865.

Textkrit. Ausgabe v. F. Krohn, 1912 (neue Ausg. in Vorber.); Latein-dt. Ausg. mit Anmerkungen von C. Fensterbusch, 1965; F. W. Schlikker, Hellenist. Vorstellungen v. d. Schönheit d. Bauwerks nach V., 1940; H. Koch, Vom Nachleben des V., 1951 (Beiträge zur Altertumswissensch. 1).

Vix (Département Côte d'Or), Fundstätte des Grabes einer keltischen Fürstin aus der Zeit von etwa 500 v. Chr., enthielt als Hauptstück einen 1.64 m hohen griech. Krater mit Reliefdarstellungen, Gorgonen und Löwen an den Henkeln und einer vollplastischen weiblichen Statuette strengen Stils auf dem Deckel.

R. Joffroy, Le trésor de V., 1962.

Vlaminck, Maurice de, franz. Maler und Graphiker, * 4. 4. 1876 Paris, † 11. 10. 1958 Rueil-la-Gadelière, gehörte zu den →Fauves, malte im Anschluß an Cézanne bes. Landschaften, jedoch von eigenartig dunkler Farbgebung, die sich allerdings später aufhellte. Ähnliche Wirkungen erreichte er in seinen Lithographien. – Er schrieb die

Memoiren „Tournant dangereux. Souvenirs de ma vie" (dt. unter dem Titel „Gefahr voraus", 1930); Mein Testament, hg. v. M. Sauvage (dt. 1959).

Kahnweiler, M. de V., 1920; A. Carco, M. de V., 1923; K. G. Perls, M. de V., 1941; V. Gemälde 1900–45, mit Einl. von F. Roh, 1947; M. Gautbier, V., 1949; M. Genevoix, V., 1954 (franz.); R. Rey, M. de V., dt. 1956; M. Sauvage, V., 1956 (franz.); P. Mac Orlan, V., dt. 1958; M. d. V., Gefährl. Wende; Aufzeichng. eines Malers, 1959; K. v. Walterskirchen u. S. Pollag, Verz. d. graph. Werks v. M. de V., 1973.

Vogeler, Heinrich, Maler und Graphiker, * 12. 12. 1872 Bremen, † 14. 6. 1942 in einem Dorf in Kasachstan, gehörte 1894–1924 zur Künstlerkolonie in →Worpswede. Vom Jugendstil berührt, gestaltete er, auch als Radierungen und Buchillustrationen, romantisch-märchenhafte Stoffe und lieferte Entwürfe für alle Arten kunsthandwerklicher Erzeugnisse. Nach dem 1. Weltkrieg gründete er in Worpswede eine kommunistische Arbeitsschule. Seit 1923 unternahm er Reisen in die Sowjetunion, um schließlich ganz dort zu bleiben. In zahlreichen Bildern und Zeichnungen hat er deren Menschen und Landschaften dargestellt. Er schrieb: „Reise durch Rußland. Die Geburt des neuen Menschen" (1925; mit 32 Zeichnungen); „Erinnerungen"; hg. v. E. Weinert ([2]1962).

Katalog der V.-Ausstellung der Dt. Akademie der Künste, Berlin 1954; H. Liebau, H. V., Diss. Berlin 1958; H. Wefels, H. V. und der Jugendstil, Diss. Göttingen 1960; H. Wiegand Petzet, H. V., 1972; D. Erlay, Worpswede-Bremen, Moskau. Der Weg d. H. V., 1972.

Völkerwanderungskunst. (Über die Kunst der Germanen zur Zeit der Völkerwanderung →Germanische Kunst.) – Kunstdenkmäler, die mit Sicherheit den Hunnen zugeschrieben werden können, sind bisher nur in ganz geringer Anzahl bekannt geworden. Der hunn. Fund von Höckricht b. Ohlau (Schles.) enthielt einen Bronzekessel sino-sibirischen Stiles, ferner einige Goldschnallen und getriebene Goldbleche, die ganz nach Art der pontisch-gotischen Kunst mit →Almandinauflagen verziert sind. Eine ähnliche Zusammensetzung zeigen auch einige ungarische Funde. →Fibeln fehlen. Die Kunst der Awaren ist aus verschiedenen ungar. Gräberfeldern des 7. und 8. Jh. gut bekannt. Kennzeichnend sind gegossene bronzene Gürtelgarnituren, die mit ornamentalen Greifendarstellungen, Tierkampfgruppen oder Rankenmustern verziert sind; daneben kommen auch Schnallen und Beschläge vor, die mit goldenen Preßblechen belegt wurden. Asiatischer Herkunft sind nur die ornamentalen Tiergestalten; die übrigen Muster und Zierweisen gehen auf byzantin. Einflüsse zurück.

N. Fettich, Das Kunstgewerbe d. Avarenzeit in Ungarn, 1926 (Archaeologia Hungarica 1); Ders., Bronzeguß u. Nomadenkunst, 1929; A. Alföldi, Funde aus der Hunnenzeit u. ihre ethnische Sonderung, 1932 (Archaeologia Hungarica 9); L. Gyula, Etudes archéologiques sur l'histoire de la société des Avares, 1955 (ebenda 34); J. Werner, Beiträge zur Archäologie d. Attila-Reiches, 1956; D. Csallány, Archäolog. Denkmäler d. Awarenzeit in Mitteleuropa, 1956; F. Altheim u. H.-W. Haussig, Die Hunnen in Osteuropa, 1958; B. Svoboda, Die Goldschmiedetechniken d. früheren Völkerwanderungszeit im Donaugebiet (Mittelalterl. Stud. 7), 1973; K. Böhner, German. Kst. d. Völkerwandergszt., Propyläen Kstgesch. Erg. Bd., 1974.

Volkskunst, künstlerische Erzeugnisse eines Volkes, die nach Entstehung und Verwendung an ganz bestimmte Kreise dieses Volkes gebunden sind. Den eigentlichen Kern bildet die Bauernkunst. Dazu kommen als Randgebiete die kunsthandwerklichen Leistungen bestimmter Berufsgruppen wie der Fischer, Bergleute, Hirten. Weiterhin gehören zur V. die Leistungen des dörflichen und kleinstädtischen Kunsthandwerks, sofern es in der Bindung an die örtliche Überlieferung verharrt. – Das Wort „Volkskunst" scheint erstmals von H. Biernatzki verwendet worden zu sein im „Volksbuch für das Jahr 1845", einem damals in Schleswig u. Holstein verbreiteten Kalender.

Der Grundzug aller V. ist ihre Stetigkeit, beruhend auf der Stetigkeit von Brauchtum, Lebensform und Lebensgewohnheit. Es bilden sich Typen aus, die ständig wiederholt werden und persönlicher Variation geringen Spielraum lassen. Daher ist V. anonym. Der Verfertiger des einzelnen Werkes schafft ja nichts Neues und Persönliches, sondern bedient sich des überlieferten Formengutes. Die geschichtliche Betrachtung der V. hat somit von anderen Gesichtspunkten auszugehen als die Geschichte der „hohen Kunst". Denn bei dieser, die viel wandlungsfähiger ist, pflegt man das Alter eines Werkes mit dem Alter seines Typus ganz oder annähernd gleichzusetzen. Ist aber schon hier eine solche Gleichsetzung viel häufiger fehl am Ort, als man gewöhnlich annimmt, so muß bei der Datierung von V.werken völlig auf sie verzichtet werden: das ausgeführte Werk kann Hunderte von Jahren jünger sein als sein Typus. Ein Hauptquell der V. sind die festlichen Gebräuche, namentlich alles, was mit der Hochzeit zusammenhängt. Hochzeits- und Minnegaben sind mit symbolhaften, heute z. T. nicht mehr deutbaren Ornamenten in einer beschränkten Zahl von Typen versehen, die bis in vorgeschichtliche Zeiten zurückgehen, und von denen der Sechsstern und der →Lebensbaum die verbreitetsten sind. Sie kommen stets in streng geometrischer Stilisierung vor, die dennoch der Abwandlung, wenn auch in sehr engen Grenzen, zugänglich ist. Diese Symbole sind nichtchristlicher oder christlicher Herkunft, können aber in ein und demselben Werke ohne weiteres zusammen auftreten.

Gegenstände der V. sind: das Haus (Bauernhaus) in seiner Gesamtform, seiner Innenausstattung, seinen Möbeln und Gebrauchsgegenständen, seinen Zierformen; Volkstracht und Volksschmuck; Erzeugnisse der Weberei, Wirkerei und Stickerei; der Keramik, der Schnitzerei (kultische Gegenstände der „Herrgottsschnitzer", →Krippen, Spielzeug); schließlich auch volkstümliche Werke der Malerei an Hausfassaden oder als Schmuck der Stuben wie Spruchbilder und Erzeugnisse der →Hinterglasmalerei. Einfachheit, Flächenhaftigkeit, Schlagkraft der Darstellung und bunte Farben sind Merkmale dieser „Bauernmalerei". Alle V. ist grundsätzlich ornamental gerichtet und trachtet danach, alle bildhaften Darstellungen ins Ornamentale hineinzuziehen.

Das Verhältnis der V. zur „hohen Kunst" und ihren Stilwandlungen ist nicht auf eine eindeutige Formel zu bringen. So gibt es Erscheinungen der V., an denen jene Stilwandlungen spurlos vorübergegangen sind, wie etwa das Bauernhaus, das sich daher auch jeder Einordnung in die historischen Stilbegriffe entzieht (am städtischen Wohnhaus dagegen ist der Stilwandel sehr deutlich abzulesen, um so deutlicher, je höher seine Bewohner auf der Stufenleiter städtischer Kultur standen). Die Dorfkirche paßt sich zwar dem jeweils herrschenden Baustil an, spiegelt diesen aber meist vereinfacht wider unter Beibehaltung gewisser Grundformen wie der Einschiffigkeit und Querschifflosigkeit, dem Einturm im W., der gedrungenen, massigen Erscheinung, der äußerst sparsamen Verwendung von Ziermotiven (vielfach handelt es sich um Bauten, die aus Feldsteinen errichtet wurden). Dazu kommt, daß der Wechsel von einem Stil zum andern in ihr sich sehr langsam vollzieht und daß Merkmale des früheren im späteren noch lange nachklingen. So führte auch die Bauernmalerei noch barocke Stilelemente mit sich, nachdem der Barock längst vorbei war. Das Absinken städtischen Kunstgutes in die V. braucht nicht mit einer Abwertung verbunden zu sein. So ist die →Hinterglasmalerei bis zur Mitte des 18. Jh. im wesentlichen städtische Kunst gewesen, die aber zuletzt in Schematismus und Formenverfall geraten war. Indem dieses Strandgut städtischer Kunst nunmehr von der V. aufgenommen wurde, erlebte es eine Erneuerung in echt volkskünstlerischem Sinn und erhielt einen neuen und wichtigen Wirkungsbereich. Daß V. umgekehrt zur Hebung städtischer künstlerischer Kultur beigetragen hat, haben die Bestrebungen des Kunstgewerbes vom Anfang des 20. Jh. gezeigt, die aus allen Verkünstelungen durch Zurückgreifen auf einfache und zweckmäßige Formen der V. herauszukommen sich bemühten. Da, wie gesagt, die Bauernkunst der Kern aller V. ist, wird sie in den Ländern oder Landschaften am reinsten und geschlossensten anzutreffen sein, die der Verstädterung und Industrialisierung noch am ehesten entgangen sind, in Europa im O, SO und z.T. auch im skandinavischen N. In Deutschland spiegelt die Verschiedenheit der V.landschaften die Verschiedenheit des stammhaften Gefüges unseres Volkes wider, ohne daß freilich V.landschaft und Stammeslandschaft sich immer decken.

Im 19. Jh. ist die V. weder Gegenstand musealer Sammeltätigkeit, noch Gegenstand der Forschung gewesen. Die erste grundlegende Untersuchung über ihr Wesen und ihren Bereich schrieb Alois Riegl: „V., Hausfleiß und Hausindustrie“ (1894). In der Folgezeit hat man ihre psychologischen und soziologischen Grundlagen untersucht und hat ihr vor allem eine Achtung entgegengebracht, die bisher durchaus fehlte. Heute sind in ganz Europa viele Vereine und amtliche Stellen bemüht, die V. zu pflegen und zu fördern. 1928 fand ein erster internationaler V.kongreß in Prag statt (Art populaire, travaux artistiques et scientifiques au premier congrès international des arts populaires, 2 Bde., 1932), auch wurde eine internationale V.kommission mit dem Sitz in Paris gegründet.

K. O. Hartmann, Wiedergeburt der dt. V., 1917; Dt. V. (nach Landschaften), bisher 13 Bde. u. Erg.-Bd., 1923–38; K. Spieß, Bauernkunst, ihre Art u. ihr Sinn, 1925; A. Haberlandt, Begriff und Wesen der V., 1926 (Jahrb. f. historische Volkskunde, Bd. 2); K. Hahm, Dt. V., 1928, 1933; H. Sohnrey, Die Kunst auf dem Lande, [2]1929; O. Schwindrazheim, Dt. Bauernkunst, [2]1931; A. Spamer, Die dt. Volkskunde, 2 Bde., 1934/35; J. M. Ritz, Bauernmalerei, 1935; O. A. Erich, Die dt. V., 1936 (im Handb. d. dt. Volkskunde von W. Peßler); H. Karlinger, Dt. V., 1938; A. von Scheltema, Die dt. V. u. ihre Beziehungen zur german. Vorzeit, 1938; A. Teenstra, Nederlandsche V., 1941; E. Meyer-Heisig, Dt. V., 1954; K. Šourek, V. in Bildern, 1956; P. Toschi, Arte popolare italiana, 1960; L. Schmidt, V. in Österr., 1966; H. J. Hansen (Hg.), Europas V., 1967; E. Schwedt, V. u. Kstgewerbe., 1970; A. Jackowski u. J. Jarnuszkiewicz, Poln. V., 1968; J. Cuisenier, Franz. V., 1976; T. Hofer, Ungar. V., 1977; Margarethe Bauer-Heinold, Alte Bauernstuben. Dönsen, Küchen, Kammern…, 1979; P. Debrot, Schweizer Bauernhäuser, 1979; Hiltigund Schreiber, Schmuckelemente d. V. (Volkstüml.

Malerei auf Holz), 1979; R. Creux (Hg.) u. a., Die Bilderwelt des Volkes. Brauchtum u. Glaube, 1980; H. O. Rosenlecher, Die Ornamentfibel. V., 1979.

Volto Santo, berühmtes Gnadenbild im Dom zu Lucca, ein Kruzifixus in langem Gewand; wahrscheinlich erst 1098 aus dem byzantin. O nach dem Abendland gekommen. →Kümmernis.

G. de Francovich, Il V. S. di Lucca, 1936 (Bolletino storico Lucchese, Bd. 8); R. Hausherr, Lexik. d. christl. Ikonograph. (hg. v. E. Kirschbaum) 4, 1972.

Volute, architektonisches Glied mit spiralförmiger Einrollung. V.n sind wesentliche Bestandteile des ionischen Kapitells (→Säulenordnung). Die mittelalterliche Baukunst kennt sie kaum. Die V. wird erst in der ital. Hochrenaissance wieder verwendet und gewinnt als bewegungshaltiges Element eine ganz außerordentliche Bedeutung in der Barockbaukunst. Häufig hat man sie zur Vermittlung zwischen horizontalen und vertikalen Baugliedern benutzt.

Wurz, Spirale u. V., 1914.

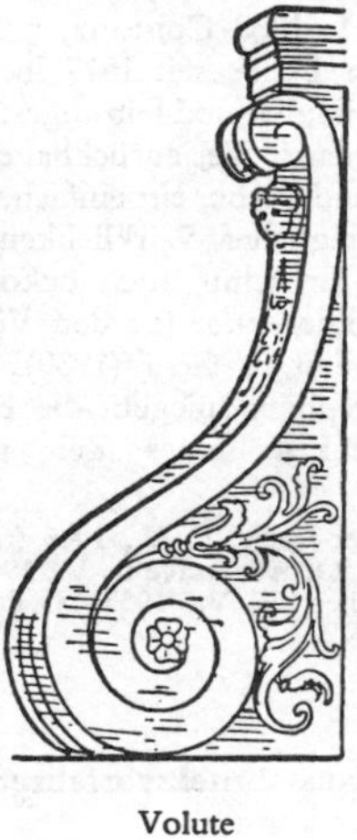

Volute

Vorarlberger Bauschule, Gruppe von Barockbaumeistern, die in Süddeutschland (Bodenseegebiet) und der Schweiz seit den 80er Jahren des 17. Jh. tätig waren und gegenüber den bis dahin vorherrschenden ital. Formen eine bodenständige Richtung des dt. Barocks einleiteten: Michael, Christian und Peter →Thumb, C. →Moosbrugger sowie Franz →Beer. Der letztere schuf als ein Hauptwerk der V. B. die Kirche des Klosters Weingarten. (Abb. →Kloster). Weitere bedeutende Bauten der V. B. sind St. Lorenz in Kempten (1652) als erste größere Kirche dieses Schemas, Obermarchtal (Württ.), Rheinau b. Schaffhausen (Schweiz), Einsiedeln (Schweiz).

B. Pfeiffer, die V. Schule, 1914 (Württemberg, Vierteljahrsschr. f. Landesgesch. 13); N. Lieb u. F. Dieth, Die Vorarlberger Barockbaumeister, [3]1976; W. Oechslin (Hg.) Ausst. Kat. Vorarlberger Barockbaumeister, Einsiedeln u. Bregenz 1973; H. M. Gubler, Die V. Barockbaumeister, 1973; (Ausst.kat. Klost. Einsiedeln (Schw.) u. Bregenz (Vorarlb.) o. J.; D. Eggenberger-Billerbeck, Die ehem. Benediktinerk. Ebersmünster. Ein Beitr. z. V. Barockkst., Diss. Basel 1974.

Vordergrund →Hintergrund.

Vor der Schrift →Kupferstich.

Vorhangbogen →Bogen.

Vorhölle →Höllenfahrt Christi.

Vorkragen, das Herausragen eines Architekturteils aus der Fläche.

Vorromanische Kunst →Romanischer Stil.

Vorsatzpapier, das auf die Innenseiten der Buchdeckel und die Außenseiten der Blätterlagen geklebte Papier von bes. dekorativer Ausführung, kam um 1600 auf, farbig, vergoldet, meist marmoriert, auch mit Wellen-, Blumen- und anderen Mustern versehen.

Vortragekreuz, das bei Prozessionen auf einer Stange vorangetragene, oft prächtige und Reliquien enthaltende Kreuz.

Votivbild (Votivtafel), ein auf Grund eines Gelübdes (ex voto) gestiftetes Bild als Dankesgabe für Errettung aus Not, Gefahr, von Krankheit usf. In der V.malerei wird in d. Regel d. gute Ausgang od. d. Heilung dargestellt. Plastische Wiedergabe finden geheilte menschliche Glieder, Tiere o. ä. V.bilder(tafeln) sind meist d. →Volkskst. zuzurechnen. Gleichen Ursprungs sind V.kapellen. In bekannten Wallfahrtsorten (z. B. Loreto, Altötting etc.) gibt es umfangreiche Sammlungen von V.n.

L. Schmidt, Das dt. V., 1941 (Dt. Vierteljahrsschr. f. Literaturwissensch. u. Geistesgesch. 19); L. Kriss-Rettenbeck, Das V., ²1961; ders., Ex voto (m. Lit.), 1972; K. Beitl, V.er, 1973; W. Theopold, V.malerei u. Medizin, 1978; ders., Das Kind in der V.malerei, 1981; A. Durrer, Votivbrauchtum u. Medizin i. d. Innerschweiz, Diss. med. dent. Univ. Zürich, 1979; W. Jaeger, Augenvotive. Votivgaben, V.r, Amulette, 1979; E. Harvolk, Votivtafeln. Bildzeugnisse v. Hilfsbedürftigkeit u. Gottvertrauen, 1979.

Vries, Adriaen de, niederländ. Bronzebildner, * um 1560 Haag, † 1626 Prag, bildete sich in Italien unter Giovanni da Bologna und entfaltete in Deutschland eine reiche Tätigkeit. Schließlich wurde er Hofbildhauer Rudolfs II. in Prag. Von seinen virtuos und schwungvoll modellierten Bronzewerken sind die besten: in Augsburg der Merkurbrunnen (1599) und der Herkulesbrunnen (1602), das reich ornamentierte Taufbecken in der Stadtkirche zu Bückeburg (1615), die Skulpturen für das Grabdenkmal des Fürsten Ernst von Schaumburg in dem von Nosseni erbauten Mausoleum zu Stadthagen (1617 bis 20).

C. Buchwald, A. de V., 1899; A. E. Brinckmann, Barockskulptur, 1917; A. Welcker, A. d. V. Hagiensis pictor et statuarius (in: Oud Holland, 55), 1938; A. Feulner u. Th. Müller, Gesch. d. dt. Plastik, 1953; L. O. Larsson, A. de V., 1967.

Vries, Hans Vredeman de, Architektur- und Ornamentzeichner, Maler, * 1527 Leeuwarden (Friesland), † 1604, tätig bes. in Antwerpen, auch in Hamburg, Danzig und Prag, bedeutendster Schüler von Cornelis Floris, Hauptmeister seiner Zeit in Architekturzeichnungen und -malereien. Er schuf eine große Zahl von Vorlagebüchern, die eine ungeheure Verbreitung fanden. Sehr bedeutend sind auch seine Möbel- und Gartenentwürfe.

A. Schoy, H. V. de V., 1876 (franz.); H. Jantzen, Das niederländ. Architekturbild, 1910; R. Hedicke, Cornelis Floris, 2 Bde., 1913; D. Jessen, Der Ornamentstich, 1920; W. K. Zülch, Die Entstehung des Ohrmuschelstils, 1932; H. Mielke, H. V. de V., Verz. d. Stichwerke, Diss. F. U. Berlin, 1967; U. M. Schneede; Das repräsentative Gesellschaftsbild in der niederl. Malerei d. 17. Jhs. und seine Grundlagen bei H. V. de V., Diss. Univ. Kiel, 1965, 1967.

Vuillard, Edouard, franz. Maler, * 11. 11. 1868 Cuiseaux, † 26. 6. 1940 La Baule, seit 1877 in Paris, malte Bildnisse und fein abgestimmte Interieurs, die, zurückhaltend in Form und Farbe, ein einfaches Milieu alltäglicher Wirklichkeit darstellen. Er schuf auch dekorative Wandbilder, u.a. für den Völkerbundspalast in Genf (1939). Seine Lithographien spiegeln die Pariser Wirklichkeit seiner Zeit getreu wider.

C. Roger-Mary, E. V., 1945 (franz.); Ders., L'Oeuvre gravé de V., 1948; C. Schweicher, E. V., 1955; S. Preston, E. V., 1972.

Wachsausschmelzverfahren →Bronzekunst.

Wachsbildnerei (Zeroplastik). Als Werkstoff des Bildhauers ist das Wachs von jeher verwendet worden. Es dient dem Bronzebildner zur Herstellung eines Modells, das dann im Wachsausschmelzverfahren verlorengeht (Guß mit „verlorener Form") und den Hohlraum schafft, den die nachfließende Bronze ausfüllt (→Bronzekunst). Darüber hinaus dient das Wachs, durch Zusatz von Terpentin, Baumöl und anderen Stoffen bildsam gemacht, der Modellierung selbständiger Bildwerke. Die Anfänge dieser W. im eigentlichen Sinn stehen im Zusammenhang mit dem Totenkult. Schon aus hellenistischer Zeit sind Wachstotenmasken bekannt, aus römischer auch Wachsbildnisbüsten, die die Erinnerung an den Toten, wie er wirklich aussah, wachhalten sollten (→Imagines). Dieser wurde zuweilen auch in ganzer Figur durch eine Wachsnachbildung ersetzt, die den Leichnam repräsentierend bei den oft lange währenden Bestattungsfeierlichkeiten zur Schau gestellt werden konnte. Das Trauerzeremoniell des franz. Hofes hat im 14. Jh. diesen Brauch wieder aufgenommen; später folgten Venedig und England, wo er bis in den Anfang des 19. Jh. (Nelson) zu beobachten ist. Die Anfertigung dieser Wachsbilder lag in den Händen der besten Künstler (Foucquet, Meit, Perréal, Clouet). Meist sind nur Kopf und Hände modelliert, während der Körper nur aus einem mit Kleidern überzogenen Weidengeflecht besteht.

Seit dem Mittelalter ist das Wachsbildwerk häufig als Votivgeschenk verwendet worden, durchaus nicht immer in der Miniaturausführung, wie sie heute üblich ist und an Wallfahrtsorten angetroffen werden kann. Es hat in den Kirchen lebensgroße Wachsstatuen gegeben, ein Brauch, der stellenweise einen ungeheuren Umfang annahm und geradezu eine Überfüllung bestimmter Kirchen zur Folge hatte. So enthielt die Kirche Sta. Annunziata in Florenz noch im Anfang des 17. Jh. etwa 600 lebensgroße Wachsfiguren. Erhalten hat sich nichts. Seit der Renaissance sind Bildnisreliefs und Büsten aus Wachs hergestellt worden, und zwar auch von Meistern hohen Ranges wie Ghiberti, Michelozzo, Pollajuolo. Das Material ahmte vorzüglich die Weichheit des Fleisches nach, was jedoch die Gefahr mit sich brachte, diesen von vornherein gegebenen Naturalismus durch Bemalung noch zu steigern. Das Endprodukt dieser Entwicklung ist die Panoptikumsfigur mit natürlichen Haaren und Glasaugen. Die Renaissance allerdings ist in der Bemalung ihrer Wachsbüsten noch sehr zurückhaltend (berühmtestes Beispiel: Florabüste, angeblich von Leonardo; Berlin, Staatliche Museen). Bildnisreliefs sind meist in Miniaturformat gearbeitet, und zwar gern so, daß eine dünne Wachsschicht über ein dunkleres Material gelegt ist, das an den dünnsten Stellen schwach hindurchschimmert. Der Barock hat den Naturalismus der W. verstärkt. Einer ihrer Hauptmeister, Antoine Besnoit in Paris, erhielt Ende des 17. Jh. das Privileg, seine Wachsbildnisse hoher Persönlichkeiten öffentlich zu zeigen – der Anfang der Wachsfigurenkabinette. Von vereinzelt gebliebenen Versuchen abgesehen, gibt es seit dem Ausgang des Barocks eine W. in künstlerischem Sinne nicht mehr.

J. v. Schlosser, Geschichte der Porträtbildnerei in Wachs, 1911 (Jahrb, d. Kunstsamml. d. Allerhöchsten Kaiserhauses, Bd. 29); E. Benkard, Das ewige Antlitz, 1927; E. Goldschmid, Wachsplastik u. ihre Museen (in: Gesnerus 8), 1951; H. König, Panoptikum, 1962;

W. Holzhausen, E. v. Watzdorf, Brandenburg.-sächs. Wachsplastik d. 16. Jhs. (in: Jb. der Preuß. Kunstsammlgn. 52) 1951; Th. Gantner, Geformtes Wachs; Kat. Mus. für Volkskunde Basel, 1980.

Wachsmalerei →Enkaustik.

Wagner, Otto, Baumeister, * 13. 7. 1841 Wien, † das. 12. 4. 1918, Prof. an der Akademie das., gehört zu den Bahnbrechern der modernen Baukunst. Er wandte sich vom Eklektizismus des 19. Jh. ab und forderte dem Geist und dem Bedürfnis der Zeit entsprechende Neubildungen in Stil, Konstruktion und Material. Am unabhängigsten von der Überlieferung war W. in seinen Zweckbauten, wie denen der Wiener Stadtbahn (1894–97), mit ihrer Verbindung von Eisen- und Steinbau und der Postsparkasse in Wien (1905), mit ihrer strengen Flächenhaftigkeit. Bedeutende Schüler (u.a. →Olbrich, Jos. →Hoffmann) haben seine Gedanken weiterentwickelt. Schriften: Moderne Architektur (1896; 4. Aufl. Die Baukunst unserer Zeit, 1914), Einige Skizzen, Projekte und ausgeführte Bauten (4 Bde., 1897–1922).

J. A. Lux, O. W., 1914; H. Tietze, O. W., 1922; H. Ostwald, O. W., 1948; O. Pirchan, O. W., 1956; O. A. Graf, O. W., Diss. Wien 1963; H. Geretsegger u. M. Peintner, O. W., 1964, [3]1978; Ausst.kat. O. W. im Hess. Landesmus. Darmstadt, 1963/64.

Waldglas, das unentfärbte grüne Glas, wie es in den meist in Waldgegenden (z.B. Böhmer Wald, Fichtelgebirge) gelegenen dt. Glashütten bis ins 16. Jh. hergestellt wurde.

Waldmüller, Ferdinand Georg, Maler, * 15. 1. 1793 Wien, † 23. 8. 1865 das., 1833–57 Prof. an der Akademie das., der feinste Vertreter des Wiener Biedermeiers. Der sachlichen Schlichtheit dieses Stils gesellt sich bei ihm Liebenswürdigkeit und Anmut. Dazu kommt eine hohe Kultur der Farbe. Bildnis, Landschaft und Genre nehmen in seinem Werke den gleichen Raum ein. In seinen Anfängen hängt er in Thema und Form noch sehr mit dem empfindsamen Wiener Klassizismus zusammen, um 1830 ist seine Eigenart ausgebildet: hervorragende Bildnisse von jungen und alten Damen, auch von Herren, in farbiger und gutkleidender Biedermeiertracht, alles mit subtilster Wiedergabe des Stofflichen gemalt, das sich in sonntäglich makelloser Reinheit darstellt; Landschaften von zurückhaltender Farbigkeit, bes. aus dem Wiener Prater, aber auch aus den Alpen. Den inhaltlich überlasteten, wiewohl mit einer Fülle feiner malerischer Einzelheiten ausgestatteten Genrebildern W.s vermögen wir heute nicht mehr die hohe Schätzung entgegenzubringen, die sie zu ihrer Zeit genossen.

A. Roeßler und G. Pisko, F. W. Sein Leben, sein Werk und seine Schriften, 2 Bde., 1908; W. Kosch, F. G. W., 1916; K. K. Eberlein, F. G. W. 1938; Kat. Ged.-Ausst. Österr. Gal. Wien, 1943; B. Grimschitz, F. G. W., [4]1957; Ausst. Kat. Unvergängliches Österreich, F. G. W. und seine Zeit, Essen, 1960; F. Balke, Mitt. d. Österr. Galerie, 14, 1970; M. Buchsbaum, F. G. W. (hg. v. d. Österr. Gal.), 1976.

Walmdach →Dachformen.

Wandelaltar →Altar.

Wander-Künstler oder Wanderer (Peredwischniki), ursprünglich Gruppe von 13 russ. Malern, die unter Führung von Kramskoi 1863 aus der Petersburger Akademie austraten, deren allzu akademische Ziele sie verwarfen, und mit Erweiterung ihres Kreises seit 1871 die „Genossenschaft für Wanderausstellungen" bildeten. Diese versuchte eine national-russ. Malerei zu begründen, die zugleich auf soziale, von einer öffentlichen Diskussion ausgeschlossene Mißstände ihrer Zeit hinweisen sollte. →russ. Kunst.

Wandmalerei. Technisch sind zu unterscheiden: das Malen auf die trockene Wand (ital. a secco), das Malen auf die feuchte Wand (ital. a fresco →Freskomalerei), die Verwendung von Wachsfarben (→Enkaustik). Eine verwandte Kunst ist das technisch jedoch für sich stehende →Mosaik. Auch das →Sgraffito gehört in diesen Zusammenhang. Ein Sonderfall der W. ist die unter etwas anderen ästhetischen und oft auch kompositorischen Voraussetzungen stehende →Deckenmalerei. Die W. kann figürlich oder ornamental sein oder eine Verbindung von Wandgemälde und ornamentalem System bilden. Ästhetisch ist zu unterscheiden, ob das Wandgemälde die Fläche, auf der es sich befindet, wahrt (strenge W.) oder raumillusionistisch (→Illusion) auflöst (illusionistische W.). Dabei braucht die strenge W. auf die dreidimensionale Darstellung von Körpern keineswegs zu verzichten, wenn dies nur vor einem neutralen, die Flächigkeit der Wand wahrenden Grund geschieht. Und das illusionistische Wandgemälde kann höchste dekorative Eigenschaften entwickeln, wenn es sich nicht in Kleinarbeit verliert, sondern große zusammenfassende und gliedernde Akzente schafft. Da das Wandgemälde auf Fernwirkung berechnet ist, darf und muß bei ihm der Grad naturalistischer Durchbildung geringer sein als beim Tafelbild. Ornamentale W. hat häufig den Zweck, Flächen und Architekturteile optisch zu gliedern und gegeneinander abzusetzen (→Polychromie). Die W. ist die bei weitem älteste Gattung der Malerei als einer darstellenden Kunst (→Altamira, →Font-de-Gaume, →Franko-kantabrischer Kreis). Sie dominierte bei den Kulturvölkern des Altertums, ist jedoch nur in Resten erhalten (→Herculaneum, →Pompeji). In der altchristl. Kunst diente sie in den Katakomben der Veranschaulichung der neuen Glaubensinhalte, wurde aber in der byzantin. Kunst durch das dekorativere Mosaik zurückgedrängt. Mit dem Beginn einer christl. Kunst im N zu karoling. Zeit ist auch die W. offenbar in ganz großem Umfange aufgenommen worden zur Veranschaulichung religiöser und weltlicher Inhalte; doch ist sie so gut wie ganz verloren und nur aus literarischen Äußerungen zu erschließen (→Titulus). Im ganzen Mittelalter hat dann die W. im N wie in Italien eine außerordentliche Bedeutung gehabt, die allerdings im N seit dem 13. Jh. durch die starke Auflösung der Wand im got. Bau und die damit im Zusammenhang stehende Zunahme der →Glasmalerei geschwächt wurde, im 14. Jh. durch das Aufkommen der →Tafelmalerei. Die W. zog sich in Turmhallen, Kreuzgänge und Nebenkapellen zurück. In Italien dagegen, wo sich seit dem 14. Jh. die Freskotechnik endgültig durchgesetzt hatte, blieb ihre Bedeutung ungeschmälert. In diesem Jahrhundert eroberte sie sich auch im N ein neues Betätigungsfeld: die Profanarchitektur. In Burgen, Schlössern und Rathäusern haben sich zahlreiche Wandgemälde, ja ganze Zyklen erhalten, mit Szenen aus Ritterromanen und Bildern von Spiel, Tanz, Liebe, Jagd und Turnier. Im 16. Jh. bedeutet die W., abgesehen von wenigen Ausnahmen, im N nichts mehr; in Italien ist sie weiterhin der Tafelmalerei vollkommen ebenbürtig geblieben. Erst der Barock ließ sie als illusionistische →Deckenmalerei auch im N wieder aufleben. Im 19. Jh. ist in Deutschland von den →Nazarenern ein starker Anstoß zur Erneuerung der W. ausgegangen; im übrigen war sie in diesem Jahrhundert überwiegend →Historienmalerei und stand an schöpferischem Reichtum hinter der Tafelmalerei weit zurück. Über die Erhaltung u. Rettung von W. →Distacco.

H. Hildebrandt, W. Ihr Wesen und ihre Gesetze, 1920; J. Popp. Die figurale W., ihre Gesetze und Arten, 1921; A. Eibner, Entwicklung und Werkstoffe der W. vom Altertum bis zur Neuzeit, 1926; K. Wehlte, W., Einführung in Werkstoffe u. Techniken, [5]1968; M. Porta, Die spätgot. W. i. d. Steiermark, 2 Bde., Diss. Univ. Graz, 1977; J. u. K. Hecht, Die frühmittelalterl. W. des Bodenseegebietes, 2 Bde., 1979; E. Berger, Fresco- u. Sgraffito-Technik nach älteren u. neueren Quellen, Nachdr. v. 1909, 1979.

Wange, die einschließende Seitenwand bes. einer Treppe oder eines →Chorgestühls.

Wappen, Familienzeichen, auch Abzeichen einer Person oder Körperschaft in Form eines mittelalterlichen Schildes mit Helm, die nach besonderen (heraldischen) Regeln ausgeschmückt sind. Die Lehre vom W.wesen (Heroldskunst) heißt Heraldik. Zu unterscheiden ist zwischen dem wirklich getragenen W. und seinem Abbild. Das wirklich getragene W. war eine Angelegenheit des Rittertums, kam in der Mitte des 12. Jh. auf und verschwand mit dem Rittertum im 16. Jh.; sein Abbild dagegen lebt bis in die Gegenwart fort.

1. Das wirklich getragene W. Die Form des Schildes war ursprünglich dreieckig mit leicht ausgerundeten Seitenrändern. Seit etwa 1350 werden diese in der oberen Hälfte senkrecht gezogen, so daß der Schild in gedrungener Spitze ausläuft. Zugleich tritt als neue Schildform die Tartsche auf, rechteckig mit abgerundeten Ecken, seit Beginn des 15. Jh. mit eingerundeten Seiten und leichtem Grat in der Mittelsenkrechten, auch mit Ausschnitt für die Lanze. Die unterscheidenden Merkmale der W. sind die Farben und die W.bilder. Die Farben, möglichst rein und leuchtend gegeben, beschränken sich auf die sechs „heraldischen Tinkturen“ schwarz, weiß, rot, blau, grün, gelb, wobei stark kontrastierende Farben nebeneinander gestellt sind. Die W.bilder zerfallen in die beiden in einem W. allerdings meist gleichzeitig vertretenen Gruppen: Heroldsbilder (verschiedenfarbige Musterungen von unbegrenzter Zahl und Variationsmöglichkeit) und gemeine Figuren, die die Abbilder wirklicher Gegenstände oder Teile von solchen darstellen (Menschen, Tiere, Pflanzen, Gestirne, Geräte, Waffen, Dinge jeglicher Art). Dabei war, um eine möglichst schlagkräftige Wirkung auch auf weite Sicht zu erreichen, starke Stilisierung nötig. Dieser heraldische Stil gibt die Dinge gedrungen und einfach, mit Übertreibungen charakteristischer Merkmale, im Profil, der Fläche ohne räumliche Andeutungen dekorativ eingeordnet. Die Positionsbezeichnungen rechts oder links gelten nicht vom Beschauer, sondern vom Träger des W.schildes aus. Außer dem Schild ist der Helm die Hauptstelle, an der das W. erscheint. Dabei ist zu unterscheiden zwischen dem eigentlichen Helm, der auf ihm angebrachten W.figur, Kleinod oder Zimier genannt, und der vom Helm herabhängenden Helmdecke. Das seit dem 13. Jh. übliche Helmkleinod ist eine Umsetzung der W.figur oder eines Teils von ihr ins Plastische, stellt aber auch vielfach eine Erweiterung der W.-figur dar, woraus sich die Über-

nahme in das Abbild des W.s erklärt. Die bis auf die Schulter reichende Helmdecke nahm in der Spätgotik phantastisch krause Formen an.

2. Das bildliche W. Es will zwar ein treues Abbild des wirklichen W.s sein, gibt von ihm jedoch oft nur einen Teil wieder, so den Schild oder Helm allein (diesen bes. auf Siegeln und Münzen); oder es ist farblos und somit ebenfalls unvollständig, da die Farben für das W. wesentlich sind. Seit dem 17. Jh. werden sie durch bestimmte Arten von Schraffierung angedeutet. Der Anwendungsbereich des bildlichen W.s ist ungleich größer als der des wirklichen. Er erstreckte sich zunächst auf weibliche und geistliche Mitglieder ritterlicher Familien, seit dem 14. Jh. auch auf Städte, Zünfte, bürgerliche Personen, ferner auf Heilige, Gestalten der Sage und Geschichte usw. Mit dem Rückgang des wirklichen W.s im 15. Jh. entfernte sich das bildliche von jenem immer mehr: die Skala der heraldischen Tinkturen wird erweitert, die Figuren häufen sich und werden dadurch unübersichtlich, einzelne W. werden in immer steigender Zahl zu einem Gesamtwappen vereinigt, der Schild, als dessen Grundform in Deutschland die Tartsche blieb, wird immer willkürlicher zugeschnitten. Seit der Mitte des 16. Jh. wurde auch in Deutschland der von der ital. Renaissance ausgebildete Kartuschenschild übernommen, bestehend aus einem gewölbten Oval und einem Rahmen aus →Rollwerk. Das W. wird durch Nebenstücke bereichert, d.h. durch Amts- und Würdezeichen wie Kronen, Kopfbedeckungen, die das Amt des W.trägers andeuten, Stäbe und ähnliches. Weitere Zutaten, die Prachtstücke, sind die Schildhalter (seit dem 14. Jh.; Menschen oder Tiere, die das W. halten oder bewachen), die Wappenmäntel (seit dem 17. Jh.; Draperien, die von einem Baldachin oder einer Krone über dem W. ausgehen und dieses umgeben), Wahlsprüche (Devisen auf Banderolen oder Konsolen beim W. angebracht), Banner, auch mit Waffen und Kriegsgerät trophäenartig hinter dem Schild vereinigt.

Siebmachers W.buch, 6 Teile, Nürnberg 1772–1806, neue Aufl. seit 1854, bis 1937 95 Teile u. 1976; G. A. Seyler, Geschichte der Heraldik, 1885–89; F. Hauptmann, W.kunde, 1914; Koerner, Handbuch der Heroldskunst, 4 Bde., 1920–33; A. M. Hildebrandt, W.fibel, [14]1943; E. v. Berchem, Heraldische Bibliographie, 1937; M. du Blason, Handbüchlein der Heraldik, [2]1948; W. Leonhard, Das große Buch d. W.kunst, 1976.

Wappenscheibe, eine Sonderform der Kabinettscheibe (→Glasmalerei), versehen mit dem Wappen einer Privatperson, einer Stadt, eines Klosters, einer Schützengilde u.dgl., die einem öffentlichen Gebäude zum Geschenk gemacht wurde (womit zugleich ein Geldgeschenk als eine Art von Bauschilling verbunden war). Diese Sitte der Scheibenstiftung hat im 15. und 16. Jh. in der Schweiz eine außerordentliche Verbreitung erlangt, und so ist denn auch die Schweiz das eigentliche Land der W. Als übliche, bereits in den Stifterdarstellungen im untersten Feld eines Kirchenfensters vorgebildete Form zeigt sie zwei Wappenhalter mit dem Wappen des Schenkers, umrahmt von einer einfachen Bogenstellung. Nach dem Schweizer Beispiel haben auch dt. Werkstätten, vor allem oberschwäbische, W.n hergestellt. U.a. hat Holbein Entwürfe für W.n geliefert. Die besten Sammlungen besitzen das Landesmus. in Zürich und der Kreuzgang in Wettingen.

H. Meyer, Die schweizerische Sitte der Fenster- und Wappenschenkung vom 15.–17. Jh., 1884; H. Schmitz, Dtsche. Glasmalereien der Gotik u. Renaiss. (Sammelbände zur Gesch. d. Kunst u. d. Kunstgewerbes, hg. v. A. Feulner; Bd. 4), 1923.

Warburg-Institut, ein von Aby Warburg (1866–1929) 1902 in Hamburg als „Bibliothek Warburg" begründetes Institut, das der Erforschung bestimmter Probleme der europ. Kunst dient, namentlich solcher, die in Beziehung zur antiken Überlieferung stehen. 1933 übersiedelte das Institut nach London und ist seit 1943 der dortigen Universität angegliedert. Seit 1921 erschienen „Studien der Bibliothek W." und „Vorträge der Bibliothek W.".

Warhol, Andy (eigentl. Andrew Warhola), amerikanischer Maler, Graphiker, Designer, Filmemacher, * 1928 in Pittsburg/Pennsylvania, studierte 1945–49 das. am Carnegie Institute of Technology mit dem Abschluß als Bachelor of Arts. Seit 1949 lebt W. in New York als Werbegraphiker, Designer, Illustrator. Seine ersten Bilder entstehen 1960. Die „Factory" gründet er 1962, in der – im Gegensatz zum „Einzel-Atelier" der Maler – die Werke „produziert" werden mit „Jahresproduktionen" von etwa 100 bis 1000 Bildern. Zeitungen, Pressephotos, Inserate, Verpackungen usf. bilden die Vorlagen; grelle Acrylfarben u. besonders der Siebdruck sind W.s künstlerische Ausdrucksmittel. Seine Werke erscheinen vordergründig als Bilder gewöhnlicher Alltagsgegenstände oder des Alltagsgeschehens, sind aber in Wirklichkeit – für W. bewußt oder unbewußt – Zeichen des Verfalls einer ins Kommerzielle, Unpersönliche u. Vulgäre abgesunkenen Zivilisation. In ihm allerdings einen harten Zeitkritiker sehen zu wollen, scheint zumindest fragwürdig. W.s Schaffen ist aus der Haltung der amerikan. →Pop-Art zu erklären, zu deren Vertretern er gezählt werden muß. Er malte u.a. die Themenkreise „Konsumobjekte" (Campbell's Soup Cans; Dollarnoten, Coca-Cola-Büchsen), „Disasters u. Todesbilder" (Electric Chair; Car Crash; Most wanted men) „Porträts" (Marilyn Monroe; Mao; Indianer Russel Means) nach Photovorlagen, „Flowers".

R. Crone, A. W. Das zeichnerische Werk, Ausst.kat. Württ. Kunstverein Stuttgart u. München, Haus der Kunst, 1976; P. Wunderlich, Karin Szekessy u. a., Correspondenzen, 1977; Ausst.-kat. Centre Musée national d'art moderne Pompidou Paris, 300 œuvres de Matisse à A. W., 1977 (Graphik); Erika Billeter u. a., A. W. Ein Buch zur Ausstellung im Kunsthaus Zürich, 1978.

Wartburg. Sie ist mit der Geschichte des geistigen Lebens in Deutschland so eng verknüpft, wie keine andere Burg und nimmt auch architekturgeschichtlich einen hohen Rang ein. Vermutlich von Ludwig dem Springer um 1070 gegründet, wird sie zum erstenmal 1080 erwähnt. Der älteste erhaltene Teil stammt jedoch erst aus der Zeit um 1180: das Landgrafenhaus oder der Palas, der besterhaltene in Deutschland, wenn auch stark restauriert. Man hat in ihm mit einer gewissen Wahrscheinlichkeit ein späteres Werk jener Bauhütte vermutet, aus der die Doppelkirche in Schwarzrheindorf b. Bonn hervorgegangen ist. Die Hoffront als eigentliche Schauseite zeigt drei in langen Arkadenreihen sich öffnende Geschosse. Das Innere ist reich an vorzüglichen Details, namentlich die Kapitelle sind von bemerkenswerter Mannigfaltigkeit. Die Restaurierung des 19. Jh. (1838–67) hat vieles Neue hinzugefügt, darunter die Wandgemälde Moritz von

Schwinds in verschiedenen Räumlichkeiten, bes. im Sängersaal, in dem zu Anfang des 13. Jh. der berühmte Sängerkrieg stattgefunden haben soll. Die übrigen Gebäude der W. sind künstlerisch wenig bemerkenswert. Zum Teil sind sie auch völlige Neubauten, mit denen man den Zustand der Burg etwa zur Zeit des Sängerkrieges wieder herstellen wollte. In den letzten Jahren sind manche Entstellungen wieder beseitigt worden. Eine grundlegende Restaurierung erfolgte für die Lutherfeiern 1983.

M. Baumgärtel, Die W., 1905; G. Voß, Die W., 1925; H. v. d. Gabelentz, Die W., [3]1941; S. Asche, Die W., [3]1960; ders., Die W. u. ihre Kunst, [4]1960; ders., Die W. Gesch. u. Gestalt, 1962; W. Noth, Die W., [4]1974.

Wasmann, Friedrich, Maler, * 8. 8. 1805 Hamburg, † 10. 5. 1886 Meran, wo er seit 1846 tätig war, schuf Bildnisse von reinster Ausprägung biedermeierlicher Haltung sowie landschaftliche Studien aus den Tiroler Bergen. Beste Sammlung in der Kunsthalle in Hamburg. – „F. W., ein dt. Künstlerleben, von ihm selbst geschildert" (1867; hg. von B. Grönvold, [2]1915).

G. Pauli, F. W., 1921 (Kleine Führer der Hamburger Kunsthalle 26); P. Nathan, F. W. Sein Leben u. sein Werk, 1954; ders., F. W. Ausst.kat. Der Frühe Realismus 1800–1850, Mus. Nürnberg, 1967.

Wasserfarben →Aquarellmalerei →Guaschmalerei.

Wasserlaub →Kymation.

Wassernase, Wasserschräge → Gesims.

Wasserspeier, Vorrichtung zum Wasserablauf am Dach eines Bauwerks aus Metall oder Stein. Die griech. Baukunst hat den W. als Löwenkopf gebildet (Abb. →Säulenordnungen 1b). Über seine praktische Bedeutung hinaus hat aber nur die Gotik dem W. ihr Interesse zugewendet und hat für ihn die mannigfachsten Formen erfunden: Tiere, Menschen, Fabelwesen, die oft ausgezeichnete plastische Arbeiten darstellen. Sicher kommt ihnen eine symbolische Bedeutung zu, die aber bei unserer mangelhaften Kenntnis der mittelalterlichen →Tiersymbolik im einzelnen schwer zu fassen ist. In sehr seltenen Fällen findet sich eine Reihe, aus der sich ein Zusammenhang herauslesen läßt, etwa das allmähliche Herabsinken des Menschen zur Sünde und sein Wiederaufstieg zur Läuterung. W. in Teufelsgestalt werden in dem Sinn gedeutet, daß alles Teuflische von der Kirche abgehalten werden soll. Die Schwierigkeiten der Deutung beruhen darauf, daß in dieser Welt gotischer W. nicht theologische Vorstellungen allein ihren Niederschlag gefunden haben, sondern wohl zum größten Teil solche des schriftlich nicht festgelegten Volksaberglaubens, wobei auch manches Heidnische mit unterlaufen sein mag. Einen Nachklang dieser got. W. stellen die Drachenkopfendigungen dar, wie

Wasserspeier (13. Jh.)

man sie aus dem 16. Jh. bes. in den österreich. Alpenländern an den weit in die Straße hinausragenden Dachrinnen der Häuser findet.

M. Steiner, W. an Kirchengebäuden als Bestandteil des mittelalt. Dämonenglaubens, Diss. Univ. Erlangen, 1953; Helga u. F. Möbius, Ecclesia ornata, 1974 (m. Bibl.).

Wasserzeichen, ursprünglich die bei geschöpftem Papier durch Anbringen von Drähten auf der Siebform erzeugte Fabrikmarke des Herstellers (Buchstaben, Wappen oder sonstiges Zeichen), die dünne, in durchscheinendem Licht sichtbar werdende Stellen im Papier ergibt. Diese W. liefern wertvolle Anhaltspunkte über Herkunft und Alter eines Papiers, was namentlich den Forschungen auf dem Gebiete der Graphik zugute kommt. Doch ist dabei zu berücksichtigen, daß die W. schon früh von anderen Fabriken nachgeahmt worden sind. Von den W. sind auch die Benennungen der verschiedenen Papierformate hergenommen, wie Ochsenkopfpapier, Kronenpapier u. a. Die ältesten W. stammen aus dem Ende des 13. Jh.

Briquet, Les filigranes. Dictionnaire historique des marques du papier dès leur apparation, vers 1282, jusqu'à 1600, 4 Bde., ²1923; W. Herdeg, Kunst im W. Mit einer Einführung von A. Renker, 1952; V. A. Mošin u. S. M. Traljić, Filigranes des XIIIe et XIVe s. s, 2 Bde., 1957; Th. Weiss, Handb. d. W.kunde, (hg. v. W. Weiß), 1962.

Watteau, Antoine, franz. Maler, * 10. 10. 1684 Valenciennes, † 18. 7. 1721 Nogent-sur-Marne, seit 1702 mit Unterbrechungen in Paris tätig, Schüler von Claude Gillot und des Dekorationsmalers Claude Audran. Rubens, Tizian und Veronese haben starken Eindruck auf ihn gemacht. Inhaltlich überwiegen in seinem Werk, das trotz der Kürze seines Lebens von beträchtlichem Umfang ist, Feste im Freien und galante Szenen, sowie solche aus der ital. Komödie.

W. ist der größte Maler Frankreichs im 18. Jh. und zugleich der französischste. Der ganze künstlerische Inhalt dieses Jahrhunderts scheint in seinem Werk im Keim bereits angelegt zu sein: die Richtung auf galante Stoffe und solche der Geselligkeit, die geistreiche und lockere Form, die Helligkeit der Farbe, die Verbindung heiteren Menschentums mit heiterer Natur und die empfindsamen Schwebungen, die diese Verbindung mit sich bringt. Die Handlung ist so genommen, daß sie als solche novellistisch nicht weiter interessiert; auf die Herausstellung der zur Allgemeingültigkeit erhobenen pantomimischen Beziehungen zwischen den Menschen kommt es W. an, und so ist denn die Art, wie seine Menschen stehen, gehen und liegen, wie sie sich zueinander wenden und aufeinander einwirken, von höchster Ausdruckskraft. Alle Nachahmer W.s bleiben in diesem Punkt weit hinter ihm zurück. Die Handzeichnungen W.s lassen die Fülle der Bewegungsstudien erkennen, die ihm zur Vorbereitung seiner Bilder dienten. In diesen selbst lag ihm jedoch zeichnerische Schärfe fern. Aus der Farbe heraus ist alles geschaffen, die bald duftig und weich die Formen erstehen läßt, bald in glitzernden Reflexen über sie hinzittert, immer aber der farbigen Gesamtkonzeption des Bildes unterworfen ist.

Das Werk, das alle Eigenschaften der Kunst W.s vereinigt, ist „Die Einschiffung nach der Insel Cythere" (1717; Paris, Louvre; Replik Berlin, Staatl. Mus.). Ein zweites Hauptwerk ist das Ladenschild des Kunsthändlers Gersaint (Berlin, das.). – W.s Werk hat außerordentlich anregend auf die franz. Stechkunst seiner Zeit gewirkt, der hier die Aufgabe gestellt war, auch die neuartigen farbigen Wirkungen der Bilder des Meisters mit graphischen Mitteln wiederzugeben. Eine ganze Reihe von Stechern haben diese Aufgabe mit mehr oder weniger Geschick bewältigt. 1734 gab M. de Julienne die Gesamtheit der Bilder und Zeichnungen W.s in 795 Stichen heraus: „L'œuvre d'A. W. gravé d'après ses tableaux et dessins originaux".

M. de Julienne, Abrégé de la vie d'A. W., 1726; Caylus, La vie d'A. W., 1748, letzte Ausgabe 1921; E. de Goncourt, Catalogue raisonné de l'oeuvre peint, dessiné et gravé d'A. W., 1875; Handzeichnungen, hg. von C. Gurlitt, 1909; W. Des Meisters Werke, hg. von E. H. Zimmermann, 1912 (Klassiker der Kunst); E. Pilon, W. et son école, 1912; E. Hildebrandt, A. W., 1922; Dacier u. Vuaflart, Jean de Julienne et les Graveurs de W., 4 Bde., 1922–29; K. T. Parker, The drawings of A. W., 1932; G. W. Barker, A. W., 1939 (engl.); A. E. Brinckmann, J. A. W., 1943; Hélène Adhemar, W., sa vie, son oeuvre, 1950; K. T. Parker u. J. Mathey, A. W., 2 Bde., 1957/58; G. Macchia, L'opera completa di W., 1968; J. Ferré (Hg.), W., 4 Bde., 1972; P. Rosenberg, W., 1974 (franz.).

Weberei →Textilkunst.

Wedgwood, Josiah, engl. Keramiker, * 12. 7. 1730 Burslem (Staffordshire), † 3. 1. 1795 Etruria (ein von ihm bei Newcastle gegründeter Ort), stammte aus einer alten Töpferfamilie und eröffnete 1757 in Burslem selbst eine Fabrik, in der Fayence, Steingut und andere keramische Erzeugnisse hergestellt wurden. Weitere Fabriken entstanden 1769 in Etruria (der Name dieser Gründung deutet klassizistische Richtung an) und 1770 in Chelsea. Sein Hauptaugenmerk galt der Verbesserung des Steinguts. Er fand eine neue gelbliche Masse, die nach einem für die Königin hergestellten Teegeschirr seit 1765 Queensware genannt wurde und ihn berühmt machte. W.s großes Verdienst war es, daß er auch Gebrauchsgeschirre in edlen Formen und sehr sorgfältig gearbeitet herausgebracht hat. Weitere berühmte Erzeugnisse seiner Fabrik waren die schwarzgefärbte „Basaltmasse" und vor allem die → Jasperware, in der die klassizistische Neigung W.s so vortrefflich zum Ausdruck kommt. Sein hervorragendster künstlerischer Mitarbeiter war →Flaxman.

W. Burton, J. W. and his pottery, Kat. Victoria and Albert Mus., 1958; M. Corkill, W. and his ware: a biography, 1973; H. Lawrence, Wedgwood and Co., 1974 (engl.); J. V. G. Mallet, W. and the rococo, 1974; J. Bedford, W. Jasper Ware, 1964 (engl.); A. Burton, J. W., 1976 (m. Bibl.).

Wehrkirche, eine mit wehrhaften Einrichtungen versehene oder von Wehrbauten umgebene Kirche. W.n waren im Mittelalter über ganz Europa verbreitet. Besonders häufig findet man sie an kleineren Orten, die durch keinerlei Befestigungen geschützt waren. Die Arten der Wehrhaftmachung einer Kirche sind außerordentlich verschieden. Oft erstreckt sie sich nur auf den Turm, der in klotziger Festigkeit geräumig gebaut und mit Laufgang, Zinnenkranz und Schießscharten versehen ist; selten auf Langhaus und Chor. In vielen Fällen ist die Kirche selbst nicht befestigt, sondern nur mit einer festen Mauer umgeben. Torturm, Vorburg und Wassergraben können vorhanden sein. Häufig sind derartige Anlagen in neuerer Zeit als überflüssig beseitigt worden. W.n mit sehr entwickelten Befestigungsanlagen bezeichnet man auch als Kirchenburgen. Deren eigentliches Verbreitungsgebiet ist das gegen den heidnischen O vorgeschobene Siebenbürgen. Manche seiner Kirchenburgen sind starke

Festungen. So besitzt z.B. die Kirche von Heltau einen durch Türme, Basteien und Wehrgang gesicherten dreifachen Mauerring und hohe Verteidigungsgeschosse auf Vorhallen und Chorquadrat. Auch in Frankreich gibt es zahlreiche „églises forteresses".

W. Horwarth, Siebenbürg.-sächs. Kirchenburgen, 1934; M. Weber, Wehrhafte Kirchen in Thüringen, 1935 (mit Bibliographie); W. v. Erffa, Die Dorfkirche als Wehrbau, 1938; G. Oprescu u. E. Daniel, Die W.n in Siebenbürgen, dt. 1961; H.-J. Mrusek, Der Wehrbau und s. Beziehg. zum Sakralbau (Aspekte z. Kstgesch. in MA. u. Neuzeit; in Festschr. K.-H. Clasen) 1971; W. Spickenreuther, Erzgeb. Wehrgangkirchen, ²1974; K. Kolb, W.n u. Kirchenburgen in Franken, 1977.

Weicher Stil, eine in der 2. Hälfte des 14. Jh.s da und dort vorbereitete, etwa 1400–1430 herrschende Stilstufe der dt. Plastik: die Gewandfalten erscheinen nicht mehr als scharf gespannte Grate, sondern weich, zuweilen teigig, ohne jedoch ihre Schönläufigkeit und rhythmische Bewegtheit aufzugeben. Am reinsten spricht sich der W. S. im kleinen Format aus, er liebt das Zierliche, Holde, Liebliche, Idyllische und hat in Deutschland die für ihn so charakteristische Gattung der „schönen Madonnen" hervorgebracht, denen alles Feierliche fehlt und die sich in seliger Zuständlichkeit der Beschäftigung mit dem Kinde hingeben. Die Merkmale des W. S.s sind auch außerhalb Deutschlands anzutreffen (→Sluter). In der Malerei wird er ebenfalls deutlich, vor allem im Holzschnitt, dessen früheste Erzeugnisse, die Einblattdrucke bis etwa 1430, ihn bes. rein zur Schau tragen. – Die Bez. „W. St." findet sich zum ersten Mal bei H. Börger, Grabdenkmäler im Maingebiet etc. 1907, S. 30.

K. H. Clasen, Der Meister der Schönen Madonnen, 1974, 1979; J. Pešina, Zur Frage der Chronologie des „Schönen Stils" (in: Jb. d. Kunsthist. Inst. Univ. Graz, VII) 1972; Ausst.kat. Die Parler u. d. schöne Stil, Mus. Schnütgen Köln, 1978.

Weihnachtsbild →Geburt Christi.

Weihnachtskrippe →Krippe.

Weinbrenner, Friedrich, Baumeister, * 9. oder 29. 11. 1766 Karlsruhe, † 1. 3. 1826 das., Oberbaudirektor das., hatte als Lebensaufgabe die Durchführung des Bauplans von Karlsruhe, der durch das Schloß im Mittelpunkt und die geradlinig von ihm ausstrahlenden Straßen vorgezeichnet war. Für diesen im Grunde barocken Plan hat er eine Anzahl von Bauwerken in einem schweren, massigen Klassizismus geschaffen, der einer gewissen Größe nicht entbehrt. Evang. Stadtkirche (1807–15), Kathol. Kirche (1808–14; Zentralbau nach Art des Pantheons), Rathaus (1821–25). Auch außerhalb von Karlsruhe hat W. eine Anzahl von Bauten geschaffen. Er begründete ferner die Karlsruher Bauschule und schrieb u.a.: „Über Theater in architektonischer Hinsicht" (1809), „Architektonisches Lehrbuch" (3 Bde., 1810–25), „Ausgeführte und projektierte Gebäude" (4 Hefte, 1823 bis 35) und die Selbstbiographie „F. W., Denkwürdigkeiten aus seinem Leben" (1829, neue Ausg. 1920).

Koebel, W., 1920; Valdenaire, W., ³1976; A. Pfister, Lörracher Bauten, 1939; U. Gertz, W. Einige Anmerkungen zu s. Kunst, 1949; H. Reuther, F. W., 1953; Ausst.kat. F. W., Landesmus. Karlsruhe, 1978. K. Lankheit, F. W. u. der Denkmalskult s. Zeit (Gesch. u. Theorie d. Architektur Bd. 21), 1978.

Weinstock, nach Joh. 15, 1–6 seit frühchristl. Zeit in der Kunst ein Symbol Christi. In demselben Sinne sind auch die Weinranken zu deuten, die häufig auf altchristl.

Sarkophagen vorkommen als Zeichen der Hoffnung auf Erlösung und ewige Seligkeit. Wein rankt sich zuweilen als symbolisches Pflanzenornament um die Säulen der Altäre. Auch der →Lebensbaum kann Trauben tragen. – Christus in der →Kelter.

C. Leonardi, Ampelos. Il simbolo della Vite nell'arte Pagana e Paleocristiana, 1947.

Weißguß, Weißmessing →Messingarbeiten.

Weißschnitt →Holzschnitt.

Welfenschatz, Reliquienschatz des Hauses Braunschweig-Lüneburg (seit 1963 im Kunstgewerbe-Mus. in Westberlin), besteht aus Reliquiaren und sonstigen Gegenständen des kirchl. Kunstgewerbes vom 11.–15. Jh. (ingsgesamt 44). Den Namen W. trägt er, weil er fast ausschließlich auf Stiftungen der Welfen (und Brunonen) zurückgeht. 1218 gelangte er in den Braunschweiger Dom, 1671 in die Schloßkirche zu Hannover, 1862 in das Welfenmus. das. Nach weiterem Ortswechsel wurde er 1930 an ein Kunsthändler-Konsortium verkauft, 1931 in Amerika ausgestellt, wo Museen und Sammler viele Stücke erwarben. 1935 gewann die Preuß. Staatsregierung den Rest des W.s für Deutschland und konnte auch in den folgenden Jahren noch einiges zurückkaufen. Dieser Rest umfaßt die künstlerisch und geschichtlich wichtigsten Stücke des ursprünglichen Bestandes. Hervorzuheben sind: das Welfenkreuz (11. Jh.), der Tragaltar des Eilbertus (1150–60), das Kuppelreliquiar (um 1175), das Plenar Ottos des Milden (1339).

O. v. Falke, R. Schmidt, G. Swarzenski, Der W., 1930; Der W., 1935 (hrsg. v. den Staatl. Museen in Berlin); D. Kötzsche, Der W. im Berliner Kunstgew.-Mus. 1973 (m. Bibl.).

Wellenband, ein Hauptmotiv bereits der vorgeschichtl. Ornamentik (Abb. →Germanische Kunst).

Welsch, Maximilian von, Baumeister, * 23. 2. 1671 Kronach, † 1745 Mainz, Oberbaudirektor von Kurmainz und Bamberg, war durch seine allerdings von anderen ausgeführten und abgewandelten Entwürfe an Hauptschöpfungen des rheinisch-fränkischen Barocks hervorragend beteiligt: →Würzburger Schloß, Schlösser von Pommersfelden und Bruchsal, Entwürfe für die Fassade des Doms zu Würzburg und die dortige Schönbornkapelle. Seine Pläne sind architektonisch genau durchdacht und zeigen eine Häufung der dekorativen Plastik. Auch als Festungs- und Gartenbaumeister hat W. sich ausgezeichnet.

K. Lohmeyer, Die Baumeister des rhein.-fränk. Barocks, 1931; J. Meintzschel, Studien zu M. v. W., 1963 (u. 1975; hier in: Fränk. Lebensbilder, 6).

Welsche Haube, eine Turmhaube, die mehrfach geschweift ist, d.h. über einer unteren glockenförmig geschweiften Haube noch eine zweite ähnlich geschweifte besitzt, von der unteren durch ein laternenähnliches Zwischenstück geschieden. Die W. H. ist als Bedachung von Kirchen- und Rathaustürmen der dt. Renaissance sehr verbreitet.

Welt, Fürst der, mittelalterl. Allegorie, die in einigen Statuen der Münster von Freiburg i. B., Straßburg und Basel gegen 1300 im Zusammenhang mit dem Zyklus der →klugen und törichten Jungfrauen ihre Verkörperung erfahren hat: der F. d. W. tritt in der Gestalt eines eleganten Mannes als Verführer der törichten Jungfrau auf. Seine Rückseite ist verwest und verdorben und von Würmern und Schlangen bekrochen. Er ist Christus gegenüber, der die klugen Jungfrauen führt, das böse Prinzip der Weltlust, deren Kehrseite Verderbnis ist. Der Name „F. d. W." ist eine Bildung neueren Datums in Analogie zu „Frau Welt", die zuerst in Walthers von der Vogelweide Gedicht „Abschied von der Welt" auftaucht, und die ein lockendes Antlitz, aber eine häßliche Kehrseite besitzt. Diese Vorstellung ist in dem Gedicht des Konrad von Würzburg „Der Welt Lohn" (1260/70) aufgegriffen und bis in Einzelheiten ausgeführt. Von hier ist sie dann in die bildende Kunst übergegangen unter ziemlich genauem Anschluß an die Schilderung bei Konrad von Würzburg. Allerdings wurde Frau Welt wegen der Kombination mit dem Zyklus der klugen und törichten Jungfrauen in einen Mann umgewandelt, da der Gegenspieler Christi nicht gut eine Frau sein konnte. Außerhalb jenes Zyklus kommt übrigens Frau Welt auch in weiblicher Gestalt vor (Südportal des Wormser Doms kurz nach 1300).

K. Moritz-Eichborn, Der Skulpturenzyklus in der Vorhalle des Freiburger Münsters, 1899 (Studien zur dt. Kunstgesch. 16); E. Huhn, Frau W. und F. d. W., Diss. Univ. Berlin (O) 1959; W. Stammler, Frau W., eine mittelalterl. Allegorie, 1959; M. Skowronek, Fortuna u. Frau W., Diss. Univ. Berlin (W), 1964.

Wendelring, Bronzehalsring mit gelapptem Körper. Die Lappen ändern von dem einen Ringende zum andern mehrmals ihre Umlaufsrichtung, daher die Bezeichnung. Die W.e gehören der ausgehenden →Bronzezeit Nordeuropas an.

M. Claus, Die thüring. Kultur d. ält. Eisenzeit, 1942; E. Sprockhoff, Jungbronzezeitl. Hortfunde etc., 1956.

Wendelstein →Treppenturm.

Wendeltreppe, eine um eine Spindel („Spindeltreppe") in ununterbrochenem Richtungswechsel sich windende Treppe. Bes. die Spätgotik mit ihrer Vorliebe für Schraubenbewegungen hat künstlerisch hervorragend durchgearbeitete W.n hervorgebracht, wobei zuweilen auch die Spindel selbst die Schraubenbewegung mitmacht (→Treppen).

Wenezianow, Alexej Gawrilowitsch, russ. Maler, * 1779 Njeshin, † 5. 12. 1847 Ssafonkowo, Sohn eines eingewanderten Griechen mit Namen Veneziano, studierte in Petersburg, zog sich 1820 auf sein Gut Ssafonkowo (Gouv. Twer) zurück und begann, angeregt durch ein Bild des franz. Malers Granet, in schlichtem Realismus Darstellungen aus dem Leben des russ. Bauern zu malen. Er wurde damit zum Begründer einer neuen Richtung russ. Genremalerei.

N. N. Baron Wrangel, A. G. W., 1911 (russ.); O. Wulff, Die neuruss. Kst., 1932; V. Fiala, Die russ. realist. Malerei d. 19. Jhs., 1953; T. Stephanowitz, W., 1974.

Wenzelbibel, die für König Wenzel 1380–90 geschriebene und mit Miniaturen (Bildern und Randleisten) ausgestattete Bibelhandschrift, ein Hauptwerk der böhmischen Miniatorenschule (Wien, Nationalbibliothek), das an Reichhaltigkeit und Pracht von keinem anderen der Zeit erreicht wird. Bes. in den Randleisten, in denen Figürliches sich mit Vegetabilischem mischt, entfaltet sich eine in Einzelheiten oft nicht deutbare phantastische Ideenwelt, die auch viele burleske und profane Züge enthält.

J. v. Schlosser, Die Bilderhandschrift König Wenzels I., 1893 (Jahrb. der Kunsthistor. Sammlungen des Allerhöchsten Kaiserhauses, Bd. 14).

Wenzinger, Christian, Bildhauer, Maler und Baumeister, * 10. 12. 1710 Ehrenstetten b. Freiburg i. B.,

† 1. 7. 1797 Freiburg i. B., das. Hauptmeister im Zeitalter des Rokokos. Seine Bildwerke zeigen eine gewisse Großzügigkeit und Vereinfachung, ohne damit ihr Rokotemperament aufzugeben: Ölberg für Staufen (1745; Frankfurt a. M., Liebighaus), Grabdenkmal des Generals v. Rodt (1743–49; Freiburg, Münster), Ausstattung der Stiftskirche St. Gallen mit Stuckfiguren und -reliefs (1757–61; Hauptwerk), auch mit überlebensgroßen Sandsteinfiguren außen und Deckengemälden (schlecht erhalten), Taufstein im Freiburger Münster (1768).

G. Münzel, Beiträge zu Ch. W., 1929 (Zeitschr. f. bild. Kunst, N. F., Bd. 33); A. Feulner u. Th. Müller, Gesch. d. dt. Plastik, 1953; H. Ginter, St. Peter auf dem Schwarzwald, 1965.

Wereschtschagin, Wassilij, russ. Maler, * 26. 10. 1842 Ljubez, † 13. 4. 1904 vor Port Arthur, schilderte aus eigener Erfahrung als Soldat die Schrecken des Krieges in einem durch nichts gemildertenRealismus. Der größte Teil seiner Bilder befindet sich in der Tretjakow-Gal. in Moskau und im Russ. Mus. in Leningrad.

E. Zabel, W., 1900; F. Bulgakoff, W. W., ²1915 (russ.); V. Fiala, Die russ. realist. Malerei d. 19. Jhs., 1953; J. Rein, Russ. Realismus 1850–1900 (Kunst 86, 1), 1974; Ausst.kat. Russ. realist. Malerei, Berlin (O), 1976; Baden-Baden, 1978.

Werkbund →Deutscher Werkbund.

Weserrenaissance ist die Bezeichnung für eine auf das Gebiet von Ober- u. Mittelweser beschränkte Entwicklung der norddtn. Renaissancebaukunst. Fast ausnahmslos handelt es sich um Profanbauten wie Schlösser, Rathäuser, Bürgerhäuser, Bürgerbauten aus d. letzten Drittel des 16. Jhs. u. vom Beginn d. 17. Jhs. Wichtiges Merkmal ist das Baumaterial: Haustein aus d. Brüchen d. Weserberglandes. Die W. weist darüber hinaus typische Besonderheiten auf, Zwerchhäuser (mehrachsig u. mehrgeschossig) an d. Traufenseiten, als eine Art Ziergiebel wirkend; ein- od. mehrgeschossige Ausluchten als risalitartige Vorbauten (→Erker), die in den Feldern mit plastischem Schmuck gefüllt sind; Zweiteilung der Fenster durch Steinpfosten; Bossenquaderung mit eigentümlichen kerbschnittartigen Ornamenten. Auch →Beschlagwerkformen finden sich. Hauptbeispiele der W. finden sich in Stadthagen, Minden, Detmold, Bückeburg, Lemgo, Hameln, Hämelschenburg, Bremen.

M. Sonnen, Die W., 1918–23; Hildegard Fliedner, Schauwände d. 16. Jhs. u. ihre Zierformen im Geb. d. mittleren Weser, Diss. Münster 1954; E. Pfänder, Putz u. Farbe d. Ren.bauten im Geb. d. oberen Weser, Diss. T. H. Hannover 1957; J. Soenke, Jörg Unkair, Baumeist. u. Bildhauer d. früh. W., 1958; ders. u. H. Kreft, Die W. ³1964, ⁴1975.

Wessobrunner Stukkatoren. Von G. Hager (Die Bautätigkeit u. Kunstpflege im Kloster Wessobrunn und die Wessobrunner Stukkatoren, 1894) erstmals angewandte Bezeichnung für eine Gruppe von Maurern, Zimmerleuten und Stukkatoren, deren Werke sich von der Spätrenaissance bis zum Rokoko im 17. u. 18. Jh. in Süddeutschland, Österreich und der Schweiz verfolgen lassen. Durch Herkunft aus Wessobrunn/Oberbay. und Umgebung, durch enge Familienverbindungen untereinander und Tradition der Ausbildung schufen sie über mehrere Generationen hinweg großartige Raumausstattungen in Kirchen, Klöstern und Schlössern, namentlich in →Stuck. Auch als Bildhauer, sogar Baumeister waren einige W. S. tätig, deren Einfluß in der Folgezeit in weiten Gebieten Europas deutlich wurde. Die Hauptvertreter sind die Familien →Schmuzer, →Feuchtmayer, →Dirr, →Zimmermann. Ihr Wirken ist dem der →Vorarlberger Bauschule vergleichbar.

H. Schnell, Die W. S.; K. Kosel, Die Stukkatoren der Schmuzergruppe 1695 bis 1725 (in Ztschr. d. histor. Vereins für Schwaben 59/60), 1969; Gabriele Dischinger, Joh. u. Jos. Schmuzer, Zwei Wessobrunner Barockmeister (Bodensee-Bibl. Bd. 22), 1977.

Westwerk, ein der frühmittelalterl. Basilika im W vorgelegter Querbau, der in seiner voll ausgebildeten Form aus einem quadratischen oder annähernd quadratischen zweigeschossigen Mittelraum und dreigeschossigen Seitenräumen besteht. Nach außen tritt er dreiteilig in Erscheinung, indem sich einem Mittelturm zwei Treppentürme gesellen. Das W. ist auch vorzustellen als eine Zentralanlage, der die östliche Ergänzung fehlt. Eine Verschmelzung mit dem Innenraum der Basilika besteht nicht, vielmehr hat das W. den Charakter einer selbständigen Vorkirche. Das W. ist also nicht aus der inneren Entwicklung der Basilika hervorgegangen, sondern ihr als selbständige Raumgruppe angefügt worden. Unter ihrem mit einem eigenen Altar ausgestatteten Hauptraum liegt die Vorhalle, die den Zugang zur Kirche vermittelt. Das W. hatte mehrfachen Zwecken zu dienen: es war Taufkirche, Pfarrkirche (zur Abhaltung des Laiengottesdienstes), und seine Emporen boten dem Herrscher und seinem Gefolge die Möglichkeit, von erhöhter Stelle aus dem Gottesdienst beizuwohnen.

Das früheste als solches zu bezeichnende W. besaß die nicht mehr erhaltene, an Neuerungen so reiche Kirche des Klosters →Centula in Nordwestfrankreich (790–99), deren Erbauer vielleicht Odo von Metz, der Erbauer der Aachener Pfalzkapelle, war. Dieses früheste W. ist zugleich das vollkommenste, dem nur noch das im großen und ganzen erhaltene der Klosterkirche von Corvey (873–85) entspricht. Die Frage nach der Entstehung des W.s ist heute noch nicht ausreichend geklärt. Voraussetzungen waren der in karoling. Zeit vorhandene Typus eines Westquerbaus mit Emporen (neuerdings als querliegende german. Königshalle angesprochen), der mit dem Pfarrgottesdienst zusammenhängt; ferner der durch die Bestimmung als Taufkirche nahegelegte Gedanke des Zentralbaues und schließlich der Gedanke einer durch Turm oder Türme ausgezeichneten Westfassade. Das W. von Centula hat in Frankreich und Deutschland eine lange Nachfolge gehabt, wenn auch seine Idealform, abgesehen von Corvey, nie wieder erreicht worden ist; vielmehr ist es zu Reduktionen und Mischungen der verschiedensten Art gekommen. Die entwicklungsgeschichtliche Bedeutung des W.s, das in der Zeit eines neuen Aufschwungs der Kirchenbaukunst entstand, liegt darin, daß es die Idee einer durch einen Turm oder durch Türme ausgezeichneten Fassade wachgehalten und damit die Ausbildung der roman. Westfassade entscheidend vorbereitet hat.

Effmann, Centula, 1912; G. Weise, Untersuchungen zur Geschichte der Architektur und Plastik des frühen Mittelalters, 1916; A. Fuchs, Die karoling. W.e, 1929; O. Gruber, Das W.: Symbol und Ausgestaltung german. Christentums, 1936 (Zeitschr. d. Dt. Vereins für Kunstwissensch., Bd. 3); W. Rave, Wt. Servaes zu Maastricht und die Sinfrage, 1937 (Zeitschr. Westfalen, Bd. 22); H. Thümmler, Die Stiftskirche in Cappel und die W.e Westfalens, 1937; E. Lehmann, Der frühe dt. Kirchenbau, [2]1949; Ad. Schmidt, W.e u. Doppelchöre, ungedr. Diss. Göttingen 1950; A. Fuchs, Entstehung u. Zweckbestimmung der W.e, 1950 (Westfäl. Zeitschr.); D. Grossmann, Zum Stand der W.-Forschung, 1957 (Wallraf-Richartz-Jahrb. 29; F. Kreusch, Beobachtungen an der Westanlage der Klosterk. zu Corvey, 1963 (Bonner Jahrbücher, Beiheft 9); F. Möbius, W.-studien, 1968; Urs. Boeck, Die Wunstorfer Stiftsk. u. ihr W. v. 871 (Festschr. G. Scheja) 1975.

Weyden, Rogier van der, niederländ. Maler, * 1399 oder 1400 Tournai, † 18. 6. 1464 Brüssel, 1426 in Tournai als Meister erwähnt, 1436 Stadtmaler in Brüssel, machte 1449/50 eine Reise nach Rom, die aber ohne besondere Wirkung auf seinen Stil blieb. R.s Vater war Bildhauer und vielleicht ist er selbst zunächst ebenfalls Bildhauer gewesen. Darauf deutet die plastische Präzision seiner Figuren und weiter die Tatsache, daß ihm die Figur alles galt; weder für die Landschaft hatte er viel übrig, noch für die liebevolle malerische Erfassung nebensächlicher Dinge, wie sie bei seinem Zeitgenossen Jan van Eyck zu beobachten ist. Auch ist vielleicht die große Mannigfaltigkeit und Intensität der Wiedergabe seelischer Haltungen auf diese Verbindung mit der Plastik zurückzuführen, denn diese und nicht die Malerei hatte, wenigstens in der nord. Kunst, bisher die besseren Mittel dafür entwickelt. Die Kunst des R. v. d. W. bedeutet weniger den Beginn von etwas Neuem, als vielmehr die großartige Vollendung von Gegebenheiten, die in der Vergangenheit lagen. In seinen Figuren lebt die got. Linie voll Spannung und Ausdruckskraft. Die Farben leuchten scharf gegeneinander abgesetzt. Zeichnung und Modellierung sind von höchster Vollendung. Als in der 2. Hälfte des 15. Jh. die dt. Malerei sich weithin unter den Einfluß der niederländ. begab, da hieß ihr Ideal nicht Jan van Eyck, sondern R. v. d. W.

Hauptwerk ist die R.s Frühzeit angehörende „Kreuzabnahme“ (Escorial; alte Kopien, die öfters fälschlich anstelle des Originals abgebildet werden, in den Museen von Berlin u. Madrid), eine querrechteckige, mit Figuren dicht gefüllte Tafel von solcher Eindringlichkeit der Schilderung verschiedener Grade von Schmerz, Trauer und Verzweiflung in den Gesichtern, Händen und in der Bewegung der Figuren, daß einzelne Motive bis ins 16. Jh. hinein auch dt. Meistern immer wieder als Vorbild gedient haben. Alles ist bis in die letzten Einzelheiten aufs vollkommenste durchgearbeitet, der Vorgang unter Zurückdrängung alles Beiwerks aufs höchste vergeistigt. Weitere Werke: Madonna mit dem heil. Lukas (von 5 Exemplaren das Original wohl in Boston, Mus. of Fine Arts); Marienaltar (2 Tafeln Granada Dom; 1 Tafel New York, Metropolitan Mus.; Replik, sog. Miraflores-Altar, Berlin, Staatl. Mus.); Heimsuchung (Leipzig, Museum); Jüngstes Gericht (zwischen 1442 und 1450; Beaune b. Dijon, Hospital), ein Flügelaltar mit den Stifterbildnissen des Kanzlers Rolin und seiner Frau auf der Außenseite der Flügel; Spätzeit: Anbetung der Könige (München, Ältere Pinakothek); Anbetung des Kindes, sog. Bladelin-Altar (Berlin, Staatl. Mus.); Madonnenbilder; Bildnisse: weibl. Bildnis (das.), Karl der Kühne (das.) u. a. R. hat anscheinend eine große Werkstatt unterhalten, denn die Anzahl der Schulwerke ist ungewöhnlich groß.

F. Winkler, Der Meister von Flémalle und R. v. d. W., 1913; J. Destrée, Roger de la Pasture, 2 Bde., 1930; E. Renders, La solution du problème v. d. W., Flémalle, Campine, 2 Bde., 1931; O.

Kerber, R. v. d. W. und die Anfänge der neuzeitlichen Tafelmalerei, 1936; E. Fidder, Von der Form R. v. d. W.s, 1938; Th. Musper, Untersuchungen zu R. v. d. W. und Jan v. Eyck, 1948; H. Beenken, R. v. d. W., 1952; E. Panofsky, Early Netherlandish Painting, Text- u. Tafelbd. 1953; M. Davies, R. v. d. W., 1972; M. Davies, R. v. d. W. (m. krit. Kat. aller ihm u. Rob. Campin zugeschriebenen Werke), dt. 1973; Th. H. Feder, R. v. d. W. and the altarpiece of the Last Judgement at Beaume, Diss. Columb. Univers., 1975; M. Domscheit, R. v. d. W., 1976.

Whistler, James, MacNeill, nordamerikan.-engl. Maler und Graphiker, * 10. 7. 1834 Lowell (Mass.), † 17. 7. 1903 Chelsea b. London, kam 1855 nach England, wo er nach einem Studienaufenthalt in Paris seit 1859 fast ständig lebte. Er ist der bedeutendste Maler, den Amerika bis jetzt hervorgebracht hat. Die kompositorischen Feinheiten des japan. Farbenholzschnitts hat er als einer der ersten europ. Künstler entdeckt. Seine Bilder (Öl und Pastell) sind ganz aus der Farbe heraus empfunden, was W. durch Bezeichnungen wie „Nocturno in Blau und Silber" und ähnliche selbst anzudeuten suchte. Das Bildnis seiner Mutter (1872; Paris, Louvre) und das Carlyles (1872; Glasgow, Gal.) mit ihrem leicht sentimentalen Einschlag sind Meisterleistungen an Ausgeglichenheit der Komposition. Sie haben in der Bildnismalerei des späteren 19. Jh. Schule gemacht. W.s Landschaften wollen in erster Linie Farbenstimmungen sein (z.B. solche aus Venedig). Als Radierer hat W. um 1860 in gewisser Weise das Erbe von Meryon angetreten; doch besitzen seine Blätter nicht die feste zeichnerische Struktur wie die des franz. Meisters. W. radierte bes. Stadtansichten (Venedig, London), ging aber oft bis zu den letzten Grenzen impressionistischer Verunklärung des Motivs. Ähnliches gilt von seinen weniger bekannt gewordenen Lithographien.

E. R. und J. Pennell, The life of J. M. W., 2 Bde., [5]1911; W. Kennedy, The work of engravings of W., 1912; J. Laver, W., 1930; Ders., Paintings by J. Mc. N. W., 1938; J. W. Lane, W., 1942; D. Sutton, J. M. W., dt. 1967; M. Levy, W. Lithographs, A cat. raissonné, 1975 (engl.).

Wiederkreuz →Kreuz.

Wiege →Kupferstich.

Wien, Stephansdom, das Hauptdenkmal der mittelalterlichen Baukunst Österreichs, eine Hallenkirche (jedoch mit überhöhtem Mittelschiff; →Pseudobasilika). Von dem spätroman. Bau der 1. Hälfte des 13. Jh. ist nur die Westfassade erhalten geblieben mit ihrem mächtigen Portal, dem „Riesentor", und zwei Türmen, den „Heidentürmen". Daran schließt sich das got. Langhaus mit drei Schiffen, überdeckt von einem einzigen Dach, das mit farbigen Ziegeln in weiß-rot-grünen Mustern ausgelegt ist. Am Übergang des Langhauses in den Chor zwei Türme, von denen nur der südliche, „der Steffel", ausgebaut wurde; er ist mit seiner prachtvollen Erscheinung und seinen 136 m Höhe ein Wahrzeichen der Stadt. – Der roman. Chor wurde 1304–40 durch einen dreischiffigen got. Hallenchor ersetzt und 1359 wurde der Grundstein zum got. Neubau des Langhauses gelegt; er zog sich bis weit ins 15. Jh. hin. Durch Ansetzen von Kapellen an die roman. Fassade brachte man diese auf die viel größere Breite des Langhauses und tat allerlei, um die beiden verschiedenen Stile nicht allzu hart aufeinander treffen zu lassen. Erst in einer gewissen Entfernung vom roman. Westteil ließ man got. Formenreichtum die Zügel schießen. Der „Steffel", einer der schönsten got. Türme, konnte 1433 als vollendet gelten.

Der St. ist ein wahres Museum österreichischer Kunst, das zahlreiche Werke ersten Ranges von der Gotik bis zum Barock enthält, und auch sein Äußeres ist überreich mit Plastik besetzt. Das gilt bereits vom romanischen Riesentor mit seinen z.T. nicht deutbaren Figuren und Figürchen. Entwicklungsgeschichtlich wichtig sind namentlich die Statuen und Tympanonreliefs des Bischofs- und Singertores aus den 60er Jahren des 14. Jh. Im Innern ist zu nennen die Dienstbotenmadonna (Stein; 1320/30); das Grabmal Kaiser Friedrichs III. im südl. Nebenchor, die größte Grabmalsanlage der Zeit, von Nikolaus →Gerhaert von Leyden um 1470 begonnen; das Chorgestühl (1476 bis 1486; 1945 verbrannt), in Ornamenten und Figuren ein Meisterwerk der Schnitzkunst und mit einem sehr ausgedehnten Darstellungsprogramm; der Orgelfuß des Meisters Anton →Pilgram (1512) und die Kanzel wohl des gleichen Meisters, beides Hauptwerke spätgot. Formenaufwandes; zahlreiche got. Schnitzaltäre und Barockaltäre, darunter der Hochaltar aus schwarzem Marmor. Einzigartig der gemalte Riesenkruzifixus ital.-byzantin. Herkunft im N-Querschiff (um 1270).

H. Riehl, Der St. in W., 1926; R. Ernst und E. Garger, Die früh- und hochgot. Plastik des St.s, 1927; Geschichte u. Beschreibung des St.s in W., 1931 (Österreich. Kunsttopographie, Bd. 23); A. Kieslinger, Die Steine von St. Stephan, 1949; K. Donin, Der W.er St. u. seine Geschichte, [3]1956.

Wiener Genesis, frühbyzantin. Miniaturhandschrift unbekannter Herkunft (Antiochia?) der 2. Hälfte des 6. Jh. in der Nationalbibliothek in Wien. Sie ist unvollständig erhalten und besteht aus 24 Blättern, deren Text zu einer bibl. Geschichte gekürzt ist. An ihrer Ausmalung waren verschiedene Meister beteiligt. Für die Gestaltungsprobleme der Malerei am Übergang vom Altertum zum Mittelalter ist sie außerordentlich aufschlußreich.

W. v. Hartel und F. Wickhoff, Die W. G., 1895/96 (Beilage zum 15. und 16. Bd. des Jahrbuchs der Kunsthistor. Sammlungen des Allerhöchsten Kaiserhauses); Faksimile-Ausgabe von H. Gerstinger, Text- u. Tafelbd. 1931 und von P. Buberl in „Beschreibendes Verzeichnis der illuminierten Handschriften Österreichs", N. F., Bd. 4, 1937; Ders., Das Problem der W. G., 1936 (Jahrb. der kunsthistor. Sammlungen in Wien, N. F. 10); K. Weitzmann, Spätantike u. frühchristl. Buchmalerei, 1977.

Wiener Porzellan. Die W. P.-manufaktur wurde 1718 durch den Holländer Claudius Du Paquier gegründet und mit Unterstützung zweier Überläufer aus Meißen in Gang gebracht. Sie entwickelte sich zunächst sehr langsam, woran auch die Umwandlung in eine „Kaiserliche Porzellanmanufaktur" (1744) nicht viel ändern konnte. Man ahmte chinesisches und japanisches Porzellan nach und stellte Figuren und Gruppen nach Meißner Art her. Ihre Blütezeit beginnt erst unter der Leitung des Barons Konrad von Sorgenthal (1784–1805), d.h.

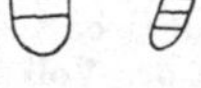

Wiener Porzellanmarken

im Zeitalter des Klassizismus. Erster Modelleur war der ausgezeichnete Bildhauer Anton Grassi (tätig 1778 bis 1807). Der anfangs in Form und Dekoration herrschende Einfluß von Sèvres hörte gegen 1790 auf, eine eigene Wiener Richtung („Alt-Wien") tritt hervor, deren Kennzeichen die edle, reine Form der Gefäße ist, eine sehr sorgfältige Malerei, viel Gold und die von dem Farbenchemiker Joseph Leithner erfundene Reliefvergoldung. Die Manufaktur verfügte über einen ganzen Stab vorzüglicher Porzellanmaler, und es ist zu merken, daß Wien damals ein Hauptort der Miniaturmalerei war. Im 2. Jahrzehnt des 19. Jh. beginnt der Rückgang, 1864 wurde die Manufaktur aufgelöst. Ihre Marke war seit 1744 der österreichische Bindenschild, der entweder eingepreßt oder blau unter der Glasur sichtbar wird.

Folnesics und Braun, Geschichte der K. K. W. P.manufaktur, 1907; Strohmer-Nowak, Alt-W. P., 1946; W. P. aus d. Manufakt. Du Paquiers 1718–44. Einl. v. W. Mrazek, 1952; J. F. Hayward, Viennese Porcelain of Du Paquier Period, 1952; W. Neuwirth, Porzellan aus Wien, 1974; K. Pechstein, W. P. im Germ. Nat. Mus. Nürnberg, (Alte u. mod. Kst. Österr.), 1978; W. Neuwirth, W. P. echt oder gefälscht, 2 Bde., 1976.

Wiener Werkstätte →Hoffmann.

Wikingerkunst, Wikingerstile →Germanische Kunst III, 4.

Wilde Männer, auf die Volkssage bes. der gebirgigen Länder zurückgehende Gestalten (Waldgeister, Waldmenschen), häufig in der Kunst seit dem 15. Jh. dargestellt, so vor allem als →Schildhalter im Wappen. Sie erscheinen nackt mit Laubkränzen um Haupt und Hüften, auch am ganzen Körper behaart, oft mit einer Keule versehen, kommen in der Volkskunst zumal Süddeutschlands und der Schweiz vor, an Hausfassaden auf Wirtshausschildern, auch plastisch als Torbekrönung, zuweilen als Gegenspieler von Engeln. Die Bedeutung, die die W.n M. im Volkstanz haben, hat da und dort bereits in der Graphik des 15. Jh. ihren Niederschlag gefunden. – Es gibt auch entsprechende Darstellungen der „Wilden Frau".

A. Spamer, Die Wilden Leute in Sage und Bild, 1911 (Zeitschr. Volkstum und Volkskunde, Bd. 9); H. Winter, Der wilde Mann im Holzbau und im Brauch, 1943; R. Bernheimer, Wild Men in the Middle Ages: A Study in Art, Sentiment and Demonology, 1952.

Willendorf, Venus von →Aurignacien.

Willkomm, Willkommbecher, prächtiger Becher oder Pokal, zum Kredenzen des Willkommentrunkes bei festlichen Gelegenheiten. Derartige Pokale sind entweder aus Glas und dann mit Malereien und Sprüchen geziert, auch geschliffen (vgl. die Beschreibung eines solchen W.s in Goethes Faust I: „Nun komm herab, kristallne, reine Schale ...") oder sie sind aus Silber getrieben und dann graviert. Meist haben sie einen Deckel. Ihre Zeit ist von der Mitte des 16. bis zur Mitte des 18. Jh. Frühestes erhaltenes Stück von 1547. Auch in Frankreich sind nach dt. Sitte Willkommbecher hergestellt worden. Sie heißen dort vidrecome (von dt. „wiederkommen").

Willmann, Michael, Maler, getauft 27. 9. 1630 Königsberg, † 1706 Kloster Leubus (Schles.), kam jung nach Holland und lernte dort die Rembrandtschule kennen, weilte in Prag, Breslau und Berlin und lebte seit 1666 in Leubus. Den Hauptteil seines Werkes nehmen religiöse Gemälde ein; daneben gibt es noch historisch-allegorische und Landschaften. W. ist von den Helldunkel-Effekten Rembrandts und der schwärmerischen Inbrunst der religiösen Gemälde van Dycks ausgegangen; erst später fangen die Lokalfarben an zu leuchten und hellt sich das Ganze auf. Sehr lebendig sind seine großgeformten, von wirklichem Naturgefühl zeugenden Landschaften. Hauptwerke: die farbenprächtigen Fresken der 1692 gebauten Josephskirche in Grüssau.

D. Maul, M. W., 1914 (Stud. z. dt. Kunstgesch. 176); Katalog der W.-Jubiläumsausstellung im Provinzialmus. in Breslau, 1930; E. Kloß, M. W., Leben und Werke eines dt. Barockmalers, 1934.

Wimperg, Ziergiebel der Gotik, über Portalen und Fenstern, oft von →Fialen flankiert. Der Giebel selbst ist mit Blendmaßwerk oder sonstigen Blendgliederungen gefüllt, auch durchbrochen gearbeitet, seine Schrägen sind mit Kriechblumen besetzt, die Spitze wird von einer →Kreuzblume gekrönt. Der W. verstärkt die vertikale Stoßkraft des Spitzbogens, über dem er sich erhebt; er überschneidet Gesimse und Galerien und läßt über deren Horizontalismus den Vertikalismus triumphieren. Als dieser in der Spätgotik weitgehend abgebaut wurde, verschwand auch der W.

E. Lefèvre-Pontalis, Les origines des gâbles, 1907 (Bulletin monumental).

Wimperg

Winckelmann, Johann Joachim, Kunstgelehrter, * 9. 12. 1717 Stendal, † (ermordet) 8. 6. 1768 Triest, war nach pädagogischer Tätigkeit Bibliothekar und Mitarbeiter des Grafen von Bünau in Nöthnitz b. Dresden (1748–54) und schrieb, z. T. von der Dresdner klassizistischen Atmosphäre, bes. von A. F. Oeser angeregt, 1755 in Dresden seine „Gedanken über die Nachahmung der griech. Werke in der Malerei und Bildhauerkunst". Diese Schrift wurde vor allem durch ihre leidenschaftliche Sprache die eigentliche Programmschrift der beginnenden klassizistischen Bewegung in Deutschland. Im gleichen Jahre siedelte W. auf immer nach Rom über, wo er die röm. Altertümer an der Quelle studieren konnte (nach Griechenland ist er nie gekommen) und seit 1763 Präsident der Altertümer und Skriptor der vatikanischen Bibliothek war. Seine umfassende Kenntnis der antiken Kunst und Kultur legte er nieder in s. Hauptwerk „Geschichte der Kunst des Altertums" (1764, neueste Ausg. v. W. Senff 1964). Die Bedeutung dieses Werkes besteht vor allem in seiner völlig neuen Betrachtungsweise: es wird auf die Grundbedingungen des künstler. Schaffens zurückgegangen, auf die Lebensformen der Völker, auf Boden, Klima, Rasse, Staat, Gesellschaft, Religion; an Stelle der bisher üblichen Künstlergeschichte tritt eine Stilgeschichte, die die allgemeinen geistigen Kräfte und den Zusammenhang zwischen Kunst und Leben zu erkennen sucht. Das alles wird vorgetragen in einer zugleich klaren und von Begeisterung für den Gegenstand erleuchteten Sprache. W. ist mit diesem Werk zum Begründer der klassischen Archäologie, aber auch der neueren Kunstwissenschaft geworden. – Gesamtausgaben: 8 Bde., Dresden 1828; 12 Bde. und 1 Tafelbd., Donaueschingen, 1825–29; Auswahl aus W.s Schriften u. Briefen, hrsg. v. F. Forschepiepe, 1944

(Kröner Taschenausgabe Bd. 181); Briefe (krit.-histor. Gesamtausg.) hg. v. H. Diepolder und W. Rehm, Bd. 1–4, 1952–57.

Goethe, W. und sein Jahrhundert, 1805; C. Justi, W. und seine Zeitgenossen, 3 Bde., 1866–72, 2 Bde., [4]1943 (mit Einl. v. L. Curtius u. Bibliographie), [5]1956 in 3 Bdn. hg. v. W. Rehm; W. Waetzoldt, Deutsche Kunsthistoriker, Bd. 1, 1921; B. Vallentin, W., 1931; G. Baumecker, W. in seinen Dresdener Schriften 1933; W.-Bibliographie von H. Ruppert, 1942; A. Schulz, Die Bildnisse J. J. W.s, 1953; Ders., W. und seine Welt, 1962; W. Leppmann, J. J. W., 1972; K. Zimmermann (Hg.), Dresdner Antiken, die W. sah, 1977; W. Leppmann, W. Ein Leben für Apoll, 1982.

Windeisen, die in bestimmten Abständen horizontal in das Gewände eines Kirchenfensters eingelassenen Eisen, die der Glasfläche Halt gegen den Winddruck bieten sollen.

Wirbelrosette →Rosette.

Wirtel →Schaftring.

Winter, Fritz, Maler, * 22. 9. 1909 Altenbögge/Westf., als Elektriker Autodidakt, studierte 1927–30 am →Bauhaus bei P. →Klee, W. →Gropius u. O. Schlemmer, wirkte als Lehrer a. d. Pädagog. Akademie Halle/S. u. lehrte seit 1955 a. d. Werkakademie in Kassel. Das zentrale Thema in W.s Werken war zunächst die Natur, abstrakte Gemälde mit Arabesken u. Kurven aber auch kristallinen Brechungen, die sie in die Nähe des →Kubismus rückten. In ihnen wollte er die „Triebkräfte der Erde" (Folge 1944) sichtbar machen. Bildthemen: Im Gestein, Dunkle Erde, Gestirn, Kreisend (1953), Vor dem Feuer (1952) Lichtsäulen (1935). Sein späteres Schaffen ist gekennzeichnet durch meist rechteckige Kompositionen, bei denen sich dunkle gitterartige Gebilde vor hellem Hintergrund ausbreiten, auch Konstruktionen vor dunklen Tiefenräumen, wie Wirbel, Bewegungsspuren o. ä.

P. Vogt, Gesch. d. dtn. Malerei d. 20. Jhdts., 1972; W. Haftmann, F. W., 1951; ders., F. W., Triebkräfte d. Erde, 1957; J. Büchner, F. W., 1963; H. Keller, F. W., 1976.

Wismutmalerei, Malerei mit Lackfarben auf einem Untergrund von Wismut, das pulverförmig auf eine Kreideschicht aufgetragen und mit einem Polierstahl geglättet worden ist. Der weiche, graue Metallton schimmert durch die Lackfarben hindurch. Die W. war im 16. und 17. Jh. bes. in Süddeutschland heimisch und kommt fast ausschließlich als Einlage in Schränkchen, Kästchen, Schachteln u. dgl. vor.

E. Wibel, Beiträge zur Gesch. der W., 1891.

Witte, Emanuel de, holländ. Maler, * 1607 Alkmaar, † 1692 Amsterdam, tätig seit 1642 in Delft, seit etwa 1654 in Amsterdam, Hauptmeister des Kircheninterieurs. Seine Innenansichten Delfter und Amsterdamer Kirchen sind nicht auf möglichst vollständige Ansicht und sachlich genaue Wiedergabe vieler Einzelheiten angelegt, sondern sie geben gern einen begrenzten Ausschnitt des Ganzen, diesen aber so, daß durch das einfallende Sonnenlicht, das über die Dinge hinspielt und mannigfache Reflexe erzeugt, ein warm getöntes, malerisches Innenraumbild entsteht. Auch die den Raum in ruhigem Beieinander belebenden Menschen sind in diese weichen Übergänge von Licht und Schatten einbezogen.

H. Jantzen, Das niederländ. Architekturbild, 1910; W. v. Bode, Die Meister der holländ. u. fläm. Malerschulen, [9]1958; Ilse R. Manke, E. de W., 1963.

Witten, Hans, Bildhauer, * zw. 1470/80, tätig im ersten Viertel des 16. Jhs. in Obersachsen, der bedeutendste Vertreter der dortigen spätgot. Bildnerei, stammte vermutlich aus Niedersachsen. Drei seiner Werke sind mit Monogramm versehen und datiert, mit H. W. (daher auch Meister H. W. genannt); es sind dies die Hl. Helena vom Rathaus in Halle/Saale, 1501; der Altar in der Katharinenkirche in Borna/Sachsen, 1511; die „Schöne Tür" der Annenkirche in Annaberg, 1512. – Die Zahl der ihm zugeschriebenen Werke beträgt etwa zwanzig. Als Hauptstücke gelten die „Schöne Tür" in Annaberg und die „Tulpenkanzel" des Freiberger Domes, beides Werke, die von jeder Überlieferung völlig abweichen. Die Tulpenkanzel ist, abgesehen von allem Formalen, auch deshalb interessant, weil sie jene eigentümliche, zuweilen als „romantisch" b zeichnete Stimmung in Bildern der Dürerzeit auf ein Bildwerk übertragen zeigt.

R. Hünicken u. G. van der Osten, Studien zum Werk des Meisters H. W., 1936 (Jb. der Preuß. Kunstsammlungen, Bd. 57); G. van der Osten, Das Frühwerk des Hans Witten, 1942 (ebenda Bd. 63); W. Hentschel, Hans Witten. Der Meister H. W., 1938; W. Grundmann, Der Meister H. W. Das Schaffen Hans Wittens, 1976; J. Meintschel, Die Tulpenkanzel im Freiberger Dom, Dipl.-Arbeit Univ. Berlin (O), 1962; E. Fründt, Der Bornaer Altar von H. W., 1975; Margot Pfannstiel, Die Tulpenkanzel, ²1983.

Wittingau, Meister von, der bedeutendste Meister der böhm. Tafelmalerei der 2. Hälfte des 14. Jh., so genannt nach einigen aus W. (Südböhmen) stammenden Bildern mit Passionsdarstellungen in der Prager Nationalgal. Der Meister von W. hat seine Bilder aus der Farbe aufgebaut und ist damit zu neuen Wirkungen und zu einer neuen Gewalt des Ausdrucks gelangt (Ölberg, Auferstehung Christi). Seine Kunst ist eine großartige Zusammenfassung und Steigerung der Voraussetzungen, die die böhm. Malerei in Tafelbildern, Wandgemälden und Miniaturen etwa seit der Mitte des 14. Jh. geschaffen hatte, so daß es, um ihr Werden zu erklären, der Heranziehung westlicher Einflüsse (Broederlam) nicht bedarf. Die Tätigkeit des Meisters wird auf 1370–90 anzusetzen sein.

K. Oettinger, Der Meister von W. und die böhm. Malerei des späteren 14. Jh., 1935 (Zeitschr. des Dt. Vereins f. Kunstwiss., Bd. 2); A. Stange, Dt. Malerei der Gotik, Bd. 2, 1936; A. Matějček, Got. Malerei in Böhmen, dt. 1939; A. Elsen, Der W.er Meister und Karl IV., 1942 (Pantheon 15); J. Pešina, Zur Frage d. Chronologie des „schönen Stils" i. d. Tafelmalerei Böhmens (in: Shornik praci filosoficke fakulty Brněnske University Bd. 14/15), 1971.

Wittislingen, Grab von (München, Nationalmus.). 1881 wurde bei W., B.-A. Dillingen, Bayr.-Schwaben, eine in den Felsen gehauene Grabkammer aufgefunden, welche die Doppelbestattung eines Mannes und einer Frau enthielt. An Beigaben waren vorhanden: eine 17¹/₂ cm lange silbervergoldete Bügelfibel (→Fibel), in prächtiger Arbeit mit enger Zellenverglasung (→Email) und →Filigranauflagen verziert; eine goldene Scheibenfibel mit bandförmiger Zellenverglasung und reicher Filigranauflage; ein silbervergoldeter Schnallenbeschlag mit →Almandineinlagen und Tierornamentik im Stil II (→Germanische Kunst); ein goldener Fingerring und Teile eines preßverzierten Goldblechkreuzes. Eine lat. Inschrift auf der Rückseite der großen Bügelfibel besagt, daß diese von der Frau Tisa ihrem Manne Uffila geschenkt wurde. Die Schmucksachen gehören der ersten Hälfte des 7. Jh. n. Chr. an und verraten starken Einfluß von seiten des langobardischen Kunstkreises.

J. Werner, Das alamannische Fürstengrab von W., 1950.

Witz, Konrad, Maler, * kurz nach 1400 Rottweil, † zwischen 1444 und 1446 Genf oder Basel, wo er 1435 in die Malerzunft aufgenommen wurde. Sein erhaltenes Werk hat sich erst im Laufe des 19. Jh. von den verschiedensten Seiten her zusammengefunden, und seit etwa 1900 ist er als einer der größten Meister altdeutscher Malerei in die Kunstgeschichte eingegangen. In der Genauigkeit der Wirklichkeitsbeobachtung, im Drang und in der Fähigkeit, jedes Ding in seiner äußeren Erscheinung, in seiner stofflichen Struktur, seinem raumkörperlichen Gehalt zu erfassen und mit malerischen Mitteln zu gestalten, steht er im 15. Jh. in Deutschland einzig da. Dabei ist seine Kunst, die den →weichen Stil endgültig überwunden hat, trotz aller Wirklichkeitsnähe vom großen Atem mittelalterlicher Idealität erfüllt. In seiner Tafel mit dem heil. Christophorus (um 1435; Basel, Kunstmus.) und der Darstellung von Petri Fischzug, seinem einzigen datierten und signierten Bild (1444; Genf, Mus.) hat er zum ersten Male in der dt. Kunst einen bestimmten Landschaftsausschnitt wiedergegeben. Auch das Problem der Figur im Innenraum, der zudem durch eine neue Weise der Lichtführung lebendig gemacht wird, ist von ihm in kühnster Weise gelöst worden. – Von den etwa 20 erhaltenen Tafeln gehören 13 dem Basler Heilspiegelaltar an (um 1435; größtenteils Basel, Kunstmus.; ihre Zusammengehörigkeit neuerdings bezweifelt), 4 dem Genfer Altar von 1444 (Genf, Mus.).

D. Burckhardt, Das Werk des K. W., 1901 (Festschrift der Stadt Basel); A. Schmarsow, Die oberrhein. Malerei, 1903; Mela Escherich, K. W., 1916; H. A. Schmidt, K. W., 1920; H. Graber, K. W., 1922; H. Wendland, K. W., 1924; H. Jantzen, K. W., 1927; O. Fischer, K. W., 1938; W. Ueberwasser, K. W., 1938; J. Gantner, K. W., ²1943; Mathilde Meng-Koehler, Die Bilder des K. W. u. ihre Quellen, 1947 (Ars Docta 9); P. Ganz, Meister K. W. von Rottweil, 1974; W. Ueberwasser, K. W. und s. Konzilaltar in Basel (in: Sitzungsber. d. Kunstgesch. Ges. Berlin, 3) 1954/55; H. Röttgen, K. W.-Analyse u. Gesch. s. Farbgebung, Diss. Univ. Marburg, 1958; G. Schmidt, K. W., 1962; U. Feldges-Henning, Die Werkstatt u. Nachfolge des K. W., Diss. Univ. Basel, 1968.

Wladimir, östl. von Moskau gelegenes Zentrum altruss. Baukunst, die hier mit Hauptwerken wie der Mariä - Himmelfahrts - Kathedrale (1185–89), der Kirche zu Mariä Schutz und Fürbitte an der Nerlja (gegen 1165) und der Dmitrij-Kathedrale (1194–97) vertreten ist.

Wodan in der bildenden Kunst des Frühmittelalters →German. Kunst und →Hornhausen, Reiterstein von.

Wölfflin, Heinrich, Kunstgelehrter, * 21. 6. 1864 Winterthur, † 19. 7. 1945 Zürich, Schüler von Jacob Burckhardt und als dessen Nachfolger 1893 Prof. in Basel; 1901 in Berlin, 1912 in München, 1924 in Zürich. W. hat als erster die formanalytische Betrachtungsweise systematisch angewandt und damit entscheidend zur Entwicklung der neueren Kunstwissenschaft beigetragen. In seinem theoretischen Hauptwerk „Kunstgeschichtliche Grundbegriffe“ (1915; ¹³1964) hat er versucht, mit dem Beispiel Renaissance-Barock seine Lehre von der gesetzmäßigen Periodizität der Kunststile zu begründen. Weitere Hauptwerke sind: „Renaissance und Barock“ (1888; ⁵1961), „Die klassische Kunst“ (1899; ⁷1924), „Die Kunst Albrecht Dürers“ (1905; ⁶1942), „Italien und das deutsche Formgefühl“ (1931). – „Kleine Schriften“, hg. von J. Gantner (1946; mit Bibliographie).

F. Landsberger, H. W., 1924; W. Böckelmann, Die Grundbegriffe der Kunstbetrachtung bei W. und Dvořák, 1938; B. Reifenber, H. W., 1957 (in: Die großen Deutschen 5); G. Strauss,

H. W. Über seine Bedingtheit u. seine Bedeutung, 1960 (Festschr. zur 150-Jahr-Feier d. Humboldt-Univ. zu Berlin, Bd. 1); E. Hüttinger, W.s Werk heute (in Zeitschr. f. Ästhetik u. allg. Kunstwiss., 12/1), 1967.

Wolgemut, Michael, Maler und Holzschnittmeister, * 1434 Nürnberg, † 30. 11. 1519 das., Lehrer von Dürer, berührt von der altniederländ. Malerei (Rogier v. d. Weyden und Bouts). Gesichert für ihn ist der Hochaltar der Marienkirche in Zwickau (1479; jedoch außer W. noch 2 Hände zu unterscheiden), während der sehr bedeutende Hochaltar der ehemaligen Augustinerkirche in Nürnberg (1487, Nürnberg, German. Mus.; bis 1927 „Peringsdörfer Altar" genannt und auf Grund einer Nachricht Neudörfers dem W. zugeschrieben) einem unbekannten Meister gehört. Gesicherte Arbeiten sind nur noch die Altartafeln der Stiftskirche in Feuchtwangen (1484) und der Kirche in Schwabach (1508). – W. war der erste Maler, der auch als Holzschnittmeister bekannt ist. Aus seiner Werkstatt gingen hervor die Holzschnitte zum „Schatzbehalter" (1491) und (in Zusammenarbeit mit Wilhelm Pleydenwurf u. a.) zur „Schedelschen Weltchronik" (1493), die mit ihren etwa 2000 Holzschnitten das umfangreichste Holzschnittwerk des 15. Jh. ist.

E. Abraham, Nürnberger Malerei der 2. Hälfte des 15. Jh., 1912 (Studien zur dt. Kunstgesch., 157); E. Flechsig, Albrecht Dürer, Bd. 1, 1928; G. Betz, M. W. u. seine Werkstatt, Diss. Freiburg 1955; R. Bellm, W.s Skizzenbuch im Berliner Kupferstichkabinett. (in: Stud. z. Kunstgesch. 322), 1959.

Wols (Wolfgang Schulze), Maler und Graphiker, * 27. 5. 1913 Berlin, † 1. 9. 1951 Paris, Ausbildung als Photograph, kurze Zeit am Bauhaus, ging 1932 als Photograph nach Paris, reiste 1933 nach Spanien, hielt sich bis 1945 in Südfrankreich auf. Wols gilt als einer der Begründer des →Tachismus. Er folgte in seinen meist kleinformatigen Ölbildern und Zeichnungen einer freien, assoziierenden Phantasie. Seine vielgestaltigen, mit außerordentlicher Feinheit gezeichneten oder sehr pastos gemalten Formen erinnern an Wurzelgeflechte und Pflanzen, auch an Kristalle und Felsen. Seine Malerei ist also nicht eigentlich gegenstandslos, zeigt jedoch keine streng begrenzten, ausgeprägten Formen, sondern allgemeine Strukturen, wie sie in der Natur begegnen.

W. Haftmann, W. Aufzeichnungen, Aquarelle, Aphorismen, Zeichnungen, 1963; ders. Ausst.kat. W. 1913–51, Gemälde, Aquarelle, Zeichnungen, Nat. Gal. Berlin (W), 1973; Kat. W. als Photograph, Berlin (W), 1978.

Worcester-Porzellan, das Porzellan der 1751 in Worcester gegründeten Fabrik, ein Frittenporzellan von nicht sehr originellem, aber farbenschönem Dekor.

Wormser Dom. Hauptwerk der rhein. Romanik (Abb. →Romanischer Stil), doppelchörige Anlage, mit vier schlanken Rundtürmen, paarweise an jedem Chor und je einem achteckigen Turm über Ostvierung und Westchor. Vorangegangen ist ein fränk. Dom, an dessen Stelle etwa 1020 ein neuer errichtet wurde. Seine Abmessungen und Grundlagen, auch einiges von seinem aufgehenden Mauerwerk beibehaltend, folgte ihm der heutige Dom (1181 geweiht, der Westbau erst um 1234 vollendet). Die 1859 begonnene und 1906 abgeschlossene Restaurierung und Sicherung, bes. die Erneuerung des Westchors, ist eine bedeutende Leistung moderner Denkmalpflege. Der Westchor mit seiner Gruppierung und seiner Aufgipfelung der Massen und dem Reichtum dekorativer Gliederung ist eine der stärksten Offenbarungen deutscher Spätromanik, dessen künstlerische Voraussetzungen nicht auf südfranz. oder normannische Beeinflussungen zurückgehen, wie man früher vermutet hat, sondern im Elsaß liegen. Der W. D. ist reich an romanischen und gotischen Bildwerken sowie an mittelalterlichen Malereien.

H. Weigert, Die Kaiserdome Speyer, Mainz und Worms, 1934; Der Dom zu Worms, beschrieben u. gewürdigt v. R. Kautzsch u. a., Text- und Tafelbd., 3 Bde, 1938; E. Gall, Dome und Klosterkirchen am Rhein; H. Künze, Der W.-Chor des W. D.s (Ztschrft. f. Kunstwiss. 14) 1960.

Worpswede, Schule von, die von dem Maler Fritz Mackensen in dem Dorf W. bei Bremen 1895 begründete Künstlerkolonie, der außerdem Otto Modersohn, Hans am Ende, Fritz Overbeck und Heinrich Vogeler angehörten. Sie hat hier ein Stück norddt. Moor- und Heidelandschaft mit ihren Bauernhäusern und schlichten Menschen als Thema für stimmungsvolle Kompositionen entdeckt.

H. Bethge, W., [2]1907; R. M. Rilke, W., 1903, 1951; S. D. Gallwitz, 30 Jahre W., 1922; L. Schüßler, Die W.r Malerei um 1900 und ihre entwicklungsgesch. Stellung, Diss. Univ. Marburg, 1952; Ausst.kat. Kunsthalle Bremen, Aus d. Frühzeit der Künstlerkolonie, 1970; H. Faltus, W. Urteil u. Vorurteil, 1972; G. Wietek, Dtsche. Künstlerkolonien u. Künstlerorte, 1976.

Wotruba, Fritz, österr. Bildhauer, * 23. 4. 1907 Wien, † 28. 8. 1975 das., stud. 1925–27 an der Wiener Kunstakademie, lebte 1938–45 in der Schweiz. Er bevorzugt die Steinskulptur, arbeitet jedoch auch in Bronze. Die strenge Klarheit seiner frühen Figuren und Torsi, ihre feste Geschlossenheit und ihr in großen Formen gegliederter organischer Bau erinnert an frühgriech. Werke, die ihn neben der Kunst →Maillols angeregt haben. Nach dem Kriege begann er stärker zu abstrahieren und die Körper zu kubischen Formen zusammenzufassen. Die seitdem entstandenen Werke erscheinen wie aus zyklopischen Blöcken gefügt, es sind monumentale Skizzen; der rauh bearbeitete Stein enthält die Gestalt, ohne sie ganz freizugeben. Er schrieb: „Überlegungen, Gedanken zur Kunst" 1951.

E. Canetti, F. W., 1955; F. Heer, F. W., 1961 (franz.), 1977 (dt.); O. Breicha, Um W.-Schriften zum Werk, 1967; M. Semff, Zu frühen Zeichngn. F. W.s, (Pantheon 35) 1977; F. Heer, F. W., 1977.

Wouwerman, Philips, niederländ. Maler, get. 24. 5. 1619 Haarlem, begr. 23. 5. 1668 das., Schüler von Frans Hals, Spezialist für Szenen aus dem Reiterleben (Krieg und Jagd) und überhaupt der Darstellung des Pferdes in Verbindung mit dem Menschen; bes. im 18. Jh. viel nachgeahmt. Figürliches und Landschaftliches sind gleich vorzüglich durchgearbeitet und komponiert bei genauer Beobachtung der Luft- und Farbenperspektive. Die Bilder seiner besten Zeit zeichnen sich durch feine helle Tonigkeit aus. – Sein Bruder Pieter W. (1623–83) war in seinen überaus zahlreichen Bildern thematisch von ihm abhängig, ohne ihn künstlerisch zu erreichen.

C. Hofstede de Groot, Beschreib. u. krit. Verz. d. Werke d. hervorragendsten holländ. Maler d. 17. Jhs., Bd. 2, 1908; W. v. Bode, Die Meister der holländ. u. fläm. Malerschulen, [9]1958.

Wren, Sir Christopher, engl. Baumeister, * 20. 10. 1632 East Knoyle (Wiltshire), † 25. 2. 1723 Hampton Court, nach Jones der größte Baumeister des engl. Klassizismus. Der Brand von London (1666) eröffnete ihm ein Tätigkeitsfeld, wie es selten einem Architekten beschieden war.

Sein groß angelegter Aufbauplan kam allerdings nicht zur Ausführung. Die Zahl der von W. in London errichteten Kirchen wird mit 55 angegeben (z.T. nicht erhalten). Hauptwerk ist die St. Pauls-Kathedrale (1672–1700), nach dem Muster der Peterskirche in Rom eine Verbindung von Zentral- und Langhausbau, imposant, aber etwas trocken und nüchtern. Ferner sind hervorzuheben: St. Stephan in Walbrook, das Brandmonument in London (1671–77), das Hospital in Greenwich, der Ostflügel von Schloß Hampton Court (1690). – Ausgabe seiner Werke von der W.-Society (seit 1925).

Chr. Wren, Sir Chr. W., his life and works, 1923; Whitaker-Wilson, Sir Chr. W., 1932; G. Webb, W., 1938; E. F. Sekler, W. and his place in European architecture, 1956; M. Whinney, W., 1971 (engl.); H. F. Hutchison, Sir Chr. W., 1976 (engl.); Ausst.kat. Ch. W. Whitechapel Art Gallery, 1982.

Wright, Frank Lloyd, amerikan. Baumeister, * 8. 6. 1868 Richland Centre (Wisc.), † 9. 4. 1959 Phoenix (Arizona), Schüler von Louis H. →Sullivan versuchte durch Herausstellung reiner Bauformen, auch durch Verwendung neuer Materialien (bes. Glas), einen eigenen Stil mit neuen Ausdrucksmöglichkeiten zu begründen. Er war der führende Baumeister des modernen Amerika, dessen kühne Schöpfungen (Verwaltungs- und Hotelbauten, Museen, Kirchen) über den ganzen nordamerikan. Kontinent verbreitet sind. – Selbstbiographie (1932). Schriften u. Bauten; ausgew. u. hg. von E. Kaufmann u. B. Raeburn, dt. 1963.

H. Th. Wijdeveld, The Life and Work of ... F. L. W., 1925; H. de Fries, F. L. W., 1926; Hitchcock, F. L. W., 1928 (franz.); W. M. Moser, F. L. W., 1952; C. G. Manson, F. L. W. to 1910, 1958; F. L. W., Human Architekture, 1969; ders., Ein Testament, 2 Bde. o. J.; M. D. Bardeschi, F. L. W., 1970; W. A. Storrer, The architecture of F. L. W. A complete catal., 1973; H. R. Hitchcock, In the nature of materials: 1887–1941, the buildings of F. L. W., 1973; W. A. Storrer, The architecture of F. L. W. (compl. cat.), 1974; F. L. W., Selected Drawings, (hg. v. Yukio Futawaga u. d. F. L. W. Foundation) 1977; J. Sergeant, F. L. W.s Usonian houses: the case of organic architecture, 1976; O. A. Graf, Gesch. einer vierfachen Freude: zum Werk F. L. W.s, 1980; B. Zevi, F. L. W., 1981.

Wüchsenzeichen → Tremolierstich.

Würfelfries →Fries.

Würfelkapitell →Kapitell.

Wurstkrug →Ringkrug.

Würzburger Schloß (Residenz), der Sitz der Würzburger Bischöfe, beg. 1719 unter Johann Philipp Franz von Schönborn, im Rohbau fertig 1744, innere Einrichtung bis gegen 1770, an Umfang und Bedeutung das Hauptwerk der dt. Schloßbaukunst des Barocks. Der trotz vielen späteren Änderungen im großen und ganzen festgehaltene Entwurf stammt vom Kurmainzischen Hofarchitekten Maximilian von Welsch. Die technische Leitung hatte Balthasar Neumann, der aber in zunehmendem Maße Einfluß auch auf die künstlerische Gestaltung des Baues gewann. Die franz. Anregungen, die Neumann in Paris von Robert de Cotte und Germain Boffrand sammelte, sind verhältnismäßig wenig wirksam gewesen. Tiefer griffen dagegen Wiener Anregungen ein (Lukas von Hildebrandt: Gartenfassade), nachdem 1729 der kaiserl. Vizekanzler in Wien, Friedrich Karl von Schönborn, Würzburger Bischof und damit Bauherr des Schlosses geworden war. – Das W. S. ist ein Gruppenbau mit Ehrenhof, je zwei Binnenhöfen innerhalb der Flügel, einer Gartenfront von 160 m und Seitenfronten von 90 m. Im ganzen herrscht im Außenbau (horizontale Dachlinien, knappe Risalite) maßvolle Ruhe. Haupträume sind: das von einem riesigen Deckengemälde Tiepolos (1750–53) überspannte Treppenhaus, im wesentlichen eine Schöpfung Neumanns und das großartigste des dt. Barocks überhaupt; der Kaisersaal; die Kapelle. Unter den Meistern der Innenausstattung sind außer Tiepolo und seinem Sohn zu nennen: Johann Zick, Jakob und Wolfgang von der Auwera, J. G. Oegg, Antonio und Materno Bossi. 1945 wurden durch Bombenangriffe große Teile zerstört.

R. Sedlmaier und R. Pfister, Die fürstbischöfliche Residenz zu W., Text- und Tafelband 1923; M. H. v. Freeden, Residenz W., [13]1962; E. Bachmann, Residenz W. und Hofgarten, 1973.

Wurzel Jesse →Jessebaum.

Xoanon, das alte, aus Holz geschnitzte Götterbild der Griechen, das zunächst kleinen Formates ist. Bei →Pausanias sind zahlreiche Beispiele überliefert, und wenn auch in Griechenland keines erhalten ist, so kennt man jetzt von einigen späteren Beispielen die Metallverkleidung. Xoana wird es seit dem 8. Jh. v. Chr. gegeben haben. Sie verschwinden mit dem Aufkommen der Steinplastik allmählich, galten aber noch in röm. Zeit als Zeugnisse uralter Kunstbetätigung und wurden oft mit dem Namen des →Daidalos in Verbindung gebracht.

Xylographie →Holzschnitt.

Zadkine, Ossip, russ.-franz. Bildhauer u. Graphiker, * 14. 7. 1890 Smolensk, † 15. 11. 1967 Neuilly b. Paris, ging 1909 nach Paris, lebte 1940 bis 1945 in New York. Z. war einer der ersten Bildhauer, die den →Kubismus auf die Skulptur übertrugen. Er verwandelte Figuren und Köpfe in stereometrische, mit harten Kanten aufeinanderstoßende Körper, wobei er häufig konkave Formen verwendete. Jedoch suchte er nicht die „einfachste Grundform" sondern eine geordnete Mannigfaltigkeit von Motiven. Seit etwa 1924 kommt die expressive Anlage seiner Werke immer stärker zum Durchbruch. Die Formen verlieren ihre Strenge, werden deformiert, auseinandergerissen und gewinnen dämonischen Ausdruck. Z. wählt zumal in seinem späteren Werk oft mythologische Themen. Sein bekanntestes Werk ist das 1954 vollendete Denkmal „Die zerstörte Stadt" in Rotterdam. Beachtenswert sind auch Z.s Graphiken, besonders die Radierfolge „Vingt eaux-fortes de la guerre de 1914–18" (1919), vergleichbar der Folge von Otto Dix „Der Krieg". Wie in Z.s Plastik herrscht auch in den graphischen Werken die Formensprache des Kubismus.

A. M. Hammacher, Z., 1954; J. Cassou, Ausst.kat. Kunstmus. Köln, Z., 1960; U. Gertz, O. Z., 1965.

Zahnfries →Fries.

Zangenfries, ein aus zangenähnlichen Ornamenten bestehender

Zangenfries

Fries german. Ursprungs (aus zwei alten Firstornamenten zusammengewachsen), dessen bekanntestes Beispiel sich am →Theoderich-Grabmal in Ravenna befindet.

Zarge, rahmenartige Einfassung, z.B. das Türgerüst, das in die Wand eingepaßt ist (Türzarge); der erhöhte Rand einer Tafel; der Rahmen, der das Zwischenglied zwischen einer Tischplatte und den Tischbeinen bildet.

Zauner, Franz Anton, Bildhauer, * 5. 7. 1746 Untervalpatann (Tirol), † 3. 3. 1822 Wien, 1776–80 in Rom, führender Meister des Klassizismus in Wien, seit 1806 Leiter der Akademie das. Hauptwerk ist das der antiken Reiterstatue des →Marc Aurel nachgebildete bronzene Reiterdenkmal Josephs II. auf dem Josephsplatz in Wien (1795–1806). Noch barock, wiewohl in den Figuren dem Klassizismus Donners nacheifernd, der Brunnen im Schloßhof von Schönbrunn (1776). Unter den weiteren Werken sind bes. Grabdenkmäler und Bildnisbüsten hervorzuheben.

H. Burg, Der Bildhauer F. A. Z. u. seine Zeit, 1915.

Zeichenkamera, eine Camera obscura, die vom Maler, bes. dem Landschafts-, Architektur- und Städtemaler, als Hilfsmittel zur zeichnerischen und malerischen Darstellung wirklichkeitstreuer, perspektivisch richtiger Ansichten benutzt worden ist, desgleichen zur Anfertigung von Kopien und Schattenbildern. In ihrer speziellen Form ist sie trag- und oft zusammenlegbar, ausgerüstet mit einer Linse oder mehreren (ursprünglich jedoch nur Lochkamera), mit Spiegel oder Prisma. Der erste Versuch ihrer Anwendung fällt in die Zeit der Erfindung der →Perspektive (1430–40) und ist bereits bei →Alberti nachzuweisen. Weite Verbreitung, namentlich auch in Dilettantenkreisen, fand sie im 18. Jh. So hat sich →Canaletto (Belotto) zur Anlage seiner Städtebilder ihrer bedient. Im 19. Jh. wurde die Z. durch die photographische Kamera technisch überholt. Erhalten haben sich nur wenige Exemplare.

Pernety, Handlexikon der bildenden Künste, dt. 1764 (Artikel Camera obscura und Abb. 15); Brander, Beschreibung einer Camera obscura, 1769, 1775; H. A. Fritzsche, Bernardo Belotto, gen. Canaletto, 1936; D. Gioseffi, Canaletto – Il quaderno delle Gallerie Veneziane e l'impiego della camera ottica, 1959 (Università degli Studi di Trieste: Istituto di Storia dell'Arte 9); W. Baier, Quellendarstellungen z. Gesch. d. Fotografie, 1966.

Zeichnung →Handzeichnung, →Ritzzeichnung.

Zeitblom, Bartholomäus, Maler, nachweisbar in Ulm von etwa 1480 bis etwa 1518, Hauptmeister der Ulmer Malerei der Spätgotik, Schwiegersohn von Hans →Schüchlin. Seine Kunst zeichnet sich aus durch ruhige, große, ideale Formen (Gegenstück zu den Büsten des Ulmer Chorgestühls von Syrlin), durch Anmut der Linie und zarte Farben. Hauptwerk sind die Flügelbilder des Hochaltars der Klosterkirche zu Blaubeuren (etwa 1490 bis 1495), weiter sind zu nennen: Eschacher Altar (1496; Stuttgart, Mus.); Predella mit Schweißtuch der Veronika (Berlin, Staatl. Mus.), Heerberger Altar (1497; Stuttgart, Mus.). In seinen späteren Werken hat Z. die einmal gefundenen Typen seiner gestreckten, feierlich bewegten Gestalten mit ihren langen Köpfen und schmalen Augen häufig wiederholt.

Koch, Z.s reifer Stil, Berliner Diss. 1909; S. Wulz, Die Familie Z., 1936 (Jahrb. d. Hist. Vereins f. Nördlingen, Jahrg. 18); E. Buchner, Bericht über die Meister d. Blaubeurer Altars (in: Münchner Jb. d. bild. Kst., 1) 1924; B. Bushart, Stud. zur altschwäb. Malerei (in: Ztschr. f. Kunstgesch. XXII), 1959; W. Hugelshofer, Gemälde kleinen Formats von B. Z. (in: Pantheon XXIII), 1965.

Zelleneinlage, Zellenverglasung →Email.

Zellengewölbe, ein in der spätgot. Baukunst (z.B. Albrechtsburg in Meißen) vorkommendes Gewölbe, das aus einzelnen „Zellen“ besteht, d.h. aus kerbschnitt- oder trichterartig eingetieften Schalen, die durch Grate gegeneinander abgesetzt sind. – Das Z. tritt kurz nach der Mitte des 15. Jhs. in Kursachsen auf und greift später auch nach Böhmen und auf das ehemalige Ordensland Preußen über, um im Laufe der 1. Hälfte des 16. Jhs. wieder zu verschwinden.

Zellenschmelz →Email.

Zeltdach →Dachformen.

Zentauren →Kentauren.

Zentralbau, ein Bau, dessen Teilräume sich um einen sie durch seine Abmessungen beherrschenden, in sich zentrierten Raum gleichmäßig gruppieren. Dieser Mittelraum kann über Kreis, Ellipse, Quadrat oder regelmäßigem Vieleck als Grundriß errichtet sein. Zuweilen wendet man die Bezeichnung Z. auch auf größere Rund- oder Achteckbauten (Oktogon) an, obwohl sie Teilräume nicht besitzen. Der Z. fordert nicht zum Durchschreiten auf, wie der Langhausbau der →Basilika; er wird am vollkommensten erlebt, wenn man in seiner Mitte verweilt und rundum schaut. Der Zentralraum drängt zur Wölbung durch die →Kuppel, da sie dem Wesen seiner Raumbildung am nächsten kommt. In Analogie zur Hauptkuppel können die Teilräume Nebenkuppeln haben.
Keimzelle des Z.s ist der Rundbau, wie ihn in entwickelter Form etwa die Grabbauten des Altertums darstellten (→Grabmal). Auch kleinere Tempel sind manchmal als Rundtempel aufgeführt worden. Sonderfall ist das →Pantheon in Rom, eigentlich kein Z., sondern ein Rundbau mit Portikus, aber bis in die neueste Zeit immer wieder von vorbildlicher Wirkung für Zentralbauten. Die altchristl. und mittelalterl. Kunst hat sich im Abendland für die Basilika als die Hauptform im Kirchenbau entschieden, da diese den liturgischen Bedürfnissen am besten entsprach. Z.ten sind selten und dienen besonderen Zwecken, als →Taufkirche oder Grabeskirche, oder sie stellen wie die Templerkirchen eine Nachbildung des →Heiligen Grabes dar. Abgesehen von diesen Gruppen gibt es einzelne größere Z.ten (Münster in Aachen, St. Gereon in Köln, Liebfrauenkirche in Trier, St-Front in Périgueux), für die jeweils besondere Voraussetzungen vorlagen. Schließlich stellt die →Dreikonchenanlage eine Annäherung an den Z. dar. In der byzantin. Baukunst wurden auch Gemeindekirchen als Zentralbauten errichtet. Weit verbreiteter Typus ist hier die →Kreuzkuppelkirche, Hauptwerk die →Hagia Sophia in Konstantinopel. Oft hat sich dabei durch Verlängerung eines Kreuzarmes der Z. der Basilika genähert, er ist aber im Bereiche des orthodoxen Christentums der vorherrschende Kirchentypus geblieben.
Im Abendland wurde der Z.gedanke erst in der ital. Renaissance wieder lebendig, und an Stelle des Turmes, der nach außen hin die Kirche auszuzeichnen hatte, trat die Kuppel. Doch obwohl der Z. mit seinem harmonischen Ausgleich der Kräfte dem baukünstlerischen Ideal der Renaissance am vollkommensten entsprach, hat er sich doch nur in wenigen Fällen als große Gemeindekirche durchsetzen können (Sta. Maria della Consolazione in Todi. Musterleistung eines kleineren

Z.s der Spätrenaissance ist Palladios Villa Rotonda bei Vicenza). Im übrigen ist es, wie die Baugeschichte der →Peterskirche in Rom bes. deutlich zeigt, aus liturgischen Gründen meist zu einem Kompromiß zwischen Z. und Langhausbau gekommen. Im Barock hat sich das nicht geändert. Reine Z.ten (z.B. die Frauenkirche in Dresden) sind Ausnahmen. Die meisten Barockkirchen sind Langhausbauten oder zum mindesten dem Langhausbau angenähert. Bes. originelle Lösungen dieser Art weisen die um die Mitte des 18. Jh. entstandenen Bauten von Joh. Michael →Fischer auf (Berg am Laim, Rott am Inn). Der Klassizismus hat in einigen Fällen auf das Pantheon in Rom zurückgegriffen in enger (Hedwigskirche in Berlin) oder freier (Klosterkirche von St. Blasien) Nachbildung. Die Kirchen des 19. und 20. Jh. sind mit wenigen Ausnahmen Langhausbauten. Zu weltlichen Zwecken hat dagegen der Z. mannigfache Verwendung gefunden, vor allem dort, wo es galt, eine große Zahl optisch und akustisch möglichst gleichwertiger Plätze zu schaffen.

J. Burckhardt, Geschichte der Renaissance in Italien, [6]1912; O. Wulff, Altchristl. und byzantin. Kunst, 2 Bde., 1914; D. Boniver, Der Zentralraum, 1937 (m. Lit.); W. Götz, Z. u. Z.tendenz i. d. got. Architekt., 1968; R. Wittkower, Grundlagen d. Architektur im Zeitalter des Humanismus, 1969.

Zentralperspektive →Perspektive

Zeroplastik →Wachsbildnerei.

Zeugdruck, das Bedrucken von Stoffen mit Hilfe von Formmodeln. Das Verfahren war mindestens seit dem 4. Jh. n. Chr. bekannt und wurde bis um 1800 von Hand geübt, seitdem maschinell. Verwendet wurden Holzmodeln, und diese Erzeugnisse einer Formschneidekunst waren eine der wichtigsten Voraussetzungen für den am Ende des 14. Jh. aufkommenden →Holzschnitt. Denn der Holzstock ist nichts anderes als ein Formmodel, das nur eben nicht auf Zeug, sondern auf Papier abgedruckt wurde. Allerdings war er schwarz eingefärbt, während mittelalterliche Z.e

Zeugdruck des 12. Jahrhunderts

außerdem noch das Rot und das Gold kennen. Das Verfahren ist im „Trattato della Pittura" des Cennino →Cennini (Anfang 15. Jh.) beschrieben.

R. Forrer, Die Kunst des Z.s, 1898; Handb. des Z.s, hg. v. G. Georgievics, R. Haller u. L. Lichtenstein, 1930 (3 Bde.); K. Schmidt, Textildruck, 1951; R. Haller, Färberei u. Z., 1951; A. Seiler-Baldinger, Systematik der textilen Techniken, 1973.

Zeus, der höchste griech. Gott, ursprünglich Himmelsgott, der in Gewitter und Regen zur Erde herabsteigt. Er ist nordisch-indogermanischen Ursprungs, seine Religion hat langsam die vorgriech. Kulte verdrängt oder überlagert. Die Kunst stellt Z. in älterer Zeit als nackten bärtigen Mann dar, den Blitz schleudernd. Oft kommt er in mythologischen Szenen, im Gigantenkampf (z.B. Pergamonaltar →Pergamen. Kunst) und in Verbindung mit anderen Göttern in der Vasenmalerei vor. Den klassischen Typus des Göttervaters hat erst die Kunst des 5. Jh. (→Phidias) geschaffen.

Cook, Z., 3 Bde., 1914–25; E. Kunze, Z.bilder in Olympia, 1946 (Antike u.

Abendl. II); H. Schrade, Götter u. Menschen Homers, 1952; J. Liegle, Der Z. des Phidias, 1952.

Zeuxis, neben Parrhasios der bekannteste griech. Maler zur Zeit des peloponnesischen Krieges (431 bis 404 vor Christi). Er war noch Vertreter der alten Vierfarbenmalerei, soll aber auf Illusion besonderen Wert gelegt haben. Seine Bilder fielen durch sorgfältige Technik, harmonische Wirkung von Licht und Schatten und durch die gedrungenen Formen der Figuren auf. Erhalten ist nichts von seinen Werken, doch vermutet man einen Nachklang auf kleinen, in Pompeji gefundenen Marmorbildern röm. Zeit.

W. Kraiker, Das Kentaurenbild des Z., 1950; A. Rumpf in: Hdb. d. Archäol. 4, 1, 1953.

Zick, Januarius, Maler, getauft 6. 2. 1730 München, † 14. 11. 1797 Ehrenbreitstein, Schüler seines Vaters, des Freskomalers Johannes Zick (1702–62), 1757 in Paris, 1758 in Rom, seit 1760 in Ehrenbreitstein. Z. hat für bayrisch-schwäb. Kirchen Deckenfresken gemalt, die an sich zu den wichtigsten Leistungen dieser Zeit gehören, einen Ausgleich zwischen der auf Verkürzungen und Raumillusion ausgehenden Barock- oder Rokokoweise und der klassizistischen Gegenströmung jedoch nicht gefunden haben. Hauptwerk ist das Deckenbild der Klosterkirche von Wiblingen (1778 bis 1780). In seinen Tafelbildern war Z. zunächst von Rembrandt und den Holländern abhängig, hat aber dann seinen eigenen Weg gefunden und gab sein Bestes vor allem in Gruppenbildnissen. Unter diesen ragt hervor das der Familie Remy (1776; Bendorf, Sammlung von Claer).

Feulner, Die Z., 1920; Ders., J. Z.s Frühwerke, 1922 (Städel-Jahrb. Bd. 2); A. Harbeck, Die Fresken von J. Z. in Wiblingen u. d. Problematik illusionist. Deckengestaltung, Diss. Univ. München, 1966; Ausst.kat. Joh. u. J. Z. Mus. Biberach/R., 1975; K. Eitelbach, Ausst.kat. Mittelrh. Mus. Koblenz: Malerfamilie Z., 1976.

Zickzackfries →Fries.

Ziegelbau →Backsteinbau.

Ziergiebel →Giebel.

Ziesenis, Johann Georg, Maler, * 1716 Kopenhagen, 4. 3. 1776 Hannover, war an verschiedenen Orten tätig und wurde 1757 Hofmaler in Zweibrücken, 1760 in Hannover. Die Bildnisse seiner Spätzeit gehören zu den besten Leistungen der dt. Bildnismalerei des 18. Jh. In ihnen ist wohl manches Rokokohafte beibehalten, dieses aber bereits überwunden. Es lebt in diesen Bildnissen eine neue Festigkeit und ein neues Ethos, jedoch weitab von jeder Nüchternheit und Pedanterie. Hauptwerke: Graf Wilhelm und Gräfin Maria zu Schaumburg-Lippe (Fürst zu Schaumburg-Lippe).

F.-F. Kuntze, J. G. Z. Ein dtsch. Hofmaler zw. Rokoko u. Klassizismus, 1932; H. Börsch-Supan, Ausst.kat. Höfische Bildnisse d., Spätbarock, Staatl. Mus. Berlin (W), 1966.

Zikkurat, Ziggurat („Himmelshügel", „Götterberg"), stufenförmiger Turm, ein wesentlicher Bestandteil sumerischer, babylonischer und assyrischer Tempelanlagen. Die größte Z. war der Turm zu →Babel.

H. Lenzen, Die Entwicklung der Z. etc. Diss. Dresden 1942; K. G. Siegler, Der Ur-Turm. Entwicklungsgesch. d. babylon. Z., Stuttgarter Diss. 1949.

Zille, Heinrich, Zeichner, * 10. 1. 1858 Radeburg, † 9. 8. 1929 Berlin, tätig das., begann als Lithograph, bildete sich weiter unter Hosemann und wurde zum Schilderer der Menschen der Berliner Armenviertel und ihres Milieus. In diesen mit weichen Kreide- oder Kohlestrichen gegebenen Zeichnungen wechseln Humor und Tragik oder verbinden sich in eigentümlicher Weise. Sammlungen: „Das H.-Z.-Werk“ (3 Bde. 1926); „Das große Z.-Album“ (1927); „Bilder vom alten u. neuen Berlin“ (1927); „Das Z.-Buch“ (1929); „Z.s Vermächtnis“ (1930); „H.-Z.-Studien“, eingel. v. A. Behne (1949).

A. Heilborn, H. Z., 1930; O. Nagel, H. Z., ^{14}1973; G. Flügge, H. Z., 1972, ^{3}1973; W. Ranke, H. Z. Photographien Berlin 1890–1910, 1975; H. Z. „Mein Milljöh“ (Faksimiledruck), 1977; W. Ranke, Vom Milljöh ins Milieu. H. Z.s Aufstieg in der Berliner Gesellschaft, 1980.

Zimier →Wappen.

Zimmermann, 1. Dominikus, Baumeister, 30. 6. 1685 Gaispoint b. Wessobrunn, † 1766 Wies b. Steingaden, begann mit unbedeutenden Bauten in der Art schwäbischer Landkirchen und schuf in seiner Wallfahrtskirche Steinhausen (1727–33), bei der das Langhaus zu einem Oval zusammengezogen ist, ein erstes großes Werk von genialer Einfachheit. Weitere sind die Frauenkirche zu Günzburg (1733–40) und die Wallfahrtskirche Wies in Oberbayern (1746–54). Diese ist ein Hauptwerk des süddt. Barocks oder Rokokos, ausgezeichnet durch vielgestaltigen, dennoch zur Einheit verschmolzenen Reichtum seiner Räume und durch den Chor, der die letzten Möglichkeiten barocker Märchenarchitektur entwickelt.

Muchall-Viebrook, D. Z., 1912; M. Hauttmann, Geschichte der kirchlichen Baukunst in Bayern, Schwaben und Franken, 1550–1780, 1921; Feulner, Bayrisches Rokoko, 1923; C. Lamb, Die Wies, das Meisterwerk von D. Z., 1937, ^{2}1964; W, Stracke, Steinhausen, 1958; H. R. Hitchcock, German Rococo. The Z.-Brothers, 1968.

2. Johann Baptist, dt. Stukkator und Maler, * 3. 1. 1680 Gaispoint b. Wessobrunn (Oberbay.), † 2. 3. 1758 München, Bruder von 1., ist den → Wessobrunner Stukkatoren zuzurechnen. Kennzeichnend für sein Schaffen ist, daß er sich als einer der ersten Künstler vom ital. Vorbild der Stuckgestaltung und Raumkunst löste und damit dem Empfinden des →Rokoko entsprach: ein Herausheben des Farbigen (Rosé, zartes Grün usw.) verbunden mit der Wirkung des Lichtes. Dabei werden Übergänge von plastischen Stuck zur illusionistischen Deckenmalerei (der sich J. B. Z. zuwandte) geschaffen, wie dies besonders in seinem ersten Hauptwerk Steinhausen (Württ. Kr. Biberach), das er zusammen mit seinem Bruder Dominikus geschaffen hat, zum Ausdruck kommt. Weitere bedeutende Werke sind die Hofkirche Berg am Laim (München, 1739), Schäftslarn (1750), die „Wieskirche“ (1754 vollendet), Nymphenburg (Festsaal, 1757).

W. Röhling, Die Deckenfresken J. B. Z.s, Diss. Univ. München, 1949; B. Bushart, Dtsche. Malerei des 17. u. 18. Jhs., 1967; Ch. Thon, J. B. Z. als Stukkatur, 1977.

Zingel →Burg.

Zinn. Dies Metall ist von jeher für die Kunst als Werkstoff wichtig gewesen, da es mit Kupfer legiert die Bronze ergibt (→Bronzekunst). Darüber hinaus wird es zum Gießen von Gefäßen und Geräten verwendet, jedoch nicht in reinem Zustand, sondern um seine Gußfähigkeit zu erhöhen und seine Sprödigkeit zu vermindern, mit einem geringen Zusatz von Blei, in neuerer Zeit auch von Kupfer, Wismut und Antimon. Einzelne Teile wie Henkel und Schnauzen werden für sich gegossen und dann angelötet. Soll das Gußstück Verzierungen in Relief erhalten, so werden diese in die Gußform eingearbeitet. Die häufigste Verzierungsart ist das Gravieren mit dem Grabstichel. Eine für das Z. bes. bezeichnende Art des Gravierens ist das „Flecheln“: da die Weichheit des Materials den Grabstichel leicht abgleiten läßt, wird die Linie durch wackelnde Bewegung des Stichels als Zickzacklinie geführt. Selten sind Verzierungen durch Punzen oder Ätzen. Dagegen hat man durch Legen von Messingreifen oder Ringen um Fuß, Henkel oder andere konstruktiv zu betonende Teile sowie durch Auflegen von Messingplättchen besondere, vor allem farbige Wirkungen erzielt. Als Material der →Intarsia kommt Z. in Lichtenhainer Holzkrügen, in Armbrüsten, Kästchen, auch gelegentlich an Zierschränken vor. – Zur Kennzeichnung von Art und Herkunft des Z.s werden Stadt- und Werkstattmarken dem Z.gerät eingeschlagen (seit dem 14. Jh. nachweisbar).

Die literarische Überlieferung über die Verwendung von Z. für Geräte und Gefäße im Altertum ist spärlich und nicht immer einwandfrei zu deuten. Da zudem das Z. sehr stark der Verwitterung ausgesetzt ist, haben sich nur einige wenige Gefäße und Statuetten erhalten, ferner christl. Amulette, die in koptischen Gräbern des 4.–7. Jh. gefunden wurden. Auch an vorgeschichtlichen Z.arbeiten ist nur ganz weniges zutage gekommen. Daß im frühen Mittelalter das Z. ein nicht unwichtiger Werkstoff war, beweist die Schedula diversarum artium des →Theophilus Presbyter (um 1100), die eine ausführliche Beschreibung aller Arbeitsgänge bei der Anfertigung zinnerner Kannen gibt. Erhalten hat sich aus dieser Frühzeit jedoch nichts. Die Entfaltung einer Z.kunst wurde durch die im 13. Jh. erfolgte Erschließung der Z.gruben im sächsisch-böhmischen Erzgebirge wesentlich gefördert, sichere Werke sind anscheinend aber erst aus dem 14. Jh. nachzuweisen. Es sind dies vor allem Taufkessel, von denen möglicherweise einige noch dem 13. Jh. angehören und die am häufigsten in Böhmen und Mähren vorkommen. Eine beträchtliche Höhe der Kunst des Z.gusses zeigt der schöne Brunnen von 1408 auf dem Marktplatz in Braunschweig mit seinen drei übereinander angeordneten, figurengeschmückten Becken. Es wurden ferner Reliquienkästen aus Z. hergestellt, Wallfahrtszeichen in Form kleiner Reliefs, Ampullen, Hostienbehälter in Form von Deckelgefäßen und sonstige Geräte.

Der Aufschwung der Z.kunst setzt aber erst am Ende des 15. Jh. ein. Das Z. wurde billiger, da jetzt auch ostindisches Z. in großen Mengen nach Europa gelangte. Die neue Wohnkultur der Renaissance und ihr gehobener Lebensstandard verlangten Ersatz der schlichten irdenen und hölzernen Gefäße durch solche aus besserem und schöner zu formendem Material, und so wurden das 16. Jh. und das 1. Viertel des 17. die Blütezeit des Z.gusses. Zuerst haben die zu Wohlstand gelangten Zünfte das Z. in großem Umfang verwendet: die in den Zunftstuben aufgehängten Handwerksschilder waren aus Z. geschnitten, zinnerne Kannen, Krüge und Becher schmückten die Tafel bei den Gelagen. Dann drang das Z. in mannigfachen Gefäßformen in die Stuben der wohlhabenden Bürger ein. Hauptstück war die in manchen Exemplaren über einen halben Meter hohe „Schleifkanne“ (so genannt, weil sie wegen ihrer Schwere herangeschleift werden mußte), aus der bei den Festen der Zünfte der Wein (oft vermittels eines kleinen Hahnes) in die Becher

geschenkt wurde. Sie ruht auf Löwenfüßen, der Bauch verjüngt sich, die Deckel und Henkel sind reich verziert, das Ganze ist meist über und über graviert. Der Bilderkreis ist bei den frühesten Stücken religiöser Art. Eine stattliche Zahl solcher Schleifkannen ist schlesischen Ursprungs.
Eine für die künstlerische Durchformung von Z.gegenständen überaus wichtige Neuerung brachte die Spätrenaissance insofern, als sie Z.-gegenstände schuf, die nicht für den praktischen Gebrauch bestimmt waren, sondern lediglich als Schau- und Prunkstücke da sein sollten. Man bezeichnet derartige Stücke (Teller, Schalen, Kannen, Leuchter, Deckelbecher, Plaketten u.a.) als Edelzinn gegenüber dem Gebrauchszinn. In Stil und Behandlung lehnen sie sich an Silberarbeiten an. Statt der Gravierung haben sie Reliefschmuck (Szenen aus Mythologie und Allegorie, antikisierende Ornamentik), der mit der Form gleichzeitig gegossen wurde. Der berühmteste Meister auf diesem Gebiet war François Briot (um 1550 bis nach 1615; tätig bes. in Mömpelgard), und sein Hauptwerk wiederum ist die heute noch in verschiedenen Exemplaren vorhandene Temperantiaschale (die Benennung derartiger Prunkschalen richtet sich nach der jeweiligen Darstellung im erhöhten Mittelgrund). Ein Hauptort des Z.gusses war Nürnberg. Aus einer großen Zahl von Meisternamen ist der bekannteste der des Caspar Enderlein (1560–1633). Neben Nürnberg ist Augsburg zu nennen. Eine Reihe hervorragender Arbeiten (Prunkkannen) lieferte das Kurfürstentum Sachsen mit Oberlausitz und Nordböhmen, und auch die Schweiz hat vorzügliche Stücke hervorgebracht. Im späteren 17. Jh. ist infolge der Verarmung der Kirchengemeinden durch den 30jährigen Krieg das Z. auch in den Kirchen heimischer geworden, denn es wurden jetzt auch Kelche, Kruzifixe, Hostienbüchsen und bes. Abendmahlskannen aus Z. hergestellt. Auf weltlichem Gebiet lebten die in der Renaissance gefundenen Grundformen fort, mit den dem Barockstil entsprechenden Abwandlungen. Eine Besonderheit des Barocks waren die prunkvollen Z.särge fürstlicher Verstorbener. Im Rokoko ist eine erneute Anlehnung der Z.gefäße und -geräte an Silberarbeiten zu beobachten, doch wurde das Z. durch Porzellan und Fayence, schließlich auch durch das Steingut immer stärker zurückgedrängt. Im 19. Jh. bedeutet das Z. als künstlerischer Werkstoff wenig mehr; das 20. Jh. hat sich bemüht, durch reine und edle Formen ohne schmückende Zutaten die Materialschönheit des Z.s wieder zur Geltung zu bringen.

G. Bapst, Etudes sur l'étain, 1884 (grundlegend); K. Berling, Altes Z., [2]1920; Hintze, Nürnberger Z., 1921, 1976; ders., Die dt. Z.gießer und ihre Marken, 7 Bde., 1921–31; G. Bossard, Die Z.gießer der Schweiz und ihr Werk, 2 Bde., 1920–34; F. Tischer, Böhmisches Z. und seine Marken, 1928, Nachdr. 1973; G. Wolfbauer, Die österr. Z.gießer u. ihre Marken, 1934; A. J. G. Verster, D. Buch v. Z., 1963; K. U. Haedicke, Z., 1964 (Bibl. f. Kunst- u. Antiquitätenfreunde); ders., Z., Zentern d. Z.-gießerk. v. d. Anfängen bis z. Jugendstil, 1973; L. Mory, Schönes Z., [4]1972; ders., Z. in Europa. Regionale Krug- u. Kannentypen, 1972; ders. u. E. Pichelknaster, Bruckmanns Z.lexikon, 1977; M. Pieper-Lippe, Z. im südl. Westfalen b. z. Anf. d. 19. Jhs., 1974; H. U. Haedecke, Z. Zentren der Z.gießerkunst, 1977.

Zinnenfries, ein wie der Umriß einer Mauerzinne in rechten Winkeln gebrochener Stab. Der Z. ist ein Bauornament des roman. Stils und kommt bes. an anglo-normannischen Bauten vor.

Zinnfiguren. Z. wurden offensichtlich bereits im Mittelalter gegossen z. B. für Pilger als „Andenken", und zwar als Einzelfiguren (vgl. Funde von 1955 anläßlich der Magdeburger Stadtkernforschung). Zu größerer Bedeutung kamen Z.n aber erst im Zeitalter der Renaissance und bes. seit dem 17. Jh. Am bekanntesten waren die Nürnberger Z.gießer, wo (allerdings in Silber) 1664 für Ludwig XIV. sogen. Soldaten gegossen wurden. In der Folgezeit wurde Silber durch das billigere Zinn ersetzt („Zinnsoldaten"). Aarau (Schweiz) und Straßburg wurden weitere Herstellungsorte von Z., die nunmehr Ausstattungsstücke für Spielzeug (Puppenstuben, Bauernhöfe, Krippen) und später zu Sammel-Gegenständen wurden. Häufig bemalte man diese Figuren. Als Vorlagen zu ihrer Gestaltung dienten Kupferstiche und Musterbücher. Zeitweise wurde in der Neuzeit Zinn durch Blei ersetzt („Bleisoldaten").

C. F. Kollbrunner, Z., Zinnsoldaten, Zinngesch., 1971.

Ziselieren, das Bearbeiten von Metallen mit Meißel, Feile, Stichel, Punze und sonstigen Instrumenten, z.B. die Befreiung der Bronzewerke von den Gußnähten und anderen durch den Guß verursachten Unebenheiten; auch das Herausarbeiten von Figuren und Ornamenten aus Gold und Silber.

Ziste →Ciste.

Zisterzienserbaukunst, die Baukunst des 1098 von Robert v. Cîteaux (Burgund) gegründet. Zisterzienserordens. Sie nimmt durch gewisse Eigenschaften, die mit den Bestrebungen des Ordens u. darauf beruhenden Bauvorschriften zusammenhängen, eine Sonderstellung in der mittelalterl. Baukunst ein, die jedoch erst allmählich hervortrat. Wie die Mitglieder des Ordens ihr Leben in äußerster Einfachheit führen sollen, so soll auch der Kirchenbau einfach sein. Jedoch sind alle sichtbaren und auch nicht unmittelbar sichtbaren Teile technisch vorzüglich und mit gleichbleibender Sorgfalt behandelt. Das äußere Kennzeichen einer Zisterzienserkirche ist die Turmlosigkeit ihrer Fassade. Nur ein schlanker Dachreiter pflegt vorhanden zu sein. Der Chor ist in einer Anzahl von Fällen rechteckig geschlossen. Vom Stammkloster Clairvaux (gegr. 1115) sind im ganzen Abendland 350 Tochtergründungen ausgegangen, von Morimond (gegr. 1115) 214. Die ältesten Gründungen in Deutschland sind: Altenkamp (1122), Walkenried am Harz (1127), Ebrach in Franken (1127), Ebersbach im Rheingau (1131?), Amelungsborn b. Braunschweig (1135), Heiligenkreuz im Wiener Wald (1136), →Maulbronn (1138) usw. Das Langhaus ist gern flachgedeckt. Älteste ganz gewölbte Zisterzienserkirche Deutschlands ist die von Eberbach (geweiht 1186).

Von größerer Wichtigkeit wird die Z. für Deutschland erst seit Beginn des 13. Jh. als Vermittlerin burgund. Baugedanken. Die Kirche erhält nach burgund. Weise eine geschlossene Vorhalle (z.B. Maulbronn). Gotische Baugewohnheiten werden zwar übernommen, aber knapp und zurückhaltend gehandhabt. Es entsteht eine dt. Frühgotik, die im wesentlichen zisterziensisch ist. Mit got. Elementen durchsetzt, aber im Eindruck noch romanisch sind die zu Anfang des 13. Jh. begonnenen Kirchen von Bronnbach, Heisterbach, Bebenhausen, Arnsburg. Etwas später entstanden: Otterberg, Ridaggshausen, Ebrach, Maulbronn, Walkenried; in Österreich: Lilienfeld und der Kreuzgang von Zwettl, Kapitelsaal und Kreuzgang von Heiligenkreuz. Auch Dome und Stiftskirchen sind von dieser zisterziensischen Frühgotik beeinflußt worden: Magdeburg, Bamberg, Naumburg, Offenbach am Glan, Gelnhausen. Später verliert sich die Eigenbedeutung der Z., die als Vermittlerin franz. Baugedanken auch für andere Länder (z. B. Italien) eine wichtige Rolle gespielt hat.

A. Holtmeyer, Zisterzienserkirchen Thüringens, 1906; H. Giesau, Eine dt. Bauhütte aus dem Anfang des 13. Jh., 1912; H. Rose, Die Baukunst der Zisterzienser, 1916; M. Aubert, L'architecture cistercienne en France, 2 Bde., [2]1947; A. Dimier, Recueil de plans d'églises cisterciennes, 1949; H.-P. Eydoux, L'architecture des églises cisterciennes d'Allemagne, 1952; Ilse Bickel, Die Bedeutung d. süddt. Z.bauten für d. Stilwandel im 12. u. 13. Jh., 1956; F. Bucher, Notre-Dame de Bonmont u. d. ersten Z.abteien der Schweiz, 1957; H. Hahn, Die frühe Kirchenbaukunst der Zisterzienser, 1957; Lelia Fraccaro de Longhi, L'architettura delle chiese cistercensi italiane, 1958; W. Krönig, Altenberg u. d. Baukst. d. Zisterzienser, (hg. v. A.-Domverein) 1973; G. Duby, St. Bernhard. Die Kst. der Zisterzienser, 1976 (dt. u. franz.); J. Eberle, Z.bauten wie sie sind, wie sie waren. Ein neuer Planatlas (Citeaux, 24) 1973; A. Schneider u. a., Die Cisterzienser, 1974; J. Dohmen, Z., 1976; Ausst.kat. Aachen (Rathaus), Zisterzienser. Ordensleben zw. Ideal u. Wirklichkeit, 1980; E. Badstübner, Kirchen der Mönche. Die Baukunst der Reformorden im MA., 1980.

Zither (aus lat. secretarium), Schatzkammer einer Kirche, Aufbewahrungsort für Dokumente und Heiligtümer, z. B. Z. der Stiftskirche in Quedlinburg.

Zonenbecher-Gruppe, Kulturgruppe der →Jungsteinzeit, in Westdeutschland, Holland und England verbreitet, aus der Vermischung von → Glockenbechern und → Schnurkeramik entstanden. Kennzeichnend sind hohe, schlanke Becher, die mit zonal umlaufenden Bandmustern verziert sind.

R. Stampfuß, Die jungneolithischen Kulturen in Westdeutschland, 1929; E. Sangmeister, Die Glockenbecherkultur u. d. Becherkulturen, 1951.

Zopfstil. Mit dieser Bezeichnung belegt man etwas vage und abschätzig, auch durchaus nicht übereinstimmend gewisse Erscheinungen der dt. Kunst zwischen Rokoko und Klassizismus, also etwa zwischen 1760 und 1780, wobei die Zopfmode der damaligen Zeit den Namen hergab. Man meint das Nüchterne, Trockene, Stimmungslose, den Mangel an Kraft, Größe und Tiefe des Empfindens dieser bürgerlichen Welt; Erscheinungen, die in Zusammenhang mit Aufklärung und Rationalismus stehen, und die man bes. in Malerei, Graphik und Kunstgewerbe spürt. Der Zopf ist also das Symbol von Unnatur, Steifheit und lehrhafter Pedanterie.

C. Zetzsche, Zopf u. Empire in Mittel- und Norddeutschland, 2 Bde., 1909; J. V. Brinkmann, Südwestdtsche. Kirchenbauten der Zopfzeit. Zur Begriffsgesch. d. „Zopfes" u. zur Stilgesch. d. späten 18. Jhdts., Diss. Univ. Köln, 1972; R. Krüger, Das Zeitalter d. Empfindsamkeit, 1972; Ausst.kat. Mus. Köln, D. N. Chodowiecki, Leben in der Zopfzeit, 1976.

Zorn, Anders, schwed. Maler und Radierer, * 18. 2. 1860 Mora (Prov. Dalarna), † 22. 8. 1920 das., Hauptmeister der neueren schwed. Malerei von kräftigem Realismus, impressionistisch flotter Malweise und Freude an starker Farbigkeit. Bes. vorzüglich sind seine Freilichtakte. Er hat ferner Bildnisse und Darstellungen aus dem schwed. Volksleben gemalt. Unter den modernen Meistern der Radierung nimmt er eine der ersten Stellen ein. Seine mit einfachen Strichlagen erzielten Freilichtwirkungen (badende Mädchen usw.) sind unerreicht. Z. hat sich auch als Bildhauer betätigt. 1939 wurde in seinem Heim in Mora ein

Z.-Mus. eröffnet, das gegen 100 Gemälde, sowie viele Aquarelle, Zeichnungen und Radierungen des Meisters enthält.

A. Romdahl, A. Z. als Radierer, [2]1924; F. Servaes, A. Z., [2]1925; A. Engström, A. Z., 1928 (schwed.); G. Boëthius, A. Z., 1954 (engl.); Ausst.kat. A. Z. Kunstmus. Düsseldorf 1958; Behnhaus Lübeck 1962; Mus. Freiburg i. Br., 1976 (m. Bibl.).

Zügel, Heinrich von, Maler, * 22. 10. 1850 Murrhardt (Württbg.), † 30. 1. 1941 München, 1896–1921 Prof. der Akademie das., Meister des Tierbildes. Seine Spezialität sind impressionistisch gemalte, von Sonnenlicht umspielte Schaf- und Rinderherden.

E. Th. Rohnert, H. v. Z., 1942; E. Diehm, H. v. Z., 1975. Ausst.kat. H. v. Z., Galerie der Stadt Stuttgart, 1981.

Zunftzeichen, Zeichen, Embleme, Wappentiere, Darstellungen, oft verbunden mit Sprüchen auf Geräten, Fahnen, Möbeln, als Hängeschilder, Wandmalerei und Urkunden (auch Siegeln) einer Zunftgemeinschaft. Man unterscheidet sog. sprechende Zeichen wie Brezeln der Bäckerzunft, Hammer der Schmiede, Schere der Schneider als auch sog. Patrone, in kathol. Gegenden meist Heilige (z. B. Florian für Bäcker, Petrus für Fischer, Crispin für Schuster), in protestantischen auch Gestalten aus dem Bereiche der Mythologie (Keule schwingender Herkules für die Fleischhauer). Berühmte Künstler wie Dürer und Holbein (Schild eines Schulmeisters, Basel, Mus.) verschmähten es nicht, Z. zu malen. Sie haben sich vom Mittelalter bis in das beginnende 19. Jhdt. erhalten u. spielen in d. Volkskunde eine Rolle.

L. Schmidt, Z., 1973.

Zurbarán, Francisco de, span. Maler, getauft 7. 11. 1598 Fuente de Cantos (Estremadura), † kurz nach 28. 2. 1664 Madrid, tätig das., sowie in Sevilla und an anderen Orten, Hofmaler Philipps IV. Z. hat seine Ausbildung in Sevilla genossen, und die Überlieferung der Sevillaner Malerschule bildet die Grundlage seiner Kunst. Ihre Inhalte sind religiös, ihr Hauptthema ist die in einem monumentalen Barock entwickelte Einzelfigur, meist ein Mönch oder Mönchsheiliger, meditierend, verzückt, betend. Die Form ist von naturalistischer Schärfe bei oft grellen Helldunkelgegensätzen. Bei mehrfigurigen Kompositionen läßt sich Z. nie zu rascher Bewegung hinreißen; er bleibt stets einfach, ausgeglichen, ruhig, ja streng. In seiner Spätzeit ist er dem Einfluß Murillos unterlegen, was sich vor allem in der größeren Weichheit farbiger Übergänge zeigt. Am besten ist Z. in Sevilla vertreten, sein Hauptwerk ist hier „Die Apotheose des Thomas von Aquino" (1631; Mus.).

H. Kehrer, F. de Z., 1918; Orozco, Z. Estudio y Catáloge, 1953; M. S. Soria, The Paintings of Z., 1953; P. Guinard, Z. et les peintres espagnoles de la monastique, 1960; J. A. Gaya Nuño, T. Prati, Z., 1976 (span.).

Zürn (Zirn), Jörg, Bildhauer, * wahrscheinlich zwischen 1581 und 1583 Waldsee, † 1637 Überlingen, begründete dort 1607 eine Werkstatt, die nach seinem Tod von seinen Brüdern Martin und Michael fortgeführt wurde. Hauptwerk ist der geschnitzte Hochaltar im Münster zu Überlingen (1613 bis 1619), voll Schwung und Leben, kräftiger Charakterisierung der Gestalten und stimmungserzeugender Lichtführung.

Möhle, J. Z. und seine Werkstatt in Überlingen, 1930 (Jahrb. d. Preuß. Kunstsammlungen 51); Hilde Bauer, Die Plastik der Brüder Martin und Michael Z., 1941; C. Zoege v. Manteuffel, Die Bildhauerfamilie Zürn,

1969; H. Ginter, Der Überlinger Altar, o. J.; Ausst.kat. des Landes Oberösterreich in Braunau/Inn, Die Bildhauerfamilie Z. 1585–1724 (hg. v. d. Oberösterr. Landesreg.), 1980.

Zustand →Kupferstich.

Zwerchhaus, ein quer zur Richtung des Daches aus diesem vortretendes Dachhäuschen, dessen Front gern zu einem Giebel, dem Zwerchgiebel, ausgebaut worden ist. Letztere Bezeichnung wird oft auch für das Z. selbst gebraucht. Die dt. Renaissancebaukunst hat das Z. häufig verwendet, um den Blick von der langen Horizontalen des Dachgesimses weg an vertikalen Formen emporzuleiten.

Zwerggalerie, eine in der Mauer ausgesparte Arkadenreihe mit dahinterliegender Raumschicht, eine Zierform des roman. Stils ohne konstruktive Eigenschaften. Die Z. lockert die Mauer auf und gibt ihr plastische und optische Belebung. Da sie die Schwere der Mauer aufhebt, ist ihr Platz in der Höhe unter dem Dachansatz. Meist bleibt sie auf die Apsis beschränkt, findet sich jedoch auch an den Portalen und umzieht in einzelnen Fällen (Speyer, Modena, Ferrara) die ganze Kirche. – Die Voraussetzungen der Z. liegen in der spätantiken Baukunst. Das erste Beispiel einer vollausgebildeten Z. findet sich kurz nach der Mitte des 11. Jh. an der Westfassade des Doms zu Trier. Beim Um- und Neubau des Speyerer Doms wurde gegen 1090 der entscheidende Schritt getan, unter dem Dachansatz der Ostapsis eine Z. anzubringen. Das Motiv findet sich dann in der gesamten rheinischen Romanik und den von ihr abhängigen Bauten bis in die ersten Jahrzehnte des 13. Jh. In der Gotik mit ihren dünnen Mauern wurde es schon technisch unmöglich. Außerhalb Deutschlands bilden nur noch die oberital. Bauten seit Beginn des 12. Jh. ein geschlossenes Gebiet, in dem die Z. vorkommt. Der französ. Romanik ist sie unbekannt.

G. Kahl, Die Z., 1939 (Beitr. zur Kunstgesch. u. Archäologie, H. 3).

Zwickel, dreiseitig begrenztes Flächenstück, wie es sich z.B. zwischen einem Bogen und seiner rechteckigen Umrahmung beiderseits ergibt: Bogenzwickel (Spandrille) z. B. beim →Triumphbogen (2) einer Kirche. In ähnlichem Sinne spricht man von Gewölbezwickel und Hängezwickel (→Kuppel).

Zwiebeldach (Zwiebelhaube), als Turmbedachung häufig im süddt. Barock und in der russ. Baukunst (→Dachformen).

Zwiebelmuster, ein ostasiatischem Porzellan entlehntes, aber dabei stark verändertes Muster, bestehend aus Blüten, Blättern verschiedenartiger Form und knollenähnlichen Früchten. Es fand bes. auf Delfter Fayencen Anwendung, und zwar meist einfarbig blau. Später wurde es auch zum Dekorieren des Porzellans herangezogen. Das in kobaltblauer Unterglasurmalerei ausgeführte Astermuster der Meißner Manufaktur wird fälschlich auch Z. genannt.

Zwillingsfenster →Fenster.

Zwinger, der zwischen der äußeren und inneren Ringmauer einer Stadt- oder Burgbefestigung liegende, sie ganz od. teilweise umgebende Umgang, der gern zur Abhaltung ritterlicher Übungen und Feste benutzt wurde. Der Name ist übergegangen auf eins der originellsten und bedeutendsten Bauwerke des dt. Barocks, den von →Pöppelmann 1711–22 errichteten Dresdner Zwinger, seiner

Bestimmung nach ein Platz für die Abhaltung von Hoffestlichkeiten. Derartige Anlagen aus Holz, die nach Beendigung des Festes wieder abgerissen wurden, waren das übliche. Beispiele sind aus Florenz, Modena, Wien und Paris bekannt. Aber nur in Dresden wurde die hölzerne Anlage in Stein übertragen, das Provisorische zu einem Werk von Dauer gemacht und uns damit ein einzigartiges Zeugnis der Festkultur jener Zeit hinterlassen. Seine Bauten umgeben einen ungefähr quadratischen Hof von etwas mehr als 100 m Seitenlänge. Zwei einander gegenüberliegende Seiten haben Ausbuchtungen, die in ihrem Scheitel mit Pavillons besetzt sind. Die dem Eingang gegenüberliegende Seite blieb ursprünglich offen, und es ist nicht sicher, wie sie geplant war; heute wird sie von der Gemäldegalerie →Sempers eingenommen. Der ganze Grundriß ist von geometrischer Klarheit und lebendiger Geschmeidigkeit; auch im Aufbau der Teile sind wohlige und angenehme Verhältnisse wirksam. An den beiden Pavillons ballt sich der architektonische und plastische Reichtum, wobei →Permoser kongenialer Helfer war. – Der Wiederaufbau nach den starken Zerstörungen des 2. Weltkrieges ist weitgehend beendet.

Sponsel, Der Z., die Hoffeste und der Schloßbauplan zu Dresden, 1910; H. G. Ermisch, Der Z. zu Dresden, 1952; E. Hempel, Der Z. zu Dresden, 1961 u. 1965; F. Löffler, Der Z. in Dresden, 1976 (m. Bibl.).

Zwischengoldglas →Goldglas.

Zyklopenmauerwerk, ein Mauerwerk aus sehr großen, unregelmäßigen, in Form und Format verschiedenen, aber in dichtschließenden Fugen zusammengefügten Steinen. Sie kommen an frühen Bauten der Antike (Mykene) vor, vollkommenste und großartigste Beispiele bieten jedoch die Inkabauten in Peru.

GERO VON WILPERT
Deutsches Dichterlexikon
Biographisch-bibliographisches Handwörterbuch zur deutschen Literaturgeschichte. 2., erw. Aufl. 1976. XIV, 791 S. Ln. DM 28,50 (KTA 288)

Dieses Lexikon umfaßt mit seinen rund 3 000 Artikeln alle bedeutenden und bekannten Dichter und Schriftsteller deutscher Sprache oder Herkunft von den Anfängen bis zur Gegenwart sowie die wichtigsten anonymen Werke.

PAUL KROH
Lexikon der antiken Autoren
1972. XVI, 675 S. Ln. DM 28,50 (KTA 366)
Dieser Band behandelt in rund 2400 Einzelartikeln Dichter, Philosophen, Wissenschaftler, Fachschriftsteller sowie anonyme Werke des griechisch-römischen Altertums.

WINFRIED ENGLER
Lexikon der französischen Literatur
1974. VIII, 975 S. Ln. DM 34,– (KTA 388)
Das Lexikon erfaßt die gesamte französische Literatur von den Anfängen bis zur Gegenwart: Autoren, Werke, Sachbegriffe, Dichtergruppen, Schlagworte, Stoffe und berühmte Figuren.

H. W. DRESCHER, R. AHRENS, K. H. STOLL
Lexikon der englischen Literatur
1980. 534 S. Ln. DM 34,– (KTA 465)
Neben Autoren und Werken werden Sachbegriffe, gattungs- und formspezifische Aspekte, geistesgeschichtliche Zusammenhänge, literarische Stoffe, Schlagworte, Strömungen, Gruppierungen und Randerscheinungen erläutert, wobei auch das gegenwärtige Literaturgeschehen in Großbritannien berücksichtigt ist.

WOLFGANG KASACK
Lexikon der russischen Literatur ab 1917
1977. 457 S. Ln. DM 28,50 (KTA 451)
Rund 500 Stichwortartikel stellen das Schaffen aller wichtigen Vertreter der schöngeistigen Literatur russischer Sprache unter Einschluß der Emigranten vor und erläutern Institutionen, Zeitschriften und Sachbegriffe.

HEINRICH SCHMIDT
Philosophisches Wörterbuch
Neu bearbeitet von Prof. Dr. Georgi Schischkoff. 21. Aufl. 1982. VIII, 788 S. Ln. DM 29,80 (KTA 13)

Das altbekannte Wörterbuch beantwortet mit 2900 Stichwortartikeln zuverlässig unzählige Fragen aus dem Gesamtbereich der Philosophie und ihrer Grenzgebiete.

ALFRED BERTHOLET
Wörterbuch der Religionen
In Verbindung mit Hans Freiherr von Campenhausen. Durchgesehen, ergänzt und herausgegeben von Prof. Dr. Kurt Goldammer. 3. Aufl. 1976. X, 659 S. Ln. DM 25,– (KTA 125)

Hier findet der Benutzer alles Wissenswerte über die verschiedenen Religionen und religiösen Sekten, ihre Götter, Lehrer und Propheten, ihre Mythen, heiligen Schriften, Kultformen und Mysterien, aber auch über Aberglauben, Magie und verwandte Gebiete.

MANFRED LURKER (HG.)
Wörterbuch der Symbolik
1979. 702 S. Ln. DM 34,– (KTA 464)

Dieses neuartige Wörterbuch eröffnet den Zugang zu den verschiedensten Bereichen der Symbolik in Kunst, Musik, Dichtung, Religion, Volksbrauch, alten Geheimlehren und öffentlichem Leben. Ein Register der Symbole erschließt die Zusammenhänge.

WALTER SCHERF
Lexikon der Zaubermärchen
1982. XI, 538 S., 20 Illustrationen. Ln. DM 34,– (KTA 472)

Dieses Lexikon informiert anhand von 120 Leitfassungen über die wichtigsten Erzähltypen des europäischen Märchens. Jeder Artikel bringt Angaben über die erste Buchveröffentlichung, eine Kurzfassung des Inhalts, den Vergleich mit Typvarianten, Kommentar und Literaturnachweise.

RICHARD BEITL
Wörterbuch der deutschen Volkskunde
Nachdr. der 3. Aufl. 1981. VII, 1005 S. Ln. DM 34,– (KTA 127)

Ein einzigartiges Nachschlagewerk, das die Fülle der Reichtümer des deutschen Volkstums vor dem Leser ausbreitet und durch ausführliche Literaturangaben den Weg zu eigener Weiterarbeit weist.

JOHANNES JAHN
Wörterbuch der Kunst
Fortgeführt von Prof. Dr. Wolfgang Haubenreißer. 10., durchgesehene Aufl. 1983. Ca. 850 S. Ln. DM 29,80 (KTA 165)

In mehr als 3 000 Stichwortartikeln wird hier über unzählige Fragen aus dem Gesamtgebiet der bildenden Kunst von der Steinzeit bis zur jüngsten Gegenwart erschöpfend Auskunft gegeben.

HANS KOEPF
Bildwörterbuch der Architektur
2. Aufl. 1974. VIII, 451 S. mit 1300 Abb. Ln. DM 28,50 (KTA 194)

2400 Stichworte und 1300 den Text ergänzende Skizzen erläutern den Begriffsschatz der Baukunst auf höchst anschauliche und allgemeinverständliche Weise.

WILLI A. KOCH
Musisches Lexikon
Künstler, Kunstwerke und Motive aus Dichtung, Musik und bildender Kunst. 1290 Spalten mit 910 Abb., 4 Farbtafeln und Register. 3. Aufl. 1976. 8° Ln. DM 48,– (ISBN 3 520 80303 8)

Aus der unübersehbaren Fülle von Namen und Werken der Dichtung, Musik, Plastik, Baukunst und Malerei wurden die wesentlichen und bleibenden ausgewählt, die uns als Hörer oder Betrachter, als Leser oder im Gespräch immer wieder begegnen.

EBERHARD THIEL
Sachwörterbuch der Musik
3., verb. und erw. Aufl. 1977. 652 S. mit 24 Abb. Ln. DM 25,– (KTA 210)

Das Wörterbuch vermittelt in über 2500 Stichworten aus allen Sparten der Tonkunst dem Leser und interessierten Musikliebhaber eingehende Orientierung und vielseitigen Einblick.

HANS LAMER
Wörterbuch der Antike
Fortgeführt von Paul Kroh. 8., verbesserte und ergänzte Aufl. 1976, XII, 832 S. Ln. DM 34,– (KTA 96)

Rund 3000 Stichwortartikel bieten nach dem heutigen Stand der Forschung eine sorgfältige Zusammenschau der antiken Kultur und ihres Fortwirkens bis in die Gegenwart. Das zuverlässige Nachschlagewerk kann zugleich zu einem anregenden Lesebuch werden.

Pädagogik · Psychologie · Soziologie · Politik · Wirtschaft

WINFRIED BÖHM
Wörterbuch der Pädagogik
12., neuverfaßte Aufl. 1982. Ca. 600 S. Ln. DM 29,80 (KTA 94)
Die Neufassung des 1931 von Prof. Hehlmann begründeten Bandes durch den Vorstand des Instituts für Pädagogik in Würzburg wird mehr noch als bisher den Studenten der Pädagogik, Sozialpädagogik und Sonderpädagogik ein anregendes Nachschlagewerk sein.

WILHELM HEHLMANN
Wörterbuch der Psychologie
12. Aufl. 1974. 658 S. Ln. DM 25,– (KTA 269)
Anliegen dieses Wörterbuches ist es, über die Kernbegriffe, Strömungen, Schulen, Probleme und Gestalten der modernen Psychologie und ihre Grenzgebiete in knapper, präziser und verständlicher Weise zu informieren und durch Literaturangaben zu weiterführender Beschäftigung anzuregen.

GÜNTER HARTFIEL / KARL-HEINZ HILLMANN
Wörterbuch der Soziologie
3., überarb. und erw. Aufl. 1982, X, 832 S. Ln. DM 34,– (KTA 410)
Jenseits von weltanschaulicher Einseitigkeit und politischer Opportunität, offen für alle bedeutenden soziologischen Richtungen, ausgewogen und verständlich in der Darstellung, hat sich das Wörterbuch als eine zuverlässige Arbeitshilfe erwiesen.

REINHART BECK
Sachwörterbuch der Politik
1978. XII, 1003 S. Ln. DM 38,– (KTA 400)
Dieses Nachschlagewerk informiert in 1500 Stichworten über die wichtigen Begriffe der Politik und der angrenzenden Bereiche der Wirtschaft, Gesellschaft, des Rechts und Militärwesens. Hinweise auf die wichtigste Literatur zeigen den Weg zu vertiefender Lektüre.

HORST CLAUS RECKTENWALD
Wörterbuch der Wirtschaft
9., erw. Aufl. 1981. XVIII, 667 S., 92 Graph. und Tab., 1 Zeittafel. Ln. DM 34,– (KTA 114)
Das von Friedrich Bülow begründete, in der vorliegenden Auflage ganz neu gestaltete Wörterbuch entspricht inhaltlich dem Wissensstoff, den ein modern ausgebildeter Volks- und Betriebswirt heute beherrschen sollte, und ist dem Fachmann gleichermaßen zugänglich wie dem ökonomisch und politisch interessierten Laien.

GERHARD TADDEY (HG.)
Lexikon der deutschen Geschichte
Personen, Ereignisse, Institutionen. 2., überarb. Aufl. in Vorb.

Mit rund 6000 Artikeln über den ganzen Bereich der deutschen Geschichte von den germanischen Stämmen der Völkerwanderungszeit bis zur deutschen Kapitulation am Ende des Zweiten Weltkrieges ist dieses Lexikon ein umfassendes und zuverlässiges Nachschlagewerk in einer bisher nicht erreichten Vielfalt.

FRANK WENDE (HG.)
Lexikon zur Geschichte der Parteien in Europa
1981, XI, 890 S. 8° Ln. DM 86,– (ISBN 3 520 81001 8)

Alle Parteien, die im Zentralparlament eines europäischen Landes vertreten waren oder sind, werden in ihrer historischen Entwicklung und in ihrem heutigen Selbstverständnis erfaßt und in Einzelartikeln ausführlich dargestellt.

ERICH BAYER
Wörterbuch zur Geschichte
Begriffe und Fachausdrücke. 4., überarb. Aufl. 1980. XI, 561 S. Ln. DM 25,– (KTA 289)

In rund 2000 Artikeln werden historische Begriffe sowie Fachausdrücke der Geschichtswissenschaft nach Herkunft, Sinneswandel und Bedeutung definiert und mit weiterführenden Literaturangaben ausgewiesen.

In Vorbereitung:
Sachwörterbuch der europäischen Literatur des Mittelalters
Lexikon der germanischen Mythologie

KTA = Kröners Taschenausgabe
ISBN = Internationale Standardbuchnummer

Preisänderungen vorbehalten

Alfred Kröner Verlag, Reinsburgstraße 56, 7000 Stuttgart 1